I0083984

ENCYCLOPÉDIE

MÉTHODIQUE,

O U

PAR ORDRE DE MATIÈRES;

PAR UNE SOCIÉTÉ DE GENS DE LETTRES, DE SAVANS ET D'ARTISTES;

Précédée d'un Vocabulaire universel *, servant de Table pour tout l'Ouvrage, ornée des Portraits de* MM. DIDEROT & D'ALEMBERT *, premiers* Éditeurs de l'Encyclopédie.

ENCYCLOPÉDIE
MÉTHODIQUE.

COMMERCE.
TOME TROISIÉME.

BIBLIOTHÈQUE ROYALE

A PARIS,

Chez PANCKOUCKE, Libraire, hôtel de Thou, rue des Poitevins;

A LIÈGE,

Chez PLOMTEUX, Imprimeur des États.

M. DCC. LXXXIV.

AVEC APPROBATION, ET PRIVILÈGE DU ROI.

KABAK. On nomme ainfi en Mofcovie, les lieux publics, où fe vendent les vins, la bière, l'eau-de-vie, le tabac, les cartes à jouer, & d'autres marchandifes, au profit du czar, qui s'en eft réfervé le débit dans toute l'étendue de fes états. Il y en a de deux fortes. Les grands *kabaks*, où toutes ces marchandifes fe vendent en gros, & petits *kabaks*, où elles fe vendent en détail.

KABESQUI, ou CABESQUE. Petite monnoie de cuivre, qui ne fe fabrique & qui n'a cours qu'en Perfe; il en faut dix pour faire le chayé. Il y a aufsi des demi-*Kabefquis*.

KALI. Nom que les botaniftes donnent à une forte de plante, dont on fait la foude. *Voyez* SOUDE.

KAMINE - MASLA, en François BEURE DE PIERRE. C'eft ainfi que les Mofcovites nomment une efpèce de minéral, ou de drogue médecinale qui fe trouve fur les plus hautes montagnes & les rochers les plus durs de la Syberie.

Cette drogue eft l'effet de la plus grande ardeur du foleil qui l'attire par tranfpiration des pierres les plus compactes, & qui paroiffent le moins contenir d'humeur. Elle s'y attache comme une efpèce de chaux, & y forme un enduit que les habitans ont foin d'enlever quand la *kamine* a reçu la parfaite coction. Il fe diffout dans l'eau comme le fel, & eft aufsi fort que la couperofe.

Les Mofcovites attribuent à cette drogue quantité de vertus, & l'emploient à la guérifon de diverfes maladies, particulièrement pour la diffenterie. Elle fert aufsi aux maux vénériens. Mais elle eft fi violente dans quelques remèdes qu'on la mette, qu'il n'y a guères que des Mofcovites, c'eft-à-dire, des gens accoutumés aux plus violens purgatifs, qui ofent en faire ufage.

KAN. *Voyez* CHAN & CARAVENSERA.

KANASTER. *Panier* ou *manne* propre à emballer des marchandifes. Ce terme eft étranger; on s'en fert pourtant dans quelques provinces de France.

KANTERKAAS. Sorte de fromages qui fe font en Hollande: il y en a de *verd* & de blanc; de ronds & autres formes. On met ordinairement dans les blancs de la graine du cumin, ce qui en relève le goût; mais alors ils ne font plus réputés *kanterkaas*, & paient différemment les droits de fortie. Ceux-ci ne paient que deux fols le cent pefant.

KAOUANNE. Efpèce de tortue qu'on nomme aufsi *cohoanne*.

KARABÉ. Efpèce de *gomme* ou de *réfine*. C'eft le véritable ambre jaune.

KARAGNE, ou CARAGNE. *Gomme* fort efti-

mée pour la médecine, qui fe trouve dans la nouvelle Efpagne.

KARA-GROCHE. C'eft ainfi que l'on nomme à Conftantinople la richedale d'Allemagne.

KARAT, ou CARAT. Petit *poids* qui fert à pefer l'or ou à en eftimer la valeur.

KARATA. Efpèce d'*aloës* qui croît dans l'Amérique.

KARDEL ou QUARTEEL, en François QUARTAUT. C'eft une efpèce de futaille ou de tonneau, dans lequel les pêcheurs de baleine mettent le lard de ce poiffon. Ces fortes de *kardels* contiennent jufqu'à 60 & 64 gallons d'Angleterre, à prendre le gallon fur le pied de quatre pintes de Paris.

KARDEL. Se dit aufsi des petits *quartaux* dans lefquels on met les huiles de poiffon, particulièrement à Hambourg, & fur toute la rivière d'Elbe; il eft d'environ 128 pintes de Paris.

KARESÉ, ou CARISET. Les Anglois & les Ecoffois appellent ainfi le *crefeau*, qui eft une efpèce d'étoffe de laine croifée qui fe manufacture chez ces deux nations.

KARKRONE. L'on nomme ainfi à Ifpaham la maifon où font établies les manufactures royales. On y fait des tapis, des étoffes d'or & d'argent, des brocards, des taffetas, des velours & de tous ces autres ouvrages précieux qu'on eftime tant en Europe.

Les orfèvres, les lapidaires, les armuriers, les peintres fur les toiles de coton, & toutes les autres fortes d'ouvriers du roi y ont aufsi leurs atteliers. En un mot le *karkrone* eft à Ifpaham, ce que l'hôtel royal des Gobelins eft à Paris.

KATTEQUIN. Toile de coton bleue qu'on tire des Indes orientales, particulièrement de Surate.

Les pièces de *kattequin* n'ont que deux aunes cinq huit de long, fur cinq fix de large.

KAVIA, KAVIAC, ou CAVIAL. Ce font des œufs d'efturgeons que l'on met en petites galettes épaiffes d'un doigt, & larges comme la paume de la main, que l'on fait faler & fécher au foleil.

Les Italiens établis à Mofcou en font un grand commerce dans cet empire, parce qu'il fe prend une quantité incroyable de ce poiffon à l'embouchure du Volga & des autres rivières qui tombent dans la mer Cafpienne.

Après avoir falé & féché le *kavia*, ils le font remonter par ce fleuve jufques à Mofcou, & de-là ils le diftribuent dans toute la Mofcovie, où il eft d'un grand fecours aux Mofcovites, à caufe de leurs trois carêmes qu'ils obfervent avec une exactitude fuperftitieufe.

Le meilleur *kavia* de Mofcovie, eft fait avec

A

le bolluca, qui eſt un poiſſon d'environ huit à dix pieds de longueur, qui ſe pêche dans la mer Caſpienne. Il eſt beaucoup préférable à celui qu'on fait d'œufs d'eſturgeon, & il eſt délicieux lorſqu'il eſt nouveau.

Il vient auſſi quantité de kavia de la mer Noire, particulièrement d'Azach & de Kili, deux villes de grand commerce; l'une ſituée à l'embouchure du Tanaïs, & l'autre à celle du Danube. Pluſieurs poiſſons y fourniſſent leurs œufs pour cette drogue, entr'autres l'eſturgeon, la mouronne & le ſcirix. C'eſt d'Azach que vient une partie de celui qui ſe débite à Conſtantinople, où il en arrive, année commune, juſqu'à dix mille boutes ou bariques; de ſept quintaux & demi la boute.

Il ſe conſomme auſſi une aſſez grande quantité de kavia en Italie; & l'on commence à le connoître en France, où il n'eſt pas mépriſé ſur les meilleures tables.

Les François & Italiens tirent le kavia, d'Archangel port de Moſcovie; mais rarement leur vient-il de la première main; & ils l'ont le plus ſouvent des Anglois & Hollandois, ſur-tout de ces derniers qui font le plus grand commerce de Moſcovie. Le bon kavia doit être d'un brun rougeâtre & bien ſec; on le mange avec de l'huile & du citron.

*K E

KEBULA. Nom que l'on donne en Aſie à ces fruits que l'on nomme en Europe myrabolans. On les appelle kebula du Cabuleſtan, d'où il s'en tire une grande quantité.

KEER ou CEER. Poids dont on ſe ſert dans quelques villes des états du grand Mogol, particulièrement à Agbar & à Ziamger. Dans la première de ces villes, le keer pèſe 36 petits poids qui reviennent à 1 livre ¼, poids de marc: dans la ſeconde il en pèſe 36, ou 1 livre ½. Voyez LA TABLE DES POIDS.

KEMEAS. Taffetas à fleurs de ſoie, qui viennent des Indes orientales.

KEN. Meſure des longueurs dont on ſe ſert à Siam. C'eſt une eſpèce d'aune qui n'a pas tout-à-fait trois pieds, deux kens faiſant un voua qui revient à la toiſe de France moins un pouce.

Le ken contient deux ſoks, le ſok deux keubs, le keub douze nious, ces nious ſont comme les pouces du pied de roi. Il faut huit grains de ris entiers dont la première envelope n'a pas été briſée au moulin, pour faire un niou, en ſorte que huit de ces grains valent encore neuf de nos lignes.

On a dit qu'au deſſus du ken eſt le voua ou toiſe; au-deſſus du voua eſt le ſen qui en contient vingt; cent ſens font le roé-neng ou la lieue; ce qu'on nomme jod contient quatre ſens. Voyez LA TABLE DES MESURES.

KEPATH. Petit poids dont ſe ſervent les Arabes. C'eſt la moitié du danck, c'eſt-à-dire, du grain; douze kepaths font le dirhem ou dragme Arabique.

Quelques-uns croyent que le mot de karat vient de celui de kepath.

KERMEN, ou KERMES. C'eſt le nom que les Arabes donnent à la graine d'écarlate.

KETSERI. Sorte de petits pois dont il ſe fait un grand commerce aux Indes orientales. Ils viennent en abondance dans pluſieurs petits royaumes du Malabar, particulièrement dans les terres de Cochin, Porca, Calicoulang & Coulan, d'où les Anglois & les Hollandois qui y ont des comptoirs en enlèvent tous les ans la charge de pluſieurs vaiſſeaux pour les diſtribuer & vendre avec un profit conſidérable en d'autres lieux des Indes où le ſol n'eſt pas propre à produire cette ſorte de légume.

KEUB. Meſure des longueurs dont on ſe ſert à Siam. Le keub contient douze nious, c'eſt la paume des Siamois, c'eſt-à-dire, l'ouverture du pouce & du doigt moyen. Il faut deux kubs pour un ſok, & deux ſoks pour un ken. Voyez LA TABLE DES MESURES.

KEURMEESTERS. On nomme ainſi, à Amſterdam, des commis ou inſpecteurs établis par les bourguemaîtres, pour viſiter certaines eſpèces de marchandiſes, & veiller qu'elles ſoient de bonne qualité, & que le commerce s'en faſſe avec fidélité.

Il y a des keurméeſters pour les laines, les chanvres & les cordages, qui en font la viſite, & qui règlent ce qu'il en faut rabattre du prix pour ce qui s'y trouve de taré ou d'endommagé.

D'autres ſont chargés de la marque des quartaux, pipes, barils & autres futailles, & d'y appliquer la marque de la ville quand ils ſe trouvent de jauge, & qu'ils ont la continence requiſe.

Quelques-uns ſont pour les juifs, quelques autres pour les beures & chairs ſalées; enfin il n'y a point de marchandiſe un peu conſidérable dont la viſite ne ſoit confiée à ces ſortes d'inſpecteurs.

Les rapports des keurméeſters font foi en juſtice; & c'eſt ſur leur témoignage que les bourguemaîtres & les autres juges, devant qui les conteſtations ſont portées, ont coutume de juger.

K H

KHATOUAT. Meſure des longueurs dont ſe ſervent les Arabes. C'eſt le pas géométrique des Européens. Le khatouat contient trois akdams ou pieds. Douze mille kathouats font la paraſange.

K I

KIEN-TCHEOU. Étoffe de ſoie fort eſtimée dans la Chine. La ſoie dont on la fabrique n'eſt point l'ouvrage des vers à ſoie ordinaires. Ceux dont on la tire ſont ſauvages, & on la va chercher dans les bois, particulièrement dans ceux de la province de Canton. Cette ſoie eſt de couleur griſe ſans aucun luſtre, ce qui fait que les étoffes qui en ſont fabriquées ont de l'air d'une voile toile ou d'un droguet un peu groſſier. Elles ſont cependant de grand prix, & ſe vendent plus cher que les plus beaux ſatins.

KILDERKIN. Mefure des liquides dont on fe fert en Angleterre. Le *kilderkin* d'alé qui eft une forte de boiffon, contient deux firkins à raifon feulement de huit galons le firkin. Celui de bière eft auffi de deux firkins, mais fur le pied de neuf galons le firkin.

Deux *kilderkins* font le baril, & deux barils le muid ou hogshead. *Voyez* LA TABLE DES MESURES.

KINGAN. Sorte d'*étoffes* à fond bleu qui fe fabrique dans le Japon. C'eft une des principales marchandifes que les Japonois portent aux habitans de la terre de Jeffo : elle eft ordinairement à fleur, qui reffemble beaucoup à celle de cette plante qui croît dans les eaux, que l'on nomme *nénuphar*.

KINKINA. Ecorce d'arbre qui vient du Pérou, qu'on eftime le meilleur de tous les fébrifuges. *Voy.* QUINQUINA.

KINSU. *Plante qui croît dans la Chine.* C'eft une efpèce de lin dont on fait une filaffe très-fine, qui reffemble affez à des cheveux blonds tirant fur le jaune. On en fabrique des toiles fort eftimées, à caufe de la qualité qu'elles ont, non-feulement de tenir la chair fraîche quand on s'en fert en chemifes pour l'été, mais encore parce qu'on leur croit la vertu de guérir la galle. Il ne s'en trouve que dans la province de Xanfi près de la ville de Kingiang, ce qui augmente la rareté de cette filaffe, en augmente auffi le prix.

KISTE. Efpèce de *laine* qui fe tire d'Allemagne.

KISTE. *Mefure des liquides* dont fe fervent les Arabes. Les auteurs ne font pas d'accord fur fa continence; les uns la font tenir un feptier; d'autres une pinte ou bouteille, & quelques-uns feulement un poiffon, c'eft-à-dire, moitié du demi-feptier de France. *Voyez* LA TABLE DES MESURES.

KITAI. Efpèce de *damas* qui fe fait à la Chine. Les femmes des Oftiackes, peuples de la Siberie foumife au Czar, en font des voiles dont elles fe couvrent le vifage par modeftie. Ce font les Tartares, voifins de la grande muraille de la Chine, qui leur apportent ces étoffes; il en vient auffi par les caravanes qui vont de Mofcou à Pekin, & qui traverfent prefque toute la Siberie entière.

On nomme auffi *kitai* des efpèces de toiles, mêlées de coton, dont les unes teintes en rouge, les autres en bleu & de diverfes autres couleurs; elles viennent pareillement de la Chine.

K O

KOGIA. Qualité honorable que les Turcs ont coutume de donner aux marchands qui font le commerce en-gros.

KONIGSDALLRE. *Monnoie d'argent* qui a cours en plufieurs lieux d'Allemagne, particulièrement fur les frontières de France. *Voyez* LA TABLE DES MONNOIES.

KOP. C'eft la plus petite mefure dont les détailleurs fe fervent à Amfterdam pour la vente des grains. 8 *kops* font un vierdevat, 4 vierdevats un fchepel, 4 fchepels un mudde, & 27 muddes un laft. *Voyez* LA TABLE DES MESURES.

KOPEKÉ, qu'on appelle & qu'on écrit plus fouvent COPEC. Petite *monnoie d'argent* qui a cours en Mofcovie.

KOPESTUCK. *Monnoie d'Allemagne*, qui vaut 10 fols du pays, ou 13 fols 4 deniers de France.

KOQUET. On appelle ainfi en Angleterre, ce qu'on nomme en France *droit de fortie*. Les François en paient le double de ce qu'en paient les Anglois, en conféquence d'un tarif que ces derniers nomment *coutume de l'étranger*.

KORATES, ou **TOQUES DE KAMBAYE.** Ce font de groffes toiles de coton qui viennent des Indes orientales, particulièrement de Surate, dont la pièce ne contient que 3 aunes deux tiers de long fur 2 tiers de large, & fait 4 *toques* à la pièce. L'ufage ordinaire de ces *toques* eft pour faire de groffes cravates.

KOSSENBLADEN. On nomme ainfi certaines *étoffes* affez groffières, qui font propres pour la traitte des Nègres à Cacongo & Louango. Les Hollandois y en débitent beaucoup.

KOUAN, ou **CHOUAN,** *graine* légère d'un verd qui tire fur le jaune.

KOUM-POULATI. Sorte d'acier excellent qui fe tire de la ville de Koum en Perfe. On l'appelle autrement *acier de Damas.*

K R

KREUX, ou **CREUXER.** Monnoie de cuivre qui a cours en Allemagne, & qui y fert auffi de monnoie de compte.

Quand on tient les livres en tallers ou dallers, le taller vaut quatre-vingt-dix *kreux*; fi c'eft en florin, le florin eft de foixante *kreux*; & fi c'eft en richedale, on eftime la richedale fur le pied de cent *kreux*.

KROSNE. C'eft l'écu d'argent d'Angleterre. *Voyez* LA TABLE DES MONNOIES.

KRUYS-BRANDS. Sorte de *hareng* qui fe pêche par les Hollandois. On le nomme auffi *bartholomi brands.*

L Onziéme *lettre* de l'alphabet. Cette *lettre*, foit majufcule ou initiale, foit petite ou courante, fert à plufieurs fortés d'abréviations pour la commodité des perfonnes de commerce, qui font obligées de tenir des journaux, livres & regiftres. L. ST. fignifie *livres fterlings*. L. DE G. ou LG. veut dire *livres de gros*. L. majufcule bâtarde fe met pour *livres tournois*, qui fe marquent auffi par cette figure ₶. Deux petites ℔. liées de la forte font *livres de poids*.

LABDANUM, que l'on nomme autrement LAP-DABUM. Sorte de graiffe. *Voyez* LADANUM.

LABIZA. Efpèce d'ambre ou de *fuccinum* d'une odeur agréable, qui coule par incifion d'un arbre qui croît dans la Caroline.

Cet ambre qui eft jaune comme le véritable *fuccinum*, fe durcit fi fort à l'air, qu'on en peut faire des bracelets & des colliers : auffi le nom de *labiza* que les Indiens de cette partie de l'Amérique lui donnent, fignifie-t-il *joyau* ; l'appellant ainfi, par-ce qu'ils ont coutume d'en faire leur plus grande parure. C'eft une des meilleures marchandifes que l'on traite avec eux.

Les Anglois mettent le *labiza* au nombre des gommes aromatiques & des parfums.

LABOURAGE. On appelle *décharge* & *labou-rage* des vins, cidres & autres boiffons, la fortie de ces fortes de liqueurs hors des bateaux dans lef-quels elles font arrivées aux ports de la ville de Paris. C'eft aux feuls maîtres tonneliers à qui il ap-tient de faire ce *labourage*, à l'exclufion de tous autres déchargeurs établis fur lefdits ports.

LACET. Morceau de cordonnet rond ou de treffe plate, fait de foie, de fleuret, ou de fil, ferré par les deux bouts, qui fert à ferrer les corps de jupe, les corfets, les chemifettes & autres vête-mens d'hommes ou de femmes : on s'en fert auffi à enfiler des papiers.

Le cordonnet ou la treffe dont les *lacets* font formés, fe fabrique fur un boiffeau avec des fufeaux par les maîtres paffementiers-boutonniers ; ou fur le métier avec la navette par les tiffutiers-rubaniers. Le cordonnet qui fe fait fur le métier fe nomme *cordon à la ratière*. Les *lacets* font partie du né-goce des marchands merciers & papetiers.

LACIS. Ouvrage de fil ou de foie fait en for-me de filet, dont les femmes font des coëffures. En France, on l'appelle plus ordinairement du *marly*.

Il fignifie auffi quelquefois du *capiton* ou de pe-tites étoffes qui en font faites. *Voyez* LASSIS.

LACK, LACRE, ACRE, ou LAES. Monnoie de compte de Surate & des autres états du Mogol,

qui vaut cent mille ; un *lacre* de roupies vaut cent mille roupies ; c'eft à peu près comme ce qu'on appelle une *tonne d'or* en Hollande & un million en France, non pour la valeur, mais pour l'ufage qu'on en fait dans les comptes. Un *Lack* de rou-pies vaut cent mille roupies. *Voyez* LA TABLE DES MONNOIES.

LACRE. Le tarif de France de 1664 appelle *lacre* ou cire à cacheter, ce qu'on nomme plus commu-nément *cire d'Efpagne*.

LACS-D'AMOUR. Sorte de *linge ouvré* qui fe fait en baffe Normandie, particulièrement à Caen & aux environs.

LADANUM. Nom que l'on donne à une forte de *plante* qui eft une des deux efpèces de ciftus, qui produit l'hypociftis.

LADANUM. Quelques-uns nomment auffi de la forte ce qu'on appelle autrement *labdanum* ou *lapdanum*. Il y a cependant bien de la différence entre ces deux drogues.

L'arbriffeau qui produit le *ladanum*, croît en quantité dans l'ifle de Candie.

Le *ladanum* que cette plante produit, eft une efpèce de glu odoriférante, ou comme une fueur graffe qui fe trouve fur fes feuilles dans le temps des plus grandes chaleurs ; elle en fort en goutes luifantes, qui ne font pas moins claires que la térébenthine.

Le *ladanum* le plus pur eft toujours mêlé de quelques ordures, à caufe que la vifcofité de cette drogue arrête aifément la pouffière qui s'élève lorf-qu'il fait du vent : mais outre ce défaut naturel, les payfans qui la recueillent la fofiftiquent affez ordinairement en la pâtriffant avec un fablon noi-râtre & très-fin. On découvre la tromperie en mâ-chant le *ladanum*, celui qui eft fofiftiqué cra-quant fous les dents ; on peut auffi le diffoudre & le filtrer.

C'eft aux environs de l'Efcare (ville de l'ifle de Chipre) que fe recueille le plus fameux *ladanum*. Cette drogue vient d'une rofée qui tombe fur les feuilles d'une petite plante d'un demi-pied de haut, qui ne reffemble pas mal à la petite fauge.

Pour amaffer le *ladanum*, les payfans mettent dès le matin leurs chèvres aux champs avant que le foleil foit levé, afin qu'elles aillent brouter cette herbe ; comme cette rofée eft gluante, elle s'attache aifément à la barbe de ces animaux qu'on leur coupe une fois tous les ans, & dont on tire le *ladanum* en les faifant paffer fur le feu pour le fondre : c'eft ce *ladanum* qu'on appelle *landa-num vierge*, & que les droguiftes eftiment le meil-leur. Il y en a une feconde forte qu'on trouve auffi aſſez beau ; c'eſt celui qui s'attache à un petit toupet de poil que les chèvres ont au-deſſus de l'endroit où leur corne ſe fourche.

On recueille auſſi le *ladanum* encore de deux manières ; la première, en faiſant paſſer ſur ces plantes une groſſe corde faite de poil de vaches dont deux hommes tiennent chacun un bout ; & l'autre, en attachant pluſieurs petites cordes enſemble à un bâton aſſez court, avec leſquelles on frotte ces plantes tous les matins, tant qu'elles paroiſſent couvertes de roſée.

Ces deux manières de ramaſſer le *ladanum* ne donnent que le moins bon & le plus groſſier, parce qu'il s'y mêle beaucoup de ſable.

Le *ladanum* eſt noir, d'une odeur forte & d'un grand uſage en temps de peſte ; on l'employe auſſi en divers médicamens pour d'autres maladies.

LADOG. Eſpèce de *hareng* qui ſe pêche dans le lac de Ladoga en Moſcovie, d'où il a pris ſon nom. On le ſale & on le caque à peu près comme le hareng qui ſe pêche dans l'Océan. Quoique le commerce en ſoit conſidérable, il ne peut pas néanmoins ſuffire pour la proviſion des Moſcovites à cauſe de la multiplicité de leurs carêmes, ce qui fait qu'ils en conſomment auſſi quantité de celui de la pêche des Anglois & des Hollandois.

LAGA. Sorte de *fève* rouge & noire qui croît dans quelques endroits des Indes orientales, & qui en pluſieurs lieux ſert de poids pour peſer l'or & l'argent. Les Malays l'appellent *conduri*.

LAGAN. Ancien droit qui appartenoit aux ſeigneurs ſur les marchandiſes & débris des vaiſſeaux échoués ou ſubmergés, que la mer jettoit ſur les côtes.

Il y en avoit de deux ſortes, le grand & le petit *lagan*. Le grand *lagan* qu'on appelloit auſſi gros *lagan*, s'entendoit de celui qui étoit au-deſſus de ſoixante ſols, & le petit de ce qui étoit au-deſſous de cette ſomme.

C'eſt préſentement ce droit d'épave qui eſt dû au roi, ou aux ſeigneurs pour les marchandiſes & autres effets naufragés qui ſe trouvent ſur les rivages de la mer, & qui proviennent des bris, échouemens & jets en mer.

LAGIAS. Toiles peintes très-belles, qui ſe fabriquent & ſe vendent au royaume de Pégu. Ces toiles ſont ſi eſtimées, que par excellence on les appelle *lagias du roi*. Les autres ſortes de toiles qui ſe font dans ce royaume, & qui ne ſont guères moins belles que les *lagias*, ſont les torpitis, les corpis & les pintadis.

LAINAGE, ou LANAGE. Façon que l'on donne aux draps & autres étoffes de lainerie, en les tirant avec des chardons pour y faire venir le poil.

LAINAGE. S'entend auſſi du négoce qui ſe fait des laines. On dit, qu'un marchand fait un grand commerce de *lainage*, pour dire qu'il achète & qu'il vend quantité de toutes ſortes de laines.

LAINE. On nomme ainſi le poil des agneaux, beliers, moutons & brebis, qui de-là ſont appellés *bêtes à laine*. Quand la *laine* n'eſt encore que telle qu'elle a été tondue & coupée de deſſus le corps de l'animal, & qu'elle n'a point été ſéparée ni triée ſuivant ſes différentes eſpèces, on lui donne le nom de *toiſon*; & c'eſt en cet état que ceux qui font le négoce des *laines* les achetent des laboureurs & fermiers.

Chaque toiſon eſt compoſée de pluſieurs qualités de *laine* qu'on a ſoin de trier & ſéparer ſuivant les différens uſages à quoi elles ſont propres.

Ceux qui font le négoce des *laines* en France tirent ordinairement de chaque toiſon trois ſortes de *laines*. 1º. La *mère-laine*, qui eſt celle de deſſus le dos & du col. 2º. La *laine* des queues & des cuiſſes ; & 3º. Celle de la gorge, de deſſous le ventre & des autres endroits du corps.

Celle qu'on appelle *croton* ou *crotin* pourroit en paſſer comme une quatriéme eſpèce, mais elle eſt ſi mauvaiſe qu'on la compte preſque pour rien. Le nom qu'on lui donne vient des crotes & excrémens des moutons qui s'y ſont attachés, & qui la gâtent tellement qu'elle n'eſt que le rebut de la *laine*.

Les Eſpagnols font à peu près le même triage que les François, & nomment ces trois qualités de *laines* la *prime*, *ſeconde* & la *tierce*; avec cette différence qu'en Eſpagne ces trois ſortes de *laines* ne ſe vendent qu'enſemble pour n'avoir point de mauvais reſtes, & que les François les vendent, ou les achètent en détail ou ſéparément, ſuivant l'uſage qu'ils en veulent faire, & les manufactures où ils les veulent employer.

La *mère-laine* eſt encore de deux ſortes, qu'on diſtingue par les noms de *laine* fine & moyenne, ou de haute & baſſe *laine*, & cela ſelon que les toiſons ſont courtes & fines, longues, ou groſſières.

La *laine* avant que d'être en état d'être employée paſſe par bien des mains. Après que le tondeur l'a coupée, on la lave, puis on la fait ſécher; elle eſt enſuite épluchée & battue.; après on y met l'huile ; & quand elle a été cardée & filée, on la travaille, ou ſur le métier ou à l'éguille.

Le commerce des *laines* eſt très-conſidérable en Europe, & la France en conſomme une ſi grande quantité dans ſes manufactures depuis les dernières guerres, que malgré l'abondance qu'il s'en trouve dans la plupart des provinces du royaume, elle eſt obligée d'avoir recours à ſes voiſins, & d'en tirer beaucoup des pays étrangers.

Les *laines* Françoiſes viennent le plus ordinairement & le plus abondamment du Languedoc, du Berry, de la Normandie & de la Bourgogne ; la Picardie, la Champagne & d'autres de nos provinces en fourniſſent auſſi, mais de moindre qualité & en moindre quantité.

Les *laines* étrangères ſont tirées d'Eſpagne, de Portugal, d'Angleterre, d'Écoſſe, d'Irlande & de

Hollande. Il en vient aussi du Levant par la voie de Marseille, qui se tirent de Constantinople, de Smyrne, d'Alexandrie, d'Alep, de Chypre, de la Morée & de Barbarie; ces dernières sont peu estimées, Smyrne & Constantinople fournissent les meilleures qui viennent du Levant.

Laines de France.

Les *laines de France* se vendent ordinairement par les fermiers & par les laboureurs en toison, & tout en suin, ou, comme disent les bas-Normands, en suif, c'est-à-dire, sans avoir été lavées de la graisse qui est dessus. En quelques autres endroits ces sortes de laines grasses se nomment *laines surges*.

Ceux qui les achètent ainsi de la première main avec leur suif, les font laver pour en faire ensuite le triage, ou pour les vendre en toisons, sans autres apprêts que de les avoir lavées. Quand les *laines* ont été triées, alors elles ne se vendent plus qu'au poids.

Les habiles fabriquans croyent qu'il y a plus d'avantage à acheter les *laines* toutes triées qu'en toisons; les marchands de *laines* ayant coutume de les farder en roulant le plus fin par dessus, & renfermant en dedans le plus mauvais.

Les meilleures *laines de France* sont celles de basse-Normandie, & entr'autres celles de Valogne: celles du Cotantin sont presque autant estimées, quoique de moindre qualité; mais celles des environs du Ponteau-de-mer, ville située entre Rouen & Caen, ne sont comparables ni aux unes, ni aux autres, étant très-grossières; aussi ne s'en fabrique-t-il que des frocs de Lizieux & de Bernai, ou des serges de Falaise qui sont des étoffes très-communes; tandis que les *laines* de Valogne ou de Coutance s'emploient en draps de Valogne, de Cherbourg, de Vir, & en serges tant finettes que razes, de S. Lo & de Caen, toutes étoffes qui se travaillent en fin.

Les *laines* de Berry entrent aussi dans la fabrique des draps de Valogne & de Vir, & c'est aussi avec ces laines que l'on fait les draps qui portent le nom de *draps de Berry*, aussi-bien que les droguets d'Amboise, en y mêlant un peu de celles d'Espagne.

Le pays de Caux fournit des *laines* propres aux pinchinats, & aux serges cordelières, & particulièrement pour les draps d'Usseau; on en fait aussi des frocs de Bolbec & des serges de Fecamp.

Pour les *laines* de Champagne, outre quelques pinchinats & couvertures qu'on en fait, elles ne servent qu'aux chaînes des petites marchandises de Rheims & d'Amiens.

Les *laines* propres à la tapisserie se filent à Abbeville & aux environs, ou à Rozières auprès d'Amiens, par des fileurs qui se nomment *houpiers*. Elles se vendent au poids par paquets de cinq livres, & sont teintes pour la plûpart à Paris par les tein-

turiers en fil, laine & soie; les fileurs de Rozières aimant presque autant les y apporter qu'à Abbeville, d'où l'on tire la plûpart de celles dont on fait des envois en Allemagne, en Pologne & dans le Nord.

Les négocians de Lyon en font aussi un commerce considérable en Savoie & en Italie. Ces *laines* d'Abbeville sont de deux sortes; les belles qu'on nomme *auxy*, & les communes qu'on appelle *frontières* : celles qu'on choisit pour faire les plus beaux bas au métier ou à l'éguille, se nomment *laines triées*.

C'est de Bayonne & des environs qu'on tire ces sortes de *laines*, plus semblables à de longs poils qu'à de véritables toisons, dont on fait les lizières des draps, & principalement des draps noirs, en y mêlant quelque poil d'autruche ou de chameau.

Outre les lieux d'où on tire les *laines* dont on vient de parler, les François, particulièrement les Provençaux, en apportent une assez grande quantité de l'isle de Candie. Ces *laines* ainsi que toutes les autres qui viennent de la Grèce & des isles de l'Archipel, sont d'une assez médiocre qualité, & ne peuvent guères servir qu'à la fabrique de quelques étoffes assez grossières ou aux lisières des étoffes fines; on en fait aussi des matelats.

Savary, grand partisan des réglemens sur le commerce, en sa qualité d'exécuteur & de fabricateur de pareils actes, continue cet article de la manière suivante, qui mérite en effet une attention spéciale.

L'arrêt du conseil du 9 mai 1699, portant réglement pour le commerce des *laines de France*, est un des plus importans & des plus nécessaires qui ait été rendu sur cette matière. Aussi on a cru que le lecteur seroit bien-aise de le trouver dans ce Dictionnaire.

Le roi étant informé qu'il s'étoit introduit plusieurs abus dans le commerce des *laines* du royaume, & que dans les provinces plusieurs personnes de toutes qualités se mêloient de les acheter des fermiers, laboureurs & autres, qui élèvent & nourrissent des troupeaux, quelquefois même avant que les moutons eussent été tondus; & ainsi se rendoient maîtres de toutes les *laines* pour les revendre ensuite bien cher; ce qui en augmentoit le prix, & par conséquent celui des manufactures d'étoffes de *laine*, en faisoit cesser les travaux, & ruinoit le commerce qui se fait desdites étoffes de *laine* tant dedans que dehors du royaume. Sa majesté, pour prévenir & empêcher ces abus, fait défenses par cet arrêt à toutes personnes de quelque qualité & condition qu'elles soient, d'enharrer ni acheter chez les fermiers, laboureurs & autres qui nourrissent des troupeaux, les *laines* des moutons & brebis avant qu'ils ayent été tondus, à peine de nullité de ventes, perte des deniers qui auroient été fournis d'avance pour lesdits achats, & de cinq cens livres d'amende qui ne pourra être remise ni modérée : fa majefté faifant pareillement défenfes & inhibitions à toutes perfonnes qui ne font pas marchands de *laine* ou fabriquans d'étoffes , d'acheter des *laines* pour les revendre & en faire trafic & commerce , à peine de confifcation des *laines* dont ils fe trouveront faifis , & de mille livres d'amende ; & en cas de récidive , de punition corporelle ; defquelles amendes & confifcations il en appartiendra un tiers au dénonciateur , un tiers aux hôpitaux & pauvres du lieu , & le furplus à fa majefté.

Cet arrêt fut interprêté par un autre arrêt du 2 juin enfuivant.

Sa majefté ayant été informée qu'en divers lieux l'ufage ordinaire étoit de vendre dans le mois de mai les *laines* fur les bêtes avant qu'elles foient tondues ; & que cela convenoit mieux au bien du commerce , parce que les acheteurs prenoient eux-mêmes le foin de tondre & faire tondre les moutons & brebis ; qu'ils ménageoient mieux la *laine* par l'intérêt qu'ils y avoient ; & qu'ils en faifoient le triage en même temps pour , après les avoir lavées & blanchies , les vendre fuivant leurs différentes efpèces ; en forte qu'on ne pouvoit regarder comme vicieux & abufifs , que les achats & enharremens des *laines* , qui font faits avant le mois de mai. Sa majefté , en interprétant l'arrêt précédent & jufqu'à ce qu'autrement il en ait été ordonné , a fait & fait très-expreffes inhibitions & défenfes d'enharrer ni acheter les *laines* fur les moutons & brebis avant le mois de mai de chaque année , & le permet après ledit mois ; ordonnant au furplus que ledit arrêt du 9 mai 1699 , feroit exécuté fuivant fa forme & teneur.

Tout autre qu'un enthoufiafte du monopole mercantil , verroit dans ces deux arrêts rendus coup fur coup , à quelles erreurs s'expofe l'autorité quand elle s'en rapporte à de tels réglemens fur le commerce.

Laines d'Espagne.

Les *laines* qui fe tirent d'Efpagne viennent particulièrement des royaumes de Caftille , d'Arragon & de Navarre ; on leur donne des noms , ou felon leur qualité , ou felon les lieux d'où on les envoie. Celles de Caftille & d'Arragon viennent ordinairement par Bilbao, capitale de la Bifcaye, à deux lieues de la mer.

Les environs de Sarragoffe pour l'Arragon & le voifinage de Ségovie pour la Caftille , fourniffent les *laines d'Efpagne* les plus eftimées.

Parmi les plus fines de ces deux royaumes , on y diftingue encore la pile des Chartreux , la pile des Jéfuites, celles qu'on nomme la *grille* , le *refin de Ségovie* & le *refin Ville-Caftin*.

En général on donne aux *laines* les plus fines le nom de *prime* , en y ajoutant celui du lieu d'où elles viennent : ainfi on dit , prime Ségovie , pour

dire la plus belle *laine* qui fe tire de cette ville. Celle qui fuit s'appelle *feconde ou refleuret* , en y joignant auffi la dénomination de quelque lieu d'Efpagne , comme refleuret Ségovie , refleuret Ville-Caftin. Cette feconde efpèce de laine fe nomme quelquefois fimplement *Ségoviane*. La troifième *laine* s'appelle *tierce* , qui fe diftingue pareillement par une feconde appellation , comme tierce Ségovie.

La prime , fur-tout celle de Ségovie & de Ville-Caftin , s'emploie pour l'ordinaire à faire des draps , des ratines , & autres femblables étoffes façon d'Angleterre & de Hollande les plus fines. La Ségoviane ou refleuret fert à fabriquer des draps d'Elbeuf ou autres de pareille qualité ; & la tierce n'entre que dans les draps les plus communs , comme ceux de Rouen & Darnatal.

Le rebut de ces trois *laines* Efpagnoles s'appelle en quelques lieux de France *migot* , comme qui diroit mauvais. On fe fert particulièrement de ce terme en Languedoc.

Les laines moliennes fe tirent de Barcelone ; & quoique le Rouffillon ait été détaché depuis longtemps de la monarchie d'Efpagne , & cédé à la France , les *laines* qui en viennent gardent toujours le nom de *laines d'Efpagne*.

Il y en a de trois fortes ; le refleuret qui eft la prime , ou la plus fine des *laines* de cette province ; la feconde qui eft celle d'après , & le migneau qui eft la moindre , & dont les Languedociens ont apparemment pris leur migot dont on vient de parler.

Les autres noms des *laines d'Efpagne* ou réputées d'Efpagne , font l'albarazin , la forie Ségoviane , ou Dellos Rios , la forie commune , les cafères , ou petite Ségovie , la fegeweufe Ségovianne , la fegeweufe de Moline , les floretonnes de Ségovie , & les floretonnes communes de Navarre & d'Arragon , les cabefas d'Eftramadoure , & les petites campo de Séville & de Mallagis.

Outre les draps de diverfes fortes dont on a parlé ci-deffus , à la fabrique defquels on emploie les *laines d'Efpagne* , elles fervent à faire les bas drapés , camifolles , chauffons , & autres ouvrages de bonneterie les plus fins.

Laines de Portugal.

Les *laines de Portugal* ne diffèrent guères de celles d'Efpagne , & elles paffent ordinairement pour laines de Ségovie. Les draps où elles font employées toutes pures font très-doux & très-mollets à la main ; mais rarement les fabriquans veulent-ils les employer de la forte , à caufe de la nature de ces *laines* , qui foulent fur la longueur & non fur la largeur ; ce qui fait que les draps fortent très-courts du foulon , & caufe beaucoup de perte au marchand.

Laines de Hollande.

Il vient de Hollande de deux fortes de *laines* ;

celles du crû du pays, & celles que les Hollandois tirént eux-mêmes d'Allemagne, de Poméranie, de Dantzik, de la Prusse, Brunswic, Paterborn, &c. On fait ordinairement peigner & filer en Flandres, & elles s'emploient pour la plupart à faire des bas au métier très-fins. On en fait aussi entrer dans la fabrique des beaux draps.

Laines d'Angleterre, d'Ecosse & d'Irlande.

Les Anglois ont toujours été fort jaloux de leurs *laines*; mais sur-tout leur jaloufie s'est si fort augmentée depuis le milieu du dix-septiéme siécle, qu'il y va de la vie d'en faire aucun commerce avec les étrangers.

Quoique les *laines d'Ecosse* & *d'Irlande* passent pour *laines d'Angleterre*, celles-ci l'emportent cependant de beaucoup sur les deux autres, soit pour la bonté, soit pour la finesse. Quelques-uns ne laissent pas pourtant d'estimer les *laines d'Irlande* les plus belles.

La *laine d'Angleterre* la plus belle vient de Cantorbery. On la tire ou sans être peignée ou toute peignée, c'est-à-dire, toute prête à être filée. On s'en sert en France dans la fabrique des plus beaux draps & des autres étoffes de laine les plus fines; & les manufacturiers ont poussé si loin l'imitation de ceux d'Angleterre, que les Anglois eux-mêmes y sont trompés; & qu'il n'y a plus que la prévention & l'entêtement commun à tous les peuples pour ce qui vient de dehors, qui puissent faire préférer les fabriques étrangères à celles du royaume.

Il se consomme aussi beaucoup de *laines d'Angleterre* pour les tapisseries, soit de haute-lisse, ou de basse-lisse, soit à l'aiguille & sur le canevas, particulièrement pour les blancs & les couleurs de feu; & ce sont ces laines qu'on appelle *laines des Gobelins*, parce qu'elles y sont teintes par ces habiles teinturiers, qui depuis plus d'un demi-siécle y sont établis, & s'y sont rendus si célèbres par leurs admirables teintures, qui ne cédent pas même à celles de Hollande.

Une autre consommation considérable des *laines d'Angleterre* se fait en bas au métier, qu'on appelle *bas de bouchon*, du nom de ces sortes de *laines* qu'on apporte en France pliées & contournées en forme d'espèce de bouchons assez semblables à ceux de paille dont on se sert à frotter les chevaux, & à abbatre leur sueur. Cette *laine* est très-longue & très-fine. Elle vient toute peignée d'Angleterre.

Pour les *laines d'Ecosse* & *d'Irlande*, étant presque semblables à celles d'Angleterre, elles sont destinées à peu près aux mêmes usages; hors qu'étant moins fines & plus communes, les étoffes qu'on en fabrique ne sont pas si estimées ni d'un si bon débit. La plûpart de ces *laines* se tirent toutes peignées, & se filent ordinairement en Picardie.

Laines d'Allemagne & du Nord.

Outre toutes ces différentes *laines* dont on vient de parler, & qui sont les plus fines & les meilleures de celles que les pays étrangers fournissent à la France; il s'en tire encore une grande quantité de l'Allemagne & du Nord, qui, quoique d'une qualité inférieure, s'emploient heureusement dans beaucoup d'étoffes & d'autres ouvrages.

On leur donne ordinairement le nom des lieux d'où elles viennent; comme *laines* de Roftoc, de Gripsw, de Stralsunt, d'Anclam, de Stetin, de Thoorn, de Dantzik, &c. Elles ne laissent pas quelquefois d'avoir des noms qui leur sont propres; mais l'on ajoute toujours celui des royaumes, états ou villes d'où on les envoie; comme *bluette du Rhin*, *laine d'été de Pologne*, *laine* de brunyere du Rhin, de Wismart; *plure* de Mulhausen, de Wismart, du Rhin; *fine-grife*, *kiste*, &c.

Il se fait aussi un grand commerce des *laines de Lorraine*, où la récolte en est abondante, à cause de la quantité extraordinaire de brebis & de moutons qui s'y nourrissent. La meilleure partie de ces *laines* s'envoie à Liège & en Champagne.

Laines du Levant.

L'on a encore les *laines du Levant*, comme les *pelades* fines & communes, les *tresquilles* ou *surges*, les *bâtardes*, les *ipsola*, & l'*estain* de Constantinople; les *laines surges d'Alep*, d'Alexandrie, de Chypre; les *bâtardes noires* d'Alep; les *laines de chevrons noires* de Smyrne & de Perse; les *chevrons* roux & blancs, fins & communs de Smyrne, de Satalie; enfin les *mattelins* & les *laines* de la Morée & de Barbarie.

L'on compte aussi les bourres parmi les *laines*; c'est-à-dire, ce qui tombe sous la claye lorsqu'on bat la *laine*; mais elles sont de si mauvaise qualité, qu'elles ne peuvent servir qu'aux étoffes les plus grossières, comme sont les draps de Sezanne & autres semblables.

Laines d'agnelins.

Enfin il vient des *agnelins* ou *laines* provenantes des agneaux & jeunes moutons, de tous les lieux tant du royaume que des pays étrangers dont il est parlé dans cet article. Ce sont les bouchers & rôtisseurs qui en font les abatis.

Les *agnelins* qui viennent d'Espagne se distinguent par les noms suivans : *laines d'agnelins lavées* de Ségovie, *sor Ségovie*, *Ségovie non lavée*, *sor* de Moline, de Castille, d'Albarafin & de Navarre.

Les autres prennent les noms des lieux d'où on les tire, comme *agnelins* de Pologne, de Thoorn, &c. La *laine d'agnelin* est de très-mauvaise qualité, & comme telle, il est défendu de l'employer dans

dans la fabrique des étoffes de laine, n'étant permise que dans celle des chapeaux.

LAINE DE VIGOGNE. C'est une *laine* qui n'est connue en Europe que depuis la découverte de l'Amérique. L'animal qui la porte se trouve dans le Pérou.

LAINE D'AUTRUCHE. Ce qu'on nomme de la sorte, n'est pas une *laine* provenant de la tonture des toisons des brebis & moutons, mais la *laine* ou *ploc d'autruche*, c'est-à-dire, le duvet ou poil de cet oiseau. *Voyez* AUTRUCHE.

LAINE BASSE ou BASSE LAINE. C'est la plus courte & la plus fine *laine* qui soit dans la toison du mouton ou de la brebis : elle provient du colet de l'animal qu'on a tondu. Plusieurs lui donnent le nom de *fin*, à cause de sa grande finesse. Cette sorte de *laine* étant filée, sert pour l'ordinaire à faire la trame des tapisseries de haute & basse-lisse, des draps, des ratines, & de plusieurs autres semblables étoffes fines ; ce qui fait qu'un grand nombre d'ouvriers & de manufacturiers l'appellent *laine-trame*.

C'est de cette espèce de *laine* dont les ouvriers en bas au métier & au tricot se servent pour fabriquer les ouvrages de bonneterie qu'ils destinent pour être drapés. Les Espagnols & les Portugais lui donnent le nom de *prime*, qui signifie *première*. Ainsi l'on dit, la prime Segovie, pour dire, la *laine* de Ségovie de la première qualité.

LAINE CARDÉE. C'est de la *laine* qui après avoir été dégraissée, lavée, séchée, battue sur la claye, épluchée & arrosée d'huile, a passé par les mains des cardeurs, qui l'ont tirée sur le genouil avec des cardes, afin de la disposer à être filée pour en fabriquer des tapisseries, des étoffes, des bas, des couvertures, &c. La *laine cardée* qui n'a point été arrosée d'huile ni filée, s'emploie à garnir des robes de chambre & courte-pointes, à faire des matelas, &c. *Voyez* CARDE & CARDEUR.

LAINE CRUE. C'est la *laine* qui n'est point apprêtée.

LAINE CUISSE. C'est la *laine* qui se coupe entre les cuisses des moutons.

LAINE EN SUIF. C'est la même chose que *laine en suin*.

LAINE EN SUIN, ou LAINE GRASSE, que quelques-uns appellent aussi LAINE SURGE. C'est de la *laine* telle qu'elle a été tondue ou coupée de dessus le corps des moutons & brebis, c'est-à-dire, qui n'a point encore été lavée ni dégraissée.

Le suin ou la graisse qui se tire des *laines*, & que ceux qui les lavent ont soin de ramasser dans de petits barils, est envoyée aux marchands épiciers-droguistes, qui lui donnent le nom d'*œsipe*.

LAINE FILÉE. C'est la *laine* qu'on appelle ordinairement *fil de sayette*.

LAINE FINE, ou HAUTE LAINE. C'est la meilleure de toutes les *laines*, & le triage de la *mère-laine*.

LAINE FRONTIÈRE. C'est la *laine* filée d'Abbeville, de la moindre qualité.

LAINE HAUTE, que l'on nomme aussi LAINE CHAISNE, ou LAINE ESTAIM. C'est la *laine* longue & grossière qu'on tire des cuisses, des jambes, & de la queue des moutons & brebis. La *laine* haute ayant été peignée & filée, se nomme *fil d'étaim*. C'est de ce fil dont on fait les chaînes des tapisseries de haute & basse-lisse, & de plusieurs sortes d'étoffes, même les ouvrages de bonneterie tant au métier qu'au tricot.

LAINE MOYENNE, ou BASSE LAINE. C'est ce qui reste du prémier triage de la *mère-laine*. Souvent par *basse-laine* l'on entend la *laine* la plus courte & la meilleure de l'animal.

LAINE DE MOSCOVIE. C'est le duvet des castors qu'on tire sans gâter ni offenser le grand poil. Il faut beaucoup d'adresse pour cela, & le secret n'en est point encore connu en France.

LAINE PEIGNÉE. C'est celle qu'on a fait passer par les dents d'une sorte de peigne ou grande carde, pour la disposer à être filée. Plusieurs lui donnent aussi le nom d'*estaim*.

LAINER UNE TAPISSERIE. C'est dans la fabrique des tapisseries de tontures de laines, couvrir de *laine* hachée & réduite en poussière, l'ouvrage du peintre avant que les couches en soient sèches, ce qui se fait par le moyen d'un très petit tamis, que l'ouvrier tient à la main. *Voyez* TONTURE, *où il est parlé de ces sortes de tapisseries*.

LAINERIE. Qui est de *laine*, qui est fabriqué de *laine*. On dit, commissaire ou inspecteur des manufactures de draps & étoffes de *lainerie*.

LAINEUX. Qui a beaucoup de *laine* ; ce qui se dit des étoffes de lainerie qui sont bien garnies de laine. On le dit aussi des toisons qui n'ont pas encore été tondues de dessus le dos des moutons. Ces moutons sont *laineux* : ces toisons sont *laineuses*.

LAITON. Espèce de cuivre. *Voyez* LETON.

LAIZE, ou LAYZE. Largeur qu'une étoffe ou une toile doit avoir entre les deux lisières.

Les laizes ou largeurs des étoffes d'or, d'argent & de soie, ont été fixées par trois réglemen. de 1667, pour les villes de Paris, Lyon & Tours, arbitrairement, de la manière suivante :

Les velours pleins, façonnés, ras, coupés, tirés, figurés, torts, moyens, petits, enfin de toutes sortes, aussi-bien que les pannes, les peluches, & les grilles, doivent avoir onze vingt-quatriémes de *laize*, c'est-à-dire, une demi-aune moins un vingt-quatriéme de large.

Les draps d'or & d'argent fin, brocards, satins, damas, tabis à fleurs, velours, toiles d'argent tant pleines que figurées, doivent pareillement se faire de demi-aune moins un vingt-quatriéme, de même que tous les façonnés, comme luquoises, damas,

B

vénitiennes, damaſſé, &c. ſans or ni argent; & encore tous les ſatins pleins, quelque nom que l'on puiſſe donner à toutes ces étoffes.

Les taffetas & tabis pleins, tant forts que foibles, de toutes couleurs & noirs luſtrés, peuvent être ou de demi-aune moins un vingt-quatriéme, ou de demi-aune entière, ou de demi-aune demi-quart : ils peuvent même s'augmenter au-deſſus de cinq huit ; ce qui doit auſſi s'entendre de tous taffetas figurés à la marche, rayés en long & en travers, mouchetés, nuancés, & des tabis figurés.

Les filatrices & papelines tramées de fleuret, tant pleines que façonnées, demi-aune, & demi-aune demi-quart.

Toutes les étoffes mélangées de poil de chévre, laine, fil & coton, &c. comme Egyptienne, ſatin de la Chine, damas caffari, camelotine, modène, ſatin de Bruges, légatine, ſerge, dauphine, étamine du Lude, tripes de velours, brocatelle, toile de pourpoint, écharpe de ſoie, oſtade, demie-oſtade, baſin, futaine, moucayart, &c. doivent au moins avoir demi-aune moins un ſeize, ou demi-aune entière, ou demi-aune un ſeize.

Les moires liſſes ou unies, burails, ferandines, &c. tant pleines que figurées, tramées de laine, poil, fil, &c. ſont de quatre ſortes de laiʒes ; ſçavoir, quartier & demi, demi-aune moins un ſeize, demi-aune entière, & demi-aune un ſeize.

Les toiles de ſoie, gazes, étamines, crapaudailles, priſonnières, & toutes autres ſemblables étoffes, auſſi-bien que les crêpes crêpés, crêpes unis & gros crêpes, ſont faits ſuivant leurs largeurs ordinaires qui ne ſont pas exprimées dans les réglemens, mais qu'on peut voir aux articles particuliers de toutes ces étoffes, ſuivant leur ordre alphabétique.

Enfin les taffetas à jarretieres doivent avoir un tiers de large.

Ce qui détermine les laiʒes des étoffes, eſt la largeur de leurs rots ou peignes, le nombre de leurs portées, & la quantité de fils dont chaque portée eſt compoſée. Toutes ces choſes ſe trouvent aux articles où il eſt parlé de chaque étoffe de ſoie en particulier.

Les laiʒes des toiles qui ſe fabriquent dans la ville & vicomté de Laval, ont ainſi été réglementées en 1683.

Les toiles de Laval eſtimées pour le commerce, doivent avoir l'aune des quatre largeurs ſuivantes meſurées à l'aune de ladite ville.

1°. Celles appellées de *grande laiʒe*, trois quarts un pouce & demi en écru pour avoir en blanc leſdits trois quarts juſtes, revenans à l'aune de Paris, à ⅔ ¼ ½ un pouce 6 lignes ½.

2°. Celles appellées de *hautes laiʒes* ou *moyennes laiʒes*, deux tiers deux pouces quatre lignes en écru, pour avoir en blanc deux tiers un pouce,

revenant à l'aune de Paris à trois quarts trois pouces deux lignes deux tiers de ligne.

3°. Celles appellées de *laiʒe ordinaire*, deux tiers moins un pouce en écru, pour avoir en blanc demi-aune demi-quart, revenant aux trois quarts juſte de l'aune de Paris.

4°. Celles appellées de *laiʒot*, demi-aune en écru, pour avoir en blanc demi-aune moins neuf lignes, revenant à demi-aune un douze de l'aune de Paris.

LAKENSE DOZYNKENS. *Draps d'Angleterre* qui ſe fabriquent à Norffolk ; les pièces ſont de 18 aunes.

LAMANAGE, ou PILOTAGE. (*Terme de commerce de mer.*) C'eſt le travail des mariniers qui conduiſent les vaiſſeaux à l'entrée ou à la ſortie des ports, havres, ou rivières, particulièrement dans les lieux où l'entrée eſt difficile.

Les aſſureurs ne ſont point tenus des frais de lamanage ou *pilotage*. Ce ſont menues avaries qui doivent tomber, un tiers ſur le navire, & les deux autres tiers ſur les marchandiſes. Cela eſt conforme à l'ordonnance de marine du mois d'août 1681, article 30 du titre 6 & article 8 du titre 7, du livre 3.

LAMANEURS, qu'on nomme auſſi LOCMANS. Ce ſont des pilotes établis pour conduire les vaiſſeaux à l'entrée & ſortie des ports & des rivières navigables : leur nombre ſe régle par les officiers ordinaires, mais de l'avis des échevins & des plus notables bourgeois.

Les *lamaneurs* doivent avoir au moins vingt-cinq ans, & ne peuvent être reçus qu'après un examen ſur les manœuvres & fabrique des vaiſſeaux, les marées, les bancs, les courans, les écueils & autres endroits difficiles des rivières, ports & havres de leurs établiſſemens.

Ils ſont obligés, après leur réception, de tenir toujours leurs chaloupes garnies d'ancres & d'avirons pour être en état d'aller au ſecours des navires au premier ſignal.

Nul marinier, s'il n'eſt reçu pilote, *lamaneur*, ne peut ſe préſenter pour la conduite des vaiſſeaux ; permis néanmoins aux maîtres des navires de prendre des pêcheurs pour les piloter au défaut des *lamaneurs*, à la charge pourtant de ſe ſervir du *lamaneur*, s'il ſe préſente avant que les lieux dangereux ſoient paſſés, ſur le ſalaire duquel doit être alors déduit celui du pêcheur qui a ſervi avant ſon arrivée.

Tout *lamaneur* yvre qui ſe préſente pour piloter, eſt condamné à cent ſols d'amende & interdit pour un mois.

Les navires qui ſont les plus proches doivent être pilotés les premiers, à peine de vingt-cinq livres d'amende contre le *lamaneur* qui leur aura préféré les plus éloignés ; & il leur eſt fait pareillement défenſe d'aller plus loin que les rades au-devant des vaiſſeaux, d'y monter contre le gré du maître, ni d'en ſortir qu'ils ne ſoient ancrés & amarés au port ;

& fi c'eft en fortant ; qu'ils ne foient en pleine mer, à peine de perte de leurs falaires & de 30 livres d'amende.

Pour la fureté du vaiffeau & la décharge du *lamaneur*, le maître doit déclarer combien fon vaiffeau tire d'eau, à peine de vingt-cinq livres d'amende, au profit du *lamaneur*, pour chaque pied recelé.

Les *lamaneurs* ne peuvent exiger d'autres falaires que ceux réglés par les officiers & contenus dans les tableaux ou tarifs mis au greffe, & affichés fur le quai ; à moins que ce ne foit en cas de tourmente & de péril évident, & alors ils doivent être arbitrés par les officiers ordinaires & de l'avis de deux marchands ; les ordonnances de marine déclarant nulles toutes promeffes faites aux *lamaneurs* dans le danger du naufrage.

Le *lamaneur*, qui par ignorance, fait échouer un bâtiment, eft condamné au fouet & privé pour jamais du pilotage ; & à l'égard de celui qui malicieufement a jetté un navire fur un banc ou un rocher, ou à la côte, il doit être puni du dernier fupplice, & fon corps attaché à un mât planté près le lieu du naufrage.

Enfin c'eft aux *lamaneurs* à examiner fi les tonnes & balifes font bien placées, & s'il n'eft point arrivé quelques changemens dans les fonds & paffages ordinaires, pour en donner avis aux officiers & au maître du quai & du port.

Au refte il eft libre aux maîtres & capitaines de navires François ou étrangers, de prendre tels *lamaneurs* que bon leur femble, fans pouvoir être contraints de prendre à la fortie ceux dont ils fe font fervis à l'entrée.

Toute cette police des *lamaneurs* & *locmans* eft tirée de l'ordonnance générale de la marine du mois d'août 1681, & de l'ordonnance particulière touchant la marine des côtes de la province de Bretagne, du 18 janvier 1685.

LAMARIE. C'eft ainfi que quelques-uns appellent la *plante* qui fert à faire la foude. *Voyez* SOUDE.

LAME. Partie des épées, des poignards, des bayonnettes & autres telles armes offenfives, qui perce & qui tranche. On dit auffi la *lame* d'un couteau, la *lame* d'un rafoir, pour exprimer la partie de ces uftenfiles de ménage qui coupe ou qui rafe. Toutes ces fortes de *lames* font d'acier très-fin ou du moins de fer bien acéré. Les *lames* des armes fe font par les fourbiffeurs & les *lames* des couteaux par les couteliers.

La bonne qualité d'une *lame* d'épée eft d'être bien pliante & bien évidée : on en fait à arrête, à dos & à demi-dos.

Les *lames* de Damas & d'Angleterre font les plus eftimées pour les étrangères ; & celles de Vienne en Dauphiné pour les *lames* qui fe fabriquent en France.

LAME. Signifie encore de l'or ou de l'argent trait, fin ou faux, qu'on a battu ou écaché entre deux petits rouleaux d'acier poli, pour le mettre en état de pouvoir être facilement tortillé ou filé fur la foie ou fur du fil de chanvre ou de lin.

Quoique l'or & l'argent en *lame* foit prefque tout deftiné à être filé fur la foie ou fur le fil, on ne laiffe pas cependant d'en faire entrer de non filé dans la compofition de quelques étoffes, même de certaines broderies, dentelles & autres femblables ouvrages, pour les rendre plus brillantes & plus riches.

LAME. Les confifeurs nomment *lames* d'écorce de citron, *lames* d'écorce de limon & *lames* d'écorce d'orange, l'écorce de ces fruits qu'ils ont levée de deffus la pulpe, & coupée en tranche pour les confire & les tirer au fec.

LAMÉ. Terme de manufacture & d'ouvriers en drap d'or & d'argent. Un ouvrage *lamé*, un drap d'or ou d'argent *lamé*, c'eft un ouvrage ou une étoffe où il entre de la lame d'or & d'argent. Il n'y a que les plus beaux draps d'or & d'argent qui foient *lamés*. On le dit auffi des broderies & des dentelles.

LAMIS. On appelle à Smyrne *draps lamis*, une des fortes de draps d'or de Venife, que les vaiffeaux Vénitiens y apportent. Les *lamis* paient les droits d'entrée à la douane du grand-feigneur, à raifon de 3 piaftres ½ le picq.

LAMON. Bois de Bréfil, qui vient de la baye de tous les Saints dans l'Amérique ; on l'appelle auffi *Bréfil de la baye* & *Bréfil de tous les Saints*.

LAMPANTE. Les Italiens & les Provençaux appellent *huile lampante*, celle qui eft claire & bien purifiée.

LAMPARILLAS, ou NOMPAREILLES. Sorte de petits camelots très-légers, qui fe fabriquent en Flandre, particulièrement à Lille & aux environs.

Il y en a de diverfes façons, les uns unis, les autres à petites fleurs, & d'autres rayés. Leur largeur ordinaire eft de trois huitièmes, ou un quart & demi d'aune, mefure de Paris, & les pièces font plus ou moins longues, fuivant la fantaifie des ouvriers.

Il s'en fabrique tout de laine ou de laine mêlée d'un fil de laine en chaîne. Le mot de *lamparillas* eft Efpagnol, auffi la deftination de la plus grande partie de ces étoffes eft-elle pour l'Efpagne. On les nomme en François *nompareilles*, à caufe qu'elles n'ont point leurs pareilles en largeur qui eft toute des plus étroites. Les Flamands leur donnent auffi quelquefois les divers noms de *polimittes*, *polemits* ou *polomittes*.

LAMPAS. Étoffes de foie damaffées de la Chine.

LAMPASSES. *Toiles peintes*, qui fe font aux Indes orientales, particulièrement en plufieurs lieux de la côte de Coromandel. Elles ont dix-huit cobres de long fur deux de large, à raifon de dix-fept pouces & demi de roi le cobre ; elles font bonnes pour le commerce d'Inde en Inde, furtout pour les Manilles.

LAMPE. Vaisseau propre à contenir de l'huile ou autres matières grasses & onctueuses, qui par le moyen d'une mêche de coton qui en est humectée, servent à éclairer pendant la nuit.

LAMPE. C'est aussi une sorte d'étamine de laine, qui se fabrique dans quelques lieux de la généralité d'Orléans, particulièrement dans les manufactures d'Authon. Ces étoffes se font toutes de laines d'Espagne : on appelle aussi quelquefois *laines lampes*, les *lampes* dont elles sont faites.

LANDI. *Foire franche*, qui se tient à Saint Denis, ville de l'isle de France, à une bonne lieue de Paris, le lundi d'après la saint Barnabé.

Cette foire, autrefois si fameuse que le parlement & autres jurisdictions de Paris, aussi-bien que son Université, prenoient un jour de vacations pour y aller, doit son établissement, à ce qu'on croit communément, à Charles-le-Chauve, qui lui accorda la franchise & quantité d'autres privilèges dont elle jouit encore en partie, avec diminution néanmoins de beaucoup de son commerce & de sa réputation.

LANGUE. Partie de l'animal enfermée dans sa bouche, qui sert au goût & à la voix.

Il y a quelques animaux dont les *langues* fraîches, salées ou fumées, font un grand objet de négoce à Paris & en quelques provinces & villes de France. Les *langues* de bœuf se vendent fraîches par les bouchers ou charcutiers, traiteurs & cuisiniers qui les salent, les fument & les fourrent. Il appartient aussi aux charcutiers de faire la salaison, fourrure & vente des *langues* de porcs, & de leurs abbatis & autres.

Les tripières, qui sont des femmes qui vendent au coin des rues quelques issues & tripes de bœufs & moutons, qu'elles lavent & font à demi cuire, débitent beaucoup de *langues* de mouton, mais avec cette simple cuisson. Il en vient quantité de ces dernières salées & fumées de Tours, de Blois & d'Orléans, qui aussi-bien que les *langues* de porc préparées de la même manière dans ces trois villes, sont en grande réputation, & ne font pas un médiocre objet de commerce. On estime aussi celles qui viennent de Troyes en Champagne.

Les languiers d'Anjou & du Maine, qui sont des *langues* de porcs salées & fumées, auxquelles la gorge entière de l'animal est encore attachée; sont pareillement fort estimés, & viennent en quantité de ces deux provinces. Enfin pour que la mer fournisse aussi des *langues* de ses poissons pour contribuer au commerce, les terreneuviers salent des *langues* de morues qui se débitent le plus communément en Bourgogne & en Champagne, où on les apporte dans des barils, comme les noues ou tripes du même poisson.

LANGUE. Tabac à la *langue*, c'est une des quatre sortes de tabac que l'on cultive dans l'Amérique.

LANGUEYER. Visiter un pourceau, pour voir s'il est ladre, ce qu'on reconnoît à la langue qu'on l'oblige de retirer au dehors avec un bâton.

LANGUEYEUR. *Officier* établi dans les foires & marchés, où il se fait quelque commerce de porcs, truyes & cochons, pour les visiter & empêcher qu'il ne s'en vende de ladres.

LANTEAS. Grandes *barques* Chinoises dont les Portugais de Macao se servent pour faire le commerce de Canton.

LAPIDAIRE. *Ouvrier* qui taille les pierres précieuses. Il se dit aussi des marchands qui en font commerce, même des autres personnes qui en ont une parfaite connoissance, & des auteurs qui ont écrit des pierres précieuses, comme BOOT BERGUEN, RUÆUS, GESNER, DURONDEL, &c.

LAPIN, que l'on appelle quelquefois CONIL, & dont la femelle se nomme LAPINE. Est un petit animal sauvage à quatre pieds, qui se plaît surtout dans les bois taillis & buissons, où il creuse des trous que l'on nomme *terriers*, pour se loger & se mettre à couvert des injures du temps. Le *lapin* a beaucoup de rapport au lièvre pour la forme, mais plus petit. Cet animal fort bon à manger, trop connu pour être obligé d'en faire une plus ample description, fournit de deux sortes de marchandises pour le commerce & les manufactures, qui sont sa peau & son poil.

Les peaux de *lapin* revêtues de tout leur poil, bien passées & préparées, servent à faire plusieurs sortes de fourrures, comme aumusses, manchons, bas-jupons, couvre pieds, manteaux de lit, doublures de juste-au-corps, &c. Il y en a de diverses couleurs, de noires, de blanches, de grises, &c. Les plus belles viennent de Moscovie, de Flandres & d'Angleterre, dont les noires de ce dernier pays sont fort estimées.

Les peaux de *lapin* dont le poil est d'un beau gris cendré, s'appellent quelquefois par erreur *petit gris*, du nom de certaines fourrures beaucoup plus précieuses, faites de peaux d'une espèce de rats ou d'écureuils, qui se trouvent communément dans les pays du nord.

Le poil de *lapin*, après avoir été coupé de dessus la peau de l'animal & mêlé avec de la laine de vigogne, s'emploie dans la fabrique des chapeaux appelés *vigognes* ou *dauphins*, & quelquefois loutres, quoique le poil de l'animal nommé *loutre* n'y entre en aucune manière, n'étant nullement propre à la chapellerie.

Outre le poil de *lapin* qui vient de Boulogne-sur-mer, & de quelques autres endroits du royaume, il s'en tire encore quantité des pays étrangers & surtout de Moscovie, par la voie de Hambourg, de Lubeck & de Hollande. L'Angleterre & la Flandre en fournissent aussi assez considérablement.

En France ce sont les marchands de Rouen qui en font le plus grand négoce & des envois considérables dans presque toutes les autres villes du royaume où il se fabrique des chapeaux, particulièrement de celui qui vient des pays étrangers.

Le poil de *lapin* de quelque endroit qu'il puisse

se tirer, vient tout en peaux crues & non apprêtées, & se vend de même aux chapeliers qui le font couper & carder par des femmes qui ne font d'autre métier.

Les poils de *lapin* de Moscovie & d'Angleterre sont les plus estimés, ensuite ceux de Boulogne; car pour les autres qui se tirent du dedans du royaume, les chapeliers en font très-peu de cas, & s'ils s'en servent, ce n'est tout au plus que pour la manufacture des chapeaux communs, en le mêlant avec quelque autre poil ou laine. Quand le poil a été entièrement coupé de dessus les peaux, le reste n'est plus propre qu'à brûler.

LAPIS, Pierre minérale que l'on nomme souvent *azur*, ou *lapis lazuli* & quelquefois *lapis stellatus*, ou *lapis cyaneus*.

LAPIS ENTALIS. Espèce de *coquillage* dont on se sert en médecine.

LAPIS JUDAÏCUS. C'est le nom latin que le tarif de 1664 a conservé à la *pierre judaïque*.

LAPIS DENTALIS. Sorte de *coquillage* que les apothicaires font entrer dans la composition de quelques remèdes.

LAPIS HEMATITES. C'est le nom que le tarif des entrées de France de 1664 a conservé à une espèce de minéral ou pierre rouge que l'on appelle *hematite*.

LAPIS BEZOUARD. C'est sous ce nom que le *bezoard* est employé & taxé dans le tarif de la douane de Lyon de 1632.

LAPTOS, qu'on nomme autrement GOURMETS. Ce sont des espèces de matelots maures qui aident à remorquer les barques dans les rivières de Gambie & de Sénégal.

LAQUE, que l'on écrit aussi LACQUE. Ce nom est commun à plusieurs drogues qui servent ou à la teinture, ou à la médecine, ou à la peinture, ou enfin à composer cette cire avec laquelle on cachette les lettres, & qu'on nomme vulgairement *cire d'Espagne*.

La *laque* des peintres est de trois sortes; la *laque* fine ou de Venise, la *laque* plate ou colombine & la *laque* liquide.

La *laque* fine a conservé son nom de *laque de Venise*, d'où d'abord elle étoit apportée en France; mais depuis qu'on en a fait à Paris d'aussi belle, nos peintres n'ont plus guères recours à la *laque* étrangère, & il n'en vient que très-peu de Venise.

La *laque* qui sert aux teinturiers, & dont on fait aussi la cire d'Espagne, est une espèce de gomme ou de cire rougeâtre, dure, claire & transparente qu'on apporte des Indes, surtout des royaumes de Pégu & de Bengale. Elle est attachée à de petits bâtons ou roseaux de la grosseur du doigt, d'où on l'appelle *laque en bâtons*.

La meilleure *laque* est celle qui est claire, transparente, bien fondante, sans mélange de gomme noire & d'ordures, & qui étant mâchée teint la salive en rouge.

Cette gomme a divers noms suivant les différen-

tes formes que les étrangers & surtout les Angloi & les Hollandois lui donnent.

On appelle *laque en bâtons*, celle qui est telle qu'elle vient des Indes; *laque en graine*, celle que l'on a fait passer légèrement entre deux meules pour en exprimer la substance la plus précieuse; *laque plate*, celle qu'on a fondue & applatie sur un marbre; & *laque en oreilles*, certaine *laque* très-fine & très-belle faite en manière d'oreilles, que les Anglois apportèrent il y a quelques années en France, & dont on ne voit presque plus aujourd'hui.

Un sçavant académicien de l'académie des sciences, qui a fait l'analyse de la *laque* Indienne, soutient, par des raisons & des expériences assez convaincantes, qu'elle est composée à la manière des ruches de nos mouches à miel & qu'on y découvre aisément les alvéoles où ces insectes volans à qui on doit la *laque*, renferment leur essain, & qu'ainsi elle ne peut être mise au nombre des gommes, mais que c'est seulement une espèce de cire.

Enfin la *laque* qui est en usage en médecine, est le vrai cancamum que l'on confond mal-à-propos, les uns, avec la *laque* en bâtons dont on vient de parler; par les autres, avec la myrrhe, & d'autres, avec le benjoin ou le terramérita.

Le cancamum est une gomme que produit un arbre de moyenne hauteur, dont les feuilles sont assez semblables à celle du myrthe & qui croît en quantité en quelques lieux d'Afrique, au Brésil & dans l'isle S. Christophe. Cette gomme a cela de singulier qu'il semble que dans chaque morceau il y ait quatre espèces de gommes comme liées ensemble & parfaitement distinctes. La première est pareille à l'ambre, celle qui suit est comme l'arançon, une autre est de couleur de corne, & une quatriéme séche & blanche; c'est cette dernière qu'on nomme *gomme animée*, & qui est celle qu'on voit plus communément à Paris, les autres y étant assez rares chez les marchands épiciers-droguistes.

Le cancamum fondu avec l'huile est bon pour les plaies, pour appaiser la douleur des dents où l'on dit aussi qu'il est propre; il faut l'appliquer tel qu'il vient de l'arbre.

LARD. Graisse ferme qui est entre la peau & la chair de quelques animaux. On le dit particulièrement des pourceaux, des baleines, & des marsouins.

Le *lard* fait une partie du commerce des charcutiers qui le vendent en fléches entières ou en morceaux, mais toujours au poids & à la livre. Une fléche de *lard* est une longue pièce de cette graisse que l'on lève de dessus les côtes de l'animal & que l'on fait saler pour les usages de la cuisine. Les rotisseurs en font des bardes ou le coupent en menus lardons pour en larder & piquer leurs viandes. Les cuisiniers & les pâtissiers s'en servent dans l'apprêt de leurs ragoûts & pâtisserie.

LARDOIRE. Instrument de bois ou de cuivre, pointu d'un côté & creux de l'autre, dont on se sert pour larder.

LARDON. Petit *morceau de lard* long & étroit dont on larde ou pique la viande.

LARGE. Se dit par opposition à ce qui est long dans une pièce d'étoffe. Le long est ce qui a le plus d'étendue, le *large* ce qui en a moins : ainsi une étoffe peut avoir trente aunes de long quelquefois sur moins d'une demi-aune ; & un ruban, comme la nompareille, qui n'a qu'une ligne de *large*, a souvent soixante aunes de long.

Il ne dépend pas des ouvriers de faire les étoffes larges ou étroites à leur gré. Ils ont des réglemens sur lesquels ils doivent monter leurs métiers, & qui fixent les portées, c'est-à-dire, les fils de la chaîne de chaque espèce différente.

On appelle du *ruban large*, celui qui a quatre doigts de largeur ; & *demi-large*, celui qui n'en a que deux.

LARGE DE LOI. Il se dit dans les hôtels des monnoies de France, des espèces dont le titre est plus haut que celui réglé par les ordonnances.

LARGESSE. (*Terme de monnoie.*) C'est ce qui se trouve de plus dans les espèces au-dessus de la loi & du titre permis par l'ordonnance. Celle de 1554 veut qu'on n'y ait aucun égard, & qu'on n'en tienne point compte aux maîtres des monnoies, lorsqu'à l'ouverture des boëtes l'on trouve des deniers plus forts de titre que ne portent les réglemens.

Ce qu'on appelle *largesse* par rapport au titre, se nomme *forçage* par rapport au poids. *Voyez* FORÇAGE, ou l'article *des monnoies*.

LARGEUR. C'est une des dimensions des superficies des corps, qui est toujours comparée avec la longueur qui en est une autre.

La *largeur* a moins d'étendue que la longueur : ainsi si dans une pièce d'étoffe, de toile, de ruban ou de tapisserie, la largeur est d'un pouce, d'une demi-aune, d'une aune, & ainsi suivant l'espèce de marchandise, sa longueur a quelquefois cinq aunes, vingt, trente, soixante, plus ou moins, conformément aux réglemens.

La *largeur* des étoffes & de tout ce qui se fabrique sur un métier, & qui se mesure à l'aune, à la canne, ou à quelque autre mesure des longueurs que ce soit, se prend entre les deux lisières ; & c'est ce qui y est contenu qu'on appelle le *lé d'une étoffe*.

Le prix des étoffes à proportion de leur nature & de leur qualité, augmente ou diminue suivant leur largeur.

Il y a quantité de réglemens qui fixent la *largeur* de toutes les sortes d'étoffes d'or, d'argent, de soie, de laine, & de fil, &c. Le principal est celui de 1669. On parle ailleurs & de celui-ci, & de tous ceux qui ont été rendus depuis. *Voyez* RÉGLEMENT.

LARGO. Terme barbare qui vient de l'Italien, dont les Provençaux & quelques autres se servent dans les écritures mercantiles ; il signifie *amplement*. Je vous ai écrit *largo* par le dernier ordinaire sur la vente de mes velours, c'est-à-dire, je vous ai écrit au long, amplement.

LARIN. C'est également dans tout l'Orient, & une monnoie de compte & une monnoie courante, l'une & l'autre de la même valeur.

Le *larin* ainsi nommé de la ville de Lar, capitale de la Caramanie déserte, où l'on en a d'abord fabriqué, est d'argent d'un titre plus haut que l'écu de France. Sa figure est singulière. C'est un fil rond, de la longueur d'un travers de pouce, de la grosseur du tuyau d'une plume à écrire, plié en deux, & un peu applati pour recevoir l'empreinte de quelques caractères Persans ou Arabes, qui lui tient lieu du coin du prince. Il y a des *larins* de divers coins, y ayant plusieurs émirs qui en font frapper. L'on donne pour le *larin* depuis cent cinq jusqu'à cent huit basarucos, petite monnoie des Indes.

En Perse, ils sont reçus sur le pied de deux chayé.

Huit *larins* font un or ou hor, & dix ors font un toman de Perse.

Le plus grand cours qu'aient présentement les *larins*, est dans tout le Golfe Persique, le long de celui de Cambaye, & dans quelques lieux voisins de ces deux golfes.

Autrefois qu'ils étoient reçus par-tout l'Orient, la monnoie de compte la plus en usage étoit le *larin*. On s'en sert encore dans tous les lieux où le *larin* est une monnoie courante ; & même dans quelques lieux des Indes où l'on ne voit plus de *larins* en espèces. *Voyez* LA TABLE DES MONNOIES.

LARIX. Arbre qui jette une gomme à peu près semblable à celle qui coule du thérébinthe. Il est pourtant bien différent de celui-ci, quoique leurs gommes se ressemblent autant pour l'odeur que pour les propriétés.

LARME. On donne le nom de *larmes*, aux gommes & aux résines qui coulent des arbres sans incision. Les épiciers & droguistes les estiment plus que les autres, & les vendent toujours à proportion davantage.

LARRÉS. Monnoie dont on se sert aux Maldives. Cinq *larrés* font une piastre.

LARRON. Celui qui vole en cachette & avec subtilité.

Il y a dans le commerce & parmi ceux qui l'exercent diverses manières de s'exprimer, où l'on fait entrer le terme de *larron*. On dit qu'il faut être marchand ou *larron*; pour dire, que vendre trop cher, est une espèce de vol. Un marché de *larron* signifie *un marché* sur lequel il y a beaucoup à gagner. On dit aussi qu'il ne faut pas crier au *larron*, quand le marchand donne sa marchandise à perte.

LASSET. *Voyez* LACET.

LASSIS. Espèce de capitation ou de bourre de soie.

LASSIS. On appelle auffi de la forte des étoffes de peu de conféquence faites de capiton.

LAST, LETH, LECTH, ou LEST. Ce font mots fynonymes, dont on fe fert affez ordinairement dans le commerce de mer, foit pour exprimer la charge entière d'un navire, foit pour marquer un certain poids de marchandifes, foit enfin pour défigner une forte de mefure de grains. *Voy.* LETH, *c'eft le mot le plus ufité en France.*

LAST-GELT. C'eft ainfi que fe nomme en Hollande, un droit qui fe lève fur chaque vaiffeau qui entre ou qui fort, ainfi nommé de ce qui fe paye à proportion de la quantité de left ou laft, que chacun bâtiment entrant ou fortant peut contenir.

Ce droit eft de 5 fols ou ftuyvers par left en fortant, & de 10 fols en entrant; fur quoi il faut remarquer que ce droit étant une fois payé, le vaiffeau qui l'a acquitté, refte franc pendant une année entière, c'eft-à-dire, qu'il peut entrer ou fortir, & faire autant de voyages qu'il le peut ou qu'il le trouve à propos pendant douze mois, fans qu'il foit tenu d'aucun autre paiement du *laft-gelt.*

Il y a une fection exprès pour la levée de ce droit, dans le placard, pour l'exécution de la nouvelle lifte ou tarif de Hollande de l'année 1725.

LAST-GHELDT. *Droit de fret*, qui fe lève à Hambourg fur les marchandifes & vaiffeaux étrangers, qui y arrivent ou qui en fortent.

L'article 41 du nouveau traité de marine & de commerce conclu à Paris le 28 feptembre 1716, entre la France & les villes Anféatiques, décharge nommément de ce droit, fous quelque nom qu'il puiffe s'exiger, les vaiffeaux François qui vont trafiquer à Hambourg.

LASTRE BLANC. C'eft ainfi qu'on nomme à Smyrne, les carreaux de verre qui fervent à employer en vitrages. Le *laftre blanc* paye à la douane de cette ville les droits d'entrée, à raifon de vingt-cinq piaftres la caiffe.

Il y a auffi du laftre de couleur, celui-ci paye jufqu'à trente piaftres.

LATTE. Mefure dont on fe fert pour l'arpentage dans quelques endroits de la Guyenne. Elle eft plus ou moins grande fuivant les lieux.

LATTES, que l'on écrit auffi LATES. Ce font certains morceaux de bois de chêne, minces, longs & étroits, refendus fuivant leur fil, en forme de tringle ou régle, qui s'attachent de travers fur les chevrons du comble des maifons, pour y accrocher les tuiles, ou pour y clouer les ardoifes.

Il y a de deux fortes de *lattes*; l'une appellée *latte quarrée*, propre pour les tuiles; & l'autre *latte volice*, deftinée pour les ardoifes.

Les *lattes* quarrées doivent avoir quatre pieds de long fur un pouce neuf lignes ou deux pouces de large, & deux à trois lignes d'épaiffeur. Elles fe vendent à la botte, chaque botte compofée de cinquante *lattes.*

Les *lattes* volices doivent auffi avoir quatre pieds de longueur fur depuis quatre jufqu'à cinq pouces de large & deux à trois lignes d'épaiffeur, chaque botte contenant vingt-cinq *lattes.*

Les provinces d'où l'on tire le plus de *lattes*, tant de l'une que de l'autre efpèce, pour la fourniture de Paris, font la Champagne, la Bourgogne, la Brie, la Picardie & la Normandie : il en vient auffi beaucoup de Lorraine.

Il y a une forte de bois de fciage que l'on appelle *contre-latte.*

LATTON. Cuivre jaune. *Voyez* LETON.

LAVADEROS, en François LAVOIRS. Ce font des lieux dans les montagnes de Chily & dans quelques provinces du Pérou, où fe fait le lavage de certaine efpèce de terre où fe trouve de l'or. On appelle auffi *Lavaderos*, les baffins où fe fait ce lavage, qui font d'une figure oblongue, & affez femblable à celle d'un fouflet à forge.

LAVAGE. Façon que l'on donne au hareng blanc, en le lavant dans une cuve ou cuvier après qu'il a été caqué, & avant que de le faler.

LAVANDE. Plante qui croît en épi, & qui a des fleurs bleues en forme de graine. Elle a un goût agréable & aromatique. On en tire une huile que quelques-uns confondent mal-à-propos avec l'huile d'afpic, apparemment parce que la plante d'afpic eft une efpèce de *lavande*. Les marchands épiciers droguiftes font venir cette huile de Provence & de Languedoc.

LAVANDER. Efpèce de linge ouvré, qui fe manufacture en quelques lieux de Flandres.

LAVANDIER, LAVANDIÈRE. Celui ou celle qui blanchit des toiles.

LAUDANUM. Opium préparé.

LAVEGE. Sorte de *pierre* dont on fe fert à faire des marmites & autres pots & uftenfiles de cuifine qui fe mettent au feu.

Il n'y a que trois carrières d'où l'on tire cette pierre, l'une dans le comté de Chiavennes, l'autre dans la Valteline, & la troifiéme dans le pays des grifons.

LAVER A DOS. *Laver à dos* de la laine, c'eft laver la toifon fur la bête avant que de la tondre.

LAVER AU PLAT. (*Terme de monnoyage.*) C'eft laver dans un plateau ou baffin de bois, les cendres, balayeures & autres chofes femblables, pour en tirer les plus gros morceaux d'or ou d'argent qui y font mêlés.

LAVETON. C'eft la groffe laine qui demeure dans les piles des moulins où fe foulent les draps & autres étoffes de lainerie, c'eft-à-dire, la bourre qui en fort par la foulure.

Le *laveton* qui eft gris, fort des étoffes les plus groffières, comme les bureaux : celui qui eft plus blanc, qu'on appelle auffi *bournaliffe*, vient des étoffes les plus fines.

On fait de mauvais matelas avec ces fortes de laines; mais il eft défendu aux tapiffiers d'en faire dont les bords foient de bonne laine & le dedans de *laveton*.

LAVURES, *en termes de monnoies*, & chez les orfévres & autres travaillans en or & en argent. Sont les particules d'or que l'on retire des cendres, terres & balayeures, en les lavant à plufieurs reprifes, & en les mettant dans cette efpèce de cuvier, qu'on appelle *moulin aux lavures*.

Quand on veut faire les *lavures*, on raffemble non-feulement les cendres des fourneaux & les balayeures des lieux où fe font les travaux des monnoyes & de l'orfévrerie, mais encore l'on concaffe les vieux creufets de terre & les loupes des fourneaux mêmes, c'eft-à-dire, les briques & carreaux dont les fourneaux font faits, aufquels quelques petites parties d'or ou d'argent fe font attachées par le pétillement qui eft ordinaire à ces métaux, quand ils font dans leur dernier dégré de chaleur.

Toutes ces matières, qu'on appelle *terres de lavures*, ayant été bien concaffées & mêlées enfemble; on les met dans de grands plateaux de bois en forme de baffins, où elles font lavées à plufieurs reprifes & dans plufieurs eaux, qui coulant par inclination dans les cuviers qui font au-deffous entraînent avec elles les terres & les parties les plus imperceptibles de l'or & de l'argent; ne reftant au fond des plateaux que les particules les plus confidérables & les plus groffes, que l'on apperçoit aifément à l'œil, & qui peuvent fe retirer à la main, fans y employer d'autre induftrie. On appelle cela *laver au plat*.

Après que par le moyen de cette fimple *lavure* on a tiré le plus gros de l'or & de l'argent, on fe fert du vif-argent du moulin aux *lavures*, pour en tirer auffi les plus imperceptibles qui font encore reftés dans les terres.

Il faut remarquer que l'or qu'on tire des *lavures*, n'eft pas à proportion à fi haut titre que l'argent qui en vient; y en ayant quelquefois de ce dernier métal, dont le titre fe trouve à onze deniers dix-fept à dix-huit grains; ce qui vient de ce que l'argent qui fe trouve mêlé avec l'or ne fe réduit pas en fcories comme le cuivre qui peut être avec l'argent.

LAVOT. Mefure dont on fe fert à Cambray pour la mefure des grains. Il faut 4 *lavots* pour la razière. La razière rend 7 boiffeaux ⅓ de Paris.

LAURET. *Monnoie d'argent* qui fut battue en Angleterre, fous le règne de Jacques I. vers l'an 1619. Elle fut ainfi appellée, à caufe de la branche de laurier dont la tête de ce prince y étoit couronnée.

LAURIER. Arbre très-odorant qui eft toujours verd. Sa feuille eft longue, large par en bas, pointue par en haut, d'un verd brun, luftrée & liffée. Sa fleur eft petite & blanche. Son fruit qu'on appelle *baye de laurier*, eft rond, de la groffeur d'un gros grain de chapelet, verd d'abord, brun en meuriffant, & noir quand il eft fec.

Les bayes de *laurier* ont quelque ufage en médecine, & fervent auffi aux teinturiers & maréchaux. De ces bayes encore récentes bouillies dans de l'eau, on tire l'huile de *laurier*. La meilleure vient de Languedoc; & quoiqu'on en envoie auffi quantité de Provence, cette dernière eft fi fophiftiquée, que le plus fûr eft de s'en fournir à Montpellier.

Celle que l'on fait à Paris, à Lyon, à Rouen; ne doit pas être plus eftimée que celle de Provence; & au lieu d'huile de *laurier*, l'on n'a fouvent que de la graiffe & de la thérébentine verdie avec du verdet ou de la morelle.

La véritable huile de *laurier*, à laquelle les médecins donnent auffi le nom d'*huile laurin*, doit être choifie nouvelle, odorante, grenue, d'une confiftance folide, & d'un verd tirant fur le jaune. Celle qui fera verte, unie, liquide, doit être rejettée, comme étant certainement fophiftiquée. Cette huile eft employée heureufement contre les humeurs froides & en quelques autres remèdes; mais la plus grande confommation s'en fait par les maréchaux.

LAWKS ou les *boutiques*. C'eft ainfi que l'on nomme, à Peterfbourg, le principal *marché* de cette nouvelle ville que le czar Pierre Alexowits a fait bâtir dans le fond de la mer Baltique, avec tant de dépenfe & de magnificence.

C'eft aux *lawks* que fe fait tout le marché de Peterfbourg, & où fe vendent toutes les marchandifes ou qui y viennent du dehors, ou qui fe fabriquent dans fes manufactures, n'étant permis à qui que ce foit d'en garder ni d'en vendre dans aucun autre endroit.

Ce marché eft compofé d'une grande cour avec un bâtiment de bois à deux étages couvert de tuiles, qui eft partagé en deux par une muraille qui régne dans toute fa longueur en dedans, & le coupe d'un bout à l'autre, en forte qu'il y a un double rang de boutiques, tant en bas qu'en haut, dont l'un donne fur la cour & l'autre fur la rue.

Il y a auffi des galleries au long des boutiques, où ceux qui viennent acheter font à couvert de la pluie.

Toutes les boutiques des deux étages font très-bien garnies.

Cette maifon appartient au czar, qui en loue chèrement les boutiques aux marchands, à qui pourtant il n'eft pas permis d'y loger. Pour la fûreté des marchandifes, il y a des fentinelles & des corps-de-gardes aux quatre coins & aux quatre portes.

Comme il eft défendu de vendre aucune marchandife dans les maifons particulières, & qu'il y a un continuel concours de voitures qui les tranfportent à ce marché, & de marchands qui y abordent, n'y ayant pas moins de vingt nations différentes qui ont accoutumé d'y faire leur commerce, le bruit, le fracas & la preffe y font toujours fi extraordinaires, qu'il eft prefque impoffible de s'entendre les uns les autres, ni d'en percer la foule.

On

On a vu plufieurs fois ce marché confumé par des incendies, d'où l'on ne fauva que peu de marchandife.

LAYE, en *terme d'exploitation & de commerce de bois*, fignifie une *route* que les arpenteurs ou autres officiers des eaux & forêts, font autour des coupes qui doivent être vendues par le grand maître, afin d'en fixer le mefurage & la confiftence.

Il eft défendu par l'article VII du titre xv de l'ordonnance de 1669, aux arpenteurs & fergens de garde, de faire les routes plus larges de trois pieds pour paffer les porte-perches & les marchands qui iront vifiter les ventes, à peine de cent livres d'amende & de reftitution du double de la valeur du bois abbatu.

L'article VIII du même titre porte, que les bois abbatus dans les *layes* & tranchées, ne pourront être enlevés, mais demeureront au profit de l'adjudicataire & lui appartiendront.

LAYE. Veut dire auffi, dans le même commerce des bois, la *marque* que l'on fait dans les taillis du roi à quelques arbres de la belle venue pour être réfervés en futaye.

LAYETTE. Petite boëte ou coffre fait d'un bois leger, ordinairement de hêtre, dans lequel on ferre du linge & autres menues hardes de peu de conféquence.

LAYETTES. On nomme ainfi, dans le commerce des bois, les *planches de hêtre* qui fervent à divers ouvrages des maîtres layettiers. On les appelle autrement *goberges*.

LAYETTIER. Ouvrier qui fait & qui vend des layettes.

Les maîtres de la communauté des *layettiers* de Paris, fe qualifient *maîtres layettiers-écrainiers* de la ville & fauxbourgs de Paris.

Les ouvrages permis aux maîtres, font des huches de bois de hêtre; des écrains & layettes à gorge ou autrement; des ratières & fouricières; des cages de bois à écureuils & roffignols; tous coffres de bois cloués; des boëtes à mettre trébuchets & balances; des pupitres & écritoires de bois; des boëtes d'épinettes & manicordions; enfin toutes boëtes de forme ronde ou ovale; & autres legers ouvrages de cette forte, de bois de fapin, mairain & autres.

LAYZE ou LAISE. (*Terme de manufacture*.) Il fe dit dans plufieurs provinces de France pour fignifier *la largeur du drap*, d'une étoffe de foie, ou d'une toile. Il fe trouve dans les ftatuts pour les étoffes de foierie qui fe fabriquent à Lyon; & dans le réglement des toiles de Rouen du 14 août 1676.

Il s'entend auffi dans la même fignification que le terme de *lé*. Ainfi pour dire, il faut fix lés de velours pour une jupe, on dit, il faut fix *layfes*.

LAYSE DE BONJON. Le réglement pour les toiles de Normandie, nomme *layze de bonjon*, la largeur que doivent avoir les toiles qu'on appelle *toiles*

brunes: cette *laize* eft de trois quarts & demi & un fixiéme.

LAZARET. On nomme ainfi à Livourne, & en plufieurs endroits d'Italie, les lieux fitués hors la ville deftinés pour faire quarantaine aux perfonnes & aux marchandifes qui arrivent des pays fufpects de contagion.

Dans les *lazarets* de Livourne, il y a des capitaines qui ont fous eux divers commis, qui tiennent regiftre de toutes les marchandifes qui y entrent, de leur quantité & qualité, du nom du bâtiment qui les a apportées, du capitaine qui les commande, & du lieu d'où elles viennent. Les droits de *lazarets* fe paient au fous-provéditeur de la douane, fuivant le compte qu'il en fournit aux propriétaires des marchandifes qui ont fait quarantaine. *Ces droits vont environ à un pour cent de leur valeur.*

LÉ

LÉ. Largeur d'une étoffe ou d'une toile entre les deux lifières. Cette étoffe eft étroite, il m'en faudra fix *lés*, c'eft-à-dire, fix fois fa largeur. Un *lé* de drap, un *lé* de damas, un *lé* de fatin, un *lé* de taffetas, &c.

LÉ. Se dit auffi, *en termes d'eaux & forêts*, de l'efpace que les propriétaires des terres qui font le long des rivières, doivent laiffer pour le tirage des hommes ou des chevaux qui montent ou defcendent des bateaux. Le *lé* eft ordinairement de vingt-quatre pieds.

LEAM. *Morceau d'argent* qui fe prend au poids, & qui fert dans la Chine comme d'une efpèce de monnoie courante. Les Portugais l'appellent *telle* ou *tael*.

LECHE. On nomme ainfi, dans le monnoyage de l'Amérique Efpagnole, particulièrement au Mexique, une efpèce de *vernis de lie* que l'on donne aux piaftres qui s'y fabriquent, afin de les rendre d'un plus bel œil. Ce vernis fait qu'on préfère les piaftres colonnes aux mexicanes, à caufe du déchet qu'il a dans la refonte.

LECQUE. *Voyez ci-après* LECTH, monnoie de compte.

LECTH ou LECQUE. C'eft auffi une façon de compter ufitée dans les Indes orientales, particulièrement dans les états du grand mogol, qui fignifie *cent mille*. C'eft une manière de s'exprimer pareille à celle des Hollandois, qui difent, une tonne d'or, pour fignifier *cent mille livres* monnoie de Hollande. Ainfi lorfque dans les Indes on dit, un *lecth* de roupies, ou un *lecth* de pagodes, cela fe doit entendre, cent mille roupies ou cent mille pagodes, qui font des monnoies du pays. Un *lecth* de roupies fait environ cinquante mille écus.

LEGATINES. *Petites étoffes* faites ou mêlées de poil de fleuret, de fil, de laine ou de coton. Elles font de trois largeurs, les unes de demi-aune moins un feize, les autres de demi-aune entière, & les plus larges de demi-aune un feize.

C

LEGATURE. Petite étoffe qu'on nomme autrement *ligature*, *brocatelle* & *mezeline*.

LEGE. (*Terme de commerce de mer.*) Il se dit des navires qui reviennent à vuide. Ce vaisseau a fait un mauvais voyage, il retourne *lege*, c'est-à-dire, qu'il revient sans avoir chargé de marchandises.

LÉGENDE. Ce qui se lit sur les monnoies, les médailles & les jettons, & qui y est gravé par le moyen des coins ou poinçons. On dit, un poinçon de *légende*, pour dire, celui avec lequel le tailleur grave ses *légendes*. Il y en a autant que de lettres. On y comprend aussi ceux des points & des virgules.

LÉGIS. Les soies *legis* viennent de Perse, ou par les retours des vaisseaux qu'on envoie d'Europe à Bender-Abassi dans le golfe Persique, ou par ceux qui trafiquent dans les échelles du levant, & particulièrement à Smyrne.

Ces soies sont les plus belles de Perse après les sourbassy, ou cherbassy, & sont de la même qualité. La seule différence qu'il y a ne consistant que dans le triage qu'on en fait; en sorte que les *legis* sont proprement les moins fines des sourbassy.

Ces soies viennent en balles de vingt battemens chacune, le battement de six occos qui font dixhuit livres douze onces du poids de Marseille, & poids de marc quinze livres.

Il y en a de trois sortes; les *legis vourines* qui sont les plus belles; les *legis bourmes* ou *bourmio* qui suivent; & les *legis ardasses* qui sont les plus grosses; & c'est de cette dernière sorte dont les François chargent le plus à Smyrne.

LÉGUMES. S'entendent, dans l'usage ordinaire, des plantes potagères, comme des artichaux, des laitues, du sellery, &c. & des semences qui se mangent en verd, comme des poids, des fèves, des haricots, &c. Dans le commerce il ne se dit que de ces derniers quand ils sont secs.

Les principaux de ces *légumes* sont des pois nains jaunes & verds, des lentilles, de grosses fèves, des féverolles, des haricots, de la vesse, &c. Les pois viennent ordinairement de Normandie & de Gallardon, les fèves d'haricot de Picardie. A Paris, ce sont les épiciers, les chandeliers & les grainiers qui font le commerce des *légumes* secs. Pour les *légumes* en verd, ce sont les jardiniers & les maraîchers.

LEIPZIS. Sorte de serge qui se fabrique à Amiens.

L'article 79 des statuts de la sayetterie de cette ville ordonne, que les *leipzis* seront faites de seize buhots, trente-deux portées, ayant de largeur entre deux gardes demi-aune de roi moins un douzième, & de longueur hors l'estille ou métier; sçavoir, les blanches vingt-deux aunes & demie, & les mêlées vingt-trois aunes, pour revenir à vingt aunes & un quart, ou vingt aunes & demie de roi, tout appointées & apprêtées.

LENPE. Sorte de *perle* qui se pêche dans quelques isles du Brésil.

LENTILLE. Sorte de légume en forme de petit

pois applati, qui sert à la nourriture des hommes & des bestiaux. Les *lentilles* font partie du négoce des grainiers, des chandeliers & de quelques marchands merciers.

LENTILLE; (en termes d'optique.) Est un verre taillé en forme de *lentille*, épais dans le milieu, tranchant sur les bords.

LENTISQUE, ou LINTISQUE. Arbre d'où coule le mastic. Cet arbre croît aux Indes orientales, en Egypte, & dans l'isle de Chio. Les Italiens en cultivent aussi beaucoup. Il est si précieux dans l'isle de Chio, qu'il n'y va pas moins que d'avoir le poing coupé, si l'on étoit surpris en abattant une *lentisque*, ou qu'on fût convaincu de l'avoir fait, fût-ce de ses propres arbres.

Le *lentisque* est petit, son tronc peu gros, mais qui jette quantité de branches qui s'abaissent vers la terre. Il est toujours verd, & a son écorce rougeâtre, pliante & gluante. Ses feuilles sont épaisses, grasses, frêles, d'un verd obscur avec un peu de rouge au bout, & d'une odeur forte. Son fruit est dans une espèce de gousse ou baye recourbée, qui vient en forme de grappe; & qui après avoir été quelque temps verte, noircit en meurissant. Outre les gousses qui renferment le fruit, il y a aussi comme de médiocres vessies remplies d'une liqueur claire qui se convertit en de petits insectes volans.

On doit choisir le *lentisque* nouveau, pesant, difficile à rompre, gris au-dessus & blanc au dedans, d'un goût astringent, & garni de ses feuilles s'il est possible; & sur-tout prendre garde que ce ne soit de la coudre mentianne; ce qui peut se reconnoître en ce que le *lentisque* est beaucoup plus lourd que la coudre.

Les Italiens tirent de la baye ou fruit du *lentisque*, une huile dont on se sert, aussi-bien que du bois & des feuilles, à guérir la dissenterie. Le bois sert encore à faire des curedents qui sont fort en usage en France, en Angleterre & en Hollande.

LEONDALE. Monnoie qui a cours dans plusieurs endroits des états du grand seigneur. Ces espèces prennent leur nom d'un lion qui sert d'empreinte à un des côtés de la pièce; elles ne sont guères différentes des richedales ou écus de Hollande pour la forme, mais le prix n'en est pas si fort, l'écu valant depuis 48 jusqu'à 50 aspres, & la *leondale* seulement 40.

Pour les distinguer on appelle l'écu de Hollande *caragroch*, & les *leondales* simplement *groch*. On voit beaucoup de ces derniers sur les frontières de Russie, parce que tout le commerce de Valachie & de Constantinople qui passe par les provinces d'entre le Dniestre & le Danube, ne se fait guères qu'en *leondales*.

LEONESES. On appelle à Bayonne *Ségovies-leoneses*, les plus belles laines d'Espagne qui se tirent du royaume de Leon.

LEOPOLD. Monnoie fabriquée en Lorraine depuis le rétablissement du duc Leopold-Joseph dans ses états, en conséquence du traité de Riswick.

Les *leopolds*, ainsi nommés du nom de ce prince, font de deux sortes, les uns d'or & les autres d'argent. Ceux d'or font au titre & du poids des anciens louis d'or de France, & ceux d'argent semblables aux écus ou louis blancs.

LEST. Est une certaine quantité de cailloux ou de fable que l'on met dans le fond de cale des navires, pour les faire entrer dans l'eau, & les tenir en estive ou assiette, en leur donnant leur juste pesanteur : c'est ce que l'on nomme en Flandre *balast* ou *quintelage*.

Le *lest* est quelquefois le tiers ou le quart ou la moitié de la charge du bâtiment ; ce qui se régle par rapport au poids ou au volume des marchandises dont il est chargé. Plus un vaisseau est bas de varengue, & plus il a besoin de *lest*.

L'ordonnance de la marine du mois d'août 1681, art. 1 & 6 du titre 4 du livre 4, veut, que les capitaines ou maîtres des navires, en arrivant de la mer, fassent leur déclaration à l'amirauté de la quantité de *lest* qu'ils ont dans leur bord ; leur étant défendu de le jetter dans les ports, canaux, bassins & rades ; ne pouvant être porté par les délesteurs ailleurs que dans les lieux destinés pour cela.

LESTER UN VAISSEAU. C'est lui donner son lest.

LETH, qu'on écrit & qu'on prononce aussi LECTH, LEST ou LAST, suivant les différens idiomes des peuples qui se servent de ce terme.

Le *leth* signifie *différentes choses*. Tantôt il exprime la *charge entière d'un navire*, c'est-à-dire, la quantité de tonneaux de mer qu'il peut porter ; quelquefois il veut dire une *certaine pesanteur* de telle ou telle espèce de marchandise ; & d'autres fois il signifie *une sorte de mesure ou quantité de grains*, plus ou moins forte suivant les divers pays où elle est en usage.

En Hollande, Angleterre, Flandres, Allemagne, Danemarck, Suéde, Pologne & dans tout le nord, les navires se mesurent ou s'estiment pour leur port ou charge sur le pied de tant de *leths*, le *leth* pesant quatre mille livres, ou deux tonneaux de France de deux mille livres chacun : ainsi lorsque l'on dit qu'un vaisseau est de trois cent *leths*, cela doit s'entendre qu'il peut porter six cent tonneaux, ou douze cent mille livres pesant.

Pour connoître précisément le port d'un bâtiment, son fond de cale qui est le lieu de sa charge, doit être mesuré ou jaugé à raison de quarante-deux pieds cubes pour chaque tonneau de mer.

Lorsqu'il s'agit du fret d'un vaisseau, voici par estimation ce qui passe ordinairement pour un *leth*, soit par rapport au poids, soit par rapport au volume de la marchandise ; sçavoir :

Cinq pièces d'eau-de-vie.
Deux tonneaux de vin.
Cinq pièces de prunes.
Douze barils de pois.
Treize barils de goudron.
Quatre mille livres de ris, de fer ou de cuivre.

Trois mille six cens livres d'amandes.
Sept quartaux ou bariques d'huile de poisson.
Quatre pipes ou bottes d'huile d'olive.
Deux mille livres de laine.

En Hollande, le *leth* qui est une certaine mesure ou quantité de grains, est semblable à trente-huit boisseaux mesure de Bordeaux, qui reviennent à dix-neuf septiers de Paris ; chaque boisseau de Bordeaux pesant environ 120 livres poids de marc : ainsi le *leth* de grains en Hollande doit approcher du poids de quatre mille cinq cent soixante livres.

A Conisberg, six *leths* font cent trente-trois septiers de Paris.

En Pologne, le *leth* fait quarante boisseaux de Bordeaux, ou vingt septiers de Paris ; chaque boisseau de Bordeaux estimé peser cent vingt livres ; ensorte que sur ce pied le *leth* de grains en Pologne peut peser quatre mille huit cent livres.

En Suéde & en Moscovie, on parle par grand & petit *leth* ; le grand *leth* est de douze barils ou petits tonneaux, & le petit *leth* est six de ces barils.

A Dantzick, le *leth* ou charge de lin est de deux mille quarante livres ; le *leth* de houblon de trois mille huit cent trente livres. Le *leth* de farine ou de miel comprend douze petits tonneaux ou barils ; celui de sel en contient dix-huit.

Le *leth* de hareng salé, soit blanc ou sor, est composé de douze barils ou caques, que l'on appelle en Hollande *tonnes* : chaque baril contient plus ou moins de hareng, suivant qu'il est plus ou moins gros, bien ou mal paqué ou arrangé dans les barils, ou que les barils sont grands ou petits.

L'ordonnance des gabelles de France régle le sel nécessaire pour la salaison de chaque *leth* de hareng blanc ou sor.

Quand on dit, un *leth* de maquereau, un *leth* de gabillaud ou morue verte, cela doit s'entendre, douze barils remplis de ces sortes de poissons salés.

ÉVALUATIONS DU LETH ou LAST.

AMSTERDAM.

Le *last* d'Amsterdam est de 27 muddes, le mudde de 4 schepels, le schepel de 4 vierdevats, & le vierdevat de 8 kops. Il n'y a que les détailleurs qui se servent de ces deux dernières divisions.

On divise aussi le *last* en sacs & en schepels, 36 sacs font le *last*, & il faut 3 schepels pour un sac.

Le *last* de froment pèse ordinairement 4,600 à 4,800 livres poids de marc, le *last* de seigle 4,000 à 4,200 ; & le *last* d'orge 3,200 à 3,400 l.

Le *last* est aussi la mesure des grains dans presque toutes les autres villes & principaux lieux de commerce des Provinces-Unies, mais avec quelque diversité, soit de continence, soit de diminution.

C ij

Provinces de Hollande.

Les *lasts* de *Monnikendam*, d'*Edam*, & de *Pumerent*, sont égaux à celui d'*Amsterdam*.

Ceux de *Horn*, d'*Enchuysen*, de *Muyden*, de *Narden* & de *Wesop*, sont de 22 muddes ou 44 sacs, & le sac de 2 schepels.

Le *last* de *Harlem* est de 38 sacs, & le sac de 3 schepels, les 4 schepels font un hoed de Delft.

Le *last* d'*Alkmaar* est de 36 sacs, & le hoed de 4 schepels ; mais ce dernier est de $\frac{2}{8}$ plus grand que celui de Roterdam.

Le *last* de *Leyden* est de 44 sacs, le sac de 8 schepels.

Le *last* de *Roterdam*, de *Delft* & de *Schiedam*, est de 29 sacs, & le sac de 3 schepels, dont les 10 $\frac{2}{8}$ font un hoed. A *Roterdam* celui pour la graine de lin, est de 24 tonnes ou barils.

Le *last* de *Dordreecht* est de 24 sacs, le sac de huit schepels, 8 sacs font un hoed. Tous les grains s'y vendent & s'y achètent au hoed, qui fait 8 barils ou 32 schepels, comptant 4 schepels au baril. Les 3 hoeds font 1 last d'*Amsterdam*.

Le *last* de *Tergouw* est de 28 sacs, le sac de 3 schepels, les 32 schepels font 1 hoed.

Province d'Utrecht.

Le *last* d'*Utrecht* est de 25 muddes ou sacs, les 6 muddes font 5 mouwers, les 10 $\frac{1}{2}$ muddes ou sacs, font un hoed de Roterdam.

Le *last* d'*Amerfort* est de 16 muddes ou de 64 schepels, les 6 muddes font 1 sac ou un hoed de Roterdam.

Le *last* de *Montfort* est 21 muddes, le mudde de 2 sacs, & le hoed contient quatre huitiémes $\frac{1}{2}$ de plus que celui de Roterdam.

Le *last* d'*Yselsten* est de 20 muddes, le mudde de 2 sacs, l'hoed contient $\frac{1}{8}$ plus que celui de Roterdam.

Le *last* de *Vianen* est semblable à celui d'*Yselsten* ; mais son hoed ne contient que 2 huitiémes plus que celui de Roterdam.

Province de Frise.

Le *last* de *Leeuwardem*, de *Haarlingen* & de *Groningue*, est de 32 muddes, de 18 tonnes ou de 36 loopers, qui font 3 hoeds de Roterdam.

Province de Gueldres.

Le *last* de *Nimegue* est de 21 mouwers $\frac{1}{2}$, & celui d'*Arnhem* & de *Doesbourg*, de 22. Le mouwers est de 4 schepels, les 8 mouwers font le hoed de Roterdam.

Le *last* de *Thiel* est de 22 muddes, le hoed de Roterdam est d'un achtelin ou huitiéme plus grand que celui de Thiel.

Le *last* de *Roermonde* est de 68 schepels ou

astelingens. Les 10 vertels y font le hoed de Roterdam.

Le *last* de *Bommel* est de 18 muddes $\frac{1}{2}$, il est plus grand que celui de Roterdam de $\frac{6e}{8}$.

Province d'Over-Issel.

Le *last* de *Campen* est 44 muddes $\frac{1}{2}$ pour les bleds, les 9 muddes font le hoed de Roterdam.

Le *last* de *Zwol* est de 26 sacs ou 9 muddes, qui font le hoed de Roterdam.

Le *last* de *Deventer* est de 36 muddes, & le mudde de 4 schepels.

Province de Zelande.

Le *last* de *Midelbourg* est de 41 sacs & 1 achetendeel, comptant le sac de 2 achetendeels.

Le *last* de *Flessingue* & de *Treveer*, est de 39 sacs.

Le *last* de *Zirichzée*, de *Ter-Goes*, de *Bonnacre*, de *Tertolen*, de *Stavenes* & *Duyrelakt*, est de 37 sacs $\frac{1}{2}$.

Le *last* de *Sommelsdyk*, de *Dirkland*, de *Middelharnes*, de *Veltiesplaat*, du pays de *Puten*, & de la *Brille*, est de 38 sacs $\frac{1}{2}$, ce qui revient à peu près au last de Midelbourg.

Province de Brabant.

Le *last* d'*Anvers* pour les bleds est de 37 viertels $\frac{1}{2}$, & celui pour l'avoine 37 viertels juste, le viertel se divise en 4 muchens, les 14 viertels font le hoed de Roterdam.

A *Bruxelles* il faut 25 sacs pour le last d'*Amsterdam*.

Le *last* de *Malines* est de 34 viertels $\frac{1}{2}$, 100 viertels en font 108 d'Anvers, les 12 viertels font 29 achetendeels de Delft.

Le *last* de *Louvain* est de 27 muddes, & le mudde de 8 halsters.

Le *last* de *Breda* pour le bled, est de 33 viertels $\frac{1}{2}$, & de 29 pour l'avoine. Les 13 viertels font 18 sacs ou 1 hoed de Roterdam, 14 viertels d'Anvers & le chapeau de Delft. *Voyez* VIERTEL.

Le *last* de *Steebergen* est de 35 viertels.

Le *last* de *Bergopsom* est de 63 sisters pour le bled ; & de 28 $\frac{1}{2}$ pour l'avoine.

Le *last* de *Bois-le-Duc* est de 20 mouwers $\frac{1}{2}$, les 8 mouwers font 1 hoed de Roterdam.

Province de Flandre.

Le *last* de *Gand* est de 56 halsters pour le bled, & de 38 pour l'avoine ; les 12 halsters font un mudde en 6 sacs, chaque sac est de 2 halsters : on y achete & vend les grains par muddes ou par halsters.

Le *last* de *Bruges* est de 17 hoeds pour le bled & de 14 $\frac{1}{2}$ pour l'avoine, qui font un last d'Amterdam, le hoed de Bruges fait 4 achetendeels $\frac{14}{15}$ de Delft.

Le *laft* de *Saint-Omer* eft de 22 rafières $\frac{1}{2}$. *V.* RASIÈRE.

Le *laft* de *Dixmude* pour le bled eft de 30 rafières $\frac{1}{2}$ & de 24 pour l'avoine, la rafière fait 2 fchepels de Roterdam.

Le *laft* de *Lille* eft 38 rafières pour le froment, & de 30 pour l'avoine, la rafière fait 2 fchepels de Roterdam.

Le *laft* de *Gravelines* pour le bled eft de 22 rafières, & feulement de 18 $\frac{1}{4}$ pour l'avoine.

Pays de Liége.

Le *laft* de *Liége* eft de 96 feptiers, & le feptier de 8 muddes.

Le *laft* de *Tongres* pour le bled, eft de 15 muddes, & feulement de 14 pour l'avoine.

Angleterre, Écoffe & Irlande.

Le *laft* d'*Angleterre* ou de *Londres*, eft de 10 bariques ou quarteaux $\frac{1}{2}$, le quarteau de 8 boiffeaux ou galons, le galon de 4 picotins. Le galon pèfe depuis 56 jufqu'à 60 livres. *Voyez ces articles.*

Les 260 quarteaux de Londres à donner 21 pour 20, font 250 quarteaux ou environ, qui font 25 lafts d'Amfterdam : fur ce pied les 10 galons ou boiffeaux de Londres font un laft d'Amfterdam.

Le *laft* de *Neucaftel* eft compofé de 10 quartiers, & le quartier de 10 galons, le galon pèfe 56 à 62 livres.

Le *laft* en *Écoffe* & en *Irlande*, eft de 10 quarteaux $\frac{1}{4}$ ou 38 boiffeaux, le boiffeau fait 18 galons.

Villes du Nord.

Le *laft* de *Dantzick* eft égal au laft d'Amfterdam; on compte ordinairement qu'il pèfe 16 fchipponts de 340 livres chacun pour le bled, ce qui fait 5,440 pour le laft poids de Dantzick, & feulement 15 fchipponts pour le feigle, qui ne font que 5,100 : les grains s'y vendent par florins & gros polonois.

Le *laft* de *Riga* eft de 46 loopens, qui font le laft d'Amfterdam, les grains s'y vendent par rizedales de 3 florins ou de 90 gros.

Le *laft* de *Coningfberg* eft auffi pareil à celui d'Amfterdam, les grains s'y vendent comme à Dantzick.

Le *laft* de *Coppenhague* eft de 42 tonnes ou de 80 fchepels, & même jufqu'à 96, fuivant la qualité & nature des bleds.

Le *laft* de *Suéde* & de *Stockolm*, eft de 23 tonnes.

Le *laft* de *Hambourg* eft de 90 fchepels, dont les 95 font le laft d'Amfterdam.

Le *laft* de *Lubeck* eft 85 fchepels, dont les 95 font le laft d'Amfterdam.

Le *laft* d'*Embden* eft de 15 tonnes $\frac{1}{2}$.

Les 24 *lafts* de *Bremen* en font 23 d'Amfterdam.

Efpagne.

Les 50 *fanegas* de *Seville* & de *Cadix* font le laft d'Amfterdam, 4 cahys font le fanega, 12 anegras font le cahys, le fanega pèfe 93 livres $\frac{1}{4}$ de Marfeille.

Portugal.

Les 216 *alquieres* ou les 4 muids de *Lifbonne*, font le laft d'Amfterdam, le muid fait 54 alquières. On divife auffi le muid en 15 fanegas, & le fanega en 4 alquières.

Italie.

25 *mines* de *Gênes* font un laft d'Amfterdam.

40 *facs* de *Livourne* font auffi le laft d'Amfterdam. Les deux *facs* font une charge de Marfeille, la charge pèfe 300 liv. de Marfeille moins quatre pour cent.

A *Venife* le bled fe vend au ftaro, les 2 ftaros font la charge de Marfeille; de forte que 2 ftaios font une mudde $\frac{1}{2}$ d'Amfterdam.

LETON, ou LAITON, qu'on nommoit anciennement LATTON. C'eft proprement le cuivre jaune, ou plutôt le cuivre rouge préparé avec de la calamine.

On tire de la Ville-Dieu en Normandie, des chaudrons de cuivre jaune non bordés & à demi façonnés en fourrure, affortis depuis une demi-livre les plus petites fortes, jufqu'à douze, quinze, vingt, & trente livres les grandes fortes, qui s'envoient dans des banfes ou grandes mannes. Il vient auffi du même endroit des baffins de cuivre jaune de différens poids, grandeurs & façons.

Nuremberg, Aix-la-Chapelle & Salzbourg, fourniffent quantité de cuivre jaune en bandes ou en feuilles minces, grattées d'un côté & noires de l'autre; les unes pliées, que l'on appelle *létons* en deux, trois, quatre, cinq, fix, fept, huit plis; & les autres roulées, que l'on nomme *léton* en rouleaux. Le léton plié eft plus épais que le roulé. Le premier s'emploie à faire des boutons dorés; & le fecond qui eft très-mince, fert à faire des boutons argentés fur bois. L'un & l'autre s'employent cependant à divers ouvrages.

On appelle *fil de léton*, ou *léton en cerceau*, du cuivre jaune tiré & paffé à travers une filière.

LETTERHOUT. Efpèce de bois rougeâtre tirant fur le violet, que l'on nomme, en France *bois de la Chine*.

On prétend que cette forte de bois ne fe trouve en nul lieu du monde que dans le continent de la Guyane.

Ce qui eft du moins certain, c'eft que les ébéniftes l'emploient dans leurs plus beaux ouvrages de marquetterie, où il fait un très-agréable effet, &

qu'il ne paye en France les droits d'entrée que fur le pied des autres bois qui fervent ou à la teinture ou à la marquetterie.

LETTRE MISSIVE. C'eſt un écrit que l'on adreſſe & envoye à une perſonne abſente, pour lui communiquer ſes penſées.

Les marchands & négocians s'écrivent continuellement de ces ſortes de lettres ſur les différentes affaires de leur commerce. Ils doivent ſçavoir qu'elles doivent être conciſes & préciſes ; & que le jugement & le bon ſens y ayent plus de part que l'éloquence ou la politeſſe du diſcours ; en un mot qu'elles diſent tout ce qu'il eſt à propos de dire, & rien davantage.

L'ordonnance du mois de mars 1673, art. 7 du titre 3., veut, que les marchands tant en gros qu'en détail, mettent en liaſſe les *lettres miſſives* qui leur ſont écrites, & qu'ils enregiſtrent les copies de celles qu'ils écrivent.

LETTRE DE CHANGE. Eſt un petit morceau de papier volant, ordinairement de forme longue & étroite, ſur lequel eſt écrit un ordre ou une reſcription ſommaire que donne un banquier, un négociant ou un marchand, pour faire payer à celui qui en ſera le porteur en un lieu éloigné l'argent qu'on lui a compté dans l'endroit de ſa demeure.

Pluſieurs ont crû, par la manière dont on en uſe dans le négoce des *lettres de change*, que c'eſt un contrat d'échange ; néanmoins l'opinion la plus générale eſt que c'eſt un contrat d'achat & de vente ; que l'argent de celui qui donne à change, eſt le prix de la vente ; & l'argent qu'on trouve au lieu deſtiné par celui qui a donné à change, eſt la choſe vendue & achetée.

Les *lettres de change* n'étoient point connues dans l'ancienne jurispurdence romaine : elles ſont, ſuivant la plus commune opinion, de l'invention des juifs ; leſquels après avoir été bannis de France pour les crimes énormes dont on les accuſoit, & s'être réfugiés en Lombardie ſous les règnes de Philippe Auguſte en 1181 & de Philippe le Long en 1316, trouvèrent le moyen de retirer leurs effets, qu'ils avoient confiés entre les mains de leurs amis, par des lettres ſecretes & des billets conçus en termes courts & précis, telles que peuvent être les *lettres de change* d'aujourd'hui, & cela par l'entremiſe des voyageurs & des marchands étrangers.

Les Gibelins chaſſés d'Italie par la faction des Guelphes, s'étant retirés à Amſterdam, ſe ſerviſent des mêmes voyes que les juifs pour retirer les biens qu'ils avoient été obligés d'abandonner en Italie ; enſorte que ce furent eux vrai-ſemblablement qui jettèrent les premières ſemences du négoce des *lettres de change* dans l'eſprit des marchands & négocians d'Amſterdam, qui depuis l'ont répandu par toute l'Europe, dans la ſeule vûe d'apporter quelque facilité à leurs négociations mercantiles.

L'on prétend que ce furent ces mêmes Gibelins qui trouvèrent l'invention du rechange, en pré-

textant des dommages & intérêts, lorſque les *lettres de change* (qu'ils nommoient *poliẑza di cambio*) n'étoient pas acquittées, & qu'elles revenoient à proteſt.

L'on veut auſſi que ce ſoit les Lyonnois qui ayent été les premiers qui ont donné en France le mouvement au négoce des *lettres de change*, par rapport aux grandes relations qu'ils avoient avec ceux d'Amſterdam & d'Italie.

Les *lettres de change* ſont d'une très-grande utilité dans le commerce, pourvu qu'il ne s'y commette point d'abus, & que le change ſoit réel, d'autant que par leur moyen l'on peut, ſans embarras & ſans riſque, recevoir de l'argent dans tous les lieux où l'on en a beſoin ; & il eſt en quelque manière certain que ſans le ſecours de ces ſortes de lettres, le négoce & les autres affaires ne feroient que languir.

Ce qui donne l'être & la forme à une *lettre de change*, eſt une ceſſion ou vendition d'argent que le tireur fait à celui au profit duquel il l'a tirée à prendre & recevoir de ſon correſpondant demeurant dans un autre lieu que celui d'où la lettre a été tirée ; & cette ceſſion & vendition d'argent ſe fait ainſi, en termes mercantils, *pour valeur reçue*, ce qui veut dire, pour pareille ſomme que celui au profit duquel la lettre eſt tirée, donne au tireur en argent, marchandiſes ou autres effets : de ſorte que trois choſes ſont néceſſaires pour établir la qualité d'une *lettre de change*. 1°. Que la lettre ſoit tirée d'une ville ſur une autre ville ; ce qui s'appelle *tirer de place en place*. 2°. Qu'il y ait trois perſonnes, qui ſont, celui qui tire la lettre, celui ſur lequel elle eſt tirée, & celui au profit duquel elle eſt tirée, qui eſt le débiteur ou correſpondant du tireur. Et 3°. que la *lettre de change* faſſe mention que la valeur que le tireur a reçue de celui au profit duquel il l'a tirée, eſt en autre *lettre de change*, en argent, en marchandiſes ou en autres effets qui doivent être exprimés, ſans quoi on ne pourroit lui donner la qualité de *lettre de change*.

Il faut obſerver que les *lettres de change* ſe payent de quatre manières différentes, ou à tant de jours de vûe, ou à jour nommé, ou à uſance ou double uſance, ou à vûe, c'eſt-à-dire, en préſentant la lettre.

Quand une *lettre de change* eſt reçue *pour valeur de moi-même*, ou *pour valeur en moi-même*, ce qui n'eſt qu'une même choſe, ces mots ne ſignifient pas que celui qui a fourni la lettre en ait touché la valeur, mais que le tireur eſt créancier de celui ſur lequel il tire cette lettre, & que lorſque celui ſur lequel elle eſt tirée aura payé le contenu en icelle à celui auquel il l'a fournie, ou à celui au profit duquel les ordres ſont paſſés, cette valeur demeurera au tireur en lui-même, pour lui en tenir compte ſur plus grande ſomme qu'il lui doit, ou pour reſter quitte de pareille ſomme ; & cette valeur qui eſt miſe par le tireur ne concerne point celui à qui la lettre eſt payable, qui ne fait en cela qu'un office d'ami ou de commissionnaire, mais bien le tireur & celui sur qui la lettre est tirée ; ensorte que si la lettre revenoit à protêt, celui au profit de qui elle a été tirée n'a aucune action de recours à l'encontre du tireur, mais seulement la lettre doit rester nulle.

Il y a dans le titre 5 de l'ordonnance du mois de mars 1673, plusieurs dispositions très-importantes touchant le commerce des *lettres de change*.

ART. Ier. Les *lettres de change* doivent contenir sommairement le nom de ceux auxquels le contenu doit être payé, le temps du paiement, le nom de celui qui en a donné la valeur, & si elle a été reçue en deniers, marchandises ou autrement.

IV, XI, XII. Ceux qui sont porteurs de lettres qui ont été acceptées, ou dont le paiement échet à jour certain, sont obligés de les faire payer ou protester dans dix jours après celui de l'échéance ; & après le protêt ceux qui ont accepté peuvent être poursuivis à la requête de ceux qui en sont les porteurs ; & ces mêmes porteurs peuvent aussi par la permission du juge saisir les effets de ceux qui ont tiré ou endossé les lettres, quoiqu'elles ayent été acceptées, même les effets de ceux sur lesquels elles ont été tirées, en cas qu'ils en aient fait l'acceptation.

XIII, XIV, XV. Ceux qui ont tiré ou endossé des *lettres de change*, doivent être poursuivis en garantie dans la quinzaine, s'ils sont domiciliés dans la distance de dix lieues, & au-delà à raison d'un jour pour cinq lieues, sans distinction du ressort des Parlemens ; ce qui doit s'entendre pour les personnes domiciliées dans le royaume ; car pour ceux domiciliés dans les pays étrangers, les délais sont différemment réglés ; ceux pour l'Angleterre, la Flandre & la Hollande devant être de deux mois ; pour l'Italie, l'Allemagne & les cantons Suisses, de trois mois ; pour l'Espagne, de quatre mois ; & pour le Portugal, la Suède & le Danemarck, de six mois. Tous ces délais doivent être comptés du lendemain des protêts jusqu'au jour de l'action en garantie inclusivement, sans distinction des dimanches & des fêtes ; après lesquels délais les porteurs des lettres ne sont plus recevables dans leur action en garantie, ni en toute autre demande à l'encontre des tireurs & endosseurs.

XVI, XVII. Les tireurs ou endosseurs des lettres sont tenus de prouver en cas de dénégation, que ceux sur qui elles ont été tirées leur étoient redevables, ou avoient provision au temps qu'elles ont dû être protestées ; autrement ils sont obligés de les garantir : & si depuis le temps réglé pour le protêt les tireurs ou endosseurs avoient reçu la valeur en argent ou marchandise, par compte, compensation ou autrement, ils sont pareillement tenus de la garantie.

XVIII, XIX. Les lettres payables à un particulier & non porteur, ou à ordre, se trouvant perdues & adhirées, le paiement en peut être poursuivi & fait en vertu d'une seconde lettre, sans qu'il soit nécessaire de donner caution, en faisant néanmoins mention que c'est une seconde lettre, & que la première ou autre précédente restera nulle ; mais pour une lettre payable au porteur ou à ordre qui se trouveroit adhirée, le paiement n'en doit être fait que par ordonnance de justice & en donnant caution de garantir le paiement.

XX. Les cautions données pour l'événement des *lettres de change*, sont déchargées de plein droit, sans qu'il soit nécessaire d'aucun jugement, procédure ou sommation, s'il n'en a été fait aucune demande pendant trois ans, à compter du jour des dernières poursuites.

XXI. Une *lettre de change* est réputée acquittée après cinq ans de cessation de demande & poursuite, à compter du lendemain de l'échéance, ou du protêt ou de la dernière poursuite. Néanmoins les prétendus débiteurs sont obligés d'affirmer, s'ils en sont requis, qu'ils ne sont pas redevables ; & leurs veuves, héritiers ou ayant cause, qu'ils estiment de bonne foi, qu'il n'est plus rien dû.

XXII. Ce qui vient d'être dit dans les deux articles précédens, doit avoir lieu à l'égard des mineurs & des absens.

XXIII, XXIV, XXV. Une simple signature au dos d'une *lettre de change*, n'est regardée que comme un endossement & non comme un ordre, à moins qu'il n'y ait une date, & qu'il n'y soit fait mention de celui qui a payé la valeur, soit en argent, marchandises ou autrement ; & une lettre ainsi endossée est censée appartenir à celui du nom duquel l'ordre est rempli, sans qu'il lui soit nécessaire de transport ni de signification ; mais au contraire si l'ordre n'étoit point rempli, & qu'il n'y eût qu'une simple signature au dos de la lettre, elle seroit réputée appartenir à celui qui n'y auroit mis que son seing, & comme telle pourroit être saisie par ses créanciers & compensée par ses redevables.

XXVI. Il est absolument défendu d'antidater aucun ordre sous peine de faux.

XXVII. Celui qui a mis son aval sur une *lettre de change* est tenu solidairement avec le tireur, endosseur & accepteur, quoiqu'il n'en soit point parlé dans l'aval.

Enfin l'article premier du titre 7 de la même ordonnance, veut que ceux qui ont signé des *lettres de change*, même ceux qui y ont mis leur aval puissent être contraints par corps, ce qui doit s'entendre au défaut du paiement des lettres.

L'ordonnance de 1673 n'ayant pu prévoir tous les différens cas qui pouvoient arriver dans le commerce des *lettres de change*, quoique, comme on vient de le voir, elle fût entrée dans un très-grand détail sur cette matière, il a depuis été rendu diverses déclarations du roi & arrêts du parlement qui en ont interprété quelques articles , ou qui en ont ajouté de nouveaux.

Par la déclaration du mois de mai 1686 , il est dit qu'en interprétant celle de 1673 , l'article IV d'icelle seroit observé selon sa forme & teneur ; ce faisant , que les dix jours accordés pour le protêt des *lettres & billets de change* ne seroient comptés que du lendemain de l'échéance desdites lettres & billets , sans que le jour de l'échéance y pût être compris , mais seulement celui du protêt , des dimanches & fêtes , même des solemnelles , qui y demeureroient compris , & ce nonobstant toutes autres dispositions & usages ; même l'article VI de ladite ordonnance de 1673 , auxquels il est dérogé par cette dernière déclaration.

Par sentence du châtelet de Paris du 31 août 1708, confirmée par arrêt du parlement du 28 juillet 1711 , il a été jugé que la fin de non-recevoir établie par l'article XV du titre V de l'ordonnance de 1673 à l'égard des porteurs de *lettres de change* qui n'ont pas fait leurs diligences pour l'action en garantie contre les endosseurs dans les délais marqués par l'article XIII du même titre , a aussi-bien lieu pour les endossemens des billets payables au porteur , que pour les endosseurs des *lettres de change*.

Par déclaration du roi du 23 avril 1712 , il est ordonné que les protêts des *lettres & billets de change* faits par les notaires & tabellions , seront également sujets au contrôle des actes desdits notaires , & au droit du contrôle des exploits.

Par arrêt du parlement en forme de réglement du 30 août 1714 , rendu sur les conclusions du procureur général du roi , il est ordonné que les articles XVIII , XIX & XXXII , de l'ordonnance de 1713 seront exécutés ; ce faisant , que dans le cas de la perte d'une *lettre de change* tirée de place en place à ordre , sur laquelle il y a plusieurs endosseurs , on s'adressera au dernier endosseur & non au tireur pour en avoir une seconde.

Les fréquentes augmentations ou diminutions des monnoies arrivées pendant le régne de Louis XIV , que les besoins de l'état ont fait continuer dans les premières années du régne de Louis XV , causant de fréquentes contestations au sujet du paiement des *lettres & billets de change* , il y a été pourvu par deux déclarations des 16 mars 1700 & 28 novembre 1713 , & par un arrêt du conseil du 27 mai 1719.

Par la première déclaration , les porteurs de *lettres & billets de change* , ou de billets payables au porteur , sont obligés , après les dix jours de l'échéance , d'en faire demande aux débiteurs , par une sommation contenant les noms , qualités & demeures desdits porteurs , offrant d'en recevoir le paiement en espèces courantes ; & faute par les porteurs d'avoir fait la demande dans le temps marqué , ils seront tenus des diminutions qui pourroient survenir sur les espèces.

La seconde déclaration confirmant la disposition de la première & l'interprétant , ordonne que réciproquement les débiteurs desdites lettres & billets ne pourroient obliger les porteurs d'en recevoir le paiement avant le même dixiéme jour. Et qu'à l'égard des billets & promesses valeur en marchandises , qui suivant l'usage ordinaire ne se paient qu'un mois après l'échéance , les porteurs seroient tenus d'en faire la demande par une sommation le dernier jour dudit mois après l'échéance ; les débiteurs desdits billets & promesses ne pouvant pareillement obliger les porteurs d'en recevoir le paiement avant le même jour. Sa majesté voulant néanmoins que ceux qui auront fait des promesses pour marchandises , dont l'escompte aura été stipulé , puissent se libérer , pourvu qu'ils en fassent les paiemens trente jours francs avant le jour marqué pour la diminution des espèces.

A l'égard de l'arrêt du conseil du 27 mai 1719 , il porte un réglement pour le paiement des *lettres de change* tirées ou endossées dans les pays étrangers , particulièrement en Angleterre & en Hollande ; sa majesté ordonnant que les lettres tirées de Hollande avant l'augmentation du premier mai 1718 , seroient payées en écus de 5 livres , & que celles tirées avant que la diminution du 8 du mois de mai 1719 y fût connue , seroient payées en louis d'or de 36 livres ; & qu'à l'égard des lettres d'Angleterre tirées avant & échues depuis ladite diminution , on les paieroit aussi en louis de 36 liv. sauf au porteur de se faire rapporter par le payeur 20 s. par louis , en cas que le jugement définitif qui devoit être rendu en Angleterre , ordonnât que les lettres tirées avant & échues depuis l'augmentation connue du premier mai 1718, seroient payées en écus de 6 livres.

LETTRE DE CRÉDIT , que l'on appelle quelquefois *lettre de créance*. C'est une lettre qu'un banquier ou un marchand donne à une personne de confiance pour prendre de l'argent sur ses correspondans en des lieux éloignés en cas de besoin.

Les *lettres de crédit* , quoique différentes des lettres de change , ne laissent pas d'avoir les mêmes priviléges pour contraindre aux paiemens des sommes reçues en conséquence d'icelles.

Il est important de bien connoître ceux à qui l'on fournit ces sortes de lettres , particulièrement quand l'ordre de payer est indéfini ; c'est pourquoi autant qu'il est possible , il faut fixer une somme , afin de sçavoir précisément à quoi l'on s'est engagé.

Il y a encore une chose à observer , qui est de donner avis aux correspondans qui doivent fournir l'argent , du départ de la personne qui le doit recevoir , en désignant exactement sa figure , car il peut arriver que cette personne étant tuée en chemin , & la *lettre de crédit* volée , quelqu'un pourroit se présenter pour recevoir en sa place.

LETTRE DE VOITURE. Écrit court & succint que les marchands-négocians & commissionnaires fournissent aux voituriers en les chargeant de leurs

marchandises,

marchandifes , pour fe faire payer du prix de leur voiture par ceux à qui elles font adreffées.

Modèle de lettre de voiture.

A Paris, le 16 janvier 1708.

MONSIEUR,

A la garde de Dieu & conduite de Simon la Caille, voiturier par terre d'Orléans; je vous envoie trois balles d'étoffes de laine , marquées & numérotées comme en mar-

G. I. N°. 1. 2. 3. *ge , pefant enfemble quinze cent livres , lefquelles ayant reçu bien conditionnées & en temps dû , vous lui payerez pour fa voiture à raifon de huit livres du cent pefant , comme par avis de ,*

Votre très-humble ferviteur
ABRAHAM.

A Monfieur ,
Monfieur Guillaume Imbert,
marchand drapier , rue du
Chapeau rouge.

A BORDEAUX.

Il y a dans ce modèle de *lettre de voiture* trois claufes effentielles qu'il ne faut jamais omettre. 1°. Que les balles feront reçues bien conditionnées. 2°. Qu'elles arriveront à temps dû. 3°. Que c'eft comme par avis qu'on a écrit cette lettre.

Par la première claufe , on entend que le voiturier doit rendre les balles de marchandifes faines & entières , fans être mouillées ni gâtées , & qu'autrement il eft garant des dommages arrivés aux marchandifes par fa faute ; car fi c'eft par un cas extraordinaire & fortuit , pour lors il n'en eft aucunement tenu.

Par la feconde claufe , on oblige le voiturier de remettre les marchandifes à celui à qui elles font adreffées dans un temps proportionné au chemin qu'il a eu à faire ; mais pour éviter les conteftations qui peuvent arriver à l'occafion de ce temps , il eft plus fûr d'en faire mention dans la *lettre de voiture* , & d'y marquer que fi les marchandifes ne font rendues dans un tel temps , il fera rabattu tant fur le prix de la voiture. Les lettres où cette condition eft exprimée , fe nomment *lettres de voiture à jour nommé.*

Enfin lorfque l'on met à la fin de la lettre , *comme par avis* , c'eft pour faire connoître que l'on a déja écrit féparément par la pofte pour donner avis du départ de la marchandife , & que cette *lettre de voiturier* n'eft proprement qu'un duplicata de l'autre.

Les marchands , négocians & commiffionnaires

doivent obferver de mettre entre les mains des voituriers les acquits , paffavants , certificats & autres expéditions des bureaux des fermes du roi lorfqu'il y en a , ou de les joindre à la lettre d'avis , afin qu'il n'arrive aucune difficulté pour retirer les marchandifes des douanes ou bureaux où elles peuvent être déchargées ; mais s'ils ont laiffé au voiturier le foin d'acquitter les marchandifes dans les bureaux qui fe trouvent fur la route , il faut qu'ils ajoutent dans la *lettre de voiture* cette quatrième claufe (& lui rembourferez les droits qu'il aura payés , en vous faifant apparoître des acquits).

Ceux qui falfifient des *lettres de voitures*, font condamnés pour la première fois au fouet & au banniffement de cinq ans , avec amende qui ne peut être moindre que du quart de leurs biens ; & en cas de récidive , aux galères pour neuf ans , auffi avec amende , mais de la moitié de leurs biens. *Ord. du 22 juillet 1681 , art. 21 & 22 du tit. commun pour les fermes du roi.* Voyez VOITURE & VOITURIERS.

LETTRES DE RÉPIT. Ce font des lettres de furféance ou délai de payer , que le roi accorde en faveur des débiteurs de bonne foi , contre des créanciers trop rigoureux.

Ces fortes de lettres s'expédient par les fecrétaires du roi ; elles doivent être fcellées du grand fceau , & entérinées par le juge des lieux auxquels elles font adreffées.

Les négocians , marchands , banquiers & autres qui fe trouvent obligés par le malheur de leurs affaires d'avoir recours aux *lettres de répit*, ne feront peut-être pas fâchés de trouver ici les principales chofes qu'il faut obferver pour les obtenir & en pourfuivre l'exécution.

1°. Les *lettres de répit* ne s'accordent que pour des confidérations importantes dont il doit y avoir un commencement de preuves par actes authentiques , qui doivent être expliquées dans les lettres & attachées fous le contre-fcel , avec un état que l'impétrant doit certifier véritable de tous fes effets , tant meubles , immeubles , que dettes.

2°. Auffi-tôt après le fceau & expédition des lettres , l'impétrant doit remettre au greffe , tant du juge auquel l'adreffe en a été faite , que de la jurifdiction confulaire la plus prochaine , un double du même état auffi certifié véritable , du dépôt duquel on doit retirer des certificats des greffiers , & faire donner copie à chacun des créanciers tant de l'état , que des certificats , dans le temps qu'on leur fait fignifier les *lettres de répit* , à peine d'en être déchu à l'égard de ceux auxquels il n'aura point été donné de copie ; & fi l'état fe trouvoit frauduleux celui qui auroit obtenu les *lettres de répit* en feroit déchu , encore qu'elles euffent été entérinées ou accordées contradictoirement , & il n'en pourroit plus obtenir d'autres.

3°. Si ceux qui ont obtenu des *lettres de répit* font négocians , marchands ou banquiers , ils font tenus outre les formalités ci-deffus & fous les mêmes

D

peines, de remettre au greffe du juge à qui l'adreſſe des lettres a été faite, leurs livres & regiſtres; d'en tirer un certificat du greffe, & d'en faire auſſi donner copie à chacun de leurs créanciers en leur faiſant ſignifier leurs lettres.

4°. Lorſque l'on a obtenu des *lettres de répit*, & que l'on eſt domicilié dans la ville de Paris, on doit en faire faire la ſignification dans la huitaine à ſes créanciers & autres intéreſſés demeurant dans la même ville; & ſi celui qui les a obtenues ou ſes créanciers ont leurs domiciles ailleurs, le délai de huitaine doit être prorogé tant pour les uns que pour les autres, d'un jour pour cinq lieues de diſtance, ſans diſtinction du reſſort des parlemens; & les lettres ne peuvent avoir d'effet qu'à l'égard de ceux auxquels la ſignification en a été faite.

5°. Les *lettres de répit* portent toujours mandement au juge auquel elles ſont adreſſées, qu'en procédant à l'entérinement (les créanciers appellés) il donne à l'impétrant tel délai qu'il jugera raiſonnable pour payer ſes dettes, qui ne peut néanmoins être de plus de cinq ans, ſi ce n'eſt du conſentement des deux tiers des créanciers hypotéquaires, & cependant il lui eſt accordé par les lettres un délai de ſix mois pour en pourſuivre l'entérinement, pendant lequel temps il eſt défendu d'attenter à ſa perſonne & meubles meublans ſervant à ſon uſage.

6°. On ne peut être exclus d'obtenir répit ſous prétexte des renonciations que l'on y auroit pû faire dans les actes & contrats que l'on a paſſés.

7°. Ceux qui ont obtenu des *lettres de répit*, ne peuvent s'en ſervir lorſqu'ils ont été accuſés de banqueroute, qu'ils ſont actuellement priſonniers, ou que le ſcellé eſt appoſé ſur leurs effets.

8°. Du moment que l'on a obtenu des *lettres de répit*, on ne peut payer ni préférer aucun de ſes créanciers au préjudice des autres, ſous peine d'être déchu de l'effet des lettres.

9°. On n'accorde point de ſecondes *lettres de répit* à moins que ce ne ſoit pour des cauſes nouvelles & conſidérables dont il doit y avoir commencement de preuves, ainſi qu'il a été ci-devant dit.

10°. Il y a pluſieurs cas dans leſquels on ne peut obtenir de *lettres de répit*; ſçavoir, pour penſions, alimens, médicamens, loyers de maiſon, moiſſon de grains, gages de domeſtiques, journées d'artiſans & mercenaires, reliquats de comptes de tutelles, dépôts néceſſaires & volontaires, ſtellionat, réparations, dommages & intérêts adjugés en matière criminelle, maniement de deniers publics, lettres de change, marchandiſes priſes ſur l'étape, dans les foires, marchés & ports publics; poiſſon de mer frais, ſec & ſalé, cautions judiciaires & extra-judiciaires, & des coobligés, frais funéraires, arrérages de rente foncière & redevances des baux emphytéotiques; marchandiſes & effets achetés de la compagnie des Indes orientales, ou choſes vendues ſervant à icelle.

11°. On doit bien prendre garde à ne point obtenir de *lettres de répit* qu'on n'y ſoit abſolument

contraint; car quoique ces ſortes de lettres ſoient des graces émanées du prince, elles ne laiſſent pas pourtant de faire quelque tache à l'honneur & à la réputation de ceux qui les ont obtenues, & qui s'en ſont ſervis contre leurs créanciers; en telle ſorte qu'ils ne peuvent plus aſpirer à aucunes fonctions, honneurs, ni charges publiques, c'eſt-à-dire, qu'ils ne peuvent être élus maires ou échevins, juge ou conſuls des marchands, ni avoir voix active & paſſive dans leurs corps & communautés, ni être adminiſtrateurs des hôpitaux, &c. ils ſeroient même exclus de toutes ces choſes, s'ils étoient actuellement en place.

On peut cependant ſe faire réhabiliter dans ſa bonne fame & renommée en obtenant des *lettres de réhabilitation*; mais il faut auparavant avoir entièrement payé & ſatisfait ſes créanciers, tant en principaux qu'intérêts.

Tout ce qui a été dit dans cet article eſt conforme aux ordonnances du mois d'août 1669, du mois de mars 1673 au titre des répits; à la déclaration du roi du 23 décembre 1699, & à celle du mois de ſeptembre 1664 concernant l'établiſſement de la compagnie des Indes orientales.

Comme ces ordonnances & déclarations contiennent quantité d'autres diſpoſitions, mais moins importantes, touchant la matière des *lettres de répit*, qu'il ſeroit trop long de rapporter, le lecteur y pourra avoir recours s'il en a beſoin.

Voyez auſſi le chapitre premier du livre IV, de la ſeconde partie du Parfait Négociant de M. Savary.

LETTRES DE RÉHABILITATION. *Voyez* RÉHABILITATION.

LETTRES DE MER. On nomme ainſi, dans les ports de la Picardie & de la Flandre, les *commiſſions* que les étrangers prennent d'un prince dont ils ne ſont pas ſujets, pour faire le commerce ſous ſa bannière, ou armer en courſe contre ſes ennemis.

On ſe ſert auſſi de ce terme, pour ſignifier *tous les actes* ou *papiers* que les maîtres ou capitaines des vaiſſeaux marchands ſont tenus de prendre quand ils ſortent d'un port, ou qu'ils ſont obligés de repréſenter quand ils y rentrent, comme ſont les congés, les paſſeports, les chartes-parties, les chargemens, les affretemens & autres ſemblables.

LETTRES DE POURSUITE. On nomme ainſi en Hollande, ce qu'on nomme *laiſſez-paſſer* dans les bureaux des douanes de France.

L'article CXXIX. du Placard pour l'exécution du nouveau tarif de Hollande de l'année 1725, donne la formule ſuivante de ces *lettres de pourſuite*.

Laiſſez paſſer de la part des hauts & puiſſans ſeigneurs les états généraux des Provinces-Unies des Pays-Bas.... avec les effets ci-deſſus ſpécifiés, puiſqu'il a établi & donné caution, dans le temps de ſix ſemaines après la date des préſentes, de rapporter atteſtation ſignée au dos de la présente du maître des convois à.... que les droits de l'état sont payés.

LETTRES DE MARQUE. On nomme ainsi, en Hollande, les *certificats* que les jurés maîtres marqueurs de mesures délivrent aux capitaines ou aux propriétaires des vaisseaux sujets au droit de last-gelt, du jaugeage qu'ils en ont fait. C'est sur ces lettres que se fait le paiement de ce droit. Chaque lettre ne peut durer que deux ans, au bout duquel temps les capitaines ou propriétaires sont obligés de faire faire un nouveau mesurage, & en obtenir une nouvelle lettre. L'acquit du last-gelt s'écrit au dos de la lettre chaque fois qu'il se paie.

LEVAGE. Il se dit de l'imposition & levée des droits qui se font sur les marchandises. Par les lettres patentes pour l'établissement des foires franches de Saint-Denis, les marchands & marchandises sont déchargés de tous péages, barrages, *levages* & acquits, tant vieux que nouveaux.

LEVANT. Les François appellent ainsi les *pays* situés à l'Orient à l'égard de la France. Il ne se dit néanmoins que de ceux qui sont les plus proches de nous, & qui ne s'étendent guères au-delà de la Méditerranée ; les autres comme la Perse, l'Inde, la Chine, le Japon, conservent le nom d'*Orient*.

Les échelles du Levant sont les villes de commerce situées sur les côtes ou dans les isles de cette partie de la Méditerranée qu'on nomme *la mer du Levant*, comme Smyrne, Seyde, Alep, Chypre, Schio, &c.

Marchandises du *Levant*, sont celles que les nations de l'Europe qui font commerce dans le *Levant*, & qui y envoient des vaisseaux, en rapportent par leurs retours. Ainsi on dit, du séné de *Levant*, de la casse de *Levant*, du maroquin de *Levant*, parce que ces drogues & cette espèce de cuir se tirent du *Levant* par la Méditerranée.

On dit qu'un marchand trafique dans le *Levant*, pour dire qu'il a ses correspondans dans les échelles de la Méditerranée, c'est-à-dire, qui sont situées dans les états du grand seigneur ; qu'il y envoie des marchandises, & qu'on lui en renvoie d'autres du pays.

Les étoffes d'or, d'argent, de soie, de coton, de fil, de laine, d'écorce d'arbre, & autres semblables qui viennent du *Levant*, sont comprises dans les défenses générales qui ont été faites en France de celles de Perse, des Indes & de la Chine, la plupart de ces marchandises y étant fabriquées.

Par un arrêt du conseil du 15 août 1685, donné en explication de l'édit du mois de mars 1669, pour la franchise du port de Marseille, il est ordonné qu'il sera levé sur toutes les marchandises venant du *Levant*, Barbarie & autres pays & terres de la domination du grand seigneur, entrant par ladite ville de Marseille, vingt pour cent de leur valeur, si elles ont été entreposées à Gènes, Livourne & autres villes & pays étrangers ; & que si elles entrent par le port de Rouen, elles seront sujettes au même droit, soit qu'elles aient été entreposées avant que d'y être portées, soit qu'elles y arrivent en droiture.

LEUDE ou LAUDE. *Droit de péage* qui se lève en quelques endroits du Languedoc, sur les denrées & marchandises qui sont portées à Toulouse par les étrangers. Les habitans de cette ville en sont exempts, & ont été confirmés dans cette immunité par un arrêt du conseil de l'année 1539.

LEVÉE. *Terme de fabrique d'étoffe à la navette & au métier.* C'est autant d'ouvrage qu'un ouvrier en peut faire sans être obligé de rouler sur l'ensuble de devant l'ouvrage déja fait. Cet ouvrier est habile, il fait plus d'une *levée* par jour.

LEVÉE. Se dit aussi de l'étoffe que l'on coupe d'une pièce chez un marchand. Cette pièce de velours est presque entière, on n'en a pris qu'une *levée* de juppe.

LEVER de l'étoffe, du drap, de la serge, &c. C'est acheter chez un marchand ces sortes de marchandises à l'aune, ou les faire couper à la pièce. On dit en ce sens : je m'en vais *lever* quatre aunes de drap pour me faire un habit. J'ai donné ordre de me *lever* cent aunes de damas pour me faire un meuble.

LEVER BOUTIQUE. C'est *louer une boutique*, & la remplir d'un assortiment de marchandises pour en faire négoce & la tenir ouverte aux marchands qui se présentent pour acheter.

LEVURE. C'est une écume ou mousse qui sort de la bière quand elle bout dans le tonneau, dont les boulangers de petit pain se servent pour faire lever leur pâte, au lieu du levain ou pâte aigrie qu'ils emploient pour le gros pain.

LEUWEDAALDERS. *Monnoie d'argent* qui se fabrique exprès en Hollande pour le commerce de Smyrne. *Voyez* LA TABLE DES MONNOIES.

LEZION. Perte que l'on souffre en achetant ou en vendant une chose. La *lezion* outre moitié, c'est-à-dire, la perte que souffre un acheteur, quand il a été trompé au-delà de la moitié de la juste valeur de ce qu'il a acheté, est ordinairement un moyen de droit pour se faire restituer contre un contrat.

L I

LIARD. Petite *monnoie* de France qui vaut trois deniers.

LIASSES. L'on nomme de la sorte, dans le commerce de la filasse de chanvre que font les marchands de fer de Paris, les *petits paquets* dont sont composées les grosses bottes de cette marchandise.

LIBAGE. Morceau de pierre de taille moindre que les carreaux. Le *libage* se vend à la voie. Une voie doit avoir six à sept morceaux de pierre ; le quart de voie, un ou deux.

LIBBY. Sorte de lin que les habitans de Mindanao, grande isle des Philippines, que les Espagnols n'ont encore pû assujettir, cultivent avec grand soin

& en grande quantité, plus pour en faire de l'huile, que pour le filage & les ouvrages de tifferanderie.

L'huile de *libby* eft pour ces barbares un objet confidérable de négoce. Ils en fournissent diverses nations des Indes; entr'autres les habitans de Borneo & des autres ifles de la Sonde, les Chinois & même les Efpagnols quand ils ne font point en guerre avec eux.

LIBERTÉ DE COUR. (*Terme de commerce*). C'eft l'*affranchiffement* dont jouit un marchand, de la jurifdiction ordinaire des lieux où il fait fon négoce, & le privilége qu'un étranger a de porter les affaires concernant fon trafic pardevant un juge de fa nation.

Il fe dit particulièrement des villes Anféatiques, qui dans tous les comptoirs qu'elles avoient autrefois dans les principales villes de commerce de l'Europe, comme à Londres & à Anvers, entretenoient une efpèce de conful, & fous lui un greffier, pardevant lequel tous les marchands de leur ligue ou hanfe devoient fe pourvoir en première inftance pour fait de négoce, & dont les jugemens fe portoient par appel & en dernier reffort pardevant les juges & magiftrats des villes Anféatiques, dont l'affemblée réfidoit à Lubeck.

Ce qui refte de villes Anféatiques, réduites à préfent à fept ou huit, de plus de quatre-vingt qui compofoient autrefois cette fameufe fociété de marchands, jouit encore de ce privilége, mais feulement parmi leurs propres négocians.

LIBONGOS. Sorte de *groffe étoffe* qui eft propre pour la traite que les Européens font à Lowango & autres lieux des côtes d'Afrique.

LIBRAIRE. Celui qui fait le commerce de livres, foit qu'il les imprime lui-même, foit qu'il les donne à imprimer d'autres.

LIBRAIRIE. *Profeffion des libraires.* On le dit encore de leur corps & fociété. On le difoit auffi autrefois pour fignifier une *bibliothéque*, mais il n'eft plus d'ufage en ce fens.

Louis XI en 1467 commença à donner quelques réglemens pour la *librairie*; mais ce ne fut que fous le régne de François I, que l'autorité royale régla entièrement leur difcipline par des déclarations en forme de ftatuts.

Les principaux réglemens de ce prince, & de fes fuccesseurs, font ceux de 1531 & 1539, de François I; de 1551, de Henri II; de 1563, 1571, de Charles IX; de 1579 & 1586, de Henri III, & de 1610, 1618, 1629, de Louis XIII.

Le régne de Louis XIV fi fécond en réglemens, & dans lequel ont été dreffées tant d'ordonnances, eft auffi celui qui en a donné le plus grand nombre pour la *librairie*. L'on a entr'autres les réglemens de 1650, de 1663, de 1670, de 1671, de 1686, de 1703, de 1704 & de 1713; & quantité d'arrêts du confeil, ou en interprétation des anciens ftatuts, ou qui en établiffent quelques nouveaux.

Les quatre derniers réglemens, & p articulière-

ment l'édit du mois d'août 1686, enregiftré en parlement le 21 du même mois, & la déclaration du 23 octobre 1713, enregiftrée le 26 enfuivant, donnée en interprétation de cet édit, doivent être regardés comme les véritables ftatuts du corps de la *librairie*, jufqu'à ce que ceux qui ont été propofés au confeil du roi par les libraires & imprimeurs, & convenus en partie entr'eux dans plufieurs conférences, ayent reçu leur autorité par un nouvel édit ou déclaration.

On va donner un extrait de cet édit de 1686, rectifié où il fera néceffaire par les articles de la déclaration qui l'interprète, ou par les autres déclarations & arrêts du confeil donnés depuis.

Cet édit en réglement eft compofé de foixante-neuf articles réduits fous quinze titres. Ces titres font:

Des franchifes, exemptions & immunités des imprimeurs & libraires de Paris.

Des imprimeurs & libraires en général.

Des fondeurs de caractères d'imprimerie.

Des apprentifs.

Des compagnons.

Des réceptions des maîtres.

Des veuves.

Des correcteurs.

Des colporteurs.

Des libraires forains.

Des fyndics, adjoints & maîtres de confrérie;

De la vifite & de la chambre fyndicale.

Les libelles diffamatoires & livres défendus.

Des priviléges pour l'impreffion des livres.

Enfin des inventaires, prifées & ventes d'*imprimerie* & de *librairie*.

Les imprimeurs & libraires & les fondeurs, qui compofent avec eux le corps de la *librairie*, font réputés du corps & des fuppôts de l'univerfité, du tout diftingués & féparés des arts méchaniques; & en cette qualité jouiffent de tous les droits, franchifes & prérogatives dont les recteurs, maîtres & écoliers de ladite univerfité ont coutume de jouir.

Un fyndic & quatre adjoints font à la tête de ce corps. La communauté affemblée fe les donne par élection & à la pluralité des voix. L'élection du fyndic ne fe fait que tous les deux ans, & celle des adjoints tous les ans, mais feulement de deux chaque année à la place des deux anciens. Le jour de l'élection eft fixé au huitiéme de mai, & le nombre des électeurs à feize mandés, imprimeurs & libraires, outre les fyndics & adjoints. L'élection fe fait en préfence du lieutenant général de police & du procureur du roi au châtelet.

L'égalité avoit été confervée entre les libraires & les imprimeurs par l'édit de 1686, foit pour le droit à l'élection, foit pour le nombre de leurs mandés; mais la grande difproportion du nombre des uns & des autres, (les imprimeurs n'étant que trente-fix, & les libraires bien au-delà de deux cent), a donné lieu à l'interprétation de la déclaration de 1713, qui a réglé par l'article feptiéme, qu'il ne fera élu à l'avenir qu'un adjoint imprimeur de deux années en deux années, & qu'il ne feroit non plus mandé que quatre imprimeurs & douze libraires pour les élections.

C'est le fyndic qui est chargé de l'administration des deniers & effets de la communauté, & les deux derniers adjoints qui font les administrateurs de la confrérie, qui a S. Jean porte-Latine pour patron.

Les visites, soit générales, soit particulières, se font par les fyndic & adjoints ; les générales tous les trois mois, les autres toutes fois & quantes ils le jugent nécessaire.

La visite des livres venant de dehors (qui se portent à la chambre fyndicale en conséquence du cinquante-huitième article de l'édit, dont l'exécution a été d'abondant ordonnée par une sentence du lieutenant général de police du 6 juin 1698) se doit faire au moins par trois des fyndic & adjoints. Les jours marqués pour la faire, font les mardis & vendredis à deux heures de relevée.

Dans ces visites les libelles contre l'honneur de Dieu, le bien & le repos de l'état, ou les livres imprimés, soit dedans, soit dehors le royaume, en contravention des réglemens & privilèges, doivent être arrêtés, même les marchandises qui se trouveroient dans les balles avec de tels libelles diffamatoires ou autres livres défendus.

Non-seulement la visite des livres qui font apportés à Paris par les libraires & imprimeurs étrangers, ou des provinces, pour y être vendus ou échangés, doit se faire dans la chambre fyndicale ; mais encore la vente ou l'échange y doit être pareillement faite en présence desdits fyndics & adjoints.

Enfin les officiers de la *librairie*, outre les visites chez leurs confrères, ont aussi droit d'en faire chez les dominotiers, imagers & tapissiers en papier, auxquels il est défendu par l'article 61, d'avoir chez eux des caractères de fonte propres à imprimer des livres.

L'apprentissage, dont les gens engagés dans le mariage font exclus, est au moins de quatre années consécutives, & doit être suivi de trois autres années de service chez les maîtres en qualité de compagnons. Nul n'est reçu apprentif qu'il ne soit congru en langue latine, & qu'il n'en rapporte certificat du recteur de l'université.

L'imprimeur qui n'a que deux presses ne peut avoir qu'un apprentif. Il est permis aux autres d'en avoir jusqu'à deux. A l'égard des libraires, ils n'en peuvent obliger qu'un à la fois ; mais l'article 6 de la déclaration de 1713, qui ordonne que tout imprimeur aura au moins quatre presses, semble avoir été cette différence d'un ou deux apprentifs pour les imprimeurs.

Les fils de maîtres ne font tenus de faire aucun apprentissage ; & s'ils ont les qualités requises ils doivent être reçus à leur première requête ; ce qui pourtant a quelques exceptions, comme on le dira dans la suite.

Les qualités pour être reçu à la maîtrise, outre

l'apprentissage & le service pour ceux qui y font sujets, font l'âge de vingt ans accomplis, d'être naturel François, d'être congru en langue latine, & de sçavoir lire le grec.

L'aspirant à la maîtrise doit être certifié capable d'exercer la profession d'imprimeur ou de libraire par deux autres maîtres de la communauté ; bien entendu, suivant l'interprétation qu'en donne l'art. 4 de la déclaration de 1713, que le fils ou apprentif libraire qui se présente pour être reçu libraire, sera certifié par deux libraires seulement : Que le fils ou apprentif d'imprimeur en pareil cas le sera par deux maîtres imprimeurs aussi seulement ; & que s'ils se présentent les uns ou les autres pour être libraires & imprimeurs en même-temps, ils feront certifiés par deux libraires & deux imprimeurs.

Suivant l'article 3 de la déclaration de 1713, les fils de maîtres imprimeurs qui n'exercent que l'imprimerie, doivent faire une année d'exercice chez un libraire de Paris, ou deux années chez un libraire de province, avant de pouvoir être reçus libraires : les apprentifs en pareil cas font tenus de deux années d'exercice à Paris, & de trois en province ; ce qui doit s'observer en pareilles circontances pour les fils & apprentifs des libraires, qui veulent parvenir à la maîtrise d'imprimeur.

Les compagnons qui épousent la veuve ou la fille d'un maître, font reçus comme fils de maîtres.

Les veuves restant en état de veuvage jouissent de tous les privilèges de la maîtrise de leurs maris, à la réserve qu'elles ne peuvent obliger de nouveaux apprentifs, mais seulement achever ceux qui font commencés.

Le nombre des imprimeurs est fixé à trente-six, dont les places, vacation arrivant, ne peuvent être remplies que par des fils d'imprimeurs, ou par ceux qui ont fait apprentissage d'imprimerie. Le nombre des libraires n'est pas fixé ; mais il leur est défendu de recevoir plus d'un maître par an, outre les fils & gendres de maîtres. Dans cette réception on préfère celui qui s'est présenté & a été inscrit le premier sur le registre par les fyndic & adjoints.

Chacun des trente-six imprimeurs, à qui il suffisoit par l'article 2 du réglement de 1686, d'avoir deux presses à lui appartenantes, font tenus par l'article sixième de la déclaration de 1713, d'en avoir au moins quatre, & huit sortes de caractères romains avec leur italique, depuis le gros canon jusqu'au petit texte, sans que plusieurs imprimeurs puissent s'associer pour une même imprimerie.

Les libraires-imprimeurs tenant imprimerie ou boutique de *librairie*, les doivent tenir dans le quartier de l'université seulement, dans un même lieu & non séparément. Les libraires non imprimeurs peuvent avoir leurs boutiques au dedans du palais, à moins qu'ils ne se restreignent à ne vendre que des heures & des petits livres de prières, auquel cas ils peuvent demeurer aux environs du palais & dans la rue Notre-Dame.

L'article 11 de l'édit de 1686, qui contient cette discipline concernant les demeures des imprimeurs & libraires, fixe aussi les bornes de ce qu'on entend par le quartier de l'université.

Tous les libraires & imprimeurs qui impriment ou font imprimer des livres, sont tenus d'y mettre leur nom & leur marque, de prendre des priviléges du grand sceau, de les insérer en entier au commencement ou à la fin de chaque exemplaire, & d'en faire l'enregistrement aussi tout du long, ainsi que de leur cession, sur le registre de la chambre syndicale.

Il n'est pas néanmoins nécessaire, il est même défendu d'obtenir de tels priviléges pour les requêtes, factums, placets, &c. On parle ailleurs très-amplement de ce qui concerne cette matière.

Après divers changemens arrivés dans la librairie pour la quantité des exemplaires que les libraires & imprimeurs doivent fournir à de certaines bibliothéques, ou à la chambre syndicale, de chaque impression de livres qu'ils font, la déclaration du roi Louis XIV. du 6 octobre 1703, les a fixés à huit, pour être distribués ainsi qu'on l'a dit à l'article des exemplaires.

La déclaration de 1713 y assujettit aussi les graveurs & marchands de tailles-douces pour les livres de figures, estampes, cartes, &c.

Il n'appartient qu'aux libraires & imprimeurs de faire la description ou prisée des imprimeries ou des livres qui doivent être exposés en vente; & les presses & caractères servant aux imprimeries, ne peuvent être vendus ni transportés sans la permission du lieutenant général de police, & seulement en la présence des syndic & adjoints, qui doivent en tenir registre, sur lequel sont obligés de s'en charger ceux à qui ils auront été vendus ou adjugés, à peine de confiscation & d'amende.

Les libraires & imprimeurs, en qualité de suppôts de l'université, & par l'excellence de leur art, ayant toujours été distingués & séparés des arts méchaniques, leur communauté ne fut point comprise dans le rôle dressé au conseil pour l'exécution de l'édit du roi Louis XIV. portant création en titre d'offices de maîtres & gardes, syndics & jurés pour les corps des marchands & les communautés des arts & métiers : mais une nouvelle création d'auditeurs dans ces mêmes corps & communautés ayant été faite en 1694, le corps de la librairie, qui par inadvertance avoit été employé dans ce nouveau rôle au préjudice de ses priviléges, fut comme forcé au paiement d'une somme considérable, qu'il fut obligé d'emprunter pour se délivrer de la vexation du traitant.

Enfin, en 1703 les libraires & imprimeurs ayant été de nouveau poursuivis pour diverses taxes mises sur les autres communautés par les édits de 1701 & 1702, ils en obtinrent la décharge purement & simplement par une déclaration du mois d'octobre de la même année; & les sommes par eux jusque-là payées aux coffres du roi, furent déclarées comme leur tenant lieu d'augmentation de finance pour la confirmation de leurs droits & priviléges.

Ce fut par la même déclaration que les exemplaires qui se doivent fournir à la chambre, furent augmentés jusqu'au nombre de huit, & les droits de visite & réception aussi accrus considérablement, pour dédommager le corps de la librairie des grosses sommes qu'il avoit empruntées, en payer les arrérages, & en faire peu-à-peu le remboursement.

On ne parle point ici des correcteurs d'imprimerie, des colporteurs, des libraires forains, de la chambre syndicale, du commerce des livres, & de plusieurs autres choses qui y ont rapport, dont il est fait mention dans divers articles du réglement de 1686, parce qu'on en traite dans des articles particuliers où l'on peut avoir recours.

Réglement pour la librairie & imprimerie de Paris, arrêté au conseil d'état du roi, le 28 février 1723.

Le nouveau réglement qui devoit terminer les différends qui renaissoient sans cesse entre les libraires & les imprimeurs, ayant enfin pris une forme convenable, sa majesté pour en assurer l'exécution donna sa déclaration du 10 décembre 1720. Mais quoique ce nouveau réglement eût été dressé & examiné avec beaucoup de soin, cependant lorsqu'il fut porté au parlement avec les lettres de cachet ordinaires pour y être enregistré, il s'y trouva matière à plusieurs observations, qui parurent mériter qu'il fût apporté quelques changemens à un grand nombre d'articles; outre que divers abus qui s'étoient insensiblement glissés parmi ceux qui exercent l'art de la *librairie & de l'imprimerie*, demandoient aussi qu'il y fût pourvu par quelques nouveaux articles. Ces considérations ayant obligé sa majesté de retirer sa déclaration, pour être ledit réglement réformé & de nouveau présenté & approuvé en son conseil : enfin il fut arrêté le 28 février 1723 & rendu public, sous le nom de *réglement pour la librairie & imprimerie de Paris.*

Ce réglement, en conséquence d'un arrêt du conseil d'état du roi, du 19 juin de la même année, & conformément à l'ordonnance du lieutenant général de police, à qui sa majesté en commet l'exécution, fut lû & enregistré en la chambre syndicale des libraires & imprimeurs de Paris, le 13 octobre ensuivant.

Les articles du nouveau réglement sont au nombre de 110, au lieu de 69 dont celui de 1686 étoit seulement composé. A l'égard des titres l'on n'y en a ajouté qu'un seul, qui est celui des souscriptions qu'on a mis le troisième, à la place du titre des fondeurs de caractères d'imprimerie, qui a été reculé jusqu'au neuvième.

LICENTEN. Licence, permission. *Licenten* se dit en Hollande des passeports qui se donnent dans les bureaux des convois ou douanes pour pouvoir charger ou décharger les marchandises des vaisseaux qui entrent ou fortent par mer ; ou celles qui fe voiturent par terre. Il fignifie auffi quelquefois *les droits d'entrée & de fortie.*

LICHEN. *Plante* propre pour la teinture en rouge, qui fe trouve communément fur les rochers d'Amorgos & fur ceux de Nicouria, qui font du nombre des ifles de l'Archipel. On s'en fert à peu près comme on fait en France de la perelle d'Auvergne.

Les Anglois en enlèvent beaucoup qu'ils portent chez eux : on en envoie auffi quantité à Alexandrie.

LICHTERS. On nomme ainfi, à Amfterdam, des *bateaux* ou *petits bâtimens* qui fervent à tranfporter les marchandifes des magafins au port ou du port au magafin. Ce font des efpèces d'alèges qui contiennent jufqu'à 30 ou 36 lafts de grains ; on s'en fert pour voiturer les bleds, les grains, les fels & autres telles marchandifes.

LIE. C'eft la partie la plus craffe & la plus épaiffe des liqueurs, le fédiment qui fe forme & qui tombe au fond des tonneaux, lorfqu'elles fe font éclaircies.

Les vinaigriers font un grand commerce de *lie* de vin qu'ils font fécher & qu'ils réduifent en pain, après en avoir exprimé ce qui y refte de liqueurs par le moyen de petites preffes de bois.

Les cabaretiers, marchands de vin & autres qui font le commerce de vin en détail, font tenus, conformément aux ordonnances du roi pour les aides, de vendre leur *lie* aux vinaigriers, fans en pouvoir faire des eaux-de-vie.

C'eft avec de la *lie* brulée & préparée d'une certaine manière, que fe fait ce qu'on nomme de la *gravelée*, dont les teinturiers fe fervent dans leurs teintures, & quelques autres artifans & ouvriers dans leurs ouvrages.

LIÉGE. Ecorce d'un grand arbre qui porte le même nom.

LIEN. *Terme de manufacture de lainage*, dont on fe fert en plufieurs lieux du Languedoc, particulièrement dans les fabriques de Langogne & autres lieux du Gevaudan, pour fignifier ce qu'on nomme ailleurs des *portées.*

Le réglement du 5 août 1718 pour les étamines ou burates de Langogne ordonne, qu'elles auront huit fils chacune.

LIENNE. *Terme de tifferand en toile.* On s'en fert auffi dans les manufactures des petites étoffes de laine. Ce font les fils de la chaîne dans lefquels la trême n'a point paffé faute d'avoir été levés ou baiffés par les marches.

LIERRE. Sorte de plante ou arbriffeau qui produit la gomme ou réfine qu'on appelle *hedre* ou *gomme de lierre.*

Les feuilles & les bayes de *lierre* ont auffi quelque ufage en médecine, & on les met du nombre des drogues vulnéraires & déterfives ; on en applique auffi les feuilles fur les cautères pour en lever plus aifément la fanie.

Les cabaretiers & marchands de vin en font des couronnes ou pour leur fervir de bouchon, ou pour en faire une efpèce d'ornement à leurs enfeignes.

Le commerce des feuilles de *lierre* eft affez confidérable pour avoir été mis dans les tarifs au nombre des drogues qui paient des droits d'entrée.

LIEU D'ENTREPOST. *Terme de commerce maritime.* Il fe dit des ports de mer où l'on établit des magafins pour recevoir les marchandifes qu'on y conduit, & qui doivent être tranfportées plus loin.

LIÉVRE. Animal fauvage à quatre pieds, fort velu, très-vite à la courfe, & bon à manger, qui reffemble pour la figure au lapin, mais plus grand. Cet animal, trop connu pour être obligé de le décrire plus particulièrement, étant jeune s'appelle *levreau*, & fa femelle fe nomme *hafe*. Le *liévre* donne pour le commerce de deux fortes de marchandifes, fon poil & fa peau.

Le poil de *liévre* étoit autrefois d'un grand ufage en France pour la chapellerie, & il s'y employoit même avec beaucoup de fuccès mêlé avec d'autre poil ; mais par arrêt du confeil du 10 août 1700, il eft défendu très-expreffément aux chapeliers de s'en fervir, & cela apparemment pour favorifer le débit du poil de caftor que la compagnie du domaine d'Occident tire du Canada.

Avant de couper le poil de deffus la peau du *liévre* pour l'employer à la fabrique des chapeaux, on en arrache le plus gros qui eft fur la fuperficie, n'y ayant que celui du fond dont on puiffe fe fervir utilement.

Pour ce qui eft des peaux de *liévres* encore chargées de leur poil, après avoir été paffées & préparées par les foureurs, elles s'emploient en fourures très-chaudes, que l'on croit même fouveraines pour la guérifon des rumatifmes.

Il vient des pays froids, & particulièrement de Mofcovie, des peaux de *liévres* toutes blanches, dont on fait beaucoup plus de cas que celles de France & des pays chauds, dont le poil eft pour l'ordinaire de couleur tirant fur le roux, un peu rougeâtre, mêlé de quelque peu de blanc.

LIEUTENANT-GÉNÉRAL DE POLICE. On nomme ainfi à Paris & dans plufieurs des principales villes du royaume, le *magiftrat* qui a foin de la police en général, & qui veille en particulier à l'exécution des réglemens concernant le commerce journalier qui fe fait dans les halles des marchés, & qui prend garde que les ftatuts des corps des marchands, & des communautés des arts & métiers, foient exactement obfervés.

La création d'un *lieutenant-général de police* dans la ville, prévôté & vicomté de Paris, ne s'eft faite qu'en 1667, par édit du roi du mois de mars de la même année. Celle des lieutenans de police dans les autres villes du royaume, eft encore plus moderne, & n'eft que du mois d'octobre 1699.

RÉGLEMENT pour la jurisdiction du lieutenant-général de police, & celle des prévôt des marchands & échevins de Paris.

L'édit de 1667 avoit bien reservé aux *prévôt des marchands & échevins* de la ville de Paris, toute la jurisdiction dont ils avoient joui ou dû jouir jusqu'alors ; mais comme cette jurisdiction n'y étoit pas expliquée, & qu'elle s'étendoit sur diverses matières en quelque sorte les mêmes que celles dont la connoissance avoit été attribuée au *lieutenant-général de police*, il étoit bien difficile, pour ne pas direimpossible, qu'on ne vît pas s'élever de temps en temps des contestations pour la compétence, entre lui & les magistrats municipaux de Paris.

Ces contestations devinrent enfin si fréquentes, que sa majesté informée que les conflits de jurisdiction, qui en étoient les suites nécessaires, causoient de continuels embarras aux particuliers, & troubloient l'ordre public, résolut d'arrêter ce désordre si contraire au bien de la justice & à la dignité des magistrats, qui étoient obligés d'y prendre part, & pour cela de régler par un édit la jurisdiction des uns & des autres.

L'édit est donné à Versailles au mois de juin 1700, enregistré en parlement le 12 du même mois : il contient XII articles de réglement, desquels on va donner ici l'extrait, mais non pas avec une égale étendue, se contentant d'indiquer la matière dont il est traité dans ceux qui ne regardent pas le négoce, & entrant seulement dans le détail de ceux qui sont pour le commerce.

ART. Iᵉʳ. Cet article concerne le commerce des bleds & autres grains. Il conserve au *lieutenant-général de police*, aussi-bien qu'aux *prévôt des marchands & échevins*, la jurisdiction qui leur est attribuée par les ordonnances sur le négoce de cette sorte de marchandise. C'est à sçavoir, que le *lieutenant-général de police* connoîtra dans l'étendue de la prévôté & vicomté de Paris, & même dans les huit lieues aux environs de la ville, de tout ce qui regarde la vente, livraison & voiture des grains que l'on y amène par terre, quand même ils auroient été chargés sur la rivière ; pourvu qu'ils aient été ensuite déchargés ; comme aussi de toutes les contraventions qui pourroient être faites aux ordonnances & réglemens concernant lesdits grains ; & que les *prévôt des marchands & échevins* connoîtront de leur part, de la vente & livraison desdits grains, lorsqu'elles se feront dans le lieu où ils doivent être embarqués sur lesdites rivières, & pareillement de la voiture qui se fera par icelles ; & si dans les procès qui seront portés devant eux, ils trouvent qu'il y ait quelque contravention aux ordonnances de police, ils en prendront connoissance ; & pourront ordonner ce qu'ils estimeront nécessaire pour l'exécution desdites ordonnances,

II. Les *prévôt des marchands & échevins* recevront en la manière accoutumée, les déclarations de tous les vins qui arriveront à Paris ; ils prendront pareillement connoissance de tout ce qui regarde la vente & le commerce de ceux qui doivent y être conduits, dedans & depuis le lieu où l'on les charge sur les rivières, ensemble de leur voiture par icelles ; & incidemment aux procès qui seront intentés devant eux pour le sujet des contraventions qui pourront être faites aux ordonnances & réglemens de police, lorsqu'ils seront dans les lieux où on les charge, & tant qu'ils seront dans les bateaux, sur les ports & sur l'étape de Paris.

A l'égard du *lieutenant-général de police*, on lui conserve toute jurisdiction, police & connoissance, sur la vente & commerce qui se fait desdits vins, lorsqu'on les amène par terre, & des contraventions faites aux ordonnances & réglemens de police, sur ceux qui y ont été amenés par les rivières aussi-tôt qu'ils seront transportés des bateaux, sur lesquels ils auront été amenés dans les maisons & caves des marchands de vin, sans que les officiers de la ville y puissent faire aucune visite, même sous le prétexte des mesures.

III. Par cet article, les *prévôt des marchands & échevins* doivent connoître de la voiture qui se fait par eau des bois de mairain & de charronnage, & c'est à eux à régler les ports de la ville où ils doivent être amenés & déchargés ; mais c'est au *lieutenant-général de police* de connoître de tout ce qui regarde l'ordre qui doit être observé entre les charrons & autres personnes qui peuvent employer lesdits bois. Le reste de l'article contient la police pour la visite des bois de mairain & de charronnage par les jurés charrons.

IV. Cet article regarde les conduits des eaux & l'entretien des fontaines publiques, dont la connoissance appartient aux seuls *prévôt des marchands & échevins*. On conserve seulement au *lieutenant-général de police*, l'ordre qui doit s'observer entre les porteurs d'eau qui y viennent puiser, & la connoissance des contraventions aux réglemens.

V, VI, VII & VIII. Ces quatres articles ont peu de rapport au commerce.

Le premier regarde les quais de la ville & la jurisdiction que le *lieutenant-général de police* & les *prévôt des marchands & échevins* y peuvent avoir chacun en droit soi.

Le second parle de la publication solemnelle des traités de paix.

Le troisième, des cérémonies, spectacles, fêtes publiques, & des échafaux qui se font pour placer le peuple qui desire y assister.

Le quatrième, traite des débordemens d'eau & des précautions qui se prennent pour en prévenir les mauvaises suites.

IX. Par cet article les teinturiers, dégraisseurs & autres

autres ouvriers qui ont besoin de se servir de l'eau de la rivière, doivent s'adresser à la ville s'ils demandent à y placer des bateaux, & seulement au *lieutenant de police*, lorsqu'ils veulent y laver leurs ouvrages sans bateaux.

X. *Le lieutenant-général de police* doit connoître, à l'exclusion des *prévôt des marchands & échevins*, de ce qui regarde la vente & le débit des huîtres; soit qu'elles soient amenées par eau ou par terre, mais sans préjudice des commissaires du parlement sur le fait de la marée.

XI. L'onzième article est pour le commerce du poisson d'eau douce dont il partage la jurisdiction entre le *lieutenant-général de police* & les *prévôt des marchands & échevins*.

Au *lieutenant de police* est reservé la connoissance de tout ce qui regarde l'ordre & la police de la vente & commerce dudit poisson d'eau douce qu'on amène à Paris; & à cet effet les marchands de poisson qui y demeurent, doivent avoir soin de le visiter exactement aussi-tôt qu'il y est arrivé, & d'en faire leur rapport audit *lieutenant de police*; lequel ordonnera, sur lesdits rapports ou autrement, tout ce qu'il estimera convenable à l'ordre & à la police publique de ladite marchandise; & lorsque les marchands forains & autres vendront du poisson sur les boutiques & reservoirs aux femmes qui vendent en détail, ou à telles autres personnes que ce puisse être, ledit *lieutenant-général de police* connoîtra seul de tout ce qui regarde à cet égard, l'ordre, la police & l'exécution des ordonnances & réglemens.

Pour ce qui est de la jurisdiction des *prévôt des marchands & échevins*, elle s'étend sur tout ce qui touche la vente & livraison dudit poisson qui est destiné pour la ville de Paris dans les lieux où on les met sur les rivières navigables qui y affluent; ensemble de la voiture que l'on y fait dudit poisson depuis lesdits lieux, & les contestations qui peuvent arriver pour raison d'icelles, & encore de celles qui peuvent naître entre lesdits marchands & les personnes qui achetent ledit poisson en détail ou autrement sur la rivière, & même des contraventions qui pourroient avoir été faites aux ordonnances & réglemens de police qui viendroient à leur connoissance incidemment audit procès.

XII. Enfin par le douzième & dernier article, sa majesté enjoint aux *lieutenant-général de police & prévôt des marchands & échevins*, d'éviter, autant qu'il leur sera possible, toutes sortes de conflits de jurisdiction; de régler s'il se peut à l'amiable & par des conférences entr'eux, ceux qui seroient formés, ou enfin de les faire régler au parlement le plus sommairement qu'il se pourra, sans qu'ils puissent rendre des ordonnances, ni faire de part & d'autre aucun avertissement au sujet desdites contestations, ni sous aucun prétexte que ce puisse être.

Création des lieutenans de police dans les provinces.

Cette création de *lieutenans de police* fut faite par édit du roi en 1699, *ad instar* de celle du lieutenant-général de police de Paris. Toutes les anciennes charges de pareille qualité; soit qu'elles fussent possédées par des titulaires; soit qu'elles fussent réunies à d'autres corps d'offices ou aux hôtels de ville, furent éteintes & supprimées, & en leur place furent créées & érigées en titre d'offices, formés & héréditaires, de nouvelles charges de conseillers du roi *lieutenans-généraux de police*, pour être établis dans toutes les villes & lieux du royaume, où il y a parlement, cour des aides, chambre des comptes, siéges présidiaux, baillages, sénéchaussées ou autres jurisdictions royales.

Leurs fonctions furent déclarées les mêmes que celles du lieutenant-général de police de Paris, dont on a donné ci-devant un extrait assez détaillé. Et à l'égard de leurs prérogatives & priviléges, on leur en attribue de semblables que ceux dont jouissent les lieutenans-généraux des présidiaux, baillages & sénéchaussées des lieux où ils seroient établis, avec l'entrée, rang & séance dans lesdits siéges après lesdits lieutenans-généraux ou autres premiers officiers; ensemble l'exemption des tailles, subsides, logemens de gens de guerre, tutelle, curatelle, ban, arrière-ban, &c. avec droit de committimus & de franc-salé.

Entre les fonctions attribuées à ces officiers par leur édit de création, une des principales est l'étalonage des poids, balances & mesures des marchands & artisans. Quelques-uns des nouveaux pourvus ayant voulu, pour étendre leurs droits, faire la visite des mesures servant au regrat dans quelques villes & autres lieux du ressort de la cour des aides de Paris; ayant même fait saisie de quelques-unes, au préjudice des édits & déclarations du roi & des arrêts & réglemens de ladite cour sur le fait des gabelles, cette cour donna arrêt le 11 mai 1700, à la requisition de son procureur-général, par lequel fut ordonnée l'exécution desdits édits, déclarations, arrêts & réglemens, & conformément à iceux, fait inhibition & défenses aux *lieutenans de police* & tous autres juges ordinaires, de prendre connoissance des mesures & autres choses concernant les sels de greniers & de regrat, à peine de nullité, cassation des procédures, & de tous dépens, dommages & intérêts des parties.

LIGATURE, ou LEGATURE. Espèce de petite étoffe de peu de valeur qui n'a que sept seize de large, & dont la pièce est de trente aunes; on la nomme autrement *brocatelle* ou *mezeline*. Elle se fabrique ordinairement à Rouen en Normandie, à Lille, à Menin & à Comines en Flandre. Celles de Rouen sont faites de fil de lin & de laine, celles de Lille toute de fil de lin, & celles de Menin & de Comines de fil de lin & de fil de

E

laine de fayette. Toutes les *ligatures* font ordinairement ou à petits carreaux, ou à grandes fleurs de plufieurs couleurs. Cette forte d'étoffe eft propre à faire des meubles, comme tours de lits de campagne, tapifferies de cabinet, à couvrir des chaifes, & il s'en emploie auffi beaucoup à doubler des tentes pour l'armée.

LIGATURE. C'eft encore une *petite étoffe* mêlée de foie & de fil, & par conféquent un peu plus chère que la ligature commune, quoique d'ailleurs de la même qualité & fabrique. Il s'en fait dans les mêmes manufactures où fe font les autres, & encore à Pont Saint Pierre près de Rouen, à Gand en Flandre & à Harlem en Hollande.

LIGATURE. *Terme en ufage parmi les Provençaux qui font le commerce de Smyrne*, pour fignifier *le nœud* duquel font liées les maffes de foie ou celles de fil de chevron. Il faut obferver dans le choix & l'achat de ces fortes de marchandifes, que la *ligature* en foit petite; les groffes *ligatures*, qui ordinairement font fourrées de foie ou de fil de moindre qualité, ayant coutume de caufer de grands déchets.

LIGNE. C'eft la première & la plus petite des mefures pour les longueurs, qui pourtant fe divife encore en fix points; mais cette divifion n'eft guères connue que dans les opérations géométriques, où il eft néceffaire d'obferver la plus exacte précifion.

La *ligne* eft la douziéme partie d'un pouce, & la cent quarante-quatriéme d'un pied de roi. Quelques-uns lui donnent le nom de *grain d'orge*.

Les Siamois ont parmi leurs mefures de longueurs le grain de ris qui revient à notre *ligne*. Huit grains de ce légume qui a encore fa première enveloppe font le nion ou pouce, & ces huit grains valent neuf de nos *lignes*.

LIGNE DE COMPTE. *Terme de commerce* & de *teneur de livre*. Ce terme fignifie quelquefois *chaque article*, qui compofe un regiftre ou un compte.

On dit en ce fens: j'ai mis cette fomme en *ligne de compte*, pour dire, j'en ai chargé mon regiftre, mon compte. Quelquefois on ne l'entend que de la dernière ligne de chaque article. Dans ce dernier fens on dit, tirer en *ligne* des fommes, c'eft-à-dire, les mettre vis-à-vis de la dernière ligne de chaque article, dans les différens efpaces marqués pour les livres, fols & deniers.

TIRER HORS DE LIGNE, ou HORS-LIGNE. C'eft mettre les fommes en marge des articles, devant & proche la dernière *ligne*.

LIGNE. C'eft auffi un inftrument de pêcheurs dont on fe fert pour prendre du poiffon.

Il y en a de plufieurs fortes, entre autres la *ligne de fond*, la *ligne dormante* & la *ligne à verge*.

La *ligne de fond* eft faite de lignette ou groffe ficelle, longue d'environ 20 toifes; le long de cette lignette font attachés de diftance en diftance d'autres morceaux de lignette d'un pied ou 18 pouces de hauteur qu'on nomme *cordeaux*, & qui fervent à mettre les hameçons fur pied, c'eft-à-dire, à les attacher au bout de chaque cordeau. On met ordinairement 30 à 40 hameçons fur une ligne de 20 toifes. Cette ligne fe met au fond de l'eau, & s'arrête avec des pierres qu'on appelle *pierres à ligne*. Il n'y a que ceux qui ont droit de rivière qui puiffent pêcher ou faire pêcher à la *ligne de fond*.

La *ligne à verge* eft une ligne de crin attachée au bout d'une longue verge de bois avec quelques hameçons qui y pendent par en bas. On y met un peu de liége traverfé d'une plume pour la foutenir fur l'eau à telle hauteur qu'on le veut. La pêche à cette ligne eft permife à tout le monde.

Ligne dormante, c'eft une efpèce de ligne de fond que des voleurs de poiffons jettent la nuit dans quelque rivière, vivier ou étang, afin de l'aller lever en cachette & profiter induement du poiffon qui s'y trouve pris. Cette pêche eft défendue fous des peines afflictives.

LIGNE au pluriel. Signifie une *lettre miffive* très-courte, ce qu'on appelle un *billet*. Je vous écris ces *lignes* pour vous donner avis que, &c.

LIGNETTE. Médiocre ficelle dont les pêcheurs, oifeliers & autres ouvriers font quelques-uns des filets qui fervent pour la pêche & pour la chaffe.

LIMAILLE. Ce qu'on enlève avec la lime de deffus les métaux. De la *limaille* d'acier, de la *limaille* de fer, de la *limaille* de cuivre.

Ces *limailles* font défendues aux teinturiers par la grande inftruction pour les teintures de l'année 1680, article 121; & cependant font utiles & néceffaires. Ce qui a fait tomber le réglement en défuétude.

LIME. Outil d'acier long & étroit, taillé & incifé de divers fens, fervant aux ouvriers qui travaillent fur les métaux, particulièrement aux ferruriers & autres ouvriers en fer. Elle fert à ces derniers pour dégroffir, blanchir & polir les ouvrages.

On nomme *gros carreaux* & *gros demi-carreaux*, de groffes & pefantes *limes*, rudes, & taillées profondément, qui fervent pour ébaucher & limer à froid. Il y a auffi des carreaux & demi-carreaux doux pour adoucir.

Les groffes carlettes fervent à limer & dreffer les groffes pièces, après qu'on s'eft fervi du carreau & demi-carreau. Les carlettes font des *limes* douces.

Toutes les autres *limes* confervent leur nom de *limes*, en y ajoutant quelque terme pour les fpécifier ou en marquer l'ufage. Les unes font plates, d'autres rondes ou demi-rondes, d'autres en carré, d'autres en triangle, & d'autres encore en forme de fcie avec un doffier.

Il y a auffi des *limes* à matir & des limes de cuivre à main; les unes pour les tailleurs & graveurs de monnoies & de médailles, & les autres pour les ouvrages de pierres de rapport. Pour ces deux dernières efpèces de *limes*, on peut voir l'article de *la gravure fur acier* & celui des *pierres de rapport*.

On peut mettre auffi au nombre des *limes*, les outils ou inftrumens que les arquebufiers appellent des *calibres*, foit qu'ils foient fimples, foit qu'ils foient doubles, dont ils fe fervent ou à dreffer le deffous des vis, ou à roder les noix des platines.

La plupart de toutes ces diverfes efpèces de *limes* dont on fe fert en France & particuliérement à Paris, où il s'en fait une grande confommation, fe fabrique à Paris même, & dans quelques provinces du royaume, ou bien viennent d'Allemagne, particuliérement de Nuremberg, d'où les marchands de fer & quincailliers qui en font le commerce, en tirent en quantité. Celles de Nuremberg arrivent ordinairement à Rouen par les vaiffeaux Suédois.

Les carreaux de toutes fortes & les groffes carlettes fe taillent prefque tous à Paris par des ouvriers du corps des taillandiers qu'on appelle *tailleurs de limes*, parce qu'ils ne font que cette partie du métier de la taillanderie. Ils fe vendent au poids, plus ou moins fuivant le temps; mais pour l'ordinaire pas au-deffous de 6 fols, ni au-deffus de 8 fols la livre.

Les *limes* d'Allemagne, qui commencent ordinairement aux groffes carlettes, fe vendent au paquet, les unes, depuis une lime au paquet, jufqu'à fix, & les autres depuis trois jufqu'à douze, chaque paquet fe vendant le même prix; c'eft-à-dire, pas plus le paquet de douze que celui de trois, & pas moins le paquet d'une feule *lime* que celui de fix. On les vend auffi en détail & à la pièce chez les quincaillers.

Les *limes* depuis une jufqu'à fix font à queue ronde ou carrée; les autres jufqu'aux plus petites font à queue platte. Il y en a de fi foibles, de fi minces, de fi étroites & de fi courtes de toutes efpèces, que le papier a prefque autant d'épaiffeur, & qu'elles ont à peine un pouce de longueur & une ligne de largeur. Les paquets de ces *limes* viennent d'Allemagne entortillés de paille.

Il vient auffi quantité de *limes* de Forez des mêmes efpèces que celles d'Allemagne; mais elles font de moins bonne qualité, foit pour la taille, foit pour la force, étant toutes foibles & petites fuivant leurs fortes, & faciles à s'égrainer. Elles viennent par-groffes de douze douzaines, & fe débitent en détail; aucune n'a la queue plate.

LIMON. Pièce de bois de fciage ordinairement de chêne, dont on fe fert pour les efcaliers.

LIMONS. Se dit auffi de ces deux longues pièces de bois de charonage qui font la principale partie d'une charette, entre lefquelles on place le plus fort cheval qui la doit tirer. Toutes les fortes de bois ne font pas propres à faire des *limons* de charette, n'y ayant que le chêne, l'orme & le frêne qu'on puiffe y employer utilement; mais le chêne l'emporte fur les deux autres pour la bonté.

LIMONADE. *Breuvage* que l'on fait avec de l'eau, du fucre & des citrons ou limons. Cette liqueur factice a donné fon nom à une nouvelle communauté de la ville & fauxbourgs de Paris.

LIMONADIER. Celui qui fait & qui vend de la limonade.

La communauté des *limonadiers*, *marchands d'eau-de-vie*, eft très-nouvelle à Paris.

Ces marchands qui n'étoient auparavant que des efpèces de regrattiers, furent érigés en corps de jurande, en exécution de l'édit du mois de mars 1673, qui ordonnoit que tous ceux qui faifoient profeffion de commerce, & qui n'étoient d'aucun corps de communauté, prendroient des lettres, & qu'il leur feroit dreffé des ftatuts.

La communauté fupprimée par édit de décembre 1704, ayant été rétablie fix mois après par un autre édit du mois de juillet 1705, un troifième du mois de feptembre 1706, en ordonna de nouveau la fuppreffion, lui fubftituant une création de 500 priviléges héréditaires au lieu des 150 ci devant créés & révoqués.

Enfin les priviléges héréditaires n'ayant pû prendre faveur, & le traitant ne pouvant s'en défaire comme il l'avoit efpéré, les anciens limonadiers furent pour la troifième fois réunis en communauté par un quatriéme édit du mois de novembre 1713, qui caffant & annullant ceux de 1704 & 1706, ordonne que celui de 1705, enfemble la déclaration rendue en conféquence, feroient exécutés felon leur forme & teneur; ce faifant que la communauté des maîtres *limonadiers*, vendeurs d'eau-de-vie, efprit de vin, & autres liqueurs, feroit & demeureroit établie comme elle étoit avant l'édit de 1704.

Cet édit du rétabliffement des *limonadiers* fut enregiftré en parlement le 20 décembre de la même année 1713.

LIMOSINAGE. *Ouvrage de maçonnerie* feulement de moëlon qui eft fait par les limofins foit avec du mortier à chaux & à fable, foit fimplement avec de la terre détrempée & courroyée avec de l'eau.

LIMOSINERIE. Art de travailler au limofinage. Il fe dit auffi de l'ouvrage des limofins.

LIN. La graine de *lin* a bien des propriétés. Elle entre dans la compofition de plufieurs médicamens; on en tire par expreffion, ainfi que de la graine de navette, ou de chenevi, une forte d'huile dont les qualités font à peu-près femblables à celles de l'huile de noix; auffi l'emploie-t-on quelquefois à fon défaut dans les peintures, & à brûler. Celle qui a été tirée fans le fecours du feu eft très-eftimée en médecine, & l'on prétend qu'elle eft propre à la guérifon de bien des maladies.

Le négoce des huiles de *lin* eft affez-confidérable. La plupart de celles qui fe confomment à Paris, viennent de Flandre & du côté de Rouen où il s'en fait une très-grande quantité.

La *linette*, c'eft ainfi qu'en bien des endroits on appelle la *graine* de cette plante, eft fort fujette à dégénérer; & il y a des terres comme celles de

Normandie, de Bretagne & de Picardie, où il faut la renouveller au moins tous les cinq ans.

La meilleure graine qu'on puisse employer pour cela, est celle qui vient de la mer Baltique. La tige qu'elle produit la première année s'élève près de deux pieds & demi, qui est la plus grande hauteur que puisse avoir le *lin*, même celui de Flandre qui a tant de réputation : les années suivantes elle décroît comme par proportion ; à la cinquième année elle ne fait presque que ramper, & qui la pousseroit plus loin, perdroit à coup sûr & sa culture & sa graine. On se sert d'une grège, qui est une espèce de petit peigne de fer pour séparer la graine d'avec la tige, ce qui se fait en passant l'extrémité du *lin* où est la *linette*, entre les dents de la grège, & cela s'appelle *greger le lin*.

Une grande partie des provinces de France est si abondante en *lin*, & les terres y sont si propres pour sa culture, que les François, s'ils le vouloient, se passeroient de leurs voisins pour cette sorte de négoce, quelque grande quantité qu'ils en consomment en plusieurs sortes d'ouvrages, & particulièrement en fil pour la couture, ou pour les points & dentelles, & en diverses espèces de toiles. Cependant ils en tirent une assez grande quantité des pays étrangers ; & la mer Baltique, le Hoflan, la Moscovie & la Flandre en fournissent beaucoup à leurs fileuses & à leurs tisserans. On tire aussi des *lins* doux du Levant ; l'Égypte en peut fournir jusqu'à mille balles.

Le *lin* de Flandre a une grande réputation, celui de Picardie en approche. Parmi les *lins* étrangers, ceux de Riga & de Conisberg sont les plus estimés.

Les *lins* soit du crû du royaume, soit ceux qui viennent du nord, s'achètent & se vendent ou crus & en masses, ou préparés & prêts à filer.

Le *lin* cru est celui qui n'a eu encore que les premières façons, & où plusieurs morceaux de la chenevote restent mêlés. En cet état il fait une partie du négoce des marchands épiciers-droguistes ; c'est aussi le principal commerce des maîtresses linières de Paris.

Le *lin* préparé & prêt à filer, est celui qui a toutes ses façons, & qui a passé par les peignes les plus fins & les plus déliés des filassiers, il est ordinairement en cordons depuis 15 jusqu'à 25 cordons à la livre.

Lins qui viennent du Levant par la voie de Marseille.

Les marchands de Marseille tirent du Levant cinq sortes de *lins* ; sçavoir, le *lin afioume*, le *lin forfeste*, le *lin manouf*, le *lin noir*, & le *lin olep*. Toutes ces sortes de *lins* sont sujets au droit de 20 pour cent, qui se lève suivant le tarif de 1706, & l'appréciation réglée par ledit tarif.

LINCEULS. C'est ainsi qu'on nommoit autrefois les *draps* de toile de lin ou de chanvre, qu'on met dans les lits entre la couverture & le matelas, pour y être couché plus proprement.

LINÉE. Sorte de *satins de la Chine*, ainsi appellés de la manière dont ils sont pliés.

LINETTE. C'est la graine ou semence de la plante qui produit le lin.

On appelle en France *linette neuve*, celle qui vient de la mer Baltique, & qui produit pour la première année.

Vieille *linette* ou *linette* usée, c'est celle qui est à sa cinquième année.

LINGE. Il se dit en général de toutes les toiles qui ont été coupées & mises en œuvre pour l'usage de la personne, pour le service du ménage.

On appelle particulièrement *linge de table*, la toile uniquement destinée à faire des nappes & des serviettes pour le service de la table à manger, & du buffet de table.

Le *linge de table* se distingue parmi les marchands & marchandes de toiles, en *linge plein*, & en *linge ouvré*.

Le *linge plein* est une toile toute unie qui n'est différente des toiles ordinaires que parce qu'elle a des liteaux ou raies de fil bleu. Il s'en fait beaucoup de cette espèce en plusieurs endroits de France, mais particulièrement en Normandie.

Le *linge ouvré*, dont on prétend que l'invention vient des Vénitiens, est une sorte de toile ouvragée sur le métier, & peu près comme les étoffes de soie façonnées. Il s'en fabrique de plusieurs desseins & façons, les uns de lin, & les autres de chanvre, auxquels l'on donne divers noms suivant les lieux où ils ont été manufacturés, ou les divers desseins qui paroissent dessus, ou les ouvriers qui en ont fait des premiers.

Presque tous les *linges ouvrés* se vendent en blanc, & le blanchiment s'en fait ordinairement aux environs des lieux où ils sont fabriqués. Il y en a de fin, de moyen & de gros.

Les endroits où il s'en fait le plus, sont la Flandre Françoise & Espagnole, la Picardie, la basse Normandie & le Beaujolois. Il s'en fait néanmoins du côté de Bayonne & en quelques endroits d'Italie.

LINGER, LINGERE. Marchand ou marchande qui fait négoce de toile & de linge.

Deux sortes de marchands font à Paris le commerce de la *lingerie* & *toilerie*. Les uns sont du corps de la mercerie, & ne sont distingués des autres merciers que par la qualité du commerce qu'ils ont embrassé. Les autres composent une communauté particulière qui a ses statuts, ses privilèges & ses officiers à part, & qui n'est composée que de maîtresses, les hommes n'y pouvant être reçus.

LINGERIE. Marchandise de *linge* & de *toile* ; ce qui comprend tous les ouvrages, soit en pièces, soit taillés & cousus, qui se vendent & s'achètent par les marchands merciers & marchandes lingères en gros ou en détail.

LINGERIE. Se dit auſſi des endroits où il y a beaucoup de magaſins & de boutiques de lingers & lingères raſſemblés. La rue de la *lingerie* eſt celle de Paris où il ſe vend le plus de linge. Dans les foires un peu conſidérables, il y a ordinairement une rue de la *lingerie*. Quand on veut avoir du linge ou de la toile, on dit qu'il faut aller à la *lingerie*, qu'on y trouvera tout ce qu'on aura beſoin.

LINGETTE. Nom que les Anglois donnent à une ſorte d'étoffe toute de laine non croiſée, que l'on appelle communément en France, *flanelle*.

LINGETTES. Ce ſont auſſi de petites *ſerges* qui ſe fabriquent dans l'élection de Vire en baſſe Normandie, particulièrement dans les paroiſſes de Condé, Caligny, Monſegré, Entremont, Ceriſy & Freſne. Elles ſe transportent preſque toutes en Bretagne.

LINGOT. Morceau de métal brut, qui n'eſt ni monnoyé ni ouvragé, n'ayant reçu d'autre façon que celle qu'on lui a donnée dans la mine, en le fondant & le jettant dans une eſpèce de moule ou creux que l'on appelle *lingotière*.

Les *lingots* ſont de divers poids & figures, ſuivant les différens métaux dont ils ſont formés. Il n'y a que l'or, l'argent, le cuivre & l'étain qui ſe jettent en *lingots*.

LINGOT. Se dit encore de certaines petites barres ou morceaux d'or ou d'argent refondu, provenant de quelque monnoie, médailles, ou pièces d'orfévrerie. Il y a du danger aux gens inconnus d'expoſer en vente de ces ſortes de *lingots*, à cauſe du ſoupçon qu'on peut avoir qu'ils ne les ayent faits avec des ouvrages d'orfévrerie volés, ou avec des eſpèces monnoyées.

LINGUE. On donne ce nom à une ſorte de morue verte, un peu longue, qui n'a preſque que la peau & l'arrête.

En Normandie dans le triage qui ſe fait des différentes eſpèces & qualités de morue, la *lingue* paſſe pour la quatrième ſorte, & ſe confond ordinairement avec une autre eſpèce que l'on appelle *raguet*; ainſi la *lingue* ou le raguet ſe vendent enſemble. En Bretagne la *lingue* ſe comprend dans le rebut.

LINGUET. Satin de *linguet*. Sorte de ſatin qu'on envoie de Chrétienté à Smyrne : il paie à la douane de cette ville les droits d'entrée à raiſon d'une piaſtre le pic.

LINIER, LINIÈRE. Marchand ou marchande qui fait négoce de lin.

La communauté des marchandes *linières* de Paris étoit autrefois compoſée d'hommes & de femmes; mais depuis les lettres patentes & les ſtatuts de 1666, elle ne l'eſt plus que des maîtreſſes, qui ſe qualifient marchandes *linières*, chanvrières, & filaſſières, de la ville & fauxbourgs de Paris.

LINON, ou LINOMPLE. On appelle ainſi une certaine eſpèce de *toile* de lin blanche, claire, déliée & très-fine qui ſe manufacture à Valenciennes, Cambray, Arras, Bapaume, Vervins, Peronne,

Saint-Quentin, Noyon & autres lieux des provinces de Haynault, Cambreſis, Artois, & Picardie.

Il ſe fait de trois ſortes de *linons*; les uns unis, les autres rayés, & les autres mouchetés. Les unis ſont ou de trois quarts de large & de quatorze aunes à la pièce, ou de deux tiers de large & de douze à treize aunes à la pièce. Pour ce qui eſt des rayés & des mouchetés, ils ont tous trois quarts de large & quatorze aunes à la pièce, le tout meſure de Paris.

Les *linons* tant unis, rayés que mouchetés, ſont propres à faire des garnitures de tête, des fichus ou mouchoirs de col, des toilettes & autres choſes ſemblables à l'uſage des femmes. On ſe ſert cependant des unis pour faire des ſurplis & rochets pour les gens d'égliſe; mêmes des cravates & des manchettes pour les hommes du monde.

Ces ſortes de toiles ſont envoyées des endroits où elles ſont fabriquées, en petits paquets de forme quarrée, d'une pièce & demi-pièce chacun, pour l'ordinaire couverts de papier brun liſſé, & renfermés dans des eſpèces de caiſſettes de bois blanc, dont les planches ſont aſſemblées par le moyen de pluſieurs petites chevilles de bois en place de clous.

LINTHÉES. ſorte d'étoffes de ſoies qui ſe fabriquent à la Chine dans la province de Nanquin. Les *linthées* font partie des aſſortimens d'étoffes qu'on deſtine pour le Japon. Les Hollandois en enlèvent quantité pour les y envoyer; mais ils n'en rapportent guères en Europe, y ayant moins de profit à faire que ſur les pelings, autres ſortes d'étoffes de Nanquin.

LINTISQUE. Arbre d'où coule le maſtic. On le nomme autrement & plus communément *lentiſque*.

LION. On donne ce nom à une ſorte de linge ouvré qui ſe fabrique en Beaujolois, petite province de France. Il y en a de trois eſpèces; ſçavoir le grand *lion*, le moyen *lion*, & le petit *lion*. Ce linge ſe fait ordinairement tout de lin.

LIQUEUR. Corps mol & fluide, comme l'eau, le vin, l'huile, &c.

On appelle *vins de liqueur*, les vins qui ont de la douceur; ce qu'on dit par oppoſition à ceux qui ſont ſecs, bruſques & piquants. Les Malvoiſies, les vins d'Eſpagne, des Canaries, de Tokay, de Frontignan, de la Ciouta, &c. ſont les plus renommés parmi les vins de liqueurs.

C'eſt une mauvaiſe qualité pour les vins ordinaires, tels que ſont les vins de Bourgogne & de Champagne, d'avoir de la *liqueur*.

LIQUEUR. Se dit auſſi de diverſes boiſſons compoſées du mélange de pluſieurs drogues & ingrédiens, quelquefois de fruits ou de fleurs, dont la baſe eſt ordinairement de l'eau-de-vie, du vin ou l'eau ſimple, tels que ſont les ratafias, les roſolis, les hypocras, les limonades, les orgeades, les eaux de fraiſes, de groſeilles, de ceriſes, de framboiſes, mêmes les glaces qui ne ſont faites que de ces eaux congelées dans des boëtes de fer blanc avec le salpêtre ou le sel commun.

Plusieurs corps & communautés des arts & métiers de Paris ont droit de faire de ces *liqueurs*; entr'autres les épiciers, apothicaires, & droguistes, les vinaigriers, les distillateurs, les limonadiers & les fayanciers.

Les meilleures de ces *liqueurs* qui sont faites avec de l'eau-de-vie, se font à Montpellier, d'où il est incompréhensible combien il en vient chaque semaine par le messager de cette ville. Les rosolis de Turin étoient aussi en vogue autrefois; mais on les trouve gras & il n'en vient plus guères.

LIQUID - AMBAR, autrement AMBRELI-QUIDE. C'est une sorte de résine rougeâtre & claire, que produisent certains arbres qui croissent dans la nouvelle Espagne, & que les originaires du pays appellent *ococol*. Lorsque cette résine est nouvelle & encore liquide, on la nomme *huile de liquid-ambar*; & lorsqu'elle est vieille & épaisse, elle est appellée *beaume de liquid-ambard*.

LIQUIDATION. Réduction & fixation, soit d'une somme incertaine ou contestée, soit des prétentions respectives que deux personnes peuvent avoir l'une contre l'autre à une somme liquide & claire. Ces deux négocians ont fait à l'amiable la *liquidation* de leurs affaires.

LIQUIDATION D'INTÉRÊT. C'est une supputation par laquelle on connoît ce que chaque somme porte d'*intérêt* pour un tel temps & à un tel denier.

LIQUIDATION. S'entend aussi quelquefois de l'ordre, de l'arrangement qu'un négociant tâche de mettre dans ses affaires. Il ne perd aucun temps à faire la *liquidation* de ses effets.

LIQUIDE. Se dit, *en terme de commerce*, des dettes & des effets qui sont non-seulement exigibles & bien existans, mais sur lesquels on ne peut avoir aucune contestation. Ce marchand a cent mille écus d'effets bien *liquides*. J'ai pour vingt mille écus de dettes; mais il n'y a pas un sol à perdre, ce sont toutes dettes très *liquides*.

Les compensations des dettes ne sont que de *liquide à liquide*.

LIQUIDE. Confitures *liquides* se dit par opposition à confitures sèches.

LIQUIDER. Fixer à une somme liquide & certaine des prétentions contentieuses.

LIQUIDER DES INTÉRÊTS. C'est calculer à quoi montent les *intérêts* d'une somme à proportion du denier & du temps pour lesquels ils sont dûs.

LIQUIDER SES AFFAIRES. C'est y mettre de l'ordre, en payant ses dettes passives, en sollicitant le paiement des actives, ou en retirant les fonds qu'on a, & qui sont dispersés dans différentes affaires & entreprises de commerce.

LIRA, LIVRE en François. Monnoie de compte dont on se sert en Italie pour tenir les livres de commerce.

La *livre* Italienne n'est pas par-tout de la même valeur. *Voyez* LA TABLE DES MONNOIES.

LIS. *Terme de manufacture de toiles*. Il signifie à peu près ce qu'on entend par les *gardes du rot*, ou *peigne* de tisserand, c'est-à-dire, les grosses dents qui sont aux extrémités du peigne.

Ce terme est fort en usage dans les fabriques de la généralité de Tours; & il est ordonné par le réglement de 1700, pour les toiles, que de quelque largeur qu'elles soient, & de quelque nombre de portées qu'elles soient composées, elles seront faites dans des lames également compassées, tant au *lis* qu'au milieu.

LISATZ. Sorte de *toiles* qui viennent des Indes, de Perse, & de la Mecque. Il y en a de diverses qualités, & ont deux pics ¼ de large, ce qui fait approchant de 5 pans ½ de Marseille.

LISERER. Former des fleurs & des figures sur une étoffe, avec un cordonnet qui n'en marque que le contour.

LISIÈRE. C'est le bord d'une étoffe, ou ce qui borne sa largeur des deux côtés. Les étoffes de soie, de laine, de coton & de fil ont des *lisières*: les bas que l'on fait au métier en ont aussi; & c'est ainsi qu'on appelle *les deux bords du bas*, lorsqu'il est encore comme en pièce. En cousant ensemble les deux *lisières* le bas prend sa forme.

Les *lisières* servent également & à la bonté des étoffes, & à en faire reconnoître la qualité; ce qui a donné lieu à quantité de réglemens & de statuts pour en donner la matière, les couleurs & la façon de les travailler.

Les réglemens pour les étoffes de soie ou d'autres matières mêlées de soie, de l'année 1667, ont plusieurs articles concernant les *lisières*. Il seroit trop long d'entrer dans le détail de tous ceux qu'ils contiennent.

LISIÈRE. On appelle *arbres de lisières* dans le commerce & l'exploitation des bois, les arbres qui sont sur le bord des forêts, & qui les séparent ou des grands chemins ou des autres héritages.

Quelques-uns les confondent avec les arbres de parois, quoiqu'il semble qu'ils soient bien différens; les parois étant toujours dans l'intérieur des forêts pour en distinguer les différentes coupes, & les arbres de *lisières*, comme le mot l'emporte, étant toujours sur les bords ou au-dehors.

C'est l'article VI du titre xv de l'ordonnance de 1669, qui paroît avoir donné lieu à cette erreur.

LISME. Espèce de *tribut* que les François du Bastion de France paient aux Algériens & aux Maures du pays, suivant les anciennes capitulations, pour avoir la liberté de la pêche du corail, & du commerce au Bastion même, à la Calle, au Cap de Rose, à Bonne & à Colle.

LISSE. Ce qui est poli, uni & luisant. On le dit, *en terme de manufacture*, d'une étoffe qui n'a pas passé sous la calandre pour y faire paroître des ondes. De la moire *lisse* est celle qui sort des mains de l'ouvrier, qui n'est pas tabisée, ni ondée.

LISSE. Les tapissiers de haute-lisse & de basse-lisse, les sergiers, les rubaniers, ceux qui fabriquent des brocards, & quelques autres ouvriers, nomment *liſſe*, ce qu'on appelle *chaîne* dans les métiers de tiſſerand & des autres fabriquans de draps & d'étoffes ; c'eſt-à-dire , les fils étendus de long ſur le métier, & roulés ſur les enſubles , à travers deſquels paſſent ceux de la tréme.

HAUTE-LISSE. C'eſt celle dont la *liſſe* ou chaîne eſt dreſſée debout & perpendiculairement devant l'ouvrier qui travaille ; la baſſe-liſſe au contraire celle dont la *liſſe* eſt montée ſur un métier poſé parallele à l'horiſon , c'eſt-à-dire , placée comme le métier d'un tiſſerand.

RUBAN DOUBLE EN LISSE. Celui qui eſt plus fort, plus épais que le ruban ſimple ; parce que la *liſſe* ou chaîne du premier a plus de fils , quoique dans une égale largeur que celle du dernier.

LISSER UNE ÉTOFFE. C'eſt la faire paſſer ſous la calandre à liſſer , c'eſt-à-dire , dont les rouleaux ſont polis , afin de la faire paroître unie & luiſante. On ne *liſſe* guères que les étoffes de ſoie & les toiles qui ont été dégraiſſées & reblanchies ou reteintes.

LISTAOS. *Toiles* rayées de blanc & de bleu , qui ſe fabriquent en divers lieux d'Allemagne. Les Hambourgeois en portent beaucoup en Eſpagne, où elles ſont bonnes pour les Indes occidentales.

LISTE. Mémoire ou catalogue qui contient les noms , les qualités , & quelquefois les demeures de pluſieurs perſonnes.

Il n'y a guères à Paris de compagnies de judicature, de finances , &c. qui ne faſſent imprimer de temps en temps de ces ſortes de *liſtes*. Elles ſont ſur-tout d'un uſage très-ordinaire , & l'on peut dire univerſel , dans les ſix corps des marchands & dans les communautés des arts & métiers de la ville & fauxbourgs de cette capitale.

LISTE. Signifie auſſi en Hollande ce que l'on nomme en France un *tarif* ou *pencarte* , c'eſt-à-dire , un état par ordre alphabétique , de toutes les marchandiſes & denrées , qui ſont ſujettes au paiement des droits d'entrée , de ſortie , & autres, avec la quotité du droit qui eſt dû pour chacune d'icelles.

Les principales *liſtes* de Hollande , ſont celles du 8 mars 1655, 29 juin 1674, & celles du 4 mars & 9 avril 1685.

La dernière *liſte* ou tarif que les états généraux ont dreſſée dans leur aſſemblée pour être obſervée à la place de ces anciennes , eſt datée de la Haye le 31 juillet 1725, pour n'être néanmoins exécutée qu'au premier novembre enſuivant.

Cette *liſte* eſt précédée des réſolutions ou ordonnances des états , & d'un placard qui en fixent & réglent l'exécution en deux cent cinquante-quatre articles ; les uns & les autres de mêmes dates que la *liſte*.

LIT. Meuble qui ſert à ſe coucher la nuit , ou à ſe repoſer de jour.

Les menuiſiers en font toute la garniture de bois, comme le chalit ou couchette , le chantourné, l'impériale , & les avant-bois. Le reſte eſt l'ouvrage

des tapiſſiers , comme les matelas , les paillaſſes , les lits de plume , les couvertures ou courte-pointes, & ce qu'on appelle *le tour de lit* , qui conſiſte en rideaux , en pentes, en bonnes-graces, en doſſier, en ciel , en chantourné, &c.

LITARGE ou LITHARGE. Outre les *litarges* qu'on tire de Pologne , de Suéde, & de Danemarck, il en vient auſſi d'Allemagne & d'Angleterre. Celles de Pologne ſont les plus eſtimées ; & il faut les choiſir véritables Dantzick, qui ſont pour l'ordinaire moins terreuſes & d'une belle couleur. La *litarge* menue eſt préférable à la groſſe , parce que c'eſt une marque qu'elle eſt plus calcinée, & par conſéquent plus facile à diſſoudre dans les liqueurs onctueuſes dans leſquelles on a coutume de les employer.

LITEAU. Se dit de certaines raies de différentes couleurs, que l'on conſerve le long des pièces de drap entre la liſière & l'étoffe , tant du côté de l'endroit que du côté de l'envers , pour faire connoître qu'elles ſont de bonne teinture , & cela ſe fait en y couſant de petites cordes avant que de mettre les étoffes à la teinture.

Les *liteaux* des draps écarlate , bleus & pourpres , ſont ordinairement blancs ; ceux des draps verds ſont jaunes , ceux des draps violets ſont d'un rouge clair , &c.

LITEAU. Se dit auſſi des rayes bleues qui traverſent les toiles d'une liſière à l'autre. Il n'y a que les pièces de toiles pleines qui ſont deſtinées à faire des napes & des ſerviettes qui aient des *liteaux*. Ces *liteaux* ſont diſpoſés dans les pièces de manière , que lorſque les napes ou les ſerviettes ſont coupées , il leur reſte à chaque bout un *liteau*.

LITEMANGITS. Nom que les habitans de Madagaſcar donnent à cette eſpèce de gomme que les épiciers & droguiſtes de Paris appellent *alouchi*. Cette gomme coule du tronc de la canelle blanche.

LITER DU POISSON SALÉ. C'eſt l'arranger par lits dans les gonnes , hambourgs & barils. On dit que du poiſſon ſalé eſt bien *lité*, lorſqu'il eſt bien arrangé par couches dans les futailles. Ce terme eſt commun pour le ſaumon , le hareng & le maquereau.

LITER UN DRAP. C'eſt coudre ou attacher avec du gros fil ou de la menue ficelle certaines petites cordes de la groſſeur du bout du petit doigt, le long de la pièce entre l'étoffe & la liſière , afin que la partie qui en a été couverte ne puiſſe prendre la teinture , & qu'elle conſerve toujours ſon fond ou pied ; ce qui eſt proprement la preuve de la bonne teinture de l'étoffe.

Les marchands drapiers , manufacturiers , & autres qui donnent des draps pour teindre en écarlate violette , penſée , verd-brun & verd-gay, ſont obligés de les *liter* avant que de les donner à teindre. Il eſt même défendu aux teinturiers de les recevoir ni de les teindre , s'ils ne ſont *lités*.

LITRON. Petite mesure ronde, ordinairement de bois, dont on se sert pour mesurer certains corps secs, comme grains, pois, féves, & autres légumes; sel, farine, châtaignes, &c. Il faut seize *litrons* pour faire un boisseau de Paris.

Le *litron* se divise en deux demi-*litrons*, & en quatre quarts de *litron*, ou suivant quelques-uns, en trente-six pouces cubiques.

Par sentence des prévôts des marchands & échevins de la ville de Paris, du 29 décembre 1670, insérée dans l'ordonnance générale de la même ville du mois de décembre 1672, chap. 24, le *litron* doit avoir trois pouces & demi de haut sur trois pouces dix lignes de large, & le demi-*litron* deux pouces dix lignes de haut sur trois pouces une ligne de diametre.

Quoique le sel se mesure avec le même *litron* que les grains & graines, il a cependant des divisions beaucoup plus étendues. Les voici telles qu'elles se trouvent dans l'ordonnance des gabelles du mois de mai 1680.

Le *litron* se divise en deux demi-*litrons*, ou en quatre quarts de *litron*, ou en huit demi-quarts de *litron*, ou en seize mesurettes.

L'étalonnage ou épalement du *litron*, ainsi que celui des autres mesures rondes de bois, se fait à Paris en l'hôtel de ville par les jurés mesureurs de sel, qui sont les dépositaires des étalons de cuivre, ou mesures matrices & originales qui doivent servir de régle à toutes les autres.

LITRON. Se dit aussi de la chose mesurée. Un *litron* de pois, un *litron* de farine, un *litron* de sel, &c.

LIVRAISON. Action par laquelle on met une chose entre les mains & en la possession d'un autre.

Ce terme est assez d'usage dans le commerce, en parlant des marchandises que l'on vend ou qu'on achete. Nous sommes convenus du prix de deux cent pièces de drap, mais il ne m'en doit faire la *livraison* qu'après pâques. Je vous ai déja mandé que j'avois fait la *livraison* de vos velours à votre facteur.

LIVRE. Ouvrage d'esprit composé & imprimé pour l'utilité publique, ou quelquefois seulement pour la curiosité & le plaisir.

Comme il ne s'agit dans ce Dictionnaire que des matières de Commerce, on ne parlera ici des *livres* que par rapport au négoce qui s'en fait.

Ce sont les imprimeurs qui font l'impression des *livres*; les relieurs qui les relient & les dorent; & les libraires qui les vendent & les débitent, soit en gros, soit en détail. On traite ailleurs des maîtres de ces trois professions, de leur art & de leur négoce.

Il y a des *livres* manuscrits & des *livres* imprimés. On appelle *usages* ou *livres d'église*, ceux qui servent pour réciter & faire l'office divin.

Les *livres* imprimés se distinguent par ce qu'on appelle leur *format*, qui est de plusieurs sortes, comme l'in-folio, l'in-quarto, l'in-octavo, l'in-douze, &c. ce qui s'entend du pliage des feuilles, & de la quantité que chacune contient de pages ou de feuillets.

LIVRE EN BLANC. C'est celui qui n'est pas relié. Les auteurs, imprimeurs & libraires qui obtiennent des priviléges pour l'impression des *livres*, ne sont tenus de fournir qu'en *blanc* à la chambre syndicale les huit exemplaires ordonnés par les édits & déclarations.

LIVRE RELIÉ. C'est un *livre* qui après avoir été battu, cousu & rogné, est couvert d'un carton, & par dessus le carton, de quelque peau d'animal, d'étoffe, ou même d'argent.

LIVRE RELIÉ A LA CORDE. C'est celui qui est cousu avec ces ficelles qu'on appelle des *nerfs*, mais qui n'est pas couvert.

LIVRE BROCHÉ. C'est un *livre* qui n'est cousu que de quelques points d'aiguilles par-dessus. Il ne se dit guères que des livrets de peu de feuilles.

LIVRE CONTREFAIT. C'est un *livre* imprimé par d'autres que ceux qui ont obtenu le privilége.

LIVRE PROHIBÉ. C'est celui dont l'impression & le débit sont défendus par les loix & ordonnances. On comprend sous ce nom, tous les *livres* contre la religion, l'état & les bonnes mœurs; même ceux imprimés sans privilége, sans nom ou marque d'imprimeur ou de librairie, & où le lieu de l'impression n'est pas mis.

LIVRE. Poids d'une certaine proportion qui sert à juger de la pesanteur des corps graves, &, pour ainsi dire, à la mesurer. La *livre* est différente suivant les lieux.

A Paris, la *livre* est de seize onces; elle se divise de deux manières. La première division se fait en deux marcs, chaque marc en huit onces, chaque once en huit gros, chaque gros en trois deniers, chaque denier en vingt-quatre grains, & chaque grain pèse environ un grain de bled.

La seconde division se fait en deux demi-livres, la demi-livre en deux quarterons, le quarteron en deux demi-quarterons, le demi-quarteron en deux onces & l'once en deux demi-onces.

Ainsi suivant la première division l'on peut peser en diminuant depuis une *livre* jusqu'à un grain, qui est la 9,216e partie de la *livre*; & suivant la deuxiéme division l'on peut peser en diminuant depuis une *livre* jusqu'à une demi-once, qui est la 32e partie de la *livre*.

L'on se sert ordinairement des poids de la première division, qui sont proprement le poids de marc, pour peser l'or, l'argent, & les marchandises précieuses; & l'on emploie les poids de la seconde, qui sont les poids ordinaires pour peser celles qui ne sont pas d'un prix si considérable.

Les poids de marc sont ordinairement de cuivre, & les poids ordinaires sont ou de fer ou de plomb. *Voyez* MARCS & POIDS.

Différence

Différence de la livre de Paris avec celles des principales villes du royaume.

A Lyon la *livre* du poids de ville est de quatorze onces, les cent *livres* de Lyon font à Paris quatre-vingt-six *livres*, & les cent *livres* de Paris font à Lyon cent seize *livres*.

Pour réduire les *livres* du poids de ville de Lyon en *livres* de Paris, il faut en se servant de la régle de trois, dire : si 100 *livres* de Lyon font à Paris 86 *livres*, combien tant de *livres* de Lyon feront-elles de *livres* à Paris?

Et au contraire pour réduire les *livres* de Paris en *livres* de Lyon, poids de ville, il faut en se servant de la même régle : si 100 *livres* de Paris font à Lyon 116 *livres*, combien tant de *livres* de Paris feront-elles de *livres* à Lyon?

Cette manière de réduire les *livres* de Lyon en *livres* de Paris, & les *livres* de Paris en *livres* de Lyon, peut servir d'exemple & d'instruction pour toutes les réductions que l'on aura à faire de toutes sortes de poids différens les uns des autres.

A Lyon, outre la *livre* de poids de ville, il y en a une dont on se sert pour peser les soies : elle est de quinze onces ; ce qui est une once moins que celle de Paris, & une once de plus que celle du poids de ville.

A Toulouse & dans le haut Languedoc, la *livre* est de treize onces & demie ou environ, poids de Paris ; de manière que 100 *livres* de Toulouse font 84 *livres* 3 quarts de Paris, & 100 *livres* de Paris font à Toulouse 118 *livres*.

A Marseille & dans toute la Provence, la *livre* est de treize onces ou environ, poids de Paris ; ensorte que 100 *livres* de Marseille font à Paris 81 *livres*, & 100 *livres* de Paris font à Marseille 123 *livres* & demie.

A Rouen, la *livre* du poids de vicomté est de seize onces six cinquiémes ; les 100 *livres* de Rouen font à Paris 104 *livres*, & les 100 *livres* de Paris font à Rouen 96 *livres* 2 onces & demie.

Pour les marchandises qui se vendent & achetent à Rouen, dont le poids est au dessous de 13 *livres*, l'on ne se sert point du poids de vicomté, mais de celui de Paris, dont la *livre* est de 16 onces, ainsi qu'il a été dit ci-devant.

Égalité ou inégalité qui se trouve entre la livre de Paris & celle des villes des pays étrangers.

A Amsterdam, à Strasbourg & à Besançon, la *livre* est égale à celle de Paris.

A Genève, la *livre* est de dix-sept onces : les 100 *livres* de Genève font à Paris 112 *livres*, & les 100 *livres* de Paris font à Genève 89 *livres*.

Une *livre* de Londres est à Paris quatorze onces cinq huit, & une *livre* de Paris est à Londres une

livre une once trois huit ; ensorte que 100 *livres* de Londres font à Paris 91 *livres*, & 10 *livres* de Paris font à Londres 109 *livres*.

A Londres, il y a une *livre* particulière qui est en usage dans les monnoies & ailleurs : on la nomme *livre* de troye. Elle ne pèse que douze onces.

Pour ne point interrompre les réductions qui vont suivre, on a cru à propos de réserver pour la fin de cet article ce qui regarde plus particulièrement ces deux sortes de *livres* ou poids d'Angleterre. On peut y avoir recours.

La *livre* d'Anvers est à Paris quatorze onces un huit, & une *livre* de Paris est à Anvers une *livre* deux onces & un huit ; de manière que 100 *livres* d'Anvers font à Paris 88 *livres*, & 100 *livres* de Paris font à Anvers 113 *livres* & demie.

Une *livre* de Venise est à Paris huit onces trois quarts, & une *livre* de Paris est à Venise une *livre* trois onces ; de sorte que 100 *livres* de Venise font à Paris 55 *livres*, & 100 *livres* de Paris font à Venise 181 *livres* 3 quarts.

La *livre* de Milan est à Paris neuf onces trois huit, & une *livre* de Paris est à Milan une *livre* onze onces un huit ; de manière que 100 *livres* de Milan font à Paris 59 *livres*, & cent *livres* de Paris font à Milan 169 *livres* & demie.

Une *livre* de Messine est à Paris neuf onces trois quarts, & une *livre* de Paris est à Messine une *livre* dix onces un quart ; de sorte que 100 *livres* de Messine font à Paris 61 *livres*, & cent *livres* de Paris font à Messine 163 *livres* 3 quarts.

La *livre* de Boulogne, de Turin, de Modène, de Raconis & de Reggio, est à Paris dix onces & demie, & une *livre* de Paris est à Boulogne, &c. une *livre* huit onces & un quart ; de manière que 100 *livres* de Boulogne, &c. font à Paris 66 *livres*, & 100 *livres* de Paris font à Boulogne, &c. 151 *livres* & demie.

Une *livre* de Naples & de Bergame est à Paris huit onces trois quarts, & une *livre* de Paris est à Naples & à Bergame une *livre* onze onces un huit ; ensorte que 100 *livres* de Naples & de Bergame font à Paris 59 *livres*, & 100 *livres* de Paris font à Naples & à Bergame 169 *livres* & demie.

La *livre* de Valence & de Sarragosse est à Paris dix onces, & la *livre* de Paris est à Valence & à Sarragosse une livre neuf onces trois huit ; de façon que 100 *livres* de Valence & de Sarragosse font à Paris 63 *livres*, & 100 *livres* de Paris font à Valence & à Sarragosse 158 *livres* & demie.

Une *livre* de Gênes & de Tortose est à Paris neuf onces sept huit, & la *livre* de Paris est à Gênes & à Tortose une *livre* neuf onces trois quarts ; de manière que 100 *livres* de Gênes & de Tortose font à Paris 62 *livres*, & 100 *livres* de Paris font à Gêne à Tortose 161 *livres* 1 quart.

La *livre* de Franfort, de Nuremberg, de Bâle & de Berne est à Paris une *livre* un quart, & la *livre* de Paris est à Francfort, &c. quinze onces cinq huit ; de sorte que 100 *livres* de Francfort &c. font à

E

Paris 102 *livres*, & 100 *livres* de Paris font à Francfort, &c. 98 *livres*.

Cent *livres* de Lisbonne font à Paris 87 *livres* 8 onces peu plus, & 100 *livres* de Paris font à Lisbonne 114 *livres* 8 onces peu moins ; ensorte que sur ce pied une *livre* de Lisbonne doit être à Paris 14 onces, & une *livre* de Paris doit être à Lisbonne une *livre* deux onces.

Lyon & Rouen étant, aussi-bien que Paris, deux des principales villes de commerce de France, on ne sera pas fâché de trouver ici la proportion qu'il y a entre les poids de ces deux endroits & ceux des autres villes du royaume, même des pays étrangers.

Différence qu'il y a entre le poids de ville de Lyon, & les poids de plusieurs villes de France.

Cent *livres* de Lyon font en Avignon, à Toulouse & à Montpellier cent quatre *livres*, & cent *livres* d'Avignon, &c. font à Lyon, &c. quatre-vingt-seize *livres*. La *livre* d'Avignon, &c. est à Lyon quinze onces.

Cent *livres* de Lyon font à Rouen quatre-vingt-trois *livres*, & cent *livres* de Rouen font à Lyon cent vingt *livres*. La *livre* de Lyon est à Rouen treize onces, & la *livre* de Rouen est à Lyon une *livre* trois onces.

Cent *livres* de Lyon font à Marseille cent six *livres*, & cent *livres* de Marseille font à Lyon quatre-vingt-quatorze *livres*. La *livre* de Marseille est à Lyon quinze onces.

Différence qui se rencontre entre le poids de ville de Lyon & les poids de plusieurs villes étrangeres.

Cent *livres* de Lyon font à Londres quatre-vingt-quatorze *livres* & demie, & cent *livres* de Londres font à Lyon cent six *livres*.

Cent *livres* de Lyon font à Anvers quatre-vingt-dix-huit *livres*, & cent *livres* d'Anvers font à Lyon cent deux *livres*.

Cent *livres* de Lyon font à Venise cent cinquante-huit *livres* & demie, & cent *livres* de Venise font à Lyon soixante-trois *livres*.

Cent *livres* de Lyon font à Florence, à Livourne & à Pise, cent trente-une *livres*, & cent *livres* de Livourne, &c. font à Lyon soixante-seize *livres*.

Cent *livres* de Lyon font à Naples & à Bergame cent quarante-sept *livres*, & cent *livres* de Naples & de Bergame font à Lyon soixante-huit *livres*.

Cent *livres* de Lyon font à Turin, à Modène, à Boulogne, à Raconis & à Reggio, cent trente *livres*, & cent *livres* de Turin, &c. font à Lyon soixante-dix-sept *livres*.

Cent *livres* de Lyon font à Milan cent quarante-cinq *livres*, & cent *livres* de Milan font à Lyon soixante-neuf *livres*. La *livre* de Milan est à Lyon onze onces.

Cent *livres* de Lyon font à Messine cent quarante-une *livres*, & cent *livres* de Messine font à Lyon soixante-onze *livres*. La *livre* de Messine est à Lyon onze onces.

Cent *livres* de Lyon font à Gênes & à Tortose cent trente-neuf *livres*, & cent *livres* de Gênes & de Tortose font à Lyon soixante-douze *livres*. La *livre* de Gênes & de Tortose est à Lyon onze onces trois quarts.

Cent *livres* de Lyon font à Genève soixante-dix-sept *livres*, & cent *livres* de Genève font à Lyon cent trente *livres*. La *livre* de Genève est à Lyon une *livre* cinq onces.

Cent *livres* de Lyon font à Francfort, à Nuremberg, à Bâle & à Berne, quatre-vingt-quatre *livres* & demie, & cent *livres* de Francfort, &c. font à Lyon cent dix-huit *livres*. La *livre* de Francfort, &c. est à Lyon une *livre* trois onces.

Cent *livres* de Lyon font à Valence & à Sarragosse cent trente-cinq *livres*, & cent *livres* de Valence & de Sarragosse font à Lyon soixante-quatorze *livres*. La *livre* de Valence & de Sarragosse est à Lyon douze onces.

Différence qui se rencontre entre les poids de vicomté de Rouen, & les poids de plusieurs villes de France.

Cent *livres* de Rouen font à Avignon, à Toulouse & à Montpellier cent vingt-cinq *livres*, & cent *livres* d'Avignon, &c. font à Rouen quatre-vingt *livres*. La *livre* d'Avignon, &c. est à Rouen douze onces trois quarts.

Différence qui est entre le poids de vicomté de Rouen & les poids de plusieurs villes étrangeres.

Cent *livres* de Rouen font à Londres cent treize *livres* & demie, & cent *livres* de Londres font à Rouen quatre-vingt-huit *livres*. La *livre* de Londres est à Rouen quatorze onces.

Cent *livres* de Rouen font à Anvers cent dix-sept *livres* & demie, & cent *livres* d'Anvers font à Rouen quatre-vingt-cinq *livres*. La *livre* d'Anvers est à Rouen treize onzes.

Cent *livres* de Rouen font à Venise cent quatre-vingt-huit *livres* & demie, & cent *livres* de Venise font à Rouen cinquante-trois *livres*. La *livre* de Venise est à Rouen huit onces & demie & deux cinquièmes d'once.

Cent *livres* de Rouen font à Florence, à Livourne & à Pise cent cinquante-six *livres*, & cent *livres* de Florence, &c. font à Rouen soixante-quatre *livres*. La *livre* de Florence, &c. est à Rouen dix onces.

Cent *livres* de Rouen font à Naples, à Bergame & en Calabre, cent soixante-quinze *livres* & demie,

& cent *livres* de Naples, &c. font à Rouen cinquante-sept *livres*. La *livre* de Naples, &c. est à Rouen neuf onces.

Cent *livres* de Rouen font à Turin, à Modène, à Boulogne, à Raconis & à Reggio, cent cinquante-sept *livres* & demie, & cent *livres* de Turin, &c. font à Rouen soixante-trois *livres* & demie. La *livre* de Turin, &c. est à Rouen dix onces un quart.

Cent *livres* de Rouen font à Milan cent soixante-douze *livres* & demie, & cent *livres* de Milan font à Rouen cinquante-huit *livres*. La *livre* de Milan est à Rouen neuf onces un quart.

Cent *livres* de Rouen font à Messine cent soixante-neuf *livres* & demie, & cent *livres* de Messine font à Rouen cinquante-neuf *livres*. La *livre* de Messine est à Rouen neuf onces & demie.

Cent *livres* de Rouen font à Gènes & à Tortose cent soixante-six *livres* & demie, & cent *livres* de Gènes & de Tortose font à Rouen soixante *livres*. La *livre* de Gènes & de Tortose est à Rouen neuf onces & demie.

Cent *livres* de Rouen font à Genève quatre-vingt-douze *livres* & demie, & cent *livres* de Genève font à Rouen cent huit *livres*. La *livre* de Genève est à Rouen une *livre* une once & un quart d'once.

Cent *livres* de Rouen font à Francfort, à Nuremberg, à Bâle & à Berne, cent deux *livres*, & cent *livres* de Francfort, &c. font à Rouen quatre-vingt-dix-huit *livres*. La *livre* de Francfort, &c. est à Rouen quinze onces & demie.

Cent *livres* de Rouen font à Valence & à Sarragosse cent soixante-trois *livres* trois quarts, & cent *livres* de Valence & de Sarragosse font à Rouen soixante-une *livres*. La *livre* de Valence & de Sarragosse est à Rouen neuf onces trois quarts.

La *livre* de Hollande a deux divisions : par la première, elle se divise en 16 onces, l'once en 8 dragmes, la dragme en 3 deniers, & le denier en 24 grains.

La seconde division est en 32 loots, le loot en 10 engels, & l'engel en 32 as.

Tous les poids dont on se sert à Amsterdam sont poids de marc, qu'en Hollandois on nomme *troygewicht*. Il est vrai que les soies, la cochenille & le corail se vendent au poids de Brabant, qui est plus fort de quatre pour cent que le poids de marc; aussi quand on pèse ces marchandises au poids public, on y ajoute quatre pour cent pour les réduire au poids de Brabant, & le compte s'en fait de la manière suivante.

Une balle de cochenille pesant 125 l. à 46 f. fait	3,105 l.
Augmentation de 4 pour cent .	124 l. 4 f.
Total . . . . f.	3,229 l. 4 f.

La *livre* d'Abbeville ne pèse que 15 onces poids de marc; en sorte que 100 l. de cette ville ne rendent que 93 l. $\frac{1}{4}$ de Paris.

La *livre* d'Aire en Gascogne ne pèse que 14 onces; ensorte que 100 l. ne font que 87 l. $\frac{1}{2}$ de Paris.

La *livre* de Beaucaire pèse 2 onces un gros $\frac{5}{7}$ poids de marc. Sur ce pied 90 l. de Beaucaire rendent 86 l. de Paris.

La *livre* de Breslau en Silesie est de 12 onces $\frac{4}{5}$ poids de marc. Sur ce pied 100 l. de Paris font 125 l. de Breslau.

A Ragouse, Sebmico, Zazal & autres villes de Dalmatie sur les côtes de la mer Adriatique, 62 l. de Paris font 83 l. du pays, ou bien 100 l. de Paris font 133 environ $\frac{9}{10}$.

A Retimo, il faut 137 l. $\frac{1}{10}$ pour 62 de Paris.

A Saloniki ou Thessalonique, 100 l. de Paris valent 125 l. $\frac{5}{6}$ un peu plus du pays, ou 62 l. de Paris 57 rotolis.

En Sardaigne, 1 cantor fait 145 l. de Venise, & 62 l. de Paris font 69 rotolis de Sardaigne.

Cent l. du poids de Lubeck font 95 $\frac{1}{4}$ de Paris.

A Tauris en Perse, 62 l. de Paris font 58 rotolis.

A Thomasa, 62 l. de Paris font 48 mas.

A Tortose, 100 l. de Paris en font 167 $\frac{1}{4}$ du pays, & 100 l. de Tortose n'en valent que 62 de Paris.

Une *livre* de Tortose, vaut à Paris 9 onces $\frac{3}{8}$, & une *livre* de Paris, fait une *livre* 9 onces de Tortose.

A Tunis, à Tripoli & en quelques autres villes de Barbarie, 62 l. de Paris font 59 petits rotolis.

A Udine & en quelques endroits de l'Istrie, qui se servent des mêmes poids, 100 l. du pays, n'en font que 62 de Paris.

A Vienne & dans toute l'Autriche, il y a deux poids; l'un qu'on appelle le *gros poids*, & l'autre qu'on nomme le *poids subtil*. Cinquante-deux l. gros poids rendent à Paris 62 l. & 66 l. poids subtil font pareillement à Paris 62 l.

A Zante, 62 l. de Paris y valent 75 l. ou 100 l. de Paris 121 de Zante.

A Rama & Jaffa, ville de la Palestine, 62 l. de Paris y font 12 rotolis $\frac{1}{2}$.

A Naples de Romanie, 62 l. de Paris font 78 l. du pays, ou 100 l. de Paris, y valent 125 l. $\frac{5}{6}$ un peu plus, ou 62 l. de Paris y valent 57 rotules ou rotolis.

A Negrepont, Nicosie & dans tout l'Archipel, 62 l. de Paris y valent 77 à 78 l. du pays.

A Maroc, 62 l. de Paris valent 59 rotolis. La même proportion se trouve entre la *livre* de Paris & le rotoli de Nice en Provence.

En Norvege, 100 l. de Paris en font 97, un peu moins.

A Oran, 62 l. de Paris rendent 59 petits rotolis ou 48 grands.

A Rimini, 100 l. de Paris y valent 119 l. du pays.

A Patras, Lépante, Modon & Coron en Morée, 62 l. de Paris en font 77 à 78 du pays.

A Corfou, 100 l. de Venise, poids subtil, valent 74 à 75 l. du pays, ou 100 l. de Paris en valent 119 $\frac{11}{31}$.

A Damas, 62 l. de Paris font égales à 16 rotolis $\frac{1}{2}$.

A Durazzo en Albanie, 62 l. de Paris valent 63 à 64 l. du pays.

A Lazaro & à quelques autres villes situées sur la mer Majour, 62 l. de Paris y font 5 rotolis ou 91 l.

Dans toute la Macédoine 62 l. de Paris en font 74 du pays, ou 200 l. en font 119.

A Majorque 62 l. de Paris, font 71 rotolis.

Dans l'isle de Metelin 62 l. de Paris, font 119 rotolis.

A Alep & Liza en Sirie, 62 l. de Paris y font 14 rotolis.

A Alger, 62 l. de Paris font 55 rotolis.

En Bohême, il y a deux sortes de poids; un de 60 l. & l'autre de 66, chacun de ces poids fait à Paris 200 l.

A Buccia près de Satalie, 62 l. de Paris valent 59 rotolis.

A Burse & à Caffa sur la mer Majour, 62 l. de Paris font 57 rotolis.

Au grand Caire 62 l. de Paris font 69 rotolis.

En Candie 100 l. subtils de Venise, ou bien 62 l. de Paris en font 87 à 88 du pays; 100 l. gros poids de Candie en font 110 gros poids de Venise.

A Cataro, à Valonne, à Dulcigo, en Albanie & à Larta & Sainte-Marthe en Epire, 62 l. de Paris y valent 75 l. du pays, ou 100 l. de Paris en font 121 un peu moins de tous ces lieux.

A Cefalonie 62 l. de Paris en valent 75 du pays, le reste comme au précédent.

Dans l'isle de Chypre 13 rotolis $\frac{5}{9}$, font 60 l. de Paris.

La *livre* de la Chine, comme celle de France, a seize onces, chaque once a dix gros que les Chinois appellent *tçien*, chaque gros dix deniers, & chaque denier dix grains. Le grain a ses divisions & subdivisions toujours de dix en dix; mais il n'y a point de terme François pour les exprimer.

Les marchands & négocians se servent dans leurs écritures de ce caractère ℔, pour marquer que c'est de la *livre de poids* dont ils entendent parler, & non des livres de comptes qui s'expriment par d'autres caractères, suivant leurs différens noms & valeurs, comme il se peut voir dans l'article suivant.

Le poids d'Angleterre se nomme *livre*, ainsi qu'en France; & l'on a vu ci-dessus sous le titre de l'inégalité & égalité des *livres* de Paris & des pays étrangers, les rapports que ces poids ont ensemble.

Par le vingt-septième chapitre de la charte, que les Anglois nomment par excellence *magna charta*, tous les poids doivent être étalonnés sur les étalons ou matrices qui sont gardés dans l'échiquier par l'officier qui pour cela s'appelle le *clerc* ou *contrô-*

leur du marché. Il y a deux sortes de poids dont les étalons s'y conservent, le poids de Troye, & celui d'avoir du poids.

Le poids ou *livre* du poids de Troye n'est que de douze onces; & c'est à ce poids que se pèsent les perles, les pierreries, l'or, l'argent, le pain, & toutes sortes de bleds & de graines. Chaque once est de vingt deniers, & chaque denier de vingt-quatre grains; en sorte que quatre cent quatre-vingt grains font une once, & cinq mille sept cent soixante grains une *livre*. C'est aussi de ce poids que les apothicaires se servent; mais ils le divisent autrement: vingt grains font un scrupule, trois scrupules une dragme, huit dragmes une once, & douze onces une *livre*.

La *livre* d'avoir du poids est de quatre onces plus forte que celle du poids de Troye; mais aussi il s'en faut quarante-deux grains que l'once d'avoir du poids ne soit aussi pesante que celle du poids de Troye, ce qui revient à peu près à un douzième; de sorte qu'une once d'avoir du poids n'est que de 438 grains, lorsque celle du poids de Troye est 480; ce qui fait une différence comme de 73 à 80, c'est-à-dire, que 73 onces du poids de Troye feront 80 onces d'avoir du poids, & que 80 *livres* d'avoir du poids ne feront que 73 *livres* poids de Troye.

C'est à la *livre* d'avoir du poids que se pèsent toutes les marchandises grossières & de volume, comme chair, beurre, fromage, fer, chanvre, filasse, suif, cire, plomb, acier, &c.

Cent douze *livres* d'avoir du poids font le hundret ou quintal; cinquante-six *livres* le demi-quintal, & vingt-huit le jod ou quart de quintal. Les bouchers appellent *stone* un poids de huit *livres* d'avoir du poids dont ils se servent à peser leur viande.

LIVRE. C'est aussi une monnoie imaginaire dont on se sert pour les comptes: elle vaut plus ou moins suivant le nom qu'on ajoute & qu'on donne à la *livre* du pays où elle est en usage. Ainsi l'on dit en France, une *livre tournois*, une *livre parisis*; en Angleterre, une *livre sterling*; en Hollande & en Flandres, une *livre de gros.*

La *livre tournois* est de vingt sols tournois, & chaque sol de douze deniers aussi tournois. Cette *livre* étoit la valeur d'une ancienne monnoie d'argent qu'on appelloit *franc*, terme qui est encore synonyme avec *livre*; car l'on se sert souvent de franc au lieu de *livre*: ainsi l'on dit, deux cent *livres* ou deux cent francs, &c. On a joint le mot de tournois pour différencier la *livre* de vingt sols d'avec les autres monnoies de compte, auxquelles l'on donne pareillement le nom de *livre*. On la distingue aussi par-là d'avec la *livre* de poids.

La *livre parisis* est de vingt sols parisis, & le sol parisis de douze deniers parisis; chaque sol parisis valant quinze deniers tournois; ensorte qu'une *livre parisis* vaut vingt-cinq sols tournois; ce qui est un quart en sus plus que livre tournois. Le mot de *parisis* se dit par opposition à tournois, à cause du prix de la monnoie, qui valoit un quart de plus à Paris qu'à Tours.

La *livre sterling* d'Angleterre, que l'on appelle aussi *pund*, & quelquefois *pièce*, vaut vingt sols sterling ou vingt schelins, le sol sterling valant douze deniers sterling ou douze penins.

Il est absolument impossible de déterminer d'une manière fixe & permanente une juste proportion entre la valeur des espèces courantes de France & d'Angleterre, à cause des différens changemens qui arrivent en France, où l'argent est tantôt plus haut, tantôt plus bas; au lieu que les Anglois ne changent point du tout la valeur de leurs espèces.

Les marchands, négocians ou banquiers se servent dans leurs écritures de quelques caractères ou lettres initiales, pour exprimer en abregé les différentes sortes de *livres de compte*; comme L. ST. pour signifier *livres sterling*; L de G, ou L. G. pour dire, *livres de gros*, & L. ou # , pour faire entendre que ce sont des *livres tournois*.

L'arithmétique apprend à calculer les *livres*, les sols & les deniers, & à réduire les sols en *livres* & les *livres* en sols.

En Hollande une tonne d'or est estimée cent mille *livres*.

Un million de *livres* c'est le tiers d'un million d'écus, ou d'un million d'or.

On dit que des créanciers seront payés au sol la *livre* ou au marc la *livre*, lorsqu'ils sont colloqués à proportion de ce qui est dû, sur des effets mobiliaires, ce qu'on nomme *par contribution*; ou lorsqu'en matière hypotécaire ils sont en concurrence ou égalité de privilège, & qu'il y a manque de fonds; ou encore lorsqu'en matière de banqueroute ou de déconfiture, il faut qu'ils supportent & partagent la perte totale, chacun en particulier aussi à proportion de son dû.

En terme de commerce de mer, on dit *livre à livre*, au lieu de dire, au sol la *livre*.

LIVRÉE. Se dit, parmi les marchands de toiles, d'un fil de soie d'une certaine couleur attaché à la lisière des batistes & linons du côté du chef. C'est dans ce fil qu'est passé le petit morceau de parchemin quarré, sur lequel est écrit le numéro de la pièce.

Chaque marchand se sert de soie de couleur particulière qu'il ne change jamais, & c'est ce qui a donné lieu d'appeller cette soie *livrée*.

LIVRER. Donner, mettre entre les mains de quelqu'un, en sa possession, en son pouvoir, une chose qu'on lui a vendue, dont on lui fait présent ou qui lui appartient.

Ce terme est également d'usage parmi les marchands & parmi les artisans. Je dois *livrer* cent pièces de ce drap pour l'habillement des troupes. Je ne vous payerai point que vous ne m'ayez *livré* ma marchandise. Les artisans disent aussi, j'ai aujourd'hui *livré* ma besogne.

LIVRES au pluriel. S'entend, *en terme de commerce*, de tous les registres sur lesquels les marchands, négocians & banquiers écrivent par ordre, soit en détail, soit en gros, toutes les affaires de leur négoce, & même leurs affaires domestiques qui y ont rapport. Ainsi l'on dit : les *livres* de ce marchand sont en bon état. Ce banquier tient un grand ordre dans ses *livres*. Il n'y a nul ordre, nulle exactitude dans les *livres*, &c. de ce négociant.

On dit néanmoins quelquefois *livre* au singulier en parlant du journal d'un marchand. J'ai chargé mon *livre* de cette somme. Je vous donnerai un extrait de mon *livre*. J'ai mis cela sur mon *livre* : & quelques autres.

Les marchands ne peuvent absolument se passer de *livres*, & ils sont même obligés d'en avoir par les ordonnances : mais ils en ont besoin de plus ou de moins, selon la qualité du négoce & la quantité des affaires qu'ils font, ou selon la manière dont ils veulent tenir leurs *livres*.

On les tient ordinairement ou en parties doubles ou en parties simples. Ceux qui se contentent de les tenir en parties simples, (ce qui ne convient guères qu'à de petits merciers, ou du moins à des marchands qui font peu d'affaires) peuvent se passer de très peu de *livres*. Un journal & un grand *livre* leur peuvent suffire, l'un pour écrire les articles de suite, & à mesure que les affaires les fournissent; & l'autre pour former les comptes à tous les débiteurs & créanciers du journal. Mais pour les gros négocians qui tiennent leurs *livres* à parties doubles (ce qui est le plus d'usage présentement) il leur en faut quantité dont on peut voir l'utilité & l'usage dans les articles suivans.

Presque tous les auteurs conviennent que ce sont les Italiens & particulièrement ceux de Venise, Gênes, & Florence qui ont appris aux autres nations la manière de tenir les *livres* en parties doubles.

Livres en parties doubles.

Les trois principaux *livres* pour les *parties doubles* sont, le mémorial, que l'on nomme aussi *brouillon*, & quelquefois *brouillard*; le journal & le grand *livre*, qu'on appelle aussi *livre d'extrait* ou *livre de raison*.

Outre ces trois *livres* dont on ne se peut passer, il y en a encore jusques à treize autres & même davantage qu'on nomme *livres d'aides* ou *livres auxiliaires*, dont on ne se sert qu'à proportion des affaires qu'on fait, ou selon le commerce dont on se mêle. Ces treize *livres* sont :

Le *livre de caisse* & de *bordereaux*.

Le *livre des échéances* qu'on appelle aussi *livre des mois*, *livre de notes* ou *d'annotations*, ou des *payemens* & quelquefois *carnet*.

Le *livre des numéros*.

Le *livre des factures*.

Le *livre des comptes courans*.

Le *livre des commissions*, *ordres* ou *avis*.

Le *livre des acceptations* ou des *traites*.
Le *livre des remises*.
Le *livre des dépenses*.
Le *livre des copies de lettres*.
Le *livre des ports de lettres*.
Le *livre des vaisseaux*.
Le *livre des ouvriers*.

A ces treize l'on peut encore en ajouter quelques autres, ce qui dépend du plus ou du moins d'exactitude & d'ordre des marchands & banquiers, ou des différens commerces que peut faire un seul négociant; mais pour l'ordinaire ces treize peuvent suffire.

LIVRE MÉMORIAL. Ce *livre* est ainsi nommé à cause qu'il sert de mémoire. On l'appelle aussi *livre brouillon*, ou *livre brouillard*, parce que toutes les affaires du négoce s'y trouvent comme mêlées confusément, & pour ainsi dire brouillées ensemble. Ce *livre* est le premier de tous, & duquel se tire ensuite tout ce qui compose les autres, aussi ne peut-il se tenir avec trop d'exactitude & de netteté, sur-tout parce qu'on y a recours dans toutes les contestations qui peuvent survenir pour cause de commerce.

Le *livre mémorial* se peut tenir de deux manières; la première en écrivant simplement les affaires à mesure qu'elles se font, comme acheté d'un tel, vendu à un tel, payé à un tel, prêté telle somme, & ainsi du reste.

La seconde manière de le tenir est en débitant & créditant tout d'un coup chaque article; on estime celle-ci la meilleure, parce que formant d'abord une espèce de journal, elle épargne la peine d'en faire un autre.

Quelques-uns pour plus d'exactitude divisent le *livre mémorial* en quatre autres, qui sont le *livre d'achat*, le *livre de vente*, le *livre de caisse*, & le *livre de notes*. Des négocians qui suivent cet ordre, les uns portent d'abord les articles de ces quatre *livres* sur le grand *livre*, sans faire de journal; & les autres en mettant ces quatre *livres* au net en font leur journal, dont ils portent ensuite les articles sur le grand *livre*.

LIVRE JOURNAL. Le nom de ce *livre* fait assez entendre son usage, c'est à-dire, qu'on y écrit jour par jour toutes les affaires à mesure qu'elles se font.

Chaque article qu'on porte sur ce *livre* doit être composé de sept parties, qui sont la date, le débiteur, le créancier, la somme, la quantité & qualité, l'action ou comment payable, & le prix.

Ordinairement ce *livre* est un registre in-folio de cinq à six mains de papier, numéroté & réglé d'une ligne du côté de la marge, & de trois de l'autre pour y tirer les sommes.

C'est du *livre journal* dont l'ordonnance du mois de mars 1673 entend parler, lorsqu'il y est dit au titre 3, art. 1, 3 & 5, que les négocians & marchands tant en gros qu'en détail, auront un *livre* qui contiendra tout leur négoce, leurs lettres de change, leurs dettes actives & passives, &c. Et c'est aussi faute de tenir ce *livre* & de le représenter, que les négocians lors des faillites peuvent être réputés banqueroutiers frauduleux, & en conséquence poursuivis extraordinairement & condamnés aux peines portées au titre 11, art. 11 & 12 de la même ordonnance.

Modèle d'un article du livre journal.

19 février 1708.

| Vin doit à Caisse — *f* 1,600 : — : — : achetée de Duval comptant | | |
| 16 muids de vin de Bourgogne à . . . . *f* 100 . . . . | *f* 1,600 | 0 | 0 |

GRAND LIVRE. Ce *livre* outre ce nom qui lui vient de ce qu'il est le plus grand de tous les *livres* dont se servent les négocians, en a encore deux autres, sçavoir, *livre d'extrait* & *livre de raison*. On l'appelle *livre d'extrait*, à cause qu'on y porte tous les articles extraits du *livre* journal; & *livre de raison*, parce qu'il rend raison à celui qui le tient de toutes ses affaires.

Sa forme est d'un énorme volume in-folio composé de plusieurs mains plus ou moins de papier très-fort, très-large, & très-grand. Chaque page se règle à six lignes, deux du côté de la marge, & quatre du côté des sommes.

C'est sur ce *livre* qu'on forme tous les comptes en débit & crédit, dont on trouve les sujets pour le *livre* journal. Pour former chaque compte, il faut se servir des deux pages qui au folio où l'on veut mettre se trouvent opposées l'une à l'autre. La page à gauche sert pour le débit, & la page à droite pour le crédit. Le débit se marque par le mot *doit*, que l'on met après le nom du débiteur, & le crédit par le mot *avoir*.

Chaque article doit être composé de cinq parties ou membres, qui sont; 1°. La date. 2°. Celui à qui on débite le compte ou par qui on le crédite. 3°. Le sujet, c'est-à-dire, pourquoi on le débite ou crédite. 4°. Le folio de rencontre; & enfin 5°. La somme ou le montant de l'article.

Deux exemples, l'un d'un article de débit, & l'autre d'un article de crédit, feront mieux connoître la forme & l'usage de ce *livre*.

Exemple d'un article en débit.

| 708 14 à Janvier | Antoine Robert Doit
à Caisse, payé par son ordre à Thomas . . . . | F° 16 | f 1,900 | 0 | 0 |

Exemple d'un article à crédit.

| 1708. 8 Janvier | AVOIR
Par Caisse, pour sa remise sur Jacques . . . . | F° 16 | f 1,900 | 0 | 0 |

Pour faciliter l'usage du *grand livre*, on fait un *livre d'alphabet*, que l'on nomme aussi *table*, *index* & *répertoire*. Cette table se forme d'autant de feuillets de papier qu'il y a de lettres dans l'alphabet commun, c'est-à-dire, vingt-quatre. Sur l'extrémité de chaque feuillet découpé en diminuant, on met en gros caractère une des lettres dans leur ordre naturel, & sur chaque feuillet ainsi marqué l'on écrit soit la première lettre du nom, soit celle du surnom des personnes avec qui l'on a compte ouvert, avec le folio du grand *livre* où le compte est débité & crédité, de sorte que l'on trouve avec beaucoup de facilité les endroits du grand *livre* dont on a besoin.

Cet *alphabet* n'est guère nécessaire que pour les gros marchands; car pour ceux qui ne font qu'un négoce médiocre, il leur suffit d'une simple table sur les deux premiers feuillets du grand *livre*. Ce qui doit aussi s'observer dans tous les autres *livres* dont l'on se sert dans le commerce.

LIVRE DE CAISSE & DE BORDEREAUX. C'est le premier & le plus important des treize *livres* qu'on appelle *livres d'aides* ou *livres auxiliaires*. On le nomme *livre de caisse*, parce qu'il contient en débit & crédit tout ce qui entre d'argent dans la caisse d'un négociant, & tout ce qui en sort; & *livre de bordereaux*, à cause que les espèces de monnoie qui sont entrées dans la caisse, ou qui en sont sorties, y sont détaillées par bordereaux.

Quand le marchand ne le tient point lui-même, il le fait tenir par un garçon ou commis qu'on appelle *caissier*.

Sur ce *livre* s'écrivent toutes les sommes qui se reçoivent & qui se paient journellement; la recette du côté du débit, en marquant de qui on a reçu, pourquoi, pour qui, & en quelles espèces; & la dépense du côté du crédit, en faisant aussi mention des espèces, des raisons du paiement, & de ceux pour qui & à qui on l'a fait.

Le titre de ce *livre* se met de la manière qui suit. Tous les autres *livres* en changeant seulement le nom, ont aussi leur titre de même.

LIVRE DE CAISSE ET DE BORDEREAUX.

N°. A. 1708.

Les articles du débit & crédit se forment suivant les modèles ci-après.

Article en débit, qui doit être à la page à gauche.

CAISSE DOIT

Le 29 janvier 1708.				
Reçu de Paul Creton pour 2 tonneaux de cire vendus le 6 du courant. . .	f 1,380	0	0
Un sac de . . . . . f	1,000 : — : — :			
Pièces de 10 s. . . . f	300 : — : — :			
Douzains. . . . . f	80 : — : — :			
f	1,380 : — : — :			

Article en crédit, qui doit être vis-à-vis de celui ci-dessus, à la page à droite.

AVOIR

Du 14 janvier 1708.				
Payé à Charles Harlan pour deux tonneaux de cire achetés le 2 du courant . .	f 1,350	0	0
Un sac de . . . . . f	1,000 : — : — :			
Pièces de 20 s. . . . f	300 : — : — :			
Douzains. . . . . f	50 : — : — :			
f	1,350 : — : — :			

LIVRE DES ÉCHÉANCES, que l'on nomme aussi *livre des mois* ou *des paiemens*, *carnet* ou *bilan*, & quelquefois *livre d'annotations* ou *de notes*.

C'est un *livre* dans lequel on écrit le jour de l'échéance de toutes les sommes que l'on a à payer ou à recevoir, soit par lettres de change, billets, marchandises ou autrement, afin qu'en comparant les recettes & les paiemens, on puisse pourvoir à temps aux fonds pour les paiemens, en faisant

recevoir les billets & lettres échues, ou en prenant d'ailleurs ses précautions de bonne heure.

Deux modèles suffiront pour faire comprendre tout l'usage & toute la forme de ce *livre*. Il faut observer seulement qu'il se dresse de la même manière que le grand *livre*, c'est-à-dire, sur deux pages qui sont opposées l'une à l'autre, que ce qui est à recevoir se met à la page à gauche, & ce qui est à payer s'écrit à la page à droite.

Modèle de la page à gauche pour ce qui est à recevoir.

Janvier	1708.		A RECEVOIR.			
1	Remise de Jean Vassor du 10 décembre sur le roi	f	600	o	d
	De Cadeau pour laines vendues le 16 juillet.	f	1,800	o	d
2					
3	De Duval, par obligation du 23 mai dernier	f	2,000	o	d
	Remise de P. Daguerre du 25 octobre sur les Coulteux	f	1,800	o	d
4					
5					

Modèle de la page à droite pour ce qui est à payer.

Janvier	1708.		A PAYER.			
1	A Ch. Harlan pour achat du premier juillet.	f	1,200	o	d
	TRE. de J. du Peron du 22 novembre à Michel	f	2,000	o	d
2	TRE. de T. le Gendre du 15 décembre à Hesel	f	4,456	o	d
	Mon billet du 25 octobre au porteur	f	3,009	o	d
3					
4					
5					

Il n'est guères nécessaire d'avertir qu'il faut être exact à rayer les parties reçues ou payées, ou du moins de mettre aux premières une R, & aux autres un P.

LIVRE DES NUMÉROS, Ce *livre* se tient pour

connoître facilement toutes les marchandises qui entrent dans un magasin, qui en sortent ou qui y restent. Sa forme est ordinairement longue & étroite comme d'une demi-feuille de papier pliée en deux dans sa longueur : chaque page est divisée par des lignes

lignes transversales & parallèles, éloignées les unes des autres d'environ un pouce, & réglées de deux autres lignes de haut en bas, l'une à la marge & l'autre du côté des sommes.

Dans chaque intervalle des quarrés longs que forment ces lignes, l'on écrit dans la page à gauche le volume des marchandises, c'est-à-dire, si c'est une balle, une caisse, ou un tonneau; leur qualité, comme poivre, girofle, miel, savon, &c. & leur poids ou leur qualité; & vis-à-vis du côté de la marge les numéros qui sont marqués sur les

balles, caisses, ou tonneaux qu'on a reçus dans le magasin.

A la page à droite on suit le même ordre pour la décharge des marchandises qui sortent du magasin, en mettant vis-à-vis de chaque article de la gauche, d'abord à la marge la date des jours que les marchandises sont sorties du magasin, & dans le quarré long le nom de ceux à qui elles ont été vendues ou envoyées. En voici deux modèles, l'un de la page à gauche, & l'autre de la page à droite.

Page à gauche. *Page à droite.*

N°.					
1	Une balle poivre blanc . . . pesant	400 ℔	Mars 15	Vendu à Charles Harlan.	
2	Une pièce damas cramoisy . . aunes	63			
3	Un boucault de girofle . . . pesant	284 ℔	Avril 10	Envoyé à Miron d'Orléans.	
4	Une caisse toile de Hollande . pièces	29	Mai 15	Vendu à Regnault . . . . pièces	15
5					

LIVRE DES FACTURES. On tient ce *livre* pour ne pas embarasser le *livre* journal de quantité de ratures qui sont inévitables en dressant les comptes ou factures de diverses marchandises reçues, envoyées ou vendues, où l'on est obligé d'entrer dans un grand détail. Les factures qu'on doit porter sur ce *livre* sont les factures des marchandises que l'on achete & que l'on envoye pour le compte d'autrui.

Celles des marchandises que l'on vend par commission.

Les factures des marchandises que l'on envoie en quelque lieu, pour être vendues pour notre compte.

Celles des marchandises qui sont en société, dont nous avons la direction.

Les factures des marchandises qui sont en société, dont d'autres ont la direction.

Enfin tous les comptes qu'on ne termine pas sur le champ, & que l'on ne veut pas ouvrir sur le grand livre.

LIVRE DES COMPTES COURANS. Ce *livre* se tient en débit & crédit de même que le grand livre. Il sert à dresser les comptes qui sont envoyés aux correspondans pour les régler de concert avec eux, avant que de les solder sur le grand livre; & c'est proprement un double des comptes courans qu'on garde pour y avoir recours en cas de nécessité.

LIVRE DES COMMISSIONS, ORDRES OU AVIS. On

écrit sur ce *livre* toutes les commissions, ordres & avis que l'on reçoit de ses correspondans.

Les marges de ce *livre* doivent être très-larges, pour y pouvoir mettre vis-à-vis de chaque article les notes nécessaires concernant leur exécution. Quelques-uns se contentent de rayer les articles quand ils ont été exécutés.

LIVRE DES ACCEPTATIONS, OU DES TRAITES. Ce *livre* est destiné à enregistrer toutes lettres de change que les correspondans marquent par leurs lettres missives ou d'avis qu'ils ont tirées sur nous.

Cet enregistrement se fait afin que l'on puisse être en état de connoître à la présentation des lettres si l'on a ordre de les accepter ou non.

Lorsque l'on ne veut pas accepter une lettre de change, on met sur le *livre des acceptations* à côté de l'article, un A. & un P. qui signifie *à protester*, afin que lors de la présentation de la lettre l'on puisse dire au porteur qu'il la peut faire protester. Si au contraire on accepte la lettre, il faut mettre un A. à côté de l'article, qui veut dire *accepté*, en y marquant aussi la date du jour de l'acceptation, en cas qu'elle soit à quelques jours de vue; & après avoir porté l'article sur le livre des échéances, le barrer.

LIVRE DES REMISES. C'est un *livre* qui sert à enregistrer toutes les lettres de change à mesure que les correspondans les remettent pour en exiger le paiement.

Si elles font proteftées faute d'acceptation, & renvoyées à ceux qui en ont fait les remifes, il en faut faire mention à côté des articles, en mettant un P. en marge, & la date du jour qu'elles ont été renvoyées, puis les barrer : mais fi les lettres font acceptées, on met un A. à côté des articles, & la date des acceptations fi elles font à quelques jours de vûe ; & après les avoir portées fur le *livre* des échéances, on les croife.

Le *livre* des *acceptations* & celui des *remifes* ont tant de rapport enfemble, que plufieurs marchands, banquiers & négocians n'en font qu'un des deux qu'ils tiennent en débit & crédit, mettant les acceptations ou traites au débit, & les remifes au crédit, obfervant dans tout le refte ce qui eft marqué dans les deux articles ci-deffus.

Comme les traites font de deux fortes, c'eft-à-dire, qu'un négociant peut tirer des lettres de change fur fes correfpondans, & que réciproquement fes correfpondans peuvent en tirer fur lui : beaucoup de marchands & banquiers aux deux *livres d'acceptations* & de *remifes* dont on vient de parler, en ajoutent un troifiéme, fimplement pour les lettres qu'ils tirent fur les autres ; mais la plupart pour ne point trop multiplier les livres d'aides, fe contentent de n'en faire qu'un pour ces deux fortes de traites.

LIVRE DE DÉPENSE. C'eft le *livre* où fe met en détail toutes les petites dépenses qui fe font, foit pour le ménage, foit pour fon commerce, dont au bout de chaque mois on fait un total, pour en former un article fur le mémorial ou journal.

LIVRE DES COPIES DE LETTRES. Ce *livre* fert à conferver des copies de toutes les lettres d'affaires que l'on écrit à fes correfpondans, afin de pouvoir fçavoir avec exactitude, lorfqu'on en a befoin, ce qu'on leur a écrit, & les ordres qu'on leur a donnés.

LIVRE DES PORTS DE LETTRES. C'eft un *petit regiftre* long & étroit, fur lequel on ouvre des comptes particuliers à chacun de fes correfpondans, pour les ports de lettres qu'on a payées pour eux, & que l'on folde enfuite quand on le juge à propos afin d'en porter le total à leur débit.

LIVRE DES VAISSEAUX. Ce *livre* fe tient en débit & crédit, en donnant un compte à chaque vaiffeau. Dans le débit fe mettent les frais d'avituaillement, mife hors, gages, &c. & dans le crédit tout ce que le vaiffeau a produit, foit pour fret ou autrement, & enfuite le total de l'un & de l'autre fe porte fur le journal, en débitant & créditant le vaiffeau.

LIVRE DES OUVRIERS. Ce *livre* eft particuliérement en ufage chez les marchands qui font fabriquer des étoffes & autres marchandifes. Il fe tient en débit & crédit pour chaque ouvrier que l'on fait travailler : dans le débit on met les matières qu'on leur donne à fabriquer, & dans le crédit les ouvrages qu'ils rapportent après les avoir fabriquées.

Outre tous ces *livres*, il y a des villes comme Venife, Hambourg, Amfterdam, dont les marchands, à caufe des banques publiques qui y font ouvertes, ont encore befoin d'un *livre de banque*.

C'eft fur ce *livre*, qui fe tient en débit & crédit, qu'ils mettent les fommes que leur paye ou que leur doit la banque, & c'eft par ce fecours qu'il eft facile de fçavoir en très-peu de temps en quel état ils font avec la banque, c'eft-à-dire, quels fonds ils peuvent y avoir.

Tous ces *livres* ou écritures, qui font plus ou moins néceffaires aux marchands & négocians, fuivant qu'ils font plus ou moins de négoce, fe tiennent prefque de la même manière pour le fond, dans les principales villes de commerce de l'Europe ; mais non pas à la vérité par rapport aux monnoies, chacun fe réglant à cet égard fur celles qui ont cours dans les états où ils fe trouvent établis.

En France, les *livres* des marchands & banquiers fe tiennent par livres, fols & deniers tournois, la livre valant vingt fols, & le fol douze deniers.

En Hollande, Flandre, Zelande & Brabant, ils fe tiennent par livres, fols & deniers de gros, que l'on fomme par vingt & par douze, parce que la livre vaut vingt fols & le fol douze deniers.

On les tient encore dans ces mêmes pays par florins, patars, & penings, que l'on fomme par vingt & par feize, à caufe que le florin vaut vingt patars & le patar feize penings.

Il faut remarquer que la livre de gros vaut fix florins, & que le fol de gros vaut fix patars, en forte que le florin vaut quarante deniers de gros, & le patar deux deniers de gros. Les mots de *patars*, *ftiwers* ou *fols florins* fignifient la même chofe.

A Bergame, les *livres* fe tiennent par livres, fols & deniers, qui fe fomment par vingt & par douze, parce que la livre vaut vingt fols & le fol douze deniers, que l'on réduit enfuite en ducats de fept livres de Bergame.

A Boulogne en Italie, ils fe tiennent par livres, fols & deniers, qui fe fomment par vingt & par douze, à caufe que la livre vaut vingt fols & le fol douze deniers dont on fait la réduction en écus de quatre-vingt-cinq fols de Boulogne.

A Dantzick & dans toute la Pologne, ils fe tiennent par richedales, gros ou grochs & deniers, qu'on fomme par quatre-vingt-dix & par douze, parce que la richedale vaut quatre-vingt-dix gros & le gros douze deniers.

On les tient auffi dans ce même pays par florins, gros & deniers, qui fe fomment par foixante & par douze, à caufe que le florin vaut foixante gros & le gros douze deniers.

Ils s'y tiennent encore par livres, gros & deniers, que l'on fomme par trente & par douze, attendu que la livre vaut trente gros & le gros douze deniers.

A Francfort, Nuremberg & prefque dans toute l'Allemagne, ils fe tiennent par florins, creutzers

& pennings ou phenings courans , que l'on somme par soixante & par huit , parce que le florin vaut soixante creutzers & le creutzer huit pennings.

On les tient encore à Francfort par florins de change , qui se somment par soixante-cinq & par huit , à cause que le florin vaut soixante-cinq creutzers & le creutzer huit pennings.

A Gênes, ils se tiennent par livres, sols & deniers, qui se somment par vingt & par douze, parce que la livre vaut vingt sols & le sol douze deniers qui se réduisent ensuite en piastres de quatre-vingt-seize sols.

A Hambourg, ils se tiennent par marcs, sols & deniers lubs, que l'on somme par seize & par douze, à cause que le marc vaut seize sols & le sol douze deniers lubs.

On les tient encore à Hambourg de la même manière qu'en Hollande.

A Lisbonne ils se tiennent par rayes qui se distinguent par des virgules de centaine en centaine de droit à gauche, que l'on réduit en mille rayes, dont chaque de ces mille font une demi-pistole d'Espagne.

A Florence, en écus, sols & deniers d'or, l'écu valant sept livres dix sols & le sol douze deniers.

A Livourne, on les tient par livres, sols & deniers, que l'on somme par vingt & par douze, à cause que la livre vaut vingt sols & le sol douze deniers, qui se réduisent en piastres de six livres.

En Angleterre, en Ecosse & en Irlande, ils se tiennent par livres, sols & deniers sterlings, qui se somment par vingt & par douze, d'autant que la livre vaut vingt sols & le sol douze deniers sterlings.

A Madrid, à Cadix, à Seville & dans toute l'Espagne, ils se tiennent par maravedis, dont les trois cent soixante & quinze font le ducat, qui se distinguent par des virgules de gauche à droite.

Ils se tiennent encore en Espagne par réaux de plate & pièces de huit, dont trente-quatre maravedis font le réau & huit réaux valent une pièce de huit ou piastre; ou réale de deux cent soixante & douze maravedis.

A Messine, à Palerme & dans toute la Sicile, ils se tiennent par onces, taris, grains & picolis, que l'on somme par trente, par vingt & par six, d'autant que trente taris font une once, vingt grains un taris, & six picolis un grain.

A Milan, ils se tiennent par livres, sols & deniers, qui se somment par vingt & par douze, à cause que la livre vaut vingt sols & le sol douze deniers.

A Rome, ils se tiennent par livres, sols & deniers d'or d'estampe que l'on somme par vingt & par 12, parce que la livre vaut vingt sols & le sol douze deniers d'estampe.

A Venise, ils se tiennent par ducats & gros de banque, dont les vingt-quatre gros font un ducat, ce qui se pratique particulièrement pour la banque.

On les y tient aussi par livres, sols & deniers de gros, qui se somment par vingt & par douze, d'autant que vingt sols font la livre & douze gros le sol. Il faut remarquer que de cette seconde manière la livre de gros vaut dix ducats.

On les tient encore à Venise, par ducats courans qui diffèrent de vingt pour cent des ducats de banque.

A Ausbourg, en talers & en creutzers, le taler de quatre-vingt-dix creutzers, & le creutzer de huit pennins.

A Bolzam, comme à Ausbourg, & encore en florins & en creutzers, le florin de soixante creutzers.

A Naumbourg, en richedales, gros & fenins, la richedale de vingt-quatre gros, & le gros de douze fenins.

A Genève, en livres, sols & deniers, & aussi en florins.

En Savoye, comme à Genève.

A Raconis, en florins & en gros.

En Suisse, en florins, creutzers & pennins.

A Ancone, en écus, sols & deniers, l'écu valant vingt sols & le sol douze deniers.

A Luques, en livres, sols & deniers. On les tient aussi en écus de sept livres dix sols.

A Nove, en écus, sols & deniers d'or de marc, l'écu d'or de marc valant vingt sols.

A Malthe, en tarins, carlins & grains; ils s'y tiennent encore en sequins, & comme ils disent, en *dieci-tarini*.

Dans les échelles du levant & dans tous les états du grand-seigneur, en piastres, abouquels & en aspres.

En Hongrie, en hongres & demi-hongres d'or.

A Strasbourg, en florins, creutzers & pennins, monnoie d'Alsace.

A Berlin & dans une partie des états du roi-de-Prusse, en richedales & en grochs, aussi en florins.

En Suède, en dalles d'argent & en dalles de cuivre.

En Danemarck, en richedales; en hors & en schelings.

Enfin en Moscovie, en roupes, en altins & en grifs ou grives.

LIVRES DE BORD. Ce sont les *registres* que les capitaines ou les maîtres des vaisseaux marchands doivent tenir ou faire tenir par leur écrivain, sur, lesquels, ils sont obligés d'enregister le chargement de leurs vaisseaux; c'est-à-dire, la qualité, la quantité, la destination & autres circonstances des marchandises qui composent leur cargaison.

Ces *livres* font avec les connoissemens, les chartes-parties & autres semblables papiers & expéditions, ce qu'on appelle les *écritures d'un navire marchand*.

Par l'article 9 du titre premier de l'ordonnance de Louis XIV sur le fait des cinq grosses fermes, du mois de février 1687, les maîtres & capitaines des vaisseaux sont tenus de justifier au plus prochain bureau du lieu où ils ont relâché, quelle est la destination de leurs marchandises, & pour cela d'y produire & faire voir au commis leurs *livres de bords*, connoissemens, charte-partie, &c.

LIVRE DE SOUBORD, (*terme de commerce de mer*.) C'est un des livres que tient l'écrivain d'un navire marchand, dans lequel il enregistre toutes les marchandises qui composent le chargement du bâtiment, soit pour le simple fret ; soit pour être vendues ou troquées, à mesure que la vente s'en fait dans les lieux de leur destination, ou qu'elles se délivrent à leur adresse ; le tout suivant qu'il est spécifié dans le connoissement du capitaine ou du maître du navire.

L'ordre de ce *livre* est de mettre à part toutes les marchandises, qui doivent être vendues, chacunes suivant les endroits où la traitte s'en doit faire ; & pareillement à part toutes celles qu'on ne prend qu'à fret. aussi chacunes suivant les personnes & les lieux à qui elles sont adressées.

Il y a ordinairement à chaque page de ce *livre* deux colonnes à gauche & trois à droite ; dans la première à gauche on met la marque du ballot ou de la caisse, & dans la seconde son n°. ; vis-à-vis on écrit le lieu où se doit faire la traitte, avec les marchandises qui y sont contenues, en observant la même chose pour celles qu'on a à fret. Ensuite on porte dans les trois colonnes qui sont à droite les sommes qui ont été reçues, soit pour la vente, soit pour le fret.

On observe pour l'ordinaire de mettre les premières, celles qui sont pour la traitte, & celles pour le fret les secondes. Un exemple de quelques articles d'un *livre de soubord*, suffira pour mieux faire comprendre la manière de le tenir.

MODÈLE D'UN LIVRE DE SOUBORD.

LIVRE DE SOUBORD des marchandises chargées à la Rochelle le 6e de mars 1724 dans la frégate l'Hirondelle, capitaine le sieur Cozal, pour, Dieu aidant, le mener & délivrer aux lieux & personnes de leur destination.

| M | No 15 | MARCHANDISES A FRET POUR CADIX.
Pour délivrer au sieur Paul DAVID à Cadix, un ballot N° & marque comme en marge, contenant 36 douzaines de chapeaux de castor rottons. . . . . | 400 | |
| 4 | No 36 | MARCHANDISES DE TRAITTE POUR LES CANARIES.
Un boucault N° & marque comme en marge, contenant 400 pièces de toiles de Bretagne, en troc de vin du pays, bariques . . . . . | 60 | ½ |

Les *livres de Soubord* ne sont proprement regardés que comme des écritures particulières, & ne peuvent avoir la même autorité que les connoissemens, les chartes-parties, les factures & autres telles écritures pour justifier du chargement d'un vaisseau.

Cette différence a été jugée par un arrêt du conseil d'état du roi du 21 janvier 1693, par lequel sa majesté déclare de bonne-prise diverses balles d'étoffes chargées sur le vaisseau le Rédempteur pris par un de nos armateurs, qui n'étoient enregistrées que sur un *livre de soubord* qui se trouvoit seul dans ledit bâtiment : sa majesté déclarant qu'il n'avoit pû suppléer au manque de facture, de chartes-parties & de connoissement dont il ne s'étoit trouvé aucun dans le navire.

Aussi, malgré la réclamation d'un marchand François, ces marchandises furent vendues au profit de l'armateur, à la réserve du dixième appartenant au grand amiral qui lui fut remis.

LIVRET. *Terme d'arithmétique*, qui signifie *un certain quarré* qui en renferme plusieurs autres qui contiennent les multiplications des nombres simples l'un par l'autre jusqu'à dix.

On le nomme aussi la *table de Pytagore*, la *table pytagorique* ou la *table de multiplication*. On dit, par manière de proverbe, que nul ne peut être bon chiffreur s'il ne sçait son *livret* par cœur, pour faire entendre qu'on ne peut bien sçavoir l'arithmétique, sans posséder parfaitement la manière de multiplier les nombres les uns par les autres.

LIZARDES. Toiles qui se fabriquent au Caire ; elles se vendent cent vingt meideins la pièce de vingt-huit pics.

Il y a aussi de ces sortes de toiles à Alep ; mais

on les y nomme *lizales*. Elles font une partie du commerce des Européens.

LIZIEUX, ville de Normandie, de la généralité d'Alençon. L'on fabrique dans cette ville différentes étoffes de laine & des toiles; & il y a un bureau établi pour la marque & la visite des fabriques circonvoisines.

L L

LLAMAS. Espèce de petits chameaux ou moutons du Pérou. Les Péruviens les nomment *llamas*, ceux du Chilly *chillehueques*, & les Espagnols *carneros de la terra*.

L O

LO. Les Chinois nomment ainsi une sorte de gaze qui se fabrique à Canton. Il y en a de trois sortes qui diminuent par dégrés de longueur & de largeur.

Les *los* de la troisième sorte ont douze aunes de long sur vingt-trois pouces de large.

LOCAL. Ce qui appartient à un lieu. Une coutume *locale*, c'est une coutume qui ne s'observe qu'en un endroit qui lui est propre; un droit *local*, c'est un droit qui se paye à l'entrée de certaines villes ou de certains territoires, à un passage ou à un pont. Il y a beaucoup de ces droits *locaux* sur la rivière de Loire.

Les voituriers se chargent ordinairement de payer les droits *locaux* qui se trouvent sur leurs routes; les marchands & les propriétaires des marchandises ne doivent pas néanmoins négliger d'en faire mention dans les marchés par écrit qu'ils font avec eux pour le transport & voiture de celles qu'ils leur confient.

LOCMAN. Pilote établi dans les ports & aux embouchures des rivières pour conduire les vaisseaux en sûreté, soit en entrant, soit en sortant par les passages difficiles. On le nomme plus ordinairement *lamaneur*.

Les fonctions de ces pilotes & la police qui leur est réglée par les ordonnances de la marine, tant de l'année 1681 que de 1689, sont amplement expliquées à cet article.

LOCQUETS. Terme dont on se sert en Normandie, aux environs de Rouen & dans le pays de Caux, pour signifier la *laine* que l'on coupe de dessus les cuisses des bêtes à laine. Elle est la plus grasse & la moins estimée de toutes; elle sert à faire des matelats; l'on en fait aussi entrer dans la fabrique des droguets de Rouen où elle sert à en faire la trème. En Berry on les appelle *écouailles*.

LOCRENAN. Nom que l'on donne à une sorte de grosse toile de chanvre écru, qui tire son nom du lieu où elle se fabrique en basse Bretagne, appellé *locrenan*.

Cette espèce de toile s'achete à la pièce, qui contient trente aunes de long sur deux tiers de large mesure de Paris. On s'en sert à faire des voiles pour les grandes & petites barques ou chaloupes qui vont à Plaisance pour la pêche de la morue.

Les Anglois en tirent assez considérablement en temps de paix.

Il faut remarquer que les Espagnols & les Bayonnois qui en consomment aussi beaucoup, leur donnent ordinairement le nom de *toiles d'Olone*, quoiqu'il ne s'en fabrique point en ce lieu de Poitou, au moins qui soit de cette qualité.

Il se manufacture encore en basse Bretagne vers Quimper-Corentin, une espèce de toile toute pareille aux *locrenans*: comme elle est destinée au même usage, on lui donne aussi le nom de *locrenan*, quoiqu'elle n'y soit pas fabriquée.

LODIER, ou LOUDIER. Grosse *couverture* piquée, remplie de laine ou de ploc entre deux étoffes ou deux toiles.

LOGE. On appelle à Lyon, à Marseille, &c. *loge du change*, *loge des marchands*, un certain lieu dans les places ou bourses où les marchands se trouvent à certaines heures du jour pour traiter des affaires de leur négoce.

On ne souffre point qu'un marchand qui a fait faillite ou banqueroute, entre dans la *loge* des marchands.

LOGE, que l'on appelle plus ordinairement COMPTOIR. Signifie aussi un *bureau général du commerce* établi en quelques villes des Indes pour chaque nation de l'Europe.

On nomme encore *loge* les boutiques qui sont occupées par les marchands dans les foires.

LOGER-HU. Nom que les Anglois donnent à une sorte de tortue que les François appellent *kaouanne* ou *cahoanne*.

LOMBARD. Ancien peuple d'Allemagne qui s'établit en Italie dans la décadence de l'Empire Romain.

On a long-temps donné en France le nom de *lombards* aux marchands Italiens qui venoient y trafiquer, particulièrement aux Génois & aux Vénitiens. Il y a même à Paris une rue qui porte encore leur nom, parce que c'étoit le quartier où la plupart tenoient leurs comptoirs de banque, le négoce d'argent étant le plus considérable qu'ils y fissent.

Le nom de *lombard* devint ensuite injurieux, & il ne signifia plus qu'un *marchand* qui faisoit un commerce usuraire.

La place du change d'Amsterdam conserve encore le nom de *place lombarde*, comme pour perpétuer le souvenir du grand commerce que les marchands *lombards* y ont long-temps exercé, & qu'ils ont enseigné aux habitans de cette ville fameuse, qui l'ont porté encore plus loin qu'eux, mais avec plus de bonne foi & de probité.

LOMBARD. L'on appelle encore à Amsterdam la *maison des lombards*, une maison où tous ceux qui sont pressés d'argent en peuvent trouver à emprunter sur des effets qu'ils y laissent pour gages. On y reçoit des joyaux, des bagues, des montres, des meubles, enfin de tout, jusqu'à des chemises; &

autres menues hardes fur lefquels on prête de l'argent.

Il y a dans les *lombards* des receveurs & des eftimateurs ; les eftimateurs eftiment la valeur du gage qu'on porte, à peu près, à fon jufte prix ; mais on ne donne deffus que les deux tiers , comme 200 florins fur un gage de 300 , l'on délivre en même temps un billet qui porte l'intérêt qu'on en doit payer , & le temps auquel le gage doit fe retirer. Quand ce temps eft paffé , le gage eft vendu au plus offrant & dernier enchériffeur , & le furplus ; le prêt & l'intérêt préalablement pris , eft rendu au propriétaire.

Le moindre intérêt que l'on paye à la maifon des *lombards* eft de fix pour cent par an , & plus le gage eft de moindre valeur , plus l'intérêt eft grand , en forte qu'il va quelquefois jufqu'à vingt pour cent.

LOMBART. C'eft auffi le nom que l'on donne dans les papeteries & dans le commerce du papier , à une des moyennes fortes de papier propre à l'impreffion.

LONCHANS , en Bourgogne. Ses fabriques de laine font peu confidérables.

LONCLOATH. *Toiles de coton* blanches ou bleues que l'on tire de la côte de Coromandel. Elles ont ordinairement foixante & douze cobres de longueur , fur deux cobres & un quart de large ; le cobre faifant dix-fept pouces & demi de France.

Les Anglois & les Hollandois en enlèvent beaucoup pour leur commerce d'Inde en Inde , particulièrement pour envoyer à Manille.

LONDRES. Efpèce de draps de laine deftinés pour le négoce du Levant ; ils fe manufacturent en France, particulièrement en Provence , Dauphiné & Languedoc.

L'origine du nom de *londres* que l'on donne à ces draps paroît être la même que celles des draps londrins.

Les draps *londres* fe diftinguent en *londres larges* & en *londres*.

Les *londres larges* doivent être fabriqués avec le refleuret de la laine de Languedoc , bas Dauphiné , Gandie , Rouffillon , grand Albarazin & autres de pareille qualité ; ils doivent avoir deux mille quatre cent fils en chaîne & être faits dans des rots de deux aunes un huit , pour revenir au retour du foulon à la largeur d'une aune un quart entre les lifières.

Ces mots *londres larges* , doivent être marqués au chef & premier bout de chaque pièce.

Ceux appellés fimplement *londres* , doivent être manufacturés avec le fleuret de la laine de Languedoc , bas Dauphiné , Rouffillon , Gandie , petit Albarazin ou autre de femblable qualité ; leur chaîne doit être compofée de deux mille fils & montée dans des rots de deux aunes , pour être au retour du foulon d'une aune & un fixiéme de large entre les lifières. Le mot de *londres* , doit être mis au chef & premier bout de chaque pièce. *Art. 4 & 5 du*

réglement fait pour les draperies deftinées pour le Levant le 20 novembre 1708.

LONDRINS. Draps de laine qui fe fabriquent en France , particulièrement en Languedoc , en Provence & en Dauphiné , dont la deftination eft pour les échelles du Levant.

Il y a toute apparence que ces fortes de draps ont pris leur nom de la ville de Londres en Angleterre ; les Anglois ayant été long-temps avant les François en poffeffion de faire le négoce de draperie en Levant ; en forte que l'on peut dire avec quelque certitude que les Anglois font les inventeurs de ces fortes de draps , & que les François en font les imitateurs.

Il fe fait de deux efpèces de *londrins* , les uns appellés *londrins premiers* , & les autres nommés *londrins feconds*.

Les *londrins premiers* doivent être fabriqués tout de laine prime Ségovie , tant en tréme qu'en chaîne ; la chaîne doit être compofée de trois mille fils , & faite dans des rots de deux aunes , pour revenir au retour du foulon à la largeur d'une aune & un quart entre les deux lifières.

Ces mots *londrins premiers* , doivent être marqués au chef ou premier bout de chaque pièce.

Les *londrins feconds* doivent être faits de laine foria ou autre de femblable qualité pour la chaîne & de feconde Ségovie pour la tréme : cette chaîne doit être compofée de deux mille fix cens fils au moins dans des rots de deux aunes moins un feize , pour avoir au retour du foulon une aune un fixiéme de largeur entre les lifières. Les mots de *londrins feconds*, doivent être mis aux chefs & premiers bouts de chaque pièce. *Réglement concernant les draps qui fe manufacturent pour le Levant , du 20 novembre 1708 , art. 2 & 3.*

LONG-COURS. On appelle voyages de *long-cours* ceux qui les vaiffeaux marchands font au-delà de la ligne.

LONGUEUR. Dimenfion des corps confidérés par leur plus grande étendue.

Dans la mefure des étoffes la *longueur* fe prend du chef à la queue , c'eft-à-dire , d'une entrebatte à l'autre.

Cette *longueur* n'eft pas arbitraire , & les manufacturiers doivent fe conformer à ce qui en a été ordonné par les réglemens.

Les *longueurs* des étoffes de laine font fixées par le réglement de 1669 , & par divers réglemens particuliers , comme ceux pour la fergetterie de Beauvais , pour la fayetterie d'Amiens , pour la draperie de Sedan , d'Elbœuf , d'Abbeville , &c. Les réglemens pour les *longueurs* des étoffes de foie font de l'année 1667 ; un pour Paris , un pour Lyon & un autre pour Tours : enfin les réglemens pour la *longueur* des toiles font des années 1680 , 1682 , 1684 , 1693 , 1700 , 1701 & 1716.

LONGUIS. Ce font des taffetas des Indes à carreaux.

LOOPEN. Mefure pour les grains dont on fe

sert à Riga. Les 46 *loopens* font le laft de cette ville ; ils font auffi le laft d'Amfterdam.

LOOPER. Mefure de grains dont on fe fert dans quelques lieux de la province de Frife, particulièrement à Groningue, Leeuwarden & Haarlingen. Trente-fix *loopers* font le laft de ces trois villes, qui eft de 33 mudes ; ils font auffi 3 hoeds de Roterdam.

LOOT. C'eft ainfi qu'on nomme à Amfterdam la trente-deuxième partie de la livre poids de marc. Le *loot* fe divife en dix engels & l'engel en 32 as. *Voyez* LES TABLES DES POIDS.

LOQUIS. On nomme ainfi fur les côtes d'Afrique, particulièrement au Sénégal, une des fortes de verroterie qui entrent dans le commerce que les François y font avec les négres. Les *loquis* font rouges en forme de petit cylindre ou de canon.

LORMIER, qui fait des ouvrages de lormerie. Les cloutiers, felliers & éperonniers font qualifiés dans leurs ftatuts & lettres de maîtrife, maîtres *lormiers*, parce qu'il eft permis aux maîtres de ces trois métiers qui compofent trois différentes communautés d'artifans à Paris, de faire des ouvrages de lormerie ; aux deux premiers fans fe fervir de lime ni d'eftoc ; & aux derniers en limant & poliffant.

LOT. Portion d'une chofe divifée en plufieurs parties, pour être partagée entre plufieurs perfonnes.

La plupart des communautés des arts & métiers, fur-tout fi ce font de fimples artifans, ont coutume de divifer en *lots* les marchandifes qui arrivent dans leurs chambres ou bureaux, afin d'ôter toute préférence, & que le hazard en décidant la bonne ou médiocre marchandife tombe également aux anciens & nouveaux maîtres, aux pauvres & aux riches.

Les compagnies de commerce, comme en France celle des indes Orientales, vendent le plus ordinairement leurs marchandifes par *lots*. Ainfi on dit : Un *lot* de mouffelines, un *lot* de coton, un *lot* de porcelaines ; non pas que ces marchandifes fe lottiffent, c'eft-à-dire, fe tirent au fort, mais parce qu'on les partage comme en *lot*.

LOT. Se dit auffi, *en terme de loterie*, de la part, en argent, en bijoux, en meubles, en marchandifes, ou en autres tels deniers dont eft compofée une loterie que le hafard fait tomber à quelques-uns de ceux qui ont mis, tandis que les autres n'ont aucun profit.

LOTERIE. Efpèce de blanque compofée d'un grand nombre de billets, dont quelques-uns s'appellent *billets noirs*, & rapportent du profit à ceux à qui ils échoient ; & la plupart font nommés *billets blancs*, & ne donnent aucun gain.

Les loteries qui dans leur première inftitution, n'étoient qu'un fimple jeu, font devenues dans la fuite, & particulièrement dans le dernier fiécle & dans celui qui court, une efpèce de commerce où

les fouverains ont trouvé des reffources, foit pour réparer leurs finances épuifées par de longues guerres, foit pour acquitter les dettes de l'état, foit enfin pour foutenir des établiffemens utiles au public, ou pour achever des bafiliques & des églifes, aux dépenfes defquelles les biens des plus riches particuliers n'auroient pu fuffire.

LOTTIR. Faire des lots. Prefque tous les artifans qui font en corps de jurande font *lottir* les marchandifes foraines ; il y a même dans leurs ftatuts des articles qui ordonnent aux marchands forains de faire defcendre toutes celles qu'ils amènent à Paris dans les chambres & bureaux des communautés non-feulement pour y être vifitées par les jurés mais encore pour y être *lotties* entre les maîtres, ce qui fe fait dans la forme & dans l'ordre fuivant.

Les lottiffeurs, s'il y en a plufieurs, ou le lottiffeur, s'il n'y en a qu'un, partagent la marchandife foraine en autant de lots qu'il y a de maîtres qui en défirent, s'il y en eft arrivé une affez grande quantité pour cela, finon en autant de lots que le peu qu'il s'en trouve peut le permettre.

Les lots faits & égalés autant qu'il eft poffible, chaque maître, qui veut avoir part au lottiffage, préfente un jetton de cuivre où fon nom eft gravé d'un côté & une fleur de lys ou autre chofe femblable de l'autre. Tous les jettons fe mettent dans un fac, d'où après avoir été bien mêlés ils fe tirent un à un, jufqu'à la quantité de lots qui ont été faits.

Les maîtres dont les jettons ont été tirés, ont chacun un lot fuivant l'ordre qu'il eft forti du fac, & ceux dont les jettons font reftés au fond de fac, s'en retournent fans marchandife, quand on n'a pas pû faire autant de lots qu'il y avoit de maîtres.

Comme tous les lots ne peuvent jamais être tout-à-fait égaux, & qu'il faut que le marchand retire le prix de fa marchandife, chaque lot eft apprécié fuivant fa qualité par les lottiffeurs, enforte que tout le produit des lots monte à ce que vaut la marchandife en total.

LOUER. Prendre ou donner à louage des terres, des vignes, des maifons & autres immeubles. Il fe dit auffi des meubles, des voitures, des beftiaux, & encore des perfonnes & de leur travail.

Dans tous ces fens on dit dans le commerce, *louer* une boutique, un magafin, une échope, une place aux halles, ou un loge à la foire de faint Germain ; ce que font tous les marchands fuivant leur négoce.

Louer des meubles & des habits, ce qui eft du trafic des maîtres tapiffiers & des maîtres fripiers.

Louer un caroffe, une litière, un cheval, une place dans une voiture publique, ce qui appartient aux voituriers, meffagers, caroffiers, loueurs de chevaux, & maquignons.

Enfin, *louer* des compagnons, des garçons, des gens de journée, ce que font les maîtres des communautés des arts & métiers.

LOUEUR. Celui qui donne quelque chofe à louage. On le dit particulièrement des *loueurs* de chevaux & des *loueurs* de caroffes. *Voy.* VOITURE, CHEVAL & CAROSSIER.

LOUIS. *Monnoie d'or* qui fe fabrique & qui a cours en France. *Voyez* LA TABLE DES MONNOIES.

LOUNG. *Drogue* pour peindre en jaune, dont on fe fert dans la Chine, à Camboya & en plufieurs autres lieux des indes Orientales. Elle fe trouve dans les royaumes de Camboya & de Siam. Les Chinois qui la vont quérir y gagnent prefque cent pour cent.

LOUP. *Animal fauvage*, dont le poil eft long & un peu rude, tirant fur le gris-brun-fale mêlé de blanc, qui habite les bois & forêts. La femelle du *loup* fe nomme *louve*, & les petits de la louve s'appellent *louveteaux* ou *cheans*, fuivant le langage des chaffeurs.

Il y a de deux fortes de *loups*, fans compter le loup cervier, dont il fera parlé ci-après dans un article féparé.

La première efpèce eft de ceux qu'on nomme *loups levriers*. La feconde efpèce qui eft plus-pefante, s'appelle *loups mâtins*.

Le *loup* fournit pour le commerce, de deux fortes de marchandifes, qui font fa peau & fes dents.

Plufieurs prétendent que le boyau du *loup* bien deffêché, eft un remède fpécifique pour guérir de la colique néphrétique, en l'appliquant à nud autour des reins en guife de ceinture.

LOUP CERVIER. *Animal fauvage très farouche.*

Quelques-uns affurent que le *loup cervier* eft la même chofe que le linx des anciens, que d'autres prennent pour un animal fabuleux.

Quoiqu'il en foit, il eft certain que le *loup cervier*, tel que nous le connoiffons aujourd'hui, fournit pour le commerce de la pelleterie une peau très-précieufe, qui étant bien apprêtée avec tout fon poil, s'employe à divers fortes de fourtures.

LOUP MARIN. *Animal amphibie* qui a la tête femblable au loup. Quelques-uns néanmoins lui trouvent plus de reffemblance avec celle du chien, & d'autres avec celle du veau; d'où vient qu'on lui donne auffi le nom de *veau* & de *chien marin*.

Les marchandifes que cet animal fournit pour le commerce font fon huile, fa peau & fes grandes dents.

Son huile fert à brûler, & à tous les autres ufages où l'on employe les huiles de poiffon.

Ses dents font une efpèce d'ivoire qui fert aux ouvrages de tabletterie.

Enfin fa peau qui a un poil fort ras, fert aux malletiers & bahutiers pour couvrir des coffres de campagne.

LOUPPES. *Se dit, en termes de joyaillier,* des perles & pierres précieufes imparfaites, & dans la formation defquelles la nature eft, pour ainfi dire, reftée à moitié chemin.

Les pierres qui le plus ordinairement reftent en *louppes*, font les faphirs, les rubis & les émeraudes. A l'égard de ces dernières, il ne faut pas con-

fondre leurs *louppes* avec ce qu'on appelle *presme d'emeraudes*.

Pour ce qui eft des *louppes* de perles, ce n'eft quelquefois que des endroits de nacre de perles un peu élevés en demi-boffe, que les lapidaires ont l'adreffe de fcier & de joindre enfemble en forme de vraies perles.

LOUTRE, qu'on nomme auffi BIEVRE. *Animal amphibie* tout couvert de poil, qui réfide tantôt fur terre & tantôt dans l'eau, où il ne vit que de poiffon, dont il fait un grand dégât.

Les peaux de *loutre* garnies de leur poil, font une partie du commerce de la pelleterie.

LOY. *Terme de monnoie,* qui fignifie le *titre*, le *fin* ou la *bonté* intérieure des efpèces.

LOYAL. Ce qui eft bon, ce qui eft conforme à la loi & fuivant la règle. On dit qu'un marchand eft franc & *loyal*, quand il fait fon négoce avec probité & avec candeur, & qu'il n'employe point des petites ou de mauvaifes fineffes pour faire plus avantageufement fes affaires.

LOYAL. Se dit auffi de la bonne qualité des chofes, de ce qui a les conditions requifes par la loi & les réglemens. Une marchandife bonne & *loyale*, du bled *loyal* & marchand. On dit quelquefois d'un poids, qu'il eft jufte & *loyal*; pour fignifier qu'*il eft étalonné jufte & avec bien du foin fur le poids matrice.*

LOYALEMENT. D'une manière franche & loyale. Négocier *loyalement*, c'eft négocier de bonne foi, fans furprife, fans fineffe, avec probité. Payer *loyalement*, c'eft payer à l'échéance, fans faire de chicanes ni de mauvaifes difficultés.

L U

LUBS. On appelle *fols lubs* à Hambourg & en plufieurs villes d'Allemagne, une monnoie de compte.

Quand on tient les livres par richedales, marques, fols, & deniers *lubs*, la richedale vaut quarante-huit *lubs*, la dalle trente-deux, la marque feize, & le fol auffi douze deniers *lubs*. *Voyez* LA TABLE DES MONNOIES.

LUCRATIF. Ce qui apporte du gain, du profit. Le commerce du change eft *lucratif*. Cet homme fait un négoce *lucratif*, mais non pas honorable.

LUCRE. Gain, profit. Un marchand doit préférer l'honneur au *lucre*.

LUMIGNON. Sorte de *fil d'étoupe de chanvre écru*, très-groffièrement filé, dont les marchands ciriers fe fervent pour faire les mèches ou bras des flambeaux de poing & des torches.

LUNAIRE. On appelle, dans le Levant, *intérêts lunaires*, les intérêts ufuraires que les nations chrétiennes payent aux juifs chaque lune, (les Turcs comptant par lunes & non par mois) pour l'argent qu'elles empruntent d'eux.

LUNETTE. *Inftrument* qui fert à groffir, à approcher les objets, & à faciliter l'action de la vue.

LUNETTES, au pluriel, Sont deux verres enchaffés

dans

dans deux cercles, qui font ordinairement d'argent, de léton, d'écaille de tortue, où de corne, & qui font unis enfemble par le milieu par un demi-cercle de la même matière. On en fait actuellement quantité en cuir.

On eftime beaucoup celles d'Angleterre, & elles font en effet excellentes ; mais il y a des ouvriers à Paris qui en font qui ne leur cèdent, que parce que Londres eft pays étranger, & que les François n'eftiment guères que ce qui vient de loin, ou qu'il eft difficile d'avoir.

LUNETTIER. Ouvrier qui fait des lunettes & qui les vend. Comme ce font à Paris les maîtres miroitiers qui font les lunettes, ils ont pris de-là la qualité de *maîtres miroitiers-lunettiers*. Les marchands merciers en font auffi quelque commerce, mais ils n'en fabriquent pas.

LUPIN. Efpèce de *gros pois* qui fert à la nourriture des animaux, & qui eft de quelque ufage dans la médecine.

LUQUOISES. *Étoffes de foie*. Elles doivent avoir, fuivant le réglement de 1667, une demi-aune moins un vingt-quatriéme. Leurs chaînes doivent être entièrement de pure & fine foie cuite, fans qu'on y puiffe mêler de la foie teinte fur cru, ni autres matières qui les puiffent rendre défectueufes.

LUSTRE. C'eft un brillant vif qui paroît fur les étoffes neuves, foit de laine, foit de foie : il eft pourtant plus éclatant fur celles de foie. On dit, le *luftre* d'un fatin ; le *luftre* d'un taffetas, le *luftre* d'un drap.

LUSTRINE. Sorte de nouvelle *étoffe de foie*. Le luftre extraordinaire qu'elle a, lui a donné fon nom.

LY

LYS. *Monnoie d'argent* frappée en Savoye, d'un vingtiéme moins pefante que l'écu de France de foixante fous & à peu près au même titre.

LYSPONDT. Sorte de *poids* qui pèfe plus ou moins, fuivant les endroits où l'on s'en fert.

A Hambourg, le *lyfpondt* eft de quinze livres, qui reviennent à quatorze livres onze onces un gros un peu plus de Paris, d'Amfterdam, de Strasbourg & de Befançon, où les poids font égaux.

A Lubeck, le *lyfpondt* eft de feize livres poids du pays, qui font à Paris quinze livres trois onces un gros peu plus.

A Coppenhague, le *lyfpondt* eft de feize livres poids du pays, qui rendent quinze livres douze onces fix gros peu plus de Paris.

A Dantzik, le *lyfpondt* eft de dix-huit livres, qui en font feize de Paris.

A Riga, le *lyfpondt* eft de 20 liv., qui font feize livres huit onces de Paris. *Voy.* LA TABLE DES POIDS.

M

MAD

M, Douziéme lettre de l'alphabet. Dans les abbréviations des marchands, banquiers & teneurs de livres, M. C. signifie *mon compte*. M. toute seule ou Mc. veut dire, *marc* ou *marcs*.

MAAYPOOSTEN. Sorte d'étoffe de soie qui est apportée en Europe par le retour des vaisseaux de la compagnie des Indes Orientales de Hollande. Lorsque la compagnie fait la vente de ses marchandises, les cavelins ou lots des *maaypoosten* ont coutume d'être de cinquante pièces.

MACARONI. Pâte faite avec de la farine de ris. C'est une espèce de vermiselli, dont la différence consiste seulement dans la grosseur; les *macaroni* n'étant guères moins gros que le petit doigt, & les vermiselli ayant à peine une ligne d'épaisseur.

MACER. Arbre qui croît dans les Indes & en Barbarie, dont l'écorce qui porte le même nom, s'emploie assez heureusement pour la guérison de la dissenterie.

MACHEMOURE. Biscuit de mer réduit en miettes. Les morceaux au-dessous de la grosseur d'une noisette sont réputés *machemoure*.

MACHO. On appelle en Espagne *quintal-macho*, un poids de cent cinquante livres, c'est-à-dire, de cinquante livres plus fort que le quintal commun qui n'est que de cent livres. Il faut six arobes pour le *quintal-macho*, l'arobe de vingt-cinq livres, la livre de seize onces, & l'once de seize adarmes ou demi-gros; le tout néanmoins un peu plus foible que le poids de Paris; ensorte que les cent cinquante livres du *macho* ne rendent que cent trente-neuf livres & demie, un peu plus un peu moins, de cette dernière ville. *Voyez* LA TABLE.

MACIS. Première écorce, enveloppe, ou fleur de la noix muscade. Cette écorce est tendre, odorante, de couleur rougeâtre ou jaunâtre. Elle se sépare de la muscade à mesure qu'elle se séche. Quelques-uns l'appellent, mais bien improprement, *fleur de muscade*.

Le *macis* a les mêmes propriétés que la muscade; & les Hollandois qui en font un très-grand commerce, l'estiment encore plus que la noix. Le mot de *macis* est Indien.

On tire du *macis* une huile qui a diverses propriétés pour la médecine.

MAÇON ou **MASSON.** Celui qui travaille en maçonnerie.

Il se dit également de l'entrepreneur qui fait les marchés des ouvrages de maçonnerie dans un bâtiment pour les faire exécuter par d'autres, & de l'ouvrier qui les construit, & qui y travaille de la main sous ses ordres; avec cette différence néanmoins que l'entrepreneur s'appelle *maître maçon*, & est

à Paris membre d'une communauté considérable; & que l'ouvrier s'appelle simplement *maçon*, & n'est qu'un manouvrier quelquefois à la tâche ou à la toise, mais le plus souvent à la journée.

MAÇONNERIE. On le dit également & de l'art de *maçonnerie* & de l'ouvrage du maçon.

MAÇONNERIE. C'est aussi une jurisdiction établie à Paris, pour juger en première instance les contestations qui surviennent entre les maîtres maçons, pour raison de leur art & métier. Les appels se portent au parlement.

MACOUTE. Espèce de monnoie de compte ou de manière de compter en usage parmi les Négres, dans quelques endroits des côtes de l'Afrique, particuliérement à Loango de Boirie sur la côte d'Angole.

La *macoute* vaut dix, & il en faut dix pour faire le cent, qui est aussi parmi ces barbares une autre sorte de monnoie de compte.

Pour faire l'évaluation de leurs achats & de leurs ventes, ou plutôt de leurs échanges, ils fixent d'un côté le nombre des *macoutes* qu'ils veulent, par exemple, pour un négre pièce d'Inde, & de l'autre pour combien de *macoutes* ils consentent de recevoir chaque espèce de marchandise qu'ils désirent avoir pour ce négre.

Supposé donc qu'ils ayent fixé leur esclave à 3,500, ce qui revient à 305 *macoutes*; pour faire ce nombre de *macoutes* en marchandises, chaque espèce de ces marchandises a son prix aussi en *macoutes*.

Par exemple, deux couteaux Flamands se comptent une *macoute*; une anabasse trois; un bassin de cuivre de deux livres pesant & de douze pouces de diamètre, aussi trois. Un fusil s'estime trente *macoutes*; un baril de poudre de dix livres pesant, de même; une pièce de salampouris bleu cent vingt, que les négres réduisent au cent, & comptent douze cent; & ainsi du reste des marchandises; ensuite de quoi ils prennent sur cette évaluation autant de ces marchandises qu'il en faut pour 305 *macoutes*, ou 3,500, à quoi ils ont mis leur esclave.

A Malimbo, & Cabindo, environ à 30 lieues plus loin, sur la même côte d'Angole, on compte par pièces.

MADA-DORO ou **MÆDA-DOURO.** Monnoie d'or de Portugal, qui vaut six patacas ou pièces de huit & quinze vintins.

Il y a des demi-*mædas* & des quarts qui valent à proportion. *Voyez* LA TABLE DES MONNOIES.

MADOUINE. C'est la *pistole* de Piémont. *Voy.* LA TABLE DES MONNOIES.

MADRÉ. Nom que l'on donne à quelques sortes

de marchandifes de diverfes couleurs, particulièrement au favon & à cette efpèce de poix que l'on
nomme *barras*.

Du bois *madré*, c'eft ce qu'on nomme autrement
du *bois veiné*, comme le noyer, le hêtre, les racines de buis & autres femblables bois qui fervent à
la marquetterie & à la tabletterie.

Il y a de l'apparence qu'on difoit autrefois du
bois marbré; c'eft-à-dire, qui a des veines de diverfes
couleurs comme le marbre, & que par corruption on
a dit *madré*.

MAGALAISE, qu'on appelle auffi MEGA-
NAISE, MAGNE ou MAGNESE. C'eft un minéral affez femblable à l'antimoine, à la réferve
qu'il eft plus tendre, & qu'au lieu d'aiguilles on y
voit de petits brillans. Il y en a de grife & de noire.
C'eft de cette dernière que fe fervent les émailleurs
& les potiers de terre, l'autre étant très-rare. Les
verriers en emploient auffi pour purifier leur verre,
mais en petite quantité, parce qu'autrement ils lui
donneroient un œil ou trop bleu, ou trop couleur
de pourpre.

La *magalaife* vient de Piémont, où on la tire
de quelques carrières en morceaux de différentes
groffeurs & figures. Il faut la choifir tendre, brillante, la moins remplie de roches & de menu que
l'on pourra. Quelques-uns la confondent avec le
fafre & le perigueux; mais ces minéraux font bien
différens les uns des autres.

MAGALEP, qu'on nomme auffi MAHALEP.
C'eft l'amande d'un petit fruit femblable à un noyau
de cerifes. L'arbriffeau qui le produit a des feuilles
grandes, pointues & un peu reployées, ce qui fait
croire à plufieurs que c'eft le *phylliarca*.

Son plus grand ufage eft pour les parfumeurs,
qui, après l'avoir concaffé & mis dans de l'eau
commune ou de l'eau rofe, le diftillent pour en laver le favon dont ils font leurs favonettes.

Il vient du *magalep* de plufieurs endroits, particulièrement d'Angleterre; il faut le choifir nouveau, le plus gros, le plus entier & le moins mêlé
de coques qu'il eft poffible; fur-tout qu'il n'ait aucune mauvaife odeur.

MAGASIN. Lieu où l'on ferre des marchandifes;
foit pour les y vendre par pièce, comme on dit,
balle fous corde, ce que font les marchands en
gros; foit pour les y réferver & garder jufqu'à ce
qu'il fe préfente occafion de les porter à la boutique, comme font les marchands en détail.

MAGASIN. C'eft auffi chez les détailleurs une ar-
rière-boutique où l'on met les meilleures marchandifes, & celles dont on ne veut pas faire de montre.

MAGASIN. Se dit encore de certains grands paniers
d'ofier que l'on met ordinairement au-devant des carroffes, & au derrière des coches, carioles, & autres
femblables voitures publiques; foit pour y mettre les
hardes, malles, & caffettes des perfonnes qui vont
par ces voitures; foit pour y ferrer les médiocres
ballots, balles & caiffes de marchandifes que les
marchands envoient à leurs correfpondans par cette
voie.

Pour la fûreté de ces marchandifes, il faut avoir
foin d'en faire charger les regiftres du commis établi
dans chaque bureau de ces carroffes; & pour la
fûreté des cochers qui les conduifent, ils doivent
avoir des lettres de voiture auffi circonftanciées que
celles de tous les autres voituriers par terre.

MAGASIN D'ENTREPOST. C'eft un magafin établi
dans certains bureaux des cinq groffes fermes, pour
y recevoir les marchandifes deftinées pour les pays
étrangers, & où celles qui ont été entrepofées ne
doivent & ne paient aucun droit d'entrée ni de fortie, pourvu qu'elles foient tranfportées hors du
royaume par les mêmes lieux par où elles y font
entrées dans les fix mois; après quoi elles font
fujettes aux droits d'entrée.

On appelle *marchand en magafin*, celui qui
ne tient point de boutique ouverte fur la rue, &
qui vend en gros fes étoffes & marchandifes.

Garçon de Magafin s'entend dans le même fens
que garçon de boutique, c'eft-à-dire, un apprentif
marchand, qui après fon apprentiffage fert chez les
marchands en *magafin*, pour fe fortifier dans le
négoce par une plus longue expérience. La fortune
des marchands dépend quelquefois de l'habileté de
ces fortes de garçons.

Garde-magafin eft celui qui a le foin des marchandifes qui font enfermées dans un *magafin*, foit pour
les délivrer fur les ordres du maître, foit pour en
recevoir de nouvelles quand elles arrivent.

Garde-magafin fe dit auffi des marchandifes qui
font hors de mode, & qui n'ont plus de débit. C'eft
pour le gros ce qu'eft un garde-boutique dans le
détail.

MAGDALEON. Les épiciers appellent un *magdaleon de foufre*, ces pains de foufre en forme
de cylindre qui font partie de leur commerce. Ces
magdaleons ont ordinairement fix pouces de long
fur dix-huit lignes de diamètre. *Voy.* SOUFRE.

MAGNETTES. *Toiles* qui fe fabriquent en
Hollande & dans quelques provinces voifines : elles
font pliées à plat, & quelquefois roulées, fuivant
la fantaifie du tifferand ou du marchand.

MAGRABINES, ou MAUGUERBINES.
Toiles de lin qui fe fabriquent en plufieurs lieux
d'Egypte, & qui fe vendent au Caire.

MAHOUTS. *Draps de laine* deftinés pour les
Echelles du Levant, qui fe manufacturent en Angleterre. Il s'en fait préfentement quantité en France, particulièrement en Languedoc, Dauphiné &
Provence.

MAIDAN, ou MAYDAN. On nomme ainfi
prefque dans toute l'Afie, & particulièrement en
Perfe, les places publiques deftinées pour le commerce où fe tient le marché des denrées & marchandifes.

Le *Maidan* d'Ifpaham paffe pour le plus magnifique de tout l'Orient.

MAIDIN. Petite *monnoie d'argent* qui se fabrique & qui a cours en Egypte.

MAJEUR. Celui qui est en âge de gouverner son bien, de le vendre, troquer, aliéner, enfin d'en disposer de toutes les manières licites & permises par les loix ou par les coutumes.

Le droit civil & la coutume de Paris fixent l'état de *majeur* à vingt-cinq ans, & la coutume de Normandie à vingt ans & un jour. Il n'y a point d'âge certain pour la majorité de ceux qui se mêlent de commerce ; & les marchands sont réputés *majeurs* pour le fait de marchandises dès le moment qu'ils entrent dans le négoce.

MAJEUR. Signifie aussi dans le négoce des échelles du Levant, les *marchands* qui font le commerce pour eux-mêmes ; ce qui les distingue des commissionnaires, coages & courtiers. Ceux-ci appellent aussi quelquefois leurs commettans, leurs *majeurs*.

MAILLE ou OBOLE. Petite *monnoie* imaginaire ou de compte, estimée la moitié d'un denier tournois, ou la vingt-quatriéme partie d'un sou tournois.

Le mot de *maille* se trouve souvent dans la bouche des marchands & négocians. Ils disent qu'il n'y a pas la *maille* à perdre sur un marché ; pour faire entendre, que le marché ne doit pas être mauvais : qu'ils ne rabattront pas une *maille* ; pour dire, qu'il n'y a rien à diminuer du prix qu'ils proposent : qu'une marchandise ne vaut pas la *maille* ; pour faire entendre, qu'elle ne vaut rien du tout : qu'un facteur ou garçon a rendu compte jusqu'à la dernière *maille* ; pour signifier, qu'*il a tenu compte jusqu'à la moindre bagatelle*.

MAILLE. Se dit aussi chez les marchands orfévres & parmi les monnoyeurs, d'une sorte de petit poids qui vaut deux felins, ou la moitié d'un estelin.

MAILLE. Est aussi un *terme de manufacture de bonneterie* ; il se dit du travail entrelassé des bas, camisolles, & autres ouvrages de soie, de laine ou d'autres matières qui se font au tricot ou au métier.

Suivant l'article 12 du réglement du 30 mars 1700, les bas & autres ouvrages de bonneterie, tant de soie que de laine, fil, poil, coton, ou castor, qui se fabriquent au métier, doivent être proportionnés & suffisamment étoffés, en sorte que la *maille* soit remplie & faite d'une égale force & bonté dans toute leur étendue, sans *maille* double, *maille* mordue, arrachures, serrures, ni ouvertures.

MAILLE. Se dit aussi du tissu de plusieurs filets de fer dont étoient autrefois composées diverses sortes d'armures, comme les hauberts, les jacques de mailles, les chemises, &c. On en faisoit aussi des gants & des espèces de jambiers. Les chevaux mêmes en étoient souvent entièrement couverts. Tous ces ouvrages appartenoient au métier des chaînetiers qui de-là s'appelloient *mailliers hauberteniers*.

MAILLE. Est encore une ouverture en forme de lozange, qui étant plusieurs fois répétée, sert à faire les treillis de fil de fer ou de léton. Cet ouvrage se vend au pied en quarré plus ou moins suivant que la *maille* est large ou étroite, ou que le fil est gros ou menu. Ce sont les maîtres épingliers qui font les treillis à *mailles*.

MAILLE. En *terme de pêche* de poisson de mer & de poisson d'eau douce, est aussi l'ouverture quarrée & diverses fois recommencée, faite avec du fil ou de la lignette, & travaillée avec une espèce d'aiguille de bois qui compose les filets des pêcheurs.

Les ordonnances de la marine ont déterminé la largeur que doivent avoir les *mailles* de chaque filet à raison de la pêche où on les emploie ; & les ordonnances des eaux & forêts ont fixé sur un seul moule les *mailles* de tous les filets à pêcher en rivière.

MAIN. Partie du corps de l'homme qui est à l'extrémité des bras. Il se dit figurément de plusieurs choses dans le commerce & parmi les artisans.

Acheter de la viande à la *main*, c'est l'acheter sans la peser.

Lâcher la *main*, signifie *diminuer du prix* que l'on a d'abord demandé d'une marchandise, en faire meilleur marché, la donner quelquefois à perte. Si vous voulez vendre votre bled, il faut un peu lâcher la *main*. Vous prétendez vendre cette étoffe comme si elle étoit encore de mode, il faudra que vous lâchiez beaucoup la *main* si vous voulez vous en défaire.

Acheter une chose de la première *main*, c'est l'acheter de celui qui l'a recueillie ou fabriquée, sans qu'elle ait passé par les mains des revendeurs.

L'acheter de la seconde *main*, c'est l'avoir de celui qui l'a achetée d'un autre pour la revendre.

Les marchands en gros ont coutume d'acheter leurs marchandises de la première *main*, & les détaillers de la seconde.

On dit aussi troisiéme & quatriéme *main*, suivant le nombre des marchands par les mains desquels une marchandise a passé.

C'est un grand avantage dans le négoce d'avoir les choses de la première *main*, & c'est de cet avantage que les Hollandois sçavent bien profiter dans le commerce des épiceries, dont ils sont seuls les maîtres, & qu'il faut que toutes les autres nations de l'Europe & même des Indes où elles croissent reçoivent d'eux, c'est-à-dire, de la seconde *main*.

VENDRE HORS LA MAIN. Il se dit à Amsterdam des ventes particulières, c'est-à-dire, de celles où tout se passe entre l'acheteur & le vendeur, ou tout au plus avec l'entremise des courtiers, sans qu'il y intervienne aucune autorité publique, ce qui les distingue des ventes au bassin qui se font avec la permission des bourguemaîtres, & dans lesquelles préside un vendu-meester ou commissaire nommé de leur part.

MAIN-D'ŒUVRE. (*Terme de manufactures.*) Il s'entend de deux manières ; quelquefois il signifie *l'ouvrage* que fait chaque fabriquant ; & quelquefois il se prend pour le prix que l'entrepreneur lui en donne ; dans ce dernier sens un auteur manuscrit qui a traité du commerce, dit que c'est un grand avantage d'établir des manufactures dans un état, quand même les marchandises qui s'y font n'iroient pas à l'étranger, parce que c'est toujours profiter de la *main d'œuvre*, c'est-à-dire, épargner à l'état le prix de la façon qu'il faudroit payer pour les marchandises étrangères.

MAIN. Poids des Indes Orientales qui ne sert guères qu'à peser les denrées qui se consomment pour l'usage de la vie. Il se nomme plus ordinairement *Mao*.

MAIN DE PAPIER. Assemblage de vingt-cinq feuilles de papier pliées en deux. Chaque rame doit être composée de vingt *mains*.

MAJORITÉ. Temps où l'on devient majeur, âge auquel suivant la loi ou la coutume, les mineurs sont estimés capables d'avoir l'entière administration de leurs biens, & d'en disposer sans pouvoir jouir, comme dans leur minorité, du bénéfice de la restitution contre les aliénations qu'ils en auroient faites.

Majorité des marchands.

L'ordonnance du mois de mars 1673, n'a donné pour régle de la *majorité* de ceux qui exercent le commerce, que le moment auquel ils commencent à y entrer, & l'article 6 du premier titre de cette ordonnance porte : que *tous négocians & marchands en gros & en détail seront réputés* majeurs *pour le fait de leur commerce & banque, sans qu'ils puissent être restitués sous prétexte de minorité.*

Cette jurisprudence mercantile concernant la *majorité* des marchands & banquiers, étoit déjà établie en France bien avant l'ordonnance, & l'on a plusieurs arrêts du parlement de Paris & de quelques autres parlemens, qui décident que tout mineur faisant le commerce devient *majeur* pour le fait de son négoce, & que les enfans de famille faisant marchandise n'ont pas besoin du consentement de leur pere pour s'obliger, ce qui néanmoins s'entend toujours pour ce qui regarde leur négoce, ne jouissant de cette espèce d'émancipation qu'à cet égard, & restant encore comme auparavant en minorité & sous la puissance paternelle pour tous les autres engagemens qui n'y ont pas de rapport.

MAIRRAIN, que quelques-uns écrivent aussi *mairain, merrain, meirain, merrein* ou *merin.* C'est du bois de chêne refendu en petites planches plus longues que larges.

Il s'en fait de deux sortes ; l'une propre à la me-nuiserie que l'on appelle *mairrain à panneaux* ; & l'autre destinée pour faire des douves, autrement douelles ou doëlles pour la construction des tonneaux, que l'on nomme *mairrain à futailles.*

MAISON. *Bâtiment* propre à loger à mettre à couvert soi, sa famille, ses gens, ses meubles, marchandises, &c.

MAISON DE VILLE. Lieu où s'assemblent les officiers municipaux auxquels la conduite des affaires & la police d'une ville sont confiées.

C'est dans l'hôtel ou *maison de ville de Paris,* que le prévôt des marchands & les échevins tiennent leur bureau, & exercent la jurisdiction qu'ils ont sur plus de dix-huit cent officiers établis sur les ports & étapes de cette capitale du royaume ; & c'est aussi à leur audience qui se tient les lundis, mardis, jeudis & vendredis de chaque semaine, qu'ils règlent & décident tout ce qui concerne les marchandises de vins & autres boissons, de grains, de bois, de charbons, de chaux, de plâtre, &c. qui arrivent à Paris par la rivière, & qui se vendent ou se déchargent sur les ports.

MAISON. Lieu de correspondance que les gros négocians établissent quelquefois dans diverses villes de grand commerce, pour la facilité & sûreté de leur négoce. On dit en ce sens qu'un marchand, négociant, ou banquier résidant dans une ville, tient *maison* dans une autre, lorsqu'il a dans cette dernière une *maison* louée en son nom, où il tient un facteur & souvent un associé, pour accepter & payer les lettres de change qu'il tire sur eux, ou pour procurer les paiemens de celles qu'il leur envoie payables dans cette ville ; faire les achats & ventes des marchandises ; enfin pour se mêler de tout le détail de son commerce, comme s'il l'exerçoit lui-même, & que ce fût le vrai lieu de sa résidence & de son négoce.

Il y a plusieurs gros négocians & banquiers de Paris, de Lyon, de Rouen, &c. qui tiennent de ces *maisons*, non-seulement dans les principales villes du royaume, mais encore dans les pays étrangers ; comme pareillement il y a des étrangers qui ont *maison* dans plusieurs villes de commerce de France.

On dit qu'un marchand fera bonne *maison*, quand il est habile, heureux & accrédité, & qu'il fait un commerce considérable.

MAITRE, ou MAISTRE. Celui qui est le supérieur, qui commande, qui gouverne, &c.

MAITRE DE VAISSEAU MARCHAND. C'est ainsi que l'on appelle sur l'Océan celui à qui la conduite d'un navire ou bâtiment de mer est confiée, qui le commande en chef & qui est chargé des marchandises qui sont dans le bord : sur la Méditerranée, on le nomme *nocher* ou *patron*, & sur les vaisseaux importans, particulièrement sur ceux destinés pour les voyages de long cours, il est appelé *capitaine.*

Pour être reçu *maître de vaisseau*, il faut justifier avoir navigé pendant cinq ans & subir un examen sur le fait de la navigation en présence des officiers de l'amirauté.

Les *maîtres de vaisseaux* doivent être en personnes dans leurs bâtimens lorsqu'ils sortent de quelque port, havre, ou rivière, & ils ne les doivent point abandonner pendant le voyage pour quelque danger que ce soit, sans l'avis des principaux officiers & matelots qui sont dans leur bord.

C'est le propriétaire du vaisseau qui commet le *maître*, c'est le *maître* qui forme l'équipage, qui choisit & loue les pilotes, contre-maîtres, matelots & compagnons : cependant si le propriétaire étoit dans le lieu où l'on équipe le vaisseau, en ce cas ce choix doit être fait de concert entre le propriétaire & le *maître*.

Chaque *maître de vaisseau* est tenu d'avoir un livre journal coté & paraphé par l'un des principaux intéressés au bâtiment, sur lequel il doit écrire le jour qu'il a été établi, le nom des officiers & matelots de l'équipage, le prix & les conditions de leur engagement, le paiement qui leur est fait, la recette & dépense concernant le navire ; & généralement tout ce qui regarde le fait de sa commission : cependant lorsqu'il y a un écrivain chargé de tenir l'état de toutes ces choses, le *maître* est dispensé de ce soin.

Un *maître de vaisseau* convaincu d'avoir livré aux ennemis, ou d'avoir malicieusement fait échouer ou périr son bâtiment, doit être puni du dernier supplice. *Livre 2 du titre 2 de l'ordonnance de la marine du mois d'août* 1681. Voyez NAVIRE. On y explique, comme à un lieu plus convenable, quantité de choses qui concernent les obligations & les devoirs des *maîtres de vaisseau*, & l'on y entre dans un détail plus circonstancié de plusieurs qu'on n'a rapportées ici qu'en abrégé.

Les provisions & les ustensiles d'un *maître de vaisseau*, soit qu'il soit tenu de les fournir lui-même, soit qu'il doive en être fourni par ses armateurs ou marchands, sont ; sçavoir pour les provisions :

De la rousine, du goudron, du suif, de l'oing, des feuilles de fer blanc, des peaux de mouton, des fils de voile, des peaux de vaches, des feuilles de corne, de la chandelle, ou de cire, ou de suif, de l'huile, du coton filé & du noir en baril.

A l'égard des ustensiles, il lui faut des pelles ferrées, des pelles de bois, des pegoux, des mannes, des escoppes, des scillaux, des haches, des huilières, des espissoirs, des grapins, différens crocs, une drague, une chaudière à goudron, des caponières, des esses, des lanternes, des émerillons, des barres à prisonner, des cadenats & des lampions.

MAÎTRE VALET. C'est un homme de l'équipage d'un vaisseau, qui a soin de distribuer les provisions de bouche. Son poste pour cette distribution est l'écoutille, qui est entre le grand mât & l'artimon.

On peut voir, à l'article de *l'inventaire d'armement*, les ustensiles qui sont nécessaires au *maître valet*.

MAÎTRE VALET D'EAU. Celui qui distribue l'eau. Dans les moindres vaisseaux, une seule personne fait les deux fonctions.

MAÎTRE DE HACHE. On nomme ainsi sur les vaisseaux l'ouvrier qu'on nomme ailleurs *charpentier*. On peut voir à l'article cité ci-dessus, les ustensiles que le charpentier doit faire embarquer avec lui pour travailler de son métier.

MAÎTRE DE GRAVE. C'est celui qui ordonne aux échafaux, & qui a soin de faire sécher le poisson en Terre-Neuve.

MAÎTRE. Chez les marchands & manufacturiers, se dit de ceux qui ont droit ou privilège de tenir boutique ou magasin pour vendre des étoffes & des marchandises, ou pour travailler à en fabriquer. *Voyez* JURANDES. Nul ne peut être reçu *maître*, ou marchand, s'il n'a fait son apprentissage & le service chez les *maîtres*.

MAÎTRES DES PONTS. Ce sont des *officiers* établis sur les rivières pour faciliter le passage des bateaux par dessous les arches.

MAÎTRES DES PERTUIS. Ce sont pareillement des *officiers* de rivières qui sont chargés de passer les bateaux par les *pertuis* & passages difficiles : on les appelle assez ordinairement *chableurs*. Les uns & les autres ont leurs aides.

MAÎTRESSES. Elles sont dans les communautés de marchands & ouvrières ce que sont les maîtres dans celles des marchands & ouvriers.

MAKELAER. L'on nomme ainsi en Hollande, & particulièrement à Amsterdam, cette espèce d'entremetteurs soit pour la banque, soit pour la vente des marchandises, qu'on nommoit autrefois à Paris *courtiers*, & depuis quelque temps *agens de banque* & *de change*.

MALDER, ou MULDER. Mesure de continence pour les grains, dont on se sert en quelques lieux d'Allemagne ; trois *malders* font deux septiers de Paris.

Le *malder* est aussi en usage dans plusieurs lieux d'Alsace & des pays voisins.

A Landau, le *malder* de froment pèse 174 liv. poids de marc, de méteil 175 liv. & de seigle 176 liv. Le *malder* ou *maldre* de Landau contient 11 boisseaux ½ mesure de Paris.

A Neustat, le *malder* de froment pèse 186 liv., de méteil 184, de seigle 170.

A Philisbourg, le *malder* de froment pèse 168 liv., de méteil 161, de seigle 154, & d'avoine 108.

A Hambourg & Bitche, le *malder* de froment pèse 300 liv. de méteil 298 ; de seigle 280.

A Keiserloutre, le *malder* de froment pèse 162 liv., de méteil 160, de seigle 158.

A Mont-Royal, le *malder* de froment pèse 356 liv., de méteil 324, de seigle 312.

A Tréves, le *malder* de froment pèse 301 liv. ¼, de méteil 300, de seigle 268, d'avoine 283.

A Thionville, le *malder* de froment pèse 302 liv., de méteil 297, de seigle 293, d'avoine 248.

A Luxembourg, où on le nomme *malter*; celui de froment pèse 295 liv., de méteil 292, de seigle 275 & d'avoine 230.

Toutes ces évaluations du *malder* sont faites au poids de marc.

MALLE. Espèce de-coffre de bois rond & long, mais plat par dessous & par les deux bouts, couvert de cuir, dont l'on se sert pour mettre des hardes que l'on veut porter en campagne, soit pour la guerre, soit pour le voyage.

Suivant les statuts des maîtres coffretiers-malletiers, les *malles* doivent être de bois de hêtre neuf & sans ourdissure, dont les joints soient au moins éloignés d'un pouce, bien cuirées par-tout d'une bonne toile trempée en bonne colle & suffisante : le cuir qui les couvre doit être de pourceau ou de veau, passé en alun & tout d'une pièce ; elles doivent être ferrées de bon fer, blanc ou noir, avec plus ou moins de bandes suivant leur grandeur ; les couplets & serrures doivent être pareillement bien conditionnés & de force requise.

MALLEMOLLE. Mousseline ou toile de coton blanche, claire, & très-fine, dont la pièce contient 16 aunes de longueur sur trois quarts à cinq seize, sept huit & quinze seize de largeur, qui est apportée des Indes Orientales, particulièrement de Bengale.

Il y a une autre espèce de *mallemolle* que l'on appelle *tarnatane*, qui est à peu près semblable en qualité à celle qui vient d'être décrite, dont la pièce a seize aunes de long sur sept huit à quinze seize & une aune de large ; elle vient aussi de Bengale.

Les *mametiatis*, les *hamedis*, les *doulebsais* & les *abrohanis*, sont toutes différentes mousselines auxquelles on donne aussi le nom de *mallemolles*.

Dans les ventes de toiles de coton que la compagnie des Indes Orientales de Hollande a coutume de faire à l'arrivée de ses vaisseaux, les *mallemolles* sont distinguées en *mallemolles* à fleurs, en *mallemolles* fines & en *mallemolles* ordinaires.

Les lots ou canelins des deux premières espèces sont de 59 pièces, & les canelins des *mallemolles* ordinaires de soixante.

MALLEMOLLES. Ce sont aussi des *mouchoirs* ou *fichus* de mousseline des Indes, quelques-uns rayés d'or & de soie, d'autres seulement d'or, & quelques autres simplement bordés d'or.

MALT. Les Anglois appellent ainsi le grain germé avec lequel ils brassent les différentes sortes de bières qu'ils font.

Comme pour suppléer au défaut des vins que l'Angleterre, cette isle d'ailleurs si abondante, ne produit point, on y fait quantité de cette boisson qui en tient lieu, l'impôt sur le *malt* est toujours un des fonds des plus assurés des subsides que

le parlement accorde pour les besoins de l'état.

MALVOISIE. Vin grec qu'on tire de quelques isles de l'Archipel. Celui de Candie passe pour le meilleur. On appelle aussi *malvoisie*, du vin muscat de Provence qu'on fait cuire jusqu'à ce qu'il-soit réduit aux deux tiers.

MAMOTBANI. *Mousselines* ou *toiles* de coton blanches, fines & rayées qui viennent des Indes Orientales. Les plus belles se tirent de Bengale. Les pièces ont huit aunes de long sur trois quarts à cinq six de large.

MAMOUDI. *Monnoie d'argent* qui a cours en Perse, & en plusieurs lieux des Indes Orientales. *V.* LA TABLE DES MONNOIES.

MAMOUDIS. *Toiles peintes* qui se tirent des états du grand mogol par Surate.

MAMOUDIS. Ce sont aussi des *toiles blanches* & *fines* qu'on apporte de la Mecque à Smirne. Elles sont du nombre des cambasines, à la réserve qu'elles sont plus jaunâtres, mais en récompense plus fines.

MAN ou MEM. Poids dont on se sert aux Indes Orientales, particulièrement dans les états du grand mogol. Il y a de deux sortes de *mans*; l'un qui est appelé *man de roi* ou *poids de roi*; & l'autre que l'on nomme simplement *man*.

Le *man de roi* sert à peser les denrées & choses nécessaires à la vie, même les charges des voitures. Il est composé de 40 serres, chaque serre valant juste une livre de Paris; de sorte que 40 livres de Paris sont égales à un *man de roi*.

Le second *man*, dont l'usage est pour peser les marchandises de négoce, est aussi composé de 40 serres, mais chaque de ces serres n'est estimée que douze onces ou les trois quarts d'une livre de Paris; de manière que ce deuxième *man* ne pèse que 30 livres de Paris; ce qui est un quart moins que le *man du roi*.

On se sert encore dans les Indes Orientales d'une troisième sorte de poids, que l'on appelle aussi *man*, lequel est fort en usage à Goa, ville capitale du royaume de Decan, possédée par les Portugais. Cette troisième espèce de *man* est de 24 rotolis, chaque rotoli faisant une livre & demie de Venise, ou treize-onces un gros de Paris, la livre de Venise n'étant estimée que huit onces six gros de Paris; en-sorte que le *man* de Goa pèse trente-six livres de Venise & dix-neuf livres onze onces de Paris.

Le *man* pèse à Mocha, ville célèbre de l'Arabie, un peu moins de 3 liv.; 10 *mans* font un trassel, dont les 15 font un bahart; & le bahart est de 420 livres.

MAN. C'est pareillement un *poids* dont on se sert à Cambaye dans l'isle de Java, principalement à Bantam, & dans quelques isles voisines.

MAN, qu'on nomme plus ordinairement BATMAN. Est aussi un poids dont on se sert en Perse. Il y en a deux; le *man* de petit poids & le *man* de grand poids. On les appelle aussi *man de roi* & *man de tauris*.

MAN. C'eſt encore un des *poids* de Bandaar-Ga-meron dans le ſein Perſique ; il eſt de ſix livres. Les autres poids ſont, le man-cha qui pèſe douze livres & le man-ſurat qui en pèſe trente.

Il faut remarquer que les proportions qui ſe ren-contrent entre les *mans* des Indes & le poids de Paris, doivent être regardées de même à l'égard des poids d'Amſterdam, de Straſbourg, de Beſançon, &c. où la livre eſt égale à celle de Paris.

MAN-CHA. *Poids* dont on ſe ſert à Bandaar ou Bander-Cameron. *Voyez* LA TABLE DES POIDS.

MANCHON. *Fourrure* qu'on porte enhyver pour garantir les mains du froid. Sa forme eſt cylindrique avec une ouverture qui le traverſe de bout en bout. Il s'en fait de toutes les peaux d'animaux qui en-trent dans le commerce de la pelleterie, comme martres, hermines, renards, chiens, chats, ours, loups cerviers, loups communs & pluſieurs autres. On fait auſſi des *manchons* de plumes, de jais, de chenilles, d'étoffes, &c. qui tous ſont fourrés en dedans. Ces derniers ſont du métier de mercier pour les deſſus ; tous les autres appartiennent au pelletier.

MANDIENS ou MANDIANS. On appelle *quatre-mendiens*, quatre ſortes de fruits-ſecs qu'on mange en carême, & que les marchands épiciers mêlent ordinairement enſemble. Ces fruits ſont les figues, les raiſins, les amandes & les avelines.

MANDRAGORE. *Plante médicinale*, qui ſur-tout entre dans la compoſition de l'onguent que les marchands apothicaires appellent *populeum*.

MANDRAGORE DE LA CHINE. C'eſt ce qu'on nom-me autrement *ginſeng*, cette plante ſi eſtimée des Chinois, qu'une livre de ſa racine vaut trois livres peſant d'argent.

MANDRENAQUE. Eſpèce de *toile* dont la chaîne eſt de coton & la trême de fil de palmier. Il s'en fabrique quantité dans pluſieurs des iſles Phi-lippines ; & c'eſt un des meilleurs commerces que ces Inſulaires, ſoit ceux qui ſont ſoumis aux Eſpa-gnols, ſoit ceux qui ſont encore barbares, faſſent entr'eux & avec les étrangers.

MANEAGE. (*Terme de commerce de mer.*) Il ſe dit de la charge & décharge que les matelots doivent faire dans un navire marchand, ſoit des planches ou du mairrain, ſoit du poiſſon verd ou ſec, ou autres choſes ſemblables, ſans en demander de ſalaire au marchand. On le nomme ainſi, parce que ce travail ſe fait avec les mains.

MANEQUE. Nom que les Hollandois donnent à une eſpèce de muſcade une fois auſſi longue & un peu plus groſſe que la muſcade ordinaire. En France on l'appelle *muſcade mâle*.

MANGALIS. Petit poids des Indes Orientales qui pèſe environ cinq grains. On ne s'en ſert que pour peſer les diamants ; les émeraudes & les autres pierreries ſe peſant par *caïs* de trois grains chacun. Le *mangalis* eſt différent du mangelin.

MANGELIN. Poids dont on ſe ſert pour peſer les diamants aux mines de Raolconda & de Gani,

autrement Coulours. Le *mangelin* de ces deux mi-nes pèſe un carat & trois quarts de carat, c'eſt-à-dire, ſept grains. Il y a auſſi dans les royaumes de Golconda & de Viſapour des *mangelins* qui pèſent un carat & trois huitièmes de carat. Les *mangelins* de Goa dont ſe ſervent les Portugais ne pèſent que cinq grains. On les nomme plus ordinairement *mangalis*.

MANGOURS. Petite *monnoie* qui a cours en Egypte : ſon véritable nom eſt *falle*.

MANIABLE. Ce qui eſt doux à la main, ce qui ſe manie facilement. Il ſe dit des étoffes de laine bien fabriquées & bien apprêtées, & de celles d'autres matières où il n'y a point d'apprêt, & qui ne ſont point gommées. Un bon drap doit être doux & *maniable*. Ce taffetas eſt trop gommé, il n'eſt pas aſſez *maniable*.

On le dit auſſi des cuirs bien paſſés & bien cour-royés. Un chamois, un buffle *maniables*.

MANICORDION. Sorte de fil de léton ou de fer très-fin & très-délié, qui ſert à faire des cordes de *manicordions*, claveſins, épinettes, pſalterions & autres ſemblables inſtrumens de muſique.

MANIEMENT. Action de toucher. La qualité & la bonté de preſque toutes les étoffes & de quan-tité d'autres ouvrages ſe connoiſſent au *maniement*.

Les marchands en détail ne doivent pas ignorer que le trop fréquent *maniement* des étoffes les gâte.

On appelle le *maniement* d'un cuir, la façon que le courroyeur ou autres ouvriers en cuir lui donnent, pour le rendre maniable.

Les monnoies ſouffrent quelque déchet par le continuel *maniement* des perſonnes qui les expoſent dans le public. Ce *maniement*, en termes de mon-noyeurs, s'appelle FRAI.

MANIEMENT. Signifie auſſi l'*argent* que les com-mis, les caiſſiers & autres employés dans les fermes du roi, dans le commerce, & dans les affaires des particuliers, reçoivent, & dont ils ſont comptables. Ce caiſſier a un grand *maniement*, il a toujours un million en caiſſe.

MANIFESTE. Les François, les Anglois & les Hollandois nomment ainſi, dans les échelles du Levant, ce qu'on nomme autrement une *décla-ration*.

Les réglemens de la nation Angloiſe portent que les écrivains des vaiſſeaux ſeront tenus de re-mettre des *manifeſtes* fidèles de leurs chargemens, à peine d'être punis comme contrebandiers, & chaſ-ſés du ſervice. Et par les réglemens pour le com-merce de la nation Hollandoiſe, il eſt ordonné aux capitaine, pilotes & écrivains de remettre leurs *ma-nifeſtes* au tréſorier, tant à leur arrivée qu'avant leur départ, & d'aſſurer par ſerment qu'ils ſont fi-dèles, à peine de mille écus d'amende, & d'être mis hors d'emploi.

Ces *manifeſtes* s'envoient tous les ans par le tré-ſorier des échelles aux directeurs du Levant établis à Amſterdam, pour ſervir à l'examen de ſon compte.

MANIGUETTE,

MANIGUETTE, qu'on nomme auſſi MALA-
GUETTE. C'eſt le grand *cardamome*, qui eſt une
ſorte de poivre qu'on apporte des côtes d'Afrique,
& que les colporteurs vendent ſouvent pour du poivre
des Indes, ou que du moins ils mêlent avec le vrai
poivre.

MANILLE, ou MENILLE. C'eſt une des marchandiſes que les Européens, entr'autres les Hollandois, portent ſur les côtes d'Afrique, pour traiter
avec les négres. Les François s'en ſervoient auſſi
beaucoup dans leur commerce avec les habitans de
l'iſle de Madagaſcar, lorſqu'ils y avoient un établiſſement.

La *manille* eſt une eſpèce de grand anneau de
cuivre jaune en forme de carcan ou de bracelet, dont
ces peuples Afriquains ſe ſervent pour ſe parer, &
qu'on leur donne en échange des Eſclaves & des
autres marchandiſes qu'on traite avec eux. Cet ornement aſſez bizarre ſe met au bas de la jambe au-
deſſus de la cheville du pied, & au gros du bras au-
deſſus du coude.

Il y a deux ſortes de *manilles*; les unes ſimples,
plattes & ſans gravûre; les autres rondes, plus
épaiſſes & chargées de cizelures & de feuillages en
relief: celles-ci ſont de bon cuivre, & d'un ouvrage
aſſez beau; les autres ne ſont guères que de mauvaiſe
écume de ce métal. On les échange les unes & les
autres au nombre ou au poids.

Les Madecaſſes ou habitans de Madagaſcar ſe
parent auſſi volontiers de *manilles*; & même les
plus riches & les premiers d'entre les blancs en ont
qui ſont d'or; mais celles-là ils les fabriquent eux-
mêmes; fondant & convertiſſant en *manilles* toute
la monnoie d'or qu'ils reçoivent quelquefois des Européens en échange de leurs marchandiſes. La plupart de leurs *manilles* de cuivre leur viennent des
François, qui en faiſoient un aſſez bon négoce lorſqu'ils étoient établis dans les bayes d'Atougil & de
S. Auguſtin.

MANNE. Drogue purgative qui découle des
frênes. Les Italiens diſtinguent trois ſortes de *mannes*; celle qui ſort d'elle-même, ils l'appellent
manna di corpo; celle qui ne ſe recueille que
comme par force, & en faiſant des inciſions, *manna
forçata* ou *forçatella*; & enfin cette eſpèce de
manne qui ſort par la partie nerveuſe des feuilles,
& qui eſt de la groſſeur des grains de froment,
manna di fronda.

Les marchands droguiſtes & épiciers vendent de
pluſieurs *mannes*, qui ne ſont toutefois différentes
que par le nom des lieux d'où elles viennent, ou
pour la figure qu'elles ont.

Il y a encore des *mannes* d'Afrique, de Mexique, de Perſe, mais qui ſont peu connues en
France, & dont il ne ſe fait aucun commerce.

MANNE D'ENCENS. C'eſt de l'*encens mâle* choiſi en
petits grains très-nets & très-ronds, ayant à peu près
la couleur de la plus belle *manne*. On donne auſſi
ce nom aux miettes farineuſes d'encens qui ſe trou-

vent dans le fond des ſacs, & qui ſe ſont faites par
l'agitation cauſée par les voitures.

MANNE, qu'on nomme auſſi BANNE & quelquefois MANNETTE. Eſpèce de grand panier quarré-
long, d'oſier ou de châtaignier refendu, de longueur & largeur à volonté, & de douze à dix-huit
pouces de profondeur.

Pluſieurs marchands ſe ſervent de *mannes* pour
l'emballage de certaines ſortes de marchandiſes. Les
marchands chapeliers entr'autres font les envois de
leurs chapeaux dans des *mannes* ou *mannettes*; &
les chapeaux de Caudebec en Normandie, ne viennent que dans ces ſortes de paniers.

MANŒUVRE. Celui qui dans les atteliers pour
la conſtruction ou réparation des bâtimens, ſert à
porter aux maçons, limoſins & couvreurs, les matériaux dont ils ont beſoin, qui gâche le plâtre,
courroye le mortier, & fait tous les autres ſervices
pour la maçonnerie, limoſinerie & couverture.

Ces ſortes d'*ouvriers ſubalternes* n'ont beſoin
d'aucun apprentiſſage pour ce ſervice; quoique
néanmoins en ſervant ainſi ils apprennent leur métier, & deviennent capables de travailler de leur
chef.

MANOUF. Sorte de *lin* qui vient du Levant
par la voie de Marſeille.

MANQUER. Signifie dans le commerce, faire
faillite, faire banqueroute. Ce négociant paſſoit
pour riche, il vient pourtant de *manquer*. Le plus
puiſſant & le plus accrédité banquier d'Amſterdam a *manqué*, on ſe ſent déja à Paris de ſa faillite: deux de ſes correſpondans ont auſſi *manqué*.

MANSJA. *Poids* dont on ſe ſert en quelques
lieux de la Perſe, particulièrement dans le Servan
& aux environs de Tauris, il pèſe 12 liv. un peu
legères.

MAN-SURATS. *Poids* dont on ſe ſert à Bandaar ou Bander-Gameron, ville ſituée dans le Golfe
Perſique. Il eſt de trente livres.

MANUFACTURE. Lieu où l'on aſſemble pluſieurs ouvriers ou artiſans pour travailler à une
même eſpèce d'ouvrages, ou à fabriquer de la marchandiſe d'une même ſorte. Ce lieu ſe nomme auſſi
lieu de fabrique.

On appelle *maître de manufacture*, ou *entré-
preneur de manufacture*, celui qui a fait l'aſſem-
blage de ces ouvriers, qui a formé l'établiſſement
de ce lieu pour y faire travailler pour ſon compte.

MANUFACTURE. On appelle *juges des manufactures*, les juges commis par lettres patentes du
roi du mois d'août 1669, pour juger & régler les
différends & conteſtations entre les marchands & ouvriers, & les ouvriers entr'eux pour le fait de *manufactures.*

MAO, **MAN**, ou **MEIN**. Poids en uſage dans
quelques lieux des Indes, qui n'a ſans doute ces
trois différens noms, qu'à cauſe de la diverſe prononciation ou des Orientaux, ou des marchands de
l'Europe que le commerce attire en Orient.

Le *mao* pèſe dix càtis, mais en des endroits

comme à Java & dans les isles voisines, le cati n'est que de vingt taels, & en d'autres, comme à Cambaye, il vaut vingt-sept taels, le tael pris sur le pied d'une once & demie poids de Hollande. On se sert du mao pour peser toutes les denrées qui servent à la vie.

Le mao d'Akbar ville du Mogol, pèse 50 liv. de Paris, celui de Ziamger autre ville des états de ce prince, en pèse 60. Voyez les TABLES DES POIDS ET MESURES.

MAQUEREAU. Poisson de mer.

Dans le titre 15 de l'ordonnance des gabelles de France, du mois de mai 1680, il y a plusieurs dispositions touchant la salaison de ce poisson, dont voici les principales.

1°. Le sel nécessaire pour la salaison des maquereaux, est réglé à deux minots & demi pour chaque millier.

2°. Il ne doit être délivré aucun sel pour cette salaison, qu'après l'arrivée des bateaux dans les ports au retour de la pêche.

3°. Les maquereaux ne peuvent être tirés de la cuve, qu'après y être restés pendant douze jours entiers.

4°. Ils ne peuvent être caqués qu'en présence d'un commis de la ferme, ou lui dûement appellé; lequel commis est obligé de contremarquer dans les vingt-quatre heures chaque baril de la marque de l'adjudicataire.

5°. Enfin, il ne peut être mis aucun sel dans le ventre des maquereaux, ni entre les lits, mais seulement on a la faculté de semer une livre & demie à chaque bout des barils, afin que le poisson se puisse mieux conserver.

Un leth, un lest ou un last de maquereau, signifie douze barils remplis de ce poisson.

On appelle maquereau en vraque, celui qui n'est point encore paqué dans les barils, & qui est dans les bateaux tel qu'il y a été salé lors de sa pêche.

Le maquereau se paque dans des barils ainsi que le saumon & le hareng; c'est-à-dire, qu'on l'y arrange, & qu'on l'y presse bien fort.

La manière de paquer le maquereau, c'est après qu'il a été salé comme il faut, de l'arranger dans des barils par lits ou couches, en observant de le presser bien fort; ce qui se fait par le moyen d'un rond de bois d'environ deux pouces d'épaisseur, & à peu près de la circonférence de l'entrée du baril, que l'on met sur le poisson, & sur lequel un homme bien lourd monte & saute à pieds joints, à diverses reprises; ce qu'il continue jusqu'à ce que le poisson soit bien pressé & paqué l'un contre l'autre, & le baril entièrement plein, car il faut que les barils soient bien remplis de poisson & de saumure; sur-tout qu'ils soient exactement fermés & étanchés, afin d'en conserver la saunure, & qu'il ne prenne point l'évent; ces deux inconvéniens étant capables de le faire jaunir; ce qui en diminueroit de beaucoup le prix.

MAQUIGNON. Celui qui achète des chevaux ruinés & défectueux, qui les rétablit & qui en couvre les défauts, pour les revendre plus cher qu'ils ne lui ont couté.

On confond presque toujours, particulièrement à Paris, les maquignons de chevaux avec les marchands de chevaux, quoiqu'il y ait bien de la différence; le nom de marchand étant un nom d'honneur, qui suppose de la bonne-foi dans le commerce; & celui de maquignon étant un terme de reproche qui semble avertir qu'il faut se défier de ceux à qui on le donne, ou plutôt de ceux qui le méritent.

MAQUIGNON, en quelques provinces de France, & sur-tout en Berry, signifie toutes personnes qui se mêlent d'acheter à bon marché, des petits marchands & des pauvres ouvriers, pour revendre bien cher à d'autres. Ce terme est fort en usage parmi ceux qui font le négoce des laines & des draperies de cette province.

MAQUIGNONNAGE. Adresse de refaire des chevaux ruinés, & de les revendre pour bons. Il se dit aussi de tout négoce peu légitime, & où l'on tâche de tromper, en se défaisant de quelque mauvaise drogue dont on déguise les défauts.

MAQUIGNONNER. Se mêler de maquignonnage. Il ne se prend jamais en bonne part, soit au propre, en parlant du commerce des chevaux, soit en figuré, en l'appliquant à tout autre négoce.

MARACAS, autrement COCHINES. On appelle ainsi, dans le Pérou, les vases qui servent à recevoir le baume précieux qu'on ne trouve qu'en cette partie de l'Amérique, & qui en porte le nom.

MARAVEDIS. Petite monnoie d'Espagne qui est de cuivre, mais qui a peu de cours, quoique ce soit d'elle dont les Espagnols se servent dans tous leurs comptes, soit de finance, soit de commerce. Le maravedis est considéré, ou comme monnoie réelle, ou comme monnoie de compte. Il faut trente-quatre maravedis pour une réale de vellon, & soixante & trois pour la réale d'argent, en sorte que pour la piastre ou pièce de huit reaux, il faut cent dix maravedis, & pour une pistole qui vaut quatre piastres, il en faut 2040, ce qui dans les calculs des comptes des Espagnols monte enfin à des produits si extraordinaires, que les étrangers qui font leurs correspondans se croiroient débiteurs ou créanciers de plusieurs millions, s'ils ne sçavoient que ces nombres immenses de maravedis composent quelquefois à peine quelques centaines de livres de France ou des autres états.

MARBRE. Pierre extrêmement dure qu'on travaille difficilement, qui prend un beau poli, & qui a ordinairement des veines & des taches de diverses couleurs. Il y a néanmoins des marbres tout d'une couleur, comme des blancs, de noirs, d'agathes, &c.

La plupart des marbres prennent leur nom du nom général de la province d'où on les tire, comme les marbres de Languedoc, de Provence,

& de Bourbonnois; d'autres des villages où font fituées les carrieres, comme le Serancolin, le Campan, le Barbafan, l'Echet, la Braiche; & d'autres enfin de leur couleur, comme le blanc, le noir, l'agathe, &c.

Le Serancolin qui eſt iſabelle, rouge & agathe, fe tire dans la vallée d'Or, près de Sarancolin village de l'évêché de Saint Bertrand. Les pièces n'en font pas longues, & n'ont guères que huit à dix pieds; mais il eſt en récompenſe d'une beauté & d'un luſtre extraordinaire. On le débite pour des chambranles de portes & de cheminées, ou on le ſcie pour du placage & des tables.

Dans le même évêché près de Saint Beat, il y a d'autres carrières où les marbres font les uns de couleur de chair avec des veines rouges & des taches blanches, & les autres tout blancs & qui approchent des marbres d'Italie de cette qualité. A Barbeſan & à Echet encore de ce diocèſe, le marbre eſt fond noir avec des taches & des veines blanches. Les pièces portent au-delà de vingt pieds, prennent un beau poli, & font propres à faire des colonnes.

Le Campan eſt verd & blanc, rouge & couleur de chair; on en fait auſſi des colonnes de plus de vingt pieds de long; les carrières d'où on le tire font dans l'évêché de Tarbes dans la vallée de Campan, prés le village du même nom.

Les marbres de Languedoc fe trouvent principalement dans trois endroits; ſçavoir, près de Cofne, & en deux carrières, l'une aux portes de Roquebrune du diocèſe de Befiers, & l'autre à une lieue de ce bourg. La carrière la plus proche de Roquebrune fournit des marbres rouges & blancs propres à faire des colonnes de plus de trente pieds de longueur; l'autre qui en eſt à une lieue, donne ces marbres couleur d'agathe dont on fait ces belles tables que l'on nomme table d'agathe; cette dernière carrière eſt difficile à exploiter, & l'on en perd ſouvent la veine qui n'eſt pas aiſée à retrouver, ce qui rend ce marbre également précieux par fa beauté & par fa rareté. A l'égard des marbres de Cofne, ils font incarnat & blanc pour l'ordinaire; on y en tire néanmoins de diverſes autres couleurs; tous peuvent fe tailler en colonnes, & les pièces portent plus de vingt pieds.

Les marbres de Bourbonnois dont les carrières ne font pas loin de Moulins, font jaunes, rouges & bleus. Pour ceux de Provence qui fe tirent dans cette célèbre montagne qu'on appelle la fainte baume, ils font à fond jaune, veiné de quelques couleurs, c'eſt-à-dire, aſſez femblables à la brocatelle d'Eſpagne dont on a parlé ci-deſſus.

On appelle marbre fier, celui qui a le grain très-fin, & qui s'éclate aiſément; il eſt le plus léger de tous, c'eſt-à-dire, environ de cinq par cent.

Le marbre tendre eſt celui qui eſt plus facile à tailler que les autres, & qui prend mieux le poli.

Ce qu'on nomme des clous dans le marbre, font des duretés femblables aux nœuds que l'on trouve dans le bois. Ce qu'on appelle de l'émeril eſt un mélange de cuivre ou d'autres métaux qui fait des taches noires dans le marbre. Les nœuds font ordinaires à prefque toutes les eſpèces de marbres. L'émeril ne fe rencontre guères qu'aux marbres blancs, ce qui gâte ſouvent les plus belles ſtatues qu'on en fait, parce qu'on ne peut les prévoir, & qu'il eſt quelquefois difficile de les éviter aux plus beaux endroits de l'ouvrage : ces deux défauts augmentent la difficulté de la taille & du poliment des marbres, & il faut toujours employer la marteline pour les enlever ou les façonner.

Le marbre n'a pas ordinairement ce qu'on appelle le délit ou le lit dans les pierres de tailles, en forte qu'il peut fe poser de tout fens fans craindre de le déliter, ce qui le rend très-propre à faire des colonnes; il y en a cependant dont le délit, ou, comme difent les marbriers, le pout eſt trop fort pour les mettre à cet uſage, tel eſt par exemple, le marbre de Saint Beat qui s'éclate aiſément quand il eſt chargé.

Un bloc de marbre eſt une groſſe pièce de marbre qui n'eſt pas encore débitée; on le dit néanmoins quelquefois d'un groupe de figures tout taillé & fait d'un feul bloc.

Le ſtuc dont on fait des ſtatues, des bas-reliefs, des buſtes, & toutes fortes d'ornemens d'architecture, n'eſt que du marbre pulvériſé, mêlé à certaine proportion avec du plâtre, & que l'on emploie après que le tout a été bien tamiſé, avec de l'eau commune, comme ſi c'étoit du plâtre feul.

Le marbre fe meſure en France, fe vend & s'achète au pied cube, qui pèſe environ deux cent livres, à moins que ce ne ſoit du marbre fier qui étant plus léger que les autres, pèſe dix livres de moins.

MARBRÉ. Ce qui repréſente du marbre. On fait pluſieurs ouvrages de laine & de ſoie, à qui on donne le nom de marbrés, à cauſe du mélange de diverſes couleurs dont ils font tiſſus, faits ou tricotés. Il y a des draps marbrés, des bas de ſoie & des bas de laine marbrés, des camelots marbrés, &c.

MARBRÉ. Papier marbré; c'eſt un papier peint de diverſes nuances qui imite en quelque forte les différentes veines du marbre; il y a même des ouvriers qui ſçavent l'imiter ſi parfaitement, qu'on eſt ſurpris de la reſſemblance.

MARC. Poids dont on fe fert en France & en pluſieurs états de l'Europe, pour peſer diverſes fortes de marchandiſe, & particulièrement l'or & l'argent; c'eſt principalement dans les hôtels des monnoies & chez les marchands qui ne vendent que des choſes précieuſes ou de petit volume, que le marc & ſes diviſions font en uſage.

Avant le règne de Philippe premier, l'on ne fe ſervoit en France, fur-tout dans les monnoies, que de la livre de poids, compoſée de 12 onces. Sous ce prince, environ vers l'an 1080, on introduiſit dans le commerce & dans la monnoie le poids de *marc* dont il y en eut d'abord de diverses fortes, comme le *marc* de Troyes, le *marc* de Limoges, celui de Tours & celui de la Rochelle, tous quatre différens entr'eux de quelques deniers. Enfin, ces *marcs* furent réduits au poids de *marc*, fur le pied qu'il eft aujourd'hui.

Le *marc* eft divifé en 8 onces, ou 64 gros, ou 192 deniers, ou 160 efterlins, ou 300 mailles, ou 640 felins, ou 4608 grains.

Ses fubdivifions font, chaque once en 8 gros, 24 deniers, 20 efterlins, 40 mailles, 80 felins & 576 grains.

Le gros en 3 deniers, 2 efterlins & demi, 5 mailles, 10 felins & 72 grains.

Le denier en 24 grains, l'efterlin en 28 grains 4 cinquiémes de grains.

Le felin en 7 grains 1 cinquiéme de grain.

Enfin, le grain en demi, en quart, en huitiéme, &c.

Toutes ces diminutions font expliquées plus amplement à leurs propres articles.

Il y a à Paris, dans le cabinet de la cour des monnoies, un poids de *marc* original, gardé fous trois clefs, dont l'une eft entre les mains du premier préfident de cette cour; l'autre en celles du confeiller commis à l'inftruction & jugement des monnoies, & la troifiéme entre les mains du greffier.

C'eft fur ce poids que celui du châtelet fut étalonné en 1494, en conféquence d'un arrêt du parlement du 6 mai de la même année, & c'eft encore fur ce même poids que les changeurs & orfévres, les gardes des apothicaires & épiciers, les balanciers, les fondeurs; enfin tous les marchands & autres qui pèfent au poids de *marc*, font obligés de faire étalonner ceux dont ils fe fervent.

Tous les autres hôtels des monnoies de France ont auffi dans leurs greffes un *marc* original, mais vérifié fur l'étalon du cabinet de la cour des monnoies de Paris.

Il fert à étalonner tous les poids dans l'étendue de ces monnoies. A Lyon on dit échantiller, & en Bourgogne égantiller, au lieu d'étalonner.

En Hollande, particuliérement à Amfterdam, le poids de *marc* fe nomme *poids de Troy*, il eft égal à celui de Paris.

On appelle, en Angleterre, un *marc*, *les deux tiers d'une livre fterling*. Sur ce pied les mille *marcs* font fix cent foixante-fix & deux troifiémes de livres fterling.

L'or & l'argent fe vendent au *marc*, comme on l'a dit ci-deffus; alors le *marc* d'or fe divife en vingt-quatre karats, le karat en huit deniers, le denier en vingt-quatre grains, & le grain en vingt-quatre primes.

Autrefois on contractoit en France au *marc* d'or & d'argent, c'eft-à-dire, qu'on ne comptoit point les efpèces dans les grands paiemens pour les ventes & pour les achats, mais qu'on les donnoit & recevoit au poids de *marc*.

Avant les fréquens changemens arrivés dans les monnoies de France, fous le régne de Louis XIV, on faifoit quelque chofe de femblable dans les caiffes confidérables, où les facs de mille livres en écus blancs de trois livres pièces, ne fe comptoient pas, mais fe donnoient au poids.

Lorfque dans une faillite ou abandonnement de biens l'on dit que des créanciers feront payés au *marc la livre*, cela doit s'entendre qu'ils viennent à contribution entr'eux fur les effets mobiliers du débiteur, chacun à proportion de ce qui lui peut être dû. C'eft ce qu'on appelle ordinairement *contribution au fol la livre*.

MARC. S'entend auffi d'un poids de cuivre compofé de plufieurs autres poids emboîtés les uns dans les autres, qui tous enfemble ne font que le *marc*, c'eft-à-dire, 8 onces, mais qui féparés fervent à pefer jufqu'aux plus petites diminutions du *marc*. Ces parties du *marc* faites en forme de gobelets, font au nombre de huit, y compris la boëte qui les enferme tous, & qui fe ferme avec une efpece de mantonnière à reffort, attachée au couvercle avec une charnière. Ces huit poids vont toujours en diminuant à commencer par cette boëte, qui toute feule pèfe quatre onces, c'eft-à-dire, autant que les fept autres; le fecond eft de deux onces, & pèfe autant que les fix autres, ce qui doit s'entendre fans qu'on le répete de toutes les diminutions fuivantes hors les deux dernières; le troifiéme pèfe une once; le quatriéme une demi-once ou quatre gros; le cinquiéme deux gros; le fixiéme un gros; enfin le feptiéme & le huitiéme, qui font égaux, chacun un demi-gros, c'eft-à-dire, un denier & demi, ou trente-fix grains, à compter le gros à trois deniers & le denier à vingt-quatre grains.

Ces fortes de poids de *marc*, par diminution, fe tirent tous fabriqués de Nuremberg, mais les balanciers de Paris & des autres villes de France, qui les font venir pour les vendre, les rectifient & les ajûftent en les faifant vérifier & étalonner fur le *marc* original & fes diminutions, gardés, comme on l'a dit, dans les hôtels des monnoies.

MARC LUBS. Monnoie de compte en ufage à Hambourg, qui revient à une livre tournois de France. La rifdale de Hambourg qui eft femblable à l'écu de foixante fols de France, eft compofée de trois *marcs lubs*; chaque *marc lubs* de feize fols lubs, enforte que la rifdale eft de 48 fols lubs.

MARC LUBS. C'eft auffi une monnoie d'argent de Danemarck, qui vaut feize fols lubs, ce qui revient à vingt fols de France. On l'appelle quelquefois *marc danfch*. Cette monnoie a fes diminutions, & il y a des demi-*marc-lubs* & des quarts qui valent à proportion, c'eft-à-dire, l'un dix fols de France & l'autre cinq fols. Le fchefdal eft un double *marc lubs*, & vaut quarante fols.

MARC. C'eft auffi une monnoie de cuivre de Suède. Le *marc* vaut huit ronftiques ou rouftiqs, & chaque rouftique deux allevures. Le *marc* d'argent qui eft une monnoie imaginaire ou de compte, vaut trois *marcs* de cuivre. Quelques auteurs donnent néanmoins le *marc* d'argent pour une monnoie réelle de Suéde.

MARCHAND. Ce terme signifie en général *toute personne qui négocie, qui trafique, ou qui fait commerce*, c'est-à-dire, qui achete, qui troque, ou qui fait fabriquer des marchandises, soit pour les vendre en boutique ouverte ou en magasin, soit aussi pour les débiter dans les foires & marchés, ou pour les envoyer pour son compte dans les pays étrangers.

Il y a des *marchands* qui ne vendent qu'en gros, d'autres qui ne vendent qu'en détail, & d'autres qui font tout ensemble & le gros & le détail. Les uns ne font commerce que d'une sorte de marchandise, les autres de plusieurs sortes; il y en a qui ne s'attachent qu'au négoce de mer, d'autres qui ne font que celui de terre, & d'autres qui font conjointement l'un & l'autre.

Pour qu'un *marchand* soit réputé véritablement habile homme, & capable d'entreprendre & de faire toute sorte de commerce soit de terre soit de mer, il doit sçavoir plusieurs choses.

1°. Ecrire proprement & correctement.

2°. Toutes les régles d'arithmétique qui ont du rapport au commerce.

3°. Tenir les livres en parties doubles ou simples, journaux, grands livres & autres.

4°. Dresser des factures, des comptes, des sociétés, des chartes-parties, des lettres de voiture, des contrats de grosse avanture & polices d'assurance, des lettres & billets de change, des lettres missives, des sentences arbitrales, des conventions, des marchés, & généralement toutes les écritures qui sont en usage parmi les *marchands & négocians*.

5°. Le rapport qu'il y a entre les monnoies, les poids & les mesures de toutes sortes de pays.

6°. Les lieux où se manufacturent les différentes sortes de marchandises, de quelle manière elles se fabriquent, quelles sont les matieres dont elles sont composées & d'où elles viennent, l'apprêt, que l'on donne à ces matieres avant que de les travailler, & aux marchandises après qu'elles sont fabriquées.

7°. Les longueurs & largeurs que les étoffes de soie, de laine & de poil, les toiles, les basins, les futaines, &c. doivent avoir suivant les divers statuts & réglemens des lieux où elles se manufacturent, leurs différens prix suivant les temps & les saisons.

8°. Les teintures & ingrédiens qui entrent dedans pour la formation des différentes couleurs.

9°. Quelles sont les sortes de marchandises qui se trouvent plus dans un pays que dans un autre, celles qui y sont rares, leurs différentes espéces & qualités, & la maniere dont il s'y faut prendre pour les faire venir à bon marché, soit par terre, soit par mer, ou par les rivieres.

10°. Quelles sont les marchandises permises & celles qui sont défendues, tant pour l'entrée que pour la sortie des royaumes & états.

11°. Le prix du change suivant le cours des dif-

férentes places, & ce qui est cause qu'il hausse & qu'il baisse.

12°. Les droits qu'il faut payer tant pour l'entrée que pour la sortie des marchandises suivant l'usage des lieux, les tarifs & les réglemens.

13°. La maniere de bien empaqueter, emballer & entonner les marchandises pour les bien conserver.

14°. A quel prix & à quelle condition on peut freter un vaisseau marchand, & assurer sur les marchandises que l'on porte d'un pays à un autre.

15°. La bonté & la valeur de toutes les choses nécessaires pour la construction & radoube des vaisseaux, les diverses manieres de les construire, ce que peuvent coûter les bois, le fer, les mâts les cordages, les ancres, les canons, les voiles & tout ce qui peut convenir pour les équiper.

16°. Les gages que l'on donne ordinairement aux capitaines, officiers & matelots, & la maniere de faire leur engagement.

17°. Les langues étrangeres qui peuvent se renfermer à trois principales outre la naturelle du pays d'où l'on est; premiérement l'Espagnole qui est en usage dans presque tout l'Orient, particuliérement sur les côtes d'Afrique depuis les Canaries jusques au Cap de bonne Espérance; secondement l'Italienne, étant entendue dans toutes les côtes de la mer Méditerranée, & dans beaucoup d'endroits du Levant, & troisiémement la Theutonique ou Allemande, qui s'entend dans presque tous les pays du Nord.

18°. La jurisprudence consulaire, les loix, les coutumes des chambres d'assurances & des consulats, suivant les différens pays, & généralement toutes les ordonnances, réglemens & arrêts qui ont du rapport au commerce soit de terre, soit de mer.

19°. Enfin, quoiqu'il ne soit pas nécessaire qu'un *marchand* soit bien sçavant, il est cependant à propos qu'il sçache un peu d'histoire, particuliérement celle de son pays, la géographie, l'hidrographie ou la science de la navigation, & qu'il ait connoissance des découvertes des pays où le négoce s'est établi; de quelle maniere il s'y est établi, des compagnies qui se sont formées pour soutenir ces établissemens, des colonies qu'on y a envoyées, dont il ne manque pas de mémoires, presque tous insérés dans ce Dictionnaire, & qu'il peut aussi apprendre des relations faites par les voyageurs. Toutes ces choses sont d'une très-grande utilité pour les entreprises de commerce qu'il fera dans le dessein de faire.

Les *marchands grossiers* ou *magasiniers*, sont ceux qui vendent en gros dans les magasins.

Les *marchands détailleurs* sont ceux qui achetent des manufacturiers & grossiers, pour revendre en détail dans les boutiques : à Lyon & en d'autres endroits, on les appelle aussi *marchands boutiquiers*.

On appelle *style marchand* ou *style mercantoriste*, la maniere dont les *marchands* s'expriment ordinairement ou dans les difcours ou dans les écritures qui concernent leur commerce.

Le prevôt des *marchands* eſt à Paris le premier officier du bureau de la ville, où il juge avec les échevins les différends qui regardent la police & les *marchandiſes* qui ſont ſur les ports, ſur les rivières & ſur l'étape.

La juriſdiction ordinaire des *marchands* eſt celle des juges & conſuls, qui jugent ſommairement toutes les conteſtations & affaires de *marchand* à *marchand*, & pour le fait de la marchandiſe dont ils ſe mêlent.

MARCHAND. Se dit auſſi des bourgeois & particuliers qui·achètent. Cette boutique eſt fort achalandée, il y vient beaucoup de *marchands*. On dreſſe les enfans & les garçons de boutique à appeller, à faire venir les *marchands*. Ceux qui vendent à fauſſe meſure, à faux poids, trompent les *marchands*.

MARCHAND, MARCHANDE. Se dit des marchandiſes qui ſont de bonne qualité, ſans tare ni défaut, & dont le débit eſt facile à faire. Ainſi l'on dit, ce bled eſt bon, il eſt loyal & *marchand* : cette morue eſt trop petite, elle n'eſt pas *marchande*.

Les villes *marchandes* ſont celles où il ſe fait un grand négoce de marchandiſes, ſoit par rapport aux ports de mer & aux grandes rivières qui en facilitent le tranſport, ou à la quantité des manufactures qui ſont établies dans ces villes.

On appelle *vaiſſeaux marchands*, toutes ſortes de navires ou bâtimens de mer qui ne ſervent qu'à tranſporter des marchandiſes d'un endroit dans un autre.

On dit qu'une rivière eſt *marchande*, lorſqu'elle eſt propre pour la navigation, qu'elle a ſuffiſamment d'eau pour porter les bateaux, qu'elle n'eſt ni débordée ni glacée. On a rendu par art avec des éclufes pluſieurs rivières *marchandes* en des endroits où elles ne l'avoient jamais été. La Loire n'eſt pas *marchande* la plus grande partie de l'année, à cauſe de ſon peu de profondeur & des ſables dont elle eſt remplie.

MARCHAND. Se dit proverbialement en ces phraſes : *marchand* qui perd ne peut rire, & au contraire l'on dit : il n'eſt pas *marchand* qui toujours gagne. On dit, de *marchand* à *marchand* il n'y a que la main; pour faire entendre que les *marchands* font leurs marchés de parole & ſans écrit, & en ſe frappant dans la main. On dit à celui qui a acheté une choſe dont le prix paroît trop médiocre : vous avez trompé le *marchand*; & lorſque l'on la demande à trop bon marché, on dit : ce n'eſt pas le profit du *marchand*.

On dit qu'un négociant a été mauvais *marchand* d'une choſe, lorſqu'il a fait quelque mauvaiſe affaire où il y a eu beaucoup à perdre. On dit auſſi qu'il faut être *marchand* ou larron, qui pour exciter ceux qui achètent à ſe fier à la foi & à la parole de celui qui vend. On dit auſſi, dîner de procureur & ſouper de *marchand*; à cauſe que ces derniers ne peuvent

ſe repoſer ni manger à leur aiſe que le ſoir, après que leurs affaires ſont faites.

MARCHANDER. Offrir de l'argent de quelque marchandiſe que l'on veut acheter, faire en ſorte de convenir de prix. Pour n'être pas trompé dans l'achat des marchandiſes, il faut ſçavoir *marchander*, étant déſavantageux d'être pris au mot.

Il faut néanmoins remarquer qu'il y a grande différence entre méſoffrir & *marchander*; ce dernier étant prudence & bon ménage, & l'autre une vraie tracaſſerie.

MARCHANDISE. Se dit de toutes les choſes qui ſe vendent & débitent, ſoit en gros, ſoit en détail, dans les magaſins, boutiques & foires, même dans les marchés; telles ſont les draperies, les ſoiries, les épiceries, les merceries, les pelleteries, la bonneterie, l'orfévrerie, les grains, &c. Cette boutique eſt bien achalandée, l'on n'y vend que des *marchandiſes* parfaites.

MARCHANDISES. Se prend auſſi pour trafic, négoce, commerce. Ainſi l'on dit : aller en *marchandiſe*; pour dire, aller en acheter dans les foires, dans les villes de commerce, dans les lieux de fabrique, ou dans les pays étrangers : faire *marchandiſe*; pour dire, en vendre en boutique, en magaſin. Ce négociant ne fait *marchandiſe* que d'épiceries; ſon magaſin en eſt bien fourni.

MARCHANDISES D'ŒUVRES DU POIDS. Ce ſont celles, autres que les épiceries & drogueries, qui ſont ſujettes au droit du poids le roi établi à Paris; ce droit pour ces *marchandiſes* eſt de 3 ſols pour cent peſant.

MARCHANDISES DE CONTREBANDE. Sont les *marchandiſes* prohibées ou défendues par les ordres des princes & états ſouverains, ſoit pour l'entrée ou pour la ſortie, ſoit même pour le débit, le port & l'uſage dans l'étendue de leurs états. Le terme de *contrebande* eſt tiré de l'Italien *contrabando*, qui veut dire, contre le ban & publication des défenſes.

Suivant les ordonnances, réglemens & arrêts du conſeil, toutes les *marchandiſes de contrebande*, ſoit à la ſortie, ſoit à l'entrée du royaume, doivent être confiſquées avec les équipages qui ont ſervi à les conduire, même les autres marchandiſes qui ſe trouvent confondues & compriſes avec elles, & les marchands & voituriers condamnés en des amendes, même en des peines afflictives, ſuivant la qualité des contraventions.

Les mêmes ordonnances veulent encore que toutes les *marchandiſes de contrebande* qui ſe trouvent dans les magaſins & boutiques, même dans les maiſons des particuliers, ſoient ſaiſies & confiſquées, & ceux à qui elles appartiennent condamnés en l'amende.

Il faut remarquer que quelquefois par rapport aux occaſions & aux temps, le roi accorde des paſſeports & permiſſions ſous certaines conditions, pour faire entrer ou ſortir quelques *marchandiſes de contrebande*, même d'en vendre & d'en débiter.

Il faut auffi obferver que toutes fortes de *mar-chandifes* venant des pays étrangers avec lefquels fa majefté eft en guerre déclarée, font réputées de *contrebande*, à moins qu'il n'y ait paffeport ou per-miffion pour en faire commerce.

Toutes fortes de *marchandifes* permifes & non prohibées font fujettes en France à des droits d'en-trée & de fortie, qui font réglés par les divers tarifs dreffés au confeil de fa majefté très-chrétienne, ou par des déclarations & arrêts rendus fubféquem-ment, qui augmentent, diminuent ou réforment lefdits tarifs.

Les droits pour la fortie fe paient par toutes fortes de perfonnes, eccléfiaftiques & nobles, fans aucune exemption, ni privilége, foit du cru ou des foires franches ou autres quelconques, fuivant lefdits ta-rifs, le tout compris caiffes, tonneaux, balles, cor-dages, ferpillières, & tous autres emballages, à la réferve des *marchandifes* de foie, fur lequel le poids des emballages doit être déduit.

Cette régle générale pour le paiement des droits de fortie a pourtant quelques exceptions.

1°. Les denrées & *marchandifes* vendues & échangées, & qui fortent pendant les foires qui fe tiennent en la ville de Rouen à la Chandeleur & à la Pentecôte, ne paient que la moitié des droits.

2°. Celles qui fortent de la ville de Lyon hors le temps des foires de ladite ville, n'en paient auffi que la moitié; en repréfentant l'acquit des anciens droits engagés aux prévôt des marchands & éche-vins de Lyon, certifié des commis de la douane.

3°. Celles qui fortent pendant toute l'année pour aller & être confommées en la ville de Sedan, ne font pareillement fujettes qu'à la moitié des droits.

4°. Enfin, on ne lève fur celles qui font tranf-portées par les Ecoffois en leur pays que les trois-quarts defdits droits, en fe purgeant par eux par ferment en la manière accoutumée.

Il faut remarquer que dans cette modération des droits de fortie, ne font point compris les droits de la traitte domaniale, qui font fur toutes fortes de perfonnes & en tout temps levés en leur entier, nonobftant tous les priviléges & exemptions.

Une autre remarque à faire fur le paiement des droits de fortie des provinces réputées étrangères, confifte en ce que lefdits droits n'étant pas égaux dans toutes ces provinces, lorfque les *marchan-difes* font tranfportées d'une province où les droits font moindres qu'en une autre, le fupplément en doit être payé par les marchands.

A l'égard des droits d'entrée fur les *marchan-difes*, ils fe paient pareillement comme ceux de fortie par toutes perfonnes exemptes ou non exemp-tes, y compris les emballages, à l'exception des drogueries & épiceries, fur lefquelles lefdits em-ballages doivent être déduits.

La régle générale n'a qu'une exception en fa-veur de la ville de Lyon, où les *marchandifes* qui y entrent pour les habitans, & qui y font con-duites directement, ne paient que le quart des

droits, en prenant par les marchands, facteurs & conducteurs d'icelles, des acquits à caution, pour aller payer les droits de la douane de ladite ville de Lyon.

Pour le fupplément, il fe paie conformément au tarif de 1664, en cas que les droits foient moins forts dans une province que dans une autre.

Lorfque les *marchandifes* ne font pas comprifes dans les tarifs, foit d'entrée, foit de fortie, elles doivent être eftimées à l'amiable par les commis, du confentement des parties intéreffées, & lefdits droits font perçus à raifon de cinq pour cent de leur valeur; à l'exception, à l'égard de ceux d'entrée, des *marchandifes* de foie, or & argent, poil, fil & laine, & autres femblables manufacturées aux pays étrangers, fur lefquelles il doit être levé dix pour cent de leur eftimation.

Enfin, une dernière remarque concernant les droits d'entrée que paient les *marchandifes* en France; c'eft que fuivant l'arrêt du 15 août 1685, toutes les *marchandifes* de Levant, d'Italie, Bar-barie, terres du grand feigneur, roi de Perfe & d'Afrique, tant celles apportées en droiture à Rouen ou à Dunkerque feulement, que celles qui auront été entrepofées dans les pays étrangers, paient outre les droits ordinaires, vingt pour cent de leur valeur; & que lorfque les mêmes *marchandifes* viennent à Marfeille defdits lieux en droiture, elles ne paient rien; étant néanmoins fujettes aufdits droits tant ordinaires que de vingt pour cent, fi elles n'arrivent dans ladite ville de Marfeille, qu'après avoir été entrepofées dans les pays étrangers.

MARCHANDISE MARINÉE. C'eft celle qui a été mouillée d'eau de mer: *marchandife naufragée*, celle qui a effuyé quelque naufrage, qui lui a caufé quelque dommage: *marchandife avariée*, celle qui a été gâtée dans un vaiffeau pendant fon voyage, foit par tempête, échouement, ou autre-ment.

MARCHÉ. En général fignifie *un traité* par le moyen duquel on échange, on troque, on achète quelque chofe, ou on fait quelque acte de com-merce.

MARCHÉ. Se dit plus particulièrement parmi les marchands & négocians, des conventions qu'ils font les uns avec les autres, foit pour fournitures, achats ou troc de marchandifes fur un certain pied, ou moyennant une certaine fomme.

Les *marchés* fe font ou verbalement fur les fim-ples paroles, en donnant par l'acheteur au vendeur des arrhes, ce qu'on appelle, *donner le denier à dieu*; ou par écrit, foit fous fignature privée, foit pardevant notaires.

Les *marchés* par écrit doivent être doubles, l'un pour le vendeur, & l'autre pour l'acheteur.

On dit que l'on a fait un bon *marché*, quand on efpère gagner fur les marchandifes que l'on a achetées; & au contraire que l'on a fait un mau-vais *marché*, un faux *marché*, lorfque l'on croit qu'il y aura à perdre fur l'achat que l'on a fait. On dit auſſi qu'il n'y a au *marché* que ce qu'on y met ; pour faire entendre, qu'il faut ſuivre les conditions du *marché*.

On appelle *marché en bloc & en tâche*, celui qui ſe fait d'une marchandiſe dont l'on prend le fort & le foible, le bon & le mauvais enſemble, ſans le diſtinguer ni le ſéparer.

MARCHÉ. Se dit auſſi du prix des choſes vendues ou achetées. Dans ce ſens on dit, j'ai eu bon *marché* de ce vin, de ce bled, de ces étoffes ; pour dire, que le prix n'en a pas été conſidérable : c'eſt un *marché donné* ; pour ſignifier, *que le prix en eſt très-médiocre* : enfin, c'eſt un *marché fait* ; pour faire entendre, qu'on n'en peut diminuer le prix, & que c'eſt un prix réglé.

Il y a auſſi diverſes expreſſions proverbiales dont l'on ſe ſert dans le commerce, où l'on fait entrer le mot de *marché*. Les plus uſitées ſont, boire le vin du *marché*, mettre le *marché* à la main, faire un *marché* d'enfant ou un *marché* de paille. On dit auſſi, on n'a jamais bon *marché* de mauvaiſe marchandiſe : donner à bon *marché* vuide le panier & n'emplit pas la bourſe ; & quelques autres.

C'eſt une obſervation dans le commerce, qui a ſouvent été juſtifiée par l'événement, qu'il faut ſe défier d'un marchand qui donne ſes marchandiſes à trop bon *marché* ; ne le faiſant ordinairement que pour ſe préparer à la fuite ou à la banqueroute, en ſe faiſant un fonds d'argent comptant pour le détourner.

MARCHÉ. Signifie auſſi *la halle*, le lieu où l'on étale, où l'on vend des marchandiſes. Le *marché* au bled ; le *marché* aux chevaux.

Le *marché* eſt différent de la foire, en ce que le *marché* n'eſt ordinairement que pour une ville ou un lieu particulier, & la foire regarde toute une province, même pluſieurs. Les *marchés* ne peuvent s'établir dans aucun lieu ſans la permiſſion du ſouverain.

MARCHÉ. Se dit encore du temps que l'on fait la vente. Il y a ordinairement dans les villes deux jours de *marché* chaque ſemaine.

MARCHÉ. Se dit pareillement de la vente & du débit qui ſe fait à beaucoup ou à peu d'avantage. Il faut voir le cours du *marché*. Le *marché* n'a pas été bon aujourd'hui. Chaque jour de *marché* on doit enregiſtrer au greffe le prix courant du *marché* des grains.

MARCO. Poids dont on ſe ſert à Goa capitale des états que les Portugais poſſédent encore aux Indes Orientales. Le *marco* eſt de huit onces Portugaiſes, c'eſt-à-dire, d'un demi-rotolis. On y pèſe l'ambre, le corail, l'argent, l'or, le muſc, l'ambracane, la civette, & autres précieuſes marchandiſes.

MAREAGE. Convention que le maître d'un vaiſſeau, ou le marchand qui le charge, font avec les matelots qui doivent ſervir à le conduire.

Par cette convention les matelots ſont tenus au ſervice du navire pendant tout ſon voyage, quoi-qu'il aille plus loin qu'on n'avoit projetté, & ne peuvent exiger un plus grand ſalaire que celui convenu par l'acte de *mareage* ; obligation que n'ont pas les matelots loués à deniers, qui à la vérité ſont tenus de continuer le ſervice ſur le vaiſſeau, mais qui peuvent faire augmenter leurs loyers vûe par vûe, & cours par cours, comme on dit en termes de marine, c'eſt-à-dire, à proportion du chemin & du temps.

MARÉE. Poiſſon qui ſe pêche dans la mer. Il ne ſe dit ordinairement que du poiſſon frais, comme ſoles, rayes, barbues, turbots ; vives, maquereaux, harengs, merlans, limandes, éperlans & autres ſemblables qui s'apportent à Paris par les marchands forains nommés autrement *chaſſes-marée*.

Le commerce de ce poiſſon eſt très-conſidérable à Paris, où il s'en fait une conſommation extraordinaire, particulièrement durant le carême & pour les vendredis & ſamedis de chaque ſemaine, n'y ayant guères pendant le reſte de l'année que quelques communautés religieuſes qui en mangent.

Toutes les côtes de France ſont abondantes en poiſſon excellent ; mais il n'y a ordinairement que celles de Picardie & de Normandie qui fourniſſent à Paris ſa proviſion de *marée*, à cauſe de leur proximité de cette capitale, le poiſſon frais de mer ne pouvant ſouffrir le tranſport au-delà de trente ou quarante lieues ſans ſe corrompre.

Les *chaſſes-marée* Normands en apportent néanmoins davantage que les Picards, les pêcheurs de Picardie ayant pris l'habitude de vendre leur marée dans le pays, ou d'envoyer le poiſſon en Flandres & en Artois.

On diſtingue comme deux ſortes de pêcheurs, parmi ceux qui vont à la pêche pour la *marée* fraîche, les dreigeurs & les pêcheurs à hameçon : ceux-ci peuvent pêcher pendant toute l'année, les autres doivent attendre les ſaiſons.

Les vaiſſeaux dreigeurs ainſi nommés de la dreige, eſpèce de filet dont les pêcheurs ſe ſervent, ſont du port de cinq à ſix tonneaux, parce que cette pêche ſe fait en pleine mer. Les autres ſont plus petits, & s'appellent *barques coſtières*, parce qu'elles ne s'éloignent pas des côtes.

Les dreigeurs Picards obſervent quatre ſaiſons ; la première, depuis la Chandeleur juſqu'à Pâques pour les ſoles, les rayes, les turbots, les barbues, &c. ; la ſeconde, des maquereaux depuis mai juſqu'en juillet ; la troiſiéme, qui eſt peu de choſe, depuis juillet juſqu'en octobre pour les limandes, les petites ſoles & les petites rayes ; & la quatriéme, depuis octobre juſqu'à Noël pour le hareng.

Les pêcheurs Normands ne comptent que deux principales ſaiſons ; la dreige pour les vives dont la pêche ſe fait en carême, & la pêche des maquereaux à la fin d'avril ; continuant dans les autres ſaiſons celles des ſolles, limandes, merlans, &c., dont ils deſtinent la plus grande partie pour Paris ; le reſte ſe conſommant à Rouen & dans le reſte de la province.

La pêche des éperlans fe fait à l'embouchure de la Seine, vers Rouen & proche Caudebec. Ils ont deux faifons, celle d'été & celle d'automne.

Les marchands forains de *marée*, c'eft-à-dire, ceux qui voiturent & vendent en gros le poiffon de mer frais, fe nomment *chaffes-marée*.

On appelle *marchande de marée*, les femmes qui en font le détail à Paris fous la halle à la *marée*, ou dans les autres marchés de la ville.

MARGE, Se dit, parmi les marchands & négocians, des bords des pages des livres ou des comptes, entre lefquelles ils écrivent les articles les uns après les autres.

Les *marges* à gauche fervent à mettre les folio, les années & les dates en chiffres; & c'eft fur les *marges* à droite que l'on tire les fommes auffi en chiffres. Ils fe fervent quelquefois du terme *margini*, pour dire, *marge*.

MARGRIETE. C'eft la plus groffe des *verroteries* qui entre dans le commerce, que les Européens font avec divers peuples de la côte d'Afrique, elles font ordinairement bleu foncé tirant fur le noir, avec des rayes ou jaunes ou blanches.

MARGRITIN. Efpèce de raffade ou rocaille très-fine. Il s'en fait de plufieurs couleurs & de divers degrés de fineffe. Les plus gros s'envoient aux Ifles & fur les côtes de Guinée. Les plus fins de ceux qui font colorés s'emploient en broderies; & c'eft avec la cendre, c'eft-à-dire, avec ce qu'il y a de plus délicat parmi les blancs, que l'on fait en France ces fortes de glands que l'on porte & que l'on attache à l'extrémité des cravates.

Le *margritin* fe vend ordinairement à la livre depuis cinquante fols jufqu'à foixante. Le plus beau fe tire de Venife. Il s'en fait auffi à Rouen & en Allemagne. Celui de Venife eft de pur émail: il entre du plomb dans ceux d'Allemagne & de Rouen.

Le *margritin* de quelque groffeur qu'il foit, fe vend tout enfilé & en paquets, qu'on appelle *des maffes* compofées de plufieurs cordons.

MARGUERITE. Petite *étoffe* mêlée de foie, de laine & fil, qui fe fait par les hauteliffers de la fayetterie d'Amiens.

MARIENGROS. Monnoie de compte dont les négocians de Brunfwic fe fervent pour tenir leurs livres & écritures. Le *mariengros* fe divife en huit penins. Trente-fix *mariengros* font la richedalle.

MARIN. Ce qui vient de la mer, ce qui appartient à la mer.

On appelle *fel marin*, le fel qui fe fait avec de l'eau de mer, foit qu'il fe cuife par l'ardeur du foleil, foit qu'on fe ferve du feu pour le fabriquer & le réduire en grains.

MARINÉ, MARINÉE, en fait de commerce de mer. Se dit des marchandifes qui ont été imbibées ou mouillées d'eau de mer par quelque accident arrivé au vaiffeau, comme naufrage, tempête, échouement, &c. Du tabac *mariné*, de la mufcade *marinée*.

Du poiffon *mariné* eft du poiffon de mer rôti fur

le gril, & frit dans l'huile d'olive, qu'on a mis en fauce dans des barils, pour le mieux conferver & tranfporter.

Il vient d'Angleterre des huitres *marinées* en petits barils, qui font apprêtées d'une manière particulière qui les rend très-excellentes.

MARINER le poiffon de mer. C'eft l'apprêter d'une certaine manière, pour le pouvoir garder quelque temps fans fe corrompre.

MARJOLAINE. *Herbe odorante*, qui fleurit deux fois l'année; fes feuilles font blanchâtres & velues, fes fleurs qui viennent au bout des branches qu'elle pouffe en quantité, font comme écaillées & renferment une graine fort menue. Cette plante eft toujours verte, elle fe dépouille néanmoins quelquefois de fes feuilles qui repouffent au printems. On en tire une huile d'une odeur agréable qu'on vend ordinairement à la foire de Beaucaire, & qu'on peut faire venir en tout temps de Provence & de Languedoc.

MARIONETTE. Monnoie d'or qui fe fabriquoit autrefois en Lorraine & en quelques lieux d'Allemagne; elle pefoit deux deniers treize grains. Les *marionettes* d'Allemagne tenoient de fin feize karats & un huitiéme de karat; celles de Lorraine n'en tenoient feulement que neuf karats.

MARMELADE. Sorte de *confiture* demi-liquide. On en fait principalement de pêche & d'abricot.

MAROC. Rafes de *maroc*: ce font des efpèces de petites fergettes qui fe fabriquent à Reims.

MAROUCHIN. Sorte de *paftel* de mauvaife qualité que l'on fait de la fixiéme récolte des feuilles de la plante qui produit cette drogue fi utile pour les teintures en bleu.

MARQUADISSE. On nomme ainfi au Levant, particulièrement à Smyrne, les veines & points couleur d'or qui fe trouvent dans le lapis azuli.

MARQUE, en terme de négoce & de manufacture, fe dit de certains caractères qui s'appliquent & s'impriment fur plufieurs fortes de marchandifes, foit pour connoître le lieu de leur fabrique, foit pour rendre garants de leur bonté les ouvriers qui les ont fabriquées ou apprêtées, foit pour faire connoître qu'elles ont été vues & vifitées par les prépofés à la police de leur manufacture, foit encore pour fervir de preuves comme les droits impofés fur icelles ont été bien & dûement acquittés.

MARQUE. Eft encore un certain caractère particulier ou un figne que chacun fait fuivant fon caprice pour diftinguer une chofe d'avec une autre.

Les marchands mettent des *marques* & numéros fur les balles, ballots, paquets & caiffes de marchandifes qu'ils envoyent à leurs correfpondans, afin qu'ils puiffent les reconnoître plus facilement. Les mêmes *marques* & numéros fe mettent auffi fur les lettres de voitures & fur les factures, car il eft néceffaire que la *marque* des balles, &c., celle des lettres de voiture & celle des factures aient de la conformité.

Les marchands fe fervent encore de certaines

marques ou caractères qui ne font connus que d'eux feuls : elles s'écrivent fur de petits bulletins attachés aux marchandifes, ou fur leur enveloppe, pour fe reffouvenir du prix qu'elles ont couté. Ces *marques* qu'ils nomment auffi des *numéros*, fe font fuivant la fantaifie de ceux qui en ont befoin ; mais ordinairement on fe fert de plufieurs caractères ou lettres de l'alphabet, qui ont chacune leur rapport particulier à un chifre.

MARQUE. S'entend encore d'une monnoie de compte dont les marchands & banquiers fe fervent pour tenir leurs livres dans plufieurs villes d'Allemagne. La *marque* vaut 16 fols lubs, ce qui revient à 20 fols tournois ou à la livre de France, le fol lub pris fur le pied de 15 deniers tournois, & l'écu à 60 fols.

MARQUER. Signifie *appliquer* ou *mettre une marque artificielle* à une chofe pour la reconnoître. Les marchands *marquent* leurs ballots de marchandifes, leurs bois, leurs beftiaux. On *marque* dans les forêts le bois que l'on doit couper en chaque coupe.

MARQUER. Signifie auffi *faire une empreinte, une marque* par autorité publique. Ainfi l'on dit, *marquer* la monnoie, *marquer* la vaiffelle d'or ou d'argent au poinçon de la ville. On *marque* l'étain fin par deffous, & l'étain commun par deffus l'ouvrage.

Les commis des aides vont *marquer* les vins dans les caves & celliers pour la fûreté des droits du roi. Les manufacturiers & ouvriers doivent faire *marquer* leurs étoffes d'or, d'argent, de foie, de laine, &c., leurs toiles, leurs bafins, leurs futaines, &c., dans les bureaux, halles & autres lieux où les maîtres, gardes, jurés ou efgards des corps & communautés en doivent faire la vifite. Dans ce dernier fens on dit auffi, ferer ou plomber les étoffes, ce qui fignifie la même chofe que *marquer*.

MARQUETERIE. Ouvrage compofé de diverfes pièces de rapport, quelquefois feulement de bois, & où quelquefois on fait auffi entrer d'autres matières, comme l'écaille de tortue, l'ivoire, l'étain & le cuivre.

MAROQUIN. C'est la peau des boucs & des chèvres, qui a été travaillée & paffée en fumac ou en galle, & qu'on a mife en quelle couleur on a voulu.

Plufieurs prétendent que ce terme vient de Maroc royaume de Barbarie dans l'Afrique, d'où l'on a tiré la manière de le fabriquer ; auffi quelques-uns l'appellent-ils *cuir de Maroc*.

Il y a des *maroquins* de Levant, de Barbarie, d'Efpagne, de Flandre, de France, &c. Il y en a de rouges, de noirs, de jaunes, de bleus, de violets, &c.

MARS. On nomme ainfi les petits grains qui fe fement au mois de *mars*, comme les avoines, pois, veffes, & autres femblables.

MARSILLE. C'est le nom que les Turcs donnent à l'écu ou piaftre d'Efpagne, parce que les Provençaux, particulièrement les marchands de Marfeille, font les premiers qui ont porté de grandes fommes de piaftres à Smyrne & dans les autres échelles du Levant.

MARSOUIN. Grand poiffon de mer fort gras, qu'on appelle auffi *pourceau de mer*.

L'huile de *marfouin* qu'on trouve chez les marchands épiciers-droguiftes de Paris, eft de deux fortes ; l'une pure & l'autre aromatifée. Leur différence ne confifte que dans quelques aromats que l'on y mêle, pour lui ôter une partie de fon odeur forte & dégoûtante. On attribue à cette graiffe ou huile la propriété de guérir les humeurs froides.

L'ordonnance de la marine dont on vient de parler ci-deffus, veut, que les *marfouins* qui font trouvés échoués fur les gréves, foient partagés comme efpaves ; & que ceux qui font pris en pleine mer, appartiennent à ceux qui les ont pêchés.

MARTAVANES. Grands *vaiffeaux de terre* vernis dedans & dehors, qui fe font aux Indes, mais feulement dans les royaumes de Pégu & d'Aracan.

Elles ont la propriété de purifier l'eau dont on les remplit, enforte qu'en vingt-quatre heures l'eau la plus mauvaife & la plus puante y perd fon mauvais goût & fa puanteur. Les Hollandois & les Anglois s'en fervent utilement fur leurs vaiffeaux.

MARTINET. Gros marteau qui fe meut par la force d'un moulin à eau. Il fe dit de diverfes fabriques, comme du papier, du tan, &c.; mais proprement il s'entend du moulin même où l'on travaille à la fabrique du cuivre & du fer, & où l'on bat ces métaux pour les étendre en planches, en barres & en feuilles. Il y a plufieurs de ces *martinets* en Champagne, & dans quelques autres provinces de France.

Il eft défendu par arrêt du confeil d'état du 9 août 1723, d'établir aucuns nouveaux *martinets* qu'en vertu de lettres-patentes bien & duement vérifiées, à peine de trois mille livres d'amende, de démolition defdits *martinets*, & de confifcation des bois, mines, charbons, & uftenfiles fervant à leur ufage.

MARTRE ou MARTE. Animal qui reffemble beaucoup pour la forme à une groffe fouine ; toute la différence qui fe rencontre entre la *martre* & la fouine, confifte en ce que la première a la gorge jaunâtre & le poil tirant un peu fur le roux, au lieu que la feconde a le poil plus noir & la gorge blanche.

Les peaux de *martres* communes font une portion du négoce de la pelleterie. Elles fe tirent de différens pays ; mais les plus belles viennent de Canada, de Bifcaye & de Pruffe.

Il y a une autre forte de *martre* plus eftimée, que l'on appelle *martre zibelline, zebelline, zybelline* ou *febeline*. Celle-ci eft auffi une efpèce de fouine très-fauvage, qui ne fe trouve que dans les vaftes forêts ; mais dont la peau garnie d'un affez long poil, doux & luftré, tirant fur le noir, eft du nombre des pelleteries des plus précieufes.

Les *martres zibellines* se tirent pour la plupart de Moscovie par la voie d'Archangel, où il s'en trouve des magasins. Elles s'y achètent par caisses assorties de dix masses ou timbres depuis numéro un jusqu'à numéro dix, qui vont toujours en diminuant de beauté, depuis le premier numéro jusqu'au dernier.

La masse est composée de vingt paires ou couples de peaux entières, c'est-à-dire, avec la tête, le col & les jambes, à la réserve du ventre, parce qu'il est peu estimé ; ensorte que chaque caisse contient quatre cent peaux.

MARUM. *Plante* dont les feuilles sont de quelque usage dans la médecine.

Il faut choisir le *marum* nouveau, d'une odeur forte, garni de ses fleurs, & le plus verd qu'il est possible.

MAS ou MASE. Espèce de petit poids dont on se sert à la Chine, particulièrement du côté de Canton, pour peser & distribuer l'argent dans le négoce. Le *mas* se divise en dix condorins. Dix *mas* font un tael.

Le *mas* est aussi en usage dans plusieurs endroits des Indes Orientales, mais sur différens pieds. Il sert à peser l'or & l'argent. *Voyez* LA TABLE DES POIDS ET MESURES.

MASSE. *Amas & assemblage* de plusieurs choses, soit qu'elles soient de différente nature, soit qu'elles soient de même espèce.

MASSE, (en termes de commerce). Se dit d'une quantité de marchandises semblables, que l'usage a fixées à un certain poids ou à un certain nombre pour en faciliter le débit ; telles que sont entr'autres les soies grèges, les belles plumes d'autruche, les pelleteries, &c.

MASSE. *Soie en masse*. C'est de la soie grège & non ouvrée, mais telle qu'elle vient de dessus les cocons. On la tire du Levant, & particulièrement de la Perse. La manière dont elle est pliée lui donne son nom. Ce pliage est de plusieurs sortes, & les *masses* de différens poids.

La masse des sourbastis est de demi-aune ; celle des legis d'une aune, & du poids de deux à trois livres ; celle des ardassines de deux pieds de longueur, & de près d'une livre pesant ; & enfin la *masse* des ardasses est de la même pesanteur que la précédente, & presque de double de la longueur.

MASSE. *Plumes en masse*. Ce sont des paquets de plumes d'autruche composés d'un demi cent de plumes. Ce ne sont que les plumes blanches, & encore les plus fines & les plus belles, qui se mettent en *masses* ; les autres se vendent ou au cent ou à la livre.

MASSE. *Pelleteries en masses*. Se dit particulièrement des martres zibellines & des hermines, dont on fait des paquets en les attachant deux à deux par la tête. Les commis des douanes & les marchands pelletiers les appellent aussi *timbres*. Chaque *masse* de zibellines est composée de vingt paires de peaux. A Constantinople elles se vendent à la

caisse ; la caisse composée de quatorze *masses* depuis numéro un qui sont les plus belles, jusqu'à numéro dix qui sont les moindres.

La *masse* d'hermines est pareillement de quarante peaux : il en faut trois *masses* & demie pour faire une veste.

MASSE, qu'on appelle aussi *poire & contrepoids*. C'est un morceau de métal ordinairement rond, attaché par un esse aussi de fer au bec de corbin mobile que l'on fait courir le long de la verge du peson ou balance romaine, pour trouver l'équilibre de la marchandise dont on veut connoître le poids.

MASSE. On compte par *masses* les veroteries de diverses couleurs que l'on porte en Guinée ; aussi-bien que les rasades qui font pareillement une partie du commerce qui se fait sur cette côte d'Afrique.

La *masse* des veroteries est de vingt mille grains, & pèse de trois livres & demie à quatre livres. La *masse* de la rasade n'est que de quatre mille grains, & ne pèse qu'une livre.

MASSE. Se dit aussi en fait de gabelles, d'une quantité de sel provenant d'une même voiture qu'on met en un seul tas dans les greniers à sel ou les dépôts, pour y être vendue & distribuée au public.

Les réglemens portent que lorsqu'il y a plusieurs *masses* dans un même grenier, elles seroient raisonnablement séparées les unes des autres.

Les commis des greniers sont obligés de tenir registre des jours que les nouvelles *masses* sont entamées, & du nom de celui auquel on en a fait la première distribution. Ils y marquent aussi la fin des *masses*, & il leur est défendu de ne laisser aucun blanc sur les registres, entre la fin d'une *masse* & le commencement de la distribution de l'autre. Enfin ils y doivent faire mention du déchet ou du bon de *masse*.

Lorsqu'il y a des sels confisqués, on en fait des *masses* séparées dans les greniers, & les registres de vente en doivent être nommément chargés.

MASSICOT. C'est de la céruse qui a été calcinée par un feu modéré.

Il y en a de trois sortes, du blanc, du jaune & du doré. Leur différence ne provient que des divers degrés de feu qui leur ont donné des couleurs différentes.

Le *massicot* blanc est d'un blanc jaunâtre ; c'est celui qui a reçu le moins de chaleur ; le *massicot* jaune en a reçu davantage, & le *massicot* doré encore plus.

Les uns & les autres doivent être en poudre très-fine, pesans, hauts en couleur. Les plus beaux *massicots* sont envoyés de Hollande : ils n'ont d'autre usage que pour la peinture.

MASSON. *Terme* dont on se sert à Smyrne dans le commerce des soies. Il signifie *la même chose que masse*, c'est-à-dire, un paquet de soie ; dans l'achat des soies legis, il faut observer que le *masson* soit bien gros, & que la ligature soit petite.

MAST. Grand arbre & haute pièce de bois rond,

qui s'élève fur les vaiffeaux pour en porter les vergues, voiles, manœuvres, & qui font arrêtés fur
les haubans. Il y a plufieurs *mâts* fur les grands
navires, & fouvent un feul fur les petits bâtimens.

L'ordonnance de marine diftingue les pêcheurs
qui vont dans des bateaux à *mâts*, voiles & gouvernail pour la pêche du poiffon frais, d'avec les
pêcheurs qui vont aux grandes pêches, comme
baleines, morues, harengs, &c. Ceux-ci font obligés de prendre des congés à chaque voyage ; ceux-
là feulement une fois l'an.

Il y a quatre *mâts* dans les grands vaiffeaux, &
quelquefois cinq. Les petits en ont moins fuivant
leur grandeur ou leur gabari.

Ces *mâts* font le grand *mât*, le *mât* de mizène,
le *mât* d'attimon & le *mât* de beaupré.

Il y a encore des *mâts* plus petits qui s'élèvent fur
ceux-ci, & qui en font comme partie ; entre autres
le *mât* du grand hunier, le *mât* du petit hunier, le
mât de grand perroquet, le *mât* de petit perroquet,
& le *mât* du perroquet de beaupré.

Ces *mâts* font élevés & foutenus par des haubans
& par divers cordages, & felon leur qualité ils ont
des vergues, des voiles, des pendoux, des rouets,
des étays, 'es cercles, des boute-hors, des poulies, &c. pour manœuvrer le vaiffeau. *Voyez* tous
ces articles.

MAST. Les bateaux-coches, les foncets, les cha-
lants & autres grandes voitures de rivière, portent
auffi un *mât*, au haut duquel paffe le cordeau ou
corde qu'on appelle *cincenelle*, où font attachées
les courbes de chevaux, pour les tirer tant en montant qu'en defcendant.

MAST. Les pêcheurs fur rivières appellent pareillement *le mât de leur bachot*, une perche d'orme
de fept ou huit pieds, un peu courbée, qu'ils mettent à l'avant, lorfqu'ils remontent contre le fil de
l'eau. Ils y attachent leur cordeau, qu'ils tirent enfuite de deffus le bord de la rivière.

MAST DE RECHANGE. C'eft un *mât* qui n'eft
pas dreffé, & que l'on conferve dans le vaiffeau
pour remplacer ceux qui pourroient être endom-
magés par quelque fortune de mer.

MASTREAU ou MASTEREL. C'eft un petit *mât* ou
le bout d'un *mât*. On nomme auffi quelquefois de la
forte *le bâton du pavillon*.

MASTIC. Efpèce de gomme ou larme qui fort
de l'arbre appellé *lentifque*, d'où vient qu'on l'appelle chez les droguiftes & épiciers *maftic en larmes*, pour le diftinguer du *maftic* ou ciment, que
l'on fait avec de la réfine & de la brique pulvérifée.

Le meilleur *maftic* vient de l'ifle de Chio ; & il
eft beaucoup plus gros & d'un goût plus balfamique
que celui du Levant que l'on a par la voie de Marfeille ; cependant ce dernier eft prefque le feul que
l'on apporte en France auffi par la voie de Marfeille.

Il faut choifir le *maftic* en groffes larmes, d'un
blanc-doré, & qui étant un peu mâché, devienne
comme de la cire blanche. Il eft de quelque ufage

en médecine, où l'on l'emploie particulièrement
pour appaifer les maux de dents. On s'en fert auffi
dans la compofition du vernis ; & les orfèvres en
mêlent avec de la térébenthine & du noir d'yvoire,
qu'ils mettent fous les diamans pour leur donner de
l'éclat.

Il y a un *maftic* noir qu'on apporte d'Egypte,
dont on prétend qu'on peut fe fervir pour fophifti-
quer le camphre.

MASTILLY. Mefure dont on fe fert à Ferrare
ville d'Italie pour les liquides. Le *maftilly* contient
huit fechys. *Voyez* LA TABLE DES MESURES.

MAT. Ce qui n'eft pas poli, ce qui ne refléchit
guères la lumière. On le dit ordinairement de l'or
& de l'argent par oppofition à celui qui eft bruni.

MATARA. Mefure pour les liquides dont on fe
fert en quelques lieux de Barbarie. Le *matara* de
Tripoli eft de 24 rotolis. *Voyez* LA TABLE DES
MESURES.

MATASSE. Il fe dit des foies qui font fans apprêt. Il s'écrit plus ordinairement par deux tt.

MATÉ. Nom que les François donnent à l'herbe
du Pérou, que l'on connoît mieux fous celui de
Paraguay ou *Paragoue*, que les Amériquains lui
donnent, à caufe du Paraguay, province de l'A-
mérique Méridionale, où il croît quantité de cette
herbe.

MATELAS. Il fe dit d'une des pièces de la garniture des lits à coucher, qui eft compofée de deux
toiles ou futaines remplies de laine cardée en dedans
& piquées à grands points en dehors.

MATELASSIER. *Ouvrier* qui fait des matelas.

MATELOT. Homme de mer qui fert à la conduite & manœuvre d'un vaiffeau.

L'expérience & la fidélité font également néceffaires aux *matelots* qui montent les vaiffeaux, foit
qu'ils foient armés en guerre, foit qu'ils ne foient
chargés que de marchandifes. On a pourvu en France
au premier, par établiffement de claffes où les *matelots* font euregiftrés dès leur première jeuneffe,
pour fervir alternativement fur les vaiffeaux du roi &
fur ceux des marchands, & où ils font inftruits du
pilotage & des autres chofes concernant la marine,
que tout homme de mer ne doit point ignorer. On
peut voir l'article *des claffes*.

A l'égard de la fidélité & de leur foumiffion aux
ordres des officiers qui les commandent, les réglemens & ordonnances de marine contiennent divers
titres qui leur enjoignent l'obéiffance, & qui décer-
nent différentes peines, fuivant l'exigence des cas,
contre ceux qui fe révoltent eux-mêmes, ou qui
excitent les autres à la révolte.

Un des principaux de ces réglemens eft contenu dans une déclaration du roi du 22 feptembre
1699.

Sa majefté ayant reçu des plaintes des marchands
des villes maritimes du royaume, & des propriétaires
& capitaines des vaiffeaux François, que les officiers
mariniers & *matelots* qui compofoient les équipages de ces vaiffeaux en avoient abandonné plufieurs

à la mer, malgré les capitaines & maîtres qui les commandoient, sous prétexte quelquefois du mauvais état de ces bâtimens, & d'autres de crainte d'être pris par des forbans & corsaires ennemis à la vue du premier vaisseau qu'ils voyoient venir à eux; & jugeant qu'il étoit important de remédier à un si grand abus qui pouvoit entraîner la perte du commerce maritime s'il n'y étoit pourvu, & qui empêcheroit les marchands de confier leurs biens à des gens capables de les abandonner aussi légèrement.

Sa majesté, après s'être fait représenter les ordonnances & réglemens faits de temps en temps sur le fait de la navigation & commerce maritime, & avoir ordonné qu'ils seroient exécutés suivant leur forme & teneur; fait en outre de très-expresses inhibitions & défenses à tous officiers mariniers & *matelots*, d'abandonner en mer les vaisseaux sur lesquels ils seront employés sans le consentement des capitaines & maîtres qui les conduiront, & même des propriétaires & marchands chargeurs, lorsqu'ils y seront embarqués, à peine de trois ans de galères & de plus grande peine s'il y écheoit.

Cette déclaration donnée à Fontainebleau, est enregistrée au parlement en vacations, le 12 octobre 1699.

MATELOTAGE. Salaire qui est dû & qui se paye par le marchand ou le maître d'un vaisseau, aux matelots qui font la manœuvre.

Il y a deux sortes de *matelotage*; l'un qu'on nomme *matelotage à deniers* & l'autre *matelage*.

MATIÈRE. Se dit des corps qui sont mis en œuvre par les manufacturiers, ouvriers & artisans. La laine est la principale *matière* qui s'emploie dans les manufactures de lainage, la soie pour les manufactures de soiries.

On appelle *matière d'or & d'argent*, l'or & l'argent qui sont encore en barres & en lingots. Ce marchand fait un grand négoce de *matières* d'or & d'argent. Ce sont les orfévres & tireurs d'or qui emploient le plus de *matières* d'or & d'argent. Il s'en consomme aussi beaucoup dans la fabrication des monnoies. L'acier, le fer, le cuivre, l'étain, le plomb, &c. sont des *matières* propres à différens usages.

MATRICE. (*Terme de teinture.*) On appelle *couleurs matrices*, les cinq couleurs simples dont toutes les autres dérivent ou sont composées; qui sont le noir, le blanc, le bleu, le rouge, & le fauve ou couleur de racine.

Quand on dit, un échantillon de la couleur *matrice*, cela doit s'entendre d'un échantillon ou morceau que l'on a réservé d'une étoffe dont on est assuré de la bonté de la teinture. On se sert de ces échantillons à mettre dans les débouillis avec les échantillons d'autres couleurs semblables qu'on soupçonne d'être teintes contre les réglemens, afin d'en pouvoir faire la comparaison quand le débouilli est achevé.

Ces échantillons se gardent dans les bureaux des maîtres pour y avoir recours dans l'occasion, & doivent être au nombre de seize, douze pour les draps & quatre pour les ratines, longs chacun environ de demi-aune.

Les échantillons pour les draps sont, noir de garance, minime, rouge de garance, couleur de prince, écarlate rouge, rose séche, incarnat, colombin, couleur de rose, verd-gay, bleu turquin & violet.

Les quatre pour les ratines sont, écarlate rouge, noire de garance, rouge-crâmoisi, & couleur de pensée.

Tous ces échantillons sont marqués de marques de drapiers & teinturiers, & sont coupés en deux, afin qu'il en demeure un morceau à chaque bureau; & qu'en cas de contestation on les puisse comparer les uns aux autres.

On appelle *modéle* chez les teinturiers en soie, laine & fil, ce que les teinturiers du grand teint appellent *échantillons matrices*.

MATRICE. Se dit encore des *étalons* ou *originaux* des poids & mesures qui sont gardés par des officiers publics dans des greffes ou bureaux, & qui servent de régle pour étalonner les autres.

MATTASSE. Soies en *mattasses*. Ce sont des soies sans apprêt, & qui sont telles qu'elles ont été levées de dessus les cocons. Elles sont ordinairement en masses ou en pelotes. On les appelle aussi *soies gréges*.

MATTELINS. Sortes de *laines* qui viennent du Levant.

MATULI. Mesure de liquides dont on se sert en quelques villes de Barbarie. Le *matuli* de Barbarie est de trente-deux rotolis.

MAUBOUGE. Droit d'entrée qui se léve en Normandie & en d'autres lieux sur les boissons qui entrent & qui sont brassées dans les villes & dans les lieux où il y a foires ou marchés. Les boissons qui sont sujettes au droit de *maubouge* sont la biére, le cidre & le poiré.

MAUBOUGE. C'est aussi un droit qui est dû en quelques endroits sur tous les animaux qui ont l'ongle ou corne de pieds fendus, comme les bœufs, les vaches, les moutons, &c. A Paris on l'appelle le *pied fourché*.

MAUG-BUND. Sorte de *soie* qui se fait dans les états du mogol; elle est la moindre des six espèces qui s'y recueillent pendant l'année.

MAUNE. *Poids* dont on se sert dans les états du mogol. Il pèse 35 livres d'Angleterre, ou 50 livres de Paris ⅗.

MAURES. *Monnoie d'or* qui a cours à Surate & dans les autres états du grand mogol.

MAURIS, qu'on nomme autrement PERCALE. Sorte de *toile blanche* de coton qui vient des Indes Orientales.

MAYON, en Siamois SELING. Monnoie d'argent qui se fabrique & qui a cours dans les états du roi de Siam.

Le *mayon* est aussi un poids dont on se sert à

Siam, qui a précisément la pesanteur du *mayon* monnoie.

Au-dessous du *mayon* est le fouang, la paye suit celui-ci, & enfin le clam qui pèse douze grains de ris. Il y a aussi la sompaye qui est la moitié du fouang. Au-dessus du *mayon* sont le tical, le taël, le catis & le pic, celui-ci est pour peser les marchandises de grand volume. *Voyez* LES TABLES DES MONNOIES.

MAYS. C'est ce qu'on appelle *bled d'Inde* ou *bled de Turquie.* Ce bled vient par épis longs de dix ou douces pouces, ronds & épais, environ de seize ou dix huit lignes de diamètre. Les grains qui sont arrangés & pressés les uns contre les autres sont pour la figure & pour la grosseur assez semblables aux pois. La farine en est très-blanche, quoiqu'il y ait du *mays* dont l'écorce tire presque sur le noir. Cette farine est nourrissante & rafraîchit & engraisse beaucoup.

Avant que les Européens eussent fait la découverte de l'Amérique, non-seulement une partie des habitans de ce grand continent s'en servoient pour leur nourriture & pour celle des animaux, mais encore ils en usoient comme de menue monnoie, aussi-bien que du cacao espèce d'amende qui de même que le *mays* y croît en abondance.

ME

MEAGE. On appelle droit de *méage* dans quelques villes de Bretagne, un droit qui se paye à l'entrée desdites villes, & qui fait une partie de leurs deniers communs & patrimoniaux.

Le *méage* qui se paye à Nantes est de deux sols par muid de sel, de blé, de vin, &c. passant par la ville, tant montant que baissant.

MECASULNIL. Les Indiens appellent ainsi *la gousse* qui renferme la graine de vanille.

MECHOACAM ou MACADOSSIN. Racine médicinale, ainsi nommée de la province de *Méchoacam* dans la nouvelle Espagne, d'où d'abord elle a été apportée en Europe. On l'appelle autrement *rhubarbe blanche*, & encore *scamonée* & *brionne* de l'Amérique.

MÉCOMPTE. Défaut de supputation, erreur de calcul. Ainsi l'on dit : il y a du *mécompte* en cette addition, en cette règle ; pour faire entendre, que le calcul n'est pas bon, qu'on s'y est trompé.

MÉCOMPTE. Signifie aussi *ce qui manque au compte de quelque somme.* Il y a du *mécompte* à mon argent.

MÉCOMPTE. Se dit encore du mauvais succès d'une entreprise, d'une affaire de commerce. Il trouvera bien du *mécompte* dans la vente de ses laines.

MÉCOMPTER. Se tromper, se méprendre dans son calcul.

MÉDAILLE. Pièce de métal en forme de monnoie, faite pour conserver à la postérité le portrait des gens illustres, ou la mémoire de quelque action considérable.

Le commerce des *médailles* n'est proprement qu'un commerce de sçavans & de curieux, où l'intérêt n'a aucune part, & qui ne se soutient que par la noble émulation qu'ils ont d'enrichir leurs cabinets, & de perfectionner les recueils qu'ils font de ces précieux monumens de l'antiquité.

Il ne laisse pas cependant de se faire un négoce de *médailles* moins désintéressé que celui dont on vient de parler, & M. Patin remarque qu'il y a plusieurs des principales villes d'Allemagne où l'on trouve des marchands qu'on peut appeler *marchands antiquaires*, puisqu'ils n'amassent des *médailles* que pour les revendre & y profiter ; trafic, ajoute ce sçavant homme, qui a ses fraudes & ses tromperies, comme la plupart des autres négoces, & où l'acheteur doit bien examiner la marchandise s'il ne veut recevoir des *médailles* ou peu rares, ou d'un coin contrefait, pour des *médailles* vraiement antiques & curieuses.

Messieurs de Tournefort, Corneille le Brun & Paul Lucas ; celui-ci dans ses trois relations d'Egypte ; & les deux autres dans leurs voyages au Levant, parlent d'un pareil commerce, qui se fait dans les isles de l'Archipel & dans presque toutes les échelles du Levant, où les habitans du pays bien informés du goût que les étrangers ont pour cette sorte de curiosité, ont soin d'en rassembler & de les leur vendre très-chèrement, & souvent avec encore moins de fidélité que les antiquaires Allemands.

MÉDIAN. Monnoie d'or qui se frappe à Tremeçen, ville & port des côtes de Barbarie. Il faut cinquante aspres pour faire un *médian* : deux *médians* font un dian, qu'on nomme autrement *xians.* Ces deux espèces sont fabriquées par les monnoyers du dey d'Alger, dont elles portent le nom, avec quelques lettres arabes.

MÉDIN. *Monnoie d'argent* qui a cours dans l'empire du grand-seigneur. Il vaut trois aspres de Turquie, ou dix-huit deniers monnoie de France.

MÉDOC. On appelle *pierre de Medoc*, des cailloux brillans qui se trouvent en France dans cette petite contrée du Bourdelois qu'on appelle *pays de Medoc.* C'est une espèce de diamant.

MÉGÈRE. Mesure des grains dont on se sert à Castres en Languedoc. Quatre *megeres* font une mine, & deux mines le septier de cette ville ; on divise la *megere* en quatre boisseaux.

MÉGIE. Art ou manière de préparer ou passer les peaux ou cuirs en blanc, pour les mettre en état d'être employées à certaines manufactures particulières, dont la principale & la plus importante pour le commerce est la ganterie.

Toutes sortes de peaux se peuvent passer en *mégie* ; mais pour l'ordinaire on ne se sert que de celles des béliers, moutons, brebis, agneaux, boucs, chèvres, chevreaux & isards ou francs chamois de montagne, comme étant les plus propres à être mises en œuvre par les gantiers & peaussiers.

MÉGISSERIE. Négoce qui se fait des peaux de moutons & agneaux, & autres passées en mégie.

La fine *mégisserie* se tire particulièrement de Vendôme, Grenoble & Blois.

Sous le nom de *mégisserie*, est aussi compris le trafic des laines qui se fait par les mégissiers.

MEHON, ou **MEU**. Plante médicinale, dont la racine entre dans la composition de la thériaque.

MEIDIN, ou **MAIDIN**, qu'on nomme aussi *para*, *parat* & *parasi*. Petite monnoie d'argent fort légère, que les bachas du caire font frapper au nom du grand seigneur, qui a cours dans toute l'Egypte, & dont l'on se sert presque dans tous les paiemens. *Voyez* LA TABLE DES MONNOIES.

MEIN. Poids des Indes qu'on nomme autrement *man*.

Le *mein* d'Agra capitale des états du grand mogol, dont Surat est la ville du plus grand commerce, est de soixante serres qui font 57 livres trois quarts de Paris. *Voyez* MAN.

MEIRAIN. Bois débité d'une certaine manière propre aux menuisiers, tonneliers, layetiers & autres tels ouvriers en bois.

MELASSE. Qu'on nomme aussi *doucette* ou *sirop de sucre*. C'est cette partie fluide & grasse qui reste des sucres après qu'ils ont été rafinés, & à laquelle l'on n'a pû donner par la cuisson aucune consistance plus solide que celle de sirop.

MELIKTU-ZIZIAR, ou *prince des marchands*. On nomme ainsi, en Perse, celui qui a l'*inspection générale* sur le commerce de tout le royaume, particulièrement d'Ispaham. C'est une espèce de prévôt des marchands, mais dont la jurisdiction a beaucoup plus d'étendue.

C'est cet officier qui décide & qui juge tous les différends qui arrivent entre marchands. Il a aussi inspection sur les tisserans & les tailleurs de la cour sous le nazir, aussi-bien que le soin de fournir toutes les étoffes dont on a besoin au sérail : enfin il a la direction de tous les courtiers & commissionnaires qui sont chargés des marchandises du roi, & qui en font négoce dans les pays étrangers.

MEMCEDA. Mesures des liquides dont on se sert à Mocha en Arabie, elle contient trois chopines de France ou trois pintes d'Angleterre, 40 memcedas font un téman.

MÉMOIRE. Écrit sommaire qu'on dresse pour soi-même, ou qu'on donne à un autre pour se souvenir de quelque chose.

On appelle aussi quelquefois *mémoires* chez les marchands & chez les artisans, les parties qu'ils fournissent à ceux à qui ils ont vendu de la marchandise ou livré de l'ouvrage.

Ces *mémoires* ou *parties*, pour être bien dressés, doivent non-seulement contenir en détail la nature, la qualité & la quantité des marchandises fournies ou des ouvrages livrés à crédit ; mais encore l'année, le mois, & le jour du mois qu'ils l'ont été, à qui on les a données, les ordres par écrit s'il y en a, les

prix convenus ou ceux qu'on a dessein de les vendre, enfin les sommes déja reçues à compte.

Les marchands, négocians & banquiers appellent *agendas*, les *mémoires* qu'ils dressent pour eux-mêmes, & qu'ils portent toujours sur eux, & conservent le nom de *mémoires* à ceux qu'ils donnent à leurs garçons & facteurs, ou qu'ils envoyent à leurs correspondans ou commissionnaires.

Les *mémoires* que les commissionnaires dressent des marchandises qu'ils envoient à leurs commettans s'appellent *factures*, & ceux dont ils chargent les voituriers qui doivent les conduire, se nomment des *lettres de voitures*.

Les marchands, banquiers & négocians ont aussi une espèce de journal qui leur sert de *mémoire* & sur lequel ils écrivent chaque jour le détail de leur négoce. On le nomme plus ordinairement *mémorial*.

MÉMORIAL. Livre qui sert comme de mémoire aux marchands, négocians, banquiers & autres qui se mêlent de commerce & sur lequel ils écrivent journellement toutes leurs affaires, à mesure qu'ils viennent de les finir.

Le *mémorial* est proprement une espèce de journal qui n'est pas au net ; aussi l'appelle-t-on quelquefois *brouillard* ou *brouillon*, parce que les choses qu'on y écrit y sont comme confondues & brouillées.

Ce livre tout informe qu'il paroisse, est le premier & peut-être le plus utile de tous ceux dont se servent les marchands, desquels il est comme la base & le fondement, conservant & fournissant les matières desquelles les autres livres doivent être composés.

MENCAULT, ou **MAUCAUD.** Mesure des grains dont on se sert en quelques endroits de Flandres, entr'autres à Landrecy, le Quesnoy & Casteau, &c.

A Landrecy le *mencault* de froment pèse poids de marc 97 liv., de méteil 94, de seigle 90, & d'avoine 72. Il faut remarquer que pendant sept mois de l'année, qui sont depuis & y compris août, jusqu'à & y compris février, le *mencault* d'avoine se mesure comble à Landrecy, & fait sept boisseaux ½ mesure de Paris, ou 11 rations, comme disent les munitionnaires ; & que pendant les autres cinq mois il se mesure à main tierce, c'est-à-dire, ras, & ne fait que six boisseaux ⅞ mesure de Paris, ou dix rations.

A Saint-Quentin le septier contient quatre boisseaux mesure de Paris. Il faut deux *mencaults* pour faire un septier ; ainsi le *mencault* est de deux boisseaux de Paris.

Au Quesnoy le *mencaut* de froment pèse 80, de méteil 76, de seigle 79 & d'avoine 71.

A Casteau-Cambresy le *mencault* de froment pèse 85, de méteil 80, de seigle 72, d'avoine 60 : le tout poids de marc comme à Landrecy.

MÉNILLE, qu'on nomme plus communément *manille*. Espèce de bracelet ou de carcan de cuivre & quelquefois d'étain & d'argent, qui sert dans la traite que les Européens font avec quelques peuples d'Afrique.

MENTES. On nomme ainsi à Reims des espèces de *couvertures de laines*, qui se fabriquent des plits & autres laines communes du pays.

MENU. On entend par ce terme, dans les bureaux du convoi de Bordeaux, toutes les marchandises généralement quelconques qui doivent droit au convoi, & qui se chargent sur les vaisseaux à petites parties; la plupart de ces marchandises appartiennent aux maîtres des vaisseaux & à leurs matelots, qui en payent le droit comptant.

On appelle *régistre du menu*, un des régistres du receveur du convoi, où s'enregistrent toutes ces marchandises & les droits qu'elles paient.

On nomme aussi *issue du menu*, les droits de sortie, qui font dûs pour les marchandises qui sortent en petite quantité.

Les entrées du sel au *menu* se disent au même lieu du sel blanc, qui ne passe pas un quart.

La sortie du sel au *menu* est quand le sel qui sort ne passe pas une mine.

MENU, (*en terme de commerce.*) Signifie quelquefois la même chose que *détail*. Ce marchand trafique tant en gros qu'en *menu*.

MENUE MERCERIE. Ce terme comprend toutes les marchandises de peu de conséquence que les marchands merciers ont droit de vendre.

MENUF. Espèce de lin qui croît en Egypte & qui se vend au Caire.

Les toiles qu'on appelle toiles de *menuf*, ont 83 pics de longueur.

MENUISE. On nomme ainsi dans le commerce des bois à brûler, le bois qui est trop menu pour être mis avec les bois de compte ou de corde.

L'article II. du réglement de 1724, défend aux marchands de triquer les bois de *menuise* pour les mêler avec les bois de compte & de corde; & le Ve ordonne que les plâtriers ne pourront prendre sur les ports que des bois de déchirage de bateaux, des bois blancs de *menuise* & de rebut.

MENUISERIE. Profession de menuisier, art de polir & d'assembler le bois. On l'appelle *menuiserie*, pour la distinguer du métier de charpentier, celui-ci n'employant que du gros bois, comme poutres, solives, chevrons, sablières, &c. charpenté avec la cognée & paré seulement avec la besaigue; & les menuisiers ne travaillant que sur de menus bois débités en planches ou autres semblables pièces de médiocre grosseur, & les courroyant & polissant avec divers rabots & autres instrumens.

MENUS-MARCHÉS. *Terme des eaux & forêts & du commerce des bois*. Il signifie *la vente des chablis, des arbres de délit* & autres tels bois qui peuvent se rencontrer dans les forêts du roi, & qui ne font pas des ventes ni des coupes reglées ou entières. On y comprend les glandées, les pâcages & les paissons.

Ces ventes se font à l'extinction des feux, &

après deux publications à l'audience de l'amirauté, au marché du lieu & aux paroisses voisines.

MERCADENT, ou MARCADANT. Terme de dérision qui se dit d'un marchand peu habile dans le négoce & qui fait mal ses affaires; ou d'un petit mercelet qui veut faire l'important, quoiqu'il ne vende que des bagatelles. Ainsi l'on dit : ce *mercadent* n'entend nullement son métier; ce petit *mercadent* fait le suffisant. Ce terme est pris de l'Italien, *un pouero marcadente*.

MERCANTI DI BARRETI. On nomme ainsi à Smirne & dans quelques autres échelles du levant, les marchands François qui y font négoce, à cause qu'ils y apportent & qu'ils y vendent quantité de bonnets & de calottes de laine qui se fabriquent à Marseille.

MERCANTILLE. On dit qu'un homme est de profession *mercantille*, pour faire entendre qu'il se mêle de marchandise & de négoce. On dit aussi arithmétique *mercantille*, pour distinguer celle qui n'est propre qu'aux marchands, d'avec celle des astronomes & des géomètres.

MERCELOT. *Petit mercier* Il se dit de ces petits merciers qui étalent aux foires de village & de ceux qui portent à la campagne des balles ou paniers de menue mercerie sur leur dos, ou dans les rues de Paris des mannettes pendues à leur col remplis de peignes, de petits couteaux, de sifflets & autres telles petites marchandises & jouets d'enfans de peu de conséquence.

MERCERIE. On appelle ainsi en général toutes les espèces de *marchandises* que les marchands merciers vendent ou sont en droit de vendre.

Ce terme est tiré du mot latin *merx*, qui signifie *toute marchandise, toute denrée, toute chose* dont on puisse faire commerce ou trafic.

MERCERIE. Se dit aussi du corps des *merciers*, qui est le troisième des six corps des marchands de Paris.

MERCERIE. On appelle menue *mercerie*, ou *mercerie* mêlée toutes les petites marchandises qui se vendent en détail par les marchands merciers.

Quoique le corps de la *mercerie* ne tienne que le troisième rang parmi les six corps des marchands, il est cependant regardé comme le plus important, d'autant qu'il renferme & comprend, pour ainsi dire, tout le commerce des autres cinq corps. Aussi ce corps est-il si considérable & d'une si prodigieuse étendue, que les marchands qui le composent se font comme divisés en un grand nombre de classes différentes, dont voici les principales.

1º. Les marchands grossiers qui vendent en gros, en balle & sous corde, tout ce que les autres corps peuvent vendre en détail, à l'exception des draperies de laine qu'ils prétendent aussi pouvoir détailler, ce qui leur est néanmoins contesté.

2º. Les marchands de draps & étoffes d'or, d'argent & de soie.

3º. Les marchands de doruré, qui ne vendent que des gallons, des bords, des campanes, des dentelles & guipures, des franges, des boutons, des boutonnières

nières & gances, des cordons & laifes de chapeau, des ceintures, des pièces de corps & autres femblables marchandifes manufacturées avec de l'or & de l'argent trait & filé fur foie, & fil tant fin que faux.

4°. Ceux qui font négoce de camelots, étamines, crêpons, razes, ferges à doubler, moncahiards, droguets, tirtaines, baracans & autres femblables étoffes toutes de laine ou mêlées de foie, fil, coton, poil ou autre matière.

5°. Les jouaillers qui font commerce de pierres précieufes, perles, joyaux d'or & d'argent & toutes marchandifes de jouaillerie. Voyez JOUAILLERIE & JOUAILLIER.

6°. Les marchands de toiles, linge de table ouvré & non ouvré, menue lingerie, futaines, bafins, coutils & autres femblables efpèces de marchandifes.

7°. Les marchands de points & dentelles de fil, de batiftes, de linons, de mouffelines, de toiles de Hollande, demi-Hollande, &c.

8°. Ceux qui ne vendent que des foies en bottes.

9°. Ceux qui font commerce de peauferies, comme maroquins, bazannes, chamois, vaches de Ruffie, peaux de veaux, de moutons, de chévres, &c.

10°. Les marchands de tapiferies tant de Bergame qu'autres, qui vendent aufi des courtepointes, des tapis, des couvertures, des pòrtières & des étoffes pour faire des meubles, comme brocatelles, fatinades, tripes, mocades, moquettes, ligatures, pluches, callemandes, pannes de laine, &c.

11°. Les marchands de fer qui vendent du fer en barres, en verges, en plaques, en tole, en fil, en clous, &c. même de l'acier, de l'étain, du plomb & du cuivre non ouvré.

12°. Les quincailliers qui ne font négoce que de marchandife de quincaille, ce qui comprend les armes, la coutellerie, la taillanderie, ferrurerie, inftrumens & oùtils pour toutes fortes d'ouvriers & artifans, & autres menues marchandifes d'acier, de fer ou de cuivre. Voyez QUINCAILLE.

13°. Ceux qui vendent des tableaux, des eftampes, des candelabres, des bras, des girandoles de cuivre doré & de bronze, des luftres de criftal, des figures de bronze, de marbre, de bois & d'autre matière, des pendules, horlòges & montres; des cabinets, coffres, armoires, tables, tablettes & guéridons de bois de rapport & doré, des tables de marbre & autres marchandifes & curiofités propres pour l'ornement des appartemens.

14°. Les marchands de miroirs & de glaces pour les caroffes, de toilettes, de facs, de carreaux & couffins de velours pour les dames, &c.

15°. Ceux qui font négoce de rubans d'or, d'argent & de foie, de tabliers, d'écharpes & de coëffes de taffetas & de gaze, de bonnets d'étoffes d'or, d'argent, de velours, &c.; d'éventails, de manchons, de gants, &c.

16°. Les marchands papetiers qui vendent de toutes fortes de papiers, de l'encre, des écritoires, des plumes, des canifs, des poinçons, de la pou-

dre, de la cire d'Efpagne, du pain & de la foie plate à cacheter, des livres & regiftres en blanc, des porte-feuilles, des cartons, des livres réglés deftinés pour la mufique, &c.

17°. Ceux qui font négoce de chauderonnerie, comme chaudières, chauderons, cuves, cuvettes, poëlons, poëles à confitures, marmites, cafferolles, réchaux, coquemards, caffetières, chandeliers, chenets, baffins, paffoires, écumoires, cuillières à poëlon, baffinoires, caffolettes, mains à argent, lampes, alembics, gardes-feu, platines, & autres femblables ouvrages de cuivre jaune & rouge que l'on appelle aufli marchandife de dinanderie; comme aufli de toutes fortes d'ouvrages de fer, tant pour la chambre que pour la cuifine, tels que font les chenets, feux ou grilles, pelles, pincettes, tenailles, tringles à rideaux, poëles, lêchefrites, broches, réchaux, trépieds, grils, cuillières à pot, couvercles de marmites, même des plaques ou contrecœurs de cheminées, des marmites, des cloches & clochettes, & autres marchandifes de fonte.

18°. Les vendeurs de toiles cirées en gros & en détail, qui vendent aufli des parapluies, des guêtres, cafaques, porte-manteaux, chapeaux, capes pour femme, & tous pareils ouvrages de toile cirée, même des guêtres de treillis & coutils.

19°. Les marchands de menue mercerie qui vendent de la boutonnerie, des padoues, galons, rubans & rouleaux, foie & fil à coudre, boucaffins, treillis, bougrans, crêpes, laffets, aiguilles, épingles, dez à coudre, &c.

20°. Et enfin, les petits merciers qui vendent de la patenofterie ou chapelets, des peignes, des livres d'enfans, des jambettes, des raquettes, des palettes, des volans, des fabots, corniches, toupies, balles, étœufs, lanières de cuir, poupées, tambourins, violons, boëtes de bois peintes & façonnées, horlòges de fable, jeux de quilles, étuis, fiflets, tabatières de corne, de bois & de buis, des damiers, des jeux d'échets, & de toutes fortes de colifichets & jouets de carte & de bois pour les enfans, ce qui fe nomme de la bimbeloterie.

MERCURE. Minéral que l'on appelle autrement vif-argent, ou argent-vif.

MERDE-D'OYE. Couleur entre le verd & le jaune, ainfi nommée de quelque reffemblance qu'elle a avec les excrémens de l'oye.

MERDE-DE-FER. C'eft ce qu'on nomme autrement mache-fer ou écume de fer.

MERE-LAINE. C'eft la plus fine & la meilleure de toutes les laines qui fe tirent de deffus une toifon. Les Efpagnols la nomment prime, c'eft-à-dire, première laine.

MERE-PERLE. C'eft ainfi que l'on nomme une forte de poiffon teftacé, qui eft une efpèce d'huître beaucoup plus grande que les huîtres ordinaires, où s'engendrent les perles. On l'appelle aufli fimplement perle.

MERE. Se dit aufli en ce fens, des pierres pré-

                              L

cieuses. La *mere* d'un rubis, la *mere* d'une émeraude ; pour dire, les pierres ou les matrices dans lesquelles elles commencent à prendre leur formation.

MERIGAL. Espèce de monnoie d'or qui a cours à Sofala & dans le royaume de Monomotapa. Elle pèse un peu plus qu'une pistole d'Espagne.

On dit que les mines de Sofala sont si abondantes, qu'on en tire tous les ans plus de deux millions de *mérigaux*.

MERISIER. C'est une espèce de cerisier sauvage. Le bois de cet arbre est très-dur, & prend un assez beau poli. Sa couleur est d'un jaune un peu pâle. On en fait des ouvrages de tour, de tabletterie, & de marqueterie.

MERLU, ou MERLUCHE. Nom que l'on donne à la *morue* sèche ou parée.

MERLUT. On nomme *peaux en merlut*, les peaux de bouc, de chèvre, & de mouton en poil & en laine qu'on a fait sécher sur la corde, pour les pouvoir garder sans se corrompre, en attendant qu'elles puissent être passées en chamois, en mégie, ou en maroquin.

MESANIO. On appelle *coral mesanio*, une des sortes de coral que les marchands d'Europe envoyent dans les échelles du Levant. Le *coral mesanio* paie à Smyrne les droits d'entrée à raison de 50 aspres l'ocque.

MESCAL. *Petit poids* de Perse, qui fait environ la centième partie d'une livre de France de seize onces. C'est le demi-derhem, ou demi-dragme des Persans.

Trois cent derhems ou six cent mescals font le batman de Tauris, qui pèse cinq livres quatorze onces de France.

MÉLANGE. (*Terme de manufacture de draperie*). C'est l'union, ou pour mieux dire, la confusion de plusieurs laines de diverses couleurs non encore filées, que l'on prépare pour la fabrique des draps que l'on appelle *mélangés*.

MÉLANGE. C'est aussi un *terme de chapelier*, qui s'entend de la quantité de chaque matière qui sert à la fabrique des chapeaux, que l'on mêle ensemble pour chaque espèce qu'on en veut faire ; comme du castor sec avec du castor gras, du poil de lapin avec du castor, de la laine de vigogne avec celle d'agnelin ou de mouton, & ainsi du reste.

MÉLANGÉ. *Drap mélangé*. C'est un drap dont la chaîne & la tréme sont filées de laines de différentes couleurs, teintes, & mêlées avant le filage. Ces sortes de draps ne vont point au teinturier ; au contraire des draps fabriqués en blanc qu'on envoie à la teinture après la fabrique, pour être mis en couleur, comme noir, écarlate, &c. *Voyez* FEUTRE.

MESLINS. Espèces de toiles de chanvre qui se fabriquent en Champagne.

MESLIS DE BRETAGNE. On nomme ainsi *des toiles à voiles* qui se fabriquent dans quelques paroisses de l'évêché de Rennes. Par le réglement du premier février 1724, les *meslis* doivent avoir 28 pouces de large, & être composés de 28 portées, chaque portée de 40 fils.

MÉSOFFRIR. Faire des offres déraisonnables, & bien au-dessous du véritable prix que vaut une marchandise. S'il y a des marchands qui surfont, il y a aussi des acheteurs qui *mésoffrent*.

MESSAGER. Celui qui est commis par autorité publique, pour porter les marchandises, hardes, & paquets des particuliers, & pour fournir de chevaux & autres sortes de voitures aux personnes qui veulent dans leurs voyages se servir de leur ministère ; le tout pour les prix & aux clauses & conditions réglées par les patentes de leur établissement, & exprimées dans les pancartes qu'ils sont obligés de tenir affichées dans leur bureau.

Il y avoit autrefois & jusqu'à l'année 1676, plusieurs sortes de *messagers* en France, qui partoient de Paris pour les provinces, & qui voituroient & conduisoient les hardes, marchandises, & personnes jusqu'aux extrémités & presque dans toutes les villes du royaume.

Le roi avoit ses messageries, l'université les siennes ; & il y avoit encore outre cela plusieurs seigneurs ou particuliers, qui étoient propriétaires de quantité d'autres messageries ; soit qu'ils les eussent acquises par d'anciennes concessions, autorisées par une espèce de prescription ; soit qu'elles leur eussent été adjugées à cause de diverses finances qu'ils avoient payées aux coffres du roi.

Sa majesté ayant ordonné sur la fin de la même année 1676 le remboursement de la finance aux particuliers propriétaires desdites messageries, & la subrogation aux baux de celles appartenant à l'université en faveur du fermier général des postes de France, auxquelles elles furent réunies, toutes les messageries ont été considérées depuis sur le pied de messageries royales ; & ce fut en conséquence de cette réunion que fut donné en 1678 un nouveau réglement général pour les fonctions des *messagers, maîtres de coches & carrosses, voituriers, rouleurs* ; & *autres*.

Ce réglement consiste en vingt-un articles, dont les plus notables sont le douzième & le treizième qui conservent à toutes personnes, marchands ou autres, la liberté de se servir pour le transport de leurs deniers, marchandises, &c. de tels voituriers & voitures qu'ils voudront, sans que les *messagers* les puissent obliger de se servir d'eux ; c'est précisément celui qui n'a point été exécuté, les messageries s'étant arrogé des privilèges exclusifs.

L'état actuel des messageries en France se trouve réglé par divers arrêts dont la teneur s'ensuit.

ARRÊT DU CONSEIL D'ÉTAT DU ROI,

Qui réunit au domaine de sa majesté, les privilèges concédés par les rois ses prédécesseurs, pour les droits de carrosses, diligences & messageries du royaume : fait très-expresses inhibitions & défenses à tous concessionnaires, possesseurs & fermiers, de s'immiscer dans l'exercice desdits privilèges, à compter des jours qui seront fixés par les arrêts particuliers qui leur seront notifiés un mois à l'avance.

Du 7 août 1775.

Extrait des registres du conseil d'état.

Le roi s'étant fait rendre compte des différens arrêts & réglemens rendus pour l'administration des *messageries*, ensemble des concessions faites par les rois ses prédécesseurs, de différens droits de *carrosses* & de quelques *messageries* ; sa majesté a reconnu que la forme de régie qui a été adoptée pour cette partie, ne présente pas à ses sujets les avantages qu'ils devroient en tirer ; que la construction des voitures, & la loi imposée aux fermiers de ne les faire marcher qu'à journées réglées de dix à onze lieues, est très-incommode aux voyageurs, qui par la modicité de leur fortune, sont obligés de s'en servir ; que le commerce ne peut que souffrir de la lenteur dans le transport de l'argent & des marchandises ; que d'ailleurs cette ferme soumet ses peuples à un privilège exclusif qui ne peut que leur être onéreux, & qu'il lui seroit impossible de détruire s'il continuoit d'être exploité par des fermiers ; que quoiqu'au moyen dudit privilège, cette ferme dût donner un revenu considérable, cependant l'imperfection du service en rend le produit presque nul pour ses finances : sa majesté a pensé qu'il étoit également intéressant pour elle & pour ses peuples, d'adopter un plan, qui en présentant au public un service plus prompt & plus commode, augmentât le revenu qu'elle tire de cette branche de ses finances, & préparât en même temps les moyens d'abroger un privilège exclusif onéreux au commerce : Pour y parvenir, sa majesté a jugé qu'il étoit indispensable de distraire du bail des postes les *messageries & diligences* qui y sont comprises, de retirer des mains de ceux qui en sont en possession, les droits de *carrosse* concédés par les rois ses prédécesseurs, de résilier tous les baux qui ont été passés pour leur exploitation, en assurant, tant aux fermiers qu'aux concessionnaires, l'indemnité qui se trouvera leur être dûe. Sa majesté desirant faire jouir ses sujets de tous les avantages qu'ils doivent tirer des *messageries* bien administrées, & se mettre en état de leur en procurer de nouveaux par la suppression du privilège exclusif attaché auxdites *messageries*, aussi-tôt que les circonstances pourront le permettre, a résolu de faire rentrer dans sa main, tant lesdits droits de *carrosse* que les *messageries*,

qui font partie du bail général des postes, pour former du tout une administration royale ; de substituer aux *carrosses* dont se servent les fermiers actuels, des voitures légères, commodes & bien suspendues ; d'en faire faire le service à un prix modéré, également avantageux au commerce & aux voyageurs ; enfin d'astreindre les maîtres de poste à fournir les chevaux nécessaires pour la conduite desdites voitures, sans aucun retard & avec la célérité que ce service exige. A quoi voulant pourvoir : Ouï le rapport du sieur Turgot, conseiller ordinaire au conseil royal, contrôleur général des finances ; LE ROI ÉTANT EN SON CONSEIL, a ordonné & ordonne ce qui suit :

ART. PREMIER. Les privilèges concédés par les rois prédécesseurs de sa majesté, pour les droits de *carrosses* & de quelques *messageries*, seront & demeureront réunis au domaine de sa majesté, pour être exploités à son profit par l'administration des *diligences & messageries* ; & ce, à compter des jours qui seront fixés successivement pour les différentes routes, par des arrêts particuliers : fait sa majesté très-expresses inhibitions & défenses à tous concessionnaires, possesseurs & fermiers, de s'immiscer dans l'exercice desdits privilèges, à compter desdits jours fixés par lesdits arrêts particuliers, qui leur seront notifiés un mois à l'avance.

II. Les baux passés par l'adjudicataire des postes aux différens fermiers des *messageries & diligences*, de même que ceux faits par les engagistes, concessionnaires & autres possesseurs des droits de *carrosses & messageries* particulières, seront & demeureront résiliés, à compter desdits jours fixés pour les routes que concernent leurs baux.

III. Lesdites *messageries* seront & demeureront distraites du bail général des postes, & il sera tenu compte à l'adjudicataire, en déduction du prix de son bail, de la somme à laquelle se trouvent monter les prix des baux des *messageries & diligences* qui y sont comprises.

IV. Entend sa majesté que les possesseurs des droits de *carrosses & messageries*, soient indemnisés de la perte résultante de la suppression des engagemens & concessions à eux faits, suivant la liquidation qui en sera faite par les commissaires du conseil que sa majesté nommera pour procéder à ladite liquidation ; à l'effet de quoi, lesdits concessionnaires, engagistes & autres possesseurs seront tenus de remettre ès-mains du sieur contrôleur général des finances, les titres en vertu desquels ils jouissent, ensemble les baux par eux passés, & autres titres & renseignemens relatifs auxdits droits ; pour, sur le vu d'iceux, & sur le rapport qui en sera fait à sa majesté, être par elle statué ce qu'il appartiendra.

V. Entend également sa majesté qu'il soit incessamment pourvu à l'indemnité qui pourra être dûe

L ij

aux fermiers des *meffageries*, *diligences* & *carroffes*, pour raifon de ladite réfiliation & des bénéfices qu'ils auroient pu efpérer pendant le temps qui refte à courir de leurs baux, & ce, fuivant la liquidation qui en fera faite par lefdits commiffaires du confeil : à l'effet de quoi, lefdits fermiers feront tenus de remettre ès-mains du fieur contrôleur général des finances, leurs mémoires, états de recettes & de dépenfes, & autres titres & renfeignemens ; pour, fur le vu d'iceux, & fur le rapport qui en fera fait à fa majefté, être par elle ftatué ainfi qu'il appartiendra.

VI. A compter du jour qui fera fixé pour chaque route en particulier, il fera établi fur toutes les grandes routes du royaume, des voitures à huit, à fix ou à quatre places, commodes, légères, bien fufpendues & tirées par des chevaux de pofte, lefquelles partiront à jours & heures réglés, & feront accompagnées d'un commis pour la fûreté des effets. Quant aux routes de traverfe & de communication, fa majefté fe réferve de pourvoir à y établir le fervice des *meffageries* de la manière la plus avantageufe au public, fur le rapport qui lui en fera fait par le fieur contrôleur général de fes finances.

VII. Se réferve également fa majefté, de fixer par arrêt de fon confeil, le prix qui fera payé aux *diligences* qui feront fubftituées par la nouvelle adminiftration, aux *carroffes*, *diligences* ou *meffageries* actuelles, foit pour les voyageurs, foit pour le port des hardes, argent, bijoux & effets : & feront fur le préfent arrêt, toutes lettres néceffaires expédiées. FAIT au confeil d'état du roi, fa majefté y étant, tenu à Verfailles le feptiéme jour d'août mil fept cent foixante-quinze. *Signé*,- DE LAMOIGNON.

ARRÊT DU CONSEIL D'ÉTAT DU ROI,

Qui réunit au domaine de fa majefté, le privilége accordé pour l'établiffement des Voitures de la Cour, & de celles de Saint-Germain ; révoque les baux paffés en vertu defdits priviléges.

Du 7 août 1775.

Extrait des regiftres du confeil d'état.

Le roi, par réfultat de fon confeil de ce jour, ayant jugé à propos, pour l'avantage de fes finances & le bien de fes peuples, de changer l'adminiftration des *diligences* & *meffageries* par tout le royaume ; fa majefté a penfé qu'il pourroit être utile pour fon fervice & pour l'amélioration de ladite adminiftration, d'y réunir les *voitures* établies à la fuite de la cour, celles de Saint-Germain & *meffageries* en dépendantes : que pour y parvenir, il feroit néceffaire de révoquer les priviléges, conceffions & engagemens qui ont été faits defdites *voitures* & *meffageries* ; mais qu'il feroit de fa juftice & de

fa bonté d'indemnifer, & les fermiers defdites voitures, & les conceffionnaires des priviléges accordés pour leur établiffement. A quoi defirant pourvoir : Ouï le rapport du fieur Turgot, confeiller ordinaire au confeil royal, contrôleur général des finances ; LE ROI ÉTANT EN SON CONSEIL, a ordonné & ordonne ce qui fuit :

ART. PREMIER. Les priviléges concédés par les rois prédéceffeurs de fa majefté, pour les *voitures* à la fuite de la cour, celles de Saint-Germain & *meffageries* qui en dépendent, feront & demeureront réunis au domaine de fa majefté, à compter du premier feptembre prochain, & exploités à fon profit par l'adminiftration des *diligences* & *meffageries* : fait fa majefté très-expreffes inhibitions & défenfes à tous conceffionnaires, poffeffeurs & fermiers, de s'immifcer dans l'exercice defdits priviléges, à compter dudit jour premier feptembre prochain.

II. Les baux paffés par les titulaires des priviléges ci-deffus défignés aux fermiers defdites *voitures* de la cour, de Saint-Germain & *meffageries* en dépendantes, feront & demeureront réfiliés, à compter du premier feptembre prochain.

III. Entend fa majefté que les engagiftes, conceffionnaires ou fermiers des *voitures* de la cour, de celles de Saint-Germain & des *meffageries* qui en dépendent, foient indemnifés de la perte réfultante de la fuppreffion des engagemens & conceffions à eux faits, fuivant la liquidation qui en fera faite par les commiffaires du confeil, que fa majefté nommera pour procéder à ladite liquidation ; à l'effet de quoi lefdits conceffionnaires, engagiftes & autres poffeffeurs, feront tenus de remettre ès-mains du fieur contrôleur général des finances, les titres en vertu defquels ils jouiffent, enfemble les baux par eux paffés, & autres titres relatifs aufdits droits ; pour, fur le vu d'iceux & fur le rapport qui en fera fait à fa majefté, être par elle ftatué ce qu'il appartiendra.

IV. Entend fa majefté, que l'adminiftration des *diligences* & *meffageries* fe charge, & prenne pour fon compte, d'après les inventaires & eftimations à dire d'experts, qui en feront faits, les voitures, chevaux & uftenfiles fervant à l'exploitation defdites *voitures* de la cour & *meffageries*, & feront les fermiers defdites *voitures* & *meffageries* payés du prix defdits effets, fuivant la liquidation qui en fera faite par les commiffaires qui feront nommés à cet effet.

V. Entend également fa majefté qu'il foit inceffamment pourvu à l'indemnité qui pourra être due aux fermiers des *voitures* de la cour, de celles de Saint-Germain & des *meffageries* qui en dépendent, pour raifon de ladite réfiliation, & des bénéfices qu'ils auroient pu efpérer pendant le temps qui refte à courir de leurs baux, & ce, fuivant la liquidation qui en fera faite par lefdits commiffaires du confeil ; à l'effet de quoi lefdits fermiers feront tenus de remettre ès-mains du fieur contrôleur général des finances , leurs mémoires , états de recettes & de dépenfes , & autres titres & renfeignemens , pour fur le vu d'iceux & fur le rapport qui en fera fait à fa majefté , être par elle ftatué ainfi qu'il appartiendra ; & feront fur le préfent arrêt toutes lettres néceffaires expédiées. FAIT au confeil d'état du roi, fa majefté y étant , tenu à Verfailles le feptième jour d'août mil fept cent foixante-quinze. *Signé*, DE LAMOIGNON.

ARRÊT DU CONSEIL D'ÉTAT DU ROI,

SERVANT *de réglement fur les* diligences & meffageries *du Royaume, auquel eft annexé le tarif qui fera fuivi à l'avenir, tant pour le prix des places , que pour le port des paquets, or, argent, hardes & marchandifes.*

Du 7 août 1775.

Extrait des regiftres du confeil d'état.

Le roi s'étant fait repréfenter l'arrêt rendu en fon confeil cejourd'hui 7 août, par lequel fa majefté en réuniffant dans fa main les *meffageries* qui faifoient ci-devant partie du bail des poftes, & les droits de *carroffes* & de quelques *meffageries*, poffédés par différens particuliers, à titre d'engagement, conceffion ou autrement, s'eft réfervée de prefcrire les régles à fuivre pour l'adminiftration defdites *diligences* & *meffageries*, de-déterminer les obligations de ladite adminiftration envers le public, & celles du public envers elle; de fixer le tarif des prix à payer, foit pour les places dans lefdites *diligences*, foit pour le port des hardes, argent & autres effets; s'étant fait pareillement repréfenter le réfultat de fon confeil de ce jour, par lequel elle a chargé de ladite régie & adminiftration, Denis Bergaut & fes cautions; fa majefté a vu avec fatisfaction que ledit établiffement préfente à fes fujets des avantages multipliés; que fi la néceffité de conferver dans toute fon intégrité les revenus qu'elle tire des *diligences* & *meffageries*, s'oppofe au défir qu'elle auroit eu de fupprimer dès-à-préfent le privilége excluf qui leur eft accordé, les principes qui feront fuivis par la nouvelle adminiftration, les commodités qui en réfulteront pour les voyageurs & négocians, la célérité & le bas prix des tranfports, devant lui affurer bien-tôt une préférence décidée : fa majefté, dès que ledit fervice fera entièrement & folidement établi, pourra, fans diminuer les revenus qu'elle tire defdites *diligences* & *meffageries*, & ceux qu'elle doit en attendre, fe livrer aux mouvemens de fon affection paternelle pour fes peuples, & les fouftraire audit privilége excluf: fa majefté a penfé qu'en attendant qu'elle puiffe leur procurer la totalité des avantages qui doivent en réfulter, il eft de fa bonté

de prendre les mefures les plus promptes pour en régler le fervice, & pour faire jouir fes fujets des commodités qu'il doit leur procurer dès les premiers temps de fon établiffement. A quoi voulant pourvoir : oüi le rapport du fieur Turgot, confeiller ordinaire au confeil royal, contrôleur général des finances ; LE ROI ÉTANT EN SON CONSEIL, a ordonné & ordonne ce qui fuit:

ART. PREM. Les tarifs accordés ci-devant aux fermiers des *diligences* de Lyon & de Lille, feront & demeureront fupprimés comme trop onéreux aux voyageurs ; en conféquence, fa majefté ordonne qu'il fera payé fur lefdites routes, ainfi que fur les autres routes où les *diligences* feront établies pour le tranfport des paquets, or, argent, hardes & marchandifes voiturés, les mêmes prix que ceux ci-devant accordés aux fermiers des *carroffes* & *meffageries*, & qui font fpécifiés dans le tarif annexé au préfent arrêt ; & quant aux perfonnes il fera fait une légère augmentation fur le prix précédemment réglé pour les *carroffes* & *meffageries*, le tout conformément audit tarif.

II. Sur le prix des places payées par chaque voyageur, conformément audit tarif, il fera déduit un fixième, duquel il fera formé une maffe deftinée à accorder des indemnités aux maîtres de pofte, chargés du fervice defdites *diligences*, pour les pertes de chevaux qui pourroient leur furvenir à raifon dudit fervice ; à donner des gratifications auxdits maîtres de pofte qui l'auront bien fait; & à accorder des penfions viagères aux employés de ladite adminiftration, que leur âge ou leurs infirmités mettront hors d'état de continuer leur fervice, & ce fur le compte qui en fera rendu à fa majefté par le fieur contrôleur général de fes finances.

III. Fait fa majefté très-expreffes inhibitions & défenfes aux fermiers des cinq groffes fermes, octrois municipaux, & de tous autres droits généralement quelconques, d'arrêter aux barrières, ou faire conduire aux douanes ou dans tous autres bureaux, les *diligences* & autres voitures appartenantes à l'adminiftration des *meffageries*, à l'effet d'y être vifitées : ordonne fa majefté que lefdites vifites feront faites aux bureaux des *diligences*, fauf auxdits fermiers de faire accompagner lefdites voitures, de la barrière par laquelle elles arriveront, jufqu'au bureau général des *diligences*, par les commis des portes, afin d'éviter toute efpèce de verfement frauduleux des denrées ou marchandifes. Et à l'égard des villes de Paris & Lyon feulement, il fera fourni aux hôtels des *meffageries* un logement par bas, où les employés des fermes pourront établir un bureau pour y percevoir les droits auxquels les marchandifes font affujetties.

IV. Les commis ou prépofés à la perception des droits de péages, paffages, traites-foraines, coutume, pontonage, travers, leyde & autres de même nature, fous quelques dénominations qu'ils foient,

foit que lefdits droits foient dans la main de fa majefté, foit qu'elle en ait concédé la jouiffance à
titre d'engagement, d'échange, d'aliénation ou autrement, ne pourront rien exiger ni fur les voitures & chevaux des *meffageries* & *diligences*, ni fur
les marchandifes & effets qu'elles tranfporteront, à
peine de reftitution des droits & de cinq cent livres
d'amende.

V. Fait fa majefté très-expreffes inhibitions &
défenfes aux courriers des malles des dépêches, de
tranfporter des voyageurs, paquets, hardes, marchandifes, or, argent, bijoux, volailles, gibier, &c.
& de porter autres chofes que lefdites malles des
dépêches, lefquelles ne pourront contenir que les
lettres, paquets de lettres, or & argent confiés aux
bureaux des poftes : le tout fous les peines portées
par les réglemens.

VI. Renouvelle fa majefté les défenfes faites aux
rouliers coquetiers, muletiers, fariniers & autres,
de tranfporter fur les routes où le fervice des *mef-
geries* fera établi & fait régulièrement, foit par l'adminiftration même, foit par les fermiers auxquels
lefdites routes auront pu être affermées, des perfonnes fur leurs voitures, fans en avoir obtenu la
permiffion dudit Denys Bergaut, de fes cautions ou
de fes prépofés & de tranfporter de même des petits paquets du poids de cinquante livres & au-deffous, & d'en former d'un poids plus confidérable
par l'affemblage de plufieurs : leur fait pareillement
très-expreffes inhibitions & défenfes de fe charger
du tranfport d'aucune matière d'or & d'argent ; le
tout à peine de cinq cent livres d'amende & de
confifcation des marchandifes faifies & des chevaux
& voitures : ordonne fa majefté aux commis & prépofés par l'adminiftration des *diligences* & *meffageries*, de faifir les marchandifes, chevaux & équipages des contrevenans, & d'en dreffer procès-
verbal ; lequel étant fait en la manière accoutumée,
vaudra & fera cru jufqu'à infcription de faux : &
fera le préfent article exécuté jufqu'à ce qu'il en foit
autrement ordonné.

VII. Les réglemens rendus fur le fait du roulage,
feront exécutés felon leur forme & teneur, enfemble ceux qui ont été rendus fur le fait des *meffageries*, *diligences* & *carroffes* de voitures, en ce
qu'il n'y eft dérogé par le préfent arrêt.

VIII. Ordonne fa majefté aux commandans des
maréchauffées, de faire accompagner les *diligences*
par deux cavaliers, lorfqu'elles pafferont la nuit
dans les forêts, & même le jour lorfqu'ils en feront
requis par l'adminiftration des *diligences* ou fes
prépofés ; defquelles courfes extraordinaires ils feront payés fur le produit defdites *meffageries*,
d'après le réglement qui en fera fait par les fieurs
intendans & commiffaires départis.

IX. Sa majefté a évoqué & évoque à foi & à
fon confeil, toutes les caufes & conteftations qui

pourront être mues pour raifon de l'exploitation du
privilége defdites *diligences* & *meffageries*, & icelles renvoie pour être jugées en première inftance,
fauf l'appel au confeil, au fieur lieutenant-général
de police de la ville de Paris, & aux fieurs intendans
& commiffaires départis dans les provinces & généralités du royaume, chacun en ce qui les concerne.
Fait fa majefté très-expreffes inhibitions & défenfes
à toutes fes cours & autres juges, de connoître
defdites caufes & conteftations. Enjoint fa majefté
audit fieur lieutenant général de police à Paris, &
aux fieurs intendans & commiffaires départis pour
l'exécution de fes ordres dans lefdites provinces &
généralités du royaume, de tenir la main à l'exécution du préfent arrêt, fur lequel feront toutes lettres
néceffaires expédiées. FAIT au confeil d'état du roi
fa majefté y étant, tenu à Verfailles le fept août mil
fept cent foixante-quinze. *Signé* DE LAMOIGNON.

TARIF ET CONDITIONS.

Port des paquets, hardes & marchandifes.

	₶	f	ɗ
Du lieu du départ des voitures jufqu'à dix lieues & au-deffous, fera payé pour le *port* des *paquets*, *hardes* & *marchandifes*, pour chaque livre pefant, fix deniers, ci	"	"	6
Au-deffus de dix lieues jufqu'à quinze, neuf deniers, ci	"	"	9
Et à proportion des routes plus éloi-gnées, trois deniers en fus par cinq lieues & au-deffous, ci	"	"	3

Tous *paquets* au-deffous du poids
de dix livres, paieront comme s'ils pe-
foient dix livres.

Port de l'or & argent monnoyé & en matière.

	₶	f	ɗ
Du lieu du départ jufqu'à vingt lieues & au-deffous, fera payé pour le *port* de l'or & *argent* monnoyé & en ma-tière, deux livres par mille livres . .	2	"	"
Pour cinq cent livres & au-deffous, une livre, ci	1	"	"
Et au-deffus de cinq cent livres juf-qu'à mille livres à proportion du prix fixé par mille livres.			
Pour toutes les routes excédant vingt lieues fera payé à raifon de vingt fous par mille livres pour chaque dix lieues, ci	1	"	

Port des étoffes précieufes, bijoux, &c.

Effets perdus.

Le port des *dentelles* fines, *galons*, *étoffes d'or*
& d'argent, *bijoux*, *pierreries* & autres chofes
précieufes, fera payé fur le pied fixé pour le port
de l'or & argent monnoyé, & ce, d'après l'eftimation

Refdits effets, que ceux qui en feront les envois, feront tenus d'inscrire fur le regiftre du prépofé à la recette ; & en cas de *perte* defdits effets, ils feront rembourfés conformément à la déclaration ou eftimation faite fur le regiftre ; en cas de fauffe déclaration de la part de ceux qui feront les envois, fera perçu le double du droit fixé par le préfent arrêt.

Ceux qui ne feront point fur le regiftre du prépofé, la déclaration du contenu dans les valifes, coffres, malles & autres fermant à clef, ne pourront demander, pour la valeur des chofes qui feront dans lefdites valifes ou coffres non déclarés, plus que la fomme de cent cinquante liv. lorfqu'elles feront perdues, en affirmant, par ceux qui reclameront, qu'elles valoient la fomme de cent cinquante livres.

Précaution à prendre pour les emballages.

Les chofes précieufes, feront mifes dans des caiffes couvertes de toile cirée avec un emballage au-deffus, & les marchandifes groffières feront emballées de ferpillières, pailles & cordages ; & à faute de ce, il ne fera point tenu compte des domages que pourroient fouffrir lefdites marchandifes & effets.

Gibier & volailles gâtés.

Seront tenus les particuliers auxquels on envoie des *volailles*, du *gibier*, & autres chofes fujettes à corruption, qui ne peuvent leur êtré portées faute d'adreffe, ou par l'inexactitude d'icelle, de les venir ou envoyer chercher au bureau, dans les huit jours après l'arrivée d'iceux, finon permis au prépofé de jetter lefdites denrées en cas qu'elles foient corrompues ou gâtées, defquelles il fera & demeurera déchargé.

Ports des papiers.

Le port des paquets de *papiers*, fera payé à raifon d'un fou la livre pour dix lieues, ci . . . .   ♯ ß ♌   //   1   //

Et tout paquet au-deffous du poids de dix livres, payera comme s'il pefoit dix livres.

Prix des places.

Il fera payé pour chaque *place* dans les diligences, avec dix livres de hardes *gratis*, treize fous par lieue, ci.   //   13   //

Et pour toutes autres *places* en dehors defdites voitures, fept fous fix deniers par lieue, ci. . . . .   //   7   6

Au moyen defquels prix, l'adminiftration des *meffageries* étant chargée de toutes dépenfes, même du paiement des appointemens & gratifications des commis conducteurs, il eft très-expreffément défendu à tous & un chacun

defdits commis, de rien recevoir des voyageurs, à titre de gratification ou autrement ; & ce, fous peine de privation de leurs places.

A l'égard des voitures qui marcheront à journées réglées de huit à dix lieues, & qui ne feront point conduites par des chevaux de pofte, il ne fera payé comme par le paffé, que dix fous par place pour chaque lieue dans lefdites voitures, avec dix livres de hardes *gratis*, ci.   ♯ ß ♌   //   10   //

Et dans le panier ou en dehors defdites voitures, fix fous par lieues, ci.   ♯   6   ß

Voitures extraordinaires.

Il fera payé vingt fous par lieue pour chaque place dans les berlines ou chaifes que l'on fera marcher *extraordinairement*, avec dix livres de hardes *gratis*, le furplus devant être payé conformément au tarif, ci   1   //   //

Lefdites *voitures extraordinaires* ne marcheront que lorfque toutes les places feront remplies ou payées, & les voyageurs veilleront eux-mêmes fur leurs effets, ces voitures n'étant établies que pour la commodité du public, & marchant fans être accompagnées d'un commis.

Droits de permiffion.

Pour aller à fix lieues & au-delà de la ville de Paris feulement, même dans tous les endroits en-deçà defdites fix lieues pour lefquels il y a voitures publiques ; & à l'égard des autres villes du royaume à quelques diftances que ce foit defdites villes, dès qu'il y aura voitures publiques établies, & que le fervice defdites routes fera fait régulièrement, foit par ladite adminiftration, foit par les fermiers particuliers auxquels l'exploitation defdites routes pourra être affermée, les loueurs de chevaux & carroffes ne pourront en fournir à des particuliers, fans avoir préalablement obtenu la *permiffion* du bureau du lieu de leur départ, ou du lieu le plus prochain ; & fera payé pour les *droits de permiffions*, le tiers des droits fixés pour chaque place dans les diligences. Seront tenus les loueurs de chevaux & autres, de repréfenter toutes fois & quantes ils en feront requis par les adminiftrateurs ou leurs prépofés, lefdites *permiffions*, tant en allant qu'en venant, & ne pourront faire des ventes fimulées ; le tout fous peine de confifcation des chevaux & équipages, & de cinq cents livres d'amende.

Diftances.

La *diftance* des lieues pour toutes les routes, fera reglée fuivant le livre des poftes, fur les routes où il y en a d'établies, ou par lieues communes de France de deux mille deux cent toises, par-tout où il n'y a pas de postes établies.

FAIT au conseil d'état du roi, sa majesté y étant, tenu à Versailles le sept août mil sept cent soixante-quinze. *Signé* DE LAMOICNON.

ARRÊT DU CONSEIL D'ÉTAT DU ROI,

Qui nomme les administrateurs préposés à la régie, pour le compte du roi, des diligences & messageries.

Du 7 août 1775.

Extrait des registres du conseil d'état.

Vu au conseil d'état du roi, l'arrêt rendu en icelui cejourd'hui 7 août, par lequel sa majesté, en réunissant à son domaine, les droits de *carrosses & messageries* aliénés, a ordonné que, tant les-dits droits que les *messageries*, faisant partie du bail des postes, seroient régis & administrés pour son compte, à compter du jour qui sera indiqué pour les différentes routes du royaume : autre arrêt rendu cejourd'hui, servant de réglement sur les *diligences & messageries*, auquel est annexé le tarif qui sera suivi dans les *diligences* que sa majesté se propose de faire substituer aux anciennes voitures; le résul-tat de son conseil, par lequel sa majesté commet Denis Bergaut pour la régie & administration des *diligences & messageries* par tout le royaume : sa majesté a considéré que pour faire jouir ses peuples, le plus promptement qu'il sera possible, des avan-tages que leur promet la nouvelle forme d'adminis-tration des *messageries*, il étoit nécessaire de nom-mer dès-à-présent les administrateurs qui, sous le nom de *Denis Bergaut*, seront chargés de l'ex-ploitation pour le compte de sa majesté. A quoi voulant pourvoir : ouï le rapport du sieur Turgot, conseiller ordinaire au conseil royal, contrôleur général des finances; tout considéré : LE ROI ÉTANT EN SON CONSEIL, a ordonné & ordonne ce qui suit:

ART. PREM. Les sieurs Bernard de Saint-Victor, Jacquinot, Raguet, Royer & Morambert; cautions de Denis Bergaut, auront l'administration générale, dans toute l'étendue du royaume, des *messageries*, *carrosses & diligences* : veut & entend sa majesté qu'ils soient reconnus de tous ses sujets en cette qualité : & qu'il soit déféré à leurs ordres par les employés de l'administration, en tout ce qui pourra concerner le service des *diligences & messageries*, & autres parties du service de sa majesté dont ladite administration pourra être chargée.

II. Lesdits administrateurs nommeront pour le service des *messageries*, *carrosses & diligences*, tant aux emplois qu'ils jugeront nécessaires d'établir ou de substituer à ceux actuellement existans, qu'à

ceux qui vaqueront successivement par retraites, dé-cès ou autrement.

III. Ordonne néanmoins, sa majesté, à tous les directeurs & employés desdites *messageries*, *carrosses & diligences* actuellement en place, de continuer leur service & fonctions sur les ordres de la susdite administration, sans qu'il soit nécessaire, pour l'ins-tant, de leur délivrer de nouvelles procurations ou commissions, même de leur faire prêter un nouveau serment : se conformeront lesdits directeurs & em-ployés au plan de régie qui leur sera adressé : & se procureront, pour le premier septembre prochain, les registres nécessaires pour la nouvelle administra-tion, qu'ils feront coter & parapher par le subdé-légué, & en son absence, par le juge du lieu, le tout sans frais. Fait défenses sa majesté, sous telle peine qu'il appartiendra, à aucuns desdits directeurs & employés, d'abandonner leurs fonctions sans l'agrément & les ordres par écrit de ladite admi-nistration.

IV. Permet sa majesté auxdits administrateurs, leurs directeurs, receveurs, inspecteurs, contrô-leurs & leurs autres commis ayant serment en justice, de porter des épées & autres armes; les déclare sa majesté être sous sa sauvegarde, de même que sous celle des juges, maires, syndics & principaux habi-tans des lieux où ils passeront & où leurs bureaux seront établis : défend sa majesté à toutes personnes, de les troubler dans leurs fonctions. Enjoint à ses gouverneurs, lieutenans généraux, prévôts des ma-réchaussées & à tous ses autres officiers, de tenir la main à ce qui est ci-dessus prescrit pour la sûreté de leur service, & de leur faire prêter main-forte à toute réquisition : entend de plus sa majesté que lesdits administrateurs & leurs préposés, jouissent des exemptions & priviléges accordés par les ordonnan-ces, déclarations, baux des fermes & domaines de sa majesté, arrêts & réglemens, notamment par l'art. II du titre commun pour toutes les fermes, de l'ordonnance du mois de juillet 1681, & les déclarations des 27 juin 1716 & 1. août 1721 : voulant sa majesté que lesdites ordonnances, arrêts, réglemens & déclara-tions soient exécutés, tant pour la sûreté du service des susdits administrateurs & leurs préposés, que pour leurs exemptions & priviléges, comme ils le sont ou doivent l'être pour les employés des fermes.

V. Permet sa majesté audit Bergaut & ses cau-tions, d'entretenir ou résilier les abonnemens, baux, traités & marchés qui peuvent avoir été ci-devant faits par les fermiers desdits *carrosses*, *messageries & diligences*, dans toute l'étendue du royaume, de partie desdites fermes; comme aussi de régir ou abonner à leur volonté les routes qui se trouveront sous-affermées au jour où ils entreront en possession des fermes auxquelles lesdites routes appartiennent; se réservant sa majesté de pourvoir aux indemnités qui pourront être dûes pour raison desdites résilia-tions. Enjoint sa majesté au sieur lieutenant général

de

de police à Paris, & aux sieurs intendans & commissaires départis pour l'exécution de ses ordres dans les provinces & généralités du royaume, de tenir la main à l'exécution du présent arrêt, sur lequel seront toutes lettres nécessaires expédiées. FAIT au conseil d'état du roi, sa majesté y étant, tenu à Versailles le sept août mil sept cent soixante-quinze. *Signé* DE LAMOIGNON.

ARRÊT DU CONSEIL D'ÉTAT DU ROI,

Qui commet les sieurs de Boullogne, conseiller d'état ordinaire, & au conseil royal, intendant des finances; Boutin, conseiller d'état & intendant des finances; Dufour de Villeneuve, conseiller d'état; & les sieurs de Meulan d'Ablois, Raymond de Saint-Sauveur, de Colonia & Feydeau de Brou, maîtres des requêtes; pour procéder aux liquidations ordonnées par les arrêts de ce jour, aux anciens fermiers des diligences & messageries du royaume, y compris les voitures de la cour, Saint-Germain, & les messageries qui en dépendent.

Du 7 août 1775.

Extrait des registres du conseil d'état.

Le roi ayant ordonné par les deux arrêts rendus en son conseil ce jourd'hui, la réunion au domaine, des privilèges concédés par les rois ses prédécesseurs, tant pour les droits de *carrosses* & de quelques *messageries*, que pour les *voitures* à la suite de la cour, celles de Saint-Germain & les *messageries* qui en dépendent; à l'effet de quoi les baux passés soit par l'adjudicataire des postes aux différens fermiers des *messageries* & *diligences*, soit par les engagistes, concessionnaires & autres possesseurs des droits de *carrosses* & *messageries* particulières; soit par les titulaires des privilèges des *voitures* de la cour, de Saint-Germain & *messageries* en dépendantes, aux fermiers desdites *voitures* seront & demeureront résiliés; sçavoir, pour les *carrosses* & *messageries*, à compter du jour qui sera incessamment indiqué; & pour les *voitures* de la cour, de Saint-Germain, & *messageries* en dépendantes, à compter du premier septembre prochain, sauf à pourvoir aux indemnités qui pourront être dûes, tant aux possesseurs des droits de *carrosses* & *messageries*, qu'aux fermiers des *messageries*, *diligences* & *carrosses*, & à ceux des *voitures* de la cour & de celles de Saint-Germain, & des *messageries* qui en dépendent, suivant la liquidation qui en sera faite par les commissaires nommés à cet effet, pour raison de quoi ils seront tenus de remettre ès-mains du sieur contrôleur général des finances, leurs mémoires, titres & pièces, pour sur le vu d'iceux, & le rapport qui en sera fait à sa majesté, être par elle statué ainsi qu'il appartiendra. Et sa majesté voulant pourvoir à la nomination desdits commissaires: Ouï le rapport du

sieur Turgot, conseiller ordinaire au conseil royal, contrôleur général des finances; LE ROI ÉTANT EN SON CONSEIL, a commis & commet les sieurs de Boullogne, conseiller d'état ordinaire & au conseil royal, intendant des finances; Boutin, conseiller d'état & intendant des finances; Dufour de Villeneuve, conseiller d'état; & les sieurs de Meulan d'Ablois, Raymond de Saint-Sauveur, de Colonia & Feydeau de Brou, maîtres des requêtes, pour procéder, conformément auxdits arrêts de ce jour-d'hui, aux liquidations desdites indemnités; sur la représentation qui sera faite auxdits sieurs commissaires, des titres & pièces suffisantes; à l'effet de quoi, tous ceux qui se trouveront dans le cas de prétendre auxdites indemnités, seront tenus de remettre dans le délai de six mois, à compter dudit jour premier septembre prochain, tous leurs titres entre les mains du sieur Dupont, greffier des commissions extraordinaires du conseil, que sa majesté a commis pour greffier de ladite commission; pour, sur les jugemens qui seront rendus par lesdits sieurs commissaires, au nombre de cinq au moins, être lesdits possesseurs, engagistes, concessionnaires, fermiers & autres, remboursés des sommes portées par lesdits jugemens, dans les termes & de la manière qui seront ordonnés par sa majesté. FAIT au conseil d'état du roi, sa majesté y étant, tenu à Versailles le septième jour du mois d'août mil sept cent soixante-quinze. *Signé*, DE LAMOIGNON.

ORDONNANCE DU ROI,

Concernant les messageries.

Du 12 août 1775.

Sa majesté ayant jugé convenable de changer la manutention actuelle des *messageries*, *diligences* & *carrosses* de voitures, & d'y substituer une nouvelle forme d'administration plus avantageuse aux voyageurs & au commerce, a ordonné qu'à compter du jour qui seroit fixé pour chacune des grandes routes du royaume, il seroit établi une ou plusieurs *diligences*, lesquelles partiront chargées, ou non chargées, & seront conduites par des chevaux de poste en nombre suffisant; & attendu que le nouveau service qu'elle juge à propos de confier aux maîtres de postes, leur assure un produit considérable & constant, sa majesté a ordonné & ordonne ce qui suit:

ART. PREMIER. A compter du jour qui sera fixé pour chacune des grandes routes du royaume, il sera établi, au lieu des voitures publiques actuellement en usage, des *diligences* légères, commodes, bien suspendues, à huit places, pour lesquelles il sera fourni par chaque maître de postes, qu'elles soient remplies de voyageurs ou qu'elles ne le soient pas, & lorsque la charge n'excédera pas dix-huit quintaux, poids de marc, six chevaux; lorsqu'elle montera à vingt-un quintaux, sept chevaux; & à vingt-quatre quintaux, huit chevaux, lesquels seront

M

payés aux maîtres de poste, à raison de vingt sols par poste; les postes doubles, & postes & demie seront payées à proportion; les postillons sur le pied de dix sols par poste, & les doubles postes & postes & demie aussi à proportion : Et attendu que sur plusieurs routes une diligence à quatre places sera suffisante pour faire le service, il sera payé pour ces voitures, que quatre chevaux & un postillon, lorsqu'elles seront chargées de douze quintaux; cinq chevaux, lorsqu'elles porteront plus de quinze quintaux; & six chevaux, & deux postillons lorsque la charge sera de dix-huit quintaux, & au-dessus.

II. Chaque diligence sera accompagnée d'un commis-conducteur, lequel sera porteur d'un billet d'heure qui lui sera remis par le directeur de la diligence du lieu du départ. Ce billet sera rempli de poste en poste par les maîtres de poste qui écriront l'heure de l'arrivée & celle du départ de la diligence, & y mettront leur signature : ces mêmes billets seront encore visés des directeurs ou receveurs des diligences, dans les lieux où il y en aura d'établies; & ce, afin d'assurer l'exactitude du service qui doit se faire avec assez de célérité; pour que dans les chemins les plus difficiles, les diligences puissent parcourir une poste dans l'espace d'une heure.

III. Les maîtres de postes auront soin de tenir leurs chevaux prêts pour l'heure de l'arrivée des diligences; afin que le service n'éprouve aucun retard; ils auront soin de même d'avoir de bons chevaux & des postillons en état de conduire ces voitures : sa majesté déclarant qu'ils seront responsables des retards & des accidens qui pourroient arriver par leur faute ou celles de leurs postillons.

IV. Comme il sera fourni des berlines à quatre places pour la commodité des voyageurs qui voudront aller avec leur compagnie, ou qui par leurs affaires seront nécessités de partir à jours & heures non réglées, il sera payé aux maîtres de poste pour la conduite de ces voitures, quatre chevaux, & le postillon au même prix & sur le même pied que ceux qui seront employés pour les diligences; mais comme il n'y aura point de commis à la suite de ces voitures, le billet d'heure sera donné au premier postillon qui le remettra à la première poste, pour être rempli & porté à la seconde, & ainsi de suite jusqu'au lieu de l'arrivée, où il sera déposé au bureau des diligences. Ordonne sa majesté que ces voitures seront conduites avec la même vîtesse que les diligences.

V. Les inspecteurs généraux des diligences & messageries, seront chargés de l'examen des chevaux qui seront employés à ce service, & ils pourront réformer ceux qui ne sont pas en état de le faire. Ordonne sa majesté aux maîtres de poste, de ne pas garder plus de trois semaines un cheval réformé, & de s'en procurer un autre pendant cet intervalle, à peine de cent cinquante livres d'a-

mende pour la première fois, & de plus forte peine en cas de récidive.

VI. Les maîtres de poste établis sur les routes peu fréquentées, & qui ont conséquemment peu de chevaux, auront soin de s'en procurer en plus grande quantité, afin de pouvoir fournir aux différens services dont ils sont chargés.

VII. Sur la masse, formée du sixième du prix des places des diligences, il sera accordé des indemnités aux maîtres de poste, qui auront perdu des chevaux pour raison dudit service; il sera même accordé par sa majesté, sur ladite masse, des gratifications à ceux des maîtres de poste qui s'en seront bien acquittés; le tout sur le rapport qui en sera rendu à sa majesté par le sieur contrôleur général des finances, & sur le vu des procès-verbaux de visites desdits inspecteurs généraux des diligences.

VIII. Mande & ordonne sa majesté, à tous gouverneurs & lieutenans généraux en ses provinces, gouverneurs particuliers & commandans de ses villes & places, intendans & commissaires départis esdites provinces, de tenir la main, chacun en droit soi, & de donner les ordres nécessaires pour l'exécution de la présente ordonnance, qui sera publiée & affichée partout & ainsi qu'il appartiendra, à ce que lesdits maîtres de poste n'en prétendent cause d'ignorance. FAIT à Versailles le douzième août mil sept cent soixante-quinze. Signé LOUIS. Et plus bas, DE LAMOIGNON.

ARRÊT DU CONSEIL D'ÉTAT DU ROI,

Qui réunit au domaine de sa majesté les priviléges des coches & diligences d'eau, établis sur les rivières de Seine, Marne, Oise, Aine, Yonne, Aube, Loire, Saône, Rhône, canal de Briare, & autres rivières & canaux navigables du royaume.

Du 11 décembre 1775.

Extrait des registres du conseil d'état.

Le roi étant informé que par concessions particulières des rois prédécesseurs de sa majesté, il s'est établi sur la plus grande partie des rivières & sur quelques canaux navigables du royaume, des coches & diligences qui partent & arrivent à jours & heures réglés; que ces voitures sont de la plus grande commodité pour le public & pour le commerce, par la modicité des prix fixés pour le port des marchandises & les places des voyageurs; que ces établissemens pourroient se perfectionner si sa majesté faisoit rentrer dans sa main les priviléges en vertu desquels lesdites voitures ont été établies, & n'en formoit qu'une seule exploitation, attendu les obstacles inséparables d'exploitations d'entreprises de cette espèce, que des particuliers surmontent difficilement, & qui s'applaniroient d'eux-mêmes si

lefdites voitures étoient dans la main d'une adminiftration royale : fa majefté a penfé qu'il ne pourroit
qu'être avantageux à fes peuples & à elle-même, de
prononcer ladite réunion & de confier l'exercice de
tous lefdits priviléges à l'adminiftration des *diligences* & *meffageries* établies par arrêt du 7 août dernier, en pourvoyant à l'indemnité qui pourra être
due aux conceffionnaires defdits priviléges & aux
fermiers qui les exploitent ; que ladite adminiftration
réuniffant les *coches* & *diligences* d'eau à la partie
dont elle est chargée, pourra les combiner de la
manière la plus avantageufe, & qu'il lui fera facile
de faire concourir à l'utilité publique & au bien de
fa manutention générale, ces différentes entreprifes,
qui par leur divifion ne peuvent que fe nuire réciproquement. A quoi voulant pourvoir : Ouï le rapport du fieur Turgot, confeiller ordinaire au confeil
royal, contrôleur général des finances ; LE ROI
ÉTANT EN SON CONSEIL, a ordonné & ordonne ce
qui fuit :

ART. PREMIER. Les priviléges concédés par les
rois prédéceffeurs de fa majefté, pour les *coches*
d'eau fur les rivières de Seine, Marne, Oife, Aine,
Yonne, Aube, Loire, Saône, Rhône, canal de
Briare, & autres rivières & canaux navigables du
royaume, feront & demeureront réunis au domaine
de fa majefté, & exploités à fon profit, ainfi que
ceux qui font dès-à-préfent réunis audit domaine
par l'adminiftration des *diligences* & *meffageries*,
à compter du premier mars prochain : fait fa majefté
très-expreffes inhibitions & défenfes à tous conceffionnaires, poffeffeurs & fermiers, de s'immifcer
dans l'exercice defdits priviléges, à compter dudit
jour premier Mars.

II. Les baux paffés par les titulaires des priviléges ci-deffus défignés, aux fermiers defdites voitures
d'eau fur les rivières navigables du royaume, feront
& demeureront réfiliés, à compter dudit jour premier mars.

III. Entend fa majefté qu'il foit inceffamment
pourvu à l'indemnité qui fera due aux engagiftes &
conceffionnaires defdits *coches* d'eau, fuivant la liquidation qui en fera faite par les commiffaires du
confeil que fa majefté a nommés pour la liquidation
des indemnités dues aux conceffionnaires des priviléges des *carroffes* & de quelques *meffageries* ; à
l'effet de quoi lefdits conceffionnaires, engagiftes &
autres, feront tenus de remettre dans deux mois
pour tout délai, à compter de la publication du
préfent arrêt, ès-mains du fieur contrôleur général
des finances, les titres de conceffions en vertu defquels ils jouiffent, & autres renfeignemens relatifs
auxdits droits, pour fur le vu d'iceux, & fur le
rapport qui en fera fait à fa majefté, être par elle
ftatué ce qu'il appartiendra.

IV. Entend également fa majefté qu'il foit inceffamment pourvu à l'indemnité qui pourra être due aux
fermiers defdits *coches* & *diligences* d'eau, fuivant

la liquidation qui en fera faite par lefdits commiffaires du confeil ; à l'effet de quoi ils feront tenus
de remettre ès-mains dudit fieur contrôleur général
des finances, les baux en vertu defquels ils jouiffent, pour, fur le vu d'iceux & fur le rapport qui
en fera fait à fa majefté, être par elle ftatué ce
qu'il appartiendra.

V. Autorife fa majefté ladite adminiftration des
meffageries à fe charger & prendre pour fon compte,
d'après les inventaires & eftimations à dire d'experts
qui en feront faits, les *coches*, *voitures*, chevaux
& uftenfiles fervant à leur exploitation ; & feront les
fermiers defdites voitures payés du prix defdits effets,
d'après le contrat de vente par eux confenti, auquel
feront annexés lefdits inventaires & eftimations, &
fera ledit contrat homologué par lefdits commiffaires du confeil.

VI. Les *coches* & *diligences* d'eau continueront
de partir & d'arriver aux jours & heures accoutumés ; les places des voyageurs & le port des paquets,
feront payés fur le pied des tarifs actuellement exif-
tans, que fa majefté autorife en tant que de befoin :
permet néanmoins fa majefté à ladite adminiftration
des *meffageries*, de faire, foit pour les jours de
départ, foit pour la célérité de la marche, les changemens qu'elle jugera néceffaires pour l'avantage
public & le bien du fervice, auquel cas elle fera
tenue de fe retirer par-devers fa majefté, pour obtenir dans lefdits tarifs les changemens & modifications qui feront jugés néceffaires ; & feront fur le
préfent arrêt toutes lettres néceffaires expédiées.
FAIT au confeil d'état du roi, fa majefté y étant,
tenu à Verfailles le 11 décembre mil fept cent foixante-quinze. *Signé*, DE LAMOIGNON.

ARRÊT DU CONSEIL D'ÉTAT DU ROI,

Concernant les meffageries.

Du 17 août 1776.

Extrait des regiftes du confeil d'état.

Sur le compte qui a été rendu au roi, étant en
fon confeil, tant de la nouvelle forme d'adminiftration établie par ordonnance de fa majefté, du 12
août 1775, pour la manutention des *meffageries*,
diligences & *carroffes* de *voitures*, que de l'exécution des arrêts du confeil des 7 août & 11 décembre de ladite année 1775, par lefquels fa majefté a
réuni à fon domaine les priviléges concédés par les
rois fes prédéceffeurs, pour les droits de *carroffes*,
diligences, *meffageries*, *voitures* de la cour,
coches & *diligences* d'eau ; ainfi que de la fituation
actuelle de la régie defdites *diligences* & *meffageries*, & des produits qui pourroient en être verfés
chaque année dans le tréfor royal : fa majefté ayant
confidéré que, fi elle a cru devoir, pour procurer
l'amélioration de fes revenus, en même temps que de
plus grandes facilités au public & au commerce,

M ij

retirer ces priviléges, il n'est pas moins de la justice & de sa bonté de pourvoir, soit au remboursement des possesseurs desdits priviléges, suivant la liquidation qui sera faite par les commissaires nommés à cet effet, par autre arrêt du conseil du 7 août 1775 ; soit au paiement des revenus ou produits des baux que retiroient les concessionnaires desdits priviléges, en attendant ladite liquidation : qu'il n'est pas moins nécessaire, en conservant au public, suivant l'intention de sa majesté, l'avantage du service des *diligences* allant en poste sur les routes où il est déjà établi, & sur celles où il pourra l'être par la suite, de mettre les maîtres de poste en état de subvenir à ce service, par des secours & augmentation de prix que l'expérience a fait reconnoître indispensables, ce qui doit entraîner une augmentation dans le prix des places dans les *diligences* seulement, & de pourvoir par les régles & précautions convenables, à ce que le service des *diligences* ne nuise pas à celui des personnes qui voyagent en poste ; comme aussi de procurer au public moins aisé, & au commerce, les facilités de voyager & de faire des transports à moindres frais. Sa majesté auroit reconnu qu'elle ne pouvoit mieux faire, pour assurer tous ces avantages, que de réunir dans une seule ferme, tous les objets réunis à son domaine par les susdits arrêts du conseil, & d'en confier l'entière exploitation aux anciens fermiers des *messageries*, que des connoissances acquises de tous les détails de cette manutention, par une longue expérience, & la confiance qu'ils ont méritée du public, mettent plus en état de satisfaire au besoin & des particuliers, & du commerce : & en rendant cette ferme des *messageries* dépendante, comme ci-devant, de la ferme des postes, & soumise, comme le service des postes aux chevaux, à l'inspection & à la police du conseil & des intendans généraux des postes, attendu la connexité de tous ces différens services ; à quoi sa majesté se seroit d'autant plus volontiers déterminée, que les fermiers des *messageries* divisées auparavant, & désormais réunies en une seule ferme, auroient offert à sa majesté de renoncer à toute indemnité & dédommagemens, auxquels elle s'étoit réservé de pourvoir par lesdits arrêts de son conseil, & de se charger de ladite ferme, dont le bail leur seroit passé par la ferme des postes, moyennant un prix, dont ladite ferme des postes se trouveroit augmentée, & seroit d'un objet intéressant pour les finances de sa majesté. A quoi voulant pourvoir : Oüi le rapport du sieur de Clugny, conseiller ordinaire au conseil royal, contrôleur général des finances : LE ROI ÉTANT EN SON CONSEIL, a ordonné & ordonne ce qui suit :

ART. PREMIER. L'exploitation de tous les objets réunis au domaine de sa majesté, en vertu des arrêts des 7 août & 11 décembre 1775, *carrosses*, *diligences*, même les *voitures* de Versailles & *coches* d'eau, demeureront réunis à la ferme générale des postes.

II. La sous-ferme des *messageries* exploitera pour son compte, tous les objets compris dans la réunion au domaine du roi, prononcée par les arrêts du conseil, des 7 août 1775 & suivans, en vertu du bail qui lui en sera passé, pour neuf ans & quatre mois, par la ferme des postes que sa majesté autorise à cet effet ; en renonçant par lesdits anciens sous-fermiers, à toutes indemnités résultantes de la cessation de leurs précédens baux.

III. Lesdits fermiers seront tenus de continuer les établissemens de *diligences* en poste, même d'en former de nouveaux dans tous les lieux qui en seront susceptibles ; leur permettant à cet effet de se servir de chevaux de poste par-tout où les maîtres de poste voudront entreprendre ce service, en leur payant les chevaux, à raison de vingt-cinq sols par poste chacun, & de six chevaux pendant les six mois d'été, & de huit pendant les six mois d'hiver ; les postillons sur le pied de dix sols par poste ; au moyen duquel paiement de vingt-cinq sols par cheval, lesdits maîtres de poste ne pourront rien prétendre sur le sixiéme du prix des places des *diligences*, qui leur étoit accordé par l'article VII de l'ordonnance du 12 août 1775.

IV. Dans les lieux où les maîtres de poste se refuseroient à ce service, lesdits fermiers pourront y établir des relais de chevaux, après toutesfois en avoir pris l'autorisation de l'intendant général des postes ; à qui la police de l'administration des *messageries* & postes est & demeure réservée.

V. Le prix des places dans les *voitures* conduisant en poste, sera fixé, à compter du premier septembre prochain, à seize sols par personne & par lieue, au lieu de 13 sols, prix fixé par les précédens arrêts attendu l'augmentation ci-devant accordée aux maîtres de postes.

VI. Lesdits sous-fermiers seront tenus d'établir sur toutes les routes où il sera jugé nécessaire, même sur celles où il y a des établissemens de *diligences*, des *fourgons* en faveur des voyageurs qui ne sont pas en état de payer le prix fixé pour les *diligences*, & pour la conduite des prisonniers ; ainsi que de voiturer toutes les marchandises qui leur seront confiées, pour être rendues à leur destination, au prix & suivant les tarifs qui seront fixés & arrêtés par sa majesté.

VII. Ne pourront en attendant, lesdits sous-fermiers, percevoir, pour les places dans lesdits *fourgons* & le transport des effets, que les prix fixés & perçus par la régie établie par les arrêts du 7 août 1775.

VIII. Lesdits sous-fermiers ne pourront exiger aucune somme pour l'expédition des permis de *messageries*, dans les lieux & sur les routes où ils n'auront pas formé des établissemens de *diligences* ou d'autres *voitures* allant à petites journées.

IX. Permet sa majesté auxdits fermiers de *messa-*

geries, de faire exploiter à leur profit le courtage non-exclufif, du roulage, dans toute l'étendue du royaume, aux prix qui feront fixés par un tarif arrêté par fa majefté; au moyen defquels prix ils demeureront refponfables, en leur propre & privé nom, de tous les effets qui leur feront confiés, dont ils feront obligés de tenir regiftres du lieu de leur deftination, & du jour de leur arrivée à ladite deftination, defquels regiftres ils feront tenus de donner connoiffance à toute requifition. Leur permet en outre, fa majefté, de faire voiturer toutes lefdites marchandifes par leurs voitures de terre & d'eau, par-tout où ils auront des voitures à eux, & propres à les transporter.

X. Seront libres lefdits fermiers, de tenir ou de réfilier, à leur choix, les baux & fous-baux qui auroient été faits par les adminiftrateurs de la régie des *meffageries*, en dédommageant de gré à gré, ou à dire d'experts; leur permettant pareillement de faire des fous-baux de toutes les parties dont ils ne pourront pas faire l'exploitation par eux-mêmes.

XI. Les fous-fermiers defdites *meffageries*, feront obligés de payer les droits de péages, paffages, traites-foraines, pontonages, travers, leyde, & autres de même nature, ainfi qu'ils faifoient avant la ceffation de leurs baux, & ce, nonobftant l'exemption qui en a été accordée à ladite régie, par l'article IV de l'arrêt du confeil du 7 août 1775.

XII. Les privileges accordés aux directeurs, receveurs, infpecteurs, contrôleurs & autres commis de ladite régie, auront également lieu en faveur defdits fous-fermiers, leurs commis & prépofés, dans toute l'étendue du royaume.

XIII. Ne feront tenus lefdits fous-fermiers, d'aucun autre prix de bail, que du moment de celui qui leur fera paffé par la ferme générale des poftes; fa majefté prenant fur fon compte le montant du prix de leurs anciens baux envers les conceffionnaires defdits *carroffes*, *diligences* & *coches* d'eau, dont elle fera faire le paiement, par quartier, aufdits conceffionnaires, par la ferme des poftes, en déduction du prix de fon bail; & ce, jufqu'à la repréfentation de leurs titres, entre les commiffaires nommés par l'arrêt du confeil du 7 août 1775, & jufqu'à leur liquidation; après laquelle l'intérêt du montant d'icelle, jufqu'au rembourfement, dans les termes qui feront fixés par fa majefté, fera payé, ainfi que ledit rembourfement, par la ferme des poftes, auffi en déduction du prix de fon bail.

XIV. La régie des *meffageries*, établie au profit de fa majefté, par arrêt du confeil du 7 août 1775, demeurera fupprimée, à compter du premier feptembre prochain: en conféquence, les adminiftrateurs d'icelle feront tenus de remettre entre les mains des fous-fermiers des *meffageries*, & fur leurs récépiffés, tous les effets appartenans à fa majefté, pour l'exploitation de ladite régie; quoi faifant,

lefdits adminiftrateurs en demeureront bien & valablement déchargés; & lefdits fous-fermiers feront tenus de payer, dans le courant de décembre prochain, au tréfor royal, le montant defdits effets, fuivant les prix & eftimations qui auront été arrêtés par fa majefté.

XV. Seront au furplus, exécutés tous les réglemens, arrêts & déclarations, rendus en faveur des anciennes *meffageries*, même ceux rendus pendant la durée de ladite régie, en ce qui n'y eft pas dérogé par le préfent arrêt.

Fait au confeil d'état du roi, fa majefté y étant, tenu à Verfailles le dix-feptiéme jour du mois d'août mil fept cent foixante-feize. *Signé*, AMELOT.

ARRÊT DU CONSEIL D'ÉTAT DU ROI,

Qui ordonne que dans un mois, pour tout délai, les porteurs des billets foufcrits folidairement par les anciens fermiers des voitures de la cour, & vifés par le fieur Rouillé de Marigny, caiffier de l'adminiftration des meffageries, *feront tenus de les préfenter audit caiffier, pour en recevoir le montant.*

Du 19 décembre 1776.

Extrait des regiftres du confeil d'état.

Vu par le roi, étant en fon confeil, l'arrêt rendu en icelui le 6 feptembre 1775, par lequel fa majefté auroit ordonné que les créanciers des fermiers des *voitures* de la cour, feroient tenus de préfenter, dans le délai d'un mois, au fieur Rouillé de Marigny, caiffier de l'adminiftration des *diligences* & *meffageries*, les billets au porteur, foufcrits folidairement par lefdits fermiers, pour être lefdits billets vifés & payés à leur échéance, par ledit fieur de Marigny, en déduction & jufqu'à concurrence des fommes que l'adminiftration des *meffageries* fe trouveroit devoir aufdits fermiers. Et fa majefté étant informée qu'en exécution dudit arrêt, la majeure partie des billets préfentés audit caiffier, ont été acquittés à leur échéance; mais qu'il en refte pour une fomme de *trente-fept mille deux cent livres*, qui ne lui ont pas été préfentés, quoique échus, & dont on ne connoît pas les porteurs: que l'incertitude du temps auquel ces billets feront préfentés pour être acquittés par ledit caiffier, retarde les opérations de l'adminiftration des *meffageries*, & met obftacle à la reddition de fes comptes. A quoi fa majefté voulant pourvoir: Ouï le rapport du fieur Taboureau, confeiller d'état ordinaire & au confeil royal, contrôleur général des finances; LE ROI ÉTANT EN SON CONSEIL, a ordonné & ordonne que dans un mois pour tout délai, dès la publication du préfent arrêt, les *porteurs des billets* foufcrits folidairement par les anciens fermiers des *voitures* de la cour, & vifés par le fieur de Marigny, en exécution de l'arrêt du confeil du 6 septembre 1775, seront tenus de les représenter à la caisse de l'administration des *diligences* & *messageries*, pour en recevoir le montant; faute par eux de ce faire dans ledit délai, & icelui passé, sa majesté a déchargé & décharge l'administration des *messageries*, & ledit sieur Rouillé de Marigny, du paiement desdits billets, sauf aux porteurs desdits billets à se pourvoir directement contre les anciens fermiers des *voitures* de la cour, pour en obtenir le paiement. FAIT au conseil d'état du roi, sa majesté y étant, tenu à Versailles le dix-neuvième jour de décembre mil sept cent soixante-seize. *Signé*, AMELOT.

LETTRES PATENTES DU ROI,

Portant confirmation de l'acquisition faite au nom du roi, des anciens fermiers des voitures *à la suite de la cour, des bâtimens & terreins servans à leur exploitation.*

Données à Versailles le 24 janvier 1777.

Registrées en parlement le 13 mars audit an.

LOUIS, par la grace de Dieu, roi de France & de Navarre : à tous ceux qui ces présentes lettres verront : SALUT. Les commissaires par nous députés, ayant acquis, en notre nom, des anciens fermiers des *voitures* à la suite de la cour, les bâtimens, emplacemens & terreins qui servoient à leur exploitation, moyennant la somme de cent quatre-vingt-deux mille trois cent cinquante-six livres, payables, ainsi qu'il est ordonné par ledit arrêt, lesdits sieurs commissaires auroient, par contrat passé le 25 novembre dernier, devant Lormeau, qui en a la minute, & son confrere, notaires à Paris, fait ladite acquisition pour la susdite somme de cent quatre-vingt-deux mille trois cent cinquante-six livres : voulant aujourd'hui confirmer cette acquisition comme nous étant agréable, nous avons résolu de faire connoître nos intentions à cet égard. A CES CAUSES, de l'avis de notre conseil, qui a vu ledit contrat d'acquisition du 25 novembre dernier, dont expédition est ci-attachée sous le contre-scel de notre chancellerie, nous avons confirmé, ratifié & approuvé; &, par ces présentes signées de notre main, confirmons, ratifions & approuvons ledit contrat, pour être exécuté selon sa forme & teneur, conformément aux clauses & conditions y exprimées. SI DONNONS EN MANDEMENT à nos amés & féaux conseillers les gens tenant notre cour de parlement à Paris, que ces présentes ils aient à faire registrer, & le contenu en icelles garder, observer & faire exécuter selon leur forme & teneur : CAR TEL EST NOTRE PLAISIR; en témoin de quoi nous avons fait mettre notre scel à cesdites présentes. DONNÉ à Versailles le vingt-quatrième jour de janvier, l'an de grace mil sept cent soixante-dix-sept, & de notre regne le troisième. *Signé*, LOUIS. *Et plus bas*, par le roi. *Signé* AMELOT. Vu, au conseil, TABOU-

REAU. Et scellées du grand sceau de cire jaune.

Registrées, ce requérant le procureur général du roi, pour être exécutées selon leur forme & teneur, suivant l'arrêt de ce jour. A Paris, en parlement, les grand'chambre & tournelle assemblées, le treize mars mil sept cent soixante-dix-sept. Signé, YSABEAU.

ARRÊT DU CONSEIL D'ÉTAT DU ROI,

Servant de réglement sur les diligences *&* messageries *du royaume.*

Du 23 janvier 1777.

Extrait des registres du conseil d'état.

Le roi s'étant fait représenter, en son conseil, l'arrêt rendu en icelui le 17 août dernier, par lequel sa majesté, en confirmant la réunion faite à son domaine, par les arrêts du conseil des 7 août & 11 décembre 1775, de tous les priviléges concédés par les rois ses prédécesseurs, pour les droits de *carrosses*, *diligences*, *messageries*, *voitures* de la cour, *coches* & *diligences* d'eau, elle les auroit réunis à la ferme générale des postes, pour être lesdits priviléges exploités en sous-ferme par les anciens sous-fermiers des *messageries* ; & le résultat du conseil du 11 septembre dernier, par lequel Claude Laure & ses cautions se seroient soumis à prendre en sous-bail de la ferme des postes ladite exploitation. Sa majesté a jugé nécessaire de pourvoir à ce que le service des *diligences* en poste soit fait avec la sûreté & la célérité que le public doit attendre d'un pareil établissement, & en même temps à ce que la visite aux barrieres & ailleurs par les employés des fermes, dont lesdites *voitures* avoient été dispensées par l'arrêt du conseil du 15 août 1775, soit faite à l'avenir de la maniere la plus convenable au service desdites *diligences* & à la sûreté des droits de la ferme générale. Et voulant sur le tout faire connoître ses intentions. Ouï le rapport du sieur Taboureau, conseiller d'état, ordinaire au conseil royal, contrôleur général des finances; LE ROI ÉTANT EN SON CONSEIL, a ordonné & ordonne ce qui suit :

ART. PREMIER. Tous les objets compris dans la réunion faite au domaine du roi, par les arrêts du conseil des 7 août & 11 décembre 1775, & à la ferme générale des postes, par celui du 17 août 1776, seront exploités par Claude Laure & ses cautions, en vertu du bail qui leur a été passé par ladite ferme générale des postes; à la charge par eux de continuer les établissemens de *diligences* en poste, même d'en former de nouveaux dans tous les lieux où ils seront reconnus être de quelque utilité pour le public, en payant aux maîtres de postes, les prix portés par l'article III dudit arrêt du conseil du 17 août dernier : voulant sa majesté que lorsque les maîtres de postes se seront chargés

Budit service des *diligences* , ils ne puissent en être dispensés que six mois après en avoir obtenu l'agrément de l'intendant général des postes.

II. Les *diligences* seront conduites à jours & heures fixes par la voie des maîtres de postes, ou par les relais établis par les fermiers des *messageries* , dans les lieux où il y aura des *diligences* ordinaires établies, ne pourront être dirigées qu'à des heures différentes de celles fixées pour la *diligence* ordinaire, de manière à ce qu'elles ne nuisent pas à ce dernier service ; & il sera payé pour les places dans lesdites *diligences* extraordinaires servies en poste , soit sur lesdites routes, soit sur d'autres, *vingt-trois sous* par place & par lieue. Les places dans les autres voitures ou fourgons, allant à journées réglées, ainsi que le transport des effets, continueront à être payées aux prix fixés par les arrêts du conseil du 7 août 1775.

IV. Les fermiers de *messageries* , autorisés à exiger les sommes fixées pour l'expédition des permis de *messageries* , sur les routes où ils ont établissemens formés , de quelque nature qu'ils soient , soit que leurs voitures soient remplies ou non , ne pourront néanmoins exiger aucun droit de permis pour les personnes allant en poste , soit avec des voitures à elles appartenantes ou prises à loyer ; pourront seulement exiger qu'il soit pris des permis , & s'en faire payer par les loueurs de chevaux , toutes les fois qu'ils conduiront des voyageurs sur les routes où il y aura des établissemens de *messageries* : & lorsqu'ils les conduiront , partie sur des routes où il n'y aura pas d'établissement de voitures publiques, & partie sur celles où il y en aura de formées, le prix desdits permis sera proportionné à l'espace de chemin que lesdits loueurs de chevaux parcourront sur lesdites dernières routes.

V. Les *voitures* appartenant à la ferme des *messageries*, de quelque espèce qu'elles soient , continueront d'être visitées aux barrières ou aux douanes, comme elles l'étoient avant l'arrêt du conseil du 7 août 1775 ; à l'exception des *diligences* arrivant à Paris , attelées de six ou huit chevaux de poste , dont il sera remis , par la ferme des *messageries* à la ferme générale, un état contenant les jours de leur arrivée, ainsi que les heures approchant aux-

quelles elles doivent arriver : lesquelles *diligences* seront seulement visitées dans l'intérieur de la voiture à leur arrivée à la barrière , le plus promptement que faire se pourra , les paniers ou magasins d'icelles demeureront cadenassés , de manière à ne pouvoir être ouvertes dans l'intervalle de la barrière aux différens lieux d'établissement de *messageries* ; à l'effet de quoi les fermiers des *messageries* seront tenus de faire mettre des bâches sur lesdits magasins , auxquelles on puisse adapter un cadenas, dont la clé sera remise aux préposés de la ferme générale , comme aussi de fournir à un commis de la barrière une place dans lesdites *diligences* , pour les accompagner , & de ne faire conduire lesdites voitures qu'au pas, depuis la barrière jusqu'aux lieux de leurs établissemens , pour y être l'ouverture desdits paniers ou magasins , faite par les employés des fermes , & les marchandises sujettes aux droits , être envoyées en leur présence à la douane , aussi-tôt , si faire se peut , sinon être déposées dans un magasin fermant à clés, lesquelles seront remises auxdits employés, pour ensuite lesdites marchandises être transportées, aux frais desdits fermiers de *messageries* , à la douane, sous la conduite desdits employés , & les droits y être perçus. A l'effet de quoi lesdits fermiers des *messageries* seront tenus d'avoir dans chaque lieu de leurs établissemens un magasin à ce destiné , & de fournir en outre une chambre ou bureau , pour y recevoir de jour & de nuit les commis des fermes , & les mettre par-là en état de remplir leurs fonctions ; duquel bureau lesdits employés auront également la clé.

VI. Seront au surplus exécutés tous les réglemens, arrêts, ordonnances & déclarations rendus tant en faveur des anciennes *messageries* , que pendant la régie des *messageries* ; ainsi que l'arrêt du conseil du 7 août 1776 , en ce qui n'y est pas dérogé par le présent.

VII. Sa majesté a évoqué & évoque à soi & à son conseil toutes les causes & contestations qui pourront être mues entre lesdits fermiers ou entrepreneurs , commis ou préposés , concernant l'exploitation des objets réunis à la ferme générale des postes , par l'arrêt du 17 août dernier , & les marchands, voituriers, voyageurs & tous autres ; & icelles renvoie au sieur lieutenant général de police de la ville de Paris , & aux sieurs intendans & commissaires départis dans les provinces & généralités du royaume , chacun en ce qui les concerne , pour être par eux jugées en première instance , sauf l'appel au conseil. Fait sa majesté , très-expresses inhibitions & défenses à toutes ses cours & autres juges de connoître desdites causes & contestations. Enjoint sa majesté audit sieur lieutenant général de police à Paris , & aux sieurs intendans & commissaires départis pour l'exécution de ses ordres dans lesdites provinces & généralités du royaume , de tenir la main à l'exécution du présent arrêt , sur lequel toutes lettres nécessaires seront expédiées. FAIT au conseil d'état du roi, sa majesté y étant, tenu à Versailles le vingt-trois janvier mil sept cent soixante-dix-sept. Signé AMELOT.

ARRÊT DU CONSEIL D'ÉTAT DU ROI,

Portant union de la commission des messageries, à celles des postes.

Du 16 avril 1777.

Extrait des registres du conseil d'état.

Le roi s'étant fait représenter en son conseil, l'arrêt rendu en-icelui le 4 juin 1775, par lequel sa majesté auroit ordonné, qu'en attendant qu'elle eût pu pourvoir par un réglement général, tant sur l'exercice des privilèges & concessions des *messageries*, *diligences*, *carrosses* & *autres voitures* publiques, que sur les conflits & contestations aux-quels leur exploitation donne lieu, les arrêts du conseil précédemment rendus à ce sujet, notamment celui du 2 décembre 1704, seroient exécutés, par provision, selon leur forme & teneur; en consé-quence, que toutes les contestations qui survien-droient entre lesdits fermiers ou entrepreneurs, leurs procureurs, commis ou préposés, concernant l'exercice des droits résultans de leurs baux, circonstances & dépendances, & les marchands, voituriers, voyageurs & tous autres, seroient portées par-devant le sieur lieutenant-général de police de la ville de Paris, & par-devant les sieurs intendans & commissaires départis des provinces pour y être par eux statué, & leurs jugemens exécutés par provision, sauf l'appel au conseil. L'arrêt du conseil du 7 août suivant, par lequel sa majesté auroit réuni à son domaine lesdits privilèges & concessions, pour les droits d'iceux être régis & exploités à son profit par des administrateurs qu'elle auroit nommés à cet effet. Autre arrêt dudit jour 7 août 1775, par lequel sa majesté auroit commis les sieurs conseillers d'état & maîtres des requêtes, dénommés par ledit arrêt, pour procéder aux liquidations des in-demnités qui pouvoient être dues, tant aux posses-sions des droits de *carrosse* & *messagerie*, qu'aux fermiers desdites *messageries*, *diligences* & *carros-ses*. Autre arrêt du conseil dudit jour 7 août 1775, servant de réglement sur les *diligences* & *messa-geries* du royaume, & par lequel sa majesté auroit évoqué de nouveau, à elle & à son conseil, toutes les causes & contestations mues & à mouvoir pour raison de l'exploitation du privilège desdites *dili-gences* & *messageries*. Autre arrêt du conseil du 11 décembre 1775, par lequel sa majesté auroit pareillement uni à son domaine différens privilèges pour l'établissement des *coches* d'eau. L'arrêt du conseil du 17 août 1776, par lequel sa majesté auroit ordonné, article premier, que l'exploitation des *diligences*, *carrosses* & *coches* d'eau unis au domaine par lesdits arrêts des 7 août & 11 décembre 1775,

seroit & demeureroit réunie à la ferme générale des *postes*; l'article II, que les anciens sous-fermiers exploiteroient pour leur compte, en vertu du bail qui leur en seroit passé pour neuf ans quatre mois, tous les objets compris dans la réunion au domaine du roi, prononcée par les arrêts du conseil des 7 août & 11 décembre 1775, en renonçant par les-dits anciens sous-fermiers à toutes indemnités résul-tantes de la cessation de leurs précédens baux; arti-cle XIII, qu'elle voudroit bien prendre sur son compte le montant du prix des anciens baux desdits sous-fermiers, envers les concessionnaires desdits *carrosses*, *diligences* & *coches* d'eau, & en faire faire le paiement par quartier, auxdits concessionnaires; par la ferme des *postes*, en déduction du prix de son bail. Autre arrêt du conseil du 23 janvier 1777, servant de réglement sur les *diligences* & *message-ries*; ledit arrêt portant, articles VI & VII, que tous les réglemens, arrêts, ordonnances & déclara-tions rendus, tant en faveur des anciennes *messa-geries* que pendant la régie des *messageries*, conti-nueront d'être exécutés selon leur forme & teneur. Sa majesté auroit reconnu que les objets de liquida-tion auxquels avoit été bornée l'attribution donnée à la commission établie par l'arrêt du conseil du 7 août 1775, se trouvoient considérablement diminués & moins pressans, depuis que la plûpart des anciens fermiers des *messageries*, *carrosses* & *voitures*, dont les privilèges ont été réunis au domaine, avoient renoncé à toute indemnité au moyen de ce qu'ils étoient rentrés dans leur exploitation; & que sa majesté s'étoit chargée envers les concessionnaires desdites privilèges, du paiement du prix des baux qui en avoient été passés auxdits anciens fermiers, en attendant la liquidation, sur la représentation des titres desdits concessionnaires, conformément aux dispositions de l'arrêt du conseil du 17 août 1776. Sa majesté auroit aussi considéré que les liquidations d'indemnités, qui restent à faire pour raison de la réunion desdits privilèges, auroient pu être renvoyées à la commission établie & existante depuis 1676, pour connoître non-seulement des liquidations des privilèges des *messageries*, *diligences*, *carrosses* & *coches* d'eau, unis alors ou à unir par la suite à la ferme générale des *postes*, mais encore de toutes les contestations relatives à l'exercice desdits privi-lèges & aux *postes*, qui peuvent être portées au conseil sur l'appel des ordonnances du sieur lieute-nant-général de police de la ville de Paris, & des sieurs intendans & commissaires départis dans les pro-vinces: cependant sa majesté voulant donner aux sieurs commissaires de la commission de 1775, des marques de sa satisfaction de leurs services, & les mettre à portée de lui en rendre de nouveaux, elle se seroit déterminée à réunir ladite commission à celle des *postes*, pour en former une seule & même commission composée du même nombre de commis-saires qui existe dans les deux; en le réduisant & bornant par la suite, à mesure que les places vien-dront à vaquer, à celui dont est actuellement composée.

composée la commission des *postes*, & qui se trouvera suffisant à l'avenir ; au moyen de quoi ladite commission des *postes* ainsi augmentée , doit avoir toute l'activité nécessaire pour accélérer le jugement des affaires qui seront de nature à être portées devant elle , relativement à l'exploitation desdites *messageries*, *diligences*, *voitures* publiques & *coches* d'eau, & à la réunion des priviléges d'iceux au domaine ; laquelle exploitation mérite toute la protection de sa majesté , pour l'intérêt du commerce qu'elle a eu essentiellement en vue. A quoi voulant pourvoir : Ouï le rapport du sieur Taboureau des Réaux, conseiller d'état & ordinaire au conseil royal, contrôleur-général des finances ; LE ROI ÉTANT EN SON CONSEIL, a ordonné & ordonne que la commission établie par arrêt du conseil du 7 août 1775, sera & demeurera réunie à celle établie par arrêt du conseil du 17 octobre 1676, pour ne former avec elle qu'une seule & même commission. Veut en conséquence sa majesté, que les sieurs de Boullongne , conseiller ordinaire & au conseil royal, & intendant des finances ; Boutin, conseiller d'état & intendant des finances ; Dufour de Villeneuve , conseiller d'état ; Chardon , Fournier de la Chapelle, de Trimone & de Colonia, maîtres des requêtes , commissaires de la commission établie par arrêt du conseil du 7 août 1775, aient entrée , séance & voix délibérative dans la commission établie pour le fait des *postes* & *messageries*, concurremment & conjointement avec les autres commissaires de ladite commission : & que le sieur Raymond de Saint-Sauveur , maître des requêtes , que sa majesté a commis & commet pour exercer les fonctions de procureur-général en ladite commission , puisse y exercer pareillement les fonctions de rapporteur & de juge dans les affaires qui seront portées en ladite commission, dans lesquelles il n'aura point à remplir celles de procureur-général. Et attendu que par ladite réunion , ladite commission se trouvera composée d'un nombre de commissaires plus considérable que les affaires qui y sont portées, ne l'exigent, sa majesté a ordonné & ordonne qu'il ne sera nommé à aucune des places qui viendront à y vaquer, jusqu'à ce qu'elle soit réduite à quatre commissaires conseillers d'état, & six commissaires , maîtres des requêtes , non compris celui qui y exercera les fonctions de procureur-général. Ordonne sa majesté que les propriétaires des *diligences*, *carrosses*, *coches* & *messageries*, réunis au domaine du roi par les arrêts du conseil des 7 août & 11 décembre 1775 ; tant ceux qui ont été dépossédés par les régisseurs ou fermiers des *messageries*, en exécution de l'arrêt du conseil du 17 août 1776, que ceux qui ne l'ont pas encore été & pourront l'être par la suite ; ensemble les fermiers des anciennes *messageries*, qui n'ont pas renoncé à leurs indemnités , ou qui n'ayant pas encore été dépossédés par les fermiers actuels, viendront à l'être , seront tenus , conformément aux arrêts du conseil des 7 août 1775, 17 août 1776

& 23 janvier 1777 ; de remettre leurs contrats d'engagement , baux & autres pièces servant à justifier de leurs titres , entre les mains du sieur Dupont, que sa majesté a commis & commet de nouveau , en tant que de besoin , pour exercer les fonctions de greffier en ladite commission ; pour être procédé par lesdits commissaires dans la forme prescrite par ledit arrêt du 17 août 1776 , & sur les conclusions du procureur-général de ladite commission , à la liquidation des indemnités qui pourront être dûes auxdits concessionnaires & fermiers. Veut sa majesté que les arrêts intervenus au conseil sur le fait des *postes* & *messageries*, notamment ceux des 17 octobre & 29 décembre 1656, 30 janvier 1677 , 8 juillet 1679 , 8 août 1681 , 18 août 1682 , 5 juillet 1683 , 2 décembre 1704, 4 juin , 7 août & 11 décembre 1775 , 17 août 1776 & 23 janvier dernier , soient exécutés selon leur forme & teneur : en conséquence , que toutes les contestations relatives à l'exploitation des *postes*, *messageries*, *coches*, *carrosses*, *diligences* & droits en dépendans , même celles qui ont pu ou pourront s'élever à l'occasion de la permission accordée auxdits fermiers des *messageries* par l'article IX de l'arrêt du conseil du 17 août 1776 , de faire exploiter à leur profit le courtage non exclusif du royaume, aux prix qui seront fixés par sa majesté , soient portées , en première instance , par-devant le sieur lieutenant-général de police de la ville de Paris , ou les sieurs intendans & commissaires départis dans les provinces & généralités du royaume, chacun en ce qui les concerne, pour être par eux jugées en première instance , & leurs jugemens exécutés par provision , nonobstant & sans préjudice de l'appel au conseil, qui sera porté par-devant lesdits sieurs commissaires députés pour le fait des *postes* & *messageries*, auxquels sa majesté a attribué & attribue de nouveau , en tant que de besoin , tous les pouvoirs nécessaires pour y statuer définitivement & en dernier ressort, lorsqu'ils seront au nombre de cinq au moins , ainsi que pour procéder au jugement des autres contestations ci-devant renvoyées, tant à la commission des *postes*, qu'à celle des *messageries*. FAIT au conseil d'état du roi , sa majesté y étant, tenu à Versailles le seize avril mil sept cent soixante-dix-sept. *Signé* AMELOT.

ARRÊT DU CONSEIL D'ÉTAT DU ROI,

Concernant l'exploitation , par la ferme des messageries, *du privilége non exclusif du courtage des rouliers dans l'étendue du royaume.*

Du 22 juin 1777.

Extrait des registres du conseil d'état.

Sur ce qui a été représenté au roi, que par arrêt de son conseil, du 17 août 1776, sa majesté auroit réuni à la ferme générale des *postes* l'exploitation des *carrosses*, *diligences*, *voitures* de

N

Versailles & *coches* d'eau, & de tous les objets réunis à son domaine en vertu des arrêts du conseil des 7 août & 11 décembre 1775, pour être exploités par la sous-ferme des *messageries*, ainsi que le privilége non exclusif du *courtage des rouliers* dans toute l'étendue du royaume, aux conditions qu'il plairoit à sa majesté d'ordonner : Que pour parvenir à faire jouir le commerce des avantages qui peuvent en résulter pour lui, ainsi que les *rouliers* chargés du transport des marchandises, dont le traitement a été jusqu'ici arbitraire & dépendant en quelque façon de la volonté de particuliers qui, sans aucune régle fixe, ont exercé ce *courtage*, & mettre en même temps les fermiers des *messageries* en état de subvenir aux frais d'un pareil établissement ; il paroîtroit nécessaire de fixer les prix qu'ils seroient autorisés à percevoir, tant pour l'exercice du privilége non exclusif du *courtage*, que pour le transport des marchandises, à raison d'un prix fixé par lieue, égal dans toutes les saisons, soit qu'ils fissent faire ce transport par la voie des *rouliers* ou par des *voitures* à eux, ou par les *coches* d'eau & autres *voitures* à eux appartenantes ; à la charge par lesdits sous-fermiers des *messageries*, de demeurer responsables en leurs propres & privés noms, de tous les effets qui leur seroient confiés ; & pour cet effet, de tenir des regiſtres contenant le lieu de la deſtination desdites marchandises, pour en donner connoissance à toutes réquisitions : Qu'il paroissoit également nécessaire, pour la commodité du public, de former, dans l'enceinte de la ville de Paris, un établissement uniquement destiné pour recevoir tous les effets & marchandises destinés à être transportés dans l'étendue du royaume ou ailleurs, & y déposer toutes celles qui y seront amenées, soit de l'intérieur, soit de l'extérieur du royaume ; ledit établissement à portée de la douane, pour y être lesdites marchandises visitées, & les droits perçus au profit de sa majesté, par les employés de la ferme générale. Vu l'arrêt du conseil du 17 août 1776, ceux des 24 janvier 1684 & 2 avril 1701 : sa majesté jugeant nécessaire de faire jouir le sieur *Laure*, adjudicataire de la ferme des *messageries*, réunie en sous-ferme de celle des *postes*, du privilége non exclusif du *courtage des rouliers*, à lui accordé par l'arrêt du conseil du 17 août 1776, & d'en fixer le prix aux termes dudit arrêt ; aux offres que fait ledit sieur *Laure* de former l'établissement nécessaire à l'exercice de ce droit non exclusif, sur un terrein situé à portée de la douane des fermes générales, & d'avancer les dépenses relatives à cet établissement. A quoi voulant pourvoir : Ouï le rapport du sieur Taboureau, conseiller d'état, & ordinaire au conseil royal, contrôleur général des finances ; LE ROI ÉTANT EN SON CONSEIL, a ordonné & ordonne ce qui suit :

ART. PREMIER. Le fermier des *messageries* fera exploiter à son profit, le *courtage* non exclusif du *roulage* dans toute l'étendue du royaume, même au dehors, à la charge de répondre, en son propre & privé nom, de tous les effets qui lui seront confiés ; de tenir regiſtre de la quantité de ballots, de leurs marques, du nom de ceux qui en feront l'envoi, de ceux à qui ils feront adressés, du lieu de leur deſtination & du jour qu'ils iront à ladite deſtination, & d'en donner connoissance à toutes réquisitions ; lesdits regiſtres paraphés par le lieutenant général de police, dans la ville de Paris ; & par les intendans, par-tout où ledit fermier formera des établissemens nécessaires à cette exploitation, moyennant un droit de commission & d'assurance, que sa majesté a fixé à *deux sols* par livre du prix de la voiture. Sera tenu en conséquence ledit fermier de former, dans la ville de Paris, l'établissement nécessaire pour l'exploitation de ladite ferme, dans un emplacement voisin de la douane, & de faire toutes les avances qu'exigeront les constructions dudit établissement.

II. Le prix du transport des marchandises, dans lequel sera compris le susdit droit de commission & assurance, ne pourra jamais être au-dessus d'*un sol six deniers* du quintal par lieue, pour toutes les marchandises sortant de Paris, pour quelque ville du royaume qu'elles soient deſtinées ; & à raison de *deux sols*, aussi par quintal & par lieue, pour toutes celles arrivant des provinces du royaume à Paris ; à l'exception néanmoins de celles deſtinées pour les pays étrangers, ainsi que de celles transportées par des routes de traverse, pour le transport desquelles le prix en sera payé ainsi qu'il en aura été convenu de gré à gré.

III. Sera tenu ledit fermier, de faire faire le transport de toutes les marchandises qui lui seront confiées en tous temps, (& néanmoins lorsqu'il aura réuni un nombre de marchandises, ayant la même deſtination, suffisant pour compléter une voiture) par les *rouliers* qui se présenteront librement à cet effet, aux prix fixés ci-dessus, à la déduction de *deux sols* pour livre du prix de la voiture, pour son droit de commission ; à l'effet de quoi il sera tenu un regiſtre pour conſtater la date de la présentation desdits *rouliers* dans ses bureaux, pour obtenir des chargemens de marchandises, afin de les faire partir le plutôt que faire se pourra, & néanmoins conformément à la date de leur présentation ; dans lequel cas il aura contre les voituriers qui, après s'être chargés des marchandises, les auront perdues, le même recours que les propriétaires desdits effets auront contre ledit fermier : & au défaut de présentation de *rouliers*, pour faire le transport des marchandises remises par les particuliers aux bureaux dudit fermier des *messageries*, sera tenu ledit fermier de faire faire le transport par des voitures à lui appartenantes, aux mêmes prix portés en l'article II du présent arrêt.

IV. Il continuera d'être libre aux marchands,

négocians & autres particuliers, de faire voiturer leurs marchandises, ainsi qu'ils l'ont fait jusqu'à présent, par qui ils jugeront à propos; ainsi qu'aux *rouliers* de se charger de faire lesdites voitures aux conditions qui leur conviendront, en se conformant néanmoins aux arrêts du conseil, rendus jusqu'à présent sur le fait du roulage, notamment à ceux des 24 janvier 1684 & 2 avril 1701.

V. Sa majesté a évoqué & évoque à soi & à son conseil, toutes les causes & contestations qui pourront être mues entre ledit fermier & les rouliers dont il se servira, & les personnes qui lui auront confié des marchandises, & icelles renvoie au sieur lieutenant général de police de la ville de Paris, & aux sieurs intendans & commissaires départis dans les provinces & généralités du royaume, chacun en ce qui les concerne, pour être jugées en première instance, sauf l'appel au conseil, pour, lesdites appellations, y être jugées par la commission des postes & messageries, réunies par l'arrêt du conseil, du 16 avril 1777. Fait sa majesté, très-expresses inhibitions & défenses à toutes ses cours & autres juges, de connoître desdites causes & contestations: enjoint sa majesté audit sieur lieutenant général de police à Paris, & aux sieurs intendans & commissaires départis dans les provinces & généralités du royaume, de tenir la main à l'exécution du présent arrêt, sur lequel toutes lettres nécessaires seront expédiées. FAIT au conseil d'état du roi, sa majesté y étant, tenu à Versailles le vingt-deux juin mil sept cent soixante-dix-sept. *Signé*, AMELOT.

ARRÊT DU CONSEIL D'ÉTAT DU ROI,

Qui fixe un délai pour la représentation des titres des concessionnaires, engagistes & autres possesseurs des droits de carrosses, *messageries &* voitures d'eau, *dont la liquidation a été ordonnée par l'arrêt du conseil du 7 août 1775.*

Du 30 septembre 1779.

Extrait des registres du conseil d'état.

Le roi s'étant fait représenter en son conseil, l'arrêt rendu en icelui le 7 août 1775, par lequel sa majesté a nommé des commissaires pour procéder aux liquidations des indemnités à accorder aux concessionnaires, engagistes & autres possesseurs des droits & privilèges de *carrosses, diligences, coches &* messageries, réunis au domaine de sa majesté par différens arrêts de son conseil; à l'effet de quoi, tous ceux qui se trouveroient dans le cas de prétendre aux indemnités, seroient tenus de remettre, dans le délai de six mois, tous leurs titres entre les mains du sieur Dupont, greffier des commissions extraordinaires du conseil, que sa majesté a nommé pour greffier de ladite commission: l'arrêt du conseil du 17 août 1776, qui ordonne que, jusqu'à la liquidation à faire par lesdits commissaires, les concessionnaires, engagistes & autres possesseurs seront payés par la ferme des *postes*, du montant du prix des baux qu'ils avoient passés à leurs fermiers: & l'état des liquidations faites jusqu'à présent en exécution de l'arrêt du conseil dudit jour 7 août 1775. Sa majesté a vu qu'il n'y avoit qu'un très-petit nombre des concessionnaires, engagistes ou autres possesseurs qui eussent satisfait à l'injonction de représenter leurs titres; & voulant accélérer les liquidations ordonnées par l'arrêt du 7 août 1775: Ouï le rapport du sieur Moreau de Beaumont, conseiller d'état ordinaire, & au conseil royal des finances; LE ROI ÉTANT EN SON CONSEIL, a ordonné & ordonne, ce qui suit:

ART. PREMIER. Tous les concessionnaires, engagistes & autres possesseurs des droits & privilèges de *carrosses*, *diligences*, *messageries* & *voitures* d'eau, qui ne se sont pas encore fait liquider, seront tenus de remettre dans le cours d'un an, à compter du premier octobre prochain, entre les mains dudit sieur Dupont, greffier des commissions extraordinaires du conseil, & de celle établie par l'arrêt du 7 août 1775, les titres en vertu desquels ils jouissent de leurs droits & privilèges, pour être procédé à leur liquidation, ainsi qu'il est ordonné par ledit arrêt.

II. Ceux qui n'auront pas satisfait à la disposition de l'article ci-dessus, avant l'expiration dudit délai, ne pourront plus exiger le paiement du prix de leurs anciens baux; sa majesté faisant défenses aux administrateurs des *postes*, de payer, à compter du premier octobre 1780, auxdits concessionnaires, engagistes & autres possesseurs, le prix de leurs anciens baux, mais seulement les intérêts au denier vingt du montant de leurs liquidations, jusqu'au remboursement qui en sera ordonné par sa majesté, ainsi qu'il est porté par l'arrêt de son conseil du 17 août 1776: se réservant sa majesté d'ordonner ce qu'elle trouvera juste, suivant les circonstances, en faveur de ceux qui, ayant remis leurs titres avant l'expiration du délai fixé par l'article premier ci-dessus, n'auroient pu obtenir leur liquidation avant le premier octobre 1780. FAIT au conseil d'état du roi, sa majesté y étant, tenu à Versailles le trente septembre mil sept cent soixante dix-neuf. *Signé*, AMELOT.

ARRÊT DU CONSEIL D'ÉTAT DU ROI,

Du 5 juillet 1781.

Extrait des registres du conseil d'État.

Vu par le roi, étant en son conseil, premièrement, l'arrêt rendu en icelui le 7 août 1775, par lequel sa majesté a réuni à son domaine les privilèges concédés par les rois ses prédécesseurs, des droits de *carrosses*, *diligences* & *messageries* royales dans tout le royaume, & a ordonné que tous les possesseurs desdits droits seroient indemnisés de la perte résultante de la suppression des engagemens & concessions de leurs privilèges, suivant la liquidation qui en seroit faite : secondement, le plan d'administration adopté par sa majesté le 30 juillet 1775, par lequel elle avoit arrêté que les concessionnaires des droits révoqués, soit à titre gratuit, soit à prix d'argent, seroient indemnisés au prorata du revenu net qu'ils en retiroient : troisièmement, & les pièces produites par les représentans le sieur Germain Courtin de Tanqueux, engagistes & concessionnaires ; 1°. des droits & faculté de faire rouler les *coches* & *carrosses* établis & à établir sur les grandes routes de Paris & provinces de Lyonnois, Dauphiné, Provence, Languedoc, Auvergne, Bourgogne, Calais, Dunkerque & retour, adjugés audit sieur Tanqueux le 2 juin 1642, par jugement des commissaires du conseil à ce députés ; 2°. des *carrosses* des routes de Paris à Lyon, Auvergne, Picardie, Champagne & Bourgogne, adjugés au même sieur Tanqueux, par autre jugement desdits sieurs commissaires, du 14 août 1643 ; 3°. & de deux quarts & un douzième du droit des *coches* & *carrosses* de Reims à Paris & retour, aussi adjugés par ledit jugement du 14 août 1643 ; sçavoir, expédition des titres ci-après énoncés, dont les originaux ont été déposés à Me. Boulard, notaire, par acte du 21 août 1752, & qui sont : jugement des commissaires généraux députés par le roi, pour la revente de son domaine, suivant l'édit de mars 1619, & déclaration du 4 décembre 1635, par lequel il a été vendu & engagé le 2 juin 1642, à Germain Courtin, sieur de Tanqueux, les *coches* & *carrosses* des routes de Lyon, Bourgogne, Champagne & Picardie & contrôle d'iceux, tant établis qu'à établir, à l'exception des *coches* & *carrosses* de la ville de Reims & de ceux de traverses, moyennant la somme de 350,000 livres ; quittance du sieur Bertrand de la Bazinière, trésorier de l'épargne, du 4 juin 1642, registrée au contrôle général des finances, le 7 décembre suivant, de la somme de 250,000 liv. payée par ledit sieur de Tanqueux, pour partie des 350,000 liv. moyennant lesquelles ladite adjudication lui avoit été faite. Quittance du sieur de Fieubet, aussi trésorier de l'épargne, du dernier octobre 1642, de la somme de 100,000 liv. payée par ledit sieur de Tanqueux, pour le reste du prix de ladite adjudication. Deux quittances du sieur de la Ruelle, commis au recouvrement des taxes, des 2 décembre 1643 & 22 mars 1644, chacune de la moitié des 5156 liv. 5 sols, payée par Jean Tortereau, fermier des *coches* de Lyon, Bourgogne, Champagne, Auvergne, Amiens, Beauvais, Abbeville, Calais, Noyon, Soissons, Senlis & Compiègne, pour le retranchement du quartier & demi auquel ont été taxés les propriétaires desdits *carrosses*. Quittance du sieur Huart, trésorier des revenus casuels, du 2 juillet 1644, registrée au contrôle général des finances, le der-

nier janvier 1646, de la somme de 18,850 liv. payée par ledit sieur Courtin, propriétaire des *coches* des routes de Lyon, Bourgogne, Champagne & Picardie, pour être déchargé du droit annuel qu'il étoit tenu de payer, suivant la déclaration du 25 janvier 1642. Quatre quittances dudit de la Ruelle, des 24 mai, 10 septembre, 9 décembre 1644, & 24 avril 1655, chacune de la somme de 2578 liv. 2 sols 6 den. payée par ledit sieur Tortereau, fermier des *coches* de Lyon, Bourgogne, Champagne, Auvergne, Amiens, Beauvais, Abbeville, Calais & autres, pour les quartiers de janvier, avril, juillet & octobre de l'année 1644, du quartier & demi retranché en ladite année. Huit quittances de Nicolas Darc, commis à la recette des taxes, des 16 mai, 17 août, 16 novembre 1645, 16 février, 16 mai, 23 août, 14 novembre 1646, & 8 janvier 1647 ; les six premières données audit sieur Tortereau, les deux autres à sa veuve, & chacune de la somme de 3437 liv. 10 sols, payée pour les quatre quartiers des années 1645 & 1646, du retranchement de deux quartiers ordonné pour lesdites deux années. Quittance du sieur Deflandres, trésorier des parties casuelles, du 1646, de la somme de 16,000 liv. payée par le propriétaire des *coches* & *carrosses* des routes de Lyon, Dijon, Troyes, Châlons, Amiens & dépendances, pour jouir de 1600 liv. de gages, de deux sols pour livre de ce qui se paye auxdits *coches* & *carrosses*, & des privilèges attribués à l'office de premier commis desdits *coches* & *carrosses* créés par édit de septembre 1645. Quittance du fondé de procuration de Nicolas Dossié, chargé du recouvrement des taxes, du 19 novembre 1646, de la somme de 800 liv. pour le sol pour livre desdites 16,000 liv. Quittances du sieur Benoît, trésorier général des domaines de France, du 16 novembre 1654, de la somme de 10,000 liv. payée par ledit sieur Courtin de Tanqueux, propriétaire des *coches* & *carrosses* des routes de Lyon, Champagne, Bourgogne & Picardie, pour les quatre quartiers de retranchement de demi-année ordonné par édit de décembre 1652. Arrêt de la cour des comptes, aides & finances de Provence, du 18 décembre 1664, rendu entre les successeurs & ayant cause dudit Courtin de Tanqueux & le procureur général, qui homologue l'adjudication sus-énoncée du 2 juin 1642. Acte passé devant Saintfray, notaire à Paris, le 21 septembre 1670, par lequel Catherine de Laffemar, veuve dudit sieur de Tanqueux, comme tutrice de sa fille, héritière bénéficiaire de son père, a déclaré être propriétaire des *coches* & *carrosses* des routes de Lyon, Bourgogne, Champagne & Picardie, contrôle d'iceux, tant établis qu'à établir, dépendant du domaine de sa majesté, suivant ledit contrat d'aliénation du 2 juin 1642, délivré le 8 décembre suivant. Quittance du sieur Bertin, trésorier des revenus casuels, du 14 février 1731, registrée au contrôle général des finances le 2 mars suivant, de la somme de 9400 liv. payée par Pierre-François

Courtin & confors, propriétaires du droit & faculté de faire rouler les *coches* & *carroffes* des routes de Lyon, Bourgogne, Champagne, & Picardie, & ceux de Paris à Reims, & de Reims à Paris, pour le droit de confirmation à cause de l'avénement du roi à la couronne, conformément à la déclaration du 27 septembre 1723, & quittance du même jour 14 février 1731, de la somme de 940 liv. payée par les mêmes pour les deux sols pour livre desdits 9400 liv. & les expéditions des trois baux desdits droits & priviléges : le premier paffé devant Boulard, notaire à Paris, le 15 juin 1763, par les sieurs d'Agueffeau, Courtin & de Pereufe, comme syndics des propriétaires desdits droits, à Charles Reneux pour neuf années, qui ont commencé au premier juillet 1774, des *coches* & *caroffes* des routes de Paris & provinces de Lyonnois, Dauphiné, Provence, Languedoc, Auvergne, Bourgogne, Champagne, Picardie, Boulonnois, Calais, Dunkerque & retour, & des droits de Parifis & de contrôle, moyennant la somme de 48,125 l. & à charge de payer en outre par le preneur, le premier des vingtiémes, qui monte, y compris les deux sols pour livre à 2,646 l. 17 f. 6 d. ces deux sommes faisant ensemble 50,771 l. 17 f 6 d. le second paffé devant ledit Boulard le même jour 15 juin 1763 par les mêmes syndics au même preneur & pour le même temps, des routes de traverses des provinces de Lyonnois, Bourgogne, Champagne, Picardie, Bourbonnois, Auvergne, Provence & autres lieux, où le droit des propriétaires pouvoit s'étendre, moyennant la somme de 6,875 l. & à la charge pareillement de payer le premier des vingtiémes, montant, y compris les deux sols pour

livre, à 378 l. 2 f. 6 d. au moyen de quoi ces deux sommes font enfemble celle de 7,253 l. 2 f. 6 d. & le troifiéme paffé devant Poultier notaire à Paris, le 24 avril 1769, par les sieurs de Pereufe, de Champignelles, de Nouville & de Tanqueux, à Claude Henry, Jean-Antoine & Claude-Martin de Barbereux pour neuf années commencées au premier juillet 1771, des deux quarts & le douziéme au total du privilége & droit des *coches* & *carroffes* sur la route de Paris à Reims & de Reims à Paris, moyennant la somme de 2,000 l. à la charge en outre de payer les impofitions royales & les deux vingtiémes & deux fols pour livre, au moyen de quoi le prix dudit bail eft de 2,220 l. Ouï le rapport du sieur Joly de Fleury confeiller d'état ordinaire & au confeil royal des finances. LE ROI ÉTANT EN SON CONSEIL, a liquidé & liquide à la fomme de douze cent quatre mille neuf cent livres fix fols trois deniers, l'indemnité dûe aux repréfentans le sieur Courtin de Tanqueux, à cause de la fuppreffion des engagemens & conceffions des priviléges & droits des *coches* & *carroffes* ci-deffus énoncés, conformément auxdits trois baux ; ordonne fa majefté que ladite fomme de douze cent quatre mille neuf cent livres fix fols trois deniers foit payée par le sieur Micault d'Harvelay garde du tréfor royal, en rente à quatre pour cent fur les aides & gabelles, faifant partie de celles créées par édit de février 1770, avec la joüiffance du premier janvier 1781, jour auquel le caiffier des poftes a ceffé de payer le prix defdits baux auxdits engagiftes & propriétaires, chacun féparément pour les portions qui vont être déterminées.

SÇAVOIR.

	PRINCIPAUX.			RENTES.		
	₶	ß	d.	₶	ß	d.
A Pierre le Couturier & Eléonore-Marie-Sophie le Brun fon époufe..	76,733	2	6	3,069	6	6
Jacques-Madel. Guyon de Guercheville..	9,913	2	6	396	10	6
Cécile-Eléonore Guyon de Dizier.	26,744	7	6	1,069	15	3
Adelaïde-Lucie Guyon, époufe de Claude-Philippe de la Vergne de Loury.	26,617	10	"	1,064	14	"
Anne-Louife Therèfe Georgeon, époufe de Denis-Pierre Blanchet.	7,083	8	9	283	6	9
Françoife-Jeanne Regnard, veuve de Jofeph Baltazar Gilbert.	7,083	8	9	283	6	9
Alexandre de Lääge.	119,627	3	9	4,785	1	9
Antoine-René, Julie, Claude Courtin du Saulfoy, Eléonore-Renée Courtin du Saulfoy, veuve de Pierre-Bertrand de Verrettes & Catherine-Henriette Courtin du Saulfoy, conjointement.	29,303	2	6	1,172	2	6
Eléonore-Pierre Courtin de Tanqueux	42,317	10	"	1,692	14	"
Antoine-Pierre Courtin Duffy.	142,115	12	6	5,684	12	6
	487,538	8	9	15,501	10	6

	PRINCIPAUX.			RENTES.		
	℔	ß	d	℔	ß	d
De l'autre part	487,538	8	9	15,501	10	6
Alphonſe-Touſſaint de Fortia de Pilles, & Marie-Gabrielle-Roſalie de Coriolis Deſpinouſe, à cauſe d'elle	22,405	"	"	896	4	"
Anne-Marie-Madelaine de Jordy, épouſe non-commune en biens d'Éléonor-Charles Courtin de Laſſemas	89,832	10	"	3,593	6	"
Marie-Louiſe-Conſtance Terrier, veuve de Charles-Proſper Bonyn de Pereuſe, autoriſée à recevoir les revenus échus & à échoir de la ſucceſſion de ſon mari	113,326	"	"	4,533	"	"
Paul-Charles Cardin le Bret	44,810	"	"	1,792	8	"
Éléonor-Charles Courtin	69,594	7	6	2,783	15	6
Françoiſe Pinon, épouſe ſéparée quant aux biens, de Louis-René de Briſay	82,340	18	9	3,293	12	9
Blandine Victoire Courtin de Caumont, épouſe de François-Marguerite-Joſeph Courtin de Saint-Vincent	10,988	8	9	439	10	9
Le collége de Louis le Grand, compris 400 l. de rente exempte de retenue, à lui cédée ſur les revenus de Louis-François Courtin dans le premier bail	99,751	11	3	3,990	1	3
Antoinette-Éliſabeth-Marie d'Agueſſeau, épouſe de Louis-Philippe, Comte de Ségur	22,405	"	"	896	4	"
François-Louis Courtin, déduction faite deſdits 400 l. de revenu net, par lui cédés audit collége .	67,755	12	6	2,710	4	6
Cardin-Paul le Bret, Comte de Selles	44,810	"	"	1,792	8	"
A ceux qui ne ſe ſont point fait connoître & qui juſtifieront en avoir droit dans le prix du premier bail	7,060	"	"	282	8	"
Louis-René de Rogres de Luſignan de Champignelle	19,066	11	3	762	13	3
A ceux qui ne ſe ſont point fait connoître & qui juſtifieront en avoir droit dans le prix du deuxiéme bail	779	7	6	31	3	6
Claude-Henri Barbereux	12,465	"	"	498	12	"
Jean-Antoine Barbereux	4,986	5	"	199	9	"
Et Claude-Martin Barbereux	4,986	5	"	199	9	"
SOMMES PAREILLES	1,204,900	6	3	48,196	"	"

Sans que leſdits propriétaires ſoient tenus de rapporter d'autres titres, ſinon que l'un d'eux pour eux tous, les vingt-cinq piéces originales dépoſées à Me. Boulard, notaire, par l'acte du 22 avril 1752, & les expéditions des trois baux ci-deſſus énoncés, & par chacun deſdits propriétaires en particulier, d'autres piéces ; ſçavoir, par ceux qui ſont acquéreurs, que le titre de leur propriété perſonnelle, & par ceux qui poſſédent comme héritiers, donataires ou légataires, que le titre de propriété de ceux qu'ils repréſentent, & les piéces juſtificatives des qualités dans leſquelles ils ſont repréſentans : ſa majeſté diſpenſant expreſſément leſdits proprié-

taires en général, & chacun d'eux en particulier, de fournir aucuns autres titres ou piéces, ni de remonter à l'origine de la propriété deſdits droits & priviléges, notamment de rapporter le jugement d'adjudication du 14 août 1643, & les quittances de finance y relatives : à la charge cependant que le préſent arrêt ſera enregiſtré au contrôle général des finances, pour tenir lieu de la décharge des quittances de finance relatives à l'adjudication du 14 août 1643, à l'effet de laquelle remiſe ci-deſſus preſcrite, ſa majeſté ordonne que ledit Me. Boulard, notaire, ſera tenu de remettre les vingt-cinq piéces originales à lui dépoſées, au ſieur d'Agueſſeau ;

doyen du conseil, & l'un des syndics desdits propriétaires, lequel sa majesté autorise à donner seul décharge desdites pièces, sans la présence ni le consentement des autres propriétaires ou ayant droit : voulant sa majesté qu'en faisant ladite remise par ledit M^e. Boulard, il soit bien & valablement déchargé en vertu du présent arrêt, dont mention sera faite sur toutes pièces que besoin sera. Veut sa majesté qu'en rapportant par ledit sieur d'Harvelay les quittances de chacune desdites parties prenantes en ce qui la concerne, les titres & pièces ci-dessus énoncés seulement, les quittances de finance des quatre & dernier octobre 1642, 2 juillet 1644 & 14 février 1731, déchargées du contrôle, & les autres dans l'état où elles se trouvent, avec certificat des conservateurs des saisies & oppositions du trésor royal par chacune desdites parties prenantes séparément, à l'effet de constater qu'il n'existe aucunes saisies ou oppositions sur elles : ladite somme de douze cent quatre mille neuf cent livres six sols trois deniers, soit passée & allouée dans les états au vrai & compte dudit sieur garde du trésor royal, en vertu du présent arrêt seulement. Fait au conseil du roi, sa majesté y étant, tenu à Versailles le cinq juillet mil sept cent quatre-vingt-un. *Signé* Amelot.

DÉCLARATION DU ROI,

Concernant la comptabilité des ferme & régie des postes & messageries.

Donnée à Versailles le premier novembre 1782.

Regiſtrée en la chambre des comptes le 21 janvier 1783.

Louis, par la grace de Dieu, roi de France & de Navarre : A tous ceux qui ces présentes lettres verront; SALUT. Par arrêt de notre conseil du 17 août 1777, nous avons ordonné que le bail de la ferme générale des *postes* & *messageries* du royaume, substitué pour neuf années, à compter du premier janvier 1777, à celui qui devoit expirer au mois de Décembre 1779, seroit converti en une régie intéressée, à compter du premier janvier 1778, laquelle seroit confiée à six administrateurs; & par résultat de notre conseil du 28 octobre de ladite année 1777, nous avons ordonné que ladite régie seroit faite pour notre compte pendant six années entières & consécutives, qui commenceroient au premier janvier 1778, & qui finiroient au dernier décembre 1783, sous le nom de Simon-Robert Carabeux, par les sieurs Thiroux de Montregard, Thiroux de Montsauge, Grimod de la Reynière, Dubu de Longchamp, Richard & Darboulin de Richebourg, administrateurs généraux, nommés à cet effet par ledit résultat; laquelle régie seroit composée de tous les objets dont Jean-Baptiste D'Leindre jouissoit, ou avoit alors le droit de jouir, comme fermier-général des *postes* & *messageries*,

tant en exécution du bail qui lui en avoit été fait par l'arrêt de notre conseil du 20 février 1770, qu'en exécution d'autre arrêt de notre conseil du 11 septembre 1776, qui avoit prorogé ledit bail, auquel avoient été réunies les *messageries*, tant par terre que par eau; & en même temps, nous avons pourvu à ce que nous avons jugé devoir faciliter l'exploitation de ladite régie, au traitement des administrateurs & au remboursement de leurs fonds d'avance, tant en principal qu'intérêts : mais voulant faire connoître nos intentions sur les pièces que ledit Carabeux doit rapporter dans ses états au vrai & comptes, pour faire admettre les produits nets de ladite régie, fixer le prélévement que nous nous sommes réservé pour l'année 1778; en attendant que nous ayons fait connoître nos intentions sur les autres prélévemens que nous nous sommes pareillement réservés pour les années subséquentes, lesquels ne l'ont été que provisoirement, par ledit résultat : pourvoir à ce que les charges qu'il a acquittées, & qu'il doit acquitter sur lesdits produits nets, lui soient passées, ensemble aux délais dans lesquels il doit présenter ses comptes, & à tous les autres objets relatifs à ladite comptabilité, sur lesquels nous ne nous sommes point encore expliqués. A CES CAUSES, & autres, à ce nous mouvant, de l'avis de notre conseil, qui a vu l'arrêt du 17 août 1777, & le résultat du 28 octobre de ladite année, nous avons ordonné & ordonnons ce qui suit :

ART. PREMIER. Nous avons approuvé & confirmé, approuvons & confirmons toutes les opérations qui ont été faites par ledit Simon-Robert Carabeux, en vertu des dispositions portées tant dans l'arrêt de notre conseil du 7 août 1777, que dans le résultat du 28 octobre de ladite année, dont expéditions sont ici attachées sous le contre-scel de notre chancellerie : en conséquence, nous avons, en tant que de besoin, validé & validons lesdits arrêt & résultat, en tout ce qui n'y seroit pas dérogé par ces présentes.

II. Le prélévement de dix millions quatre cent mille livres que nous nous sommes réservé de faire par l'article XI dudit résultat, sur le produit net de ladite régie, n'étant qu'une fixation provisoire, dans laquelle les *messageries* sont entrées pour un million de livres, prix du sous-bail existant alors, qui avoit été fait par Jean-Baptiste D'Leindre, fermier des *postes*, à Claude Laure; & cette fixation étant subordonnée à ce que nous pourrions ordonner par la suite, sur le fait desdites *messageries*, suivant la réserve que nous en avons faite par l'article XVI dudit résultat, nous avons fixé & arrêté, fixons & arrêtons le prélévement qui doit être fait à notre profit, sur le produit net de ladite régie de l'année 1778, à la somme de dix millions neuf cent vingt-cinq mille livres, au lieu de dix millions quatre cent mille livres, portés par ledit résultat, ce qui a opéré une augmentation dans ledit prélévement, de la somme de cinq cent vingt-cinq mille livres, provenant de ce que le nouveau bail fait par ledit Carabeux, à Claude Laure, en vertu de l'arrêt de notre conseil du 18 décembre 1777, dont la jouissance a commencé au premier avril 1778, a été porté à dix-sept cent mille livres pour ladite année, au lieu d'un million de livres, prix du bail précédent qui avoit été fait par Jean-Baptiste D'Leindre, audit Claude Laure, en vertu du résultat de notre conseil du 11 septembre 1776, & qui a cessé d'avoir son exécution, à compter dudit jour premier avril 1778, sauf à fixer, par autres lettres-patentes, le prélévement ordonné être fait à notre profit, pour les années subséquentes de la régie des postes, d'après les produits nets de la ferme des messageries.

III. Pour parvenir à connoître les produits bruts de ladite régie, les dépenses & frais qu'elle a occasionnés, fixer le produit net d'icelle, soit à cause des prélévemens que nous nous sommes réservés, eu égard aux sommes pour lesquelles les messageries doivent entrer dans lesdits prélévemens, conformément à l'article précédent, soit à cause de la moitié dudit produit net, déduction faite desdits prélévemens, constater le paiement que ledit Carabeux a dû faire en notre trésor royal, de la somme de quatre millions huit cent mille livres, en exécution de l'article X dudit résultat, pour fonds d'avance & par forme de cautionnement, les intérêts & remises que nous lui avons accordés, remboursemens desdits fonds d'avance, aux époques indiquées par ledit résultat, le montant des charges que nous avons assignées sur ladite régie & qu'il a dû faire à notre acquit, enfin tout ce qui est relatif à l'exécution dudit résultat; il sera fait & dressé par ledit Carabeux, un compte d'administration, pour chaque année de ladite régie, lequel après avoir été certifié par ledit Carabeux & lesdits administrateurs, sera vu, examiné, vérifié & arrêté en notre conseil.

IV. D'après ce compte d'administration il sera aussi arrêté en notre conseil, en exécution de l'article XXII dudit résultat, des rôles de fixation du produit net de ladite régie, sans qu'il soit besoin de justifier autrement des dépenses, à la déduction desquelles lesdits rôles auront été formés,

V. Conformément à l'article XXI dudit résultat, ledit Carabeux étant tenu de compter de ladite régie, tant par état au vrai & en notre conseil, qu'en notre chambre des comptes, il fera recette, en conséquence, dans chacun de ses états au vrai & compte, des sommes qui seront provenues du produit net de ladite régie, fixées & arrêtées ainsi & de la manière que nous l'avons ordonné par l'article précédent : & en outre il fera recette ; sçavoir, dans ses états au vrai & compte de 1778, premier exercice de ladite régie, 1°. de la somme d'un million cinq cent vingt-cinq mille livres que ledit Carabeux a dû toucher de Claude Laure, ci-devant sous-fermier desdites messageries, dont deux cent

cinquante mille livres pour le quartier de janvier 1778, du sous-bail desdites messageries, qui lui avoit été fait par Jean-Baptiste D'Leindre, alors fermier-général des postes, sur le pied d'un million de livres par année, en exécution du résultat de notre conseil du 11 septembre 1776; & un million deux cent soixante-quinze mille livres pour les quartiers d'avril, juillet & octobre de ladite année 1778, du nouveau bail desdites messageries, fait par ledit Carabeux, audit Claude Laure, en vertu de l'arrêt de notre conseil du 18 décembre 1777, moyennant un million sept cent mille livres pour ladite année 1778; 2°. & de la somme de quatre millions huit cent mille livres, que ledit Carabeux a été tenu de payer en notre trésor royal, en exécution de l'article X dudit résultat. En faisant recette par ledit Carabeux des sommes ci-dessus, dans chacun des états au vrai & compte de ladite régie, où il échoit, elles lui seront admises & passées sans difficulté, en rapportant par lui sur les sommes provenant des produits nets, les rôles de fixations, arrêtés en notre conseil; & sur les sommes provenant des messageries, les résultats & arrêts de notre conseil des 11 septembre 1776, 18 décembre 1777, 20 avril 1778 & 7 juin 1781; ensemble les états arrêtés en notre conseil, des sommes que la régie des messageries aura payées à la régie des postes, énoncées en l'article II ci-dessus, sans que sous aucun prétexte, il puisse être forcé en recette, pour autres & plus grandes sommes, ni qu'il puisse être tenu de rapporter d'autres pièces.

VI. Ledit Carabeux fera dépense dans les états au vrai & compte de ladite régie, de l'année 1778, du paiement qu'il a dû faire en notre trésor royal, conformément à l'article X dudit résultat, de la somme de quatre millions huit cent mille livres, dans les dix premiers jours du mois de janvier 1778, pour fonds d'avance & par forme de cautionnement, laquelle dépense lui sera passée dans ses états au vrai & compte, en vertu des quittances du garde de notre trésor royal.

VII. Les autres dépenses & charges que ledit Carabeux a dû acquitter d'après les ordres particuliers que nous lui avons fait donner, ensemble les remises fixes que nous lui avons accordées, les intérêts de ses fonds d'avance & le remboursement desdits fonds, seront réglés conformément à l'article XXIII dudit résultat, par des états qui seront arrêtés en notre conseil, dans lesquels il sera fait fonds des épices & frais de reddition desdits comptes; & lesdites dépenses seront passées dans les états au vrai & compte, en rapportant par ledit Carabeux, les décharges & quittances sur ce suffisantes, sous les modifications cependant portées par l'article ci-après.

VIII. Dans le nombre des dépenses & charges que ledit Carabeux a dû acquitter, se trouve compris ce qu'il a dû payer aux anciens concessionnaires de privilèges des carrosses & messageries, coches

& *voitures* de terre & d'eau, réunis à notre domaine, pour le prix des anciens baux qu'ils avoient faits defdits priviléges; lefquels par l'article XIII de l'arrêt de notre confeil du 17 août 1776, & nos lettres-patentes du 11 novembre de ladite année, nous nous étions chargés de leur faire payer jufqu'à la représentation qu'ils feroient tenus de faire de leurs titres, entre les mains des commiffaires nommés par l'arrêt de notre confeil du 7 août 1775, & jufqu'à leur liquidation, après laquelle l'intérêt du montant d'icelle leur feroit payé jufqu'à leur remboursement: & étant de notre juftice de pourvoir à ce que les paiemens faits auxdits anciens conceffionnaires, tant par Jean-Baptifte D'Leindre lorfqu'il étoit fermier-général des *poftes*, en vertu des ordres particuliers que nous lui avions fait donner, que par ledit Carabeux, leur foient paffés fans difficulté, nous avons en tant que de befoin, approuvé & confirmé, approuvons & confirmons tous les paiemens faits auxdits conceffionnaires du prix qu'ils retiroient de leurs baux, tant par ledit D'Leindre pour les quatre derniers mois 1776 & l'année entière 1777, que par ledit Carabeux pour les années fuivantes, & même pour ce qu'il auroit pu payer fur ce qui reftoit encore à acquitter de l'époque où ledit D'Leindre en étoit chargé; enfemble nous avons approuvé & confirmé, approuvons & confirmons les paiemens des intérêts que ledit D'Leindre & ledit Carabeux ont pu faire à ceux defdits conceffionnaires qui auroient fait liquider leurs droits; tous lefquels paiemens feront paffés & alloués fans difficulté au jugement de leurs comptes, fur les quittances des dénommés dans les états que nous en devons faire arrêter en notre confeil, ou fur les quittances de leurs repréfentans, en rapportant, fçavoir: à l'égard de ceux qui n'auront point encore fait liquider leurs droits, la copie collationnée des baux faits par eux ou leurs prédéceffeurs pour une fois feulement; & à l'égard de ceux qui ont fait liquider leurs droits, en rapportant pour une fois feulement, la copie collationnée du jugement de liquidation des commiffaires nommés à cet effet, fans qu'ils foient tenus de rapporter d'autres pièces; laquelle difpofition aura également lieu à caufe des paiemens qui auroient pu être faits annuellement, en vertu de l'arrêt de notre confeil du 12 mars 1778, par lefdits D'Leindre & Carabeux, d'une partie de neuf mille cinq cent livres, fous la défignation des propriétaires des droits & priviléges des *coches* & *caroffes* ordinaires, & de traverfe des routes du Pec, Saint Germain-en-Laye, Poiffy, Meulan, Mantes & autres, fur les quittances du fieur Paporet, l'un d'eux.

IX. Ne pourra ledit Carabeux être condamné aux intérêts d'aucunes fommes qu'il paroîtroit avoir été en retard de porter en notre tréfor royal ou dans nos autres caiffes, d'après la date des quittances qui lui en auroient été expédiées; autorifant en tant que de befoin, les mentions qui pourroient être faites dans lefdites quittances, de l'époque du

paiement des fommes qui y font contenues, ou à défaut defdites mentions, les extraits des regiftres de raifons tenus dans lefdites caiffes.

X. Nous avons déchargé & déchargeons ledit Carabeux de l'amende à laquelle il pourroit être condamné au jugement de chacun de fes comptes, des années 1778, 1779 & 1780, enfemble de chacun de ceux des dixiémes & vingtiémes de retenue fur aucunes charges par nous affignées fur les *poftes* & *meffageries* des années 1778 & 1779, faute d'avoir préfenté lefdits comptes dans les délais prefcrits par l'ordonnance du mois d'août 1669; enfemble nous avons déchargé & déchargeons ledit Jean-Baptifte D'Leindre de l'amende qu'il paroîtroit avoir pareillement encourue faute de la remife de fon compte de l'ordinaire & des dixiémes & vingtiémes de la ferme-générale des poftes de l'année 1777, des pièces & acquits d'icelui, entre les mains du rapporteur, dans le délai prefcrit par la déclaration du 15 août 1762; la remife duquel compte & defdites pièces & acquits, il fera tenu de faire entre les mains du fieur confeiller-auditeur-rapporteur, dans les fix mois, à compter de l'enregiftrement des préfentes: & attendu que la préfentation du compte de ladite régie de l'année 1778, & de ceux des années fuivantes, dépend de l'arrêté de nos états, nous avons, en dérogeant en tant que de befoin, à l'ordonnance du mois d'août 1669, ordonné & ordonnons que lefdits comptes feront préfentés en notre chambre des comptes, dans les trois mois, à compter de la date de l'arrêté de chacun des états au vrai en notre confeil. SI DONNONS EN MANDEMENT à nos amés & féaux confeillers les gens tenant notre chambre des comptes à Paris; que ces préfentes ils aient à faire regiftrer purement & fimplement, & icelles exécuter, felon leur forme & teneur, nonobftant toutes chofes à ce contraires, auxquelles nous avons dérogé & dérogeons par ces préfentes: CAR TEL EST NOTRE PLAISIR; en témoin de quoi nous avons fait mettre notre fcel à ces préfentes. DONNÉ à Verfailles le premier jour du mois de novembre, l'an de grace mil fept cent quatre-vingt-deux, & de notre règne le neuviéme. *Signé* Louis. *Et plus bas*, par le roi. *Signé* AMELOT. Vu au confeil, JOLY DE FLEURY. Et fcellé du grand fceau de cire jaune.

Regiftrée en la chambre des comptes, ouï & ce requérant le procureur-général du roi, pour être exécutée felon fa forme & teneur. Les femeftres affemblés, le vingt-un janvier mil fept cent-quatre-vingt-trois. Signé MARSOLAN.

ARRÊT DU CONSEIL D'ÉTAT DU ROI,

Qui ordonne l'établiffement d'une navigation réglée fur la Loire & rivières y affluentes.

Du 12 décembre 1779.

Extrait des regiftres du confeil d'état.

Sur ce qui a été repréfenté au roi, étant en fon

conseil, qu'il seroit très-intéressant pour le commerce, d'établir une *navigation régulière* sur la rivière de Loire, depuis Roanne jusqu'à Nantes; que les difficultés & les retards qui existent dans la *navigation* actuelle, tant sur cette rivière que sur les autres y affluentes, exposent les marchandises à des avaries qui en altèrent le poids & la quantité, en diminuent la valeur, & engagent les négocians à préférer le transport par terre, naturellement plus dispendieux, & qui, en augmentant le prix des marchandises nationales, les met dans l'impossibilité d'entrer en concurrence avec celles de l'étranger, & surcharge les grandes routes de cette partie du royaume, d'une si grande quantité de voitures, que l'on est fréquemment obligé d'y faire des réparations d'autant plus onéreuses, qu'elles ne peuvent être effectuées qu'en détournant les cultivateurs de leurs travaux ordinaires; qu'il se présentoit un moyen facile de remédier à ces inconvéniens, & d'y substituer tous les avantages que le commerce peut désirer, en acceptant les propositions faites par Claude Laure, adjudicataire de la ferme générale des *messageries* & concessionnaire, (suivant les arrêts du conseil des 11 décembre 1775 & 17 août 1776, du privilège de la navigation sur toutes les rivières navigables, qui offre d'établir par lui-même ou par ses préposés, sur la rivière de Loire & celles y affluentes, des *bateaux* qui partant à jour & heures fixes, procureront aux voyageurs, les moyens de se rendre facilement & à peu de frais, dans les différentes villes situées sur les bords de la Loire, & au commerce l'avantage de recevoir plus promptement à des époques certaines, les marchandises qu'il fera transporter par cette voie, & plus sûrement en ne destinant au transport des marchandises, que des bateaux pontés, & par conséquent plus propres à prévenir les avaries qu'éprouvent journellement les marchandises transportées sur ces rivières; & que ledit Laure se chargeroit de faire les établissemens nécessaires pour réunir ces différens avantages, si sa majesté vouloit bien fixer par un tarif, les droits qu'il seroit autorisé à percevoir sur les marchandises qu'il fera voiturer, tant en montant qu'en descendant lesdites rivières: sa majesté toujours occupée de ce qui peut contribuer au bonheur de ses sujets; & convaincue que les débouchés faciles & peu coûteux, sont les moyens les plus propres à donner de l'activité au commerce & à encourager l'agriculture: ouï le rapport du sieur Moreau de Beaumont, conseiller d'état ordinaire & au conseil royal des finances; LE ROI ÉTANT EN SON CONSEIL, a ordonné & ordonne ce qui suit:

ART. PREM. Sa majesté autorise ledit Claude Laure, adjudicataire de la ferme des *messageries*, ou ses représentans, à établir successivement des coches ou *bateaux* légers & commodes, destinés à transporter les voyageurs qui voudront se rendre de Roanne à Nantes, ou dans les villes intermédiaires; à l'effet de quoi il sera tenu d'en faire partir un deux fois la semaine, de Roanne pour Nevers & de Nevers pour Roanne, qui fera ce trajet dans trois jours en hiver, & dans quatre jours lors des basses eaux; d'en faire partir un également deux fois la semaine, de Nevers pour Orléans, & d'Orléans pour Nevers, qui fera pareillement ce trajet dans trois jours, en hiver & en quatre jours dans les basses eaux; d'en faire partir un deux fois par semaine, d'Orléans qui arrivera à Nantes le huitième jour; & qui, repartant de Nantes deux fois la semaine, arrivera à Orléans le quinzième jour; d'en établir un moins considérable qui, partant deux fois par semaine d'Angers, correspondra, tant pour l'aller que pour le retour, avec ceux établis d'Orléans à Nantes & de Nantes à Orléans, au moyen de la jonction qui s'en fera au bourg de la Pointe: outre lesdits bateaux légers; il en sera établi de plus grands, destinés au transport des marchandises de gros volume, qui, partant régulièrement une fois la semaine d'Orléans, arriveront à Nantes le quinzième jour, & repartiront chaque semaine de Nantes pour arriver à Orléans le vingt ou vingt-deuxième jour au plus tard; lesdits bateaux desserviront généralement toutes les villes & lieux situés sur la Loire entre Roanne & Nantes.

II. Ledit Claude Laure sera tenu de faire partir régulièrement lesdits *bateaux*, aux jours & heures qui lui seront indiqués par le conseil & les intendans généraux des postes. Le prix des places dans lesdits *bateaux* légers, sera & demeurera fixé à trois sols par personne & par lieue que les voyageurs parcourront sur ladite rivière, sans que sous aucun prétexte, il puisse être exigé desdits voyageurs, autre ni plus forte somme. Le prix du port des hardes & effets desdits voyageurs, ainsi que des marchandises transportées par les grands *bateaux*, partant à jour & heure fixes, sera perçu conformément au tarif annexé au présent arrêt.

III. Pourra ledit Claude Laure, si le besoin du public l'exige, faire partir des villes énoncées dans l'article premier un plus grand nombre de *bateaux* légers, même en établir de particuliers pour la correspondance directe des villes situées entre Orléans & Nantes; après en avoir obtenu l'autorisation du conseil & des intendans généraux des *postes*.

IV. Autorise pareillement sa majesté, ledit Claude Laure, à établir sur la Loire, ainsi que sur les rivières de Sarte, Mayenne, l'Indre, le Cher, l'Allier & autres affluentes à la Loire, de gros *bateaux* qui ne partiront des ports desdites rivières, que lorsque leur chargement sera complet; le prix du port des marchandises & effets transportés sur lesdits bateaux, sera perçu conformément au tarif annexé au présent arrêt.

V. Pourra ledit Claude Laure établir des *bateaux* légers, partant à jour & heure fixes, sur celles des rivières affluentes à la Loire, où le conseil & les intendans généraux des *postes* jugeroient que ledit établissement pourroit être utile au public.

VI. Pour prévenir autant qu'il se pourra les avaries qu'ont éprouvées les marchandises transportées jusqu'à présent sur la Loire & rivières y affluentes; veut sa majesté que tous les grands *bateaux* que ledit Claude Laure emploiera à ladite exploitation, soient pontés, que les écoutilles soient fermées, & que les clefs n'en soient confiées qu'à ses seuls directeurs.

VII. Veut pareillement sa majesté que ledit Claude Laure & ses cautions, soient & demeurent personnellement responsables de tous les effets & marchandises qui leur seront confiées pour être transportées par la voie desdites rivières; & qu'en conséquence ils soient tenus d'avoir dans chacun de leurs bureaux, de bons & fidèles registres paraphés par les sieurs intendans & commissaires départis, ou leurs subdélégués, sur lesquels ils feront enregistrer la quantité de ballots qui leur seront confiés, leurs marques, leur poids, le nom de ceux qui en feront l'envoi, de ceux à qui ils seront adressés, le lieu de leur destination, & le jour auquel ils seront embarqués pour leur destination, ainsi que l'époque à laquelle on sera convenu de les rendre à leur destination : à l'effet de quoi ils seront autorisés à établir des bureaux dans toutes les villes & lieux situés sur la Loire & rivières affluentes, où ils les jugeront nécessaires, sur les portes desquels ils pourront faire apposer des tableaux indicatifs, & dans lesquels ils pourront avoir des fléaux, poids & balances dûment étalonnés; dérogeant sa majesté, à leur égard, aux ordonnances, arrêts & réglemens, qui interdisent aux voituriers par eau l'usage des fléaux, poids & balances, & la faculté d'avoir des magasins; lesquels ordonnances, arrêts & réglemens, continueront à être exécutés par les autres voituriers fréquentant lesdites rivières, sa majesté en renouvellant les dispositions en tant que de besoin.

VIII. Pour faciliter ledit établissement & donner à la marche desdits *bateaux* la plus grande célérité, permet sa majesté audit Claude Laure, exclusivement à tous autres, d'établir sur la Loire & rivières y affluentes, des relais de chevaux frais, distribués de distance en distance dans les lieux où ils seront jugés nécessaires; lesquels desserviront tous lesdits *bateaux*, tant en montant qu'en descendant.

IX. Permet sa majesté audit Claude Laure, de faire construire des machines dans les lits desdites rivières, où elles seront jugées nécessaires pour faciliter le passage de ces *bateaux* sous les ponts où il n'y aura pas de pontoniers établis en titre d'office, de manière cependant que le cours de la navigation n'en soit point interrompu ni le public; & d'établir à l'embouchure des grandes rivières qui se jettent dans la Loire, des bacs pour le service du hallage, mais seulement dans le cas où il n'y en auroit pas appartenans à d'autres concessionnaires, &

sans que ledit Laure puisse employer lesdits bacs au service du public; & à l'égard des ruisseaux & rivières qui se jettent également dans la Loire, ledit Laure pourra faire construire sur iceux des ponceaux pour le passage des chevaux; & toutes lesdites constructions & établissemens seront aux frais dudit Laure, suivant ses offres.

X. Les propriétaires ou engagistes riverains, ainsi que ceux des isles & islots desdites rivières, & tous autres, seront tenus de laisser le passage libre pour ledit hallage, conformément aux réglemens rendus à ce sujet.

XI. Enjoint sa majesté aux maires & syndics des villes & bourgs, de donner audit Laure ou ses préposés, à leur première réquisition, toutes les facilités dont ils auront besoin pour l'établissement des grues propres à l'embarquement & au débarquement des marchandises, ainsi qu'à celui d'une romaine pour les passer au poids, sur le port qui sera indiqué par ledit Laure ou ses préposés.

XII. Permet néanmoins sa majesté auxdits propriétaires ou engagistes desdits terreins, d'en défendre les bords, soit par des fascinages, soit par des plantations d'osier franc, qui se coupera tous les trois ans, pourvu cependant qu'ils ne s'élèvent pas de manière à gêner le hallage; se réserve, au surplus, sa majesté de statuer sur les moyens d'assurer le hallage desdites rivières pendant les grandes eaux, d'après le compte qu'elle s'en fera rendre.

XIII. Ordonne sa majesté aux préposés de l'adjudicataire de ses fermes générales, & à ceux chargés de la perception des droits de péages & autres droits, de quelque nature qu'ils soient, de visiter les *bateaux* dudit Claude Laure, aussi-tôt que le patron desdits *bateaux* aura fait sa déclaration d'arrivée, & par préférence à tous autres, à peine de demeurer personnellement responsables des dommages & intérêts résultans des retards qu'ils auroient occasionnés.

XIV. Veut sa majesté, que les préposés dudit Claude Laure pour l'exploitation desdits *bateaux*, jouissent des privilèges & prérogatives accordés à ses autres employés par arrêt du 7 août 1775.

XV. Enjoint sa majesté aux sieurs intendans & commissaires départis, tenir la main chacun en droit soi, à l'exécution du présent arrêt : évoquant sa majesté à soi & à son conseil, les causes & contestations qui pourroient naître pour raison de l'exécution du présent arrêt, circonstances & dépendances, & icelles a renvoyées & renvoie pour être jugées en première instance, sauf l'appel au conseil, aux sieurs intendans & commissaires départis dans les provinces & généralités du royaume. Fait sa majesté très-expresses inhibitions & défenses à toutes ses cours & autres juges de connoître desdites causes & contestations, à peine de nullité des sentences, jugemens & procédures, & ce en vertu du préfent arrêt, qui fera lû, publié & affiché par-tout où befoin fera, & fur lequel toutes lettres néceffaires feront expédiées.

FAIT au confeil d'état du roi, fa majefté y étant, tenu, à Verfailles le douze décembre mil fept cent foixante-dix-neuf. Signé AMELOT.

TARIF des droits que le roi veut & ordonne être payés pour le prix du transport des marchandifes & effets qui feront voiturés fur la rivière de Loire & autres y affluentes, tant en montant qu'en defcendant.

SÇAVOIR:

De Nantes à Orléans.

A

Acier, alun de toutes fortes, arcanfon, arquifon, arfenic, antimoine, azur, le millier pefant, ci.	11	10
Airain, amidon, anchois, anis vert, affafœtida, le millier.	14	10
Aloès, amandes, argent vif, avelines, le millier.	17	11
Avoine, le tonneau.	20	11
Ardoife, petite, le millier	6	10
Ardoife forte quarrée. 2	7	10

B

Bouteilles vuides, la douzaine. . . .	11	6
Bannettes vuides, la pièce. . .	11	6
Boîtes vuides, le paquet. . .	11	11
Brai, le baril.	2	10
Blanc de plomb, blanc d'Efpagne, bois de Gayac, d'Inde & autres fortes de bois fervant à la teinture & marqueterie & bois, comme cire, le millier.	11	10
Bois d'ébène, de buis, de cèdre, d'olivier, le millier.	11	10
Bled froment, le tonneau.	25	11
Bled feigle, le tonneau.	23	11
Baleine de toutes fortes, beurre en tinettes, barils, cuves, cuvettes & futailles, bourre ou ploc, le millier . . .	14	10
Benjoin, borax, brignoles, comme figues & raifins, le millier.	15	10
Bois de gérofle, bazenne.	15	5
Beurre en pots ou en baril, le millier .	15	11

C

Cabas de jonc, la pièce.	11	2
Citrons, la caiffe.	2	8
Caboches ou clous de fer, calamine, cendre gravelée ou de varecq, cendre du levant, cendre potaffe, céruze, colophanne, couperofe, crayon, le millier.	11	12
Cartons, câpres, cacao, café, chocolat, chandelle, cire de toutes fortes, coton		

en laine, cuivre en planches, tonneaux, futailles ou bâtons, cumins, cuirs verts, fecs ou tannés; de bœuf ou vache & cuirs de Hongrie, le millier	14	10
Cannes en bâtons, caffe, piftulle, criftal ou crême de tartre, le millier. . .	16	10
Canelle, caftor en peau ou poil, caffaligula, cochenille, coton filé, confitures de toutes fortes, le millier, . . .	16	11
Chanvre & crin, le millier.	13	10

D

Dents d'éléphant ou cheval marin, le millier.	14	10
Drogueries de toutes fortes, le millier .	16	10
Draperies & autres étoffes de laine. . .	16	10

E

Eau-de-vie, le muid de trois cent pintes.	8	11
Émail, émeril, encens, étain en faumon ou navette, le millier	11	12
Enchois, étain de glace, le millier . .	13	11
Eau-de-fleur-d'orange & autres aromatiques, eau-forte, écaille, tortue ou carette, éponges, le millier	16	10
Écorce de citrons ou d'oranges, le millier.	15	5

F

Fayence, la liaffe ou vafe.	11	15
Fayence, en tonneau, en caiffe. . .	15	5
Fer en barre, poids ou marmites, le millier.	8	15
Fenouil, fleur-de-foufre, le millier. .	12	11
Fer-blanc ou noir, fil-d'archal ou laiton, le millier.	14	11
Figues, prunes & raifins, le millier . .	16	11
Fil d'Hollande ou de Bretagne, & de poil-de-chèvre, le millier	16	11

G

Goudron, le baril	2	10
Gomme arabique, le millier	11	10
Galle, garence, gingembre, glue, gomme adragant, gomme lacque, graine ou femence de jardin, graine de laurier, le millier	14	10
Gérofle, le millier.	17	11

H

Huile de limon ou de rabette, de noix & de poiffon, le baril pefant deux cent cinquante livres ou environ. . . .	3	11
Huile d'olive & toutes autres fortes d'huiles, le millier.	14	10
Huile d'afpic ou de térébenthine & autres femblables, & houblon, le millier . .	15	11
Harangs & fardines, le millier pefant . .	14	11

Vergettes ou broſſes, comme mercerie, le millier. 15 5

Vin d'Eſpagne ou de Canarie, la pipe . 18 "

Z

Zinc, le millier. . . . . 12 "

Les marchandiſes non compriſes au préſent tarif, payeront ſur le pied de celles qui y ſont exprimées de pareille nature & qualité.

VILLES INTERMÉDIAIRES.

De Nantes à Angers.

Le prix des *voitures* demeurera fixé à cinq livres le millier, réſervant ſa majeſté de faire tarifer les marchandiſes qui ſeront tranſportées ſur les rivières ſupérieures, lors de l'établiſſement du hallage ſur leurs rives.

D'Angers à Orléans.

Il ſera diminué un ſixiéme des prix de Nantes à Orléans.

De Saumur à Orléans.

Il ſera diminué un quart des prix de Nantes à Orléans.

De Tours à Orléans.

Il ſera diminué trois cinquiémes des prix de Nantes à Orléans.

D'Orléans à Nevers.

Le prix du tranſport des marchandiſes demeurera fixé aux deux cinquiémes des prix de Nantes à Orléans.

D'Orléans à Roanne.

Le prix du tranſport des marchandiſes demeurera fixé aux quatre cinquiémes des prix de Nantes à Orléans.

Et pour les villes & bourgs intermédiaires, le prix du tranſport des marchandiſes ſera fixé en proportion des prix ci-deſſus, ſuivant la diſtance.

A l'égard des marchandiſes qui deſcendront d'Orléans & lieux étant le long de la rivière de Loire juſqu'à Nantes, il ſera payé pour les *voitures*, le prix porté par le tarif ci-après; & pour les articles qui ne s'y trouveront pas compris, les quatre cinquiémes du prix fixé de Nantes à Orléans.

D'Orléans à Nantes.

B.

Bordure de tableau à l'ordinaire dix ſous, & pour les autres articles à proportion, ci . . . . " 10

Bois abattu à onze cent pour millier : compris les fonds. . . . . 14 "

C

Chaiſes à deux roues . . . . 18 "
Carroſſe coupé, monté ſur ſon train . . 30 "
Carroſſe ou berlingue à deux fonds, monté ſur ſon train. . . . . 45 "
Carroſſe démonté mis en caiſſe. . . . . 50 "
Charbon de terre en toue, contenant vingt-un à vingt-deux voies dudit charbon . . . . 96 "

F

Flambard ou graiſſe, pour chaque baril. 1 15
Futailles en demi-queue, pleine de bois abattu, pour chacune. . . . . 2 "
Futailles vuides à deux fonds ou à gueule baie, pour chaque cent réduit au muid. 52 10

M

Mulots, chacun d'un pied de diamètre . " 10
Mulots d'un pied & demi de diamètre . " 12
Mulots de deux pieds de diamètre. . . " 15

P

Pots à beurre vuides, pour chaque douzaine. . . . . 1 "

S

Sable à fayencier, pour une futaille pleine. 4 "

T

Tinettes vuides, petites . . . . " 3
Tinettes vuides, moyennes ou grandes. . " 4
Tuiles de Bourgogne, pour chaque millier 3 10

V

Vinaigre ou lie, pour chacun demi-muid. 2 10
Vin, pour chacune feuillette 2 8
Vieux drapeaux, pour chaque millier . 7 5

Les ports qui ſe trouvent dans les rivières de Vienne, Creuſe, Indre, Cher, l'Allier, &c. ſeront aſſimilés à ceux de la Loire, qui ſont à même diſtance de Nantes; & le prix des voitures réglé en conſéquence.

Il en ſera de même pour les villes & bourgs ſitués au-deſſus d'Orléans; & le prix des *voitures* y demeurera fixé aux quatre cinquiémes, de ceux accordés pour la montée, à raiſon des diſtances.

A l'égard des ballotages, tout ce qui ſera au-deſſus du poids de cinquante livres peſant juſqu'à cent, payera de *voiture*, ci . . 2 "
De cent à cinq cent, le cent 1 15

Et au-deſſus, ſuivant le prix fixé au préſent tarif; & ce, tant en montant qu'en deſcendant.

Le tout à la charge, par ledit Laure, de payer

au moyen des prix réglés pour lefdits transports, tous les droits & frais de péages, paffages, ponts, pertuis & autres que les voituriers par eau payent ordinairement.

FAIT & arrêté au confeil d'état du roi, tenu à Verfailles le douze décembre mil fept cent foixante-dix-neuf. *Signé* AMELOT.

ARRÊT DU CONSEIL D'ÉTAT DU ROI,

Qui défend à tous voituriers par eau, fur la Loire, de tranfporter les perfonnes dans des cabanes ou bateaux, fans en avoir payé le droit de permis.

Du 29 octobre 1780.

Extrait des regiftres du confeil d'état.

Le roi s'étant fait repréfenter l'arrêt rendu en fon confeil le 12 décembre 1779, portant établiffement d'une navigation réglée fur la Loire & autres rivières y affluentes, en faveur de Claude Laure, ci-devant fermier général des *meffageries*, auquel a fuccédé la régie actuelle, lequel Laure l'a cédé à Jacques Brochet & compagnie; fa majefté a reconnu que ledit établiffement étant une ferme de la régie des *meffageries*, il étoit jufte que l'entrepreneur jouît de tous les droits & privilèges appartenans à ladite régie : que le but principal de cet établiffement a été de procurer au commerce plus d'activité & de fûreté, en facilitant le tranfport des marchandifes, & les préfervant de l'avarie qui naît de la lenteur des expéditions : que l'entrepreneur feroit hors d'état de foutenir les dépenfes de cet établiffement, s'il étoit privé du droit de tranfporter exclufivement les voyageurs; droit appartenant inconteftablement aux *meffageries*, & dont l'exercice feul peut maintenir cet établiffement, dont le commerce éprouvera de plus en plus l'avantage. Sa majefté ayant d'ailleurs reconnu que le tarif annexé à l'arrêt du 12 décembre 1779, préfente des inconvéniens confidérables, tant à raifon des prix fixés à chaque nature de marchandifes, que par la liberté qu'il ôte aux négocians de pouvoir traiter de gré à gré avec l'entrepreneur, pour le tranfport des ballots & marchandifes; elle a jugé à propos d'autorifer l'entrepreneur & les négocians de faire, à raifon du prix defdits tranfports, telles conventions qu'ils jugeront convenables, nonobftant ledit tarif qui fera & demeurera fupprimé. A quoi voulant pourvoir, vu l'arrêt du confeil du 12 décembre 1779, portant établiffement de la navigation fur la Loire & autres rivières y affluentes, celui du 6 feptembre 1740, & autres rendus fur le fait des *meffageries*; Ouï le rapport du fieur Moreau de Beaumont, confeiller d'état ordinaire, & au confeil royal des finances; LE ROI ÉTANT EN SON CONSEIL, a ordonné & ordonne que les arrêts & réglemens concernant la ma-

nutention des *coches, carroffes & meffageries* du royaume, feront exécutés fuivant leur forme & teneur; pour les *coches & voitures* d'eau établis fur la Loire & autres rivières y affluentes, par arrêt de fon confeil du 12 décembre 1779. Fait en conféquence fa majefté très-expreffes inhibitions & défenfes à tous mariniers, voituriers & autres qui fréquentent lefdites rivières, de s'immifcer à l'avenir, fous quelque prétexe que ce foit, à faire le tranfport des voyageurs, avec des cabanes ou bateaux particuliers, fans en avoir obtenu la permiffion de l'entrepreneur, ou de fes prépofés, & en avoir acquitté le droit de *permis*, qui demeurera fixé à un fol par perfonne & par lieue, & ce à peine de confifcation des cabanes & bateaux, & de cinq cent livres d'amende. Ordonne fa majefté audit entrepreneur de faire régulièrement partir fes bateaux & coches à jours fixes, conformément audit arrêt du 12 décembre 1779; lui fait défenfes de refufer les *permis* à ceux qui le demanderont, en acquittant le fufdit droit, ni de l'exiger des perfonnes qui voudroient accompagner les marchandifes & denrées qu'elles expédieroient par d'autres bateaux que ceux de l'entrepreneur, pourvu que chacun defdits marchands, foit propriétaire au moins d'un quart du chargement defdits bateaux. Ordonne fa majefté que le prix des places pour les voyageurs, reftera fixé à trois fols par perfonne & par lieue, conformément à l'article II de l'arrêt du 12 décembre 1779, & le prix des hardes à 9 deniers par quintal & par lieue; & quant au tranfport des marchandifes & denrées, fa majefté ordonne que le tarif annexé au fufdit arrêt du 12 décembre 1779, fera & demeurera fupprimé, & que le prix defdits tranfports fera réglé de gré à gré entre l'entrepreneur & les marchands ou négocians. Ordonne que les procès-verbaux & faifies faites jufqu'à la date du préfent arrêt, feront & demeureront comme non-avenus; fait fa majefté main-levée des chofes faifies; ordonne que le préfent arrêt fera lû, publié & affiché par-tout où befoin fera. Enjoint fa majefté aux fieurs intendans & commiffaires départis, de tenir la main, chacun en droit foi, à l'exécution du préfent arrêt, fur lequel toutes lettres feront expédiées. FAIT au confeil d'état du roi, fa majefté y étant, tenu à Marli le vingt-neuf octobre mil fept cent quatre-vingt. *Signé*, AMELOT.

LOUIS, par la grace de Dieu, roi de France & de Navarre : à nos amés & féaux confeillers en nos confeils, maîtres des requêtes ordinaires de notre hôtel, les fieurs intendans & commiffaires départis pour l'exécution de nos ordres dans les généralités de Moulins, Orléans, Tours & Rennes; SALUT. Nous vous mandons & enjoignons par ces préfentes, fignées de nous, de tenir la main à l'exécution de l'arrêt, ci-attaché fous le contre-fcel de notre chancellerie, cejourd'hui donné en notre confeil d'état, nous y étant, pour les caufes y contenues : commandons au premier notre huiffier ou fergent fur ce requis, de fignifier ledit arrêt à tous qu'il appartiendra, à ce que perſonne n'en ignore; & de faire en outre, pour l'entière exécution d'icelui, tous commandemens, ſommations, & autres exploits requis & néceſſaires, ſans autre permiſſion que ces préſentes : CAR TEL EST NOTRE PLAISIR. Donné à Marli le vingt-neuvième jour d'octobre, l'an de grace mil ſept cent quatre-vingt, & de notre règne le ſeptième. Signé, LOUIS. Et plus bas, par le roi. Signé, AMELOT. Et ſcellé.

ARRÊT DU CONSEIL D'ÉTAT DU ROI,

Concernant les voitures *établies par la ferme des* meſſageries, *pour deſſervir les environs de Paris,* tant à heures fixes, qu'au gré des voyageurs.

Du 20 avril 1778.

Extrait des regiſtres du conſeil d'état.

Vu par le roi, étant en ſon conſeil, l'arrêt rendu en icelui le 5 février 1777, par lequel ſa majeſté auroit confirmé la réunion précédemment faite à la ferme générale des poſtes, de l'exploitation de toutes les *voitures* publiques, tant de terre que d'eau, ci-devant réunies à ſon domaine, pour être exploitées par Claude Laure ou ſes repréſentans ; & lui auroit en conſéquence permis, pour l'utilité des habitans de la ville de Paris, d'établir des *voitures* à quatre & à ſix places, ainſi que des charretes, pour concurremment avec les *voitures* de places, de remiſes, & les charrettes établies de tout temps, conduire les perſonnes qui voudront ſe rendre dans les différens villages des environs de Paris, à des prix fixés avantageuſement pour le public. Sa majeſté étant informée que cet établiſſement, commencé avec ſuccès l'année dernière, pouvoit être rendu encore plus utile au public, en fixant les lieux qui ſeroient deſſervis par des *voitures* partant, tant de Paris que des villages voiſins, à jours & heures fixes ; ainſi que de la néceſſité dont il étoit pour le ſoutien de cet établiſſement, de mettre ledit Laure en état d'exploiter ou de faire exploiter tous les droits à lui concédés par ledit arrêt du 5 février 1777. A quoi ſa majeſté voulant pourvoir : Oüi le rapport du ſieur Moreau de Beaumont, conſeiller d'état ordinaire, & au conſeil royal des finances ; LE ROI ÉTANT EN SON CONSEIL, a ordonné & ordonne ce qui ſuit :

ART. PREMIER. L'exploitation des *voitures* établies pour deſſervir les environs de Paris, continuera à être faite, conformément à l'arrêt du conſeil du 5 février 1777, par Claude Laure, adjudicataire des *diligences*, *meſſageries* & *coches* d'eau, ou par ſes prépoſés, pendant la durée de ſon bail, concurremment avec les *voitures* de places & de remiſes, & avec les charrettes qui, les fêtes & dimanches, conduiſent ceux qui veulent ſe rendre dans les dif-

férens villages des environs de Paris. Fait en conſéquence ſa majeſté très-expreſſes inhibitions & défenſes à tous conceſſionnaires, poſſeſſeurs & fermiers de droits de *meſſageries*, réunis au domaine de ſa majeſté, par arrêt du 7 août 1775, de s'immiſcer dans l'exercice deſdit droits, ſur les routes & lieux compris, tant dans l'état annexé à l'arrêt du 5 février 1777, que dans celui annexé au préſent, à compter d'un mois de la date de la ſignification qui leur ſera faite du préſent arrêt, & ce, à peine de cinq cent livres d'amende ; ſauf auxdits conceſſionnaires, propriétaires ou fermiers, à ſe pourvoir par-devant les commiſſaires établis par l'arrêt du conſeil du 16 avril 1777, pour faire liquider l'indemnité qui pourroit leur être dûe pour raiſon de leur dépoſſeſſion.

II. Il ſera établi, à compter du premier mai prochain, par ledit Laure ou ſes repréſentans, des *carroſſes* à quatre places, conduits par deux chevaux, ainſi que des *guinguettes* à ſix & à huit places, conduites par un ou deux chevaux, qui partiront de Paris & des lieux compris dans l'état ci-annexé, tous les jours, depuis le premier avril juſqu'au premier novembre ; & deux fois par ſemaine, depuis le premier novembre juſqu'au premier avril, aux jours & heures qui ſeront fixés par le conſeil & les intendans généraux des poſtes ; dans leſquels *carroſſes* il ſera payé, conformément à l'article II de l'Arrêt du 5 février 1777, *dix ſols* par lieue & par place ; & dans les *guinguettes*, *ſix ſols* également par lieue & par place. Le prix des places dans les voitures qui partiront à la volonté des voyageurs, ſera payé à raiſon de *douze ſols* par lieue & par place dans les *carroſſes* attelés d'un ou de deux chevaux, & de *huit ſols* également par lieue & par place dans les *guinguettes*, ſans que dans aucune deſdites *voitures* ordinaires ou extraordinaires, il puiſſe être payé moins que pour deux lieues, en partant des dépôts, ſoit de Paris, ſoit de la campagne, quand même les voyageurs ſe feroient conduire à une diſtance au-deſſous de deux lieues.

III. Pourront les particuliers, qui étant à la campagne, voudroient ſe rendre à Paris, envoyer chercher une deſdites *voitures* au plus prochain dépôt, ſans rien payer de plus pour le trajet dudit dépôt au lieu où la *voiture* ira les prendre, ſi la diſtance n'eſt que d'un quart de lieue ; mais ſi elle eſt d'une demi-lieue, il ſera payé une demi-lieue pour aller, & une demi-lieue pour le retour audit dépôt, ſur le prix fixé par l'article précédent ; & ſi la diſtance excédoit une demi-lieue, il ſera payé à proportion.

IV. Pour faciliter le ſervice des *voitures* établies par l'arrêt du conſeil du 5 février 1777 & par le préſent, pourra ledit Laure ou ſes prépoſés, former les dépôts néceſſaires à ſon exploitation dans les lieux ci-après déſignés, à la charge toutefois qu'il ne pourra, ſous aucun prétexte, conduire aucune perſonne dans l'intérieur de Paris, ni dans les rues qui ſe trouveront être entre les dépôts formés pour l'établiſſement

bliſſement de ſes *voitures*, & les barrieres ; & que les *voitures* partiront directement de leurs bureaux pour aller hors de Paris, & rentreront directement eſdits bureaux. A l'effet de quoi l'établiſſement de la porte Saint-Denis, ſera fait grande rue du faux-bourg Saint-Denis, près le *laiſſez-paſſer*, & les *voitures* dudit bureau ne pourront paſſer, pour ſortir & rentrer dans Paris, que par la rue du fauxbourg Saint-Denis & la rue Saint-Laurent : celui de la porte Saint-Honoré, dans la rue du fauxbourg Saint-Honoré, au-deſſus de la Magdeleine, & ne pourront paſſer, pour ſortir & rentrer dans Paris, que par la rue du fauxbourg Saint-Honoré ou la place de Louis XV, & par les barrieres du Roule, de Chaillot & de la Conférence : celui de la porte Saint-Antoine, dans la rue du Pas de la Mule, & ne pourront paſſer, pour ſortir & entrer dans Paris, que par le Boulle-vart & le fauxbourg Saint-Antoine : celui de la porte Saint-Michel, rue de Vaugirard, & ce juſqu'au premier avril 1779, paſſé lequel temps ledit dépôt en pourra être établi qu'au delà de la place Saint-Michel ; & ne pourront paſſer également leſdites *voitures*, pour ſortir & rentrer dans Paris, que par la barriere d'Enfer ou la barriere Saint-Jacques ; ſans que ledit Laure, ou ſes préposés, puiſſent ſe ſervir deſdites *voitures*, même pour le transport dans Paris de ſes commis ou employés, ni faire-paſſer aucune *voiture* dans Paris, ſi ce n'eſt pour être conduite d'un dépôt à un autre ; à la charge que leſdites *voitures* ſeront à vuide : le tout conformément à ce qui eſt preſcrit à cet égard par l'article V de l'arrêt du conſeil du 5 février 1777, lequel arrêt ſera au ſurplus exécuté, en ce qui n'y eſt pas dérogé par le préſent. FAIT au conſeil d'état du roi, ſa majeſté y étant, tenu à Verſailles le vingtieme jour du mois d'avril mil ſept cent ſoixante-dix-huit. Signé, AMELOT.

LETTRES-PATENTES DU ROI,

Concernant les carroſſes *de place & les* voitures *des environs de Paris.*

Données à Verſailles le 17 février 1779.

Regiſtrées en parlement le 26 deſdits mois & an.

LOUIS, par la grace de Dieu, roi de France & de Navarre : à tous ceux qui ces préſentes verront : SALUT. Les plaintes portées journellement ſur le mauvais état des *carroſſes* de place de notre bonne ville de Paris, & les accidens fréquens que ce déſordre occaſionne, avoient fixé depuis long-temps notre attention, & nous déſirions d'y porter remede, lorſqu'on nous a préſenté les moyens de remplir ces vûes d'une maniere avantageuſe à nos finances ; nous avons accepté en conſéquence l'offre qui nous a été faite d'un ſecours extraordinaire & ſans aucun inté-rêt, au moyen d'une légere augmentation dans le loyer deſdits *carroſſes* : loyer qui eſt demeuré le

même depuis plus d'un ſiecle ; & cependant nous avons voulu que cette augmentation ne pût être exi-gée qu'à raiſon de l'amélioration réelle du ſervice, nous nous ſommes donc déterminés à retirer le pri-vilége excluſif dont jouiſſoient différentes perſonnes ; nous avons pourvu à leur rembourſement, & quoi-que nous ayons bien voulu les traiter très-favora-blement en conſidération de leur ancienne poſſeſſion, nous faiſons cependant un arrangement utile à nos finances, & qui ne peut que devenir agréable au public : & voulant faire connoître nos intentions, nous avons déclaré & ordonné ; & par ces préſentes ſignées de notre main, déclarons & ordonnons ce qui ſuit :

ART. PREMIER. Nous avons vendu, cédé & transporté au ſieur Pierre Perreau, pour trente an-nées entieres & conſécutives, à compter du pre-mier avril prochain, le privilége excluſif des *car-roſſes* de place de la ville & fauxbourgs de Paris ; le privilége excluſif des *voitures* actuellement éta-blies pour le ſervice des environs de Paris ; & les *meſſageries* de Pontoiſe, Creil, Chantilly, Dam-martin, Nanteuil-Haudouin, Senlis & Brie-Comte-Robert, ſans être tenu par ledit Perreau de payer aucun prix de bail, ni être par lui ſujet à aucune charge ni dépendances quelconques envers les ad-miniſtrateurs, régiſſeurs ou fermiers des *meſſage-ries*, ſauf à nous à accorder une indemnité que de raiſon au fermier des *meſſageries* qui avoit ſous-fermé leſdites *voitures* des environs de Paris, & des *meſſageries* ci-deſſus déſignées. Faiſons très-expreſ-ſes inhibitions & défenſes à toutes perſonnes de quelqu'état & condition qu'elles ſoient, de faire aucun établiſſement de *voitures* pour le même ſer-vice, ſans la permiſſion dudit Perreau ou de ſes ceſſionnaires, à peine contre les contrevenans de trois mille livres d'amende, & de confiſcation des chevaux & *voitures*.

II. Nous avons autoriſé & autoriſons ledit Per-reau, de percevoir pendant leſdites trente années, à compter dudit jour premier avril 1779, pour chaque *carroſſe* appellé de remiſe, ſix ſols par jour, dans la même forme & maniere que ſe per-çoivent les deux ſols ſix deniers auxquels ont été réduits trois ſols établis par la déclaration du 30 décembre 1762 ; à la charge par lui de payer ſans aucun retranchement ni déduction quelconques, pour quelque cauſe que ce puiſſe être, pendant les mêmes trente années, à l'hôpital général de notre bonne ville de Paris, annuellement & par quartier, entre les mains & ſur la quittance du receveur dudit hôpital, quinze mille livres au lieu de dix mille livres accordées audit hôpital par la déclaration du 30 décembre 1702.

III. Les ventes & ceſſions que nous faiſons audit Perreau, ne pourront nuire ni préjudicier aux droits des loueurs de *carroſſes*, appellés de *remiſe*, à ceux des entrepreneurs des *voitures* de la cour, ni

P

à ceux des fermiers ou entrepreneurs de toutes les *messageries* & *voitures*, autres que celles vendues audit Perreau, par l'article premier ci-dessus, lesquels, chacun à leur égard, demeureront conservés dans l'exécution des différens réglemens qui les concernent.

IV. Ledit Perreau pourra céder, vendre & transporter ledit privilége, en tout ou en partie, à qui bon lui semblera, & aux clauses & conditions qu'il avisera bon être, & faire tels marchés ou baux qu'il voudra avec les particuliers auxquels il permettra de mettre des *carrosses* sur les places; & lesdits baux ou marchés, ainsi passés de gré à gré en bonne forme & devant notaires, seront exécutoires dans tous les cas.

V. Ledit Perreau & ses cessionnaires ou leurs représentans, seront obligés d'entretenir toujours le nombre de *voitures* suffisant pour le service du public, dont nous le chargeons par ces présentes, & de remplacer celles que le lieutenant général de police auroit jugé à propos de réformer pour cause de vétusté ou défaut de sûreté.

VI. A compter du premier avril 1779, il sera payé pour les *voitures* de place dans toutes les saisons de l'année, depuis onze heures du soir jusqu'à six heures du matin, *trente sols* par course & *quarante sols* par heure, soit pour les *voitures* actuellement existantes, soit pour les *voitures* neuves qui seront mises successivement sur place : il sera payé dans toutes les saisons de l'année, depuis six heures du matin jusqu'à onze du soir, mais seulement pour les voitures nouvelles, qui à cet effet porteront des marques distinctives & apparentes, approuvées par notre lieutenant général de police, *trente sols* la première heure, *vingt-cinq sols* pour les autres, & *vingt-quatre sols* par course; mais depuis six heures du matin jusqu'à onze heures du soir, il ne pourra être exigé pour les *voitures*, telles qu'elles sont à présent, que le même prix qui se paye actuellement, soit pour l'heure, soit pour la course. A l'égard du prix des places dans les *voitures* des environs de Paris & dans celles qui desserviront les *messageries* énoncées en l'article premier ci-dessus, il continuera d'être payé sur le pied qu'il a été fixé précédemment.

VII. Ledit Perreau & ses cessionnaires ne pourront, sous aucun prétexte, dans aucun cas & pour quelque cause que ce soit, être dépossédés avant lesdites trente années d'aucun des objets que nous lui avons cédés par ces présentes, & il ne pourra pareillement être accordé pendant ledit temps, à qui que ce soit, aucune concession, privilége ni permission qui puisse nuire ni préjudicier au privilége que nous avons ci-dessus vendu audit Perreau, attendu les dépenses considérables que ledit Perreau ou ses cessionnaires auront à faire pendant plusieurs années pour la construction des *voitures* & l'achat des chevaux en nombre suffisant, pour que

le public trouve un avantage réel dans ce nouveau service.

VIII. Nous reprendrons, à l'expiration desdites trente années, pour notre compte, les terreins, maisons, bâtimens, chevaux, voitures, fourages, & généralement tous les effets mobiliers & immobiliers, de quelque nature qu'ils soient, servant à l'exploitation dudit privilége, qui se trouveront alors appartenir audit Perreau ou à ses cessionnaires, & nous leur en ferons payer le prix à dire d'experts, en deniers comptans, à l'expiration desdites trente années.

IX. Ledit Perreau ou ses cessionnaires seront remboursés en deniers comptans, à l'expiration desdites trente années, sans aucuns intérêts pendant ledit temps, de la somme qu'il aura versée en notre trésor royal, en exécution de l'arrêt de notre conseil qui fixera le prix de la présente vente, & qui sera portée dans la quittance comptable qui lui en aura été délivrée par le garde de notre trésor royal; voulons que jusqu'auxdits remboursement & paiement desdits effets, ledit Perreau, ses cessionnaires, successeurs & ayans cause, continuent de jouir dudit privilége, sans être tenus de nous en rendre aucun compte.

X. Les paiement & remboursement promis par les articles VIII & IX ci-dessus, ne pourront être faits qu'en argent comptant, sans aucuns billets, papiers, effets, ni contrats de quelque nature que ce soit.

XI. Ledit Perreau & ses cessionnaires ou leurs représentans ne pourront être assujettis à aucuns droits de marc d'or, confirmations, taxes, ni aucune augmentation de vingtièmes, capitation & autres impositions quelconques, à raison de la possession de portions dudit privilége; voulant que ledit Perreau, ses cessionnaires ou leurs représentans ne soient tenus que des mêmes impositions & droits qu'ils auroient à payer, s'ils n'étoient pas propriétaires de portions dudit privilége.

XII. Ledit Perreau ne s'étant porté à nous faire les offres que nous avons acceptées, que sur l'assurance que nous lui avons donnée de la pleine & entière exécution de toutes les conditions contenues en ces présentes, voulons qu'elles soient entièrement & pleinement exécutées dans tous les cas.

XIII. Les contestations concernant l'exploitation dudit privilége pour les *voitures* de place de la ville de Paris, continueront d'être portées devant le lieutenant général de police de ladite ville, & seront par lui jugées conformément aux réglemens ci-devant rendus, sauf l'appel en notre cour de parlement; & à l'égard des contestations concernant les *voitures* des environs de Paris, & les *messageries* dénommées en l'article premier de ces présentes, elles continueront à être portées pardevant les juges qui en doivent connoître comme par le passé. Si

DONNONS EN MANDEMENT à nos amés & féaux conseillers les gens tenant notre cour de parlement à Paris, que ces présentes ils aient à faire lire, publier & enregistrer, & le contenu en icelles exécuter selon leur forme & teneur; CAR tel est notre plaisir. DONNÉ à Versailles le dix-septiéme jour de février, l'an de grace mil sept cent soixante-dix-neuf, & de notre régne le cinquième. *Signé*, LOUIS. *Et plus bas*, par le roi. *Signé*, AMELOT. Vu au conseil, PHELYPEAUX. Et scellées du grand sceau de cire jaune.

Registrées, ouï & ce requérant le procureur général du roi, pour être exécutées selon leur forme & teneur; à la charge que ledit Perreau & ses cessionnaires ou leurs représentans, entrant en jouissance du privilége mentionné esdites lettres, demeureront garans & responsables, tant de l'exécution des baux passés en conséquence des lettres-patentes précédemment enregistrées en la cour, concernant les carrosses de place, & des sommes qui peuvent être dûes du prix desdits baux par les fermiers desdits carrosses de place, que des sommes dûes par les loueurs de carrosses de remises pour raison du droit établi en faveur de l'hôpital général que les précédentes déclarations du roi, aussi enregistrées en la cour; le tout suivant l'état qui en sera arrêté par Me. Léonard de Sahuguet d'Espagnac, conseiller, que la cour a commis à cet effet; si mieux n'aiment lesdits Perreau, ses cessionnaires ou leurs représentans, traiter desdits débets de gré à gré, dont l'acte en bonne & dûe forme sera & demeurera déposé au greffe de la cour; comme aussi à la charge que tous réglemens nouveaux qui pourroient être faits par le lieutenant général de police, seront présentés à la cour pour y être homologués, si faire se doit, en la manière accoutumée; le tout à la requête desdits Perreau, ses cessionnaires ou leurs représentans, suivant l'arrêt de ce jour. A Paris, en parlement, les grand'chambre & tournelle assemblées, le vingt-six février mil sept cent soixante-dix-neuf. Signé, YSABEAU.

ARRÊT DU CONSEIL D'ÉTAT DU ROI,

Qui résilie, à compter du premier avril prochain, les baux faits aux propriétaires des carrosses de place de la ville de Paris, par les anciens concessionnaires du privilége desdits carrosses.

Du 4 mars 1779.

Extrait des registres du conseil d'état.

Le roi ayant, par ses lettres-patentes du 17 février dernier, régistrées en parlement le 26, vendu à Pierre Perreau, pour trente années consécutives, à compter du premier avril prochain, le privilége exclusif des *carrosses* de place de la ville & fauxbourgs de Paris, actuellement régi pour le compte de sa majesté, & dont jouissoient précédemment différens concessionnaires, & sa majesté considérant que ledit privilége étant révocable à sa volonté, ainsi qu'elle l'a révoqué par l'arrêt de son conseil du 22 janvier dernier, les anciens concessionnaires n'avoient pu en faire des baux pour un temps plus long que celui de leur jouissance; ni leurs fermiers ou locataires compter sur une jouissance plus longue que celle des concessionnaires; & que d'ailleurs sa majesté a ordonné, à compter du premier avril prochain, dans les cas portés auxdites lettres-patentes, une augmentation de prix du louage desdits *carrosses*, qui doit naturellement augmenter celui des baux: ouï le rapport; LE ROI ÉTANT EN SON CONSEIL, a résilié & résilie, à compter dudit jour premier avril prochain, les baux faits par les anciens concessionnaires du privilége des *carrosses* de place de la ville & fauxbourg de Paris. FAIT au conseil d'état du roi, sa majesté y étant, tenu à Versailles le quatre mars mil sept cent soixante-dix-neuf. *Signé*, AMELOT.

ARRÊT DU CONSEIL D'ÉTAT DU ROI,

Qui ordonne l'exécution de l'arrêt du 6 septembre 1690; en conséquence que les loueurs de carrosses de remises continueront de rouler dans les dix lieues à la ronde de Paris, sans pouvoir être arrêtés, sous quelque prétexte que ce soit, par les commis du sieur Laure, adjudicataire des messageries de France.

Du 6 juillet 1779.

Extrait des registres du conseil d'état du roi.

Sur la requête présentée au roi en son conseil, par les sieurs Vatbled, Coupelle freres, Gouley, Goupil, Darnet, Fruchard, Liebault, Duenet, Rosel, Wade, Boissant, & autres, tous loueurs de *carrosses* de remises de la ville de Paris, contenant qu'informés des saisies multipliées que les commis du sieur Laure, adjudicataire des *carrosses* & *messageries*, ont exercées sur les routes des environs de Paris, contre plusieurs de leurs confrères, se sont déterminés à supplier sa majesté de les recevoir intervenans dans les différentes instances engagées à cette occasion au conseil de sa majesté, contre le sieur Laure; 1°. par les sieurs Guerbe & Seruque, sur lesquels, par procès-verbaux des 20 juillet & 8 août 1778, il a été saisi à l'un, deux *carrosses* & quatre chevaux à Chantilly, & à l'autre, trois chevaux à Louvre, pour quoi une ordonnance contradictoire rendue par le sieur lieutenant de police, après avoir donné main-levée provisoire des objets saisis, les parties ont été renvoyées à se pourvoir au conseil où les sieurs Guerbe & Seruque ont en conséquence présenté leur requête aux fins d'obtenir la nullité de la saisie en exécution des arrêts qui défendent au sieur Laure d'en exercer de semblables ; 2°. dans les appels que les sieurs Omet, Mansiot, Lelong, Lenault, Riviere ont interjetté au conseil des ordonnances rendues par défaut & surprises contre eux par le sieur Laure, à la religion du sieur intendant de Paris, les 18 août, 5, 10 septembre, 2, 23 octobre & 28 novembre dernier, quoique le sieur lieutenant général de police fût saisi en premier lieu de toutes les instances, & que par des ordonnances des 4, 19, 22 & 26 août aussi dernier, ce magistrat ait donné main-levée provisoire des chevaux & harnois saisis, sans préjudice du droit des parties au principal, sur laquelle le sieur Laure a été assigné à comparoître à la première audience d'après la huitaine lors à expirer, & à quoi le sieur Laure n'a pas satisfait ; il lui devoit cependant être égal d'être jugé par le sieur lieutenant général de police ; mais il a préféré une procédure clandestine à une instruction contradictoire que nécessitoient les mains-levées provisoires accordées par les ordonnances du sieur lieutenant général de police ; mais les supplians ont lieu d'espérer de la justice de sa majesté, la confirmation du droit qui leur est accordé de rouler dans les dix lieues à la ronde de la ville de Paris, sans payer des permissions au sieur Laure, & notamment de louer des chevaux aux seigneurs, magistrats & bourgeois de la capitale, soit pour soulager les leurs ou les relayer ; car voilà l'objet de toutes les saisies, & le motif des nouvelles prétentions du sieur Laure ; mais la proscription en est déja préjugée, par un arrêt rendu au conseil sur la requête des sieurs Mansiot & Omet, le vingt-trois mars 1778, qui ordonne un communiqué, toutes choses en état. Les supplians n'entreront pas dans le détail des faits qui concernent chaque saisie ; les requêtes que leurs confrères saisis ont présentées séparément en donnent une idée suffisante & plus nette ; ils s'appliqueront donc particulièrement à la discussion de leurs droits généraux, & des moyens de considérations, qui démontreront à sa majesté combien le projet d'extension du sieur Laure seroit opposé au service public & à la commodité & l'utilité des personnes attachées au service de sa majesté, soit à la robe ou l'épée ; les supplians prouveront aussi combien il est intéressant qu'ils se réunissent pour venir au secours de leurs confrères, & par de communes supplications & représentations, obtenir la réformation des ordonnances du sieur intendant, avec un réglement qui assure la tranquillité & la vie à tant de familles qui, depuis plus d'un siècle, soutiennent un service aussi peu lucratif que sujet à des pertes de toutes natures. Le droit des supplians est immémorial, ils l'ont ainsi qualifié dès 1690, & l'arrêt de cette date l'a confirmé : tel ; cet arrêt contient même plusieurs dispositions favorables aux supplians, & l'espèce sur laquelle il est intervenu a une analogie parfaite avec la contestation présente ;

l'intitulé en donne la preuve, il porte : réglement entre les fermiers des *coches* & *carrosses* des routes & traverses, & les loueurs de *carrosses* de la ville & fauxbourgs de Paris. En voici le prononcé : « faisant droit sur les requêtes respectives des parties, » a permis & permet auxdits loueurs de *carrosses* » de la ville & fauxbourgs de Paris, de louer des attelages de chevaux en ladite ville & fauxbourgs, aux » personnes qui leur en demanderont, pour aller » avec leurs *carrosses* en tel endroit que bon leur » semblera dans l'étendue de dix lieues ou environ » à la ronde de la ville de Paris ; & à l'égard des » voyages au-delà de dix lieues, ordonne sa majesté » que ceux qui auront besoin d'attelages pour mettre sur leurs *carrosses*, seront tenus d'en louer » chez les fermiers des *coches* & *carrosses* des routes » ou traverses où ils voudront aller ; à la charge » toutefois par lesdits fermiers de fournir des chevaux d'un même poil avec bricoles, & à raison de » 4 livres par jour pour chaque cheval, y compris » les personnes nécessaires pour les conduire ; & en » cas de défaut de la part desdits fermiers, d'en » fournir pour ledit prix & de la qualité ci-dessus » expliquée, permet sa majesté auxdits loueurs de » *carrosses* d'en louer pour lesdits voyages au-delà » des dix lieues, sans que lesdits fermiers des *coches* » & *carrosses* puissent les faire saisir ni les troubler » en aucune manière, à peine de tous dépens, » dommages & intérêts ». Cet arrêt est précis, il a fait la règle des parties ; une sentence contradictoire du 6 septembre 1758 en confirma les dispositions, & maintint les supplians dans la possession & le droit de les exécuter ; & ce n'est que depuis la ferme du sieur Laure, que celui-ci a innové à la sagesse de ses dispositions. Cependant l'arrêt du conseil d'état du 5 février 1777, intervenu sur sa propre réclamation, porte, article VI, qu'il ne pourra empêcher les loueurs de *carrosses de remises* de Paris d'user, comme par le passé, du droit & faculté de conduire hors & aux environs de Paris, conformément aux lettres-patentes, arrêts & réglemens rendus à ce sujet ; & l'article VII donne l'attribution au sieur lieutenant général de police, de toutes les contestations qui surviendront entre ledit Laure ou ses préposés, & les propriétaires des *carrosses de remises* & autres. Ce dernier arrêt confirme ceux des 4 juin & 7 août 1775 & 17 août 1776, qui sont aussi exprès pour la compétence du sieur lieutenant général de police, & les maintient dans les droits attribués aux loueurs de *carrosses de remises* de la ville de Paris, exprimés par le réglement du 6 septembre 1690, & par les autres loix de la matière, antérieures & postérieures à ce réglement ; le maintien de leur exécution intéresse le public, en ce qu'ils écartent les entraves qui peuvent le gêner dans les voyages, & le secours qu'il trouve sur le champ chez les loueurs de *carrosses*, pour suppléer à des besoins urgens ; ces besoins intéressent souvent les affaires les plus importantes, & qui exigent le plus de célérité ; le temps de fe procurer une permiffion, peut apporter des retards préjudiciables; d'ailleurs elle augmente le prix des loyers des chevaux & des *voitures*, & produit le défagrément d'être arrêté en route par des commis qui infpectent les permiffions, retardent les voyageurs & leur donnent le défagrément d'une efpèce d'inquifition humiliante pour certains voyageurs; d'un autre côté, les *carroffes* auxquels on fait payer une redevance journalière de fix fols par *carroffes* au profit d'une régie, qui n'en rend pas au roi la quatrième partie du produit, fans augmentation de travail, doivent au moins être confervés dans celui qu'ils ont toujours eu indépendamment de cette augmentation, fur laquelle ils fe réfervent leurs refpectueufes repréfentations; ils obfervent que leurs loyers & leurs dépenfes font triples depuis 1690, fans augmentation de bénéfice; au contraire leur travail eft très-diminué par l'établiffement des *voitures* de la banlieue, par les *voitures* publiques & la multitude des *voitures* bourgeoifes; il feroit donc injufte de fouffrir plus long-temps les inquiétudes que les carroffiers de remifes éprouvent de la part du fieur Laure; les fuppliants n'ont pour eux que la protection du confeil, & ils croyent pouvoir dire qu'ils la méritent par la deftination de leur emploi, & l'onéreux de leur état. REQUÉROIENT à ces caufes les fuppliants qu'il plût à fa majefté les recevoir parties intervenantes dans les inftances entre les fieurs Laure & Guerbe, Seruque, le Long, Lenault, Riviere & autres loueurs de *carroffes de remifes*, notamment par celles introduites par les fieurs Manfiot & Amet, & reçu par l'arrêt de foit communiqué, toutes chofes demeurant en état, du 23 mars 1779, leur donner acte de ce que pour moyens d'intervention ils emploient le contenu en la préfente requête & aux pièces y jointes, & de ce qu'ils adhèrent aux moyens & conclufions prifes dans les différentes inftances; ce faifant & procédant au jugement des différends d'entre les parties, lefquels feront réunis, pour être jugés par un feul & même arrêt, ordonner que celui du 6 feptembre 1690, fera exécuté felon fa forme & teneur; en conféquence qu'il feroit fait défenfes au fieur Laure & à tous autres d'arrêter aucuns *chevaux* ni *remifes* dans les dix lieues de la diftance de la capitale, pour lefquelles les carroffiers feront difpenfés de prendre aucune permiffion, à peine contre les contrevenans de trois mille livres d'amende, dépens, dommages & intérêts; condamner le fieur Laure aux frais de l'intervention, & ordonner que l'arrêt à intervenir fera imprimé & affiché par-tout où il appartiendra, & provifoirement & fans préjudice du droit des parties au principal; & attendu le fervice public & les loix conftantes fur la matière, ordonner que les fuppliants pourront aller, comme ils l'ont fait jufqu'à préfent, aux dix lieues de diftance de la capitale, fans pouvoir être arrêtés, fous prétexte qu'ils ne feroient pas munis d'une permiffion du fieur Laure ou de tous autres, & fous prétexte de la litifpendance entre les parties, & que ce pro-

vifoire fera exécuté nonobftant oppofitions ou autres empêchemens quelconques. Vu la requête fignée Voilquin, avocat des fuppliants, l'arrêt de réglement du 6 feptembre 1690, la fentence du 6 feptembre 1758, les arrêts des 7 août 1775, 23 janvier, 5 février 1777, 20 avril 1779: Oüi le rapport du fieur Moreau de Beaumont, confeiller d'état ordinaire & au confeil royal des finances; LE ROI EN SON CONSEIL, a reçu & reçoit les fieurs Vatbled, Coupelle frères, Gouley, Goupel, Darnet, Fruchart, Liebault, Duenet, Rofet, Wade, Boiffant & autres loueurs de *carroffes de remifes* de la ville & fauxbourg de Paris, intervenans en l'inftance introduite au confeil par l'arrêt du 23 mars dernier, entre les fieurs Omet & Manfiot, contre le fieur Laure. Ordonne fa majefté que l'arrêt du 6 feptembre 1690 fera exécuté, & que les parties produiront leurs moyens & pièces, & répondront dans les délais du réglement, pour leur être fait droit par un feul & même jugement, ainfi qu'il appartiendra. FAIT au confeil d'état du roi, tenu à Verfailles le fix juillet mil fept cent foixante-dix-neuf. Collationné, MASSU.

ARRÊT DU CONSEIL D'ÉTAT DU-ROI,

Qui règle le nombre des chevaux, mulets & bœufs qui feront à l'avenir attelés aux voitures, *& qui prefcrit différentes formalités pour la confervation des routes.*

Du 20 avril 1783.

Extrait des regiftres du confeil d'état.

Le roi étant informé que les rouliers & voituriers négligent d'exécuter les difpofitions de la déclaration de 1724, & autres réglemens concernant le nombre des chevaux qu'il eft permis d'atteler aux *voitures* à deux roues; que la charge énorme que l'on fe permet de mettre fur les *voitures* à deux & à quatre rones, & la forme des roues, font très-préjudiciables à la confervation des chemins, que les dégradations qui en font la fuite augmentent les dépenfes d'entretien, ainfi que le travail des corvéables auxquels le roi doit une protection particulière; fa majefté a jugé néceffaire de renouveler les anciens réglemens, & d'y ajouter les difpofitions qui lui ont paru les plus capables d'en affurer l'exécution, fans porter préjudice à la facilité des tranfports. A quoi voulant pourvoir: Oüi le rapport du fieur Fevre d'Ormeffon, confeiller d'état ordinaire & au confeil royal, contrôleur général des finances; LE ROI ÉTANT EN SON CONSEIL, a ordonné & ordonne ce qui fuit:

ART. PREMIER. A compter du premier octobre prochain, aucun roulier ou voiturier, foit qu'il voiture pour fon compte particulier ou pour autrui, ne pourra atteler dans toutes les faifons de l'année, plus de trois chevaux ou mulets fur les *charrues* ou *voitures* à deux roues, & plus de six sur les *chariots* ou *voitures* à quatre roues lorsqu'ils seront attelés en couple, & de quatre lorsqu'ils le seront en file ; le tout à peine de confiscation de tous les chevaux ou mulets qui excéderont le nombre fixé : deux bœufs ne seront comptés que pour un cheval ou mulet.

II. Défend sa majesté aux rouliers ou voituriers d'attacher derrière leurs *voitures*, sous quelque prétexte que ce soit, aucuns chevaux, mulets ou bœufs excédans le nombre fixé ci-dessus ; & ce, à peine de confiscation, comme si lesdites bêtes étoient attelées auxdites *voitures*.

III. N'entend sa majesté comprendre dans les dispositions des articles précédens, les *voitures* employées à la culture & exploitation des terres.

IV. Ceux qui voudront faire usage de roues dont les jantes auroient six pouces de largeur à la semelle ou circonférence extérieure, seront libres d'atteler quatre chevaux sur les *charrettes* ou *voitures* à deux roues, & huit chevaux sur les *chariots* ou *voitures* à quatre roues ; & dans le cas où l'un des essieux des *voitures* à quatre roues étant plus court, les roues seroient disposées de manière à ne pas passer dans les mêmes traces, permet sa majesté d'atteler auxdites *voitures* un plus grand nombre de chevaux.

V. Défend au surplus sa majesté, à tous rouliers & voituriers, à peine de cinquante livres d'amende, de se servir de roues dont les bandes seroient attachées avec des clous taillés en pointe : ordonne, sous pareille peine, aux maréchaux de ne plus employer à l'avenir à cet usage que des clous à tête plate.

VI. Les fermiers des *messageries* seront tenus de se conformer aux dispositions du présent réglement, & néanmoins sa majesté leur accorde terme & délai jusqu'au premier janvier prochain.

VII. Il sera établi dans tous les lieux qui seront désignés par les sieurs intendans & commissaires départis, des barrières & des commis chargés d'arrêter & saisir tous les chevaux attelés aux *voitures* ou attachés derrière, qui excéderont le nombre fixé par le présent réglement.

VIII. Lesdits commis dresseront leurs procès-verbaux des contraventions, & ils les adresseront sans délai aux sieurs intendans & commissaires départis dans les provinces & généralités du royaume, & aux sieurs trésoriers de France & commissaires des ponts & chaussées dans la généralité de Paris, pour y être fait droit sans délai & sans frais ; lesdits procès-verbaux seront signés de deux témoins, dans le cas où les commis qui les auroient dressés n'auroient point serment en justice.

IX. La vente des bêtes de trait qui auront été confisquées, sera faite à l'encan, dans le plus court délai, de l'autorité desdits sieurs intendans ou de

leurs subdélégués ; le prix qui en proviendra, les frais de fourrière & autres prélevés, appartiendra aux commis qui auront fait la saisie.

X. En cas de rébellion de la part des conducteurs de *voitures*, ils seront condamnés en cent cinquante livres d'amende, même poursuivis extraordinairement, suivant l'exigence des cas.

XI. Ordonne pareillement sa majesté, qu'à compter du premier octobre prochain, tous propriétaires de *charrettes*, *chariots* & autres *voitures*, destinés au roulage & transport des denrées & marchandises, seront tenus de faire peindre en caractère gros & lisible, sur une plaque de métal posée en avant des roues, au côté gauche de la voiture, & ainsi que cela se pratique dans la ville & banlieue de Paris, leurs noms, surnoms & domiciles, le tout avant le premier octobre : veut sa majesté que ceux qui seroient reconnus avoir mis un autre nom que le leur, ou indiqué un faux domicile, soient condamnés à une amende de cent livres pour la première fois, & du double en cas de récidive. Mande sa majesté aux sieurs intendans & commissaires départis pour l'exécution de ses ordres dans les provinces & généralités de son royaume, & aux trésoriers de France dans la généralité de Paris, de tenir la main à l'exécution du présent arrêt, lequel sera lû, publié & affiché par tout où besoin sera. FAIT au conseil d'état du roi, sa majesté y étant, tenu à Versailles le vingt avril mil sept cent quatre-vingt-trois, *Signé*, AMELOT.

ARRÊT DU CONSEIL D'ÉTAT DU ROI,

Portant nouveau réglement sur le roulage,

Du 28 décembre 1783.

Extrait des registres du conseil d'état.

LE roi s'étant fait rendre compte des effets qu'a produit l'arrêt rendu en son conseil le 20 avril dernier, par lequel sa majesté a réglé le nombre de chevaux, mulets & bœufs qu'il seroit permis d'atteler aux *voitures* ; elle a reconnu que ses dispositions, dictées par le desir de prévenir la dégradation des routes & de diminuer le travail des corvéables, présentoient quelques difficultés dans leur exécution ; qu'elles avoient occasionné une augmentation sur le prix des *voitures* ; que l'importation des denrées en étoit devenu moins active en certains temps, & que l'expérience avoit fait appercevoir la nécessité d'y apporter plusieurs exceptions & modifications, qui, ayant donné lieu à des décisions particulières & à des ordonnances locales, avoient rendu l'observation du réglement trop compliqué & trop embarrassante pour une classe d'hommes de qui on ne peut exiger beaucoup d'instruction. Sa majesté a jugé en conséquence qu'il étoit de sa sagesse de réunir dans un seul arrêt ce qu'elle a cru devoir changer ou ajouter à ſes premières diſpoſitions, & les moyens qui lui ont paru les plus propres à concilier la faveur dûe au commerce en général, & ſpécialement au tranſport des denrées deſtinées à l'approviſionnement des villes, avec la protection particulière que ceux de ſes ſujets qui ſont chargés de l'entretien des routes, ont droit d'attendre de ſa juſtice & de ſa bonté. A quoi voulant pourvoir : ouï le rapport du ſieur de Calonne, conſeiller ordinaire au conſeil royal, contrôleur général des finances ; LE ROI ÉTANT EN SON CONSEIL, a ordonné & ordonne ce qui ſuit :

ART. PREMIER. La faculté laiſſée par l'arrêt du 20 avril dernier, d'atteler aux *voitures* employées à la culture & exploitation des terres, un nombre indéfini de bêtes de trait, aura lieu pareillement pour celles employées au tranſport des grains & farines, fourrages, bois à brûler & charbons; comme auſſi pour les *voitures* de ſels de la ferme générale.

II. Il ſera pareillement permis d'employer un nombre de chevaux illimité pour le tranſport des objets qui forment ſeuls & par eux-mêmes, un poids conſidérable, tels que blocs de pierres, arbres, ancres de vaiſſeaux, canons & autres maſſes indiviſibles, pourvu qu'on n'en tranſporte jamais qu'une ſeule à la fois.

III. A l'égard du tranſport de tous objets, autres que ceux mentionnés aux articles ci-deſſus, le nombre de chevaux ou de mulets qui avoit été limité à trois pour les charrettes, & à ſix pour les charriots, par le réglement du 20 avril dernier, pourra déformais, à compter du jour de la publication du préſent arrêt, être de quatre pour les charrettes & de huit pour les charriots; défend ſa majeſté aux *rouliers & voituriers* d'en atteler un plus grand nombre, comme auſſi d'attacher derrière leurs *voitures*, ſous quelque prétexte que ce ſoit, aucuns chevaux, mulets ou bœufs excédans le nombre fixé ci-deſſus, le tout à peine de confiſcation des chevaux & mulets qui excéderoient ledit nombre : deux bœufs ne ſeront comptés que pour un cheval.

IV. Veut néanmoins ſa majeſté, que les *voitures* chargées de pierres de taille, moëllons, plâtre & bois de charpente, deſtinés aux conſtructions de la ville de Paris, & celles employées à l'enlèvement des boues & immondices de ladite ville, continuent de ne pouvoir être attelées que de trois chevaux pour les charrettes, & de ſix pour les chariots, ſauf dans le cas prévu par l'article II ci-deſſus.

V. Les *rouliers & voituriers* qui voudront faire uſage de roues, dont les jantes auront au-deſſus de cinq pouces de largeur à la ſemelle ou circonférence extérieure, ſeront libres d'atteler, tant ſur les *charrettes* ou *voitures* à deux roues, que ſur les *charriots* ou *voitures* à quatre roues, tel nombre de chevaux qu'ils jugeront à propos.

VI. Autoriſe ſa majeſté, les ſieurs intendans & commiſſaires départis dans les provinces, & les tréſoriers de France dans la généralité de Paris, à permettre d'employer des chevaux de renfort aux côtes & paſſages difficiles, pourvu toutefois qu'ils déſignent & limitent par des ordonnances imprimées, l'étendue des différentes parties de chemins où les *rouliers & voituriers* pourront s'en ſervir.

VII. Défend au ſurplus ſa majeſté, à tous *rouliers & voituriers* quelconques, de ſe ſervir de roues, dont les bandes ſeroient attachées avec des clous taillés en pointe; & ce à peine de quinze livres d'amende.

VIII. Enjoint ſa majeſté aux officiers & cavaliers de maréchauſſée, aux employés des fermes & des régies, & autres qui ont été ou ſeront à ce prépoſés, d'arrêter & ſaiſir tous les chevaux attelés aux *voitures* ou attachés derrière, qui excéderont le nombre fixé par le préſent arrêt.

IX. Leſdits cavaliers de maréchauſſée ou autres prépoſés, dreſſeront des procès-verbaux en cas de contraventions, & les enverront ſans délai aux ſieurs intendans & commiſſaires départis dans les provinces & généralités du royaume, & aux ſieurs tréſoriers de France dans la généralité de Paris, pour y être par eux ſtatué; leſdits procès-verbaux ſeront ſignés de deux témoins, dans le cas où ceux qui les auroient dreſſés, n'auroient point ſerment en juſtice.

La vente des bêtes de trait qui auront été confiſquées, ſera faite à l'encan dans le plus court délai, de l'autorité deſdits ſieurs intendans ou de leurs ſubdélégués dans les provinces, & des tréſoriers de France, ou de leurs délégués dans la généralité de Paris; le prix qui en proviendra, les frais de fourrière & autres prélevés, appartiendra aux commis qui auront fait la ſaiſie.

XI. En cas de rébellion de la part des conducteurs des *voitures*, ils ſeront condamnés en cent cinquante livres d'amende, même pourſuivis extraordinairement ſuivant l'exigence des cas.

XII. Ordonne en outre ſa majeſté à tous propriétaires de *charrettes*, *charriots* & autres *voitures*, employés au *roulage* & au *tranſport* de toutes denrées & marchandiſes quelconques, de faire peindre, en caractères gros & liſibles, ſur une plaque de métal poſée en avant des roues, au côté gauche de la voiture, leurs noms, ſur-noms & domiciles; & ce ſous peine de quinze livres d'amende : veut ſa majeſté que ceux qui ſeroient reconnus avoir mis un autre nom que le leur, ou indiqué un faux domicile, ſoient condamnés à une amende de cent livres pour la première fois, & du double en cas de récidive; à la conſignation proviſoire de toutes leſquelles amendes ès mains des ſaiſiſſans, les contrevenans pourront être contraints par la faifie & mife en fourrière d'un de leurs chevaux.

XIII. Veut au furplus fa majefté que l'arrêt rendu particulièrement pour la route d'Orléans le [11 août dernier, continue d'être exécuté à l'égard de ladite route, en tout ce qui n'eft pas contraire aux difpofitions du préfent arrêt ; au moyen defquelles celui du 20 avril dernier, fera réputé comme non avenu, ainfi que toutes ordonnances rendues en conféquence. MANDE & ordonne fa majefté aux fieurs intendans & commiffaires départis dans les provinces & généralités de fon royaume, & aux tréforiers de France dans la généralité de Paris, de tenir la main à l'exécution du préfent arrêt, lequel fera lû, publié & affiché par-tout où befoin fera. FAIT au confeil d'état du roi, fa majefté y étant, tenu à Verfailles le vingt-huit décembre mil fept cent quatre-vingt-trois. *Signé* LE BARON DE BRETEUIL.

MESSAGERIE. *Bureau de meffager*, d'où partent & où arrivent leurs voitures ; où les marchandifes fe chargent & fe déchargent, & où les perfonnes qui veulent voyager par cette voie, vont arrêter & retenir leur place, en donnant des arrhes, & en fe faifant infcrire fur un regiftre.

MESSAGERIE. Se dit auffi du droit de tenir bureau, & d'y recevoir les perfonnes, les hardes, & les marchandifes pour les voiturer.

MESSALINES. Toiles fabriquées en Egypte, qui fe vendent au Caire & à Alexandrie.

La pièce eft de vingt-huit pics.

MESSETERIE, ou MESSETENE. *Droit d'enttrée* qui fe paie à Conftantinople pour les marchandifes qui y arrivent, particulièrement pour les pelleteries & le café. Ce droit fut établi pour l'entretien de la fultane Validée, ou la reine-mère.

MESVENDRE. Vendre une marchandife à moindre prix qu'elle ne coute.

Rien ne décrie tant un marchand que lorfqu'il fe met fur le pied de *mefvendre* fa marchandife ; & fouvent la donner à trop bon marché, fait juger qu'on médite une banqueroute.

MESVENDU, MESVENDUE. Une marchandife *mefvendue* eft celle qu'on vend beaucoup au-deffous de fon jufte prix.

MESVENTE. Vente à vil prix, fur laquelle il y a beaucoup à perdre.

Il fe trouve fouvent de la *mefvente* fur les marchandifes fujettes à fe gâter, ou qui font hors de mode. La prudence d'un habile négociant eft de prévenir ces inconvéniens, en les vendant dans les temps & dans les faifons propres à les débiter ; ou fi par hazard ils les ont laiffé paffer, de s'en défaire au plutôt fans profit, afin de n'être pas obligé de les donner enfuite à beaucoup de perte.

MESURAGE. Action par laquelle on mefure. On le dit auffi de l'examen qu'on fait fi la mefure eft bonne. On dit : je veux être préfent au *mefurage* des deux muids d'avoine que j'ai achetés : je fuis fatisfait du *mefurage* de mon bled.

MESURAGE. Se dit pareillement du droit que les feigneurs prennent fur chaque mefure, auffi-bien que des falaires qui fe paient à celui qui mefure.

Les bleds qui s'achètent dans les marchés doivent le droit de *mefurage* ; mais ceux qui s'achètent dans les greniers n'en doivent point, parce qu'on y fait foi-même le *mefurage*, & fans être obligé d'y appeler les officiers des feigneurs. Ce droit s'appelle auffi *minage*.

MESURE. Se dit en général de tout ce qui peut fervir de régle pour connoître & pour déterminer la grandeur, l'étendue, ou la quantité de quelque corps.

TABLE DES MESURES.

AMSTERDAM. Le *laft*, mefure de bled, contient 27 muddes ou 108 *fcheepels* ; Il fe divife d'ailleurs de la manière fuivante, fçavoir ;

Laft	Tonnen. ou Muddes. ou Barils.	Sakken. ou Sacs.	Scheepels. ou Aggelen.	Vierdevats.	Kopti
1	$21\frac{3}{5}$ • 27	36	108	432	3456
	$1\frac{1}{4}$	$1\frac{2}{3}$	5	20	160
		$1\frac{1}{3}$	4	16	128
			3	12	96
				4	32
					8

Le *laft* de froment de 125 l. pefant le fac, répond à 4,500 l.

Celui de feigle, qui fert ordinairement à régler l'encombrement des navires pour les affrétemens qu'on en fait, eft eftimé du poids de 4,000, à 4,100 l.

Toutes les provinces de la république fe fervent

du même *laft* que celui d'*Amfterdam* : mais ce *laft* eft divifé dans chaque ville en d'autres *mefures* de diverfes manières, comme il fera aifé de voir par le détail fuivant, fçavoir ;

Le *laft* fe divife à *Edam*, *Monnickendam* & *Purmerent*, tout de même qu'à *Amfterdam*.

Il fe divife à *Hoorn*, *Eenkhuyfen*, *Muyden*, *Narden*

Narden & *Weefp*, en 22 muddes, 44 facs, 88 fcheepels, ou 352 taakels.

A *Harlem*, en 38 facs, ou fakken.

A *Rotterdam*, *Delft* & *Schiedam* en 2 $\frac{23}{32}$ hoedts, & le hoedt en 10 $\frac{8}{9}$ facs ou 32 achten-deelen.

A *Alckmaar*, en 32 facs ou fakken.

A *Gouda*, en 2 $\frac{2}{5}$ hoedts & le hoedt en 10 $\frac{2}{3}$ facs ou 32 fcheepels.

A *Dordrecht*, en 3 hoedts, 24 facs ou vaaten, ou 96 achtendeelen.

A *Gorcum*, en 2 hoedens & 5 achtendeelen.

A *Breda*, en 33 $\frac{1}{2}$ viertelen de bled dur, ou 29 viertelen d'avoine.

A *Utrecht*, en 25 muddes.

A *Amersfort*, en 64 fcheepels.

A *Middelbourg*, en 41 $\frac{1}{2}$ facs, ou 83 achten-deelen.

A *Fleffingue* & à *Ter-Veer*, en 39 facs.

A *Zirkzee*, *Ter Goes*, *Bommene*, *Ter-Toolen*, *Stavenes* & *Duyveland*, en 37 $\frac{1}{2}$ facs.

A *Sommelsdyk*, *Dirksland*, *Middelharnes*, *Oeltjesplaat*, *Putten* & *Briel*, en 38 $\frac{1}{2}$ facs.

Dans la *Frife*, en 18 barils ou tonnes, 33 mud-des ou 36 Loopers.

A *Groningue*, en 33 muddes, &

A *Deventer*, en 36 muddes, ou 144 fcheepels.

Le cent, *hondert*, de sel qui contient 404 maaten ou *mefures*, répond au poids de 40,000 l. d'*Amfterdam*.

Le *hoedt* de charbon de pierre est composé dans cette dernière ville de 38 maaten.

L'*aam*, mefure de vin de Mofelle & d'eau-de-vie de grains, fe divise de la manière suivante; fçavoir:

Aam.	Ancres.	Stekanen.	Viertels ou Veltes	Stoopen.	Mingelen ou Mingles	Pintes.
1	4	8	21	64	128	256
	1	2	5 $\frac{1}{3}$	16	32	64
		1	2 $\frac{2}{3}$	8	16	32
			1	3 $\frac{1}{21}$	6 $\frac{2}{21}$	12 $\frac{2}{21}$
				1	2	4
					1	2

Le mingle contient 13 onces poids de troyes d'eau de pluie.

Le baril, *tonne*, de bière contient 128 mingles.

Le tonneau, *vat*, de vin de France, est compofé de 4 bariques ou 6 tierçons.

La barique, *oxhooft*, contient 12 $\frac{1}{2}$ ftekanes ou 200 mingles: néanmoins la barique est comptée feulement pour 180 mingles, & le tierçon pour 120.

La pipe de vin d'Efpagne ou de Portugal contient 340 mingles.

La velte, *viertel*, d'eau-de-vie de Bordeaux répond à 6 $\frac{1}{4}$ mingles, & cette liqueur fe vend à *Amfterdam* à raison de 30 veltes qui 7 pèfent 410 l.

La pièce ou bôte, *ftuk* ou *vat*, d'huile d'olive, fe vend à raison de 717 mingles.

L'aam d'huile de graine de chanvre, de lin & de navets, contient 7 $\frac{1}{2}$ ftekanes ou 120 mingles.

La futaille, *quardeelen*, d'huile de baleine contient 18 à 21 ftekanes; mais cette liqueur fe vend à raison de 12 ftekanes.

Toutes les futailles contenant des matières liquides quelconques, fe jeaugent avant qu'on en faffe la livraison aux acheteurs; mais les prix y font réglés d'après les *mefures* ci-deffus expliquées.

L'aune d'*Amfterdam* mefure exactement 306 lignes du pied de roi de France dont nous nous fommes fervis pour déterminer au plus jufte poffible les longueurs des mefures des divers pays dont nous faifons mention dans cet ouvrage.

On fe fert auffi à *Amfterdam* de l'aune Flamande pour mefurer certaines marchandifes, elle est longue de 315 lignes de France.

Le pied d'*Amfterdam* en contient 126. Il fe divise en 3 palmes, ou en 11 pouces & le pouce en 24 quarts.

La palme, qui fert de *mefure* pour les mats & autres bois ronds, contient 42 lignes de France & fon diamètre est de 14 lignes.

La ruthe ou perche de Hollande *mefure* 13 pieds d'*Amfterdam*.

La morgen, mefure d'arpentage, contient 600 ruthes quarrées, qui font 101,400 pieds quarrés d'*Amfterdam*.

Le maat, autre *mefure* d'arpentage, contient 500 ruthes quarrées.

Le mille, ou la lieue Hollandoife, contient 20,692 pieds.

Les *lasts* & les *nombres* de diverses marchandises pour les achats & ventes s'y composent des pièces suivantes, sçavoir;

Le *last* de hareng & de pois, de . . . . 12 tonnes ou barils.
Celui de goudron, de . . . . 13 dits.
Le cent de peaux ou cuirs, de . . . . 104 pièces.
Le cent de planches de sapin de Suéde, de . . . . 120 dites.
Le cent de planches de Norvége, de . . . . 126 dites, & quelquefois de 132, comme celles de Coperwick.

ACRE. L'*ardep*, mesure de ris, pèse à Livourne 750 l., qui font à peu près 520 l., poids de commerce d'Amsterdam.

AIX-LA-CHAPELLE. Le *malter*, mesure de bled, contient 6 fass, ou barils.

Le *fass* ordinaire de froment a 4 kops; & celui d'avoine en a 6.

Le last d'Amsterdam *mesure* environ 122 fass ordinaires d'*Aix-la-Chapelle*.

L'*ahm*, mesure de vin de 8 estecans de Hollande, contient 150 kans d'*Aix-la-Chapelle*.

L'aune, *Elle*, est longue de 296 lignes du pied de roi de France, & le pied, *fuss*, de 128 $\frac{1}{2}$ lignes.

100 aunes d'*Aix-la-Chapelle* font donc 98 $\frac{1}{4}$ aunes d'Amsterdam, & 100 aunes d'Amsterdam font 103 $\frac{2}{3}$ aunes d'*Aix-la-Chapelle*.

100 pieds d'*Aix-la-Chapelle* font 102 pieds d'Amsterdam, & 100 pieds d'Amsterdam font 98 $\frac{1}{20}$ dits d'*Aix-la-Chapelle*.

ALEP. Le *pik*, mesure de longueur, est de 299 $\frac{4}{5}$ lignes de France; ainsi

100 piks d'*Alep* font 98 aunes d'Amsterdam, & 100 aunes d'Amsterdam font 102 $\frac{1}{14}$ piks d'*Alep*.

ALEXANDRIE. Le *rebebe*, mesure de bled d'Egypte, contient 186 kops d'Amsterdam.

Le *quillot* ou *kizloz* répond à 102 kops.

L'aune, *pik*, y est longue de 300 lignes de France.

100 piks d'*Alexandrie* font donc 98 $\frac{1}{25}$ aunes, *mesure* d'Amsterdam.

Et 100 aunes d'Amsterdam égalent 102 piks d'*Alexandrie*.

ALICANTE. Le *cahiz* ou *caffisse* est composé de 16 barselles qui répondent à 9 $\frac{5}{8}$ scheepels, *mesure* de bled d'Amsterdam.

La *cantara*, mesure pour les matières liquides, répond à environ 9 mingels d'Amsterdam.

La *tonelada*, ou le tonneau, se compose de 2 pipes, 80 arrobas, ou 100 cantaras.

La *pipa*, qui contient 50 cantaras, répond à environ 75 veltes d'Amsterdam: Elle pèse pleine d'huile 1,000 l. poids de commerce de cette dernière ville.

L'aune, *vara*, se divise en 4 palmos; & elle *mesure* 337 lignes de France. Or,

100 varas d'*Alicante* font 110 $\frac{1}{8}$ aunes d'Amsterdam, & 100 aunes d'Amsterdam font 90 $\frac{4}{5}$ varas d'*Alicante*.

AMÉRIQUE MÉRIDIONALE.

Nouvelle Espagne & Pérou. *Voyez* MEXIQUE.
Colonies Angloises. *Voyez* JAMAÏQUE.
Colonies Françoises. *Voyez* ISLES.
Colonies Danoises. *Voyez* SAINTE-CROIX.
Colonies Hollandoises. *Voyez* CURAÇAU, SURINAM, S. EUSTACHE.
Colonies Portugaises. *Voyez* BRESIL.

AMÉRIQUE SEPTENTRIONALE.

Voyez ÉTATS-UNIS DE L'AMÉRIQUE.

ANCONE. Le *rubbo*, mesure de bled, contient 8 lappes, & il répond à 10 scheppels d'Amsterdam, & le last d'Amsterdam contient 10 $\frac{7}{10}$ rubbi d'*Ancone*.

La *soma*, mesure pour les liquides, se divise en 8 boccali, & 100 boccali répondent à 120 mingles d'Amsterdam.

La brasse, *braccio*, est longue de 284 $\frac{4}{5}$ lignes de France.

100 brasses d'*Ancone* font 93 $\frac{1}{14}$ aunes d'Amsterdam, & 100 aunes d'Amsterdam, 107 $\frac{9}{20}$ brasses d'*Ancone*.

ANVERS. *Voyez* BRUXELLES.

ARAGON. Le *cahiz*, mesure de bled, contient 8 fanegas, 24 quartales, ou 96 almudes ou célémines.

La *fanega* d'*Aragon*, ayant 12 célémines, répond à 4 $\frac{11}{16}$ célémines de Castille; ainsi 79 fanegas de Castille font 192 fanegas d'*Aragon*.

Le *nietro* ou *carga* de vin d'*Aragon*, contient 16 cantaras.

La *cantara*, autrement *arroba*, pèse 28 l. d'*Aragon*, ou 21 l. de Castille. 17 cantaras d'*Aragon* répondent à 82 azumbres de Castille.

L'huile & le miel s'y vendent toujours au poids.

Le *vara*, ou aune d'*Aragon*, est de $\frac{1}{13}$ plus petite que celle de Castille, ainsi 12 varas de Castille font 13 varas d'*Aragon*.

ARCHANGEL. *Voyez* RUSSIE.

ARGEL. Le *caffise*, mesure de bled, contient 16 terries, dont 146 répondent au last d'Amsterdam.

Le *metalli*, mesure pour les matières liquides, & sur-tout pour l'huile, pèse en cette dernière liqueur 36 $\frac{1}{4}$ l. poids de commerce d'Amsterdam.

On s'y sert, pour *mesures* de longueur, de deux piks, dont l'un, nommé *pik-turc*, qui se divise en 8 robi, est long de 276 lignes de France; &

l'autre, nommé *pik-more*, mesure 207 desdites lignes : ce dernier est seulement en usage pour les toileries.

100 Piks-turcs font 133 $\frac{1}{3}$ piks-mores, ou 90 $\frac{1}{5}$ aunes d'Amsterdam.

100 Piks-Mores font 75 piks-turcs, ou 67 $\frac{13}{20}$ aunes dites.

100 Aunes d'Amsterdam égalent 110 $\frac{20}{23}$ piks-turcs ou 147 $\frac{4}{5}$ piks-mores d'*Argel*.

AUGSBOURG. Le *schaf*, mesure de bled, contient 8 *metzes*, le metze 4 *vierlings*, le vierling 4 *viertheiles*, & le viertheile 4 *meesfles*.

Le *fuder*, ou tonneau, d'*Augsbourg* contient diverses *mesures* pour les matières liquides, & leur division s'en fait comme suit, sçavoir :

Fuder.	*Jez.*	*Muddens.*	*Besons.*	*Maas.*	*Seidels.*	*Quartels.*	*Achtels*
1	8	16	96	768	1,536	3,072	6,144
	1	2	12	96	192	384	768
		1	6	48	96	192	384
			1	8	16	32	64
				1	2	4	8
					1	2	4
						1	2

Deux aunes sont en usage à *Augsbourg* : l'une contient 270 $\frac{1}{5}$ lignes de France & l'autre seulement 262 $\frac{3}{5}$ desdites lignes.

100 Des premières font 102 $\frac{7}{8}$ des dernières, ou 88 $\frac{3}{10}$ aunes d'Amsterdam.

100 Aunes courtes d'*Augsbourg*, égalent 85 $\frac{4}{5}$ aunes dites.

100 Aunes d'Amsterdam font par contre 113 $\frac{1}{4}$ aunes longues, & 116 $\frac{1}{2}$ dites courtes d'*Augsbourg*.

Le pied, *fuss*, est justement la moitié de l'aune courte d'*Augsbourg*, c'est-à-dire, qu'il mesure 131 $\frac{3}{10}$ lignes de France.

100 Pieds d'*Augsbourg* font 104 $\frac{1}{5}$ pieds d'Amsterdam.

BARCELONE. La *quartera*, mesure de bled, contient 12 cortanes.

La *salma* contient 4 quarteras, ou 48 cortanes.

La *carga* répond à 2 $\frac{1}{2}$ quarteras, ou 30 cortanes.

Le last d'Amsterdam contient environ 42 $\frac{1}{2}$ quarteras.

La *carga*, mesure pour les matières liquides, contient 12 arrobes.

L'*arroba* pèse 26 l. & la livre 12 onces, qui répondent à 22 $\frac{3}{4}$ l. de Castille.

La carga de vin & d'eau-de-vie se divise en 16 cortanes, 32 quarteras, ou 128 quartos.

La carga d'huile est composée de 11 arrobes, 30 cortanes, ou 120 quartos.

La pipe ordinaire de vin contient 4 cargas, qui font 60 veltes d'Amsterdam.

La pipe ordinaire d'huile de Mallorque, répond à 107 cortanes.

La *canne*, ou aune, a 8 palmos & *mesure* 606 $\frac{3}{5}$ lignes de pied de roi de France ; ainsi 100 cannes font 185 $\frac{1}{3}$ varas de Castille ; ou environ 227 $\frac{2}{3}$ aunes, *mesure* d'Amsterdam.

BASLE ou BALE. Le *sac* ou *sack*, mesure de bled, contient 8 muddes.

Le *mudde*, ou le *scheffel* contient 4 kupsleins, ou 8 beches.

Le sac de froment pèse environ 200 liv. & le mude 25 l.

Le last d'Amsterdam contient environ 22 $\frac{8}{13}$ sacs de *Bâle*.

Le *saum* de vin comprend 3 ohms ; & l'*ohm* contient 32 pots vieux, ou 40 pots nouveaux.

100 Pots vieux de *Bâle* répondent à 131 $\frac{2}{3}$ mingles d'Amsterdam, & 100 pots nouveaux à 10[illegible] dites.

L'*aune* & la *brasse* de *Bâle*, sont deux *mesures* différentes l'une de l'autre dans la proportion de 6 à 13.

La première est longue de 522 $\frac{3}{5}$ lignes du pied de roi de France.

La brasse a seulement 241 $\frac{1}{5}$ lignes du même pied.

100 Aunes de *Bâle*, répondent à 170 $\frac{4}{5}$ aunes d'Amsterdam, & 100 aunes d'Amsterdam à 58 $\frac{11}{20}$ aunes de *Bâle*.

100 Brasses, *bracci*, de *Bâle* font 78 $\frac{5}{6}$ aunes d'Amsterdam, & 100 aunes d'Amsterdam 126 $\frac{2}{3}$ brasses de *Bâle*.

Le *juchart*, du pays de *Bâle*, mesure 140 ruthes quarrées.

La ruthe, ou verge, a 16 pieds de long, & le pied répond à 132 $\frac{1}{5}$ lignes de France ; ainsi 100 pieds d'Amsterdam font 95 $\frac{1}{3}$ pieds de *Bâle*, & 100 pieds de *Bâle* font 105 pieds d'Amsterdam.

BATAVIA. Le *timbang*, mesure pour les ris, le poivre & autres marchandises & denrées seches, contient 10 sacs & répond à 5 pikuls.

Le *Timbang*, mesure pour les liquides, contient 7 kulacks, & le *kulack* pèse environ 7 $\frac{1}{2}$ cattis.

BAYONNE. Le sac, *mesure* de bled, contient 2 conques, dont 71 répondent à un last, *mesure* d'Amsterdam.

La pièce ou pipe d'eau-de-vie de *Bayonne* contient 80 veltes, mais la vente de cette liqueur s'y fait à raison de 32 veltes.

Le tonneau de vin y est composé de 4 bariques, mais vu la grandeur de ces dernières, on les estime pour 5 bariques ordinaires de Bordeaux.

La barique de *Bayonne*, contient en effet 40 veltes, mesures d'Amsterdam.

L'*aune* y est longue de 391⅗ lignes de France.

100 aunes de cette ville répondent à près de 128 aunes d'Amsterdam, & 100 aunes d'Amsterdam à 78 1/19 aunes de *Bayonne*.

BENDER-ABASSI. *Voyez* GOMRON.

BENGALE. La *mesure* de ris à Calicata, s'appelle *gonge*; elle pèse 5 seyras de 80 roupies chacune, ce qui répond au poids de 1,400 roupies.

A Banqui-Bazar, le *huguly* ou *bondel*, le *gonge* & le grand *bazar*, mesure de ris, pèsent chacun 5 seyras, mais le seyra y est de 82 roupies, ce qui répond au poids de 410 roupies.

Enfin, on se sert à Chandernagor de deux *mesures*, dont la plus grande pèse 1 seyra & 9½ xataques de ris, & l'autre 1½ seyras; & chaque seyra y répond au poids de 82 roupies.

BERGAME. La *somma*, mesure de bled, se compose de 8 satari.

La *brænta*, mesure pour les liquides, y contient 52 pintes.

La *brasse*, ou *braccio*, mesure 290½ lignes de France; ainsi, 100 brasses de *Bergame* font près de 95 aunes d'Amsterdam, & 100 aunes d'Amsterdam 105½ brasses de *Bergame*.

BERGEN. Le last de bled est de 12 tændes, & celui de sel de 18 dits.

Le *tænde* ou baril, *mesure* de bled, contient 144 pots ou *kræge*.

Le *tænde*, mesure de sel, 136 dits.

Le *tænde* de goudron 120 pots.

L'aune de *Norvége*, *allen*, a 2 pieds, & elle doit être longue, suivant un édit du roi de Danemarck, de 2 pieds du Rhyn; ainsi 100 aunes *Danoises* répondent à 91 aunes d'Amsterdam, & 100 aunes d'Amsterdam, à environ 110 aunes de *Danemarck*.

100 pieds *Danois* font 110 11/50 pieds d'Amsterdam, & 100 pieds d'Amsterdam 90 14/25 pieds *Danois*.

Les mâts & autres bois ronds, se mesurent en *Norvége* par palmes, dont chacune répond à 39 3/10 lignes de France; car 3 palmes de *Norvége* font 10 pouces & 2 lignes de Danemarck.

BERLIN. Le last de froment & de seigle contient 3 wispels.

Celui d'orge & d'avoine en contient seulement 2, & le wispel ou winspel se divise de la manière suivante:

Wispel.	Malter.	Scheffel.	Viertels.	Metrens.	Maßgens.
1	2	24	96	384	1,536
	1	12	48	192	768
		1	4	16	64
			1	4	16
				1	4

Le last d'Amsterdam contient 56½ scheffels de *Berlin*.

Ce scheffel, dont la *mesure* de seigle pèse environ 82 [l.f poids de *Berlin*, est en usage depuis 1716, dans les états du roi de Prusse.

Le *funer*, ou tonneau de vin, contient les *mesures* suivantes, sçavoir:

Fuder. ou Tonneau.	Oxhofts. ou Bariques.	Ohms. ou Tierçons.	Eimers. ou Septiers.	Ancres.	Maase. ou Quarts.	Oessels. ou Nœssels.
1	4	6	12	24	768	1,536
	1	1½	3	6	192	384
		1	2	4	128	256
			1	2	64	128
				1	32	64
					1	2

Voici les mesures en usage dans les brasseries de bière:

Gebrande.	Kupen.	Faß.	Tonnen.	Aemgen.	Quartels.	Oessels. ou Nœssels.
1	9	18	36	144	3,456	6,912
	1	2	4	16	384	768
		1	2	8	192	384
			1	4	96	192
				1	24	48
					1	2

100 Quarts de *Berlin*, soit de vin, soit de bière, font environ $96\frac{2}{3}$ mingles d'Amsterdam.

Le grand *hufe*, mesure d'arpentage, a 30 grands morgens; le *hacken*, ou hufe simple, a 2 grands morgens, & le *hufe* du pays, *land-hufe*, n'en a qu'un.

Le grand *morgen* est de 400 ruthes quarrées, qui sont 57,600 pieds quarrés, *mesure* du Rhyn, & ceux-ci 53,771 pieds quarrés de France.

Le petit *morgen* est seulement de 180 ruthes quarrées, qui font 25,920 pieds quarrés, *mesure* du Rhyn, & ceux-ci 24,197 pieds quarrés de France.

La *ruthe* a 12 pieds, & la ruthe quarrée 144 pieds quarrés du Rhyn.

L'aune, *Elle*, est longue de $295\frac{3}{5}$ lignes, *mesure* de France.

Le pied, *fuss*, contient $137\frac{3}{10}$ des mêmes lignes, & nous trouvons d'après cela, que 100 aunes de *Berlin*, répondent à $96\frac{1}{5}$ aunes d'Amsterdam, & 100 aunes d'Amsterdam, à $103\frac{1}{2}$ aunes de *Berlin*.

100 pieds de *Berlin* font 109 pieds d'Amsterdam, & 100 pieds d'Amsterdam font $91\frac{3}{4}$ pieds de *Berlin*.

Le last de harengs se compose de 12 tonnes, ou barils.

Le schock est de 60 pièces, le zimmer de 40, la steige de 20, le mandel de 15, & le decher de 10.

BERNE. La *mut* ou *mutte*, mesure de bled, se divise comme suit, sçavoir:

Mutte.	*Berner-Mass.*	*Immis.*	*Achterly.*	*Sechzenerly.*
1	12	48	96	192
	1	4	8	16
		1	2	4
			1	2

La *mesure*, nommée *berner-mass*, est un cylindre d'environ un pied de diamètre, & de 8 pouces de cavité; il mesure $904\frac{4}{25}$ pouces cubes de *Berne*.

Le last d'Amsterdam répond à $221\frac{1}{5}$ berner-mass.

Il y a aussi diverses *mesures* pour les matières liquides: la plus grande se nomme *land-fass*, ou futaille du pays: elle contient 6 *saums*, 24 eimers, ou 600 maas de *Berne*.

Le *saum* a 4 eimers, & l'eimer 25 maas.

Le *maas*, mesure pour les liquides, est aussi un cylindre, de 4 pouces de diamètre & 9 pouces de cavité: il jauge 113 pouces cubes de *Berne*.

100 Maas répondent à $138\frac{1}{2}$ mingles d'Amsterdam.

Le pied de *Berne*, mesure 130 lignes de France, & 100 pieds de *Berne*, font $103\frac{1}{6}$ pieds d'Amsterdam.

L'aune *mesure* par contre $240\frac{1}{10}$ lignes de France, & 100 aunes de *Berne*, en font $78\frac{23}{50}$ d'Amsterdam.

Le *juchart*, mesure d'arpentage, est de 5,000 pas quarrés: mais il y a deux sortes de *pas*, dont l'un, pour mesurer les prairies & les terres labourables, n'est que de $6\frac{1}{4}$ pieds quarrés; l'autre, pour mesurer les bois & les forêts, est de 9 pieds quarrés.

Le juchart de prairie, *mesure* donc 31,250 pieds quarrés de *Berne*, qui font 25,469 pieds quarrés de France.

Le juchart de forêt, est, d'autre part, de 45,000 pieds quarrés de *Berne*, qui font 36,675 pieds quarrés de France.

La perche, *klafter*, ou *ruthe*, est 6 pieds de *Berne*.

BILBAO. La *fanega*, mesure de bled, devroit être égale à *Bilbao*, S. Sebastian & S. Ander; & semblable au modèle déposé à *Avila*, ville de la vieille Castille; mais il se trouve quelque différence, soit dans les *mesures* en usage dans ces mêmes villes, soit dans la manière dont on s'en sert dans chacune; car le last de froment d'Amsterdam, rend communément à *Bilbao* 52 fanegas, à S. Sebastian 51, & à Saint-Ander 53 & quelquefois davantage.

Les autres mesures, comme à l'article d'ESPAGNE.

BOLOGNE. La *corba*, mesure de bled, contient 2 stari, 8 quartorini, ou 32 quarticini; la corba de froment pèse 160 l., poids de *Bologne*.

Le last d'Amsterdam, répond à $39\frac{1}{2}$ corbes de *Bologne*, & 100 corbes font environ $68\frac{1}{4}$ muddens d'Amsterdam.

La *corba*, mesure de vin, est de 60 boccali, dont chacun, plein de vin, pèse 40 onces, & la corbe 200 l., poids de *Bologne*.

100 Boccali de *Bologne*, font $103\frac{1}{3}$ mingles d'Amsterdam, & 100 mingles d'Amsterdam, $96\frac{3}{4}$ boccali.

Les *brasses* de *Bologne*, dont celle pour les étoffes de laine est de $281\frac{1}{2}$ lignes de France, & l'autre pour celles de soie de 264, différent l'une de l'autre, d'environ $6\frac{1}{5}$ p $\frac{0}{0}$; or:

100 Brasses des premières font 92 aunes d'Amsterdam, & 100 brasses des dernières $86\frac{1}{4}$ dites.

Le *pas* de *Bologne*, est de 5 pieds, de $168\frac{1}{5}$ lignes de France, chacun.

100 Pieds de *Bologne*, répondent à $133\frac{13}{20}$ pieds d'Amsterdam, & 100 pieds d'Amsterdam à $74\frac{9}{10}$ pieds de *Bologne*.

BOLZAN. La *muthe*, mesure pour les liquides, & sur-tout pour l'huile, contient $117\frac{2}{3}$ l., poids de commerce d'Amſterdam , de cette . dernière liqueur.

L'aune de *Bolzan* , *Elle* , eſt longue de 350 $\frac{1}{10}$ lignes , *meſure* de France.

La braſſe , *braccio* , l'eſt de 243 $\frac{7}{10}$ dites.

100 Aunes de *Bolzan* font environ 114 $\frac{1}{2}$ aunes d'Amſterdam ; & 100 braſſes 79 $\frac{2}{3}$ dites.

BOMBAY. La *mora* , meſure de grains , contient 25 *paras* , ou 500 *adolmes*. La mora de ris pèſe 863 l. , 12 onces , 12 $\frac{4}{5}$ drams , avoir du poids d'Angleterre , qui répondent à 793 $\frac{1}{8}$ l. , poids de commerce d'Amſterdam.

L'aune , ou *cubit* , répond à $\frac{1}{2}$ yards d'Angleterre.

100 Cubits font environ 66 $\frac{1}{4}$ aunes d'Amſterdam.

BORDEAUX. Le *boiſſeau* de froment pèſe environ 122 l. , poids de *Bordeaux* ; cette *meſure* ſe diviſe en parties , depuis $\frac{1}{2}$ juſqu'à $\frac{1}{16}$.

Le laſt d'Amſterdam répond à 38 boiſſeaux de *Bordeaux*.

Le *tonneau* de vin eſt de 4 bariques : il rend environ 50 steekans à Amſterdam , ou 252 gallons , plus ou moins , en Angleterre.

La *barique* contient 32 veltes , ou 110 pots de *Bordeaux*.

La *velte* de *Bordeaux* eſt à peu près égale au viertel d'Amſterdam ; car 100 veltes de *Bordeaux* font environ 102 $\frac{1}{2}$ viertels ou veltes , ou 39 steekans , plus ou moins , d'Amſterdam , & 100 pots de *Bordeaux* répondent à 181 $\frac{1}{3}$ mingles d'Amſterdam.

La *pièce* d'eau-de-vie contient 50 veltes de *Bordeaux* ; mais cette liqueur s'y achette par barique de 32 veltes.

L'*aune* de *Bordeaux* eſt de 44 pouces , ou de 528 lignes de France.

100 Aunes de *Bordeaux* font environ 172 $\frac{1}{2}$ aunes d'Amſterdam , & 100 aunes d'Amſterdam 58 dites de *Bordeaux*.

La *iournée* , meſure d'arpentage , eſt , dans les environs de *Bordeaux* , de 888 toiſes quarrées. Elle a 3 pougnerées.

La *pougnerée* a 72 eſcas , & l'*eſca* 12 pieds & 2 pouces : donc la pougnerée a 10,656 pieds quarrés , ou 296 toiſes quarrées.

BREMEN. Le laſt ſe diviſe en 4 *quarts* , 40 *ſcheffels* , 160 *viertels* , ou en 640 *ſpints*.

Le laſt d'Amſterdam répond à 41 ſcheffels , *meſure* de froment de *Bremen*.

Le ſcheffel de ſeigle de *Bremen* , pèſe 104 l. , poids de cette ville.

100 Scheffels de *Bremen* , font 263 $\frac{1}{4}$ ſchepels d'Amſterdam.

Le *fuder* , ou tonneau de vin , eſt de 6 ohms , ou de 4320 *mengels*.

L'*oxhoft* , ou barique d'eau-de-vie , contient 30 *viertels* , ou veltes.

La *tonne* , ou baril d'huile de poiſſon , a 6 ſtechkannes , ou 96 mengels.

La pièce de bière a 48 *ſtubgens* , 192 *quartiers* , ou 768 mengels.

100 Mengels de *Bremen* , font 16 $\frac{4}{5}$ mingles d'Amſterdam.

100 Mingles d'Amſterdam , répondent à 600 mengels de *Bremen*.

L'aune , *Elle* , eſt de 2 pieds de *Bremen* , ou de 256 $\frac{2}{3}$ lignes de France.

100 Aunes de *Bremen* , font environ 83 $\frac{3}{4}$ aunes d'Amſterdam , & 100 aunes d'Amſterdam , 119 $\frac{1}{3}$ aunes de *Bremen*.

Le laſt de harengs , de ſel & de charbon de terre , eſt de 12 barils.

Le laſt de ſel groſſier , pèſe environ 4000 l. , poids de commerce de *Bremen* ; & c'eſt d'après cette *meſure* que l'on régle dans cette ville , les affrétemens des navires.

Le ſchock eſt de 60 pièces , le ſteige de 20 , le zimmer de 40 , le decher de 10.

BRESIL. Les *meſures* y ſont les mêmes qu'en Portugal.

BRESLAU. Le *malter* , meſure de bled , contient 12 *ſcheffels* , 48 *viertels* , 192 *metzen* , ou 768 *maſſels*.

Le laſt d'Amſterdam contient 41 $\frac{3}{4}$ ſcheffels de *Breſlau*.

100 Scheffels de *Breſlau* , font 258 $\frac{1}{4}$ ſchepels d'Amſterdam.

L'*eimer* , meſure de vin , a 20 *topf* , 80 *quarts* , ou 320 *quartiers*.

100 Quarts de *Breſlau* , font 58 $\frac{1}{2}$ mingles d'Amſterdam.

L'aune , *Elle* , de Siléſie eſt longue de 255 $\frac{1}{10}$ lignes de France : celle de *Breſlau* eſt de 243 $\frac{1}{3}$ lignes.

Or , 21 aunes de Siléſie , en font 22 de *Breſlau*.

100 Aunes dites ; 83 $\frac{3}{4}$ aunes d'Amſterdam , & 100 aunes de *Breſlau* , 79 $\frac{2}{3}$ aunes dites.

Le pied de *Breſlau* eſt égal à celui d'Amſterdam.

BRUNSWICK. Le *wiſpel* , meſure de bled , contient 4 *ſcheffels* , 40 *himtens* , ou 640 *læchers*.

Le laſt d'Amſterdam répond à 93 $\frac{4}{5}$ himtens de *Brunſwick*.

Le *fuder* , ou tonneau , contient 6 *ahms* , 240 *ſtübgens* , ou 1920 *nœſſels*.

La pièce , *ſtück* , de bière *moume* , contient 100 ſtübgens , ou environ 308 $\frac{1}{2}$ mingles , meſure d'Amſterdam.

La futaille , *faſs* , de bière ordinaire , contient 4 barils ou 108 ſtübgens.

L'huile s'y vend au poids , ſoit par centners de 114 l. , ſoit par pipes de 820 l.

La *Ruthe* , meſure de longueur , eſt de 16 pieds , de 12 pouces chacun.

L'aune , *Elle* , eſt de 2 pieds de *Brunſwick* , ou de 253 lignes de France.

100 Aunes de *Brunſwick* , font 82 $\frac{3}{4}$ aunes d'Amſ-

terdam, & 100 aunes d'Amsterdam, 121 aunes de *Brunswick*.

Le pied de *Brunswick* est à peu près égal à celui d'Amsterdam.

Le last de harengs se compose de 12 tonnes ou barils.

Le last de sel & de beurre de 18 dits.

Le grand millier est de 1,200 pièces, & le millier simple de 1,000.

Le grand cent de 120 dites, & le simple cent de 100.

Le schock est de 60 pièces, le zimmer de 40 & le steige de 20.

Bruxelles. Le *viertel*, mesure de bled, contient 4 muckes: or, le last d'Amsterdam contient environ $37\frac{6}{7}$ viertels d'Anvers, ou 25 sacs de *Bruxelles*.

La botte de vin contient 152 *stoopens*; l'*aam* en contient 50, & la tonne de bière 54.

100 Stoopens de Brabant font 265 mingles d'Amsterdam.

L'aune de Brabant, pour les étoffes de soie, a $307\frac{4}{5}$ lignes de France, & celle pour les étoffes de laine $303\frac{2}{5}$; or, 100 aunes à soie, font $101\frac{1}{2}$ aunes à laine, ou $100\frac{3}{5}$ aunes d'Amsterdam, 100 aunes à laine, $98\frac{1}{2}$ aunes à soie, ou $99\frac{1}{8}$ aunes d'Amsterdam.

Le pied de Brabant, qui se divise en 12 pouces, est de $126\frac{3}{5}$ lignes de France.

100 Pieds de Brabant font $100\frac{1}{2}$ pieds d'Amsterdam, & 100 pieds d'Amsterdam $99\frac{1}{2}$ pieds de Brabant.

Cadix. La *bota* ou botte de vin, contient 30 grandes arrobes, *arrobas mayores*, qui répondent à $57\frac{3}{5}$ veltes d'Amsterdam.

L'arroba en qualité de *mesure* pour des matières liquides, contient 8 *azumbres*, ou 32 *quartilos*.

La pipe d'huile contient 34 petites arrobes, *arrobas menores*, & rend net, à Amsterdam, environ 780 l.

La grande arrobe est, par rapport à la petite arrobe, comme 32 sont à 25; c'est-à dire que 25 grandes arrobes en font 32 petites.

Le sel s'achette à *Cadix*, par *lastres* de 4 cahizes, ou 48 fanegas.

Le *cahiz* contient 12 fanegas, & la fanega 12 celemines ou almudez.

Le *last* d'Amsterdam contient $51\frac{1}{2}$ fanegas de *Cadix*; mais il y rend, au moins, 52 fanegas.

100 Fanegas de *Cadix* font environ 53 mudden d'Amsterdam.

La *vara* de *Cadix*, qui est égale à celle de Castille, mesure $375\frac{9}{10}$ lignes de France; or, 100 varas de *Cadix* font $122\frac{5}{6}$ aunes d'Amsterdam, & 100 aunes d'Amsterdam font $81\frac{4}{7}$ varas de *Cadix*.

Le Caire. L'aune *pik*, du *Caire*, a 300 lignes de France de longueur.

100 Piks répondent à environ 98 aunes d'Amsterdam.

Calicut. L'aune, *covit*, ou *cobit*, de *Calicut*, est de la longueur d'une demi-yard d'Angleterre; ainsi, 100 cobits de *Calicut* répondent à $66\frac{1}{4}$ aunes d'Amsterdam, & 100 aunes d'Amsterdam à 15 cobits de *Calicut*.

Canaries. La *pipa* des *Canaries* est plus grande que la pipe ordinaire d'Espagne; elle contient 116 gallons d'Angleterre, qui répondent à $369\frac{1}{4}$ mingles d'Amsterdam.

La vara y est longue de 381 lignes de France; ainsi, 100 varas des isles *Canaries*, font $124\frac{1}{2}$ aunes d'Amsterdam, & 100 aunes d'Amsterdam $80\frac{1}{3}$ varas des *Canaries*.

Canée. L'*oke* contient 400 drachmes, & le rottole en contient 176.

La *mistale* d'huile pèse $8\frac{1}{2}$ okes; autrement, 80 mistales d'huile répondent à 236 gallons d'Angleterre, ou à 751 mingles d'Amsterdam.

L'aune *pik*, mesure $282\frac{1}{2}$ lignes de France: or, 110 piks font environ $92\frac{1}{3}$ aunes d'Amsterdam, & 100 aunes d'Amsterdam $108\frac{1}{3}$ piks de *Canée*.

Carrare. Le marbre qu'on y exploite, se *mesure* par *palmi* de 12 *onces*.

Cette palme répond à $108\frac{1}{10}$ lignes de France, où $3\frac{3}{4}$ palmi font un yard d'Angleterre. Or, le pied d'Angleterre mesure 15 de ces onces: ainsi, 100 palmi de *Carrare* font $85\frac{4}{5}$ pieds d'Amsterdam.

Cassel. Le *viertel* mesure de bled, contient 4 himtens, & le *himten*, 4 metsens, chacun de 4 mœssgens.

Le last d'Amsterdam, contient $20\frac{1}{2}$ viertels de *Cassel*.

Le *fuder*, ou tonneau, est de 6 *ohms*, 120 *quartleins*, ou 480 *maass*.

100 Maass de *Cassel* font $171\frac{2}{3}$ mingles d'Amsterdam.

L'aune, *Elle*, de *Cassel*; mesure $248\frac{4}{5}$ lignes de France. Or 100 aunes de *Cassel* font $81\frac{1}{3}$ aunes d'Amsterdam.

100 Aunes d'Amsterdam font par contre 123 aunes de *Cassel*.

Cette. *Voyez* Montpellier.

Chine. L'aune, *cobre*, de Canton, qui se divise en 10 *pontes*, ou points, est longue de 158 lignes de France; ainsi, 100 cobres de Canton font $51\frac{2}{5}$ aunes d'Amsterdam, & 100 aunes d'Amsterdam $193\frac{2}{5}$ cobres de Canton.

Il y a trois sortes de pieds en usage dans la Chine, sçavoir:

Le pied du tribunal des mathématiques, qui est long de $147\frac{7}{10}$ lignes de France.

Le pied pour l'architecture, nommé *kongpu*, qui a $143\frac{1}{10}$ lignes dites.

Le pied des marchands & des tailleurs, qui mesure 150 lignes dites.

100 pieds de mathématiciens répondent à $117\frac{2}{5}$ pieds d'Amsterdam.

100 Kongpu, ou pieds des architectes, répondent à $114\frac{1}{5}$ pieds d'Amsterdam.

200 Pieds des marchands & des tailleurs, à 119 dits.

Le *ly*, mesure d'arpentage, est de 180 toises ou de 1,800 pieds, *mesure* d'arpentage, qui répondent à $295\frac{11}{40}$ toises, ou à $1,771\frac{11}{20}$ pieds, *mesure* de France. La *toise* de la *Chine* est donc longue de 1,417 lignes de pied de roi, & le *pied*, mesure d'arpentage, de $141\frac{7}{10}$ lignes. Or, $193\frac{2}{5}$ *ly* de la *Chine* font un dégré de l'équateur.

CHYPRE. Le *medimne*, mesure de bled, répond à $2\frac{2}{5}$ schepels, *mesure* d'Amsterdam : or, le last d'Amsterdam contient 40 medimnes de *Chypre*.

Deux autres *mesures* sont en usage dans le commerce de bled de cette isle. L'une, appellée *moose*, pèse 40 okes de froment. L'autre, nommée *coffino*, dont les 100 répondent à 73 schepels, *mesure* d'Amsterdam.

L'huile se vend par rotoles en $2\frac{1}{2}$ okes, ou 1,000 drachmes.

Le *cuff* est la *mesure* ordinaire de vin.

L'aune, *pik*, de *Chypre*, contient $297\frac{7}{10}$ lignes de France.

100 Piks de *Chypre* font $97\frac{1}{4}$ aunes d'Amsterd.

CLEVES. Le *last*, mesure de bled, est composé de 15 malters, ou de 60 scheffels.

Le *scheffel* se divise en 4 viertels, 48 *kanne*, ou pots.

Le last d'Amsterdam contient 65 scheffels de *Cleves*.

Le pied de *Cleves* est long de 131 lignes du pied de roi de France.

100 Pieds de *Cleves* font environ 104 pieds d'Amsterdam, & 100 pieds d'Amsterdam, $96\frac{1}{5}$ pieds de *Cleves*.

COBLENTZ. Les *mesures*, comme à Cologne.

COLOGNE. Le *last*, mesure de bled, est composé de 20 *malters*, ou 480 *fass*.

Le last d'Amsterdam répond à 18 malters de *Cologne*.

L'*ohm* de vin contient 26 *viertels*, 104 *maas*, ou 416 *pintges*.

Le tonneau est compté pour 160 viertels, ou 640 maas.

100 Maas de *Cologne* font $125\frac{5}{6}$ mingles d'Amsterdam.

Il y a à *Cologne* deux aunes différentes l'une de l'autre. La grande aune, *grosse-Elle*, est de 308 lignes de France de long, & la petite aune, *kleine-Elle*, de $254\frac{1}{2}$ lignes.

19 Grandes aunes en font 23 petites : au reste, 100 grandes aunes de *Cologne* font $100\frac{2}{3}$ aunes d'Amsterdam, & 100 petites aunes, $83\frac{1}{6}$ dites.

CONSTANTINOPLE. *Voyez* TURQUIE.

COPENHAGUE. Le last, *mesure* de bled, est composé de 12 *tænde*, de 96 *skeppels*, ou de 384 *færtels* : 21 tænde, ou barils, font 1 last d'Amsterdam.

Le *stükfat*, mesure pour les liquides, est de $7\frac{1}{2}$ *ahms*, ou de $1,162\frac{1}{2}$ *potten*.

Le *fuder*, ou tonneau, a 2 pipes, 4 *oxhofts*, ou bariques, ou 6 ahms.

L'ahm se divise de la manière suivante, sçavoir :

Ahm.	*Anker.*	*Stubgens.*	*Kanne.*	*Potte.*	*Pœle*
1	4	40	$77\frac{1}{2}$	155	620
	1	10	$19\frac{3}{8}$	$38\frac{3}{4}$	155
		1	$1\frac{15}{16}$	$3\frac{7}{8}$	$15\frac{1}{2}$
			1	2	8
				1	4

100 Pots de Danemarck font $81\frac{1}{6}$ mingles d'Amsterdam, & 100 mingles d'Amsterdam $123\frac{1}{5}$ pots de Danemarck.

Le baril de bière, *œl-tænder*, contient 136 pots.

Le last d'huile, de beurre, de harengs & autres articles gras, est composé de 12 barils à bière, dont chacun doit contenir 14 L℔, ou 224 l. pesant net, de farine, de beurre, d'huile de poisson, de suif, de savon, de viande salée, &c.

Le baril de goudron, *tær-tænder*, de Norvège, *mesure*, 120 pots de Danemarck.

Le baril, ou *tænder*, se divise en 4 *fiærde*, ou en 8 *skipps*.

La *mille*, ou lieue Danoise, mesure 12,000 aunes Danoises.

La *ruthe*, ou perche, est de 5 aunes, ou de 10 pieds de longueur.

Le *faun*, ou la toise, est de 6 pieds.

L'aune, *allen*, est de 2 pieds Danois, ou de $278\frac{13}{16}$ lignes de France.

100 Aunes de Danemarck font 91 aunes d'Amsterdam, & 100 aunes d'Amsterdam font 110 aunes de Danemarck.

100 Pieds Danois font $110\frac{5}{12}$ pieds d'Amsterdam, & 100 pieds d'Amsterdam font $90\frac{1}{2}$ pieds Danois.

Le last de sel d'Espagne & celui de charbon de pierre, sont composés de 18 barils, dont chacun contient 176 pots.

Le last de sel de France, & celui de chaux, ont 8 barils, chacun de 144 pots.

L'*oll*, est compté en Danemarck pour 80 pièces, le *skok* pour 60, le *timmer* pour 40, le *snese* pour 20, & le *deker* pour 10 pièces.

COROMANDEL. La *garza*, la *mercale* & l'*olke*, sont des *mesures* pour le ris & autres denrées de *Coromandel*, mais la différence qui se trouve parmi les *mesures* de ces mêmes noms dans les divers lieux de cette côte, rend cet objet inexplicable ; nous nous bornons donc à observer seulement que la *garza* de Pondicheri, contient 600 mercales ou mercois,

mercois, & que la mercale de froment pèse environ 24 l.; poids de France.

CORSE. Le *stajo*, mesure de bled, contient 2 *mezini*, ou 12 *bazini*.

Le last d'Amsterdam répond à 29½ staji de *Corse*.

Le *baril*, mesure de vin, contient 2 *somes*, 12 *zucches*, 108 *pintés*, ou 432 *quarts*.

CRÉMONE. *Voyez* MILAN.

CURAÇAU. La vara d'Espagne est en usage dans cette isle, où l'on compte 100 aunes d'Amsterdam pour 81 varas.

DAMAS. L'aune, *pik de Damas*, a 258 lignes de France, ou 100 *piks* de *Damas*, font 84¼ aunes d'Amsterdam.

DANTZICK. Le grand *last*, ou last à Drèche, de la ville de *Dantzick*, contient 1¼ last ordinaire, soit de froment, soit de seigle, ou 90 scheffels.

Le *sak-last*, en usage chez les boulangers, mesure 1½ last, ou 80 scheffels.

Le last ordinaire, *mesure* de bled, est composé de 3¼ malters, de 60 scheffels, de 240 viertels, ou de 960 metze.

Le *malter*, de 16 scheffels, le *scheffel*, de 4 viertels, & le *viertel*, de 4 *metze*.

Le last de *Dantzick* est égal en contenance à celui d'Amsterdam.

36 Sacs d'Amsterdam font par conséquent 60 scheffels de *Dantzick*.

Le last de vin, de Dantzick, se compose de 2 tonneaux, ou de 8 bariques, & il contient au surplus les mesures suivantes, sçavoir:

Last.	Fass ou Fuder.	Oxhoft.	Ahm.	Anker ou Ancres.	Viertels.	Stofs.
1		8	12	48	240	1,320
	1	4	6	24	120	660
		1	1½	6	30	165
			1	4	20	110
				1	5	27½
					1	5½

Le *stof*, mesure de vin, jauge 86¼ pouces cubes de France, & il peut contenir 3 l., 30⅝ loths, poids de *Dantzick*, d'eau de fontaine.

100 Stofs, *mesure* de vin de Dantzick, font 144⅙ mingles d'Amsterdam.

Le last, *mesure* de bière, est composé de 6 *fass*, de 12 barils, ou *tonnes*, de 1,080 *stofs*, ou de 4,320 *quartières*.

Le *stof*, mesure de bière, jauge 116 pouces cubes de France: il peut contenir 5 l., 8 loths, 7 d. d'eau de fontaine.

Il y a encore un troisième *stof*, mesure à lait, qui jauge 84 pouces cubes de France, & qui contient 3 l., 29¼ loths d'eau de fontaine.

Le *hube*, mesure d'arpentage, a 30 morgens, ou 9,000 ruthes quarrées.

La *hacken* de Pologne répond à 20 morgens, ou à 6,000 ruthes quarrées.

Le *morgen* est de 300 ruthes quarrées, & le *seil* de 10 ruthes.

La *ruthe*, a 7½ aunes; la toise, ou *faden*, en a 3; l'aune 2 pieds.

Le pied, *fuss*, dont le modèle principal, déposé dans la maison-de-ville de *Dantzick*, mesure 127½ lignes de France, est exactement la moitié de l'aune.

100 Aunes, ou *Elles* de *Dantzick*, répondent à 83¼ aunes d'Amsterdam, & 100 aunes d'Amsterdam, à 120¼ aunes de *Dantzik*.

100 Pieds de *Dantzick* font 101½ pieds d'Amsterdam, & 100 pieds d'Amsterdam, font 98½ pieds de *Dantzick*.

Le cent de sel de France, rend d'ordinaire à *Dantzick* 11½ à 12 lasts.

Le cent, *honderd*, d'Amsterdam, y *mesure* seulement 7 lasts.

Le last de France, d'Espagne, de Portugal & d'Ecosse, est composé de 18 barils, ou *tonnes*, s'il est chargé dans un navire en grenier; ou seulement de 16 tonnes, s'il est empaqueté en barils.

Le last de sel de Lunebourg n'est compté que pour 12 barils.

Le last de harengs, de miel, de poix, de goudron, & d'autres articles semblables, se compose aussi de 12 barils.

Le grand cent, *grosse hundert*, se compose de 48 *schock*, ou de 2,880 pièces, & le petit cent, *kleine hondert*, de 120 pièces, le *ring*, de 240, le *schock*, de 60; le *zimmer*, de 40, le *mandel*, de 15, & enfin le *decher*, de 10 pièces.

DUBLIN. Les *mesures* d'Angleterre sont d'un usage universel en Irlande, & l'on peut consulter à cet égard l'article de *Londres*.

DUNKERQUE. Le bled se mesure par *razières*, qui sont de deux sortes, l'une appellée *razière de mer*, & l'autre *razière de terre*; celle-là est plus grande que celle-ci, dans la proportion de 9 à 8.

Le last d'Amsterdam contient 18 razières de mer, & 20½ razières de terre de *Dunkerque*.

Le *moyo*, ou muid de sel de Portugal, rend depuis 3¾ jusqu'à 4 razières de mer à *Dunkerque*.

170 Razières de mer font un cent de 28 muids de sel de la Rochelle.

Le tonneau de sel de Saint-Malo, *mesure* aussi 8 razières de mer.

Le *keel*, de 8 chaldrons de charbon de terre de

R

Newcaftel, rend enfin, à *Dunkerque*, environ 96 razières de mer.

Le vin & l'eau-de-vie, fe mefurent par *pots*, ou *lots*, dont 100 répondent à 190 mingles d'Amfterdam.

L'huile fe vend pareillement par pots dont le poids eft 4 $\frac{1}{6}$ l. d'Amfterdam.

La pipe d'huile de Séville rend à *Dunkerque* 192 pots.

L'aune a 299 $\frac{4}{3}$ lignes de France; ainfi, 100 aunes de *Dunkerque* font 98 aunes d'Amfterdam, & 100 aunes d'Amfterdam font 102 aunes de *Dunkerque*.

ÉCOSSE. La *mefure* de grains, nommée *firlot*, eft de deux efpèces. Suivant un acte du parlement d'*Écoffe* du 19 février 1618, pour fixer le contenu des poids & *mefures* du royaume, le firlot de froment doit avoir la capacité de 21 $\frac{1}{4}$ pintes d'*Écoffe*, & le firlot d'orge de 31 pintes. Ainfi le firlot de froment *mefure* 2,197 $\frac{4}{7}$ pouces cubes d'Angleterre, qui font 1,817 pouces cubes de France; & le firlot d'orge, 3,205 $\frac{1}{2}$ pouces cubes d'Angleterre, qui font 2,851 pouces cubes de France; 85 firlots d'orge font égaux à 124 firlots de froment.

112 Firlots de froment d'*Écoffe*, font 113 bufchels d'Angleterre; & 36 firlots d'orge, en font 53.

Le laft d'Amfterdam, contient 81 firlots de froment & 55 $\frac{1}{2}$ firlots d'orge, d'*Écoffe*.

La pinte, *mefure* pour les liquides, contient, fuivant M. Sterling, 103 $\frac{404}{1000}$ pouces cubes d'Angleterre, qui font environ 85 $\frac{1}{2}$ pouces cubes de France, & l'eau de rivière qu'elle peut contenir, pèfe 26,180 grains, poids de troyes d'Angleterre; or 31 pintes d'*Écoffe* font 91 pintes à bière d'Angleterre, & 12 pintes dites, 43 pintes à vin d'Angleterre; & 100 pintes d'*Écoffe* répondent à 142 $\frac{1}{2}$ mingles d'Amfterdam.

L'aune d'*Écoffe*, mefure fur le modèle original qui exifte à Edimbourg, eft longue de 37 $\frac{1}{2}$ pouces d'Angleterre, qui font 419 lignes de pied de France; ainfi,

30 Aunes d'*Écoffe* font 31 yards d'Angleterre, & 19 aunes d'Angleterre 23 aunes d'*Écoffe*.

100 Aunes d'*Écoffe* répondent à 137 aunes d'Amfterdam, & 100 aunes d'Amfterdam à 73 aunes d'*Écoffe*.

Le pied d'*Écoffe* eft long de 12 $\frac{1}{4}$ pouces d'Angleterre, qui font 135 $\frac{9}{10}$ lignes de France; or,

180 Pieds d'*Écoffe* font 181 pieds d'Angleterre. 100 Pieds d'*Écoffe* font 107 $\frac{5}{16}$ pieds d'Amfterdam, & 100 pieds d'Amfterdam font enfin 92 $\frac{3}{4}$ pieds d'*Écoffe*.

Le mille d'*Écoffe* mefure 59,522 pieds Anglois, ou 5,586 pieds de France, & fuivant les obfervations de MM. Maupertuis & Bouguers, un degré eft compofé de 61 $\frac{14}{17}$ milles d'*Écoffe*; autrement, 101 milles géographiques font environ 413 milles d'*Écoffe*, & 118 milles d'*Écoffe* font 133 milles d'Angleterre.

L'acre de terre contient 55,353 $\frac{6}{19}$ pieds quarrés Anglois, ou 48,759 pieds quarrés de France.

84 Acres d'*Écoffe* répondent à 107 acres d'Angleterre, & 100 acres d'*Écoffe* à 63 $\frac{1}{3}$ morgens de Hollande.

ELSENEUR. Voici le rapport des *mefures* de divers pays, avec celles en ufage à *Elfeneur*, telles qu'on les y compte pour la perception des droits du Sund, le laft de cette ville étant réputé égal à celui de Hollande.

3 Lafts de bled de Colberg, Rügenwaldé, Stolpe, Trepraw, Stralfund, & Wolgaft, ports de la mer baltique, y font comptés pour 4 lafts.

4 Lafts de Gripfwaldé, Wifmar, Anclam & Femeren, pour 5 lafts.

5 Lafts de Heiligenhaven & Roftock pour 6 lafts.

6 Lafts de Palwalitz, Stettin, Warnemunde & Swinemünde, pour 7 lafts.

7 Lafts d'Aufwicht, Lübeck, Setmerbos & Simerbos, pour 8 lafts.

16 Czetwers de Ruffie, ou 14 bolls d'Angleterre, pour 1 laft.

Le cent de 28 muids de fel, de St. Martin, Rochefort, la Rochelle & l'ifle de Rhé, en France, pour 13 lafts.

Le même cent de Charante, Bordeaux, Saudres, Brouage, Oleron, Olone, Tremblade & Marennes, pour 12 lafts.

Le cent de 10 charges de Honfleur, Croific, Nantes, Breft, St. Nazaire, Noirmoutier, Ouefant, Rouen, Treguier & St. Malo, pour 13 lafts.

13 Razières de Dunkerque, pour 1 laft; & 10 muids du Havre, pour 12 lafts.

7 Moyos de Cadix, St. Lucar, Lifbonne & Setubal, pour 12 lafts.

2 Moyos d'Ivica, la Mata & Alicante, & 10 falmes de Cagliari & Trapani pour un 1 lafts.

200 Sardes d'Aurea en Sardaigne, pour 5 lafts.

28 Moyos, ou 400 maaten de Hollande, pour 7 lafts. Enfin,

1 Chalder, 1 $\frac{1}{2}$ folder, 2 weighs, 2 tons, 14 buiffons, 16 rofwert, 21 bolls, ou 80 buchels d'Angleterre, pour 1 laft.

Le tonneau de vin de France eft compté à *Elfeneur*, pour 4 bariques, ou 24 ancres.

La pipe de vin d'Efpagne & de Portugal, pour 2 bariques, 3 ahms, ou 12 ancres.

30 Arrobes d'Efpagne, ou 25 almudes de Portugal, pour 1 pipe ordinaire.

30 Arrobes ou 48 cruches d'huile, pour 1 bote ordinaire.

Le poinçon de France, pour 1 $\frac{1}{2}$ barrique, 2 ahms, ou 9 ancres.

La pièce, ou barique d'eau-de-vie, pour 6 ancres, ou veltes, ou fyrtels.

Le tierçon, ou ahm, pour 4 acres, ou 20 fyrtels.

L'ancre, pour 5 veltes, ou 40 pots Danois.

Au refte, le grand cent répond à 120 pièces.

Le skok se compte pour 60 pièces, le zimmer pour 40; le snés pour 20, le worf pour 15, le decker pour 10.

80 Talls de bordages de Lubeck sont compris pour 17,220 pièces.

La balle de canevas, pour 10 pièces, & la balle de papier pour 10 rames.

Les autres *mesures* d'*Elseneur*, sont les mêmes qu'à Copenhague.

Embden. Les bleds se mesurent par barils, ou *tonnes*; le baril contenant 4 *werps*, ou 8 *scheffels*, ou *scheppels*, & le scheffel 18 *kruesses*.

15 Barils, ou 60 werps, ou 120 scheppels, composent le last d'*Embden*.

Les lasts des autres villes de la Frise se composent d'un plus petit nombre de *mesures*, qui portent les mêmes noms, sçavoir:

Le last de Friedebourg est de 13 barils, le baril de 4 werps, & le werp de 43 kruesses.

Le last de Berum, Dornum & Norden, de 14 barils à 4 werps, & le werps de 42 kruesses.

Le last de Wittmünde, de 14 barils, le baril de 4 werps, & le werp de 44 kruesses.

Le last d'*Embden* est en usage, sans la moindre différence dans ses parties, à Greetzyhl, Leer, & Stickhausen.

Le last d'Amsterdam contient $15\frac{1}{4}$ barils d'*Embden*.

100 Scheffels, ou scheppels d'*Embden*, répondent à $88\frac{1}{2}$ scheppels d'Amsterdam.

L'aune, *Elle*, d'*Embden*, mesure $297\frac{1}{5}$ lignes de France; or, 33 aunes d'*Embden* font 32 aunes de Brabant, & nous trouvons que 100 aunes d'*Embden* répondent à $97\frac{1}{5}$ aunes d'Amsterdam, & 100 aunes d'Amsterdam à $102\frac{7}{8}$ aunes d'*Embden*.

La compagnie des Indes se sert toujours de l'aune de Brabant.

Le pied d'*Embden* mesure $131\frac{3}{10}$ lignes de France; ainsi,

100 Pieds d'*Embden* font $104\frac{1}{6}$ pieds d'Amsterdam, & 100 pieds d'Amsterdam font 96 pieds d'*Embden*.

Erfort. Le *malter*, mesure de bled, contient 4 viertels, 12 scheffels, ou 48 metzen.

Le *viertel*, contient 3 scheffels, le *scheffel* 4 metzen, & le *metzen* 4 *mægen*.

Le last d'Amsterdam *mesure* $4\frac{1}{3}$ malters d'*Erfort*, & 100 scheffels d'*Erfort* font $208\frac{1}{4}$ scheppels d'Amsterdam.

La grande aune, *grosse Elle*, d'*Erfort*, mesure $243\frac{7}{10}$ lignes de France.

La petite aune, *kleine Elle*, n'en mesure que 179, & le pied $125\frac{1}{10}$: or, 100 grandes aunes d'*Erfort* font $79\frac{2}{3}$ aunes d'Amsterdam, & 100 petites aunes font $58\frac{1}{2}$ dites.

100 Pieds d'*Erfort* font enfin $99\frac{1}{4}$ pieds d'Amsterdam.

Espagne. Le *cahiz*, mesure de bled, contient 12 *fanegas*, 48 *quartillas*, ou 144 *celemines*.

Le last d'Amsterdam ne devroit répondre qu'à $4\frac{1}{4}$ cahizes, ou à 51 *fanegas*; mais il y a des ports en *Espagne*, où il rend depuis 52 jusqu'à 55 fanegas castellanas, soit que les *mesures* respectives soient véritablement différentes, ou plutôt qu'il y ait diverses manières de s'en servir.

Le *moyo*, mesure de vin, contient 16 cantaras, ou 128 azumbres.

La *cantara*, ou *arroba*, contient 8 *azumbres*, 32 *quartillos*, ou 34 l. poids de Castille d'eau reposée du *Tage*, prise sous les murs de *Tolede*.

L'arroba, *mesure* d'huile, contient 25 l. poids de Castille de ce liquide: on la divise en $\frac{1}{2}$ & en $\frac{1}{4}$ d'arroba, en livres de 16 onces, en $\frac{1}{2}$ livre & en $\frac{1}{4}$ de livre nommé *quarteron*, ou *panilla*.

Quoique l'arroba & ses dérivés, soient plûtot des poids que des *mesures*, on peut les considérer sous ces deux rapports, attendu qu'il y a effectivement des vases dont les contenances respectives d'huile répondent aux poids dont ils portent les noms.

100 Steckans d'Amsterdam font 120 arrobes, *mesure* de vin, ou 155 arrobes, *mesure* d'huile: au reste, on nomme autrement ces deux arrobes, l'une *arroba mayor*, l'autre *arroba menor*.

La lieue ordinaire d'*Espagne*, nommée *legua legal*, est de 5,000 pas, ou de 25,000 pieds de long, qui font $8,333\frac{1}{3}$ varas de Castille.

La lieue particulière des provinces, ou *legua comun*, est, suivant la *mesure* la plus généralement adoptée, de 800 cuerdas, ou 6,600 varas.

La *cavalleria*, mesure d'arpentage, est un terrein pour semer 60 fanegas de bled.

La *yugada* est un autre terrein pour semer 50 fanegas.

La *fanegada de bled* est ordinairement regardée comme un terrein ayant $91\frac{2}{3}$ varas de long & $73\frac{1}{3}$ varas de large, & mesurant en tout 500 estadales quarrés: mais il faut un terrein de 600 estadales quarrés pour semer une fanega de froment, & seulement de 400 estadales quarrés pour une d'orge.

L'*arançada*, mesure pour les vignes, comprend un terrein ayant $73\frac{1}{3}$ varas de long & autant de large, & mesurant 400 estadales quarrés.

La *cuerda* est une *mesure* de 33 grandes palmes de long, ou $8\frac{1}{4}$ varas.

L'*estadal* est une perche de 11 pieds seulement de long.

La toiſe d'*Eſpagne* nommée *eſtado*, autrement *braza* ou *toëſa*, ſe diviſe comme ſuit :

Eſtado. ou *Toiſe.*	*Paſos.* ou *Pas.*	*Varas.* ou *Aunes.*	*Codos.* ou *Coudées.*	*Pies.* ou *Pieds.*	*Palmos mayores.* ou *Grands Palmes.*	*Palmos menores.* ou *Petits Palmes.*	*Pulgadas.* ou *Pouces.*	*Dedos.* ou *Doigts.*	*Lineas.* ou *Lignes.*
1	$1\frac{1}{5}$	2	4	6	8	24	72	96	1,152
	1	$1\frac{2}{3}$	$3\frac{1}{3}$	5	$6\frac{2}{3}$	20	60	80	960
		1	2	3	4	12	36	48	576
			1	$1\frac{1}{2}$	2	6	18	24	288
				1	$1\frac{1}{3}$	4	12	16	192
					1	3	9	12	144
						1	3	4	48
							1	$1\frac{1}{3}$	16
								1	12

Cependant le *codo de Rivera*, dont on ſe ſert dans les arſenaux du roi d'*Eſpagne*, ſe diviſe en 8 *palmos de Ribera*, ou en 24 pouces du pied de Burgos.

La vara répond à $375\frac{9}{10}$ lignes de France ; le pied de Burgos en contient $125\frac{3}{10}$.

100 Varas de Caſtille font $122\frac{5}{6}$ aunes d'Amſterdam, & 100 aunes d'Amſterdam, font $81\frac{2}{5}$ varas de Caſtille.

100 Pieds de Burgos, font $99\frac{4}{9}$ pieds d'Amſterdam, & 100 pieds d'Amſterdam, font $100\frac{1}{5}$ pieds de Burgos, ou d'*Eſpagne*.

Comme dans quelques provinces d'*Eſpagne*, on ſe ſert de *meſures* différentes de celles dont nous avons fait mention dans cet article, l'on trouvera ces objets détaillés dans les articles des noms ſuivants, *Alicante*, *Aragon*, *Barcelonne*, *Bilbao*, *Cadix*, *Galice*, *Madrid*, *Malaga*, *Mallorque*, *Navarre*, *Oviedo*, *Séville*, & *Valence*.

États-Unis de l'Amérique. On ſe ſert dans toute l'Amérique ſeptentrionale des *meſures* d'Angleterre. Nous renvoyons donc pour cet objet à l'article de Londres.

Florence. Le *moggio*, meſure de bled, contient 8 *ſacchi*, ou 24 ſtaja de 50 liv. de ſeigle chacune.

Le laſt d'Amſterdam contient environ $123\frac{1}{4}$ ſtaja.

Le *ſtajo* de ſel eſt du poids de 72 l. de *Florence*.

Le *cogno*, meſure de vin, a 10 *barili* ; 20 *fiaſchi* ; 400 *boccali*, ou 1,600 *quartuci*, contenant 20 fiaſchi, répond à $33\frac{1}{3}$ mingles d'Amſterdam.

L'*orcio*, ou baril d'huile, contenant 32 boccali, ou *metadeli*, pèſe environ 60 l., poids de commerce d'Amſterdam.

Il y a à *Florence* deux *cannes*, dont l'une, qui ſert pour les étoffes de ſoie, meſure 1,032 lignes ; l'autre, qui eſt pour les étoffes de laine, eſt plus longue, ayant $1{,}047\frac{2}{5}$ deſdites lignes de France. Chaque canne ſe diviſe, au reſte, en 4 braſſes ou *bracci*, & en 8 *palmi* : or,

100 Cannes, 400 bracci, ou 800 palmi à ſoie, font $337\frac{3}{4}$ aunes d'Amſterdam, & 100 cannes, 400 bracci, ou 800 palmi à laine, font $342\frac{1}{4}$ dites.

La braſſe, *braccio*, meſure d'architecture, eſt de 243 lignes de France : ainſi,

100 Braſſes pour les architectes font environ 193 pieds d'Amſterdam.

La *ſoccata*, meſure d'arpentage, a 10 ſtajola, ou 660 pertiche.

Le *ſtajolo* eſt de 66 pertiche, & le *pertiche*, ou perche, de 5 braſſes.

France. Comme dans pluſieurs provinces de *France*, l'on ſe ſert de *meſures* différentes, à tous égards, les unes des autres, elles ſe trouvent rapportées dans les articles des villes ſuivantes, ſçavoir : *Bayonne*, *Bordeaux*, *Lille*, *Lyon*, *Marſeille*, *Montpellier*, *Nancy*, *Nantes*, *Paris*, la *Rochelle*, *Rouen*, *Saint-Malo*, *Straſbourg* & *Toulon*.

La *lieue* ordinaire de *France* eſt longue de 2,280 toiſes ; mais la petite lieue eſt ſeulement de 2,000 toiſes.

L'*arpent* de terre meſure 900 toiſes quarrées, dont chacune eſt de 36 pieds, ou 144 pouces quarrés.

La *toiſe* eſt une *meſure* qui a 6 pieds, 72 pouces, ou 864 lignes de longueur.

Le *pied*, mieux connu ſous le nom de *pied de roi*, ſe diviſe en 12 pouces ; le *pouce* en 12 lignes & la *ligne* en 10 *points* : le pied a donc 144 lignes, ou 1,440 points ;

100 Pieds de *France* font $114\frac{1}{4}$ pieds d'Amſterdam, & 100 pieds d'Amſterdam, font $87\frac{1}{4}$ pieds de *France*.

Francfort-sur-Meyn. Le *malter*, ou l'*achtel*, meſure de bled, ſe diviſe en 4 *ſimmers*, 8 *metzes*, 16 *ſechters*, ou 64 *geſcheids*.

Le laſt d'Amſterdam répond à 27 malters de *Francfort*.

La pièce, *ſtük*, de vin, contient $1\frac{1}{4}$ *fuder*, ou tonneau, $7\frac{1}{2}$ *ohms*, 150 *viertels*, 600 *maas*, ou 2400 *ſchoppen*.

100 Maas de *Francfort* font 155 mingles d'Amſterdam.

L'aune ordinaire, *Elle*, de *Francfort*, meſure $239\frac{1}{5}$ lignes de France

L'aune de Paris ſert auſſi pour meſurer les marchandises de France ; & celle de Brabant sert pour les étoffes & toiles de Hollande.

5 Aunes de Paris font 11 aunes de *Francfort*, & 32 aunes de Brabant 41 aunes dites.

100 Aunes de *Francfort* font 78 $\frac{1}{6}$ aunes d'Amsterdam, & 100 aunes d'Amsterdam, font 128 aunes de *Francfort*.

Le pied de cette ville est exactement égal à celui de Hambourg; or,

100 pieds de *Francfort*, font 100 $\frac{5}{6}$ pieds d'Amsterdam, & 100 pieds d'Amsterdam, font 99 $\frac{1}{5}$ pieds de *Francfort*.

FRANCFORT SUR L'ODER. *Voyez* BERLIN.

GALICE. La *fanega*, mesure de bled, contient 4 ferrados : le *ferrado* de froment pèse environ 28 liv., poids de Castille, & le last de froment d'Amsterdam rend au Ferrol environ 164 ferrados, *mesure* de Neda; 100 ferrados de Neda en font 112 de la Corogne.

Le *moyo*, mesure de vin, contient 4 *canados*, 16 *ollas*, 68 *azumbres*, ou 272. *quartillos*, chacun de ceux-ci contenant 20 onces de vin.

La *cantara* de vin, ou *arroba* de Castille, contient environ 32 $\frac{1}{4}$ l. poids de Castille : or,

100 Azumbres de *Galice*, font 206 $\frac{5}{6}$ mingles d'Amsterdam.

On se sert en *Galice* de la vara de Castille. *Voy.* l'article d'ESPAGNE.

Au reste, il est presque impossible de donner un plus grand détail touchant les *mesures* de *Galice*, attendu que celles pour le bled, ainsi que celles pour les matières liquides, sont différentes dans chaque district, & même dans chaque ville de cette province. Nous nous sommes donc bornés à parler ici des principales de ces *mesures*, qui sont le plus généralement reconnues dans la province.

GALLIPOLI. La *salma*, mesure d'huile, contient 100 *staja*, ou 320 *pignatti*.

La pipe d'huile contient 2 $\frac{4}{5}$ salmi, & elle pèse environ 800 l., poids de commerce d'Amsterdam.

Le last pour les affrettemens est de 11 salmes.

GENES. La *mina*, mesure de bled, a 8 *quartes*, ou 96 *gombettes*.

Le last d'Amsterdam contient 25 mines de *Gènes*.

Le *mondino* de sel est égal à 8 mines de bled.

La *mezzarola*, mesure de vin, a 2 barrili, ou 100 pintes, & 100 pintes de *Gènes* sont égales à 147 mingles d'Amsterdam.

Le *barile*, mesure d'huile, se divise en 2 *mezzi barili* ; ce baril d'huile pèse net, environ 120 l. d'Amsterdam.

Les marchands se servent à *Gènes* de trois cannes & d'une brasse différentes l'une de l'autre, sçavoir.

1°. La *canna grossa*, ou grande canne, sert à mesurer certains draps & certaines toiles de Toscane & de Flandre. Elle est longue de 1,168 $\frac{1}{5}$ lignes de France, & se divise en 10 $\frac{1}{2}$ palmi.

2°. La *canna piccola*, ou petite canne, dont on mesure la plupart des étoffes & des draps de laine, n'est que de 9 palmi, ou de 1,001 $\frac{7}{10}$ lignes de France.

3°. La canne pour les toileries est destinée seulement à l'usage des toiles : elle mesure 10 palmi, ou 1,113 lignes de France.

4°. La brasse, ou *braccio*, est de 2 $\frac{1}{3}$ palmes, ou de 259 $\frac{7}{10}$ lignes de France.

100 Cannes grandes font	381 $\frac{9}{10}$	Aunes d'Amsterd.
100 Cannes petites . .	327 $\frac{1}{3}$	
100 Cannes à toiles . .	363 $\frac{2}{3}$	
100 Brasses	84 $\frac{7}{8}$	

Le palme de *Gènes* ne mesure que 111 $\frac{8}{10}$ lignes de France.

100 Palmi répondent à 88 $\frac{1}{3}$ pieds d'Amsterdam, & 100 pieds d'Amsterdam à 113 palmi de *Gènes*.

GENÈVE. La *coupe*, mesure de grains, contient 110 l., poids fort de froment.

Le last d'Amsterdam contient 37 $\frac{1}{2}$ coupes de *Genève*.

Le *char*, mesure de vin, contient 12 setiers, ou 576 pots.

Le *setier* se divise en 24 *quarterons*, ou en 48 *pots*.

100 Pots de *Genève*, font 80 mingles d'Amsterdam.

L'aune de France de 527 $\frac{1}{2}$ lignes du pied de roi, est en usage à *Genève* pour les étoffes de toute espèce, particulièrement pour les toiles en gros.

L'aune de *Genève*, mesurant 507 lignes de France, est destinée pour les toiles en détail.

100 Aunes de France, en font 104 de *Genève*, ou 172 $\frac{3}{8}$ d'Amsterdam.

100 Aunes de Genève répondent à 96 $\frac{1}{8}$ aunes de France, ou 165 $\frac{2}{3}$ d'Amsterdam.

Le pied de *Genève* est de 216 $\frac{3}{10}$ lignes de France, de long.

100 Pieds de *Genève* font 171 $\frac{2}{3}$ pieds d'Amsterdam, & 100 pieds d'Amsterdam, 58 $\frac{1}{4}$ pieds de *Genève*.

L'*acre* de terre du pays de *Genève*, est de 40 toises de long & de 30 toises de large, la toise y est comptée pour 36 pieds quarrés de France.

GOA. C'est avec la *medida*, qu'on y mesure le bled, le ris & les autres denrées : néanmoins, le ris s'y vend par *fardos*, ou balles, du poids de 3 $\frac{1}{2}$ maunds.

L'aune appellée *vara*, ou *covado*, y est de même longueur que la vara ou covado de Portugal.

GOMRON. La *gueze*, ou aune *de Gomron*, dont 93 font 100 yards d'Angleterre, est de 436 lignes de France ; or, 100 guezes de *Gomron*, font environ 142 $\frac{1}{2}$ aunes d'Amsterdam.

GOTHEMBOURG. *Voyez* SUEDE.

HAMBOURG. Le *last*, mesure de froment, de seigle & de pois, contient 3 *wispels*, 30 *scheffels*, 60 *fass*, 120 *himtens*, ou 480 *spints*.

Le last d'orge & d'avoine n'a que 2 wispels, mais il est égal au last de froment.

Le *stock* d'orge, qui a 1½ last, contient les *mesures* suivantes, sçavoir ;

Stock.	Last.	Wispels.	Scheffels.	Fass.	Himtens.	Spints.	Grosse-Maas.	Kleine-Maas.
1	1½	3	30	90	180	720	2,880	5,760
	1	2	20	60	120	480	1,920	3,840
		1	10	30	60	240	960	1,920
			1	3	6	24	96	192
				1	2	8	32	64
					1	4	16	32
						1	4	8
							1	2

12 Lasts de Hambourg font 13 lasts d'Amsterdam.

Le *fuder*, ou tonneau de vin, se divise comme suit, sçavoir :

Fuder.	Ahms.	Ankers.	Eimers.	Viertels.	Stübgens.	Kannen.	Quartiers.	Oessels.
1	6	24	30	120	240	480	960	1,920
	1	4	5	20	40	80	160	320
		1	1¼	5	10	20	40	80
			1	4	8	16	32	64
				1	2	4	8	16
					1	2	4	8
						1	2	4
							1	2

100 Viertels ou veltes de *Hambourg*, en font 99¼ d'Amsterdam, & 160 stübgens de *Hambourg* répondent à 304⅘ mingles d'Amsterdam.

La barique, *oxhoft*, de vin de Bordeaux, rend 62 à 64 stübgens à *Hambourg*.

L'eau-de-vie s'y vend par la *mesure* de 30 viertels ou 60 stübgens.

La pipe d'huile contient net 820 l., poids de commerce de *Hambourg* de ce liquide.

La pièce d'huile de baleine est de 2 barils ou *tonnen*, dont un contient 32 stübgens, ou environ 234 l. pesant d'huile.

La *tonne* ou baril de bière, contient 48 stübgens ou 192 quartiers.

La *mille* ou lieue de *Hambourg* & d'Allemagne, est de 24000 pieds, mesure du Rhin, qui font 23188 pieds de France.

Le *morgen*, mesure d'arpentage, a 120 ruthes de long, sur 5 de largeur.

La *ruthe* a 8 aunes, le klafter en a 3, ou 6 pieds de *Hambourg*.

Le *faden*, ou toise de *Hambourg*, est de 80 pouces de hauteur, & d'autant de profondeur.

Le *mistberger-faden*, ou toise à fumier, a 6½ pieds de hauteur & 8 de profondeur. 5 Toises à fumier font donc 6 toises ordinaires de *Hambourg*.

L'aune, *Elle*, de Hambourg a 2 pieds, *fuss*, 4 quarts, ou 24 pouces ou *zollen*. L'aune contient 254 lignes de France, le pied en mesure 127. Or,

100 Aunes de *Hambourg* font 83 aunes d'Amsterdam, & 100 aunes d'Amsterdam, 120½ aunes de *Hambourg*.

100 Pieds de *Hambourg* font 100½ pieds d'Amsterdam, & 100 pieds d'Amsterdam, 99⅓ pieds de *Hambourg*.

Pour mesurer certaines marchandises, on se sert à *Hambourg* de l'aune de Brabant, dont les 5 font 6 aunes de *Hambourg*.

Le last de sel de Lunebourg, est compté pour 12 tonnes ou barils.

Le last de harengs, de goudron, d'huile de baleine, &c. est de 12 barils.

Le last de sel de France, d'Espagne & de Portugal, est de 18 barils.

Le cent de sel de France rend 11¼ à 11½ last à *Hambourg*.

Le grand millier s'y compte pour	1,200 piec.
Le petit millier,	1,000
Le ring,	240
La grosse,	144
Le grand cent,	120
Le petit cent	100

Le webe s'y compte pour	72 piec.
Le schock,	60
Le zimmer,	40
Le steige,	20
La douzaine,	12
Le decher,	10

HANOVRE. Le *last*, mesure de bled, contient 2 *wispels*, 16 *malters*, ou 96 *himtens* de Brunswick.

Le last d'Amsterdam, répond à 93⅞ himtens de Brunswick.

Le *fuder*, ou tonneau, *mesure* pour les liquides, contient les *mesures* suivantes, sçavoir :

Fuder.	*Oxhoft.*	*Ahms.*	*Eimers.*	*Ancres.*	*Stübgens.*	*Kanne ou Maajs.*	*Quartiers.*	*Nœssels.*
1	4	6	15	24	240	480	960	1,920
	1	$1\frac{1}{2}$	$3\frac{3}{4}$	6	60	120	240	480
		1	$2\frac{1}{2}$	4	40	80	160	320
			1	$1\frac{9}{15}$	16	32	64	128
				1	10	20	40	80
					1	2	4	8
						1	2	4
							1	2

100 Stübgens de *Hanovre*, font $326\frac{2}{3}$ mingles d'Amsterdam.

Le baril à miel, *honig-tonne*, contient $25\frac{1}{2}$ stübgens, & pèse 300 l.

La pièce de bière, *fass-bier*, a 104 stübgens, ou 208 kannes.

La *mille*, ou lieue de *Hanovre*, est de 2274 ruthes de Zelle, ce qui répond à 32594 pieds de France.

La *ruthe* a 16 pieds de long, ou 192 pouces.

Le *morgen*, mesure d'arpentage, contient 120 ruthes quarrées.

46 morgens de *Hanovre*, font 35 acres de France.

L'aune de *Hanovre*, *Elle*, est de $21\frac{1}{2}$ pouces, ou 258 lignes de France.

Le pied, dont 2 font l'aune de *Hanovre*, a 12 pouces, 96 parties, ou 144 lignes, qui font 129 lignes de France.

100 Aunes de *Hanovre* font $84\frac{5}{16}$ aunes d'Amsterdam, & 100 aunes d'Amsterdam, $118\frac{3}{5}$ aunes de *Hanovre*.

100 pieds de *Hanovre* font $102\frac{1}{3}$ pieds d'Amsterdam, & 100 pieds d'Amsterdam, $97\frac{2}{3}$ pieds de *Hanovre*.

HEIDELBERG. Le *malter*, mesure de bled, à 4 *simmers*, 8 *mestens*, 16 *sechters*, ou 64 *gescheids*.

Le last d'Amsterdam, mesure $28\frac{1}{3}$ malters de *Heidelberg*.

Le *fuder*, ou tonneau, contient 10 ahms, 120 viertels, ou 480 maas.

100 Maas de *Heidelberg*, font $193\frac{1}{3}$ mingles d'Amsterdam.

Le pied de *Heidelberg* est long de $123\frac{1}{2}$ lignes de France.

100 pieds de *Heidelberg* font 98 pieds d'Amsterdam, & 100 pieds d'Amsterdam, 102 pieds de *Heidelberg*.

L'aune y est de même longueur qu'à Munich.

HILDESHEIM. Le *fuder*, mesure de bled, contient $33\frac{1}{3}$ *malters*, 40 *scheffels*, ou 80 *himtens*.

Le last d'Amsterdam répond à $112\frac{1}{2}$ himtens de *Hildesheim*.

Le *fuder*, ou tonneau de vin, est de 4 bariques, 6 *ahms*, 120 *viertels*, 240 *stübgens*, 950 *quartiers*, ou 1920 *œssels*.

La barique d'huile de poisson, *oxhoft-tran*, contient 2 *tonnes* ou barils, 12 stechkanes, ou 192 mengels.

Le *morgen*, mesure d'arpentage, contient 120 ruthes quarrées.

La *ruthe* a 8 aunes, ou 16 pieds de longueur.

L'aune, *Elle*, a 2 pieds, & elle est de $248\frac{3}{10}$ lignes de France de long.

100 Aunes de *Hildesheim*, font $81\frac{1}{7}$ aunes d'Amsterdam, & 100 pieds de la même ville, font $98\frac{1}{2}$ pieds d'Amsterdam.

Le last ordinaire est de 12 barils ou tonnes.

Le last de sel d'Espagne, est composé de 18 barils.

HONGRIE. On trouvera dans l'article de *Vienne en Autriche*, ce qui manque au détail des *mesures* de ce royaume.

LA JAMAÏQUE. Les *mesures* pour les bleds, les matières liquides & les aunages, sont semblables à celles en usage à Londres.

LE JAPON. La *Managoga*, mesure de ris, est composée de 1000 lkmagogas.

L'*lkmagoga* est de 1000 lkgogas; & *l'lkgoga* de 100 gantas.

La *ganta* se divise en 3 cocas, la *coca* est la plus petite des *mesures*.

L'*inck*, ou le *tattamy*, est une aune de la longueur de $842\frac{1}{2}$ lignes de France.

100 inck, ou tattamys, font $275\frac{1}{3}$ aunes d'Amsterdam.

KONIGSBERG. Le *last*, mesure de bled, est composé de 24 barils ou *tonnen*, $56\frac{1}{2}$ *scheffels* nouveaux, 60 *scheffels vieux*, 240 *viertels*, ou 960 *metzens*.

Le last de *Konigsberg* est à peu près égal à celui d'Amsterdam.

Le last de sel d'Espagne & de France, est de 18 barils ou tonnes.

Le cent, *honderd*, de sel de Hollande, ne rend à *Konigsberg*, que $5\frac{1}{2}$ lasts, *mesure* de sel.

Les *mesures* pour les matières liquides, y sont les mêmes qu'à Dantzick.

Le stof en est seulement plus petit que dans cette dernière ville; car, 100 stofs à vin de Dantzick, font $119\frac{3}{5}$ stofs ordinaires de *Konigsberg*, & 100 stofs de *Konigsberg*, $120\frac{1}{2}$ mingles d'Amsterdam.

L'aune de Berlin est en usage à *Konigsberg*: elle est de $255\frac{3}{5}$ lignes.

L'aune de *Konigsberg* étoit de $254\frac{4}{5}$ lignes, & le pied de $136\frac{3}{5}$ lignes.

100 Aunes de Berlin, qui en font 116 de *Konigſberg*, répondent à 96 $\frac{2}{5}$ d'Amſterdam.

100 Pieds de Pruſſe, répondent à 108$\frac{1}{4}$ pieds d'Amſterdam.

LEIPSICK. Le *wiſpel* meſure de bled, a 2 *malters*, 24 *ſcheffels*, 96 *viertels*, 384 *metzen*, ou 1536 *mœſſgen*. Le ſcheffel a 64 mœſſgen.

Le laſt d'Amſterdam contient 21 ſcheffels de *Leipſick*, ou 27$\frac{6}{11}$ ſcheffels de Dresde; c'eſt du ſcheffel de Dreſde qu'on ſe ſert en Saxe. 16 ſcheffels de *Leipſick* en font 21 de Dresde.

Le *fuder* de vin contient 2$\frac{2}{3}$ *faſſ*, 5 *eimers*, 756 *kannen*, ou 1512 *nœſſels*.

Le *oxhoft*, ou barique de vin de Bordeaux, contient $\frac{2}{3}$ eimers de *Leipſick*, ou 3 eimers de Dresde.

L'*eimer* de *Leipſick* contient 63 kannen de *Leipſick*, ou 81 kannen de Dresde.

L'*eimer* de Dresde contient 72 kannen de Dresde, ou 56 kannen de *Leipſick*.

100 Mingles d'Amſterdam font 98$\frac{4}{5}$ kannen de *Leipſick*, ou 127$\frac{1}{8}$ kannen de Dresde.

Le *faſſ*, ou tonneau de bière de Dresde, contient 4 *tonnen*, ou barils, ou 420 kannen.

Le *faſſ*, ou tonneau de bière de *Leipſick*, contient 4 *tonnen*, ou barils, ou 300 hannen.

L'aune de Dresde, *Elle*, a 2 pieds 4 quarts, ou 24 pouces, ou 250$\frac{2}{10}$ lignes de France.

Le pied de Dresde, *fuſſ*, a 12 pouces, ou 120 parties, ou 125$\frac{5}{10}$ lignes dites.

L'aune de *Leipſick*, qui a 2 pieds, eſt de 250$\frac{6}{10}$ lignes, & le pied de 125$\frac{3}{10}$

100 Aunes d'Amſterdam en font 122$\frac{1}{9}$ de *Leipſick*, ou 121$\frac{2}{10}$ de Dresde.

100 Pieds dits, en font 100$\frac{11}{20}$ de *Leipſick*, ou 100$\frac{2}{5}$ de Dresde.

La *ruthe* de Saxe, meſure 15$\frac{1}{6}$ pieds de *Leipſick*, ou 1900$\frac{2}{5}$ lignes de France.

Le *klafter* a 3 aunes, ou 6 pieds; le *ſtab* eſt de 2 aunes ou 4 pieds.

Le *Schragen* de bois a 3 klafters de long, 1 klafter de profondeur, ou 27 aunes quarrées.

La *mille* de Saxe eſt, ſuivant les ordonnances de Saxe, de 2000 ruthes, chacune de 8 aunes de Dresde, qui font 32000 pieds de cette ville: elle répond à 27878 pieds de France.

L'acre, ou *aker*, meſure d'arpentage de Saxe, eſt de 300 ruthes quarrées.

LIEBAU. Le laſt de froment, de ſeigle, d'orge & de pois, a 48 loofs.

Le laſt d'avoine & de drèche, contient 60 loofs.

Le laſt d'Amſterdam meſure environ 46$\frac{3}{5}$ loofs de Courlande.

LIÉGE. Le laſt de *Liége* contient 96 *ſetiers*; mais il eſt tant ſoit peu plus petit que celui d'Amſterdam, qui contient environ 97$\frac{1}{2}$ ſetiers de *Liége*.

L'aune meſure 254$\frac{1}{2}$ lignes de France, & le pied 12$\frac{1}{2}$.

100 Aunes de *Liége*, font 79$\frac{9}{10}$ aunes d'Amſterdam, & 100 pieds dits, font 101$\frac{1}{5}$ pieds dits.

LILLE. La *meſure* pour les bleds eſt nommée *raziere*: il y en a deux, dont l'une ſert pour meſurer le froment & le ſeigle, & l'autre pour meſurer l'avoine & les féves; cette dernière s'appelle *raziere de mars*.

Le laſt de *Lille*, eſt composé de 38 razieres de froment, ou de 40 razieres d'avoine: le laſt d'Amſterdam contient 41$\frac{1}{20}$ des premières, ou 43$\frac{1}{5}$ des dernières.

L'eau-de-vie s'y vend par *lots*, ou pots.

La piéce de vin de Bourgogne contient 110 pots; la barique de vin de Bordeaux en meſure 105, & la pipe d'huile d'Eſpagne; d'Italie & de Provence, 206.

L'huile de lin, de choux & de navets, ſe vend par barils de 30 pots.

100 Pots ou lots de *Lille*, font 190 mingles d'Amſterdam.

L'aune y eſt 71 $\frac{3}{7}$ p$\frac{o}{o}$ plus courte, qu'à Paris.

100 Aunes de *Lille*, font 100$\frac{1}{2}$ aunes d'Amſterdam, & 100 aunes d'Amſterdam, 99$\frac{11}{12}$ aunes de *Lille*.

LISBONNE. Le *moyo*, meſure pour le bled & le ſel, ſe diviſe comme ſuit:

Moyo.	*Fanegas.*	*Alquieres.*	*Mejos.*	*Quartos.*	*Outavas ou Selemis.*	*Mequias.*
1	15	60	120	240	480	960
	1	4	8	16	32	64
		1	2	4	8	16
			1	2	4	8
				1	2	4
					1	2

Le laſt d'Amſterdam contient 218 alqueires de *Liſbonne*, 177$\frac{1}{4}$ dits de Porto, 180 dits de Viana, ou 243 $\frac{1}{2}$ dits, des iſles Açores.

La *tonelada*, ou tonneau de vin, a 2 *pipas* ou *botas*, 52 *almudes*, 104 *alquieres* ou *potes*, 625 *canhadas*, ou 2496 *quartillos*.

La *pipa* a 26 *almudes*, & le *baril*, ou tierçon, 18 almudes.

100 Almudes font 89$\frac{7}{12}$ ſtekannes d'Amſterdam, & 110 ſtekannes font 111$\frac{7}{11}$ almudes de Portugal.

La canhada n'eſt pas d'égale capacité dans tout le royaume, car celle de Porto eſt 30 p$\frac{o}{o}$ plus groſſe que celle de *Liſbonne*.

On ſe ſert de deux *meſures* d'aunage dans cette dernière ville.

La *vara*, qui eſt la plus longue, ayant 486 lignes

lignes de France, sert pour mesurer certaines toiles en écru : elle se divise en 5 *palmos menores*.

Le *covado* de *Lisbonne*, qui est une *mesure* plus courte que la vara, n'ayant que 300$\frac{1}{5}$ lignes de France, sert pour mesurer généralement toutes les marchandises. Le covado se divise en 3 *palmos craveiros*, dont chacun est de 100$\frac{1}{15}$ lignes de France.

On vend cependant quelques camelots d'Irlande, par *yards* d'Angleterre.

5 Varas font 6 yards d'Angleterre, & 20 yards font 27 covados de *Lisbonne*.

100 Varas font 158$\frac{5}{6}$ aunes d'Amsterdam, & 100 covados en font 98$\frac{1}{9}$.

Le pied de *Lisbonne* est la moitié d'un covado, n'ayant que 150$\frac{1}{10}$ lignes ; ainsi, 100 pieds de *Lisbonne*, font 119$\frac{1}{8}$ pieds d'Amsterdam ; cependant le *covado* de Porto n'est que de 294$\frac{2}{5}$ lignes de France ; ainsi, 100 covados de Porto, répondent à 96$\frac{1}{5}$ aunes d'Amsterdam.

Le last ordinaire de Portugal, lorsque l'on a freté un navire pour charger diverses marchandises pour l'étranger, est composé de 4 caisses de sucre, 4 pipes d'huile, 4000 l. de tabac, ou 3000 l. de sumac.

La *tonelada*, pour les affrétemens d'un port à l'autre de Portugal, ou pour les colonies, est de 52 almudes pour les matières liquides, & de 54 arrobes pour les sèches.

LIVOURNE. Le *moggio* de bled, de sel & d'autres denrées sèches, mesure 2 rubis 7$\frac{1}{2}$ sacca, 22$\frac{1}{2}$ staja, ou 2880 bussoli.

Le *rubbio* a 1440 *bussoli* ; le *sacco* en a 384, & le *stajo* 128.

Le sacco de froment pèse environ 162 l. de *Livourne*, & celui de farine 150 l.

Le last d'Amsterdam contient 41$\frac{1}{12}$ sacca.

Le *barile* de vin a 20 *fiaschi*, 40 *boccali*, 80 *mezzetti*, ou 160 *quartuci*.

100 Fiaschi de *Livourne*, font 176$\frac{2}{3}$ mingles d'Amsterdam.

Le barile d'huile n'est que de 16 fiaschi, & il pèse 85 l.

La *salma* d'huile de Gallipoli, contient 4$\frac{3}{4}$ barile net, *mesure de Livourne*.

Le *coppo* d'huile de Lucque, répond à 264 l. net.

Les cannes, brasses, & palmes de Florence, sont en usage à *Livourne*, sans aucune différence.

LONDRES. Le *ton*, *tun*, ou tonneau ordinaire, est de 20 *hundreds*, ou de 2240 l.

Le *hundred*, ou cent, ou quintal, qui est de 112 l., avoir du poids, répond à 102$\frac{9}{10}$ l. poids de commerce d'Amsterdam.

Le *ton*, ou tonneau de plomb de *Londres* & de Hull, pèse 19$\frac{1}{2}$ hundreds, ou quintaux ; mais étant en rouleau, il est compté pour 20 hundreds. Celui de Newcastel est de 24 hundreds. Celui de Stockton pèse 22 hundreds de 112 livres chacun.

Le *last* de laine est composé en Angleterre des poids suivants, sçavoir :

Last.	*Sac* ou *balles.*	*Weys.*	*Tods.*	*Stones.*	*Cloves* ou *Nayls.*	*Pounds* ou *livres*
1	12	24	156	312	624	4,368
	1	2	13	26	52	364
		1	6$\frac{1}{2}$	13	26	182
			1	2	4	28
				1	2	14
					1	7

La balle ordinaire de laine, pèse environ 240 l., avoir du poids.

La livre pour peser les soies de Perse & de Turquie, est de 24 ounces, qui font $\frac{1}{2}$ l., avoir du poids : on la nomme *king'sweight*, ou poids du Roi.

Le last de bled de farine, de sel, & autres denrées quelconques, se divise comme suit, sçavoir :

Last.	*Weys.*	*Quaters.*	*Combes.*	*Strikes.*	*Bushels.*	*Pecks.*	*Gallons.*	*Pottels.*	*Quarts.*	*Pints.*
1	1$\frac{2}{3}$	10	20	40	80	320	640	1,280	2,560	5,120
	1	6	12	24	48	192	384	768	1,536	3,072
		1	2	4	8	32	64	128	256	512
			1	2	4	16	32	64	128	256
				1	2	8	16	32	64	128
					1	4	8	16	32	64
						1	2	4	8	16
							1	2	4	8
								1	2	4
									1	2

Le *bushel*, ou boisseau de mer, contient 5 *pecks* ; celui de terre en contient 4 seulement.

Le bushel de froment pèse environ 61 l. & le gallon 7$\frac{5}{8}$ l., avoir du poids.

Le *last* d'Amsterdam contient $81\frac{2}{5}$ bushels de terre, dont chacun, suivant un acte du Parlement, de l'an 1712, doit jauger 2178 pouces cubes d'Angleterre, qui font 1801 pouces cubes de France.

Le *tenn* de charbon de terre, a 12 *scores*, ou 240 *cannesters*; il contient 2 *keels*, ou 16 *chaldrons*, mesure de Newcastel.

Le *keel*, de 8 chaldrons, a 6 scores, ou 120 cannesters.

Le *score* de charbon de la Tamise, est de 21 *chaldrons*, 84 *vatts*, 1776 *bushels* ou 5880 *peks*.

Les *mesures* des vins, de l'eau-de vie & des autres liqueurs, sont les suivantes.

Ton, ou *Toneau.*	*Pipes*, ou *Buts*	ou *Punchions.*	*Hogsheads*, ou *Bariques.*	*Tierzes*, ou *Tierçons.*	*Barrels*, ou *Barils.*	*Rundlets*, ou *Kilderkins.*	*Gallons.*	*Pottels.*	*Quarts.*	*Pints.*
1	2	3	4	6	8	14	252	504	1,008	2,016
	1	$1\frac{1}{2}$	2	3	4	7	126	252	504	1,008
		1	$1\frac{1}{3}$	2	$2\frac{2}{3}$	$4\frac{2}{3}$	84	168	336	672
			1	$1\frac{1}{2}$	2	$3\frac{1}{2}$	63	126	252	504
				1	$1\frac{1}{3}$	$2\frac{1}{3}$	42	84	168	336
					1	$1\frac{3}{4}$	$31\frac{1}{2}$	63	126	252
						1	18	36	72	144
							1	2	4	8
								1	2	4
									1	2

L'huile d'olive se vend par futailles de 236 gallons, dont chacun répond à $7\frac{1}{2}$ l., avoir du poids.

L'huile de poisson, celle de lin & de navet, se vendent par tonneau de 252 gallons.

Le gallon de vin, d'huile d'olive & d'huile de poisson, jauge 231 pouces cubes d'Angleterre, ou 191 pouces cubes de France; & l'eau douce qu'il contient, pèse 8 l. 5 onces, avoir du poids.

100 Gallons à vin, font 318 mingles d'Amsterdam, & 100 mingles d'Amsterdam, $31\frac{2}{5}$ gallons à vin.

La barique de vin de la Rochelle & des Hauts-pays en France, contient 46 gallons.

La botte, ou pipe de Malaga, 112 dits.

Celle de vin des isles Canaries & de Madere, 116 dits.

Le last d'*ale*, espèce de bière blanche d'Angleterre, est composé de plusieurs *mesures*; en voici le détail :

Last.	*Hogsheads.*	*Barrels.*	*Kilderkins.*	*Firkins.*	*Gallons.*	*Pottels.*	*Quarts.*	*Pints.*
1	8	12	24	48	384	768	1,536	3,072
	1	$1\frac{1}{2}$	3	6	48	96	192	384
		1	2	4	32	64	128	256
			1	2	16	32	64	128
				1	8	16	32	64
					1	2	4	8
						1	2	4
							1	2

Le last de hareng & de savon est composé des mêmes *mesures* ci-dessus.

Le tonneau de bière, *bier-ton*, se divise de la manière suivante.

Ton.	*Butts.*	*Hogsheads.*	*Barrels.*	*Kilderkins.*	*Firkins.*	*Gallons.*	*Pottels.*	*Quarts.*	*Pints.*
1	2	4	6	12	24	216	432	864	1,728
	1	2	3	6	12	108	216	432	864
		1	$1\frac{1}{2}$	3	6	54	108	216	432
			1	2	4	36	72	144	288
				1	2	18	36	72	144
					1	9	18	36	72
						1	2	4	8
							1	2	4
								1	2

Le gallon, *mesure* de bière, mesure 282 pouces cubes d'Angleterre, qui en font 233 de France; & l'eau douce qu'il contient pèse 10 l. 3 onces avoir du poids d'Angleterre.

77 gallons à bière, en font donc 94 à vin, ou 100 gallons à bière, contiennent $388\frac{1}{3}$ mingles d'Amsterdam.

La mille d'Angleterre, suivant un édit du roi

Henri VII, est de 8 *furlongs*, 1760 *yards*, ou 5280 pieds (*feet*) de longueur, qui font 868 pas géométriques, ou 4956 pieds de France : il en faut donc $69\frac{4}{25}$ pour faire un degré, ou 23 milles géographiques, font 106 milles d'Angleterre.

Cette *mesure* n'est cependant en usage que pour les édifices & bâtimens publics, & pour les routes. La mille ordinaire de *Londres*, est de $1666\frac{2}{3}$ *yards*, ou 5000 pieds d'Angleterre : 73 milles de *Londres* font un degré.

Les Anglois comptent en mer, 60 milles, ou 20 *leagues*, pour un degré.

Voici, au reste, la division des principales *mesures* de longueur qui sont en usage en Angleterre, sçavoir :

Mile, ou *Mille*.	*Furlongs*, ou *Stades*.	*Poles*, ou *Perches*.	*Fathoms*, ou *Toises*.	*Paces*, ou *Pas*.	*Yards*, ou *Verges*.	*Cubics*, ou *Coudées*.	*Feet*, ou *Pieds*.	*Spans*, ou *Empans*.	*Palms*, ou *Palmes*.	*Inches*, ou *Pouces*.
1	8	320	880	1,056	1,760	3,520	5,280	7,040	21,120	63,360
	1	40	110	132	220	440	660	880	2,640	7,920
		1	$2\frac{1}{4}$	$3\frac{3}{10}$	$5\frac{1}{2}$	11	$16\frac{1}{2}$	22	66	198
			1	$1\frac{1}{5}$	2	4	6	8	24	72
				1	$1\frac{3}{8}$	$3\frac{1}{3}$	5	$6\frac{2}{3}$	20	60
					1	2	3	4	12	36
						1	$1\frac{1}{2}$	2	6	18
							1	$1\frac{1}{3}$	4	12
								1	3	9
									1	3

On se sert à *Londres* pour mesurer les marchandises, de trois aunes différentes, sçavoir :

L'*ell* est pour mesurer les toiles : sa longueur est de $1\frac{1}{4}$ yards, ou 45 pouces Anglois, qui font $506\frac{9}{10}$ lignes de France.

La *gode*, dont on *mesure* les baies, les frises, & autres étoffes des fabriques Angloises, *mesure* $27\frac{5}{8}$ pouces d'Angleterre, qui font 311 lignes de France.

Le *yard* est l'aune dont on *mesure* presque toutes les marchandises : elle est de 3 pieds, ou 36 pouces d'Angleterre, qui font $405\frac{1}{2}$ lignes, *mesure* de France.

100 Ells, font 125 yards, ou 163 godes d'Angleterre, ou $165\frac{2}{3}$ aunes d'Amsterdam.

100 Aunes d'Amsterdam font $60\frac{1}{3}$ ells, $98\frac{3}{8}$ godes, ou $75\frac{4}{9}$ yards d'Angleterre.

Le pied d'Angleterre, *english-foot*, contient $135\frac{16}{100}$ lignes de France.

100 Pieds (*feet*) d'Angleterre, font $107\frac{1}{4}$ pieds d'Amsterdam.

100 Pieds d'Amsterdam, font par contre $93\frac{2}{9}$ pieds d'Angleterre.

Un autre pied d'Angleterre n'est que de 135 lignes de France de long.

100 de ces derniers pieds font $107\frac{1}{8}$ pieds d'Amsterdam.

100 Pieds d'Amsterdam font enfin, $93\frac{1}{4}$ pieds d'Angleterre.

L'*acre* de terre d'Angleterre est de 4 *farding-deales*, ou 4840 yards quarrés, ou 38284 pieds quarrés de France.

11 acres d'Angleterre font donc 13 arpens de France.

On se sert en Angleterre, de divers termes propres à désigner certaines quantités de pièces ; par exemple :

Le *hundred*, ou la centaine de poissons secs, est compté pour 124 pièces.

Le last de hareng, est de 12 barils de 120 cents, ou de 14403 dites.

Le *timber* de peaux pour fourrures, de 40 dites.

La centaine de cuirs, est de 5 scores, ou de 100 dites.

Le last de petites peaux, est de 10 deckers, ou 200 dites.

Le *decker* de gands, 10 paires, ou 20 dites.

Le rouleau de parchemin a 5 deckers, ou 60 dites.

La balle de papier contient 10 rames, 200 mains, ou 5000 feuilles.

Le last de poudre à canon est de 24 barils, dont chacun pèse 100 l.

Le *chaldron* de charbon est de 36 bushels.

Le *score* de charbon donne à bord du navire, 21 chaldrons ; mais il en désigne seulement 20.

Le last de charbon de terre de Neucastle, contient $7\frac{1}{2}$ chalders ; mais celui de *Londres* & de Yarmouth contient 10 chalders.

Le cent de sel répond à 7 lasts, de 18 barils chacun, & en tout, à 126 barils.

LUBEC. Le *last*, mesure de bled, a 8 drœmts, 24 barils ou 96 scheffels.

Le *drœmt* a 3 barils, le baril ou *tonne*, 4 scheffels ; & le *scheffel* 4 *fassers*.

Cependant le scheffel d'avoine est 17 p$\frac{o}{o}$ plus grand que celui pour les autres grains ; car 63 scheffels d'avoine répondent à 74 scheffels de froment, seigle, &c.

Le last de *Lubec* est environ $1\frac{1}{2}$ p$\frac{o}{o}$ plus fort que celui de Hambourg, vu que 69 lasts de *Lubec* en font 70 de Hambourg.

Le last d'Amsterdam contient $87\frac{3}{8}$ scheffels de froment de *Lubec*.

Voici les *mesures* de *Lubec*, pour les matières liquides, sçavoir :

Fuder.	*Ams.*	*Viertels* ou *Veltes.*	*Stübgens.*	*Kannen.*	*Quartiers.*	*Plankens.*	*Ortes.*
1	6	120	240	480	960	1,920	3,840
	1	20	40	80	160	320	640
		1	2	4	8	16	32
			1	2	4	8	16
				1	2	4	8
					1	2	4
						1	2

Le baril, ou *tonne*, de bière, contient 48 stübgens, ou 192 quartiers.

L'eau-de-vie se vend par 30 veltes, ou viertels.

100 Stübgens de *Lubec* font $304\frac{1}{6}$ mingles d'Amsterdam.

La toise, ou *faden*, de bois, est de 6 pieds $9\frac{1}{2}$ pouces de long, sur autant de large.

L'aune, ou *Elle*, de *Lubec*, contient $255\frac{4}{5}$ lignes de France, & le pied 129.

100 Aunes de *Lubec* font $83\frac{2}{3}$ aunes d'Amsterdam, & 100 pieds de *Lubec* font $102\frac{1}{3}$ pieds d'Amsterdam.

Les autres *mesures* de longueur sont les mêmes que celles de Hambourg.

Le *kiepe* est compté pour 600 pièces, le *wall* pour 80.

Le *steige* pour 30, le *mandel* pour 15, le *zwælfter* pour 12, & le *decher* pour 10.

Lucque. Les grains s'y mesurent par *staji*, dont 119 font un last d'Amsterdam.

L'huile s'y vend par une *mesure* nommée *coppo*, dont le poids répond à environ 180 l. poids de commerce d'Amsterdam.

On se sert à *Lucque*, de deux aunes pour mesurer les marchandises, sçavoir :

La brasse, ou *braccio*, pour les étoffes de soie, laquelle est de $256\frac{1}{2}$ lignes de France.

La brasse, pour les étoffes de laine, laquelle est de $268\frac{1}{10}$ dites.

La *canna* est de 4 brasses, ou plutôt 4 brasses font une canna.

100 brasses à soie font $83\frac{5}{6}$ aunes d'Amsterdam, & 100 brasses à laine $87\frac{3}{4}$ aunes dites.

Lunebourg. Le *wispel*, mesure de bled, contient 20 scheffels, 40 *himtens*, ou 160 *spints*.

Le *scheffel* a 2 hintems, ou 8 spints.

Le last d'Amsterdam contient environ 47 scheffels de *Lunebourg*.

L'aune, ou *Elle* de *Lunebourg*, a deux pieds, qui répondent à 258 lignes de France.

100 Aunes de *Lunebourg* font $84\frac{5}{18}$ aunes d'Amsterdam, & 100 pieds de la même ville font $102\frac{1}{3}$ pieds d'Amsterdam.

Nous renvoyons à l'art. de Hanovre pour toutes les autres *mesures* de longueur.

Lyon. L'*asnée*, mesure de bled, a 16 *bichets*, ou boisseaux ; elle contient environ 354 l., poids de table de froment.

Le last d'Amsterdam répond à $15\frac{1}{5}$ asnées de *Lyon*.

L'*asnée*, mesure de vin, est de 88 pots ; le pot est égal à la pinte, *mesure* de Paris ; or, 100 pots de *Lyon* font $78\frac{13}{16}$ mingles d'Amsterdam.

La *toise* a $7\frac{1}{2}$ pieds de long, & le pied $151\frac{1}{2}$ lignes.

L'aune de *Lyon* mesure $520\frac{1}{2}$ lignes de pied de roi.

100 Aunes de *Lyon* font donc $170\frac{1}{10}$ aunes d'Amsterdam, & 100 aunes d'Amsterdam font $58\frac{4}{5}$ aunes de *Lyon*.

100 Pieds de *Lyon* font $120\frac{1}{4}$ pieds d'Amsterdam, & 100 pieds d'Amsterdam font $83\frac{1}{6}$ pieds de *Lyon*.

Madras. Le *garze*, mesure de bled, contient 400 mercalles, & le *mercalle* 8 *mesures*. Le garze pèse 8,400 l. de froment, avoir du poids d'Angleterre : cette *mesure* répond à $3\frac{3}{4}$ tonneaux, ou *tons* d'Angleterre, ou à 100 mons de Bengale.

Madrid. Les *mesures* en usage à *Madrid* & dans les deux Castilles, sont expliquées à l'article d'Espagne.

Magdebourg. *Voyez* Berlin.

Malaca. On trouve les *mesures* expliquées dans l'article de Batavia.

Malaga. La *fanega*, mesure de bled, de *Malaga*, est tant soit peu plus grande que celle de Castille, dont elle tire l'origine ; car le last d'Amsterdam ne contient que $48\frac{1}{7}$ fanegas de *Malaga*.

L'*arroba*, mesure pour les matières liquides, y est de 8 *azumbres*, ou de 32 *quartillos*, chacun.

La *bota* de vin de Pedro Ximenes contient $53\frac{1}{2}$ arrobes.

La *barrica* de vin de *Malaga* ne contient que 35 azumbres ; & on en compte seulement 34.

La *bota* d'huile contient 43 arrobes.

La *vara* de *Malaga* est égale à celle de Castille.

Le *last* qui sert de *mesure* pour les affrétemens des navires, est de 4 bottes de vin, ou d'huile ; de 5 pipes de vin, ou d'huile ; de 20 caisses de citrons ; de 22 barils d'amandes, ou de raisins, pesant chacun 8 arrobes, 32 barils de 6 arrobes, 44 dits de 4 arrobes & 88 dits de 2 arrobes, de 50 surons ou *cerones* de raisins.

La *carga* ordinaire de raisins pèse 7 arrobes, & elle y est mise en deux surons.

Le baril de raisins, de la contenance de 4 arrobes, en pèse 7, plus ou moins.

MALLORQUE. La *qüartera*, mesure de bled, contient 3,360 pouces cubes de France.

Le last d'Amsterdam répond donc à 43 $\frac{11}{14}$ qüarteras.

Le *cortano*, ou *qüartano*, mesure d'huile, y pèse 9 rotolos ; or, 12 cortanes font 1 *odor*, qui pesera environ 92 l., poids de comm. d'Amsterdam.

100 Cortanes font au reste 346 $\frac{2}{5}$ mingles d'Amsterdam.

La *canna* répond à 1 $\frac{7}{8}$ yards d'Angleterre, ou à 760 $\frac{3}{10}$ lignes de France :

100 Cannes de *Malloque* font ainsi 248 $\frac{7}{15}$ aunes d'Amsterdam, & 100 aunes d'Amsterdam 40 $\frac{1}{4}$ cannes de *Mallorque*.

MALTHE. La *salma*, mesure de bled, fait 3 $\frac{1}{4}$ sacchi à Livourne.

Le last d'Amsterdam contient 6 $\frac{9}{32}$ salmi de Malthe.

MANHEYM. *Voyez* HEIDELBERG.

MANTOUE. Le *staro* de froment pèse 80 l. & le last d'Amsterdam en contient 83 $\frac{4}{5}$.

Le *moggio* d'huile pèse 320 l. qui font 3 $\frac{1}{2}$ barili de Florence, ou environ 93 $\frac{1}{2}$ mingles d'Amsterdam.

Le *braccio*, ou brasse, à 206 $\frac{1}{3}$ lignes de France de long ; or, 100 bracci font 67 $\frac{1}{3}$ aunes d'Amsterdam.

MAROC. L'*almude* de Salé, mesure de bled, contient environ 6 $\frac{2}{3}$ schepels d'Amsterdam.

On se sert à *Maroc* de la fanegue & des autres mesures d'Espagne.

La *canne* de 12 covados de Maroc mesure environ 214 lignes de France.

100 Cannes font donc 73 $\frac{1}{3}$ aunes d'Amsterdam.

Le *pico morisco* d'Una, répond à 293 lignes de France.

100 pics font donc 95 $\frac{2}{5}$ aunes d'Amsterdam.

MARSEILLE. La *charge* de bled mesure 4 *émines*, ou 12 civadiers : elle pèse 300 l., poids de table, ou 245 l. de froment, poids de marc.

Le last d'Amsterdam, contient environ 18 $\frac{1}{2}$ charges.

La *millerole* d'huile a 8 *escandeaux*, dont chacun pèse 12 l.

Cette *mesure* doit contenir 64 pintes de Paris, ou 100 pintes d'Amsterdam. Elle pèse, pleine d'huile, 136 l., poids de table.

La millerole de vin a 60 pots, qui font 50 mingles d'Amsterdam.

L'eau-de-vie se vend au quintal de 100 l. pesant.

La *velte* de *Marseille* pèse 20 $\frac{1}{2}$ à 21 l. du même poids de table.

Les pièces d'eau-de-vie sont de différentes grandeurs, y en ayant depuis 700 jusques à 1,700 l. pesant d'eau-de-vie.

La *canne*, qui se divise en 4 palmes, a 890 lignes de pied de roi.

100 Cannes répondent à 288 $\frac{9}{10}$ aunes d'Amsterd.

Le last de commerce pour les affrétemens, se compte à *Marseille* pour 28 milleroles de vin,

d'huile, ou pour 5,000 l. pesant d'eau-de-vie, ou d'autres marchandises quelconques.

MAYENCE. *Voyez* FRANCFORT SUR MAYN.

MEMEL. *Voyez* KONIGSBERG.

MESSINE. *Voyez* SICILE.

MEXIQUE. Nous renvoyons pour l'explication des *mesures* de l'Amérique Espagnole, à l'article d'ESPAGNE.

MILAN. La *mina*, mesure de bled, contient 14 *rubbi*, 28 moggi, ou *sacci*, 224 *stari* ou *staji*, ou 448 *starelli*.

La *charge* d'avoine mesure 9 *staji*, ou 108 starelli.

Le last d'Amsterdam contient 21 $\frac{1}{10}$ moggi de Milan.

La *brenta*, mesure pour les matières liquides, se divise en 3 stari, 6 mini, 12 quartati, 48 pintes, ou 384 boccali.

Le *boccale* de vin pèse 28 onces, & le *rubbio* d'huile pèse 25 l., de 32 onces chacune.

La *brasse*, ou *braccio*, pour les étoffes de laine, mesure 299 $\frac{2}{3}$ lignes de France ; & la brasse pour les étoffes de soie, 237 $\frac{4}{5}$ lignes de France.

100 Brasses à laine font 98 aunes d'Amsterdam, & 100 brasses à soie 77 $\frac{7}{8}$ aunes dites.

La *brasse*, ou *braccio*, mesure d'architecture, a 216 $\frac{1}{7}$ lignes.

Le pied contient enfin, 176 lignes ; ainsi, 100 Brasses à charpente, font 171 $\frac{1}{2}$ pieds d'Amsterdam, & 100 pieds de *Milán*, font 139 $\frac{2}{3}$ pieds dits.

MINORQUE. La *botte* de vin a 4 cargas, la *carga* 4 barils, & le baril 5 $\frac{1}{2}$ *quartillos* ; elle contient 133 gallons d'Angleterre, qui font 423 $\frac{2}{5}$ mingles d'Amsterdam.

MOCCA. Le *teman*, mesure pour les matières liquides, contient 40 memecdas ; & le *memecda* contient 3 chopines de France, ou 3 pintes d'Angleterre.

100 Memecdas font donc 120 mingles d'Amsterdam.

La *gueze* de *Mocca* répond à 25 pouces d'Angleterre ; le cobado, ou cebit, à 19.

38 Guezes font 50 cobados, ou 34 aunes d'Amsterdam.

MODÈNE. Le *staro*, ou *stajo*, est la mesure de bled de *Modène*, dont 41 $\frac{1}{2}$ font un last d'Amsterdam.

La brasse, ou *braccio*, a 2 $\frac{11}{20}$ palmes de *Gênes* ; ainsi

100 Brasses de *Modène* font 92 $\frac{1}{4}$ aunes d'Amsterdam, & 100 aunes d'Amsterdam, font 107 $\frac{4}{5}$ brasses de *Modène*.

MONTPELLIER. Le *setier* de bled contient 2 *émines*, ou 4 *quarts*.

Le last d'Amsterdam contient environ 57 setiers de *Montpellier*.

Le *muid* de vin ordinaire a 18 *setiers*, 24 barils, ou 576 pots.

Le *muid* de vin muscat contient 3 bariques.

Le vin du Rhône, s'y vend par *barals*, dont 5 à $5\frac{1}{2}$ font une pièce.

100 Pots de *Montpellier* font $88\frac{1}{5}$ mingles d'Amsterdam.

L'eau-de-vie de vin s'y vend par *quintal* de 100 l.

La *pièce* de cette liqueur pèse ordinairement 1,400 l., & répond à environ 70 veltes, en supposant que la velte pèse 20 à 21 l.

La *charge* d'huile contient 4 *barals*, 8 *emines*, 16 *quarts*, ou 128 *pots*.

Le *baral* d'huile pèse net environ 69 l. d'Amsterdam.

La *canne* de 9 palmes, à $891\frac{3}{5}$ lignes de longueur.

100 Cannes de *Montpellier* font $291\frac{1}{5}$ aunes d'Amsterdam, & 100 aunes d'Amsterdam, font $34\frac{1}{5}$ cannes de *Montpellier*.

On compte dans le port de Cette pour les affrétemens ou *nolissemens* des navires, 4 pièces d'eau-de-vie, ou 8 bariques de vin de Frontignan, ou 7 pièces de vin du Rhône, pour un last.

MORÉE. *Voyez* PATRASSO.

MOSCOU. *Voyez* RUSSIE.

MUNICH. L'aune, ou *Elle*, de Bavière contient $370\frac{1}{10}$ lignes, & le pied $98\frac{3}{5}$ dits.

100 Aunes de Bavière font donc 121 aunes d'Amsterdam, & 100 pieds dits, $78\frac{1}{4}$ pieds dits.

MUNSTER. L'aune, ou *Elle* de *Munster*, a $358\frac{2}{5}$ lignes de France.

100 Aunes de Muster font $117\frac{1}{8}$ aunes d'Amsterdam, & 100 aunes d'Amsterdam font $85\frac{3}{5}$ aunes de *Munster*.

Nous renvoyons pour les autres *mesures*, à l'article d'OSNABRUCK.

NANCY. Le *réal* de bled contient 15 boisseaux de Paris : on le divise en 4 *cartes*, ou en 8 *imales*.

Le last d'Amsterdam contient $15\frac{1}{4}$ réals de Lorraine.

La *mesure* de vin & d'eau-de-vie contient 85 l. pesant de l'une ou de l'autre de ces liqueurs.

L'huile d'olive se vend au *quintal* pesant 100 l.

Le *journal*, mesure d'arpentage de Lorraine, contient 250 toises quarrées, chaque toise de 10 pieds de Lorraine, & le pied de 127 lignes du pied de roi de France. Ainsi le journal mesure 25,000 pieds quarrés de Lorraine, qui font 19,446 pieds quarrés de France.

3 Arpens de France font donc 5 journaux de Lorraine, & 100 pieds de Lorraine font $100\frac{4}{5}$ pieds d'Amsterdam.

NANTES. Le *tonneau* de froment a 10 setiers, ou 160 boisseaux ; il pèse depuis 2,200 jusqu'à 2,250 l., poids de marc.

Le last d'Amsterdam contient $20\frac{3}{8}$ setiers de *Nantes*.

3 Tonneaux sont égaux à 28 setiers de Paris.

Le *muid* de sel de 52 quartauts, contient environ 58 maaten d'Amsterdam.

Le *poinçon* de vin contient environ 173 mingles d'Amsterdam.

Quoique les *pièces* d'eau-de-vie de Bretagne soient de diverses grandeurs, on y vend cette liqueur à raison de 29 veltes.

L'huile de poisson s'y vend, d'autre part, par 30 veltes.

L'*aune* y mesure 526 lignes ; par conséquent, 110 aunes de *Nantes* font $171\frac{9}{10}$ aunes d'Amsterd.

Nous observerons que les petites planches de Norwége se vendent à *Nantes* par le cent de 124 pièces.

Le millier de douves est compté pour 1,200, ou pour 1,275 pièces.

NAPLES. On se sert pour le commerce de deux quintaux différents.

Le *cantaro grosso*, ou grand quintal, est composé de 100 rotoli.

Le *cantaro piccolo*, ou petit quintal, n'est que de 100 l. de *Naples*.

9 Cantari grossi font donc 25 cantari piccoli.

Le *carro* de bled a 36 tomoli, & le *tomolo* de froment pèse environ 45 rotoli ; donc, le last d'Amsterdam contient environ 57 tomoli de *Naples*.

Le *carro* de vin a 2 bottes, ou 24 barils, & le baril a 12 *carafi*.

La pipe de vin contient 14 barils, ou *barili*.

100 Carafi de *Naples* font $61\frac{2}{5}$ mingles d'Amsterdam.

La *salma*, mesure d'huile, a 10 *staja*, ou 320 *pignatti*.

La salma d'huile de *Naples* pèse net, environ 243 l. d'Amsterdam.

La salma de bari 308 l., & celle de gallipoli 285 l.

On compte, au reste, 11 salmes pour un last ordinaire aux affrétemens des navires.

La canne de 8 palmi contient $935\frac{3}{5}$ lignes, *mesure* de France.

200 Cannes de *Naples* font $305\frac{5}{8}$ aunes d'Amsterdam, & 100 aunes d'Amsterdam environ $32\frac{3}{4}$ cannes de *Naples*.

NARVA. Le *last* de bled contient 24 *tonnes*, 96 *viertels*, ou 768 *kapps*.

Le *czetwer* de Russie mesure environ 5 viertels de *Narva*.

Le *last* d'Amsterdam contient 72 viertels de *Narva*.

Le last de sel s'y compte pour 18 tonnes, de 34 kapps chacun.

La barique de vin contient $1\frac{1}{2}$ ahms, 6 ancres, ou 180 stofs.

L'*ahm* a 120 stofs ; l'ancre, ou *anker*, en a 30 ; & le *stof* se divise en 4 *quartiers*.

La pièce de bière contient 128 stofs.

109 Stofs de *Narva* font $108\frac{1}{4}$ mingles d'Amsterd.

L'*archine* de Russie, mesure 31[illegible]$\frac{3}{5}$ lignes de France, & l'aune, ou *Elle*, de *Narva* est de 265 $\frac{1}{5}$ dites; or, 100 archines font 118 $\frac{12}{15}$ aunes de *Narva*; 100 aunes de *Narva* font 86 $\frac{2}{3}$ aunes d'Amsterdam, & 100 aunes d'Amsterdam 115 $\frac{5}{13}$ aunes de *Narva*.

NAVARRE. Les *mesures* en usage dans la *Navarre*, sont les mêmes que nous avons expliquées à l'article d'ESPAGNE.

NAUMBOURG. Cette ville de la Thuringe, province de Saxe en Allemagne, se sert des mêmes *mesures*, que celle de Leipzick.

Le *scheffel*, *mesure* de bled, y est seulement plus petit; car, 5 scheffels de Leipsick en font 9 de *Naumbourg*.

Le last d'Amsterdam contient 37$\frac{3}{4}$ scheffels de *Naumbourg*.

NICE. Le *sacco* de bled contient 3 staja, ou *stari*, & le *stajo* a 16 *mensinali*.

Le last d'Amsterdam contient environ 75$\frac{3}{4}$ staja de *Nice*.

Le *rubbio* d'huile y pése 25 l., qui font 15$\frac{1}{5}$ l. d'Amsterdam.

De deux mesures d'aunage, dont on se sert à *Nice*, l'une nommée *palmo* a 117$\frac{3}{10}$ lignes de France, & l'autre appellée *raso*, contient 243$\frac{2}{10}$ lignes dites; or,

100 Rasi font 208 palmi de *Nice*, ou 79$\frac{1}{2}$ aunes d'Amsterdam.

100 Aunes d'Amsterdam font 125$\frac{3}{4}$ rasi, ou 260$\frac{9}{10}$ palmi de *Nice*.

NIGRITIE. Le *jactam*, qui est l'aune dont se servent les Négres pour mesurer, principalement les toiles, est long de 1622 lignes de France. Les mêmes Négres se servent pour mesurer quelques étoffes de coton & de laine, de la largeur de la main.

NORWÉGE. *Voyez* BERGEN.

NOVI. Nous renvoyons à l'article de GÊNES pour les *mesures*.

NUREMBERG. Le *summer* de froment, seigle, pois, lentilles & bled sarasin, contient 2 malters, & le *malter* 8 *metzen*, ou 32 *diethausen*.

Le summer d'orge & d'avoine a 4 malters, ou 32 metzen.

Le *fuder*, ou tonneau de *Nuremberg*, a deux sortes de *mesures*, qui sont, la *mesure* de cabaret & la *mesure* de jauge: la différence de l'une à l'autre, est dans la proportion de 17 à 16, ou de 6$\frac{1}{4}$ p$\frac{o}{o}$: car, 48 *seidels* à la jauge, sont égaux à 51 seidels de cabaret.

Le *fuder* contient 12 *eimers*, 384 *viertels* ou veltes, 768 *maas*, ou 1536 seidels, *mesure* de cabaret; au lieu que le même fuder, mesuré à la jauge, contient 12$\frac{3}{4}$ eimers, 408 viertels; 816 maas, ou 1632 seidels.

100 Maas de cabaret font 88$\frac{1}{3}$ mingles d'Amsterdam, & 100 maas de jauge, 83$\frac{1}{3}$ mingles dits.

Le baril, ou *tonne* de miel, contient 99 maas, & l'ahm 64.

La *ruthe*, *mesure* de longueur, se compte quelquefois pour 16 pieds, & quelquefois pour 12.

L'aune, ou *Elle*, y mesure 292$\frac{3}{5}$ lignes de France; & le pied, ou *fuss*, qui a 12 pouces, mesure 134$\frac{7}{10}$ lignes de France; or,

100 Aunes de *Nuremberg* font 95$\frac{5}{9}$ aunes d'Amsterdam, & 100 aunes d'Amsterdam, 104$\frac{2}{3}$ aunes de *Nuremberg*.

100 Pieds de *Nuremberg*, font 106$\frac{7}{8}$ pieds d'Amsterdam, & 100 pieds d'Amsterdam, 93$\frac{13}{14}$ pieds de *Nuremberg*.

1 Balle de drap a 10 piéces, 1 *saum* en a 22, & la piéce est de 32 aunes.

1 *Vartel* a 45 barchands, & 1 *barchand* a 22 aunes.

OSNABRUCK. Voici les *mesures* pour les matières liquides.

Fuder.	*Ahms.*	*Viertels.*	*Kannes.*	*Orts.*	*Stelfgens.*
1	6	168	672	2,688	10,752
	1	28	112	448	1,792
		1	4	16	64
			1	4	16
				1	4

La pièce de bière, *bier-tonne*, mesure 27 *viertels*, ou veltes.

100 Kannen d'*Osnabruck* font 102$\frac{1}{2}$ mingles d'Amsterdam.

100 Mingles d'Amsterdam font 97 $\frac{9}{16}$ kannes d'*Osnabruck*.

L'aune, ou *Elle* ordinaire d'*Osnabruck*, est de 258$\frac{3}{5}$ lignes de France.

L'aune greque, dont on se sert pour mesurer les toiles, est de 533$\frac{2}{5}$ lignes.

110 Aunes ordinaires d'*Osnabruck* font 84$\frac{1}{2}$ aunes d'Amsterdam, & 100 aunes greques font près de 175 aunes dites.

Le pied mesure 123$\frac{4}{5}$ lignes de France.

100 Pieds d'*Osnabruck* font 98$\frac{1}{4}$ pieds d'Amsterdam.

OVIEDO. La *fanega*, *mesure* de bled des Asturies, est d'un tiers plus grande que celle de Castille; or, le last d'Amsterdam contient environ 38$\frac{1}{4}$ fanegas d'*Oviedo*, & 3 fanegas d'*Oviedo*, font 4 fanegas de Castille.

La *cantara* de vin des Asturies, est $16\frac{2}{3}$ p. $\frac{0}{0}$ plus forte que la cantara de 8 azumbres, ou 32 quartillos de Castille; or, la cantara de vin d'*Oviedo*, contient $15\frac{2}{5}$ mingles d'Amsterdam.

La *vara*, ou aune des Asturies, est environ 3 p. $\frac{0}{0}$ plus longue que celle de Castille, dont 100 font 97 d'*Oviedo*; or, 100 varas d'*Oviedo*, font $126\frac{1}{2}$ aunes d'Amsterdam, & 100 aunes d'Amsterdam, 79 varas d'Oviedo.

PADOUE. La brasse, ou *braccio*, est de $297\frac{1}{2}$ lignes de France, & le pied de 157 lignes.

100 Brasses de *Padoue*, font $97\frac{1}{2}$ aunes d'Amsterdam, & 100 pieds dits, égalent 124 pieds dits.
Voyez pour tout le reste, à l'article de VENISE.

PALERME. *Voyez* SICILE.

PARIS. Le *muid*, mesure de bled, a 12 setiers, 24 mines, 48 minots, 144 boisseaux, ou 2304 litrons.

Le *setier* contient 2 mines, 4 minots, 12 boisseaux, ou 192 litrons.

La *mine* mesure 96 litrons; le minot en mesure 48, & le boisseau 16.

Le *last* d'Amsterdam contient 19 setiers de *Paris*.

Le boisseau de froment de *Paris* pèse 20 l. & celui de seigle 19 l., poids de marc, ou environ, & il jauge, suivant les mémoires de l'académie royale des sciences, $644\frac{66}{100}$ pouces cubes.

Le setier d'avoine a 24 *boisseaux*, 96 *piccotins*, ou 384 *litrons*; ce setier est du double plus grand que celui de froment. Suivant l'ordonnance de 1762, qui fixe la capacité du boisseau & autres *mesures* subalternes.

	Profondeur (pouces)	Profondeur (lignes)	Diamètre (pouces)	Diamètre (lignes)
Le boisseau de *Paris* doit avoir	8	$2\frac{1}{2}$	10	
Le demi-boisseau	6	$2\frac{1}{2}$	8	
Le quart de boisseau	4	9	6	9
Le huitième de boisseau	4	3	5	4
Le litron	3	6	3	10
Le demi-litron	2	10	3	1

Le *muid* sel a 12 setiers, 48 minots, 192 boisseaux, 3072 litrons, ou 49152 *mesurettes*: il pèse environ 4800 l., poids de marc, & il mesure à la jauge, 123774 pouces cubes.
Le *muid* de charbon de bois a 20 mines, ou sacs, 40 minots, ou 320 boisseaux.
La *voie* de charbon de terre a 15 minots, 30 demi-minots, 90 boisseaux, ou 360 quartes.

Le *muid* de vin, sur la lie, mesure $37\frac{1}{2}$ setiers, & il pèse, avec la futaille, environ 666 l., poids de marc.
Le *muid* de vin transvasé & clair, n'a que 36 setiers.
Ce setier comprend d'autres *mesures*, dont voici les rapports.

Setiers.	Quarts.	Pintes.	Chopines.	Demi-setiers.	Poinçons.	Roquilles.
1	4	8	16	32	64	256
	1	2	4	8	16	64
		1	2	4	8	32
			1	2	4	16
				1	2	8
					1	4

La pinte, qui sert de modèle à l'hôtel-de-ville de *Paris*, mesure $47\frac{7}{8}$ pouces cubes, & l'eau de Seine qu'elle contient pèse 30 onces, $3\frac{1}{4}$ gros, poids de marc.

On y divise aussi le muid de vin en 2 *feuillettes*, 3 *tierçons*, ou 4 *quartaux*. L'eau-de-vie s'y vend par *poinçons* de 27 setiers.

Les corps des marchands de la ville de *Paris*, se servent de trois *aunes* différentes, dont telles sont les dimensions, sçavoir:

L'aune pour les étoffes, devroit être de 44 pouces, ou 528 lignes; mais elle n'est que de $527\frac{1}{2}$ lignes.

L'aune pour les draps & les étoffes de laine, a $526\frac{2}{3}$ lignes; enfin, l'aune pour les toiles, en a $524\frac{3}{5}$ de sorte que

100 Aunes à soie, font $172\frac{7}{18}$ }
100 Aunes à laine, 172 } aunes d'Amsterd.
100 Aunes à toile, $171\frac{1}{2}$ }

Le *pied* de *Paris* s'appelle *pied-de-roi*; il se divise en 12 *pouces*, 144 *lignes*, ou 1728 *points*; ainsi, 100 pieds de *Paris*, font $114\frac{2}{5}$ pieds d'Amsterdam, & 100 pieds d'Amsterdam, $87\frac{1}{2}$ pieds de *Paris*.

La *lieue* de *Paris* est de 2000 toises, ou 12000 pieds; il en faut $28\frac{53}{100}$ pour un degré de l'équateur.

La *lieue* ordinaire de France, dont 25 font un degré, est de 2283 toises; & celle de mer, dont 20 font aussi un degré, répond à 2854 toises.

7 Lieues ordinaires de France, en font près de 8 de *Paris*, & 4 lieues de mer répondent à 5 lieues de France.

La *perche*, pour mesurer les bois, est de $3\frac{1}{3}$ toises ou 22 pieds.

La *perche*, pour mesurer les terres labourables, est seulement de 3 toises ou 22 pieds.

La *toise* a 6 pieds, 72 pouces, ou 864 lignes.

PARME. La brasse, ou *braccio*, contient $242\frac{1}{10}$ lignes

lignes de France ; or, 100 brasses de *Parme*, font 79$\frac{4}{7}$ aunes d'Amsterdam.

PATRAS. Les *mesures* de bled s'appellent *staro* & *bachel*; il en faut 35$\frac{1}{4}$ des premières, ou 97$\frac{1}{4}$ des dernières, pour faire un last d'Amsterdam.

Le *pik*, ou aune pour les étoffes de laine & les toiles, se nomme *grand pik*, & celui pour les étoffes de soie, *petit pik*.

100 Grands piks font 108 petits piks , ou 99$\frac{1}{2}$ aunes d'Amsterdam, & 100 petits piks , font 92$\frac{2}{3}$ grands piks, ou 92 aunes d'Amsterdam.

PEGU. La corbeille de ris, qui sert de *mesure* au *Pegu*, pèse 16 bisses, & l'on compte ordinairement 80 corbeilles pour un last de 2 tonneaux.

PERNAU. Le *last* de bled y *mesure* 24 *tonnes*, 48 *loofs*, ou 192 *küllmitz*.

Le last d'Amsterdam contient 46$\frac{1}{11}$ loofs de *Pernau*.

Le last de graine de lin contient 12 tonnes, ou 21 loofs.

Le last de sel, y est de 18 tonnes, ou 324 küllmitz.

Le *lispfund*, ou Ltb, poids avec lequel les paysans de *Pernau* achettent le sel , est compté comme 1 kilmitz.

Les *mesures* pour les matières liquides, y sont les mêmes qu'à Narva.

L'aune, ou *Elle* de *Pernau*, contient 243$\frac{1}{3}$ lignes de France : or ,

10 Archines de Russie, font 13 aunes de *Pernau*.

100 Aunes de *Pernau*, font 79$\frac{1}{2}$ aunes d'Amsterdam, & 100 aunes d'Amsterdam, 125$\frac{1}{2}$ aunes de *Pernau*.

PERSE. L'*artaba* de bled contient 25 *capichas*, ou *heminas*, 50 *chenicas*, ou 200 *sextarios*.

La *legana* mesure 30 chenicas, ou 120 sextarios. Le *collothum* a 25 sextarios, & la *sabbitha* en a 22.

Le last d'Amsterdam contient 44$\frac{1}{4}$ artabas de *Perse*.

On y fait usage de 3 *mesures* de longueur.

Le *gueze* simple contient 279$\frac{1}{2}$ lignes de France de long.

Le *gueze monkelse* en a 419, & l'*arich* 431.

100 guezes simples de *Perse*, font 91$\frac{5}{7}$ aunes d'Amsterdam.

100 guezes monkelse font 136$\frac{14}{15}$ dites, & 100 arichs de *Perse*, font 342$\frac{1}{10}$ pieds d'Amsterdam.

20 Parasangas, ou lieues de Perse, font un degré de l'équateur ; la parasanga a donc 3000 pieds géométriques.

POLOGNE. Le *last*, mesure de bled de Pologne, contient 28$\frac{1}{4}$ muddens d'Amsterdam.

Le *korzec*, mesure pour les matières liquides, contient 16 *kruskas* ou pots à Cracovie, 28 dits à Lublin, & 24 à Varsovie, à Culm & à Sandomir.

100 kruskas de Culm, font 120$\frac{1}{2}$ mingles d'Amst.

L'aune de *Pologne* est de 273$\frac{1}{2}$ lignes de France de long.

100 Aunes de *Pologne* font donc 89$\frac{1}{2}$ aunes d'Amsterdam , & 100 aunes d'Amsterdam, 111$\frac{1}{2}$ dites de *Pologne*.

PONDICHERY. La *Garssa*, ou *garça*, *mesure* du bled & du ris, contient 600 mercales.

Le *mercal*, qu'on divise en 5 petites *mesures*, contient environ 8 à 9 litrons de Paris ; il peut contenir 12 l. de froment de bonne qualité.

PORTO. *Voyez* LISBONNE.

PRAGUE. Le *strick*, mesure de bled de Bohême , contient 4 viertels, 16 maassels, ou 192 seidels.

Le *viertel* a 4 maassels , & le maassel, 12 seidels.

Le strick de *Prague*, mesure 4759 pouces cubes de France ; mais celui du reste de la Bohême, n'en a que 4600.

Le last d'Amsterdam contient environ 31 stricks de *Prague*.

Le *fass*, ou pièce de vin, contient 4 eimers, 128 pintes, ou 512 seidels.

L'*eimer*, ou setier, a 32 pintes, & la *pinte*, 4 seidels : cette pinte contient 3 l. 22$\frac{1}{2}$ loths d'eau de puits.

100 Pintes de *Prague*, font 160 mingles d'Amsterdam.

L'aune, ou *Elle de Prague*, a 261$\frac{2}{10}$ lignes de France de long.

Le pied en a 133$\frac{4}{5}$: ainsi ,

100 Aunes de *Prague*, font 85$\frac{1}{2}$ aunes d'Amsterdam, & 100 aunes d'Amsterdam, 116$\frac{5}{8}$ aunes de *Prague*.

100 Pieds de *Prague*, font 106$\frac{1}{4}$ pieds d'Amsterdam, & 100 pieds d'Amsterdam, 56$\frac{1}{8}$ pieds de *Prague*.

RATISBONNE. Le *schaff*, mesure de froment, a 4 meess, 16 vierlings, ou 32 metzers.

Le *schaff*, mesure d'avoine, a 4 meess, 28 vierlings, ou 56 metzers.

Le *meess* de froment a 4 vierlings, & celui d'avoine en a 7.

Le last d'Amsterdam contient 88$\frac{9}{10}$ metzens de *Ratisbonne*.

La livre de sel contient 8 schillings, & le *schilling* 30 *scheubens*.

Le grand *eimer*, mesure de vin, a 32 viertels, 88 kopffes, ou 176 seidels.

L'eimer de montagne n'a que 68 kopffes, ou 136 seidels.

L'eimer de bière est seulement de 64 kopffes, ou 128 seidels.

100 kopffes de *Ratisbonne* contiennent 108$\frac{1}{4}$ mingles d'Amsterdam.

L'aune, ou *Elle de Ratisbonne*, mesure 359$\frac{1}{3}$ lignes de France.

100 Aunes de *Ratisbonne* font 117$\frac{1}{2}$ aunes d'Amsterdam , & 100 aunes d'Amsterdam 85$\frac{1}{4}$ aunes de *Ratisbonne*.

T

Revel. Le *laſt* de bled de *Revel* eſt de 24 tonnes , ou barils.

Le baril , ou *tonne* de bled , celui de graine de lin & de chaux contiennent 3 loofs.

Le baril ordinaire de moulin & celui de ſel meſurent 4 loofs.

Le *loof* ſe diviſe en 3 küllmits , & le *küllmits* en 12 ſtofs.

Le laſt d'Amſterdam contient 74 loofs , meſure de bled de *Revel*.

La barique , ou *exhoft* de vin , a 1½ ahm , 6 ankers , 180 *ſtofs* , ou 720 quartiers.

La pipe de vin d'Eſpagne contient 10 ancres ; la botte en contient 13.

La futaille , ou *faſſ* de bière & d'eau-de-vie , meſure 128 ſtofs.

Le ſtof d'huile répond à 2½ l. peſant ; il eſt égal au mingle d'Amſterdam.

L'aune , ou *Elle de Revel* , a 2 pieds , ou 24 pouces , qui répondent à 237 3/10 lignes de France , & le pied à 118 7/10.

3 Archines de Ruſſie font 4 aunes de *Revel*.

100 Aunes de *Revel* font 77 8/15 aunes d'Amſterdam , & 100 aunes d'Amſterdam font 129 aunes de *Revel*.

100 Pieds de *Revel* font 94½ pieds d'Amſterd.

Le laſt de ſel de France & d'Eſpagne eſt compoſé de 18 barils , ou tonnes. Or , 5 1/3 laſts de cette *meſure* répondent à 1 hondert de ſel d'Amſterdam.

Le laſt de ſel de Lunebourg , celui de chaux , de graine , ou de ſemence de lin , y ſont compoſés de 12 barils , dont chacun pèſe 10 pouds de Ruſſie.

Le laſt de harengs a 12 barils , ou 48 viertels. Le *wall* eſt de 80 pièces.

Riga. Le *laſt* de ſeigle eſt compoſé de 22½ barils , 45 loofs , ou 270 küllmits ; il meſure 15 czetwers , *meſure* de Ruſſie.

Le laſt de froment & d'orge eſt de 24 barils , 48 loofs , ou 288 küllmits , qui font exactement 16 czetwers de Ruſſie.

Le laſt d'avoine , de pois & de drêche eſt compoſé de 36 barils , 60 loofs , ou 360 küllmits , qui meſurent 20 czetwers de Ruſſie.

Le baril , ou *tonne* , contient 2 loofs , ou 12 küllmits.

Le *loof* a 6 küllmits , & le *küllmits* contient 4½ kannen , ou 8 ſtofs.

Le laſt d'Amſterdam meſure 44 3/4 loofs de *Riga*.

Le *fuder* , ou tonneau , a 6 ahms , 24 ancres , 120 viertels , ou 720 ſtofs.

L'*ahm* a donc 120 ſtofs , l'ancre , ou *anker* , en a 30 , & le *viertel* 6.

La *wedra* de Ruſſie contient 10 ſtofs de *Riga*.

La botte de vin d'Eſpagne meſure 12 ancres ; la pipe n'en meſure que 9.

La barique de vin & d'eau-de-vie de Bordeaux contient 6 ancres , 30 viertels , ou veltes , ou 180 ſtofs.

L'*ahm* , ou tierçon de vin , ou de vinaigre , a 4 ancres , ou 120 ſtofs.

Le baril , ou *tonne* de bière de Hambourg , contient 144 ſtofs.

Enfin le baril de bière de *Riga* meſure 90 ſtofs.

100 Stofs de *Riga* font 101 1/3 mingles d'Amſterdam.

L'aune , ou *Elle de Riga* , a 2 pieds , ou 24 pouces : elle meſure 243 lignes de France , & le pied 121½ ; or ,

10 Archines de Ruſſie font 13 aunes de *Riga*.

100 Aunes de *Riga* font 79½ aunes d'Amſterdam , & 100 aunes d'Amſterdam 126 aunes de *Riga*.

100 Pieds de *Riga* , font 96 4/9 pieds d'Amſterdam , & 100 pieds d'Amſterdam , font 103 2/3 pieds de *Riga*.

Le laſt de ſel de France , d'Eſpagne & de Portugal , mis en grenier , doit rendre 18 barils , ou tonnes ; & 6 1/4 de ces laſts , répondent à 1 hondert de ſel , meſure de Hollande.

Le laſt de ſel dit , mis en barils , comprend ſeulement 16 barils , dont chacun pèſe 18 L℔ , ou 360 l.

Le laſt de ſel blanc fin , de graine de lin , de cendres-caſſaudes , de harengs , de goudron , de bière , &c. eſt de 12 barils.

Nous donnerons , à notre manière ordinaire , le détail d'un grand nombre de termes dont on ſe ſert à *Riga* , pour compter diverſes marchandiſes & leurs valeurs.

Gros hundert.	Groſſe.	Kleine hundert.	Schocks.	Zimmers.	Bands.	Steiges.	Mandel.	Pièces.
1	20	24	48	72	96	144	192	2,880
	1	1 1/5	2 2/5	3 3/5	4 4/5	7 1/5	9 3/5	144
		1	2	3	4	6	8	120
			1	1½	2	3	4	60
				1	1 1/3	2	2 2/3	40
					1	1½	2	30
						1	1 1/3	20
							1	15

La Rochelle. Le *tonneau* , meſure de bled de la Rochelle , contient 42 boiſſeaux ; & le boiſſeau de froment pèſe environ 52 l.

Le laſt d'Amſterdam contient 88 3/4 boiſſeaux de la Rochelle.

Le *cent* de ſel de la rivière de Sèvre au pays

d'Aunis dans le Rochelois, se compose de 28 muids, ou 672 boisseaux : le *muid* est de 24 boisseaux.

Ce même cent de sel rend à Amsterdam $1\frac{1}{4}$ hondert, ou 707 maatens.

Le *muid* de charbon de pierre a 80 *bailles*, qui font environ $5\frac{2}{3}$ lasts d'Amsterdam : 52 chaldrons de charbon de pierre de Newcastel rendent à *la Rochelle* ordinairement, 11 muids & 52 bailles.

Les *pièces* d'eau-de-vie de 3 bariques de *la Rochelle*, de Cognac, de l'isle de Rhé, & de la rivière de Charente, mesurent de 75 à 90 veltes; mais on achette cette liqueur à raison de 27 veltes.

La barique ordinaire de vin de *la Rochelle* rend à Hambourg 48 stübgens, & à Amsterdam environ 24 veltes.

L'*aune* de *la Rochelle* est de 524 lignes de France.

100 Aunes de cette ville font donc $171\frac{1}{4}$ aunes d'Amsterdam.

100 Aunes d'Amsterdam font $58\frac{2}{5}$ aunes de *la Rochelle*.

ROME. Le *rubbio*, mesure de bled, contient 4 *quarti*, 12 *staja*, ou 16 *starelli*.

100 Mines de Gênes font 42 rubbi de *Rome*, & le last d'Amsterdam contient $10\frac{2}{3}$ rubbi.

La *botta* de vin a 9 barrili, 288 boccali, 1,152 foglietti, ou 4,608 cartocci.

Le *barile* a 32 boccali; le *boccalo* 4 foglietti, & le *foglietto* 4 *cartocci*.

Le baril d'huile contient, d'autre part, 28 boccali, 112 foglietti, ou 448 cartocci.

100 Boccali de *Rome* font 110 mingles d'Amsterdam.

La *canna* pour les étoffes de soie & de laine a 8 palmi, ou 882 lignes de France.

La brasse, ou *braccio*, pour le même usage, $375\frac{9}{10}$ dites.

La *canna* pour les toiles, $926\frac{4}{10}$ dites.

La brasse, ou *braccio*, pour le même usage, $281\frac{4}{10}$ dites.

100	Cannes à soie & à laine font	$288\frac{1}{4}$	aunes d'Amst.
100	Brasses dites	$122\frac{5}{6}$	
100	Cannes à toiles	$302\frac{3}{4}$	
100	Brasses dites	92	

La canne, *mesure* de charpente, a 10 palmi, ou 990 lignes de France.

Le pied Romain contient $130\frac{3}{5}$ dites.

100 Pieds Romains font $103\frac{2}{3}$ pieds d'Amsterdam, & 100 pieds d'Amsterdam $96\frac{1}{2}$ pieds de *Rome*.

ROSTOCK. Le *last*, mesure de bled, s'y compose de 8 *drœmts*, ou de 96 *scheffels*.

Le scheffel de *Rostock* est plus petit que celui de Mecklenbourg, dont 51 répondent à 61 scheffels de *Rostock*.

Le last d'Amsterdam contient $68\frac{3}{4}$ scheffels de Mecklenbourg, ou $82\frac{1}{4}$ scheffels de *Rostock*.

Cette ville se sert, pour les matières liquides, des mêmes *mesures* que Hambourg.

L'aune, ou *Elle* de *Rostock*, est de 2 pieds, qu font $256\frac{2}{5}$ lignes de France.

Le pied de Mecklenbourg est de 129 lignes.

100 Aunes de *Rostock* font $83\frac{4}{5}$ aunes d'Amsterdam, & 100 aunes d'Amsterdam font $119\frac{1}{3}$ aunes de *Rostock*.

100 Pieds de Mecklenbourg font $100\frac{5}{8}$ pieds de *Rostock*.

100 Pieds d'Amsterdam en font $97\frac{2}{3}$ de Mecklenbourg, ou $98\frac{3}{10}$ de *Rostock*.

ROTTERDAM. Le last de bled de *Rotterdam* se compose de $2\frac{21}{32}$ *hoeds*, 29 sacs, ou *sakkens*, ou 87 *achtendeelens* : ce last passe pour être égal à celui d'Amsterdam; mais dans le vrai il est $3\frac{4}{7}$ p% plus fort; puisque le last d'Amsterdam ne contient que 28 sacs de *Rotterdam*.

L'eau-de-vie se vend à *Rotterdam* par 30 *viertels*, ou veltes.

L'huile d'olive, ainsi que l'huile de baleine, se vend par *tonne*, ou pièce de 340 *stoopens* dont chacun pèse 5 l. poids léger de cette ville.

Au reste, les autres *mesures* pour les liquides, ainsi que l'aune, y sont les mêmes qu'à Amsterdam.

Le pied de *Rotterdam* mesure $138\frac{1}{2}$ lignes de France. Or,

100 Pieds de *Rotterdam* font environ 110 pieds d'Amsterdam, & 100 pieds d'Amsterdam font 91 pieds de *Rotterdam*.

ROUEN. Le *muid*, mesure de bled, a 12 *setiers*, 24 *mines*, ou 96 *boisseaux* : ce muid contient 14 setiers de Paris, & par conséquent $26\frac{1}{2}$ sacs d'Amsterdam.

La *barique* d'eau-de-vie contient 120 *pots*, qui font $164\frac{1}{4}$ mingles d'Amsterdam.

Le poinçon de vin a la capacité de 13 boisseaux.

L'*aune* à mesurer les étoffes de laine & de soie est longue de 516 lignes, celle pour les toiles de $619\frac{1}{5}$ lignes, & le *pied* de *Rouen* de 120.

100 Aunes à étoffe font $168\frac{2}{3}$ aunes d'Amsterdam.

100 Aunes à toile $202\frac{1}{3}$ aunes dites.

100 Pieds $95\frac{1}{4}$ pieds dits.

RUSSIE. Le *tzetwer*, ou *czetwer*, mesure à bled de *Russie*, se divise en 2 *osmins*, 4 *pajacks*, 8 *czetwericks*, ou 64 *garnitzens*.

Cette *mesure* est différente pour la capacité en diverses provinces de *Russie*, & principalement à Moscow & Nowogorod, le czetwer de cette dernière province étant 50 p% plus grand que celui de Moscovie, d'Archangel & de St. Petersbourg. Le czetwer des provinces de Plescow & de Pigur est encore plus grand que celui de Nowogorod.

Lè last d'Amsterdam contient environ 15 czetwers de St. Petersbourg.

La futaille de vin de St. Petersbourg contient 40 wedras, ou 3,520 *czarkas*.

La *wedra* se divise en 8 kruskas, & la *kruska* en 11 czarkas.

La barique de vin de Bordeaux rend à St. Petersbourg 19 wedras.

100 Kruskas de St. Petersbourg font $128\frac{1}{3}$ mingles d'Amsterdam.

L'*archine*, ou aune de *Russie*, se divise en 16 *werschocks*, & elle est longue de $315\frac{2}{5}$ lignes de France; ainsi,

100 Archines de *Russie* font $103\frac{1}{14}$ aunes d'Amsterdam, & 100 aunes d'Amsterdam font 97 archines de *Russie*.

Le pied de Moscow est plus grand que celui de France, ayant $148\frac{3}{10}$ lignes de pied du roi; cependant on ne se sert presque pas à St. Petersbourg de ce pied, mais seulement du pied du Rhin & de celui d'Angleterre, or:

100 Pieds Anglois de St. Petersbourg font $109\frac{7}{15}$ pieds d'Amsterdam.

100 Pieds du Rhin, font $110\frac{5}{12}$ dits.

100 Pieds de Moscow, font $117\frac{2}{3}$ dits.

La *werste*, ou mille de *Russie*, mesure 500 *sachines*, 1,500 archines, ou 24,000 *werschocks*: elle répond à 3,500 pieds d'Angleterre, ou 3,400 pieds du Rhin.

23 Lieues géographiques font 160 wersles de *Russie*.

La *dessaëtina*, mesure d'arpentage de *Russie*, est un terrein de 560 pieds du Rhin de longueur & 210 pieds de largeur, ou en tout 117,600 pieds quarrés du Rhin.

Sainte-Croix. On y fait usage des *mesures* de Danemarck, qui sont expliquées à l'article de *Copenhague*.

Saint-Eustache. On se sert dans cette isle, des mêmes *mesures* qu'en Hollande.

Saint-Gall. On se sert à *St. Gall* de deux aunes, dont l'une differe de l'autre de 30 p $\frac{0}{0}$.

100 Aunes pour les toiles font $116\frac{1}{7}$ aunes d'Amsterdam; & 100 aunes pour les étoffes font $89\frac{1}{4}$ aunes dites.

Saint-Malo. Le *tonneau*, mesure de bled, contient environ 17 sacs d'Amsterdam, & le last d'Amsterdam contient $2\frac{1}{9}$ tonneaux de *Saint-Malo*.

L'*aune* mesure $597\frac{1}{5}$ lignes; ainsi,

100 Aunes de *Saint-Malo*, font $195\frac{1}{6}$ aunes d'Amsterdam, & 100 aunes d'Amsterdam, font $51\frac{1}{4}$ aunes de *Saint-Malo*.

Saint-Petersbourg. *Voyez* Russie.

Sardaigne. La *restière* de froment a 3 *starelli*, ou 48 *imbutti*: or,

100 Starelli font 69 *sacca* de Livourne, ou $59\frac{4}{9}$ sacs d'Amsterdam.

Le *palmo* de *Sardaigne* mesure $111\frac{1}{5}$ lignes de France.

Le palmo de Cagliari, $89\frac{1}{5}$ dites; or,

100 Palmes de *Sardaigne*, font $124\frac{7}{9}$ palmes de Cagliari.

100 Aunes d'Amsterdam, font $113\frac{1}{5}$ palmes de *Sardaigne*, & $141\frac{1}{4}$ palmes de Cagliari.

Sayde. L'aune ou *pik* de *Sayde*, est égale à celle d'Alep.

Setubal. *Voyez* Lisbonne.

Seville. On peut voir les *mesures* en usage à *Seville*, dans l'article de *Cadix* & dans celui d'*Espagne*.

Siam. Le *chi*, mesure de ris & autres grains, contient 40 sestes, ou 1,600 sats; la *seste* a 40 *sats*; or,

La seste de ris pèse 100 cattis, qui font 125 l., poids de marc de France, ou 124 l., poids de commerce de Hollande.

Le *can*, ou *canan*, mesure pour les matières liquides, contient 4 *leengs*.

Comme on vend à *Siam* les chits & autres étoffes de coton par pièce, on ne se sert guère de *mesure* d'aunage; mais quand il en faut, on y supplée par le *ken*, ou coudée.

Pour ce qui est des *mesures* de longueur, soit pour marquer les distances de lieu, soit pour arpenter la terre, voici celles dont on se sert à *Siam*.

Roe-neug.	*Tods.*	*Sen.*	*Voua.*	*Ken.*	*Ce qui répond à* *Toises.*	*Pieds.*	*Pouces.*	*Lignes.*
1	20	80	1,600	3,200	1,577 &	4 &	8 &	—
	1	4	80	160	78	5	4	—
		1	20	40	19	4	4	—
			1	2	—	5	11	—
				1	—	2	11	6

Le roe-neug est la lieue commune de *Siam*, & la voua est la toise du même royaume.

Sicile. La *salma generale*, dont on *mesure* les bleds & autres denrées, excepté les légumes, contient 16 *tomoli*, qui rendent seulement à Livourne $11\frac{1}{4}$ stajas.

La *salma grossa*, qui sert uniquement à mesurer les légumes, contient aussi 16 tomoli, ou 64 quarti, ou *mondili*, mais elle est plus grande; car elle rend à Livourne 14 staja.

45 Salmi grossi font donc 56 salmi generale.

Le last d'Amsterdam contient $8\frac{4}{5}$ salmi grossi, ou 11 salmi generale de *Sicile*.

La *tonna*, ou le tonneau de vin de *Sicile*, a

12 falmi; mais ces falmes différent suivant les terroirs de l'iſle. A Meſſine & à Palerme, cette meſure contient 126 cartouches peſant chacune environ 22 à 24 oncies. La ſalme de Siracuſe, eſt d'un
huitiéme plus petite ; car 8 ſalmes de Meſſine en
font 9 de Siracuſe.

L'huile ſe vend à Meſſine avec une meſure nommée caffiſo, dont le contenu d'huile péſe environ
12½ rotoli groſſi, qui répondent à 21½ l., poids de
commerce d'Amſterdam ; or,

Le millerole de Marſeille contient 5½ caffiſes de
Sicile : on vend ce même liquide à Palerme par
cantaro peſo groſſo de 110 rotoli ſottili.

100 Caffiſi de Sicile font 950 mingles d'Amſterdam.

La canna de Sicile à 8 palmes & répond à 858½
lignes de France.

100 Cannes de Sicile font 280½ aunes d'Amſterdam, & 100 aunes d'Amſterdam 35½ cannes de
Sicile.

SMIRNE. Le fortin, meſure de bled, contient 4
quillots, & 4½ de ceux-ci font une charge de Marſeille.

Le laſt d'Amſterdam contient donc 83⅛ quillots
de Smirne.

Le pik, ou aune de Smirne, meſure 296⅖ lignes
de France.

100 Piks de Smirne font 97 aunes d'Amſterdam.
100 Aunes d'Amſterdam font 103½ piks de
Smirne.

STETIN. Le laſt de cette ville eſt compoſé de 3
wiſpels, ou winſpels, 6 drœmts, 72 ſcheffels,
ou 1,152 metzens.

Le wiſpel à 24 ſcheffels, le drœmt en a 12; or,
Le laſt d'Amſterdam contient 56½ ſcheffels de
Stetin.

Le ſcheffel de houblon y péſe cependant 5 l.
Le cent de ſel de France y rend 9⅖ laſts, & le
cent, ou honderd d'Amſterdam, répond à 5½ laſts.
Le laſt de 18 barils de Hambourg de ſel, rend
4½ barils, ou tonnes, à Stetin.

L'ancre, ou anker ordinaire de 2 ſtekans, ou de
32 mingles de Hollande, meſure 52 nœſſels à
Stetin.

L'aune, ou Elle de Stetin, contient 288½ lignes
de France.

Le pied de ladite ville, en meſure 125 2/10 ; or,
100 Aunes de Stetin font 94 1/11 aunes d'Amſterdam, & 100 aunes d'Amſterdam font 106 4/13 aunes
de Stetin.

100 Pieds de Stetin font 99½ pieds d'Amſterdam ; & 100 pieds d'Amſterdam font 100 2/10 pieds
de Stetin.

STOCKHOLM. Voyez SUÈDE.

STRALSUND. Le laſt meſure de bled de Stralſund, contient 8 drœmts, 32 barils, ou tonnes,
96 ſcheffels, 384 fehrts, ou 1,586 metzers.

Le laſt d'Amſterdam contient environ 74 9/10 ſcheffels de Stralſund.

On fait uſage pour les matières liquides de la
meſure de Hambourg, nommée ſtübgen, qui contient 4 pots de Stralſund ; or,

24 Stübgens de Hambourg, ou 100 pots de Stralſund, font 81½ mingles d'Amſterdam.

L'aune, ou Elle de Stralſund, répond à 258
lignes de France.

Le pied de Poméranie en contient, 129½ ; ainſi,
100 Aunes de Stralſund font 84 4/16 aunes d'Amſterdam, & 100 aunes d'Amſterdam font 118½ dites
de Stralſund.

100 Pieds de Poméranie font 102⅔ pieds d'Amſterdam, & 100 pieds d'Amſterdam font 97⅖ pieds
de Poméranie.

On compte à Stralſund, le wahl pour 80
pièces; le ſchock pour 60 ; le ſleige, pour 20, & le
mandel pour 15.

STRASBOURG. Le ſetier, ou ſeſter, meſure de
bled de Straſbourg, ſe diviſe en 4 quarts, ou
vierlings, ou 16 maſſels.

Le ſetier de la ville eſt cependant moins grand
que celui de la campagne, dont 32 font 33 ſetiers
de Straſbourg.

Le laſt d'Amſterdam contient 159⅖ ſetiers de la
ville, ou 154½ ſetiers de la campagne.

La futaille de vin, ou fuder de Straſbourg,
contient 24 tiercons, ou ohms, 576 meſures ou
maas, ou 2,304 chopines, ou ſchoppens.

100 Chopines de Straſbourg font 40⅓ mingles
d'Amſterdam.

L'aune, ou Elle de Straſbourg, meſure 238½
lignes de France ; on s'y ſert auſſi de l'aune de
Paris de 527⅓ lignes.

43 Aunes de Paris font 95 aunes de Straſbourg.
100 Aunes de Straſbourg font 78 aunes d'Amſterdam, & 100 aunes d'Amſterdam font 128¼ aunes
de Straſbourg.

Le pied de ville de Straſbourg eſt différent de
celui de la campagne : l'un meſure 128 11/40 lignes de
France, & l'autre 130 2/10.

24 Pieds de ce dernier en font 25 des premiers,
& 100 pieds d'Amſterdam font 98¼ pieds de la ville
de Straſbourg, & 95¼ pieds de la campagne.

La perche, ou ruthe de Straſbourg, eſt longue
de 10 pieds.

L'arpent de terre y meſure 24,000 pieds quarrés,
42 Arpents ordinaires de France en font 71 de
Straſbourg.

Suède. La *tunna*, ou baril, *mesure* de bled, se divise dans les *mesures* suivantes :

Tunna.	*Spann.*	*Halfspann.*	*Fierding.*	*Kappe.*	*Kanne.*	*Stop.*	*Qwarter.*	*Jungfre.*
1	2	4	8	32	56	112	448	1,792
	1	2	4	16	28	56	224	896
		1	2	8	14	28	112	448
			1	4	7	14	56	224
				1	$1\frac{3}{4}$	$3\frac{1}{2}$	14	56
					1	2	8	32
						1	4	16
							1	4

La *tunna*, ou baril à bled de *Suède*, jauge $5\frac{3}{5}$ pieds cubes de *Suède*, qui répondent à 7386 pouces cubes de France. La manière de s'en servir, qui est différente pour certaines marchandises, rend cette *mesure* plus ou moins grande dans la proportion que nous allons bientôt remarquer. Nous observerons d'abord que ce baril est une *mesure* quarrée qu'on remplit entièrement du grain qu'on y veut mesurer, & qu'au moyen d'un rouleau de bois, dont on rase les extrémités du baril, la *mesure* se trouve parfaitement juste dans toutes ses parties. On accorde ensuite à l'acheteur, en sus de cette *mesure*, 4 kappes pour chaque baril de froment, seigle, orge, avoine ou pois ; 6 kappes pour chaque baril de drêche, & 2 kappes pour chaque baril de sel ou de chaux vive ; c'est pourquoi l'on compte ordinairement que,

Le baril de froment, seigle, orge, avoine ou pois, contient 63 kannas.

Le baril de drêche, $66\frac{1}{2}$ dites.

Le baril de sel & de chaux, $59\frac{1}{2}$ dites.

Le last d'Amst. contient $111\frac{1}{2}$ kannas de *Suede*.

Le *fuder*, ou tonneau de 4 bariques, se divise de la manière suivante, sçavoir :

Fuder.	*Pypen.*	*Oxhufwud.*	*Ahms.*	*Ambare.*	*Ankares.*	*Kannas.*	*Stops.*	*Qwarters.*	*Jungfres.*
1	2	4	6	12	24	360	720	2,880	11,520
	1	2	3	6	12	180	360	1,440	5,760
		1	$1\frac{1}{2}$	3	6	90	180	720	2,880
			1	2	4	60	120	480	1,920
				1	2	30	60	240	960
					1	15	30	120	480
						1	2	8	32
							1	4	16
								1	4

La *kanna*, ou pot, *mesure* de *Suède* pour les matières liquides, jauge $172\frac{4}{5}$ pouces cubes de *Suède*, qui répondent à 132 pouces cubes de France ; l'eau douce qu'elle peut contenir pèse 5 l. $27\frac{1}{2}$ lods, poids de victuailles, qui répondent à 81 onces, poids de troyes de Hollande.

100 kannas de *Suède* font 220 mingles d'Amsterdam.

Le *mil* de *Suède* est compté pour 18000 aunes de *Suède*, qui répondent à $5483\frac{1}{3}$ toises de France, & l'on prétend en *Suède* que $10\frac{23}{59}$ de ces miles, font un degré de l'équateur.

La *ruthe*, ou perche, est de 8 aunes, 16 pieds, ou 192 pouces.

Le *faum*, ou toise, est de 3 aunes, 6 pieds, ou 72 pouces.

L'aune, ou *allen*, est de 2 pieds de long, & mesure $263\frac{1}{5}$ lignes de France.

Le pied, ou *fotz*, a 12 pouces, ou 144 lignes. On le divise autrement en 10 pouces, le pouce, ou *tumb*, en 10 lignes, & la ligne en 10 parties.

100 aunes de *Suède* font 86 aunes d'Amsterdam, & 100 aunes d'Amsterdam, $116\frac{1}{4}$ aunes de *Suède*.

100 Pieds de *Suède* font $104\frac{4}{9}$ pieds d'Amsterdam, & 100 pieds d'Amsterdam, $95\frac{3}{4}$ pieds de *Suède*.

Le last de poix, cendres, sel de Lunebourg & bière étrangère, est de 12 barils.

Le last de goudron & d'huile de baleine, est de 13 barils.

Le last de sel d'Espagne & de France, de 18 barils.

Le last de harengs, & autres poissons, est de 12 barils, ou 12000 harengs.

Le last de lin, chanvre, cordages, suif & houblon, est de 6 Sk ℔.

Surate. On se sert à *Surate* de deux *mesures*, sçavoir :

La *guesse*, ou *gueze*, qui est la principale, se divise en 24 *tasses*, ou *tassots*, & mesure 305 lignes de France.

Le *covado*, autre *mesure* de *Surate*, est seulement de $209\frac{3}{4}$ lignes : on la nomme aussi *cobido*, ou *cobit* ; or,

11 guesses font égales à 16 cobits ; d'ailleurs, 100 guesses font $99\frac{2}{7}$ aunes d'Amsterdam, & 100 cobits, $68\frac{6}{11}$ dites.

Enfin, pour mesurer les marchandises d'Europe, les draps & les étoffes quelconques de laine, on s'y sert du yard d'Angleterre, dont on compte toujours 105 p.°; ce qui est un avantage de 5 p.° en faveur de l'acheteur. Les François donnent 77 de leurs aunes pour 100 yards.

SURINAM. Les *mesures* d'Amsterdam sont en usage à *Surinam* & dans les autres colonies.

TOULON. La *charge*, mesure de bled, contient 3 setiers, ou $4\frac{1}{2}$ *émines*.

Le last d'Amsterdam contient $28\frac{1}{2}$ émines.

La *millerole*, mesure de vin & autres matières liquides, contient 4 *escandeaux*; elle tient 130 l., poids de marc, d'eau de rivière, & mesure 37 gallons d'Angleterre, 68 pintes de Paris, ou $53\frac{2}{5}$ mingles d'Amsterdam.

Tout le reste est comme à l'article de MARSEILLE.

TREVES. *Voyez* COBLENTZ.

TRIESTE. Le *staro*, mesure de froment, contient 3 *pollonicki*.

Le last d'Amsterdam mesure $39\frac{2}{5}$ stara de *Trieste*.

L'*orne*, mesure pour les liquides, contient 36 boccali; il a la même capacité, à peu près, que l'eimer de Vienne.

L'orne d'huile, pèse 106 à 107 l. de Vienne. Les marchands détailleurs vendent ce liquide par le poids fort de Venise.

100 Boccali font $153\frac{1}{3}$ mingles d'Amsterdam.

100 Mingles, font $65\frac{1}{5}$ boccali de *Trieste*.

L'aune pour les étoffes de laine, y mesure $299\frac{6}{10}$ lignes de France.

Celle pour les étoffes de soie, 284 dites.

18 Aunes des premières en font 19 des dernières.

100 Aunes à laine font $97\frac{9}{10}$ aunes d'Amsterdam, & 100 aunes à soie, $92\frac{5}{6}$ dites.

TRIPOLI. Le *caffiso*, mesure de bled, a 20 *tiberi*, & rend environ 4 staja à Venise.

Le last d'Amsterdam contient $178\frac{7}{10}$ tiberi de *Tripoli*.

Le *mataro* d'huile pèse 42 rotoli.

7 Matari de *Tripoli*, font 10 *miri* de Venise.

100 mingles d'Amsterdam, font $5\frac{3}{4}$ matari de *Tripoli*.

Le pik, ou aune, mesure $2\frac{1}{5}$ palmes de Gènes, ou $244\frac{9}{10}$ lignes de France.

100 piks de *Tripoli*, font 80 aunes d'Amsterdam, & 100 aunes d'Amsterdam, 125 piks de *Tripoli*.

TUNIS. La *caffise*, mesure de bled, contient 18 *weabs*, de 12 *saws* chacun.

Le last d'Amsterdam contient $8\frac{1}{7}$ caffises de *Tunis*.

Le *mataro*, mesure d'huile, contient 2 matares de vin; il pèse 32 rotoles, il mesure 5 gallons d'Angleterre, & répond à 16 mingles d'Amsterdam.

Le *pik*, ou l'aune, pour les étoffes de laine, mesure $298\frac{3}{10}$ lignes de France.

Le *pik*, pour les étoffes de soie, $279\frac{6}{10}$ dites.

Le *pik*, pour les toiles, $209\frac{7}{10}$ dites.

45 Piks à laine, en font 48 à soie, ou 64 à toile.

100 Piks à laine, font $97\frac{1}{2}$ }
100 Piks à soie, $91\frac{1}{3}$ } aunes d'Amsterdam.
100 Piks à toile, $68\frac{1}{2}$ }

TURIN. Le *sac*, mesure de bled, contient 5 émines, 10 quartières, ou 40 coupelles.

L'*émine* a 2 quartières, & la *quartière*, 4 *coupelles*.

Le last d'Amsterdam contient $25\frac{3}{5}$ sacs de Piémont.

Le *carro*, ou *chariou*, mesure pour les matières liquides, a 10 brindes.

Le *brinde*, ou *brenta*, contient 36 pintes, 72 bocales, ou 144 quartins.

La *pinte* a donc 2 bocales, & la *bocale* 2 *quartins*: ainsi,

100 pintes de *Turin* font $131\frac{2}{3}$ mingles d'Amsterdam.

Le *ras*, ou *raso*, aune de Piémont, mesure 265 lignes de France.

Le pied de *Turin*, de 12 pouces, en contient $143\frac{7}{5}$; or,

100 ras de *Turin*, font $86\frac{3}{5}$ aunes d'Amsterdam, & 100 aunes d'Amsterdam $115\frac{1}{2}$ ras de *Turin*.

100 Pieds de *Turin* font $113\frac{2}{3}$ pieds d'Amsterdam.

100 Pieds d'Amsterdam, 88 pieds de *Turin*.

Outre le pied ordinaire, on compte à *Turin* le pied géométrique, pour 10 pouces, & le pied *liprand*, pour 20 pouces.

La journée, mesure d'arpentage, contient 100 tavoles ou tavoli.

La *tavola* contient 4 *trabucs* quarrés; & le trabuc simple mesure 6 pieds liprands, ou 10 pieds ordinaires de *Turin*.

TURQUIE. Le *quillot*, ou *kisloz*, mesure pour le bled, contient 22 okes pesant de froment, & 4 quillots font 1 *fortin*, qui pèse 2 quintaux.

Le last d'Amsterdam répond à 83 quillots: autrement, 100 quillots font 130 scheepels d'Amsterdam.

Le *meter* & l'*alme* sont des *mesures* pour les matières liquides.

Le meter d'huile pèse 8 okes, & nous trouvons que 100 almes répondent à 440 mingles d'Amsterdam.

Le *pik belledy*, ou petite aune de Constantinople, dont on se sert pour les étoffes de fil & de coton, mesure $287\frac{1}{5}$ lignes de pied de roi de France, & le *grand pik*, pour d'autres marchandises, en mesure $296\frac{3}{5}$.

100 Grands piks font $103\frac{1}{4}$ piks belledis, ou environ 97 aunes d'Amsterdam.

100 Piks belledis font $93\frac{7}{8}$ aunes d'Amsterdam, & 100 aunes d'Amsterdam répondent à $103\frac{1}{5}$ grands piks ou $106\frac{1}{2}$ piks belledis de Constantinople.

ULM. L'*immi*, mesure de bled, a 4 *mittlens*, 24 *metzens*, ou 96 *vierteleins*.

Le last d'Amsterdam contient $50\frac{3}{4}$ mittlens d'*Ulm*.

Le *fuder* ou tonneau de vin a 12 eimers. L'*eimer* de cabaret est de 135 maas; & l'eimer, mesuré à la jauge, de 120 maas.

La *ruthe*, ou perche, est de 12 pieds, ou 144 pouces, & le *pouce* de 12 *scrupels*.

L'aune, ou *Elle*, est de 252 lignes ; le pied en mesure 128$\frac{1}{10}$.

100 Aunes d'*Ulm* font 82$\frac{1}{2}$ aunes d'Amsterdam, & 100 pieds d'*Ulm*, 101$\frac{1}{2}$ pieds d'Amsterdam.

VALENCE. Le *cahiz*, mesure de bled, se divise en 12 barchillas, ou en 48 celemines.

La *barchilla* contient 4 celemines, & le *celemin* se divise en 4 quarterones.

Le celemin de *Valence* est avec le celemin ordinaire d'Espagne, en raison de 12 à 13 ; c'est-à-dire, que 12 celemines de Castille, en font 13 de *Valence*.

Le cahiz de *Valence* de 48 celemines, contient donc 3 fanegas 8$\frac{4}{13}$ celemines de Castille.

Le last d'Amsterdam contient par contre, 14$\frac{1}{2}$ cahizes de *Valence*.

La *carga*, mesure de vin de *Valence*, se compose de 15 arrobas, ou *cantaras*.

L'*arroba* a 4 azumbres, dont le poids répond à 36 l. (de 12 onces) de *Valence*.

La *carga*, mesure d'huile, a 12 arrobas, ou *cantaras*, & l'*arroba*, qui est la même que celle pour le vin, se divise en $\frac{1}{2}$ & $\frac{1}{4}$ d'arroba.

La *vara*, mesure d'aunage de *Valence*, est de $\frac{1}{9}$ plus longue que celle de Castille ; elle est ordi-nairement divisée en 4 palmes, & doit avoir 497$\frac{1}{2}$ lignes de France.

100 Varas de *Valence*, font donc 133$\frac{1}{14}$ aunes d'Amsterdam, & 100 aunes d'Amsterdam, 75$\frac{1}{2}$ varas de *Valence*.

La *yugada*, mesure d'arpentage, est de 6 cahizadas, ou de 7200 brazas quarrées.

La *cahizada* a 6 fanegadas, ou 1200 brazas quarrées.

La *fanegada* a 200 brazas quarrées.

La *cuerda* a 20 brazas, ou 45 varas.

La *braza*, ou *braza-real*, a 9 palmos, ou 81 palmos quarrés.

VENISE. Le *staro*, ou *stajo*, mesure de froment qui contient 4 quarti, pèse 132 l., & le *quarto* de ladite mesure, environ 33 l., poids fort.

Le last d'Amsterdam contient 36 stari, ou staji de *Venise*.

Le *migliajo* d'huile, qui contient 40 miri, ne pèse que 1000 l., poids fort ; mais, à raison de sa capacité, il devroit peser relativement au staro, environ 1210 l., & le *mire* 30$\frac{1}{2}$ l., poids fort.

100 Miri d'huile de *Venise* contiennent 1326$\frac{1}{4}$ mingles d'Amsterdam.

Voici les diverses *mesures* pour les matières liquides, sçavoir :

Amphora.	Bigoncie.	Quartari.	Secchie	{	Pesant poids fort de Venise ℔ ou	Engistari.
1	4	16	64		256	1,024
	1	4	16		64	256
		1	4		16	64
			1		4	16
					1	4

La secchie rend environ 6$\frac{1}{2}$ maas à Vienne ; or, 100 secchies de *Venise* font 830 mingles d'Amsterdam.

On fait usage à *Venise*, de deux mesures de longueur, nommées toutes deux braccio, ou brasse, dont celle pour les étoffes de laine mesure 295$\frac{1}{2}$ lignes de France, & l'autre pour les étoffes de soie, 278$\frac{1}{2}$ dites.

Le pied en mesure 154 ; or,

16 Brasses à laine en font 17 à soie. D'autre part,

100 brasses à laine font, 96$\frac{1}{3}$ }

100 dites à soie, 90$\frac{11}{12}$ } aunes d'Amsterd.

100 Pieds de *Venise* font 122$\frac{1}{2}$ pieds d'Amsterdam, & 100 pieds d'Amsterdam, 81$\frac{1}{2}$ pieds de *Venise*.

VERONE. La *minella*, mesure de froment, pèse environ 60 liv., poids fort de Venise ; car 100 minelli font 45$\frac{1}{2}$ stari ou staja de la même ville.

Le last d'Amsterdam contient donc 79$\frac{1}{2}$ minelli de *Verone*.

La *brenta*, mesure de vin, contient 8 bassi.

L'huile se vend cependant par *migliajo* de 40 miri, & cette *mesure* qui contient 1210 l. pesant d'huile net, poids fort de Venise, répond à 1738 l., poids foible de *Verone*.

Le même migliajo contient 8 brenta & 11 bassi, ou en tout, 139 bassi ; ainsi le *miro* mesure 3$\frac{1}{2}$ bassi.

100 Bassi de *Verone* contiennent 380 mingles d'Amsterdam.

La brasse de *Verone* & celle à soie de Venise, ne font qu'une même *mesure*, laquelle répond à 278$\frac{1}{2}$ lignes de France, & dont 100 font 90$\frac{11}{13}$ aunes d'Amsterdam.

VIENNE. Le *muth*, mesure de bled de *Vienne*, contient 30 metzens, 120 *viertels*, ou 240 *achtels*.

La *mesure* originale de cuivre, portant le nom de *metze*, est un cylindre de 14 pouces 11 lignes de diamètre, sur 20 pouces 3 lignes de profondeur en dedans ; ce qui produit 3537 pouces cubes, *mesure* de France ; ainsi,

Le last d'Amsterdam contient 44$\frac{1}{2}$ metzens de *Vienne*.

Le *fuder*, ou tonneau, *mesure* pour les matières liquides, se divise comme suit :

Fuder.	Eimers.	Viertels.	Maas ou Achtrings.	Kœpfen.	Seidels.
1	32	128	1,280	2,240	5,376
	1	4	40	70	168
		1	10	$17\frac{1}{2}$	42
			1	$1\frac{3}{4}$	$4\frac{1}{5}$
				1	$2\frac{2}{5}$

Le *dreyling*, futaille en usage en Autriche, contient 30 *eimers*, 120 *viertels*, 1200 *maas*, 2100 *kœpfen*, ou 5040 *seidels*.

La *mesure* originale du *maas*, ou *achtring* de *Vienne*, est un cylindre de 43 lignes de large, & 89 lignes de profondeur; elle mesure en tout $74\frac{7}{10}$ pouces cubes de France; or,

100 Maas de *Vienne* font $124\frac{1}{3}$ mingles d'Amsterdam.

Le *klafter*, ou toise, mesure 3 aunes, ou 6 pieds de *Vienne*.

L'aune, *Elle*, est de $344\frac{1}{2}$ lignes de France, & le pied, *schuh*, de 142.

100 Aunes de *Vienne*, font $112\frac{7}{12}$ aunes d'Amsterdam, & 100 aunes d'Amsterdam, $88\frac{5}{6}$ aunes de *Vienne*.

100 Pieds de *Vienne*, font $112\frac{2}{3}$ pieds d'Amsterdam, & 100 pieds d'Amsterdam, $88\frac{2}{4}$ pieds de *Vienne*.

Le *joch*, mesure d'arpentage d'Autriche, comprend un terrein qu'on peut labourer avec une charrue dans un jour ordinaire : il est compté pour 1600 klafters, ou toises quarrées de *Vienne*, qui répondent à 56009 pieds quarrés de France.

11 Jochs mesurent donc 19 arpens de France.

WIRTEMBERG. Le *scheffel*, mesure de bled, a 8 *simri*, ou 32 vierlings; & le vierling, qu'on nomme aussi *unzen*, contient 8 *achtels*.

Le last d'Amsterdam, mesure $18\frac{3}{4}$ scheffels de *Wirtemberg*.

Le *fuder*, ou tonneau de vin, a 6 ohms, ou 96 imi, ou *yunen*.

L'ohm contient 16 imis, & l'imi 10 *maass*, ou 40 *schoppen*.

Le pied de *Wirtemberg* est de $130\frac{2}{3}$ lignes de France.

100 Pieds de *Wirtemberg* font $103\frac{1}{2}$ pieds d'Amsterdam, & 100 pieds d'Amsterdam, $96\frac{5}{8}$ pieds de *Wirtemberg*.

La petite *ruthe* de *Wirtemberg* est longue de 12 pieds du Rhyn.

La grande *ruthe*, dite, l'est de 15 pieds dits.

Le petit *morgen* mesure seulement 150 grandes ruthes quarrées, dont chacune a 225 pieds quarrés du Rhyn, qui font 31507 pieds quarrés de France.

Le grand *morgen* contient 400 petites ruthes quarrées, dont chacune a 144 pieds quarrés du Rhyn, qui font 53771 pieds quarrés de France : or, 47 Grands morgens de *Wirtemberg*, font 78

arpens de France, & 36 petits morgens dits, font 35 dits.

WISMAR. Le last de *Wismar* se compose de 8 drœmts, ou de 96 *scheffels*.

Le last d'Amsterdam contient $76\frac{1}{4}$ scheffels de *Wismar*.

L'aune, ou *Elle* de *Wismar*, est de 2 pieds, ou de $258\frac{2}{3}$ lignes de France.

100 Aunes de *Wismar* font $84\frac{4}{9}$ aunes d'Amsterdam, & 100 aunes d'Amsterdam, $118\frac{2}{3}$ aunes de *Wismar*.

100 Pieds de *Wismar* font $102\frac{1}{2}$ pieds d'Amsterdam, & 100 pieds d'Amsterdam, $97\frac{7}{12}$ pieds de *Wismar*.

ZANTE. Le *bazzillo*, mesure de bled, rend $\frac{1}{2}$ sacco à Livourne.

Le last d'Amsterdam contient donc $82\frac{1}{2}$ bazzilli.

On peut voir pour les autres *mesures*, l'article de VENISE.

ZÉLANDE. Les *mesures* de *Zélande* ne diffèrent pas de celles qui sont en usage à Amsterdam.

ZELLE. Le *last*, mesure de bled, y contient $2\frac{1}{2}$ *wispels*, 10 *scheffels*, 100 *himtens*, ou 400 *spints*.

Le last d'Amsterdam contient $93\frac{7}{8}$ himtens de *Zelle*.

Le *stübgen*, principale *mesure* pour les liquides, a 4 *quartiers*, ou 16 *nœssels*, & il contient 8 l. pesant net d'eau claire.

Le tonneau, ou *fass* de bière, a 4 barils, ou *tonnes*, dont chacun contient 26 stübgens.

Le baril de miel mesure $25\frac{1}{2}$ stübgens.

100 Stübgens de *Zelle*, font $326\frac{2}{7}$ mingles d'Amsterdam.

La *ruthe*, mesure de longueur, contient 8 aunes de *Zelle*.

Le *klafter*, ou la toise, y est de 3 aunes, ou 6 pieds.

L'aune, ou *Elle*, a 2 pieds, & mesure 258 lignes de France : le pied en mesure 129.

100 Aunes de *Zelle* font $84\frac{1}{4}$ aunes d'Amsterdam, & 100 aunes d'Amsterdam, $118\frac{1}{3}$ aunes de *Zelle*.

100 Pieds de *Zelle* font $102\frac{2}{3}$ pieds d'Amsterdam, & 100 pieds d'Amsterdam, $97\frac{2}{3}$ pieds de *Zelle*.

ZURICH. La *mütte*, mesure de bled, contient 4 *viertels*, 16 *vierlings*, 36 *immi*, ou 64 *mœssli*.

V

Le *malter*, mesure à fruits, contient 16 viertels, 64 vierlings, ou 156 mœssli.

Le *maas*, mesure de sel, contient 4 viertels.

Le viertel de bled mesure à la jauge, 1042½ pouces cubes de France.

Le viertel de fruits en mesure 1053½, & le viertel de sel, 1159½.

Le last d'Amsterdam contient donc 141⅛ viertels de bled, ou 139⅝ viertels de fruit, ou 126⅞ viertels de sel.

On se sert à *Zurich* de trois mesures, pour les matières liquides, sçavoir:

Le maas vieux mesure 116½ pouces cubes de *Zurich*, ou 92 pouces cubes de France.

Le maas nouveau de cabaret est de 105 1/12 pouces de *Zurich*, ou 82⅖ pouces de France.

Le maas d'huile est de 86 pouces de *Zurich*, ou 67 7/10 pouces de France.

100 Maas vieux, font donc 153⅓ mingles d'Amsterdam.

100 Maas de cabaret, font 138 dites, & 100 maas d'huile, 112⅘ dites.

Le maas n'est, au reste, qu'une partie du saum, qui est la plus grande des mesures dont on fasse usage à *Zurich*.

Le *saum* se divise en 1½ eimer, 6 viertels, 48 kopfs, 96 maas, 192 quartli, ou 384 stotsen. L'eimer a 4 viertels, & le *viertel* 8 kopfs, ou 16 maas.

L'aune de *Zurich*, a 2 pieds de *Zurich*, ou 266 lignes de France.

100 Aunes de *Zurich* font donc 87 aunes d'Amsterdam, & 100 aunes d'Amsterdam, 115 aunes de *Zurich*.

100 Pieds de *Zurich*, font 105⅗ pieds d'Amsterdam, & 100 pieds d'Amsterdam, 94¾ pieds de *Zurich*.

La *ruthe*, ou perche de *Zurich*, est de 10 pieds de long, & le pied de 10 pouces.

Le *juchart*, mesure d'arpentage, est un terrein de 360 ruthes quarrées; or, 18 arpens de terre de France, font 19 jucharts de *Zurich*.

TABLE des mesures rondes, ou pour marchandises seches, leur capacité mesurée en pouces cubes du pied de roi de France, & leur rapport avec le last, mesure de bled d'Amsterdam.

NOMS DES VILLES.	Noms des mesures.	Rapport du last d'Amsterd. nombre 100.	Capacité de chaque mesure, pouc. cub.	NOMS DES VILLES.	Noms des mesures.	Rapport du last d'Amsterd. nombre 100.	Capacité de chaque mesure, pouc. cub.
Abbeville,	setiers	19 2	7736	Argel,	caffises	9 13	16112
Achaye,	medimnos	74 53	1974	Dit.	tarries	14 10	1307
Agen,	sacs	33 36	4409	Arles,	setiers	49 4	3000
Aiguillon,	sacs	41 4	3585	Arnheim,	mouvers	22 2	6681
Aire,	razières	29 10	5074	Arnstadt,	maass	16 25	9052
Aix-la-Chapelle,	fass	121 89	1207	Aschaffenbourg,	malter	22 30	6596
Alby, mesure de ville.	setiers	25 2	5879	Aspern,	sæcke	25 40	5792
Du territoire d'Alby.	setiers	14 63	10056	Aubeterre,	boisseaux	95 9	1547
Alckmaer,	sæcke	36 3	4083	Audierne,	tonneaux	2 "	73432
Alexandrie,	rebibé	18 57	7920	Augsbourg,	schaff	6 64	22150
Dit.	quillots	17 10	8606	Dit.	metzen	53 13	2769
Alicante,	caffises	11 85	12420	Auray,	boisseaux	76 7	1934
Dit.	barsellas	142 15	1035	Auxone,	emines	7 13	20619
Altenbourg,	scheffels	20 75	7989	Avignon,	boisseaux	31 70	4641
Amboise,	boisseaux	266 52	552	Avila,	fanegas	51 5	2881
Amersfordt,	mudden	16 1½	9186	Azores, (isles)	alquiers	243 59	604
Amiens,	setiers	88 84	1656	Basse,	sacs	22 62	6504
Amsterdam,	last	1 "	147120	Barbesieux,	boisseaux	95 9	1547
Dit.	mudden	27 "	5449	Barcelonne,	quarteras	42 47	3464
Dit.	sakken	36 "	4087	Baugency,	mines	60 22	2443
Dit.	scheepels	108 "	1362	Bautzen,	scheffels	26 73	5505
Ancone,	rubbi	10 69	13764	Bayonne,	sacs	35 54	4140
Angleterre,	quarters	10 21	14408	Dit.	conques	71 8	2070
Dit.	bushels	81 69	1801	Beaucaire,	setiers	48 5	3062
Annaberg,	scheffels	74 70	70009	Beaumont,	sacs	38 4	3868
Anvers,	viertels	37 85	3887	Beauvais,	tonneaux	1 50	97989
Apenrade,	tonen	21 29	6909	Bellegarde,	bichets	14 26	10315
Archangel,	czetwers	15 31	9611	Bergame,	stajas	140 92	1044
Arensbourg,	last	" 95	154928				

NOMS DES VILLES.	Noms des mesures.	Rapport du last d'Amsterd. nomb. 100.	Capacité de chaque mesure, pouc. cub.
Bergerac,	pipes	5 44	27076
Berg-op-Zoom,	sisters	63 14	2330
Berg-Saint-Vinox,	razieres	20 60	7140
Berlin,	scheffels	56 50	2604
Berne,	mütt	18 43	7980
Dit,	mass	221 23	665
Bilbao,	fanegas	51 6	2881
Bingen,	malter	15 4	9784
Blois,	boisseaux	380 15	387
Bois-le-Duc,	mouvers	20 52	7170
Bologne en Italie,	corbe	39 55	3720
Bomel,	mudden	18 2	8165
Bommene,	sæcke	38 8	3863
Bordeaux,	boisseaux	38 3	3868
Borcken,	viertels	16 36	8995
Borna,	scheffels	26 33	5588
Boulogne en Picardie,	setiers	16 90	8703
Bourbon-Lancy,	boisseaux	256 75	573
Bourret,	sacs	28 60	5144
Breau,	cartieres	28 60	5144
Breda,	viertels	33 53	4387
Bremen,	scheffels	41 4	3585
Breslau,	scheffels	41 75	3524
Bresse,	quartals	15 85	9283
Brest,	tonneaux	2 11	69624
Briare,	carses	209 27	703
Briel,	sæckes	40 61	3622
Bruges,	hoeden	17 52	8399
Brunswick,	scheffels	9 38	15680
Dit,	himten	93 83	1568
Bruxelles,	sacs	25 3	5879
Buckebourg,	himten	91 95	1600
Budingen,	achtels	22 17	6636
Bueren,	mudden	21 2	6999
Butzbach,	malter	13 42	10960
Cadillac,	sacs	33 37	4409
Cadix,	fanegas	51 6	2881
Cahors,	cartes	100 15	1469
Calabre,	tomoli	57 5	2579
Calais,	setiers	17 56	8380
Campen,	mudden	24 93	5902
Candie,	charges	19 2	7736
Carcassone,	setiers	35 3	4200
Casal en Montferrat,	pacchi	11 97	12285
Cassel,	viertels	20 45	7196
	metzen	327 66	449
Castel-Jaloux,	sacs	35 22	4177
Castel-Naudari,	setiers	41 54	3541
Castelnau-de-Medoc,	quartiere	29 71	4951
Castel-Sarrazin,	sacs	28 39	5183
Castres,	setiers	25 36	5802
Chalais,	boisseaux	95 9	1547
Chalon sur Saone,	biches	15 85	9283
Charité, (la)	boisseaux	152 14	967
Charolles,	boisseaux	120 49	1221
Château-neuf sur Loire,	boiss.	133 14	1105
Chemnitz,	scheffels	19 57	7517
Chipre,	medimne	40 ...	3678
Clerac,	sacs	34 54	4260
Cleve,	malter	16 26	9045
Coblentz,	malter	18 28	8043
Coburg,	simmer	35 3	4200
Colberg,	scheffels	58 73	2505
Colditz,	scheffels	36 75	4003
Cologne,	malter	18 ...	8172
Concarnoth,	tonneaux	2 11	69624
Condom,	sacs	41 4	3585
Constantinople,	kizloz	83 12	1770
Copenhague,	tonnen	20 98	7013
Corbie,	setiers	69 72	2110
Corfou,	moggi	29 23	5037
Corogne,	ferrados	160 ...	919 ½
Corse,	staja	29 61	4968
Dit,	bacini	355 36	414
Cosne,	boisseaux	180 74	814
Creon,	sacs	30 42	4835
Creutzenach,	malter	20 5	7338
Calenbourg,	mudden	21 2	7000
Danemarck,	tonnen	20 98	7013
Dit	skipp	137 37	1071
Pour mesurer le sel,	tonnen	17 17	8571
Dantzick,	scheffels	60 ...	2452
Darmstadt,	malter	29 13	5050
Deckendorff,	schaff	3 6	48064
Dit	vierling	12 24	12016
Delft,	hoeden	1 72	54059
Dit	sakken	29 3	5068
Dit	achtend	87 9	1689
Delitz,	scheffels	54 7	2721
Deux-Ponts,	malter	15 50	9492
Deventer,	mudden	36 3	4083
Dieppe,	Dieppe	28 52	5157
Dixmudde,	razieres	30 55	4819
Donawerth,	schaff	7 3	20940
Dit	metzen	126 50	1163
Dordrecht,	hoeden	3 ...	48992
Dit	sakken	24 2	6124
Dresde,	scheffels	27 56	5338
Duinen,	sakken	33 36	4410
Duisbourg,	mouvers	22 3	6680
Dunkerque, Mesure d'eau.	razieres	18 2	8166
Mesure de terre.	razieres	20 27	7258
Eckernfoerde,	tonnen	21 60	6815

NOMS DES VILLES.	Noms des mesures.	Rapport du last d'Amsterd. nomb. 100.	Capacité de chaque mesure, pouc. cub.
Ecosse,	quarters	70 21	14408
Mesure de froment.	firlots	80 97	1817
Mesure d'orge.	firlots	55 49	2651
Edam.	mudden	27 //	5449
Eglisau,	mütt	31 94	4606
Eilenbourg,	scheffels	45 68	3221
Eisenach,	viertels	29 95	4912
Eisleben,	scheffels	40 32	3649
Elbing,	last	1 1	146984
Embden,	tonnen	15 77	9638
Dit,	werps	61 10	2409
Enckhuysen,	mudden	22 2	6680
Dit,	sakken	44 4	3340
Ens,	metzen	28 51	5160
Epstein,	malter	30 7	4892
Erfort,	scheffels	51 88	2836
Erpach,	malter	20 95	7022
Eschwége,	viertels	20 44	7196
Espagne,	fanegas	51 6	2881
Dit,	celemines	613 //	240
Dit,	quartillas	2452 //	60
Eyder Maass, in Hav.	tonnen	25 60	5748
Eyder Stadt,	tonnen	23 26	6325
Felsberg,	viertels	76 36	8995
Femeren,	scheffels	77 55	1897
Ferrare,	stari	96 54	1524
Ferrol,	fanegas	40 //	3676
Dit,	ferrados	160 //	919½
Flensbourg,	tonnen	21 30	6909
Flessingue,	sakken	40 4	3674
Florence,	staja	123 21	1194
Francfort sur Meyn,	malter	27 2	5444
Freyberg,	scheffels	26 93	5463
Frideberg, sur le Wett.	malter	12 26	12001
Friedrickstadt à Slesvig.	tonnen	23 8	6374
Fritzlar,	viertels	19 24	7646
Fronsac,	sacs	28 53	5157
Fulda,	malter	17 29	8506
Gaillac,	setiers	21 2	7000
Gand,	halsters	56 4	2625
Geissmar,	tonnen	20 44	7196
Gelnhausen,	achtels	22 93	6415
Gênes,	mines	25 2	5879
Genève,	coupes	37 58	3915
Gergeau,	mines	66 57	2210
Gien,	carses	182 53	806
Giessen,	malter	12 77	11520
Gifthorn,	himten	83 17	1769
Gimont,	sacs	20 2	7349
Gluckstadt,	tonnen	20 41	7207

NOMS DES VILLES.	Noms des mesures.	Rapport du last d'Amsterd. nomb. 100.	Capacité de chaque mesure, pouc. cub.
Gœrlitz,	scheffels	20 67	7118
Goes,	sakken	40 3	3675
Gorcum,	mudden	17 26	8521
Goslar,	Himten	79 39	1573
Gouda,	sakken	28 3	5249
Grenade,	savos	30 3	4899
Gravelines,	rezieres	22 2	6681
Grebenau,	malter	9 35	5742
Grebenstein,	viertels	20 44	7196
Greiffswalde,	scheffels	74 91	1964
Gretsyl,	tonnen	15 27	9638
Dit.	verps	61 7	2409
Grimma,	scheffels	28 22	5213
Grizoles,	sacs	29 71	4951
Groningue,	mudden	33 3	4454
Grossetto,	moggia	5 27	27888
Grünberg, de Hesse,	malter	10 47	14053
Grunstadt,	malter	27 95	5263
Gudensberg,	viertels	17 52	8396
Guldelheim,	malter	23 60	6234
Hadersleben,	tonnen	21 30	6909
Hailsbrunn,	malter	9 66	15222
Halle sur la Sâle,	scheffel	36 75	4003
Hambourg,	last	4 // 92½	159360
Dit.	sæcke	13 85	10624
Dit.	scheffels	27 70	5312
Mesure de sel,	tonnen	15 56	9450
Hamelbourg,	malter	17 1	8648
Hanau,	malter	25 93	5674
Hanovre,	himten	93 82	1568
Dit Drittel.	metzen	281 48	521¼
Harderwick,	mudden	29 88	4923
Harlem,	sakken	38 3	3868
Harlingen,	mudden	33 3	4454
Heslau & Haseldorf,	tonnen	22 15	6640
Dits.	himten	88 62	1660
Havre-de-Grace,	boisseaux	84 40	1743
Heidelberg,	malter	28 33	5191
Heilbronn,	malter	26 48	55555
Helmershausen,	viertels	20 44	7196
Hennebour,	tonneaux	1 59	92832
Hersfeldt,	viertels	17 17	8569
Heusden,	mudden	17 26	8521
Hildesheim,	himten	112 56	1307
Hirtch-Horn,	malter	26 41	5571
Hochstraten,	viertels	34 41	4276
Hohensolms,	malter	12 47	11804
Holstein, mes. de prince	tonnen	24 62	5976
Dit.	scheffels	73 86	1992
Mesure de gentilh.	tonnen	22 16	6640
Dit.	himten	88 62	1660

NOMS DES VILLES.	Noms des mesures.	Rapport du last d'Amsterd. nombr. 100.	Capacité de chaque mesure, pouc. cub.	NOMS DES VILLES.	Noms des mesures.	Rapport du last d'Amsterd. nombr. 100.	Capacité de chaque mesure, pouc. cub.
Holstein, mesure de roi.	tonnen	23 54	6250	Lunebourg, . . .	scheffels	46 91	3136
Dit.	himten	94 16	1562	Dit.	himten	93 83	1568
Homberg en Hesse, .	viertels	16 36	8995	Lyon, ...	anées	15 21	9670
Honfleur, ...	boisseaux	74 45	1976	Mâcon, ...	anées	11 41	12893
Horn, ...	sakken	44 5	3340	Madère, ...	alquières	260 39	565
Hull, ...	quarters	10 19	13143	Magdebourg, . .	scheffils	56 49	2604
Husum, ...	tonnen	19 94	7379	Majorque, . . .	quarteras	43 42	3388
Ingolstadt, . . .	schaff	2 82	52109	Malaga, . . .	fanegas	48 14	3056
Irlande, . . .	quarters	10 21	14408	Malthe, . . .	salmes	10 96	13429
Iselstein, . . .	mudden	20 2	7349	Manfredonia, . .	carres	1 55	94730
				Manheim, . . .	malter	28 33	5192
Kaiserslautern, . .	malter	24 18	6084	Mantoue, . . .	stari	83 84	1756
Kiel, ...	tonnen	24 62	5976	Maran, . . .	tonneaux	2 11	69624
Dit.	scheffels	73 86	1992	Marema di Sienna, .	moggio	5 47	26857
Konigsberg, {mes. vieil.	scheffels	60 11 11	2452	Marseille, . . .	charges	18 46	7968
{mes. neuv.	scheffels	56 50	2604	Mas d'Agenois, . .	sacs	36 57	4023
Krautheim, . . .	malter	15 14	9721	Mastrick, . . .	setiers	128 71	1143
Ladenbourg, . . .	malter	28 33	5192	Mayence, . . .	malter	30 7	4892
Laland, . . .	tonnen	21 23	6929	Mecheln, . . .	viertels	34 54	4260
Langensalza, . . .	scheffels	67 98	2164	Mecklenbourg, . .	scheffels	68 75	2140
Lanion, . . .	tonneaux	1 90	77360	Meissen, mes. de ville.	scheffels	27 66	5338
Lavenbourg, . . .	sæcke	17 6	8624	Mes. de jurisdiction.	scheffels	28 49	5161
Lautrech, . . .	malter	22 1	6684	Melsungen, . . .	viertels	16 35	8995
Lavaur, . . .	setiers	21 2	7000	Memel, . . .	scheffels	60 29	2440
Leer, . . .	tonnen	15 26	9638	Mergenthal, . .	malter	15 14	9721
Dit. . . .	verps	61 6	2409	Mersebourg, . .	scheffels	16 72	8799
Leerdam, , . . .	midden	17 26	8521	Dit. . . .	heinzes	33 44	4400
Leide, . . .	sakken	44 5	3340	Mesures juives, .	letech	20 43	7200
Leipsick, . . .	scheffels	21 11 11	7006	Dites	epha	102 17	1440
Leuwarden, . . .	mudden	33 3	4454	Dites	seah	306 50	480
Libau, . . .	loof	46 59	3158	Dites	gomor	1021 67	144
Libourne, . . .	sacs	35 4	4199	Dites	cap	1839 11 11	80
Lich, . . .	agtel	30 46	4819	Middelbourg, . .	sakken	41 54	3542
Liebenaw en Hesse, .	viertels	20 44	7196	Milan, . . .	moggio	21 9	6976
Liège, . . .	setiers	97 49	1509	Livourne, . . .	staja	168 71	872
Lille, . . .	razières	41 5	3584	Dit. . . .	starelli	337 43	436
Linz, . . .	metzen	22 81	6450	Miltenberg, . .	malter	19 62	7496
Lippe, (comté de) .	scheffels	68 33	2153	Minden, . . .	malter	18 83	7812
Lisbonne, . . .	alquières	217 96	675	Modene, . . .	staja	41 54	3541
Dit.	moyos	3 63	40500	Moissac, . . .	sacs	30 3	4899
Livourne. . . .	sacca	41 8	3581	Montauban, . .	sacs	30 43	4835
Dit. . . .	staja	23 25	1194	Dit. . . .	setiers	13 58	10830
Lorraine. Voy. Nancy.				Monfort, . . .	mudden	21 2	7000
Londres, . . .	quarters	10 21	14408	Montpellier, . .	setiers	57 4	2579
mesure de terre.	bushels	81 69	1801	Dit, . . .	emines	114 9	1289
mesure de mer, .	bushels	65 36	2251	Montreuil, . .	boisseaux	342 14	430
Louvain, . . .	mudden	27 11 11	5449	Morlaix, . . .	tonneaux	2 2	73492
Luckan, . . .	scheffels	20 67	7118	Dit, . . .	boisseaux	55 10	2670
Lucque, . . .	staja	119 3	1236	Mosbach sur le Neker,	malter	23 60	6234
Lubben, . . .	scheffels	20 67	7118	Muhlhausen, . .	viertels	57 99	2537
Lubeck, m. de seigle	scheffels	87 37	1684	Munich, schaff ou	scheffels	8 5	18282
mesure de dreche, .	scheffels	74 91	1964	Munickendam, . .	mudden	27 11	5449
mesure d'avoine, .	scheffels	74 38	1978	Munzenberg, . .	malter	13 42	10960

NOMS DES VILLES.	Noms des mesures.	Rapport du last d'Amsterd. nomb. 100.		Capacité de chaque mesure, pouc. cub.
Muyden, ...	mudden	22	2	6680
Dit.	fakke	44	5	3340
Nancy, ...	reales	15	23	9660
Dit.	cartes	60	92	2415
Nantes, ...	tonneaux	2	4	12203
Dit.	fetiers	20	38	7220
Naples, ...	carri	1	59	92844
Dit.	tomoli	57	5	2579
Narbonne, ...	fetiers	39	71	3795
Narden, ...	mudden	22	2	6680
Dit.	fakken	44	5	3340
Narva, ...	tonnen	18	////	8172
Naumbourg, ...	fcheffels	37	80	3892
Neckar-Gemund, ...	malter	28	34	5192
Neckars-Elz, ...	malter	23	60	6234
Négrepeliffe, ...	fetiers	12	4	12222
Dit.	facs	24	8	6111
Négrepont, ...	kizloz	96	22	1529
Nérac, ...	facs	33	37	4409
Neubourg, ...	fchaff	2	61	56289
Dit.	metzen	62	74	2345
Nevers, ...	boiffeaux	152	14	967
Newcaftel, ...	quarters	10	21	14408
Neda en Galice, ...	ferrados	162	3	908
Nidda, ...	malter	10	96	13493
Nieuport, ...	razieres	17	52	8391
Nimegue, ...	mouvers	21	77	6758
Nice, ...	ftaja	75	76	1942
Noirmoutier, ...	tonneaux	2	////	73492
Nordhaufen, ...	fcheffels	67	86	2168
Nuremberg, ...	fummers	8	77	16775
Numbourg, ...	achtels	27	46	5358
Ober-Rofback, ...	malter	12	93	11378
Oefel, (ifle de)	laft	////	95	154928
Oldenbourg fur la Hunte,	tonnen	16	38	8985
Oppenheim, ...	malter	26	30	5595
Orleans, ...	muids	7	61	19340
Ofchats, ...	fcheffels	25	99	5661
Ofnabruck, ...	himten	10	67	1447
Oftende, ...	razieres	16	62	8853
Oft-Frife, ...	laft	1	11	132804
Oudewater, ...	mudden	21	2	7000
Oviedo, ...	fanegas	38	30	3841
Dit, mefure caft.	fanegas	51	6	2881
Paris, ...	muid	1	59	92831
Dit.	fetiers	19	2	7736
Dit.	boiffeaux	228	12	644 2/3
Mefure d'avoine.	fetiers	9	51	15471
Paffau, ...	fchaf	1	52	96570
Dit.	fechfling	9	14	16095

NOMS DES VILLES.	Noms des mesures.	Rapport du last d'Amsterd. nomb. 100.		Capacité de chaque mesure, pouc. cub.
Patras, ...	ftara	35	54	4140
Dit.	bachels	97	49	1509
Pegau, ...	fcheffels	34	37	4280
Perigueux, ...	boiffeaux	95	9	1547
Pernau, ...	tonnen	23	4	6385
Dit.	loofs	46	8	3192
Mefure de gr. de lin.	tonnen	26	34	5586
Perfe, ...	arrobas	44	77	3286
Piémont, ...	facca	27	42	5366
Pirna, ...	fcheffels	26	72	5505
Plauen, ...	fcheffels	18	92	7778
Pleffe, ...	viertels	19	67	7528
Pologne, ...	laft	////	95	154700
Pont-L'abbé, ...	tonneaux	2	2	73492
Port-Louis, ...	tonneaux	1	55	94766
Porto, ...	alqueires	179	25	830
Pouille, ...	tomoli	57	5	2579
Prague, ...	ftrich	30	92	4759
Dit.	viertels	123	63	1190
Mefure du pays,	ftrich	31	98	4600
Purmerent, ...	mudden	27	//	5449
Querfurt, ...	fcheffels	55	12	2669
Quiberont, ...	tonneaux	2	2	73492
Quimper-Corentin, ...	tonneaux	2	2	73492
Quinperlay, ...	tonneaux	1	55	94766
Rabaftens, ...	fetiers	17	2	8646
Ratisbonne, {	fchaff	2	78	52961
{	metzen	88	89	1655
Ravenne, ...	rubbi	10	47	14044
Realmont, ...	fetiers	22	91	6421
Realville, ...	facs	25	2	5879
Redon, ...	tonneaux	1	97	74788
Rendfbourg, mefure de roi. {	tonnen	23	54	6250
Dit.	himten	94	15	1562
Rennes, ...	tonneaux	2	4	72203
Reole, ...	facs	30	4	4898
Revel, ...	tonnen	24	60	5964
Reinfelds, ...	malter	15	58	9445
Rhenen, ...	mudden	20	2	7349
Riberac, ...	boiffeaux	95	9	1547
Riga, ...	loofs	44	79	3285
Dit.	tonnen	22	39	6570
Rimini, ...	rubbi	10	47	14044
Rinteln, ...	malter	17	46	8427
Roanne, ...	boiffeaux	152	14	967
Rochelle, (la)	tonneaux	2	11	69624
Dit.	boiffeaux	88	73	1658
Rochlitz, ...	rochlitz	27	56	5338
Romagne, ...	ftari	32	31	4553

NOMS DES VILLES.	Noms des mesures.	Rapport du last d'Amsterd. nomb. 100.	Capacité de chaque mesure, pouc. cub.
Rome, ...	rubbi	10 66	13796
Dit.	quartes	42 66	3449
Mesure ancienne.	modii	322 63	456
Rosenthal en Hesse, . .	malter	7 93	18551
Rostock , ...	scheffels	82 24	1789
Rothenbourg } Sur la Fulda.	viertels	16 36	8995
Rotterdam , . . .	hoeden	2 72	54059
Dit.	sakken	29 3	5068
Dit.	achtend.	87 8	1689
Rouen , ...	muids	1 36	108237
Dit.	setiers	16 31	9020
Dit.	mines	32 62	4510
Dit.	boisseaux	130 48	128
Royen, ...	quartiers	29 3	5068
Ruremonde , . . .	scheffels	68 8	2161
Russie , ...	czetwers	14 96	9832
Dit.	czetwer.	119 70	1229
Sabbabourg, . . .	viertels	20 44	7196
S. Ander , . . .	fanegas	51 6	2881
S. Brieu , . . .	tonneaux	1 92	77360
S. Gall , ...	charges	40 4	3674
S. Gille , . . .	charges	40 4	3674
S. Goaz , ...	malter	15 15	9713
S. Jean de Laune , .	emines	6 34	23208
S. Malo , ...	tonneaux	2 11	69624
S. Michel , (Azores)	alquières	240 39	612
S. Omer , . . .	razières	22 52	6532
S. Petersbourg , . .	czetwers	14 96	9832
Dit.	czetwer.	119 71	1229
S. Sebastien , . .	fanegas	48 92	3007
S. Valery sur somme ,	setiers	19 2½	7736
Saumur , ...	setiers	19 2⅔	7736
Sardaigne , . . .	starelli	59 54	2471
Schafhausen , . . .	mutt	31 94	4606
Schauembourg, . . .	himten	90 1	1633
Schiedam , . . .	sakke	29 3	5068
Dit.	achtend	87 8	1689
Schleswig , . . .	tonnen	22 20	6627
Schleusingen , . . .	malter	13 32	11047
Schmalcalde , . . .	viertels	20 13	7307
Schoonhoven , . . .	mudden	21 2	7000
Schoten, ...	malter	10 47	14053
Schwartzach , . . .	malter	23 60	6234
Seville , ...	fanegas	51 7	2881
Sicile , mesure grande.	salmes	8 80	16716
mesure générale.	salmes	10 96	13420
mesure grande.	tomoli	140 78	1045
mesure générale.	tomoli	175 35	839
Smirne , ...	quillots	83 12	1770
Sontra , ...	viertels	17 52	8396
Spangenberg , . . .	viertels	16 36	8995
Speyer , ...	malter	26 41	5571
Steenbergen , . . .	viertels	35 3	4200
Stettin , ...	scheffels	56 50	2604
Stickhusen , . . .	tonnen	15 26	9638
Dit.	verps	61 6	2409½
Stolberg , ...	viertels	63 63	2312
Stolpe , ...	scheffels	26 72	5505
Stralsund , ...	scheffels	74 91	1964
Dit.	tonnen	24 97	5892
Strasbourg , m. de ville.	sesters	159 22	914
mes. de campagne.	sesters	154 38	953
Straubing , . . .	schaff	3 23	45508
Dit.	vierling	64 66	2275
Suède , ...	tonnen	19 92	7386
mesure de bled.	tonnen	17 70	8310
mesure de dreche.	tonnen	16 77	8771
mes. de chaux & de sel.	tonnen	18 75	7848
mesure ordinaire.	kappor	636 88	231
Dite.	kanas	1114 55	132
Sully , ...	carses	182 53	806
Tallemont , . . .	sacs	31 69	4642
Tarascone , . . .	charges	51 5	2882
Tarragone , . . .	setiers	51 69	2846
Ter-Tolen , . . .	sakken	37 53	3920
Ter-Veer , . . .	sakken	39 4	3768
Tiel , ...	mudden	21 2	7000
Tœningen , . . .	tonnen	24 2	6124
Tœndern , ...	tonnen	18 74	7849
Tongres , ...	mudden	15 1	9799
Torgau , ...	scheffels	44 10	3336
Tornhout , . . .	viertels	34 70	4240
Tortose , ...	quartos	32 86	4477
Toscane , . . .	moggii	5 48	26857
Toulon , ...	charges	6 34	23206
Dit.	emines	28 53	5157
Toulouse , . . .	setiers	26 2	5653
Tournon , ...	sacs	39 62	3713
Tournus , ...	bichets	11 88	12378
Tours , ...	boisseaux	271 44	542
Treffurt , ...	viertels	27 78	5295
Treptau , ...	scheffels	58 73	2505
Trieste , ...	stara	39 39	3735
Tripoli de Barbarie ,	caffises	8 93	16472
Dit.	tiberi	178 63	824
Tunis , ...	caffises	8 14	18051
Turin , ...	sacci	25 39	5795
Dit.	staja	76 16	1932
Dit.	mines	152 32	966
Ulm , ...	ymy	12 70	11584
Dit.	mittlen	50 80	2896
Dit.	metzen	304 80	483
Ulrichstein , . . .	malter	10 47	14053
Umstadt , ...	malter	26 64	5523

NOMS DES VILLES.	Noms des mesures.	Rapport du last. d'Amsterd. nomb. 200.	Capacité de chaque mesure, pouc. cub.	NOMS DES VILLES.	Noms des mesures.	Rapport du last. d'Amsterd. nombr. 200.	Capacité de chaque mesure, pouc. cub.
Utrecht, ...	mudden	25 2	5879	Wetzlar, ...	malter	12 46	11804
				Wimpffen, ...	malter	23 60	6234
Vacha, ...	viertels	18 5	8151	Winchester, ...	bushels	82 75	1778
Valence en Espagne,	caffises	14 60	10080	Windau, ...	loofs	46 59	3158
Dite.	barsellas	175 20	840	Wintherthur, . . .	viertels	120 62	1219½
Valenciennes, . .	nyturs	40 62	3622	Dit, mesure d'avoine.	viertels	105 63	1392⅔
Vannes, ...	tonneau	1 90	77360	Wisbaden, ...	malter	30 8	4892
Venise, ...	staja	36 ⫫⫫	4086	Witgenstein, . . .	malter	13 44	10946
Venlo, ...	mouvers	21 62	6805	Wittemberg, . . .	scheffels	55 12	2669
Verdun, ...	bichets.	15 21	9670	Witzenhausen, . .	viertels	17 52	8396
Verone, ...	minelli	79 14	1859	Wolfhague, ...	viertels	20 44	7196
Viana, ...	alqueires	170 ⫫⫫	865½	Wolgast, ...	scheffels	72 1	2043
Vianen, ...	mudden	20 2	7349	Worcum, ...	sakken	23 52	6254
Vienne en Autriche,	muth	1 38	106110	Worms, ...	malten	27 95	5263
Dite. . . .	metzen	41 60	3537	Wurtzen, ...	scheffels	41 33	3560
Dite. . . .	viertels	166 40	884	Wyck, te Duerstede,	mudden	20 20	7349
Villemur, ...	sacs	29 71	4951				
Villeneuve d'Agenois,	boisseaux	35 88	4100	Yarmouth, ...	quarters	11 19	13143
Vilshofen, . . .	schaff	3 ⫫⫫	49072	Zante, ...	bazzili	82 19	1790
Vismar, ...	scheffels	76 23	1930	Zelle, ...	scheffels	9 38	15680
				Dit. . . .	himten	93 83	1568
Waldkapel, . . .	viertels	16 35	8995	Ziegenheim, . . .	viertels	21 85	6733
Wandfried, . . .	viertels	20 44	7196	Zierenberg, . . .	viertels	20 44	7196
Weilbourg, . . .	achtels	26 33	5587	Zirich-Zee, . . .	sakke	37 53	3920
Weimar, ...	scheffels	32 77	4490	Zurich, ...	mütte	35 28	4170
Weissenfels, . . .	scheffels	16 64	8841	Dit. . . .	viertels	141 12	1041½
Wernigerode, . .	scheffels	55 12	2669	Dit, mesure de sel.	viertels	126 88	1159½
Wesop, ...	mudden	22 2	6680	Zwickau, ...	scheffels	43 51	3381
Dit. . . .	sakken	44 4	3340	Zwingenberg, . . .	malter	23 60	6234
Wetter, ...	malter	7 93	18551	Zwolle, ...	sakke	26 3	5653

TABLE des mesures *pour les matières liquides ; leur contenance mesurée par pouces cubes de France, & leur rapport avec l'aam de 21 veltes, mesure d'Amsterdam.*

NOMS DES VILLES.	Noms des mesures.	Rapport de l'aam d'Amsterd. nomb.1000.	contenance de chaque mesure, pouc. cub.	NOMS DES VILLES.	Noms des mesures.	Rapport de l'aam d'Amsterd. nomb.1000.	Contenance de chaque mesure, pouc. cub.
Achaye, ...	metretes	3 889	1974	Basle, *mesure vieille*, .	pots	97 215	79
Altona, *de 32 stubgens*,	tonnes	2 314	5844	Dit, *mesure neuve*, .	pots	121 905	63
Amsterdam, . . .	aams	1 ⫫⫫⫫	7680	Barcelone, ...	cargas	1 5	7640
Dit	stekan	8 ⫫⫫⫫	960	Bari, *mesure d'huile*, .	salme	⫫⫫ 921	8340
Dit	viertels	21 ⫫⫫⫫	366	Dit	staja	9 210	834
Dit	stoopen	64 ⫫⫫⫫	120	Bayonne, ...	veltes	16 516	465
Dit	mingles	128 ⫫⫫⫫	60	Berlin, *quart* ou .	maass	132 414	58
Dit	pintes	256 ⫫⫫⫫	30	Berne, ...	maass	92 371	83⅐
Ancone, ...	boccali	106 667	72	Blois, ...	queue	⫫⫫ 376	20428
Anjou, ...	pipe	⫫⫫⫫ 376	20428	Dit	quartauts	1 504	5107
Anvers, ...	stoopen	48 302	159	Bologne, ...	corbes	2 65	3720

Bologne

NOMS DES VILLES.	Noms des mesures.	Rapport de l'aam d'Amsterd. nomb. 2000.	Contenance de chaque mesure, pouc. cub.
Bologne,	*boccali*	123 871	62
Bordeaux,	*barique*	//// 640	12000
Dite,	*veltes*	20 480	375
Dite.	*pots*	70 459	109
Bourgogne,	*queue*	//// 370	20736
Bremen,	*stübgen*	48 ////	160
Dit.	*mengel*	768 1	10
Breslau,	*eimers*	2 742	2800
Dit.	*quarts*	219 429	35
Brunsvick,	*stübgen*	41 514	185
Dit.	*quartiers*	166 56	$46\frac{1}{4}$
Cadix, *mesure de vin.*	*arrobas*	9 673	794
Dit.	*azumbres*	77 778	$99\frac{1}{4}$
Dit, *mesure d'huile.*	*arrobas*	12 387	620
Dit.	*qüarteras*	49 548	155
Canaries,	*pipa*	// 347	22156
Candie, *mesure d'huile*,	*mistalis*	13 641	563
Dit.	*okes*	116 364	66
Cassel,	*viertels*	18 359	413
Dit.	*maass*	73 412	103
Cette. *Voy.* Montpellier.			
Champagne,	*queue*	/// 423	18161
Dite.	*quartaut*	1 692	4540
Cognac,	*barique*	/// 874	8786
Dit.	*veltes*	23 631	325
Cologne, sur le Rhyn,	*ohm*	// 978	7849
Dite.	*viertels*	25 430	302
Dite.	*maass*	101 728	$75\frac{1}{2}$
Dite.	*pintger*	406 880	19
Constantinople,	*alms*	29 91	264
Culm,	*stofs*	106 175	$72\frac{1}{2}$
Danemarck,	*aam*	1 18	7548
Dit, *mesure de bière.*	*tænder*	1 159	6624
M. de goud., du Nord.	*tænder*	1 314	5844
Dit, *mesure de vin.*	*anker*	4 70	1887
Dit.	*kannen*	80 ////	$97\frac{2}{5}$
Dit.	*potten*	160 ////	$48\frac{7}{10}$
Dit.	*pœle*	640 ////	12
Dantzick, *mes. de bière.*	*stofs*	66 207	116
Dit, *mes. de vin.*	*stofs*	88 786	$86\frac{1}{2}$
Dit, *mesure de lait.*	*stofs*	91 429	84
Dijon,	*queue*	/// 375	20428
Dit.	*quartaut*	1 504	5107
Dresde, *mes. de bière.*	*tonnen*	1 550	4956
Dite, *mes. ordinaire.*	*eimer*	2 260	3398
Dite.	*ankres*	4 520	699
Dite, *grande mesure.*	*kanen*	108 475	$70\frac{4}{5}$
Dite, *petite mesure.*	*kanen*	162 712	$47\frac{1}{5}$
Dite, *mes. ordinaire.*	*nœsel*	325 424	$23\frac{3}{5}$
Dunkerque,	*pots*	67 369	114
Écosse,	*pintes*	89 825	$85\frac{1}{2}$

NOMS DES VILLES.	Noms des mesures.	Rapport de l'aam d'Amsterd. nomb. 2000.	Contenance de chaque mesure, pouc. cub.
Églisau,	*maass*	116 364	66
Espagne,	*bota*	// 322	23820
Dite	*pipa*	// 396	21392
Dite, *mesure de vin.*	*arrobas*	9 672	794
Dite	*azumbre*	7 380	$99\frac{1}{4}$
Dite, *mesure d'huile*	*arrobes*	12 387	620
Dite	*qüarteras*	49 548	155
Ferrare,	*mastelli*	1 860	4128
Dite	*secchie*	14 880	516
Florence, *mes. d'huile.*	*barili*	4 788	1604
Dite *mesure de vin.*	*barili*	3 830	2005
Dite	*fiaschi*	76 800	100
Dite	*boccali*	153 600	50
Francfort sur Meyn,	*ohm*	1 33	7436
Dit	*viertels*	20 870	372
Dit	*maass*	83 480	93
Dit	*schoppen*	333 913	23
Gallipoli,	*salma*	// 989	7766
Gènes, *mesure d'huile.*	*barili*	2 373	3236
Dite	*rubbi*	17 819	431
Dite, *mesure de vin.*	*barili*	1 765	4351
Dite	*pinte*	88 276	87
Genève,	*setiers*	3 333	2304
Dite	*quarts*	80 ////	96
Dite	*pots*	160 ////	48
Gotha,	*stübgen*	44 912	171
Dit	*kanen*	89 825	$85\frac{1}{2}$
Dit	*nœsel*	359 300	$21\frac{3}{8}$
Hambourg,	*ahm*	1 52	7300
Dit	*ancres*	4 208	1825
Dit	*eimers*	5 260	1460
Dit	*viertels*	21 41	365
Dit	*stubgens*	42 82	$182\frac{1}{2}$
Dit	*kannen*	84 164	$91\frac{1}{4}$
Dit	*quartiers*	168 328	$45\frac{5}{8}$
Dit	*cessels*	336 656	23
Dit, *mesure de bière*	*tonnen*	// 877	8760
Dit, *m. d'huile de bal.*	*tonnen*	1 315	5840
Hanovre,	*eimers*	2 449	3136
Dite	*ancres*	3 918	1960
Dite	*stübgens*	39 184	196
Dite . . . *maass* ou	*kannen*	78 368	98
Dite	*quartiers*	156 736	49
Dite, *mesure de miel.*	*tonnen*	1 537	4998
Dite, *mes. de bière.*	*tonnen*	1 507	5096
Heidelberg,	*viertels*	16 516	465
Dit	*maass*	66 64	$116\frac{1}{4}$
Hongrie, *mesure ordin.*	*eimers*	2 80	3696
Dit	*anthals*	3 14	2548
Haute-Hongrie *mesure de vin.*	*eimers*	2 8	3824

NOMS DES VILLES.	Noms des mesures.	Rapport de l'aam d'Amsterd. nomb. 1000.	Contenance de chaque mesure, pouc. cub.
Basse-Hongrie, mesure de vin.	eimers	2 677	2868
Itzehoe, ...	tonnen	1 314	5844
Konigsberg, ...	stofs	106 175	72 1/3
Dit, . . . quaris ou	maass	132 719	58
Leipsick, ...	eimers	2 8	3824
Dit	ancre	4 17	1912
Dit, mesure de bière	tonnen	1 687	4552
Dit, mes. à la jauge.	kannen	108 475	70 4/5
Dit, mes. de cabaret.	kannen	126 524	60 7/10
Dit, mes. ordinaire .	noesel	253 48	30 7/20
Dit, mes. de Dresde.	kannen	167 712	47 2/5
Lille, ...	lots	67 368	114
Lisbonne, ...	almudes	8 930	860
Dite	alquieres	17 860	430
Dite	canadas	107 160	71 2/3
Dite	quartillos	428 640	17 9/10
Livourne, mes. d'huile.	barili	4 788	1604
Dite, mesure de vin.	barili	3 626	2118
Dite	tiasci	72 453	106
Dite	bocali	144 906	53
Londres, mesure de vin.	tun	‖ 160	48136
Dite, mesure d'huile.	tun	‖ 170	45080
Dite, mesure de vin.	hogsheads	‖ 640	12034
Dite, m. de bière, alc.	hogsheads	‖ 686	11193
Dite, m. de bière ord.	hogsheads	‖ 610	12592
Dite, même mesure .	gallons	32 960	233
Dite	pints	263 690	29 1/2
Dite, mes. de vin, d'huile d'olive & d'huile de baleine.	gallons	40 210	191
Dite	pints	321 680	23 7/8
Lubeck, ...	viertels	21 41	365
Dit	stübgen	42 82	182 1/2
Dit	kannen	84 164	91 1/4
Dit	quartier	168 328	45 1/2
Dit	planken	336 656	23
Lucques, mes. d'huile.	copi	1 526	5034
Lyon, ...	pots	162 417	47 2/7
Mâcon, ...	queue	‖ 376	20428
Dit	quarrauts	5 504	5107
Mallorque, m. d'huile.	quartan	36 923	208
Mantoue, mes. d'huile.	moggia	1 368	5614
Marseille, mes. de vin & d'huile.	milleroles	2 551	3010
Dite, mesure d'huile.	escand.	10 204	752 1/2
Dite, mesure de vin.	pots	153 600	50
Massa, mesure d'huile.	barili	4 300	1786
Mayence, ...	maass	81 702	94

NOMS DES VILLES.	Noms des mesures.	Rapport de l'aam d'Amsterd. nomb. 1000.	Contenance de chaque mesure, pouc. cub.
Messine, mesure de vin.	salmes	1 763	4357
Dit, mesure d'huile .	caffisi	17 627	435 7/10
Minorque, ...	bariles	4 836	1588
Dite	quartillos	26 575	289
Mocca, ...	menecdas	106 667	72
Montpellier, mes. de vin.	setiers	4 510	1703
Dit	barals	6 14	1277
Dit	pots	144 906	53
Dit, mesure d'huile .	barals	4 85	1880
Dit	quartals	16 340	470
Dit	pots	130 720	59
Naples, mesure d'huile.	salma	‖ 821	9359
Dite	staja	8 206	936
Naples, mes. de vin & d'eau-de-vie.	barili	3 452	2225
Dite	caraffe	207 568	37
Narva, ...	stofs	118 154	65
Nice, mes. d'huile .	rubbi	18 28	426
Nord, mes. de goudron.	tonnen	1 314	5844
Nuremberg, ...	eimer	2 268	3385
Dit, mes. à la jauge.	maass	144 906	53
Dit	seidel	289 812	26 1/2
Dit, mes. de cabaret.	maass	153 600	50
Dit	seidel	307 200	25
Nuys, ...	queue	‖ 376	20428
Dit	quartauts	1 504	5107
Oneglia, mes. d'huile .	barili	2 455	3128
Orléans, ...	queues	‖ 376	20428
Dit	quartauts	1 504	5107
Osnabruck, maass ou .	kannen	124 878	61 1/2
Paris, ...	setiers	20 317 1/2	378
Dit	quartes	81 270	94 1/2
Dit	pintes	162 540	47 1/4
Dit	chopines	325 80	23 5/8
Dit	poissons	1300 320	5 9/10
Pernau, ...	stofs	118 154	65
Porto, ...	canadas	81 702	94
Pola en Italie, . . .	salma	1 10	7604
Pouille, (la)	salme	‖ 989	7766
Dite	staja	9 890	777
Prague, ...	eimer	2 500	3072
Dit	pint	80 ‖	96
Dit	seidel	320 ‖	24
Ratisbonne, grande mes.	eimer	1 324	5721
Dite, m. de montagne.	eimers	1 737	4421
Dite, mes. médiocre .	eimer	1 846	4161
Dite, mes. ordinaire.	viertels	42 905	179
Dite	koepfe	118 154	65
Dite	seidel	236 308	32 1/3
Revel, ...	ancres	4 267	1800
Dit	stofs	128 ‖	60

NOMS DES VILLES.	Noms des mesures.	Rapport de l'aam d'Amsterd. nomb. 1000.	Contenance de chaque mesure, pouc. cub.
Rhé, (isle de,)	barique	4 11 70	10950
Riga,	ancres	4 197	1830
Dit.	stofs	125 902	61
Rochelle, (la)	barique	4 11 874	8786
Dit.	veltes	23 63	325
Rome, mesure ancienne.	amphore	5 606	1370
Dite, mesure moderne.	boccali	116 364	66
Dite	foglietti	465 456	16 1/2
Rotterdam	stoopen	59 535	129
Rouen,	barique	4 11 779	9855
Russie,	weddros	12 367	611
Dite	kruskas	98 936	77
Schafhause,	maass	116 364	66
Sicile,	caffisi	13 474	570
Stetin,	noessel	207 568	37
Stralsund,	stübgen	39 184	196
Dit.	potten	156 736	49
Strasbourg,	ohm	3 305	2324
Dit	maass	79 339	96 4/5
Dit. chopine ou	schoppen	317 354	24 4/5
Suéde,	eimer	1 939	3960
Dite..	anker	3 878	1980
Dite..	kannas	58 182	132
Dite.	stoopen	116 364	66
Toulon,	millerol	2 385	3220
Dit.	escand	9 540	805
Trieste, mes. d'huile.	ornes	2 320	3310
Dite, mesure de vin.	boccali	83 478	92
Tripoli, mesure d'huile.	matari	6 755	1137
Tunis, mesure d'huile..	matari	8 33	956

NOMS DES VILLES.	Noms des mesures.	Rapport de l'aam d'Amsterd. nomb. 1000.	Contenance de chaque mesure, pouc. cub.
Tunis, mesure de vin.	matari	16 66	471
Turin, mesure de vin.	brentes	2 700	2844
Dit.	rubbes	16 202	474
Dit.	pintes	97 215	79
Valence,	cantaros	13 403	573
Venise, mesure d'huile.	migliajo	4 11 241	31840
Dite..	miri	9 648	796
Dite, mesure de vin.	bigoncie	4 11 964	7968
Dite	secchie	15 422	498
Dite.	enghistar	246 747	31 1/2
Veronne,	brente	2 104	3650
Dite	basse	33 684	228
Vienne,	eimer	2 570	2988
Dite	maass	102 811	74 7/10
Dite	seidels	411 244	18 7/10
Winterthur,	maass	116 12	66 1/5
Worms,	stübgen	35 229	218
Zelle,	stübgen	39 184	196
Dit.	quartier	156 736	49
Zurich,	maass	83 478	92
Dit mesure de cabaret.	maass	93 317	82 7/5
Mesure d'huile & de miel.	maass	113 442	67 7/10
Mes. juives, bath ou	epha	5 33	1440
Dite	seah	16 11	480
Dite	hin	32 11	240
Dite	cap	96 11	80
Dite	log	384 1	20
Dite	caph	512 11	15

TABLE des mesures de longueur, ou d'aunage ; leur longueur mesurée au plus juste en lignes du pied de roi, mesure de France, & leur rapport avec les 100 aunes d'Amsterdam.

NOMS DES VILLES.	Noms des mesures.	Rapport des 100 aunes d'Amsterd. nomb. 100.	Longueur de chaque mesure, lignes 100.
Abbeville,	aunes	58 40	524 11
Aix-la-Chapelle,	ellen	103 38	296 11
Alep,	piks	102 7	299 80
Alexandrie,	piks	102 11	300
Alicante,	varas	90 80	337
Altona,	ellen	120 47	254 11
Dit, mes. de Brabant	ellen	99 84	306 50
Amberg,	ellen	82 66	370 20
Amsterdam,	ellen	100 11	306 11
Ancone,	bracci	107 44	284 80
Angleterre,	yards	75 46	405 50
Dite, mes. de toiles.	ells	60 36	506 90

NOMS DES VILLES.	Noms des mesures.	Rapport des 100 aunes d'Amsterd. nomb. 100.	Longueur de chaque mesure, lignes 100.
Aug. m. de bayes & frise.	godes	98 39	311 11
Dite m. pour tapisserie.	ells	100 62	304 11
Anspach,	ellen	112 50	272 11
Anvers, mesure longue.	aunes	99 42	307 80
Dit, mesure courte.	aunes	100 86	303 40
Aragon,	varas	87 60	349 30
Archangel,	archines	97 2	315 40
Argel, mesure longue.	piks	110 87	176 11
Dit, mesure courte.	piks	147 82	207 11
Arras,	aunes	98 90	309 40
Augsbourg, mes. long.	ellen	113 25	270 20
Dit. mesure courte.	ellen	116 53	262 60

NOMS DES VILLES.	Noms des mesures.	Rapport des 100 aunes d'Amsterd. nomb. 100.		Longueur de chaque mesure lignes 100.	
Aurich,	ellen	102	58	298	30
Avignon,	cannes	35	48	362	40
Dit.	aunes	59	14	517	40
Basle,	aunes	58	55	522	60
Dit, mesure courte.	ellen	126	86	241	20
Bamberg,	ellen	94	59	323	50
Bantam,	cobidos	137	22	223	//
Barcelonne,	cannes	43	93	696	60
Baruth,	ellen	114	95	266	20
Batavia,	cobidos	137	22	223	//
Bautzen,	ellen	119	86	255	30
Bayonne,	aunes	78	10	391	80
Bengale,	cobidos	145	16	210	80
Bergame,	bracci	105	34	290	50
Bergen en Norvege,	ellen	109	97	278	26
Berg-op-Zoom,	ellen	99	67	307	//
Berlin,	ellen	103	52	295	60
Berne,	ellen	127	45	240	10
Beyersdorf,	ellen	104	65	292	40
Bilbao,	varas	81	12	377	20
Bilefeldt,	ellen	118	1	259	30
Bologne, m. de soierie.	bracci	115	91	264	//
Dite, m. de lainage.	bracci	108	70	281	50
Bonne,	ellen	123	19	248	40
Botzen,	ellen	87	35	350	30
Dite.	bracci	125	56	243	70
Bordeaux,	aunes	57	95	528	//
Brabant,	aunes	99	84	306	50
Braunau,	ellen	88	82	344	50
Breda,	ellen	99	68	307	//
Breme,	ellen	119	34	256	40
Brescia,	bracci	147	47	207	50
Breslau,	ellen	125	51	243	80
Dit, mes. de Silésie.	ellen	119	86	255	30
Bretagne,	aunes	51	24	97	20
Bruges,	aunes	99	42	307	80
Dit, mes. de toilerie.	aunes	95	21	21	40
Brunsvick,	ellen	120	95	253	//
Bruxelles, mes. longue.	aunes	99	42	307	80
Dite, mesure courte.	aunes	100	86	303	40
Budissin,	ellen	119	86	255	30
Burgos,	varas	81	40	375	90
Buxtude,	ellen	118	60	258	//
Cadix,	varas	81	40	375	90
Pour toil.m.deBrabant.	aunes	99	42	307	80
Caen,	aunes	58	40	524	//
Cagliari,	rasi	125	77	243	30
Caire, (le)	pik	102	//	300	//
Calais,	aunes	58	40	524	//
Galenberg,	ellen	118	60	258	//
Calicut,	covits	150	96	202	70
Cambrai,	aunes	96	37	317	60
Canaries,	varas	80	32	381	//
Candie,	piks	108	32	282	50
Canton en Chine,	cobidos	193	67	158	//
Carlsbad, mes. long.	ellen	101	93	300	20
Dit, mesure courte.	ellen	116	66	262	30
Carthagène,	varas	82	48	371	//
Cashau,	ellen	114	39	267	50
Cassel,	ellen	122	99	248	80
Castille,	varas	81	40	375	90
Celle,	ellen	118	60	258	//
Chambery,	rasi	120	14	254	70
Chine,	c obidos	193	67	158	//
Chipre,	piks	102	79	297	70
Christiania,	allen	109	97	278	26
Coblentz,	ellen	123	69	247	40
Coburg,	ellen	117	74	259	90
Cologne, mes. longue.	ellen	99	35	308	v
Dite, mes. courte.	ellen	120	24	254	50
Constance, mes. longue.	ellen	92	86	329	50
Dite, mesure courte.	ellen	99	90	306	30
Constantinople, m. long.	piks	103	17	296	60
Dite, mesure courte.	piks	106	54	287	10
Copenhague,	allen	109	97	278	26
Corfou,	piks	120	28	254	40
Corse,	palmi	275	92	110	90
Cracovie, mes. neuve.	aunes	111	88	273	50
Cremone,	bracci	112	21	272	70
Culmbach,	ellen	112	71	272	50
Damas,	piks	118	60	258	//
Danemarck,	allen	109	97	278	26
Dantsick,	ellen	120	28	254	40
Delft,	ellen	100	//	306	//
Dresde,	ellen	121	96	250	90
Dublin,	ells	60	36	506	90
Dit,	yards	75	46	405	50
Duffeldorff,	ellen	127	93	239	20
Dunkerque,	aunes	102	7	299	80
Ecosse, vieille mesure.	ells	73	3	419	//
Edimbourg,	ells	72	65	421	10
Einbeck,	ellen	118	60	258	//
Elbing,	ellen	122	16	250	50
Embden,	ellen	102	96	297	20
Erfurt, mesure longue.	ellen	125	57	243	70
Dit, mesure courte.	ellen	170	95	179	//
Erlangen,	ellen	104	65	292	40
Espagne,	varas	81	40	375	90
Fermo,	bracci	105	15	291	//
Ferrare, mesure de lainage.	bracci	103	17	296	60
Dite, mesure de soieries.	bracci	109	75	278	80

NOMS DES VILLES.	Noms des mesures.	Rapport des 100 aunes d'Amsterd. nombre 100.	Longueur de chaque mesure, lignes. 100.	NOMS DES VILLES.	Noms des mesures.	Rapport des 100 aunes d'Amsterd. nombre 100.	Longueur de chaque mesure, lignes. 100.
Flensbourg, ...	ellen	120 47	254 ///	Jægerndorf, ...	ellen	121 43	252 ///
Florence, m. de lainage.	cannes	29 21	1047 40	Japon, ...	inkes	36 32	842 50
Dite	bracci	116 88	261 80	Java, ...	cobidos	137 22	223 ///
Dite	palmi	233 76	130 90	Jerusalem , . . .	piks	100 62	304 10
Dite, mes. de soieries.	cannes	29 65	1032 ///	Ingolstadt , . . .	ellen	86 69	353 ///
Dite	bracci	118 60	258 ///	Inspruck , . . .	ellen	87 80	348 50
Dite	palmi	237 20	129 ///	Irlande. Voy. Angl.			
Forli, ...	bracci	112 21	272 70				
Francfort sur Meyn ,	ellen	127 93	239 20	Kaufbeuern , . . .	ellen	117 2	261 50
Dit, mes. de Brabant.	ellen	99 84	306 50	Kempten , . . .	ellen	101 59	301 20
Dit, mes. de Paris.	aunes	58 13	526 40	Kiel, ...	ellen	120 ///	255 ///
Francfort sur l'Oder ,	ellen	104 5	294 10	Kitzingen , . . .	ellen	115 78	264 30
Freyberg , en Saxe ,	ellen	121 82	251 20	Kœnigsberg , . . .	ellen	110 9	254 80
				Krembs , . . .	ellen	92 28	331 60
Gand , ...	ellen	99 41	307 80				
Dit, mes. de toileries.	aunes	95 21	321 40	Lacédémone , . . .	piks	150 96	70 202
Gènes, long. de 10½ pal.	cannes	26 19	1168 60	Langensalsa, . . .	ellen	119 44	256 20
Mes. de toil. de 10 pal.	cannes	27 49	1113 ///	Lauban, . . .	ellen	122 45	249 90
Gènes, mes. courte de 9 p.	cannes	30 55	1001 70	Leide, . . .	ellen	101 6	302 80
Dite, mes. de 2½ palm.	bracci	117 83	259 70	Leipsick , . . .	ellen	122 11	250 60
Dite, mes. ordinaire.	palmi	274 93	111 30	Leutkirche , . . .	ellen	98 23	311 50
Genève, . . .	aunes	60 36	507 ///	Liége , . . .	ellen	125 15	244 50
Dite, mes. de France.	aunes	58 1	527 50	Lille , ...	aunes	100 13	305 60
Gibraltar, . . .	varas	81 40	375 90	Lisbonne , . . .	varas	62 96	486 ///
Glatz , . . .	ellen	117 78	259 80	Dite , . . .	covados	101 93	300 20
Goa, ...	cabidos	100 62	304 10	Dite , mesure longue.	palmos	305 80	109 7
Gœrlitz , . . .	ellen	122 48	249 90	Lisbonne, mes. courte.	palmos	314 82	97 20
Gottingen, . . .	ellen	118 60	258 ///	Livourne , mes. de lain.	cannes	29 22	1047 40
Gomron, { . . .	piks	113 21	270 30	Dite, . . .	bracci	116 88	261 80
{ . . .	cabidos	71 86	425 80	Dite, . . .	palmi	233 76	130 90
{ . . .	guezos	70 18	436 ///	Dite, mes. de soieries.	cannes	29 65	1032 ///
Gothembourg ,	allen	136 26	263 20	Dite, . . .	bracci	118 60	258 ///
Grœtz, . . .	ellen	80 35	380 80	Dite, . . .	palmi	227 36	129 ///
Guastalla, . . .	bracci	101 29	302 10	Lœbau, . . .	ellen	122 11	250 60
Guben , . . .	ellen	103 27	296 30	Londres , . . .	yards	75 46	405 50
Gueldre , . . .	ellen	104 8	294 ///	Dite, mes. de toileries.	ells	60 37	506 90
Guinée , . . .	jacktans	18 87	1622 ///	Dite, m. de baies & fris.	godes	98 39	311 ///
Gundelfingen ,	ellen	117 65	260 10	Louvain, mes. longue.	ellen	99 41	307 80
				Dite, mesure courte.	ellen	109 86	303 40
Halle , mesure longue.	ellen	103 52	295 60	Lubec, . . .	ellen	119 63	255 80
Dite, mesure courte.	ellen	120 84	253 20	Lucque, {m. de lainage.	bracci	114 5	268 30
Hambourg, . . .	ellen	120 47	254 ///	{m. de soieries.	bracci	119 30	256 50
Dit, mes. de Brabant.	ellen	99 84	306 50	Lunebourg , . . .	ellen	118 60	258 ///
Hameln, . . .	ellen	118 60	258 ///	Lyon, ...	aunes	58 79	520 50
Hanovre, . . .	ellen	118 60	258 ///				
Harbourg, . . .	ellen	118 60	258 ///	Madère , . . .	varas	62 96	486 ///
Harlem, . . .	ellen	94 85	322 60	Madras , . . .	cobidos	150 96	202 70
Hasecfurt, . . .	ellen	102 3	299 90	Madrid , . . .	varas	81 40	375 90
Havre-de-Grace ,	aunes	58 40	524 ///	Magdebourg , . . .	ellen	103 51	295 60
Haye, (la) . . .	ellen	100 ///	306 ///	Mahon , . . .	cannes	43 12	709 60
Hildesheim, . . .	ellen	123 24	248 30	Malaga , . . .	varas	81 40	375 90
Hirschberg, . . .	ellen	119 86	255 30	Mallorque , . . .	cannes	40 25	760 30
Hof, ...	ellen	108 32	282 50	Malthe , . . .	cannes	30 80	993 50
				Manheim , . . .	ellen	123 74	247 30

NOMS DES VILLES.	Noms des mesures.	Rapport des 200 aunes d'Amsterd. nombre 100.	Longueur de chaque mesure, lignes 100.	NOMS DES VILLES.	Noms des mesures.	Rapport des 200 aunes d'Amsterd. nombre 100.	Longueur de chaque mesure, lignes 100.
Mantoue,	bracci	148 40	206 20	Osnabruck,	ellen	118 33	258 60
Maroc	covados	136 91	223 50	Dit, mesure de toilerie.	ellen	114 24	266 76
Marseille,	c annes	34 38	890 //	Ostende,	aunes	98 71	310 //
Dite, mes. de toileries.	aunes	58 99	518 70	Osterode,	ellen	118 60	258 //
Mastrick,	ellen	100 99	303 //	Oudenarde,	ellen	103 38	296 //
Mayence,	ellen	125 77	243 30				
Mecque, (la)	cobidos	100 62	304 10	Paderborn,	ellen	127 93	239 20
Mecheln,	ellen	100 86	303 40	Padoue,	bracci	102 93	297 30
Memel,	ellen	120 28	254 40	Palerme,	cannes	35 65	858 40
Menningen,	ellen	98 39	311 //	Dite,	palmi	285 20	107 30
Messine,	cannes	35 65	858 40	Paris, mes. de soieries.	aunes	58 1	527 50
Dite,	palmi	285 18	107 30	Dite, mes. de lainage.	aunes	58 13	526 40
Middelbourg,	ellen	100 //	306 //	Dite, mes. de toileries.	aunes	58 40	524 //
Milan, mes. de lainage.	bracci	102 7	299 80	Parme,	bracci	126 29	242 30
Dit, mes. de soieries.	bracci	128 68	237 80	Patras, mes. de soieries.	piks	108 66	281 60
Mindelheim,	ellen	109 29	280 //	Dite, mes. de lainage & toileries.	piks	100 62	304 10
Minden,	ellen	119 25	256 60	Peking,	peking	193 67	158 //
Minorque,	cannes	43 12	709 60	Pernau,	ellen	125 82	243 20
Mocca,	guezes	108 70	281 50	Perse, mesure de roi.	guezes	73 3	419 //
Dit,	cobidos	142 99	214 //	Dite,	guezes	109 65	279 30
Modène,	bracci	107 82	283 80	Perugia,	bracci	106 77	286 60
Montpellier,	cannes	34 32	891 60	Picardie,	aunes	82 80	369 60
Morlaix,	aunes	51 24	597 20	Piémont,	rasi	115 91	264 //
Morée, (la)	piks	150 96	202 70	Pise,	palmi	231 29	132 30
Moscovie,	archines	97 2	315 40	Plaisance,	bracci	106 44	287 50
Munchberg,	ellen	112 71	271 50	Pologne, mesure neuve.	ellen	111 88	273 50
Munich,	ellen	82 68	370 10	Pondicheri,	cobits	150 56	202 70
Munster,	ellen	85 38	358 40	Pontremoli,	bracci	99 97	306 10
Munden,	ellen	118 6	259 20	Porto,	covados	103 94	294 40
				Posen,	ellen	121 19	252 50
Namur,	ellen	104 8	294 //	Prague,	ellen	116 84	261 90
Nantes,	aunes	58 56	526 //	Presbourg,	ellen	123 69	247 40
Naples,	cannes	32 72	935 20	Provence,	canes	34 43	888 90
Dite,	palmes	261 76	116 90				
Narva,	ellen	115 39	265 20	Queda,	cobidos	150 96	202 70
Dit,	archines	97 2	315 40				
Naumbourg,	ellen	122 11	250 60	Raguse,	aunes	134 51	227 50
Négrepont,	piks	112 1	273 20	Ratisbonne,	ellen	85 12	359 50
Neuenbourg, & Neufchâtel en Suisse.	ellen	62 4	493 20	Ratzebourg,	ellen	118 60	258 //
Neuhoff,	ellen	104 65	292 40	Ravenne,	bracci	102 68	298 //
Neustad sur l'Aisch,	ellen	102 3	299 90	Ravensberg,	ellen	100 43	304 70
Nice,	rasi	125 17	243 30	Recanati,	bracci	103 76	294 90
Dite,	palmi	261 54	117 //	Regge,	bracci	130 30	234 85
Nienbourg,	ellen	118 60	258 //	Revel,	ellen	128 95	237 30
Nimegue,	ellen	104 8	294 //	Rhode,	piks	91 32	335 10
Nordlingen,	ellen	113 4	270 70	Riga,	ellen	125 93	243 //
Norwége,	allen	109 97	278 26	Rimini,	bracci	107 82	283 80
Nuremberg,	ellen	104 65	292 40	Rochelle, (la)	aunes	58 40	524 //
				Rome, mes. de toilerie.	cannes	33 3	926 40
Ochsenfurt,	ellen	118 79	257 60	Dite,	bracci	108 74	281 40
Oldenbourg sur la Hunte,	ellen	118 84	257 50	Dite, mes. de march.	cannes	34 70	882 //
Oran,	varas	81 40	375 90	Dite,	bracci	81 40	375 90
Dit, mes. de lainage,	pikos	100 62	304 10	Dite,	palmi	277 42	119 30
				Dite, mes. ancienne.	aunes	115 91	264 //

NOMS DES VILLES.	Noms des mesures.	Rapport des 100 aunes d'Amsterd. nombre 100.	Longueur de chaque mesure, lignes 100.
Roftock ,	ellen	119 35	256 40
Rothembourg fur la Tr.	ellen	117 74	259 90
Rotterdam ,	ellen	100 //	306 //
Rouen, m. de lainages & toileries.	aunes	59 30	516 //
Dite, mef. de toileries.	aunes	49 42	619 20
Roverede, mef. de foie.	aunes	92 67	330 20
Dite, m. de lain. & toil.	aunes	108 70	281 50
Ruremonde,	ellen	100 62	304 10
Ruffie ,	archines	97 2	315 40
Saltzbourg, m. de foie.	ellen	85 98	355 90
Dit, mefure de toiles.	ellen	68 64	445 80
S. Gall, mef. de lainage.	ellen	112 5	273 10
Dit, mef. de toileries.	ellen	86 10	355 40
S. Malo ,	aunes	51 24	597 20
S. Petersbourg ,	archines	97 2	315 40
Saragoffe ,	cannes	33 32	918 40
Savoie ,	rafi	125 77	243 30
Schafhoufe ,	ellen	114 39	267 50
Schmiedeberg ,	ellen	123 74	247 30
Schweinfurt ,	ellen	118 33	258 60
...cio, mefure longue.	piks	100 62	304 10
Dite, mefure courte.	piks	104 54	292 70
Sardaigne ,	rafi	125 77	243 30
Dite ,	palmi	274 93	111 30
Seville ,	varas	81 40	375 90
Siam ,	ken	71 83	426 //
Dit ,	cobidos	150 96	202 70
Sicile ,	cannes	35 65	858 40
Dite ,	palmi	285 18	107 30
Sidon ,	piks	114 18	268 //
Sienne, m. de toileries.	bracci	114 99	266 10
m. de lainage.	bracci	182 80	167 40
Silefie ,	ellen	119 86	255 30
Smirne ,	piks	103 17	296 60
Solothurn, ou Solure .	ellen	125 56	243 70
Speyer ,	ellen	125 41	244 //
Stade ,	ellen	118 60	258 //
Stetin ,	ellen	106 7	288 50
Stockholm ,	ellen	116 26	263 20
Stralfund ,	ellen	118 60	258 //
Strasbourg ,	ellen	128 25	238 60
Dit, mef. de France.	aunes	58 4	527 20
Straubingen ,	ellen	85 36	358 50
Suede ,	ellen	116 26	263 20
Suiffe ,	ellen	114 95	266 20
Surate ,	gueffes	100 33	305 //
Dite ,	cobidos	145 88	209 75

NOMS DES VILLES.	Noms des mesures.	Rapport des 100 aunes d'Amsterd. nombre 100.	Longueur de chaque mesure, lignes 100.
Teneriffe ,	varas	81 40	379 50
Thorn ,	ellen	121 19	252 50
Tolede ,	varas	84 //	364 30
Tortofe ,	cannes	43 37	705 60
Toulon ,	cannes	35 60	859 60
Toulouse ,	cannes	37 92	807 //
Tournai ,	aunes	111 48	274 50
Trente, m. de lainage.	ellen	102 //	300 //
m. de foieries.	ellen	112 78	271 30
Treves ,	ellen	123 69	247 40
Trevigo ,	bracci	102 93	297 30
Trieste, mef. de lainage.	ellen	102 14	299 60
Dite, mef. de foieries.	ellen	107 75	284 //
Tripoli de Barbarie ,	piks	124 95	244 90
Tripoli de Sirie ,	piks	100 65	304 //
Troppeau ,	ellen	121 42	252 //
Troye ,	aunes	87 1	351 70
Tunis, mef. de lainage.	piks	102 58	298 30
Dite, mef. de foieries.	piks	109 44	279 60
Dit, mef. de toileries.	piks	145 92	209 70
Turquie, mef. longue.	piks	103 18	296 60
Dite, mefure courte.	piks	106 51	287 30
Turin ,	rafi	114 44	267 40
Ulm ,	ellen	121 43	252 //
Valence en Espagne ,	varas	75 93	403 //
Valenciennes ,	aunes	104 79	292 //
Varfovie, mefure neuve.	ellen	111 88	273 50
Venife, mef. de lainage.	bracci	103 52	295 60
Dite, mef. de foieries.	bracci	109 99	278 20
Verden ,	ellen	118 60	258 //
Verone ,	bracci	109 99	278 20
Vicence ,	bracci	100 79	303 60
Vienne ,	ellen	88 82	344 50
Vifmar ,	ellen	118 41	258 40
Waldenbourg, en Silefie.	ellen	119 86	255 30
Warendorf ,	ellen	118 1	259 30
Windsheim ,	ellen	104 67	292 40
Wittemberg ,	ellen	102 51	298 50
Wurtzbourg ,	ellen	118 93	257 30
Xativa ,	varas	77 53	394 70
Ypres ,	aunes	98 71	310 //
Zelle ,	ellen	118 60	258 //
Zittau ,	ellen	121 14	252 60
Zurich ,	ellen	115 4	266 //

TABLE des mesures de longueur , & principalement des pieds de divers lieux , leur longueur la plus juste , exprimée par lignes de pied de roi de France , & leur rapport à 100 pieds de 11 pouces d'Amsterdam.

NOMS DES VILLES.	Noms des mesures.	Rapport des 100 pieds d'Amsterd. nombre 100.	Longueur de chaque mesure, lignes 100.	NOMS DES VILLES.	Noms des mesures.	Rapport des 100 pieds d'Amsterd. nombre 100.	Longueur de chaque mesure, lignes 100.
Aix-la-Chapelle,	pieds	98 5	128 50	Constantinople,	pieds	40 12	314 ""
Amsterdam,	pieds	100 ""	126 ""	Copenhague,	pieds	90 56	139 13
Dit,	ruthes	7 72	1631 50	Cracovie,	pieds	79 74	158 ""
Angleterre,	poles	5 65	2230 ""				
Dite,	fathoms	15 53	810 96	Danemarck,	ruthes	9 5	1391 30
Dite,	paces	18 64	675 80	Dit,	faum	15 10	834 78
Dite, mef. ordinaire.	pieds	93 22	135 16	Dit,	pieds	90 56	139 13
Dite, mesure moyenne.	pieds	93 33	135 ""	Dantzik,	pieds	99 5	127 20
Auspach,	pieds	95 45	132 ""	Dit,	ruthes	66 4	1908 ""
Antioché,	pieds	66 60	189 20	Dijon,	pieds	90 52	139 20
Anvers,	pieds	99 53	126 60	Dole,	pieds	79 79	158 30
Augsbourg,	pieds	95 21	131 30	Dordrecht,	pieds	78 95	159 60
Avignon,	pieds	114 55	110 ""	Dresde,	pieds	100 40	125 50
Babilone,	cub. fac.	38 58	326 60	Ecosse,	pieds	92 71	135 90
Basle,	ruthes	5 96	2115 20	Egypte,	derah	51 24	245 90
Dite, m. de ville & de c.	pieds	95 31	132 20	Electorat de Saxe,	ruthes	66 30	1900 40
Bavière,	pieds	127 79	98 60	Embden,	pieds	95 96	131 30
Berlin,	pieds	91 77	137 30	Erfurt,	ruthes	7 19	1751 40
Berne,	pieds	96 92	130 ""	Dit,	pieds	100 72	125 10
Besançon,	pieds	91 90	137 10	Eyderstadt,	pieds	95 96	131 30
Bologne,	pas	14 98	841 ""				
Dite,	pieds	74 91	168 20	Ferrol, codo de ribera de 8 palmos ou 24	pouces	50 28	250 60
Bremen,	pieds	98 28	128 20	Florence,	pertiches	10 37	1215 ""
Breslau,	pieds	100 ""	126 ""	Dite, mef. d'architect.	pieds	51 85	243 ""
Bresse,	brasses	60 72	207 50	France,	toises	14 58	864 ""
Briel,	pieds	84 79	148 60	Dite,	perche	4 86	2592 ""
Bruck,	pieds	102 77	122 60	Dite, mesure de roi	pieds	87 50	144 ""
Brunsvick,	pieds	99 6	126 50	Franconie,	ruthes	7 55	1669 60
Dit, suiv. l'almanach.	pieds	109 ""	126 ""	Francfort sur Mayn,	pieds	99 21	127 ""
Bruxelles,	pieds	97 67	129 ""				
Buxtulde,	pieds	97 67	129 ""	Gênes,	palmi	113 20	111 30
Cagliari,	palmi	140 31	89 80	Genève,	pieds	58 25	216 30
Caire, (le)	derah	51 24	245 90	Gibraltar,	pieds	100 56	125 30
Calenberg,	pieds	97 21	129 60	Giessen,	pieds	95 45	132 ""
Dit,	ruthes	6 7	2073 60	Goes,	pieds	94 81	131 90
Carrara,	palmes	116 56	108 10	Goettingen,	pieds	97 67	129 ""
Castille,	toesas	16 76	751 80	Gota,	pieds	98 82	127 50
Dite, mef. de Burgos.	pieds	100 56	125 30	Grèce,	pieds	92 78	135 80
Dite,	palmos	140 ""	90 ""	Grenoble,	pieds	83 33	151 20
Celle,	ruthes	6 10	2064 ""	Groningen,	pieds	97 30	129 50
Dite,	pieds	97 67	129 ""				
Chine, mef. de march.	pieds	84 ""	150 ""	Halle,	pieds	95 45	132 ""
Dite, mef. de mathem.	pieds	85 31	147 70	Hambourg,	ruthes	6 20	2032 ""
Dite, mef. d'architect.	kongpu	88 5	143 10	Dit,	pieds	99 21	127 ""
Dite, mef. d'arpentage.	pieds	88 92	141 70	Hanovre,	ruthes	6 10	2064 ""
Cleves,	pieds	96 18	131 ""	Harlem,	pieds	97 67	129 ""
Cologne,	pieds	103 28	122 ""	Haye, (la)	pieds	87 50	144 ""

Herforden

NOMS DES VILLES.	Noms des mesures.	Rapport des 100 pieds d'Amsterd. nombre 100.	Longueur de chaque mesure, lignes 100.
Herfordern,	pieds	96 18	131 *//*
Heydelberg,	pieds	102 2	123 50
Hildesheim,	ruthes	6 34	1987 20
Dit.	pieds	101 45	124 *2*0
Holstein,	pieds	95 24	132 30
Inspruck,	pieds	89 48	140 80
Irlande,	ruthes	4 44	2835 *//*
Kœnigsberg,	pieds	92 38	136 40
Leide,	pieds	90 66	139 *//*
Leipsick, mes. médiocre.	pieds	100 72	125 10
Dit, mes. d'architecture.	pieds	100 56	125 30
Liége,	pieds	98 82	127 50
Lisbonne,	pieds	83 94	150 10
Dite, mes. longue.	palmi	125 16	109 67
Dite, mes. courte.	palmi	129 63	97 20
Londres,	rhods	5 65	2230 *//*
Dite, mesure ordinaire.	pieds	93 22	135 16
Dite, mes. moyenne.	pieds	93 33	135 *//*
Louvain,	pieds	99 53	126 60
Lorraine,	ruth.	6 35	1984 *//*
Dite,	pieds	99 21	127 *//*
Lubeck,	pieds	97 67	129 *//*
Lunebourg,	ruthes	6 10	2064 *//*
Dit.	pieds	97 67	129 *//*
Lyon,	pieds	87 17	151 50
Mâcon,	pieds	85 2	148 20
Magdebourg,	pieds	100 24	125 70
Manheim,	pieds	9 79	128 60
Mantoue,	brasses	61 10	206 20
Mastrick, de 10 pouces.	pieds	101 20	124 50
Mayence,	pieds	94 38	133 50
Mecheln,	pieds	101 69	123 90
Mecklembourg,	pieds	97 67	129 *//*
Middelbourg,	pieds	94 74	133 *//*
Milan,	brasses	58 17	216 60
Dit.	pieds	71 59	176 *//*
Moscovie,	pieds	84 96	148 30
Mumpelgarde,	ruthes	6 18	2038 40
Dite	pieds	98 90	127 40
Munich,	pieds	127 79	98 60
Naples,	palmi	107 78	116 90
Neufchatel,	pieds	94 74	133 *//*
Nuremberg,	ruthes	5 84	2155 20
Dit.	pieds	93 54	134 70
Oldenbourg,	pieds	95 96	131 30
Osnabruck,	pieds	101 78	123 80
Padoue,	pieds	80 25	157 *//*

NOMS DES VILLES.	Noms des mesures.	Rapport des 100 pieds d'Amsterd. nombre 100.	Longueur de chaque mesure, lignes 100.
Palerme,	palmi	117 80	107 30
Paris,	toises	14 58	864 *//*
Dit, mes. de roi.	pieds	87 50	144 *//*
Parme,	brasses	52 *//*	242 30
Pavie,	brasses	60 58	208 *//*
Perse,	arisch	29 77	431 *//*
Plaisance,	brasses	52 *//*	242 30
Poméranie,	pieds	97 30	129 50
Prague,	pieds	94 17	133 80
Ratzebourg,	pieds	97 67	129 *//*
Regge,	brasses	53 65	234 85
Revel,	pieds	106 15	118 70
Rhyn,	ruthes	7 54	1669 60
Dit,	pieds	90 56	139 13
Riga,	pieds	103 70	121 50
Rimini,	brasses	52 28	241 *//*
Rome, mes. ancienne	pieds	95 45	132 *//*
Dite, mes. nouvelle	pieds	96 48	130 60
Dite,	palmi	127 28	99 *//*
Dite, mes. d'architect.	cannes	12 73	990 *//*
Rostock,	pieds	98 28	128 20
Rotterdam,	pieds	90 97	138 50
Rouen,	pieds	105 *//*	120 *//*
Russie, mes. du Rhin.	pieds	90 56	139 13
Dite, m. d'Angleterre.	pieds	93 33	135 *//*
Samos,	pieds	82 14	153 40
Savoie,	pieds	105 *//*	190 40
Saxe,	ruthes	6 63	190 40
Sedan,	pieds	102 44	123 *//*
Sardaigne, {mes. de Sard.	palmi	113 21	111 30
{mes. de Cagl.	palmi	140 31	89 80
Siam,	ken	29 58	426 *//*
Silésie,	ruthes	6 58	1914 70
Suede,	ruthes	5 98	2105 60
dite	faum.	15 95	789 60
dite	pieds	95 74	131 60
Suisse,	pieds	94 73	133 *//*
Stade,	pieds	97 67	129 *//*
Stetin,	pieds	100 56	125 30
Stockholm,	pieds	95 74	131 60
Stralsund,	pieds	100 56	125 30
Strasbourg, mes. de ville,	pieds	98 23	128 27
dit, mes. de campagne.	pieds	96 26	130 90
Tolede,	pieds	100 56	125 30
Turin,	pieds	87 99	143 20
Ulm,	pieds	98 36	128 10
Urbain,	pieds	80 25	157 *//*
Utrecht,	pieds	104 21	121 *//*
Venise,	pieds	81 82	154 *//*

NOMS DES VILLES.	Noms des mesures.	Rapport des 100 pieds d'Amsterd. nombre 100.	Longueur de chaque mesure, lignes 100.	NOMS DES VILLES.	Noms des mesures.	Rapport des 100 pieds d'Amsterd. nombre 100.	Longueur de chaque mesure, lignes 100.
Verden,	pieds	97 67	129 ///	Wurtemberg, petite	ruthe	7 54	1669 50
Veronne,	pieds	81 82	154 ///	Zelle,	pieds	97 67	129 ///
Vienne en Dauphiné,	pieds	88 11	143 ///	Zirickzée,	pieds	91 57	137 60
Vienne en Autriche,	pieds	88 73	142 ///	Zurich,	pieds	94 73	133 ///
Wittemberg,	pieds	41 17	306 ///	Dit,	ruthes	9 47	1330 ////
Wurtemberg, grande	ruthe	6 3	2087 ////	Dit,	hlafter	15 24	826 ////

TABLE. Les mesures d'arpentage de divers pays, mesurées en pieds quarrés de France, & leur rapport relativement à 100 morgens ou journées, mesure d'arpentage de Hollande.

NOMS DES VILLES.	Noms des mesures.	Rapport des 100 morgens de Hollande.	Chaque mesure contient pieds quarrés.	NOMS DES VILLES.	Noms des mesures.	Rapport des 100 morgens de Hollande.	Chaque mesure contient pieds quarrés.
Amsterdam,	morgen	100	77016	Lorraine,	journals	$396\frac{1}{10}$	19446
Angleterre,	acres	$201\frac{1}{5}$	38284	Nuremberg,	morgen	$171\frac{9}{10}$	8402
Dit Fardingdeales.		$804\frac{7}{10}$	9571	Oostfriese, diemt ou	morgen	$143\frac{1}{5}$	53771
Basle,	juchart	255	30206	Rhyn, mes. de campag.	morgen	$477\frac{2}{5}$	16131
Berlin, grands.	morgen	$143\frac{1}{3}$	53771	Dit, mes. de bois.	morgen	$358\frac{1}{10}$	21508
Dit. petits.	morgen	$318\frac{1}{2}$	24197	Dit, mes. de vignes.	morgen	$515\frac{1}{5}$	14936
Berne, m. de campagne.	juchart	$302\frac{2}{3}$	25469	Dit.	thauen	$636\frac{1}{5}$	12099
Dit, mesure des bois.	juchart	210	36675	Dit.	jucharte	$554\frac{4}{5}$	8066
Danemarck,	pflüge	$46\frac{1}{3}$	167296	Russie,	dessaetin	$70\frac{1}{2}$	109783
Dantzick,	morgen	$146\frac{1}{5}$	52668	Saxe,	aecker	$147\frac{2}{5}$	52249
Écosse,	acres	$157\frac{9}{10}$	48765	Dite, mes. de Dresde.	morgen	295	26124
Erfurt,	morgen	$309\frac{7}{10}$	24851	Schleswig,	pflüge	$46\frac{1}{5}$	167296
Espagne, brazas ou toesas quarr.		$282627\frac{1}{2}$	$27\frac{1}{4}$	Silésie, perch. quarr. ou	ruthes	4356	$176\frac{4}{5}$
				Strasbourg,	arpents	$401\frac{2}{10}$	19164
Florence,	socbate	$163\frac{9}{10}$	46986	Suède, mes. d'arpentage	tuna	$164\frac{7}{10}$	46772
Dite,	stajoli	$1639\frac{3}{8}$	4698	Suisse,	fauxes	$123\frac{1}{5}$	62239
France,	arpents	$237\frac{7}{10}$	32400	Dite, poses ou	morgen	$247\frac{2}{5}$	31120
Dite, mesure de roi.	arpents	$159\frac{9}{10}$	48400	Dite, perch. quarr. ou	ruthes	$31677\frac{1}{2}$	$143\frac{1}{2}$
Dite, grande mesure.	arpents	$192\frac{1}{2}$	40000	Vaux, (pays de)	poses	$233\frac{1}{3}$	33008
Franconie,	morgen	$223\frac{4}{5}$	34414	Dit.	arpents	$302\frac{1}{2}$	25468
Genève,	journées	$157\frac{1}{3}$	48960	Vienne,	jochen	$137\frac{1}{2}$	56009
Hambourg,	morgen	$64\frac{1}{2}$	119477	Wittemberg, mes. gr.	morgen	$143\frac{1}{4}$	53771
Hanovre,	morgen	$312\frac{1}{2}$	24653	Dit, mes. courte.	morgen	$244\frac{1}{2}$	31507
Hildesheim,	morgen	$337\frac{1}{3}$	22834	Zurich, mes. d'arpent.	juchart	$250\frac{4}{5}$	30709
Irlande,	acres	$124\frac{4}{5}$	62014	Dit, mes. de bois.	juchart	$225\frac{7}{10}$	34121
				Dit, reben ou	juchart	$282\frac{1}{10}$	27297

TABLE Des mesures de distance de divers lieux, leur rapport relativement à un dégré de l'équateur, & leur étendue mesurée en pas géométriques & en pieds de France.

NOMS DES VILLES.	Rapport d'un dégré de l'équateur. Noms des mesures.	Leur quantité.	Chaque mesure contient Pas géométriques.	Pieds de France.
Allemagne, . . .	meilen	$17\frac{73}{100}$	3384	19324
Dit, mef. géograph.	meilen	15	4000	22842
Angleterre, . . .	miles	$69\frac{12}{100}$	868	4956
Dite, mef. de Londr.	miles	73	822	4693
Dite, mef. de mer.	miles	60	1000	5711
Dite, mef. dite..	leagues	20	3000	17132
Arabie, . . .	milles	$56\frac{2}{3}$	1059	6046
Bourgogne, . . .	lieues	$19\frac{7}{19}$	3045	17391
Brandebourg, . .	meilen	$10\frac{51}{100}$	5707	32594
Danemarck, . .	mil	$14\frac{77}{100}$	4061	23188
Écosse, ...	miles	40	1500	8566
Dites, de 5952 pieds	miles	$61\frac{34}{100}$	978	5586
Espagne, . . .	Legüas	$26\frac{1}{4}$	2286	13052
Flandres, . . .	milles	$17\frac{73}{100}$	3384	19324
France, ...	lieues	25	2400	13705
Dite, de 2000 toises	lieues	$28\frac{55}{100}$	2101	12000
Dite, de 2500 dites	lieues	$22\frac{84}{100}$	2627	15000
Dite, mef. de mer	milles	20	3000	17132
Dite, mef. gauloise	lieues	$50\frac{36}{100}$	1191	6804
Grece, (ancienne)	stade	$724\frac{4}{10}$	83	473

NOMS DES VILLES.	Rapport d'un dégré de l'équateur. Noms des mesures.	Leur quantité.	Chaque mesure contient Pas géométriques.	Pieds de France.
Hambourg, . . .	meilen	$14\frac{77}{100}$	4061	23188
Hollande, . . .	millen	19	3158	18033
Hongrie, . . .	meilen	$13\frac{1}{3}$	4500	15698
Inde, (l') . . .	lieues	30	2000	11421
Irlande, . . .	miles	40	1500	8566
Italie, ...	mille	60	1000	5711
Lithuanie, . . .	m	$12\frac{44}{100}$	4822	27536
Pays-bas, mef. de terre.	milles	$19\frac{2}{3}$	3051	17422
Dit, mef. de mer	milles	20	3000	17132
Perse, Parafangas ou	lieues	$22\frac{2}{9}$	2700	15418
Pologne, . . .	milles	20	3000	17132
Pruffe, ...	meilen	$14\frac{37}{100}$	4176	23850
Rome, mef. ancienne	stades	$604\frac{3}{10}$	99	567
Dite, moderne. . .	milles	60	100	5711
Ruffie, . . .	werfte	$104\frac{1}{10}$	575	3285
Saxe, ...	meilen	$12\frac{22}{100}$	4882	27878
Siléfie, ...	meilen	$17\frac{18}{100}$	3493	19945
Suède, ...	mile	$10\frac{41}{100}$	5761	32900
Suiffe, . . .	meilen	$13\frac{2}{10}$	4512	25765
Turquie, . . .	berri	$66\frac{2}{3}$	900	5140

Le dégré de l'équateur est compté ici d'après MM. Maupertuis & Bouguers pour 57106 toises, chacune de 6 pieds de France de long.

TABLE *Des poids respectifs des matières, mesurées sur un corps dont la capacité est relative à un pouce cube, mesure de France.*

	grains, poids de France	ou	as, poids de Hollande
L'or pèse.	7073		7819
Le vif-argent.	5048		5580
Le plomb.	4277		4728
L'argent.	3844		4249
Le cuivre.	3348		3701
Le laiton.	3184		3500
Le fer.	2976		3290
L'étain ordinaire.	2752		3042
L'étain Anglois.	2704		2989
La pierre d'aimant.	1840		2034
Le diamant.	1307		1445
Le marbre blanc.	1006		1112
La pierre à fusil.	800		884
La pierre de taille.	744		822
La brique.	677		748
Le sable.	593		655
La chaux, ou le plâtre.	453		501
La bière.	379		420
L'eau de mer.	377		417
L'eau de fontaine ou de puits.	372 1/3		412
Le vin.	365		404
L'eau de pluie.	355		393
La cire.	353		391
L'eau-de-vie.	348		385
L'huile de baleine.	344		381
L'huile d'olive.	342		378
Le sel bien séché.	307		340
Le froment.	291		322
Le seigle.	274		303
L'orge.	233		258
L'avoine.	179		198

MÉTAIL ou MÉTAL. Corps dur & fossile qui se fond au feu, & qui est ductile, c'est-à-dire, qui s'étend sous le marteau.

Ceux qui s'en tiennent précisément à cette définition des *métaux*, n'en reconnoissent que six; l'or, l'argent, le plomb, l'étain, le fer, le cuivre. Mais les chymistes, gens à mystère, & qui veulent faire quadrer le nombre des *métaux* à celui des planettes, y ajoutent le vif-argent pour septiéme, quoiqu'il ne soit ni dur, ni ductile : ainsi, selon eux, l'or répond au Soleil, l'argent à la Lune, le plomb à Saturne, l'étain à Jupiter, le fer à Mars, le cuivre à Venus, le vif-argent à Mercure. Ce dernier s'est si bien approprié le nom de sa planette, qu'on le connoît presqu'autant sous celui de *Mercure*, que sous celui du *vif-argent*.

Proportion du poids des métaux, entr'eux.

	onces.	gros.	grains.
Un pouce cube d'or pèse	12	2	52
Un pouce cube de mercure pèse	8	6	8
Un pouce cube de plomb pèse	7	3	30
Un pouce cube d'argent pèse	6	5	28
Un pouce cube de cuivre pèse	5	6	36
Un pouce cube de fer pèse	5	1	24
Un pouce cube d'étain pèse	4	6	17

Par la proportion de ces poids, on peut calculer celle de leur volume.

Le bismuth est une espèce de *métal* ou demi-*métal* découvert depuis peu en Bohême, qu'on prétend tenir le milieu entre le plomb & l'étain.

Le régule d'antimoine & le sputer, passent aussi pour demi-*métaux*. On parlera des uns & des autres à leurs articles; & l'on tâchera sur-tout de ne rien oublier de ce qui regarde le commerce qui s'en fait en France & ailleurs.

MÉTAIL. Est aussi un *terme de Fondeurs*. On entend ordinairement par ce mot, du cuivre mélangé qui est propre pour la fonte; ce qui se fait en mettant avec du cuivre rosette, qui est le plus précieux de toutes les sortes de cuivres, de l'étain d'Angleterre, du léton, autrement cuivre jaune, & des tronçons de vieilles pièces de canon.

La bronze est en quelque chose inférieure à ce *métail*.

MÉTAIL. Se dit encore chez les *potiers-d'étain*, d'une sorte d'*étain* allié de régule d'antimoine, d'étain de glace & de cuivre rouge.

MÉTAIL DE PRINCE, ou PRINCE-MÉTAIL. C'est un *cuivre* extrêmement raffiné, & rendu plus propre à recevoir le poli & la dorure au feu par le mélange de quelque minéral. C'est une espèce de tombac François. On en fait des tabatières, des étuis, des boucles à souliers & à manchons, & autres petits bijoux.

MÉTAIL. Les tarifs des entrées de France appellent *métail*, ce qu'on nomme autrement *mitrailles* de cuivre.

METECAL. Espèce de ducat d'or qui se frappe à Maroc, & dans quelques autres villes de ce Royaume & de celui de Fez.

Le *metecal* de Maroc est différent du *mortical* de Fez. Les vieux *metecals* sont excellens, plus pesans & d'un titre plus fin que les nouveaux. Ceux-ci sont de diverse bonté, & par conséquent, de différens prix ; ce qui fait assez de difficulté dans le commerce, où on les donne en paiement.

Cette diversité vient de ce que n'y ayant point de lieu public établi pour la monnoie, ni de monnoyeurs en titre d'office, tout juif & orfèvre fabrique des ducats à sa mode ; & même si effrontément, qu'il les fabrique à la vue de tout le monde dans sa boutique.

MÉTEDORES. *Terme Espagnol*, particulièrement en usage à Cadix, où il signifie *des espèces de braves*, qui favorisent la sortie de cette ville aux barres d'argent que les marchands ont été obligés d'y faire débarquer à l'arrivée des galions ou de la flotte des Indes.

Ces *métédores* sont les cadets des meilleures maisons du pays, qui n'ont pas de bien, & qui, moyennant un pour cent de tous les effets qu'ils sauvent aux marchands, s'exposent aux risques qui peuvent accompagner cette contrebande.

Il y a aussi des *métédores* qui sauvent les droits des marchandises emballées, soit d'entrée ou de sortie. Ils se partagent ordinairement en deux troupes, dont l'une attend au pied des remparts de la ville, les ballots que l'autre qui reste en dedans, vient leur jetter par-dessus les murs. Chaque ballot a sa marque pour être reconnu ; & c'est sur cette marque que les *métédores* du dehors les portent aux diverses chaloupes des marchands, à qui les marchandises appartiennent. On fait à peu près le même manége pour faire entrer des ballots de marchandises dans la ville. Il est vrai que pour sauver ces effets avec plus de sûreté, on a soin de gagner le gouverneur, le major & l'alcade de Cadix, même jusqu'aux sentinelles, ce qui revient environ à dix-sept piastres par ballot. Les *métédores* gagnent d'ordinaire à chaque arrivée de la flotte ou des galions, deux ou trois mille pistoles chacun, qu'ils vont dépenser à Madrid, où ils sont connus pour faire ce métier.

Outre ces *métédores*, d'une qualité si distinguée, il y a aussi des particuliers d'entre le peuple qui s'en mêlent ; mais les uns & les autres avec une si grande fidélité, que les étrangers n'ont jamais eu

lieu de se plaindre. Et voilà ce que produisent tôt ou tard les prohibitions.

MÉTEIL ou MÉTIL, comme on le nomme à Amsterdam. Bled mêlé de froment & de seigle.

Le gros *méteil* est celui où il y a plus de froment que de seigle ; le petit *méteil*, quand il y a plus de seigle que de froment. Lorsque le mélange des deux grains est égal, on dit simple *méteil*.

MÉTIER. Signifie en général, *toute profession* que l'on exerce, & qui sert à gagner sa vie ou à s'occuper.

Dans une signification plus précise & plus propre, il ne se dit que de l'exercice & profession des arts méchaniques.

Dans le premier sens, la guerre est le *métier* de la noblesse ; l'étude est le *métier* des gens de lettres, & particulièrement des gens d'église : dans l'autre sens, la tisseranderie, la cordonnerie, la profession de coutelier & de maréchal, celles de boulanger, de boutonnier, d'éperonnier, de tourneur ; enfin, tous ces différens arts qui occupent tant de diverses sortes d'ouvriers & d'artisans, sont autant de *métiers*.

On appelle *communautés des arts & métiers*, les sociétés de chaque espèce de ces artisans & ouvriers qui sont unis ensemble, qui se conduisent par les mêmes statuts & réglemens, qui ont les mêmes officiers, & qui exercent le même monopole. Gens de *métier*, ce sont les ouvriers que l'on nomme communément *artisans*, & qu'on distingue par-là des marchands.

METKAL ou MITKAL. Petits poids dont se servent les Arabes. Il faut douze *metkals* pour faire une once.

MÉTRICOL ou MITRICOL. Petit poids de la sixième partie d'une once. Les apothicaires & droguistes Portugais s'en servent dans les Indes orientales. Au-dessous du *métricol* est le *métricoli*, qui ne pèse que la huitième partie d'une once.

MEXICANES. On appelle *piastres mexicanes*, ou simplement *mexicanes*, des piastres qui se fabriquent au Mexique, grand royaume de l'Amérique Espagnole.

Le titre de ces piastres est à 11 deniers : elles s'achètent à tant pour cent de bénéfice en monnoie courante, plus ou moins suivant que ces espèces sont plus ou moins abondantes, & qu'il s'offre de dépêches de flotte. Il faut observer que lorsqu'elles sont destinées à une refonte, il faut leur préférer celles qu'on nomme des *colonnes*, à cause qu'elles portent pour revers, les colonnes d'Hercule, avec la fameuse devise du *nec plus ultrà* : non pas que ces dernières soient d'un titre plus fin que les mexicanes, mais à cause d'un verni de lie, que les Espagnols appellent *leche*, qui à la fonte laisse un déchet de près d'un pour cent.

MEYBOCKING. On nomme ainsi en Hollande, des *harengs sorets* ou *fumés*, qui ont été pêchés en mars : c'est la moindre sorte des *bockings*.

MEZELINE ou MEZELAINE. Petite étoffe que l'on appelle autrement *ligature* ou *brocatelle.*

M I

MIEL. Espèce de suc doux que font les abeilles de la rosée qu'elles recueillent sur les fleurs ou sur les feuilles des plantes ou des herbes.

Les marchands épiciers & droguistes de Paris, vendent de trois sortes de *miel; le miel blanc,* qu'on appelle autrement *miel Vierge;* le *miel jaune;* & un troisième qui tient de l'une & de l'autre couleur ; le *miel blanc* est le meilleur, le *miel jaune* est le moins bon, & celui qui a une couleur comme mitoyenne entre le blanc & le jaune, tient aussi le milieu entre les deux pour la bonté.

Le *miel blanc* se tire de Languedoc, de Provence, & même des environs de Paris ; ce dernier s'appelle *miel blanc* de pays. Le meilleur *miel blanc* est celui de Narbonne, qu'on tire principalement du petit bourg de Corbière, à trois lieues de cette ville.

Le *miel jaune* vient de Champagne, de Touraine, de Picardie, de Normandie, &c. Le plus estimé est celui de Champagne, le moindre est celui de Normandie; ce dernier est facile à reconnoître, non-seulement par sa qualité & son odeur, qui sont l'une & l'autre fort mauvaises, mais encore par les pots de grais dans lesquels on l'envoie, semblables aux pots à beure qu'on nomme *Talevannes.*

Le *miel* qu'on tire de l'isle de Candie est excellent; il est doré & plus liquide que celui de Narbonne, mais il a un goût de thim qui n'accommode pas tout le monde.

Les *miels* de la plupart des isles de l'Archipel sont aussi très-bons, particulièrement ceux de Tine, de Thermie, de Scio, de Samos.

MIGEAU. On nomme ainsi en Roussillon, la laine de la troisième sorte que les Espagnols appellent *tierce.* Elle est la moindre de toutes, & ne s'emploie qu'à la fabrique des étoffes communes.

MIGLIARO, en François, *millier.* Poids de Venise, auquel l'huile se pèse & se vend dans la capitale, & dans les états de terre ferme de cette république.

Le *millier* est composé de quarante mirres, & la mirre de trente livres poids subtil ou léger de Venise, qui est de trente-quatre pour cent plus foible que le poids de Marseille, c'est-à-dire, que les cent livres de Marseille en font cent trente-quatre du poids subtil de Venise.

MIGNONETTE. Sorte de *dentelle* de fil de lin blanc, très-fine, très-claire & très-légère, qui se fabrique sur l'oreiller avec des fuseaux & des épingles, de même que les autres dentelles.

MIGOT. Terme Languedocien emprunté des peuples du Roussillon, avec néanmoins un peu de déguisement.

Les habitans de cette dernière province appellent *migeau,* la plus commune de toutes leurs laines, qui est la tierce des Espagnols; mais en Languedoc, *migot* ne marque que le rebut des laines, & proprement une laine qui est encore beaucoup au-dessous de la troisième.

MIL, que l'on écrit plus ordinairement *mille,* (*Terme d'arithmétique*).

MILAN ou PARMESAN, qu'on nomme aussi *fromage de Lodi.*

MILIORATI. Sorte de soie qui se tire d'Italie; il y a des *miliorati* de Boulogne & des *miliorati* de Milan ; les négocians d'Amsterdam en font un assez grand commerce.

MILLE, que l'on écrit aussi *Mil.* Nombre composé de dix fois cent ou de cent fois dix.

MILLERAY. Monnoie d'or de Portugal, du poids de six deniers, au titre de vingt-deux carats & demi; il vaut un peu plus que la pistole d'Espagne; mais il n'y a point de cours, & ne se reçoit qu'aux hôtels des monnoies, pour être converti en espèces courantes. On appelle aussi ces *millerays* des *S. Etienne,* à cause de la figure de ce saint qui y est représentée.

Les *millerays* à la petite croix sont proprement des demi-*millerays* du poids seulement de deux deniers dix-sept grains, mais d'un demi-carat à plus haut titre que le S. Etienne, c'est à peu près la demi-pistole d'Espagne.

MILLERAY. C'est aussi une des monnoies de compte de Portugal; mais en ce sens on entend toujours le *milleray* à la petite croix, c'est-à-dire, cinq livres dix sols.

MILLEROLLE. Mesure dont on se sert en Provence pour la vente des vins & des huiles d'olive.

La *millerolle* revient à soixante & six pintes mesure de Paris, & à cent pintes mesure d'Amsterdam ; elle pèse environ cent trente livres poids de marc.

MILLET. Sorte de *graine* que les marchands épiciers de Paris, & les grainiers vendent ou en coque ou mondée.

MILLIAR. Nombre d'une étendue extraordinaire composé de mille millions.

Après les *milliars,* on compte encore dizaine de *milliars* & centaine de *milliars.* Anciennement on disoit *bimillion.*

MILIASSE. Il se dit des nombres extraordinaires, & dans le détail desquels il est difficile d'entrer. Quelques-uns néanmoins le mettent dans les opérations d'arithmétique au-dessus des *milliars.*

MILLIER. Nombre qui renferme en soi mille ou dix fois cent choses d'une même espèce. Un *millier* d'aiguilles, d'épingles, de clous de cuivre doré, d'ardoises, de tuiles, de fagots, de coterets, de planches, &c.

Quand on parle d'un *millier* de lattes, d'échalas ou de perches, cela veut dire *mille* bottes de chacune de ces espèces de marchandises; chaque botte composée d'un certain nombre de lattes, d'échalas ou de perches.

On dit aussi un *millier* de foin, un *millier* de

paille, pour dire *mille bottes* de l'une de ces fortes de marchandises. Un *millier* d'osier, un *millier* de ployon, c'est *mille bottes* de ployon ou d'osier.

MILLIER. Se dit aussi d'un certain poids composé de dix quintaux ou dix fois cent livres qui font en tout mille livres.

On le dit encore de la chose pesée ; un *millier* de poivre, de laine, de plomb, d'étain, de cuivre, de fer, de fonte, &c.

On dit qu'un marchand est riche à *milliers*, pour dire qu'il est extrêmement riche.

MILLION. Grand nombre composé de mille fois mille, ou dix fois cent mille, ou de cent mille fois dix.

MILMILS. Sorte de toile de coton qui vient des Indes Orientales ; les pièces ont vingt-sept cobres de long & un cobre & demi de large. Dans les ventes que la compagnie des Indes de Hollande fait de ces sortes de toiles, les lots ou canelins ont coutume d'être de cent-cinquante pièces. En 1720 les *milmils* furent vendus depuis huit florins trois quarts, jusqu'à neuf florins la pièce.

MILTRAIN. C'est la mi-moëda ou demi-pistole de Portugal. *Voyez* LA TABLE DES MONNOIES.

MINAGE. Droit que le roi prend en quelques lieux par chaque *mine* de bled, seigle, avoine ou autres grains qui se vendent dans les marchés. C'est quelquefois aussi seulement un droit de seigneur haut-justicier, dont l'origine est le loyer des abris & place de la halle publique, celui des mesures. Ce droit est légitime pourvu qu'on le restraigne à ceux qui usent librement & volontairement de ces abris, places & mesures. Mais pour augmenter la perception du droit, *forcer* le marchand qui n'en a pas ni le besoin ni la volonté, *à venir au marché* ; c'est l'abus qui étoit devenu trop commun, & qu'on a corrigé par des loix salutaires.

MINALTOUN. Monnoie de compte dont on se sert en quelques endroits de Perse. Au-dessous du *minaltoun* est l'yonaltoun qui en vaut la dixième partie ; l'abassi vaut deux yonaltoun, & cinq abassis le *minaltoun*. L'yonaltoun s'appelle aussi *mamoudilacizé*.

MINE DE PLOMB, qu'on appelle aussi *plomb minéral*, *plomb de mine*, & *crayon*. C'est une espèce de pierre minérale d'un noir argenté & luisant, qui se trouve dans les mines de plomb, & qui semble du plomb qui ne seroit pas encore arrivé à sa maturité.

Il y a trois sortes de *mine de plomb*, la fine, la commune, & la mine ou crayon en poudre.

La fine est très-rare & très-chère : la meilleure vient d'Angleterre. Il faut la choisir bien brillante & bien argentée, ni trop dure ni trop molle, point graveleuse, d'un grain serré & fin, se sciant aisément, & se réduisant facilement en beaux & longs crayons.

La plus grande partie de la *mine* commune se tire de Hollande. Elle ne peut se couper en crayons, & aussi elle n'est propre qu'à mettre des planchers

en couleur, & à parer certaines marchandises des marchands chauderonniers qui vendent du vieux. Tout le choix consiste à la prendre sans pierre, sans macheter & sans menu.

La *mine* ou crayon en poudre est de la *mine* de plomb de l'une & de l'autre sorte, bien broyée & réduite en poudre impalpable.

Il y a aussi de la *mine* de plomb rouge, que les marchands épiciers droguistes appellent quelquefois *minium*. Elle vient d'Angleterre, & est de quelque usage dans la médecine à cause de sa qualité siccative. Les peintres s'en servent, mais rarement. Les potiers de terre en font la plus grande consommation pour vernir leur poterie en couleur rougeâtre.

Cette sorte de *mine* n'est point un minéral naturel : elle est faite avec de l'alquifoux ou plomb minéral mis en poudre & calciné au feu.

MINE, se dit encore d'une mesure estimative qui sert à mesurer les grains, les légumes secs & les graines, comme le froment, le seigle, l'orge, les fèves, les lentilles, les pois, le millet, la navette, le chenevis, &c.

La *mine* n'est pas un vaisseau réel tel que le minot, qui serve de mesure de continence, mais une estimation de plusieurs autres mesures.

A Paris la *mine* de grains, de légumes ou de graines, est composée de six boisseaux ou de deux minots radés & sans grains sur bord. Il faut deux *mines* pour le septier, & vingt-quatre *mines* pour le muid.

A Rouen, la *mine* est de quatre boisseaux.

A Dieppe, les dix-huit *mines* font un muid de Paris, & dix-sept *muddes* d'Amsterdam.

A Péronne, la *mine* fait la moitié du septier. La *mine* de froment pèse poids de marc 44 liv., de méteil 43, de seigle 42, & d'avoine 25. On n'a qu'à doubler chacun de ces poids pour avoir le produit des septiers.

Il faut remarquer que l'avoine se mesure au double des autres grains ; en sorte que chaque *mine* d'avoine doit être comptée pour douze boisseaux ras : cependant le muid d'avoine, ainsi que celui des autres grains, n'est composé que de douze septiers ; mais chaque septier d'avoine est pris sur le pied de vingt-quatre boisseaux, au lieu que le septier des autres grains n'est que de douze boisseaux.

MINE. C'est pareillement une mesure de grains dont on se sert en quelques lieux d'Italie, particulièrement à Gênes. Vingt-cinq *mines* de Gênes font un last d'Amsterdam

MINE. Est aussi une mesure de charbon de bois, qui n'est pas un vaisseau, mais un composé de plusieurs autres mesures.

La *mine* de charbon contient deux minots ou seize boisseaux. Il faut vingt *mines* de charbon pour faire un muid ; ce qui doit s'entendre lorsque c'est pour le bourgeois ; car quand c'est pour le marchand, il n'en faut que seize.

La *mine* de charbon se nomme quelquefois *sac* ou *charge*, parce que le sac de charbon qui contient un muid, est la charge ordinaire d'un homme.

Il faut observer que le minot de charbon se mesure charbon sur bord ; c'est-à-dire, que l'on doit laisser quelques charbons couchés au-dessus du minot & sur toute la superficie, sans cependant qu'il soit entièrement encombré. A l'égard du boisseau, il se mesure tout-à-fait comble par les regrattiers.

MINE. Se dit pareillement de la chose mesurée : une *mine* de bled, une *mine* d'avoine, une *mine* de charbon, &c.

MINÉRAL. Corps fossile ainsi nommé, parce qu'on le tire des mines.

Quelques-uns ne distinguent que deux sortes de *minéraux*, à prendre le mot de *minéral* dans sa signification générale : l'une est de ceux qui peuvent se fondre au feu & se forger sur l'enclume ; ceux-ci sont les métaux : l'autre de ceux qui n'ont que l'une de ces deux propriétés ; & ce sont les *minéraux* proprement dits.

Quelques autres admettent quatre *minéraux* simples ; sçavoir, les pierres, toutes les espèces de sels fossiles, les *minéraux* inflammables & les vrais métaux. Outre les minéraux simples, on en admet encore des composés entre le cinabre, l'antimoine & les marcassites.

MINGLE. *Mesure* de Hollande pour les liquides. *Voyez* LA TABLE DES MESURES.

MINIME. Couleur d'un gris fort obscur en tirant sur le noir ou tanné.

MINIUM. Les apothicaires & les peintres appellent ainsi cette couleur rouge & vive, que l'on nomme plus ordinairement *vermillon*, qui se fait avec le cinabre minéral broyé dans l'eau-de-vie & l'urine.

MINORITÉ. Age où selon les loix & les coutumes, l'on n'est pas en pouvoir de disposer de son bien. On parle ailleurs de la majorité & *minorité* des marchands.

MINOT. Mesure ronde composée d'un fust de bois ceintré par le haut en dehors d'un cercle de fer appliqué bord à bord du fust, d'une potence de fer, d'une fleche, d'une plaque qui la soutient, & de quatre goussets qui tiennent le fond en état.

Il y a une sentence des prévôt des marchands & échevins de la ville de Paris, du 29 décembre 1670, insérée dans l'ordonnance générale de la même ville, du mois de décembre 1672, chap. 24, qui veut que le *minot* ait onze pouces neuf lignes de hauteur, sur un pied deux pouces huit lignes de diamètre ou de large entre les deux fusts.

MINOT. Se dit aussi de la chose mesurée : un *minot* de bled, un *minot* de pois, un *minot* de sel, &c.

MIOSTADE. Espèce de *petite serge* qui est moins forte que les ostades. La pièce contient ordinairement dix-huit à trente aunes. Il s'en fait beaucoup à Amiens. Il en vient aussi des pays étrangers, particulièrement d'Angleterre.

MIRABOLAN ou MIROBOLAN, qu'on écrit

plus communément avec un Y. Petit *fruit* purgatif dont les épiciers droguistes & apothicaires font un grand commerce.

MIROITIER. Ouvrier qui fait, ou marchand qui vend des miroirs.

Les compagnies des glaces du grand & petit volume établies en France par lettres patentes du roi Louis XIV, soit avant leur union, soit depuis qu'elles ont été unies, ayant prétendu avoir le droit aussi-bien que les maîtres *miroitiers* de Paris, de mettre leurs glaces au teint, de les faire monter en miroirs, & de les vendre de même que leurs glaces en blanc, de la première main, & à quiconque en vouloit acheter d'eux ; les maîtres miroitiers soutinrent au contraire qu'ils avoient le droit exclusif de mettre seuls les glaces au teint, de les monter, & de les vendre, & disputant même aux intéressés aux glaces la liberté de vendre les leurs en blanc, à d'autres qu'aux maîtres de leur communauté ; leurs contestations après avoir long-temps duré, furent enfin terminées par un arrêt en forme de réglement du dernier décembre 1716.

Par cet arrêt, il est défendu à la compagnie des glaces & à ses commis, sous peine pour ceux-ci de quinze cents livres d'amende, & d'être révoqués de leur commission, de vendre à d'autres qu'à des *miroitiers*, les glaces de leur fabrique, ni de les faire mettre au teint, à l'exception néanmoins de celles destinées pour les maisons royales de sa majesté, ou pour être envoyées à l'étranger.

MIRRE. Espèce de *gomme* qu'on met au nombre des parfums. *Voyez* MYRRHE.

MIRRE. Poids dont on se sert à Venise pour peser les huiles. Il est de trente livres poids subtil de cette ville, & est de trente-quatre par cent plus foible que celui de Marseille. Il faut quarante *mirres* pour faire le migliaro ou millier.

MIRRE. C'est aussi une mesure des liquides, & particulièrement des huiles. Alors la *mirre* ou mesure d'huile ne pèse que vingt-cinq livres aussi poids subtil.

MISE, signifie, *en terme de compte*, la *dépense*. La *mise* de ce compte excède la recette de plus de la moitié ; pour dire que le comptable a dépensé une fois plus qu'il n'a reçu.

Les deux principales parties d'un compte sont la *mise* & la recette ; on y ajoute souvent une troisième pour les deniers comptés & non reçus, qu'on appelle la *reprise*.

MISE. Signifie aussi *ce qui a cours dans le commerce* : on le dit particulièrement des monnoies. Le dernier arrêt des monnoies a décrié les anciennes espèces, mais elles seront toujours de *mise* dans les recettes de sa majesté. On dit au contraire : je ne veux point de cet écu, il est décrié, il n'est plus de *mise*.

MISE. Se prend encore pour une enchère, pour ce qu'on met au-dessus d'un autre dans une vente publique. Toutes vos *mises* ne serviront de rien, j'enchérirai toujours au-dessus.

MISE. Se dit quelquefois des marchandises & étoffes qu'on

qu'on veut méprifer. C'eft un vieux damas , il n'eft plus de mife.

MISI ou MISY. Nom que les anciens donnoient à une efpèce de matière vitriolique minérale , que l'on appelle aujourd'hui chalcitis , chalcite ou col- cotar.

MISSIVE. Voyez LETTRE MISSIVE.

MISSITAVIE. Droit de douane qui fe paye à Conftantinople. Les marchandifes qui viennent de chrétienté à Conftantinople & que l'on envoye à la mer noire , ne payent point de douane pour la fortie, mais feulement le droit qu'on nomme miffi- tavie.

MISTACHE. Mefure des huiles & des vins, dont on fe fert dans quelques échelles du Levant, parti- culièrement dans l'ifle de Candie. Les cinq mif- taches ½ de la Cannée , font la milherolle de Mar- feille.

MITAINES. Se dit de certaine efpèce de peaux de caftors, qui ne font pas de la meilleure qualité. On les nomme apparemment ainfi, parce qu'elles ne font propre qu'à fourer des mitaines.

MITRAILLE. Vieux cuivre rouge ou jaune, rompu, brifé ou coupé par morceaux, qui n'eft pro- pre qu'à refondre ou à faire de la foudure.

MITRAILLE. Se dit auffi du vieux fer, comme têtes de clous & autres menues ferailles qui fervent à charger les canons ou pierriers, particulièrement fur les navires & bâtimens de mer.

Il fe fait de grands envois de mitraille dans tous les ports de mer où fe font les armemens ; elle fe tranfporte ordinairement dans de petites futailles. Ainfi l'on dit , un baril de mitraille , pour dire, un baril rempli de cette forte de marchandife.

MITRAILLE. Eft encore un terme ufité dans le commerce. Il fe dit de l'argent monnoyé qu'on en- voie en barils par des carroffes, meffagers, rouliers & autres voituriers publics, en forte que lorfqu'on parle d'un baril de mitraille, on doit entendre que c'eft d'un baril plein d'écus, de piaftres ou d'autres femblables efpèces.

Les marchands , banquiers & négocians fe fer- vent de ce mot, de concert avec les voituriers, pour couvrir à ceux qui en pourroient méfufer fur la route , la vérité de ce qui eft contenu dans les barils , leur faifant prendre pour mitraille de cuivre ou de fer , ce qui n'eft autre chofe que de l'argent mon- noyé.

MITRAILLE. Ce nom fe donne encore par le peu- ple à la menue monnoie, comme aux fols marqués , aux doubles, aux liards , aux deniers & autres fem- blables efpèces de billon. Je ne veux point de cette mitraille , donnez-moi d'autre argent.

M O

MOCADE, MOUCADE , ou MOQUETTE. Étoffe de laine propre à faire des emmeublemens communs.

MOCHE. Soies en moche. Ce font des foies non

encore teintes & qui n'ont point eu tous leurs ap- prêts. On les nomme moches de la forme qu'ont leurs paquets.

MOCHE. Il fe dit auffi dans le commerce des fils , de certains écheveaux de fils en paquets du poids de dix livres chacun. Ils fe tirent de Rennes en Breta- gne & ne font point tords.

MODES. (Commerce des)

On appelle ainfi la fabrication & le débit des ajuftemens & bijoux , dont l'ufage s'établit pour quelque temps à la cour & à la ville , & qui éprou- vent de continuelles variations. Les cours étrangères ont fouvent la manie d'imiter nos modes , & il s'ex- pédie plufieurs envois de ces menües marchandifes. C'eft en foi-même un mince objet de commerce , & le profit que font les ouvriers , les voituriers , les trafiquans fur cet objet , caufe d'ailleurs une révolu- tion fâcheufe dans les mœurs domeftiques ; les dé- penfes exceffives que les femmes & même les hom- mes s'accoutument à faire en parures & ornemens fans ceffe variés dans leur forme , font par leurs effets & contre-coups des maux difficiles à calculer.

MODESNE. Petite étoffe mêlée de fleuret , de poil , de fil , de laine , ou de coton. Sa largeur peut être ou de demi-aune moins un feize , ou de demi- aune entière, ou de demi-aune & un feize.

MOEDA , en François MOEDE. Efpèce d'or qui fe fabrique & qui a cours en Portugal ; c'eft pro- prement la piftole ; elle vaut deux mille rès ou reis. Il y a des doppio-moeda ou doubles piftoles qui valent quatre mille reis, & des demi-piftoles qui n'en valent que mille.

Au-deffus de la double piftole font des efpèces de quatruples qui valent cinq piftoles fimples ou dix mille reis ; on les eftime de meilleur or que les autres , & font, dit-on , d'or fin de ducat. Voy. LA TABLE DES MONNOIES.

MOELLEUX , MOELLEUSE. On appelle une étoffe moelleufe , celle qui eft maniable, dou- ce , bien travaillée & de bonne matière. Ce drap eft moelleux , il eft bien fabriqué , bien manufacturé. Ces bas, ces bonnets, ces chauffons font moelleux , ils font faits tout de pure laine de Ségovie.

MOGES DE MORUE. On nomme ainfi à la Rochelle ce qu'on appelle ailleurs noues & nos de morue , c'eft-à-dire , les tripes de ce poiffon.

MOHABUT. Toile de coton de couleur qui vient des Indes. La pièce eft de fept aunes & demie fur trois quarts de large.

MOHATRA. On appelle contrat mohatra , un marché ufuraire dans lequel un marchand vend bien cher une marchandife à crédit , pour enfuite la reti- rer de l'acheteur à moitié ou aux deux tiers de perte argent comptant. Ce font ces fortes de marchés qui ruinent la plûpart de la jeuneffe de Paris , & qui deshonorent quantité de marchands qui ne rougif- fent point d'acquérir du bien par des voies fi peu légitimes. Le contrat mohatra eft également con-

Z

damné & défendu, par les loix ecclésiastiques & les loix civiles.

MOHERE, MOUAIRE, ou MOIRE. Étoffe ordinairement toute de soie, tant en chaîne qu'en tréme, qui a le grain fort serré. C'est une espèce de gros de Tours, mais plus foible.

On en fait de deux sortes, l'une qu'on appelle *mohere lisse*, qui est unie & sans onde ; l'autre qu'on nomme *mohere tabisée*, qui a des ondes comme le tabis. La différence de ces deux étoffes ne consiste qu'en ce que la *mohere* tabisée passe sous la calendre, & qu'on n'y met pas la *mohere lisse*.

Il se fait cependant des *moheres* tant pleines, façonnées que figurées, qui ne sont tramées que de laine, de poil, de fil ou de coton.

De quelque qualité qu'elles soient, le réglement de 1667 pour les étoffes de soie qui se fabriquent à Paris, les fixe à quatre largeurs différentes ; sçavoir, d'un quartier & demi, de demi-aune moins un seize, demi-aune entière & de demi-aune un seize, sans qu'elles puissent être plus larges, ni plus étroites que de deux dents de peigne, c'est-à-dire, de l'épaisseur d'un teston, à peine de saisie & de soixante livres d'amende.

Le même réglement défend pareillement de mêler dans les *moheres* la soie crue, ou teinte sur crue avec de la soie cuite ; mais enjoint qu'elles soient fabriquées ou tout de soie cuite, en chaîne, poil, tréme ou broché, ou tout de soie crue, à peine aussi de soixante livres d'amende pour la première fois, & de plus grande peine en cas de récidive.

Le réglement de la même année 1667 pour la ville de Lyon, ajoute, que les *moheres* qui ne seront pas tout de soie tant en chaîne qu'en tréme, mais qui seront mélangées de poil, laine, fil & coton, auront une lisière de différente couleur que celle de la chaîne, pour être distinguées & n'être pas vendues ou prises pour de pure soie.

Les *moheres* qui se fabriquent à Paris, sont fort estimées, mais encore davantage, celles qui viennent d'Angleterre ; il vient des *moheres* de la Chine qui sont peu de chose.

MOISON. Ancien mot qui signifie *mesure*.

MOISON. On dit, en terme d'étalonage & *mesurage de grains*, qu'une mesure propre à mesurer les grains, est de la *moison* de la mesure matrice, sur laquelle elle doit se vérifier pour être étalonnée, lorsqu'elle est de bonne consistance, & qu'elle tient précisément autant de grains de millet que l'étalon.

La comparaison qui se fait entre une nouvelle mesure & la mesure originale, pour vérifier si elle est de *moison*, s'appelle *espallement*.

MOISON. S'entend aussi, en *terme de manufacture de draperie*, de la longueur de la chaîne d'une piéce que l'on veut mettre sur le métier. On dit la *moison* de cette piéce est de vingt-quatre aunes, pour dire, la chaîne de cette piéce est de vingt-quatre aunes de long.

MOISON. Signifie encore dans les anciennes ordonnances de la ville de Paris, la *grosseur* & la *longueur* des bottes d'échalats.

Suivant les ordonnances, la *moison* de ces sortes de bois doit être de quatre pieds & demi, c'est-à-dire, que chaque botte doit avoir cette longueur.

MOISSE, ou bœuf marin. C'est ainsi que les bourgeois & les autres pêcheurs de l'Elbe appellent cet animal amphibie, que nos François nomment *vache marine*.

MOITIÉ. Se dit de l'une des parties d'un tout divisé en deux portions égales. Il est intéressé pour *moitié* en cette manufacture ; & la *moitié* de vingt sols est dix sols, qui est une des parties aliquotes de la livre tournois.

MOLIENNE, ou LAINE DE MOLINE. C'est une des trois sortes de *laines* qui viennent de Barcelone.

MOLINE. Sorie *moline* est une des sortes de laines que les marchands de Bayonne tirent d'Espagne. C'est la même chose que laine molienne.

MOLLE. C'est ainsi qu'on appelle les *bottes d'osier* dont se servent les vanniers & les tonneliers.

Les *molles* d'osier fendu, qui est celui des tonneliers, doivent être de trois cent brins ; & les molles de l'osier rond qui est celui des vanniers, seulement de cent.

MOLLE. On le dit aussi des paquets ou bottes de cerceaux propres au métier des tonneliers. Elles sont différentes suivant les différentes espèces des cerceaux. Les *molles* de ceux à futailles sont composées d'un quarteron s'ils sont foibles, ou de seize s'ils sont plus forts ; les *molles* pour les cuviers n'en ont que douze, & celles pour les cuves n'en ont que trois.

MOLLET. Petite *frange* très-basse.

MOLLET. Ce qui est maniable & doux au toucher. On le dit quelquefois des étoffes, mais tantôt comme une bonne, & tantôt comme une mauvaise qualité.

MOLLETON. Que quelques-uns écrivent aussi MOLETON & MOLTON. C'est une espèce de petite serge, ou étoffe de laine croisée, tirée à poil, tantôt d'un seul côté, & tantôt des deux côtés.

Les *molletons* ont pour l'ordinaire demi-aune demi-quart, ou deux tiers de large, sur vingt & une à vingt-trois aunes de longueur, mesure de Paris. Les lieux du royaume où il s'en manufacture le plus, sont Sommieres en Languedoc, & Beauvais capitale de Beauvoisis. Ceux de Sommieres sont les plus estimés à cause de la bonté de la laine dont ils sont fabriqués.

La France tiroit autrefois des *molletons* d'Angleterre, les uns unis & les autres frisés, dont on faisoit assez de cas ; mais les François en ont presque perdu le souvenir, & ont raison de se contenter de ceux du royaume qui ne leur sont pas inférieurs.

Il se fait à Rouen en Normandie une espèce d'étoffe particulière non croisée, & rayée sur sa largeur de différentes couleurs , à laquelle l'on donne quelquefois le nom de *molleton*, & plus communément celui de *flanelle*; quoiqu'elle ne ressemble en aucune manière aux étoffes qui portent ces noms soit pour la matière, soit pour la qualité.

MOLTOLINOS. On nomme ainsi à Constantinople des *peaux de mouton* apprêtées par les mégissiers du Levant d'une manière particulière. Elles font une partie des marchandises que les marchands d'Europe tirent de cette capitale des états du grand-seigneur.

MOLUE. *Poisson de mer* bon à manger, dont on fait de grandes salaisons, & un commerce considérable en Europe. *Voyez* MORUE.

MON DE BRUNSWICK. On nomme ainsi une *bière* très-forte qui se brasse dans la ville de Brunswick & aux environs. Elle est propre pour les Indes; & les Hollandois qui en enlevent beaucoup, en chargent ordinairement les vaisseaux de la compagnie préférablement à la bière de Hollande.

MONACO. Monnoie d'argent frappée à Mourgues, aux armes du prince de *Monaco*.

MONBELLIARD. Toile qu'on nomme ordinairement *toile à matelas*, à cause de son usage.

MONCHA ou MONKA. Espèce de boisseau, ou de mesure de grains dont se servent les habitans de Madagascar pour mesurer le ris mondé. *Voyez* TROUBOUOUACHE.

MONCAHIARD ou MOCAYAR. Étoffe très-fine, ordinairement noire, composée d'une chaîne de soie & d'une trême de fil de laine de sayette : elle se fabrique en Flandre, particulièrement à Lille, à Roubais & à Turcoing. On l'appelle autrement *boura*, *burat*, *bura* ou *burail*.

MONDÉ. Ce qui est pur & net. On appelle *casse mondée*, la casse dont la moelle a été tirée du bâton & passée dans un tamis.

De l'orge *mondé*, c'est de l'orge de dessus lequel on a levé cette peau dure & jaunâtre qui en fait le son.

MONDILO. Mesure des grains dont on se sert à Palerme. Quatre *mondili* font le tomolo, & 16 tomoli le salme ; 685 *mondili* 2 tiers font un last d'Amsterdam.

MONGOPOES. *Toiles de coton* qui se fabriquent aux Indes Orientales ; elles sont peu différentes des cambayes pour la qualité & point du-tout pour l'aunage ; leur largeur & longueur sont de quinze cobres sur deux, le cobre de dix-sept pouces

& demi de roi. Elles sont bonnes pour les Manilles où les Anglois de Madras qui font le commerce d'Inde en Inde, en envoient beaucoup.

MONNOYAGE. L'art de fabriquer la *monnoie*. Il signifie aussi *le droit* que le souverain prend pour la *monnoie* qui se fabrique dans ses états ; mais en ce sens on dit plus souvent seigneuriage, rendage ou traitte. Tous ces termes sont expliqués à leurs articles.

On disoit aussi autrefois *monnétage*.

On appelle *denier de monnoyage*, toutes sortes d'espèces de *monnoies* qui ont reçu l'empreinte qui leur donne cours dans le public, de quelque métal qu'elles soient faites.

TABLE DES MONNOIES.

AMSTERDAM. Dans la province de Hollande, ainsi que dans cette ville, les écritures se tiennent en florins, *guldens*, de 20 sols, *stuivers*, & le sol de 16 deniers, *pennengen*.

La livre de gros, *pondt vlaams*, ou *lvls*, est composée de 6 florins, 10 escalins, ou de 240 gros.

La rixdale, *ryksdaalder*, vaut 2½ florins, ou 50 sols.

Le florin répond à 5¼ escalins, 20 sols, 40 gros, ou 320 deniers.

L'escalin, *schelling*, vaut 6 sols, 12 gros, ou 96 deniers.

Le sol, vaut 2 gros, ou 16 deniers, & le gros, *groot* ou *dvls*, vaut huit deniers.

Le florin d'or, *goud-gulden*, dont on règle les prix des bleds, est compté pour 28 sols, ou 1⅖ florins ordinaires.

La réduction des principales de ces *monnoies* peut se faire plus aisément de la manière suivante, sçavoir ;

2 rixdales par	5 florins.
3 dites	25 escalins.
12 dites	5 livres de gros.
10 escalins	3 florins.
5 florins d'or	7 dits.

On attribue à ces *monnoies* deux valeurs qui sont distingées par les noms d'*argent courant* & d'*argent de banque*.

L'*argent courant* est composé des *monnoies* réelles suivantes, appartenant à la république, sçavoir :

D'or :	Le ryder, qui vaut	14 florins.
	Le demi-ryder	7 dits.
D'argent :	Le ducaton	3 florins & 3 sols, ou 63 sols.

Le ½ & le ¼ de ducaton à proportion.

La rixdale, *ryksdaalder*	50 sols.
La dale, *daalder*	30 dits.
La pièce de	28 dits.
Le florin	20 dits.
Le florin double	40 dits.

Le triple florin, dit *stadten-gulden* . . . . 60 sols.
De billon : L'escalin, *schelling* . . . . 6 dits.
L'escalin réduit, *sesthalf*, ... 5½ dits.
Le sol double, *dubbeltje*, ... 2 dits.
Le sol simple, *stuiver*, ... 16 deniers.
De cuivre : La dute, *duyten*, ... 2 dits.

Nous ne comprenons point le ducat dans le nombre des *monnoies* de l'état, quoiqu'il soit une *monnoie* de Hollande de la valeur de 5¼ florins, reçue sans difficulté à ce prix, & quelquefois davantage dans le public, ainsi que dans le commerce, parce que sa valeur n'étant point fixée par aucune loi du souverain, elle est sujette non-seulement à changer de prix, mais aussi à ne point être admise, si on ne le veut pas, dans les paiemens, de quelque nature qu'ils puissent être.

Comme il se fait souvent à *Amsterdam* de grands paiemens en argent comptant, les caissiers qui en sont chargés les font, pour éviter l'embarras, en espèces mises en sacs dont le poids détermine le nombre, chaque sac devant nécessairement contenir les *monnoies* & les poids suivants, sçavoir :

	Marcs.	Onces.	Estelins.	As.
200 Ducatons, qui valent . . . 630 florins, pèsent,	26	3	15	27
200 Rixdales, . . . 500	22	6	11	7
200 Pièces de 3 florins . . . 600	25	5	11	20
480 Dites de 1¼ fl. . . . 600	25	5	11	20
600 Dites de 1 fl. . . . 600	25	5	15	20
300 Dites de 8 sols . . . 420	23	7	11	11
1,000 Dites de 6 sols, ou escalins . . . 300	20	11	7	13
3,000 Dites de 2 sols, ou dubbeltjes 300	19	5	11	8
3,000 Dites de 1 sol, ou stuivers . 300	19	4	4	12

Cependant on ne regarde pas à quelques *as* de plus ou de moins sur le poids ci-dessus, n'étant pas possible que chaque sac pèse exactement de même, sur-tout pour les *monnoies* de 6, de 2 & de 1 sol.

La valeur de l'*argent de banque* est celle qui dépend du prix que la banque d'*Amsterdam* paie pour les *monnoies*, tant du pays qu'étrangères, qu'on lui donne en dépôt. Voici quel est à cet égard l'usage de la banque.

Elle prend le ducat neuf de Hollande, à . . . . 4 fl. 19 s. 8 d.
Le louis d'or vieux de France, à 8   14   ll
Le louis d'or neuf, & celui au soleil, à 10   14   ll
Le ducaton, à 3   ll   ll
La rixdale, à 2   8   ll
Le cruzade d'or de Portugal, le marc, ... 310   ll   ll
La piastre vieille d'Espagne, dit 22   ll   ll
La piastre neuve depuis 1772, dit 21   10   ll

Elle reçoit aussi des florins & des pièces de 3 florins, mais avec une portion égale de ryders ou de demi-ryders, & sous la déduction de 4¾ pour cent de leur valeur.

La banque ne reçoit ces *monnoies* que par parties depuis 200 jusqu'à 1,000 pièces & en sus, & chaque partie mise en sacs doit avoir le poids suivant, quelques *as* plus ou moins, sçavoir :

	Marcs.	Onces.	Estelins.	As.
1,000 Ryders, en ryders ou demi-ryders,	40	3	9	16
1,000 Ducats,	14	1	11	12
1,000 Louis d'or vieux de France,	27	1	15	11
1,000 Louis neufs, & ceux au soleil,	33	1	11	11
100 Monnoies d'or de Portugal de 4,800 rées,	43	6	11	11
200 Ducatons	26	3	15	11
200 Rixdales	22	3	11	8
600 Florins en pièces de 1 ou 3 florins	25	5	11	20
1,000 Piastres	109	4	11	11

Le titre de chacune de ces *monnoies* est reconnu par la banque & doit être ainsi qu'il suit : sçavoir ;

Le ryder doit répondre à . . . . 22 carats . . . grains.
Le ducat . . . . 23 . . . 7
Le louis d'or vieux de France, ... 21 . . . 7
Le louis neuf & celui au soleil . . . . 21 . . . 7 à 8

Les *monnoies* de Portugal . . . . 22 . . // . . //
Le ducaton . . . . 11 deniers . . 6 grains.
La rixdale 10 10
Le florin 10 22
La piaftre vieille d'Efpagne . . . . 10 . . 21 à 22
La piaftre neuve . . . . 10 . . 17 à 18

La différence qu'on aura remarquée entre les prix des *monnoies* de Hollande comme argent courant & ceux auxquels la banque les reçoit, différence qui approche de 5 p°, eft la bafe de ce qui fe nomme *agio* dans le commerce. Cet agio varie chaque jour, & il fe trouve ordinairement à 4½ pour cent, un quart, plus ou moins. (Il eft à préfent à 4 11/16 pour cent.) Mais il y a des exemples qu'il a fubi des baiffes & des hauffes extraordinaires.

Toutes les *monnoies* étrangères, foit d'or ou d'argent, peuvent fe vendre à *Amfterdam*, foit en qualité d'effet, foit comme fimple matière. On paie pour les principales les prix fuivans, à très-peu de chofe près ; fçavoir :

	Argent	Courant.	
	fl.	f.	d.
Le fouverain d'or de Brabant,	15	10	
La *monnoie* d'or de Portugal de 6,400 rées,	20	4	
La piftole d'Efpagne, neuve,	9	3	
Le louis d'or vieux de France,	9	4	
Le louis d'or neuf,	11	4	
La guinée d'Angleterre,	11	10	
Le frédérick, le george & le carl d'or, à	9	4	
Le carolin d'or,	11	4	
Le max d'or,	7	8	
Les ducats d'or étrangers, à	5	3	
La couronne d'Angleterre,	2	16	
L'écu vieux de France, dit louis blanc,	2	11	
L'écu neuf de fix livres de France,	2	16	
La rixdale d'efpèce de l'Empire,	2	12	
Le florin d'Empire, dit pièce de ⅔ de Saxe,	1	6	
La pièce de ⅔ de Lunebourg & de Hanovre,	1	4	
La piaftre vieille d'Efpagne,	2	11	
La piaftre neuve dite	2	10	

Ces *monnoies*, furtout celles d'or, doivent pefer, d'après un placard de la régence d'*Amfterdam* publié en 1750, comme fuit ; fçavoir :

Le ducat	72½	as.
Le louis d'or vieux de France & la piftole d'Efpagne,	140	dits.
Le louis d'or neuf dit, ou le louis au foleil,	170	dits.
La guinée d'Angleterre,	172	dits.
Le ryder de Hollande,	207½	dits.
La *monnoie* d'or de Portugal de 4,800 rées,	224	dits.
Le fouverain d'or de Brabant,	230	dits.

Les demis & les quarts de ces *monnoies* à proportion.

Le marc pour les effais de l'or, fe divife en 24 carats ou *karaaten*, & le carat en 12 grains ou *graunen*.

Le marc d'or fin en lingots, vaut conftamment 355 fl. bco : mais l'agio qu'on en paie en fus eft extrêmement variable. Il eft aujourd'hui (15 novembre 1779) à 11/16 p°. de plus que l'argent de banque, ou à 5 2/16 p°. davantage que l'argent courant.

Ainfi le marc d'or fin vaut maintenant, ... bco fl. 357   9 f. // d.
Agio 4 11/16 p°. . . . 17   4   //

Revient à courant fl. 374   13 f. // d.

Le marc d'or fin en *monnoies* de Portugal vaut fur le prix de florin 355 bco, en outre ¼ p° d'agio pour argent de banque.

L'once d'or de ducats légers de poids, du titre de 23 carats 6 grains, fe paie maintenant 46 florins argent courant.

L'once d'or de piftoles légères de poids & de *monnoies* de France & d'Allemagne du titre de

21 carats 6 à 10 grains, vaut 42 florins courant.

L'once d'or de guinées & de souverains légers de poids, du titre de 22 carats, vaut enfin 43 florins courant.

Le marc, pour les essais de l'argent, se divise en 12 deniers ou *penningen*, & le denier en 24 grains.

Le marc d'argent fin en barres vaut à présent, ... fl. 25 9 s. courant.
L'argent du titre de 11 deniers, vaut le marc fin, ... à 25 8 . . . . .
Dit . . . . . de 9 dits . . . . à 25 7 . . . . .
Dit . . . . . de 8 dits . . . . à 25 6 . . . . .
Dit . . . . . de 5 dits . . . . à 25 4 . . . . .

Plusieurs espèces d'argent étrangères se vendent en qualité de matière aux prix suivans, quelque chose plus ou moins, sçavoir ;

Des florins d'Empire ou pièces de ⅔ d'Allemagne du
        titre de 11 den. 22 grains le marc brut à fl. 25 5 s. cour.
Des pièces de ⅓ dites, ... de 11 . . . 8 . . . . dit . . . à 24 // . . .
Dites . . . . de 9 . . . // . . . dit . . . à 19 // . . .
Des rixdales d'espèce . . . . de 10 . . . 16 . . . dit . . . à 23 // . . .
De l'argent de France, ... de 10 . . . 21 . . . dit . . . à 33 4¼ . . .
De l'argent d'Angleterre, ... de 11 . . . // . . . dit . . . à 23 5½ . . .
Des piastres vieilles, ... de 10 . 21 à 22 . . . dit . . . à 22 6 beo. .
Des piastres neuves, ... de 10 . 17 à 18 . . . dit . . . à 21 16½ . .

Nous remarquerons touchant les piastres, qu'elles pèsent quelque chose de plus lorsqu'elles sont nouvellement frappées qu'après qu'elles ont circulé quelque temps. Il a été avéré que dans le premier cas, 912 piastres suffisent pour 100 marcs, & qu'il en faut 913 pour faire le même poids dans le second. Au reste il est d'usage à *Amsterdam* d'accorder à l'acheteur 2 piastres plus qu'il n'en entre dans chaque 100 marcs, en titre de bon poids.

Les *récepissés* ou reçus des espèces dans la banque, qui sont des effets négociables & sujets aux mêmes révolutions que les espèces qu'ils représentent, valent aujourd'hui dans le commerce les prix suivans, sçavoir ;

Le récepissé des ducats . . . . bco fl. 4 19 s. 8 d. & agio ½ s. la pièce.
Dit des louis vieux, ... 8 14 // . . . . s. dite.
Dit des louis neufs, ... 10 14 // . . . . ¼ s. dite.
Dit des piastres vieilles . . . . 22 // // . . . . 6 s. le marc.
Dit des piastres neuves . . . . 21 10 // . . . . 6½ s. dit.

Le florin courant, *monnoie* de compte ou imaginaire de Hollande contient, à proportion de sa valeur avec celle du florin effectif, 203 96/100 as d'argent fin, & avec celle du ryder 13 70/100 as d'or fin. Nous pouvons aussi établir dans la même proportion la valeur du florin de banque, en observant que la banque reçoit les ryders & les florins effectifs sous la déduction de 4½ pour cent. Ainsi par le moyen de cet agio nous trouvons que le florin de banque contient 213 70/100 as d'argent fin, ou 14 37/100 as d'or fin ; la proportion de l'or à l'argent étant comme 1 à 14⅞ ou comme 1 à 14 11/48. Mais aujourd'hui que l'or vaut, comme nous l'avons dit ci-dessus, 374 florins 13 s. argent courant, & l'argent 25 florins 9 s. la proportion de l'un à l'autre est comme 1 à 14 19/48. Au reste, les prix de ces deux métaux varient chaque jour dans le commerce, & ils sont plus ou moins hauts en raison de leur plus grande abondance ou leur plus grande rareté respective & réciproque. Depuis 1686, la valeur de l'or est restée fixe dans les hôtels des *monnoies* de la république à florins 355 argent de banque, avec 5 p. d'agio ; celle de l'argent à florins 25 2 s. argent courant de Hollande. La fabrication des *monnoies*

fut faite dès-lors sur ce pied ; & comme il n'y a eu aucun changement depuis cette époque, nous nous y conformerons dans le détail que nous allons faire des *monnoies* & des espèces d'or & d'argent de la république. Nous comprenons sous le nom de *monnoies* le ryder, la pièce de 3 florins & celle de 1 florin, l'escalin, le double sol & le sol, enfin la dute ; & sous celui d'*espèces*, le ducat, le ducaton & les rixdales vieilles & neuves dont les prix sont sujets à varier dans le commerce qu'on en fait. Voici donc quelle est la valeur intrinsèque des unes & des autres.

D'un marc d'or du titre de 22 carats & 1 grain, dont on déduit ½ d'esteIin pour le remède de poids, & 1 grain pour le remède de loi, sont taillés 24 13/16 ryders ou 49 8/13 demi-ryders, qui valent dans le public, l'un 14 florins & l'autre 7. Ces *monnoies* ont 22 parties d'or, 1½ d'argent, & ¾ de cuivre ; & elles coûtent, la première 13 florins ou 17 s. 6 d. argent courant, & la seconde 6 florins 18 s. 11 d. ; de manière qu'il ne reste pour les frais de fabrication, qui s'élèvent à 1 pour cent, que 2 sols & 10 deniers pour chaque ryder, & seulement 1 sol 5 deniers pour un demi-ryder.

Nous allons faire un autre calcul du coût du ryder. 1,000 pièces pèsent 40 marcs 3 onces 9 estelins & 17 as;

Dont 37 marcs 1 carat & 7 grains d'or fin coûtent au prix ci-dessus de florins 355 bco & 5 p$^{o}_{o}$ d'agio, ...	cour.	fl.	13,816	6 s.	13 d.
2 marcs 1 denier 19 $\frac{13}{32}$ grains d'argent fin, à fl. 25. 2 s. argent courant le marc.			53	19	10
& 1 marc & 19$\frac{21}{32}$ grains de cuivre			〃	11	4
1,000 ryders à florins 13. 17 s. 6 d. coûtent	cour.	fl.	13,870	17 s.	11 d.
& 24 $\frac{8}{13}$ ryders qu'on taille d'un marc, coûtent, ...	cour.	fl.	341	9 s.	10 d.
Ainsi le ryder pesant 207$\frac{1}{40}$ as coûte		fl.	13	17 s.	6 d.
1 pour cent pour les frais de la fabrication				2	10
Le même ryder vaut dans le public sa valeur numéraire de		fl.	14	〃 s.	〃 d.

D'un marc d'or du titre de 23 carats & 8 grains, dont il y a 1 estelin de faiblage & 1 grain d'escharseté, sont taillés 70 ducats, dont chacun pèse 72$\frac{24}{35}$ as d'or du titre de 23 carats & 7 grains, qui coûtent 363 florins 19 s. 12 d. à quoi il faut ajouter pour les frais de la fabrication, qui sont un 1$\frac{3}{40}$ pour cent, au moins 3 florins 10 s. 4 d.; ce qui fait en tout 367$\frac{1}{2}$ florins argent courant, le ducat valant alors 5$\frac{1}{4}$ florins.

D'un marc d'argent du titre de 11 deniers & 7 grains, dont il y a 1 estelin de faiblage & 1 grain d'escharseté, sont taillés 7$\frac{1}{2}$ ducatons ou plutôt 7$\frac{8599}{16945}$ pièces dont chacune pèse 677$\frac{18}{25}$ as d'argent du titre de 11 deniers & 6 grains tirant sur $\frac{1}{4}$ de grain de plus ou de moins. Le ducaton contient en argent fin la valeur de 23 florins 7 s. 11 d. & si l'on ajoute, pour 1$\frac{1}{6}$ pour cent à quoi s'élèvent les frais de la fabrication, 5 sols & 5 deniers, on aura 25 florins 13 s. qui est le juste prix des 7$\frac{8509}{16945}$ ducatons, compté chacun à 3 florins 3 sols argent courant.

D'un marc d'argent du titre de 11 deniers & 1 grain, dont il faut déduire 1 estelin pour remède de poids & 1 grain pour remède de loi, sont fabriquées 7$\frac{3}{4}$ ou, pour dire plus juste, seulement 7$\frac{24149}{32893}$ pièces de trois florins. Chaque pièce est du poids de 657$\frac{43}{50}$ as d'argent du titre de 11 deniers tirant sur le $\frac{1}{4}$ d'un grain, haut ou bas. Le marc de *monnoies* de cette fabrication coûte 22 florins 17 s. 4 d. & il reste 6$\frac{1}{4}$ sols pour les frais qui s'élèvent à 1$\frac{1}{6}$ pour cent

D'un marc d'argent du titre de 10 deniers & 11 grains, dont 1 estelin pour remède de poids & 1 grain pour remède de loi, sont tailléos 8$\frac{2}{9}$ ou 8$\frac{2072}{2921}$ rixdales du poids de 584$\frac{1}{5}$ as d'argent du titre de 10 deniers & de 10 grains, qui coûtent 21 florins 13 s. & 1$\frac{1}{10}$ pour cent pour les frais de la fabrication; & comme le marc de *monnoies* de cette fabrication ne vaut dans le public que 21 florins 15 s. 7$\frac{1}{2}$ d. à raison de 50 sols la rixdale, il y a de la perte à en fabriquer. Voilà aussi pourquoi l'on paie maintenant dans le commerce un agio de 2 pour cent, plus ou moins, sur le prix de cette dernière *monnoie*.

Pendant les années 1622 jusqu'à 1659 inclusivement, il fut fabriqué en Hollande des rixdales à la taille de 7$\frac{1}{2}$, ou 7$\frac{72}{151}$ pièces par marc d'argent de 10 deniers & 15 grains, dont le remède étoit 1 estelin de foiblage & 1 grain d'escharseté; ainsi chaque rixdale pesoit 600$\frac{18}{25}$ as d'argent du titre de 10 deniers & 14 grains. Le marc d'argent de cette fabrication coûtoit 22 florins, & 1$\frac{1}{10}$ pour cent de frais. La *monnoie* de la même fabrication, qu'on nomme *rixdale d'espèce*, vaut aujourd'hui avec l'agio dans le commerce environ 50$\frac{1}{2}$ sols, plus ou moins.

D'un marc d'argent de 11 deniers, dont 1 estelin pour remède de poids & 1$\frac{1}{4}$ à 1$\frac{1}{2}$ grains pour remède de loi, sont taillés 23$\frac{1}{3}$ ou plutôt 23$\frac{155}{327}$ florins, dont les 600 pièces doivent répondre suivant la loi au poids de 25 marcs, 5 onces & 15 estelins; & au titre de 10 deniers, 22$\frac{1}{2}$ grains un quart de grain, plutôt plus que moins; de manière que nous trouvons que le florin contient largement 200 as d'argent fin; & c'est d'après cette *monnoie* que nous avons estimé & réglé dans cet ouvrage les valeurs intrinséques des autres *monnoies* d'argent étrangères. Au reste, le marc de florins de cette fabrication coûte 22 fl. 14 s. 11 d. & il reste 9 sols pour les frais, qui vont à 1$\frac{2}{5}$ pour cent.

2,000 Escalins, qui font 600 florins, pèsent 40 marcs, 4 onces & 9 estelins d'argent du titre de 6 deniers 20$\frac{1}{2}$ grains, qui répondent à 23 marcs, 1 once, 6 estelins & 12$\frac{4}{5}$ as d'argent fin dont, à florins 25. 2 s. le marc, la valeur est de florins 581. 8 s. 13$\frac{11}{5}$ den.

6,000 Doubles sols (dubbeltjes) ou 12,000 sols (stuivers), qui font aussi 600 florins, pèsent 39 marcs 2 onces 8$\frac{1}{2}$ estelins d'argent du titre de 6 deniers 20 grains, qui répondent à 22 marcs 3 onces & 30$\frac{1}{2}$ as, d'argent fin, dont, au prix ci-dessus le marc, la valeur est de florins 561. 15 s. 4 d.

Enfin, 160 dutes (duyten) pèsent une livre de 16 onces, ou 10,240 as de cuivre, & font le numéraire d'un florin. Les 100 l. de cuivre, au prix de 62 florins, coûteront, après qu'elles auront été réduites en plaques propres à fabriquer des dutes, environ 78 florins. Et dans ce cas il reviendra 205 dutes pour un florin ; ce qui fait 45 dutes davantage que le numéraire de cette dernière *monnoie* : &, par conséquent, il reste 28½ pour cent pour les frais de la fabrication des dutes.

Il est facile de connoître par ce détail, que la fabrication des *monnoies* & des espèces de Hollande a été établie sur un pied le plus avantageux possible pour le public, n'y ayant d'autre différence entre la valeur réelle & la valeur numéraire ou de compte, que celle qui résulte nécessairement des frais de la fabrication. Mais d'un autre côté, lorsque les matières sont aussi chères qu'aujourd'hui, il ne peut résulter que de la perte pour l'état, à fabriquer des espèces ou des *monnoies* d'or & d'argent quelconques. Il est vrai aussi que les hôtels de *monnoie* de la république sont depuis long-temps dans l'inaction. Quant au droit d'en battre, chaque province le possède : *Dordrecht* bat *monnoie* pour la Hollande méridionale ; & pour la Nord-Hollande ou la West-Frise les villes de *Horn*, *Enckhuysen* & *Medenblick* jouissent du même privilège, qu'elles exercent alternativement pendant dix ans : c'est cette dernière qui est maintenant en charge & qui le sera jusques en 1781.

Harderwyk bat *monnoie* pour la province de Gueldre,

Utrecht pour celle de son nom,

Middelbourg pour celle de Zélande.

Leuwarden pour la Frise orientale,

Zwol, *Deventer* & *Campen* pour la province d'Overyssel,

Groningue, pour celle de son nom.

En 1761, les états-généraux permirent aux maîtres de *monnoie* de fabriquer pour leur compte particulier toute sorte de *monnoies* & espèces de la république. Ceux-ci en profitèrent pendant les années 1762 & les suivantes jusques en 1765, que les prix des matières étoient assez bas pour leur

laisser du bénéfice. Les maîtres de *monnoie*, employés dans les hôtels de la république, n'ont, au reste, à ce qu'on assure, aucun salaire ou profit quelconque que celui qu'ils peuvent faire eux-mêmes dans le commerce d'espèces & de matières. Ce commerce consiste principalement d'un côté, à vendre ou à fabriquer des rixdales & des ducats neufs dont les négocians ont besoin très-souvent pour faire des envois dans les villes de commerce du nord & de la mer baltique, où ces espèces sont d'une nécessité absolue ; &, de l'autre côté, à acheter de vieux ducats & de vieilles rixdales que l'affoiblissement dans leur poids met hors du cours. Dans ce commerce, les maîtres de *monnoie* tâchent de se procurer de l'or de 22, de 18 & de 17 carats, dans lequel ils trouvent plus de profit par l'argent qu'ils en séparent au moyen de l'affinage, qu'à acheter de l'or fin ou d'un titre plus haut que celui de 22 carats. Ils peuvent s'en procurer dans la banque du meilleur tout préparé pour la fabrication des ducats, au prix de 71 ducats le marc fin ; mais ils préfèrent d'en payer 71½ pour des espèces vieilles d'or, dont l'alliage d'argent, qu'ils ne paient pas, leur laisse du bénéfice.

À l'égard de la banque, nous remarquerons en passant qu'outre l'or, elle vend de l'argent en lingots ou barres de quatre titres différens, depuis 11 deniers 23 grains jusqu'à 11 den. & 15 grains, dont elle se fait payer, à raison du titre, le prix que l'argent fin vaut dans le commerce ; ce qui, comme nous l'avons déjà dit, varie tous les jours.

L'argent œuvré, essayé à *Amsterdam*, est du titre de 10½ deniers, & la marque des essayeurs consiste en deux croix surmontées d'une couronne.

La ville d'*Amsterdam* ayant des relations de commerce dans les quatre parties du monde, elle a des *changes* ouverts sur les principales villes de commerce, ou celles-ci en ont sur elle.

Amsterdam change sur les places suivantes, sçavoir :

Sur Paris,	52½ ₰vls bco, contre	1 écu de 60 sols,	à court ou à vue.
ou 52½	₰vls bco	1 dit	à 2 mois.
Bordeaux,	52⁵⁄₁₀ ₰vls bco	1 dit	à 2 mois.
Londres,	35₈₇ ₰vls bco	1 livre sterling,	à court ou à vue,
ou 35₈₄	₰vls bco	1 dit	à 2 mois.
Madrid,	91 ₰vls bco	1 duc. de 375 mrf.	à usance.
Cadix,	91 ₰vls bco	1 duc. dit.	
Séville,	89½ ₰vls bco	1 duc. dit.	
Bilbao,	90¼ ₰vls bco	1 duc. dit.	
Lisbonne,	44⅔ ₰vls bço	1 crusade de 400 rees	à us.
Venise,	87½ ₰vls bco	1 duc. de bco à us.	
Gênes,	81½ ₰vls bco	1 piast. de 115 f. f. di bco	à us.
Livourne,	85½ ₰vls bco	1 pezza de 8 r. m. lung.	à us.
Vienne,	35 f. bco	1 th. par caisse à 6 sem.	
Hambourg,	33⁷⁄₁₆ f. bco	1 th. bco, à court ou à vue.	
ou 33⅜	f. bco	1 th. bco, à 2 mois.	
Bruxelles,	100 Lvls bco	106 Lvls de ch.	à court.
Anvers,	100 Lvls bco	105½ Lvls de ch. dit.	
Gand,	100 Lvls bco	105¼ Lvls de ch. dit.	

L'usance

L'usance des lettres de *change* est comptée à *Amsterdam* pour un mois effectif lorsque celles-ci ont été tirées de quelque ville des Provinces-Unies, de la Flandre, de Brabant, de France, d'Angleterre & de celle de Genève; pour deux mois pour les lettres de *change* d'Espagne, de Portugal & d'Italie; & pour 14 jours de vue pour celles qui sont tirées de l'Allemagne.

La loi accorde aux lettres de *change*, payables à *Amsterdam*, six jours de faveur qui doivent commencer le lendemain du jour de l'échéance. Si le sixième jour est dimanche ou fête, le paiement doit s'en faire la veille; & si l'acceptant est juif & que le dernier jour de faveur tombe un samedi ou quelqu'autre jour de fête pour lui, le paiement de la lettre de *change* doit en être exigé sans faute la veille.

Cette loi est dans le fond encore dans toute sa force à *Amsterdam*; mais elle n'y est point observée quant à la pratique, attendu que les lettres de *change* qui sont payables en argent de banque, s'envoient d'ordinaire le même jour de leur échéance chez l'acceptant, qui en fait écrire les valeurs dans les livres de la banque, en faveur du porteur ou des porteurs des mêmes lettres de *change*, ce jour-là même ou au plus tard le lendemain; à défaut de quoi le porteur ne manque point de s'informer le second ou le troisième jour de l'échéance du motif du retardement, & il peut sans différer faire protester lesdites lettres, à moins d'un prompt acquit. Les lettres de *change* payables en argent courant ne s'envoient d'ordinaire au recouvrement, que le second ou le troisième jour de l'échéance, & à défaut de paiement le protêt peut avoir lieu le quatrième jour, quoique le porteur de lettres de *change* ne soit pas obligé de le faire jusqu'au sixième jour après celui de l'échéance.

Le paiement des lettres de *change* payables en argent de banque, se fait par un simple transport des sommes à payer du compte de l'acceptant des lettres de *change* qui en est débité, au compte des porteurs ou derniers endossés des mêmes lettres de *change* qui en sont crédités dans les livres de la banque.

Le paiement des lettres de *change*, payables en argent courant, se fait d'ordinaire par le moyen d'une simple assignation que l'acceptant donne sur son caissier au porteur. Ce dernier peut cependant refuser un tel billet contre le montant de la lettre de *change* qu'il a en main, étant en droit d'en exiger le paiement en argent comptant, & de faire protester, en cas de refus, ladite lettre de *change*; mais ces cas arrivent rarement, sur-tout parmi des négocians sur la solidité desquels on n'a point d'idées défavorables.

Le porteur d'un billet ou d'une assignation d'un négociant ou d'un marchand sur son caissier, doit, en vertu de l'ordonnance publiée par la régence de la ville d'*Amsterdam* le 30 janvier 1776, en exiger le paiement dans dix jours à compter de la date du même billet ou assignation; à défaut de quoi il perd le droit de recours; qu'avant cette époque, il avoit contre le tireur, dans le cas que le caissier refusât de payer son billet ou assignation, ou que le même caissier vînt à manquer sur ces entrefaites.

ACHEM. Royaume d'Asie situé dans l'isle de Sumatra: on y compte par taëls ou tayels de 4 pardaves, & la pardave de 4 mas. Le taël vaut aussi 64 coupangs, ou 25600 cas ou caches. La pardave contient 16 coupangs, & le coupang 400 caches. Le mas ou massi, qui est la monnoie la plus courante, est d'or, du poids d'environ 11 as, & de la valeur d'à-peu-près 15 sols, argent de Hollande. La cache est d'étain, & vaut à proportion du mas.

On y emploie pour le commerce de la poudre d'or, des *monnoies* imaginaires de même nom que les *monnoies* réelles, & qui portent le surnom d'or; comme taëls d'or, massias d'or, &c. celles-ci valent moins que les autres *monnoies* dans la proportion de 4 à 5: c'est-à-dire que 5 taëls d'or, ne font que 4 taëls ordinaires.

ACRE. Cette ville, nommée autrement *S. Jean d'Acre*, & qui est située dans la province de Sirie, compte par piastres de 80 aspres.

AIX-LA-CHAPELLE. Ville impériale du duché de Juliers, dans le cercle de Westphalie, en Allemagne. On y compte par reichsthales de 54 marcs, *marcken*, & le marc de 6 buschens.

On nomme cette reichsthale, *courante*, pour la distinguer de la reichsthale *d'espèce*, qui y vaut 72 marcs.

La *schlecht-thaler* n'y vaut que 26 marcs.

Voici le rapport & la division de ces *monnoies*:

Rthlr. d'Espèce.	Rthlr. Court.	Florins d'Empire	Schlecht. Thalers.	Schillings ou Escalins.	Florins d'Aix.	Marcken ou Marcs.	Buschens.	Hellers.
1	1 1/3	2	2 10/13	8	12	72	432	1,728
	1	1 1/2	2 1/13	6	9	54	324	1,296
		1	1 5/13	4	6	36	216	864
			1	2 8/9	4 1/3	26	156	624
				1	1 1/2	9	54	216
					1	6	36	144
						1	6	24
							1	4

On peut compter autrement ;

3 Reichſthales d'eſpèce, par 4 reichſthales courantes.

13 Reichſthales courantes, par 27 ſchlecht-thalers.

18 Schlecht-talers, par 13 florins d'Empire, ou *reichsgulden*.

Les *monnoies* réelles d'*Aix-la-Chapelle*, & leurs valeurs, ſont les ſuivantes, ſçavoir :

D'*or*, le *ducat*, de 3½ reichſthales courantes.

D'*argent*: le *raths-præſentger* de 16 marcs ; les doubles & les demi-pièces à proportion.

De *billon* : des pièces de 3, de 2 & de 1 marc.

De *cuivre* : des pièces de 3 & de 1 buſche, qui font 12 & 4 hellers.

Les *monnoies* étrangères valent tantôt plus tantôt moins, ſuivant leur rareté ou abondance.

Le ſouverain d'or ou double, y vaut environ 3 ducats, 10 rthlr., ou 60 eſcalins courans, plus ou moins.

Le carolin d'or, & le louis d'or neuf de France, 7⅖ dits, ou 44 dits.

Le ducat d'or ſimple d'Empire, 3⅓ dits, ou 20 dits.

L'écu neuf de, ſix livres de France, 1 rthlr. & 45 marcs, ou 16½ florins d'*Aix*.

La couronne d'argent, de Brabant, 1 rthlr. & 39 marcs, ou 15½ florins.

La *reichſthale* d'eſpèce, *monnoie* imaginaire d'*Aix-la-Chapelle*, contient d'après la valeur que nous attribuons à ſon numéraire, environ 28²⁄₅ as d'or fin, ou 405 as d'argent fin ; & elle vaut au pair 40½ ſols argent d'Hollande.

La *reichſthale* courante de la même ville, contient, à cette proportion, 21¹⁄₁₀ as d'or fin, ou 304 as d'argent fin, & vaut au pair 30 ſols & 6 deniers de Hollande.

Le *raths-præſentger*, monnoie réelle d'*Aix-la-Chapelle*, de 16 marcs, contient ſeulement 75²⁄₁₀ as d'argent fin, & ſa valeur intrinſéque ne répond qu'à 7 ſ. 9 d. de Hollande.

Cours des *changes* d'*Aix-la-Chapelle*, ſçavoir :

Sur Amſterdam, · · 162 rthlr. cour. p. ou m. contre	· · ·	100 rixdales courant.
Anvers, · · · 118 rthlr. d'eſpèce · · · · · · ·		100 rixdales de *change*.
Francfort, S. M. 100 rthlr. cour. · · · · · · ·		100 rthlr. de *change*.
Paris, · · · · 60 rthlr. d'eſpèce · · · · · · ·		100 écus de 60 ſols.
Vienne, · · · 120 rthlr. cour. · · · · · · ·		100 rthlr. courant.

ALEP. &c. On compte dans cette ville, à Alexandriette ou Scanderone, & dans d'autres places de Sirie, par piaſtres de 80. aſpres. On y diviſe auſſi la piaſtre en 24 ſjaïnes, qui font à-peu-près la valeur de 26 ſols, argent courant de Hollande.

Les *monnoies* réelles ſont à-peu-près les mêmes en Sirie que dans la Turquie. Voici les *monnoies* étrangères qui roulent dans le commerce d'*Alep*.

Le ſequin Venitien, pour environ 3 piaſtres & 60 aſpres.

Le ducat cremnitz de Hongrie, pour 3 piaſtres 56 dits.

Le chérif, pour 3 dites & 20 dits.

Le ſultanin, pour 3 dites.

La piaſtre d'Eſpagne de poids, vaut 2 piaſtres d'*Alep*, plus ou moins.

La piaſtre d'Eſpagne n'y eſt reçue qu'au poids, & il faut que 17 piaſtres pèſent 150 drachmes.

Le griſcio ou l'abuquepe, · · · 30 medines.

Le zenzerle, · · · · · · · 107 dites.

La bourſe y eſt comptée pour 25000 medines, ou 75000 aſpres.

La medine vaut 3 aſpres.

Les *monnoies* rapportées à l'article de TURQUIE, ont cours en Egypte, ainſi que les eſpèces étrangères ſuivantes, ſçavoir :

Le ſequin foundoucli, vaut environ 126 medines.

Et le ſequin zerramabouck, · · 110 dites.

Les ſequins de la côte de Barbarie, y ont auſſi diverſes valeurs.

La piaſtre forte d'Eſpagne, vaut 76 medines, plus ou moins.

ALEXANDRIE. On compte dans cette ville, au Caire, & dans toute l'Egypte, par piaſtres courantes de 33 medines, & la medine de 8 borbes ou de 6 forles. Nous tenons cette piaſtre pour valoir au pair 23 ſols argent d'Hollande.

Le ducatelle, *monnoie* réelle, vaut 10 medines.

ALICANTE. On tient les écritures dans cette ville d'Eſpagne, en *libras* ou peſos de 20 ſueldos, & le *ſueldo* de 12 dineros ; on y compte auſſi par *reales* de 24 dineros ; car la libra ou le peſo contient 10 reales ou 240 dineros.

Cette libra ſe nomme auſſi *peſo*, parce qu'elle eſt de même valeur que la piaſtre de change d'Eſpagne de 128 quartos, de 8 reales de plate vieille, ou 512 maravedis de vellon.

La reale d'*Alicante* répond à 51⅕ maravedis de vellon.

Voici la réduction de ces *monnoies* en celles d'Eſpagne.

375 Libras d'*Alicante* font	272 ducados de cambio de 375 mrs. de platte vieille.	
75 Dites	68 ducados d'*Alicante*.	
4 Ducados de cambio · ·	5 dits.	
4 Reales de platte vieille ·	5 reales d'*Alicante*.	

Toutes les *monnoies* effectives d'Espagne, font courantes dans cette ville, & leurs valeurs respectives font dans la proportion suivante :

Le doblon de 2 escudos, ou la pistole d'or, qui valoit 5 libras d'*Alicante*, y vaut depuis la nouvelle augmentation de l'or, 5⅓ libras.

Le peso duro, ou piastre, y vaut encore 13 9/12 reales ou 26 9/16 fols d'*Alicante*.

Alicante change fur Madrid à 1 p.º plus ou moins de gain ou de perte.

AMÉRIQUE MÉRIDIONALE.

Nouvelle Espagne & Pérou. *Voyez* Mexique.

Colonies Angloises. *Voyez* Jamaïque.
Colonies Françoises. *Voyez* Isles.
Colonies Danoises. *Voyez* Sainte-Croix.
Colonies Hollandoises. *Voyez* Curaçau, Surinam, S. Eustache.
Colonies Portugaises. *Voyez* Bresil.

AMÉRIQUE SEPTENTRIONALE.

Voyez États-Unis de l'Amérique.

ANCONE. On compte dans cette ville d'Italie par *scudo* de 20 soldi, & le *soldo* de 12 denari ; & encore par *scudo* de 10 paoli, & le *paolo* de 10 bajocchi ; enfin souvent par fcudo de 100 bajocchi.

La réduction de ces *monnoies* fe fait de la manière suivante, fçavoir :

Scudo.	Paoli.	Soldi.	Bolognini.	Bajocchi.	Denari.
1	10	20	80	100	240
	1	2	8	10	24
		1	4	5	12
			1	1¼	3
				1	2⅖

Toutes les *monnoies* de Rome ont cours à *Ancone* fans aucune différence dans les noms ou les valeurs.

Voici les *changes* de cette ville fur celles qui fuivent :

Sur Bologne, . . . 1 fcudi pl. ou m. contre 100 bolognini.
Florence, . . 118 fcudi . . . . 100 fcudi d'oro.
Livourne, . . 90 bajocchi. . . . . . . 1 pezza de 8 reali.
Nove, . . 182 fcudi . . . . 100 fcudi d'oro marchl.
Rome, . . 100 fcudi pl. ou m. . . . . 100 fcudi de Rome.
Venife, . . 91 fcudi pl. ou m. . . . . 100 duc. bco.

ANVERS. *Voyez* Bruxelles.

ARAGON. Cette province d'Espagne, portant le titre de royaume, dont Saragoffe eft la capitale, fe fert pour faire les comptes d'une *monnoie* particulière qu'on nomme *libra jaquefa*, & qu'on divife en 20 fols, *fueldos*, & le fol en 16 deniers, ou *dineros de plata*.

Il faut obferver pour bien connoître cette *mon-noie*, qu'elle y vaut 10 reales, qui font de même valeur que les réales de plate vieille, de 16 quartos ou de 64 maravedis de vellon argent d'Espagne : ainfi, 16 piaftres fortes d'Espagne, répondent à 17 libras jaquefas.

La valeur des autres *monnoies*, tant réelles qu'imaginaires, d'Espagne, en celles d'*Aragon*, ne fera pas difficile à trouver par le moyen de cette clef.

Nous croyons cependant devoir donner le détail suivant, fçavoir :

La piftole de change, *doblon de plata*, y vaut . . . 32 reales, ou 64 fueldos d'*Aragon*.
La piaftre de change, *pefo de plata*. . . . . 8 . . . ou 16
Le ducat de change, *ducado de cambio*. . . . 11 21/34 . . . ou 22 1/17
La piftole d'or, *doblon de oro*, y vaut maintenant . . . 42¼ . . . ou 85
La piaftre forte, *pefo duro* . . . . 10⅝ . . . ou 21¼

On y fait autrement la réduction de ces *monnoies* de la manière fuivante, fçavoir :

5 Piftoles de change par . 16 libras jaquefas.
5 Piaftres de change . . . 4 dites.
68 Ducats de change . . 75 dites.
4 Piftoles effectives d'or . 17 dites.
16 Piaftres fortes effectives 17 dites.

La réduction des *monnoies*, des poids & mefures d'*Aragon* en ceux d'Amfterdam, fe trouve dans les tables refpectives.

ARCHANGEL. *Voyez* Russie.

ARGEL. Ville de Barbarie, portant le titre de royaume : on y compte de diverfes manières, dont les principales font :

Par *faimes* ou *doubles*, de 50 afpres.
Par *pataques chiques*, de 232 afpres,
Par *pataques d'afpres*, de 8 temines, & la temine de 29 afpres.

Ces deux dernieres pataques, qui proprement ne font qu'une feule *monnoie*, valent chacune 13¼ fols, argent de Hollande.

Voici les *monnoies* réelles de la ville d'*Argel.*

La piast. ou pataque goude, y vaut	3 pat. chiques.
La temine	29 aspres.
La carube	14 dites.

Le sultanin y vaut $8\frac{1}{2}$ pataques chiques, plus ou moins, & le sequin, *zequino*, 10 pataques chiques plus ou moins.

Le *doubron*, ou *dobraon* de Portugal, de 6400 rées, qu'on nomme à Argel, *carotte*, y vaut $4\frac{1}{2}$ sultanins.

La piastre forte d'Espagne, vaut de $4\frac{1}{4}$ à $4\frac{7}{8}$ pataques chiques.

AUGSBOURG. Ville libre & impériale dans le cercle de Suabe, en Allemagne : on y compte par florins, *gulden*, de 60 kreutzers, & le *kreutzer* de 4 deniers ou *pfenings*.

La *thaler* est composée de $1\frac{1}{2}$ florins, ce qui répond à 90 kreutzers.

Le florin se divise, d'ailleurs, en 15 batzes, ou 20 kaisergroschens.

Le batze vaut $1\frac{1}{3}$ kaisergroschens, 4 kreutzers, ou 16 pfenings.

Ces *monnoies* ont trois valeurs, qui sont : *argent de giro* ou de change, *argent courant*, & argent blanc, ou *muntzen.*

L'*argent de giro*, ou valeur de change, est destiné pour les opérations des lettres de change, & vaut 27 p$\frac{o}{o}$ plus que l'argent courant.

L'*argent courant d'Augsbourg*, est maintenant de la même valeur que l'argent courant de convention, dont les *monnoies* ont une valeur fixe & constante dans cette ville. Ce n'étoit auparavant que l'argent vieux de constitution de l'Empire, qui composoit ce que nous nommons *argent courant d'Augsbourg*; mais cet argent étant devenu beaucoup trop rare, on y substitua, par arrêt du sénat du 28 février 1737, des *carolins* d'or de Bavière, à 9 florins, des *max* d'or à 6 florins, des demi-florins de Bavière & de Wittemberg à 25 kreutzers, des écus vieux ou louis blancs de France à 2 florins. Le sénat déclara par le même arrêt, que les espèces d'or & d'argent de Bavière & de Wittemberg devoient, pour avoir cours, être de juste poids, lequel répond à 24 carolins d'or pour un marc, poids de Cologne, & à 1000 florins de Bavière & de Wittemberg en pièces de demi-florin pour les 70 marcs dudit poids. C'est donc depuis l'époque de ce dernier réglement, que la ville d'*Augsbourg* reconnoît pour argent courant celui de convention, qui est aujourd'hui introduit dans le commerce de presque toutes les villes d'Allemagne. La valeur de cet argent est de 20 pour cent meilleure que celle de l'argent blanc de la ville d'*Augsbourg*.

L'*argent blanc*, *muntzen*, est composé de nouvelles *monnoies*, frappées par la ville même, & qui sont des pièces d'argent d'un titre fort bas, de la valeur depuis 1 florin de 60 kreutzers, jusqu'à 1 kreutzer.

Les *monnoies* réelles d'*Augsbourg* sont les suivantes; sçavoir :

D'*or* :	Le *ducat*, qui vaut 1 p$\frac{o}{o}$ plus ou moins que	4 fl. 12 kr.	cour.
	Le *florin*, dit, ...	3	dit.
D'*argent* :	La *reichsthale* d'espèce de constitution, dit . .	2 . . 12 . .	dit.
	La *reichsthale* d'espèce de convention, ...	2	dit.
De *billon* :	Le *florin* de 60 kreutzers, le demi-florin de 30, & des pièces de 20, 15, 12, 10, $7\frac{1}{2}$, 5, 4, 3, $2\frac{1}{2}$, 2 & 1 kreutzer.		

Ces dernières *monnoies* sont ce que nous nommons, *argent blanc de la ville d'Augsbourg*, & elles y sont très-abondantes & les plus répandues parmi le peuple : elles y perdent 20 pour cent contre l'argent courant, & $52\frac{2}{5}$ p$\frac{o}{o}$ contre l'argent de giro ou de change.

Voici les *monnoies* étrangères qui roulent à *Augsbourg* :

Le louis d'or neuf de France, y vaut	$9\frac{3}{4}$	florins argent courant.
Le louis d'or vieux & la pistole d'Espagne à . .	$7\frac{1}{2}$	dits.
Le carolin d'or	$9\frac{1}{2}$	dits.
Le max d'or	$6\frac{1}{4}$	dits.
L'écu neuf de France	$2\frac{2}{5}$	dits.

Quoique ces *monnoies* soient toujours évaluées à ces mêmes prix, elles y perdent ou gagnent suivant les circonstances; le louis & l'écu neuf de France y perdent maintenant environ 4 p$\frac{o}{o}$; & le louis vieux & la pistole y perdent aussi 1 p$\frac{o}{o}$, plus ou moins.

Le marc, pour les essais de l'or, se divise en 24 carats ou *karatten*, & le carat en 12 grains : le marc contient donc 288 grains.

Le même marc, pour les essais de l'argent, se divise en 16 loths de 4 quintins, & le quintin de 4 pfenings ou fenins. Le marc d'argent a, par conséquent 256 fenins; & c'est de cette dernière manière qu'on y divise souvent aussi le marc d'or, quoique la première méthode y soit la plus propre & la plus généralement adoptée. Quand le marc d'or fin vaut à 280 florins, argent courant, & celui d'argent fin à 19 flor. 48 kr. même argent, alors la proportion entre l'or & l'argent est comme 1 à $14\frac{1}{12}$.

Le titre de la poudre ou sable d'argent d'*Augsbourg* est, suivant la loi, de 15 loths, 3 quintins & 2 fenins, qui font 11 deniers $21\frac{3}{4}$ grains.

Les écus vieux, ou louis blancs de France, sont,

fuivant l'effai d'*Augsbourg*, du titre de 14 loths 2¼ quintins, ou de 10 deniers 23¼ grains.

On y range fous trois claffes l'argent de baffe loi, ou plutôt le billon dont il fe fait un grand com-merce, fçavoir :

La première forte eft de 7 loths & 10 pfenings ou de 5 deniers 17¼ grains.
La feconde , . . . de 7 . . . 9 . . . . où de 5 . . . 16⅛
La troifième , . . . de 6 . . . 10 . . . ou de 4 . . . 23¼

Enfin l'argent œuvré d'*Augsbourg* eft de 13 loths ou de 9 deniers, 18 grains.
La reichfthale de giro, ou valeur de change, répond à 32 1/10 as d'or fin, ou à 463 as d'argent fin.
La reichfthale courante, contient 25⅔ as d'or fin, ou 365 as d'argent fin.

Le rapport de l'or à l'argent eft, d'après le con-tenu de ces *monnoies*, dans la proportion de 1 à 14¼.
Ces deux *monnoies* valent au pair, en argent de Hollande, fçavoir :
La reichfthale de change, . fl. 2. 6 f. 5 d.
La reichfthale courante, . fl. 1. 16 f. 1 d.

Les changes d'Augsbourg font les fuivans , plus ou moins, fçavoir :

Sur Amfterdam , ... 108 rthlr de *change* , contre . 100 rixd. bco.
Leipfick . . . . 99 rthlr. cour . . . . . . 100 rthlr courant.
Bolzane en foire . . 99 fl. cour. . . . . 100 fl. mon. lunga.
Hambourg . . . 108 thlr. de *change*. . . . . 100 rthlr. bco.
Londres . . . . . 8 fl. 50 kr. cour . . . . . 1 livre fterling.
Lyon & Paris . . 115 fl. cour. . . . . . . 100 éc. de 60 f. tourn.
S. Gall . . . . . 100 fl. de *change*. . . . . . 118 fl. de *change*.
Venife . . . . . 100 thlr. de *change*. . . . 100 ducati di bco.
Vienne . . . . . 100 florins cour . . . . . . 100 fl. courant.

On y fournit les lettres de *change* fur ces diverfes places, le plus fouvent à ufance ; & quelquefois fur la France & fur l'Angleterre à 1 ou à 2 mois de date.

L'ufance y eft comptée pour 15 jours après celui de l'acceptation. Deux ufances font 30 jours depuis la même époque , demi-ufance 8 jours, & 1½ ufance 23 jours.

Les lettres de *change* y font payées ordinairement les mardis de chaque femaine, ce qui fait qu'elles jouiffent, tantôt un feul jour de faveur, & quelque-fois jufqu'à huit ; parce que celles dont le jour de l'échéance tombe dans un lundi, doivent être ac-quittées le lendemain , au lieu que celles dont l'é-chéance tombe le mardi , ne doivent être payées, que le mardi de la femaine fuivante.

Les lettres de *change* à fimple vue , doivent être payées dans les 24 heures de leur préfentation.

BARCELONE. Ville capitale de la principauté de Catalogne , en Efpagne ; on y compte par *libras catalanas* de 20 *fueldos* ou fols , & le *fueldo* , de 12 *dineros* ou deniers.

Voici comme l'on fait la réduction de ces *monnoies*.

Libras Catalanas.	Reales de plata Catalanes.	Reales Ardites.	Sueldos.	Dineros.	Mallas.
1	6⅔	10	20	240	480
	1	1½	3	36	72
		1	2	24	48
			1	12	24
				1	2

Le *Doblon de plata* ou piftole de change de 32 reales de plata vieille , y vaut 5 livres 12 fols de Catalogne.

Le *pefo de plata* , ou piaftre de change , de 8 reales de plata vieille , y vaut 28 fols de Catalogne.

Le *ducado de cambio* , ou ducat de change de 375 maravedis de plata vieille , y vaut 38 fols 7 4/17 deniers de Catalogne.

Le *ducado de vellon* de 374 maravedis de vellon, y vaut 20 fols 5 7/10 deniers de Catalogne.

Le *real de plata vieille* , y vaut 3½ fols ou 42 deniers de Catalogne.

Enfin le *real vellon* , y vaut 22½ deniers ou 45 mallas.

On peut réduire ces *monnoies* plus facilement de cette manière, sçavoir :

5 Pesos de plata, ou 40 reales de plata vieille par	7	libras Catalanes.
5 Doblones de plata de 32 reales chacune,	28	dites.
272 Ducados de cambio.	525	dites.
136 Dits.	2,625	reales ardites.
68 Dits.	2,625	sueldos.

Voici maintenant le cours que les *monnoies* réelles d'or & d'argent d'Espagne ont en Catalogne :

	fl.	f.	d.
Le doblon de 8 escudos de oro, ou la quadruple de 4 pistoles, y vaut aujourd'hui.	30 fl.	″ f.	″ d.
Le peso duro, ou piastre forte	1	17	6
Le real de vellon,	″	1	10

Le quarto vaut. . . . . $5\frac{5}{17}$ } mallas.
Le maravedi de vellon. . $1\frac{11}{34}$ }

Nous estimons, d'après ce rapport, que la livre Catalane contient $272\frac{71}{100}$ as d'argent fin, & elle vaut par conséquent au pair $27\frac{1}{4}$ sols argent de Hollande.

Pour ce qui est des *changes*, ils y font à peu près comme à Madrid.

Basle, ou Bale. On compte dans cette ville & dans le canton du même nom en Suisse, par *écus* de 60 sols, & le sol de 12 den.; souvent par *liv.*, de 20 sols, à 12 deniers chacun; d'autres fois par *thalers* ou reichsthales de 108 kreutzers à 5 pfenings ou fenins chacun; ou enfin par florins, *gulden*, de 60 kreutzers ou creitzers, & le *creitzer* de 5 fenins.

La *reichsthale* ou l'écu vaut $1\frac{4}{5}$ florins, 3 livres, 27 bons-batzes, 36 gros, 45 plapperts ou escalins, 60 sols, ou 108 creitzers.

Le *florin* vaut $1\frac{2}{3}$ livres, 15 bons-batzes, 20 gros, ou 60 creitzers.

La *livre* vaut 9 bons-batzes, 12 gros, 20 sols, ou 240 deniers.

La réduction du bon-batze dans les autres *monnoies* inférieures se fait de la manière suivante, sçavoir :

Bon Batze.	*Gros.*	*Plapperts.*	*Sols.*	*Creitzers.*	*Rappens.*	*Fenins.*	*Deniers.*
1	$1\frac{1}{3}$	$1\frac{2}{3}$	$2\frac{2}{9}$	4	10	20	$26\frac{2}{3}$
	1	$1\frac{1}{4}$	$1\frac{2}{3}$	3	$7\frac{1}{2}$	15	20
		1	$1\frac{1}{3}$	$2\frac{6}{15}$	6	12	16
			1	$1\frac{4}{5}$	$4\frac{1}{2}$	9	12
				1	$2\frac{1}{2}$	5	$6\frac{2}{3}$
					1	2	$2\frac{2}{3}$
						1	$1\frac{1}{3}$

Le batze Suisse, qui est différent du bon-batze, vaut 2 sols, 18 fenins ou 24 deniers de *Basle*.

L'escalin, *schilling*, de Lucerne, y vaut 6 fenins, & l'escalin de Zurich, $7\frac{1}{2}$ fenins.

On peut réduire aussi ;

5 Ecus	par 9	florins.
3 Florins,	5	livres.
9 Creitzers,	5	sols.

Toutes ces *monnoies* y sont distinguées par les noms & les valeurs d'*espèce* & de *courante*.

Les lettres de change s'y paient en argent valeur d'espèce, ou de change, & le paiement y a lieu de deux manières. 1°. Si on le fait avec des louis d'or neufs de France, alors le louis est compté à 14 livres & 13 sols, argent de change. 2°. Mais le plus souvent on commence par diviser la somme de livres d'espèce ou de change, par 11 livres & 13 sols, qui est la valeur d'une pistole d'Espagne, & le provenu en doit être multiplié par 7 florins 38 creitzers pour le réduire en florins ; cette somme de florins se paye alors, ou en écus neufs de six livres de France ; à 2 florins & 24 creitzers, ou en louis d'or neufs, à 9 florins & 36 creitzers chacun. Cela revient au même prix de 14 livres & 13 sols, argent de change, le louis, & pour les écus à $73\frac{1}{4}$ sols, même argent, la pièce.

La *valeur courante* comprend non seulement la valeur numéraire des *monnoies* réelles de *Basle* ; mais on entend aussi sous ce nom les *monnoies* de Suisse & de l'Empire. Cette valeur est d'environ 9 p. $\frac{0}{0}$ plus foible que celle de l'argent d'espèce ou de change expliquée ci-dessus.

Voici maintenant les noms & les valeurs des *monnoies* réelles de *Basle*, sçavoir :

D'*or*, Le *ducat*, à $4\frac{1}{2}$ florins plus ou moins.
D'*argent*, La *reichsthale*, ou écu, à 2 florins.
Le florin, *gulden*, à 15 batzes.
De *billon*, Des pièces de 3, de 2 & de 1 batze.
Des creitzers ou *kreutzers*.

Les *monnoies* étrangères y ont cours pareillement aux prix suivants, à quelque chose près, haut ou bas, sçavoir :

	Argent florins	courant. kr.
Le ducat d'or,	4	18
La pistole d'Espagne & le louis d'or vieux de France.	7	36
Le louis d'or neuf de France.	9	15
Le carolin d'or	9	36
Le louis blanc, ou écu vieux de France,	2	13
L'écu neuf dit.	2	24
La rixdale, ou l'écu d'Albert	2	11

L'or vaut à *Basle* 296 fl. courant, plus ou moins, le marc fin; l'argent y vaut 20 fl. 54 kr. plus ou moins, le marc fin.

Nous estimons d'après les valeurs qu'ont les *monnoies* de compte de cette ville, qu'elles répondent :

L'écu d'espèce à 31⅗ as d'or fin, ou 456⅖ as d'argent fin.

Et l'écu courant, à 29 as d'or fin, ou 420 as d'argent fin.

Le rapport de l'or à l'argent s'y trouve donc établi dans la proportion d'à peu près 1 à 14½.

La valeur intrinséque de ces *monnoies*, relativement à celle de l'argent de Hollande, est comme suit :

	fl.	f.	d.
L'écu d'espèce répond à.	2	5	10
L'écu courant à.	2	//	2

Cours des *changes* principaux de *Basle*, sçavoir :

Sur Amsterdam,	100 rthlr, de ch. contre	90 rixd. bco. plus ou moins.
Genève,	100 rthlr, dits	98 écus, plus ou moins.
Lyon,	100 rthlr, dits	164 écus, de 60 f.

Il n'y a point de jours de faveur fixes pour les lettres de *change*.

Bassano. On compte dans cette ville d'Italie, par *lire* de 20 soldi, & le *soldo* de 12 *denari*, argent courant.

Voici la division des *monnoies* de compte de cette ville :

Ducado.	Lire.	Grossi.	Soldi.	Piccioli.	Denari.
1	6⅕	24	124	288	1,488
	1	$3\frac{27}{31}$	20	$46\frac{14}{31}$	240
		1	5⅙	12	62
			1	$2\frac{10}{31}$	12
				1	5⅙

Les *monnoies* réelles y sont les mêmes qu'à Venise.

Nous estimons que le *ducado*, ou ducat courant de *Bassano*, contient 20½ as d'or fin, ou 303 as d'argent fin.

La lira corrente a par conséquent $3\frac{3}{10}$ as d'or fin, ou $48\frac{9}{10}$ as d'argent fin, & la proportion de l'or à l'argent y répond à celle de 1 à $14\frac{24}{41}$. Au reste,

Le ducat vaut au pair, $30\frac{5}{10}$ sols, argent de Hollande.

Et la lira à proportion, environ 4⅞ sols dits.

Bassora. Ville de commerce & port de mer dans l'Arabie déserte. On y compte par *mamoudis* de 10 danimes, & la *danime* de 10 *flouches*. Il faut 100 mamoudis pour faire 1 toman.

Voici les *monnoies* réelles qui ont cours à *Bassora* :

		Mamoudis.	Danimes.	Flouches.
D'or,	Le *sequin misry* du Caire y vaut	13	5	//
	Le *sequin gingerly*.	15	//	//
	Le *glani de Perse*.	18	//	//
	Le *talari ou mogobory* de Hongrie.	19	//	//
	Le sequin, *zecchino*, de Venise.	21	//	//
D'*argent*,	Le *mamoudi de* Bassora.	1	//	//
	L'*abassi* vieux de Perse.	2	//	//
	Les *abassis* neufs du même pays,	2	2	//
	Le *grouche* & le *solote*, ou *isclote* de Turquie.	4	5	//
	Le *torali* d'Alep.	6	//	//
	L'écu au lion, *lowenthaler*, de Hollande.	8	1	//
	L'écu d'espèce d'Allemagne.	10	6	2½
De *cuivre*,	La *danime* vaut	//	//	10

Ces prix varient tous les jours, quelque chofe plus ou moins.

100 écus au lion valent à *Baffora* 180 ifelotes de Turquie, plus ou moins.

Le *mifcal* d'or fin y vaut environ 22½ mamoudis.

Le *chaqui* de 100 mifcales d'argent fin, y vaut 180 mamoudis, plus ou moins. Nous eftimons donc, que le mamoudi répond à 4 2/15 as d'or fin, ou à 53 as d'argent fin, quelque chofe plus ou moins; & qu'il vaut par conféquent 5¼ fols, argent de Hollande.

BATAVIA. Capitale des établiffemens de la compagnie Hollandoife des Indes Orientales, dans l'Inde. On y tient les écritures en *piaftres* de 60 fols, *ftuivers*.

Les *monnoies* réelles, étrangères, font les piaftres d'Efpagne, & les écus de France, de Hollande & d'Allemagne.

Celles du pays font la *paraque* & la *cache*.

La *pataque* vaut 6 mas, ou 24 caches, dans le commerce ordinaire; & feulement 5 mas & 4 condorines ou 21⅗ caches, lorfqu'on en fait le paiement de quelque fomme de piaftres.

Le *taël* vaut 10 mas, & le *mas* 4 caches, ou 10 condorines.

La *fatta* ou *fanta* répond à 20 caches; le *peku* à 1,000, le *laxfau* à 10,000, le *kati* à 100,000, l'*utta* à 1,000,000 & le *bahar* à 10,000,000.

La piaftre vaut depuis 20 jufqu'à 35 pekus, ou autant de milliers de caches.

BAYONNE. On y compte par livres de 20 fols, & le fol de 12 deniers.

L'écu de change y vaut 3 livres, 60 fols, ou 720 deniers tournois.

Les *monnoies* réelles y font les mêmes que celles rapportées dans l'article de FRANCE.

Cours des *changes* de Bayonne.

Sur Amfterdam. 1 écu de 60 fols, contre 53 Lvls. bco. plus ou moins.

Hambourg. 1 écu dit . . . . . . 26 L. bco.

Madrid. . . 15 liv. pl. ou m. . . . . . 1 piftole de *change*.

Sur Paris & d'autres villes de France ½ p° de gain ou de perte, plus ou moins.

Les ufances, les termes des lettres de *change*, & les jours de grâce, comme dans le refte du royaume.

BENDER-ABASSI. *Voyez* GOMRON.

BENGALE. Royaume de l'Inde, dans les états du grand mogol. On y compte par roupies & autres *monnoies*, dont les noms & les rapports font les fuivants, fçavoir:

Roupie.	Cames.	Annas.	Ponnes.	Goris.	Gondas.	Cauris.
1	2	16	32	128	640	2,560
	1	8	16	64	320	1,280
		1	2	8	40	160
			1	4	20	80
				1	5	20
					1	4

Le *curon* répond à 100 lacks ou leks; & le *lek* à 100,000 roupies.

Les roupies different l'une de l'autre autant par le nom que par la valeur intrinfèque. Voici celles qui ont cours en *Bengale*:

La *roupie ficce*, ou *roupia ficca*, eft l'une des plus belles & meilleures *monnoies* d'argent de cette efpèce: elle eft fabriquée par les mogols, du poids de 104 grains de *Bengale*, qui font environ 243 as, poids de troyes de Hollande, & du titre de 11 deniers 22 grains. Elle eft frappée au coin & avec les armes de l'empereur des Mogols; & il y a peine de mort pour ceux fur lefquels l'on trouve des pièces rognées ou fauffes. Cette roupie vaut environ 39 ponnes, qui font 24¼ fols, argent de Hollande.

La *roupie de Bombay*, ou de Madras, frappée par les Anglois, & marquée au coin du nabab de cette dernière ville, pèfe 103 grains de *Bengale*,

& a cours à environ 38 ponnes; elle vaut 3 p moins que la roupie ficca.

La *roupie d'Arcate*, frappée par les François & marquée au coin du nabab d'Arcate, doit pefer 102 grains de *Bengale*. Cette *monnoie* eft la plus abondante & la plus courante en *Bengale*, quoiqu'elle foit la plus foible de toutes les roupies quant à la valeur, & qu'il s'en trouve plufieurs qui ne font pas de poids. Elle vaut environ 37 ponnes, & moins par conféquent d'environ 6 p° que la roupie ficca.

Dans les marchés qui fe font en *Bengale* fans bourfe délier, c'eft-à-dire, par fimple accord, on détermine & l'on entend régler les prix des marchandifes, par roupies courantes, de 16 annas, ou de 32 ponnes, comme il eft dit au commencement de cet article. Les loges Françoifes & Hollandoifes y comptent ordinairement la roupie courante à environ 8 pour cent de perte contre la roupie effective d'Arcate, ou à environ 9 pour cent de perte contre celle de Madras.

Les Européens en arrivant dans l'Inde s'adreſſent d'ordinaire, pour ſe défaire de leur argent, ſoit en eſpèces, ſoit en matière, à un baniane ou changeur public, qui commence d'abord par peſer 240 roupies ſiccas avec des piaſtres, dont il faut communément 105 pièces pour égaler la balance ; & cette ſomme de piaſtres répond à la valeur intrinſéque de 219½ roupies ſiccas, en combinant le titre des piaſtres neuves d'Eſpagne avec celui des roupies ſiccas ; mais les changeurs n'en accordent guère au-delà de 208 pièces pour les ſuſdites 105 piaſtres. Il convient au reſte mieux aux Européens de vendre leur argent ſur la côte de Coromandel,

où l'on en paye davantage qu'au *Bengale*.

BERGAME. On compte dans cette ville d'Italie, par *lire* de 20 *ſoldi* & le ſoldo de 12 *denari*, *monneta corrente*.

Le *ſcudo* y vaut 7 lire, 140 ſoldi, ou 1680 denari.

Le *ducato* n'y vaut que 6⅕ lire, mais il ſe diviſe en 24 groſſi, 124 ſoldi, 288 piccioli & en 1488 denari.

Le *groſſo* vaut 5⅛ ſoldi, 12 piccioli, ou 62 denari.

On peut réduire 5 ducati par 31 lire & 31 ſcudi par 35 ducati.

Preſque toutes les *monnoies* réelles de *Bergame*, ſont frappées par la république de Veniſe : on y en voit auſſi un aſſez grand nombre d'étrangères dont les valeurs changent d'un jour à l'autre, & dont le cours eſt ordinairement comme ſuit :

	Lire.	Soldi.	Denari.
La moëde de Portugal, de 4,800 rées, y vaut environ	60	//	//
La piſtole d'or d'Eſpagne & le louis vieux de France.	38	//	//
Les piſtoles de Florence & autres villes d'Italie.	36	10	//
Le louis d'or neuf de France.	45	12	6
Le ſequin de Veniſe.	21	15	//
Le ducat de Hollande.	21	//	//
L'écu neuf de ſix livres de France.	11	10	//
La piaſtre forte d'Eſpagne.	10	5	//

L'écu, *ſcudo*, de *Bergame*, répond, d'après ſa valeur numéraire, à 23 1/100 as d'or fin, ou à 342 37/100 as d'argent fin. La lira corrente répond à environ 3 10/100 as d'or fin, ou à 48 91/100 as d'argent fin. Ces deux *monnoies* valent au pair, ſçavoir :

Le ſcudo, ou écu, 34¼ ſ. argent de Hollande.

La lira, ou livre, 4⅞ ſ. dit.

BERGEN. On compte dans cette ville capitale du royaume de Norvége, de la dépendance de la couronne de Danemarck, par *ryksdales* de 6 marks, & le mark de 16 eſcalins Danois, *skilling dansk*.

D'autres villes de Norvége, telles que Drontheim, Chriſtiania, Fleckeren, Kopervick, Laarvig, Romsdal, &c. diviſent la ryksdale, en 4 orts, & l'ort en 24 eſcalins Danois.

Toutes les *monnoies* de Danemarck, ont cours en Norvége, & l'on peut conſulter à cet égard l'article de COPENHAGUE.

Les *changes* ſur Amſterdam & ſur Hambourg ſe réglent à *Bergen* & dans les autres villes principales de Norvége, d'après ceux qui ont cours à Copenhague, quoique toujours avec une différence d'environ 1 à 1½ p° moins que dans cette dernière ville.

Les lettres de *change* ſur Copenhague s'y négocient, avec 1 p°, plus ou moins, de perte.

BERLIN. Cette ville, celles de Magdebourg, Francfort ſur l'Oder, & pluſieurs autres de l'électorat de Brandebourg, comptent par *thalers*, de 24 *gutegroſches*, & le gutegroſchen de 12 pfenings.

Cependant les banquiers & les principaux négocians y comptent depuis l'établiſſement de la banque, par *livres, gros & deniers*, argent de banque. Cette livre a 30 gros, & le gros 12 deniers ou pfenings : & c'eſt auſſi en cette *monnoie* que les changes ſur l'étranger y ſont réglés.

Voici les *monnoies* réelles des états du roi de Pruſſe :

D'or,   Le *frédérick*, ſe compte pour 5 thalers ou reichſthales : Il y a auſſi des doubles frédéricks ainſi que des ½ frédéricks.

      Le *ducat* ſe compte pour 2¼ rthlr.

D'argent,   La *reichſthale*, ou *thaler*, de 24 gutegroſchen.

      Des pièces de 12, 8, 4, 2, 1 gutegroſchen.

De cuivre, Des pièces de 3, & de 1 pfenings ou fenins.

Quoique l'on compte le frédérick à 5 rthlr, le ducat à 2¼ rthlr, ils gagnent cependant l'un & l'autre quelque choſe ſur l'argent courant. Par exemple :

100   Frédéricks qui ſont comptés pour   125   rthlr, ou   } valent.
44½ Ducats qui répondent à   122½ dits.   }
231 Thalers, argent courant de Brandebourg, plus ou moins.

La banque de *Berlin* reçoit tant ces deux *monnoies* que plusieurs autres espèces d'or sur le pied suivant, sçavoir :

Le frédérick à 4 liv. bco, ou à	5 rthlr, moins	25 p$\frac{0}{0}$	plus ou moins contre l'argent de banque.
Le ducat, ...	$2\frac{1}{4}$ dits	22 dit	
Le louis & le carl d'or. . . .	5 dits	25 dit	
Le carolin d'or	6 dits	20 dit	
Le souverain d'or.	$8\frac{1}{4}$ dits	23 dit	

La même banque reçoit l'or en lingots, suivant le titre, sçavoir :

Celui de 21 à 24 carats, à . . 150 liv. bco, le marc fin,
Celui de 16 à 21 dits. . . . . 148 dits . . . . dit.
Celui de 15 carats & au-dessous 140 dits . . . . dit.

Elle reçoit pareillement, à raison de leur titre respectif, les *monnoies* d'or suivantes, sçavoir :

	carats	grains
Les portugaises, les guinées & les souverains, pour	22	//
Les ducats, à l'exception de ceux de Russie & de Turq.	22	6
Les louis de France, vieux & neufs.	12	7
Les pièces de 5 rthlr. de Brunswick	21	8

L'argent en barres est reçu dans la banque de *Berlin*, comme suit, sçavoir :

Celui de 12 à 16 loths, ou de 9 à 12 deniers, à 9 l. 14 gr. bco le marc fin.
Celui de 6 à 12 dits, ou de $4\frac{1}{2}$ à 9 dits, . . 8 $22\frac{1}{2}$ . . . . . dit.
Celui de 5 loths & au-dessous . . . . 8 . . . . dit.

Les *monnoies* d'argent suivantes y sont pareillement reçues à raison de leur titre respectif, sçavoir :

Les pièces de $\frac{2}{3}$ fines d'Allemagne, *feine zweydrittel stücke*, pour 15 loths & 15 grains, qui répondent à 11 deniers 21 grains.
Les pièces de $\frac{2}{3}$ ordinaires d'Allemagne, *grob zweydrittel stücke*, pour 11 loths & 17 grains, qui répondent à 8 deniers 23 grains.

	lots	gr.		den.	gr.
Les reichsthales d'espèce de l'empire, vieilles, pour	14	//	ou	10	12
Les reichsthales dites, neuves .	14	2	ou	10	14
Les écus de France, neufs, . . .	14	9	ou	11	3
Les écus dits, vieux	14	11	ou	11	5

Le marc, pour les essais de l'or, se divise en 24 carats ou *karatten*, & le carat en 12 grains; ce qui fait en tout 288 grains pour le marc.

Le marc, pour les essais de l'argent, se divise en 16 loths, & le loth en 18 grains; ce qui fait aussi 288 grains pour le marc.

Le titre de l'argent œuvré doit être de 12 loths, ou de 9 deniers.

La marque des essayeurs de *Berlin* est un sceptre.

L'argent de la fabrication de 1764, lequel se compose de reichsthalers ou thalers, & de $\frac{1}{2}$, de $\frac{1}{3}$, de $\frac{1}{6}$, de $\frac{1}{12}$ & de $\frac{1}{24}$ de thaler, est à la taille de $10\frac{1}{2}$ thalers, par marc d'argent du titre de 12 loths, ou de 9 deniers; de manière qu'en faisant l'essai d'une thaler de cette fabrication, on y trouve 347 as d'argent fin & 116 as de cuivre, dont la valeur intrinséque répond à 34 sols & 12 deniers, argent de Hollande. C'est cet argent qu'on nomme en Prusse & en Brandebourg, *argent courant nouveau*.

Le frédérick d'or y est fabriqué à la taille de 35 au marc, & au titre de 21 carats 9 grains; & comme la banque de *Berlin* le reçoit sur le pied fixe de 4 livres, il résulte que la livre de banque de *Berlin* répond à $31\frac{48}{100}$ as, poids de troyes de Hollande d'or fin. Il n'est pas possible de déterminer également au juste le contenu d'argent fin de la même livre; mais, en supposant que 100 livres valent 131 rthlrs, argent courant nouveau, chaque livre répond à $454\frac{57}{100}$ as d'argent fin, & elle vaut dans ce cas 2 fl. 5 f. 7 d. argent de Hollande. La proportion de l'or à l'argent sera aussi pour lors comme 1 est à $14\frac{4}{5}$.

Les *changes* de *Berlin* sur les villes suivantes, sont :

Sur Amsterdam, . . .	1 liv. bco. contre .	44	f. bco. pl. ou m.
Francfort, S. M. .	100 dites.	125	rthlr. en louis d'or.
Leipsick, ...	1 dite.	30	gutegr. plus ou moins.
Hambourg, . . .	1 dite.	43	ß bco. plus ou moins.
Londres, ...	1 dite.	50	L. sterlings, plus moins.
Paris & Lyon, . .	1 dite.	98	sols tournois, plus ou moins.
Vienne, ...	1 dite.	110	xr. cour. plus ou moins.

L'ufance y eſt comptée pour 14 jours de la date de l'acceptation.

Les lettres de *change* y jouiſſent, ſuivant l'édit du roi de 1751, de trois jours de faveur, moyennant que le dernier ne ſoit point fête pour les chrétiens, ou pour les juifs; attendu que, dans un tel cas, le paiement doit ſe faire la veille. Il eſt néanmoins ſans conſéquence, pour le porteur d'une lettre de *change*, d'y laiſſer paſſer le troiſiéme jour de faveur, pourvu que le protêt, à défaut de paiement, ait lieu le lendemain.

BERNE. On tient les écritures dans cette ville du canton de ſon nom, en Suiſſe, par livres de 20 ſols, & le ſol de 12 deniers; mais on y compte ſouvent auſſi par livres de 10 batzes, & le batze de 4 kreutzers; quelquefois encore par couronnes de 25 batzes, & le batze de 4 kreutzers.

Voici, au reſte, le rapport & la diviſion de ces *monnoies*.

Couronne.	Livres.	Batzes.	Sols.	Kreutzers.	Deniers.
1	2½	25	50	100	600
	1	10	20	40	240
		1	2	4	24
			1	2	12
				1	6

Le *florin*, *gulden*, de *Berne*, vaut 4 batzes, ou 8 ſols.
Les *monnoies* réelles de *Berne* ſont les ſuivantes, ſçavoir:

D'*or*,   Le ducat, de   7 l. ſ., ou de   70 batzes.
D'*argent*,   Le *patacon* de 3 . . 6 ou de 33 dites.
De *billon*,   Des pièces de   5 batzes qui valent 10 ſols, &
     Des pièces de   1 & de ½ batze, de 1 & de ½ kreutzer.

D'après un *mandat*, publié le 12 février 1744, pluſieurs *monnoies* étrangères y doivent être reçues & comptées aux prix ſuivants, ſçavoir:

		Batzes.		Livres & Sols.
D'*or*,	La piſtole d'Eſpagne, ou le louis vieux de France	125	ou	12 . . . 10
	Le louis d'or de Noailles	229	ou	22 . . . 18
	Le louis à la croix de Malthe.	183	ou	18 . . . 6
	Le louis au ſoleil, ou le louis neuf de France	153	ou	15 . . . 6
	Le mirleton.	122	ou	12 . . . 4
	Les piſtoles vieilles d'Italie & de Savoie	121	ou	12 . . . 2
	Les ducats de bon poids	69	ou	6 . . . 18
D'*argent*,	Le bajoir.	42	ou	4 . . . 4
	L'écu couronné de France.	40	ou	4 . . .
	L'écu neuf, dit	38½	ou	3 . . . 17
	L'écu de Straſbourg, marqué BB.	37½	ou	3 . . . 15
	Le louis blanc, ou écu vieux de France	35	ou	3 . . . 18
	L'écu blanc, ou le patacon de poids	33	ou	3 . . . 6
	L'écu bidet, ou celui de Navarre,	32	ou	3 . . . 4
	L'écu de France marqué L,	30	ou	3 . . .
	La pièce de 30 ſols de Straſbourg.	14	ou	1 . . . 4

Cependant, ce réglement ne s'obſerve que pour les paiemens des rentes ou des revenus publics; car l'on regarde ces *monnoies*, dans le commerce, comme ſimples matières, dont le prix varient ſuivant les circonſtances.

Les commerçants de *Berne* remettent à Genève & à Baſle, pour y être négociées, les lettres de *change* qu'ils tirent ſur l'étranger. Au reſte, il n'y a point dans cette ville, des jours de faveur fixés par aucune loi, pour les lettres de *change* qui y ſont payables.

BETELFAGUY. On compte dans cette ville de l'Arabie, par *piaſtres* de 80 *cabirs*, ou *karas*.

La piaſtre y vaut bien près de 2 fl. argent de banque de Hollande.

Les monnoies réelles, dont on fait la plupart des paiemens, ſont des ſequins & des piaſtres d'Eſpagne.

100 piaſtres de *Betelfagui*, répondent à 82 74/141 piaſtres d'Eſpagne.

100 piaſtres d'Eſpagne, font donc 121½ piaſtres ou 806 44/74 pagodes.

La piaſtre d'Eſpagne, vaut depuis 40 juſqu'à 80 comaſſirs, ſuivant les circonſtances.

Le *comaſſir* eſt une monnoie de billon de peu de valeur.

BILBAO. On tient les écritures dans cette ville, à

S. Sebaſtian & à S. Ander, en *reales*, ou reaux de 34 *maravedis de vellon*.

Les autres *monnoies* ſont rapportées à l'article d'ESPAGNE, ainſi que les *changes*.

BOLOGNE. On compte dans cette ville capitale du Bolonois, en Italie, par *lire* de 20 ſoldi, & le *ſoldo* de 12 *denari*.

La lira ſe diviſe auſſi en 2 paoli, ou en 120 quatrini.

Le *paolo* ou *giulo*, vaut 10 ſoldi, 60 quatrini, ou 120 denari.

Le *ſoldo*, *bajocci*, ou *bolognini*, vaut 6 quatrini, ou 12 denari.

Le *ſcudo*, ou l'écu de change, autrement la *pezza da otto reali*, vaut 85 ſoldi ou bolognini; Ainſi, 4 ſcudi répondent à 17 lires.

On donne deux valeurs à ces *monnoies*: l'une qui ſe nomme *moneta di banco*, vaut environ 3 p.c davantage que l'autre, nommée *moneta lunga*.

Voici ce que l'on paye, en ces deux valeurs, pour les *monnoies* ſuivantes, ſçavoir:

	Moneta di Banco.		Moneta Lunga.	
	Lire.	Soldi.	Lire.	Soldi.
Le louis d'or vieux de France ou la piſtole d'Eſpagne, à	17	10 ou	18	"
Les piſtoles d'Italie,	17	"	17	10
Le ſequin de Veniſe, ou celui de Florence,	10	5	10	10
Le ſequin de Rome	10	"	10	5
L'ongaro, ou le ducat de Hongrie,	9	15	10	"
L'écu d'or de Rome, nommé *corſino*,	8	5	8	10
Le philippe de Milan	5	2½	5	5

Les *monnoies* réelles de *Bologne*, ſont comme ſuit, ſçavoir:

Le *petrono* ou *teſtono* de 3 paoli, ou 30 ſoldi bolognini.

Le *giuſtino* de 16 ſoldi, & la *lira* de 20 ſoldi, ou bolognini.

Le *paolo*, ou *giulo*, autrement le paule ou jule, de 10 ſoldi.

Le *marajolo*, de 2 ſoldi.

Le *bajocce bolognino*, ou ſoldo, qui vaut 6 quatrini, & enfin,

Le *bagherono*, qui fait ½ ſoldo, & vaut 3 quatrini.

Nous eſtimons que la *lire de banque* contient 7 10/100 as d'or fin, 107½ as d'argent fin, & que la *lire courante* répond à 6 90/100 as d'or fin, ou à 105 as d'argent fin; ainſi,

La lira moneta di banco, vaut au pair 10½ ſols de Hollande, & la lira moneta lunga 10¼ ſols dits.

Cours des *changes de Bologne*.

Sur Amſterdam,	40 bolognini bco, contre	1 florin bco.
Florence,	106 dits p. ou m.	1 duc. de 7 lires.
Lyon & Paris,	87 dits p. ou m.	1 écu de 60 ſols.
Rome,	98 dits p. ou m.	1 ſcudo de 10 paoli.
Veniſe,	58 dits p. ou m.	1 duc. cour.

Il eſt d'uſage à *Bologne*, de tirer les lettres de change à un ou deux mois de date, ſur la France, la Hollande & l'Allemagne; & à pluſieurs jours de vue, ſur les villes d'Italie.

Les lettres de change s'y doivent payer en argent de banque, lors même qu'elles ſont payables en argent courant. Elles n'y jouiſſent pas, d'ailleurs, de jours de faveur, attendu que le paiement doit s'en faire le lendemain du jour de l'échéance, &, s'il eſt fête, le ſurlendemain.

L'uſo, ou uſance, s'y compte pour 8 jours après celui de l'acceptation.

BOLZAN. Cette ville du Tirol compte par florins, *gulden*, de 60 kreutzers, & le *kreutzer* de 4 *pfenings*.

La *reichſthale* y vaut 1½ florins, kreutzers, ou 360 pfenings.

Ces monnoies y ont trois valeurs, dont les noms ſont, *moneta del giro*, *moneta lunga* & *meſs va-*

luta, c'eſt-à-dire argent de change, argent courant, & valeur de foire.

La valeur de change, ſe fonde ſur la piſtole d'or d'Eſpagne, nommée à *Bolzan*, *doppie*, & ſur le louis d'or vieux de France, lorſqu'on compte l'une ou l'autre, à 5 fl. & 34 kr.

L'*argent courant* ſe compoſe non-ſeulement d'écus d'eſpèce & d'autres *monnoies* d'argent, de la valeur de 20, 17, 10, 7 & 3 kreutzers, frappées au coin de la maiſon d'Autriche; mais auſſi de pluſieurs *monnoies* étrangères, dont nous parlerons plus bas. Au reſte,

100 rthlrs, argent de change, font 132 rthlrs, plus ou moins.

Pour ce qui eſt de la *valeur de foire*, elle n'eſt en uſage que dans les paiemens qui ſe font pendant les foires qui ſe tiennent à *Bolzan* quatre fois l'année. Alors les eſpèces hauſſent de 3 à 4 p.c, plus ou moins, du cours ordinaire; ou plutôt l'on convient de les y recevoir, en paiement de marchandifes, à quelque chofe de plus que leur valeur : par exemple :

La piftole, dont le prix ordinaire eft 7¼ fl. vaut en foire ⅔ florins.

Le ducat pareillement, qui vaut 4½ fl. y eft reçu pour 4⅕ florins.

Il en eft à peu près de même pour les autres *monnoies*.

Au refte, le *fcudo di cambio*, pour le change fur Venife, vaut 93 kreutzers, argent de change.

Plufieurs *monnoies* étrangères y font reçues aux prix fuivans, plus ou moins, fçavoir :

Moneta lunga.

		fl.	Xr.
D'or,	Le fouverain, ou feverin, à	12	22½
	Le louis neuf, de France	8	44
	La piftole d'Efpagne & le louis vieux de France	7	16
	Les fequins & les ducats	4	10
D'argent,	La genovine, ou le croifat de Genève.	2	58
	La piaftre de Tofcane	2	28
	L'écu neuf de France & le philippe de Milan.	2	14
	La piaftre d'Efpagne & la livournine	2	4
	Le louis vieux de France & les rixdales des Pays-Bas	2	ʺ
	Enfin le ducat d'argent de Venife.	1	33

Nous eftimons que le florin, argent courant de *Bolzan*, contient 17¹⁸⁄₁₀₀ as d'or fin, ou 243⅓ as d'argent fin, & que fa valeur intrinfeque répond à 24½ fols, argent de Hollande.

Cours des *changes* de *Bolzan* fur les villes fuivantes, fçavoir :

Sur Amfterdam . 206 fl. mon. lunga, contre . 100 rixd. de bco.
Augfbourg, 101 . dits . . . . 100 fl. courants.
Hambourg, 205 . dits . . . . 100 rthlr bco.
Rome, . . 100 . dits . . . . 50 fcudi de 10 paoli.
Vienne, . . 99 . dits . . . . 100 fl. cour. par caiffe.
Venife, . . 1 fcudo di cambio. . . . 134 foldi de bco.

Il n'eft point d'ufage de fournir des lettres de change payables dans *Bolzan*, hors les temps des foires, lefquelles y font principalement deftinées pour faire les paiemens. Mais les lettres de *change*, payables dans les foires, y doivent être acceptées pendant les douze premiers jours de chaque foire, parce que les paiemens en ont lieu depuis le troifiéme jufqu'au quinziéme jour, inclufivement. Si, à cette époque, il s'en trouve qui n'aient point été acceptées, ou payées, elles doivent s'y protefter le quinziéme jour, avant le coucher du foleil. Il n'y eft pas permis, au refte, d'accepter, de payer, ou de faire protefter des lettres de *change*, ou des billets endoffés, fous peine, pour ceux qui contreviendront à cette ordonnance, de deux cent écus d'amende.

BOMBAY. Depuis que les Anglois font maîtres de cette ifle, ils y font fabriquer des *monnoies* d'argent, de cuivre & d'étain, lefquelles ont cours feulement dans le fort de l'ifle, & dans les bourgs & villages à trois ou quatre milles aux environs.

Le *budgröoken*, dont 16 font un *ferafin* ou *xe-*

rafin, eft la plus petite de ces *monnoies*. Les autres font :

La *roupie* de cuivre, dont 24 font une d'argent.

La roupie d'argent, du poids de 240 as, poids de troyes de Hollande, d'argent, du titre de 11 deniers, 15 grains, ayant par conféquent 232½ as d'argent fin, ce qui répond à la valeur de 23¾ fols, argent de Hollande.

La *moharre* d'or vaut 12½ roupies d'argent, ou 300 roupies de cuivre.

1000 roupies d'argent de *Bombay* pèfent 30 l., 11 onces, 7 pennyweights, poids de troyes d'Angleterre. L'argent de cette *monnoie* eft 10½ pennyweights plus fin que celui de l'argent d'Angleterre.

BORDEAUX. On y tient les écritures en *livres* de 20 fols, & le fol de 12 *deniers tournois*.

L'écu de change vaut 3 livres, 60 fols, ou 720 deniers.

Les autres *monnoies* comme à l'article de FRANCE.

Cours des principaux *changes* de Bordeaux, fçavoir :

Sur Amfterdam, . 1 écu de 60 f. contre 53 ʒ vls bco. plus ou moins.
Hambourg, . 1 dit. . . . . . . 26 β bco., plus ou moins.
Londres, . . 1 dit. . . . . . . 31 ʒ fterl. plus ou moins.
Madrid, . . 15 l. 5 f. plus ou moins . 1 piftole de *change*.
Paris & autres villes de France, à . . ½ ou 1 p.⁰⁄₀, plus ou moins, de perte ou bénéfice.

BREMEN. On compte dans cette ville, dans le duché de Werne, & dans les comtés d'Oldenbourg & de Delmenhorft, par *thaler* de 72 gros, *groten*, & le gros de 5 *fchware courant*.

La réduction de ces *monnoies* se fait de la manière suivante.

Thaler.	*Marc.*	*Kopfstücke.*	*Dütgens.*	*Flinriche.*	*Schiling.*	*Groten.*	*Schwaren.*
1	$2\frac{1}{4}$	6	16	18	48	72	360
	1	$2\frac{2}{3}$	$7\frac{1}{9}$	8	$21\frac{1}{3}$	32	160
		1	$2\frac{2}{3}$	3	8	12	60
			1	$1\frac{1}{8}$	3	$4\frac{1}{2}$	$22\frac{1}{2}$
				1	$2\frac{2}{3}$	4	20
					1	$1\frac{1}{2}$	$7\frac{1}{2}$
						1	5

Le gros se divise encore en 4 d. ou *pfenings*.

Voici les *monnoies* réelles de *Bremen*, sçavoir :

D'*or*, Le *ducat*, de $2\frac{1}{4}$ thalers.

D'*argent*, La *reichsthale d'espèce*, de $1\frac{1}{3}$ thaler courant, les $\frac{1}{2}$ & $\frac{1}{4}$ de rthlr à proportion.

De *billon*, Le *kopfstücke* de 12 gros, ou de 60 schwares.

Le *flinricher* de 4 gros, ou de 20 schwares.

Des pièces de 6, de 3, de 2 & de 1 gros.

De *cuivre*, Le *schware*, de 4 d, ou pfenings.

Les *monnoies* étrangères suivantes, ont cours à *Bremen*, sçavoir :

Le carl d'or, le louis vieux de France, & le frédérick d'or, à 5 thalers.

Le ducat de Hollande, & celui d'Empire, à $2\frac{3}{4}$ dit.

L'écu vieux de France, plus ou moins $1\frac{1}{3}$ dit.

L'argent courant de *Bremen* est égal à celui de *convention* : or,

La thaler de *Bremen* contient $364\frac{80}{100}$ as d'argent fin, dont la valeur intrinséque répond à $36\frac{1}{2}$ sols argent de Hollande.

Cours des *changes* de *Bremen*.

Sur Amsterdam,	144 thlr, plus ou moins, contre	100 rixd. bco.
Hambourg,	142 thlr,	100 rthlr. bco.
Londres,	600 thlr,	100 L sterl.
Leipsick,	104 thlr,	100 thlr. en louis d'or

L'usance des lettres de *change* tirées sur *Bremen* de l'Allemagne, est de 15 jours de vue, & celle des lettres de Londres, d'un mois de date.

Les lettres de *change* payables dans *Bremen*, jouissent de 8 jours de faveur, hors celles qui sont à certains jours déterminés de vue, & celles qui sont payables au porteur.

Bresil. On compte dans cette contrée de l'Amérique méridionale appartenante aux Portugais, par *rées*, de même qu'en Portugal.

La *pataque*, monnoie d'argent de *Bresil*, y vaut 320 rées : elle n'en vaut en Portugal que 240 ; les $\frac{1}{2}$ & $\frac{1}{4}$ de la pataque, à la même proportion respective.

Les *monnoies* de cuivre de Portugal, gagnent au *Bresil* 100 p%.

Breslau. On tient les écritures dans cette ville, & dans toute la Silésie, en *thaler* de 30 gros d'argent, *silver-groschen*, & le gros de 12 deniers, ou *denares* courans.

La livre de banque, *pfund*, vaut 30 *oute-groschen*, ou 360 *pfenings*.

La *reichsthale* vaut $1\frac{1}{3}$ thaler de Silésie, ou 32 gros d'argent.

La *thaler courante*, $1\frac{1}{4}$ thaler de Silésie ou 30 gros d'argent.

La *thaler de Silésie*, qui vaut 24 gros d'argent, se divise ainsi, sçavoir :

Thaler de *Silésie.*	*Gulder*, ou *Florins.*	*Gute Grosche*, ou *Bons-Gros.*	*Silver-Grosche*, ou *Gros-d'Argent.*	*Weisse-Groche*, ou *Gros-Blancs.*	*Kreutzels.*	*Groschels.*	*Denares* ou *Deniers.*
1	$1\frac{1}{5}$	$19\frac{1}{5}$	24	36	72	96	288
	1	16	20	30	60	80	240
		1	$1\frac{1}{4}$	$1\frac{7}{8}$	$3\frac{3}{4}$	5	15
			1	$1\frac{1}{2}$	3	4	12
				1	2	$2\frac{2}{3}$	8
					1	$1\frac{1}{3}$	4
						1	3

Le *kreutzel* se divise encore en 2 dreyers, & le *dreyer* en 3 *hellers*.

On a coutume de compter ces *monnoies* par *schock* & par *marc:* par exemple,

Le schock fort, *schweres-schock*, de gros d'argent, est de 60 pièces.

Le schock foible, *leichtes-schock*, des mêmes gros, n'est que de 40 pièces.

Le marc fort se compose, d'autre part, de 32 gros d'argent, & le marc foible, de 32 gros blancs.

Le marc simple vaut, au reste, 16 gros d'argent, ou 24 gros blancs.

Pour réduire plus facilement les principales *monnoies* précédentes, on compte :

5 Reichsthales d'espèce par 4 thalers courantes.
4 Thalers courantes par 5 thalers de Silésie.
5 Thalers de Silésie par 6 florins.
6 Florins par 4 thalers courantes.
4 Bon-grons, par 15 gros d'argent, ou 15 kreutzels.
4 Pfenings de Misnie font 5 denares de Silésie.

Voici les *monnoies* réelles qui ont cours à *Breslau*, sçavoir :

D'or, Le *frédérick* de 5 thlr. & environ $6\frac{2}{3}$ p% en sus contre l'argent nouveau de Prusse : le double & le $\frac{1}{2}$ frédérick à la même proportion.

Le *ducat* de 90 gros d'argent.

D'argent, La *thaler* courante, de 30 gros d'argent : la $\frac{1}{2}$ & la $\frac{1}{3}$ thlr. à proportion de cette valeur.

De billon, Des pièces de 4, 2 & 1 bons-gros, ou *gute-groschen*.

Le *timpfe*, de 18 gros Polonois, à 6 gros d'argent.

Des pièces de 6 & de 3 gros Polonois, à 2 & 1 gros d'argent.

Le gros d'argent, *silver-groschen*, autrement gros d'Empire ou *kreutzer*, qui vaut 3 *kreutzels*, ou gros Polonois.

De cuivre, Le *groschel* & le *denare* de Silésie.

Les *monnoies* suivantes ont cours à *Breslau*, sçavoir :

Le louis d'or de France & la pistole d'Espagne, à 5 thalers & 10 gros d'argent.

Les ducats d'or de bon poids, de tout pays, plus ou moins, à 90 dits.

La reichsthale d'espèce de constitution de l'Empire, 45 dits.

La reichsthale d'espèce de convention, 43 dits.

Le frédérick d'or de Prusse contient $25\frac{90}{100}$ as d'or fin, & la thaler courante de *Breslau* ayant $347\frac{41}{100}$ as d'argent-fin, la valeur intrinsèque de cette dernière, répond à $34\frac{1}{4}$ s. argent de Hollande.

Cours des *changes* de *Breslau*.

Sur Amsterdam, ...	1 L. bco. contre .	44 s. bco. plus ou moins.
Berlin, ...	1 L. bco.	30 gute-groschen.
Hambourg, ...	1 L. bco.	43 ß bco. plus ou moins.
Leipsick, ...	1 L. bco.	30 gute-groschen cour.
Vienne, ...	1 L. bco.	100 xr. cour. plus ou moins.

L'usance des lettres de *change* est comptée à *Breslau* pour 14 jours après la date de l'acceptation : la $\frac{1}{2}$ usance est de 8 jours.

Les lettres de *change* payables dans *Breslau*, jouissent seulement de 3 jours de faveur, en vertu de l'ordonnance du roi de Prusse de 1751. Mais celles qui sont payables pendant les deux foires qui s'y tiennent tous les ans, doivent être acquittées pendant les derniers quatre jours de chaque foire qui en dure huit, & il est nécessaire, au défaut de paiement, de les faire protester le même jour avant le coucher du soleil.

Brunswick. On compte dans cette ville, à Wolfenbutel, à Hanovre, à Lunebourg & dans une partie de la Westphalie, en Allemagne, par *thaler* de 36 *marien-grosche*, chacun de 8 ₰ ou *pfenings*.

Voici comme l'on fait la division de cette *monnoie*, sçavoir :

Thaler. Courante	*Florins, ou Pièce-de* $\frac{2}{3}$	*Marien-Guldens.*	*Gute-Grosche.*	*Marien-Grosche.*	*Gæsgens.*	*Mathiær.*	*Pfenings, ou Deniers.*
1	$1\frac{1}{2}$	$1\frac{4}{5}$	24	36	48	72	288
	1	$1\frac{1}{5}$	16	24	32	48	192
		1	$13\frac{1}{3}$	20	$26\frac{2}{3}$	40	160
			1	$1\frac{1}{2}$	2	3	12
				1	$1\frac{1}{3}$	2	8
					1	$1\frac{1}{2}$	6
						1	4

Les *monnoies* réelles de *Brunswick* sont les suivantes, sçavoir :

D'*or*, Le *carl*, de 5 thalers ; les doubles & les $\frac{1}{2}$ carls, à proportion.
Le *ducat* de $2\frac{3}{4}$ thalers.

D'*argent*, La *reichsthale d'espèce*, de 48 mariengrosche.
La *thaler courante*, de 36 dits.
Le florin, *gulden*, ou pièce de $\frac{2}{3}$, de 24 marien-grosche, les $\frac{1}{2}$ & $\frac{1}{4}$ de florin valent à cette proportion.

De *billon*, Des pièces de 3 & de $1\frac{1}{2}$ marien-grosche, de 2 & de $\frac{1}{2}$ gutte-grosche, de 6 & de 4 pfenings.

Le carl d'or est à la taille de 35 au marc d'or du titre de $21\frac{3}{4}$ carats.

La thaler courante est à celle de $13\frac{1}{3}$ au marc d'argent de 10 deniers.

Elle vaut au pair $36\frac{1}{2}$ f. argent de Hollande.

Le marc d'or fin vaut à *Brunswick*, 190 thalers courantes, plus ou moins ; & celui d'argent fin en vaut 13, plus ou moins.

L'argent œuvré de *Brunswick* est du titre de 12 loths, qui répondent à 9 deniers. La marque de l'essayeur est un lion.

Cours des *changes* de *Brunswick*.

Sur Amsterdam, ...	142 thlr. en carls d'or, contre	100 rixd. bco.
Hambourg, ...	141 thlr. dits.	100 rthlr. bco.
Londres.	600 thlr.	100 L. sterling.
Leipsick, ...	103 thlr.	100 thlr. en louis bl.

Les *changes* sur les autres villes de l'Europe, se réglent à *Brunswick*, d'après ceux qui ont cours à Berlin & à Leipsick.

L'usance des lettres de *change* est de 14 jours de la date de l'acceptation.

Il n'y a point de jours de faveur fixes pour les lettres de *change* ; mais les porteurs peuvent, dans certains cas, en accorder jusqu'à trois.

Les lettres de *change* payables pendant les deux foires qu'on tient à *Brunswick* tous les ans, s'acceptent le vendredi de la première semaine, & le paiement y a lieu le jeudi de la seconde semaine de chacune des foires.

Bruxelles. On tient les écritures dans cette ville, à Anvers & dans le reste des Pays-bas Autrichiens, par livres, *pond vlaams*, de 20 escalins, *schelling*, & l'escalin de 12 gros, *groot* ; & autrement par florins, *gulden*, de 20 sols, *stuivers*, & le sol de 12 deniers ou *penningen*.

Ces *monnoies* se divisent de la manière suivante, sçavoir :

Livre, ou *Lvls*.	*Rixdales*, ou *Patacons*.	*Guldens*, ou *Florins*.	*Escalins*, ou *ßvls*.	*Stuivers*, ou *Sols*.	*Gros*, ou *&vls*.	*Deniers*, ou *Pennings*.	*Mytens*.
1	$2\frac{1}{2}$	6	20	120	240	1,920	5,760
	1	$2\frac{2}{5}$	8	48	96	768	2,304
		1	$3\frac{1}{3}$	20	40	320	960
			1	6	12	96	288
				1	2	16	48
					1	8	24
						1	3

D'ailleurs on peut réduire :
5 Rixdales par 2 livres, ou 12 florins, &
10 Escalins par 3 florins, ou 60 sols.

Les *monnoies* de compte de *Brabant* ont deux valeurs ; l'une est nommée *argent permis*, ou de change, & vaut $16\frac{2}{3}$ p$\frac{o}{o}$ davantage que l'autre qu'on nomme *argent courant* : la proportion en est comme de 7 à 6.

Les *monnoies* réelles du *Brabant* & leurs valeurs sont les suivantes :

D'*or*, Le *souverain*, ou severin, de 7 fl. 13 f. de ch. ou 8 fl. $18\frac{1}{2}$ cour. le double, & le $\frac{1}{2}$ souverain valent à cette proportion.
Le *ducat* d'Autriche, de 5 fl. 1 f. de ch. ou 5 fl. 18 f. cour.

D'*argent*, Le *ducaton*, ou 3 fl. 1 f. de ch. ou 3 fl. $11\frac{1}{2}$ f. courans : le $\frac{1}{2}$ & le $\frac{1}{4}$ de ducaton, valent à proportion : mais le $\frac{1}{8}$ de ducaton ne vaut que $7\frac{1}{2}$ sols de change, ou $8\frac{3}{4}$ sols courans. Au reste, le ducaton valoit, avant 1755, 3 florins, argent de change.
La couronne, *croon*, de 2 fl. 14 f. de ch. ou 3 fl. 3. f. cour.
La $\frac{1}{2}$ couronne vaut à proportion.

De *billon*, L'escalin neuf, *nieuwe-schelling*, de 6 f. de ch., ou 7 f. cour.
L'escalin vieux, *oude-schelling*, de $6\frac{3}{4}$ f. courans : il valoit, avant 1749, 7 sols courans.
Les $\frac{1}{2}$ escalins vieux n'ont plus cours, &

& doivent être portés au billon.

De *billon* **,** Les vieilles *monnoies* de 4½ & de 2½ fols, ne valent aujourd'hui que 4 & 2 fols courans.

Les nouvelles *monnoies* de 5, de 2½ & de 1 fols courans, & la *plaquette,*

de 3½ fols courans, forment l'argent courant.

De *cuivre***,** Des pièces de 2 & 1 orts, &

La *duyte* de 2 deniers, ou penningen, argent courant.

Voici les prix que valent d'ordinaire en *Brabant* les efpèces fuivantes, fçavoir:

	fl.	f.		fl.	f.
Le louis vieux de France, & la piftole d'Efpagne, à fl.	9.	11	f. de ch. ou fl. 10.	10	f. cour.
Le louis neuf dit,	10.	18	dit. . . . . 12.	14	dit.
La guinée d'Angleterre,	11.	8	dit. . . . . 13.	6	dit.
Le ducat de Hollande & celui d'Empire,	5.	1	dit. . . . . 5.	18	dit.
L'écu neuf de France & la cour. d'Angleterre,	2.	15	dit. . . . . 3.	4	dit.
La piaftre d'Efpagne & la rixd. de Hollande,	2.	2	dit. . . . . 2.	16	dit.

Le marc, pour les effais de l'or, fe divife en 24 carats, ou *karaaten*, ou en 288 grains, & le carat en 12 grains, ou *greynen.*

Le marc, pour les effais de l'argent, eft de 12 deniers, ou *penningen*, ou de 288 grains ; & le dernier de 24 grains.

On paie dans les hôtels des *monnoies* du *Brabant*, le marc d'or à 366 fl. 10 f. de change, & le marc d'or de ducats à 358 fl. 10 f. de change ; le marc d'argent fin, à 25 fl. 5 f. de change celui qui n'eft pas moins fin que 10 d. 9 gr. ; & feulement à 24 fl. 19 f. de change, celui qui eft d'un titre plus bas.

On y taille 44$\frac{233}{733}$ fouverains d'un marc d'or, de 22 carats & ¼ d'un grain, dont on déduit ¼ d'eftelin, pour le remède de poids, & ½ d'un grain pour le remède de loi. La matière néceffaire à cette fabrication ne coûte, au prix fixé de l'or fin, que 334 florins, 7 fols & 32 mytes de change, & les 44$\frac{233}{733}$ fouverains valent dans le public, 337 flor. 16 fols & 42 mytes de change : il refte donc pour les frais, 3 fl. 9 f. 10 mytes de change, ce qui fait à peu près 1 p$\frac{o}{o}$. Les fouverains doubles & les ½ fouverains ne diffèrent, dans leur proportion refpective, en rien des fimples fouverains.

7$\frac{7}{20}$ Ducatons font taillés d'un marc d'argent de 10 deniers & 11½ grains, dont il y a 1 eftelin de foiblage & 1 grain d'efcharfeté ; ils ne coûtent, au prix de l'argent fin fixé dans les hôtels des *monnoies* de *Brabant*, que 21 florins, 16 fols & 24 mytes de change, & ils valent dans le public, 22 florins, 8 fols & 16 mytes de change : il refte donc pour les frais, 11 fols & 40 mytes de change, qui répondent à environ 2⅓ p$\frac{o}{o}$: les ½, les ¼ & les ⅛ de ducaton, font fabriqués dans la même proportion.

49$\frac{5}{46}$ Efcalins font taillés d'un marc d'argent de 6 den. & 23½ grains, dont 1½ eftelin pour le foiblage, & 1½ grain pour l'efcharfeté ; ils ne coûtent, au prix de 24 fl. 19 f. de change le marc d'argent

fin, que 14 florins, 4 fols & 44 mytes de change ; & ils valent dans le public, 14 florins, 14 fols & 15 mytes de change : ainfi il refte, pour les frais de la fabrication, 9 fols & 19 mytes de change, qui répondent à environ 3⅓ p$\frac{o}{o}$.

90$\frac{20}{32}$ Plaquettes font taillées d'un marc d'argent de 6 deniers & 2 grains dont 1½ plaquette de foiblage, & 2 grains d'efcharfeté. L'argent de cette fabrication ne coûte, au prix de 24 florins 19 f. de change, le marc fin, que 12 florins 9 fols & 24 mytes de change ; & il vaut dans le public 13 florins, 5 fols & 34 mytes de change : il refte donc 16 f. & 10 mytes de change, pour les frais ; ce qui répond à 6⅓ p$\frac{o}{o}$.

51$\frac{1}{24}$ Pièces de 5 fols courans, font taillées d'un marc d'argent de 5 deniers, dont une pièce de foiblage & 2 grains d'efcharfeté : l'argent de cette fabrication ne coûte, au prix de 24 fl. 19 f. de change le marc fin, que 10 fl. 4 f. 22 m. de change, & il vaut dans le public 10 flor. 14 f. & 22 m. : il y a donc, pour les frais, 10 fols de change, qui répondent à environ 5 p$\frac{o}{o}$: les pièces de 2½ fols font de la même fabrication.

La rixdale de change, *monnoie* de compte, ou imaginaire, répond donc à 33$\frac{33}{100}$ as d'or fin, ou à 486$\frac{65}{100}$ as d'argent fin ; & la rixdale courante à 28$\frac{74}{100}$ as d'or fin, ou à 417$\frac{11}{100}$ as. d'argent fin. Elles valent au pair, l'une 2 fl. 8 f. 10 d. argent de Hollande, & l'autre 2 fl. 1 f. 11 d. du même argent.

La proportion de l'or à l'argent, eft ainfi, comme 1 à 14$\frac{1}{2}$, ou 14$\frac{1723}{3333}$.

Le marc de *Bruxelles*, pour pefer l'or & l'argent, y eft défigné fous le nom de *poids de Troyes :* il eft exactement égal à celui du même nom, & qui fert au même ufage à Amfterdam : il fe divife, auffi comme ce dernier, en 8 onces, l'once en 8 eftelins, ou *engels*, & l'eftelin en 32 as ; de manière qu'il eft compté pour 5120 as,

Cours des *changes* de Bruxelles.

Sur Amsterdam,	103 Lvls de ch. pl. ou moins contre	100 Lvls bco.
Hambourg,	35 ſt. dit,	1 thlr. de 2 m. bco.
Londres,	36 β vls dit.	1 livre ſterling.
Madrid,	94 ẟ vls dit.	1 duc. de cambio.
Paris,	54 ẟ vls dit.	1 écu de 60 ſ.
Vienne,	102 thlr. dit.	100 thlr. d'eſpèce.

On tire les lettres de *change* ſur les places ci-deſſus, à 1 ou à 2 uſances, à 1 ou pluſieurs mois de date.

Les lettres de *change* payables à *Bruxelles*, ou dans Anvers, ne jouiſſent que de 6 jours de faveur, après leur échéance ; & en cas de refus de paiement, le protêt y doit avoir lieu le ſixiéme jour, à défaut de quoi, non-ſeulement les porteurs, mais encore les tireurs des lettres de *change* en ſouffrance, perdent le droit qu'ils ont à la charge de l'acceptant.

Les lettres de *change*, payables à vue, y doivent être acquittées dans les 24 heures de leur préſentation.

CADIX. On y tient les écritures en *reales* de 16 *quartos*, ou de 34 *maravedis* de platte vieille.

La *piaſtre forte* vaut 10⅛ reales de platte vieille, ou 361¼ maravedis de platte, ou 170 quartos.

La *piaſtre* de *change* s'y compte pour 8 reales de plate vieille, ou 128 quartos.

On y compte auſſi la piaſtre forte pour 8 reales de plate, avec l'agio de 33⅓ p⁰., plus ou moins ; c'eſt-à-dire, qu'on donne 100 piaſtres fortes pour 133⅓ piaſtres de change, plus ou moins.

1000 piaſtres fortes, pèſent à *Cadix* 117 marcs & 2 onces, poids de Caſtille, & à Amſterdam 109½ marcs, poids de troyes de Hollande.

Il eſt tant parlé dans l'article d'ESPAGNE, des *monnoies* de compte & réelles de ce royaume, qu'il nous ſemble ſuffiſant de dire que toutes ces *monnoies* ont cours à *Cadix*, ſans aucune différence de nom, ou de valeur.

Changes de *Cadix* ſur les villes ſuivantes, ſçavoir :

Sur Amſterdam,	1 ducat de change pour	93 ẟ vls bco. pl. ou m.
Gènes,	124 piaſtres ſimples p. ou m. p.	100 pezze, de 115 ſoldi ſ. di bco.
Liſbonne,	1 dit.	600 rées. plus ou moins.
Livourne,	125 dit. plus ou moins	100 pezze de 8 réales.
Londres,	1 dit.	39 ẟ ſterlings.
Paris,	1 piſtole de change,	25 L. 5 ſ. pl. ou moins.

Sur Madrid & les autres villes d'Eſpagne à ½ ou 1 p⁰., plus ou moins de gain ou de perte.

Les lettres de *change* ſe tirent ordinairement ſur la France, l'Angleterre & la Hollande, à 1 ou à 1½ uſance, à 2 ou trois mois de date, ou à 60, ou 90 jours de date, & ſur l'Italie, à pluſieurs jours de vue.

L'uſance des lettres de *change* tirées de l'étranger ſur *Cadix*, y eſt comptée pour 60 jours de date, hors celles qui ſont tirées de la France, dont l'uſance eſt d'un mois.

Les jours de faveur, accordés pour le paiement des lettres de *change*, ſont fixés à ſix, paſſés leſquels, ſi le porteur manque d'en faire le protêt en cas de refus de paiement, il perd ſon droit contre l'acceptant, & ce dernier venant à faillir, il eſt reſponſable de l'événement vis-à-vis du tireur.

CAIRE. (le) On compte dans cette ville capitale de l'Egypte, par *piaſtres* de 33 *medines*.

La piaſtre effective vaut 60 medines, & on en donne environ 76 pour une piaſtre forte d'Eſpagne.

Les autres *monnoies* d'Egypte ſe trouvent rapportées dans l'article d'ALEXANDRIE.

CALICUT. On compte dans ce royaume de la côte de Malabar, par *fanoes* de 16 *biſes* ; mais à Cananor & dans tous les pays ſeptentrionaux de cette côte, on le fait par fanoes de 15 biſes.

Les *monnoies* réelles du Malabar, ſont des fanoes d'or de la valeur de 5½ ſols courans de Hollande, & des *tarrs* d'argent, dont 16 ſont un fanoe.

Voici d'autres *monnoies* qui ont auſſi cours dans toute cette côte ;

La roupie d'or, peſant	30 fanoes, vaut de	55 à 56 fanoes.
Le ſequin de Veniſe, de	9 dits.	17 à 18 dits.
La pagode du Mogol, de	9 dits.	15½ à 16 dits.
La pagode de Madras, de	9 dits.	14¼ à 15½ dits.
La pagode de Portonovo, de	9 dits.	13¾ à 14 dits.
Le ſequin de Turquie, de	9 dits.	13½ à 14 dits.
Le St. Thomas vieux, de	9 dits.	13½ à 14 dits.
Le St. Thomas neuf, de	8 dits.	11 à 11½ dits.
La roupie d'argent, de	30 dits.	4½ à 5 dits.
La piaſtre d'Eſpagne, de	72 dits.	9 à 10 dits.

Il y a des fanoes neufs qui perdent environ 2 p$\frac{0}{0}$ contre les vieux.

CANARIES. On compte dans ces isles de la domination du roi d'Espagne, par *reales corrientes* de 8 *quartos corrientes*.

Le *doblon de plata*, ou la pistole de *change*, se compte pour 40 reales corrientes.

Le *ducado de plata*, ou le ducat de *change* dit, pour $13\frac{3}{4}$ dites.

Le *peso de plata*, ou la piastre de change dit, pour 10 dites.

Voilà pour les *monnoies* de compte : & nous dirons seulement, quant aux *monnoies* réelles d'Espagne, que

Le *doblon de oro*, ou la pistole d'or, vaut maintenant aux *Canaries*, $53\frac{1}{3}$ reales corrientes, & que la piastre forte y vaut encore 13 reales & $2\frac{1}{4}$ quartos corrientes.

Cela suffira pour montrer que le real corriente des *Canaries*, qui se compose de 8 quartos des mêmes isles, répond à $12\frac{4}{5}$ quartos, ou $51\frac{1}{5}$ maravedis de vellon d'Espagne, & que le réal de platte vieille de 16 quartos d'Espagne, répond à $1\frac{1}{4}$ real, ou à 12 quartos corrientes des *Canaries*.

Nous estimons que le *real corriente* des *Canaries*, répond à $35\frac{30}{100}$ as d'argent fin, & qu'il vaut au pair environ 3 sols, $8\frac{1}{2}$ deniers, argent courant de Hollande.

CANÉE. On compte dans cette ville capitale de l'isle de Candie, située dans la mer Méditerranée, par *piastres* de 80 *paras*.

CARRARE. On compte dans cette ville d'Italie, par lire de 20 soldi, & le soldo de 12 denari, *moneta corrente di Genova*.

CASSEL. On compte dans cette ville, capitale du Landgraviat de Hesse, & dans tout le pays du même nom, par *thaler* de 32 albus Hessois, & l'*albus* de 9 *pfenings*, ou 12 *hellers*.

La *thaler courante* vaut $1\frac{1}{2}$ florins d'Empire, *reichsgulden*, 24 bons-gros, *güte-groschen*, 32 *albus Hessois*, 36 *marien-groschen*, 90 kreusers, 288 pfenings, ou 384 hellers.

La *reichsthale d'espèce* vaut $1\frac{1}{3}$ thaler courante, ou 2 fl. d'Empire.

Ces *monnoies* se réduisent plus facilement de cette manière, sçavoir :

3 Reichsthales d'espèce, par 4 thalers courantes.
2 Thalers courantes, par 3 florins d'Empire.
4 Albus Hessois, par 3 bons-gros, ou gute-groschen, & 8 albus Hessois par 9 marien-groschen, ou gros de Marie.

Les *monnoies* qui ont plus de cours dans le pays de Hesse, sont

Des pièces de 8, de 4, de 2, de 1 & de $2\frac{1}{3}$ *albus*, de 4 *hellers*, ou de 3 *pfenings*, argent de Hesse.

Depuis l'ordonnance qui fut publiée à *Cassel* en 1763, les espèces suivantes y doivent valoir :

Le ducat de bon poids, ...	2 thalers &	$26\frac{2}{3}$ albus.
Le louis d'or neuf, ...	6 . . .	2
L'écu neuf de France, ...	1 . . .	$16\frac{1}{2}$
Le louis blanc, ou l'écu vieux de ce royaume .	1 . . .	$10\frac{2}{3}$

L'argent œuvré y doit être du titre de 13 loths, ou de 9 deniers 18 grains.

CETTE, *Voyez* MONTPELLIER.

CHINE. La manière de compter dans ce vaste empire de l'Asie, est par *lyangs*, ou *taëls* de 10 mas; le *mas* de 10 condorines, & la *condorine* de 10 *caches*.

Le lyang, ou taël d'argent fin, répond, dans sa valeur intrinséque, à fl. 3 14 f. de banque de Hollande.

Il n'y a d'autres *monnoies* réelles à la *Chine*, que de petites pièces de cuivre mêlé de plomb, qui servent de petite *monnoie* parmi le peuple. Elles sont rondes, marquées d'un seul côté, & munies d'un cordon un peu élevé, avec 4 trous dans le milieu : l'usage est de les enfiler dans une corde, qui en peut contenir depuis 100 jusqu'à 1000. Le métal dont elles sont fabriquées est composé de 6 parties de cuivre, & de 4 parties de plomb, ce qui fait qu'on les peut facilement briser avec les doigts.

L'or, étant regardé à la *Chine* en qualité de marchandise, n'y est jamais employé comme *monnoie*. Il s'y vend contre l'argent dans la proportion de 1 à $13\frac{1}{3}$ plus ou moins.

L'or est ordinairement à son plus bas prix à la *Chine*, pendant les mois de mars, avril & mai.

Quoique l'argent soit souvent employé en qualité de numéraire dans le commerce de la *Chine*, il n'y est jamais réduit en *monnoie* effective. On en taille seulement des pièces depuis $\frac{1}{2}$ lyang, jusqu'à 100 lyangs, dont la valeur intrinséque est déterminée par le poids, l'argent étant du plus fin. Quand on en fait quelque paiement, l'on en fait l'essai en jettant au feu la matière, qui est coupée ensuite en morceaux plus minces, avec lesquels l'on paie les plus petites sommes.

Le *tocque*, poids pour les essais de l'or & de l'argent, se divise en 100 parties.

L'argent, qui n'est pas au-dessus du titre de 80 de ces parties, n'est point reçu dans le commerce de la Chine, où l'on tient l'argent de France pour être de 93 à 95 parties du tocque, celui d'Angleterre de 94 parties, celui des piastres vieilles d'Espagne de 92 parties, & celui des piastres neuves, de 90 parties du même tocque ; de manière que 100 lyangs pefant d'argent, des *monnoies* de ces divers pays, font comptés à la Chine pour 90, 92 93, 94 ou 95 lyangs d'argent fin, fuivant leurs titres refpectifs.

CHYPRE. On compte dans cette ifle de l'Afie mineure, appartenante à la Turquie, par *mines* de 100 afpres, comme en Turquie, dont on pourra également confulter l'article pour les autres *monnoies.*

CLÈVES. On compte dans cette ville & dans le duché du même nom, dans celui de Juliers, à Bergue, dans la Marche, & généralement dans tout le cercle de la *baffe Weftphalie*, par reichfthales de 60 fols, ou *ftuivers*, & le fol de 16 *hellers*, ou de 8 pfenings, argent de *Clèves.*

Cette reichfthale, qu'on nomme pour l'ordinaire *courante*, vaut 2 thalers de *Clèves*, ou 1½ florin d'Empire.

Le florin d'Empire, *reichs-gulden*, vaut 2 florins de *Clèves.*

La thaler de *Clèves* vaut 1½ florin de *Clèves*, ou 4 efcalins, ou fchelings.

Le florin de *Clèves* fe divife, d'ailleurs, de la manière fuivante, fçavoir :

Florin, ou de Clèves.	Schilling, ou Escalin.	Gute-Grochen.	St. ou Sols.	Kreutzers.	Fettmængers.	Frichfe.	Pfenings.	Hellers.
1	2⅔	8	20	30	40	80	160	320
	1	3	7½	11¼	15	30	60	120
	1	2½	3¾	5	10	20	40	
		1	1½	2	4	8	16	
		1	1½	2⅔	5⅓	10⅔		
			1	2	4	8		
				1	2	4		
					1	2		

On peut autrement réduire ces *monnoies* de cette manière, fçavoir :

2 Reichfthales, par 3 florins d'Empire.

3 Florins d'Empire, 4 thalers de *Clèves.*

2 Thalers de *Clèves*, 3 florins de *Clèves.*

3 Florins de *Clèves*, 8 efcalins ou fchellings.

2 Efcalins, 15 fols ou ftuivers.

10 Hellers, 3 pfenings de Brandebourg.

L'argent de Brandebourg ayant cours à *Clèves*, Juliers, & autres états de la domination du roi de Pruffe, nous nous difpenfons de répéter ce que nous avons dit touchant ces *monnoies*, dans l'article de BERLIN.

COBLENTZ. On compte dans cette ville & dans l'électorat de Tréves, en Allemagne, par *thaler* de 54 *petermængers* courans.

La thaler courante vaut 1½ florin d'Empire, ou reichs-gulden.

Le florin d'Empire vaut 12 grands petermængers, ou 36 petits petermængers.

Les autres *monnoies*, comme à Cologne.

COLOGNE. Dans cette ville, & dans l'électorat de fon nom, en Allemagne, les *monnoies* de compte font la *thaler* d'efpèce de 80 albus courans, la *thaler* courante de 78 albus courans, & *l'albus* de 12 hellers.

La thaler d'efpèce vaut auffi 1½ fl. d'efpèce, 1¼ fl. de roue, 2 fl. des feigneurs, 3⅓ fl. de Cologne, 4 orts, 8 efcalins, 20 blafferts, ou 80 albus courans.

La thaler courante vaut 1½ flor. courant,	3¼ fl. de Cologne,	ou 19½ blafferts.
Le florin d'efpèces, *gulden-fpæties*, vaut	13⅓ blafferts,	ou 53⅓ albus courans.
Le florin courant, *gulden-courant*,	13 dits,	ou 52 dits.
Le florin de roue, *ræder-gulden*,	16 dits,	ou 64 dits.
Le florin des feigneurs, *herren-gulden*,	10 dits,	ou 40 dits.
Le florin de Cologne, *Cœlnifche-Gulden*,	6 dits,	ou 24 dits.
L'ort de la thaler d'efpèce,	5 dits,	ou 20 dits.
L'efcalin d'efpèce, *fpæties-fchilling*,	2½ dits,	ou 10 dits.

Voici, au reste, la réduction des autres *monnoies* de la ville de *Cologne*.

Blafferts.	Albus de roue.	Gæsgens.	Stuivers.	Albus cour.	Kreutzers.	Albus légers.	Fœtmengers.	Hellers.
1	$1\frac{1}{2}$	$2\frac{2}{5}$	3	4	$4\frac{1}{2}$	5	6	48
	1	$1\frac{9}{10}$	2	$2\frac{2}{3}$	3	$3\frac{1}{3}$	4	32
	1	$1\frac{1}{4}$	$1\frac{1}{2}$	$1\frac{11}{12}$	$2\frac{1}{2}$	$2\frac{1}{2}$	20
		1	$1\frac{1}{3}$	$1\frac{1}{2}$	$1\frac{1}{2}$	2	16
			1	$1\frac{1}{8}$	$1\frac{1}{4}$	$1\frac{1}{4}$	12
				1	$1\frac{1}{9}$	$1\frac{1}{3}$	$10\frac{2}{3}$
					1	$1\frac{1}{5}$	$9\frac{3}{5}$
						1	8

Les *monnoies* principales de *Cologne* se réduisent aussi comme suit, sçavoir :

39 Thalers d'espèce, par 40 thalers courantes.
13 Th. dites . . . 20 florins courans.
3 Th. dites . . . 10 florins de *Cologne*.
4 Th. dites . . . 5 florins de roue.
4 Th. courantes, . 13 florins de *Cologne*.
3 Albus de roue ou gros, 8 albus courans.

Les *monnoies* réelles de *Cologne* sont ;

D'or,   Le ducat d'Empire, qui vaut 3 thalers d'espèce.

D'argent, La *thaler* d'espèce de 80 albus courans.
Le florin d'espèce, ou pièce de $\frac{2}{3}$, *Zweydrittelstücke*, de $53\frac{1}{3}$ albus courans ; le $\frac{1}{2}$ & le $\frac{1}{4}$ de florin à proportion.

De *billon*, Le *blaffert* double & simple de 8 & de 4 albus courans.
Le *stuiver*, ou sol, de $1\frac{1}{3}$ albus, ou 16 hellers.
Le *fetmænger* de 8 hellers.
L'*albus* courant, de 12 hellers.

En 1758, le magistrat de la ville de *Cologne* ordonna, par un édit, que les *monnoies* suivantes vaudroient, sçavoir :

Le carolin d'or, ... 11 fl.   Xr. ou $7\frac{1}{2}$ th. d'espèce.
Le louis d'or neuf de France, 11   ou $7\frac{1}{3}$ dits.
Le louis d'or vieux dit . . . 9   ou 6 dits.
Le ducat d'or de poids, . . . 5   ou $3\frac{1}{3}$ dits.
L'écu neuf de France, . . . 2   45   ou $1\frac{5}{8}$ dits.

Nous estimons, d'après cette ordonnance, que la thaler d'espèce de *Cologne* contient $21\frac{54}{100}$ as d'or fin, ou 301 as d'argent fin ; que la thaler courante répond à 21 as d'or fin, ou à $293\frac{47}{100}$ as d'argent fin, & que leur valeur intrinsèque respective s'élève l'une à $30\frac{1}{8}$ sols, & l'autre à $29\frac{3}{4}$ sols argent de Hollande.

Cours des *changes* de *Cologne*.

Sur Amsterdam, 172 thlr. cour. plus ou moins, contre 100 rixd. bco.
Hambourg, 170 thlr. cour. . . . . 100 rthlr. bco.
Leipsick, 117 thlr. d'espèce. . . . . 100 thlr. cour.

L'usance des lettres de *change* payables dans *Cologne*, est de 14 jours de vue.
Les lettres de *change* y jouissent, d'ailleurs, de 6 jours de faveur ; ainsi le paiement n'est exigible que le sixième jour après celui de l'échéance ; &, en cas de refus de paiement, le protêt doit se faire le même jour, s'il n'est pas fête, ou seulement le lendemain si c'en est une.

CONSTANTINOPLE. *Voyez* TURQUIE.
COPENHAGUE. On compte dans cette ville, & dans tout le reste du royaume de Danemarck, par *ryksdalers*, de 6 marcs ou *marken*, & le marc de 16 escalins Danois, ou *skilling dansk* ; quelquefois aussi par ryksdalers de 4 orts, & l'ort de 12 sols ou *stuivers*, ou de 24 escalins Danois ; autrement par kyksdalers de 48 sols *lubs*, ou *stuivers*.

La réduction de ces *monnoies* de compte est la suivante, sçavoir :

Ryksdaler.	Dalers.	Markes.	Stuivers.	Skilling.	Fyrkes.	Wittes.	Pfenings.
1	$1\frac{1}{2}$	6	48	96	192	288	1,152
	1	4	32	64	128	192	768
		1	8	16	32	48	192
			1	2	4	6	24
				1	2	3	12
					1	$1\frac{1}{2}$	6
						1	4

Voici les *monnoies* réelles de *Danemarck*.—

D'or, 　Le ducat d'espèce, de 2½ rdlr. ou 15 marcs, plus ou moins.

　Le ducat courant, de 2 rdlr. ou 12 dits, prix fixe.

D'argent, La *ryksdale* d'espèce de 7½ marcs, ou 59 fols : la ½ rdlr. à proportion.

　La couronne, *kron*, de 34 fols; la ½ couronne de 17 fols.

De billon, L'*ebræer*, ou le *justus judex*, de 7 fols, les doubles de 14 fols.

　Le *kopsstück*, de 10 fols, ou 20 escalins Danois.

Le rixert, *ryks-ort*, de 12 fols, ou 24 escalins.

Des pièces de 15, 10, 8, 4, 2 & 1 escalins Danois.

De cuivre, Des escalins, des ½ & des ¼ d'escalin.

Il y a en Danemarck, indépendamment de ces *monnoies*, des billets de banque qui en tiennent lieu. Ces billets sont de la valeur de 100, de 50, de 10, de 5 & de 1 ryksdales.

Au reste, suivant une ordonnance de l'année 1761, il est permis en Danemarck de recevoir dans le commerce plusieurs espèces étrangères d'or aux prix suivans, sçavoir :

	esches	marcs	f. lubs.
Le carolin d'or, pesant, ...	179	15	9
La guinée d'Angleterre, ...	153	15	12
Le louis neuf de France, ...	152	15	7
Le louis vieux dit, & la pistole, ...	125	72	11
Le max d'or, ...	119	10	6
La moëde de 6,400 rées de Portugal, ...	261	27	*"*
Le ducat d'espèce, ...	65	7	3

Le marc lubs vaut 2 marcs Danois, ou 16 fols, ou stuivers.

En 1776, il fut ordonné en Danemarck une nouvelle fabrication de ryksdales d'espèce à la taille de de 9¼ pièces par marc d'argent fin, la ryksdale devant peser 1 lod, 3 orts, 3 pfenings, & 10$\frac{126}{289}$ esches, ce qui répond à 606$\frac{14}{17}$ as d'argent, du titre de 14 lods, qui font 10½ deniers. Le prix de cette ryksdale fut fixé à 59 fols lubs, ou à 7½ marcs Danois, & comme elle contient 530$\frac{70}{100}$ as d'argent fin, la valeur intrinsèque répond à 2 fl. 13 s. 1 d. argent de Hollande.

Le ducat courant de Danemarck est, depuis 1757,

à la taille de 85 pièces au marc, avec une légère différence de $\frac{1555}{5757}$ qui se perd dans le remède de poids. Le ducat pèse 65$\frac{18}{100}$ as, d'or du titre de 21 carats & 2 grains, & sa valeur intrinsèque répond, en raison de son contenu d'or fin, qui s'élève à 57$\frac{57}{100}$ as, à 4 fl. 4 f. 12 d. argent de Hollande.

Nous trouvons, d'après cela, que le contenu d'or & d'argent de la ryksdale courante de Danemarck répond à 28$\frac{785}{1000}$ as, poids de troyes de Hollande d'or fin, & à 431$\frac{75}{100}$ as d'argent fin : ainsi, la valeur intrinsèque de cette ryksdale s'élève à 2 florins, 3 fols & 3 deniers, argent de Hollande.

Cours des *changes* de Copenhague;

Sur Amsterdam, ...	118 ryksd. cour. plus ou moins contre 100 rixd. courant.	
Hambourg, ...	124 dites. . . .	100 rthlr. bco.
Londres, ...	5 dites. . . .	1 L sterling.

Les lettres de *change* se tirent sur ces trois places à 2 mois, ou à 15 jours de date ou de vue. Celles qui sont payables dans *Copenhague*, y jouissent, après leur échéance, de 8 jours de faveur, dans lesquels se comptent les dimanches & les fêtes. Quoique le protêt, à défaut de paiement, peut s'y faire le huitième jour de faveur, l'on peut sans préjudice attendre jusqu'au dixième jour, pour en lever l'acte requis.

COROMANDEL. On le sert dans toute la côte de *Coromandel*, dans l'Inde, de *monnoies* de différentes valeurs. Les noms des principales sont la *pagode*, la *roupie*, l'*annas* & le *fanoin* ou *faname*.

La pagode pèse 71$\frac{70}{100}$ as, poids de troyes de Hollande; mais elle ne contient que 61½ as au plus, & 60½ as au moins, d'or fin, & elle vaut à *Portonovo* 12 fanoins d'or, à *Godelour* 18, & à *Negapatan* 24; à *Pondicheri* & à *Malipour* 24 fanoins d'argent, & à *Madras* 36 dits : elle vaut

d'ordinaire 3½ roupies, plus ou moins.

La roupie de compte vaut toujours 16 annas; mais il y a diverses roupies effectives dont nous avons déjà donné l'explication dans l'article de BENGALE.

L'*annas*, est une petite *monnoie* d'argent, & la cache est de cuivre.

CORSE. On compte dans cette isle, de la dépendance de la couronne de France, par *livres* de 20 fols, & le *fol* de 12 *deniers* : soit valeur tournois de France, soit valeur courante de Gênes.

CRÉMONE. *Voyez* MILAN.

CURAÇAU. On compte dans cette colonie Hollandoise de l'Amérique méridionale, par *piastres* de 8 réales, réaux ou escalins, *schelling*, & la réale de 6 fols, ou *stuivers* : la piastre vaut donc 48 fols.

La pistole d'or d'Espagne vaut à *Curaçau*, 9 fl. 9 sols, argent courant de Hollande, & elle se compte pour 4½ piastres.

La moède de Portugal de 6400 rées, y vaut 11 piastres, plus ou moins.

DAMAS. On compte dans cette ville capitale de la Syrie, de même qu'à Alep, par *piastres* de 80 *aspres*.

DANTZICK. Dans cette ville anséatique & libre, sous la protection de la Pologne, les écritures se tiennent en florins, *gulden*, de 30 gros, ou *groschen*.

La *thaler*, ou écu, est de 3 fl. 90 gros, 90 escalins, ou *schilling*, ou 270 pfenings.

Les *monnoies* réelles de la ville de *Dantzick*, sont :

D'or, Le *ducat* de Hollande, qui, suivant une ordonnance du Magistrat de l'année 1766, ne devroit valoir que 11 fl., vaut 12 fl. plus ou moins.

D'argent, La *reichsthale* d'espèce vieille, vaut 6 fl. plus ou moins.

De billon, Le *schostack*, ou *sechser* de 6 gros ; en outre,
Le *dürgen* de 3 gros, & le gros, ou *groschen*, de 3 escalins.

De cuivre, L'escalin, ou *schilling*, dont 3 font un gros.

Voici les principales *monnoies* étrangères qui ont cours à *Dantzick* :

		fl.		gros
Le ducat d'or, à		12	07	gros plus ou moins.
La guinée & le louis neuf de France, ...		25	''''	
La rixdale de Hollande & celle à la croix de Bourgogne,		5	15	
Le rouble vieux, ...		4	18	
Le rouble neuf, ...		4	15	
La piastre d'Espagne neuve, ...		5	12	

L'argent nouveau de Prusse vaut 33 p⁰⁄₀, plus ou moins, davantage que celui de *Dantzick*.

Nous estimons que le florin de compte de *Dantzick*, contient 5$\frac{94}{100}$ as d'or fin, ou 86$\frac{81}{100}$ as d'argent fin, & que sa valeur intrinsèque répond à 8 sols 11 deniers, argent de Hollande.

Le marc, pour les essais de l'or, est de 24 carats, ou *karate*, & le carat de 12 grains, ou *groen* : le marc est donc de 288 grains.

Le marc, pour les essais de l'argent, est de 16 loths, & le *loth*, de 16 *pfenings*, ou deniers ; ainsi le marc n'est que de 256 pfenings.

L'argent œuvré de *Dantzick*, est du titre depuis 12 loths & 12 pfenings, à 13 loths, & deux croix surmontées d'une couronne, sont la marque de l'essayeur.

Cours des changes de *Dantzick*.

Sur Amsterdam, 420 gros, plus ou moins, pour 1 Lvls de 6 fl. bco.

Hambourg, 180 dites, p. ou m. p. 1 rthlr. d'espèce.

Conigsberg, 133 fl. plus ou moins, pour 100 fl. cour. de Prusse.

Il est à remarquer que lorsque l'on négocie à *Dantzick* des lettres sur Hambourg, payables en argent de banque, le tireur bonifie au preneur, un pour mille sur le change, pour la moins-valeur de la reichsthale de banque, relativement à la reichsthale d'espèce de Hambourg.

Suivant une ordonnance du magistrat de *Dantzick*, de l'année 1766, il n'y est pas permis de faire des spéculations en lettres de *change*, étant défendu de négocier sur la place une lettre de *change* qu'on y aura prise précédemment de quelque maison établie dans la même ville.

Les lettres de *change* se tirent d'ordinaire sur Amsterdam, à 40 ou à 70 jours de date, & sur Hambourg, à 3 ou à 6 semaines de date.

Les lettres de *change* jouissent après leur échéance, de 10 jours de faveur, ou de 9 seulement si le dixième est un dimanche, ou jour de fête ; & dans l'un ou l'autre cas, le protêt, à défaut de paiement, doit avoir lieu le dernier jour de faveur.

Les lettres de *change* payables à vue, ou celles dont, à leur présentation, tous les jours de faveur seroient échus, doivent être acquittées dans les 24 heures, après ladite présentation, laquelle peut, dans ce cas, avoir lieu un dimanche, ou jour de fête.

Les lettres de *change*, qui ont à courir jusqu'à 14 jours, après vue, ne doivent être protestées, en cas de refus de paiement, que le troisième jour après l'échéance.

DUBLIN. On compte en Irlande, par livres, *pounds*, de 20 chelins, *shellings*, & le chelin de 12 deniers, *pences*, valeur d'Irlande, ou *Irrish*.

Toutes les *monnoies* d'Angleterre y ont cours, & leurs valeurs sont plus fortes que celles de l'argent d'Irlande : nous en établirons la différence, en disant que la proportion en est de 13 à 12 ; par exemple :

La guinée de 21 chelins sterlings, vaut en Irlande	22 sh.	9 d.	irrish.
La couronne de 5 chelins sterlings, ...	5	5 d.	&
La livre de 20 chelins sterlings, ...	21	8 d.	
Le chelin sterling, ...	''''	13 d.	

Pour ce qui regarde les *monnoies* étrangères, elles ont peu de cours en Irlande, où il est rare d'en voir d'autres que des Portugaises.

La moëde de Portugal de 6400 rées, vaut 39 shelings d'Irlande, & celle de 4800 rées, vaut 29 sh. 3 d. irrish.

Nous estimons que la livre d'Irlande contient 140 as d'or fin, ou 2129 as d'argent fin, & qu'elle vaut au pair 10 florins, 3 sols, argent de Hollande.

Dunkerque. On compte de trois manières dans cette ville & dans toute la Flandre Françoise, sçavoir:

Par *livres tournois* de 20 sols, & le *sol* de 12 *deniers* tournois.

Par florins ou *gouldes*, de 20 patards ou *stuyvers*, & le *patard* de 16 deniers, ou *peninges*.

Par livres Flamandes, *Pond-Vlaams*, de 20 escalins, ou *schelling*, & l'escalin de 12 gros, *Groot Vlaams*, ou ₰ vls.

Voici comme l'on fait la réduction de ces *monnoies*;

Livres flamandes ou Lvls.	*Daalders ou Écus*	*Florins ou Guldens.*	*Livres Tournois.*	*Escalins ou Lvls.*	*Patards ou Stuyvers.*	*Sols Tournois.*	*Gros ou Dvls.*	*Deniers Tournois.*	*Peningen. ₰vls.*
1	$2\frac{1}{2}$	6	$7\frac{1}{2}$	20	120	150	240	1,800	1,920
	1	$2\frac{2}{5}$	3	8	48	60	96	720	768
		1	$1\frac{1}{4}$	$3\frac{1}{3}$	20	25	40	300	320
			1	$2\frac{2}{3}$	16	20	32	240	256
				1	6	$7\frac{1}{2}$	12	90	96
					1	$1\frac{1}{4}$	2	15	16
						1	$1\frac{3}{5}$	12	$12\frac{4}{5}$
							1	$7\frac{1}{2}$	8
								1	$1\frac{1}{15}$

La réduction des principales *monnoies* ci-dessus, peut aussi se faire de la manière suivante :

2 Livres flamandes, par . . . . 5 écus, ou 15 livres tournois.
5 Daalders, ou écus . . . . . . 12 guldens, ou florins.
4 Florins, ... 8 escalins de Flandres.

Nous donnons à ces *monnoies*, d'après leur rapport actuel avec l'argent de France, les valeurs suivantes, sçavoir :

	Or fin,	*Argent fin,*	*Argent de Hollande.*
La livre flamande qui contient.	$48\frac{1}{2}$ as, ou	$696\frac{1}{2}$ as, vaut fl. 3	9 f. 12 d.
Le florin	8 as	116 as	11 . . 5
La livre tournois	$6\frac{2}{5}$ as	$92\frac{4}{5}$ as	9 . . 4

Cours des *changes* de *Dunkerque*.

Sur Amsterdam, 179 fl. plus ou moins, pour 100 fl. bco.

Sur Bruxelles, 172 lvls, pour 100 lvls de *change*.

Sur Londres, 23 l. 10 sols tournois, pour 1 l. sterling.

Sur Paris, ½ p$^{o}_{o}$, plus ou moins, de gain ou de perte.

Ecosse. Depuis la réunion de ce royaume à celui d'Angleterre, qui eut lieu l'an 1706, les principales villes de commerce d'Ecosse, *Edimbourg*, *Glascow*, *Aberdeen* & autres, font usage des *monnoies*, des poids & des mesures, d'Angleterre.

Elseneur, Ville du royaume de Danemarck, située sur le détroit du Sund, fameux passage, qui fait la communication de la mer du nord, par le Cattegat, avec la mer baltique : on y compte par *ryksdaler* de 4 orts, & l'*ort*, de 12 sols lubs, ou 24 *skilins* danois ; ou autrement par ryskdaler de 48 sols lubs, nommés aussi *stuivers*.

Ces *monnoies* ont trois valeurs différentes, qui portent les noms d'*espèce*, de *couronne* & de *courant*.

La *valeur d'espèce* est celle de la *monnoie*, d'après laquelle on compte les droits que les navires y payent, tant pour eux-mêmes, que pour les marchandises dont ils sont chargés, à leur passage par le détroit du Sund, soit en entrant, soit en sortant de la mer baltique.

La *valeur couronne* est celle de l'argent vieux de Danemarck, dont il subsiste encore aujourd'hui des *monnoies*, qui portent le nom de *couronne*, qui valoient auparavant 2 marcs danois, ou 32 sols lubs, & qui ont cours maintenant à 34 sols.

La *valeur courante* est celle qui représente aujourd'hui le numéraire de Danemarck, lequel numéraire se compose d'espèces réelles & de billets de banque : nous en avons donné le détail à l'article de Copenhague.

Quant au rapport mutuel de ces trois valeurs, l'argent d'espèce vaut $12\frac{1}{2}$ pour cent davantage que l'argent couronne, & celui-ci est $6\frac{1}{4}$ pour cent meilleur que l'argent courant ; ainsi l'argent courant de Danemarck est $19\frac{51}{96}$ pour cent de moindre valeur que l'argent d'espèce, qui est en usage pour le paiement des droits du Sund. On peut en faire la réduction de la manière suivante, sçavoir :

384 Rdlr. d'espèce, par 432 rdlr. couronne, ou par 459 rdlr. courantes.

48 Rdlr. dites, par 54 rdlr. dites, la proportion est de 9 à 8.

48 Rdlr. couronne, par 51 rdlr. courantes, la proportion est 17 à 16.

La *rosenoble*, monnoie d'or vieille d'Angleterre, est comptée au Sund pour 4 ryksdales & 36 sols lubs d'espèce; 5 r. 16 s. couronne, ou pour 5 r. & 32 s. argent courant de Danemarck.

La rixdale d'espèce de la nouvelle fabrication de 1776, est $122\frac{11}{12}$ pour cent meilleure que la ryksdale courante de Danemarck, elle vaut $2\frac{382}{459}$, pour cent davantage que la ryksdale d'espèce dont on compte les droits de Sund à *Elseneur*.

Voici au reste, les contenus d'or & d'argent fin, & les valeurs intrinsèques & réelles des principales *monnoies* dont nous avons fait mention dans cet article, sçavoir:

	As d'or fin.	As d'argent fin.	Argent de Hollande.		
La rosenoble, qui contient	$162\frac{95}{100}$	ou $2446\frac{50}{100}$	vaut fl. 12	4 s.	10 d.
La ryksd. d'espèce effective de Danemarck	$35\frac{28}{100}$	ou $530\frac{70}{100}$	2	13	1
La ryksd. d'espèce pour les droits du Sund	$34\frac{30}{100}$	ou $516\frac{7}{100}$	2	11	10
La ryksd. couronne	$30\frac{40}{100}$	ou $458\frac{40}{100}$	2	5	14
La ryksdale courante	$28\frac{70}{100}$	ou $431\frac{75}{100}$	2	3	3

Les autres *monnoies* ainsi que les *changes* d'*Elseneur*, sont les mêmes qu'à Copenhague.

EMBDEN. Ville capitale de la Frise orientale, appartenante au roi de Prusse. On y tient les comptes de plusieurs manières, sçavoir:

Par *reichsthale*, de 54 stuivers, & le *stuiver* de 10 *wittens*.

Par florins, *gulden*, de 20 stuivers, ou de 200 wittens.

Enfin, par le même florin divisé en 10 *schaafs*, & le *schaaf* en 10 wittens.

La reichsthale d'espèce vaut 4 marcs, ou 72 stuivers.

La reichsthale courante a 3 marcs, ou 54 stuivers.

Le thaler, ou *flecht-thaler*, ne vaut que 30 stuivers.

Le florin se divise en d'autres *monnoies* de la manière suivante, sçavoir:

Florins.	Marcs.	Schellings.	Flinderkes.	Schaafs.	Stuivers.	Groots.	Syferts.	Œrtgens.	Wittens.
1	$1\frac{1}{3}$	$3\frac{1}{3}$	$6\frac{2}{3}$	10	20	$26\frac{2}{3}$	40	80	200
	1	3	6	9	18	24	36	72	180
		1	2	3	6	8	12	24	60
			1	$1\frac{1}{2}$	3	4	6	12	30
				1		$2\frac{2}{3}$	4	8	20
					1	$1\frac{1}{3}$	2	4	10
						1	$1\frac{1}{2}$	3	$7\frac{1}{2}$
							1	2	5
								1	$2\frac{1}{2}$

La réduction des principales *monnoies* ci-dessus, peut aussi se faire de cette manière, sçavoir:

3 Reichsthales d'espèce, par 4 reichsthales argent courant.

5 Dites, par 12 thalers, ou 18 florins.

5 Reichsthales courantes, par 9 dites.

10 Dites, par 27 florins.

2 Thalers, par 3 dites.

9 Florins, par 10 marcs.

Toutes les *monnoies* réelles de Brandebourg, qui se trouvent expliquées dans l'article de BERLIN, ont cours à *Embden*. Voici d'ailleurs celles qui roulent dans le commerce de cette dernière ville:

D'argent, La pièce de ⅔, ou *zweydrittelstücke*, de 36 stuivers; les demis & les quarts de ces pièces à proportion.

La thaler, ou *schlecht-thaler*, de 30 sols.

Le florin de 20 stuivers, les demis & quarts de florin à proportion.

De *billon*, Des pièces de $4\frac{1}{2}$, de 3 & de $1\frac{1}{2}$ stuivers.

Des *flinderke*, des *schaafs*, des *syferts*, des *œrtgens* & des *wittens*, dont les valeurs ont été expliquées ci-dessus.

La compagnie des Indes orientales tient ses écritures, dans cette ville, depuis l'année 1750, en *bons frédéricks-d'or*, de Prusse, compté chacun à 5 reichsthales, argent courant.

100 Ryksdales de Hollande, de 50 sols argent courant, font au pair $135\frac{1}{2}$ reichsthales, argent courant d'*Embden*, en frédériks d'or; ce qui revient à la même chose que $27\frac{1}{7}$ bons frédériks-d'or de Prusse, à 5 reichsthales pièce.

ERFORT ou ERFORDT. On compte dans cette ville de Thuringe par *thaler* de 24 bons gros, *oute-groschen*, & le bon-gros de 12 *pfenings* courans. Les autres *monnoies* sont les mêmes qui ont cours à Leipsick.

Espagne. On compte généralement dans ce royaume, par *réales* ou réaux de 34 *maravedis*.

Mais il y a quatre réaux tout-à-fait différents, dont nous devons donner l'explication avant de parler des autres *monnoies* de compte qui y sont d'usage. Ces réaux sont :

Le *réal de vellon*, qui vaut 8$\frac{1}{8}$ *qüartos*, ou 34 *maravedis de vellon* : c'est la *monnoie* dont on se sert le plus dans le commerce intérieur d'*Espagne*; c'est la $\frac{1}{20}$me partie de la piastre forte.

La *réal de plata provincial*, qui vaut 17 qüartos, 34 *maravedis de plata nueva*, ou 68 maravedis de vellon. On nomme aussi ce réal, *réal de plata nueva*, pour le distinguer de celui qui va suivre : il en faut 10 pour faire la valeur d'une piastre forte.

Le *réal de plata antigüa*, qui vaut 16 qüartos, 32 maravedis de plata nueva, 34 *maravedis de plata antigüa*, ou 64 maravedis de vellon, c'est le *réal de plate vieille* dont on se sert dans le commerce extérieur d'*Espagne*, dont 10$\frac{5}{8}$ pièces font une piastre forte, & 8 une piastre de change.

Le *réal de plata mexicano*, qui vaut 21$\frac{1}{4}$ qüartos, 34 *maravedis de plata mexicanos*, ou 85 maravedis de vellon : il en faut 8 pour une piastre forte.

Les autres *monnoies* de compte d'*Espagne* sont les suivantes, sçavoir :

Monnoies en usage dans le commerce extérieur.

La pistole de change, *doblon de plata antigüa*, qui vaut 32 réaux de plate vieille, 60 réaux & 8 maravedis de vellon, 1,088 maravedis de plate vieille ou 2,048 maravedis de vellon.

La piastre de change, *peso de plata antigüa*, qui vaut 8 réaux de plate vieille : c'est proprement le quart de la valeur de la pistole.

Le ducat de change, *ducado de cambio*, ou *ducado de plata antigüa*, qui vaut 11 réaux & 1 maravedi de plate vieille, ou 375 maravedis de plate vieille, qui répondent à 705$\frac{15}{17}$ maravedis de vellon.

On divise ordinairement chacune de ces *monnoies* en 20 parties qu'on nomme *sueldos* ou sols, & le sol en 12 *dineros*, ou deniers. On en peut faire la réduction respective de la manière suivante, sçavoir :

1 Pistole de change, par 4 piastres de change.
375 Dites, par 1088 ducats de change.
17 Dites, par 544 réaux de plate vieille.
17 Dites, par 1024 réaux de vellon.
375 Piastres de change, par 272 ducats de change.
17 Dites, par 136 réaux de plate vieille.
17 Dites, par 256 réaux de vellon.
34 Ducats de change, par 375 réaux de plate vieille.
289 dites, par 6000 réaux de vellon.

Monnoies en usage dans le commerce intérieur.

La pistole de change, *doblon de plata sensillo*, qui vaut 60 réaux de vellon, ou 2040 maravedis de vellon.

La piastre simple, *peso provincial*, ou *peso sensillo*, qui vaut 15 réaux de vellon, ou 510 maravedis de vellon.

Le ducat de vellon, *ducado de vellon*, qui vaut 11 réaux de vellon, ou 374 maravedis de vellon.

Les *monnoies* réelles d'*Espagne* & leurs valeurs actuelles sont les suivantes, sçavoir :

		Vellon. Réaux.	mrs.
D'or, de 1772	La quadruple de 4 pistoles, ou *doblon de à 8 escudos*, de	320	″
	La double pistole, ou *doblon de à 4 escudos*	160	″
	La pistole, ou *doblon de oro efectivo*.	80	″
	La $\frac{1}{2}$ pistole, ou *escudo de oro efectivo*,	40	″
	La piastre d'or, ou *coronilla*, ou *medio escudo de oro*,	21	8$\frac{1}{2}$

Avant le mois de juillet 1779, les *monnoies* d'or ci-dessus valoient en *Espagne* les prix suivants, sçavoir :

	Celles fabriquées avant 1772.		*Celles de la fabrication de 1772.*
La quadruple	301 réaux &	6 mrs de vellon, ou	300 réaux de vellon.
La double pistole	150	20	150
La pistole.	75	10	75
La $\frac{1}{2}$ pistole ou écu d'or.	37	22	37$\frac{1}{2}$

D'argent,	La piastre, ou *peso fuerte*, *peso duro*, ou *escudo de plata*	20	″
	La $\frac{1}{2}$ piastre ou *escudo de vellon*	10	″
	Le $\frac{1}{4}$ de piastre, ou *peseta mexicana*.	5	″
	Le $\frac{1}{8}$ de piastre, ou *réal de plata mexicano*,	2	17
De billon,	Le $\frac{1}{5}$ de piastre, ou *peseta provincial*,	4	″
	Le $\frac{1}{10}$ de piastre, ou *réal de plata provincial*,	2	″
	Le $\frac{1}{20}$ de piastre, ou *réal de vellon efectivo*	1	″
De cuivre,	L'*ochote*, ou double qüarto,	″	8
	Le *qüarto*,	″	4
	L'*ochavo*,	″	2

Le $\frac{1}{2}$ ochavo fe nomme *maravedi*, & le $\frac{1}{4}$ d'o-chavo, *blanca* ; mais il n'exifte plus en *Espagne* ni maravedis ni blancas.

Comme les efpèces étrangères ne peuvent point circuler dans ce royaume en qualité de *monnoies*, il n'y a que celles qui y font fabriquées, avec lefquelles l'on puiffe faire les paiemens quelconques. Ces dernières font principalement la quadruple & la piaftre, dont le poids & le titre refpectifs doivent être depuis 1772 fur le pied fuivant, fçavoir :

8$\frac{1}{2}$ Quadruples font taillées d'un marc d'or du titre de 22 carats, dont il faut déduire 2 tomines pour remède de poids & $\frac{1}{12}$ de carat pour remède de loi. Il refte par ce moyen à chaque pièce $561\frac{13}{17}$ grains, poids d'or de Caftille, qui répondent à

$560\frac{23}{100}$ as, poids de troyes de Hollande d'or de $21\frac{11}{14}$ carats ; ce qui revient à $511\frac{60}{100}$ as d'or fin. Il fe fabrique dans cette proportion, du même marc d'or, 17 doubles piftoles, 34 piftoles, ou 68 efcudos d'oro.

8$\frac{1}{2}$ Piaftres font auffi taillées d'un marc d'argent de 10$\frac{3}{4}$ deniers, dont il y a 2 tomines pour le foiblage & 1 grain d'efcharfeté. Chaque piaftre pèfe donc $539\frac{5}{17}$ grains, poids d'argent de Caftille, qui répondent à $560\frac{23}{100}$ as, poids de troyes de Hollande, d'argent du titre de 10 deniers & 17 grains, & elle contient $499\frac{24}{100}$ as d'argent fin, dont la valeur intrinféque s'élève à 2$\frac{1}{2}$ florins, argent de Hollande. Du même marc d'argent font fabriquées 17 pièces de $\frac{1}{2}$ piaftre, 34 d'un quart de piaftre, ou 68 réales de plata mexicanos.

Nous trouvons, d'après cela, les contenus & les valeurs fuivantes des *monnoies* de compte principales, fçavoir :

	As d'or fin.		As d'argent fin.	Argent de Hollande.			
La piftole de change, qui contient	$96\frac{50}{100}$	ou	$1505\frac{70}{100}$	vaut flor. 7	10 f.	9	d.
Le ducat de change,	$33\frac{10}{100}$		$518\frac{50}{100}$	2	11	14	
La piaftre de change,	$24\frac{15}{100}$		$376\frac{25}{100}$	1	17	11$\frac{1}{4}$	
Le réal de plate vieille,	$3\frac{10}{100}$		$47\frac{10}{100}$	//	4	11	
Le réal de vellon,	$1\frac{50}{100}$		$23\frac{5}{100}$	//	2	8	

La proportion de l'or à l'argent eft aujourd'hui en *Espagne*, comme 1 à 15$\frac{5}{8}$.

Le *caftellano*, pour les effais de l'or, s'y divife en 24 carats, ou, *quilates* ; & le carat en 4 grains ou *granos* : chaque grain fe divife en 8 parties, ainfi le caftellano fe compofe de 768 parties.

Le *marco*, pour les effais de l'argent, fe divife en 12 deniers ou *dineros*, & le denier en 24 grains : le marc a donc 288 grains.

L'argent œuvré doit être en *Espagne* du titre de 9 deniers. Les effayeurs s'y fervent de diverfes marques.

Comme dans quelques provinces d'*Espagne*, on fe fert de *monnoies* différentes de celles dont nous avons fait mention dans cet article, l'on trouvera ces objets détaillés dans les articles des noms fuivants, *Alicante*, *Aragon*, *Barcelonne*, *Bilbao*, *Cadix*, *Galice*, *Madrid*, *Malaga*, *Mallorque*, *Navarre*, *Oviedo*, *Séville* & *Valence*.

Cours des *changes* des principales villes d'*Espagne.*

Sur Amfterdam,	1 ducat de change, contre	93 $\frac{1}{3}$ vls, plus ou moins.
Gènes,	120 piaftres de change, plus ou m.	100 pezze de 5$\frac{3}{4}$ l. h. b.
Hambourg,	1 ducat de change,	88 $\frac{1}{3}$ vls, plus ou moins.
Lifbonne,	1 piaftre de change,	600 rées, plus ou m.
Livourne,	122 piaftres dites, plus ou moins.	100 pezze de 8 réales.
Londres,	1 piaftre dite	39 $\frac{1}{3}$ fterl., pl. ou m.

Les lettres de *change* de France, Angleterre, Hollande, Gènes & de tout le nord, qui font tirées à *ufo*, ou ufance, qui s'entend à 2 mois, ou à tant de jours de date ou de vue, jouiffent de 14 jours de faveur.

L'ufance de France n'eft comptée en *Espagne* que pour 1 mois.

L'ufo, ou ufance, des lettres tirées de Rome, eft compté de 90 jours, mais elles n'ont point de jours de faveur, non plus que les lettres de *change* à vue.

Les lettres non acceptées n'ont point de jours de faveur ; il faut tirer le protêt qui doit être remis, & garder la lettre jufqu'à l'échéance. Au cas qu'on voulût l'accepter avant l'expiration du terme, l'ac-

ceptant jouiroit alors des jours de faveur. Il y a cependant des exceptions à faire, fçavoir :

1°. A *Madrid*, l'ufo des lettres de Paris, Marfeille, Londres, Gènes & Livourne, eft compté pour 60 jours de la date ; & elles ont 14 jours de faveur. L'ufo des lettres de Hollande & de Hambourg, eft de 2 mois, & mêmes jours de faveur.

2°. A *Cadix*, l'ufo des lettres d'Angleterre, de Hollande, de Hambourg & autres pays étrangers, excepté de celles de France, eft de 60 jours, & jouiffent de 6 jours de faveur. L'ufo des lettres de France eft de 1 mois, & jouiffent des mêmes jours de faveur.

3°. A *Séville*, les ufances & jours de faveur, comme à Madrid.

4°. A *Barcelonne*, l'uso des lettres du dehors est de 60 jours de faveur, & elles jouissent de 14 jours de faveur.

5°. A *Bilbao*, l'uso des lettres de France est de 1 mois, & celui des lettres des autres pays étrangers de 2 mois ; elles jouissent toutes de 14 jours de faveur ; le $\frac{1}{4}$ de mois est de 7 jours, & le $\frac{1}{2}$ mois de 15 jours.

Suivant une vieille loi de Castille, qui est encore dans toute sa force en *Espagne*, un négociant qui aura accepté une lettre de change, a le droit d'en refuser le paiement à l'échéance, au cas qu'il puisse prouver qu'il n'a point de fonds du tireur, ou de celui pour le compte duquel il se sera obligé par son acceptation d'acquitter la même lettre de *change*.

États-unis de l'Amérique. Nous comprenons sous ce nom, les provinces de l'*Amérique* septentrionale, confédérées pour se procurer l'indépendance. Lorsqu'elles étoient encore soumises à la mère-patrie, les comptes s'y faisoient, de même que dans la nouvelle Écosse & le Canada, par *livres* de 20 shillings, & le *shilling* de 12 deniers ou *pences* ; avec l'unique différence, qui a lieu encore, que dans ces deux dernières provinces la *livre courante* est seulement $11\frac{1}{9}$ p$^{o}_{o}$ inférieure à la livre sterling ; de manière que la guinée de 21 shillings sterlings y vaut 23 shillings 4 deniers, argent courant de la nouvelle Écosse ; au lieu que, dans les *États-unis*, 100 livres sterlings valoient $133\frac{1}{3}$ livres, argent courant d'*Amérique*. Mais, depuis qu'ils ont secoué le joug de l'Angleterre, le congrès a autorisé la fabrication d'une *monnoie* de papier qui porte le nom de *dollar*, dont la valeur a été établie sur celle de la piastre forte d'Espagne, ayant cours en *Amérique* à raison de 4 shillings 6 deniers sterlings, ou de 6 shillings, argent vieux courant d'*Amérique*. Au reste, ce *papier-monnoie* est maintenant dans un tel discrédit, qu'à la fin de l'année dernière (*1779*) le cours des changes étoit à Boston sur le pied suivant :

On donnoit sur la France 30 notes, chacune d'un dollar, pour 1 écu de 60 s. & sur l'Angleterre 61 dites pour 4 sh. 6 d. st.

Si un jour ce papier vient à se réaliser, les *États-unis* se verront accablés d'une dette énorme qu'ils ne seront jamais capables d'acquitter. Mais il est plus vraisemblable que dans le cas que les *États-unis* se maintiennent dans leur indépendance actuelle, ils ne paieront pour la note d'un dollar que ce qu'elle aura valu dans un temps de crise aussi ruineux que celui où ils se trouvent à présent. Au reste, pour ne pas anticiper sur les événements futurs, nous nous bornerons à rapporter ici le cours que doivent avoir, suivant un acte du parlement d'Angleterre publié la sixiéme année du régne de la reine Anne, plusieurs *monnoies* étrangères en *Amérique* ; suivant cet acte,

			Val. sterling.		*Val. cour. d'Am.*	
La piastre sevillane ou mexicaine vieille pesant	17 pw.	12 gr. doit valoir,	4 sh.	6 d.	ou 6 sh.	// d.
La piastre peruvienne dite.	17	12	4	5	ou 5	$10\frac{2}{3}$
La piastre colonne,	17	12	4	$6\frac{3}{4}$	ou 6	1
La pièce de huit,	14	//	3	$7\frac{1}{4}$	ou 4	$9\frac{2}{3}$
La rixd. à la croix de Bourg.	18	//	4	$4\frac{3}{4}$	ou 5	$10\frac{1}{3}$
Le ducaton de Brabant,	20	21	5	6	ou 7	4
L'écu vieux de France,	17	12	4	6	ou 6	//
La cruzade de Portugal d'argent,	11	4	2	$10\frac{1}{4}$	ou 3	$9\frac{2}{3}$
La pièce de 3 fl. de Hollande,	20	7	5	$2\frac{1}{4}$	ou 6	11
La reichst. d'espèce vieille d'Allemagne,	18	10	4	6	ou 6	//

Il est très-rare de voir en *Amérique* des espèces réelles d'Angleterre ; & encore moins du papier du gouvernement de la grande Bretagne, qui n'y est point négociable ; étant au reste à remarquer, que chaque province de l'*Amérique* se sert, en son particulier, de la *monnoie* de papier qu'elle fabrique, qui représente le numéraire de ses propres richesses.

Florence. On tient les écritures en *Toscane* de diverses manières, les principales *monnoies* de compte étant les suivantes, sçavoir :

Le *scudo*, dit autrement *scudo d'oro*, qui vaut $7\frac{1}{2}$ lire, 20 soldi d'oro, 90 crazie, ou 240 denari d'oro.

Le *ducato*, *ducatone*, ou *scudo corrente*, autrement la *piastra*, qui vaut 7 lires, 20 soldi di ducato, 84 crazie, ou 240 denari di ducato.

La *pezza*, ou *pezza da otto reali*, autrement la *livornina*, qui vaut $5\frac{3}{4}$ lire, 20 soldi di pezza, 69 crazie, ou 240 denari di pezza.

Le *testone*, ou *doppie lira*, se divise de la manière suivante, sçavoir :

Testone.	*Lire.*	*Paoli* ou *Giuli.*	*Crazie* ou *Crassie.*	*Soldi di lira.*	*Quattrini.*	*Denari di lira.*
1	2	3	24	40	120	480
	1	$1\frac{1}{2}$	12	20	60	240
		1	8	$13\frac{1}{3}$	40	160
			1	$1\frac{2}{3}$	5	20
				1	3	12
					1	4

Le *soldo d'oro*, vaut 1$\frac{1}{14}$ *soldi di ducato*, 1$\frac{7}{23}$ *soldo di pezza*, ou 7$\frac{1}{2}$ *soldi di lira*.

On peut réduire, au reste, les *monnoies* ci-dessus, comme suit, sçavoir :

14 Scudi d'oro par 15 ducati.
23 Dits, par 30 pezze da otto réali.
23 Ducati, par 28 dites, &
2 Lire, par 3 paoli ou giuli.

La valeur de l'argent de *Florence* se nomme *moneta buona*, & vaut 4$\frac{8}{23}$ p$\frac{o}{o}$ davantage que la *moneta lunga* de Livourne, car

23 Lire, moneta buona, valent 24 lire, moneta lunga.

Les *monnoies* réelles de *Toscane* sont les suivantes, sçavoir :

D'or, La *doppia*, qui vaut 11$\frac{1}{2}$ lire, & la double doppia 23 lire.

Le *ruopono*, qui vaut 24 lire.
Le *zecchino gigliato*, de 13$\frac{1}{3}$ lire, vaut 160 crazie, avec $\frac{1}{3}$ p$\frac{o}{o}$, plus ou moins.

D'argent, Le *francescono*, de 2 *francescini*, vaut 10 paoli.
Le *ducato*, ou la *piastra*, vaut 7 l. avec un agio de 6 p$\frac{o}{o}$, pl. ou moins.
Le *tallari della torre* vieux, ou la *lanternine*; vaut 6 l. & 4 p$\frac{o}{o}$ d'agio.
La *pezza della rosa*, ou la *livournine*, vaut 5$\frac{1}{4}$ l. & 3 p$\frac{o}{o}$ d'agio.

De billon, La *piastrina* double vaut 34 crazie & 2 quatrini, & la simple piastrina 17 1
Le *testone* vaut 3 paoli, ou 24 crazie.
Le *cavaleto* vaut 2 dites ou 16 dites.
La *lira* vaut 1$\frac{1}{2}$ dites ou 12 dites.
Le *paolo* ou *giulo* vaut 8 dites.
Le *crazie* vaut 5 quatrini ; le *soldo* en vaut 2, & le *quatrino* 4 denari.

Nous estimons que les *monnoies* de compte de *Florence* ont les contenus d'or & d'argent & les valeurs suivantes, sçavoir :

	Or fin.	Argent fin.	Argent de Hollande.
Le scudo d'oro, qui contient	40$\frac{2}{5}$ as ou	588$\frac{4}{5}$ as, vaut fl. 2	18 s. 14 d.
Le ducato, ...	37$\frac{7}{10}$.	549$\frac{4}{5}$ 2	15 u
La pezza da otto réali	31$\frac{1}{10}$.	451$\frac{1}{2}$ 2	5 2
La lira	5$\frac{4}{10}$.	78$\frac{1}{8}$	7 14

La proportion de l'or à l'argent est en *Toscane* 1 à 14$\frac{1}{2}$.

Cours des *changes* de *Florence*.

Sur Amsterdam, ...	1 pezza de 5$\frac{1}{4}$ lire contre	88 & vls bco. plus ou moins.
Bologne, ...	1 pezza dite	87 bolognini, pl. ou m.
Gènes, ...	1 pezza dite	116 s. hors de bco. pl. ou m.
Lyon & Paris, ...	1 pezza dite	96 sols tournois, pl. ou m.
Madrid, ...	100 pezze dites . . .	127 piastres de change.
Milan, ...	1 pezza dite	126 soldi correnti, pl. ou m.
Naples, ...	100 pezze dites . . .	114 duc. de regno, dites.
Rome, ...	100 francesconi, . . .	105 scudi rom. pl. ou m.
Venise, ...	100 pezze de 5$\frac{1}{4}$ l. . .	98 duc. di bco. pl. ou m.
Vienne, ...	63 soldi pl. ou m. . .	2 fl. cour. par caisse.

Les lettres de *change* tirées de Rome & de Venise, s'acceptent d'ordinaire le samedi de la semaine de leur arrivée à *Florence*, & se payent deux semaines après ledit jour : ainsi cette usance est de 15 jours.

Les lettres de Bologne sont acceptées également un samedi, & elles doivent être payées le samedi suivant, l'usance n'étant que de 8 jours.

Comme il n'y a point de jours de faveur déterminés pour les lettres de *change* payables dans *Florence*, il faut que le paiement ait lieu à l'échéance avant le départ de la poste pour le lieu d'où elles auront été tirées.

FRANCE. On compte dans ce royaume par *livres* de 20 sols, & le *sol* de 12 *deniers* tournois.

L'*écu* de change vaut 3 livres, 60 sols, ou 720 deniers tournois ; on le divise quelquefois par 20 sols d'or, & le *sol d'or*, par 12 *deniers d'or*.

Les *monnoies* réelles de *France* sont les suivantes, sçavoir :

D'or, Le double *louis* de 48 livres, le louis simple de 24 dites, & le $\frac{1}{2}$ louis de 12.

D'argent, L'*écu* de 6 livres, le $\frac{1}{2}$ écu, ou petit écu, le $\frac{1}{5}$, le $\frac{1}{10}$ & le $\frac{1}{20}$ d'écu, valent à proportion ; sçavoir 3 l., 24 s., 12 s. & 6 s. tournois.

De billon, Des pièces de 2, de 1$\frac{1}{2}$ & de 1 *sols*, & enfin

De cuivre, Le *liard* double, qui vaut $\frac{1}{2}$ sol ou 6 deniers, & le simple liard 3 deniers.

Toutes ces *monnoies* sont de la fabrication commencée en 1726 ; le poids, le titre & les remèdes du louis & de l'écu, sont sur le pied suivant.

30 Louis doivent, en vertu de l'ordonnance, être taillés d'un marc d'or du titre de 22 carats, dont il est permis aux maîtres des *monnoies* de

déduire 12 grains pour le remède de poids & $\frac{10}{32}$ de carats, pour remède de loi. Cette opération faite, il résulte que $30\frac{10}{781}$ louis pèsent un marc d'or de $21\frac{22}{32}$ carats, lesquels, à raison de 24 l. font 721 l. 17 f. 7 d. tournois, & au prix de l'or fin de 784 l. 11 f. 11$\frac{508}{994}$ deniers, fixé dans les hôtels des *monnoies de France*, le marc des louis de cette fabrication ne coûte au gouvernement que 707 l. 00 f. 6 d. Il y a donc 14 l. 17 f. 1 d. pour les frais de la fabrication ; ce qui répond à $2\frac{1}{10}$ p°. Le double louis & le demi-louis sont de cette même fabrication.

$8\frac{1}{10}$ Ecus doivent, suivant les ordonnances, être taillés d'un marc d'argent du titre de 11 deniers, dont les maîtres des *monnoies* peuvent déduire 36 grains, pour le remède de poids & $\frac{1}{2}$ de denier, pour le remède de loi ; il doit résulter de-là que $8\frac{212}{653}$ écus sont fabriqués d'un marc d'argent du titre de $10\frac{7}{8}$ deniers, & qu'à raison de 6 livres l'écu, le marc d'argent de cette fabrication rend 50 l. 3 f. 10 d. Or, ce marc d'argent ne coûtant, au prix de 53 l. 9 f. $2\frac{234}{261}$ deniers le marc d'argent fin, que 48 l. 1 f. 5 d., il reste pour les frais de la fabrication 2 l. 2 f. 5 d. ce qui répond à $4\frac{2}{3}$ p°. Les

$\frac{1}{2}$ écus, les $\frac{1}{5}$, les $\frac{1}{10}$ & les $\frac{1}{20}$ d'écus sont de cette même fabrication.

Il convient, au reste, de remarquer que les louis & les écus portent la marque de l'hôtel des *monnoies* où ils ont été frappés.

L'écu de change qui contient $19\frac{14}{100}$ as d'or fin, ou $276\frac{8}{100}$ as d'argent fin, vaut au pair $27\frac{5}{8}$ sols argent de Hollande.

Comme les espèces étrangères ne peuvent pas avoir cours en *France*, en qualité de *monnoies*, elles sont reçues dans les hôtels des *monnoies* du royaume à raison de leurs poids & titre, ainsi que les espèces de *France* vieilles & hors de cours, & les autres matières d'or & d'argent, en exécution de l'arrêt du conseil du 15 septembre 1771, sauf la retenue, quant à celles d'or au-dessous du titre de $21\frac{22}{32}$ carats, & quant à celles d'argent au-dessous du titre de 10 deniers, 21 grains, des frais d'affinage, conformément au même arrêt du conseil, & des droits attribués aux changeurs par un autre arrêt du conseil du 26 décembre 1771 : le tout extrait des registres du conseil d'état du 15 mai 1773, suivant le tarif imprimé la même année ; sçavoir :

OR.

	Carats.	32mes.	Le Marc. L.	S.	d.
Les sequins de Venise, & sequins *foundoukli* de Turquie, à	23	29 ..	781	10	8
Les sequins de Gènes, ...	23	28 ..	780	10	3
Les sequins de Florence *aux lys*, ...	23	27 ..	779	9	9
Les sequins de Florence *à l'effigie*, ...	23	25 ..	777	8	11
Les sequins de Piémont à *l'annonciade*, ...	23	21 ..	773	7	2
Les ducats d'Autriche, Hongrie & Bohême, ...	23	20 ..	772	6	9
Les *francs à pied & à cheval*, & *agnelets* de Fr.	23	18 ..	770	5	11
Les ducats de l'empereur, de Hambourg, de Francfort & de Danemarck,	23	17 ..	769	5	6
Les ducats *ad legem imperii* d'Allemagne, de Hollande & de Prusse,	23	15 ..	767	4	7
Les ducats de Pologne & de Suède, & les sequins de Malthe, ...	23	13 ..	765	3	9
Les ducats *à l'aigle déployé* de Russie, ...	23	11 ..	763	2	10
Les ducats de Hesse-d'Armanstad, & à la croix de St. André de Russie,	23	5 ..	757	"	3
Les sequins de Rome, ...	22	16 ..	740	13	4
Les écus d'or de France, ...	22	16 ..	735	1	2
Les souverains de Flandre & Pays-bas Autrichiens, & les impériales de Russie,	21	31 ..	718	3	10
Les guinées d'Angleterre, les portugaises & millerées de Portugal, ...	21	30 ..	717	3	5
Les pistoles de Genève & de Florence, & les ryders de Hollande, ...	21	29 ..	716	3	"
Les pistoles d'Espagne au balancier, aux armes & à l'effigie, ...	21	26 ..	713	1	8
Les louis de *France* avant 1709, de $36\frac{1}{7}$ au marc, les pistoles du Mexique & les roupies d'or du Mogol, ...	21	25 ..	712	1	3
Les louis de *France* de 1716, de 20 au marc, & de 1718 de 25 au marc,	21	22 ..	709	"	"
Le louis de *France* de 1709 à 1715 de 30 au marc, & les pistoles d'or de Piémont, depuis 1755, ...	21	21 ..	707	19	6
Les florins d'or de Brunswick, ...	21	20 ..	706	19	1
Les louis de *France* de 1723 de $37\frac{1}{2}$ au marc, & les nouvelles pistoles d'Espagne de la fabrication commencée en 1772, ...	21	19 ..	705	18	8
Les pistoles du Palatinat, ...	21	18 ..	704	18	3
Les pistoles du Pérou, ...	21	17 ..	703	17	10
Les pièces à la rose de Florence, & les vieilles pistoles de Piémont, ...	21	13 ..	699	16	1
Les albertus & écus d'or de Flandre & des Pays-bas Autrichiens, ...	21	9 ..	695	14	4
Les ducats courans de Danemarck, les onces de Naples, & les sequins de Tunis	20	29 ..	683	9	2
Les onces de Sicile, ...	20	5 ..	658	18	9

	Carats.	32mes.	Le Marc.		
			L.	S.	d.
Les zeramabouck de Turquie,	19	21	642	11	10
Les pagodes d'or, *au croissant des Indes*,	19	13	634	8	5
Les pagodes d'or, *à l'étoile des Indes*,	19	5	626	14	11
Les florins d'or de Hanovre,	18	21	609	18	"
Les florins d'or du Rhin & de Hesse-d'Armstadt,	18	17	605	16	4
Les florins d'or du Palatinat, de Bavière & d'Anspach,	18	13	601	14	7
Les florins de Bade-Dourlach,	18	5	593	11	1.

ARGENT.

	Den.	gr.	Le Marc.		
			L.	S.	d.
Les gros écus du Palatinat,	11	19	52	10	8
Les gros écus de Nassau-Weilbourg,	11	17	52	3	3
Les jetons de *France* & les roupies de Pondicheri,	11	10	50	17	3
La vaisselle plate de Paris & les roupies du Mogol,	11	9	50	13	6
La vaisselle plate soudée de Paris, & les roupies de Madras,	11	8	50	9	10
Les roupies d'Arcate des Indes,	11	7	50	6	1
La vaisselle montée de Paris, & les philippes de Milan,	11	6	50	2	4
La vaisselle plate de province,	11	5	49	18	8
La vaisselle plate soudée & la vaisselle montée de province,	11	3	49	11	3
Les couronnes & les shillings d'Angleterre,	11	1	49	3	10
Les ducatons de Liége,	11	"	49	"	1
Les vieux écus de *France*, de 8, 9, 10 & $10\frac{1}{8}$ au marc	10	23	48	16	5
Les écus de banque de Gènes,	10	22	48	12	8
Les écus de *France*, les $\frac{1}{2}$, $\frac{1}{5}$, $\frac{1}{10}$ & $\frac{1}{20}$ d'écu de la fabrication actuelle,	10	$21\frac{1}{2}$	48	10	10
Les piastres aux deux globes Mexico & sevillanes, les écus de Rome & la pièce de huit de Florence,	10	21	48	9	"
Les écus de Piémont,	10	20	48	5	2
Les ducats de Naples & les écus de Suéde,	10	19	48	1	6
Les creusades de Portugal,	10	18	47	17	10
Les piastres à l'effigie de la fabrication commencée en 1772,	10	17	47	14	1
Les pièces de 12 carolins d'Italie,	10	14	47	3	"
Les écus de Hanovre & de Hambourg,	10	12	46	15	7
Les florins d'Autriche,	10	11	46	11	10
Le double écu de Danemarck,	10	8	46	"	8
Les ducatons & écus de Flandre & des Pays-bas Autrichiens, les rixdalles de Hollande, & les georgines de Gènes,	10	7	45	17	"
Les patagons de Genève,	10	2	44	18	5
Les écus de Malthe,	9	23	44	7	3
Les écus de Brunswick & de Ratisbonne, & les madouines de Gènes,	9	22	44	3	7
Les anciennes pièces de *France*, *dites* de 20, de 10 & de 4 sous, les rixdalles & couronnes de Danemarck, & les pièces de douze tarens de Sicile,	9	21	43	19	10
Les écus ou rixdalles d'Anspach & de Bavière,	9	20	43	16	1
Les ducats de Venise,	9	18	43	8	9
Les roubles de Russie,	9	11	43	2	9
Les florins de Mayence,	8	23	39	18	2
Les florins de Bade-Dourlach,	8	21	39	10	9
Les écus de Lubeck, & les kopstuck de Hesse-d'Armstad & de Cologne,	8	19	39	3	4
Les écus de Bareith,	8	18	38	19	7
Les florins de Meckelbourg,	7	7	32	8	8
Les piastres de Tunis,	6	8	28	4	3

A l'égard des autres matières d'or & d'argent, elles seront payées, dans les hôtels des *monnoies de France*, à proportion de leur titre, l'un à 784 l. 11 s. 11 $\frac{528}{694}$ d., le marc fin, l'autre à 53 l. 9 s. 2 $\frac{224}{261}$, le marc fin.

La proportion de l'or à l'argent est donc maintenant en *France* comme 1 à $14\frac{2}{3}$ ou comme 1 à $14\frac{281}{420}$.

Le marc, pour les essais de l'or, se divise en *France* en 24 carats; & le carat en 32 parties.

Le marc, pour les essais de l'argent, est de 12 deniers, ou de 288 grains.

Cours des *changes* généraux de *France*.

Sur Amsterdam ;	1 écu de 60 f. tourn. contre . .	53 fl. vl. plus ou moins.
Genève , ...	168 écus dits plus ou moins. . . .	100 écus de Genève.
Gênes , ...	95 f. tournois , pl. ou m.	1 pezza de 5¼ lire.
Hambourg , ...	188 écus de 60 f. t. pl. ou m. . .	100 thlr. bco.
Leipfick , ...	135 écus dits , pl. ou m.	190 thlr. cour.
Lifbonne , ...	1 écu dit	480 rées , pl. ou m.
Livourne , ...	97 f. tournois	1 pezza de 8 réales.
Londres , ...	1 écu de 60 f. tournois , ...	30 d. fterl. pl. ou m.
Madrid & Cadix , . .	15 l. tourn. pl. ou m.	1 piftole de change.
Naples , ...	142 écus de 60 f. pl. ou m. . .	1 ducato di regno.
Rome , ...	100 écus dits	38 fcudi di ft. d'oro.
Turin , ...	1 écu dit	52 f. de Piémont.
Venife , ...	100 écus dits.	61 ducati di bco.
Vienne , ...	55 f. tournois , pl. ou m.	1 fl. cour. de caiffe.

L'ufance des lettres de *change* tirées d'Efpagne & de Portugal, eft comptée en *France* pour 60 jours, & celles des lettres des autres pays , feulement pour 30 jours. On tire d'ailleurs , des lettres de *change* fur *France* à diverfes échéances , comme d'un ou de plufieurs mois de date , à plufieurs jours de date ou de vue : toutes y jouiffent de dix jours de faveur après celui de leur échéance refpective , même celles qui y font payables à certains jours déterminés de date ou de vue. Si le paiement n'a pas lieu le dernier jour de grace ou de faveur, il faut que le protêt fe faffe fans aucun dé-lai le dixiéme jour de faveur , ou la veille de ce jour-là , s'il tombe le dimanche ou quelque jour de fête. En cas de protêt, l'acte en devra être fait en dûe forme , n'étant pas permis qu'aucun autre acte puiffe en tenir lieu , par quelque motif que ce foit.

FRANCFORT SUR MEYN. On compte à *Francfort* , Darmftadt, Hanau & Mayence , par *thaler* de 90 kreutzers , & le *kreutzer* de 4 *pfenings* , & quelquefois par florins , *gulden* , de 60 kreutzers , ou 240 pfenings.

Ces *monnoies* fe divifent les unes par les autres de la manière fuivante , fçavoir :

Reichfthale d'Efpèce.	Thaler Courante.	Gulden ou Florins.	Kopffücke.	Batzen.	Kaizer-Grofchen.	Albus. ou Kreutzers.	Kreutzers , ou Deniers.	Pfenings,
1	1½	2	6	30	40	60	120	480
1	1½	4½	22½	30	45	90	360	
1	3	15	20	30	60	240		
1	5	6⅔	10	20	80			
1	1⅓	2	4	16				
1	1½	3	12					
1	2	8						
1	4							

On peut compter d'une autre manière :

3 Reichftales d'efpèce , par 4 thalers courans.
2 Thalers, par 3 florins , &
3 Batzen , par 4 kaifer-grofchen , ou gros de l'empereur.

Les *monnoies* réelles , ainfi que leurs valeurs , font les fuivantes , fçavoir :

D'or , Le *ducat* , de 2 thalers & 70 kreutzers courans.
D'argent , La *reichftale* d'efpèce de conftitution , de 2 fl. 13 kreutz.
La *reichftale* d'efpèce de convention de 2 florins.
Le florin , ou *gulden* , de 60 kreutzers.

Les demis & les quarts de toutes ces *monnoies* à proportion.
De *billon* , Le *kopffücke* , de 20 kreutzers , les ½ & les ¼ du kopffücke , à proportion.
Le *kreutzer* , de 4 hellers.

Le magiftrat de la ville de *Francfort fur Meyn* fit publier en 1765 un édit , portant que l'argent de la ville feroit dès-lors regardé fur le pied de la *monnoie* de convention , avec laquelle feulement les lettres de change s'y doivent payer , fous peine d'amende contre ceux qui agiroient autrement. Le même édit fut accompagné d'un tarif, qui fixoit les prix de quelques *monnoies* étrangères fur le pied fuivant , fçavoir :

Le

Le carolin d'or, à	6 thlr. 12 kr.	ou	9 fl. 12 kr.
Le louis d'or neuf de France & le louis d'or neuf au soleil, . .	5 . . 80 . .	ou	8 . 50
Le louis vieux de France, ...	4 . . 80 . .	ou	7 . 20
Le souverain, ou severin de Brabant, ...	8 . . 17 . .	ou	12 . 17
La pistole d'or d'Espagne, ...	4 . . 78 . .	ou	7 . 18
Le frederic & le carl d'or, ...	4 . . 77 . .	ou	7 . 17
Le max d'or, ...	4 . . 8 . .	ou	6 . 8
Les ducats de Hollande, du pape & de Brunsvick de 1742, . .	2 . . 69 . .	ou	4 . 9
Le ducat d'Empire, de Prusse & de Zurich en Suisse, . .	2 . . 70 . .	ou	4 . 10
Le ducat kremnitz de Hongrie, . .	2 . . 71 . .	ou	4 . 11
Le ducat de Russie, . .	2 . . 66 . .	ou	4 . 6
L'écu neuf de France, . .	1 . . 46 . .	ou	2 . 16

Nous estimons que la thaler courante de convention, contient 25$\frac{7}{10}$ as d'or fin, ou 364$\frac{4}{5}$ as d'argent fin, & qu'elle vaut par conséquent au pair 36$\frac{1}{2}$ sols, argent de Hollande.

L'or & l'argent en espèces, ou en matière, y sont pesés par le marc, poids de Cologne.

Le marc d'or fin, ou de 24 karats, ou de 288 grains, vaut à *Francfort* environ 286 florins courans de convention.

Le marc d'argent fin ou de 16 loths, ou de 288 grains, s'y paye environ 19 florins, 40 kr. courans de convention.

Cours des *changes* de *Francfort*.

Sur Amsterdam, ... 142 thlr. de conv.	plus ou moins contre .	100 rixd. bco.
Augsbourg, ... 100 thlr. dites, . . .	. . . . .	100 thlr. cour.
Genève, ... 124 thlr. dites, . . .	. . . .	100 écus.
Hambourg, ... 140 thlr. dites, . .	. . . .	100 rthlr. bco.
Leipsick, ... 99 thlr. dites, . .	. . . .	100 thlr. en louis d'or.
Lyon & Paris, ... 76 thlr. dites, . .	. . . .	100 écus de 60 s. t.
Prague & Vienne, . . . 100 thlr. dites, . .	. . .	100 thlr. cour.

On tire les lettres de *change* sur la Hollande & sur l'Allemagne, à 14 jours de vue, ou à plusieurs semaines de date ; & sur la France, l'Angleterre & l'Italie, à 1 ou 2 usances, & souvent même, pour les paiemens des foires, sur les villes où il y en a, à certaines époques de l'année.

L'usance des lettres est, à *Francfort*, de 14 jours de vue, qui commencent le lendemain de la date de l'acceptation.

Les lettres y jouissent de 4 jours de faveur, lorsque ceux à l'ordre desquels elles ont été tirées, en sont eux-mêmes les porteurs lors du paiement : les dimanches & les fêtes ne sont point compris dans les jours de faveur. Si les lettres de *change* sont endossées, & que le porteur soit un endossé, ou simple commissionnaire du tireur, ou de l'un des endossés, elles ne jouissent point de jours de faveur ; le même cas a lieu aussi, lorsque la lettre de *change* n'a point été acceptée avant le jour de l'échéance, ou quand celui qui la doit payer n'est pas lui-même acceptant, mais seulement domicile de celui qui l'a acceptée ; tant lorsque l'acceptant est étranger, que lorsqu'étant habitant de *Francfort*, il en est absent à l'échéance de la même lettre de *change*. Au reste, les lettres de *change* à vue, ou à deux, trois ou quatre jours de vue, ne jouissent dans aucun cas des jours de faveur.

Pendant les deux grandes foires qui se tiennent à *Francfort*, tous les ans, & dont chacune dure trois semaines, la première de ces semaines est destinée pour les acceptations des lettres de *change*, & la suivante pour en faire les paiemens. Les lettres de *change* qui ne sont pas encore acceptées le mardi de la seconde semaine de la foire à neuf heures du matin, & celles qui ne sont point payées le samedi de la même semaine avant deux heures après midi, doivent être protestées avant le coucher du soleil de chacun de ces deux jours. Il y a cependant certaines lettres de *change*, qui ne sont payables que dans la troisième semaine de la foire, laquelle est principalement destinée pour faire les paiemens des billets, ou assignations ; mais il faut pour que ces lettres de *change* soient comprises dans cette exception, qu'elles portent, en termes exprès, que le paiement ne devra avoir lieu que la troisième semaine.

FRANCFORT SUR L'ODER. *Voyez* BERLIN.

GALICE. Province d'Espagne, portant le titre de royaume, dont la Corogne, le Ferrol & Vigo sont les principales villes qui font commerce. On y compte par *reales*, ou réaux de 34 *maravedis de vellon*.

Les autres *monnoies* sont détaillées dans l'article d'ESPAGNE.

GALLIPOLI. Cette ville de Sicile, compte par *ducati* de 100 *grani*.

La pistole d'or d'Espagne, & le louis d'or vieux de France valent 4$\frac{1}{5}$ ducati.

Toutes les *monnoies* de Naples ont cours à *Gallipoli*.

Le cours du *change* de *Gallipoli* fur Naples eft, fçavoir ;

100 ducati, plus ou moins, contre 100 ducati di regno.

GÈNES. On tient les écritures dans cette ville & dans les états de la république, en *lire* de 20 foldi, & le *foldo* de 12 *denari di lira*.

Le *fcudo d'oro* a 20 foldi d'oro, & le foldo eft de 12 denari d'oro : il étoit reçu ci-devant dans la banque de S. George, pour 9 lire & 8 foldi.

Le *fcudo d'oro marche*, vaut 20 foldi d'oro marche, & le foldo 12 denari.

La différence entre ces deux fcudi, n'eft que d'environ 1 p.%. ; car 5814 fcudi d'oro font exacte-ment 5875 fcudi d'oro marche.

100 Scudi d'oro marche font d'autre part 122½ fcudi d'argent.

Le fcudo d'oro marche valoit en argent de ban-

que 9 l. 6 f. $\frac{72}{125}$ d. ce qui avec l'agio de 15 p.%. produifoit 10 l. 13 f. 11$\frac{282}{625}$ d. fuori di banco.

100000 fcudi d'oro marche, font autrement 1069776 lire fuori di banco.

Le *fcudo d'argento* vaut 20 foldi d'argent, & le foldo 12 denari d'argento : il valoit 7 l. 12 f, argent de banque ; & il eft compté aujourd'hui de deux manières. Il vaut 4 l. 10 f. *moneta di cartu-lario*, ou *de numerato*, pour les ventes de bar-res d'argent & pour le paiement des droits il vaut 7 l. 4 f. *moneta di paghe* pour les ventes des piaftres d'Efpagne.

La *piaftra*, ou *pezza*, de 20 foldi di pezza, & le foldo de 12 denari, valoit 5 lire di banco, & elle vaut à préfent 5 lire, 15 foldi fuori di banco.

Le *fcudo di cambio*, de 20 foldi di cambio & le foldo de 12 denari, valoit 4 lire di banco, & il vaut maintenant 4 lire, 12 foldi fuori di banco.

Voici la manière de faire la réduction de ces *monnoies.*

5 Scudi d'oro, par	47 lire di banco.
20 Dites.	47 fcudi di cambio.
38 Dites.	47 fcudi d'argent.
100 Dites.	188 pezze, ou piaftres.
1000 Scudi d'oro marche.	1224 fcudi d'argent.
10000 Dites.	23256 fcudi di cambio.
100000 Dites.	186048 pezze ou piaftres.
10 Scudi d'argento,	19 fcudi di cambio.
25 Dites.	38 pezze ou piaftres.
4 Pezze ou piaftres,	5 fcudi di cambio.
19 Dites.	90 lire di paghe.
18 Lire di Paghe,	19 lire di banco.
19 Scudi di cambio,	72 lire di paghe.
45 Lire di cartulario, ou numerato,	76 lire di banco.

Il y avoit à Gènes, avant l'an 1746, une banque fous l'invocation de S. George, laquelle payoit toutes les lettres de change qui n'étoient pas ex-preffément tirées en valeur fuori di banco ; mais depuis cette époque la banque ne fubfifte plus, & les paiemens s'y font, foit en valeur *di permeffo*, foit en valeur *fuori di banco.*

La valeur *di permeffo*, ou valeur permife, tient aujourd'hui lieu de l'ancienne valeur de l'argent de banque ; car elle vaut en effet, de même que celui-ci, 15 p.%. davantage que la valeur hors de banque.

La plupart des paiemens des lettres de change s'y font en valeur permife, & on n'en peut excepter que les traites qui font payables en valeur hors de banco.

La valeur *fuori di banco*, ou valeur hors de banque, fe nomme auffi, *valuta corrente*, ou *pic-cola* ; mais elle eft plus généralement connue fous le premier nom. Les petits paiemens fe font en cette valeur, étant celle de l'argent courant du pays.

Les *monnoies*, réelles de la république de *Gènes* font les fuivantes, fçavoir :

D'or,	La doppia, qui a cours à	23 l. 12 f. hors de banque.
	Le fcudo d'oro,	11	16
	Le zecchino,	13	10
D'argent,	Le fcudo d'argento, ou la genovina de bon poids, à	9	10
	Le fcudo, ou la genovina légère pefant 32½ denari,	9	//
	Le fcudo di cambio, ou le S. Giam-batifta,	5	//
	Le giorgino,	1	6
De billon,	Des pièces de 10. 8 & 5 foldi, valeur de banque, à 12½ & 6¼ f. corrente.
	La madonine fimple de 20 foldi corrente, & la madonine double de 40 f. corrente.
	Le cabolctto, de 6¾ foldi corrente.
De cuivre,	Des pièces de 4, de 2 & de 1 foldi, & de 8 & 4 denari corrente, ou hors de banque.

Plufieurs efpèces étrangères font courantes dans le commerce, en vertu de l'édit de 1775, aux prix fuivans, fçavoir :

La piftole d'Efpagne du poids de . . . . 146⅔ grains	. . 23 l. 12 f. hors de banque.	
Le fequin de Florence, de . . . . 76 dits	. . 13 10	
Le fequin de Venife, ... 76 dits	. . 13 16	
Le fequin de Rome, ... 75 dits	. . 13 2	
La lifbonnine, de . . . . 13 denari	. . 50 16	
La piaftre vieille d'Efpagne de . . . . 24½ denari	. . 6 10	

Si le poids de ces *monnoies* ne répond pas exacte-ment à ce que nous venons de rapporter, il faut en déduire la différence à raifon de 4 fols, pour chaque grain que le fequin pefera de moins, & de 3 fols & 8 deniers, pour chaque grain qui manquera au poids fixé de la doppia, de la lifbonnine & des autres *monnoies* d'or de Portugal.

La livre, pour les effais de l'or, fe divife en 24 carats, ou *carati*, & le carat en 8 parties ; ou *ottavi*.

L'or fin vaut à Gênes conftamment 961 l. 15 f. 4⅘ denari, & l'on y ajoute 9 p⁰⁄₀ plus ou moins, pour faire de l'argent de banque, ou valeur per-mife, & enfuite l'on ajoute éncore à ce produit, l'agio de 15 p⁰⁄₀, pour faire de l'argent courant, ou valeur hors de banque.

La livre, pour les effais de l'argent, fe divife en 12 oncie, & l'*oncie*, en 24 denari ; ce qui fait en tout 288 denari.

L'argent fin fe paye toujours à 38 l. 3 f. 8¼ d. la livre, poids de 12 onces, & l'on y ajoute 10 p⁰⁄₀ plus ou moins, pour en faire de l'argent valeur de numerato, ou di cart*u*lario.

L'once d'argent de piaftre d'Efpagne, vaut 5 l. 5 f. plus ou moins, *moneta di paghe.*

Le poids & le titre des *monnoies* réelles de *Gênes* font les fuivants, fçavoir :

La doppia, ou piftole, pèfe . . . 6 den. 2⅔ grani d'or, du titre de 21¼ carats.				
Le fequin, ... 3 . 4 . . . . de 23⅞ dits.				
Le fcudo d'argento, ... 34 . 21⅚ grani d'arg. de 11 oncie, 12 denari.				
Le fcudo de cambio, ... 18 . 22 . . . 11 1				
Le georgino, ... 5 . 8⅘ 10 8				

Nous trouvons d'après cela, que le contenu d'or & d'argent des *monnoies* de compte de *Gênes*, & le pair de leur valeur intrinféque, relativement à l'argent de Hollande, répondent à ce qui fuit, fçavoir :

	Or fin.	Argent fin.	Argent de Hollande.
Le fcudo d'oro marche di permeffo contenant, . . . 57 3/10 as,	ou 854 52/100 as,	vaut 4 fl. 5 f. 8 d.	
Le pezza di permeffo, de 115 foldi, fuori di bco. .	30 4/5 . .	ou 455 37/100 . . . . 2 6 //	
Le fcudo di cambio, de 92 foldi, fuori di bco.		367 90/100 . . . . 3 16 12	
La lira fuori di banco, ou d'argent courant		79 89/100 . . . . // 8 //	

La proportion de l'or à l'argent fe trouve ainfi établie à *Gênes*, dans celle de 1 à 14⅘.

Cours des *changes* de *Gênes.*

Sur Amfterdam, ...	1 pezza de 5 l. 15 f. hors de bco, contre 87 & vls. bco, pl. ou m.
Cadix & Madrid, . . .	1 fcudo d'oro marche di permeffo, . . 620 marav. de plate, pl. ou m.
Lifbonne, ...	1 pezza de 5 l. 15 f. hors de bco. . . 745 rées, plus ou moins.
Livourne, ...	116 f. hors de bco. plus ou moins . . . 1 pezza de 8 réali.
Londres, ...	1 pezza de 5 l. 15 f. hors de bco. . . 49 & fterl. pl. ou m.
Lyon & Paris, ...	1 pezza dite . . . . 95 f. tourn. pl. ou m.
Rome, ...	128 f. hors de bco. pl. ou m. . . . . . 1 fcudo romano.
Venife, ...	1 fcudo di cambio de 4 l. 12 f. hors de bco. 96 f. di bco pl. ou m.
Vienne & Augfbourg, .	65 f. hors de bco . . . . 1 fl. courant.

On tire les lettres de *change* fur les villes ci-deffus, à plufieurs termes longs ou courts ; mais parti-culièrement fur l'Italie & l'Allemagne, à 15 jours de vue, & fur la France, l'Efpagne, le Portugal, l'Angleterre & la Hollande, à 60 & 90 jours, à 2 ou 3 mois de date, ou à ufance.

L'ufance des lettres de *change* payables à *Gênes*, eft de 2 mois, lorfqu'elles font tirées de Hollande, d'Efpagne & de Portugal ; de 3 mois, fi elles le font d'Angleterre ; de 14 jours, fi elles le font de Rome & de Venife ; de 8 jours, fi elles le font de Livourne ou de Milan ; & enfin de 22 jours, fi elles le font de Naples.

La loi accorde 30 jours de grace après l'échéance aux lettres de *change* payables dans *Gênes* ; mais un porteur, à défaut d'acceptation ou de paiement, peut en faire le protêt s'il le veut, le lendemain du jour de la préfentation de la lettre de *change* ;

mais il eſt d'uſage de ne faire le protêt, à défaut de paiement, que la ſemaine qui ſuit celle du jour de l'échéance, un peu avant le départ du courier pour le lieu d'où la lettre de *change* aura été tirée.

GENÈVE. Les négocians, les banquiers & les changeurs de cette ville tiennent leurs écritures en *livres* de 20 ſols, & le *ſol* de 12 *deniers*. Mais le gouvernement & les petits marchands & boutiquiers comptent par *florins* de 12 ſols, & le ſol de 4 quarts, ou 12 deniers, argent de *Genève*.

Nous montrerons mieux les rapports de ces *monnoies*, par la méthode ſuivante, ſçavoir :

Écu.	Livres.	Florins.	Sols.	Sôls de Genève.	Quarts.	Deniers.	Den. de Genève.
1	3	$10\frac{1}{2}$	60	126	504	720	1512
1		$3\frac{1}{2}$	20	42	168	240	504
	1	$5\frac{5}{7}$	12	48	$68\frac{4}{7}$	144
		1	$2\frac{1}{10}$	$8\frac{2}{5}$	12	$25\frac{1}{5}$
			1	4	$5\frac{5}{7}$	12
				1	$1\frac{5}{7}$	3
					1	$2\frac{1}{10}$

Et on réduit　2 Écus par . . . . 21 florins.

　　　　　　　2 Livres, ... 7 florins.

　　　　　　10 Sols . . . . 21 ſols de *Genève.*

　　　　　　10 Deniers . . . . 21 fenins, ou deniers de *Genève.*

Voici les *monnoies* réelles de cette ville, aînſi que leurs valeurs :

D'or, La *piſtole* vieille de 11 livres 10 ſols, ou 40 florins 3 ſols.

　　　La *piſtole* neuve de *Genève*, de la fabrication de 1752, peſant 106 grains d'or du titre de 22 carats, à 10 livres, ou 35 florins de *Genève.*

D'argent, Le *bajoir*, à 3 l. 15 ſ, ou 13 florins $1\frac{1}{2}$ ſols de *Genève.*

　　　L'*écu*, ou *patacon*, à 3 l. ou 10 florins, 6 ſ.

　　　Des pièces de 10 & de 5 ſols, ou de 1 florin, 9 ſols & de $10\frac{1}{2}$ ſols de *Genève.*

Quelques eſpèces étrangères ont cours à *Genève*, aux prix ſuivans, plus ou moins.

La piſtole d'Eſpagne & le louis vieux de France, à	11 l.	11 ſ.
Le louis neuf de France & la guinée d'Angleterre, ...	14	13
La moëde, de 6,400 rées de Portugal, ...	25	#
Le ſequin de Veniſe & le ducat de Hollande, ...	6	10
L'écu vieux de 6 livres de France, ...	3	6
L'écu neuf dit, ...	3	$13\frac{1}{4}$
La genovine, ...	4	10
L'écu d'argent neuf, de Savoye, ...	4	5
Le ducat Romain, ...	3	15

L'once, pour les eſſais de l'or, ſe diviſe en 24 carats, & le carat en 24, ou en 32 parties. Le carat d'or fin vaut, à *Genève*, $48\frac{1}{2}$ ſols, plus ou moins ; ce qui fait, pour l'once, environ 58 livres 4 ſols.

Le marc, pour les eſſais de l'argent, ſe diviſe en 12 deniers, & le denier en 24 grains. Le denier d'argent fin vaut, à *Genève*, environ $54\frac{1}{2}$ ſols, & le marc 32 livres 14 ſols, plus ou moins.

Le patacon, ou écu de *Genève*, contient, d'après ſon rapport avec les piſtoles d'or, $32\frac{22}{100}$ as d'or fin, & il a lui-même $467\frac{98}{100}$ as d'argent fin, dont la valeur répond à $46\frac{3}{4}$ ſols, argent de Hollande ; ainſi, la proportion de l'or à l'argent, eſt comme 1 à $14\frac{11}{25}$.

Le marc, pour peſer l'or & l'argent, ſe diviſe en 8 onces, 64 gros, 192 deniers, ou en 4608 grains, qui répondent à 4617 grains, poids de France, & ceux-ci à 5107 as, poids de troyes de Hollande.

100 marcs de *Genève* font $99\frac{3}{4}$ marcs, poids de troyes de Hollande, & 100 marcs de Hollande font $100\frac{1}{4}$ marcs de *Genève.*

Cours des *changes* de *Genève*, ſçavoir :

Sur Amſterdam, 1 écu de 3 l. courant, contre 90 d. vls. bco. plus ou moins.

Sur Leipſick, 11 l. 15 ſ. cour. plus ou moins, contre 1 louis d'or de 5 thlr.

Sur Lyon & Paris, 100 l., contre 168 l. de 20 ſ. tournois plus ou moins.

Sur Turin, 1 écu dit, contre 86 ſ. de Piémont, plus ou moins.

L'uſance des lettres de *change* tirées de Hollande, d'Angleterre & de France, ſur *Genève*, eſt de 1 mois de 30 jours ; & ſi elles ſont d'Italie & d'Allemagne, l'uſance eſt de 15 jours de vue. On tire les lettres de *change* ſur l'Italie & l'Allemagne, à plusieurs jours de vue ; sur la France, l'Angleterre & la Hollande, à deux usances.

Nous donnerons ici les extraits des art. 3, 8 & 9 du tit. 18 des réglemens du commerce de *Genève*, qui traitent des lettres de *change*.

Art. III. Les porteurs de lettres de *change* seront tenus d'en exiger le paiement à l'échéance, &, à défaut de paiement, de les faire protester, pour le plus tard, dans les cinq jours après celui de l'échéance, dans lesquels celui du dimanche ne sera pas compté.

Art. VIII. Les lettres de *change* qui seront tirées de cette ville (*Genève*) à vue, ou à quelques jours de vue, devront être présentées, pour le plus tard, dans deux mois de la date d'icelles, à défaut de quoi, elles seront au péril & risque du porteur.

Art. IX. Ceux qui prétendront quelque recours ou garantie contre quelqu'un de cette ville, au sujet des lettres de *change* par lui tirées, ou endossées, qui auront été protestées ici, seront obligés de faire signifier le protêt & exercer leur action dans huit jours, s'ils sont domiciliés dans cette ville; dans un mois, s'ils demeurent à Lyon, en Suisse, ou en Savoie; dans deux, s'ils sont domiciliés dans quelqu'autre ville de France, Italie, Allemagne, Flandre & Hollande; dans trois, si c'est en Angleterre, Suéde, ou Danemarck; dans quatre, si c'est en Espagne, ou Portugal.

Et si les lettres ont été protestées hors de cette ville, les délais, pour recourir contre quelque bourgeois, ou habitant d'icelle, seront pour les lettres protestées à Lyon, en Suisse ou Savoie, d'un mois; pour celles protestées dans d'autres villes de France, Italie, Allemagne, Flandre & Hollande, de deux; pour celles protestées en Angleterre, Suède, ou Danemarck, de trois; & de quatre, pour celles protestées en Espagne, ou Portugal, le tout à compter du jour & date des protêts; à faute de ce, les porteurs d'icelles seront déchus du droit qu'ils pouvoient avoir contre les tireurs, ou endosseurs.

Goa. Capitale des établissements des Portugais, dans les Indes orientales. On y compte par *Pardos*, *Tangas*, *Vintins* & *Bazarucos*, dont le rapport respectif, est le suivant, sçavoir ;

Pardos.	*Bons-Tangas.*	*Mauvais-Tangas.*	*Bons-Vintins.*	*Mauvais-Vintins.*	*Rées.*	*Bons-Bazarucos.*	*Mauvais-Bazar.*
1	4	5	16	20	240	300	360
	1	$1\frac{1}{4}$	4	5	60	75	90
		1	$3\frac{1}{5}$	4	48	60	72
			1	$1\frac{1}{4}$	15	$18\frac{3}{4}$	$22\frac{1}{2}$
				1	12	15	18
					1	$1\frac{1}{4}$	$1\frac{1}{2}$
						1	$1\frac{1}{5}$

Les *monnoies* réelles de *Goa* sont les suivantes, sçavoir :

D'*or*, Le *S. Thomas*, du poids d'un ducat, mais du titre seulement de 18 carats ; il n'est reçu à Madras, qu'à celui de 75 toques : il vaut 11 bons-tangas, plus ou moins.

D'*argent*, Le *pardo-serafin* vaut 5 bons-tangas, 300 rées, 375 bons-bazarucos, ou 450 mauvais-bazarucos.

Le *simple pardo* vaut 4 bons-tangas, comme il est dit ci-dessus.

D'*étain* & de *cuivre*, des bazarucos bons & mauvais.

Le sequin de Venise vaut à *Goa*, $11\frac{1}{2}$ bons-tangas, plus ou moins.

La pagode y vaut 10 bons-tangas, plus ou moins.

La piastre d'Espagne, qui se nomme *pardo-real*, vaut 440 rées ou 550 bons-bazarucos.

Le larin de Perse, vaut 110 bons-bazarucos.

Gomron. On compte dans cette ville, située dans le Golfe Persique, en Asie, par *mamoudis* courans de 20 *gassas*.

Le *toman* vaut 100 mamoudis courans.

Le *bassi*, ou *abbassi* neuf, vaut 2 mamoudis courans.

On peut voir à l'article de Perse, les autres *monnoies* de ce royaume, dont la plupart ont cours à *Gomron*.

Le titre de l'argent des mamoudis, est extrêmement foible, la matière en étant composée de $\frac{2}{5}$ d'argent, & $\frac{3}{5}$ de cuivre.

100 mamoudis blancs, ou d'argent, frappés à Avesa, ou Avisa, dans le Chusistan, pèsent $71\frac{3}{4}$ miscals, poids de *Gomron*, qui répondent à 6942 as, poids de troyes de Hollande : ainsi, le mamoudi de *Gomron* contient 28 as d'argent de Hollande.

Il y avoit auparavant, dans cette ville, des *monnoies* meilleures que celles d'aujourd'hui, dont les principales étoient des roupies d'argent, du titre de 11 deniers & 6 grains, & des mamoudis d'argent du même titre, dont 8 pièces valoient une piastre d'Espagne, & 16 un sequin de Venise. Mais ces espèces sont maintenant extrêmement rares, & on les regarde moins comme *monnoies*, qu'en qualité de marchandise sur laquelle on peut faire quelque profit.

Gothembourg. *Voyez* Suede.

Hambourg. On tient les écritures dans cette ville, en marcs ou *mark* de 16 sols lubs, ou *lübs*-

fchilling, & le ſol de 12 deniers ou *pfenings*.
La *reichſthale* eſt de 3 marcs, 48 ſols lubs, ou de 576 deniers.

La *thaler*, ou écu de change, eſt de 2 marcs, 32 ſols lubs, ou 384 deniers.

La livre de gros, *pfund flæmiſch*, ſe diviſe en 24 eſcalins ou *ſchillings-flæmiſch*, & l'eſcalin en 12 gros, ou *groot-flæmiſch*.

Voici la réduction réciproque de ces *monnoies*, ſçavoir :

Livre.	Reichſthales.	Thalers.	Marcs.	Eſcalins.	Sols lübs.	Gros.	Dreylings.	Deniers.
1.	2½	3¾	7½	20	120	240	720	1440
	1.	1½	3	8	48	96	288	576
		1.	2	5⅓	32	64	192	384
			1.	2⅔	16	32	96	192
				1.	6	12	36	72
					1.	2	6	12
						1.	3	6
							1.	2

On peut autrement faire la réduction de ces *monnoies*, ſçavoir :

4 Livres de gros par 10 reichſthales ou 30 marcs.

2 Reichſthales, par 3 thalers ou 6 marcs.

8 Eſcalins, ou 96 gros, par 3 marcs ou 48 ſols lubs.

Toutes ces *monnoies* ont, dans le commerce, deux valeurs, dont l'une ſe nomme *argent de banque* ; l'autre eſt l'*argent courant*.

L'*argent de banque* eſt compoſé de reichſthales d'eſpèce vieilles d'Allemagne, qui ſont reçues par la banque de *Hambourg*, à 1 par mille de bénéfice, contre les reichſthales valeur de banque.

La valeur intrinſéque de ces *monnoies* eſt 24 p^{ß} meilleure que celle de l'argent courant. L'agio qui en détermine la différence, roule de 24 à 26 p^{ß}, plus ou moins.

L'*argent courant* eſt proprement celui que la ville de *Hambourg* fait frapper pour ſon uſage particulier, comme nous le dirons ci-après.

On connoît dans le commerce de cette ville, une troiſiéme valeur de *monnoies*, qu'on nomme *leichtergeld*, ou argent léger, laquelle eſt attribuée à pluſieurs eſpèces étrangères, à qui l'on donne une valeur idéale, pour en faire enſuite plus facilement la réduction en argent courant & en argent de banque, par le moyen des agios reſpectifs qui baiſſent ou qui hauſſent chaque jour dans le commerce.

Par exemple, l'on compte :

Les reichſthales d'eſpèce de conſtitution pour . . . . . 4 mares, avec 33	}	pour cent plus
Les reichſthales d'eſpèce de convention, ... 4 dites 42		ou moins de perte
Les écus vieux de France, ... 4 dites 38	}	contre l'argent de
Les florins vieux d'Empire & les pièces fines de ⅔ . . . 2 dites 27		banque.
Les ducats de Hollande, d'Allemagne, &c. . . . . . 8¼ dites 41		
Les piſtoles, les louis, les frédéricks, les georges, les auguſtes & autres *monnoies* d'égale valeur. } . 15 dites 40		

Voici les *monnoies* réelles de la ville de *Hambourg*.

D'or, La *portugalœſe*, ou portugaiſe du poids de 10 ducats, dont les neuves valent environ 75 marcs, argent courant, & les vieilles quelques marcs de moins, ſuivant qu'elles ſont uſées.

Le *ducat*, qui vaut 7 marcs argent courant, plus ou moins, les doubles ducats valent le double.

D'argent, La *reichſthale* d'eſpèce vieille, qui vaut 3 m. 11 ſ. courans plus ou moins.

La *thaler*, de 2 marcs, ou de 32 ſols lubs courans.

Le *mark*, de 16 ſols lubs courans.

De *billon*, Des pièces de 8, de 4, de 2, de 1 ſol, de ½ & de ¼ de ſols lubs.

Les principales eſpèces étrangères ont cours à *Hambourg* aux prix ſuivans, plus ou moins, ſçavoir :

	Argent courant.		
	m.	ß.	d.
Les louis d'or vieux, la piſtole, le frédérick, le george, l'auguſte, &c. à	13	"	"
Le ducat de Hollande, celui d'Allemagne, &c.	7	8	"
Le ducat de Danemarck, ...	6	"	"
Le florin d'or de Hanovre, ...	5	8	"
Les reichſthales d'eſpèce de conſtitution, & celles de Danemarck, & de Suéde, . . .	3	11	"
La reichſthale d'eſpèce de convention, & les écus de Hollande & de France vieux, . .	3	5	"

es autres *monnoies* connues, tant d'or que d'argent, à proportion.

Il nous reste à marquer les poids & titres des *monnoies* que la ville de *Hambourg* fait fabriquer pour son usage.

67 Ducats y sont taillés d'un marc d'or du titre de 23 carats, 8 grains.

8 Reichsthales d'espèce sont aussi taillées d'un marc d'argent de 14 loths, 4 grains.

11⅓ Rthlrs ou 34 marcs en pièces depuis 2 m. jusqu'à 2 sols lubs, ⎫
12 Rthlrs ou 36 marcs en pièces d'un sol lub, & ⎬ sont taillés chacun d'un marc
12⅔ Rthlrs ou 38 marcs en pièces de ½ sol & de ¼ de sol. ⎭ d'argent de divers titres.

Voici, au reste, les poids & titres respectifs de ces dernières *monnoies* qui sont de la fabrication de l'année 1726, sçavoir :

	Marcs.	Loths.	Pfenings.		Loths.	Gr. ou Den. Gr.
50 Thalers, ou doubles marcs, pesant	3	14	11	du titre 12	. . ou	9 //
100 Marcs simples	3	14	11	. . . .	12	. . . . 9 //
200 Pièces de 8 sols lubs	4	11	4	. . . .	10	. . . . 7 12
400 Pièces de 4 sols lubs	5	3	10	. . . .	9	. . . . 6 18
800 Pièces de 2 sols lubs	6	11	9	. . . .	7	. . . . 5 6
1600 Pièces de 1 sol lubs	7	6	8	. . . .	6	. . . . 4 12
3200 Pièces de ½ sol lubs	10	8	6	. . . .	4	. . . . 3 //
6400 Pièces de ¼ sol lubs	14	9	//	. . . .	3	. . . . 2 6

Nous trouvons, d'après cela, que la reichsthale courante de *Hambourg* contient 429 as d'argent fin, & que sa valeur intrinsèque répond à 2 fl. 2 s. 14 d. argent de Hollande. Pour trouver celle de la reichsthale de banque de *Hambourg*, on n'a qu'à prendre deux reichsthales d'espèce vieille d'Allemagne, dont l'une pèsera 608 as d'argent du titre de 14 loths, 4 grains, & dont l'autre n'aura que 600 as d'argent du titre de 14 loths, & l'on trouve que le contenu moyen d'argent fin de ces deux *monnoies*, sera de 532 as, poids de troyes de Hollande, dont la valeur répond à peu près à celle de la rixdale de banque d'Amsterdam. Au reste, lorsque le ducat d'or vaut à *Hambourg* 2 reichsthales, argent de banque, la reichsthale de banque de *Hambourg* contient 35 54/100 as d'or fin, & la reichsthale courante de la même ville, 28 66/100 as d'or fin ; mais nous devons remarquer que la valeur du ducat y varie tous les jours, & qu'il est difficile de déterminer quelque chose de certain à cet égard.

Cours des *changes* de Hambourg.

Sur Amsterdam, ...	1 thlr. bco. contre	33½ sols bco. plus ou moins.
Copenhague, ...	100 rthlr. bco.	130 rdlr. courans, pl. ou m.
Leipsick, ...	100 rthlr.	145 rthlr. courans.
Lisbonne, ...	43 ₰ vls. bco. plus ou moins.	1 cruf. velho, de 400 rées.
Londres, ...	34 ß vls. bco. plus ou moins.	1 L sterling.
Madrid, &c	87 ₰ vls. bco. plus ou moins.	1 ducat de *change*.
Paris, &c.	25 ß vls. bco. plus ou moins.	1 écu de 60 sols tournois.
Venise, ... bco.	88 ₰ vls. bco. plus ou moins.	1 ducat bco.
Vienne, ...	100 rthl. bco.	146 thlr. cour. par caisse.

On fournit à *Hambourg* les lettres de *change* sur les villes ci-dessus, à plusieurs échéances longues ou courtes, & principalement sur l'Allemagne à 6 semaines de date ; sur la Hollande, à 2 mois de date ; & sur France, Espagne, Portugal & Italie, à 1, 1½ ou 2 usances.

L'usance des lettres d'Allemagne est comptée à *Hambourg*, pour 14 jours depuis & compris la date de l'acceptation ; celle des lettres de France & d'Angleterre est d'un mois effectif ; celle enfin des lettres d'Espagne, de Portugal & d'Italie, est de deux mois effectifs.

Les lettres de *change* payables dans *Hambourg*, ont 12 jours de faveur, dans lesquels sont compris celui de l'échéance, les dimanches & les fêtes.

HANOVRE. On compte dans cet électorat d'Allemagne, par *thaler* de 36 marien-groschen, chacun de 8 ₰. ou pfenings argent courant. La division de cette thaler se fait de la même manière que celle de la thaler de Brunswick.

Voici les *monnoies* réelles qui ont cours à *Hanovre.*

D'or,   Le *George* de 4⅔ thalers
        Le *ducat* de 2⅔ thalers.
        Le florin, *goldgulden*, de 2 thalers.
        Les doubles florins, les demis & les quarts de florins, valent à proportion de ce prix.

D'argent, La *reichſthale* d'eſpèce de 48 marien-groſchen.
Des pièces de $\frac{2}{3}$, fines & groſſes, de 24 marien-groſchen.
Les demis & les quarts de ces pièces valent à proportion.

De billon, Des pièces de 3, de 2, de $1\frac{1}{2}$ & de 1 *marien-groſchen*.

Pluſieurs *monnoies* étrangères ont cours à *Hanovre* aux prix ſuivans;

	thl.	mgr.
Le louis d'or neuf de France,	5	24
La piſtole, le louis, le carl & le frédérick d'or.	4	24
Le ducat Danois de 12 marcs,	2	$4\frac{1}{2}$
L'écu neuf de France,	1	$13\frac{1}{4}$
Le ducaton de Hollande,	1	20

La fabrication des *monnoies* de *Hanovre* eſt, de même que dans l'Empire, comme ſuit :

67 Ducats, chacun de $2\frac{2}{3}$ thalers, ſont taillés d'un marc, poids de Cologne, d'or du titre de 23 carats & 8 grains.

72 Florins d'or, chacun de 2 thalers, ſont fabriqués d'un marc de même poids, d'or du titre de 18 carats & 10 grains.

8 Reichſthales d'eſpèce ſont fabriquées d'un marc de même poids d'argent du titre de 14 loths 4 grains, ou de 10 deniers 16 grains; ainſi, 9 reichſtales contiennent exactement un marc, poids de Cologne, d'argent fin. Les 9 reichſthales valent, au reſte, 12 thalers courantes; ou 18 pièces de $\frac{2}{3}$, 36 pièces de $\frac{1}{3}$, ou 72 pièces de $\frac{1}{6}$ ce qui eſt de même que des $\frac{1}{2}$, $\frac{1}{4}$ & $\frac{1}{8}$ de rthlr. d'eſpèce.

$12\frac{3}{8}$ Thalers courantes, en pièces de 3 marien-groſchen, ou de 2 bons-gros, ſont fabriquées d'un marc d'argent fin, &

$12\frac{1}{2}$ Thalers, en pièces de 1 bon-gros, ſont tirées du même marc d'argent.

La thaler courante de *Hanovre* doit contenir $26\frac{84}{100}$ as d'or fin, ou $405\frac{31}{100}$ as d'argent fin, & elle vaut par conſéquent au pair $40\frac{1}{2}$ ſols, argent de Hollande.

La proportion de l'or à l'argent à *Hanovre*, eſt comme 1 à $15\frac{1}{10}$.

L'or & l'argent en eſpèces ou en matière, la ſoie & le poil de chameau, ſe pèſent par le marc, poids de Cologne.

HEIDELBERG. On compte dans cette ville & dans tout le Palatinat, en Allemagne, par florins, *gulden*, de 60 kreutzers, & le *kreutzer* de 4 deniers, ou *pfenings*,

Le florin contient auſſi 15 *batzes*, 20 *groſchen*, ou 30 *albus*.

La *thaler* eſt de $1\frac{1}{2}$ florin, & vaut ainſi 45 albus, ou 90 kreutzers.

Les *monnoies* réelles de ce pays ſont les ſuivantes :

D'*or*, Le *carolin* de 10 fl. 42 kr; & le $\frac{1}{2}$ carolin, à proportion.
La pièce d'or de 5 thalers.
Le ducat d'Empire de 4 fl. 48 kreutzers.

D'*argent*, Des pièces de 24, 20, 15, 10, 4 & 2 kreutzers, dont la valeur eſt tenue depuis 1765, ſur le pied de celle d'argent de convention.

HILDESHEIM. Grand évêché d'Allemagne avec titre de principauté. On y compte comme à Brunswick par *thalers* de 36 *marien-groſchen*, chacun de 8 ₰. ou *pfenings* courans.

Les *monnoies* réelles ſont des pièces de $\frac{2}{3}$, de la valeur de 24 marien-groſchen; des demis & des quarts de ces mêmes pièces; des *monnoies* de 3 & de $1\frac{1}{2}$ marien-groſchen : enfin, des *mathieux* & des demis-mathieux, de 4 & de 2 deniers ou pfenings.

En 1763 le prince-évêque y fit battre des *monnoies* d'or, de la valeur de 5 thalers; & d'argent de 24, de 12, de 6, de 3, de 2 & de $1\frac{1}{2}$ marien-groſchen, à la taille & au titre de l'argent courant de convention.

HONGRIE. Preſque toutes les *monnoies* de l'Empire & ſurtout celles d'Autriche, ont cours dans ce royaume. Nous en donnerons le détail le plus étendu qu'il ſera poſſible.

La *reichſtale* d'eſpèce d'Empire, qu'on nomme en *Hongrie*, *egiſthaller*, vaut 2 florins, 20 *chuſtaken*, ou 40 gros d'Empire ou *caszargaras*.

La *thaler* courante, nommée *egymagyartaller*, vaut $1\frac{1}{2}$ florin, 15 chuſtacken ou 30 gros d'Empire.

Le florin d'Empire, *egy-forinth*, ou *nemeczky-zlaty*, ſe diviſe comme ſuit, ſçavoir :

Egy-forinth.	*Chustaken.*	*Caszarsgaras.*	*Polturas.*	*Kreytzars.*	*Penz-Kraslowszki.*	*Den. du Rhin.*	*Babka.*
1	10	20	40	60	100	240	720
	1	2	4	6	10	24	72
		1	2	3	5	12	36
			1	$1\frac{1}{2}$	$2\frac{1}{2}$	6	18
				1	$1\frac{2}{3}$	4	12
					1	$2\frac{2}{5}$	$7\frac{1}{5}$
						1	3

Voici

Voici quelques autres *monnoies*, qui ont cours en *Hongrie* :

L'*uherszky-zlaty*, ou florin de *Hongrie*, vaut 17½ gros d'Empire.

Le *pul zlaty*, ou le demi-florin d'Empire, vaut 10 gros.

Le *feszták* ou *mariasz*, est une pièce de 17 creizers.

Le *heies* ou *szedmiak*, est une autre pièce de 7 creizers.

Le *pataz* est un gros simple, dont 4 font 1 gros d'Empire.

La *babka*, est une petite *monnoie* qui vaut ¼ de denier.

Au reste, le florin d'Empire, vaut 120 gros de *Hongrie*, dans la *haute Hongrie* ; & seulement 100 gros, dans la *basse Hongrie*.

Le gros d'Empire, vaut dans la *haute Hongrie* 6 gros de *Hongrie*, & seulement 5 dans la *basse Hongrie*.

Le ducat d'or de *kremnitz* vaut 4⅕ florins d'Empire ; les lettres initiales K. B. qu'on voit dans le ducat de ce nom signifient *kermecz* & *banya*, qui veulent dire que l'or de cette *monnoie* a été tiré des mines de *kermecz*, ou *kremnitz* en *Hongrie*.

67 Ducats y sont taillés d'un marc d'or, du titre de 23 carats 9 grains.

25 Florins en pièces de ½ gros, de polturates, kreutzers, gros simples, sont fabriqués d'un marc d'argent fin, &

30 Florins en pièces de 1 denier ou de 3 babkas, du même marc d'argent : chaque *monnoie* étant de différent titre.

On trouvera dans l'article de *Vienne* en Autriche, ce qui manque au détail des *monnoies* de *Hongrie* & de leurs valeurs.

JAMAÏQUE, (la) On compte dans cette isle de l'*Amérique* méridionale, appartenant à l'Angleterre, par livres, *pounds*, de 20 *schellings*, chacun de 12 d. ou *pences*, argent courant, dont la valeur est 40 p⁰ plus foible que celle de l'argent sterling d'Angleterre ; car,

100 Livres sterlings font 140 livres courantes de la *Jamaïque*.

Le peu d'espèces d'or & d'argent d'Angleterre qu'on voit dans cette isle, y a cours dans la même proportion.

Dans les isles Angloises *sous le vent*, la livre de compte qu'on divise également en 20 sols, & le sol en 12 deniers, est d'un tiers inférieure à la livre tournois de *France* ; ainsi,

100 Livres tournois font 133⅓ livres des isles Angloises *sous le vent*.

Dans toutes ces isles, sans même excepter celle de la *Jamaïque*, les piastres & les espèces d'or de Portugal, sont les *monnoies* les plus abondantes : leurs prix respectifs y sont proportionnés aux valeurs des *monnoies* particulières de chaque isle. Les espèces d'or & d'argent d'Angleterre y sont au contraire très-rares, & l'on n'y voit pas non plus beaucoup de billets de banque de Londres, & d'effets du gouvernement.

JAPON. (le) On compte dans cet empire de l'*Asie*, de plusieurs manières, dont la principale est par *taël*, *telles* ou *tayes* de 10 mas, & le *mas* ou *maes* par 10 *kanderines* ou *conderies*. Le taël est compté par les Hollandois pour 3½ florins, qui est à peu près sa valeur.

Les *monnoies* réelles d'or du *Japon*, sont des rouleaux oblongs, dont les poids respectifs déterminent les valeurs. Par exemple :

L'*oban* est un lingot d'or pesant 1114 as, poids de troyes de Hollande, dont le titre répond à 22 carats, & la valeur intrinsèque à environ 14⅓ ducats, ou 75 fl. 6 s. argent de Hollande.

Le *coban* ou *coupang*, est une pièce d'or pesant 371 as, du titre de 22 carats, qui vaut 4⁷⁄₉ ducats ou 25 fl. 2 s. argent de Hollande.

Le *jehebo*, qui est la plus petite *monnoie* d'or, vaut environ 5 fl. de Hollande. Cependant l'or du Coban du *Japon*, n'est regardé à Madras que sur le pied de 87 toques, qui répondent seulement à 20⅔ carats.

Les *monnoies* d'argent du *Japon* sont des barres, grandes & petites, dont le titre de la matière répond à 11 deniers. On enveloppe dans du papier un certain nombre de ces barres dont on fait une masse du poids de 50 taëls. On y voit aussi des pièces d'argent qui ressemblent à des fèves de toute grandeur. La plus grosse barre d'argent, taillée pour servir de *monnoie*, est du poids d'environ 4690 as, poids de troyes de Hollande, & la plus petite d'environ 115 as. La valeur intrinsèque de la première, répond à 21½ fl. celle de l'autre est d'environ 10½ sols, argent de Hollande.

Le *schuit*, est une *monnoie* du *Japon* pesant 3195 as d'argent du titre de 11 deniers, dont la valeur intrinsèque répond à 14 fl. 13 s. argent de Hollande.

La *cache*, est une *monnoie* de cuivre percée par le milieu, dont 600 pièces enfilées avec un cordon valent un taël.

La piastre d'Espagne vaut au *Japon* environ 74 conderies.

ISLES. On compte généralement dans toutes les *isles* de l'*Amérique*, appartenant à la France, par *livres* de 20 sols, & le *sol* de 12 *deniers*, argent courant des *isles* ; dont la valeur est inférieure à celle de l'argent de France de 50 p⁰ ; car,

100 Livres tournois font 150 livres argent courant des *isles*.

KONIGSBERG. On compte dans cette ville & dans tout le royaume de Pruſſe, par florins, *gulden*, de 30 gros ou *groſchen*, courans de Pruſſe. Il y a, au reſte, pluſieurs autres *monnoies*, dont voici les rapports, ſçavoir;

Thaler, ou Écu.	Zweydrittelſtücke, ou Pièce de $\frac{2}{3}$	Gulden, ou Florins.	Gutegroſchen, ou Bons-gros.	Groſchen, ou Gros.	Schellinge, ou Eſcalins.	Pfening, ou Deniers.
1	$1\frac{1}{2}$	3	24	90	270	1620
	1	2	16	60	180	1080
		1	8	30	90	540
			1	$3\frac{3}{4}$	$11\frac{1}{4}$	$67\frac{1}{2}$
				1	3	18
					1	6

Indépendamment des *monnoies* de Brandebourg rapportées à l'article de *Berlin*, qui toutes ont cours dans la Pruſſe, on y voit rouler auſſi les eſpèces ſuivantes;

	fl.	gr.	
Le ducat de Hollande, à	9	1	gr. plus ou moins.
La reichſthale d'eſpèce,	4	15	
La reichſthale d'albert,	4	10	
Le rouble neuf,	3	20	
La *tympfe*, *monnoie* de bon argent de Pruſſe,	"	18	
Le *ſʒoſtak*, ou *ſechſer*,	"	6	
La *duytke*, dite,	"	3	

Cours des *changes* de Konigſberg.

Sur		contre	
Amſterdam,	306 gros, plus ou moins,	1 L vls. courant.	
Berlin,	100 thlr. courant,	99 thlr. plus ou moins.	
Dantzick,	190 florins courant,	132 flor. plus ou moins,	
Hambourg,	132 gros plus ou moins,	1 rthlr. bco.	

On tire les lettres de *change* ſur Amſterdam à 71 ou 41 jours de date, ſur Hambourg, à 6 ou 3 ſemaines, & ſur Berlin & Dantzick, à pluſieurs jours de vue.

Les lettres payables dans *Konigſberg*, ont 3 jours de faveur après celui de leur échéance.

LEIPSICK. On compte dans cette ville, à Dreſde & dans tout l'électorat de Saxe, par *thaler* de 24 bons-gros, *gute-groſchen*, & le bon-gros de 12 deniers ou *pfenings*, argent courant.

La *reichſthale d'eſpèce* vaut $1\frac{1}{2}$ thaler courante, 2 florins d'Empire, 32 bons-gros, 384 pfenings, ou 768 hellers courans.

Le florin d'Empire, *reichſgulden*, vaut 16 bons-gros.

Le florin de Miſnie vaut 21 bons-gros. Le vieux *ſchock* eſt de 20 bons-gros, & le nouveau *ſchock* en contient 60.

La réduction de ces *monnoies* peut être faite de la manière ſuivante :

5 Reichſthales d'eſpèce par	4 thalers courantes.	
2 Thalers courantes,	3 florins d'Empire.	
7 Dites,	8 florins de Miſnie.	
5 Dites, par 6 vieux ſchocks de gros, ou par 2 nouveaux ſchocks de gros.		

		bons-gros	
La reichſthale d'eſpèce, à	$35\frac{1}{2}$	bons-gros, argent nouveau.	
Le florin, ou la pièce de $\frac{2}{3}$, à	$17\frac{1}{2}$	dits, } les autres *monnoies* à	
Le demi-florin, ou la pièce de $\frac{1}{3}$, à	$8\frac{3}{4}$	dits, } proportion.	

Voici les *monnoies* réelles de Saxe, ſçavoir :

D'or,   L'*auguſte*, de la fabrication depuis 1753, à 5 thalers : le double-auguſte & le demi-auguſte valent à proportion.

Le ducat vaut depuis $2\frac{1}{4}$ à $2\frac{4}{5}$ thalers.

Le florin d'or, *gold-gulden*, vaut $2\frac{1}{4}$ thalers.

D'argent, La *reichſthale* d'eſpèce de 32 bons-gros courans.

La pièce de $\frac{2}{3}$, *zweydrittelſtucke*, ou $\frac{1}{2}$ rthlr, de 16 bons-gros.

On nomme auſſi cette pièce *florin* ou *gulden*; & le $\frac{1}{2}$ rthlr. $\frac{1}{2}$ florin.

Des pièces de 4, 2 & 1 bons-gros ou *gute-groſchen*.

De billon, Des pièces de 6, 3 & 1 deniers ou *pfenings*.

Il y a, au ſurplus, dans cet électorat, des *monnoies* vieilles de la fabrication de *Leipſick*, depuis 1690 juſqu'en 1763, leſquelles portent les mêmes noms que l'argent nouveau courant, quoique celui-ci ſoit de moindre valeur que celles-là de 11 p℁ : car l'argent vieux de la fabrication de *Leipſick*, vaut en Saxe, depuis 1763, comme ſuit :

Il fut ordonné en Saxe, en 1763, que les *monnoies* étrangères suivantes y auroient cours.

Le louis d'or vieux de France, & la pistole de Brunswick, de	4 thlr.	20 g.	à 5 thlr.	// g.
Le ducat d'Empire, ...	2	$18\frac{2}{3}$	à 2	$20\frac{1}{4}$
Le ducat de Cremnitz, le gigliato de Florence & le sequin de Venise, .	2	19	à 2	$20\frac{1}{2}$
Le ducat de Hollande, ...	2	18	à 2	20
Le carolin d'or, ...	6	3	à 6	6
Le max d'or, ...	4	2	à 4	4
Le souverain, ...	8	4	à 8	9
L'écu neuf de France, ...	1	$12\frac{1}{2}$	courant.	
L'écu vieux dit.	1	9	courant.	

Cependant on échange dans le commerce ces *monnoies* sur le pied suivant, sçavoir :

Les ducats comptés à	$2\frac{3}{4}$ thlr.,	gagnent	$3\frac{1}{2}$ p% pl. ou m.	Contre l'argent courant nou. de Saxe.
Les louis d'or vieux & les pistoles, à	5 thlr.,	gagnent ou perdent	1 p% pl. ou m.	
Les louis neufs & les carolins, à .	$6\frac{1}{4}$ thlr.,	perdent	$3\frac{1}{2}$ p% pl. ou m.	
Les max d'or, à	$4\frac{1}{6}$ thlr.,	perdent	3 p% pl. ou m.	
Les écus neufs de France, à . . .	$1\frac{9}{16}$ thlr.,	perdent	$3\frac{3}{4}$ p% pl. ou m.	

Les paiemens des lettres de change se font en Saxe depuis 1763, sçavoir :

Avec de l'argent courant nouveau de Saxe en pièces grandes & petites.

Avec de des augustes d'or, des pistoles, des louis, des frédéricks & des carls, à 5 thlr. pièce.

Avec des louis blancs ou écus vieux de France, comptés à $1\frac{1}{3}$ thlr., & sous la déduction de $4\frac{1}{4}$ p%.

La thaler en louis d'or contient 25 as d'or fin; & la thaler courante de Saxe est estimée contenir environ $25\frac{1}{2}$ as d'or fin, ou $364\frac{80}{100}$ as d'argent fin; ainsi elle répond à environ $36\frac{1}{2}$ sols., argent de Hollande.

Nous devons maintenant expliquer les poids & les titres respectifs des *monnoies* vieilles & neuves de Saxe, qui ont aujourd'hui cours dans son commerce.

Celles de la fabrication de *Leipsick* de 1690, sont à la taille de 8 reichsthales d'espèce au marc, poids de Cologne, d'argent du titre de 14 loths 4 grains, qui répond à 10 deniers 16 grains; & à cette proportion les $\frac{1}{2}$, les $\frac{1}{4}$ & les $\frac{1}{8}$ de reichsthales; de manière que dans un marc d'argent fin, il devoit entrer 9 reichsthales, 12 thalers, 18 florins ou pièces de $\frac{2}{3}$, 36 pièces de $\frac{1}{3}$, ou 72 pièces de $\frac{1}{6}$. Chaque reichsthale de cette fabrication valoit, avant 1763, 32 gute-groschen ou bons-gros argent vieux courant de Saxe; & elle vaut depuis cette époque $35\frac{1}{2}$ bons-gros, argent nouveau de Saxe, comme nous l'avons déja remarqué.

Les *monnoies* de Saxe de la fabrication de 1763, sont sur le pied de celles de convention. On y taille $8\frac{1}{3}$ reichsthales d'espèce d'un marc, poids de Cologne, d'argent du titre de 13 loths 6 grains, qui répond à 10 deniers; & à cette proportion les $\frac{1}{2}$, les $\frac{1}{4}$ & les $\frac{1}{8}$ de reichsthale : par conséquent il entre dans un marc d'argent fin, 10 reichsthales, $13\frac{1}{3}$ thalers, 20 florins ou pièces de $\frac{2}{3}$, 40 pièces de $\frac{1}{3}$, ou 80 pièces de $\frac{1}{6}$. La reichsthale de cette fabrication vaut 32 bons-gros, argent courant nouveau de Saxe.

67 Ducats y sont taillés d'un marc d'or du titre de 23 carats 8 grains; & le prix du ducat fut établi à 4 fl. argent vieux, qui font 4 fl. 76 gros., argent nouveau.

72 Florins d'or, *gold-gulden*, sont taillés d'un marc d'or, du titre de 18 carats 10 grains; & le prix du florin fut établi à 3 florins, argent vieux; qui font 3 fl. $5\frac{1}{4}$ bons-gros, argent nouveau.

Le marc, pour les essais de l'or, se divise en 24 carats, & le carat en 12 grains.

Le marc, pour les essais de l'argent, se divise en 16 loths, & le *loth* en 18 grains.

Le marc de ducats légers de poids, vaut 189 thlr. argent nouveau, plus ou moins.

Le marc d'argent fin vaut 13 thlr. argent nouveau, plus ou moins.

La proportion de l'or à l'argent est en Saxe, comme 1 à $15\frac{1}{10}$.

L'argent œuvré dans toute la Saxe, est du titre de 12 loths, qui répond à 9 deniers, & la marque des essayeurs consiste en deux épées.

Cours des *changes* de *Leipsick*.

Sur Amsterdam, ...	142 thlr. cour. nouv. ou en louis d'or, contre	100 rixd. bco.
Augsbourg, ...	99 thlr. dites.	100 thlr. cour.
Francfort S. M.. . . .	99 thlr. dites.	100 thlr. cour.
Hambourg, ...	143 thlr. dites.	100 rthl. bco.
Londres, ...	6 thlr. dites.	1 L. sterling.
Lyon & Paris, ...	75 thlr. dites.	100 écus.
Vienne, ...	99 thlr. dites.	100 thlr. cour.

Les lettres de *change* qu'on tire de *Leipsick* sur les villes sus-mentionnées, sont pour la plupart à 1 ou 2 usances.

L'usance est comptée à *Leipsick*, pour 14 jours après celui de la date de l'acceptation. Les lettres qui sont payables dans cette ville, n'ont aucun jour de grace, attendu qu'elles doivent être protestées, en cas de refus de paiement, dans le même jour de l'échéance. Les lettres qui sont payables à vue, peuvent, en cas de besoin, être présentées un jour de fête, & même le dimanche, lorsque, sur-tout, c'est un voyageur qui en est le porteur; mais on peut attendre le jour après, pour tirer le protêt à défaut de paiement.

Les lettres de *change* qui sont payables dans *Leipsick*, pendant les foires qui s'y tiennent trois fois l'an, doivent être acceptées à la foire du nouvel an, dans les quatre premiers jours, quoiqu'il soit d'usage de continuer les acceptations jusqu'au huitiéme jour de la foire; au lieu qu'aux foires de Pâque & de la S. Michel, qui commencent, l'une le troisiéme dimanche après Pâque, l'autre le dimanche qui suit le jour de la S. Michel, les acceptations doivent se faire avant 10 heures du matin, du vendredi de la première semaine de la foire. Les cinq premiers jours de la seconde semaine de chaque foire, sont destinés pour faire le paiement des lettres de *change*; mais on en exige les paiemens pour le 12 janvier pendant la foire du nouvel an, & pendant celles de Pâque & de la S. Michel pour le jeudi de la seconde semaine de la foire; & en cas de refus de paiement, le protêt doit se faire ces jours-là même avant 10 heures du soir.

Enfin, les lettres de *change* payables à *Leipsick* à plusieurs jours, mois ou semaines de date ou de vue après les foires, doivent commencer à courir,

suivant l'ordonnance du 21 février 1754, dès le 16 janvier pour la foire du nouvel an, & pour les deux autres foires, dès le lundi après la seconde semaine de chacune des deux autres.

LIEBAU. On compte dans cette ville, à Mittau & à Windau en Courlande, par *reichsthales d'albert* de 3 florins, ou de 90 gros, ou *groschen*.

Le florin, *gulden*, a 30 gros, le gros 3 escalins ou *schellings*, ou 18 *pfenings*.

Toutes les *monnoies* de Prusse ont cours dans le duché de Courlande.

Tout le reste se trouve expliqué à l'article de *Konigsberg*, où les Courlandois remettent leur papier sur l'étranger pour y être négocié.

LIÉGE. Cette ville, celle de Maestricht & la plus grande partie du cercle de Westphalie en Allemagne, comptent par florins, *guldens*, de 20 sols, *stuivers*, & le sol de 16 deniers, ou *pennings*, ou de 4 *œrtjes*, nommés aussi *liards*, ou *aidans*.

Le *patacon*, ou écu, vaut 4 florins, 8 escalins, 80 sols, 320 œrtjes, ou 1,280 deniers de *Liége*.

Les *monnoies* réelles de cette ville, sont les suivantes, sçavoir:

D'or, Le *ducat* de $8\frac{1}{2}$ florins, ou 17 escalins, Le florin d'or, 5 florins courans, ou 10 escalins.

D'argent, Le *patacon*, ou écu, de 4 fl. $2\frac{1}{2}$ s., ou $8\frac{1}{4}$ escalins. L'escalin, ou *schelling*, de 10 sols, ou stuyvers. Le $\frac{1}{2}$ escalin, nommé *blamuse*, de 5 sols.

Voici les prix de quelques espèces étraugères.

Le souverain de Brabant, vaut environ . . . . 25 fl. 10 L
La guinée Angloise & le louis neuf de France, ... 19 "
La rosenoble, ... 18 "
La pistole d'Espagne & le louis vieux de France, ... 15 5
Le ducat, ... 8 10
Le ducaton des Pays-bas, ... 5 5
L'écu neuf de France, ... 4 15
La piastre d'Espagne & la rixdale de Hollande, ... 4 3

Le patacon, ou écu courant de *Liége*, contient $33\frac{57}{100}$ as d'or fin, ou $492\frac{16}{100}$ as d'argent fin; & il vaut au pair, environ $49\frac{1}{4}$ sols, argent de Hollande. La proportion de l'or à l'argent est donc à *Liége* comme 1 à $14\frac{1}{3}$.

Les *changes* roulent à *Liége* sur le pied suivant, sçavoir:

Sur Amsterdam, ... 164 fl., plus ou moins, pour . . . . 100 florins courans.
Bruxelles, ... 100 patacons, plus ou moins, ... 100 rixd. de *change*.
Paris, ... 47 stuivers, plus ou moins, ... 1 écu de 60 s. tournois.

LILLE. On compte dans cette ville de la Flandre Françoise, soit par *livres Flamandes* de 20 escalins, & l'escalin de 12 gros; soit par florins, ou *gouldes*, de 20 sols, ou *patards*, & le sol de 12 deniers, ou *pennings*.

On fait la division de ces *monnoies* de la manière suivante, sçavoir :

Livres Flamandes.	*Ecus.*	*Florins.*	*Livres tournois.*	*Escalins.*	*Patards.*	*Sols tournois.*	*Gros.*	*Deniers.*	*Penning.*
1	$2\frac{1}{2}$	6	$7\frac{1}{2}$	20	120	150	240	1800	1920
	1	$2\frac{2}{5}$	3	8	48	60	96	720	768
		1	$1\frac{1}{4}$	$3\frac{1}{2}$	20	25	40	300	320
			1	$2\frac{2}{3}$	16	20	32	240	256
				1	6	$7\frac{1}{2}$	12	90	96
					1	$1\frac{1}{4}$	2	15	16
						1	$1\frac{3}{5}$	12	$12\frac{4}{5}$
							1	$7\frac{1}{2}$	8
								1	$1\frac{1}{15}$

On peut faire la réduction des principales de ces *monnoies* comme suit :

2 Livres de gros par 5 écus, 12 florins ou . . . . 15 livres tournois.
4 florins, ... 5 livres tournois, &
3 Livres tournois, ... 8 escalins.

Toutes les *monnoies* de France ont cours à *Lille*, sans aucune différence, soit dans les noms, soit dans les valeurs. Il y a d'ailleurs dans cette ville un hôtel des *monnoies*, qui fabrique pour l'usage de la Flandre seulement, des pièces d'argent de la valeur de 4 & de 2 livres, de 20, 10 & 5 sols, qui n'ont point cours dans les autres provinces du royaume.

Ces *monnoies* sont à la taille de $6\frac{1}{2}$ pièces de 4 livres, de 13 dites de 2 livres, ou de 26 livres en livres & en pièces de 20, de 10 & de 5 sols au marc, poids de France, d'argent du titre de 10 deniers & 7 grains, dont le foiblage est de $\frac{1}{16}$ d'une pièce de 4 livres, & 2 grains d'écharseté.

Changes de *Lille* sur les villes suivantes, sçavoir :

Sur Amsterdam, ... 176 florins, contre . . . 100 fl. bco.
Anvers, ... 170 florins, ... 100 fl. de *change*.
Londres, ... 60 ß, ou escalins, . . 1 L. sterling.
Paris, ... 94 ₰, ou gros, . . . 1 écu de 60 sols tournois.

L'usance des lettres de *change* s'y compte pour un mois effectif : les lettres ont, en outre, six jours de faveur après leur échéance, excepté celles qui s'y doivent payer à certains jours préfix. En cas de refus de paiement, le protêt doit avoir lieu le sixième jour de faveur.

Lisbonne. La manière de compter en Portugal est très-simple & facile : elle se fait par *rées*, qui sont la plus petite *monnoie* du royaume.

Voici, au reste, la manière ordinaire de compter les autres *monnoies*, sçavoir :

Millerees.	*Crusados-novos.*	*Crusados-velhos.*	*Testoens.*	*Réales.*	*Vintems.*	*Rées.*
1	$2\frac{1}{12}$	$2\frac{1}{2}$	10	25	50	1000
	1	$1\frac{1}{5}$	$4\frac{4}{5}$	12	24	480
		1	4	10	20	400
			1	$2\frac{1}{2}$	5	100
				1	2	40
					1	20

Il y a deux sortes de *monnoies* d'or, dont les plus anciennes, qui furent fabriquées avant 1722, sont plus estimées que les nouvelles, qui ont été fabriquées depuis cette époque. Voici ce que les premières ont valu alors & ce qu'elles valent aujourd'hui, sçavoir :

Le *dobraon* qui valoit . . . . . . 20000 rées, vaut maintenant . . . . 24000 rées.
Le *demi-dobraon* de 10000 12000
La lisbonnine de 4000 4800
La demi-lisbonnine de 2000 2400
La millerée de 1000 1200
Le cruzado de 400 480

Les *monnoies* de la fabrication nouvelle, sont les suivantes, sçavoir :

D'*or*,	Le *dobraon*, de la valeur de . .	12800	rées, pèse 1 once.
	Le $\frac{1}{2}$ *dobraon* ou la *moëde* de .	6400	dits. . . $\frac{1}{2}$
	Le $\frac{1}{4}$ dit, ou la $\frac{1}{2}$ moëde de . .	3200	dits. . . $\frac{1}{4}$
	Le $\frac{1}{8}$ dit, ou *l'escudo* de	1600	dits. . . $\frac{1}{8}$
	Le $\frac{1}{16}$ dit, ou le $\frac{1}{2}$ escudo de . .	800	dits. . . $\frac{1}{16}$
	Le crusado-velho, ou $\frac{1}{4}$ d'escudo de	400	dits. . . $\frac{1}{32}$
D'*argent*,	Le *cruzado-novo*, de	480	dits, le $\frac{1}{2}$, le $\frac{1}{4}$ & le $\frac{1}{8}$ de cruzado, valent à proportion.
	La pièce de 6 vintems, ou de . .	120	dits.
	Le *testaon*, ou *toston*, de 5 vintems, ou de	100	dits.
	Des pièces de 60 & de	50	dits.
De *cuivre*,	Des pièces de 5, de 3 & de . .	$1\frac{1}{2}$	dits.

On fabrique au Bresil, des *monnoies* d'argent, nommées *pataques*, qui y valent 320 rées ; mais en Portugal elles n'ont cours que pour 240 rées, & à cette proportion, les $\frac{1}{2}$ & les $\frac{1}{4}$ de ces pataques.

La pataque Espagnole, ou la piastre forte d'Espagne, vaut en Portugal, 810 rées, plus ou moins.

Le marc pour les essais de l'or, se divise en 24 *quilates* ou carats de 4 grains chacun.

Le titre des *monnoies* d'or de Portugal, est de 22 carats, celui de l'or œuvré de $20\frac{1}{2}$, & celui de la poudre d'or, de $21\frac{3}{4}$ à 22.

L'outava d'or monnoyé s'y paye environ	1600 rées.
L'outava d'or œuvré.	1480 rées.
L'outava de poudre d'or.	1560 rées.

1380 Cruzados d'or, chacun de 400 rées, valent au pair 331 ducats de Hollande.

Cours des *changes* de *Lisbonne*.

Sur Amsterdam, . . .	1 cruzado de 400 rées, contre . .	46	& vls. bco. plus ou moins.
Espagne, ...	2420 rées plus ou moins	1	pistole de *change*.
France, ...	460 rées, plus ou moins	1	écu de 60 sols tournois.
Londres, ...	1 millerée, ...	65	& sterlings plus ou moins.

L'usance des lettres de *change* d'Espagne à *Lisbonne* est de 15 jours de vue ; celle des lettres de Londres de 30 jours de vue ; celle des lettres de Hollande & d'Allemagne de 2 mois de date ; celle des lettres de France de 60 jours de date ; celle enfin des lettres d'Italie & d'Irlande, de 3 mois de date.

Les lettres de *change* tirées de l'étranger sur Portugal, ont six jours de grace ou de faveur, si elles ont été acceptées avant l'échéance ; & les lettres tirées des provinces du royaume & de ses établissemens dans les quatre parties du monde, en ont 15 ; mais si les lettres n'ont point été acceptées, elles doivent être payées le jour même de l'échéance, ou protestées à défaut de paiement.

L'usage en Portugal est de payer les lettres de *change* avec de l'or ; mais il n'y a aucune loi qui défende de le faire avec de l'argent.

LIVOURNE. On tient les comptes dans cette ville d'Italie par *pezze da otto reali* de 20 soldi, & le *soldo* de 12 *denari di pezza*. La plupart des marchands détailleurs y comptent autrement par *lire* de 20 soldi, à 12 denari di lira : la pezza vaut 6 lire.

Le *scudo d'oro* vaut $7\frac{1}{2}$ lire, 20 soldi d'oro, ou 240 denari d'oro.

Le *scudo corrente*, dit autrement *ducato*, *ducatone* ou *piastra*, a 7 lire, 20 soldi di ducato, ou 240 denari di ducato.

Le *testono*, qui vaut 2 lire, se divise de la manière suivante, sçavoir :

Testono.	*Lire.*	*Paoli ou Reali.*	*Crazie.*	*Soldi di lira.*	*Quatrini.*	*Denari di lira.*
1	2	3	24	40	120	480
	1	$1\frac{1}{2}$	12	20	60	240
		1	8	$13\frac{1}{3}$	40	160
			1	$1\frac{2}{3}$	5	20
				1	3	12
					1	4

Ces *monnoies* portent les noms de *moneta buona* & *moneta lunga*, les valeurs en étant différentes dans la proportion de 24 à 23 : ce qui établit en faveur de la *moneta buona* un avantage sur l'autre de $4\frac{8}{23}$ p°. Nous montrerons mieux cette proportion par le détail suivant des *monnoies* réelles de Toscane, qui sont comptées à *Livourne* de la manière suivante, sçavoir :

La doppia y vaut	. . . .	23	l.	//	f.	//	d. mon. buona,	ou	24	l. // f. // d. m. lunga.	
Le rouponno	. . . .	40	//					ou	41	9¾ //	
Le zequino gigliato	. . .	13	6	5				ou	13	18 //	
Le francescono	. . . .	6	13	2½				ou	6	19 //	
La pezza, ou livournine	.	5	15	2				ou	6	// //	
La piastrina simple	. . .	1	8	8				ou	1	10 //	

Les dérivés de ces *monnoies* valent à cette proportion.

Voici la valeur de quelques *monnoies* étrangères, qui ont aussi cours à *Livourne*.

Le sequin de Venise vaut	. . . . .	2 pezze 6 f. 4 d. mon. lunga avec 5 crazie d'agio.
La pistole d'Espagne	. . . .	4 . . . . avec 1 dit.
La lisbonine de 4800 rées	. . . . . .	6 . . . . avec 34½ dits.
Le sequin de Rome vaut	. . . . . .	13 lire moneta buona, plus ou moins.
La piastre d'Espagne vaut enfin	. . . .	6 lire 8 soldi moneta buona pl. ou m.

On fait la réduction des *monnoies* de *Livourne* comme suit, sçavoir.

23 Scudi d'oro, par	. . . .	30 pezzé, ou livournines.
23 Ducati, ou ducaroni,	. . . .	28 petites.
345 Piastrini,	. . . .	86 dites.
14 Scudi d'oro,	. . . .	15 ducati.
23 Lire moneta buona,	. . . .	24 lire moneta lunga.

Cours des *changes* de *Livourne*.

Sur Amsterdam,	. . . .	1 pezza da otto réali contre	. .	88 ℔ vls. bco., plus ou moins.
Augsbourg,	. . . . .	100 pezze dites	. .	285 fl. cour., pl. ou m.
Bologne,	. . . . . .	1 pezza dite	. .	89 bolognini, pl. ou m.
Espagne,	. . . . . .	1 pezza dite	. . . . .	128 piastres de *change*, pl. ou m.
Florence,	. . . . . .	1 pezza dite	. .	116 soldi, pl. ou m.
France,	. . . . . .	1 pezza dite	. . .	96 sols. tour., pl. ou m.
Hambourg,	. . . . . .	1 pezza dite	. .	85 ℔ vls. bco. pl. ou m.
Lisbonne,	. . . . .	1 pezza dite	. .	766 rées, pl. ou m.
Londres,	. . . . . .	1 pezza dite	. .	50 d. sterl., pl. ou m.
Messine & Palerme,	. .	1 pezza dite	. .	11 tari 10 grani, pl. ou m.
Milan,	. . . . . .	1 pezza dite	. .	128 soldi, pl. ou m.
Naples,	. . . . .	100 pezze dite	. .	115 duc. di reg., pl. ou m.
Novi,	. . .	187 pezze dites, plus ou moins.	. .	100 scudi d'oro marche.
Rome,	. . . . . .	1 pezza dite	. . . .	118 f. mon. rom., pl. ou m.
Turin,	. . . . . .	1 pezza dite	. .	83 f. pl. ou m.
Venise,	. . . . . .	100 pezze dites	. .	98 duc. di bco. pl. ou m.
Vienne,	. . . . .	62 soldi mon. buona pl. ou m.	. .	1 fl. courant.

On tire de *Livourne* les lettres de *change* sur les villes ci-dessus, à divers termes, dont les plus en usage sont de plusieurs jours de vue, sur l'Italie & l'Allemagne, ou pour les paiemens des foires; de 1 usance de 30 jours sur la France; de 1 usance de 60 jours sur l'Espagne, Hambourg & la Hollande; & de 3 mois de date sur l'Angleterre & le Portugal.

L'uso, ou usance des lettres de *change* payables dans *Livourne*, comprend les échéances suivantes: 2 mois de date pour les lettres d'Amsterdam, Anvers, Hambourg, Cologne & l'Espagne; 30 jours de date, pour les lettres de France; 3 mois de date, pour les lettres d'Angleterre & de Portugal; 20 jours de date pour les lettres de Naples, Venise, Crémone, Plaisance, Bergame; Mantoue, Reggio & Modène; 3 jours de vue, pour les lettres de Bologne, Florence, Lucque, Pistoje, Sienne, Pise

& Ferrare; 8 jours de vue, pour les lettres de Gênes, Milan, Turin & Masse; 1 mois de vue, ou 2 mois de date, pour les lettres de Palerme & Messine; 1 mois de vue pour les lettres de Sardaigne; 45 jours de date pour les lettres d'Avignon; 5 jours de vue, pour les lettres de Perouse; 27 jours de vue, pour les lettres de Tarente, Bari & Lecce; 10 jours de vue, ou 15 jours de date, pour les lettres de Rome, & 8 jours de vue, pour les lettres des villes de Suisse.

Il y a trois jours dans la semaine destinés pour payer les lettres de *change* échues, qui, n'ayant aucun jour de faveur, doivent être payées le lundi, le mercredi, ou le vendredi qui se rencontrent à la suite du jour de l'échéance. Si quelqu'un de ces jours-là est fête, le paiement d'une lettre de *change* échue doit se faire la veille d'un de ces trois jours, supposé aussi que ce ne soit pas un jour de fête.

LONDRES. On compte dans toute l'Angleterre par livres, *pounds*, de 20 schillings, & le *schilling* de 12 deniers ou *pences sterlings*; la division de cette livre se fait d'ailleurs de la manière suivante, sçavoir :

Pound.	*Marks.*	*Angles.*	*Nobles.*	*Schillings.*	*Pences.*	*Halfpences.*	*Farthings.*
1	$1\frac{1}{2}$	2	3	20	240	480	960
	1	$1\frac{1}{3}$	2	$13\frac{1}{3}$	160	320	640
		1	$1\frac{1}{2}$	10	120	240	480
			1	$6\frac{2}{3}$	80	160	320
				1	12	24	48
					1	2	4
						1	2

Voici quelles sont les *monnoies* réelles de ce royaume :

D'*or*, La *guinée* vaut 21 schillings sterlings : il y a des pièces de 5 guinées, de 2 guinées, de $\frac{1}{2}$ & de $\frac{1}{4}$ de guinée ; lesquelles valent à proportion de la guinée simple.

D'*argent*, La couronne, *crown*, de 5 shillings sterlings.

La demi-couronne, de $2\frac{1}{2}$ shillings sterlings.

Le *shilling*, de 12 deniers sterlings : le $\frac{1}{2}$ shilling sterling à proportion.

Le *groat* de la valeur de 4 pences sterlings.

Des pièces de 3, de 2 & de 1 pence sterling.

De *cuivre*, Le demi-denier, ou *half-pence* ou *hapeny* sterling, de 2 farthings.

Le *farthing*, de la valeur d'un quart de denier sterling.

Les *monnoies* d'or de Portugal, qui sont les seules espèces étrangères qui ont cours en Angleterre, valent constamment les prix suivants, sçavoir :

Le dobraon de	24000 rées y vaut	L.	6.	15 sh.	// d.	sterlings.
La moëde de	12800 rées		3.	12	//	dits.

Les dérivés de ces deux *monnoies* valent à proportion de celles-ci.

La livre d'or fin est en Angleterre de 24 carats, & le carat de 4 grains, dont chacun se divise en 4 quarts.

L'once d'or de *standart*, qui est du titre de 22 carats, vaut à présent (mars 1780.) en *monnoies*, 3 livres 17 shillings 6 deniers sterlings, & en lingots, 3 livres $17\frac{1}{2}$ à 18 shillings sterlings.

440 Onces d'or de standart répondent à 3661 ducats de Hollande.

L'once de *monnoies* d'or de Portugal, dont le titre est de 22 carats, quoiqu'elle se compte seulement pour 21 carats $3\frac{3}{4}$ grains, s'y paye 3 livres 18 shillings sterlings.

280 Onces en *monnoies* d'or de Portugal, font 2323 ducats de Hollande, & 351 onces d'or de standart, 352 onces d'or en *monnoies* de Portugal.

La livre d'argent fin y est de 12 *ounces*, & chacune de celles-ci de 20 *pennyweights* ou deniers.

L'once d'argent de standart, qui est du titre de $11\frac{1}{10}$ onces, vaut aujourd'hui en *monnoies* d'Angleterre, 5 chelins 2 à 3 deniers sterlings, & en barres, 5 chelins 3 deniers dits.

65 Onces d'argent de standart répondent à 8 marcs, poids de Cologne, d'argent fin.

L'once de piastres vieilles d'Espagne se paye à 5 shillings $1\frac{1}{2}$ denier sterling, & celle des piastres neuves, à 5 shillings-deniers dits.

1000 Piastres pèsent environ 868 ounces, poids de troyes d'Angleterre.

82 Ounces en piastres, répondent à 10 marcs, poids de Cologne, d'argent fin; & 145 ounces d'argent de standart, à 148 onces d'argent de piastres.

La fabrication des *monnoies* d'or & d'argent, est aujourd'hui, en Angleterre, sur le pied suivant, sçavoir :

$44\frac{1}{2}$ Guinées sont taillées d'une livre, poids de troyes d'Angleterre, d'or du titre de 22 carats, dont il est permis aux maîtres des *monnoies* de déduire $\frac{1}{6}$ de carat, pour l'écharseté ; aussi la matière restante doit être de $21\frac{5}{6}$ carats de finesse.

$12\frac{2}{5}$ Couronnes, ou 62 shillings, sont taillés d'une livre, poids de troyes d'Angleterre, d'argent du titre de $11\frac{1}{10}$ ounces, dont il est permis aux maîtres des *monnoies* de déduire $\frac{1}{10}$ d'ounce, ou 2 pennyweights, pour l'écharseté ; ainsi la matière reste sur 11 ounces de finesse.

La livre sterling qui, comme l'on sçait, est une *monnoie* imaginaire, contient dans sa valeur intrinséque, $151\frac{11}{100}$ as, poids de troyes de Hollande, d'or fin, & 2300 as d'argent fin, & sa valeur répond à $11\frac{1}{2}$ florins, argent de Hollande. Le rapport de l'or à l'argent, est ainsi en Angleterre, dans la proportion d'environ 1 à $15\frac{1}{5}$.

Les frais de monnoyage qui s'élèvent à $\frac{7}{10}$ p$\%$ sur l'or, l'or, & à 2$\frac{5}{33}$ p$\frac{0}{0}$ fur l'argent, font pour le compte du gouvernement, lors même que les particuliers portent des matières d'or & d'argent des titres requis à la tour de *Londres*, qui eft le feul lieu du royaume où l'on frappe *monnoie*, pour y ordonner la fabrication de quelque fomme que ce foit pour leur propre compte.

Cours des *changes* de *Londres*.

Sur Amfterdam, ...	1 L. fterling, contre	36 ß vls. plus ou moins.
Efpagne, ...	40 d. fterlings, plus ou moins. .	1 piaftre de *change*.
France, . , ...	30 d. fterlings, pl. ou m. . .	1 écu de 60 fols.
Hambourg, ...	1 L. fterling	35 ß bco., pl. ou m.
Portugal, ...	5 sh. 6 d. fterlings, pl. ou m. .	1 millerée.
Irlande, ...	100 L fterlings, ...	109 L. irrish, pl. ou m.
Gênes, ...	49 d. fterlings, pl. ou m. . .	1 pezza de 115 f. fuori di bco.
Livourne, ...	50 d. fterlings, pl. ou m. . .	1 pezza da otto réali.
Naples, ... ,	44 d. fterlings, pl. ou m. . . .	1 duc. di regno.
Venife, ...	50 d. fterlings, pl. ou m. . . .	1 duc. di bco.

On tire les lettres de *change* fur les pays ci-deffus, à plufieurs jours de date ou de vue ; ou à deux ufances, d'un mois chacune, fur la France, la Hollande & Hambourg ; à 1$\frac{1}{2}$ ufance, de deux mois chacune, fur l'Efpagne & le Portugal ; à ufo de trois mois fur l'Italie, & à 21 jours de vue fur l'Irlande.

Les lettres de *change* payables dans *Londres* à vue, n'y jouiffent point des 3 jours de faveur, qu'on y accorde à celles qui y font payables à plufieurs jours, ufances, un mois de vue, ou de date. Le troifiéme jour de faveur étant un dimanche, le paiement d'une lettre de *change* doit en être exigé le famedi ; mais en cas de refus de paiement, le protêt peut en être différé jufqu'au lundi. La coutume de *Londres* eft, au refte, de différer le protêt d'une lettre de *change* en fouffrance pour défaut de paiement, jufqu'au premier jour que la pofte part pour le lieu d'où ladite lettre de *change* eft tirée, après l'échéance du terme, & des jours de faveur de ladite lettre.

LUBEC. On y tient les écritures en *marcs* de 16 efcalins ou *fchellings*, & l'efcalin de 12 & ou *pfenings lübs* courans.

La *reichfthale* fe divife en 3 marcs, ou 48 efcalins lübs.

Pour les autres *monnoies de Lubec*, ainfi que pour le poids pour pefer l'or & l'argent, on peut voir l'article de HAMBOURG.

Le marc d'argent œuvré doit être du titre de 12 loths, 13 grains, qui font 9 deniers & 3 grains ; l'effayeur y appofe fa marque, qui confifte en deux aigles.

Cours des *changes* de *Lubec*.

Sur Amfterdam, ...	120 rthlr. cour. pl. ou m. contre . . .	100 rixd. bco.
Hambourg, ...	122 rthlr. cour. pl. ou m.	100 rthlr. bco.
ou	100$\frac{1}{2}$ rthlr. cour. pl. ou m.	100 rthlr. bco.

Les autres *changes* de *Lubec* peuvent être combinés d'après ceux qui ont cours à Hambourg.

Les lettres de *change* payables dans *Lubec*, jouiffent de 10 jours de faveur après celui de l'échéance, dans lefquels font compris les dimanches & les fêtes.

LUCQUE. On compte dans cette république d'Italie, par *lire* de 20 foldi, & le *foldo* de 12 *denari* ; & fouvent auffi, par *fcudi d'oro* de 20 foldi, ou de 240 denari d'oro.

La *lire* fe divife auffi en 10 bolognini, ou bajocchi.

Le *fcudo d'oro*, appellé autrement *fcudo di cambio*, vaut 7$\frac{1}{2}$ lire, ou 150 foldi di lira, valeur de *Lucque*.

Le *ducato*, ducatone, ou *fcudo corrente*, vaut 7 lire.

71 Ducati *della feta*, valent 75 fcudi d'oro; ainfi,

Le ducato della feta, vaut 7 lire 18 foldi & 5 à 6 denari, valeur de *Lucque*.

Les *monnoies* réelles de cette république font, des fcudi, des lire & d'autres petites *monnoies*. Les *monnoies* de Florence y font très-courantes, & s'y échangent contre l'argent de *Lucque*, avec 10 p$\frac{0}{0}$ de bénéfice ; or,

Le fcudo d'oro de 7$\frac{1}{2}$ lire de Florence, y vaut 8$\frac{1}{4}$ lire.

La pezza da otto reali de Livourne, y vaut 6$\frac{1}{5}$ dites.

Au contraire la lire de *Lucque* ne vaut à Livourne que 11 crazie.

Nous eftimons donc, que le fcudo d'oro de *Lucque* contient 36$\frac{89}{100}$ as d'or fin, ou 535$\frac{18}{100}$ as d'argent fin ; & vaut conféquemment au pair, 2 florins 12 fols & 8 deniers, argent de Hollande.

Cours des *changes* de *Lucque*.

Sur Florence, ... 110 scudi di cambio, pl. ou m. contre	...	100 scudi d'oro.
Gènes, ... 1 dit	.	136 s. fuori di bco. pl. ou m.
Livourne, ... 6 l. 4 s. pl. ou m...........	.	1 pezza da otto r.
Rome, ... 98 scudi di cambio, pl. ou m.	.	100 scudi moneta.
Venise, ... 86 scudi dits, pl. ou m.	.	100 ducati di bco.

LUNEBOURG. On compte aujourd'hui dans le duché de *Lunebourg*, par *thaler* de 24 bons-gros, ou *gute-groschen*, & le bon-gros de 12 deniers, ou *pfenings*. Quelquefois aussi par *thaler*, de 36 marien-groschen, à 8 deniers.

Voici quelles sont les autres *monnoies* de compte de *Lunebourg*.

Thaler.	Gutte-Groschen.	Schwere-Schellings.	Marien-Groschen.	Simples-Schellings.	Mathier.	Witte.	Pfenings, ou deniers.	Scheffen.
1	24	32	36	48	72	96	288	768
	1	$1\frac{1}{3}$	$1\frac{1}{2}$	2	3	4	12	32
		1	$1\frac{1}{8}$	$1\frac{1}{2}$	$2\frac{1}{4}$	3	9	24
			1	$1\frac{1}{3}$	2	$2\frac{2}{3}$	8	$21\frac{1}{3}$
				1	$1\frac{1}{2}$	2	6	16
					1	$1\frac{1}{3}$	4	$10\frac{2}{3}$
						1	3	8
							1	$2\frac{1}{3}$

Les *monnoies* réelles de *Lunebourg* sont semblables à celles de *Hanovre*.

LYON. On y tient les écritures, comme dans tout le reste de la France, par *livres* de 20 sols, & le *sol* de 12 deniers tournois.

L'écu de change y vaut 3 livres, ou 60 sols tournois. On divise aussi cet écu en 20 sols d'or, & le sol d'or, en 12 deniers d'or.

Nous avons rapporté à l'article de FRANCE, les *monnoies* réelles en usage dans tout le royaume.

Le cours des *changes* de *Lyon* est comme à l'article de FRANCE.

Pendant les quatre foires, qui se tiennent tous les ans dans la ville de *Lyon*, on fait les paiemens des lettres de *change* payables à ces époques. L'ouverture de chaque paiement doit se faire, suivant l'article premier du réglement de la place du *change* de la ville de *Lyon*, du 2 juin 1667, le premier jour *non férié*, du mois de mars au *paiement des rois*; du mois de juin au *paiement de pâque*; du mois de septembre au *paiement d'août*; & du mois de décembre au *paiement des saints*.

Les *acceptations* des lettres de *change* doivent s'y faire pendant les six premiers jours de chaque *paiement*; il est cependant d'usage d'accepter pendant tout le mois, à cause des lettres qui sont tirées dans le courant du même mois. Le sixième jour des acceptations étant passé, les porteurs des lettres de *change*, qui n'auront pas été acceptées, pourront les faire protester, faute d'acceptation, pendant le courant du mois, & ensuite les renvoyer, pour en tirer le remboursement avec les frais du retour. Cependant il n'est pas d'usage de prendre le remboursement des lettres de *change* protestées faute d'acceptation, qu'après en avoir fait tirer le protêt à défaut de paiement; parce qu'il arrive pour l'ordinaire, que le tireur fait les fonds avant la fin du paiement; mais il convient toujours de faire notifier le protêt faute d'acceptation à son cédant, & ainsi des uns aux autres au tireur de la lettre de *change* en souffrance.

L'article IX du réglement dont nous avons fait mention ci-dessus, porte que les lettres de *change* acceptées payables en *paiement*, qui n'auront pas été payées en tout ou en partie pendant ce temps, jusqu'au dernier jour du mois inclusivement, seront protestées dans les trois jours suivans *non fériés*, sans préjudice de l'acceptation; & lesdites lettres de *change*, avec les protêts, seront envoyées dans un temps suffisant, pour pouvoir être signifiées à tous ceux & par qui il appartiendra; sçavoir: pour toutes les lettres qui auront été tirées du dedans du royaume dans deux mois; pour celles qui auront été tirées d'Italie, Suisse, Allemagne, Hollande, Flandres & Angleterre dans trois mois; & pour celles d'Espagne, Portugal, Pologne, Suède & Danemarck dans six mois, du jour de la date des protêts, le tout à peine d'en répondre par le porteur desdites lettres de *change*.

Les lettres de *change* payables dans *Lyon*, hors du temps des *paiemens*, ne jouissent d'aucun jour de faveur, & doivent être payées à l'échéance. En cas que celle-ci tombe un dimanche ou jour de fête, le paiement doit en être fait la veille; mais le protêt, à défaut de paiement, en peut être différé jusqu'au premier jour ouvrier suivant; ledit protêt doit cependant être tiré avant midi du dernier jour.

Les paiemens des lettres de *change* payables dans *Lyon*, pendant ou hors les *paiemens*, ont lieu de deux manières; l'une en argent comptant, l'autre par *viremens*, qu'on nomme autrement *ren-*

contres, ou *rifcontres*, entre les banquiers, les négocians & les marchands qui ont à recevoir & à faire des paiemens quelconques.

MADRAS. On compte dans cet établiſſement Anglois, ſur la côte de Coromandel, dans l'Inde, par *pagodes*, de 36 *fanames*.

Dans le fort S. George, les Anglois font fabriquer des pagodes d'or, des roupies & des fanames, ou fanons d'argent. On y paye la pagode à $3\frac{3}{7}$ roupies, & la roupie vaut 10 fanames.

La pagode peſe $71\frac{1}{2}$ as d'or, du titre de $86\frac{1}{2}$ toques, qui répondent à environ $20\frac{7}{10}$ carats. Elle contient donc $61\frac{1}{2}$ as d'or fin, & vaut environ $4\frac{1}{2}$ florins courans de Hollande.

La pagode ſert non-ſeulement de *monnoie*; mais ſouvent auſſi de poids. La *ſeyra* de Malabar en contient $81\frac{1}{4}$, qui pèſent autant que 24 roupies. Au reſte, $907\frac{1}{2}$ pagodes pèſent 100 onces, poids de troyes d'Angleterre.

Lorſqu'on échange, ou qu'on vend des piaſtres d'Eſpagne à *Madras*, les piaſtres y ſont peſées avec des pagodes, 8 de celles-ci devant peſer autant qu'une piaſtre : & alors on paye 10 pagodes pour $16\frac{1}{2}$ piaſtres, plus ou moins. Poſons, par exemple, que l'on vende une partie de piaſtres du poids de $9636\frac{1}{2}$ pagodes, ce qui fera une quantité d'environ $1204\frac{1}{2}$ piaſtres; la valeur en ſera payée avec 730 pagodes, ſi le prix en a été réglé ſur le pied de $16\frac{1}{2}$ piaſtres par pagodes.

Si l'on vendoit ces mêmes $1204\frac{1}{2}$ piaſtres contre des roupies, on les peſeroit d'abord par ſeyras, & l'on en auroit 100., ſi les piaſtres étoient de bon poids; or, 100 ſeyras peſant de piaſtres, valent à

Madras 2136 roupies., & $2349\frac{1}{2}$ à Calcuta dans le Bengale, où la *monnoie* eſt 10 p°. plus foible qu'à *Madras*.

MADRID. On compte généralement dans cette capitale de l'Eſpagne, & dans les deux provinces de Caſtille neuve & vieille, par *reales de vellon* de 34 *maravedis de vellon*; & quelquefois par *reales de plata antigüa*, de 34 *maravedis de plata antigüa*; mais dans les tréſoreries royales, les écritures ſe tiennent en *eſcudos de vellon* de 10 réales de vellon, & le real eſt de 34 maravedis de vellon.

L'*eſcudo de plata* y eſt compté pour 15 reales de vellon.

L'*eſcudo de oro*, de la vieille fabrication, vaut aujourd'hui 40 reales & 10 maravedis de vellon.

L'eſcudo de oro, de la fabrication de 1772, ne vaut que 40 reales de vellon.

Le *peſo de plata* vaut 8 reales de plata antigüa, ou 15 reales & 2 maravedis de vellon.

Le *ducado de plata* vaut 11 reales de plata, & celui de vellon, 11 reales de vellon.

Le *ducado de cambio* vaut 11 reales & 1 maravedi de plata antigüa, ou 20 reales & $25\frac{15}{17}$ maravedis de vellon. On le diviſe d'ordinaire en 20 ſueldos, & le ſueldo en 12 dineros.

Le *real de plata antigüa* vaut 16 qüartos, ou 64 maravedis de vellon.

Le *real de vellon* ne vaut que $8\frac{1}{2}$ qüartos, ou 34 maravedis de vellon.

Les autres *monnoies*, tant de compte que réelles, dont on ſe ſert à *Madrid*, ſont expliquées à l'article d'ESPAGNE.

Cours des *changes* de Madrid.

Sur Amſterdam, ... 1 ducado de cambio, contre	94	½ vls. bco. plus ou moins.
Liſbonne, ... 1 peſo de plata	600	rées, pl. ou m.
Londres, ... 1 peſo de plata	40	d. ſterlings, pl. ou m.
Paris, ... 1 doblon de 32 réales de plata, . . .	15	l. 5 ſ. pl. ou m.

L'uſo, ou uſance des lettres de *change* payables à *Madrid*, ſe compte pour 60 jours pour les traites de Paris, Londres & Gènes; pour 2 mois pour les traites de Hollande & d'Allemagne, & pour 3 mois pour les traites de Rome.

On y accorde 14 jours de faveur aux traites de France, d'Angleterre, de Hollande, lorſqu'elles ont été acceptées avant l'échéance; car, ſi elles n'ont pas été acceptées, elles ne jouiſſent point des jours de faveur. Les traites de Rome n'ont aucun jour de faveur.

Les lettres de *change*, tirées de Bilbao ſur *Madrid*, jouiſſent dans cette dernière ville, de 19 jours de faveur, après leur échéance. Celles des autres villes du royaume, & celles qui ſont tirées de Portugal, n'en jouiſſent que de 18, lorſque les lettres de *change* ne ſont point à certains jours préfix, ou à ſimple vue; car dans ces cas celles-ci doivent être acquittées à leur préſentation, ou proteſtées ſur le champ, en cas de refus de paiement.

MAGDEBOURG. *Voyez* BERLIN.

MALACA. On compte dans cette ville de l'Inde, appartenante à la compagnie Hollandoiſe des Indes Orientales, par *rixdales* de 8 eſcalins, ou *ſchellings*, & l'eſcalin de 8 ſols ou *ſtuyvers*, ou 24 *duyten*.

Le *ducaton* de Hollande y vaut	13 eſcalins.
La couronne Angloiſe, *english crown*.	10 dits.
La piaſtre d'Eſpagne, ...	10 dits.
La roupie de Bombay & celle de Surate, ...	5 dits.

MALAGA. On compte dans cette ville d'Espagne, située dans la province d'Andaloufie, par *réales de vellon* de 34 *maravedis de vellon*. Voici comment on divife ces *monnoies*, fçavoir :

Réales.	Qüartos.	Ochavos.	Maravedis.	Blancas.	Cornados.	Dineros.
1	8½	17	34	68	136	340
	1	2	4	8	16	40
		1	2	4	8	20
			1	2	4	10
				1	2	5
					1	2½

Le *réal de plata doble*, qui vaut 16 qüartos, eft égal au réal de plate vieille, en ufage dans le commerce d'Espagne.

Le *ducado de rey*, eft une *monnoie* imaginaire, de la valeur de 11 réales & 1 maravedi de vellon, ou de 375 maravedis de vellon.

Pour les autres *monnoies*, les *changes*, les *ufances* & les *jours de grace*, on peut voir l'article d'ESPAGNE.

MALLORQUE. On compte dans cette ifle, appartenante à l'Efpagne, par *pefos* de 8 reales, & le *réal* de 34 *maravedis* ; & autrement par *libras* de 20 fueldos, & le *fueldo* de 12 *dineros* : ce qui revient au même, puifque le pefo & la libra ne font qu'une même *monnoie*.

MALTHE. Ifle de la mer Méditerranée, appartenante à l'ordre des chevaliers de S. Jean de Jérufalem, plus connus par le nom de chevaliers de *Malthe*.

On y compte par *fcudi* de 12 tari, & le *taro* de 20 *grani*.

Ce *fcudo*, ou écu, contient donc 12 tari ; 24 carlini, 240 grani, ou 144 piccioli.

Le *taro* a 2 carlini ; le *carlino* 10 grani, & le *grano* 6 piccioli.

On donne à ces *monnoies* deux valeurs, l'une d'argent & l'autre de cuivre : celle-là vaut 50 p% davantage que celle-ci.

On n'y voit de *monnoies* réelles, que des pièces de 8, de 6, de 4 & de 1½ tari, & de 15, de 10, de 5, de 1 & de ½ grani, valeur d'argent.

Il roule cependant dans l'ifle de *Malthe* plufieurs *monnoies* étrangères, dont les valeurs font comme fuit :

La piftole d'or d'Efpagne y vaut	56 tari, val. d'argent, ou	84 tari, val. de cuivre.
Les fequins & ducats divers,	32 dits,	ou	48 dits.
La piaftre d'Efpagne,	16 dits,	ou	24 dits.
La livournine,	15½ dits,	ou	23¼ dits.

Nous eftimons, d'après cela, que l'écu de *Malthe*, valeur d'argent, contient 27 as. d'or fin, ou 382 as d'argent fin ; & l'écu de cuivre, 18 as d'or fin, ou 255 as d'argent fin : ainfi,

Le premier vaut au pair 38¼ fols, argent de Hollande, &

Le dernier . . . . . 25½ fols dits.

MANHEYM. *Voyez* HEIDELBERG.

MANTOUE. On compte dans ce duché d'Italie, par *lire* de 20 foldi, & le *foldo* de 12 denari : 6 lire font 1 fcudo.

MAROC. Dans ce royaume d'Afrique, à *Tafilet, Fez, Salé, Una* & autres états & villes de la partie la plus occidentale de la Barbarie, on fe fert pour *monnoie* du *xerif*, qu'on divife en 8 parties ; ou

d'une *monnoie* réelle d'or qu'on nomme *ducat*, qui vaut 48 blanquilles, & la *blanquille* 20 fluces.

Le ducat répond à 5 florins, argent de Hollande.

La blanquille, qui eft d'argent, vaut donc environ 2 f. 1¼ ◈ dit.

La fluce, qui eft de cuivre, vaut enfin, 1⅓ ◈ dit.

MARSEILLE. On y tient les écritures par *livres*, *fols* & *deniers* tournois, comme dans toute la France.

L'écu de change y vaut 3 livres, la livre 20 fols, & le fol 12 deniers.

L'écu avec lequel on régle les prix des noix de galle & du coton brut, ou filé, vaut 64 fols, ou 768 deniers tournois.

Nous avons expliqué les autres *monnoies* à l'article de FRANCE. Quelques *monnoies* étrangères ont cours à *Marfeille*, aux prix fuivans, fçavoir :

Le Dobraon d'or de Portugal de 6,400 rées à	42 l.	" f.
La piftolle d'or d'Efpagne,	19	10
Ses fequins d'Italie,	11	3
Le marc de piaftres vieilles d'Efpagne s'y paye	49	2
Le marc de piaftres neuves,	48	5

plus ou moins.

1000 Piaftres pèfent environ 110 marcs, 1 once & 2 gros, poids de France.

Cours des *changes* de *Marſeille*.

Sur Amſterdam, ...	1 écu de 60 ſ. tournois, contre .	54 ₰ vls bco, plus ou moins.
Eſpagne, ...	15 l. 3 ſ. tournois, plus ou moins.	1 piſtole de *change*.
Gênes, ...	95 ſ. tournois plus ou moins . . .	1 pezza de $5\frac{3}{4}$ lire.
Hambourg, ...	187 écus, pl. ou m.	100 thlr. bco.
Livourne, ...	96 ſ. tournois pl. ou m.	1 pezza da 8 réali.
Londres, ...	1 écu de 60 ſ. tourn.	31 ₰ ſterlings.
Lyon, Paris, }	$\frac{1}{2}$ p% de gain, ou de perte, à vue.	

L'uſo, ou uſance des lettres de *change* d'Eſpagne & de Portugal, payables dans *Marſeille*, eſt compté pour 60 jours; l'uſance des lettres de *change*, tirées des autres pays, eſt de 30 jours.

Les lettres de *change* payables dans *Marſeille*, jouiſſent de 10 jours de faveur, ſuivant l'uſage de Paris, & des autres villes de France.

Cet uſage y eſt généralement reçu & ſuivi; mais il ne peut déroger à la loi de la ville de *Marſeille*, qui ordonne que les lettres de *change*, qui y ſont payables, ſoient duement acquittées à l'expiration de leurs échéances.

Les lettres de *change*, payables à vue dans *Marſeille*, qui ne ſeront point payées à leur préſentation, doivent être proteſtées avant le dixiéme jour de faveur. C'eſt ordinairement le neuviéme ou dixiéme jour de faveur, que s'en fait le protêt à défaut de paiement.

Masulipatan. Ville des Indes orientales, ſituée dans le royaume de Golconde, où les François, les Anglois & les Hollandois ont des loges ou factories.

On y compte par *pagodes* & par *roupies* courantes, de 16 *annas*.

On y fabrique des pagodes d'or, & des roupies d'or & d'argent.

La roupie d'or en vaut 14 d'argent ou 4 pagodes.

La pagode y eſt comptée pour $3\frac{1}{2}$ roupies courantes.

Cette pagode vaut 3 à 4 p% plus que celle de Négapatan.

La roupie d'argent répond à la valeur de $\frac{2}{7}$ pagode de *Maſulipatan*.

La roupie pèſe 231 as d'or, du titre de $23\frac{3}{4}$ carats; elle contient donc 228 as d'or fin, qui valent autant que $3\frac{1}{5}$ ducats, ou 16 fl. 16 ſ., argent de Hollande.

La roupie neuve d'argent, qu'on nomme auſſi *roupie ſicca*, dont $24\frac{1}{2}$ pèſent un ſeyra, répond à 239 as d'argent du titre de 11 deniers & 15 grains: cette *monnoie* contient donc 231 as d'argent fin, & elle vaut au pair $23\frac{1}{10}$ ſols, argent de Hollande.

Mayence. *Voyez* Francfort sur Mayn.

Memel. *Voyez* Konigsberg.

Messine. *Voyez* Sicile.

Mexique. On compte dans la nouvelle Eſpagne, au Pérou & dans toutes les autres parties de l'Amérique Eſpagnole, par *peſos* de 8 reales, & le *real* de 34 *maravedis de plata mexicanos*. On compte auſſi quelquefois par *reales*, qu'on diviſe en 16 parties.

Les *monnoies* qui y ont cours, ſont les ſuivantes, ſçavoir:

D'*or*: Le *doblon* de 8 eſcudos de oro, qui ont été fabriqués avant l'an 1772, valent $16\frac{1}{17}$ peſos, & ceux qui ont été frappés après cette époque, ſeulement 16 peſos: les demis, les quarts & les huitiémes de cette *monnoie*, valent à cette proportion.

D'*argent*: Le *peſo* de 8 reales de plata mexicanos, & les $\frac{1}{2}$, les $\frac{1}{4}$, les $\frac{1}{8}$ & les $\frac{1}{16}$ du peſo, valent à cette proportion.

Le *caſtellano*, pour les eſſais de l'or, ſe diviſe en 24 quilates, le *quilate* en 4 granos, & le *grano* en 8 parties.

Le *marco*, pour les eſſais de l'argent, ſe diviſe en 12 dineros, & le *dinero* en 24 granos; le *grano* eſt compté à $8\frac{1}{4}$ maravedis; ainſi le marc d'argent ſe diviſe en 288 grains, ou 2376 maravedis.

Le marc, poids d'Eſpagne, d'argent du titre de $10\frac{1}{2}$ deniers, vaut 8 peſos, plus ou moins.

Le marc dit, d'argent fin, vaut 73 reales de plata, plus ou moins.

Tout l'argent qu'on exploite des mines de la nouvelle Eſpagne, eſt porté au *Mexique* pour y être monnoyé, ou marqué. On y apporte, par an, environ deux millions de marcs d'argent, & on en fabrique 700 mille piaſtres, indépendamment de ce qu'on ne déclare pas.

Les propriétaires des mines ſont tenus de payer, non-ſeulement les frais de monnoyage, outre le cinquiéme de tout l'argent nouvellement exploité, mais encore un réal pour chaque marc, à titre de droit du prince.

Les *monnoies* qu'on fabrique dans le *Mexique*, ſont des doblones de 8 eſcudos de oro chacun, à la taille de $8\frac{1}{2}$ pièces, ou en tout 68 eſcudos de oro, pour un marc d'or, du titre de 22 carats; & de $8\frac{1}{2}$ peſos, ou 68 réales de plata mexicanos, pour un marc d'argent du titre de $10\frac{3}{4}$ deniers.

Milan. On compte dans ce duché d'Italie, par *lire* de 20 ſoldi, & le *ſoldo* de 12 *denari*.

Le *ſcudo impériale*, ou de *cambio*, vaut 5 lire,

17 foldi , ou 117 foldi impériali, & le foldo eſt de 12 denari imperiali.

Le *ſcudo corrente* vaut 5 lire , 15 foldi , 115 foldi corrente, & le foldo eſt de 12 denari-corrente.

Les *monnoies* ci-deſſus ont deux valeurs, qu'on

nomme, l'une *impériale*, l'autre *corrente*. Pour en connoître mieux la différence, nous remarquerons que le *filippo* , monnoie réelle de *Milan* , qui ne valoit avant 1750 que 106 foldi impériali, vaut au-jourd'hui 150 foldi corrente.

C'eſt donc relativement à ces deux prix, qu'on fait l'évaluation des autres *monnoies* , dont voici le rapport :

106 Lire , ou foldi impériali, font	150 lire , ou foldi corrente.
53 Scudi impériali.	8775 foldi corrente.
212 Scudi dits	1775 lire corrente.
1219 dits	1775 ſcudi corrente.
4 Scudi corrente.	23 lire corrente.
15 Scudi.	1219 foldi impériali.
15 Lire corrente	212 foldi impériali.

Voici d'une autre part les *monnoies* réelles de *Milan* ; ſçavoir :

D'or, La *doppia* , peſant	130 grani , vaut . . 25 lire , . .	5 foldi corrente.
D'argent , Le *ducatone*, de	26 denari . . . . 8 . . .	12 dits.
Le *filippo*, de	22¼ dits . . . . . 7 . . .	10 dits.
De *billon*, La *lira* vaut.	20 foldi . .	
Le *parbajollo*.	2½ foldi. .	
Des pièces de.	1 foldo.	

Pluſieurs *monnoies* étrangères ont cours à *Milan* , aux prix ſuivans.

			l.	f.	d.	courant
La piſtole d'Eſpagne, peſant	132 grani 25	10	//		courant
Le louis neuf de France , de	160 dits. 31	//	//		
La *dobla* ou *doppia*, de Gènes , de	132 dits. 25	78	6		
La *doppia* de Florence, de	132 dits. 25	15	//		
La *doppia* de Rome & de Savoye, de . . .	130 dits. 25	//	//		
La *doppia* de Mantoue , de.	130 dits. 25	5	//		
La ſibonnine , de	210 dits. 41	//	//		
Le ſequin de Veniſe & de Florence , de . .	68 dits. 14	10	//		
Le ſequin de Savoye & le kremnitz , de . .	68 dits. 14	7	6		
Le ducat de Vienne & de Hollande , de . . .	68 dits. 14	5	//		
La genovine , de	31¼ den. 10	5	//		
Le ducaton de Savoye & de Mantoue , de . .	26 den. 8	9	//		
Le ducaton de Veniſe , de	26 d. 20 gr. 8	8	//		
Le ducat de Bourgogne & de Florence . . .	26 8	7	6		
Le ducaton d'Allemagne , ...	26 8	5	//		
Le ducaton de Rome de 1721 , ...	26 8	2	6		
L'écu de Piémont , ...	24 d. 10 gr. 7	17	//		
L'écu de ſix francs de France , ...	24 12. 7	11	//		
La livournine della torre , ...	22 4½ 6	19	//		
La piaſtre d'Eſpagne , ...	22 6	16	9		
L'écu de Bologne , ...	19 20. 6	4	//		

Si les *monnoies* d'or ci-deſſus , n'étant pas du poids requis , le deficit eſt au-deſſus de 4 grains, elles ſont hors de cours ; mais celles dont l'affoi-bliſſement ne ſurpaſſe pas celui des 4 grains de to-lérance , doivent payer pour le déficit , ſçavoir : les piſtoles 4 fols par grain ; les ſequins & les du-cats cremnitz de Hongrie 4½ fols par grain. Pareil-lement les *monnoies* d'argent qui ont perdu du poids ci-deſſus , plus de 2 deniers , n'ont plus de cours dans le public ; mais celles dont l'affoibliſſe-ment toléré ne va pas au-delà de 2 grains , doivent payer , ſçavoir : les piaſtres d'Eſpagne 6¼ fols par

grain ; l'argent de Rome , de Savoie , de Gènes , de France , de Bourgogne , d'Allemagne & de Bo-logne , 6½ fols par grain ; les *monnoies* de *Milan*, de Veniſe , de Florence & de Mantoue 6¼ fols par grain.

Les prix & les conditions des *monnoies* ci-deſſus ont été fixés par un édit qui eſt encore dans toute ſa vigueur ; mais l'on y déroge dans le commerce, où ces *monnoies* ont quelque choſe , plus ou moins , de valeur, ſelon que leur rareté , ou leur abondance , les fait rechercher des commerçans.

L'once d'or fin de 24 carati , & le *cárato* de

24 *parti*, vaut à *Milan* 121 lire corrente ; plus ou moins.

L'*oncie* d'argent fin, de 12 denari, & le *denaro* de 24 grani, y vaut huit lire, & 3 soldi corrente, plus ou moins.

L'argent œuvré doit être du titre de $10\frac{1}{2}$ deniers.

Nous estimons que 100 soldi impériali contiennent 35 as d'or fin, ou 520 as d'agent fin; & que 100 soldi corrente contiennent $24\frac{4}{5}$ as d'or fin, ou 368 as d'argent fin.

Les premiers valent 2 fl. 12 sols, argent de Hollande.

Les derniers valent 1 fl $16\frac{1}{4}$ sols.

La lira corrente vaut donc $7\frac{3}{8}$ dits.

La proportion de l'or à l'argent est à Milan, comme 1 à $14\frac{4}{5}$.

Le *marc*, poids de l'or & de l'argent, contient 8 onces.

L'once, *oncia*, a 24 denari, & le *denaro* 24 grani.

100 Marcs de *Milan* font $95\frac{3}{5}$ marcs de Hollande.

Cours des *changes* de *Milan*.

Sur Amsterdam, ...	50 soldi corr. plus ou moins, contre . . .	1 fl. bco.
Gènes, ...	70 soldi imp. pl. ou m.	1 scudo di cambio.
Livourne, ...	127 soldi corr. pl. ou m.	1 pezza da otto rea.
Londres, ...	31 lire corr. pl. ou m.	1 livre sterling.
Naples, ...	112 soldi corr. pl. ou m.	1 ducado di regno.
Paris, ...	56 soldi imp. pl. ou m.	1 écu de 60 s. tournois.
Rome, ...	140 soldi corr. pl. ou m.	1 scudo moneta.
Venise, ...	85 soldi corr. pl. ou m.	1 ducato picco.
Vienne, ...	70 soldi corr. pl. ou m.	1 florin courant.

On compte à Milan les usances des lettres de *change* de Venise à 20 jours de date ; de Livourne, de Rome & d'Allemagne à 15 jours après l'acceptation; d'Amsterdam à 2 mois de date, & de Londres à 3 mois de date.

Les lettres à vue doivent être payées à *Milan* à leur présentation ; celles à quelques jours de vue & de date, ou à usance, doivent être acceptées & payées le lendemain de l'échéance, à moins que ce jour ne tombe un dimanche ou fête ; car alors le paiement en est différé jusqu'au premier jour de travail suivant.

Quoiqu'il n'y ait pas de jours de faveur fixés pour les lettres de *change* payables dans *Milan*, lorsque les porteurs les présentent aux accepteurs pour en obtenir l'acceptation, & à leur échéance aux acceptans pour s'en procurer le paiement, ils sont tenus de laisser écouler quelques jours s'ils en sont priés par ceux-ci, avant d'en faire le protêt; mais afin que, dans un tel cas, il ne puisse en résulter aucun préjudice pour les porteurs, ils font mettre au bas de la lettre de *change* le *vu bon* du notaire de la chambre des marchands, qui y ajoute la date du jour où la lettre a été présentée, afin que l'acceptation, que l'accepteur pourroit ensuite écrire sur la même lettre de *change*, soit datée du même jour.

Minorque. Isle de la Méditerranée, dont l'Angleterre est aujourd'hui maîtresse.

On y compte par *libras* de 20 sueldos & le *sueldo* de 12 *dineros*.

Mocca. Ville & port de la mer Rouge dans l'Arabie heureuse. On y compte par *piastres* de 80 *cabirs*, ou *carattes*. Cette piastre peut valoir au pair environ 40 à 41 sols, argent courant de Hollande.

On ne fabrique dans cette ville que des *comassirs*, qui sont une *monnoie* de billon de fort peu de valeur, & sujette à beaucoup de changement.

Les *monnoies* étrangères ne sont reçues à *Mocca* qu'au poids suivant, sçavoir :

100 Piastres d'Espagne valent $121\frac{1}{2}$ piastres de *Mocca*, ou $806\frac{43}{74}$ pagodes, &

100 Piastres de *Mocca* font seulement $82\frac{74}{243}$ piastres d'Espagne.

Modene. On compte dans ce duché d'Italie, par *lire* de 20 soldi & le *soldo* de 12 *denari*. On nomme aussi le soldo, *bolognini*.

Le *ducado* de *Modene* y est compté pour 8 lire.

Les *monnoies* réelles de ce duché sont les suivantes, sçavoir.

D'*argent* : Le *filippo* de $15\frac{1}{2}$ lire, & le scudo de $3\frac{1}{4}$ lire.
La *lira* de 20 soldi, le *cappelono* de 5, & le *cappelino* de $2\frac{1}{2}$ soldi.
Le *soldo*, ou *bolognino*, de 12 *denari*.

Voici maintenant les *monnoies* étrangères qui ont cours à *Modene*.

Le louis vieux de France, ...	à $5\frac{1}{2}$	lire.
Les doppies d'Italie, ...	à 49	dites.
Les sequins dits, ...	à 30	dites.
L'*ongaro*, ou le ducat de Hongrie, .	à $28\frac{1}{2}$	dites.
L'écu romain, ...	à $16\frac{1}{2}$	dites.
Le filippe de Milan, ...	à 15	dites.

Nous estimons que la lira de *Modene* contient $2\frac{2}{5}$ as d'or fin, ou $36\frac{7}{10}$ as d'argent fin, & qu'elle vaut 3 sols 11 deniers, argent de Hollande.

MONTPELLIER. Dans cette ville & à *Cette*, l'on tient les écritures en *livres* de 20 sols, & le *sol* de 12 *deniers tournois*. Les autres *monnoies* sont à l'article de FRANCE.

Cours des *changes* de *Montpellier* & *Cette*.

Sur Amsterdam, 1 écu de 60 s. contre 54 ᵭ vls, bco., plus ou moins.

Sur Lyon & Paris $\frac{1}{2}$ p $\frac{0}{0}$, plus ou moins, de gain ou de perte.

Les lettres de *change* payables à vue dans *Montpellier*; y doivent être acquittées à leur présentation. Celles qui y sont payables à certains jours préfix, seront acquittées le lendemain du jour de l'échéance, ou protestées en cas de refus de paiement.

Au reste, à *Montpellier*, de même que dans toutes les autres villes de commerce de France, les lettres de *change* ont dix jours de faveur ou de grace après leur échéance.

MORÉE. *Voyez* PATRASSO.

MOSCOU. *Voyez* RUSSIE.

MUNICH. On compte dans tout l'électorat de *Bavière*, par florins, *gulden*, de 60 kreutzers, & le *kreutzer* de 4 deniers, ou *hellers* courans.

Voici, au reste, comment on divise les principales *monnoies* de *Bavière*.

Thaler.	*Gulden.*	*Batzen.*	*Kæiser-Groschen.*	*Land-müntzen.*	*Albus.*	*Kreutzers.*	*Hellers.*
1	$1\frac{1}{2}$	$22\frac{1}{2}$	30	36	45	90	360
	1	15	20	24	30	60	240
		1	$1\frac{1}{3}$	$1\frac{3}{5}$	2	4	16
			1	$1\frac{1}{5}$	$1\frac{1}{2}$	3	12
				1	$1\frac{1}{4}$	$2\frac{1}{4}$	10
					1	2	8
						1	4

On se sert en *Bavière* d'une *monnoie* particulière qu'on nomme *schwartze müntze*, ou *monnoie* noire, dont nous aurons occasion de parler à l'article de RATISBONNE.

Les *monnoies* réelles de *Bavière* sont les suivantes, sçavoir :

		fl.	kr.	
D'*or* :	Le *carl*, qui vaut depuis 1766,	10	42	kr. les $\frac{1}{2}$ & les $\frac{1}{4}$ à prop.
	Le *max*,	7	8	les doubles, les $\frac{1}{2}$ & les $\frac{1}{4}$
	Le *ducat*,	4	48	(à proportion.
	Le florin, ou *gold-gulden*,	3	9	
D'*argent* :	La *reichsthale* vieille d'Empire qui vaut à présent	2	24	kr.
	Le florin, ou *gulden*, vieux d'Empire,	1	12	
	La *reichsthale* d'espèce de convention,	2	"	
	Le florin de convention,	1	"	
	Des pièces de 30, 24 & 15 *kreutzers* & autres petites *monnoies*.			

Voici encore quelques *monnoies* qui ont cours en *Bavière*, sçavoir :

	fl.	kr.
Le louis d'or de France vaut depuis 1766,	10	24
Le ducat cremnitz de Hongrie & le sequin de Toscane,	4	52
Le ducat de Hollande,	4	45
Le souverain d'or du Brabant,	14	14
L'écu neuf de France,	2	40

La thaler courante de *Bavière* contient donc, suivant l'ordonnance de 1766, $22\frac{20}{100}$ as d'or fin, ou 304 as d'argent fin, dont la valeur intrinséque répond à $30\frac{2}{5}$ sols, argent de Hollande.

MUNSTER. On compte dans la plupart des cercles de *Westphalie* en Allemagne, par *thalers* de 28 escalins, ou *schillings*, & l'escalin de 12 d. ou *pfenings*. Voici la division de ces *monnoies*, sçavoir :

Thaler.	*Gulden.*	*Blamuser.*	*Schilling.*	*Marien-Groschen.*	*Pfenings.*	*Hellers.*
1	$1\frac{1}{2}$	8	28	36	336	672
	1	$5\frac{1}{3}$	$18\frac{2}{3}$	24	224	448
		1	$3\frac{1}{2}$	$4\frac{1}{2}$	42	84
			1	$1\frac{2}{7}$	12	24
				1	$9\frac{1}{3}$	$18\frac{2}{3}$
					1	2

Les

Les *monnoies* réelles qui y ont cours, sont les suivantes, sçavoir :

Des florins, qui valent 18⅔ escalins, ou 24 marien-groschen.

Des marcs, ou ½ florins, 9½ escal., ou 12 mar.-gr.

Dés pièces de 1/12 & de 1/24 thaler; ainsi que des pièces d'un escalin & de demi-escalin, & des petites *monnoies* de cuivre, de 1, de 2, de 3, & de 4 deniers.

NANCY. On compte dans la Lorraine par *livres* de 20 fols, & le *fol* de 12 *deniers*, valeur de Lorraine. L'*écu* vaut 3 livres, ou 60 fols.

Il ne reste des anciennes *monnoies* réelles du pays, que des pièces de 9½ fols, de 2 & de 1 fols; & des *liards* qui valent 3 deniers.

D'autre part, toutes les *monnoies* de France y ont cours, fous le nom d'*argent tournois*. Cet argent vaut 29⅙ p.º davantage que celui de Lorraine; car le louis d'or, qui vaut en France 24 livres, vaut en Lorraine 31 livres, & à cette proportion les autres *monnoies*.

NANTES. On y compte par *livres* de 20 fols, & le *fol* de 12 deniers.

L'*écu* de change y est compté pour 60 fols tournois; les autres *monnoies* font expliquées à l'article de FRANCE.

Les *changes* & les jours de faveur, comme il est aussi expliqué au même article.

NAPLES. On compte dans ce royaume par *ducati di regno* de 10 carlini, & le *carlino* de 10 grani. On y divise aussi ce ducat tout simplement par 100 *grani*; ou autrement par 5 tari, & le *taro* par 20 grani.

Voici au reste, les *monnoies* diverses qui se rapportent au ducat de ce royaume, sçavoir :

Ducato di Regno.	Tarini.	Carlini.	Cinquini.	Grani.	Tornesi.	Quartini.	Piccioli.	Cavalli.
1	5	10	40	100	200	300	600	1200
	1	2	8	20	40	60	120	240
		1	4	10	20	30	60	120
			1	2½	5	7½	15	30
				1	2	3	6	12
					1	1½	3	6
						1	2	4
							1	2

Voici maintenant les *monnoies* réelles de *Naples* :

D'or : La *doppia* de 16 carlini.
L'*onza* de Sicile de 30 carlini.
D'argent : Le *ducato di regno* de 10 carlini, les ½ ducats à proportion.
Le *scudo* de Sicile de 12 carlini, le ½ écu à proportion.
Le *tarino*, ou *taro*, de 2 carlini, ou 20 grani.
Des pièces de 26, & de 13 grani.
Des simples *carlini*, & des simples *grani*.

Les *monnoies* étrangères qui ont le plus de cours à *Naples*, sont les suivantes.

La pistole d'or d'Espagne & le louis vieux de France à 45½ carlini plus ou moins.
La lisbonnine de 4800 rées, 74 dits.
Le sequin de Venise vaut constamment 26½ dits.
Le sequin de Florence en vaut 26, & celui de Rome 25 dits.

Le ducato di regno contient environ 27 87/100 as d'or fin, ou 413 67/100 as d'argent fin, dont la valeur intrinsèque répond à 41⅓ fols, argent de Hollande.

Cours des *changes* à *Naples*.

Sur Gênes . . . . . 100 ducati di regno, contre . . . 90 pezze de 115 soldi di bco pl. ou m.
Livourne, ... 114 duc. di regno, pl. ou m. . . 100 pezze da 8 réali.
Rome, ... 126 duc. di regno, pl. ou m. . . 100 scudi moneta.
Venise, ... 116 duc. di regno, pl. ou m. . . 100 ducati di bco.

On a coutume de tirer les lettres de *change* sur les villes ci-dessus à *uso*, ou usance.

L'usance des lettres de *change*, payables dans *Naples*, est de 8 jours de vue pour celles de Rome; de 10 jours de date pour celles de Florence; de 22 jours de vue pour celles de Gênes & Livourne; de 15 jours de date de l'acceptation pour celles de Venise; & de 2 mois de date pour celles d'Espagne.

Les mêmes lettres de *change* jouissent, après leur échéance respective, de trois jours de faveur.

NARVA. Ville de l'Esthonie, province de l'empire Russe. On y tient les écritures par *roubles* de 10 griwnes, & la *griwna* de 10 *copeks* : & autrement par *reichsthales* de 80 copeks, ou 52 *wittens*.

La *thaler courante* y vaut 65 copeks, ou 64 wittens.

Le carolin de Suéde y roule pour 25 copeks, ou 20 wittens; ainsi,

4 Roubles sont égaux à . 5 reichsthales.
13 Roubles . . . . . . 20 thalers courantes
13 Reichsthales . . . . 16 dites.
4 Wittens . . . . . . 5 copeks.

Toutes les *monnoies* de Russie y ont cours sur le pied qu'elles valent à Revel.

NAVARRE. Province d'Espagne avec le titre de royaume, dont Pamplune est la capitale. On y compte par *réales* de 36 *maravedis*, & souvent même par *ducados*, & par *libras*; on divise toutes ces *monnoies* de la manière suivante sçavoir :

Ducados de Navarra.	Libras.	Réales.	Tarxas.	Grofos ou Gruefos.	Ochavos.	Maravedis.	Cornados.
1 .... 6 $\frac{8}{15}$	.. 10 $\frac{8}{9}$	.. 49	....	65 $\frac{1}{3}$	... 196	... 392	... 784
1	.. 1 $\frac{2}{3}$	.. 7 $\frac{1}{2}$	...	10	... 30	... 60	... 120
	1	.. 4 $\frac{1}{2}$	..	6	... 18	... 36	... 72
		1	..	1 $\frac{1}{3}$	... 4	... 8	.. 16
			1		... 3	... 6	.. 12
				1	...	2	.. 4
					1	...	2

Il n'y a de *monnoies* réelles propres à cette province, que des *maravedis* & des *cornados*; toutes les autres font imaginaires. Les *monnoies* d'Espagne, font celles qui y ont le plus de cours ; en voici les valeurs en argent de *Navarre* :

Monnoies de compte d'Espagne,	Duc.,	Libr.,	Reales,	Tarxas,	Grofos,	Mrs.
Le *doblon de plata*, de 32 réales de plata .	2 $\frac{46}{49}$ ou	19 $\frac{1}{5}$ ou	32 ou	144 ou	192 ou	1152
Le *peso de plata*, de 8 réales de plata . .	//	4 $\frac{4}{5}$	8	36	48	288
Le *duc. de cambio*, 375 mrs de plata . .	1 $\frac{41}{332}$	6 $\frac{11}{34}$	11 $\frac{9}{34}$	49 $\frac{43}{68}$	63 $\frac{1}{17}$	397 $\frac{1}{17}$
Le *ducado de vellon*, de 374 mrs de vellon.	//	3 $\frac{81}{100}$	5 $\frac{27}{32}$	26 $\frac{19}{64}$	35 $\frac{1}{16}$	210 $\frac{1}{2}$
Le *réal de plata antigua* de 64 mrs de vel.	//	//	1	4 $\frac{1}{2}$	6	36
Le *réal de vellon* de 34 mrs de vellon .	//	//	//	2 $\frac{25}{64}$	3 $\frac{3}{16}$	19 $\frac{1}{8}$
Le *doblon de oro* neuf de 8 escud. de oro .	15 $\frac{16}{49}$	102	170	765	1020	6120
Le *escudo de oro* neuf, ou *pistole*	1 $\frac{373}{392}$	11 $\frac{5}{8}$	21 $\frac{1}{4}$	95 $\frac{5}{8}$	127 $\frac{1}{2}$	765
Le *peso duro*, ou la *piastre forte*	//	6 $\frac{3}{17}$	10 $\frac{5}{8}$	47 $\frac{23}{64}$	63 $\frac{1}{4}$	382 $\frac{1}{2}$
La *peseta mexicana*, ou $\frac{1}{4}$ de piastre . . .	//	1 $\frac{19}{32}$	2 $\frac{21}{32}$	11 $\frac{61}{64}$	15 $\frac{13}{16}$	95 $\frac{5}{8}$
La *peseta provincial*, où $\frac{1}{5}$ de piastre . .	//	1 $\frac{11}{40}$	2 $\frac{2}{8}$	9 $\frac{9}{16}$	12 $\frac{3}{4}$	76 $\frac{1}{2}$
Le *réal de plata mexicano* de 85 mrs. de vellon	//	//	1 $\frac{21}{64}$	5 $\frac{125}{128}$	7 $\frac{11}{32}$	47 $\frac{19}{16}$
Le *réal de plata provincial* de 68 mrs de vellon,	//	//	1 $\frac{1}{16}$	4 $\frac{25}{32}$	6 $\frac{3}{8}$	38 $\frac{1}{4}$
Le *quarto de 4 maravedis* de vellon, ...	//	//	//	//	//	2 $\frac{1}{4}$
Le *maravedi de vellon*	//	//	//	//	//	$\frac{9}{16}$

Nous estimons que le ducat de *Navarre* contient 32 $\frac{77}{100}$ as d'or fin, ou 512 $\frac{35}{100}$ as d'argent fin ; & la livre a. 78 $\frac{42}{100}$ as d'argent fin ; ainsi,

Le ducat de *Navarre* vaut au pair . . . . 2 florins . . . . 11 $\frac{1}{4}$ sols 4, argent de Hollande.
La livre dite . . . . 7 . . . . 13 $\frac{1}{2}$ dits.
Le réal . . . . 4 . . . . 11 $\frac{1}{3}$ dits.

NAUMBOURG. Cette ville de la Thuringe, province de Saxe en Allemagne, se sert des mêmes *monnoies*, que celle de Leipsick.

On y tient tous les ans, une foire qui commence le 29 juin, & qui dure 8 jours. Les lettres de change, payables dans cette foire, y doivent être acceptées le 2 juillet avant midi, & le paiement y doit avoir lieu le 5 du même mois avant 1 heure après midi, ou, à défaut d'acceptation & de paiement, les protêts respectifs doivent se faire les mêmes jours.

NICE. On compte dans cette ville d'Italie, appartenante au roi de Sardaigne, par *Lire* de 20 soldi, & le *soldo* de 12 *denari moneta di savoya*.

Nous renvoyons à l'article de TURIN, où l'on trouvera le détail de ces *monnoies*.

NIGRITIE. Nous comprenons sous ce nom, non-seulement les pays qui bordent des deux côtés le fleuve Niger ; mais aussi tous ceux qui sont habités par des Nègres jusqu'aux extrémités les plus reculées de l'Afrique. Le commerce principal dans ces pays se fait par des échanges d'une marchandise contre une autre marchandise ; mais il y a des endroits dans ces contrées, où l'on se sert de certains signes pour représenter les valeurs des choses de moindre prix, l'or y étant regardé comme une marchandise réelle qui n'a de valeur qu'autant que les hommes en estiment & recherchent la matière. Les fignes dont on fe fert comme *monnoie* pour repréfenter la valeur des marchandifes, font fur la côte de Guinée, dans les royaumes de Congo & d'Angole, des cauris qu'on nomme *zimbis*, petites coquilles qu'on pêche dans les mers d'Afie aux environs des ifles Maldives, aux Philippines & ailleurs. On compte 2000 zimbis pour une macoute.

La *mâcoute* fignifie le nombre 10, & 10 mâcoutes font le nombre cent. C'eft une manière de compter en ufage en plufieurs parties de l'Afrique, fur-tout à Loango. On paie auffi les marchandifes dans plufieurs parties de l'Afrique, entre autres aux environs du fort de la Mine, avec des petits morceaux d'or & des barres de fer qui n'ont point de valeur déterminée. Enfin, le poivre fert de *monnoie* dans l'Abiffinie, où d'ailleurs l'on ne connoît aucune efpèce quelconque d'or ou d'argent.

NORWÉGE. *Voyez* BERGEN.

NOVE. Cette ville du territoire de Gênes en Italie, compte par *fcudi d'oro marchi* de 20 foldi, & le *foldo* de 12 *denari*.

Ce fcudo eft une *monnoie* imaginaire, qui valoit auparavant à Gênes ½ doppia, avec un p§ plus ou moins en fus; on comptoit alors:

100 Scudi d'oro pour 101 fcudi d'oro marchi, &
100 fcudi d'oro marchi, pour 122½ fcudi d'argento.

Mais à préfent qu'on paie les lettres de change dans cette République en moneta hors de banque, on y compte:

100 Scudi d'oro marchi par 122½ fcudi d'argento. Le fcudo d'argento a 7 lire & 12 foldi, & on y ajoûte 15 pour cent pour faire de l'argent hors de banque.

100000 Scudi d'oro marchi répondent donc à 1069776 lire fuori di bco.

Les foires qui ont lieu quatre fois l'an à *Nove*, & dans les environs de cette ville, dans le territoire de la république de Gênes, attirent de diverfes parties de l'Europe, beaucoup de marchands, changeurs & autres commerçans, qui y font de fortes opérations en *change*. Chaque foire dure 8 à 10 jours, & c'eft dans cet efpace de temps que doivent être acceptées les lettres de *change* qui y font payables. Il eft à remarquer que les lettres de *change* qui ont plus d'un endoffement, ne peuvent pas être acceptées, attendu qu'y ayant une loi qui défend les endoffemens, l'on n'en tolère qu'un.

NUREMBERG. On compte dans cette grande ville de commerce, du cercle de Franconie en Allemagne, par florins, *gulden*, de 60 kreutzers, & le *kreutzer* de 4 deniers, ou *pfenings*. On y divife auffi le florin, en 20 efcalins, ou *kayfergrofchen*, (gros de l'empereur) à 12 à chacun.

On divife toutes ces *monnoies* de la manière fuivante:

Reichftale d'efpèce.	Thaler courante.	Gulden.	Kopfftücken.	Batzen.	Kaifergrofchen.	Kreutz.	Pfenings.
1	1⅓	2	6	30	40	120	480
	1	1½	4½	22½	30	90	360
		1	3	15	20	60	240
			1	5	6⅔	20	80
				1	1⅓	4	16
					1	3	12
						1	4

On peut réduire autrement:

3 Reichfthales d'efpèce, par . . . . 4 thalers courantes.
2 Thalers courantes, ... 3 florins, ou 9 kopfftücken.
3 Batzen, ... 4 efcalins, ou gros de l'empereur.

On donne à ces *monnoies* trois valeurs différentes; ce font celles de *l'argent courant*, ou de banque; de la *monnoie d'or*, & de l'argent blanc.

L'argent courant, ou de banque, eft compofé les monnoies fuivantes d'or & d'argent, que reçoit la banque de Nuremberg; fçavoir: de carolins à 9 florins, de louis d'or vieux de France, de piftoles d'Efpagne, de reichfthales d'efpèce, & de florins de plufieurs états, & villes de l'empire, au cours des efpèces fur la place. Il eft bon de remarquer que la véritable valeur de l'argent courant, ou de banque de la ville de Nuremberg, eft celle de la *monnoie* de convention, dont les reichfthales d'efpèce

valent deux florins, argent courant. C'eft avec cette *monnoie* qu'on fait à *Nuremberg* les paiemens des lettres de change.

La *monnoie d'or*, ou *moneta d'oro*, confifte en carolins d'or, lorfqu'on compte cette *monnoie* à 10 florins, dont la valeur eft 10 p§ moindre que l'argent courant, ou de banque, ce qui varie chaque jour.

L'argent blanc, ou *moneta bianca*, n'eft que la monnoie nouvelle de *Nuremberg*, confiftant en pièces de 30, 15, 12, 6, 4 & 2 kreutzers, dont la valeur eft 20 p§ plus foible que celle de l'argent courant, ou de l'argent de banque de cette ville.

Voici quelles font les *monnoies* réelles qui y ont cours:

D'or: Le *ducat*, de bon poids, à . . 4 fl. 10 kr. courans, pl. ou m., ou 5 f. " k. argent bl.
Le *florin*, *gold-gulden* . . 3 . . 4 . . . . 3 . . 40
D'argent, La *reichfthale* d'espèce vieille. 2 . . 13⅓ . . . . 2 . . 40
La reichfthale d'esp. de conv. . 2 " . . . . fixe 2 . . 24
les ½ & les ¼ de ces deux reichfthales à proportion.
Des pièces de 15, 12, 7½, 6, 5, 4, 3, 2½, 2, 1 kreutzer, argent blanc, qui perdent
20 p⁰⁄₀ contre l'argent courant.

Voici maintenant la valeur des *monnoies* étrangères dans *Nuremberg*.

Le catolin d'or à . . . . 9 fl. 10 kr. courant, ou . . 11 fl. " kr. arg. blanc.
Il est compté autrement à . . . 10 . . . . mon. d'or avec 9 à 10 p⁰⁄₀ d'agio contre cour.
Le louis nouveau de France à . 8 . . 50 kr. courans, ou . . 10 fl. 36 kr. argent blanc.
La pistole d'Espagne à . . . . 7 . . 18 . . . . 8 . . 45
L'écu neuf de France à . . . . 2 . . 16 . . . . 2 . . 43
L'écu d'albert & celui de Bourgogne . . . . 2 . . 26
Les pièces de ⅔ fines, ou *fyne zweydrittelftücke*, ... 1 . . 20
Les pièces de 7 & 17 kr. argent de convention à 2 p⁰⁄₀, plus ou moins de perte contre l'argent courant de *Nuremberg*.

Le marc d'or fin, c'est-à-dire de 24 carats, ou *karatten*, & le carat de 12 grains, ou *granen*, ce qui en tout fait pour le marc 288 grains, vaut à *Nuremberg* 288 florins courans, plus ou moins.

Le marc d'argent fin, c'est-à-dire, de 16 loths, le *loth* de 4 *quintleins*, & ceux-ci de 4 ₰ ou *pfenings*, ce qui en tout fait pour le marc 256 ₰, vaut 20 fl. courans, plus ou moins.

L'argent œuvré de *Nuremberg* doit être de 13 loths, titre qui revient à celui de 9 deniers 18 grains, pour pouvoir être marqué par l'essayeur: la marque est N.

La thaler courante, ou de banque de *Nuremberg*, contient 25 ⁸⁰⁄₁₀₀ as d'or fin, ou 364 ⁸⁰⁄₁₀₀ as d'argent fin; il vaut donc au pair 36½ sols, argent de Hollande.

Cours des *changes* de Nuremberg.

Sur Amsterdam, ... 142 thlr. cour. ou bco. pl. ou m. contre . . 100 rixd. bco.
Hambourg, ... 142 thlr. cour. ou bco. pl. ou m. . . . . 100 thlr. bco.
Leipfick, &c. . . . 100 thlr. cour. ou bco. pl. ou m. . . . . . 100 thlr. courans.
Londres, ... 8¼ fl. cour. ou bco. pl. ou m. . . . . . . 1 livre sterling.
Lyon & Paris, . . . 76 thlr. cour. ou bco. pl. ou m. . . . . . 100 écus de 60 sols.
Vienne, ... 99 fl. cour. ou bco. pl. ou m. . . . . . . 100 fl. courans.

On fournit des lettres de *change* de *Nuremberg* sur les villes ci-dessus à une ou plusieurs usances, à un ou plusieurs mois de date, ou à plusieurs jours de vue.

L'usance des lettres de *change*, payables dans *Nuremberg*, est comptée pour 15 jours de vue, qui commencent à courir du lendemain du jour de l'acceptation, suivant l'ordonnance du 16 février 1722.

Le mois y est compté selon qu'il se trouve pour 28, 29, 30 ou 31 jours; mais le demi-mois est de 15 jours seulement.

Les lettres de *change*, payables dans *Nuremberg* à un ou plusieurs jours de vue, ou à moins que demi-mois de date, ou de vue, ne jouissent point des 6 jours de faveur, qui sont accordés aux autres lettres de *change*; savoir; à celles qui sont à une ou plusieurs usances, ou mois de date, ou à certains jours préfix.

Si l'échéance & les jours de faveur de quelques-unes de ces lettres, tombent pendant les fermetures de la banque de *Nuremberg*, qui ont lieu, l'une à la fin d'avril, & l'autre à la fin d'octobre, dans ce cas elles doivent être écrites en banque, la veille du jour de la fermature, aux deux époques marquées.

OSNABRUCK. On compte dans cette ville de Westphalie, par *thaler* de 21 escalins, ou *schellings*, & l'escalin de 12 deniers ou *pfenings*; & quelquefois aussi par *thaler* de 36 *marien-groschen*, à 7 ₰ ou pfenings courans. Voici comment on en fait la division:

Thaler courante.	Gulden.	Schillings.	Marien-groschen.	Mathiers.	Pfenings.	Stellers.
1	1½	21	36	72	252	504
	1	14	24	48	168	336
		1	1⁵⁄₇	3³⁄₇	12	24
			1	2	7	14
				1	3½	7
					1	2

Les *monnoies* réelles d'*Osnabruck* font des *reichsthales* d'espèce, des florins, ou *guldens*, des demi-florins, des pièces de 6, 4, 3, 2, 1½ marien grofchen, de 18, 12, 9, 6, 5, 4 & 3 de-

niers, ou *pfenings*, & des *goesgens*, de 5¼ deniers : toutes ces *monnoies* font d'argent & de billon. La ville d'*Osnabruck* fait aussi fabriquer des pièces de cuivre de 5, 4, 3, 1, 1½ & 1 deniers.

Cours des *changes* d'*Osnabruck*.

Sur Amsterdam, ... 136 thlr. en louis d'or, contre . . 100 rixd. courantes de Hollande.
Hambourg, ... 145 thalers dits . . . . 100 reichsthales bco.

OVIEDO. Ville capitale de la principauté des Asturies, en Espagne. On y compte par *reales* de 34 maravedis de vellon.

Les autres *monnoies*, soit de compte, soit réelles, font les mêmes qui font expliquées à l'article d'ESPAGNE.

Oviedo *change* fur Madrid, à 1 p.º de perte pour le preneur, quelque chofe plus ou moins.

PADOUE. On compte dans cette ville d'Italie, par *ducati* de 24 groffi, & le *groffo* de 12 denari ; fouvent auffi par *lire* de 20 foldi, & le *foldo* de 12 denari, ou *piccioli* correnti.

Nous renvoyons pour les autres *monnoies* à l'article de VENISE.

PALERME. *Voyez* SICILE.

PARIS. On compte dans cette capitale de la France, par *livres* de 20 fols, & le *fol* de 12 deniers tournois.

L'écu de change y vaut 3 livres, 60 fols, ou 720 deniers tournois.

Les autres *monnoies*, soit réelles, soit imaginaires, font expliquées à l'article de FRANCE.

Cours des *changes* de *Paris*.

Sur Amsterdam, ... 1 écu de 60 fols, contre . . 53 & vls., plus ou moins.
Espagne, ... 15 liv. 1 f. pl. ou m. . . . 1 piftole de *change*.
Hambourg, ... 188 écus tournois, pl. ou m. 100 thalers bco.
Londres, ... 1 écu dit . . . . 30 & fterlings, plus ou moins.
Lyon, ½ p.º de gain ou perte aux paiemens.

L'Ufance des lettres de *change* d'Espagne & de Portugal, eft comptée à *Paris* pour 60 jours ; celle des lettres des autres pays eft de 30 jours feulement.

Les 10 jours de grace, ou de faveur, dont jouiffent les lettres de *change* payables dans *Paris*, commencent à courir du lendemain de leur échéance. Il y a cependant des lettres qui n'ont point de jours de faveur, telles que celles à vue, qui doivent être paiées dans les 24 heures de leur préfentation, & celles à jours préfix, qui doivent être acceptées & paiées le jour même fixé pour le paiement.

Les billets, ou obligations portant *valeur reçue en marchandifes*, jouiffent après leur échéance d'un mois de grace ou de faveur.

Il faut confulter l'article de FRANCE pour tout ce qui manque à celui de *Paris*.

PARME. On compte dans ce duché d'Italie & dans celui de Plaifance, par *lire* de 20 foldi & le *foldo* de 12 denari.

Les *monnoies* réelles font les fuivantes, fçavoir :

D'or :   La *doppia* de . . 72 lire & 12 foldi.
D'argent : Le *ducatono* de . 24 lire ;
Le *fcudo* de . . 8 lire & 8 foldi.
Le *teftono* de . 6 lire & 6 foldi.
Enfin des pièces de 20, de 10 & de 5 foldi.

PATRAS. On compte dans cette ville de la prefqu'île de la Morée, par *piaftres* de 80 *afpres*. Voyez pour les autres *monnoies* l'article de TURQUIE.

PEGU. On compte ordinairement dans ce royaume de l'Afie, par *ticals* d'argent de 16 *toques*, dont la valeur répond à environ 32 fols, argent de Hollande : il eft vrai que les ticals & les toques font plutôt des mefures pour eftimer la fineffe de l'or & de l'argent, que des *monnoies* réelles ou de compte ; car, à proprement dire, il n'y en a point d'autres dans ce royaume, que des *ganzas*, *monnoie* groffière d'étain mêlé de cuivre, dont la valeur eft feulement d'un fol, argent de Hollande.

Les piaftres vieilles d'Espagne, dont on voit une affez forte quantité au *Pegu*, y ont cours dans la proportion d'environ 160 ticals d'argent fin pour 100 piaftres. Au refte, les piaftres de même que toutes les autres efpèces, ou matières d'argent & d'or, font regardées dans ce royaume, moins comme des *monnoies* ayant des valeurs diftinctes fixes, que comme une marchandife dont le prix varie d'un moment à l'autre, fuivant que les circonftances la font plus ou moins rechercher.

On divife le *tical* pour les effais de l'or & de l'argent en 16 parties qu'on nomme *toques*, & ces 16 parties répondent aux 10 toques de Malabar, ou aux 100 toques de la Chine, qui divifent le tical de ces deux pays : or, 15 Toques du *Pegu* répondent à 9⅖ toques de

Malabar. 1. Tical d'or de 92½ toques de la Chine, vaut au *Pegu* 70 bisses pesant de ganzas, plus ou moins.

PERNAU. On compte dans cette ville de l'Esthonie, province de Russie, par *thaler* de 64 *weissen*, ou 80 *copeks*, & souvent aussi par *roubles* de 10 griwnes, & la *griwna* de 10 copeks.

La thaler courante n'y vaut cependant que . . . . 60 weisses, ou . . 75 copeks.
La thaler, dont on paye les droits, y vaut seulement . 45 weisses, ou . . 90 gros.
Le marc de Carélie y vaut . . . . 4 weisses, ou . . . 5 copeks.
Celui de *Pernau* . . . . 3 dits, ou . . . $3\frac{3}{4}$ dits.
Celui de Lithuanie . . . . 2 dits, ou . . . $2\frac{1}{2}$ dits.
Enfin le weisse vaut . . 6 *rundstückes* de cuivre: au reste,
8 Roubles font . . . 10 thalers de compte de *Pernau*, &
3 dits . . . . 4 thalers courans de *Pernau*.

Voyez pour les autres *monnoies* l'article de RUSSIE & celui de RÉVEL.

Nous estimons que la thaler de *Pernau* de 64 weisses contient $25\frac{1}{5}$ as d'or fin, ou 350 as d'argent fin; elle vaut par conséquent au pair 35 sols argent de Hollande.

PERSE. On compte dans ce royaume de l'Asie, par *tomans* de 1000 *dinars-bisti*, dont chacun vaut 10 simples *dinars*. On divise autrement cette *monnoie* de la manière suivante;

Toman.	*Abassis.*	*Mamoudis.*	*Zaejiers.*	*Dinars-bisti.*	*Kabesquis.*	*Dinars simples.*
1	50	100	200	1000	2000	10000
	1	2	4	20	40	200
		1	2	10	20	100
			1	5	10	50
				1	2	10
					1	5

Voici maintenant les *monnoies* réelles qui ont cours en *Perse*.

D'or: Le *cherafi*, ou *tola*, de 8 larins d'argent. Comme ces pièces se fabriquent seulement à l'avénement d'un prince au trône de *Perse*, nous les regardons plutôt comme des médailles que comme des *monnoies*.
D'argent: Le *hasaer-denarie* de 10 mamoudis.
Le *daezajie* de 5 dits.
Le *larin*, ou *paenzajie*, de $2\frac{1}{2}$ dits.
De Billon: L'*abbajer*, ou *abassis*, de 2 dits.
La *chodabende*, ou *mamoudi* simple.
Le *zaejier*, de la valeur de ½ mamoudi.
De cuivre: Le *kabesquis*, qui vaut 5 dinars simples la pièce.

On y compte rarement l'argent, qui pour l'ordinaire est mis & pesé en sacs de 50 tomans, ou 2500 abassis; mais on a la précaution de peser préalablement une quantité d'abassis, par une autre égale quantité d'abassis, afin que le nombre & le poids en soient justes.

100 Mamoudis d'Avesa, ou Avisa, dans le Chusistan, pèsent $71\frac{3}{4}$ miscales, ou mitigales, qui font environ 6942 as; mais leur titre est extrêmement foible, attendu qu'il se compose de $\frac{2}{5}$ d'argent & de $\frac{3}{5}$ de cuivre.

Nous estimons donc, que le toman de *Perse* contient 2777 as d'argent fin, & qu'il vaut par conséquent au pair 13 florins 17 sols & 11 deniers, argent de Hollande.

POLOGNE. On compte en général dans ce royaume, par florins, *zloti*, de 30 gros, ou *grosz*, & le gros de 12 ₰. La *thaler* vaut 3 florins; mais les valeurs des *monnoies* respectives sont différentes dans la grande & dans la petite *Pologne*, dans la proportion de 2 à 1; car le florin de 30 gros de la petite *Pologne* vaut 2 florins de 30 gros, argent de la grande *Pologne*, & à cette proportion les autres *monnoies* réelles de *Pologne*, comme suit, sçavoir:

		Dans la petite Pologne. fl.	gr.	₰	*Dans la grande Pologne.* fl.	gr.	₰
D'or:	Le *ducat*, à	9	"	(plus ou moins, ou)	18	"	"
D'argent:	Le *reichsthale* d'espèce, à	4	"		8	"	"
	Les ½, & les ¼ rthlr. à proportion.						
De billon:	Le *tymfe*,	18	"		1	6	"
	Le *szostack*,	6	"		"	12	"
	Le *trojack*,	3	"		"	6	"
	Le *polturac*,	$1\frac{1}{2}$	"		"	3	"
De cuivre:	Le *grosz*,	1	"		"	2	"
	Le *szelong*,	"	3		"	"	6

Les ducats & les reichfthales de *Pologne* ont été fabriqués depuis 1766, *ad legem imperii*, & conféquemment 67 ducats font taillés d'un marc d'or, poids de Cologne, du titre de 23 carats 8 grains ; & 8 reichfthales d'efpèce font également taillées d'un marc d'argent, poids de Cologne, du titre de 14 loths, 4 grains, qui répondent à 10 deniers & 16 grains. D'un marc, poids de Cologne, de cuivre net, font d'une autre part taillés 120 gros.

La thaler, ou écu de *Pologne*, de 3 florins de bon argent, ou de 6 florins d'argent de la grande *Pologne*, contient, d'après la valeur des *monnoies ad legem imperii*, 26$\frac{84}{100}$ as, poids de troyes de Hollande, d'or fin, ou 405$\frac{1}{2}$ as d'argent fin, dont la valeur intrinféque répond à 40$\frac{1}{2}$ fols, argent de Hollande.

Il n'y a point de *change* réglé en *Pologne*, fur aucune ville de commerce de l'Europe, & les banquiers qui font établis dans ce royaume, font les conditions qu'ils veulent à ceux qui ont befoin de leur miniftère pour faire paffer leur argent en pays étranger. Au refte, le ducat de Hollande, qui eft ordinairement compté en *Pologne* pour 18 florins, argent de la grande *Pologne*, ou pour 9 , argent de Pruffe & de la petite *Pologne*, eft la monnoie qui fert dans ce royaume à établir les valeurs des autres *monnoies* étrangères.

PONDICHERY. On compte dans cette fameufe ville fituée fur la côte de Coromandel, dont les François étoient maîtres avant la guerre, par *pagodes* de 24 fanoins, & le *fanoin* de 60 *caches*.

La *roupie* vaut 16 annas, & l'*anna* 30 caches. La roupie fe compte autrement à 30 fols, & le fol à 11 deniers.

On y fabrique, avec permiffion de l'empereur Mogol, les *monnoies* fuivantes, fçavoir :

D'or : La pagode de 24 fanoins.
D'argent : La roupie, de 7 dits.
      Le fanoin, qui vaut 68$\frac{1}{2}$ caches, quoiqu'il foit compté feulement pour 60 caches.
De cuivre : La cache.
D'un Seyra, poids de Malabar, d'or du titre de

8$\frac{1}{2}$ toques, qui répond à 20$\frac{5}{8}$ carats, font taillées 81$\frac{1}{4}$ pagodes. Or, 71$\frac{1}{2}$ pagodes pèfent un marc, poids de France ; pareillement 21$\frac{1}{2}$ roupies font un marc d'argent du titre de 9$\frac{5}{8}$ toques de Malabar, qui répondent à 11$\frac{11}{24}$ deniers.

La pagole vaut au prix de 5$\frac{1}{4}$ florins le ducat, 3 fl. 11 f. 8 d. argent de Hollande.
La roupie vaut à 1 florin les 200 as, 1 fl. 3 f.

Le *tical*, pour les effais de l'or, fe divife en 10 toques, & la toque en 128 parties.

Pour des lingots d'or, pefant 1000 pagodes du titre de 8$\frac{1}{2}$ toques, que la compagnie Françoife des Indes délivroit à l'hôtel de la *monnoie de Pondichery*, elle recevoit en retour 994 pagodes & 3 fanoins.

Le *tical*, pour les effais de l'argent, fe divife en 10 toques, & la toque en 100 parties.

La compagnie payoit à *Pondichery* pour 100 marcs, poids de France, de piaftres, de louis blancs & de couronnes d'Angleterre réputés du titre de 5$\frac{21}{64}$ toques, la fomme de 2007 roupies, 3 annas & 6$\frac{1}{4}$ gondas. Le même poids de ducatons Hollandois, aux armes de la compagnie Hollandoife des Indes Orientales, produifoit dans l'hôtel de la *monnoie*, après déduction faite de tous les frais, la fomme de 2034 roupies, 7 annas & 16 gondas.

PORTO. *Voyez* LISBONNE.

PRAGUE. On compte dans le royaume de *Bohême*, par florins, ou *gulden*, de 60 kreutzers, & le *kreutzer* de 4 deniers, ou *pfenings* courans.

La reichfthale d'efpèce contient 1$\frac{1}{2}$ thaler, 2 florins, 40 *kaifer-grofchen*, ou gros de l'empereur, ou gros bohémiens, 120 kreutzers, ou *maley-groff*, 160 *grofchels fledermaus* ou *chauve-fouris*, 160 deniers blancs, ou *bili-peniz*, ou 480 ₰.

On compte aufli par fchocks de gros bohémiens, ou *kopy-groffuw-czeskich* : le fchock fe compofe de 2 thalers, 3 florins, 60 gros bohémiens, ou 180 kreutzers.

Le fchock fimple, ou *kopy miffenky*, fe compofe de 30 gros blancs, ou *bili-groff*, de 70 kreutzers, 210 ₰ blancs, ou 280 ₰.

La thalér courante de *Prague* fe divife de la manière fuivante, fçavoir :

Thaler.	Florins.	Gros de Bohême.	Kreutzers.	Grœfchels.	Deniers blancs.	Deniers.
1	1$\frac{1}{2}$	30	90	120	270	360
	1	20	60	80	180	240
		1	3	4	9	12
			1	1$\frac{1}{3}$	3	4
				1	2$\frac{1}{4}$	3
					1	1$\frac{1}{5}$

Voici les *monnoies* qui roulent en *Bohême*, fçavoir :

		fl.	kr.
Le ducat de Kremnitz, ou de Hongrie, à		4	12
Le ducat de l'impératrice-reine,		4	10
Le fouverain de Brabant,		6	11$\frac{1}{2}$
Le ducat de Hollande,		4	7$\frac{1}{2}$
La reichfthale d'efpèce de convention,		2	4

Les pièces de la valeur de 20, 17, 10, & 7 kreutzers de la même *monnoie* de convention, ainsi que des ½ gros de 1½ kreutzers forment la petite *monnoie* de ce royaume.

Nous eſtimons que la thaler courante de *Bohême*

contient $25\frac{77}{100}$ as d'or fin, ou $364\frac{4}{7}$ as d'argent fin, dont la valeur répond à $36\frac{1}{2}$ ſols argent de Hollande. La proportion de l'or à l'argent eſt donc comme 1 à $14\frac{11}{17}$.

Cours des *changes* de *Prague*.

Sur Amſterdam,	145 thlr., plus ou moins, contre	100 rdl. bco.
Augſbourg & Nuremberg,	100 fl. pl. ou m.	100 fl. courans.
Breſlau,	95 thlr., pl. ou m.	100 thlr. cour. de *Prague*.
Hambourg,	144 thlr., pl. ou m.	100 rthlr. bco.
Leipſick,	101 thlr., pl. ou m.	100 thlr. en louis d'or.
Veniſe,	186 fl. pl. ou m.	100 duc. di bco.
Vienne,	101 fl. pl. ou m.	100 fl. cour. par caiſſe.

L'*uſo*, ou uſance des lettres de *change* payables dans *Prague*, ſe compte ordinairement pour 14 jours après l'acceptation. Les jours de grace & les autres uſages de *change* ſont les mêmes à *Prague* qu'à *Vienne*, dont on trouvera ci-après l'article.

RATISBONNE. Ville impériale ſituée dans le cercle de Bavière en Allemagne. On y compte par florins, ou *gulden*, de 60 kreutzers, & le *kreutzer* de 4 deniers ou *pfenings*, argent courant.

La *thaler* courante, qui vaut 90 kreutzers, ſe diviſe comme ſuit, ſçavoir :

Thaler-courante.	Gulden, ou fl.	Batzen.	Kaiſer-Groſſchen.	Land-Müntzen.	Albus, Müntzen.	Kreutzers,	Pfenigns ou Hell. d'or.	Hellers ſimples.
1	1½	22½	30	36	45	90	360	720
	1	15	20	24	30	60	240	480
		1⅓		1½		4	16	32
			1	1⅕	1½	3	12	24
				1	1¼	2½	10	20
					1	2	8	16
						1	4	8
							1	2

Les *monnoies* ci-deſſus, qui ſont le plus en uſage dans le cercle de Bavière, portent le nom de *monnoie* blanche, ou *weiſſe-müntze*, pour être mieux diſtinguées de la *monnoie* noire, ou *ſchwartze-müntze*, avec laquelle on paie les tributs, contributions, amendes & autres charges civiles, publiques ou particulières. La *monnoie* noire ſe compoſe de celles qui vont ſuivre, ſçavoir :

La livre, ou *pfund* de *Ratiſbonne*, ſe compoſe

de 41 eſcalins, ou *ſchillings*, 164 gros, ou *groſchen*, 492 ratiſbonines, ou *regenſpurgers*, 1230 deniers, ou *pfenings*, ou 2460 hellers, *monnoie* noire. Elle répond à $5\frac{4}{7}$ florins, *monnoie* blanche.

Le denier à livre, ou *pfund-pfening*, eſt de 8 eſcalins, 32 gros, 96 ratiſbonines, 240 deniers, ou 480 hellers, *monnoie* noire. Il répond à $1\frac{1}{7}$ florins, *monnoie* blanche.

Les autres *monnoies* noires ont les valeurs ſuivantes en *monnoie* blanche, ſçavoir :

Eſcalin.	Gros.	Ratiſbonines.	Deniers.	Hellers. {	Monnoie-Blanche.		
					Kreutzers.	Den.	Hellers.
1	4	12	30	60	8	2	$\frac{4}{7}$
	1	3	7½	15	2	//	$1\frac{1}{7}$
		1	2½	5	//	2	$1\frac{1}{7}$
			1	2	//	1	$1\frac{1}{7}$
				1	//	//	$1\frac{1}{7}$

Le florin 60 kreutzers, *monnoie* blanche, vaut ainſi 7 eſcalins, ou 28 gros, ou 84 ratiſbonines, *monnoie* noire.

Les *monnoies* réelles de *Ratiſbonne* ſont les ſuivantes, ſçavoir :

D'or : Le *ducat* de 4 fl. 10 kr. courans, ou *monnoie* blanche.

D'argent : Le *reichſthale* d'eſpèce de 2 florins ; & les dérivés de cette *monnoie* à proportion de ce prix.

Voici

Voici quelques *monnoies* qui ont également cours à *Ratisbonne*; sçavoir :

	fl.	kr. mon. blan.
Le carolin, à	10	42
Le louis neuf de France, ...	10	24
Le max, ...	7	8
Le souverain, ...	14	14
Le ducat de Hongrie & les sequins d'Italie, . .	4	52
Le ducat de Hollande, ...	4	45
La reichsthale d'espèce de convention, ...	2	24
L'écu neuf de France, ...	2	40
Le demi-florin de Bavière, ...	//	30
Le *kopstück*, argent de convention, ...	//	24

La thaler courante d'argent de convention contient $25\frac{27}{100}$ as d'or fin, ou $364\frac{4}{5}$ as d'argent fin, & sa valeur répond à $36\frac{1}{2}$ s. argent de Hollande.

La thaler courante, *monnoie* blanche de *Ratisbonne*, contient $22\frac{24}{100}$ as d'or fin; ou 304 as d'argent fin, & sa valeur répond à $30\frac{7}{16}$ s. argent de Hollande.

REVEL. On compte dans cette ville de l'Esthonie, province de l'empire Russe, par *roubles* de 10 *griwnas*, ou de 100 *copecks*. Quelquefois aussi par *reichsthales* de 80 copecks, ou de 64 *wittens*.

Voici comment se fait la réduction de ces monnoies, sçavoir :

Rouble.	Reichsthales.	Thalers.	Carolins de Suède.	Griwnas.	Wittens.	Copecks.
1	$1\frac{1}{4}$	$1\frac{15}{100}$	4	10	80	100
	1	$1\frac{3}{13}$	$3\frac{1}{5}$	8	64	80
		1	$2\frac{3}{5}$	$6\frac{1}{2}$	52	65
			1	$2\frac{1}{2}$	20	25
				1	8	10
					1	$1\frac{1}{4}$

Autrement : 4 Roubles par . . . 5 reichsthales.
    13 Dits . . . . . . 20 thalers.
    13 Reichstales . . . . 16 dites.
    4 Witten . . . . . 5 copecks.

Outre les *monnoies* réelles de Russie qui sont en usage à *Revel*, il y en a d'autres particulières qui n'ont cours que dans les provinces de Livonie & d'Esthonie; telles sont : la *livonine* qui vaut à *Revel* 96 copecks, les $\frac{1}{2}$ & les $\frac{1}{4}$ de livonine à proportion, & les pièces de 4 & de 2 copecks de la fabrication de 1757.

Nous estimons, d'après la valeur de ces *monnoies*, que la reichsthale de *Revel* de 64 wittens contient $25\frac{1}{4}$ as d'or fin, ou $349\frac{9}{10}$ as d'argent fin, ce qui répond à 35 sols, argent de Hollande.

Cours des *changes* de Revel.

Sur Amsterdam, ...	115 copecks, plus ou moins, contre . .	1 rthlr. cour.
Hambourg, ...	120 dits.	1 rthlr. bco.
Lubeck, ...	99 dits, plus ou moins, ...	1 rthlr. cour.

RIGA. On compte dans cette ville capitale de la Livonie, province de l'empire Russe, par *reichsthales d'Albert*, de 90 gros, ou *groschen*; on y compte quelquefois aussi par florins, ou *gulden* de 30 gros.

La *reichsthale* vaut $1\frac{1}{2}$ florin, 15 marcs, 30 marcs-ferdings, 60 ferdings, ou 90 gros. Le florin vaut 60 gros; le *marc* en vaut 6; le *marc-ferding* 3, & le *ferding* $1\frac{1}{2}$.

La valeur de l'argent *d'Albert*, que ces *monnoies* représentent dans le commerce, étant fondée sur celle des rixdales effectives, vaut environ 36 p°. davantage que la valeur de l'argent de *ferding*, qui est, à proprement dire, la *monnoie* courante de *Riga*.

Les *monnoies* réelles qui y ont cours, sont les suivantes :

D'or : Le *ducat*, de 2 rthlr. 10 gros d'Albert,

plus ou moins, qui valent 85 marcs ferdings, ou 170 ferdings courans plus ou moins.

D'argent : La *reichsthale* d'Albert de 3 florins d'Albert. vaut 80 ferdings argent courant, plus ou moins. Les $\frac{1}{2}$ & les $\frac{1}{4}$ de reichsthale, valent de même à proportion.

Les reichsthales d'Albert effectives gagnent toujours 2 p$\frac{0}{0}$ plus ou moins, lorsqu'on en échange contre de la *monnoie* courante effective.

La *livonine* de 70 ferdings, vaut 96 copecks.

Des pièces de 5 ferdings, & de 4 & de 2 copecks.

L'argent de Russie perd environ 14 p°. contre celui de la valeur d'Albert; car la reichsthale d'Albert, vaut 114 copecks, plus ou moins.

Voici, au reste, comment on évalue l'argent de Ruffie à *Riga*.

Le *rouble* vaut dans cette ville, 72 ferdin. cour.

Le *poltinick*. 36
Le *polupoltinik*. 18
La *griwna*. 8
Le *piat-copeck*. 4
La *poluschka*. 1

Les *monnoies* Polonoifes font reçues à *Riga* aux prix fuivans :

116. Gros Polonois, plus ou moins, équivalent à la reichfthale d'Albert.

Le *tympfe* Polon. de 18 gros, vaut 12 ferdin. cour.
Le *fzoftack*, ou *choftac* de 6 gros 4 dits.
Le *trojack* de 3 gros. . . . . 2 dits.
Le *polturak*. . . . . 1 dits.

La reichfthale d'Albert contient 35 as d'or fin, ou 506 as d'argent fin, & vaut au pair 50⅚ fols, argent de Hollande.

Coûrs des *changes* de *Riga*.

Sur Amfterdam, 100 rthlrs d'Albert contre 104 rixd. cour. pl. ou m.

Sur Hambourg, 102 rthlrs d'Albert pl. ou m. contre 100 rthlrs bco.

Riga n'a point de cours de *change* direct fur aucune autre place de commerce de l'Europe.

LA ROCHELLE. On compte dans cette ville, comme dans toute la France, par *livres* de 20 fols, & le *fol* de 12 *deniers* tournois.

L'*écu* de change y vaut 3 livres, 60 fols, ou 720 deniers.

Les autres *monnoies*, font les mêmes qu'on trouve expliquées à l'article de FRANCE.

Voyez auffi le même article pour les *changes* & les ufages du *change*.

ROME. On y tient les écritures en *fcudi moneta*, ou *fcudi romani*, de 10 paoli, ou *giuli*, & le *paolo* de 10 bajocchi.

Voici comment on divife ces *monnoies*, fçavóir :

Scudo moneta.	Teftoni.	Paoli ou Giuli.	Bajocchi.	Quatrini.	Mezzi-Quatrini.
1	3⅓	10	100	500	1000
	1	3	30	150	300
		1	10	50	190
			1	5	10
				1	2

Le *fcudo de ftampa d'oro*, ou écu d'Etampe, qui eft une *monnoie* imaginaire, dont on régle le cours du change fur plufieurs villes de commerce, vaut 1525 mezzi-quatrini, lorfqu'on en paye des lettres de change payables en écus d'Etampe; & feulement 1523 mezzi-quatrini, lorfque l'on négocie des lettres de change, tirées en écus d'Etampe,

& qu'on en recouvre le montant. On divife, au refte, cette *monnoie* en 20 foldi d'oro, & le *foldo* en 12 *denari d'oro*.

On compte, dans la daterie du pape, par *ducati d'oro di camera*, qu'on divife en 16 paoli ou giuli.

1000 Scudi de ftampa d'oro de . . 1523 mezzi-quatrini, font . . . 1523 fcudi moneta.
40 Dits de . . . . 1525 dits. . . . . . . 61 dits.
100 Scudi moneta équivalent à . . 16 ducati di camera.

Les *monnoies* réelles de *Rome* font les fuivantes, fçavoir :

D'or, La *doppia*, de . . . . 33 paoli ou giuli.
Le *fcudo d'oro*, ou ½ doppia 16½
Le *zecchino*, ou fequin 20½
les ½, & les ¼ de fequin à proportion.
D'argent, La *piaftra vieccha* 10½
Le *fcudo moneta*, ou écu romain 10
Le *teftono* 3
La *papeta* 2
De billon, Le *paolo* & le *giulo*, ou le paul & le jule, ... 10 bajocchi;
les ½ & les ¼ de ces *monnoies* à proportion.
Le *carolino* fimple (il y en a auffi des doubles) 7½
Le *bajocchello* fimple (il y en a auffi des doubles) . . . 2
De cuivre, Le *bajoccho* de 5 quatrini, ou . . . . 10 mezzi-quatrini.
Le *mezzo-bajoccho* 5
Le *quatrino* 2
Le *mezzo-quatrino* . . . . 1.

Voici les prix que valent à *Rome* les *monnoies* étrangères suivantes :

Les piftoles de France & d'Efpagne (nommées *doppie*) . . 36 paoli ⎫
Le fequin de Venife & de Florence, ... 10½ ⎪
L'ongaro, ou le ducat kremnitz de Hongrie, ... 20 ⎬ plus ou moins.
Le flippo de Milan . . . . 10½ ⎪
Le francefcono de Tofcane . . . . 10 ⎪
La livournine . . . . 9½ ⎭
Le carlino de Naples . . . . 7½ bajocchi

L'écu Romain , ou *fcudo moneta*, contient 34½ as d'or fin, ou 505 as d'argent fin, & il vaut 50½ fols, argent de Hollande.

L'écu d'Etampe, ou *fcudi di ftampa d'oro*, répond à 52½ as d'or fin, ou environ 769 as d'argent fin, & fa valeur eft de 76⅞ fols, argent de Hollande.

Cours des *changes* de *Rome*.

Sur Amfterdam , . .	42 bajocchi , plus ou moins, contre .	1 fl. bco.
Gênes, ...	1 fcudo moneta	128 f. fuori di bco. pl. ou m.
Livourne . . .	90 bajocchi plus ou moins	1 pezza da otto réali.
Madrid , . . .	1 fcudo di ftampa d'oro	570 mrs. de plata , pl. ou m.
Milan , , . . .	78 fcudi di ftampa d'oro plus ou moins.	100 fcudi imperiali.
Naples, . . .	100 fcudi moneta	127 ducati di regno.
Paris , . . .	1 fcudo moneta	106 f. tournois, pl. ou m.
Venife , . . .	63 fcudi di ftampa d'oro	100 ducati di bco.

On tire de *Rome* les lettres de *change* fur les villes ci-deffus, à *ufo*, ou *ufance*; excepté Paris, fur qui l'on tire à 35 ou 40 jours de date.

Les lettres de *change*, payables dans *Rome*, à *ufo* ou *ufance*, doivent être acceptées le famedi de la femaine qu'on les aura reçues, hors celles du royaume de Naples, qui s'acceptent le vendredi ; & elles doivent être payées deux femaines après la date de l'acceptation, fi elles ont été tirées de quelque ville de l'état du pape, ou 3 femaines après la même époque, lorfqu'elles font tirées du dehors.

Quoique le famedi foit le jour deftiné pour faire les paiemens des lettres de *change*, comme elles ne jouiffent d'aucun jour de faveur à *Rome*, les négocians qui ont leur réputation à cœur, n'attendent point, quand elles font échues, jufqu'à ce jour, pour en faire le paiement.

A défaut de paiement des lettres de *change* payables à *ufo*, il faut en faire le protêt, au plus tard, le premier famedi après l'échéance. Les lettres de *change* payables à vûe, ou à certains jours de date, ou à un temps préfix, doivent être proteftées, en cas de refus de paiement, le jour même de leur échéance refpective.

Comme tous les paiemens au-deffus de 10 écus-monnoie, fe font à *Rome* en billets de crédit , ou en affignations fur les monts-de-piété, & fur la banque du S. Efprit; les banquiers, les négocians & autres particuliers, dépofent des gages au mont-de-piété, & des efpèces à la banque du S. Efprit. On leur y délivre des billets de crédit de la valeur à peu près de celle de leurs dépôts, ou bien on leur y donne le crédit requis en faveur de ceux à qui ils doivent payer les fommes qu'ils font tenus de folder.

ROSTOCK. On compte dans cette ville du duché de Mecklenbourg, en Allemagne, par *thaler* de 48 efcalins, ou *fchillings*, & l'efcalin de 12 deniers, ou *pfenings;* & fouvent par *marks* de 16 efcalins à 12 deniers courans.

Voici la divifion ordinaire de ces *monnoies*, fçavoir :

Thaler courante.	Florins d'Empire.	Florins de Mecklenbourg.	Marken, ou Marcs.	Grofchen, ou Gros.	Efcalins ou Schillings.	Wittens.	Pfenings. ou deniers.
1	1⅕	2	3	24	48	192	576
	1	1⅓	2	16	32	128	384
		1	1½	12	24	96	288
			1	8	16	64	192
				1	2	8	24
					1	4	12
						1	3

Les *monnoies* de Mecklenbourg font celles qui ont principalement cours à *Roftock* ; l'on y voit circuler auffi depuis 1763, des pièces d'argent, de 32, 16, 4, 2 & 1 efcalins, & de 6 & 3 deniers, argent courant de Mecklenbourg-fchwerin.

Voici les *monnoies* étrangères qui ont cours à *Roftock*.

Le ducat d'or y vaut . . . . 7 marcs, 4 ß plus ou moins.
Le louis & le frédéric d'or, ... 12   12 ß
La pièce d'argent de $\frac{2}{3}$ argent de conftitution de l'Empire, . .   30 ß

Lorfqu'on fait des échanges d'argent, ou le trafic d'efpèces, on compte ces *monnoies* de la manière fuivante, fçavoir :

Le ducat à 2$\frac{1}{4}$ thalers, avec . . . . . 11 ⎫
Le louis & le frédéric à 5 thalers, avec . 18 ⎬ p$\frac{0}{0}$ de perte contre l'argent courant de Mecklenbourg.
Les pièces de $\frac{2}{3}$, à 2 marcs, avec, . . . 6 ⎭

La fabrication des *monnoies* actuelles de Mecklenbourg, commença en 1763. On y fabrique d'un marc, poids de Cologne, d'argent fin, 11$\frac{1}{2}$ thalers, ou 17 marcs doubles, ou 34 marcs fimples, ou la même valeur en d'autres *monnoies* inférieures, jufqu'à des pièces de 2 efcalins ; toutes ces *monnoies* font plus ou moins alliées, & par conféquent de titres différens. Les pièces de 2 & de 1 marc, font du titre de 9 deniers, les $\frac{1}{2}$ marcs, ou pièces de 8 efcalins, ne le font que de 7 deniers 12 grains, & les autres à proportion.

Au refte, la thaler courante de Mecklenbourg, qui contient 429$\frac{18}{100}$ as d'argent fin, vaut au pair 43 fols, argent de Hollande.

ROTTERDAM. On y compte par florins, ou *gulden*, de 20 fols, ou *ftuyvers*, & le fol de 2 gros ou *groot*, ou de 16 deniers, ou *pennings*.

Les autres *monnoies*, tant de compte que réelles, y font les mêmes qu'à Amfterdam.

Comme il y a une banque à *Rotterdam*, ainfi que nous l'avons déja remarqué ; il y a auffi deux fortes de *monnoies*, qui portent les noms d'*argent de banque* & d'*argent courant*, dont les valeurs font déterminées par l'agio, qui eft de 4$\frac{1}{2}$ p$\frac{0}{0}$, quelque chofe haut ou bas.

Voici ce que les *monnoies* d'Angleterre, qui font les efpèces étrangères les plus courantes à *Rotterdam*, valent dans cette ville.

La guinée de . . . . 21 shillings, depuis fl. 11   10 f. jufqu'à fl. 11   12 f.
La couronne de . . . . 5 dits   2   16
La pièce de . . . . 1 dit.   11

Les *changes* roulent à *Rotterdam* à peu près comme à Amfterdam.

L'ufo, ou ufance des lettres de *change* payables dans *Rotterdam*, eft feulement de 30 jours de date.

Les jours de grace, ou de faveur, permis par les loix, pour les lettres de *change* payables dans *Rotterdam*, font au nombre de fix, & en cas de refus de paiement, on en doit faire le protêt le fixiéme jour fans faute, excepté lorfque celui-ci échoit pendant la fermeture de la banque ; car alors il eft d'ufage avant de faire protefter une lettre de *change* en fouffrance faute de paiement, d'at-

tendre jufqu'au troifiéme jour après l'ouverture de la banque pour en faire le requis. Les lettres de *change* payables à vue n'ont point de jours de faveur.

ROUEN. On compte dans cette ville, au Havre de Grace, & dans toute la Normandie, par *livres* de 20 fols, & le *fol* de 12 *deniers tournois*.

L'écu de change y vaut 3 livres, ou 60 fols tournois.

On peut voir les autres *monnoies* à l'article de FRANCE.

Cours des *changes* de Rouen.

Sur Amfterdam, ... 1 écu de 60 f. contre . . 54 & vls. bco.
Hambourg, ... 186 écus, plus ou moins . 100 rthlr. bco.
Lifbonne, ... 1 écu . . . . 480 rées plus ou moins.
Londres, ... 1 écu . . . . 31 d. fterlings.
Madrid . . . . 15 l. 5 f. plus ou moins. . 1 piftole de 32 r. pte.

Les ufancés & les jours de faveur comme à l'article de FRANCE.

RUSSIE. On compte dans la plus grande partie de ce vafte empire par *roubles* de 100 *copecks*. Voici comment on divife ces *monnoies*.

Roubles.	Griwnas.	Allins.	Grofz.	Kopie ou Copecks.	Denuschkas.	Poluschkas.
1 . . . 10	. . . 33$\frac{1}{3}$	. . . 50	 100	 200	 400
	1 . . . 3$\frac{1}{3}$	. . . 5	 10	 20	 40
		1 . . . 1$\frac{1}{2}$	. . . 3	 6	 12
			1 . . . 2	 4	 8
				1 . . . 2	 4
					1 2

Les *monnoies* réelles de *Russie* sont :

D'or : L'*impérial* de 10 roubles, & le $\frac{1}{2}$ impérial de 5 roubles.

Le *ducat* de $2\frac{1}{4}$ roubles ; & le double ducat de $4\frac{1}{2}$ roubles.

Des pièces de 2, de 1 & de $\frac{1}{2}$ roubles, dont il y a peu.

D'argent : Le *rouble* de 100 copecks.

Le *poltinick*, ou demi-rouble, de 50 copecks.

Le *polupoltinick*, ou quart de rouble, de 25 copecks.

De billon : La *griwne* ou *griwna*, de 10 copecks.

Le *piat-kopie* ou *piat-copeck*, de 5 copecks.

De cuivre : Des pièces de 5, de 2 & de 1 copecks, ou *kopies*.

La *denuschka* de $\frac{1}{2}$ copeck, &

La *poluschka* de $\frac{1}{4}$ copeck.

Les *monnoies* étrangères les plus courantes en *Russie*, sont les ducats d'or de Hollande, qui valent 225 copecks, plus ou moins ; les couronnes Angloises qu'on paye à 132 copecks, plus ou moins ; & les rixdales d'Albert, ou les rixdales de Hollande, qu'on reçoit ordinairement au poids, & rarement à la pièce ; 14 rixdales d'Albert doivent peser une livre de *Russie*, & on en paye 17 roubles & 23 copecks, plus ou moins ; ou pour chaque pièce de bon poids, seulement 125 copecks, plus ou moins : il est, au surplus, à remarquer que 100 rixdales d'Albert effectives répondent à environ $6\frac{5}{6}$ ℔ de *Russie* ; autrement 585 rixdales d'Albert, équivalent à 1 poud de 40 ℔ de *Russie*.

La livre de *Russie*, poids de l'or & de l'argent, se divise en 96 *solotnicks* ; & l'on divise de même cette livre pour les essais de l'une & l'autre de ces deux matières.

1 Solotnick d'or fin y vaut 2 roubles, 75 copecks, plus ou moins.

1 Solotnick d'argent fin y vaut 19 à 20 copecks, plus ou moins.

Les *monnoies* de *Russie* sont fabriquées sur le pied suivant, sçavoir :

L'impérial doit contenir, suivant *l'ukase* du 23 novembre 1755, $3\frac{85}{96}$ solotnicks d'or du titre de 88 solotnicks, qui répondent à 22 carats.

D'une livre d'or du titre de 94 solotnicks, ou $23\frac{1}{2}$ carats, sont taillés $117\frac{3}{4}$ ducats.

Le rouble doit contenir $6\frac{1}{8}$ solotnicks d'argent du titre de 76 solotnicks, qui répond à $9\frac{1}{2}$ deniers.

Enfin, d'un poud de 40 ℔ de *Russie* de cuivre, sont fabriqués 16 roubles en petites *monnoies*.

Le rouble contient, suivant ce qui est dit ci-dessus, $31\frac{1}{2}$ as d'or fin, ou 430 as d'argent fin, dont la valeur intrinséque répond à 43 sols, argent de Hollande.

Cours des *changes* de *St. Petersbourg*.

Sur Amsterdam, ...	1 rouble de 100 cop. contre . . .	40 f. cour. plus ou moins.
Hambourg, ...	1 rouble	38 ß lubs, bco. pl. ou m.
Londres, ...	1 rouble	49 d. sterlings, pl. ou m.

Il est extrêmement rare de tirer d'une ville étrangère, des lettres de *change* payables dans *S. Petersbourg* ; mais dans les cas où cela arrive, celles-ci y jouissent de 10 jours de faveur après celui de leur échéance, lors même que les lettres de *change* seroient échues avant qu'on pût les présenter aux accepteurs pour en obtenir le paiement, faute de les avoir reçues plutôt de l'étranger pour y en faire à temps le requis. Les lettres de *change* payables à vue n'y jouissent que de 3 jours de faveur, & d'aucun celles qui y sont payables à jours préfix. Le protêt, à défaut de paiement, doit avoir lieu à *S. Petersbourg* le dernier jour de faveur avant le coucher du soleil, à moins de quelqu'empêchement, dans lequel cas il peut également s'y faire le lendemain.

Sainte-Croix. On compte dans cette isle & dans celles de *S. Tomas* & *S. Jean*, toutes trois appartenantes au roi de Danemarck, par *piastres*, *pièces de huit* ou *ryksdales courantes*, de 8 *réales*, ou réaux, ou *bits*. Cette piastre équivaut à la piastre de change d'Espagne ; car une piastre forte effective d'Espagne vaut 10 réales, ou bits aux isles Danoises. Les *monnoies* réelles qui ont cours dans ces isles, sont des piastres Mexicaines, des *monnoies* d'or de Portugal & d'Angleterre, & des petites *monnoies* d'argent, ou plutôt de billon, qu'on nomme *réal* ou *bit*. Au reste, les billets de 5 ryksdales courantes de Danemarck, de la banque de Copenhague, ont cours, sans aucune difficulté dans les trois isles, avec 25 p$\frac{0}{0}$ d'augmentation dans leur valeur ; car ils y sont comptés pour $6\frac{1}{4}$ ryksdales, argent courant de ces trois isles.

Saint-Eustache. On compte dans cette isle, à *Saba*, & dans la partie de l'isle de *S. Martin*, possédée par les Hollandois, par *piastres* de 8 réaux, & le *réal* de 6 sols ou *sluivers* courans.

La *piastre gourde* vaut 11 réaux, & cette piastre est la même que la piastre forte effective d'Espagne.

La moëde d'or de Portugal de 6400 rées, vaut 11 piastres courantes.

Ainsi la piastre courante de *S. Eustache*, contient $24\frac{7}{8}$ as d'or fin, ou $363\frac{63}{100}$ as d'argent fin, & vaut $36\frac{1}{3}$ sols, argent de Hollande.

Cependant on la compte d'ordinaire pour 40 sols courans de Hollande ; mais cette estimation est uniquement fondée sur le produit des retours des pacotilles qu'on envoie à *S. Eustache*, dont la piastre courante rend communément 40 sols courans de Hollande, plus ou moins.

St. Gall. On compte dans cette république, alliée des cantons Suisses, par florins, ou *gulden* de 60 kreutzers, & le *kreutzer* de 8 hellers.

On divise auffi ce florin en 10 escalins, ou *schillings*, 15 batzen, 60 kreutzers, ou 480 hellers.

Ces *monnoies* ont deux valeurs, dont l'une est celle de l'argent de change, qu'on nomme *valeur d'espèce*, l'autre est celle de l'argent courant & se nomme *valeur courante*.

Les prix des toiles en écru & le cours des changes sur Amsterdam & Hambourg, se réglent en argent valeur d'espèce à St. Gall, où l'on compte :

1190 florins d'espèce, pour 1383 florins courans.

28441 dits, pour 4149 louis d'or vieux de France.

Les *monnoies* principales de St. Gall sont : la pistole d'Espagne & le louis d'or vieux de France, qui valent à 6 fl. 36⅔ kreutzers d'espèce, & qu'on compte à 7 fl. 41 kr. courans en paiement des toiles, & à 7 fl. 58 kr. courans en paiement des lettres de change sur Amsterdam & Hambourg ; cependant ces deux *monnoies* valent dans le commerce 8 fl. 18 kr. courans, plus ou moins.

Le louis d'or neuf de France est fixé à 8 fl. 3 kr. d'espèce, & vaut 10 fl. 10 kr. courans, plus ou moins.

Le ducat est compté à 3 fl. 40½ kr. d'espèce, & 4 fl. 28 kr. courans, plus ou moins, & a cours, lorsqu'il est de bon poids, pour 4 fl. 40 kr. courans, plus ou moins.

Le carolin d'or n'a point de valeur déterminée en valeur d'espèce ; mais on le compte pour le paiement des toiles & des lettres de change sur Amsterdam & Hambourg, à 10 fl. 8 kr. courans, & pour lors, on en fait la réduction en argent d'espèce, en comptant 1383 florins courans pour 1190 florins d'espèce. Le carolin roule cependant dans le commerce à 10 fl. 24 kr. courans, plus ou moins.

La reichsthale d'Albert, ou à la croix de Bourgogne, est fixée à 104 kreutzers d'espèce, & vaut 136 kreutzers courans, plus ou moins.

L'écu vieux de France est fixé à 108 kr. d'espèce, & vaut 140 kr. courans, plus ou moins.

L'écu neuf de France est aussi fixé à 126 kr. d'espèce, & vaut 152 kr. courans, plus ou moins.

On fait la réduction de la plûpart de ces *monnoies* comme suit, sçavoir :

15 Reichsthales d'Alb. ou à la croix de Bourgogne, par	26 fl. de change.
5 Ecus vieux de France, ...	9 dits.
10 Ecus neufs de France, ...	21 dits.
18 Louis vieux de France ou autant de pistoles d'Espagne, . . .	119 dits.
4149 Carolius d'or, ...	36176 dits.

Nous estimons que le florin d'espèce contient 11 40/100 as d'or fin, ou 265 as d'argent fin ; & le florin courant 15 22/100 as pl. ou m. d'or fin, ou 229 as pl. ou m. d'argent fin. Leur valeur répond, Celle du florin d'espèce, à 26½ sols, argent de Hollande, & celle du florin courant, à 22 dits.

Cours des *changes* de St. Gall.

Sur Amsterdam , . . .	118 kr. d'espèce, plus ou moins contre .	1 rixdale bco.
Hambourg , . . .	119 kr. dite, pl. ou m.	1 rthlr. bco.
Genève , . . .	126 kr. cour. pl. ou m.	1 écu de 3 liv. cour.
Leipsick , . . .	7 fl. 56 kr. pl. ou m.	1 pistole de 5 thalers.
Lyon & Paris , . . .	72 kr. cour. pl. ou m.	1 écu de 60 s. tournois.
Livourne , ...	120 kr. cour. pl. ou m.	1 pezza da otto réali.
Londres , ...	9 fl. 52 kr. cour. pl. ou m. . . .	1 L sterling.
Vienne , ...	111 fl. cour. pl. ou m. . . .	100 fl. courans.

Les lettres de *change* payables dans St. Gall en *monnoie* valeur d'espèce ou de *change*, y doivent être payées avec les espèces qui pour cet effet y ont des valeurs fixes en cette *monnoie*.

L'usance des lettres de *change* sur St. Gall est de 15 jours à compter de celui de la présentation ; la demi-usance est de 8 jours, & l'usance & demie de 23 jours. Ces mêmes lettres ont encore 3 jours de faveur, qui commencent du lendemain du jour de l'échéance. Les lettres de *change*, payables à un plus long ou plus court terme que de ½, 1, ou 1½ usance, ne jouissent que de 2 jours de faveur.

S. MALO. On compte dans cette ville de Bretagne en France, par *livres* de 20 sols, & le *sol* de 12 *deniers tournois*.

L'écu de change y est compté pour 60 sols tour-

nois. Les autres *monnoies* sont expliquées à l'article de FRANCE.

Voyez aussi le même article, pour le cours des changes & ses usages.

SAINT-PETERSBOURG, *Voyez* RUSSIE.

S. REMO. On compte dans cette ville de la république de Gênes en Italie, par *lire* de 20 *soldi*, à 12 *denari* moneta corrente.

Nous avons expliqué les autres *monnoies* à l'article de GÊNES.

Les Sequins de Gênes, de Venise & de Florence, y valent 12 lire, 16 soldi corrente.

100 Pezze da otto reali de Livourne, font 552 lire corrente de S. Remo.

D'après cela, nous estimons que la lira de S.

Remo contient 5½ as d'or fin , & elle vaut au pair 7 sols , argent de Hollande.

SARDAIGNE. On compte dans cette isle de la mer Méditerranée, portant le titre de *royaume*, par *lire* de 20 *soldi* , & le *soldo* de 12 *denari*.

On divise aussi cette monnoie en 4 *reali de Sardaigne*. Le reale vaut 5 soldi, ou 60 denari de *Sardaigne*.

Plusieurs *monnoies* d'Italie & d'Espagne ont cours en *Sardaigne* : mais celles qui y en ont le plus , sont les *monnoies* de Savoie, dont les ducs sont maintenant rois de *Sardaigne*. Ces *monnoies* se trouveront détaillées à l'article de TURIN.

Nous estimons que la lira de *Sardaigne* contient 7$\frac{56}{100}$ as d'or fin , ou 110$\frac{18}{100}$ as d'argent fin : elle vaut environ 11 sols , argent de Hollande.

SAYDE. On compte dans cette ville de Syrie , qu'on dit être l'ancienne Sidon, par *piastres* , ou *medines* de 80 *aspres*.

On pourra voir les autres *monnoies* , à l'article de TURQUIE.

SETUBAL. *Voyez* LISBONNE.

SEVILLE. On compte dans cette ville de l'Andalousie en Espagne, par *reales* de 16 *qüartos* , ou de 34 *maravedis de plata antigua*.

On peut voir les autres *monnoies* en usage à *Seville*, dans l'article de CADIX & dans celui d'ESPAGNE ; de même que les cours des *changes* , &c.

SIAM. On compte dans ce royaume de l'Asie , par *ticals* de 16 *bises*, & le *bise* de 9 *renguis*.

Le *tical*, qui contient 4 *mayons* , a 36 *renguis* ; le *fouang* en a 18.

On y compte aussi souvent de la manière suivante :

Catti.	Taëls ou Tales.	Ticales.	Mayons ou Miames.	Fouangs.	Cauris.
1	20	80	320	640	512000
	1	4	16	32	25600
		1	4	8	6400
			1	2	1600
				1	800

10 Miames font 1 taël de la Chine, & par conséquent 10 taëls de Siam font 8 taëls de la Chine.

Voici maintenant les *monnoies* réelles de ce royaume.

D'or : Le *tical*, qui vaut 10 *ticales* d'argent.

D'argent : Le *tical*, le *mayon* & le *fouang*, ou *sompaje*.

De plomb : Le *rengui*.

Les *monnoies* étrangères suivantes y ont également cours :

La piastre d'Espagne a 8 mayons : on y échange autrement 2 de ces mêmes piastres contre 3 ticals d'argent.

La pagode courante de l'Indostan , a 2½ ticals, ou 10 mayons : ainsi, 4 pagodes font 1 tical d'or de *Siam*.

Le tical d'or, qui est du poids de 5⅓ pagodes, répond à 380 as, poids de troyes de Hollande, d'or du titre de 79½ toques de la Chine ; il contient donc 302 as d'argent fin.

Le tigal d'argent , qui est du même poids, est du titre de 98 toques, & contient 372$\frac{4}{10}$ as d'argent fin ; ainsi ,

Le tical d'or de *Siam* vaut au pair $\cdots\cdots\cdots$ 4$\frac{25}{137}$ ducats de Hollande , &
Le tical d'argent dit $\cdots\cdots\cdots$ 36$\frac{1}{4}$ sols , argent de Hollande.

SICILE. On compte à Palerme & à Messine , villes les plus considérables de cette isle, par *onze* de 30 tari , & le *taro* de 20 *grani*.

Voici autrement comment on divise ces *monnoies*.

Onza.	Scudi.	Fiorini.	Tari.	Carlini.	Ponti.	Granni.	Piccioli.
1	2½	5	30	60	450	600	3600
	1	2	12	24	180	240	1440
		1	6	12	90	120	720
			1	2	15	20	120
				1	7½	10	60
					1	1⅓	8
						1	6

Les *monnoies* réelles de *Sicile* sont les suivantes, sçavoir :

D'or : L'*onza* de 30 tari.

D'argent : Le *scudo* de *Sicile*, de 12 tari, les $\frac{1}{2}$, les $\frac{1}{3}$ & les $\frac{1}{4}$, les $\frac{1}{6}$ & les $\frac{1}{12}$ de scudo y valent à proportion.

Le *carlino* de 10 grani.

Les *monnoies* étrangères suivantes ont cours auſſi dans cette iſle.

La liſbonine de 4800 rées de Portugal à . . . . 72 tari.
La piſtole d'or d'Eſpagne, ... 45
Le louis d'or vieux de France & les doppies vieilles de Savoie, . . 44
Le ſequin de Veniſe, ... 26
Le ſequin de Florence, ... 25
La génovine , ... 18
La piaſtre d'Eſpagne, & le louis blanc de France, ... 12

L'*onza* , *monnoie* de compte de *Sicile*, contient environ 83 as d'or fin, ou 1241 as d'argent fin, & vaut au pair 6 florins $4\frac{1}{10}$ ſols, argent de Hollande.

On fait uſage en *Sicile* des trois poids ſuivans, ſçavoir :

Le *rotolo groſſo* , compoſé de . . . . . . $2\frac{3}{4}$ livres , ou . . . 33 onces.
Le *rotolo ſottile* , de . . . . $2\frac{1}{2}$ livres , ou . . . 30 onces.
La *libre* , ou livre , ſe diviſe en . . . . 12 onces.

Cours des *changes* de *Palerme* & de *Meſſine*.

Sur Amſterdam , . .	100 grani , plus ou moins contre .	1 fl. bco.
Livourne, . . .	$11\frac{1}{2}$ tari , plus ou moins	1 pezza da otto réali.
Gènes , ...	42 carolini , plus ou moins	1 ſcudo d'oro marche.
Naples, ...	100 ſcudo di 12 tari, pl. ou m. . .	120 ducati di regno.
Rome.	13 tari , plus ou moins.	1 ſcudo moneta de 10 paoli.
Veniſe , ...	8 tari , plus ou moins.	1 ducado corrente.

Palerme ſur *Meſſine* , & *Meſſine* ſur *Palerme* à $\frac{1}{2}$ p°̷, plus ou moins , de gain ou de perte.

On tire ſur Livourne & Gènes à uſo d'un mois, après l'acceptation , ou de deux mois de la date ; ſur Rome , Naples & Veniſe , à 8 ou 15 jours de vue.

L'uſo , ou uſance des lettres de *change* tirées de villes étrangères , ſur *Palerme* & *Meſſine* , eſt de 20 jours , à compter de celui de la date de l'acceptation , & le paiement en doit être fait le lendemain du jour de l'échéance. L'uſo des lettres de *change*

tirées de *Palerme* ſur *Meſſine* , & de *Meſſine* ſur *Palerme* , eſt ſeulement de 3 jours de vue , le paiement devant en avoir lieu le 4me. jour de la date de l'acceptation.

Les lettres de *change* , payables à vue dans *Meſſine* , ou *Palerme* , y doivent être payées à la préſentation.

SMIRNE. On compte dans cette ville de l'Aſie mineure , par *piaſtres* de 120 *aſpres*.

Voici comment on diviſe ces *monnoies* :

Piaſtre.	*Temins* ou *Tenins.*	*Paras.*	*Grands Aſpres.*	*Mines* ou *Medines.*	*Aſpres ſimples.*
1	12	40	80	100	120
	1 . . .	$3\frac{1}{3}$ . . .	$6\frac{2}{3}$	$8\frac{1}{3}$	10
		1 . . .	2	$2\frac{1}{2}$	3
			1 . . .	$1\frac{1}{4}$	$1\frac{1}{2}$
				1	$1\frac{1}{5}$

Les noms , & les diviſions de cette piaſtre ſont différens chez chaque nation qui fréquente cette échelle du Levant.

Les Anglois & les Suédois, qui nomment cette piaſtre de même que les Hollandois, *leeuwendalder* , ou *écu au lion* , la diviſent en 80 aſpres , & les Hollandois en 100 mines.

Les François & les Venitiens qui l'appellent par ſon nom , *piaſtre* , la diviſent également en 100 mines.

Les Orientaux nomment au contraire la piaſtre , *grouch* , ou *aſlania* , & la diviſent en 120 aſpres.

Les *monnoies* réelles de *Smirne* ſont les mêmes qui ſe trouveront expliquées à l'article de TUR-QUIE.

A *Smirne* on vend au poids les piaſtres d'Eſpagne, dont on compte 17 pour 150 drachmes; mais

il s'en faut de quelque choſe que toutes les piaſtres répondent à ce poids; pour une ſomme de 1000 piaſtres du poids requis il en faut d'ordinaire 1028 ; au reſte ,

100 Piaſtres d'Eſpagne de poids , valent à *Smirne* 198 piaſtres, pl. ou m. ; & 100 ſequins , ou ducats de poids , valent 380 piaſtres dites, pl. ou m.

Nous eſtimons donc que la piaſtre de *Smirne* contient 19 as d'or fin , ou 264 as d'argent fin, & qu'elle vaut au pair environ $26\frac{2}{3}$ ſols , argent de Hollande.

STETIN. On compte dans cette ville de la Poméranie Brandebourgeoiſe , par *thaler* de 24 bons gros , ou *gute-groſchen* , & le bon gros de 12 deniers , ou *ſierkens*.

Voici

Voici comment on divise cette monnoie, sçavoir :

Thaler.	Gulden.	Gute-groschen.	Schillings.	Schillings-fundisch.	Dreyers.	Wittens.	Fierkens.
1	1½	24	36	72	96	144	288
	1	16	24	48	64	96	192
		1	1½	3	4	6	12
			1	2	2⅔	4	8
				1	1⅓	2	4
					1	1½	3
						1	2

Toutes les *monnoies* de Brandebourg, expliquées à l'article de BERLIN, font en usage à *Stetin*. STOCKHOLM. *Voyez* SUÈDE. STRALSUND. On compte dans cette ville de la Poméranie Suédoise, par *thaler* de 48 escalins, ou *schillings*, & l'escalin de 12 deniers ou *pfenings*, & souvent même ; par florins de Poméranie, ou *pommersche-guldens*, de 24 escalins à 12 deniers.

Voici quels sont les rapports des autres *monnoies*.

Thaler.	Fl. de Poméranie.	Markens.	Groschen.	Schillings.	Sechslings.	Wittens.	Pfenings.
1	2	6	24	48	96	192	576
	1	3	12	24	48	96	288
		1	4	8	16	32	96
			1	2	4	8	24
				1	2	4	12
					1	2	6
						1	3

Les *monnoies* réelles qui ont cours à *Stralsund*, font les suivantes :

D'or : L'adolphe de 5 thalers.
D'argent : {Des pièces de 16, 8, 4, 2, 1, & ½ gros, ou *groschen*.
ou billon. {Des pièces de 32, 16, 8, 4, 2, & 1 escalin, ou *schillings*,
De cuivre ; Le *witten* dont 4 font 1 escalin.

Cours des changes de Stralsund.

Sur Amsterdam,	135 thlr. plus ou moins, contre	100 rthl. courans.
Hambourg,	115 thlr. pl. ou m.	100 rthr. courans.
Stockholm,	134 thlr. pl. ou m.	100 rdhr. espèce.

STRASBOURG. On compte dans cette ville & dans toute l'*Alsace*, par *livres* de 20 sols, & le *sol* de 12 *deniers tournois* ; quelquefois aussi par *thaler*, ou écu de 90 kreutzers, & le *kreutzer* de 4 deniers, ou *pfenings*.

Voici au reste, le rapport des *monnoies* vieilles & neuves de cette province de France.

Ecu.	Florins.	Livres tournois.	Escalins.	Batzes.	Sols.	Kreutzers.	Pfenings.	Deniers.
1	1½	3	15	22½	60	90	360	720
	1	2	10	15	40	60	240	480
		1	5	7½	20	30	120	240
			1	1½	4	6	24	48
				1	2⅔	4	16	32
					1	1½	6	12
						1	4	8
							1	2

Comme les *monnoies* de France font les seules qui aient cours en Alsace, il nous suffit, pour expliquer leur valeur, de dire que le louis de 24 livres tournois vaut 12 florins, ou 8 écus, & à la même proportion les dérivés de cette *monnoie*.

Cours des changes de Strasbourg.

Sur Amsterdam,	186 écus, plus ou moins, contre	100 rixd. bco.
Bâle,	165 écus pl. ou m.	100 thlr. de ch.
Hambourg,	185 écus pl. ou m.	100 rthlr. bco.
Paris, Lyon, &c. ½ p⁰ gain ou perte, plus ou moins.		

L'ufo, ou ufance des lettres de *change* d'Allemagne, payables dans *Strafbourg*, eft réputé de 15 jours de vue, & celui des lettres de *change* de France de 30 jours de date.

Quoiqu'il n'y ait point de jours de faveur déterminés pour les lettres de *change* payables dans *Strafbourg*, on peut en accorder fans inconvénient jufqu'à 10, fuivant l'ufage de toutes les villes de France.

SUÈDE. On compte dans ce royaume par *riksdahler* de 48 *skillings*, ou efcalins, & l'efcalin de 12 deniers ou *pennings*, ou *oeres*.

Voici comment on divife les autres *monnoies* de ce pays, fçavoir :

Riksdahler d'Efpéce.	Dahlers S. M.	Dahlers K. M.	Mark S. M.	Sikllings ou Efcalins.	Mark K. M.	Oeres S. M.	Oeres K. M.	Oerlein S. M.	Oerlein K. M.
1	6	18	24	48	72	192	576	768	2304
1	3	4	8	12	32	96	128	384
1	1⅓	2²⁄₇	4	10⅔	32	42⅔	128
1	2	3	8	24	32	96
1	1½	4	12	16	48
1	2²⁄₃	8	10⅓	32
1	3	4	12
1	1⅓	4
1	3

Les *monnoies* ci-deffus défignées par les lettres S. M. qui fignifient *filver-mynt*, ou *monnoies* d'argent, ont trois fois la valeur de celles qui font marquées K. M. ou *kopper-mynt*, ou *monnoie* de cuivre. Jufqu'à l'année 1776, on a toujours compté de ces deux manières dans le royaume de *Suéde*, avec cette feule différence que dans certaines provinces on tenoit les écritures en *monnoie* d'argent, & en d'autres en *monnoie* de cuivre.

Voici les *monnoies* réelles qui ont cours aujourd'hui dans ce royaume, fçavoir :

D'or : Le *ducat*, à 1 rikfdahle 46 f., plus ou moins ; les doubles ducats à proportion.

D'argent : La *rikfdahler* de 48 efcalins, à 6 dahlers d'argent, ou 18 dahlers de cuivre : les ²⁄₃, ¹⁄₃, ¹⁄₆, ¹⁄₁₂, & ¹⁄₂₄ de rikfdahler valent à proportion.

De cuivre : Des piéces de 4, 3, 2, 1½, 1, ¼ & ½ *dahler*, monnoie d'argent ; ou de 12, 9, 6, 4½, 3, 2¼ & 1½ *dahler*, monnoie de cuivre.

Des piéces de 2 & 1 oeres d'argent, ou de 6 & 3 oeres de cuivre.

Le *rundftycke* & le ½ rundftycke, l'un de 1, l'autre de ½ oer de cuivre.

La fabrication de ces *monnoies* eft fur le pied fuivant depuis 1664 :

60¼ Ducats font taillés d'un marc d'or du titre de 23 carats 5 grains.

7½ Rikfdahles font fabriquées d'un marc d'argent du titre de 14 lods & 1 grain, qui répondent à 10 deniers & 13 grains : les dérivés de la rikfdahler font dans la même proportion.

180 Dahlers, monnoie d'argent, ou 540 dahlers, monnoie de cuivre en planches, de la valeur depuis 4 jufqu'à ½ dahler monnoie d'argent chacune, ou depuis 12 jufqu'à 1½ dahler monnoie de cuivre chaque planche, font fabriquées d'un skippund de 320 l. poids de victuailles de cuivre ; & enfin,

900 Dahlers, monnoie de cuivre, en piéces frappées & cordonnées de 6 à ½ oere, *monnoie* de cuivre, font fabriquées également du même skippund de cuivre.

La riksdahler d'efpéce de *Suéde* eft de même valeur que la reichfthale de banque de Hambourg, qui eft égale à la rixdale de 50 fols, argent de banque d'Amfterdam.

Le marc, pour les effais de l'or, fe divife en 24 carats, ou *karate*, & le carat en 12 grains : il a donc en tout 288 grains, de même que

Le marc pour les effais de l'argent, qui eft de 16 lods, & le *lod* de 18 grains.

L'argent œuvré eft en *Suéde* de 13½ lods, qui répondent à 9 deniers, 22½ grains, dont on déduit ⅛ lod pour remède d'écharfeté.

Cours des *changes* de *Suéde* fuivant l'ordonnance de 1776.

Sur Amfterdam,	45	ß plus ou moins, contre	1 rixdale courante.
Copenhague,	100	rdlr. d'efpéce	124 rdlr. cour. plus ou moins.
Efpagne,	47	ß plus ou moins	1 ducat de *change*.
Hambourg,	47½	ß plus ou moins	1 rthlr. bco.
Lifbonne,	22	ß plus ou moins	1 crufade de 400 rées.
Livourne,	47	ß plus ou moins	1 pezza à 8 réali.
Londres,	4	rdlr. 15 ß pl. ou moins.	1 L. fterling.
Paris, &c.	25	ß plus ou moins	1 écu de 60 f. tournois.
Stralfund,	100	rdlr. d'efp	133 rthlr. de Poméranie.

Ces *changes* varient chaque jour, & font toujours plus bas que ci-deffus.

On tire les lettres de *change* de *Stockholm* & *Gothembourg* sur les villes ci-dessus à plusieurs jours ou mois de date, sur-tout sur Amsterdam à 35, 40, 65 ou 70 jours de date.

L'uso, ou usance des lettres de *change* payables dans *Stockholm*, est de 1 mois de vue, ou de la date de l'acceptation.

Les lettres de *change* payables en *Suède*, ont 6 jours de faveur après leur échéance, suivant l'ordonnance des *changes* de l'année 1748, qui ordonne d'ailleurs, qu'en cas que le sixiéme jour soit un dimanche, ou une fête, le paiement de la lettre doit avoir lieu la veille.

Les lettres de *change* payables à vue, ou à 2, ou 3 jours de vue, doivent être payées, ou à leur présentation, ou avant les 24 heures du jour de leur échéance.

Les lettres de *change* payables à mi-mois, c'est-à-dire, à la moitié d'un mois quelconque de l'année, sont payables le 15 du même mois, soit que le mois compte 30 jours, soit qu'il en compte moins ou plus.

Si une lettre de *change* payable à une échéance longue, ou courte, ou dans un temps préfix, arrive après son échéance, dans le lieu où le paiement doit se faire, elle n'a de jours de faveur, que ceux qu'elle auroit encore à courir depuis l'échéance jusqu'au dernier jour de faveur que la loi accorde, si elle arrivoit avant que tous les jours de faveur fussent écoulés.

SURATE. On compte dans cette grande ville de commerce du royaume de Guzarate dans l'Inde, par *roupies* de 16 *annas*, ou de 32 *ponnes*.

Le *nil* de roupies est de 100 padens; le *padan* de 100 courons, ou curons.

Le *couron*, ou *curon*, est de 100 lacs, ou leks; & le *lac*, ou *lek* de 100000 *roupies*. Cette manière de compter est commune à presque toute l'Inde.

Les *monnoies* réelles qui ont cours principalement à *Surate*, sont:

D'*or*: La *roupie*, de 4 pagodes, ou de 14 roupies d'argent.
La *pagode*, qui équivaut à $3\frac{1}{2}$ roupies d'argent.

D'*argent*: La *roupie*, la $\frac{1}{2}$ & le $\frac{1}{4}$ de roupie.
Le *mamoudi*, dont $2\frac{1}{2}$ font d'ordinaire une roupie d'argent.

De *cuivre*: Le *pacha*, qui est de même grandeur que la roupie, & qui vaut 68 padens.

Les *padens* sont des amandes amères qu'on apporte de Perse, où ce fruit croît dans des buissons qu'on trouve au sommet des rochers; les padens servent de petite *monnoie* dans tout le royaume de Guzarate.

La roupie d'argent de *Surate* vaut 10 p% davantage que celle du royaume de Bengale. Nous en avons déja fait mention dans l'article de cette dernière ville.

Les piastres d'Espagne ont cours à *Surate* aux prix suivans, sçavoir:

100 Piastres mexicaines vieilles valent $217\frac{1}{4}$ roupies d'argent.

100 Piastres péruviennes dites valent 218 dites.

100 Piastres neuves d'Espagne, valent 214 dites.

La pagode d'or de *Surate* pèse 9 vales, qui répondent à $71\frac{2}{3}$ as d'or du titre de $8\frac{1}{2}$ dixiémes, ou de $20\frac{1}{5}$ carats.

La roupie d'argent de ladite ville pèse $30\frac{1}{2}$ vales, qui répondent à 240 as d'argent du titre de 11 deniers 22 grains.

La pagode donc, qui contient $60\frac{2}{3}$ as d'or fin, vaut au pair $\frac{51}{60}$ de ducat de Hollande, qui font 4 fl. $9\frac{1}{4}$ sols, argent de Hollande.

La roupie d'argent contient $17\frac{3}{10}$ as d'or fin, ou 238 as d'argent fin, & vaut au pair environ $23\frac{1}{4}$ sols, argent de Hollande.

Le rapport de l'or à l'argent se trouve par conséquent établi à *Surate* dans la proportion de 1 à $13\frac{7}{10}$.

SURINAM. On compte dans cette colonie Hollandoise de l'Amérique, ainsi qu'à *Berbice*, *Demerari* & *Essequebo*, par florins, ou *gulden*, de 20 sols, ou *stuyvers*, & le sol de 12 deniers, ou *penningen*.

Toutes les *monnoies* de Hollande y ont cours, avec 20 p% d'augmentation dans leur numéraire.

Le ryder de 14 florins de Hollande, y vaut	fl.	16	16 f.
Le ducat de $5\frac{1}{4}$ dits, ...		6	6
La pièce de 3 florins		3	12
La rixdale, ou $2\frac{1}{2}$ florins		3	"
Le florin simple		1	4

Et à cette proportion les autres *monnoies* de Hollande.

Nous estimons donc, que le florin de *Surinam* contient $11\frac{1}{10}$ as d'or fin, ou $166\frac{1}{2}$ as d'argent fin; & il vaut par conséquent au pair 16 sols, $10\frac{1}{2}$ deniers courans de Hollande.

TOULON. On compte dans cette ville de France, par *livres* de 20 sols, & le *sol* de 12 *deniers tournois*.

L'*écu* de change y vaut 3 livres, 60 sols, ou 720 deniers tournois.

On peut voir à l'article de FRANCE, les autres *monnoies*.

TREVES. *Voyez* COBLENTZ.

TRIESTE. On compte dans cette ville de l'Istrie, située sur la mer Adriatique, par florins ou *florine* de 60 kreutzers ou *crazie*, à 4 deniers, ou *denari*, souvent aussi par *lire* de 20 soldi, & le *soldo* de 12 denari.

Le florin vaut 5 lire, 60 crazie, 100 soldi, ou 240 denari.

La lire vaut 12 crazie; & 5 soldi valent 3 crazie, ou 12 denari.

Ces *monnoies* portent le nom de *valeur courante de Trieste*, ou *de Vienne*.

Voici les *monnoies* que le gouvernement Autrichien fait frapper pour l'usage du commerce de *Trieste*.

D'*or* : Le *ducat*, ou *zecchino*, qui vaut 4 florins, 10 crazie.

D'*argent* : Le *talaro*, ou reichsthale d'espèce de convention, de 2 florins.

Le *fiorino* de 60 crazie, & le ½ fiorino de 30 crazie.

Des pièces de 20, 17, 10, 7 & 3 *kreutzers*, ou *crazie*.

De *cuivre* : Le *soldo*, ou sol simple, des doubles sols, & des triples sols.

C'est de cette manière qu'on compte à *Trieste* ces *monnoies*, lorsqu'on en paie les lettres de change, & qu'on y acquitte les droits dans les douanes; mais elles sont reçues à quelque chose davantage dans le commerce, où on paye le ducat 4⅓ florins courans de *Trieste*, la pièce de 17 crazie 30 sols, celle de 7 crazie 12 sols, & à cette proportion les autres *monnoies*.

Les sequins d'Italie valent à *Trieste* environ 22 lire.

Le filippo de Milan. 11

Le ducat d'argent de Venise. 8

Le florin, argent courant de *Vienne* & de *Trieste*, contient 17$\frac{18}{100}$ as d'or fin, ou 243 as d'argent fin, & vaut ainsi 24½ sols, argent de Hollande.

Le florin, argent courant de *Trieste*, contient seulement 16½ as d'or fin, ou 230 as d'argent fin, & sa valeur répond à 23 sols, argent de Hollande.

Cours du *change* de *Trieste*.

Sur Venise, ...	97 lire, plus ou moins, contre . .	100 lire correnti.
Vienne	100 fl. plus ou moins.	100 fl. courans par caisse.

TRIPOLI. On compte dans ce royaume de la côte de Barbarie en Afrique, par *piastres* de 13 grimellins, ou de 52 *aspres*.

Les *sultanins* qu'on y fabrique sont du plus fin or, & d'un tiers plus pesans que les *monnoies* de même nom, qu'on fabrique en Egypte.

Toutes les *monnoies* étrangères ont cours à *Tripoli*, à raison de leurs poids & titre, le poids pour peser l'or & l'argent en matière & en espèces, se nomme *matecallo*, & il en faut 50 pour le marc, poids de Venise, qui pèse 4970 as de Hollande.

TUNIS. On compte dans cet autre royaume d'Afrique, voisin de celui de Tripoli, par *piastres*, ou pièces de 52 aspres, & l'*aspre* de 12 *burbes*, ce qui en tout fait pour la piastre 624 burbes.

Voici, au reste, les *monnoies* réelles qui y sont en usage.

D'*or* : Le *sultanin*, qui y vaut 100 aspres.

D'*argent* : La *nasara*, monnoie quarrée & informe, 52 aspres.

La *double*, de 24 aspres.

De *cuivre* : La *burbe*, dont 12 font un aspre.

Plusieurs *monnoies* étrangères ont aussi cours dans ce royaume; comme,

Le sequin d'or de Venise à	2 piastres 32 aspres, plus ou moins.
La genovine d'argent, ...	1 dite 40 dits pl. ou m.
La piastre d'argent d'Espagne, ...	65 aspres, pl. ou m.
Le giulo de Livourne, ...	6½ dits.

Nous estimons donc d'après cela, que la piastre de *Tunis* vaut environ 38 sols, argent de Hollande.

TURIN. On compte en Piémont, en Savoye & dans les autres états du Continent appartenans au roi de Sardaigne, par *lire*, ou livres de 20 soldi, ou sols, & le *soldo*, ou sol de 12 denari, ou deniers.

Le *louis d'or* y vaut 4 écus, 16 livres, 20 sols d'or, ou 240 deniers d'or.

La *pistole* est de 3 ducatons, 15 livres, ou 25 florins.

Le *ducaton* vaut 5 livres, 100 sols, ou 1200 deniers de Piémont.

L'*écu simple* vaut 4 livres, 80 sols, ou 960 dits.

L'*écu d'or*, ou la demi-pistole, vaut 7½ livres, ou 150 sols de Piémont.

Le *florin* de Savoye ne vaut que 12 sols, ou 144 deniers de Piémont.

Pour réduire plus facilement ces *monnoies*, on comptera :

15 Louis d'or, par 16 pistoles, ou 48 ducatons, & 12 Ducatons, par 15 écus simples, ou 100 florins.

Voici le cours des espèces réelles vieilles & neuves, fixé par l'ordonnance du 15 février 1755, savoir:

La pistole d'or neuve, ou *doppia*, vaut		24 livres de Piémont.
L'écu neuf d'argent, ou *scudo*, ...		6 dites.
Les demis & les quarts de ces *monnoies* à proportion.		
La pistole d'or vieille, du poids de	125⅓ grains, à .	16 l. 7 s. 6 d.
La pistole de 1741 & celle de 1742 ; de	134⅔ .	18 " "
Le sequin, ou *zecchino* de	65 .	9 . 15 "
Le ducaton pesant 24 deniers 20 grains . .	" .	5 10 . "
L'écu vieux . . . 21 . . . . . "	" .	4 10 "
L'écu de 1733 & 1735, de 23 d. 6 grains & 13 granotins		5 " "

Voici encore la valeur de quelques *monnoies* étrangères.

	d.	gr.	l.	s.	d.
Le louis d'or vieux de France, du poids de	5	16	16	12	6
Le louis d'or neuf dit, ...	6	8	19	16	6
La pistole d'or d'Espagne, ...	5	6	16	12	6
Le ducat de Hollande, ...	2	17	9	6	8
Le sequin de Venise, ...	2	17	9	9	8
Le sequin de Florence, ...	2	17	9	9	4
Le sequin de Gènes, ...	2	17	9	9	"
L'écu vieux de France, ...	20	22	4	10	6
L'écu neuf dit, ...	22	22	4	18	10
La genovine, ou le croisat de Gènes, ...	30	"	6	16	10
Le ducaton de Milan & de Venise, ...	24	20	5	12	6
La piastre, ou francescone de Florence, ...	21	7	4	12	10
La piastre vieille d'Espagne, ...	21	"	4	10	2

Les espèces d'or ci-dessus seront considérées de bon poids., toutes les fois qu'elles auront les poids mentionnés, à un grain près plus ou moins, & celles d'argent également, sans égard à 2, 3, ou 4 grains, haut ou bas.

L'onça, ou once, pour les essais de l'or, se divise en 24 carats, le *carat* en 24 deniers, & le *denier* en 24 grains.

L'once d'or fin vaut 84 lire, plus ou moins.

L'once pour les essais de l'argent se divise en 12 deniers, & le denier en 24 grains.

L'once d'argent fin vaut 5¾ lire, plus ou moins.

La pistole d'or neuve de Piémont pèse 7 deniers; 12 grains & 6 granotins ; elle est du titre de 21¼ carats, & nous trouvons qu'elle contient 181½ as de Hollande d'or fin, qui, en raison du prix des ducats de Hollande, revient à 13 florins & 7 sols, argent de Hollande.

L'écu neuf de Piémont pesant 27 deniers 10 grains & 23⅜ granotins, est du titre de 10⅞ deniers, & nous trouvons que son contenu en argent s'élève à 663 as d'argent fin, qui valent 3 florins 6⅓ sols de Hollande.

Le rapport de l'or à l'argent est en Piémont dans la proportion de 1 à 14⅘.

Cours des *changes* de Turin.

Sur Amsterdam, . . .	38 sols plus ou moins, contre . .	1 florin bco.
Gènes, ...	9 livres 10 sols plus ou moins. .	1 sequin, ou zecchino.
Londres, ...	19 livres 15 sols plus ou moins.	1 livre sterling.
Madrid, ...	63 sols, plus ou moins. . . .	1 piastre de 8 réal. de plate.
Paris, ...	51 sols, plus ou moins. . . .	1 écu de 60 sols tournois.
Rome, ...	91 sols, plus ou moins.	1 scudo romans de 10 paoli.
Venise, ...	84 sols, plus ou moins.	1 ducati di bco.
Vienne, ...	45 sols, plus ou moins.	1 florin courant.

On tire les lettres de *change* de Turin sur les villes ci-dessus à usance, ou à plusieurs mois ou jours de date ou de vue.

L'usance des lettres de *change* d'Angleterre payables dans *Turin*, est de 3 mois.

De Hollande, de tout le Nord, d'Espagne & de Portugal, de 2 mois.

De France, de 1 mois ; de Gènes & Milan, de 8 jours de vue.

De Bergame, Bologne, Venise, Florence, Li-vourne, Vienne, Augsbourg & de toute l'Allemagne, de 15 jours de vue.

De la Romanie, de Naples & de Sicile, de 21 jours de vue.

Les lettres de *change* payables dans *Turin*, ont 5 jours de faveur, & si le dernier tombe en dimanche, ou jour de fête, le paiement a lieu le lendemain, si c'est un jour ouvrable.

Les lettres de *change* à vue, ou à quelques jours de vue, doivent cependant être payées le jour de l'échéance, & les porteurs font tenus d'en exiger l'acceptation avant deux mois de la date defdites lettres.

TURQUIE. On compte à *Conftantinople*, à *Andrinople*, & dans plufieurs autres villes & provin-

Les *monnoies* réelles de cet empire, & leurs valeurs font comme fuit :

D'or : Le *fequin*, ou *fultanin*, nommé *foundoucli*, de . . . . 155 paras.
Le *gingerli*, ou *zinzerli*, autrement *zéramabouck*, ... 83 dits.
Le *touraly*, ou *mouftaphoury*, ... 105 dits.
D'argent : La piaftre de *Turquie*, nommée *grouck*, ... 40 dits.
Le *folota*, ou l'*ifelote* vieux, de 90 afpres, ou . . . . 30 dits.
Le *folota*, ou l'*ifelote* neuf, de 80 dits, ou . . . . 26⅔ dits.
L'*olik*, ou l'*onlick*, ... 10 afpres.
Le *beflyk*, ... 5 dits.
Le *para* ou le *meidine*, ... 3 dits.
L'*afpre* a 4 *mœnkir*, ou *gieduki*, qui eft la plus petite *monnoie*.

Le *fequin foundoucli*, dont le poids répond à 72¼ as de Hollande, eft, fuivant l'effai fait en France, d'or du titre de 23 carats $\frac{20}{32}$; le contenu de cette *monnoie* eft ainfi de 72$\frac{46}{100}$ as d'or fin, dont la valeur, relativement au prix du ducat de Hollande, répond à fl. 5 : 6¼ fols argent courant.

Le *Zéramabouck* eft du même poids que le *foundoucli* ; mais le titre de fon or n'étant, fuivant l'effai fait en France, que de 19$\frac{21}{32}$, fon contenu

ces de l'empire Ottoman , par *piaftres* de 100 mines ou *afpres*.

Le *jux*, ou *juk*, fe compofe de 100000 afpres, & la *bourfe* contient 500 piaftres, argent de *Turquie*.

d'or fin répond feulement à 59$\frac{58}{100}$ as, & fa valeur intrinféque, relativement au prix du ducat de Hollande, à fl. 47 f. 11 d. argent courant.

La piaftre, ou *grouck de Turquie*, étant du poids de 552 as d'argent, dont le titre eft de 7 deniers, fon contenu d'argent fin répond à 322 as, & fa valeur intrinféque à 32¼ fols, argent courant de Hollande.

Outre les *monnoies* réelles de *Turquie*, il s'en trouve à *Conftantinople*, même en grande quantité, beaucoup d'étrangères, dont les valeurs varient fuivant les circonftances ; elles valent communément :

Le *fequin de Venife*, & le ducat cremnitz de Hongrie, ... 156 paras, plus ou moins
La rixdale d'efpèce d'Allemagne, ... 80 dits.
La rixdale au lion, le *leeuwendaler*, ou l'*aflani*, ... 60 dits.
La thaler de Vienne de 1758, ... 70 dits.
Le *fcudo*, ou l'écu de la république de Raguse, ... 50 dits.

Les Lettres de *change* fur Amfterdam fe négocient à *Conftantinople*, au cours de 28 fols argent courant de Hollande, plus ou moins, pour la piaftre de compte de 100 afpres.

ULM. On compte dans cette ville du cercle de la Suabe en Allemagne, par florins, ou *gulden* de 60 kreutzers, & le *kreutzer* de 8 hellers, ou 4 pfenings courans.

Voici la divifion des *monnoies* en ufage dans le cercle de Suabe.

Thaler.	Gulden.	Batzen.	Grofchen.	Kreutzers.	Pfenings.	Hellers.
1	1½	22½	30	90	360	720
	1	15	20	60	240	480
		1	1⅓	4	16	32
			1	3	12	24
				1	4	8
					1	4

Pour le commerce de vin le florin eft compté à 35 shillings, le *fhilling* à 6 pfenings, & le pfening à 2 hellers.

La barze eft auffi comptée pour 14 pfenings, ou 28 hellers.

Les autres *monnoies* d'*Ulm* font les mêmes qu'à Augsbourg.

VALENCE. On compte dans le royaume de *Valence* en Efpagne, par *libras* de 20 fueldos, & le *fueldo* de 12 dineros, & autrement par *reales* de

plata nueba, de 24 dineros. Cette libra, ou livre, eft de même valeur que la piaftre de change de 8 réaux de platte vieille, ou de 128 quartos, ou de 512 maravedis de veilon.

On diftingue trois *réaux* différens dans le royaume de *Valence*, fçavoir :

Le *réal de plata antigüa*, ou réal de plate vieille d'Efpagne, dont 8 font une livre de *Valence*, vaut 2½ fols, ou 30 deniers de *Valence*, & eft de même valeur que 16 quartos, ou 64 maravedis de vellon, argent d'Efpagne.

Le *réal de plata nueba*, dont 10 font une livre de *Valence*, vaut 2 ſols, ou 24 deniers de *Valence*, & répond à $12\frac{4}{5}$ quartos, ou à $51\frac{1}{5}$ maravedis de vellon.

Le *réal de plata Valenciano*, dont $13\frac{1}{3}$ font une livre de *Valence*, vaut $1\frac{1}{2}$ ſol, ou 18 deniers de *Valence*, & répond à $9\frac{3}{5}$ quartos, ou à $38\frac{2}{5}$ maravedis de vellon.

Voici la manière dont on compte les *monnoies* d'Eſpagne à *Valence*.

Monnoies de compte	*Libras.*	*Sueldos.*	*Dineros.*	*Mrs de vell.*
La piſtole de change, de 32 ré. de plate vieille à . .	4, ou	80, ou	960, ou	2048
La piaſtre de change, de 8 dits.	1	20	240	512
Le ducat de change, de 375 mrs. de plate vieille. . . .	$1\frac{103}{272}$	$27\frac{39}{68}$	$330\frac{15}{17}$	$705\frac{15}{17}$
Le réal de plate vieille, de 16 quartos.	"	$2\frac{1}{2}$	30	64
Le réal de vellon, de $8\frac{1}{2}$ quartos.	"	$1\frac{21}{64}$	$15\frac{15}{16}$	34
Monnoies réelles.				
Le quadruple neuf de la fabrication de 1772, à	$21\frac{1}{4}$	425	5100	10880
La piſtole effective.	$5\frac{5}{16}$	$106\frac{1}{4}$	1275	2720
Le $\frac{1}{2}$ quadruple, & la $\frac{1}{2}$ piſtole à proportion.				
La piaſtre forte effective.	$1\frac{21}{64}$	$26\frac{9}{16}$	$318\frac{3}{4}$	680
La $\frac{1}{2}$, & le $\frac{1}{4}$ piaſtre à proportion.				
La *peſeta provincial* de 34 quartos.	"	$5\frac{5}{16}$	$63\frac{3}{4}$	136
Le *réal de plata mexicano*, dont 8 font une piaſtre forte.	"	$3\frac{41}{128}$	$39\frac{27}{42}$	85
Le *réal de plata provincial*, dont 10 font une piaſtre forte.		$2\frac{21}{32}$	$31\frac{7}{8}$	68
les $\frac{1}{2}$ de chacun de ces réaux à proportion.				

On réduit auſſi quelques-unes des *monnoies* ci-deſſus, comme ſuit :

272 Ducats de change, par.	375 livres de *Valence*.
136 Dits	1875 réales de plata nueva.
32 Piaſtres fortes	425 dits.
32 Peſetas provinciales.	85 dits.
4 Réaux de platte vieille.	5 dits.

La livre de *Valence* contient aujourd'hui $24\frac{8}{100}$ as d'or fin, ou $376\frac{46}{100}$ as d'argent fin, & ſa valeur intrinſéque répond à $37\frac{2}{3}$ ſols, argent de Hollande.

Valence change avec Madrid à $\frac{1}{2}$ à 1 p$\frac{o}{o}$, plus ou moins, de gain ou perte.

Veniſe. On compte dans cette fameuſe ville d'Italie, par *ducati* de 24 groſſi, & le *groſſo* de 12 *denari di ducato*, ou *groſſeti*; & ſouvent auſſi par *lire* de 20 ſoldi, & le *ſoldo* de 12 *denari di lira*.

Voici comment on diviſe ces *monnoies*.

Ducato.	*Lire.*	*Groſſi.*	*Soldi* ou *Marchetti.*	*Groſſeti.*	*Denari di lira.*
1	$6\frac{1}{5}$	24	124	288	1488
	1	$3\frac{20}{31}$	20	$46\frac{14}{31}$	240
		1	$5\frac{1}{16}$	12	62
			1	$2\frac{10}{31}$	12
				1	$5\frac{1}{6}$

On compte autrement:

5 Ducati par	31 lire.
31 Lire	120 groſſi.
6 Groſſi	31 ſoldi

Ces *monnoies* portent les noms de *banco valuta*, de *corrente valuta*, & de *moneta corrente piccola*.

La *banco valuta*, ou argent valeur de banque, eſt la valeur de la *monnoie* avec laquelle la banque de *Veniſe* tient ſes écritures. Elle eſt 20 p$\frac{o}{o}$ au-deſſus de la valeur courante.

La *corrente valuta*, ou valeur courante, eſt celle que la république fixa en 1686, aux *monnoies* réelles; ſçavoir: la *doppia* à 29 lire, le *zecchino* à 17 lire; le *ſcudo de la croce* à 9 lire 12 ſoldi; le *ducatone*, ou le *giuſtino* à 8 lire 10 ſoldi; & le *ducato effettivo* à 6 lire 4 ſoldi. La banque de *Veniſe* recevoit alors ces *monnoies*, à ces mêmes prix, ſous la déduction de l'agio, qui fut fixé à 20 p$\frac{o}{o}$; car on comptoit alors,

100 Ducati, ou lire di banco, par 120 ducati, ou lire corrente; ou 5 dits, par 6 dits.

La *moneta corrente piccola*, qui eſt la *monnoie* courante actuelle de la république, valoit, avant 1750, environ 29 p$\frac{o}{o}$ davantage que l'argent vieux valeur courante. Si l'on vouloit alors réduire l'argent de banque en argent courant *piccolo*, on ajoutoit d'abord à la somme d'argent de banque, l'agio de 20 p°., pour faire de l'argent courant, & en-suite on ajoutoit au produit de la somme principale & de l'agio, encore un agio de 29 p°., plus ou moins, pour en composer de l'argent courant *piccoli* : on nommoit cette augmentation *sopra-agio*. Mais, en 1750, la république ayant fixé la lira de banque à 9 lire 12 soldi, l'agio de banque y est resté à $54\frac{11}{12}$ p°., ou, pour nous conformer à l'usage de comp-ter, introduit dans le commerce, à $54\frac{1}{8}$ p°. : ainsi,

100 Ducati di banço font 960 lire corrente piccoli.
31 Dits . . . . . 48 ducati corrente pic.
31 Lire di banco. . . 48 lire corrente piccoli.

Les *monnoies* réelles de la république font :

D'or : La *doppia*, ou double, à 37 lire 10 soldi.
　　　　Le *zecchino*, ou sequin, 22 lire avec 1 p°. plus ou moins d'agio.

D'argent : Le *scudo veneto*, ou *della croce*, à . . . . . 12 l. 8 f. corrente piccoli
　　　　Le ½ & le ¼ scudo à proportion.
　　　　Le *ducatono*, ou la *giustina* . . . . . 11 ″
　　　　Le ½ ducatono à proportion.
　　　　Le *ducato effettivo* . . . . 8 ″
　　　　Le ½ & le ¼ de ducato à proportion.

De *billon* : L'*oselle* 3 18
　　　　La *lirazza* 1 10
　　　　La *lira*, ... 1 ″
　　　　Des pièces de 15, de 10 & de 5 soldi.

De *cuivre* : Le *soldo* de. . . . . ″ 1
　　　　Le *bagattini*, ou demi-sol, de . ″ 1

Voici les prix de plusieurs *monnoies* étrangères, suivant un édit de 1757.

Les *pistoles* d'Italie & d'Espagne & le louis vieux de France, à . 37 l. ″ f. corrente piccoli
Le *gigliato*, ou sequin de Florence 21 10
L'*ongaro*, ou le ducat cremnitz de Hongrie. . . . . . . 21 ″
La *moëde* de Portugal, pesant 129⅗ grani de *Venise*. . . . 38 ″
Le *scudo romano*, du pontificat de Clément XI. . . . . . 12 ″
La *genovina*, ou croisat de Gènes 14 10
Le *filippo di Milano*. . . . . 11 ″

L'*oncia* d'or fin vaut à Venise . . . . 184 lire, 16 soldi corr. pic. plus ou moins
L'*oncia* d'argent fin y vaut . . . . . 12 8 dits, plus ou moins.

La banque de *Venise* dont nous avons donné la description dans le premier volume, p. 186, 2e. col. tient ses écritures en *lire grossi*, de 20 *soldi grossi*, & le *soldo* de 12 *denari grossi*.

La *lira grossa* est comptée pour 10 ducats, ou 62 lire di banco.

1 Lira grossa, par . . . . 12 ducati corrente, ou 96 lire correnti piccoli
10 Lire grossi, ... 744 lire correnti.
31 Lire grossi, ... 480 ducati corrente piccoli.
100 Ducati di banço, ... 744 lire correnti,
1 Ducato corrente, ... 8 lire correnti piccoli,
6 Ducati correnti, ... 31 lire di banco.
31 Ducati correnti, ... 40 ducati correnti piccoli.
200 Ducati corr. piccoli, ... 961 lire correnti.
240 Ducati corr. piccoli, ... 961 lire di banco.

Le soldo grosso vaut 12 grossi di banco, & le denaro grosso, 1 grosso di banco.

Pour une somme de 1659 ducati 8 grossi di banco qu'on devra payer, on doit faire écrire en banque 165 lire, 18 soldi & 8 denari.

Au reste, on peut réduire :

Voici les poids & les titres des *monnoies* réelles de la république de *Venise* :

35½ Doppie, ou 68¼ zecchini, font taillés d'un marc du plus fin or.

Le *scudo* de la croce, pèse 1 oncia 9 carati d'argent, du titre de 1056 carati, lequel titre répond à 11 deniers, (car on divise le marc en 1152 carati).

La *giustina*, ou ducatone, pèse 3 quarti 27½ carati d'argent du même titre ci-dessus,

Le ducato effettivo, ou d'argent, pèse 3 quarti 1¼ carati d'argent, du titre de 952 carati, qui ré-pond à 9 deniers 22 grains.

Le ducato di banco de *Venise*, contient $31\frac{77}{100}$ as d'or fin, ou $469\frac{55}{100}$ as d'argent fin,

Le ducato corrente piccolo contient $20\frac{51}{100}$ as d'or fin, ou $303\frac{24}{100}$ as d'argent fin.

Le premier vaut près de 47 sols, & le denier $30\frac{1}{4}$ sols argent de Hollande.

Cours

Cours des *changes* de *Venise*.

Sur Amsterdam, ...	1 ducati di banco contre . .	90 à vls. bco. plus ou moins,
Ancone, ...	100 ducati di bco.	93 scudi mon. pl. ou m.
Augsbourg, ...	100 ducati di bco.	96 thlr. de giro. pl. ou m.
Balzano ou novi, ...	181 duc. di bco., pl. ou m. . .	1 scudo di cambio.
Florence, ...	100 duc. di bco.	79 scudi d'oro, pl. ou m.
Gènes, ...	96 s. di bco., pl. ou m. . . .	1 sc. di camb. de 4¼ l. fuori di bco.
Hambourg, ...	1 ducato di bco.	87 à vls. bco., pl. ou m.
Leipsick, ...	100 ducati di bco.	126 thlr. cour. ou l. d'or.
Livourne, ...	100 ducati di bco.	102 pezze da otto reali.
Londres, ...	1 ducato di bco.	51 d. sterl. pl. ou m.
Lyon, ...	60 ducati di bco. pl. ou m. .	100 écus de 60 s. tour.
Milan, ...	106 s. di bco. pl. ou m. . .	1 scudo imp. de 117 soldi.
Naples, Bari & Lecce, . .	100 ducati di bco.	117 duc. di reg., pl. ou m.
Nuremberg & Vienne, . .	100 ducati di bco.	193 fl. cour. pl. ou m.
Rome, ...	100 ducati di bco.	61 scudi d'oro plus ou m.

On tire ordinairement les lettres de *change* sur les villes ci-dessus, à uso ou usance, qui comprend diverses époques, suivant les usages de chaque place.

L'uso ou usance des lettres de *change* payables dans *Venise*, y est compté à 3 mois de date, pour les lettres tirées de Londres; à 2 mois de date, pour celles d'Amsterdam, Anvers & Hambourg; à 20 jours de date, pour celles de Bergame, Milan, Mantoue & Modène; à 15 jours de la date de l'acceptation, pour celles d'Allemagne, de Gènes, Naples, Bari, Lecce; à 10 jours de la date de l'acceptation, pour celles d'Ancone & de Rome; à 5 jours de la date de l'acceptation, pour celles de Bologne, Ferrare, Lucque, Florence & Livourne.

Les lettres de *change* payables dans *Venise*, y jouissent après leur échéance, de 6 jours de faveur, dans lesquels les dimanches & les fêtes ni les temps des fermatures de la banque ne sont point compris, non plus que le vendredi de chaque semaine, jour destiné par la banque pour faire les balances particulières des comptes. Si une lettre de *change* échoit pendant la fermature de la banque, le paiement n'en est exigible que le sixième jour après l'ouverture de la banque; & si une autre lettre accomplit son terme, trois jours par exemple avant ladite fermature de la banque, ces trois jours sont comptés, & le paiement en est exigible le troisième jour après l'ouverture de la banque.

Il est défendu par décret du sénat de *Venise*, d'y payer & d'y protester une lettre de *change* payable en argent de banque, endossée en faveur d'un autre que celui à l'ordre de qui elle est tirée; ce dernier étant tenu, s'il est étranger, d'envoyer avec la lettre de *change*, sa procuration à son correspondant de *Venise*, qui en son nom fait, en vertu de ladite procuration, le recouvrement de ladite lettre de *change*.

Les lettres payables en argent courant, ne sont point comprises sous la même régle, pouvant être & payées & protestées, sans le moindre empêchement, quand même elles auroient été endossées à diverses reprises.

VÉRONE. On compte dans cette ville d'Italie, appartenant à la république de Venise, par *lire* de 20 soldi, & le *soldo* de 12 *denari*, *moneta corrente piccole di Venezia*.

On peut voir les autres *monnoies* à l'article de VENISE.

VIENNE. On compte dans cette ville capitale de l'Autriche, par florins, ou *gulden*, de 60 kreutzers, & le *kreutzer* de 4 deniers, ou *pfenings courans*.

La reichsthale d'espèce qui vaut 2 florins, se divise comme suit, sçavoir:

Reichsthale d'Espèce.	Thaler courante. ou fl.	Gulden, ou Escalins.	Schillings, ou Gros.	Groschen. Kreutzers.	Grœschel.	Pfenings.	Hellers.
1 . . .	1⅓ . .	2 . .	16 . .	40 . . .	120 . . .	160 . .	480 . . . 960
	1 . .	1½ . .	12 . .	30 . .	90 . . .	120 . .	360 . . . 720
		1 . .	8 . .	20 . .	60 . . .	80 . .	240 . . . 480
			1 . .	2½ . .	7½ . .	10 . .	30 . . . 60
				1 . .	3 . .	4 . .	12 . . 24
					1 . .	1⅓ . .	4 . . 8
						1 . .	3 . . 6
							1 . . 2

Les *monnoies* réelles d'Autriche sont les suivantes:

D'or: Le *souverain*, de 12 florins 40 kreutzers; le double *souverain* à proportion.
　　Le *ducat*, de 4 florins 16 kreutzers.

D'argent : La *reichsthale* d'espèce, de 2 florins, ou 120 kreutzers.
Le *gulden*, ou florin de 60 kreutzers.

De billon : Des pièces de 20, 17, 10, 7, 3, $1\frac{1}{2}$, $\frac{3}{4}$ & $\frac{1}{2}$ kreutzers.

De cuivre : Le *kreutzer*, le *grœschel*, le $\frac{1}{2}$ kreutzer & le *pfening*, ou denier.

Comme ordinairement on compte ces *monnoies* par jetées de 5 pièces qu'on nomme *wurfe*, nous devons remarquer que,

12 Wurfes de pièces de . . .	17 kreutzers, font . . .	17 florins &
12 dites, ... de	7	7 dits.

Voici les *monnoies* étrangères qui ont cours en Autriche, sçavoir :

	fl.	kr.
La moëde de Portugal de 6400 rées, ...	15	40
Le louis d'or de France, pesant 1 ducat 54 grains, ...	7	13
La pistole d'or d'Espagne, dit . 1 56	7	$17\frac{1}{2}$
La guinée d'Angleterre, ... 2 21	9	"
Le ducat kremnitz, le ducat gigliato de Florence & le sequin de Venise, . . .	4	18
Le ducat de Bavière, & celui du prince évêque de Saltzbourg, ...	4	16
Le ducat de Hollande & autres ducats ordinaires, ...	4	14
La reichsthaler d'espèce vieille de constitution, ...	2	"
La thaler courante de Prusse, de la fabrication de 1750, ...	1	25
L'écu vieux de France, ...	2	"
L'écu neuf du même royaume, ...	2	16
La piastre vieille d'Espagne, ...	2	4
La piastre neuve du même royaume, ...	2	"
Le ducaton des Pays-bas, ...	2	29
La piastre de Toscane, ...	2	28
Le *scudo della croce* de Venise, ...	2	28
La *giustina* de Venise, ...	2	12
Le ducat d'argent de Venise, ...	1	33
Le philippe de Milan, ...	2	12
Le scudo de Mantoue, ...	1	54
La rixdale de Hollande, ...	2	"
Le rouble de Russie, ...	1	41
L'écu romain jusqu'à Innocent XII inclusivement, ...	2	26
L'écu d'argent de Gènes, ou *genovina*, ...	2	58

Il faut que ces *monnoies* aient leur vrai poids pour être admises dans le commerce, sans quoi il faut les porter au billon.

Le marc, pour les essais de l'or, se divise en 24 carats, & le carat en 12 grains.

Le marc, pour les essais de l'argent, est de 16 loths, le *loth* de 18 *pfenings*.

Le marc d'or fin vaut 344 florins, & celui d'argent fin, 24 florins plus ou moins.

L'argent œuvré, marqué d'un aigle & de la lettre W, est essayé sur 14 loths, ou $10\frac{1}{2}$ deniers.

La fabrication des *monnoies* en Autriche, est sur le pied suivant, sçavoir :

$80\frac{2}{5}$ Ducats sont taillés d'un marc d'or, poids de *Vienne*, du titre de 23 carats 8 grains, & la valeur de chaque ducat est fixée à 4 florins 12 kreutzers. On y fabrique aussi des souverains, dont il a été parlé à l'article de Bruxelles.

10 Reichsthales, 20 florins ou pièces de $\frac{2}{3}$, ou 40 pièces de $\frac{1}{3}$, sont taillées d'un marc, poids de *Vienne*, d'argent de $13\frac{1}{3}$ loths, titre qui répond à celui de 10 deniers.

42 Pièces de . . .	20 kreutzers pèsent un	m. d'arg. de . .	$9\frac{1}{3}$ loths, ou . .	7	deniers.
46 Dites de . . .	17 dits . . pèsent un	dit . . de . .	$8\frac{2}{3}$	$6\frac{1}{2}$	
72 Dites de . . .	10 dits . . pèsent un	dit . . de . .	8	6	
$86\frac{1}{2}$ Dites de . . .	7 dits . . pèsent un	dit . . de . .	$6\frac{13}{18}$	$4\frac{13}{24}$	
165 Dites de . . .	1 dits . . pèsent un	dit . . de . .	$5\frac{1}{2}$	$4\frac{1}{8}$	

Et le marc, poids de *Vienne*, d'argent fin, fabriqué en ces *monnoies*, vaut dans le public, 24 flor.

Comme la fabrication de ces *monnoies* commença en 1753, en vertu d'un accord, ou convention faite entre les cours de *Vienne* & de *Bavière*, c'est depuis cette époque que ces *monnoies* portent en Allemagne le nom d'*argent de convention*, afin de les distinguer des vieilles *monnoies*, fabriquées suivant la loi ou la *constitution* de l'Empire.

La thaler courante de *Vienne* contient $25\frac{94}{100}$ as. d'or fin, ou $364\frac{80}{100}$ as d'argent fin, & sa valeur intrinséque répond à $36\frac{1}{2}$ sols argent de Hollande.

Cours des *changes* de *Vienne*.

Sur Amsterdam, ...	140 thlr. plus ou m., contre .	100 rixdales bco.
Augsbourg & Nuremberg, .	100 fl. pl. ou m.	100 fl. courans.

Breslau, ...	95 thlr. pl. ou m.	100 thlr.
Francfort, ...	100 thlr. pl. ou m.	100 thlr. courant de convention.
Hambourg, ...	140 thlr. pl. ou m.	100 thlr. bco.
Leipsick & Naumb., . .	100 thlr. pl. ou m.	100 thlr. courant ou louis d'or.
Livourne, ...	1 fl.	64 f. mon. buona plus ou moins.
Londres, ...	8 fl. 48 kr. pl. ou m.	1 L. sterling.
Lyon, ...	75 thlr. plus ou m.	100 écus de 60 f. tournois.
Milan, ...	1 fl.	70 f. cour. pl ou m.
Prague, ...	100 fl. pl. ou m.	100 fl. courans.
Venise, ...	124 thlr. pl. ou m.	100 ducati di bco.

On tire les lettres de *change* de *Vienne*, à une ou plusieurs usances, sur les villes d'Allemagne & d'Italie, ou à défaut pour les temps des foires; & sur Amsterdam, Hambourg & Londres, à plusieurs mois de date.

L'usance est à *Vienne* de 14 jours après l'acceptation; 2 usances comptent 28 jours, 1½ usance 21 jours, & la ½ usance 7 jours seulement, après lesquels les lettres ont encore 3 jours de faveur.

Si le troisième jour de faveur est dimanche, ou jour de fête, le paiement des lettres n'en est exigible que le premier jour ouvrable suivant.

Les lettres de *change* payables dans *Vienne* à simple vue, ou à certains jours préfix, n'ont aucun jour de faveur. Les lettres de *change* payables à la mi-mois, c'est-à-dire à la mi-janvier ou février, &c. échoient le 15 du mois qui est exprimé dans la lettre.

WIRTEMBERG. On compte dans le duché de ce nom, situé dans le cercle de Suabe, en Allemagne, par florins, ou *gulden*, de 28 escalins, ou *schellings*; & l'escalin de 6 deniers ou *pfenings* courans.

Voici comment on réduit ces *monnoies*, sçavoir :

Thaler.	Gulden.	Pfunds ou Livres.	Batzes.	Schellings.	Kreutzers.	Pfenings.
1	1½	2½	22½	42	90	252
	1	1⅗	15	28	60	168
		1	10 1/7	20	42 6/7	120
			1	1 13/15	4	11 19/45
				1	2 1/7	6
					1	2 4/5

Les *monnoies* réelles de *Wirtemberg* sont : le *carolin*, le *ducat* & les *florins* d'Empire, & des pièces de 9 & de 3 batzes, de 18, de 6 escalins, & des kreutzers.

WISMAR. On compte dans cette ville du duché de Mecklembourg, appartenante à la couronne de Suède, par *thaler* de 48 escalins, ou *schillings*, & l'escalin de 12 *pfenings*, ou deniers.

Voici au reste comment on divise ces *monnoies*, sçavoir :

Thaler.	Gulden.	Marken.	Groschen.	Schillings.	Wittens.	Pfenings.
1	2	3	24	48	192	576
	1	1½	12	24	96	288
		½	8	16	64	192
			1	2	8	24
				1	4	12
					1	3

Les *monnoies* réelles de *Wismar* sont les mêmes qui ont cours à Rostock.

ZANTE. On compte dans cette isle & dans celle de *Céfalonie*, isles de la mer Ionnienne, appartenantes à la république de Venise, par *reali* de 100 *soldi*, ou *aspri*.

Le *réal* est de 10 lire, & la *lira* de 10 soldi.

Les *monnoies* réelles suivantes ont cours dans ces isles.

Le sequin de Venise, à 27 lire 3 f. }
Le ducatone ou la giustina, 13 10 } pl. ou m.
Le ducat effectif de Venise, 10 4 }

Le réal de *Zante* & de *Céfalonie* contient environ 26 1/10 as d'or fin, ou 391 as d'argent fin, & nous estimons qu'il vaut au pair autour de 39 1/10 sols, argent de Hollande.

Zante & *Céfalonie* changent sur Venise, 100 réali, contre 83 ducati 12 grossi di banco, plus ou moins.

ZÉLANDE. On compte dans cette province de la république de Hollande, par florins, ou *gulden*, de 20 sols, ou *stuivers*, & le sol de 16 deniers, ou *penningen*.

La rixdale, ou *ryksdaalder*, vaut 53 sols, argent de Zélande; mais elle ne vaut dans les autres provinces de la république, principalement dans celle de Hollande, que $51\frac{1}{2}$ à 52 sols, argent courant d'Amsterdam.

Le ducat d'or de fl. 5. 5 sols de Hollande, vaut ordinairement 5 florins 7 sols, argent de *Zélande.*

Le change d'Amsterdam & des autres villes de Hollande, est $1\frac{1}{2}$ à 2 p$\frac{o}{o}$ de bénéfice sur l'argent de *Zélande*, qui est d'autant plus foible dans sa valeur intrinséque.

ZELLE. On compte dans cette ville du duché de Lunebourg en Allemagne, par *thaler* de 36 *marien-groschen*, & le marien-groschen de 8 deniers ou *pfenings* courans, comme à Brunswick.

Les autres *monnoies* de compte & réelles, sont expliquées à l'article de HANOVRE.

L'argent œuvré de *Zelle* est du titre de 12 loths, qui répondent à 9 deniers.

La marque de l'essayeur est un cheval, avec le chifre 12.

ZURICH. On compte dans le canton de ce nom, en Suisse, par florins, ou *gulden*, de 60 kreutzers, & le *kreutzer* de 8 *hellers;* & autrement, par florins de 40 escalins, ou *schillings*, & l'escalin de 12 hellers.

L'écu courant, ou la thaler, qui vaut $1\frac{1}{2}$ florin, se divise de la manière suivante :

Ecu.	*Fl. d'Empire.*	*Fl. de Zurick.*	*Batzes.*	*Escalins.*	*Kreutzers.*	*Angsters.*	*Hellers.*
1	$1\frac{1}{2}$	$1\frac{4}{5}$	$28\frac{4}{5}$	72	108	432	864
	1	$1\frac{1}{5}$	$19\frac{1}{5}$	48	72	288	576
		1	16	40	60	240	480
			1	$2\frac{1}{2}$	$3\frac{3}{4}$	15	30
				1	$1\frac{1}{2}$	6	12
					1	4	8
						1	2

Ces *monnoies* ont deux valeurs, dont l'une se nomme *valeur courante*, & l'autre *valeur de change :* celle-ci vaut 10 p$\frac{o}{o}$ davantage que celle-là.

La *valeur courante* est celle de l'argent du pays: & c'est aussi une valeur déterminée qu'on donne aux espèces étrangères; par exemple : le louis d'or vieux de France est à 7 florins, 42 kreutzers; & les autres espèces à proportion.

La *valeur de change* est celle dont on fait le paiement des lettres de *change*, en comptant le louis d'or vieux de France à 7 florins seulement, & à proportion les autres espèces.

Pour la réduction des *monnoies* de *Zurich*, on compte :

5 Ecus par . . .	9 florins de *Zurich.*
5 Florins d'Empire,	6 florins de *Zurich.*
10 Florins de change	11 florins courans.

Les *monnoies* réelles de *Zurich* sont les suivantes, sçavoir :

D'or : Le *ducat* qui étant du poids de la $\frac{1}{2}$ pistole, vaut 4 fl. 15 kreutzers.
Et lorsqu'il est du poids requis, vaut 4 fl. 18 kreutzers.

D'argent : L'*écu* ou la *thaler* (dont le $\frac{1}{2}$ & le $\frac{1}{4}$ à proportion) 2 fl.

De *billon*: La *batze*, à $2\frac{1}{2}$ escalins, ou $3\frac{3}{4}$ kreutzers.
Des pièces de 1 escalin ou *schilling*, de $\frac{1}{2}$ & de $\frac{1}{4}$ d'escalin, à 12, 6 & 3 hellers.
Des piéces de 2 *hellers.*

Au reste le louis d'or neuf de France est fixé à *Zurich* au prix de 9 fl. 45 kr.
L'écu neuf de France l'est aussi à 2 fl. $26\frac{1}{4}$ kr.

La ville & le canton de *Zurich* font fabriquer des espèces pour la valeur de $297\frac{1}{4}$ florins de *Zurich*, d'un marc d'or fin, & $20\frac{1}{2}$ florins d'un marc d'argent fin; ce qui établit entre l'or & l'argent, la proportion de 1 à $14\frac{1}{2}$.

Le florin, valeur de change de *Zurich*, contient ainsi 18 as d'or fin, ou environ 261 as d'argent fin; & le florin courant, $16\frac{40}{100}$ as d'or fin, ou environ $237\frac{80}{100}$ as d'argent fin : le florin de change vaut par conséquent $26\frac{1}{8}$ sols, argent de Hollande, & le florin courant $23\frac{3}{4}$ dits.

Le titre de l'or œuvré de *Zurich* est de $19\frac{1}{2}$ carats, & celui de l'argent œuvré de $13\frac{1}{2}$ loths, ou 10 deniers 3 grains; la marque des essayeurs de cette ville, est la lettre Z.

Cours des *changes* de *Zurich.*

Sur	Amsterdam, ...	180 fl. de *change* contre	91 rixd. bco. plus ou moins.
	Genève, ...	60 fl. de ch avec $\frac{1}{4}$ p$\frac{o}{o}$ de gain ou p. .	100 liv. courantes.
	Leipsick, ...	99 pistoles pl. ou m	100 pistoles, en foire.
	Lyon, ...	100 fl. cour. pl. ou m.	250 livres.
	Venise, ...	11 kr. de ch. pl. ou m.	1 lira mon. piccola.
	Vienne, ...	106 fl. cour. pl. ou m.	100 fl. courans.

On tire les lettres de *change* à *Zurich*, sur les villes ci-dessus, à diverses échéances, & principalement à une ou plusieurs usances.

L'uso, ou usance des lettres de *change* de Hollande & d'Allemagne, est de 14 jours après vue : il n'y a, au reste, rien de fixe touchant les jours de faveur.

TABLE *du contenu d'or & d'argent fin des monnoies de compte ou imaginaires de divers pays, & de leur valeur intrinsèque en argent effectif de Hollande.*

NOMS DES VILLES.	NOMS DES MONNOIES.	Contenu d'or fin. (as , 100.)	Contenu d'arg. fin. (as , 100.)	Réduct. en arg. de Hol. fl. s. d.
Aix-la-Chap.	1 Rthl. d'esp. de 8 ß , 12 fl. ou 72 marcs courans.	* 28 40	* 405 // //	2 // // 8
	1 Rthl. cour. de 6 ß , 9 fl. ou 54 marcs courans.	* 21 30	* 304 // //	1 10 6
Amsterdam ,	1 L. vls. de 6 fl. 20 ß , ou 240 ₳ vls. bco.	* 86 22	*1283 40	6 8 4
	1 Rxd. de 50 f. ou 100 ₳ vls. bco.	35 92	* 534 75	2 13 7
	1 Fl. de 20 f. ou 40 ₳ vls. , ou 320 ₳ bco.	* 14 37	* 213 90	1 1 6
	1 L. vls. de 6 f. 20 ß ou 240 ₳ vls courans.	82 20	223 76	6 2 6
	1 Rxd. de 50 f. ou 100 ₳ vls. courans.	34 25	509 90	2 11 //
	1 Fl. de 20 f. 40 ₳ vls., ou 320 ₳ courans.	13 70	203 96	1 // 6½
Aragon ,	1 L. de 10 réaux 20 f. ou 320 ₳ à présent.	30 19	470 52	2 7 //
Augsbourg ,	1 Rthl. de 1½ fl. ou 90 kr. valeur *giro.*	* 32 30	463 29	2 6 6
	1 Fl. de 60 kr. dite.	* 21 50	308 86	1 10 15
	1 Rthlr. de 1½ fl. ou 90 kr. courans.	* 25 40	364 80	1 16 8
	1 Fl. de 60 kr. courans.	16 90	243 20	1 4 6
	1 Rthl. de 1½ fl. ou 90 kr. en louis d'or.	25 19	// // // //	1 17 // //
	1 Rthl. de 1½ fl. ou 90 kr. en argent blanc.	// // // //	* 304 // //	1 10 6
Basle ,	1 Rthl. de 1⅘ fl. 3 l. 60 f. ou 10 kr. de change.	31 60	456 42	2 5 10
	1 Fl. de 15 batzes, ou 60 kr. de change.	17 55	253 56	1 5 6
	1 Rthl. de 1⅘ fl. 3 l. 60 f. ou 108 kr. courans.	29 //	420 //	2 2 //
	1 Fl. de 15 batzes ou 60 kr. courans.	* 16 //	233 33	1 3 5
Barcelonne ,	1 L. de 10 rxd. 20 f. ou 240 d. avant 1772.	18 34	272 6	1 7 4
	Depuis 1772 jusqu'à juillet 1779.	18 34	268 87	1 6 13
	Depuis Juillet 1779.	17 25	268 87	1 6 13
Bergame ,	1 Scudo de 7 l. ou 140 f. corrènte.	23 17	342 37	1 14 4
	1 L. de 20 f. ou 240 ₳ corrènte.	3 31	48 91	// 4 14
Berlin ,	1 L. de 30 gr. argent de banque.	31 48	454 57	2 6 5
	1 Rthl. de 24 gr. en frks. d'or à 5 rthle.	25 19	// // // //	1 17 // //
	1 Rthl. de 24 gr. argent courant.	24 //	347 43	1 14 12
Berne ,	1 L. de 10 batzes, 20 f. réglement de 1744.	10 19	148 9	// 14 13
	1 L. de 10 batzes , 20 f. courans.	* 9 60	* 139 30	// 13 15
Bologne ,	1 Scudo de 85 bolognini di cambio.	30 19	456 92	2 5 11
	1 L. de 2 paoli ou 20 ₳ bolognini di cambio.	7 10	105 50	// 10 12
	1 L. de 2 paoli ou 20 f. correnti.	* 6 90	* 104 90	// 10 8
Bolzan,	1 Scudo de 93 kr. arg. de change.	35 6	// // // //	2 11 8
	1 Rthl. de 1½ fl. ou 90 kr. de change.	33 93	// // // //	2 9 14
	1 Rthl. de 1½ fl. ou 90 kr. monnoie longue.	25 77	364 80	1 16 8
	1 Fl. de 60 kr. monnoie longue.	17 18	243 20	1 4 6
	1 Fl. de 60 kr. valeur de foire.	* 16 8	* 233 80	1 3 8
Breme ,	1 Rthl. de 72 gr. en frédéricks d'or.	25 //	// // // //	1 16 12
	1 Rthl. de 72 gr. courans.	// // // //	// // // //	1 16 8
Breslau ,	1 L. de 30 gr. de banque.	31 48	* 364 8	2 6 5
	1 Rthl. de 1½ fl. ou 90 kr. en frédéricks d'or.	25 19	// // // //	1 17 // //
	1 Rthl. de 1½ fl. ou 90 kr. courans.	24 // //	347 43	1 14 12
Brunswick ,	1 Rthl. de 24 Ggr. en carls d'or.	25 19	// // // //	1 17 // //
	1 Rthl. de 24 Ggr. courans.	* 25 5	364 80	1 16 8
Bruxelles ,	1 L. vls. de 20 ß , 120 f. ou 240 ₳ vls. de change.	83 82	1216 52	6 1 10
	1 Rxd. de 8 ß , 48 f. ou 96 ₳ vls de change.	33 53	486 65	2 8 10
	1 Fl. de 20 ß , 40 ₳ vls., ou 320 ₳ de change.	13 97	202 77	1 // 4
	1 L. de 20 ß , 120 f. ou 240 ₳ vls. courans.	71 85	1040 32	5 4 1
	1 Rxd. de 8 ß , 48 f. ou 96 ₳ vls. courans.	28 74	417 13	2 1 12
	1 Fl. de 20 f. 40 ₳ vls. , ou 320 ₳ courans.	11 97	173 38	// 17 5
Canaries ,	1 Réal courant de 8 quartos à présent.	2 42	37 64	// 3 12
Cassel ,	1 Thl. de 32 albus de Hesse.	25 2	364 80	1 16 8

NOMS DES VILLES.	NOMS DES MONNOIES.	Contenu d'or fin. as, 100.		Contenu d'arg. fin. as, 100.		Réduct. en arg. de Hol. fl. s. d.		
Chine,	1 Lyang ou taël, de 10 mas, ou 100 condorines.	* 59	// //	780	// //	3	18	//
Cologne,	1 Thl. de 1½ fl. d'espèce, ou 90 kr. cour. suivant l'ordonnance de 1758.	21	54	301	// //	1	10	2
	1 Thl. de 1½ fl. ou 87½ kr. courans dit.	21	// //	293	47	1	9	6
Copenhague,	1 Rdl. d'espèce de la fabric. de 1776.	35	28	530	70	2	13	1
	1 Rdl. de 6 marcs ou 96 ß courans de Danemarck.	28	78	431	75	2	3	3
Curaçau,	1 Piastre de 8 rx. ou 48 s.	28	73	409	7	2	//	15
Dantzick,	1 Fl. de 30 gr. courans.	* 5	94	* 86	81	//	8	11
Dublin,	1 L. de 20 s. ou 240 d. irrish.	140	14	2129	38	10	13	//
Dunkerque,	1 L. vls. de 6 fl. 20 ß ou 240 à vls.	48	23	696	52	3	9	10
	1 Ecu de 3 l. 8 ß 48 st. ou 60 s.	19	29	278	61	1	7	14
	1 Fl. de 20 st. ou 40 à vls.	8	4	116	9	//	11	10
	1 L. de 20 s. ou 240 à tournois.	6	43	92	87	//	9	5
Elseneur,	1 Rosenoble de 4¼ rdl. d'espèce.	162	95	2446	50	12	4	10
	1 Rdl. d'espèce de 48 s. pour les droits du Sund.	34	30	516	7	2	11	10
	1 Rdl. couronne de 48 s. couronne, dit.	30	49	458	73	2	5	14
	1 Rdl. courante, de 48 s. courans, dit.	28	70	431	75	2	3	3
Empire,	1 Rthl. de 2 fl. valeur de constitution.	35	78	540	44	2	14	//
	1 Thl. de 1½ fl. même valeur.	26	84	405	33	2	//	8
	1 Fl. de 60 kr. même valeur.	17	89	270	22	1	7	//
	1 Rthl. de 2 fl. valeur courante de convention.	// //	// //	486	40	2	8	10
	1 Thl. de 1½ fl. même valeur.	// //	// //	364	80	1	16	8
	1 Fl. de 60 kr. même valeur.	// //	// //	243	20	1	4	5
Espagne,	1 Pistole de 32 rx. de plate, avant 1772.	102	72	1519	13	7	13	//
	1 Ducat de change de 375 maravedis, dit.	35	41	527	5	2	12	12
	1 Piastre de 8 rx. de plate, dit.	25	68	382	28	1	18	4
	1 Pistole depuis 1772 jusqu'à 1779.	102	72	1505	70	7	10	8
	1 Ducat de change de 375 maravedis, dit.	35	41	518	97	2	11	14
	1 Piastre de 8 rx. de plate, dit.	25	68	316	42	1	17	11
	1 Pistole depuis juillet 1779.	96	30	1505	70	7	10	8
	1 Ducat de change de 375 maravedis, dit.	33	19	518	97	2	11	14
	1 Piastre de 8 rx. de plate dit.	24	15	376	42	1	17	11
	1 Real de plate vieille, dit.	3	10	47	5	//	4	11
	1 Real de vellon, dit.	1	60	25	// //	//	2	8
Florence,	1 scudo d'or de 7½ l. ou 90 crazie.	40	40	588	80	2	18	14
	1 Ducato de 7 l. ou 140 s. ou 1680 à.	37	90	549	60	2	15	//
	1 Pezza de 5¾ l. ou 115 s. moneta buona.	31	10	451	40	2	5	2
	1 L. de 1½ paolo, 12 crazie, ou 20 s. moneta buona.	5	40	78	62	//	7	14
France,	1 Ecu de 3 l. 60 s. ou 720 à tournois.	19	54	284	92	1	8	8
	1 L. de 20 s. ou 240 à tournois.	6	51	94	97	//	9	8
Francfort sur Meyn,	1 Thl. de 1½ fl. ou 22½ batz. de ch.	24	40	344	// //	1	14	7
	1 Thl. de 1½ fl. 22½ batzes, ou 90 kr. de conv.	* 25	70	364	80	1	16	8
	1 Thl. de 1½ fl. 22½ batzes, ou 90 kr. en louis d'or.	25	// //	// //	// //	1	16	12
Gênes,	1 Scudo d'oro marche, fuori di bco.	57	30	854	52	4	5	8
	1 Scudo d'argento, de 174⅔ s. fuori di bco.	46	81	698	24	3	9	13
	1 Pezza di banco, de 5 l. di permesso.	33	75	499	32	2	15	15
	1 Pezza de 5¾ l. ou 115 s. fuori di bco.	30	80	459	37	2	6	// //
	1 Scudo di cambio de 4¼ l. ou 91 s. fuori di bco.	24	64	367	50	1	16	12
	1 L. de 20 s. fuori di bco ou courans.	5	35	79	89	//	8	//
Genève,	1 Ecu de 3 l. 60 s. ou 126 s. de Genève.	32	22	467	58	2	6	11
	1 Fl. de Genève de 20 s. de Genève.	3	7	44	57	//	4	7
Hambourg,	1 Rthl. de 3 marcs, 8 ß vls. 48 ß lübs, ou 96 à vls. bco.	* 35	54	532	// //	2	13	4
	1 Thl. de 2 marcs, 32 ß lubs, ou 64 à vls. bco.	* 23	69	354	67	1	15	8
	1 Rthl. de 3 marcs, ou 48 ß lubs, ou 576 à lübs cour.	* 28	66	429	// //	2	2	14
	1 Marc de 16 ß lubs, ou 192 à lubs courans.	9	55	143	// //	//	14	5
Hanovre,	1 Rthl. de 56 marien-groschen courans.	26	84	405	33	2	// //	//

NOMS DES VILLES.	NOMS DES MONNOIES.	Contenu d'or fin. as, 100	Contenu d'arg. fin. as, 100	Réduct. en arg. de Hol. fl. s. d.
Hanovre,	1 Rthl. de 36 mar. gr. en georges d'or de 5 rthl.	25 19	// // // //	1 17 //
Konigsberg,	1 Thl. de 24 Ggr. courans de Pruffe. . . .	* 24 // //	347 43	1 14 12
	1 Fl. de 30 gr. courans de Pruffe. . . .	* 8 // //	115 81	// 11 9
Leipfick,	1 Thl. de 24 Ggr. courans de Saxe.	* 25 50	364 80	1 16 8
	1 Thl. de 24 Ggr. en louis d'or à 5 thl. . . .	25 // //	// // // //	1 16 12
Liége,	1 Thl. de 4 fl. 8 ß, ou 8 f. courans.	33 57	492 16	2 9 4
	1 Fl. de 2 ß, ou 20 f. courans.	8 39	123 3	// 12 5
Lisbonne,	1 Millerées de 10 toftoens, ou 1000 rées. .	42 75	577 10	2 17 12
	1 Cruz. velho de 4 toftoens, 10 réales, ou 400 rées.	17 10	230 84	1 3 1
Livoûrne,	1 Pezza de 8 reali, ou 6 lire, moneta lunga. . .	31 11	451 42	2 5 2
	1 L. de 12 crazie, ou 20 f. moneta lunga. . .	5 18	75 23	// 7 8
	1 L. de 1½ paoli, ou 20 f. moneta buona. . .	5 41	78 50	// 7 14
Londres,	1 L. de 20 f. ou 240 d. fterlings.	151 11	2295 21	11 9 8
Lubeck,	1 Rthl. de 3 marcs, ou 48 ß lubs courans. . .	* 28 66	429 // //	2 2 15
	1 Marc de 16 ß lubs courans.	* 9 55	143 // //	// 14 5
Lucque,	1 Scudo d'oro de 7½ l. ou 150 f. di lira. .	36 89	535 28	2 13 8
	1 Ducato della feta de 158 3/11 f. di lira. .	38 96	565 43	2 16 8
	1 L. de 20 f. correnti Lucca.	4 92	71 37	// 7 2
Madras,	1 Pagode de 36 fanoins.	61 60	// // // //	4 10 //
	1 Roupie de 10 fanoins.	// // // //	237 50	1 3 12
Malthe,	1 Scudo de 12 tari d'argent.	* 27 //	* 382 // //	1 18 4
	1 Scudo de 12 tari de cuivre.	18 // //	255 // //	1 5 8
Mexique,	1 Piaftre de 8 réaux ou 272 maravedis de plata.			
	mexicanos avant 1772. . . .	34 11	507 72	2 10 12
	Depuis 1772 jufqu'à 1779.	34 11	499 94	2 10 // //
	Depuis le 27 juillet 1779.	31 97	499 94	2 10 // //
Milan,	1 Scudo impériale de 117 f. imperiali. . .	41 4	609 20	3 // // 15
	1 Scudo corrente de 115 f. correnti. . . .	28 50	423 10	2 2 5
	5 L. ou 100 f. imperali.	35 // //	520 // //	2 12 // //
	5 L. ou 100 f. correnti.	24 30	368 // //	1 16 12
Modeñe,	1 L. de 20 f. ou 240 f. correnti.	2 40	36 70	// 3 10
Munich,	1 Thl. de 1½ fl. ou 90 kr. depuis 1766. . .	22 20	304 // //	1 10 7
	1 Fl. 20 gr. 24 landmüntze, ou 60 kr. courans.	14 80	202 67	1 // // 4
Nanci,	1 L. de 20 f. ou 240 d. valeur de Lorraine. . .	5 4	73 53	// 7 5
Naples,	1 Ducato di regno, de 5 tari, ou 10 carlini. .	27 47	413 67	2 1 5
Nuvarre,	1 L. de 60 maravedis, à préfent.	5 1½	78 42	// 7 14
	1 Ducado de 10⅖ réales, à préfent.	32 77	512 35	2 11 4
	1 Réal de 36 maravedis.	3 1	47 5	// 4 12
Nove,	1 Scudo d'oro marche, valeur di bco.	62 79	928 97	4 12 14
	1 Scudo dit, valeur fuori di bco.	57 30	854 65	4 5 7
Nuremberg,	1 Fl. de 1½ fl. 30 gr. ou 90 kr. bco. ou courans.	* 25 80	364 80	1 16 8
	1 Thl. de 1¼ fl. 30 gr. ou 90 kr. en louis d'or.	25 19	// // // //	1 17 // //
	1 Thl. de 1½ fl. 30 gr. ou 90 kr. argent blanc.	21 50	304 // //	1 10 6
	1 Fl. de 20 gr. ou 60 kr. dit.	14 30	202 70	1 // // 4
Parme,	1 L. de 20 f. ou 240 d. di Parma.	* 1 75	* 26 25	// 2 10
Pegu,	1 Tical.	// // // //	* 320 //	1 12 // //
Pernau,	1 Rthl. de 64 weiffes, ou 80 copecks. . . .	25 20	350 // //	1 15 // //
Perfe,	1 Toman de 100 mamoudis.	// // // //	2777 // //	13 17 11
Pologne,	1 Fl. de la grande Pologne.	4 47	67 55	// 6 12
	1 Fl. de la petite Pologne.	8 95	135 11	// 13 8
Pondicheri,	1 Pagode de 24 fanoins.	60 60	// // // //	4 9 1
	1 Roupie de 16 annas, ou 30 f.	// // // //	230 // //	1 3 //
Prague,	1 Thl. de 1½ fl. 90 kr. ou 120 gr. courans.	25 77	364 80	1 16 8
	1 Fl. de 60 kr. ou 80 gr. courans.	17 18	243 20	1 4 5
Ratisbonne,	1 Thl. de 1½ fl. ou 90 kr. cour. de convention.	25 77	364 80	1 16 8
Revel,	1 Rthl. de 64 wittens, ou 90 copecks. . . .	25 50	349 90	1 14 15

NOMS DES VILLES.	NOMS DES MONNOIES.	Contenu d'or fin. as, 100.	Contenu d'arg. fin. as, 100.	Réduct. en arg. de Hol. fl. s. d.
Riga,	1 Rthl. d'Albert, de 90 gros.	35 *//	506 *//	2 10 10
	1 Rthl. courant de 60 ferdings.	* 25 20	* 371 25	1 17 3
Rome,	1 Scudo di stampa, de 1523 mezzi quatrini.	52 50	769 20	3 16 14
	1 Scudo di stampa, de 1525 mezzi quatrini.	52 60	770 20	3 17 *//
	1 Scudo monneta, de 1000 mezzi quatrini.	34 50	505 *//	2 10 8
Rostock,	1 Rthl. de 3 marcs, ou 48 ß lubs courans.	* 29 40	429 *//	2 2 15
	1 Marc de 16 ß courans.	* 9 80	143 *//	// 14 5
Russie,	1 Rouble de 100 copecks en arg. blanc ukase de 1755.	31 50	430 *//	2 3 *//
	1 Rouble de 100 copecks en cuivre.	31 3	* 423 64	2 2 6
	1 Rouble de 100 copecks en assignations.	31 19	* 425 74	2 2 8
S. Eustache,	1 Piastre de 8 réaux en 48 s. courans.	24 87	363 63	1 16 5
S. Gall,	1 Fl. de 10 ß, 15 batzes, ou 60 kr. de ch.	18 40	265 30	1 6 8
	1 Fl. de 10 ß, 15 batzes, ou 60 kr. courans.	* 15 20	* 220 *//	1 2 *//
S. Remo,	1 L. de 20 s. ou 240 ₰ courans.	5 60	81 *//	// 7 *//
Sardaigne,	1 L. de 20 s. ou 240 ₰ di sardegna.	7 56	110 58	// 11 *//
Siam,	1 Tical d'or de 8 fouangs, ou 16 bises.	302 *//	*// *//	22 2 4
	1 Tical d'argent de 8 fouangs ou 16 bises.	*// *//	372 40	1 17 4
Sicile,	1 Onza de 30 tari, ou 600 grani.	83 *//	1241 *//	6 4 2
	1 Ecu de 2 fl. 12 tari, ou 240 grani.	33 20	496 40	2 9 11
Smirne,	1 Ecu au lion, ou piastre de 100 mines.	* 19 *//	* 264 *//	1 6 6
Strasbourg,	1 Ecu de 1½ fl. 3 l. 15 ß 60 s. ou 90 kr.	19 54	284 92	1 8 8
	1 Fl. 2 l. 10 ß, 15 batzes, 40 s. ou 60 kr.	13 2	189 94	// 19 *//
Suède,	1 Rdll. d'espèce de 48 ß.	* 36 10	534 *//	2 13 11
	1 Thl. de 4 marcs, ou 32 oeres, monnoie d'argent.	6 2	89 *//	// 8 15
	1 Thl. de 4 marcs, ou 32 oeres, monnoie de cuivre.	* 2 1	29 67	// 3 *//
Surate,	1 Roupie de 16 annas, ou 32 ponnes.	17 30	238 *//	1 3 12
Surinam,	1 Fl. de 20 s. ou 320 ₰.	11 34	166 50	// 16 10½
Trieste,	1 Fl. de 5 l. 60 kr. ou 100 s. courans de Vienne.	17 18	243 20	1 4 5
	1 Fl. de 5 l. 1. 60 kr. ou 100 s. courans de Trieste.	16 50	* 230 *//	1 3 *//
Turin,	1 Scudo de 3 l. ou 60 s. de Piémont	45 37	663 *//	3 6 5
	1 L. de 20 s. ou 240 ₰.	* 5 56	110 50	// 11 4
Turquie,	1 Piastre de 100 mines, ou aspres.	* 18 *//	268 33	1 16 13
Valence en Espagne,	1 L. de 10 rx. ou 20 s. à présent.	24 15	376 85	1 17 11
Venise,	1 Ducato de 6½ l. 24 gr. ou 124 s. di bco.	31 77	469 54	2 6 15
	1 Ducato de 6½ ou 124 s. correnti piccoli.	20 52	303 24	1 10 5
Vienne,	1 Thl. de 1½ fl. 30 gr. ou 90 kr. courans.	25 94	364 80	1 16 8
	1 Fl. de 20 s. ou 60 kr.	17 29	243 20	1 4 5
Zante,	1 Réal de 10 l. ou 100 s.	* 26 60	* 391 *//	1 19 2
Zurich,	1 Thl. de 1½ fl. 72 ß, ou 108 kr. de change.	32 40	* 468 *//	2 6 14
	1 Fl. de 40 ß, ou 60 kr. de change.	18 *//	* 260 *//	1 6 *//
	1 Fl. de 40 ß, ou 60 kr. courans.	16 36	* 232 *//	1 3 4
	1 Fl. de 40 ß, ou 60 kr. argent blanc.	* 15 30	218 *//	1 1 14

Cette marque * indique que le contenu d'or ou d'argent de la *monnoie* dont est question est sujet à varier.

TABLE *du poids, titre & contenu fin des monnoies réelles d'or de divers pays ; leur rapport relativement aux ducats d'or de Hollande, & leur valeur intrinsèque réduite en argent de Hollande, à raison de 5¼ florins par ducats.*

NOMS DES MONNOIES.	Poids. as, 100.	Titre. Kar.	gr.	Contenu d'or fin. as, 100.	Contenu de ducat. as, 100.	Réduct. en arg. de Hol. fl.	s.	d.
L'adolphe d'or de Suède.	138 80	15	4	88 60	1 242	6	10	7
L'auguste de Saxe.	137 50	21	8	124 10	1 740	9	8	11
Et pefé au marc il contient.	138 80	21	8	125 40	1 758	9	4	9
Le carl de Brunfwick.	138 ⁗	21	9	125 ⁗	1 753	9	4	1
Et pefé au marc il contient.	138 80	21	9	125 80	1 765	9	5	5
Le carolin de Bavière, du Palatinat, de Wirtemb.	202 67	18	8½	158 ⁗	2 215	11	12	9
Le cruzado novo de Portugal.	22 37½	22	⁗	20 50	″ 287	1	10	2
Le cruzado velho dit.	18 60	22	1	17 10	″ 240	1	5	3
Le doblon. *Voyez Efpagne.*								
Le dobraon. *Voyez Portugal.*								
La doppie neuve de Savoie de *1755.* . . .	200 20	21	9	181 50	2 544	13	7	2
Le ducat de Hollande.	72 60	23	7	71 33⅓	1 ⁗	5	5	⁗
Celui d'Empire.	72 60	23	8	71 50	1 2	5	5	3
Celui de Cremnitz de Hongrie.	72 60	23	9	71 80	1 7	5	5	12
Celui de Hambourg.	72 60	23	6	71 8	″ 997	5	4	11
Celui de Danemarck vieux, de 1714 à 1717, qui a été réduit à 11 marcs danois. . . .	60 ⁗	21	2	52 90	″ 742	3	17	15
Celui de Danemarck, neuf de 1757, qui vaut maintenant 12 marcs danois. . , . .	65 ⁗	21	2	57 40	″ 805	4	4	8
Celui de Suède.	72 46	23	5	70 70	″ 991	5	4	1
Efpagne, le quadruple vieux avant *1772.* . .	560 24	22	⁗	513 55	7 199	37	15	15
Le quadruple neuf depuis 1772. . . .	560 24	21	11	511 60	7 172	37	13	1
La piftole, ou doblon, avant 1772. . . .	149 6	22	⁗	128 38	1 799	9	8	15
La piftole, ou doblon, depuis 1772. . . .	140 6	21	11	127 90	1 793	9	8	4
Le florin de Hanovre, fuivant la loi. . .	67 50	19	1	53 70	″ 753	3	19	1
Celui du Rhyn.	67 50	18	9	52 70	″ 739	3	17	10
Le frédéric d'or de Pruffe.	138 90	21	9	125 90	1 764	9	5	4
Le george d'or de Hanovre.	138 90	21	9	125 90	1 764	9	5	4
Le gigliato de Florence.	72 60	23	10¼	72 20	1 12	5	6	4
La guinée d'Angleterre, de loi.	174 50	22	⁗	159 97	2 242	11	15	7
Celle avec le remède.	173 30	22	⁗⁗	158 87	2 227	11	13	13
Et autrement.	174 50	21	10½					
Contenu moyen.	⁗⁗ ⁗⁗	⁗⁗	⁗⁗	159 42	2 235	11	14	11
L'impériale de 10 roubles de Ruffie, fuivant l'ukafe de 1755. . . .	344 50	22	⁗	315 70	4 427	23	4	13
Le louis vieux de France, fuivant la loi. . .	140 50	22	⁗	128 80	1 805	9	9	8
Le même avec le remède.	140 ⁗	21	9	126 90	1 779	9	6	13
Le même d'après l'effai de Ratisbonne. . .	138 80	21	10	126 40	1 772	9	6	1
Le louis neuf de France, de loi.	169 80	22	⁗	155 65	2 182	11	9	2
Le même, avec le remède.	169 30	21	8¼	153 3	2 145	11	3	4
Le même, prix moyen.	169 50	21	10½	154 34	2 164	11	5	4
Le même, fuivant le tableau du pair. . .	169 80	21	9	153 80	2 156	11	4	5
Le louis neuf, d'après l'effai de Ratisbonne. .	169 10	21	8	152 70	2 141	11	4	13
Le même, d'après celui d'Augsbourg. . .	169 10	21	7	152 10	2 132	11	4	14
Le louis d'or de France au foleil, avec le remède.	169 30	21	8¼	153 3	2 145	11	3	4
Le même, d'après l'effai de Ratisbonne. .	169 10	21	6	151 50	2 124	11	⁗	⁗
Le louis d'or de Noailles.	254 30	21	8	229 60	3 218	16	17	14
Le louis d'or à la croix de Malthe. . . .	202 ⁗	21	8	182 30	2 556	13	8	6
Le louis d'or de France marqué II. . . .	200 ⁗	21	8	180 50	2 530	13	5	10
Le lys d'or de France.	84 ⁗	23	3	81 30	1 140	5	19	11
Le max d'or de Bavière.	135 10	18	8	105 ⁗	1 472	7	14	8

NOMS DES MONNOIES.	Poids. as, 100.	Titre. Kar. gr.	Contenu d'or fin. as, 100.	Contenu de ducat as, 100.	Réduct. arg. de Hol. fl. s. d.
Le mirliton de France, d'après l'essai de Ratisb.	135 10	21 6½	121 20	1 699	8 18 6
L'onze de Sicile, de 30 tari.	91 60	21 9	83 //	1 164	6 2 4
La pagode de Madras, Angloise.	71 20	20 8 2/7	61 40	// 861	4 10 6
La pistole de Genève, de 1752.	118 //	22 //	108 20	1 517	7 19 4
Celle de Savoie neuve, de 1755.	200 20	21 9	181 50	2 544	13 7 2
Celle de Savoie vieille, de 1741 & 1742.	149 80	21 9	135 70	1 902	9 19 12
Portugal, le dobraon de 24000 rées avant 1722	1119 37½	22 //	1026 //	14 383	75 10 4
La moëde, ou lisbonnine de 4800 rées.	223 80	22 //	205 20	2 876	15 2 2
Le crusado, de 480 rées	22 37½	22 //	20 50	// 287	1 10 2
Le dobraon de 12800 rées depuis 1722.	597 //	22 //	547 25	7 671	40 5 7
La moëde de 6400 rées.	298 50	22 //	273 63	3 836	20 2 12
L'escudo de 1600 rées.	74 63	22 //	68 41	// 959	5 // 11
La rosenoble d'Angleterre.	158 //	23 10	158 90	2 200	11 11 //
La roupie d'or, du grand Mogol.	231 //	23 9	228 60	3 204	16 16 7
Le ryder de Hollande, de loi.	208 //	22 1	191 39	2 683	14 1 11½
Avec le remède.	207 //	22 //	189 75	2 660	13 19 5
Prix moyen.	207 50	22 //½	190 58	2 672	14 // 8
D'après le tableau du pair,	206 //	22 //	188 //	2 647	13 17 15
Suivant les recherches sur le commerce.	207 2	22 //	189 75	2 660	13 19 5
Le sequin de Florence, d'après le tableau du pair.	72 50	23 10½	72 20	1 12	5 6 4
De Gênes, d'après le tableau du pair,	72 70	23 10½	72 30	1 14	5 6 8
De Rome.	72 20	23 6	70 70	// 991	5 4 1
De Savoie.	72 20	23 10½	71 80	1 007	5 5 12
De Venise, est réputé.	72 80	23 10½	72 40	1 016	5 6 11
Mais il contient en effet.	72 82	24 //	72 82	1 021	5 7 3
Le souverain, ou severin de Brabant, simple.	116 //	22 //	106 30	1 490	7 16 7
Le severin double, d'après la loi.	231 80	22 //¼	213 15	2 988	15 13 12
Avec le remède.	230 70	22 //	211 55	2 966	15 11 6
Valeur moyenne.	231 20	22 //⅛	212 35	2 977	15 12 9
Le sultanin de Turquie, de 1723.	72 75	20 //	60 60	// 850	4 5 //
Le tical de Siam.	380 //	19 1	302 //	4 233	22 4 8

TABLE du poids, titre & contenu fin des monnoies réelles d'argent de divers pays, & leur valeur intrinsèque en argent de Hollande, dont le florin est compté à 200 as d'argent fin.

NOMS DES MONNOIES.	Poids. as, 100.	Titre. Den. gr.	Contenu d'arg. fin. as, 100.	Réduct. en arg. de Hol. fl. s. d.
Le carlin de Naples essayé par Newton.	45 //	10 23	41 //	// 4 2
Le carolin de Suède.	216 40	8 8	150 30	// 15 1
Le chelin, ou shilling d'Angleterre.	125 //	11 //	114 //	// 11 7
La couronne d'argent de Brabant depuis 1755.	616 //	10 10	534 //	2 13 6
La couronne d'Angleterre, (Crown) de loi.	626 //	11 2 2/5	579 30	2 17 15
Avec le remède.	626 //	11 //	574 10	2 17 7
Ou autrement.	621 //	11 2 2/5	576 70	2 17 10
Prix moyen.	// //	// //	// //	// // //
D'après le tableau du pair.	625 //	11 //	573 //	2 17 5
La demi-couronne.	312 50	11 //	286 50	1 8 10
La couronne Danoise de 4 marcs Danois, essayée par Newton.	464 //	8 1	311 //	1 11 2
Une autre couronne marquée avec le buste du roi, essayée aussi par Newton.	374 //	10 1	313 //	1 11 5
Le crusade vieux de 1706 & 1707 d'après Newton.	361 //	11 //	331 //	1 13 2
Le crusade neuf de Portugal de 480 rées, de 1750.	305 60	10 21	276 //	1 7 10

NOMS DES MONNOIES.	Poids. as , 100.	Titre. Den. gr.	Contenu d'arg. fin. as , 100.	Réduct. en arg. de Hol. fl. s. d.
Le même , d'après le tableau du pair.	304 ııı	10 19	273 ııı	1 7 5
Le ducat de Naples essayé par Newton.	453 ııı	10 23	413 ııı	2 1 5
Le ducat effectif de Venise.	473 ııı	9 22	391 ııı	1 19 2
Le ducaton de Hollande , suivant la loi.	682 ııı	11 7	641 70	3 4 2½
Avec le remède.	677 70	11 6	635 30	3 3 8
Prix moyen.	ııı ııı	ıı ıı	638 50	3 3 13
Le ducaton de Brabant depuis 1749, suivant la loi.	696 ııı	10 11½	608 30	3 ııı 13
Avec le remède.	692 ııı	10 10½	602 10	3 ııı 8
Prix moyen.	ııı ııı	ııı ıı	605 20	3 ııı 8
Le ducaton de Suède suivant la loi.	652 50	11 1½	601 50	3 ııı 3
Le ducaton de Savoie.	662 ııı	11 10	630 ııı	3 3 ııı
L'écu neuf de France de 6 livres suivant la loi.	614 7	11 ııı	562 90	2 16 5
Avec le remède.	609 28	10 21	552 16	2 15 5
Prix moyen.	ııı ııı	ıı ıı	557 53	2 15 12
D'après le tableau du pair.	613 70	10 21	556 10	2 15 10
D'après l'essai de Ratisbonne.	608 ııı	10 23	555 ııı	2 15 8
L'écu neuf de 3 livres.	304 64	10 21	276 8	1 7 10
L'écu vieux de France , de loi.	571 ııı	11 ııı	523 60	2 12 6
Avec le remède.	566 ııı	10 22	514 90	2 10 8
Prix moyen.	ııı ııı	ııı ıı	519 26	2 11 14
Suivant le tableau du pair.	571 ııı	10 22	519 70	2 11 15
D'après l'essai de Ratisbonne.	559 ııı	11 ııı	512 ııı	2 11 3
Le demi-écu vieux , d'après cet essai. . . .	275 ııı	10 23	251 ııı	1 5 2
Le quart d'écu vieux , dit.	133 ııı	10 23	121 ııı	ıı 12 2
L'écu couronné de France, de 1709 , suivant la loi.	636 75	11 ııı	583 70	2 18 6
L'écu couronné de France avec le remède. . . .	631 75	10 21	572 50	2 17 4
Prix moyen.	6 ııı	ııı ıı	578 10	2 17 13
L'écu de Navarre , de 1718 , après le remède. .	508 ııı	10 22	462 2	2 5 ııı
L'écu bidet , marqué ıL , de 1723, de loi. . . .	491 ııı	11 ııı	450 ııı	2 5 ııı
Avec le remède.	488 ııı	10 21	442 ııı	2 4 3
Prix moyen.	ııı ııı	ıı ıı	446 ııı	2 4 10
L'escalin de Hollande , de 6 sols.	100 50	7 3	59 60	ıı 5 15¾
Dit , réduit à 5½ sols.	97 ııı	6 18	54 50	ıı 5 7¼
L'escalin de Flandres , ou Brabant , de 1749. . .	103 ııı	6 22	59 30	ıı 5 14
L'escalin d'Angleterre. Voyez chelin.				
Le filippe de Milan.	580 ııı	11 10	551 ııı	2 15 2
Le florin de Hollande , de 28 sols , d'après Newton.	388 ııı	8 17	281 ııı	1 8 2
Dit , de 28 sols , d'après le même.	356 ııı	8 17	258 ııı	1 5 13
Dit , de 26 sols , d'espèce différente. .	414 ııı	7 8½	253 ııı	1 5 5
Dit , de 20 sols , avec le remède. . . .	219 50	10 22½	200 ııı	1 ııı ıı
Dit , suivant l'essai de Ratisbonne.	219 5	10 21	198 ııı	ıı 19 13
Le florin d'Empire , de Léopold , essai de Ratisbonne.	297 ııı	10 13	260 90	1 6 1
de Joseph, dit.	299 ııı	10 ııı	259 ııı	1 5 14
de Charles , dit.	299 30	10 13	262 90	1 6 4
Le florin d'Autriche de convention , de 1750. . .	291 84	10 ııı	243 20	1 4 6
Le demi-florin dit.	145 92	10 ııı	121 60	ıı 12 3
Le francescone de Toscane , depuis 1747 , d'après le tableau du pair.	570 ııı	11 ııı	523 ııı	2 12 6
Le Francescino , ou ½ Francescone. . . .	285 ııı	11 ııı	261 50	1 6 3
La genovine, ou croisat de Gênes, suivant le tableau du pair.	800 ııı	11 9	758 ııı	3 15 13
Le giorgino de Gênes , dit. . . .	123 ııı	10 8	106 ııı	ıı 10 10
La giustina de Venise.	584 ııı	11 ııı	535 ııı	2 13 8
Le grouch de Turquie.	552 ııı	7 ııı	322 ııı	1 12 3
Le kopfstucke d'Allemagne , de 20 xr. de convention.	138 90	7 ııı	81 ııı	ıı 8 2
La ½ pièce ou xr. de convention. . . .	81 ııı	6 ııı	40 50	ıı 4 1
Le larin d'Arabie.	100 ııı	10 21	91 ııı	ıı 9 2

NOMS DES MONNOIES.	Poids. as, 100.	Titre. Den. gr.	Contenu d'arg. fin. as, 100.	Réduct. en arg. de Hol. fl. s. d.
La livonine de Livonie de l'an 1757.	555 ////	9 1½	419 ////	2 1 14
La livournine della torre, ou lauternine de Toscane, de Ferdinand II suivant Newton.	566 ////	11 1	520 ////	2 12 ////
La livournine della rosa de Toscane, de Côme III, suivant Newton.	542 ////	11 1	498 ////	2 9 13
Le leeuwendaler, ou écu au lion, de Hollande, suivant Newton.	569 ////	8 22	423 ////	2 2 5
Le louis d'argent, ou louis blanc. *Voyez* écu neuf de France.				
La madonina double de Gènes.	189 ////	10 2	159 ////	// 15 13
Le marc double de Hambourg de 32 sols lubs, de l'an 1726.	381 50	9 ////	286 ////	1 8 10
Le marc simple dit.	190 75	9 ////	143 ////	// 14 5
Le papeta de 2 paoli de Rome.	110 ////	11 ////	101 ////	// 10 2
Le patagon de Genève d'après le tableau du pair.	562 ////	10 ////	468 ////	2 6 13
Dit de 1722 & 1723, suivant l'essai de Ratisbonne.	563 ////	10 2	473 ////	2 7 5
Le patagon, ou patacon de Liége, suivant Newton.	580 ////	10 12	507 50	2 10 12
La patagon de Brabant, suivant Newton.	584 ////	10 12	511 ////	2 11 2
Le patagon de Berne, 1722, 1723.	563 ////	10 ////	469 ////	2 6 15
La peseta de 4 réales de vellon d'Espagne.	124 ////	9 23	105 ////	// 10 5
Le peso duro. *Voyez* piastre.				
La pesa della rosa. *Voyez* livournine.				
La piastre d'Espagne, avant l'an 1728.	571 90	11 4	532 ////	2 13 3
Depuis 1728 à 1772.	560 24	10 21	507 72	2 10 12
Depuis 1772.	560 24	10 17	499 94	2 10 ////
La pièce de ⅔ d'Allemagne. *Voyez* Zweydritelstücke.				
Pièces d'argent de divers pays.				
De 3 batzes ou 12 xr. de Bâle.	93 ////	5 6	43 ////	// 4 5
De 5 batzes ou 10 sous de Berne.	102 ////	19 ////	76 ////	// 7 10
De 30 xr. courans de convention.	145 92	10 ////	121 60	// 12 3
De 20 xr. dits.	138 90	7 ////	81 ////	// 8 2
De 17 xr. dits.	127 ////	6 12	68 90	// 6 14
De 10 xr. dits.	81 ////	6 ////	40 50	// 4 1
De 7 xr. dits.	67 50	5 1	28 30	// 2 7
De 3 xr. dits. (ou 1 groschen).	35 30	4 3	12 1	// 1 3
De 24 ß Danois, ou 12 sols lubs, de Danemarck.	190 ////	6 18	107 ////	// 10 11
De 16 ß dits, réduits à 7½ sols lubs, de l'an 1713 à 1717, suivant l'essai de Ratisbonne.	105 ////	7 12	65 70	// 6 9
De 12 ß dits, réduits à 5 sols lubs, de 1710 à 1724, suivant l'essai de Ratisbonne.	79 70	6 15	44 ////	// 4 6½
De 24 sous de France, suivant l'essai de Ratisbonne.	120 ////	10 22	109 ////	// 10 14
De 12 sous dits.	59 ////	10 22	53 60	// 5 6
De 21 sous de Genève, ou ½ livre.	99 20	9 ////	74 40	// 7 7
De 2 sous de Hollande (dubbeltje).	33 54	6 20	19 10	// 1 14½
De 1 sou dit (stuiver).	16 77	6 20	9 55	// // 15¼
De 8 sous lubs de Hambourg.	114 70	7 12	71 50	// 7 2
De 4 sous lubs dit.	63 50	6 18	35 70	// 3 9
De 2 sous lubs dit.	40 80	5 6	17 80	// 1 11½
De 32 escalins de Mecklembourg, de 1764.	381 50	9 ////	286 ////	1 8 10
De 16 dits.	190 75	9 ////	143 ////	// 14 5
De 8 dits.	114 ////	7 12	71 50	// 7 2
De 5 sols (stuivers) courans de Brabant, de 1749.	99 ////	4 22	40 50	// 4 1
Le timpfe, de 18 gros de Pologne de 1755.	121 ////	6 4	62 ////	// 6 3
Le szostack, de 6 gros dit de 1755.	64 ////	3 16	19 50	// 1 15
Le trojack, de 3 gros dit de 1754.	32 60	3 8	9 ////	// //// 14
Le polturack, de 1½ gros dit de 1756.	20 80	2 8	4 ////	// //// 6

Noms des monnoies.	Poids. as	100.	Titre. Den.	gr.	Contenu d'arg. fin. as	100.	Rédact. en arg. de Hol. fl.	s.	d.
De 5 paoli, ou le demi scudo de Rome.	275	50	11	″	252	50	1	5	4
De 15 xr. de S. Gall, de 1724 - 1737, essai de Rat.	105	70	6	11	56	90	″	5	11
La lira antica de Savoye.	125	″	10	22	113	″	″	11	5
De 10 oers d'argent de Suéde, de loi.	146	″	5	8	64	90	″	6	8
Pièces d'argent de divers pays:									
De 5 oers d'argent de Suéde, de loi.	73	″	5	8	32	45	″	3	4
De 4 oers dits.	51	20	3	18	16	″	″	1	10
De 1 oer dit.	25	″	2	8	4	80	″	″	8
De 20 xr. de Zurich, de 1707 - 1736 : essai de Ratisb.	104	60	6	16	58	10	″	5	13
De 15 xr. dit, de 1700 - 1732, même essai.	101	″	6	14	55	60	″	5	9
Pièces vieilles d'argent de l'an 1506 de Lubeck, Hambourg, Lunebourg & wismar, dont 11 $\frac{3}{4}$ pièces par marc; la pièce.	414	″	10	21	375	″	1	17	8
12 $\frac{1}{4}$ pièces dites, la pièce.	397	″	11	6	372	″	1	17	3
12 pièces dites, dite.	405	″	10	21	367	″	1	16	11
La plaquette de Brabant, depuis 1755.	56	″	6	″	28	″	″	2	13
Le rathspræsentger d'Aix-la-Chapelle, de 1752.	129	″	7	1	75	70	″	7	9
La reichsthale d'espèce de Bâle, de 1624 - 1669.	589	″	10	12	515	″	2	11	8
La reichsthale d'espèce de constitution de l'Empire, de 1 $\frac{1}{3}$ thaler, ou 2 florins argent vieux d'Empire.	608	″	10	16	540	44	2	14	2
La reichsthale d'espèce de convention d'Allemagne & d'Autriche neuve de 1750, qui vaut 1 $\frac{1}{3}$ thaler, ou 2 florins de convention.	583	68	10	″	486	40	2	8	10
Les reichsthales particulières des empereurs, sçavoir de Charles VI, suivant l'essai de Ratisbonne.	598	60	10	13	525	90	2	12	8
La $\frac{1}{2}$ rthl. dite, ou le florin.	299	30	10	13	262	95	1	6	4
La $\frac{1}{4}$ rthl. dite, ou $\frac{1}{2}$ florin.	148	50	10	12	129	90	″	13	″
De Joseph I, suivant l'essai de Ratisbonne.	593	″	10	13	521	″	2	12	1
La $\frac{1}{2}$ rthl. dite, ou le florin.	299	″	10	10	259	″	1	5	14
De leopold, suivant l'essai de Ratisbonne.	593	″	10	12	519	″	2	11	14
Le $\frac{1}{2}$ rthl. dit, ou le florin.	297	″	10	13	260	90	1	6	1
Le $\frac{1}{4}$ rthl. dit, ou le $\frac{1}{2}$ florin.	147	40	10	13	129	50	″	12	15
La reichsthale de Brandebourg, sur le pied de celle de Bourgogne, de 1695, essai de Ratisbonne.	608	″	10	″	506	67	2	10	11
La reichsthale de Lubeck de 3 marcs, de 1752.	572	″	9	″	429	″	2	2	14
La reichsthale de banque, de Hambourg, la plus forte & la meilleure.	608	″	10	16	540	″	2	14	″
La plus foible & la plus mauvaise.	600	″	10	1	524	″	2	12	8
Prix moyen.	604	″	10	14	532	″	2	13	3
La reichsthale de philippe, de loi.	717	″	10	″	597	50	2	19	12
La reichstale courante de Prusse depuis 1750 jusqu'à 1764.	463	″	9	″	347	″	1	14	12
La $\frac{1}{2}$ rthl. dite.	231	50	9	″	172	50	″	17	6
La reichsthale d'espèce de Saxe, de 1755.	608	″	9	2	460	″	2	6	″
La $\frac{1}{2}$ rthl. dite, de 1755.	304	″	9	2	230	″	1	3	″
La $\frac{1}{4}$ rthl., dite, de 1753.	52	″	9	2	115	″	″	11	8
La reichsthale neuve d'espèce de Saxe. *Voyez* reichsthale de convention.									
La reichsthale de S. Gall, depuis 1621 à 1624; d'après l'essai de Ratisbonue.	580	70	10	10	504	″	2	10	6
La reichsthale de Schafhausen, depuis 1621 à 1623 d'après l'essai de Ratisbonne.	572	″	10	9	494	″	2	9	6
La reichsthale de Zurich, depuis 1661 à 1727, d'après l'essai de Ratisbonne.	589	″	10	8	507	″	2	10	11
La riksdahler d'espèce neuve de Suéde.	608	80	10	13	534	80	2	13	8
La rixdale d'espèce de Hollande de 1622 à 1659.	600	18	10	14	529	40	2	13	″

NOMS DES MONNOIES.	Poids. as , 200.	Titre. Den. gr.	Contenu d'arg. fin. as , 200.	Réduct. en arg. de Hol. fl. s. d.
La rixdale courante de Hollande, & la rixdale d'Albert, de loi.	584 //	10 10	506 90	2 10 10
La même suivant l'essai de Ratisbonne.	580 80	10 9	502 10	2 10 3
La rixdale de Brabant, d'après Newton.	584 //	10 12	571 //	2 11 2
La ryksdale d'espèce neuve de Danemarck.	606 51	10 12	530 70	2 13 1
Le rouble de Russie de 1759.	543 //	9 16	437 //	2 3 11
La roupie d'Arcate.	239 //	11 9⅗	227 //	1 2 11
De Bombay.	240 //	11 15	232 90	1 3 4
De Madras.	341 17	11 19⅔	237 50	1 3 12
De Masulipatan.	239 //	11 15	231 //	1 3 2
De Pondichery.	239 //	11 13½	230 //	1 3 //
La roupie sicca du Mogol.	243 //	11 22	241 //	1 4 2
Le scudo d'argento de Gênes, suivant le tableau du pair.	800 //	11 9	758 //	3 15 13
De S. Giambatista de Gênes.	434 //	11 1	399 //	1 19 14
De Savoye, de 1733 - 1735.	620 //	10 23	566 //	2 16 10
De Savoye, neuf, depuis 1755, suivant le tableau du pair.	732 //	10 21	663 //	3 6 //
De Rome neuf, depuis 1753.	551 //	11 //	505 //	2 10 8
De Venise, ou scudo della crose.	660 //	11 //	605 //	3 // 8
La flota de Turquie.	414 //	7 //	241 50	1 4 2
Le tallari de Florence, suivant Newton.	566 //	11 1	520 //	2 12 //
Le tarin de Naples, suivant le même.	91 //	10 23	83 //	// 8 5
Le testone vieux de Rome, suivant l'essai fait à Gênes.	191 //	10 21	173 //	// 17 5
Le testone neuf de Rome, dit.	176 //	11 //	161 //	// 16 2
La thaler neuve de Bâle, de 30 batzes de Suisse 1765.	486 //	10 3	410 //	2 1 //
La thaler courante de convention de 1½ florin, ou de 24 bons gros.	437 76	10 //	364 80	1 16 8
La thaler courante de Berlin, ou de Prusse, de 1750 à 1764,	463 //	9 //	347 //	1 14 11
Le tical de Siam.	380 //	15 12	372 //	1 17 3
Le toralo de Turquie.	552 //	7 //	322 //	1 12 3
Le zweydrittel-stucke, ou pièces de ⅔ d'Allemagne, dont les vieux ont.	//// //	//// //	308 80	1 10 14
Les neufs dits, fabrication de Leipsick.	//// //	//// //	270 20	1 7 //
Le zweydrittel de Brandenbourg de 1689 à 1790, d'après l'essai de Ratisbonne.	353 //	9 //	265 //	1 6 8
Le zweydrittel de Brunswick, de 1694 à 1699, dit.	360 //	8 23	268 //	1 6 13
Dit, de 1690 à 1693,	319 //	10 2	268 //	1 6 13
Le zweydrittel de Hanovre, de 1690 à 1692,	324 //	9 23	269 //	1 6 14
Dit de Zelle, de 1690 à 1694.	324 //	9 22	268 //	1 6 13
Le zweydrittel fin de Lunebourg.	272 //	11 22	270 20	1 7 2
Dit de Saxe.	286 //	11 8	270 20	1 7 2

MONOPOLE. Commerce exclusif de ceux qui s'en emparent *seuls* au préjudice des autres. Ce mot est grec d'origine, composé de μονος, qui veut dire *seul*, & de πωλειν, qui veut dire *vendre*.

Tout particulier, toute société, toute communauté qui jouit du privilége de vendre telle ou telle marchandise à l'exclusion des autres, exerce en quelque sorte un *monopole*. D'où il s'ensuit que la pleine liberté du commerce & le *monopole* sont précisément les deux opposés. Quand il y a *monopole*, point de liberté, puisque le privilégié seul peut vendre. Quand il y a liberté ; point de mono-

pole, puisque tout le monde peut vendre, & qu'en conséquence il n'y a point de privilégié seul vendeur.

MONTANT. *Bateau montant,* C'est celui qui monte contre le cours d'une rivière.

Par le réglement de la ville de Paris de 1672, pour les voituriers par eau, il est ordonné qu'aux passages des ponts & des pertuis les bateaux avalans, c'est-à-dire, qui descendent, se garent pour laisser passer les *montans*.

MONTANT; Ce à quoi monte plusieurs sommes particulières calculées ou additionnées ensemble.

Le *montant* d'un compte, le *montant* d'un inventaire.

C'eſt du *montant* de la recette & de la dépenſe, en les comparant enſemble par la ſouſtraction, que ſe fait la balance ou l'arrêté d'un compte ou d'un inventaire.

On appelle encore ainſi, *en terme de compte*, le total ou l'addition de chaque page que celui qui dreſſe le compte porte & inſcrit au haut de chaque nouvelle page, afin de pouvoir plus aiſément former le total général de la recette ou de la dépenſe à la fin du compte ; ce qui ſe fait en mettant pour premier article de chacune deſdites pages, cette eſpèce de note. *Pour le montant de l'autre part*, ou *pour le montant de la page ci-contre*, ſelon qu'on commence au folio recto ou verſo.

MONTASSINS, MONTASINS, & quelquefois PAYAS DE MONTASIN. Sorte de *coton filé* qui ſe tire du Levant par la voie de Marſeille. Ce ſont les plus fins de ceux qui viennent de Joſſelaſſar. Ces *cotons* ſe vendent depuis 23 juſqu'à 26 piaſtres le quintal de quarante-cinq ocos, tandis que les ſimples joſſelaſſars ne ſe payent que depuis dix-huit juſqu'à vingt.

MONTER. Veut dire, dans le commerce, *augmenter de prix, devenir plus cher*. En ce ſens on dit, le bled *monte* beaucoup, on n'a jamais vu le vin *monter* ſi haut en ſi peu de temps.

On ſe ſert auſſi de ce terme pour exprimer les enchères conſidérables qui ſe mettent ſur une choſe qui ſe vend au plus offrant. Cette tapiſſerie a beaucoup *monté* : il faut *monter* plus haut ſi vous voulez qu'on vous adjuge ce tableau.

MONTICHICOURS. *Etoffes de ſoie & coton* qui ſe fabriquent aux Indes Orientales. Leur longueur eſt de cinq aunes ſur deux tiers, & de huit aunes ſur deux tiers, trois quarts, ou cinq ſixièmes de largeur.

MONTRE. Se dit des étoffes ou des marques que les marchands mettent au devant de leurs boutiques ou aux portes de leurs magaſins, pour faire connoître à ceux qui paſſent les choſes dont ils font le plus de négoce. Ces étoffes, ces dentelles, ces rubans ne ſont plus de mode, ils ne peuvent ſervir qu'à mettre ſur la boutique ou à la porte du magaſin pour ſervir de *montre*.

Les marchands merciers & épiciers ont des *montres* de leurs merceries & drogueries pendues à leurs auvents. Les orfévres & joyailliers ont de certaines boëtes ſur leurs boutiques qu'ils nomment leur *montre*, dans leſquelles il y a des bijoux & des ouvrages de leur profeſſion.

MOQUETTE. C'eſt une ſorte d'étoffe veloutée qui ſe fabrique ſur le métier, à peu près de même que la peluche.

La largeur la plus ordinaire de la *moquette* eſt de ſept ſeizièmes, ſur onze aunes de longueur, meſure de Paris.

Les lieux d'où il ſe tire le plus de ces ſortes d'étoffes, ſont Lille & Tournay, en Flandres. Abbeville en Picardie & Rouen en Normandie en fourniſſent auſſi aſſez conſidérablement, mais celles de Flandres ſont les plus eſtimées. La *moquette* s'emploie à faire des meubles communs, comme tapiſſeries, chaiſes, fauteuils, tabourets, perroquets, formes, banquettes, tapis de tables & de pieds, portières, &c.

MORAINE. C'eſt la laine que les megiſſiers & chamoiſeurs ont fait tomber avec la chaux de deſſus les peaux de moutons & brebis mortes de maladie, ſoit dans les champs, ſoit dans les bergeries.

On donne encore à cette ſorte de laine les noms de *mauris, moris, mortin, mortain & plures*.

Les laines *moraines* ſont du nombre de celles que l'art. II du réglement du 30 mars 1700, défend aux ouvriers en bas au métier d'employer dans leurs ouvrages.

MOREIL ou MAREIL. Ce ſont les dents d'éléphant en l'état qu'elles ſe traitent avec les négres ſur les côtes d'Afrique ; c'eſt-à-dire, avant qu'elles ayent été débitées en morceaux, & qu'elles ayent reçu aucune façon de l'art. Lorſque le *morfil* eſt coupé & travaillé, il s'appelle *yvoire*. *Voyez* YVOIRE.

MORILLONS. Sortes d'émeraudes brutes qui ſe vendent au marc. Il y a auſſi des demi-*morillons*.

MORNE. (*terme de teinturier.*) Une couleur *morne* eſt celle qui eſt ſombre, & qui n'a ni vivacité, ni éclat.

MOROEDJE. *Monnoie d'argent* qui a cours en Perſe, particulièrement à Hiſpahan.

MORT. On ſe ſert de ce terme dans le commerce en pluſieurs manières figurées.

On appelle un *argent mort*, un *fonds mort*, ce qui ne porte aucun intérêt.

On dit que le commerce eſt *mort*, quand il eſt tombé & qu'il ne s'en fait preſque plus.

Un chardon *mort*, eſt un chardon à drapier ou à bonnetier, dont les pointes ſont émouſſées par le travail.

MORTE-CHARGE. (*terme de commerce de mer.*) Un vaiſſeau à *morte-charge*, eſt un vaiſſeau qui n'a point ſa charge entière. Le droit de fret ou de 50 ſ. par tonneau que payent les navires étrangers qui entrent dans les ports du royaume, ſe paie à *morte-charge*, c'eſt-à-dire, tant pleins que vuides, pour toute ſa continence. L'arrêt du conſeil du 6 ſeptembre 1761, concernant les marchandiſes venant d'Angleterre, porte auſſi que les vaiſſeaux Anglois payeront à l'avenir trois livres dix ſols de fret pour chaque tonneau de la continence à *morte-charge* deſdits vaiſſeaux.

MORTE-SAISON. L'on nomme ainſi, dans la pêche du hareng, le *temps* qui n'eſt pas propre pour cette pêche.

MORTE-SAISON. Se dit auſſi du *temps* où le débit va mal, & qu'on vend peu de marchandiſes.

MORTICAL. *Monnoie* qui se bat à Fez, capitale du royaume du même nom. *Voyez* la TABLE.

MORTODES. *Perles fausses* dont on fait quelque commerce avec les négres du Senegal & autres endroits de Guinée. En général elles s'appellent, *perles gauderonnées*. Il y en a de plusieurs sortes & figures, particulièrement de façonnées en long, & d'autres en rond.

MORUE ou MOLUE. Poisson de mer passablement gros, qui a la tête hideuse, les dents dans le fond du gosier, la chair blanche, la peau d'un brun grisâtre pardessus le dos, & un peu blancheâtre pardessous le ventre, couverte de petites écailles minces & transparentes.

Ce poisson mangé frais est excellent, & bien apprêté & salé comme il faut, se peut garder du temps sans se corrompre. La *morue salée* fait la plus grande partie du négoce de la saline qui est assez considérable.

Il y a de deux sortes de *morue salée*, l'une qui s'appelle *morue verte* ou *blanche*, & l'autre que l'on nomme *morue séche* ou *parée*, & quelquefois *merlu* ou *merluche*. Ce n'est néanmoins que la même espéce de poisson, mais diversement salée & préparée pour la rendre de garde.

Les *morues vertes* se tirent & se comptent différemment suivant les lieux où on les décharge des vaisseaux & où s'en fait la vente.

A Nantes, on en tire de quatre sortes qui sont; 1º. La grande *morue* ou poisson marchand dont le cent en compte doit peser neuf cent livres. 2º. La *morue* moyenne ou poisson moyen estimé un tiers moins que le poisson marchand, le cent en compte ne pesant guéres plus de six cent livres. 3º. La petite *morue* ou *raguet*; & 4º. La *morue* de rebut, dans laquelle l'on comprend les plus petites *morues* au-dessous du raguet, celles qui sont tachées ou douces de sel, rompues ou pourries, ou écorchées, même les lingues qui sont des *morues* un peu longues, mais qui n'ont presque que la peau & l'arrête.

Il y a des mesures pour la grandeur que doivent avoir les *morues* pour être admises au poisson marchand, tant à l'égard de la longueur que de la largeur & épaisseur, mais on s'en sert peu dans les triages, les personnes proposées pour cela les faisant à la vue.

A la Rochelle & à Bordeaux, le triage se fait à peu près comme à Nantes, la seule différence qui s'y rencontre est que dans les deux premières villes l'on fait entrer dans le raguet les plus petites *morues*, pourvu qu'elles n'ayent point de défaut, & qu'à Nantes ces petites *morues*, quoique de bonne qualité, ne laissent point de se mettre dans le rebut.

Au Havre de Grace, à Honfleur, à Dieppe & dans les autres ports de Normandie, on en tire de six sortes qui sont; 1º. La gaffe qui est une *morue* d'une grandeur extraordinaire. 2º. La *morue* marchande ou grand poisson qui est la plus grande d'après la gaffe. 3º. La trie qui est la grandeur d'après la marchande. 4º. La lingue & le raguet qui ne

passent que pour une même sorte. 5º. La valide ou patelet qui est la plus petite de toutes; & 6º. La viciée qui est le rebut des autres.

A Nantes & dans la plupart des ports de France, la *morue verte* se compte & se vend à raison de 124 *morues* ou 62 poignées ou couples pour cent, ce qui s'appelle *grand compte* ou *compte marchand*.

Cependant à Orléans & en Normandie, l'on donne 132 *morues* ou 66 poignées pour cent, ce qui se nomme aussi *grand compte* ou *compte marchand*.

A l'égard de Paris, le cent n'est que de 108 *morues*, ou cinquante-quatre poignées, ce qu'on appelle *petit compte*.

Pour vendre & débiter la *morue verte* dans les marchés, on la fait dessaler dans l'eau, on la coupe & divise en queue, entre deux, crêtes, flanchets & loquettes.

Nantes est la ville du royaume où il vient le plus de *morues vertes*, la rivière de Loire étant très-propre pour le transport dans toutes les autres villes. Pendant la guerre elle y est toujours chère, mais en temps de paix les vaisseaux Normands & ceux d'ailleurs qui vont décharger au Havre de Grace, à Dieppe & à Honfleur d'où l'on tire pour Paris qui est le principal objet pour la consommation de ce poisson, font qu'à *Nantes* il y est très-bon marché.

On envoie en France de Hollande & d'Islande, dans les mois de mars, d'avril & de mai, des *morues vertes* en baril de deux cent cinquante à trois cent livres pesant, les unes en sel & sans sauce, & les autres en sauce ou saumur. Les premiers sont de meilleure garde, parce que la sauce des autres étant sujette à tourner & à se corrompre, elle gâte le poisson.

La *morue en baril* est ordinairement épaisse & coupée par tronçons ou morceaux; on la nomme quelquefois *cabillaud*. Il faut remarquer que celle qui vient d'Islande est toûjours plus petite que celle de Hollande. Les douze barils de *cabillauds* font un leth ou plutôt le leth est composé de douze barils.

Ce qu'on appelle *morue en tonne*, ce sont des *morues* que l'on a mises dans des espéces de futailles pour les transporter plus facilement par charroi, & empêcher qu'elles ne se gâtent. Une tonne de *morue* tient ordinairement soixante-six poignées ou cent trente-deux poissons. Il n'y a guéres qu'à Rouen & à Orléans où l'on les entonne ainsi pour les envoyer en Champagne, en Bourgogne; &c.

MORUE SÉCHE.

Comme l'on ne peut faire sécher la *morue* qu'au soleil, il faut que les vaisseaux partent de France dans le mois de mars & jusqu'à la fin d'avril au plus tard, afin qu'ils profitent de l'été pour faire sécher leur pêche.

La *morue séche* qui est la plus rouge est pour
l'ordinaire

l'ordinaire là plus estimée ; néanmoins pour Lyon & pour l'Auvergne il faut qu'elle soit blancheâtre.

La morue séche se trie de différentes manières, suivant les lieux où elle se décharge.

A Nantes il s'en fait de sept sortes, qui sont :

1°. Le poisson pivé, qui est une morue de couleur poivrée tirant sur le rouge-brun. C'est la plus délicate & la plus grasse de toutes les sortes de morues séches ; aussi vaut-elle ordinairement quinze à vingt pour cent plus que les autres espèces, que l'on nomme poisson marchand. Le poisson pivé ne se vend guères que pour la Bretagne, l'Anjou & la Touraine ; car pour Paris, Lyon & Orléans, il ne s'y en envoie que très-peu, n'y étant aucunement estimé.

2°. Le poisson gris, qui n'a de consommation que dans les lieux où la qualité de la morue pivée est connue, n'est pas tout-à-fait si poivré ni si brun que le pivé ; aussi n'est-il pas si cher : mais quand on le garde en magasin d'une année à l'autre, & qu'il est un peu gras, il devient en partie pivé. Il y a quelquefois trente à quarante sols & même jusqu'à trois livres de différence par quintal entre le prix du poisson gris & celui du poisson pivé.

3°. Le poisson grand marchand, dans lequel entrent toutes les plus grandes morues, lesquelles pour être réputées marchandes doivent être unies, bien coupées, point rompues ni brûlées, & nettes de toutes taches.

4°. Le poisson moyen marchand, qui est de la même qualité que le poisson grand marchand, à l'exception que les morues ne sont pas si grandes.

Ces deux sortes de poisson, grand & moyen marchand, sont les plus connues dans le royaume, & dont l'on fait un plus grand débit ; aussi c'est de ces deux qualités que les vaisseaux apportent le plus.

5°. Le petit poisson marchand, que l'on appelle fourillon, qui comprend toutes les plus petites morues pivées, grises, & marchandes. Il se vend ordinairement le même prix que les poissons grand & moyen marchand, & même quelquefois plus, quand il vient pendant le temps des cargaisons. La plus grande consommation du fourillon se fait dans le Lyonnois & dans l'Auvergne.

6°. Le grand rebut, qui comprend les plus grandes d'entre les morues qui se trouvent rompues, huileuses, écorchées, tachées, mal coupées, dures & brûlées.

7°. Enfin, le moyen rebut, dans lequel l'on met toutes les morues moyennes & petites, qui ont les mêmes défauts que celle du grand rebut.

Les grand & petit rebut se consomment tous dans la ville de Nantes & dans le pays Nantois. Ils différent ordinairement de dix à quinze pour cent de la valeur des poissons marchands.

A la Rochelle à Bordeaux, à Bayonne, à Saint-Jean-de-Luz & dans toute la côte Occidentale d'Espagne, l'on ne connoît que trois sortes de triages dans la morue séche ; qui sont, 1°. le poisson marchand, 2°. le poisson moyen, & 3°. le rebut.

A Saint-Malo, la morue séche ne se trie presque jamais ; on met seulement à part les pourries & les rompues ; toutes les autres se vendent pêle-mêle, à la réserve de quelques parties qui s'y vendent pour Rennes, & que les acheteurs trient eux-mêmes à leur fantaisie.

Comme Saint-Malo n'est pas un endroit propre pour la consommation de cette marchandise, on n'y en fait pas un grand commerce : & quoique les Malouins envoyent beaucoup de navires pour le commerce & la pêche de la morue séche, cependant il n'en revient que très-peu décharger dans leur port ; leur destination ordinaire étant pour les mers du Levant, ainsi qu'il a été dit ci-devant.

Il y a de quatre sortes de marchandises qui proviennent des morues, & dont il se fait quelque commerce ; sçavoir les noues ou nos qui en sont les tripes, les langues, les rogues ou raves qui en sont les œufs ou coques, & l'huile qui se tire des foies.

Les noues se salent dans les lieux de la pêche en même temps que le poisson. Elles s'apportent en futailles ou barils du poids de six à sept cent livres.

Les langues se salent de même que les noues, & s'apportent aussi dans des barils du poids de quatre à cinq cent livres.

Ces deux sortes de marchandises ne sont pas d'un grand débit à Paris, non plus que dans le reste du royaume ; n'y ayant guères que la Bourgogne & la Champagne qui en fassent une consommation un peu considérable ; aussi les vaisseaux Terre-neuviers ne s'en chargent-ils pas de beaucoup.

Les rogues ou œufs de morues se salent pareillement dans des barils : ils servent à jetter dans la mer pour prendre le poisson, particulièrement les sardines ; ce qui fait qu'il s'en consomme beaucoup sur les côtes de Bretagne, où la pêche de ce poisson est considérable.

L'huile de morue vient en pièces ou bariques ordinairement du poids de quatre à cinq cent livres, même jusqu'à cinq cent vingt. Il s'en envoie assez considérablement du côté de Genève. On en consomme aussi en France dans les tanneries, même pour brûler, lorsque les huiles de noix & de baleine viennent à manquer.

L'ordonnance de la marine, du mois d'août 1681, & du mois de novembre 1684, régle plusieurs choses touchant la pêche des morues.

MOSCH, qu'on nomme aussi AMBRETTE. Espèce de graine de bonne odeur, qui entre dans la composition de quelques parfums.

MOSCOSQUE. Petite monnoie qui a cours à Archangel & dans le reste de la Moscovie. Deux moscosques font le copec, & cent copecs le rouble.

Il faut vingt moscosques pour la grive.

La moscosque est aussi une monnoie de compte, & les livres se tiennent à Archangel en roubles, grives & moscosques.

Nn

Moscovie. (État actuel du commerce de)

La *Moscovie* est un des plus grands pays du monde.

Dans un état si vaste les productions naturelles ne peuvent être par-tout les mêmes; mais si le pays étoit vraiment policé, l'une des provinces pourroit aisément suppléer à ce qui manque à l'autre. Le commerce s'y divise naturellement en deux parties, qui sont le commerce intérieur & le commerce extérieur; nous en ferons deux articles séparés.

ARTICLE PREMIER.

Commerce intérieur de Moscovie.

Par commerce intérieur, nous entendons non-seulement celui qui se fait entre les divers peuples qui habitent cet état; mais aussi celui que ceux-ci font avec plusieurs nations Asiatiques, tant par terre que par mer. Ce commerce comprend quatre parties, sçavoir le commerce de la *Sibérie* avec la *Chine*, celui avec la *Perse*, celui avec la *Turquie*, enfin celui de la *Moscovie* même, & de l'intérieur du pays.

Commerce de la Sibérie avec la Chine.

La *Sibérie* est le séjour de la misère, de l'esclavage, du despotisme, souvent du crime, quelquefois de l'innocence & de la vertu, presque toujours du désespoir.

Les marchandises que ce pays fournit au commerce, sont principalement des fourrures, du fer, du cuivre & du talc. Les fourrures les plus estimées sont les peaux de renard, ensuite celles de la zibeline, du goulu, de l'hermine, de l'écureuil, du castor, du linx, & du loup-cervier; il y a beaucoup de variétés dans chaque espèce de ces animaux: on en compte jusqu'à trois parmi les renards noirs qui sont les plus estimés; il y a en outre des renards jaunâtres, des renards rouges, d'autres avec le ventre gris, des renards blancs & plusieurs autres espèces parmi lesquelles on en voit aussi de bleuâtres.

Les plus beaux renards noirs se trouvent dans le gouvernement d'*Irkutzk*; une seule de ces peaux est estimée 900 & même jusqu'à 1000 roubles, & on la préfère à la plus belle zibeline. Aucun particulier en *Russie* n'ose avoir de renards noirs, ni noirâtres, & aucun marchand n'ose en faire commerce, tous devant être livrés & vendus à la cour.

La zibeline est propre à la *Sibérie*, & les plus belles viennent du gouvernement d'Irkutzk. On vend souvent sur les lieux même une peau 60 & même 70 roubles. Il se forme ordinairement des compagnies de 10 à 12 hommes qui partagent entr'eux toutes les zibelines qu'ils prennent. L'hienne, ou le goulu, nommé en *Sibérie*, rossomak, se prend principalement dans les endroits couverts de bois. Il y a des écureuils de différentes espèces en *Sibérie*. La plus nombreuse est celle que nous nommons *petit-gris*, de leur couleur. Les noirs sont petits, ce

qui fait que bien des gens en font moins de cas que de ceux qui sont de couleur argentine dont les peaux sont grandes & belles : on trouve aussi des écureuils tout blancs. Les hermines sont assez nombreuses dans toutes les parties de la *Sibérie* où il y a de grandes plaines coupées de forêts de bouleau peu épaisses. On ne trouve des *martres* que dans le voisinage des vastes montagnes & des rochers qui séparent la *Sibérie* de la *Russie*. Les castors sont considérablement diminués en *Sibérie*, parce qu'on a pris à tâche de les détruire. Les castors de Kamchatka sont deux fois & même trois fois plus grands que les castors ordinaires; ils ne leur ressemblent d'ailleurs qu'en certaines choses & en différent dans les qualités essentielles. On ne trouve des loups-cerviers, des tigres & des panthères que dans le gouvernement d'*Irkutzk*, vers les frontières les plus reculées du côté de la Chine.

La *Sibérie* est très-riche en mines de cuivre & de fer. La mine de cuivre se trouve à fleur de terre, & le cuivre qu'on en tire est très-ductile. Le fer est abondant & d'une très-bonne qualité. Le produit des mines & des forges de fer & de cuivre est considérable. La couronne en possède une partie; le reste appartient à des particuliers. Le plus grand nombre de ces mines & en même-temps les plus importantes sont situées dans le territoire de Catherinenbourg.

On fouille beaucoup de talck en *Sibérie*, spécialement dans le territoire de Jakutzk au bord du fleuve Wittim : Irkutzk en est l'entrepôt. On tire le talc en partie d'un quartz jaunâtre & en partie d'une matière liquéfiée & grisâtre; ce minéral se trouve dans cette pierre en tous sens. Le talc qui est clair & transparent comme de l'eau de source, est réputé le meilleur; le moins bon est celui qui tire sur le verd. Quant à la grandeur des pièces de talc, on en a trouvé qui avoient une archine & trois quarts; une archine & demie, & trois quarts en quarré; mais elles sont très-rares; ensorte que celles qui ont depuis trois quarts jusqu'à une archine en quarré sont déja d'un grand prix, & on ne fait point difficulté de les payer 1 ou 2 roubles la livre. Le talc commun qui a un quart d'archine en quarré se paie 8 à 10 roubles le poud de 40 l., & le moindre, dont les pièces sont rejointes ensemble, coûte depuis 1½ jusqu'à 2 roubles le poud. Lorsqu'on veut faire usage du talc, on le fend avec une lame de couteau bien mince, en observant de ne le pas fendre trop menu. On s'en sert dans toute la *Sibérie* pour des carreaux de vitres; les lanternes faites de ce minéral sont regardées comme très-précieuses, parce qu'on ne trouve point de verre aussi propre & aussi clair. Dans les villages & dans beaucoup de petites villes, on l'emploie pour les vitres, & par-tout pour les lanternes. C'est aussi de cette espèce de verre naturel que l'on fait les fenêtres des vaisseaux, parce qu'il n'est pas fragile & qu'il ne souffre point de l'ébranlement que cause l'explosion des grands canons.

Outre les marchandises que nous venons de dire, la *Sibérie* en fournit beaucoup d'autres, sçavoir de la rhubarbe dont la qualité est plus estimée que celle qui vient de la *Chine*; des bourses de musc, du castoreum, des os de mamont, des dents de walros, &c.

Tobolsk, capitale de toute la *Sibérie* & siége du gouverneur, est située sous le 48e. dégré 12 min. de latitude septentrionale, au bord de l'Irtisch près de l'endroit où ce fleuve reçoit les eaux du Tobol. Cette ville fait un grand commerce avec les Moscovites & autres peuples, tels que les Calmouques, & avec les Buckariens.

Les Russes y apportent du roussi ou cuirs rouges & noirs, des draps gris communs de *Russie*, des toiles & beaucoup d'autres marchandises, tant de leur pays, que de Perse, d'Allemagne, de Hollande, d'Angleterre, de France & d'autres contrées de l'Europe; ils tirent en retour différentes sortes de pelleteries, du castoreum, des bourses de musc de *Sibérie*, du fer & plusieurs autres articles. Les caravanes de Calmouques qui arrivent à *Tobolsk* pendant l'hiver, y apportent du bétail, des vivres & quelquefois de l'or & de l'argent; & en rapportent chez elles différentes sortes de marchandises de cuivre & de fer. Les Buckariens qui viennent aussi à *Tobolsk* en caravane pendant l'hiver, y apportent des peaux d'agneau frisées, des étoffes de coton de *Buckarie*, des étoffes de soie des Indes, & quelquefois des pierres précieuses; les marchands de *Tobolsk* leur achettent ces marchandises, ou leur en donnent d'autres en échange & les portent ensuite à la foire de Samarkande. *Tobolsk* est l'entrepôt des pelleteries destinées pour la couronne; on les envoie de-là à la chancellerie Sibérienne de Moscou.

Tomsk, ville du gouvernement de Tobolsk, située au bord du Tom, fait un bon commerce avec les Calmouques, les Mogols & d'autres Tartares.

Irkutz, capitale du gouvernement de son nom, fait aussi un grand commerce, & à-peu-près dans les mêmes articles que Tobolsk.

Kiachta, ou *Kiakta*, ou *Kiachtingskoivorpost*, lieu qui tire son nom du fleuve sur le bord duquel il est situé, comprend les deux slobodes ou bourgs construits en 1727, l'un pour les Moscovites & l'autre pour les Chinois. Ils ne sont distans l'un de l'autre que de 120 toises. Chaque slobode est entourée d'une *ostrog*, c'est-à-dire, d'une palissade. Dans l'intervalle qui les sépare on a planté des poteaux pour marquer les limites des deux royaumes, & construit des bureaux où se tiennent des gardes pour veiller à ce que de part ni d'autre on ne passe ces limites. Le commerce se fait constamment dans ces lieux entre les Chinois, les Buckares Chinois & les Mongales d'une part, & les marchands Moscovites de l'autre. Ce commerce consiste en pelleteries que ceux-ci livrent aux premiers en échange de différentes marchandises de la *Chine*, telles que du *kitaïka* (étoffe de coton) de diverses espèces, du damas, du satin & autres étoffes de soie, du

thé verd, de l'anis, des bourses de musc, des peaux de tigres & de panthères, des fleurs collées sur du papier, des fleurs de fil d'archal, de la porcelaine & autres choses de cette nature, du tabac & de la rhubarbe. La couronne seule faisoit ci-devant le commerce de ces deux dernières sortes de marchandises; mais depuis 1762 le commerce en est devenu libre. Le commerce à la *Chine* s'est fait jusqu'en 1752 par des caravanes, qui partoient de *Russie* tous les trois ans pour ce pays-là; mais il est libre maintenant à un chacun de commercer aux frontières des deux états, & même d'envoyer ses marchandises jusqu'à Pekin, en acquittant les droits réglés par le tarif, & en observant les conventions faites à cet égard entre l'empire Russe & celui de la Chine. La *Russie* fait annuellement avec la *Chine* un commerce de 1600000 roubles au moins, à en juger par le produit de la douane qui est communément de 400000 roubles chaque année.

Catherinenbourg, en langue Russe *Ekaterinbourg*, ville régulièrement bâtie sur le fleuve d'Iset, est la capitale du territoire du même nom. On trouve dans ce territoire trente-quatre mines de cuivre, dont treize sont du domaine de la couronne, & vingt-une appartiennent à divers particuliers. La couronne possède aussi quatorze forges dans d'autres cantons de la *Sibérie*, & on y en compte dix-neuf appartenantes à des particuliers.

Le Kamtzchatka, ou *Kamtchatka*, est une grande presqu'île divisée en quatre habitations. Le czar de *Moscovie* y entretient 1,100 hommes de troupes réglées, dont 400 Russes, & 700 Kamtzcatkales; on y compte en outre 3000 habitans natifs qui paient annuellement à la couronne un tribut de 134 castors marins, 700 zibelines & près de 2000 peaux de renards. Le profit de la couronne est de 10000 roubles au moins; & la vente de ses eaux-de-vie lui produit une somme de 3 à 4 mille roubles.

Depuis les nouvelles découvertes qu'on a faites au-delà du *Kamtchatka*, tant du côté des isles du Japon, que dans la mer Pacifique, où l'on a reconnu le continent de l'Amérique, il s'est formé une compagnie de commerce, sous le nom de compagnie de *Kamtchatka*, destinée à faire le commerce dans les pays nouvellement découverts. Elle est composée de vingt marchands, dont les principaux sont de Moscou, de Wologda & d'Usting-Veliki. Les chefs de cette compagnie portent au cou une médaille d'or de la valeur de dix ducats, sur laquelle est le portrait de l'impératrice régnante. Les fonds de cette compagnie ne furent que de 10000 roubles à l'époque de son établissement (en 1764); mais en 1772 ils montoient déja à 60000.

Elle fournit aux peuples qui habitent le continent & les isles de l'Amérique, des chaussures qui se font à Casan & à Tobolsk, des toiles de coton de Buckarie, de la fisselle pour faire des filets, des instrumens de fer, tels que des haches & briquets, une petite quantité de vin, du sucre, des miroirs, des peignes, de fausses perles, des grains de verres & autres pareils articles, qui s'échangent contre des peaux de castors, de renards noirs, zibelines, loutres, &c. Ce commerce devient plus important chaque jour, & il est à croire qu'il le deviendra encore davantage si l'on parvient à former quelque établissement dans le continent de l'Amérique.

Commerce avec la Perse.

La partie de la *Moscovie* qui est située en Asie, comprend une portion considérable de la grande Tartarie, ou Tartarie Asiatique. La Sibérie, dont nous venons de parler, en occupe une partie, & le reste forme les trois gouvernemens immenses, mais deserts & sauvages, d'*Astracan*, d'*Orenbourg* & de *Casan*, dont nous allons donner une courte description.

ASTRACAN, ou *Astrakan*, capitale de son nom, est une ville des mieux peuplées de la Russie.

Le commerce avec la *Perse*, comprend les soies de Schamachin & du Ghilan, les cotons filés & non filés du Manzanderan, les cotons d'Ispahan, les épiceries, les drogues, les riches étoffes de *Perse* & de l'Inde, les perles, les diamans & les tapisseries, l'or & l'argent, le sable d'or, les peaux d'agneaux de Buckarie, & plusieurs autres articles. La ville d'*Astracan* possède quelques pauvres manufactures de soieries & d'étoffes de coton : Au reste, les principales productions du gouvernement d'*Astracan* consistent en fruits délicieux de toute espèce ; mais, à l'exception de la réglisse, il fournit peu d'articles qui intéressent le commerce.

ORENBOURG, capitale du gouvernement de son nom, est une grande place d'armes régulièrement fortifiée. Le commerce s'y fait par les Buckares. Ils y exposent en vente non-seulement les étoffes de soie & de coton de leurs propres fabriques, mais aussi toutes sortes de marchandises qui viennent des Indes, comme étoffes, diamans, or & argent ; ils prennent en échange de toutes sortes de marchandises du crû de la *Russie* & des autres parties de l'Europe, sur-tout des cuirs de roussi & des draps fins.

CASAN ou *Kasan*, capitale du gouvernement de son nom, est située sur la rivière de Kasanka, qui, à un demi-mille de cette ville, se jette dans le Wolga. Outre une fabrique de toiles pour l'usage des troupes nationales, elle a des fabriques de cuir de roussi & de maroquin extrêmement estimées. Le territoire du gouvernement de *Casan* a le précieux avantage d'être très-fertile en bled.

Commerce avec la Turquie.

Les Cosaques, peuple divisé en plusieurs branches ou tribus, occupent un territoire considérable, & l'un des meilleurs de l'empire de *Russie*. Ce territoire comprend six gouvernemens qui sont, celui de *Neschin* & celui de *Kiovie* dans la petite *Russie*, celui de la nouvelle *Russie*, & ceux de

Belgorod, de *Slobode* & de *Woronesch*. La petite *Russie*, nommée autrement *Ukraine*, est très-fertile en bled & en toutes sortes de légumes, ainsi qu'en tabac, en miel & en cire, dont elle fournit une grande partie de l'empire Russe. Les pâturages y sont excellens & les bestiaux admirables tant par leur grandeur extraordinaire que par la saveur de la viande ; aussi s'en exporte-t-il de très-grandes quantités. L'agriculture pourroit y être mieux soignée, & le sera infailliblement dès que le débouché du bled sera facilité par le commerce. D'un autre côté, la culture du tabac est extrêmement étendue, & le nombre des plantations en augmente tellement chaque année, que la *Russie* se rendra probablement maîtresse en peu de temps d'une partie du commerce du tabac en Europe. Voici les villes des six gouvernemens ci-dessus nommés, qui sont dignes de remarque.

NESCHIN, capitale du gouvernement de son nom & chef-lieu des Cosaques d'Ukraine, fait un commerce considérable en *Turquie*, en Pologne & en Silésie, avec les marchandises dont nous ferons mention en parlant de *Tscherkask*.

KIOVIE, *Kiow* ou *Kiewe*, capitale du gouvernement de ce nom, est une grande ville qui fait un commerce fort avantageux en bestiaux avec la Pologne & la Silésie. C'est de cette ville que les interlopes exportent clandestinement beaucoup de pelleteries à Dantzick & à Konigsberg, où ils les vendent avec un grand bénéfice.

TSCHERKASK, ou *Tzerkask*, chef-lieu des Cosaques Doniens, & ville du gouvernement de *Woronesch*, est regardée comme le centre du commerce de *Turquie*. Les marchands Turcs, Grecs & Arméniens y abordent par la mer Noire en passant par Tangarok, de-là à Temernik où se perçoivent les droits de péage, enfin, de Temernik à *Tscherkask*. Les marchandises qu'ils y apportent sont des vins grecs, des fruits secs, de l'huile d'olive, du ris & autres objets de commerce. Ils reçoivent en échange, du caviar, du suif, des cuirs de roussi, du fer & autres articles du crû de la *Russie*. Les Tartares de Kouban & ceux de la Crimée trafiquent aussi par terre à *Tscherkask* : ils y livrent des marchandises de *Turquie* & prennent en retour des toiles, des cuirs & des ouvrages de fer. Cependant le commerce de *Tscherkask* avec la *Turquie* est beaucoup diminué depuis que la Moscovie est venue à bout de s'ouvrir une navigation sur la mer Noire, d'établir un commerce dans les échelles du Levant, & de se former dans Constantinople même une maison chargée de la direction de ce commerce.

Commerce de Moscovie, ou de l'intérieur de l'empire.

Les gouvernemens de *Moscovie*, de *Nowogorod*, de *Nischnei-Nowogorod*, & de *Smolensko*, renferment les établissemens les plus utiles au commerce. Les principaux sont les fabriques de cuirs, les manufactures de laine, de fil & de soie.

Les fabriques de cuirs de Rousi sont les plus importantes. Il est vraisemblable que les Tartares ont été anciennement en possession de cette branche d'industrie, & que c'est d'eux que les Russes ont obtenu le secret de donner à leurs cuirs cette mollesse, ce lustre & ce grain qu'on ne peut imiter nulle part. Quelque soit l'origine de cet art, il est certain que les Russes ont été jusqu'ici d'une réserve & d'une circonspection si grandes sur la communication de leur procédé, qu'on n'a pu se l'approprier dans aucun autre état. On a vu des Suisses & des Siléfiens, jaloux de ce secret, & ambitieux de l'acquérir, se transplanter dans les provinces méridionales, briguer l'emploi dans ces fabriques de cuirs, y travailler plusieurs années, & revenir dans leur pays sans avoir pu ni saisir, ni pénétrer l'objet de leurs recherches. Le seul fruit de leurs efforts a été de conjecturer que la teinture de ces cuirs étoit en partie composée d'écorce de bouleau; que le mordant qu'on y employoit étoit absorbé ou recouvert par une espèce de colle dont une sorte d'huile de poisson étoit l'ingrédient principal; & que d'ailleurs les eaux du pays avoient une qualité particulière, analogue à la nature des cuirs & à leur préparation. Les fabriques de cuirs sont au nombre de cent ou environ. Les meilleures & les plus renommées, sont celles de Serpukow, Below & Toula, villes du gouvernement de Moscou. Celles de Casan, Schabaksar, Jaroslaw sur le Wolga & autres endroits sont inférieures. Ces cuirs, que les François nomment communément cuirs de Rousi, les Allemands souchten, & les Russes youst ou youst, sont teints en rouge & en noir; les premiers sont les meilleurs. Il y en a, au surplus, de diverses qualités: nous les ferons connoître lorsque nous traiterons du commerce de St. Petersbourg. Nous remarquerons ici seulement qu'une des qualités essentielles qui distinguent le véritable cuir de Rousi, est celle qu'il a de jeter une odeur forte de cuir brûlé, si on le frotte un peu.

Dans tout le pays, il n'existe qu'une fabrique de draps fins; c'est celle d'Iambourg, petite ville de Baï, située dans le gouvernement de Petersbourg: elle appartient à la couronne, qui a fait des dépenses très-considérables pour l'établir, & qui est obligée de les continuer pour la soutenir. Les principaux ouvriers de cette manufacture sont étrangers; on n'y emploie absolument que des laines d'Espagne: les draps qui en sortent sont passablement teints; le tissu en est assez moëlleux, mais ils sont mal rasés & ils reviennent trop cher à la fabrique pour avoir un débit de quelque importance; aussi s'en fait-il une petite quantité. Les manufactures de draps ordinaires sont plus favorables dans un si vaste territoire; elles sont au nombre de cinquante & n'occupent en tout que 1700 métiers: on s'y sert de la laine du pays, principalement de celle d'Ukraine & des environs. Les draps de ces fabriques sont employés à l'habillement des troupes: ils ne

sont teints que dans quatre couleurs; leur qualité est bonne, & ils donnent un bénéfice de 15 pour cent. Ces manufactures sont tenues par des nobles & des négocians qui en vendent les draps à la couronne au prix de 50 copecks l'archine. La Russie a une quantité d'autres fabriques de draps d'une troisième sorte, pour habiller les paysans serfs, & les peuples sauvages, depuis la Chine jusqu'à Astracan. Les draps qu'on y fait ne sont qu'une espèce de feutre grossier & épais; la plus grande partie est en gris sale. C'est en Ukraine principalement que sont placées ces manufactures informes. Comme ces étoffes sont de la consommation la plus générale, la quantité qui s'en fabrique doit être immense, & le profit des propriétaires des manufactures qui rançonnent les malheureux esclaves, est au moins de 50 pour cent.

Les manufactures de fil, consistent en nappages, toiles blanches étroites, toiles à voile, cordages & autres semblables articles. Les fabriques de nappages de la première qualité sont au nombre de trois, dont deux à Jaroslaw, sur le Wolga & une à Moscou. Les deux premières contiennent 800 métiers & occupent 4000 ouvriers des deux sexes; celle de Moscou appartient à des Hollandois nés & naturalisés dans cette ville. Les ouvrages qui sortent de ces fabriques, spécialement ceux en dessin, sont d'une grande beauté & peuvent le disputer à ceux de Silésie: la cour & les grands n'en emploient pas d'autres. On présume que le bénéfice de ces fabriques est de 10 à 12 pour cent. Il seroit difficile de déterminer le nombre des fabriques de nappage ordinaires; on peut seulement assurer qu'il est très-grand. La consommation s'en fait en plus grande partie dans le pays même. Le nombre des fabriques de toiles blanches, de toiles à voiles, & de toiles pour l'habillement des matelots, est aussi très-grand. On nomme ces toiles calamink, ravendoek & vlaamsdoek: outre celles qui se débitent dans le pays, il s'en exporte des parties considérables pour l'Angleterre & la Hollande; il en passe aussi en France, en Espagne & en Portugal, mais en moindre quantité.

Il y a quelques manufactures de soie. On fait à Moscou, & dans les environs, des velours à miniatures, des velours unis, des peluches de petits droguets, des damas pour des meubles, du taffetas uni, & sur-tout des mouchoirs, dont le débit est prodigieux à cause de leur légéreté & de la teinte excellente qu'on leur donne. Nous ne parlons pas des manufactures de gazes, galons, tapis & autres ouvrages de luxe qu'on a voulu imiter par pure ostentation, parce que ces objets n'intéressent pas le commerce étranger; mais nous ne devons pas laisser ignorer à nos lecteurs, que la ville de Toula a des fabriques en clincailleries, en ustensiles & en toute sorte d'instrumens de fer & de cuivre, qui seules fournissent l'intérieur du pays, de ces objets. L'exportation en est prohibée.

Comme il n'est permis à aucun étranger de faire

le commerce intérieur, il se fait entièrement par des marchands Russes, & c'est avec eux que les négocians étrangers ont coutume de traiter dans tous les objets de commerce, tant pour la vente des marchandises qu'ils ont reçues de dehors, que pour celles dont les Moscovites ont besoin. Ces marchands, qui sont paysans, serfs d'origine, entendent très-bien ce négoce, & comme ils sont en général aussi actifs qu'habiles à profiter des circonstances favorables à leur commerce, ils amassent communément des richesses considérables. Il y a deux classes de marchands qui font le commerce intérieur. La première est celle des marchands sédentaires qui habitent les grandes villes, & y demeurent presque sans en sortir; ils s'occupent d'un ou de plusieurs genres de trafic. La seconde classe est celle des marchands ambulans: ceux-ci font des voyages de trois & quatre années, & ne reviennent ordinairement chez eux qu'avec de grandes richesses: par exemple, un marchand de Moscou part de cette ville au mois de mars, pour arriver à la mi-juin à la foire de Makariew, ville du gouvernement de Nischnei-Nowogorod. Ses affaires finies dans cet endroit, il se met en route pour la foire d'Irbitzkaja, ville du gouvernement de Tobolsk, en Sibérie. Cette foire se tient dans le mois de janvier; notre voyageur fait donc en sorte d'y arriver en ce temps. Il y échange les marchandises dont il s'étoit muni à Makariew contre d'autres qu'il présume devoir lui être plus avantageuses à Irkutzk, capitale du gouvernement de ce nom, en Sibérie, où il doit aller en quittant Irbitzkaja. S'il ne débite pas toutes ces marchandises à Irkutzk, il va à Tobolsk, où il est sûr de les vendre pendant l'hiver à un gros bénéfice: il part au printems de Tobolsk, parcourt toute la Sibérie, toujours en commerçant, & revient à Irkutzk en automne, ou pour le plus tard au commencement de l'hiver, à moins qu'il ne soit surpris par les glaces; il fait son commerce pendant cette saison avec les Chinois, tant à Kjachta qu'à Jakutzk, villages dont nous avons parlé, situés sur les frontières de la Sibérie du côté de la Chine. De Jakutzk, il se rend au printems à Irkutzk, arrive en automne à Tobolsk, fréquente en hiver & pendant l'été suivant les foires d'Irbitzkaja & de Makariew, & s'en revient enfin à Moscou après une tournée de quatre ans

& demi. Ce voyage est long & pénible, comme l'on voit, mais il n'est guères d'hommes intelligens qui l'aient fait, sans avoir décuplé la valeur de ce qu'ils avoient emporté en partant de Moscou, à moins qu'ils n'aient essuyé quelque malheur dans leur route. Les marchands d'Archangel, de Casan, de d'Ustjug-Weliki, de Lalskoi-Posad & de Makariew, sont aussi dans l'usage de faire ces longs voyages,

Le gouvernement de Moscou, comprend onze provinces,

ARTICLE II.

Commerce extérieur de Moscovie.

Il se divise en quatre parties, sçavoir le commerce d'Archangel, le commerce de S. Petersbourg, celui de Karelie, & celui de Livonie & d'Esthonie: comme chacune de ces parties exige de grands détails, nous les étendrons autant que les bornes de cet ouvrage peuvent nous le permettre, dans les quatre paragraphes suivans.

§. I. Commerce d'Archangel.

ARCHANGEL, ou Archangelskoigorod, est la capitale du gouvernement de son nom. Cette ville, située sous le 64e. degré 34 minutes de latitude septentrionale, fut découverte en 1553 par les Anglois, qui, les premiers, obtinrent des czars la permission d'y faire commerce. Peu après vinrent les Hollandois & divers autres peuples qui partagèrent cet avantage avec les Anglois. L'argent étoit dans ce temps-là très-rare, & les étrangers étoient obligés d'échanger leurs marchandises contre d'autres marchandises, & souvent même de donner encore de l'argent. La plupart des commerçans étrangers demeuroient à Moscou, & se rendoient en été à Archangel, où ils tenoient leurs comptoirs. Cette manière de faire le commerce subsista jusqu'en 1721, que Pierre Ier. transporta le commerce d'Archangel à Petersbourg, & força ainsi les étrangers à y transférer aussi leurs comptoirs; dès-lors, le commerce d'Archangel déchut beaucoup; celui qui s'y fait encore aujourd'hui n'est pas considérable. On en peut juger par la note suivante des marchandises qui ont été expédiées de ce port, dans le cours de l'année 1780, sçavoir;

Destination des marchandises.

Noms des marchandises.	Quantité.	Pour Hollande.	Pour Angleter.	Pour Portugal.	Pour Espagne.	Pour France.	Pour Danem. et Norveg.	Pour Hambour. et Bremen.
Froment, ... czetwers,	2080	. . .	40776	11394	1696	. . .	1306
Seigle, ... dits,	2049	. . .	1287			1056	6536
Semence de lin, . . . dits,	58558	3303	. . .				
Goudron, ... barils,	41106	42492		. . .			3251
Brai, ... pouds,	40152	86952				4056	328
Suif, ... dits,	78873	60748					23747
Chandelles de suif, . . dits,	1337	. . .				1538	9632
Fer, ... dits,	8400	24915					8259
Cuirs de Roussi, . . . dits,	8443						682
Soie de pourceau, . . dits,	1956	1681					1218
Chanvre, ... dits,	16235	13327				105	600
Huile de chenevis, . . dits,	. . .						1007
Huile de poisson, . . dits,	. . .						31448
Cire, ... dits,	82	132	20				163
Nattes, ... pièces,	501500	102150	5490	1200		2700	188020
Toiles à voiles, . . dites,					100		100
Pelleteries, ... dites,	29385						146300
Toiles de napage, . . arch.	57711						
126 Navires, ...	43	45	19	5	1	2	11

On voit par cette note, que les principaux articles qui s'exportent d'*Archangel*, sont du brai, du goudron, du froment, du seigle, & de la semence de lin, dont nous placerons ci-après les comptes simulés respectifs. On y trouve d'ailleurs en assez grande abondance, du suif, dont les prix raisonnent suivant les qualités, depuis 20 jusqu'à 25 roubles, plus ou moins, le berckowitz de 400 ℔; du chanvre net qui vaut depuis 10 jusqu'à 15 roubles, plus ou moins, suivant les circonstances; des nattes dont le millier vaut communément depuis 40 jusqu'à 45 roubles, plus ou moins; enfin, de la soie de porc qui se paye, suivant la qualité, depuis 5 jusqu'à 8 roubles, plus ou moins, le poud de 40 ℔. Les prix du froment, du seigle & de la graine de lin, varient suivant les circonstances; le froment vaut depuis 250 jusqu'à 350 copecks, plus ou moins, le czetwer; le seigle depuis 150 jusqu'à 250 copecks, la même mesure; la semence de lin est presque toujours au même taux que le froment de la meilleure qualité. Les révolutions dans les prix du brai & du goudron, sont encore plus étonnantes. D'une année à l'autre on les voit monter ou descendre de 100, 200, & même 300 pour cent. En 1778, le brai valut jusqu'à 550 copecks le baril; en 1779, ce prix baissa jusqu'à 200 & 190 copecks, taux auquel il est resté cette année (1780). Il en est de même du goudron qui, de 325 copecks le baril qu'il valut en 1778, descendit en 1779 à 160. prix auquel il est encore. Nous en avons néanmoins formé des comptes simulés, en prenant les prix moyens & les plus communs.

Comptes simulés d'un chargement de 800 barils de brai & de 1,800 dits de goudron, scavoir :

800 Barils de brai, à 250 copecks. R°. 2,000 «

Frais d'expédition.

Droit à 8 cop. le baril, r°. 64 dont la ½ en argent russe . . . . . R°.)	32	«
& l'autre moitié à 125 cop. en rdlr. 25 30 & à 155 copecks la rixdale .	34	56
Expédition & frais de douane, à 1½ copecks	12	«
Assortiment ordinaire & extraordinaire, à 9 copecks	72	«
Réception, rabatage de barils & port à bord, à 10 cop.	88	«
Frais extraordinaires 1 p°, & courtage d'achat ½ p°	30	«
Droit nommé *spendatie* ¼ p°, & l'église ¼ p°	10	«
Commission d'achat sur r°. 2,278, à 2 p°	45	56

324 12

Roubles 2,324 12

1,800 Barils de goudron, à 175 copecks . . . . Rᵒ. 3,150 ////

Frais d'expédition.

Droit à 4 cop. le baril, rᵒ. 72 , dont ½ en argent ruffe . . . . . . Rᵒ.	36	////
& l'autre ½ à 125 cop. rdlr. 28 , 40 , & à 135 cop.	38	88
Expédition & frais de douane, 1 ½ copecks.	27	////
Affortiment ordinaire & extraordinaire, à 4 copecks	72	////
Réception, rabatage, & port à bord , à 9 cop. le baril	162	////
Frais extraordinaires 1 pᵒ/ₒ & courtage ½ pᵒ/ₒ	47	25
Droit de fpendatie ¼ pᵒ/ₒ , & pour l'églife ¼ pᵒ/ₒ	15	75
Commiffion d'achat & d'expédition fur Rᵒ. 3,548 à 2 pᵒ/ₒ	70	95
		469 83

. . Roubles 3,619 83

On compte pour 100 barils ordinaires de brai ou goudron, comme deffus , 134 vieux barils dont 14 font comptés pour un laft de commerce. Le fret fe paye fuivant les circonftances.

Compte fimulé de 800 czetwers ou chetvers de froment, à 337 ½ cop. . . . . . Rᵒ. 2,700 ////

Frais d'expédition.

Expédition & frais de douane , 1 cop. par czetwer , ... Rᵒ.	8	////
Bénéficiage du froment & port à bord, à 4 cop.	32	////
Frais extraordinaires 1 pᵒ/ₒ , & courtage ½ pᵒ/ₒ	40	50
Droit de fpendatie ¼ pᵒ/ₒ , & pour l'églife ¼ pᵒ/ₒ	13	50
Commiffion d'expédition fur rᵒ. 2,794, à 2 pᵒ/ₒ	55	88
		149 88

Roubles 2,849 88

Compte fimulé de 1,600 czetwers de feigle , à 180 copecks . . . . Rᵒ. 2,880 ////

Frais d'expédition.

Droit à 5 cop. par czetw. faifant rᵒ. 80 , ou rdlr. 160 & à 135 copecks Rᵒ.	216	////
Expédition & frais de douane , 6 pᵒ/ₒ fur les droits	12	96
Bénéficiage & port à bord, 6 cop. p. czet.	96	////
Frais extraordinaires 1 pᵒ/ₒ , & courtage ½ pᵒ/ₒ	43	20
Droit de fpendatie ¼ pᵒ/ₒ , & pour l'églife ¼ pᵒ/ₒ	14	40
Commiffion d'expédition fur rᵒ. 3,262 , à 2 pᵒ/ₒ	65	24
		447 80

Roubles 3327 80

Compte fimulé de 800 chetwers de femence de lin, à 337 ½ cop. . . . . Rᵒ. 2,700 ////

Frais d'expédition.

Droits de fortie à 43 cop. par czetw. dont ½ en argent ruffe , ... Rᵒ.	172	////
& l'autre ½ à 125 cop. en rdlr. 137 . 80 à 137 cop.	185	76
Expédition & frais de douane fur les droits 6 pᵒ/ₒ	21	46
Bénéficiage & port à bord à 8 cop.	64	////
Frais extraordinaires 1 pᵒ/ₒ , & courtage ½ pᵒ/ₒ	40	50
Droit de fpendatie ¼ pᵒ/ₒ , & pour l'églife ¼ pᵒ/ₒ	13	15
Commiffion fur rᵒ. 3,196 , à 2 pᵒ/ₒ	63	92
		560 79

Roubles 3,260 79

On.

On ajoute ordinairement dans les factures d'*Archangel*, ⅛ p.º pour papier timbré du contrat d'achat des marchandises, & en outre le courtage & les ports de lettres, qui font un objet de conséquence dans une correspondance étendue.

§. II. *Commerce de S. Petersbourg.*

Les négocians de SAINT-PETERSBOURG font pour la plupart étrangers & de diverses nations, comme Anglois, François, Hollandois, Allemands, Danois, Suédois, Italiens. Ils forment deux factoreries, l'une composée d'Anglois seulement, l'autre de négocians de toutes les autres nations, sur-tout de Hollandois & d'Allemands. Ces factoreries font des associations ou espèces de communautés, qui s'assemblent une fois l'année régulièrement, & par extraordinaire, quand le besoin le demande : elles ont un président à leur tête, ou plutôt, les consuls, comme chefs des négocians de leur propre nation, président à leurs assemblées respectives. L'objet de l'établissement de ces factoreries, est fondé sur la nécessité où l'on est de soutenir les droits du commerce auprès des tribunaux & du gouvernement. Les moyens qu'on est obligé d'employer pour cela, étant de nature à coûter des frais, la factorerie s'impose les sommes nécessaires, & les répartit sur ses membres. Comme il n'est pas naturel que les négocians supportent personnellement ces frais, ils les portent en compte à leurs commettans ou correspondans : on les évalue ordinairement à ⅛ p.º sur le total des affaires ; c'est ce qu'on appelle *frais au commun*, comme on le verra dans les comptes simulés.

Le commerce de *S. Petersbourg* ne ressemble point à celui des autres états ; c'est un labyrinthe dont l'étranger tient difficilement le fil. Ailleurs un négocian n'a besoin que de connoître ses facultés, le principe & le terme de ses opérations : la bonne foi fait le reste. A *S. Petersbourg* il faut s'assurer de tout avant que de rien entreprendre ; il faut faire une étude des hommes avant que de traiter avec eux, connoître le temps & la façon de contracter, l'usage des paiemens, les différens incidens, les routes obliques de la fourberie, les formalités de ce qu'on appelle justice ; la pratique de la douane, l'esprit plus encore que la lettre du tarif ; les privilèges de la couronne ; les défenses particulières d'entrée ou de sortie ; en un mot, les entraves de toute sorte, qui gênent & embarrassent

le commerce. La navigation pour ce port n'étant ouverte que six à sept mois de l'année, il faut avoir songé long-temps d'avance aux cargaisons de retour, sans quoi les navires seroient exposés à s'en retourner à vuide, ou obligés d'hiverner à *S. Petersbourg*. L'usage est de contracter en janvier & février, pour recevoir les livraisons quatre ou cinq mois après, ou même plus tard selon les arrangemens de l'acheteur. Nous avons déja dit (p. 285 & 286) que les marchands Russes ont le droit exclusif de fournir les productions du pays, & de faire le commerce intérieur de *Russie* ; ainsi, ce sont eux qui s'engagent envers les étrangers, de faire les emplettes dans les provinces, pour les leur livrer au terme convenu. On est obligé de les payer comptant au temps du contrat, ou à celui de la livraison, ou moitié à l'un & à l'autre de ces termes. Pour les marchandises d'importation, c'est tout le contraire : le négocian étranger ne pouvant vendre en détail ses marchandises, qu'il n'ait acquis le droit de bourgeoisie, les vend aux marchands Russes en gros & à crédit ; sçavoir, à 9, 12 & quelquefois à 18 mois de terme ; encore se croit-il heureux, si à l'échéance du crédit convenu l'acheteur est exact à lui payer le montant des marchandises qu'il lui a vendues.

Suivant une ordonnance émanée de la cour Impériale, les négocians étrangers ne peuvent placer leurs marchandises ailleurs que dans des magasins appartenans à la couronne, qu'ils sont obligés de tenir à ferme de la douane ; cette obligation est une suite de la défense qui leur est faite par la même ordonnance, de vendre en détail au-dessous de la valeur de soixante-dix roubles, & de garder dans leurs maisons leurs marchandises, de quelque nature qu'elles soient, à l'exception des vins, liqueurs & de quelques autres articles. Divers inconvéniens résultent de cette ordonnance pour les négocians étrangers, tels qu'un surcroît de dépenses & d'embarras occasionnés par la distance de leurs maisons à leurs magasins, outre les frais du loyer ; les risques des incendies (*) ; le dépérissement inévitable des marchandises dans des lieux éloignés de l'œil du maître ; enfin le désagrément de se voir exposé aux visites toujours imprévues & souvent injustes que la rivalité ou l'inimitié des marchands nationaux ne manquent pas de multiplier le plus qu'elles peuvent. Il y a plusieurs exemples d'étrangers ruinés par cette espèce d'acquisition.

(*) Il y a eu en (1780) dans la nuit du 15 au 16 août, un incendie qui a consumé,

				Roubles	
491,991	Pouds de chanvre évalués à			749,260	21
83,456	Dits, de lin, ...			171,964	27
119,098	Dits, de codille, de lin & de chanvre, ...			66,396	61
65,565	Dits, de tabac, ...			108,677	12
Et diverses autres marchandises avec 4 galiotes pour				72,376	90

Perte totale . . Roubles   1,168,675   11

Sans compter un navire Hollandois & un Lubeckois, & les magasins en pierres & en bois.

Au reste, de toutes les nations étrangères, la nation Angloise est la plus favorisée par le gouvernement, cette nation étant la seule en Europe qui ait un traité particulier de commerce avec la *Russie* : ce traité fut signé, pour la première fois, sous le règne de la reine Élisabeth; depuis, il a été renouvellé régulierement à chaque expiration de terme; & récemment en 1766, entre Catherine II, & George III, pour l'espace de vingt ans. Nous allons en extraire les principales clauses qui distinguent les Anglois des autres étrangers qui commercent en *Russie*.

1°. Le premier avantage des *Anglois*, est d'avoir par ce traité un rapport politique établi avec l'empire de *Russie* : c'est un titre, une sauvegarde, tant pour les affaires civiles, que pour celles de commerce. Ils ont par-là le droit de réclamer contre toute infraction quelconque du traité, & d'intéresser le gouvernement au redressement de leurs griefs.

2°. Les *Anglois* de *Petersbourg* ne sont (par l'art. 4) justiciables que du collège de commerce, au lieu que les autres commerçans étrangers sont obligés de plaider devant le magistrat, en première instance, ce qui fait traîner les affaires en longueur & augmente considérablement les frais.

3°. Les *Anglois* ne sont pas obligés de payer les droits d'entrée & de sortie en rixdales de Hollande; ils ont le privilége (par l'art. 5) de les acquitter en monnoie courante de *Russie*.

Il faut remarquer qu'à la dernière époque du renouvellement de leur traité, l'usage de payer les droits de la douane en monnoie de *Russie*, étoit commun à tous les négocians étrangers, conformément au tarif de 1766. Mais, par une ordonnance de 1771, il fut enjoint d'acquitter la moitié du montant de ces droits en rixdales de Hollande, en conservant seulement aux *Anglois*, en vertu de leur traité, l'exercice de l'ancien usage.

Pour ce qui est des négocians *Moscovites*, le nombre en est petit; & quoiqu'ils aient une grande aptitude au trafic de détail, ils n'ont aucune idée du commerce en grand; ils sont propriétaires d'une vingtaine de navires du port d'environ 100 lasts, qu'ils chargent ordinairement pour leur compte pour les ports de France & de Hollande. Comme ils sont dans la nécessité d'entretenir les équipages de ces navires, pendant le cours de l'année, il est difficile d'apprécier avec exactitude ce que leur coûte le fret. A en juger cependant par les frais détaillés, il leur revient un peu plus cher qu'aux Hollandois & aux

autres nations; mais ils sont amplement dédommagés par les priviléges qui leur sont accordés par les ukases de Pierre Ier., & de la czarine Anne. Ces priviléges consistent en ce que toutes les fois qu'il est constaté que la cargaison du navire leur appartient, ils ne paient que le quart des droits de sortie, & les trois quarts des droits d'entrée, & qu'au lieu de 125 copecks de douane, que tous les étrangers paient pour chaque rixdale, on n'en exige d'eux que 90.

Indépendamment des navires qu'entretiennent les négocians nationaux, à *S. Petersbourg*, pour faire le commerce en pays étrangers, ils en ont un grand nombre d'autres de diverses grandeurs, tant pour le cabotage entre *S. Petersbourg* & les autres ports sur la mer Baltique, que pour servir d'allège aux navires étrangers qui, ne pouvant monter à *S. Petersbourg*, sont obligés de recevoir leurs chargemens à Cronstadt, parce qu'ils tirent plus d'eau que la Newa n'a de profondeur. On compte jusqu'à deux cents de ces bâtimens servant d'allège, & ceux qui font le cabotage d'un port à l'autre de *Russie*, sont au nombre de cent au moins.

Tel est l'état véritable de la marine marchande en ce vaste pays; combien de ports des états méridionaux en ont à eux seuls une plus grande! Il est aisé d'en conclure que presque tout le commerce maritime est entre les mains des étrangers : les Anglois, les Hollandois, les François, les Suédois, les Hambourgeois, les Lubeckois & d'autres peuples se le partagent, mais en portions inégales. Les Anglois en possèdent la plus grande. En 1749, le montant des marchandises exportées de *S. Petersbourg*, fut de 3,184,322 roubles, & celui des marchandises importées, fut de 2,942,242 roubles. Les Anglois seuls en exportèrent pour 2,245,573 roubles, & y en portèrent pour 1,012,209 roubles. En 1755 le total de l'importation monta, à *S. Petersbourg*, à 3,321,875 roubles, & celui de l'exportation à 4,550,060 roubles. En 1759 on vendit pour l'étranger à *S. Petersbourg*, pour 3,530,614 roubles, & en 1760, pour 3,194,352 roubles. Depuis vingt ans le commerce de cette ville s'est accru considérablement.

Voici la balance de l'année 1774, faite par une personne fort intelligente, qui, après avoir été employée long temps à la douane de *S. Petersbourg*, s'est retirée en France, d'où elle a bien voulu nous communiquer l'état suivant du commerce de cette ville en ladite année.

Note des sommes des productions de Moscovie exportées de St. Petersbourg en 1774 et de celles des marchandises entrées dans le même port ; avec le nombre des navires de chaque nation qui y sont venus la même année.

Noms des nations.	Sommes des marchandises. Exportées.		Importées.		Nombre des navires de diverses nations.
	Roubles.	Cop.	Roubles.	Cop.	
Sujets Russes, pour , ...	1269270	24	3318612	77.	47
Anglois , ...	5140039	2	2349914	95	336
Hollandois , ...	507021	80	629978	17	114
Lubeckois , ...	499137	15	486774	67	38
Rostockois , ...	94550	33	41473	65	39
Danois , ...	9052	57	5543	26	61
Hambourgeois , ...	264118	62	381087	62	4
François , ...	346321	68	225557	82	18
Suédois , ...			12471	85	39
Suisses , ...	8495	50	62428	13	"
Saxons , ...	4697	23	88342	96	"
Italiens , ...	197429	62	105665	32	"
Allemands , ...	22055	84	194608	90	9
Prussiens , ...	111387	60	122687	7	14
Espagnols , ...	99432	20	129469	17	10
Armeniens , ...			30074	84	"
Passagers de diverses nations , . . .	544794	91	449294	50	"
Capitaines de navires , ...	28411	3	195635	62	"
	9086215	44	8829591	27	729 navires.
Ajoutez pour droits de sortie , . . .	849319	56			
Déduisez pour droits d'entrée , . . .			1214101	82	
Balance en faveur de St. Petersbourg ,	. . .		7615489	45	
	. . .		2320045	55	
Balance , ...	9935535		9935535		

Nous observerons, touchant cette note, que dans le nombre des navires Espagnols qui entrèrent en 1774 dans le port de S. Petersbourg, se trouve compris un seul navire Portugais, dont le chargement d'allée étoit en plus grande partie composé de vins, ainsi que les chargemens des navires Espagnols. Ces deux nations, sans avoir fait aucun traité de commerce avec la Russie, ont obtenu de la souveraine, actuellement-régnante, une faveur insigne relativement au paiement des droits d'entrée de leurs vins de leur propre crû, importés sous leurs pavillons respectifs. Voici comment s'exprime à cet égard, le tarif Russe de l'année 1766.

Vins d'Alicante, de Canaries, de Xerès, de Malaga, de Madère & autres vins quelconques d'Espagne & de Portugal, importés directement & pour le compte ainsi que par des navires appartenants aux sujets naturels de ces deux royaumes, la barique, ou demi-pipe contenant 6 ancres, ... Rᵒ.   4   50 Cop.
Mêmes vins pour compte étranger, ou n'arrivant pas directement d'Espagne ou de Portugal, ou étant chargés sur des navires de quelqu'autre nation, la même barique.   22   50 Cop.

Cette faveur a engagé les deux nations dont nous venons de parler, à faire diverses expéditions qui leur ont assez bien réussi. Les Espagnols en ont fait le plus grand nombre : dans les dix à onze dernières années qui ont précédé la guerre entre l'Angleterre & la maison de Bourbon, il a été expédié d'Espagne pour la *Russie* au moins 10,000 tonneaux de vin.

Les François ne sont pas à beaucoup près aussi favorisés en *Russie* ; leurs marchandises paient de gros droits d'entrée : par exemple ;

Les vins de Champagne & de Bourgogne blancs, la barique, ... Rᵒ.   144   " "
Dits, de Bourgogne rouge, Hermitage & côte-rôtie, dite,   120   " "
Dits, d'Orléans, St. Leon, Castille, Château-Margot, Lafite, Latour, la Mission, Pontac, Haut-Brion, Haut-Margot, Roquemore, Frontignan, Picardon & Muscat, la barique de 240 bouteilles, ...   39   15 Cop.
Vins ordinaires de France, venus directement de ce royaume, la barique, dont 4 font un tonneau,   15   66
Mêmes vins venus d'ailleurs que de France, la barique, ...   18   " "

Malgré cela, le commerce que les *François* font à *S. Petersbourg,* leur est avantageux. Ils y vendent très-bien les marchandises de mode, les fruits & les autres articles qu'ils y portent. Il est pourtant vrai que ce commerce a été beaucoup plus étendu & plus lucratif qu'il ne l'est aujourd'hui.

Pour plus ample intelligence de ce qui concerne le commerce de *S. Petersbourg,* nous faisons suivre ici, premièrement un état des marchandises qui ont été exportées de *S. Petersbourg,* l'année dernière (1779) & ensuite deux prix courans ; l'un des productions de *Russie,* & l'autre des articles d'importation propres pour cet empire ; on verra dans l'un & l'autre, les droits de sortie & d'entrée de chaque marchandise, ainsi que les frais, tant d'embarquement que de débarquement.

Nombre des navires	Destinations pour	Fer.	Chanvre net.	Out-schot. ou 2e. fte.	Deminei ou 3e. fte.	Etoupts.	Cordages.	Lin 1re. fte.	Lin 2e. fte.	Lin 3e. fte.	Etoupes de lin.	Cuirs.	Huile de chenevis.	Suif.	Chandelles.	Cire.	Soie de porcs.	Colle de poiffon.
		pouds.	pouds.	pouds.	pouds.	pouds.	pouds.	pouds.	pouds.	pouds.	pouds.	pouds.	pouds.	pouds.	pouds.	pds.	pouds.	pds.
23	Portugal,	14389	3390	4964	3622	1291	23253	2834	1133	266	...	...	331	...	907	100	28	14
8	Espagne,	3000	12171	9967	1411	...	400	456	481	91	...	...	...	...	384	919	...	...
7	France,	9800	...	596	8787	2118	210	...	...	...	...	...	20389	...	...	...	615	...
30	Italie,	65953	1611	486	...	...	708	29609	11920	2821	52292	...	...	...	...	362	112	...
128	Hollande,	119470	395109	25325	29903	16947	4698	8141	2158	607	...	13000	171	8813	...	4120	19493	1285
53	Danemarck,	15647	60178	22179	4308	2725	927	2286	1097	62	8478	400	6445	174	572	...	...	...
26	Suède,	...	21018	11804	441	654	100	864	2566	...	2402	314	5964	7979	232	...	107	...
45	Lubeck,	12900	16630	4429	6873	8088	...	200	100	...	2520	19970	51379	4588	4342	1362	870	372
36	Stetin,	3000	7989	1141	561	1221	222	226	81	...	...	41638	12654	24830	402	12	...	...
10	Roslock,	250	1556	1029	930	4717	...	...	...	932	4616	4427	2647	1009	...	...	...	...
2	Hambourg,	...	...	...	...	...	...	...	...	...	...	...	5100	...	485	...	...	...
16	Prusse,	5370	8284	705	936	1996	112	533	411	...	1146	1485	6744	1023	1591	...	...	...
3	Rev. & Riga,	...	...	...	...	...	...	...	...	...	...	...	...	...	30	...	...	...
387		249779	528036	82625	57772	39757	30630	45149	19947	4409	15488	133715	93206	70443	9954	6875	21225	1688
	Dans les navires Anglois																	
314	Gr. Br. & Irl.	1839300	1386365	91703	54093	36537	...	150419	7559	524	3801	...	...	226010	...	782	9442	1356
701	Navires	2089079	1914401	174328	111865	76294	30630	195568	27506	4933	19289	133715	93206	296453	9954	7657	30667	3037

Suite de l'état des marchandises exportées de St. Petersbourg en 1779.

Pour	Tabac.	Queues de cheval.	Goudron.	Bray sec.	Huile de chien marin.	Savon.	Peaux de lièvre.	Pelleteries.	Planches.	Nattes.	Raven-duck.	Toiles à voile.	Toiles flamisch.	Calamin-ques.	Toiles pr. servietes.	Toiles blanches.	Toiles d'emballage.	Graine de lin.	Froment.
	pouds.	pds.	pouds	pds.	pouds	pds.	pièces.	pièces.	pièces.	pièces	pièces	pièces	pièces	pièces	arch.	arch.	arch.	chtw.	chtw.
Portugal,			4147						200		545	3894	20		5280	6590			22047
Espagne,			1701				1000				685	723	81			3300			7670
France,	15651	1185																	
Italie,							5926	2120	400		49	54	30		134907	7398			20840
Hollande,	85384	1014	22298	7731			417559	1310	27034		5805	24004	4245	23758	900	21251	21251	10361	11900
Norv. & Dan.	11479					288					4572	8144	1272			2850	28553		548
Suède,	3247	150									53	159				900			200
Lubeck,	14514				7109	1321	6485	13263		8800	567	2795				52082	425		
Stetin,					7185	882					1631	1377				1340	1800		
Rostock,	200																		
Hambourg,												118							
Prusse,	794										330	1117							
Reval & Riga.	50																		
	131319	2355	28146	7731	14294	2491	430970	16693	27634	8800	14237	42385	5649	23758	141087	295275	52029	10361	63205
dans les navires Anglois. Gr. Br. & Irl.		701	42083	373		468			108402	19000	69390	558	20927	23212	459938	520328	744487	13921	
	131319	3056	70229	8104	14294	2959	430970	16693	136036	27800	83627	42943	26576	46970	601025	815603	796516	24282	63205

M O S

Pour L'Italie. . . . 5682 pouds caviar. . . . . Pour la Grande Bretagne & l'Irlande. 790 pouds résine.
Hollande. . 44525 . . queues de cheval . . . . 14609 . . vieux fer.
. . . . . . 52900 . . os de bœuf . . . . 809 . . vieux cordage,
. . . . . . 59 mâts.
. . . . . 205 poutres.

Prix courant des marchandises d'exportation de St. Petersbourg, où l'on trouve les droits de sortie, & tous les frais jusqu'à bord du navire.

Poids ou mesures.	Produits de la Russie.	Prix.	Désignation des poids ou mesures.	Douane.	Recevoir, charger, peser, lier, emballer, &c.	Assortissage ou mesurage.	Courtage du notis, à 15 copecks le last.
50 à 60 pd. la bal.	Chanvre net. Ro.	16 à 17	Le berkow.	$165\frac{1}{4}$ Copecs.	1 Ro, la balle	8 cop. la balle	De 60 pouds.
40 à 50 pd. dito.	dito, 2de. sorte	14 à 5	idem.	136	$72\frac{1}{2}$ cop. dito.		
35 à 40 pd. dito.	dito, demi-net ou 3e. sort.	12 à 13	iden.	$100\frac{3}{4}$	60 cop. dito		
25 à 28 pd. dito.	dito, codille.	8 à 6	idem.	$58\frac{1}{4}$	40 cop. dito	-	
	Lin à 12 têtes.	22 à 23	idem.	$348\frac{1}{4}$	8 copecks la pièce dont 10 font une balle : p. liage 5 c. le berk. 70 c. la bl.	16 cop. le berk.	dito.
	dito, à 9	19 à 20	idem.	$310\frac{1}{4}$			
	dito, à 6	16 à 17	idem.	$232\frac{1}{4}$			
	dito, codille.	4 à 5	idem.	$97\frac{1}{4}$	50 cop. la balle	–	1000 pd. en ball.
10 Pd. la balle.	Cire jaune	13 à 12	Le poud.	$32\frac{1}{2}$	10 cop. le poud en pains	3 cop. le poud.	80 pd. en bariq.
Env. 30 p. avec le Tonn. & 9 à 10 p. c. tare.	Suif à savon.	24 à $25\frac{1}{2}$	Le berkow.	$285\frac{3}{4}$	30 cop. la caisse	rien	la caisse
	dito à chandelles.	26 à 27	idem.	$285\frac{3}{4}$	70 cop. par tonneau	rien	120 pd. brut.
3 à 5 Pd. la caisse.	Chandelles de suif.	3 à 4	Le poud.	23	30 cop. la caisse	rien	la caisse.
Env. 30 pd. brut : tare environ $4\frac{1}{2}$ pd. par tonneau.	Huile de chenevis.	1 à $1\frac{1}{2}$	idem.	$16\frac{1}{4}$	150 cop. par tonneau	rien	120 pouds brut.
	dito de lin	2 à $2\frac{1}{2}$	idem.	$16\frac{1}{4}$	150 cop. par tonneau	rien	120 pouds brut.
	Peaux de lievres blancs.	130 à 160	les 1000 pie.	600	150 cop. les 1000 pièces	1 Ro. les 1000.	Par balle ou tonneau
	dito gris	200 à 260	idem.	1758	idem	idem.	
20 à 24 rouleaux la balle.	Cuirs fins de $5\frac{1}{4}$ à 6 px.	7 à 9	Le poud.	$88\frac{1}{4}$	9 cop. par rouleau	$2\frac{1}{2}$ cop. le poud.	pour l'Italie 88 p. la Holl. 60 roull.
	dito. $4\frac{1}{2}$ à 5	6 à 8	idem.	10			
10 Pd. la balle.	Colle de poisson meilleur.	30 à 40	idem.	150	25 cop. le poud en tonn.		
12 à 15 P. le tonn.	dito, fabrique ordinaire	20 à 30	idem.	150	15 cop. en balle	rien	Par tonn. ou balle
25 ℔ brut.	Caviar.	3 à $3\frac{1}{2}$	idem.	$8\frac{1}{2}$	1 Ro. le tonneau	2 Ro. le tonn.	120 pouds brut.

Frais de douane à 3 p% sur la somme payée.

La communauté ½ p% } du montant de l'achat. Courtage ½ p% }

Courtage des traites ¼ p%

Provision 2 p% } du mont. total. frais extraor. 1 p% }

Suite du prix courant des marchandises d'exportation de St. Petersbourg, où l'on trouve les droits de sortie & tous les frais jusqu'à bord du navire.

Poids ou mesures.	*Produit de la Russie.*	*Prix.*	*Désignation des poids ou mesures.*	*Douane.*		*Recevoir, charger, peser, lier, emballer, &c.*	*Assortissage ou mesurage.*	*Courtage du fret, à 15 copecks le last.*
	Nattes neuves . . Ro.	60 à 65	les 1000 pie.	58¼	Frais de douane à 3 p.% sur la somme payée.	120 cop. le poud		600 pièces.
10 piéc. le paquet.	dito vieilles.	30 à 35	idem					idem.
	Fer de diverses sortes. cop.	70 à 90	Le poud.	37¼ le berk.		10 cop. le berkowitz.	Rien.	120 Pouds.
	Toile à voile meilleur Ro.	9½ à 11	La pièce	48 cop. la p.		10 co. les petits paquets.	Rien	60 pièces.
	dito ordinaire.	6 à 8	idem.			13 cop. les gros paquets.		
24 à 25 pièces	Toile servietes larges. .	110	les 1000 a	3 ro. les 1000 a.		fines 70 cop. les 1000 ar.	15 c. les 1000 ar.	la balle.
17¾ à 28 dito.	dito étroites.	65	idem.					
24 à 25 dito.	dito kinishemski large. .	39	idem.					
	Calaminques, . cop.	16 à 15½	par archine	68¼ c. les 60 a.		4 cop. la pièce	15 c. les 1000 ar.	
	Toile flamski meilleur Ro.	10 à 11	La pièce	57½ co. la pie		idem.	10 cop. dito.	
	dito ordinaire. . . .	9 à 25	idem.	idem.				
	Cordages goudronnés.	200 à 210	le berkow.	45 cop.		Rien		60 Pouds.
	dito, non goudronnés.		idem.	12½ cop.				
10 pouds la balle	Crins de chevaux bouilli.	2¾ à 2⅓	idem.	50 cop.				
20 pd. dito.	dito queues.	5 à 4¼	idem.	10 c. les 100 p.		60 cop. la balle.	10 cop. le poud.	60 pouds.
	Petit-gris en sacs. . . .	2½ à 3	Le sac	90 c. le sac		1 Ro. pour 1000.		Le sac
	dito en peaux.	70 à 136	Les 1000	1098¾ c. 1000 p.			1 Ro. les 1000.	Le tonneau
	Froment.	3 à 5	le chetwert	Rien		10 cop. le chetwert.	Rien	16 Chetwerts
	Houblon.	6	Le poud.	19¾ c. le pd.		3 cop. le poud.	Rien	80 Pouds
	Tabac d'Ukraine. cop.	160 à 200	idem.	20 cop.		dito.	Rien	60 Pouds
	Toile ravensd. de meill. .	6 à 7	La pièce	44½ c. les 50 a.		4 cop. la pièce.	Rien	La balle
	dito, ordinaire. . . .	4 à 6	idem.					
	Soie de porc, 1re. sorte. .	7¼ à 8	Le poud.	18¾ c. le pd.		5 cop. par poud.	3 co. par poud.	120 Pd. brut.
	dito, 2e. sorte	5 à 4¾	idem.					

La Communauté ½ p.% du montant || Courtage des || Provision. 2 p.% du mont.

Prix courant des marchandises d'importation à St. Petersbourg, les droits d'entrée qu'elles payent, ainsi que les frais de débarquement.

Emmagasinage.	*Objets d'importation.*	*Prix.*	*Désignation des poids & mesures.*	*Douane.*	Frais de Douane 3 p% sur la somme payée.	*Recevoir, peser, transporter au magasin*	A la Communauté $\frac{1}{8}$ p% courtage $\frac{1}{2}$ p% } Du montant de l'achat ‖ Courtage des remises $\frac{1}{4}$ p% ‖ Provision 2 p% frais extraordinaires 1 p% } du montant total.
30 cop. par berkowitz	Alun d'Angleterre,	19 à 20	le Berkowitz	96 copecks le		60 cop. le berk.	
idem	Dito de Danemarck & Suéde.	20 à 22	idem	96 berk.		idem	
10 cop. par berk.	Plomb en masse,	17 à 18	idem	72		40 idem	
idem	Dito en rouleau,	20 à 21	idem	72		idem	
20 cop. par berk.	Bois de Ste Marthe,	30 à 27	idem	Franc		50 cop. les 10 poud.	
idem	Dito de Campêche.	20 à 21	idem	Franc		50 idem	
4 cop. par poud.	Huile de Séville & de }	6 à $5\frac{1}{4}$	le Poud.	60 le poud.		8 cop. par poud.	
idem.	Pouille en barique }		idem	60		8 idem	
5 cop. par poud.	Camphre,	36 à 37	idem	80		15 idem	
50 cop. par poud.	Canelle,	60 à 80	idem	320		1 roub. par poud.	
25 cop. par poud.	Cardamome,	140 à 150	idem	1200		50 cop. par poud.	
50 cop. par poud.	Cochenille,	250 à 280	idem	$83\frac{1}{2}$		1 roub. par poud.	
4 cop. par poud.	Café Martinique,	$9\frac{1}{2}$ à 10	idem	$234\frac{1}{2}$		15 cop. par poud.	
idem.	Café ordinaire,	9 à $8\frac{1}{4}$	idem	$234\frac{1}{2}$		15 idem	
15 cop. par poud.	Indigo bleu ou violet,	110 à 115	idem	$625\frac{1}{4}$		40 idem.	
idem	Dito violet mêlé,	100 à 105	idem	$625\frac{1}{4}$		40 idem	
idem	Dito cuivré,	90 à 75	idem	$625\frac{1}{4}$		40 idem	
{	Fleur de muscade,	112 à 115	idem	320		{	
50 cop. par poud. {	Noix muscade,	78 à 80	idem	1000		{ 1 roub. par poud.	
{	Clous de girofle,	72 à 70	idem	$1172\frac{1}{2}$		{	
20 cop. par poud.	Orleane, ou rocou.	20 à 12	idem	60		40 cop. par poud.	
50 cop. par balle.	Poivre,	$11\frac{1}{2}$ à 12	idem	40		1 rouble par balle.	
10 cop. par poud.	Vif-argent,	35 à 34	idem	180		20 cop. par poud.	
20 cop. par poud.	Saffrano, ou safflor,	7 à $7\frac{1}{2}$	idem	6 de la valeur.		40 cop. idem.	
50 cop. par poud.	Saffran,	200 à 280	idem	60 la ℔		1 roub. par poud.	
5 cop. par poud.	Zinc, dit *spiauter*.	3 à 53	idem	24 le poud.		10 cop. par poud.	
2 cop. par poud. {	Encens, benjoin,	30 à 32	idem	$547\frac{1}{2}$		} 10 cop. idem.	
{	Dito ordinaire.	$7\frac{1}{2}$ à 8	idem	109		}	
3 cop. par poud.	Etain en saumon,	7 à 50	idem	22		10 cop. par poud.	
{	Sucre superfin,	11 à $11\frac{1}{4}$	idem	$147\frac{1}{2}$		}	
5 cop. par poud. {	Dito, ordinaire.	$10\frac{1}{2}$ à 10	idem	$117\frac{1}{4}$		} 10 cop. par poud.	
{	Petit melis,	$9\frac{1}{2}$ à 10	idem	$117\frac{1}{4}$		}	
{	Gros melis,	8 à 9	idem	$117\frac{1}{4}$		}	

Quoiqu'il soit aisé, au moyen des prix courans des productions Russes, de faire le calcul de ce qu'elles coûteroient rendues à bord du navire, nos lecteurs ne seront pas fâchés de trouver ici des comptes simulés des principaux articles que les étrangers tirent communément de *S. Petersbourg.*

Le chanvre est un article essentiel du commerce de *S. Petersbourg;* la qualité en est beaucoup estimée par les François & les Anglois, spécialement par les premiers qui n'en emploient pas d'autre pour leur marine. Il y en a de trois sortes; le chanvre le plus net & dont les brins sont longs & minces, forme la première; celui qui est chargé d'étoupes, & dont les brins ne sont ni longs ni minces, forme la troisiéme; la seconde tient le milieu entre les deux autres. Le prix de chaque espèce diffère d'environ 2 roubles par berkowitz: c'est-à-dire si le chanvre de première qualité vaut 16 roubles, celui de la seconde en vaut 14, & celui de la troisiéme 12. Voici un compte simulé de cet article:

1000 Pouds de chanvre de première sorte à 16 roubles les 10 pouds. . . . . R°.			1,600	//

Frais d'expédition.

Douane, à 165 $\frac{3}{4}$ cop. par pouds, dont $\frac{1}{2}$ en roubles, ... R°.	82	88		
& l'autre $\frac{1}{2}$ à 125 cop. font rdlrs. 66, 15 à 140 cop.	92	82		
Fanaux & accidens, à 3 p$\frac{o}{o}$ sur les droits	5	27		
Braquer ou assortir, à 5 cop. par berkowitz	5	//		
Courtage d'achat $\frac{1}{2}$ p$\frac{o}{o}$, & dit de traites, $\frac{1}{4}$ p$\frac{o}{o}$	12	//		
Au *commun*, $\frac{1}{8}$ p$\frac{o}{o}$ & frais extraordinaires 1 p$\frac{o}{o}$	18	//		
Recevoir, lier, peser & porter à bord, à 1 rouble par balle	18	//		
Commission sur r°. 1,834 à 2 p$\frac{o}{o}$	36	68		
			270	65
Roubles			1870	65

Le lin de *Russie* est beaucoup estimé à cause de la longueur de son brin; sa couleur est naturellement brune, mais quand il est filé, il se blanchit aisément dès le premier lavage. Il y a trois qualités de lin en *Russie*; la première se nomme à *12 têtes*, la seconde à *9 têtes*, & la troisiéme à *6 têtes*. Le prix diffère de 3 roubles par berckowitz d'une qualité à l'autre. Par exemple, le lin de première qualité a valu cette année, 22 $\frac{1}{2}$ roubles le berckowitz de 10 pouds; celui de seconde, 19 $\frac{1}{2}$, & celui de troisiéme qualité, 16 $\frac{1}{2}$. Le lin de Nowogorod est l'un des meilleurs que fournisse l'empire de *Russie*. Donnons un compte simulé de cet article.

1000 Pouds de lin de première sorte à 22 $\frac{3}{4}$ roubles les 10 pouds. . . . . . . R°.			2,275	//

Frais d'expédition.

Douane, à 348 $\frac{3}{4}$ cop. dont la $\frac{1}{2}$ en argent russe, ... R°.	174	38		
& l'autre à 125 cop. en rdlr. 139, 25 & à 140 copecks	195	30		
Fanaux & accidens, & 3 p$\frac{o}{o}$ sur ces droits	11	9		
Recevoir, peser, charger, &c. les 100 ballots, à 30 cop. chacun . . .	30	//		
Lier à 5 cop. & braquer à 4 cop. le berkowitz	9	//		
Courtage d'achat $\frac{1}{2}$ p$\frac{o}{o}$, & courtage des traites $\frac{1}{4}$ p$\frac{o}{o}$	18	35		
Frais extraordinaires 1 p$\frac{o}{o}$ & au commun $\frac{1}{8}$ p$\frac{o}{o}$	25	55		
Commission sur r°. 2,738, 71 à 2 p$\frac{o}{o}$	54	78		
			518	49
Roubles			2,793	49

60 Pouds de chanvre ou de lin, sont comptés pour un last de commerce.

Les cordages; qui consistent en cables & cordes de toutes les grosseurs, soit goudronnées, soit non-goudronnées, sont faits de chanvre; il s'en fabrique beaucoup en *Russie*, où on les vend au poids: en voici un compte simulé.

1000 Pouds de cordages affortis, à 190 cop. le poud . . . . R°. 1,900 ııı

Frais d'expédition.

Douane à 45 cop. dont la ½ en argent ruffe, ... R°. 22 50
  & l'autre ½, à 125 cop. en rdlr. 18 à 140 cop. 25 20
Fanaux & accidens fur les droits à 3 p° 1 43
Recevoir, charger, pefer, &c. à 70 cop. par 10 pouds. . . . . . . 70 ıııı
Courtage d'achat ½ p°, & courtage de traite ¼ p° . . . . . . 15 ıııı
Frais extraordinaires 1 p° & au commun ½ p° 21 37
Commiffion fur r°. 2,055, 50 à 2 p° 41 10
                                              196 60

                       Roubles 2,096 60

120 Pouds de cordages font un laft de commerce.

Le fer de *Ruffie* eft en général de bonne qualité. On le diftingue communément en *vieux foble* & *nouveau foble* : le *vieux foble* eft d'une qualité fupérieure au nouveau ; il vaut environ 10 copecks par poud plus que celui-ci. Le prix du fer varie depuis 70 jufqu'à 100 copecks, plus ou moins, le poud de 40 ℔. Le compte fimulé fuivant, eft fait fur le prix actuel de ce métal à *S. Petersbourg*.

1,000 Pouds de fer, dit *vieux foble*, à 90 copecks le poud, ... R°. 900 ıııı

Frais d'expédition.

Douane à 37 ¼ cop. par 10 pouds, dont la ½ en . . . . R°. 18 63
  & l'autre moitié à 125 cop. en rdlr. 14, 45 à 140 cop. 20 86
Fanaux & accidens, 3 p° fur ces droits, ... 1 18
Recevoir, pefer, charger, &c., à 10 cop. par 10 pouds . . . . 10 ıııı
Courtage d'achat ½ p°, & courtage des traites ½ p° 6 75
Frais extraordinaires 1 p°, & au commun ½ p° 10 12
Commiffion fur r°. 967 à 2 p° 19 35
                                            86 89

                       Roubles 986 89

120 Pouds de fer font un laft.

Les cuirs de *Ruffie* forment une branche des plus importantes du commerce de *S. Petersbourg* ; il y en a de plufieurs fortes. La meilleure, dont on diftingue trois qualités, fe nomme *gave* ; enfuite vient celle qu'on nomme *malja*, puis le *Roswal*. En général, on préfère le cuir le plus doux, le plus fouple & le plus luftré. Les prix de cet article varient prodigieufement d'une année à l'autre. On le paye depuis 400 jufqu'à 900 copecks le poud, fuivant les qualités refpectives ; en égard auffi aux circonftances. L'achat s'en fait ordinairement par affortimens de diverfes qualités, comme on le peut voir dans le compte fimulé fuivant, d'une partie de cuirs de *Ruffie* compofée de 255 rouleaux, dont :

120 Rouleaux *gave* 1re. forte pefant . . . . Pouds 180 ıııı
 50 dits, ... 2de. dite . . . . 70 ıııı
 15 dits, ... 3me. dite . . . . 20 ıııı
 15 dits., cuir pefant, ... 30 ıııı
 10 dits, dit *malja* . . . . 10 ıııı
 50 dits, dit *rofwal*, ... 75 ıııı

253 Rouleaux pefant enfemble . . . . Pouds 385 ıııı
                       Augmentation 3 p° 11 22

                                       396 22

A déduire pour les liens ¼ ℔ par 10 rouleaux 11 6

                              Pouds 396 16 ℔

Lefquels, à 800 copecks l'un portant l'autre, font . . . . Roub. 3,168 *"*

Frais d'expédition.

Douane à 88 ¼ copecks, dont la ½ en argent ruffe, ... R°.	174	74	
& l'autre ½, à 125 cop. rdlr. 139, 40, & à 140 cop.	195	72	
Fanaux & accidens, 3 p°/° fur ces droits	11	11	
Braquer ou faire affortir, à 2 cop. par poud	7	92	
Nattes, cordes, emballages, charger, &c. à 9 cop. par rouleau, . . .	22	95	
Courtage d'achat ½ p°/°, & courtage des traites ½	22	76	
Frais extraordinaires 1 p°/°, & au commun ½ p°/°	35	64	
Commiffion fur r°. 3,638 à 2 p°/°	72	77	

§43 61

Roubles 3,711 61

60 Rouleaux de cuirs font généralement comptés pour un laft de commerce, excepté lorfqu'on les expédie pour l'Italie, car alors on en compte 88.

Les pelleteries & les fourrures ne fe trouvent nulle part en Europe en auffi grande quantité & à auffi bon marché qu'en *Ruffie.* Tous les ans on en exporte de très-fortes parties de *S. Petersbourg,* pour les pays étrangers, fur-tout en peaux de lièvres & de petits-gris. Un coup d'œil fur le compte fimulé fuivant, fuffira pour connoître la valeur des efpèces principales, avec tous les frais d'expédition.

10,000 Peaux de liévre de 1re. qualité, . . 1 pour 1	10,000
3,000 Dites, de 2de. dite . . . . . . 3 pour 2	2,000
2,000 Dites, de 3me. dite . . . . . 2 pour 1	1,000

15,000 Peaux de liévre comptées pour 13,000

Lefquelles 13,000 peaux, à 230 roubles par mille . . . . R°.	2,990
4,000 Peaux d'hermines, à 15 roubles les 40 pièces	1,500
100 Dites de renards blancs, à 1 ½ roubles	150
100 Fourrures de petits-gris ventre noir, à 4 roubles	400
100 Dites, de petits-gris clairs, à 2 ½ roubles	250
100 Dites, dos de petits-gris noirs, à 12 roubles	1,200
1,000 Petits-gris noirs de Sibérie, avec les queues	150
1,000 Petits-gris clairs, pour	90

R°. 6,730

Frais d'expédition.

Douane de 15,000 peaux de liévre, à 1,758 cop. les 1,000 . . . R°.	263	70
Idem, de 4,000 dites hermines, à 154 cop. les 40	154	*"*
Idem, de 100 dites de renards, à 330 cop. les 10	33	*"*
Idem, de 200 fourrures petit-gris, 30 cop. chacune	60	*"*
Idem, de 1,000 fourrures dos dit, 90 cop. chacune	90	*"*
Idem, de 1,000 petits-gris, à 1,098¼ cop. les 1,000	21	97½

R°. 622 67½

Dont la ½ en argent ruffe	311	34
& l'autre ½, à 125 cop. en rdlr. 249, 34r. & à 140 cop.	349	55
Fanaux & accidens, à 3 p°/° fur ces droits	19	82
Braquer les peaux de liévre, à 2 r°. par 1,000	30	*"*
Battre les peaux, les recevoir, plier, emballer & porter à bord . . .	39	63
Courtage d'achat ½ p°/°, & courtage de traites ½ p°/°	50	47
Frais extraordinaires 1 p°/°, & au commun ½	75	71
Commiffion fur r°. 7,606 à 2 p°/°	152	12

1,028 64

R° 7,758 64

La cire & le fuif, tant celui dont on fait des chandelles que celui dont on fe fert dans les fabriques de favon, étant deux objets importants du commerce de *Ruffie*, nous allons faire fuivre un compte fimulé de chacun de ces articles.

Compte fimulé de 100 pouds de cire à 13 roubles, ... Rᵒ. 1,300 ///

Frais d'expédition.

Douane à 32 ½ cop. dont ½ en argent ruffe, ... Rᵒ. 16 23
   & l'autre ½ à 125 cop. en rdlr. 13, & à 140 cop. 18 20
Fanaux & accidens, 3 pᵒ fur les droits, ... 1 4
Recevoir, pefer, nattes, emballage, &c. à 10 cop. . . . . 10 ///
Braquer ou affortir la cire, à 3 cop. par poud . . . . 3 ///
Courtage d'achat ½ pᵒ, & courtage des traites ¼ pᵒ . . . . 10 ///
Frais extraordinaires 1 pᵒ, & au commun ⅛ pᵒ 14 62
Commiffion fur rᵒ. 1,373 à 2 pᵒ 27 47
                                                  100 58

                                              Rᵒ 1,400 58

100 Pouds de cire en paquets, ou 80 pouds nets en futailles, font comptés pour un laft de commerce.

Compte fimulé de 1,000 pouds de fuif, dont

  500 à chandelles, à 25 roubles les 10 pouds. . . . . Rᵒ. 1,250 ///
  500 à favon,   à 23 . . . . 1,150 ///

1,000 Pouds.   Rᵒ. 2,400 ///

Frais d'Expédition.

Douane à 285 ¼ cop. dont la ½ en argent ruffe. . . . . Rᵒ. 143 88
   & l'autre ½ à 125 cop. en rdlr. 114, 15, & à 140 cop. 162 2
Fanaux & accidens, à 3 pᵒ fur ces droits 9 8
Recevoir, pefer, charger & porter à bord en 40 futailles, à 70 copecks. . 28 ///
Braquer, ou affortir le fuif, à 5 cop. les 10 pouds. . . . . 5 ///
Courtage d'achat ½ pᵒ, & courtage de traites à ¼ pᵒ. . . . . . . 18 ///
Frais extraordinaires 1 pᵒ & au commun ⅛ pᵒ. . . . . /// ///
Commiffion de rᵒ. 2,792 à 2 pᵒ 55 84
                                                447 82

                                            Rᵒ. 2,847 82

120 Pouds de fuif brut font comptés pour un laft de commerce.

Les toiles à voile de *Ruffie*, font de trois qualités : celles qu'on fabrique à Kantfcheroff & Terikoff forment la première, celles de Longinin & de Balaf-cheff, la feconde, & les autres fabriques de l'Empire forment la troifiéme, qui eft la plus commune. Les prix de la première forte varient fuivant les circonftances de 7 à 9 rᵒ. plus ou moins, la pièce, & les autres fortes à proportion. Voici le compte fimulé de ces trois fortes de toiles à voile :

100 Pièces toiles à voile de 1ʳᵉ. forte, à 8 roubles, ... Rᵒ. 800 ///
100 Dites, idem, ... de 2ᵈᵉ. dite, à 7 ½ . . . . 750 ///
100 Dites, idem, ... de 3ᵉ. dite, à 6 . . . . 600 ///

                                           Roub. 2,150 ///

Ci-contre, ... Roub. 2,150 //

Frais d'expédition.

Douane des 300 pièces, à 48 ¾ copecks, dont ½ en . . . . Rº.	73	13		
& l'autre moitié à 125 cop. en rdlr. 58, 25 & à 140 cop.	81	90		
Fanaux & accidens à 3 p% sur ces droits.	4	65		
Recevoir, nattes, cordages, emballage & frais jusqu'à bord, à 2¼ roub. les 20 pièces, ...	33	75		
Courtage d'achat ½ p% & courtage des traites à ¼ p%	16	82		
Frais extraordinaires 1 p% & au commun ⅛ p%	24	19		
Commission sur rº. 2,384 à 2 p%	47	68		
			282	12
Roubles			2,432	12

60 Rouleaux, ou pièces de toiles à voile, font un last de commerce.

Il y a deux qualités de soie de porc ou de cochon, dont la première vaut presque toujours une rouble par poud plus que la seconde. Voici un compte simulé de cet article dont l'exportation est considérable à *St. Petersbourg*.

100 Pouds soie de porc de 1re. sorte à 7 roubles . . . . Rº.	700	//
40 Dits, ... de 2de. dite, à 6	240	//
Roubles	940	//

Frais d'expédition.

Douane de 140 pouds à 48 ¾ cop. dont la ½ en . . . . Rº.	34	13		
& l'autre ½ à 125 cop. en rdlr. 27, 15 à 140 cop.	38	22		
Fanaux & accidens, 3 p% sur ces droits	2	17		
Bracker, ou assortiment, à 4 cop. par poud	5	60		
Recevoir, charger, peser, nattes, &c. à 5 cop. par poud	7	//		
Courtage d'achat ½ p% & courtage de traites ¼ p%	7	35		
Frais extraordinaires 1 p% & au commun ⅛ p%	10	57		
Commission sur rº. 1,045 à 2 p%	20	90		
			125	94
Roubles			1,065	94

120 Pouds brut de soie de porc, font un last de commerce.

Lorsque l'exportation du froment est permise à *S. Petersbourg*, on en fait des expéditions considérables pour les pays étrangers, à cause du bas prix de cette denrée en cette ville, relativement aux autres pays. Comme ces prix changent suivant les circonstances, nous nous contenterons d'en donner un compte simulé, en prenant le prix moyen entre 550 & 350 copecks, termes le plus haut & le plus bas entre lesquels roule le czetwer ou sac, pesant 9½ pouds.

1,000 Czetwers de froment à 450 copecks . . . . Rº. 4,500 //

Frais d'expédition.

Recevoir, peser, charger, & porter à bord, à 15 cop. . . . Rº.	150	//		
Courtage d'achat ½ p%, & courtage des traites ¼ p%	34	17		
Frais extraordinaires 1 p% & au commun ⅛ p%	50	62		
Commission sur rº. 4,734 à 2 p%	94	68		
			329	47
Roubles			4,829	47 cop.

Le froment ne paye aucun droit de sortie à *S. Petersbourg*.

24 Czetwers sont comptés pour un last de commerce.

Le tabac d'*Ukraine*, quoique très-bon pour la pipe, ne l'eſt guère pour être râpé, & n'eſt ni aſſez gras, ni d'aſſez bonne odeur, pour être pris ſeul. On ne laiſſe cependant pas d'en râper une certaine quantité, qu'on trouve le moyen de débiter en le mêlant avec d'autre de meilleure qualité. La France reçoit, depuis pluſieurs années, de fortes parties de tabac, dont la culture s'augmente & ſe perfectionne de jour en jour en *Ukraine*. En voici un compte ſimulé pour l'uſage des ſpéculateurs.

1,000 Pouds de tabac d'*Ukraine* à 170 copecks . . . . R⁰. 1,700 ⁗

Frais d'expédition.

Douane à 10 cop. dont la ½ en monnoie ruſſe . . . . R⁰. 100 ⁗
   & l'autre ½ à 125 cop. en rdlr. 80 & à 140 cop. . . . . 112 ⁗
Fanaux & accidens, à 3 p⁰ ſur ces droits 6 36
Emballer, peſer, recevoir & charger, à 3 cop. le poud . . . . . . 30 ⁗
Courtage d'achat ½ p⁰ & courtage des traites ¼ p⁰ 12 75
Frais extraordinaires 1 p⁰ & au commun ⅛ p⁰ 19 12
Commiſſion ſur R⁰. 1,980 à 2 p⁰ 39 60
                                                         319 83

                                    Roubles 2,019 83

Lorſqu'on voudra faire un calcul exact de ce que les marchandiſes dont nous venons de donner des comptes ſimulés pourront coûter, rendues dans les ports où l'on voudra les faire venir, il conviendra d'y ajouter le fret & l'aſſurance, qui coûteront ſelon les circonſtances.

Il nous reſte à expliquer maintenant la manière dont les droits, portés dans chaque compte ſimulé que nous venons de donner, ſe paient à *S. Petersbourg*. On compte le droit de douane ſuivant le tarif, dont la moitié du produit ſe paye en argent de *Ruſſie*, & l'autre moitié en rixdales effectives de Hollande, qui doivent avoir le poids requis. La douane reçoit ces eſpèces ſur le pied de 125 copecks chacune, c'eſt-à-dire que pour 125 roubles, on donne ſeulement 100 rixdales; mais comme celles-ci coûtent ſouvent aux négocians de *S. Petersbourg*, beaucoup au-deſſus de 125 copecks, ce qui dépend du taux du change de *S. Petersbourg* ſur *Amſterdam*; on réduit dans l'article des droits des factures les roubles en rixdales au prix fixé de 125 copecks, puis les rixdales en roubles au prix courant des rixdales. Les rixdales étant regardées à *S. Petersbourg* comme des effets néceſſaires à ſon commerce, elles forment un objet de ſpéculation dont pluſieurs maiſons, tant en *Ruſſie* qu'en Hollande, retirent de grands profits. Un compte ſimulé de ces eſpèces, achetées à *Amſterdam* & expédiées à *S. Petersbourg*, ne peut donc qu'être agréable & inſtructif pour nos lecteurs.

10 Sacs contenant 10,000 rixdales, à 50 ſ. . . . . fl. 25,000 ⁗
                 Agio 2 p⁰ . . . . 500 ⁗
                                      25,500 ⁗

Courtage à ½ par mille . . . . fl. 12 10
Pour 10 ſacs à 6 ſ. . . . . 3 ⁗
Commiſſion d'achat ⅓ p⁰ . . . . 85 ⁗
                                       100 10
                                       25,600 10

Prime d'aſſurance à 1 p⁰ & police . . . . fl. 259 ⁗
Fret à ¼ p⁰ 63 16
                                       322 16

           Argent courant de Hollande . . fl. 25,923 6

Leſquels au change de 38 ſ. par rouble, font . . . . R⁰. 13,643 87 co.
Bénéfice à faire à *St. Petersbourg* 356 13

Si les 10,000 rixdales s'y vendent à 140 copecks . . . . en R⁰. 14,000 ⁗

Ainsi, c'est du change que dépend la hausse ou la baisse des rixdales. L'agio des rixdales roule en Hollande de 1 à 3 p̊. plus ou moins.

Pour ce qui regarde les marchandises d'importation qui ont du débouché à *S. Petersbourg*, il suffit de renvoyer nos lecteurs à la page *296*, où nous en avons donné un prix courant.

Cronstadt, qui sert de port à *S. Petersbourg*, est une ville bâtie dans l'île de *Ritzkar* ou *Ritzard*, ou *Retuzari*, située dans le golfe de Finlande.

§. III. *Commerce de* Wibourg.

Le gouvernement de *Wibourg*, qui comprend la partie du grand duché de Finlande, que la couronne de Suède a été obligée d'abandonner à celle de *Russie*, se divise en trois districts ; sçavoir, la Carelie, le district de Kexholm, & une partie du Savolax. On y trouve les villes suivantes :

WIBOURG, en Finlandois *Somelinde* & proprement *Somenlinna*, place de commerce située dans une péninsule formée par le golfe de Finlande. Le port en est bon & sûr ; il y aborde tous les ans une cinquantaine de navires, la plupart Hollandois, qui y vont charger des planches de sapin, & quelque peu de goudron & de poix résine. Comme les planches forment l'article principal du commerce de *Wibourg*, il est à propos de donner le compte simulé suivant d'un chargement composé de

Dimensions de chaque planche

	Longueur.	Largeur.	Épaisseur.
$311\frac{1}{2}$ Douzaines de planches de	12 pieds,	11 pouces &	$1\frac{1}{2}$ pouces.
3 Dites ,	10	11	1
6 Dites ,	9	11	1
$26\frac{1}{2}$ Dites ,	8	11	1
51 Dites ,	12	10	$1\frac{1}{2}$
$75\frac{1}{2}$ Dites ,	12	9	$1\frac{1}{2}$

$473\frac{1}{2}$ Douzaines de planches de sapin, qui répondent

à $444\frac{1}{3}$ Douzaines de planches des dimensions ordinaires , sçavoir de 12 pieds de long, 11 pouces de large & $1\frac{1}{2}$ pouces d'épaisseur, mesure de Hollande, dont la douzaine rendue franche de frais à bord du navire, coûte 80 sols courans de Hollande, & les $444\frac{1}{3}$ douzaines font . . . . Cour. fl. 1,777   6
Commission d'expédition à *Wibourg* à 3 p̊. 53   6

Courans fl. 1,830   12

La qualité des planches de *Wibourg* n'est pas mauvaise ; mais elle est plus propre pour des ouvrages de menuiserie que pour la construction des navires. On en règle le prix en argent de Hollande, l'usage ayant été toujours tel, quoique la manière de compter soit la même à *Wibourg* qu'à St. Petersbourg.

Friederichsham, autre port situé au bord du golfe de Finlande, fait un commerce de planches semblable à celui de *Wibourg*, dont Friederichsham est peu distant.

Après ces deux villes, celles de *Wilmanstrand*, de *Kexholm* & *Nyslot* sont les seules qu'on trouve dans le gouvernement de *Wibourg* : ces trois villes sont proprement des forteresses.

§. IV. *Commerce de* Livonie & d'Estonie.

RIGA, ville capitale, la plus riche & la plus commerçante du pays, est éloignée de la mer d'environ deux milles d'Allemagne. Elle a un port bon & sûr, défendu par la forteresse de Dunnamünde,

bâtie à l'embouchure du fleuve Duina. A environ un quart de lieue de la ville, au bord opposé de ce fleuve, on voit un grand nombre de magasins de chanvre, de lin & autres marchandises ; ces magasins, nommés *Ambares*, sont à l'abri des inondations au moyen d'une écluse qu'on y a construite du côté du fleuve ; ils sont d'ailleurs éloignés des lieux habités ; &, dans la crainte du feu, on y fait une garde rigoureuse pour n'en laisser approcher que les ouvriers, & des personnes auxquelles on croit pouvoir se fier.

Le commerce d'exportation de *Riga* est très-important : il emploie, année commune, environ 700 à 750 navires, plus ou moins, dont la plupart sont Hollandois & Anglois. En 1778 il en arriva à *Riga* de diverses nations d'Europe 651, & 729 pendant l'année suivante. Ce nombre a été moindre à la vérité en 1780 à cause de la guerre ; mais rien ne peut mieux faire connoître le commerce de *Riga* dans les bonnes années, que la note suivante des marchandises exportées de cette ville en 1779.

NOTE des marchandises exportées de *Riga* par 729 navires de diverses nations, pendant l'année 1779.

Destination des marchandises.

Noms des marchandises.	Quantités.	Pour Anglet.	Pour Holland.	Pour France.	Pour Espagn.	Pour Portug.	Pour Danem.	Pour Suède.	Pour Italie.	Pour Ham. et la balt.
Chanvre net, ... sch℔.	11274	14444	. . .	13174	10 0	4243	3156	. . .	372
Dit, de 2de. sorte, . . . dits,	4651	2673	408	206	2745	2120	1544	300	1462
Lin rakitze . . . . dits,	17788	24	1	1589	464	2227	990	2693	104
Dit, paternoster, ... dits,	928	10	. . .	. . .	20	144	58	289	38
Dit, marienbourg, . . . dits,	784	5	. . .	. . .	16	23	25	. . .	4
Dit, droyaner coupé, . dits,	2286	3	. . .	280	702	3092	81	1074	37
Dit, driebands, ... dits,	1587	. . .	. . .	245	1830	1269	295	19	176
Etoupes & codille, . . . dits,	2356	9729	. . .	. . .	1104	2826	101	. . .	94
Cire jaune . . . . . . dits,	. . .	44	. . .	32	. . .	. . .	36	. . .	80
Pott asche, ou cendres, . dits,	706	393	. . .	. . .	. . .	-13	. . .	. . .	
Weed-asche, ou cassandes, lasts,	. . .	32	. . .	. . .	. . .	. . .	. . .	. . .	
Froment . . . . dits,	. . .	41	142	601	274	. . .	626	32	385
Seigle, ... dits,	. . .	2186	. . .	. . .	. . .	1620	4568	. . .	741
Orge, ... dits,	. . .	284	. . .	. . .	. . .	. . .	. . .	. . .	
Pois, ... dits,	. . .	. . .	. . .	. . .	. . .	. . .	5	. . .	495
Fer, ... sch℔,	81	150	. . .	92	. . .	. . .	. . .	. . .	61
Tabac en feuille, ... dits,	4	2564	. . .	. . .	. . .	147	321	. . .	1095
Cuirs tannés . . . . deckers,	2	. . .	. . .	. . .	. . .	6	32	. . .	126
Dits crûs, ... dits,	18	. . .	. . .	. . .	. . .	2	615	. . .	652
Graine de lin pour semer, barils,	5504	20911	1470	. . .	. . .	409	1075	. . .	13116
Dite, pour faire de l'huile, dits,	684	38032	. . .	. . .	. . .	66	84	. . .	30
Chenevis, ... dits,	2	26788	. . .	. . .	. . .	445	179	. . .	4
Mâts, ... pièces,	1150	876	. . .	192	168	135	. . .	98	
Matériaux, ... dites,	4107	1489	. . .	166	40	63	. . .	42	
Vergues & autres bois ronds, dits,	224	191	. . .	14	49	37	2	5	
Poutres au-dessous de 50 pieds, dits,	14325	87784	. . .	69	123	299	. . .	470	
Dites, au-dessus de 50 dits, dites,	721	338	. . .	101	141	52	. . .	52	
Planches de sapin, . . schocks,	981	765	3	149	71	108	5	12	601
Douves à pipes, ... dits,	710	725	. . .	19	. . .	. . .	. . .	51	601
Lates, lambris & autres sortes de bois. } dits,	184	620	. . .	. . .	. . .	. . .	. . .	. . .	13

On voit par cette note que les marchandises qu'on exporte en plus grande quantité de *Riga*, sont du chanvre, du lin de diverses sortes, de la graine de lin & du chenevis, du seigle, des mâts, des poutres & des planches de sapin. Nous allons donner des comptes simulés de ces articles, qui sont ceux qui méritent le plus notre attention.

Le meilleur chanvre que produise le nord de l'Europe se recueille dans la *Russie blanche*, d'où on le porte à *Riga*. Plus le brin en est fin & long, plus il est estimé. On a aussi beaucoup d'égard à ce qu'il soit cueilli à propos, sans quoi il seroit foible & cassant. Les couleurs qu'on prise le plus, sont le blanc, le coloré ou vermeil, le cendré ou vert

d'anguille. Le plus & le moins de netteté en constitue les différentes qualités & les prix divers. Au surplus, ces prix sont plus ou moins hauts suivant les circonstances. On a vu monter en 1778 à 20 reichsthales d'Albert le sch℔. de chanvre de première qualité, & en cette année-ci (1780) il a roulé entre 12 & 13 reichsthales. En partant de ces deux extrêmes on peut prendre sur le pied de 16 reichsthales le prix moyen du chanvre net de première qualité, sur le pied de 15 à 14 rthlr. celui de seconde qualité, nommé *droyanner-hempf* & *uytschot*, & sur le pied de 13 rthlr. celui de troisième qualité, nommé *pas-hempf*.

Compte

Compte fimulé de 100 fch^{tt}. *de chanvre net, à* 16 rthlr . . . . Rthlr. 1,600 ##

Frais d'expédition.

Droits de douane , du *portoire* & du fund . . . . Rthlr. 128 80
L'agio fur les efpèces à 7 p^o_o & papier timbré 9 24
Droit de l'hôtel de ville , ... 16 60
Courtage & droit de la balance 14 40
Transport du chanvre hors des magafins 3 30
Frais de réparation de la rivière 2 60
Commiffion d'expédition fur rthlr. 1775 à 2 p^o_o 35 45
                                               210 69

                               Alb. Rthlr. 1,810 69

Compte fimulé de 100 fch^{tt}. *de chanvre droyaner , à* 14 rthlr . . . . Rthlr. 1,400 ##

Frais d'expédition.

Droits de douane , du *portoire* & du fund , ... Rthlr. 116 60
L'agio fur les efpèces , à 7 p^o_o & papier timbré 8 36
Droit de l'hôtel de ville 11 10
Courtage , & droit de la balance 14 40
Transport du chanvre hors des magafins 3 30
Frais de réparation de la rivière 2 10
Commiffion d'expédition fur rthlr. 1556 à 2 p^o_o 31 11
                                               187 17

                               Alb. Rthlr. 1,587 17

Le chanvre des fortes inférieures coûte à-peu-près les mêmes frais que le chanvre droyaner.

La meilleure qualité de lin qu'on tire de *Riga*, croît dans la *Ruffie Blanche*; elle fe nomme *droyaner-rackitzer-flachs*. La couleur en eft extrêmement blanche ; & le brin fin , long & délié ; ce lin a quelquefois des taches noires qui lui font tort pour la vente dans les pays étrangers; malgré cela on le préfère par-tout aux autres fortes qu'on tire de *Riga*. La meilleure , après le *droyaner-rackitzer* eft celle qui croît dans le Palatinat de Trosk en Lithuanie , & qui eft connue dans le commerce fous le nom de *lithaus-rackitzer-flachs* , dont la qualité diffère peu de celle du droyaner-rackitzer. Quoique le lin de Lithuanie foit naturellement un peu brun, les Anglois le préfèrent au droyaner-rackitzer, & en conféquence le paient quelquefois plus cher. Les autres fortes de lin qu'on tire de *Riga* & qui croiffent en Courlande & en Livonie, n'approchent pas pour la qualité du droyaner-rackitzer & du lithaus-rackitzer ; il y en a cependant une qu'on nomme *marienbourg-flachs* qui eft à-peu-près auffi eftimée ; elle croît dans les environs du village dont elle emprunte le nom , dans le cercle de Wenden en Livonie. Les prix des différentes efpèces de cette marchandife varient trop pour pouvoir les fixer; mais nous pouvons indiquer ceux qu'on note ordinairement pour chaque qualité, fçavoir :

Lin   *droyaner-rackitzer* , depuis   21   jufqu'à   26   rthlr. fch^{tt}.
Dit , *badftoeven-gefchneiden* , . . 16 . . . à 21   dites.
Dit , *riften-drieband* , ... 14 . . . à 18   dites.
Lin   *lithaus-rackitzer* , ... 20 . . . à 25   dites.
Dit , *badftoeven-pater-nofter* , . . 15 . . . à 19   dites.
Dit , *lithaus-pater-nofter* , . . . 13 . . . à 17   dites.
Lin de *Marienbourg* , . . . de 17 . . . à 22   dites.
Dit , *gefchneiden* , ou coupé . de 13 . . . à 17   dites.
Dit , *riften-drieband* , ... de 10 . . . à 13   dites.
Lin de *Livonie* , dit *driebands* , . de 11 . . . à 14   dites.
Lin de *Courlande* ou de *Heyligen* , de 10 . . . à 13   dites.

On donne à *Riga* divers autres noms aux lins qui croiffent dans certains cantons foit de *Livonie* & d'*Efthonie* ; foit de *Lithuanie* & de *Courlande* ; mais nous avons cru devoir nous borner aux noms généraux & qui font les plus connus dans le commerce.

Compte fimulé de 100 fchtb. de lin Droyaner - rackitzer à 23 rthlr. . . . . . Rthlr. 2,300 ₪

Frais d'expédition.

Droits de douane, du *portoire* & du fund, ... Rthlr.	12½	80
L'agio fur les efpèces 7 p⁰⁄₀ & papier timbré	9	₪
Droit de l'hôtel de ville, ...	20	₪
Courtage d'achat, & aux travailleurs du poids, ...	33	64
Pour les nattes, ...	13	₪
Tranfport du lin dés magafins à la rivière	2	30
Frais de réparation de la rivière & menus frais	2	60
Commiffion d'expédition fur rthlr. 2,504, 54 à 2 p⁰⁄₀	50	8
		254 62

Alb. Rthlr. 2,554 62 gr.

Le lin de *Lithuanie* & celui de *pater-nofter* coûtent les mêmes frais d'expédition ci-deffus détaillés.

Compte fimulé de 100 fchtb. de lin de Marienbourg coupé à 20 rthlr. . . . . . Rthlr. 2,000 ₪

Frais d'expédition.

Droits de douane, du *portoire* & du fund, ... Rthlr.	93	30
L'agio fur les efpèces 7 p⁰⁄₀ & papier timbré, ...	6	80
Droit de l'hôtel de ville, ...	16	60
Courtage & droit de la balance, ...	13	64
Emballage, nattes, cordages, &c.	70	75
Tranfport du lin des magafins aux gabarres	2	45
Frais de réparation de la rivière & menus frais	2	60
Commiffion d'expédition de rthlr. 2,206 à 2 p⁰⁄₀	44	11
		250 65

Alb. Rthlr. 2,250 65

Le lin *drieband* paye les mêmes frais d'expédition.

On compte 6 fchtb de chanvre, ou de lin, pour un laft de commerce.

Il y a deux fortes de graines ou femences de lin, l'une nouvelle, c'eft-à-dire de la dernière récolte, l'autre vieille ou des récoltes précédentes. Celle-ci ne fert que pour faire de l'huile; celle-là fert auffi pour femer, & cette dernière deftination la rend beaucoup plus précieufe que l'autre. Pour prévenir toute fraude à cet égard, les *brackers* ou vifiteurs jurés de *Riga*, ont un foin particulier de marquer avec un fer chaud les barils dans lefquels on met la graine de lin, des armes de la ville de *Riga*; & au-deffous de ces armes, qui confiftent en deux clefs croifées, ils ont attention de noter l'année dans la-

quelle la graine a été cueillie. Les *brakers* font des infpecteurs approuvés par le magiftrat pour choifir les marchandifes & en diftinguer les qualités refpec-tives. Il y a de ces vifiteurs dans tous les principaux ports de la mer Baltique, & il y en a un ou plu-fieurs pour chaque forte de marchandifes dont ils font cenfés avoir une parfaite connoiffance. La graine de lin de *Riga* pour femer, eft eftimée beaucoup par les étrangers, quoique la qualité en foit un peu inférieure à celle de la graine de lin de Zélande & de quelques autres provinces des pays-bas. Elle vaut ordinairement 3 rthlr. le baril, plus ou moins, & celle pour faire de l'huile 1½ rthlr. Voici deux comp-tes fimulés de ces deux efpèces de graines.

100 Barils de graine de lin pour femer à 3 rthlr. . . . . Alb. Rthlr. 300 ₪

Frais d'expédition.

Droit de fortie & droit du fund, ... Rthlr.	47	70
L'agio fur les efpèces 7 p⁰⁄₀ & papier timbré	4	7
Accife & frais de rivière, ...	7	70
Courtage, rabatage, & port à bord	13	30
Commiffion d'expédition de rthlr. 372, 87 à 2 p⁰⁄₀	7	41
		80 38

Alb. Rthlr. 380 38 gr.

240 Barils de graine de lin vieille, dit *flecht-faat* à rthlr. 1½ . . . . Rthlr. 360 ″″

Frais d'expédition.

Droit de fortie & droit du fund . . . . Rthlr.	55	50
L'agio fur les efpèces 7 p̥° & papier timbré	4	63
Accife & frais de rivière	8	60
Courtage, rabatage, mefurage & port à bord	18	30
Commiffion d'expédition fur rthlr. 447, 23 à 2 p̥°	8	85
	96	18

Alb. Rthlr.   456   18

La graine de chanvre, dite proprement graine de chenevis, fe tire de *Riga* en forte quantité pour la Hollande & d'autres pays. La plus grande partie fert à faire de l'huile; le refte à femer & à quelques autres ufages. En voici un compte fimulé.

100 Barils de graine de chenevis, à 1½ rthlr. . . . . Rthlr. 112   45

Frais d'expédition.

Droit de fortie & droit du fund . . . . Rthlr.	13	30
L'agio fur les efpèces 7 p̥° & papier timbré	1	43
Accife & frais de rivière	2	45
Courtage, mefurage, port à bord & autres frais	6	5
Commiffion d'expédition fur rthlr. 135, 78 à 2 p̥°	2	64
	26	7

Alb. Rthlr.   138   52

Le feigle de *Riga* dont il s'exporte prefque tous les ans d'affez grandes quantités de cette ville pour divers pays étrangers, eft d'une bonne qualité, quoique celui qu'on tire de Pologne lui foit préféré. Les prix de cette denrée varient à *Riga*, comme partout ailleurs, fuivant les circonftances; c'eft pourquoi nous nous bornerons à en donner le compte fimulé fuivant.

100 Lafts de feigle à rthlr. 40 . . . . Rthlr. 4,000 ″″

Frais d'expédition.

Droits de douane, du *portoire* & du fund . . . . Rthlr.	56	″″
L'agio fur les efpèces 7 p̥° & papier timbré	4	45
Droit de l'hôtel de ville	16	″″
Mefurage, courtage, & port à bord	25	″″
Frais de réparation de rivière	1	15
Commiffion d'expédition de rthlr. 4,193	81	″″
	184	″″

Alb. Rthlr.   4,184   ″″

Les mâts des plus hautes futaies, & les meilleurs qu'on trouve à *Riga*, viennent du fond de l'Ukraine, d'où il faut fouvent deux ans pour les transporter dans cette ville. Il y en vient auffi beaucoup de la *Ruffie blanche* & de la Lithuanie, mais ils font de moindre grandeur que les mâts de l'Ukraine. Au refte, les grands & gros mâts deviennent chaque année plus rares à *Riga*, tant à caufe que les forêts s'épuifent de plus en plus, que parce que plus l'arbre eft gros, plus il eft fujet à des défauts qui le font rejeter par les brakeurs. Les défauts qu'on remarque le plus dans les mâts, font des crevaffes au cœur de l'arbre, des fentes tranfverfales profondes, des nœuds & fur-tout l'aubourg, ou l'aubier, dont ils font furchargés & qui empêche qu'ils foient admis dans les principaux chantiers de l'Europe: les fentes verticales fe trouvent en grand nombre auffi dans les meilleurs mâts; mais, pourvû qu'elles ne foient pas trop profondes, on n'y fait pas attention, d'autant que ce font là des défauts légers dont aucun bois de fapin n'eft exempt. Les mâts au-deffus de 24 palmes de groffeur font rares à *Riga*; on en trouve tout au plus un de 25 à 28 palmes fur 6 de 22 à 24 palmes; & pour s'en procurer plufieurs de ce calibre, il faut acheter des parties entières de mâts de 100, 200, 400 & 600 pièces, la plupart defquelles ne sont que des mâts depuis 20 jusqu'à 24 palmes de circonférence d'environ 75 à 90 pieds de longueur. On mesure à *Riga* la grosseur des mâts par palmes, & leur longueur par pieds. La palme est le quart d'un pied, & mesure par conséquent trois pouces de *Riga* qui répondent à 30⅛ lignes du pied de France. On prend la mesure de la grosseur d'un mât à environ 9 pieds au-dessus de la racine, & si le mât a dans cette partie 25 palmes de circonférence, son diamètre sera d'à peu-près 8 palmes de *Riga* qui répondent à 20 pouces 3 lignes du pied de France.

Il arrive tous les ans à *Riga*, tant de la Lithuanie que de l'Ukraine, environ six cent gros mâts au-dessus de 20 palmes, & à peu-près deux mille d'un plus petit calibre; on y amène aussi de toutes les parties de l'intérieur du pays des matériaux & d'autres bois ronds. Les prix dépendant de la quantité des pièces qu'on y attend au printemps & dans l'été, & de la demande qui s'en fait dans l'hyver; ils doivent nécessairement subir des variations d'une année à l'autre; cependant il est rare qu'ils montent ou descendent de plus de 10 p%. Le compte suivant est d'un chargement de mâts & matériaux expédiés de *Riga*, pour l'Espagne en 1778.

223 Mâts & matériaux des dimensions suivantes; sçavoir:

		Grosseur.	*Longueur.*			
1	Pièce de	25¾ palmes,	101 pieds,	à	Rthlr. 202	45
1	Dite, de	25½	87	à	195	////
1	Dite, de	24	86½	à	150	////
5	Dites, de	23½	85¾ à 93	à 135 rthlr.	675	////
9	Dites, de	23	85 à 99½	à 120	1080	////
6	Dites, de	22½	86½ à 94	à 105	630	////
5	Dites, de	22	90½ à 97	à 90	450	////
4	Dites, de	21¾	83 à 100¾	à 85	340	////
2	Dites, de	21½	83 & 91¾	à 80	160	////
4	Dites, de	21	84¾ à 87	à 70	280	////
1	Dite, de	20¾	83	à	65	////
2	Dites, de	20½	85 & 87	à 60	120	////
4	Dites, de	20	80 à 94	à 50	200	////
4	Dites, de	19¾	80 à 85	à 46½	186	////
2	Dites, de	19	80 & 82	à 43	86	////
6	Dites, de	18 à 18¾	78 à 85	à 28	168	////
5	Dites, de	17	73¾ à 85	à 25	125	////
5	Dites, de	16	78 à 86	à 19	95	////
3	Dites, de	15 à 15¾	73½ à 78	à 15	45	////
3	Dites, de	14 à 14¾	72 à 74	à 13	39	////
2	Dites, de	13	62 & 66	à 7½	15	////
2	Dites, de	12½ à 12¾	62 & 63	à 6	12	////
8	Dites, de	11 à 11¾	54 à 66	à 5	40	////
25	Dites, de	10 à 10¾	48 à 56	à 3¾	93	67½
25	Dites, de	9½ à 9¾	44 à 55	à 3¼	81	22½
46	Dites, de	8 à 8¾	40 à 54	à 2½	115	////
42	Dites de	7 à 7½	35 à 43	à 2¼	94	45
223	Pièces.				Rthlr. 5,743	////

Frais d'expédition.

Droits de douane avec l'augmentation	Esp. Rthlr.	1,037	23
Droit du portoire, sur rthlr. 4,200 à 2 p%		84	////
Droits du fund		49	38
	Esp. Rthlr.	1,170	61

Ci-contre, ... Efp. Rthlr. 1,170 61 Rh. 5,743

L'agio fur les efpèces 7 p̄o̱ & papier timbré, ...	82	41
Droits de fortie de la ville	189	14
Frais de réparation de la rivière	35	1
Pour faire octogoner les bouts fupérieurs de 62 mâts depuis 17 jufqu'à 25¾ palmes à ¼ rthlr.	46	45
Pour idem, de 161 matériaux de 7 à 16 palmes à ⅛ dite	60	34
Pour faire paffer par la poderaque les 223 pièces	30	́н
Pour les faire tranfporter de-là au nouveau canal	47	45
Pour idem, du nouveau canal à Boldera & de-là jufqu'à la rade. . . .	111	18
Divers frais des mâts à Boldera	36	н
Pour faire ranger les mâts en pile.	69	18
Pour faire blanchir les deux bouts des mâts, ...	45	54
Pour faire remuer les mâts & les mettre à flot	60	нн
Mefurage des mâts & matériaux	47	42
Pour les faire marquer & numéroter	37	15
Cordes & frais divers du chantier	20	нн
A l'infpecteur de l'état, ...	5	нн
Au braker ou vifiteur	4	нн
A l'arimeur.	20	нн
Gratification au capitaine & aux matelots	12	нн
Péage d'un pont.	3	нн
Courtage d'achat ⅛ p̄o̱	28	64
Commiffion d'expédition fur rthlr. 7,904 à 2 p̄o̱	158	7

     2,319   5

           Alb. Rthlr.   8,062   9

Comme il faut de toute néceffité arrimer avec des planches les navires qu'on charge de mâts, on en prend de fapin des moindres dimenfions : il s'en trouve à *Riga* d'affez fortes partiés à des prix modérés, comme on peut le voir par le compte fimulé fuivant.

2,306 Planches de fapin de *Riga*, de 1½ pouce d'épaiffeur, 12 pouces de large & 12 pieds de long, mefurant 27,600 pieds, mefure de Hollande, qui à rthlr. 34 les 2,160 pieds, font . . . . Rthlr.   434   40

Frais d'expédition.

Droits de douane avec l'augmentation. . . . . . Rthlr.	16	40
Droit du portoire, 2 p̄o̱	7	60
Droits du fund, ...	1	83

        25   83

L'agio fur les efpèces 7 p̄o̱ & papier timbré	2	9
Droits de ville de rthlr. 245, à 2 p̄o̱	4	81
Frais de réparation de la rivière	2	5
Aux ouvriers & divers frais du chantier	14	35
Port à bord jufqu'en rade	19	45
Courtage d'achat ⅛ p̄o̱	2	15
Commiffion d'expédition de rthlr. 505 43, à 2 p̄o̱ . . .	10	9

        81   12

          Alb. Rthlr.   515   52

On compte ordinairement 80 pieds cubes pour un laft d'encombrement de planches & autres fortes de bois ; mais comme l'arrimage des mâts ne permet pas toujours de remplir les navires, il y refte des vuides ; & il en réfulte une perte affez grande pour le fret, fi les chargeurs n'y prennent garde. Le fret & l'affurance qu'on paie en Hollande pour les navires allant de *Riga* dans les ports principaux d'Europe, fe trouvent expliqués page 641, col. 1re du tom. 2, part. 2e de ce Diction.

Quoique les parties de cire qu'on tire de *Riga* tous les ans ne soient pas considérables, comme la qualité en est bonne, il est bon de pouvoir en faire des spéculations; c'est pourquoi nous plaçons ici le compte simulé suivant :

10 Schꝰ de cire jaune à 97 rthlr. . . . . Rthlr.   970   "

Frais d'expédition.

Droits de douane, du portoire & du sund . . . . Rthlr.	58	25
L'agio sur les espèces 7 pᵉ & papier timbré.	4	75
Droit de l'hôtel de ville.	7	45
Frais de réparation de la rivière	5	"
Courtage d'achat & frais de la balance.	8	30
Pour 3 boucaux, des cercles & cloux.	2	75
Transport, droit du pont & menus frais	1	75
Commission d'expédition sur rthlr. 1,058, 55 à 2 pᵉ	21	15

                                               109   70

                                Alb. Rthlr.   1,079   60 gr.

Les marchandises d'importation dont le débit est le plus courant & le plus étendu à *Riga*, sont des vins & eaux-de-vie de France, du sel d'Espagne, de Portugal & de France, des fruits, des épiceries, du café, du thé, du sucre, des draps & autres étoffes de laine, & quelques autres articles.

Pernau est une petite ville de *Livonie*, tout près de la mer Baltique, dont le commerce est assez considérable; il consiste principalement dans environ 4000 schꝰ de lin de diverses qualités, qui, avec quelques autres articles, composent le chargement d'une centaine de navires expédiés tous les ans de cette ville pour plusieurs ports dans l'étranger. Comme le commerce de *Pernau* est à peu-près semblable à celui de Riga, nous nous contenterons de mettre sous les yeux de nos lecteurs les prix actuels des marchandises qu'on tire de *Pernau*, avec les frais jusqu'à bord du navire, sçavoir :

Le schꝰ de lin, dit *geschneiden flachs*, coûte roubles	25	& fait de frais 2 roubles.
Le schꝰ de lin, dit *risten-dreyband flachs*	22	& mêmes frais.
Le schꝰ de lin, dit *dreyband-flachs*	18	& mêmes frais.
Le schꝰ de chanvre, dit *pas-hemp*, ...	11	& mêmes frais.
La graine de lin, dite *sae-lein-saat* coûte	4	le baril ou *tonne*.
La graine de lin, dite *slag-saat*	2½	à la même baril.
La livre de cire jaune coûte	30 à 32	copecks & fait de frais 2 copecks.
Le last de seigle coûte	34 à 36	& fait de frais 4½ roubles.

Les planches de sapin depuis 8 jusqu'à 30 pieds de long, 10½ à 11 pouces de large & 1½ pouces d'épaisseur, dont ¾ de couleur ordinaire & ¼ blanches, coûtent rendues à bord du navire, quittes de frais, de 72 à 75 sols courans de Hollande la douzaine de pièces, réduites à 12 pieds de longueur.

Le lin de *Pernau* est en général de bonne qualité. Le Portugal en consomme la majeure partie, en assortiment d'environ ¼ de lin fin, & de ¾ de celui nommé *drieband*.

Dorpat, *Dorpt* ou *Derpt*, est une ville de *Livonie* bâtie au bord de l'Embecke. Le peu de commerce qu'elle fait aujourd'hui ne mérite pas qu'on en parle.

Reval, ou *Revel*, en Esthonien *Danilin*, capitale de l'*Esthonie*, est une grande ville située au bord de la mer Baltique. Le port en est fort beau, mais le commerce n'en est pas des plus étendus. Il consiste presque uniquement dans quelques milliers de last de seigle & une forte quantité d'eau-de-vie de grain, que divers peuples de la mer Baltique exportent toutes les années. Pour donner une juste idée du commerce de cette ville, nous observerons que depuis 1775 jusqu'à 1778 inclusivement, le montant des marchandises exportées a été de 888473 roubles & 44 copecks, produit en grande partie de 15411 lasts 4½ barils de seigle, & 9755½ barils d'eau-de-vie de grains expédiés de *Reval* durant ces mêmes quatre années : & que dans cet espace de temps il fut importé dans cette ville pour 1021977 roubles 6 copecks en marchandises étrangères. C'est la seule ville de *Russie* dont la balance du commerce lui soit désavantageuse. Le seigle est le principal article qu'on tire de cette ville; le prix en roule de 36 à 40 roubles, ou de 45 à 50 rixdales le last, & les frais jusqu'à bord s'élèvent à environ 4½ roubles, ou 5½ reichsthales le last.

Narva, ou *Narwa*, ville indépendante de la *Livonie* & de l'*Esthonie*, est située sur les frontières de l'Ingermanie au bord de la Narowa, qui sort du lac Peypus, & se jette, à deux milles de la ville, dans le golfe de Finlande. Ce fleuve dont les eaux sont très-rapides, forme à une werste & demie au-dessus de la ville, une cascade de la hauteur de 12 pieds; ce qui est cause que les marchandises venant par le lac Peypus, sont déchargées en cet endroit & transportées par terre jusque dans la ville. Autrefois *Narva* étoit au nombre des villes anséatiques, & faisoit un grand commerce : il est vrai qu'il est beaucoup déchu, mais malgré cela il est encore considérable. Les principaux objets d'exportation sont du bois & du lin : on y trouve aussi diverses autres marchandises. A la différence près de la quantité, le commerce de cette ville est presqu'en tout semblable à celui de St. Petersbourg, dont elle est à peu de distance. Ce commerce se fait tous les ans par environ 150 navires de diverses nations qui entrent & sortent du port de *Narva* chargés de diverses marchandises. On se sert du tarif russe en cette ville, de même qu'à St. Petersbourg.

Les isles d'*Oesel*, de *Dago*, de *Moon* & de *Runoe*, ainsi que plusieurs autres qu'on trouve proche les côtes de *Livonie* & d'*Esthonie*, ne font aucun commerce qui mérite d'être détaillé. *Oesel* seule a une ville nommée *Arensbourg*, dont le port est fréquenté par de petits navires de diverses nations qui vont y charger des meules de moulin & autres pierres dont cette isle abonde.

MOSCOUADE, autrement SUCRE BRUT. C'est le *sucre* avant qu'il ait été raffiné, & tel qu'il sort des formes ou moules dans lesquels on le met au sortir de la quatriéme chaudière, où le suc des cannes prend sa dernière consistence de syrop.

MOT. (*Terme de commerce*, & particulièrement *de détail*). Il se dit du prix que le marchand demande de sa marchandise ou de celui que l'acheteur en offre. Ce drap est de vingt francs, c'est mon dernier *mot*; c'est-à-dire, c'est le prix que je veux le vendre, je n'en rabattrai rien. Vous offrez trop peu de cette toile, vous ne serez pas pris au *mot*; pour dire qu'on est encore loin de sa valeur, qu'on ne peut la donner au prix qu'on en offre.

On dit qu'on a été pris au *mot*, quand le marchand livre sa marchandise à l'acheteur sur la première offre que ce dernier en a faite.

Un marchand qui n'a qu'un *mot*, est celui qui ne surfait pas, qui déclare d'abord le prix qu'il veut avoir de sa marchandise, & qui n'en rabat rien dans la suite.

MOUCHOIRS. Il vient des Indes Orientales, particulièrement de Bengale, des toiles toutes de coton, & des espèces de toiles ou étoffes de coton mêlées de soie, qui sont propres à faire des *mouchoirs* à tabac, d'où elles ont pris le nom de *mouchoirs*. Ces toiles sont de différentes couleurs; les fils de soie & de coton qui les composent ayant été teints avant que d'être travaillés sur le métier.

Les pièces de *mouchoirs* toutes de coton, appellées *Masulipatan*, qui est le nom d'une ville de la côte de Coromandel dans les Indes où elles sont fabriquées, sont de trente-deux *mouchoirs* à la pièce, chaque *mouchoir* a demi-aune en quarré.

Les pièces de *mouchoirs* nommés simplement

mouchoirs de coton, sont de vingt *mouchoirs* à la pièce, & chaque *mouchoir* a trois quarts d'aune en quarré.

Et les pièces de *mouchoirs* soie & coton, sont de quinze & vingt *mouchoirs* à la pièce, & chaque *mouchoir* a trois quarts d'aune de large.

MOULTANS. *Toiles peintes* qui se font dans les états du grand mogol. Elles se tirent de Surate, d'où elles sont apportées en France par les vaisseaux de la compagnie. Comme le débit en est interdit dans le royaume, elles doivent y être marquées à leur arrivée, pour être envoyées à l'étranger.

MOURIS. *Toiles de coton* qui viennent des Indes orientales. Il y en a de fines, de grossières, de larges, d'étroites, de blanches & de rouges. Toutes les pièces de ces toiles ont douze aunes de long sur diverses largeurs; sçavoir, les fines larges une aune trois quarts, les étroites de même qualité une aune un quart, les grossières blanchies une aune trois quarts, & les rouges une aune cinq huitièmes.

MOUSQUET. *Arme à feu* qu'on porte sur l'épaule, & qui sert à la guerre.

Les mousquets *sont du nombre des marchandises de contrebande dont la sortie hors du royaume est défendue en France par l'ordonnance de* 1687.

Mousquets. Ce sont aussi des *tapis de Turquie ou de Perse*, que les marchands François achètent à Smyrne, & qui arrivent dans le royaume ordinairement par la voie de Marseille. Ils sont les plus fins de ceux qui se tirent du Levant, & se vendent à la pièce depuis six piastres jusqu'à trente, suivant leur finesse & leur aunage. Il se fait des tapis de pareille fabrique, mais beaucoup plus beaux & mieux travaillés à la savonnerie, manufacture royale établie au bout du cours-la-reine, par Louis XIV pour les meubles de la couronne, façon de Turquie & de Perse.

MOUSSELINE. Toile toute de fil de coton, ainsi appellée, parce qu'elle n'est pas bien unie, & qu'elle a de petits bouillons sur sa superficie, qui ressemblent assez à de la mousse.

La compagnie des Indes orientales de France apporte de Pondichery & de Bengale plusieurs sortes de *mousselines*; sçavoir :

Des betilles simples.
Des betilles organdy.
Des betilles tarnatanes.
Des tarnatanes chanonis.
Des adatais.
Des mametiaty,
Des abrohany,
Des doulebsais,
Des hamedis,
} ou mallemoles.
Des mallemolles simples.
Des mallemolles tarnatanes.
Des caffes.
Des chabnam ou rosées.
Des doreas.
Des mamotbanys.
Des tanjebs.

Des terindannes.

Des Toques.

Et des cravattes brodées & rayées.

Outre le catalogue des *mousselines*, tiré des cargaisons des vaisseaux François, qu'on vient de donner, on croit faire plaisir au lecteur de lui donner pareillement ici celui qu'on a tiré d'une cargaison Angloise, à cause de la différence qui se trouve dans les noms & dans les aunages. Les noms de ces *mousselines* sont :

Des cogmoria.	Des bords-cossas.
Des tans.	Des torps-cossas.
Des bans.	Des tangs.
Des cosas.	Enfin d'autres qui ne
Des muls.	sont numérotées dans
Des moss.	la cargaison que d'un
Des seer-cossas.	A. D. ou d'un A. B.
Des dom-cossas.	C.

MOUTA. On nomme ainsi dans les Indes orientales, une des deux espèces de *soie crue* que l'on tire du Bengale ; c'est ce qu'on appelle en France *fleuret*. L'autre espèce de soie Bengaloise est le *zani* qui est la vraie soie.

MOUTARDE. Petite graine, qu'on nomme autrement *senevé*.

MOUTARDE. Est aussi une composition de graine de senevé broyée avec du vinaigre ou du moust de vin, dont on se sert dans l'assaisonnement de quelques sauces & ragoûts, ou pour manger avec de certaines viandes. La *moutarde* de Dijon est estimée, il s'en fait un grand négoce en France & même dans les pays étrangers.

La graine de *moutarde* sert aussi à préparer les peaux de chagrin ou celle des autres animaux que les ouvriers passent en chagrin.

MOUTASSEN. Sorte de coton qui vient de Smirne par la voie de Marseille. L'appréciation du coton *moutassen*, est de quatre-vingt-trois livres quatre sols le quintal.

MOUTON. Vieux agneau qu'on a châtré pour empêcher qu'il ne devienne belier, afin qu'il s'engraisse plus facilement, & qu'il soit plus tendre pour être vendu à la boucherie & employé à la nourriture de l'homme.

Outre la chair des *moutons*, une des nourritures des plus ordinaires & des meilleures dont l'homme se serve pour conserver & soutenir sa vie, on tire encore de ces animaux quelques marchandises dont il se fait un commerce considérable.

Leurs laines, leurs peaux, leurs graisses, soit celle dont on fait le suif, soit celle qu'on nomme *oesype*, sont de ce nombre.

MOUWER, Mesure de grains dont on se sert à Utrecht ; les 6 muddes font 5 *mouwers*, & 25 muddes le last.

On se sert aussi du *mouwers* à Nimegue, à Arnhem & à Doesbourg. Dans ces trois villes il est de 4 schepels : huit *mouwers* font le hoed de Roterdam.

MOYEN-CAEN. Sorte de *linge ouvré* qui se fait aux environs de la ville de Caen en basse Normandie.

MOYEN-LYON. *Linge ouvré* qui se fabrique dans la petite province de Beaujolois, particulièrement à Regnie.

MOYEN-BAZAR. *Coton filé*.

MU

MUDDE. Mesure des grains, dont on se sert à Tongres. Le *mudde* est de près d'un quart plus fort que le septier de Paris ; il ne faut que 15 *muddes* pour faire 19 septiers.

MUDE. C'est aussi une mesure dont on se sert à Amsterdam pour mesurer les grains.

Le last contient 27 *mudes* ou 36 sacs, & 4 schepels font le *mude*.

MUDE. Sorte d'étoffes faites d'écorce d'arbres, qui se fabriquent à la Chine ; elles contiennent ordinairement cinquante-six cobres Chinoises de long sur treize pouces de large. Il y en a de plus fines les unes que les autres ; les moindres se vendent à Canton un tael la pièce, les plus fines un tael trois mas ; elles sont propres pour le commerce du Tonquin, où l'on en donne un tael sept mas de celles-ci, & un tael cinq mas des autres.

MUID, que quelques-uns écrivent MUI ou MUY. Grande mesure des choses sèches, comme bled, orge, avoine, pois, fèves, lentilles, sel, plâtre, chaux, charbon de pois, &c.

Le *muid* n'est pas un vaisseau réel qui serve de mesure, mais une estimation de plusieurs autres mesures, telles que peuvent être le septier, la mine, le minot, le boisseau, &c.

A Paris, le *muid* de bled, d'orge, de pois, de fèves, de lentilles, & d'autres semblables marchandises qui se mesurent radées sans grains sur bord, est composé de douze septiers, chaque septier faisant deux mines, la mine deux minots, le minot trois boisseaux, le boisseau quatre quarts ou seize litrons ; chaque litron est de 36 pouces cubiques.

Le *muid* d'avoine est double de celui de bled, quoique composé comme lui de douze septiers ; mais chaque septier d'avoine est de vingt-quatre boisseaux, au lieu que le septier de bled n'est que de douze, en sorte que sur ce pied la mine d'avoine doit être de douze boisseaux, & le minot de six boisseaux, chaque boisseau se divisant en quatre picotins, le picotin en deux demi-quarts, ou quatre litrons, & le demi quart en deux litrons. L'avoine ainsi que le bled se mesure râze, sans grains sur bord.

Le *muid* ou les douze septiers de Paris, font dix-huit muddes d'Amsterdam, & les dix neuf septiers un last.

Le *muid* de Rouen qui contient aussi douze septiers, mais qui en font quatorze de Paris, doit peser 3360 liv. poids de marc. Les quatre *muids* font égaux à trois lasts d'Amsterdam. Les six septiers font dix muddes ou un *muid* un tiers qui font le last d'Amsterdam.

Lc

Le *muïd* d'Orléans doit peſer 600 livres: il ſe diviſe en 12 mines. Le *muïd* fait 2 ſeptiers ½ de Paris, ou 5 boiſſeaux de Bordeaux, ou 3 muddes ⅔ d'Amſterdam.

En Berry le *muïd* de bled n'eſt que de vingt-un boiſſeaux, dont il y en a ſeize au ſeptier.

Le *muïd* de ſel contient douze ſeptiers, chaque ſeptier compoſé de quatre minots, & le minot de quatre boiſſeaux. Il faut remarquer que le ſel ainſi que les grains ſe vend à meſure raze.

Le *muïd* de pierre de Saint-Leu, du Vergele & autres ſemblables, contient ſept pieds cubes de pierre. Deux *muïds* font le tonneau. *Voyez* PIERRE A BASTIR.

Le *muïd* de plâtre contient trente-ſix ſacs, & le ſac ſuivant la dernière ordonnance de police, doit être de deux boiſſeaux raſés, en ſorte que le *muïd* de plâtre eſt compoſé de ſoixante & douze boiſſeaux.

Le *muïd* de chaux eſt compoſé de quarante-huit minots, le minot contenant trois boiſſeaux, le boiſſeau ſe diviſe en quatre quarts, & le quart renferme quatre litrons.

Le *muïd* de charbon de bois contient vingt mines, ſacs, ou charges; chaque mine compoſée de deux minots, chaque minot contient huit boiſſeaux, le boiſſeau ſe diviſe en deux demi-boiſſeaux, le demi boiſſeau en deux quarts de boiſſeau, & le quart de boiſſeau en deux demi-quarts de boiſſeau.

Le *muïd* de charbon ſe meſure ordinairement avec le minot, charbon ſur bord, c'eſt-à-dire, que l'on laiſſe quelques charbons au-deſſus du bord du minot, & ſur toute ſa ſuperficie, ſans cependant l'encombler entièrement.

A l'égard du charbon qui ſe vend par les regrattières au boiſſeau, demi-boiſſeau, quart & demi-quart de boiſſeau; il ſe meſure comble. *Arrêt du parlement du 24 juillet 1671, inſéré dans l'ordonnance générale de la ville de Paris, du mois de décembre 1672.*

MUID. Eſt auſſi une des neuf eſpèces de futailles ou vaiſſeaux réguliers, dont on ſe ſert ordinairement en France pour mettre les vins & autres liqueurs.

Le *muïd* de vin ſe diviſe en demi-*muïds*, ou feuillettes, en quarts de *muïd*, & en demi-quarts ou huitiéme de *muïd*, enſorte que le *muïd* eſt compoſé de deux demi-*muïds* ou de quatre quarts de *muïd*, ou de huit demi-quarts de *muïd*.

Le *muïd* contient trente-ſix ſeptiers, chaque ſeptier compoſé de huit pintes meſure de Paris, de manière que le *muïd* eſt de deux cent quatre-vingt huit pintes; le demi-*muïd* renferme dix-huit ſeptiers qui font quarante-quatre pintes, le quart de *muïd* neuf ſeptiers, qui font ſoixante & douze pintes, & le demi-quart de *muïd* quatre ſeptiers & demi, qui font trente-ſix pintes.

Un *muïd* & demi fait une queue d'Orléans, de Blois, de Nuys, de Dijon ou de Mâcon, ou une pipe d'Anjou, qui eſt égale à la queue.

Les trois quarts de *muïd* font une demi-queue des lieux ci-deſſus, ou un buſſard ou buſſe d'Anjou, qui eſt la moitié de la pipe.

Un *muïd* & un tiers, ou quatre tiers de *muïd*, font une queue de Champagne, & par conſéquent deux tiers de *muïd* font une demi-queue, & le tiers de *muïd* fait un quarto, qui eſt la moitié de la demi-queue, ou le quart de la queue.

MUKEN. Meſure dont on ſe ſert à Anvers pour les grains. Il faut quatre *mukens* pour faire le viertel, & trente-ſept viertels ½ pour le laſt.

MUKHTESIB. On nomme ainſi en Perſe celui qui a l'inſpection des marchés. Cet officier de police régle le prix des vivres & des autres denrées qu'on apporte dans les bazars. Il examine auſſi les poids & les meſures, & fait punir ceux qui en ont de fauſſes: après qu'il a fixé le prix des vivres & des marchandiſes, ce qu'il fait tous les jours, il en porte la liſte ſcelée à la porte du palais.

MUL. Sorte de mouſſeline unie & fine que les Anglois rapportent des Indes orientales. Elle a ſeize aunes de long, ſur trois quarts de large.

MULET, MULE. Bêtes de ſommes engendrées d'un âne & d'une cavale, ou d'un cheval & d'une âneſſe.

MULLE. On appelle à Amſterdam *garance-mulle* la moindre de toutes les garances dont on y fait commerce. Les 100 livres de la *garance-mulle* ne s'y vendent que depuis deux florins juſqu'à 8, tandis que la fine de Zelande y coûte depuis 25 juſqu'à 32 florins.

MURAIS ou MORAIS. *Meſure* de continence dont on ſe ſert à Goa & dans les autres colonies des Portugais dans les Indes orientales, pour meſurer le ris & les autres légumes ſecs. Le *muray* contient vingt-cinq paras, & le para vingt-deux livres poids d'Eſpagne.

MUSC. C'eſt un parfum d'une odeur très-forte, & qui n'eſt agréable que quand elle eſt modérée par le mélange d'autres parfums plus doux.

Le *muſc* ſe trouve dans une eſpèce de veſſie ou tumeur que porte ſous le ventre près du nombril, un animal qu'on appelle auſſi *muſc*; ce qui apparemment a donné le nom à la drogue. Cette veſſie eſt ordinairement de la groſſeur d'un œuf, & renferme une manière de ſang caillé preſque corrompu. L'animal qui produit le *muſc* eſt aſſez ſemblable à une petite biche pour la couleur & pour la figure.

MUSCADE. Eſpèce de noix aromatique qui vient des Indes orientales.

Il y en a de deux ſortes, la *muſcade* mâle & la *muſcade* femelle.

La *muſcade* femelle eſt celle dont on uſe ordinairement en France; elle eſt ronde, d'une agréable odeur, & d'un goût chaud & piquant.

Les *muſcades* ſont enfermées dans trois différentes enveloppes.

La première enveloppe s'appelle *macis*: d'autres, mais très-improprement, la nomment *fleur de muſcade*. Elle couvre la coque, & s'entr'ouvre à mesure que cette coque groſſit. Le macis eſt mince, rougeâtre, d'une odeur agréable & d'un goût aromatique. *Voyez* MACIS.

La coque, qui eſt la ſeconde enveloppe de la *muſcade*, eſt dure, mince & noirâtre, & a au-deſſous une eſpèce de brou verd qui n'eſt d'aucun uſage. C'eſt ce brou qui eſt la troiſiéme enveloppe dans laquelle ſe trouve la *muſcade*, qui eſt proprement l'amande de ce fruit.

Il faut choiſir la *muſcade* bien fleurie, peſante, d'un gris blanchâtre, bien marbrée par dehors, rougeâtre en dedans, qui ait une certaine humeur graſſe & onctueuſe, d'une odeur agréable, & d'un goût chaud, piquant & aromatique.

A l'égard du macis, il doit être en larges feuilles, haut en couleur, & avoir preſque l'odeur & le goût de la *muſcade*.

MUSKOFSKE. Petite monnoie d'argent de Moſcovie, qui vaut le quart du copec. Cette monnoie eſt ſi petite, ſi incommode & ſi mal-aiſée à manier, que les Moſcovites ſe la fourrent à poignées dans la bouche, de peur qu'elle ne leur échappe des mains, ſans que pourtant cela les embarraſſe ou les empêche de parler.

MUSTACHIO. Meſure de Veniſe pour les liquides. Trente-huit *muſtaches* font la botte ou muid, & ſoixante-ſeize l'amphera. *Voyez* AMPHORA.

MUSULIPATAN. On nomme ainſi les *toiles* des Indes à l'aunage. Ce ſont les mieux peintes & les plus fines qui s'y faſſent.

MUSULIPATAN. On donne auſſi ce nom à des *mouchoirs* qui viennent du même endroit.

MUTSIE. Petite meſure des liqueurs dont les détailleurs ſe ſervent à Amſterdam. Le mingle ſe diviſe en deux pintes, en quatre demi-pintes & en huit *mutſies*. Il y a auſſi des demi-*mutſies*.

MUY, qui s'écrit plus ordinairement MUID. *Futaille* pour mettre des vins & autres liqueurs. *Voyez* MUID.

MY

MYRABOLAN, ou MIROBOLAN. Eſpèce de petit *fruit* purgatif qui eſt d'un aſſez grand uſage dans la médecine.

MYRA-BOLTS. Sorte de *myrrhe* qui vient d'Arabie, mais que les Européens tirent des Indes orientales par Surate.

MYRA-GILET. Autre eſpèce de *myrrhe* qui vient des mêmes lieux que la précédente, mais qui lui eſt beaucoup inférieure, ſoit pour la qualité, ſoit pour le prix. Le *myra-gilet* ne s'achète que ſept mamoudis le mein. *Voyez l'article ſuivant.*

MYRRHE. Eſpèce de gomme ou réſine qui coule par inciſion, & quelquefois naturellement du tronc & des branches d'un arbre de moyenne grandeur qui croît dans l'Arabie, en Egypte & dans quelques lieux d'Afrique, ſur-tout dans l'Abyſſinie d'où lui eſt venu le nom de *myrrhe abyſſine*.

N

N. Treiziéme lettre de l'alphabet. N°. dans les livres des marchands & banquiers, est un abrégé de numéro. N. C. veut dire *notre compte*.

NACARAT DE BOURRE. C'est une des sept couleurs rouges des teinturiers.

NACRE DE PERLES. On nomme *nacres de perles* les coquilles où se forment les perles ; elles sont en dedans, du poli & de la blancheur des perles mêmes, & ont le même éclat en dehors quand avec un touret de lapidaire on en a enlevé les premières feuilles qui font l'enveloppe de ce riche coquillage.

NADIEU. Sorte de *bures* qui se fabriquent dans quelques lieux de la généralité de Montauban, particulièrement à Villefranche.

NAIN-LONDRINS. Ce sont les draps fins d'Angleterre tous fabriqués de laine d'Espagne, qui sont destinés pour le négoce du Levant. Les plus gros se nomment *londres*, dont s'habillent les gens du commun parmi les Turcs, les premiers étant destinés pour les personnes de considération. Les draps de France, de Carcassonne, sont de la qualité des *nains-londrins*, & se vendent à Smyrne sous leur nom.

NALI. Sorte de *poids* des Indes orientales. *Voy.* HALI.

NANQUE. C'est le plus petit *poids* des cinq dont on se sert parmi les habitans de Madagascar, pour peser l'or & l'argent, il ne pèse que six grains ; au-dessus sont les sompi, le vari, le sacare & le nanqui.

NANQUI. C'est un des cinq poids dont les habitans de l'Isle Dauphine ou Madagascar en Afrique se servent pour peser l'or & l'argent ; il n'a au-dessous de lui que le nanque qui vaut six grains, & au-dessus le sompi, le vari & le sacare, dont le sompi qui est le plus fort revient à la dragme ou gros, poids d'Europe. Le *nanqui* en est le demi-scrupule. *Voyez* SOMPI.

NANTIR. Donner des assurances pour le paiement d'une dette, soit en meubles & argenterie, soit en autres effets & natures de biens, qu'on met actuellement entre les mains de son créancier. Je ne perdrai rien à la banqueroute de ce marchand, je suis *nanti* de bons effets. Je ne vous prêterai rien que je ne sois *nanti*.

NANTISSEMENT, Sureté, gage que donne un débiteur à son créancier, en meubles ou autres effets pour assurance de son dû. Les usuriers ne prêtent rien que sur bons *nantissemens*.

NAPTHA, ou NAPHTA, en François NAP-THE, ou NAPHTE. Espèce de *bitume* mou, facile à s'enflammer. On en trouve en diverses provinces de France, particulièrement en Auvergne ; il ressemble assez à de la poix liquide par sa couleur qui est très-noire. Il est de fort mauvaise odeur.

NASARA. *Monnoie d'argent*, taillée en quarré, qui se frappe à Tunis.

NATTE. Espèce de tissu fait de paille, de jonc, de roseau, ou de quelques autres plantes, écorces, ou semblables productions faciles à se plier & à s'entrelasser.

La *natte de paille* se vend au pied ou à la toise quarrée plus ou moins, suivant la récolte des bleds. Elle sert à couvrir les murailles & les planchers des maisons ; on en fait aussi des chaises & des paillassons, &c.

Le commerce des *nattes* étoit autrefois très-considérable à Paris, & malgré le grand nombre d'ouvriers qui y travailloient alors, on étoit obligé d'en faire venir quantité de dehors : on en tiroit principalement de Pontoise.

Les *nattes de jonc*, du moins les fines, viennent du Levant, il y en a de très-chères & travaillées avec beaucoup d'art, soit pour la vivacité des couleurs, soit pour les différens desseins qu'elles représentent.

NAVÉE. Se dit de la charge d'un vaisseau. Ce terme n'est en usage que dans quelques ports de mer de France, particulièrement du côté de Normandie ; l'on ne s'en sert guères que dans le négoce de la saline. Ainsi l'on dit, une *navée* de morue, pour dire, un vaisseau chargé de ce poisson ; il est arrivé au Havre de Grace deux belles *navées* de morues.

NAVÉE. Se dit aussi sur les ports de Paris de la charge des bateaux qui voiturent des pierres. Une *navée* de pierre de S. Leu.

NAVETTE, ou RABETTE. Graine d'une espèce de chou sauvage que les Flamands nomment *colsat* & *colzat*. C'est de cette graine que l'on tire par expression l'huile que les mêmes Flamands appellent *huile de colsa* ou *de colzat*, & les François *huile de navette* ou *de rabette*.

NAUFRAGE. Fracassement ou perte d'un vaisseau arrivée par la violence des vents & de la tempête, ou par le choc contre des rochers & des bancs de sable ; ou enfin en donnant & se brisant à la côte.

L'ordonnance générale de la marine de 1681, & celle en particulier pour la province de Bretagne de 1685 ont un titre exprès, qui est le onzième du quatrième livre, qui traite des *naufrages*, bris & échouement des vaisseaux sur les côtes du royaume ; de la police qui doit s'observer par les officiers de l'amirauté pour la conservation des effets & marchandises qui en sont sauvés ; de leur publication aux prônes des paroisses prochaines des lieux du *naufrage* ; de la réclamation dans l'an & jour ; de leur vente & distribution après ledit temps , enfin de la peine qu'encourent ceux qui font violence aux personnes sauvées du *naufrage*, ou qui pillent les marchandises & effets naufragés.

Comme toutes ces choses font déja expliquées ailleurs , on ne les repetera point ici, non plus que ce que porte le titre cinquiéme de l'ordonnance des cinq grosses fermes de 1687, qui régle les droits que le fermier peut prétendre sur les marchandises qui feront fauvées du *naufrage*.

NAUFRAGÉ NAUFRAGÉE. *Terme de commerce de mer*, qui fe dit des marchandises qui ont été gâtées par l'eau de la mer dans quelque naufrage. Du coton *naufragé*, de la draperie *naufragée*.

On le dit aussi des effets & marchandises que l'on fauve des vaiffeaux qui ont fait naufrage, ou qui proviennent des bris & échouemens des navires. L'article 27 du tit. 11 du quatriéme livre des ordonnances de la marine de 1681 & 1685, porte que fi les effets *naufragés* ont été trouvés en pleine mer ou tirés de fon fond , la troisiéme partie en fera délivrée inceffamment & fans frais, en efpéces ou en deniers, à ceux qui les auront fauvés : & l'article 3 du tit. 5 de l'ordonnance des cinq groffes fermes de 1687, veut que les droits d'entrée foient payés pour cette troifiéme partie des effets *naufragés*, délivrée à ceux qui les auront trouvés.

NAVIGATION. (Acte de)

Acte de la navigation Angloife.

C'eft un *acte* ou un *bil* par lequel le parlement d'Angleterre a réglé tout ce qui concerne la *navigation* des Anglois, & leur commerce par rapport à la marine.

Avant cet *acte*, il étoit libre à toutes les nations d'apporter en Angleterre fur leurs propres vaiffeaux toutes fortes de marchandifes, foit qu'elles fuffent de leur crû, foit qu'elles euffent été chargées ailleurs.

Cromwel s'étoit contenté d'animer les Anglois par quelques bils à faire eux-mêmes le trafic maritime, & en particulier il en avoit paffé un qui interdifoit aux Hollandois de porter en Angleterre d'autres marchandifes que celles qui croiffoient ou qui fe faifoient chez eux, ce qui les réduifoit à peu de chofe.

Charles II, ayant été remis fur le trône de fes pères, le premier parlement que ce prince affembla, fit le célèbre *bil* ou *acte de navigation* qui fubfifte encore & qui s'obferve dans fa première vigueur.

La date de cet *acte* eft du jeudi 23 feptembre 1660. Les principaux articles font :

1°. Qu'il ne fera apporté ni emporté aucunes denrées ni marchandifes dans toutes les colonies Angloifes d'Afie, d'Afrique & d'Amérique, que fur des vaiffeaux bâtis dans le pays de la domination d'Angleterre, ou appartenant réellement aux An-

glois, & dont les maîtres, & au moins les trois quarts des matelots feront de la nation, fous peine de faifie & de confifcation des marchandifes & bâtimens.

2°. Qu'aucune perfonne née hors des états du roi d'Angleterre, ou qui n'y fera pas naturalifée, ne pourra exercer dans les mêmes colonies aucun commerce pour lui ou pour les autres.

3°. Qu'aucunes marchandifes du crû de l'Afie ou de l'Amérique, ne pourront être apportées dans les pays & terres de l'obéiffance Angloife que fur les vaiffeaux Anglois.

4°. Que les marchandifes & denrées d'Europe ne pourront être portées en Angleterre par d'autres vaiffeaux que ceux des ports, des pays, & des états où fe fabriquent les marchandifes, & où croiffent les denrées.

5°. Que le poiffon de toute efpéce, & les huiles & fanons de baleines qui n'auront pas été pêchés par des vaiffeaux Anglois, ne pourront être apportés en Angleterre qu'en payant le double des droits de la douane étrangère.

6°. Que le commerce de port en port d'Angleterre & Irlande, ne pourra fe faire que par des marchands & vaiffeaux Anglois.

7°. Qu'il n'y aura que les vaiffeaux bâtis en Angleterre, ou s'ils font de conftruction étrangère appartenans en propre aux Anglois, les uns & les autres ayant le maître & les trois quarts de l'équipage Anglois, qui jouiront de toutes les diminutions faites ou à faire fur les droits de la douane.

8°. Il eft défendu à d'autres qu'aux vaiffeaux de la qualité de l'article précédent, d'apporter en Angleterre, Irlande, &c. les marchandifes & denrées qui fe fabriquent ou qui croiffent en Mofcovie ; non plus que les mâts & autres bois, le fel étranger, le goudron, la réfine, le chanvre, le lin, le raifin, les prunes, les huiles d'olive, toutes fortes de blés & de grains, les fucres, les cendres & favon, le vin, le vinaigre, les eaux-de-vie, les raifins de Corinthe, & autres denrées & marchandifes des états du grand-feigneur, à l'exception néanmoins des vaiffeaux étrangers bâtis dans les pays & lieux où elles croiffent & fe fabriquent, ou bien où l'on a coutume de les embarquer, pourvû toutefois que le maître & les trois quarts des matelots foient naturels du pays où fe feront les embarquement & chargemens.

9°. Que pour prévenir les fauffes déclarations que pourroient faire les Anglois, pour favorifer l'entrée des denrées & marchandifes étrangères, toutes celles énoncées dans l'article 8 qui ne viendront pas fur des navires de la qualité tant de fois répétée, feront cenfées appartenir aux étrangers, & comme telles paieront les droits du roi, des villes & des pays qu'ont coutume de payer toutes fortes de marchandifes.

10°. Qu'afin d'empêcher les fraudes dont on pourroit fe fervir en achetant & déguifant les vaiffeaux étrangers ; les propriétaires defdits vaiffeaux feront

apparoir & affirmeront par ferment, que lefdits vaiffeaux font à eux de bonne-foi, & que les étrangers
n'y ont aucune part ni portions, & ce devant les
directeurs des douanes de leurs demeures qui leur
en donneront certificat ; après quoi feulement leurs
navires & bâtimens feront réputés de conftruction
Angloife, & comme tels jouiront des priviléges à
eux accordés.

11°. Que les vaiffeaux Anglois, ou réputés Anglois, pourront apporter dans tous les états de la
domination du roi d'Angleterre, les denrées &
marchandifes du Levant, quoiqu'ils ne les ayent pas
chargées dans les lieux où elles croiffent, & où elles
font travaillées, pourvu que le chargement s'en faffe
dans un port de la Méditerranée, au de-là du détroit de Gibraltar. Ce qui s'entendra auffi des denrées & marchandifes des Indes orientales qui feront
embarquées dans un port fitué au de-là du Cap de
Bonne-Efpérance, & de celles des Canaries, & autres colonies d'Efpagne & des Açores, & autres
colonies de Portugal, qu'il leur fera auffi loifible
de charger, les uns dans les ports Efpagnols, &
les autres dans ceux de Portugal.

12°. Il eft déclaré que les défenfes, peines &
confifcations portées par cet *acte de navigation*,
ne s'étendront point fur les denrées & marchandifes
prifes de bonne-foi & fans intelligences fur les ennemis de l'Angleterre, non plus que fur le poiffon
de la pêche des Ecoffois, leurs bleds, leur fel, qui
feront apportés en Angleterre par les vaiffeaux de
conftruction Ecoffoife, dont les trois quarts de l'é-
quipage feront Ecoffois, & l'huile dite de *Mofco-*
vie qui fera chargée en Ecoffe par les vaiffeaux
Anglois.

13°. Il eft impofé cinq fchelins par tonneau fur
chaque vaiffeau François qui arrivera dans les ports
d'Angleterre, pour être levés tant que durera en
France, (& même trois mois au de-là), l'impôt
de cinquante fols par tonneau fur les vaiffeaux Anglois.

14°. Enfin il eft ordonné que les fucres, tabacs,
& autres marchandifes provenant du crû des colonies Angloifes, ne pourront être apportés en Europe que dans les lieux appartenans à l'Angleterre,
& que les vaiffeaux qui partiront des ports de la
même couronne fitués en Europe pour les colonies Angloifes de l'Afie, de l'Afrique & de l'Amérique, donneront caution dans le lieu de leur départ, de mille livres fterlings s'ils font au-deffous
de cent tonneaux, & de deux mille livres s'ils font
au-deffus ; qu'ils apporteront leur retour dans un
port de ladite domination, & qu'ils donneront pareillement en partant defdites colonies, une déclaration de leur cargaifon, avec obligation de la
décharger toute en Angleterre.

Cet *acte* a été la fource de toutes les guerres qui
ont coûté depuis un fiécle tant de fang & tant de
tréfors à l'Europe. Le métier de révendeur & de
voiturier par mer, qui n'eft prefque rien, & qui fe
fait au meilleur marché poffible par le plus parci-

monieux quand les gouvernemens ne s'en mêlent
pas, ayant été pris mal-à-propos pour un objet important, & digne de la follicitude des fouverains ;
Colbert & Cromwel ayant accrédité l'erreur perni-
cieufe que leurs fucceffeurs ont encore exagérée ;
ce mince profit des revente & du voiturage a été
l'objet des hoftilités les plus déplorables. Quatre
milliards de dettes font pour l'Angleterre & pour
la France, les fruits de ce beau fiftême ; les propriétaires de chacune des deux nations paient deux
cent millions par an pour l'intérêt des dettes qu'il
a fait contracter.

NAVIRE. Bâtiment de haut bord propre à aller
fur mer avec des voiles. Il fe dit en général de
toutes fortes de grands vaiffeaux.

L'on divife ordinairement les *navires* en trois
claffes. Les uns fe nomment *navires de guerre*, les
autres *navires marchands*, & les troifiémes qui
tiennent le milieu entre les deux premiers, font les
navires armés, moitié en guerre, & moitié en
marchandife.

Les *navires de guerre* qui fervent d'efcorte aux
flottes marchandes, s'appellent des *conferves* ou
des *convois*, conferves dans les mers du Levant,
convois dans celles du Ponant.

Les *navires marchands* font tenus conformément aux réglemens de la marine de France, de
prendre des congés de M. l'amiral, & de les faire
enregiftrer aux greffes de l'amirauté des lieux de
leur départ, avant que de fortir des ports du royaume pour aller en mer. Les autres *navires* qui font
armés ou tout en guerre, ou moitié guerre & marchandifes, outre le congé doivent encore obtenir
une commiffion pour aller en courfe, fans quoi ils
pourroient être traités comme forbans.

A l'égard des *navires pêcheurs*, ceux qui vont
à la pêche des morues, harengs & maquereaux, fur
les côtes d'Irlande, d'Ecoffe, d'Angleterre, & de
l'Amérique, fur le banc de Terre-neuve, & généralement dans toutes les mers où elle fe peut faire,
font tenus de prendre un congé pour chaque voyage ; & ceux qui ne vont qu'à la pêche du poiffon
frais ; mais avec des bâtimens portant mât, voiles &
gouvernail, font obligés de prendre auffi un congé,
mais feulement tous les ans.

On appelle le *bourgeois d'un navire marchand*,
celui qui en eft le propriétaire, & qui le loue &
donne à fret pour y charger des marchandifes. C'eft
à lui à le fournir de bons apparaux, d'armes fuf-
fifantes & d'artilleries.

Ce qu'on appelle l'*équipage d'un navire*, font
ceux qui font deffus & qui font deftinés ou pour fa
défenfe, ou pour fa conduite, ce qui confifte aux
gens de guerre & à leurs officiers, s'il y en a ; aux
matelots, & aux officiers mariniers, aux garçons, mouffes, ou gourmets. Il appartient au
maître de faire l'équipage du navire, & de choifir
& louer les pilotes, contre-maîtres, matelots &
compagnons, ce qu'il doit faire néanmoins de con-

cert avec les propriétaires lorsqu'il est dans le lieu de leur demeure.

On comprend sous le nom de *victuailles & munitions d'un navire*, non-seulement tout ce qui sert à la nourriture, comme farines, vins, eau, biscuits, huiles, légumes, &c. mais encore ce qui est propre à la défense, comme poudre, boulets, clouages, chaînes, carreaux, grenades; enfin tout ce qu'on appelle sur l'Océan, *armement*, & sur la Méditerranée, *sartie de navire* : celui qui fournit toutes ces choses s'appelle *victuailleur*.

Lorsque les victuailles d'un *navire* manquent pendant le voyage, le maître peut contraindre ceux qui ont des vivres en particulier de les mettre en commun, à la charge de leur en payer le prix. Mais aussi il est défendu au maître, sous peine de punition corporelle, de revendre les victuailles ou de les divertir & receler.

Il peut néanmoins par l'avis & délibération des officiers du bord, en délivrer aux *navires* qu'ils trouvent en pleine mer dans une nécessité pressante de vivres, pourvu qu'il lui en reste suffisamment pour son voyage, & à la charge d'en tenir compte aux propriétaires.

C'est aussi aux propriétaires que le maître est tenu de remettre les victuailles & munitions qui lui sont de reste à son retour dans le port.

La grandeur d'un *navire* s'estime par la quantité de tonneaux qu'il peut porter, & cette estimation se fait par le jaugeage du fond de calle, qui est proprement le lieu essentiel de sa charge.

Le tonneau de mer se prend par deux milliers pesant qu'on jauge à raison de quarante-deux pieds cubes chaque tonneau; ensorte qu'un *navire* dont le fond de calle se trouve de quatre mille deux cent pieds cubes, c'est un *navire* de cent tonneaux, qui par conséquent peut porter deux cent mille pesant de marchandises.

C'est à fond de calle & entre deux ponts que doivent se mettre les marchandises selon leur nature & qualité; les plus pesantes & les moins sujettes à se gâter, comme le fer, le plomb, &c. servant ordinairement de leth.

Il est sur-tout défendu aux maîtres & patrons de charger aucunes marchandises sur le tillac de leurs *navires*, sans l'ordre ou le consentement des marchands, à peine de répondre en leur propre & privé nom de tout le dommage qui en peut arriver.

Le maître est aussi responsable de toutes les marchandises chargées dans son bâtiment, & est tenu d'en rendre compte sur le pied des connoissemens.

Il est défendu au maître de vendre ou mettre en gage aucunes marchandises de son chargement, si ce n'est pour radoubs, victuailles & autres nécessités pressantes de son bâtiment, & encore alors seulement de l'avis des contre-maîtres & pilotes, qui doivent attester dans le journal, de la nécessité de l'emprunt & de la vente, & de la qualité de l'emploi.

Il n'est permis dans aucun cas au maître de ven-

dre son vaisseau, s'il n'en a une procuration spéciale du propriétaire.

Par les ordonnances de la marine de France, de 1681 & 1685, dont on a tiré une partie de ce qu'on a dit jusqu'ici au sujet de la police qui doit s'observer par les maîtres des vaisseaux marchands, il est en outre réglé :

1°. Qu'aucun ne pourra monter & commander un *navire*, qu'il n'ait navigé pendant cinq ans, & qu'il n'ait été examiné publiquement sur le fait de la navigation, & trouvé capable par deux anciens maîtres en présence des officiers de la jurisdiction ordinaire & du professeur d'hydrographie, s'il y en a dans le lieu.

2°. Qu'aucun maître de *navire* ne pourra débaucher un matelot engagé à un autre maître, à peine de 100 liv. d'amende, applicable moitié au grand amiral, ou au gouverneur si c'est en Bretagne, & moitié au premier maître qui pourra reprendre son matelot si bon lui semble.

3°. Que tout maître de *navire* sera tenu d'avoir un journal ou registre cotté & paraphé par les principaux intéressés au chargement, dans lequel il écrira tout ce qui regarde son armement ou le fait de sa charge, à moins qu'il n'y ait sur son bord un écrivain chargé de ce soin par ses marchands ou armateurs.

4°. Tous maîtres sont obligés, sous peine d'amende arbitraire, d'être en personne dans leurs bâtimens lorsqu'ils sortent de quelque port, havres ou rivière.

5°. Avant de se mettre en mer le maître doit laisser au greffe du lieu d'où il part, les noms, surnoms & demeures des gens de son équipage, des passagers & des engagés pour les Isles, & de déclarer à son retour ceux qu'il aura ramenés, & les lieux où il aura laissé les autres.

6°. Le maître de *navire* qui a pris sans nécessité de l'argent sur le corps, avictuaillement ou équipement de son bâtiment, ou vendu des marchandises de son chargement, engagé des apparaux, ou employé dans ses mémoires des avaries ou dépenses supposées, est tenu de payer en son nom, & est déclaré indigne de la maîtrise, & banni du port de sa demeure ordinaire.

7°. Les maîtres frétés pour faire un voyage sont tenus de l'achever, à peine de dommages & intérêts des propriétaires & des marchands, & quand le cas y échet, d'être poursuivis extraordinairement.

8°. Les maîtres, patrons, pilotes & matelots étant à bord pour faire voile, ne peuvent être arrêtés pour dettes civiles, si ce n'est pour les dettes qu'ils auroient contractées pour le voyage.

9°. Il est défendu aux maîtres d'abandonner leurs *navires* & bâtimens pendant le voyage, pour quelque danger que ce soit, sans l'avis des principaux officiers & matelots; & en ce cas ils sont tenus de sauver avec eux l'argent & ce qu'ils pourront de marchandises les plus précieuses de leur chargement, à peine d'en répondre en leur nom, & de punition corporelle ; & si les effets tirés du *navire* sont perdus par quelque cas fortuit , le maître en demeure déchargé.

10°. Les maîtres & patrons des *navires* qui navigent à profits communs, ne peuvent faire aucun négoce séparé pour leur compte particulier ; & s'ils en font, leurs marchandises pourront être confisquées au profit des autres intéressés.

11°. Chacun des maîtres navigeant comme dessus, est tenu avant le départ de donner au propriétaire du *navire* un compte signé de lui, contenant l'état & le prix des marchandises de leur chargement, les sommes par eux empruntées, & les noms & demeures des prêteurs ; à peine de privation de la maîtrise, & de leur part du profit.

Tous ces réglemens concernant les *navires* & les maîtres qui les montent, sont tirés du titre 1 du livre 2 des ordonnances de la marine ci-devant citées. On a omis quelques articles de ce titre, qui ont été employés en un autre endroit de ce dictionnaire.

Le titre 8 du même livre contient les réglemens pour les propriétaires des *navires*.

Par l'art. 1 du 10°. titre, tous les *navires & bâtimens de mer* sont réputés meubles, & en conséquence déchargés de tout droit lignager & autres droits seigneuriaux, demeurant néanmoins affectés aux dettes du vendeur jusqu'à ce qu'ils ayent fait un voyage en mer & aux risques du nouvel acquéreur, si ce n'est qu'il ait été vendu par décret.

Le même titre ordonne aussi, que la vente d'un vaisseau étant en voyage, ou faite sous seing privé, ne pourra préjudicier aux créanciers du vendeur.

C'est aussi ce titre qui régle le jaugeage des vaisseaux à raison de quarante-deux pieds cubes par tonneau de mer dont on a parlé ci-dessus.

En conséquence des mêmes ordonnances, tous *navires* & autres *bâtimens de mer* peuvent être saisis & décrétés par autorité de justice ; & en vertu des décrets qui en sont faits dans les formes requises, tous privilèges & hypothèques dont ils pourroient être chargés, sont purgés.

Ces formalités sont , 1°. Que le sergent après avoir fait commandement de payer, procédera par saisie du vaisseau, déclarant par son procès-verbal le nom du maître, celui du bâtiment & son port, ensemble le lieu où il sera amaré, lequel procès-verbal contiendra aussi un inventaire des agrès, ustensiles, armes, munitions, &c. & l'établissement d'un gardien solvable.

2°. Que le procès-verbal sera signifié au domicile du saisi, s'il en a dans le ressort ; & s'il n'a pas de domicile, au maître du *navire* ; & en cas que le saisi soit étranger & hors du royaume, au procureur du roi, avec assignation pour pouvoir procéder à la vente.

3°. Que les criées & publications seront faites par trois dimanches consécutifs, à l'issue de la messe paroissiale du lieu où le vaisseau sera amaré, & les affiches apposées au grand mât, sur le quai, à la

principale porte de l'église & de l'auditoire, & autres lieux accoutumés.

4°. Les enchères doivent être reçues incontinent après la première criée à jour marqué, & continuées de huitaine en huitaine.

5°. Enfin, l'adjudication doit être faite immédiatement après la dernière criée, à moins que le juge ne trouve à propos d'accorder une ou deux remises, qui seront pareillement publiées & affichées.

Au reste ces formalités ne sont nécessaires que pour les criées & l'adjudication des *navires* du port au-dessus de dix tonneaux ; car pour ceux au-dessous de dix tonneaux, il suffit qu'elles ayent été publiées sur le quai à trois divers jours ouvrables consécutifs, pourvu qu'il y ait huit jours francs entre la saisie & la vente.

Dans les ventes & adjudications des *navires* qui se font par autorité de justice, les loyers des matelots employés au dernier voyage sont payés par préférence à tous créanciers ; après eux les opposans, pour deniers prêtés pour les nécessités du *navire* pendant le voyage ; ensuite ceux qui ont prêté pour le radoub, victuailles & équipement avant le départ ; en quatrième lieu les marchands chargeurs ; le tout par concurrence entre les créanciers étant en même dégré de privilége.

Si le *navire* vendu n'a point encore fait de voyage, le vendeur, les charpentiers, les calfateurs & autres ouvriers employés à sa construction, ensemble les créanciers pour les bois, cordages & autres choses fournies pour le bâtiment, doivent être payés par préférence sur tous autres créanciers, & par concurrence entr'eux.

Lorsque l'on ne saisit qu'une portion d'un *navire* prêt à faire voile, les intéressés audit *navire* peuvent naviger en donnant caution jusqu'à l'estimation qui sera faite de ladite portion. Il leur est pareillement permis de faire assurer la portion saisie, & prendre de l'argent à grosse aventure pour le coût de l'assurance, dont ils seront remboursés par préférence sur le profit du retour.

Un *navire*, ses agrès & apparaux, le fret & les marchandises chargées sont respectivement affectés aux conventions de la charte-partie.

Chaque connoissement des marchandises chargées sur un *navire*, doit être fait triple ; l'un pour le chargeur ; l'autre pour celui auquel les marchandises doivent être consignées ; & le troisième pour le maître ou écrivain du *navire*. On parle ailleurs de toutes les formalités qui doivent s'observer dans ces sortes d'actes.

Le fret ou nolis d'un *navire*, c'est-à-dire, son loyer, doit être réglé par la charte-partie, soit qu'il ait été loué en entier, soit qu'il ne l'ait été qu'en partie, soit que ce soit au voyage, soit que ce ne soit qu'au mois, soit enfin que ce soit au quintal ou à cueillette.

L'argent à la grosse peut être donné sur le corps & quille d'un *navire*, ses agrès & apparaux, armement & victuailles, conjointement ou séparément

L'on peut affurer & faire affurer non-feulement les marchandifes & autres effets qui font chargés fur un navire, mais encore fur le navire même.

Les groffes avaries ou avaries communes, c'eft-à-dire, qui ont été faites pour le bien & falut commun du *navire* & des marchandifes, tombent & fe prennent fur le tout au fol la livre; mais les avaries fimples, c'eft-à-dire, qui ne regardent ou que le *navire* feul, ou que les marchandifes en-particulier, font fupportées par la chofe qui a fouffert le dommage.

Suivant les ordonnances de la marine de France, tout vaiffeau marchand appartenant aux fujets du roi, qui eft repris fur les ennemis, après qu'il eft demeuré entre leurs mains pendant vingt-quatre heures, eft réputé de bonne prife; mais fi la reprife en eft faite avant les vingt-quatre heures, il doit être reftitué aux propriétaires avec tout ce qui eft dedans, à la réferve du tiers qui appartient au *navire* qui en a fait la recourfe.

Outre les deux ordonnances de la marine dont on vient de donner de fi longs extraits, il y a encore un réglement du 14 octobre 1681, pour la conftruction des *navires*, *barques* & autres *bâtimens de mer*, que les fujets de fa majefté font bâtir ou achètent tant en France que dans les pays étrangers: on y parle auffi de quelques formalités échapées dans lefdites ordonnances qui doivent être obfervées par ceux qui font prépofés pour la délivrance des congés & paffeports du grand amiral.

Ce réglement contient dix articles qu'il eft difficile d'abréger, & que pour leur importance on va donner ici en leur entier.

ARTICLE PREMIER. Sa majefté fait défenfes à tous fes fujets de prêter leurs noms aux étrangers, & d'acheter d'eux aucuns *vaiffeaux* par contrats fimulés, & à tous maîtres, capitaines & patrons François, de prendre des congés & paffeports de M. l'amiral, pour les faire naviger fous pavillon François, à peine de confifcation defdits *vaiffeaux* & de mille livres d'amende, & même de punition corporelle en cas de récidive, tant contre ceux qui auront prêté leur nom, que contre les maîtres & patrons qui auront pris les congés.

II. Veut fa majefté, que les commiffions, congés & paffeports, ne foient donnés qu'aux *vaiffeaux* & *bâtimens* qui feront actuellement dans les ports de France, & que lefdits congés foient limités pour le temps qui conviendra pour le voyage pour lequel le congé fera expédié, & au plus pour fix mois: qu'ils foient nuls après ledit temps, & qu'il en foit mis une claufe expreffe dans lefdits congés excepté pour les voyages de longs cours pour lefquels le congé fera expédié pour tout le voyage feulement, & toutefois le congé ne pourra fervir que pour une année. Il a depuis été permis de proroger jufqu'à deux ans les congés pour le Levant & pour les Indes orientales.

III. Permet fa majefté de donner des congés pour les *vaiffeaux* que fes fujets auront acheté ou fait conftruire dans les pays étrangers, & qui n'auront encore abordé aucun port du royaume; lefquels congés feront limités pour trois mois feulement, fans qu'il leur en puiffe être donné d'autres, fi dans ce temps-là ils ne font amenés dans les ports du royaume.

IV. Veut fa majefté, que les marchands & autres particuliers, qui auront fait bâtir ou acheter des *vaiffeaux* bâtis dans les ports du royaume, faffent leurs déclarations pardevant les officiers des fiéges d'amirauté, de leur demeure, que le *vaiffeau* leur appartient entièrement; ou en cas qu'aucun y ait part, qu'ils déclarent les noms de leurs participes, qui ne pourront être étrangers, mais feulement François demeurans dans le royaume, & faffent enregiftrer au greffe les contrats de leur propriété.

V. En cas qu'aucun François veuille faire bâtir quelque *vaiffeau* dans les pays étrangers, fa majefté veut qu'il faffe fa déclaration auxdits fiéges, auffi-tôt qu'il en donnera le premier ordre, & qu'il la réitère auffi-tôt qu'il fera achevé de bâtir; laquelle déclaration contiendra le lieu où ledit vaiffeau fera bâti, le port, & le voyage auquel il le deftine, enfemble les participes & intéreffés en la propriété du *vaiffeau*, lefquels feront François demeurans dans le royaume ainfi qu'il eft dit ci-deffus.

VI. En cas qu'un François veuille acheter quelque *vaiffeau* dans les pays étrangers, fa majefté veut qu'il en faffe fa déclaration aux officiers de l'amirauté du lieu de fa demeure, & qu'après l'achat il leur déclare les noms de fes participes, & en faffe enregiftrer le contrat au greffe du même fiége.

VII. En cas qu'il y ait un conful de nation Françoife, établi dans les pays où les François feront conftruire ou acheteront des *vaiffeaux*, veut fa majefté qu'ils foient tenus de rapporter aux officiers de l'amirauté l'atteftation du conful, contenant l'état & qualité du *vaiffeau*, & la connoiffance qu'il aura des vendeurs ou entrepreneurs; enfemble les notaires ou autres perfonnes publiques, qui auront paffé les contrats qui feront à cet effet par lui légalifés.

VIII. Veut fa majefté que les propriétaires des *vaiffeaux* bâtis dans le royaume, ou bâtis & achetés dans les pays étrangers aux conditions ci-deffus, foient tenus de mettre aux greffes de l'amirauté le rôle des équipages defdits *vaiffeaux*, contenant les noms, âge, demeure & pays des officiers, mariniers & matelots dont ils feront compofés, foit qu'ils foient en France, foit qu'ils foient dans les pays étrangers; & qu'il ne foit donné aucun congé ou paffeport, fi le capitaine, maître ou patron, enfemble les officiers & les deux tiers defdits équipages, ne font François demeurans actuellement dans le royaume.

Il avoit depuis été défendu par un réglement de 1716,

1716, & une déclaration de 1722, de prendre aucuns étrangers pour servir dans les équipages des *vaisseaux* François, mais par l'ordonnance du mois d'octobre 1723, cette défense a été levée.

-IX. Enjoint sa majesté à ses sujets, qui auront acheté ou fait construire des *vaisseaux* dans les pays étrangers & qui les revendront aux étrangers, d'en faire leurs déclarations, & enregistrer le contrat au greffe de l'amirauté du lieu de leur demeure.

X. Sa majesté veut que les marchands, capitaines, maîtres, patrons & propriétaires du *vaisseau*, ensemble les préposés à la délivrance des congés & passeports de M. l'amiral, qui n'observeront pas les conditions prescrites par le présent réglement, soient punis par la confiscation des *vaisseaux* & marchandises de leur chargement, & par l'amende de mille livres, & de punition corporelle en cas de récidive.

L'expérience ayant fait connoître l'utilité de ce réglement, sa majesté, quoiqu'il eût été toujours régulièrement observé, jugea à propos vingt ans après de le confirmer par de nouvelles lettres patentes, & attendu qu'il n'avoit été enregistré qu'au siége de l'amirauté, d'en ordonner l'enregistrement dans toutes les cours de parlement du royaume, afin qu'elles puissent s'y conformer dans le jugement des procès qui pourroient y être portés.

Ces dernières lettres sont du 17 janvier 1703, elles autorisent & confirment les dix articles du réglement de 1681, & en ordonnent l'exécution, à la réserve néanmoins de l'article II en ce qui concerne la durée des congés pour les voyages de long cours, sa majesté permettant de les proroger jusqu'à deux ans pour le levant & pour les indes orientales.

N E

NECANÉES. Ce sont des toiles rayées de bleu & blanc, qui se fabriquent dans les Indes orientales; il y en a de larges & d'étroites. Les larges qu'on nomme *nécanées brouard*, ont onze aunes de long sur trois quarts de large. Les étroites qu'on appelle *nécanées narou*, ont dix aunes sur deux tiers.

NÉGOCE. C'est l'action ou le métier d'acheter pour revendre; on l'appelle très-improprement *commerce* dans le langage vulgaire & de là naissent plusieurs erreurs funestes.

Le *commerce* comprend, en premier lieu, les *producteurs* des denrées qui servent à la subsistance des hommes, & des matières premières dont les ouvrages de durée sont formés par les arts, & en dernier lieu les *consommateurs* qui appliquent ces objets à leur usage:

Entre les productions & les consommations qui sont les parties principales, essentielles & nécessaires de tout *commerce*, il se trouve trois espèces d'agens intermédiaires, contingens & subordonnés, sçavoir; le voiturier qui transporte, le manufacturier qui façonne, le négociant acheteur, revendeur, qui trafique; cette profession est utile, souvent même

nécessaire, pourvu qu'on ne lui sacrifie jamais par d'injustes priviléges, ni les producteurs, ni les consommateurs.

NÉGOCIANT. Banquier ou marchand qui fait négoce. Il est important aux *négocians* de conserver leur crédit sur la place.

NÉGOCIATEUR. Celui qui se mêle de quelque négociation. Les agens de banque & les courtiers sont les *négociateurs* des marchands & banquiers.

NÉGOCIER UNE LETTRE DE CHANGE. C'est la céder ou la transporter à un autre moyennant la valeur que l'acheteur en donne au cédant ou vendeur; ce qui se peut faire de trois manières, au pair, avec profit, ou avec perte.

On *négocie* au pair, quand on reçoit précisément la somme contenue dans la lettre de change; la *négociation* se fait avec profit, quand le cédant reçoit plus que ne porte la lettre; & elle se fait avec perte, quand on cède une lettre de change pour une somme moindre que celle qui y est exprimée.

Quand le tireur d'une lettre de change reçoit plus que le pair, cela s'appelle avance pour le tireur; on nomme au contraire *avance* pour le donneur d'argent & *perte* pour le tireur, lorsque le donneur donne moins que le pair.

NEGRES. Peuples d'Afrique, dont le pays a son étendue des deux côtés du fleuve Niger. L'on appelle *Nigritie* cette grande région qu'ils habitent, qui a plus de huit cent lieues de côtes, & qui s'étend plus de cinq cent lieues dans les terres. Il est incertain si ces peuples ont communiqué leur nom au pays, aussi-bien qu'au grand fleuve qui l'arrose.

Les Européens font depuis quelques siècles commerce de ces malheureux esclaves, qu'ils tirent de Guinée & des autres côtes de l'Afrique, pour soutenir les colonies qu'ils ont établies dans plusieurs endroits de l'Amérique & dans les isles Antilles.

Il est difficile de justifier le commerce des *Negres* autrement que par la loi du plus fort & par l'utilité. Mais s'il existe une justice antérieure à toute convention humaine, une loi naturelle qui vient de Dieu; si tous les hommes ont des devoirs & des droits universels imprescriptibles; si nulle puissance créée ne peut rendre vrai ce qui est faux, équitable ce qui est inique, ... Au reste nous avons hérité des Grecs & des Romains de singulières contradictions d'idées. Nous estimons l'héroïsme qui préfère la mort à l'esclavage. Ma vengeance qui s'exposeroit à tout pour punir l'oppresseur de ma liberté personnelle, seroit donc un acte de vertu! Le maître qui voudroit me rendre son esclave, feroit donc un *crime*! Européens inconséquens, accordez-vous donc avec vous mêmes!

Il paroît presque indubitable que ce sont les François qui ont fait les premiers le commerce du Cap verd & des côtes de Guinée, où se fait présentement le plus grand négoce d'esclaves *négres*.

Les noms de *bayes de France*, de *Paris* & de

petit Dieppe que plufieurs lieux de cette partie de l'Afrique conſervent encore, rendent cette opinion plus que vraiſemblable; & il y a même des auteurs qui parlant plus affirmativement, avancent que les Dieppois en ayant entrepris le voyage dès l'an 1364, s'y étoient établis & y avoient des habitations plus de cinquante ans avant que les Portugais en euſſent eu connoiſſance.

Mais il ne s'agiſſoit point alors du commerce des *négres*, dans les commencemens, & même juſques en 1664 que les Anglois & les Hollandois en chaſſèrent le peu de François qui étoient venus relever les ruines des habitations de leurs ancêtres; ils n'y trafiquoient que de poudre d'or, de morfil, de cuirs, de gommes, de plumes d'autruches, d'ambre gris, de civette, de malaguette & d'autres telles marchandiſes. Quant aux cannes de ſucre, elles ſe trouvent naturellement en Afrique, & les Portugais les y cultivent avec le plus grand ſuccès.

L'édit ſuivant appellé le *Code noir*, fût donné à Verſailles au mois de mars 1724.

LOUIS, par la grace de Dieu, roi de France & de Navarre: A tous préſens & à venir, ſalut. Les directeurs de la compagnie des Indes nous ayant repréſenté que la province & colonie de la Louiſiane eſt conſidérablement établie par un grand nombre de nos ſujets, leſquels ſe ſervent d'eſclaves *négres* pour la culture des terres, nous avons jugé qu'il étoit de notre autorité & notre juſtice, pour la conſervation de cette colonie, d'y établir une loi & des régles certaines, pour y maintenir la diſcipline de l'égliſe catholique, apoſtolique & romaine, & pour ordonner de ce qui concerne l'état & la qualité des eſclaves dans leſdites îles. Et déſirant y pourvoir, & faire connoître à nos ſujets qui y ſont habitués, & qui s'y établiront à l'avenir, qu'encore qu'ils habitent des climats infiniment éloignés, nous leur ſommes toujours préſens par l'étendue de notre puiſſance; & par notre application à les ſecourir: A CES CAUSES, & autres, à ce nous mouvans, de l'avis de notre conſeil, & de notre certaine ſcience, pleine puiſſance & autorité royale, nous avons dit, ſtatué & ordonné, diſons, ſtatuons & ordonnons, voulons & nous plaît ce qui ſuit.

ARTICLE PREMIER. L'édit du feu roi Louis XIII, de glorieuſe mémoire, du 23 avril 1615, ſera exécuté dans notre province & colonie de la Louiſiane: ce faiſant, enjoignons aux directeurs généraux de ladite compagnie, & à tous nos officiers, de chaſſer dudit pays tous les juifs qui peuvent y avoir établi leur réſidence, auxquels, comme aux ennemis déclarés du nom chrétien, nous commandons d'en ſortir dans trois mois, à compter du jour de la publication des préſentes, à peine de confiſcation de corps & de biens.

II. Tous les eſclaves qui ſeront dans notredite province, ſeront inſtruits dans la religion catholique, apoſtolique & romaine, & baptiſés: ordonnons aux habitans qui acheteront des *négres* nouvellement arrivés, de les faire inſtruire & baptiſer dans le temps convenable, à peine d'amende arbitraire: enjoignons aux directeurs généraux de ladite compagnie, & à tous nos officiers, d'y tenir exactement la main.

III. Interdiſons tous exercices d'autre religion que de la catholique, apoſtolique & romaine: voulons que les contrevenans ſoient punis comme rébelles & déſobéiſſans à nos commandemens: défendons toutes aſſemblées, pour cet effet, leſquelles nous déclarons conventicules, illicites & ſéditieuſes, ſujettes à la même peine, qui aura lieu même contre les maîtres qui les permettront ou ſouffriront à l'égard de leurs eſclaves.

IV. Ne ſeront prépoſés aucuns commandeurs à la direction des *négres* qu'ils ne faſſent profeſſion de la religion catholique, apoſtolique & romaine, à peine de confiſcation deſdits *négres* contre les maîtres qui les auront prépoſés, & de punition arbitraire contre les commandeurs qui auront accepté ladite direction.

V. Enjoignons à tous nos ſujets, de quelque qualité & condition qu'ils ſoient, d'obſerver régulièrement les jours de dimanches & de fêtes; leur défendons de travailler, ni de faire travailler leurs eſclaves auxdits jours, depuis l'heure de minuit juſqu'à l'autre minuit, à la culture de la terre & à tous autres ouvrages, à peine d'amende & de punition arbitraire contre les maîtres, & de confiſcation des eſclaves qui ſeront ſurpris par nos officiers dans le travail: pourront néanmoins envoyer leurs eſclaves aux marchés.

VI. Défendons à nos ſujets blancs de l'un & de l'autre ſexe, de contracter mariage avec les *noirs*, à peine de punition & d'amende arbitraire; & à tous curés, prêtres, ou miſſionnaires ſéculiers ou réguliers, & même aux aumôniers de vaiſſeaux, de les marier. Défendons auſſi à noſdits ſujets blancs, même aux *noirs* affranchis ou nés libres, de vivre en concubinage avec des eſclaves; voulons que ceux qui auront eu un ou pluſieurs enfans d'une pareille conjonction, enſemble les maîtres qui les auront ſoufferts, ſoient condamnés chacun en une amende de trois cent livres: & s'ils ſont maîtres de l'eſclave de laquelle ils auront eu leſdits enfans, voulons qu'outre l'amende ils ſoient privés tant de l'eſclave que des enfans, & qu'ils ſoient adjugés à l'hôpital des lieux ſans pouvoir jamais être affranchis. N'entendons toutefois le préſent article avoir lieu, lorſque l'homme *noir* affranchi ou libre, qui n'étoit point marié durant ſon concubinage avec ſon eſclave, épouſera dans les formes preſcrites par l'égliſe ladite eſclave qui ſera affranchie par ce moyen, & les enfans rendus libres & légitimes.

VII. Les ſolemnités preſcrites par l'ordonnance de Blois, & par la déclaration de 1639 pour les mariages, feront obfervées, tant à l'égard des perfonnes libres que des efclaves; fans néanmoins que le confentement du père & de la mère de l'efclave y foit néceffaire, mais celui du maître feulement.

VIII. Défendons très-expreffément aux curés de procéder aux mariages des efclaves, s'ils ne font apparoir du confentement de leurs maîtres : défendons auffi aux maîtres d'ufer d'aucunes contraintes fur leurs efclaves pour les marier contre leur gré.

IX. Les enfans qui naîtront des mariages entre les efclaves, feront efclaves & appartiendront aux maîtres des femmes efclaves, & non à ceux de leurs maris, fi les maris & les femmes ont des maîtres différens.

X. Voulons fi le mari efclave a époufé une femme libre, que les enfans tant mâles que filles, fuivent la condition de leur mère, & foient libres comme elle, nonobftant la fervitude de leur père, & que fi le père eft libre & la mère efclave, les enfans foient efclaves pareillement.

XI. Les maîtres feront tenus de faire enterrer en terre fainte, dans les cimetières deftinés à cet effet, leurs efclaves baptifés ; & à l'égard de ceux qui mourront fans avoir reçu le baptême, ils feront enterrés la nuit dans quelque champ voifin du lieu où ils feront décédés.

XII. Défendons aux efclaves de porter aucunes armes offenfives ni de gros bâtons, à peine du fouet, & de confifcation des armes au profit de celui qui les en trouvera faifis, à l'exception feulement de ceux qui feront envoyés à la chaffe par leurs maîtres, & qui feront porteurs de leurs billets ou marques connues.

XIII. Défendons pareillement aux efclaves appartenans à différens maîtres de s'attrouper le jour ou la nuit, fous prétexte de noces ou autrement, foit chez l'un de leurs maîtres ou ailleurs ; & encore moins dans les grands chemins ou lieux écartés, à peine de punition corporelle, qui ne pourra être moins que du fouet & de la fleur-de-lys ; & en cas de fréquentes récidives & autres circonftances aggravantes, pourront être punis de mort ; ce que nous laiffons à l'arbitrage des juges : enjoignons à tous nos fujets de courre fus aux contrevenans, & de les arrêter & conduire en prifon, bien qu'ils ne foient officiers, & qu'il n'y ait encore contre lefdits contrevenans aucun décret.

XIV. Les maîtres qui feront convaincus d'avoir permis ou toléré de pareilles affemblées compofées d'autres efclaves que de ceux qui leur appartiennent, feront condamnés en leur propre & privé nom, de réparer tout le dommage qui aura été fait à leurs voifins, à l'occafion defdites affemblées,

& en trente livres d'amende pour la première fois, & au double en cas de récidive.

XV. Défendons aux efclaves d'expofer en vente au marché, ni de porter dans les maifons particulières, pour vendre, aucune forte de denrées, même des fruits, légumes, bois à brûler, herbes ou fourages pour la nourriture des beftiaux, ni aucune efpèce de grains ou autres marchandifes, hardes ou nippes, fans permiffion expreffe de leurs maîtres par un billet ou par des marques connues, à peine de revendication des chofes ainfi vendues, fans reftitution de prix par les maîtres, & de fix livres d'amende à leur profit contre les acheteurs par rapport aux fruits, légumes, bois à brûler, herbes, fourages & grains : voulons que par rapport aux marchandifes, hardes ou nippes, les contrevenans acheteurs foient condamnés à quinze cens livres d'amende, aux dépens, dommages & intérêts, & qu'ils foient pourfuivis extraordinairement comme voleurs receleurs.

XVI. Voulons à cet effet que deux perfonnes foient prépofées dans chaque marché, par les officiers du confeil fupérieur ou des juftices inférieures ; pour examiner les denrées & marchandifes qui y feront apportées par les efclaves, enfemble les billets & marques de leurs maîtres dont ils feront porteurs.

XVII. Permettons à tous nos fujets habitans du pays, de fe faifir de toutes les chofes dont ils trouveront lefdits efclaves chargés, lorfqu'ils n'auront point de billets de leurs maîtres, ni de marques connues, pour être rendues inceffamment à leurs maîtres, fi leur habitation eft voifine du lieu où les efclaves auront été furpris en délit ; finon elles feront inceffamment envoyées au magafin de la compagnie le plus proche, pour y être en dépôt jufqu'à ce que les maîtres en ayent été avertis.

XVIII. Voulons que les officiers de notre confeil fupérieur de la Louifiane, envoyent leurs avis fur la quantité des vivres & la qualité de l'habillement qu'il convient que les maîtres fourniffent à leurs efclaves ; lefquels vivres doivent leur être fournis par chacune femaine, & l'habillement par chacune année, pour y être ftatué par nous : & cependant permettons aufdits officiers de régler par provifion lefdits vivres & ledit habillement : défendons aux maîtres defdits efclaves de donner aucune forte d'eau-de-vie pour tenir lieu de ladite fubfiftance & habillement.

XIX. Leur défendons pareillement de fe décharger de la nourriture & fubfiftance de leurs efclaves, en leur permettant de travailler certain jour de la femaine pour leur compte particulier.

XX. Les efclaves qui ne feront point nourris, vêtus & entretenus par leurs maîtres, pourront en donner avis au procureur-général dudit confeil ou aux officiers des juftices inférieures, & mettre leurs mémoires entre leurs mains ; sur lesquels, & même d'office si les avis leur viennent d'ailleurs, les maîtres seront poursuivis à la requête dudit procureur-général & sans frais, ce que nous voulons être observé pour les crimes & les traitemens barbares & inhumains des maîtres envers leurs esclaves.

XXI. Les esclaves infirmes par vieillesse, maladie ou autrement, soit que la maladie soit incurable ou non, seront nourris & entretenus par leurs maîtres : & en cas qu'ils les eussent abandonnés, lesdits esclaves seront adjugés à l'hôpital le plus proche, auquel les maîtres seront condamnés de payer huit sols par chacun jour pour la nourriture & entretien de chacun esclave; pour le paiement de laquelle somme, ledit hôpital aura privilége sur les habitations des maîtres, en quelques mains qu'elles passent.

XXII. Déclarons les esclaves ne pouvoir rien avoir qui ne soit à leurs maîtres, & tout ce qui leur vient par leur industrie ou par la libéralité d'autres personnes ou autrement à quelque titre que ce soit, être acquis en pleine propriété à leurs maîtres; sans que les enfans des esclaves, leurs père & mère, leurs parens & tous autres, libres ou esclaves, y puissent rien prétendre, par successions, dispositions entre-vifs, ou à cause de mort : lesquelles dispositions déclarons nulles, ensemble toutes les promesses & obligations qu'ils auroient faites, comme étant faites par gens incapables de disposer & contracter de leur chef.

XXIII. Voulons néanmoins que les maîtres soient tenus de ce que leurs esclaves auront fait par leur commandement, ensemble de ce qu'ils auront geré & négocié dans leurs boutiques, & pour l'espèce particulière de commerce à laquelle leurs maîtres les auront préposés; & en cas que leurs maîtres n'ayent donné aucun ordre & ne les ayent point préposés, ils seront tenus seulement jusqu'à concurrence de ce qui aura tourné à leur profit; & si rien n'a tourné au profit des maîtres, le pecule desdits esclaves que les maîtres leur auront permis d'avoir, en sera tenu après que leurs maîtres en auront déduit par préférence ce qui pourra leur en être dû, sinon que le pecule consistât en tout ou partie en marchandises dont les esclaves auroient permission de faire trafic à part, sur lesquelles leurs maîtres viendront seulement par contribution au sol la livre avec les autres créanciers.

XXIV. Ne pourront les esclaves être pourvus d'offices ni de commission ayant quelque fonction publique, ni être constitués agens par autres que par leurs maîtres, pour gérer & administrer aucun négoce, ni être arbitres ou experts : ne pourront aussi être témoins, tant en matières civiles que criminelles, à moins qu'ils ne soient témoins nécessaires & seulement à défaut de blancs : mais dans aucun cas ils ne pourront servir de témoins pour ou contre leurs maîtres.

XXV. Ne pourront aussi les esclaves être parties ni ester en jugement en matière civile, tant en demandant qu'en défendant, ni être parties civiles en matière criminelle ; sauf à leurs maîtres d'agir & défendre en matière civile, & de poursuivre en matière criminelle la réparation des outrages & excès qui auront été commis contre leurs esclaves.

XXVI. Pourront les esclaves être poursuivis criminellement, sans qu'il soit besoin de rendre leurs maîtres parties, si ce n'est en cas de complicité ; & seront les esclaves accusés, jugés en première instance par les juges ordinaires s'il y en a, & par appel au conseil sur la même instruction, & avec les mêmes formalités que les personnes libres, aux exceptions ci-après.

XXVII. L'esclave qui aura frappé son maître, sa maîtresse, le mari de sa maîtresse, ou leurs enfans avec contusion ou effusion de sang ou au visage, sera puni de mort.

XXVIII. Et quant aux excès & voyes de fait, qui seront commis par les esclaves contre les personnes libres, voulons qu'ils soient sévèrement punis, même de mort s'il y échoit.

XXIX. Les vols qualifiés, même ceux de chevaux, cavales, mulets, bœufs ou vaches, qui auront été faits par les esclaves ou par les affranchis, seront punis de peine afflictive, même de mort si le cas le requiert.

XXX. Les vols de moutons, chèvres, cochons, volailles, grains, fourage, pois, fèves ou autres légumes & denrées faits par les esclaves, seront punis selon la qualité du vol par les juges, qui pourront, s'il y échoit, les condamner d'être battus de verges par l'exécuteur de la haute justice, & marqués d'une fleur-de-lys.

XXXI. Seront tenus les maîtres, en cas de vol ou d'autre dommage causé par leurs esclaves, outre la peine corporelle des esclaves, de réparer le tort en leur nom ; s'ils n'aiment mieux abandonner l'esclave à celui auquel le tort aura été fait ; ce qu'ils seront tenus d'opter dans trois jours, à compter de celui de la condamnation, autrement ils en seront déchus.

XXXII. L'esclave fugitif qui aura été en fuite pendant un mois, à compter du jour que son maître l'aura dénoncé à la justice, aura les oreilles coupées & sera marqué d'une fleur-de-lys sur une épaule ; & s'il récidive pendant un autre mois, à compter pareillement du jour de la dénonciation, il aura le jarret coupé, & il sera marqué d'une fleur-de-lys sur l'autre épaule ; & la troisième fois il sera puni de mort.

XXXIII. Voulons que les esclaves qui auront encouru les peines du fouet, de la fleur-de-lys, & des oreilles coupées, soient jugés en dernier ressort par les juges ordinaires, & exécutés sans qu'il foit néceffaire que tels jugemens foient confirmés par le confeil fupérieur, nonobftant le contenu en l'article XXVI des préfentes, qui n'aura lieu que pour les jugemens portant condamnation de mort ou du jarret coupé.

XXXIV. Les affranchis ou *négres* libres qui auront donné retraite dans leurs maifons aux efclaves fugitifs, feront condamnés par corps envers le maître, en une amende de trente livres par chacun jour de rétention; & les autres perfonnes libres qui leur auront donné pareille retraite, en dix livres d'amende aufli par chacun jour de rétention: & faute par lefdits *négres* affranchis ou libres, de pouvoir payer l'amende, ils feront réduits à la condition d'efclaves & vendus, & fi le prix de la vente paffe l'amende, le furplus fera délivré à l'hôpital.

XXXV. Permettons à nos fujets dudit pays qui auront des efclaves fugitifs, en quelque lieu que ce foit, d'en faire faire la recherche par telles perfonnes & à telles conditions qu'ils jugeront à propos, ou de la faire eux-mêmes ainfi que bon leur femblera.

XXXVI. L'efclave condamné à mort fur la dénonciation de fon maître, lequel ne fera point complice du crime, fera eftimé avant l'exécution par deux des principaux habitans qui feront nommés d'office par le juge, & le prix de l'eftimation en fera payé; pour à quoi fatisfaire, il fera impofé par notre confeil fupérieur fur chaque tête de *négre* la fomme portée par l'eftimation, laquelle fera réglée fur chacun defdits *négres*, & levée par ceux qui feront commis à cet effet.

XXXVII. Défendons à tous officiers de notredit confeil, & autres officiers de juftice établis audit pays, de prendre aucune taxe dans les procès criminels contre les efclaves, à peine de concuffion.

XXXVIII. Défendons aufli à tous nos fujets defdits pays, de quelque qualité & condition qu'ils foient, de donner ou faire donner de leur autorité privée la queftion ou torture à leurs efclaves fous quelque prétexte que ce foit, ni de leur faire ou faire faire aucune mutilation de membre, à peine de confifcation des efclaves, & d'être procédé contre eux extraordinairement : leur permettons feulement lorfqu'ils croiront que leurs efclaves l'auront mérité de les faire enchaîner ou battre de verges ou de cordes.

XXXIX. Enjoignons aux officiers de juftice établis dans ledit pays, de procéder criminellement contre les maîtres & les commandeurs qui auront tué leurs efclaves, ou leur auront mutilé les membres étant fous leur puiffance ou fous leur direction, & de punir le meurtre felon l'atrocité des circonftances: & en cas qu'il y ait lieu à l'abfolution, leur permettons de renvoyer, tant les maîtres que les

commandeurs abfous, fans qu'ils ayent befoin d'obtenir de nous des lettres de grace.

XL. Voulons que les efclaves foient réputés meubles, & comme tels qu'ils entrent dans la communauté, qu'il n'y ait point de fuite par hypotheque fur eux, qu'ils fe partagent également entre les cohéritiers, fans préciput & droit d'aîneffe, & qu'ils ne foient point fujets au douaire coutumier, au retrait lignager ou féodal, aux droits féodaux & feigneuriaux, aux formalités des décrets, ni au retranchement des quatre quints, en cas de difpofition à caufe de mort ou teftamentaire.

XLI. N'entendons toutefois priver nos fujets de la faculté de les ftipuler propres à leurs perfonnes, & aux leurs de leur côté & ligne, ainfi qu'il fe pratique pour les fommes de deniers & autres chofes mobiliaires.

XLII. Les formalités prefcrites par nos ordonnances & par la coutume de Paris, pour les faifies des chofes mobiliaires, feront obfervées dans les faifies des efclaves : voulons que les deniers en provenans, foient diftribués par ordre des faifies; & en cas de déconfiture au fol la livre, après que les dettes privilégiées auront été payées; & généralement que la condition des efclaves foit réglée en toutes affaires comme celles des autres chofes mobiliaires.

XLIII. Voulons néanmoins que le mari, fa femme & leurs enfans impuberes, ne puiffent être faifis & vendus féparément, s'ils font tous fous la puiffance d'un même maître : déclarons nulles les faifies & ventes féparées, qui pourroient en être faites, ce que nous voulons aufli avoir lieu dans les ventes volontaires, à peine contre ceux qui feront lefdites ventes, d'être privés de celui ou de ceux qu'ils auront gardés, qui font adjugés aux acquéreurs, fans qu'ils foient tenus de faire aucun fupplément de prix.

XLIV. Voulons aufli que les efclaves âgés de quatorze ans & au-deffus jufqu'à foixante ans, attachés à des fonds ou habitations, & y travaillant actuellement, ne puiffent être faifis pour autres dettes que pour ce qui fera dû du prix de leur achat, à moins que les fonds ou habitations fuffent faifis réellement; auquel cas nous enjoignons de les comprendre dans la faifie réelle, & défendons à peine de nullité, de procéder par faifie réelle & adjudication par décret fur des fonds ou habitations, fans y comprendre les efclaves de l'âge fufdit, y travaillant actuellement.

XLV. Le fermier judiciaire des fonds ou habitations faifis réellement conjointement avec les efclaves, fera tenu de payer le prix de fon bail, fans qu'il puiffe compter parmi les fruits qu'il perçoit, les enfans qui feront nés des efclaves pendant fondit bail.

XLVI. Voulons nonobſtant toutes conventions contraires, que nous déclarons nulles, que leſdits enfans appartiennent à la partie ſaiſie ſi les créanciers ſont ſatisfaits d'ailleurs ; ou à l'adjudicataire s'il intervient un décret ; & à cet effet il ſera fait mention dans la dernière affiche de l'interpoſition dudit décret, des enfans nés des eſclaves depuis la ſaiſie réelle ; comme auſſi des eſclaves décédés depuis ladite ſaiſie réelle dans laquelle ils étoient compris.

XLVII. Pour éviter aux frais & aux longueurs de procédures, voulons que la diſtribution du prix entier de l'adjudication conjointe des fonds & des eſclaves, & de ce qu'il proviendra du prix des baux judiciaires, ſoit faite entre les créanciers ſelon l'ordre de leurs privileges & hypotheques, ſans diſtinguer ce qui eſt pour le prix des eſclaves ; & néanmoins les droits féodaux & ſeigneuriaux ne ſeront payés qu'à proportion des fonds.

XLVIII. Ne ſeront reçus les lignagers & les ſeigneurs féodaux à retirer les fonds décrétés, licités ou vendus volontairement, s'ils ne retirent auſſi les eſclaves vendus conjointement avec les fonds où ils travailloient actuellement, ni l'adjudicataire ou acquéreur à retenir les eſclaves ſans les fonds.

XLIX. Enjoignons aux gardiens nobles & bourgeois, uſufruitiers, amodiateurs & autres jouiſſans de fonds auxquels ſont attachés des eſclaves qui y travaillent, de gouverner leſdits eſclaves en bons peres de familles : au moyen de quoi ils ne ſeront pas tenus après leur adminiſtration finie de rendre le prix de ceux qui ſeront décédés ou diminués par maladie, vieilleſſe ou autrement, ſans leur faute : & auſſi ils ne pourront pas retenir comme fruits à leur profit, les enfans nés deſdits eſclaves durant leur adminiſtration, leſquels nous voulons être conſervés & rendus à ceux qui en ſont les maîtres & les propriétaires.

L. Les maîtres âgés de vingt-cinq ans pourront affranchir leurs eſclaves par tous actes entrevifs ou à cauſe de mort : & cependant comme il ſe peut trouver des maîtres aſſez mercenaires pour mettre la liberté de leurs eſclaves à prix, ce qui porte leſdits eſclaves au vol & au brigandage ; défendons à toutes perſonnes de quelque qualité & condition qu'elles ſoient, d'affranchir leurs eſclaves, ſans en avoir obtenu la permiſſion par arrêt de notredit conſeil ſupérieur, laquelle permiſſion ſera accordée ſans frais, lorſque les motifs qui auront été expoſés par les maîtres, paroîtront légitimes. Voulons que les affranchiſſemens qui ſeront faits à l'avenir ſans ces permiſſions, ſoient nuls, & que les affranchis n'en puiſſent jouir, ni être reconnus pour tels : ordonnons au contraire qu'ils ſoient tenus, cenſés & réputés eſclaves, que les maîtres en ſoient privés, & qu'ils ſoient confiſqués au profit de la compagnie des Indes.

LI. Voulons néanmoins que les eſclaves qui auront été nommés par leurs maîtres, tuteurs de leurs enfans, ſoient tenus & réputés, comme nous les tenons & réputons pour affranchis.

LII. Déclarons les affranchiſſemens faits dans les formes ci-devant preſcrites, tenir lieu de naiſſance dans notredite province de la Louiſiane, & les affranchis n'avoir beſoin de nos lettres de naturalité, pour jouir des avantages de nos ſujets naturels dans notre royaume, terres & pays de notre obéiſſance, encore qu'ils ſoient nés dans les pays étrangers : déclarons cependant leſdits affranchis, enſemble le negre libre, incapables de recevoir des blancs aucune donation entrevifs à cauſe de mort ou autrement ; voulons qu'en cas qu'il leur en ſoit fait aucune, elle demeure nulle à leur égard, & ſoit appliquée au profit de l'hôpital le plus prochain.

LIII. Commandons aux affranchis de porter un reſpect ſingulier à leurs anciens maîtres, à leurs veuves & à leurs enfans ; enſorte que l'injure qu'ils leur auront faite, ſoit punie plus grievement que ſi elle étoit faite à une autre perſonne, les directeurs toutefois francs & quittes envers eux de toutes autres charges, ſervices & droits utiles que leurs anciens maîtres voudroient prétendre, tant ſur leurs perſonnes que ſur leurs biens & ſucceſſions, en qualité de patrons.

LIV. Octroyons aux affranchis les mêmes droits, privileges & immunités dont jouiſſent les perſonnes nées libres ; voulons que le mérite d'une liberté acquiſe produiſe en eux, tant pour leurs perſonnes que pour leurs biens, les mêmes effets que le bonheur de la liberté naturelle cauſe à nos autres ſujets, le tout cependant aux exceptions portées par l'article LII des préſentes.

LV. Déclarons les confiſcations & les amendes, qui n'ont point de deſtination particuliere par ces préſentes, appartenir à ladite compagnie des Indes, pour être payées à ceux qui ſont prépoſés à la recette de ſes droits & revenus : voulons néanmoins que diſtraction ſoit faite du tiers deſdites confiſcations & amendes au profit de l'hôpital le plus proche du lieu où elles auront été adjugées.

NÉGRES-CARTES. C'eſt ce qu'on appelle autrement *émeraudes brutes* de premiere couleur ; elles ſont fort eſtimées & paſſent pour les plus belles de ces ſortes de pierre.

NÉGRIER. On appelle *navires négriers*, *vaiſſeaux négriers*, *bâtimens négriers*, ceux qui ſervent au commerce des negres, & avec leſquels les nations d'Europe qui font ce négoce vont ſur les côtes d'Afrique faire la traite de ces malheureux eſclaves, pour les tranſporter & les aller vendre aux iſles Antilles, & dans quelques endroits du continent de l'Amérique Eſpagnole.

NÉGRILLON, NÉGRILLONNE. Ce ſont les petits *negres* de l'un ou de l'autre ſexe qui n'ont pas encore paſſé 10 ans ; trois enfans de dix ans font deux pièces d'Inde , & l'on compte deux enfans de 5 ans pour une pièce.

NEMBROSI, Espèce de *safran*. Il croît en Egypte & y est fort estimé ; on le vend douze piastres les cent dix rotols. Il y en a un autre que l'on nomme *saïd* qui ne vaut que six piastres.

NERINDE. *Toile de coton* blanche qui vient des Indes orientales. C'est une des sortes de baffetas , mais étroite & assez grossière.

NET. Qui est pur & sans mélange d'aucunes saletés. Ce café , ce ris , ce poivre , ce girofle est *net* , les ordures & le grabeau en ont été ôtés. Ce bled est *net* , il a été bien criblé. On appelle *du vin net* celui qui n'a point été falsifié ou frelaté , & qui est clair-fin.

NET. Se dit aussi de ce qui est sans tache , sans défaut. Les marchands joyailliers disent qu'un diamant est *net* quand il n'y a ni pailles , ni gendarmes. On dit des pierres précieuses qu'elles sont glaceuses ou caffidoineuses , quand il y a des taches, des nuées qui font qu'elles ne sont pas tout-à-fait *nettes*. Du cristal *net* est celui qui est tout-à-fait transparent.

NET. Se dit encore de ce qui reste après que l'on a ôté la tare du poids ort ou brut de la marchandise , c'est-à-dire , qu'elle a été pesée *net* hors de tout emballage. Ce baril de cochenille pèse ort 450 livres , il y a de tare 50 livres , partant reste *net* 400 livres.

NET. Se dit pareillement dans les affaires qui font claires , sans difficulté , qui ne font point embrouillées. Par le finito ou par la balance de notre compte vous me devez tant de clair & de *net* ; les affaires de ce négociant font *nettes* , sans embarras. Ce marchand a plus de cinquante mille écus de bien très *net*.

NET PROVENU. Expression dont se servent les négocians , pour marquer ce que quelque effet a rendu , toutes tares & frais déduits. Voici le compte de la vente de votre poivre ; le *net provenu* duquel monte à tant , dont je vous ai crédité. On se sert quelquefois dans le négoce de ces mots étrangers *netto procedido* , pour dire , *net provenu*.

NEVEL. Petite monnoie de bas aloi dont on se sert le long de la côte de Coromandel. Huit à neuf *nevels* font le fanon , & quinze fanons la pagode ; le *nevel* vaut depuis trois jusques à six cafses.

NEUF. Ce qui n'a point ou peu servi. Une étoffe *neuve* , une toile *neuve* , un habit *neuf*.

Il est défendu aux maîtres frippiers & aux maîtres savetiers de travailler en neuf ni d'en vendre.

Ces derniers ont pourtant permission d'en faire pour eux , leurs femmes & leurs enfans.

NEUF. Dans le commerce du bois de chauffage , on appelle *bois neuf* , celui qui vient par bateau , & qui n'a pas flotté.

NEURE. Petit *bâtiment* dont les Hollandois se servent pour aller à la pêche du hareng. C'est une espèce de flute d'environ soixante tonneaux.

N I

NIL. Monnoie de compte dont on se sert dans les états du grand mogol. Un *nil* de roupies vaut cent mille padans de roupies , un padant cent mille courons , & un couron cent mille laoks.

NILLAS. *Étoffe* d'écorce mêlée de soie qui vient des Indes.

NIOU. C'est une des mesures des Siamois pour les longueurs ; elle revient à un pouce de pied de roi moins un quart. Au dessous du *niou* est le grain de ris , dont les huit font le *niou* ; au-dessus est le ken , qui contient douze *nious*.

NITRE. Espèce de sel qu'on nomme plus ordinairement *salpêtre*.

N O

NOBLESSE. Prérogative de distinction , qui élève ceux qui l'ont au-dessus des roturiers.

Ç'a été long-temps une opinion presque générale en France , que le commerce étoit incompatible avec la *noblesse* ; ce qui pourtant malgré cette prévention , ne devoit s'entendre que du négoce en détail , que les nobles n'y ont jamais pu exercer & n'y exercent point encore sans dérogeance. Le commerce de mer leur a été au contraire permis de tout temps ; & quantité d'édits , de déclarations & de lettres patentes des rois , particulièrement de Louis XIII & de Louis XIV , ont étendu cette permission jusqu'au commerce en gros ; & souvent jusqu'aux entreprises des manufactures , quand elles font considérables , & d'une grande utilité à l'état.

A l'égard de la *noblesse* accordée ou conservée aux entrepreneurs des manufactures , on en a des exemples dans les lettres patentes du mois de juillet 1646 pour l'établissement de la manufacture de draps façon de Hollande à Sedan ; dans celles du mois d'octobre 1665 pour la manufacture d'Abbeville , & dans celles du 16 décembre 1698 , pour les manufactures de Châlons & de Reims. Sa majesté ayant accordé la *noblesse* pour les deux premiers aux sieurs Cadeau & Vanrobais , aussi-bien qu'à leurs associés , & l'ayant conservée pour les derniers au sieur Champlain qui avoit déja la qualité d'écuyer.

Pour ce qui est des arrêts & déclarations qui donnent la *noblesse* à ceux qui font le négoce en gros , ou qui exemptent de la dérogeance les nobles qui s'y intéressent ou qui font celui de la mer , les plus considérables font :

1°. L'ordonnance de Louis XIII du mois de janvier 1625 , dont l'article 452 porte , que *les marchands grossiers qui tiennent magasin sans vendre en détail , & autres marchands qui auront été échevins , consuls & gardes de leurs corps , pourront prendre la qualité de* nobles , *&c.*

2°. Les lettres patentes du même roi du mois de mars 1638 en faveur du consulat de Lyon ; par lesquelles *il eft permis aux prévôt des marchands & échevins de ladite ville, de faire le négoce & trafic, tant de l'argent par forme de banque, que de toutes marchandifes en gros, fans que cela leur foit imputé pour acte dérogeant aux privileges* de nobleffe *à eux accordés par les lettres patentes du mois d'août 1634, pourvu qu'eux, leurs enfans & poftérité négocians en gros, foient actuellement demeurans dans ladite ville de Lyon.*

Ces lettres de 1638 ont été encore confirmées par d'autres du mois de décembre 1643.

3°. L'édit de Louis XIV du mois d'août 1669, par lequel fa majefté veut, que *tous gentilshommes puiffent par eux ou par perfonnes interpofées, entrer en fociété & prendre part dans les vaiffeaux marchands, denrées & marchandifes d'iceux, fans que pour raifon de ce, ils foient cenfés & réputés déroger à* nobleffe; *pourvu toutefois qu'ils ne vendent point en détail.*

4°. L'ordonnance de la marine de 1681 & celle de 1684 pour la province de Bretagne, par lefquelles au titre 8 du livre fecond, il eft dit, que *les fujets de fa majefté de quelque qualité & condition qu'ils foient, pourront faire conftruire & acheter des navires, les équiper pour eux, les freter à d'autres, & faire le commerce de la mer par eux ou par perfonnes interpofées, fans que pour raifon de ce les gentilshommes foient réputés faire acte de dérogeance à* nobleffe, *pourvu toutefois qu'ils ne vendent point en détail.*

5°. Un autre édit du mois de décembre 1701, par lequel *il eft permis à tous nobles par extraction, par charges ou autrement, excepté ceux qui font actuellement revêtus de charges de magif trature, de faire librement toutes fortes de commerce en gros, tant au dedans qu'au dehors du royaume, pour leur compte ou par commiffion, fans déroger à* nobleffe.

Le même édit accorde pareillement la permiffion à tous ceux qui font le commerce en gros, *de pofféder des charges de confeillers-fecrétaires du roi, maifon & couronne de France, fans avoir pour cela befoin d'arrêt ni de lettres de compatibilité; lefquels négocians en gros & leurs enfans jouiront des* privileges *& prérogatives attachées auxdites charges,* en faifant infcrire leurs noms dans les lieux indiqués pour cela par ledit édit.

6°. Une déclaration du 21 novembre 1706, qui interprétant l'édit du mois de feptembre précédent, par lequel il avoit été défendu à tous officiers revêtus de charges de magiftrature, même à ceux des élections & greniers à fel, de faire aucun commerce ni en gros, ni en détail; *levé lefdites défenfes, & permet à tous marchands en gros de pouvoir être reçus auxdites charges dans les élections & greniers à fel du royaume, & faire en même temps ledit commerce par eux ou par perfonnes interpofées, foit pour leur compte particulier*

ou par commiffion, tant au-dedans que dehors le royaume, par mer ou par terre, le tout fans incompatibilité, & fans préjudicier à leurs exemptions *& à leurs* privileges.

7°. Enfin dans tous les édits & déclarations donnés en France pour l'établiffement des grandes compagnies de commerce, particulièrement pour celles des indes Orientales & Occidentales, aux mois de mai & août 1664, pour la compagnie d'Occident au mois d'août 1717, & enfin pour la réunion des compagnies d'Orient & de la Chine à celle d'Occident, fous le nom de *compagnie des Indes*, il eft expreffément déclaré que ces compagnies feront compofées de tous ceux des fujets du roi qui voudront y entrer, de quelque qualité & condition qu'ils foient, fans que pour cela ils dérogent à leur *nobleffe & privileges*, dont fa majefté les difpenfe.

En Angleterre la loi des fucceffions attribue aux aînés dans les familles nobles, les biens immeubles à l'exclufion des cadets qui n'y ont aucune part. Ces cadets fans biens cherchent à réparer leurs pertes dans l'exercice du négoce, & c'eft pour eux un moyen prefque fûr de s'enrichir; devenus riches, ils quittent la profeffion, ou même fans la quitter, leurs enfans rentrent dans tous les droits de la *nobleffe* de leur famille, fans avoir befoin d'aucune réhabilitation : leurs aînés prennent le titre de milord, fi leur naiffance & la poffeffion d'une terre pairie le leur permettent, fans que le commerce qu'ont exercé ou qu'exercent encore leurs pères, y puiffe apporter d'obftacle.

Auffi les marchands, ce qui s'entend des marchands en gros, font refpectés en Angleterre, & loin d'y être méprifés, ont pour ainfi dire rang après les premiers eccléfiaftiques & les principaux de la *nobleffe*.

Il faut néanmoins remarquer que quelque fière que foit la *nobleffe* Angloife, lorfque les nobles entrent en apprentiffage, qui felon les réglemens doit être de fept ans entiers, jamais ils ne fe couvrent devant leur maître, leur parlant & travaillant tête nue, quoique fouvent le maître foit roturier & de race marchande, & que les apprentifs foient de la première *nobleffe*.

NOCHER ou *patron*. On nomme ainfi fur la Méditerranée ce qu'on appelle fur l'Océan un *maître de navire* dans les vaiffeaux du roi. C'eft le premier officier marinier.

NOIR DES TEINTURIERS, autrement *bon-noir*. C'eft l'une des cinq couleurs fimples & matrices de la teinture.

NOIR D'ALLEMAGNE. C'eft de ce *noir* dont les imprimeurs en taille douce fe fervent.

NOIR D'YVOIRE, autrement noir de velours. C'eft de l'*yvoire* brûlé.

NOIR D'OS. Il fe fait avec des os de bœufs, de vaches, &c.

NOIR DE CERF. C'eft ce qui refte dans la cornue
après

après que l'on a tiré de la corne de *cerf*, l'esprit, le sel volatil, & l'huile.

NOIR D'ESPAGNE , ainsi nommé parce que ce font les Espagnols qui l'ont trouvé les premiers , & desquels on le tire presque tout. Ce n'est autre chose que du liége brûlé ; on l'employe à divers ouvrages. Pour sa bonne qualité , il faut qu'il soit très noir , leger , le moins sableux & graveleux qu'il est possible.

NOIR DE FUMÉE , que l'on nomme aussi *noir à noircir*. C'est la fumée de la poix résine ou de l'arcançon.

Les épiciers & ceux qui font commerce de ce *noir de fumée*, doivent être avertis qu'il est extrêmement facile à s'enflâmer , particulièrement celui en poudre , & que quand une fois il est en feu on a beaucoup de peine à l'éteindre ; c'est pourquoi ils ne peuvent trop prendre de précaution là-dessus. La meilleure manière d'éteindre le feu qui est dans le *noir de fumée*, est de l'étouffer avec du linge , du foin ou de la paille mouillée ; pour l'eau toute seule elle n'y fait presque rien.

NOIR DE TERRE. Est une espèce de charbon qui se trouve dans la terre , dont les peintres se servent après qu'il a été bien broyé pour travailler à fresque.

NOIRPRUN , ou NERPRUN. Arbrisseau épineux dont les feuilles ressemblent un peu à celles du poirier , & le fruit aux bayes du genièvre.

Les teinturiers se servent de ces bayes dans leurs teintures ; les peintres , les enlumineurs & les faiseurs de cartes à jouer en tirent diverses couleurs ; & la médecine y trouve aussi un excellent mais violent purgatif.

Pour faire du bleu , il faut que la maturité de ces bayes soit plus avancée , & pour le verd elles doivent être entièrement meures.

Le verd qu'on en tire s'appelle *verd de veslie* ; parce qu'après avoir fait bouillir les bayes dans de l'eau où l'on a fait dissoudre de l'alun , on conserve la couleur qu'on en exprime dans des veslies de bœuf ou de porc , & on la fait sécher à la cheminée , pour lui donner de la consistance.

NOIX. Fruit qui vient au noyer. La *noix* a double enveloppe , dont la première est verte : on la nomme *brou* ou *bru*, & sert à la teinture : la seconde est dure & s'appelle *coque*. La noix verte se mange en cerneaux vers le mois d'août : la noix séche se conserve pour l'hiver. On en fait une huile propre à brûler & à peindre. Les gens du commun dans quelques pays en usent pour leur nourriture.

NOIX VOMIQUE. C'est le fruit , ou comme quelques auteurs veulent , le noyau du fruit d'un arbre qui croît en plusieurs endroits de l'Egypte , d'où ces *noix* viennent aux marchands épiciers & droguistes de Paris par la voie de Marseille.

NOIX DE GALE. Excroissance qui vient sur une espèce de chêne , & qui est propre à la teinture en noir.

NOIX D'INDE. C'est le fruit de l'arbre qu'on nomme *coco*.

NOIX MUSCADE. Espèce de *noix* aromatique qui vient des Indes.

NOLIGER ou NOLISER. *Terme de commerce de mer* , en usage sur la Méditerranée. Il signifie la même chose que *fretter* sur l'Océan , c'est-à-dire , *louer* ou *donner à louage* un vaisseau.

NOLIS. *Louage d'un vaisseau*, ou la convention faite entre un marchand & le maître d'un bâtiment , pour transporter des marchandises d'un lieu à un autre. On ne s'en sert que sur la Méditerranée ; sur l'Océan on dit *fret*.

NOM. Terme appellatif qui fait connoître une personne , & qui la distingue d'avec une autre.

Dans le commerce , c'est une signature que le marchand met à toutes les promesses , lettres de change , souscriptions , & autres actes qui concernent son négoce pour s'y obliger & s'en rendre garant.

Faire le commerce sous son *nom*, c'est faire le commerce pour soi-même sans déguiser son véritable *nom*, & sans emprunter le *nom* d'autrui. Le faire sous le *nom* d'un autre , c'est être véritablement le vendeur ou l'acheteur des marchandises dont on trafique , tandis qu'un autre qui prête son *nom* en paroît le propriétaire , & en signe tous les actes : le faire au *nom* d'un autre , c'est ne le faire que par commission.

Prêter son *nom* , c'est consentir de mettre une affaire de commerce sous son *nom* , quoiqu'on n'y ait aucune part , & qu'elle appartienne toute entière à un autre pour qui sont tous les profits & toutes les pertes.

On appelle *prête-nom*, en *terme de finance*, celui sous le *nom* duquel se font les adjudications des fermes du roi.

On se sert aussi du terme de *prête-nom* en fait de commerce ; mais moins ordinairement.

S'engager à payer en son propre & privé *nom* , c'est faire sa dette particulière d'une chose.

S'engager à payer au *nom* d'autrui , s'est s'obliger de payer pour un autre en cas qu'il ne paye pas.

Etre condamné en son propre & privé *nom* , c'est être condamné au paiement d'une dette en son particulier.

NOM SOCIAL. Se dit dans une société générale & collective, du *nom* que les associés doivent signer suivant la raison de la société ; ensorte que supposé que la raison de la société fût sous les *noms* de Jacques , Philippes & Nicolas , pour le commerce qu'ils veulent faire ensemble , toutes les lettres missives , lettres de changes , billets payables à ordre ou au porteur , quittances , factures , procurations , comptes & autres actes concernant cette société , doivent être signés par l'un ou l'autre des associés , & sous le *nom* de Jacques , Philippes & Nicolas en compagnie , qui est le *nom social*.

Un associé qui signe le *nom social* oblige activement & passivement solidairement avec lui son associé : cela est non-seulement conforme à l'usage établi entre les marchands, négocians & banquiers (qui eſt leur droit,) mais encore à l'article 7 du titre 4 de l'ordonnance du mois de mars 1673, qui porte, *que tous aſſociés ſeront obligés ſolidairement aux dettes de la ſociété, encore qu'il n'y ait qu'un qui ait ſigné, au cas qu'il ait ſigné pour la compagnie, c'eſt-à-dire, du nom ſocial, & non autrement.*

NOMPAREILLE, que l'on écrit auſſi NON-PAREILLE. Terme en uſage parmi pluſieurs marchands & artiſans, dont ils ſe ſervent pour exprimer ce qu'ils vendent ou ce qu'ils fabriquent de plus petit, de plus menu ou de plus étroit.

En Flandre on appelle *nompareille* ou *lamparillas*, une petite étoffe très légère & très étroite, qui eſt une ſorte de camelotin.

Les marchands merciers & les tiſſutiers-rubaniers nomment *nompareille*, une eſpèce de petit ruban de ſoie d'environ deux lignes de large.

Chez les marchands épiciers-confiſeurs, la *nompareille* eſt la plus menue de toutes les ſortes de dragées.

NON-VALEUR. Dette non-exigible par l'inſolvabilité du débiteur. Ce marchand a donné beaucoup d'effets à ſes créanciers, mais il a bien des *non-valeurs*.

NOS, ou NOUES. Ce ſont des *tripes* de morues ſalées qu'on apporte dans des bariques.

NOSSARIS. Toiles de coton blanche qui vient des Indes Orientales, elles ſont du nombre de celles qu'on appelle *baffetas*.

NOTA. *Terme latin* dont on ſe ſert ſouvent dans le commerce; il ſignifie une *obſervation*, une *remarque* qu'il faut faire aux endroits d'un compte, d'un regiſtre, d'un journal, d'un mémoire, d'une facture, &c. où l'on voit le mot *nota* écrit en marge, comme quand un article a été mal porté, une ſomme tirée autrement qu'il ne faut, un endroit obſcur & mal exprimé, ou quelque autre défaut ou faute qu'on veut faire corriger.

On met auſſi quelquefois le *nota* ſeulement pour obliger à avoir de l'attention aux choſes qu'on croit importantes, & dont on veut ſe ſouvenir.

NOTE. Signifie, *dans le commerce*, un *petit extrait* ou *mémorial* que l'on fait de quelque choſe pour s'en mieux ſouvenir.

Les agens de change prennent la *note* des lettres & billets de change que les marchands ou banquiers ont à négocier; quelquefois les marchands les leur confient ſur une ſimple *note* ſignée d'eux. Pour plus d'exactitude l'agent doit faire toujours la *note* double, l'une pour le banquier à qui appartiennent les lettres & billets, l'autre pour ſoi-même.

NOTE. Veut dire auſſi un *mémoire*, un *état*. Donnez-moi la *note* de ce que je vous dois. J'ai fait *note* des ſommes que vous avez envoyées en Eſpagne, en Hollande & en Angleterre; pour dire j'ai conſervé le mémoire de ces ſommes. Donnez-moi une *note*, un *état* de ce que je vous dois.

NOTE. S'entend encore de certains caractères

dont les médecins, chirurgiens & apothicaires ſe ſervent entr'eux pour marquer le poids & la doſe des drogues qui entrent dans leurs remèdes. Voici les principales.

La livre ℔, la demi-livre ℔ß : une once ʒj, deux onces ʒij, trois onces ʒiij, & ainſi juſqu'à la demi-livre; la demi-once ʒ ß : une dragme ʒj, deux dragmes, ʒij, trois dragmes ʒiij, & ainſi juſqu'à huit; la demi-dragme ʒ ß : le ſcrupule Ɔ, le demi-ſcrupule Ɔ ß : enfin le grain gr. celle-ci ℞ qui ſe trouve au commencement de chaque compoſition de remède, ſignifie *recette* ou *récépiſſé*.

NOUASSE. Eſpèce de *noix muſcade* ſauvage.

NOUVEAUTÉ. Ce qui eſt nouveau, ce qui n'a point encore paru.

On appelle ainſi, *au palais*, *toutes ces nouvelles modes* d'écharpes, de coëfures, de rubans, &c. que les marchands y inventent & y étalent chaque jour pour y ſatisfaire & y tenter le luxe & le goût changeant & inquiet de l'un & l'autre ſexe. Le gras a bien des nouveautés.

Les marchands d'étoffes d'or, d'argent & de ſoie donnent auſſi le nom de *nouveauté* aux taffetas & autres légères étoffes qu'ils font faire tous les ans pour les habits d'été des dames, & qui ordinairement ne plaiſent guères au-delà des trois mois qu'on donne à cette ſaiſon. Il y a des *nouveautés* aux deux Anges qu'on ne voit point ailleurs.

NOYALLE. C'eſt ainſi que l'on appelle certaines eſpèces de toiles de chanvre écrues, très-fortes & très-ſerrées, qui ſe fabriquent en divers lieux de Bretagne, dont l'uſage eſt pour faire des voiles de vaiſſeaux & bâtimens de mer.

Les *noyalles* ſe diſtinguent en *noyalles extraordinaires* à ſix fils de brin, en *noyalles extraordinaires* à quatre fils de brin, en *noyalles ordinaires* à quatre fils, en *noyalles courtes*, en *noyalles ſimples* & en *noyalles rondelettes*.

Les cinq premières eſpèces de ces toiles ſe font à cinq ou ſix lieues aux environs de Rennes, particulièrement à Janzay, à Piré & à *Noyalle*, & c'eſt de ce dernier endroit qu'elles ont toutes pris leur nom.

À l'égard des rondelettes, c'eſt à Vitré & aux environs de cette ville qu'elles ſe manufacturent pour la plupart.

Les *noyalles extraordinaires* à ſix fils de brin, ſont ainſi nommées, de ce que chaque fil de chaîne eſt compoſé de deux triples fils joints enſemble, quoique la trême ne ſoit que d'un ſimple fil, & de ce que le fil que l'on y emploie eſt fait d'un chanvre choiſi, plus beau & plus fin que l'ordinaire, qui à cauſe de cela eſt appellé *fil de brin*.

Cette eſpèce de *noyalles* ne s'emploie ordinairement que pour les vaiſſeaux de roi, étant trop forte pour les moyens & petits bâtimens; leur largeur ordinaire eſt de demi-aune moins un vingt-quatrième meſure de Paris.

Les *noyalles extraordinaires* à quatre fils de brin, ſont fabriquées de même que celles ci-deſſus, à l'exception que chaque fil de chaîne de cette seconde espèce n'est que de deux doubles fils joints ensemble.

Les *noyalles ordinaires* à quatre fils, sont semblables aux *noyalles* extraordinaires à quatre fils de brin ; la seule différence qui soit entr'elles est que les premières sont fabriquées tant en chaîne qu'en trême de fil de chanvre commun, & que les autres sont faites toutes de fil de chanvre de brin.

Les *noyalles courtes* sont appellées *eourtes*, à cause qu'elles sont de quatre pouces de roi plus étroites que les *noyalles* simples, ce qui fait que la largeur des *noyalles courtes* est semblable à celle des *noyalles* extraordinaires à six fils de brin, c'est-à-dire, qu'elles sont de demi-aune moins un vingt-quatrième mesure de Paris.

Les *noyalles simples*, que l'on nomme *simples* parce que le fil qui les compose tant en chaîne qu'en trême n'est que d'un seul & simple fil, ont demi-aune un seize peu moins de large mesure de Paris.

Les *noyalles rondelettes* ont la même largeur que les *noyalles* simples ; on les appelle *rondelettes*, parce que le fil tant de la chaîne que de la trême dont elles sont fabriquées, est beaucoup plus tord & délié que celui qui s'emploie à la fabrication des autres toiles *noyalles*, & c'est aussi par cette raison que les *noyalles* rondelettes ne s'emploient ordinairement qu'à faire des voiles de chaloupes ou de menues voiles de vaisseaux.

Toutes les *noyalles* de quelques espèces qu'elles soient, se vendent sur le pied de l'aune courante du pays, laquelle est plus longue d'un sixième que celle de Paris.

La plus grande consommation de ces toiles se fait dans les ports de France ; il s'en envoie cependant quantité dans les pays étrangers, particulièrement en Angleterre, en Espagne & en Hollande, mais peu en ce dernier pays, parce que les Hollandois ont des fabriques de toiles à voiles.

Les *noyalles* pour être manufacturées comme il faut, doivent être faites de fil de cœur de chanvre, bien battues ou frappées sur le métier, renforcées & unies, ayant du corps sans aucun apprêt ; sur-tout que les lisières soient bien faites, car c'est de-là principalement que dépend la bonté des voiles, d'autant que c'est par les lisières que l'on coud & qu'on assemble les lez de toiles dont les voiles sont formés.

N U

NUANCE. Adoucissement, diminution d'une couleur, depuis la plus sombre jusques à la plus claire de la même espèce.

Il y a des *nuances* de rouge, de verd, de bleu, de gris-de-lin, de jaune, &c. & chaque *nuance* contient huit ou neuf dégradations de couleurs.

Les maîtres & gardes des teinturiers en soie sont obligés par leurs statuts & réglemens, de teindre tous les deux ans deux livres de soie de seize sortes de *nuances* en cramoisi, sçavoir quatre rouges,

quatre écarlates, quatre violettes, & quatre canelles, pour servir d'échantillons matrices sur lesquels les débouillis des soies de pareilles *nuances* doivent être faits.

NUÉE. (*Terme de lapidaire.*) Il se dit des parties sombres qui se trouvent assez souvent dans les pierres précieuses, qui en diminuent la beauté & le prix.

NUL. Ce qui est estimé comme n'étant pas, comme n'ayant point été fait, comme non avenu. Je consens que notre marché demeure *nul*. Notre convention est *nulle*.

NUMÉRO. Ce terme qui est fort en usage chez les marchands, négocians & manufacturiers, signifie un certain *nombre* ou *chifre*, qui se met sur les marchandises pour les pouvoir distinguer plus facilement. Apportez-moi la pièce de drap de Van-Robais *numéro 42*. Il faut ouvrir la caisse d'étoffe de Lyon *numéro 8*.

Dans les livres, factures & autres écritures mercantilles, le mot de *numéro* s'exprime en abregé par cette figure, (n°.) & les nombres ou chifres s'écrivent ensuite de cette manière (n°. 1, n°. 5, n°. 10, n°. 50, &c.)

NUMÉRO. On se sert aussi du terme de *numéro*, pour faire entendre la grosseur, longueur, largeur, & qualité de certaines marchandises qu'il seroit difficile d'exprimer autrement.

Les épingles, par exemple, se connoissent beaucoup mieux par leur *numéro* que par leur véritable grosseur & longueur ; ainsi on sçait parmi ceux qui font ce commerce, que les *numéros* 3, 4 & 5, sont les trois plus petites espèces, qu'on nomme *camions*; qu'ensuite les *numéros* 6, 7, 8, 9, 10, 11, 12, 13 & 14, augmentent imperceptiblement de grosseur & de longueur, & qu'enfin les 16, 18 & 20 *numéros* sont les plus fortes de celles qu'on met en papier : ensorte que quand un marchand veut avoir de différentes grosseurs d'épingles, sans entrer dans un détail inutile, il lui suffit de mander à ses ouvriers ou correspondans de lui envoyer tant de sixains du *numéro* 4 & tant des *numéros* 8 & 9 ou de ceux dont il a besoin.

Il en est de même de plusieurs autres marchandises qu'on ne rapporte pas ici, mais dont il est parlé à leurs propres articles, entr'autres dans ceux des rubans de soie, des padoues, des galons, des rubans ou rouleaux de laine & de fil, &c.

NUMÉRO. C'est pareillement avec ces *numéros* que l'on marque les balles, caisses & balots de marchandises, lorsque les commissionnaires en envoient plusieurs à leurs commettans par les voitures publiques ; ce qui se fait en écrivant sur les toiles d'emballage, ou sur les planches de caisses, avec de l'encre & une espèce de plume, ou du pinceau de bois, n°. 1 sur la première balle ou caisse, n°. 2 sur la seconde, & ainsi de suite quand elles sont pour le même marchand ; ce qui se marque aussi avec les mêmes *numéros* sur la lettre de voiture qu'on donne aux rouliers, messagers ou cochers.

NUMÉRO. Ce terme sert encore assez souvent pour désigner dans la table d'un registre, la page sur laquelle quelque somme est portée; ce qui est la même chose que si l'on disoit page première, 10e. 20e. &c.

Les marchands se servent de certaines marques ou *numéros* mystérieux connus d'eux seuls, qu'ils mettent sur leurs marchandises, pour se souvenir du prix qu'elles leur ont coûté, afin de ne se pas tromper dans la vente qu'ils en font. *Voyez* MARQUE.

On appelle *livre de numéro*, une sorte de livre que les négocians tiennent pour connoître avec facilité toutes les marchandises qui entrent dans leurs magasins, qui en sortent ou qui y sont actuellement.

Le livre des *numéros* est du nombre de ceux, qu'en fait de parties doubles on appelle *livres d'aides* ou *livres auxiliaires. Voyez* LIVRES.

On dit par manière de proverbe, qu'un homme entend le *numéro*, lorsqu'il sçait découvrir le prix secret d'une marchandise, ou quand il pénetre par adresse ou par intelligence dans le secret de toutes autres sortes d'affaires, dans lesquelles il est question de profits ou de comptes.

NUNNA. *Toile blanche de la Chine*, dont il se fait un négoce considérable au Japon. Il y en a de trois sortes de même longueur pour l'aunage, mais de différentes qualités pour la finesse. Leur longueur est de vingt-quatre cobres sur quatre punts de largeur.

O   OCT

O, La quatorziéme lettre de l'alphabet. Les marchands & autres personnes de commerce qui tiennent des livres s'en servent dans leurs abbréviations. C. O. est l'abbréviation de compte ouvert. ONC ou ON. signifient *onces*.

OBÉRÉ. Celui qui est endetté, qui à cause de ses grandes dettes est hors d'état de continuer son commerce ou de payer ses créanciers. Ce banquier est *obéré*, on paye mal à sa caisse, il ne peut manquer de faire faillite.

OBLIGATION. Acte par lequel on s'engage à faire quelque chose, comme à payer quelque somme de deniers, à être la caution de quelqu'un, à servir d'apprentif chez un maître. Ce dernier acte s'appelle ordinairement *un obligé*.

L'acceptation d'une lettre de change est une espèce d'*obligation* qui va par corps faute de paiement.

C'est une usure d'exiger des intérêts d'une somme dûe par une simple *obligation*, & il n'est pas moins usuraire de les faire comprendre dans le brevet d'*obligation*.

OBLIGER. S'*obliger* pour quelqu'un, c'est lui servir de caution, s'engager à payer pour lui, répondre des pertes & dommages qui peuvent arriver par sa faute.

OBMISSION, ou OMISSION. Oubli, manquement de faire quelque chose. Il se dit dans le commerce, des articles de recette & de dépense qu'on a oublié de porter dans un compte. J'ai fait une *omission* considérable dans mon dernier compte, il faut la rétablir.

En fait de finances lorsque l'*omission* de recette est frauduleuse, le comptable est condamné à la peine du quadruple.

OBOLE. Il y avoit autrefois en France des *oboles* d'or, d'argent & de cuivre, qui étoient des monnoies courantes de diverses valeurs, suivant le métal & le poids. Présentement l'*obole* ne sert plus que de monnoie de compte. *Voyez* MAILLE.

On voit en Allemagne des espèces d'or qu'on appelle *oboles du Rhin*, qui ne tiennent de fin que quatorze carats; elles pèsent deux deniers douze grains.

OBOLE. C'est aussi une des parties du poids dont on se sert en médecine pour peser les drogues. L'*obole* pèse dix grains ou un demi scrupule. Il faut trois scrupules pour faire une drag me ou un gros.

O C

OCCIDENT. Domaine d'*Occident* est un droit appartenant au roi dans les isles Antilles & terre ferme de l'Amérique où les François ont des colonies.

OCCIDENTAL. Ce qui est situé à l'occident ou qui en vient. Des perles *occidentales*, du baume *occidental*, du bezoard *occidental*.

On dit aussi, les *Indes occidentales*, par opposition aux grandes Indes ou Indes orientales. *Voyez* INDES OCCIDENTALES.

OCHAVO, ou OCTAVO. Petite *monnoie* de cuivre qui a cours en Espagne comme les liards en France. *Voyez* LA TABLE DES MONNOIES.

OCHRE, ou OCRE. Terre fossile qui se tire de sa propre mine, ou qui se trouve dans les mines de cuivre & de plomb, & même quelquefois dans celles d'argent.

Outre l'*ochre* de Berry il en vient aussi en assez grande quantité d'Angleterre, mais qui n'approche pas de celle de France. L'*ochre* d'Angleterre est de plusieurs sortes, & suivant ses diverses couleurs elle a différens noms; celle qui est d'un jaune rougeâtre s'appelle *ochre de rue*; celle qui est d'un rouge très-brun & très-foncé s'appelle *brun rouge*, & cette dernière quand elle tire sur le noir, se nomme *potée*; l'on s'en sert pour polir les glaces de miroirs.

Il faut choisir l'*ochre*, soit jaune, soit rouge, bien séche, bien tendre, haute en couleur, & point graveleuse.

OCOS, OCQUA, ou OCQUE. *Poids* de Turquie. *Voyez* LA TABLE DES POIDS.

OCTAVE. *Terme de commerce*, qui signifie *la huitiéme partie* ou *le demi-quart d'une aune*. Ainsi quand on dit qu'un taffetas est de cinq *octaves*, cela doit s'entendre qu'il a cinq huitiémes d'aune ou une demi-aune-demi-quart de large; qu'un autre est de trois *octaves*, cela veut dire qu'il est de trois huitiémes ou d'un quart & demi d'aune de large. On se sert de ce terme d'*octave* pour distinguer les taffetas qui ont d'autres largeurs que la largeur ordinaire qui est une demi-aune.

OCTAVE. Se dit encore dans le commerce du change, d'un certain droit ou salaire qui se paye aux agens ou courtiers de change, qui est de deux sols six deniers, ou de la huitiéme partie d'une livre tournois, pour chaque fois cent livres contenues aux lettres & billets de change, ou autres papiers dont ils procurent la négociation, ce qui est à raison de vingt-cinq sols par mille livres.

Les agens de change reçoivent ordinairement deux *octaves* pour leurs droits de courtage; l'une de celui qui donne son argent, & l'autre de la personne qui le reçoit & qui fournit des lettres ou billets de change en place; ensorte qu'ils ont en tout pour leurs droits cinquante fols pour chaque fois mille livres qui fe négocient par leur miniftère.

OCTAVO, ou OCHAVO. *Monnoie de cuivre* qui à cours en Efpagne. *Voyez* LA TABLE DES MONNOIES.

O E

OEBAN, autrement OUBAN-D'OR. Efpèce de *monnoie de compte* du Japon. *Voyez* LA TABLE DES MONNOIES.

ŒIL, *en terme de négoce & de manufacture*. Se dit du luftre & de l'éclat des marchandifes d'une certaine beauté extérieure qui frappe la vûe, & qui ne fait pourtant pas la plus grande perfection. Néanmoins comme l'on eft fouvent plus touché de l'œil & du luftre d'une étoffe que de fa bonne fabrique; c'en eft auffi une des meilleures qualités pour le débit; & fi les ouvriers doivent être attentifs à donner cet œil à leurs ouvrages, les marchands ne doivent pas moins l'être à le leur conferver.

ŒIL. *En terme de joyaillerie*, fignifie auffi le *brillant* & l'*éclat* des pierreries, quelquefois leur *qualité* & leur *nature*. Ce diamant a un œil admirable, cet autre a l'œil un peu louche, il l'a un peu noirâtre.

On le dit auffi des perles, mais plus ordinairement on dit l'*eau*, & c'eft fuivant les termes de l'art de dire qu'une perle eft d'une belle *eau*, que de dire qu'elle a un bel œil.

ŒIL DE CHAT. Pierre précieufe. C'eft une efpèce de faphir. Il y a une autre efpèce d'œil de chat qu'on met du nombre des opales à caufe de fes diverfes couleurs, mais il eft beaucoup plus dur que l'opale. Enfin il y a une troifiéme efpèce d'œil de chat qui repréfente affez bien l'œil de cet animal; il n'eft pas de grand prix en Europe, mais il eft très-eftimé aux grandes Indes, ces nations idolâtres lui attribuant de grandes vertus.

ŒIL DE BŒUF, en ouvrage de verrerie. C'eft ce nœud qu'on nomme communément, *boudine*, qui eft au milieu du plat de verre, & qui eft inutile pour être employé en vitres, du moins dans les maifons de quelque confidération, n'étant propre qu'à être jetté au groffil.

ŒUVRE. Se dit du travail des artifans. On dit du bois, du fer, du cuivre mis en *œuvre*. Un diamant mis en *œuvre* eft celui que le lapidaire a taillé & à qui il a donné la figure qui lui convient pour en faire une table, un brillant ou une rofe. Il fe dit auffi par oppofition au diamant brut; c'eft-à-dire, qui eft encore tel qu'il eft forti de la carrière.

Il fe dit pareillement de toutes les autres pierres précieufes.

On appelle *main d'œuvre* dans les manufactures, ce qu'on donne aux ouvriers pour le prix & falaire des ouvrages qu'ils ont fabriqués: ainfi on dit ce drap coûte quarante fols par aune de main

d'*œuvre*, pour dire qu'on en a donné quarante fols par aune au tifferant.

ŒUVRES BLANCHES. On nomme ainfi les ouvrages de fer qui fe fabriquent par un des quatre métiers des maîtres taillandiers de Paris, tels que font les cognées, befigues, haches, ferpes, &c. appellés de la forte à caufe qu'on les blanchit en quelque forte lorfqu'on les paffe fur la meule pour les aiguifer.

ŒUVRES DU POIDS. On appelle à Paris *marchandifes d'œuvres du poids*, quelques-unes des marchandifes qui font fujettes au droit de poids-le-roi établi dans cette ville.

O F

OFFICIERS DE VILLE. A Paris on diftingue deux fortes d'*officiers de ville*, les grands & les petits. Les grands *officiers* font; le prevôt des marchands, les échevins, le procureur du roi, le greffier, les confeillers & le receveur. Les petits *officiers* font; les mouleurs de bois & leurs aides, les déchargeurs, les mefureurs, les débâcleurs & autres telles perfonnes établies fur les ports pour la police & le fervice du public.

OFFICIERS PASSEURS D'EAU. Ce font les *maîtres bateliers* de Paris dont les fonctions confiftent à paffer d'un rivage à l'autre de la rivière de Seine, les paffagers qui fe préfentent, leurs hardes & marchandifes. Ils furent érigés en titre d'offices fous le règne de Louis XIV, & font au nombre de vingt, y compris les deux fyndics.

OFFRE. Ce qu'on dit d'une chofe qu'on veut acheter, le prix qu'on en veut donner. Vous aurez cent fols de cette toile; c'eft ma dernière *offre*; pour dire qu'on n'en donnera pas davantage. Vous n'aurez pas ma marchandife à votre première *offre*; pour faire entendre qu'on n'en *offre* pas affez.

On dit, faire des *offres* verbales; faire des *offres* en juftice.

OFFRIR. Faire une *offre*. Nous fommes bien loin de compte, vous ne m'*offrez* pas la moitié de ce que me coûte la marchandife.

Méfoffrir, c'eft ne pas *offrir* un prix raifonnable.

O I

OIGNON, ou OGNON. Plante potagère dont il fe fait un très-grand commerce à Paris. L'oignon fe vend de quatre manières, à la torche, à la botte, à la glaine & au boiffeau. La torche eft de l'*oignon* que l'on attache autour d'un long bâton; la glanne, de l'*oignon* lié autour d'un menu faiffeau de paille; & la botte, de l'*oignon* verd attaché feulement par les fannes, fans bâton ni fans paille.

OING. Efpèce de graiffe que l'on nomme ordinairement *axunge*, ou *axonge*, dont les épiciers-droguiftes font quelque commerce.

OISELERIE. Métier de prendre, d'élever & de vendre des oifeaux. Il n'eft pas permis à tout le monde, ni en tout temps, d'exercer l'*oifellerie*; &

il n'y a que les maîtres oiseliers reçus à la table de marbre des eaux & forêts de la ville de Paris, qui puissent aller oiseler, & encore seulement dans les temps & les saisons marqués par les réglemens.

OISELIER. Les *oiseliers* composent à Paris une assez nombreuse communauté.

Tout marchand forain qui apporte des serins communs ou de Canaries à Paris, ne les peut mettre en vente, qu'il n'ait été au préalable les exposer depuis dix heures du matin jusqu'à midi sur la pierre de marbre du palais aux jours d'entrée du parlement, dont il est tenu de prendre acquit & certificat des officiers des eaux & forêts. Il doit aussi attendre que les gouverneurs des volières du roi, avertis par les jurés, ayent déclaré que lesdites volières en sont suffisamment fournies, & que les maîtres *oiseleurs* ayent pareillement refusé de les acheter; après quoi il leur est loisible de les vendre à qui bon leur semble, après pourtant avoir donné à chacun des jurés, pour leurs droits de visite, un oiseau de chaque cabane.

En cas que les maîtres *oiseliers* achetent lesdits oiseaux des marchands forains, ils doivent les lotir entre les maîtres qui en désirent.

Nul ne peut faire trafic des oiseaux de chant & de plaisir, ni y aller chasser, s'il n'est reçu maître; & ne peut être reçu maître sans apprentissage, s'il n'est fils de maître.

Il n'appartient qu'aux maîtres de faire venir des ortolans & de les nourrir : ils ne peuvent néanmoins les vendre vifs à des regratiers pour les engraisser & en faire des nourritures, à peine de confiscation des oiseaux & d'amende contre le vendeur & l'acheteur. C'est pareillement aux maîtres de cette communauté qu'est accordé le droit de faire seuls des cages pour oiseaux, & des filets pour les prendre; leur étant même permis de faire & fondre toutes sortes d'abreuvoirs à oiseaux, soit de plomb ou d'autre matière.

Les oiseaux qu'il n'est permis qu'aux maîtres *oiseliers* de chasser & de prendre à la glue, à la pipée, aux filets & autres harnois semblables, sont tous ceux qu'on nomme *oiseaux de chant & de plaisirs*, comme les linottes, chardonnerets, pinsons, serins, tairains, fauvettes, rossignols, cailles, allouettes, merles, sansonnets, ortolans & autres de semblable qualité.

Le temps qu'il n'est pas permis de chasser est depuis la mi-mai jusqu'à la mi-août, à cause que c'est celui de la pariade, & la saison qu'ils font leurs nids & leurs pontes; à l'exception néanmoins des oiseaux de passage, comme cailles, rossignols, ortolans, qui se peuvent prendre depuis le deuxième avril jusqu'au deuxième mai pour le remontage, & du premier jour d'août jusqu'à leur passage.

Les jours & lieux que les *oiseliers* peuvent exposer en vente les oiseaux qu'ils ont élevés ou pris, sont leurs boutiques tous les jours, & la vallée de misère les dimanches & fêtes, à la réserve des plus solemnelles ou des processions générales; leur étant permis lesdits jours de dimanches & de fêtes moins principales, d'étaler & attacher leurs cages contre les boutiques & murs des maisons de ladite vallée.

Outre les oiseaux mentionnés ci-dessus, les maîtres de cette communauté vendent aussi des tourterelles, des pigeons, des perroquets & péruches, des écureuils & autres petits animaux de plaisir.

Enfin, par une très-ancienne coutume, & par deux articles de leurs statuts, sçavoir le septième & le quinzième, les jurés sont obligés de se trouver aux sacres des rois pour y apporter des oiseaux, & les laisser aller dans les églises où les cérémonies se font; & les maîtres sont pareillement tenus de lâcher en signe de joie au jour du S. Sacrement & aux entrées des reines, telle quantité d'oiseaux qui est arbitrée par les officiers des eaux & forêts. Que de réglemens sur un objet de si mince importance !

O L

OLEB. Sorte de lin qu'on recueille en Egypte. Il est aussi bon que celui qu'on nomme *forfette*, mais moins que le squinanti.

OLIBAN. Sorte de *gomme* ou de *résine*, que l'on nomme plus communément *encens mâle*.

OLIVETTES. Fausses *perles* ou *rasades* de la figure d'une olive dont on fait commerce avec les Négres du Sénégal; elles sont ordinairement blanches. *Voyez* VEROTTERIE.

OLIVIER. Arbre qui porte les olives.

Cet arbre est très-commun en quelques provinces de France, sur-tout en Provence & en Languedoc; il est assez bas, ses feuilles sont longues, étroites & pointues, ses fleurs sont blanches & forment des espèces de grapes. Son fruit assez connu pour n'avoir pas besoin d'être décrit, est d'abord verd, puis pâle, enfin d'un rouge très-foncé quand il est mûr. On fait confire les olives avant qu'elles soient en maturité, & quand elles sont mûres on en tire de l'huile. *Voyez* OLIVE.

Outre ces deux marchandises que l'*olivier* fournit pour le commerce, on en fait encore un très-considérable du bois de son tronc & de ses racines, qui prennent parfaitement le poli; les ouvrages de tour & de marqueterie qu'on en fait sont très-agréables par la diversité des couleurs, des veines & des nœuds qui s'y rencontrent.

OLONE, qu'on nomme aussi PETITE OLONE & LOCRENAN. Sorte de *toile* propre à faire des voiles de vaisseaux, qui se fabrique en quantité dans plusieurs endroits de la Bretagne.

O N

ONCE. Petit poids qui fait la huitième partie du marc, ou la seizième partie d'une livre de Paris: il y a des endroits où la livre est composée de plus ou moins d'*onces*.

L'*once* du poids de marc, ou l'*once* de Paris, se divise en 8 gros ou drachmes, le gros en 3 den. ou scrupules, & le den. ou scrupule en 24 grains; chaque grain estimé peser un grain de bled. L'*once*

entière eſt compoſée de 576 grains; une demi-*once*
eſt 4 gros, & un quart d'*once* eſt 2 gros.

Parmi les monnoyeurs & les marchands orfévres,
la diviſion de l'*once* ſe fait en 20 eſtelins, l'eſtelin
en 2 mailles, la maille en 2 felins, & le felin en
7 grains & un cinquiéme de grain.

Les marchandiſes & choſes précieuſes ſe vendent
à l'*once*, comme l'or, l'argent, la ſoie, &c. Les
perles à l'*once* ſont celles qui ſont ſi menues qu'elles
ne peuvent être comptées; on les nomme ordinairement *ſemences de perles*.

On appelle *cotons d'once*, certains cotons filés
que l'on tire de Damas, qui ſont d'une qualité ſupérieure à toutes les autres ſortes de cotons.

ONCE. C'eſt auſſi une monnoie imaginaire ou de
compte, dont ſe ſert en Sicile, particulièrement
à Meſſine & à Palerme, pour évaluer les changes
& pour tenir les écritures & livres de commerce.
L'*once* vaut trente tarins ou ſoixante carlins ou ſix
cens grains. Le tarin vaut vingt grains, & le grain
ſix piccolis.

ONDES. Petites étoffes de ſoie, de laine & de
fil, dont les façons ſont *ondées*, qui ſe font par les
hauteliſſeurs de la ſayeterie d'Amiens. Elles doivent
avoir vingt aunes un quart à vingt aunes & demie de
longueur, ſur un pied & demi & un pouce de roi
de largeur.

ONDÉ. Ce qui eſt fait en ondes. De la moire
ondée, du tabis *ondé*, du camelot *ondé*, du treillis
ondé.

ONIX ou ONYCE. Eſpèce d'*agate opaque*,
de couleur noire & blanchâtre.

O P

OPALE. *Pierre précieuſe* de diverſes couleurs.
Le giraſol eſt une fauſſe *opale*; & l'on met auſſi
de ce nombre la pierre précieuſe qu'on nomme *œil
de chat*.

OPIUM. Suc que l'on tire de la tête des pavots.
L'*opium* préparé ſe nomme *laudanum*. Il y en a
de ſimple qui s'extrait du moyen de l'eau de
pluie & de l'eſprit de vin; & il y en a de compoſé
qu'on appelle *laudanum opiatum*, où il entre bien
des ingrédiens.

L'on ſe ſert quelquefois des têtes des pavots blancs
& noirs qui croiſſent en quelques endroits des environs de Paris, pour en exprimer un ſuc approchant
de l'*opium* du Levant, mais qui n'agit pas avec tant
de force : on l'appelle *diacodum ſimple*.

OPO-BALSAMUM. Suc, gomme ou réſine qui
coulent de l'arbre, que les Latins nomment *balſa-
mum*, & les François *baume*. On nomme vulgairement ce ſuc *baume du Levant*, pour le diſtinguer de pluſieurs autres baumes. *Voyez* BAUME.

OPOPANAX, gomme qui découle par inciſion
d'une plante qui croît en abondance dans l'Achaïe,
la Beotie, la Phocide & la Macédoine, d'où elle eſt
apportée en France par la voie de Marſeille.

OPPERLEER. On nomme ainſi en Hollande des
peaux d'animaux apprêtées d'un côté, & chargées

de l'autre de leur poil ou laine. Elles ſervent ordinairement à faire des couvertures, d'où elles ont pris
leur nom.

O Q

OQUE, qu'on nomme plus ordinairement
OCOS ou OCQUA. *Poids* de Turquie dont on ſe
ſert dans la plupart des échelles du Levant. *Voyez*
LA TABLE.

O R

OR. Métal jaune, le premier & le plus précieux
de tous les métaux, parce qu'il en eſt auſſi le plus
peſant, le plus ductile, le plus brillant & le plus
pur.

OR EN FEUILLE; que l'on appelle auſſi OR
BATTU. C'eſt de l'*or* que les batteurs d'*or* ont réduit
en feuilles ſi minces & ſi déliées, qu'il eſt ſurpre-
nant qu'il ſoit poſſible que l'induſtrie & la patience
des ouvriers puiſſe aller juſques-là; car on a remarqué qu'une once d'*or* ſe peut multiplier en 1600
feuilles de 37 lignes en quarré, qu'on dit être
159092 fois plus que ſon premier volume.

L'OR EN COQUILLE, ſe fait des rognures des feuilles d'*or*, même des feuilles entières réduites en poudre impalpable, & broyées ſur un marbre avec du
miel, dont on met une très-petite portion dans le
fond d'une coquille où elle reſte attachée. On l'emploie avec l'eau gommée en différens ouvrages,
mais particulièrement pour la mignature.

Il y a auſſi de l'*or* faux en coquille, qui eſt fait
de léton ou cuivre jaune, à peu près préparé comme le fin. Le meilleur vient d'Allemagne. C'eſt
encore l'ouvrage des batteurs d'*or*.

OR MONNOYÉ, Il eſt défendu à toutes ſortes de perſonnes, ſous peine de confiſcation & d'amende, même
de punition corporelle, d'acheter de l'*or monnoyé* ſoit
du coin de France ou autre, pour le fondre, diffor-
mer, réſoudre ou recharger; ce qui eſt conforme
à l'ordonnance de Louis XII, du mois de novembre 1506, art. 7; à l'édit de François I, du 21
ſeptembre 1543, art. 19; aux lettres patentes de
Henri II, du 14 janvier 1549; & encore à l'édit de
ce même prince, du mois de mars 1554, article 18.

L'*or monnoyé* ou non monnoyé eſt du nombre
des marchandiſes de contrebande qu'il n'eſt pas
permis de faire ſortir du royaume ſans paſſeports
du roi, conformément à l'article 3 du titre 8 de
l'ordonnance de 1687.

OR EN CHAUX, que l'on appelle auſſi OR DE
DÉPART ou OR MOULU. Eſt de l'*or* bien épuré,
prêt à fondre dans le creuſet, que l'on retire à
l'inſtant du feu, & que l'on fait réfroidir. C'eſt
de cet *or* dont on ſe ſert pour faire le vermeil
doré.

UNE TONNE D'OR. (Manière de compter dont
on ſe ſert en Hollande & en quelques autres
pays.) C'eſt cent mille florins.

UN MARC D'OR. C'eſt huit onces peſant d'or. Le
marc d'or ſe diviſe en vingt-quatre carats, le carat

en

en huit deniers , & le denier en vingt-quatre grains; en sorte qu'un *marc d'or* est composé de 4,608 grains.

ORANGÉ. Ce qui est de couleur d'orange, & qui tient presque également du jaune & du rouge. Un taffetas *orangé*, un ruban *orangé*.

ORANGEADE. *Boisson* que l'on fait avec du jus *d'orange*, de l'eau & du sucre. Cette boisson fait partie du commerce des limonadiers.

ORANGEAT. *Écorce d'orange* coupée en morceaux longs & étroits , confite au sec ou couverte de sucre en dragée.

ORCANETTE. Drogue dont les teinturiers se servent pour teindre en rouge.

Il y a de deux sortes *d'orcanette* ; l'*orcanette* de France qui croît en Provence & en Languedoc , l'*orcanette* de Constantinople qu'on nous apporte du Levant.

ORCHEL ou URSOLLE, autrement ORSEILLE. Espèce de *mousse* ou de *drogue* qui sert à diverses teintures tirant sur le rouge.

ORDINAIRE. Jour de poste , jour auquel les courriers ont coutume de partir d'un lieu ou d'y arriver. Je vous ai écrit l'*ordinaire* dernier , c'est-à-dire , par le dernier courrier. J'attends de Lyon une remise de vingt mille livres par l'*ordinaire* prochain , c'est-à-dire , par le courrier de la première poste qui arrivera de Lyon.

On dit, l'*ordinaire* de Paris, de Lyon, de Venise , &c. pour signifier *la poste* établie pour porter les paquets de lettres destinés pour ces différentes villes, ou le *jour* que les courriers en partent ou y arrivent.

Les marchands, négocians & banquiers qui sont chargés de beaucoup d'affaires , doivent être exacts à ne point laisser passer d'*ordinaires* sans écrire à leurs correspondans.

ORDINAIRE. C'est aussi , *en terme de commerce de mer* , ce que chaque matelot peut porter avec lui sur un vaisseau marchand , de hardes ou de petites marchandises. On le nomme autrement *portée* ou *pacotille*.

ORDONNANCE. Loi, précepte, commandement d'un souverain ou d'un supérieur.

Le terme d'ordonnance est en quelque sorte consacré dans la jurisprudence Françoise pour signifier *les loix* établies par la seule autorité des rois. On le dit néanmoins de ces réglemens généraux faits dans les assemblées des états pour la réforme des abus & le rétablissement du bon ordre : mais ces *ordonnances*, quoique dressées sur les avis des députés des trois états, n'ayant de force qu'autant qu'elles sont approuvées des rois , & n'étant publiées ni exécutées qu'en leur nom ; elles ne doivent être regardées que comme émanées du prince qui a bien voulu avoir égard aux représentations de ses sujets assemblés par ses ordres.

De ces dernières sortes d'*ordonnances* celles qui sont le plus connues, & dont on fait encore le plus d'usage dans le barreau par rapport au droit Fran-

çois, sont celles de Moulins , d'Orléans , & de Blois.

Entre les articles de celle d'Orléans qui concernent le commerce, le 98 est le plus remarquable , & c'est à lui que l'on doit ce grand nombre de statuts & réglemens des corps & communautés des arts & métiers , dressés sous le règne si désastreux de Charles IX ; mais aucunes de ces ordonnances ne peuvent entrer en comparaison avec celles de Louis XIV.

ORDONNANCE CIVILE, qu'on nomme aussi CODE CIVIL , & plus ordinairement CODE LOUIS. Est une *ordonnance* de Louis XIV donnée à S. Germain en Laye au mois d'avril 1667 , pour régler les procédures & poursuites des procès en matière civile. Elle est composée de 35 titres subdivisés en quantité d'articles.

Le 16e de ces titres qui concerne spécialement les négocians , traite de la forme de procéder pardevant les juges & consuls des marchands , & c'est à ce titre qu'ils sont renvoyés pour s'y conformer , par l'article 12 du titre 12 de l'*ordonnance* de 1673, servant de réglement pour le commerce.

ORDONNANCE SUR LE FAIT DES EAUX ET FORÊTS. Cette *ordonnance* est donnée à S. Germain-en-Laye au mois d'août 1669 ; elle fut enregistrée au parlement & à la chambre des comptes le 13 du même mois. Son enregistrement au conseil d'Artois , est du 11 mai 1683 ; elle est distribuée en trente-deux titres , qui tous sont subdivisés en plusieurs articles.

D'un si grand nombre de titres, il n'y a guères que le XV , le XVII, le XVIII, le XXVII & le XXVIII , qui aient tout-à-fait rapport au commerce & à l'exploitation des bois, quoiqu'il soit vrai qu'il y en a peu des autres où il ne se trouve quelques articles, qu'il est important que n'ignorent pas les marchands qui s'appliquent à ce trafic.

Dans le premier de ces cinq titres qui est le plus considérable, il est traité en LII articles de l'assiete, du ballivage, du martelage, & de la vente des bois.

Dans le second qui contient VII articles, on parle de la vente des chablis & des menus marchés.

Le troisième qui n'a que IV articles , est pour les ventes & adjudications, des panages, glandées & paissons.

On régle dans le quatrième la police des forêts, eaux & rivières. Ce titre est divisé en XLVI articles.

Enfin le cinquième est des routes & chemins royaux ès forêts & marchepieds des rivières.

Deux autres titres qui sont le XXIX & le XXX concernent aussi le commerce, le premier traitant en VII articles les droits de péages, de travers & autres ; & le second de la pêche en XXVI articles.

Les vingt-cinq autres titres traitent , sçavoir le premier en XVI articles de la jurisdiction des eaux & forêts.

Les dix suivans , des officiers des maîtrises ,

entr'autres des grands maîtres, des maîtres particuliers, du lieutenant, du procureur du roi, du garde-marteau ; des greffiers, des gruyers, des huissiers-audienciers, des gardes généraux, des sergens, & enfin de l'arpenteur. Ces dix titres contiennent CXIX articles.

Le douziéme en XII articles, concerne les assises.

Le treiziéme parle de la table de marbre & des juges en dernier ressort. Il a XI articles.

Le quatorziéme en X articles, est des appellations.

Le seiziéme en XII articles, est pour des recolemens.

Le 19 & le 20e en XXVI articles, sont des droits de pâturages, de pannage, de chaufage & autres usages.

Le 21 est des bois à bâtir pour les maisons royales & bâtimens de mer. Il a VII articles.

Les cinq titres suivans traitent en LXXX articles des bois, eaux & forêts & garennes tenus à titre de douaire, concession, engagement & usufruit : de ceux en gruries, grairies, tiers & danger : des bois appartenans aux ecclésiastiques & gens de main-morte, des bois, prés, marais, landes, pâtis, pêcheries & autres biens appartenans aux communautés & habitans des paroisses, & des bois appartenans aux particuliers.

Le trentiéme régle en XLI articles tout ce qui regarde la chasse.

Enfin le trente-deuxiéme & dernier titre, parle des peines, amendes, restitutions, dommages, intérêts & confiscations ; il est composé de XXVIII articles.

ORDONNANCE CRIMINELLE. Elle est aussi donnée à S. Germain en Laye au mois d'août 1670 ; il y est expliqué en 28 titres tout ce qui concerne les matières criminelles ; elle n'a rien de particulier par rapport au commerce.

ORDONNANCE, OU RÉGLEMENT POUR LE COMMERCE. On la nomme aussi CODE MARCHAND. Elle est encore datée de S. Germain en Laye au mois de mars 1673. On peut dire qu'elle est universelle pour tout marchand tant en gros qu'en détail, tout banquier, tout traitant, tout homme qui se mêle de lettres de change. En un mot, elle est telle que personne ne la doit ignorer.

Celle qui a été donnée au mois de mars 1669, concernant la jurisdiction des prévôt des marchands & échevins, est de pareille nécessité pour les marchands de vin, de bois, de charbon, de chaux, d'ardoise, de tuile, de fruits & autres marchandises pour la provision de Paris, comme aussi pour les voituriers par eau & autres personnes étant du ressort de l'hôtel de ville.

L'ordonnance de marine donnée au mois d'août 1681, n'est pas moins nécessaire à toutes personnes qui font le commerce de mer, qui tirent des marchandises ou en envoyent par mer, qui assurent ou font assurer, qui prennent ou donnent de l'argent à la grosse, qui sont propriétaires ou fretteurs de vaisseaux, qui prennent des commissions du prince, pour aller en course.

On peut ajouter même que l'ordonnance qui concerne les fermes du roi, est nécessaire à un négociant qui est souvent exposé à avoir des démêlés avec les traitans. Il faut qu'un bon négociant soit jurisconsulte, du moins en ce qui regarde les affaires dont il entend se mêler.

ORDONNANCE SUR LE FAIT DES GABELLES. Elle est du mois de mai 1680, donnée comme les précédentes à S. Germain en Laye. Elle contient en 20 titres tout ce qui regarde l'achat du sel sur les marais, les greniers à sel soit d'impôt, soit de vente volontaire, le quart bouillon des salines de Normandie, les salaisons, le commerce du sel des pays redimés, le faussonnage, & les officiers établis pour la jurisdiction des gabelles. Presque toutes ces choses étant traitées ailleurs, on peut y avoir recours.

ORDONNANCE DES AIDES. Cette ordonnance donnée à Fontainebleau au mois de juin 1680, ne concerne pas seulement les droits dûs au roi pour les entrées du vin & autres boissons dans la ville & fauxbourgs de Paris ; les droits de gros, ceux de la vente en détail, le huitiéme & autres semblables ; mais encore plusieurs autres droits, comme le pied fourché, le droit sur le poisson de mer frais & salé, ceux sur le bois, les droits de la marque du fer, de l'acier & mines de fer, la marque & le contrôle du papier, & les droits sur le papier & parchemin timbré.

Tant de différentes matières sont traitées dans cette ordonnance en quatre titres principaux ; le premier regarde les droits d'entrées dans la ville & fauxbourgs de Paris sur le vin & autres boissons ; le second, les droits de gros sur le vin ; le troisiéme les droits de détail sur le vin ; & le quatriéme, le droit de subvention.

Chacun de ces quatre titres généraux sont encore subdivisés en d'autres titres particuliers ; le premier en a sept, le second neuf, le troisiéme aussi neuf, & le quatriéme seulement deux. Les uns & les autres ont quelques paragraphes, particulièrement le second & le quatriéme qui sont comme autant de titres séparés.

Comme c'est sur cette ordonnance que doivent se régler ceux qui font le commerce des vins & autres boissons, ou des marchandises, métaux, denrées & animaux, dont les droits y sont aussi réglés, on a répandu dans tous les articles de ce Dictionnaire ce qui leur est convenable par rapport à ce négoce ; on peut surtout avoir recours aux articles des *marchands de vin*, *cabaretiers*, *taverniers*, *hôteliers*, *vendeurs de vin*, *vendeurs de marée*.

ORDONNANCE SUR PLUSIEURS DROITS DES FERMES DU ROI & SUR TOUS EN GÉNÉRAL. C'est comme une suite de l'ordonnance des aides, & en même-temps une préparation à celle des cinq grosses fermes, qui ne fut pourtant dressée que six ans après; la date de cette *ordonnance* générale pour tous les droits du roi, est du 22 juillet 1681. Cette *ordonnance* est un mélange de plusieurs choses qui n'ont rien de commun ensemble que d'être également sujettes à plusieurs droits, les uns de plus ancienne & les autres de plus nouvelle imposition.

Autant de titres qu'il y a de droits différens ou plutôt de diverses choses sur quoi ces droits se lèvent, composent cette *ordonnance*, qui chacuns sont encore divisés en quantité d'articles. Le commerce du tabac dans le royaume, la marque sur l'or & l'argent, les octrois & deniers communs, les parisis, douze & six deniers sur les droits des officiers des cuirs; le tiers retranché sur les cendres, soudes & gravelles; les droits sur l'étain, les droits de sortie sur les vins transportés hors du royaume, par les provinces de Champagne & Picardie; ceux sur les toiles, basins, futaines & canevas; ceux d'abord & de consommation sur le poisson, & enfin le droit de fret; sont les matières de dix titres qui avec deux autres titres généraux, l'un des publications, enchères & adjudications des fermes & enregistrement des baux, & l'autre qui est commun pour toutes les fermes, font comme douze différentes *ordonnances* réunies en un seul corps.

Le tabac, l'or, l'argent, l'étain, les toiles, basins, futaines, canevas, cendres, soudes, gravelles & autres telles étoffes, métaux & marchandises mentionnées dans les dix premiers titres de cette *ordonnance*, ayant leurs articles particuliers dans ce Dictionnaire, on y renvoie le lecteur. Qu'il voie aussi l'article du *fret*.

ORDONNANCE DE LA MARINE. Il y a diverses sortes d'*ordonnances* sur cette matière; l'une pour les armées navales & arsenaux de marine du roi du 15 avril 1689; & deux autres pour le commerce de mer en général, l'une du mois d'août 1681, pour tout le royaume à la réserve de la Bretagne, & l'autre du mois de novembre 1684, pour une province.

L'*ordonnance* de 1689 pour les armées navales n'a guères de rapport au négoce; on y voit cependant quelques articles qui le concernent, comme dans le titre premier du livre 6, & dans les titres premier & troisième du livre 11, où il est parlé de la garde & police des ports & du lestage. Pour toutes les deux autres *ordonnances de marine* elles sont toutes entières pour le commerce; celle pour les côtes de Bretagne étant plus ample que l'autre, c'est celle dont on va parler ici, étant d'ailleurs assez semblable.

Cette *ordonnance de Bretagne* contient en quatre livres qui ont chacun dix titres, & chaque titre plusieurs articles, tout ce qui peut rendre le négoce maritime sûr & honorable. On y a ajouté un cinquième livre qui regarde la pêche qui se fait en mer.

Le premier livre comprend tout ce qui concerne la compétence des juges connoissans des causes de mer, & l'on traite particulièrement des congés &

rapports, des ajournemens & délais, des prescriptions & fins de non-recevoir, des jugemens & de leur exécution, de la saisie & vente des vaisseaux, & de la distribution de leur prix.

Le second livre traite des gens & des bâtimens de mer, de l'emploi & du devoir des officiers & mariniers, de la police sur les vaisseaux, des propriétaires des navires, de quoi ils sont responsables; à quoi sont tenus les associés freteurs entr'eux; enfin des ports & des jaugeages des navires, qui sont déclarés simples, & comme tels nullement sujets aux retraits lignagers, ni à aucuns droits seigneuriaux.

Dans le troisième livre on explique les différens contrats maritimes, leur forme, leur clause, leur usage, leur autorité. Ces contrats sont les chartesparties, les affretemens ou nolissemens, les connoissemens & police de chargement, le fret ou nolis; les contrats à grosses avantures ou à retours de voyage, les assurances, les testamens, & en conséquence la succession de ceux qui meurent sur mer, enfin l'engagement & loyer des matelots. On parle encore dans ce livre des avaries; du jet en mer, de la contribution & des prises. Toutes ces choses si importantes dans le commerce maritime, ont leurs propres articles où l'on peut avoir recours.

Le quatrième livre est pour la police des ports, côtes, rades & rivages de la mer; on y régle entr'autres choses ce que sont tenus de faire les maîtres des navires marchands en entrant dans les ports, & tant qu'ils y demeurent; du lestage & délestage des vaisseaux, des pilotes, lamaneurs ou locmans, des naufrages, bris & échouemens & de la coupe du varech, sar ou gouesmon.

Enfin le cinquième livre qui est de la pêche & qui n'a que sept titres, comprend ce qui regarde celle du hareng, de la morue & des poissons royaux; du nombre de ces derniers sont les dauphins, esturgeons, saumons, truites, baleines, marsouins, veaux de mer, thons souffleurs, & tous autres poissons à lard: on y régle aussi ce qui concerne les parcs & pêcheries, & l'on y explique aussi leurs espèces & la manière de les tendre s'ils sont de filets; de les construire s'ils sont de pierre, & de les élever & planter s'ils sont de bois. Toutes ces choses sont amplement expliquées ailleurs.

ORDONNANCE touchant *la police* des isles Françoises de l'Amérique, & ce qui doit s'y observer principalement par rapport aux négres: elle est du mois de mars 1685; c'est ce qu'on appelle dans ces isles le CODE NOIR.

ORDONNANCE SUR LE FAIT DES CINQ GROSSES FERMES. Cette *ordonnance* donnée à Versailles au mois de février 1687, contient en quatorze titres, non-seulement la police qui doit s'observer par le fermier & ses commis dans les douanes & bureaux où se payent & se perçoivent les droits du roi, soit à l'entrée & à la sortie du royaume, soit à celles des provinces réputées étrangères; mais aussi tout ce que les marchands négocians, leurs facteurs & commissionnaires, aussi-bien que les voituriers, doivent fçavoir & pratiquer par rapport à l'acquit defdits droits, tant pour les marchandifes qu'ils tirent du dehors, que pour celles qu'ils y envoient; ce qui rend cette *ordonnance* d'une égale utilité pour ceux qui font le commerce foit de terre, foit de mer.

Le premier des quatorze titres traite des droits de fortie & d'entrée, des droits d'acquits, de paiement & à caution, & des certificats de defcente.

On y marque quand, comment & en quel cas il faut payer ou ne pas payer les droits d'entrée & de fortie : fur quels tarifs ils doivent être payés; quelles font les provinces cenfées être renfermées dans l'étendue de la ferme, & quelles reputées étrangeres. On y fixe auffi les droits des acquits de paiemens & à caution, ceux des certificats de defcente & décharge & d'acquits; ceux des congés, paffavans, brevets de controles, &c.

Le fecond titre défigne les bureaux auxquels fe doit faire le paiement des droits du roi, foit à l'entrée, foit à la fortie; à quelles déclarations font tenus les voituriers & conducteurs des marchandifes, tant par mer que par terre; ce qu'elles doivent contenir; dans quel temps elles doivent fe faire; comment les marchandifes doivent être vifitées, pefées, mefurées & nombrées, en préfence de qui, & en quel cas, & contre qui leur confifcation a lieu pour fauffe déclaration : enfin on y parle de la délivrance des acquits par les commis, & de ce qui doit y être contenu; de la repréfentation defdits acquits par les voituriers, de la route qu'ils doivent tenir, par les bureaux qui y font marqués, & non par d'autres. Prefque toutes ces matieres ont leurs propres articles où l'on peut avoir recours.

Le troifiéme titre ordonne par quels bureaux certaines fortes de marchandifes doivent feulement entrer; comme les drogueries & épiceries venant des pays étrangers, par la Rochelle, Rouen & Calais, pour les provinces reputées de la ferme; & par Bordeaux, Lyon & Marfeille, pour celles reputées étrangeres. Les chevaux par Dourlens, Peronne, Amiens, Abbeville, S. Quentin & Guife, s'ils viennent par la Picardie; par Rocroi, Mezieres, Torcy, Sainte-Menehoult, Saint-Diziers & Langres, s'ils viennent par la Champagne; & par Fontaine-Françoife & Saint Jean de Laune, s'ils entrent par la Bourgogne. Les points & dentelles de fil, celles du Comté de Bourgogne, par Auzonne & Saint Jean de Laune; d'Angleterre par Calais, Dieppe & le Havre; de Lorraine par Chaumont; de Sedan par Torcy; d'Orillac par Gannat; & des Pays-Bas par Peronne. Enfin les bas, camifoles & dentelles de foie & autres ouvrages de femblables qualités venant d'Angleterre, doivent paffer par Calais, Dieppe & le Havre.

Le quatriéme titre ordonne la marque des toiles & autres étoffes, comme camelots, draps, ferges, &c. qui fe fabriquent & manufacturent à Saint-Quentin, Ham, Guife, Peronne & autres lieux des frontieres de Picardie où des provinces de France.

Dans le cinquiéme il eft parlé des marchandifes fauvées du naufrage, & il y eft expliqué en quel cas les droits n'en font point dûs, en quels cas au contraire les propriétaires, les feigneurs de fiefs & autres, à qui les effets naufragés doivent appartenir de droit, font tenus d'en faire le paiement, & pour quelle quotité ils y font tenus.

Les acquits à caution font la matiere du fixiéme titre. Il y eft marqué dans quelles occafions & en quels lieux les voituriers font obligés d'en prendre, comment fe doivent faire leurs déclarations & foumiffions de rapporter certificat de la defcente des marchandifes. On y parle auffi de la forme de ces acquits, de leur ufage, de ce qu'ils doivent contenir, de leur repréfentation à tous les bureaux des paffages; & enfin de la décharge defdits acquits qui doivent être fignés par les commis du bureau des lieux de leur deftination s'il y en a, ou par les juges échevins & fyndics defdits lieux s'il n'y a point de bureau : cette décharge doit toujours fe mettre au dos defdits acquits, & être faite & rapportée dans le temps qui y eft exprimé dans l'acquit, pour que les droits confifqués par les marchands ou voituriers, puiffent être retirés, ou leurs cautions déchargées.

Le feptiéme titre ordonne les inventaires des vins & eau-de-vie dans les quatre lieues proche des limites de la ferme. Dans les provinces d'Anjou, du Maine & du bas Poitou. Permet aux commis la vifite dans les caves & felliers, & la marque des futailles & tonneaux avec la rouane & le fer chaur.

Le huitiéme titre regarde les marchandifes de contrebande, foit pour l'entrée, foit pour la fortie, leur confifcation, la vente des chofes confifquées, l'application des deniers qui en proviennent, & les paffeports & permiffions pour faire entrer dans le royaume ou pour en faire fortir les chofes comprifes fous la qualité de contrebande.

Le neuviéme titre ordonne l'établiffement d'un magafin d'entrepôts, dans autant de villes du royaume où font les principaux bureaux de la ferme, & prefcrit les conditions fous lefquelles les marchandifes deftinées pour être envoyées à l'étranger, y doivent être reçues, & le temps qu'elles y peuvent refter, fans être fujettes au paiement des droits.

On oblige par le dixiéme titre tous les marchands & voituriers qui amènent des marchandifes à Paris, de les conduire directement à la douane pour y être vifitées, & y repréfenter leurs acquits, congés & paffavans. On y ordonne auffi que les ballots enfermés ne pourront être ouverts qu'au dernier bureau de la route, que l'empreinte du plomb fera mife au greffe de l'élection, & qu'elle ne pourra être contrefaite à peine de faux.

Les quatre derniers articles font des faifies, de la jurifdiction des juges, des droits de fortie & d'entrées, des amendes & confifcations, & de la police générale de la ferme, ayant un rapport trop éloigné au commerce, on fe contente d'en indiquer les matieres fans entrer dans aucun détail.

Prefque toutes les *ordonnances* qu'on a jufqu'ici rapportées s'exécutent en leur entier, à l'exception de peu d'articles de celles du commerce , des aides & des cinq groſſes fermes qui ont été changés en vertu de déclarations ou d'arrêts du conſeil , comme ſont l'article de billets au porteur , celui du fret & celui des entrées du vin dans la ville de Paris , mais on parle de ces changemens dans leur propre article où l'on peut avoir recours.

ORDONNANCE concernant la juriſdiction des prévôt des marchands & échevins de la ville de Paris.

La plûpart des *ordonnances* , dont on vient de donner les extraits , ſont communes à toutes les provinces & villes du royaume , & il y en a même qui s'étendent au dehors , & juſques dans toutes les parties de la terre où les François portent leur commerce. Celle-ci ne regarde que la capitale , & particulièrement le négoce des marchandiſes qui y arrivent par les rivières , ou qui ſe débitent ſur les ports , places & étapes de cette grande ville.

La compilation des *ordonnances* de la ville de Paris faite dès l'an 1415 étant devenue comme inutile , non-ſeulement à cauſe de divers articles ſurannés & hors d'uſage , mais encore parce qu'il y avoit beaucoup de nouveaux réglemens faits depuis par les prévôt des marchands & échevins , qui ne s'y trouvoient point : Louis XIV qui faiſoit travailler dans ſon conſeil à la réforme des anciennes *ordonnances* ne négligea pas celle de ſa capitale , & elles parurent en meilleur forme & de beaucoup augmentées en l'année 1672.

Les lettres patentes qui en ordonnent l'exécution, ſont du mois de décembre , & leur enregiſtrement au parlement du 20 février de l'année ſuivante.

Vingt-trois chapitres ou titres , dont la plûpart regardent le commerce qui ſe fait ſur les ports où les marchandiſes arrivent & ſe déchargent , & dans les halles , marchés , places & étapes où elles ſe vendent & ſe diſtribuent , compoſent cette nouvelle compilation.

Le premier chapitre contient en onze articles tout ce qui concerne les rivières & leurs bords ou rivages , pour la commodité de la navigation , & en attribue l'inſpection aux prévôt des marchands & échevins.

Les principales ſur leſquelles cette inſpection s'étend , ſont la Marne , l'Yonne , l'Oiſe , Loing , la Seine & autres rivières navigables & flotables y affluentes , avec pouvoir , & en même temps injonction auſdits prévôt des marchands & échevins de viſiter & faire viſiter leſdites rivières ; de recevoir les plaintes des marchands & voituriers ; d'informer des exactions ſi aucunes y ſont faites , & d'empêcher toutes levées de droits qui n'auront pas été établis en vertu de lettres patentes bien & duement vérifiées.

Le ſecond chapitre régle auſſi en onze articles , ce qui regarde la conduite des marchandiſes par eau. On trouve ailleurs ce qu'il y a de plus important ſur cette matière.

Les vingt-quatre articles du troiſiéme chapitre , regardent l'arrivée des bateaux & des marchandiſes aux ports de la ville de Paris. Le quatriéme article en particulier , parle des privilèges des bourgeois pour la décharge de leurs proviſions.

Vingt-neuf articles compoſent le quatriéme chapitre , & ſervent de réglement pour les fonctions des maîtres des ponts , leurs aides , chaoleurs , maîtres des pertuis , gardes de nuit , boueurs , plancheurs , débacleurs , chargeurs & déchargeurs de bateaux , gagne-deniers & chartiers. On parle de tous ces petits officiers de ville & des ports ou manouvriers qui travaillent & charient ſur les ports , à leurs articles propres où l'on peut avoir recours.

L'on voit dans les dix articles du cinquiéme chapitre , la police qui doit s'obſerver pour les bateaux ou coches par eau , & par les maîtres paſſeurs d'eau.

Les ſix & ſeptiéme chapitres comprennent , l'un en douze articles , & l'autre en ſept , ce qui regarde la marchandiſe des grains & les fonctions de jurés meſureurs & porteurs deſdits grains , bled , ſeigle , orge , &c.

Sept chapitres depuis & y compris le huitiéme juſqu'au quatorziéme incluſivement , traitent en cinquante-cinq articles de la marchandiſe de vin , cidre & autres liqueurs ; de leurs meſures , des jurés-vendeurs , des courtiers , des jaugeurs , des déchargeurs & crieurs de vin.

La marchandiſe de poiſſon d'eau douce , fait la matière de cinq articles du quinziéme chapitre.

Le ſeiziéme chapitre qui n'a que trois articles eſt pour la marchandiſe de foin.

Les 17 , 18 , 19 & 20e chapitres parlent , l'un en trente-quatre articles du bois neuf , du bois flotté & du bois d'ouvrage ; l'autre en quatre articles du merrein à treilles , de l'oſier & du ploion ; le troiſiéme auſſi en quatre articles , des mouleurs de bois & des contrôleurs de quantité ; & le dernier ſeulement en deux articles des aides aux jurés mouleurs , & des déchargeurs de bois en charette.

La marchandiſe de charbon tant de bois que de terre , & les fonctions des jurés meſureurs & des jurés porteurs de charbon , ſont le ſujet des 21 , 22 & 23e chapitres compoſés en tout de dix huit articles.

Le vingt-quatriéme chapitre rapporte divers édits, déclarations , arrêts & réglemens ſur les étalonnages des meſures , & ſur les hauteurs & largeurs des meſures de bois ſervant à la diſtribution des grains , farines , légumes , fruits , charbon de bois & de terre.

Deux chapitres , qui ſont le vingt-cinq & le vingt-ſix , réglent en dix-huit articles les fonctions des jurés meſureurs de ſel , étalonneurs de meſures de bois , compteurs de ſalines ſur la rivière , porteurs , briſeurs & courtiers de ſel.

Le vingt-ſeptiéme chapitre en deux articles , parle des courtiers de lard & graiſſes ; le vingt-huitiéme en quatre articles , des jurés viſiteurs & meſureurs d'aulx , oignons & autres fruits & guedles. Le vingt-neuviéme en ſix articles , du plâtre crû , chaux , moëſlon , carreau de grès & ardoiſe venant par la rivière. Enfin le trentiéme en trois articles, des courtiers de chevaux pour les marchandises d'eau.

Les trois derniers chapitres qui concernent les rentes sur l'hôtel de ville, les constructions, les réparations & entretennement des portes, remparts, quais, ports, &c. & les fonctions des prévôt des marchands, & échevins, procureur du roi, greffier, receveur & autres officiers de la ville ; ayant peu ou point de rapport au commerce, on se contentera de les indiquer sans recourir à aucun article de ce Dictionnaire, à la réserve néanmoins de celui des prévôt des marchands & échevins que l'on peut consulter.

Quels soins & quels travaux ! mais quel en est l'effet ? de faire payer aux propriétaires & consommateurs, outre le mince produit qui en revient au trésor royal, une surcharge énorme de frais, de faux frais, de pertes & non valeurs.

ORDRE, *En terme de commerce de lettres & billets de change*, est un endossement ou écrit succint que l'on met au dos d'une lettre ou billet de change pour en faire transport, & la rendre payable à un autre.

Quand on dit qu'une lettre ou billet de change est payable à un tel, ou à son *ordre* ; c'est-à-dire, que ce tel peut, si bon lui semble, recevoir le contenu en cette lettre ou en faire transport à un autre, en passant son *ordre* en faveur de cet autre.

Ordre, parmi les négocians, signifie aussi le *pouvoir* ou *commission* qu'un marchand donne à son correspondant ou commissionnaire, de lui faire telles & telles emplettes, à tel ou tel prix, ou sous telle autre condition qu'il lui prescrit. Un commissionnaire ou correspondant qui fait quelque chose sans *ordre*, ou qui va au-delà de l'*ordre* qui lui a été donné par son commettant est sujet à désaveu.

Ordre se dit encore de la bonne régle qu'un marchand tient dans le maniement des affaires de son commerce. Ainsi l'on dit, ce négociant est d'un grand *ordre*, il tient ses écritures en bon *ordre*. Les livres d'un marchand qui ne sont pas tenus en bon *ordre* ne peuvent faire de foi en justice.

ORELLANE. Plante qui croît en quelques lieux du continent de l'Amérique, particulièrement à Brébice colonie des Hollandois près de la rivière de Surinam en terre ferme. Cette plante se cultive de la même manière que l'indigo & en lui donnant à peu près les mêmes apprêts.

On en tire une teinture qu'on nomme aussi *orellanne* comme la plante, qui n'est pas moins bonne que l'indigo.

ORFÉVRE. Artisan & marchand tout ensemble, qui fabrique, qui vend & qui achete toute sorte de vaisselle & d'ouvrages d'or & d'argent.

Les *orfévres* sont aussi appellés *joyailliers*, parce qu'il leur est permis de faire négoce de joyaux, de perles & de pierres précieuses, même de les monter & mettre en œuvre.

Ce sont les *orfévres* qui forment le sixiéme corps des marchands de Paris, qui de leur nom se nomme le *corps de l'orfévrerie*.

Chaque *orfévre* est obligé d'avoir son poinçon particulier pour marquer son ouvrage, & ce poinçon doit être insculpé ou frappé sur une lame de cuivre tant à la cour des monnoies qu'au bureau du corps des *orfévres*, qui a aussi un poinçon commun marqué d'une des lettres de l'alphabet, qui change tous les ans lors de l'élection des gardes.

L'état actuel de la régie du droit qui se perçoit pour la marque des matières d'or & d'argent, est réglé par l'arrêt qu'on va lire.

ARRÊT DE LA COUR DES AIDES,

Portant réglement sur la marque d'or & d'argent, Du 31 août 1782.

LOUIS, par la grace de Dieu, roi de France & de Navarre : au premier huissier de notre cour des aides, à Paris, ou autre notre huissier ou sergent sur ce requis, savoir faisons : qu'entre les maîtres & gardes du corps de l'orfévrerie-joyaillerie, tireurs & batteurs d'or & lapidaires de la ville de Paris, demandeurs aux fins des requête, ordonnance & exploits du 2 août 1780 ; la demande tendante à ce qu'il plût à notredite cour déclarer communs avec le régisseur des droits de la marque d'or & d'argent, les édit, arrêt & réglemens concernant la fabrication des matrices & frappement des nouveaux poinçons, leur emploi, leur garde & dépôt, leur biffement & leur renouvellement ; ce faisant, ordonner que le régisseur seroit tenu de faire procéder dans tel délai qu'il plairoit à notredite cour fixer, à la fabrication de nouvelles matrices de ses poinçons de charge & de décharge, & aux frappemens de nouveaux poinçons, auxquelles fabrications de nouvelles matrices, frappemens de nouveaux poinçons & insculpations d'iceux au greffe de notredite cour, ils seroient tenus d'appeller les gardes orfévres, à peine de nullité & de biffement desdits matrices & poinçons : ordonner que lors du frappement des nouveaux poinçons, procès-verbal seroit dressé du nombre de ceux qui auroient été frappés, lesquels en conséquence seroient tous numérotés de même que ceux de la maison commune & insculpés par ordre de numéro sur une table de cuivre qui seroit déposée au greffe de notredite cour, en présence de tel de messieurs qu'il plairoit à notredite cour commettre : ordonner pareillement que lorsque tous les poinçons qui auroient été insculpés seroient détériorés & hors de service, le régisseur seroit tenu de se représenter en notredite cour pour en obtenir de nouveaux, dont seroit pareillement dressé procès-verbal ainsi que dessus ; le tout, représentation préalablement faite des antérieurs dans le même ordre de numéros qui lui auroient été donnés, de l'état desquels, procès-verbal seroit dressé d'après un rapport d'experts & vérification sur la planche de cuivre déposée au greffe de notredite cour, & insculpés dans leur état de défectuosité, sur une pareille table de cuivre, pour y avoir recours au besoin; ordonner pareillement que les poinçons de charge & de décharge seroient uniques pour notre ville de Paris, comme par le passé, avant l'époque de la présente régie; & qu'en outre les poinçons seroient étalonnés sur le corps par une *marque* distinctive dont mention seroit faite dans le procès-verbal; ordonner que les matrices, tant des poinçons de la maison commune, que de ceux de charge & de décharge de régisseur, seroient déposés dans un coffre commun fermant à deux clefs, dont le régisseur en auroit une, & l'autre resteroit entre les mains des gardes orfèvres, en telle sorte que les matrices ne pussent être dans la libre disposition de l'un ni de l'autre; & pour empêcher que les régisseurs ni les gardes orfèvres pussent se servir des poinçons hors du bureau & à des heures indues, ordonner pareillement que tous les poinçons, tant du régisseur que de la maison commune, seroient également renfermés dans un coffre à deux clefs, dont l'une seroit remise entre les mains du directeur, & l'autre en celles des gardes orfèvres, desquels poinçons les commis du régisseur ne pourroient se servir qu'en présence l'un de l'autre; faire défenses audit régisseur & à ses commis & préposés, sous telles peines qu'il appartiendroit, de plus à l'avenir inquiéter les marchands orfèvres de cette capitale, ni de procéder sur eux à aucunes saisies sous prétexte de suspicion de l'empreinte du poinçon de charge, lorsque leurs ouvrages seront munis & chargés du poinçon de décharge; ordonner que l'arrêt à intervenir seroit imprimé, publié & affiché, & condamner le régisseur aux dépens, d'une part; & Henry Clavel, régisseur général pour notre compte des droits de *marque* & contrôle sur tous les ouvrages *d'or & d'argent*, dans toute l'étendue du royaume, & autres droits réunis, défendeur, d'autre part; & entre ledit Clavel ès-noms, demandeur en requête du 21 mars, afin d'opposition à l'exécution de l'arrêt par défaut du 8 mars 1782, signifié le 20 dudit mois, d'une part; & les maîtres & gardes de l'orfèvrerie, défendeurs, d'autre part; & encore entre ledit Clavel ès-noms, demandeur en requête insérée en la sentence de l'élection de notre ville de Paris, du 4 mai 1782, & par exploit donné en l'élection le 4 dudit mois de mai, en vertu de ladite sentence du même jour; la demande & requête tendante à ce qu'il plût aux juges de l'élection, commettre tel d'eux qu'il leur plairoit, pour être présent aux empreintes & insculpations de nouveaux poinçons qu'il avoit fait faire pour servir à la régie desdits droits dans notre ville de Paris, au nombre de huit; sçavoir; 1°. un poinçon de charge des gros ouvrages d'argent représentant un grand *A.* couronné; 2°. Un poinçon de charge des gros ouvrages d'or & moyens ouvrages *d'argent* représentant un chiffre de deux *L.* entrelassés; 3°. Un poinçon de décharge des gros ouvrages *d'argent*, représentant une tête de chien; 4°. Un poinçon de décharge des ouvrages *d'or* &

moyens ouvrages *d'or & d'argent*, représentant une tête de paysanne; 5°. Un poinçon de décharge des petits ouvrages *d'or & d'argent*, représentant une tête de vanneau; 6°. Un poinçon de décharge de très-petits ouvrages *d'or & d'argent*, représentant un bouton d'œillet; 7°. Un poinçon servant à marquer le corps des autres poinçons, représentant un fer de lance; 8°. Et enfin un poinçon de contre-marque, représentant une tête de dauphin, ainsi qu'aux bris & rupture des poinçons qui lui avoient servi pour la régie & perception des droits dans la ville de Paris, entendant conserver, 1°. Le poinçon de *gratis*, représentant une couronne royale, dont l'insculpation avoit été faite au greffe de ladite élection de la ville de Paris, par procès-verbal du premier octobre 1768, sur la requête de Julien Alaterre, ci-devant adjudicataire des fermes unies de France; 2°. Le poinçon qui servoit à marquer les ouvrages destinés à passer à l'étranger, représentant une aiguière; 3°. Le poinçon qui servoit à marquer les ouvrages venant de l'étranger, représentant une tête de griffon; 4°. Celui qui servoit à marquer les ouvrages vieux, représentant une lyre; 5°. Celui qui servoit à marquer de charge au bureau de l'Argue, les lingots d'or ou *dorés*, représentant un poids de marc; 6°. Celui qui servoit à marquer de décharge les mêmes lingots, représentant une main droite étendue; 7°. Celui qui servoit de reconnoissance, représentant un vase antique en forme de cassolette; 8°. Pour la province seulement, le poinçon destiné à marquer les très-petits ouvrages, tant *d'or* que *d'argent*, ainsi que les deux poinçons différens pour la grandeur, destinés à marquer le corps des poinçons, représentant une fleur de lys; lesdits poinçons insculpés au greffe de l'élection, à la requête du régisseur, le 13 juillet 1780; ledit Claude Clavel, régisseur, entendant également conserver le cachet destiné pour les ouvrages qui ne pouvoient supporter la marque des poinçons d'Éloi Brichard, au procès-verbal du premier octobre 1756, pour par ledit régisseur, se servir, si besoin étoit, des susdits poinçons, comme il avoit fait, dû & pu faire par le passé, jusqu'à présent, & du tout dresser procès-verbal en présence du substitut de notre procureur-général à l'élection de ladite ville de Paris, pour lui servir & valoir ce qu'il appartiendroit; ordonner que la sentence qui interviendroit sur ladite requête, seroit exécutée nonobstant opposition ou appellation quelconques, & notamment la prétendue opposition des maîtres & gardes du corps de l'orfèvrerie de Paris, faite entre les mains du greffier en chef dudit siége, dont il seroit en tant que de besoin, fait pleine & entière main-levée audit régisseur, sur laquelle demande, circonstances & dépendances, il a été ordonné par arrêt de notre-dite cour du 8 mai dernier, signifié le 10 dudit mois, que les parties procéderoient en icelle, & défense aux juges de l'élection de ladite ville de Paris, de plus en connoître, & aux parties de procéder ailleurs qu'en icelle, d'une part; & ledit Henri

Clavel, ès-noms, défendeur d'autre part ; entre ledit Henri Clavel, ès-noms, demandeur en requête du 21 juin 1782, tendante à ce qu'il plût à notredite cour, déclarer la demande formée par lesdits maîtres & gardes du corps de l'orfévrerie de Paris, incompétemment formée par rapport à plusieurs objets, ou en tous cas & subsidiairement seulement déclarer lesdits maîtres & gardes du corps de l'orfévrerie, non-recevables dans ladite demande, ou en tout cas les en débouter & les condamner aux dépens, d'une part ; & lesdits maîtres & gardes du corps de l'orfévrerie, défendeurs d'autre part ; entre les maîtres & gardes du corps de l'orfévrerie, joyaillerie, tireurs & batteurs d'or de la ville de Paris, demandeurs en requête du premier août 1782, tendante à ce qu'il plût à notredite cour, sans s'arrêter ni avoir égard aux requête & demande dudit Clavel, régisseur pour le roi, des droits de *marque* & contrôle, sur leurs ouvrages d'*or* & d'*argent*, dans lesquelles il seroit déclaré non-recevable, ou dont en tout cas débouté, leur adjuger les conclusions par eux précédemment prises, & icelles reprenant, corrigeant & augmentant en tant que touchoit le chef de demande par eux formée, tendante à ce que les poinçons de charge & décharge du régisseur, seroient uniques pour la ville de Paris ; leur donner acte de la déclaration & reconnoissance faite par le régisseur, que pour satisfaire aux vues du corps de l'orfévrerie, il avoit effectivement fait fabriquer des poinçons de charge & de décharge uniques pour la ville de Paris, avec la *marque* distinctive d'une étoile qui étoit empreinte sur le côté de ces poinçons ; en conséquence leur adjuger leur premier chef de demande ; ce faisant ordonner, qu'à l'avenir il ne pourroit y avoir pour la ville de Paris, qu'un poinçon unique de charge & de décharge, lequel seroit absolument distinct de ceux des autres villes du royaume, & qu'afin qu'il pût jamais être changé ni contrefait, il seroit en outre étalonné sur le corps d'un n°. ou de telle autre *marque* distinctive, dont mention seroit faite sur le procès-verbal ; en tant que touchoit le deuxième chef de demande, à ce que défenses fussent faites au régisseur, de plus à l'avenir procéder sur les marchands orfévres à aucune saisie ; sous prétexte de suspicion de l'empreinte du poinçon de charge ; lorsque lesdits ouvrages seroient munis du poinçon de décharge par lui reconnu, ordonner que l'article 5 du titre des droits de *marque d'or & d'argent*, de l'ordonnance du mois de juillet mil sept cent quatre-vingt-un ; ensemble les arrêts de notredite cour, intervenus sur la matière, seroient exécutés selon leur forme & teneur ; ce faisant, faire défenses au régisseur & à son commis, de plus à l'avenir inquiéter ni molester les marchands orfévres de Paris, ni procéder sur eux à aucune saisie, sous prétexte de suspicion de l'empreinte du poinçon de décharge apposé sur leurs ouvrages ; lorsque le régisseur aura appliqué son poinçon de décharge sur lesdits ouvrages, & aura reçu les droits, & que ce poinçon de charge sera par

lui reconnu ; leur donner acte des déclarations & reconnoissances réitérées, faites à deux différentes reprises par le défenseur du régisseur à l'audience du 26 juillet dernier ; 1°. que lorsque les poinçons de charge & de décharge devenoient défectueux, il les faisoit biffer de son autorité ; 2°. qu'à l'époque du 7 juin 1780, les trois commis qui furent surpris par les gardes-orfévres, n'étoient point occupés à marquer des matières d'*or* & d'*argent*, mais bien au biffement des poinçons défectueux, dont lesdits gardes-orfévres ont sur le champ même demandé acte à l'audience ; 3°. que pour obliger lesdits marchands orfévres, ses commis alloient quelquefois marquer chez eux leur ouvrage ; ce faisant, ordonner que les édits & réglemens, concernant la manutention desdits poinçons de charge & de décharge du régisseur, & singulièrement le jugement contradictoire du conseil du 7 août 1685, seroient exécutés selon leur forme & teneur ; en conséquence ordonner 1°. que le régisseur ne pourroit à l'avenir faire procéder, soit à la fabrication de nouvelles matrices de ses poinçons de charge & de décharge, ainsi qu'au frappement desdits poinçons & insculpations d'iceux, au greffe de notredite cour, sans appeller les gardes-orfévres, à peine de nullité & de biffement, tant des matrices que des poinçons ; 2°. que lors du frappement de nouveaux poinçons, procès-verbal seroit dressé du nombre de ceux qui auroient été frappés, lesquels en conséquence seroient tous numérotés, de même que ceux de la maison commune, & insculpés par ordre de numéros sur la table de cuivre, qui seroit déposée au greffe de notredite cour, & en la présence de tel de messieurs qu'il plairoit à notredite cour commettre ; 3°. que les matrices, tant des poinçons de la maison commune, que de ceux de charge & de décharge du régisseur, seroient déposées dans un coffre commun, fermant à deux clefs, dont le régisseur en auroit une, & l'autre resteroit entre les mains des gardes orfévres, en telle sorte que lesdites matrices ne pussent être dans la libre disposition de l'un ni de l'autre ; 4°. & pour empêcher que le régisseur, ni les gardes orfévres pussent se servir desdits poinçons, hors du bureau & à des heures indues, ordonner pareillement que tous les poinçons, tant du régisseur que de la maison commune, seroient également renfermés dans un coffre à deux clefs, dont l'une seroit remise entre les mains du directeur, & l'autre en celles des gardes-orfévres ; 5°. que chaque jour de bureau & à l'ouverture d'icelui, il seroit remis au commis du régisseur le nombre ordinaire de poinçons destinés au service journalier de la régie, lesquels poinçons seroient après les heures du bureau renfermés dans le coffre commun du régisseur & desdits gardes, pour leur être remis journellement aux heures du bureau, de même que ceux de la maison commune ; 6°. qu'à fur & mesure de la détérioration desdits poinçons, ils seroient également renfermés de même que ceux de la maison commune, dans ce coffre commun,

pour

pour y rester jusqu'au biffement total ; à l'effet de quoi ordonner, que lorsque tous les poinçons seroient détériorés & hors de service, le régisseur seroit tenu de se présenter en notredite cour, pour en obtenir de nouveaux, le tout représentation préalablement faite des anciens, dans le même ordre de numéros qui lui auroient été donnés, de l'état desquels procès-verbal seroit dressé en présence des gardes-orfévres, d'après un procès-verbal d'experts, & vérification sur la planche de cuivre déposée au greffe de notredite cour, & insculpés dans leur état de défectuosité sur une pareille table de cuivre, pour y avoir recours au besoin ; au surplus leur donner acte de ce qu'ils s'en rapportoient à la prudence de notredite cour d'ordonner que les nouvelles matrices que le régisseur avoit fait fabriquer des nouveaux poinçons qu'il avoit fait frapper, pussent être employées, à la charge, par le graveur, d'affirmer pardevant le commissaire de notredite cour, lors du dépôt de la matrice & de l'insculpation des poinçons, la quantité de matrices qu'il a fabriquées, & le nombre des poinçons qu'il a tirés sur chacune desdites matrices, & encore à la charge par le régisseur de faire insculper lesdits poinçons sur la table de cuivre, par ordre de numéros, dans la forme ci-dessus indiquée & pratiquée par la maison commune ; ordonner que l'arrêt à intervenir seroit imprimé & affiché en tel nombre d'exemplaires qu'il plairoit à notredite cour, & condamner ledit Clavel, ès-noms, aux dépens, d'une part ; & ledit Henri Clavel, ès-dits noms, défendeur d'autre part ; sans que les qualités puissent nuire ni préjudicier aux parties ; après que Breton, avocat des gardes orfévres, & Boudet avocat d'Henri Clavel, ont été ouïs ; ensemble Me Charles-Henri DAMBRAY, avocat-général.

NOTREDITE COUR, après que par arrêt du neuf août du présent mois, il a été ordonné qu'il en seroit délibéré, & depuis en ayant délibéré, reçoit les parties respectivement opposantes aux arrêts par défaut, au principal, donne acte aux parties de Breton de la déclaration faite par la partie de Boudet, que pour satisfaire aux vues des parties de Breton, elle a fait fabriquer des poinçons de charge & de décharge, uniques pour la ville de Paris, avec la *marque* distinctive d'une étoile qui est empreinte sur le côté desdits poinçons ; en conséquence & du consentement desdites parties de Breton, autorise ladite partie de Boudet, à se servir des nouvelles matrices qu'elle a fait fabriquer, & des poinçons qu'elle a fait frapper sur icelles, à la charge par la partie de Boudet, ensemble par le graveur ou lesdits graveurs qui ont été employés à leur fabrication, d'affirmer lors de l'insculpation desdits poinçons, au greffe de l'élection, & pardevant l'officier présent, la quantité de matrices fabriquées, & le nombre de poinçons tirés sur icelles, & qu'il n'en a pas été tiré en plus grand nombre, lesquels poinçons seront au préalable rengrenés & reconnus ; en tant que touche la demande

des parties de Breton, à ce que défenses soient faites à ladite partie de Boudet, de plus à l'avenir procéder sur elles à aucunes saisies de leurs ouvrages, sous prétexte de suspicion de l'empreinte du poinçon de charge, lorsque lesdits ouvrages seront munis de l'empreinte du poinçon de décharge par elle reconnu ; fait défense à ladite partie de Boudet, de plus à l'avenir procéder à aucune saisie des ouvrages des parties de Breton, sous prétexte de suspicion de l'empreinte du poinçon de charge, lorsque celle du poinçon de décharge sera par elle reconnue, si ce n'est en arguant précisément de faux, ladite empreinte de charge, à peine de nullité ; en tant que touche la demande afin de réglement formée par lesdites parties de Breton, faisant droit sur ladite demande, ensemble sur les conclusions de notre procureur-général ; ordonne notredite cour sous notre bon plaisir :

ART. PREMIER. Le fermier ou régisseur des droits de *marque* sur l'*or* & l'*argent*, ne pourra à l'avenir faire fabriquer pour tout le temps de son bail ou régie, qu'une seule matrice pour chaque espèce de poinçons nécessaires à la régie pour la ville de Paris, lesquels poinçons seront différens de ceux qui devront servir pour les autres villes.

II. Que le fermier ou régisseur ne pourra à l'avenir faire procéder à la fabrication desdites matrices, & au frappement d'iceux poinçons, & à leur insculpations au greffe de l'élection, qu'en présence des maîtres & gardes de l'orfévrerie, ou eux dûement appellés.

III. Que ces matrices des différents poinçons du fermier ou régisseur, seront toutes renfermées dans un coffre dont lui seul aura la clef, lequel sera déposé dans un coffre commun, fermant à deux serrures différentes, de l'une desquelles ledit fermier ou régisseur aura la clef, l'autre restera entre les mains des maîtres & gardes en charge.

IV. Que lors du frappement des nouveaux poinçons, il sera par l'officier de l'élection y présent, dressé procès-verbal du nombre des poinçons qui aura été tiré de chaque espèce ; & le fermier ou régisseur sera tenu d'affirmer qu'il n'en a pas été tiré un plus grand nombre ; après quoi, en ladite présence & en celle des maîtres & gardes, ils seront renfermés dans un coffre commun fermant à deux serrures, de l'une desquelles ledit fermier ou régisseur aura la clef, l'autre restera entre les mains des maîtres & gardes en charge.

V. Que tous les poinçons du fermier ou régisseur, nécessaires au service journalier de la régie, seront tirés du coffre chaque jour, par nombre & espèce, à l'ouverture du bureau, & y seront pareillement renfermés par nombre & espèce à la clôture du bureau, en présence des maîtres & gardes, lesquels seront autorisés à être présens dans ledit bureau, tant qu'il sera ouvert, & que les commis y feront employés à la *marque* des ouvrages d'*or* & d'*argent*, & lefdits poinçons ne pourront jamais en aucuns cas être transportés hors du bureau, même du confentement des parties.

VI. Qu'à fur & à mefure de la détérioration des poinçons, ils feront en préfence de deux gardes au moins renfermés dans un coffre particulier deftiné uniquement à cet effet, fermant à deux ferrures différentes, de l'une defquelles ledit fermier ou régiffeur aura la clef, l'autre reftera entre les mains des maîtres & gardes en charge, pour refter dans ledit coffre jufqu'au biffement total qui ne pourra être fait que procès-verbal préalablement dreffé, en préfence d'un officier de l'élection & des maîtres & gardes, pour en conftater le nombre.

Sera obfervé pour le bureau de Largues, tout ce qui eft prefcrit par le préfent article & par le précédent.

VII. Que fi dans le courant du bail ou régie, il eft néceffaire de faire frapper de nouveaux poinçons, il y fera procédé comme il eft prefcrit par l'article IV; fur le furplus des demandes, fins & conclufions des parties, met les parties hors de cour, tous dépens compenfés, & fera le préfent arrêt, imprimé, publié & affiché par-tout où befoin fera. Si MANDONS, mettre le préfent arrêt à exécution. DONNÉ à Paris en nôtredite cour des aides, en la première chambre, le trente-unième jour d'août, l'an de grace mil fept cent quatre-vingt-deux, & de notre régne le neuvième.

Collationné par la cour des aides. LE PRINCE.

Quant au *titre* il eft déterminé de la manière ci-deffous.

ARRÊT DE LA COUR DES MONNOIES,

Qui ordonne l'exécution des réglemens pour le titre des matières & ouvrages d'or & d'argent.

Du 13 décembre 1783.

Vu par la cour, la requête préfentée par les maîtres & gardes du corps de l'orfévrerie, joyaillerie, tireurs & bateurs d'or, de la ville de Paris, expofitive que tous les ftatuts, ordonnances & réglemens du corps de l'orfévrerie, & notamment l'article 17 du réglement général du 30 décembre 1699, enjoignent à tous les maîtres orfévres d'employer les matières d'*or* & d'*argent* au *titre* & dans les remèdes prefcrits par les ordonnances. C'eft en exécution de tous ces réglemens, que lorfque les fuppliants préfentent des maîtres, la cour les interroge particulièrement fur l'alliage des matières d'*or* & d'*argent*; cependant depuis quelque temps nombre de maîtres du corps des fuppliants faifant ufage de laminoirs, s'ingèrent de laminer de l'*or* & de l'*argent* à très-bas titre: ils vendent même des pièces de bijoux montés & du carré ainfi que des fils d'*or* & d'ar-

gent tirés à la filière, à bas titre, & fourniffent tous les faux ouvriers qui travaillent en contravention & fans qualité dans les lieux privilégiés ou dans des greniers, où les fuppliants ne peuvent les vifiter ni les découvrir. Lorfque les fuppliants fe trouvent en vifite chez les maîtres orfévres qui vendent ces fortes d'ouvrages à bas *titre*; ces derniers prétextent que c'eft de la foudure, & à l'égard des pièces de bijoux montés, ils les préfentent comme des corps de bagues, cachets & autres; ces orfévres vendent auffi ce qu'ils appellent du doublé, qui eft de l'*argent* ou du cuivre doublé d'*or*, quoique les réglemens défendent la vente de ce doublé, ainfi que des foudures d'*or* & d'*argent*. Il eft aifé de concevoir de quelle conféquence il eft pour la communauté de réprimer de pareils abus; les réglemens exiftent, il n'eft queftion que d'en ordonner l'exécution; ces réglemens n'accordent le commerce des matières d'*or* & d'*argent* travaillées & préparées par la fabrique, qu'à l'orfévre feul; il eft défendu à l'orfévre de vendre & débiter au-deffous des titres prefcrits par les ordonnances; le laminage eft une préparation; les pièces laminées doivent être employées telles qu'elles font vendues; elles doivent donc être au *titre*, & fi elles ne font point au *titre*, les orfévres ne peuvent les vendre; cette vente eft donc une prévarication à la loi, qui eft en partie caufe des abus multipliés qui en font réfultés, & qui alimente les faux ouvriers; du moment que les faux ouvriers ne pourront plus trouver de ces matières à bas *titre* à acheter, ils ne pourront plus travailler à fi bon marché; ils feront donc obligés de renoncer au travail d'orfévrerie, & de fe placer comme compagnons chez les maîtres, & le public ne fera plus dans le cas d'être trompé fur les achats qu'il fera. C'eft pour remédier à ces abus, que les fuppliants ont été confeillés d'avoir recours à l'autorité de la cour; ils ne doutent point que le miniftère public ne concoure à requérir l'exécution des réglemens; par laquelle requête les fuppliants ont conclu à ce qu'il plût à la cour ordonner que les ftatuts, ordonnances & réglemens de l'orfévrerie, & notamment l'article 17 du réglement général de l'orfévrerie, du 30 décembre 1679, fera exécuté felon fa forme & teneur; en conféquence, faire défenfes à tous maîtres orfévres de fabriquer & vendre aucune matière d'*or* & d'*argent* laminée, travaillée & préparée, foit en fil ou carré, ou moulé, qu'aux titres prefcrits par les ordonnances & réglemens, à fçavoir, pour l'*argent* au *titre* de onze deniers douze grains, à deux grains de remède, & pour l'*or* au *titre* de vingt karats un quart au remède d'un quart de karat; comme auffi faire défenfes à tous maîtres orfévres de vendre aucune foudure d'*or* & d'*argent* en cuivre, le tout à peine de confifcation defdites matières qui ne fe trouveront point au *titre*, même d'interdiction de la maîtrife; ordonner que l'arrêt à intervenir fera imprimé, lû, publié & affiché par-tout où befoin fera; ladite requête fignée Delaguette, procureur: conclufions du procureur-général du roi: ouï le rapport de Mᵉ. Claude-Jacques-Pierre de la Chaſtre, conſeiller à ce commis, tout conſidéré.

LA COUR, faiſant droit ſur la requête des ſupplians, ordonne que les ſtatuts, ordonnances & réglemens de l'orfévrerie, & notamment l'article 17 du réglement général de l'orfévrerie, du 30 décembre 1679, ſeront exécutés ſelon leur forme & teneur; en conſéquence, fait défenſes à tous maîtres orfévres, de fabriquer & vendre aucune matière d'or & d'argent laminée, travaillée & préparée ſoit en fil, ou carré, ou moulé, qu'aux titres preſcrits par les ordonnances & réglemens, à ſçavoir, pour l'argent, au titre de onze deniers douze grains, à deux grains de remède, & pour l'or, au titre de vingt karats un quart, à remède d'un quart de karat; comme auſſi fait défenſes à tous maîtres orfévres de vendre aucune ſoudure d'or & d'argent, ni aucune doublure d'or & d'argent en cuivre, le tout à peine de conſiſcation deſdites matières qui ne ſe trouveront point au titre, même d'interdiction de la maîtriſe: ordonné que le préſent arrêt ſera imprimé, lû, publié & affiché par-tout où beſoin ſera. Fait en la cour des monnoies, le treiziéme jour de décembre mil ſept cent quatre-vingt-trois. Collationné, ſigné GEUDRÉ.

ORGAGIS. Toiles blanches de coton qui viennent des Indes orientales. C'eſt une des ſortes de baffetas. On les appelle Orgagis, du lieu où elles ſe fabriquent.

ORGANDY. Sorte de mouſſeline ou toile de coton.

ORGANSIN ou ORGENSIN. C'eſt de la ſoie ouvrée & apprêtée, c'eſt-à-dire, qui eſt filée & moulinée.

L'orgenſin eſt compoſé de quatre brins de ſoie, qui ont d'abord été filés & moulinés ſéparément deux à deux; & qui étant une ſeconde fois remis au moulinage tous quatre enſemble, ne compoſent plus qu'un ſeul fil.

Les orgenſins empruntent ordinairement leur nom des pays & villes où on les apprête, & d'où on les tire; tels ſont les organſins de Milan, de Bologne, de Bergame, de Reggio, de Piémont & de Breſſe. Ceux de Meſſine, ville du royaume de Sicile, ſe nomment organſins de Sainte-Lucie. Ils ſont avec ceux de Bologne les plus eſtimés.

ORGE. On appelle futaines à grains d'orge, une ſorte de futaine ouvragée; ſur laquelle le tiſſerand a relevé des façons aſſez ſemblables au grain de l'orge.

Les ciſeleurs appellent grains d'orge, de petits ciſelets dont la pointe eſt ronde & fort aiguë.

Les imprimeurs donnent auſſi le nom de grains d'orge aux caractères en lozange qui leur ſervent à imprimer les notes du plein-chant qui doivent être brèves.

ORIENTAL. Ce qui eſt ſitué vers l'Orient. Il ſe dit particulièrement des grandes Indes, ces vaſtes

pays où il ſe fait par les nations d'Europe un ſi grand & ſi riche négoce.

ORIENTAL. Se dit auſſi de ce qui naît en Orient, de ce qui en vient. Des perles Orientales, des marchandiſes Orientales.

ORIGINAIRE. Quelques marchands appellent marchandiſe originaire, celle qui croît & qui ſe fait dans un pays, & avec des matières du pays même. Il eſt peu d'uſage.

ORIGNAC ou ORIGNAL. C'eſt ainſi que les peuples de Canada & de toute l'Amérique ſeptentrionale nomment une ſorte d'animal ſauvage, que nous appellons ordinairement ellend, qui s'écrit auſſi élant.

ORIPEAU. Lame de léton fort mince & fort battue, qu'on employoit autrefois dans les étoffes de faux or. On ne s'en ſert plus, & le nom n'en eſt reſté que pour mépriſer les vieilles étoffes ou gallons d'or qui ne ſont plus de mode, & pour tourner en ridicule ceux qui s'en ſervent. Cette étoffe n'eſt que de l'oripeau. Cet homme croit être bien paré avec ſon oripeau.

ORLÉANE. C'eſt ainſi que cette drogue propre à la teinture, eſt nommée en France rocou.

OROBE. Plante dont la ſemence & la racine ſont de quelque uſage dans la médecine & pour la teinture.

ORPIMENT ou ORPIN. L'orpiment eſt en pierre de différentes groſſeurs & figures. Pour ſa couleur elle eſt toujours jaune, mai mêlée de quelques autres nuances, comme jaune-doré, jaune-rouge & jaune-verd; quelquefois même il y en a de preſque rouge, qui eſt le vrai ſandarac des Grecs.

ORSEILLE, qu'on appelle auſſi ORCHEL & URSOLLE, eſt une petite mouſſe ou croute qui ſe forme ſur les pierres & les rochers des montagnes; & qui étant apprêtée avec la chaux & l'urine, fait une fort belle nuance de couleurs.

L'orſeille des Cánaries eſt la plus eſtimée de toutes.

ORT. (Terme de douane & de commerce) Peſer ort, ſignifie peſer les marchandiſes avec les emballages.

Le tarif de 1664, & l'ordonnance des cinq groſſes fermes de 1684, portent que toutes marchandiſes qui paient les droits au poids, à la réſerve de celle d'or & d'argent, & des épiceries, ſeront peſées avec leur emballage.

ORTEZ. Ville de France dans le Béarn. Elle eſt du département de l'inſpecteur des manufactures de Bordeaux; ſon principal négoce ſe fait en Eſpagne, où elle envoie quantité de draperies qu'elle tire d'ailleurs, n'en ayant aucune fabrique. Celles qui y ſont établies & qu'on eſtime beaucoup, ſont les cuirs de tannerie.

ORTIE. Plante très-commune en France, dont

Xx ij

on tire une espèce de filasse propre à faire de la toile.

On appelle *toile d'ortie*, la toile qui est faite de la filasse qui se tire de cette plante; elle est un peu grisâtre, & l'on s'en sert le plus souvent en écru. *Voyez* l'article DES TOILES.

O S

OS. Partie dure & solide des animaux, qui soutient toute la masse de leurs corps & de leurs chairs.

Les *os* de bœuf, de vache, &c. brûlés & calcinés, servent à faire cette sorte de noir que l'on nomme *noir d'os*; si en usage chez les peintres.

Ces mêmes *os* servent encore à faire plusieurs ouvrages de tabletterie, de tour & de coutellerie à la place de l'yvoire, & s'ils ne sont pas si blancs au commencement, du moins ils ne jaunissent pas si-tôt dans la suite.

Os de sèche, n'est autre chose qu'une espèce d'*os* qui se rencontre sur le dos d'un poisson qui porte ce nom. Cet *os* est fort en usage chez les orfévres & chez les fondeurs, pour faire des moules.

OSIER. *Arbuste* dont les branches sont très-flexibles.

O U

OUATE. Espèce de coton très-fin & un peu lustré.

Quoique quelques auteurs prétendent que la véritable *ouate* se trouve en Orient autour de quelques fruits à qui elle sert de première enveloppe; il est néanmoins certain que la *ouate* est produite dans les gousses d'une plante qui croît communément en Egypte.

Il y a encore une sorte de coton que l'on nomme aussi *ouate*, quoiqu'improprement; ce n'est autre chose que la bourre ou première soie qui couvre la coque des vers à soie; on la fait bouillir, & après cette seule préparation on la vend pour la véritable *ouate*, quoiqu'elle n'en approche en aucune manière, ni pour la finesse, ni pour la beauté.

Ces *ouates* ne servent que pour fourer des robes de chambre, des courtepointes & autres meubles ou habillemens qu'elles rendent très-chauds sans les rendre pesants. Elles ont communiqué leur nom à presque toutes les autres fourrures qui se mettent entre deux étoffes, & l'on appelle communément *ouaté*, une robe fourée, un jupon, &c. quoique le plus souvent on y emploie simplement que du coton ordinaire ou de la laine.

OURDON, ou PETIT SENÉ. C'est une espèce de plante dont les feuilles se trouvent dans le fond des couffes ou balles de *séné*; souvent ce n'est que du plantin séché & brisé que les colporteurs vendent pour du véritable *séné*.

OURS. Animal féroce, assez connu pour qu'il ne soit pas nécessaire d'en faire la description.

La peau d'*ours* est une pelleterie fort estimée, & il se fait un grand commerce de cette sorte de fourure, soit qu'elle soit de jeunes bêtes qu'on appelle *oursins* & *oursons*, soit qu'elle soit de vieux animaux. La peau de ces derniers s'emploie ordinairement en housse ou couvertures de chevaux, & en sacs pour tenir les pieds chauds pendant les plus grands froids de l'hyver; des *oursins* on en fait des manchons & autres ouvrages de pelleterie.

Outre la grande quantité de peaux d'*ours* que vendent les marchands pelletiers, les épiciers-droguistes en vendent aussi la graisse ou suif qu'ils font venir ordinairement de Suisse, de Savoie, & de Canada.

La graisse d'*ours* pour être de bonne qualité doit être nouvelle fondue, grisâtre, gluante, d'une odeur forte & assez mauvaise, & d'une consistance moyenne; celle qui est trop blanche est sofistiquée & mêlée de suif ordinaire.

OURSIN, que l'on appelle OURSON. Petit *ours* dont la peau est fort estimée pour les fourures.

OURSON. C'est la même chose qu'*oursin*. On appelle aussi *oursons* les manchons qui sont faits de la peau d'un jeune ours.

OUTIL. Instrument dont les ouvriers & artisans se servent pour travailler aux différens ouvrages de leur profession, art & métier.

OUTRE, que l'on appelle aussi simplement BOUC. C'est la peau de l'animal appellé *bouc*, qui étant encore garnie de son poil, cousue & préparée d'une certaine façon, sert comme de baril, pour renfermer les liqueurs, afin de les pouvoir transporter avec plus de facilité.

En Espagne les *outres* sont d'un assez grand usage pour les vins; & en France on s'en sert très-ordinairement pour les huiles.

OUTREMER. Nom qu'on donne au bleu qui se fait avec la pierre d'azur ou *lapis lazult*. Ce bleu est regardé comme la couleur la plus précieuse que les marchands épiciers & droguistes ayent dans leurs boutiques & dont ils fassent commerce. Son plus grand usage est pour la peinture.

OUTRE-MOITIÉ. Ce qui est au-delà de la moitié. La lezion *outre-moitié* suffit pour faire revenir un acheteur contre le contrat d'une chose achetée.

OUVERT. On appelle entre marchands, négocians & banquiers, un *compte ouvert*, celui qui n'est point arrêté, où l'on ajoute journellement des articles, soit en recette, soit en dépense. *V.* COMPTE.

On dit aussi que les ports sont *ouverts*, quand les vaisseaux marchands peuvent entrer ou en sortir, & y faire leur commerce en liberté.

OUVERTURE. On appelle l'*ouverture* d'une foire, le jour fixé par le magistrat, pour y commencer l'achat & la vente des marchandises. L'*ouverture* de la foire de S. Germain & de la foire de S. Laurent, se publie à Paris à son de trompe, & se fait en vertu d'une ordonnance du lieutenant-général de police, qu'on affiche aux principaux carrefours de la ville.

OUVRABLE. Jour *ouvrable*, c'est celui où il est permis aux marchands & artisans d'ouvrir leurs boutiques, & d'y vendre, acheter & travailler en toute liberté. Il se dit par opposition aux jours de fêtes, pendant lesquels les boutiques restent fermées, où il n'est permis aucun commerce que des denrées les plus nécessaires à la vie, & seulement des autres marchandises que dans une nécessité & des cas extraordinaires. On dit aussi *jour ouvrier*.

OUVRAGE. Se dit dans le négoce de ce qui est fait par la main des ouvriers, manufacturiers & artisans, chacun suivant le privilége ou permission qu'ils en ont par les statuts & réglemens de leurs corps & communauté. En ce sens on dit, des *ouvrages* de bonneterie, de pelleterie, de menuiserie, de cordonnerie, & ainsi du reste, pour signifier les *choses* que les bonnetiers, pelletiers, menuisiers, cordonniers & autres marchands & artisans ont droit de fabriquer & de vendre.

OUVRAGES NOIRS. Ce sont les gros *ouvrages* de fer que peuvent forger les maîtres maréchaux en vertu de leurs statuts, comme sont des socs de charrues, des houes, des fourges, &c.

OUVRÉ. Qui est travaillé. On dit du fer, du cuivre, du léton *ouvré*, &c.

Ce terme est très-commun dans les tarifs pour la perception des droits d'entrée ou de sortie qui se lèvent sur les marchandises; & l'on lui oppose presque toujours celui de non *ouvré*, c'est-à-dire, qui n'est pas travaillé. Le fer non-*ouvré* est du fer en barres; le cuivre non-*ouvré*, est le cuivre en lames; & ainsi des autres métaux.

Le linge *ouvré* est celui sur lequel le tisserant a fait divers ouvrages, & représenté des figures, des fleurs, des compartimens. On l'appelle aussi *linge damassé*. Ce linge ne s'emploie qu'au service de la table, ou tout au plus à faire des rideaux de fenêtres.

OUVRIER. Se dit en général de tout *artisan* qui travaille de quelque métier que ce soit.

OUVRIR UN COMPTE. C'est le placer dans le grand livre.

OUVROIR. Vieux mot qui signifie *boutique*. Il signifie encore aujourd'hui ces *légères boutiques mobiles*, faites de bois, qu'ont les maîtres savetiers de Paris presque à tous les coins des rues, & derrière lesquelles ils étalent leur marchandise, & travaillent de leur métier. On les appelle autrement des *états* ou *étaux*. Ces deux termes sont employés en ce sens dans les sept & trentième articles de leurs nouveaux statuts.

O X

OXICEDRE. C'est un arbre de différentes grandeurs, ordinairement tortu, dont les feuilles sont longues & piquantes, toujours vertes, & ce semble même davantage en hyver. Son fruit verd dans son commencement, devient rouge en meurissant.

L'on tire du tronc de cet arbre en y faisant des incisions, une gomme très-claire & très-transparente, qui est le véritable sandarac, mais que l'on voit rarement en France, & à laquelle on substitue la gomme du genèvre.

C'est du bois de l'*oxicedre* que l'on tire par la cornue la vraie huile de cade, autrement *cedria*, pour laquelle, à cause de sa rareté, on emploie ou l'huile tirée du grand & petit genèvre, ou l'huile claire de la poix, à qui le nom d'*huile de cade* est resté.

La véritable huile de cade est souveraine pour les dartres vives & farineuses; on s'en sert également pour guérir la galle des chevaux, des bœufs & autres bestiaux.

O Y

OYE. Cet oiseau est d'un grand rapport, & l'on en tire plusieurs marchandises pour le commerce, outre le profit qu'il fait pour la cuisine lorsqu'on l'engraisse.

Le duvet, qui est une plume fine & délicate, se tire du col, de dessus le ventre, & de dessous les ailes. Quelques-uns en font trois récoltes par an, & d'autres seulement deux. Ceux qui n'en font que deux, ôtent la première plume au printemps, & la seconde au mois de novembre: cette dernière plus modérément à cause de l'approche de l'hyver.

Quand on veut faire trois récoltes de duvets, l'une se fait à la fin de mai, après leur première ponte; l'autre à la S. Jean, & la troisième au mois d'août. Mais dans quelque temps qu'on ôte le duvet, il faut attendre qu'il soit mûr, ce qui se reconnoît lorsqu'il commence à tomber de lui-même, autrement les vers s'y mettent à cause du sang qui sort au bout du tuyau lorsque la plume n'est pas en maturité.

La plume d'oye morte n'est pas si bonne que celle de l'*oye* vivante, & a ordinairement une odeur forte & de relend.

Les marchands épiciers & droguistes en gros, les tapissiers & les merciers, font le commerce du duvet. Il y a même de ces derniers qui ne font que ce négoce. Les tarifs appellent le duvet, *plume à lit*.

Les plumes à écrire sont une seconde marchandise que l'*oye* fournit au commerce; elles se tirent des ailes de l'oiseau, au mois de mars & au mois de septembre.

Il y en a de deux sortes, les grosses plumes & les bouts d'ailes. Elles se vendent par les merciers papetiers, au millier, au cent, au quarteron, après les avoir préparées & affermies en les passant légèrement sous de la cendre chaude, & les avoir mises en paquets qui sont liés ordinairement en trois endroits.

Les cuisses d'*oyes* salées qu'on tire de Bayonne &

d'Auch, & qui font fort eftimées, font une troifiéme marchandife que fourniffent ces oifeaux.

Enfin, la graiffe d'*oye* eft une quatriéme marchandife qu'on en tire. Elle fert en médecine, & pénètre, refout & rarefie facilement. On lui donne plufieurs qualités, mais ces propriétés ne font pas de ce Dictionnaire.

On appelle *merde d'oye*, une couleur jaunâtre mêlée de verd, qui reffemble en quelque forte à l'excrément de cet oifeau.

P

P. Quinziéme lettre de l'alphabet François. Les teneurs de livres, banquiers & négocians, s'en servent pour les abréviations suivantes. P. signifie *protesté* ou *payé*. AP. *à protester*. ASP. *accepté sous protêt*. ASPC. *accepté sous protêt, pour mettre à compte*. P̃. *pour cent*.

PACT. Ce terme signifie *traité*, *accord*, *promesse*, *convention*. On s'en sert quelquefois dans le commerce, particulièrement dans les provinces. Les termes de *traité*, *accord*, *promesse*, *convention*, sont plus d'usage. On les trouve néanmoins dans la Porte & autres auteurs modernes qui ont écrit du commerce.

PACOS. Est une espèce extraordinaire de *brebis* qui se trouve dans le Pérou, dont la laine est très-longue & très-fine, & peut s'employer à quantité de beaux ouvrages.

PACOTILLE, que quelques-uns écrivent aussi **PAQUOTILLE**. Terme de commerce de mer, qui signifie *un certain poids*, *volume* ou *quantité de marchandises* qu'il est permis aux officiers, matelots & gens de l'équipage, d'embarquer pour en faire commerce pour leur compte : on l'appelle aussi *portée*.

La pacotille ne paie aucun fret, ni pour l'aller ni pour le retour; il n'en est pas même ordinairement fait de mention dans les engagemens, étant une convention particulière & verbale, qui se fait entre l'équipage & les propriétaires des navires marchands, singulièrement de ceux destinés pour aller négocier dans les pays éloignés, par des voyages de long cours.

PACTION. Signifie *accord* & *convention*. On le dit aussi des diverses clauses qu'on met dans quelque marché ou traité.

PADAN. Monnoie de compte qui est en usage dans les états du Mogol. Un *padan* de roupies vaut cent mille courous de roupies, & un courou cent mille lack, un mille vaut cent mille *padans*. *Voyez* LA TABLE DES MONNOIES.

PADOÜE ou **PADOU**. Espèce de ruban, ordinairement composé de soie & de fleuret; il y en a aussi de pur fleuret, & même quelquefois de fleuret & de fil. Cette sorte de ruban sert à border les jupes, jupons, robes de chambres & autres habillemens de femmes; on en borde aussi les soutannes des gens d'églises, les robes de palais, &c. enfin on l'emploie à plusieurs sortes d'ouvrages de couturières, de tailleurs, de tapissiers & de chasubliers.

L'on fabrique en France des *padoues* en divers endroits; mais les meilleurs qui se fassent, sur-tout de ceux où il entre de la soie & du fleuret, sont les *padoues* de Lyon, qu'on appelle de la sorte, non

qu'ils s'y fabriquent tous, mais parce que c'est de cette ville que les marchands de Paris les tirent, quoique les ouvriers qui les travaillent ayent pour la plupart leurs métiers à St. Etienne petite ville de Forest, & à St. Chaumont autre petite ville du Lyonnois.

Il y a des *padoues* de toutes couleurs & de toutes largeurs. Il ne s'en fait pourtant que de quatre numéros, c'est-à-dire, de quatre sortes dans les fabriques du Lyonnois & du Forest. Ces numéros sont :

N°. 2, qui porte neuf lignes, ou les trois quarts du pouce de roi, de largeur.

N°. 3, qui est d'un pouce trois lignes.

N°. 5, qui est d'un pouce six lignes.

Le dernier numéro, qui n'a pas toutefois de chiffre qui le désigne, est très-large; & a au moins trois pouces dix lignes qui est la plus grande largeur qui se fabrique en *padoue*.

Les pièces de *padoue* sont ordinairement de vingt-quatre aunes.

PAENSZAJIE. *Monnoie d'argent* qui a cours en Perse. *Voyez* LA TABLE DES MONNOIES.

PAGIAVELLE. Certain compte des pièces de marchandise dont on se sert en quelques lieux des Indes orientales, lorsque l'on vend en gros; ce qui est à proportion, comme ce qu'on appelle en France, une *grosse*. Les toiles se vendent à Pegu, au *pagiavelle* de quatre pièces.

PAGODE. Monnoie d'or qui a cours en quelques royaumes & états des Indes orientales, particulièrement dans ceux des royaumes de Golconde & de Visapour, & des Rayas de Carnatica & de Velouche. On s'en sert aux mines de diamans pour le paiement de cette précieuse marchandise.

Les *pagodes* sont rondes, du poids à peu près des demi-pistoles d'Espagne, mais elles sont à beaucoup plus bas titre : il y a aussi des demi-*pagodes*. Les unes & les autres, c'est-à-dire, les *pagodes* & les demies, se distinguent en vieilles & en nouvelles; ce qui fait une grande différence. Les vieilles quoiqu'à peu près du même or que les nouvelles, valent quelquefois quinze & vingt, & souvent vingt-cinq pour cent davantage que ces dernières.

Les nouvelles *pagodes* portent différentes empreintes ou figures suivant les divers princes qui les font frapper; mais communément les vieilles n'ont qu'un petit point couvert, & comme couronné d'une espèce de chevron brisé.

Il y a aussi des *pagodes* que quelques nations d'Europe, qui ont de grands établissemens aux Indes, y font frapper. Les Anglois en fabriquent au fort de St. Georges, autrement Madras-patan; elles sont du même poids, du même titre, & paſſent pour la même valeur que celles du pays.

Celles que les Hollandois font battre à Palicate, font du même poids que celles des Anglois, mais le titre en eſt meilleur de deux ou trois pour cent, & par cette raiſon ſont plus eſtimées & plus recherchées que les Angloiſes, & mêmes que celles des rois & des rajas du pays.

PAGODE. C'eſt auſſi une monnoie d'argent qui ſe fabrique à Narſingue, Biſnagar & quelques lieux voiſins. Ces *pagodes* ſont ordinairement marquées d'un côté, de la figure monſtrueuſe d'une idole Indienne, ce qui leur a donné le nom de *pagode*, qui eſt le nom général de toutes les fauſſes divinités des Indiens, & des temples où ils les adorent ; de l'autre côté, au revers de l'idole, eſt un roi aſſis ſur un char tiré par un éléphant.

Il y a des *pagodes* de divers prix & à divers titres ; les moindres ſont de huit tangas, à prendre le tanga pour quatre-vingt-dix ou cent baſarucos des Indes.

PAIGNES. Eſpèces de *tapis* ou *couvertures*, dont les Négres des côtes de Guinée ſe couvrent. Elles ſont ordinairement teintes avec de l'indigo. Il s'en fait un très-grand commerce par les Portugais qui ſont établis à Cachea & en d'autres lieux de cette côte ; ils en font la traite avec les Négres qui les revendent enſuite à ceux chez qui il ne s'en fait pas.

PAILLE. Signifie, *en terme de joyaillerie*, un défaut qui ſe trouve dans les pierres précieuſes, particulièrement dans les diamans, c'eſt-à-dire, quelque petit endroit obſcur, étroit & un peu long, qui ſe trouve dans le corps de la pierre, & qui en interrompt l'éclat & le brillant.

Quelques-uns confondent la *paille* avec la glace & la ſurdité, mais ces trois défauts ſont différens. Les *pailles* diminuent conſidérablement le prix du diamant.

PAILLE. C'eſt encore un endroit défectueux dans les métaux, qui les rend caſſants & difficiles à forger ; on le dit ſur-tout du fer & de l'acier. Ce fer eſt plein de *pailles*. L'acier aigre a toujours des *pailles*.

PAILLES de fer, *pailles* d'acier. Ce ſont des eſpèces d'écailles qui tombent de ces métaux quand on les forge à chaud. Elles ſervent à faire le noir & quelques autres couleurs de peintres ſur verre.

PAILLET. Il ne ſe dit que des liqueurs, & particulièrement du vin. Le vin *paillet* eſt du vin rouge, mais d'un rouge foible & très-clair.

PAILLETTE. Petite particule d'or que l'on recueille dans les lavadores, dans quelques rivières, dans des torrens & dans les lieux où il y a des mines de ce riche métal. Il ſe fait ſur les côtes d'Afrique & ſur tout le long de la côte d'or, un grand négoce de ces *paillettes* d'or. On les y appelle de *la poudre d'or*.

Il y a auſſi des *paillettes* d'argent, mais elles ne ſe trouvent que dans les mines de ce métal. On appelle *arpailleurs*, les ouvriers des mines qui ont

soin d'y recueillir tous ces petits grains d'or échappés à la première recherche.

PAILLETTE. Se dit auſſi des petits grains d'or ou d'argent ronds & applatis, & percés au milieu, dont on parſeme quelquefois les broderies pour leur donner plus d'éclat. On ne s'en ſert plus guères que pour des ornemens d'égliſe & pour des habits de théâtre & de maſque ; mais ces dernières ne ſont que de léton doré ou argenté. On fait auſſi des *paillettes* d'acier qu'on mêle dans les jays blancs & noirs dont on fait des broderies pour le petit deuil des femmes.

PAILLONS. Eſt un nom que l'on donne à de petites feuilles quarrées de cuivre battu très-minces, colorées d'un côté, que l'on met par petits morceaux au fond des chatons des pierres précieuſes & criſtaux. *Voyez* BOESTE A LA FEUILLE.

PAIN. Maſſe de pâte cuite, qui ſert de principale nourriture à l'homme.

Ce ſont les maîtres boulangers de la ville de Paris qui paîtriſſent, qui font cuire, & qui débitent le *pain* aux habitans de cette grande ville.

Il eſt néanmoins permis aux boulangers des petites villes & villages des environs d'y apporter leurs *pains* & de les expoſer en vente les jours de marchés fixés aux mercredi & ſamedi de chaque ſemaine. Les boulangers de la ville & ceux des fauxbourgs qui compoſoient autrefois des communautés ſéparées, ont été réunis ſous le règne de Louis XIV, par un édit du mois d'août 1711.

Les boulangers de Paris auſſi-bien que ceux de la campagne, qui apportent leur *pain* aux marchés les mercredis & les ſamedis, doivent les marquer par deſſus, afin que le bourgeois qui l'achete en puiſſe connoître le poids.

Pour prendre le poids juſte il faut obſerver une certaine proportion entre la pâte avant de la mettre au four, & le *pain* lorſqu'il eſt cuit, à cauſe du déchet de la cuiſſon qui eſt toujours plus conſidérable pour le petit que pour le gros *pain*.

Le *pain* qui s'expoſe au marché eſt ordinairement de douze livres pour le plus gros qu'on appelle *pain de braſſe*, & deux livres pour les moindres qu'on nomme *petits pains*. La proportion du poids de la pâte crue & de celui du *pain* au ſortir du four, pour les diverſes peſanteurs qui ſont depuis les *pains* de douze livres juſqu'à ceux de deux livres, eſt d'une livre pour ceux de douze, de trois quarts pour ceux de dix & de huit, de demi-livre pour ceux de ſix & de cinq, & d'un quart pour ceux de trois & de deux. Il ſe fait auſſi des *pains* de neuf, de ſept & de quatre livres, dont on regle le déchet ſur le pied de ceux dont ils approchent le plus.

PAIN A CHANTER. C'eſt du *pain* ſans levain qui ſert à la conſécration dans le ſacrifice des catholiques. Il eſt fait de la plus pure farine de froment entre deux plaques de fer gravées en forme de gaufrier, que l'on frotte d'un peu de cire blanche pour empêcher que la pâte n'y tienne. Ce ſont les pâtiſſiers-oublieurs qui les font ; il y a pluſieurs maîtres qui ne vivent que de ce métier.

PAIN BENI, OU PAIN A BENIR. *Pain* que l'on offre à l'égliſe pour le benir, & qui ſe partage & ſe diſtribue aux fidèles qui aſſiſtent au ſervice divin dans les égliſes catholiques. Il ſemble tenir lieu des agapes ou feſtins ſacrés des premiers chrétiens. Ce ſont les pâtiſſiers qui le font.

PAIN D'ÉPICE. Sorte de *pain* aſſaiſonné d'épices, qu'on pétrit avec l'écume de ſucre ou avec le miel jaune.

On appelle *pain-d'épicier* celui qui fait ou qui vend le *pain d'épice*. A Paris les pain-d'épiciers forment une communauté particulière qui a des ſtatuts & des jurés pour les faire exécuter.

PAIN. Se dit auſſi de pluſieurs corps ou matières que l'on réduit en maſſe pour en faciliter le tranſport & le commerce.

PAIN DE BOUGIE. C'eſt de la *bougie* filée que l'on a tortillé ou pliée d'une certaine manière pour s'en pouvoir ſervir plus commodément.

PAIN DE CIRE. C'eſt une maſſe de *cire* plate & ronde, d'environ un pied de diamètre & de trois pouces de hauteur.

PAIN DE SUCRE. C'eſt du *ſucre* affiné que l'on dreſſe dans des moules de figure conique, & que l'on vend enveloppé de gros papier bleu ou gris.

PAIN DE SAVON, qu'on appelle plus ordinairement *table de ſavon*. C'eſt du ſavon dreſſé dans des moules d'un pied & demi en quarré & d'environ trois pouces de hauteur.

Il y a cependant quelque différence entre la *table* & le *pain de ſavon*, la table s'entendant du ſavon au ſortir du moule, & le pain lorſque la table a été coupée en morceaux.

PAIN DE CRAYE. C'eſt un morceau de *craye* de forme quarrée, arrondie, long de ſix pouces & épais de trois à quatre.

PAIN DE LIE. C'eſt la *lie* ſeche que les vinaigtiers tirent de leurs preſſes après en avoir exprimé tout le vin pour faire leur vinaigre.

PAIN D'ACIER. C'eſt une ſorte d'*acier* qui vient d'Allemagne ; il eſt différent de celui que l'on appelle *acier en bille*.

PAIN DE ROSE, qu'on nomme auſſi *chapeau de roſes*. C'eſt le marc des roſes qui reſte dans les alembics après qu'on a tiré l'eau, l'huile ou les autres extraits.

PAINS, que l'on appelle autrement *meules* & quelquefois *pièces*. Ce ſont de grands fromages plats & ronds, de la forme des meules à remouleurs. Il en vient d'Italie, de Suiſſe & d'Angleterre de diverſes grandeurs & de différens poids.

PAINS DE NAVETTE, DE LIN, DE COLZAT, &c. On nomme ainſi en Hollande & en Flandre le réſidu de ces graines, dont on a exprimé l'huile par le moyen de la preſſe ; on les appelle auſſi *gâteaux*.

PAIRE. Signifie *deux choſes parfaitement ſemblables*, dont l'une ne ſe vend preſque jamais ſans l'autre. Une *paire* de pendans d'oreilles, une *paire*

de bas, de gants, de jarretières, de ſouliers, de pantoufles, de chauſſons, de chauſſettes, de manches, de manchettes, de chenets, de piſtolets d'étrivières, d'étriers, &c.

PAIRE. Se dit auſſi de certaines marchandiſes compoſées de deux parties pareilles, encore qu'elles ne ſoient point diviſées. Une *paire* de lunettes, de mouchettes, de ciſeaux, de forces, de tenailles, de pincettes, de ſangles, &c.

PAIRE. Se dit encore par extenſion d'une choſe ſeule qui n'eſt point appariée. Ainſi l'on dit, une *paire* de tablettes, une *paire* d'heures, une *paire* de vergettes, de décrotoires, &c. pour dire des tablettes, un livre d'heures, des vergettes, des décrotoires.

PAISSEAU. Nom que l'on donne dans quelques provinces à ce qu'on appelle, à Paris & ailleurs, des *échallas*. *Voyez* ÉCHALLAS.

PAISSEAU. C'eſt auſſi une *étoffe* de laine croiſée, une eſpèce de *ſerge* qui ſe fabrique en Languedoc, particulièrement à Sommiers & aux environs. *Voy.* SERGE.

PAKLAKENS. Sorte de *draps* qui ſe fabriquent en Angleterre ; ils s'envoient ordinairement en blanc & non teints ; les pièces ſont de 37 à 38 aunes.

PALABRE. On appelle ainſi ſur les côtes d'Afrique, particulièrement à Loango de Boirie, à Melimbo & à Cabindo, ſitués ſur celles d'Angola, ce qu'on nomme *avanie* dans le levant ; c'eſt-à-dire, un préſent qu'il faut faire aux petits rois & aux capitaines négres, pour le moindre ſujet de plainte qu'ils ont véritablement, ou qu'ils feignent d'avoir contre les Européens qui font la traite avec eux, ſur-tout s'ils ſe croient les plus forts.

Ces *palabres* ſe paient en marchandiſes, en eau-de-vie, en raſſade & autres choſes ſemblables, ſuivant la qualité de l'offenſe, ou plutôt la volonté de ces barbares.

PALANQUER. Se ſervir des palans pour charger les marchandiſes dans les navires ou pour les en décharger.

Il y a des eſpèces de marchandiſes que les matelots des navires marchands ſont tenus de *palanquer*, c'eſt-à-dire, de charger & décharger, ſans qu'ils en puiſſent demander de ſalaire au maître ou au marchand. Tels ſont, par exemple, les planches, le mérain, & le poiſſon verd & ſec ; ce qui ſe comprend tout ſous le terme de *maleage*.

PALEAGE. Action de mettre hors d'un vaiſſeau les grains, les ſels & autres marchandiſes qui ſe remuent avec la pelle. Il ſe dit auſſi de l'obligation qu'ont les matelots de travailler gratis à cette décharge ; il n'eſt rien dû aux matelots pour le maneage & le *paleage* : mais ils ſont payés pour le guindage & le remuage.

PALEMPUREZ. *Tapis* de toile peinte qui viennent des Indes, ils portent ordinairement deux aunes & un quart.

PALIXANDRE. Eſpèce de *bois violet* propre au tour & à la marquetterie. Ce ſont les Hollandois

qui envoient cette forte de bois aux marchands épiciers & droguiftes de Paris. Il eſt ordinairement débité en de très-groſſes buches. Le plus beau eſt celui qui eſt le plus plein de veines, tant dehors que
dedans, & qui a le moins d'obier.

PALMA CHRISTI. Abriſſeau qui croît en quantité dans les iſles Antilles; les habitans des iſles &
les Caraïbes l'appellent *carapat*.

C'eſt de ſon amande qu'on fait l'huile de *Palma
Chriſti*, qui outre ſes propriétés pour la guériſon
de différens maux, eſt très-bonne à brûler.

PALME, PAN ou EMPAN. Meſure étendue,
qui a du rapport à la longueur de la main, lorfqu'elle eſt tout-à-fait étendue, ainſi nommée de
ce que la paume de la main s'appelle en latin
palma.

Le *palme* antique Romain contenoit huit pouces
ſix lignes & demie.

A l'égard du *palme* moderne, il eſt différent ſuivant les différens lieux où il eſt en uſage. *Voyez* LA
TABLE DES MESURES.

PALMIER. Arbre qui produit les dattes. Il croît
en Egypte, dans la Mauritanie, & dans les pays
chauds. Son fruit eſt excellent à manger, & eſt
auſſi de quelque uſage dans la médecine. *Voyez*
DATTES.

On fait avec les feuilles du *palmier* de grands
& de petits paniers qui ſervent à mettre des fruits
ſecs, comme figues & raiſins. On les nomme *cabats*.

PALMIER DES INDES. C'eſt l'arbre qui porte les
noix de coco.

PALO DE CASENTURAS. Nom que les Eſpa-
gnols donnent à l'arbre dont ſe tire cette écorce médicinale & febrifuge, qu'on nomme communément
quinquina.

PAN ou EMPAN. Meſure étendue. *Voy.* PALME.

PANACHE. Eſpèce de *bouquet de plume* qui
n'eſt plus en uſage. Les hommes de guerre en portoient ſur leurs caſques, les courtiſans ſur leurs
chapeaux, & les dames ſur leurs coeffures. Ces
bouquets ne ſe mettoient que d'un côté de la tête
au-deſſus de l'oreille, & étoient relevés avec des
aigrettes de heron. C'eſt d'eux que les maîtres plu-
maſſiers de Paris ont pris le nom de *maîtres pa-
nachers-bouquetiers*.

PANACHE. *Meſure* dont on ſe ſert dans l'iſle de
Samos pour les grains & les légumes ſecs. *Voyez*
LA TABLE DES MESURES.

PANCARTE. *Affiche*. On le dit plus particulièrement de celles qu'on met à la porte des bureaux
des douanes & autres lieux & paſſages où l'on lève
quelques droits ou impoſitions ſur les marchandiſes.
Elles doivent contenir la taxe qui en eſt faite, &
ſouvent le titre en vertu duquel on lève les droits.

PANELLE. Eſpèce de *ſucre brut* qui vient des
iſles Antilles.

PANERÉE. Plein un panier, ce que peut convenir un panier. Une *panerée* de fruit, une *panerée*
de pain.

PANGFILS. Sortes d'*étoffes de ſoie* qui ſe fait

à la Chine, particulièrement dans la province de
Nanquin, elles ſe vendent preſque par aſſortimens
pour l'uſage du pays & pour le négoce du Japon.

PANIER. Vaiſſeau d'oſier propre à contenir pluſieurs choſes, comme diverſes marchandiſes, des
fruits, des légumes, du poiſſon, &c. Il ſe dit auſſi
de la choſe qui y eſt contenue. Un *panier* de pommes, un *panier* de ceriſes; pour dire, un *panier*
plein de ces fruits; ce qu'on nomme auſſi une
panerée.

PANIER DE VERRE. L'on nomme ainſi, dans
le commerce du verre à vitre, non - ſeulement le
panier dans lequel ſe tranſporte cette marchandiſe,
mais encore la marchandiſe même qui y eſt contenue. Chaque *panier*, qu'on appelle auſſi une *ſomme*, eſt compoſé de vingt-quatre pièces ou plats de
verre.

PANIER DE MARÉE. C'eſt une eſpèce de man-
nequin de près de deux pieds de hauteur & de dix
à douze pouces de diamètre, dans lequel les chaſſe-
marée apportent à la halle de Paris la marée pour
la proviſion de la ville. Chaque *panier*, ſuivant la
qualité & groſſeur du poiſſon, eſt compoſé d'un
certain nombre de chaque eſpèce. Ce ſont ces *paniers* que les vendeurs de marée en titre d'office pu-
blient & délivrent au plus offrant & dernier enché-
riſſeur, & ſur leſquels ils ont un certain droit réglé
par les déclarations du roi.

PANNE ou PANE. Étoffe de ſoie veloutée qui
tient le milieu entre le velours & la pluche, ayant
le poil plus long que celui-là, & moins long que
celle-ci. Elle ſe fabrique à peu près de même que le
velours, & ſon poil provient d'une partie de la chaîne
coupée ſur la règle de cuivre.

L'article 48 du réglement pour les ouvriers en
drap d'or, d'argent & de ſoie de la ville de Paris de
1667, met la *panne* au rang des velours figurés,
ras coupés & tirés, tant pour les largeurs que pour
la qualité des ſoies qui doivent y être employées;
les chaînes & poils des uns & des autres devant
être d'organſin filé & tordu au moulin, & la trême
de pure ſoie cuite & non crue. A l'égard de la largeur elle doit être d'onze vingt-quatrièmes, à peine
de confiſcation & de ſoixante livres d'amende.

Il ſe fait en Flandres & en Picardie, particulièrement à Amiens, des *pannes* de poil de chèvre de
toutes couleurs. Les *pannes* de laine s'appellent
plus ordinairement *tripes* & *moquettes*.

PANNE. Se dit encore de la graiſſe des animaux,
particulièrement de celle du porc. C'eſt de la *panne*
de ce dernier battue & fondue que ſe fait le ſain-
doux. La *panne* de cochon fait partie du commerce
des chaircuitiers.

PANOSSAKES. *Pagnes* ou *habits* dont ſe ſervent les nègres ſur la plupart des côtes d'Afrique.
Les Européens qui trafiquent ſur la rivière de Gambie, en tirent beaucoup du royaume de Cantor où
ſe font les meilleures; elles ſont rayées de couleur
de feu.

PANQUE. *Plante* qui croît dans le Chilly,

grande contrée de l'Amérique dans la mer du Sud. On se sert de sa tige pour teindre en noir, en la faisant bouillir avec le maki & le gouthiou autres arbrisseaux du pays. Outre qu'elle fait un parfaitement beau noir, la teinture qu'on en tire ne brûle point les étoffes comme les noirs d'Europe.

Cette plante ne se trouve que dans les lieux marécageux. Sa feuille est ronde, tissue comme celle de l'achante, & n'a guères moins de deux ou trois pieds de diamètre. Sa tige qui est rougeâtre se mange crue. Elle rafraîchit, & a une qualité fort astringente.

PANSES DE DAMAS ET DE SMYRNE. Ce sont de fort gros *raisins* qu'on fait sécher au soleil, comme on fait en Provence.

PANSY. Sorte d'*étoffe* de soie de la Chine.

PANTALON. (*Terme de papeterie.*) C'est une des moyennes sortes de *papier* qui se fabrique aux environs d'Angoulême. Il est ordinairement marqué aux armes d'Amsterdam, parce qu'il est presque tout destiné pour les marchands Hollandois.

PANTE. C'est ainsi qu'on appelle une espèce de chapelet composé de plusieurs de ces petites coquilles blanches qu'on nomme *porcelaine*, qui servent de monnoies dans plusieurs endroits de l'Asie, de l'Afrique & de l'Amérique. *Voyez* PORCELAINE.

PANTINE. C'est un certain nombre d'écheveaux de soie, de laine ou de fil encore en écru, liés ensemble pour être envoyés à la teinture.

Il est défendu aux maîtres teinturiers en soie de défaire les *pantines* qu'on leur donne à teindre ni devant, ni après la teinture.

La *pantine* de cette espèce de laine qu'on nomme ordinairement *fil de sayette*, est composée de six écheveaux.

Les écheveaux de la *pantine* des fils destinés à la teinture, ne sont pas réglés, y ayant des *pantines* plus grosses & d'autres plus foibles. *Voyez* FIL.

PAO-D'AQUILA. Mot Portugais qui signifie *bois d'aigle*. C'est une des sortes de bois d'aloès.

PAON ou PAN. Grand *oiseau* dont le plumage, particulièrement celui de la queue est diversifié de plusieurs couleurs changeantes. Les plumes de cet oiseau font un grand objet de commerce dans la Chine, à cause que les dames en ornent leurs coeffures, & s'en servent en forme d'aigrettes. Elles se vendent en paquet, qui en contient plus ou moins suivant leur finesse & leur beauté.

PAPELINE. Ainsi nommée, à ce que croit M. Furetiere, de ce qu'elle a d'abord été fabriquée à Avignon & autres lieux du comtat, qu'on appelle *terre papale*, parce qu'il appartient au pape.

La *papeline* est une étoffe très-légère, dont la chaîne est de soie & la trême de fleuret ou filoselle. Il s'en fait de pleines, de figurées & de toutes couleurs. La plupart de ce qu'on appelle présentement en France des *grisettes*, ne sont que de véritables *papelines*. Elles se font à deux, à quatre fils, & même au-dessus; mais toutes, quelque nom qu'on leur donne, & à tel nombre de fils qu'elles soient travaillées, doivent avoir de largeur ou une demi-aune entière ou une demi-aune demi-quart; & pour les discerner des étoffes de fine & pure soie, elles doivent avoir d'un seul côté une lisière de différentes couleurs à la chaîne. *Art. 56 du réglement pour Paris de 1667.*

Le réglement de Lyon ajoute, que les chaînes seront de bon organcin tordu & filé au moulin, de l'apprêt de Tours, & les trémes de fleuret, galettes & autres bourres de soie.

PAPETERIE. Lieu où se fabrique le papier. Les *papeteries* d'Auvergne sont les plus estimées du royaume, & celles de Rouen sont les moindres de toutes.

PAPETERIE. Se prend aussi pour le négoce qui se fait du papier. Ainsi l'on dit : la *papeterie* est un bon commerce : ce marchand ne fait que la *papeterie*; il a gagné tout son bien dans la *papeterie*.

PAPETIER. C'est le *manufacturier* qui fait faire du papier, ou l'*ouvrier* qui travaille à le fabriquer.

PAPETIER. Est aussi un *marchand* qui vend & débite le papier.

PAPIER. Espèce de feuille factice, très-mince, de figure quarrée, & de différentes grandeurs, couleurs & finesse. Le plus grand usage du *papier* est pour l'écriture à la main & pour l'impression des livres & estampes : il s'en fait néanmoins une très-grande consommation pour empaqueter & envelopper diverses sortes de marchandises, ainsi qu'à quantité d'autres ouvrages.

Le *papier* se fait avec du vieux linge de chanvre ou de lin, que l'on appelle vulgairement *chiffons*, & que les manufacturiers nomment *drapeaux*, *peilles*, *chiffes*, *drilles* ou *pattes*. Des chiffons les plus fins se fait le plus beau *papier*, & des plus grossiers le plus commun.

SORTES ET QUALITÉS DE PAPIER.

On distingue le *papier* en trois sortes; les grandes sortes, les moyennes & les petites.

Les petites sortes sont :

La petite romaine.
Le petit raisin ou bâton royal.   } Qui prennent leurs noms des marques qu'ils ont.
Le petit nom de Jesus.
Le petit à la main.

Le cartier propre à couvrir par derrière les cartes à jouer.

Le pot qui sert à mettre du côté des figures des cartes à jouer.

La couronne qui a ordinairement les armes du contrôleur général des finances qui est en place.

Celui à la tellière avec les armes de feu Mr. le chancelier le Tellier, & un double T.

Le Champy, ou *papier* à chassis.

La ſerpente, du ſerpent dont il eſt marqué. Ce *papier* qui eſt extrêmement fin & délié ſert aux éventaillistes.

Les moyennes ſortes ſont :

Le grand raiſin ſimple.
Le carré ſimple.
Le cavalier. ⎱ pour l'impreſſion.
Le lombart. ⎰
L'écu ou *papier* de compte ſimple.
Le carré double. ⎱ Appellés *doubles*
L'écu double. ⎱ à cauſe qu'ils ſont
Le grand raiſin double. ⎰ plus forts que les
La couronne double. ⎰ ſimples.
Le pantalon ou *papier* aux armes de Hollande.
Le grand cornet qui prend ſon nom de la marque qu'il a.

Les grandes ſortes ſont :

Le grand Jeſus.
La petite & grande ⎱ Ils ont tous leur nom des
fleur de lys. ⎱ figures qu'ils portent, &
Le chapelet. ⎱ ſont propres à imprimer des
Le colombier. ⎰ eſtampes & des thèſes,
Le grand aigle. ⎰ même à faire des grands li-
Le dauphin. ⎰ vres de marchands, & à
Le ſoleil. ⎰ deſſiner des plans.
L'étoile.
Le grand monde, c'eſt le plus grand de toutes les ſortes de *papiers*.

Papiers gris & autres couleurs.

Outre ces *papiers* que l'on appelle *les trois ſortes*, qui ſont tous blancs, quoiqu'avec quelque différence, & qui ſervent tous à l'écriture ou à l'impreſſion, il s'en fait encore une grande quantité d'autres de toutes couleurs, ſoit collés ſoit ſans colle.

Les principaux ſont :
Les *papiers* gris & bleu pour deſſiner.
D'autres gris appellés *papiers à patrons*.
Les gargouches de la même pâte, mais plus forts.
Du *papier* à ſucre qui eſt bleu.
Encore un autre bleu moins fort pour couvrir les livres en feuilles ou brochures.
Les *papiers*, bas à homme & bas à femme, collés & non collés pour les bonnetiers.
Les raiſins collés & les raiſins fluans pour empaqueter diverſes marchandiſes.
Le joſeph fluant & le carré fluant pour l'impreſſion des livres de peu de conſéquence.
Le joſeph collé qu'on peint en rouge, verd, jaune, &c.
Le joſeph à ſoie dont on enveloppe les ſoies en bottes.
La main brune qu'on appelle auſſi *trace*, qu'on employe à faire le corps des cartes à jouer.
La licorne pour des enveloppes.
Le *papier* à demoiſelle gris, qui eſt ce *papier*

brouillard qui ſert aux chandeliers à mettre leurs chandelles.

Le même en blanc qu'on nomme *papier deux feuilles* dont on enveloppe la laine.

Deux ſortes de *papiers* rougeâtres que les épiciers mettent en ſacs pour leurs drogues.

Le camelotier.

Celui appellé *maculature*, qui eſt griſâtre & très-gros, dont on ſe ſert dans les papeteries pour envelopper les rames de *papier* ; on lui donne auſſi quelquefois le nom de *trace*, parce qu'il a beaucoup de rapport à celui qui porte ce nom.

Et enfin peut-être quelque autre échapé moins à la diligence de l'auteur qu'à la mémoire des perſonnes qu'il a conſultées.

PAPIER MARBRÉ. C'eſt un *papier* peint de diverſes nuances, qui ſe fait en appliquant une feuille de papier ſur de l'eau, où l'on a jetté pluſieurs couleurs détrempées avec de l'huile ou du fiel de bœuf.

PAPIER TIMBRÉ. C'eſt du *papier* marqué d'une certaine empreinte ſuivant les diverſes généralités du royaume, qui ne ſert que pour les expéditions des notaires & actes ou procédures de juſtice. Ce ne ſont pas les marchands papetiers qui le vendent, mais des commis des traitans dans les bureaux deſtinés pour cela : l'on prétend que l'invention en vient d'Eſpagne.

PAPIER. Se dit auſſi des livres-journaux, des liaſſes de lettres miſſives & de voitures, & de factures des marchands. Ainſi l'on dit : ce négociant a un grand ordre dans ſes *papiers*.

PAPIER. Parmi les banquiers, agens de change & autres qui ſe mêlent de commerce d'argent, s'entend quelquefois les lettres & billets de change, comme quand un négociant dit : je n'ai point d'argent à vous donner, mais ſeulement du *papier* ; ce *papier* vaut de l'argent comptant ; il veut faire entendre que les billets, lettres de change, &c. qu'il offre ſeront bien payés.

PAPIER. On dit du *bon papier*, pour dire des billets, promeſſes, obligations, &c. bien exigibles, & où il n'y a rien à perdre ; & *mauvais papier*, quand il n'y a pas d'apparence d'en recevoir facilement & exactement le paiement.

PAPIER. (*Terme d'éventailliſte*). Le *papier* d'un éventail, eſt ce qui eſt étendu ſur le bois, & qui ſert en l'agitant, à rafraîchir l'air & à le pouſſer contre le viſage de la perſonne qui cherche ce ſoulagement dans la chaleur.

PAPIER BLANC. Les imprimeurs nomment ainſi le premier côté de la feuille qu'on couche ſur la forme.

PAPIER BROUILLARD. C'eſt du *papier* qui n'eſt point collé & qui s'imbibe facilement. Les commis teneurs de livres & écrivains s'en ſervent au lieu de poudre de buis pour ſécher leurs écritures : c'eſt auſſi à travers de cette ſorte de *papier* que les droguiſtes, épiciers & apothicaires filtrent diverſes ſortes de leurs liqueurs & de leurs drogues, où l'on ne peut ſe ſervir de la chauſſe.

Les marchands se servent aussi quelquefois du terme de *papier brouillard*, pour signifier *leur brouillon*, c'est-à-dire, cette espéce de petit agenda dans lequel ils écrivent sans aucun ordre les affaires qu'ils font journellement.

PAQUAGE. *Terme de négoce de saline*, qui se dit de l'arrangement qui se fait du poisson salé dans les gonnes, hambours, barils & autres futailles, en les y foulant & pressant bien fort pour y en faire entrer le plus qu'il est possible. Ainsi l'on dit, le *paquage* d'un tel lieu est le meilleur, pour faire entendre que le poisson qui en vient est mieux conditionné & mieux arrangé dans les futailles qu'aucun autre. Ce terme, ainsi que les deux suivans, se dit également du saumon, du hareng, & du maquereau.

PAQUÉ. Hareng *paqué*. C'est du hareng arrangé & mis par lits dans un baril ; ce qui le distingue du hareng en vrac, qui est bien enfermé dans des barils, mais qui n'y est pas arrangé.

La différence de ces deux sortes de harengs consiste en ce que lorsque les pêcheurs sont à la mer & qu'ils ont pris du hareng, ils le jettent sur le tillac de leurs vaisseaux, le saupoudrent de sel, & l'ayant mêlé avec une pelle, le mettent confusément dans des barils pour le porter à terre. Alors on dit que le hareng est en vrac.

Quand les pêcheurs sont arrivés à terre, ils vuident leurs barils & en jettent le poisson dans une cuve, d'où après l'avoir salé de nouveau, ils le tirent & l'arrangent proprement dans des barils, y mettant par-dessus une saumure pour le conserver. On dit alors que le hareng est *paqué*. C'est en cet état qu'on a coutume de le vendre.

PAQUEBOT. Est un petit *vaisseau*, établi de Douvres à Calais, pour passer en France les lettres d'Angleterre, & en Angleterre les lettres de France. Ce bâtiment passe pareillement les voyageurs de l'un & de l'autre royaume, lorsqu'ils se présentent.

PAQUET. Assemblage de plusieurs marchandises qu'on joint, qu'on lie ou que l'on enveloppe ensemble. Un *paquet* d'étoffes, un *paquet* de bas, un *paquet* de gants. C'est un des premiers & des principaux soins d'un apprentif, de bien faire les *paquets* de la marchandise dont il veut entreprendre le négoce.

PAQUET DE LETTRES. Ce sont plusieurs lettres missives que l'on met sous la même enveloppe. Avez-vous porté ce *paquet* à la poste?

PAQUET. S'entend aussi du courier qui apporte les *paquets*. Le *paquet* de Londres, d'Amsterdam, n'est pas encore arrivé, pour dire que le courier n'est pas encore venu.

PAQUETER, mettre de la marchandise en *paquet*. Ce mot est moins en usage que celui d'empaqueter.

PAQUOTILLE, que l'on écrit communément PACOTILLE. (*Terme de commerce de mer*).

PARA, PARAT, ou PARASI. Petite *monnoie* d'argent altéré. On l'appelle autrement *meiden*. *Voyez* LA TABLE DES MONNOIES.

PARA. C'est aussi une mesure de continence dont les Portugais se servent dans les Indes orientales, à mesurer les pois, les féves, le ris, & les autres légumes secs. Le *para* pèse vingt-deux livres d'Espagne, & est la vingt-cinquième partie du Mourais. *Voyez* LA TABLE DES POIDS ET MESURES.

PARADA-BRAVA. *Voyez* PAREIRA-BRAVA.

PARAGOUANTE, ou PARAGUANTE. Terme demi-Espagnol, qui signifie une *gratification* que l'on fait aux personnes qui viennent apporter de bonnes nouvelles, ou quelque présent considérable.

PARAGOUANTE. Se prend le plus souvent en mauvaise part pour un présent que l'on donne à une personne pour tenter sa fidélité, ou du moins se la rendre favorable dans les conjonctures d'affaires où son crédit peut servir.

Les intendans des grands seigneurs & leurs gens d'affaires, sont soupçonnés de recevoir de ces *paragouantes*, des marchands dont ils arrêtent les parties, ou dont ils sont chargés de procurer le paiement.

PARAGUAY, qu'on nomme aussi PARAGOUÉ & MATÉ. Plante ou plutôt arbrisseau, qui croît dans quelques provinces de l'Amérique méridionale, particuliérement dans le *Paraguay*, dont elle a pris son nom.

La mode ou la nécessité de son herbe est si bien établie dans toutes les parties méridionales du nouveau monde, sur-tout au Pérou, que les Espagnols, les Indiens & les Négres ne s'en peuvent passer ; & que l'ouvrage des mines de Potosi cesseroit si les maîtres n'avoient soin d'en pourvoir les malheureux esclaves qui y travaillent. Aussi les domestiques ne s'engagent-ils avec personne, qu'entre autres conditions, & comme une partie de leurs gages, on ne leur donne du *Paraguay* pour boisson.

On croit cette herbe aussi très-souveraine pour le scorbut & les fiévres putridres ; l'on s'en est servi heureusement pour la guérison de ces maladies sur les vaisseaux du roi.

PARANGON. On appelle *perle parangon*, *diamant parangon*, les perles & les diamans qui se distinguent par leur grosseur, par leur beauté, & par leur prix.

PARANGON. Se dit aussi dans le même sens à l'égard des rubis, des saphirs, & des autres pierres précieuses, excellentes, qui n'ont pas de semblables.

PARANGON-DE-VENISE. On nomme ainsi à Smyrne quelques-unes des plus belles étoffes que les marchands Vénitiens y apportent. Ils paient à la douane de Smyrne les droits d'entrée, à raison de quarre piastres & demie la pièce.

Il y a aussi des *parangons* de Padoue, mais ceux-ci ne paient les droits que sur le pied de deux piastres.

PARAT. Le *parat* est d'argent, mais d'un très-bas aloi. *Voyez* LA TABLE DES MONNOIES.

PARBAYOLLE. Petite *monnoie* qui a cours à

Milan ; elle vaut 2 f. ½ ou cinq fezins, à prendre le foldo Milanois pour 6 d. ½ de France.

PARCHEMIN. Peau de bellier, mouton ou brebis, & quelquefois de chèvre, préparée d'une certaine manière qui la rend propre à divers ufages, mais particulièrement pour écrire ou pour couvrir des livres, des regiftres, & des porte-feuilles.

Jufqu'à l'invention de l'imprimerie, tous les livres s'écrivant à la main fur du *parchemin* ou fur du vélin, le commerce de cette marchandife étoit fi confidérable à Paris, qu'on y avoit établi une halle dans la cour des Mathurins pour en faire le débit.

C'étoit là que tous les parcheminiers, foit de la ville, foit forains, étoient tenus de faire porter & defcendre leurs marchandifes de la parcheminerie, avec défenfe de les en tirer que les parcheminiers de l'Univerfité ne les euffent vifitées ; que le prix n'en fût fait & marqué, & que le droit de marque n'eût été payé au recteur, ce qui s'appelloit *rectorier*.

La halle au *parchemin* ne fert plus à cet ufage, mais le droit fubfifte encore, & l'Univerfité a toujours fes parcheminiers, fans lefquels les jurés de la communauté ne peuvent faire leurs vifites.

PARDAO, ou PARDO-XERAFIN. Monnoie d'argent de mauvais aloi que les Portugais fabriquent aux Indes Orientales, qui a cours à Goa & fur la côte de Malabar.

Le *pardao* a pour empreinte d'un côté un S. Sebaftien & de l'autre un paquet de quatre flèches.

PARDAOS DE RÉALES. On nomme ainfi les *réales* ou *pièces de huit*, qui font les feules de toutes les monnoies d'Efpagne qui aient cours aux Indes.

PARDOS. Efpèce de monnoie d'argent qui a cours à Mofambique & le long de la côte d'Afrique. Le *pardos* vaut deux cent rais.

PARÉ. Du cidre *paré* eft celui qui a perdu fa douceur, foit par artifice, foit à force de le laiffer cuver.

PARER. Se dit de quelques préparations que l'on donne à certaines efpèces de marchandifes, pour les rendre plus éclatantes, ou pour les difpofer à faire un meilleur fervice.

Les bonnetiers *parent* leurs bas & les marchands & manufacturiers leurs marchandifes par des eaux qu'ils leur donnent, ou par la manière de les preffer, comme aux tabis, aux taffetas, aux camelots, aux calmandes, &c.

PARER. Eft auffi un terme fort ufité dans les manufactures & fabriques de lainages.

PARERE. *Terme de commerce*, plus Italien que François. Il fignifie l'*avis* ou *confeil* d'un négociant ; parce que répondant en Italien ce qu'il juge à propos fur la demande qu'on lui fait, il dit en cette langue, *mi pare*, qui fignifie *il me femble*, en François.

La pratique du négoce, particulièrement de celui des lettres de change, étant venue d'Italie, on a confervé prefque dans toutes les Places de France, fingulièrement en celle de Lyon, l'ufage des *pareres*, qui font les avis des négocians, qui tiennent lieu d'actes de notoriété, lorfqu'ils ont été donnés de l'autorité du juge-confervateur, ou par une confultation particulière pour appuyer le droit de celui qui confulte.

PARFAIRE, (*en termes de négoce.*) Signifie *achever*, *rendre complet* un compte, une fomme. Il faut *parfaire* ce paiement, c'eft-à-dire, *achever* de payer. Il me devoit mille livres, j'en ai reçu huit cent comptant ; & je me fuis contenté de fon billet de deux cent livres pour *parfaire* mon paiement.

PARFAIT. Signifie *accompli* ; où il n'y a rien à défirer ni à ajouter. Ce drap eft *parfait*, il eft bien fabriqué, il n'y a rien à redire. Cette pièce de fatin eft *parfaite*, auffi eft-elle du meilleur façonnier.

PARFOURNIR. Achever de fournir ce qui manque à une chofe pour la rendre complette. J'ai payé ma part, c'eft à vous à *parfournir* le refte.

Ce terme commence à vieillir, même dans le commerce : on dit fimplement, c'eft à vous à *fournir*, ou à *payer*, ou quelquefois à *faire le refte*.

PARFUM. Senteur agréable qui flatte l'odorat.

La plupart des *parfums* fe font ou fe compofent avec le mufc, l'ambre-gris, la civette, les bois de rofe & de cèdre, l'iris, la fleur d'orange, la rofe, le jaffemin, la jonquille, la tubereufe, & autres fleurs odorantes.

On y fait auffi entrer le ftorax, l'encens, le benjoin, le girofle, le macis & autres femblables drogues, que l'on nomme communément des *aromats*.

On compofe encore quelques *parfums* avec des herbes aromatiques, telles que peuvent être la lavande, la marjolaine, la fauge, le thim, la fariette, l'hyfope, &c.

Autrefois les *parfums* étoient fort en ufage en France, particulièrement ceux où entroient le mufc, l'ambre gris & la civette ; mais depuis que l'on s'eft apperçu qu'ils incommodoient le cerveau, l'on s'en eft prefque deshabitué.

Les *parfums* font encore très à la mode en Efpagne, en Italie, & en quelques autres pays.

PARFUM. Se prend auffi pour les corps mêmes d'où s'exhalent les *parfums*. Les meilleurs *parfums* fe tirent d'Orient & des pays chauds.

PARFUM. Se dit encore en médecine & parmi les apothicaires, de quelques remèdes topiques ou extérieurs compofés de poudres & de gommes particulières, lefquelles mêlées l'une avec l'autre, & jettées fur les charbons ardens, produifent une vapeur ou fumée capable de guérir plufieurs fortes de maladies. Ordonner un *parfum* : préparer un *parfum*.

PARFUMEUR, *marchand & ouvrier* tout enfemble, qui compofe, vend & emploie toutes fortes de parfums, qui fait & vend de la poudre pour les cheveux , des favonnettes , de la pâte pour les mains , des paftilles , eaux de fenteur , effences , gants parfumés , fachets de fenteur , pots pourris , cachou , &c.

PARISIS. Monnoie de compte , autrefois monnoie réelle qui fe fabriquoit à Paris , en même tems que les tournois fe frabriquoient à Tours.

Les *parifis* étoient d'un quart plus forts que les tournois ; en forte que la livre *parifis* étoit de vingt-cinq fols , & la livre tournois de vingt ; les fols & les deniers à proportion.

PARMESAN. *Fromage* qui vient de *Parme* en Italie , ou qui a la réputation d'en venir ; tous les fromages qui portent ce nom & celui de Milan ne fe faifant qu'à Lodi.

PAROIS. *Terme d'exploitation & de commerce de bois.* Il fe dit des arbres qui font entre ce qu'on appelle les *pieds corniers.* Ceux-ci font aux angles d'une vente , & font marqués de deux faces avec les marteaux du roi , du grand-maître & de l'arpenteur. Les autres n'ont qu'une face marquée ; on les nomme *parois* , parce qu'ils fervent comme de murailles pour féparer les différentes coupes : il eft défendu de toucher aux arbres de *parois.*

L'ordonnance de 1669 , fur le fait des eaux & forêts , titre XV , art. VI , porte que l'arpenteur en faifant l'affiette des ventes , marquera de fon marteau tel nombre de pieds corniers d'arbres de lizières & *parois* qu'il eftimera convenables.

PARPIROLLE. Petite *monnoie* de Savoye fabriquée à Chambery. Elle eft de billon , c'eft-à-dire , de cuivre tenant deux deniers d'argent. C'eft une efpèce de fol. Il y a d'autres *parpirolles* , qu'on nomme *à la petite croix* : celles-ci font frappées à Gex , & n'ont qu'un denier dix grains de fin. *Voy.* LA TABLE DES MONNOIES.

PARQUER DES HUITRES. C'eft les laiffer pendant quelque tems dans les *parcs* ou *parquets* des marais falans pour s'y engraiffer , & y prendre cet œil verd qui fait une des bonnes qualités de ce poiffon teftacé.

PART. Signifie , *en termes de commerce,* l'*intérêt* , la *portion* qu'on a dans une fociété , dans une compagnie de commerce , dans une manufacture , &c. J'ai pris *part* pour un fixiéme dans la ferme du caftor. Je ne veux plus prendre de *part* dans aucun armement , je n'y ai pas été heureux.

PART. S'entend auffi de l'autre côté d'un feuillet de papier oppofé à celui où l'on écrit actuellement. J'ai reçu le contenu de l'autre *part* ; pour dire , la fomme contenue & exprimée dans le billet , lettre de change ou autre acte obligatoire écrits & libellés au dos de la quittance qu'on en donne.

PART. Les teneurs de livres ou ceux qui dreffent des comptes , en portant l'arrêté du folio recto qu'ils viennent de finir , mettent ordinairement au folio verfo qu'ils recommencent , *pour le montant de l'autre part* , c'eft-à-dire , ce à quoi monte le total calculé au bas de la page de derrière.

On appelle *quote-part* , la portion que des affo-

ciés doivent porter du gain ou de la perte , fuivant qu'ils ont chacun dans le fonds de la fociété.

PARTAGE. Divifion qui fe fait d'une chofe en plufieurs parties & portions. Il faut faire le *partage* de nos marchandifes.

PARTAGER. Divifer quelque chofe , en faire le *partage.*

PARTERES. Efpèces de fatins ou de damas , on les nomme ainfi , parce qu'ils font femés de fleurs naturelles , qui par leur diverfité repréfentent affez bien l'émail d'un *parterre.* Ils ont été inventés en France , & imités , mais affez groffièrement , à Amfterdam.

PARTI. Traité que l'on fait avec le roi ; recouvrement des deniers dont on traite à forfait. Le *parti* du tabac : le *parti* de la paulette. Il ne fe dit guères que des fermes du roi.

PARTICIPATION. On appelle *fociété en participation* , une des quatre fociétés anonymes que font les marchands.

PARTICIPE , (*en termes de finances.*) Eft celui qui a part fecretement dans un traité ou dans une ferme du roi. Les traitans & leurs *participes* ont été également foumis aux taxes de la chambre de juftice.

La différence qu'il y a entre un traitant & un *participe* , confifte en ce que le traitant s'engage au roi , & s'oblige fous fon nom à être la caution de l'adjudicataire , & que le *participe* n'a part à la ferme que par un traité fecret qu'il a fait avec le traitant & non pas avec le roi.

PARTICIPE. (*en termes de commerce de mer.*) Signifie celui qui a part au corps d'un vaiffeau marchand.

Ce terme auffi-bien que celui de *parfonnier* , veut dire fur la Méditerranée ; la même chofe que *co-bourgeois* fur l'Océan.

PARTICIPE. Se dit auffi dans le commerce tant en gros qu'en détail , d'une des quatre fociétés anonymes que les marchands ont coutume de faire entr'eux. On la nomme quelquefois *fociété en participation.*

Dans cette forte de fociété , les affociés ne s'obligent point les uns pour les autres ; mais chacun agit en fon propre & privé nom. Quelquefois ces fociétés ne font que verbales ; quelquefois elles fe font par écrit ; mais en ce cas prefque toujours par des lettres miffives. Rarement elles contiennent plus d'un article , ne fe faifant ordinairement que pour l'achat ou la vente comme momentanés de quelques marchandifes ; auffi ne durent-elles qu'autant que l'occafion de négoce qui les fait naître fubfifte.

PARTICIPER. Avoir part à quelque chofe. Un affocié *participe* à tous les droits d'une fociété ; il en partage de même les profits , & en fupporte les pertes.

PARTIES. On nomme ainfi dans le commerce tant en gros qu'en détail , auffi-bien que parmi les artifans & ouvriers , les *mémoires* des fournitures de marchandifes ou d'ouvrages qu'on a faites pour quelqu'un.

Il faut ajouter aux *parties* les fommes reçues à compte , afin de les déduire de la fomme totale de l'arrêté des *parties*.

Les *parties* des marchands ou ouvriers , conformément aux articles 7 & 8 du titre 1 de l'ordonnance du mois de mars 1673 , doivent être arrêtées dans l'an après la délivrance des marchandifes pour les uns , & de fix mois de la délivrance des ouvrages pour les autres , fans quoi on peut fe fervir contr'eux de la fin de non-recevoir; auquel cas néanmoins ils peuvent faire interroger les débiteurs fur faits & articles , & les obliger de fe purger par ferment , s'ils ont payé les marchandifes contenues aux *parties* , ainfi qu'il eft porté à l'article 10 du même titre de l'ordonnance.

PARTIES ARRÊTÉES. Ce font les mémoires au bas defquels ceux à qui les marchandifes & ouvrages ont été livrés & fournis , reconnoiffent qu'ils les ont reçus, qu'ils font contents des prix , & promettent d'en faire le paiement , foit que le tems de ce paiement foit exprimé, foit qu'il ne le foit pas.

Dès que les *parties* font *arrêtées* , ou qu'il y a promeffe de payer les marchandifes fournies , les marchands & ouvriers font à couvert de la fin de non-recevoir , & leur action contre leurs débiteurs fubfifte pendant trente années.

PARTIES D'APOTHICAIRE. On nomme ainfi les *parties* des marchands & ouvriers qui eftiment leurs marchandifes ou leurs ouvrages , & qui en demandent le paiement beaucoup au-delà de leur jufte valeur.

PARTIES SIMPLES , PARTIES DOUBLES , *termes* de marchands , négocians & banquiers , ou de teneurs de livres. Ils fe difent des manières différentes de tenir les livres de commerce , & de dreffer des comptes.

PAS. *Mefure* dont l'on fe fert pour arpenter les terres; le pas d'arpentage à la Martinique eft de trois pieds & demi de la mefure de Paris : à la Guadeloupe & aux autres ifles Antilles Françoifes , il n'eft que de trois pieds. *Voyez* LA TABLE DES MESURES.

PASSAGE. Droit de *paffage*, C'eft une impofition que quelques princes ont mis & font percevoir par leurs fermiers ou officiers dans quelques endroits ferrés , & , pour ainfi dire , fermés de leurs états , foit par terre , foit par mer; fur les voitures , vaiffeaux & marchandifes , & même quelquefois fur les perfonnes qui entrent & qui fortent par les lieux où les bureaux font établis.

Le *paffage* du Sund (ce détroit fi fameux qui donne entrée de la mer Germanique dans la mer Baltique) eft en Europe le plus célèbre de ces *paffages*. Les droits en appartiennent au roi de Danemarck , & fe paient à Elfeneur ou à Cronembourg, villes & fortereffes des Danois.

Toutes les nations qui trafiquent dans cette par-

tie du Nord ont toujours été fujettes à ce droit de *paffage* , à la réferve des Suédois qui en avoient été exemptés par le traité de paix de 1658 , à caufe qu'ils occupent l'autre côté du détroit.

Mais la guerre du Nord , dont les événemens ont été fi malheureux à ces derniers , leur a fait perdre ce privilége , & par la paix conclue en 1720 entre le Danemarck & la Suéde, leur condition n'eft devenue guères meilleure que celle des autres nations.

Les François y ont auffi quelque exemption ; elle ne regarde pas les droits , mais feulement la vifite de leurs vaiffeaux & marchandifes , & le tems du paiement pour lequel il leur eft accordé trois mois.

PASSAGE. Eft auffi un *droit* que l'on paye pour le tranfport par mer des perfonnes & marchandifes. On le nomme autrement *fret*.

PASSARILLES. On nomme ainfi à Frontignan ville de Languedoc , les *raifins fecs* qui s'y font , & qui avec fes excellens vins mufcats , font le plus grand objet de fon commerce.

PASSAS DEL SOL. On nomme ainfi à Grenade en Efpagne , les *raifins* qu'on fait fécher fimplement au foleil fans les y avoir préparés auparavant, en les paffant par une forte de leffive. Ceux à qui on donne cette préparation fe nomment *paffas de lexia* raifins de leffive ; en général les uns & les autres fe nomment des *paffarilles* , qui eft un terme de Languedoc.

PASSE. Raifin de *paffe*. C'eft du raifin féché au foleil , dont on fait du vin en Afrique & au Levant.

Ce vin fe fait en mettant environ deux cent péfant de raifins de *paffe* dans une barique qu'on emplit d'eau , & qu'on laiffe bouillir de foi-même pendant cinq ou fix jours, qui fuffifent ordinairement pour qu'il foit en état d'être bû. Il eft blanc , un peu trouble , & ne laiffe pas d'enyvrer ceux qui en boivent avec excès.

PASSE. Excédant , ou ce qu'une chofe a plus qu'une autre , ou plus qu'elle ne doit avoir. On le dit auffi du fupplément que l'on fournit pour égaler deux chofes inégales.

Ce terme n'eft guères d'ufage que dans le commerce , particulièrement pour faciliter les comptes des monnoies dans la valeur defquelles il y a quelques fractions. Quand on fait , par exemple, un paiement de vingt fols en pièces de trois fols fix deniers, & que pour avoir plutôt fait on les met fur le pied de quatre fols chacune , il faut donner cinq , & deux fols fix deniers de menue monnoie pour la *paffe* , à raifon de fix deniers par pièce. De même dans les diverfes augmentations ou diminutions des monnoies que les befoins de l'état ont fouvent renouvellées en France fous le régne de Louis XIV , les comptes en efpèces fe faifoient ou en donnant ou en recevant de la *paffe*, ainfi qu'on le trouvoit tout calculé dans les différens tarifs qui étoient publiés à chaque nouvelle fonte & nouvelle converfion d'efpèces.

PASSE.

Passe. Se dit auffi de cette *monnoie* que les caiffiers, lorfque les écus blancs font à trois livres, mettent à part dans un petit papier dans chaque fac de mille livres, pour achever leur compte, & retenir leur droit de fac.

PASSE-AVANT. *Terme de finance*, qui eft auffi en ufage dans le commerce. C'eft un billet ou manière d'acquit que délivrent les commis des bureaux des douanes ou des entrées, pour donner permiffion ou liberté aux marchands ou voituriers de tranfporter & mener leurs marchandifes plus loin, foit après avoir payé les droits, foit pour marquer qu'il les faut payer à un autre bureau, foit enfin quand elles ne doivent rien, & que c'eft un fimple paffage fans commerce.

Les marchands & voituriers doivent être exacts à prendre des *paffe-avant* des commis des fermes dans les lieux où il y en a d'établis, pour les marchandifes qu'ils envoient, afin d'éviter l'embarras aux bureaux des fermes qui fe peuvent trouver fur leur paffage, où fouvent les marchandifes font arrêtées; ce qui retarde la vente, ou en fait perdre le tems, & confomme les marchands & voituriers en frais.

PASSE-DEBOUT. *Acquit* que les commis des douanes & bureaux des entrées donnent aux marchands & voituriers pour les marchandifes qui doivent feulement traverfer le royaume, ou feulement quelques provinces & quelques villes, fans y être déchargées.

PASSEMENT, que l'on nomme plus communément DENTELLE. C'eft un ouvrage d'or, d'argent, de foie, ou de lin filé, qui fe fabrique fur un oreiller avec des fufeaux & des épingles, en fuivant les traits du deffin ou patron qui eft au-deffous de l'ouvrage.

PASSEMENTIER. *Ouvrier & marchand* tout enfemble, qui fait & qui vend des paffemens ou dentelles.

PASSE-PERLE. On nomme ainfi à Livourne un *fil de fer* très-fin qui fert à faire des cardes. Il fait partie des marchandifes que les Livournois tirent de Hollande.

PASSE-PIERRE, ou PERCE-PIERRE. *Plante* qui eft bonne en falade quand elle a été confite dans une faumure faite avec le vinaigre, le fel & quelques épices.

PASSE-PORT. *Ordre* par écrit donné par le fouverain, ou par celui qui a pouvoir de lui, pour la liberté & la fûreté des perfonnes, hardes & marchandifes de ceux en faveur de qui il eft expédié.

PASSE-PORT. Signifie auffi la *permiffion* que le prince accorde de faire entrer dans fes états ou d'en faire fortir des hardes, meubles & marchandifes, fans en payer les droits. Les marchands en obtiennent quelquefois de cette forte pour certaines efpèces de marchandifes, & l'on en expédie toujours aux ambaffadeurs & miniftres pour leurs hardes, meubles & équipages.

PASSE-PORT. C'eft encore la licence que les marchands ou autres perfonnes obtiennent de faire entrer ou fortir, en payant néanmoins les droits, les marchandifes eftimées de contrebande, & déclarées telles par les ordonnances & tarifs, comme font l'or & l'argent monnoyé ou non monnoyé, les pierreries, les munitions de guerre, les falpêtres, les chevaux, les bleds, & plufieurs autres femblables.

L'ordonnance des cinq groffes fermes du mois de février 1684, veut que toutes les permiffions & *paffe-ports* qui feront donnés pour l'entrée ou fortie des marchandifes de contrebande, foient contrefignés d'un fecrétaire d'état, & vifés du contrôleur général des finances : elle défend à tous gouverneurs & lieutenans-généraux des provinces d'en accorder aucun; ni aux fermiers ou commis d'y avoir égard.

Le *paffe-port* s'accorde aux amis, & les faufconduits aux ennemis. L'ufage cependant l'emporte. *Paffe-port* fe dit également pour l'ennemi & pour l'ami.

Les marchands qui veulent aller dans les pays étrangers pendant la guerre, ont befoin de *paffe-ports* pour fortir du royaume, fans quoi ils pourroient être arrêtés fur les frontières.

PASSE-PORT. *En terme de commerce de mer*, fignifie auffi ce qu'on nomme autrement *congé*.

PASSE-PORT DU DEDANS. On nomme ainfi dans les bureaux des fermes en Hollande, & autres des Provinces-Unies, les *paffe-ports* que font obligés de prendre les marchands, maîtres de bâtimens, voituriers & autres, qui veulent faire le commerce du dedans du pays.

L'on trouve dans le placard pour l'exécution du nouveau tarif de Hollande de l'année 1726, un titre ou fection, qui traite de ces fortes de *paffe-ports*, qui marque la manière de les obtenir & de s'en fervir, & qui régle les amendes & les peines contre les contrevenans. Cette fection eft la Xe.

PASSÉ, PASSÉE. On dit d'une étoffe, qu'elle eft *paffée*, quand elle n'a plus fa première beauté, fon premier luftre; que la mode d'une marchandife eft *paffée*, quand la vente s'en refroidit & qu'elle ceffe d'être recherchée; que des drogues, que des vins, que des fromages & autres telles denrées font *paffées*, quand elles commencent à fe gâter, & que pour les avoir trop gardées, ou en lieu non convenable, elles font devenues hors de vente.

On fe fert auffi de ces termes dans le commerce en tous les fens où l'on emploie celui de *paffer*. Cette étoffe eft *paffée* fous calandre. Ce cuir eft mal *paffé* en mégie, &c.

PASSETS ou RAYONS. Ce font des féparations qui font dans des efpèces d'armoires que les marchands mettent dans leurs boutiques & magafins pour placer & mettre les marchandifes en bon ordre, chacune, felon leur efpèce & qualité, comme les velours avec les velours, les fatins avec les fatins, &c.

Il faut que les *paffets* ou *rayons* foient couverts de papier blanc collé fur le bois, & qu'il y ait un rideau de toile pardevant qui puisse se tirer, afin de tenir les marchandises proprement, particulièrement quand elles sont précieuses. On dit des armoires à *passets*, des armoires à *rayons*.

PASSEURS D'EAU. Ce sont à Paris des bateliers établis par les prévôt des marchands & échevins, pour passer les bourgeois & autres particuliers, avec leurs hardes & marchandises, d'un rivage à l'autre de la rivière de Seine, qui coupe en deux cette capitale.

Ces bateliers composent une espèce de communauté, qui a ses statuts, & ses apprentifs, son chef-d'œuvre, mais qui n'a eu des lettres-patentes que sur la fin du dix septième siècle qu'ils furent érigés en titre d'offices sous le nom de *maîtres officiers passeurs-d'eau*.

PASSIVE. On appelle *dette passive* une dette à laquelle nous sommes obligés envers quelqu'un; au contraire de dette active qui est celle à laquelle quelqu'un est obligé envers nous.

PASTEL, que l'on nomme aussi *guesde*. Drogue qui sert aux teinturiers pour teindre en bleu.

Le *pastel* vieux est le meilleur, il se peut garder dix ans entiers. Une forte couleur de *pastel* est d'un bleu foncé quasi noir, & est la base de tant de sortes de couleurs, que les teinturiers ont une échelle qui leur sert à composer les différentes nuances du *pastel*, depuis la plus claire jusques à la plus obscure.

Il y a encore une espèce de *pastel* qu'on appelle *pastel bourg* ou *bourdaigne*, mais qui n'est qu'un *pastel* bâtard bien différent du véritable; leur graine à la vérité se ressemble, mais non pas la feuille; celle du bon *pastel* étant unie & sans poil, & le bâtard ayant la feuille velue.

Le *vouède* qui croît en Normandie, & dont on se sert aussi pour teindre en bleu, est une espèce de *pastel*.

Le *pastel* sauvage qui est une quatrième espèce de *pastel*, a les feuilles plus grandes que le *pastel* cultivé, & fort semblables à celles de la laitue. Ses tiges s'élèvent de deux coudées de haut : à leur cime il y a de petites vessicules qui contiennent sa graine. Ses fleurs sont jaunes.

PASTEL. Se dit aussi de certains crayons de toutes couleurs, faits de diverses sortes de terres réduites en pâte avec de l'eau de gomme.

On nomme pareillement des *pastels*, les ouvrages que les peintres font avec ces crayons. *Voyez* TEINTURE.

PATISSERIE. Ouvrage de cuisine fait avec de la pâte, qui se cuit ordinairement au four. On appelle aussi *pâtisserie*, l'art d'assaisonner & dresser toutes les préparations de pâtes que font les pâtissiers.

PATISSIER. Celui qui fai & qui vend de la *pâtisserie*.

PATAC. Monnoie d'*Avignon* qui vaut un double ou deux deniers de France. Il a cours & est assez commun dans la Provence & dans le Dauphiné.

PATACA. C'est ainsi que les Portugais nomment la piastre d'Espagne ou pièce de huit. Il y a des demi-*patacas* & des quarts de *patacas*. Le *pataca* vaut 750 reis, les demis & les quarts à proportion.

PATACH ou CENDRE. Cette *cendre* se fait d'une herbe qu'on brûle qui se trouve aux environs de la mer noire & des châteaux des Dardanelles : elle sert pour faire le savon & pour dégraisser les draps, mais elle n'est pas estimée. Celles de la côte de Syrie & sur-tout de Tripoli sont meilleures.

PATACHE. Petit bâtiment ancré dans un port de mer ou dans une rivière, sur lequel résident & sont continuellement en garde le jour & la nuit les commis des fermes du roi pour visiter les bâtimens & bateaux qui entrent ou qui sortent, pour examiner les lettres de voiture & passeports, & pour faire payer les droits des marchandises qui arrivent par eau. Ces *pataches* tiennent lieu des bureaux qui sont aux barrières des villes où il se paye des droits d'entrée.

Il y a à Paris deux *pataches* sur la rivière de Seine, l'une au-dessus de la porte Saint-Bernard pour les bateaux & voiture d'eau qui descendent la rivière; l'autre un peu au-dessous de la porte de la Conférence pour ceux qui la remontent.

Les bâtimens & bateaux sont obligés d'approcher ou aborder la *patache* pour y faire leur déclaration; & les commis qui résident dessus doivent y avoir affiché en lieu apparent les tarifs & pancartes contenant les droits qui sont dûs pour chaque espèce de marchandise.

En bien des ports de mer & embouchures de rivières de France, on dit *gabare* au lieu de *patache*.

Les fermiers généraux tiennent aussi dans quelques rades & ports de mer, & particulièrement aux isles de l'Amérique, des *pataches* armées de canons pour courir dessus ceux qui fraudent les droits de la ferme, ou qui font des commerces étrangers & défendus.

PATAGON, que quelques-uns écrivent & prononcent PATTACON. Monnoie de Flandres faite d'argent.

Outre les *patagons* de Flandres, il s'en fabriquoit aussi autrefois quantité en Franche-Comté.

PATAQUE, en Portugais *pataga*. Monnoie d'argent qui vaut environ l'écu de France de soixante sols. *Voyez* LA TABLE DES MONNOIES.

PATARD. Petite pièce de monnoie toute de cuivre, qui a cours en Flandres & dans les provinces voisines. C'est à peu près le double ou liard de France : aussi les Picards donnent-ils à ces deniers le nom de *patard*.

PATARD. C'est aussi en Hollande une monnoie de compte. Lorsqu'on tient les livres en florins, *patards* & penins. Le *patard* vaut deux deniers de gros.

PATENOSTRERIE. Marchandise de chapelets. Cette espèce de marchandise est appellée *patenos-*

tterie, parce que les grains qui composent les chapelets sont nommés vulgairement *patenostres*.

Le négoce de la *patenostrerie* est assez considérable en France, particulièrement à Paris, où il fait partie de celui de la mercerie, suivant qu'il est porté par les statuts des marchands merciers-grossiers-joyailliers du mois de janvier 1613, art. 12.

PATRON ou NOCHER. C'est sur la Méditerranée le maître d'un vaisseau, d'une barque ou de quelqu'autre bâtiment chargé en marchandise. Dans le Ponant on dit *maître*.

PATTES & QUEUES. On nomme ainsi dans quelques provinces de France, les *laines* de la moindre qualité & les plus courtes qui se lèvent de dessus l'animal.

PAU. *Mesure* pour les longueurs ou espèce d'aune dont l'on se sert à Loango de Boirie & dans quelques autres lieux de la côte d'Angole en Afrique. *Voyez* LA TABLE DES MESURES.

PAVEUR. Ouvrier qui emploie le pavé, qui en couvre les grands chemins, les rues, les places publiques, &c.

Les maîtres *paveurs* composent à Paris une des communautés des arts & métiers.

PAVILLON. (*Terme de marine.*) C'est une banière, ordinairement d'étamine, qu'on arbore sur le bâton de l'arrière ou à la pointe de quelque mât, pour distinguer les nations d'où sont les vaisseaux, le rang des officiers généraux qui les montent, & la qualité du vaisseau par rapport à son usage & à son armement, c'est-à-dire, pour faire connoître s'il est armé en guerre ou en marchandise.

Les *pavillons* en général sont de diverses couleurs & sont chargés de diverses armes suivant les princes & les nations ; ils sont aussi coupés de différentes façons pour distinguer le rang que chaque vaisseau tient dans une flote, ou celui de l'officier qui y commande.

PAVILLON MARCHAND. C'est le pavillon ou banière qui distingue un vaisseau armé en marchandise d'avec un vaisseau armé en guerre.

L'ordonnance de la marine de 1689 porte, que le *pavillon* ou enseigne de poupe des vaisseaux marchands François sera bleu avec une croix blanche traversante, & les armes du roi sur le tout, ou telle autre distinction qu'il jugeront à propos, pourvu que le *pavillon* ne soit pas entièrement blanc.

Outre le *pavillon* les vaisseaux marchands mettent quelquefois aux mâts d'artimont de petits *pavillons* où sont les armes de la ville ou du lieu dans lesquels le maître fait son domicile ordinaire ; & au mât d'avant les armes des villes & lieux où demeurent les affréteurs.

Non-seulement les vaisseaux marchands des plus puissantes nations de l'Europe qui font le commerce de mer, comme les François, Anglois, Espagnols, Hollandois, &c. ont des *pavillons* qui les distinguent des vaisseaux de guerre ; mais encore toutes les villes Anséatiques, & celles qui sont situées sur l'océan germanique, dans le nord, & dans la mer Baltique ont le leur ; telles sont entr'autres Hambourg, Emden, Bremen, Berghen, Lubek, Dantsick, Conisberg, Elbing, Stralsundt, Stetin, Riga, Revel, &c. mais il seroit trop long de les rapporter toutes, & l'on peut les voir dans le Dictionnaire de marine, imprimé à Amsterdam chez Pierre Brunel en 1702.

Amener le *pavillon*. C'est le baisser ou le mettre bas par respect ; les vaisseaux marchands amènent celui qui est arboré à leur poupe.

Faire *pavillon*. C'est arborer le *pavillon* par lequel on veut se faire connoître.

On fait *pavillon* blanc, quand on veut traiter & avoir pratique dans les lieux ennemis ou suspects ; on fait aussi *pavillon* blanc quand on demande quartier & qu'on se rend à des vaisseaux de guerre, à des corsaires, des pirates ou des armateurs.

PAUME. Espèce de mesure qui se dit de la hauteur de la main fermée ; ce qui fait environ quatre doigts ; ou trois pouces ; on ne le dit plus guères que de la manière de mesurer les chevaux.

Quelques-uns confondent la *paume* avec l'ampan ou palme ; mais il y a certainement de la différence, l'ampan étant de beaucoup plus grand.

PAUME. *Jeu d'exercice* auquel on joue avec des raquettes & des pelottes ou balles.

PAUMIER. Celui qui fait des raquettes & des balles, ou autre chose servant au jeu de paume. C'est aussi celui qui tient un jeu de paume, & qui fournit aux joueurs les balles & des raquettes.

Il y a à Paris une communauté de maîtres *paumiers*, *raquettiers*, *faiseurs d'estœufs*, *pelottes*, & *balles*.

PAUTKAS. Toiles de coton des Indes. Il y en a diverses sortes qui ont différentes longueurs & largeurs suivant leur qualité.

Les *pautkas vhit* sont des toiles de coton blanches, qui ont quatre aunes de long sur deux tiers de large.

Les *pautkas broun* sont aussi de coton, mais écrues, elles portent cinq aunes sur deux tiers.

Les *pautkas blou* sont des toiles de coton bleues, leur longueur est de cinq à onze aunes, & leur largeur d'un tiers à deux tiers.

PAUTONNIER. Celui qui est commis pour la perception des droits de pontenage ou pontonage qui se lèvent sur les marchandises.

PAYAS. *Soies blanches* du Levant, qu'on tire particulièrement d'Alep. Elles se pèsent à la rotte de sept cent dragmes, qui reviennent à sept livres sept onces & demie, poids de Marseille.

PAYAS. Ce sont aussi des cotons filés qu'on tire du Levant par Alep. On se sert de ce nom & de celui de *gondozolettes* pour en distinguer le filage. Les plus gros s'appellent *filés payas*, & les plus fins, *fils gondozolettes*.

PAYAS DE MONTASSEIN. Sorte de *coton filé* qui a peu de débit en France.

PAYABLE. Qui doit être payé, qui doit être

Zz ij

acquitté dans un certain temps ou à certaines perfonnes.

Une lettre de change *payable* à vûe, eft une lettre de change qui doit être acquittée fur le champ dans le moment qu'elle eft préfentée.

Une lettre *payable* à jour préfix ou à jour nommé, eft celle qui doit être payée à certain jour fixe qui eft marqué dans la lettre.

Une lettre *payable* à tant de jours de vûe, eft celle qu'on doit acquitter dans un certain nombre de jours défigné par la lettre, à compter de la date de fon acceptation.

Une lettre *payable* à une ou plufieurs ufances, eft celle qui doit être payée dans autant de fois trente jours qu'il y a d'ufances marquées dans le corps de la lettre, à compter du jour de fa date, chaque ufance étant de trente jours.

Un billet *payable* au porteur, eft un billet dont le paiement doit être fait à la première perfonne qui le préfente, fans qu'il foit befoin d'ordre ni de tranfport.

Un billet *payable* à un tel ou à fon ordre, eft celui qui doit être payé à la perfonne dénommée dans la lettre qui en a donné la valeur, ou à telle autre en faveur de laquelle il aura paffé fon ordre au dos du billet.

Un billet *payable* à volonté, eft un billet qui n'a point de temps limité, & dont on peut exiger le paiement toutes fois & quantes qu'on le juge à propos.

Un billet *payable* en lettres ou billets de change, ou en tel autre papier, eft celui qui doit être acquitté en bonnes lettres ou billets de change, ou en tel autre papier défigné dans le billet, & dans le temps y marqué.

On dit qu'une obligation, qu'une promeffe, qu'une affignation, qu'un mandement, &c. eft *payable*; pour dire, que le temps ou terme du paiement eft échû, qu'il n'y a qu'à l'aller recevoir.

PAYE. Efpèce de *monnoie* de compte dont on fe fert dans le royaume de Siam.

PAYE. La *paye* eft une monnoie courante à Ormus dans le fein perfique. Elle vaut dix beforchs ou liards du pays, qui font de petites efpèces d'étain. Quatre *payes* font le foudis. *Voyez* LA TABLE DES MONNOIES.

PAYE. Eft auffi un poids dont la pefanteur eft du double du clain. On évalue le clain à douze grains de ris: ainfi la *paye* pèfe vingt-quatre grains.

PAYÉ, PAYÉE. Un billet ou une lettre de change *payée*, c'eft un billet ou une lettre de change qui a été acquittée, ou dont le contenu a été compté ou délivré à celui qui en étoit le porteur, ou à qui il étoit *payable*.

Il fe dit de même à l'égard des promeffes, refcriptions, affignations, mandemens, obligations, &c.

Une lettre de change n'eft point réputée *payée* tant qu'elle n'eft point endoffée de fon paiement, c'eft-à-dire, que le reçu n'eft point au dos.

Quand on dit que des créanciers feront *payés* au fol la livre, ou au marc la livre par contribution, cela veut dire qu'ils recevront chacun à proportion de ce qui leur peut être dû fur la fomme qui eft à partager entr'eux, provenante des effets mobiliaires de leur débiteur commun qui a fait faillite ou banqueroute.

PAYEMENT. Somme qu'on compte réellement en deniers, ou qu'on fait en lettres de change, billets, promeffes, marchandifes ou autres effets exigibles, pour s'acquitter de ce que l'on doit. J'ai fait ce *payement* en argent comptant. Il a bien voulu prendre en *payement* des promeffes de la douane, des lettres de change fur Lyon. Je ne puis faire ce *payement* qu'en marchandifes, n'ayant ni argent dans ma caiffe, ni papier dans mon porte-feuille.

PAYEMENT. Se dit auffi du temps qu'un débiteur a obtenu de fes créanciers pour les pouvoir payer plus facilement. Ce marchand s'eft accommodé avec fes créanciers; il doit les fatisfaire en quatre *payemens* égaux, de fix mois en fix mois, dont le premier écherra le tel jour.

PAYEMENT. On appelle en Hollande, particulièrement à Amfterdam, *prompt payement*, lorfqu'un débiteur s'acquitte & paye ce qu'il doit avant l'expiration du terme que fon créancier lui a accordé.

PAYEMENT. Signifie encore *certains termes fixes & arrêtés*, dans lefquels les marchands; négocians & banquiers doivent acquitter leurs dettes, ou renouveller leurs billets.

Payemens de la ville de Lyon.

Il y a à Lyon quatre *payemens*, de même que quatre foires franches; fçavoir:

Le *payement* des Rois, qui commence le premier mars, & dure tout le mois.

Le *payement* de Pâques, qui commence le premier juin, & dure tout le mois.

Le *payement* d'août, qui commence le premier feptembre & dure tout le mois.

Et le *payement* de Touffaint, qui commence au premier décembre, & dure pareillement tout le mois.

Suivant le réglement de la place des changes de ladite ville de Lyon du 2 juin 1667, l'ouverture de chaque *payement* fe doit faire le premier jour du mois non férié de chacun des quatre *payemens* fur les deux heures de relevée, par une affemblée des principaux négocians de la place, tant François qu'étrangers, en préfence du prévôt des marchands ou en fon abfence du plus ancien échevin.

C'eft de cette affemblée que commencent les acceptations des lettres de change payables dans le *payement*, qui continuent jufqu'au fixième dudit mois inclufivement; après quoi les porteurs des lettres peuvent les faire protefter faute d'acceptation pendant le refte du courant du mois.

Le troifième jour du même mois non férié l'on établit le prix des changes de la place avec les étrangers, en une affemblée, qui fe fait en préfence du prévôt des marchands : & le fixiéme jour fuivant non férié on fait l'entrée & l'ouverture du bilan & virement des parties ; ce qui continue jufqu'au dernier du mois inclufivement ; après lequel il ne fe fait plus d'écritures ni de virement de parties ; & s'il s'en faifoit quelques-unes, elles feroient de nul effet.

Les lettres de change acceptées payables en *payement*, & qui n'ont point été payées pendant icelui jufqu'au dernier du mois inclufivement, doivent être payées en argent comptant, ou protestées dans les trois jours fuivans, dans lefquels les fêtes ne font point comprifes.

Payemens des autres villes du royaume.

Quoiqu'à Paris, Bordeaux, Amiens, Tours, Reims, Rouen & autres villes de France, où il fe fait un commerce confidérable, & où il y a des manufactures établies, il n'y ait point de *payemens* réglés, cependant les marchands, banquiers & négocians de ces villes ne laiffent pas de fuivre à peu près l'ufage de Lyon, foit pour faire valoir leur argent, ou pour fa difpofition en lettres de change, foit auffi pour le temps ou pour le change, c'eft-à-dire, de *payemens* à autres, qui font de trois en trois mois.

Il eft vrai que les acceptations & les *payemens* des lettres & billets de change ne s'y font pas de la même manière : premièrement, parce que les lettres qu'on tire fur toutes les villes du royaume, à l'exception de Lyon, doivent être acceptées purement & fimplement dès le moment qu'elles font préfentées, fi elles font tirées à un certain nombre de jours de vue, autrement elles font proteftées faute d'acceptation, & à l'échéance faute de *payement* dans les dix jours de faveur : & en fecond lieu, parce qu'elles fe paient en deniers comptans fans virement de parties ; n'y ayant qu'à Lyon où cet ufage foit établi : auffi cette ville a-t-elle des privilèges que les autres n'ont pas, qui ont été confirmés par l'article 5 du titre 7 de l'ordonnance du mois de mars 1673, dont voici la teneur : *n'entendons rien innover à notre réglement du 2 juin 1667, pour les acceptations, les* payemens *& autres difpofitions concernant le commerce dans notre ville de Lyon.*

Payemens des foies grèges & des foies prêtes & ouvrées.

Il y a deux réglemens particuliers touchant les temps de *payemens*, pour la vente & achat des foies grèges, des foies prêtes & ouvrées, & des marchandifes fabriquées ; l'un pour la ville de Lyon par ordonnance des juges de la confervation du 14 mars 1678 ; & l'autre pour la ville de Tours, par arrêt du confeil d'état du roi du 26 août 1686, dont voici l'extrait & les difpofitifs.

POUR LYON.

Défenfes font faites à tous marchands négocians fur la place des changes de cette ville, de vendre toutes fortes de foies ouvrées & fleurets, tant de France, d'Italie, qu'autres lieux, & toutes autres fortes de foies grèges, tant de mer, France, que d'ailleurs, à l'exception des foies de Sicile, Reggio & Calabre, à plus long terme que d'un *payement* franc ; fçavoir, pour le *payement* des Rois, le premier feptembre précédent ; pour le *payement* de Pâques, le premier décembre ; pour le *payement* d'août, le premier mars ; & pour le *payement* des Saints, le premier juin.

A l'égard des foies grèges de Meffine, de Palerme, Reggio & Calabre, défenfes font faites de les vendre que pour trois *payemens* francs, aux conditions de l'excompte à l'ordinaire aux plus prochains *payemens* ; & fera l'ouverture defdites ventes faite au 20 décembre pour le *payement* des Saints de l'année fuivante, pour être excompté au *payement* des Rois auffi fuivant ; au vingtiéme de mars, pour être excompté au *payement* de Pâques fuivant ; au 20 juin, pour être excompté au *payement* d'août fuivant ; au vingtième feptembre pour être excompté au *payement* des Saints auffi fuivant.

Comme auffi de vendre toutes fortes de draps & d'étoffes d'or, d'argent & de foie mêlés ou non mêlés avec fil, rubans de foie & crêpes, foit de France, d'Italie & autres pays, pour plus long terme que d'un *payement* franc : fçavoir, pour le *payement* des Rois, au 20 novembre ; pour le *payement* de Pâques, au 20 février ; pour celui d'août, au 20 mai ; & pour le *payement* des Saints, au 20 août auffi précédent.

POUR TOURS.

A l'avenir les *payemens* pour les foies grèges fe feront à raifon de quatre *payemens* francs ; la rupture defquels *payemens* fe fera pour lefdites foies grèges, à commencer du 20 août de la préfente année 1686, pour le *payement* d'août 1687 ; le 20 novembre 1686, pour le *payement* de Touffaint 1687 ; le 20 février 1687, pour le *payement* des Rois 1688 ; & le 20 mai 1687, pour le *payement* de Pâques 1688.

Et à l'égard des foies prêtes & ouvrées, à raifon de trois *payemens* francs ; fçavoir le 20 août 1686, pour le *payement* de Pâques 1687 ; le 20 novembre 1686, pour le *payement* d'août 1687 ; le 20 février 1687, pour le *payement* de Touffaints de la même année ; & le 20 mai 1687, pour le *payement* des Rois 1688.

Et pour les marchandifes fabriquées, à raifon de deux *payemens* francs ; fçavoir, le 20 août 1686 pour le *payement* des Rois 1687 ; le 20 novembre 1686, pour le *payement* de Pâques 1687 ; le 20 février 1687, pour le *payement* d'août enfuivant, & le 20 mai 1687, pour le *payement* de Touffaint audit an.

Que l'excompte fe pratiquera à l'avenir à raifon de deux pour cent par *payement* pour lefdites foies grèges, qui fera huit pour cent pour les quatre *payemens*.

Pour les foies ouvrées & prêtes, à raifon aufli de deux pour cent par *payement*, qui feront fix pour cent pour lefdits trois *payemens*.

Et pour les marchandifes fabriquées, à raifon d'un & demi pour cent par *payement*, qui feront trois pour cent pour lefdits deux *payemens*.

PAYEMENT. On nomme ainfi en Hollande toute la petite *monnoie* de billon & de cuivre qui entre dans le commerce journalier des denrées & menues marchandifes. Les plus communes de ces monnoies font le fchelling & les pièces de deux, de trois, de huit & de douze fols fix deniers. La plus petite eft la duyte ou denier, qui vaut environ deux deniers de France.

PAYER. Action par laquelle on s'acquitte de ce qu'on doit, on fe libère d'une dette.

Payer le prix d'une chofe achetée, c'eft en donner le prix convenu.

Payer comptant, c'eft *payer* fur le champ & dans le moment que la marchandife eft livrée.

Payer en papier, c'eft donner en paiement des lettres ou billets de change, des promeffes ou autres femblables effets fans donner aucun argent ni marchandife.

Payer en marchandifes, c'eft donner de la marchandife au lieu d'argent ou de papier, pour fe décharger d'une dette qu'on a contractée.

Se *payer par fes mains*, c'eft fe *payer* foi-même fur les deniers ou effets qu'on a entre les mains, appartenans à fon débiteur.

PAYER. Se dit aufli des chofes inanimées qui doivent un certain droit. La marchandife *paye* tant du cent pefant à la fortie du royaume & des provinces réputées étrangères. L'eau-de-vie *paye* tant par pipe à l'entrée de Paris.

On dit, qu'il faut *payer* à Céfar ce qui eft dû à Céfar; pour faire entendre, qu'il faut acquitter exactement les droits qui font établis par les princes. Cette efpèce de proverbe eft refpectable, & doit être religieufement obfervé, puifque Jefus-Chrift lui-même a ordonné qu'on payât le tribut de Céfar.

On dit aufli en proverbe, que qui répond *paye*; pour dire, que celui qui s'eft conftitué la caution d'un autre, doit *payer* pour cet autre, en cas qu'il devienne infolvable : qu'on ne veut ni compter, ni *payer*, quand on refufe tous moyens raifonnables de fatisfaire à ce qu'on doit : qu'on *paye* bien, quand on *paye* comptant : qu'on *paye* en chats & en rats, quand on *paye* par parcelles & en mauvaifes marchandifes ou denrées : qu'on *paye* en monnoie de finge ou en gambades, quand on fe moque de fon créancier par de vaines & d'inutiles promeffes : qu'on *paye* en louis, lorfqu'on obtient des lettres de répy, à caufe qu'elles commencent par ces mots, *Louis*, &c. on dit au contraire de celui qui *paye* exactement ce qu'il doit, qu'il *paye* comme un changeur, qu'il *paye* en Saunier. On dit

aufli par ironie à celui à qui on a fait banqueroute : vous voilà *payé*.

PAYEUR. Celui qui paye ou qui s'acquitte des fommes qu'il doit.

On dit qu'un marchand eft bon *payeur*, quand il ne fe fait pas tirer l'oreille pour acquitter les billets qu'il a faits, ou les lettres de change qu'il a acceptées; qu'il les paye ponctuellement aux termes de leurs échéances, & dans le moment qu'on les lui préfente. Les négocians qui ont réputation d'être bons *payeurs*, ne manquent jamais de crédit.

Les mauvais *payeurs* font ceux qui font difficulté de payer, qui fouffrent des protêts ou des affignations, qui laiffent obtenir des fentences contr'eux, pour gagner du temps. Rien n'eft plus préjudiciable à un homme de commerce, que de paffer pour mauvais *payeur*.

PE

PÉAGE. Droit local qu'on prend fur les perfonnes, les marchandifes & les voitures qui paffent par de certains endroits.

Ce droit fe lève ordinairement pour la réparation des chemins, des ponts & chauffées, des bacs, & du pavé des villes.

En quelques lieux les droits de *péage* font du domaine du roi, en d'autres ils appartiennent aux villes ou aux feigneurs.

On leur donne des noms différens fuivant la différence des paffages où ils font dûs & où ils fe perçoivent.

Aux entrées des bourgs fermés & des villes, on les appelle *barrages* à caufe des barrières qui s'ouvrent & qui fe ferment pour arrêter ou laiffer paffer les voituriers. Aux paffages des ponts on les nomme *pontenages*; *billettes* & *branchières* aux paffages qui font en pleine campagne; *billettes*, à caufe du billot de bois qui marque l'endroit du *péage*; & *branchière*, parce que ce billot eft attaché à quelque branche d'arbre.

En quelques provinces ce font des droits de coutume; en d'autres des droits de prévôté; fur quelques frontières, des droits de travers ou de traverfe. Enfin on appelle fimplement *payages* les droits qui fe lèvent, foit pour le roi, foit pour les propriétaires des canaux, aux paffages des éclufes qui y font établies, comme au canal pour la jonction des deux mers, au canal de Briare, à celui de Montargis, &c.

En général lorfque les *péages* font augmentés, doublés, quatruplés par des édits & déclarations du roi, ou des arrêts du confeil, cette augmentation eft cenfée ne regarder que ceux qui font du domaine de fa majefté, ou qui tournent à fon profit.

De toutes les généralités de France, il n'y en a point où il y ait davantage de *péages* établis que dans la généralité de Paris, foit qu'ils y foient connus fous le nom de *péages*, foit qu'on les y appelle *travers*.

PEAGER. Fermier du péage, ou le commis établi pour exiger & faire payer le droit.

Les *péagers* font tenus de faire mettre des billettes de bois en des lieux apparens près de leurs bureaux, pour marquer que le droit eft dû, & des tableaux ou pancartes contenant le tarif du droit.

Il eft défendu à tous *péagers* de faifir & arrêter les chevaux, équipages, bateaux & nacelles, faute de paiement des droits qui font compris dans leur pancarte, mais feulement il leur eft permis de faifir des meubles, marchandifes & denrées, jufqu'à la concurrence de ce qui fera légitimement dû par eftimation raifonnable ; fur lefquelles chofes faifies fera établi commiffaire pour être procédé à la vente s'il y échet, & s'il eft ainfi ordonné par la juftice. Ordonnance fur le fait des eaux & forêts de 1669, au titre des *péages*, *travers* & autres.

PEC, ou PECQUE. *Hareng fraichement falé*, qui fe mange crû, de même que les anchois.

PÉCHA, que quelques-uns prononcent & écrivent PESSA. Petite monnoie de cuivre qui a cours dans plufieurs lieux des Indes, particuliérement dans les provinces maritimes des états du Mogol, furtout dans le royaume de Guzarate, dont les principales villes font Surate, Baroche, Cambaye, Bondra & Amadabad.

Le *pécha* vaut fix deniers ou environ monnoie de France. Dans les endroits des Indes où les coris ou coquilles des Maldives ont cours, on en donne cinquante à foixante pour le *pécha* ; & dans ceux où les amandes de Caramani fervent de menue monnoie, le *pécha* vaut quarante à quarante-quatre amandes.

Il eft affez difficile de réduire les roupies & les mamoudis en *péchas*, à caufe que felon les lieux ces monnoies d'argent augmentent ou diminuent de valeur. On peut voir néanmoins l'article des roupies & celui des mamoudis, où l'on trouvera de quoi aider à faire ces réductions, les différens prix de ces deux principales monnoies des Indes y étant affez exactement fixés.

PECK, ou PICOTIN. Mefure dont on fe fert en Angleterre pour mefurer les grains, graines, légumes & autres fortes de femblables corps folides.

Le *peck* tient deux gallons à raifon d'environ huit livres poids de Troyes le gallon. Quatre *pecks* font un boiffeau, quatre boiffeaux un comb ou carnok ; deux carnoks, une quarte, & dix quartes un laft qui tient 5120 pintes, ce qui revient à environ autant de livres poids de Troyes.

PECOULS, qu'on nomme auffi PETITS BASINS. Ce font des bordures de bois unies qui fervent à encadrer des eftampes d'une grandeur déterminée.

PÉCUNE. Vieux mot qui fignifioit autrefois de l'argent monnoyé ; on s'en fert encore quelquefois, mais toujours en plaifantant. Il a bien de la *pécune*. Je n'ai point de *pécune*.

Ce mot vient du latin *pecunia*, qui veut dire la même chofe, & qui avoit pris fon nom de *pecus*, qui fignifie *brebis* ou *mouton* ; parce que la première

monnoie des Romains portoit l'empreinte d'un de ces animaux.

Les deux dérivés *pécuniaire* & *pécunieux*, font plus en ufage.

PÉCUNIAIRE. On appelle *amendes pécuniaires*, celles qui fe payent en argent.

Les punitions des contraventions aux ordonnances fur le fait des marchandifes de contrebande qu'on fait entrer ou fortir du royaume, ou quand on fraude les droits, font toujours la confifcation & l'amende *pécuniaire*, & felon les cas, même les peines afflictives. Il en eft à peu près de la forte des contraventions aux réglemens des manufactures, mais moins fouvent les peines afflictives que les autres. A l'égard des arts & métiers, à moins qu'il n'y ait du monopole, les peines des contraventions aux ftatuts ne font que la confifcation & l'amende *pécuniaire*. Voy. *les ordonnances*, *les réglemens*, & *les ftatuts des communautés*.

PÉCUNIEUX. Celui qui a beaucoup d'argent comptant ; il vient du mot de *pécune* qui fignifioit autrefois la même chofe.

PEGU, royaume d'Afie dans la prefqu'ifle audelà du Gange. Ce royaume eft plus connu par fes grandes guerres avec le roi de Siam, que par fon commerce avec les Européens. Les Hollandois y envoyent cependant des vaiffeaux de leurs comptoirs de la côte de Coromandel & de Bengale.

PEIGNONS, ou PIGNONS. Sortes de laines d'une très-mauvaife qualité qui ne font proprement que les rebuts, ou plutôt ce qui refte des laines qui ont été peignées avant que d'être filées pour faire la chaîne de certaines fortes d'étoffes.

Les *peignons* font du nombre des méchantes laines qu'il n'eft pas permis aux ouvriers & façonniers de mêler avec celles de bonne qualité pour la fabrique des draps, ferges, ratines, & autres femblables étoffes de prix. L'article 11 du réglement du 30 Mars 1700, fait pour la fabrique des bas & autres ouvrages au métier, ordonne qu'il ne pourra être employé dans lefdits ouvrages aucunes laines *peignons*.

PEIGNURES. Cheveux qui tombent quand on fe peigne. On met les *peignures* au nombre des cheveux morts, qui font moins propres à faire des perruques que ceux qu'on appelle *cheveux vifs*.

PEILLES. Vieux *chiffons* ou *morceaux de toile* de chanvre & de lin qui s'emploient dans la fabrique du papier.

PEILLIER. Celui qui ramaffe des *peilles* ou *chiffons* ; on le nomme plus communément *chiffonier*.

PELACHE. Efpèce de *peluche* groffière faite de fil & de coton, dont les pièces portent dix à onze aunes de longueur.

PELADE. C'eft le nom de la laine que les mégiffiers & chamoifeurs font tomber par le moyen de la chaux de deffus les peaux de moutons & brebis provenantes des abbatis des bouchers. On l'appelle auffi, *pelure*, *pelis*, *avalis*.

Les laines *pelades* font inférieures aux laines de

toifon ; & il n'eſt pas permis aux ouvriers en bas au métier d'en employer dans leurs oúvrages, ainſi qu'il eſt porté par l'article 11 de leur réglement du 30 mars 1700.

Leur uſage le plus ordinaire eſt pour faire les trêmes de certaines ſortes d'étoffes, celles de toiſon étant plus propres à faire les chaînes.

PELAINS. Ce ſont des *ſatins de la Chine*, mais qui paſſent par les mains des Indiens de qui les commis de la compagnie les reçoivent & les achètent. Leur longueur eſt de huit aunes ſur ſept ſeiziémes de largeur.

PELARD. Sorte de *bois à brûler* dont on a ôté l'écorce pour faire du tan.

PELING. Etoffe de ſoie qui ſe fabrique à la Chine. Il y en a de blanche, de couleur, d'unie, d'ouvrée, de ſimple, de demi-double & de triple. Parmi un grand nombre d'étoffes qui ſe font dans la Chine, la plupart de celles que les Hollandois apportent en Europe ſont des *pelings*, parce qu'ils en font plus de débit & qu'ils y trouvent un plus grand profit. Les *pelings* entrent auſſi dans les aſſortimens pour le négoce du Japon.

PELLETERIE. Signifie *toutes ſortes de peaux garnies de poil* deſtinées à faire des fourrures, telles que ſont les peaux de martres, d'hermines, de caſtors, de loutres, de tigres, de petits gris, de fouines, d'ours & ourçons, de loups, de putois, de chiens, de chats, de renards, de liévres, de lapins, d'agneaux, & autres ſemblables qui ſe trouvent expliquées chacune à leur article.

Les plus belles & les plus précieuſes *pelleteries* viennent des pays froids, particulièrement de la Laponie, de Moſcovie, de Suéde, de Danemarck & de Canada ; celles des pays chauds leur ſont inférieures ; auſſi les appelle-t-on ordinairement *pelleteries communes*.

On nomme *pelleteries crûes* ou non apprêtées, celles qui n'ont encore reçu aucune façon ni apprêt, & qui ſont telles qu'elles ont été levées de deſſus le corps des animaux.

Ce qu'on appelle *ſauvagine* n'eſt autre choſe que de la *pelleterie* crûe ou non apprêtée, provenant de la dépouille de pluſieurs animaux ſauvages, qui ſe trouvent communément en France.

La *pelleterie* apprêtée ou ouvrée, eſt celle qui a paſſé par la main de l'ouvrier, qui l'a façonnée & miſe en état d'être employée en fourrures.

Les plus groſſes *pelleteries* ſe préparent & s'apprêtent par les megiſſiers, & les plus fines par les marchands pelletiers ; mais ce ſont les derniers qui les mettent en œuvre.

La *pelleterie* paie les droits d'entrée & de ſortie de France, ou à la pièce, ou à la douzaine, ou au cent peſant, ſuivant ſon eſpèce & qualité. Il n'y a que les martres zibelines & les hermines ou roſeaux qui paient au timbre, chaque timbre compoſé de vingt couples de peaux.

On peut voir aux articles du caſtor, de la martre & des autres animaux qui fourniſſent les plus pré-

cieuſes *pelleteries*, les droits d'entrée & de ſortie, qu'elles paient chacune ſuivant leur qualité, & l'on ne mettra ici que ceux qui ſe paient pour les *pelleteries* communes.

PELLETERIE. Veut dire auſſi commerce, négoce, trafic ou marchandiſe de peaux propres aux fourrures. Ainſi l'on dit : les Hollandois font un grand commerce de *pelleteries* de celles qu'ils tirent de Moſcovie.

Il eſt permis aux marchands merciers de Paris, de faire négoce en gros, en balle & ſous corde, de toutes ſortes de *pelleteries* & *fourrures*. Le trafic des marchands foureurs ne conſiſte qu'en *pelleterie* & *fourrures*. La marchandiſe de *pelleterie* eſt de difficile garde étant ſujette à s'échauffer & à être mangée des vers.

PELLETERIE. Se dit encore du corps des *pelletiers*, qui eſt le quatriéme des ſix corps des marchands de Paris.

Quelques-uns prétendent qu'anciennement il étoit le premier, & qu'il a cédé ſon droit de primogéniture à celui de la draperie, qui en jouit encore à préſent.

PELOTAGE. Laine *pelotage* de vigogne, c'eſt la troiſiéme ſorte des laines de vigogne. On l'appelle *pelotage*, parce qu'elle vient d'Eſpagne en pelotes.

PELOTE. Maſſe que l'on fait en forme de boule de diverſes choſes. Une *pelote* de fil, de laine, de ſoie, de coton.

PELOTES, que l'on appelle auſſi *pelotons*. Ce ſont, *en termes de paumiers*, les balles à jouer à la paume avant qu'elles aient été couvertes de drap.

Suivant les ſtatuts des maîtres paumiers, la *pelote* ou *peloton* doit être bien ronde, faite de morceaux de rognures de drap, avec une bande de toile ſeulement, ſerrée bien ferme avec de bonne ficelle. L'inſtrument avec lequel on fait les *pelotes*, eſt un billot qu'on nomme autrement *une chévre*.

Les maîtres paumiers prennent dans leurs ſtatuts la qualité de *maîtres paumiers, raquetiers, faiſeurs de pelotes*.

PELOTES. L'on nomme ainſi dans le commerce des ſoies, les ſoies grèges & non ouvrées qui viennent ordinairement de Meſſine & d'Italie, & qui ſont pliées, ou plutôt roulées en groſſes *pelotes*.

PELUCHE, que l'on écrit & qu'on prononce ſouvent PLUCHE. Etoffe veloutée du côté de l'endroit, compoſée d'une trème d'un ſimple fil de laine & d'une double chaîne, dont l'une eſt de laine de fil retors à deux fils, & l'autre de fil de poil de chévre.

La *peluche* ſe fabrique de même que les velours & les pannes, ſur un métier à trois marches. Deux des marches ſéparent & font baiſſer la chaîne de laine, & la troiſiéme fait lever la chaîne de poil ; alors l'ouvrier lance ou jette la trème, & la fait paſſer avec la navette entre les deux chaînes de poil & de laine, mettant enſuite une broche de léton ſous celle de poil ſur laquelle il la coupe avec un inſtrument deſtiné à cet uſage, que l'on appelle

communément

communément *couteau*, ce qu'il fait en conduifant ce couteau fur la broche, qui eft un peu cavée dans toute fa longueur, & c'eft ce qui rend la furface de la *peluche* veloutée.

PELUCHE. C'eft auffi une forte d'étoffe toute de foie, dont le côté de l'endroit eft couvert d'un poil un peu long. Cette efpèce de *peluche* fe manufacture fur un métier à trois marches, ainfi que les autres *peluches*, les velours & les pannes.

Sa chaîne & fon poil doit être d'organfin filé & tordu au moulin, fa trême de pure & fine foie cuite, & fa largeur d'onze vingt-quatriémes d'aune.

PENAL. Efpèce de mefure de grains, différente fuivant les lieux où elle eft ufitée. En Franche-Comté le *penal* eft femblable au boiffeau de Paris. A Gray les huit *penaux* font quinze boiffeaux de Paris; ce qui eft égal à l'afnée de Lyon; enforte que le *penal* eft à peu près le double du boiffeau de Paris. A Bourbonne, le *penal* de froment pèfe 71 liv. poids de marc, de méteil 70, de feigle 68, & d'avoine 58 livres. On s'y fert auffi du bichet.

PENIN ou PENNING. C'eft le denier de Hollande. Il vaut un cinquiéme plus que ne valoit le denier tournois de France.

Le *penin* fert de monnoie de compte, quand on tient les livres par florins & patards. Douze *penins* font le patard, & vingt patards le florin de la valeur de vingt-cinq fous de France.

A Nuremberg & à Hambourg le *penin* de compte eft jufte de la valeur du denier tournois. Il en faut huit pour le kreux, foixante pour le florin de ces deux villes, & quatre-vingt-dix pour l'écu de France de foixante fols, de neuf au marc.

PENISTON ou PANISTON. *Etoffe de laine* qui fe fabrique en Angleterre. C'eft une efpèce de molleton.

PENNES, PAINES, PESNES, ou PIENNES. Ce font les bouts de laine ou de fil qui reftent attachés aux enfubles, lorfque l'étoffe ou la toile eft levée de deffus le métier.

Les *pennes* de fil fervent à enfiler les chandelles en livres.

Les *pennes* de laine fe hachent & paffent au tamis, pour faire de la tapifferie de tonture.

PENNY. C'eft ainfi qu'on appelle en Angleterre le *denier fterling*.

PENNY. C'eft auffi une petite monnoie d'argent, & la plus petite de celles qui fe frappent de ce métal en Angleterre : elle vaut fix *pennys* ou deniers fterlings. La pièce de douze *pennys* s'appelle *fchilling* ou *fchelling*.

Outre les efpèces d'argent de douze & de fix *pennys*, qui fe fabriquent & qui ont cours en Angleterre, il y a encore des pièces de trente *pennys* qu'on nomme *half-croones*, & d'autres de treize *pennys* & demi. Il faut quatre fardins ou liards fterlings pour faire un *penny*.

PENSÉE. On appelle *couleur de penfée*, une efpèce de violet tirant fur le pourpre.

PEPITAS, en François PEPINS. Morceaux d'or pur que l'on trouve dans quelques mines du Chilly & du Perou, mais particulièrement dans les lavaderos des montagnes de ce premier royaume. Il eft affez ordinaire de voir des *pepitas* de 4, de 6, de 8 & de 10 marcs pefant; mais les plus gros dont les Efpagnols confervent la mémoire, & dont nos François qui ont navigé dans la mer du Sud depuis le régne de Philippe V, parlent avec admiration, font les deux *pepitas* trouvés dans un lavadero de la province de Guanum près Lima; l'un de 64 marcs, l'autre de 45. Ce dernier avoit cela de fingulier, qu'il étoit compofé d'or de trois alois, de 11, de 18 & de 21 carats.

PERCALLES-MAURIS. Toiles de coton blanches, plus fines que groffes, qui viennent des Indes orientales, particulièrement de Pondichery. Les *percalles* portent fept aunes & un quart de long fur une aune & un huit de large.

PERCHE. Morceau ou pièce de bois long en forme de groffe gaule, ayant un bout beaucoup plus menu que l'autre.

Les *perches* font ordinairement de bois de châtaignier ou de bois d'aulne. Elles fervent à faire des efpaliers, des treilles & des perchis ou clôtures de jardins. On les vend à la botte, chaque botte compofée d'un certain nombre, fuivant qu'elles font plus ou moins groffes.

L'Ordonnance de la ville de Paris, du mois de décembre 1672, ch. 18, art. 3, porte, que les *perches* fervant aux treilles auront, fçavoir :

Celles dont les bottes ne font compofées que de quatre *perches*, dix pouces de tour depuis le gros bout, fur la longueur de fix pieds de haut.

Celles dont la botte eft de fix *perches*, pareille groffeur de dix pouces jufqu'à trois pieds & demi de haut.

Celles dont la botte contient douze *perches*, au moins huit pouces au gros bout, & deux pouces au moins par le haut.

Celles dont il y a vingt-fix *perches* à la botte, au moins fix pouces au gros bout, & à l'extrémité au moins un pouce.

Et pour ce qui eft des bottes compofées de cinquante *perches*, chacune *perche* doit avoir du moins quatre pouces au gros bout, & un pouce à fon extrémité. L'on peut mêler parmi ces dernières jufqu'à treize *perches* de moindre groffeur, pour fervir de lozanges dans les jardins.

PERCHE. Eft auffi une mefure dont on fe fert pour l'arpentage ou mefurage des terres. La *perche* a plus ou moins de longueur, fuivant les différentes coutumes des lieux.

En fait de mefurage des bois & forêts la *perche* eft uniforme dans tout le royaume. Elle doit contenir vingt-deux pieds de douze pouces chacun, & le pouce doit être de douze lignes. Les cent *perches* quarrées font un arpent.

On se sert aussi de la *perche* pour l'arpentage des terres dans quelques endroits de la Guyenne, particulièrement à Damazan, Puche de Gontault & Monhurt. On la nomme *perche d'Albret*, parce qu'on s'en sert aussi dans cette ville ; les trois quartonnats font la *perche* ; elle est différente de celle de Paris.

PERDU. Faire flotter du bois à bois *perdu*. (Terme *de marchandise de bois*.). C'est le jetter dans de petites rivières qui ne peuvent porter ni train ni bateau, pour le rassembler à leurs embouchures dans de plus grandes, & en former des trains, ou en charger des bateaux.

Lorsqu'il y a plusieurs marchands qui jettent leurs bois à bois *perdu* dans le même temps & dans le même ruisseau, ils ont coutume de marquer chacun le leur à la tête de chaque buche, avec un marteau de fer gravé des premières lettres de leur nom, ou de quelque autre figure à leur volonté, afin de les démêler quand on les tire à bord.

Ils ont aussi à communs frais des personnes qui parcourent les rives de ces petites rivières des deux côtés, & qui avec de longues perches armées d'un croc de fer, remettent à flot les bois qui donnent à la rive, & qui s'y arrêtent.

PERÉ, ou POIRÉ. Jus exprimé des *poires*, dont on fait une boisson assez agréable, qui sert en Normandie & ailleurs à la place du vin & des autres liqueurs.

PERELLE. Espèce de terre grise en petites écailles, que les marchands épiciers & droguistes font venir de Saint-Flour, ville de la Haute-Auvergne.

Cette terre se trouve attachée sur les rochers où elle est portée par les vents, & où ensuite ayant été mouillée à la pluie, elle se calcine par l'ardeur du soleil, & devient comme une espèce de croute ou de mousse.

Ce sont les paysans Auvergnacs qui la vendent après l'avoir ratissée avec des instrumens de fer, de dessus les rochers, où elle est ordinairement de l'épaisseur d'une pièce de quinze sols, & sur lesquels elle se reproduit peu de temps après.

Cette terre n'est d'usage que pour faire une espèce d'orseille, quoiqu'elle soit néanmoins bien différente de la véritable orseille.

PERIDOT. Quelques-uns disent PELIDOR. *Pierre précieuse* tirant sur le verdâtre ; elle est difficile à tailler : c'est une espèce d'émeraude. Ce qui la distingue, c'est qu'elle est plus dure, & qu'il s'en trouve des morceaux d'un bien plus grand volume que de la véritable émeraude. Elle prend bien le poliment, & est ordinairement très-nette.

PERIGORD. Sorte de pierre que l'on nomme plus ordinairement *perigueux*.

PERIGUEUX. Espèce de pierre dure, pesante & noire comme du charbon de terre, difficile à pulvériser. Elle se trouve dans de certaines mines en Dauphiné & en Angleterre, d'où elle vient en morceaux de différentes grosseurs ; elle se vend aux

émailleurs & aux potiers de terre : on l'appelle autrement *perigord* ou *pierre de perigord*.

PERLE. Substance dure, blanche & claire, qui se forme au dedans de certaine espèce d'huitres.

Il se pêche des *perles* dans les mers des Indes orientales, dans celles de l'Amérique, & en quelques endroits de l'Europe.

NACRE DE PERLE, qu'on nomme aussi *mere-perle*. C'est la coquille de l'huitre perlière. Elle est en dedans d'une aussi belle eau que la perle même, & elle n'a pas moins d'éclat par le dehors lorsqu'on l'a découverte par le moyen de l'eau forte & du touret. On en fait divers ouvrages de bijouterie, comme tabatières, étuis &c. & boëtes à mouches ; elle entre aussi dans la damasquinerie & les ouvrages de pièces de rapport. *Voyez* NACRE.

LOUPES DE PERLES. Ce sont des écroissances en forme de demi-perles, qui s'élèvent sur la superficie intérieure des nacres de perles, que les joyailliers savent scier adroitement & qu'ils mettent en œuvre au lieu de véritables perles dans divers bijoux.

COLIER DE PERLES ou FILET DE PERLES. Ce sont plusieurs *perles* assorties & enfilées ensemble, que les femmes mettent autour de leur col pour leur servir d'ornement. On dit aussi un *esclavage de perles*, un *bracelet de perles*, une *attache de perles*, pour signifier *divers autres ouvrages faits avec des perles*, que les dames font entrer dans leur parure.

GRIS DE PERLE. *Couleur* qui approche de celle des *perles*.

PERLES FAUSSES. Ce sont des *perles* contrefaites, auxquelles on donne une eau, ou couleur qui approche assez de celle des vraies *perles*.

Autrefois on les faisoit seulement de verre avec une sorte de teinture de vif-argent en dedans ; depuis on s'est servi de cire couverte & enduite d'une colle de poisson fine & brillante ; enfin on a inventé en France une manière de les faire si approchante de l'éclat & de l'eau des *perles* fines, que les yeux y sont trompés, & qu'il n'est guères de dames qui ne s'en servent au défaut des vraies *perles* dont elles méprisent les petits colliers, & dont les gros sont quelquefois d'un trop grand prix. Le commerce de ces sortes de *perles* qui imitent le naturel est très-considérable à Paris ; & il s'en fait aussi des envois non-seulement dans les provinces, mais encore dans les pays étrangers.

PERMISSION. On nomme en Flandre, en Brabant & en Zélande, *argent de permission*, ce qu'on nomme ordinairement dans le commerce *argent de change*, c'est-à-dire, l'évaluation sur laquelle se font les remises & les changes de ces provinces dans les pays étrangers.

PERRÉE. Mesure de grains dont on se sert à Vannes & à Auray en Bretagne. La *perrée* n'est pas égale dans ces deux villes, celle de Vannes étant plus forte de dix pour cent que celle d'Auray. Dix *perrées* font le tonneau dans l'une & l'autre ville, avec cette différence que le tonneau d'Auny est égal à celui de Vannes, & que celui de Vannes rend à Nantes dix pour cent de bénéfice. Le tonneau de Nantes est un peu plus que les trois quarts du muid de Paris.

PERRIERE. *Carrière* d'où l'on tire des pierres. Il se dit principalement en Anjou des ardoisières.

PERROQUET. Nom que l'on donne quelquefois à la plante qu'on appelle plus communément *aloës*.

PERROQUET. (*Terme de marine*) ; c'est le mât le plus élevé du vaisseau ; il y en a ordinairement quatre, autant que de principaux mâts : c'est au haut des *perroquets* que se mettent les girouettes.

PERRUQUE. Faux *cheveux* avec lesquels on tâche d'imiter la chevelure naturelle en les tressant, les étageant, & leur donnant une frisure qui en approche.

PERRUQUIER. Celui qui fait des *perruques* ou qui en fait négoce.

En 1656, le roi Louis XIV créa par édit du mois de décembre, un corps & communauté de 200 barbiers, *perruquiers*, baigneurs, étuvistes, pour la ville & fauxbourgs de Paris, mais l'édit n'eût point d'exécution. Enfin par un autre édit du mois de mars 1673, il s'en fit une nouvelle création à peu près sur le pied de celle de 1659, & c'est cette communauté qui subsiste encore aujourd'hui.

PERS. Ce qui est de couleur bleue ou tirant sur le bleu ; on le dit particulièrement du filet ou fil à marquer le linge.

L'article 59 des statuts & réglemens de 1669, pour les maîtres teinturiers en soies, laines & fils, porte que le fil *pers* appelé vulgairement *fil à marquer*, retors & simple, & le bleu brun clair & mourant, seront teints avec inde plate ou indigo. *Voyez* BLEU.

PERSE. Rase de *perse*, sorte de petite étoffe de laine qui se fabrique à Reims.

PERSE, se dit aussi des toiles peintes qui viennent de Perse, & qu'on suppose y avoir été fabriquées & peintes ; quoique souvent ce soient des toiles indiennes qu'on fait passer pour Persannes. Les *perses* sont les plus estimées de toutes les toiles qui viennent d'Orient ; & sur-tout en France, les dames les préfèrent à toutes les autres, même aux Masulipatans, que les connoisseurs ne croyent pas cependant devoir leur céder.

Pour faire l'éloge d'une toile peinte, on dit simplement, c'est une *perse* ; quelquefois on ajoute, c'est une vraie *perse*, pour les distinguer de celles qu'on imite en Hollande, dont quelquefois il est difficile de connoître la différence.

PERTE. Dommage que l'on souffre : diminution de bien & de profit. Ce marchand est de bonne foi ; s'il a manqué, ce sont les grandes *pertes* qu'il a faites depuis deux ans, qui sont cause de sa faillite.

Vendre sa marchandise, donner sa marchandise à *perte* ; c'est la vendre, c'est la donner à moins qu'elle ne coûte. Je vous donne ce velours, cette panne à *perte* ; ils me reviennent à beaucoup plus que vous ne m'en payez.

PERTE. Se dit aussi d'une sorte de toile de chanvre ordinairement écrue, qui se fabrique à Vitré & à la Guerche en Bretagne, mais plus particulièrement en un village des environs de ces lieux appelé *Perte*, d'où cette toile a tiré son nom.

Les *pertes* ont toutes trois quarts de large mesure de Paris, & s'achètent sur le pied de l'aune courante de Bretagne qui est de sept sixièmes d'aunes de Paris. Il s'en fait de fines ou de fortes ou communes. Les premières s'employent ordinairement à faire des draps de lits, & l'on se sert des autres pour faire de menues voiles de navires. Il s'en envoie beaucoup aux isles Françoises de l'Amérique, en Angleterre & en Espagne.

PERTUIS. Ancien mot qui signifie *un trou* ; qui n'est plus guères d'usage en ce sens que parmi les tireurs d'or ou autres ouvriers qui réduisent les métaux en fil, pour signifier les *ouvertures* ou *trous* des filières à travers desquels ils font passer successivement ces métaux. Chaque *pertuis* a son embouchure & son œil ; l'embouchure est le côté par où entre le fil, & l'autre par où il sort. On passe le lingot par plus de sept vingt *pertuis* avant de le porter jusqu'au superfin.

PERTUIS. Signifie aussi, *en termes de voituriers par eau*, & *de gens de rivière*, un *passage étroit* fait par le moyen des digues & des jettées dont l'ouverture se ferme en forme d'écluse par des barres & des aiguilles.

Comme ces *pertuis* construits pour hausser & retenir l'eau, sont préjudiciables au commerce qui se fait par les rivières, plusieurs ordonnances y ont pourvu en France, entr'autres celle du roi Louis XIV, pour la ville de Paris, du mois de décembre 1672.

L'article 4 du chapitre 1 de cette ordonnance, défend en général de mettre aucun empêchement sur les rivières, à peine de tous dépens, dommages & intérêts des marchands & voituriers.

L'article 5 enjoint à ceux qui par concessions bien & duement obtenues, ont droit d'avoir arches gors & *pertuis*, de leur donner 24 pieds au moins de largeur, de les tenir ouverts en tout temps ; & la barre tournée, en sorte que le passage soit libre aux voituriers montant & avalant leurs bateaux & trains, lorsqu'il y a deux pieds d'eau en rivière, & quand les eaux sont plus basses, de faire l'ouverture de leurs *pertuis* toutes & quantes fois ils en sont requis, avec défense aux gardes des *pertuis* de rien recevoir pour l'ouverture ou fermeture des *pertuis*, à peine du fouet & de restitution du quadruple.

L'article 6 veut que lorsqu'il conviendra de faire quelques ouvrages aux *pertuis*, gors, arches, vannes, moulins, &c. pour leur réparation ou autrement, les propriétaires soient tenus d'en faire faire la publication dans les paroisses voisines un mois auparavant de les commencer, & d'y déclarer quand lefdits ouvrages pourront être faits & la navigation rétablie, à peine de dépens, dommages & intérêts pour le retard des marchands & voituriers.

Enfin, l'article 7 des mêmes titre & chapitre ordonne, que toutes chaînes & barrières mifes aux ponts, paffages, éclufes & pertuis, pour la perception des droits & péages qui ne font pas établis avant cent ans ou réfervés par déclaration du roi, feront levées & ôtées.

PESANT. Terme relatif oppofé à léger, ce qui tend à occuper le lieu le plus bas : de tous les métaux l'or eft le plus pefant. Ce tonneau, ce ballot, ce fardeau de marchandife eft extraordinairement pefant.

PESANT. Se doit entendre auffi de ce qui a un poids certain & réglé. Une pièce d'or, une pièce d'argent monnoyé eft réputée pefante, lorfqu'elle eft du poids ordonné par les réglemens du prince.

Dans le commerce on ne peut obliger à recevoir que des efpèces ou monnoies pefantes. On vend tant le cent pefant de cuivre, de fer, d'étain, de plomb, &c.

PESANT. On nomme ainfi dans le commerce des côtes d'Afrique, particulièrement dans le Sénégal, une des efpèces de verroterie qui y fert à la traite : il y en a de deux couleurs, de jaune & de verd.

PÊCHE. Action par laquelle on prend du poiffon. L'art de prendre du poiffon.

Il y a plufieurs fortes de pêches qu'on peut regarder en quelque manière comme autant d'efpèces différentes qui ont leurs fubdivifions ; les principales font la pêche de mer, la pêche de rivière. & la pêche d'étang. Ces deux dernières appartiennent à ceux qui font propriétaires des étangs & qui ont le droit de pêche fur les rivières qui traverfent leurs terres & feigneuries. Pour la pêche de mer elle eft libre en France, & la fait qui veut ; mais cependant conformément à certains réglemens portés dans les ordonnances de marine.

PÊCHERIE. Lieu où l'on fait quelque pêche.

PÊCHERIE. Se dit particulièrement de quelques plages de la mer ou orientale, ou occidentale, & même de quelques rivières où l'on pêche des huitres perlières.

Les pêcheries d'orient font celles de l'ifle de Bahren dans le golfe Perfique, de Carifa fur la côte de l'Arabie heureufe, de Manar fur les côtes de l'ifle de Ceylan, & de quelques endroits de celles du Japon. Les pêcheries des Indes d'occident font toutes dans le golfe du Mexique le long de la côte de Terre-ferme de l'Amérique, entre autres à la Cutagna, à la Marguerite, à Comogote, à la Rencherie & à Sainte-Marthe. Enfin les pêcheries d'Europe qui font les moins confidérables, font le long des côtes d'Ecoffe, & dans une rivière des états de l'électeur de Bavière en Allemagne.

PÊCHERIE. S'entend auffi des lieux ou parcs deftinés à la pêche fur les grèves & côtes de la mer, & aux bayes & embouchures des rivières.

Ces pêcheries ont différens noms fuivant leur conf-

truction, & les divers filets dont on fe fert pour y arrêter & prendre le poiffon.

Les unes s'appellent parcs, dont il y a de deux fortes, les hauts & les bas ; les autres fe nomment ravoirs, d'autres courtines, d'autres encore venets, & d'autres bouchots.

Toutes ces pêcheries font permifes par les ordonnances de la marine de France de 1681 & 1684, mais fous les conditions & les réferves portées par les divers articles du tit. 3 du cinquième livre de ces ordonnances.

Les mailles des bas parcs, ravoirs, courtines & venets, doivent avoir deux pouces en quarré, & être attachées à des pieux plantés dans les fables fur lefquels les rêts font tendus fans les y pouvoir enfouir. A l'égard des mailles des hauts parcs ; elles doivent être d'un pouce ou neuf lignes au moins, & tendues enforte qu'elles ne touchent point le fable, & qu'elles en foient éloignées au moins de trois pouces.

Les parcs de pierre doivent être en forme de demi-cercle, de quatre pieds de haut au plus, fans chaux, ciment, ni maçonnerie, avec une ouverture de deux pieds dans le fond du côté de la mer, fermée d'une grille de bois, dont les trous en forme de maille doivent être d'un pouce en carré, depuis la Saint-Remy jufqu'à Pâques, & de deux pouces depuis Pâques jufqu'à la Saint-Remy.

Les bouchots font conftruits de bois entrelaffés en manière de clayes avec une ouverture de deux pieds par le bas du côté de la mer. Cette ouverture ne peut être fermée de filets, grilles de bois ni paniers, depuis le premier mai jufqu'au dernier août.

A l'égard des parcs faits partie de bois & partie de filets, ils doivent être de fimples clayes, & les filets feulement d'un pouce de maille. L'ouverture de deux pieds qu'ils ont au fond comme les autres parcs, ne doit être fermée que d'un filet dont les mailles ne foient que d'un pouce en quarré depuis la Saint-Remy jufqu'à Pâques, & de deux depuis Pâques jufqu'à la Saint-Remy.

Tous parcs & bouchots ne peuvent fe conftruire à l'embouchure des rivières navigables, ou fur les grèves de la mer, qu'à deux cent braffes du paffage ordinaire des vaiffeaux, & au-deffous : ce qui eft auffi ordonné pour les guideaux.

Enfin il eft fait défenfe à tous gouverneurs, officiers & foldats des ifles, forts, villes & châteaux conftruits fur le rivage de la mer, d'apporter aucun obftacle à la pêche qui fe fera dans le voifinage de leurs places.

PÊCHEUR. Celui qui fait le métier de pêcher.

Les ordonnances de la marine réglent la police des pêcheurs de mer ; & les ordonnances des eaux & forêts & de la ville de Paris, celle des pêcheurs fur rivières.

On diftingue ordinairement trois fortes de pêcheurs de mer ; les uns qui font les grandes pêches comme ceux qui vont aux morues, à la baleine & aux harengs ; les autres qui font la pêche du poiffon frais, mais qui y vont avec bateau, portant mât, voiles & gouvernail ; & les troisiémes qui pêchent auſſi du poiſſon frais, mais qui ſe ſervent de pêche-ries & de parcs conſtruits ſur les gréves de la mer & aux embouchures & baye des rivières.

L'on peut voir aux articles de la *morue*, du *ha-reng*, de la *baleine*, &c. à quoi ſont tenus les *pê-cheurs* qui vont à ces grandes pêches, & à l'article précédent comme doivent ſe conſtruire les pêche-ries & parcs de la troiſiéme ſorte de *pêcheurs*. On ne parlera donc ici que de ce qui concerne les *pê-cheurs* de poiſſon frais qui en font la pêche avec des bateaux à voiles, & gouvernail.

Tout *pêcheur* qui veut pêcher la nuit, doit mon-trer trois différentes fois un feu quand il met les filets en mer.

Les bateaux dreigeurs qui ne peuvent dériver à cauſe de quelque accident, doivent montrer un feu tant qu'ils ſont ſur le lieu où leurs filets ſe ſont arrêtés.

Aucun *pêcheur* arrivant en mer ne doit ſe mettre ou jetter ſes filets en lieu où il puiſſe nuire à ceux qui y ſont avant lui.

Les *pêcheurs* qui vont en flote ne peuvent quitter leur rumb ou rang pour ſe placer ailleurs quand les autres *pêcheurs* de la même flote ont mis leurs fi-lets à la mer.

Chaque maître de bateau eſt tenu de prendre un congé tous les ans, & en le prenant de mettre au greffe une liſte de ceux qui compoſent ſon équi-page contenant leurs nom, âge & demeure.

Enfin tout *pêcheur* de l'âge de dix-huit ans & au-deſſus, allant en mer, eſt obligé au premier jour de carême de chaque année, de ſe faire inſ-crire ſur le rôle. Et dans les lieux où il y a juſqu'à huit maîtres *pêcheurs*, il doit auſſi ſe faire par cha-cun an l'élection de l'un d'eux pour garde & juré de leur communauté, qui prête ſerment, & qui fait journellement la viſite des filets, & le rapport des contraventions aux ordonnances.

Les *pêcheurs* ſur rivière de la ville & faux-bourgs de Paris, n'y ſont pas érigés en corps de jurande. Ils furent néanmoins employés en cette qualité dans l'état arrêté au conſeil le 10 avril 1691 en exécution de l'édit du mois de mars de la même année, portant création des maîtres & gardes & ju-rés en titre d'office ; & on les y voit non-ſeulement ſous le nom de *pêcheurs à engins*, mais encore ſous celui de *pêcheurs à verge*. Il ne paroît pas pourtant que ces édit & état aient eu aucune exécu-tion à leur égard.

Réglement des eaux & forêts pour la pêche du poiſſon d'eau douce, & les pêcheurs.

Ce réglement eſt compris dans l'ordonnance de 1669, dont il fait le trente-uniéme titre. Il eſt di-viſé en XXVI articles, dont on va donner ici l'ex-trait des plus importans.

1°. Il eſt défendu à toutes perſonnes, autres que les maîtres *pêcheurs* reçus aux ſiéges des maîtriſes, de pêcher ſur les fleuves & rivières navigables, à

peine de cinquante livres d'amende, & de confiſca-tion du poiſſon, filets & autres inſtrumens de *pê-ches* pour la première fois, & pour la ſeconde de cent livres d'amende, outre pareille confiſcation, même de punition plus ſevère, s'il y échet.

2°. Nul ne peut être reçu maître, s'il n'a vingt ans.

3°. Les maîtres *pêcheurs* de chaque ville ou ports, s'ils ſont huit & au-deſſus, doivent élire tous les ans aux aſſiſes des maîtriſes, un maître de commu-nauté, pour avoir l'œil ſur eux, & avertir les offi-ciers des abus qui pourroient ſe commettre ; ou s'ils ne ſont pas nombre compétent, ils ſe joindront pluſieurs maîtres des lieux voiſins pour faire ſem-blable élection.

4°. Il eſt défendu de *pêcher* les jours de diman-che & de fête ; & pour prévenir cet abus, chaque maître ſera tenu la veille deſdits jours, de porter ſes engins & harnois après ſoleil couché, au logis du maître de la communauté, qui ne lui ſeront rendus que le lendemain deſdits jours après ſoleil levé.

5°. La *pêche* n'eſt permiſe, dans quelque temps & ſaiſon que ce ſoit, que depuis le lever du ſoleil juſqu'à ſon coucher, ſinon aux arches des ponts & des moulins où ſe tendent des dideaux, auſquels lieux on peut *pêcher*, tant de nuit que de jour.

6°. Il eſt défendu de *pêcher* dans le temps de la fraye ; ſçavoir, aux rivières où la truite abonde plus que le reſte du poiſſon, depuis le premier fé-vrier juſqu'à la mi-mars : & aux autres depuis le premier avril juſqu'au premier juin, à peine pour la première fois de vingt livres d'amende & d'un mois de priſon ; du double de l'amende & de deux mois de priſon pour la ſeconde fois ; & pour la troiſiéme du carcan, du fouet & du banniſſement hors du reſſort de la maîtriſe pendant cinq ans.

On excepte néanmoins de la défenſe la *pêche* aux ſaumons, aloſes & lamproyes qui peuvent ſe con-tinuer en la manière accoutumée.

7°. Pendant le temps de la fraye il eſt pareille-ment fait défenſes de mettre des bires ou naſſes d'oſier au bout des dideaux. Il eſt néanmoins permis d'y mettre des chauſſes ou ſacs du moule de dix-huit lignes en quarré. Dans les autres temps on peut ſe ſervir de naſſes d'oſier, mais dont les verges ſoient éloignées les unes des autres de douze lignes au moins.

8°. Tous engins & harnois prohibés par les an-ciennes ordonnances, ſont de nouveau défendus, & encore les giles, les tramails, le furet, l'épervier, le chaſſon & le ſabre ; comme auſſi ce qu'on appelle le *barandage* & les *bacs* en rivière.

9°. Il leur eſt en outre ordonné de ne pas bouiller avec bouilles & rabots, tant ſous leurs chevrins, racines, ſaules &c. qu'autres lieux ; enſemble de ne pas mettre des lignes avec échots & amorces unies ; & encore de ne point porter chaînes & clairons dans leurs batelets ; enfin de n'aller à la ſare ou *pêcher* ſur les noues pour y bouiller & pour prendre

le poiſſon & le frai qui a pu y être porté par le dé-
bordement des rivières.

10°. Les *pêcheurs* ſont tenus de rejetter dans les
rivières les truites, carpes, barbeaux, brêmes &
mouniers qu'ils auront pris, ayant moins de ſix pouces entre l'œil & la queue, & les tanches, perches
& gardons qui en auront moins de cinq.

11°. Tous les engins & harnois des *pêcheurs* doivent être marqués d'un plomb, ſur lequel ſeront
les armes de ſa majeſté, & autour le nom de la
maîtriſe, le coin duquel ſera gardé au greffe de
chacune deſdites maîtriſes.

12°. Il eſt fait défenſes à toutes perſonnes de
jetter dans les rivières aucune chaux, noix vomique, coque du levant, momie ou autres drogues
ou appats, à peine de punition corporelle.

13°. Il eſt fait inhibition à tous mariniers, contre-
maîtres, gouverneurs & autres compagnons de rivière, conduiſant nefs, bateaux, beſognes, &c.
d'avoir avec eux aucuns engins à *pêcher*, ſoit permis, ſoit défendus.

14°. Toutes les épaves pêchées ſur les fleuves
& rivières, doivent être garées ſur terre, & les *pêcheurs* qui les ont trouvées, doivent en donner avis
pour en être ordonné ce que de raiſon par les officiers des maîtriſes.

15°. Il eſt fait défenſes à toutes perſonnes d'aller
ſur les mares, étangs & foſſés lorſqu'ils ſont glacés
pour en rompre la glace & y faire deux trous, &
d'y porter flambleaux, brandons & autres feux, à
peine d'être punis comme de vol.

16°. Il eſt ordonné que pour le rempoiſſonnement des étangs de ſa majeſté, le carpeau aura ſix
pouces au moins, la tanche cinq, & la perche quatre; & à l'égard du brocheton, il ſera de tel échantillon que l'adjudicataire voudra; mais il ne ſe jet-
tera aux étangs, mares & foſſés qu'un an après
leur rempoiſſonnement; ce qui s'obſervera pareillement aux étangs des eccléſiaſtiques & communautés.

17°. La connoiſſance des délits commis par les
maîtres *pêcheurs* & autres ſur les fleuves & rivières
navigables, appartiendra aux officiers des eaux &
forêts, & non aux juges des ſeigneurs.

18°. Il eſt permis aux maître, lieutenant & procureur du roi des eaux & forêts, de viſiter les rivières, bannetons, boutiques & étuis des *pêcheurs*;
& s'ils y trouvent du poiſſon qui ne ſoit pas de
l'échantillon & grandeur preſcrite, ils en feront
leur procès-verbal, & aſſigueront les *pêcheurs* pour
répondre du délit, le tout néanmoins ſans frais.

19°. Enfin lorſque les officiers des maîtriſes
trouvent des engins défendus, ils les doivent faire
brûler à l'iſſue de l'audience devant la porte de ladite audience, & condamner les *pêcheurs* ſur qui
ils auront été ſaiſis, aux amendes portées par le réglement.

PÊCHEURS DE BALEINES. Il ſe dit également &
des propriétaires des vaiſſeaux qui vont à la *pêche*
de la baleine, & des matelots qui montent ſur ces
vaiſſeaux.

On nomme en Hollande le corps des *pêcheurs
de la baleine* une *aſſociation* des principaux marchands des villes qui envoient à cette *pêche*, ou des
maîtres & pilotes qui y vont avec leurs propres
navires.

Ce corps n'a point de privilége excluſif, & il eſt
permis à tous particuliers d'y aller ou d'y envoyer,
quoiqu'il ne ſoit pas de cette eſpèce de compagnie;
mais tous, s'ils veulent aller en flotte, ſont également obligés de ſe ſoumettre aux réglemens qui ont
été dreſſés par les commiſſaires députés de l'aſſociation; & avant de partir de jurer entre les mains de
ces commiſſaires, de s'y conformer.

Réglement général pour la pêche *de la* baleine.

Les réglemens pour la *pêche de la baleine*, conſiſtent en douze principaux articles.

1°. Lorſqu'un vaiſſeau pêcheur a fait naufrage,
& que le capitaine & l'équipage ſe ſont ſauvés, le
premier navire qui les trouve eſt obligé de les prendre. Si l'on fait rencontre d'un ſecond vaiſſeau, celui-ci doit ſe charger de la moitié de l'équipage
ſauvé, & cette moitié de l'équipage doit y paſſer,
à moins que ce bâtiment ne fût déja occupé par
d'autres matelots naufragés, auquel cas le partage
des uns & des autres ſe doit faire également entre
les deux vaiſſeaux: ce qui s'obſerve pareillement
pour tous les autres qu'on rencontre enſuite.

2°. Les victuailles que les équipages naufragés
portent à bord des vaiſſeaux où ils ſe ſauvent, doivent être conſommés par eux-mêmes, & partagés
avec ceux d'entre eux qui paſſent ſur d'autres bâtimens; & en cas qu'ils n'apportent aucuns vivres, ils
doivent être nourris par charité, à la charge de
travailler avec l'équipage des navires où ils ſont
reçus.

3°. Si un vaiſſeau s'échoue avec ſa charge, le
capitaine du vaiſſeau, le pilote ou autre qui les repréſente peut faire ſauver les effets naufragés & traiter avec qui il lui plaît pour en ſauver & les charger; mais il reſte au choix des capitaines des autres
vaiſſeaux qui s'y trouvent de ſe charger deſdits bâtimens & effets ſauvés ou de les refuſer.

4°. Si quelque capitaine de vaiſſeau vient ou ſe
rencontre en un lieu où il ſe ſoit fait quelque naufrage, & que les effets naufragés ſoient abandonnés;
il peut s'emparer de tout ou de partie de ce qu'il
trouve, ſoit agrés, uſtenſiles, lard, fanons, &c. Et
étant arrivé dans le port de Hollande d'où il eſt
parti, il eſt obligé d'en délivrer la moitié aux propriétaires du navire naufragé quitte de fret & autres frais,
tels qu'ils ſoient.

5°. Si un navire fait naufrage & eſt abandonné
par l'équipage, ledit équipage ne peut rien prétendre des effets ſauvés, ſoit qu'il ſoit engagé à la
part ou par mois, & tout ce qui en revient doit
appartenir uniquement à l'armateur.

6°. Lors cependant que l'équipage du vaiſſeau

naufragé est présent quand quelque autre en sauve les effets, & a lui-même aidé à les sauver, cet équipage doit avoir le quart des choses sauvées; sçavoir les gens naufragés engagés par mois, leurs gages ainsi qu'ils ont été accordés; & ceux engagés à la part, pour leur travail, à raison de vingt florins par mois jusqu'au jour de la perte du vaisseau: si la quatriéme partie des choses sauvées n'est pas suffisante pour payer tout l'équipage sur ce pied, tant les engagés à mois, que ceux engagés à part, doivent perdre à proportion; mais s'il y a du reste, il doit rester aux armateurs.

7°. Le capitaine du vaisseau qui sauve quelques effets naufragés, partage à ce qui en provient, aussi-bien que ceux de son équipage qui sont engagés à la part, mais ceux de l'équipage qui sont accordés au mois n'entrent point en partage.

8°. Les marchandises & effets sauvés qui sont chargés dans quelque vaisseau, sont sujets aux avanies, pertes & dommages, comme les propres effets du vaisseau.

9°. Celui qui ayant tué un poisson dans les glaces ne peut le conduire à bord du navire, en demeure néanmoins le propriétaire aussi long-temps qu'il le fait garder par quelqu'un de ses gens; mais s'il n'y laisse personne, le capitaine qui survient peut s'en emparer, quoique le poisson soit attaché à une pièce de glace.

10°. Si celui qui a pris un poisson est près de terre, il peut l'attacher à un ancre ou à une corde qui tiendra à terre & y laisser une marque ou bouée, & pour lors il lui appartient sans qu'il puisse être pris par un autre.

11°. Si allant à la pêche, ou en revenant en flotte quelqu'un est blessé ou estropié en se défendant contre les ennemis, les commissaires de la pêche de la baleine se chargent de lui faire donner une récompense raisonnable à laquelle toute la flotte doit contribuer.

12°. Enfin s'il arrivoit quelque cas dont il n'auroit pas été fait mention dans le réglement, il doit être réglé par des arbitres.

PESÉE. Ce qui se pèse en une seule fois.

Un marchand qui vend une grosse partie de marchandise d'une même espèce sujette au poids, est dans l'obligation de faire plusieurs pesées.

Chaque pesée de marchandises doit avoir son trait, c'est-à-dire, être trébuchante & emporter le poids qui est dans l'autre bassin de la balance.

PESÉE, en Perse, où les sacs d'argent se pèsent & ne se comptent pas. On fait cinquante pesées de chaque sac d'abassis, qui doit être composé de deux mille pièces de cette monnoie; ensorte que chaque pesée n'est que d'un toman ou de cinquante abassis: mais lorsqu'on soupçonne qu'il y a dans les sacs des pièces ou fausses ou legeres, les pesées ne sont que vingt-cinq abassis qu'on pèse, non contre un poids, mais les unes contre les autres; ce qui en découvre la légèreté ou le faux.

PESER. C'est examiner la pesanteur de quelque

chose, la confronter avec un poids certain, réglé & connu, tel que peut être la livre, le marc, le cent, le quintal, &c.

Pour peser les métaux, les drogueries & épiceries, les cotons, les laines, les huiles, & autres semblables marchandises d'œuvres de poids que l'on vend en gros, l'on se sert de la romaine ou des grandes balances à plateaux.

A l'égard des mêmes marchandises qui se vendent en détail, c'est de la petite balance à bassins ou du peson dont on se sert. Le trébuchet est pour peser l'or, l'argent, & autres choses précieuses.

On dit qu'il faut peser des marchandises net, pour faire entendre qu'elles doivent être pesées sans emballages, caisses ni barils. Au contraire, quand on dit qu'elles doivent être pesées ort ou brut, cela veut dire qu'il faut les peser avec leur emballage, leurs caisses & leurs barils.

PESEUR, celui qui pèse. Il se dit plus ordinairement de la personne qui tient le poids du roi. Dans toutes les villes de commerce bien policées, les peseurs royaux ou publics, sont obligés de prêter serment devant le magistrat, & de tenir bon & fidele registre de toutes les marchandises qui se pèsent à leur poids. Ce sont ceux qui réglent ordinairement les contestations qui arrivent entre les marchands pour raison du poids de leurs marchandises.

PESO. Monnoie de compte d'Espagne. Les dix mille pesos valent douze mille ducats. Voyez LA TABLE DES MONNOIES.

PESON A CONTREPOIDS. C'est une espèce de balance qui sert à peser diverses sortes de marchandises. On l'appelle aussi crochet ou balance romaine.

PESON A RESSORT. Sorte de machine assez ingénieuse, dont on se sert pour peser certaines espèces de marchandises, comme le foin, la paille, le fil, la filasse, la chair, &c.

Ce sont les petits marchands, qui vont aux foires, les étapiers, les fouriers & les vivandiers d'armée, qui se servent le plus ordinairement du peson à ressort.

Il y en a de différentes grandeurs pour peser depuis une livre jusques à cinquante. Les premiers qui parurent à Paris furent apportés de Besançon; ce qui a donné lieu à quelques-uns de croire que c'est à cette ville que l'on a l'obligation de l'invention de cette machine; cependant bien des gens veulent qu'elle vienne d'Allemagne.

Le peson à ressort est composé de plusieurs pièces.

1°. D'un anneau qui sert à le suspendre en l'air.

2°. D'une menue branche presque carrée, ordinairement de cuivre, & quelquefois de fer ou de buis sur l'une des faces de laquelle sont marquées les différentes divisions des poids. C'est au haut de cette branche que l'anneau est attaché par une esse.

3°. D'un ressort de fil d'acier en forme de tire-boure arrêté au bas de la branche par un écrou, la branche paffant de haut en bas au travers du reffort.

4°. D'une boëte à canon de figure cylindrique qui renferme la branche & le reffort.

Enfin d'un crochet attaché par une effe au bas de la boëte, qui fert à accrocher la marchandife que l'on veut pefer.

Pour fe fervir du *pefon à reffort*, il faut le tenir par l'anneau fufpendu en l'air perpendiculairement; ce qui fait que le poids de la marchandife tirant le crochet en enbas refferre le reffort; de forte que la branche fortant par le haut de la boëte à proportion du poids, l'on découvre les divifions qui y font marquées par des rayes & des chiffres, ce qui dénote la pefanteur de la marchandife.

Ce *pefon*, quoiqu'affez induftrieufement fait, & affez commode en apparence, n'eft cependant pas fi jufte que le *pefon* à contre-poids ou romaine. Le défaut de juftelle provient de ce que le reffort eft fujet à fe relâcher & s'affoiblir par fon trop grand ufage.

Les Chinois fe fervent auffi d'une efpèce de *pefon* qui reffemble affez à la balance romaine. On en peut voir la defcription à l'article de la *balance*.

PESSA. Petite monnoie de cuivre des Indes, de la valeur de fix deniers de France. On la nomme plus ordinairement *pecha. Voyez* LA TABLE DES MONNOIES.

PETENUCHE, ou GALLETTE DE CO-COLE. C'eft une bourre de foie d'une qualité inférieure à celle qu'on appelle *fleuret*.

Quand elle eft filée, teinte & bien apprêtée, on l'emploie à la fabrique de certaines étoffes, comme papelines, &c. On s'en fert auffi à faire des padoues, des galons de livrée, des laffets, & d'autres femblables ouvrages.

PETIT-GRIS. Nom que l'on donne à une forte de riche fourure faite des peaux d'une efpèce de rats ou d'écureuils, dont le poil de l'échine eft d'un très-beau gris cendré, & celui de la queue & du ventre d'un blanc tirant un peu fur le gris.

Prefque tout le *petit-gris* qui fe voit en France y eft envoyé ou de Hollande ou d'Angleterre. Ce font à Paris les marchands merciers & les pelletiers qui en font tout le négoce. Les premiers le vendent en gros au cent de peaux; & les autres l'employent en fourrures, comme bas, manchons, aumuffes, jupons, couvre pieds, manteaux de lit, robes de chambre, veftes, jufte-au-corps, &c.

On nomme auffi quelquefois, mais mal-à-propos, *petit-gris*, les peaux de lapin dont le poil eft d'un gris approchant de celui du véritable *petit-gris*. Quoique le *petit-gris* de lapin s'employe aux mêmes ufages que le véritable *petit-gris*, il eft cependant beaucoup moins eftimé.

PETIT-GRIS. Se dit encore d'une efpèce de duvet ou petites plumes qui fe tirent du ventre & du deffous des ailes de l'autruche. Ce *petit-gris* eft regardé comme le rebut des autres plumes de cet oifeau, & par conféquent peu eftimé. Il fe vend au poids.

PETIT-NOIR. C'eft une forte de *plume noire* qui provient auffi de l'autruche. Elle n'eft pas fort eftimée, quoique plus chère des trois quarts que le petit-gris dont il a été parlé dans l'article précédent.

PETIT-GIROFLE ROND. C'eft un des noms que l'on donne au *poivre de Thevet*.

PETIT-TEINT. C'eft le nom que l'on donne à la communauté de cette forte de *teinturiers* qui n'emploient que des drogues communes dans leurs teintures, & qui ne peuvent auffi teindre que les moindres étoffes, au contraire des teinturiers du grand & bon teint, à qui les bonnes étoffes font réfervées, mais qui auffi ne doivent fe fervir que des meilleures drogues.

PETIT-BARRAGE. Sorte de *linge ouvré* qui fe fait aux environs de Caen.

PETIT-LION. Autre efpèce de *linge ouvré* qui fe fabrique à Reygnie & en quelques autres endroits de la petite province de Beaujolois.

PETITE BORDURE. Sorte de *ruban* ou bord de laine plus étroit que les autres, qui fe fabrique à Amiens.

PETITE ÉPICE ou ÉPICE BLANCHE. Noms que l'on donne au *gingembre* battu, & réduit en poudre.

PETITE ÉTOFFE, BASSE ÉTOFFE, CLAIRE ÉTOFFE, ou CLAIRE SOUDURE. Ce font les différens noms que les potiers d'étain donnent à une efpèce d'*étain* moitié plomb & moitié étain neuf.

PETITE VENISE. Nom que on onnel une efpèce de linge ouvré qui fe fabrique en Baffe-Normandie. Il y a auffi une autre forte de linge ouvré appellé *rofette* ou *petite Venife*, qui vient de Flandres.

PETITE TOILE. *Toile* qui fe manufacture en Normandie. Il y en a de rayées & d'autres à carreaux.

PETITE OLONE. C'eft le nom que l'on donne à une forte de *toile de chanvre* écrue propre à faire des voiles de navire & autres bâtimens de mer. Cette toile fe fabrique à Medrignae & aux environs de ce petit bourg de Bretagne; ne s'en faifant point de cette efpèce dans la ville d'*Olone* en Poitou, quoiqu'elle en aye pris le nom, à caufe que ce font les Olonois qui en ont fait les premiers le négoce.

Ces fortes de toiles qui ont vingt pouces de roi de large, fe vendent à la pièce, qui contient ordinairement quatorze à quinze aunes mefure de Paris.

PETITS DRAPS. Ce font des *étamines* ou autres étoffes femblables qui fe fabriquent à Argentan & à Efcouché, petites villes du duché d'Alençon, dont la confommation fe fait toute dans le pays.

PETITS FINS. C'eft la feconde forte de *fils de fayette*, ou laines filées du filage de Flandres.

PETITS PAINS DE SAVON. Morceaux de *favon* blanc prefque quarrés, pefant depuis une livre & demie jufqu'à deux livres, qui viennent par caiffes ou tierçons & par demi-caiffes.

PETREMENNE. Petite monnoie de cuivre qui a cour

cours dans plusieurs endroits d'Allemagne, particulièrement à Treves; c'est comme le sol ou l'albs,
à la réserve qu'il faut six *petremennes* pour faire
5 l. d'Allemagne ou le demi-kopfstuck.

La *petremenne* se divise en deux setmens.

PETREOL, ou PETROLE. *Huile minérale*
qui se tire de quelques endroits d'Europe, particulièrement d'Italie.

PETRICHERIE. (*Terme de Marine*,) qui se
dit de tout l'appareil qui se fait pour la pêche des
morues, comme chaloupes, hameçons, couteaux,
lignes, &c.

Les Basques & les autres terre-neuviers qui vont
à cette pêche, ont emprunté ce mot des Espagnols,
qui appellent *petrechos* un équipage de guerre ou de
chasse.

PETROLE. Espèce d'*huile* extrêmement inflammable, qui brûle dans l'eau, & qui est de quelque
usage dans la médecine. Elle est du nombre des drogues qui font partie du négoce des épiciers-droguistes.

PETROLEUM. Huile de *pétrole* noire, qu'on
nomme aussi *huile noire de Gabian*.

PETUN. C'est le nom que les Amériquains qui
habitent le continent, donnent à la plante que ceux
des isles appellent *yoli*, & que nous nommons vulgairement *tabac*. Le nom de *petun* est cependant de
quelque usage en France; l'ayant pris de ces Indiens;
mais on ne s'en sert guères que pour marquer l'excès
que l'on en fait en le fumant, ou l'endroit où on le
prend en fumée.

PEYSES. Petite monnoie de cuivre qui a cours
dans les Indes Orientales, particulièrement à Amadabath ville considérable des états du Mogol.

Les 26 *peyses* font un mamoudis, & les 54 une
roupie. *Voyez* LA TABLE DES MONNOIES.

P H.

PHILIPPE ou PHILIPPUS, monnoie d'or de
Flandres, d'un titre assez bas. On la nomme *ride*
en Allemand.

Il y a aussi des *philippus* d'argent qui pèsent
près de six deniers plus que les écus de France de
neuf au marc, mais qui ne prennent de fin que neuf
deniers vingt grains.

P I

PIASTRE. Monnoie d'argent, d'abord fabriquée
en Espagne, & ensuite dans plusieurs autres états
de l'Europe, qui a cours dans les quatre parties
du monde.

On l'appelle aussi *pièce de huit* & *réale de huit*,
parce qu'elle vaut huit réaux d'argent. Elle est à
peu près au titre & du même poids que les écus ou
louis blancs de France de neuf au marc.

Il y a deux sortes de *piastres* ou écus d'Espagne.
Les unes qui se fabriquent au Potosi, que l'on appelle *piastres du Pérou* : les autres qui viennent
du Mexique, que l'on nomme *piastres Mexicaines*. Ces dernières pèsent un peu plus que les

autres, (mais comme par compensation) elles ne
sont pas d'un argent aussi pur que celles du Potosi.

La *piastre* a ses diminutions qui sont la demi-
piastre ou *réale* de quatre ; le quart de *piastre* ou
réale de deux ; le huitième de *piastre* ou *réale*
simple ; & le seizième de *piastre* ou *demi-réal*.

La *piastre* de huit réaux d'argent, vaut quinze
réaux de vellon, ou, comme on le prononce en
Espagnol, de *veillon*; ensorte que par rapport à cette
différence de réaux d'argent ou de vellon, il faut
pour chaque *piastre* seulement 272 maravedis d'argent, jusqu'à 510 maravedis de vellon.

Il arriva en 1687, quelque changement en Espagne au sujet des anciennes *piastres* ou *pièces* de
huit qui furent augmentées jusqu'à dix réaux d'argent, & à qui l'on donna le nom d'*écu d'argent*.
Mais en même temps l'on en fabriqua de nouvelles
de moindre poids qui eurent cours sur le pied de
huit réaux comme avoient eu auparavant les anciennes. Ce changement néanmoins n'a point empêché
que la *piastre* n'ait toujours eu cours sur le premier
pied.

Le change d'Espagne en Angleterre se fait par
piastres ou *pièces* de huit.

On nomme *dallers* les *piastres* ou *réales* de
huit que l'on fabrique en Hollande & en plusieurs
lieux des Pays-Bas & d'Allemagne. Les Hollandois
se servent des leurs dans leur commerce du Levant,
où elles sont appellées *astani*, à cause de la figure d'un lion qu'elles ont pour empreinte d'un
côté.

La *piastre* est reçue aux Indes Orientales pour
deux roupies six pessas, chaque roupie valant quarante-cinq pessas.

PIC. Gros poids de la Chine dont on se sert, particulièrement du côté de Canton, pour peser les
marchandises. Il se divise en cent catis, quelques-
uns disent en cent vingt-cinq ; le catis en seize
taels, chaque tael faisant une once deux gros de
France, en sorte que le *pic* de la Chine revient à
cent vingt-cinq livres poids de marc.

PIC. On se sert aussi du *pic* à Siam pour peser les
marchandises de grand volume ; mais il contient le
double des catis Siamois qui ne valent que la moitié
des catis de la Chine.

PIC, ou PICQ. C'est aussi une *mesure* des longueurs
dont on se sert à Constantinople & presque par toutes
les échelles du Levant.

PICARDANS. Espèce de *raisins secs* à peu près
semblables à ceux que l'on appelle *raisins aux
jubis*.

PICHINA DE HAUBOURDIN. Étoffe qui se
fabrique à *Haubourdin* près la ville de Lille en
Flandre ; elle est de laine brune, croisée, d'une
aune de large ou de cinq quarts, sur environ vingt-
trois à vingt-quatre aunes de longueur mesure de
Paris. Ces sortes d'étoffes servent ordinairement à habiller les Carmes.

PICHOLINES. Petites *olives*.

PICK, ou PIC. Gros *poids* de Siam qui revient à

cent vingt-cinq livres poids de Paris , d'Amſterdam , de Straſbourg & de Beſançou.

PICOL. Poids dont on ſe ſert à la Chine pour
peſer la ſoie. Il contient ſoixante & ſix catis & trois
quarts de catis ; enſorte que trois *picols* ſont autant
que le bahar de Malaca , c'eſt-à-dire , deux cent
catis.

PICOL. Eſt auſſi un *poids* en uſage dans divers
lieux du continent & des iſles des Indes Occidentales.

PICOLI. Monnoie de compte dont on ſe ſert en
Sicile , particulièrement à Meſſine & à Palerme ,
pour les changes & pour tenir les livres ſoit en
parties doubles ſoit en parties ſimples. Huit *picolis*
valent un ponti & ſix *picolis* ſont le grain.

On compte par onces , tarins , grains & *picolis*
qu'on ſomme par 30 , par 20 & par 6 ; l'once valant 30 tarins , le tarin 20 grains & le grain 6 *picolis. Voyez* LES TABLES DES MONNOIES.

PICOT. C'eſt la partie qui forme le bas d'une
dentelle ou paſſement , & qui régne d'un bout à
l'autre. Il y a de l'apparence qu'on lui a donné ce
nom à cauſe qu'elle ſe termine en petites pointes
placées les unes contre les autres. On eſtime fort
les dentelles dont le *picot* eſt bien travaillé & bien
ſerré , parce qu'elles durent plus que les autres.

PICOTE, ou GUEUSE. Étoffe toute de laine d'un
très-petit prix , qui eſt une eſpèce de petit camelot.

Cette ſorte d'étoffe ſe fabrique à Lille en Flandre
où il s'en fait de pluſieurs longueurs , largeurs &
qualités. Elle eſt à peu près ſemblable aux lamparillas & polimites , mais non pas de ſi bonne qualité ;
ſa deſtination la plus ordinaire eſt pour l'Eſpagne ,
car pour en France il ne s'y en conſomme preſque
pas. Il y a auſſi des picotes qui ſont mêlées de ſoie.

PICOTIN. Sorte de petite meſure à avoine qui
contient quatre litrons , c'eſt-à-dire , le quart d'un
boiſſeau de Paris.

Il faut remarquer que chez les petits marchands
détailleurs de grains & de graines , cette meſure eſt
appellée tantôt un *quart de boiſſeau* , & tantôt un
picotin , & qu'ils ne ſe ſervent du dernier nom que
lorſqu'il s'agit de meſurer l'avoine ; car lorſqu'ils
l'emploient pour les autres grains & graines , ils lui
donnent abſolument le nom de *quart de boiſſeau.*

Le *picotin* de bois qui n'eſt autre choſe , ainſi
qu'il vient d'être dit , que le quart du boiſſeau de
Paris , doit avoir quatre pouces neuf lignes de
hauteur , ſur ſix pouces neuf lignes de diamètre ou
de large entre les deux fuſts , ce qui eſt conforme à
une ſentence du bureau de ladite ville , du 29 décembre 1670 , inſérée dans le chapitre 24 de l'ordonnance de 1672 , ci-devant rapporté.

Le *picotin* eſt une meſure pour les grains , dont
on ſe ſert à Londres & dans le reſte de l'Angleterre.
Quatre *picotins* font un galon ou boiſſeau ; huit galons font le quarteau ou barique , & dix quarteaux
un quart font le laſt.

PICOTIN , eſt auſſi une meſure qui ſert à l'arpentage dans quelques lieux de la Guyenne , particu-

lièrement à Aiguillon & à Colleigne. Il faut douze
eſcaits pour faire le *picotin* , chaque eſcait de douze
pieds meſure d'Agen , qui eſt environ de trois lignes plus grande que le pied de roi. *Voyez* L'AR-
TICLE DE L'ARPENTAGE.

PICQ , ou PIC. Meſure étendue dont on ſe ſert
en Turquie , ainſi que l'on fait de l'aune en France ,
pour meſurer les corps de longueurs , comme étoffes ,
toiles , &c.

Le *picq* contient deux pieds deux pouces deux
lignes qui font trois cinquièmes d'aune de Paris ,
enſorte que cinq *picqs* font trois aunes , ou trois
aunes font cinq *pics.*

On appelle à Smyrne *tapis de picq* , la ſeconde
ſorte de tapis de Turquie ou de Perſe qui s'y achètent par les nations qui font le commerce du Levant.
Ils ſont ainſi nommés parce qu'ils ne ſe vendent pas
à la pièce , mais au *picq* quarré.

PIÈCE , (*en terme de commerce & de manufactures.*) Signifie quelquefois *un tout* , & quelquefois
ſeulement *une partie d'un tout.*

Dans la première ſignification on dit , une *pièce*
de drap , une *pièce* de velours , une *pièce* de ruban ,
une *pièce* de toile , pour dire une certaine quantité
de toutes ces choſes réglée par les ordonnances ou par l'uſage , qui n'eſt point encore coupée ni entamée.

Dans l'autre ſignification on dit , une *pièce* de
tapiſſerie , pour dire un morceau de tapiſſerie travaillé ſéparément , qui avec pluſieurs autres morceaux compoſe une tenture entière. On dit auſſi
dans le même ſens , quoique dans une ſignification
un peu différente , une *pièce* de bœuf , une *pièce*
de pain , une *pièce* de fromage.

On appelle une *pièce* de vin , une *pièce* de cidre ,
une *pièce* de bière , un tonneau plein de l'une de
ces liqueurs.

Couper à la *pièce* , c'eſt ne point prendre le reſte
d'une *pièce* , mais faire couper ce qu'on veut d'étoffe ,
de toile , &c. ou d'une *pièce* entière , ou d'une *pièce*
où l'on n'a pas encore fait beaucoup de levées.

Entamer une *pièce* de drap , d'étoffe d'or ou de
ſoie , de ruban , &c. c'eſt y faire la première levée.

Les étoffes qui doivent être marquées au chef du
nom du fabriquant , ou qui doivent y avoir des
plombs ou de fabrique ou des inſpecteurs des manufactures , s'entament toujours par la queue afin
de laiſſer les enſeignemens qui ſont au chef.

Lever une aune , deux aunes , &c. d'une *pièce* ,
c'eſt en couper cette quantité d'aunes. Quand on
dit qu'on n'a encore rien levé d'une *pièce* , c'eſt
faire entendre qu'elle eſt encore toute entière , &
qu'on ne l'a point entamée.

PIÈCE , (*en terme de monnoie*) , ſignifie quelquefois la même choſe qu'*eſpèce.* Cette *pièce* eſt bien
frappée , cette *pièce* eſt légère , cette *pièce* eſt
fauſſe.

Quelquefois on s'en ſert en y ajoutant le prix de
l'eſpèce , pour parler de celles qui n'ont point de

nom particulier. Une *pièce* de trente fols, une *pièce* de vingt-cinq fols, une *pièce* de quinze fols.

PIÈCE, en Angleterre, fignifie tantôt la *guinée*, & tantôt la *livre fterling*, ce qui revient pourtant au même, la guinée valant vingt fchellings qui font le pundt ou la livre fterling. Ce diamant m'a coûté vingt *pièces* ; c'eft comme fi on difoit, m'a coûté vingt guinées ou vingt livres fterlings.

PIÈCE DE HUIT. On appelle ainfi en Efpagne la *piaftre*, parce qu'elle vaut huit reaux.

PIÈCE. C'eft auffi une efpèce de monnoie de compte, ou piutôt de manière de compter en ufage parmi les Négres de la côte d'Angole en Afrique, particulièrement à Malimbo & à Cabindo.

Le prix des efclaves, des autres marchandifes & des rafraîchiffemens qui fe traitent dans ces deux lieux, auffi-bien que les coutumes qui fe paient aux petits rois à qui ils appartiennent, s'eftiment de part & d'autre en *pièces*, c'eft à-dire, que fi ces barbares veulent avoir dix *pièces* pour un efclave tête d'Inde; les Européens de leur côté évaluent pareillement en *pièces* les denrées & les marchandifes qu'ils en veulent donner en échange.

Par exemple, dix anabaffes valent une *pièce*, un fufil une *pièce*, un baril de poudre de dix livres une *pièce*, une *pièce* de falampouris bleue quatre *pièces*, dix baffins de cuivre une *pièce*, une *pièce* de toile indienne deux *pièces*, & une *pièce* nicannée une *pièce*, ce qui fait les dix *pièces* fixées pour le prix d'un efclave, lorfque la convention en a été faite pour cette valeur. Cela doit s'entendre à proportion de toutes ces autres marchandifes qui fervent au commerce de la côte d'Angole, & qu'on y échange pour des Négres, ou pour de la poudre d'or, du morfil, de la cire, des cuirs.

PIÈCE D'INDE. On appelle dans la traite ou commerce des Négres, *Négre pièce d'inde* un homme ou une femme depuis quinze jufqu'à vingt-cinq ou trente ans au plus, qui eft fain, bien fait, point boiteux & avec toutes fes dents.

Il faut trois enfans au-deffus de dix ans jufqu'à quinze pour deux *pièces*, & deux au deffus de cinq ans jufqu'à dix pour une *pièce*. Les vieillards & les malades fe réduifent aux trois quarts.

PIED DE ROI. Mefure des longueurs dont on fe fert en France.

Le *pied de roi* fe divife en douze pouces, le pouce en douze lignes, & la ligne en fix-points. Six *pieds de roi* font une toife longue.

L'étalon ou mefure originale du *pied de roi* fe trouve attaché contre la muraille au bas de l'efcalier du grand châtelet de Paris en montant à main gauche.

Ses subdivifions font la poignée, l'inch ou pouce, & le grain d'orge ou ligne; 3 grains font l'inch, 4 inchs font une poignée, & 3 poignées un *pied*; un *pied* & demi fait 1 cubit ou coudée, 2 cubits font un yard, un yard & un quart fait une aune. Cinq *pieds* font un pas géométrique; fix *pieds* une **braffe**; feize & demi la perche, qu'on appelle auffi

gaule ou *verge*. Quarante perches font un furlong, & huit furlongs le mille d'Angleterre.

Le *pied* Rhenan ou le *pied* de Leiden en Hollande, fert de mefure à tout le feptentrion; fa proportion avec le *pied* Romain eft comme de 959 à 1000. Cafimir Simieirowics Polonois, dans fa Pyrotechnie, a fait la réduction au *pied* Rhenan de tous les autres *pieds* des plus confidérables villes de l'Europe; le lecteur curieux peut y avoir recours.

Réduction des pieds tant anciens que modernes, au pied de roi du châtelet de Paris, tirée de divers mémoires par le fieur Daviler.

PIEDS ANTIQUES.

Le *pied* d'Alexandrie avoit 12 pouces, 2 lignes, 2 parties de ligne.

D'Antioches, 14 pouces, 11 lignes, 2 parties.

L'Arabique, 12 pouces, 4 lignes.

Le Babilonien, 12 pouces, 1 ligne $\frac{1}{2}$, felon Capellus, 14 pouces, 8 lignes $\frac{1}{2}$, & felon M. Perrault, 12 pouces 10 lignes $\frac{1}{2}$.

Le Grec, 11 pouces, 5 lignes $\frac{1}{2}$, felon M. Perrault, 11 pouces, 3 lignes.

L'Hebreu, 13 pouces 3 lignes.

Enfin le Romain, felon Riccioli & Vilalpande, 11 p. 1 l. 8 part. de lignes, fuivant Lucas Pœtus au-rapport de M. Perrault & felon M. Picard, 10 p. 10 lignes 6 parties de ligne, qui eft la longueur de celui qui fe voit au capitole, & apparemment la meilleure mefure : cependant felon M. Petit, qui prend le milieu de toutes ces différentes mefures, il eft de 12 pouces.

PIEDS MODERNES.

Le *pied* d'Amfterdam a 10 pouces, 5 lign. 3 parties de lignes.

D'Anvers, 10 pouces, 6 lignes.

D'Avignon & d'Aix en Provence, 9 pouces 2 lig.

D'Aufbourg en Allemagne, 10 p. 11 l. 3 part.

De Bavière en Allemagne, 10 p. 8 lignes.

De Befançon en Franche-Comté, 11 pouces, 5 lignes 2 parties.

Le *pied* ou *braffe* de Boulogne en Italie, 14 pouces felon Scamozzi, & 14 pouces 1 ligne, fuivant M. Picard.

Le *pied* ou *braffe* de Breffe, 15 p. 7 l. $\frac{1}{8}$ felon le même Scamozzi, & 18 p. 5 l. 4 parties, fuivant M. Petit.

Le *pied* ou *derub* du Caire en Egypte, 20 pouces, 6 lignes.

Celui de Cologne, 10 p. 2 lignes.

Celui de Comté & de Dole, 13 p. 2 l. 3 part.

Le *pied* ou *pic* de Conftantinople, 24 p. 5 lig.

De Coppenhague en Danemarck, 10 p. 9 l. $\frac{1}{2}$.

De Cracovie en Pologne, 13 p. 2 lignes.

De Dantzick en Allemagne, 10 pouces 4 lignes 6 part. felon M. Petit, & 10 p. 7 lignes, fuivant M. Picard.

De Dijon en Bourgogne, 11 p. 7 l. 2 parties.

Le *pied* ou *braſſe* de Florence, 20 pouces, 9 lignes, 6 part. ſelon Maggi, 21 p. 4 l. ½, ſelon Lorini, 22 p. 8 l. ſelon Scamozzi, & 22 p. 4 lignes, ſuivant M. Picard.

Le *pied* ou *palme* de Gènes, 9 pouces, 2 lignes, ſelon M. Petit.

De Genève, 18 pouces, 4 parties de lignes.

De Grenoble en Dauphiné, 12 pouces, 7 lig. 2. part. de lig.

De Heydelberg en Allemagne, 10 pouces, 2 lign. ſelon M. Petit, & 10 pouces, 3 lign. ½; ſuivant une meſure originale.

De Leipſick en Allemagne, 10 pouces, 7 lign. 7 parties de ligne.

Le *pied* de Leyde en Hollande, ou le *pied* Rhenau, qui ſert de meſure à tout le ſeptentrion, 11 pouces 7 lignes.

De Liège, 10 p. 7 lign. 6 parties.

De Lyon, 12 pouces, 7 lign. 2 parties ſelon M. Petit, & 12 pouces, 7 lignes ½, ſuivant une meſure originale ; 7 *pieds* ½ font la toiſe de Lyon.

De Liſbonne en Portugal, 12 pouces, 6 lignes, 7 parties, ſelon Snellius.

De Londres & de toute l'Angleterre, 11 p. 3 lign. ou 11 p. 2 lign. 6 part. ſelon M. Picard, mais ſelon une meſure originale, 11 p. 4 lignes. Le pouce d'Angleterre ſe diviſe en 10 parties ou lignes.

De Lorraine, 10 pouces, 9 lignes, 2 part.

De Manheim dans le Palatinat du Rhin, 10 pouces 8 lignes, 7 part. ſelon une meſure originale.

Le *pied* ou *braſſe* de Mantoue en Italie, 17 pouces, 4 lign. ſelon Scamozzi.

De Mâcon en Bourgogne, 12. p. 4 lign. 3. part. il en faut 7 & ½ pour la toiſe.

De Mayence en Allemagne, 11 p. 1 lign. ½.

De Middelbourg en Zelande, 11 p. 1 lign.

Le *pied* ou *braſſe* de Milan, 22 pouces.

Le *pied* ou *palme* de Naples, 8 pouces 7 lign. ſelon Riccioli.

Celui de Padoue en Italie, 13 pouces, 1 ligne, ſelon Scamozzi.

Le *pied* ou *palme* de Palerme en Sicile, 8 p. 5 lign.

Celui de Parme en Italie, qu'on nomme auſſi *braſſe*, 20 pouces, 4 lignes.

Celui de Prague en Bohême, 11 p. 1 l. 8 part.

Celui du Rhin, 11 pouces, 5 l. 3 parties. ſelon Snellius & Riccioli, 11 p. 6 lign. 7. part. ſelon M. Petit, 11 p. 7. lign. ſelon M. Picard, & 11 p. 7 l. ½ ſelon une meſure originale.

Celui de Rouen, il eſt ſemblable au pied de roi.

Celui de Savoye, 10 pouces.

Celui de Sedan, 10 pouces ½.

Celui de Sienne en Italie, qui ſe nomme *braſſe*, 21 pouces, 8 lign. 4 parties.

Celui de Stockolm en Suéde, 12 p. 1 lign.

Celui de Strasbourg, 10 p. 3 l. ½.

Le *pied* de Tolède, ou *pied* Caſtillan, 11 pouces, 2 l. 2 part. ſelon Riccioli, & 10 p. 3 lign. 7 parties ſelon M. Petit.

Le *pied* Treviſan dans l'état de Veniſe, 4 p. ½ ſelon Scamozzi.

Celui de Veniſe, 12 pouces, 10 lign. ſuivant le même Scamozzi & Lorini, 12 p. 8 lign. ſuivant M. Petit, & 11 p. 11 lign. ſuivant M. Picard.

Celui de Veronne en Italie, égal à celui de Veniſe.

Celui de Vienne en Autriche, 11 p. 8 lign.

Celui de Vienne en Dauphiné, 11 p. 11 lign.

Enfin le *pied* d'Urbain & de Pezaro en Italie, 13 p. 1 lig. ſelon Scamozzi.

Le *pied* Chinois eſt preſque ſemblable au *pied de roi*, ce dernier ne ſurpaſſant l'autre que d'un centième.

PIED CUBE. Se dit d'un corps qui a un *pied* de toutes les faces. Un *pied cube* de terre, un *pied cube* de pierre, un *pied cube* de bois ; & ainſi de toutes les autres matières meſurables.

On a crû que le lecteur ne ſeroit pas fâché de trouver ici une table de la proportion du poids de différens corps ou matières réduites à la groſſeur du *pied cube*.

TABLE.

Un *pied cube* d'or pèſe,	1368 liv.
Un *pied cube* d'argent,	744
Un *pied cube* de cuivre,	648
Un *pied cube* d'étain,	576
Un *pied cube* de plomb,	819
Un *pied cube* de vif-argent,	977 ½/7
Un *pied cube* de terre,	95 ½/3
Un *pied cube* de ſable de rivière,	132
Un *pied cube* de ſable de mortier,	120
Un *pied cube* de chaux,	59
Un *pied cube* de plâtre,	86
Un *pied cube* de pierre commune,	140
De pierre de liais,	165
De pierre de Saint-Leu,	115
Un *pied cube* de marbre,	252
Un *pied cube* d'ardoiſe,	156
Un *pied cube* d'eau douce,	72
D'eau de mer,	73 ½/7
De vin,	70
D'huile,	66 ½
Enfin un *pied cube* de ſel,	110 l. ½

PIED. Signifie auſſi une *meſure de proportion*. Toutes les monnoies d'or ſe règlent pour leur poids & leur valeur ſur le *pied* de l'écu ſol à proportion de ſon titre. Le prix de l'argent dans le commerce eſt ſur le *pied* de tant pour cent. Le change de Paris pour Amſterdam eſt ſur un tel pied. On a fait cette contribution ſur le *pied* de 20000 liv.

PIED, en fait de teinture. C'eſt la première couleur qu'on donne à une étoffe avant que de la teindre dans une autre couleur, comme le bleu avant que de teindre en noir : ce qui s'appelle, *pied de pastel* ou *de guede.*

On dit de même, *pied de garance*, *pied* de gaude, *pied* de racine; & ainsi des autres drogues dont est composée une teinture.

Une seule étoffe a autant de *pieds* de couleur, qu'elle est successivement teinte en différentes couleurs; & les teinturiers sont obligés d'y laisser autant de roses ou rosettes que de *pieds*; pour faire voir qu'ils ont donné les *pieds* de leur couleur, en conformité du réglement de 1669. Ce qui se peut aussi connoître par le débouilli.

PIED FOURCHÉ. Les marchands de bétail appellent *bestiaux à pied fourché*, les animaux qui ont le pied fendu en deux seulement, comme sont les bœufs, vaches, cochons, moutons, chèvres, &c.

Le *pied fourché* est aussi un droit qu'on lève aux entrées de quelques villes de France, sur les bestiaux à *pied fourché* qui s'y consomment, dont il est fait une ferme. La ferme du *pied fourché* est différente de celle du pied rond.

PIED POUDREUX. Se dit parmi les marchands & négocians de ceux dont la réputation & la solvabilité ne sont pas bien connues. C'est un *pied poudreux* que cet homme, il n'y a pas de sureté à lui prêter sa marchandise.

Quand on dit qu'un marchand est réduit au *petit pied*, cela veut dire que son commerce est tombé manque de crédit, & qu'il est obligé de n'avoir plus qu'une petite boutique, & point de garçons. Au contraire, lorsque l'on dit qu'un négociant est sur un *bon pied*, cela signifie *que son commerce est considérable, & son crédit bien établi.*

En fait de commerce de mer, on dit que des marchandises sont en *pied*, pour faire entendre qu'elles sont encore en nature, & que les marchands les peuvent revendiquer, en payant les frais de sauvement.

PIERRE ou STEEM. Sorte de poids plus ou moins fort, suivant les lieux où il est en usage.

A Anvers la *pierre* est de huit livres, qui en font sept de Paris, d'Amsterdam, de Besançon & de Strasbourg, y ayant égalité de poids entre ces quatre villes.

A Hambourg la *pierre* est de dix livres, qui font à Paris, à Amsterdam, &c. neuf livres douze onces six gros un peu plus.

A Lubeck la *pierre* est aussi de dix livres; mais ces dix livres ne font que neuf livres huit onces trois gros de Paris.

A Dantzick & à Revel il y a la petite & la grosse *pierre* : la première qui sert à peser les marchandises fines est de vingt-quatre livres, qui font à Paris, Amsterdam, &c. vingt-une cinq onces cinq gros; & la seconde qui en usage pour les grosses marchandises, comme cire, amandes, ris, &c. est de trente-quatre livres, qui rendent à Paris trente livres quatre onces un gros.

A Stetin il y a aussi une petite & une grosse *pierre*;

la petite est de dix livres, qui font neuf livres quatorze onces de Paris; & la grosse est de vingt-une livres, qui reviennent à vingt livres onze onces six gros un peu plus du poids de Paris.

A Conisberg la *pierre* est de quarante livres, qui en font trente-deux de Paris.

PIERRERIES. Amas de pierres précieuses.

Les perles, quoiqu'elles ne soient pas des pierres, se mettent au nombre des *pierreries*. Ainsi celui qui fait ou qui a droit de faire négoce de *pierreries*, le fait également de perles, comme de diamans, de rubis, &c.

PIETOT. Petite *monnoie* qui se fabrique & qui a cours dans l'Isle de Malte.

PIGNATELLE, autrement PINATELLE, Petite *monnoie* de billon qui se fabrique à Rome, & qui y a cours à peu près sur le pied des sous marqués de France; & les *pignatelles* prennent de fin depuis trois deniers cinq grains, jusqu'à trois deniers vingt grains.

PIGNATOLIS, en Italien *pignatella*. Petite mesure qui est en usage dans cette partie de l'Italie qu'on nomme la *Pouille*, pour mesurer les liqueurs. On s'en sert aussi en quelques endroits de la Calabre. C'est à peu près la pinte de Paris.

PIGNON, ou PEIGNON. C'est une laine de médiocre qualité, qui tombe de la laine fine lorsqu'on la peigne avec les cardes & cardasses.

Il y a de trois sortes de *pignons* de laine, sçavoir de bons & fins *pignons*, de moyens & de gros, qui chacun selon leur qualité peuvent être employés dans diverses natures d'étoffes de laine.

PILE. Masse de plusieurs choses entassées, élevées & rangées les unes sur les autres. Une *pile* de pièces de draps, une *pile* de morue, une *pile* de bois.

On dit, *en terme de foulon*, mettre une pièce de drap dans la *pile*, pour dire, la mettre dans le vaisseau où elle doit être foulée.

La plupart des moulins à fouler les étoffes de laines, sont à deux *piles*.

PILE des Chartreux. Ce sont des *laines primes* d'Espagne, qui avec la *pile* des Jésuites, passent pour les meilleures de toutes les laines Espagnoles. *Voyez* LAINE.

PILORI. Lieu infâme où l'on expose certains criminels par ignominie, un ou plusieurs jours de marché, à la vue & à la dérision de la populace.

Le *pilori* de Paris est une tour antique de pierre de taille, élevée au milieu des halles, ouverte par en haut de tous côtés. Dans le centre est un échafaud de bois qui tourne sur un pivot, en sorte qu'on puisse faire voir successivement l'endroit où est attaché le criminel aux diverses ouvertures de la tour.

Le malheureux qui y est condamné est debout, le col & les deux poignets engagés dans les trous de deux planches qui se rejoignent; & c'est en cet état que l'exécuteur de la haute-justice, faisant tourner l'échafaud sur son pivot, lui fait faire les tours ordonnés par son arrêt; l'arrêtant quelque temps à chaque ouverture, pour qu'il y ferve de fpectacle au peuple.

Cette punition infamante s'ordonne pour plufieurs crimes; mais ce font particulièrement les banqueroutiers frauduleux, & ceux qui les ont aidés de leurs confeils & fecours pour faciliter leur faillite & détourner leurs effets, qui y font condamnés.

Autrefois ceux qui faifoient ceffion de biens à leurs créanciers, étoient obligés de faire quelques tours au pied du *pilori*, avec le bonnet verd fur la tête, qui étoit alors, c'eft-à-dire, affez avant dans le dix-feptiéme fiécle, la marque infamante de ceux qui étoient réduits à cette extrémité.

PILOT. On nomme ainfi en Bretagne ce qu'on nomme ailleurs *drilles*, c'eft-à-dire, de *vieux chiffons* de lin ou de chanvre, qui fervent à la fabrique du papier.

Il fort chaque année de Bretagne pour environ dix mille francs de *pilot*, fans ce qui s'en confomme dans les papeteries de la province. *V.* PAPIER.

PILOTAGE, ou LAMANAGE. *Terme de commerce de mer*, qui fignifie les *droits* qui font dûs aux pilotes ou lamaneurs qui aident aux navires à entrer dans les ports ou à en fortir.

PIMENT, autrement *poivre de Guinée* ou *corail de jardin*.

PIN. Grand arbre qui produit cette efpèce d'amande qu'on nomme du *pignon blanc*. Son fruit vient en forme de groffes pommes longues, écailleufes, dures & ligneufes, dont chaque écaille contient une coque offeufe où eft renfermé le pignon.

On tire auffi du *pin* une forte de réfine par les incifions que l'on fait dans fon tronc & dans fes plus groffes branches.

PINASSE. *Etoffe* des Indes orientales, qui eft faite d'écorce d'arbre.

PINCEAU. Inftrument dont fe fervent les peintres pour appliquer leurs couleurs.

Ce font les marchands Epiciers qui font le négoce des *pinceaux*. Les maîtres broffiers-vergetiers en font & vendent auffi, mais feulement de foie ou poil de fanglier.

PINCHINA. Sorte d'étoffe de laine non croifée, qui eft une efpèce de gros & fort drap qui fe fabrique à Toulon en particulier, dont la largeur eft d'une aune, & la longueur des pièces de vingt-une à vingt-deux aunes, mefure de Paris.

Il fe fait des *pinchinas* tout de laine d'Efpagne, & d'autres entièrement de laine de pays. Les premiers fe confomment pour l'ordinaire en France, & les autres s'envoyent pour la plûpart en Italie; en Barbarie & dans l'Archipel. Cette efpèce d'étoffe a une odeur de violette, qu'on lui fait prendre par le moyen de l'iris.

Châlons en Champagne fournit une étoffe de laine très-forte d'une aune de large, à laquelle on donne auffi le nom de *pinchina*, parce que fa qualité approche affez de celle des véritables *pinchinas* de Toulon.

On appelle encore *pinchina*, une forte d'étoffe croifée toute de laine, d'une aune de large fur vingt-une à vingt-deux aunes de long, qui fe tire de Berry; laquelle n'a d'autre rapport aux *pinchinas* de Toulon que par fa largeur, ne devant être regardée tout au plus que comme un corda ou groffe ferge drapée, qui n'eft propre qu'à vêtir des gens de baffe condition. Les *pinchinas* de Berry font faits pour l'ordinaire de groffes laines de pays naturelles, c'eft-à-dire, telles qu'elles ont été tirées des moutons, n'ayant point paffé par la teinture.

Depuis quelque temps les fabriquans & les marchands de France fe font avifés de donner le nom de *pinchina* à quantité d'étoffes de demi-aune, de demi-aune demi-quart, & de deux tiers, qui ne font proprement que des droguets.

PINÉE. Nom que l'on donne à une forte de morue féche, qui eft la plus eftimée de toutes.

PINTE. Efpèce de moyen vaiffeau ou mefure dont on fe fert pour mefurer le vin, l'eau-de-vie, l'huile & autres femblables marchandifes que l'on débite en détail, même les olives.

La *pinte* de Paris, qui, à ce qu'eftiment les fçavans, eft à peu près la fixiéme partie du conge Romain, fe divife en deux chopines que quelquesuns appellent *feptiers*, la chopine eft de deux demifeptiers, le demi-feptier contient deux poiffons, chaque poiffon étant de fix pouces cubiques. Les deux *pintes* font une quarte ou quarteau que l'on nomme en plufieurs endroits *pot*.

La pinte de S. Denis en France eft prefque le double de celle de Paris, ne s'en manquant guères que la valeur d'un verre, ce qui fait qu'on lui donne en divers lieux le nom de *pot*.

La *pinte* d'Angleterre eft la plus petite des mefures dont on fe fert pour les liquides dans ce royaume: elle pèfe environ une livre d'avoir du poids, c'eft-à-dire 16 onces. Deux *pintes* font une quarte; deux quartes un pot; deux pots un gallon ou broc.

PINTE. Se dit auffi des chofes que l'on a mefurées avec la *pinte*. Une *pinte* d'olives, une *pinte* d'eaude-vie, une *pinte* de vin, &c.

PIPE. C'eft une des neuf efpèces de futailles ou vaiffeaux réguliers propres à mettre du vin & d'autres liqueurs.

La *pipe* qui eft particulièrement en ufage en Anjou & en Poitou, eft compofée de deux buffards ou buffes, ce qui eft égal à deux demi-queues d'Orléans, de Blois, de Dijon, de Nuys & de Mâcon, qui font un muid & demi de Paris, le muid compofé de 36 feptiers, chaque feptier faifant 8 pintes; de manière que la *pipe* contient 54 feptiers qui font 432 pintes de Paris.

On dit auffi une *pipe* de bled, comme l'on dit en d'autres endroits un muid.

En Bretagne la *pipe* eft une mefure des chofes féches, particulièrement pour les grains, les légumes & autres femblables denrées.

La *pipe* entendue de cette forte contient dix charges; chaque charge compofée de quatre boiffeaux, ce qui fait quarante boiſſeaux par *pipe ;* elle doit peſer ſix cent livres lorſqu'elle eſt pleine de bled.

PIPE. Eſpèce de long tuyau délié, fait ordinairement de terre cuite très-fine, qui ſert à fumer le tabac. A l'un des bouts du tuyau qui eſt recourbé, eſt une façon de petit vaſe que l'on appelle le *fourneau* ou la tête de la *pipe*, dans lequel on met le tabac pour l'allumer & le fumer, ce qui ſe fait avec la bouche en aſpirant la fumée par le bout du tuyau oppoſé à celui du fourneau.

Il ſe fabrique des *pipes* de diverſes façons, de courtes, de longues, de façonnées, d'unies, de blanches ſans être verniſſées, & de verniſſées de différentes couleurs. On les tire ordinairement ou de Hollande, ou de Rouen.

Celles de Hollande ſont les plus eſtimées, étant droites, d'une belle forme & d'une terre très-fine; il y en a d'une longueur extraordinaire : elles ſont envoyées dans des caiſſes de ſapin avec de la paille ou coque de bled ſarazin, pour empêcher qu'elles ne ſe caſſent; les caiſſes ont coutume de contenir depuis quatre juſques à vingt-quatre groſſes de douze douzaines chacune. L'on prétend que celles qui viennent en petites caiſſes de quatre groſſes ſont moins ſujettes à ſe briſer.

La plupart des *pipes* de Hollande ſe font à Gouda, qu'on nomme autrement *Tergouw.* Il s'y en débite une quantité incroyable.

Les *pipes* qui ſe manufacturent à Rouen, quoiqu'à l'imitation de celles de Hollande, ſont cependant beaucoup moins eſtimées, la terre en étant plus groſſière, d'une vilaine forme, la plupart tortues & mal formées; elles ſont apportées dans de petits caiſſons de bois de hêtre qui ne contiennent pour l'ordinaire qu'une groſſe; on y met du foin pour les mieux conſerver.

Ceux qui font commerce de *pipes* en gros, les vendent aux détailleurs ſur des échantillons, ſans faire l'ouverture des caiſſes, enſorte que celles qui ſe trouvent rompues & caſſées reſtent pour le compte de l'acheteur. C'eſt un uſage établi parmi les marchands qui font ce négoce.

Les Turcs ſe ſervent de *pipes* de trois ou quatre pieds de long, plus ou moins grandes, de roſeaux ou de bois troué comme des chalumeaux, au bout deſquelles ils attachent une eſpèce de noix de terre cuite qui ſert de fourneau & qu'ils détachent après avoir fumé.

Ce qu'on appelle un *brûle-gueule*, n'eſt autre choſe qu'une *pipe* dont le tuyau a été caſſé à cinq ou ſix doigts du fourneau.

Pipe graſſe eſt celle qui à force d'avoir ſervi à fumer eſt devenue d'un brun obſcur preſque noir; quelques-uns prétendent que la *pipe-graſſe* pulvériſée & priſe dans du vin blanc eſt très-ſpécifique pour le flux de ſang.

PIPOT. On nomme ainſi à Bordeaux certaines futailles ou barils dans leſquels on met les miels; c'eſt ce qu'on nomme ailleurs un *tierçon.* Le tonneau de miel eſt compoſé de quatre bariques, ou de ſix *pipots.*

PIQUÉ, PIQUÉE. Ce ſur quoi un ouvrier a fait de la piqueure. Un ſatin *piqué*, un taffetas *piqué*, une couverture *piquée*, un baudrier *piqué* d'or.

PIQUÉ. Se dit auſſi des taches que l'humidité cauſe quelquefois ſur des étoffes de ſoie, comme de jaune ſur le blanc, de blanc ſur le jaune. Ce gros de tours eſt tout *piqué.*

PIQUÉ. S'entend encore des piqueures de vers qui ſe trouvent dans les draps & autres étoffes de laine. Un drap *piqué*, une ſerge *piquée.*

PIQUET. Meſure des grains dont on ſe ſert en quelques endroits de Picardie, particulièrement à Amiens : quatre *piquets* font le ſeptier qui pèſe 50 liv. poids de Paris, ce qui fait 12 liv. ½ pour chaque *piquet.* Sur ce pied il faut dix-neuf *piquets* ⅕ ou quatre ſeptiers ⅘ d'Amiens, pour faire un ſeptier meſure de Paris.

PIQUETTE. *Méchant vin*, ou qui eſt foible, dont on ne fait nul cas.

PIQUEURE. *Ornement* que l'on fait ſur une étoffe par compartiment & avec ſimétrie en la piquant & coupant avec un emporte-pièce de fer tranchant.

C'eſt auſſi un corps de femme piqué par le tailleur avant qu'il ſoit couvert d'étoffe.

PIQUOT. Eſpèce de *petites dents* que l'on met aux dentelles & aux points à l'oppoſite de l'engrelure.

PIRETHRE, PIRETTE, ou PIRESTRE. *Racine* médicinale qui vient du royaume de Tunis par la voie de Marſeille, dont on ſe ſert pour appaiſer la douleur des dents, & que les vinaigriers emploient auſſi dans la compoſition de leurs vinaigres.

La *pirethre* eſt une racine de moyenne longueur, de la groſſeur du petit doigt, griſâtre au dehors, blanchâtre en dedans, garnie de quelques fibres & d'un goût âcre & brûlant. La plante qu'elle produit a ſes feuilles vertes & très-petites & ſes fleurs incarnat ſemblables à nos marguerites.

PIS-ASPHALTUM. *Aſphaltum* ſofiſtiqué & mêlé avec de la poix noire.

PISTACHE. *Fruit* que l'on apporte de pluſieurs endroits de l'Aſie, & particulièrement d'Alep & de Perſe.

PISTOLE. C'eſt une *monnoie* de compte qui vaut 10 liv. tournois; nous n'avons plus de pièces de monnoie de cette valeur; mais il en exiſte en divers pays étrangers. *Voyez* LA TABLE DES MONNOIES.

PITE. Monnoie imaginaire qui eſt le quart d'un denier tournois ou la moitié d'une maille ou obole. La *pite* ſe diviſe en deux ſemipites.

PITE. Eſpèce de chanvre ou de lin qui ſe trouve en pluſieurs endroits de l'Amérique équinoxiale, particulièrement le long de la rivière d'Orenoc. Ce chanvre eſt beaucoup plus long & plus blanc que celui qui croît en Europe, & ne ſe pourrit pas ſi facilement à l'eau.

Les Indiens se servent de cette *pite* à plusieurs ouvrages, particulièrement à leurs lits ou hamacs, aux toiles dont ils font les voiles de leurs canots, & aux cordages qui en font les manœuvres. On en fait aussi du fil très-fort, bien que très-fin, qui leur sert à divers ouvrages, particulièrement pour empaner leurs flèches & pour la couture, qu'ils ne font néanmoins avec des aiguilles d'acier, que depuis qu'ils ont quelque commerce avec les Européens.

PITIS. Les Javans appellent ainsi une *petite monnoie* de très-bas aloi, moitié plomb & moitié écume de cuivre, qui leur est apportée de la Chine, & qui a grand cours à Bantan & dans tout le reste de l'isle de Java, aussi-bien que dans plusieurs isles voisines.

Le nom Chinois de cette monnoie est *caxa*, dont les deux cent valent neuf deniers de Hollande, ce qui ne revient pas tout-à-fait à onze deniers de France.

PIZE, qu'on nomme aussi BIZA. *Poids* dont on se sert dans le royaume de Pégu. *Voyez* LA TABLE DES POIDS.

PL

PLACARD. Il se dit en Hollande des affiches par lesquelles on rend publiques les résolutions & ordonnances des états généraux des Provinces-Unies, soit pour le gouvernement, soit pour la police, soit pour le commerce.

Un des plus importans *placards* de cette dernière espèce, qui ait depuis long-temps paru en Hollande, est celui pour l'exécution de la nouvelle liste ou nouveau tarif de l'année 1725, pour la levée des droits d'entrée & de sortie dans toute l'étendue des états de la république. Il est composé de 254 articles divisés en 18 sections ; à la tête se trouvent les ordonnances ou résolutions des états généraux, pour l'établissement de cette liste ; & à la fin est la liste elle-même, & quelques éclaircissemens pour en faciliter l'exécution.

PLACE DU CHANGE, ou PLACE COMMUNE DES MARCHANDS. C'est un lieu public établi dans les villes de négoce, où les marchands, négocians, banquiers, agens ou courtiers de change, & autres personnes qui se mêlent du commerce des lettres & billets de change, ou qui font valoir leur argent, se trouvent à certains jours de la semaine pour y parler & traiter des affaires de leur commerce, & sçavoir le cours du change.

A Paris on dit simplement la *place*. A Lyon on la nomme aussi la *place* ; mais quelquefois on dit la *place du change* ; dans quelques villes de France, comme à Toulouse, c'est la *bourse*. C'est aussi le nom qu'on lui donne dans presque tous les pays étrangers, particulièrement à Londres & à Amsterdam ; celle-ci s'appelle néanmoins quelquefois *place lombarde*.

Faire des traites & remises de *place* en *place*, c'est faire tenir de l'argent d'une ville à une autre par le moyen des lettres de change, moyennant un certain droit qui se règle suivant que le change est haut ou bas.

Il est très-dangereux à un négociant ou banquier qui a coutume de paroître sur la *place*, de s'en absenter sans cause légitime, une absence de quelques jours de *place* étant quelquefois capable de lui faire perdre son crédit.

Quelquefois le mot de *place* se prend pour tout le corps des marchands négocians & banquiers d'une ville. Dans ce sens on dit, que la *place* de Lyon est la plus considérable & la plus riche de la France, pour dire qu'il n'y a point dans le royaume de marchands & de banquiers si riches & si accrédités que ceux de Lyon. Le principal réglement qui ait été fait pour la *place* de Lyon, est celui de l'année 1667 ; il contient tout ce qui regarde les paiemens en foires, autrement dits les quatre paiemens des rois, de pâques, d'août & des saints ; les présentations des lettres de change ; le virement des parties ; le prix du change ; enfin tout ce qui concerne le commerce des lettres de change qui se fait dans la *place* de cette importante ville. On en parle ailleurs.

On dit, *en termes de commerce*, c'est demain jour de *place* ; je vais à la *place* ; il y a peu d'argent sur la *place* ; l'argent de la *place* est à tant ; ce marchand a perdu son crédit sur la *place* ; le change est haussé ou est baissé sur la *place*, &c. Toutes expressions où le nom de *place* ne signifie autre chose que l'*assemblée* & le concours des marchands qui négocient les uns avec les autres.

PLACE. On appelle encore *places*, certains endroits destinés dans les ports de mer pour mettre les bâtimens marchands.

L'art. 4 du tit. 3 du liv. 12 de l'ordonnance de marine du 15 avril 1689, porte que le capitaine de port marquera les *places* des bâtimens marchands, en observant qu'ils ne soient point mêlés ni engagés parmi ceux de sa majesté.

Les bâtimens marchands ne peuvent prendre leur *place* dans le port, qu'ils n'aient auparavant déchargé leurs poudres & les autres matières combustibles qu'ils peuvent avoir sur leur bord.

PLACE. C'est encore un lieu public dans lequel se tiennent les foires & marchés, où les marchands ont leurs échopes ou petites boutiques, & où ils étalent leurs denrées & marchandises.

Quelquefois ces *places* sont franches, c'est-à-dire, qu'on y étale sans payer aucun droit ; quelquefois au contraire il y est dû un droit d'étalage, ou au roi, ou aux seigneurs particuliers.

PLACER. Mettre une chose en sa place, la ranger.

Un marchand en détail doit *placer* ses marchandises avec ordre dans sa boutique, ensorte qu'il les ait toujours sous la main quand il vient des chalans.

PLACER son argent. C'est l'employer à quelque chose ; quelquefois c'est le mettre à profit. Je viens de *placer* mes fonds, pour dire je viens d'en disposer. J'ai *placé* mon argent à la grosse avanture. Je l'ai *placé* sur un tel vaisseau,

Il faut qu'un marchand soit attentif à bien *placer* ses fonds s'il veut réussir dans le Commerce.

On dit *placer* un jeune homme ; pour dire, le mettre en apprentissage. J'ai bien *placé* mon fils, je l'ai obligé à un mercier aussi honnête homme qu'habile marchand.

Une boutique bien *placée*, c'est celle qui est bien exposée à la vue des chalans, qui est dans un quartier achalandé & de grand débit. On dit aussi un marchand bien *placé*, pour signifier la *même chose*.

PLAINDIN. *Serge* qui se fabrique en Écosse, qui porte ordinairement vingt-cinq aunes de longueur. Ils ne peuvent entrer en France que par les ports de Calais & de Saint-Vallery, suivant les arrêts des 20 novembre 1687, & 3 juillet 1692.

PLANCHE. Ais ou pièce de bois de sciage, large & peu épaisse. Les bois dont on fait le plus ordinairement les *planches* sont le chêne, le hêtre, le sapin, le noyer, le poirier & le peuplier.

PLANCHEYEURS ou PLANCHEYERS. Petits officiers de ville, commis & établis sur les ports de Paris par les prévôt des marchands & échevins, pour poser des planches, madriers & traiteaux sur les bateaux chargés de marchandises qui y arrivent, soit pour entrer dans ceux qui sont les plus près du rivage, soit pour traverser & passer d'un bateau à l'autre, & faciliter le transport des marchandises.

Les droits & les fonctions des officiers *plancheyeurs* sont réglés par les ordonnances de la ville.

Il est défendu aux déchargeurs de vins, cidres & autres breuvages & liqueurs, de rouler & labourer les vins qu'ils déchargent par dessus les planches posées par les *plancheyeurs*, mais seulement par des chemins construits & établis par eux-mêmes avec de grosses & fortes pièces de bois.

PLANTEURS. Les Anglois nomment ainsi les habitans qui passent dans de nouvelles colonies pour établir des plantations, ce qui les distingue des avanturiers qui sont ceux qui prennent des actions dans les compagnies formées pour soutenir ces colonies. Les *planteurs* se nomment en France *habitans colons* ou *concessionnaires* ; & les *avanturiers, actionnaires*.

PLAPPER. Petite *monnoie* de billon qui se fabrique à Basle en Suisse, & qui n'a point de cours dans les autres cantons.

PLAQUES. Nom que l'on donne à certains morceaux d'or ou d'argent de divers poids & titres, qui ont retenu la figure des vaisseaux dans lesquels ils ont été fondus. On tire des Indes & d'Espagne de l'or & de l'argent en *plaque*.

PLAQUES ou PLANCHES. Se dit aussi de certaines grandes pièces de cuivre peu épaisses, plus longues que larges, dont les poids sont différens, qui s'emploient par les graveurs en taille douce & par les chaudronniers.

PLASMES. *Emeraudes* brutes propres à broyer pour faire entrer dans quelques médicamens. Les meilleures sont celles qui sont d'un verd un peu gay.

PLASTRE. Pierre fossile qui sert à plusieurs usages dans les bâtimens, & que l'on employe aussi dans la sculpture pour mouler & faire des statues, des bas-reliefs, & autres ornemens d'architecture.

Il y a deux sortes de *plâtre*, l'un que l'on appelle *plâtre cru* & *en pierre*, & l'autre qu'on nomme *plâtre cuit* & *battu*.

Le *plâtre cru*, c'est-à-dire, qui est tel qu'on le tire de la carrière, est du nombre des pierres que l'on nomme *moilons* ; il se mesure & se vend à la toise comme les autres moilons, & est propre ainsi qu'eux à être employé dans les édifices, mais seulement dans les fondemens, à cause qu'il s'amollit aisément à l'air.

Le *plâtre cuit* est celui que le plâtrier ou chaufournier a mis au feu & calciné dans un four, & qu'il a ensuite battu & réduit en poudre ; celui-ci qui sert de liaison & comme de ciment dans les bâtimens, se vend au muid qui est de trente-six sacs ; chaque sac, suivant les ordonnances de police, doit être de deux boisseaux radés, ensorte que le muid de *plâtre* contient soixante & douze boisseaux.

C'est ce *plâtre* qui bien tamisé & réduit en poudre impalpable, sert aux ouvrages de sculpture & d'architecture ; il est bon aussi à enlever les taches de graisse de dessus les étoffes de soie & de laine.

PLAT. On nomme ainsi quelquefois les *bassins* des grandes balances, particulièrement de celles qui sont destinées à peser les marchandises de grand poids ou de grand volume. On les appelle ainsi de la forme qu'ils ont ordinairement, ces bassins étant faits des planches quarrées & plattes, à chaque angle desquelles sont attachées les cordes qui les soutiennent.

PLAT. Se dit encore dans le commerce du cuivre des *plaques* de la rosette qui n'ont reçu aucune façon, & qui sont telles qu'on les apporte des mines.

PLAT DE VERRE. C'est un grand morceau de verre de figure ronde, au milieu duquel il y a un gros nœud qu'on nomme *œil de bœuf* ou *boudine*.

Le *plat de verre* a un peu plus de deux pieds de diamètre ; il sert à faire des vitres. Il se vend au panier ou à la somme de 24 plats chacun.

PLATA. Ce terme Espagnol signifie de l'*argent* ; & de même le mot de *vellon* qu'on prononce veillon, signifie du *cuivre*.

On se sert de ces deux termes non-seulement pour exprimer les espèces de ces deux métaux qui sont fabriquées en Espagne, ou qui y ont cours, mais encore pour mettre la différence entre plusieurs monnoies de compte dont les Espagnols se servent pour tenir leurs livres dans le commerce.

L'on dit dans cette dernière signification, un ducat de *plata* & un ducat de vellon ; un réal de *plata* & un réal de vellon ; enfin un maravedis de *plata* & un maravedis de vellon : ce qui augmente ou diminue les sommes de près de la moitié ; trente-quatre maravedis de *plata* faisant soixante & trois maravedis de vellon, & la piaſtre ou pièce de huit ne valant que 272 maravedis de *plata* & 510 maravedis de vellon.

PLATA BLANCA. C'eſt une ſorte de mineral ou de métal, comme on parle au *Perou* & au *Chilly*; qui ſe tire des mines d'argent du Potoſi, de Lipes, & de quelques autres montagnes de ces deux parties de l'Amérique Eſpagnole.

Ce minerai eſt blanc, tirant ſur le gris, mêlé de quelques taches rouges & bleuâtres, d'où apparemment il a pris ſon nom, *plata-blanca* ſignifiant *argent blanc*.

PLATE. On nomme ainſi en Hollande ce qu'on nomme en France *monnoie de Suéde*, c'eſt-à-dire, des pièces de cuivre de figure quarrée, marquées au poinçon de Suéde.

PLATEAU. Se dit des baſſins des groſſes balances particulièrement quand ils ſont de bois.

PLATILLE. On appelle ainſi certaines eſpèces de toiles de lin très-blanches, qui ſe fabriquent en pluſieurs endroits de France, particulièrement à Cholet en Anjou & à Beauvais en Picardie.

Les *platilles* ſe vendent en petites pièces de cinq aunes de long ſur trois quarts & demi de large meſure de Paris; il y en a plus groſſes, les autres plus fines. Ce ſont les Eſpagnols à qui elles ſont toutes envoyées, qui leur ont donné le nom de *platilles*.

Elles ſont pareillement propres au commerce qui ſe fait en quelques endroits des côtes d'Afrique, particulièrement au-delà de la rivière de Gambie.

Il ſe tire de Siléſie, particulièrement de Breſlaw capitale de cette province d'Allemagne, quantité de toiles auxquelles l'on donne pareillement le nom de *platilles*. Ces ſortes de toiles qui ſont à peu près ſemblables à celles d'Anjou & de Picardie, ſont auſſi deſtinées pour les mêmes pays, c'eſt-à-dire, pour l'Eſpagne, l'Amérique & l'Afrique, & y ſont portées par les Hambourgeois.

PLATTE. C'eſt le nom que le tarif de la douane de Lyon donne à cette ſorte de cuivre qu'on appelle *roſette*; parce qu'il vient ordinairement en plaques très-minces.

La platte *ou roſette paye à Lyon 8 ſ. du quintal d'ancienne taxation, & 12 ſ. pour la nouvelle réapréciation.*

PLATTE. Eſpèce de grand *bateau* dont les bords ſont très-plats.

PLEIGE. Caution qui s'oblige en juſtice de repréſenter quelqu'un, ou de payer la ſomme ordonnée par le juge en cas qu'il ne le repréſente pas au jour marqué.

En France, & particulièrement à Paris, les marchands arrêtés priſonniers pour dettes ſe ſervent aſſez ſouvent de ces *pleiges* ou cautions judiciaires pour ſe procurer la liberté pendant quelques temps, & avoir le loiſir de traiter eux-mêmes avec leurs créanciers & d'accommoder leurs affaires. Cela s'appelle *ſe mettre en la garde d'un huiſſier*; ce qui certainement à ſon utilité, mais qui auſſi eſt très-diſpendieux & va à grands frais; ces officiers ſe faiſant payer

chèrement à tant par jour, & prenant d'ailleurs leurs précautions par de bons effets qu'on leur conſigne &, autres ſûretés contre la fuite du priſonnier, qu'ils ſont obligés de repréſenter & de remettre en priſon ſur la première ordonnance du juge, ſinon de payer pour lui les ſommes pour leſquelles il avoit été conſtitué priſonnier & écroué.

On ne peut jouir de cette liberté à caution & ſortir de priſon en la garde d'un huiſſier, que le juge ne l'ait ordonné contradictoirement avec la partie.

PLETS. Sorte d'*étoffe* qui ſe fabrique en Ecoſſe, dont les pièces ont ordinairement 24 aunes de longueur; il y en a auſſi quelques manufactures établies en Hollande, particulièrement à Leyden.

PLEURES. Ce ſont les *laines* qui ſe coupent ſur la bête après qu'elle eſt morte; elles ſont d'une très-mauvaiſe qualité, auſſi ne les employe-t-on qu'à la fabrique des couvertures les plus groſſières, en les mêlant avec les laines de Barbarie. Il en vient de Mulhoſen, de Wiſmard, du Rhin.

PLI. Ce qui fait qu'une choſe n'eſt pas unie. Il faut prendre garde de donner de mauvais *plis*, de faux *plis* aux étoffes, cela les appiſrit & les met hors de vente.

PLI. Signifie auſſi la *marque* qui reſte le long d'une étoffe qu'on a pliée par le milieu dans toute ſa longueur. Le *pli* d'un drap, le *pli* d'une ſerge. Le *pli* de ce drap de Hollande eſt tout mangé; on a donné le preſſe trop forte à cette ſerge; elle eſt coupée à l'endroit du *pli*.

PLIAGE. Manière de plier les étoffes. Le *pliage* des étoffes de lainage ſe fait ſur une eſpèce de table ou métier qu'on appelle *plioir*; lorſque le *pliage* eſt achevé, on l'aſſure en mettant la pièce entre deux plateaux & la ſerrant raiſonnablement dans une preſſe. On *plie* les étoffes après qu'elles ont été faudées & devant que de les appointer.

Les manufacturiers & marchands ne peuvent avoir trop de précautions dans le *pliage* de leurs étoffes, mais ſurtout ils le doivent faire avec beaucoup de bonne foi, y ayant des *pliages* frauduleux & qui peuvent faire paroître les étoffes plus larges qu'elles ne le ſont.

Lorſque les marchands achètent des marchandiſes qui ſortent des manufactures ſujettes au mauvais *pliage*, ou qui en ſont ſoupçonnées, ils doivent les bien examiner, & ſurtout prendre garde ſi le pli eſt bien au milieu.

Le *pliage* de petites étoffes ſe fait avec un inſtrument de bois plat en forme de grand couteau; les marchands de drap s'en ſervent auſſi pour replier les draps qu'ils ont dépliés ſur leur bureau pour la montre & pour la vente.

PLIS. Sortes de laines de la moindre qualité, qui ſe lèvent de deſſus les bêtes tuées pour la boucherie.

Il y a de trois ſortes de *plis*; de fins, de moyens & de gros. Les fins s'employent dans des ratines, des ſerges & des revêches de certaines qualités; les autres servent à faire les cordeaux & lisières des étoffes. Le réglement pour la draperie & sergetterie de Beauvais de 1670, marque en plusieurs articles, dans quelles sortes d'étoffes les bons & fins *plis* peuvent être mis, & dans lesquelles il est défendu de les employer.

PLIS. On appelle *cours plis* dans la fabrique & commerce de toiles qui se font en Bretagne, le pliage qui n'est pas conforme aux réglemens, & dont les *plis* ont moins d'une aune de longueur.

PLOC. Signifie proprement *poil*; cependant il ne se dit guères que des poils de vaches, de chèvres, de chevrotins & de chiens.

Le *ploc* de vache sert particulièrement à faire des couvertures. Il y a de ces couvertures qu'on appelle *couverture à ploc* & d'autres *couvertures à poil*.

PLOK-PENIN. On nomme ainsi à Amsterdam ce qu'on donne dans les ventes publiques au dernier enchérisseur d'une marchandise. C'est une espèce de denier-à-dieu, par lequel on signifie qu'*elle lui a été adjugée*. Le *plok-penin* est différent suivant la qualité des marchandises & le prix des lots ou cavelins. Ordinairement il est depuis vingt sols jusqu'à cinquante sols. Quelquefois il est arbitraire & dépend de la volonté de l'acheteur, & quelquefois il est réglé par les ordonnances des bourguemaîtres. Par exemple, les *plok-penins* des vins de France sont fixés à deux florins, ceux de vin muscat de Frontignan à vingt sols, ceux des vins du Rhin & de la Moselle à deux florins; pour les vinaigres vingt sols, & pour les eaux-de-vie trente sols; ce qui s'entend néanmoins suivant la qualité du cavelin ou lot, qui est pareillement fixée par l'ordonnance. Il y a aussi des marchandises où l'on ne donne point de *plok-penins*, & d'autres où les *plok-penins* sont souvent du double de ce qu'on a dit jusqu'ici.

PLOMB. Métal très-grossier, le plus mou & le plus facile à fondre de tous les métaux quand il est purifié. Les chymistes l'appellent *saturne*.

Les marchands le nomment ordinairement *saumon* & les plombiers *navette*.

Le *plomb* en Angleterre se vend à la foudre, qui est, pour ainsi dire, une espèce de quintal extra-ordinaire, ou plutôt un poids qui n'existe pas, mais qui signifie *dix-neuf cent quintaux*, à cent livres le quintal.

Ce sont les marchands merciers & les épiciers en gros qui font à Paris le négoce de *plomb* en navettes & en saumons. Ces masses sont de différens poids: les petites sont de cent à cent cinquante livres; il y en a de trois à trois cent cinquante; & les plus grosses sont de cinq cent.

DU PLOMB EN TABLE. Est du *plomb* fondu & coulé de plat sur une longue table couverte de sable bien uni. Sa largeur ordinaire est depuis quinze pouces de roi jusqu'à soixante-douze, & son épaisseur plus ou moins forte, suivant les choses à quoi il peut être destiné.

Les maîtres plombiers sont tenus suivant l'article 35 de leurs statuts, de jetter le *plomb en table* avec telle égalité, que tous les bouts, endroits & côtés soient d'une épaisseur pareille, sans qu'ils en puissent vendre ni mettre en œuvre, qu'elles ne soient débordées, c'est-à-dire, que les deux côtés ou bords des tables n'ayent été coupés & unis avec la plane, qui est un instrument ou outil tranchant propre à cet usage.

Les plombiers appellent du *plomb blanchi*, les tables de *plomb* qu'ils ont étamées ou colorées avec de l'étain de même que le fer blanc. Dans les bâtimens neufs les plombiers sont obligés, suivant l'article 33 de leurs nouveaux statuts, d'employer du *plomb blanchi* sur les enfaîtures, enfures, & amortissemens, chesneaux, cuvettes, tuyaux de descente & autres endroits qui sont en vûe.

DU PLOMB EN CULOT. C'est du vieux *plomb* qui a servi, & qu'on a fait refondre & épurer dans une poêle de fer. On lui donne le nom de *plomb en culot*, à cause de la forme ronde de culot que le fond ou cul de la poêle lui a donnée; ou pour le distinguer du plomb neuf, qui s'appelle du *plomb en saumon* ou *navette*. Il est défendu à toutes personnes autres que les maîtres plombiers, d'acheter, fondre & mettre en culot les vieux *plombs*.

PLOMB MINÉRAL. Il y en a de trois sortes: l'un que l'on nomme ordinairement *alquifoux*, qui n'a autre usage en France que pour les potiers de terre, qui s'en servent, après l'avoir pulvérisé, à vernir leur poterie.

L'autre est une drogue qu'on confond souvent avec le premier, quoiqu'elle soit de nulle valeur. Pour n'y point être trompé, en voici la différence. Il est plus dur, & ne se fond point au feu. Quand il est cassé, il paroît d'un gris de souris, & est l'v grain fort aigre, quoiqu'assez doux par-dessus; ce qui lui donne quelque ressemblance avec le crayon noir.

Le troisième est proprement ce qu'on appelle *mine de plomb noir*, *plomb de mine* ou *crayon*.

Il y a aussi de la mine de *plomb rouge* appellée *minium*.

PLOMB EN POUDRE. Les potiers de terre s'en servent au lieu de l'alquifoux ou *plomb* minéral, pour vernir leurs ouvrages. Il se fait en jettant du charbon pilé dans du *plomb* bien fondu, & en les remuant long-temps. Pour en séparer le charbon, l'on n'a qu'à le laver dans l'eau & le faire sécher. Les potiers se servent aussi de la cendre ou écume de *plomb*, qui n'est autre chose que les scories du *plomb* que l'on a purifié pour quelque usage, ou qu'on a employé pour faire du menu *plomb* & de la dragée.

PLOMB BRULÉ. C'est une préparation chimique qui a quelque usage dans la médecine. Des lames de *plomb* commun fondues avec du souffre dans un pot, se réduisent en une poudre brune, & c'est-là le *plomb brûlé* des chymistes.

Ccc ij

Ce qu'on appelle du *blanc de plomb*, n'eſt autre choſe que du *plomb* diſſous avec du fort vinaigre.

On nomme *chaux de plomb*, ou *céruſe*, du blanc de *plomb* réduit en poudre & broyé à l'eau.

Les maſſicots de diverſes couleurs & le ſandix ſont pareillement des préparations du blanc de *plomb* pouſſé au feu à divers dégrés.

La litarge d'or ou d'argent n'eſt autre choſe que le *plomb* qui a ſervi à purifier le cuivre ſortant de la mine pour le mettre en roſette.

PLOMB, *en termes de manufactures de négoce.* Se dit d'un petit morceau de *plomb* fondu exprès, de figure ronde & platte, qui s'imprime de quelque marque particulière, & qui s'applique ſur les étoffes d'or, d'argent, de ſoie, de laine, &c. ſur les baſins, futaines, toiles de coton, mouſſelines, bas, &c. même ſur les balles, ballots, paquets & caiſſes de marchandiſes dont les droits de douane ont été payés.

PLOMB DE FABRIQUE. C'eſt un *plomb* qui s'applique aux étoffes dans les endroits de leur manufacture après qu'elles ont été examinées par les gardes, jurés ou eſgards des lieux.

PLOMB DE VISITE ou DE VEUE, que l'on appelle auſſi PLOMB FORAIN. C'eſt un *plomb* appoſé ſur les étoffes, après que la viſite en a été faite par les maîtres & gardes dans les foires, halles & bureaux des villes & lieux où elles ont été envoyées ou apportées par les marchands forains ou manufacturiers, pour y être vendues & débitées.

PLOMB DE LOYAUTÉ. C'eſt le nom que l'on donne dans la manufacture de la ſayetterie d'Amiens, au *plomb* qui s'applique ſur les étoffes apprêtées, que les jurés ſayeteurs ou hauteliſſiers trouvent loyales & marchandes, lorſqu'elles leur ſont apportées dans la halle en noir.

PLOMB D'ARREST. Se dit des *plombs* ou marques que l'on appoſe ſur les étoffes de laine défectueuſes que les maîtres & gardes, jurés ou eſgards arrêtent lors de leurs viſites dans les bureaux, halles & foires.

PLOMB D'AUNAGE. C'eſt un *plomb* que les jurés auneurs, les preſſeurs, les marchands fabriquants, &c. appliquent aux étoffes, qui ſelon un auteur le nombre d'aunes qu'elles contiennent, ſuivant l'aunage qui en a été fait.

PLOMB DE CONTRÔLE. C'eſt un *plomb* qui s'appoſe aux étoffes de laines, dans les foires & marchés ou lieux de fabrique, par ceux qui ont pouvoir de les contrôler, & de percevoir quelques droits ſur chacune pièce.

Les marchands drapiers & merciers mettent des *plombs* ou marques particulières à leurs étoffes, lorſqu'ils les envoient chez les ouvriers pour les apprêter, afin de pouvoir les reconnoître plus facilement.

La compagnie des Indes orientales de France, met auſſi ſon *plomb* ou marque particulière ſur les toiles de coton, mouſſelines, & autres marchandiſes qu'elle a permiſſion de vendre & débiter dans le royaume.

Les tondeurs de draps & autres étoffes de laine, appellent *plombs*, certaines maſſes de *plomb*, ordinairement du poids de cinq, dix & vingt livres, dont ils ſe ſervent pour charger plus ou moins les forces dont ils tondent les étoffes. Plus la force eſt chargée de ces *plombs*, & plus elle tond de près.

PLOMB. Se dit auſſi d'une eſpèce de chaudières plates & quarrées faites de *plomb*, dans leſquelles on travaille au ſel blanc dans les ſalines de Normandie. Chaque *plomb* eſt environ de trois pieds de long, de deux de large, & de ſix pouces de profondeur. Quatre *plombs* font une ſaline.

PLOMB, (*en termes de marine*). Signifie la *ſonde* avec laquelle les pilotes ſondent le fond des mers ſur leſquelles ils navigent. Ainſi l'on dit : il ne faut aborder cette côte que le *plomb* à la main; pour dire, que la ſonde à la main. Ils l'enduiſent au bout de ſuif, pour connoître ſi le fond eſt de vaze, de ſable, ou de roc.

PLOMBACINE. C'eſt parmi les modernes la *glèbe minérale* où l'on trouve le plomb & l'argent mêlés enſemble.

PLOMBAGINE. Les anciens appelloient ainſi *la mine de plomb noir* dont on fait les crayons à deſſiner. Ce mot & celui de *plombacine* ſont trop ſemblables, pour ne pas croire que ce dernier n'ait pas été emprunté de l'autre, ou que peut-être ils ne ſignifient la *même choſe*. La *plombagine* eſt auſſi le plomb de mer des anciens, qui ſelon un auteur qu'on ne garantit pas (Pomet) étoient perſuadés que cette drogue étoit une production de la mer, & non pas un minéral ſorti des entrailles de la terre, ce qui eſt peu croyable.

PLOMBÉE. Etoffe *plombée*, marchandiſe ou balle *plombée*, ſont celles ſur leſquelles il a été appoſé un plomb ou marque particulière.

Les réglemens des *manufactures* veulent que toutes les étoffes de laine qui ſe fabriquent dans le royaume, ſoient *plombées* des plombs ou marques de fabrique, & des plombs de viſite ou de vûe.

Les caiſſes & balles de marchandiſes qui ont été une fois *plombées* dans les bureaux des douanes ou traites, ne doivent point être ouvertes en chemin, ſi ce n'eſt au dernier bureau de la route où elles peuvent être contrôlées pour connoître s'il n'y a point eu de fraude.

PLOMBIER. Ouvrier qui fond le *plomb*, qui le façonne, qui le vend façonné, & qui le met en œuvre dans les bâtimens, fontaines, &c.

PLUCHE ou PELUCHE. Sorte d'*étoffe* le plus ſouvent partie laine & partie poil de chévre; quelquefois de fil de chanvre & de poil de chévre, & quelquefois toute de ſoie.

PLUIE. Eſpèce de droguet dont la chaîne eſt de ſoie ou de poil, & la trême en partie d'or ou d'argent. On lui donne le nom de *pluie*, à cauſe des petits brillants dont la ſuperficie de cette étoffe eſt toute parſemée, qui paroiſſent comme une légère brouïne qui y ſeroit tombée. On en fait des habits d'hommes & de femmes pour l'été.

PLUMASSIER. Marchand ou ouvrier qui teint, blanchit, apprête, monte & vend toutes fortes de *plumes d'oifeaux*, particulièrement d'autruche, foit véritables, foit imitées, propres à faire des capelines, bouquiets & tours de chapeaux, bouquet pour l'ornement des hauts dais & des lits, aigrettes, attaches de héron, & enfin tous autres ouvrages de plumes pour les entrées, mafcarades, caroufels, comédies & cérémonies publiques.

PLUME. Ce qui couvre l'oifeau, qui lui fert à voler & à fe foutenir en l'air.

Les *plumes* de certains oifeaux font en France, particulièrement à Paris, un très-grand objet de commerce.

Les marchands merciers-papetiers vendent les *plumes* d'oye, de cygne & de corbeau, qui font propres pour l'écriture & pour les deffins à la main.

Les marchands merciers-ferronniers, c'eft-à-dire ceux des merciers qu'on nomme *marchands de fer*, font négoce en gros de duvet ou *plumes* à lit.

PLUMES D'AUTRUCHE. Ce font les *plumes* que l'on tire des ailes & de la queue de ces oifeaux. Les marchands plumaffiers en comptent de plufieurs fortes; entr'autres les premières, les fecondes, les tierces, les femelles claires, les femelles obfcures, les bouts de queue; les bailloques, le noir grand & petit, & le petit-gris.

PLUMES EN MASSE. On appelle *maffe de plumes d'autruche*, un paquet de plumes qui en contient cinquante. Il n'y a que les *plumes* blanches & fines qui fe vendent à la *maffe*; les autres fe vendent au cent.

PLUMES EN FAGOT. Ce font des *plumes* d'autruche qui font encore en paquets.

PLUMES BRUTES. Ce font des *plumes* d'autruche telles qu'on les reçoit de la première main, & qui n'ont pas encore eu les divers apprêts qu'ont coutume de leur donner les maîtres plumaffiers.

PLUMES D'AUTRUCHE APPRÊTÉES. Ce font celles qui ont été teintes ou blanchies, & qui font propres à être montées, ou qui le font déja en bouquiets de *plumes*, en plumets, & en d'autres ouvrages de plumafferies.

LAINE, PLOC ou POIL D'AUTRUCHE. Ce font les différens noms que l'on donne au *duvet* de cet oifeau.

On appelle *bouquet de plumes*, diverfes *plumes* d'autruche élevées en divers rangs fur un chapeau. Ces fortes de bouquiets de *plumes* ne font plus d'ufage en France que dans les grandes cérémonies: le plumet leur a fuccédé.

PLUMES A ÉCRIRE. Ce font des *plumes* d'oyes, de cygnes, de corbeaux & de quelques autres oifeaux, mais particulièrement d'oyes, qui fervent à l'écriture à la main, en les ouvrant & taillant d'une certaine manière.

On a dit ci-deffus que les papetiers en faifoient le plus grand commerce. Ils les tirent de plufieurs provinces du royaume, entre autres de Guyenne, de Normandie & du Nivernois. Celles qui leur vien-

nent de Hollande font eftimées les meilleures; peut-être feulement à caufe qu'elles font apportées de dehors.

Ces *plumes* fe tirent des ailes de l'oye. On en diftingue de deux fortes, les groffes *plumes* & les bouts d'ailes. Elles fe vendent au milier, au cent & au quarteron, & même en détail à la pièce. On en trouve auffi chez les papetiers de toutes taillées pour la commodité de ceux qui n'en fçavent pas la manière.

PLUMES HOLLANDÉES. Ce font des *plumes* préparées à la manière de Hollande, c'eft-à-dire, dont on a paffé le tuyau fous la cendre, pour l'affermir & en faire fortir la graiffe.

PLUMET. C'eft ainfi qu'on nomme à Paris des *gagne-deniers* ou gens de peine qui travaillent fur les ports, places & halles de la ville, à porter fur la tête, le charbon, les grains & la farine. Ce font proprement les aides des jurés porteurs de grains, farine & charbon.

PLUMET. Les plumaffiers nomment auffi de la forte une *fimple plume d'autruche* qui fait à peu près tout le tour du chapeau, & qui en couvre entièrement le bord. Le *plumet* a fuccédé au bouquet de plume.

PLUMETTE. Petite *étoffe*, quelquefois avec de la foie, mais plus ordinairement toute de laine.

P O

POCHE, ou POCHETTE, qui en eft le diminutif. C'eft une efpèce de petit fac de toile ou de cuir, qui eft attaché à quelques habillemens des hommes & des femmes, & qui fert à ferrer & porter diverfes chofes qu'on veut avoir fur foi. Il y a ordinairement des *poches* aux jufte-au-corps, aux fur-touts, aux veftes & aux culottes: celles des culottes fe font de cuir de mouton paffé en mégie. Ce font les maîtres bourfiers qui les taillent & les fabriquent, d'où ils ont pris un de leurs noms.

POCHE. Eft auffi un fac de meûnier, qui contient un fac de grain ou de farine. Il y a à Paris fur les ports & dans les halles & marchés où fe vendent les grains, des perfonnes qui ne vivent que du gain qu'elles font en louant des *poches* ou facs aux marchands, meûniers ou particuliers pour le tranfport des bleds, farines & autres grains qu'ils y achètent.

POCHÉE, qu'on appelle auffi *fachée*. C'eft la quantité de broquettes qui peut tenir dans une poche ou fac d'une certaine grandeur. Il n'y a qu'à Tanchebray en baffe Normandie où l'on vende les broquettes à la *pochée*.

POESLE. *Uftenfile de cuifine* fait de tole ou fer battu, avec une longue queue auffi de fer. Elle fert à cuire, fricaffer & frire diverfes fortes de mets & de ragoûts que les cuifiniers apprêtent.

POESLON, petite poële. On appelle chez les chauderonniers, *poëlon à poix réfine*, un petit *poëlon* de cuivre dans lequel ils tiennent leur poix réfine toute écrafée lorfqu'ils veulent étamer ou fouder.

POET , ou POEDE. Gros poids dont on fe fert en Mofcovie, particulièrement à Archangel; il pèfe quarante livres du pays, qui reviennent environ à trente-trois livres de Paris. Dix poets font un ber-kewits, autre poids qui pèfe 400 livres d'Archan-gel. C'eft à ce dernier poids que fe pèfent les mar-chandifes groffières comme le chanvre & les po-taffes.

POGE. Droit de coutume qui eft dû à l'Evê-que de Nantes fur le hareng ou fardine blanc ou foret paffant le trépas de S. Nazaire, ce droit eft de demi-obole par millier.

POGE. Se dit auffi d'une petite monnoie de cuivre, qui avoit autrefois cours en Bretagne, & qui eft reftée monnoie de compte: la poge vaut une demi-obole.

POIDS. Qualité naturelle à tous les corps gra-ves, qui les fait tendre naturellement en bas, vers ce qu'on appelle le centre de gravité, avec plus ou moins de viteffe, fuivant ce qu'ils ont plus de denfité & de volume, ou felon le milieu par où ils paffent, leur fait plus ou moins de réfiftance.

POIDS. Signifie dans le commerce les inftrumens qui fervent à connoître, & pour ainfi dire, à me-furer la pefanteur de certaines efpèces de marchan-difes, pour en fixer le prix à proportion de ce qu'el-les pèfent.

Les deux inftrumens les plus ordinaires, ou pour mieux dire, les feuls dont on fe fert pour juger de cette pefanteur, tous les autres ayant rapport à l'un ou à l'autre, font la balance & la romaine, qu'on nomme autrement crochet & pefon. On fe contente de les indiquer ici; leur defcription & leur ufage dans le commerce fe trouvent à leurs propres arti-cles, où l'on peut avoir recours.

Le trébuchet qui eft une petite balance propre à pefer les efpèces d'or & d'argent & les pierreries, fera auffi décrit en fon lieu.

POIDS. On appelle bon poids en Hollande, & particulièrement à Amfterdam, un excédent de poids que le vendeur accorde à l'acheteur par gratifica-tion.

On peut en diftinguer de deux fortes; l'un qui eft établi depuis long-temps & qu'on paie toujours fans conteftation; l'autre qui eft nouveau & qui caufe fouvent des difputes. Les marchands ache-teurs voudroient établir ce dernier pour leur tenir lieu d'un excédent de poids indirect qu'ils ne man-quoient jamais de trouver lorfqu'il étoit permis aux pefeurs publics de mettre la main à la balance, & qu'ils ont perdus depuis qu'il a été défendu aux mêmes pefeurs de procurer à qui que ce foit ce profit indirect.

POIDS-DU-ROI ou POIDS-LE-ROI. C'eft en France une balance publique établie dans la douane de Paris pour pefer toutes les marchandifes qui y arri-vent, & qui font contenues dans les tarifs dref-fés à cet effet.

POIDS. Se dit auffi des corps de métal ou d'autres matières deftinées à oppofer aux chofes dont on veut connoître la pefanteur. Ces poids font ordinaire-ment de cuivre, de plomb ou de fer. Il y en a néanmoins en quelques endroits des Indes orientales qui ne font que de fimples cailloux, ou même feu-lement des efpèces de petites fèves, comme le con-duri & le faga.

La fureté & la bonne-foi du commerce dépen-dant en partie de la fidélité & de la juffeffe de ces poids, il n'y a guères de nation, pour peu qu'elle foit policée, qui n'ait pris des précautions pour en empêcher la falfification; la plus fûre de ces précautions eft ce qu'on appelle communément l'é-talonnage, c'eft-à-dire, la vérification & la mar-que des poids par des officiers publics fur un poids matrice & original, qu'on appelle étalon, dépofé dans un lieu fûr pour y avoir recours quand on en a befoin.

Cet ufage eft ancien, & bien des auteurs croyent que ce qu'on appelloit chez les Juifs le poids du fanctuaire, étoit moins un poids différent du poids commun, que le poids étalon & original qui fe gardoit dans le fanctuaire, & fur lequel il n'appar-tenoit qu'aux prêtres de vérifier les poids dont on fe fervoit dans le public.

En France le poids étalon fe garde fous plu-fieurs clefs dans le cabinet de la cour des monnoies. Chaque monnoie des provinces a auffi fon étalon, mais vérifié fur celui de Paris.

En Angleterre l'étalon eft gardé à l'échiquier, & refte entre les mains d'un officier que l'on nomme le clerc ou contrôleur du marché. C'eft fur ce poids que le chapitre 27 de l'ordonnance, que les Anglois appellent la grande chartre, veut que tous les poids d'Angleterre foient étalonnés.

POIDS-DE-MARC. Ce font des poids de cuivre qui viennent pour la plupart de Nuremberg, & qui étant fubdivifés & emboîtés l'un dans l'autre, fervent en les féparant, à pefer les marchandifes les plus pré-cieufes. On les appelle poids-de-marc, parce que tous enfemble, la boëte y comprife, ils pèfent jufte huit onces ou le marc. Voyez MARC.

LES POIDS qu'on appelle cloches, de la figure qu'ils ont, font maffifs. Ils fe font par les fondeurs, & s'achèvent par les balanciers.

LES POIDS DE FER font ordinairement carrés, & ont un anneau auffi de fer pour les prendre plus commodément; furtout ceux dont la pefanteur eft confidérable. La plus grande quantité de ceux dont on fe fert à Paris, viennent des forges de fer qui font dans les provinces, quoique néanmoins il s'en fonde auffi quelques-uns dans cette ville. Il y en a depuis un quarteron jufqu'à cent livres. C'eft de ces poids dont on fe fert pour pefer les marchandifes les plus pefantes & du plus grand volume.

LES POIDS DE PLOMB fervent au contraire à pe-fer les marchandifes les plus légères, ou celles qui font en plus petite quantité. Tous ces poids fe font ou s'achèvent par les maîtres balanciers, & s'étalonnent sur ceux de la cour des monnoies.

L'ordonnance du mois de mars 1673, enjoint à tous négocians & marchands, tant en gros qu'en détail, d'avoir chacun à leur égard des *poids* étalonnés, & leur fait défenses de s'en servir d'autres à peine de faux, & de 150 liv. d'amende.

TABLE DES POIDS.

AMSTERDAM. Le marc, *poids de l'or & de l'argent*

Mark. Troys- Gewigt.	Oncen, ou Onces.	Engels, ou Estelins.	As.	Vierling, Quarts.	Troykens.	Deuskens.
1	8	160	5120	20480	40960	81920
	1	20	640	2560	5120	10240
		1	32	128	256	512
			1	4	8	16
				1	2	4

Le même marc, pour peser des perles & des diamants, se divise en 1200 carats; l'engel ou estelin en 7½ carats, & le carat se divise ensuite en ½, ¼, ⅛, 1/16 & 1/64 parties.

Les Apothicaires se servent de la livre de 2 marcs *poids de troyes*, sous le nom de *poids d'arsenic*, & d'une autre livre de 1½ marc *poids de troyes*, sous celui de *poids d'apothicaire*. Ils divisent ces *poids* de la manière suivante; sçavoir:

La livre, *poids d'arsenic*, en 16 onces, l'once en 8 drachmes, la drachme en 8 scrupules, & le scrupule en 20 grains.

La livre, *poids d'apothicaire*, en 12 onces ou en 24 loots.

3 L. poids d'arsenic, en font 4 d'apothicaire.

La livre, *poids de commerce d'Amsterdam*, se divise en 16 onces, 32 loots, ou 128 drachmes. Cette livre, qui ayant 2 marcs *poids de troyes*, ne devroit peser que 10240 as, en contient néanmoins 10280, & elle est par conséquent tant soit

gent en usage, à *Amsterdam* & dans toute la Hollande, est nommé *poids de troyes*, & il est exactement le même que celui de Bruxelles, dont l'étalon est tenu pour le *dormant du véritable poids de troyes*. Ce dernier, dont le marc est composé de 8 onces ou 5120 as, comme celui de Hollande, répond, suivant l'essai qu'en a fait M. Tillet, à un marc & 12 grains, ou en tout 4620 grains, *poids de France*. La division de ce marc se fait en Hollande de la manière suivante; sçavoir:

peu plus forte que la livre *poids de troyes de Hollande*.

C'est cependant de ce dernier *poids* dont les épiciers, les droguistes & autres marchands détailleurs & boutiquiers doivent se servir maintenant suivant les ordonnances publiées à cet effet par la régence de la ville d'*Amsterdam*, & non plus du *poids* de Liège ou d'Anvers, ni de celui de Cologne dont ils se servoient auparavant.

Le schit ou *schippondt* est composé de 20 L. I. ou de 300 l.

Le *centenaar* ou quintal, de 6⅔ L. I., ou de 100 l.

Le *steen* ou la pierre, de 8 l., & le L. I. ou *lispondt* de 15 l.

256 L. *poids* de commerce d'*Amsterdam*, font 257 l. *poids* de troyes de Hollande.

ACHEM. Le *candil* ou *kandil*, *poids* de commerce d'*Achem*, contient 200 cattis.

Et le catti se divise en d'autres *poids* de la manière suivante; sçavoir:

Catti.	Boncals.	Tayels.	Pagodes.	Majons.	Mas ou Massis.	Coupangs.
1	20	100	280	320	1600	6400
	1	5	14	16	80	320
		1	2⅘	4⅘	16	64
			1	1⅐	5⅐	22 6/7
				1	5	20
					1	4

Le catti pèse 1998 1/3 as; & nous trouvons d'après cela que,

100 Cattis d'*Achem* font environ 194 13/15 l. *poids* de com. d'Amsterdam.

100 L. d'Amsterdam font au contraire 56 2/10 cattis d'*Achem*.

Toutes les marchandises s'y vendent au *poids*, & le produit en est ordinairement payé à raison d'un boncal pesant de poudre ou sable d'or pour 7 taëls;

ainsi, en supposant qu'on aura vendu une partie d'opium pour la valeur de 1000 taëls d'or, on divisera cette somme par 7 taëls, & le produit qui sera 142 6/7 boncals, fera 7 cattis, 2 boncals, 13 majons, 3 mas & 2 2/7 coupangs pesant de poudre d'or. Il faut excepter de cette règle les marchandises qui viennent de la côte de Coromandel, comme des Guines, Chits & autres pareilles étoffes, dont le prix s'évaluent en taëls d'or comme les autres marchandises ; mais dont la réduction de taëls en boncals se fait par 7½ taëls : de sorte que la somme de 1000 taëls d'or ci-dessus , revient dans ce dernier cas à 133⅓ boncals , qui font seulement 6 cattis , 13 boncals , 5 majons , 1 mas & 2⅔ coupangs pesant de poudre d'or,

Au reste , cette poudre d'or est du titre de 9¼ toques , qui répond à 22 carats 2⅔ grains.

ACRE. Le cantar , poids de commerce , est composé de 100 rotoles.

Le rotole de coton brut pèse à Livourne 6½ l. ; & celui de coton filé 6 l. : ce qui fait dans le premier cas 4¼ l. poids de commerce d'Amsterdam , & seulement 4⅖ l. dans le second.

AIX-LA-CHAPELLE. Le schis , schipfpund, poids de commerce , contient 3 centners , ou 300 l.

Le schis , poids de voiture , contient aussi 3 centners ; mais il est composé de 318 l.

Le centner ou quintal ordinaire pèse 100 l.; celui de voiture 106 l.

La livre se divise en 2 marcs, 16 onces, 32 loths, 128 quentins, ou 512 pfenings.

Le marc a 8 onces ou 16 loths , & le loth 4 quentins ou 16 pfenings.

La livre de beurre pèse 52 loths.

100 L. d'Aix-la-Chapelle font 94½ l. poids de commerce d'Amsterdam.

100 L. d'Amsterdam égalent 105½ l. d'Aix-la-Chapelle.

ALEP. Nous allons détailler les poids qui sont en usage dans le commerce d'Alep.

Le cantar ordinaire pèse 100 rotoles, dont chacun a 720 drachmes.

Le grand cantar tripolitain lui est égal.

Le furle ou zurlo pèse 17½ rotoles ordinaires.

Le rotole ordinaire , avec lequel se pèsent la plupart des marchandises, a 12 onces , ou 720 drachmes. Ce même rotole pèse environ 4½ l. poids de commerce d'Amsterdam.

Le rotole avec lequel on pèse les soies de Tripoli & d'Antioche , les barutines , pajasses , bedouines & belledines, est composé de 700 drachmes , & il pèse environ 4½ l. d'Amsterdam.

Le rotole en usage pour les soies de Perse, les gherbassis , les bourmes, les ardasses & les ardassettes, contient 680 drachmes , & pèse environ 4⅓ l. poids d'Amsterdam.

Le cole, le plus grand poids d'Alep , se compose de 7 vesnes.

Le vesne, contient 5 rotoles & 200 drachmes ; & il pèse 3½½ l. d'Amsterdam. On s'en sert à peser le leton, le fil de cuivre , l'ambre jaune brut, le camphre , le benjoin, la spica-nardi, le bois de la Mecque & le bois d'aloës.

Le batman pèse 6 okes ou 2400 drachmes , ce qui fait environ 15¼ l. poids de commerce d'Amsterdam.

L'ok ou oke, qui a 400 drachmes pèse environ 2⁷⁄₁₀ l. d'Amsterdam,

Le metical , poids pour les perles & pour l'ambre gris, contient 1½ drachme.

La livre , poids de commerce d'Amsterdam , répond à 155¾ drachmes ou 233½ méticales.

ALEXANDRIE. Le cantaar ou cantar , poids de commerce semblable au quintal , pèse 100 rotoles, dont on compte quatre sortes , sçavoir :

Le rotole forfore répond à 8870 as de Hollande ; ainsi 100 rotoles forfores font 86½ l. poids de commerce d'Amsterdam.

Le rotole zaïdin répond à 12600 as , & il est 22½ p⁰⁄₀ plus fort que la livre d'Amsterdam.

Le rotole zaure , ou zere , répond à 19656 as , & il pèse 91 p⁰⁄₀ davantage que la livre d'Amsterdam.

Le rotole mine pèse 15724 as , & il est 52 p⁰⁄₀ plus fort que la livre d'Amsterdam.

Le quintal , cantaar , de café du Caire , pèse environ 95 l. d'Amsterdam.

L'oke a 200 drachmes & il pèse environ 2¹¹⁄₁₆ l. d'Amsterdam,

La drachme se divise en 16 quirates ; ou 64 grains.

ALICANTE. La carga , poids d'Alicante, pèse 2⅖ quintaux , ou dix arrobes.

Le quintal contient 4 arrobes dont chacune pèse 24 l. poids fort , ou 36 l. poids foible.

La libra mayor , ou livre poids fort , est composée de 18 onces.

La libra menor , ou livre poids foible , l'est seulement de 12 onces.

La libra castellana , ou livre de poids ordinaire d'Espagne, est de 16 onces.

On se sert de la première pour peser des anis, des amandes & d'autres fruits ; de la seconde pour les épiceries ; & enfin de la dernière pour toutes les marchandises lors du paiement des droits du roi. Au reste :

100 L. poids fort d'Alicante , font 104¼ l. poids de commerce d'Amsterdam.

100 L. poids foible dits , font 69⅞ dits.

100 L. poids de Castille dits , font 93½ dits.

AMÉRIQUE MÉRIDIONALE.

Nouvelle Espagne & Pérou. Voyez MEXIQUE.
Colonies Angloises. Voyez JAMAIQUE.
Colonies Françoises. Voyez ISLES.
Colonies Danoises. Voyez SAINTE-CROIX.
Colonies Hollandoises. Voyez CURAÇAU, SURINAM , ST. EUSTACHE.
Colonies Portugaises. Voyez BRESIL.

AMÉRIQUE SEPTENTRIONALE.

Voyez ÉTATS-UNIS DE L'AMÉRIQUE.

ANCONE. Le poids d'Ancone est 2 pour cent plus foible que celui de Livourne ; Et comme :

100 L. d'Amsterdam font 144½ l. de Livourne, par contre ,

100 L. d'Ancone qui font 98 l. de Livourne, répondent à 68 l. d'Amsterdam.

ANVERS. Voyez BRUXELLES.

ARAGON. Le marc , poids d'or & d'argent d'Aragon , est composé de 8 onces.

L'once

L'once a 4 quartos , le quarto 4 arienços ou adarmes.

L'arienço se divise en 18 granos ou grains de *poids* de la lentille.

Ainsi le marc d'*Aragon* contient seulement 4,096 grains ; mais , comme chaque grain de ceux-ci pèse autant que $1\frac{1}{8}$ grains du *poids* d'argent de Castille , il s'enfuit que le marc de cette dernière province est égal à celui d'*Aragon*, puisque 4,096 grains d'*Aragon* pèsent autant que 4,608 grains , *poids* d'argent de Castille.

La *libra pensil* ou livre ordinaire d'*Aragon* n'est que de 12 onces.

La livre, pour peser la viande & le poisson , est de 36 onces.

L'*arroba*, poids de commerce , est de 36 l. , de 12 onces chacune ; ainsi ce *poids* répond à 27 l. , *poids* de Castille.

Le *quintal* a 4 arrobes ou 144 l. d'*Aragon*, ou 108 l. de Castille.

ARCHANGEL. *Voyez* RUSSIE.

ARGEL. Le *cantar*, ou quintal ordinaire , contient 100 rotoles.

Celui de figues , raisins , beurre , miel , dates , huile & savon , contient 166 dites.

Celui de fer , plomb , fil & laine , contient 150 dites.

Celui d'amandes , fromage & coton , contient 110 dites.

Celui de bronze , cuivre , cire & droguerie, contient 100 dites.

Le *rotole* se divise en 16 onces , & il est environ $9\frac{1}{2}$ p$\frac{o}{o}$ moins fort que la livre *poids* de commerce d'Amsterdam.

Le *mitigal*, poids pour peser l'or, l'argent, les diamants & les perles, pèse environ 5 fenings, *poids* de marc de Cologne, qui font 97 as, *poids* de troyes de Hollande.

AUGSBOURG. L'or & l'argent, soit en espèce, soit en matière, se pèsent par le marc d'*Augsbourg*, composé de 16 loths, de 64 quintins ou quarts, ou de 256 pfenings ou fenins.

100 Marcs d'*Augsbourg* font 101 marcs de Cologne, qui répondent à 96 marcs, *poids* de troyes de Hollande.

Le quintal, *centner*, poids de commerce, pèse 100 l. ; mais il y en a de deux sortes. Le premier, dont la livre pèse $33\frac{1}{4}$ loths, y est nommé *frohngewicht*; l'autre, dont la livre se compose de 32 loths, se nomme *kramgewicht* : ces deux termes se rapportent à ceux de *poids* de voiture & de *poids* marchand. La livre, *poids* marchand, répond à 2 marcs & $\frac{5}{8}$ d'un fenin du *poids* de l'or & de l'argent; & nous calculons d'après cela, que :

100 L. *poids* de voiture, font $103\frac{22}{3}$ l. , *poids* de marchand, ou $208\frac{1}{16}$ marcs, *poids* de l'or & de l'argent.

100 L. , *poids* marchand , font $96\frac{1}{2}$ l. *poids* de voiture, ou $200\frac{1}{4}$ marcs, *poids* de l'or & de l'argent.

100 Marcs, *poids* pour l'or & l'argent, font $48\frac{1}{23}$ l. , *poids* de voiture, ou $49\frac{47}{50}$ l. , *poids* de marchand. Au reste :

100 L. , *poids* de voiture, font $99\frac{2}{3}$ l. ; & 100 l. *poids* de marchand, font $95\frac{7}{10}$ l. , *poids* de commerce d'Amsterdam.

Enfin, 100 l. d'Amsterdam répondent à $100\frac{1}{5}$ l. , *poids* de voiture, ou à $104\frac{1}{2}$ l. , poids marchand d'*Augsbourg*.

BARCELONE. Le *marc*, poids d'or & d'argent de Catalogne, est composé de 8 onces.

L'*once* de 4 quartos, & le *quarto* de 4 argiensos.

L'*argienso* se divise en 36 *granos* ou grains: ainsi le marc contient 4608 grains : mais chaque grain de ceux-ci pèse autant que $1\frac{1}{2}$ grain du *poids* d'argent de Castille ; c'est pourquoi 6 marcs de Catalogne font 7 de Castille.

Le *quintal*, poids de commerce, pèse 4 arrobes, ou 104 l. de 12 onces chacune.

100 L. *poids* de commerce d'Amsterdam, font $122\frac{18}{25}$ l. de Barcelonne.

BASLE. L'or & l'argent se pèsent par le marc, *poids* de Cologne.

Le *poids* de commerce est égal au *poids* de marc de France, dont les 100 l. ne font qu'environ $99\frac{1}{6}$ l., *poids* de commerce d'Amsterdam.

BASSANO. 100 L. de *Bassano* font $69\frac{1}{11}$, *poids* de commerce d'Amsterdam ; & 100 l. d'Amsterdam font $144\frac{4}{7}$ l. de *Bassano*.

BASSORA. L'or & l'argent sont pesés à *Bassora*, par chaquis de 100 miscals , ou de 150 drames ou drachmes.

Le *miscal*, qui contient $1\frac{1}{2}$ drachme, répond à 97 as de Hollande.

Le *mon-à-tary*, le *mon-seffy*, & l'*oke* de Bagdad, sont autant de *poids* en usage dans le commerce de *Bassora*.

Le *mon-à-tary* se compose de 27 vaquis à tary, & le *vaqui-à-tary*, de $106\frac{2}{3}$ miscales , ou de 160 drachmes.

Nous observerons néanmoins, qu'on y compte le mon-à-tary tantôt par 24, & tantôt par 26 & 27 vaquis, suivant le genre de commerce où il est employé.

Le *mon-seffy*, ou plus proprement, le mon de *Bassora*, contient 3 mons-à-tary : On le divise aussi en 24 vaquis-seffy. Le *vaqui-seffy*, autrement l'*oke* de *Bassora*, pèse $333\frac{1}{3}$ miscales , ou 500 drachmes.

L'*oke* de Bagdad répond à $2\frac{1}{2}$ vaquis-à-tary, à $266\frac{2}{3}$ miscals , ou à 400 drachmes.

Un acheteur y compte ordinairement le mon-seffy par 75 ou 76 vaquis-à-tary.

Les habitans de *Bassora* se sont toujours servi de ces *poids*. Les Européens, qui y sont établis, s'en servent pareillement ; mais ils les divisent & les comptent d'une manière différente. Voici quelle est leur méthode à cet égard :

	Miscals		Drachmes.
Le *vaqui-à-tary*, dont 25 font 1 *mon*, contient.	112 $\frac{8}{25}$	ou	168 $\frac{12}{25}$
Le *vaqui-seffy*, contient 3 $\frac{1}{8}$ vaquis-à-tary, ou	351	ou	526 $\frac{1}{2}$
L'*oke* de Bagdad a 2 $\frac{1}{2}$ vaquis-à-tary, ou	280 $\frac{4}{5}$	ou	421 $\frac{1}{5}$
Le *mon-à-tary*, est compté pour 52 marcs, *poids* de France, & contient .	2808	ou	4212
Le *mon-seffy* a 3 *mons-à-tary*, ou . . . . :	8424	ou	12636

Le *mon-à-tary*, contenant donc, comme il est dit, 52 marcs de France, doit peser environ 25 $\frac{4}{5}$ l., *poids* de commerce d'Amsterdam.

BATAVIA. Le *catti*, le *pikul* & le *bahar*, font les *poids* en usage dans le commerce de *Batavia*.

Le grand *bahar* est de 4 $\frac{1}{2}$ pikuls, & le petit *bahar* de 3 pikuls.

Le *pikul* contient 99 cattis ; il répond à environ 118 $\frac{1}{3}$ l., *poids* de commerce d'Amsterdam.

Le *taël* sert à peser l'or, l'ambre gris, le musc, & le bézoar : il répond à 1 once, 2 estelins & 20 as, *poids* de troyes de Hollande.

BAYONNE. Les *poids* y font les mêmes que ceux rapportés dans l'article de FRANCE.

BENDER-ABASSI. *Voyez* GOMRON.

BENGALE. Toute sorte de grains, le ris, le bois, le vin & les liqueurs s'y vendent au *poids*. Ce *poids* s'appelle *mon* : il se divise par 40 seyras, & le seyra & le xataque, dont 16 font un seyra, se subdivisent en roupies & en annas de la manière suivante :

	Roupies		Roupies	Annas,
Le seyra, grand *poids* pacha, pèse	82	& le xataque . . . 5 2
Le seyra, *poids* de salpêtre	81	& le xataque . . . 5 1
Le seyra, petit *poids* pacha	81	& le xataque . . . 5 0
Le seyra, *poids* de soie brute	76	& le xataque . . . 4 . . . 12
Le seyra, *poids* rattele	72	& le xataque . . . 4 . . . 8

Le *mon-bazar* pèse 40 seyras ou 3,168 roupies siccas., qui font environ 75 l. de France, ou 74 $\frac{1}{3}$ l. *poids* de commerce d'Amsterdam.

Le *mon-rattele* pèse aussi 40 seyras, mais qui ne contiennent que 2,893 $\frac{11}{25}$ roupies siccas, lesquelles pèsent environ 68 $\frac{1}{4}$ l., *poids* de France, ou 68 l., *poids* d'Amsterdam.

Le seyra du mon-bazar, répond à	79 $\frac{1}{5}$	roupies siccas.
Et le seyra du mon-rattele à	72 $\frac{42}{125}$	roupies dites.
8 mons-bazar, font	25	mons de Pondichery.
137 mons de Pondichery, font	48	mons-ratteles, &
150 mons-ratteles, font	137	mons-bazars.

Le mon-rattele de 40 seyras, dont on se sert dans les factories Angloises, pèse 2,895 roupies siccas ; & le seyra y répond à 72 roupies & 6 annas.

BERGAME. La livre dont on pèse la soie, la cochenille, l'indigo, la cire & les épiceries, est nommée *poids léger*, parce qu'elle n'est que de 12 onces.

La livre à l'usage des autres marchandises grossières, qui est nommée *poids fort*, contient 30 onces ; la proportion de ces deux livres est comme 5 à 2 ; ainsi.

100 L., *poids fort* de *Bergame*, répondent à 165 l., *poids* de commerce d'Amsterdam.

100 L., *poids léger*, dit, font 66 l. dit. ; &

100 L. d'Amsterdam, font 60 $\frac{3}{5}$ l., *poids fort*, ou 151 $\frac{1}{2}$ l., *poids foible* de *Bergame*.

BERGEN. Le *poids* de Norvége est égal à celui de Danemarck.

Le *skippund* ou skppd est de 20 Ll., ou de 320 l.

Le *centner*, ou quintal, est de 6 $\frac{1}{4}$ Ll., ou de 100 l.

Le *vaag*, ou vog, est de 3 bismerpondt, ou de 36 l.

Le *lispond*, ou Ll., contient 16 l., & le bismerpondt en contient 12.

La livre, *skaalpond*, se divise comme celle de Copenhague.

100 L. de Norvége font 101 $\frac{1}{3}$ l., *poids* de commerce d'Amsterdam, &

100 L. d'Amsterdam font 98 $\frac{4}{5}$ l. de Norvége.

BERLIN. Le marc, *poids* d'or & d'argent de *Berlin*, répond, suivant l'observation de M. Kruse, à 4875 as, *poids* de troyes de Hollande. Il est, suivant le rapport de M. Tillet, cinq grains plus fort que le marc de Cologne, & il répond à 7 onces, 5 gros & 16 grains, *poids* de France, qui font exactement 4875 $\frac{1}{4}$ as, *poids* de Hollande. Ainsi l'auteur Allemand s'accorde parfaitement, avec l'académicien François, & l'on ne peut desirer rien de mieux sur un objet de cette nature.

Le marc de *Berlin* se divise au reste comme celui de la ville de Cologne, avec lequel il paroît n'avoir été qu'un seul & même *poids* dans son origine : il a 16 loths.

100 Marcs de *Berlin* font 95 $\frac{1}{3}$ marcs, *poids* de troyes de Hollande, &

100 Marcs de Hollande font 105 marcs de *Berlin*. Le *centner*, ou quintal, *poids* de commerce de *Berlin*, eſt compoſé de 5 ſteins ou pierres, ou de 100 l., leſquelles répondent à 1043 l., *poids* de commerce d'Amſterdam.

Le *ſtein*, ou la pierre, y eſt de 22 l., & la livre s'y diviſe comme ſuit :

Livre.	Marcs.	Lottis.	Quintelins.	Pfenings.	Hellers.
1	2	32	128	512	1024
	1	16	64	256	512
		1	4	16	32
			1	4	8
				1	2

Le *poids* du laſt y eſt fixé à 12 ſchtb ; le ſchtb ou ſchipſund à 20 Ltb, & le liſpſoun.l à 14 l., *poids* de commerce.

BERNE, Il y a trois ſortes de *poids*, dit M. Tillet, en uſage à *Berne* ; celui des orfévres, celui des marchands & celui des apothicaires.

Le premier eſt compoſé de 8 onces, ou 16 loths ; chaque once ſe diviſe en 476 grains ; ainſi un loth en contient 238, & le marc 3808.

Les 8 onces du *poids* des orfévres répondent à 4648 grains, *poids* de France, & ceux-ci à 5141 as, *poids* de Hollande.

Les 8 onces ou 16 loths, du *poids* des apothicaires, répondent à 4454 grains, *poids* de France, & ceux-ci à 4926 as, *poids* de Hollande.

La livre, *poids* marchand de *Berne*, eſt compoſée de 16 onces, 32 loths, ou 128 quintelins. Elle répond à 2 marcs, 1 once, ½ gros & 6 grains, ou à 9834 grains, *poids* de France, & ceux-ci à 10877 as, *poids* de Hollande.

Il paroît que le *poids* de commerce varie dans le canton de *Berne*, ſuivant les différentes villes qui en dépendent : voici le détail qu'en donne M. Tillet, d'après les inſtructions qui lui ont été envoyées de *Berne*.

Si l'on ſuppoſe, dit-il, que le *poids* de cette ville eſt diviſé en 10000 parties, il en contient à *Lauſanne* 9727, à *Morges* 9729, à *Nion* 10959, à *Romain-Motier* 10271, à *Iverdun* 10326, à *Granſon* 9674, à *Payerne* 9674, à *Geſſenay* 10525, à *Vevai* 10995, à *Arau* 9347, à *Thoun* 10289, à *Zoffingen* 9528, à *Brouck* 10489, à *Berthoud* 9872, & à *Buren* 10326.

100 L, *poids* marchand de *Berne*, font 105⅘ l. *poids* de commerce d'Amſterdam, & 100 l. d'Amſterdam, font 94½ l. de *Berne*.

BETELFAGUI. Le *bohar*, ou *bokar*, pèſe 40 farcelles, ou 400 mons.

La *farcelle*, contient 10 mons, & le mon 2 ratteles.

Le *bohar* pèſe environ 750⅕ l., *poids* de commerce d'Amſterdam, & la farcelle pèſe environ 18¾ dits.

100 Mons répondent à 187½ l., *poids* d'Amſterd.

La balle de café, pèſe ordinairement 14 farcelles de Mecca, & 7 farcelles de Mecca, répondent à 10 farcelles de *Betelfagui*.

BILBAO. A *Bilbao* l'on ſe ſert de deux quintaux différents, ſçavoir :

Le grand quintal, *quintal macho*, eſt compoſé de 150 l., qui répondent à 149 7/10 l., *poids* de commerce d'Amſterdam ; ce quintal eſt deſtiné à peſer le fer.

Le quintal ſimple, dont on pèſe toutes les autres marchandiſes, eſt de 100 l. de *Bilbao*, qui répondent à 99 7/10 l., *poids* de commerce d'Amſterdam.

On ſe ſert auſſi de ce dernier *poids* à S. Sebaſtian ; mais à Saint-Ander, du *poids* ordinaire de Caſtille, dont il eſt parlé à l'article d'ESPAGNE.

BOLOGNE. La livre, *poids* de commerce, n'eſt que de 12 onces, & les 100 l. de *Bologne*, n'en font qu'environ 73⅕ d'Amſterdam.

100 L. d'Amſterdam, répondent à 136⅔ l. de *Bologne*.

BOLZAN. Le *faum*, *poids* de commerce, eſt de 4 centners, ou de 400 l.

Le *centner*, ou quintal de 100 l., répond à 101⅓ l., *poids* de commerce d'Amſterdam.

BOMBAY. Le *tola*, *poids* de l'or & de l'argent, ſe diviſe en 40 volls, ou 600 cowls : il pèſe 10 grains : autrement,

32 Tolas & 13 volls font 1 l., *poids* de troyes d'Angleterre.

20 Tolas & 15 volls & 6 cowls font 1 marc, *poids* de Cologne.

21 Tolas & 15 volls & 12 colws font 1 marc, *poids* de Hollande.

Le *candy*, *poids* de commerce, a 20 maunds ou 800 ſeers ; & le *maund*, ou *mon*, répond à 28 l., avoir du *poids* d'Angleterre, ou à 26 l. *poids* de commerce d'Amſterdam.

BORDEAUX. Le *quintal*, *poids* de commerce, eſt de 100 l. ; la livre a 2 marcs, le marc 8 onces, & l'once 576 grains.

100 L. de *Bordeaux* font 99¼ l., *poids* de commerce d'Amſterdam.

BREMEN. Le *mark* ou marc, *poids* d'or & d'argent, eſt égal à celui de la ville de Cologne.

La livre, *pfund*, *poids* de commerce, répond à 10380 as, *poids* de Hollande.

Le *ſchipfund*, ou ſchtb, eſt compoſé de 2½ centners, ou de 290 l.

Le *centner*, ou quintal, eſt de 116 l.

Le *lispfund*, ou lib, de 14 l.

Le *stein*, ou la pierre pesant de lin, est de 20 l.

Celui de laine & plumes à lit, est de 10 dites.

La charge, ou voiture de fer *eizerwage*, est de 120 l.

La livre forte, *pfund schwer*, est de 300 l.; & dans les messageries de 308 l.

La livre ordinaire a 2 marcs, 16 onces, 32 loths, 128 quentins, ou 512 orts.

100 L. de *Bremen* font environ 101 l., *poids* de commerce d'Amsterdam, & 100 l. d'Amsterdam font environ 99 l., *poids* de commerce de *Bremen*.

Bresil. Les *poids* y sont les mêmes qu'en Portugal.

Breslau. Le marc, pour les essais de l'or, se divise en 24 carats ou *karatte*, & le carat en 4 *grans*, ou en 12 *grœnen*.

Le marc, pour les essais de l'argent, est de 16 loths, & le *loth* de 16 den.

L'argent œuvré de *Breslau* est du titre de 12 loths, ou de 9 deniers : la marque de l'essayeur est la figure d'un plat avec la tête de S. Jean Baptiste.

Le *marc*, pour peser l'or & l'argent, a 8 onces, ou 16 loths.

Le *loth* se divise en 4 *quintels*, 16 *denares*, ou 32 *hellers*.

100 Marcs de *Breslau* font $79\frac{2}{5}$ marcs, *poids* de troyes de Hollande.

Le *schifpfund*, ou schib, *poids* de commerce, est composé de 3 *centners*, de $16\frac{1}{2}$ *laeps*, ou *steins*, ou de 396 l.

La livre se divise en 16 onces, 32 loths, 128 quintels, ou 512 denares.

100 L., poids de commerce de *Breslau*, font environ 82 l., *poids* de commerce d'Amsterdam.

100 L., poids de commerce d'Amsterdam, font environ 122 l. de *Breslau*.

Brunswick. Le *marc*, *poids* de l'or & de l'argent, est égal à celui de Cologne.

Le *schifpfund*, ou schib, *poids* de commerce, a 20 L l, ou 280 l.

Le *centner*, ou quintal, pèse 114 l., le stein 10 l. & quelquefois 11 l.

La livre, *pfund*, a 2 marcs, 32 loths, 128 quentins, ou 512 pfenings.

100 L., *poids* de commerce de *Brunzwick*, font $94\frac{1}{2}$ l., *poids* de commerce d'Amsterdam.

100 L. dits d'Amsterdam, font $105\frac{4}{5}$ l., *poids* dits de *Brunswick*.

Bruxelles. La demi-livre, *poids* de commerce de *Bruxelles*, qui se divise en 8 onces, comme le marc *poids* de troyes, est néanmoins $4\frac{3}{5}$ p% plus foible que ce dernier ; car elle ne répond qu'à 4,895 as, & la livre à 9,790 as.

Le *schippondt*, ou schl., est composé de 3 centners, ou de 300 l.

Le *centnaar*, ou quintal, est de 100 l.; & le *steen*, ou la pierre, de 8 l.

Le *waage* se compte pour 165 l., & la *charge* ordinaire pour 400 l.

100 L., *poids* de commerce de Brabant, font $95\frac{1}{4}$ l., *poids* de commerce d'Amsterdam ; & 100 l., *poids* dit d'Amsterdam ; 105 l., *poids* dit de Brabant.

Cadix. Le *quintal*, *poids* de commerce, est de 4 arrobes, & l'*arrobe* de 25 l.

La livre a 2 marcs, 16 onces, ou 256 adarmes.

100 L. de *Cadix* répondent à $93\frac{1}{3}$ l., *poids* de commerce d'Amsterdam ; & 100 l. d'Amsterdam, à $107\frac{1}{5}$ l. de *Cadix*.

Le Caire. Presque toutes les marchandises ont des *poids* différents, dont le *cantaren*, ou quintal, qui en est le principal, en régle la mesure, sçavoir :

Le cantaren, ou quintal ordinaire, pèse	100 rotels.
Celui de l'argent vif & de l'étain,	102
Celui de café & de fil de fer.	105
Celui de noix muscade, de salsepareille, de dents d'éléphant & de spica celtica,	100
Celui d'amandes & d'autres fruits,	115
Celui de bois de Fernambouc, & autres bois pour la teinture,	120
Celui d'arsenic & autres drogues,	125
Celui de minium, de cinabre, &c.	130
Celui de la gomme d'Arabie, de l'aloès & autres aromates,	133
Celui de l'arhifeuille	150

100 Pistoles du *Caire* répondent à $87\frac{2}{5}$ l. *poids* de commerce d'Amsterdam.

La *harsela*, *poids* à soie, pèse 400 drachmes, qui font environ $2\frac{7}{16}$ l., poids de commerce d'Amsterdam.

Calicut. Le *miscal*, *poids* d'or & d'argent du Malabar, répond à $11\frac{1}{2}$ fanoes de *Calicut*, & le *fanoe* à $7\frac{3}{4}$ as, *poids* de Hollande.

Le *kandil*, *poids* de commerce du Malabar, pèse 20 maons, ou mons.

Le *maon* contient 40 seiras, & le *seira* $\frac{1}{12}$ *paloins*.

Cependant les Européens y font le *maon* de 112 *paloins*, & chaque nation réduit ensuite ce *poids* en ceux de son propre pays de la manière suivante, sçavoir :

Les Hollandois comptent le *kandil* pour 500 l. *poids* de commerce d'Amsterdam.

Le maon répond en conséquence à 25 l.

Le seyra à 10 onces, & le paloin à 4 onces du même *poids*.

Les François & les Anglois comptent, d'autre part, ces *poids* de la manière suivante, sçavoir :

Le kandil pour	550 l. de France, ...	ou 600 l. avoir du *poids* d'Angleterre.
Le maon pour	$27\frac{1}{2}$ l. dites, ...	ou 30 l. dites.
Le seyra pour	11 onces dites, ...	ou 12 onces dites.

CANARIES. Le *quintal*, *poids* de commerce, est composé de 100 l., comme celui d'Espagne ; mais la livre des *Canaries* est un peu plus foible que celle de Castille ; de manière que

100 L. des *Canaries* n'en font que $93\frac{1}{3}$ d'Amsterdam, & 100 l. d'Amsterdam $107\frac{1}{2}$ l., *poids* des *Canaries*.

CANÉE. Le *poids*, nommé *cantaro*, de 100 rottoles, contient 44 okes, qui répondent à 107 l., *poids* d'Amsterdam.

CASSEL. Le *cleuder*, *poids* de laine, pèse 21 l., & 100 l. de *Cassel* font environ 64 l. d'Amsterdam.

CETTE. *Voyez* MONTPELLIER.

CHINE. Le *catti*, *poids* à peser l'argent, se divise en 16 *lyangs*, 160 *tsyen*, 1,600 *swen*, ou en 16,000 *ly* ; & il répond à 2 marcs, $3\frac{1}{5}$ onces, poids de France.

Les Portugais nomment le lyan *taël*, le tsyen *mas*, le swen *condorine*, & le ly *cache*.

Le *pic*, ou *picul*, *poids* de commerce de Canton, se compose de 100 cattis, de 16 lyans chacun, & il répond à environ $121\frac{1}{2}$ l., *poids* de commerce d'Amsterdam.

CHYPRE. Le *cantar*, ou quintal de cette isle, pèse 100 rotoles.

Le *rotole* a 12 onces, ou 750 drachmes, qui font environ $4\frac{4}{5}$, *poids* d'Amsterdam.

L'*oke* de *Chypre* a 400 drachmes, & l'once en a $62\frac{1}{2}$.

Le *poids* de *Famagusta*, une des villes de l'isle, est d'environ 4 p$\frac{o}{o}$ plus fort.

COBLENTZ. Les *poids* comme à Cologne.

COLOGNE. Le marc, ou *mark*, pour peser l'or & l'argent, répond, suivant M. Tillet, à 7 onces, 5 gros & 11 grains, *poids* de France, qui font 4,896 as, *poids* de troyes de Hollande. Il se divise comme suit :

Marc.	*Onces.*	*Loths.*	*Quintins.*	*Pfenings.*	*Esches.*	*Richtpfening-theile.*
1	8	16	64	256	4352	65536
	1	2	8	32	544	8192
		1	4	16	272	4096
			1	4	68	1024
				1	17	256
					1	$15\frac{1}{17}$

100 Marcs de *Cologne* font $95\frac{1}{10}$ marcs *poids* de troyes de Hollande.

100 Marcs de Hollande font $105\frac{1}{6}$ marcs de *Cologne*.

Le *centner*, ou quintal, *poids* de commerce de *Cologne*, est de 106 l.

La livre, *pfund*, se divise en 2 marcs, 32 lohts, 128 quintins, ou 512 pfenings.

100 L., *poids* de commerce de *Cologne*, font $94\frac{1}{4}$ l. d'Amsterdam, & 100 l., *poids* de commerce d'Amsterdam $105\frac{5}{9}$ l. de *Cologne*.

CONSTANTINOPLE. *Voyez* TURQUIE.

COPENHAGUE. Le marc, pour les essais de l'or, est de 24 carats ou *karate*, & le carat de 12 grains.

Le marc, pour les essais de l'argent, est de 16 *lods*, ou 288 grains.

L'argent œuvré de *Copenhague* est de 13 lods 6 grains, ou de 10 deniers

Le marc de *Copenhague*, pour peser l'or & l'argent est $\frac{4}{5}$ p$\frac{o}{o}$ plus fort que celui de la ville de Cologne dont il tire son origine. Cependant en Danemarck l'on ne compte cette différence que pour $\frac{1}{2}$ p$\frac{o}{o}$; nous croyons donc devoir prouver ce que nous avançons ici. Le marc, *poids* de Danemarck répond, suivant M. Tillet, à 7 onces, $5\frac{1}{2}$ gros, & $10\frac{4}{5}$ grains, *poids* de France, qui font 4,909 as, *poids* de troyes de Hollande ; or, nous avons montré, dans l'article de COLOGNE, que le marc, *poids* de cette dernière ville, répond à 4,869 as : il est donc 40 as plus foible que le marc de Danemarck. Au reste :

Le marc de Danemarck est divisé en 16 *lods*, 64 *orts*, 256 *phenings*, ou 4,352 *esches*, tout de même que le marc de Cologne.

100 Marcs de Danemarck font $95\frac{7}{8}$ marcs, *poids* de troyes de Hollande.

100 Marcs de Hollande font $104\frac{1}{3}$ marcs de Danemarck.

Le *poids* de commerce devroit être en Danemarck, suivant un édit du roi, de $6\frac{1}{4}$ p$\frac{o}{o}$ plus fort que le *poids* de l'or & de l'argent ; mais ce dernier est plus foible que le premier, seulement de $5\frac{5}{8}$ p$\frac{o}{o}$; car les 16 lods, qui font la $\frac{1}{2}$ livre, *poids* de commerce de Danemarck, répondent, suivant M. Tillet, à 1 marc, 1 gros & $22\frac{1}{2}$ grains, *poids* de France, qui font $5,201\frac{1}{2}$ as, *poids* de troyes de Hollande.

La livre, *pond*, *poids* de commerce de Danemarck, qui est composée de 16 *lods*, de 64 *quinzins*, de 128 *pfenings*, ou de 256 *hellers*, répond donc à 10,403 as, *poids* de troyes de Hollande.

Le *skippond*, ou skl., est composé de $3\frac{1}{5}$ centners, de 20 Ll, ou de 320 l.

Le *centner*, ou quintal, est de $6\frac{1}{4}$, Ll., ou de 100 l.; le *lispond*, ou Ll., de 16 l.

Le *vaag* ou vog est de 3 *bismerpond*, ou de 36 liv.

100 L., *poids* de commerce de Danemarck, font $101\frac{1}{5}$ l. d'Amsterdam, & 100 l., *poids* de commerce d'Amsterdam, $98\frac{4}{5}$ l. de Danemarck.

Le *poids* pour la médecine est égal à celui qui est en usage à Hambourg.

COROMANDEL. Le *kandil*, ou *bar*, *poids* de commerce, se divise ainsi:

Kandil ou *Bar.*	*Mons.*	*Tolons.*	*Tarys.*	*Tukos.*	*Bis.*	*Seyras.*	*Paloins.*	*Pagodes.*
1	20	$32\frac{1}{2}$	65	130	$162\frac{1}{2}$	800	6500	65000
	1	$1\frac{3}{8}$	$3\frac{1}{4}$	$6\frac{1}{2}$	$8\frac{1}{8}$	40	325	3250
		1	2	4	5	$24\frac{8}{13}$	200	2000
			1	2	$2\frac{1}{2}$	$12\frac{4}{13}$	100	1000
				1	$1\frac{1}{4}$	$6\frac{2}{13}$	50	500
					1	$4\frac{12}{13}$	40	400
						1	$8\frac{1}{8}$	$81\frac{1}{4}$
							1	10

Le kandil, ou bar de *Coromandel*, répond à $450\frac{4}{5}$ l. d'Amsterdam.

Les François établis dans l'Inde se servent des *poids* de la côte de *Coromandel*, dont ils divisent le kandil de la manière suivante:

Le kandil en 20 mons, en 160 bis, ou en 480 l. *poids* de France.

Le mon en 8 bis, ou en 24 l.; & le bis en 3 l. de France.

Les Anglois divisent, de leur côté, ces *poids* de cette manière, sçavoir:

Le kandil en 20 mons, en 150 bis, ou en 500 l., avoir du *poids* d'Angleterre.

Le mon en $7\frac{1}{2}$ bis ou en 25, & le bis en $3\frac{1}{2}$ l., même *poids*.

Au reste, le *poids* de *Coromandel* est 2 p$^{o}_{o}$ plus fort que celui de Malabar.

Les commerçants Indiens se servent ordinairement des *poids* de la côte de *Coromandel* & les divisent comme font les Anglois.

CORSE. La livre, *poids* de commerce de *Corse*, répond à 7,166 as; ainsi,

100 l. de *Corse* font $69\frac{1}{4}$ l., poids de commerce d'Amsterdam, & 100 l. d'Amsterdam $143\frac{1}{2}$ l., *poids* de commerce de *Corse*.

CRÉMONE. *Voyez* MILAN.

CURAÇAU. La livre, *poids* de commerce de *Curaçau*, est d'environ $7\frac{1}{2}$ p$^{o}_{o}$ plus forte que celle d'Amsterdam; car

100 L., *poids* de commerce d'Amsterdam, font 93 l. de *Curaçau*.

DAMAS. Le *cantaro*, ou quintal, *poids* de commerce, est de 100 rotoles.

Le *rotole*, est de 600 *pèses*, ou de 400 *metecales*; l'once a 10 pèses.

100 Rotoles de *Damas* font $363\frac{1}{7}$ l. *poids* de commerce d'Amsterdam.

DANTZICK. Le marc, *poids* de l'or & de l'argent, répond suivant l'essai qu'en a fait M. Tillet, à 7 onces, 5 gros & $3\frac{1}{2}$ grains, *poids* de France, qui font 4,862 as, *poids* de troyes de Hollande. Il est peu différent du marc, *poids* de Cologne, dont il paroît tirer son origine.

Il se divise de la manière suivante, sçavoir:

Marcs.	*Onces.*	*Lots.*	*Schot* ou *Karat.*	*Quintin.*	*Grane.*	*Pfenings.*	*Grœn.*
1	8	16	24	64	96	256	288
	1	2	3	8	12	32	36
		1	$1\frac{1}{2}$	4	6	16	18
			1	$2\frac{2}{3}$	4	$10\frac{2}{3}$	12
				1	$1\frac{1}{2}$	4	$4\frac{1}{2}$
					1	$2\frac{2}{3}$	3
						1	$1\frac{1}{8}$

100 Marcs de *Dantzick* font 95 marcs, *poids* de troyes de Hollande, & 100 marcs de Hollande $105\frac{1}{4}$ marcs, *poids* de *Dantzick*.

La livre, *poids* à peser le fil d'argent est composée de 12 onces de 24 lots.

Le *schifpfund*, *poids* de commerce, est composé de 20 Ll., ou *lispfund*, ou de 320 l. Le Ll. est de 16 l.

Le *centner*, ou quintal, est de $7\frac{1}{2}$ Ll., ou de 120 l.

La grande pierre, *grosse stein*, pour les marchandises grossières, ou volumineuses, est de 34 l.,

& la petite pierre, *kleine stein*, dont on pèse les épiceries & autres choses fines, de 24 l.

La livre se divise en 2 marcs, & elle répond à 9,062 as, *poids* de Hollande.

Cependant, la livre en usage chez les épiciers & les droguistes, ne pèse, suivant les meilleures observations, que depuis 9,034 à 9,038 as. Quoi qu'il en soit,

100 L. de commerce de *Dantzick*, répondent à 88½ l., *poids* de commerce d'Amsterdam.

100 L. d'Amsterdam, font 113½ l. de *Dantzick*.

DUBLIN. Les *poids* d'Angleterre sont d'un usage universel en Irlande, & l'on peut consulter à cet égard l'article de LONDRES.

DUNKERQUE. Le *poids* de Dunkerque est plus léger que celui de France; car

100 L. de *Dunkerque* ne font que 88½ l., *poids* de commerce d'Amsterdam, & 100 l. d'Amsterdam répondent à 113½ l. de *Dunkerque*.

ECOSSE. La livre Ecossaise, *pound*, est composée de 12 onces, *ounces*, qui font 7,616 grains, *poids* de troyes d'Angleterre; or,

92 L., *poids d'Ecosse*, font 100 l., avoir du *poids* d'Angleterre, la différence est $8\frac{7}{9}$ p.%.

90 L., *poids d'Ecosse*, font pareillement 119 l. poids de troyes d'Angleterre, la différence est de $32\frac{2}{3}$ p.%.

100 L., *poids d'Ecosse*, répondent à 99½ l., *poids* de commerce d'Amsterdam, & 100 l. d'Amsterdam à 100½ l., *poids d'Ecosse*.

ELSENEUR. Le skl., ou *skippond*, *poids* des villes de la mer baltique, est compté à *Elseneur*, pour les droits du Sund, seulement pour 300 l.

Le *stein*, ou pierre des mêmes villes, pour 30 l.

Le berkowits de Russie, aussi pour 300 l., & le poud pour 30 l.

Le centner, ou quintal des ports de la mer baltique, pour 100 l.

Le quintal d'Angleterre, pour 112 l.

Cependant la livre d'*Elseneur* est du même *poids* que celle de Copenhague, dont les 100 l. pèsent 100⅓, *poids* de commerce d'Amsterdam.

EMBDEN. Le *schippondt*, *schib*, *poids* de commerce, se compose de 300 l.

Le *centner*, ou quintal, se divise en 100 l.; & la livre en 32 loths.

100 L. d'*Embden* répondent à 100½ l., *poids* de commerce d'Amsterdam, & 100 l. d'Amsterdam à 99½ l. d'*Embden*.

Nous remarquerons ici que, dans plusieurs villes de la Frise orientale, la livre se compose de plus ou de moins de loths; par exemple,

A *Greetzyhl*, *Lecr*, & *Stickhausen*; elle est de 34 loths.

A *Berum*, *Dornum*, *Eezens*, *Friedebourg*, *Norden* & *Wittmünde*, de 36 lots.

A *Aurich*, la livre particulière est de 34 loths, & celle du *poids* public de 36.

La compagnie des Indes orientales se sert du *poids* de commerce d'Amsterdam.

ERFORT. Voici quel est le rapport du *poids* de cette ville, savoir:

100 L. d'*Erfort* font 95½ l., *poids* de commerce d'Amsterdam, & 100 l. d'Amsterdam 104⅔ l., *poids d'Erfort*.

ESPAGNE. Le marc de *Castille*, *poids* de l'or & de l'argent, répond, suivant M. Tillet, à 7 onces, 4 gros & 8 grains, *poids* de France, ce qui revient à 4,787 as, *poids* de troyes de Hollande. Ce marc porte les noms de *Marco de Colonia* (Cologne), *Marco Burgalés* & *Marco Castellano*; mais ce dernier a prévalu en *Espagne*, où l'on divise ce même marc en différents *poids*, les uns destinés pour l'or en particulier, & les autres pour les matières d'argent, comme suit, savoir:

Marco	Onzas	Castellanos	Ochavas	Adarmes	Tominès (Poids d'arg.)	Tomines (Poids d'or.)	Granos (Poids d'arg.)	Granos (Poids d'or.)
1	8	50	64	128	384	400	4608	4800
	1	$6\frac{1}{4}$	8	16	48	50	576	600
		1	$1\frac{7}{25}$	$2\frac{14}{25}$	$7\frac{17}{25}$	8	$92\frac{4}{25}$	96
			1	2	6	$6\frac{1}{4}$	72	75
				1	3	$3\frac{1}{8}$	36	$37\frac{1}{2}$
					1	$1\frac{1}{24}$	12	$12\frac{1}{2}$
						1	$11\frac{11}{25}$	12
							1	$1\frac{1}{24}$

100 Marcs de *Castille* font environ 93½ marcs, *poids* de troyes de Hollande.

100 Marcs de Hollande, 107 marcs de *Castille*.

Le marc, *poids* de médecine, est de même *poids* que celui de *Castille*; mais il se divise en 8 onzas, 64 drachmas, 192 escrupulos, 384 obolos, 1,152 caractères, ou 4,608 granos.

L'once, *onza*, pour peser les perles & les dia-

mants, se divise en 140 carats, ou *quilates*, dont chacun pèse 4 grains, *poids* de *Castille*; ainsi le carat répond à 33½ as, poids de troyes de Hollande.

La livre, *poids* de commerce, se compose de 2 marcs; le *poids* de chacun est égal au marc de *Castille*, quoique portant le nom de *Marco de Teja*, ou marc de troyes. La livre se divise, d'ailleurs, en 16 onces, 256 adarmes, ou en 9,216 grains, qui répondent à 9,574 as, poids de troyes de Hollande.

Le quintal est composé de 4 arrobas, ou de 100 l., poids de Castille, qui répondent à 33$\frac{1}{3}$ l., poids de commerce d'Amsterdam, & 100 l., poids de commerce d'Amsterdam, font 107$\frac{1}{2}$ l. poids de commerce de Castille.

ÉTATS-UNIS DE L'AMÉRIQUE. On se sert dans toute l'Amérique septentrionale des poids d'Angleterre. Nous renvoyons donc pour cet objet à l'article de LONDRES.

FLORENCE. La livre, poids de l'or & de l'argent, qui se trouve établie aujourd'hui en Toscane, répond, suivant M. Tillet, à 1 marc, 3 onces, $\frac{1}{2}$ gros & 20 grains, poids de France, qui font 7,070 as, poids de troyes de Hollande: elle se divise en 12 onces, l'once en 24 deniers, & le denier en 24 grains.

100 Livres de Florence répondent à 138 marcs, poids de troyes de Hollande, & 100 marcs de Hollande répondent à 72$\frac{1}{2}$ l. de Florence.

Ce même poids est en usage à Livourne: il est plus foible à Sienne de 18 deniers & 12 grains, & à Pistoie de une once par livre.

La livre, poids de commerce de Florence, étant 3 p$\frac{0}{0}$ plus forte que la précédente, doit répondre à 7,282 as, poids de troyes de Hollande.

100 L., poids de commerce de Toscane, font 70$\frac{6}{7}$ l., poids de commerce d'Amsterdam; & 100 l. d'Amsterdam 141$\frac{1}{6}$ l. de Florence.

FRANCE. Le marc, pour peser l'or & l'argent, est nommé poids de troyes; ou simplement poids de marc. Pour trouver le rapport de son poids relativement à celui du marc de Hollande, il nous suffit que ce dernier réponde, suivant M. Tillet, à 4,629 grains, poids de France: or, le marc de France se divise en 4,608 grains; il répond donc à 5,596$\frac{1}{4}$ as, poids de troyes de Hollande.

Il se divise, au reste, de la manière suivante, sçavoir:

Marc.	Onces.	Gros ou Drachmes.	Estelins ou Esterlins.	Deniers.	Mailles.	Felins.	Grains.
1	8	64	160	192	320	640	4608
	1	8	20	24	40	80	576
		1	2$\frac{1}{2}$	3	5	10	72
			1	1$\frac{1}{3}$	2	4	28$\frac{4}{5}$
				1	1$\frac{1}{2}$	3$\frac{1}{3}$	24
					1		14$\frac{2}{5}$
						1	7$\frac{1}{5}$

100 Marcs, poids de France, font 99$\frac{5}{9}$ marcs, poids de troyes de Hollande, & 100 marcs de Hollande font 100$\frac{1}{2}$ marcs, poids de France.

L'once, poids pour les perles & diamants, se divise en 144 carats, ou en 576 grains; le carat est donc de 4 grains.

La livre, poids de médecine, est de 12 onces, & se partage comme suit:

Livre.	Marcs.	Onces.	Duelles.	Siliques.	Sextules.	Drachmes.	Scrupules.	Grains.
1	2	12	36	48	72	96	288	6912
	1	6	18	24	36	48	144	3456
		1	3	4	6	8	24	576
			1	1$\frac{1}{3}$	2	2$\frac{2}{3}$	8	192
				1	1$\frac{1}{2}$	2	6	144
					1	1$\frac{1}{3}$	4	96
						1	3	72
							1	24

197 L. poids de médecine de France, font 196 l., poids de médecine de Hollande.

La livre, poids de commerce, est de 2 marcs de France, & elle répond à 10,193$\frac{1}{2}$ as, poids de troyes de Hollande; elle se divise ainsi:

Livre.	Marcs.	Onces.	Gros.	Deniers.	Grains.	Carobes.
1	2	16	128	384	9216	221184
	1	8	64	192	4806	110592
		1	8	24	576	13824
			1	3	72	1728
				1	24	576
					1	24

100 L., poids de commerce de France, font 99$\frac{1}{2}$ l., poids de commerce de Hollande, & 100 l., poids de commerce de Hollande, 100$\frac{17}{20}$ l., poids de France.

FRANCFORT

Francfort sur Mein. Le *centner*, ou quintal, est de 100 l., *poids-centner*, qui, avec le bon *poids*, répond à 109 l., *poids* ordinaire.

Le *ftein*, ou pierre, pèse seulement 22 l., *poids* ordinaire.

La livre ordinaire a 2 marcs, 16 *loths*, 128 *quintins*, 512 *pfenings*, ou 1024 *hellers*.

100 L., *poids-centner* de Francfort, font 103 l., *poids* de commerce d'Amsterdam.

100 L., *poids* ordinaire de Francfort, font $94\frac{1}{2}$ l., *poids* de commerce d'Amsterdam.

Francfort sur l'Oder. *Voyez* Berlin.

Galice. On se sert dans cette province d'Espagne de deux *poids* différents, dont l'un se nomme *libra castellana*, étant égale à la livre de 16 onces, *poids* de Castille. L'autre est la *libra gallega*, laquelle est de 20 onces. La proportion de ces deux livres, est comme 4 à 5; car

100 L., *poids* de *Galice*, font 125 l., *poids* de Castille: ainsi, 100 l., *poids* de *Galice*, répondent à $116\frac{2}{5}$ l., *poids* de commerce d'Amsterdam.

L'*arroba* de *Galice* est de 25 l., chacune de 20 onces.

Gènes. Il y a deux *poids* dont on se sert principalement à *Gènes*, lesquels y sont nommés, l'un *peso grosso*, l'autre *peso sottile*; celui-ci sert pour peser l'or & l'argent; celui-là, pour les autres marchandises.

La livre, *peso sottile*, ou *poids* léger, répond, suivant M. Tillet, à 1 marc, 2 onces, $2\frac{1}{2}$ gros & 30 grains, *poids* de France, & ceux-ci à 6603 as, *poids* de troyes de Hollande: elle se divise en 8 onces, l'once en 24 deniers, & le denier en 24 grains.

La livre, *peso grosso*, ou gros *poids*, autrement *poids* de *cantaro*, répond suivant M. Tillet, à 1 marc, 2 onces, 3 gros & 5 grains, *poids* de France, & ceux-ci à 6615 as, *poids* de troyes de Hollande: elle se divise en 12 onces, ou 24 demi-onces.

Le *cantaro*, *poids* de commerce de *Gènes*, contient 100 l., gros *poids*.

Le *rubbo* est de 25 l., & le *rotolo* de $1\frac{1}{2}$ l., gros *poids*.

100 L., gros *poids*, font $64\frac{1}{3}$ l., *poids* de commerce d'Amsterdam, & 100 l., *poids* foible, font 129 marcs, *poids* de troyes de Hollande.

Il y a encore dans cette ville trois autres *poids* différents des deux que nous venons de rapporter ci-dessus. Voici leurs noms & les usages auxquels ils y sont destinés.

1°. Le *poids* fort est employé à la douane; le cantaro, ou quintal de ce *poids*, est de 100 rotoles, qui répondent à $108\frac{1}{3}$ l., *poids* de commerce d'Amsterdam.

2°. Le *poids* de caisse, *peso di cassa*, sert pour peser les piastres & autres espèces.

110 Rotoles de ce dernier *poids*, n'en font que 100 *poids fort*.

100 Rotoles, *poids* de caisse, font $98\frac{1}{2}$ l., *poids* de commerce d'Amsterdam.

3°. Le grand *poids* de la balance, sert seulement pour peser la soie brute; ce *poids* est $6\frac{1}{4}$ pour cent plus fort que le *poids* de cantaro, qu'on nomme aussi petit *poids* de la balance.

100 L., grand *poids* de la balance, font $68\frac{1}{3}$ l., *poids* de commerce d'Amsterdam.

Genève. On se sert à *Genève* des *poids* suivans, pour peser les marchandises; sçavoir:

La livre, *poids fort*, est de 18 onces, ou de 432 deniers, & elle répond à 11490 as, *poids* de troyes de Hollande; elle sert pour les marchandises grossières.

La livre, *poids foible*, est de 15 onces, 360 deniers, ou 8640 grains, qui répondent à 9575 as. Elle est en usage pour peser la soie & d'autres marchandises fines.

100 L. *poids* fort, qui font 120 l., poids foible, répondent à $111\frac{3}{4}$ l., *poids* de commerce d'Amsterdam.

Goa. Tous les *poids* de Portugal pour les marchandises, & sur-tout le quintal de 4 arrobas, & l'arrobe de 32 l., sont en usage à *Goa*, où l'on se sert aussi des *poids* indiens suivans, sçavoir:

Le *maund*, pesant 12 l. de Portugal, sert pour le miel, l'huile & le beurre.

Le *bahar*, qui est de $3\frac{1}{2}$ quintaux de Portugal, sert à peser le poivre & autres épiceries.

Le *candil*, se compose de 20 maunds, & le maund de 24 medidas.

Gomron. On se sert à *Gomron* de deux *poids*, nommés l'un & l'autre *mon*.

Le grand mon, qui sert à peser les victuailles, répond à $7\frac{1}{2}$ l., *poids* de France.

Le petit mon, qui est en usage pour les autres marchandises, répond à $6\frac{1}{4}$ l., *poids* de France; or,

10 Grands mons font 12 petits mons, ou 1 mon-bazar de Bengale.

Le mon-bazar de Bengale répond à $74\frac{1}{8}$ l., *poids* de commerce d'Amsterdam.

Gothembourg. *Voyez* Suede.

Hambourg. Le marc, pour les essais de l'or, se divise en 24 carats ou *karate*, & le carat en 12 grains ou *grœn*: il a donc 288 grains. L'or se vend par ducats, dont le titre est de $23\frac{1}{2}$ carats, la proportion étant de 282 grains d'or fin, qui font égaux à un marc, *poids* de Cologne, d'or de ce titre, pour 67 ducats en espèces; ou, ce qui est la même chose, 47 marcs, *poids* de Cologne, d'or fin, pour 3216 ducats; or chaque ducat répond à $4\frac{14}{67}$ grains d'or fin, & il vaut 96 sols lubs, argent de banque, plus ou moins.

Le marc, pour les essais de l'argent, se divise en 16 loths, & le *loth* en 18 grains ou *grœn*: le marc étant également de 288 grains, le marc d'argent fin en barres se paie 28 marcs bco., plus ou moins.

L'argent œuvré est du titre de 12 loths & 3 grains, ce qui répond à 9 deniers & 3 grains, & la marque des essayeurs consiste en trois tours.

Le marc de Cologne, *poids* de l'or & de l'argent, dont on se sert dans la ville de *Hambourg*, répond, suivant M. Tillet, à 7 onces, 5 gros 7¾ grains, qui font 4866 as, *poids* de troyes de Hollande. Il se divise, comme celui de la ville de Cologne, en 8 onces, 16 loths, 64 quentins, 256 pfenings, 4352 esches, ou 65536 richtpfenings-theile.

100 Marcs de *Hambourg* font 95 marcs, *poids* de troyes de Hollande.

100 Marcs de Hollande font 105½ marcs de *Hambourg*.

Les perles & les diamants se pèsent par carats de 4 grains. Le carat se divise en 4, 8, 16, 32 & 64 parties : le loth, poids de Cologne, répond à environ 71 carats ; donc le carat pèse 4¼ as, poids de Hollande.

La livre, *poids* d'apothicaires, en usage à *Hambourg* & dans presque toutes les villes d'Allemagne, est de 12 onces, 96 drachmes, 288 scrupules, ou 5760 grains. L'once répond à 621 as, poids de Hollande. 34 L., *poids* d'apothicaires, de *Hambourg*, font 33 l., *poids* d'apothicaires, de Hollande.

La livre *pfund*, *poids* de commerce, doit répondre, suivant l'essai que M. Tillet avoit fait de la ½ livre qu'on lui remit & qui pesoit 7 onces, 7 gros & 23 grains de France, à 10085 as, *poids* de troyes de Hollande : elle se divise en 16 onces, 32 loths, 128 quentins, 512 pfenings.

Le *schifpfund*, ou schtb, *poids* ordinaire du commerce, est composé de 2½ centners, 20 Ll., ou 280 l. Le lispfund, ou Ll., est donc de 14 l. : cependant,

Le *schtb*, *poids* de voiture, se divise en 20 Ll., ou 320 l.; le Ll. compté pour 16 l.

Le *schtb*, *poids* à laine & à plumes de lit, est de 28 steins ou 280 l. : le *stein* est de 10 l.

Le *schtb*, *poids* à lin, est enfin de 14 steins ou 280 l., le *stein* est de 20 l.

Le *centner*, ou quintal, est de 112 l. *poids* de commerce de *Hambourg*.

100 L. de cette ville font 98 1/10 l., *poids* de commerce d'Amsterdam.

100 L. d'Amsterdam font 102 l., *poids* de commerce de *Hambourg*.

HANOVRE. Le marc, pour les essais de l'or, est de 24 carats, ou de 288 grains.

Le marc, pour les essais de l'argent, est de 16 loths, ou de 288 grains.

La livre forte, *pfund-schwer*, poids de commerce, est de 3 centners, ou 336 l.

Le *schtb*, ou *schifpfund*, est de 20 Ll., ou 280 l.

Le *centner*, ou quintal, est de 8 Ll., ou 112 l.; & le *lispfund* de 14 l.

La pierre, ou *stein* de lin, pèse 20 l. : celle de laine en pèse 10.

La livre ordinaire a 2 marcs, 16 onces, 32 loths, 128 quentins ou 512 ærigens. Elle répond à 10127 as, *poids* de troyes de Hollande.

100 L., *poids* de commerce de *Hanoure*, font 98½ l. d'Amsterdam, & 100 l. d'Amsterdam, environ 101¼ l. de Hanovre.

La livre, *poids* d'apothicaire, est de 12 onces, 96 drachmes, 288 scrupules, ou 5795 as de Hollande.

HEIDELBERG. 100 L., *poids* de commerce de *Heidelberg*, font 102 1/7 l. d'Amsterdam.

HILDESHEIM. L'or & l'argent se pèsent à *Hildesheim*, par le marc de Cologne, qu'on divise en 24 carats, ou 288 grains, pour les essais de l'or; & en 12 deniers, ou pfenings, ou 288 grains, pour les essais de l'argent.

Le *schipfund*, ou schtb, *poids* de commerce, est de 20 Ll., ou 280 l.

Le *centner*, ou quintal, de 11 steins, ou pierres, ou de 110 l.

Le *lispfund* ou Ll. de 14 l., & le *stein* ou pierre de 10 l.

La livre forte, *pfundschwer*, répond à 300 l. & la *wage* de fer, à 120 l.

La livre ordinaire se divise en 2 marcs, 16 onces, 32 loths, 128 quentins, 512 pfenings, ou 1024 hellers.

100 L. de *Hildesheim*, font 94½ l., *poids* de commerce d'Amsterdam, & 100 l. d'Amsterdam, font 105 4/5 l. de *Hildesheim*.

HONGRIE. On trouvera dans l'article de Vienne en Autriche, le détail des *poids* de ce royaume.

LA JAMAÏQUE. Le quintal de 100 l. *poids* de la *Jamaïque*, & des autres isles Angloises, répond à 112 l., avoir du *poids* d'Angleterre.

LE JAPON. Le pikul ou pecul, *poids* de commerce, est composé de 100 cattis, qui font 130 l., avoir du poids d'Angleterre, ou 119 2/3 l. d'Amsterdam.

ISLES. On se sert dans toutes les *Isles* Françoises du *poids* de marc de France.

KONIGSBERG. Le marc, pour peser l'or & l'argent, est égal à celui de Dantzick.

La livre, *poids* de commerce, est égale à celle de Berlin. On la divise en 16 onces, 32 loths, 128 quentins, ou 512 pfenings. Le vieux poids de *Konigsberg* étoit 23 p 2/9 plus foible que celui de Berlin qu'on nomme *poids* nouveau de Prusse.

Le *schifpfund* ou schtb est composé de 3 centners, 20 Ll. ou 330 l., *poids* nouveau.

Le *centner*, ou quintal, est de 110 l.; & le *lispfund* de 16½ l.

La grande pierre, *grosse stein*, est de 33 l.: la petite pierre, *kleine stein*, est de 20 l.

100 L. *poids* nouveau de commerce de *Konigsberg*, font 94 7/8 l. d'Amsterdam, ainsi :

Le centner de 110 l. de *Konigsberg* répond à $104\frac{1}{3}$ l. d'Amsterdam.

LEIPSICK. Le marc, *poids* de l'or & de l'argent, est nommé *marc de Cologne*, quoique le marc en usage à *Dresde* soit de 8 as plus foible que celui de la ville de Cologne, n'ayant que 7 onces 5 gros $3\frac{1}{2}$ grains, *poids* de France, qui répondent à 4861 as, *poids* de troyes de Hollande. M. Tillet, qui en a fait l'essai, observe, au surplus, que le marc, *poids* de *Freyberg*, ville située à six lieues de Dresde, est plus foible de $1\frac{1}{2}$ grain que le marc de Dresde: au reste,

100 Marcs de Dresde, font $94\frac{19}{20}$ marcs, *poids* de troyes de Hollande, & 100 marcs de Hollande, font $105\frac{1}{3}$ marcs, *poids* de Dresde.

Le *centner*, ou quintal, *poids* de commerce, est de 5 steins, de 110 l., *poids* de commerce, de 102 l. *poids* de boucherie, de 114 l., *poids* des mines, ou de 118 l. *poids* d'acier. Il répond à environ 104 l., *poids* de commerce d'Amsterdam.

Le *stein*, ou pierre, est de 22 l., & la *wage* de fer de 2 steins ou 44 l.

La livre ou *pfund*, se divise en 2 marcs, 32 *loths*, 128 *quintleins*, 512 *pfenings*, ou 4680 grains.

LIEBAU. Le *schifpfund*, ou schib, *poids* de commerce, contient 20 L l., ou 400 l.

Le *lispfund* a 20 l.

100 L., *poids* de Courlande, font environ $83\frac{2}{3}$ l. *poids* de commerce d'Amsterdam.

On se sert souvent à *Liebau* des *poids* de commerce de Lubeck.

LIÉGE. Le marc de *Liége*, *poids* de l'or & de l'argent, est 3 as plus fort que celui d'Amsterdam; ainsi il a 5123 as; & au contraire,

La livre, *poids* de commerce de *Liége*, est 4 p.% plus foible que celle de commerce d'Amsterdam, n'ayant que 9884 as.

LILLE. Nous estimons que la livre de gros, ou livre flamande, argent de *Lille*, contient $48\frac{1}{5}$ as d'or fin, ou $696\frac{1}{2}$ as d'argent fin, & qu'elle vaut conséquemment au pair 3 florins, 9 sols, 10 deniers, argent de Hollande.

Le *poids* de commerce de *Lille* est 14 p.% plus foible que celui de France.

Le *poids* d'Anvers, qui y est aussi en usage, sous le nom de *poids fort*, sert pour la soie, la cochenille & autres articles semblables.

100 L., *poids* léger de *Lille*, font environ 87 l., *poids* de commerce d'Amsterdam, & 100 l., *poids* fort de *Lille*, environ 94 l. d'Amsterdam.

LISBONNE. Le marc pour les essais de l'argent, est de 12 dinheiros ou deniers, & le *dinheiro* de 24 *grams* ou grains.

La onça d'argent fin y vaut 980 rées, plus ou moins.

La onça d'argent œuvré du titre de $10\frac{3}{4}$ deniers, 830 rées, plus ou moins, & le marc de piastres, $17\frac{1}{2}$ cruzados-velhos, ou 7000 rées plus ou moins.

1000 Piastres d'Espagne, pèsent $117\frac{1}{2}$ marcs, poids de Portugal.

D'un marc d'or, du titre de 22 carats, sont taillés 8 dobraons.

D'un marc d'argent, du titre de $10\frac{7}{8}$ deniers, sont taillés $15\frac{5}{8}$ cruzados novos de 480 rées chacun.

Le dobraon répond à la valeur intrinséque de $14\frac{381}{1000}$ ducats de Hollande.

Nous estimons que le cruzado de change, de 400 rées, répond aussi à $17\frac{10}{100}$ as d'or fin, ou à $230\frac{84}{100}$ as d'argent fin; & il vaut au pair $23\frac{1}{16}$ sols, argent de Hollande.

La proportion de l'or à l'argent est donc en Portugal, comme 1 à $13\frac{1}{2}$.

Le marc, *poids* d'or & d'argent de Portugal, répond, suivant l'essai qu'en a fait M. Tillet, à 7 onces $3\frac{1}{2}$ gros & 34 grains, *poids* de France, qui rendent 4776 as, *poids* de troyes de Hollande; & c'est exactement le *poids* que M. Kruse avoit donné au marc de *Lisbonne*. Il se divise en 8 *onças*, 64 *outavas*, 192 *escrupulos*, ou 4608 *grams*, ou grains.

100 Marcs de Portugal font $93\frac{7}{25}$ marcs, *poids* de troyes de Hollande.

Les diamants & les pierres précieuses se pèsent par *quilates*, ou carats de 4 grains chacun.

L'outava de Portugal pèse $17\frac{27}{64}$ quilates, & l'onça $139\frac{3}{8}$ dits.

Le *quintal*, *poids* de commerce, se compose de 4 arrobas, ou 128 l.

L'*arroba* est de 32 l.; la *libra* de 2 *marcos*, 16 *onças*, ou 96 *outavas*.

100 L. de *Lisbonne*, font $92\frac{11}{12}$ l., & 100 l. de Porto, font $87\frac{1}{6}$ l., *poids* de commerce d'Amsterdam.

LIVOURNE. La livre, pour les essais de l'or, se divise en 24 carati, & le *carato* en 8 *octavi*.

L'once d'or fin vaut à *Livourne* 107 lire moneta buona, plus ou moins.

La livre, pour les essais de l'argent, se divise en 12 oncies, & l'*oncie* en 24 *denari*.

La livre d'argent fin vaut 88 lire moneta buona, plus ou moins.

La livre de piastres d'Espagne, où il entre $12\frac{9}{16}$ pièces, vaut $14\frac{1}{2}$ pezze da otto reali, plus ou moins; enfin, 1000 piastres y pèsent environ 79 l. 7 onces.

La pezza da otto reali de 6 lire moneta lunga, ou de $5\frac{3}{4}$ lire moneta buona, contient $31\frac{11}{100}$ as d'or fin, ou $451\frac{21}{50}$ d'argent fin, & vaut au pair $45\frac{4}{8}$ sols, argent de Hollande.

La proportion de l'or à l'argent est à *Livourne* comme 1 à $14\frac{1}{2}$.

La *libre* ou livre, *poids* de l'or & de l'argent, se divise en 12 oncies, 288 denari, ou 6912 *grani*: elle répond à 7070 as, *poids* de troyes de Hollande.

100 L., *poids* d'or & d'argent de *Livourne*, font $138\frac{1}{12}$ marcs de Hollande.

Le carat, *poids* à pefer les diamants, eft de 4 grani.

La livre, *poids* de commerce, étant 1 p° plus forte que celle pour l'or & l'argent, doit répondre à 7141 as, poids de troyes de Hollande ; ainfi,

100 L., *poids* de Livourne, font 69 7/15 l., *poids* de commerce d'Amfterdam, & 100 l., *poids* d'Amfterdam, font 144 l., *poids* de commerce de Livourne.

Le *migliajo* eft de 10 centinajo, ou 1000 l. Le *centinajo* eft de 100 l.

Le *cantaro*, dont fe pèfent la plupart des marchandifes, eft compofé de 160 l.

Le *cantaro*, *poids* pour le fucre eft plus foible, n'ayant que 151 l.

Le *cantaro* de pierre, alun & fromage d'Angleterre eft du même *poids* de 150 l.

Le *cantaro* de jus de citron & le baril d'eau-de-vie pèfent 120 l.

LONDRES. La livre, *pound*, *poids* de troyes, dont on fe fert en Angleterre, pour pefer l'or & l'argent en efpèce, & les liqueurs, répond fuivant l'effai qu'en a fait M. Tillet, à 1 marc, 4 onces ; 1 1/2 gros & 1 grain, poids de France, ce qui répond à 7762 as, *poids* de troyes de Hollande. Cette livre fe divife en 12 *onces*, 240 *pennyweights*, ou 5760 grains. On divife le *grain* en 20 *mites*, 480 *droits*, 11520 *periots*, ou 276480 *blancs*. Les apothicaires, qui fe fervent auffi de la même livre, la divifent en 12 *ounces*, 96 *drams*, 288 *fcrupules*, ou 5760 *grains*.

L'*ounce*, pour pefer les perles & les diamants, fe divife en 150 carats.

Le *carat* fe divife en 4 grains, ou en parties de 1/2, de 1/4, de 1/8, de 1/16, de 1/32 & de 1/64.

100 L., *poids* de commerce d'Angleterre, font 151 1/3 marcs, *poids* de troyes de Hollande.

100 Marcs de Hollande font par contre, 66 l. *poids* de troyes de Hollande.

La livre, *pound*, *poids* nommé *avoir du poids*, dont on fe fert en Angleterre pour pefer prefque toutes les marchandifes, répond, fuivant l'effai qu'en a fait M. Tillet, à 1 marc, 6 onces, 6 1/2 gros & 6 grains, poids de France, qui fe rapportent à 9444 as, *poids* de troyes de Hollande. Cette livre fe divife en 16 *ounces*, 256 *drams*, 1024 *quarters* ou 7000 grains, ou plutôt en 7000 17/23 grains, *poids* de troyes d'Angleterre : ainfi,

144 L., avoir du *poids*, font 175 l., *poids* de troyes d'Angleterre : au refte,

100 L., avoir du *poids* d'Angleterre, font 91 7/8 l., *poids* de commerce d'Amfterdam, & 100 l., *poids* de commerce d'Amfterdam, font 108 7/8 l., avoir du poids d'Angleterre.

LUBEC. Le *fchipfund*, ou *fchtb*, *poids* de commerce, a 2 1/2 centners, 20 Ll., ou 280 l.

Le *fchtb* de plumes à lit, eft compté pour 2 1/2 centners, 20 Ll., ou 320 l.

* Le *fchtb*, dans les meffageries & les voitures publiques, ou particulières, eft compté pour 20 Ll., ou 320 l., & dans quelques occafions pour 23 Ll. ou 322 l.

Le *centner*, ou quintal, eft de 112 l., le *lifpfund*, ou Ll. de 16 l., & quelquefois de 14 l.

La pierre, ou *ftein*, de lin, eft de 20 l. ; celle de laine & de plumes, de 10 l.

Le baril, ou *tonne*, de miel & de fel de Lunebourg, eft de 280 l.

La livre, ou *pfund*, a 2 marcs, 16 onces, 32 loths, ou 128 quentins.

Le *marck* a 8 onces ; l'*once* 2 loths, ou 8 quentins, le *loth* 4 quentins, & le *quentin* 4 deniers ou *pfenings*.

La pipe d'huile pèfe net 820 l., *poids* de commerce de Lubec.

La livre de ce dernier *poids* eft 1/2 p° plus légère que la livre, *poids* de commerce de Hambourg ; or,

100 L., *poids* de commerce de Lubec, font 97 7/5 l., *poids* de commerce d'Amfterdam.

LUCQUE. La livre de Lucque a 12 onces, ou oncie ; mais on en connoît deux différentes l'une de l'autre, dont celle pour pefer la foie, qu'on nomme *pefo fottile*, répond à 6943 as de Hollande ; l'autre, qui eft prefque le feul *poids* dont on fe fert dans le commerce de cette république, & qui fe nomme *pefo groffo*, eft 11 1/2 p° plus forte que la première : or,

100 L. pefo groffo font environ 75 1/5 l., *poids* de commerce d'Amfterdam.

100 L. pefo fottile font environ 67 1/4 l., *poids* dits ; & 100 l. d'Amfterdam font environ 132 1/4 l. pefo groffo, & 148 l. pefo fottile.

LUNEBOURG. Les *poids* de Lunebourg font à peu de chofe près les mêmes qu'à Hambourg, car 215 l. de cette dernière ville, n'en font que 214 de Lunebourg.

LYON. Les *poids* de commerce de Lyon, font les trois fuivans, fçavoir :

Le *poids de table*, ou *poids de ville*, celui à pefer la foie, celui de marc.

La livre, *poids de table*, fe divife en 16 onces qui répondent à 14 onces, *poids de marc*.

La livre à foie fe divife auffi en 16 onces, qui n'en font que 15, *poids de marc*.

100 L., *poids* de marc de France, font 99 1/2 l., *poids* de commerce d'Amfterdam.

100 L., *poids* de table de Lyon, font 93 l. dites.

100 L., *poids* à foie de Lyon, font 86 1/4 l. dites.

MADRAS. Voici les divers *poids* en ufage à Madras, fçavoir :

Le *kandil*, qui fert pour pefer toutes les marchandifes, contient 20 *mons*, 160 *bis*, ou 800 *feyras* ; & l'on divife le *feyra* par 8 paloins, & le *paloin* par 8 pagodes.

Le kandil pèfe 500 l., avoir du *poids* d'Angleterre. Le *mon* en pèfe 25 & le bis 3 1/8 du même *poids*.

Le *pecul* pèfe 132 l., avoir du *poids* d'Angle-terre.

Le *hundred*, ou quintal de *Madras*, répond à 109 1/11 l., avoir du *poids*, qui font 100 1/3 l. *poids* de commerce d'Amfterdam.

Le *poids* dont on fe fert à *Madras* pour pefer les galons d'or & d'argent, les foieries & autres mar-chandifes, eft 3 pour cent plus foible que le *poids* de marc de France ; & l'or & l'argent, en efpèces & en matière, fe pèfent à *Madras* par le *poids* de troyes d'Angleterre.

MADRID. Les *poids* dont on fe fert à *Madrid*, font expliqués à l'article D'ESPAGNE où l'on trouvera également détaillés ceux en ufage dans les deux Caftilles.

MAGDEBOURG. *Voyez* BERLIN.

MALACA. On trouve les *poids* expliqués dans l'article de BATAVIA.

MALAGA. Nous renvoyons à l'article D'ESPAGNE pour les *poids*.

MALLORQUE. On s'y fert de deux quintaux, ou *cantaros*, pour pefer les marchandifes, dont l'un, nommé *cantaro berberefco*, pèfe 100 *rotolos*.

Le *cantaro Malorquin*, ou *majorino*, pèfe d'autre part 104 l., ou *rotolos*.

La *carga*, de 3 quintaux de *Mallorque*, eft de 312 l., ou *rotolos*.

MASULIPATAN. Voici les poids en ufage à *Mafulipatan*.

Kandil,	Muns ou Mons,	Bixes,	Seyras,	Neves,	Daboas.
1	20	160	800	12000	18000
	1	8	40	600	900
		1	5	75	112 1/2
			1	15	22 1/2
				1	1 1/2

La *Seyra* pèfe environ 5,788 as : ainfi, 100 Seyras font 56 1/3 l., *poids* de commerce d'Amfterdam.

MAYENCE. *Voyez* FRANCFORT SUR MEIN.
MEMEL. *Voyez* KONIGSBERG.
MESSINE. *Voyez* SICILE.

MEXIQUE. Nous renvoyons pour l'explication des *poids* de l'Amérique Efpagnole, à l'article d'ES-PAGNE.

MILAN. On fe fert de deux *poids* dans le com-merce ; la livre de l'un, nommée *pefo groffo*, eft compofée de 28 onces, la livre *pefo fottile* n'eft que de 12 onces ; & 3 l. pefo groffo font donc 7 l. pefo fottile.

100 l. Pefo groffo font 154 3/4 l., *poids* de com-merce d'Amfterdam, & 100 l. pefo fottile font 66 1/4 l. *poids* dit.

MINORQUE. Le *cantaro* y pèfe 4 arrobes, 34 3/4 l. *mayores*, 104 l. menores, 91 1/2 l., avoir du *poids*

100 L., ou rotolos, de *Mallorque*, font 85 l., *poids* de commerce d'Amfterdam.

MALTHE. Le quintal, ou *cantaro de Malthe*, a 100 rotoli, qui rendent à Livourne 215 l., qui ré-pondent à 156 1/3 l. d'Amfterdam.

MANHEYM. *Voyez* HEIDELBERG.

MANTOUE. La livre, *poids de Mantoue*, ré-pond à 6854 as : ainfi,

110 L. de *Mantoue* font 66 2/3 l., *poids* de com-merce d'Amfterdam.

MAROC. On fe fert à *Maroc* généralement du quintal de 160 l. d'Efpagne.

Le quintal de Fez de 100 rotoles répond à envi-ron 143 1/2 l. d'Amfterdam.

Le quintal d'Una, pour pefer la laine, répond à 145 4/7 l. d'Amfterdam.

Celui pour les épiceries à 117 4/5, & celui pour les bleds à 99 4/7 l. d'Amfterdam.

MARSEILLE. C'eft avec le marc qu'on pèfe à *Marfeille* l'or & l'argent, foit en efpèce, foit en matière ; mais pour les marchandifes on fe fert du *poids de table*, qui eft 21 1/3 pour cent plus foi-ble que le *poids* de marc de France.

100 L., *poids* de table, font 81 4/13 l. *poids* de commerce d'Amfterdam.

d'Angleterre, ou 80 3/4 l., *poids* de commerce d'Amf-terdam.

La *libra major* pèfe 36 onces, & la *libra me-nor* en a 12.

100 L. d'Amfterdam font 41 1/4 l. mayores, ou 123 3/4 l. menores.

MOKA. Le *bokard* ou *bahar de Moka* contient 15 *farecelles*, 150 *maons*, 6,000 *tukèas*, ou 60,000 *coffilas*.

Le bokard pèfe 405 l., *poids* de France, ou 401 1/5 l. d'Amfterdam, 7 farecelles de *Moka* en font 10 de Betelfaguy.

MODENE. Le *quintal* y eft compofé de 100 l. dont le *poids* eft 6 2/3 pour cent plus foible que celui de Livourne ; de façon que

100 L. de *Modene* font 65 1/3 l., *poids* de commerce d'Amfterdam, & 100 l d'Amfterdam font 153 2/3 l. de *Modene*.

MONTPELLIER. Le *quintal* qui eft compofé de

100 l., se divise en $6\frac{2}{3}$ quarts, le *quart* est de 15 l. ce quintal répond à $82\frac{2}{5}$ l. d'Amsterdam.

MORÉE. *Voyez* PATRASSO.
MOSCOU. *Voyez* RUSSIE.

MUNICH. Le marc, *poids* de l'or & de l'argent de Bavière, est, à $\frac{1}{2}$ grain près, égal au marc, poids de la ville de Cologne.

Le *centner*, ou quintal de 100 l. de Bavière, répond à $113\frac{1}{2}$ l. d'Amsterdam.

MUNSTER. Nous renvoyons pour les *poids*, à l'article D'OSNABRUCK.

NANCY. Le *poids* de Lorraine est égal à celui de marc de France.

100 L., *poids* de Lorraine, font $99\frac{1}{6}$ l., *poids* de commerce d'Amsterdam.

NAPLES. La livre, *poids* de l'or, de l'argent & de plusieurs marchandises fines se divise à *Naples* en 12 onces; l'once, ou *onzia*, en 30 trapesi, & le *trapeso* en 20 *acina*. Elle répond, suivant M. Tillet, à 1 marc, 2 onces, $3\frac{1}{2}$ gros & 27 grains, qui font 6,680 as, *poids* de troyes de Hollande; ainsi,

100 L. de *Naples* font à peu près $130\frac{1}{2}$ marcs, *poids* de troyes de Hollande, & 100 marcs de Hollande font $76\frac{2}{3}$ l. de *Naples*.

On emploie, ajoute M. Tillet, pour les grosses marchandises, telles que la viande, le poisson, la farine, les fruits, &c. un *poids* qu'on nomme *rotolo*, & qui répond à 33 onces, 10 trapesi de la livre de *Naples*; de manière que 3 rotoli équivalent à 8 livres, 4 onces de *Naples*, & 9 rotoli à 25 de ces mêmes livres. Le rotolo se divise en $\frac{1}{2}$, en $\frac{1}{3}$ en $\frac{1}{4}$, en $\frac{1}{6}$ en $\frac{1}{8}$ de rotolo; les autres diminutions de ce *poids* principal se forment avec des onces, des trapesi & des acina. Le rotolo répond à 3 marcs, 5 onces, $\frac{1}{2}$ gros & 35 grains, *poids* de France, qui font 18,555 as, *poids* de troyes de Hollande; or,

100 Rotoli de *Naples* répondent à $180\frac{1}{2}$ l., *poids* de commerce d'Amsterdam, 100 l. d'Amsterdam font $55\frac{2}{3}$ rotoli de *Naples*.

NARVA. Le *schifpfund*, ou schꝉ, *poids* de commerce, a 10 *pouds*, 20 Ll., ou 400 l.

La livre s'y divise en 32 lots, ou 96 *solotniks*.

Tout s'y pèse par le *poids* de la ville, lequel on réduit après en celui de Russie, qui est environ $14\frac{1}{2}$ pour cent moins pesant que le *poids* de *Narva*; car,

7 Schꝉ de *Narva* font 8 berkowitz de Russie.

100 L. de *Narva* répondent à $94\frac{3}{4}$ l., *poids* de commerce d'Amsterdam, & 100 l. d'Amsterdam à $105\frac{4}{7}$ l. de *Narva*.

NAVARRE. Les *poids* en usage dans la *Navarre* sont les mêmes que nous avons expliqués à l'article D'ESPAGNE.

NAUMBOURG. Cette ville de la Thuringe, province de Saxe en Allemagne, se sert des mêmes *poids* que celle de Leipsick.

NICE. 100 L. de *Nice* font $62\frac{3}{4}$ l., *poids* de commerce d'Amsterdam.

NIGRITIE. Les divers peuples Européens établis sur les côtes d'Afrique font usage des *poids* de leurs pays respectifs dans le commerce qu'ils font avec les naturels du pays. Il n'y a que l'or qu'on y pèse par un certain *poids* nommé *akey*, qui répond à $\frac{1}{24}$ d'une once, ou à environ 27 as, *poids* de troyes de Hollande.

La *benda*, *poids* en usage chez les Nègres, répond à 1,334 as. Elle se divise en 2 *benda-offa*, 4 *egebba*, 8 *piso*, ou *eusanno*.

Le *seron* a $1\frac{1}{2}$ piso, & le piso se divise en $1\frac{4}{7}$ *quintos*, 2 *agiraques*, ou 4 *media-tablas*.

NORWÉGE. *Voyez* BERGEN.

NOVE. Nous renvoyons à l'article de GÊNES pour les *poids*.

NUREMBERG. Le marc, ou *marken*, *poids* de l'or & de l'argent, a 8 onces, ou 16 loths; le *loth* a 4 *quintleins*, ou 16 d. ou *pfenings*; le marc répond à 4,972 as.

100 Marcs de *Nuremberg* font $97\frac{1}{9}$ marcs, *poids* de troyes de Hollande.

100 Marcs de Hollande, font 103 marcs de *Nuremberg*.

Le *schifpund*, ou schꝉ, *poids* de commerce, s'y compose de 3 centners, ou 300 l.

Le *centner*, ou quintal, qui est de 100 l., se divise comme suit:

Centner,	*Pfund* ou ꝉ,	*Marken*,	*Viertung*,	*Unzen*,	*Loths*,	*Quintleins*,	*Pfenings*.
1	100	200	400	1600	3200	12800	51200
	1	2	4	16	32	128	512
		1	2	8	16	64	256
			1	4	8	32	128
				1	2	8	32
					1	4	16
						1	4

100 L., *poids* de commerce de Nuremberg, font $103\frac{2}{5}$ l. d'Amsterdam, & 100 l., *poids* dit d'Amsterdam, font $96\frac{9}{10}$ de *Nuremberg*.

OSNABRUCK. On s'y sert du marc *poids* de Cologne pour peser l'or & l'argent.

La livre forte, ou *pfund-schwer*, est composée de 300 l.

Le centner, ou quintal, est de 108 l. le *wag-eisen* est de 120 l.

La livre, ou *pfund*, est de 16 onces, 32 *loths*, 128 *quentins*, ou 512 *pfenings* ; cette livre est égale à la livre, *poids* de commerce d'Amsterdam.

OVIEDO. On se sert dans les Asturies de deux *poids* ; la livre de l'un est composée de 16 onces, & celle de l'autre de 24 onces, *poids* de Castille ; or, 100 L., *poids* fort d'*Oviedo*, font 93⅓ l., *poids* de commerce d'Amsterdam.

100 L., *poids* foible dit., font 139 7/10 l., *poids* dit.

PADOUE. Le *poids* de *Padoue* est plus fort que le *peso sottile* de Venise, & 100 l. de *Padoue* font environ 67⅞ l., *poids* de commerce d'Amsterdam.

PALERME. *Voyez* SICILE.

PARIS. Les *poids*, sont expliqués à l'article de FRANCE.

PARME. Le *poids* de *Parme* est de 5 p. plus fort que le *peso sottile* de Gènes, & 100 l. de *Parme*. font 67⅔ l. *poids* de commerce d'Amsterdam.

PATRAS. Le quintal de *Patras* pèse 44 *okes*, 132 l., 1,584 onces, ou 17,600 drachmes.

100 L. de *Patras* font 80 9/10 l. *poids* de commerce d'Amsterdam.

La livre, *poids* à soie, y est de 15 onces, ou 166⅔ drachmes.

Le sac de Corinthe pèse ordinairement 140 l. à *Patras* & rend ordinairement 118 l. à Zante, & environ 113 l. à Amsterdam.

PEGU. La *bisse*, *poids* de commerce du *Pegu*, se divise en 4 *agiros*, 8 *abuccos*, ou 100 *ticals*.

La bisse répond à environ 32,000 as, *poids* de troyes de Hollande, & le tical à 320 as : il y a des poids jusqu'à 30 bisses.

Le marc, *poids* de France, répond à 15 93/160 ticals, poids de *Pegu*, où l'on en compte 16 pour le même marc.

PERNAU. Le *schiffpfund*, ou *schib*, poids de commerce, a 10 Ll. ou 400 l.

La centner, ou quintal, a 120 l., & la livre s'y divise par 16 onces, 32 lots, ou 128 *quintins* ; or, 100 L. de *Pernau* font 84¼ l., *poids* de commerce d'Amsterdam, & 100 l. d'Amsterdam 118⅓ l., *poids* de commerce de *Pernau*.

PERSE. Le *man*, ou *batman*, *poids* de Tauris, pèse, 6 *ratelés*, 300 *derhemes*, ou 600 *miscalés*, ou mitigales qui font environ 5⅘ l. d'Amsterdam.

Le *batman*, *poids* de Chahy, ou Cherai, pèse le double de celui de Tauris.

POLOGNE. Le marc pour peser l'or & l'argent, est de trois sortes en *Pologne*, sçavoir : celui de Varsovie, qui répond à 4,198 as, *poids* de troyes de Hollande : celui de Cracovie, qui est de 4,138 as, & celui de Vilna en Lithuanie de 4,053 as.

100 Marcs de Hollande en font donc 122 de Varsovie, 123⅖ de Cracovie, & 126⅓ de Vilna.

La livre, *poids* de commerce, est de deux sortes en *Pologne* ; sçavoir : celle de Cracovie qui, suivant l'essai qu'en a fait M. Tillet sous le nom de livre de *Pologne*, ou de Varsovie, répond à 1 marc, 5 onces, 2 gros, 12 grains, *poids* de France ; qui font 8,455 as, *poids* de troyes de Hollande : c'est de cette livre qu'on doit faire usage dans toute la *Pologne*. Mais la véritable livre, *poids* de Varsovie, répond à 7,891 as ; la proportion de l'une à l'autre livre, étant comme 15 sont à 14. Au reste, chacune de ces deux livres se divise en 48 *skoyciec*.

100 L., *poids* de commerce d'Amsterdam, en font 121 7/12 de Cracovie & 130⅛ de Varsovie.

PONDICHERY. Les *poids*, pour peser l'or & l'argent, ne sont autres que les monnoies réelles de *Pondichery* ; car 3 roupies pèsent 10 pagodes, & la *seyra* répond à 24½ roupies, à 81½ pagodes à 731½ fanoins, ou à 11,700 *nellos*.

L'argent quoique vendu par *seyras*, est néanmoins pesé à *Pondichery* au marc, *poids* de France, dont 100 répondent à 88 seyras, ce qui diffère de 13 7/11 pour cent.

Le *Candil*, *poids* de commerce de *Pondichery*, a 20 *mons*, ou 160 *bls*.

Il pèse 480 l., *poids* de marc de France, qui font 477⅓ l. d'Amsterdam.

Le *bis* de Malabar contient 40 paloins, & le paloin répond à 8 gros 68½ grains de France, qui font 713 as de Hollande.

PORTO. *Voyez* LISBONNE.

PRAGUE. Le marc, *poids* d'or & d'argent de *Prague*, pèse 156 estelins de Hollande ; ainsi 100 Marcs de *Prague* font 97⅗ marcs, *poids* de troyes d'Amsterdam.

Le titre de l'argent œuvré doit être de 12 loths ; quelques tours font la marque de l'essayeur.

Le centner, ou quintal, poids de commerce, est composé de 120 l.

Le *stein*, ou pierre, est de 20 l., & la livre de 32 loths.

100 L. de *Prague* font 104 l., *poids* de commerce d'Amsterdam, & 100 l. d'Amsterdam font 96⅕ l., poids de commerce de *Prague*.

RATISBONNE. On fait usage à *Ratisbonne*, dit M. Tillet, de quatre poids différens : le premier est employé à peser l'or ; il se subdivise en 12 parties, dont les deux dernières sont égales en pesanteur :

& il a une dénomination qui lui est particulière : on l'appelle *poids de couronnes*. Il est formé par une pile, qui contient en total 128 de ces couronnes : la pièce principale par conséquent, ou la moitié de cette pile, en représente 64 ; la pièce d'au-dessous équivaut à 32, & ainsi des autres subdivisions plus foibles à proportion. Le poids total des 128 couronnes répond à 1 marc, 6 onces & 24 grains, *poids* de France, & ceux-ci à 8,946 as, *poids* de troyes de Hollande.

Le second *poids* de *Ratisbonne* sert à peser les ducats. La totalité de ce *poids* est une petite pile composée de 11 parties, laquelle équivaut en pesanteur à 64 ducats : elle répond à 7 onces, 2 gros, 32 grains, *poids* de France, & ceux-ci à $4,654\frac{1}{2}$ as, *poids* de troyes de Hollande.

Le troisiéme *poids* employé pour les matières d'argent, est un marc qui se divise en 8 onces, l'once en demi, quart & huitiéme d'once : ce huitiéme est aussi nommé *drachme*, qui se subdivise en demi, quart & huitiéme de drachme. Ce marc répond à 1 marc & 24 grains, *poids* de France, ou à 5,123 as, *poids* de troyes de Hollande.

Le quatriéme *poids* dont on fait usage à *Ratisbonne* pour les matières communes, est une livre de 16 onces : on ne l'emploie cependant pas pour peser le pain : le troisiéme *poids* qui est destiné, comme nous l'avons dit, à peser les matières d'argent, est celui dont on se sert lorsqu'il s'agit du pain. Cette livre est composée de 16 onces, l'once se divise en demi, quart & huitiéme d'once, & ce huitiéme qu'on nomme aussi *drachme*, se subdivise en demi-drachme, quart, huitiéme, seiziéme de drachme, &c. Les 16 onces répondent à 2 marcs, 2 onces, $4\frac{1}{2}$ gros & 6 grains ; & ceux-ci à 11,833 as, *poids* de troyes de Hollande.

100 Piles de 128 couronnes répondent à $174\frac{3}{4}$ marcs, *poids* de troyes de Hollande.

100 Piles de 64 ducats, à $90\frac{9}{10}$ dits.

100 Marcs, *poids* d'argent, à $100\frac{1}{17}$ dits.

100 L., *poids* de commerce de *Ratisbonne* font $115\frac{1}{7}$ l., *poids* de commerce d'Amsterdam.

L'argent œuvré de *Ratisbonne* est du titre de 9 deniers, 18 grains ; la marque de l'essayeur consiste en deux clefs.

Le *centner*, ou quintal de *Ratisbonne*, se compose de 100 l. : & l'on divise ordinairement la livre en 2 marcs, le marc en 32 lohts, le loht en 4 quintleins, & le quintlein en 4 deniers, ou pfenings.

REVEL. Le marc de *Revel*, *poids* de l'or & de l'argent, a 16 *loths*, 64 *quintins*, ou 256 *oertlein*.

100 Marcs de *Revel* font $87\frac{1}{2}$ marcs, *poids* de troyes de Hollande.

Le sch℔, ou *schifpfund*, *poids* de commerce, contient 20 Ll., ou 400 l.

Le *centner*, ou quintal, est de 6 Ll., ou 120 l. ; & le lispfund, ou Ll., de 20 l.

La livre ou *pfund*, a 16 onces, 32 lots, ou 128 quintins : 19 l. de *Revel* font 20 l. de Russie ; ainsi,

100 L., *poids* de commerce de *Revel*, font $87\frac{1}{8}$ l. d'Amsterdam, & 100 l., *poids* de commerce d'Amsterdam, $114\frac{3}{4}$ l. de *Revel*.

RIGA. Le marc, *poids* de l'or & de l'argent, n'est que la demi-livre, *poids* de commerce de *Riga*. On l'y divise en 24 carats & le *karat* en 12 grains, pour l'essai de l'or ; & par 16 loths, & le *loth* par 18 grains, pour l'essai de l'argent.

Le marc d'argent œuvré doit être du titre de 13 loths ; la marque de l'essayeur est deux clefs croisées.

100 Marcs de *Riga* font 85 marcs, *poids* de troyes d'Amsterdam.

Le *schifpfund*, ou sch℔, *poids* de commerce, est composé de 4 loofs, 20 L l., ou 400 l.

Le *loof*, ou quintal, pèse 100 l., & le *lispfund*, ou L l. 20 l.

Le last ordinaire est du *poids* de 72 sch℔, 48 loofs, 240 L l., ou 4,800 l.

La livre ou *pfund*, a 2 marcs, 16 onces, 32 lots, ou 128 quentleins.

Le *mark*, ou marc, a donc 8 onces, l'once 2 loths, & le *loth* 4 *quentleins*.

100 L. de Riga font $84\frac{2}{3}$ l. *poids* de commerce d'Amsterdam, & 100 l. d'Amsterdam $118\frac{4}{7}$ dits de *Riga*.

Le poud de Russie rend à *Riga* seulement $39\frac{1}{8}$ l. ; mais dans les douanes il est compté pour 40 l., *poids* de *Riga*.

LA ROCHELLE. Les *poids* sont les mêmes qu'on trouve expliqués à l'article de FRANCE.

ROME. La livre Romaine, dont on conserve avec soin l'étalon au capitole, est composée, suivant M. Tillet, de 12 onces, l'once de 24 deniers, & le denier de 24 grains : elle répond à 1 marc 3 onces $\frac{1}{2}$ gros & 14 grains, *poids* de France, qui font $7,063\frac{1}{5}$ as, *poids* de troyes de Hollande. Cette livre, ajoute M. Tillet, n'est pas exactement la même dans tous les états du pape. Il y a des endroits où elle est composée de plus de 12 onces ; mais quelle qu'en soit l'augmentation, la différence ne tombe que sur la quotité des onces, & non sur l'once même, qui ne varie point. Nous ajouterons que la livre, *poids* de balance de la ville de *Rome*, est 2 p$\frac{0}{0}$ plus ou moins forte que la livre Romaine, dont nous venons de parler, & par conséquent,

100 L., *poids* Romain, répond à $137\frac{15}{16}$ marcs, *poids* de troyes de Hollande, & 100 l., *poids* de balance, à $70\frac{1}{12}$ l., *poids* de commerce d'Amsterdam.

Au reste, le quintal se compte à *Rome* de trois manières, par 100 l., par 160, & par 250 l., *poids* de balance.

Nous remarquerons d'ailleurs, que les marchandises qu'on fait peser au *poids* de la ville, perdent 4 pour cent de bon *poids* sourd dont 2 sont attribuées pour le droit dû à la chambre des douanes ; les 2 autres sont pour l'acheteur.

ROSTOCK. Le *Schiffpfund*, ou *ſchtts*, *poids* de commerce de *Roſtock*, ſe compoſe de 20 Ll., ou 320 l.

Le *ſchtts*, *poids* de fer & de plomb, ne pèſe que 280 l.

La pierre ou *ſtein* de lin, a 20 l.; celle de laine & de plumes n'en a que 10.

Le Ll., ou *liſpfund*, eſt toujours compté, pour 16 l.

La livre a 2 marcs, 32 *loths*, ou 64 *quentleins*.

100 L. de *Roſtock* font 103 $\frac{2}{20}$ l., *poids* de commerce d'Amſterdam; & 100 l. d'Amſterdam, font 96 $\frac{1}{3}$ l. de *Roſtock*.

ROTTERDAM. On fait uſage à *Rotterdam* de deux *poids*, dont l'un eſt égal à celui d'Amſterdam, & l'autre 5 pour cent plus foible : il n'y a que les marchands détailleurs qui ſe ſervent de ce dernier.

ROUEN. On ſe ſert à *Rouen* de deux *poids*; l'un eſt le *poids de marc*, l'autre le *poids de vicomté* qui eſt 6 p.c. plus peſant. On fait uſage, pour le commerce de laines, de ce dernier *poids*, dont le quintal de 100 l. répond, avec le bon *poids*, à 108 l. *poids* de marc.

100 L., *poids* de vicomté, répondent à 105 $\frac{1}{9}$ l., *poids* de commerce d'Amſterdam.

RUSSIE. Le *berckowitz*, *poids* de commerce, eſt compoſé de 10 pouds ou 400 l.

Le *poud*, ou *pud* pèſe 40 l., & la livre ſe diviſe en 32 loths, ou 96 ſolotnicks.

Le *ſolotnick* ſe diviſe en $\frac{1}{2}$, $\frac{1}{4}$ & $\frac{1}{8}$ parties; au reſte,

100 L. de *Ruſſie* répondent à 166 $\frac{1}{4}$ marcs, ou 82 $\frac{4}{5}$ l. d'Amſterdam.

100 L., *poids* de commerce d'Amſterdam, font donc 120 $\frac{1}{4}$ l. de *Ruſſie*.

SAINTE-CROIX. On y fait uſage des *poids* de Danemarck, qui ſont expliqués à l'article de COPENHAGUE.

SAINT-EUSTACHE. On ſe ſert à *Saint-Euſtache* du *poids* de commerce d'Amſterdam, pour

toutes les denrées, qui néanmoins ſouffrent quelque déchet avant qu'elles arrivent en Hollande.

SAINT-GALL. On ſe ſert à *Saint-Gall* de deux *poids*, dont l'un diffère de l'autre de 25 $\frac{2}{5}$ p.c.

100 L., *poids* fort de *Saint-Gall*, répondent à 118 $\frac{1}{2}$ l., *poids* de commerce d'Amſterdam; & 100 l., *poids* foible dit, à 94 $\frac{1}{5}$ l. dit.

SAINT-MALO. Les *poids* ſont expliqués à l'article de FRANCE.

SAINT-PETERSBOURG. *Voyez* RUSSIE.

SARDAIGNE. Le *cantarello*, ou quintal, pèſe 100 l., qui font 117 l. de Livourne, & par conſéquent 81 $\frac{1}{6}$ l., *poids* de commerce d'Amſterdam.

SAYDE. On ſe ſert à *Sayde*, de deux ſortes de *poids*; dont l'un, nommé *rotolo damaſchino*, ſert à peſer la ſoie & le fil de coton : il contient 600 drachmes. On pèſe avec l'autre, appellé *rotolo d'Acre*, toutes les autres marchandiſes.

100 Rotoles damaſquins font 78 $\frac{1}{3}$ rotoles d'Acre, ou 377 $\frac{1}{2}$ l. d'Amſterdam.

100 Rotoles d'Acre font 127 $\frac{2}{3}$ rotoles damaſquins, ou 182 $\frac{1}{2}$ l. dites.

SETUBAL. *Voyez* LISBONNE.

SÉVILLE. On peut voir les *poids* en uſage à *Seville*, dans l'article de CADIX & dans celui d'ESPAGNE.

SIAM. Le *pic*, *poids* de commerce, a 100 catis, 2,000 taëls, ou 8,000 ticals.

Le *catti* contient 20 taëls, & le *taël* 4 ticals.

100 Cattis de *Siam* font 124 $\frac{1}{2}$ l. *poids* de commerce d'Amſterdam; & 100 l. d'Amſterdam, 80 $\frac{4}{7}$ cattis de *Siam*.

SICILE. Le *cantaro*, ou quintal, peſo groſſo de 100 rotoli groſſi, répond à 110 rotoli ſottili, à 275 l. de *Sicile*, ou à 176 $\frac{9}{10}$ l., *poids* de commerce d'Amſterdam.

Le *cantaro* peſo ſottile de 100 rotoli ſottili, répond à 90 $\frac{10}{11}$ rotoli groſſi, à 250 libre de *Sicile*, ou à 160 $\frac{4}{5}$ l. d'Amſterdam.

100 L. de *Sicile* font 64 $\frac{1}{5}$ l. d'Amſterdam.

SMIRNE. Le *cantaar*, ou quintal, *poids* de commerce de *Smirne*, ſe diviſe de la manière ſuivante, ſçavoir :

Cantaär,	Batmans,	Scekies,	Okkes,	Lodras ou Rotoles,	Drachmes.
1	7 $\frac{1}{2}$	22 $\frac{1}{2}$	45	100	18000
	1	3	6	13 $\frac{1}{3}$	2400
		1	2	4 $\frac{4}{9}$	800
			1	2 $\frac{2}{9}$	400
				1	180

Le *cantaar* d'étain d'Angleterre, de bois de palmier, de coton, de laine, d'anis, de peau de buffle & de cuirs de Cordouan, eſt compoſé ſeulement de 44 okkes, 100 rotoles légers, ou 17,600 drachmes; il ne diffère que de $\frac{1}{44}$ du quintal, *poids* ordinaire.

Le café ſe vend à *Smirne* par 100 okkes.

Le maſtic par *kas*, dont chacun pèſe 70 okkes.

Le *ſcekie* d'opium pèſe 250 drachmes.

L'okke de ſafran eſt de 120 dites.

Le cantaar de 45 okkes, fait $114\frac{3}{5}$ l. d'Amſterdam, & le cantaar de 44 okkes, 112 l. dit.

STETIN. Le *ſchifpfund*, ou ſch℔, *poids* de commerce de *Stetin*, a $2\frac{1}{2}$ centners, 20 Ll., ou 280 l. Le *lispfund* pèſe donc 14 l.

Le *centner*, ou quintal, eſt de 8 Ll., ou 112 l.

La pierre, ou *ſtein* de laine, y eſt de 21 l. La pierre légère pèſe 10 l.

100 L., *poids* de commerce de *Stetin*, font $94\frac{17}{20}$ l. d'Amſterdam, & 100 l., *poids* de commerce d'Amſterdam, font $105\frac{4}{9}$ l. de *Stetin*.

STOCKHOLM. *Voyez* SUÈDE.

STRALSUND. Le *ſchifpfund*, ou ſch℔, *poids* de commerce de *Stralſund*, eſt de 20 Ll., ou 280 l.

Le *centner*, ou quintal, eſt 8 Ll., ou 112 l., & le Ll. de 14 l.

Le *ſtein*, ou pierre de laine, eſt de 10 l.

100 L., *poids* de commerce de *Stralſund*, font $97\frac{5}{6}$ l. d'Amſterdam; & 100 l. *poids* de commerce d'Amſterdam, font $102\frac{1}{5}$ l. de *Stralſund*.

Les épiciers & autres marchands détailleurs s'y ſervent d'un autre *poids*, lequel eſt égal à celui de Cologne; il eſt $3\frac{1}{2}$ p% plus léger que celui de commerce, dont nous venons de parler.

STRASBOURG. Le marc, *poids* de l'or & de l'argent de *Straſbourg*, eſt environ $\frac{6}{7}$ p% plus fort que celui de Cologne; ainſi,

100 Marcs de *Straſbourg* font $95\frac{4}{5}$ marcs, *poids* de troyes de Hollande; & 100 marcs de Hollande font $104\frac{3}{8}$ marcs de *Straſbourg*.

L'argent œuvré de *Straſbourg* eſt du titre de 9 deniers 18 grains.

On s'y ſert pour le commerce en gros du *poids* de marc de France, qui eſt environ 4 p% plus fort que le *poids* de *Straſbourg*, dont les marchands détailleurs font uſage.

100 L., *poids* de *Straſbourg*, font $95\frac{4}{9}$ l., *poids* de commerce d'Amſterdam; & 100 l. d'Amſterdam, font $104\frac{4}{5}$ l., *poids* de *Straſbourg*.

SUÉDE. Le marc, *poids* de l'or & de l'argent, eſt de 16 lods, 64 quentins ou 4,384 as.

La pile pour 32 ducats, *poids* à peſer les ducats, dont M. Tillet, qui l'avoit reçue de Stockholm, fit l'eſſai, répond à 3 onces, 5 gros, 10 grains, *poids* de France, & ceux-ci à $2{,}320\frac{1}{2}$ as, *poids* de troyes de Hollande.

100 Marcs, *poids* de *Suéde*, font $85\frac{3}{5}$ marcs, *poids* de troyes de Hollande.

100 Piles de 32 ducats répondent à $116\frac{4}{5}$ marcs dits.

La livre de 32 lods, *skaalpund-victualie-wigt*, ou *poids* des victuailles, qui fut envoyée de Stockholm à M. Tillet, répond, ſuivant cet académicien, à 1 marc, 5 onces, 7 gros, 8 grains, *poids* de France, qui font $8{,}848\frac{1}{2}$ as, *poids* de troyes de Hollande. Or, cela répond exactement à la meſure de ce *poids*, fixée en *Suéde*, ſçavoir: de 8,848 as pour la livre, *poids* de victuailles; de $7{,}821\frac{79}{125}$ as pour le *mark*, *poids* des mines: de $7{,}450\frac{2}{125}$ pour le mark, *poids* des villes & de la campagne, & de $7{,}078\frac{2}{5}$ pour le mark, *poids* d'entrepôt, ou *poids* de fer. Il y a en outre en *Suéde* un *poids* particulier deſtiné uniquement pour la médecine, dont la livre répond à 7,416 as *poids* de troyes de Hollande.

Des quatre *poids* de commerce nommés ci-deſſus, ſont composés,

Le *skippund*, ou sk℔, qui ſe diviſe en 20 Ll., ou 400 l., *poids* de victuailles, lequel *poids* ſert à peſer preſque toutes les marchandiſes.

Le sk℔ ſe diviſe auſſi en 20 marks℔, ou en 400 markens, ou marcs, de chacun des autres *poids*, dont celui des mines, ou *bergwerk-wigt*, eſt en uſage pour les mines même; celui pour les villes, ou *landſtaten wigt*, ſert dans les villes & la campagne; & celui pour le fer, ou *poids* d'entrepôt, ou *yern-wigt* ou *ſtapelſtad-wigt*, ſert uniquement à peſer le fer & les marchandiſes qu'on met en entrepôt.

Le *centner*, ou quintal, eſt de 120 l., le *waag* de 165 l., le *ſten* de 32 l.

La livre, *skaalpund-victualie-wigt*, eſt de 32 lods, le *lod* de 4 quintins ou $276\frac{1}{2}$ as, le *quintin* de $69\frac{1}{8}$ as. L'*as* de *Suéde* eſt le même que l'as, *poids* de troyes de Hollande.

Voici, au reſte, les rapports de tous les *poids* de *Suéde* les uns relativement aux autres, & avec le *poids* de commerce d'Amſterdam.

	Poids des Victuailles, ℔.	Poids des Mines, Marcs.	Poids des Villes, Marcs.	Poids de Fer, Marcs.	Poids de Médecine, ℔.	Poids d'Amsterd. ℔.
100 ℔ *poids* des victuailles font	100	$113\frac{1}{8}$	$118\frac{3}{4}$	125	$119\frac{1}{3}$	$86\frac{1}{15}$
100 Marcs, *poids* des mines,	$88\frac{2}{5}$	100	105	$110\frac{1}{2}$	$105\frac{1}{3}$	$79\frac{1}{11}$
100 Marcs, *poids* des villes,	$84\frac{1}{5}$	95	100	$105\frac{1}{4}$	$100\frac{1}{2}$	$72\frac{1}{2}$
100 Marcs, *poids* de fer	80	$90\frac{1}{2}$	95	100	$95\frac{1}{3}$	$68\frac{7}{8}$
100 ℔, *poids* de médecine	$83\frac{1}{3}$	$94\frac{4}{5}$	$99\frac{1}{2}$	$104\frac{3}{4}$	100	$72\frac{1}{7}$
100 ℔, *poids* de commerce d'Amſterdam	$116\frac{1}{5}$	$131\frac{2}{5}$	138	$145\frac{1}{4}$	$138\frac{2}{3}$	100

Surate. La *tola poids*, pour peser l'or & l'argent, est composée de 32 vales ; la *vale* de 3 ruttes, & la *rutte* de 6 *chonvels*.

La piastre d'Espagne de *poids* pèse 2 tolas & 9 vales, ou en tout 73 vales.

24 Roupies sicces de Bengale pèsent 734$\frac{1}{11}$ vales, & 24 roupies de *Surate*, 732 vales.

Le marc de France répond à 646 vales de *Surate* ; & l'once, *poids* de troyes d'Angleterre, à 82$\frac{1}{2}$ dites.

Le marc, *poids* de troyes de Hollande, répond à 649 vales dites.

Le *kandil*, *poids* de commerce, s'y compose de 20 mons, 800 seyras, 24,000 *paysas* ; & il pèse 690 l. de France.

Le *mon* contient 40 seyras, & le *seyra* 30 paysas.

100 Seyras de *Surate*, font 95$\frac{4}{5}$ l. d'Amsterdam ; & 100 l. d'Amsterdam, font 117$\frac{1}{17}$ seyras de *Surate*.

Surinam. Les *poids* d'Amsterdam sont en usage à *Surinam* & dans les autres colonies.

Toulon. La livre, *poids* de Toulon, est moins pesante que la livre, *poids* de marc de France, dont elle diffère d'environ 14 p$\frac{0}{0}$; or,

100 L. de *Toulon*, font 87 l. de commerce d'Amsterdam ; & 100 l. d'Amsterdam environ 115 l. de *Toulon*.

Treves. *Voyez* Coblentz.

Trieste. On se sert à *Trieste* des *poids* de Venise & de Vienne. Le *poids* de Vienne sert seulement à peser les marchandises destinées pour l'Allemagne.

On peut voir les pesanteurs de ces *poids* aux articles de Vienne & Venise.

Tripoli. Le *cantaro*, *poids* de commerce, pèse 100 rotoli de 16 onces, & l'once se divise en 8 termines : elle répond à 168 l. peso sottile de Venise, ou à 103 l., *poids* de commerce d'Amsterdam.

Tunis. L'or, l'argent & les pierres précieuses se pèsent par l'once de 8 termines. Cette once pèse 1$\frac{1}{2}$ oncia peso sottile de Venise.

Le *cantaro*, ou quintal, *poids* de commerce, à 100 rotoles.

Le *rotole* est de 16 onces ; ainsi le cantaro pèse 142 l. de Florence, ou 100$\frac{1}{2}$ l., *poids* de commerce d'Amsterdam.

Turin. Il y a trois sortes de *poids* en Piémont, dit M. Tillet. La livre qui est le *poids* général ; le *marc*, dont on fait usage spécialement à l'hôtel de la monnoie & parmi les orfévres ; & le *poids* de médecine, qui ne sert que pour cet objet.

La livre & le marc sont composés des mêmes onces, mais l'une en contient 12 & l'autre 8. Les onces du *poids* de médecine sont plus foibles que celles de la livre & du marc ; 10 de ces dernières équivalent à 12 des premières. La livre se divise en 12 onces, l'once en 8 octaves, l'octave en 3 deniers, & le *denier* en 24 grains.

Le *marc* contient 8 onces, l'once 24 deniers, & le denier 24 grains. Le *grain* se divise en 24 granotins, & l'on partage ceux-ci dans le besoin en 24 parties.

Le *poids* de médecine est composé de 12 onces, l'once de 8 drachmes, la *drachme* de 3 scrupules, & le *scrupule* de 20 grains.

Après avoir averti, ajoute M. Tillet, que les onces de la livre & du marc de Piémont sont absolument les mêmes, & que celles du *poids* de médecine sont plus foibles d'un sixiéme que les précédentes, il suffira de donner ici le rapport du marc de Turin avec celui de France. Il paroît que ce marc de Piémont a été primitivement le même que celui de Bruxelles, lequel est aussi celui de tous les pays-bas & de la Hollande ; il n'y a entr'eux qu'une différence légère, & qui peut avoir été occasionnée par un défaut de précision dans l'étalonnement. Le marc de Bruxelles est plus fort que le marc de France de 21 grains, & celui de *Turin* répond à 1 marc 22$\frac{1}{4}$ grains de France, ou à 5,121$\frac{1}{2}$ grains, *poids* de troyes de Hollande.

100 Marcs de *Turin* font 100$\frac{1}{14}$ marcs, *poids* de troyes de Hollande ; & 100 l., *poids* de médecine de *Turin*, font 55$\frac{4}{7}$ l., *poids* d'apothicaire de Hol.

Le *carat* dont on pèse les diamans & autres pierres précieuses, pèse 4 grains, & ces grains sont les mêmes que ceux du marc, *poids* de *Turin*.

La *rubbe*, *poids* de commerce, est composée de 25 l., ou 37$\frac{1}{2}$ marcs de *Turin*.

100 L. de *Turin*, font 74$\frac{1}{4}$ l. *poids* de commerce d'Amsterdam ; & 100 l. d'Amsterdam font 133$\frac{3}{4}$ l., *poids* de commerce de *Turin*.

Turquie. La livre, ou *cheky*, *poids* pour l'or & l'argent, se divise en 100 drachmes ; la *drachme* se subdivise en 16 *karas* ou *taims*, qui contiennent chacun 4 grains : ainsi cette livre est composée de 1,600 karas, ou 6,400 grains ; &, suivant M. Tillet, elle répond à 1 marc, 2 onces, 3 gros & 28 grains, *poids* de France, & ceux-ci à 6,641 as, *poids* de troyes de Hollande : or,

100 Cheky de *Turquie* répondent à 129$\frac{70}{100}$ marcs de Hollande, & 100 marcs de Hollande à 77$\frac{10}{100}$ cheky de *Turquie*.

Le *cantaar*, ou quintal de *Turquie*, se compose de 100 rotoles, ou de 176 cheky, ou yusdromes.

Voici comment on en fait la division à Constantinople ; sçavoir :

Cantaar,	Batmans,	Okes, ou *Rotoles*,	Lodres, ou *Chekis*,	Yusdromes, ou *Miscals*,	Metecales,	Drachmes.
1	7⅓	44	100	176	11733⅓	17600
	1	6	13 7/11	24	1600	2400
		1	2 3/11	4	266⅔	400
			1	1 19/22	117⅓	176
				1	66⅔	100
					1	1½

100 Rotoles dé Constantinople font 113 75/100 l., *poids* de commerce d'Amsterdam ; & 100 l. d'Amsterdam, font 87 95/100 rotoles de Constantinople.

ULM. Le *centner*, ou quintal de 100 l., répond à 94 9/10 l. *poids* de commerce d'Amsterdam.

VALENCE. Le *marco*, poids de l'or & de l'argent de *Valence*, se compose de 8 onces, l'*onça* de 4 quartos, le *quarto* de 4 adarmes, & l'*adarme* de 36 grains : il se divise donc en 8 onces, 32 quartos, 228 adarmes, ou en 4608 grains, de même que le marco de Castille, qui est d'1/31 moindre que celui de *Valence* : ainsi ce dernier marc répond à 4756 2/9 grains, *poids* de troyes de Castille, & ceux-ci à 4541 as, *poids* de troyes de Hollande : or,

100 Marcs, *poids* de *Valence*, font 96½ marcs, *poids* de troyes de Hollande.

100 Marcs de Hollande, font 103 5/8 marcs, *poids de Valence*.

On se sert dans le royaume de *Valence* de trois *poids* de commerce différens, sçavoir :

Le *quintal* ordinaire, nommé *peso sutil*, est composé de 4 arrobes, ou de 120 l.; l'*arroba*, ou arrobe, de 30 l., & la livre, ou *libra pensil*, de 12 onces.

C'est avec cette livre que l'on pèse le pain, le sucre, les épiceries, le tabac, & autres semblables articles.

Le quintal avec lequel on pèse à *Valence* la farine, est de 4 arrobes, ou de 128 l.; l'arrobe de 32 l., & la livre de 12 onces.

Le quintal, dit *peso gruesso*, est de 4 arrobes, ou de 144 l. L'arrobe est de 36 l., & la livre de 12 onces. Ce poids est le plus en usage dans tout le royaume de *Valence*.

La *libra*, ou livre dont on pèse dans ce pays le poisson frais, est composée de 16 onces : l'once est la même que celle du *poids* de marc de *Valence*, expliqué ci-dessus.

La livre dont on pèse le gros poisson & le poisson salé, est composée de 18 onces; l'once comme ci-dessus.

La livre enfin, avec laquelle on pèse le pain, est de 36 onces.

100 L. *poids* ordinaire de 12 onces, font 72 1/10 l. d'Amsterdam; & 100 l., *poids* de commerce d'Amsterdam, font 138 7/10 l. *poids* ordinaire de *Valence*.

VENISE. Le marc, ou *marca*, *poids* de l'or & de

l'argent, a 8 oncie, 32 quarti, 1152 carati, ou 4608 grani.

L'once, ou *oncia*, a 144 carati, le *quarto* en a 36 ; le *caratti* a 4 grani.

100 Marcs, *poids* de *Venise*, font 97¼ marcs, poids de troyes de Hollande.

100 Marcs de Hollande, font 103 marcs de *Venise*.

Les apothicaires de *Venise* se servent du *poids* médicinal d'Allemagne, qui se trouve expliqué dans l'article de *Hambourg*.

On se sert dans le commerce à *Venise* de deux *poids*, dont l'un est plus fort que l'autre de 58 pour cent. Le *poids* fort se nomme *peso grosso*, & le *poids* foible *peso sottile*.

La *carica* a 4 quintaux, ou 400 l : le quintal est de 100 l., *poids* foible.

La livre, ou *libra*, poids foible, se compose de 12 onces, 72 *saggi*, ou 1728 caratti.

100 L., *poids* fort de *Venise*, font 94¼ l. *poids* de commerce d'Amsterdam.

100 L., *poids* foible de *Venise*, font 61½ l. dit.

Les marchandises qu'on pèse à *Venise*, avec le *poids* fort, sont : les cendres à savon, les capres en saumure, les châtaignes, le caviar, les cuirs de Cordouan & de Russie, le fer, l'ivoire, les plumes à lit, les figues, l'irios, les fromages, la craie, le cuivre, la viande, le lin, le poisson, le froment, la noix de galle, le fil, le bronze, le chanvre, le miel, le carouge, la soie de porc, les cordages, la moutarde en poudre, la laine de brebis, le soufre, le fil d'archal de cuivre, le *lignum sanctum*, le laiton, & le fil de laiton, l'huile, les peaux de bœuf, le bui, l'huile de rozat, les raisins, l'acier, l'iris de Florence, la glue, les grains, ou la semence des raisins, la terre rouge, la terre noire, l'étain & les autres métaux.

On pèse avec le *poids* foible : l'alun, l'anis, l'arsenic, l'orpiment, le coton, la céruse, le borax, le bois de Bresil, la galanga ou le calmus, les capres en verd, la cire à cacheter les lettres, la coriandre, les dattes, le fenouil, la filoselle, la cochenille, la gomme, la colle de poisson, l'indigo, le gingembre, le cumin, les amandes, le mithridate, la noix muscade, la mirrhe, le *petroleum*, le poivre, la poudre à canon, le mercure, le ris, le crayon, la rubrique ou terre rouge, le sel ammoniac, le salpêtre, la soie, le savon, le séné, la réglisse, les épiceries, la terre verte, la thériaque, la cire, le guede ou pastel en feuilles, les raisins, les griottes seches, l'encens, la semence de vers à soie, les raisins de Damas, la canelle, le gingembre sauvage & le sucre.

VERONE. On se sert à *Verone* de deux *poids*, dont l'un est plus fort que l'autre de $49\frac{1}{2}$ pour cent; ainsi,

100 L., *poids* fort de *Verone*, font $100\frac{7}{10}$ l., *poids* de commerce d'Amsterdam.

100 L., *poids* foible de *Verone*, font $67\frac{1}{3}$ l., *poids* dit.

VIENNE. Le marc de *Vienne*, *poids* de l'or & de l'argent, se divise en 16 loths, 64 quintels, ou 256 deniers ou *pfenings*; le *loth* a 4 *quintels*, ou 16 pfenings. Ce marc répond, suivant M. Tillet, à 1 marc, 1 once, 1 gros, 26 grains, poids de France, qui font 5,842 as *poids* de troyes de Hollande; il est à peu près 20 p$^{o}_{o}$ plus fort, que le marc *poids* de la ville de Cologne.

100 Marcs de *Vienne* font donc $114\frac{1}{10}$ marcs, *poids* de troyes de Hollande; & 100 marcs de Hollande font $87\frac{2}{3}$ marcs de *Vienne*.

Le *saum*, *poids* de commerce, est composé de 275 l.

Le *centner*, ou quintal, est de 100 l.; le *stein*, ou la pierre, est de 20 l.

La livre de *Vienne*, *pfund*, se divise en 2 marcs, ou 4 *viertings*, ou quarts.

Le marc est de 8 onces, 16 loths; 64 quintels, ou 266 pfenings. Ce marc, qui a été aussi essayé par M. Tillet, répond, suivant cet académicien, à 1 marc, 1 once, 1 gros, 16 grains de France, qui font 5831 as, *poids* de troyes de Hollande; & la livre répond, par conséquent, à 11662 as; ainsi,

100 L., *poids* de *Vienne*, font $113\frac{9}{10}$ l., *poids* de commerce d'Amsterdam; & 100 l., *poids* d'Amsterdam, font $88\frac{1}{6}$ l., *poids* de *Vienne*.

WISMAR. Le *schifpfund*, ou schtb, *poids* de commerce, contient 20 L l., ou 320 l.; il y a aussi un autre *poids* de ce même nom, dont on se sert pour peser le plomb & le fer, & qui est seulement de 280 l.

Le *lispfund*, ou l., pèse 16 l. La pierre, ou *stein* de lin, pèse 20 l.

La pierre, ou *stein* de laine & de plumes se compose de 10 l.

La livre a 32 loths, ou 128 quintins. Le *loth* est de 4 *quintins*.

100 L. de *Wismar* font 98 l., *poids* de commerce d'Amsterdam; & 100 l. d'Amsterdam font 102 l. de *Wismar*.

ZANTE. Le *poids* de *Zante* & de Céfalonie, est égal au poids fort de Venise. dont les 100 l. font $94\frac{4}{5}$ l., *poids* de commerce d'Amsterdam.

ZELANDE. Les *poids* de *Zelande* ne différent pas de ceux qui sont en usage à Amsterdam.

ZELLE. Voici les divers *poids* de commerce de cette ville :

Schifpfund, ou *Schtb*.	*Centners*, ou *Quintaux*.	*Steins*, *de lins*.	*Lispfunds*, ou Ltb.	*Steins*, *de laine*.	*Pfunds*, ou tb.
1	$2\frac{1}{4}$	14	20	28	280
	1	$5\frac{3}{5}$	8	$11\frac{1}{5}$	112
		1	$1\frac{3}{7}$	2	20
			1	$1\frac{1}{5}$	14
				1	10

12 Schtb sont réputés pour un last ordinaire de *Zelle*.

La livre forte, ou *schwerpfundt*, y pèse 320 l. ordinaires.

La livre ordinaire contient 32 loths, ou 120 quintins.

100 L. de *Zelle* font $98\frac{1}{2}$ l., *poids* de commerce d'Amsterdam, & 100 l. d'Amsterdam font $101\frac{1}{2}$ l. de *Zelle*.

ZURICH. On se sert à *Zurich* de deux *poids*, qu'on nomme, l'un *poids* fort, & l'autre *poids* foible: la livre du *poids* foible, qui sert seulement à peser la soie, répond à 8822 grains, *poids* de France, qui font 9758 as, *poids* de troyes de Hollande. Elle se divise en 2 marcs, 16 onces, ou 32 loths. Le marc de ce *poids*, qui est celui dont on se sert pour peser l'or & l'argent, en espèce & en matière, répond à 4879 as, *poids* de troyes de Hollande; il se divise en 8 onces, 16 loths; le *loth* en 4 quintlis; le *quintli* en 4 deniers ou fenins, & le *fenin*, en 17 *as* de *Zurich*.

La livre, *poids* fort, dont se servent les épiciers & autres marchands, est composée de 18 onces, ou 36 loths, & répond par conséquent à 9925 grains, *poids* de France, qui font 10978 as, *poids* de troyes de Hollande.

8 L., *poids* fort, en font 9, *poids* foible, ou 18 marcs de *Zurich*.

100 Marcs de *Zurich* répondent à $95\frac{1}{10}$ marcs, *poids* de troye de Hollande.

100 L., *poids* fort de *Zurich*, à $94\frac{11}{12}$ l., *poids* de commerce d'Amsterdam.

100 L., *poids* foible, dit, à $106\frac{1}{5}$ l., *poids* de commerce d'Amsterd.

TABLE des poids de divers pays pour peser l'or & l'argent ; leur poids le plus juste rendu par as de Hollande, & leur rapport relativement aux 100 marcs d'Amsterdam.

NOMS DES VILLES.	Rapport des 100 marcs de Hollande nomb. 100.	Contenu de chaque poids. As.
Amsterdam, ... marcs	100 нн	5120
onces	800 нн	640
Angleterre, poids de troyes lb	65 93	7766
onces	791 14	647 1/6
Anvers, ... marcs	100 нн	5120
Augsbourg, . . . marcs	104 23	4912
Bâle, ... marcs	105 13	4870
Berlin, ... marcs	105 2	4875
Berne, ... marcs	99 59	5141
Bombay, ... tolas	2130 28	240 1/3
Bonn, ... marcs	105 24	4865
Botzen, ... marcs	87 72	5837
Breme, ... marcs	105 13	4874
Breslau, ... marcs	125 92	4066
Brunswick, . . . marcs	105 39	4858
Bruxelles, ... marcs	100 нн	5120
Caire, (le) . . . rotoles	55 15	9285
Chine, (la) taëls, ou lyangs	656 30	780 1/5
Cologne, ... marcs	105 13	4870
Constantinople, . . chekys	77 10	6641
Copenhague, . . . marcs	104 30	4909
Coromandel, . . seyras	88 28	5788
Cracovie, ... mares	123 73	4138
Damas, ... rotoles	11 3	46421
Dantzick, ... marcs	105 33	4861
Dresde & Erford, . marcs	105 33	4861
Espagne, ... marcs	106 96	4787
castellanos,	5348 30	95 3/4
Florence, ... libres	72 42	7070
France, ... marcs	100 50	5097
onces	804 нн	637
Francfort sur Meyn, marcs	105 13	4870
Genes, ... livres	77 54	6603
Geneve, ... marcs	100 25	5107
Hambourg, . . . marcs	105 22	4866
Hannovre, . . . marcs	105 22	4866
Hollande, ... marcs	100 нн	5120
Japon, ... taëls	654 6	782 1/5
Konigsberg, . . . marcs	125 61	4076
poids de Berlin, marcs	105 2	4875
Leipsick, ... marcs	105 33	4861

NOMS DES VILLES.	Rapport des 100 marcs de Hollande nomb. 100.	Contenu de chaque poids. As.
Liege, ... marcs	99 94	5123
Lisbonne, ... marcs	107 20	4776
onças,	857 62	597
Livourne, ... libre	72 42	7070
oncie	869 4	589 1/2
Lubeck, ... marcs	105 22	4866
Magdebourg, . . . marcs	105 5	4874
Malabar, ... seyras	88 28	5788
Manheim, ... marcs	105 16	4869
Milan, ... marcs	104 58	4896
Munich, ... marcs	105 13	4870
Naples, ... libre	76 65	6680
oncie,	919 80	556 1/2
Nuremberg, . . . marcs	102 97	4972
Pégu, ... ticales	1601 нн	319 1/2
Pesse, ... miticales	5285 16	96 1/4
Pise, ... libre	72 52	7060
Pologne ou de Varsovie, marcs	122 нн	4198
Pondichery, . . . seyras	88 45	5788
Prague, ... marcs	96 98	5280
Ratisbonne, . . . marcs	100 18	5123
Riga, ... marcs	117 67	4351
Rome, ... libre	72 49	7063
Russie, ... livres	60 15	8512
Solotnicks	1774 44	88 1/4
Siene, ... libre	73 33	6982
Strasbourg, . . . marcs	104 36	4906
Suede, ... marcs	116 79	4384
Surate, ... tolas	2026 38	252 1/3
Tripoli, ... metecales	5150 90	99 4/10
Tunis, ... onces	780 49	656
Turin, ... marcs	99 97	5121 1/2
onces	799 нн	640 11/17
Venise, ... libre	68 67	7456
marchi	103 2	4970
oncie	824 15	621 1/7
Vienne, ... marcs	87 63	5842
Wildan, ... marcs	126 32	4053
Wirtemberg, . . . marcs	105 13	4870
Zurich, ... marcs	105 нн	4876

On peut par le moyen de cette table faire la réduction du poids d'un pays quelconque en celui d'un autre pays. Par exemple : le marc de France répond à 5,097 as, & celui d'Espagne à 4,787. On dit si 5,097 valent 100, combien vaudront 4,787, & l'on trouve par ce moyen que 100 marcs d'Espagne en font 93 $\frac{4672}{5097}$ de France. Si au contraire l'on dit : 4,787 valent 100, combien vaudront 5,027, on trouve que 100 marcs de France en font 106 $\frac{2271}{4787}$ d'Espagne.

TABLE des poids de Commerce de divers lieux du monde ; leur poids le plus jufte rendu par as de Hollande, & leur rapport relativement à cent livres de Commerce d'Amfterdam.

NOMS DES VILLE	Rapport de 100 l. de commer. d'Amsterd. nombre 100.	Contenu de chaque poids. As.	NOMS DES VILLES.	Rapport de 100 l. de commer. d'Amsterd. nombre 100.	Contenu de chaque poids. As.
Achem, . . . cattis	51 50	19981	Betelfaguy , . . mons ℔	53 32	19281
Aix en Provence , . . ℔	120 85	8506	Beyersdorf, ... ℔	96 81	10608
Aix la Chapelle, . . . ℔	105 39	9754	Beziers , ... ℔	100 85	10194
Alep., rotoles de 720 dram.	21 67	47441	Bilbao, ... ℔	100 85	10194
Dits, de 700.	22 29	46123	Bizance, ... ℔	100 85	10194
Dits, de 680.	22 94	44805	Bois-le-Duc , . . . ℔	105 95	9702
Dits, de 600. . . .	26 ⁗	39534	Bologne, ... ℔	136 39	7537
Okes de 400 drachmes. .	39·⁗	26356	Bolzane, ... ℔	98 60	10426
Drachmes.	15575 75	66	Bordeaux , ... ℔	100 51	10228
Alexandrie, rotoles, zaures	52 30	19656	Breme, ... ℔	99 4	10380
Dits, . . . zaïdines	81 59	12600	Breflau , ... ℔	121 89	8434
Dits, . . . forfores	115 90	8870	Breffe , ... ℔	150 95	6810
mines ,	65 38	15724	Bruge , ... ℔	105 1	9790
Alexandriette,			Brunswick , . . . ℔	105 80	9716
Alicante, . . grandes ℔	95 26	10791	Bruxelles , . . . ℔	105 1	9790
petites ℔	142 89	7194	Budiffin , ... ℔	113 97	9020
Altona, ... ℔	101 98	10080			
Amberg, ... ℔	82 37	12480	Caburg, ... ℔	96 91	10608
Amsterdam, poids de com. ℔	100 ⁗	10180	Cadix, ... ℔	107 37	9574
poids de troye ℔	100 39	10240	Caire, (le) . . . mines	82 86	12406
poids d'apothicaire ℔	133 85	7680	rotoles	114 41	8985
Ancone, ... ℔	147 11	6988	Calais, . . poids fort, ℔	96 89	10610
Angleterre, poids de troye ℔	132 37	7766	poids foible ℔	117 28	8765
avoir du poids ℔	108 91	9439	Calenberg, ... ℔	101 51	10127
Anspach, ... ℔	96 91	10608	Calicut , . . . feyras	180 83	5685
Anvers, ... ℔	105 ⁗	9790	Camenz, ... ℔	106 12	9687
Archangel, . . . ℔	120 77	8512	Campen, ... ℔	105 4	9787
Argel, . . . rotoles	91 38	11250	Canaries , ... ℔	107 49	9564
Arfchot, ... ℔	105 1	9790	Candie, poids fort, rotoles	93 82	10957
Augsbourg, . grandes ℔	100 59	10220	poids foible, rotoles	144 48	7115
petites ℔	104 51	9836	Canton en Chine , . cattis	82 33	12487
Auric, . poids de ville ℔	90 41	11370	Capoue, ... ℔	174 18	5902
poids particulier ℔	99 46	10336	Cartagene, ... ℔	107 37	9574
Avignon, ... ℔	125 32	8203	Caffel, ... ℔	156 2	6589
			Caftille , ... ℔	107 37	9574
Bâle, ... ℔	100 85	10194	Chambéri, ... ℔	115 16	8927
Bamberg , ... ℔	101 75	10103	Chipre , . . . rotoles	20 77	49492
Barcelonne, . . . ℔	159 88	6430	Civita-Vecchia, . . ℔	144 77	7101
Barlette, . poids fort ℔	58 28	17608	Cologne, ... ℔	105 54	9740
Baffane, ... ℔	144 69	7105	Como, ... ℔	159 23	6456
Batavie, . . . catti	83 63	12252	Conftance, . . . ℔	104 66	9822
Bautzen, ... ℔	113 97	9020	Conftantinople, . rotoles	87 95	11688
Bayonne, ... ℔	100 85	10194	Copenhague, . . . ℔	98 82	10403
Bayreuth, ... ℔	95 45	10770	Corfou , ... ℔	120 94	8500
Bergame, . poids fort ℔	60 61	16962	Corogne, ... ℔	85 90	11967
poids leger ℔	151 51	6785	Coromandel, . . biffes,	36 7	28498
Bergen en Norvege, ℔	98 82	10403	paloins	1443 82	712
Berg-op-Zoom, . . ℔	103 84	9900	Corfe , ... ℔	143 46	7166
Berlin, ... ℔	105 42	9751	Cofnitz, ... ℔	104 66	9822
Berne, ... ℔	94 51	10877	Courtray, ... ℔	112 83	9111

NOMS DES VILLES.	Rapport des 100 l. de commer. d'Amsterd. nombre 100.	Contenu de chaque poids. As.
Cracovie, ... ℔	121 58	8455
Crémone, ... ℔	150 69	6822
Culmbach, ... ℔	95 45	10770
Damas, . . . rotoles	27 54	37333
Danemarck, ... ℔	98 82	10403
Dantziek, ... ℔	113 44	9062
Delft, ... ℔	100 90	10280
Deventer, ... ℔	105 4	9787
Dieppe, ... ℔	99 94	10286
Dinkelspühl, ... ℔	100 78	10100
Dixmude, ... ℔	114 85	8951
Dordrecht, ... ℔	100 ??	10280
Douvres, ... ℔	109 64	9376
Dresde, ... ℔	105 74	9722
Dublin, ... ℔	108 85	9444
Dunkerque, ... ℔	113 20	9081
Ecosse, ou		
Edimbourg, poids vieux ℔	100 12	10268
poids neuf, voy. Angl.		
Eger, ... ℔	80 7	12839
Elbing, ... ℔	116 26	8842
Embden, ... ℔	99 46	10336
Erfordt, ... ℔	104 66	9822
Erlang, ... ℔	96 91	10688
Espagne, ℔ de 16 onces	107 37	9574
Falmouth, ... ℔	108 85	9444
Fano, ... ℔	148 25	6934
Ferrare, ... ℔	145 61	7060
Ferrol, ... ℔	85 90	11967
Fez, . . . rotoles	105 4	9787
Flensbourg, ... ℔	102 20	10059
Flessingue, ... ℔	106 7	9692
Florence, ... ℔	141 17	7282
Forli, ... ℔	149 99	6854
France, poids de marc . ℔	100 85	10194
poids de medecine ℔	134 54	7641
Francfort sur Meyn, } poids de quintal, ℔ }	97 3	10595
poids de livre, ℔	105 76	9720
Francfort sur l'Oder, ℔	105 44	9750
Freyberg, suivant Kruse ℔	92 7	11166
suivant M. Tillet ℔	105 77	9720
Gaëte, ... ℔	167 48	6138
Gallipoli, . . . rotoles	109 27	9408
Gand, ... ℔	105 1	9790
Gênes, poids de douane, rot.	92 34	11133
poids de caisse, rot.	101 58	10120
poids de cantaro, rot.	103 60	9923
poids de ville, fort ℔	143 98	7140
poids de ville, foible ℔	152 98	6720
Geneve, . . poids fort ℔	89 69	11462
poids foible	107 62	9532
Gibraltar, ... ℔	105 67	9728
Goerlitz, ... ℔	113 97	9020
Goldkronach, . . . ℔	95 21	10792
Gothembourg poids de victuaille, ℔	116 18	8848
poids de fer, ℔	145 24	7078
Grenade, poids fort ℔	98 93	10390
poids foible ℔	111 16	9248
Groningue, ... ℔	100 96	10182
Gueldres, ... ℔	105 83	9714
Hambourg, poids de com. ℔	101 93	10085 5/8
poids de Cologne ℔	105 54	9740
Hanovre, poids de comm. ℔	101 51	10127
poids de médecine ℔	107 14	9595
Harbourg, ... ℔	101 51	10127
Harlem, ... ℔	100 ??	10280
Hassfurt, ... ℔	96 91	10608
Havre de Grace, . . . ℔	93 43	11005
Haye, (la) . . . . ℔	100 ??	10280
Heydelberg, ... ℔	97 90	10500
Hildesheim, ... ℔	105 80	9716
Hof, . . . poids fort ℔	77 53	13260
poids foible ℔	84 46	11934
Hollande, poids de comm. ℔	100 ??	10280
poids de troyes ℔	100 39	10240
poids de medecine ℔	133 85	7680
Hull, ... ℔	103 21	9960
Japon, , . . . cattis	83 73	11277
Java, ... cattis	82 47	12466
Jeroslaw, ... ℔	122 38	8400
Irlande, avoir du poids ℔	90 71	11333
Kiel, ... ℔	103 67	9916
Kitzingen, ... ℔	96 91	10608
Konigsberg, poids vieux ℔	129 92	7913
poids neuf de Berlin, ℔	105 42	9751
Krems, ... ℔	87 21	11787
Lacédémone, . . rotoles	109 27	9408
Lauban, ... ℔	117 90	8719
Leipzick, poids de viande ℔	98 11	10478
poids de commerce, ℔	105 80	9716
poids de mines, ℔	109 65	9375
poids d'acier, ℔	113 50	9057
Leyde, ... ℔	105 1	9790
Liebau, ... ℔	119 56	8598
Liege, ... ℔	104 1	9884
Lille, . . . poids fort ℔	106 44	9658
poids foible ℔	115 3	8937
Lindau, ... ℔	107 55	9558

Lintz,

NOMS DES VILLES.	Rapport de 200 l. de commer. d'Amsterd. nombre 200.	Contenu de chaque poids. As.
Lintz, ... ℔	87 21	11787
Lisbonne, ... ℔	107 62	9552
Livourne, ... ℔	144 1	7141
Lœbau, ... ℔	105 80	9716
Londres, *avoir du poids* ℔	108 85	9444
poids du roi, ℔	72 97	14166
poids de troyes ℔	132 44	7762
Louvain, ... ℔	105 1	9790
Lublin, ... ℔	124 3	8288
Lucerne, ... ℔	98 93	10391
Lucque, *poids de comm.* ℔	132 71	7746
poids de soie ℔	148 6	6943
Lubeck, ... ℔	102 20	10059
Lunebourg, ... ℔	101 51	10127
Lyon, . . *poids de ville* ℔	116 29	8840
poids de soie ℔	107 49	9564
Madere, ... ℔	113 39	9066
Madras, ... *biffes*	34 85	29497
Madrid, ... ℔	107 37	9574
Magdebourg, ... ℔	105 44	9750
Mahon, ... ℔	111 8	9255
Majorque, ... ℔	117 54	8746
Malabar, (côte de) . *biffes*	36 2	28537
Malaca, ... *cattis*	72 57	14166
Malaga, ... ℔	107 37	9574
Malthe, ... ℔	64 7	16045
Manheim, ... ℔	99 81	10299
Mantoue, ... ℔	149 99	6854
Marseille, ... ℔	122 98	8359
Massa, ... ℔	141 64	7258
Masulipatan, . . . *feyras*	177 6	5788
Mecque (la) & Medine *rotoles*	106 73	9631
Mecheln, ... ℔	105 1	9790
Meissen, ... ℔	104 66	9822
Memel, ... ℔	119 62	8394
Memmingen, ... ℔	96 48	10655
Messine, ℔ *de 12 onces*	155 52	6610
rotoles de 30 onces	62 21	16524
rotoles de 33 onces	56 56	18176
Middelbourg, ... ℔	105 57	9738
Milan, . . *peso sottile* ℔	150 69	6822
peso grosso ℔	64 58	15918
Minorque, . *poids fort* ℔	41 27	24912
poids foible ℔	123 80	8304
Mocca, ... *Maon*	37 32	21545
Modene, ... ℔	153 39	6702
Monaco, ... ℔	149 12	6894
Montpellier, ... ℔	121 37	8470
Morlaix, ... ℔	100 85	10194
Morée, *poids de comm.* ℔	123 62	8316
poids de soie ℔	98 89	10395
Okkes	41 21	24948

NOMS DES VILLES.	Rapport de 200 l. de commer. d'Amsterd. nombre 200.	Contenu de chaque poids. As.
Moscovie, ... ℔	120 77	8512
Munchberg, ... ℔	95 45	10770
Munich, ... ℔	88 8	11671
Munster, ... ℔	103 67	9916
Namur, ... ℔	105 1	9790
Nancy, ... ℔	100 85	10194
Nantes, ... ℔	100 85	10194
Naples, ... ℔	153 90	6680
rotoles	55 40	19555
Narva, ... ℔	105 57	9738
Naumbourg, ... ℔	105 80	9716
Négrepont, . . . *rotoles*	92 30	11138
Neufchatel, ... ℔	94 97	10825
Neuhoff, ... ℔	96 91	10608
Neustadt, ... ℔	96 91	10600
Newcastel, ... ℔	101 98	10080
Nice en Italie, ... ℔	159 31	6453
Nimegue, ... ℔	99 81	10299
Norlingue, ... ℔	100 78	10200
Norvege, ... ℔	94 42	10388
Nove, ... ℔	149 12	6894
Nuremberg, ... ℔	96 91	10608
Ochsenfurt sur Meyn, . . ℔	96 91	10608
Ofen, ... ℔	100 51	10228
Oldenbourg, sur la Hunte. ℔	100 ///	10080
Oran, ... *rotoles*	98 6	10483
Orient, [l'] . . . . ℔	100 85	10194
Ormus, ... *feyras*	163 7	6304
Osnabrug, ... ℔	110 ///	10280
Ostende, ... ℔	105 1	9790
Osternohe, ... ℔	96 91	10608
Oudenarde, ... ℔	112 83	9011
Oviedo, ℔ *de 24 onces* . .	71 58	14361
℔ *de 16 onces* . .	103 37	9574
Paderborn, ... ℔	103 67	9916
Padoue, ... ℔	147 87	6952
Palerme, ... ℔	155 52	6610
rottili sottili	62 21	16524
rottili grossi	56 56	18176
Paris, *poids de commerce* ℔	100 85	10194
poids de médecine ℔	134 54	7641
Parme, ... ℔	145 69	7056
Passau, ... ℔	102 84	9996
Patras, *poids de comm.* ℔	123 62	8316
poids de soie ℔	98 89	10395
Pegu, ... *biffes*	32 14	31981
Pekin, ... *cattis*	82 36	12482
Pernau, ... ℔	118 57	8670
Perouse, ... ℔	141 66	7257
Piémont, ... ℔	132 64	7750
Pillau, . . *poids vieux* ℔	123 69	8311

NOMS DES VILLES.	Rapport de 100 l. de commerce d'Amsterd. nombre 100.	Contenu de chaque poids. As.
Pise, ℔	151 64	6779
Plaisance, ℔	153 11	6714
Pondichery, bisses	33 63	30564
Pontemoli, ℔	143 88	7145
Porto, ℔	114 73	8960
Posen, ℔	124 3	8288
Prague, ℔	96 17	10690
Presbourg, ℔	88 50	11616
Queda, ℔	67 19	15299
Raguse, ℔	135 98	7560
Ratisbonne, ℔	86 88	11833
Ravenne, ℔	164 93	6233
Recanate, ℔	149 92	6857
Regge, ℔	149 72	6866
Revel, ℔	114 73	8960
Rhode, rotoles	20 65	49778
Riga, ℔	118 15	8701
Rochelle, (la) ℔	100 85	10194
Rome, ℔	142 67	7205
Rostock, ℔	96 67	10634
Rothenbourg, sur la Taub. ℔	96 91	10608
Rotterdam, poids fort ℔	100 #	10280
poids foible ℔	105 1	9790
Rouen, poids de marc ℔	100 90	10188
poids de vicomté, ℔	95 14	10805
Roverede, ℔	145 3	7088
Russie, ℔	120 77	8512
Saint-Ander, ℔ de 16 onces	107 17	9592
Sainte Croix, ℔	98 96	10388
S. Eustache, ℔	100 #	10280
S. Gall, poids fort ℔	84 51	12164
poids foible ℔	106 22	9678
S. Lucar, ℔	105 4	9787
S. Malo, ℔	100 85	10194
S. Petersbourg, ℔	120 77	8512
S. Remo, ℔	149 12	6894
S. Sebastian, ℔	100 85	10194
Salé, ℔	105 67	9728
Saltzbourg, ℔	88 23	11652
Saragosse, ℔	158 52	6485
Sayde, rotoles d'Acre	20 73	49582
rotoles de Damas	26 52	38768
Sardaigne, ℔	123 22	8343
Schafhouse, ℔	107 49	9564
Schweinfurt, ℔	96 91	10608
Scio, ℔	99 71	10310
Seville, ℔	107 17	9592
Siam, cattis	80 56	12760
Sicile, poids ordinaire ℔	155 52	6610
rotoli sottili ℔	162 21	16524
rotoli grossi ℔	56 56	18176
Sienne, ℔	110 43	9309
Smirne, okes	39 26	26182
rotoles ou lodres	87 25	11782
Speyer, ℔	96 91	10608
Stade, ℔	103 99	9886
Stetin, ℔	105 44	9750
Stockholm, Voy. Suede.		
Stralsund, ℔	102 20	10059
Strasbourg, poids fort ℔	100 90	10188
poids foible ℔	104 78	9811
Suede, poids de victuailles ℔	116 18	8848
poids de mines ℔	131 42	7822
poids des états ℔	137 99	7450
poids de fer ℔	145 24	7078
poids de médecine ℔	138 62	7416
Sumatra, cattis	38 74	26538
Surate, seyras	16 83	8799
Surinam, ℔	100 47	10280
Syracuse, ℔	151 18	6800
Syrie, mines	83 63	12292
Tanger, ℔	102 69	10011
Teneriffe, ℔	107 59	9555
Tetuan, rotoles	69 67	14756
Thorn, ℔	117 27	8766
Tortose, ℔	162 17	6339
Toulon, ℔	115 12	8930
Toulouse, ℔	118 80	8653
Tournai, ℔	113 45	9061
Treves, poids fort ℔	95 61	10752
poids foible ℔	145 32	7074
Trieste, poids de Vienne ℔	97 94	11690
poids fort de Venise ℔	103 26	9955
poids foible de Venise ℔	163 17	6300
Tripoli de Barbarie, rot.	97 13	10584
Tripoli de Syrie, rotoles	27 20	37800
okes	40 79	25200
Tunis, rotoles	99 54	10328
Turin, ℔	133 85	7680
Ulm, ℔	105 39	9754
Valence en Espagne, ℔ poids fort	95 26	10791
poids foible ℔	142 90	7194
Valence en Dauphiné, ℔	100 85	10194
Valenciennes, ℔	105 4	9787
Varsovie, ℔	130 28	7891
Venise, poids fort ℔	103 26	9955
poids foible ℔	163 17	6300
Veronne, poids fort ℔	99 32	10350
poids foible ℔	148 47	6924
Vibourg, ℔	121 66	8450
Vicence, poids fort ℔	101 35	10143

NOMS DES VILLES.	Rapport de 100 l. de commer. d'Amsterd. nomb. 100.	Contenu de chaque poids. As.	NOMS DES VILLES.	Rapport de 100 l. de commer. d'Amsterd. nomb. 100.	Contenu de chaque poids. As.
Vicence, *poids foible* • ℔	145 32	7074	Zirickzée, ... ℔	113 2	9081
Vienne, ... ℔	88 15	11662	Zittau, ... ℔	105 60	9735
poids de safran. ℔	96 91	10608	Zurich, } *poids fort* ℔	93 69	10972
Vismar, ... ℔	102 7	10072	} *poids foible* ℔	105 40	9753
			Zutphen, ... ℔	105 4	9787
Windau, ... ℔	119 56	8598	Zwol, ... ℔	102 50	10029
Windsheim, ... ℔	96 91	10608	*poids de médecine :*		
Wittemberg, ... ℔	105 54	9740	d'Allemagne, ... ℔	137 95	7452
Wondsiedel, ... ℔	69 67	14759	d'Angleterre, ... ℔	132 37	7766
Wurtzbourg, ... ℔	103 57	9926	d'Espagne, ... ℔	107 37	9574
			de France, *de 16 onces*. ℔	100 90	10188
Ypres, ... ℔	114 73	8560	dit, *de 12 onces*. ℔	134 54	7641
Yviça, ... ℔	106 72	9633	de Hannovre, ... ℔	135 35	7595
			de Hollande, ... ℔	133 85	7680
Zante & Céfalonie, ... ℔	103 26	9955	de Suede, ... ℔	138 62	7316
Zéelande, ... ℔	106 32	9669	de Turin, ... ℔	160 57	6402
Zelle, ... ℔	101 51	10127			

Poids de la Chine, de la Perse, de l'Indouſtan & de toutes les Iſles & Etats des Indes Orientales & de l'Aſie.

La *Chine* a pour *poids* le pic, le picol, le bahar, bahaire ou barre, trois noms du même poids; le tael, le catis, que ſuivant la diverſe prononciation des Européens, ils appellent encore catis & cate; le mas qu'on nomme auſſi *maſe*, & les condorins ou conduris.

Le *Tunquin* a tous les *poids* de la Chine, comme il en a les meſures & les monnoies.

Le *Japon* n'a qu'un ſeul *poids* qui eſt le catti, différent pourtant de celui qui eſt commun à la Chine & au Tunquin; mais les étrangers y peſent les ſoies au pancado, poids dont les Portugais ſe ſervent à Goa, & quelquefois à la maſe & au tael.

A *Surate*, à *Agra* & dans tous les états du mogol on ſe ſert du mein & de la ſerre, qu'on nomme auſſi *ſer*; ce mein peut être regardé comme le poids commun & général des Indes Orientales : mais avec quelque diverſité de nom, ou peut-être ſeulement de prononciation; à Cambaye on l'appelle *mao*, & en d'autres endroits *man*. La ſerre qui eſt proprement la livre Indienne eſt auſſi d'un uſage preſque univerſel; on en peut dire autant du grand & petit bahar, du tael & du catti dont on a parlé ci-deſſus.

Les *poids de Siam* ſont le pic, le ſchang, le tamling, le baar, le ſeling, le fouang, la ſompaye, la paye & le clam; il faut obſerver que les poids de ce royaume n'ont guères d'autres noms que les monnoies mêmes, & que l'on ſe ſert de ces dernières pour peſer quantité de choſes, enſorte que les étrangers peu inſtruits s'imaginent qu'il y a des denrées aſſez communes qui ſe vendent leur poids d'argent peſant. En général les Siamois appellent *Dingt* toutes ſortes de poids. *Voyez cet article.*

Le gantan eſt propre à *Bantan* & à *l'Iſle de Java. Golconde, Viſapour* & *Goa* ont auſſi des furatelles, des mangelins ou mangalis pour peſer les diamants & autres pierreries; des chegos, des rotolis, des métricols ou métricoli, & des paucados pour les ſoies & autres marchandiſes; & des vals pour peſer les piaſtres & les ducats.

En *Perſe* l'on ſe ſert de deux batmans ou mans, dont l'un ſe nomme *cahi* ou *cheray*, & l'autre *batman de Tauris*. Le ratel, le derheim, le meſcal, le dung, le vachié, le toman ou tumein, & le ſah-cheray ſont encore des poids qui y ſont en uſage, auſſi-bien qu'à *Ormus* & dans toutes les Villes du ſein Perſique qui appartiennent au roi de Perſe.

Tous ces poids de l'Orient ſont expliqués à leurs articles particuliers.

Poids de l'Amérique & de l'Afrique.

On ne dit rien des *poids de l'Amérique*, les Nations Européennes qui l'occupent, ſe ſervant dans leurs colonies de ceux qui ſont en uſage dans les états des princes de l'Europe de qui elles dépendent; car pour l'aroue du Pérou qui peſe vingt-cinq livres, on voit aſſez que ce n'eſt autre choſe que l'arobe Eſpagnole avec un nom un peu déguiſé à l'Indienne.

A l'égard des *poids de l'Afrique*, n'y ayant guères que l'Egypte & les Côtes de Barbarie où il y ait des poids, on en a parlé dans ce qu'on a dit ci-deſſus des échelles de la Méditerranée & des états du grand seigneur ; & pour les côtes depuis le Cap - Verd, Guinée, royaume de Congo, jusqu'à Sofola, Mosambique & au-delà, ou bien il n'y a point de poids, ou bien les François, Anglois, Hollandois, Portugais & Danois qui y ont des établissemens & qui y trafiquent, y ont porté les leurs.

L'isle de *Madagascar* a pourtant les siens, mais qui ne passent point la dragme ou gros, & qui ne servent qu'à peser l'or & l'argent ; les autres choses, marchandises & denrées ne se pesant point.

Le gros se nomme *sompi*, le demi-gros *vari*, le scrupule ou denier *sacare*, le demi-scrupule ou obole *nanqui*, les six grains *nangue* ; pour le grain il n'a point de nom.

On a cru que l'on feroit plaisir au lecteur d'ajouter ici une table de la réduction du *poids* d'Amsterdam à celui des principales villes d'Europe.

Table alphabétique du rapport des poids *d'Amsterdam, avec ceux des villes du plus grand commerce de l'Europe.*

Cent livres d'*Amsterdam* sont égales à

108 liv. d'Alicant.
105 liv. d'Anvers.
110 liv. d'Archangel, ou trois poedes.
105 liv. d'Arschot.
110 liv. d'Avignon.
98 liv. de Bâle en Suisse.
106 liv. de Bayonne en France.
166 liv. de Bergame.
97 liv. de Bergopsom.
95 liv. un quart de Bergue en Norwegue.
111 liv. de Berne.
100 liv. de Besançon.
100 liv. de Bilbao.
105 liv. de Boisleduc.
151 liv. de Bologne.
100 liv. de Bordeaux.
104 liv. de Bourg en Bresse.
103 liv. de Bremen.
125 liv. de Breslaw.
105 liv. de Bruge.
150 liv. de Bruxelles.
105 liv. de Cadix.
105 liv. de Cologne.
125 liv. de Couinsbergen.
107 liv. & demie de Coppenhague.
87 rottes de Constantinople.
113 liv. & demie de Dantzik.
100 liv. de Dordrecht.
97 liv. de Dublin.
97 liv. d'Edimbourg.
143 liv. de Florence.
98 liv. de Francfort sur le Mein.
105 liv. de Gand.
89 liv. de Genève.
163 liv. de Genes, poids de caisse.
102 liv. de Hambourg.
100 liv. de la Rochelle.

106 liv. de Leyden.
105 liv. de Leipzic.
105 liv. & demie de Liege.
114 liv. de Lille.
116 liv. de Lyon, poids de ville.
106 liv. & demie de Lisbonne.
143 liv. de Livourne.
109 liv. de Londres du grand quintal de 112 liv.
105 liv. de Louvain.
105 liv. de Lubec.
141 liv. & demie de Luques, poids léger.
114 liv. de Madrid.
105 liv. de Malines.
123 liv. & demie de Marseille.
154 liv. de Messine, poids léger.
168 liv. de Milan.
120 liv. de Montpellier.
125 bercheroots de Moscou.
106 liv. de Nancy.
100 liv. de Nantes.
169 liv. de Naples.
98 liv. de Nuremberg.
100 liv. de Paris.
112 liv. & demie de Revel.
109 liv. de Riga.
146 liv. de Rome.
100 liv. de Rotterdam.
96 liv. & demie de Rouen, poids de vicomte.
100 liv. de S. Malo.
100 liv. de S. Sébastien.
158 liv. & demie de Sarragosse.
106 liv. de Seville.
114 liv. de Smyrne.
110 liv. de Stetin.
81 liv. de Stokolm.
118 liv. de Toulouse & haut Languedoc.
151 liv. de Turin en Piedmont.
158 liv. & demie de Valence.
182 liv. de Venise, poids subtil.

M. Ricard remarque que quelque soin & quelque précaution que l'on prenne pour trouver l'égalité des *poids* entre une ville & une autre, il arrive rarement qu'on y réussisse dans la pratique, n'arrivant que trop souvent que l'incapacité ou la mauvaise foi des peseurs ou des commissionnaires fassent trouver du mécompte sur les marchandises qu'on tire d'un lieu ou qu'on y envoie ; ensorte, dit-il, qu'il faut presque toujours compter sur un ou deux pour cent de moins que les évaluations rapportées dans la table précédente.

POIDS PUBLIC D'AMSTERDAM. *Voyez* l'article des *travailleurs* & des *peseurs*.

Les trois *poids publics d'Amsterdam* sont régis par une compagnie de fermiers, dont la ferme se renouvelle tous les ans. C'est au poids du Dam que les fermiers tiennent leur comptoir général, & que les peseurs & travailleurs se trouvent tous les matins pour recevoir les ordres du bureau, conférer ensemble de leurs intérêts communs, & s'avertir mutuellement des marchandises que leurs marchands ont à livrer au poids, & auquel des trois poids elles doivent être pesées.

Celui qui livre la marchandise doit la faire porter au poids à ses dépens, & celui qui la reçoit la fait porter aux siens depuis le poids jusques chez lui.

Quand on vend une grosse partie de marchandise, ou que les marchandises sont pesantes & de grand volume, on peut, si l'on veut (pour éviter les frais du transport) faire venir une balance & un peseur la peser devant la maison où elle se trouve, avec une machine qu'on nomme *prinkel*, ce qui ne coûte en tout que 3 florins 3 sous pour le droit du bureau, & 6 à 8 sous pour le port de la machine. Cette machine est simple, & ne consiste qu'en trois morceaux de bois liés ensemble par le haut, qui s'arcboutant l'un contre l'autre, soutiennent la balance par le moyen d'un anneau qui est attaché à l'endroit où les pieces de bois se joignent.

Toute marchandise qui se vend au poids est sujette au droit de poids, & ce droit se paie chaque fois qu'elle passe d'un lieu ou d'une main à une autre.

Il n'est permis à personne d'avoir chez soi de grandes balances pour peser les marchandises qu'on vend en gros, à moins d'en avoir obtenu la permission du fermier du poids; ce qui s'obtient assez facilement, mais toujours sans préjudice du droit qui se paie de même que si la marchandise avoit été pesée au bureau. Ces permissions se paient suivant les affaires qu'on fait, y ayant des marchands qui n'en donnent que 15 ou 20 florins, & d'autres jusqu'à 50 & plus par an.

Tous les droits du poids se paient également par moitié par le vendeur & l'acheteur, à l'exception de ceux des syrops & des fromages; les droits de ces derniers se paient suivant un tarif particulier, & le vendeur acquittant entièrement ceux des syrops. C'est toujours l'acheteur qui fait les avances du droit, sauf à lui à s'en faire tenir compte de la moitié par le vendeur.

Celui qui a une balance chez lui & qui y livre sa marchandise, est tenu du droit entier, à moins qu'il n'en soit convenu autrement avec l'acheteur.

Lorsque la marchandise se livre au poids, & que l'acheteur l'a examinée & l'a reçue, le vendeur en rigueur n'est plus tenu des défauts qui s'y trouvent dans la suite, mais entre gens de bonne foi, le vendeur a coutume d'y avoir égard. Si la marchandise s'achette telle qu'elle est, ou sur un échantillon, pourvu qu'elle soit semblable à l'échantillon, l'acheteur n'a point de dédommagement à prétendre de celui qui la lui a livrée.

Le vendeur peut obliger l'acheteur de porter son argent au poids, pour en recevoir son paiement aussi-tôt après qu'elle est pesée; mais on n'en use guères ainsi qu'avec des gens dont on se défie. Si on est convenu de payer aussi-tôt après la marchandise pesée & que l'acheteur y manque, le vendeur est en droit de le faire saisir entre les mains des travailleurs, qui, s'il est nécessaire, la peuvent

mettre en magasin jusqu'à ce que les parties soient d'accord.

Il faut remarquer que depuis une livre jusqu'à 25 livres, le droit du poids est comme de 25 livres, depuis 25 jusqu'à 50 livres, comme de 50 livres, depuis 50 jusqu'à 75 livres, comme de 75 livres; & depuis 75 livres jusqu'à cent livres, comme de 100 l. On peut voir dans le Traité du Négoce d'Amsterdam, donné au Public en 1722, par M. Jean-Pierre Ricard, le tarif général des droits du poids pour toutes les marchandises qui y sont sujettes, & quelques tarifs particuliers pour de certaines especes de marchandises, entr'autres les fromages, les beurres & les syrops. Ces tarifs contiennent, non-seulement le droit de la ville & celui de la province, mais encore le dixieme d'augmentation.

Outre tous ces droits, l'ordonnance du 24 janvier 1704, a encore ajouté un nouveau droit de pesée; sçavoir aux balances de dehors depuis une livre jusqu'à 399 liv. un sol par chaque pesée; depuis 400 liv. jusqu'à 799 livres un sol huit pennins; & depuis 800 livres jusqu'à 2000 liv. & au-dessus, deux sols.

POIGNÉE, terme en usage dans le négoce de la saline, qui signifie *deux morues*. Ainsi l'on dit une *poignée de morue*, pour dire deux morues.

En France les morues se vendent sur le pied d'un certain nombre de *poignées* au cent, & ce nombre est plus ou moins grand, suivant les lieux. A Paris, le cent est de cinquante-quatre *poignées* ou cent huit morues; à Orléans, à Rouen, & dans tous les ports de Normandie, le cent est de soixante-six *poignées* ou cent trente-deux morues; à Nantes, & dans tous les ports du royaume, le cent est de soixante-deux *poignées*, ou cent vingt-quatre morues.

POIGNÉE se dit aussi chez les marchands merciers de plusieurs écheveaux de fil attachés ensemble, ainsi l'on dit vendre le fil à la *poignée*.

POIGNÉE, est aussi un terme d'emballeur; il signifie *une certaine oreille* ou pointe de toile que les emballeurs laissent aux quatre coins d'un ballot pour le pouvoir remuer plus facilement.

POIL. Filets déliés qui sortent par les pores de la plupart des animaux à quatre pieds, & qui sert de couvertures à toutes les parties de leur corps.

Il se fait en France & dans les pays étrangers un commerce & une consommation considérable de plusieurs sortes de *poils* qui s'emploient en diverses especes de manufactures. Les uns sont filés, & les autres encore tels qu'ils ont été levés de dessus la peau des animaux qui les ont fournis.

Les principaux sont le castor, la chèvre, le chameau, le lapin, le lièvre, le chien, le bœuf, la vache & le veau.

L'autruche fournit une sorte de duvet que l'on appelle aussi poil de laine. Il y en a de deux sortes, l'un fin & l'autre gros, dont le premier entre dans la fabrique des chapeaux communs, & l'autre sert à faire les liziéres des draps blancs les plus fins deſtinés pour être teints en noirs.

On appelle *un chapeau à poil*, celui qui n'eſt point ras, & qui eſt extérieurement velu.

On dit tirer le *poil* ou tirer à *poil* une revêche, une ſommiere, une ratine, une eſpagnolette, un molleton, une bayette, une flanelle, une ſerge, une couverture, &c. pour dire, en faire ſortir le *poil*, en tirer le *poil* ſur la perche par le moyen du chardon à drapier ou à bonnetier, pour couvrir l'étoffe & la rendre plus molette & plus chaude.

Les bas drapés ſe tirent auſſi à *poil* avec le chardon.

Poil. Se dit pareillement de la laine qu'on laiſſe ſur le drap ou ſur quelqu'autre étoffe de laine après l'avoir tirée du fond de l'étoffe avec le chardon, & qu'elle a été tondue. Ainſi l'on dit, ce drap, cette ratine eſt trop chargée de *poil*, le *poil* en eſt trop long, il faut le tondre de plus près.

Les tondeurs couchent le *poil* des draps & autres étoffes qu'ils tondent avec un inſtrument appelé *zhuile*.

Poil. Se dit encore de la ſoie & du *poil* de chévre qui couvre la chaîne de certaines étoffes, telles que ſont les velours, les pannes, les peluches, &c. Les velours à trois *poils* ſe diſtinguent par le nombre des lignes jaunes marquées ſur la liſiére. On dit, cette panne eſt bonne, elle a le *poil* bas & ſerré. Cette peluche n'eſt pas aſſez couverte de *poil*, on en apperçoit le fond.

La tripe eſt une eſpéce d'étoffe dont le poil eſt de laine, & qui eſt travaillée comme le velours.

La moquette eſt fabriquée comme la tripe, mais le *poil* en eſt de fil & de laine.

Poil de cheveux. Les cheveux à faire perruques ſont tarifés dans le tarif de la douane de Lyon.

POINÇON. Coin ou morceau de fer acéré, ſur un des bouts duquel eſt gravé en creux ou en relief quelque figure, lettre ou marque dont on fait des empreintes ſur quelque métal ou autre matière, en le frappant avec un marteau par le bout où il n'y a rien de gravé.

Il y a beaucoup d'ouvriers des corps & communautés des arts & métiers de Paris, particuliérement de ceux qui travaillent ſur l'or, l'argent & les autres métaux, qui par les ſtatuts ſont obligés d'avoir des poinçons pour marquer leurs ouvrages; tels que ſont, par exemple, les orfévres & jouailliers dans les ſix corps des marchands, & les taillandiers, couteliers, tabletiers, faiſeurs de peigne, balanciers, les potiers d'étain, & pluſieurs autres dans les communautés des artiſans, comme on le peut voir dans les divers articles de ce Dictionnaire, où leurs ſtatuts ſont rapportés.

Les empreintes de ces *poinçons* pour qu'ils ne puiſſent être changés ni altérés, & afin qu'on puiſſe y avoir recours, ſont ordinairement contretirées ſur une table de cuivre ou de plomb, qui ſe met dans la chambre du procureur du roi au châtelet de Paris; quelquefois même il s'en met une ſeconde

dans la chambre ou bureau où ſe tiennent les aſſemblées des corps & communautés qui ſont aſſujetties à cette police.

C'eſt ſur ces empreintes, qui ſont comme les matrices & étalons de tous les *poinçons* des maîtres de chaque corps & communauté, que ſe font les comparaiſons par les experts, lorſqu'il y a ſoupçon de faux, & c'eſt ce qu'on appelle *rengrener*, & l'opération *rengrennement*. Voyez ces deux articles.

Outre le *poinçon* duquel les orfévres, plus particuliérement que les autres marchands ou ouvriers, ſont obligés de marquer leurs ouvrages, il faut qu'ils ſoient de plus marqués de deux autres poinçons, l'un qu'on appelle *la marque de l'or & de l'argent*, qui eſt un droit ou impoſition à tant par marc, que les beſoins de l'état obligerent Louis XIV. de mettre ſur ces deux métaux dès la guerre d'Hollande, commencée en 1672; & l'autre eſt le *poinçon* qui marque le lieu de la fabrique, & en quelque ſorte le titre de l'or & de l'argent.

Le *poinçon* de Paris eſt plus eſtimé que celui des pays étrangers; ſur-tout on n'en fait nulle comparaiſon pour le titre & la beauté avec le *poinçon* d'Allemagne, qui eſt toujours d'un titre bien au-deſſous.

Poinçon. Chaque marchand drapier a ſon *poinçon*, ſur lequel eſt gravé ſon nom ou ſon chiffre, pour marquer les étoffes qu'ils envoient aux apprêts, afin d'empêcher qu'elles ne ſoient changées contre d'autres ou par mégard, ou par malice.

Il y a auſſi des *poinçons* dans chaque manufacture pour appoſer aux draps & autres étoffes le plomb de fabrique.

Poinçon. C'eſt auſſi un outil dont ſe ſervent pluſieurs ouvriers & artiſans.

Il y a diverſes ſortes de *poinçons*, ſuivant les matières ſur leſquelles on les emploie, & les uſages auxquels ils ſervent.

Poinçon. Eſt encore en quelques lieux de France, particuliérement à Nantes & en Touraine, une des meſures pour les liquides.

Le *poinçon* dans la Touraine & le Blaiſois eſt la moitié d'un tonneau d'Orléans & d'Anjou.

A Paris, c'eſt la même choſe que la demi-queue.

A Rouen, il contient treize boiſſeaux.

POINT. *Terme de manufacture de dentelle.* Il ſe dit de toutes ſortes de dentelles & paſſemens de fil faits à l'aiguille, comme *point* de France; *point* de Paris, *point* de Veniſe, &c. Quelquefois il s'entend auſſi de celles qui ſont faites au fuſeau, comme *point* d'Angleterre, *point* de Malines, *point* du Havre, *point* d'Aurillac; mais pour ces dernières eſpéces on les appelle plus ordinairement *dentelles*. Il y a en France pluſieurs manufactures de *points*.

POINTE. On nomme, dans le commerce des plumes d'autruche, *noires fin à pointe*, les grandes plumes noires, qui ſont propres à faire des panaches. Les moindres de cette qualité s'appellent *petit noir à pointe plate*.

POINTES. Ce font des clous qui n'ont point de tête. Ils fervent aux ferruriers à ferrer les fiches qui s'attachent aux portes, croifées & guichets.

On les achete en gros ou à la fomme, qui eft de douze milliers, ou au compte quand ce font de celles qu'on appelle *fiches au poids*. Dans le détail on les vend à la livre & au compte.

Il y a encore une autre forte de *pointes* dont fe fervent les vitriers pour attacher leurs panneaux & carreaux de verre fur les bois des croifées & chaffis. Ce ne font pas ordinairement des clous faits exprès, mais feulement le bout des clous que les maréchaux emploient à ferrer les chevaux.

POINTES NAÏVES. Nom que les diamantaires & lapidaires donnent à certains diamants bruts, d'une forme extraordinaire, qui fe tirent particulièrement de la mine de Soumelpour, autrement la rivière de Gouel, au royaume de Bengale.

POIRE, qu'on nomme auffi MASSE, ou CON-TRE-POIDS. Signifie, *en terme de balancier*, ce morceau de métal, ordinairement de cuivre ou de fer, attaché à un anneau qu'on coule le long de la verge de la romaine ou péfon, pour trouver la pefanteur des marchandifes qu'on met au crochet de cette balance.

POIRE. Se dit auffi des fourniments faits de carton couvert d'un cuir mince coloré, qui fervent à mettre de la poudre à canon ou à giboyer. Il y a de groffes & de petites *poires*; les unes qu'on met dans la poche, les autres qu'on porte pendues en écharpe avec une groffe treffe de foie. On les nomme *poires*; parce qu'elles ont affez la figure du fruit à qui on donne ce nom.

POIRE. Sorte de fruit dont il y a bien des efpèces. Les épiciers-confifeurs font un grand commerce de diverfes *poires* cuites & féchées au four, qu'on met au nombre des fruits de carême. Les plus eftimées font les gros rouffelets de Reims. Ils vendent auffi quantité de ces *poires* en confitures liquides & féches: celles-ci leur viennent la plupart de Rouen, quoiqu'ils en tirent auffi de Reims.

POIRIER. Arbre fruitier qui produit les poires. Il y en a deux fortes; l'un qui fe cultive, l'autre qui vient naturellement fans culture; ce qui fait qu'on lui donne le nom de *poirier fauvage.* Le premier devient beaucoup plus grand que l'autre. Il fe fait un grand négoce de bois de *poirier;* & on l'emploie en divers ouvrages de menuiferie, de tabletterie & de tour. On s'en fert auffi pour faire des inftruments de mufique à vent, particulièrement des baffons & des flûtes.

Une de fes principales qualités eft de prendre un auffi beau poli & un noir prefque auffi brillant que l'ébène; ce qui fait qu'on le fubftitue à ce dernier, en bien des occafions.

Les marchands de bois le font débiter pour l'ordinaire en planches, poteaux & membrures.

Les planches font d'onze à douze pouces de large, fur treize lignes d'épaiffeur franc-fciées, & fix, neuf & douze pieds de longueur.

Le poteau à quatre pouces de gros en quarré, fur depuis fix jufqu'à dix pieds de long.

Et la membrure vingt-cinq lignes franc-fciée d'épaiffeur, fur fix, fept & huit pouces de large, & fix, neuf & douze pieds de long, ainfi que les planches.

POIS. Efpéce de légume dont il fe fait un affez grand commerce en France.

On ne fait que trop le prix exceffif que l'opinion ou la bonne chere ont coutume de mettre tous les ans aux *pois verds* dans leur nouveauté; mais on ne parle ici que des *pois fecs*, à caufe que les marchands épiciers & grainiers de Paris en font quelque négoce.

Il y a de plufieurs fortes de *pois fecs;* des blancs, des jaunes, des verds, des pois chiches, des pois à cul noir, & des lupins.

POISSON. Animal qui vit dans les eaux.

Il y a des *poiffons de mer*, comme la baleine, la morue, le hareng, &c. des *poiffons d'eau-douce*, comme le brochet, la carpe, &c. & d'autres qui viennent également dans l'eau de mer & l'eau douce, comme les faumons, les alofes, &c.

On parlera d'abord des *poiffons de mer*, par rapport au grand commerce que l'on en fait, & aux diverfes marchandifes & drogues que l'on en retire. L'on dira enfuite quelque chofe des autres, & de la police qui doit s'obferver pour la marchandife du *poiffon d'eau-douce.*

POISSON DE MER.

Les *poiffons falés* font ceux qui compofent le commerce que l'on appelle *commerce de falines*. Il s'en compte de fix principales fortes; fçavoir le faumon, la morue, le hareng, la fardine, l'anchois & le maquereau.

Le *poiffon verd* eft celui qui vient d'être falé, & qui eft encore tout humide: ainfi l'on dit, de la morue verte.

Le *poiffon mariné* eft du poiffon de mer frais qu'on a rôti fur le gril, puis frit dans l'huile d'olive, & mis dans des barils avec une fauffe compofée de nouvelle huile d'olive & d'un peu de vinaigre affaifonné de fel, de poivre, de clou de girofle & de feuilles de laurier ou de fines herbes. Les meilleurs poiffons marinés, & dont il fe fait quelque négoce, font le thon & l'efturgeon.

Les *poiffons fecs* font des poiffons qui ont été falés & defféchés, foit par l'ardeur du foleil, foit par le moyen du feu; tels font la morue que l'on nomme *merluche* ou *merlu*, le ftockfifch, le hareng-for & la fardine forette.

Les *poiffons* que l'on appelle en France *poiffons royaux*, font les dauphins, les efturgeons, les faumons & les truites; ils font ainfi nommés parce qu'ils appartiennent au roi quand ils fe trouvent échoués fur les bords de la mer.

Des *poiffons à lard* font les baleines, les marfouins, les thons, les foufleurs, les veaux de mer

& autres poissons gras ; lorsqu'il s'en rencontre d'échoués sur les grèves de la mer, ils sont partagés comme épaves, ainsi que les autres effets échoués.

Il faut remarquer que les poissons, tant royaux qu'à lard qui sont pris en pleine mer, appartiennent à ceux qui les ont pêchés.

Ce qui vient d'être dit concernant les poissons, royaux & à lard, a été tiré du titre 7 du livre 5 de l'ordonnance de la marine du mois d'août 1681.

Poisson marchand ; grand poisson ; poisson piné ; poisson gris ; poisson grand, petit & moyen marchand. Ce sont les divers noms que l'on donne tant aux morues vertes qu'aux morues séches, suivant leur grandeur & qualité.

La *colle de poisson* est faite des parties nerveuses & mucilagineuses d'une espece de gros poisson qui se rencontre très-ordinairement dans les mers de Moscovie.

L'*huile de poisson* n'est autre chose que de la graisse ou lard de poisson fondue, ou que l'on a tirée du poisson en le pressant ; c'est de la baleine dont on en tire le plus.

POISSON D'EAU-DOUCE.

Le *poisson d'eau-douce* est celui qui, comme on l'a dit ci-dessus, se pêche dans les rivieres, viviers, étangs, canaux, &c. comme la truite, la carpe, le brochet, la perche, la tanche, &c. On parle ailleurs de la pêche qu'on en fait, & des filets & engins dont on se sert pour la faire.

Le chapitre 15 de l'ordonnance de la ville de Paris, de l'année 1672, contient en cinq articles les réglemens pour l'arrivée & vente de la marchandise de *poisson d'eau-douce* dans les marchés & ports de cette capitale du royaume.

POISSON. Est aussi l'une des plus petites mesures pour les liqueurs ; elle ne contient que la moitié d'un demi-septier, ou le quart d'une chopine, ou la huitieme partie d'une pinte mesure de Paris. Le *poisson* est de six pouces cubiques ; on lui donne encore les noms de *poisson* ou de *roquille*.

POISSON. Se dit encore de la liqueur mesurée. Un *poisson de vin*, un *poisson d'eau-de-vie*, &c.

POISSONNERIE. Lieu, marché, halle où l'on vend du poisson, soit de mer, soit d'eau-douce, soit salé, soit frais, soit vivant, soit de somme.

A Paris on dit ordinairement *halle* : la *halle à la marée*, la *halle au poisson d'eau-douce*. A Lyon & presque dans toutes les provinces qui sont au-delà, on se sert plus communément du terme de *poissonnerie*. Je viens de la *poissonnerie*. Avez-vous été à la *poissonnerie* ?

POISSONNIÈRE. Celle qui vend du poisson.

A Paris les *poissonnieres* étalent dans les halles & marchés, dans des baquets qu'elles ont devant elles, où le poisson vivant nage & se conserve dans l'eau dont ils sont remplis. Il ne se dit que des marchandes de poisson d'eau-douce ; les autres se nomment *marchandes de marée*, si leur négoce est de poisson de mer frais ; ou *marchande de saline*, si elles font commerce de poisson de mer salé.

POIVRE. Fruit aromatique qui a une qualité chaude & séche, qui vient en grains, dont on se sert pour l'assaisonnement des sauces.

Ce fruit si connu en Europe par le grand commerce & la grande consommation qu'il s'en fait, est produit par une plante ou arbrisseau qui croît dans divers endroits des Indes orientales.

Le *poivre* sort par petites grapes à la façon de nos groseilles ; les grains dont ces grapes sont composées paroissent verds au commencement ; ensuite ils deviennent rouges à mesure qu'ils meurissent, & enfin noirs après qu'on les a laissé quelque tems exposés au soleil, c'est-à-dire, tels qu'on voit ici le grain du poivre noir.

La différence entre le *poivre blanc* & le *poivre noir* que l'on voit en Europe, ne vient que de ce que le noir a sa peau, & que le blanc en est dépouillé, ce qu'on fait en le battant avant qu'il soit tout-à-fait sec, ou lorsqu'il est séché en le laissant tremper quelque tems dans l'eau.

Le *poivre long*, qui est comme une espece d'amas de plusieurs petits grains, serrés fortement les uns contre les autres, croît sur un arbrisseau dont les feuilles sont minces, vertes, & avec une queue assez courte.

Ce *poivre* est de trois sortes ; celui des Indes orientales, que les marchands épiciers & droguistes de France tirent d'Angleterre & de Hollande ; celui de l'Amérique & celui d'Ethiopie, qu'on appelle aussi *grain de zelim*. Il n'y a proprement que celui des Indes qui soit le véritable *poivre long* ; les autres même lui ressemblent assez peu.

Le bon *poivre long* doit être nouveau, bien nourri, gros, pesant, mal-aisé à rompre, point carié, sans pousse & sans mélange de terre. Son usage est pour la médecine, où il entre dans quelques compositions galéniques, même dans la thériaque. On le mêle aussi quelquefois avec les épices.

Le *poivre de Guinée* est un poivre rouge de couleur de corail, qui se cultive en Languedoc, sur-tout dans des villages auprès de Nismes, & dont l'on voit assez communément dans nos jardins, & sur les boutiques des droguistes & épiciers. Les vinaigriers s'en servent pour faire leur vinaigre. On le confit aussi au sucre. Il doit être choisi nouveau, en belles gousses, séches, entieres & bien rouges.

Les habitans de l'Amérique, d'où ce fruit est passé en Europe, en font beaucoup de cas. Ils l'appellent *chile*, les Espagnols *piment*, & les François *corail de jardin*.

On appelle *moulin à poivre*, un petit moulin qu'on tourne avec une manivelle, qui sert aux épiciers à broyer & réduire en poudre le poivre en grain.

POIVRIER.

POIVRIER. Marchand qui fait commerce de *poivre.*

Il ne se dit guères que de ces petits marchands qui courent la campagne, & qui vont de village en village débiter du poivre & des épiceries ordinairement sofistiquées.

A Paris ce sont les marchands épiciers qui font le commerce du poivre tant en gros qu'en détail.

POIX. Espéce de gomme qui se tire des pins par l'incision qu'on y fait. Elle a divers noms suivant ses préparations, ses couleurs ou ses qualités. Quand elle coule de l'arbre, elle se nomme *barras ;* mais ensuite elle prend double dénomination. Celle qui est la plus belle & la plus claire, a le nom de *galipot ;* & celle qui est moins propre & plus chargée d'ordures & de couleur, s'appelle *barras marbré* ou *madré.* Le galipot sert à faire toutes les différentes sortes de poix qui font la matière de cet article.

POIX GRASSE, qu'on appelle aussi *poix blanche* de Bourgogne. C'est du galipot fondu avec de l'huile de térébenthine. Quelques-uns prétendent néanmoins que cette *poix* coule naturellement de quelques arbres résineux qui se trouvent dans les montagnes de la Franche-Comté.

POIX-RÉSINE. C'est, suivant quelques auteurs, une gomme qui coule du térébinthe, du meleze, du lentisque ou du cyprès : mais il y a bien plus d'apparence, à ce que d'autres assurent, fondés sur l'expérience, que ce n'est que du galipot cuit jusqu'à certaine consistance, & réduit en pain de cent ou de cinquante livres.

La meilleure *poix-résine* vient de Bayonne & de Bordeaux. Il faut la choisir séche, blonde, point remplie d'eau ni de sable. Les ferblantiers, chaudronniers, plombiers, vitriers & autres ouvriers qui doivent souder & étamer avec l'étain, en employent beaucoup.

La *poix noire,* qui est proprement celle qui se connoît & se vend sous le nom de *poix,* n'est aussi que du galipot brûlé & réduit en arançon, où l'on met, quand il est encore tout chaud, certaine quantité de goudron pour le noircir. Il y en a de dure & de molle qui ne différent que par cette seule qualité.

On lit dans les voyages de Wheler une autre manière de faire la *poix noire,* dont l'on se sert dans le Levant, qui n'est pas beaucoup différente de celle que M. Furetiere rapporte dans son Dictionnaire. La voici.

On choisit un monceau de terre, que l'on creuse en y faisant une fosse d'environ deux aunes de diamètre par le haut, mais qui va toujours en étrécissant jusqu'au fond : on emplit cette fosse de branches de pin, en choisissant celles qui ont le plus de gomme, après les avoir fendues en petits éclats, que l'on met les uns sur les autres, jusqu'à ce que la fosse soit remplie : lorsque cela est fait, on couvre le dessus de cette fosse, de feu qui brûle ce bois jusqu'au fond, & qui fait distiller la *poix,* qui sort

Commerce. Tome III. Part. II.

par un petit trou que l'on a fait au bas de cette fosse.

La meilleure *poix noire* vient de Norwege & de Suede : celle qu'on fait en France ne lui est comparable en aucune manière. La bonté de la *poix noire* consiste, à être d'un noir luisant, bien cassante & bien séche, formant des espéces de soleils, quand on la casse. Quantité d'ouvriers se servent de *poix noire ;* & il s'en consomme aussi beaucoup pour calfater les vaisseaux.

Ce que l'on appelle *poix navale* en médecine, devroit sans doute être de la poix véritablement raclée des navires qu'elle a servi à calfater ; mais il est certain que la plûpart des apothicaires n'y font pas tant de façon, & que la *poix noire* commune leur tient lieu de cette *poix navale.*

On tire de la *poix noire* une huile à laquelle pour les grandes vertus qu'on lui attribue, on donne le nom de *baume de poix.*

POLDINGUE ou **DINGUE.** Monnoie d'argent qui se fabrique & qui a cours en Moscovie. Il faut six *dingues* pour faire un altin, vingt-deux *dingues* pour faire une grive, & deux cent *dingues* pour faire un rouble.

POLE. Monnoie de cuivre, qui se frappe à Boghar ancienne province de Perse, qui est présentement gouvernée par un prince particulier. Il faut six vingt *poles* pour faire la monnoie d'argent de la même ville, qui vaut environ 12 s. valeur qui n'est pourtant pas toujours sûre, le prince la faisant hausser & baisser comme il lui plaît.

POLEMIT. C'est un des noms que les Flamans donnent à une sorte de petit *camelot* qui se fabrique ordinairement à Lille.

POLI. Le lustre, l'éclat, le brillant d'une chose. Il se dit particulièrement des pierres précieuses, des marbres & des glaces.

On appelle le *poli* d'une glace, la dernière façon qu'on lui donne avec l'émeril ou la potée ; & l'on nomme dans les manufactures l'*attelier du poli,* le lieu destiné à donner aux glaces cette dernière façon.

POLICE. Se dit en général de toutes les loix, ordonnances & réglemens dressés pour la conduite d'un peuple, d'une ville ou d'une communauté.

POLICE. Plus spécifiquement se prend pour les ordonnances, statuts & réglemens dressés pour le gouvernement & discipline des corps de marchands & des communautés des arts & métiers, & pour la fixation des taux & prix des vivres & denrées qui arrivent, soit dans les halles & marchés, soit sur les ports des grandes villes, ou qui se débitent à la suite de la cour, & dans les camps & armées.

POLICE. Se dit encore des conditions dont des contractans conviennent ensemble pour certaines sortes d'affaires ; ce qui pourtant n'a guères lieu que dans le commerce. En ce sens on dit, une *police* d'assurance ; & presque au même sens, une *police* de chargement.

Enfin POLICE. signifie quelquefois un *état,* un

Hhh

tarif fur lequel certaines chofes doivent fe régler.

OFFICIERS DE POLICE. Magistrats ou perfonnes publiques commifes pour veiller à l'exécution des loix, ordonnances & réglemens de *police*.

A Paris, c'eft particulièrement le lieutenant-général de police, & avec lui le procureur du Roi au châtelet, qui ont foin de faire exécuter les ftatuts des corps des marchands & des communautés des arts & métiers, & fous eux les maîtres & gardes de chaque corps & les jurés de chaque communauté.

Il y a néanmoins de certaines communautés dont la *police* eft commife à la cour des monnoies & à fon procureur général, comme font les diftillateurs, fournaliftes, affineurs, graveurs fur métal, & plufieurs autres. *Voyez* LIEUTENANT GÉNÉRAL DE POLICE.

Le prévôt des marchands & les échevins de Paris veillent fur la *police* des ports, & fur celle que doivent obferver les voituriers par eau, les vendeurs & crieurs de diverfes fortes de marchandifes, & fur quantité de petits officiers, comme forts, gagne-deniers, déchargeurs, rouleurs, pofeurs de planches, bouttes-à-terre & autres femblables. Ils mettent auffi le taux à certaines denrées & marchandifes qui arrivent & fe déchargent auxdits ports pour y être vendues, tels que font le bois, le foin, le charbon, &c. Enfin c'eft à eux à qui il appartient d'ordonner des minots & autres mefures pour les charbons; & des chaînes, anneaux & membrures pour les bois de corde, de moule, fagots, falourdes, cotterets.

Le grand prévôt de France, qu'on nomme auffi *grand prévôt de l'hôtel*, eft chargé de la *police* de tous les privilégiés des corps & métiers & des marchands fuivant la Cour. Il met pareillement le taux aux vivres à la fuite du Roi.

Enfin le grand prévôt de la connétablie & fes lieutenans font chargés de la *police* de tout ce qui regarde le commerce qui fe fait dans les camps & armées, & de la vente des vivres & denrées par les vivandiers & vivandières.

Chaque ville & même chaque village a fes *officiers de police*. Les jurats, les capitouls, les maires, &c. font ceux des grandes villes; les procureurs fifcaux des feigneurs particuliers & leurs voyers font ceux des villages.

La liberté du commerce qui paroît fondée fur la règle effentielle de la juftice, autant qu'elle eft conforme à l'ordre général de bienfaifance, abrégeroit beaucoup les loix & les fonctions de ces *officiers de police*, & ce feroit probablement au grand avantage des nations.

POLICE D'ASSURANCE. *Terme de commerce de mer.* C'eft un contrat ou convention par lequel un particulier que l'on appelle *affureur*, fe charge des rifques qui peuvent arriver à un vaiffeau, à fes agrès, apparaux, victuailles & aux marchandifes de fon chargement, foit en tout ou partie, fuivant la convention qu'il en fait avec les affurés,

& moyennant la prime qui lui en eft par eux payée comptant.

Le terme de *police* eft Efpagnol, & vient de *poliça*, qui fignifie *cédule*; mais il eft venu des Italiens & des Lombards, & originairement du Latin *policitatio*, qui veut dire *promeffe*. Ce font les négocians de Marfeille qui l'ont mis en ufage dans le commerce.

POLICE DE CHARGEMENT, *terme de commerce de mer*, qui fignifie la même chofe fur la Méditerranée, que connoiffement fur l'Océan. C'eft la reconnoiffance des marchandifes qui font chargées dans un vaiffeau. Elle doit être fignée par le maître ou par l'écrivain du bâtiment.

POLICE. Signifie auffi *billet de change*, mais ce terme n'eft prefque en ufage que fur la mer & fur les côtes.

POLICE, *en terme de fondeur de caractère d'imprimerie*. Eft un état ou tarif qui fert à régler le nombre de chaque lettre ou caractère dans une fonte complette, c'eft-à-dire, combien à proportion du total d'un corps entier, il doit y avoir de chaque efpèce de caractère en particulier.

Par exemple, un corps de cent mille caractères doit avoir onze mille caractères pour l'*e* courant, cinq mille pour l'*a*, trois mille pour l'*m*, trente feulement pour le *k*, autant ou peu davantage pour l'*x*, l'*y* & le *z*, & à proportion pour les autres lettres, les grandes & petites capitales, les initiales, les points, les virgules, les lettres doubles, celles à accents, les guillemets, les réglets, &c.

POLIMITTES, POLEMITS ou POLOMITTES. Ce font les divers noms que les Flamands donnent à certaines étoffes fort legères, qui ne font autre chofe que des efpèces de petits camlots de la fabrique de Lille, dont la largeur eft d'un quart & demi ou trois huitiémes d'aune de Paris. Il s'en fait de différentes longueurs; les unes toutes de laine, les autres de laine mêlées de fil de lin, d'autres dont la chaîne eft de laine & la trème de poil, & d'autres toutes de poil de chévre.

On prétend que ce font ces dernières qui font les véritables *polimittes*, & qu'on ne les appelle ainfi, que parce qu'elles font faites de pur poil, tant en chaîne qu'en trème; celles qui font fabriquées d'autre matière étant plus ordinairement appellées, *lembarillas* ou *nompareilles*.

POLIR. Rendre unie une furface, lui ôter toutes fes inégalités, lui donner du luftre & de l'éclat.

POLIZEAUX. Efpèce de *toile* qui fe fabrique en Normandie.

POLUSKE. Petite monnoie d'argent qui fe fabrique & qui a cours en Mofcovie. Le *poluske* vaut la moitié du copec.

POLYPODE. Plante de la hauteur d'environ huit pouces de roi, femblable à la fougère.

Les droguiftes & épiciers en vendent de deux fortes, le *polypode commun*, & le *polypode de chêne*. Le *commun* croît ordinairement fur les murailles de la campagne parmi la mouffe dont elles font couvertes fur le chaperon. Le *polypode de chêne* fe trouve fur les branches de cet arbre à l'endroit où elles fe fourchent, s'y nourriffant d'un peu de terre qui s'y amaffe par la pouffière que le vent y éleve, humectée de l'eau de pluie qui y croupit.

Il faut choifir le *polypode de chêne* qui eft infiniment meilleur que l'autre nouveau, bien nourri, fec, facile à caffer, d'un rouge tanné au-deffus, verdâtre au-dedans, d'un goût doux & fucré, affez approchant de celui de la régliffe.

Cette plante s'emploie en médecine, particulièrement la racine, que l'on eftime laxative, propre pour empêcher les obftructions des vifcères, pour le fcorbut, & pour l'affection hypocondriaque.

POLLE-DAVY. C'eft ainfi que l'on nomme une efpèce de groffe toile de chanvre écrue, qui a pris fon nom de la paroiffe de Polle-davy, fituée dans l'évêché de Cornouaille en baffe Bretagne, où elle fe fabrique ordinairement.

Cette forte de toile s'achette à la pièce, contenant trente aunes de longueur fur trois quarts de largeur mefure de Paris : elle fert à faire des voiles aux bâtimens de mer, particulièrement aux grandes & petites chaloupes qu'on envoye à Plaifance pêcher de la morue. En tems de paix les Anglois en tirent beaucoup.

Il fe fait encore en baffe Bretagne aux environs de Quimpercorentin, une forte de toile tout-à-fait femblable, & propre aux mêmes ufages que celle ci-deffus ; ce qui fait qu'on lui donne auffi le nom de *Polle-davy*.

POMMADE, compofition faite avec des pommes & des graiffes, qui fert à divers ufages.

On appelle *pommades* de jafmin, de fleurs d'orange, de jonquille, &c. celles où l'on fait entrer les fleurs ou les effences de toutes ces chofes. Celles-ci fe trouvent ordinairement fur les toilettes des dames, & fervent à entretenir leurs cheveux ou leur teint.

Ce font les maîtres gantiers parfumeurs qui font le commerce des *pommades*. Les meilleures font celles d'Italie.

POMME, fruit à pepin, excellent à manger, & propre à faire diverfes confitures féches ou liquides. Ce fruit vient en été & en automne. Les *pommes* qui fe cueillent en automne fe peuvent conferver tout l'hiver ; les *pommes* d'été doivent fe manger, à mefure qu'elles fe cueillent.

Les provinces de France les plus abondantes en *pommes*, font la Normandie, particulièrement cette partie qu'on nomme *baffe Normandie*, & l'Auvergne, fur-tout ce canton fi abondant & fi beau que l'on connoît fous le nom de la *Limagne d'Auvergne*.

La Bretagne en produit auffi beaucoup. Une partie eft envoyée à Paris, dans les autres provinces, & jufques dans les pays étrangers pour y être mangées crües ou en compotes & confitures ; mais la plus grande confommation s'en fai en cidre. Celui qui vient de Normandie eft le meilleur.

POMMIER. Arbre qui produit les pommes.

POMMIER. Se dit auffi d'un petit uftenfile de ménage qui fert à faire cuire des pommes, des poires & autres fruits devant le feu. Les ferblantiers en font de fer blanc en forme de demi-cylindres qui fe foutiennent avec de gros fils-de-fer. Les potiers de terre en fabriquent auffi de terre. Ils font les uns & les autres du nombre des ouvrages qu'il leur eft permis de faire par leurs ftatuts.

POMPE. Machine longue & creufe en forme de tuyau, qui fert à élever les eaux ; on s'en fert fur mer pour vuider les eaux qui s'amaffent au fond de calle d'un vaiffeau ; il y en a deux dans les navires médiocres & quatre dans les grands. On les place l'une à ftribord & l'autre à babord, quand il n'y en a que deux ; & quand il y en a quatre, les deux autres fe mettent près de l'artimon. Les parties de la *pompe* font le corps de pompe, le bâton, la potence, la brimbale, & la verge. Il y en a de plufieurs fortes, entr'autres des *pompes* à la Françoife, des *pompes* à la Vénitienne, des *pompes* à l'Angloife & des *pompes* ordinaires. Il y a auffi de petites *pompes* de cuivre ou de fer blanc, qui fervent à tirer l'eau ou les autres liqueurs des futailles ; celles-ci font du nombre des uftenfiles du maître-Valet.

POMPER, c'eft faire jouer la pompe.

PONANT. *Terme de marine* en ufage parmi les marchands & négocians qui font le commerce de la mer. Il fignifie *la mer Océane Atlantique* par oppofition à la mer Méditerranée, qu'on appelle *la mer du Levant*.

Négocier dans le *Ponant*, fignifie *négocier* chez toutes les nations qui habitent les côtes de l'Océan.

PONCE. Sorte de pierre fpongieufe. *Voyez* PIERRE PONCE.

PONCE, *dans le négoce de toile*. Se dit d'une forte d'encre compofée de noir de fumée broyé avec de l'huile, dont on fe fert pour imprimer certaines marques fur le bout des pièces de toiles ; ce qui fe fait avec un morceau de cuivre ou de fer gravé que l'on noircit ou qu'on frotte de cette encre, par le moyen d'une efpèce de balle qui en eft imbibée. La *ponce* ne peut être ôtée ni s'en aller au blanchiffage, & c'eft la raifon pour laquelle on s'en fert pour marquer les toiles.

PONCEAU. Se dit d'un rouge foncé qui fait un très-beau couleur de feu.

Cette couleur a pris fon nom de la fleur du *ponceau*, qui n'eft autre chofe que le petit pavot fimple, appellé vulgairement *coquelico*, qui croît naturellement dans les blés, & dont la couleur eft d'un parfaitement beau rouge.

PONCER UNE TOILE. C'eft la marquer à l'un des bouts de la pièce avec une forte d'encre faite de noir de fumée broyé avec de l'huile.

PONCHE. C'eft la liqueur favorite des Anglois, elle a été inventée dans les ifles que cette nation

Hhh ij

possède dans l'Amérique, d'où elle est passée aux isles Françoises.

Elle est composée de deux parties d'eau-de-vie, & d'une d'eau ordinaire; on y met du sucre, de la canelle, du gérofle en poudre, du pain rôti & des jaunes d'œufs, qui la rendent épaisse comme du brouet; souvent au lieu d'eau on y met du lait, & c'est la plus estimée; elle est très-nourrissante, & on la tient excellente pour la poitrine.

PONDE, qu'on nomme aussi PUND. Poids de Moscovie dont on se sert particulièrement à Archangel.

La ponde est de quarante livres poids du pays, qui revient environ à trente-trois livres de France; le poids de Moscovie étant près de dix-huit par cent plus foible que celui de Paris.

PONDT-VLAEMS. C'est une des monnoies imaginaires dont on se sert dans les changes de Brabant & de Flandres, qu'on nomme autrement livre de gros. Le Pondt-vlaems vaut vingt sols de gros, ou deux cent quarante gros.

PONT ou PUNT, mesure des longueurs dont on se sert à la Chine. Il faut dix ponts pour un cobre, le cobre revenant à treize pouces deux lignes de France.

PONTENAGE, ou PONTONAGE. C'est un droit local que certains seigneurs particuliers sont en possession de lever sur les marchandises qui passent sur les ponts & dans les bacs qui sont sur les rivières qui leur appartiennent, & qui sont dans l'étendue de leurs terres & fiefs.

PONTONNIER, PAUTONNIER, ou PONTANIER. Celui qui est commis par un seigneur pour percevoir les droits de pontenage sur les marchandises qui y sont sujettes, au passage des rivières dans l'étendue de son fief.

POQUELLE. Plante que l'on trouve dans le Chilly partie de l'Amérique sur les côtes de la mer du sud; sa fleur qui est une espèce de bouton d'or, sert à teindre en jaune & sa tige en verd.

PORC, que l'on appelle aussi COCHON & POURCEAU. Animal domestique à quatre pieds fourchus, dont la peau est couverte d'un long poil fort & rude, qu'on a châtré & qu'on nourrit pour engraisser.

Lorsqu'il n'a point été châtré, on le nomme verrat, sa femelle encore jeune s'appelle truye, & lorsqu'elle est vieille & grasse & qu'elle a fait bien des portées, on la nomme coche. Le petit de la truye qui ne fait encore que téter, est nommé cochon de lait & quelquefois goret; quand il a six mois on l'appelle porcelet.

Il y a des personnes qui ne font d'autre négoce que de porcs & de truyes en vie, ce qui fait qu'on les appelle marchands de porcs ou de cochons; ce sont eux qui les vont vendre dans les foires & marchés où ils les font conduire par troupes comme des moutons, par des valets que l'on nomme porchers.

Ce sont les chaircuitiers qui font à Paris le commerce de la chair de porc fraîche & cuite & de toutes les marchandises & issues qu'on peut tirer de cet animal.

Outre l'utilité que l'on tire du porc par rapport à la vie, il fournit pour le négoce & les manufactures plusieurs sortes de marchandises; savoir les jambons, qui viennent des provinces ou des pays étrangers, qui font partie du commerce des épiciers.

Le poil ou soie qui se vend par les merciers-quincailliers.

Le saindoux dont on se sert dans les manufactures pour l'ensimage des étoffes de laine.

La graisse fondue que l'on appelle flambart ou suif de porc, qui s'emploie dans la fabrique des savons, & que les chandeliers de mauvaise foi mêlent avec les suifs de mouton & de bœuf dont ils font de la chandelle. Les tondeurs de draps se servent aussi de cette sorte de graisse au lieu de saindoux pour ensimer les étoffes, ce qui leur est néanmoins défendu par les réglemens généraux des manufactures.

Enfin l'on tire du porc certains grands morceaux de graisse en panne longs & étroits que l'on nomme des flèches de lard, dont les chaircuitiers, particulièrement ceux de Paris, font un négoce assez considérable.

PORCELAINE. Espèce de coquillage blanc qui sert de monnoie en divers endroits d'Asie, d'Afrique & d'Amérique. Voyez BOUGES, CORIS & ZAMPI.

Les porcelaines ont aussi quelque usage dans la médecine, & on les emploie broyées ou pilées en forme de perles.

Ce sont les marchands épiciers-droguistes qui font à Paris le commerce de ce coquillage médicinal, on le leur envoie de Hollande enfilé en manière de chapelets qu'on appelle pantes. Chaque paquet est composé de plusieurs pantes & contient environ un millier de coquilles.

Les plus petites & les plus blanches sont les plus estimées.

PORCELAINE. C'est aussi une espèce de poterie fine & précieuse qui se fait particulièrement à la Chine, mais qui est apportée en Europe de plusieurs endroits de l'Orient & sur-tout des grandes Indes, comme du Japon, de Siam & de Surate; il en vient aussi de très-belle de Perse, & l'on en fabrique dans plusieurs pays de l'Europe.

PORPHYRE. Marbre précieux, rouge & fort dur.

PORT. C'est un lieu commode situé à l'embouchure de quelque rivière, ou sur quelque côte de mer, capable de recevoir & de contenir plusieurs vaisseaux, où ils peuvent rester à l'abri des vents, & à couvert des entreprises des flotes ennemies.

L'on peut voir dans l'ordonnance de la marine de 1689, les réglemens qui concernent les vaisseaux de guerre de sa majesté, quand ils sont dans les ports & quand ils y arrivent, ou qu'ils en partent ; & l'on fe contentera ici d'en extraire feu-lement le peu d'articles qui regardent les navires marchands, lorfqu'ils fe trouvent dans les *ports* où font les vaiffeaux de Roi.

Par ces articles, qui font le trois, le quatre & le cinquième du titre de la police des *ports*, tous vaiffeaux marchands, de cent tonneaux & au deffus, qui veulent entrer dans lefdits *ports*, font tenus de prendre des pilotes pour les conduire & éviter les abordages, à peine de 50 l. d'amende & de répa-ration des dommages. Ils font auffi tenus avant que d'y entrer de faire décharger les poudres, pour être portées dans les magafins du Roi, & de ne les y reprendre qu'après leur fortie : Et enfin fi les bâti-mens font chargés de chaux vive & non éteinte, les maîtres & patrons font obligés de les tenir éloi-gnés des vaiffeaux du Roi, fans en pouvoir approcher ni y attacher aucune amarre.

Les ordonnances de la marine de 1681 & de 1685 étant proprement des ordonnances de marine marchande, & qui ne traitent que de la police des vaiffeaux marchands, foit lorfqu'ils font dans les *ports*, foit lorfqu'ils y entrent ou qu'ils en fortent, on ne peut fe difpenfer d'entrer dans quel-que détail, & d'en rapporter au moins les princi-paux articles, fur-tout ceux qui font les plus né-ceffaires, & qui ne doivent être ignorés d'aucun négociant qui fait le commerce de mer ; renvoyant néanmoins pour quantité d'autres auffi importans, mais qui ne regardent pas les *ports*, aux ordonnances mêmes, ou aux différens endroits de ce *Dictionnaire* où il eft parlé de ce commerce.

Voici donc en quoi confifte la police des *ports*.

1°. Tout navire étant dans le *port* doit avoir des matelots à bord, pour faciliter le paffage des vaif-feaux entrans & fortans.

2°. Les navires ne peuvent être amarés qu'aux anneaux & pieux deftinés à cet effet.

3°. Les vaiffeaux dont les maîtres ont les pre-miers fait leur rapport, font les premiers rangés à quai ; d'où néanmoins ils font obligés de fe retirer après leur décharge.

4°. Les maîtres & patrons qui veulent fe tenir fur les ancres dans les *ports*, font tenus d'y attacher hoirin, bouée ou gaviteau, à peine de 50 l. d'a-mende, & de réparer les dommages qui en pour-roient arriver.

5°. Si les navires ont des poudres, ils font te-nus auffi fous la même peine de les faire porter à terre incontinent après leur arrivée, & de ne les reprendre qu'après être fortis du *port*.

6°. Les marchands, facteurs & commiffionnaires ne peuvent laiffer fur les quais leurs marchandifes plus de trois jours, fous peine d'amende arbitraire.

7°. Les radoubs, calfats des navires, gaudron-nage des funains & cordages, & autres ouvrages où il s'emploie du feu, ne peuvent fe faire qu'à cent pieds au moins de diftance des autres vaiffeaux, & de vingt pieds des quais.

8°. Dans les *ports* où il y a flux & reflux, cha-

que vaiffeau doit avoir deux poinçons d'eau fur le tillac, pendant qu'on en chauffe les foudes ; & dans les *ports* d'où la mer ne fe retire point, être muni d'écopes, ou longues pelles creufes propres à tirer l'eau.

9°. Il eft ordonné que les vaiffeaux en charge foient en une place ; les déchargés dans une autre, & ceux deftinés à être dépecés & rompus auffi en une autre.

10°. Il eft défendu de porter & allumer pendant la nuit du feu dans les navires étant dans les baf-fins & havres, finon en cas de néceffité preffante, & en la préfence ou par la permiffion du maître du quai.

11°. Dans les *ports* dont l'entrée & la fortie font difficiles, & où il y a des pilotes lamaneurs éta-blis, les maîtres des vaiffeaux font obligés de s'en fervir, ou à leur défaut de pêcheurs ; & lorfque le lamaneur eft à bord, de lui déclarer combien leurs bâtimens tirent d'eau, à peine de 25 liv. d'amende au profit du lamaneur pour chaque pied recélé ; lequel lamaneur ne doit être payé de fes falaires que conformément au tableau dépofé au greffe, & affiché fur le quai.

12°. Les maîtres des vaiffeaux ne peuvent non plus être contraints de payer aucuns droits de cou-tume, quayage, baliffage, leftage, déleftage & an-crage, que ceux infcrits dans une pancarte approu-vée par les officiers, & affichée fur le *port*.

13°. Tous maîtres & capitaines de navires arri-vant de la mer font obligés de faire leur rapport au juge ordinaire vingt-quatre heures après leur arrivée dans le *port*, repréfenter leur congé, & déclarer le lieu & le tems de leur départ, le port & le char-gement de leur vaiffeau, la route qu'ils ont tenue, les hafards qu'ils ont courus ; enfin toutes les cir-conftances de leur voyage ; même la quantité de left qu'ils ont dans leur bord, à peine de 25 l. pour l'omiffion de ce dernier article de leur déclaration.

14°. Il eft défendu à tout maître de vaiffeau de décharger aucune marchandife après fon arrivée, qu'il n'ait fait auparavant fon rapport, finon en cas de péril éminent, à peine de punition corporelle, & de confifcation des marchandifes.

15°. Si un vaiffeau eft obligé de relâcher en quel-que *port*, le maître ou le capitaine eft tenu de dé-clarer au lieutenant de l'amirauté du lieu la caufe de fon relâchement, & de lui repréfenter fon congé, mais non d'en prendre un nouveau pour remettre en mer.

16°. Il eft défendu à tous capitaines & maîtres de navires de jetter leur left dans les *ports*, canaux, baffins & rades, fous peine de 500 liv. d'amende pour la première fois, & de faifie & confifcation des bâtimens en cas de récidive. Il leur eft auffi dé-fendu de travailler ou faire travailler au leftage ou déleftage de leur vaiffeau pendant la nuit, & de faire porter leur left ailleurs que dans les lieux def-tinés par les fyndics & échevins des villes, pour y recevoir ledit left.

17°. Enfin tout maître de navire voulant aller en mer, ne peut fortir des *ports* fans un congé des officiers de l'amirauté, ou même du gouverneur de la province, fi c'eft en Bretagne ; lequel doit contenir le nom du maître, celui du vaiffeau, fon port & fa charge, le lieu d'où il part, & celui de fa deftination.

PORT FRANC, *en terme de commerce de mer.* C'eft un *port* où il eft libre à tous marchands, de quelque nation qu'ils foient, de décharger leurs marchandifes, & de les en retirer lorfqu'ils ne les ont pu vendre, fans payer aucun droit d'entrée ni de fortie, c'eft un foible refte de la liberté naturelle & de l'immunité primitive & de tout commerce.

FERMER UN PORT. C'eft empêcher que les vaiffeaux qui y font n'en fortent, ou que ceux qui viennent de dehors n'y entrent. Quelquefois les ports ne font *fermés* que pour l'entrée, & quelquefois feulement que pour la fortie, toujours contre la juftice & au détriment de l'efpèce humaine.

PORT. Signifie auffi *la charge d'un vaiffeau,* ce qu'il peut porter. Cette charge où *port* s'évalue par tonneaux de deux mille livres pefant chaque tonneau. Auffi quand on dit, un bâtiment du *port* de cent tonneaux, on entend un bâtiment capable de porter tant en marchandifes qu'en left, munitions, armes & hommes d'équipage, cent fois deux mille livres ou deux cent mille livres pefant ; ou deux mille quintaux ; ce qu'on doit entendre à proportion de ceux de mille & de deux mille tonneaux & au-delà, qui font les plus grands, & qu'en fait de guerre l'on nomme *vaiffeau du premier,* du fecond rang, &c. dont le *port* fuivant cette évaluation paffe fouvent le poids de quatre millions de livres.

PORT. S'entend encore de ce qu'il en coute pour les falaires des crocheteurs & porte-faix. J'ai payé vingt fols à cet homme pour le *port* de ma valife & de mes hardes.

Il fe prend auffi pour les frais de voitures que l'on paye aux meffagers, maîtres de caroffes & autres voituriers foit par eau, foit par terre. Ce roulier a pris un fol pour livre pour le *port* de mes marchandifes.

Enfin il fe dit du droit taxé pour les lettres qui arrivent par les couriers des poftes. Les commiffionnaires ne mettent point ordinairement en compte à leurs commettans les *ports* de lettres qu'ils en reçoivent pour le fait de leurs commiffions, mais bien ceux qui regardent d'autres affaires.

Un paquet, un ballot franc de *port,* c'eft un ballot ou un paquet dont les droits & frais de voiture ont été affranchis, & payés par celui qui l'envoye.

PORT DE LETTRES, ce qu'il en coute pour l'envoi d'une lettre par la pofte. On appelle *une lettre affranchie* ou *franche de port,* celle dont le *port* a été payé au commis de la pofte d'où elle eft partie, ou qui n'étoit tenue d'aucun droit, comme font les lettres pour les affaires du Roi, qui font envoyées des bureaux des miniftres & fecrétaires d'état, dont le cachet des armes & le nom mis fur l'enveloppe marquent l'affranchiffement.

TENIR PORT. C'eft refter dans un *port* de décharge le tems prefcrit par les ordonnances & réglemens de police.

PORTAGE, action de porter. Il faudra tant de chariots, tant de mulets pour le *portage* de ces marchandifes.

PORTAGE. Se dit encore fur mer, & particulièrement fur les vaiffeaux marchands, des voitures franches que l'on donne aux officiers matelots, des hardes & marchandifes qui leur appartiennent jufqu'à une certaine quantité. On l'appelle autrement *ordinaire.*

PORTE-AUNE. Machine de bois dont fe fervent quelques marchands, pour foutenir leur aune, afin de faire eux feuls l'aunage de leurs draps, étoffes, toiles, rubans, & autres marchandifes.

PORTE-BALLE. Petit mercier qui court la campagne, & qui porte fur fon dos une petite *balle,* ou une caiffe légère remplie de menue mercerie qu'il débite dans les villages. Il y en a qui ne vendent que des toiles, & d'autres de petits bijoux.

PORTE-CEDULE. Petit porte-feuille long & étroit, ordinairement couvert de cuir, dans lequel les marchands, négocians, banquiers & gens d'affaires portent fur eux les lettres & billets de change, mémoires, promeffes & autres papiers de conféquence qu'ils doivent avoir à la main.

PORTE-FAIX, celui qui porte des fardeaux à prix d'argent & pour la commodité du public. On le nomme plus communément *crocheteur,* à caufe des crochets dont il fe fert, & *fort,* à caufe de l'extrême force qu'il faut avoir pour cette profeffion. Ce dernier terme n'eft en ufage que fur les ports de la ville de Paris.

PORTE-LETTRE, qu'on nomme autrement *porte-cédule.*

PORTÉE. *Terme de manufacture de lainage.* C'eft un certain nombre de fils qui font partie de la chaîne d'une étoffe.

PORTÉE, eft auffi un *terme de manufacture de foieries.* Il fignifie, comme dans les manufactures de lainages, un certain nombre de *fils de foie,* qui font une portion de la chaîne d'une étoffe ; en forte que lorfque l'on dit qu'un taffetas de onze vingt-quatriémes d'aune de largeur entre les liziéres, aura vingt-quatre *portées* de quatre-vingt fils chacune, cela doit s'entendre que toute la chaîne qui eft employée à faire ce taffetas doit être compofée de dix-neuf cent vingt fils.

PORTÉE, *en terme de commerce de mer.* Signifie une certaine quantité de marchandifes qu'on permet aux gens d'équipage d'un vaiffeau marchand, de porter & d'embarquer pour leur compte fans payer de fret : c'eft ce que l'on nomme auffi *pacotille.* Lorfqu'il n'y a que leurs coffres & leurs hardes on l'appelle l'*ordinaire ;* ce qui doit être chargé le premier.

PORTÉE. Eſt encore un *terme de marine* qui ſignifie *la capacité d'un navire*. Déſigner la *portée* d'un navire, c'eſt en exprimer la grandeur & le port.

PORTER. *Terme de teneur de livres.* C'eſt la même choſe qu'écrire ou mettre un article, une partie, une dette, un paiement à l'endroit d'un regiſtre ou d'un compte, qui leur convient ſuivant leur différente nature. On dit *porter* ſur le grand livre, *porter* ſur le journal, *porter* à compte, *porter* en débit, *porter* en crédit, *porter* en recette, en dépenſe, en repriſe, &c.

PORTER. *En terme de manufacture* & de commerce d'étoffe & de tapiſſerie, veut dire la longueur & la largeur qu'elles ont. Ce drap *porte* vingt aunes de longueur ſur une aune de largeur; cette ſerge doit *porter* deux tiers de large ſur vingt-deux aunes de long. Cette tapiſſerie *porte* tant d'aunes.

PORTER. Se dit auſſi en même ſens dans la marchandiſe du bois carré. Cette poutre *porte* trente pieds. Ce chevron *porte* ſix pouces ſur quatre d'écarriſſage, & vingt-deux pieds de long.

PORTER. Se dit quelquefois de la charge dont un vaiſſeau marchand eſt capable, & des équipages & canons dont il eſt monté.

PORTER PAROLE. Signifie *faire des offres*. On m'a porté *parole* de cent mille livres pour la part que j'ai dans le retour du vaiſſeau l'Amphitrite: pour dire, on m'en a offert cette ſomme.

PORTER LA PAROLE. Signifie *parler* au nom d'une aſſemblée, d'une communauté, d'un corps. Dans chacun des ſix corps des marchands de la ville de Paris, c'eſt le grand garde qui *porte la parole*; & lorſque les ſix corps ſont aſſemblés, c'eſt le grand garde de la draperie. Les ſyndics & les jurés dans les communautés des arts & métiers, *portent la parole* chacun pour leur corps.

PORTEURS D'ARGENT. C'eſt ainſi que dans les caiſſes conſidérables, & chez les gros marchands, négocians, banquiers & autres qui font un grand négoce d'argent, on appelle certains ſerviteurs qui ſont uniquement employés à *porter l'argent* ſur leur dos dans de petites hotes ou paniers d'ozier faits exprès.

Ce ſont ordinairement les *porteurs d'argent* qui vont faire accepter les lettres de change, qui les reçoivent à leurs échéances, & qui ont ſoin de faire faire les proteſts faute de paiement ou d'acceptation. Ils aident auſſi à peſer & à compter les ſacs, à reporter ceux qui ne ſe trouvent pas bons: enfin ce ſont eux qui font tout le gros ouvrage qui regarde la caiſſe.

Ceux qui ſont dans l'obligation de ſe ſervir de ces ſortes de gens, n'en doivent point prendre ſans répondant, ni qui ne ſache lire, écrire & calculer, étant néceſſaire pour le bon ordre de la caiſſe, que les *porteurs d'argent* tiennent un petit livre de bordereau de toutes les parties qu'ils vont recevoir en ville.

PORTEURS. Se dit auſſi en fait de lettres de change, de ceux qui les ont en main, & en faveur deſquels les derniers ordres ou endoſſemens ont été paſſés.

L'ordonnance de 1673 renferme pluſieurs diſpoſitions importantes concernant les *porteurs* de lettres de change; elles ſont rapportées dans l'article qui parle de ces ſortes de lettres.

Quand on dit qu'un billet eſt payable au *porteur*, cela doit s'entendre qu'il eſt payable à celui qui l'a entre les mains, & qui le préſentera à ſon échéance. Pour être payé de ces ſortes de billets, on n'a beſoin ni d'ordre ni de tranſport: il eſt cependant bon de ſavoir à qui l'on paye.

PORTO-FRANCO. C'eſt à Genes un magaſin où tous les marchands & négocians étrangers, de quelque nation qu'ils ſoient, peuvent apporter leurs marchandiſes, & où elles ſont reçues ſans payer aucun droit pour le ſimple dépôt.

Lorſque ceux à qui les marchandiſes appartiennent ont trouvé à s'en défaire, ſoit totalement, ou en partie, ils en payent alors les droits aux bureaux de la république à proportion de la vente; mais s'ils ne vendent rien, il leur eſt permis de les enlever & de les retirer du magaſin, ſans qu'il leur en coute quoi que ce ſoit.

PORTUGAL. (*État actuel du Commerce de*)

Le *Portugal* eſt le royaume le plus occidental de l'Europe; il eſt borné à l'oueſt & au ſud par l'océan Atlantique, à l'eſt & au nord par l'Eſpagne. Son étendue eſt d'environ 1845 milles quarrés. Le *Portugal* eſt beaucoup plus tempéré que l'Eſpagne, quoiqu'il y ait quelque différence de température entre ſes diverſes provinces. Le ſol en eſt très-fertile; malgré cela, comme la plus grande partie du pays demeure en friche, on eſt obligé de tirer du dehors le bled néceſſaire à la conſommation, & c'eſt l'Angleterre principalement qui en fournit le *Portugal*. La province d'Eſtramadoure eſt réputée la plus fertile: celle d'Alentejo produit le plus d'huile. Cette denrée abonde en général dans tout le pays, ainſi que le vin. Par une ordonnance de 1765, il fut enjoint ſous peine de confiſcation des terres, d'arracher les vignes des environs du Tage, du Mondego & de la Vega & d'en enſemencer les terres. Il n'y eut d'exceptés que les vignobles de Liſbonne, Oegras, Carcavelhos, Lavadrio, Torrès, Vedras, Alanquer, Anadia & Mogofores. Les plaines fourniſſent en abondance du miel d'un beau blanc & d'une agréable odeur: celui des bois lui eſt inférieur, quoique de meilleur goût que dans les autres régions. Le *Portugal* abonde auſſi en citrons, oranges douces & amères; figues, amandes, châtaignes, dattes & autres bons fruits: on y trouve beaucoup de ſel marin & on y élève des vers à ſoie.

Non-seulement l'agriculture est négligée en *Portugal*, comme nous l'avons déja remarqué ; mais tous les métiers, arts & manufactures y languissent. Le pays produit les plus excellentes matières pour être mises en œuvre ; mais la plus grande partie se vend aux étrangers, de qui on les rachette ensuite fort cher, quand elles sont manufacturées. Ce que font les Portugais en toiles, qui est la manufacture la plus considérable qu'ils aient, en ouvrages de paille, en fruits confits, sur-tout en écorces d'orange, en grosses étoffes de laine & de soie, tout cela est bien peu de chose eu égard aux besoins de la nation. Il importe beaucoup aux étrangers, & particulièrement aux Anglois, qui sont maîtres du commerce de *Portugal*, qu'il ne s'y établisse point de manufactures. Aussi font-ils tous leurs efforts pour l'empêcher, comme on l'a pu voir lors de l'établissement de la manufacture de glaces à Lisbonne. Quoi qu'il en soit, le gouvernement, qui là-dessus avoit adopté un système vraiment funeste au bien public, a paru changer de sentiment : quand le fameux marquis de Pombal fut appellé au ministère, l'industrie nationale commença à revivre, & tant qu'il fut à la tête des affaires, on a vu dans les Portugais une activité dont on ne les croyoit plus susceptibles. Cette activité s'est un peu rallentie depuis la retraite de ce grand ministre ; mais il faut espérer, pour le bien de la nation Portugaise, qu'elle reprendra dans peu une nouvelle vigueur. Elle a pour l'y exciter l'exemple de toutes les nations commerçantes.

Le Commerce des *Portugais* est à la vérité fort étendu, mais ils n'en tirent pas un avantage bien considérable ; les denrées du crû de leur pays, celles qu'ils tirent de leurs possessions dans les autres parties du monde, les richesses même que leur fournit en particulier l'Amérique, tout cela s'échange contre ce que les peuples d'Europe avec lesquels ils commercent, & spécialement les Anglois, leur procurent en grains & en marchandises manufacturées. Telle est leur manière de se pourvoir pour eux-mêmes & pour les pays qui font partie de leurs domaines, de la plûpart des choses qui sont à leur usage. Ce qu'ils exportent chez l'étranger consiste en sel marin, huile, vins, citrons, oranges & autres denrées du crû de ce royaume. Leur principale richesse vient de leurs possessions des dehors & particulièrement du Brésil ; ils en reçoivent du sucre de différentes qualités, du tabac, du cacao, de l'ivoire, de l'ébene, du bois de Brésil, des peaux, toutes sortes d'épiceries, des drogues médicinales, de l'or, des perles, des diamants & autres pierres précieuses. Cependant à l'exception de ceux de ces articles qui se tirent du Brésil, tout le reste qui nous vient des Indes orientales & occidentales peut s'acheter de la première main, sans recourir aux *Portugais*. En vue de favoriser le commerce des Indes orientales, le roi Joseph accorda, en 1753, à un ancien fermier du tabac nommé *Feliciano Velho Oldenbourg*, un octroi pour envoyer cinq navires à Macao,

savoir un tous les deux ans ; & par un autre octroi, il lui permit d'en faire partir onze en dix ans pour Goa. Ce commerce continue à se faire par des sociétés ou compagnies privilégiées, de même que celui du grand Para, de Maragnaon & de Fernambouc.

Les *Portugais* n'envoient que peu de navires dans les différens ports de l'Europe ; mais on voit presque en tout tems leurs pavillons voltiger vers les côtes d'Afrique où ils possédent :

Les isles du CAP VERD découvertes par leurs ayeux en 1472. On en compte dix : *Santiago*, *S. Antonio*, *Sta. Lucia*, *S. Vicente*, *S. Nicolao*, *Briva*, *l'isle du Sel*, *l'isle Mayo*, *l'isle de Fuego* & *Buena-Vista*. Les principales productions de ces isles sont des cuirs verds, & particulièrement des peaux de chévres & de cabrits, du sel, du ris, du mil, du bled de Turquie, des oranges, des citrons, des ananas & plusieurs autres fruits délicieux.

L'isle SAN THOMÉ, ou *S. Thomas*, qui est située précisément sous la ligne, est une des colonies les plus florissantes qu'aient les *Portugais* en Afrique. Le sucre & le gingembre qui y croissent aussi bien qu'en aucun lieu du monde, sont les principaux articles de commerce de *San Thomé*. De là, les *Portugais* sont à portée de trafiquer avec les peuples de Loango, St. Paolo, Angola, Congo, de la côte d'or, de Guinée, & sur-tout des royaumes de Sofala, de Monomotapa, de Mosambique & de Mélinde ; ils jouissent au surplus du précieux avantage d'être les seuls Européens qui aient pu former des établissemens dans ces régions & qui y aient des forteresses qui les rendent en quelque sorte maîtres de tout le commerce qui s'y fait. Les *Portugais* y vont chercher des négres qu'ils transportent au Brésil, & quelque peu d'or & d'ivoire.

Les *Portugais* vont aussi aux Indes orientales où ils conservent quelques débris des vastes & riches possessions qu'ils y ont eues autrefois, savoir :

GOA, fameuse ville, située par les 15 degrés 6 minutes dans une isle formée aux embouchures des rivières de *Mandona* & *Guari* sur la côte des Indes. Les habitans de *Goa* font quelque peu de commerce avec la Perse, le Pegu, Manille, Macao & le Mosambique. Leurs meilleurs envois pour l'Europe sont les retours de ce dernier endroit, quoiqu'ils soient beaucoup diminués par la petite quantité d'or & d'ambre gris qu'apportent aujourd'hui les négres à *Goa*.

DIU, qui a la réputation d'être imprenable, a toujours été & est encore la plus forte place des *Portugais* aux Indes ; mais ce n'est pas une ville qui fasse un grand commerce ; le peu qu'elle vaut est par ses relations avec l'isle de Mosambique.

MACAO est une place appartenante à l'empire de la Chine, où les *Portugais* ont présentement trois forteresses bâties sur autant d'éminences ou petites montagnes, toujours gardées par une forte garnison. Les *Portugais* de *Macao* pourroient faire un commerce

commerce beaucoup plus grand qu'ils ne font avec la Chine, s'ils favoient ufer de la permiffion qu'ils ont d'aller deux fois l'année aux foires de Canton acheter les marchandifes qui leur font propres.

Au refte les *Portugais* ont d'autres établiffemens ou comptoirs dans les Indes orientales, fur toutes les côtes de Malabar & de Coromandel ; mais le commerce qu'ils y font n'eft pas non plus bien confidérable. C'eft le Bréfil qui eft le vrai tréfor des *Portugais.*

Le BRÉSIL eft une partie vafte, fertile & riche de l'Amérique méridionale, avec titre de principauté ; les *Portugais* en font tranquilles poffeffeurs depuis l'an 1661. Ce pays fe divife en trois parties, favoir la côte feptentrionale, qui contient les gouvernemens de *Pana*, *Maranhaon*, & *Siara* ; la côte orientale, qui renferme les gouvernemens de *Rio Grande*, *Para-iba*, *Tamaraca*, *Fernambuco*, *Sexgippe*, *la Baye de tous les Saints*, *los Ilheos*, *Porto Seguro*, & *Spirito-Santo* ; & la côte méridionale, où l'on trouve les gouvernemens de *Rio Janeiro*, de *St. Vincent* & *del Rey.*

SAN-SALVADOR, ville du gouvernement de la baie de tous les Saints, ou *Baya de todos os Santos*, eft capitale de tout le Bréfil. Ses habitans font induftrieux, actifs & riches ; ils font un commerce très-étendu en tabac qui eft l'article qu'on cultive le plus au Bréfil ; en fucre, indigo, coton, baume de Capaïva, bois pour la teinture, rocou, Parcira-brava ; enfin en huile & fanons de baleines, ce poiffon venant échouer en quantité dans la baie depuis juin jufqu'à feptembre. Le port de *San-Salvador*, qui n'eft qu'à 200 toifes de la ville, eft excellent & peut contenir un bon nombre de navires : c'eft-là qu'aborde tous les ans au mois de juin la flotte de Lifbonne, & où fe raffemblent au mois d'août pour le retour, tous les navires qui fe font féparés de cette flotte pour aller à *Rio-Janeiro* dont *S. Sebaftien* eft la ville capitale ; à *Fernambuco*, *Maranhaon*, *Paraiba*, *Tamaraça* & autres ports

de la côte du Bréfil. Le nombre des navires de cette flotte n'eft pas fixe ; il roule ordinairement entre 40 & 50 bâtimens de toutes les grandeurs depuis 12 jufqu'à 36 pièces de canons.

Les *Portugais* poffédent dans la mer Atlantique plufieurs ifles dont les principales font, *Porto-Santo*, *Madere*, & les *Azores* ou les *Terceres*, qui font au nombre de neuf, favoir : *Sainte-Marie*, *St. Michel*, *Terceira*, *Saint-George*, *Graciofa*, *Fayal*, *Pico*, *Flores* & *Corvo* : ces ifles produifent du froment, du vin & d'excellens fruits, fur-tout des citrons & des oranges. L'ifle de *Madere* donne des vins excellens dont le plant a été tiré de Candie. Ces vins font enlevés en plus grande partie pour l'Angleterre & pour les Indes.

Le *Portugal* renferme fix provinces, qui fout *l'Eftramadoure*, *Beira*, *Entre-Douro-e-Minho*, *Tra-os-Montes*, *Alentejo*, & *l'Algarve* ; celle-ci forme un royaume particulier. En général ces provinces font fertiles ; elles renferment divers ports & villes de commerce, notamment,

LISBONNE, capitale du *Portugal* & réfidence du roi : cette ville s'étend de l'eft à l'oueft fur le bord du Tage à l'endroit où ce fleuve décharge fes eaux dans la mer. Elle eft l'entrepôt de ce que les *Portugais* tirent de leurs autres poffeffions. Le port eft vafte, profond, fûr & commode, ayant deux entrées, l'une au nord, l'autre au midi de la ville ; cette dernière eft la plus large & la plus facile. Le commerce d'exportation de *Lifbonne* eft confidérable ; il confifte principalement en tabac, fucre, cuirs & bois pour la teinture, articles qui tous viennent du Bréfil dans cette ville, & en laines & huiles d'olive, qu'on tire de diverfes provinces du royaume. Nous allons donner des comptes fimulés de ces divers articles, à l'exception du bois de teinture dont le commerce appartient par un privilège exclufif à une compagnie *Portugaife*, qui en conféquence envoie ce bois dans l'étranger pour fon compte.

Compte fimulé de 16 rouleaux de tabac du Bréfil, pefant Enfemble 203 arrobes 8 ℔ dont à déduire la Tare . . 10 . . . . . . à 20 ℔ par rouleau.

Net . 193 arobes 8 ℔ à 2600 rées l'arrobe, rendue

à bord du navire, tous frais faits, ... Rs.   502,150
                                        Commiffion 2 p% . .   10,043
                                                      Rs.   512,193

Il y a des rouleaux qui pefent au-delà de 15 arrobes, mais ils ne font pas fi eftimés que les petits rouleaux, tels que ceux ci-deffus.

Compte simulé de 15 caisses sucre de *Lisbonne*, dont
3 De sucre blanc pesant   126 arr.   4 ℔,
Tare . .   20 ar. 16 ℔
Bon poids   1   16 .   22 . . ℔

                Net 104 arr.   4 ℔ à 2,600 rées   . . . . Rs.   270,725

3 De sucre dit , pesant net 206 arr.   8 ℔ à 2,500   515,625
1 De sucre moscouade ,   .   39 . . 16 . à 2,180   86,110
6 De sucre dit , ...   216 . .   4 . à 1,980   517,027

15 Caisses   Rs.   1,389,487

Frais d'expédition.

Aux travailleurs à 300 rées par caisse , & port à bord ,   . . . Rs.   6,000
Rabattage & frais de douane , ...   16,360
Courtage à ½ p°. , & aux pauvres deux pour mille   9,623
Commission sur Rs. 1,422,470 à 2 p°.   28,450

                                          60,433

                                 Rées.   1,449,920

Compte simulé de 400 cuirs reçus du *Brésil*
Pesant ensemble . .   7,678 ℔
Pour réfaction . . .   90

              7,588 ℔ à 80 Rs.   . . . . Rs.   607,040

Frais d'expédition.

Fret du *Brésil* à *Lisbonne* , à 200 rées pièce   . . . . Rs.   80,000
Frais à la maison des Indes , à 70 rs. pièce   280,000
Frais de décharge 4000 rs. de chargement 7,500   11,500
Port à bord 2,400 rs. courtage ½ p°. , & aux pauvr. 2 p°°   . . .   6,649
Commission sur Rs. 733,189 à 2 p°.   14,663

                                          140,812

                                 Rées.   747,852

Compte simulé d'achat & d'expédition de 2,646 arrobes 29 ℔ de laine de
Portugal , en suin , qui ont produit 67 balles pesant 1,121 arr. de
laine lavée & 102 arrobes 6 ℔ de rebut , & ont coûté comme suit :
2,646 arr. 29 ℔ de laine en suin à divers prix . . . . Rs.   6,125,820
Dont à réduire 102 arr. 6 ℔ de rebut , qui ont produit   191,615

                                   Rs.   5,934,205

Ci-contre . . . . Rs. 5,934,205

Frais de lavage & d'expédition.

Frais de lavage, certificat, balins ou toile d'emballage, port
jusqu'à *Bonavente*, commission du facteur pour l'achat . Rs. 1,202,245
Port de Bonavente à *Lisbonne*, des 67 balles à 300 rs.   20,100
Droits d'entrée à *Lisbonne*   306,725
Droit de *Portos-Secos* , ...   575,875
Droit de consulat à la sortie , pesage , & port à bord   307,570
Commission d'expédition sur Rs. 8,346,720 à 3 p$\frac{o}{o}$ 250,400
                                                   2,662,915

                                   Rées. 8,597,120

Les prix des laines en suin roulent suivant les qualités , depuis 1,500 jusqu'à 4,000 rées l'arrobe, plus ou moins. Les noms des principales piles sont *Badajoz*, *Campo major*, *Elvas*, *Olivenca*, & *Estremos*.

Compte simulé de 4 demi-pipes d'huile de *Lisbonne* , mesurant ensemble 59 almudes 6 canadas, à 1,900 rées . . . . Rs.   113,050

Frais d'expédition.

Pour 4 futailles 12,000 rs. & droit de consulat 3,570 rs. . . . . Rs.   15,570
Remplissage & couvercle, 400 rées, port au môle & de là au
navire 1,560   1,560
Commission sur rs. 130,180 à 2 p$\frac{o}{o}$ & pour les pauvres 2 p$\frac{o}{oo}$ . .   2,863
                                               19,993

                                  Rées.   133,044

Le commerce des diamans & de plusieurs autres articles se fait pour le compte du roi, qui en tire des bénéfices considérables.

Le commerce d'importation de *Lisbonne* consiste en toiles blanches d'Allemagne, draps & étoffes de laine d'Angleterre, en étoffes de soie, bleds,

planches de sapin, fer, & en beaucoup d'autres articles.

SÉTUBALE , que les étrangers nomment par corruption *St. Hubes*, est un port à l'embouchure du *Sandao* dans un petit golfe de l'océan, lequel peut recevoir des navires de toutes les grandeurs.

L'article principal de son commerce est le sel ; il s'en fait des expéditions considérables , sur-tout pour le nord de l'Europe.

Compte simulé de 1,000 moyos ou muids de sel de *Sétubal*, à 2,200 rées
le muid vendu à bord du navire à forfait . . . . R. 2,200,000
Commission d'expédition à 2 p$\frac{o}{o}$ & courtage des traites $\frac{1}{8}$ p$\frac{o}{o}$ 46,805
                                   Rs. 2,246,805

Le prix du sel à *Sétubal* est de 2,000 à 2,500 rées le moyo , plus ou moins , suivant les circonstances.

PORTO, ou *Oporto*, ville de la province Entre-Douro-è-Minho, est située sur le *Douro* qui se décharge dans la mer à $\frac{1}{4}$ de mille plus bas. L'entrée de son port (ou la barre) est dangereuse à cause des bancs de sable & des pointes de rochers, à moins que les eaux ne soient hautes , comme il arrive ordinairement en hiver. Lisbonne & *Porto* sont les villes de *Portugal* les plus ri-

ches , & les plus commerçantes ; aucune autre n'entretient un commerce aussi actif avec les étrangers & avec les possessions des *Portugais* dans les quatre parties du monde. Les manufactures de toiles & de chapeaux de *Porto* & de ses environs sont très-considérables & contribuent beaucoup à augmenter son commerce avec lesdites possessions. Le produit des toiles va à un million de

Iii ij

cruzades par an, & le nombre des chapeaux peut monter à environ 200,000 piéces. Le commerce principal de *Porto* avec l'étranger confiste dans environ 18 à 20 mille pipes de vin ; [ce commerce eft entre les mains d'une compagnie depuis 1756 qu'elle en

a obtenu le privilége excluſif] en 2,000 pipes d'huile, 30 mille arrobes de ſumac, quelques citrons & oranges, & les marchandiſes du Breſil dont nous avons parlé à l'article de *Liſbonne*.

Voici un compte ſimulé d'huile de *Porto* :

Compte ſimulé de 16 botes d'huile achetées à *Porto*, contenant 340 almudes à 3,300 rées l'almude . . . . Rs. 1,122,000

Frais d'expédition.

Pour les 16 botes vuides, & cercles de fer, ... Rs.	80,960
Droits de ſortie, ...	71,380
Rabattage & port à la gabarre, fret de la gabarre	5,100
A l'acheteur pour ſa proviſion à 500 rées par bote	8,000
Commiſſion d'expédition ſur rées 1,287,440. à 2 p%	38,623

204,063

Rées.   1,326,063

Les vins de *Porto* valent divers prix : les communs, rouges & blancs, roulent depuis 25,000 juſqu'à 40,000 rées, & les meilleurs de 40,000 à 60,000 rées la pipe. Au reſte, ce ſont les Anglois qui font la principale conſommation de ces vins.

L'on importe tous les ans à *Porto* environ 40 mille quintaux de lin pour les manufactures de toiles ; 25 mille quintaux de fer, 60 mille quintaux de morue, 40 mille quintaux de ris, 20 mille ſacs de froment, beaucoup d'étoffes de laine, des toiles fines & pluſieurs articles qui compoſent, année commune, les chargemens de plus de 200 navires, les trois quarts anglois, qui entrent dans ce port.

VIANA de *Fez-de-Lima*, dans la province d'Entre-le-Douro-è-minho ; *Aveïro*, dans celle de Beira ; *Tavira*, *Faro* & *Lagos*, dans le royaume d'Algarve, ſont les autres ports de *Portugal* ; les autres villes les plus commerçantes ſont, *Coïmbre*, *Braga*, *Lamego*, *Leira*, *Viſeu*, *Guarda*, *Bragance*, *Evora*, *Beja*, *Elvas*, *Portalegre*, *Silves* & quelques autres.

POSER. Mettre quelque choſe en certaine ſituation.

POSER. Se dit, *en terme d'arithmétique*, des chiffres qui ſe mettent au deſſous des ſommes ajoutées pour en former le total par l'addition. Sept & huit font quinze, *poſe* cinq & retient un. *Poſer des chiffres*, placer des chiffres.

POSITION. *Terme d'arithmétique* qui veut dire *ſuppoſition*. Une regle de fauſſe *poſition* ſimple ou double, ſe fait lorſque calculant ſur de faux nombres & qui ne ſubſiſtent que dans l'imagination, on découvre par les différences qui s'y rencontrent le véritable nombre inconnu que l'on cherchoit.

POSSON, que l'on nomme auſſi *poiſſon* ou *roquille*. Petite meſure pour les liqueurs qui contient

la moitié d'un demi-ſeptier ou un quart de chopine de Paris.

POSTE. Diligence que fait un courier en changeant de chevaux de tems en tems. Il ſe dit auſſi de l'homme même qui court, & encore des maiſons diſpoſées de diſtance en diſtance ſur les grands chemins pour y tenir des chevaux prêts pour ceux qui veulent s'en ſervir.

Dans ces différens ſens, on dit : Je ſuis arrivé en *poſte* de Rome, c'eſt-à-dire en diligence : C'eſt la *poſte* de Lyon qui paſſe, pour ſignifier *le courier* qui apporte la malle de Lyon. Enfin on dit, il y a des *poſtes* à Lonjumeau, à Linas, à Châtres, &c. pour qu'on trouve des chevaux de relais dans tous ces lieux.

Les *poſtes*, ſur le pied qu'elles ſont en France, ſont d'une invention aſſez moderne, & quoiqu'on les veuille faire remonter juſqu'à Charlemagne, il eſt certain qu'on les doit à la politique, ou ſi l'on veut à la défiance de Louis XI. Ce prince ſi inquiet les établit par une ordonnance du 19 juin 1464, pour être plutôt & plus ſûrement inſtruit de tout ce qui ſe paſſoit & dans ſon royaume & dans les états de ſes voiſins.

Le commerce a heureuſement profité de cette invention, & c'eſt par cette voie que ſe fait le plus grand négoce de lettres de change & les remiſes d'argent les plus conſidérables, ſoit dans les principales villes de France, ſoit dans les pays étrangers ; auſſi les jours de poſte, ou comme l'on dit, les jours d'ordinaires ſont-ils les plus importans de la ſemaine pour les marchands négocians & banquiers exacts, & qui font un grand commerce. On en parle ailleurs.

POT. Vaſe ou vaiſſeau qui eſt un des plus communs uſtenſiles du ménage. Il ſignifie plus préciſément le *vaſe* où l'on boit & où l'on conſerve les boiſſons dont on ſe ſert journellement.

POT. Vendre du vin à *pot*. C'eſt le vendre en détail, mais ſans pouvoir donner à manger à ceux à qui on le débite, ce qui n'eſt permis qu'aux cabaretiers, taverniers & autres qui le vendent à l'aſſiette.

L'ordonnance des Aides de 1680, régle les droits qui ſont dûs pour le vin vendu à *pot* ; ces droits dont on parle à l'*article des vins*, ſont différens ſuivant les lieux.

POT-DE-VIN, dans ſa ſignification naturelle, s'entend d'une certaine meſure remplie de cette liqueur. L'on dit auſſi dans ce ſens un *pot* de bière, un *pot* de cidre, &c.

POT-DE-VIN, ſe dit auſſi figurément, & alors c'eſt un préſent que l'acheteur fait au vendeur, ou le preneur à ferme au propriétaire qui lui paſſe bail, au-delà du prix convenu entr'eux.

Souvent le *pot-de-vin* eſt donné à l'entremetteur ou à celui qui paſſe bail pour un autre, ce qui ne ſe fait guéres du conſentement des propriétaires des choſes vendues ou affermées, qui ſouvent n'en ſavent rien, & à qui ces conventions ſecretes ſont toujours préjudiciables.

Les commiſſionnaires parmi les marchands ſont tenus de faire bon à leurs commettans, des *pots-de-vin* qu'on leur donne pour les marchés, ventes ou achats qu'ils font, à moins que ces derniers ne conſentent qu'ils les retiennent.

POT. Se dit encore de certains vaiſſeaux ou vaſes de grès dans leſquels les beurres ſalés & fondus ſont envoyés ; ils ſont de différentes formes, figures & poids.

Ceux qui viennent de Bretagne ſont un peu plats & très-petits, ne contenant tout au plus qu'un quarteron ou une demi-livre.

Les beurres fins que l'on appelle *beurres d'herbes*, qui ſont envoyés de Baſſe-Normandie, particuliérement d'Iſigny, ſont pour l'ordinaire dans de petits *pots* plus hauts que ceux de Bretagne, auſſi contiennent-ils davantage, leur poids étant d'une livre ou d'une demi-livre.

A l'égard des gros beurres ſalés & fondus qui viennent du même pays, ils ſont pour la plûpart dans des *pots* très-hauts & étroits, de figure cylindrique que l'on nomme *Tallevannes* ; ils péſent depuis ſix livres juſqu'à quarante livres.

On dit un *pot* de beurre de Bretagne, un *pot* de beurre de Normandie, pour dire, un *pot* rempli de beurre venant de ces provinces.

POT. C'eſt auſſi le nom que l'on donne à une des petites ſortes de papier qui ſe fabrique dans pluſieurs papeteries de France. Il ſert aux faiſeurs de cartes à jouer pour mettre du côté de la figure.

POTAKI. C'eſt ainſi qu'on nomme à Conſtantinople les cendres & potaſſes qui viennent de la mer noire.

POTASSE. Eſpéce de cendre gravelée, que les marchands épiciers de Paris tirent de Moſcovie, de

Pologne & de Dantzick. C'eſt une des drogues dont les teinturiers ſe ſervent. On la nomme quelquefois *vedaſſe*.

POTELOT. Eſpéce de pierre minérale qu'on appelle communément *mine de plomb*, & quelquefois *plomb minéral*, *plomb de mine* & *crayon*. C'eſt cette pierre que les anciens nommoient *plombagine* ou *plomb de mer*.

POTENCE. On appelle la *potence* d'un minot à meſurer les grains, une verge de fer qui traverſe diamétralement le minot d'un bord à l'autre & qui ſert à le lever. C'eſt par deſſus cette verge que l'on paſſe la radoire quand on meſure raz & non à comble.

POTERIE. Marchandiſe de pots & de vaiſſelle de terre ou de grais.

Il ſe fait en pluſieurs endroits de France & des pays étrangers, un grand négoce de *poterie*. Celles de Beauvais, de Champagne, du Pont S. Eſprit, de Normandie & des Pays-bas, tant de ceux qui ſont ſoumis à la France que des autres, ſont les plus eſtimées, & il s'en tranſporte quantité juſqu'à Paris où néanmoins il y a une communauté de maîtres potiers de terre.

La *poterie* foraine qui arrive à Paris doit être deſcendue aux Halles pour y être viſitée par les jurés, à qui il eſt dû pour droit de viſitation deux ſols pariſis par chariot, ſeize deniers par charrette, huit deniers pour charge de cheval, & au fur pour l'emplage.

POTIER. Celui qui fait ou qui vend des pots & de la vaiſſelle. Si les pots & vaiſſelles ſont d'étain, on l'appelle *potier d'étain*, & *potier de terre*, s'il ne travaille qu'en vaiſſelle & poterie de terre.

POTIN. Eſpéce de cuivre. Il y a deux ſortes de *potin* ; l'un qui eſt compoſé de cuivre jaune & quelque partie de cuivre rouge ; l'autre qui n'eſt compoſé que des lavures ou excrémens qui ſortent de la fabrique du leton, auxquels on mêle du plomb ou de l'étain, pour le rendre plus doux au travail. La proportion de ce mélange eſt d'environ ſept livres de plomb pour cent.

La première eſpéce de *potin*, que l'on appelle ordinairement *potin jaune*, peut s'employer dans des ouvrages conſidérables ; & en y mêlant de la roſette ou cuivre rouge, il ſert fort bien dans la confection des mortiers, canons & autres piéces d'artillerie.

De l'autre *potin* on ne fait que des robinets de fontaine, des cannelles pour les tonneaux, & des uſtenſiles groſſières de cuiſine, ſur-tout quelques eſpéces de pots, d'où peut-être il a pris ſon nom. On en fond auſſi des chandeliers & autres ouvrages d'égliſe de peu de conſéquence Ce dernier *potin* n'eſt point net, point ductile, & ne peut ſe dorer. On le nomme communément *potin gris*, à cauſe de ſa couleur terne & griſâtre : quelquefois il eſt appellé *arcot*, & c'eſt le nom qu'il a chez les fondeurs. Le *potin gris* ſe vend pour l'ordinaire un à deux ſols par livre moins que le jaune. *Voy.* CUIVRE.

POUCE, eſt la douziéme partie d'un pied de roi, qui contient douze lignes. Chaque ligne ſe partage en ſix points; le *pouce quarré* contient cent quarante-quatre lignes; & le *pouce cubique* mille ſept cent vingt-huit.

POUCE ÉVENT, en fait d'aunage d'étoffe de laine. Signifie *mettre le pouce de la main devant le bout de l'aune en aunant les étoffes, afin d'en augmenter la meſure.*

Le réglement général des manufactures du mois d'août 1669, art. 44, veut que toutes les étoffes ſoient aunées bois à bois & ſans évent; n'étant pas permis aux auneurs d'en uſer autrement, ſous peine de cent livres d'amende pour chacune contravention.

POUDE ou POUTE. Poids de Moſcovie qui revient à quarante livres du pays; c'eſt-à-dire, à trente-deux livres poids de marc de France. On s'en ſert ſur-tout pour peſer le ſel à Aſtracam ville fameuſe de Tartarie ſur le Wolga, à douze lieues de ſon embouchure dans la mer Caſpienne. Le ſeipod ou eſquipon contient dix *poudes.*

Les marchandiſes qui ſe vendent au ſeipod & au *poude* paient à Archangel un pour cent pour le droit du poids. Tout ſe peſe entre deux feis.

La livre eſt partagée en 96 parties, qui ſe nomment *Zoledenies*; mais cette diviſion n'a lieu que dans le détail.

POUDRE. Petite partie d'un corps qui a été broyé, concaſſé & réduit en atomes preſque imperceptibles, ſoit naturellement, ſoit par les opérations de la chymie ou de la méchanique.

POUDRE A CANON. Compoſition qui ſe fait avec du ſalpêtre, du ſouffre & du charbon.

POULANGIS. Sorte de groſſe *tirtaine* laine & fil, fabriquée en Bourgogne, particulièrement aux environs d'Auxerre. Il s'en fait auſſi beaucoup à Beaucamps le vieux en picardie.

POUNDAGE. Droit qui ſe leve en Angleterre ſur les vaiſſeaux marchands, à raiſon de tant par livre ſterling de la valeur des marchandiſes dont ils ſe trouvent chargés.

Cet impôt eſt nommé *poundage*, parce qu'une livre ſterling s'appelle *pound* en Anglois. Ce droit de *poundage* fût accordé à Charles II, roi d'Angleterre, pour ſa propre perſonne, par un acte de l'année 1660; il en a été de même du droit de tonnage.

POUPÉE. Se dit en général de tous les *jouets d'enfans* que font les bimblotiers, lorſque ces jouets ont une figure humaine; c'eſt de ces jouets dont il ſe fait un ſi grand négoce à Paris. Ce terme s'entend néanmoins plus ordinairement de ces figures proprement habillées & coëffées, ſoit d'homme, ſoit de femme, qu'on envoie dans les pays étrangers pour y apprendre les modes de la Cour de France, ou qu'on donne aux enfans d'un moyen âge pour les amuſer.

POURCEAU, Animal domeſtique qui fournit diverſes eſpéces de marchandiſes qui entrent dans

le négoce, & dont on ſe ſert auſſi dans quelques manufactures.

POURCEAU DE MER. Grand poiſſon que l'on nomme plus communément *marſouin.*

POURPRE. Couleur rouge tirant ſur le violet, dont il y a pluſieurs nuances depuis la plus claire juſqu'à la plus foncée. Elle ſe fait avec la cochenille ou la graine d'écarlate, & un pied de paſtel.

POUSET. C'eſt le paſtel, c'eſt-à-dire, cette couleur rouge qui ſe trouve dans la graine d'écarlate & qui ſert pour la teinture.

POUSSE. C'eſt la pouſſière ou le grabeau du poivre & de quelques autres drogues & épiceries, entr'autres du gingembre, de la muſcade, du macis & de la graine d'écarlate.

POUSSÉ. Vin *pouſſé*: c'eſt du vin gâté & aigri pour avoir bouilli & fermenté dans la futaille par quelque accident. *Voy.* VIN.

POUT ou POU DE SOIE. Étoffe toute de ſoie tant en chaîne qu'en trême, forte & pleine de fils, dont le grain tient le milieu entre celui du gros de Naples & du gros de Tours, moins ſerré que celui-ci, mais plus que l'autre, ſon grain étant d'ailleurs plus gros & plus élevé que celui de l'une & l'autre de ces étoffes: c'eſt une eſpèce de ferandine mais toute de ſoie. Le *pout de ſoie* étoit autrefois très de mode, & il n'y avoit que les gens de conſéquence qui s'en habillaſſent: préſentement il n'eſt plus guères d'uſage, & les réglemens de 1667 pour les manufactures de ſoie n'en parlent point parmi tant d'autres étoffes même aſſez anciennes dont ils font mention.

POUTE, ou POUDE. Poids de Moſcovie.

P R

PRALINES, ou AMANDES A LA PRALINE. *Voyez* CONFITURES, *à l'endroit où il eſt parlé des dragées.*

PRATIQUE. (*Terme de commerce de mer.*) Il ſignifie *traité, communication de commerce* qu'un vaiſſeau marchand obtient dans les ports où il aborde, ou ſur les côtes des terres & iſles qu'il reconnoît ou qu'il découvre. Nous n'avons jamais pû avoir *pratique* avec les habitans de la nouvelle Zemble. De même: ces ſauvages ſont des gens doux & paiſibles, nous avons eu facilement *pratique* dans leur Iſle; nous avons fait avec eux un aſſez bon commerce.

Obtenir *pratique*, c'eſt avoir la liberté d'hanter un port, de deſcendre à terre, & commercer avec les habitans, de vendre & d'acheter.

Refuſer *pratique*, c'eſt ne vouloir pas ſouffrir qu'un vaiſſeau aborde une terre, qu'il y faſſe négoce & y ait communication. On refuſe ordinairement *pratique* aux vaiſſeaux qu'on ſoupçonne qui viennent des lieux infectés de mal contagieux, ou on ne la leur accorde qu'après les avoir obligés à faire quarantaine.

Les maîtres des vaiſſeaux marchands ne doivent

pas celer en arrivant dans les ports s'ils ont eu *pratique* dans des lieux affligés de peste ou d'autres maladies épidémiques. Les ordonnances prononcent de grandes peines contre ceux qui ne le font pas.

PRATIQUE. Se dit aussi de la chalandise des marchands & des artisans : Il est néanmoins plus en usage pour les gens de métier. Ce cordonnier a tant de *pratiques*, qu'il faut lui commander des souliers six mois d'avance. Ce marchand meurt de faim, il n'a pas grande *pratique*.

PRATIQUE. Signifie encore celui à qui un marchand a coutume de vendre, ou pour qui un ouvrier travaille ordinairement. Ce seigneur est ma *pratique* : je suis la *pratique* de ce drapier.

On appelle *bonne pratique*, celui avec qui il y a beaucoup à gagner, qui paie libéralement & régulièrement : *mauvaise pratique*, celui qui fait peu travailler, ou qui paie mal.

PRÉ, ou PERÉ, nom que les Normands donnent à une sorte de boisson faite de jus de poire, qu'on appelle plus ordinairement *poiré*.

PRÉCAIRE. Commerce *précaire*, c'est celui qui se fait par une nation avec une autre nation son ennemie, par l'entremise d'une troisième qui est neutre. Ainsi l'on dit que les Anglois font un commerce *précaire* avec les Espagnols par le moyen des Portugais, lorsque les deux premières nations étant en guerre, la troisième leur prête ses vaisseaux, ses pavillons & son nom pour continuer leur négoce.

PRÉCOMPTER. Déduire les sommes qu'on a reçues d'un débiteur sur le total de la dette lorsqu'il en achève l'entier paiement. Vous devez *précompter* sur les mille livres que je vous dois par mon billet, cent livres que j'ai payées à votre acquit, & deux cent livres pour les marchandises que je vous ai fournies ; ainsi reste sept cent livres que voilà comptant.

Les intérêts usuraires, quand on les peut prouver, se précomptent, c'est-à-dire, se déduisent sur le principal de l'obligation.

PRÉFIX, tems certain & déterminé. On appelle *jour préfix* dans le commerce de lettres & billets de change, le jour marqué précisément pour leur paiement.

PRÉLEVER. Lever une somme sur le total d'une société avant de la partager. Nos profits montent à cent mille livres, sur quoi il faut *prélever* onze mille livres pour l'obtention de nos lettres patentes & frais de notre établissement ; ainsi reste quatre-vingt-neuf mille livres à partager.

PREMIÉ D'ASSURANCE, (*terme de commerce de mer.*) C'est ce qu'on nomme communément *prime d'assurance.*

PREMIÈRES COULEURS, sortes d'émeraudes qui se vendent au marc. C'est ce qu'on appelle plus ordinairement *negres-cartes.*

PRENEUR, celui qui prend. On donne ce nom dans le commerce à celui qui prend une terre &

des héritages à ferme, ou une maison à loyer. Le copreneur est celui qui s'oblige solidairement avec le *preneur* : c'est un second *preneur.*

PRESCRIPTION. *Voyez* FINS DE NON-RECEVOIR.

PRESCRIRE. Signifie *ordonner* précisément à quelqu'un ce qu'il doit faire, *limiter* un pouvoir. Tout commissionnaire qui passe son pouvoir, & les bornes qui lui ont été prescrites par son commettant pour l'achat de quelques marchandises, est sujet à désaveu, & les marchandises doivent rester pour son compte.

PRÉSENTER UNE LETTRE DE CHANGE. C'est la porter au marchand, négociant, banquier, ou telle autre personne que ce soit, sur qui elle est tirée, & la lui mettre entre les mains pour l'accepter, & ensuite la payer au tems de l'échéance. Cette lettre m'a déja été *présentée*, je ne puis l'accepter. *Voy.* LETTRE DE CHANGE.

PRESSE. Machine de fer, de bois, ou de quelqu'autre matière qui sert à serrer étroitement quelque chose.

PRESSE. Dans les manufactures de lainages, c'est une grande machine de bois qui sert à presser les draps, les ratines, les serges, &c. pour les rendre plus unies, & leur donner le cati qui est cet œil luisant que l'on remarque à la plûpart des étoffes de laine.

Cette machine est composée de plusieurs pièces dont les principales sont les jumelles, l'écroue & la vis accompagnée de sa barre qui sert à la faire tourner & descendre perpendiculairement à force de bras sur le milieu d'un épais plateau ou planche de bois quarrée, sous laquelle on place les pièces d'étoffes que l'on veut presser ou catir.

Il y a une autre sorte de *presse* plus petite que la précédente, à laquelle l'on donne le nom de *guinda*, dont on se sert aussi à presser les étoffes de laine.

La calandre est encore une espèce de *presse*, qui sert à presser ou calandrer certaines étoffes & toiles.

Il y a quantité de marchands qui ont chez eux de petites *presses* portatives qui leur servent à presser les étoffes qui ont pris de faux plis, ou qui se sont fripées en les dépliant pour les faire voir. Cette dernière espèce de *presse* est la *presse* ordinaire dont on a donné la description au commencement de l'article.

PRESSOIR. C'est une machine propre à exprimer les liqueurs.

Les vinaigriers se servent d'un *pressoir* pour pressurer leurs lies, & en tirer un reste de vin qu'ils mettent sur les rapés dont ils font leur vinaigre, ou qu'ils font distiler pour en faire de l'eau-devie.

Il est défendu par l'article 37 des nouveaux statuts des maîtres vinaigriers de Paris, aux taverniers, cabaretiers, regratiers & marchands de vin, d'avoir dans leurs caves ou celliers des bacules & *pressoirs* à faire vinaigre.

PRESTE-JEAN, ou ABISSINIE, empire d'Éthiopie.

Voici le détail de cet empire, d'après Savari, dans son Dictionnaire, tom. prem. page 390.

ABISSINIE, ou EMPIRE DU PRESTE-JEAN.

L'*Abissinie*, plus connue des anciens géographes sous le nom de *haute Éthiopie*, produit toutes les marchandises qui seroient propres à entretenir un commerce considérable, soit au dedans, soit au dehors, si la paresse naturelle de ses habitans, ne les empêchoit de profiter de leurs avantages.

Plusieurs des auteurs qui ont tâché de découvrir & de fixer la situation de la célèbre Ophir, ont crû la reconnoître dans les vastes & riches états de ce fameux empire ; & quelques-uns n'ont point fait de difficulté d'assurer, que le mot d'*Ophir* étoit un terme général, qui comprenoit toute la côte orientale d'Afrique, depuis le tropique du cancer jusqu'à l'océan ; ce qui renferme non-seulement les côtes de l'Arabie, mais encore toutes celles qui s'étendent au dessus de l'Égypte, vers le midi, où les géographes modernes placent le plus communément l'*Abissinie*, plus connue sous le nom d'*empire du Prête-Jean*.

Quoi qu'il en soit de cette opinion, il est certain que l'empire d'Éthiopie est présentement d'une très-vaste étendue, & qu'il seroit un des plus riches du monde, si ses peuples savoient profiter des trésors, ou qui sont cachés dans le sein de leurs terres, abondantes en toutes sortes de métaux, ou que la fertilité de son sol leur offre presque sans aucun travail.

L'empire d'Éthiopie, dont les confins du côté du nord sont au deuxième degré de latitude septentrionale, est composé de plusieurs royaumes, particulièrement de l'*Abissinie* proprement dite, dans laquelle est la ville impériale, & le séjour de l'empereur ; du royaume de Tigré, divisé en vingt-quatre principautés, ou gouvernemens, qui a son viceroi particulier ; & le royaume d'Agan, qui étoit autrefois une république, mais qui sur la fin du septiéme siécle fut conquis, & réduit en province par l'empereur des Abissins à présent régnant (1721.)

Les Portugais, après qu'ils eurent pris l'isle & la ville d'Ormus dans le golfe Persique, Mascate sur la côte de l'Arabie heureuse, & l'isle de Zoccatora à l'entrée du golfe Arabique, s'ouvrirent bientôt un passage en Éthiopie, où ils établirent un commerce considérable, & où ils transportèrent dans la suite quantité de familles Portugaises, pour y former des espèces de colonies.

Ces nouveaux hôtes des Abissins leur étant devenus suspects, furent chassés, & tout commerce interdit avec eux. On leur imputa même le dessein chimérique de détourner les sources du Nil ; afin que n'arrosant plus l'Égypte, ils pussent transporter tout le négoce qui se fait par ce fleuve du côté de la mer rouge, où il leur eût été facile de s'en emparer, & de s'en rendre les seuls maîtres. Il leur reste néanmoins quelque commerce avec l'Éthiopie, mais bien différent de celui qu'ils y entretenoient autrefois.

Depuis l'expulsion des Portugais, les empereurs d'Éthiopie n'ont plus voulu souffrir que leurs sujets eussent des liaisons de commerce trop étroites avec les nations d'Europe ; encore moins permettre à ces nations de venir s'établir dans le pays, sous le prétexte du négoce.

Les Hollandois, après avoir, pour ainsi dire, fondé un empire dans l'orient, en partie des dépouilles des Portugais, & en partie des usurpations qu'ils avoient faites sur plusieurs princes des Indes orientales, pensèrent à pousser leur commerce, & peut-etre leurs entreprises jusqu'en Éthiopie ; mais l'entrée leur en fut refusée ; & il fallut qu'ils se contentassent de quelque négoce indirect avec les Éthiopiens, qu'ils font encore aujourdhui par la mer rouge.

Les Anglois eurent les mêmes desseins : mais quoique moins à craindre que les Hollandois, ils eurent un succès semblable.

A l'égard des François, ils n'ont jamais été assez bien établis dans l'Orient, pour se trouver en état de tenter de porter leur commerce en Éthiopie ; & s'ils l'eussent fait, indubitablement ils eussent rencontré d'aussi grandes difficultés que les autres.

Mais un auteur anonyme, dans un manuscrit communiqué par M. Masson, à qui on est redevable de tant d'autres excellens mémoires sur le commerce, répandus dans tout le corps de ce Dictionnaire, semble vouloir persuader, que depuis l'année 1698, la nation françoise avoit tout lieu de se promettre une heureuse réussite, en cas qu'elle jugeât convenable de tenter une liaison de commerce avec l'Éthiopie, l'empereur de ce vaste empire, à ce que rapporte l'auteur, étant favorablement prévenu pour les François, depuis qu'il avoit été guéri par un médecin de cette nation, d'une maladie qui paroissoit incurable ; en sorte qu'il avoit même formé le dessein en 1700, d'envoyer en France le neveu de son premier ministre, en qualité d'ambassadeur, avec de riches présens pour sa majesté très-chrétienne.

Il ne paroît pas que ce projet ait eu d'exécution : mais quoi qu'il en soit de cette aventure, comme une telle entreprise ne peut, ni se faire, ni se soutenir, que par une compagnie accréditée, & bien établie, il ne paroît pas que la France puisse être sitôt en état de profiter des favorables dispositions de l'empereur d'Éthiopie pour la nation.

Après cette courte digression, qu'on se flatte qui n'aura pas été désagréable au lecteur, on revient au commerce, soit intérieur, soit extérieur de l'*Abissinie*.

L'or, l'argent, le cuivre & le fer, sont les métaux qui se tirent des mines de cette vaste région de l'Afrique ; mais les trois premiers n'y sont que marchandises, marchandifes, & n'y font pas convertis en monnoie, dont il n'y a aucun ufage dans l'*Abiffinie*; à moins qu'on ne veuille regarder comme une efpéce de monnoie, l'or qu'on réduit en plaques, & qu'on coupe felon le befoin en petites piéces du poids d'une demi-dragme; ce qui revient environ à trente fols de France.

Ces plaques d'or ne fervent guères que pour le paiement des troupes, & pour la dépenfe de la cour; encore cet ufage eft-il affez moderne; l'or du roi avant la fin du dix-feptiéme fiécle, s'étant toujours mis en lingots dans fon tréfor, pour n'en fortir jamais, du moins pour n'être employé qu'en vaiffelle & en bijoux pour le fervice du palais.

On fe fert de fel de roche pour la petite monnoie: il eft blanc comme la neige, & dur comme la pierre; on le tire de la montagne de Lafta, d'où on le porte dans les magafins du roi, où il eft réduit en petites tablettes longues d'un pied, & larges de trois pouces; dix de ces tablettes valent 3 liv. monnoie de France. Lorfqu'elles font entrées dans le commerce, on les rompt encore en plus petites piéces, fuivant le befoin qu'on en a. On emploie auffi ce fel à tous les ufages ordinaires du fel marin.

Ce fel fe vend, pour ainfi dire, poids de l'or; l'une & l'autre de ces marchandifes fe pefant au même poids, & s'échangeant prefque avec égalité.

C'eft auffi avec ce fel minéral que les Éthiopiens achetent le poivre, les épiceries, & quelques étoffes de foie, que les Indiens viennent leur apporter dans les ports que les premiers ont fur la mer rouge.

Le cardamum, le gingembre, l'aloès, la myrrhe, la caffe, la civette, le bois d'ébène, l'yvoire, la cire, le miel, le coton, & des toiles de diverfes fortes & couleurs, faites de cette matiere, font encore des marchandifes qu'on tire d'*Abiffinie*; & l'on pourroit y ajouter le fucre, le chanvre, le lin, & d'excellens vins, fi ces peuples à demi barbares, avoient l'art d'apprêter & de cuire le fuc des cannes, de cultiver les vignes, & d'exprimer la liqueur de leurs raifins, ou de filer & de tiffer leurs chanvres & leurs lins: toutes ces chofes croiffant chez eux, avec plus d'abondance, & avec autant de bonté qu'en aucun autre lieu du monde.

Quelques-uns croient que la fève de café a été tranfportée d'Éthiopie dans l'Arabie, d'où on la tire préfentement: mais cette opinion paroît affez incertaine, n'étant guères probable que la plante qui le produit fût entiérement péri chez les Éthiopiens, qui n'en cultivent plus préfentement, ou qui du moins n'en font aucun commerce.

La plûpart des marchandifes dont on a parlé jufqu'ici, font plus pour l'étranger, que pour le dedans du royaume: chez eux, le plus grand commerce ne confifte guères qu'en fel, en miel, en fafran, en poix gris, en fèves, en citrons, oranges, limons, & autres denrées, fruits, & légumes néceffaires pour l'ufage de la vie.

Les lieux que les marchands Abiffins, qui ofent

fe hazarder à porter eux-mêmes par mer leurs denrées, fréquentent le plus, font l'Arabie heureufe, & les Indes, particuliérement dans celles-ci, Goa, Cambaye, Bengale & Sumatra.

A l'égard de ports qu'ils ont fur la mer Rouge, où les marchands étrangers abordent le plus ordinairement, les plus confidérables font, Mette, Azum, Zajalla, Maga, Dazo, Patea & Brava. Ils avoient auffi autrefois Ercocco & Quaqueu; mais les Turcs qui s'en font emparés vers le milieu du dix-feptiéme fiécle, en font tout le commerce; ce qui a prefque ruiné celui que les Abiffins font dans les autres villes maritimes qu'on vient de nommer.

Ce font les Portugais qui, pour ainfi dire, ont inftruits ces peuples de l'art de naviger, pour lequel ils ont de grandes difpofitions; & ce font eux pareillement, & les autres Européens, qui fe font établis à la cour du roi d'*Abiffine*, depuis deux ou trois fiécles, c'eft-à-dire, depuis que la route des Indes a été ouverte par le Cap de Bonne-Efpérance, qui leur ont donné quelque goût pour les arts, & quelque connoiffance du commerce avec les étrangers.

Celui qu'ils font par terre, eft peu confidérable; cependant l'on voit chaque année des bandes d'Abiffins arriver en Égypte, particuliérement au Caire, chargés de quelque poudre d'or, qu'ils y viennent échanger contre les marchandifes du pays, ou d'Europe, qui leur font néceffaires.

Ces cafilas ou caravannes, fi pourtant on peut nommer ainfi des troupes de 40 ou 50 malheureux qui s'affemblent pour s'aider mutuellement dans leur voyage, font ordinairement des trois & quatre mois en route, & traverfant des forêts & des montagnes prefque impraticables, viennent faire leurs achats, ou plutôt leurs échanges; & repartent auffitôt, pour porter à leur famille (la plûpart fur leur dos, à la mode des portes-balles de France) le peu de marchandifes qu'ils ont traitées pour leur or, ou que les Juifs ou les Égyptiens veulent bien leur confier fur leur parole.

Il paroît extraordinaire que des perfonnes raifonnables, & fur-tout des marchands auffi intéreffés que les Juifs, ofent fe confier à la bonne foi de ces miférables, contre lefquels, s'ils en manquoient, il n'y auroit aucun recours. Cependant l'expérience a fait connoître que cette confiance n'a jamais été trompée, non pas même par leur mort; puifque fi elle arrive, foit à l'aller, foit au retour, leurs compagnons de voyage & de négoce, confervent les effets du défunt, ou pour fa famille, ou pour acquitter les dettes qu'il pourroit avoir faites au Caire.

Les autres nations avec lefquelles les Abiffins font le commerce par terre, font les habitans du royaume d'Adel, les Turcs qui font maîtres d'Ercocco & de Quaqueu, les Melindois, les peuples de Mofambique, & les Portugais qui font établis fur ces côtes.

L'on ne doit pas oublier, qu'un des plus grands négoces de l'*Abissinie* consiste dans la traitte des esclaves, qui sont estimés aux Indes & en Arabie, pour les meilleurs & les plus fidèles de tous ceux que fournissent les royaumes d'Afrique ; jusques là, que les marchands Indiens & Arabes s'en servent comme de commissionnaires, & de facteurs dans leur commerce, & que souvent pour prix de leur fidélité & de leur service, ils les mettent en liberté, & leur font part avec libéralité des biens qu'ils doivent en partie à l'habileté & aux soins qu'ils ont eu pendant leur esclavage.

PRÊT. Action par laquelle on donne à quelqu'un ou une somme d'argent, ou quelqu'autre chose dont il a besoin, à la charge de les rendre, ou dans un tems marqué, ou quand il en sera requis par le prêteur. *Prêt* s'entend aussi quelquefois de la chose qui a été prêtée. Un *prêt* d'argent, un *prêt* de marchandises.

PRÊT GRATUIT. C'est celui dont on ne retire ni intérêt, ni autre chose qui en puisse tenir lieu, & qui ne se fait que par pure générosité & pour faire plaisir à celui à qui on prête. En un mot c'est le *prêt* évangélique qui doit se faire gratuitement & sans en rien espérer.

PRÊT USURAIRE. C'est celui dont on a tiré un intérêt défendu par les loix.

PRÊT SUR GAGES. Celui qui se fait en donnant ou recevant des meubles, marchandises, hardes, pierreries, vaisselle d'argent, &c. pour sûreté de l'argent prêté.

En général tout *prêt sur gages* est défendu par les loix & les ordonnances. Celle du mois de mars 1673, semble cependant y faire quelque exception pour ce qui regarde les *prêts sur gages* qui se font entre marchands, & les articles 8 & 9 du titre 6 prescrivent la manière dont ils doivent être faits pour que le prêteur puisse avoir privilége sur les gages qu'il a reçus.

Il y a pareillement une exception en faveur du *Mont de Piété*, dont l'établissement est très-moderne à Paris, quoique fort ancien dans les villes d'Italie. En voici la loi constitutive.

LETTRES-PATENTES DU ROI,

Portant établissement d'un Mont de Piété.

Données à Versailles le 9 décembre 1777. Régistrées en Parlement le 12 des mêmes mois & an.

LOUIS, par la grace de Dieu, roi de France & de Navarre: A tous ceux qui ces présentes lettres verront; SALUT. Les bons effets qu'ont produits & produisent encore les *Monts de Piété* chez différentes nations de l'Europe, & notamment ceux formés en Italie, ainsi que ceux érigés dans nos provinces de Flandre, Haynault, Cambresis & Artois, ne nous permettent pas de douter des avantages qui résulteroient en faveur de nos peuples de pareils établissemens dans

notre bonne ville de Paris, & même dans les principales villes de notre royaume : Ce moyen nous a paru le plus capable de faire cesser les désordres que l'usure a introduits, & qui n'ont que trop fréquemment entraîné la perte de plusieurs familles. Nous étant fait rendre compte du grand nombre de mémoires & de projets présentés à cet effet, nous avons cru devoir rejetter tous ceux qui n'offrent que des spéculations de finance, pour nous arrêter à un plan formé uniquement par des vûes de bienfaisance, & digne de fixer la confiance publique, puisqu'il assure des secours d'argent peu onéreux aux emprunteurs dénués d'autres ressources, & que le bénéfice qui résultera de cet établissement, sera entièrement appliqué au soulagement des pauvres & à l'amélioration des maisons de charité: A CES CAUSES & autres à ce nous mouvant, de l'avis de notre Conseil, & de notre certaine science, pleine puissance & autorité royale, nous avons dit, statué & ordonné, & par ces présentes signées de notre main, disons, statuons & ordonnons, voulons & nous plaît ce qui suit:

ARTICLE Ier. Il sera incessamment établi dans notre bonne ville de Paris un *Mont de piété*, ou bureau général de caisse d'emprunt sur nantissement, tenu sous l'inspection & administration du lieutenant-général de police, qui en sera le chef, & de quatre administrateurs de l'hôpital général, nommés par le bureau d'administration dudit hôpital général, & dont les fonctions seront charitables & entièrement gratuites.

II. Toutes personnes connues & domiciliées, ou assistées d'un répondant connu & domicilié, seront admises à emprunter les sommes qui seront déclarées pouvoir être fournies d'après l'estimation qui sera faite des effets offerts pour nantissement; & ces sommes lui seront prêtées des deniers & fonds qui seront mis dans la caisse dudit bureau : savoir, pour la vaisselle, & les bijoux d'or & d'argent, à raison de quatre cinquièmes du prix de la valeur au poids; & pour tous les autres effets, à raison des deux tiers de l'évaluation faite par les appréciateurs dudit bureau, qui seront choisis dans la communauté des huissiers-commissaires-priseurs de notre châtelet de Paris, laquelle sera garante des évaluations, & percevra des emprunteurs, à l'instant du prêt, pour droit de prisée, un denier pour livre du montant de la somme prêtée.

III. Permettons aux administrateurs d'établir aussi, s'ils le jugent nécessaire, dans notre bonne ville de Paris, sous la dénomination de *prêt auxiliaire*, différens bureaux particuliers dudit *Mont de piété* ou caisse d'emprunt, de sommes depuis trois livres jusqu'à la concurrence de cinquante liv.

IV. Il ne pourra être perçu ou retenu, pour frais de garde, frais de régie, pour subvenir à toutes les dépenses & frais généralement quelconques, re-latifs audit établissement, sous quelque prétexte & dénomination que ce puisse être, autre que pour les frais de prisée par nous ci-dessus réglés, & pour ceux de vente dont il sera parlé ci-après, au-delà de deux deniers pour livre par mois du montant des sommes prêtées ; & le mois commencé sera payé en entier quoique non fini.

V. Les effets mis en nantissement seront, au plus tard à l'expiration de l'année du prêt révolue, retirés par les emprunteurs ou par les porteurs de la reconnoissance qui aura été délivrée audit *Mont de Piété* ; sinon, dans le mois qui courra d'après ledit tems écoulé, lesdits effets seront, par ordonnance du lieutenant-général de police, & par le ministère d'un des huissiers-commissaires-priseurs de notre Châtelet de Paris, vendus publiquement, sur une seule exposition, au plus offrant & dernier enchérisseur, aux lieux, jour, & heures indiqués par affiches, contenant énumération de tous lesdits effets. Ce jour sera le premier non fériable d'après le 2 & le 16 de chaque mois.

VI. Les deniers qui proviendront de la vente des effets mis en nantissement, seront remis aux propriétaires, après le prélèvement fait de la som-me empruntée, & des deux deniers pour livre, par chaque mois échu depuis le jour du prêt jusqu'à celui de la vente.

VII. Les frais de vente seront de cinq sous pour les ventes du prix de vingt livres & au-dessous ; de dix sous au-dessus de vingt-livres jusqu'à cinquante livres ; de vingt sous au-dessus de cinquante livres jusqu'à cent livres ; de vingt-cinq sous au dessus de cent livres jusqu'à deux cents livres, & toujours en augmentant de cinq sous pour chaque cent livres de plus. Ces frais seront payés en sus du prix de l'adjudication par les acheteurs. Exemptons lesdites ventes de tous droits, & même de ceux du contrôle des procès-verbaux d'icelles, que nous dis-pensons d'être faits sur papier timbré, ainsi que tous autres actes concernant l'administration dudit *Mont de Piété*.

VIII. Dans le cas où il seroit apporté au bureau ou caisse d'emprunt sur nantissement, & dans les bureaux particuliers de prêt auxiliaire, quelques effets qui fussent reconnus, déclarés, ou même suspectés volés, il en sera sur-le-champ rendu compte au lieutenant-général de police, & il ne sera prêté aucune somme au porteur desdits effets, qui resteront en dépôt au magasin desdits bureaux, jusqu'à ce qu'il en soit autrement ordonné. Voulons que ceux qui les auront présentés soient poursuivis extraordinairement, eux & leurs complices, suivant l'exigence des cas.

IX. Tout effet qui sera revendiqué pour vol ou pour telle autre cause que ce soit, ne pourra être rendu au réclamant, qu'après qu'il aura justifié qu'il lui appartient, & qu'après qu'il aura acquitté en principal & droits la somme pour laquelle le-dit effet aura été laissé en nantissement, sauf le recours dudit réclamant contre celui qui l'aura déposé, le-quel en demeurera civilement responsable.

X. Il sera préposé par le lieutenant-général de police un ou plusieurs commissaires du Châtelet & inspecteurs de police, pour veiller au maintien du bon ordre dans ledit bureau général & dans lesdits bureaux particuliers ; à l'égard des vérificateurs & contrôleurs de la régie desdits bureau général & particuliers, ils seront préposés & commis par le bureau d'administration.

XI. Les préposés & employés, tant au bureau général qu'aux bureaux particuliers, seront sous les ordres d'un directeur général, lequel sera nommé par le lieutenant-général de police & les adminis-trateurs : lesdits préposés & employés seront pré-sentés par le directeur, & pareillement nommés par le bureau d'administration, qui fixera leurs appointemens, ainsi que les honoraires du direc-teur, sous la condition, de la part des uns, de fournir un cautionnement avec hypotheque sur biens-fonds, & de la part des autres de consigner telle somme en argent qui leur sera réglée pour leur cautionnement, laquelle sera déposée à la caisse du bureau d'emprunt, & dont il leur sera payé cinq pour cent d'intérêt par année.

XII. Le directeur général & tous les autres préposés & employés ne seront admis à faire leurs fonctions qu'après avoir prêté serment de bien & fidèlement s'en acquitter, pardevant le lieutenant-général de police & les administrateurs, pour la-quelle prestation de serment il ne sera exigé aucuns frais, ni même aucun droit quelconque, au profit du greffier que le bureau d'administration commettra pour la tenue du registre de ses délibérations.

XIII. Dans le cas où il seroit fait quelques oppositions sur le prix des effets vendus au *Mont de Piété*, elles ne pourront être formées qu'entre les mains du directeur & au bureau dudit établissement, & elles ne seront valables qu'autant qu'elles auront été visées par le directeur sur l'original ; ce qu'il sera tenu de faire sans frais.

XIV. Toutes les oppositions qui seront for-mées entre les mains du directeur, sur les effets dé-posés en nantissement au *Mont de Piété* avant la vente d'iceux, n'empêcheront point que ladite vente ne soit faite conformément aux dispositions de l'art. V des présentes, sans qu'il soit besoin d'y appeler l'op-posant, sauf à lui à exercer ses droits sur les deniers qui resteront après le prélèvement ordonné en l'art. VI ci-dessus.

X V. Toutes les contestations relatives à l'établissement, régie & administration desdits bureaux général & particuliers, seront portées pardevant le lieutenant-général de police, auquel nous en avons attribué la connoissance comme pour fait de police, sauf néanmoins l'appel en la grand'chambre de notre cour de Parlement, pour y être fait droit en la forme prescrite par notre ordonnance du mois d'avril 1667, pour les appointemens à mettre.

X V I. Il sera tous les mois fourni par le directeur au lieutenant-général de police & aux administrateurs, un bordereau de sa recette & dépense, avec un tableau de situation de la caisse & du magasin ; & chaque année il sera rendu un compte général pardevant quatre de nos amés & féaux conseillers de la grand'chambre de notre cour de Parlement, en présence de l'un des substituts de notre procureur-général : ledit compte sera par eux clos & arrêté ; un double d'icelui sera déposé au greffe de notre Parlement ; & lorsqu'il se trouvera des fonds en caisse au-delà de ceux nécessaires pour la régie & les charges de l'établissement, ils seront appliqués au profit de l'hôpital général de notre bonne ville de Paris, suivant l'ordonnance qui en sera rendue par nosdits conseillers, ensuite de l'arrêté & clôture dudit compte.

X V I I. Autorisons le lieutenant-général de police & les quatre administrateurs, de faire tels réglemens qu'il appartiendra, concernant l'entrée & la sortie des gages ou nantissemens, la sûreté & conservation d'iceux, la tenue des registres, & généralement pour prescrire les formalités qui seront employées dans la régie & administration de ladite caisse d'emprunt, & des bureaux particuliers du prêt auxiliaire ; à la charge que lesdits réglemens soient homologués en notre cour de Parlement sur la requête de notre procureur-général.

X V I I I. Seront nos ordonnances, déclarations & les réglemens rendus au sujet de l'usure, exécutés suivant leur forme & teneur. SI DONNONS EN MANDEMENT à nos amés & féaux conseillers les gens tenant notre cour de Parlement à Paris, que ces présentes ils aient à faire lire, publier & registrer, & le contenu en icelles garder, observer & exécuter suivant leur forme & teneur : CAR TEL EST NOTRE PLAISIR ; en témoin de quoi nous avons fait mettre notre scel à cesdites présentes. DONNÉ à Versailles le neuvième jour du mois de décembre, l'an de grace mil sept cent soixante-dix-sept, & de notre règne le quatrième. Signé LOUIS. Et plus bas, par le roi: Signé AMELOT. Et scellées du grand sceau de cire jaune.

Registrées, ouï, ce requérant le procureur-général du roi, pour être exécutées selon leur forme & teneur; & copies collationnées envoyées au Châtelet de Paris, pour y être lues, publiées &

registrées : enjoint au substitut du procureur-général du roi, d'y tenir la main, & d'en certifier la cour dans le mois, suivant l'arrêt de ce jour. A Paris, en Parlement, les grand'chambre & tournelle assemblées, le douze décembre mil sept cent soixante-dix-sept. Signé, YSABEAU.

PRÊTER. Signifie aussi *vendre sa marchandise à crédit.*

L'auteur du parfait Négociant parlant des trois causes les plus ordinaires des faillites des marchands (qu'il estime être leur ignorance, leur imprudence & leur ambition,) fait consister cette dernière dans leur convoitise, qui pour s'enrichir en peu de tems les engage à prêter inconsidérément, ou aux grands seigneurs qui ne les paient que quand il leur plaît, ou à des jeunes gens qui se font relever en majorité des dettes contractées étant mineurs.

PRÊTER. Se dit encore de ce qui s'allonge, de ce qui s'élargit aisément : c'est quelquefois une bonne, & quelquefois une mauvaise qualité.

Un drap qui *prête*, c'est celui qui est trop lâche, qui n'est pas assez frappé sur le métier. Un bas qui *prête*, celui qui n'étant pas tricoté serré s'élargit facilement. L'un & l'autre ne se dit guères en bonne part, étant un défaut de fabrique.

Au contraire un gand qui *prête*, du maroquin, du veau qui *prêtent*, se prennent comme une bonne qualité, ce qui veut dire qu'ils sont maniables, molets & bien passés.

PRÉVOST DES MARCHANDS. C'est ainsi que se nomme dans quelques villes de France, le premier magistrat municipal, qu'ailleurs on appelle ordinairement *maire.*

La ville de Paris capitale du royaume, & Lyon cette autre ville si célèbre par son florissant commerce, ont leur *prévôt des marchands.*

Celui de Paris préside au bureau de la ville, & conjointement avec les échevins juge toutes les causes des marchands pour fait de marchandises qui arrivent par eau sur les ports. Il connoît des causes des officiers de la police de la ville pour raison de leurs offices & fonctions ; des délits commis par les marchands, commis & facteurs au fait desdites marchandises ; des rentes constituées sur l'hôtel de ville, & des différends qui naissent pour raison desdites rentes, tant entre les payeurs & rentiers, qu'entre les payeurs, autres officiers des rentes & leurs commis. Il met le taux aux marchandises & denrées qui abordent sur les ports, & cela sur les échantillons qui lui en sont représentés par les officiers de la ville. Il a jurisdiction sur la rivière de Seine tant en remontant qu'en descendant, pour en tenir les rivages & la navigation libres. Il est l'ordonnateur de la construction, réparation & entretenement des ponts, remparts, quais, abreuvoirs, fontaines & autres ouvrages qui regardent la décoration & la commodité de la ville. Il règle les cérémonies publiques, quand il en a reçu l'ordre du roi, & y représente, accompagné des quatre échevins & autres officiers de ville, les bourgeois & le peuple de Paris. Enfin il a droit de juſtice & juriſdiction ordinaire en pluſieurs rues de la ville.

Le *prévôt des marchands* tient ſon audience à l'hôtel de ville tous les lundis, mardis, jeudis & vendredis de chaque ſemaine, depuis onze heures du matin juſqu'à une heure après midi ; & les appellations de ſes ſentences reſſortiſſent & ſont directement portées au Parlement.

Tous les hiſtoriens attribuent la création de la charge de *prévôt des marchands* & de celles des échevins de la ville de Paris à Philippe Auguſte. Du Haillan en fixe l'époque vers l'an 1190. Ce n'eſt pas que cette grande ville eût été juſques-là ſans un premier magiſtrat municipal ; & les aſſemblées de ville qui ſe tenoient au parloir aux bourgeois, que Grégoire de Tours nomme *domus negotianium*, avoient ſans doute un chef & un préſident qui y tenoit lieu de *prévôt des marchands*. Ce que Philippe Auguſte fit par cette nouvelle création, ce fut de donner de nouveaux noms, de nouveaux droits & un nouveau luſtre aux magiſtrats qui juſques-là avoient eu ſoin des affaires & des intérêts de cette capitale du royaume.

Pluſieurs des rois de France ont depuis ajouté des priviléges à ceux que leur avoit attribué Philippe.

PRÉVOSTS. Ce ſont encore une eſpèce d'officiers -ſubalternes dans les monnoies de France.

PRÉVOTÉ DE NANTES. On nomme ainſi en Bretagne la ferme des droits du roi qui ſe lèvent ſur certaines marchandiſes, à l'entrée ou à la ſortie de la ville de Nantes, où en paſſant dans les bureaux établis dans l'étendue de la prévôté de ladite ville.

PRÉVOTÉ DE LA ROCHELLE. On nomme à la Rochelle *droit de tablier & prévôté*, un droit de 4 deniers par livres ſur certaines marchandiſes qui ſortent de cette ville pour les pays étrangers & la Bretagne.

PREUVE. *Terme d'arithmétique*. C'eſt une opération par laquelle on vérifie une régle. La *preuve* de la multiplication eſt la diviſion ; la ſouſtraction ſert de *preuve* à l'addition ; & l'addition à la ſouſtraction.

PREXILLAS-CRUDOS. C'eſt ainſi qu'on appelle en Flandre une eſpèce de toile d'étoupe de lin qui ſe manufacture particulièrement aux environs de Bruges, Courtray, Gand & Ypres. On la nomme encore dans le pays, *Brabante*.

PRIEUR. C'eſt le nom que l'on donne en quelques villes de France, comme à Roüen, à Touloufe, à Montpelier, à celui qui préſide au conſulat des marchands : il y tient la place que le grand juge tient à la juriſdiction conſulaire de Paris.

PRIMA ou PRIMO. Terme dont les marchands & négocians Provençaux ſe ſervent quelquefois dans leurs écritures pour ſignifier *premier*. Le voiſinage d'Italie l'a fait paſſer en France.

PRIMAGE. On nomme ainſi en Provence & dans

les échelles du Levant, ce qu'ailleurs on appelle *prime en fait d'aſſurance*.

PRIME. Nom que l'on donne à la première ſorte de laine d'Eſpagne, qui eſt la plus fine & la plus eſtimée pour la fabrique des étoffes, bas & autres ouvrages de laine. On lui donne auſſi, à cauſe de ſa grande fineſſe, le nom de *refin* ; & pour faire connoître le lieu préciſément d'où elle vient, on ajoute ordinairement le nom de la ville. Ainſi l'on dit, *prime Segovie, refin Segovie*.

PRIME, dans la diviſion du marc d'argent, ſe dit de la vingt-quatriéme partie d'un grain ; enſorte qu'un grain eſt compoſé de vingt-quatre *primes*.

PRIME, *en fait d'arithmétique*. Signifie *une dixiéme partie de l'unité*.

PRIME. Se dit auſſi dans le commerce de la morue ſéche, de celle qui arrive en Europe de la première pêche de ce poiſſon, & qui par conſéquent y eſt du meilleur débit, à cauſe de ſa nouveauté.

PRIME D'ASSURANCE. *Terme de commerce de mer*, qui ſignifie *la ſomme que l'aſſureur reçoit* comptant en ſignant la police d'aſſurance de celui qui fait aſſurer ſa marchandiſe ou ſon vaiſſeau. On la nomme *prime*, à cauſe qu'elle ſe paye premièrement & par avance. En quelques lieux elle eſt appellée *primeur, premie, coût* ou *agio d'aſſurance*. Elle ſe trouve autoriſée par l'ordonnance de la marine du mois d'août 1681, livre 3, art. 1 du titre 6.

PRIMITIF. *Terme d'arithmétique*. On appelle *un nombre primitif*, celui qui ne peut être exactement meſuré que par l'unité, comme ſont les nombres de ſept, de neuf, de vingt-ſept, &c.

PRIMO. *Voyez* PRIMA.

PRINCIPAL. Le capital d'une ſomme due ou prêtée. Il ſe dit en ce ſens par oppoſition à intérêt, qui ſignifie le *profit* que l'on tire de ſon argent en le prêtant, ou en le donnant à conſtitution. Les intérêts montent préſentement plus haut que le *principal*. Les intérêts uſuraires doivent ſe précompter ſur le *principal*.

On s'en ſert auſſi par oppoſition aux frais. Dans ce procès il ne s'agiſſoit pas de cent écus de *principal*, il y a pour mille écus de frais.

On dit, imputer un paiement ſur le *principal* & non les intérêts ou les dépens ; ou au contraire, l'imputer ſur les dépens & intérêts, non ſur le *principal*, pour dire, en tenir compte ſur les uns ou ſur les autres.

PRINCIPAL. *Fonds principal*. S'entend du premier fonds que des aſſociés ont mis dans une ſociété ; ce qui le diſtingue des fonds qu'on eſt quelquefois obligé de faire ſubſidiairement, quand le premier n'eſt pas ſuffiſant. Notre *fonds principal* n'eſt que de cent mille écus, mais nous avons été obligés de faire de nouveaux fonds qui montent preſque auſſi haut.

PRINCIPAL COMMERCE D'UN MARCHAND. En

celui auquel il s'applique par préférence aux autres négoces. Le *principal commerce* de cet épicier sont les drogues pour la médecine & la teinture. Le *principal commerce* des Hollandois est celui des Indes orientales.

PRISE. Se dit des vaisseaux & bâtimens enlevés & pris en mer sur les ennemis de l'état, ou sur les pirates, par des vaisseaux de roi, ou par des armateurs ayant commission de l'amiral ; ce qui s'entend pareillement des vaisseaux & bâtimens que les ennemis ou pirates enlèvent sur nos marchands.

L'ordonnance de la marine du mois d'août 1681, titre 9 du livre 3, articles 4, 5, 6, 7, 8 & 12, déclare de bonne *prise*,

1°. Tous vaisseaux appartenans aux ennemis du roi, ou commandés par des pirates, forbans & autres courans la mer sans commission d'aucun prince ni état souverain.

2°. Celui qui combat sous autre pavillon que celui de l'état dont il a commission, ou ayant commission de deux différens princes ou états.

3°. Les vaisseaux avec leur chargement, dans lesquels il ne se trouve point de charte-partie, connoissement ni factures.

4°. Ceux qui se trouvent chargés d'effets appartenans aux ennemis du roi.

5°. Les marchandises des sujets & alliés de sa majesté, qui se rencontrent dans des vaisseaux ennemis.

6°. Les bâtimens des sujets du roi repris sur les ennemis, après être restés entre leurs mains vingt-quatre heures.

7°. Les vaisseaux qui refusent d'amener leurs voiles, après la semonce qui leur en a été faite par les vaisseaux de sa majesté, ou par ceux de ses sujets armés en guerre, peuvent y être contraints ; & s'ils font résistance, & qu'ils combattent, ils sont de bonne *prise*.

Cette même ordonnance, titre 2 du livre 1er, veut que ce soient les juges de l'amirauté qui connoissent privativement à tous autres, des contestations qui arrivent concernant les *prises*.

Les marchandises provenant des *prises* faites en mer par les vaisseaux de guerre François, ne sont sujettes à aucuns droits, soit qu'elles soient déclarées de bonne *prise*, ou que mainlevée en ait été faite aux propriétaires, pourvu qu'elles soient transportées hors le royaume un mois après leur arrivée, sans y avoir été vendues ; mais elles sont sujettes aux droits d'entrée, si elles sont vendues dans le royaume ; & elles sont encore sujettes aux droits de sortie, si elles sont portées hors du royaume après avoir été vendues. *Ordonnance des cinq grosses fermes du mois de février 1687, titre 1, article 10.*

PRISE. Se dit aussi chez les marchands épiciers, droguistes & apoticaires, de quelque dose de drogue propre à la médecine. Une *prise* de quinquina : une *prise* de poudre de vipère.

PRISÉE. La valeur d'une chose estimée ou à

l'amiable, ou par autorité de justice ; soit par les officiers qui ont titre de le faire en conséquence de leurs charges, comme sont les huissiers-priseurs & les experts jurés ; soit par des personnes intelligentes convenues par les parties intéressées.

PRISER. Mettre le *prix* à une chose. Ce sont les huissiers-priseurs qui mettent le *prix* aux meubles, ustensiles de ménage & marchandises qui se vendent par autorité de justice dans les encans publics. Les maîtres jurés experts, charpentiers & maçons *prisent* les ouvrages de charpente & de maçonnerie, & couverture, dont les prix sont en contestation entre les bourgeois & les entrepreneurs & ouvriers.

PRISEUR. Officier qui met le prix aux choses, dont la vente se fait par ordonnance du Juge.

PRIVILÉGE. Permission que l'on obtient du prince ou du magistrat de fabriquer & vendre quelque marchandise, ou faire quelque commerce, soit à l'exclusion des autres ; soit concurremment avec eux. Le premier s'appelle *privilége exclusif*, & l'autre simplement *privilége*.

» Les *priviléges exclusifs* ne devroient s'accor-
» der (disoit Savari dans son Dictionnaire) que
» rarement, à cause du préjudice qu'ils apportent
» ordinairement au commerce, en ôtant l'émula-
» tion qui le fait fleurir. Ils sont néanmoins justes
» & nécessaires en certains cas, puisqu'ils sont
» comme une espèce de récompense de la peine que
» donne l'invention des manufactures, des ouvra-
» ges & des machines utiles au public, ou des
» grandes entreprises de commerce. Il arriveroit
» même assez souvent que les inventeurs s'étant en-
» gagés dans des dépenses grandes & indispensa-
» bles pour des choses dont l'exécution ne coûte
» quelquefois presque rien, ne se hâteroient pas de
» les rendre publiques si un *privilége exclusif* ne
» leur ôtoit la crainte de l'imitation, & leur donnoit
» l'espérance de se rembourser.

» A l'égard du *privilége exclusif* de faire le com-
» merce étranger, il ne s'accorde ordinairement
» qu'aux conditions suivantes. 1°. Pour des choses
» qui viennent des lieux fort éloignés, où l'on ne
» peut aller sans courir de grands risques, & qui
» servent plutôt aux commodités superflues qu'aux
» nécessités absolues de la vie. 2°. Que le *privilége*
» ne soit pas perpétuel, parce qu'il restreint la
» liberté naturelle, mais qu'il soit limité à un cer-
» tain tems proportionné pour que les privilégiés
» puissent amplement s'indemniser. Ce tems est aisé
» à connoître par la vûe du commerce qu'on en-
» treprend, & des lieux où il doit se faire. 3°. Qu'il
» ne soit pas permis à ces privilégiés de monopo-
» ler, c'est-à-dire, de hausser le prix de leurs mar-
» chandises à leur fantaisie, mais que la vente en
» soit proportionnée aux armemens & frais, aux
» avances & intérêts d'avances, aux prix des achats
» sur les lieux, aux risques de la mer, & au gain
» qui se peut légitimement faire, toutes considéra-
» tions balancées. 4°. Que les privilégiés secourent
» l'état dans ses besoins sur les gains considérables

» qu'ils font, & cela à la décharge des autres con-
» tribuables qui font privés par l'exclufion de la part
» qu'ils auroient pû avoir à ce gain. 5°. De remettre
» au public la liberté de ce commerce auffi-tôt que
» le tems eft expiré fans le prolonger, à moins
» qu'il n'y ait des néceffités preffantes & intéref-
» fantes pour l'état, afin que tous les citoyens puif-
» fent partager à un gain légitime, & qu'un petit
» nombre n'accumule pas des richeffes immenfes,
» qui quelquefois portent à la défobéiffance & à la
» révolte. »

Il auroit été bien plus fimple de dire, premièrement, il y a une manière de *récompenfer les inventeurs*, plus jufte, plus fure & plus prompte que
le *privilége exclufif*; c'eft de leur donner une
gratification, une rente, ou une illuftration, moyennant la publicité de leurs découvertes. Tout le monde y gagne; d'abord eux-mêmes, parce que leur
fort eft affuré dès le premier moment, fans courir
les rifques & fans avoir tous les embarras qu'entraîne l'exercice odieux, difficile & fouvent peu
profitable d'un *privilége exclufif*; enfuite la nation
& l'humanité, parce que *la liberté* conduit très-
promptement à leur perfection les *découvertes utiles*, qui en font prefque toujours éloignées dans
la main des premiers inventeurs.

Quant au négoce des acheteurs, revendeurs,
il fuffit de voir les conditions impraticables qu'y
met Savari, pour connoître que tout *privilége* de
cette efpèce eft injufte & abfurde.

PRIVILÈGE. Il y a à Lyon un juge confervateur
des *priviléges* des foires franches dont la jurifdiction fe nomme, la *confervation*, & les magiftrats
juges confervateurs.

PRIVILÉGIÉS. Ce font des particuliers qui en
vertu de lettres-patentes du roi, ont droit d'exercer
certain commerce ou certains arts & métiers fans
avoir fait apprentiffage, ni avoir été reçus maîtres
dans les corps & communautés. Ces *privilégiés* font
obligés de faire enregiftrer leurs lettres au greffe du
Châtelet; font fujets aux vifites en certains cas, &
n'ont aucun droit à la jurande ni aux autres priviléges des maîtres de communautés.

PRIVILÉGIÉS SUIVANT LA COUR. Ce font des marchands ou artifans qui ont droit d'exercer leur négoce ou métier dans tous les lieux où la cour fe
trouve. Ils font fous la protection, juftice & vifite
du grand prévôt de l'hôtel.

PRIVILÉGIÉS. On appelle à Paris lieux *privilégiés*, ou plutôt *prétendus privilégiés*, ceux dans
lefquels des artifans & ouvriers, fans avoir été
reçus à la maîtrife dans aucun corps ou communauté des arts & métiers, ont la liberté de les exercer fans être fujets à la jurifdiction & à la vifite des
maîtres de ces communautés. Il y a cependant de
certains cas où les jurés ont droit de vifite chez eux
& fur leurs ouvrages, mais alors ils fe doivent faire
accompagner d'un commiffaire du Châtelet, & même
le plus fouvent, fuivant les lieux & les occafions,

obtenir une ordonnance du lieutenant civil ou de
celui de police.

Les *lieux privilégiés* ou *prétendus privilégiés*
de Paris, font le fauxbourg S. Antoine, le cloître
& parvis Notre-Dame, la cour faint Benoît,
l'enclos de faint Denis de la Chartre, celui de faint
Germain des prés, celui de faint Jean de Latran,
la rue de l'Ourfine, l'enclos de faint Martin des
champs, la cour de la Trinité, & celle du Temple.

On peut mettre auffi de ce nombre les galleries
du Louvre, l'hôtel royal des Gobelins, & les maifons des peintres & fculpteurs de l'académie, qui
méritent avec tant de raifon par l'excellence des arts
qui s'y exercent, & par l'habileté de ceux qui en
font profeffion, les grands priviléges qui leur ont
été accordés, quand d'ailleurs à l'égard des deux
premiers ils ne feroient pas véritablement des maifons
royales.

Les palais & hôtels des princes du fang font auffi
refpectés comme des *lieux privilégiés*, & même les
colléges de l'univerfité, ont des efpèces de priviléges, particulièrement pour les ouvriers & artifans
qui leur fervent de portiers, mais bien moins fondés
que ceux des lieux dont on vient de parler, &
auxquels fouvent on n'a pas beaucoup d'égard.

PRIX, valeur, eftimation d'une chofe.

Le *prix* des marchandifes dépend ordinairement
de leur abondance & de la rareté de l'argent, quelquefois de la nouveauté & de la mode qui y mettent la preffe, plus fouvent de la néceffité & du
befoin qu'on en a. Mais par rapport à elles-mêmes,
leur *prix* véritable & intrinfeque doit s'eftimer fur
ce qu'elles coûtent au marchand, & fur ce qu'il
eft jufte qu'il y gagne, eu égard aux différentes
dépenfes où il eft engagé par le négoce qu'il en
fait.

Vendre au *prix coûtant*, c'eft une étoffe ou
autre marchandife fur le pied qu'elles reviennent
au marchand rendues dans fon magafin.

Faire le *prix* d'une chofe, d'une denrée, d'une
marchandife, c'eft en fixer la valeur. Les prévôt
des marchands & échevins de Paris, fixent le *prix*
des bois, charbons, chaux, ardoifes, &c. qui arrivent fur les ports de cette ville. Le lieutenant général de police a auffi le droit de fixer certaines denrées, grains, &c. dans les halles & marchés de la
ville, & il appartient pareillement au grand prévôt
de l'hôtel de fixer celui des denrées qui fe vendent
à la fuite de la cour, comme le grand prevôt des
maréchaux, le fixe dans les camps & armées du
roi.

On dit ordinairement: cette marchandife eft très-
bonne, vous n'avez qu'à vous défendre du *prix*;
pour dire, tâchez de n'en donner que le moins que
vous pourrez.

Une marchandife hors de *prix*, eft une marchandife qui fe vend beaucoup au-delà de fa jufte
valeur.

PRIX FAIT. C'eft le *prix* d'une marchandife, ou
d'un ouvrage dont on eft convenu avec le marchand

ou l'ouvrier qui la doit livrer. On le dit auſſi du *prix* qu'une choſe vaut communément dans le commerce. Pourquoi marchander ? c'eſt un *prix fait*.

PRIX COURANT, eſt un mémorial qu'on imprime toutes les ſemaines en différentes places de commerce, ſur-tout à Amſterdam, des *prix* de toutes les marchandiſes & des changes ; & qui s'envoie dans toutes les autres places de l'Europe, avec leſquelles ou eſt en relation d'affaires.

PRO. Terme uſité parmi quelques négocians, qui veut dire *par* ou *pour*. Ainſi l'on dit, *pro cento*, *pro mille* & *pro reſto*, pour ſignifier *par cent*, *par mille* & *par reſte* ; ou *par cent*, *pour mille* ou *pour reſte*. On dit pareillement, *pro comptant*, pour dire *pour comptant*.

PROCEDIDO NETTO. Quelques marchands ſe ſervent de ce terme pour ſignifier ce qu'on entend en François, par *provenu net*, ou *net provenu*.

PROCÈS-VERBAL DE CONTRIBUTION. *Voyez* CONTRIBUTION AU SOL LA LIVRE.

PROCURATION. Acte par lequel on donne pouvoir à quelqu'un d'agir, traiter, recevoir, &c. en ſon nom ; & de faire dans une affaire particulière quand elle eſt ſpéciale, ou même quand elle eſt générale dans toutes les affaires qui concernent celui qui donne la *procuration*, comme s'il étoit préſent & s'il agiſſoit en perſonne.

Ainſi de ces deux ſortes de *procurations*, l'une s'appelle *procuration ſpéciale*, & l'autre *procuration générale*.

C'eſt une maxime que l'auteur du Parfait Négociant eſtime, que les ſyndics & directeurs des créanciers d'un failli, doivent obſerver de n'admettre perſonne aux aſſemblées, qui ne ſoit du nombre des créanciers, ou du moins qui n'y aſſiſte comme porteur de *procuration ſpéciale* d'un ou de pluſieurs des créanciers, pour conſentir & accorder tout ce qui ſera fait & délibéré à la pluralité des voix.

PROCUREUR, PROCURATRICE. Celui ou celle qui eſt chargé de la procuration d'un autre pour agir en ſon nom. Ce commiſſionnaire n'agit en cela banqueroute que comme *procureur* : cette femme traite tant en ſon nom que comme *procuratrice* de ſon mari. Elle a les procurations & autoriſations néceſſaires.

C'eſt un proverbe mercantil, que celui qui fait ſes affaires par *procureur*, va ordinairement en perſonne à l'hôpital.

PRODUIRE, *en terme d'arithmétique*. Se dit du nombre qu'on fait réſulter de pluſieurs nombres ajoutés ou multipliés ; ſix & ſix ajoutés enſemble *produiſent* douze. Six multiplié par ſoi-même *produit* trente-ſix.

PRODUIT. Ce qui réſulte de pluſieurs nombres ajoutés enſemble ou multipliés l'un par l'autre. Le *produit* de vingt multipliés par cinq c'eſt cent ; le *produit* de cinq ajoutés à dix & à quinze ; c'eſt trente.

PRODUIT. Se dit auſſi, en terme de finance &

de *ferme du roi*, de ce à quoi monte une ferme. Le *produit* des aides de cette élection eſt de deux cent mille francs par an ; pour dire, que les droits que les fermiers reçoivent chaque année montent à cette ſomme.

PRODUIT. *En terme de commerce*, ſignifie le *profit* qui revient d'une ſociété, le capital ou le fonds qu'on y a mis, & les dépenſes déduites. Le *produit* de notre ſociété a été de dix mille écus en trois ans, revenant à chacun des aſſociés.

PROFESSION MERCANTILLE. Signifie *condition, état* de marchand, de celui qui fait marchandiſe, commerce, négoce ou trafic.

En France, Louis le Grand par deux de ſes édits, l'un du mois d'août 1669, & l'autre du mois de décembre 1701, a permis à ſa nobleſſe de faire le commerce en gros tant par mer que par terre, ſans déroger, & on a ſouvent vû des marchands François & étrangers annoblis par nos rois, en conſidération de l'utilité de leur commerce ou pour avoir fait à Paris & dans les provinces des établiſſemens importans de manufactures.

En Bretagne le trafic même en détail ne déroge point à la nobleſſe. Lorſque les nobles de cette province veulent entreprendre le négoce, ils laiſſent dormir la nobleſſe, c'eſt-à-dire, qu'ils ne la perdent point, mais ſeulement qu'ils ceſſent de jouir des priviléges des nobles tant que leur commerce dure ; & qu'ils reprennent la nobleſſe en quittant le trafic, ſans qu'ils ſoient tenus de prendre aucunes lettres de réhabilitation.

Dans beaucoup d'autres états, ſur-tout dans les républiques, la *profeſſion mercantille* eſt très-eſtimée ; la plupart des nobles s'y engagent ſans s'en croire deshonorés ; & particulièrement en Angleterre, il n'eſt pas extraordinaire de voir les fils & les freres puinés des milords l'embraſſer, & rentrer enſuite dans les droits & dans les honneurs de leur naiſſance, lorſque leurs aînés viennent à mourir.

PROFIT. Avantage, gain, bénéfice qu'on retire d'un négoce, ſoit par l'achat, ſoit par l'échange, ſoit par la vente des marchandiſes dont on fait commerce.

Il y a de grands coups à faire dans le commerce de mer ; les riſques ſont grands, mais les *profits* ſont quelquefois immenſes, ils vont ſouvent à plus de cent pour cent. J'ai fait un *profit* de quinze pour cent ſur les draps de Languedoc que j'ai achetés ſur la fin de cet été.

La vente a été bonne cet hiver, j'ai fait de grands *profits*.

PROFIT PERMIS ET LÉGITIME. Celui qui ſe fait dans un commerce juſte & qu'on exerce avec probité.

PROFIT ILLICITE ET ODIEUX. Celui qui ſe fait par de mauvaiſes voies & dans un négoce défendu par les loix.

PROFIT. L'on dit qu'un marchand vend à *profit*, non pas quand il gagne beaucoup ſur une marchandiſe, dife, mais quand il fixe fon *profit* fur le pied de tant par livre de ce que la marchandife lui revient rendue dans le magafin. C'eft la manière la plus commode pour le marchand & pour l'acheteur, l'un ne vendant qu'à un mot & l'autre fachant précifément ce qu'il veut bien que le marchand gagne avec lui; mais comme on l'a dit ailleurs, il eft dangereux de fe fier à l'équité des hommes : il faut une confcience bien pure & une probité bien éprouvée, pour ne pas quelquefois abufer de la confiance que le public peut avoir en vous, fur le prix que l'on met foi-même à fa marchandife.

Une des claufes que l'on n'omet guères dans les actes de fociété entre marchands eft : *pour partager entre nous les profits & pertes, qu'il plaira à Dieu nous envoyer pendant le tems de notre préfente fociété.*

PROFITER. Tirer du gain, de l'avantage de quelque chofe. Ce marchand fait *profiter* fon argent fur la place, à la bourfe, dans les armemens. Les ufuriers font *profiter* leur argent au denier fort.

PROHIBER UN COMMERCE. C'eft le défendre, c'eft empêcher qu'une marchandife n'entre dans le royaume ou ne s'y débite.

On a commencé dans la pratique par faire des prohibitions, avant d'examiner en fpéculation fi le *droit* d'en établir exifte dans la loi fondamentale de juftice & dans l'ordre naturel des fociétés policées; quand on veut raifonner fur les prohibitions établies au hafard, on tâche de prouver qu'elles font *avantageufes*; on évite la première queftion de favoir fi elles font *juftes*; on trouve facilement que les réglemens prohibitifs font bons à ceux qui les vendent & à ceux qui les achettent. C'eft tout ce qu'on demande.

PROHIBITION. *Défenfe de faire une chofe.* Il fe dit particulièrement en ftile de déclarations, des défenfes générales qui fe font d'acheter, vendre & débiter, même de fe fervir, foit en vêtemens, foit en meubles, de certaines fortes de marchandifes.

On appelle *contrebande* ou *marchandifes de contrebande*, celles dont on fait commerce contre & nonobftant les *prohibitions* portées par ces déclarations.

PROMESSE. Cédule, écrit qu'un négociant fait à un autre pour une fomme qu'il lui doit payer dans un tems, ou pour des lettres de change & des marchandifes qu'il lui doit fournir. Les fimples *promeffes* ne portent point d'hypothéque jufqu'à ce qu'elles foient reconnues en juftice; & celui qui les a faites, quoique négociant, ne peut pas non plus avant cette procédure être contraint par corps à leur paiement; il faut même une condamnation en juftice, qui ne peut être obtenue que contre les négocians.

PROPOLIS. C'eft le nom que l'on donne à la cire vierge qui n'eft autre chofe qu'une efpéce de cire rouge dont les mouches à miel fe fervent pour boucher & maftiquer les trous ou fentes de leurs ruches. Le *propolis* eft eftimé très-fouverain pour les maladies des nerfs.

PROPORTION, *terme d'arithmétique.* Quelques-uns nomment *régle de proportion* ce que d'autres appellent *régle de trois* ou *régle d'or.*

PROPRIÉTAIRE DE NAVIRE ou DE VAISSEAU MARCHAND. C'eft celui qui a fait conftruire à fes dépens, ou acheté de fes deniers un bâtiment de mer.

Il eft permis à toutes fortes de perfonnes de faire conftruire ou acheter des navires, les équiper pour eux, les fretter à d'autres, & faire le commerce de la mer par eux ou par perfonnes par eux interpofées, fans que pour raifon de ce les gentilshommes foient réputés faire acte de dérogeance, pourvu toutefois qu'ils ne vendent point en détail.

Le *propriétaire d'un navire* eft refponfable des faits du maître, mais il en eft déchargé en abandonnant fon bâtiment & fon fret. Cependant les *propriétaires des navires* équipés en guerre ne font point refponfables des délits & dépradations commis en mer par les gens de guerre étant fur leurs vaiffeaux, ou par les équipages, finon jufques à concurrence de la fomme pour laquelle ils auront donné caution, fi ce n'eft qu'ils en foient participans ou complices.

Un *propriétaire de navire* peut congédier, quand bon lui femble, le maître, en le rembourfant s'il le requiert, de la part qu'il peut avoir au vaiffeau, au dire de gens à ce connoiffans. En tout ce qui concerne l'intérêt des propriétaires, l'avis du plus grand nombre doit être fuivi; & font réputés faire le plus grand nombre, ceux des intéreffés qui ont la plus grande part au vaiffeau. *Tout cela eft conforme au tit. 8 du livre 2 de l'ordonnance de marine du mois d'août 1681.*

PRORATA. Terme dont fe fervent affez ordinairement les marchands & négocians pour fignifier *proportion.* Ainfi quand on dit en parlant de quelque entreprife de commerce, que chacun partagera le profit ou fupportera la perte au *prorata* de fon intérêt; cela doit s'entendre que chacun profitera ou perdra à proportion du fonds qu'il aura mis dans la chofe entreprife.

PROROGATION. *Terme, délai* que l'on accorde pour paiement d'une dette ou l'exécution d'une chofe.

PROROGER. Donner un délai, accorder un terme plus long que celui dont on étoit convenu ou qui étoit porté par un acte. Il faut *proroger* notre compromis. Voulez-vous que nous *prorogions* le pouvoir que nous avons donné à nos arbitres.

Les termes de *prorogation* & de *proroger* font très en ufage dans le commerce & parmi les marchands. Quelques-uns difent, *prolonger* un délai, pour *proroger*; mais l'autorité de l'auteur moderne qui s'en fert dans un Traité de commerce, ne paroît pas fuffifante pour lui donner cours.

PROTÊT. Acte de sommation que le porteur d'une lettre de change est obligé de faire dans un certain temps à celui sur qui elle est tirée, lorsqu'il fait refus de l'accepter, ou de la payer. Cet acte est nommé *protêt*, parce qu'il contient des protestations de répéter toutes pertes, dépens, dommages & intérêt; même de prendre de l'argent à change, & de renvoyer la lettre au tireur.

Il y a deux sortes de *protêt*; l'un que l'on appelle *protêt* faute d'acceptation, & l'autre que l'on nomme *protêt* faute de paiement.

Le *protêt* faute d'acceptation se fait dans le temps que les lettres sont présentées par les porteurs à ceux sur qui elles sont tirées, au cas qu'ils fassent refus de les accepter soit pour les temps ou pour les sommes y mentionnées, ou qu'ils allèguent le défaut de provision ou d'avis.

Le *protêt* faute de paiement se fait à l'échéance des lettres de change, lorsque ceux sur qui elles sont tirées refusent de les payer, soit qu'ils les aient acceptées ou non, soit qu'elles soient payables à vûe, à jour nommé, ou à une ou deux usances, ou à tant de jours ou de semaines de date, ou en paiement des rois, de pâques, d'août ou des saints, ainsi qu'il se pratique à Lyon.

Les porteurs de lettres de change qui ont été acceptées, ou dont le paiement échoit à jour certain, sont obligés de les faire payer ou protester dans les dix jours de faveur accordés après le temps de l'échéance, & ces dix jours doivent être comptés du lendemain de l'échéance, sans que le jour de l'échéance y puisse être compris, mais seulement celui du *protêt*, des dimanches & des fêtes, même des solemnelles. *Ce qui est conforme à l'art. 4, du tit. 5 de l'ordonnance du mois de mars 1675, & à la déclaration du roi du 10 mai 1686.*

Il faut cependant remarquer, qu'il n'en est pas de même à l'égard des lettres de change qui sont tirées sur la ville de Lyon payables en paiements; car celles-là doivent être protestées dans trois jours non fériés après le paiement échu, qui dure jusqu'au dernier jour du mois inclusivement, ce qui a été ainsi déterminé par l'article 9 du réglement de la place du change de Lyon du 2 juin 1667.

Suivant les articles 8, 9 & 10 du même titre de l'ordonnance de 1673, ci-devant rapportée, les *protêts* ne peuvent être faits que par deux notaires, ou par un notaire accompagné de deux témoins, ou par un huissier ou sergent assisté de deux recors, & il y doit être fait mention des noms & domiciles des témoins ou des recors. Les lettres de change doivent être entièrement transcrites dans l'acte de *protêt*, ensemble les ordres s'il y en a; & la copie du tout signée doit être laissée à la partie sous peine de faux & des dommages & intérêts. Cet acte de *protêt* ne peut être suppléé par aucun autre acte public, soit demande, sommation ou assignation. Il faut absolument pour avoir

son recours contre le tireur ou endosseur, protester au refus d'acceptation ou de paiement.

Par une déclaration du roi du 23 avril 1712, les *protêts* des lettres & billets de change qui sont faits & passés par les notaires & tabellions, sont nonseulement sujets au contrôle des actes des notaires, établi par l'édit du mois de mars 1693; mais encore au droit du contrôle des exploits créé par l'édit du mois d'août 1669, conformément aux déclarations des mois de mars 1671 & février 1677, qui les y avoient assujettis.

Le *protêt* a tant de force, que par son seul moyen les intérêts du principal & du premier change sont dûs, sans qu'il soit nécessaire de les demander en justice; mais à l'égard du second change que l'on nomme *rechange*, des frais du *protêt* & du voyage s'il en a été fait, ils ne sont dûs que du jour de la demande, encore faut-il qu'il y ait une sentence qui les adjuge.

Les billets de change doivent se protester faute de paiement ainsi que les lettres de change.

Les places étrangères de l'Europe ont leurs différens usages touchant le temps que les *protêts* doivent être faits. Voici ce qui en est rapporté par Dupuis de la Serra dans le chapitre 14 de son traité de l'Art des lettres de change, qui se trouve à la fin du Parfait Négociant de M. Savary, imprimé à Paris en 1713 & 1721 par Guignard & Robustel.

» A Londres l'usage est de faire le *protêt* dans » les trois jours après l'échéance, à peine de répon- » dre de la négligence; & il faut encore observer » que si le troisième des trois jours est férié, il » faut faire le *protêt* la veille.

» A Hambourg les mêmes pour les lettres de » change tirées de Paris & de Rouen; mais pour les » lettres de change tirées de toutes les autres places, » il y a dix jours, c'est-à-dire, qu'il faut faire le » *protêt* le dixième jour au plus tard.

» A Venise l'on ne peut payer les lettres de change » qu'en banque, & le *protêt* faute de paiement des » lettres de change doit être fait six jours après » l'échéance; mais il faut que la banque soit ou- » verte, parce que lorsque la banque est fermée, » l'on ne peut pas contraindre l'acceptant à payer » en argent comptant, ni faire le *protêt*: ainsi » lorsque les six jours arrivent, il faut attendre son » ouverture pour demander le paiement & faire les » *protêts*, sans que le porteur puisse être réputé » en faute. La banque se ferme ordinairement » quatre fois l'année pour quinze ou vingt jours, » qui est environ le 20 mars; le 20 juin, le 20 » septembre & le 20 décembre; outre ce en car- » naval elle est fermée pour huit ou dix jours & » la semaine sainte quand elle n'est point à la fin de » mars.

» A Milan il n'y a pas de terme réglé pour pro- » tester faute de paiement, mais la coutume est de » différer peu de jours.

» A Bergame les *protêts* faute de paiement se

» font dans les trois jours après l'échéance des lettres
» de change.

.» A Rome l'on fait les *protêts* faute de paiement
» dans quinze jours après l'échéance.

» A Ancone les *protêts* faute de paiement se font
» dans la huitaine après l'échéance.

» A Boulogne & à Livourne il n'y a rien de
» réglé à cet égard : l'on fait ordinairement les
» *protêts* faute de paiement peu de jours après
» l'échéance.

» A Amsterdam les *protêts* faute de paiement se
» font le cinquième jour après l'échéance, de même
» à Nuremberg.

» A Vienne en Autriche la coutume est de faire
» les *protêts* faute de paiement le troisième jour
» après l'échéance.

» Dans les places qui sont foires de change,
» comme Nove, Francfort, Bolzan & Lintz, les
» *protêts* faute de paiement se font le dernier
» jour de la foire.

» Il n'y a point de place où le délai de faire le
» *protêt* des lettres de change soit si long qu'à Gènes,
» parce qu'il est de trente jours, suivant le chapitre
» 14 du quatrième livre des statuts.

» Les négocians de quelques places, comme
» ceux de Rome, se persuadent n'être pas obligés
» de protester faute de paiement ; mais cette opi-
» nion choque non-seulement l'usage universel, mais
» encore la raison naturelle, parce que tant qu'ils
» ne feront pas apparoir à ceux contre qui ils pré-
» tendent recourir, que l'acceptant au temps de
» l'échéance a été refusant de les payer, ils ne
» pourront pas établir leurs recours ; c'est pourquoi
» il faut tenir pour constant que tout porteur de
» lettre de change est obligé de protester à l'échéance
» suivant les usages des places où les lettres de change
» doivent être payées ; & le *protêt* est d'une néces-
» sité si indispensable, qu'il ne peut être suppléé par
» aucun acte.

Samuel Ricard dans son Traité général du Commerce, de l'édition de 1714, ajoute que les lettres
de change tirées d'Anvers ou d'Amsterdam sur l'Espagne, y doivent être *protestées* faute de paiement
le quatorzième jour après celui de l'échéance, après
lequel temps la lettre non protestée reste au risque
& fortune du porteur & non des tireurs & endosseurs, en cas que les accepteurs vinssent à faillir
après ledit quatorzième jour. Il remarque cependant
qu'à cet égard on n'est ni si sévère, ni si exact qu'en
France & en Hollande, ou en plusieurs autres
villes de commerce, le porteur ne courant aucun
risque pour avoir négligé quelques jours de faire
protester sa lettre.

PROTESTER une lettre ou billet de change.
C'est en faire protêt au refus que l'on fait de l'accepter ou de le payer à l'échéance.

PROVÉDITEUR DE LA DOUANE. On nom-
me ainsi à Livourne celui qui a l'intendance & le
soin général de la *douane* & des droits d'entrée & de
sortie de cette ville d'Italie, si célèbre par son

grand commerce. Il tient le premier rang après le
gouverneur : on appelle *sous-provéditeur* celui
qui a soin de la *douane* en son absence.

PROVISION. *Terme de commerce de lettre de
change.* C'est le fonds que celui qui tire une lettre de change a coutume de remettre à son correspondant sur qui il l'a tirée, pour qu'il soit en état
de la payer à son échéance.

Un marchand, banquier ou autre n'est pas obligé
de payer une lettre ou billet de change, pour lequel il n'a point de *provision* entre les mains : mais
quand il fait honneur à la lettre de son ami ou de
son correspondant, c'est-à-dire, qu'il l'accepte sans
provision, il en fait sa propre dette par son acceptation ; & le porteur de la lettre, sans être tenu de la
faire protester faute de paiement pour avoir son
recours sur le tireur, peut s'en faire payer par l'accepteur, & le contraindre par les voies de droit de
l'acquitter.

PROVISION. Signifie aussi *le salaire* d'un commis, d'un facteur, d'un commissionnaire, qui ordinairement s'estime à tant par cent de l'achat ou de
la vente des marchandises qu'il fait pour le compte
du commettant. Je donne à mon commissionnaire
de Gènes demi pour cent de *provision.*

PROXIMA. Terme de quelque usage parmi les
négocians, qui signifie *mois prochain.* Ainsi quand
dans leurs écritures ou dans leurs discours ils disent
qu'une lettre de change est payable au six *proxima*,
cela doit s'entendre, que cette lettre échoira au six
du mois prochain.

PRUDHOMME. Se disoit autrefois d'un homme
sage, prudent, expérimenté, équitable.

Dans plusieurs des anciens statuts des communautés des arts & métiers de la ville & fauxbourgs
de Paris, les jurés sont appellés *prudhommes ;*
dans d'autres on donne ce nom aux anciens maîtres
du corps, qu'on a nommé depuis bacheliers, c'est-
à-dire, à ceux qui ont passé par les charges.

On appelle encore dans la halle aux cuirs de
Paris, *prudhommes*, des officiers créés par déclaration du roi pour la visite des cuirs.

A Marseille les *prudhommes* sont les juges des
pêcheurs qui connoissent de tout ce qui concerne la
pêche. Ces *prudhommes* peuvent condamner jusqu'à
deux sols d'amende sans appel.

PRUNEAUX. Ce sont des prunes séchées &
cuites dans le four ou au soleil.

Les marchands épiciers font un grand commerce
de *pruneaux* de toutes sortes. La plus grande quantité vient de Touraine, particulièrement de Tours,
de S. Maur & de Chinon, comme les gros & petits
Sainte-Catherine, les Saint-Julien, les petits *pruneaux* noirs de damas, &c. Il s'en envoie aussi
beaucoup de Bordeaux, où il s'en fait en temps de
paix un négoce assez considérable avec les étrangers ; les Anglois & les Hollandois en enlevant
beaucoup. Les *pruneaux* de Bordeaux sont gros,
longs & noirs. Il y a encore les *pruneaux* de Mont-
mirel, qui sont les perdrigons, les impériales ou

dattes, &c. Les boëtes dans lesquelles viennent les plus beaux *pruneaux*, sont des espéces de petits boisseaux qu'on appelle *galons*. Les communs se mettent ordinairement dans des tonneaux.

PRUSSE. (*Commerce de*)

Les états de la maison de Brandebourg étant en grand nombre & se trouvant situés en différens païs éloignés les uns des autres, nous ne ferons point de description géographique de chacun de ces états, mais seulement de ceux dont le commerce mérite d'être connu. Les domaines du roi de *Prusse* les plus essentiels pour le commerce sont ceux qui confinent à la mer Baltique, & quelques autres qui en sont éloignés, mais qui y communiquent par des fleuves ou rivières. Deux articles comprendront le détail du commerce maritime des états du monarque Prussien. Le premier traitera du commerce des deux *Prusses*, & le second de celui de la ville de Berlin, & de la Poméranie Brandebourgeoise.

ART. Iᵉʳ. *Commerce des deux Prusses.*

La *Prusse* se divise en deux parties, dont l'une est possédée depuis longtems par la maison de Brandebourg sous le nom de *royaume de Prusse*. L'autre, qui a fait partie des domaines de la Pologne jusqu'à la fin de l'année 1771, fut nommée jusqu'alors *Prusse ducale*, ou *Prusse polonoise*; mais elle a perdu ce dernier nom depuis que le roi de *Prusse* se l'est fait adjuger par le traité de partage conclu entre la maison d'Autriche, l'impératrice de Russie & lui. Par cet arrangement ce prince a arrondi ses états qui consistoient en piéces détachées; & l'on peut dire, sans craindre de se tromper, que ce nouveau domaine est le plus beau fleuron de sa couronne.

§. I. Le royaume de *Prusse* a la Courlande au nord, une partie de la Pologne & une partie du grand-duché de Lithuanie à l'est; la Massovie, province de Pologne, au sud; la *Prusse* ducale & la mer Baltique à l'ouest. Le royaume comprend dans son ensemble environ sept cent vingt-neuf mille quarrés géographiques. On y compte onze cent mille arpens (*Hufen*) de terre, sans compter les lacs. Les parties du nord & de l'ouest présentent presque partout une surface plane; mais celles du midi & de l'est sont en général montueuses, couvertes de forêts & coupées de beaucoup de lacs d'eau douce. C'est aussi de là que partent un grand nombre de fleuves & de rivières, qui arrosent le pays. Il y a peu de cantons en *Prusse* qui ne soient fertiles en grains, soit froment, soit seigle, orge, avoine, bled sarrazin & millet: le lin, le chanvre, le houblon, le tabac, les pois, les légumes & herbages de toute espéce y viennent aussi en abondance, & les pacages y sont excellens. On y recueille une grande quan-

tité de *manne*: c'est un grain que produit une herbe appelée *gramen mannæ*, ou *gramen dactylum esculentum*. De tous ceux qu'on sert sur nos tables, préparés comme le gruau, il n'y en a aucun dont le goût soit aussi délicat. Les Prussiens élèvent un grand nombre d'abeilles, & recueillent en conséquence beaucoup de cire & de miel. Leurs forêts sont considérables & fournissent en abondance du bois pour la bâtisse & le chauffage; mais l'on n'y voit plus d'aussi beaux chênes qu'autrefois. La mer, les fleuves & les lacs fournissent au royaume de *Prusse* de l'esturgeon, des lamproies, des carpes & autres poissons, dont une partie passe chez l'étranger. La mer fait aussi présent aux Prussiens d'ambre jaune, ou *succin*, dont le nom allemand *bernstein* vient probablement de *brennstein* ou pierre à brûler. Cette pierre ne se trouve nulle part en si grande quantité que sur les bords de la mer baltique, dans le royaume de *Prusse*, & particulièrement sur les côtes du Samland, où elle est jettée par les vagues, lorsqu'il régne des vents violens de nord & d'ouest: on la cherche dans les dunes ou monceaux de sable entassés sur le bord de la mer. L'ambre appartient à la classe des bitumes solides; il est transparent & communément jaune; il y en a aussi de blanc, & c'est l'espéce réputée la meilleure & la plus fine. Quand on frotte l'ambre, il attire les matières légères, prend feu aisément, & surpasse en odeur l'encens & le mastic. On en tire un esprit acide qu'on nomme *huile d'ambre*. L'ambre, dans son principe, est un fluide; c'est au moins ce que donnent lieu de présumer les corps hétérogènes qu'on y voit amalgamés. Souvent on y distingue des mouches, des moucherons, des araignées, des fourmis, des poissons, des grenouilles, des vers, des gouttes d'eau, du bois & du sable, & quelquefois plusieurs de ces choses ensemble. Il est compté parmi les droits régaliens & rapporte annuellement au trésor jusqu'à vingt-cinq mille écus. On voit plusieurs jolis ouvrages de ce minéral, faits au tour. Le royaume de *Prusse* ne produit ni vin ni sel, & a, pour tous métaux, l'espéce de fer qu'on appelle *pierre de marais*, ou *rasenstein*, dont les mines sont nombreuses en cet État.

Les manufactures & les fabriques se multiplient & se perfectionnent de jour en jour en *Prusse*: il faut mettre de ce nombre les verreries, les fourneaux & forges à fer, les papeteries, les moulins à poudre, les forges pour le cuivre & l'airain, les fabriques de draps, de camelots, de bas, de linge de table & autre. Ce royaume, très-avantageusement situé pour le Commerce, renferme soixante-deux villes, dont il n'y a que deux qui aient des ports & qui fassent un Commerce maritime, sçavoir Konigsberg & Memel, qui sont les capitales des deux départemens dans lesquels se divise le royaume de *Prusse*, sous les noms de *département Prussien* & de *département Lithuanien*. Nous traiterons au long du Commerce de ces deux villes ; mais nous ne ferons que nommer celles qui parmi les soixante autres sont le plus dignes de remarque.

Konigsberg ou *Kœnigsberg*, en Polonois *Krolewitz*, & en Lithuanien *Karalauczuge*, capitale de tout le royaume de *Prusse*, est une des principales villes de Commerce de l'Europe ; elle est située sous le 54e. dégré, 43 minutes de latitude septentrionale au bord du fleuve Pregel, sur lequel on a construit sept ponts de communication. Cette ville rapporte son origine à l'année 1255 ; elle entra dans la ligue anséatique peu de temps après sa fondation. Elle est divisée en trois parties, nommées *Alistadt*, *Lobenicht* & *Kneiphoff*. Dans la première se trouvent les magasins, le grenier à sel, les balances, les douanes, l'amirauté & plusieurs autres édifices relatifs au commerce ; entre autres, une manufacture de bas de laine & quelques fabriques de cuirs. Dans la seconde, le *Lobenicht*, se trouvent le grand & le petit magasin au bois & le bureau de la recette du bois. La troisiéme, le *Kneiphoff*, n'a d'établissemens de commerce que la bourse où s'assemblent les négocians.

Le port de *Konigsberg* est sûr & commode ; mais son éloignement de la mer & l'impossibilité qu'ont les navires d'une grandeur médiocre de monter jusqu'à la ville, font un tort considérable à son Commerce. On remédie à cet inconvénient en envoyant des allèges aux navires qui restent à *Pillau*, entrée du port de *Konigsberg*, soit pour charger, soit pour décharger les marchandises dont se composent leurs chargemens.

Le Commerce de *Konigsberg* est intéressant, parce qu'il fournit beaucoup d'articles nécessaires à la majeure partie des nations du midi de l'Europe. Ces articles viennent à *Konigsberg*, en partie de Pologne & en partie du royaume de *Prusse* & de ses dépendances. Ils s'exportent ensuite pour divers pays étrangers par des navires de diverses nations. Ce Commerce a beaucoup augmenté depuis environ 20 ans : aujourd'hui il est fait par 700 navires, plus ou moins : on compte qu'il en est entré à Pillau, destinés pour *Konigsberg*, 683 en 1777 ; 725 en 1778 ; & 687 en 1779. Et qu'il en est sorti pour divers pays, 691 en 1777 ; 734 en 1778 & 710 en 1779. Pour montrer encore mieux en quoi consiste le commerce d'importation & d'exportation de *Konigsberg*, nous ferons suivre ici deux notes, l'une de l'entrée, l'autre de la sortie des marchandises de cette ville pendant l'année 1779.

NOTE *des marchandises importées* à Konigsberg *pendant l'année* 1779.

Sel de Hallisch	Loft	3080	
Dit, d'Espagne	dit	418	
Dit, de France	dit	109	
Charbon de terre	dit	35	
Vin de France	Barriques	9921	
Dit, de Muscat	dites	124 ½	
Dit, du Rhin & de Moselle	Ahms.	26 ½	
Dit, d'Espagne	Pipes	17	
Dit, de Champagne, pour	Rthlr.	13482	
Eau-de-vie	Barriques	68 ⅘	
Vinaigre	dites	225 ½	
Huile d'olive	Pipes	102	
Huile de chenevis & de lin	Ahms.	110	
Huile de baleine	Barrils	342	
Goudron	Barrils	1097	
Limons salés	Pipes	24	
Citrons, Oranges, &c.	Pièces	287099	
Harengs de Suède & de Norvège	Barrils	13814	
Dits, de Hollande	dits	180	
Poisson sec	Scht℔	189	
Fer en barres & planches	Scht℔	6247	
Acier	℔	35544	
Laiton, fer blanc & métal	℔	25966	
Etain	℔	40740	
Cuivre	℔	59343	
Fil de fer	℔	76879	
Dit, de métal	℔	3334	
Plomb	℔	1521450	
Vitriol	℔	73860	
Alun	℔	88110	
Anis	℔	4830	
Amandes	℔	25545	
Cumin	℔	19750	
Gingembre		℔	23944
Café		℔	150423
Thé		℔	2775
Cannelle		℔	1079
Safran		℔	402
Sucre		℔	1052134
Sirop		℔	349059
Poivre brun		℔	35623
Poivre de la Jamaïque		℔	25870
Prunes		℔	20316
Raisins		℔	125556
Corinthes		℔	63089
Ris		℔	35640
Indigo		℔	16936
Verd de gris		℔	1350
Garance		℔	3650
Rocou, ou Orléane		℔	899
Tartre		℔	16520
Bois de Brésil		℔	211054
Amidon		℔	126440
Ceruse		℔	2820
Cardamome		℔	349
Verres		Caisses	922
Cuir à semelle		℔	3880
Soufre		℔	5110
Plomb à grenaille		℔	49100
Noix de muscade		℔	490
Macis, ou fleur de muscade		℔	435
Cloux de girofle		℔	730
Draps de Hollande, pour		Rthlr.	29247 ⅖
Dits, d'Allemagne		Rthlr.	435 ⅔
Drogues médicinales		Rthlr.	

Navires arrivés à Pillau 687

NOTE *des marchandises expédiées de* Konigsberg *pendant l'année 1779.*

	Pour Hollande.	Pour Angleterre.	Pour France, Port, &c.	Pour Danem. & Norv.	Pour Suede.	Pour Breme, Lubeck, & Rostock.	Pour Pomer. & Embd.	Pour Dantzich. Elbing & fleuves.	Total.
Froment . . . . . *Last,*	1467	. . .	605	38	60	47	74	. . .	2391
Seigle , ... *dits,*	1398	. . .	79	1254	1303	379	543	33	5067
Orge, ... *dits,*	393	. . .	15	1075	502	174	13	49	2248
Avoine , ... *dits,*		216	. . .	. . .	17	48	12	20	313
Pois , ... *dits,*	698	367	. . .	66	28	139	3	17	1318
Graine de lin à se-⎰ mer, au printems, ⎱ *barrils,*	1049	84	. . .	24	. .	982	330	39	2508
En automne , . . . *barrils,*	742	3	. . .	29	2	102	24	50	952
Graine de lin pour⎰ faire de l'huile , ⎱ *Last,*	1864	1088	. . .	4	. .	. .	2	5	2963
Chenevis , ... *dits,*	179	. . .	. . .	4	. .	. .	. .	8	191
Huile de chenevis , . *ahms,*	. . .	. . .	. . .	. . .	. .	43	205	. .	248
Chanvre , ... *Last,*	988	546	368	27	64	51	468	409	2921
Lin , ... *dits,*	59	38	72	15	29	8	4	16	241
Étoupes , ... *dits,*	2	14	. . .	. . .	14	. . .	148	142	320
Cendre calcinée , . . *Schth,*	485	1860	. . .	458	. .	240	932	78	4057
Cendre cassaux , . . *Last,*	210	22	. . .	. . .	. .	1	41	1	976
Cire , ... *Pierres,*	4118	145	600	111	83	4778	. . .	5	9840
Soie de porc , . . . *dites,*	3251	3955	. . .	26	32	230	31	8	7533
Suif , ... *dites,*	. . .	2959	. . .	. . .	79	. . .	2366	189	5590
Fil , ... *Schocks,*	. . .	4270	. . .	. . .	5	69	130	2	4467
Planches , . . . *Schocks,*	62	34	38	104	. .	. .	4	6	258
Poutres , ... *Piéces,*	1380	348	. . .	. . .	. .	. .	. .	. .	1728

Navires partis de Pillau , ... 710

On voit par cette dernière note que les marchandises qu'on tire en plus grande quantité de Konigsberg, ou qui sont les plus recherchées par les étrangers, sont le froment, le seigle, l'orge, le chanvre, la cire, les cendres calcinées & gravelées, la graine de lin, le chenevis, les toiles & fils de Varmie : nous allons en conséquence donner des comptes simulés de chacun de ces articles.

Compte simulé de 60 lasts de froment à fl. 200 . . . . fl. 12000

Frais d'expédition.

Droits de sortie à fl. 4½ par last, & l'agio à 4 p⅖ . . . . fl.	280	24
Droits du Sund , rdlr. 60 à 5 fl.	300	" "
Mesure à 24 gros & veiller à la mesure à 2 gr.	52	" "
Aux travailleurs & menus frais	200	" "
Frais de la rivière & du port à 12 gros	24	" "
Courtage d'achat à 6 gr. & 700 nattes à 3½ gr.	93	20
Pour les ⅔ des frais des allèges & autres frais	110	" "
Commission de fl. 13,060 à 2 p⅖	261	6
Courtage des traites & ports de lettres , ...	28	10
	1,359	

Fl. 13,359

Compte simulé de 60 lasts de seigle à fl. 130 le last.	Fl.	7,800

Frais d'expédition.

Droits de sortie à fl. $2\frac{1}{2}$ & l'agio à 4 p $\frac{o}{o}$	fl. 156	"	
Droits du Sund, rdlr. 30 à 5 fl.	150	"	
Mesurage & veiller à la mesure	52	"	
Aux travailleurs & menus frais	200	"	
Frais de la rivière & du port	24	"	
Courtage d'achat à 6 gr. & 700 nattes à $3\frac{1}{2}$ gr.	93	10	
Pour les $\frac{2}{3}$ des frais d'allège, ...	100	"	
Commission sur fl. 8,565 à 2 p $\frac{o}{o}$	171	9	
Courtage des traites & ports de lettres.	23	1	
			980
			Fl. 8,780

Compte simulé de 60 lasts d'orge à fl. 90 le last	Fl.	5,400

Frais d'expédition.

Droits de sortie avec l'agio à $2\frac{2}{5}$ fl.	fl. 144	"	
Droits du Sund, rthlr. 30 à 5 fl.	150	"	
Mesurage & veiller à la mesure, ...	52	"	
Aux travailleurs & menus frais	180	"	
Frais de la rivière & du port	24	"	
Courtage d'achat à 5 gr. & 700 à $3\frac{1}{2}$ gr.	91	20	
Pour les deux $\frac{2}{3}$ des frais d'allège.	94	"	
Commission sur fl. 6,135 à 2 p $\frac{o}{o}$	122	21	
Courtage des traites & ports de lettres	21	19	
			880
			Fl. 6,280

Les prix du froment, du seigle & de l'orge varient à *Konigsberg* ; comme partout ailleurs, suivant les circonstances : ils ont roulé pendant les années 1777, 1778 & 1779, comme suit, sçavoir :

	En 1777.		En 1778.		En 1779.	
	Au printemps.	*En automne.*	*Au printems.*	*En automne.*	*Au printemps.*	*En automne.*
Le froment à	fl. 180 à 220	fl. 220 à 240	fl. 210 à 280	fl. 220 à 240	fl. 180 à 230	fl. 160 à 220
Le seigle, . .	120 à 140	. 130 à 160	. 120 à 150	. 115 à 140	. 115 à 130	. 100 à 120
L'orge, . . .	90 à 100	. 100 à 110	. 95 à 115	. 80 à 100	. 70 à 90	. 65 à 80

On régle les frets à *Konigsberg* par last de seigle, pesant environ 4,000 ℔. Le froment est réputé peser 10 p $\frac{o}{o}$ de plus, & l'orge 10 p $\frac{o}{o}$ de moins que le seigle.

Il y a quatre sortes principales de chanvre à *Konigsberg;* sçavoir, le chanvre net, le chanvre coupé, le chanvre *czukken* & le chanvre *pass*, dont les prix varient suivant les circonstances. Ils ont été pendant les années 1777, 1778 & 1779, comme suit :

	En 1777.		En 1778.		En 1779.	
	Au print.	*En aut.*	*Au print.*	*En aut.*	*Au print.*	*En aut.*
Chanvre net, la pierre	fl. 9 à $9\frac{1}{2}$	fl. $9\frac{1}{2}$ à 10	fl. $9\frac{1}{4}$ à $10\frac{3}{4}$	fl. $8\frac{1}{2}$ à 9	fl. 9 à $9\frac{1}{4}$	fl. 8 à $8\frac{1}{2}$
Dit, coupé, ...	8 à $8\frac{1}{4}$	. $8\frac{1}{2}$ à $9\frac{1}{2}$	. $8\frac{1}{2}$ à $9\frac{1}{4}$	. $7\frac{1}{2}$ à 8	. $7\frac{3}{4}$ à $8\frac{1}{2}$	. $6\frac{3}{4}$ à $7\frac{1}{2}$
Dit, czukken, ...	$6\frac{1}{4}$ à $6\frac{1}{2}$	. $6\frac{1}{2}$ à $6\frac{3}{4}$	. $6\frac{1}{2}$ à 7	. $5\frac{1}{2}$ à $6\frac{1}{4}$	. $5\frac{3}{4}$ à $6\frac{3}{4}$	. $4\frac{1}{2}$ à 6
Dit, pass, ...	5 à $5\frac{1}{4}$	. $5\frac{1}{4}$ à $5\frac{1}{2}$	. $5\frac{1}{2}$ à $5\frac{3}{4}$	. $4\frac{1}{4}$ à $4\frac{1}{2}$	. $4\frac{1}{2}$ à 5	. 4 à $4\frac{1}{2}$

Compte simulé d'une balle de chanvre net ou *rein-hempf*, pesant 60 steins ou pierres, à fl. 9½ chacune . . . . Fl. 57¾

Frais d'expédition.

Droits de sortie à fl. 15 par last & l'agio 4 p°₀ . . . . fl.	14	18
Droits du Sund	3	″″
Frais de rivière	″″	12
Pesage ⅓ gros par stein & aux travailleurs	1	25
Pour ⅓ des frais d'allège de navire	1	15
Courtage d'achat à 8 gr. dit d'affrettement	3	11
Commission sur fl. 592 à 2 p°₀	11	25
Courtage des traites & ports de lettres	5	14

42¾

FL. 610

Le chanvre coupé, *schneid* ou *snit-hempf*, fait les mêmes frais d'expédition que le chanvre net, à cette différence près que le droit de sortie du chanvre coupé n'est que de fl. 12 par last, qui avec l'agio revient à fl. 12, 14½ gros.

Le chanvre *czukken* & le chanvre pass, ou *pass-hempt.*, paient les mêmes droits du Sund, frais de rivière, pesage, frais de navire, courtage d'achat & d'affrettement, que le chanvre net; mais ils ne paient pour droits de sortie que fl. 11¼ par last, qui avec l'agio revient à fl. 11. 24 gros. D'un autre côté, ils supportent 2 florins de frais d'emballage par last.

On compte 60 steins, ou pierres de chanvre, par last.

La cire est une substance tirée des végétaux & élaborée dans le corps des abeilles. La jaune est telle qu'elle a été tirée de la ruche après que le miel en a été exprimé, sans autre façon que d'avoir été fondue pour en faire des pains. Elle a naturellement une certaine solidité, est un peu glutineuse au toucher & d'une belle couleur dorée qui s'obscurcit un peu en vieillissant. Pour la blanchir on la fait fondre de nouveau & on la jette toute bouillante dans de l'eau fraîche, où elle se divise en une infinité de petits grains; ou bien on la réduit en lames très-minces & on l'expose ensuite à l'air & à la rosée. Non-seulement elle acquiert ainsi de la blancheur,

mais elle devient plus dure, plus friable, plus transparente, & perd presque toute son odeur. La cire est devenue d'une si grande nécessité pour les arts & pour les besoins de la vie domestique, qu'il s'en faut de beaucoup que l'Europe en puisse fournir assez à sa propre consommation. On en tire de Barbarie, de Smirne, de Constantinople, d'Alexandrie, & de plusieurs isles de l'Archipel, particulièrement de Candie, de Chio & de Samos. La meilleure qui vient de ces quartiers, est celle des environs de Smirne, connue sous le nom de *cire gesly*. La plus forte consommation de cet article en Europe se fait dans les parties du midi, comme la France, l'Espagne, le Portugal & l'Italie. Ces pays ont besoin de tirer continuellement de la cire du nord qui en fournit beaucoup, la Russie principalement, la *Prusse* & la Pologne. Cette cire en général est d'une bonne qualité & fort estimée. La meilleure de toutes est celle dont la couleur est d'un jaune vif tirant sur l'orange & dont les pains sont petits, solides & durs; aussi vaut-elle à *Konigsberg* communément ½, ¾ & quelquefois un florin par pierre plus que la cire ordinaire. On pourroit y être aisément trompé sur cette marchandise, si les *brakers*, ou visiteurs jurés, n'avoient soin, dès qu'il y arrive quelque partie de cire, de séparer les qualités communes de la bonne.

Les prix n'en sont pas toujours les mêmes à *Konigsberg*; elle y a été vendue pendant les dernières années comme suit, sçavoir:

	En 1777.		En 1778.		En 1779.	
	Au print.	*En aut.*	*Au print.*	*En aut.*	*Au print.*	*En aut.*
Cire jaune la pierre	fl. 43 à 44	fl. 42 à 42½	fl. 43 à 44	fl. 41 à 41½	fl. 41¼ à 41½	fl. 40 à 41

Comme on vend la cire à *Konigsberg* telle qu'on la reçoit de l'intérieur du pays, on n'y en trouve point de blanche à acheter.

Compte

Compte fimulé de neuf boucaux de cire jaune
pefant brut 358 fteins 8¼ ℔
Tare .   29 . . . 10¼

Net .   328 fteins 31 ℔ à 40½ fl. . . . . .Fl. 13,322 ℔

Frais d'expédition.

Droits de fortie à 18 gr. , par ftein & l'agio. . . . . fl.	205	8
Droits du Sund à 6¼ gros.	74	2
Pour les futailles & rabatage.	38	9
Pefage, affortiffage , & divers autres frais.	41	9
Frais de rivière & d'allège	10	13
Courtage d'achat à 1 gros par ftein , & dit d'affrettement	11	16
Commiffion fur fl. 13,703 à 2 p⁰.	274	1
Courtage des traites & ports de lettres	22	22

677 27

Fl. 14,000 //11

On compte 60 fteins ou pierres de cire pour un laft de Commerce.

Compte fimulé de 12 bariques de cendre calcinée ; dite *pot-afche*,
de 1ʳᵉ. qualité, pefant brut 350 fteins,
Tare 6 p⁰ . . . 21

Net . . 329 . . . . à fl. 85 le Schiff
de 10 fteins. . . . . . . .Fl. 2,796 15

Frais d'expédition.

Droits de fortie à 8 gr. par ftein, & l'agio. . . . . . . fl.	87	22
Droits du Sund rdlr. 2¼ à 5 fl.	13	22
Droit d'entrepôt ou de l'afch-hoff, à 63½ gr. la barrique	25	12
Pefage ½ gr. par ftein & travailleurs ½ fl. la bar.	11	25
Droits de rivière 12 gr. par 60 fteins.	2	10
Frais d'allège à 1½ fl. par 60 fteins	8	22
Courtage d'achat 10 gr. par barrique, & dit d'affrettement	5	6
Commiffion fur fl. 2,951 à 2 p⁰.	59	1
Courtage des traites & ports de lettres	9	15

223 55

Fl. 3,020 //11

4,000 ℔ de cendre calcinée font un laft.

La cendre calcinée de 2ᵉ. qualité fait les mêmes frais que ci deffus. Celle de 3ᵉ. qualité, dite *brack*,
ne paye que 4½ gros par ftein de fortie , les autres frais font comme de l'autre part.

Compte fimulé d'un laft de 12 barils de cendre gravelée, ou *caffaux*,
dite *weed-afche*, à fl. 600 le laft, ...Fl 600 //11

Frais d'expédition.

Droits de fortie & agio . . . . Fl.	12	//11
Droits du Sund	2	7
Droit d'entrepôt ou frais de l'afch-hoff.	8	//11
Droits de rivière	1	6

De l'autre part. . . . . .Fl. 600

Frais d'allège	9	111
Courtage d'achat 2 fl. & d'affrettement 9 gros	2	9
Commiſſion ſur fl. 634 à 2 p.º	12	21
Courtage de traites & ports de lettres	2	17

50

                Fl. 650

Compte ſimulé d'un laſt de 24 barils de graine de lin, à fl. 10 le baril, . .Fl. 240

Frais d'expédition.

Droits de ſortie à fl. 15 , 6 gr. & agio . . . . . . .fl.	15	24
Droits du Sund	2	7½
Droits ou frais de rivière	111	24
Frais d'allège	1	24
Meſurage & divers autres frais	4	7½
Pour des nattes	111	24
Courtage d'achat à 8 gr. & d'affrettement 9 gr. . . .	111	17
Commiſſion ſur fl. 266 à 2 p.º	4	9

30 17

                Fl. 270 17

Compte ſimulé d'un laſt de 24 barils de chenevis à fl. 6 le baril , ...Fl. 144

Frais d'expédition.

Droits de ſortie à fl. 7 , 18 gr. & l'agio . . . . . . .fl.	7	27
Droits du Sund	1	26
Droits ou frais de rivière	11	12
Meſurage & divers autres frais , & ceux d'allège . . .	6	111
Pour les nattes	11	18
Courtage d'achat à 8 gros, dit d'affrettement 9	11	17
Commiſſion ſur fl. 161 à 2 p.º	3	6

20 16

                Fl. 164 16

    Quoique les toiles & les fils dont nous allons donner des comptes ſimulés, ſoient deux articles que la province de Warmie fournit à la *Pruſſe* , ils appartiennent néanmoins au Commerce de la ville de *Konigsberg.* Les toiles ſont de lin , blanches, mais d'une qualité commune. Elles ont depuis 22 juſqu'à 24 pouces de *Konigsberg* de largeur , & la pièce meſure environ 40 aunes de la même ville. On les vend par *ſchock* de 120 aunes de *Pruſſe* , qui répondent à 100 aunes de Hollande. Les prix de ces toiles roulent depuis 12 juſqu'à 24 florins de *Pruſſe* le ſchock , ſuivant les qualités.

Compte ſimulé de 900 rouleaux , meſurant 300 ſchocks de toiles de *Warmie* ;
    à 21 fl. le ſchock . . . . .Fl. 6,300
         Pour l'emballage 6 ſchocks, à 12 fl. 72

                6,372

Ci-contre 6,372

Frais d'expédition.

Droits du Sund à 3 f. par fchock, rdlr. 18¾ à fl. 5 . . . . fl.	93	23
Emballage, nattes & cordes à fl. 5 la balle	30	////
Port à bord, & aux ouvriers à 36 gros	7	6
Courtage d'affrettement, à trois gros la balle	////	18
Commiffion fur fl. 6,503 à 2 p̄°.	130	////
Courtage des traites & ports de lettres.	16	13
		278

Fl. 6,650

Compte fimulé de 50 balles de fil de *Warmie*, chacune de 20 paquets, & le paquet de 30 écheveaux ou de 60 demi-écheveaux de 45 pouces de long, qui en tout font 1,000 paquets à 6 fl. . . . . Fl. 6,000

Frais d'expédition.

Droits de fortie à 4 gros par paquet & agio . . . . fl.	138	20
Droits du Sund, rdlr. 9, 18 à fl. 5	49	15
Emballage & nattes pour les 50 balles	95	////
Pour faire lier les paquets de fils, à 2½ gros chacun	83	10
Porter au magafin & de là à bord du navire	16	////
Emmagafinage	5	////
Pour les ⅔ des frais du navire jufqu'à Pillau	38	24
Frais de Pillau	20	////
Commiffion fur fl. 6,446 à 2 p̄°.	128	27
Courtage des traites & ports de lettres	14	24
		590

Fl. 6,590

150 paquets de fil font comptés pour un laft.

Lorfqu'on veut faire emballer ces fils avec de la toile au lieu de nattes, on fait les balles de 50 paquets; les frais d'emballage & de cordes s'élèvent à fl. 2¼ par balle; & l'on y ajoute le prix coûtant de la toile dont on fe fert pour l'emballage.

Outre les articles ci-deffus, la ville de *Konigſberg* en fournit plufieurs autres à l'étranger; mais en petite quantité, comme avoine; pois, lin, huile de chenevis, fuif, plomb & étain; enfin des planches de fapin, dont la qualité n'eft pas à beaucoup près auffi bonne que celle des planches de fapin de Dantzick: ces planches valent,

Celles de 3 pouces d'épaiffeur, 3¼ gros par pied de long.
De 2½ dites, ... 2⅝ dits ⎫ la largeur de ces planches eft ordinaire-
De 2 dites, ... 2⅛ dits ⎬ ment de 12 pouces & la longueur de 36
De 1½ dites, ... 1½ dits ⎭ pieds.

Les droits de fortie de ces planches font,

Pour celles de 4 & 3½ pouces fl. 7⅓ & l'agio 4 p̄° ⎫
De 3 & 2½ dites . . . . 5 & dit, ⎬ Par fchock de 60
De 2 & 1½ dites, . . . 3½ & dit, ⎬ planches.
De 1 . . dite, . . . 2 & dit, ⎭

Et les droits de rivière de mêmes planches font auffi comme fuit :

Pour celles de 4 & 2½ pouces fl. 2 . . . .
De 2 & 2½ dites, . . 24 gr. } Par fchock de 60 planches.
De 1 . . . dite, . . 12 . .

Les droits du Sund répondent à fl. 3½ par fchock de planches de 2 pouces d'épaiffeur fur 36 pieds de long, & à fl. 5 par fchock de celles qui ont plus d'épaiffeur. Les autres frais font un objet modique ; ils confiftent en 1 florin par fchock pour la vifite des planches, en 1 florin par fchock pour l'arrimage de celles-ci dans le navire, & le courtage d'affrettement à 3 gros par laft, de 80 pouces cubes d'encombrement.

Pillau eft l'entrée du port de Konigfberg dont il n'eft éloigné que de fix milles. Les plus gros navires s'y arrêtent & déchargent leurs marchandifes fur des allèges qui les portent à Konigfberg. Les frais de ces allèges font fupportés, ⅓ par le navire, & les ⅔ reftans par les marchandifes. Il y a des navires qui après avoir laiffé à *Pillau* une partie de leur chargement, peuvent s'approcher avec le reftant jufqu'auprès de la ville de Konigfberg ; d'autres, qui ne calent pas plus de 8 pieds, ne s'arrêtent point du tout à *Pillau* & vont avec leur chargement entier à Konigfberg.

MEMEL, appellée *Klaipaida*, par les Courlandois ou Lettoniens, eft une ville de Commerce importante, fituée fur le *Currifch-haff* dans l'endroit où ce lac reçoit la rivière de *Dange*. L'entrée du port eft bonne, l'eau y ayant 14 à 17 pieds de profondeur, & elle eft fuffifamment défendue par deux môles qui avancent au-delà de cinquante verges dans le golfe. *Memel* étoit autrefois du nombre des villes Anféatiques, c'eft pourquoi elle accepta le droit de Lubeck vers le milieu du treizième fiécle. Elle fait aujourd'hui un Commerce qu'on peut dire très-confidérable, eu égard à ce qu'il étoit il y a quelques années. Il n'eft en effet aucune ville fur toute la mer Baltique dont le Commerce ait autant profpéré qu'a fait celui de *Memel* depuis trente ans. Il fuffit pour s'en convaincre de remarquer que vers l'an 1750, il ne s'expédioit chaque année de ce port qu'environ 65 à 70 navires chargés de diverfes marchandifes, & qu'aujourd'hui le nombre en eft de 650 à 700, c'eft-à-dire décuple de ce qu'il étoit avant 1750. De fi rapides progrès ne peuvent manquer d'exciter de plus en plus l'induftrie & l'activité des habitans de cette ville, dont le port fera vraifemblablement dans peu d'années un des plus fréquentés de la mer Baltique. Les marchandifes qu'on en tire font du lin & du chanvre de diverfes qualités ; de la graine de lin, tant pour femer que pour faire de l'huile ; des bois de fapin, fciés & non fciés ; quelque peu de froment, de feigle & de cire, & quelques autres articles. Nous nous bornerons à donner ici des comptes fimulés de ceux que nous venons de nommer.

Il y a cinq qualités de lin à *Memel*, dont les noms & les prix y raifonnent de la manière fuivante, fçavoir :

Lin *Droyaner & Kupitzer Rakitzer*, lin, ... de 8 à 9 fl. la p. 33 th.
Dit, *Pompejaner Rakitzer*, ... de 7 à 8 dits,
Dit, *Vier-brande*, ou de quatre marques, ... de 5½ à 6½ dits,
Dit, de *Pater-nofter*, ... de 4 à 5 dits,
Dit, de *Drey-bande*, ou de trois marques, ... de 3 à 4 dits,

La manière de faire emballer le lin influe dans les frais d'expédition. Le lin *rakitzer* eft mis en paquets de 5, 7½ ou 10 pierres ; & les autres fortes font mifes en balles de 10, 15 & 20 pierres ; excepté le lin qu'on expédie pour Lifbonne, lequel eft chargé en rouleaux de 3 à 4 pierres & fans natres. Les diverfes efpéces de lin *rakitzer*, qu'on expédie de *Memel*, font ordinairement deftinées pour l'Angleterre. Les lins *pater-nofter* & de 4 & 3 marques vont en Portugal, furtout pour le port de Pofto où l'on envoie, année commune, de *Memel*, plus de 10,000 balles, chacune de 15 pierres, de lin de quatre marques, & des autres fortes à proportion.

Compte fimulé de 3,000 fteins ou pierres de lin *rakitzer*, à fl. 8½ . . . . Fl. 25,500

Frais d'expédition.

Droits de fortie à 6 gros par pierre . . . . Fl. 600
Agio fur ces droits dont le ⅓ doit être payé en or, ... 25
Droits de la ville, à 6 gros par 60 pierres, ... 10
Droits du Sund rdlr. 75 efp. à fl. 4, 24 gr. 360

		Fl.		Fl.
Ci-contre		995	⫫	25,000
Pesage, assortissage, cordes & lier le lin, à 5 gr.		500	⫫	
Nattes & emballage, à 4 gros par pierre, ...		400	⫫	
Port à bord du navire, à 1 gros dit, ...		100	⫫	
Emmagasinage d'un mois, à 15 gr. par 60 pierres, ...		25	⫫	
Pour les pauvres 1 par mille, ...		25	15	
Commission sur fl. 27,550 à 2 p⁰⁄₀		551	⫫	
Ports de lettres & menus frais, environ		18	15	

                                                   2,615

                                       Fl. 28,115

60 Steins ou pierres de lin sont comptées pour un last.

Les autres qualités de lin sont à peu près les mêmes frais.
Il y a trois qualités de chanvre à *Memel*, nommées

Chanvre *szukken* ou *czukken* de 1ʳᵉ. sorte, qui vaut de fl. 5	à	5½ la pierre.
Dit, ... de 2ᵉ. dite, ... 4	à	4½
Dit, *pass-hempf*, ... 3½	à	4

En nettoyant le *pass* & lui donnant quelqu'autre façon, on forme une quatrième sorte de chanvre, nommé *rein-hempf*, ou chanvre net, qui est préférable au *szukken* même de première sorte. Le chanvre net vaut ¼ ou un florin par pierre plus que le chanvre *szukken*. Le chanvre *pass* vient à *Memel* de la Lithuanie & de la Samogitie. Il s'en expédie, année commune, entre 20,000 & 25,000 pierres pour la France, la Hollande & la Poméranie. Le chanvre *szukken* qui vient de la Russie & de la Pologne, tantôt en fortes, tantôt en petites parties, s'expédie quelquefois pour la France, mais plus ordinairement pour la Hollande.

Compte simulé de 6,000 pierres de chanvre szukken de 1ʳᵉ. qualité à fl. 5¼ la pierre, Fl. 31,500

Frais d'expédition.

		Fl.	
Droits de sortie à 5⅞ gros par pierre & l'agio		1,180	25
Droits de la ville, à 6 gros pour 60 pierres, ...		20	⫫
Droits du Sund, rdlr. 100 à fl. 4, 24 gr.		480	⫫
Pesage, assortissage, & façon des balles à 6 gros par pierre		1,200	⫫
Port à bord du navire à 1 gros par pierre, ...		200	⫫
Pour les pauvres 1 par mille, ...		31	15
Emmagasinage de deux mois à 30 gros par 60 pierres, ...		100	⫫
Commission sur fl. 34,712 à 2 p⁰⁄₀		694	8
Ports de lettres & menus frais environ		13	12

                                                   3,920

                                       Fl. 35,420

60 Steins ou pierres de chanvre sont comptés pour un last.

Les frais des autres sortes de chanvre sont presqu'en tout semblables à ceux du compte simulé ci-dessus.
La graine de lin, dont il s'expédie de *Memel* tous les ans environ 15,000 barils, est distinguée en vieille & nouvelle, ce qui en forme comme deux espèces. La plus fraîche est destinée pour semer, & la vieille sert uniquement pour faire de l'huile. L'une s'appelle *saat-lein-saat*, l'autre *schlag-lein-saat*. On distingue encore dans la graine de lin à semer deux qualités qui sont indiquées sur les barils par des marques faites avec un fer chaud. Sur ceux qui contiennent la graine fraîche de qualité médiocre, on voit seulement les armes de la ville ; mais ces armes sont surmontées d'une couronne sur les barils où est la graine choisie. Celle-ci vaut toujours un florin par baril plus que l'autre.

Compte fimulé de 500 barils de graine de lin de 1re. qualité, à fl. 12 par baril . . . Fl.   6,000

Frais d'expédition.

Droits de fortie à 20 gros par baril & l'agio, ... Fl.	347	*""
Droits de la ville à 1 fl. par 100 barils, ...	5	*""
Droits du Sund rdlr. 62½ efp. à fl. 4, 24 gr.	300	*""
Affortir (ou braker) la graine, la mettre en barils, rabatage, marque, &c. à 10½ gros, ...	175	*""
Porter les barils à bord du navire à 1 gr.	16	20
Pour les pauvres 1 p.°⁄° & menus frais, ...	17	10
Commiffion fur fl. 6,861 à 2 p.°⁄°	137	*""

                                                            998

                                            Fl. 6598

12 barils de graine de lin pour femer font comptés pour un laft.

Lorfque le prix de la graine de première qualité eft à 12 fl. le baril, la feconde forte vaut fl. 10 le même baril, & les frais en font les mêmes. Au refte, les prix varient d'une année à l'autre.

La graine de lin pour faire de l'huile fe charge en grenier dans les navires ; & le laft eft réputé de 24 barils. Elle pefe environ 115 à 117 ℔ le fac, dont 36 font un laft ; ordinairement elle vaut 1 fl. par baril moins que la graine pour femer de 2e. qualité. Les frais jufqu'à bord, de chaque laft de graine de lin pour faire de l'huile, s'élevent à fl. 21, 18 gros, non comptés 2 p.°⁄° de commiffion.

Le Commerce de bois eft très-important à *Memel* où l'on trouve de belles parties de mâts & matériaux, de poutres & autres efpèces de bois de fapin. On verra fur le prix courant fuivant, les dimenfions des poutres, foliveaux & mâts qui fe vendent à *Memel*.

Prix courans des diverfes fortes de bois qu'on trouve à Memel, *lefquels prix font néanmoins fufceptibles de variation.*

	En quarré.	Longueur.		
Poutres de fapin	de 16 à 24 pouces,	& 18 à 50 pieds de	5 à 5½ fols cour. de Holl. le pied cub.
Dites,	de 12 à 14	18 à 30 . . . . de	3 à 3½ gros le pied cour. mef. d'Angl.
Dites,	de 12 à 14	31 à 40 . . . de	3¼ à 3½ dits,
Dites,	de 12 à 14 . . .	41 à 50 . . . de	3½ à 3½ dits,
Dites,	de 10 à 14 . . .	18 à 30 . . . de	2½ à 2½ dits,
Soliveaux,	de 7 à 9 . . .	18 à 30 . . . de	1½ à 1½ dits,
Dites,	de 4 à 6 . . .	18 à 30 . . . de	1 à 1¼ dits,
Poutres de chêne	de 12 à 14 . . .	18 à 30 . . . de	10 à 10½ dits,
Dites,	de 8 à 10 . . .	18 à 50 . . . de	4 à 5 dits,

Suite des prix courans ci-deffus.

	Epaiffeur.	Longueur.	
Mâts	de 12 palmes &	40	pieds à fl. 30 la piéce.
Dits,	de 13	45	40 dite.
Dits,	de 14	56	50 dite.
Dits,	de 15	70	70 dite.
Dits,	de 16	72	100 dite.
Dits,	de 17	74	120 dite.
Dits,	de 18	76	150 dite.
Dits,	de 19	78	190 dite.
Dits,	de 20	80	240 dite.
Dits,	de 21	82	290 dite.
Dits,	de 22	84	350 dite.
Dits,	de 23	86	430 dite.
Dits,	de 24	88	550 dite.
Beauprés	de 9	30	10 dite.
Dits,	de 10	30	15 dite.
Dits,	de 11	35	20 dite.
Epars,	de 7 . . .	30 à 35	3 dite.

Les susdites mesures des mâts sont prises pour la grosseur à 12 pieds du talon ; ainsi la grosseur du haut bout de chaque mât doit être dans la proportion $\frac{1}{3}$ plus mince que le gros bout où se prend la mesure.

Les planches de sapin se païent en proportion de leur grandeur ;

	Epaisseur.	*Largeur.*	*Longueur.*	
Celles	de 6 pouces,	10 à 12 pouces, &	36 à 50 pieds	à $6\frac{1}{4}$ gros le pied ordin. mesure d'Anglet.
	de $5\frac{1}{2}$ . . .	10 à 12	36 à 50 . .	à $5\frac{3}{4}$
	de 5 . . .	10 à 12	36 à 50 . .	à $5\frac{1}{4}$
	de $4\frac{1}{2}$ . . .	10 à 12	36 à 50 . .	à $4\frac{3}{4}$
	de 4 . . .	10 à 12	36 à 50 . .	à $4\frac{1}{4}$
	de $3\frac{1}{2}$ . . .	10 à 12	36 à 50 . .	à $3\frac{3}{4}$
	de 3 . . .	10 à 12	36 à 50 . .	à $3\frac{1}{4}$
	de $2\frac{1}{2}$ . . .	10 à 12	36 à 50 . .	à $2\frac{3}{4}$
	de 2 . . .	10 à 12	10 à 30 . .	à $2\frac{1}{3}$
	de $1\frac{1}{2}$ . . .	10 à 12	10 à 30 . .	à $1\frac{2}{3}$
	de 1 . . .	10 à 11	10 à 30 . .	à $1\frac{1}{3}$

Comme tous nos lecteurs ne sauront pas calculer la mesure des planches & autres bois, pour trouver leur contenu en pieds, nous observerons, pour ceux qui l'ignorent, qu'en multipliant la longueur de la planche par sa largeur & son épaisseur, le produit de cette double multiplication donne le nombre de pouces contenus dans la planche ; qu'ensuite il faut diviser ce produit par 12 pour avoir des pieds ordinaires, ou par 144 pour avoir des pieds cubes. Par exemple, une planche de 50 pieds de long, de 12 pouces de large & 4 pouces d'épaisseur, mesure 2,400 pouces qui font 200 pieds ordinaires, lesquels multipliés par $4\frac{1}{4}$ gros, produisent fl. 28, 10 gros. Voilà donc la valeur de cette planche ; &, si l'on en achette un schock de 60 pieds, il coûtera fl. 1,700, argent de *Prusse*. Cette méthode, comme l'on voit, est on ne peut plus facile : elle peut servir à trouver la mesure & la valeur de tous les bois quarrés.

Les planches de sapin, les poutres & les mâts de *Memel* sont très-estimés à cause que le bois en est sain & peu chargé d'aubour, qualité très essentielle pour toutes sortes de bois, mais principalement pour celui de sapin. Comme le vendeur s'oblige à livrer les planches à bord du navire, franches de droits & frais, hors les frais d'arrimage & les droits du Sund qui font un objet de 2 p$\frac{0}{0}$, & la commission qu'on compte d'ordinaire à $2\frac{1}{2}$ p$\frac{0}{0}$ & les ports de lettres ; il ajoute ceux-ci au prix d'achat dans la facture qu'il fournit à l'acheteur.

Compte simulé de 1,000 planches de sapin de $1\frac{1}{2}$ pouces d'épaisseur, 11 pouces de largeur & 12 pieds de longueur, mesurant ensemble 12,000 pieds, à $1\frac{1}{2}$ gros le pied courant d'Angleterre, rendus à bord du navire, ...	Fl.	600	"
Arrimage, & droits du Sund, à peu près 2 p$\frac{0}{0}$, ou		12	"
Commission sur fl. 612 à $2\frac{1}{2}$ p$\frac{0}{0}$		15	9
Courtage des traites & ports de lettres, ...		4	21
	Fl.	632	

Les frais d'expédition des poutres & des mâts sont les mêmes que ceux des planches, proportion gardée entre les valeurs respectives de ces articles.

On compte 80 pieds cubes de bois pour un last ordinaire de Commerce.

Les merreins & douves de chêne pour faire des futailles de diverses grandeurs, dont on trouve souvent à *Memel* des parties considérables, forment aujourd'hui un article important de Commerce. Elles valent à présent dans cette ville à peu près les prix suivans, sçavoir :

	Epaisseur	*Largeur.*	*Longueur.*		
Douves de 1re. sorte,	de $1\frac{1}{2}$ à 2 pouces,	6 à 8 pouces,	5 à $5\frac{1}{2}$ pieds	de fl. 40 à 45	le schock de 60 pièc.
Dites de 2e. sorte,	. . $1\frac{1}{2}$ à 2	4 à 6	5 à $5\frac{1}{2}$	30 à 35	
Dites de 3e. sorte,	. . $1\frac{1}{2}$ à 2	4 à 6	5 à $5\frac{1}{2}$	18 à 24	
Dites de 1re. sorte,	. . $1\frac{1}{2}$ à 2	4 à 6	2 à $2\frac{1}{2}$	8 à $8\frac{1}{2}$	

Ces prix sont susceptibles de variation, en raison de la demande qui se fait de cet article & de la quantité qui en est à vendre sur la place.

Le Commerce de grains n'est pas encore des mieux établis à *Memel*. Cette branche peut devenir avec le tems beaucoup plus importante qu'elle n'est aujourd'hui. Il est vrai que *Dantzick* & *Konigsberg* sont mieux placés que *Memel* pour recevoir la majeure & la meilleure partie des bleds de la *Pologne*, & que les fromens & seigles y sont en général de meilleure qualité que ceux qu'on porte à *Memel*; mais cette différence n'est que dans le plus ou moins de bonté. On trouve à *Memel* des parties de froment de Pologne, pesant depuis 127 jusqu'à 130 ℔ le sac de Hollande, dont 36 font un last. Le froment de *Prusse*, quoique moins pesant que celui de Pologne, est bon dans son espèce, & il en est de même du seigle; on en trouve à *Memel* qui pese jusqu'à 114 ℔ le sac. Voici, au surplus, les prix que valent ordinairement les bleds dans cette ville:

Le froment suivant la qualité de fl.	180 à 220 le last.
Le seigle,	100 à 150
L'orge,	70 à 90
L'avoine,	50 à 70
Les pois, blancs ou gris,	100 à 130

Compte simulé de 100 lasts de froment, à fl. 195 . . . . Fl. 19,500

Frais d'expédition.

	Fl.	
Droits de sortie à 4½ fl. & l'agio . . . . Fl.	468	15
Droits de la ville, à 6 gr. par last	20	//
Droits de Sund rdlr. 100 à fl. 4, 24 gr.	480	//
Mesurage à 1 fl. & port à bord à 3½ fl.	450	//
Emmagasinage d'un mois & le soigner, à 18 gr.	60	//
Pour les pauvres 1 p⁰⁄₀, ports de lettres & menus frais	41	//
Commission sur fl. 21,000 à 2 p⁰⁄₀	420	//

                                                  1,940

                                        Fl. 21,440

Le last de froment est 10 p⁰⁄₀ plus pesant que celui de seigle.

Compte simulé de 100 lasts de seigle, à fl. 130 . . . . Fl. 13,000

Frais d'expédition.

	Fl.	
Droits de sortie à fl. 3 & l'agio . . . . Fl.	312	15
Droits de la ville, à 6 gros, par last	20	//
Droits du Sund rdlr. 50 à fl. 4, 24 gr.	240	//
Mesurage à 1 fl. & port à bord à fl. 3	400	//
Pour les pauvres 1 p⁰⁄₀, ports de lettres & menus frais, . . .	47	15
Commission sur fl. 14,020 à 2 p⁰⁄₀	280	//

                                                  1,300

                                        Fl. 14,300

Le last de seigle est réputé du poids de 4,000 à 4,200 ℔, poids de Hollande.

Les frais de l'orge, les droits de sortie & du Sund compris, s'élevent à fl. 6¾, & ceux de l'avoine à fl. 5½ par last. Il faut seulement y ajouter 2 p⁰⁄₀ de commission.

Comme la cire est un article souvent très-recherché pour les pays du Midi de l'Europe, & qu'on en trouve quelquefois d'assez bonnes parties à *Memel*, nous en donnerons le compte simulé suivant:

100 Pietres de cire jaune à fl. 42 . . . . Fl.   4,200

Frais d'expédition.

Droits de sortie à 18 gr. & l'agio . . . . Fl.	62	15
Droits du Sund, rdlr. 5 à fl. 4, 24 gros	24	//
Assortissage & pesage de la cire à 3 gr.	10	//
Pour 10 barils, à 15 gros chacun	5	//
Rabatage, cloux, & port à bord	9	//
Pour les pauvres 1 p⁰⁰ & menus frais	7	15
Commission sur fl. 4,314 à 2 p⁰⁰	86	//

204

Fl.   4,404

60 Pietres de cire jaune sont comptées pour un last.

Lorsqu'on voudra faire un calcul de ce que chaque marchandise dont nous avons donné des comptes simulés, coûtera rendue dans le port où l'on voudra la faire venir, il y faudra ajouter le fret & l'assurance.

Les marchandises d'importation à *Memel* ne forment pas une branche de Commerce bien importante. Elles sont les mêmes, à peu de chose près, que celles dont nous avons donné une note à l'article de Konigsberg, pag. 453.

Comme *Memel* n'est pas une place de change, nous devons avertir que les négocians de cette ville remettent leur papier à Konigsberg, où il est ordinairement négocié. La commission de négociation, le courtage des traites & les ports de lettres sont ordinairement comptés à 1 p⅔ : il y a des commissionnaires qui passent ces frais dans les factures ; mais il y en a aussi qui n'en font aucune mention & qui retiennent cette différence sur le cours du change ; par exemple : si la traite est négociée à Konigsberg à 306 gros, ils ont soin de n'en bonifier que 303 à leurs commettans. Il est essentiel que cela soit connu des personnes qui voudront faire quelques spéculations en marchandises de cette ville.

Tilsit est la ville la plus grande, la plus peuplée & la plus riche du royaume de *Prusse* après Konigsberg & Memel. La rivière de Memel, qui a son cours au nord de la ville, facilite beaucoup le Commerce que font les habitans de *Tilsit* avec Konigsberg & la Pologne : ce Commerce consiste en bleds, graines de lin, gros sel, bois, cire, beurre & autres denrées. On y compte six cent maisons & sept mille habitans.

Ragnit est une ville dont le Commerce en lin & en graine de lin est très important.

Ingsterbourg, ville de moyenne grandeur, située sur la rivière d'*Angerapp*, subsiste en grande partie de son Commerce de bled, & de la bière forte & saine qu'elle brasse.

Gumbinnen & Darkemen sont deux petites villes

du royaume de *Prusse*, qui possèdent quelques fabriques & manufactures de draps & autres étoffes, & quelques autres de tabac & de papier.

§. II. Le duché de *Prusse Polonoise* ou *Prusse occidentale*, est composé de quatre provinces qui sont, la *Poméranie mineure* ou *Pomérélie*, le territoire de *Culm*, celui de *Marienbourg* & la *Warmie*. Quoique les villes de *Dantzick* & de Thorn, se trouvent enclavées, l'une dans la Pomérélie, l'autre dans le territoire de Culm, elles ne font plus partie du duché de *Prusse*, étant restées libres & indépendantes, lors du partage de la Pologne ; nous n'en ferons donc point mention ici ; & il nous suffira de faire connoître les autres villes de la *Prusse ducale* qui méritent qu'on en parle.

Elbing, en Polonois *Elbląg*, est une belle & grande ville du territoire de Marienbourg, dont le Commerce devient chaque jour plus important. Elle est bâtie sur la rivière *Elbing*, dont elle a tiré son nom, laquelle prend sa source dans le lac *Drause*. Cette rivière traverse l'ancienne ville & la nouvelle (c'est dans celle-ci que les marchands ont leurs magasins) & va jeter ses eaux dans le *Frisch-haff*. Ce lac, qui a depuis cinq quarts de mille jusqu'à trois milles en largeur & douze milles en longueur, communique avec la mer Baltique proche de Pillau, où il forme un détroit qu'on nomme le *Gatt* ; du reste, il en est séparé par une langue de terre qui s'étend depuis Dantzick jusqu'à Pillau & qu'on dit s'être formée en 1190 par des tourbillons & une tempête de longue durée. Le détroit de Gatt a un quart de mille en largeur & douze pieds de profondeur. Le Frisch-haff n'est pas si profond que le *Pregel*, rivière qui passe à travers la ville de Konigsberg ; & cela fait que les gros navires, pesamment chargés, sont obligés de rester à Pillau & d'envoyer de là leurs marchandises dans des allèges à Konigsberg ou à *Elbing*. Le Frisch-haff reçoit les eaux de la *Nogat* & de la *vieille Vistule*, deux bras de l'important fleuve de ce dernier nom, qui traverse toute la Pologne ; ce lac reçoit aussi les eaux de la *Passarge*, du *Pregel*, de l'*Elbing*, de la *Huntau*, de la *Jasie* & de quelques autres fleuves moins considérables qui traversent une grande partie de la Pologne & des deux *Prusses*.

Depuis que le roi de *Prusse* est maître d'*Elbing*, le Commerce en a beaucoup augmenté. On en sera peu surpris si l'on considère les vexations affreuses que souffrent les Polonois, de la part de la douane Prussienne établie sur la Vistule aussitôt après le partage. Pour forcer en quelque façon les Polonois de porter leurs marchandises à *Elbing*, on les oblige de payer 12 pour cent, s'ils veulent les descendre à *Dantzick*, au lieu de 2 pour cent seulement s'ils les portent à *Elbing*.

Comme ces droits subsistent encore aujourd'hui sur le même pied, le Commerce d'*Elbing* continue à en profiter & celui de Dantzick à en souffrir. Cependant, quelque avantageuse qu'ait été la révolution au Commerce de la ville d'*Elbing* depuis que la *Prusse ducale* est sous la puissance du roi de *Prusse*, sa proximité de Konissberg d'une part, & son éloignement de la mer d'une autre, seront toujours des obstacles à ce qu'elle fasse un Commerce maritime aussi brillant que Dantzick, Konigsberg & Mémel, villes qui depuis long-temps sont en possession de la plus grande partie du Commerce de la Pologne.

Braunsberg & Frauenbourg, les deux villes principales de la principauté de *Warmie*, appellée en Allemand *Ermeland*, font un Commerce considérable en fil & en toiles communes.

Marienbourg, en Polonois *Malborg*, est une ville royale sur la rivière de Nogat, bâtie sur un terrein élevé & au milieu d'une contrée agréable & fertile. La digue du *Werder* resserre la Nogat à l'opposite de cette ville. On nomme *Werder* un terrein bas & marécageux qu'on a défriché & rendu propre à la culture, sur lequel on a même construit des maisons. Ces Werders donnent abondamment de l'herbe & du grain. On n'y trouve guère de bois, encore moins de montagnes, & le bois d'Elbing est le plus grand de tous ceux qu'on y rencontre. Une partie de ces Werders est habitée par des familles Hollandoises dont les ancêtres avoient été appellés dans la *Prusse ducale* pour le défrichement des terres incultes & le dessèchement des terreins bas & marécageux.

Culm, ou *Chelmno*, capitale du territoire du même nom, est bâtie sur un lieu élevé au bord de la Vistule. C'étoit autrefois une ville anséatique, mais aujourd'hui son Commerce est tellement déchu, qu'il ne mérite pas que nous en parlions.

Graudentz, *Stum*, *Putzig* ou *Pantzke*, *Dirschau* & quelques autres villes de la *Prusse ducale*, font chacune un trop petit Commerce, pour entrer dans le plan de cet ouvrage.

Art. II. *Commerce de Berlin & de la Poméranie Brandebourgeoise.*

§. I. Berlin est la capitale des cinq Marches qui forment l'électorat de Brandebourg. Cette ville est située au 52e. ½ dégré de latitude & au 31e. de longitude dans la Marche moyenne, contrée fort sablonneuse, mais dont les terres sont si bien soignées, que de toutes les villes d'Allemagne, Berlin est celle où les grains abondent le plus, & où communément ils sont à meilleur marché. La ville de *Berlin* a environ deux milles de circuit. La rivière de Sprée la traverse & la coupe en deux parties ; celle du côté du nord-est, a particulièrement le nom de *Berlin*, & celle du sud-ouest, celui de *Cologne*, ou *Colln an der Sprée* : c'est dans celle-ci qu'est le palais royal. D'ailleurs, *Berlin* a six grands quartiers qu'on peut regarder comme autant de villes. Les établissemens de Commerce les plus remarquables qu'on y trouve, sont la banque & les lombards, dont nous ferons mention ci-après, beaucoup de fabrique & manufactures en tout genre, quelques raffineries de sucre & une belle fabrique de porcelaine. *Berlin* est à proprement parler une ville fabriquante ; les ouvrages dans lesquels elle a le mieux réussi jusqu'à présent, sont les draps fins, particulièrement en bleu & rouge ; les étoffes légères de laine ; les broderies en or & argent ; les broderies en mousseline & en cambrai ; les damas, satins, serges de soie & autres sortes d'étoffes ; les castors & toutes sortes de chapeaux. Nous ne parlons point des carrosses & chaises, des ouvrages de jouaillerie & d'orfévrerie, des instrumens de mathématiques & de chirurgie, & autres genres d'industrie dans lesquels les artistes de Berlin excellent. La première raffinerie de sucre qu'ait eu *Berlin* y fut établie en 1747 ; elle réussit si bien que peu de temps après le propriétaire en établit deux autres, pour l'encouragement desquelles le roi de *Prusse* défendit l'introduction des sucres étrangers raffinés & en pierre dans toute l'étendue de l'électorat de Brandebourg & de la Poméranie. On imprime à *Berlin* parfaitement bien les toiles de coton. Le fil de coton blanc de cette ville est très-fin. Il y a aussi diverses manufactures de tapisseries de différentes façons, en histoire, paysages, &c. telles que celles de France & des Pays-bas. La porcelaine qui se fabrique à *Berlin* est aussi belle, si même elle ne l'est plus, que celle de Saxe.

La banque de *Berlin* fut établie en 1765, & l'ouverture s'en fit le 1er de juin de la même année. Toutes les lettres de change au-dessus de 100 Rthlr. doivent être payées par cette banque, sous peine d'une amende égale à la somme qu'on auroit payée autrement. Chacun, soit bourgeois, soit étranger, peut se faire ouvrir un compte dans cette banque, soit en y portant les espèces qu'elle a coutume de recevoir, soit en se procurant de l'argent de banque à la caisse d'escompte ou au grand lombard, dont nous parlerons ci-après. Les seules espèces que la banque de *Berlin* reçoit, sont des Fredericks d'or de *Prusse*, dont 35 pèsent un marc, poids de Cologne ; le titre de l'or de ces monnoies est de 21¼ carats ; elle les reçoit sur le pied de 4 livres de banque pour un Frederick. Cette banque se ferme une fois l'an, depuis le 31 mai jusqu'au 14 de juin. Ce temps est employé à faire la balance des livres.

La même année de l'établissement de la banque à *Berlin*, (1765) le 21 octobre, le roi y érigea, de ses propres fonds, une caisse d'escompte & un grand Lombard. La première escompte toutes sortes d'effets payables à des termes fixes à 3 pour cent par an d'intérêt, on $\frac{1}{4}$ p.c. par mois d'escompte. Le dernier prête de l'argent contre des gages jusqu'à 6 mois de terme à $\frac{1}{2}$ p.c. d'intérêt par mois : il prend & achette de l'or & de l'argent en matière & en espèces, suivant leurs poids & leurs titres, par exemple :

L'or de 21 à 24 carats	à 150 l. bco. le marc fin.
Celui de 16 à 21 carats	à 148 dites.
Celui d'un titre plus bas, ...	à 140 dites.
L'argent, de 12 à 16 loths, 9 à 12 d.	à 9 l. 14 gr. le marc fin.
Celui . . de 6 à 12 loths, 4½ à 9 d.	à 8¼ . . . gr. dit.
Celui d'un titre plus bas, ...	à 8 . . . . dit.

Il y a aussi à *Berlin* un petit lombard qui prête de l'argent contre des gages, à-peu-près de la même manière que les lombards des autres pays.

Un autre établissement de cette ville qui mérite plus d'attention à cause de sa singularité & du rapport qu'il a avec l'objet de cet ouvrage, est une société de Commerce maritime érigée par le roi de *Prusse* en 1772, & dont la direction générale est à *Berlin*. Comme l'octroi ou les lettres patentes accordées à cette société le 14 octobre de ladite année, sont d'une trop grande étendue pour pouvoir être insérés ici, nous nous contenterons de donner des substances des 43 articles que contient ledit octroi. Dans le préambule le roi déclare qu'il a jugé à propos de former cette société, dont le fonds principal seroit fourni de sa propre caisse, pour établir un Commerce & une navigation directe & permanente entre les ports des états & ceux d'Espagne & autres ; & qu'à cette fin, à compter du 1er. janvier 1773, il ne seroit permis à d'autres navires qu'à ceux de la société, d'importer du sel dans aucun des ports de la domination *Prussienne* ; qu'il seroit formé à la douane de *Fordaun* (établie par le roi de *Prusse* sur la Vistule au dessus de Dantzick, aussitôt après la révolution qui a mis ce prince en possession de la *Prusse ducale*) un entrepôt de la cire qui y pourroit arriver par la Vistule & de toute celle qui pourroit être recueillie à dix milles tant à la droite qu'à la gauche de ce fleuve, & qu'enfin la société jouiroit du droit exclusif de l'achat de ces cires : ce droit & celui d'importer des sels dans les états *Prussiens* devant former les principaux priviléges de ladite société.

L'article 1er. de l'octroi permet à tous les sujets *Prussiens* de prendre un intérêt dans la société. Le 2e. fixe la durée de l'octroi à vingt années à compter du 1er. janvier 1773. Le 3e. fixe le premier fonds de la société à 2,400 actions, de 500 rthlr. courantes de Brandebourg chacune, ou de 476$\frac{4}{21}$ rthlr., en Fredericks d'or, comptés chacun à 5 rthlr, ce qui fait un capital de 1,200,000 rthlr. courantes de Brandebourg ou de 1,142,859$\frac{3}{21}$ rthlr. en Fredericks comptés chacun à 5 rthlr. Le 4e. ordonne que les 2,400 actions seront divisées en autant de billets imprimés, numérotés & signés par le caissier de la société & avec le *visa* ou vu-bon du chef. Le 5e. déclare que S. M. s'intéresse elle-même dans la société pour 2,100 actions, & que les 300 restantes seront distribuées aux souscripteurs. Le 6e. ajoute que, si le roi trouvoit convenable dans la suite d'augmenter ce premier fonds de la société, S. M. permettroit la levée d'un nombre de nouvelles actions qui seroit alors fixé. Le 7e. que dans ce dernier cas il sera permis tant aux sujets du roi qu'aux étrangers d'acheter tout autant de nouvelles actions que les uns & les autres trouveront convenable. Le 8e. ordonne qu'on tiendra un registre exact où les noms de souscripteurs seront écrits selon la date de leur souscription. Le 9e. affranchit les étrangers qui voudront s'intéresser dans ladite société du droit d'aubaine & les garantit de toute saisie quelconque sur les actions pour lesquelles ils pourront y être intéressés. Le 10e. permet le négoce des actions, lesquelles doivent être considérées comme une marchandise. Le 11e. établit une caisse d'escompte pour la réception des actions de la société. Le 12e. forme l'administration de celle-ci, qui doit être composée d'un chef, de deux directeurs & d'un caissier, qui doivent résider à *Berlin*, & d'un troisième directeur qui résideroit à Cadix, mais qui seroit subordonné à la direction générale. Le chef, les directeurs & le caissier seront choisis & nommés par le roi. Le 13e. accorde à la direction générale la nomination de ses officiers subalternes, & lui donne le choix de ses commissionnaires dans les pays étrangers : avec injonction à ladite direction de faire chaque année la balance des livres pour partager aux actionnaires la part des bénéfices qui leur reviendroit. Le 14e. ordonne qu'avant de faire aux actionnaires une répartition des bénéfices de chaque année, on commencera par mettre de côté 10 p.c. qui seront ensuite payés à chaque actionnaire en deux termes chacun, de fix mois. Le 15e. ordonne en outre qu'indépendamment de la déduction des 10 p.o des premiers bénéfices que la fociété pourra faire chaque année, il ne fera payé à la clôture des livres aux actionnaires qu'un certain dividende à compte dudit bénéfice, & que le rembourfement du reftant de ce même bénéfice, en cas qu'il ne pût être effectué après que les livres auroient été foldés, le feroit à la fin de l'année fuivante, en vertu d'un billet ou obligation imprimée qu'on fe feroit donner par le caiffier lors de la répartition du dividende. Le 16e. déclare qu'après les 20 années de la durée du préfent octroi de la fociété, celle-ci fera une balance générale de tous fes effets & diftribuera aux actionnaires ce qui pourra leur revenir pour leur part, en cas que ledit octroi ne foit point renouvellé à cette époque. Le 17e. explique le nombre de livres que la fociété doit avoir pour tenir fes comptes. Le 18e. ftatue qu'il ne pourra être mis aucun arrêt fur les actions, papiers & autres effets appartenans à ladite fociété, non plus que fur les falaires de fes officiers. Les 19e., 20e. & 21e. articles règlent les privilèges dont les officiers & autres employés par la fociété devront jouir dans les affaires civiles. Les 22e. & 23e. déclarent que la fociété du Commerce maritime, dans la livraifon qu'elle fera exclufivement du fel à la compagnie *Pruffienne* que le roi établit en même temps pour le débiter, devant avoir un bénéfice fur le débit de ce fel, ladite compagnie lui paiera 20 gros courans de Brandebourg par quintal de 100 ℔, poids de marc, de fel de France, d'Efpagne & de Liverpool; & attendu que 60 quintaux du même poids font un laft, celui-ci vaudra 50 rthlr. courantes de Brandebourg. Le 24e. libère le fel importé par la fociété dans les ports Pruffiens, de tous les droits quelconques d'entrée. Le 25e. ordonne que la fociété ne fera tenue à livrer à la compagnie le fel qu'elle fera venir du dehors que dans les rades ou les ports refpectifs, fans qu'elle foit d'ailleurs obligée à aucuns autres frais quelconques. Le 26e. ordonne, d'autre part, qu'auffitôt après la livraifon du fel la fociété en fera payée au prix fixé par la compagnie. Le 27e. accorde à la fociété le privilège exclufif de l'achat des cires, tant celles qui viendront de la Pologne à Fordaun, lieu deftiné pour leur entrepôt, que celles qu'on recueillera à dix milles à la droite & à la gauche de la Viftule; il ftipule en outre que fi dans cinq jours après l'arrivée à Fordaun des cires de la Pologne, les propriétaires ne s'accordent pas pour les prix avec les facteurs de la fociété, il leur fera libre de retourner avec leurs cires dans les lieux d'où ils étoient venus; mais qu'ils ne pourront pas les tranfporter ailleurs. Le 28e. libère la fociété de l'acquit des droits nouveaux quelconques qui pourroient être impofés fur la cire. Le 29e. porte qu'il fera permis aux particuliers qui voudront blanchir des cires, de le faire pour le compte de la fociété, qui à défaut de cela devra établir pour le même

effet des blanchifferies convenables; le 30e. que les droits quelconques établis actuellement, lefquels feront acquités par la fociété pour les bois & autres marchandifes qu'elle exportera de *Pruffe*, ne feront affujettis à aucune hauffe à fon égard tant que durera le préfent octroi; le 31e. que le droit de 50 p.o impofé par l'ordonnance de 1770 fur les bois venant de Pologne par les rivières qui ont leur embouchure dans l'Oder, n'aura pas lieu pour les bois que la fociété fera venir de ce royaume pour la conftruction de fes propres navires, & que ladite fociété paiera feulement les droits établis avant la publication de ladite ordonnance; le 32e. que le roi fera établir des chantiers pour le fervice de la fociété dans les ports de Stetin & de Memel; le 33e. qu'il ne fera mis aucun embargo fur les navires appartenans à la fociété. Le 34e. accorde à celle-ci toute la liberté convenable dans fes opérations relativement à fa navigation & à fon Commerce. Le 35e. foumet la fociété au paiement des droits & à l'obfervation des mêmes formalités que le refte des fujets *Pruffiens*, à l'exception feulement des droits & formalités dont ladite fociété auroit été affranchie expreffément par cet octroi. Le 36e. porte que la direction de la fociété ne pourra rien changer dé ce qui eft ordonné par cet octroi dans aucun département, fans la participation du roi; le 37e. que la fociété pourra équiper fes navires comme elle jugera convenable. Le 38e. défend feulement à ladite fociété de prendre à fon fervice des gens enrôlés au fervice du roi. Le 39e. fait défenfes d'enrôler par force aucun matelot étranger ou d'autres gens au fervice de la fociété. Le 40e. regle le pavillon & le fcel dont celle-ci fera ufage. Le 41e. affure à la fociété la protection du roi. Le 42e. permet à la direction de la fociété de régler, ftatuer & ordonner ce qu'elle jugera convenable, indépendamment de ce qui eft fpécifié dans cet octroi. Enfin, le 43e. article, fe référant au 4e. où il eft dit que chaque action fera fignée par le caiffier & vifée par le chef, déclare en outre que chacune defdites actions fera contrefignée par deux miniftres d'état; afin de donner plus de force & d'authenticité au crédit defdites actions.

Indépendamment de cet octroi, le roi fit publier le 14 octobre 1772 un édit qui accorde à la fociété du Commerce maritime le privilège exclufif d'importer des fels étrangers, dans les ports & atterrages du royaume de *Pruffe* & des autres états du roi, pendant l'efpace de 20 années confécutives, à compter du 1er. janvier 1773. L'article 1er. de cet édit accorde ledit privilège à la fociété ou à ceux ayant commiffion d'elle. Le 2e. défend aux navires étrangers & à tous autres n'ayant point commiffion de ladite fociété de porter des fels étrangers dans les ports & atterrages des états *Pruffiens*, fous peine de confifcation du navire & du chargement & de 500 rthlr. d'amende. Le 3e.

exempte cependant de cette peine les navires étrangers chargés de sels, qui se trouveront obligés de relâcher dans quelqu'un desdits ports par fortune de mer ou autrement. Le 4e. défend pareillement aux sujets ou habitans des états *Prussiens* de faire venir aucun sel étranger, à commencer du 1er. janvier 1773, sous peine de confiscation tant des navires que des chargements.

Un autre édit du roi de *Prusse* daté dudit jour 14 octobre 1772, établit une compagnie pour la vente exclusive des sels étrangers dans ses états. C'est ce que l'article 1er. de cet édit assure à la compagnie. Le 2e, défend en conséquence aux sujets & autres habitans des états du roi de faire venir des sels étrangers & même de les vendre sous aucun prétexte. Le 3e. ordonne auxdits sujets & habitans des états du roi de livrer à la compagnie tout le sel qu'ils pourront avoir à vendre au prix de rthlr. courant de Brandebourg par last, mesure de Konigsberg, pour le sel de France, d'Espagne & de Portugal, & à proportion pour celui de Liverpool. Le 4e. oblige la compagnie à se pourvoir des sels nécessaires à son Commerce par la voie de la société du Commerce maritime & non autrement, en se conformant exactement quant au prix, termes & conditions, à la teneur des lettres patentes ou de l'octroi accordé à ladite société par le roi. Le 5e. fixe à 20 années l'octroi du privilège donné à la compagnie pour la vente exclusive des sels étrangers. Le 6e. déclare que le fonds de ladite compagnie sera seulement de 500 actions, chacune de mille écus en Frederics d'or, au titre de la banque, faisant 800l. de banque pour chaque action. Le 7e. ordonne que les actionnaires de cette compagnie jouiront des mêmes exemptions & prérogatives que celles accordées aux actionnaires de la société du commerce maritime. Le 8e. déclare que les actions de compagnie seront faites au porteur & sur le modèle de celles de la société du Commerce maritime. Enfin, le 9e. & dernier article ordonne que, pour assurer aux propriétaires un revenu sûr des fonds qui seront employés à l'achat des actions, il sera prélevé sur le dividende de chaque année la somme de six pour cent, qui seront payés aux propriétaires des actions de six mois en six mois, à commencer du premier de juillet 1773, & que quant au surplus du bénéfice excédent qui se trouvera à la fin de chaque année, il sera réparti aux intéressés de manière qu'ils jouiront d'un dividende que les directeurs régleront à la fin de chaque année, en retenant toutefois les fonds nécessaires pour ne pas laisser manquer les magasins de la quantité nécessaire de sel pour le débit dans les années subséquentes.

La société maritime de *Prusse* ne fait pas un Commerce aussi considérable à beaucoup près qu'elle avoit lieu de l'espérer, lorsque le roi, qui en est le principal intéressé, lui accorda une protection si marquée. Les sels qu'elle tire des royaumes de France, d'Espagne & de Portugal pour l'approvisionnement des magasins de la compagnie, forment la branche la plus importante de son Commerce ; & néanmoins les bénéfices qu'elle en retire ne sont rien moins que brillans ; car, en *Prusse* même, l'opinion commune est qu'ils suffisent à peine pour payer les gages de grand nombre de commis & d'employés qu'exige une semblable gestion. Il est pourtant constant que la compagnie fait un très-grand débit de sel dans les deux *Prusses*, depuis que chaque ménage est obligé d'en prendre une certaine quantité par tête ; n'importe qu'il le consomme ou non. Au surplus, les bénéfices qui résultent de la vente du sel pour la société sont en partie subordonnés aux circonstances plus ou moins favorables à l'achat de cette denrée.

§. II. La *Poméranie*, nommée en Allemand *Pomern*, est un grand duché compris dans le cercle de la basse Saxe en Allemagne, & situé sur les bords de la mer Baltique. Elle est bornée à l'est par la Pologne & la Pomérélie ; au sud par la Marche de Brandebourg ; à l'ouest par le duché de Mecklenbourg ; au nord par la mer Baltique. On la divise en *Poméranie* citérieure & *Poméranie* ultérieure, séparées l'une de l'autre par l'Oder. La *Poméranie* citérieure est la partie occidentale du pays, située à l'ouest de l'Oder, & elle comprend le pays où le cercle de Gutzkau, avec les isles de Rugen, d'Usedom & de Wollin, & le duché de Stetin. Comme Barth, Gutzkau & Rugen qui, avec la ville de Stralsund, appartiennent à la couronne de Suède, s'appellent la *Poméranie Suédoise* ; de même le reste du pays, qui comprend la *Poméranie* proprement dite, la Cassubie, le duché de Wenden, la principauté de Camin, & les deux seigneuries de Lauenbourg & de Butau, prend le nom de *Poméranie* Brandebourgeoise, parce qu'il appartient au roi de *Prusse*, en qualité d'électeur de Brandebourg.

Parmi les avantages dont la nature a favorisé ce pays, on doit compter la fertilité des terres qui en beaucoup d'endroits donnent des grains en abondance, principalement du froment, du seigle, de l'orge, de l'avoine, des feves & des pois ; le lin, le chanvre & le tabac y viennent aussi parfaitement bien, & on y recueille une grande quantité de fruits. Le bois abonde pareillement dans divers endroits de la *Poméranie*, sur-tout dans la *Poméranie* Brandebourgeoise ; les Hollandois, les Anglois & d'autres nations commerçantes en tirent beaucoup de ce pays pour la construction de leurs navires & pour d'autres usages. Comme il y a beaucoup de prairies & de pâturages excellens en *Poméranie*, principalement dans les petites isles que forment les divers bras de l'Oder, on y nourrit de nombreux troupeaux de brebis. Quoique la laine en soit grossière, elle forme une des branches de Commerce de la *Poméranie* Suédoise. Enfin, la grande quantité d'abeilles de ce pays procure à ses habitans beaucoup de miel & de cire.

Les côtes de la *Poméranie* Brandebourgeoise ont un grand nombre de ports, dont les principaux sont Stetin, Colberg, Anklam & Stargard ; ceux de la *Poméranie* Suédoise sont Stralsund, Wolgarath & Barth.

STETTIN, ou *Stetin*, capitale de la Poméranie Brandebourgeoise, est bâtie à 18 milles de la mer Baltique sur la rive gauche du bras de l'Oder, qui conserve le nom de ce fleuve. Cette ville est grande & bien fortifiée ; elle est divisée en deux parties ; la vieille ville qui est la plus ancienne de la Poméranie, & la nouvelle qu'on nomme *Lastadie*. Les principaux établissemens de cette ville consistent en plusieurs manufactures de draps & autres étoffes de laine, qui, après avoir fourni la quantité nécessaire pour la consommation des habitans, forment du surplus une branche considérable de Commerce d'exportation. Il y a en outre à *Stetin* une raffinerie de sucre.

Le Commerce de *Stetin* est très-grand, mais plus en objets d'importation que d'exportation. La raison pour laquelle le Commerce d'importation est plus grand, c'est la situation de cette ville sur l'Oder, fleuve qui communique avec la Silésie, la Pologne, la Marche de Brandebourg & la Poméranie, dont *Stetin* est comme l'entrepôt. Nous ne pouvons faire mieux connoître ce Commerce qu'en disant que dans le cours de l'année 1780, il est entré à *Stetin*, sçavoir : 27,603 bariques de vin de France, 782 pipes de vin d'Espagne, 39 ahms de vin du Rhin & de Moselle, pour 7,459 rthlr. de vin de Champagne & de Bourgogne en bouteilles ; 721 piéces d'eau-de-vie, 1,361 pipes d'huile, 7,940 centners d'huile de cheneyis, 740 centners d'huile de lin & de navets, 2,240 centners de

poivre, 15,582 centners de café, 17,372 ℔ de thé, 5,070 futailles de sucre brut, 6,961 barils d'huile de baleine, 19,217 barils de harengs, 9,677 quintaux de poisson sec, 1,143 caisses de citrons, 3,686 centners de corinthes, 6,862 centners de raisins, 679 centners d'amande, 1,125 barils de ris, 14,020 centners de suif de Russie, 6,552 barils de sel, 9,200 barils de graine de lin, 13,917 centners de chanvre, 9,160 centners de cuirs de Russie & plusieurs autres articles qui composoient les chargemens de 390 navires entrés dans le port de *Stetin*, non comptés 733 autres arrivés sur leur lest. La même année 1780, il fut expédié par contre du même port 1,078 navires dont les cargaisons étoient composées de 12,220 bordages de chêne, 131 schocks de planches de sapin, pour 95,448 rthlr. de bois pour la construction des navires ; 8,671 toises de bois à brûler, 81,425 schocks de douves, merrain, fonds pour pipes, bariques & barils ; 1,916 schocks de bordillons, 8,418 piéces de draps, 1,356 piéces de futaines, 2,856 piéces de serges & étamines, 1,871 piéces de ras & de flanelle ; 86,430 barils de sel de Poméranie destinés pour la *Prusse* & les autres états de ce royaume ; & plusieurs autres articles.

Comme les bois de sapin & de chêne pour la construction des navires, les douves & le merrain, sont les principaux articles d'exportation de *Stetin*, nous traiterons ici seulement de ces objets.

Les bois de chêne de Poméranie sont de bonne qualité & beaucoup estimés. On les exporte de *Stetin* en poutres, en piéces rondes, & en piéces courbes, soit comme le bois se trouve naturellement, soit travaillés en planches & bordages. On les vend communément à la jauge, & les prix varient suivant les circonstances.

Compte simulé de 100 poutres de sapin de 40 pieds de long, 14 pouces de large & 12 pouces d'épaisseur, mesurant 4,666⅔ pieds cubes, qui à 4 bons gros font . . . . Rthlr.　777　18

Frais d'expédition.

Droits de sortie & du Sund ; . . . . Rthlr,　19　12
Frais d'embarquement environ ; . . . . 12　10
Commission sur thlr. 810 à 3 p⁵ . . . . 24　7
　　　　　　　　　　　　　　　　　　　　　　　　　　　　 56　5

　　　　　　　　　　　　　　　　　　　　　　　Rthlr.　834　1

NB. Les prix des bois de sapin varient entre 3½, 4, 5 & 6 bons gros le pied cube.

Compte fimulé de divers bois de chêne, fçavoir :

Epaiffeur.	Largeur.	Longueur.		
100 Pouces . . de 14 pouces, 16 pouces & 40 pieds, mefurant				6,222⅓ pieds.
100 Bordages, . . 4 . . . 14 . . . 36				1,400
				7,622⅓

Lefquels 7,622⅓ pieds cubes à 12 gros font . . . . Rthlr. 3,811　4

Frais d'expédition.

Droits de fortie & du Sund, ... Rthlr.	84	14
Frais d'embarquement & menus frais	56	1
Commiffion fur rthlr. 3,943 à 3 P:⁰	118	5
	258	20

Rthlr. 4,070 //

On compte pour chaque laft 80 pieds cubes d'encombrement. Au refte, voyez ce que nous avons dit touchant le fret & l'affurance.

Le merrain, *mairrain* ou *merin*, eft du bois de chêne, ou d'autres efpèces refendu en petites planches plus longues que larges. Il s'en fait de deux fortes, l'une propre à la menuiferie, qu'on appelle communément *merrain à panneaux* & autrement bois de Hollande, & l'autre deftiné pour faire des *douves*, autrement doufles, qu'on nomme auffi *merrain à bariques*. Mais le merrain proprement dit eft le bois qui s'exploite & fe façonne en petites planches fans le fecours de la fcie & par le moyen de la fente feule. Outre le bois de chêne, le hêtre, le faule & le mûrier fervent auffi à faire du merrain. La manière de faire celui-ci, eft de couper les arbres par rouleaux de diverfes longueurs. On a foin de choifir les arbres les plus droits & qui ont le moins de nœuds ; car les nœuds

& les fibres de bois tortueufes ou entrelacées, comme il s'en rencontre beaucoup, ne valent rien pour faire du merrain. Chaque rouleau de bois doit être fendu dans le fens des rayons qui traverfent tous les cercles de la feve ; car fi on le fendoit au contraire fuivant les lignes perpendiculaires à ces mêmes rayons, il arriveroit que les douves ou les planches du merrain ne retiendroient pas fi bien les liqueurs que dans l'autre fens, & qu'elles feroient plus fujettes à fe gerfer.

Les bordillons, ou les merrains à panneaux, en Allemand *klappholtz*, qu'on nomme auffi *bois de France* ou *de Hollande*, font faits avec du chêne tendre & de droit fil. Leur qualité diftinctive eft d'être bien veinés ; & lorfqu'ils font parfaitement fecs, de fe déjeter & fe retirer moins que le bois de fcierie. Il font d'ailleurs fans aucuns nœuds, & par cette raifon on en fait des ouvrages très-propres. Ces fortes de bois s'emploient communément à faire des panneaux.

Voici, pour l'ufage des fpéculateurs, les prix qu'on les vend à *Stetin*, & les frais d'expédition qu'ils font :

Compte fimulé d'une partie de merrains ou douves & fonds de futailles, & de bordillons de chêne, fçavoir :

	Longueur.		Epaiffeur.
1 Ring de 4 fchocks de douves pour pipes, ... de 5 pieds & 2 pouces, & de 1½ pouce.			
1 Dit, de 6 dits, . de douves pour bariques, ... de 4 . . . 2 . . . . de 1½.			
1 Dit, de 8 dits, . de douves pour barils, ... de 3 . . . 2 . . . . de 1½.			
1 Dit, de 12 dits, . de fonds à bariques, ... de 2 . . . 2 . . . . de 1½.			
1 Dit, de 16 dits, . de fonds à barils, ... de 1 . . . 6 . . . . de 1½.			

5 Rings de merrain à 50 rthlr. l'un dans l'autre, ... Rthlr. 250

De l'autre part • Rthlr. 250

1 Schock de bordillons , dit *bois de France* , de 3 pieds 2 pouces de long , 7 à 8 pouces
en quarré , • 30

1 Schock de bordillons , dit *klappholtz* , de 2 pieds 8 pouces de long , 5 à 6 pouces
en quarré , • • • • • • • • • • • • • • • • • • • 18

298

Frais d'expédition.

Droits de sortie & du Sund , • • • • • • • • • • • • • • • • • • Rth. 7 6
Frais d'embarquement & autres , • • • • • • • • • • • • • • • • • 5 10
Commission sur rthlr. 311 à 3 p.° • • • • • • • • • • • • • • • • 9 8

22

Rthl. 320

48 Schocks de merrain font un laft.

Les prix des merrains que nous avons notés dans ce compte simulé à 50 rthlr. , varient suivant les circonstances , depuis 40 jusqu'à 55 rthlr. le ring. Les prix des bordillons varient aussi dans cette même proportion.

Nous avons dit que *Stetin* est éloignée de la mer Baltique d'environ 18 milles. L'Oder , fleuve sur lequel cette ville est située , a son embouchure à cette distance ; c'est-là qu'est proprement le port de *Stetin* ; tous les gros navires sont obligés de s'y arrêter , n'y ayant que les bâtiments qui calent moins de sept pieds d'eau qui puissent monter jusqu'à la ville. L'isle d'*Usedom* est entre les deux entrées de ce port , dont l'une , à l'ouest , est appellée *Pennemünde* , & l'autre à l'est , porte le nom de *Suinemünde*. Chaque entrée est défendue par un petit fort à qui elle donne son nom. Depuis que cette partie de la Poméranie est tombée sous la domination Prussienne , on a creusé & élargi le port de Suinemünde , pour détourner les navires de l'embouchure de la Penne & pour donner plus de facilité à la navigation & au Commerce des Stetinois , dont les navires entrent plus commodément par la Suine que par la Penne dans le *Grosse-Haff* , baie spacieuse qui communique à l'Oder. Les habitans de la ville d'Usedom ne sont que commissionnaires des négocians de *Stetin* , pour le compte desquels ils déchargent & rechargent les navires destinés pour cette ville , ou qui partent pour l'étranger.

ANGLAM , ville dépendante du duché de Stetin , fait un Commerce en bled , en merrain & bois de construction ; elle a une manufacture de savon noir & quelques fabriques de draps & étoffes de laine , de bas & de mouchoirs de soie.

STARGARD , ville de la Poméranie ultérieure dans le duché de Cassubie dont elle est la capitale , fait un Commerce assez grand en laine , & en étoffes de laine , comme draps , serges , étamines , droguets , &c. dont elle a bon nombre de manufactures.

La ville de Stetin a disputé ci-devant à *Stargard* la liberté de naviguer sur la rivière d'Ihna qui communique à la Baltique.

COLBERG , capitale de la principauté de Camin , est située sur la *Persante* , dans l'endroit où cette rivière se jette dans la mer Baltique , position avantageuse pour son Commerce. Son port est bon & il est fréquenté par un grand nombre de navires de plusieurs nations qui exportent de cette ville du bled , des cendres calcinées & autres productions de la Pologne , *Colberg* entretenant par la voie de terre un commerce important avec ce royaume. Cette ville a de belles manufactures d'étoffes de laine , principalement en ras , & on y fait des toiles dont le débit est considérable. Elle est encore renommée par ses sources d'eau salée , dont on tire le sel par la cuisson ; & elle pourroit fournir de sel toute la province , si le bois ne manquoit pas dans les environs.

CAMIN est une ville municipale , grande & bien peuplée : ses habitans s'adonnent beaucoup à la culture des terres ; malgré cela , la navigation & le Commerce y fleurissent : le voisinage de la mer ne contribue pas peu sans doute à ce dernier avantage. On y fabrique quelques étoffes de laine & de soie.

STOLPE est une ville du duché de Vandalie sur la rivière de son nom. Elle trafique beaucoup avec Dantzick dont elle n'est éloignée que de quatorze milles. Les habitans de *Stolpe* s'adonnent à la navigation , & font un bon Commerce en toileries qui se fabriquent en grande partie dans la ville même & aux environs.

Rugenwaldé , Coeslin , Pasewalck , Damen & *Wollin* dans l'Isle du même nom à l'entrée du port de Stetin , sont des villes de la Poméranie Brandebourgeoise , dont le Commerce est plus ou moins grand selon leur situation , leur étendue & leur population. Elles ont chacune quelques fabriques & manufactures d'étoffes de laine & de soie , fondées par diverses colonies de François réfugiés , qui

qui dans ce dernier fiécle fe font établis en Poméranie, & dans les autres états de la maifon de Brandebourg.

PU

PUMICIN. C'eft ainfi qu'on nomme *l'huile de Palme*, autrement l'huile de Senégal.

PUNDAGE. Droit qui fe lève en Angleterre fur les vaiffeaux à raifon de tant de livres fterling fur le prix des marchandifes dont ils font chargés. Cet impôt s'appelle *pundage*, parce qu'une livre fterling fe nomme *pundt*. Il fut accordé à Guillaume III pour fa perfonne par acte de 1689. Il eft différent du droit de tonnage, qui ne fe lève que fur la quantité de tonneaux qui peuvent faire la charge d'un vaiffeau.

PUNDT. Monnoie de compte d'Angleterre, qu'on appelle autrement *livre fterling* & *piéce*.

PUNDT. C'eft auffi le *poids* ou *livre* dont on fe fert à Londres. Elle eft d'un neuvième par cent moins forte que celle de Paris, enforte que cent livres Angloifes ne font que quatre-vingt-onze livres Parifiennes.

PUNDT, qu'on nomme plus ordinairement PONDE. Eft encore un *poids* dont on fe fert à Archangel, & dans les autres états du grand duc ou czar de Mofcovie. *Voy.* PONDE.

PUNTAS DE MOSQUITO. Efpéce de *dentelles* qui font propres pour le Commerce de l'Amérique Efpagnole. Les Hollandois qui font ce négoce les envoient à Cadix par affortiments de 20 piéces, dont il doit y en avoir la moitié d'un même deffin, depuis trois jufqu'à huit ou dix doigts de large ; & l'autre moitié d'un autre deffin, depuis quatre jufqu'à dix doigts de largeur.

PUTOIS. Animal fauvage à quatre pieds, qu'on nomme ainfi à caufe de fon extrême puanteur. Le *putois* qui eft fort connu en France, a le poil brun, & reffemble affez pour la forme à la fouine. Sa peau eft du nombre des pelleteries que l'on appelle *fauvagines*, & ne fert qu'aux ouvrages communs. Quelques-uns lui donnent le nom de *piétois*, d'autres celui de *putais*. Son véritable nom eft *putois*.

PY

PYLAKENS. *Draps d'Angleterre* dont l'aunage eft depuis 24 jufqu'à 26 aunes ; il y en a auffi depuis 15 jufqu'à 20.

PYRITES. Nom que les chymiftes donnent à une efpéce de marcaffite de cuivre, c'eft-à-dire, à la matrice où fe forme le métal parmi la pierre. C'eft de cette marcaffite que l'on tire le vitriol romain. Ce terme a été tiré du Grec Πΰρ, qui fignifie *feu* : auffi cette matière conçoit-elle le feu avec plus de facilité qu'aucune autre pierre : on l'appelle autrement *quis*. Ses pailles font dorées ou argentées. Aciennement on s'en fervoit à faire des pierres d'arquebufes à rouet.

PYRITES. Se dit généralement de la marcaffite de tous les métaux, dont le nom eft différent fuivant le métal dont elle participe ; comme chryfites celle de l'or, argyrites celle de l'argent, chalcites celle de cuivre, molybdites celle du plomb, fidérites celle du fer, &c.

Q

QUA

QUARANTAINE. C'est ainfi qu'on appelle le féjour de *quarante* jours que, les vaiffeaux marchands & autres bâtimens de mer venant des pays foupçonnés de contagion font obligés de faire dans certains endroits marqués, pour s'aérer avant d'entrer dans les ports : ainfi l'on dit ; ce navire a fait fa *quarantaine*, il n'y a plus rien à craindre; il eft fâcheux à un navire marchand d'être obligé de faire *quarantaine*.

Les capitaines & maîtres de navires marchands font tenus en arrivant dans les ports d'y déclarer les lieux qu'ils ont fréquentés, afin que le magiftrat leur ordonne la *quarantaine*, ou la réduife à un temps moins long, ou même les en décharge entièrement, fuivant que les lieux de leur départ font plus ou moins foupçonnés de contagion, ou ne le font point du tout. Cette fage coutume met ainfi les ports de mer à l'abri des dangers auxquels ils feroient fans ceffe expofés par l'arrivée des vaiffeaux.

QUARANTAINS. *Terme de manufacture de draperies*, dont on fe fert particulièrement en Languedoc, en Dauphiné & en Provence, pour fignifier des *draps* de laine dont la chaîne eft compofée de *quarante* fois cent fils, ou de *quatre mille* fils. Dans les autres provinces de France, ces fortes de draps font appellés des *quarante cent*, ce qui revient au même. On prétend, dit *Savary*, que le terme de *quarantains* eft paffé d'Angleterre dans les manufactures Françoifes, ce qui feroit préfumer que les draps ainfi appellés, font originaires d'Angleterre.

QUARANTIÉME. C'eft la partie d'un tout divifé en quarante portions égales. Ainfi l'on dit : j'ai un *quarantiéme* dans cet armement, pour dire, j'y fuis intéreffé pour une *quarantiéme portion*.

QUARANTIÉME. C'eft auffi un droit ou devoir qui fe leve à Nantes & dans fa prévôté fur toutes les marchandifes qui paffent devant St. Nazaire, en montant de la mer à Nantes, ou en defcendant de Nantes à la mer. Ce droit revient à fix deniers par livre du prix de la marchandife, ce qui ne laiffe pas d'être confidérable. Il eft au choix du fermier de le prendre en marchandife ou en argent.

QUARRÉ, BOIS QUARRÉ. On appelle *bois quarré* le bois de fciage & de charpente dont on fait les folives, les poutres, les poteaux & toutes les autres fortes de bois qui fe vendent pour les ouvrages des charpentiers & les affemblages des menuifiers. Ainfi on diftingue un marchand de bois quarré, d'un marchand de bois ordinaire, en

ce que le premier ne fait Commerce que de bois d'équarriffage.

QUART. Signifie la *quatriéme* partie d'un tout divifé en quatre portions égales, ainfi le *quart* de vingt fols ou d'une livre eft de *cinq* fols.

Quand on dit qu'un marchand ou négociant a un *quart* d'intérêt dans un armement ou autre entreprife de Commerce, c'eft-à-dire, qu'il s'y eft affocié, ou qu'il y a pris part pour cinq fols à raifon de vingt fols au total, & qu'ayant fait les fonds fur ce pied, il doit avoir le quart dans le profit, ou fupporter le quart de la perte.

QUART. Petite mefure qui fait la *quatriéme* partie d'une plus grande, quelque foit cette dernière; ainfi, un *quart* de muid, un *quart* de boiffeau, un *quart* d'aune, un *quart* de verge, &c. c'eft la quatriéme partie des différentes mefures appellées *muids*, *boiffeau*, &c.

Le *quart* d'un muid de vin que l'on appelle auffi quelquefois *quartaut* ou *quarto*, doit contenir neuf feptiers, ou foixante-douze pintes, mefure de Paris; le muid contenant 288 pintes, ou 36 feptiers. *Voy.* QUARTAUT.

Le *boiffeau* mefure de Paris étant de 27 pouces de diamètre fur 19 pouces de haut, le *quart* du boiffeau doit être de quatre pouces neuf lignes de haut, fur fix pouces neuf lignes de diamètre.

Un demi-quart eft la moitié d'un quart ou la *huitiéme* partie de toute la mefure.

QUARTS. C'eft ainfi qu'on appelle certaines caiffes de fapin plus longues que larges, dans lefquelles on envoie de Provence des raifins en grappes, que l'on nomme *raifins aux jubis*.

QUART EN SUS, ou PARISIS. (*Terme* en ufage dans les anciens contrats de conftitution & de vente & dans quelques bureaux des fermes du roi, ou des péages des feigneurs.) Ce mot fignifie une *augmentation* du quart de la fomme énoncée, qui fe paie avec & outre la fomme même. Ainfi lorfqu'on dit qu'une marchandife doit payer *quarante fols* du cent pefant avec le *quart en fus*, ou le *parifis*, c'eft-à-dire, qu'il faut qu'elle paye en tout *cinquante fols* pour chaque cent pefant.

QUARTAL. Sorte de mefure de grains en ufage dans quelques lieux de France, particulièrement dans le pays de Breffe & à Beaurepaire en Dauphiné.

Le *quartal* de Breffe eft égal au *bichet* de Châlons-fur-Saône, qui contient *quatorze boiffeaux* de Paris.

A Beaurepaire le *quartal*, dont les *quatre* font le feptier du même lieu, contient un peu plus du boiffeau de Paris.

QUARTAS. Petite monnoie de cuivre dont on se sert en Espagne dans les paiemens de peu de conséquence ; elle a pris son nom de ce qu'elle vaut *quatre* maravédis. Il y a des doubles *quartas* qui valent par conséquent, *huit* maravédis. *Voy.* MARAVÉDIS.

QUARTAUT que l'on écrit quelquefois QUARTO. Petit vaisseau ou futaille propre à mettre les liqueurs, & particulièrement le vin. Cette mesure tire son nom, comme tous les mots précédents, de ce qu'elle contient la *quatrième* partie d'une mesure plus grande, ou même *quatre fois* autant qu'une plus petite.

Le *quartaut* est plus ou moins grand suivant la diversité des lieux où il est en usage. En France il y en a de deux sortes, lesquels sont du nombre des vaisseaux réguliers marqués sur la jauge ou bâton dont on se sert pour jauger les divers tonneaux à liqueurs ; l'un est le *quartaut* d'Orléans, l'autre le *quartaut* de Champagne.

Le *quartaut* Orléanois est la moitié d'une demi-queue ou le *quart* d'une queue du pays ; il contient treize septiers & demi, chaque septier de huit pintes de Paris, ce qui revient à cent huit pintes de notre mesure. A Blois, à Nuits, à Dijon & à Mâcon le *quartaut* est semblable à celui d'Orléans.

Le *quartaut* de Champagne est aussi la moitié d'une demi-queue, ou le *quart* d'une queue de cette province. Il contient ordinairement douze septiers, ou quatre-vingt-seize pintes, faisant le tiers d'un muid de Paris.

Il y a aussi des demi-quartauts qui contiennent à proportion des *quartauts*, c'est-à-dire, la moitié de ceux-ci.

Quelques personnes appellent improprement *quartaut* ou *quarto* une sorte de petite futaille à vin, qui est la *quatrième* partie d'un muid de Paris, & que l'on nomme plus ordinairement *quart*. Cette mesure est ainsi que les *quartauts* d'Orléans & de Champagne, un des vaisseaux réguliers marqués sur le bâton de jauge. Le quart de muid doit contenir neuf septiers, ou soixante-douze pintes de Paris, le muid de cette ville étant composé de deux cens quatre-vingt-huit pintes ou de trente-six septiers à huit pintes par septier.

Quelques pays étrangers, tels que l'Allemagne, l'Angleterre & l'Espagne, se servent aussi comme la France du mot *quartaut* pour exprimer la même chose, c'est-à-dire, la *quatrième* partie d'une mesure, quelque grande qu'elle soit. En Espagne les quatre *quartauts* font le *sommer*, les huit sommers la robe, & les vingt-huit robes la pipe. En Angleterre le muid contient trente-deux *quartauts* & en Allemagne, comme à Paris, *quatre quartauts* font le muid.

QUARTAUT. Nom de la mesure de continence dont on se sert en Bretagne, particulièrement à Nantes, pour mesurer les sels ; cinquante-deux *quartauts* Nantois font le muid de sel à Nantes, & c'est sur ce pied qu'on en paye les droits du roi, conformément au chapitre six de la pancarte de la prévôté de cette ville.

QUARTE ou QUARTARIO en Italien. Mesure des liquides en usage à Venise. Elle tire son nom de ce qu'il faut *quatre quartes* pour le bigo. Huit *quartes* font la botte & seize *quartes* l'amphora.

QUARTE. C'est aussi à Venise une des mesures des grains ; celle-ci pèse environ 32 l. gros poids ; *quatre quartes*. font le staro ; cent quarante-quatre *quartes* quatre cinquièmes font le last d'Amsterdam.

QUARTE. C'est en France le nom d'une mesure que l'on nomme dans quelques endroits *quartot* ou *pot*. Elle contient à peu près deux pintes, mesure de Paris. *Voy.* POT.

QUARTE. Est encore une sorte de mesure de grains, particulièrement en usage à Briare, qui approche assez du boisseau de Paris, car les *onze* quarts de Briare font un septier de Paris, qui est composé de douze boisseaux.

La *quarte* est aussi en usage à *Luxeuil*, à *Port-sur-Saône*, à *Saint-Loup*, à *Favernay*, à *Vauvillers*, à *Belfort*, à *Sarre-Louis*, à *Sarre-Bric*, à *Metz* & à *Pont-à-Mousson*. Elle n'est cependant pas égale pour le poids dans la plûpart de ces villes, comme on peut le voir ci-après.

A *Luxeuil*, à *Saint-Loup* & à *Favernay*, la *quarte* de froment pèse 70 l., celle de méteil 68 & celle de seigle 67.

A *Port-sur-Saône* & à *Vesoul*, la *quarte* de froment pèse 60 l., la *quarte* de méteil 59, celle de seigle 58 ; ces deux villes ne diffèrent que par le prix de l'avoine qui est de 44 l. à Vesoul & de 48 à Port-sur-Saône.

A *Vauvillers*, la *quarte* de froment pèse 63 l., celle de méteil 62 & celle de seigle 61.

A *Betfort*, la *quarte* de froment pèse 43 l. & celle de méteil 41.

A *Sarre-Louis*, la *quarte* de froment pèse 110 l., celle de méteil 109, de seigle 108 & d'avoine 96.

A *Sarre-Bric*, la *quarte* de froment pèse 128 l., de méteil 126, de seigle 116, d'avoine 108.

A *Metz*, la *quarte* de froment pèse 93 l. $\frac{1}{4}$, celle de méteil 95 $\frac{3}{4}$, de seigle 99 $\frac{1}{5}$, d'avoine 81 l.

A *Pont-à-Mousson* enfin, la *quarte* de froment pèse 110 l., de méteil 112 & celle de seigle aussi 112. Toutes ces pesées sont au poids de marc.

QUARTÉEL. *Voy.* KARDEL.

QUARTERON. Compte qui fait le *quart* d'un cent.

Le *quarteron* de hareng, de coterets, de fagots, de foin, d'aiguilles, de fruits & d'autres marchandises, est, dans quelques endroits de France & particulièrement à Paris, de *vingt-six*, sçavoir *vingt-cinq* qui font le *quart* du cent & *un* qu'on donne par dessus.

D'après cela, le *demi-quarteron* est composé de *treize*, dont le treizième est donné *par dessus*, & ces *par dessus* se donnent ainsi, parce que toutes ces fortes de marchandifes fe vendent fur le pied de *cent quatre* pour cent. Il n'en eft pas de même des épingles dont les *quarterons* ne font compofés que de *vingt-cinq* jufte.

QUARTERON. En fait de poids veut dire le *quart* d'une livre. Le *quarteron*, poids de marc eft de quatre onces, & le *demi-quarteron* eft de deux onces, qui font la huitiéme partie d'une livre, *Voy.* LIVRE.

Quarteron fe dit auffi de la chofe pefée. Un *quarteron* de girofle, de poivre, de fromage, de fucre, d'huile, de broquettes, de clous, de fer, de chandelle, &c. On dit dans le même fens un *demi-quarteron*, pour fignifier la *moitié* d'un *quarteron*.

QUARTIER. Une partie du tout divifé en *quatre*; il fe dit particulièrement des mefures. Un *quartier* de drap, un *quartier* de toile, de ruban, &c. c'eft le *quart* d'une aune de toutes ces chofes.

QUARTIER. (*Terme de marchandife de bois*). Il fe dit quelquefois par oppofition au bois qui n'eft point fcié ou fendu; le bois fcié eft du bois de *quartier*, celui qui ne l'eft pas s'appelle *bois de pied*.

On appelle *échalats de quartier*, des échalats faits de bois de chêne fendu en plufieurs morceaux; cette dénomination les diftingue des échalats de bois blanc, comme de faule, de tremble, &c. qui ne font que des branches de ces différens arbres feulement émondées & coupées en longueur. *Voy.* BOIS & ÉCHALATS.

QUARTIER. Mefure de grains en ufage à Morlaix en baffe Bretagne; les dix-huit *quartiers* font le tonneau de Morlaix, qui eft de dix pour cent plus fort que le tonneau de Nantes; ce dernier revient à environ neuf feptiers & demi de Paris, c'eft-à-dire, un peu plus des trois quarts du muid de cette ville, & à peu près un demi-laft d'Amfterdam.

QUARTIÈRE. Autre mefure pour les grains dont on fe fert dans quelques-lieux de l'Angleterre, particulièrement à Neucaftel. Il faut dix *quartières* pour faire le laft, & dix gallons pour faire la *quartière*; le gallon pèfe depuis 56 jufqu'à 62 l., par où l'on voit que la *quartière* revient à peu près à 580 l., en fuppofant que le gallon pèfe 58 l. poids moyen.

QUARTO, que l'on écrit & que l'on appelle plus ordinairement *quartaut*. Petite futaille qui fait le *quart* d'un muid, d'une queue ou de quelque autre tonneau femblable. *Voy.* QUARTAUT.

QUARTO. (*Terme de compte & de teneur de livres.*) Il fignifie *quatre* ou *quatrième*; mais il ne fe dit point qu'il ne foit précédé du mot *folio*. Cet article eft porté au grand livre *folio quarto*, c'eft-à-dire, au *quatrième feuillet*.

QUARTOT. Mefure de liqueurs dont on fe fert dans quelques provinces de France & qui contient environ deux pintes. Elle fe nomme plus ordinairement *quarte* ou *pot*. *Voy.* ces mots.

QUATÁS. Petite mefure du Portugal pour les liquides, qui contient environ un demi-feptier;

mefure de Paris; il faut *quatre quatas* pour un *cavadas*, & c'eft de-là que cette mefure a pris fon nom; fix cavadas font un *alquier* & deux cavadas forment l'*almude*; le *cavadas* eft femblable au *mingle* ou bouteille d'Amfterdam.

QUATORZE. Nombre pair compofé d'une dixaine & de quatre unités. Quand on dit que le muid de vin contient *quatorze* vingt pintes, cela fignifie qu'il renferme deux cent quatre-vingt pintes, mefure de Paris.

QUATORZIÈME. C'eft la partie d'un tout divifé en *quatorze* portions égales; on dit, *j'ai un quatorzième* dans cet armement, dans cette fociété, &c. pour dire, j'y fuis intéreffé pour un *quatorzième*.

QUATRE. Nombre pair compofé de *trois &* un ou de deux fois deux; *quatre* fols font le *quint* ou la *cinquième* partie de vingt-fols ou de la livre tournois. *Voy.* CINQUIÈME.

QUATRE POUR CENT. Droit qui fe paie à Lyon fur la plûpart des marchandifes qui entrent conformément au tarif de 1632. Ce droit peut avoir changé depuis cette époque. Outre les anciens *quatre pour cent*, il y a un fecond droit qu'on nomme la réapréciation des quatre pour cent.

QUATRE SOLS POUR LIVRE. C'eft ainfi qu'on appelloit du temps de Savary une impofition qui fut mife fur tous les droits qui fe payoient en France, dans les dernières années du régne de Louis XIV & dans les plus preffans befoins de l'état.

Cette impofition de *quatre fols pour livre*, établie par une déclaration du 7 mai 1715 fur tous les droits des fermes, n'étoit dans l'origine en 1705, que de deux fols pour livre; elle fut ôtée au commencement du régne de Louis XV, & rétablie en 1722, jufqu'en 1760, époque à laquelle un arrêt du 3 février a ajouté un fol pour livre de plus aux anciens; un autre arrêt du 21 décembre 1763, ajouta encore un fixième fol aux précédens.

Au mois de novembre 1771 un édit du roi a ordonné (article VII) que fur les droits qui étoient affujettis à 6 f. pour livre, il feroit de plus levé *deux* autres fols pour livre. Enfin l'article premier d'un autre édit du mois d'août 1781, a voulu qu'il fût perçu jufqu'au dernier décembre 1790 incl. fivement, outre & par deffus lefdits huit fols pour livres *deux* nouveaux *fols* pour livre en fus du principal de tous les droits. Delà vient que toutes les marchandifes en général font foumifes à un droit de 10 fols pour livre.

QUATRE MANDIENS. Nom qui fignifie, *quatre comeftibles*, du mot latin *manducare*. C'eft un affortiment de *quatre* fortes de fruits fecs, compofé de raifins, d'amandes, de noifettes & de figues, que les épiciers vendent pendant le carême. *Voy.* MANDIENS.

QUATRIÈME. Partie d'un tout divifé en *quatre*. Avoir un *quatrième* dans une affaire de commerce, dans une entreprife, dans une fociété, dans un

rmement, &c. c'est y être intéressé pour une *quatriéme* portion. *Voy.* QUART.

QUATRUPLE. Qui est repété *quatre* fois, qui contient *quatre* unités. On écrit & on dit plus ordinairement *quadruple*. *Voy.* QUADRUPLE.

QUAY. Espace sur le rivage d'un port de mer ou d'une rivière, destiné à la charge & décharge des marchandises.

La multiplicité de ces dernières & le grand nombre d'hommes employés à leur embarquement & à leur arrivée, les précautions qu'exigent souvent ces marchandises, & mille autres inconvéniens demandoient une police particulière aux *quays*, qui a été réglée par les ordonnances de la marine.

Dans les ports de mer de France, les officiers chargés d'y faire observer cette police, sont appellés *maîtres des quays*; ils sont reçus par les lieutenants-généraux des Amirautés des lieux de leur résidence, & leurs commissions y doivent être enregistrées au greffe de cette jurisdiction.

Leurs fonctions sont :

1°. De faire ranger & amarer les vaisseaux dans les ports, & de faire exécuter tout ce qui concerne leur police.

2°. De faire, en l'absence du capitaine du port, tout ce que le capitaine lui-même feroit s'il étoit présent, comme de faire toutes les rondes & de coucher à bord de l'amiral quand il y a des vaisseaux du roi dans les ports.

3°. D'empêcher qu'il ne soit fait de jour ou de nuit aucun feu dans les navires & autres bâtimens marchands entrés & amarés dans les ports, quand il s'y trouve des navires de sa majesté.

4°. D'indiquer les lieux propres pour chauffer les bâtimens, goudronner les cordages, travailler aux radoubs & calefats, & pour lester & délester les vaisseaux; comme aussi de poser & d'entretenir les feux, balises, tonnes ou bouées aux endroits nécessaires.

5°. De visiter une fois le mois, & toutes les fois qu'il y a eu tempête, les passages ordinaires des navires, pour connoître si les fonds n'ont point changé & d'en faire leur rapport.

6°. Il leur est permis, en cas de nécessité, de couper les amares que l'on refuseroit de débarquer après en avoir réitéré les injonctions verbales.

Ces différens articles sont extraits des *ordonnances de la marine*, tit. 2e. du liv. 4.

Les marchands pour occuper les *quays*, sont obligés de payer un droit que l'on appelle QUAYAGE. *Voy.* l'art. suiv.

QUAYAGE. (*Terme de Commerce de mer*). C'est un droit que les marchands paient pour avoir la faculté de se servir du quay des ports où arrivent leurs navires, & d'en occuper quelques endroits pour la décharge des marchandises qui leur sont venues; ce droit est plus ou moins considérable, suivant l'étendue que les marchandises occupent & le temps qu'elles restent. *Voy.* QUAY.

En France il y a des seigneurs particuliers qui ont droit de *quayage*; ceux qui en jouissent sont tenus par les ordonnances de la marine, d'entretenir à leurs dépens les anneaux qui servent à attacher les vaisseaux, & de faire toutes les réparations qui sont nécessaires aux quays.

En Angleterre, selon *Savary*, le droit de *quayage* se paie par les François le double de ce que paient les Anglois.

QUAYAGE. Se dit aussi de l'occupation du *quay* par les marchandises déchargées d'un vaisseau.

Sur les quays & ports de la ville de Paris, on paie les *droits de quayage*, pour la décharge & demeure des marchandises, à proportion du *quayage*, c'est-à-dire, comme on l'a dit plus haut, à proportion de l'espace que les marchandises occupent sur les quays, & quelquefois aussi du temps qu'elles y restent. *Voy.* PORT, DÉBACLEUR & DÉCHARGEUR.

QUEBEC. Ville capitale de la nouvelle France, en Amérique. *Voy.* pour son Commerce l'article CANADA, dans le Dictionnaire de *la Géographie Commerçante*.

QUEMKAS, autrement BOUILLE-COTONIS ou BOUILLE-CHARMAY. C'est une sorte d'*atlas* ou de satin qui vient de Indes orientales. *Voy.* ATTIAS.

QUENOUILLE. C'est ainsi qu'on appelle tout le fil qui a été tiré de la *quenouille* & dont tout le fuseau est chargé. On se sert plus ordinairement du mot *quenouillée*.

QUENOUILLÉE. *Voy.* l'art. ci-dessus.

QUENTA. Mot que Savary appelle à *demi-barbare*, & dont quelques marchands, négocians & banquiers se servent dans leurs écritures mercantilles, pour signifier *compte*. Il s'emble tenir au mot latin *quantum*. *Voy.* COMPTE.

QUEUCHES ou QUEUXES. Sortes de pierre à aiguiser. *Voy.* QUEUX.

QUEUE. Mesure pour les liquides, particulièrement pour les vins, dont on se sert dans plusieurs provinces & villes de France; les *queues* d'Orléans, de Blois, de Nuys, de Dijon, de Mâcon, sont semblables & reviennent à un *muid & demi* mesure de Paris, c'est-à-dire, qu'elles contiennent chacune 420 pintes de Paris.

A l'entrée des cinq grosses fermes, les *queues* acquittent à raison du vin ou des liqueurs qu'elles contiennent.

QUEUE, en latin *cauda*. C'est ainsi qu'on appelle le dernier bout d'une piéce d'étoffe ou de toile, lorsqu'elle n'a point été entamée, par opposition au premier bout que l'on nomme *tête*, *chef*, *cap*. C'est aussi dans les animaux, dont la peau sert à faire des fourrures ou autres choses, la partie du corps opposée à la tête & dont la longueur varie à raison de la grandeur de l'animal. *Voy.* CHEF.

En 1733 les *queues* ou *bouts* d'étamines payoient les droits de la douane de Lyon à raison de 19 s. le quintal.

Les *queues* de drap que le même tarif nomme

autrement *cappes*, & les *queues* d'étain payoient auſſi les droits ſur le même pied, ſçavoir 8 ſ. d'ancienne taxation & 2 ſ. de nouvelle réapréciation.

Enfin les autres marchandiſes que l'on y appelle *queues de fontes*, & celles nommées *queues de ſinges*, payoient les unes 11 ſ. du quintal, les autres 11 ſ. 9 d. de la balle.

Suivant le nouveau recueil des *droits de traites uniformes*, de ceux d'entrée & de ſortie des cinq groſſes fermes, publié en 1786, les *queues non ouvertes* doivent être conſidérées comme pelleterie non apprêtée, d'après la déciſion du Conſeil du 30 janvier 1766.

Les *queues* de fouines, doivent être traitées comme pelleterie apprêtée ainſi que celles de renard, d'après une autre déciſion du Conſeil du 17 juillet 1761.

Les *queues* de martres étant compriſes au tarif de 1664, cumulativement avec les cordons de martres. *Voy.* MARTRE.

QUEUE DE CHEVAL, que nomme auſſi *preſle*. *Voy.* PRESLE.

QUEUX ou QUEUXES ou QUEUCHES. (*Terme de tanneur*). C'eſt une eſpèce de pierre à aiguiſer, qui ſert au quioſſage des cuirs. *Voy.* QUIOSSE.

Les *queux* ou *queuches* ſuivant le tarif de 1664, doivent, par quintal à l'entrée des cinq groſſes fermes . . . . . . 3 ſ. } pour la douane
à la ſortie . . . . . 12 } de Lyon & celle de Valence, comme pierres à aiguiſer.

QUIAQUIL, ou plutôt GUAYAQUIL. Ville du Pérou, dans la province de Quito. *Voy.* pour ce qui concerne ſon Commerce, l'article PÉROU *dans le Dictionnaire de la Géographie Commerçante.*

QUIBUS. Eſpèce de myrabolans qu'on appelle autrement *chepule*. *Voy.* MYRABOLANS.

QUIGNETTE ou QUINETTE. Sorte de camelot, qui ſe fabrique en Flandres & à Lille & à Amiens en Picardie. *Voy.* QUINETTE.

QUILLAGE. (*Terme de Commerce de mer*). On appelle *droit de quillage* un droit que paient en France les vaiſſeaux marchands qui entrent pour la première fois dans quelque port du royaume. Ce droit, du temps de Savary, étoit à Bordeaux de 3 l. 4 ſ.

QUILLE. (*Terme de marine*) qui ſignifie la plus *groſſe* & la principale pièce de bois d'un vaiſſeau, qui régne depuis la poupe juſqu'à la proüe, & qui eſt comme la baſe & le fondement de tout le corps du bâtiment. L'on fait des aſſurances ſur le corps & quille du vaiſſeau, ſur ſes agrèts, ſes apparaux, & ſes vituailles. *Voy.* ASSURANCE.

QUILLOT. Meſure de grains dont on ſe ſert à Smirne, à Conſtantinople & dans quelques autres échelles du Levant. Quatre *quillots* & demi font la charge de Marſeille, & il y a même quelque choſe de ſurplus.

Le *quillot* de Conſtantinople eſt de 22 ocques,

quatre *quillots* font le *fortin*, qui eſt encore une autre meſure des échelles du Levant.

La grandeur de cette meſure varie auſſi dans ces contrées, les *quillots* de Senderly, de Volon & du golfe de Salonique, ceux du golfe d'Izeron & de Tenedos ſont un peu plus petits que le *quillot* de Conſtantinople ; mais dans la vente des grains on les réduit tous à ce dernier, qui eſt proprement un *quillot* de compte.

Le *quillot* de l'iſle de Samos revient environ à 75 l., poids de France ; chaque *quillot* contient trois *panaches* ou trois fois 25 l. même poids ; chaque *panache* enfin contient *huit* ocques.

Huit *quillots* de Conſtantinople font la *ſalme* de Malte.

Deux *quillots*, le *ſac* de Livourne.

Quatre *quillots* font 3 *émines* ½ de Gênes.

Deux *quillots* ½ la *quartière* de Malhiergue, & même un peu plus.

Deux *quillots* font quatre pour cent de plus que la *faneque* de Barcelonne.

Six *quillots* font le *caffis* d'Alicante & un peu plus que la *charge* & *demie* de Marſeille.

QUILO. C'eſt le nom d'une petite monnoie d'argent qui ſe fabrique & qui a cours à Florence & dans tous les états du grand duc. Le *quilo* vaut *treize ſols quatre deniers*, monnoie du pays.

QUINA-QUINA ou CHINA-CHINA. Célèbre fébrifuge qui vient du Pérou & dont on ſe ſert avec beaucoup de ſuccès dans la médecine ; en latin, *Peruvianus cortex. Linnée* l'appelle *cinchona officinalis. Voy.* QUINQUINA.

QUINCAILLE. *Terme générale de négoce* que l'on écrit & qu'on prononce quelquefois CLINQUAILLE. Cette dernière manière d'écrire ce mot paroît avoir été celle qui eut lieu dans l'origine ; il déſigne des choſes de peu d'utilité, de peu de valeur, ce qu'enfin nous nommons *clinquant*. C'eſt donc à tort que Savary appelle *impropre* la dernière manière d'écrire ce mot.

Le terme *quincaille* comprend une infinité d'eſpèces différentes de marchandiſes, d'acier, de fer & de cuivre qui font partie du Commerce de la mercerie.

On diſtingue ces différentes eſpèces de *quincaille*, celle d'acier, celle de fer, & celle de cuivre.

La première comprend les couteaux, cizeaux, raſoirs, canifs, inſtruments de chirurgie, tirebouchons & autres ouvrages de coutellerie.

La *quincaille* de cuivre, conſiſte en chauderons, chandeliers, landiers, boutons, boucles, compas, porte-crayons, platines & tout ce qui concerne la batterie de cuiſine en cuivre.

Suivant le tarif de 1664, on comprend ſous le nom de *quincaille* de fer & d'acier, groſſe & menue, les agraffes, anneaux pour rideaux, les bandages, les broches à rôtir, les gros ciſeaux, chaînes, chevilles moyennes & petites, clous moyens & petits, couvercles, écumoires, aiguilles à tricoter, épines à cordonnier, fers à cheval, fers à fermes facs , fers à piquet , fers à frifer , fers à repaffer le linge , fers de robinet , fers de villebrequins , fiches de fer , faulx , faucilles , chaufferettes , étrilles, chandeliers de fer , compas de fer , haches , couperets, croiffans , cizailles , doloires , planes , beches , houes', hoyaux , tondres , ratiffoires & autres femblables marchandifes fur lefquelles la lime n'a point encore paffé, & qu'il ne faut pas confondre avec le fer en batterie.

Les cadenats , ferrures , gaches , verroux , tarjettes, fiches, couplets , briquets , pentures, gonds , heurtoirs, loquets, loqueteaux , clous à viffe & autres pareils menus ouvrages de ferrurerie , font auffi compris fous le nom de quincaille , ainfi que les marteaux , tenailles , étaux , alicattes , bigornes , forets, vrilles, tirrefonds , enclumes , lingotières , filières, limes , burins, poinçons, alênes, carrelets , fcies , équerres , niveaux , régles , pieds de roi, chaines & colliers de chiens, mouchettes , portemouchettes, binets , éteignoirs , cuillières ', fourchettes, perçoirs & foraines, moules à dragées & à balle de plomb, éperons , maftigadours, fers de bandoulières , en un mot toutes autres menues marchandifes de femblable nature.

Quelques perfonnes mettent auffi au rang de la quincaille les ouvrages d'arquebuferie , telles que font les arquebufes , piftolets , fufils , mofquets , moufquetons , carabines & çanardières & même les fabres , épées , bayonnetes, hallebardes , efpontons , &c. quoique ces derniers foient traités dans les cinq groffes fermes fous le nom d'armes blanches & non comme quincaille.

On appelle ordinairement quincaille de balle , celle qui eft envoyée de loin dans des balles & qui étant pour l'ordinaire fabriquée avec peu de foin, ou trop à la hâte par de mauvais ouvriers & avec de mauvaife matière, eft bien au-deffous de celle qu'on commande foi-même. Ainfi l'on dit , ces ferrures, ces mords de brides , ces razoirs, &c. ne valent pas beaucoup , ils ne font que de balle.

QUINCAILLERIE. Marchandife de quincaille. Voy. l'article précédent.

La plus grande partie de quincaillerie ou des marchandifes de quincaille qui fe voient en France, particulièrement à Paris , viennent de Saint Etienne en Forez , de Saint Chaumont , de Tiers en Auvergne, d'Amboife & de la Charité fur Loire où elles fe fabriquent. Il en vient auffi beaucoup de Liege , d'Aix-la-Chapelle , de Nuremberg , de Francfort & de quelques autres endroits de l'Allemagne. L'Angleterre en fourniffoit auffi , quoiqu'en petite quantité , mais très-fine & très-eftimée.

Toute celle qui vient préfentement d'Angleterre eft nommément prohibée par arrêt du 6 feptembre 1701, dont les difpofitions ont été confirmées par l'article II de l'arrêt du 17 juillet 1785, qui défigne fpécialement la quincaillerie. Cet article prononce en cas de contravention la confifcation & une amende de 10,000 l.

La quincaillerie qui fe trouve mêlée avec de la mercerie , fans être dans des paquets féparés , en doit les droits , d'après la décifion du confeil du 13 avril 1759; il en eft autrement lorfque les paquets font tellement diftincts que le départ en peut être fait : alors chaque efpèce acquitte les droits qui lui font propres.

La quincaillerie de cuivre , pour l'entrée & la circulation paye les mêmes droits que le cuivre en batterie. Voy. CUIVRE.

Expédiée pour l'étranger de tel endroit du royaume que ce foit , elle acquitte fuivant l'article VIII de l'arrêt du. 15 mai 1760, le droit unique d'un pour cent de la valeur : mais lorfqu'il y a plufieurs provinces à parcourir pour parvenir à la frontière , on l'expédie par un acquit qui l'eft en même temps de paiement & à caution.

A la douane de Lyon elle doit au tarif de 1632 , y compris 2 f. 9 d. d'augmentation 1 l. 13 f. 9 d. par quintal.

A celle de Valence elle acquitte , par affimilation au cuivre 15 f. 8 d.

Venant de l'étranger , celle d'acier poli eft prohibée par l'article III de l'arrêt du 17 juillet 1785 , ainfi que celle de fer poli , par la décifion du Confeil du 18 octobre de la même année.

L'autre quincaillerie de fer & d'acier non polis doit à toutes les entrées du royaume , par arrêt du 18 août 1764 , 6 l. du quintal.

La quincaillerie que l'on tire de la Lorraine , eft regardée comme fi elle venoit de l'étranger effectif. C'eft ce qui a été décidé au confeil le 15 mars 1765.

Venant des provinces réputées étrangères dans les cinq groffes fermes, & allant des cinq groffes fermes dans les provinces réputées étrangères, ellé doit 10 f. par quintal , fçavoir , dans le premier cas, fuivant l'article VI de l'arrêt du 2 avril 1701, dans l'autre, d'après l'article XIII du même arrêt.

A la fortie du royaume , elle eft traitée comme celle de cuivre , l'arrêt du 15 mai 1760 article VIII comprenant les quincailleries de toutes efpèces.

A la douane de Lyon , elle paie au tarif de 1632 , avec l'augmentation de 9 l. 10 f. 9 d. par quintal.

A celle de Valence , où elle eft comprife au 7e. article du tarif, 15 f. 8 d.

La quincaillerie des manufactures de St. Etienne en Forez & de St. Chaumont , eft exempte des droits à la première deftination fuivant les arrêts des 25 juillet & 25 novembre 1685 ; il fuffit qu'elle foit accompagnée d'un certificat du receveur des traites du lieu de l'enlevement.

La quincaillerie de la manufacture de la Charité-fur-Loire , eft auffi exempte des droits à la première deftination , en vertu de l'arrêt du 13 février 1766 , à condition de remplir les formalités indiquées fur le mot bijouterie , formalités qui concernent auffi les bijouteries qui ont la même origine.

Celle de la manufacture d'Amboife eft abfolument

dans le même cas, en conséquence de l'arrêt du 11 août 1772.

Indépendamment des droits de traites exigibles à l'entrée du royaume, sur la *quincaillerie* de fer & d'acier, elle doit 18 f. par quintal pour le droit particulier de marque des fers, conformément à l'article 1er. du titre de ce droit qui n'est pas perceptible sur la *quincaillerie* venant des provinces réputées étrangères, d'après l'article XIII du même droit.

QUINCAILLER, QUINCAILLÈRE, marchand ou marchande dont le principal négoce consiste en *quincaille* ou *quincaillerie*. L'on appelle aussi *quincaillers* les ouvriers ou artisans qui fabriquent la *quincaille*.

Les maîtres vanniers de la ville & fauxbourgs de Paris, ont aussi la qualité de *quincaillers* dans les lettres-patentes de leur érection en corps de jurande.

QUINÉQUE. Sorte d'étoffe; elle se trouve tarifée dans la *liste* ou *tarif* de Hollande de 1725, & paie les droits comme manufacture.

QUINETTE ou QUIGNETTE. Espèce de camelot ordinairement tout de laine, & quelquefois mêlé de poil de chevre, qui se fabrique à Lille en Flandres & aux environs, dont la largeur est de deux tiers, & la longueur des pièces de vingt à vingt-une aunes, mesure de Paris; la destination la plus ordinaire de ces sortes de camelots est pour l'Espagne.

Il se fabrique à Amiens, en Picardie, certains petits camelots de demi-aune de large, auxquels on donne aussi le nom de *quinette*. *Voy.* CAMELOT, *à l'endroit où il est parlé de ceux qui se fabriquent à Amiens.*

QUINQUINA, ou KINKINNA, que quelques personnes appellent aussi QUINAGUINA ou CHINACHINA, en latin *peruvianus cortex*, l'écorce du Pérou. *Cinchona officinalis*, Linnée. C'est l'écorce d'un arbre qui croît dans les Indes occidentales, & qui dans le commerce se trouve en morceaux de différentes grosseurs, roulés ou plats, brune à l'extérieur & couverte d'une mousse blanchâtre, mais intérieurement d'une couleur rousse, ou de rouille de fer; son odeur est légèrement aromatique & sent un peu le moisi, sans cependant être désagréable; elle a une saveur un peu amère & astringente, qui reste long-temps dans la bouche, & excite une certaine chaleur aromatique; les petits morceaux minces & plats sont réputés les meilleurs; quelques personnes préfèrent cependant ceux qui sont roulés & dont la surface est rude, sur-tout s'ils ont intérieurement la couleur de canelle: quoiqu'il en soit, les grands morceaux plats, soit qu'ils soient lisses ou raboteux, d'une couleur foncée ou légère, se trouvent souvent aussi bons que les premiers. La meilleure écorce est celle qui a l'odeur & la saveur la plus forte; elle se casse net sous la dent.

Les Espagnols appellent l'arbre qui produit cette

écorce *palo de cassentúras*, ou *bois de fièvre*; à cause des qualités surprenantes & spécifiques qu'elle a pour arrêter toutes sortes de fièvres intermittentes.

L'arbre qui donne ce précieux remède pousse une tige droite, & s'élève beaucoup lorsqu'on l'abandonne à lui-même. Son tronc & ses branches sont proportionnés à sa hauteur. Les feuilles opposées, réunies à leur base par une membrane ou stipule intermédiaire, sont ovales, élargies par le bas, aiguës à leur sommet, très-lisses & d'un beau vert. De l'aisselle des feuilles supérieures, plus petites, sortent des bouquets de fleurs semblables, au premier aspect, à celle de la lavande. Leur court calice a cinq divisions. La corolle forme un tube, alongé, bleuâtre en dehors, rouge à l'intérieur, rempli de cinq étamines, évasé par le haut & divisé en cinq lobes finement dentelés. Elle est portée sur le pistil qui, surmonté d'un seul style, occupe le fond du calice, & devient avec lui un fruit sec, tronqué supérieurement, partagé dans sa longeur en deux demi-coques remplies de semences & bordées d'un filet membreux.

Cet arbre croît au Pérou sur la pente des montagnes dans la province de *Quito* ou de *San Francesco* & dans celle du *Potosi*. Sa seule partie précieuse est son écorce, si connue dans la médecine par sa vertu *fébrifuge* & à laquelle on ne donne d'autre préparation que de la faire sécher; les Indiens appellent l'arbre qui la produit, *arbre à enyvrer*; ce nom, qui est le plus commun au Pérou, lui vient, dit-on, de la propriété qu'il a d'*enyvrer les poissons*, lorsqu'après avoir battu son bois ou son écorce, on le met enfermé dans un sac dans les étangs & autres eaux dormantes.

Le *quinquina* est distingué par les habitans en trois espèces différentes, ou plutôt en trois variétés, le *jaune* & le *rouge*, qui sont également estimés & ne différent que par l'intensité de leur couleur, & le *quinquina blanc*, qui est peu recherché à cause de sa vertu très-inférieure. On reconnoît ce dernier à sa feuille moins lisse & plus ronde, à sa fleur plus blanche, à la graine plus grosse, & à son écorce blanche à l'extérieur. On a déjà indiqué plus haut les qualités du bon *quinquina*.

Sur les bords du Maragnon, le pays de Jaën fournit beaucoup de *quinquina blanc*; mais on crut long-temps que le *jaune* & le *rouge* ne se trouvoient que dans le territoire de Loxa, ville fondée en 1546, par le capitaine Alonzo de Mercadillo. Le plus estimé étoit celui qui croissoit à deux lieues de cette place sur la montagne de *Cajanuma*, & il n'y a guères plus de soixante ans que les négocians cherchoient à prouver par des certificats que l'écorce qu'ils vendoient venoit de ce lieu renommé. En voulant multiplier les récoltes, on détruisit les arbres anciens & on ne laissa pas aux nouveaux le temps de prendre toute leur croissance; de sorte que les plus forts ont maintenant à peu près trois toises de hauteur. Cette disette fit multiplier les recherches, & l'on retrouva le même arbre à *Riobambe*, à *Cuença* ; dans le voisinage de *Loxa* & plus récemment dans le nouveau royaume de *Bogota*. Ce fut vers l'an 1500 que les Indiens découvrirent la vertu fébrifuge du *quinquina*, qui n'a été employé en Europe généralement dans la pratique que plus d'un siècle après, à cause de quelques accidens qui ne venoient que du mauvais usage qu'on en fit dans le commencement. Les Jésuites l'apportèrent à Rome en 1639. Ils le distribuoient gratuitement aux pauvres & le vendoient très-cher aux riches. L'année suivante, Jean de Véga, médecin d'une vice-reine du Pérou, l'établit en Espagne à cent écus la livre : le cardinal de Lugo l'apporta en France en 1650, où on l'appella d'abord du nom de ce Prélat & ensuite *poudre des Jésuites*, parce qu'ils le distribuoient, ce cardinal qui avoit été de leur société leur en ayant beaucoup laissé. On dit que la prise s'en vendoit alors un écu d'or.

Ce remède eut bientôt acquis une très-grande réputation ; mais les habitans de *Loxa*, ne pouvant fournir aux demandes qu'on leur faisoit, s'avisèrent de mêler d'autres écorces à celle qui étoit si recherchée. Cette infidélité diminua la confiance qu'on avoit au *quinquina*. Les mesures que prit alors la cour de Madrid pour remédier à un désordre si dangereux, n'eurent pas un succès complet. Les nouvelles découvertes ont été plus efficaces que l'autorité pour empêcher la falsification ; aussi l'usage du remède est-il devenu de plus en plus général, sur-tout en Angleterre.

En 1680, le chevalier Talbot Anglois, remit en France le *quinquina* en vogue par le grand nombre de guérisons qu'il opéra à la cour & à la ville, avec cette poudre préparée à sa manière ; son secret devint bientôt public, graces à la magnificence de Louis XIV, qui récompensa en grand roi, l'auteur d'une découverte aussi intéressante pour l'humanité ; afin de l'engager à communiquer sa préparation, à laquelle depuis nos plus sçavans médecins ont changé, augmenté & diminué chacun suivant leurs découvertes & leurs expériences.

Le *quinquina*, comme on l'a déja dit, est considéré en médecine comme le meilleur fébrifuge ; on peut le donner en sûreté aux personnes de tout âge, quelque soit leur tempérament, pourvu qu'on saisisse le moment convenable pour l'administrer ; pour l'ordinaire le *quinquina* relâche le ventre au commencement de son usage, & opère même quelquefois comme un purgatif : on l'a aussi employé avec succès dans la guérison des maux de tête périodiques, des affections hystériques & hypocondriaques, & d'autres maladies qui avoient des intermittences réglées ; par sa qualité aromatique & astringente il fortifie tout le système nerveux & devient d'une grande utilité dans les foiblesses de l'estomach.

Les Indiens, pour se servir de cette précieuse écorce, la faisoient simplement infuser dans l'eau, & donnoient la liqueur à boire aux malades, sans

le marc ; le célèbre & infortuné M. Joseph de Jussieu, leur enseigna à en tirer l'extrait dont l'usage est bien préférable à celui de l'écorce en nature.

Quoique l'opinion commune fût que le *quinquina* ne se trouvoit qu'au Pérou, dans la province de Quito, cependant le père Labat dans la relation qu'il donna des isles Antilles en 1722, revendiquoit, pour ainsi dire, cette écorce, & faisoit honneur de ce trésor à l'isle de la Guadeloupe. L'arbre que cet historien disoit produire le *quinquina*, s'appelle aux Indes *paltuvier*, & est une espèce de mangle noir ; il est vrai qu'il s'y élève beaucoup plus haut & qu'il y devient plus gros qu'au Pérou, mais à cette seule diversité près, qu'on peut attribuer à la différence du terroir, cet habile naturaliste n'y en trouvoit aucune autre.

M. Mallet, docteur-régent de la faculté de médecine de Paris, vient de faire un mémoire sur le *quinquina de la Martinique*, autrement appelé *quinquina Piton*, dont l'écorce est épaisse, chagrinée en dessus & d'un rouge assez vif en dessous ; ses propriétés sont infiniment supérieures à celles du *quinquina* du Pérou, comme le prouve cet habile médecin.

Le *quinquina* se vend chez les marchands épiciers-droguistes & apothicaires, soit en écorce, soit en poudre. Le *quinquina* en poudre doit être bien passé au tamis ; il est très-facile aux marchands de le sofistiquer, & très-difficile de s'en appercevoir.

Quelques personnes appellent *quinquina d'Europe*, la racine de gentiane qui est aussi un fébrifuge. *Voy.* GENTIANE.

N'étant pas apporté de l'Inde, le *quinquina* ne doit être assujetti en venant de l'étranger ni au paiement du droit d'indult, ni à la formalité du certificat pour justifier qu'il est d'une autre origine que celle de l'Inde ; c'est le résultat d'une décision du conseil du 3 août 1785 : ainsi à l'entrée & à la sortie des cinq grosses fermes, il doit seulement cinq pour cent de la valeur, comme omis au tarif de 1664.

A la douane de Lyon, il paie, suivant l'ajouté au tarif, 15 l. par quintal net.

Le *quinquina* est véritablement une droguerie, cependant il n'est pas compris dans cette classe au tarif de 1664, ni dans celui de 1632, dont l'ajouté comprend indistinctement les marchandises & les drogueries. On ne peut en conséquence lui faire supporter la totalité des droits d'entrée du tarif de 1664, indépendamment de la douane de Lyon, ainsi qu'il en est usé pour les drogueries comprises dans l'un & dans l'autre tarif, il ne doit que le quart des droits d'entrée & la douane de Lyon.

A la Douane de Valence, il acquitte 3 l. 11 s. du quintal net, comme droguerie.

Le *quinquina faux*, ou *quinquina femelle* est prohibé à toutes les entrées du royaume ; d'après l'arrêt du 22 mars 1735, qui défend à tous mar-

Pppp

chands, épiciers, droguiftes, apothicaires d'en avoir, d'en vendre & d'en débiter.

Le *quinquina* fe vend à Amfterdam depuis 36 jufqu'à 54 fols la livre ; la tare eft de 12 & 14 par *féron* ; la déduction pour le bon poids *de deux pour cent*, & celle pour le prompt paiement *d'un pour cent*.

QUINT. La *cinquiéme* partie d'un tout divifé en cinq parties égales ; ce mot vient du latin *quinque*, *cinq* ; l'on dit, *j'ai mon quint* dans cette fociété, dans cet armement, dans cette affaire, &c. pour dire, j'y fuis intéreffé pour un *cinquiéme*. *Voy.* CINQUIÈME.

QUINT. Ce terme eft particulièrement en ufage dans l'Amérique Efpagnole, pour fignifier *ce qui eft dû* au roi pour le droit qu'il lève fur tout l'or & l'argent qui fe tire des mines, ou que l'on y recueille autrement ; on voit par le nom de ce droit qu'il équivaut à la *cinquiéme* partie de l'or ou de l'argent exploité.

Ce droit eft fi confidérable, qu'on prouve par les regiftres de l'or & de l'argent quintés, que des feules mines du Potofi, indépendamment de ce qui s'écoula en fraude, le *quint* du gouvernement monta depuis 1545 jufqu'en 1564 à 36,450,000 l. chaque année, c'eft-à-dire, à plus de *fix cens millions* dans l'efpace de *dix-huit ans*. Mais la prodigieufe abondance de métaux que la nature prodiguoit dans cette riche province, ne tarda pas à diminuer. Depuis 1564 jufqu'en 1585, le *quint* annuel ne fut que 15,187,489 l. 4 f. Depuis 1585 jufqu'en 1624, de 12,149,997 l. 6 f. Depuis cette derniere époque le produit de ces mines a fi fenfiblement diminué, qu'en 1763 le *quint* du roi ne paffa pas 1,364,682 l. 12 f. Pour peu que cette dégradation augmente, on fera forcé de renoncer à cette fource de richeffes. Il eft même vraifemblable que cet événement auroit eu lieu, fi au Potofi, la mine n'étoit fi tendre, fi les eaux n'étoient fi favorablement difpofées pour la moudre, que les dépenfes y font infiniment moindres que partout ailleurs.

Le Bréfil eft proportionnellement prefque auffi libéral pour les Portugais, que la province du Potofi pour les Efpagnols ; tout homme qui découvre une mine doit avertir le gouvernement ; fi la veine eft jugée de peu d'importance par les gens de l'art chargés de l'examiner, on l'abandonne toujours au public. Si, au contraire, elle eft déclarée riche, le fifc s'en réferve une partie, le commandant en a une autre ; la troifiéme eft pour l'Intendant & l'on en affûre deux à l'auteur de la découverte. Le refte eft partagé à tous les mineurs du diftrict, felon l'étendue de leurs facultés, arbitrées par le nombre de leurs efclaves. Les conteftations que cette efpèce de propriété peut faire naître, font du reffort de l'intendant ; mais il eft permis d'appeller de fes arrêts à la cour fuprême, établie à Lifbonne, fous le nom de *confeil d'Outremer*.

Les obligations des mineurs fe réduifent à livrer au roi le *quint* ou le *cinquiéme* de l'or, que des opérations plus ou moins heureufes leur rendent. Ce *quint* fut autrefois confidérable, & il paffa 9,000,000, de livres chaque année, depuis 1728 jufqu'en 1734, on l'a vu diminuer par dégrés. Actuellement, le produit annuel de *Minas-Geraes*, n'eft que de 18,750,000 l., de *Goyas* que de 4,687,500 l., de *Mattogroffo* que de 1,312,500 l., de *Bachia* & de *St Paul* réunis que de 1,562,500 l., ce qui fait en tout 25,312,500 l. dont il revient au gouvernement Portugais le *cinquiéme* ou 5,062,500 l.; fon droit pour la fabrication de l'or en efpèces lui donne 1,647,500 l. & à raifon de deux pour cent, il retire 393,000 l. pour le tranfport que font fes vaiffeaux de tout l'or qui appartient au commerce; de forte que fur 25,312,500 l. que rendent les mines, le miniftère (avec le droit de *quint*) en prend 7,103,000 l.

Le *quint* eft auffi dû pour toutes fortes de pierreries ; & fous ce nom font compris, non-feulement les pierres qu'on appelle *précieufes* & qui ont de l'éclat, mais encore le *bezoard*, le *corail* rouge, l'*aimant*, le *jays*, l'*arcanfon* & le *vitriol*.

QUINTAL, mot qui fignifie, le *poids* ou la *péfanteur* de *cent* livres. Ce terme eft plus en ufage dans la Provence & dans le Languedoc que partout ailleurs : on s'en fert cependant dans prefque toutes les provinces de France pour fignifier *un cent pefant*.

On voiture des marchandifes par mer, par les rivières & par terre, fur le pied du *quintal*, ou du *cent pefant*. On vend, on achete, on eftime certaines marchandifes à raifon du *quintal*.

Comme la livre n'eft pas par-tout compofée de *feize onces*, comme à Paris, le *quintal*, quoique toujours de cent livres n'eft pas égal par-tout ; il diffère quelquefois de cinq, de dix ou de vingt pour cent, plus ou moins, fuivant que la livre eft compofée de plus ou moins d'onces, ou que les onces font plus fortes ou plus foibles, dans les lieux où l'on charge, où l'on vend & où l'on achete les marchandifes.

Par exemple ; le *quintal*, poids de Paris rend à Marfeille, *cent vingt-trois livres*, & le *quintal*, poids de Marfeille, ne rend à Paris que *quatrevingt-une livres* ; cette différence provient de ce que la livre de Paris eft compofée de feize onces, & que celle de Marfeille n'eft compofée que de *treize*, ce qui doit, s'entendre *poids de marc*, car la livre de Marfeille eft auffi de *feize onces*, poids de table.

Lorfque l'on convient du prix d'une voiture, pour tranfporter des marchandifes, ou que l'on fait quelque achat ou quelque vente auffi de marchandifes à raifon de tant le *quintal*, *poids de marc*, on entend que le *quintal* doit pefer *cent livres* de *feize onces chacune*, parce que la livre, *poids de marc*, eft toujours compofée de feize onces ; fi, au contraire, on traite fur le pied du *quintal*, fans autre explication, le *quintal* se prend sur le pied de la livre des lieux ; c'est-à-dire, que si la livre n'est que de *treize onces*, poids de marc, comme à Marseille, le *quintal* ne sera que de *quatre-vingt-une livres*, aussi poids de marc ; il en doit être de même des autres lieux où la livre est composée de plus ou moins d'onces, poids de marc.

La livre de *quintal* sur mer, lorsqu'il s'agit du fret ou nolis d'un vaisseau, n'est réputée que de *quinze onces* ; & par conséquent le *quintal de mer* ne doit peser *que quatre-vingt-treize livres*, à prendre la livre à raison de *seize onces*, poids de marc.

QUINTAL. Le *quintal* de Constantinople, est estimé le plus pesant de tous les quintaux dont on se sert au Levant : il est de quarante-cinq ocques, l'ocque pesant quatre dragmes, ou deux livres neuf seizièmes d'Amsterdam.

Ce *quintal* pese, par conséquent, *cent douze livres trois quarts* d'Amsterdam, *cent quatre-vingt-une* de Venise & *cent soixante* de Livourne. On peut aussi diviser ce *quintal* en *rottes*, à raison de *cent rottes* par *quintal*. Le *rotte* est de cent quatre-vingt dragmes.

QUINTAL. Le *quintal* est un des quatre poids auxquels se pesent & s'achettent à Smirne les marchandises qu'on en tire de l'Europe. Il est composé comme celui de Constantinople, de cent *rottes* que l'on nomme aussi *rotons*, ou de *quarante-cinq ocos*, qui doivent faire *cent quarante livres dix onces*, poids de Marseille, quoique les coagis ou les commissionnaires n'en donnent compte à leurs commettans que de *cent trente-trois livres*.

Ce qu'on nomme au Caire *quintal gérouin*, est le poids le plus fort dont on se serve dans cette capitale & dans les autres villes de commerce de l'Égypte pour peser les marchandises les plus pesantes ou du plus grand volume. Il est de deux cent dix-sept *rotoles* ou *rotolis* du Caire, dont les cent dix font *cent huit huit livres* de Marseille.

QUINTAL (LE) d'Angleterre qu'on nomme *hundred*, mot qui signifie la même chose, est composé de *cent douze livres* d'avoir du poids ; le *demi-quintal* est de *cinquante-six livres* & le quart qu'on appelle *jod de vingt-huit*.

QUINTAL MECHO. C'est ainsi qu'on appelle en Espagne, à Buenos-Aires & dans le reste de l'Amérique Espagnole, un *quintal* qui est de *moitié* plus fort que le *quintal* commun, ce qui lui a fait donner le nom de *quintal mecho*, ou de *quintal & demi*. Il est de *six* arrobes, & le *quintal* ordinaire n'est que de *quatre*, c'est-à-dire, que l'un est de *cent cinquante* livres & l'autre de *cent*, à prendre l'arrobe sur le pied de vingt-cinq livres ; ce qui rend, poids de Paris, *quatre-vingt-treize livres* pour le *quintal* commun, & *cent trente-neuf livres & demie* pour le *quintal-mecho*.

À Livourne le *quintal* est plus ou moins fort suivant les marchandises qu'on y pese. Par exemple, le *quintal* de l'alun de Rome, de la morue, du hareng fumé ou salé & du saumon aussi salé, est de *cent cinquante livres* ; & le *quintal* de moscouades & des sucres du Brésil, de *cent cinquante-une livres*.

QUINTAL. On dit sur la Méditerranée, *charger au quintal*, pour signifier ce qu'on entend sur l'océan par *charger à cueillette*, c'est-à-dire, *rassembler* des marchandises de divers marchands pour faire toute la charge d'un navire. *Voy.* CUEILLETTE.

QUINTE ou QUINTIN. Sorte de toile de lin très-fine & très-transparente, qui tire son nom de la ville de *Quintin* en Bretagne, où & aux environs de laquelle on la fabrique. *Voy.* TOILE, où l'on parle de celles de Bretagne.

QUINTE-ESSENCE. Par ce nom qui semble-désigner (*quint*) la *cinquième partie* (*essence*) de ce qui compose un être, les apothicaires, droguistes & chimistes entendent ce qu'il y a de plus exquis, de plus pur & de plus subtil dans les corps naturels, tiré ou extrait par le moyen du feu.

QUINTE-ESSENCE DE ROMARIN. *Voy.* ROMARIN.
QUINTE-ESSENCE D'ANIS. *Voy.* ANIS.
QUINTE-ESSENCE DE CANELLE. *Voy.* CANELLE.

QUINTELAGE ou QUINTILAGE, que les Flamans prononcent QUINCELAGE. *Terme de marine* dont on se sert en plusieurs endroits pour désigner ce qu'on nomme plus communément *lest*. *Voy.* LEST.

QUINTELAGE. Ce mot signifie aussi en basse Bretagne l'*ordinaire* ou le port des hardes des matelots, c'est-à-dire, ce qu'il est permis à chaque matelot qui s'embarque de porter avec lui, ce qui se régle au poids, & dont ils conviennent en s'engageant. C'est ce qui s'appelle ailleurs *matelotage*. *Voy.* MATELOTAGE.

QUINTER L'OR ET L'ARGENT. Expression particulièrement en usage dans les mines du Potosi, du Chili & de la nouvelle Espagne, d'où elle est passée en Europe parmi ceux qui font le commerce de l'or & de l'argent en matière, & non en espèce. Elle désigne l'action de marquer l'or & l'argent après l'avoir essayé & pesé & en avoir fait payer le droit de *quint* au roi. *Voy. les articles de ces métaux.*

QUINTÉ ou QUINTÉE. On appelle un lingot d'or *quinté*, une barre d'argent *quintée*, ces métaux en barres ou en lingots, après qu'ils ont été essayés, pesés & marqués par les essayeurs & commis royaux. *Voy. comme dessus.*

QUINTIN. *Voy.* QUINTE.

QUINZAINE, que l'on prononce KINZAINE. Nombre qui renferme en soi *quinze* unités, ou choses de la même espèce, une *quinzaine* de pistoles, une *quinzaine* d'écus, de livres, &c.

QUINZE, que l'on prononce KINZE, nombre impair composé de 10 & de 5.

QUINZIÉME. Partie d'un tout divisé en quinze portions semblables. On dit ordinairement ; j'ai un *quinzième* dans cette entreprise, dans cet armement, dans cette fociété, &c. pour dire, j'y fuis intéreffé pour une *quinziéme* portion.

QUIOSSE. Efpèce de pierre à aiguifer, dont les tanneurs & les mégiffiers fe fervent pour préparer leurs peaux & leurs cuirs. *Voy.* QUEUX ou QUEUCHES.

QUIRAT. Petit poids dont on fe fert au Caire & dans tout le refte de l'Egypte; la *dragme* vaut feize *quirats* & le *quirat quatre grains*.

QUITO. Ville de l'Amérique Efpagnole fur la mer du Sud. *Voy.* pour ce qui concerne fon commerce, *le Diétionnaire de la Géographie Commerçante*.

QUITTANCE. Aéte ou écrit par lequel on décharge quelqu'un d'un paiement, d'une dette, ou d'autre chofe qu'il s'étoit obligé de faire ou d'acquitter.

Il y a des *quittances* par devant notaires & des *quittances* fous-feing privé; toutes également valables, mais non également fures pour les événemens, les dernières étant quelquefois fujettes à de grands inconvéniens.

Le reçu que l'on met au dos d'une lettre de change acquittée, eft une véritable *quittance*; mais qui par fa pofition fur le *dos* de la lettre a pris le nom d'*endoffement. Voy.* ce mot.

QUITTANCER. Donner une quittance, un reçu, un acquit, au pied ou au dos de l'aéte par lequel le débiteur étoit obligé à fon créancier; on *quittance* des mémoires & des parties arrêtées de marchandifes fournies lorfqu'on en reçoit le paiement. Les obligations & autres aétes obligatoires qui ont minutes, fe *quittancent* au *dos* de la minute, ce qui s'appelle *endoffement*, & la groffe fe rend à ceux qui les acquittent.

On ne dit pas *quittancer une lettre de change*, mais l'*endoffer*, ce qui, comme on l'a dit dans l'article précédent, eft effeétivement la même chofe; *Voy.* ENDOSSER.

On dit fimplement, *donner quittance*, quand la quittance fe donne féparément, & non fur l'aéte qui obligeoit le débiteur.

QUITTE. Celui qui ne doit rien, qui a payé tout ce qu'il doit. « Ce marchand a donné de bons » effets pour demeurer *quitte* avec fes créanciers. » Je vous envoie mille écus pour refter *quitte* avec » vous de toutes chofes. »

QUITTER. Ce mot eft différent de *quittancer*, il fignifie donner *quittance*, ou déclarer qu'on ne demandera rien d'une dette, au lieu que *quittancer* fignifie donner *quittance d'une fomme reçue*; ainfi l'on dit; « J'aime mieux le *quitter* de tout, » que d'avoir un procès avec lui. » Je l'ai *quitté* » pour la moitié de ce qu'il me devoit, &c. »

QUOAILLE, qu'on écrit plus ordinairement COAILLE. Laine très-groffière & comme le rebut des toifons, qui fe levent de deffus les brebis. *Voy.* COAILLE.

QUOTE ou QUOTTE. Qui s'écrit plus ordinairement *cote. Voy.* COTTE.

QUOTIENT. *Terme d'arithmétique*, qui exprime le nombre provenant de la partition ou divifion qui fe fait d'un plus grand nombre par un plus petit, & qui fait connoître *combien de fois* le plus petit eft compris dans le plus grand.

Par exemple, le *quotient* de *quinze* divifé par *trois* eft *cinq*, parce que trois fois cinq font *quinze*; ce mot eft venu du latin *quoties*.

R. Dix-septiéme lettre de l'alphabet. Elle sert dans le Commerce pour les abréviations suivantes : R°., remises ; R, reçu ; R°., recto ; Rx. ou Rle., rixdale, ou richedale.

R A

RAAGDAER. Officier en Perse qui perçoit les droits de raagdarie. Ce sont des espèces de voyers. Les *raagdaers* sont partagés par cantons, & chacun ne répond que des lieux dont il s'est chargé. En conséquence des droits qu'on leur paie ils sont obligés d'entretenir & d'assurer les grands chemins, & de restituer au propriétaire la valeur des marchandises ou autres effets qu'on y a volés, lorsqu'ils ne peuvent pas les recouvrer ; mais s'ils y parviennent, ils en retiennent le tiers pour leurs peines. Ils ont sous eux plusieurs escouades de soldats pour la sûreté des voyageurs & des marchands ; mais un ordre si sage est souvent mal exécuté ; & quelquefois les gardes établis pour assurer les routes, en sont les plus grands voleurs.

RAAGDARIE. On nomme ainsi un droit que l'on fait payer en Perse, sur toutes les marchandises, pour la sûreté des grands chemins, particulièrement dans les lieux dangereux par la rencontre fréquente des voleurs.

RABAIS. Diminution de valeur ou de quantité. Il se dit des monnoies & des marchandises, même quelquefois des liqueurs & des grains ; mais on dit plus ordinairement déchet, quand il s'agit de diminution de quantité. On a publié le *rabais* des monnoies. Il y a beaucoup de *rabais* à faire sur ce damas ; il n'est plus à la mode. Les étoffes de soie ne se vendent pas le même prix que l'année dernière ; il y a plus de dix pour cent de *rabais*.

RABAIS. Se dit aussi quand on retire moins qu'on ne l'espéroit d'un fonds , ou d'une entreprise de commerce. Le retour de ce vaisseau devoit me rapporter 30,000 liv. de profit ; mais il y a bien du *rabais*, la meilleure partie se trouve consommée en avaries & en frais.

RABAIS. Se prend encore pour la remise dont on convient pour payer une somme avant l'échéance du paiement. Voulez-vous me faire un tel *rabais*? je vous paierai comptant. Quelques-uns disent *rabat*, mais plus improprement que *rabais*. Le vrai terme est escompte. *Voy.* ESCOMPTE.

RABAISSE & RABAISSEMENT. Se disent à peu près dans le même sens que rabais ; mais ils sont moins en usage, particulièrement *rabaisse*, dont on ne se sert presque jamais.

RABAISSER. Diminuer de prix. Le bled est bien *rabaissé*. Les monnoies sont *rabaissées*.

RABAT. (*Terme de Commerce très-usité à Amsterdam*.) C'est un escompte ou une diminution que l'on fait sur le prix de certaines marchandises, lorsque l'acheteur avance le paiement de la somme dont il étoit convenu avec le vendeur. *Voy.* ESCOMPTE.

Le *rabat* s'estime par mois, & s'accorde seulement pour certaines sortes de marchandises ; ces marchandises sont suivant l'usage d'Amsterdam.

Les laines d'Allemagne,		
Les cendres & potasses,	qui se vendent à	15
Les soieries d'Italie,		18
Les sucres du Brésil nommées *moscouades*,		18 — mois de *Rabat*.
Les laines d'Espagne,		18
Les soies d'Italie,		21
		33

C'est-à-dire, que ces marchandises se vendent au comptant , en déduisant ou rabattant l'intérêt de l'argent qu'on ne devoit payer qu'au bout de quinze , de dix-huit , de vingt-un , ou de trente-trois mois. Cet intérêt, qu'on appelle *rabat*, est pour l'ordinaire réglé à huit pour cent par an , ajouté par le vendeur au prix de la marchandise : c'est-à-dire, que pouvant la donner pour cent florins, argent comptant, il la vend cent huit florins, s'il la vend à un an de terme.

Les marchands n'étant pas toujours en état de payer comptant les marchandises qu'ils achetent, on a imaginé le *rabat*, tant pour donner à ceux qui le peuvent le moyen de payer comptant, que pour engager les autres à se libérer le plutôt possible, dans la vue de se ménager cet escompte.

RABATAGE. On nomme ainsi à Bordeaux ce qu'ailleurs & particulièrement à Amsterdam, on appelle *rabat*, c'est-à-dire, une espèce d'escompte qui s'accorde par le vendeur à l'acheteur , en faveur du prompt paiement. *Rabatage* signifie aussi quelquefois la même chose que tare. La pièce d'eau-de-vie de 50 veltes donne à Bordeaux, 2 l. 10 s. de *rabatage*, c'est-à-dire de tare. *Voy.* RABAT & TARE.

RABATTRE. Oter , retrancher , déduire ,

diminuer. On dit, c'eft un prix fait ; je n'en puis pas *rabattre* un denier. Je vous *rabattrai* quatre pour cent, fi vous payez comptant.

RABES DE MORUE. Ce font les œufs de la *morue*, que l'on fale & que l'on met en barrique. Ce terme n'eft en ufage qu'à la Rochelle. Dans quelques autres endroits on dit, des raves ; mais fur toutes les côtes de Bretagne, cette marchandife qui ne fert qu'à la pêche de la fardine, & pour laquelle on en confomme une quantité immenfe, fe nomme *rogues*. Il y a d'autres œufs de poiffons dont on fait auffi de la rogue, qu'on emploie également pour la pêche de la fardine, mais qui ne valent pas ceux de morue. Comme elle ne fe trouve point comprife dans les tarifs, les fermiers du roi & les marchands de la Rochelle en ont fixé l'eftimation pour régler les cinq pour cent que paient les marchandifes omifes. Cette eftimation eft de 25 l. la barrique à l'entrée & de 30 l. à la fortie.

RABETTE. Graine d'une efpèce de choux dont on fait de l'huile. *Voy.* NAVETTE.

RABOUGRI. (*Terme d'exploitation & de commerce de bois*). On appelle du bois *rabougri*, celui qui n'eft pas de belle venue & qui ne profite pas bien. *Voy.* BOIS.

RACAGE. (*Terme de marine*.) Ce font de petites boules de bois enfilées qu'on met autour d'un mât, vers le milieu de la vergue, afin que le mouvement de cette vergue en foit plus facile. Toutes les vergues en ont, excepté celle qu'on nomme la *fivadière*.

RACAILLE. *Terme de mépris*, qui s'emploie en parlant des chofes qui n'ont pas la qualité qu'elles devroient avoir. On dira, il n'y a que de la *racaille* dans cette boutique, pour faire entendre qu'on n'y vend que de la marchandife inférieure & de rebut.

Payer en *racaille*, c'eft faire des paiemens en efpèces de cuivre ou de billon. — Je n'ai que faire de cette *racaille* ; je vous ai prêté mon argent en beaux écus. Cette manière de s'exprimer n'eft plus guères ufitée.

RACHALANDER. Remettre une boutique en réputation ; faire revenir les chalans. Le bon marché, la bonne marchandife & les manières prévenantes & polies du marchand ou de la marchande, font les meilleurs moyens de *rachalander* une boutique, un magafin.

RACHETER. Acheter une feconde fois foit de la même marchandife, foit d'une autre pour la remplacer, dans le cas où celle dont on fit d'abord emplette ne fuffife pas, ou qu'elle ne convienne plus à l'acheteur.

RACINE. Partie des arbres, des plantes, ou des herbes, qui reçoit d'abord le fuc de la terre & qui le diftribue enfuite à toutes les autres. Cette partie, qui eft ordinairement fibreufe & couverte d'une écorce plus ou moins épaiffe, fe trouve prefque toujours cachée dans la terre, y en ayant peu qui paroiffe au-dehors.

Il y a plufieurs fortes de *racines* qui entrent dans le commerce, & dont le plus grand nombre fait partie du négoce des marchands épiciers, droguiftes & apothicaires ; les unes font propres pour la médecine, les autres pour la teinture, plufieurs pour les épices & quelques-unes pour divers ufages.

Les racines médicinales font l'éfule, le doronic romain, le jalap, le turbit, la falfepareille, le fouchet, qu'on appelle auffi *cyperus*, la régliffe, le rapontic, la rhubarbe, la pirethre, le pied d'alexandre, le mechoacam, la gentiane, l'efquine, l'ipecacuanha, le cortus arabicus, l'azarum, autrement cabaret ou nard fauvage, l'azarina, le galanga, l'acorus verus, l'angélique, autrement archangélique ou *racine* du faint efprit, & le méon.

Les *racines* propres aux teintures, font le terra merita, autrement concoume, l'orcanette & la garence.

Le gingembre eft la racine d'une plante qui entre dans la compofition de ce qu'on appelle communément les *quatres épices*.

Les *racines* propres à différens ufages font celles de l'iris, de l'olivier & du noyer.

Toutes ces différentes efpèces de *racines*, font expliquées chacune à leur article.

Le tarif de la douane de Lyon, régle les droits de trois fortes de marchandifes fous le nom de *racines*.

La première, qu'il appelle fimplement *racines*, paie 4 f. de la balle, d'ancienne taxation & 1 f. du cent pefant de nouvelle réapréciation.

La feconde, qui eft tariffée fous le nom de *racines de Savoie*, paie 5 f. de la balle d'anciens droits, & 1 f. du cent pefant pour les nouveaux.

Enfin les *racines* de bionias paient 12 f. du quintal.

RACINE. Veut dire auffi la *racine* du noyer qui fert à faire la couleur que les teinturiers nomment *couleur de racine* ; (*voy. couleur matrice*) mais fous le nom de *racine*, on comprend l'écorce, la feuille & même la coque de noix.

La racine du noyer n'eft bonne en teinture que dans l'hiver, parce que la fève de l'arbre s'y trouve comme retirée ; l'écorce, lorfque l'arbre eft en fève ; la feuille, quand les noix ne font pas encore bien formées ; & la coque de la noix, lorfque les noix font encore dans leur coque verte & qu'on les ouvre pour en tirer le cerneau.

Pour conferver long-temps la teinture de ces divers ingrédiens, il faut les mettre dans une cuve bien remplie d'eau, & ne les en tirer que pour les employer. *Voy.* COULEUR.

RACLER. Ratiffer quelque chofe, en ôter quelques parties, quelques inégalités ou ce qui y eft de fuperflu.

RACLER, *en terme de mefureurs de grains*, fignifie, ôter avec le racloire ou radoire ce qu'il y a de trop de grain fur les minots, boiffeaux & autres mefures de cette efpèce, lorfqu'elles ne doivent pas être données combles. On dit plus communément *rader* que *racler*. *Voy.* RADER.

RACLOIRE. *Voy.* RADOIRE.

RADE. Lieu d'ancrage à couvert des vents, où les navires mouillent ordinairement, en attendant le vent ou la marée pour entrer dans le port, ou pour en faire voile, soit que l'on sorte du port, ou que le gros temps vous ait forcé d'y chercher un abri.

Bonne *rade*, se dit de celle dont le fond est net de roches, où la tenue est bonne, & quand on y est à l'abri d'un ou de plusieurs vents.

Les *rades* qui sont dans l'étendue de la domination du roi de France, sont libres à tous les vaisseaux marchands des sujets de sa majesté, même à ceux de ses alliés, & il est défendu à qui que ce soit de les troubler, ni empêcher sous peine de punition corporelle.

Les capitaines & maîtres des navires qui sont forcés par la tempête de couper leurs cables & de laisser quelques ancres dans les *rades*, sont obligés d'y mettre des bouées & gaviteaux, sous peine d'amende arbitraire & de perdre leurs ancres, lesquelles, en ce cas, doivent appartenir à ceux qui les ont pêchées.

Les maîtres de navires qui viennent prendre *rade*, doivent mouiller à telle distance les uns des autres, que les ancres & les cables ne puissent se mêler, ni porter dommage, à peine d'en répondre & d'amende arbitraire.

Lorsqu'il y a plusieurs navires dans la même *rade*, celui qui se trouve le plus près de la sortie, est obligé d'avoir du feu à son fanal pendant la nuit, afin d'avertir les vaisseaux qui viennent de la mer.

Si un navire qui est en *rade*, veut faire voile pendant la nuit, le maître ou capitaine est tenu, dès le jour précédent, de se porter en lieu propre pour sortir, sans aborder ou faire quelqu'avarie à aucun de ceux qui sont dans la même *rade*, à peine de tous dépens, dommages & intérêts, & d'amende arbitraire.

« Titre 8 du livre 4 de l'ordonnance de la marine du mois d'août 1681 ».

RADEAU. *Voy.* TRAIN DE BOIS.

RADER. Se mettre en rade.

RADER. En terme de mesureur de grains, signifie *passer la radoire par dessus les bords de la mesure*, pour en ôter ce qu'il y a de trop & la rendre juste. *Voy.* ci-après RADOIRE.

RADERIE. Droit qui se paie en Perse pour l'entretien des gardes qui veillent pour la sûreté des grands chemins. Personne n'en est exempt, quoiqu'il ne soit établi que sur les marchands. *Voy.* RAAGDAER.

RADEUR. Celui qui est chargé de la radoire, lorsqu'on mesure des grains, des graines ou du sel. Il y avoit autrefois des *radeurs* en titre d'office, dans les greniers à sel. *Voy.* MESUREUR DE SEL & MESUREUR DE GRAINS.

RADIX DICTAMI. *Voy.* DICTAME.

« Le *radix dictami* paie en France les droit » d'entrée, à raison de 3 l., à la sortie des 5 grosses » fermes 5 p° de la valeur, s'il n'est justifié de » l'acquit du droit d'entrée ».

« A la douane de Lyon, de tel endroit qu'il » vienne, suivant le tarif de 1632, sous le nom » de *dictamus*, du quintal net 1 l. 2 s. »

« A la douane de Valence, comme droguerie, » 3 l. 11 s. du cent pesant ».

RADOIRE, que l'on nomme aussi *racloire*. Instrument de bois plat, d'environ deux pieds de long, dont les côtés, l'un quarré & l'autre rond s'appellent *rives*. Les jurés mesureurs de grains s'en servent pour rader ou racler les mesures par dessus le bord, quand elles sont pleines. Ce qui s'appelle *mesurer ras*.

Les grains, la farine, les graines, &c. se radent ou se raclent du côté de la rive quarrée, & l'avoine par le côté de la rive ronde à cause que ce grain est long & difficile à rader autrement. Les mesureurs de sel se servent aussi de *radoires*.

RAGUET. C'est une espèce de petite morue verte.

En Bretagne, dans le triage que l'on fait des différentes espèces & qualités de morue, le *raguet* tient le troisième rang, & en Normandie il tient le quatrième ; mais il faut remarquer que dans cette dernière province, le *raguet* se confond toujours avec une autre espèce de morue, que l'on nomme *lingue*, ensorte que la lingue & le *raguet* se vendent ordinairement ensemble. *Voy.* MORUE.

RAISEAUX DES INDES. Ce sont des ouvrages de soie propres à faire des ceintures ou des jarretières. Ceux qui sont destinés pour des ceintures, sont portés des Indes garnis aux deux bouts de houpes d'or ou d'argent. Ils ont deux aunes ou environ de longueur, sur un tiers ou cinq douziémes de largeur.

RAISIN. Fruit de la vigne dont on tire le vin, en le foulant dans une cuve, ou en le mêlant sous le pressoir. *Voy.* VIN.

Il y a un très-grand nombre de différentes espèces de *raisins* qui se mangent frais ou secs ; mais on ne parlera ici que de ceux dont les marchands épiciers & droguistes font commerce, soit qu'ils entrent dans la médecine, soit qu'ils servent à la nourriture, ainsi que ceux qu'on nomme *fruits de carême*, parmi lesquels le *raisin* est compris.

RAISIN DE DAMAS. Ces *raisins* entrent particulièrement dans la composition des tisannes où l'on emploie ordinairement les jujubes, les sébestes & les dattes. Ils sont nommés *raisins de Damas*, du nom de la capitale de Syrie, aux environs de laquelle ils se cultivent, & d'où ils s'envoient dans de légères boîtes de sapin à demi rondes, appellées *bustes*, elles sont de diverses grandeurs & leur poids est de 15 jusqu'à 60 liv.

Ces *raisins* tels qu'on les apporte à Paris, sont égrainés, plats, de la longueur & de la grosseur du bout du pouce ; ce qui doit faire juger de leur

groffeur extraordinaire, quand ils font frais & empêcher qu'on ne trouve incroyable le rapport des
voyageurs, qui affurent dans leurs relations, qu'il
fe trouve des grappes de ces *raifins* qui pefent
jufqu'à 25 liv.

Il faut choifir les *raifins de Damas* nouveaux,
gros & bien nourris, & fur-tout prendre garde que
ce ne foit des raifins de Calabre, ou des raifins
aux jubis applatis, mis dans les buftes ou boîtes
des véritables Damas ; ce qu'on reconnoîtra aifément au goût, ceux-ci l'ayant fade & défagréable,
& les premiers, étant doux & fucrés.

« Les *raifins de Damas* paient en France les
» droits d'entrée à raifon de 2 l. du cent pefant,
» conformément au tarif de 1664, & à la douane
» de Lyon, fuivant le tarif de 1632, 12 f. 6 d. ;
» ils font du nombre des marchandifes venant du
» Levant, fujettes au droit de 20 pour cent de leur
» valeur fur l'eftimation de 25 l. du quintal, fixée
» par l'arrêt du 22 décembre 1750 ».

RAISINS DE CORINTHE. Ce font de petits *raifins* égrainés de diverfes couleurs, rouges, noirs
ou blancs, de la groffeur des grofeilles communes, qu'on apporte de plufieurs endroits de
l'Archipel, & entr'autres de l'Ifthme de Corinthe,
d'où ils ont pris leur nom.

Ils viennent ordinairement par la voie de Marfeille, dans des balles du poids de deux à trois cens
livres, où ils font entaffés & extrêmement preffés.
Les Anglois & les Hollandois, en temps de paix,
en apportent beaucoup à Bordeaux, à la Rochelle,
à Nantes & à Rouen.

Les *raifins de Corinthe* doivent fe choifir nouveaux, petits, en groffes maffes, en prenant garde
qu'on ne vende à leur place de petits raifins
d'Efpagne. Quand ils font bien emballés, ils peuvent fe garder deux ou trois ans, pourvu qu'on
ne les remue pas & qu'on ne leur donne aucun
air. Ils entrent dans quelques compofitions médecinales, & dans l'affaifonnement de plufieurs ragoûts,
dans lefquels ils peuvent tenir lieu de raifins de
Damas.

Ce que M. Wheler rapporte, dans fon voyage
de Dalmatie & de Grece, des ifles d'où fe tirent
ces fortes de raifins, & de la manière dont on les
y prépare, eft fi curieux, qu'on ne fera peut-
être pas fâché de le voir ici dans les propres termes
du traducteur.

« Xante, ifle de la mer Ionnienne, au midi de
Céphalonie, vers la côte occidentale de la Morée,
fous la domination des Vénitiens, eft le principal
endroit d'où viennent les *raifins de Corinthe*, qu'on
emploie diverfement dans les cuifines Angloifes,
Françoifes & Hollandoifes. Ils ont pris leur nom de
Corinthe, cette fameufe ville proche l'Ifthme de la
Morée ; c'eft de là que les latins les ont appellés
uvæ Corinthiacæ, c'eft-à-dire, *raifins de corinthe*, quoiqu'il n'y en croiffe point à préfent,
pour y avoir peut-être été négligés, parce qu'on
n'y en avoit pas la vente, la jaloufie des Turcs ne

permettant pas aux grands vaiffeaux d'entrer dans
le Golfe. Ils ne croiffent pas fur des buiffons,
comme nos grofeilles rouges & blanches, quoiqu'on ne le croie communément, mais fur des vignes,
comme l'autre raifin, excepté que leurs feuilles font
un peu plus épaiffes, que la grappe eft un peu plus
petite. Ils n'ont aucun pepin, & en ce pays ils
font tous rouges ou plutôt noirs. Ils croiffent dans
une plaine fort agréable, qui eft environnée de
montagnes & de coteaux dont l'ifle eft couverte.
Cette plaine eft féparée en deux vignobles. On
vendange ces raifins dans le mois d'août, lorfqu'ils
font mûrs, & on en fait des couches fur la terre,
jufqu'à ce qu'ils foient fecs ; après qu'on les a raf-
femblés, on les nétoye & on les apporte dans la
ville, pour les mettre dans les magafins que les
habitans du pays appellent *des feraglis*, & où ils
les verfent jufqu'à ce que le magafin foit rempli
jufqu'au haut. Ils s'entaffent tellement par leur
propre poids, qu'on eft obligé de les fouir avec
des inftruments de fer, ce qu'ils appellent *les remuer*. Lorfqu'ils les mettent en baril, pour les
envoyer en quelque lieu, des hommes fe graiffent
les jambes & les pieds nuds, & les preffent avec
les pieds, afin qu'ils fe confervent mieux & qu'ils
ne tiennent pas tant de place. On les vend environ
douze écus, le millier, & on paye autant de coutume à l'état de Venife. L'ifle de Xante en porte
affez tous les ans, pour en charger cinq ou fix
vaiffeaux. Cephalonie pour en charger trois ou
quatre, & Nathaligo ou Anatolico, Meffalongi &
Patras pour en charger un. On en tranfporte auffi
quelque peu du Golfe de Lépante. »

Les Anglois ont un comptoir à Xante (aujour-
d'hui Zaute) qui eft conduit par un conful & cinq
ou fix marchands, pour faire ce commerce. Les
Hollandois y ont un conful & un ou deux marchands. Les François n'y ont qu'un commis qui fait
le conful & le marchand tout enfemble. Les Anglois y font le principal commerce de cette marchandife, parce qu'ils en confomment fix fois plus
dans leurs ragoûts que la France & la Hollande
enfemble. Ceux de Xante n'ont guères connoiffance
de ce que nous en faifons ; & ils font perfuadés
que nous ne nous en fervons que pour teindre les
draps, ignorant qu'ils font employés aux pâtés,
aux ragoûts, gâteaux, tartes ou poudings, &c. dont
les Anglois fe régalent.

« Les *raifins de corinthe* paient en France les
» droits d'entrée à raifon de 2 l. du cent pefant,
» conformément au tarif de 1664 ».

» Les droits de la douane de Lyon font de 10 f.
» pour les anciens quatre nouveaux.

« Ils font du nombre des marchandifes venant
» du Levant, fur lefquelles outre les droits ordi-
» naires, il doit être levé 20 pour cent de leur
» valeur pour l'eftimation de 25 l. le quintal fixée par
» l'arrêt du 22 décembre 1750 ».

« Ce qui empêche les Anglois d'en apporter en
» France autant qu'ils faifoient autrefois. »

RAISINS

RAISINS AUX JUBIS, que l'on appelle communément *raisins en caisse* ou *raisins de caisse*, sont des *raisins* qu'on tire pour l'ordinaire de Provence, particuliérement de Roquevaire, d'Oniol & des environs de ces lieux. Quand ces *raisins* sont mûrs, on les cueille en grappe, & après les avoir trempés dans une lessive de barille, on les met sur des claies pour les sécher au soleil, en les retournant de tems en tems; & lorsqu'ils sont secs, on les met dans des caisses de sapin plus longues que larges, ordinairement de deux grandeurs. Les plus petites, appellées *cassetins*, sont de dix-sept à dix-huit livres, & les autres, qu'on nomme *des quarts*, sont d'environ quarante livres. Ces sortes de *raisins* sont d'un goût doux, sucré & très-agréable. Ils servent aux desserts & aux collations de carême. Les plus nouveaux, les plus secs & en plus belles grappes, sont ceux qu'il faut choisir.

Voy. ci-après les droits d'entrée & de sortie que payent ces sortes de *raisins*.

RAISINS PICARDANS. Ces sortes de *raisins* approchent assez des jubis; mais ils sont plus petits & plus secs. Ils viennent de Provence & du Languedoc en grappes, dans de longues caisses de sapin qui pésent depuis quatre-vingt livres jusqu'à cent. Ils payent les droits comme les jubis.

RAISINS DE CALABRE. Ce sont des *raisins* d'un très-bon goût, quoiqu'un peu gras, qui viennent par petits barils, du poids de quatre-vingt-dix à cent livres, les grappes enfilées d'une menue ficelle, à-peu-près comme les morilles.

Voy. ci-après pour les droits.

RAISINS MUSCATS. Ces *raisins* sont très-bons, de moyenne grosseur, en grains ou en grappes, d'un goût musqué & fort délicat. Ils se tirent du Languedoc, particuliérement des environs de Frontignan, en petites boëtes de sapin presque rondes, pesant depuis cinq jusqu'à quinze livres. *Voy.* ci-après pour les droits.

RAISINS D'ARCQ & AU SOLEIL, que l'on nomme communément *raisins sol* ou *sor*. Ce sont des *raisins* égrainés de couleur rougeâtre, bleuâtre ou violette, très-bons à manger, que l'on tire d'Espagne, en barils de quarante à cinquante livres; mais on appelle *raisins d'Espagne*, particuliérement de petits *raisins* un peu plus gros & moins secs que ceux de Corinthe qui viennent dans des barils du poids d'environ cent livres. Il y a encore les maroquins qui sont des *raisins* d'Espagne très-peu connus à Paris.

«Suivant le tarif de 1664, tous ces *raisins* doivent payer les droits d'entrée & de sortie du » royaume & des provinces réputées étrangères; » savoir, à la sortie à raison de douze sols du cent » pesant, & l'entrée sur le pied de dix sols.»

«Les droits de la douane de Lyon pour les » *raisins* secs, sont, savoir,

» Les *raisins* du crû de France, cinq sols six » deniers le quintal;

» Les *raisins* de Savoye, huit sols, & à la » douane de Valence, tous payent également du » quintal net, une livre trois sols huit deniers. »

Commerce des raisins à *Amsterdam*.

Tous les *raisins secs* se vendent à Amsterdam au quintal de cent livres. Le prix de ceux de Corinthe depuis six jusqu'à dix-sept florins le quintal. Leur tare est de seize pour cent, & leurs déductions de deux pour cent pour le bon poids, & autant pour le prompt payement.

Les *raisins longs* se vendent depuis onze jusqu'à onze florins & demi les cent livres. Leur tare est de dix pour cent, & leurs déductions comme les précédens.

Les *raisins de Cabas* s'achètent depuis sept jusqu'à huit florins le quintal. Ils ne déduisent en tout qu'un pour cent pour le prompt payement. Il ne faut cependant pas tabler sur ces prix, pour y spéculer, parce qu'ainsi que pour la plupart des autres marchandises, ils varient suivant la rareté, l'abondance ou les demandes.

RAISON, (*terme de la tenue des livres à parties doubles*). Parmi les négocians, marchands & banquiers, on nomme *livre de raison*, un gros registre sur lequel on forme, en débet & crédit, tous les comptes de ceux avec qui l'on fait des affaires de commerce, dont on trouve les articles détaillés sur le livre-journal. On le nomme *livre de raison*, parce qu'il sert à se rendre *raison* à soi-même & à ses associés, de l'état de son commerce. On lui donne quelquefois le nom de *livre d'extraits*, parce qu'on y porte tous les articles extraits du livre-journal; mais plus ordinairement celui de *grand livre*, parce qu'il est, par son volume, le plus grand de tous ceux dont on se sert dans le négoce. *Voy. livres des marchands*. On y parle amplement du livre de raison & de la maniere de le tenir.

RAISON, signifie aussi *la part* d'un des associés dans le fonds d'une société. On dit ma *raison* est du quart, sa *raison* n'est que d'un douzième, dans telle société, dans tel armement, telle manufacture; pour dire que les associés y contribuent, dans cette proportion, pour les frais, & participent sur le même pied, aux profits & aux pertes.

RAISON, (*A*) veut dire encore, *proportion, rapport*. Je vous payerai cette étoffe à *raison*, c'est-à-dire, sur le pied de vingt livres l'aune. Le change d'Amsterdam est *à raison* de dix pour cent. C'est un usurier qui prête son argent *à raison* de cinq pour cent par mois.

On dit qu'une marchandise, qu'une chose est *hors de raison*, quand le prix en est excessif. Le bled est *hors de raison*, on le vend cinquante livres le septier. L'argent est *hors de raison*, on n'en peut trouver qu'à dix pour cent par an.

RAISON, (*en terme d'arithmétique*), signifie la *proportion* que des nombres ont entre eux.

La *raifon* de quatre à huit, eft comme deux eft à quatre.

RAISON, *en terme de commerce de mer*, eft la quantité de bifcuit, de boiffon & autres vivres que l'on règle pour la confommation de chaque matelot par jour, fur les navires marchands. C'eft ce qu'on nomme fur les vaiffeaux du Roi, *ration*. La marine marchande n'emploie même plus aujourd'hui, dans ce fens, que le mot *ration*.

RAISON, (*terme de fociétés de commerce*). On dit, la *raifon* de telle maifon eft MM. du Val père & fils; la veuve du Clos & compagnie; enforte que leurs lettres miffives, leurs billets & les lettres de change qu'ils tirent, acceptent ou endoffent, doivent être ainfi fignées, c'eft-à-dire de la manière ci-deffus énoncée.

RAISONNER, (*terme de commerce de mer*). Il fe dit de l'obligation où font les capitaines & maîtres des navires marchands, en arrivant dans un port, d'aller d'envoyer montrer à l'officier ou au commis qui eft de garde fur la patache, leur congé & leur charte-partie, l'état de leur chargement & autres papiers dont la communication leur eft ordonnée par les ordonnances de la marine.

RAISONNER, fignifie encore *expliquer*, *déclarer* les marchandifes dans les bureaux des douanes & des traites, pour en payer les droits portés par les tarifs, fuivant leur poids, mefure, nombre & qualité. Ce terme n'eft guères en ufage que dans les provinces de France, qui avoifinent le Rhône. *Voy.* DÉCLARATION.

RAISONNER, & depuis long-temps ARRAISONNER, *terme de marine*, confacré pour dire qu'on a parlé à un vaiffeau à la mer. Nous avons rencontré à la mer, par telle hauteur & telle latitude, la Flutte, la Dorothée que nous avons, (ou qui nous a) *raifonnés*, ou *arraifonnés*.

RAMAGE. On appelle *velours à ramage*, celui où font repréfentés divers grands ornemens, en manière de rinceaux ou de palmes veloutées fur un fond fatiné ou de gros de Tours. On le nomme ainfi pour le diftinguer du velours cifelé & du velours plein, dont le premier n'a que de petites façons, & le dernier n'en a point du tout. *Voy.* VELOURS.

RAMAGE, fe dit auffi de la façon qu'on donne aux draps & étoffes de laine, en les mettant & étendant fur une machine qu'on appelle *rame*.

RAMENDABLE. Ce qui peut fe ramender. *Voy.* les articles fuivans.

RAMENDER. Diminuer de prix, être à meilleur marché.

RAMENDER UNE ÉTOFFE, fe dit *en terme de teinturier*, de celle qu'on eft obligé de remettre à la teinture, parce qu'elle eft jugée défectueufe par les gardes & jurés. Une étoffe ramendée eft toujours plus dure & moins bonne que celle qui a eu fa perfection dès le premier teint.

RAMENDER, fe dit auffi de toute befogne & ouvrage qu'un artifan eft obligé de retoucher pour

les remettre en meilleur état; & lorfqu'ils font pourfuivis en juftice pour un mauvais travail, ils font reçus à *ramender*, fi la chofe eft ramendable.

RAMENDER, *en terme de doreur*, c'eft réparer & recouvrir les endroits où l'or s'eft gerfé ou caffé en l'appliquant. On *ramende* d'abord avec de petits morceaux du même or: mais pour finir l'ouvrage, on fe fert d'or à coquille; ce qui s'appelle *boucher d'or moulu*. *Voy. doreur en huile & en détrempe*.

RAMES. On nomme *coton de rames*, des cotons filés, de médiocre qualité, qui viennent de Judée. On s'en fert à faire la trême dont les toiles cotonines dont on fait aux Indes les grandes & petites voiles des bâtimens de mer. *Voy.* COTON.

RAN. C'eft ainfi qu'on appelle quelquefois l'animal à laine, qu'on nomme communément *bélier*. *Voy.* BÉLIER.

RAPATELLE. Efpèce de toile claire, faite de crin de cheval, fervant à faire des tamis, ou facs, pour paffer l'amidon, le plâtre & autres chofes femblables que l'on veut mettre en poudre fine; ce qui fait qu'on l'appelle quelquefois, *toile à tamis* ou *à facs*.

Cette toile fe fabrique par morceaux prefque quarrés, depuis un quart jufques à près de trois quarts d'aune de Paris, fuivant la longueur du crin, & fe vend par paquets de douze morceaux chacun, dont les plus grands font appelés *antidonniers*; du nom des ouvriers qui en employent le plus.

Les *rapatelles* fe fabriquent pour la plupart dans la Baffe-Normandie, aux environs de Coutances, particulièrement dans les villages de Guyebert, de Beauchamps, de Menilrogue & dans le bourg de Gaurai. C'eft dans ce dernier lieu qu'il s'en fait le plus, & où les ouvriers des autres endroits les apportent, chaque femaine, pour les vendre au marché.

La plus grande partie des *rapatelles* s'envoyent en Bretagne, & celles que l'on voit à Paris y font apportées par des colporteurs qui les vendent aux boiffeliers & faifeurs de facs ou tamis. Ces fortes d'ouvriers en tirent cependant quelquefois de Rouen, où les marchands de cette ville en font venir des endroits mêmes où elles fe fabriquent.

« Quoiqu'il ne fe faffe pas un grand négoce de » cette marchandife, néanmoins le tarif de 1664 » ne laiffe pas d'en parler & d'en fixer les droits » fur le pied d'une livre cinq fols à l'entrée des » cinq groffes fermes, à la fortie douze fols, à la » douane de Lyon venant de l'étranger, cinq pour » cent de la valeur; venant de l'intérieur, fuivant » une lettre de la ferme générale, comme mercerie » de Paris, du quintal deux livres trois fols quatre » deniers; pour la douane de Valence, par affi- » milation au treillis, deux livres un fol fix deniers ».

RAPE. Outil de fer trempé en forme de lime, parfemé de plufieurs dents ou pointes de fer, & monté de diverfes manières, fuivant l'ufage auquel on le deſtine; ce qui néceſſite les différentes formes qu'on lui donne.

Il y a une ſorte de *rapes* qui ont des dents ou rainures tranchantes. Celles-ci s'appellent des *eſcouennes*, quand elles ſont grandes, & des *eſcouennettes*, lorſqu'elles ſont petites. Les unes ſervent aux cordonniers, tourneurs, menuiſiers, ſerruriers, ſculpteurs, plombiers, ébéniſtes, arquebuſiers, fourbiſſeurs, &c. Et les autres aux ouvriers des monnoies & aux peigniers tabletiers. *Voy.* Escouennes & Escouennettes.

RAPE. Petite monnoie de cuivre qui ſe fabrique dans preſque tous les cantons Suiſſes, & qui a cours à-peu-près, ſur le pied du double de France, c'eſt-à-dire, pour deux deniers tournois. Il faut dix *rapes* pour faire un *bon bat*, & ſeulement pour le *bat court*, ou de Suiſſe. On nomme ainſi les *bat* qui ſe fabriquent à Berne, Lucerne & Fribourg. Trois *rapes* font le ſchellin de Lucerne.

RAPÉ. Tonneau rempli à demi de raiſins en grains, triés & choiſis, ſur leſquels on paſſe les vins uſés & affoiblis, pour leur donner de la force, & les mettre en état d'être bus & vendus.

L'ordonnance des aides de 1680, *tit. 2 de la vente des vins au détail*, regle la quantité de *rapé* de raiſins que les marchands de vin en détail peuvent tenir dans leurs caves, à un *rapé* de demi-muid, s'ils y ont actuellement vingt muids de vin, & à un *rapé* d'un muid, en une ou deux pièces, s'ils ont quarante muids & au-deſſus, à peine de confiſcation des *rapés* qui y ſont en plus grande quantité, & de cent livres d'amende.

RAPÉ DE COPEAU, tonneau entièrement rempli de copeaux neufs, de bois de hêtre bien ſéchés, bien propres & bien imbibés auparavant d'excellent vin, ſur leſquels on paſſe le vin qu'on veut éclaircir promptement & conſerver toujours clair, quelque vin qu'on jette deſſus. Il eſt défendu, par la même ordonnance de 1680, à tous ceux qui vendent du vin en détail de ſe ſervir d'aucun *rapé* de copeau, en quelque manière que ce ſoit, ſous les mêmes peines de confiſcation & de cent livres d'amende.

RAPONTIC DU LEVANT. Racine que l'on confond quelquefois avec la rhubarbe. *Voyez* Rhubarbe.

RAPONTIC DE MONTAGNE, ou rhubarbe des moines. *Voy.* Rhubarbe.

« Il a été prohibé à toutes les entrées du royaume, par arrêt du premier avril 1732, à peine de cinq cens livres d'amende ».

RAPPORT, *en terme de commerce de mer*, ſignifie *une déclaration* que le capitaine d'un navire marchand doit faire à l'amirauté, vingt-quatre heures après ſon arrivée au lieu de ſa deſtination, & même dans les ports où il relâche, s'il y a une amirauté, par laquelle il énonce le lieu d'où il eſt parti, le tems de ſon départ, en quoi conſiſte le chargement de ſon navire, les hazards qu'il a courus, les déſordres arrivés dans ſon bord, les vaiſſeaux qu'il a rencontrés à la mer & qu'il a ar-

raiſonnés, ce qu'il en a appris d'important, & enfin toutes les circonſtances eſſentielles de ſon voyage. S'il ne fait que relâcher dans un port, il n'y fait qu'une ſimple déclaration de relâche; mais dans tous les cas, il doit repréſenter le congé qu'il a eu à ſon départ, de l'amirauté, pour aller en mer.

La vérification des *rapports* peut être faite par les dépoſitions des gens de l'équipage, ſans préjudicier aux autres preuves, mais les officiers de l'amirauté ne peuvent pas forcer les capitaines de vaiſſeaux & maîtres de barques de vérifier leur *rapport*. On obſerve ſeulement que les *rapports* qui n'ont point été vérifiés ne peuvent faire foi pour la décharge deſdits capitaines ou maîtres.

Il n'eſt pas permis de faire décharger aucune marchandiſe après l'arrivée d'un navire quelconque, que le *rapport* n'ait été fait auparavant.

Quand une priſe eſt amenée dans un port ou une rade du royaume, le capitaine qui l'a faite, ou en ſon abſence le capitaine de la priſe, eſt tenu de faire ſon *rapport* aux officiers de l'amirauté; de leur repréſenter & de leur remettre les papiers de la priſe & les priſonniers; de leur déclarer le jour que le vaiſſeau a été pris, en quel parage & à quelle heure; ſi le capitaine a refuſé d'amener les voiles; s'il a attaqué ou s'il s'eſt défendu; quel pavillon il portoit & les autres circonſtances de la priſe & de ſon voyage; ſi le capitaine de ladite priſe en eſt inſtruit.

Les droits qui ſe payent aux greffes des amirautés pour les *rapports*, ne ſont point du nombre des avaries. Ils doivent être acquittés par les capitaines des vaiſſeaux.

Les greffes des amirautés doivent être ouverts en tout tems, depuis huit heures juſqu'à onze heures du matin, & depuis deux heures après-midi juſqu'à ſix, pour recevoir les *rapports*.

« Tout ce qui vient d'être dit, eſt conforme à » l'ordonnance de la marine du mois d'août 1681, » art. 4, 5, 7, 8, 9 & 10 du tit. 10 du liv. » 1, art. 9 du tit. 7 du liv. 3, & art. 21 du tit. 9, » du même livre».

RAPPORT. On appelle *ouvrages de rapport*, des ouvrages faits de pluſieurs pierres, ou de bois de différentes couleurs, dont on forme des deſſins & des repréſentations de compartimens, d'oiſeaux, de feuillages, de fleurs & même de figures humaines. La moſaïque & la marqueterie ſont des ouvrages de *rapport*. *Voy.* ces deux articles.

RAPS. Monnoie qui a cours à Bâle & dans quelques autres lieux de la Suiſſe. Le bon bat eſt de dix *raps*, le gros de ſept *raps* & demi, & le *plapper* de ſix.

RAPURES D'YVOIRE, ou RAZURES ÉBORIS. C'eſt de l'yvoire rapé aſſez groſſièrement. *Voy.* Yvoire.

« Les *rapures d'yvoire* payent en France les » droits d'entrées à raiſon d'une livre du cent peſant, conformément au tarif de 1664; à la ſortie, » cinq pour cent de la valeur, ſi elle ne juſtifie de

» l'acquittement du droit d'entrée. A la douane de
» Lyon, où elles font aussi appellées *raclures*
» *d'yvoire*, elles acquitent au tarif de 1632, venant
» de l'étranger, dix fols, venant de l'intérieur, dix
» fols neuf deniers, & pour la douane de Valence,
» comme droguerie, trois livres onze fols. »

RAPURES. On nomme aussi *rapures de Brefil*,
de fandal & des autres bois employés à la teinture,
ces mêmes bois rapés à la main par des ouvriers,
ou moulus dans des fortes de moulins propres à
cet usage.

RAS. Mesure de longueur dont on se sert en
Piémont pour mesurer les étoffes.

Le *ras* de Piémont est semblable à la brasse de
Luques, qui contient un pied neuf pouces dix
lignes ; ce qui fait une demi-aune de Paris ; en
forte que deux *ras* de Piémont font une aune de
Paris.

RAS, se dit aussi de la chose mesurée avec le
ras. Un *ras* de drap, deux *ras* de tafetas.

RAS, se dit encore de plusieurs fortes d'étoffes
de laine croisées, qui font des espèces de serges
particulières fort unies, dont le poil ne paroît
point ou très-peu, comme le *ras* de S. Lo, le
ras de Châlons, ou à la cordelière, le *ras* de
S. Mexent, le *ras* de Lusignan, le *ras* de la
Mothe, le *ras* de castor & soie. *Voy.* SERGE.

Un drap de laine *ras* de poil, est celui dont le
poil a été tondu & coupé de près. Ces draps font
plus estimés que les autres, pourvu qu'ils ne soient
pas trop découverts, c'est-à-dire, que l'on n'en
apperçoive point le fond ou la tissure. *Voyez*
DRAP.

Les velours *ras* font ceux dont les poils n'ont
point été coupés sur la petite règle, en les travaillant fur le métier, au contraire des autres
velours, nommés *velours à poil*. *Voyez* VELOURS.

RAS DE SAINT MAUR. Sorte d'étoffe croisée en
façon de serge, qui se fabrique à Paris, à Lyon
& à Tours.

Les *ras* de S. *Maur* font noirs, de demi-aune
de large, les uns entièrement de soie, les autres,
dont la chaîne est de soie & la trème de fleuret.
Il y en a encore d'autres dont la trème est de
laine finement filée & la chaîne de soie. Ceux de
Paris font les plus estimés. ils ont pour l'ordinaire
soixante-quinze aunes à la pièce, quelquefois même
jusqu'à quatre-vingt-dix. Ceux de Tours & de Lyon
n'en ont que cinquante à cinquante-deux.

Les soies qui s'emploient pour faire les chaînes
des *ras* de S. *Maur* qui se fabriquent à Paris,
font des organcins des Sainte Lucie, qui se tirent
de Messine, au lieu qu'à Tours & à Lyon, on
n'emploie pour les chaînes de ces *ras* que de l'organcin de Piémont. Quant aux soies qui servent
aux trèmes des uns & des autres, elles viennent
de Boulogne en Italie.

Les *ras* de S. *Maur* tout de soie, s'emploient
ordinairement à faire des habits d'hommes & des
robes de femmes pour le petit deuil. Ceux de soie
& fleuret servent dans les grands deuils, & ceux
de soie & laine ne font propres que pour les
veuves.

Cette sorte d'étoffe a pris son nom d'un gros
bourg près de Paris, nommé S. *Maur des Foffés*,
où le sieur Marcelin Chartier, le plus habile manufacturier de son tems, en établit en 1677, la
première fabrique.

RAS DE SAINT CYR. Nom que les marchands &
les manufacturiers donnent à une espèce d'étoffe toute
semblable au ras de S. Maur, excepté qu'elle est
grise, & que la trème en est toujours de fleuret.
Voy. ci-devant RAS DE SAINT MAUR.

RAS DE CHYPRE. Etoffe à gros grain, non croisée, toute de fine soie noire tant en chaîne qu'en
trème, qui a beaucoup de rapport pour le travail
à une sorte de taffetas, appellée vulgairement *gros
de Tours*. Les *ras de Chypre* ont une demi-aune,
demi-quart de large & quarante à quarante-deux
aunes à la pièce, quelquefois plus, quelquefois
moins. Ils se fabriquent à Paris, à Tours & à
Lyon.

RASADE, se dit de plusieurs petites étoffes rafes
& sans poil. En quelques lieux on les appelle
rafettes.

RASADE, qu'on nomme aussi *rocaille*, mais plus
exactement *raffade*. Petits grains de verre, teints
de diverses couleurs, dont il se fait un grand trafic
fur les côtes d'Afrique & fur quelques-unes de celles
de l'Amérique. *Voy.* RASSADE & VERROTERIE.

RASE. Serge rafe. *Voy.* RAS.

RASE DE MAROC. Espèce de petite serge ou
sergette qui se fabrique en divers endroits de Champagne, particulièrement à Rheims. Elle est faite,
partie de laine de France & partie de laines communes d'Espagne. *Voy.* SERGETTE.

RASÉ, (*terme de commerce de chevaux*). Il
se dit des chevaux qui passent sept ans & qui ne
marquent plus. *Voy.* CHEVAL.

RASETTE. Petite étoffe sans poil. *Voy.* RASADE.

RASIERE. Mesure de grains dont on se sert
en Flandres.

Il y a deux fortes de *rafières*, l'une qu'on nomme
à Dunkerque *rafière de mer* & l'autre *rafière de
terre*. La première pèse deux cens quatre-vingt
livres & quelquefois jusqu'à deux cens quatre-vingt-dix. livres, & la seconde ne pèse que deux cens
quarante-cinq livres.

A Bergue, la *rafière* a son poids particulier qui
est deux cens soixante livres. Tous ces différens
poids doivent s'entendre poids de marc, dont la livre
est de seize onces.

A Ostende, la *rafière* est de deux pour cent plus
grande qu'à Dunkerque.

Il y a aussi les *rafières* de Lille & d'Aire, dont
41 de Lille font 19 septiers de Paris, & 32 d'Aire
font 21 septiers aussi de Paris.

Dans diverses autres villes de Flandres, & quelques-unes des provinces qui l'avoisinent, on se sert de la *rafière*, mais cette mesure y est presque partout de grandeur différente, principalement à Ypres, S. Omer, Menin, Tournai, Condé, Valenciennes, Cambrai, Douai, Arras, Maubeuge & Avennes.

A Ypres, la *rafière* de froment pèse 179 liv. poids de marc, de méteil 173 & de seigle 168 liv.

A S. Omer, la *rafière* de froment 196 liv., de méteil 193 & de seigle 190.

A Menin, la *rafière* de froment 129 liv., de méteil 116, de seigle 133.

A Tournai, la *rafière* de froment 180 liv., de méteil 168, de seigle 170.

A Condé, la *rafière* de froment 178 liv., de méteil 172, de seigle 164.

A Valenciennes, la *rafière* de froment 75 liv., de méteil 74, de seigle 74.

A Douai, la *rafière* de froment 129 liv., de méteil 125, de seigle 125.

A Arras, poids de S. Vast, la *rafière* de froment 128 liv., de méteil 123, de seigle 124.

A Mons, la *rafière* de froment, poids de marc, 76 & demi-liv., de méteil 75 & demie, de seigle 73 & demie.

A Maubeuge, la *rafière* de froment 106 liv. de méteil 94, de seigle 88.

A Avennes, la *rafière* de froment 102 liv., de méteil 98, de seigle 88.

Vingt-deux *rafières* & demie, font le last de Saint Omer.

La *rafière* de Dixmude & de Lille, fait deux schepels de Rotterdam. Il en faut 30 & demie pour le last de bled à Dixmude, & 24 seulement pour l'avoine. A Lille, il en faut 38 pour le last de bled, 30 pour celui d'avoine. Les 18 *rafières* de Dunkerque font le hoed de Rotterdam. La mesure de mer est de neuf *rafières* qui pèsent 280 à 290 liv. poids de marc; celle de terre ne pèse que 245 liv.

Les 22 *rafières* de Gravelines y font un last de bled. Il n'en faut que 18 trois quarts pour l'avoine.

RASSADE, que quelques personnes prononcent & écrivent improprement *razade*, est une espèce de verroterie, ou petits grains de verre de diverses couleurs, dont les nègres des côtes d'Afrique & de l'Amérique se parent, & qu'on leur donne en échange de marchandises plus précieuses.

La *raffade* de toute couleur n'est pas propre pour toutes les côtes d'Afrique. Sur celle d'Angola, particulièrement à Loango & quelques autres endroits, il n'en faut guères que de noire & de blanche & noire. Cette dernière s'appelle *du contre-bordé*. La noire se vend, ou pour mieux dire, s'échange à la masse, pesant trois livres & demie, & le contre-bordé aussi à la masse, mais non au poids. Chaque masse contient un certain nombre de colliers.

Dans une cargaison, pour traiter 612 nègres, principalement entre la rivière de Sestre & celle d'Ardra, il faut environ 3000 liv. de *raffade*, sçavoir, 1200 liv. de contre-bordé, 800 liv. de

raffade noire & 1000 l. de toutes les couleurs. *Voy.* VERROTERIE.

La *raffade* se vend à Amsterdam depuis quatre jusqu'à douze sols la livre. On y donne un pour cent de déduction pour le prompt payement.

RASUZES, ou RASURES EBORIS. Yvoire grossièrement râpé. *Voy.* YVOIRE.

RATEL. Poids dont on se sert en Perse, qui revient à-peu-près à la livre de France. Le *ratel* est la sixième partie du petit batman, qu'on appelle autrement *batman de Tauris*. Voy. BATMAN.

RATIFICATION. Acte qui approuve ce qui a été fait en notre nom, par un autre.

RATIFIER. Approuver, confirmer ce qu'un autre a fait. Je *ratifie* tous les marchés & achats que vous avez faits pour moi.

Il y a quantité d'occasions où les correspondans, commissionnaires, facteurs & commis doivent faire *ratifier* par leurs commettans, ce qu'ils ont fait en conséquence de leurs ordres.

RATINES. Sorte d'étoffe de laine croisée, qui se fabrique sur un métier à quatre marches, de même que les serges & autres semblables étoffes qui ont de la croisure.

La *ratine* est un tissu de fils de laine entrelacés les uns dans les autres d'une certaine manière qui en forme la croisure. Les fils qui vont en longueur depuis le chef jusqu'à la queue, se nomment *fils de chaîne*, & ceux qui sont placés de travers sur la longueur de l'étoffe, sont appelés *fils de trème*; ensorte qu'une pièce de *ratine* est composée d'une chaîne & d'une trème.

Il y a des *ratines* drapées ou apprêtées en draps; des *ratines* à poil non drapées, & des *ratines* dont le poil est frisé du côté de l'endroit; ce qui fait qu'on les appelle ordinairement *ratines frisées*. Les unes sont blanches & les autres de différentes couleurs, soit que la laine en ait été teinte avant que d'être filée, ou que l'étoffe ait été mise de blanc en teinture après avoir été fabriquée.

Les lieux de France où il se fabrique le plus de *ratines* sont Sommières en Languedoc, Rouen, Andély en Normandie, & Beauvais en Beauvoisis. Il s'en fait aussi à Caen, à Elbeuf & à Dieppe en Normandie, mais en petite quantité. Celles de Caen & d'Elbeuf, qui sont pour l'ordinaire ou drapées ou frisées, tiennent le premier rang. Celles de Sommières vont après, ensuite celles de Rouen, puis celles de Dieppe, & enfin celles de Beauvais.

Les *ratines* de Sommières, de Rouen, d'Andély, de Dieppe & de Beauvais, se tirent pour l'ordinaire en blanc & à poil, sans être ni drapées ni frisées, & ce sont les marchands qui les achètent, qui les font apprêter & teindre de la manière dont ils le jugent à propos, pour les mieux débiter.

L'art. 7 du réglement général des manufactures du mois d'août 1669, porte que les *ratines* larges de Rouen, Dieppe, Beauvais & d'autres lieux, auront une aune & un tiers de large, lifieres comprifes, & les étroites une aune de large, & de quinze à feize aunes de long, les demi-pièces & les doubles pièces à proportion.

Il fe tire de Hollande, particulièrement de la ville de Leyden, des *ratines* de deux tiers, de cinq quarts & de quatre tiers de large, fur quinze jufqu'à trente-deux aunes de long, mefure de Paris, les unes drapées, ou apprêtées en drap, & les autres frifées. Quoique ces *ratines* étrangères foient fort eftimées, ce n'eft pas paroître partial que de dire qu'il s'en voit de Caen & d'Elbeuf auffi belles, auffi bonnes & auffi bien fabriquées que les Hollandoifes ; ce qui doit faire juger que les manufacturiers François font capables d'imiter toutes fortes de manufactures.

Florence en Italie, fournifloit autrefois à la France quelques *ratines* très-fines & très-eftimées ; mais depuis que les François fe font avifés d'en fabriquer & d'en tirer de Hollande, il ne leur en refte guères plus que le fouvenir. Les *ratines* de quelqu'efpèce qu'elles puiffent être, font des étoffes d'hiver qui fervent à faire plufieurs fortes de vêtemens pour hommes & pour femmes. On fe fert auffi des larges qui font à poil pour faire des couvertures de lit.

« Les *ratines* de Florence venant de l'étranger, » doivent d'après l'arrêt du 20 décembre 1687, par » pièce de 13 à 15 aunes, 30 liv. venant des pro- » vinces réputées étrangères dans les cinq groffes » fermes, au tarif de 1664, par pièce de même » aunage, 10 liv. »

« Les autres *ratines* venant de l'étranger, ou » des provinces réputées étrangères, dans les cinq » groffes fermes, doivent les droits comme draps » d'Hollande & façon d'Angleterre. Ainfi les *ra-* » *tines* d'Hollande venant de l'étranger, acquittent, » fuivant la décifion du confeil, du 22 août 1735, » le droit de 30 pour cent fur l'eftimation de 80 liv. » pour 15 aunes. »

« Paffant des cinq groffes fermes aux provinces » réputées étrangères, toutes acquittent comme » draps. »

« A la douane de Lyon, la *ratine* façon d'Hol- » lande, par ufage comme drap, 4 liv. 17 f. 6 d. » celles communes au-deffus de Lyon & de la Breffe, » 2 liv. 8 f. 9 d. celles auffi communes des fabri- » ques au-deffous de Lyon, 1 liv. 12 f. 6 d. celles » de l'hôpital de Clermont, en vertu d'une décifion » du Confeil, du premier juillet 1735, 3 liv. 19 f. » 2 d. Celles de la manufacture de Neuville en » Lyonnois, font exemptes de droits, en confé- » quence d'un arrêt du 5 février 1726. »

« A la douane de Valence, la *ratine* étrangère » comprife au premier article fous le nom de *ratine* » de Milan, paye par quintal 6 liv. 4 f. 3 d. ; les » autres comme draps, 2 liv. 6 f. 8 d. »

RATIS. Les bouchers appellent ainfi la graiffe qu'ils ôtent des boyaux des animaux qu'ils tuent, particulièrement des boyaux du bœuf. Ils lui donnent ce nom, parce qu'ils la ratiffent avec un couteau

que, de fon ufage, ils nomment *couteau aux ratis*. Ils appellent de la même manière la table qui fert à cette opération. Ces *ratis* fondus font une partie des fuifs qu'ils vendent aux chandeliers & aux corroyeurs.

RATIS. Poids dont on fe fert pour pefer les diamans à la mine de Soumeipour, dans le royaume de Bengale.

Le *ratis* eft de fept huitièmes de carat, c'eft-à-dire, trois grains & demi. On fe fert du même poids dans tout l'empire du Mogol, & l'on s'en fert auffi pour pefer les perles.

RATISSER LE PARCHEMIN. *Voyez* RATURER LE PARCHEMIN. *Voyez auffi* PARCHEMIN.

RATTRAS. Mot Perfan qui fignifie *commis des douanes*, & quelquefois *gardes* établis fur les grands chemins pour la fûreté des voyageurs & des marchands.

Les *rattras* des douanes de Perfe font rarement des avanies aux Francs, & le plus fouvent n'ouvrent pas même leurs valifes ou leurs ballots & caiffes de marchandifes. Ils fe contentent de leur fimple déclaration, & n'exigent que les droits d'entrée & de fortie qui leur font légitimement dus.

Il n'en eft pas de même des *rattards* ou *gardes* des grands chemins qui font ordinairement de plus grands voleurs que ceux dont ils devroient garantir les marchands ; ce qu'il ne faut cependant entendre que des *rattards* qui fe rencontrent fur les chemins de Tauris à Ifpahan. Ceux d'Ifpahan à Bendet-Abaffi, font auffi humains & auffi peu concuffionnaires que les autres femblent l'être beaucoup.

RATURE. Trait de plume qui efface quelque mot, ligne ou page d'un écrit.

Il faut, autant qu'il eft poffible, que les marchands, négocians ou banquiers, ne faffent aucune *rature* dans les livres qu'ils tiennent pour leur commerce, les livres raturés étant fouvent foupçonnés de faux & faifant difficilement foi en juftice. Comme il eft néanmoins facile de fe tromper dans le corps des articles, & dans la pofition des fommes, les plus habiles, fans raturer la faute, fe contentent de la rectifier, en écrivant à côté, « je veux dire telle chofe, au-lieu de telle autre chofe ».

RATURE, ou RATISSURE DE PARCHEMIN. C'eft la raclure du parchemin, ou plutôt cette fuperficie que les parcheminiers enlèvent de deffus les peaux de parchemin en coffe ou en croute, lorfqu'ils les raclent à fec avec le fer du fommier, pour en diminuer l'épaiffeur, afin de le mettre en état de recevoir l'écriture.

Les parcheminiers lui donnent auffi, mais improprement, le nom de *colle de parchemin*, parce qu'elle fert à plufieurs ouvriers pour faire une forte de colle très-claire qu'ils employent dans leurs ouvrages. Ceux qui s'en fervent le plus font les manufacturiers d'étoffes de laine, pour empefer les chaînes de leurs étoffes. Les papetiers, pour coller leur papier, & les peintres en détrempe, ou peintres à la groffe broffe, pour faire tenir le blanc ;

l'ocre & les autres couleurs dont ils impriment ou barbouillent les murailles & les planchers. *Voyez* COLLE.

Il se fait en France un assez grand négoce de *ratures de parchemin*, par rapport à la grande consommation qui s'en fait dans les manufactures de lainage. Il s'en tire de tous les endroits où l'on fabrique du parchemin ; mais les provinces qui en fournissent le plus sont le Berry, la Normandie, la Picardie, le Limousin & le Poitou, à cause du grand nombre de parchemineries qui y sont établies.

La *rature de parchemin* se vend en détail à la livre, & en gros, au quintal par sachée, les sacs étant propres à en faciliter le transport.

RATURE D'ÉTAIN, qu'on appelle aussi *étain errature*. C'est de l'étain en petites bandes très-minces, larges d'environ deux lignes, dont les teinturiers se servent pour leurs teintures en la faisant dissoudre dans l'eau-forte. *Voyez* ÉTAIN, sur la fin de l'article.

RATURER. *Voyez* RATURE.

RATURER, OU RATISSER LE PARCHEMIN. *Voyez* ci-dessus RATURE OU RATISSURE DE PARCHEMIN.

RATRE. Petite monnoie de billon, c'est-à-dire de cuivre, allié d'un peu d'argent, qui se fabrique en quelques villes des cantons Suisses, ou de leurs alliés.

Les *ratres* tiennent de fin depuis quatre deniers, seize grains, jusqu'à deux deniers, douze grains. Celles de Montbelliard sont au premier titre, & celles de Lucerne au second. Les autres sont les *ratres* de Fribourg, de Neufchâtel & de Soleure. Toutes ont cours environ pour un sol marqué de France. Les blazes de Berne sont à-peu-près sur le même pied.

RAUCOURT. Drogue qui sert à la teinture. *Voyez* ROCOU.

RAVENSARA. Nom que les habitans de l'isle de Madagascar donnent à l'arbre qui produit la canelle giroflée. *Voy.* CANELLE GIROFLÉE.

RAYE. Trait ou ligne qui sépare ou diversifie les choses.

Les livres des marchands ont différentes *rayes*, ordinairement de haut en bas pour marquer la position des chiffres, suivant leur valeur, en livres, sols & deniers. *Voyez* LIVRES DES MARCHANDS.

Les velours à deux ou trois poils, &c. se marquent & se distinguent par quelques *rayes* de soie de couleur, que l'ouvrier est obligé de mettre à la lisière. *Voyez* VELOURS.

On fait des étoffes d'or, d'argent, de soie, de laine, de fil, de coton, &c. à grandes, moyennes & à petites *rayes*, de deux ou de plusieurs couleurs. Ce sont les diverses couleurs de la chaîne qui font cette rayure.

RAYE, se dit aussi de la ligne ou barre que l'on tire au-dessous de quelque règle d'arithmétique pour séparer les chiffres qu'on veut calculer, soustraire ou multiplier, d'avec ceux que produit l'opération. *Voyez* ARITHMÉTIQUE.

RAYONS, & en certains endroits PASSETS. Séparations qui sont dans des armoires où l'on met des marchandises, tant dans les boutiques que dans les magasins. *Voyez* ARMOIRES.

RAYURE. Changement de couleur qu'on fait par rayes, sur une étoffe. La *rayure* d'un drap, d'un taffetas, d'un satin, &c.

RAYURE, est aussi un défaut qui se trouve dans les étoffes pleines & d'une seule couleur, lorsqu'il y paroît des rayes ou plus brunes ou plus claires que les autres.

Ces *rayures* proviennent de ce que les soies ou les laines n'ont pas été filées également, ou qu'elles ne sont pas de même qualité.

RAZ. Mesure de continence pour les grains & les légumes, qui est en usage dans le pays de Bresse. C'est proprement le bichet. *Voyez* BICHET.

RAZE, (la) est aussi une mesure de grains dont on se sert dans quelques lieux de Bretagne, particulièrement à Quimper-corentin, à Pont-l'abbé & à Concarneau ; c'est un grand boisseau.

Trente *razes* de Concarneau font le tonneau de cette ville, qui est égal à celui de Nantes ; celui-ci revient à près de neuf septiers & demi de Paris.

Les *razes* de Pont-l'abbé & de Quimper-corentin sont un peu plus fortes que celles de Concarneau ; ensorte que les trente *razes*, qui font aussi le tonneau de ces deux endroits, rendent à Nantes cinq pour cent de bénéfice.

RÉ

RÉAGAL, minéral ou espèce d'arsenic rouge, qu'on appelle aussi *reisgar* & *risagal*. Il ne diffère guères de l'arsenic blanc, que par la couleur. L'un & l'autre sont des poisons violens. On s'en sert néanmoins en chirurgie, & les maréchaux en font quelqu'usage. D'habiles droguistes prétendent, contre l'opinion commune, qu'il n'y en a pas de naturel, & que le *réagal* n'est qu'une composition. *Voyez* ARSENIC.

« Le *réagal* paye en France les droits d'entrée » à raison de trente sols du cent pesant, confor- » mément au tarif de 1664, & à la sortie des » cinq grosses fermes cinq pour cent de la valeur ». « Les droits de la douane de Lyon sont, treize » sols quatre deniers du quintal, & de Valence, » comme droguerie, trois livres onze sols.

RÉALE ou RÉAL, qu'on prononce au pluriel *réaux*. Monnoie d'Espagne, qui vaut la huitième partie d'une piastre de plata, ou d'argent, c'est-à-dire, environ sept sols six deniers, monnoie de France, en comptant la piastre sur le pied de soixante sols le sol de douze deniers aussi de France. Cette proportion de la *réale* simple à la piastre ou pièce de huit, fut changée en 1687, & l'on donna dix réaux pour la piastre. Présentement la réduction se fait sur l'ancien pied.

Une *réale* de plata ou d'argent vaut trente quatre

maravédis d'argent. Une *réale* de veillon vaut aussi trente-quatre maravédis de veillon, mais qui ne reviennent qu'à dix-huit maravédis d'argent. On a expliqué ailleurs la différence de la plata & du veillon, c'est-à-dire de l'argent & du cuivre. *Voyez* VEILLON & PLATA.

Il y a des *réales* ou *réaux*, de huit, de quatre, de deux & des *demi-réaux*. Les *réaux* de huit font les piastres, les *réaux* de quatre font les demi-piastres, les *réaux* de deux font le quart de la piastre & la *demi-réale* en est le sixième.

Les *réaux* de huit d'Espagne font du poids de vingt-deux deniers huit grains, & tiennent de fin, onze deniers deux grains, à la réserve de ceux fabriqués dans le royaume d'Arragon, en 1611, qui ne pèse que vingt-un deniers neuf grains, & qui ne prennent de fin que dix deniers vingt-deux grains. Les *réaux* au moulin de 1620, pèsent vingt-un deniers douze grains, & ne prennent de fin que dix deniers vingt-un grains.

En 1673, les *réaux* de vingt-un deniers, huit grains trébuchans, eurent cours en France, par déclaration du Roi Louis XIV, d'abord pour cinquante-huit sols pièce, & ensuite pour soixante. Ils ont depuis été décriés, & ne font reçus qu'au marc dans les hôtels des monnoies, suivant le prix courant ordonné par les déclarations. *Voyez* PIASTRE.

L'on porte quantité de *réales* ou *réaux* de huit dans les Indes orientales, mais qui n'y font pas reçues sur un même pied ; les marchands Indiens en faisant trois classes, qui sont la *réale* vieille d'Espagne, la *réale* seconde, & la *réale* nouvelle. La vieille se connoît quand il n'y a point de chapelet autour. La seconde, quand les grains du chapelet font gros, & que les branches de la croix se terminent en tête de clou ; enfin la nouvelle, quand les grains font petits & la croix simplement potencée. Toutes ces *réales* doivent peser soixante-treize vals, sinon que celui qui les vend en doit suppléer le prix. Sur ce pied, on donne deux cent quinze roupies un quart pour cent *reales* vieilles ; deux cent douze un quart pour la *réale* seconde, & deux cent huit & un quart pour la *réale* nouvelle.

RÉALE. C'étoit aussi autrefois une monnoie d'or qui se fabriquoit en Flandres. Elle étoit du poids de quatre deniers, & tenoit de fin vingt-trois carats un quart.

RÉALE DE VELLON. Ce n'est en Espagne qu'une monnoie de compte, comme en France la livre, ou le franc. Il faut quinze *réales de vellon* pour faire la piastre, de plata ou d'argent ; ensorte que la piastre étant à soixante sols de France, la *réale de vellon* ne vaut que quatre sols de la même monnoie.

RÉALISER. Ce terme qui n'étoit guères connu qu'au palais, a passé dans le commerce en 1719 ; c'est-à-dire, en même-tems qu'on a vu en France ces immenses fortunes que des particuliers y ont

faites par le négoce, ou plutôt par l'agiotage des actions. On entendit alors par le mot *réaliser*, la précaution qu'eurent la plupart de ceux qui avoient fait ces fortunes énormes, de convertir leurs papiers en effets réels, tels que des terres, des maisons, des rentes, de riches meubles, des pierreries, de la vaisselle d'argent, & sur-tout grand nombre d'espèces courantes. Précaution à la vérité, capable de ruiner l'état, si la sagesse & l'application de ceux qui le gouvernent ne leur eussent inspiré de justes mesures pour faire rentrer dans la circulation, l'argent que l'on tenoit caché.

RÉAPRÉCIATION. Seconde appréciation d'une chose, d'une marchandise. Ce terme est sur-tout en usage dans le tarif de la douane de Lyon de 1632, dans lequel tous les droits font distingués en ancienne taxation & en nouvelle *réapréciation* ; c'est-à-dire, en droits d'ancienne & de nouvelle imposition.

RÉARPENTAGE. Nouvel arpentage, second arpentage. Ce terme est souvent employé dans les ordonnances des eaux & forêts.

Si par le *réarpentage* il se trouve sur-mesure d'arpens, le marchand doit la payer. Si au contraire il y en a moins, on lui en tient compte.

REBUT, se dit *en terme de commerce*, d'une marchandise passée, de peu de valeur, hors de mode, que tout le monde rejette, en un mot qui n'a aucun débit.

Mettre une étoffe, une marchandise au *rebut*, c'est la placer dans un coin de sa boutique ou de son magasin, où l'on a coutume de mettre celles dont on fait peu de cas, & desquelles on n'espère pas se défaire aisément.

REBUTER UNE MARCHANDISE. C'est n'en pas vouloir, la mettre à l'écart & hors du rang de celles qui plaisent, qui conviennent.

REBUTER. C'est aussi recevoir mal les acheteurs ; les dégoûter par des manières brusques & peu polies, ou leur surfaire trop la marchandise.

L'un & l'autre est également d'une dangereuse conséquence dans le commerce. L'on peut voir les sages conseils que donne à cet égard l'auteur du Parfait Négociant, dans plusieurs endroits de la première partie de son ouvrage.

RECENSEMENT. Se dit dans les bureaux de traites & de douanes, d'une nouvelle vérification qu'on y fait des marchandises, pour connoître si leur poids & leur qualité font conformes à ce qui est porté par l'acquit de payement, & si les droits en ont été bien tirés par les commis qui en ont fait les expéditions.

Lorsque par le *recensement* on remarque qu'il y a de l'excédent sur les marchandises, on en fait payer les droits par supplément. Le *recensement* ne se fait ordinairement que dans le dernier bureau, ou dans les bureaux du contrôle.

Les marchands demandent le *recensement* de leurs marchandises, quand ils croient avoir trop payé de droits, afin que le trop payé leur soit remboursé.

RECENSEMENT

RECENSEMENT. Les marchands font des recensemens dans leurs magasins & dans leurs boutiques, pour connoître si les marchandises qui leur ont été envoyées par leurs correspondans ou commissionnaires sont conformes aux factures.

Ils sont aussi tenus par l'ordonnance de 1673, de faire tous les deux ans de nouveaux inventaires, ou du moins le recensement des anciens. Voyez INVENTAIRE.

RECENSER, signifie vérifier de nouveau les marchandises, pour savoir si les droits ont été bien ou mal payés, ou si elles sont conformes aux factures, &c. Voy. RECENSEMENT.

RÉCÉPISSÉ ou RÉCÉPICÉ. Ce terme est plus en usage au palais que dans le négoce; cependant les négocians s'en servent en plusieurs occasions. Il signifie écrit, billet, ou acte sous seing-privé, par lequel on se charge de quelques lettres & billets de change, ou autres papiers qu'on reçoit en dépôt, ou dont on doit faire le recouvrement ou la négociation.

RÉCÉPISSÉ, se dit aussi de la reconnoissance que l'on donne de quelque somme que l'on reçoit pour un autre; ce qui est différent de la quittance qu'on donne de ce qu'on reçoit pour soi-même. Voyez QUITTANCE.

RECETTE, en termes de comptables, se dit du premier des chapitres qui composent un compte. La recette contient les deniers reçus ou censés reçus. Les deux autres chapitres, sont la dépense & la reprise.

Mettre une somme en recette, c'est l'écrire sur un compte dans son ordre de date, avec le nom de celui de qui elle a été reçue, & souvent avec d'autres notes ou enseignemens nécessaires, ou pour la sûreté du comptable, ou pour l'éclaircissement de celui à qui on doit rendre compte.

Les marchands doivent être exacts à écrire en recette sur leurs livres, tous les payemens qu'on leur fait & tous les à comptes qu'ils reçoivent, pour ne pas demander deux fois la même dette.

RECETTE, est encore parmi les marchands, particulièrement ceux qui font le commerce en détail, les sommes en deniers comptans qu'ils reçoivent chaque jour, du débit qui se fait dans leurs magasins & dans leurs boutiques.

On dit que le commis d'un banquier est en recette, quand il est allé recevoir le payement des lettres-de-change & autres billets ou obligations échues. Chez les gros négocians, il y a ordinairement un garçon dont tout l'emploi est d'aller tous les jours à la recette, & de solliciter les dettes.

REÇU, Acquit, quittance, décharge, acte par lequel il paroît qu'une chose a été payée & acquittée.

On dit aussi mettre son reçu au dos d'une lettre-de-change; mais en ce sens, on se sert plus ordinairement des termes d'endossement & d'acquit.

RECEVABLE. Ce qui est bon; ce qui est de qualité à ne pouvoir être refusé. On dit au contraire non-recevable de ce qui est mauvais ou décrié.

RECEVOIR. Prendre, accepter ce qu'on nous paye, ce qu'on nous doit.

RECHANGE. C'est un second droit de change, ou plutôt le prix d'un nouveau change dû pour les lettres-de-change qui reviennent à protêt, lequel doit être remboursé aux porteurs des lettres par ceux qui les ont tirées ou endossées.

Ce qui produit le rechange, c'est lorsque le porteur d'une lettre-de-change, après l'avoir fait protester faute d'acceptation ou de payement, emprunte de l'argent sur sa promesse ou obligation, ou qu'il prend dans le lieu où le payement a dû être fait, une lettre de change tirée sur celui qui avoit fourni la première lettre, pour raison de quoi il paye un second change, qui joint au premier qu'il a payé au tireur de la première lettre, font deux changes, que l'on nomme proprement change & rechange, le premier étant le change & le second le rechange.

Le porteur d'une lettre protestée est en droit de répéter l'un & l'autre sur celui qui a tiré ladite lettre. Cependant la simple protestation que fait un porteur de lettre par l'acte de projet, de prendre pareille somme à rechange, faute d'acceptation ou de payement, n'est pas suffisante pour le mettre en état de demander son remboursement du rechange; il faut, conformément à l'art. 4 du tit. 6 de l'ordonnance du mois de mars 1673, qu'il justifie par pièces valables, avoir pris de l'argent dans le lieu sur lequel la lettre a été tirée, autrement le rechange ne seroit que pour la restitution du change avec l'intérêt, & du voyage, s'il en a été fait après l'affirmation en justice.

Suivant les art. 5, 6 & 7 du même titre de l'ordonnance ci-devant rapportée, une lettre de change étant protestée, le rechange n'en est dû par celui qui l'a tirée, que pour le lieu où la remise a été faite, & non pour les lieux où elle a été négociée, sauf à se pourvoir contre les endosseurs pour le payement du rechange des lieux où elle a été négociée de leur ordre.

Le rechange est dû par le tireur des lettres négociées pour les lieux où le pouvoir de négocier est donné par les lettres, & par tous les autres, si le pouvoir de négocier est indéfini & par tous les lieux.

Enfin l'intérêt du rechange, des frais du protêt & du voyage, n'est dû que du jour de la demande en justice.

L'on prétend que ce furent les Gibelins chassés d'Italie, par la faction des Guelphes, qui les premiers établirent à Amsterdam, où ils s'étoient refugiés, l'usage du rechange, sous prétexte des pertes, dépens, dommages & intérêts qu'ils souffroient, lorsque les lettres de change qui leur étoient fournies pour les effets qu'ils avoient été obligés d'abandonner dans leur pays, n'étoient pas acquittées, & qu'elles revenoient à protêt.

Les auteurs qui ont traité le plus amplement du *rechange*, font M. Savary dans fon Parfait Négociant, Dupuis, dans fon Art des Lettres de Change, & Bornier dans fa Conférence des nouvelles Ordonnances. Le lecteur peut y avoir recours pour une plus ample inftruction.

RECHANGE, *en terme de commerce maritime*, ou purement de *marine*, fignifie tous les *agrès & manœuvres* qu'on met en réferve dans les vaiffeaux, pour s'en fervir au befoin, c'eft-à-dire, lorfque celles qui font en place, viennent à manquer, foit par vétufté, foit par gros tems ou par l'effet de quelque combat. Ainfi l'on dit, les mâts, vergues, bouts-dehors, voiles, funins, &c. de *rechange*, pour faire entendre que ce font des chofes qu'on tient toutes prêtes, pour en changer en cas de néceffité. Dans le Levant, on fe fert dans le même fens, du terme de *refpect*, ou de *refpit*, au lieu du mot de *rechange*.

RECHERCHE. On dit, *en terme de commerce*, qu'une marchandife eft de recherche, quand elle eft fort à la mode, qu'on en demande beaucoup & qu'il s'en débite quantité. *Voyez* DÉBIT.

RÉCIF. On nomme ainfi à Amfterdam, un récépiffé que le pilote d'un vaiffeau marchand donne aux cargadors des marchandifes qu'il reçoit à bord, & qui doivent faire la cargaifon de fon navire. Ce *récif* porte une déclaration de la quantité des balles, tonneaux ou pièces qui lui ont été remifes & des marques qu'elles ont. C'eft fur cette déclaration que le marchand dreffe fon connoiffement, pour le faire figner au capitaine. *Voy.* CARGADORS.

RÉCLAMATEUR. Celui qui réclame, qui revendique une chofe qui lui appartient. Il eft principalement d'ufage dans les amirautés de France, pour fignifier *un négociant* ou toute autre perfonne qui redemande un vaiffeau, ou les marchandifes de fon chargement, quand il prétend ne pas être de bonne prife, & qu'il le contefte aux armateurs qui s'en font rendus maîtres.

Il y a en France un arrêt du Confeil d'état du Roi qui régle les conteftations qui peuvent furvenir entre les *réclamateurs* & les armateurs. *Voyez* VAISSEAU ARMÉ EN COURSE.

RÉCLAMATION. Revendication d'une chofe, d'un bien, d'un effet. *Voy. l'art. précédent.*

RÉCLAMER. Revendiquer. *V. comme ci-deffus.*

RECOMMANDER UNE CHOSE VOLÉE. C'eft faire courir chez les marchands qui pourroient l'acheter, des billets contenant fa nature, fa qualité, fa forme, &c. afin que fi elle leur étoit apportée, ils puffent la retenir & en donner avis.

RECOMPTER. Compter de nouveau pour voir fi l'on ne s'eft pas trompé en comptant la première fois. *Recompter* de l'argent, *recompter* un mémoire, &c.

RECONNOISSANCE, Acte ou écrit par lequel on déclare, on convient, on demeure d'accord qu'on eft redevable à quelqu'un, ou que quelque chofe nous a été mife entre les mains.

RECONNOITRE. Avouer, déclarer par écrit qu'on eft obligé de payer, de faire, ou qu'on a fait quelque chofe, ou qu'on en eft dépofitaire.

RECONVENTION. Nouveau marché, nouvelle convention qui fe fait entre les marchands fur un premier marché.

RECOURS. Garantie, action par laquelle on eft en droit de fe faire payer par un tiers d'une fomme, ou d'une valeur quelconque qu'on eft en danger de perdre par l'infolvabilité du véritable débiteur.

Le porteur d'une lettre de change, dont l'accepteur a fait banqueroute, a fon *recours* fur le tireur & fur les endoffeurs, à fon choix, pour fe faire rembourfer du contenu dans ladite lettre de change, pourvu néanmoins qu'il ait fait fes diligences dans le tems de l'ordonnance.

RECOUS. *Terme de commerce de mer*, qui fe dit d'un vaiffeau repris fur l'ennemi. Les ordonnances de la marine réglent le tems qu'un vaiffeau doit refter entre les mains des ennemis, pour être déclaré fimplement *recous*, ou cenfé une nouvelle prife. *Voyez ci-après* RECOUSSE.

RECOUSSE, (*terme de commerce de mer*). Il fignifie *reprife* fur les corfaires, pirates, forbans & fur les ennemis de l'état, des vaiffeaux marchands & autres effets qu'ils avoient pris fur mer.

Lorfqu'un navire François eft *recous* ou repris fur les ennemis de l'état, après qu'il a été en fon pouvoir, pendant vingt-quatre heures, la prife en eft réputée bonne, & fi la réprife eft faite avant les vingt-quatre heures, le vaiffeau doit être reftitué au propriétaire avec tout ce qui étoit dedans, à l'exception d'un tiers qui doit appartenir au navire qui a fait la *recouffe*.

Quand un navire, fans être recous ou repris, eft abandonné par l'ennemi, ou que par tempête ou par quelqu'autre cas fortuit, il revient en la poffeffion d'un armateur François, avant qu'il ait été conduit dans aucun port ennemi, il doit être rendu au propriétaire qui doit en faire la réclamation dans l'an & jour, quoiqu'il ait été plus de vingt-quatre heures dans les mains de l'ennemi.

Les vaiffeaux marchands & effets des fujets du Roi & de fes alliés, repris fur les corfaires, pirates & forbans, qui font réclamés dans l'an & jour de la déclaration qui en a été faite à l'amirauté, doivent être rendus aux propriétaires, en payant le tiers de la valeur du vaiffeau & des marchandifes, pour les frais de *recouffe*. *Voyez* CORSAIRE & ARMATEUR.

« Tout cela eft conforme à l'ordonnance de la » marine, du mois d'août 1681, liv. 3, art. 8, » 9 & 10 du tit. 9n.

RECOUVÉES. Crues *recouvées*. Ce font des toiles du nombre de celles qu'on nomme en France,

æs crés. Elles font propres pour le commerce des Antilles. *Voyez* CRÈS.

RECOUVREMENT. Signifie proprement la *rentrée* dans fa caiffe de fonds dus qu'on a négligé de faire payer, ou qui font arriérés par quelqu'autre caufe.

RECOUVREMENT. Se dit auffi de la recette dont un commis eft chargé. Un tel eft chargé du *recouvrement* des effets, des créances de telle perfonne, ou de la fucceffion d'un tel.

RECOUVRER. Recevoir d'anciennes créances, ou retrouver ce qu'on croyoit perdu.

RECTO. Folio *recto*, qu'on écrit ainfi en abrégé F. Rᵒ. Terme dont fe fervent les commerçans & teneurs de livres, pour indiquer la page où ils ont porté quelqu'article ou quelqu'autre chofe relatifs à leur commerce. Il fignifie la *première page* d'un feuillet, celle qui fe préfente d'abord à la vue. La feconde fe nomme *folio-verfo*, & s'abrège ainfi F. Vᵒ. *Voyez* FOLIO.

RECTORIER. C'eft payer au recteur de l'univerfité de Paris, un droit qui lui eft dû très-anciennement fur la marchandife de parcheminerie. *Voy.* PARCHEMIN.

REDANT ou REDENT, (*terme de commerce de bois quarrés*). *Voyez* BOIS QUARRÉS.

REDHIBITION. Action que l'acheteur a contre le vendeur pour lui faire reprendre la marchandife défectueufe qu'il lui a vendue. Cette action n'a guères lieu que pour la vente des effets mobiliers, lorfqu'il y a eu de la mauvaife foi, où de la fraude du vendeur, qui a caché ou diffimulé fciemment les défauts de fa marchandife, fur-tout fi l'acheteur a été trompé de plus de moitié du jufte prix.

REDHIBITOIRE. Action *redhibitoire*. *Voyez* à *l'article précédent*, REDHIBITION.

Cette action s'exerce très-fouvent dans la vente des chevaux, à caufe qu'il eft facile de cacher certains défauts de ces animaux, & que ceux qui en font commerce, fur-tout les maquignons, ne fe font aucune confcience d'y tromper les acheteurs.

Il faut cependant obferver que l'action *redhibitoire* ne s'accorde pas, lorfque les défauts ou vices de la marchandife font apparens, comme fi un cheval eft borgne ou gâté de farcin, mais feulement fi ces défauts font cachés, comme la pouffe, la morve, &c. à caufe qu'il y a des fecrets pour les fufpendre pendant quelque tems. L'action *redhibitoire* pour les chevaux, ne peut s'exercer que pendant neuf jours, après quoi l'acheteur n'y eft plus recevable.

REDON, que plufieurs perfonnes appellent *rodon* ou *roudon*. Sorte d'herbe ou plante qu'on fème toutes les années, de même que le chanvre, & qui croît en plufieurs lieux de France, mais plus abondamment dans la haute Gafcogne, aux environs de Leytoure, Armagnac, Condom & Auch.

Cette forte d'herbe étant bien féche & mife en poudre, fe fubftitue quelquefois au tan, dont elle a la vertu, pour paffer les peaux de bélier, mouton & brebis en bafane, que l'on appelle autrement *peaux paffées en mefquis*.

Les tanneurs Gafcons s'en fervent auffi pour donner aux peaux de vaches & de veaux, ce qu'ils appellent *première nourriture*. Les Ruffes, chez lefquels cette herbe eft très commune, l'employent dans la préparation des peaux de vaches, qu'on nomme communément *vaches de Ruffie*.

RÉDUCTION. (*Terme d'arithmétique*). Il fe dit des nombres, des poids, des mefures, des monnoies, &c. lorfque l'on veut favoir le rapport qu'ils ont les uns aux autres. On fait la *réduction* des nombres entiers en fractions, & des fractions en nombres entiers; des poids étrangers en poids de France, des poids de France en poids étrangers; des mefures étrangères en mefures de France, & celles-ci en mefures étrangères. On fait encore la *réduction* des livres en fols & des fols en deniers, & ainfi du refte. *Voyez* les divers articles de ce Dictionnaire, où il eft parlé des poids, des mefures ou des monnoies, vous y trouverez leurs *réductions* à celles de France.

RÉDUIRE. Faire la réduction. Ce verbe s'entend & fe dit en arithmétique des opérations où l'on peut fe fervir du terme de *réduction*. *Voyez* à *l'art. précédent*, *le mot* RÉDUCTION.

RÉFACTION. (*Terme de douane & de commerce*). Il fignifie la *remife* que les commis des bureaux d'entrée & de fortie, font tenus de faire aux marchands de l'excédent de poids que certaines marchandifes peuvent avoir, lorfqu'elles ont été mouillées, au-deffus de celui qu'elles auroient naturellement fi elles étoient féches, telles que les laines, les cotons, les chanvres, les lins & autres marchandifes de pareille efpèce.

Par l'article VIII du réglement du 9 août 1723, concernant les déclarations des marchands, il eft dit qu'il fera fait *réfaction* aux marchands fur les marchandifes mouillées, fi le poids en eft augmenté jufqu'à cinq pour cent & au-deffus. Quand le poids n'eft augmenté que de cinq pour cent & au-deffous, il ne fe fait aucune *réfaction*.

REFAIT. Cheval *refait*. Il fe dit dans le commerce des chevaux, d'un cheval ruiné ou qui a quelque défaut, & qui ayant paffé par la main du maquignon, a été mis en état d'être vendu, & par conféquent de tromper quelqu'un. *Voyez* CHEVAL.

REFAIT. Beurre *refait*. C'eft du vieux beurre ou de mauvaife qualité qu'on a mis en état de vente, en le lavant dans diverfes eaux. *Voyez* BEURRE.

REFE. Mefure des longueurs, dont on fe fert à Madagafcar; c'eft à-peu-près ce qu'on appelle en Europe, une braffe.

On mefure à la *refe*, les pagnes, les cordes & autres chofes femblables qui entrent dans le commerce, par des échanges que font enfemble ces infulaires. Ils fe fervent auffi de la demi-refe, c'eft-à-dire, de l'ouverture de la main, depuis l'extrémité du pouce jufqu'au bout du petit doigt; ce qui fait l'empan, qu'ils nomment dans leur langue, une main.

REFIN. Terme de manufacture de lainage, qui fe dit d'une forte de laine très-fine. Ainfi on dit, refin Ségovie, pour dire laine prime, ou première de Ségovie; c'eft la plus belle de toutes les laines qui viennent d'Efpagne. On dit également refin Villecaftin & autres femblables, fuivant les lieux d'où elles fe tirent. Voyez LAINE.

On fe fert auffi des termes de rèfin & de refino, pour exprimer une étoffe très-fine. Voyez SUPERFIN.

REFLEURET, qu'on appelle auffi feconde laine. C'eft la meilleure des laines d'Efpagne, après celle qu'on nomme prime, ce qui n'eft pourtant vrai que pour les laines de Caftille & d'Arragon, le refleuret de Rouffillon tenant le premier lieu parmi les laines qu'on tire de cette province. Voy. LAINE D'ESPAGNE.

RÉFORME. (Terme de commerce en détail). Il fe dit de la note qu'un marchand met fur le billet ou numéro attaché à une pièce d'étoffe entamée, de la quantité d'aunes qui en a été levée, ce qui réforme les premiers aunages. Voyez NUMERO.

REFOURNIR. Se fournir de nouveau. Il faut que j'aille à la foire de la Guibray pour me refournir de plufieurs marchandifes qui font forties de mon magafin.

REFRACTION. Terme très-ufité parmi les négocians, fur-tout dans les grandes villes de commerce. Il fignifie la remife que le vendeur fait à l'acheteur gré à gré, ou par autorité de juftice, d'une partie du prix convenu, des avaries ou des défectuofités qui fe trouvent dans la marchandife emballée ou renfermée dans des tonneaux quelconques ou dans des facs, comme les caffés, le cacao, l'indigo, le coton, le fucre, le gingembre, &c. qui viennent de nos colonies, renfermés ou enveloppés comme ci-deffus.

Ce terme s'emploie encore quelquefois dans le fens de faire raifon ou tenir compte d'une erreur qui fe trouve dans un mémoire, dans un compte, &c.

RÉGIE. Adminiftration ou direction d'une affaire de finance ou de commerce. Voyez l'article RÉGIE au Dictionnaire des finances.

RÉGISSEUR. Celui qui a la régie ou la direction d'une affaire de commerce ou de finance. Voyez l'article RÉGISSEUR au Dictionnaire des finances.

REGISTRE. Grand livre de papier blanc, ordinairement couvert de parchemin, & comme difent les relieurs & papetiers, relié à dos plat, qui fert à écrire & enregiftrer les actes, délibérations, arrêts,

fentences, édits, déclarations & autres telles chofes de conféquence dont on veut conferver la mémoire.

La reliure des regiftres a fait la matière d'un long procès entre les maîtres relieurs & les marchands papetiers de la ville de Paris, ceux-là voulant interdire aux autres toute forte de reliure, foit à dos quarré, foit à dos rond; & ceux-ci voulant au moins fe conferver la reliure des regiftres à dos quarré. On parle ailleurs de l'arrêt qui a terminé ces conteftations, & qui par une efpèce de partage a laiffé aux relieurs feuls la reliure à dos rond, & a rendu commune aux uns & aux autres la reliure à dos quarré. Voyez PAPETIER.

Les regiftres foit à dos quarré, foit à dos rond, font d'un grand ufage dans le commerce, n'y ayant point de marchands, négocians & banquiers, non plus que de fabriquans & manufacturiers qui n'en doivent tenir de plufieurs fortes, pour y écrire journellement les affaires de leur négoce. On les appelle plus communément des livres que des regiftres parmi les négocians. On dit pourtant quelquefois les regiftres d'un banquier & d'un agent de banque. Voyez LIVRE.

Les fix corps des marchands & toutes les communautés des arts & métiers de la ville & fauxbourgs de Paris, ont des regiftres paraphés par les officiers de police ou par le procureur du roi du châtelet, pour y écrire & enregiftrer non-feulement leurs délibérations, mais encore les élections de leurs maîtres & gardes, fyndics, jurés, ou autres officiers & adminiftrateurs de leurs confrairies, les obligés des apprentis, les réceptions à la maîtrife; enfin tout ce qui regarde & concerne les affaires & la police de ces corps & communautés.

Les infpecteurs des manufactures, les gardes des halles & magafins, les receveurs, contrôleurs, vifiteurs & autres commis des douanes & bureaux des fermes & recettes des deniers royaux, aux entrées ou forties du royaume, fe fervent auffi de regiftres pour y écrire en détail & journellement, les uns le payement des droits, les autres la réception des marchandifes dans leurs dépôts; ceux-ci le nombre & la qualité des étoffes auxquelles ils appofent leurs plombs, & ceux-là la vifite des balles & ballots qui paffent par les bureaux, les lettres de voiture, les acquits à cautions, & autres tels actes qu'on leur préfente ou qu'ils délivrent aux marchands & voituriers.

Tous ces regiftres doivent être auffi paraphés, mais diverfement; ceux des infpecteurs des manufactures par les intendans des provinces, à la réferve des regiftres de celui de la douane de Paris, qui doivent l'être par le lieutenant-général de police; & ceux des commis des fermes générales des aides & gabelles, &c. par les fermiers généraux de ces droits, chacun fuivant le département qui leur eft donné par le contrôleur général ou le préfident des finances.

REGISTRE. On appelle dans les Indes occidentales de la domination efpagnole, navires de registre, ceux à qui le roi d'Espagne ou le conseil des Indes accorde la permission d'aller trafiquer dans les ports de l'Amérique; ils sont ainsi nommés de ce que cette permission doit être enregistrée avant qu'ils mettent à la voile du port de Cadix où se font le plus ordinairement les chargemens pour Buenos-Ayres & les autres ports pour lesquels il part des navires de registre.

Ces navires ne doivent être que du port de trois cent tonneaux, & les permissions le portent ainsi; mais l'intelligence des maîtres à qui ils appartiennent, avec les officiers du conseil des Indes résidens en Europe; & les présens considérables qu'ils font à ceux de l'Amérique, & aux gouverneurs des ports où ils arrivent, sont cause que ce réglement n'est nullement observé, y ayant souvent de ces navires de cinq cent cinquante, & même jusqu'à six cent cinquante tonneaux.

Les permissions coutent jusqu'à trente mille piastres chacune, mais elles en couteroient cent mille que les marchands qui frettent ces vaisseaux y trouveroient encore leur compte, & que le roi d'Espagne n'y auroit jamais le sien.

Le conseil des Indes prend néanmoins des précautions qui sembleroient devoir empêcher l'abus que l'on peut faire de ces permissions, en voulant que chacune de celles qu'on accorde porte & la qualité & la quantité des marchandises, dont la cargaison des vaisseaux de registre doit être composée en partant d'Europe, & que les certifications des gouverneurs & officiers du roi qui résident à l'Amérique, expliquent pareillement en détail la nature & le nombre de celles qui doivent faire leurs retours. Mais cette double précaution qui devroit assurer le droit du roi, est précisément ce qui fait qu'on le fraude plus hardiment, & que les gouverneurs & officiers royaux y font doublement leurs affaires.

Les présens que les propriétaires & armateurs des navires leur donnent en arrivant, font qu'ils permettent de débarquer bien au-delà de ce qu'ils doivent apporter des marchandises d'Europe suivant leur permission; & ceux qu'on leur fait au départ, font aussi qu'ils en obtiennent aisément des certifications que ces vaisseaux ne sont chargés pour le retour que de telles marchandises de l'Amérique & en telle quantité, mais toujours bien au dessous de leur véritable chargement.

On a des mémoires certains & de bonne main qu'il y a eu souvent des navires de registre dont la certification ne portoit que douze mille cuirs, & seulement cent mille piastres, & à proportion des autres marchandises du retour, qui avoient à bord des trois ou quatre millions en or & en argent, vingt-six mille cuirs & plus, & ainsi du reste, ensorte que le quint du roi d'Espagne & ses autres droits n'alloient presque à rien, en comparaison de ce à quoi ils auroient dû monter.

Outre ces gains indirects du marchand, les profits qu'il fait sur les marchandises d'Europe sont immenses, & l'on a vu en 1703 & 1705, tel de ces navires de registre, vendre celles qu'il avoit apportées l'une portant l'autre à plus de trois cent pour cent de profit; ensorte qu'un chapeau se vendoit dix-huit piastres, l'aune de drap commun douze piastres, le plus fin seize & dix-huit, la soie vingt-cinq piastres la livre, vingt piastres la paire de bas de soie pour homme & dix ceux de femme; le fil de Bretagne six piastres, & ainsi à-peu-près sur le même pied les autres marchandises.

Il est vrai qu'elles baissèrent de plus d'un tiers les deux années suivantes, à cause de cinq ou six vaisseaux de France qui y arrivèrent, & qui en apportèrent une trop grande quantité; inconsidération assez ordinaire dans le commerce, où les négocians ne font pas autant de réflexion qu'ils le devroient, que la rareté, ou plutôt un assortiment médiocre de marchandise apporte plus de profit que quand l'abondance en est trop grande; mais indiscrétion que les François plus que les autres devroient éviter après l'expérience qu'ils en ont faite pendant la guerre pour la succession d'Espagne, où ceux de leurs premiers vaisseaux qui passèrent dans la mer du Sud, en revinrent avec des profits immenses & presque incroyables, & où au contraire ceux qui y allèrent négocier les derniers n'arrivèrent en France qu'à demi-charge & avec très-peu de gain, pour ne pas dire avec perte.

L'on peut mettre au nombre des navires de registre à qui il est permis de faire le commerce des Indes Espagnoles, un navire de cinq cent tonneaux que le roi d'Espagne permet que la compagnie Angloise de l'Assiente, ou plutôt la compagnie du sud de cette nation qui en a pris la ferme, envoye chaque année aux foires qui se tiennent à Porto-Bello, à Carthagène & autres villes maritimes de l'Amérique. On parle ailleurs de la concession de ce vaisseau, & l'on ajoutera seulement ici que ces nouveaux marchands ont pris tout le génie de ceux d'Espagne, & qu'ils savent aussi bien & mieux qu'eux, gagner les gouverneurs & les officiers royaux. Voyez ASSIENTE.

Depuis Savary, du Dictionnaire duquel on a tiré cet article, le gouvernement Espagnol a retiré la permission qu'il avoit donnée à la compagnie Angloise de l'Assiente & donné la liberté au Commerce de l'Amérique.

RÉGLE. Bonne conduite. On dit qu'un marchand a une grande régle dans son commerce, ou qu'un autre ne tient aucune régle dans ses affaires; lorsque l'un est exact, attentif, qu'il paye exactement, qu'il tient bien ses livres, & a un grand ordre, soit au dehors avec ses correspondans, les manufacturiers & ouvriers, soit au dedans en veillant sur son magasin, sa boutique & ses garçons, & que l'autre fait le contraire de toutes ces choses.

RÉGLEMENT. Ordre prescrit, régle donnée par un supérieur.

On se sert particulièrement de ce terme pour signifier *les statuts* accordés par les rois ou par les magistrats pour entretenir la police, la subordination & l'uniformité dans les corps des marchands, & les communautés des arts & métiers. *Voyez* STATUTS.

RÉGLEMENT. S'entend encore des édits, déclarations, lettres-patentes, ordonnances, arrêts du conseil, ordres par écrit des ministres, enregistrés aux siéges royaux ; enfin des délibérations des communautés des marchands & fabriquans, autorisées par des arrêts ou du conseil ou des parlemens, concernant la fabrique, nature, qualité, largeur & longueur des étoffes d'or, d'argent, de soie, de laine ou autres matières.

« Outre ceux de ces *réglemens* que nous allons » rapporter ici, plus ou moins en détail, selon » qu'ils nous ont paru plus ou moins importans, » nous renvoyons le lecteur, pour ceux qui n'y » sont pas compris, aux articles des marchandises » ou autres parties du commerce qui ont donné » lieu auxdits *réglemens* ».

RÉGLEMENS pour les longueurs, largeurs, qualités & fabriques des draps, serges & autres étoffes de laine depuis 1401, jusqu'en 1601.

Quoique ce ne soit proprement que sous le régne de Louis XIV, & le ministère de M. Colbert, sur-intendant des arts & manufactures, que la fabrique des draps & autres étoffes de laine ait commencé à être poussée à ce degré de perfection, où elle est enfin parvenue, & qui ne laisse plus regretter les fabriques étrangères ; il y a eu néanmoins plusieurs rois de France, qui de tems en tems ont fait dresser des *réglemens* pour perfectionner les manufactures de lainage, & maintenir le nombre des fils ou portées que les étoffes qui s'y font doivent avoir.

Louis XII par son ordonnance du 20 octobre 1508 donnée à Rouen, enjoint que les draps seront faits suivant les lez ou largeurs, & le nombre de fils accoutumés, & défend qu'ils soient pressés à fer ni à airain sous peine d'amende arbitraire, & de plus grande punition s'il y échet.

Charles IX aux états d'Orléans tenus en 1560, fit insérer l'article 147, qui porte entre autres choses, que les étoffes seroient remises à leur mesure & largeur ancienne, &c. & que les draps ne pourroient être vendus qu'après avoir été mouillés & rafraichis, & ensuite bien & dûement séchés, non tirés à rouet, poulies & semblables engins, ni pressés en fer ni airain, à peine de confiscation & d'amende.

En 1567 on mit encore dans l'édit de la police générale du royaume, donné à Fontainebleau le 25 mars, un article concernant les draps de laine, qui seroient remis à l'ancienne largeur d'une aune & un quart ; commettant les juges des siéges royaux

& subalternes pour les entretenir dans cette largeur.

Le même roi par un édit du mois de mars 1571, concernant la draperie & les étoffes de laine, régla en vingt articles la mesure & moison de toutes les sortes de draps, serges & autres sortes de laines qui se fabriquoient alors dans les manufactures du royaume, & fixa en vingt-deux autres articles le droit de marque ou plomb qu'il avoit ordonné par le même édit être apposé à chaque piece de lainerie qui seroit de bonne fabrique, & des portées & aunages fixés par les vingt premiers articles.

L'on a cinq *réglemens* d'Henri III, concernant les draperies & étoffes de laine, contenus dans autant d'édits & de déclarations, des 22 mars 1571, du mois de février 1582, de celui de décembre de la même année, du 22 avril 1583 ; & enfin du 14 mai 1584, ce dernier donné à saint Maur.

L'édit du mois de décembre 1581, & les deux suivans, regardent l'établissement des contrôleurs des manufactures de draperies pour la marque des étoffes de laine, ordonnée par l'édit de Charles IX du mois de mars 1571.

Enfin l'on trouve dans l'ordonnance d'Henri IV donnée à Fontainebleau le 8 juin 1601, plusieurs articles de *réglement* concernant la fabrique & apprêt des draperies, & la vente des étoffes de laineries.

Outre tous ces *réglemens* généraux donnés jusqu'en 1601, il y a eu encore des *réglemens* particuliers pour quelques manufactures de draperies établies dans différentes villes & lieux du royaume.

De ces derniers, les plus considérables sont ceux qui concernent les manufactures des draps, serges & autres étoffes de laine de la ville de Rouen, entr'autres le *réglement* du 29 octobre 1401, pour les foulons, laneurs & tondeurs de cette ville : celui de 1408 pour les maîtres bourjonneurs & drapiers de la grande draperie de Rouen : celui de 1451 servant de statut à la même draperie : ceux du 29 novembre 1452 & de 1462, qui réglent les contestations entre les drapiers drapans, & les foulons, laneurs & tondeurs. Enfin celui du 24 novembre 1490, concernant la visite sur les métiers & dans la maison du Boujon.

L'on peut mettre aussi de ce nombre les statuts & *réglemens* pour la manufacture des draps serges & autres ouvrages de laine du bourg & vallée de Darnetal-lès-Rouen, dressés par le bailli de Rouen le 15 septembre 1586, & ratifiés par Lettres Patentes du roi Henri III de 1587 ; mais attendu qu'ils ont été réformés partie en 1605 & 1608 sous le régne de Henri IV, & partie en 1616, sous celui de Louis XIII, & ensuite confirmés en 1644 par Louis XIV, on les met parmi les *réglemens* des 17 & 18e siécles, dont dans la suite on parlera plus ou moins au long suivant qu'ils paroîtront plus ou moins importans.

1401.

Le *réglement* de 1401 pour les maîtres & ouvriers fouleurs, laneurs & tondeurs en la draperie foraine de Rouen, par le bailli de cette ville sous le règne de Charles VI, & confirmé par lettres-patentes de ce prince de la même année, est le premier qui ait été donné par écrit pour ces sortes d'ouvriers, & ne contient que dix articles.

Par le 6e. l'apprentissage pour obtenir la franchise des trois métiers, est de trois ans; mais si l'apprentif ne veut être que de deux métiers, seulement de deux ans; & par le 9e chaque maître ne peut avoir qu'un seul apprentif à la fois.

Le 8e regle les droits qui doivent se payer aux gardes & compagnons, pour la maîtrise, par ceux des apprentifs qui veulent lever ouvroir des trois métiers ou de l'un d'iceux.

Le 10e défend à tous maîtres ou ouvriers du métier, & à tous tisserans de porter fouler, laner, tistrer, ni apprêter ses draps qu'aux maîtres du bon aunage & visitation.

Le 5e fait pareillement défenses aux maîtres laneurs de laver seuls en l'eau des draps qui ont plus de cinq aunes.

Les autres articles traitent des ouvriers étrangers, comment ils peuvent devenir ouvriers jurés, & à quelle heure eux & les maîtres doivent commencer & finir l'ouvrage.

1408.

La grande draperie de Rouen n'ayant point eu de statuts jusqu'en l'année 1408, & la police ne s'y observant que par une espèce de tradition, qui dépendoit en partie des maîtres & gardes, le bailli de Rouen, après avoir tenu plusieurs assemblées où furent appellés les notables de tous états & condition, & les principaux drapiers drapans & tisserans, dressa un *réglement* en cinq articles, qui se ressentent de la simplicité de ces tems, où les manufactures de France étoient, pour ainsi dire, dans leur berceau & dans la première enfance.

Les deux premiers articles réglent l'heure du travail qui ne doit commencer qu'au soleil levant, & qui doit finir les jours ordinaires après les complies chantées en la grande église, & les samedis & veilles de fêtes après nones.

Le troisième n'accorde la permission d'avoir des apprentifs qu'à ceux qui auront été Boujonneurs, c'est-à-dire, gardes ou jurés, ou qui du moins entreront en l'office du Boujon. Les autres maîtres ne pouvant se servir que de valets & ouvriers gagnant journées & salaire.

Le quatrième, fixe l'apprentissage à trois ans consécutifs chez le même maître, dont néanmoins il exempte les fils de maîtres; & en cas que par le marché passé entre l'apprentif & le maître, le premier se fût réservé quelques jours au mois d'août ou autre saison, pour labourage, moisson, &c. il

est ordonné qu'il ne pourroit avoir la franchise, qu'il n'ait remplacé ledit tems; comme pareillement, que quand après son apprentissage il auroit acquis la franchise, & qu'il voudroit ouvrir boutique & lever ouvroir, il seroit tenu de payer dix sols huit deniers aux gardes pour sa maîtrise; ce droit étant néanmoins réduit à la moitié pour les fils de maîtres.

Enfin le cinquième & dernier article déclare que l'apprentif dont le maître décéderoit avant son apprentissage accompli, le pourroit finir chez la veuve en cas qu'elle restât en veuvage, ou qu'elle épousât un maître du métier, sinon qu'il l'acheveroit chez un autre qui lui seroit nommé par les gardes.

1451.

Ce peu d'articles de *réglement*, & encore si mal digéré, n'étant pas suffisant pour entretenir le bon ordre & la police dans la grande draperie de Rouen, sur-tout depuis qu'en 1424 la draperie foraine lui avoit été réunie, le bailli de Rouen lui en donna de nouveaux & de plus amples en 1451, peu de tems après que cette ville, dont les Anglois avoient été long-tems les maîtres, fut rentrée sous l'obéissance de Charles VII.

Ces statuts, au nombre de soixante-seize articles, sont les mêmes dont on se sert encore dans cette fameuse manufacture, à la réserve néanmoins de quelques-uns, où il a été dérogé par le *réglement* général de 1669, dont on parlera ci-après suivant l'ordre de sa date, & de plusieurs qui se sont abrogés, pour ainsi dire, d'eux-mêmes, par le tems & par le non-usage.

On auroit bien voulu entrer dans le détail de ce grand nombre d'articles, mais ils sont faits & dressés en partie avec si peu d'ordre, qu'il ne seroit pas possible d'en donner un extrait raisonnable. On se contentera donc de les parcourir & de rapporter quelques-uns des articles des plus remarquables & des plus importans.

Le premier article confirme autant que besoin seroit, l'union des deux draperies pour ne faire plus qu'une seule communauté sous le nom de *draperie de Rouen*.

Par les 47 & 48e, le nombre des gardes qu'on nomme *boujonneurs*, & leurs offices *boujons*, est fixé à vingt-quatre, dont une nouvelle élection se fait tous les ans la veille de Noël par ceux qui sortent de charge. De ces vingt-quatre, seize doivent être choisis parmi les anciens boujonneurs, & huit parmi les nouveaux maîtres qui n'ont point encore été gardes; & de ces huit, trois doivent se prendre du métier de tisseur, & les cinq autres des trois autres métiers, c'est-à-dire, des foulons, laneurs & tondeurs.

Ce sont ces gardes qui délibèrent de toutes les affaires, qui ont soin que la police soit observée, qui font les visites, & qui marquent les étoffes à la maison du boujon, où six d'entre eux sont de service chaque semaine, & sont tenus de se trouver deux fois par jour.

Ils sont aussi les gardiens du sceau ou poinçon dont se plombent les étoffes, qui a pour empreinte d'un côté la figure d'un agneau, & de l'autre une S. & une R. couronnées accompagnées de deux fleurs-de-lys; lequel poinçon ne doit être mis que par un des boujonneurs, & seulement sur les draps de la fabrique de Rouen.

Il y a encore une autre sorte de gardes, qui n'ont inspection que sur les marchands & marchandises de laine, qui s'exposent en vente dans les halles & marchés destinés à ce négoce.

L'article 53 veut que ces gardes soient au nombre de quatre; sçavoir, deux boujonneurs actuellement en charge, & deux maîtres ouvriers & marchands de la draperie. De ces quatre il en sort deux chaque année, auxquels on supplée par une nouvelle élection d'un boujonneur & d'un maître ouvrier marchand.

Nulle laine ne peut être exposée en vente dans la ville & banlieue de Rouen, qu'elle n'ait été visitée par lesdits gardes, & qu'elle ne soit des qualité & nature expliquées & extrêmement détaillées dans le 34e article & les suivans au nombre de vingt-un, par où finit le réglement.

On traite de l'apprentissage des apprentifs & de ceux à qui appartient le privilege d'en faire, dans les 15, 17, 19, 37, 38 & 46e articles; & l'on y rappelle tout ce qu'on a déja rapporté sur cette matiere dans le réglement pour les foulons, laneurs & tondeurs de 1401, & dans celui pour les drapiers de 1408, qu'on peut voir ci-dessus.

Par quelques articles on regle la laine, la forme, la couleur & la façon des lizieres qui doivent distinguer la fabrique de Rouen, d'avec celle du reste du royaume. D'autres parlent de la qualité & bonté des laines qui doivent être employées aux ouvrages de cette fabrique, de leur ensimage & teinture; des sortes de draps qui s'y peuvent faire; de leur portée & nombre de fils; de leur longueur & largeur; des fausses teintures & des tarres qui s'y peuvent trouver, soit au sortir du métier, soit après avoir été pouliés.

Le dixieme ordonne la marque des draps en écru, & avant d'avoir été mouillés; permettant néanmoins qu'on les puisse ébrouer avec le congé des boujonneurs. Quelques autres déclarent quels draps peuvent & doivent être marqués, & quand, & comment.

Enfin il y en a jusqu'à sept pour les différens apprêts des draps, cinq ou six pour les courtiers & regrattiers desdits draps & des laines; dix ou douze pour quantité de petits droits; & deux pour l'aunage & la maniere de le faire.

Il ne faut pas oublier le cinquante-unieme, qui ordonne que chacun maître & ouvrier, soit de fouler, laner, tondre & tistre, fasse son métier sans entreprendre l'un sur l'autre; article qui dès l'année suivante, causa de grandes contestations, & un

procès entre les tisserans ou drapiers drapans, & les fouleurs, laneurs & tondeurs.

Le reste des articles est peu important, & ce n'est souvent qu'une simple répétition de ce qui a été dit en d'autres articles.

1 4 5 2.

Ce fut l'exécution du 51e article du réglement de l'année 1451 qui donna lieu au réglement de 1452.

Le sujet de la contestation consistoit dans les entreprises que les maîtres tisserans & les maîtres foulons, laneurs & tondeurs faisoient réciproquement les uns sur les autres.

Comme il paroissoit difficile de réduire les uns & les autres précisément à ce qui étoit de leur métier, à cause des divers apprêts qui semblent leur être communs, on les fit consentir à une espece de partage dans lequel le fond, & comme le principal de chaque métier, restoit propre à ceux qui en faisoient profession; & seulement les dépendances, ou, ainsi que porte le réglement, les branches, & les séquelles des deux métiers appartiendroient en commun à l'un & à l'autre.

En conséquence de cet expédient consenti par tous les maîtres réunis de la draperie de Rouen, dans une assemblée de notables convoquée à cet effet, il fut ordonné qu'à l'avenir les maîtres & ouvriers pourroient fouler, laner & tondre; & les maîtres & ouvriers de tistre, pourroient également & concurremment élire, battre, peigner, & courroyer la laine, la creder, filer, bominer, tramer, ourdir, désourdir, & toutes telles menues choses nécessaires, jusqu'à monter la chaîne & en retenir le bout.

Qu'en outre chacun des tisserans, avec sa famille & domestique, pourroient avant de mouiller les draps qu'ils auroient fabriqués, les nettoyer, en ôter les nœuds, les buques, les bouelies & généralement tout ce qui leur sembleroit y être nuisible, soit sur le métier ou autrement, sans pouvoir néanmoins y donner aucun autre apprêt, si ce n'est de les ramer quand ils seroient encuvés, pour empêcher qu'ils ne s'échauffassent; les autres apprêts & l'achevement entier des draps étant conservés aux foulons, laneurs & tondeurs, à qui seul il appartiendroit de les épincher, rouer, applagner, agréer, &c.

A cet article, le principal du réglement, & qui en avoit été l'occasion, il en fut ajouté onze autres dont le premier ordonne l'élection de quatre anciens du boujon, qui seroit faite chaque année la veille de Noël par les 24 gardes boujonners sortant de charges, pour veiller à l'exécution dudit article.

Les dix autres sont moins considérables, & ne contiennent que quelque police pour les ouvriers & apprentifs, soit entr'eux, soit avec leurs maîtres.

REG

1462.

Les tondeurs de la draperie de Rouen ne se contentant pas de travailler à ce qui concernoit leur métier & profession, & s'étant érigés en marchands de draps dont ils tenoient boutique ouverte, il fut dressé un nouveau *réglement* par les juges de l'échiquier, au terme de Pâques 1462, par lequel il fut ordonné en 7 articles:

Qu'aucun drap ne s'exposeroit en vente qu'il ne fût tondu de près, & marqué du plomb de la draperie.

Que le vendredi de chaque semaine, lesdits draps ne pourroient être mis en vente qu'à la halle aux draps.

Que les tondeurs ne pourroient tenir en leurs maisons les draps qu'ils auroient tondus, mais seroient tenus de les rendre incessamment à ceux à qui ils appartiendroient, sans en tenir boutique ni les vendre.

Que les draps portés aux halles qui n'y auroient pû être vendus, ne seroient point reportés dans les maisons des tondeurs, mais dans celles de ceux à qui ils seroient.

Qu'aucuns drapiers ou tondeurs ne pourroient mettre les draps en presse qu'ils n'eussent été visités & scellés.

Que les draps qu'apporteroient à Rouen les marchands forains seroient exposés en vente aux halles les jeudi & vendredi de chaque semaine & non ailleurs.

Enfin que lesdits jours les courtiers de draps ne pourroient s'en pourvoir ni en acheter que dans lesdites halles.

1490.

Il avoit été ordonné par tous les *réglemens* dressés jusqu'alors pour la draperie de Rouen, que tous les draps de cette fabrique seroient portés en écru à la maison du boujon, pour y être visités & marqués, avec permission néanmoins de les ébrouer auparavant après en avoir obtenu le congé des boujonneurs.

Cependant ces gardes négligeant la visite & la marque qui se devoit faire au boujon, se contentoient de visiter & marquer les draps dans les maisons des tisserans, sous prétexte qu'on remarquoit mieux leurs défauts quand ils étoient encore sur le métier que lorsqu'ils en étoient levés, & qu'il étoit plus facile de compter les portées & le nombre des fils, ce qui en même-tems dispensoit les ouvriers de demander permission de les ébrouer avant la marque.

Ce fut pour remédier à ces contraventions qu'il fut rendu à l'échiquier de Rouen au terme de la S. Michel 1490, une ordonnance en forme de *réglement*, portant:

Que conformément aux Statuts anciens & nouveaux, la visite & marque des draps en écru se

feroit en la maison du boujon, par les six gardes boujonneurs de semaine.

Que le congé pour ébrouer avant la visite & marque ne s'accorderoit que par un avis unanime des six boujonneurs.

Que cependant il leur seroit permis d'aller visiter les draps sur le métier & de les marquer non avec un plomb, mais sur de la cire, d'un poinçon, de l'empreinte duquel lesdits boujonneurs conviendroient, sans néanmoins pouvoir exiger aucune chose pour ladite marque sur cire, ni rien prétendre au-delà de leur droit réglé par lesdites ordonnances.

RÉGLEMENS *pour les draps & autres étoffes de laine, depuis 1601 jusqu'en 1725.*

1601.

Les ordonnances de 1508 & 1560, portant défenses aux ouvriers en draps & autres étoffes de laine de se servir de presses de fer ou d'airain pour presser & catir à chaud leurs étoffes, ayant été négligées à cause des guerres civiles & étrangères, qui durèrent presque pendant tout le seizième siècle; enfin les gardes du corps de la draperie de Paris, s'avisèrent au commencement du dix-septième d'ouvrir les yeux sur les suites pernicieuses d'une si longue négligence, & soit zèle pour l'intérêt du public, soit ressentiment contre quelques particuliers, ayant saisi dans le cours de leurs visites diverses tables de fer & plusieurs fourneaux propres à presser ou catir les étoffes à chaud, ils en demandèrent la confiscation pardevant le prévôt de Paris, & la condamnation aux peines & amendes portées par les ordonnances de Louis XII & de Charles IX, contre ceux qui s'en étoient servis.

L'affaire long-tems discutée, le procureur du roi entendu dans ses conclusions, quantité d'expériences faites par les plus habiles ouvriers en présence des magistrats, & l'avis pris des principaux du corps de la draperie, il fut enfin ordonné que dans huitaine les fourneaux, presses, & platines de fer saisis, seroient rompus, avec défenses aux propriétaires desdits instrumens, & à tous autres, de s'en servir à l'avenir sous les peines portées par les ordonnances de 1508 & 1560, dont l'exécution fut de nouveau ordonnée; que lesdites défenses seroient publiées sous la halle aux draps de Paris, & permission laissée aux gardes de la draperie d'obtenir des lettres du roi, pour que la publication en fût pareillement faite par tout le reste du royaume.

Cette sentence est du 21 mars 1601. Le 8 juin ensuivant Henri IV accorda ses lettres données à Fontainebleau, par lesquelles vû ladite sentence & la confirmant, Sa Majesté ordonne & entend que le *réglement* porté en icelle, seroit observé dans tout le reste du royaume, défendant à tous marchands drapiers, ouvriers ou manufacturiers, de tenir

fus & en état aucunes desdites petites presses à
feu , ni aucuns fourneaux , lames , & ustensiles
servant à icelles , dont l'usage seroit à l'avenir &
pour toujours défendu , vû les expériences faites à
cet effet , & les pernicieux effets qui s'en peuvent
ensuivre.

L'enregistrement des lettres fut ordonné à la requisition du procureur-général du Roi , par arrêt
de la cour du parlement du 22 septembre 1601 , la
cour en vacation.

1605 , 1626 , 1644.

Le *réglement* pour la draperie du bourg & vallée
de Darnetal est un des premiers qui ait été dressé
dans le dix-septiéme siécle.

Henri III à la vérité avoit donné aux Maîtres de cette communauté quelques articles de
police dès l'année 1587 ; mais les 13 articles qui
y furent ajoutés sous le régne d'Henri IV en 1605 ,
peuvent être regardés comme leurs premiers statuts , étant ceux qui ont proprement fixé leur discipline.

Les drapiers-façonniers de cette draperie ayant
en 1625 demandé la confirmation , interprétation
& augmentation de ces treize articles , & leur
requête ayant été renvoyée aux premier président ,
avocat & procureurs-généraux du parlement de
Rouen , pour avoir leur avis , il fut dressé au
mois de décembre de la même année dix articles
qui avec les treize autres furent confirmés & homologués par lettres patentes de Louis XIII du 24 février 1626 , enregistrées au parlement de Rouen le
27 mai ensuivant.

Ces 23 articles servant de statuts à la draperie de
Darnetal , furent encore confirmés sous le régne de
Louis XIV , par des lettres du mois d'août 1644 ,
enregistrées aussi au parlement au mois de novembre de ladite année.

Par l'un de ces 23 articles , dont quelques-uns
des dix derniers expliquent , changent , ou même en
abrogent plusieurs , le nombre des maîtres & gardes est fixé à quatre , dont deux doivent s'élire tous
les ans ; & de ces quatre gardes deux doivent toujours
être du bourg de Darnetal , & des deux autres , un
de la paroisse de Longpont & un de celle de S. Pierre
de Carville ou de S. Leger de Bour-demi.

La visite des draps , serges , frocs , catalognes ,
& autres étoffes qui se fabriquent dans cette draperie ,
doit se faire par les gardes , tant sur les métiers que
hors d'iceux , avant que d'être foulées & portées au
moulin , & encore renouvellées après qu'elles ont
reçu tout leur apprêt , pour être ensuite marquées
d'un plomb propre à cette manufacture , portant
entr'autres choses le chiffre de l'année courante ,
afin que les gardes puissent rester garants de leur
visitation.

Tout maître est obligé de faire tisser sur le métier avec une laine de couleur , son nom & surnom.

Nul maître ne peut faire en même-tems des draps ,
des serges , & des catalognes , mais doit s'en tenir à
la fabrique de l'un desdits ouvrages.

Il est loisible aux maîtres de prendre tels compagnons qu'ils veulent pour travailler à leurs ouvrages ,
en préférant néanmoins ceux de la Jurande de Darnetal à tous autres.

Les maîtres ne peuvent retenir chez eux les compagnons plus de huit jours , & lesdits compagnons ,
aussi bien que tous autres ouvriers desdites manufactures , hommes ou femmes , doivent tous les lundis
se trouver à la place du bourg pour y être pris &
loués par les maîtres.

Des autres articles , quelques-uns parlent du foulage , teinture , moulinage , & autres apprêts des
draps , serges , catalognes , frocs , &c. Quelques
autres , de la qualité des laines qui doivent être employées dans ces sortes d'ouvrages ; & le reste , des
portées & nombre de fils que les étoffes fabriquées
dans cette draperie doivent avoir. *Voyez sur cette
derniere matiere les articles généraux des draps,
serges , catalognes & frocs , suivant leur ordre
alphabétique.*

1666.

Les *réglemens* pour les manufactures de laine ,
si fréquens & si considérables sous le régne de Louis
XIV , commencerent à paroître en 1666.

Il y en eut trois cette année ; ceux de la Sayetterie d'Amiens du mois d'août , ceux de Sedan du
mois de septembre , & ceux de Falaise du mois de
novembre.

AMIENS.

Il semble que les *réglemens* de la Sayetterie de
la ville d'Amiens ayent été les premiers où M. Colbert ait eu part.

Ils furent projettés , dressés , & arrêtés dans les
assemblées qui se tinrent par l'ordre du ministre
dans l'hôtel de cette ville pendant tout le mois
d'octobre 1665 , & furent approuvés , confirmés ,
& homologués par un arrêt du conseil & par
des lettres patentes du mois d'août de l'année suivante.

Ce sont peut-être les *réglemens* les plus amples qui ayent été donnés à aucune communauté ,
étant composés de 248 articles.

Ce nombre extraordinaire surprendra moins toutefois quand on fera réflexion que bien que la Sayetterie d'Amiens soit regardée comme une seule communauté , elle ne laisse pas d'en comprendre jusqu'à
sept ou huit qui ont tous leurs esgards & leurs jurés
particuliers , & qui trouvent chacune dans ces 248
articles les statuts qui leur sont propres , rédigés
sous différens titres.

Les maîtres de ces différentes communautés ,
réunis sous le nom de *sayetterie* , sont les houppiers , les sayetteurs , les haute-lisseurs , les fou-

lons, les teinturiers, les tondeurs, les retordeurs, les corroyeurs, les calandreurs & les passementiers.

Comme on parle ailleurs du partage & de la distribution de ce grand nombre d'articles à chacune des communautés de la sayetterie, on s'abstiendra d'en rien dire ici. *Voyez* SAYETTERIE.

SEDAN.

Le *réglement* pour la draperie royale de Sedan, est du 16 septembre 1666.

Vingt ans auparavant, le sieur Nicolas Cadeau avoit établi dans cette ville la fameuse manufacture de draps façon d'Espagne & de Hollande, dont on a parlé à l'article *des manufacturiers*.

Son privilége étant expiré, & le roi voulant rendre aux manufacturiers établis à Sedan la liberté de la fabrique de ces sortes de draps, & en même-tems y former une communauté capable d'en soutenir la réputation, ordonna qu'il seroit dressé des *réglemens* dans une assemblée générale des magistrats, échevins & autres officiers de la ville, & des particuliers qui travailloient alors à cette manufacture.

L'assemblée ayant été tenue à l'hôtel-de-ville le 24 août 1666, en présence du sieur de Furstemberg, nommé pour y assister de la part de sa majesté, les statuts dressés par les plus habiles officiers & fabriquans, au nombre de soixante-six, y furent approuvés & reçus, & ensuite confirmés par lettres-patentes données à Vincennes le 16 septembre ensuivant, enregistrées au parlement de Metz le 8 janvier 1667.

Par les premiers articles de ces statuts, on érigea en communauté & en corps de jurande tous les maîtres établis alors à Sedan, & les maîtres étrangers qui voudroient s'y établir; les premiers en se faisant inscrire, à la charge d'avoir deux mois après leur inscription au moins deux métiers battans; & les derniers en faisant apparoître de leur maîtrise en d'autres lieux ou en faisant chef-d'œuvre.

L'apprentissage ordinaire des François est de quatre années, celui des étrangers seulement de trois.

Les maîtres sont obligés de recevoir tous les ans chacun un apprentif en cas qu'il s'en présente, à peine d'interdiction du métier pour un an s'ils en sont refusans.

Nul apprentif ne peut se faire passer maître, que celui sous lequel il a fait son apprentissage, ne certifie qu'il en est content.

L'apprentif qui veut être reçu à la maîtrise doit appeller les gardes en charge, & quelques anciens pour être présens à son passé-maître, & pour faire lire devant eux son obligé & son certificat, afin qu'on puisse connoître par l'obligé si son tems est fini, & par son certificat si le maître est content de son service.

Tout se trouvant en due forme, le maître qui veut mener son apprentif au serment, qui se fait devant le juge de police, est tenu d'aller le samedi au bureau, & d'y prendre les gardes qui sont de semaine, pour l'accompagner & présenter l'aspirant.

Les fils de maîtres sont exempts d'apprentissage, s'ils sont nés depuis la maîtrise de leurs pères, autrement ils y sont tenus.

Survenant la mort du maître, la veuve peut continuer son apprentif, sinon le remettre aux jurés.

Chaque maître est tenu d'avoir sa propre marque enregistrée sur le livre de la communauté, pour marquer les draps qu'il fabrique & non autres, avant de les porter à la chambre.

Tout maître qui use de la marque d'une autre ville que de celle de Sedan, ou qui fait appliquer celle-ci ou la sienne à des draps étrangers, doit être mis au carcan pendant six heures au milieu de la place publique, avec un écriteau portant la fausseté qu'il a commise.

Les jurés qui doivent s'élire tous les ans le premier jour de mai, sont au nombre de quatre, savoir deux maîtres drapiers, un teinturier & un tondeur.

Le même jour, on fait l'élection d'un marchand drapier pour assister aux visites qui se font des draps après leur apprêt.

L'assemblée des gardes & marchands pour la visite & la marque des draps doit se tenir deux fois la semaine au lieu destiné pour cet effet; & tous les draps qui sont fabriqués dans la ville, doivent être marqués à ce bureau, trois fois, l'une quand ils sont encore en toile, l'autre au retour du moulin, & la troisième après la teinture & leur dernier apprêt.

Les draps doivent avoir un plomb suivant leur qualité. Le plomb de la première sorte doit porter d'un côté, l'effigie du roi avec ces mots : *Louis XIV, restaurateur des arts & du commerce;* & de l'autre les armes de la ville de Sedan, & autour : *draperie royale de Sedan.*

Le plomb de la seconde qualité porte simplement d'un côté, les armes de la ville, & de l'autre : *draps seconds de Sedan.*

Le plomb de la troisième qualité est semblable au précédent, à la réserve qu'il y est écrit : *draps de la troisiéme sorte de Sedan.*

Ces trois qualités de draps se distinguent par celle des laines dont ils sont faits.

Les premiers sont de fine laine de Segovie sans aucun mélange, les seconds de laine Segoviene avec le grand Albarazin seconde Segovie & laine Soris, & les troisièmes avec toutes les autres moyennes sortes de laine d'Espagne.

Les droits des jurés pour la marque sont d'un sol pour la première & petite marque, & pour la seconde & la grande quatre sols.

Pour faire plus exactement les visites & mettre

les marques, il doit y avoir dans la chambre de la communauté trois échantillons matrices des trois qualités de draps fur lefquels doivent être confrontés ceux qui y feront apportés.

Outre les quatre jurés des drapiers, il y en a quatre autres qu'on nomme *gardes-vifiteurs* des laines, dont deux font élus chaque année par les gardes drapiers en charge & les anciens gardes. C'eft à eux à veiller à ce que les marchands de laine ne les vendent qu'aux lieux, aux jours, & que des qualités portées par le *réglement*.

La marque des gardes-vifiteurs de laines fe met fur les facs, & confifte feulement en trois numéros, n°. 1°. pour les fines, n°. 2°. pour les fecondes ; & n°. 3°. pour les troifiémes.

Les affemblées de police doivent fe tenir de fix mois en fix mois dans l'auditoire du bailliage, où doivent fe trouver les maîtres & gardes, & tous ceux qui ont affifté aux vifites, avec deux marchands drapiers pour donner leur avis, & deux marchands de laine pour répondre aux plaintes qu'on peut faire contre eux. Le réfultat de ces confeils doit s'envoyer au fur-intendant des arts & manufactures.

Les gardes anciens & les gardes en charge doivent encore tenir deux autres affemblées, l'une à la S. Thomas, & l'autre à la S. Jean, pour traiter des affaires & rendre leurs comptes, qui après avoir été examinés, arrêtés & fignés par ceux qui font préfens, doivent être portés aux magiftrats & échevins pour les approuver, & les rendre exécutoires contre ceux qui ne voudroient pas payer les taxes auxquelles ils auroient été impofés par léfdites affemblées.

On ne dit rien ici du nombre des fils des portées, & des largeurs & longueurs des draps de cette manufacture, les articles du *réglement* qui les ordonnent ayant déjà été rapportés à l'article général des draps. *Voyez* DRAP.

Enfin, il eft traité en différens articles des foulons, des tondeurs, des tiffeurs, des nopeufes, des efpincheufes & des autres ouvriers qui travaillent pour les maîtres de cette communauté, de leurs obligations, & des amendes qu'ils encourent pour ne pas s'en bien acquitter.

Les amendes auxquelles peuvent être condamnés les tiffeurs font vingt fols par piéce pour les vilaines lifières, deux fols pour les fils non tirés, un fol pour les ployés & les filets qui font plus près de deux doigts, fix deniers pour les filets rompus qui courent deux doigts, cinq fols s'ils font des bouts de navettes ou des brûlures aux draps, autant pour les grapes ou pas de chat, fix deniers pour les demi-claires voyes ou entre-bras, deux fols pour celles qui font entières, dix fols fi la chaîne n'eft pas bien bandée, vingt fols fi le drap n'eft pas bien frappé ou inégalement tiffu ; enfin un fol pour les fourlanfures ou lardages, & un fol pour les douzes d'huile.

FALAISE.

Les ftatuts & *réglement* du corps de la draperie de la ville de Falaife, font du 11 novembre 1666, homologués par arrêt du confeil du 26 février 1667.

Cette communauté eft compofée non-feulement des maîtres de la ville & de fes fauxbourgs, mais encore de tous ceux qui fabriquent des étoffes de draperie & de fergerie dans les bourgs, villages & hameaux qui font deux lieues aux environs.

Les maîtres ne peuvent vendre ni débiter aucunes piéces, qu'elles n'ayent été vifitées & marquées par les jurés, à peine de confifcation & de trois cent livres d'amende pour la première fois, & de cinq cent livres pour la feconde ; & en cas de récidive, d'être dégradés du corps.

Le plomb de vifite, autrement appellé *fceau royal*, eft gardé & doit être appofé dans l'hôtel-de-ville, où le bureau des jurés eft établi, mais feulement aux étoffes fabriquées dans l'étendue de la maîtrife.

Ce fceau porte pour empreinte d'un côté les armes de France, avec ces mots autour : *Louis XIV, reftaurateur des arts & manufactures* : & de l'autre les armes de la ville, avec ces paroles : *fabrique de Falaife*.

S'il arrive des conteftations au fujet de cette vifite & marque, elles doivent être décidées fur-le-champ par le vicomte maire, ou procureur du roi, de l'avis néanmoins de deux marchands drapiers de la ville, appellés pour reconnoître les défauts des manufactures conteftées.

Les tifferans font obligés de mettre au chef & premier bout de chaque piéce la première lettre du nom, & le furnom en entier de celui pour qui ils fabriquent, & ce au métier & non à l'aiguille ; & toutes léfdites piéces doivent être marquées en écru par les jurés, à peine de trois cent livres d'amende pour la première fois, & de dégradation en cas de récidive.

Il eft défendu aux foulons de fe fervir de cardes pour lainer ou renverfer les ferges, mais feulement de chardons ; ne leur étant pas même permis de tenir en leur maifon aucunes defdites cardes, à peine de trois livres d'amende pour la première contravention, & de vingt livres en cas de récidive ; & en outre d'être déchus du prix qu'on a coutume de leur donner pour chaque piéce.

Il eft pareillement fait défenfes auxdits foulons de haller ou tirer aucune piéce de ferges, lingettes ou autres, pour les allonger, à peine de trois livres d'amende pour la première fois, & d'être appliqués au carcan au milieu de la place pendant deux heures en cas de récidive. Que fi c'eft par ordre du marchand qu'il ait hallé la piéce, outre la confifcation le marchand doit être condamné à vingt livres d'amende.

Les articles 19, 20 & 21 de ces ftatuts réglent le nombre des fils & des portées, les couleurs & façons des lifières, & les largeurs & longueurs des ferges blanches & grifes, des ferges trémières & des lingettes auffi blanches & grifes, qui fe fabriquent dans la draperie de Falaife; mais attendu qu'il en fera parlé ci-après à l'article des ferges, on fe contente ici de les indiquer.

A l'égard des amendes où peuvent être condamnés les tifferans pour divers legers défauts de leurs ouvrages, les plus fortes font de cinq fols par piéces pour les vilaines lifières; pour les coups de navettes, pour la chaîne mal tendue, pour le tiffu de la ferge inégalement frappée, ou pour les deux bouts de la piéce tiffus auffi avec inégalité; les autres font de deux fols fix deniers pour avoir laiffé tomber plus de vingt fils fous les foubles, ou quand il s'en trouve plus d'un à chaque cuiffette, ou enfin s'il y a quelque amas de trême dans les ferges; deux fols pour les ouvrages fales, & un fol pour ceux dont les fils n'ont pas été tirés.

1667. BEAUVAIS.

Les réglemens pour la draperie & fergetterie de la ville de Beauvais fuivirent de près ceux de Falaife.

M. Colbert les fit dreffer par ordre du roi, & ayant enfuite été lus dans une affemblée tenue à l'hôtel-de-ville de Beauvais le 24 février 1667, où fe trouvèrent, outre le maire, les pairs & les autres officiers de la ville, les principaux drapiers, tant au teint que façonniers & les fergers; ainfi que les gardes & jurés des métiers de laneurs, tifferans, peigneurs & boujonneurs, où ils furent unanimement approuvés, fa majefté étant dans fon confeil royal de commerce, les confirma par arrêt & par des lettres-patentes des mêmes mois & an.

Cinquante-fix articles compofent ces réglemens. Les 20, 21, 22, 23, 24, 25, 26, 45 & 47e, ordonnent la largeur & la longueur que doivent avoir les ratines, ferges, revêches, & autres étoffes qui fe fabriquent dans la draperie & fergetterie de Beauvais, eftimées fur le nombre des fils & portées que doivent avoir leurs chaînes. Voyez SERGE, RATINE & REVÊCHES.

Le refte des articles du réglement établit la police des différens corps qui compofent la draperie & fergetterie, la réception des apprentifs & des maîtres, l'élection des efgards, jurés & boujonneurs, leurs vifites & fonctions, enfin la marque des étoffes. On en parle ailleurs. Voyez SERGETTERIE.

Les drapiers & fergers de Beauvais qui avoient été réunis par arrêt du parlement de Paris, du 30 août 1661, enforte néanmoins qu'il y avoit quelque diftinction entr'eux, ces derniers s'appellant toujours fergiers réunis, ayant eu quelque conteftation fur les laines qu'il étoit permis ou défendu aux uns ou aux autres d'employer, & les étoffes qu'ils pouvoient fabriquer, il fut arrêté dans une affemblée tenue à l'hôtel-de-ville de Beauvais, dans les formes ordinaires, le 18 août 1670, qu'à l'avenir les drapiers, tant de la ville que des fauxbourgs, & d'une lieue à la ronde de la ville, & les fergiers réunis par ledit arrêt de 1661, ne feroient enfemble qu'une même communauté fans aucune différence, & que tous également ils feroient appellés & réputés fergiers.

Il fut en même-tems dreffé vingt-huit articles de réglement au fujet de cette réunion, concernant les différentes fortes de laines qui pourroient être employées fuivant les diverfes efpèces d'étoffes de laine qui fe fabriquent à Beauvais; enfemble des lieux, heures & manière que pourroient être expofées en vente les laines foraines fines, & les bons, moyens & gros pignons; leurs vifites par les boujonniers & efgards, & la quantité de moyens, gros plis & pignons que chaque drapier pourroit avoir chez foi pour faire leurs cordeaux & lifières.

Ce réglement ayant été envoyé à M. Colbert, il l'agréa, & en ordonna l'exécution par fa lettre du 2 feptembre 1670, enregiftrée au greffe de l'hôtel-de-ville de Beauvais.

Ces deux réglemens de 1667 & 1670, ont été obfervés dans la fergetterie jufqu'en 1780, que le roi a donné, fur cet objet, de nouveaux réglemens.

ELBEUF.

Le réglement pour la manufacture des draps d'Elbeuf eft auffi de l'année 1667. Il y fut envoyé par M. Colbert, & reçu dans une affemblée des maîtres de cette communauté tenue le 19 avril en préfence du bailli du duché d'Elbeuf. Son homologation par arrêt du confeil royal du commerce eft du 13 mai, & fon enregiftrement au greffe du duché d'Elbeuf du 2 août enfuivant.

Trente-fix articles compofent le réglement. Ils paroiffent en grande partie, copiés fur ceux de la draperie royale de Sedan, rapportés ci-deffus fous l'année 1666. Ainfi pour éviter la répétition, on fe contentera d'ajouter ici ce qu'il a de différent, foit pour la police, foit pour les autres chefs qui font ordinairement la matière des ftatuts.

Le corps du métier fut d'abord compofé de tous les maîtres qui avant le premier janvier 1666 travailloient aux draperies, & continuoient d'y travailler, quoiqu'ils n'euffent point fait d'apprentiffage, dont ils furent difpenfés, à la charge de fe faire infcrire dans le mois de la publication des lettres-patentes fur le regiftre de la communauté.

L'apprentiffage pour l'avenir fut fixé à trois ans confécutifs, dont furent néanmoins exemptés les maîtres forains ou étrangers, qui feroient apparoître de leur réception à-maîtrife dans les lieux qu'ils auroient quittée, & les fils de maîtres qui auroient fervi chez leurs peres pendant pareil tems de trois années. Ces derniers peuvent être reçus à quinze ans gratis, & feulement en faifant le ferment.

Les forains & étrangers, foit qu'ils entrent dans

la communauté, en justifiant de leur maîtrise ailleurs, soit qu'ils y soient reçus après l'apprentissage, sont déclarés naturels & regnicoles, dispensés des droits d'aubaine, & traités en tout, même sans avoir besoin de lettres de naturalité, comme véritables & anciens françois, à la charge toutefois de ne pas quitter le royaume pour s'aller établir en pays étrangers, auquel cas leurs biens appartiennent à sa majesté.

Le chef-d'œuvre est donné par les jurés, & fait en leur présence ainsi que devant deux anciens maîtres, que les jurés sont tenus d'y appeler.

Chaque maître ne peut prendre qu'un seul apprentif par chaque année, dont il doit d'abord faire enregistrer le brevet, & ensuite le certifier après les trois ans de service de chacun des apprentifs.

Deux seuls jurés gouvernent la communauté. Un d'eux, qui est toujours le plus ancien, sort de charge chaque année le jour de la Saint Louis, & un autre est élu en sa place à la pluralité des voix par tous les maîtres du métier.

Les visites générales sont fixées au nombre de quatre par an, dans lesquelles les jurés doivent être accompagnés de deux anciens.

Les visites particulieres peuvent se faire une fois chaque semaine, outre celles qui dépendent de la volonté desdits jurés, & qui se font suivant le besoin.

L'assemblée des jurés en charge & des anciens pour la visite des draps en cru, doit se tenir chaque semaine dans le bureau de la communauté; & celle pour la marque des draps revenus de chez le foulon, réparés & tondus, deux fois. A l'égard des assemblées pour les comptes, il ne doit y en avoir que deux par an.

Le sceau royal de cette manufacture, dont doivent être plombés tous les draps qui s'y fabriquent, porte d'un côté les armes du Roi, avec ces mots gravés autour : Louis XIV restaurateur des arts & manufactures, & de l'autre côté la marque de la fabrique d'Elbeuf.

Enfin il doit se tenir tous les trois mois dans le lieu accoutumé, mais en présence du bailli, un conseil de police, où doivent assister les marchands, gardes, & maîtres jurés en charge, ensemble les anciens; pour le résultat desdits conseils être envoyé au sur-intendant des arts & manufactures.

Quatre articles, qui sont les 17, 18, 19 & 20, réglent les portées, largeur, & longueur de tous les draps qui se fabriquent dans cette manufacture; mais attendu qu'ils ont été rapportés à l'article des draps, on s'abstiendra d'en parler ici.

1669.

Le réglement de 1669 est le principal de tous ceux qui ont été faits en France pour les manu-factures de lainage, celui que par excellence on nomme simplement le réglement ou l'ordonnance, quand il s'agit de la fabrique des étoffes de laine, de leurs portées, longueurs, & largeurs, & de ceux qui la fabriquent; celui enfin qui a été généralement observé dans le royaume, à l'exception de quelques manufactures particulieres, qui ont obtenu des réglemens particuliers par des arrêts du conseil, qui dérogent à certains articles de ce réglement général.

Ce réglement a pour titre : statuts, ordonnances & réglemens pour les longueurs, largeurs & qualités des draps, serges & autres étoffes de laine & fil que sa majesté veut être observés par tous les marchans drapiers, maîtres drapans, sergers ouvriers & façonniers des villes, bourgs & villages de son royaume.

Les maîtres & gardes des marchands drapiers de la ville de Paris ayant dressé ces réglemens, & les ayant présentés au roi, comme les seuls moyens de remédier aux abus qui se commettoient dans la fabrique des étoffes de laine, ils furent renvoyés par arrêt du conseil royal de commerce tenu à Fontainebleau le 22 juillet 1669, au lieutenant général de police, & au procureur du roi au châtelet, pour les examiner & en donner leur avis.

Ces magistrats y ayant satisfait le 8 août ensuivant, & leur avis ayant été qu'ils les trouvoient très nécessaires pour le rétablissement & perfection des manufactures des étoffes de laine & fil de France, sa majesté les confirma & approuva par des lettres-patentes données à St. Germain, & enregistrées au parlement le 13 du mois, le roi y séant en son lit de justice.

Ces réglemens contiennent 59 articles, partie pour les longueurs & largeurs de toutes les étoffes de laine & fil, partie pour la police des marchands & ouvriers qui les vendent & les façonnent. Les articles des longueurs & largeurs sont au nombre de 33, & les autres 26 articles regardent la discipline.

Des articles concernant les étoffes, les six premiers réglent la longueur & la largeur de toutes sortes de draps; les 7 celles des ratines: les suivans jusqu'au 10 inclusivement, & les 24, 25, 26 & 29, celles des serges, à l'exception pourtant du 16e qui est pour les razes façons de Châlons: le 18 est pour les longueurs & largeurs des camelots; le 19 pour celles des baracans; les 20 & 22 pour celles des étamines; le 21 pour celles des razes; le 23 pour celles des frocs; le 28 pour celles des droguets; enfin le 27 fixe la longueur & largeur des tiretaines.

On n'entre pas ici dans un plus grand détail sur cette matiere importante, tous les articles étant rapportés en leur entier aux divers endroits de ce Dictionnaire où l'on parle de toutes ces étoffes & de leur fabrique, & où l'on rapporte pareillement les différens réglemens qui ont été faits depuis, par lesquels il est dérogé à quelques articles de celui-ci.

On peut y avoir recours selon l'ordre alphabétique.

Des quatre autres articles du *réglement* général qui concernent encore la fabrique des étoffes,
le 30e ordonne, que déformais il ne sera fait aucunes étoffes, de si petit prix qu'elles puissent
être, qu'elles n'ayent une demi-aune de large
mesure de Paris : le 31e enjoint à tous maîtres
drapiers-drapans & sergers de faire les lisieres des
draps de pareille longueur que l'étoffe : le 32 veut,
que les étoffes de laine & de fil de même nom, ou
même sorte & qualité que celles ci dessus, & qui
n'ont pû être spécifiées, auront uniformément même
longueur & largeur, force & bonté que les susdites, sans aucune différence ; & que les tisserans &
ouvriers n'en pourront ourdir les chaînes, sinon sur
les largeurs, ni employer des laines ou autres matieres plus fines à un bout de la pièce que dans
tout le reste, sous peine de 20 liv. d'amende pour
chaque contravention. Enfin le 33e article accorde quatre mois après la publication du *réglement*
pour changer les lames & rots des métiers,
& les réduire à la largeur & grandeur ordonnées,
après lesquels ils seroient actuellement rompus pour
être refaits sur lesdites grandeur & largeur, & ceux
à qui ils appartiendroient condamnés à l'amende de
3 liv. pour chaque métier.

C'est au 34e article que commencent ceux qui
concernent la police des manufactures de laine, &
des maîtres fabriquans & ouvriers qui y travaillent,
qui, comme on l'a dit, sont au nombre de 26.

Ce 34e article ordonne la réunion en corps &
communauté de tous les drapiers & sergers des
villes & bourgs du royaume, qui avoient été reçus
maîtres auxdits métiers, ou qui les exerçoient en
vertu de lettres-patentes, à la charge de se faire
inscrire dans un mois de la publication du *réglement* sur les registres des juges de police des manufactures, & sur ceux de leur communauté, après
quoi ils ne pourroient exercer la maîtrise sans permission nouvelle, ou sans faire apprentissage.

Le 35e article ordonne & règle l'élection des
gardes & jurés des métiers de drapiers & sergers
en nombre convenable, en égard aux lieux & aux
maîtres dont seroit composée chaque communauté.

Les fonctions des auneurs sont fixées par les
deux articles suivans, aussi bien que l'aunage par
le 44e ; avec défenses aux auneurs d'auner aucunes
marchandises qu'elles ne soient marquées de la
marque du lieu, & où le nom de l'Ouvrier ne
soit sur le chef, fait au métier, & non à l'aiguille,
leur étant pareillement fait défenses d'être courtiers,
commissionnaires ou facteurs, ni d'acheter ou faire
acheter pour eux ou pour qui que ce soit, aucunes laines & marchandises de draperie & serger-
terie, pour les revendre à leur profit. Les courtiers
ne peuvent pas non plus être auneurs.

À l'égard de l'aunage, il est ordonné, pour le
rendre uniforme par tout le royaume, que toutes

sortes de marchandises seront aunées bois à bois &
sans évent ; & que pour celles où l'usage est de
donner un excédent d'aunage, il ne pourra être
que d'une aune & un quart au plus sur vingt-une
aunes & un quart, & pour les demi-pieces à proportion. On explique ailleurs ce que c'est qu'E-
vent excédent d'aunage & Aunet bois à bois. *Voyez
ces articles.*

Les 38, 39, 40, 41, 42 & 43e articles parlent
tant des visites générales des officiers de police des
manufactures, que des visites particulieres des
gardes & jurés, soit chez les maîtres, soit dans
les halles & aux foires. On y ordonne aussi la
marque de toutes les marchandises, & on règle
la maniere, le tems & les lieux qu'elle doit se
faire. *Voyez* MARQUE & VISITE *dans leur ordre
alphabétique.*

Outre la visite des laines enjointe par le 41e
article, il est défendu aux marchands desdites
laines de les mouiller ou mettre en lieux humides, ni de méler & emballer ensemble celles
qui sont de différentes qualités ; ce mélange rendant les draps creux & imparfaits.

Les marchands drapiers des villes & bourgs du
royaume qui auront acheté des marchandises des
drapiers-drapans & sergers, soit aux halles ou
aux foires & autres lieux, sont tenus par le 45e
article de faire & arrêter leurs comptes dans deux
ou trois jours au plutard après la vente & délivrance desdites marchandises, à peine contre les
marchands drapiers en cas de retard, de 40 s. par
chacun jour du séjour desdits drapans & sergers,
depuis la protestation qu'ils en auront faite jusqu'au jour de l'arrêté du compte.

L'apprentissage, le chef-d'œuvre, la réception
à la maîtrise, les obligations des apprentis & compagnons & le privilège des veuves, sont la matiere des 46, 47, 48, 49 & 50e articles.

Pour toutes ces choses il est renvoyé aux *réglemens* particuliers des communautés qui ont
obtenu des statuts, confirmés & homologués au
conseil royal de commerce ; & à l'égard de
celles qui n'ont point de statuts, il est ordonné
& statué :

1°. Qu'aucun ne sera reçu à la maîtrise qu'il
n'ait fait apprentissage chez un maître ; sçavoir
de deux années pour les drapiers, & de trois
pour les sergers, dont il y aura brevet par-devant notaires, enregistré sur le livre de la communauté.

2°. Que les maîtres ne pourront débaucher ni
attirer chez eux l'apprentif ou compagnon des
autres maîtres, ni leur donner emploi directement ou indirectement à peine de 60 livres d'a-
mende.

3°. Que les maîtres ne pourront avoir plus de
deux apprentifs à la fois, ni les congédier sans
cause légitime jugée telle par le juge de police,
& qu'aussi les apprentifs ne pourront s'absenter de

la maison de leurs maîtres que sous les mêmes conditions.

4°. Que l'apprentissage étant fait, l'aspirant à la maîtrise fera son chef d'œuvre, & étant jugé capable, sera reçu, & ses lettres délivrées en payant six livres pour tout droit ; & qu'en cas de contestation pour la réception du chef-d'œuvre, il sera vu & visité par le juge de police, ou autre par lui commis.

5°. Que les fils de maîtres seront reçus à seize ans accomplis & non moins, en faisant une simple expérience.

6°. Enfin que les veuves des maîtres pourront tenir ouvroir & faire travailler, mais non s'associer avec aucun autre qu'un maître : qu'elles pourront achever l'apprentif commencé, non pas en faire un nouveau : & que les filles de maîtres épousant un compagnon, l'affranchiront du tems qu'il seroit obligé de servir les maîtres suivant les *réglemens*, en faisant néanmoins chef-d'œuvre, mais ne payant aucun droit que ceux dûs par les fils de maîtres.

Le 51e article enjoint à tous maîtres, ouvriers & façonniers, de mettre leur nom sur le chef & premier bout de chaque piéce, fait sur le métier & non à l'aiguille, à peine de douze liv. pour chaque contravention.

Il est défendu par le 52e article à tout maître drapier, sergier, ouvrier, foulon & autres, de tirer, allonger ni aramer aucune piece de marchandise, tant en blanc qu'en teinture, de telle sorte qu'elle se puisse racourcir de la longueur, & étrecir de la largeur, à peine de cent liv. d'amende & de confiscation de la marchandise pour la premiere fois ; & en cas de récidive d'être déchus de leur maîtrise.

Il a été depuis dérogé en partie à cet important article, & l'usage des rames a été permis, mais pourtant avec restriction par un arrêt du conseil d'état du roi du 12 février 1718. On en parle amplement à l'article *des rames* où l'on peut avoir recours.

Le 53e article fait défenses aux tondeurs de se servir de flambart pour l'ensimage des draps & des serges, mais seulement de saindoux de porc du plus blanc ; ni de cardes pour les coucher, mais seulement de chardons. *Voyez* FLAMBART, ENSIMAGE & TONDEUR.

Le 54e ordonne que les pauvres maîtres du métier de draperie & sergetterie qui travailleront pour les autres maîtres, subiront les mêmes loix que les compagnons, & ne pourront vendre, engager, ni retenir les marchandises ou les matieres & outils servant à les faire qui leur auront été confiés pour travailler, à peine de punition exemplaire.

Le roi accorde par le 55e article en faveur des manufacturiers, le privilège qu'il ne pourra être procédé par justice, exécution, ni vente forcée en justice, des moulins, métiers, outils & ustensiles servant à quelque manufacture que ce soit, pour quelque dette, cause & occasion que ce puisse être, ni même pour les deniers des tailles, ou impôt du sel, à peine de 150 livres d'amende & de tous dépens, dommages & intérêts des parties saisies, contre les huissiers & sergens qui feroient lesdites saisies & vente, exceptant néanmoins de ce privilege les loyers des maisons occupées par lesdits ouvriers & façonniers.

Ce privilège ne paroissant concerner que les manufactures de lainage, & causant de fréquentes contestations, il fut donné 35 ans après sous le régne de Louis XIV, à qui on étoit redevable du *réglement* de 1669, une déclaration du 19 août 1704 en interprétation de cet article 55, portant défenses de saisir les métiers, outils, ustensiles & instrumens servant à toutes sortes de manufactures d'or, d'argent, de soie, de laine, &c. On l'a rapportée à l'article *des manufactures*, où l'on peut avoir recours.

Le 56e article ordonne l'enregîtrement du *réglement* dans les regîtres des communautés.

Le 57e régle les assemblées ordinaires des jurés à chaque premier lundi de tous les mois, à deux heures de relevée, dans la chambre de la communauté, avec permission d'en tenir plus souvent s'il est besoin, & même dans les affaires de conséquence d'en convoquer de plus nombreuses, où assisteront ceux qui auront été en charge les deux années précédentes, & au moins 5 des autres maîtres.

Les amendes encourues & ordonnées sont partagées par le 58e article, sçavoir moitié au roi, un quart aux gardes, & l'autre quart aux pauvres.

Enfin le 59e & dernier article ordonne une assemblée générale au mois de janvier de chaque année, convoquée & indiquée par les juges de police des manufactures, à laquelle se trouveront les gardes & jurés en charge des métiers, ceux qui seront sortis de charge l'année précédente, quatre autres maîtres au choix du juge de police, & deux notables bourgeois, pour y être traité des moyens de les perfectionner, des contraventions & inobservations du *réglement* & des remedes convenables, pour le tout dressé un procès-verbal qui sera envoyé un mois après au surintendant des arts & manufactures de France.

RÉGLEMENT pour les marchands maîtres teinturiers en grand & bon teint des draps, serges & autres étoffes de laines.

Le même jour que le *réglement* pour les longueurs & largeurs des étoffes de laine fut enregîtré au parlement, le roi y séant en son lit de justice, on y fit aussi l'enregîtrement du *réglement* pour les teinturiers.

Il avoit été projetté & dressé comme le précédent par les maîtres & gardes des marchands drapiers de la ville de Paris, & renvoyé par arrêt du conseil d'état du roi du 20 mai 1669 aux officiers de police, pour en donner leur avis, que ces magistrats donnerent le 13 juillet, & sur le vû duquel la majesté l'approuva & confirma par ses lettres-patentes données à Saint-Germain au mois d'août de la même année.

Ce *réglement* consiste en 62 articles qu'on peut diviser en deux classes, dont l'une qui en contient le plus grand nombre établit & sépare les deux corps du grand & petit teint, regle leur police & discipline, & leur est donnée pour statuts; l'autre en 22 ou 25 articles déclare quels sont les bons & mauvais ingrédiens, ceux réservés aux teinturiers du grand teint, ou permis à ceux du petit teint, & enfin desquelles de ces drogues & ingrédiens on doit se servir dans les différentes teintures des étoffes de laine. On a déja parlé de quelques articles de cette derniere classe à celui *des drogues*, & on traitera des autres à l'article *de la teinture*. Pour ce qui concerne la premiere classe, on peut voir à l'article *des teinturiers* les deux paragraphes des maîtres du grand & petit teint.

1 6 7 0.

RÉGLEMENT *entre les drapiers - drapans, les sergers & les tissiers en toile pour les manufactures, vente & débit des droguets, tiretaines, ou autres étoffes dont la chaîne est composée de lin ou de chanvre & la trême de laine.*

Ce *réglement* qui fut donné par un arrêt du conseil royal du commerce du 29 septembre 1670, rendu sur les prétentions respectives de ces ouvriers qui vouloient se donner réciproquement l'exclusion pour la vente de ces sortes d'étoffes, ordonne que les uns & les autres pourront faire, vendre & débiter des droguets, tiretaines & autres étoffes de la qualité ci-dessus, à la charge d'y mettre une liziere rouge, & de mettre sur chaque piece le nom de l'Ouvrier fait sur le métier & non à l'aiguille, avec défenses de se troubler ni empêcher à l'avenir dans la façon, vente & débit desdites marchandises, à peine contre les contrevenans de cent livres d'amende, & de tous dépens, dommages & intérêts.

Concernant les manufactures d'Abbeville.

Les manufactures d'Abbeville ont toujours été en réputation, les serges, les bouracans, les belinges, les camelots & quelques autres semblables étoffes de laine qui s'y fabriquent, y ont de tout tems entretenu un commerce très considérable.

La communauté des maîtres sergiers & bouracaniers qui y est très ancienne, ayant eu besoin de nouveaux statuts, les esgards eurent ordre de la cour d'en dresser de nouveaux plus convenables au tems, & plus capables de porter leurs manufactures à la perfection, en corrigeant quelques

défauts qui s'y étoient insensiblement glissés, ou en prévenant ceux qui pourroient s'y glisser par la suite.

Les anciens *réglemens* ayant donc été réformés, & de nouveaux articles y ayant été ajoutés dans une assemblée générale des magistrats, des principaux marchands, & des maîtres fabriquans de la ville, ils furent présentés au conseil du roi, au mois d'octobre 1670, pour y être approuvés, & homologués; l'homologation est du 30 des mêmes mois & an.

Les principales matieres qui sont traitées & réglées dans le grand nombre d'articles dont ces statuts sont composés, peuvent se réduire à cinq principaux chefs, sçavoir; 1°. La bonne fabrique des étoffes, leurs portées, leurs largeurs & longueurs. 2°. Les défauts & malfaçons qu'il faut éviter en les fabriquant. 3°. La visite & la marque ou ferrage. 4°. Le devoir des foulons. 5°. Enfin la discipline de la communauté, ce qui comprend l'apprentissage, le compagnonage, la réception & la maîtrise, le privilége des veuves, & quelques autres choses qui y ont rapport.

On ne dira rien de ce dernier chef, parce qu'il n'est gueres différent de ce qu'on trouve dans presque tous les autres statuts qui ont été rapportés dans plusieurs articles de ces *réglemens* où l'on peut avoir recours. A l'égard des quatre autres chefs, on va entrer ici dans quelque détail de ce qu'ils contiennent, étant le plus important.

Le premier chef qui contient la fabrique des étoffes, comprend neuf articles, à sçavoir le cinquiéme & les suivans, jusques & y compris le quinziéme, à la réserve néanmoins des XI & XIIe qui traitent d'autres matieres.

ART. V. Par le premier de ces neuf articles les serges de Limestre, qui seront faites de laine d'Espagne ou d'autre laine fine, doivent avoir 75 portées à 20 buhots chacune. Celles de laine d'Angleterre ou de France, 79 portées & 19 buhots par demi-portée, pour avoir au retour du moulin une aune de Paris de large.

ART. VI. Les serges façon de Londres doivent avoir 60 portées à 20 fils chaque bauche, si elles sont de laine d'Espagne fine; les autres de laine de France ou d'Angleterre 57 portées & 19 fils, chaque demi-portée, trois quarts de large de l'aune de Paris, & 18 à 19 *aunes de long.*

ART. VII. Les serges drapées larges, blanches ou grises, qui seront sans lisieres, d'une aune de large & de 21 aunes de long, auront: sçavoir, celles de pure laine de pays 58 portées; & celles de laine d'Angleterre ou de laine fine de France 60 portées à 19 buhots chaque demi-portée. Les moyennes de ⅔ de large & de 21 aunes de long, qui seront de pure laine du pays, auront 44 por-

Tu

tées & 17 buhots à chaque demi-portée ; & celles de laine d'Angleterre ou laine fine de France 45 portées & 19 fils à chaque buhot, obfervant que celles qui ne feront pas de laine pure auront la lifiere blanche.

ART. VIII. Les baracans façon de Valenciennes, feront faits de pure laine de pays, fans mélange de pignons, pelures, mortains ou bourres, de ⅔ de l'aune de Paris de large, & feront en compte de 9 buhots & de 52 portées de 18 fils par chaque portée, & les rots de 468 broches, & auront, étant bien débouillis, 22 à 23 aunes ½ de longueur.

ART. IX. Les belinges façon de baracans, dont la chaîne fera de fil de lin, & les enflures de laine filée au grand rouet, auront 28 portées & 20 fils chaque demi-portée ; ladite chaîne du poids de 7 l. ½ au plus, & les enflures de 14 liv. aufli au plus fuffifamment tiffues, & après qu'elles auront été dégraiffées & débouillies, auront 23 aunes ¼ à 23 aunes ½ de longueur aunage de Paris, & les lifieres non comprifes ⅔ de large ; lefquelles lifieres feront de couleur rouge.

ART. X. Les autres belinges dont l'enflure fera filée au petit rouet, auront 30 portées & —— buhots à chaque demi-portée ; pour revenir étant débouillis, à deux tiers d'aune de large non compris les lifieres, & à 23 ou 23 aunes ½ de long.

ART. XIII. Pourront les fergers, baracaniers faire toutes fortes de ferges, droguets & étoffes dépendantes du métier de ferge, en les faifant conformes aux *réglemens* généraux du roi.

ART. XIV. Il fera permis aufdits fergers, & baracaniers d'augmenter le nombre des portées & buhots de leurs ouvrages, mais non de les diminuer fous quelque prétexte que ce foit, fous peine de confifcation & de 20 livres d'amende, applicable, moitié à la ville & moitié aux efgards & aux dénonciateurs.

ART. XV. Les rots defdits fergers & baracaniers feront proportionnés à la largeur & au compte des fils ordonnés par les précédens articles, à peine de confifcation, & de 10 liv. d'amende applicable comme deffus.

Le fecond chef qui comprend les mauvaifes façons, n'a que deux articles, fçavoir le feiziéme & le dix-feptiéme.

ART. XVI. Les tiffeurs des ferges, baracans & camelots, qui feront de vilaines lizieres lâches ou trop courtes, payeront 10 fols d'amende pour chaque piéce.

Pour les ouvrages qu'ils vendront fales ou fans avoir bien tiré les filets, 2 f.

Pour chaque trou de navette ou claire-voie, 6 den.

Pour chaque fil non repris, s'il eft plus long que d'un demi-quartier, 6 den.

Pour n'avoir pas affez bandé la chaîne, 5 f.

Pour n'avoir pas bien tiffu ou frappé également l'ouvrage, une amende proportionnée au défaut.

Enfin fi les défauts font confidérables, la piéce doit être coupée en deux, le bon d'un côté, le mauvais de l'autre, & rendus aux ouvriers pour en faire leur profit, fans les pouvoir envoyer au dehors, à peine de confifcation.

ART. XVII. Et afin qu'on puiffe reconnoître les maîtres qui auront fait ou fait faire des ouvrages défectueux, il leur eft enjoint, fuivant les *réglemens* généraux, de faire tiffer leur nom & furnom au chef de chaque piéce, fur le métier & non à l'aiguille, à peine de 12 liv. d'amende pour chaque contravention.

Les vifites des efgards & le ferrage, font le troifiéme chef, & font contenus en cinq articles, qui font le dix-huitiéme inclufivement, jufques & y compris le vingt-deuxiéme.

ART. XVIII. Il eft enjoint aux efgards de faire régulierement leurs vifites dans les ouvroirs des maîtres fergers & baracaniers, d'y appliquer le plomb fur l'eftille à toutes les piéces d'étoffes qui feront montées, qui fe trouveront du compte & nombre des fils portés par les préfens ftatuts, avec défenfes de le mettre à celles qui n'y feront pas conformes, à peine de 10 liv. d'amende & de répondre en leur nom, des dommages & intérêts pour la première fois, & pour la feconde de plus grande amende & de privation de leur office. Et en cas de défaut au nombre des fils, feront tenus lefdits efgards de faifir la piéce défectueufe, la contrefceller & la dénoncer à l'heure même à l'hôtel de ville, fous peine de l'amende ci-deffus.

Le même article ordonne que les plombs feront de 40 à la livre, & qu'il fera payé 6 den. aux efgards pour chaque plomb.

ART. XIX. Il eft défendu aux maîtres de couper aucune piéce du métier, qu'elle n'ait été vifitée & plombée, à peine de 6 liv. d'amende, & aux marchands d'en acheter à peine de 20 liv. d'amende.

ART. XX. Les maîtres fergers & baracaniers font tenus auffi-tôt leurs piéces achevées tant blanches que de couleurs, de les porter à la halle dans l'hôtel-de-ville, afin d'y être aunées & de nouveau vifitées, tant fur le nombre des fils que fur leur propreté & bonne fabrique, & pour, fi elles fe trouvent bien conditionnées, & de largeur & longueur conforme aux préfens ftatuts, y être appofé un fecond plomb ; & en cas du contraire, feront lesdites pièces défectueuses présentées aux mayeur & échevins, pour y être pourvu suivant la rigueur des *réglemens*.

Art. XXI. S'il se trouve des défauts de compte de fils ou d'aunage aux pièces, où les plombs de l'estille & de la halle se trouveront, lesdites pièces seront confisquées à la porte du serger ou baraca-nier, qui sera tenu de rendre le prix au marchand à qui il les aura vendues, & sera en outre condamné à l'amende portée par le présent *réglement*; & pour la connivence des esgards qui y auront appliqué le plomb malgré leur défectuosité, ils seront pareillement condamnés à l'amende.

Le même article porte en outre, que, lorsque les pièces de serges ou de baracans, qui seront apportées à la halle, se trouveront plus longues qu'elles ne doivent être de quelques quartiers, les esgards ne pourront en couper l'excédent, à peine de dix livres d'amende.

Art. XXII. Il est défendu aux esgards de ferrer aucunes pièces de serges ou de baracans, qui viendront de dehors, & qui n'auront pas été faites dans ladite ville d'Abbeville, soit qu'elles soient en blanc ou en noir, à peine de pareille amende de dix livres, à moins qu'elles ne soient fabriquées en conformité des *réglemens*, auquel cas elles pourront être ferrées par lesdits esgards.

Enfin le quatrième chef qui concerne le foulage & les foulons, est contenu dans un seul article qui est le trente-troisième.

Art. XXXIII. Si un foulon par sa négligence laisse trouer, échauffer, vuider, ou trop fouler une pièce desdites marchandises, il sera tenu d'indemniser celui qui appartiendra la pièce, suivant qu'il en sera jugé par les mayeur & échevins de la ville, sur le rapport qui leur en aura été fait par les jurés; & de plus ledit foulon sera condamné à telle amende que de raison. Lesquels foulons seront tenus de marquer toutes les pièces qu'ils fouleront, d'un plomb portant d'un côté l'aunage de la pièce, & de l'autre leurs noms & surnoms, & le marchand à qui elle appartiendra, sera tenu de payer au foulon le prix dudit plomb ou de lui en fournir.

RÉGLEMENT ou arrêt du conseil du 24 décembre 1670, qui ordonne des peines contre les marchands & ouvriers qui fabriquent & exposent en vente des marchandises défectueuses & non conformes aux réglemens.

Les peines ordonnées par cet arrêt sont que les étoffes défectueuses de fabrique Françoise seront exposées sur un poteau de la hauteur de neuf pieds garni de son carcan, élevé devant la principale porte du lieu où les manufactures doivent être vi-sitées & marquées, avec un écriteau portant le nom

& surnom du marchand ou de l'ouvrier trouvé en faute, pour lesdites marchandises y demeurer pendant deux fois vingt-quatre heures, ensuite de quoi elles en seront ôtées, pour être coupées, déchi-rées, brûlées ou confisquées; & en cas de récidive, le marchand ou l'ouvrier tombés en faute sujette à confiscation pour la seconde fois, seront blâmés en pleine assemblée par les gardes ou jurés de leur profession, outre l'exposition de leur marchandise; & pour la troisième fois mis eux-mêmes & atta-chés audit carcan pendant deux heures, avec des échantillons des marchandises sur eux confisquées.

1 6 7 1.

Le *réglement* du 19 février 1671, donné sur les remontrances des maîtres & gardes & jurés des marchands & ouvriers des communautés de plusieurs villes du royaume, ordonne, attendu qu'il se fait dans divers lieux qui ne sont pas de l'obéissance du roi, différentes manufactures pareilles à celles de France, & où les longueurs & largeurs fixées par le *réglement* de 1669, ne sont pas observées, qu'à l'avenir lesdits ouvriers & fabriquans pourroient faire des draps, serges, droguets, tiretaines, telons & baracans sur d'autres longueurs & largeurs pres-crites par ce nouveau *réglement*, qui seroient mar-qués par les gardes & jurés, & ensuite débités dans le royaume, pourvu qu'ils eussent la force, finesse & bonté uniformément en toute l'étendue des pièces requises à leur espèce & qualité, & qu'ils fussent teints en conformité des *réglemens*.

Le même arrêt permet pareillement aux mar-chands d'envoyer toutes lesdites étoffes dans telles villes que bon leur semblera, pour les apprêter & teindre, à la charge néanmoins qu'au sortir de l'apprêt elles seront directement portées aux bu-reaux destinés pour la marque & visite des mar-chandises pour y être visitées & marquées, sinon saisies.

On ne rapporte point ici les différentes longueurs & largeurs permises par le *réglement*; il en est parlé à chacun des articles particuliers de ces sortes d'étoffes où l'on peut avoir recours.

1 6 7 2.

RÉGLEMENT pour la largeur des estamets & enversins.

Le *réglement* de 1669, ni les réglemens sui-vans n'ayant rien déterminé pour la largeur de ces deux étoffes dont il se fabrique une assez grande quantité à Châlons, les juges des manufactures or-donnèrent le 24 août 1672, sur la remontrance de l'inspecteur au département de Champagne, que conformément à l'article 11 des anciens *réglemens*, les enversins auroient sur leur métier deux aunes mesure de Châlons, & les estamets une aune sept huit, pour revenir bien & duement foulés, ceux-ci

Ttt ij

à trois quarts & demi au moins , aunage de Paris , & ceux-là à trois quarts.

1 6 7 3.

L'arrêt du conseil du 11 mars 1673 , quoique particulier pour la nouvelle manufacture des camelots, façon de Bruxelles & de Hollande , établie à Amiens en 1669 par le sieur Marisal , semble néanmoins porter un *réglement* général pour ces sortes de camelots.

Par cet arrêt , le roi en dérogeant à l'article des *réglemens* de 1669 , qui ordonne que les camelots qui se fabriqueront en France d'une largeur au-dessus de demi-aune , auront trois quarts au moins , permet audit Marisal d'en faire de demi-aune demi-quart de large ; attendu que les camelots de Bruxelles & de Hollande ne sont ordinairement que de cette largeur.

Plusieurs marchands ouvriers de la province d'Auvergne , particuliérement des villes de Sauxillanges, Curilhas & Olliergues, ayant remontré au conseil du roi qu'il s'étoit toujours fabriqué dans la province des étamines de six différentes largeurs, depuis un tiers d'aune & un pouce, jusqu'à un tiers & demi, destinées pour l'Allemagne, où elles servent à couler le lait, & pour la Rochelle, Rochefort, Brest & Toulon, où elles étoient employées en banderolles pour les vaisseaux , n'étant propres qu'à cet usage, &, que néanmoins les inspecteurs des manufactures vouloient obliger les ouvriers à les faire toutes au moins d'une demi-aune mesure de Paris, conformément à l'article 30 du *réglement* de 1669 , ce qui en feroit tomber absolument la fabrique & le commerce. Sa majesté, par l'arrêt de son conseil du 13 mai 1673 , accorda aux marchands & ouvriers desdits lieux & de toute la province d'Auvergne, la permission de continuer la fabrique de leurs étamines, de la largeur & longueur qu'ils faisoient avant le *réglement* de 1669, sans être tenus de leur donner demi-aune de large, les déchargeant même de l'obligation de les porter au bureau des marchands pour y être visitées & marquées.

Au mois de juillet de la même année 1673 , le roi accorda pareillement par un arrêt de son conseil, aux marchands drapiers drapans & sergers de la ville d'Alby , de continuer la fabrique des cordelats & bayettes suivant l'ancien usage & largeur, c'est-à-dire, de deux pans deux quarts revenant aunage de Paris , à demi-aune moins un seize , nonobstant le 3e article du *réglement* de 1669 ; à la charge néanmoins que les draps & autres étoffes de plus grand prix qui se fabriquent dans ladite ville d'Alby , seroient faites de la largeur & longueur établis par ledit *réglement* , sous les peines portées par icelui.

Il fut encore rendu un arrêt du conseil d'état du roi, le 14 octobre de cette année 1673, sur les remontrances des états de Languedoc, lequel dérogeant en faveur des manufacturiers des pays

de Vellai, Gevaudan, Sevennes & lieux circonvoisins, aux articles 20 & 30 des *réglemens* pour les largeurs & longueurs, & 21 & 36 pour les teintures ; leur permet de fabriquer les étoffes appellées *cadis*, seulement de deux pans , avec défenses de les faire de moindre largeur , sous les peines portées par lesdits *réglemens* généraux de 1669 ; sa majesté accordant pareillement permission auxdits ouvriers manufacturiers , & à ceux d'Auvergne , de teindre en rouge avec le brésil les cadis & burattes , au lieu de les teindre avec la garance , à la charge que les draps & autres étoffes qui se fabriquent dans lesdits lieux , seroient faits de la largeur & teinture ordonnées par lesdits *réglemens*.

Par un quatriéme arrêt aussi du conseil d'état du 18 novembre de la même année 1673 , le roi, sur la requête des maîtres & gardes du métier de drapiers - drapans du bourg de Bollebec en Normandie , & conformément au procès - verbal de l'intendant de la généralité de Rouen , permet auxdits drapiers-drapans de fabriquer des serges de trois quarts & demi , propres à faire les assublets des femmes du pays , ainsi qu'ils en faisoient avant le *réglement* de 1669 , à la charge qu'elles seront de la bonté & qualité portées par les *réglemens* & statuts du corps desdits drapiers , & que toutes autres serges qui se font pareillement audit lieu de Bollebec , y seroient fabriquées de la largeur, longueur & qualité ordonnées par l'article 11 dudit *réglement* de 1669.

1 6 7 5.

Par un arrêt du conseil du 31 décembre de cette année , il est ordonné que les maîtres-gardes & jurés drapiers & sergers des villes , bourgs & villages du royaume , tiendront bon & fidèle registre de toutes les pièces d'étoffe , tant de soie , de laine, que de fil, qu'ils visiteront & marqueront , comme aussi des amendes & confiscations qui seroient prononcées : lequel registre seroit paraphé par les maire & échevins & autres juges , à qui la connoissance des *réglemens* pour les manufactures est attribuée , & par les commis ou inspecteurs employés à l'exécution d'iceux ; & que les appointemens desdits inspecteurs , à raison de deux mille livres par an , seroient pris sur le produit du sol par livre , qui se paye auxdits maîtres & gardes jurés pour la visite & marque , & sur le quart des amendes & confiscations.

Comme cet arrêt est rappelé & confirmé par un arrêt subséquent du 22 octobre 1697 , qu'on trouvera ci-après , on s'est contenté d'en extraire le seul dispositif.

1 6 7 6.

RÉGLEMENT pour les largeurs & qualités des draps qui se fabriquent en Languedoc pour les échelles du Levant.

Par ce *réglement* du 15 mai 1676 , il est ordonné

que dans les manufactures du Languedoc & autres du royaume, il ne seroit fabriqué pour le commerce du Levant que de trois sortes de draps; savoir :

La première sorte, de ceux qu'on nomme *refins* & *trente dixains* pour les couleurs doubles, & *vingt-huit* ou *trentains* pour les couleurs simples, de pure laine de Ségovie, tant en chaîne qu'en trame.

La seconde sorte de ceux nommés *fins vingt-sixains*, de laine du pays dans la chaîne, & de laine d'Espagne dans la trame.

Et la troisième sorte de ceux nommés *communs vingtains*, de laine du pays, tant en chaîne qu'en trame.

Lesquelles trois sortes de draps doivent être toutes d'une aune & un sixième de largeur entre les deux lisières marquées de la marque de l'ouvrier qui les aura façonnés, & du lieu de la fabrique, avec une inscription de la qualité du drap & de sa destination pour le Levant.

Le même *réglement* ordonne de plus, que pour éviter toute surprise, chaque sorte de drap auroit ses toilettes particulières; la première sorte des toilettes de taffetas; la seconde sorte, moitié taffetas & moitié canevas ou treillis; & la troisième sorte, toute de treillis.

Cet arrêt du conseil n'ayant pas paru suffisant pour remédier aux abus qui se commettoient dans la fabrique des draps destinés pour les échelles du Levant, ni pour en assurer la perfection, il en fut rendu successivement deux autres; l'un du 22 novembre 1697, plus ample & plus détaillé, & l'autre du 20 novembre 1708, encore plus étendu que ces deux premiers, dont on parlera ci-après suivant l'ordre de leur date. C'est celui de 1708 qui s'est observé jusqu'à nous dans toutes les manufactures dont les draps doivent être transportés dans le Levant.

1 6 7 7.

Il avoit été ordonné par l'arrêt du 31 décembre 1675, que les maîtres & gardes jurés drapiers & sergers de toutes les villes, bourgs & villages du royaume, tiendroient un fidèle registre de toutes les étoffes qu'ils visiteroient & marqueroient, comme aussi des amendes & confiscations qui seroient prononcées contre les contrevenans aux *réglemens*; & par le même arrêt; les appointemens des inspecteurs des manufactures avoient été réglés à deux mille livres par an, qui seroient pris sur le produit du sol pour pièce qui se perçoit pour la visite & marque des étoffes, & sur lesdites amendes & confiscations. L'article 39 du *réglement* général de 1669, portoit pareillement qu'il y auroit dans toutes les villes, bourgs & villages du royaume, une chambre ou bureau, pour faire lesdites visites & marques.

Mais le roi ayant été informé que lesdits registres ne se tenoient pas, & que les inspecteurs ne

pouvoient être payés de leur appointement sur le produit dudit sol pour pièce, à cause que lesdits maîtres & gardes & jurés en disposoient à autres choses, & que même en plusieurs lieux l'on avoit négligé d'établir des bureaux pour la visite & la marque.

Sa majesté, pour arrêter ces abus & y remédier, ordonne par un arrêt de son conseil du 3 juillet 1677, que lesdits arrêts & *réglemers* seroient exécutés suivant leur forme & teneur; & en conséquence que les maîtres & gardes & jurés des ouvriers en soie, drapiers, & drapiers-sergers, payeront les appointemens des commis & inspecteurs, suivant le produit du sol pour pièce dans les tems portés par ledit arrêt de 1675, à quoi faire ils seroient contraints par les voies portées par icelui; comme aussi que conformément à l'article 39 desdits *réglemens* généraux de 1669, les maire & échevins des villes seroient tenus de fournir des bureaux dans les hôtels-de-ville ou autres lieux, pour visiter & marquer les étoffes; sa majesté faisant défenses auxdits maîtres & gardes & jurés, de prendre sur le produit dudit sol pour pièce, autres frais par préférence aux appointemens des inspecteurs, que ceux des plombs servant à la marque, & des registres dans lesquels lesdites étoffes doivent être enregistrées à peine d'en répondre dans leurs propres & privés noms.

1 6 8 2.

Il y a de cette année une ordonnance rendue par l'intendant du Languedoc le 17 décembre, qui décharge du droit de visite & de marque, les cadis qui se fabriquent dans le Gevaudan, le Velay, les Sevennes & autres lieux circonvoisins, attendu leur peu de valeur; & que ces étoffes ne sont ni de prix ni de qualité à recevoir l'apprêt & les teintures prescrites pour les étoffes plus considérables.

Cette ordonnance a été depuis confirmée par un arrêt du conseil du 7 octobre 1692, rendu à la sollicitation des députés des états de la province de Languedoc; nous rapporterons cet arrêt sous la date de cette année.

1 6 8 3.

MANUFACTURES de draps propres pour le Levant, établies en Languedoc.

Il ne s'est guères fait sous le règne de Louis XIV, & pendant le ministère de M. Colbert, d'établissement plus considérable ni plus utile au commerce que celui des manufactures de draperies à Clermont & à Saptes. Il est vrai que les fabriques de ces deux lieux étoient déjà en réputation; mais comme elles n'avoient été entreprises & n'étoient soutenues que par des particuliers, il n'étoit guères possible qu'elles pussent arriver à une entière perfection, & qu'il s'y pût faire une aussi grande quantité d'étoffes qu'il étoit nécessaire pour entretenir le commerce des françois au Levant.

Ce fut donc dans l'assemblée des états de Languedoc de l'année 1681, que suivant les projets proposés quelque tems auparavant, on prit les dernieres résolutions pour l'entretien & l'augmentation de ces deux manufactures ; & qu'en même tems que le roi leur accorda sa protection royale, les états leur assurerent des secours considérables, & prirent des mesures avec une nouvelle compagnie qui se forma, & qui avoit à sa tête les sieurs Hindret & Thomé, pour affermir & augmenter ces deux établissemens.

Les commissaires du roi nommés pour présider à l'assemblée au nom de sa majesté, ayant ménagé cette affaire conformément à leurs instructions, les états par leur délibération du 4 décembre de la même année 1681, accorderent à la compagnie qui seroit formée pour ces manufactures, la somme de cent mille livres, payables en trois années, sçavoir un tiers comptant, un tiers au mois de décembre 1683, & le dernier tiers au mois de décembre 1684, en donnant par ladite compagnie les sûretés nécessaires, de rendre ladite somme après six années sans intérêts, du jour que les paiemens auroient été faits.

Par la même délibération, il fut encore accordé une autre somme de trente mille livres pour l'achat des métiers, ustensiles & laine étant dans ladite manufacture de Clermont, ladite somme payable à la compagnie, pour être pareillement rendue à la province, après six années du jour du paiement sans intérêts.

Les états se chargerent aussi de payer les loyers des maisons & bâtimens de ladite manufacture, jusqu'à la concurrence de quatre ou cinq mille livres.

Enfin, pour animer encore davantage les entrepreneurs, la province s'engagea à leur payer une pistole pour chaque piéce de draps fins qui seroient fabriqués dans lesdites manufactures de Saptes & de Clermont, tant pour le dedans du royaume, que pour les pays étrangers.

Le roi réserva aussi en même tems la somme de dix mille livres par an sur la forme des droits de quarantième, de ceux du tiers sur taux & autres dont jouissoit la ville de Lyon, pour être payée pendant six années, ou à ladite compagnie, ou à celle qui devoit se faire, pour envoyer les draps de ces manufactures au Levant à la volonté de sa majesté.

Ce fut alors qu'après que la société entre lesdits sieurs Hindret & Pierre Thomé, pour faire valoir ladite manufacture de Clermont pendant lesdites six années, eût été entierement réglée, il s'en forma une autre entre plusieurs particuliers, pour le commerce & le débit des draps, tant de ladite manufacture que de celle de Saptes, aux échelles du Levant & ailleurs.

Quand tout fut ainsi disposé, les intéressés à l'ancienne compagnie donnerent au mois de mars 1683, un acte pour que les métiers, outils & ustensiles qui se trouvoient dans la maison qu'ils avoient

occupée jusqu'alors, & où la nouvelle compagnie devoit s'établir, demeurassent attachés à ladite maison, pour faire partie de la propriété d'icelle, en considération de quoi les loyers en seroient augmentés à proportion par lesdits états.

Il ne manquoit plus à ce nouvel établissement, que d'être confirmé par l'autorité royale. C'est ce qui fut fait par un arrêt du conseil du 8 mai 1683.

Par cet arrêt, sa majesté approuve, confirme & agrée la délibération prise en l'assemblée des états de Languedoc, & la société faite entre lesdits Hindret & Thomé ; ordonne qu'ils seront mis en possession des maisons, bâtimens, eaux, métiers & ustensiles de ladite manufacture de Clermont, dont les loyers seront payés à leur acquit à l'ancienne compagnie de la manufacture par les états de la province, ainsi qu'il sera réglé par le sieur Daguesseau, intendant. Et à l'égard des laines, filasse, & autres choses nécessaires auxdits Hindret & Thomé, qui se trouveront dans ladite maison, ils en payeront la valeur aux anciens intéressés, suivant l'estimation qui en sera faite par experts.

Sa majesté ordonne en outre, que sur les cent mille livres, d'une part, & trente mille livres d'autre, contenus en ladite délibération des états, il sera délivré, sçavoir, auxdits Hindret & Thomé, soixante-dix mille livres, & à Pierre de Varenne & autres intéressés en la manufacture de Saptes soixante mille livres, en faisant par lesdits Hindret & Thomé leur soumission solidaire de rendre ladite somme de soixante-dix mille livres, sans intérêt, aux termes portés par ladite délibération. Et par ledit de Varenne & associés pareille soumission ; le tout à condition d'entretenir le même nombre de trente métiers battans en chacune desdites manufactures, & de les augmenter de deux ou trois tous les ans, de quoi ils feront leur soumission au greffe du conseil.

Sa majesté ordonne pareillement que les prévôt des marchands & échevins de la ville de Lyon, payeront à la compagnie du commerce qui se chargera du débit des draps fabriqués dans lesdites manufactures, dix mille livres par chacun an, pendant les six années portées par l'arrêt du conseil du 13 février 1683, & ce aux termes qui seront convenus.

Veut aussi sa majesté que conformément à ladite délibération des états, il soit payé par la province auxdits sieurs Thomé, Hindret, de Varenne & leur compagnie, une pistole pour chacune piéce de draps fins, fabriqués dans lesdites manufactures.

Enfin, sa majesté, pour donner une plus grande marque de la protection qu'elle donne à ces manufactures, accorde encore auxdits Thomé, Hindret & de Varenne, une autre pistole pour chaque piéce desdits draps, qui sera envoyée au Levant ; laquelle leur sera payée par les trésoriers généraux de ses bâtimens, arts & manufactures, en rapportant les certificats des intendans des ports où les embarquemens seront faits.

POUR le sol par pièce d'étoffe destiné aux appointemens des inspecteurs des Manufactures.

1686.

Le roi avoit ordonné par un arrêt de son conseil du 31 décembre 1675, que les appointemens de deux mille livres accordés aux commis & inspecteurs des manufactures, leur seroient payés sur le produit du sol pour livre par pièces d'étoffes, tant de soie que de laine & de fil, qui seroient visitées & marquées par les maîtres & gardes & jurés drapiers & sergers des villes, bourgs & villages du royaume, dont lesdits jurés tiendroient regîtres, aussi bien que des amendes auxquelles les marchands trouvés en fraude auroient été condamnés. Mais sa majesté ayant été informée que les maîtres & gardes & jurés de la généralité de Tours, négligeoient de tenir lesdits regîtres; & que même ceux des plus fortes communautés n'étoient pas fideles, n'y faisant pas mention de toutes les pièces qui s'y marquent, non plus que des amendes encourues, ensorte qu'ils en retenoient le produit qui devroit être employé au paiement des appointemens desdits inspecteurs, à quoi étant besoin de pourvoir, afin que lesdits commis étant payés, pussent s'employer utilement à l'exécution des *réglemens* & statuts concernant lesdites manufactures.

Sa majesté, par un arrêt du 8 mars 1686, ordonne de nouveau, que les maîtres & gardes & jurés de toutes les communautés, où il y a des manufactures établies, tant en ladite généralité de Tours qu'aux autres généralités du royaume, seront tenus & obligés d'avoir un regître, parafé sans frais, par les juges auxquels la connoissance des manufactures est attribuée, dans lequel regître lesdits gardes seront tenus d'insérer toutes les pièces d'étoffes généralement qui leur seront apportées pour être marquées; ensemble les amendes auxquelles les marchands trouvés en fraude auront été condamnés, à peine d'amende contre lesdits gardes & jurés, laquelle sera arbitrée par l'intendant ou commissaire départi en chaque généralité, sur la plainte qui leur en sera portée : Enjoignant sa majesté aux commis & inspecteurs des manufactures, tant en ladite généralité de Tours, qu'autres du royaume, de tenir la main à l'exécution du présent arrêt, & de se faire représenter lesdits regîtres dans le cours de leurs visites, pour vérifier si les gardes & jurés y auront employé toutes les pièces qui leur auront été apportées pour être marquées, & les amendes auxquelles ceux qui auront été trouvés en fraude, auront été condamnés, &c.

1686.

L'intendant de la province de Languedoc rendit cette année une ordonnance pour décharger les cadis qui s'y fabriquent, de l'obligation d'être visités & marqués, ainsi que le portent les *réglemens*. Cette ordonnance est du 16 novembre 1686. Comme les

motifs sont semblables à ceux de l'ordonnance de 1682, dont on a parlé ci-dessus, & qu'elle a été confirmée par le même arrêt de 1692, on renvoie les lecteurs à ces deux années.

1687.

Les intendans de Picardie & d'Artois ayant donné deux ordonnances en forme de *réglement*, l'une du 9 juin 1677, & l'autre du 19 septembre 1686, concernant les portées que doivent avoir les serges qui se fabriquent à Aumale, Gramilliers, Feuquieres & Creve-cœur; sa majesté les confirma & en ordonna l'exécution par un arrêt de son conseil d'état du 10 février 1687, dont on ne rapportera pas ici le dispositif, attendu qu'il en sera parlé plus convenablement à l'article *des serges*, où l'on peut avoir recours.

Les manufactures de draperie de Sedan établies par le sieur Cadeau, & poussées par ses soins & son habileté à la dernière perfection, s'étoient jusqu'en l'année 1666 conduites par les articles de *réglemens* contenus dans les lettres-patentes qui lui avoient été accordées.

A l'expiration de son privilège qui n'étoit que de 20 années, il fut dressé un *réglement* particulier pour les manufactures de draperie de la ville de Sédan en 66 articles, confirmé par un arrêt du conseil du 16 septembre de la même année 1666, & observé nonobstant le *réglement* de 1669 jusqu'en 1687, que l'inspecteur des manufactures au département de Champagne voulut, à ce que prétendoient les échevins, les maîtres & gardes de la draperie, & les plus gros marchands de Sedan, les troubler dans leur possession, & les réduire à l'exécution du seul *réglement* de 1669.

La contestation ayant été portée au conseil d'état, le roi en amplifiant l'un & l'autre *réglement*, y ajouta par un arrêt de son conseil du 9 avril 1687, treize nouveaux articles pour être exécutés & gardés, tant par l'inspecteur que par les maîtres & gardes, marchands & manufacturiers.

Le premier & le second ordonnent aux jurés de tenir regître des étoffes qu'ils marqueront, & de rendre leurs comptes pardevant les juges des manufactures, un mois après qu'ils seront sortis de jurande.

Le troisième défend aux auneurs d'auner aucune pièce qui ne soit marquée du plomb de fabrique, & qui n'ait au chef le nom de l'ouvrier fait au métier.

Le quatrième enjoint aux ouvriers de mettre leur nom au chef, travaillé au métier & non à l'aiguille.

Le cinquième défend de tirer, allonger, & arramer aucune pièce de marchandise, tant en blanc qu'en teinture; ensorte qu'elles ne se puissent racourcir de la longueur & étrecir de la largeur; voulant à cet effet qu'elles puissent être tirées jusqu'à deux aunes par pièce ourdie de treize ou quatorze enseignes, qui pourront rapporter venant de la foule sie 27 à 28 aunes en tout; pour la vérification de quoi le tondeur avant de mettre la piéce à la teinture, y apposera son plomb contenant sa longueur; ce qu'il observera aussi pour les draps ou ratines de couleur avant de les porter à la rame, pour les rendre unies, & quarrées, afin de vérifier si elles n'auront pas allongé.

Le sixiéme permet aux tondeurs de se servir d'huile vierge fine au lieu de graisse ou sain-doux pour l'ensimage, avec défenses de se servir de cardes pour coucher le poil à la rame.

Le septiéme renouvelle en faveur des manufactures de Sedan le privilége accordé à toutes les autres scavoir, que les moulins, métiers, outils, &c. servant auxdites manufactures, ne pourront être saisis ni vendus en justice.

Le huitiéme régle le partage des amendes, conformément au *réglement* de 1669.

Le neuviéme défend de se servir des marques d'un autre lieu, ni de les contrefaire, à peine de 1500 liv. d'amende, & d'interdiction de tout commerce.

Le dixiéme régle les visites des jurés à une fois par mois, & ordonne que leurs procès verbaux seront certifiés par les juges des manufactures, qui jugeront des contraventions.

Il est défendu aux jurés par l'onziéme article de transporter leurs marques pour aller marquer chez les ouvriers, à peine de 100 l. d'amende.

Enfin le douziéme & le treiziéme enjoignent aux teinturiers de mettre leur plomb à chaque piéce qu'ils auront teinte, & de laisser une rose bleue au chef des noirs, & ainsi des autres couleurs.

Concernant l'aunage.

Il se trouve deux arrêts de cette année, l'un pour la province de Languedoc du 24 juin, & l'autre du 7 octobre pour le Dauphiné, qui y défend l'usage des cannes pour mesurer les étoffes, & ordonne que pour le cannage ou aunage, on ne se servira plus dans ces deux provinces que de l'aune de Paris, & que lesdites étoffes ne seront plus à l'avenir aunées par les lizieres, mais par le dos ou milieu. Comme ces deux arrêts sont entierement semblables, on se contentera de rapporter ici celui rendu pour le Languedoc.

Le Roi ayant été informé que selon l'usage de la province de Languedoc, les marchands, ouvriers ou autres qui fabriquent & vendent des marchandises de laine, soie ou fil, se servent pour mesurer leurs étoffes d'une mesure appellée *canne*, qui est plus grande que l'aune de Paris, de deux tiers, & que cette mesure, qui n'est pas en usage dans les autres provinces du royaume, oblige les marchands qui trafiquent en ladite province de Languedoc à des réductions, d'où il arrive beaucoup de difficultés, & fait naître des procès entre les uns & les autres à ce sujet; à quoi Sa Majesté jugeant à propos de remédier, & voulant en même tems pourvoir aux plaintes qui lui avoient été faites par les corps des marchands drapiers de la ville de Lyon & de plusieurs autres villes considérables du royaume, d'un abus manifeste qui se commet depuis plusieurs années en ladite province de Languedoc, consistant en ce que les fabriquans ou marchands de draps, au lieu de les canner par le dos ou milieu desdits draps, qui est l'endroit où les fabriquans de draps des autres provinces ont coutume de mesurer leurs piéces, ils les aunent par la liziere; ce qui cause un préjudice considérable à ceux qui achettent d'eux des draps ainsi aunés. Sa Majesté ordonne qu'à l'avenir tous fabriquans, ouvriers, marchands & autres qui achettent ou vendent des étoffes & marchandises en ladite province de Languedoc, soit de laine, soie, fil & autres, de quelque qualité qu'elles soient, seront tenus & obligés, dans la vente & débit de leurs marchandises, soit en gros ou en détail, de se servir de l'aune, mesure de Paris, au lieu de cannes, desquelles cannes Sa Majesté défend très-expressément l'usage en ladite province de Languedoc, à peine aux contrevenans d'amende arbitraire, applicable, moitié au dénonciateur & moitié aux hôpitaux généraux. Sa Majesté ordonnant en outre que dorénavant les ouvriers, fabriquans & marchands de drap de ladite province de Languedoc, seront aussi tenus & obligés d'auner leurs marchandises; scavoir, les draps estamés & ratinés par le milieu de l'étoffe & non par la liziere, & les serges, droguets & autres piéces de marchandises de laine, de demi-aune & au-dessous, par la plus courte liziere, à peine de confiscation desdites étoffes: enjoignant Sa Majesté à l'intendant, &c.

Il y a encore eu dans cette même année 1687 deux autres arrêts du conseil concernant les manufactures de la province de Languedoc, l'un du 4 novembre concernant la marque des étoffes en toile, & l'autre du 5 novembre pour les teintures en noir. On va les donner suivant l'ordre des dates.

Arrêt concernant la marque des étoffes en toile.

Le Roi ayant été informé des abus qui se commettent dans la province de Languedoc dans les manufactures de draperie, par l'inobservance des *réglemens* sur ce fait, principalement en ce qui regarde la marque qui doit être mise à la tête des piéces de drap, laquelle marque doit contenir le nom de l'ouvrier qui a fabriqué l'étoffe & celui de sa demeure. Que cette marque, comme l'avoient reconnu les inspecteurs dans le cours de leurs visites, n'étoit faite pour l'ordinaire, par la plûpart des fabriquans, que de fil à l'aiguille après la manufacture desdits draps, ce qui étoit très facile à ôter; & par conséquent pouvoit donner occasion aux ouvriers de changer comme il leur plaît, ou leur nom ou celui de leur demeure, ensorte qu'il leur étoit bien aisé de faire passer par ce changement des draps de la Montagne, pour draps de Carcassonne, & ceux de Carcassonne pour ceux d'Angleterre; ce qui n'arriveroit n'arriveroit pas fi ladite marque fe faifoit fuivant ce qui eft prefcrit par le 51e. article du *réglement* général concernant les manufactures, lequel porte que le nom de l'ouvrier doit être marqué à la tête de l'étoffe, & fabriqué fur le métier, & non fait à l'aiguille. Sur quoi les marchands ayant repréfenté que la plûpart des ouvriers ne connoiffant aucune lettre, ils ne font pas capables de les employer à la tête de leurs ouvrages, qu'en outre, il faut plus de tems pour faire cette marque au métier, que pour travailler la piéce d'étoffe entiere; que d'ailleurs il n'étoit pas difficile de remédier à l'inconvénient provenant de la marque à l'aiguille, & qu'il ne faudroit pour cela que marquer les draps en toile, lorfqu'ils font encore fur le métier avec de la laine d'une couleur différente de celle de l'étoffe où l'on employeroit le nom de l'ouvrier, & celui du lieu de fabrique fans aucune abréviation : cette maniere de marquer les draps ne pouvant être ôtée comme celle de fil à l'aiguille, parce que lorfque les draps font portés au foulon, la marque de laine s'y incorpore de telle forte que l'on ne peut non plus l'ôter ni l'effacer, que fi elle avoit été faite au métier, fuivant les *réglemens*. Sur quoi Sa Majefté ayant agréé lefdites remontrances, & étant bienaife de faciliter aux ouvriers le moyen de faire leurs ouvrages avec économie & moins de perte de tems, pourvu qu'il n'en puiffe arriver d'abus, fans avoir égard à ce qui eft porté par le 21e. article du *réglement* général de 1669, a permis aux ouvriers en fait de draperie de la province de Languedoc, de marquer à l'avenir, fi bon leur femble, leur nom & celui de leur demeure, fans abréviation, à la tête des piéces d'étoffes en toile avec de la laine d'une couleur différente de celle de la piéce où fera ladite marque, au lieu de la faire fur le métier; enforte que la piéce étant portée au foulon, ladite marque s'y incorpore de telle forte qu'elle ne puiffe être non plus ôtée ni effacée, que fi elle avoit été faite au métier. Sa Majefté voulant au furplus que ledit *réglement* général foit exactement obfervé, & que fuivant icelui nulle marque ne puiffe être faite de fil à l'aiguille fur les chefs des piéces, fous les peines y portées.

Arrêt concernant les Teintures en noir.

Les marchands teinturiers de la province de Languedoc ayant préfenté au Roi une requête, tendante à ce que pour les caufes & confidérations y contenues, il leur fût permis de faire trois degrés de teinture pour les étoffes de laine qui doivent être mifes en noir; fçavoir, de teindre les draps fins en noir dans un bon guefde en bleu pers, avec garence, comme ils ont fait jufqu'à préfent, conformément au 9e article du *réglement* du mois d'août 1669, les draps communs, du prix de trois, quatre ou fix livres l'aune en bleu turquin, & les étoffes de plus bas prix en bleu célefte fimplement :

Sa Majefté, après avoir vu les mémoires & les avis qui lui ont été donnés fur ce fujet, & voulant fixer en Languedoc le pied de la teinture en noir defdites étoffes de laine, a ordonné que l'article 9 dudit *réglement* du mois d'août 1669, concernant les teintures, fera fuivi & exécuté par lefdits marchands & maîtres teinturiers, à l'égard des draps non fins, depuis le plus haut prix jufqu'à celui de quatre livres l'aune : que l'article 11 du même *réglement* fera auffi exécuté à l'égard des draps noirs, depuis le prix de quatre livres l'aune jufqu'à celui de trois livres ; & quant aux draps & autres étoffes de laine du prix de trois livres l'aune & au deffous, qu'ils feront teints en bleu célefte : ordonnant en outre Sa Majefté, que dans tous les endroits de ladite province de Languedoc, où il y aura des teinturiers établis & où il fe fera des teintures, il y aura, à l'égard des étoffes teintes en noir de médiocre & de bas prix, un échantillon ou matrice dans un dépôt public, pour fervir de régle, tant aufdits teinturiers & marchands, qu'aux commis des manufactures & aux juges d'icelles, Sa Majefté enjoignant à l'intendant de Languedoc d'y tenir la main, &c.

1 6 8 8.

Le *réglement* particulier pour les manufactures de laînerie de la ville de Reims du 4 octobre 1666, confirmé par arrêt du confeil du 13 feptembre 1669, étant en quelques articles différent du *réglement* général du mois d'août de la même année 1669; & S. M. voulant pourvoir aux conteftations qui furvenoient fouvent à ce fujet entre les marchands & ouvriers defdites manufactures, ordonna par un arrêt de fon confeil d'état du 14 février 1688, que l'un & l'autre *réglement* feroient exécutés felon leur forme & teneur, à la réferve des articles aufquels il feroit dérogé par l'arrêt; ce qui ne confifte néanmoins qu'en deux chefs.

1°. Il eft dit que fans avoir égard aux articles 11 & 22 du *réglement* particulier, fuivant lequel les étoffes y mentionnées ne doivent avoir en toile que demi-aune entre les deux lifieres, l'article 30 du *réglement* général, qui porte qu'il ne fera fait d'étoffes de fi bas prix qu'elles puiffent être, qu'elles n'ayent au moins demi-aune mefure de Paris toutes apprêtées, fera fuivi & exécuté, même pour les étoffes de nouvelle mode inventées & faites depuis.

2°. En dérogeant aux articles 36 du *réglement* particulier & 51 du *réglement* général, il eft permis aux ouvriers des manufactures de Reims, de marquer, fi bon leur femble, leur nom & celui de leur demeure fans abréviation au chef de leurs étoffes, avec de la laine d'une couleur différente de celle de l'étoffe, au lieu de la faire au métier; enforte néanmoins qu'étant portée au Foulon, cette marque s'y incorpore, & ne puiffe non plus en être ôtée, que fi elle étoit faite au métier.

POUR *les Charetiers & Voituriers qui passent debout dans les villes du royaume, chargés de draps & autres étoffes de laine.*

Le Roi ayant été informé qu'il se commettoit plusieurs fraudes & abus contre les droits des cinq grosses fermes par les charetiers & autres voituriers qui passent debout dans les villes de Paris, &c. chargés de draps & autres étoffes de laine, comme aussi par les messagers, maîtres des coches & carosses des villes & lieux qui y apportent de semblables marchandises, Sa Majesté pour y pourvoir, ordonna par un arrêt de son conseil du 7 février 1688, qu'à l'avenir tous les charetiers & autres voituriers qui transporteront d'un lieu à un autre, dedans ou dehors l'étendue des cinq grosses fermes, des marchandises de draps & autres étoffes de laine sur des charrettes ou bêtes de somme, passant debout dans la ville de Paris, seroient tenus d'aller descendre à la halle aux draps, & d'y laisser leurs charrettes ou autres charges pendant une nuit, où ils les iroient reprendre le lendemain au matin, après avoir pris à la douane les acquits & passavants dont ils auroient besoin. Et à l'égard des messagers, maîtres de coches & carosses, qu'ils seroient tenus d'envoyer à la douane dans le même jour de leur arrivée, les ballots de semblables marchandises dont ils seroient chargés, à peine de confiscation desdites marchandises, même des chevaux & charrettes, & de cent livres d'amende contre lesdits voituriers, messagers & maîtres des coches & carosses.

CONTRE *les gardes & jurés qui marquent, comme bonnes, des étoffes défectueuses.*

Il avoit été ordonné par l'article 49 du *réglement* général des manufactures du mois d'août 1669, que tous les draps, serges & autres étoffes seroient vues & visitées au retour du foulon par les gardes, jurés en charge, & marquées par eux de la marque du lieu où elles auroient été faites, pour reconnoître si elles étoient des qualités requises, pour & en cas de défectuosité les faire saisir, & la confiscation en être poursuivie de la manière prescrite par ledit *réglement* : cependant la plupart desdits gardes ne laissoient pas, dans leurs visites, de marquer celles qui se trouvoient défectueuses, comme si elles avoient les longueurs, largeurs & qualités requises, ce qui entretenoit les ouvriers dans le relâchement, relativement à la fabrique des étoffes.

Le roi informé de cet abus, & voulant y pourvoir, ordonna par un arrêt du conseil du 24 juillet 1688, que l'article 39 dudit *réglement* de 1669, seroit exécuté selon sa forme & teneur ; & y ajoutant que si à l'avenir les gardes, jurés ou autres, auxquels sa majesté a attribué par ledit *réglement* le droit de visite & marque des draps & autres étoffes, marquent comme bonnes des étoffes défectueuses, soit en longueur, largeur & qualité, ils soient condamnés chacun en dix livres d'amende pour chaque pièce d'étoffe qui sera trouvée défectueuse, au payement de laquelle somme ils seront contraints comme pour les propres deniers de sa majesté ; & afin de connoître l'année dans laquelle ces étoffes auront été marquées, sa majesté veut que lorsque les nouveaux jurés seront élus en charge, ils fassent faire une marque nouvelle où sera la date & l'année qu'ils auront été élus, de laquelle ils se serviront pour marquer les étoffes sur lesquelles ils ont le droit de visite. Ordonnant que le présent arrêt soit enregistré par-tout où besoin sera, & exécuté nonobstant opposition ou appellation quelconques, dont si aucune intervient, sa majesté s'en réserve & à son conseil la connoissance, &c.

CONTRE *les marchands qui se trouveront saisis de marchandises défectueuses.*

L'inspecteur des manufactures du département d'Orléans, ayant dans le cours de ses visites trouvé dans les magasins de cette ville plusieurs pièces d'étoffes défectueuses, & entr'autres quatre pièces de drap blanc de la fabrique d'Aubigny, marquées sur le chef, *Mahon*, adressées à un marchand de ladite ville nommé *Godefroy*, lesquelles il auroit fait saisir & assigner ledit *Godefroy*, lequel auroit déclaré qu'il les avoit demandées de la qualité & bonté portées par les *réglemens*, ledit inspecteur auroit aussi pour raison de ce, fait assigner ledit Mahon. Le roi informé de cette contravention, & voulant pour l'intérêt du public y pourvoir, ordonna par un arrêt de son conseil du 30 septembre 1688, aux juges des manufactures de ladite ville d'Orléans, de prendre connoissance de ladite contravention, & de la juger suivant & conformément aux *réglemens* rendus sur le fait des manufactures ; & pour empêcher que de semblables abus ne se commettent en aucunes autres villes du royaume, sa majesté enjoint aux juges des manufactures d'icelles, d'en juger avec la même sévérité à l'endroit des marchands qui se trouveront saisis de pièces défectueuses. Voulant sa majesté que tant ledit Godefroy que les autres marchands qui tomberont en pareille faute, portent seuls les peines ordonnées par lesdits *réglemens*, contre ceux qui se trouveront saisis d'étoffes défectueuses, sans qu'ils puissent avoir recours contre celui ou ceux qui leur auront envoyé lesdites étoffes défectueuses, & desquels ils les auront achetées. Enjoignant sa majesté aux intendans & aux juges des manufactures chacun à son égard, de tenir la main à l'exécution du présent arrêt.

Il y a encore deux arrêts de cette année 1688, savoir, un du 17 février, & l'autre du 16 mars, rendus au sujet des draperies de laines étrangères. Ils sont rappellés dans celui du 19 novembre 1694, où l'on peut avoir recours ; il se trouve dans ce Dictionnaire dans l'ordre de la date des années.

1 6 8 9.

La plupart des ouvriers employés dans les fabriques & manufactures des draps & autres étoffes de laine s'étant avisés, pour augmenter l'aunage de leurs étoffes, de les tirer par le dos ou faîte, ensorte qu'une piéce de vingt aunes mesurée par les lisières, en avoit quelquefois vingt-deux ou vingt-trois mesurée par le dos, sa majesté pour remédier à cet abus capable de décréditer les fabriques du royaume, ordonna par un arrêt de son conseil d'état, en forme de *réglement*, du 3 octobre 1689, que conformément à l'article 52 du *réglement* général, aucune étoffe, soit en blanc, soit en teinture, ne pourroit être tirée, allongée ni arramée de telle forte qu'elle se pût racourcir de la longueur & étrecir de largeur, à peine de cent livres d'amende contre les contrevenans pour la première fois, & en cas de récidive d'être déchus de la maîtrise. Permet sa majesté à tous marchands & autres qui acheteroient des marchandises, de faire auner la piéce, tant par la lisière que par le dos, & d'en payer le prix sur le pied du moindre aunage.

CONCERNANT les étoffes de laine, & fil & laine, qui s'apportent aux foires de Poitou.

L'article 40 du *réglement* général du mois d'août 1669, concernant les manufactures, avoit ordonné que les draps, serges & autres étoffes de laine & de fil qui seroient apportées aux foires, y seroient vues, visitées & marquées par les maîtres, gardes, jurés de la draperie du lieu où se tiendroient lesdites foires. Cependant plusieurs marchands & ouvriers fréquentans les foires de Poitou, par une contravention manifeste à cet article, faisoient décharger dans les maisons des particuliers les étoffes dont ils faisoient commerce, où les marchands qui les alloient acheter, sans qu'au préalable elles eussent été visitées ni marquées par les gardes jurés en charge, d'où il arrivoit que les ouvriers, assurés du débit de leurs étoffes, continuoient à les faire de mauvaise qualité, ce qui pouvoit continuer à détruire dans les pays étrangers la réputation des manufactures de France, & devenoit d'ailleurs très-préjudiciable au public.

Le roi informé de cet abus, & pour y remédier, ordonna par un arrêt de son conseil du 21 mars 1689, que conformément audit article du *réglement* de 1669, les draps, serges, & autres étoffes de laine & de fil qui seroient apportées aux foires de ladite province de Poitou, seroient vues, visitées & marquées, avant que d'être exposées en vente, par les gardes jurés de la draperie du lieu où se tiendroient lesdites foires; & en conséquence, fit de très-expresses inhibitions & défenses à tous marchands, ouvriers & autres

de décharger les draps, serges & autres étoffes de laine & de fil dans les maisons des particuliers, à peine de confiscation d'icelles, & de trois cent livres d'amende pour chaque contravention contre les marchands, ouvriers & autres, qui auroient déchargé lesdites étoffes, & de deux cent livres d'amende contre celui qui les auroit reçues dans sa maison, sa majesté déclarant lesdites amendes encourues, *ipso facto*, par les contrevenans, sans qu'elles pussent être diminuées par les juges, pour quelque cause, occasion & sous quelque prétexte que ce pût être, à peine d'en répondre en leur propre & privé nom, sa majesté enjoignant à l'intendant de Poitou d'y tenir la main, &c.

1 6 9 0.

Il fut rendu cette année le 3 octobre, un arrêt du conseil concernant les draperies de laines étrangères, & l'ordre prescrit pour la fabrique & marque des draps des manufactures de France; il est rappellé dans un autre du conseil du 19 octobre 1694. *Voyez ci-après* ce dernier arrêt.

1 6 9 2.

L'arrêt du 5 février 1692, rendu en conséquence d'un autre arrêt du 31 décembre 1675, rapporté ci-dessus au sujet des registres que doivent tenir les maîtres & gardes & jurés des étoffes de soie, laine & fil, qu'ils visiteront & marqueront, & des appointemens des inspecteurs des manufactures, à prendre sur le sol pour piéces, qui se paye pour la marque de chacune piéce d'étoffe, porte qu'il seroit fait par les sieurs intendans dans chaque généralité, des départemens de ladite somme de deux mille livres sur toutes les villes & lieux de l'inspection de chacun desdits commis, à proportion du produit dudit sol pour piéces; auquel effet les jurés seroient tenus de représenter leurs registres & autres piéces, pour être les sommes contenues auxdits départemens payées auxdits commis inspecteurs.

On ne dira rien davantage de cet arrêt, ayant été depuis confirmé par celui du 22 octobre 1697, où il a été rappellé. *Voyez* cet arrêt, *ci-après*.

Les députés de la province de Languedoc ayant représenté au roi par l'article 7 de leur cayer, que les étoffes appellées *cadis*, qui se fabriquent dans le Gevaudan, le Velay, les Sevennes & autres lieux circonvoisins, avoient été exceptées par arrêt du conseil du 14 octobre 1673, du *réglement* général des manufactures du mois d'août 1669, pour toutes les autres étoffes qui se font dans le royaume; & que sur ce fondement elles avoient été déchargées du droit de visite & de marque par les ordonnances rendues par les sieurs d'Aguesseau & de Bâville, les 17 décembre 1682 & 16 novembre 1686; mais que comme ces ordonnances ne pouvoient être exécutées que dans l'étendue de la province de Languedoc, il arrivoit journellement que, lorsque ces étoffes étoient portées hors la province, elles étoient faisies par les gardes & jurés des marchands merciers, drapiers, prétendant que n'étant pas marquées, elles étoient sujettes à la confiscation; ce qui troubloit le débit de ces sortes d'étoffes; à quoi lesdits députés supplioient très-humblement sa majesté qu'il fût pourvu.

Le roi, après s'être fait représenter ledit arrêt du 14 octobre 1673, & lesdites deux ordonnances, & avoir vu l'avis dudit sieur d'Aguesseau, portant que lesdites étoffes avoient été exemptées de la rigueur des *réglemens*, à cause de leur peu de valeur, & qu'elles ne sont ni de prix, ni de qualité à recevoir l'apprêt & les teintures en la manière prescrite pour les étoffes plus confidérables; & qu'ainfi il n'y avoit point d'inconvénient d'accorder aux états ce qu'ils demandoient. Sa majesté, par un arrêt du 7 octobre 1692, ordonne que ledit arrêt de 1673, & lesdites deux ordonnances seront exécutées, & en conféquence fait défenses aux gardes-jurés des marchands de draps & tous autres, de faisir & arrêter les cadis & burats du Gévaudan, Velay, Sevennes & autres lieux circonvoisins de la Province de Languedoc, sous prétexte qu'ils ne feront pas marqués, ni d'exiger aucun droit pour la marque & visite dont sa majesté les a déchargés, &c.

1693.

Il fut donné cette année un arrêt du conseil concernant la manière dont les entrepreneurs des manufactures des draperies, & les maîtres drapiers-drapans de toutes les provinces du royaume, doivent mettre leur nom & celui de leur demeure sur le chef de chaque pièce d'étoffes.

Cet arrêt qui est du 7 avril, ordonna l'exécution de l'article 51 des *réglemens* généraux de 1669, & de l'arrêt du conseil du 4 novembre 1687, & en conféquence que les entrepreneurs des manufactures, & les maîtres drapiers-drapans de tout le royaume, feront tenus de mettre leur nom au chef & premier bout de chaque pièce sur le métier, conformément audit article 51, ou de marquer leur nom & celui de leur demeure sans abréviation, ensemble le n° des pièces d'étoffes, à la tête de chaque pièce en toiles, soit qu'elles se trouvent sujettes à la teinture ou non, avec de la laine d'une couleur différente de celle de la pièce, au lieu de la faire sur le métier; en sorte que la pièce étant portée au foulon, ladite marque de laine s'incorpore avec la pièce, & qu'elle ne puisse être non plus ôtée & effacée que si elle avoit été faite au métier, suivant ledit arrêt du 4 novembre 1687, le tout sous les peines portées par lesdits *réglemens* de 1669: que néanmoins lesdits entrepreneurs & drapiers-drapans, pourront si bon leur semble, outre ladite marque, ainsi faite sur le métier, ou avec de la laine sur les pièces d'étoffes sujettes à la teinture, y en ajouter une autre à l'aiguille faite avec du fil ou du coton, ou telle autre matière que bon leur semblera.

On peut voir ci-dessus ledit arrêt de 1687, & le *réglement* de 1669.

1694.

Le roi ayant été informé qu'au préjudice des arrêts du conseil des 17 février & 16 mars 1688, & 3 octobre 1690, rendus au sujet des draperies de laines étrangères, & l'ordre prescrit pour la fabrique & marque des draps des manufactures de France, divers marchands commettoient plusieurs abus tant contre lesdits arrêts, que contre les *réglemens* généraux; les uns en ajoutant & faisant rentraire aux pièces de draps de fabrique étrangere, des lisieres avec les marques des fabriques de France; & d'autres en faisant mettre aux draps de fabrique de France des marques étrangeres, & que d'ailleurs il se trouvoit quantité d'étoffes qui n'avoient aucune marque ni de fabrique, ni de visite.

Pour y pourvoir, Sa Majesté après avoir vu les procès verbaux des saisies faites en exécution desdits Arrêts, ordonne de nouveau qu'ils seront exécutés selon leur forme & teneur, & qu'à l'égard des draps saisis, il sera procédé pardevant le sieur lieutenant de police de Paris, pour y être pourvu conformément auxdits arrêts ainsi qu'il appartiendra de raison. Ce dernier arrêt est du 19 octobre 1694.

1697.

Le *réglement* de 1676 concernant les draps destinés pour les échelles du levant, n'ayant pas paru suffisant, comme on l'a dit ci-dessus, il en fut dressé un nouveau par arrêt du conseil d'état du 22 octobre 1697 qui prescrivit en 23 articles les longueur & largeur de ces sortes de draps, les laines qui devoient y être employées, la manière de les travailler & fabriquer, la marque contenant le nom de l'ouvrier & le lieu de la fabrique, la façon de les fouler avec du savon & non avec de la terre, leur tonture & apprêt, leur teinture; leurs visites par les gardes & jurés en charge, leur arramage, leur aunage, les fonctions des inspecteurs par rapport à ces sortes de draps, & leur visite à Marseille, avant que d'être embarqués pour le Levant, par lesdits inspecteurs accompagnés de deux marchands.

On n'est entré dans aucun détail de ces 23 articles, parce qu'ils se trouvent tous fort étendus & augmentés dans le *réglement* de 1708, dont on parlera ci-après très-amplement.

CONCERNANT la marque des étoffes de la province de Languedoc, les régistres que les maîtres & gardes en doivent tenir, & les appointemens des inspecteurs.

Le roi avoit ordonné par le *réglement* de 1667, pour les manufactures d'étoffes de soie, & par celui de 1669, pour les étoffes de laine, que lesdites étoffes seroient visitées & marquées par les gardes-jurés des fabriquans dans les lieux de fabrique, &

par les maîtres & gardes marchands dans les villes où elles seroient portées pour y être débitées ; & par un arrêt de son conseil du 31 décembre 1675, que les maîtres, gardes & jurés drapiers & sergers des villes, bourgs & villages du royaume, tiendroient bon & fidele registre de toutes les piéces d'étoffes, tant de soie que de laine & fil, qu'ils visiteroient & marqueroient : comme aussi des amendes & confiscations qui seroient prononcées ; lequel registre seroit paraphé par les maires, échevins, jurats, capitouls, consuls ou autres juges, auxquels la connoissance des *réglemens* & statuts des manufactures est attribuée, & par les commis employés à l'exécution d'iceux ; & que les appointemens desdits commis, à raison de deux mille livres par an, seroient pris sur le produit du sol par piéce, qui se paye auxdits maîtres, gardes & jurés pour la visite & marque & sur le quart des amendes & confiscations qui seront adjugées ; & par autre arrêt du 5 février 1692, qu'en conséquence du précédent arrêt, il seroit fait par les sieurs intendans dans chaque généralité, un département de ladite somme de deux mille livres sur toutes les villes & lieux sujets à l'inspection de chacun desdits commis, & où la visite & marque des étoffes est faite par lesdits gardes & jurés à proportion du produit du sol par piéce, auquel effet lesdits jurés seroient tenus de représenter leur registre & autres piéces pour être les sommes contenues auxdits départemens, payées auxdits commis, après qu'ils auroient remis auxdits sieurs intendans les procès-verbaux ou états des visites qu'ils auroient faites en chacun desdits lieux ; & qu'ils en auroient obtenu les ordonnances pour le payement des sommes contenues auxdits départemens.

Mais Sa Majesté ayant été informée que lesdits *réglemens* & arrêts n'étoient pas exécutés dans la province de Languedoc, en ce qui concerne le registre, ce qui donnoit lieu à diverses fraudes & abus de la part des fabriquans & de la part des marchands, & à des contestations entre les commis préposés pour l'exécution des *Réglemens* de ladite Province, & les maîtres, gardes & jurés de Communauté sur le paiement des appointemens desdits commis, à quoi il étoit nécessaire de pourvoir.

Sa Majesté par un nouvel arrêt de son conseil du 22 octobre 1697, a ordonné que, conformément auxdits *réglemens* & arrêts, les étoffes tant de laine que de soie, qui seront à l'avenir fabriquées en ladite province, seront vûes, visitées & marquées du plomb de fabrique par les gardes & jurés des lieux où il se fabrique desdites étoffes; & qu'elles seront encore vûes, visitées & marquées du plomb de vûe dans les villes & bourgs, où elles seront vendues & débitées par les maîtres & gardes des communautés des marchands desdites villes & bourgs, à peine de confiscation de celles qui se trouveront n'avoir pas été marquées ; & que les maîtres & gardes & jurés, tant desdits marchands que des fabriquans des villes, bourgs & villages de la-

dite province, tiendront bon & fidele registre de toutes les piéces d'étoffes qu'ils visiteront & marqueront, & des amendes & confiscations qui seront ordonnées sur les contraventions auxdits *réglemens*, à peine de cent livres d'amende contre les maîtres, gardes & jurés desdites villes, bourgs & villages, dans lesquels lesdits commis des manufactures ne trouveront point de registre dans un mois, à compter du jour de la publication dudit arrêt, qui en sera faite en chaque lieu de fabrique & de débit, par les juges des manufactures, qui assembleront les marchands & fabriquans à cet effet; & de 20 liv. d'amende contre les maîtres gardes, & jurés par chacune piéce d'étoffe qui aura été marquée & non enregistrée, lesquels registres seront paraphés sans frais ainsi qu'il est prescrit par ledit arrêt du 31 décembre 1675, & représentés auxdits commis par lesdits maîtres, gardes & jurés tous les trois mois, & toutes fois & quantes qu'ils en seront requis, pour être par lesdits commis tiré des extraits desdits registres contenant la quantité des piéces d'étoffes qui auront été visitées & marquées, & des amendes & confiscations qui auront été adjugées ; lesquels extraits lesdits commis remettront au sieur intendant de ladite province, avec les procès verbaux & états de visites de leur département conformément audit arrêt du 5 février 1692 ; lequel au surplus sera exécuté selon sa forme & teneur : enjoignant Sa Majesté audit sieur intendant de tenir la main à l'exécution du présent arrêt, & aux juges des manufactures de s'y conformer dans leurs jugemens.

Défenses de se servir de presses à feu.

Les contraventions aux *réglemens* concernant les presses à feu, avoient obligé Henri IV en 1601, d'en ordonner l'exécution par des lettres patentes du 8 juin de ladite année 1601 ; Louis XIV se trouva en 1697 dans la même nécessité, & ce fut pour maintenir une discipline si nécessaire, que fut rendu l'arrêt du conseil d'état du mois de décembre de la même année 1697.

Sa Majesté expose dans le préambule de l'arrêt qu'ayant été informée qu'il s'étoit établi dans plusieurs endroits du royaume, spécialement dans la ville de Paris, un usage de presses à chaud, à fer & airain, quoiqu'expressément défendu par les ordonnances de 1508 & 1560, & par celle de 1601, sous prétexte que le *réglement* général de 1669 n'en rappelloit pas l'exécution. Que comme cette manière de presser les draps en cache les inégalités & les défauts, ce qui peut donner occasion aux ouvriers & fabriquans de se négliger & de faciliter des fraudes dans le commerce, Sa Majesté se trouve obligée d'y pourvoir. Qu'en conséquence elle ordonne que lesdites ordonnances des années 1508, 1560 & 1601, seront exécutées selon leur forme & teneur. Que conformément à icelles elle fait d'expresses inhibitions & défenses à tous marchands drapiers, manufacturiers fabriquans, foulans, aplagneurs tondeurs & autres, tant de la ville de Paris que dans les autres villes & lieux du royaume, d'avoir & tenir chez eux aucune presse à fer, airain & à feu, ni de s'en servir pour presser les draps & étoffes de laine, à peine de confiscation desdites presses & ustensiles, & de 500 livres d'amende pour chacune contravention, Sa Majesté faisant pareillement défense à tous marchands de commander ni exposer en vente aucuns draps ni étoffes de laine, qui ayent été pressés à fer, airain & à feu, à peine de cent livres d'amende pour chacune pièce, & de plus grande en cas de récidive. Enjoignant Sa Majesté au sieur lieutenant général de Police de Paris, & aux sieurs intendans & commissaires dé partis dans les provinces de tenir la main à l'exécution du présent arrêt, qui sera lu, publié & affiché par tout où besoin sera.

1 6 9 8,

Les ouvriers des manufactures de serges & autres étoffes de laine, établies dans tout le duché d'Aumale & dans l'étendue de la prévôté de Grandvillers, n'observant presqu'aucun article, soit de leur *réglement* particulier du 23 octobre 1666, soit du *réglement* général du mois d'août 1669, concernant la visite & la marque des étoffes, l'obligation d'y mettre leur nom au chef, l'établissement des chambres & bureaux dans des lieux commodes pour faire lesdites marques & visites, l'élection des jurés des communautés; il fut ordonné par un arrêt du conseil d'état du 13 mai 1698, que conformément auxdits *réglemens:*

1º. Tous les fabriquans du duché d'Aumale & prévôté de Grandvilliers mettroient leur nom & celui du lieu de leur demeure au chef de chaque pièce, au métier & non à l'aiguille, avant que d'être portée au foulon.

2º. Que pour la visite & marque des étoffes il seroit établi des chambres & bureaux dans la ville d'Aumale, à Grandvilliers, à Lignieres & à Mollieu, à chacun desquels, suivant la destination faite par l'arrêt, tous les fabriquans & ouvriers des endroits y dénommés, seroient obligés de porter leurs étoffes.

3º. Qu'il se feroit élection chaque année de gardes & jurés, aux lieux où seroient établis lesdits quatre bureaux de visite, pour faire lesdites marques & visites, conformément aux *réglemens* particuliers & généraux.

4º. Qu'aucun fabriquant ou autres ne pourroient vendre ni exposer en vente aucunes pièces d'étoffe, sans les avoir fait visiter & marquer du plomb de fabrique du bureau, auquel elles doivent être visitées & marquées, suivant le présent arrêt, & non d'autre, sans préjudice néanmoins des bureaux établis à Feuquiers & Hardivillers, où les étoffes desdits lieux & autres circonvoisins continueront d'être portées.

Le *réglement* pour les manufactures de la province de Poitou, du 4 novembre 1658, consiste en trente-trois articles, dont partie prescrit les portées,

longueurs & largeurs des diverses étoffes de laine qui se fabriquent dans cette province, & les laines dont elles doivent être faites; & l'autre partie regarde leurs marques & visites & autres articles de police & de discipline, qui doivent être observés par les gardes & jurés, maîtres & ouvriers desdites manufactures.

Les articles concernant les étoffes sont les 1, 2, 7, 9 & 16 pour les serges; les 3, 4, 5, 6, 11 & 12 pour les droguets; les 7 & 8 pour les étamines; le 10 pour les draps; les 13, 14 & 15 pour les tiretaines; le 17 pour les revêches; les 18 & 19e articles sont de la bonne fabrique de toutes ces étoffes, dans lesquelles, à la réserve des serges drapées croisées, des tiretaines communes & des revêches croisées, il n'est pas permis d'employer pignons. Tous ces articles étant rapportés à ceux des diverses étoffes dont il y est parlé, on n'en fera ici aucun extrait. *Voyez* SERGE, DROGUET, TIRETAINE, REVÊCHE, ÉTAMINE & DRAP.

On va présentement parcourir les articles de police & de discipline qui commencent au vingt-unième article du *réglement.*

Ce 21e article défend la fabrique de toutes ces étoffes, à tous autres qu'aux maîtres des communautés des drapiers, sergers & autres fabriquans d'étoffes.

Le 22e ordonne la visite des étoffes en toiles avant que d'aller au foulon, & enjoint que la quantité d'aunes qu'elles contiennent sera marquée à un des bouts de chaque pièce, avec un fil de laine différente de l'étoffe, aussi bien que le numero du rang où elles auront passé au bureau; ce qui sera aussi mis sur le registre des gardes & jurés.

Les 23e & 24e défendent aux foulonniers de mettre à leur moulin aucune pièce non marquée, à peine de trois livres d'amende contre eux, & de dix livres contre le fabriquant, non plus que de fouler des étoffes de pure & bonne laine avec des étoffes mêlées de pignons, à peine de dix livres pour la première fois, & d'être chassés des moulins en cas de récidive.

Le 25e défend pareillement à tous foulonniers, à tous tondeurs & appréteurs, de rouler aucune étoffe à chaud, soit en mettant du feu dessous, soit en faisant chauffer les rouleaux, à peine de cent livres d'amende pour la première fois, & d'être déchus de la maîtrise en cas de récidive.

Il est ordonné par le 26e, que toutes les étoffes seront apprêtées à apprêt d'eau, afin qu'elles ne puissent se retirer lorsqu'elles seront mouillées.

Le 27e veut que les étoffes soient visitées une seconde fois par les gardes & jurés, après avoir été foulées & apprêtées, pour être marquées d'un plomb, conformément à l'article 39 du *réglement* de 1669. Et par le 28e il est permis auxdits jurés, lors de la seconde visite, d'en faire mouiller quelques pièces pour vérifier la bonté de l'apprêt.

Le 29e enjoint auxdits jurés de ne frapper aucun plomb, qu'il ne soit appliqué à une pièce d'étoffe, à peine de cent livres d'amende & de déchéance de la jurande.

Les visites générales des jurés sont réglées par le 30e article au moins à quatre par an; & le 31e leur permet outre les visites générales, d'en faire de tems en tems de particulières, quand bon leur semblera.

Le 32e article accorde aux jurés divers priviléges, comme l'exemption de la collecte des tailles, de logement de gens de guerre, &c. pendant leur jurande, qui ne pourra durer plus de deux années; le nombre des jurés étant réglé à quatre, dont deux changeront chaque année.

Enfin par le 33e & dernier article, l'exécution du *réglement* général de 1669 est ordonnée en ce qui n'y est pas dérogé, sous les peines y portées.

Reglement pour les tondeurs de Sedan.

Les difficultés & les différends qui arrivoient journellement entre les drapiers & les tondeurs de la ville de Sedan, donnèrent lieu à une ordonnance en forme de *réglement* du 5 juillet 1698, par laquelle M. Larcher, intendant de Champagne, après avoir entendu le maire & échevins de ladite ville, juges de ladite manufacture, les maîtres & gardes, & jurés desdits drapiers, les principaux d'entre les maîtres de ladite communauté, & les tondeurs, régle en douze articles tous lesdits différends, soit pour le prix des ouvrages faits par lesdits tondeurs, soit pour les tems du payement desdits ouvrages, soit pour le mesurage des étoffes, soit pour les rames, pour la frisure, pour le striquage & le couchement du poil, soit enfin pour le nombre des apprentifs que chaque maître tondeur peut avoir.

L'extrait de ce *réglement* est rapporté plus au long ci-après à l'article des *Tondeurs* où l'on peut avoir recours.

Pour les draps qui s'envoyent au Levant.

Le commerce des draps est un des principaux que les François fassent au Levant; c'est aussi pour perfectionner la fabrique de ceux qui se font dans les manufactures du royaume, qu'ont été donnés tant de *réglemens* capables, s'ils étoient bien observés, de leur attirer par leur bonne qualité la préférence sur les draps étrangers, ou du moins de les faire entrer en concurrence avec eux.

Mais le roi ayant été informé que tout ce qu'on avoit fait jusqu'alors n'avoit pas eu le succès qu'on avoit raison d'en attendre, & que malgré les soins de la chambre du Commerce & de l'inspecteur établi à Marseille, les fabriquans ou les négocians trouvoient le moyen de faire passer au Levant leurs étoffes quoique défectueuses & quoique rebutées par ladite chambre & par ledit inspecteur, ce qui en décréditoit la fabrique & en diminuoit le débit; à quoi étant important de pourvoir, sa

majesté, par une ordonnance du 23 septembre 1669, veut & entend qu'à l'avenir toutes les piéces de draps des manufactures de France, qui seront apportées dans les échelles du Levant, sur quelques bâtimens que ce soit, sans être marquées de la marque des échevins, & de l'inspecteur de Marseille, seront renvoyées par les consuls, lesquels dresseront procès-verbal contenant l'état de chaque piéce, les noms des chargeurs & des commissionnaires auxquelles elles auront été adressées, & adresseront le tout auxdits échevins, pour y être par eux statué, conformément aux *réglemens :* Voulant, sa majesté, que les consuls informent le secrétaire d'état, ayant le département de la marine, de ce qu'ils feront en exécution de la présente ordonnance, à laquelle ils tiendront la main, à peine d'en répondre en leur propre & privé nom.

Concernant les bayettes, sempiternes & anacostes.

1703.

Il y avoit déjà quelque tems que les ouvriers françois s'étoient appliqués à imiter diverses petites étoffes de fabriques étrangeres, entr'autres les bayettes, les sempiternes ou perpétuanes & les anacostes, dont il se fait quantité en Flandres, & dont le débit le plus ordinaire est pour l'Espagne & l'Italie. Le roi informé de l'établissement de ces nouvelles manufactures dans le royaume, & de leur succès, voulant favoriser ce commerce naissant de ses sujets, donna cette année deux arrêts de son conseil; l'un du 14 juillet, & l'autre du 23 octobre.

Par le premier, sa majesté ordonne que lesdites étoffes de nouvelle fabrique de manufacture françoise, lorsqu'elles sortiroient pour l'Espagne, par quelque voie que ce soit, payeroient une fois seulement, au plus prochain bureau des fermes du lieu de l'enlevement pour tous droits de sortie, tant en sortant des provinces de l'étendue des cinq grosses fermes, que des autres provinces, les quelles desquelles il est levé des droits au profit de sa majesté, dix sols du cent pesant, au moyen de quoi lesdites étoffes seront exemptes & déchargées du paiement des droits de la douane de Lyon, tiers sur taux & quarantiéme, des droits de la douane de Valence & coutume de Bayonne, en passant dans l'étendue desdites douanes, & de tous autres droits locaux, octrois, péages, &c. sans préjudice au surplus de la franchise accordée pour les marchandises qui seront vendues dans les foires franches de Lyon, Bordeaux & Troyes.

Par le second arrêt, le roi ordonne pareillement que lesdites étoffes de fabrique du royaume, qui sortiront pour l'Italie par quelque route que ce soit, payeront une fois seulement au plus prochain bureau des fermes du lieu de l'enlevement, pour tous droits de sortie trente sols, aussi du cent pesant.

Cette diminution de droits de sortie en faveur des nouvelles manufactures, fut bientôt l'occasion d'un abus capable, fi on l'eût toléré, de caufer un grand préjudice à la perception des droits de fa majefté.

Plufieurs particuliers s'aviferent de déclarer aux bureaux de fortie du royaume pour bayettes, perpétuanes & anacoftes, beaucoup d'autres petites étoffes d'ancienne fabrique, comme ferges, cadis, cordeillats, burattes, droguets & autres femblables, qui s'envoient ordinairement dans les pays étrangers, afin de ne payer pour ces dernieres que les droits portés dans les deux arrêts ci deffus, & modérés feulement pour faciliter le commerce des premières, quoiqu'il fût aifé cependant d'en connoître la différence, les bayettes, fempiternes & anacoftes étant d'une aune trois quarts, d'une aune & demie ou d'une aune au moins, & les petites étoffes d'ancienne fabrique du royaume n'étant que de demi-aune, de deux tiers, ou de trois quarts au plus, & que leur qualité eft différente, ce qui devoit fuffire pour diftinguer celles qui devoient payer les droits portés par les tarifs, d'avec celles qui devoient profiter de la modération accordée par les arrêts.

Sa majefté, pour empêcher cette confufion, qui commençoit à s'introduire, & pour établir une diftinction fûre entre les étoffes d'ancienne & les étoffes de nouvelle fabrique, ordonna par un troifiéme arrêt du 22 décembre de la même année 1703, que les deux arrêts des 14 juillet & 23 octobre précédens feroient exécutés; ce faifant, que les fabriquans qui voudroient faire des bayettes, fempiternes & anacoftes, feroient tenus de mettre le nom de l'étoffe au chef de chaque piéce, permettant aux commis des fermes de faire ouvrir dans les bureaux où fe feroient les déclarations defdites nouvelles étoffes, les balles & ballots defdites marchandifes, & où il fe trouveroit dans les balles ou ballots des étoffes qui n'auroient point au chef le nom de bayettes, perpétuanes & anacoftes, ou ayant moins d'une aune trois quarts, d'une aune & demie, & d'une aune de large, lefdits ballots feroient faifis pour être confifqués, & ceux à qui ils appartiendroient, condamnés en cinq cens livres d'amende, & feroient au furplus les anciens tarifs & réglemens exécutés felon leur forme & teneur, pour la fortie des ferges, cadis, cordeillats, burattes, droguets & autres petites étoffes d'ancienne fabrique, qui feroient envoyées dans les pays étrangers.

CONCERNANT les bayettes, perpétuanes, & anacoftes.

1705.

Il s'étoit donné trois arrêts du confeil en 1703, concernant les petites étoffes de nouvelle fabrique, nommées bayettes, fempiternes ou perpétuanes, & anacoftes.

Les deux premiers contenoient une modération des droits de fortie du royaume, pour celles qu'on envoyoit en Efpagne & en Italie; & le dernier ordonnoit que l'on mettroit au chef de chaque piéce de cette qualité, le nom qui leur convenoit, afin

de les diftinguer des petites étoffes d'ancienne fabrique de France, comme ferges, cadis, cordeillats, burattes, droguets & autres femblables, que les marchands & fabriquans déclaroient fouvent fous le nom de bayettes, de fempiternes ou anacoftes, pour les faire jouir de la diminution qui n'étoit accordée qu'à celles-ci.

Cependant le roi ayant été informé que malgré la précaution prife par ce dernier arrêt, il furvenoit de continuelles conteftations entre les marchands & les fermiers de fes droits, à caufe que les largeurs de ces étoffes de nouvelle fabrique qui fe faifoient en France, n'étoient pas femblables à celles des étoffes étrangeres, de même qualité que les ouvriers François vouloient imiter, & que d'ailleurs l'obligation de mettre leur nom au chef de chaque piéce étoit trop embarraffante; fa majefté, pour remédier à ces conteftations, & faciliter le commerce de ces étoffes de nouvelle fabrique, ordonna par un quatrième arrêt du 13 janvier 1705, qu'au lieu de mettre par les fabriquans le nom defdites étoffes appellées bayettes ou bayes, fempiternes ou perpétuanes & anacoftes, ou anafcottes, au chef des piéces defdites étoffes, il feroit appofé à l'avenir un plomb à chaque piéce, portant d'un côté le nom de l'étoffe, & de l'autre côté le nom du lieu où elle aura été fabriquée, & que lefdites étoffes ainfi marquées d'un plomb, avec le nom d'une defdites fortes d'étoffes & du lieu de fabrique, & ayant les largeurs ci-après expliquées, fçavoir; les bayettes ou bayes, une aune & demie ou une aune trois quarts, pour les anafcottes ou anacoftes, une aune de large, & pour les fempiternes ou perpétuanes, trois quarts de large, fortiroient du royaume en payant feulement les droits de fortie, conformément aux arrêts du confeil des 14 juillet, 23 octobre, & 22 décembre 1703, lefquels au furplus feroient exécutés felon leur forme & teneur.

1706.

La manufacture de draperie de Romorantin n'eft pas une des moins confidérables du royaume. Elle avoit reçu en 1666 des réglemens qui fixoient entr'autres chofes, les portées ou nombre de fils dont devoient être compofées les chaînes de leurs draps & de leurs ferges; mais le réglement général de 1669, ayant été donné trois ans après, les fabriquans de cette manufacture uniquement appliqués à faire que de quelque maniere que ce fût, la largeur & longueur de leurs étoffes fe trouvaffent conformes à celles prefcrites par le dernier réglement, avoient négligé de leur donner le nombre des portées fixées par leur réglement particulier de 1666.

Un autre défordre qui s'étoit gliffé dans cette manufacture, étoit fur la qualité des laines qu'ils employoient dans leurs étoffes, dont plufieurs n'y étoient pas propres, & defquelles il avoit été trouvé néceffaire de défendre l'ufage.

Le roi, pour remédier à l'un & à l'autre abus, capables

capables de décrier, & enfuite de faire tomber une fabrique fi utile, particulièrement pour la confommation & le débit des laines du Berry & de la Sologne, qui font la plus grande richeffe de ces deux provinces, confirma & approuva, par un arrêt de fon confeil d'état, du 27 avril 1706, le projet de *réglement* dreffé par les maîtres & gardes, en préfence des juges & de l'infpecteur de la manufacture dudit Romorantin, pour y être à l'avenir obfervé, fuivant fa forme & teneur.

Des vingt-cinq articles de ce *réglement*, il y en a huit qui concernent les laines qui peuvent être employées dans cette manufacture, ou celles qui y font défendues; fept qui fixent les portées, les largeurs & longueurs des ferges & des draps qui s'y fabriquent; & dix pour la police des vifites & marques des laines & des étoffes par les maîtres & les gardes.

Les fept articles des largeurs & longueurs des draps & des ferges étant rapportés où il eft parlé dans ce Dictionnaire des étoffes de ces deux qualités, on ne donnera ici l'extrait que des articles pour les laines & pour la police. *Voyez* DRAP & SERGE.

Les laines permifes font celles de Berry & de Sologne, pour les laines du royaume; & pour les laines d'Efpagne, celles qu'on nomme *prime-fégovie*, *prime-foria*, & *prime-fégoviane*.

Les laines dont l'ufage eft interdit, font les laines d'Efpagne, d'autres qualités inférieures, les laines de Navarre, les laines de Barbarie, & toutes autres fortes de laines.

A leur arrivée, les laines doivent être directement portées au bureau des gardes & jurés, pour y être vifitées; & les balles, fi elles font de la qualité ci-deffus, marquées avec de l'encre & de l'huile, d'une marque portant ces mots, *bonne laine*, avec les chiffres de l'année, puis renvoyées chez le marchand ou le fabriquant à qui elles appartiennent.

Les laines d'autres qualités, & qui ne font pas permifes, doivent être faifies, pour être renvoyées dans le mois hors de l'étendue de la manufacture, finon confifquées.

Les laines de bonne qualité, mais mal lavées ou mélangées, ou ayant quelqu'autre défaut provenant de la préparation, feront pareillement faifies, mais feulement pour être réparées avant d'être employées. Toutes autres laines que de bonne qualité, même celles-ci, fi elles ne font vifitées & marquées par les gardes & jurés, ne peuvent être reçues chez les marchands, fabriquans, teinturiers, foulons, & hôteliers de Romorantin, à peine de 300 livres d'amende; & toutes les laines confifquées doivent être vendues, à la charge d'être tranfportées hors de l'étendue de la manufacture.

Par les dix articles de police, il eft ordonné :

Que les draps & ferges feront portés au bureau au fortir du métier & en toile, pour être enregiftrés avec le nom du fabriquant & le numero des

pièces. Le travail en doit être examiné avant d'être envoyé au foulon; & fi elles font trouvées défectueufes, être faifies & repréfentées au juge de police, pour en ordonner ce qu'il appartiendra par rapport à leur défaut.

Qu'au retour du foulon elles y feront de nouveau portées, pour, fi elles font de bonne qualité & bien foulées, le plomb de fabrique y être appofé, finon faifies, & en être ordonné par le juge de police, conformément aux *réglemens* généraux & aux arrêts du confeil; qu'il fera tenu bon & fidele regiftre de celles où le plomb aura été mis.

Que le bureau pour la vifite & la marque des étoffes, fera ouvert tous les lundis, mercredis, & vendredis de chaque femaine, depuis neuf heures du matin jufqu'à onze, & depuis deux heures après midi jufqu'à quatre, où affifteront au moins trois gardes jurés chaque fois.

Que chaque année, le lendemain de l'élection des gardes, les anciens poinçons feront rompus en préfence du juge de police, & d'autres gravés auffi-tôt avec les chiffres de l'année courante.

Que les vifites des gardes-jurés fe feront une fois le mois chez les maîtres fabriquans, foulons, teinturiers, &c.

Que les auneurs ne pourront être courtiers, ni les courtiers auneurs, commiffionnaires ou facteurs.

Enfin, que les *reglemens*, tant le particulier de 1666 que le général de 1669, feront exécutés en tous les points auxquels il n'eft point dérogé par le préfent *réglement*.

1708.

Les draps qui fe fabriquent dans les manufactures des provinces de Languedoc, Provence, Dauphiné, &c. faifant un des principaux objets du commerce des François au Levant, & le fuccès de ce commerce dépendant abfolument de la bonne fabrique de ces draps qu'on y envoie, l'on avoit cru y avoir pourvu fuffifamment par les *réglemens* de 1671 & de 1697; mais l'expérience ayant fait reconnoître qu'il falloit de nouvelles précautions pour affurer la perfection de ces étoffes, il fut rendu le 20 novembre 1708, un troifième arrêt du confeil d'état, en forme de *réglement*, qui fixe pour toujours la fabrique de ces draps, fans pourtant difpenfer les fabriquans & négocians de l'obfervation des deux anciens *réglemens*, en ce qui n'y feroit point dérogé par ce dernier.

Trente-quatre articles compofent ce *réglement*. Mais comme on en a déjà rapporté douze, à l'article général des draps, concernant les laines dont doivent être fabriqués ceux de Languedoc, de Provence & de Dauphiné deftinés pour le Levant, le nombre des portées, & les largeurs & longueurs qu'ils doivent avoir; on fe difpenfera de les répéter ici, & l'on fe contentera de parler des vingt autres, après avoir averti que les douze articles dont on a parlé ailleurs, font les 1, 2, 3, 4, 5, 6, 7, 8, 9, 13, 14 & 22. *Voyez* DRAP.

Le 10e article ordonne que les draps qui ne feront pas de la qualité défignée par les mots qui auront été mis au chef, conformément à ce qui en eft ordonné dans les huit premiers articles, feront confifqués.

Le 11e porte que les draps feront uniformes en force & en bonté dans toute l'étendue de la piéce, fans qu'il puiffe y être employé de laine d'autre qualité ou fineffe, tant à un bout qu'à l'autre, ou au milieu.

Le 12e, qu'ils feront clos & ferrés, & non creux ni lâches; & qu'à cet effet les tifferands feront tenus de tremper en pleine eau la trême des draps mahouts & londrins premiers & feconds, & de les battre également fur le métier, les rempliffant bien de trême, & ne laiffant pas courir les fils.

Il eft défendu par le 15e article aux marchands fabriquans & entrepreneurs, d'acheter en toiles les draps fpécifiés dans l'article précédent, d'autres fabriquans, & d'y mettre leur nom.

Les cinq articles fuivans veulent, que les draps ne foient dégraiffés & foulés qu'avec du favon, & non de la terre ou autre leffive; qu'ils foient tondus de bien près avant d'être envoyés à la teinture: qu'ils reçoivent des tondeurs & apprêteurs toutes les tontures & apprêts néceffaires pour les rendre parfaits en bonté & en beauté; que les tondeurs & pareurs ne fe fervent point de cardes de fer pour les coucher & garnir, & ne les puiffent garnir de long; que les draps feroient tondus d'affinage avant de les envoyer à la teinture, en donnant trois façons au moins, aux draps fins, & deux au moins aux communs; & que les teinturiers ne les puiffent recevoir ni mettre à la teinture, qu'ils n'aient été tondus comme il vient d'être dit.

Les 22, 23, 25 & 26e articles, ordonnent qu'il fera fait trois vifites des draps dans le bureau. La premiere en toile, au fortir du métier; la feconde au retour du foulon, dans laquelle ils feront marqués d'un plomb, contenant l'aunage des piéces; & la troifiéme, après avoir été apprêtées & teintes, pour reconnoître fi elles n'ont point été tirées avec excès, par le moyen des rames, fçavoir de plus de trois quarts d'aune fur une piéce de trente aunes, & ainfi à proportion pour le plus & moins grand aunage; pour lefquelles trois vifites les gardes-jurés qui les feront, ne tiendront qu'un feul & même regiftre, fuivant le modele repréfenté dans l'un de ces deux articles. Enfin, que lefdits gardes & jurés feront tenus à chaque vifite de faifir les piéces défectueufes, pour les faire juger par les juges des manufactures contre les contrevenans, & qu'en cas que le défaut provienne de l'abus des rames, les marchands fabriquans feront condamnés à cent livres d'amende, avec confifcation des draps pour la premiere fois, & déchus de la maîtrife pour la récidive.

Il eft permis aux foulonniers, par le 24e article, d'ôter des draps teints en bleu ou en verd, avant de les dégorger, le plomb qui aura été mis à la feconde vifite, en marquant néanmoins auparavant à un

bout de la piéce, avec du fil blanc, l'aunage marqué fur le plomb.

Le 27e article rend les foulonniers, teinturiers, tondeurs, affineurs, & autres travaillans aux apprêts des draps, responfables envers les marchands fabriquans, chacun pour ce qui concerne leur travail, des amendes & autres peines prononcées.

Par le 28e, les marchands fabriquans, & entrepreneurs, qui feront convaincus d'avoir ordonné la fabrique des draps & leurs apprêts en contravention du préfent réglement, payeront le double des amendes, fuivant les défauts des draps fabriqués par leur ordre.

Le 29e ordonne l'aunage des draps par le dos, & non par les lifieres, & de fe fervir de l'aune-de-Paris, fous les peines portées par les arrêts du confeil des 14 juin & 27 octobre 1687.

Il eft dit par les 30 & 31e articles, que les draps, tant blancs que teints, deftinés pour le Levant, feront repréfentés aux infpecteurs des manufactures du département où ils auront été fabriqués avant que d'être envoyés à Marfeille ou aux foires de Beaucaire, Pezenas & Montagnac, pour être marqués fans frais d'un nouveau plomb par ledit infpecteur, s'il y trouve celui des gardes & jurés, & qu'ils foient conformes aux réglemens: ordonnant en outre, qu'en cas qu'ils ne fuffent pas marqués du plomb des gardes, ils leur feront renvoyés pour être vifités, & leurdit plomb y être appliqué; après quoi l'infpecteur y ajoutera le fien, avec permiffion dans l'un & l'autre cas de les faifir & arrêter, s'ils font défectueux, pour les faire juger par les juges des manufactures; & en cas que les piéces défectueufes euffent été marquées par les gardes jurés, faire condamner lefdits gardes folidairement à cent livres d'amende.

Il eft ordonné par le 32e article, qu'il fera fait à Marfeille une troifiéme vifite de ces draps avant que de pouvoir les envoyer au Levant. Celle-ci, par l'infpecteur qui y eft établi, & par deux marchands nommés par les maire & échevins députés du commerce, pour en être les qualités, matieres, apprêts, longueurs, largeurs, & teintures par eux de nouveau examinées, fous les peines, en cas de contravention, ordonnées par l'arrêt du confeil-d'état du premier feptembre 1693; &, s'il fe trouvoit que lefdits draps n'euffent point été marqués par les gardes-jurés, ou par l'infpecteur du département où ils auront été fabriqués, pour leur être renvoyés, & leur plomb y être appofé, afin d'être enfuite rapportés à Marfeille, fans que lefdits draps non marqués puiffent l'être par l'infpecteur de Marfeille, quand même ils fe trouveroient conformes aux réglemens. Il eft de plus ordonné par le 33e article, que fi les draps marqués du plomb des gardes-jurés & de l'infpecteur du département où ils ont été fabriqués, font jugés défectueux à Marfeille, les maire & échevins de cette ville remettront entre les mains de l'intendant de Provence, une copie de leur jugement ou procès-verbal, pour être par lui envoyée au contrôleur général des finances, afin qu'il soit pourvu contre l'inspecteur qui les auroit marqués.

Enfin, le 34ᵉ & dernier article, ordonne l'exécution des *réglemens* généraux de 1669, en tous les points où il n'est rien changé ni dérogé par le présent *réglement*.

1 7 1 6.

La première année du nouveau régne de Louis XV, arrière petit-fils & successeur de Louis XIV, commença, pour ainsi dire, par un *réglement* de commerce.

L'inobservation des *réglemens* généraux de 1669, pour les fabriques de lainage, l'introduction des draperies étrangeres, & l'usage des étoffes & toiles des Indes & de la Chine dans les villes & pays des trois évêchés de Metz, Toul & Verdun, avoient obligé le défunt roi d'établir à Metz un inspecteur des manufactures, pour y veiller, ainsi qu'il se fait dans les autres départemens du royaume; mais les différentes communautés des marchands & ouvriers de la ville de Metz, s'y étant opposés, & l'affaire qui avoit été portée au conseil étant restée indécise, par la mort du roi, elle fut reprise sous le nouveau régne; & par un arrêt du conseil d'état du roi, du 25 janvier 1716, monseigneur le duc d'Orléans, régent du royaume, présent, il fut ordonné:

Que les ordonnances, arrêts & *réglemens* concernant les manufactures de France, les draperies étrangeres, & les toiles peintes & étoffes de la Chine & des Indes, seroient observés, notamment l'arrêt du conseil du 4 du même mois de janvier, dans toute l'étendue des trois évêchés; qu'à cet effet il y seroit établi un inspecteur, & que pour favoriser les sujets de sa majesté dans lesdits évêchés & pays Messin, les draperies & étoffes de laine de toute sorte qui s'y transporteroient de toutes les provinces du royaume, seroient dorénavant exemptes de tous droits de sortie, passant par les bureaux de Châlons & de Sainte-Menehoult.

Il se donna encore la même année un autre arrêt du conseil, portant *réglement* pour les étoffes appellées *frocs*, qui se fabriquent à Lizieux, Bernai, Tardouet, Fervaques & aux environs.

Ces étoffes se trouvant pour la plupart défectueuses, soit pour la qualité des laines, soit pour le nombre des fils, & la largeur des rots, Louis XIV avoit ordonné quelque tems avant sa mort, qu'il seroit fait des assemblées des principaux marchands & fabriquans de tous ces lieux, en présence des inspecteurs des manufactures du département d'Alençon; lesquelles assemblées ayant été tenues les premier juillet 1713 & 19 octobre 1714, & leur actes portés au conseil, aussi bien que l'avis de l'intendant de cette généralité, l'arrêt rédigé sous le régne précédent, ne parut que sous celui de Louis XV, le 4 février 1716. Cet arrêt en forme de *réglement* porte en huit articles:

I. Qu'il ne se fabriquera plus à l'avenir à Lizieux, Bernai, &c. que des frocs de deux qualités, sçavoir, ceux appellés *frocs en fort*, & ceux nommés *frocs en foible*, à peine de trois cent livres d'amende contre ceux qui en fabriqueront d'autres.

II. Que les frocs en fort auront au moins trente portées en chaîne de trente-deux fils chacune, faisant neuf cent soixante fils, sans y comprendre les liteaux & lizieres. Qu'ils seront fabriqués dans des rots de demi-aune & demi-quart au moins entre les liteaux, pour être au retour du foulon d'une demi-aune de large, aussi sans les liteaux; & qu'ils ne pourront excéder vingt-quatre à vingt-cinq aunes de long.

III. Que les frocs en foible pour doublure, auront au moins vingt-six portées aussi de trente-deux fils, faisant huit cent trente-deux fils, dans des frocs au moins de demi-aune un douze entre les liteaux, pour être, au retour du foulon, d'une demi-aune de large, avec pareille longueur que les précédens.

IV. Que les liteaux ou lizieres des frocs en foible seront composés de trois fils au moins de laine bege, ou de couleur bleue de bon teint, pour les distinguer des frocs en fort.

V. Que l'article 51 des *réglemens* généraux de 1669, & l'arrêt du conseil du 7 avril 1693, seront exécutés; & en conséquence, que les fabriquans seront tenus de mettre leur nom & demeure, faits à l'aiguille au chef des piéces, avant que de les envoyer au foulon.

VI. Que nuls fabriquans ne pourront employer auxdits frocs, tant en fort qu'en foible, ni avoir chez eux aucunes matières de mauvaises qualités, comme pelures ou polis d'agnelins, boures, méchans pignons, moraines & autres semblables laines.

VII. Qu'il ne pourra être exposé en vente, ni se vendre aucuns frocs pendant tout le cours de l'année, qu'ils ne soient bien secs.

VIII. Enfin, il est ordonné que les contraventions seront jugées conformément auxdits *réglemens* généraux & arrêts du conseil; & enjoint à l'intendant de la généralité d'Alençon, de tenir la main à l'exécution du présent arrêt, qui sera publié & affiché où il conviendra.

1 7 1 7.

Le roi ayant été informé que plusieurs fabriquans d'Aumale, Grandvilliers, Feuquieres, Crevecœur, Blicourt, Tricot, Beaucamp-le-vieil & autres lieux des environs, s'étoient relâchés sur les largeurs, longueurs & qualités des étoffes qu'ils fabriquoient, & voulant y pourvoir par un *réglement* qui remît l'uniformité & le bon ordre dans toutes ces manufactures; sa majesté, de l'avis de S. A. R. monseigueur le duc d'Orléans, régent du royaume, en fit dresser un dans son conseil, & en ordonna l'exécution par un arrêt du 17 mars 1717.

Ce *réglement* contient vingt-un articles, dont les neuf premiers concernent les longueurs, largeurs & portées des étoffes qui se fabriquent dans ces manufactures, & les qualités des laines dont elles doivent être composées, & les douze autres sont de discipline & de police pour l'observation des neuf premiers.

Par le premier article, les serges moyennes d'Aumale, Grandvilliers & Feuquieres, tant blanches que grises, doivent être au moins de quarante portées de trente-huit fils chacune, faisant quinze cent vingt fils, dans des rots de trente-un pouces trois quarts, pour revenir au retour du foulon à demi-aune demi-quart de large mesure de Paris, avec permission néanmoins aux fabriquans d'augmenter le nombre des portées & la largeur des rots, si bon leur semble.

II. Chacune piéce desdites serges n'auront plus que quarante-deux aunes; & en cas de plus d'aunages, l'excédent sera coupé pour être distribué aux pauvres ouvriers; & celui à qui appartiendra la piéce, condamné à six livres d'amende.

III. Les serges larges de Crevecœur, Hardivilliers, Blicourt, Piscelieu, Tilloi & autres lieux où il s'en fait de pareille qualité, doivent avoir cinquante-deux portées de trente-quatre fils chacune, pour être en toile de trois quarts de large, au retour du foulon de demi-aune demi-quart, & les étroites de quarante-deux portées au moins, aussi de trente quatre fils, pour être, au sortir du métier, de demi-aune un douze & un pouce, & au retour du foulon de demi-aune de largeur, les piéces étant de vingt-quatre aunes & demie de long.

IV. Les serges de tricot & autres lieux où il s'en fait de semblable qualité, tant blanches que grises, se doivent faire de quarante-cinq portées de trente fils chacune, dans des rots de trente-neuf pouces de largeur, pour être au retour du foulon de deux tiers d'aune de large, & de vingt-une aunes de long.
Nota. Il a été dérogé à cet article par un arrêt du conseil du 7 août 1718. *Voyez ci-après.*

V. Les tiretaines, fil & laine qui se fabriquent à Beaucamp-le-vieil & autres lieux des environs, tant blanches que grises, doivent être faites dans des rots de quarante-un pouces de largeur; & avoir trente portées de vingt fils chacune, pour revenir au retour du foulon à demi-aune de largeur, & avoir trente-cinq à quarante aunes de long.

VI. Les chaînes de ces tiretaines doivent être d'un fil fin & uni, & la trême filée de loquets peignon & boures de draperie, avec défenses d'y employer aucune boure provenant des vaisseaux à foulon des tiretaines, ni de boures de bœuf, à

peine de confiscation, & de dix livres d'amende pour chaque contravention.

VII. S'il se trouve sur les métiers de ces sortes d'étoffes montées à moins de portées que celles fixées ci-dessus, ceux à qui elles appartiendront, seront condamnés à trois livres pour le défaut d'une portée, à six pour deux portées, & à douze livres pour trois; & s'il en manque plus grand nombre, les étoffes seront coupées de cinq aunes en cinq aunes, & distribuées aux pauvres ouvriers de la communauté, & celui à qui elles appartiendront, condamné à dix livres d'amende.

VIII. Si les étoffes se trouvent trop étroites au retour du foulon, ceux à qui elles sont doivent être condamnés à trois livres d'amende pour un pouce, à six livres pour deux, & à douze livres pour trois; & au-delà, lesdites étoffes doivent être coupées & distribuées, comme dans l'article précédent, sauf à l'ouvrier d'avoir son recours contre le foulon, si le défaut provient de sa négligence, ou autrement.

IX. Enfin, les maîtres sergers & autres qui seront trouvés une seconde fois en contravention de pareille nature, seront condamnés au double de l'amende prononcée la premiere fois contre eux; au triple pour la troisiéme fois, & à cent livres pour la quatriéme fois, ensemble à la confiscation des étoffes.

Par les douze derniers articles de ce *réglement*, qui concernent la discipline & la police, il est ordonné;

Que les fabriquans, sans exception, feront enregistrer leurs déclarations du nombre des métiers qu'ils feront travailler; des piéces qui y seront montées; du lieu de leurs demeures, & des noms de leurs ouvriers.

Que là, où les tisserands & maîtres sergers déguiseroient leurs noms, & fermeroient leurs portes, les syndics des villages, les marguilliers, ou quelques-uns des principaux habitans des lieux où il y a fabrique, accompagneroient les inspecteurs & jurés dans leurs visites.

Que les maîtres & ouvriers tisseurs ne pourront fermer leurs portes ni démonter leurs métiers, avant que les piéces d'étoffes montées ne soient achevées.

Qu'aucunes desdites étoffes ne pourront être exposées en vente ni achetées, si elles ne sont conformes au *réglement*, & si elles n'ont le plomb de fabrique du bureau, duquel les fabriquans & ouvriers dépendent.

Qu'en cas que des étoffes étroites soient achetées par des marchands ou leurs commissionnaires, & qu'elles soient arrêtées lors de la visite du contrôle, elles seront saisies & coupées, puis rendues au marchand qui sera condamné à vingt livres d'amende pour chaque piéce, sans recours contre l'ouvrier vendeur, si ce n'est que le marchand n'ait reçu lesdites marchandises par envoi des ouvriers.

Qu'afin que les sergers ne puissent se dispenser

de la marque & visite de leurs étoffes, les auneurs seront tenus de donner à l'inspecteur du département de trois mois en trois mois, un état du nombre de pièces que chaque particulier serger aura fait auner dans les moulins à foulon.

Qu'aucuns foulonniers ne pourront rendre aucunes pièces par eux foulées, qu'elles n'aient été aunées & plombées par les auneurs jurés, avec défense auxdits auneurs d'auner aucunes pièces que le nom de l'ouvrier ne soit au chef.

Que pour faire les visites & marques des étoffes, les anciens gardes-jurés de chaque bureau nommeront tous les ans un nombre convenable de nouveaux gardes-jurés, qui entreront en exercice au second janvier de chaque année.

Que lesdits gardes élus seront du nombre des fabriquans établis dans lesdits bureaux ou lieux en dépendans, & prêteront serment de bien & duement s'acquitter de leur emploi.

Que tous les fabriquans seront tenus de se faire inscrire dans les registres des jurés de leur fabrique, par noms, lieux & demeures, & de souffrir les visites de l'inspecteur & desdits jurés.

Que tous les rots & lames des métiers non conformes au présent *règlement*, seront changés & remis à la largeur & grandeur prescrites, sinon après délai de trois mois accordé pour les réduire au terme du *règlement*, ils seront rompus, & les ouvriers condamnés à trois livres d'amende pour chaque métier.

Enfin, que les juges des manufactures seront obligés de juger en conformité dudit *règlement*, sans pouvoir en modérer les peines ni les amendes, à peine d'en répondre en leur propre & privé nom.

Il fut encore rendu un arrêt du conseil les mêmes jour & an que le *règlement* précédent, portant *règlement* pour les manufactures d'Amiens, dont les fabriquans n'ont point de statuts particuliers, relativement à plusieurs sortes d'étoffes qui s'y font, pour le travail desquelles il n'y avoit point eu jusques-là de règles certaines.

Treize article composent ce nouveau *règlement*, dont les quatre premiers sont pour les camelots de diverses espèces qui se fabriquent à Amiens ; les quatre suivans pour les étamines, & le neuvième pour les crêpons ; les quatre derniers sont de police, & seront les seuls qu'on rapportera ici, les autres se trouvant aux articles de trois sortes d'étoffes, dont ils règlent les longueurs & largeurs, nature & qualité. *Voyez* CAMELOT, CRÊPON & ÉTAMINE.

Par le premier des articles de police il est dit, que les maîtres fabriquans de ces étoffes seront tenus de mettre leurs noms & surnoms au chef de chacune pièce, & de les porter à la halle en blanc, au sortir de l'estille ou métier, pour y être vues & visitées, conformément à l'article 102 des *réglemens* des manufactures d'Amiens de 1666, & à l'article 51 des *réglemens* généraux de 1669.

«Le second ordonne que les étoffes nommées dans le règlement, seront portées aux halles pour y être pareillement vues, visitées, plombées, & marquées par les esgards ou jurés, comme il se pratique pour toutes celles qui se fabriquent à Amiens.

Le troisième fait défenses à tous maîtres fabriquans desdites manufactures, à leurs femmes, & à tous autres de s'ingérer du coûtage desdites marchandises, ni de s'entremettre d'en vendre d'autres que celles qu'ils auront fabriquées, à peine de vingt livres d'amende.

Le quatrième & dernier permet aux maîtres fabriquans d'avoir dans leurs maisons, même hors de leurs maisons, autant de métiers qu'ils jugeront à propos, & qu'ils auront le moyen d'employer ; à la charge néanmoins de ne pouvoir monter aucun desdits métiers, sans en donner avis aux jurés, à peine de 50 livres d'amende.

1 7 1 8.

L'usage outré des rames a toujours été défendu dans les manufactures des draps & des autres étoffes de laines ; l'on a des *réglemens* faits à ce sujet dès l'année 1384, sous le règne de Charles VI, qui ont souvent été renouvellés depuis, & Louis XIV en a fait un article exprès dans celui du mois d'août 1669, confirmé ensuite par un arrêt du conseil du 3 novembre 1689.

L'on a vu ci-dessus un *règlement* de l'année 1708, qui le premier a accordé quelque modération pour l'aramage des draps, mais seulement pour ceux destinés pour le Levant.

L'arrêt du conseil du 12 février 1718 a étendu cette permission pour tous les draps & dans toutes les manufactures de France ; mais néanmoins sous certaines proportions qui doivent être observées par les fabriquans, à peine d'amende & de confiscation. Ce nouveau *règlement* ayant été rapporté ailleurs, on se contentera d'en indiquer l'endroit. *Voyez* RAME & RAMER.

Il s'étoit rendu un arrêt au conseil d'état du roi, le 7 juin 1718, qui faisoit défenses aux ouvriers de Langogne & autres lieux du Gevaudan, de fouler avec le tour les étamines ou burates de laine ; mais n'y étant point parlé, ni dans aucun *règlement* des portées de ces sortes d'étoffes, sa majesté, par un nouvel arrêt de son conseil, en forme de *règlement*, du 5 août de la même année, monseigneur le duc d'Orléans régent présent, ordonna :

I. Que les chaînes desdites étamines & burates fabriquées à Langogne & autres lieux du Gevaudan, seroient composées de huit portées & trois quarts, appellées *liens*, de quatre-vingt-seize fils chacun.

II. Que les rots ou peignes pour passer & monter ces chaînes seroient de deux pans deux pouces.

III. Que ces étoffes, au retour du foulon, auroient deux pans, mesure de Montpellier, revenant à un tiers & un douzième, mesure de Paris.

IV. Qu'il ne feroit employé auxdites étoffes que de la laine du pays ou d'Espagne de bonne qualité, à peine de confiscation & de deux cent livres d'amende.

V. Enfin, que ledit arrêt du conseil du 7 juin de la même année, pour le pliage des étamines ou burates, seroit exécuté selon sa forme & teneur.

Tricot & Piennes, villages de Picardie, dont le premier a donné le nom à une sorte de serge assez connue dans le commerce des étoffes de laine; avoient obtenu des réglemens & statuts dès le mois de mars 1669, conformément auxquels ils avoient toujours réglé les portées, longueur, & largeur de leurs serges; mais le réglement du 17 mars 1717 pour les serges de Normandie & de Picardie, y ayant apporté quelque changement, ce qui causoit un grand préjudice au négoce & à la fabrique de ces deux villages; le roi étant en son conseil, de l'avis de monseigneur le régent, dérogeant à l'article 15 du réglement de 1717, ordonna que l'article 16 des statuts des fabriquans de tricot de 1669, concernant les portées, longueur & largeur de leurs serges, seroit observé, & qu'en conséquence leursdites serges auroient au moins quarante-six portées de vingt-huit fils chacune, & n'excéderoient pas le nombre de cinquante portées, & qu'elles pourroient avoir de vingt-cinq à vingt-six aunes de long; sa majesté veut au surplus que ledit réglement de 1717 soit exécuté.

Cet arrêt, en faveur des fabriquans de tricot & piennes est du 7 août 1778. Voyez l'article des serges. Voyez aussi ci-dessus le réglement de l'année 1717.

Le réglement du 21 août 1718 pour les manufactures des provinces de Bourgogne, Bresse, Bugey, Valromey & Gex, est le plus ample qui ait été donné pour la fabrique des étoffes de laine sous le règne de Louis XV.

Les 37 articles dont il est composé, peuvent se diviser comme en six diverses classes; savoir l'une qui concerne les draps, l'autre qui est pour les serges, la troisième qui est commune à ces deux sortes d'étoffes, la quatrième pour les droguets, la cinquième pour les apprêts, & la sixième pour la police des manufactures.

La classe des draps contient les six premiers articles; celle des serges en a douze qui sont les suivans; celle des droguets trois qui suivent pareillement; la classe commune aux draps & aux serges quatre; celle de l'apprêt trois; & enfin la classe de la police neuf articles.

L'on ne parlera ici que des deux classes de l'apprêt & de la police, renvoyant les quatre autres aux articles des draps, des serges & des droguets.

Articles, pour les apprêts.

Ces articles sont le 28, le 29 & le 30.

Le 28e article du réglement ordonne que les marchands, maîtres teinturiers ne pourront teindre au petit teint. Que chacun d'eux mettra son plomb, autour duquel son nom sera gravé, à chaque pièce de bon teint, afin qu'au débouilli on puisse connoître qui a fait la fausse teinture, le tout à peine de cent cinquante livres d'amende pour chaque contravention.

Le 29e, confirmant le premier article des réglemens des maîtres teinturiers de 1669, fait défenses à toute personne, autre que les teinturiers, de faire aucune teinture d'étoffes, bas, marchandises de laine, soie, fils, habit neuf ou vieux, à peine de trois cent livres d'amende, sans préjudice néanmoins de la permission accordée aux maîtres drapiers, sergers, tisserands & droguetiers, de teindre les laines servant à la fabrique de leurs étoffes.

Le 30e enjoint aux foulonniers, tondeurs, cardeurs & apprêteurs de ne se servir que de chardons pour leurs apprêts, & leur défend d'y employer des cardes de fer, ni même d'en avoir dans leurs maisons, à peine de cent livres d'amende.

Articles de police.

La police contient le 26 & le 27, & depuis, & y compris le 31 jusqu'à la fin du réglement.

Par le 26e il est défendu aux marchands acheteurs d'exiger des maîtres drapiers-tisserands, droguetiers & fabriquans d'étoffe vendeurs, sur vingt-une aunes & un quart d'une aune & un quart, vulgairement appellé vingt-un quarts, pour vingt aunes, & des demi-pièces à proportion, à peine de cent livres d'amende; & sous la même peine, il est ordonné que toutes les pièces d'étoffes seront aunées, bois à bois, sans évent ni excédent d'aunage, & que pour cet effet chaque pièce aura un buletin contenant ce qu'elle contiendra.

Par le 72e, conformément au réglement de 1669, il est enjoint aux maire, échevins, juges de police & de manufacture, d'établir un bureau ou dépôt dans la maison de ville ou dans les halles des villes & lieux de fabrique, propre à y déposer les marchandises foraines & les y vendre & débiter, comme aussi pour en faire la visite & la marque, aussi-bien que de celles des fabriques du pays.

Le 31e article du même réglement ordonne que les maîtres & gardes-jurés des marchands drapiers & merciers, des villes & lieux où se débitent les étoffes des manufactures, du département de Bourgogne & autres provinces du royaume, ne se contenteront pas, en faisant leur visite, d'apposer leur marque foraine sur le plomb de fabrique, mais y ajouteront un second plomb pour ladite marque foraine, à peine de dix livres d'amende pour chaque pièce autrement marquée; & pour connoître ceux qui y auront contrevenu, qu'il sera fait chaque année un nouveau poinçon avec le chiffre de l'année courante.

Le 32e régle les visites & marques, soit de fabrique, soit de marque foraine, ainsi que les droits dus pour chaque plomb desdites marques, fixant les droits à un sol par pièce pour le plomb de fabrique,

& encore à un fol pour le plomb de marque foraine, pour être le produit defdits droits employé à payer les appointemens de l'infpecteur du département ; déclarant en outre que toutes étoffes de laine, fil & laine, fil, poil & coton, mêlées de couleur & non-mêlées, feront fujettes aux vifites & marques, fi elles ont plus de cinq aunes de longueur, & fi elles peuvent être expofées en vente, défendant à tous foulonniers, teinturiers & apprêteurs d'étoffes qui ne feront pas éloignés de plus de deux lieues des bureaux, de délivrer aucunes defdites étoffes, qu'elles n'aient été préalablement portées auxdits bureaux, pour être vifitées & marquées fi elles font conformes au *réglement*.

Le 33ᵉ ordonne que dans les lieux où il fe tient des foires & marchés, dans lefquels il n'y a point de maîtres & gardes établis pour y vifiter & marquer les étoffes qui s'y portent & qui s'y débitent, les juges de police & des manufactures nommeront & commettront un marchand & un maître drapier ou fabriquant d'étoffes, demeurant dans les lieux les plus voifins de ceux où fe tiennent lefdites foires & marchés, pour y faire les fonctions de gardes-jurés, & vifiter & marquer d'une marque foraine toutes les pièces d'étoffes au-deffus de cinq aunes, qui feront dans les plombs de fabrique & de vifite, pour laquelle marque il fera payé un fol par pièce : enjoint auxdits juges & auxdits gardes-jurés des fabriquans d'étoffes ou ceux voifins en leur place, d'accompagner l'infpecteur du département dans fes vifites auxdites foires & marchés, s'ils en font par lui requis, & de lui prêter main forte en cas de rébellion.

Les 34, 35 & 36ᵉ articles défendent, fous peine de concuffion, de reftitution & d'amende, aux juges des manufactures & à leurs greffiers, d'exiger aucune chofe des gardes-jurés, ni lors de leurs élection & preftation de ferment, ni quand ils feront par eux requis de les accompagner dans leurs vifites, enjoignant à ceux-ci de fe transporter avec l'infpecteur fur fa première requifition chez les marchands & ouvriers, pour y faire fa vifite, à peine de 300 livres d'amende en cas de refus par lefdits gardes-jurés de le faire ; enjoignant pareillement aux juges des manufactures d'accompagner ledit infpecteur dans lefdites vifites chez les fabriquans & ouvriers, & délivrer gratuitement & fans frais lefdits procès-verbaux de vifite ; permettant néanmoins aux infpecteurs de procéder feuls à la vifite & faifie des étoffes, fi le cas y échoit, lorfque les gardes-jurés auront refufé de les y affifter.

Enfin le 37ᵉ & dernier article ordonne au furplus que les *réglemens* généraux de 1669, & les arrêts du confeil feront exécutés felon leur forme & teneur, dans les points où ils ne font point contraires au préfent *réglement*.

1 7 1 9.

Il s'étoit rendu deux arrêts du confeil d'état ; l'un dès l'année 1693, & l'autre au mois de juin 1717,

qui ordonnoient qu'il feroit payé 10 livres du cent pefant, compris l'emballage, des draps & autres étoffes de laine brute, & fans leur dernier apprêt, fabriquées dans l'étendue de la province de Dauphiné, qui feroient tranfportées aux pays étrangers.

L'expérience ayant fait voir combien l'impofition de ce droit étoit préjudiciable aux fabriques de cette province, il fut donné un nouvel arrêt le 8 mai 1719, par lequel il fut furfis à l'exécution des deux autres, jufqu'à ce qu'autrement il en fût ordonné, avec défenfes aux commis des fermes unies de percevoir aucuns droits fur lefdites étoffes, que ceux qui étoient perçus avant lefdits arrêts.

La plupart des manufactures de draperie fine établies en vertu des lettres patentes, ont coutume d'avoir des marques honorables qui leur font accordées par les rois pour les diftinguer des fabriques ordinaires.

Quelques-unes ont la permiffion de mettre au chef des pièces d'étoffes qu'elles ont fabriquées, les termes de *manufacture royale*, travaillés fur le métier, outre leur nom & celui de leur demeure, & d'autres le gravent fur les plombs que leurs gardes & jurés y attachent lors de leurs vifites.

Ces marques de diftinction ayant été imitées fans conceffion par des fabriquans particuliers, & plufieurs drapiers drapans & fergers les ufurpant, foit fur leurs étoffes, foit fur les plombs dont elles font marquées par leurs gardes jurés afin de donner plus de relief & de réputation à leurs fabriques, en les faifant paffer pour manufactures royales, il fut donné le 13 mai 1719, un arrêt du confeil, portant *réglement* pour la marque des étoffes de draperie, par lequel, afin de pourvoir à cette ufurpation des fabriquans particuliers, & pour maintenir les véritables entrepreneurs des manufactures royales dans leurs privilèges, il eft ordonné que ceux-ci jouiront feuls des prérogatives qui leur ont été accordées par leurs lettres-patentes, & que ceux-là fe renfermeront pour la marque de leurs étoffes, dans ce qui en eft porté dans les *réglemens* généraux.

On parle plus en détail de cet arrêt en un autre endroit de ce Dictionnaire. *Voyez* MARQUE.

Il fut encore rendu un arrêt du confeil d'état le 24 juin 1719, au fujet de l'ufurpation d'une autre marque dont les fabriquans d'Orival fe fervoient au préjudice de la manufacture des draps d'Elbeuf.

Ces ouvriers, à la vérité, n'ufurpoient pas proprement la marque des draps d'Elbeuf ; mais étant habitués à mettre fur le bout de chaque pièce de leur fabrique ces mots, *d'Orival, près d'Elbeuf*, des marchands de mauvaife foi qui fe fourniffoient des draps de cette manufacture, les vendoient enfuite en détail pour vrais draps d'Elbeuf.

Pour remédier à cet abus, il fut défendu aux fabriquans d'Orival d'ajouter le mot d'*Elbeuf* à leurs draps, & ordonné qu'ils ne mettroient à l'avenir que le mot d'*Orival*.

Pour les fabriques des serges rases de S. Lo.

1 7 2 1.

L'article VIII des *réglemens* généraux des manufactures du mois d'août 1669, ordonne que les serges rases de S. Lo, Caen, Condé, &c. auront une aune de large ; & les articles 25 & 26 du même *réglement*, fixe la largeur des serges d'Aumale, Grandvilliers, Feuquières, &c. à demi-aune demi-quart.

Les fabriquans de Feuquières ayant entrepris dans la suite contre la disposition de ces articles, de faire des serges d'une aune, qu'ils vendoient à Paris pour serges de S. Lo, ou façon de S. Lo ; cette fabrique leur fut de nouveau défendue en 1719, & leurs serges furent réduites à leur première largeur, de demi-aune demi-quart, par sentence du lieutenant général de police de Paris, du 11 août de la même année.

Sa majesté étant informée que l'entreprise des sergers de Feuquières qui s'étoient pourvus au conseil contre cette sentence, étoit capable de détruire, non-seulement la fabrique de S. Lo, mais même celle de Feuquières de demi-aune demi-quart : après s'être fait représenter ladite sentence de 1719, les *réglemens* généraux de 1669, & les *réglemens* particuliers de 1698 & 1717, pour la fabrique des serges d'Aumale, Grandvilliers, Feuquières, &c. faisant droit sur l'intervention des sergers de S. Lo, ordonna, par un arrêt de son conseil, du 22 février 1721, que conformément auxdits *réglemens* & à ladite sentence, les sergers de Feuquières ne pourroient faire aucunes serges d'une aune de large, ni les vendre ou débiter, ou comme serges de S. Lo, ou comme façon de S. Lo, à peine de trois cent livres d'amende pour chaque contravention ; & en conséquence qu'à la diligence des inspecteurs des manufactures des sergers de S. Lo, ou de ceux commis de l'autorité des juges des lieux, les rots de tous les métiers montés pour lesdites étoffes, seroient réduits à la largeur ordinaire portée par ledit article 25 des *réglemens* généraux.

Les sergers de Feuquières ayant dans la suite représenté qu'ils étoient prêts de satisfaire à ce qui leur étoit ordonné par cet arrêt, mais qu'étant chargés de quantité d'étoffes des qualités condamnées, auxquelles il leur avoit été permis de travailler par provision, pendant l'instruction du procès, ils supplioient très-humblement sa majesté de leur accorder un temps compétent, pour se défaire, tant des étoffes déjà faites, que de celles commencées sur les métiers.

Ces représentations donnèrent lieu à un second arrêt du 18 mars ensuivant, par lequel, après avoir pris les précautions ordinaires, entr'autres pour le plomb que l'on appelle le *plomb de grace*, dont lesdites marchandises, ou déjà faites ou commencées sur les métiers, devoient être marquées. il fut accordé le terme de trois mois, pendant lequel il seroit loisible

aux ouvriers, façonniers & marchands qui en seroient chargés, de vendre & débiter lesdites marchandises ainsi marquées, sans toutefois qu'après ledit tems, ils puissent en vendre aucunes, à peine de confiscation, d'être les lisières déchirées publiquement, & de cent livres d'amende contre l'acheteur, pour chaque contravention.

Pour les étoffes qui se fabriquent dans les vallées d'Aure & autres lieux circonvoisins.

Les quatre vallées d'Aure sont situées au pied des Pyrennées : dans le voisinage sont Nestes, Barousses, Magnurac, Nébousant, S. Gaudens, Valentine, & quelques autres, partie dans l'intendance de Languedoc, & partie dans celle de Guyenne. Les fabriques qui y sont établies, sont différentes sortes de cadis, de rases, de burats, de fleurets & de cordelats, toutes étoffes à la vérité assez grossières, mais dont néanmoins il se fait un débit assez considérable, en Espagne & autres pays étrangers.

Jusqu'en 1721, il ne s'étoit fait aucun *réglement* pour les manufactures de ces vallées & lieux circonvoisins, qui pût en assurer & en perfectionner la fabrique.

Celui du 13 janvier de la même année, a été dressé sur les mémoires des directeurs de la chambre de commerce de Toulouse, sur ceux des inspecteurs des manufactures établies dans les généralités de Toulouse & d'Auch, & sur l'avis des sieurs intendans de ces deux généralités. Il consiste en 16 articles.

ART. I. La chaîne des cadis ordinaires, étroits & simples, sera de trente-une portées, à vingt huit fils chaque portée, dont huit fils pour les deux cordons ou lisières, faisant huit cens soixante-huit fils ; & seront travaillés sur des peignes ou rots de deux pans trois quarts de large, pour revenir après le foulon à deux pans un tiers. & auront de longueur quarante-deux cannes la pièce, & vingt-une cannes la demi-pièce.

II. La chaîne des cadis larges sera de trente-huit portées, à vingt-huit fils chaque portée, compris les lisières, faisant mille soixante-quatre fils ; & ils seront travaillés en des rots de la largeur de trois pans deux tiers, pour revenir après le foulon à trois pans, & les piéces auront de longueur trente-cinq à quarante cannes.

III. La chaîne des rases, passe - communes & communes, sera de trente-quatre portées de vingt-huit fils cha une, compris les lisières, faisant neuf cent cinquante-deux fils ; & seront travaillées en des rots de deux pans trois quarts de large, pour revenir après le foulon à deux pans un tiers, & leur longueur sera de vingt - huit à trente cannes.

IV. La chaîne des burats grenés à petit grain, sera de trente-quatre portées à vingt-huit fils chacune, compris les lisières, faisant neuf cent cinquante

quante

quante-deux fils, & feront travaillés fur des rots de deux pans trois quarts de large, pour revenir après le foulon à deux pans un tiers ; & les piéces auront de longueur quarante à quarante - deux cannes.

V. La chaîne des petits burats, à petit grain, fera de trente portées à vingt-huit fils chacune, compris les lifieres, faifant huit cens quarante fils ; & feront travaillés en des rots de deux pans & trois quarts de largeur, pour revenir après le foulon à deux pans un tiers ; & les piéces auront de longueur quarante cannes.

VI. La chaîne des burats doubles fera de trente-fept portées à feize fils chaque portée, compris les lifieres, faifant cinq cens quatre-vingt-douze fils, & feront travaillés fur des rots de trois pans de large, pour revenir après le foulon à deux pans & demi ; & auront de longueur trente-deux à trente-trois cannes.

VII. La chaîne des burats demi-doubles & communs fera de vingt-huit portées à vingt-huit fils chaque portée, compris les lifieres, faifant fept cens quatre-vingt-quatre fils ; & feront travaillés fur des rots de deux pans trois quarts de largeur, pour revenir après le foulon à deux pans un tiers ; & auront de longueur quarante à quarante-deux cannes.

VIII. La chaîne des fleurets ou cordelats d'Aure à fil fin, fera de trente-une portées à vingt-huit fils, chaque portée faifant huit cens foixante fils ; & feront travaillés fur des rots de trois pans un tiers de large, pour revenir après le foulon à deux pans un tiers.

IX. La chaîne des fleurets ou cordelats d'Aure à fil gros, fera de trente portées à vingt-huit fils chaque portée, compris les lifieres ; & feront travaillés en des rots de trois pans un tiers de large, pour revenir après le foulon à deux pans un tiers.

X. Toutes autres étoffes de laine, non comprifes dans les articles ci-deffus, qui fe fabriquent ou fe pourront à l'avenir fabriquer dans ledit pays, ne pourront être après le foulon de largeur moindre de deux pans un tiers.

XI. Les longueurs & largeurs, tant des rots que de toutes lefdites étoffes mentionnées aux précédens articles, feront mefurées & fixées à la canne de Montauban, conformément à l'arrêt du confeil du 25 feptembre 1677, rendu pour la fabrique defdites étoffes, & auront les largeurs & longueurs prefcrites par le préfent réglemente, à peine de confifcation & d'amende, tant contre le propriétaire que contre le foulonnier ; à cet effet tous les rots feront réformés & réduits à la mefure ci-deffus donnée.

XII. Toutes lefdites étoffes feront fabriquées de

bonnes laines, & feront travaillées également dans leur longueur & largeur, à peine de vingt livres d'amende contre les fabriquans qui auront employé des laines de mauvaifes qualités, ou inférieures, fuivant les différentes efpéces d'étoffes, ou qui ne les auront pas fabriquées également.

XIII. Comme auffi toutes lefdites étoffes ne pourront être tirées à la rame ou autrement, avec excès, à peine de confifcation & de cinquante livres d'amende pour chacune defdites piéces d'étoffes, qui étant mouillées, fe trouveront racourcies plus de demi - canne par piéce d'étoffes de vingt-deux cannes de longueur ; & à proportion pour les étoffes de plus grandes longueurs.

XIV. Toutes lefdites étoffes feront vues & vifitées au retour du foulon, par les juges, gardes en charge, & par eux apportées à la marque du lieu où elles auront été faites, fi elles font conformes au préfent réglement ; & s'ils y trouvent des défectuofités, ils les feront faifir ; & en feront leur rapport aux juges de police des manufactures, pour en ordonner, conformément aux articles ci-deffus ; & pour faciliter lefdites vifites & marques defdites marchandifes, les confuls de S. Gaudens, Valentines & quatre vallées, fourniront dans leur hôtel de ville un bureau de la grandeur néceffaire, dans lefquels les gardes-jurés fe rendront chaque jour de marché pour lefdites vifites, & où les fabriquans feront tenus de porter toutes les étoffes de leur fabrique pour y être marquées.

XV. Les étoffes defdites fabriques, qui feront portées en d'autres lieux pour être débitées, feront directement tranfportées dans les halles ou dans les bureaux des gardes, pour y être de nouveau vifitées & marquées du fecond plomb, fi elles font conformes au préfent réglement ; finon confifquées, & l'amende prononcée, tant contre les propriétaires que contre les gardes de la fabrique, qui les auront marquées, ne le devant pas.

XVI. Cet article contient diverfes précautions pour connoître & diftinguer les étoffes mentionnées au préfent réglement, qui auront été faites avant fa publication, d'avec celles qui n'auront été fabriquées que depuis. Il accorde auffi aux ouvriers & façonniers qui en auront de marquées de la marque de grace, qui les doit diftinguer, le tems de fix mois après la publication du préfent arrêt, pour les vendre & débiter ; fans toutefois qu'après ledit tems paffé, il leur foit loifible d'en plus vendre de cette qualité, à peine de confifcation, d'en voir les lifieres déchirées publiquement, & de cent livres d'amende contre le propriétaire, acheteur ou commiffionaire pour chaque contravention.

XVII. Toutes les amendes qui feront adjugées en conféquence du préfent arrêt, feront applicables, fçavoir moitié à fa majefté, un quart aux gardes &

jurés en charge ; & l'autre quart aux pauvres du lieu, où les jugemens portans condamnation desdites amendes seront rendus.

XVIII. Le dernier article commet l'exécution du présent *réglement* aux intendans des provinces & généralités de Languedoc, Auch., Montauban, Bordeaux & Roussillon, & leur ordonne de le faire observer selon sa forme & teneur dans chacun des lieux où lesdites étoffes sont ou seront fabriquées.

Pour les piéces de long aunage.

La plûpart des serges & autres étoffes de laine, qui sont de long aunage, se coupant ordinairement en deux, & se vendant par demi-piéces, il arrive nécessairement que l'un des bouts se trouve sans plomb de fabrique & sans celui de visite, ce qui pourroit faire soupçonner assez raisonnablement, que la piéce entière n'a été ni marquée ni visitée, & par conséquent sujette à confiscation.

Sa majesté, pour y pourvoir, & empêcher que, sous ce prétexte, les détailleurs ne fussent troublés dans le commerce, a ordonné, par un arrêt de son conseil du 16 septembre 1721, qu'à l'avenir les fabriquans de serges & autres étoffes de laine, qui se font de long aunage, seroient tenus de mettre sur le métier & non à l'aiguille, leurs noms & celui de leurs demeures, à la queue & second bout de chaque piéce d'étoffe de cette espéce qu'ils voudroient vendre par demi-piéces : comme aussi d'appliquer le nom de fabrique audit second bout : sa majesté faisant défenses de vendre des piéces d'étoffes de la qualité ci-dessus en demi-piéces, sans être marquées du nom de l'ouvrier & du nom de fabrique sur chaque demi-piéce : ordonnant néanmoins que les piéces desdites étoffes que les fabriquans vendroient entières, continueroient d'être marquées au chef & premier bout seulement.

Au sujet du manque d'aunage des étoffes de laine.

Le défaut d'aunage des serges & autres étoffes de laine, qui se fabriquent à Aumalle & à Grandvilliers, faisant naître de fréquentes contestations entre les marchands qui achetent ces sortes d'étoffes, soit en toile & en blanc, ou après la teinture & l'apprêt, & les fabriquans étant souvent inquiétés par les marchands, deux ou trois années après la livraison de leurs marchandises, sur le manque d'aunage des piéces, quoique ce défaut puisse également venir du côté des fabriquans, qui sous prétexte de les dresser, les tirent trop à la rame ; ou du côté des marchands, qui sous prétexte de les dégorger, les font refouler pour les rendre de meilleure qualité.

Sa majesté, après avoir fait examiner en son conseil les représentations sur ce sujet des inspecteurs des manufactures d'Aumalle, de Granvilliers, de Beauvais & d'Elbeuf, ensemble, vu l'avis des députés du conseil de commerce, a ordonné par un arrêt du 30 septembre 1721, qu'à l'avenir les marchands acheteurs des serges & étoffes des fabriques du duché d'Aumalle & prévôté de Granvilliers pourront dans six mois, pour les serges & étoffes desdites fabriques qu'ils auront achetées en toile ou en blanc, & sans apprêt ; & dans trois mois pour celles qu'ils auront achetées étant apprêtées, à compter du jour de la livraison qui leur aura été faite, ou à leurs commissionnaires desdites serges & étoffes, former devant les juges qui sont en droit ou en possession d'en connoître, les actions qu'ils croiront devoir exercer pour raison dudit défaut d'aunage ; leur faisant défenses après ledit tems de six & trois mois, d'intenter aucune action pour l'aunage, sous quelque prétexte que ce soit, à peine des dommages & intérêts des fabriquans qu'ils auroient fait assigner au-delà dudit délai : défendant pareillement sa majesté aux juges de rendre aucuns jugemens sur des exploits donnés après ledit tems de six & de trois mois, à peine de nullité de leursdits jugemens ; avec injonction, en procédant au jugement desdits recours en garantie, de se conformer aux *réglemens* rendus au conseil ; & en conséquence de condamner aux amendes portées par iceux, ceux des fabriquans qui se trouveront avoir tiré ou fait tirer à la rame ou autrement avec excès, lesdites serges & étoffes, sous prétexte de les redresser : comme aussi de condamner à de pareilles amendes, ceux des marchands acheteurs, qui ayant fait refouler lesdites serges & étoffes, voudroient rendre audit cas les fabriquans garants du défaut d'aunage, provenant dudit refoulement.

Nouveau réglement pour les manufactures d'Amiens.

1 7 2 2.

Ce *réglement* est du 19. novembre 1722, & est composé de seize articles.

Les motifs sur lesquels a été rendu l'arrêt du conseil d'état du roi qui l'ordonne, sont :

1°. Que les manufactures de la ville d'Amiens & des environs, étoient tellement augmentées, qu'un seul inspecteur ne suffisant plus pour veiller à l'exécution des *réglemens*, tant dans l'intérieur de la ville qu'au dehors, il étoit nécessaire d'y pourvoir, en y établissant un second inspecteur qui partageât avec l'ancien un département d'une si grande étendue.

2°. Que les égards-ferreurs en blanc ayant été supprimés, il s'y étoit introduit une infinité d'abus, à cause que les houpiers fabriquans, teinturiers & autres ouvriers employés dans lesdites manufactures, n'étoient plus surveillés, & qu'il falloit y pourvoir en rétablissant les fonctions desdits égards-ferreurs en blanc, si l'on n'en rétablissoit pas les offices.

3°. Enfin, que différens articles du *réglement* de 1666, & des autres intervenus depuis, avoient besoin d'augmentation, de correction ou d'interprétation sur bien des choses considérables & nécessaires pour porter ces manufactures au degré de perfection dont elles sont capables.

Sa majesté, après avoir fait examiner les mémoires envoyés au conseil sur ces trois chefs, tant par les maire & échevins, juges de police & des manufactures de ladite ville d'Amiens, que par les marchands & les communautés des sayetteurs & hautelisseurs; ensemble l'avis du sieur Chauvelin, intendant de la généralité d'Amiens; celui des députés du commerce, & celui des sieurs commissaires du bureau établi pour les affaires du commerce, sadite majesté, conformément à l'avis dudit sieur Chauvelin, a ordonné ce qui suit:

ART. Ier. Les peignerans ou faiseurs de peignes, ne pourront faire aucuns peignes pour l'usage des houppiers employés à l'apprêt de laines de moindre compte que de vingt-quatre broches, sur le compte de six pouces & demi de ville pour le talon, & sur celui de six pouces, entre la première & vingt-quatrième broche, lesquels peignes ne pourront être exposés en vente par lesdits peignerans sans être marqués de leur marque particulière, & sans les avoir fait pareillement marquer aux deux extrémités du talon à l'hôtel-de-ville & du coin d'icelle, en présence de deux gardes-jurés, à peine de confiscation, & de dix livres d'amende pour la première fois & d'interdiction pour la seconde.

II. Les houppiers seront tenus de réformer tous les peignes qui ne seront pas du compas ci-dessus, & de les porter à l'hôtel-de-ville, pour y être la marque apposée, avec défense de se servir d'aucuns peignes, & d'en avoir dans leurs ouvroirs qui ne soient pas marqués.

III. Conformément aux articles 109 & 180 des *réglemens* de 1666, il est défendu aux lamiers & rotiers d'exposer en vente aucunes lames ni rots; & à tous fabriquans & ouvriers d'en avoir dans leurs ouvroirs, ni de s'en servir qu'ils n'aient été visités & marqués à l'hôtel-de-ville, à peine de confiscation desdites lames & rots, & de dix livres d'amende; & pour donner à l'avenir plus de facilité de compter le nombre des broches dont lesdits rots sont composés, & connoître s'ils sont conformes aux *réglemens*, seront lesdits rotiers tenus de mettre dans ceux qu'ils fabriqueront, une broche noire de vingt-cinq en vingt-cinq broches.

IV. Que le nombre des égards de chacune des communautés des sayetteurs & hautelisseurs sera fixé à douze, parmi lesquels il en sera choisi quatre dans chaque communauté par l'intendant de la généralité d'Amiens, pour faire les fonctions que faisoient ci-devant les égards-ferreurs en blanc, dont les offices sont & demeureront supprimés, &

les huit autres égards seront chargés des autres fonctions ordinaires, & du soin des affaires de leur communauté.

V. Lesdits quatre égards, choisis pour faire les fonctions des ferreurs en blanc dans chaque communauté des sayetteurs & hautelisseurs, seront tenus, chacun à leur égard, & conformément aux articles 105 & 178 des *réglemens* de 1666, d'aller en visite dans les ouvroirs des maîtres sayetteurs & hautelisseurs, pour y compter les fils & buhots de toutes les pièces montées sur les métiers, & y appliquer leur plomb à celles qui se trouveront conformes aux *réglemens*, ou les saisir en cas de contravention; sa majesté, donnant pouvoir audit sieur intendant de les destituer en cas de malversation, négligence, ou incapacité.

VI. Il est enjoint pareillement auxdits égards-ferreurs en blanc, chacun à leur égard, & conformément aux articles 110 & 180 des *réglemens* de 1666, de visiter exactement les lames & rots, & de veiller à ce qu'aucun fabriquant n'en ait qui ne soient marqués du coin de la ville.

VII. Les fabriquans sont tenus de porter à la halle toutes leurs marchandises, notamment les étamines pour y recevoir le plomb en blanc; faisant, sa majesté, défenses aux marchands d'en acheter qu'elles n'aient ledit plomb; & seront, tant les marchands que les fabriquans, tenus d'y faire apposer un second plomb par les jurés de leur communauté, après l'apprêt, pour connoître si elles n'auront rien perdu de leur largeur, longueur & qualité; le tout aux peines portées par les statuts de 1666, & par les *réglemens* généraux de 1669.

VIII. Enjoint, sa majesté, aux maîtres sayetteurs & hautelisseurs de composer leurs pièces d'une même nature de laine & de fil de pareille filure, sans altération ni mélange; ensorte que la pièce soit au chef, au milieu & à la queue de même qualité; comme aussi de laisser aux deux bouts de chaque pièce, un demi-quart de la chaîne sans être tissue ni fabriquée, nouée par portée, pour être lesdites pièces envoyées à la halle dans les vingt-quatre heures, après les avoir ôtées de dessus le métier, & y être ensuite vues & visitées par les égards, & le nombre des fils dont la chaîne est composée par eux comptés; après quoi le plomb de fabrique y sera apposé, en cas qu'elles se trouvent faites en conformité des *réglemens*.

IX. Il est fait défenses à tous maîtres sayetteurs, & hautelisseurs, de faire, pour raison de la marque de leurs pièces à la halle, aucun abonnement avec les égards & jurés, à peine, tant contre les fabriquans, que contre les égards, de cent livres d'amende, laquelle ne pourra être remise ni modérée, sous quelque prétexte que ce soit.

X. Il est enjoint aux égards - jurés de chaque communauté des sayetteurs & des hautelisseurs, d'avoir un régître parafé par le maire & échevins, à la tête duquel seront inscrits les noms & les surnoms des maîtres & veuves de maîtres de leur communauté, sur lequel lesdits maîtres & veuves seront tenus de faire une déclaration de leurs noms, surnoms & demeures, & du nombre des pièces qu'ils font travailler, tant en leur maison qu'ailleurs, pour être toutes les pièces qui seront marquées à la halle par les égards-jurés, par eux inscrites sur ledit régître, jour par jour, ainsi que le nom du maître à qui elles appartiendront, avec l'espèce & la qualité desdites pièces ; & ledit régître sera représenté à la fin de chaque mois par lesdits égards aux maire & échevins ; ensemble un état contenant les noms des maîtres & veuves qu'ils auront reconnu n'avoir point fait marquer leurs marchandises.

XI. Il est fait défenses, conformément à l'article 15 du *règlement* général du mois d'août 1669, aux teinturiers du bon teint de ladite ville d'Amiens, d'avoir en leur maison, ni d'employer dans la composition de leurs teintures, aucun bois d'inde, orseille & autres ingrédiens de fausses couleurs, ni de leur délivrer aucunes pièces d'étoffes teintes, sans y avoir apposé leur plomb, & aux marchands de les recevoir & avoir chez eux sans que ledit plomb y ait été apposé, conformément à l'article 38 du même *règlement*.

XII. Tous gardes des marchands ayant inspection sur les marchandises foraines & teintures, seront tenus de faire débouillir toutes les pièces d'écarlate violette & cramoisi, pourpre & noir, pour connoître si elles sont de bon teint, & si le plomb du teinturier y aura été appliqué ; faute de quoi les pièces qui se trouveront en contravention seront saisies & arrêtées.

XIII. Enjoint, sa majesté, aux maire & échevins de ladite ville d'Amiens, de se conformer à ce qui est prescrit par le *règlement* de 1666, pour les apprentissages, chef - d'œuvres & réceptions des aspirans à la maîtrise.

XIV. Par cet article S. M. ordonne l'établissement d'un nouvel inspecteur des manufactures au département d'Amiens, outre celui qui y est déja ; desquels deux inspecteurs, l'un sera tenu de veiller sur les marchandises foraines qui s'apportent toutes les semaines dans la halle aux draps, ainsi que sur les manufactures qui sont établies dans les autres villes & lieux de ce département ; & l'autre aura l'inspection de la manufacture intérieure de la ville d'Amiens, & veillera, tant sur la conduite des égards & ferreurs, que sur celle des sayetteurs, hautelisseurs, fabriquans, houpiers, peignerans & teinturiers ; ensemble sur la qualité des matières qui sont employées dans la fabrique & sur toutes les marchandises qui

font envoyées à l'apprêt par les marchands & fabriquans.

XV. Les appointemens du nouvel inspecteur sont réglés à deux mille livres par an, ainsi que ceux de l'inspecteur déja établi ; & pour pourvoir au paiement desdits appointemens, sa majesté veut qu'au lieu des deux deniers qui se levent actuellement en conséquence de l'article 107 du *règlement* de 1666, il soit levé à l'avenir à la halle par les égards-ferreurs en blanc, huit deniers en tout pour la marque de chaque pièce d'étoffes en blanc, sur le produit desquels huit deniers seront prélevés les appointemens dudit inspecteur, & le surplus employé aux frais, tant des regiftres que des plombs & des coins de marque.

XVI. Enfin sa majesté ordonne que lesdits égards-ferreurs compteront annuellement du produit desdits huit deniers pardevant les maire & échevins de ladite ville d'Amiens, ainsi qu'il en a été usé pour les deux deniers qui se levoient ci-devant.

Il faut observer que dans toutes les copies imprimées de ce nouveau *règlement*, qui ont été distribuées dans le public, il y a trois fautes considérables d'impressions ; savoir, 1°. à l'endroit où il est parlé des sayetteurs & hautelisseurs, que la copie nomme toujours *faiteurs* ; 2°. à l'endroit dans lequel on ordonne la réforme des lames & des rots, où l'on substitue le mot de *laines* à celui de *lames* ; 3°. enfin en nommant *lainers* au lieu de *lamiers*, les ouvriers qui font les lames ; ce qui cause un sens tout-à-fait inintelligible dans le nouveau *règlement*.

On peut voir là dessus les statuts ou *règlemens* de 1666, dans lesquels on met toujours sayetreurs & non faiteurs, à cause que la manufacture d'Amiens se nomme *sayetterie* ; & lames & lamiers, pour signifier cette partie du métier qu'on appelle *lame*, & les ouvriers qui les font.

1723.

L'avivage que l'on donne à quelques étoffes de laine, après qu'elles ont passé par la teinture, est quelquefois une façon qui, donnant plus de vivacité à la couleur, sans détériorer l'étoffe ou sans en cacher la mauvaise fabrique, doit être permise aux teinturiers, comme est, par exemple, l'avivage du bleu avec de l'eau tiede un peu alunée. Il n'en est pas de même de l'avivage dont l'on se servoit jusqu'en 1713 à Nogent le Rotrou, & dans différens lieux de la Touraine & de la généralité d'Orléans, pour couvrir les défectuosités de quelques - unes de leurs étoffes.

Entre les différentes sortes d'étoffes qui se font dans ces deux provinces, les étamines qui se fabriquent avec une trame de laine brune sur une chaîne de laine blanche, ne sont pas celles qui ont le moins de réputation. Lorsque l'ouvrage en est bon, & que la trame couvre entièrement la chaîne, elles ont une belle couleur grise ; & au contraire, elles paroissent rayées, lorsqu'elles sont mal tissues. C'est pour cacher ces défauts que les marchands & les fabriquans avoient imaginé ce qu'ils appellent l'*avivage*, c'est-à-dire, une teinture faite du bois d'Inde qui rendoit la couleur uniforme, & en ôtoit entiérement la rayeure.

C'est contre cette teinture frauduleuse qu'a été donné l'arrêt du conseil du 19 Janvier 1723, par lequel sa majesté fait très-expresses inhibitions à tous fabriquans & marchands d'étamines, dont la chaîne est composée de laine blanche & la trame de laine brune, de donner auxdites étoffes après qu'elles auront été fabriquées aucune sorte de teinture, appellée vulgairement *avivage*, sous quelque prétexte que ce puisse être, à peine de confiscation desdites étoffes & de vingt livres d'amende pour chacune contravention, lesquelles peines ne pourront être remises ni modérées.

Il faut remarquer que dans les copies de cet arrêt on a mis avinage au lieu d'avivage, mais c'est une faute d'impression.

Le roi ayant été informé que les serges fabriquées dans les villes d'Usez, d'Alais & autres villes & lieux de la province de Languedoc, n'avoient pas la largeur portée par les *réglemens* rendus en différens tems; & que les ouvriers dont la contravention étoit reconnue, prétendoient se disculper en soutenant que le défaut de largeur provenoit de ce que ces étoffes avoient été trop foulées, & non pas de n'y avoir point employé le nombre de fils prescrit; ce qui ne peut plus être vérifié quand elles ont été au foulon, & que par cette façon la chaîne est mêlée & confondue avec la trame :

Sa majesté, pour ôter dorénavant aux fabriquans prétexte d'abus, a ordonné, par un arrêt de son conseil du 19 janvier 1723, que les *réglemens* généraux de 1669 & autres depuis rendus concernant le nombre des fils & largeur de chaque espece d'étoffes seroient exécutés selon leur forme & teneur; & en conséquence, qu'à l'avenir, conformément au *réglement* du 20 octobre 1708, pour les manufactures de Mende & de Marenjols, tous les ouvriers qui fabriquent des serges, cadis & autres especes d'étoffes auxquelles ils employent des chaînes de laine peignée, appellée *estame*, tant dans la province de Languedoc que dans les autres provinces du royaume, seront tenus de laisser à la tête de chaque piece la longueur de quatre pouces aux chaînes sans les remplir & couvrir de la trame, afin que les fils & les portées des chaînes puissent être comptés, pour reconnoître si le nombre fixé par les *réglemens* a été observé, à peine de confiscation desdites étoffes & de vingt livres d'amende pour chaque contravention, lesquelles confiscations & amendes ne pourront être remises ni modérées par les juges, à peine d'en répondre en leurs propres & privés noms & d'interdiction.

Il avoit été fait défenses par un arrêt du conseil du 5 février 1692, à tous entrepreneurs de manufactures, aux ouvriers travaillans en draps & autres étoffes de laine, & généralement à toutes personnes, d'appliquer ou mettre à aucunes marchandises ou pieces d'étoffes de laine, aucunes lettres ou marques étrangères; même aucunes lettres, caractères, figures ou façons, de quelque qualité qu'elles puissent être, sans exception, outre le nom de l'ouvrier & les marques portées par les *réglemens* : comme aussi à tous marchands drapiers des villes du royaume, de faire mettre aucunes desdites marques sur leurs draps de laine, & d'en avoir aucunes ainsi marquées dans leurs boutiques & magasins, ni de les exposer en vente; le tout à peine de confiscation & de quinze cens livres d'amende.

Néanmoins, comme sous prétexte que pendant la guerre on avoit cru devoir user d'indulgence & tolérer un semblable abus, pour faciliter aux marchands le débit de leurs étoffes dans les pays étrangers, plusieurs d'entre eux continuoient de se servir desdites marques, sa majesté, pour arrêter cette contravention qui ne pouvoit plus se dissimuler sans causer un préjudice considérable au commerce de France, sans décréditer en quelque sorte les manufactures du royaume, qui, ayant par leur perfection, une si grande supériorité sur toutes les manufactures étrangères, n'ont pas besoin de ces fausses marques pour acquérir du crédit; S. M., par un nouvel arrêt du 26 avril 1723, a ordonné l'exécution de l'arrêt de 1692, sous les mêmes peines de confiscation & de quinze cent livres d'amende contre les contrevenans; lesquelles peines ne pourront être remises ni modérées pour quelque cause & sous quelque prétexte que ce puisse être.

Le roi ayant fixé, par l'article 3 du *réglement* du 17 mars 1717, le nombre des portées & des fils, des serges qui se fabriquent à Crevecœur, Hardiviliers, Blicourt, &c. & étant informé que les fabriquans de Villers & des lieux circonvoisins, négligeoient de s'y conformer, quoique les étoffes qui s'y fabriquent se débitassent sous le nom de *serges de Blicourt*, sa majesté, vu l'avis du sieur Chauvelin, intendant de la généralité d'Amiens, ensemble celui des députés du commerce, ordonna, par un arrêt de son conseil, du 14 décembre 1723 :

Que l'article 3 du *réglement* du 17 mars 1717, seroit exécuté selon sa forme & teneur. Ce faisant, que les serges qui se fabriquent à Villers & lieux circonvoisins, auroient cinquante-deux portées de trente-quatre fils chacune, pour être en toile, de trois quarts de large, & au retour du foulon de demi-aune demi-quart, & que les étroites auroient quarante-deux portées au moins, aussi de trente-quatre fils chacune, pour être au sortir du métier, de demi-aune, un douze & un pouce; & au sortir du foulon de demi-aune de largeur, & de vingt aunes & demie de long, conformément à l'article 26 du *réglement* général.

Qu'à cet effet toutes les lames & rots servant à la fabrique desdites étoffes, qui ne seroient pas conformes à la disposition dudit article, seroient changées dans les trois mois après la publication du présent arrêt, & passé ledit temps rompus, & les ouvriers condamnés en trois livres d'amende pour chaque métier.

Sa majesté ordonnant en outre, que les fabriquans

feroient tenus de porter lefdites ferges à la halle des marchandifes foraines de la ville d'Amiens, pour y être vifitées & marquées du plomb de controle, en cas qu'elles fuffent de celui de fabrique de Villers, fabriquées en conformité des *réglemens*; finon qu'elles feroient coupées de cinq aunes en cinq aunes, & rendues aux fabriquans, qui feroient condamnés à vingt livres d'amende.

Sa majefté faifant, au furplus, défenfes aufdits fabriquans d'en expofer en vente, & aux marchands d'en acheter, qu'elles n'ayent lefdits deux plombs, à peine de cinquante livres d'amende pour chaque contravention.

1 7 2 4.

On compte jufqu'à fix *réglemens* qui ont été rendus cette année; favoir, un du 18 janvier, deux du 7 mars, un du 10 mai, un du 15 août, & un du 25 novembre: on en a donné les extraits fuivant leur ordre de date.

Il fembloit que dans les *réglemens* généraux qui avoient été faits en France, depuis près de foixante-dix ans, pour la perfection des manufactures, on avoit prefque entièrement prévenu les fraudes qui pouvoient fe commettre dans les fabriques des étoffes. Cependant le roi ayant été informé que malgré tant de fages précautions, le commerce defdites étoffes fe faifoit dans la ville de Troyes fans aucunes des formalités ordonnées, & que la plupart des marchands achetoient celles qui s'y fabriquoient, ou qui y étoient apportées, fans examiner fi elles étoient défectueufes en largeur & en qualité. Que même pour ôter aux infpecteurs la connoiffance de ce commerce abufif & prohibé, ils les faifoient décharger directement dans leurs maifons, en quoi ils étoient favorifés par les gardes de la draperie qui leur prêtoient leur poinçon pour les marquer. Que le grand garde lui-même, marquoit fes propres étoffes & celles des autres particuliers à huis-clos. Que d'ailleurs quelques marchands prétendoient, au moyen des privilèges attribués aux charges dont ils fe font pourvoir, & entre autres celle de fecrétaire du roi, être difpenfés de fe conformer aux *réglemens* rendus fur le fait des manufactures, & refufoient fous ce prétexte, que les infpecteurs établis par fa majefté fiffent aucune vifite dans leurs magafins; enforte que fi tous ces abus étoient tolérés, le commerce en fouffriroit confidérablement. Sa majefté defirant y pourvoir, ordonna par l'arrêt de fon confeil, du 18 janvier 1724.

1°. Que les *réglemens* généraux rendus fur le fait des manufactures, enfemble l'ordonnance du lieutenant-général de police de la ville de Troyes, du 6 novembre 1723, feroient exécutés fuivant leur forme & teneur.

2°. Qu'en conféquence, toutes les étoffes de laine qui feroient fabriquées, ou apportées dans ladite ville, feroient marquées de la marque ordinaire dans la halle aux draps, tous les jours; favoir, en été depuis huit heures du matin, jufqu'à dix; & en hiver, depuis neuf heures du matin jufqu'à onze.

3°. Que defdites étoffes & marques, il feroit tenu regitre par le concierge de ladite halle, lequel regitre feroit paraphé par ledit lieutenant-général de police.

4°. Il eft fait par S. M., expreffes défenfes au grand garde, aux gardes des marchands, & à ix maîtres jurés des fabriquans, de marquer des étoffes fous quelque prétexte que ce foit, à d'autres heures que celles ci-deffus, ni ailleurs que dans ladite halle, à peine de cinquante livres d'amende & de confifcation, même de plus grande peine en cas de récidive.

5°. Il eft pareillement défendu à tous marchands de recevoir des étoffes dans leurs boutiques, & magafins qu'elles n'ayent été vues, vifitées & marquées.

6°. Que les gardes & jurés ne pourroient fous leurs clefs, ni le concierge de ladite halle s'en fervir pour cet effet, ou laiffer marquer lefdites étoffes à autres heures, à peine d'interdiction de leurs fonctions, & de pareille amende de cinquante livres.

7°. Que tous marchands qui prétendroient jouir de quelques privilèges, à quelque titre que ce puiffe être, feroient tenus de fe conformer auxdits *réglemens*, & de fouffrir que les infpecteurs des manufactures fiffent des vifites des marchandifes qu'ils auroient en magafin, à peine d'interdiction de tout commerce; & d'être en outre déchus pour toujours de leurs privilèges.

8°. Enfin, à l'égard de la prévarication commife par le grand garde de la communauté des marchands de ladite ville de Troyes, fa majefté ordonna qu'outre l'amende de dix livres, à laquelle il avoit été condamné par le lieutenant-général de police, il feroit deftitué de toutes les fonctions de ladite qualité; lui faifant défenfe de s'y immifcer, à peine de défobéiffance; & voulut qu'un autre grand garde fût élu en fa place, en la manière ordinaire & accoutumée.

Des deux arrêts, en forme de *réglement*, du 7 mars de l'année 1724, le premier n'eft proprement qu'une interprétation de celui du 14 décembre de l'année précédente, ou plutôt une facilité pour fon exécution, en accordant une marque de grace pour les ferges fabriquées en contravention dudit arrêt; fa majefté ordonnant que l'infpecteur des manufactures du département d'Amiens, affifté d'un officier de police de ladite ville, fe transporteroit à Villers où dans les lieux circonvoifins, pour appofer fur les ferges qui s'y fabriqueroient, & qui feroient encore fur les métiers, ladite marque de grace, telle qu'elle feroit défignée par les intendans de la généralité d'Amiens, avec permiffion, en conféquence, aux fabriquans defdits lieux, de vendre les ferges ainfi marquées pendant fix mois, à compter du jour de la publication du préfent arrêt.

L'autre *réglement* du 7 mars 1724, regarde les étamines virées doubles foies.

Le roi avoit ordonné, par l'article 6 du *réglement* du 17 mars 1717, concernant les manufactures d'Amiens, que les étamines virées doubles-foies auroient la chaîne de trente-cinq à trente-fix portées, de feize à dix-huit fils ou buhots chacune, & la trame de laine d'Angleterre. Mais fa majefté ayant été informée que les fabriquans n'y employoient que seize fils, & que quand ils se conformeroient à ce qui est porté par ce *réglement*, il ne seroit pas possible que ces étoffes fussent de la qualité dont elles devroient être ; que d'ailleurs cela donnoit lieu aux fabriquans de vendre les étamines communes, lorsqu'elles étoient bien façonnées, pour étamines fines, sa majesté, pour y pourvoir, auroit ordonné par le présent arrêt, qu'à l'avenir les étamines virées doubles-soies seroient de dix-huit à vingt buhots, sur trente-sept à trente-huit portées, la trame de laine d'Angleterre naturelle, & la chaîne de fil de Turcoin, dérogeant, pour ce regard seulement, audit article 6 dudit *réglement* du 17 mars 1717, & qu'à cet effet les fabriquans seroient tenus de faire réformer leurs lames & leurs rots, & de les porter ensuite à l'hôtel-de-ville d'Amiens, pour y être marqués en présence des gardes-jurés de leur communauté. Permettant néanmoins sa majesté auxdits fabriquans d'employer les chaînes ourdies en seize buhots, pendant un mois, à compter du jour de la publication du présent arrêt ; lequel délai expiré toutes lesdites étamines qui se trouveroient à un moindre nombre de portées que celui fixé ci-dessus, seroient confisquées, & les fabriquans condamnés à vingt liv. d'amende.

Le quatriéme *réglement* de cette année est un arrêt du conseil d'état du roi, donné en exécution de celui du 13 mai 1719.

Par ce dernier, il avoit été ordonné que les entrepreneurs des manufactures de draperies qui en auroient expressément & nommément obtenu le droit par des lettres-patentes, pourroient seuls y employer ces mots: *manufacture royale*, au chef & premier bout de chaque piéce d'étoffes de leur fabrique, outre le numero de la piéce, les noms & demeures desdits entrepreneurs, qui y seroient mis sans aucune abbréviation, avec défenses aux autres fabriquans & ouvriers, d'employer lesdits termes, & aux gardes-jurés de les faire graver sur les marques, & imprimer sur les plombs, ou de quelque autre manière que ce fût, à peine de confiscation des étoffes trouvées en contravention, & de cinquante livres d'amende, tant contre lesdits fabriquans & ouvriers, que contre lesdits gardes-jurés. Cependant, sa majesté ayant été informée qu'au préjudice des dispositions dudit arrêt, & encore contre la teneur d'un autre du 14 août 1717, par lequel les sieurs Glucq & Julienne, auroient été maintenus dans la possession où ils étoient, comme seuls privilégiés dans la ville, fauxbourgs, & banlieue de Paris, de marquer d'un plomb doré, sur lequel d'un côté étoient les armes du roi, & de l'autre cette inscription, *teinture royale, par privilége aux Gobelins, à Paris*, il s'apposoit sur les draps teints, dans le bourg de Darnetal, un plomb doré, sur lequel d'un côté étoient les armes du roi, avec ces mots : *manufacture de teintures à Darnetal* ; & de l'autre, ces termes : *Par de Vitry, maître teinturier aux Gobelins de Paris*. Sa majesté, pour arrêter & punir ladite contravention, a ordonné, par le présent arrêt du 10 mai 1724, que les *réglemens* & arrêts concernant la marque, seroient

exécutés selon leur forme & teneur, & en conséquence, fait expresses défenses à tous maîtres teinturiers, de faire graver sur leurs plombs les armes de sa majesté, s'ils n'en ont expressément & nommément obtenu le droit par des lettres-patentes, à peine de confiscation des piéces d'étoffes sur lesquelles lesdits plombs auroient été appliqués, sur le recours des marchands, auxquels elles appartiendront, contre lesdits teinturiers qui seront en outre condamnés à cinq cent livres d'amende, & pour la contravention commise par ledit Vitry, sa majesté l'a condamné à trois cent livres d'amende, que sa majesté a modérée à ladite somme par grace & sans tirer à conséquence.

On parle ailleurs de la manufacture desdits sieurs Glucq & Julienne, & de leurs priviléges. *Voyez* dans ce dictionnaire l'article des *manufacturiers*.

Le cinquième *réglement* est un arrêt du 15 août 1724, concernant les droguets de la manufacture de la ville & fauxbourgs de Reims.

Le roi ayant été informé que depuis quelques années, les fabriquans de la ville de Reims s'étoient appliqués à faire des droguets de différentes qualités, & que pour en conserver la réputation & augmenter le commerce, il étoit nécessaire de prescrire des régles certaines aux manufacturiers qui fabriquent ces sortes d'étoffes, en les renfermant dans la fabrique de deux espèces seulement, sa majesté a ordonné qu'à l'avenir il ne seroit plus fabriqué dans la ville & fauxbourgs de Reims, que de deux sortes de droguets, & de la manière & façon portées par les huit articles suivans.

ART. Ier. Les droguets de la première sorte seront fabriqués de laines de Ségovie, & les chaînes composées au moins de cinquante portées dans des lames & des rots de trois quarts d'aune, pour revenir, au retour du foulon, à demi-aune entre les lisières, & environ trente-deux à trente-trois aunes de long.

II. Ceux de la seconde sorte seront fabriqués de laine de Berry, dont les chaînes seront de quarante portées, chaque portée de 24 fils d'estain, non compris les lisières, dans les lames & rots de trois quarts d'aune, pour être lesdits droguets en toile de deux tiers de large entre les lisières, & de quarante à quarante-deux aunes de long ; pour revenir au retour du foulon, à demi-aune de large, & à environ trente-deux à trente-trois aunes de long.

III. Veut sa majesté, qu'il ne soit employé dans la fabrique desdits droguets, que des chaînes du poids d'une livre trois quarts au plus.

IV. Veut sa majesté, qu'il ne soit employé dans la trame desdits droguets, que des laines d'Espagne, prime, & seconde ségovie ; prime ségovienne ; prime soria, & des plus fines du Berry ; & ne pourra y être employé aucune laine de l'Auxois ni autres moyennes laines, à peine de confiscation desdites étoffes, & de cent livres d'amende.

V. Les lisières seront composées chacune au moins de trois doublots de laine verte.

VI. Après que lesdits droguets auront été foulés, l'envers sera paré par une seule tonte, & l'endroit sera tondu deux fois, dont la seconde tonte se fera avec des forces, appellées *bottes*.

VII. Après que la visite aura été faite, & la marque du bureau apposée auxdits droguets en toile, les nœuds en seront coupés avant que d'être portés au foulon par les marchands qui les achetront en toile, ou par les retendeurs qui les font apprêter pour le compte des fabriquans.

VIII. Ordonne en outre sa majesté, que le corps de la pièce, sera semblable à l'endroit vulgairement appellé *la montre*, & au cas qu'il se trouve d'une qualité inférieure, la pièce d'étoffe sera confisquée, & le fabriquant à qui elle appartiendra, condamné à cent livres d'amende. Enjoint sa majesté au sieur intendant de la province de Champagne, de tenir la main à l'exécution du présent arrêt, &c.

Le sixième *réglement* de cette année, concerne la manufacture des draps de la ville de Sedan ; il est du 25 novembre.

Par l'arrêt du conseil en forme de *réglement*, du 19 septembre 1718, donné en interprétation du *réglement* particulier du 16 septembre 1666, concernant la fabrique des draps de ladite ville de Sedan, le roi avoit ordonné entre autres choses, qu'il continueroit d'y être fait & fabriqué trois sortes de draps ; savoir, deux sortes de draps fins, & une troisième de draps communs ; mais sa majesté ayant été informée qu'au préjudice desdits *réglemens*, quelques fabriquans de draps fins de la seconde sorte, les faisoient passer pour draps de la première, d'où il arrivoit que non-seulement la foi publique étoit trompée ; mais encore que l'émulation des bons fabriquans étoit ralentie, désordre important qui subsistoit, même malgré toutes les précautions que les juges des manufactures avoient apportées pour y remédier, & particulièrement le jugement provisionnel par eux rendu le 23 décembre 1723, qui ordonne un nouveau plomb pour la distinction desdits draps, & quelques autres dispositions tendantes à même fin. Sa majesté s'étant fait représenter lesdits deux *réglemens* de 1666 & 1718, ensemble celui desdits juges des manufactures, a ordonné que les deux premiers seroient exécutés selon leur forme & teneur, & en conséquence, que, conformément à l'article 11 dudit *réglement* de 1718, les draps fins de la première sorte seroient marqués d'une nouvelle marque de plomb, représentant d'un côté sa majesté à cheval avec ces mots : *Louis XV, restaurateur des arts & du commerce*; & de l'autre, les armes de la ville de Sedan, autour desquelles seroit cette autre légende *draperie royale de Sedan*; faisant S. M., défenses aux gardes-jurés, & à tous autres, d'apposer ladite marque à d'autres draps qu'aux draps fins de la première sorte, sous les peines portées par lesdits *réglemens* : voulant aussi sa majesté, que

les draps fins de la seconde sorte, & les draps communs de la troisième soient marqués chacun d'une marque différente, qui les distingue. Ordonnant en outre que, pour reconnoître ceux des jurés, contre lesquels on pourroit avoir recours dans le cas où il se trouveroit que les draps d'une qualité inférieure auroient été marqués de la marque propre & particuliere aux autres draps, il sera mis en tête de la visite, sur le registre desdits jurés avec la date, le nom des jurés qui se trouveront de visite & marque; & au cas que le numero qui se sera trouvé de la première sorte, il sera marqué *drap fin*. Voulant sa majesté, que dans le nombre des jurés de la draperie, qui seront élus tous les ans, il y en ait un au moins qui fabrique des draps, à peine de nullité de l'élection. Enjoignant sa majesté au sieur intendant de Champagne, de tenir la main à l'exécution du présent arrêt.

1725.

ARRÊT du conseil pour la teinture en noir des petites étoffes.

Le roi s'étant fait représenter en son conseil l'arrêt du 23 mai 1718, par lequel sa majesté avoit permis pendant trois ans aux teinturiers, de teindre de blanc en noir, après un bain de racine de noyer, les étamines à voile & autres petites étoffes qui ne passent point au foulon, & celui du 29 janvier 1722, par lequel sa majesté auroit prorogé pour trois autres années ladite faculté; & sa majesté étant informée que les marchands qui font commerce de ces sortes d'étoffes, ne leur font pas donner le fond de racine de noyer, afin de trouver un plus grand profit dans la vente & le débit qu'ils en font, à quoi étant nécessaire de pourvoir, sa majesté ordonne que conformément audit arrêt du 29 janvier 1722, les teinturiers seront tenus de donner un fond de racine de noyer auxdites étoffes. Voulant sa majesté, que lesdits teinturiers laissent des rosettes aux deux bouts de chaque pièce d'étoffe du fond de racinage qu'elles auront, à peine de confiscation desdites étoffes, & de deux cens liv. d'amende. Cet arrêt est du 30 janvier 1725.

ARRÊT du 22 avril 1725, pour la teinture au petit teint des cadis & cordelats étroits, qui se fabriquent dans la province de Languedoc, du Rouergue, de l'Auvergne & autres lieux.

Le roi ayant été informé que quoique par l'article 30 des *réglemens* généraux faits pour les marchands maîtres teinturiers, en grand & petit teint des étoffes de laine, enregistrés en parlement, le 13 août 1669, il eût été ordonné que les teinturiers du petit teint ne pourroient teindre autres marchandises que frisons, tiretaines, petites sergettes à doubler, façons de Chartres & d'Amiens, & autres pareilles petites étoffes, qui, en blanc, n'excédoient pas le prix de quarante sols l'aune. Cependant, l'on étoit toujours resté dans l'usage de teindre en rouge de brésil & autres couleurs du petit teint faites avec l'orseille, le campêche

& autres ingrédiens, les cadis du Gévaudan & des Sevennes, les cordelats de Mazavet, de Dourgue & de Boiffefons, les cadis de Rouergue & d'Auvergne, & les cadis & cordelats de Montauban, de Touloufe, d'Auch, &c. qui valent plus de quarante fols l'aune; tant parce que les peuples d'Italie, & du pays fitué le long de la rivière de Gennes, où les étoffes font envoyées & confommées, les préférent étant teintes avec le bréfil & le campêche, par l'éclat & le brillant qu'elles ont au-deffus de celles teintes en garence & paftel; que parce que ces étoffes, quoique au deffus de quarante fols l'aune, font encore d'un fi bas prix, qu'on en diminueroit la confommation, fi on ne toléroit qu'elles fuffent teintes avec du bois de bréfil & de campêche, & avec l'orfeille & autres ingrédiens; à quoi fa majefté voulant pourvoir, elle a permis, par le préfent arrêt, aux marchands & fabriquans, & aux teinturiers defdites provinces & généralités, de teindre & faire teindre en petit teint, avec du bois de bréfil & de campêche, avec de l'orfeille & autres ingrédiens, les cadis & cordelats de demi-aune de largeur & au-deffous, qui fe fabriquent dans lefdites villes & lieux; ordonnant fa majefté que toutes les autres étoffes de laine feront teintes en conformité defdits réglemens généraux de 1669, qui feront au furplus exécutés felon leur forme & teneur, en ce qui n'y eft pas dérogé par ce préfent réglement; faifant fa majefté défenfes auxdits marchands, fabriquans & teinturiers, de mettre & faire mettre au bout defdites piéces d'étoffes en petit teint, des rofettes d'autres couleurs que du fond de la piéce, fous les peines portées par lefdits réglemens.

RÉGLEMENS des manufactures des draps d'or, d'argent & de foie.

La fabrique des draps d'or, d'argent & de foie, s'eft établie affez tard en France, où elle a été apportée d'Italie.

Les premiers établiffemens s'en firent d'abord à Tours & enfuite à Lyon, & ces deux villes portèrent bientôt la perfection de leurs étoffes jufqu'à ne plus laiffer defirer les ouvrages de Venife, de Florence & de Gènes, autrefois fi eftimés & dont on s'étoit toujours fervi en France depuis que la nation s'étoit accoutumée au luxe Italien. Voyez l'article des foies.

Paris a reçu encore plus tard ces riches manufactures. Il y avoit à la vérité dans cette capitale du royaume, une communauté dont les maîtres prenoient la qualité d'ouvriers en draps d'or, d'argent & de foie; mais ces ouvrages y étoient rares, & prefque tous les maîtres qui compofoient cette nombreufe communauté ne s'occupoient guères qu'à la tiffurerie-rubannerie, qui étoit alors la principale occupation de ces artifans marchands, comme elle l'eft encore devenue depuis 1666.

Ce fut Henri IV, ce monarque fi attentif au bonheur de fes fujets, & qui étoit fi perfuadé qu'après l'agriculture il n'y avoit rien de plus capable d'y contribuer

que le commerce & les manufactures, qui en fit établir une dans fa capitale, en 1603. Ce fut celle qu'on a longtemps appellée la manufacture de la place royale, parce qu'elle fut placée dans l'ancien parc du Palais des Tournelles, dont on avoit deftiné une partie aux bâtimens de cette place magnifique, qui fait un des plus beaux ornemens de Paris, & qu'on appelloit déjà la place royale.

Ces trois manufactures de drap d'or, d'argent & de foie, établies à Paris, à Lyon & à Tours, ont eu chacune prefque dans le même temps, leurs derniers réglemens, dont on va parler féparément, parce qu'encore qu'ils conviennent en plufieurs articles, ils font néanmoins différens en quantité d'autres.

Réglement pour Paris, 1603.

L'édit pour l'établiffement de la manufacture des draps d'or, d'argent & de foie de la ville de Paris, fut vérifié au mois d'août 1603, & enregiftré au parlement, en la chambre des comptes, à la cour des aides & à la cour des monnoies.

Par cet édit, les entrepreneurs de la manufacture, qui furent les fieurs Moiffel, Saintor, Lumaque, Camus, Parfait, Oudart & Coullebert, furent entre autres franchifes & immunités, gratifiés eux & leurs fucceffeurs, de lettres de nobleffe, à la charge de prendre foin de ces établiffemens pendant douze ans; & il fut accordé à tous ceux qui y auroient travaillé en qualité d'ouvriers, compagnons ou apprentifs, de jouir des priviléges de la maîtrife fur le feul certificat des entrepreneurs, & fans être tenus de faire chef-d'œuvre, ou de prendre lettres du roi, pourvu néanmoins qu'ils euffent fervi dans la manufacture le temps prefcrit par l'édit.

Le nombre des ouvriers parvenus à la maîtrife par les prérogatives de l'édit, étant devenu confidérable pendant les douze ans écoulés depuis qu'il avoit été rendu, & paroiffant fuffifant pour compofer une communauté, on leur dreffa des ftatuts & réglemens au mois d'août 1615, qui furent enregiftrés au parlement le 22 des mêmes mois & an.

Quoique ces réglemens foient les premiers qui aient été donnés aux maîtres & ouvriers en draps d'or, d'argent & de foie de Paris, on n'en donnera néanmoins qu'un léger extrait, parce que la plupart des articles ont été réformés ou augmentés par le réglement de 1667, qui fera rapporté dans la fuite.

Les articles du réglement de 1615, font au nombre de 38. Les jurés y furent fixés à trois, dont un devoit être élu chaque année.

Nul à l'avenir ne devoit être reçu maître s'il n'avoit fait appentiffage de quatre années & chef d'œuvre, qui devoit fe faire fur l'un des quatre draps défignés, qui furent le fatin plein, le damas, le velours plein, & le brocard d'or & d'argent; & après l'apprentiffage, il fut ordoné un fervice de quatre autres années chez les maîtres.

Chaque maître ne pouvoit avoir au plus que trois apprentifs, le premier travaillant lorfqu'il prendroit les deux autres. Les fils de maîtres ayant fait apprentissage, étoient exempts de tous frais & de chef-d'œuvre.

Les filles de maître affranchissoient le compagnon des frais, mais non du chef-d'œuvre.

Les veuves pouvoient faire travailler, mais n'affranchissoient personne.

Enfin, tout maître de Paris pouvoit demeurer & exercer le métier dans toutes les villes, Bourgs & autres lieux du royaume, en y faisant seulement enregistrer l'acte de sa réception.

Le privilége de la manufacture de la place royale étant expiré, & la nouvelle communauté des ouvriers en draps d'or, d'argent & de soie, ayant de continuelles contestations avec celle des tissutiers-rubanniers, qui alors pouvoient fabriquer les mêmes étoffes; les jurés & la plupart des maîtres des deux communautés, passèrent une transaction d'union, le 10 mai 1644, qui, après deux ans de procédures de la part de plusieurs opposans des deux corps, fut enfin confirmée par un arrêt du parlement du 8 février 1648.

Tant que l'union dura, les communautés réunies furent gouvernées également suivant les anciens *régle mens* des tissutiers-rubanniers de 1585, & le *réglement* des ouvriers de draps d'or, de 1615; mais ces deux corps ayant encore été désunis en 1666; par l'arrêt du conseil d'état du roi, rapporté à l'article *des tissutiers-rubanniers*, il fut dressé & donné un nouveau *réglement* aux ouvriers en draps d'or & d'argent, qui est celui dont on va parler présentement.

1 6 6 7.

Les lettres-patentes qui confirment & homologuent ce *réglement*, sont du mois de juillet 1667, données sur l'avis du lieutenant de police & du procureur du roi au châtelet de Paris, à qui il avoit été renvoyé par arrêt du mois de septembre 1666.

Ce *réglement* comprend, en 64 articles, tout ce qui regarde les jurés & leurs fonctions; les maîtres, leurs apprentifs & leurs compagnons; les ouvrages permis aux maîtres, leurs façons, leur largeur, leur visite & leur marque; enfin les marchands forains & leur marchandise.

Six maîtres & gardes-jurés font observer les ordonnances & les *réglemens*, & veillent au bien de la communauté; les deux anciens sortent de charge chaque année, après y être restés trois ans; & deux nouveaux sont élus à leur place.

L'élection s'en fait au mois d'août, le lendemain de la saint-Roch, en présence du procureur du roi au châtelet, dans le bureau de la communauté. A l'assemblée pour élire, doivent assister les maîtres & gardes en charge, les anciens gardes sortis de charge, & soixante autres maîtres, dont trente doivent être du nombre des anciens, vingt des modernes, & dix des jeunes. Le même jour sont nommés pareillement à la pluralité des suffrages, deux anciens du corps pour visiter les jurés eux-mêmes.

Tous marchands, maîtres & ouvriers dudit état,

sont sujets à la visite des jurés, & sont tenus, à leur première réquisition, de leur ouvrir leurs maisons, boutiques, magasins, chambres, armoires, &c. pour leurs étoffes être vues & visitées, même saisies, confisquées & enlevées, si le cas y échoit.

Lors desdites visites, il est enjoint à tous fils de maîtres & compagnons de donner leurs noms & surnoms aux maîtres & gardes, & de leur faire voir leurs obligations, quittances & certificats pour être enregistrés.

Tous marchands & maîtres sont tenus d'envoyer au bureau l'empreinte de leur marque particulière, sans la pouvoir changer par la suite, comme aussi le lieu de leur demeure quand ils prennent nouvelle boutique, magasin ou maison, afin que lesdits maîtres & gardes y puissent aller & visiter leurs ouvrages & leurs poids & mesures; leur étant aussi défendu de vendre ni débiter aucunes marchandises qu'ils auront fait venir de dehors, sans pareillement en avertir lesdits gardes pour les visiter & marquer.

Les visites générales sont fixées à six par année, avec permission néanmoins aux maîtres & gardes d'en faire de particulières, où & quand ils le trouveront à propos pour l'utilité publique.

Les assemblées ordinaires se doivent tenir tous les mardis de chaque semaine, & les extraordinaires suivant les besoins, pour, dans lesdites assemblées, traiter des affaires de la communauté, & visiter, marquer, acheter & lotir les marchandises foraines. En cas d'affaires importantes, les anciens qui ont passé par les charges de maîtres & gardes, doivent être appellés aux assemblées.

Enfin, les maîtres & gardes sont tenus d'avoir dans leur bureau, des mesures de fer ou de métal, étalonnées des armes du roi, de la ville & de la communauté, pour éviter tout abus & mécompte dans leurs visites; comme aussi d'avoir un régitre pour servir aux affaires du corps, & d'y tenir un rôle de tous les maîtres, à chacun desquels une fois seulement, ils délivreront gratis une copie imprimée des statuts, & leur en feront signer la réception.

L'apprentissage est de cinq ans consécutifs, avec demeure & service actuel chez les maîtres à qui les apprentifs se sont obligés; pendant lequel tems l'apprentif ne peut s'en absenter que pour cause légitime, & jugée telle par les maîtres & gardes; faute de quoi le maître peut le faire arrêter ou le sommer de revenir; sinon & à faute d'obéir au bout d'un mois, le rayer du régitre sans que le tems passé dans le premier apprentissage, puisse être compté sur un nouveau: il est pareillement loisible à l'apprentif que le maître auroit quitté & laissé sans emploi, aussi pendant un mois, de s'adresser aux maîtres & gardes pour être mis chez un autre maître.

L'apprentif, avant que d'aspirer à la maîtrise, est tenu de servir encore trois années chez les maîtres, & ne peut être reçu qu'il n'ait sa quittance d'apprentissage; son certificat de service; qu'il n'ait fait chef-d'œuvre, & n'ait été reconnu de bonnes vie & mœurs, & de la religion apostolique & romaine.

Le chef-d'œuvre doit se faire dans le bureau, en présence des maîtres & gardes & de huit anciens qui ont passé les charges, & doit être visité par lesdits gardes, huit anciens & huit modernes & jeunes maîtres ; il se fait ou sur du velours plein, ou sur du satin plein, ou sur du damas, ou enfin sur du brocard d'or & d'argent. Les fils de maîtres néanmoins ne sont tenus que de simple expérience.

A l'égard des compagnons forains & étrangers, ils ne peuvent gagner franchise qu'ils ne se soient fait inscrire sur le régître de la communauté, & qu'ils n'aient travaillé cinq ans chez les maîtres, après quoi ils peuvent être reçus à la maîtrise comme les apprentifs & compagnons de Paris ; & en conséquence de leur réception, s'ils sont étrangers, ils sont déclarés & réputés regnicoles & naturels, & dispensés du droit d'aubaine, sans avoir besoin d'autres lettres que le présent *réglement*, & sans payer aucune finance.

Les veuves de maîtres peuvent continuer leur négoce, mais non faire des apprentifs ; les mêmes veuves & les filles de maîtres affranchissent pour une fois seulement le compagnon de Paris ou le forain qui les épouse, c'est-à-dire, leur font remettre le tems du service chez les maîtres, & réduisent leurs droits de réception à celui des fils de maîtres ; ils sont au surplus obligés au chef-d'œuvre.

Les 30 & 31e articles contiennent divers priviléges accordés aux maîtres en considération de leur manufacture ; entr'autres que les étoffes, soies fleurets, laines, &c. non plus que les métiers, outils, instrumens, &c. ne pourront être saisis ni vendus par vente forcée, comme aussi que le lieutenant de police avec sept conseillers du châtelet, par lui appellés, jugeront en dernier ressort les malversations & vols des maîtres travaillant à façon, compagnons, ouvriers, apprentifs, dévideuses, molinières, &c. jusqu'à 150 livres d'amende, restitutions, & réparations civiles, & aux peines afflictives de la fleur-de-lys, du fouet, application au carcan, & de toute autre condamnation, à l'exception de celles des galères & de mort. *Voyez* PRIVILÈGE.

Les marchands & les maîtres ne peuvent avoir qu'une boutique ouverte sur rue, ou échope, tant dans la ville qu'aux fauxbourgs & au palais, où il leur est loisible de mettre des tapis, & sur iceux telles étoffes que bon leur semble, de celles qu'ils font fabriquer.

Les marchands & maîtres de Paris peuvent aller exercer leur état & métier dans telles villes du royaume qu'ils jugent à propos, en faisant apparoître de leur acte de réception, & en le faisant enrégître au greffe de la justice du lieu où ils veulent s'établir.

Les maîtres ne peuvent prendre d'ouvriers ou compagnons, qu'ils ne sçachent de ceux de chez qui ils sont sortis s'ils en sont contens.

Le maître voulant congédier son compagnon ou ouvrier, ou l'ouvrier & compagnon voulant quitter son maître, doivent s'en donner avis un mois d'avance ; & de plus, le compagnon est obligé de finir la pièce d'ouvrage qu'il a montée ou commencée.

Les compagnons forains travaillant chez les maîtres de Paris, doivent faire apparoître par un certificat des maîtres & gardes du lieu d'où ils viennent, qu'ils y étoient compagnons, & que leur maître étoit content d'eux.

Les marchands & maîtres, ou leurs veuves, faisant travailler, doivent tenir un régître de la quantité & qualité des soies, or, & argent qu'ils auront délivrées aux maîtres travaillant à façon, ou aux ouvriers pour mettre en œuvre, de même que des soies & étoffes reçues desdits ouvriers, avec le poids, aunage & façon ; ensemble l'argent compté & avancé.

Les ouvriers sont pareillement tenus d'avoir un semblable régître, mais écrit de la main desdits marchands & maîtres, leurs enfans ou leurs commis, qui leur ont délivré lesdites soies, or & argent, & les sommes à eux avancées, étant au surplus lesdits maîtres & ouvriers travaillant façon aussi bien que les dévideuses, tenus de représenter toutefois qu'ils en seront requis, les soies qui leur auront été données pour ouvrer & dévider, lesquelles, ainsi que les autres matières propres à ces manufactures, & les étoffes qui en sont fabriquées, ne peuvent être reçues par qui que ce soit, en paiement de ce qui sera dû par lesdits ouvriers, apprentifs, compagnons, dévideuses, &c. à peine, tant contre les acheteurs que les vendeurs, s'ils ne retiennent lesdites choses, & n'avertissent les maîtres & gardes, d'être traités & punis comme receleurs & larrons.

Aucuns maîtres ni veuves de maîtres ne peuvent exercer le courtage, ni prêter leur nom ou marque pour travailler, faire travailler & vendre des marchandises & étoffes pour des étrangers, & pour autres personnes qu'eux-mêmes.

Aucuns draps d'or, d'argent, de soie, & autres étoffes mêlées, ne pourront, ni être vendues, ni être exposées en vente, qu'elles n'aient deux plombs, l'un de fabrique, c'est-à-dire, du marchand fabriquant, & l'autre de visite, c'est-à-dire, des maîtres & gardes ; lequel second plomb aux étoffes faites par les maîtres & gardes eux-mêmes, sera mis par les deux anciens maîtres à ce commis, comme il a été dit ci-dessus, & sera différent d'un côté de celui des maîtres & gardes ; & pour éviter tout abus, il doit être tenu régître au bureau des deux plombs de visite, avec les noms & surnoms des fabriquans à qui les étoffes plombées appartiennent.

Le droit de marque dû aux maîtres & gardes, est de douze deniers tournois par chaque marque, moitié pour leur vacation, & moitié pour le profit & pour les affaires de la communauté.

Les marchands forains sont tenus de faire porter

au bureau leurs marchandifes, pour y être vues & marquées dans les vingt-quatre heures par les maîtres & gardes ; & fi elles font trouvées bonnes & de la qualité requife, y être achetées & loties par les marchands & maîtres, fi bon leur femble, finon rendues aux forains pour les vendre en tems de foire. Le droit de marque foraine & l'emploi de ce qui en provient, font femblables à ce qu'on vient de dire des droits de la marque de vifite.

Les marchands & maîtres ne peuvent tenir moulin à foie, mouliner, appareiller, acheter, & vendre toutes fortes de foies, fuivant les filages marqués par le foixantième article. *Voyez* RETORDEMENT, SOIE & MOULINAGE.

Toutes lettres que les rois ont accoutumé de donner en plufieurs occafions, comme joyeux avénement, majorité, mariage, &c. à des maîtres fans qualité, font fupprimées pour toujours : & il eft ordonné pour la meilleure & plus exacte exécution du *réglement*, que chaque maître tiendra dans fa boutique un tableau fur lequel ledit *réglement* fera mis par écrit, le tout fous les diverfes peines & amendes portées par chaque article, applicable, un tiers au roi, un tiers aux pauvres, & l'autre tiers aux maîtres & gardes en charge.

Enfin, pour ne pas oublier les devoirs du chriftianifme, il eft défendu de travailler, vendre ou faire vendre aucune étoffe les dimanches & fêtes commandées par l'églife ; & il eft ordonné d'affifter le jour de Saint Louis, choifi pour patron de la communauté, à la meffe célébrée aux Blancs-Manteaux, & le lendemain au fervice pour les marchands & maîtres décédés : & pour honorer les funérailles defdits maîtres & de leurs veuves, leur corps doit être accompagné des fix maîtres & gardes en charge, & des autres maîtres conviés de s'y trouver par le clerc du bureau.

On n'a point fait ici l'extrait des treize articles, contenant les qualités, nature, fabrique, portées & largeurs des diverfes étoffes que peuvent fabriquer & faire fabriquer les marchands & maîtres ouvriers en drap d'or, d'argent & de foie, quoiqu'on fçache que c'eft la partie la plus importante & la plus néceffaire du *réglement ;* mais attendu que ce ne feroit qu'une répétition inutile, puifqu'il en eft fuffifamment parlé dans plufieurs endroits de ce Dictionnaire, on fe contentera d'indiquer les articles où l'on doit avoir recours. *Voyez* velours, panne, peluche, drap d'or & d'argent, gros de Naples, poul de foie, fatin, damas, vénitienne, damaffin, luquoife, valoife ; ferge de foie, tabis, taffetas, papeline, filatrice, brocatelle, efcharpe de foie, égyptienne, camelotine, modène, légatine, étamine du Lude, tripe de velours, oftades, bafin, futaine, montcaïart, moires, burats ou férandines, toile de foie, gaze, crapaudailles & prifonnières.

Réglement pour Lyon.

La ville de Lyon, de toute ancienneté fi célèbre par fon grand commerce, ayant été après Tours,

comme on l'a remarqué ci-deffus, la première ville de France où les manufactures des draps d'or, d'argent & de foie fe foient établies, a auffi reçu de bonne heure fes ftatuts & des *réglemens*, tant pour l'union des maîtres en communauté, que pour l'exercice de la police dans ce nouveau corps, & pour la fabrique de diverfes étoffes que les maîtres façonniers pouvoient faire, ou defquelles il étoit permis aux maîtres marchands de faire négoce.

Les premiers ftatuts, ordonnances & *réglemens* touchant l'art & manufacture des draps d'or, d'argent & de foie de la ville & fauxbourgs de Lyon & de tout le pays Lyonnois, font du milieu du feizième fiécle, fous le régne d'Henri II. Les rois prédéceffeurs d'Henri, avoient à la vérité déjà donné quelques articles de *réglement ;* mais avant les lettres patentes de ce prince, de l'année 1554, la difcipline de ce corps n'étoit guéres affurée, & le peu de ftatuts qu'il avoit s'obfervoit affez mal.

Henri IV, en 1596, & Louis XIII en 1619, confirmèrent & autoriférent ces ftatuts d'Henri II par de nouvelles lettres ; mais Louis XIV en 1667, & depuis en 1700 & en 1701, les réforma, changea & augmenta tellement, qu'ils doivent être regardés comme des ftatuts entièrement nouveaux, qui néanmoins confervent toujours quelques articles tirés de leurs anciens *réglemens*.

C'eft de ces trois derniers *réglemens* dont on va donner ici un extrait.

1667.

Le *réglement* de 1667, rédigé en foixante-fept articles dans plufieurs affemblées des principaux maîtres, marchands & façonniers de la ville de Lyon, figné d'eux, & vu & approuvé, fous le bon plaifir du roi, par les prévôt & échevins de ladite ville, juges des arts & métiers, le 19 avril 1667, fut autorifé & homologué au confeil d'état du roi, tenu à Saint Germain en Laye, le 13 mai de la même année, à la réferve toutefois de ce qui regarde les petits velours, à quoi il fut dérogé, les marchands & fabriquans de Lyon, ayant fur leur remontrance été confirmés dans la faculté de les faire de foie crue mêlée avec la cuite. *Voyez ce qu'on a dit de cette dérogation à l'article des velours.*

On ne répétera point ici ce que ce *réglement* pour Lyon a de commun avec celui pour la ville de Paris de la même année, dont on a donné ci-deffus un fi long extrait ; & on fe contentera de rapporter quelques articles de police & de difcipline, en quoi ils font différens ; étant d'ailleurs tout femblables pour ce qui regarde la fabrique, largeurs, portées, lifières, &c. des étoffes d'or, d'argent & de foie.

La fainte Vierge eft déclarée patrone de la communauté. La fête de la confrairie eft le jour de l'Affomption, & l'églife des peres Jacobins le lieu des affemblées de religion.

Les maîtres & gardes qui jusqu'alors n'avoient été qu'au nombre de quatre, font augmentés jusqu'à fix, dont trois doivent s'élire chaque année : des trois nouvellement élus, deux font choifis par le prévôt des marchands & les échevins, & l'autre par les anciens maîtres qui ont paffé par les charges, & par trente maîtres nommés par lefdits prévôt & échevins. Les nouveaux gardes entrent en charge le premier jour de chaque année, après avoir prêté ferment pardevant les prévôt & échevins & le lieutenant général.

Les affemblées des maîtres & gardes & anciens en leur bureau, pour y entendre les plaintes réciproques des marchands contre les apprentifs & ouvriers, & de ceux-ci contre les marchands, & pour y pourvoir, font réglées à une fois la femaine ; & ce qui eft ordonné dans lefdites affemblées doit être exécuté, ou jufqu'à l'affemblée prochaine, ou jufqu'à fin de procès, qui doit être jugé par le prévôt des marchands & les échevins.

Outre les cinq années d'apprentiffage, nul compagnon ne peut afpirer à la maîtrife, qu'il n'en ait fait encore cinq autres de compagnonage, c'eft à-dire, qu'il n'ait fervi ce tems-là en qualité de compagnon chez les maîtres.

Les fils de maîtres peuvent être reçus en faifant apparoître qu'ils ont quinze ans complets ; & tant eux que les compagnons afpirans à la maîtrife, doivent prêter ferment pardevant les prévôt des marchands & échevins ; & leur nom être infcrit fur deux régîtres, dont l'un refte entre les mains du fecrétaire de la ville, & l'autre au bureau de la communauté.

Il eft défendu à tous maîtres, compagnons & ouvriers de faire affemblée pour quelque caufe & occafion que ce foit, fans permiffion par écrit des prévôt des marchands & échevins, à peine d'être déclarés perturbateurs du repos public, & d'être punis comme tels.

Les amendes adjugées pour les contraventions font applicables, un quart à l'aumône générale, un quart aux pauvres maîtres de la communauté, un quart pour les affaires d'icelle, & l'autre quart aux maîtres & gardes en charge.

Enfin, il eft ordonné que tous les mois il fera tenu un confeil de police pour les manufactures de draps d'or, d'argent & de foie en l'hôtel-de-ville, pardevant les prévôt des marchands & échevins, auquel affifteront les maîtres & gardes & anciens maîtres en charge, ou qui y ont paffé, avec quatre marchands ou maîtres ordinairement employés à faire apprêter, appareiller & mouliner les foies, pour donner leur avis, afin de perfectionner lefdites manufactures, & empêcher les abus qui s'y commettent, pour le procès - verbal qui en fera dreffé, être envoyé dans le mois au fur-intendant général des arts & manufactures de France.

1 6 7 1.

Le *réglement* de 1667 pour la ville de Lyon,

& le *réglement* général pour toutes les manufactures du royaume de 1669, avoit ordonné entre autres chofes, que toutes les marchandifes de laine, de foie ou autrement, feroient marquées des plombs de fabrique, de teinture & de vifite ; & le *réglement* particulier pour Lyon, portoit : que tous les marchands, maîtres, ouvriers & particuliers travaillant & faifant travailler dans ladite ville, fes fauxbourgs & la fénéchauffée du Lyonnois, feroient enrégîtrer leurs noms, furnoms & demeures, tant à l'hôtel-de-ville qu'au bureau de la communauté : mais ces deux articles importans ayant été négligés, fa majefté, par l'arrêt de fon confeil, du 19 février 1671, en ordonna de nouveau l'exécution ; & en conféquence, que dans un mois il feroit établi un bureau pour la marque des marchandifes, tant foraines, que de celles qui feroient faites & fabriquées à Lyon ; & que dans le même tems lefdits maîtres, ouvriers & marchands fe feroient infcrire fur le livre du confulat de la ville, & fur celui de la communauté, fous les peines portées par l'arrêt.

1 7 0 0.

Quoique les *réglemens* & ftatuts de 1667 euffent été dreffés par la plupart, ou du moins du confentement de la plus grande partie des marchands, maîtres-ouvriers en draps d'or, d'argent & de foie de la ville de Lyon les plus acrédités, & qu'il y eût plus de trente ans qu'ils euffent été donnés & exécutés, fa majefté fe trouva néanmoins obligée en 1700, d'y ajouter douze nouveaux articles, pour appaifer les troubles de la communauté, caufés par l'inégalité qui paroiffoit entre les maîtres-marchands & les maîtres-ouvriers. Ces derniers, au nombre de plus de fept cens, fe plaignoient qu'ils n'avoient prefque aucune part aux charges, aux honneurs & à l'exécution de la police de leur corps, dont ils faifoient une partie fi confidérable ; & avoient préfenté requête au confeil, pour être reçus oppofans à l'arrêt d'homologation defdits *réglemens*, du 13 mai 1667.

Par le premier de ces douze articles, il eft ordonné, que dans les affemblées générales il feroit appellé avec les maîtres & gardes en charge, & avec les anciens qui auroient paffé par les charges, trente jeunes maîtres-ouvriers qui n'y auroient pas paffé ; & que dans les affemblées particulières qui doivent fe tenir toutes les femaines, il feroit auffi appellé quatre jeunes maîtres qui auroient voix délibérative avec les maîtres gardes & anciens dans les affaires qui fe préfenteroient à régler.

Le fecond donne pareillement entrée à fix jeunes maîtres-ouvriers dans les confeils de police qui fe tiennent tous les mois.

Le troifiéme veut que dans le nombre des fix maîtres & gardes il y ait toujours au moins deux maîtres-ouvriers.

Il eft défendu par le quatriéme de recevoir à l'avenir aucun marchand - maître, qu'après avoir fait apprentiſſage pendant cinq ans, & avoir fait chef-d'œuvre de compagnon; & qu'après avoir ſervi comme compagnon chez les maîtres de la ville, & avoir fait le chef-d'œuvre de la maîtriſe; à laquelle obligation de faire chef-d'œuvre, les fils de maîtres, ceux qui épouſeront les veuves & les filles de maîtres, & tous autres aſpirans, ſeroient aſſujettis.

Le cinquiéme fait auſſi défenſes aux marchands & maîtres de la communauté, de faire travailler aux ouvrages des manufactures de draps d'or, d'argent & d: ſoie, leurs domeſtiques & ſerviteurs, s'ils ne ſont obligés pour apprentifs, ou s'ils n'ont fait leur apprentiſſage & le chef-d'œuvre de compagnon.

Le ſixiéme régle le nombre des apprentifs à un ſeul à la fois; & le ſeptiéme veut, que les marchands-maîtres qui voudront faire des apprentifs, aient une boutique ouverte, garnie de métiers & de toutes les choſes néceſſaires pour travailler.

Par le huitiéme, il eſt permis à tous les marchands & maîtres, tant les maîtres-ouvriers que les maîtres-marchands, d'entreprendre toutes ſortes d'ouvrages pour toutes perſonnes indifféremment, même pour en faire commerce; à la charge néanmoins qu'ils ne pourront travailler à façon pour autres que pour les marchands & maîtres-ouvriers, leſquels ſeuls peuvent faire travailler à façon dans la ville de Lyon.

Il eſt pareillement permis par le neuviéme article aux maîtres-ouvriers qui ont pluſieurs métiers montés dans leur boutique, d'entreprendre ſde l'ouvrage pour différens maîtres-marchands à la fois; à la charge néanmoins que les ouvrages montés ſeront continués & finis par les mêmes ouvriers qui les ont commencés, & que les maîtres-ouvriers ne pourront changer ni mêler l'or, l'argent & la ſoie, ou autres matières, qui leur auront été données par les différens maîtres-marchands.

Enfin, le dixiéme ordonne, qu'en cas que le maître-ouvrier ſe trouve débiteur envers le premier maître-marchand, pour qui il aura entrepris de l'ouvrage, le ſecond maître-marchand qui donnera de l'ouvrage audit maître-ouvrier, ſera obligé de payer au premier maître-marchand la huitiéme partie de la façon de l'ouvrage qu'il aura donné audit maître-ouvrier.

Les onziéme & douziéme articles ne contiennent rien de nouveau, mettant les parties ſur les autres demandes & conteſtations hors de cour, & ordonnant l'exécution du réglement de 1667, où il n'y eſt point dérogé par le préſent arrêt du conſeil du 2 novembre 1700.

1702 & 1703.

Ce dernier réglement de 1700 n'ayant pu encore, non plus qu'une ordonnance des prévôt des marchands & échevins de Lyon, juges des arts & métiers, du 25 octobre 1701; donnée en conſéquence, terminer les conteſtations, & rétablir la paix entre les marchands-maîtres-ouvriers & les

maîtres ouvriers à façon, il fut arrêté le 21 février 1702, un nouveau projet de réglement, conſenti par les parties, approuvé au conſeil du roi le 26 décembre de la même année, & enfin de nouveau confirmé & autoriſé par des lettres patentes du 2 janvier 1703.

Ce réglement, compoſé de trente-quatre articles, établit comme une nouvelle diſcipline pour la communauté des marchands-maîtres & ouvriers de draps d'or, d'argent & de ſoie de la ville de Lyon, ſans néanmoins donner atteinte aux réglemens de 1669 & 1700, non plus qu'aux ordonnances rendues par les prévôt des marchands & échevins, en ce qui n'y eſt pas dérogé.

Voici ce que ce dernier réglement contient de plus important.

1º. Le nombre des maîtres & gardes eſt fixé comme auparavant à ſix, dont deux doivent être maîtres-ouvriers à façon, & de ces derniers alternativement, l'un maître-ouvrier travaillant en plein, & l'autre travaillant en façonné, qui ſçauront lire & écrire, & ne ſeront pas rétentionnaires de ſoie.

2º. Les aſſemblées générales de police ou celles tenues pour l'élection des maîtres & gardes, doivent toujours être compoſées, les deux tiers de maîtres-marchands, & l'autre tiers de maîtres-ouvriers.

3º. Les viſites particulières ſe doivent faire par les ſix maîtres & gardes, s'ils le jugent à propos, ou par deux ſeulement; ſçavoir un maître-marchand & un maître-ouvrier enſemble, & non autrement.

4º. Le bureau de la communauté doit ſe tenir alternativement chez les maîtres & gardes marchands & chez les maîtres & gardes ouvriers à façon, à la charge que les uns & les autres donneront caution de cinq mille livres pour ſûreté des deniers de la communauté.

5º. Les aſſemblées de chaque ſemaine ne doivent être compoſées que de ſix maîtres & gardes & de trois anciens pour adjoints, dont l'un ſera maître-ouvrier à façon.

6º. Les régitres, comptes, papiers, titres, &c. de la communauté, ſont déclarés communs aux maîtres & gardes-marchands & aux maîtres & gardes à façon, qui pourront en prendre communication ſans déplacer, après quoi ils ſeront remis au bureau, & enfermés ſous deux clefs.

7º. Il n'eſt permis qu'aux ſeuls maîtres-marchands ou maîtres-ouvriers, tenant boutique, & ayant métiers travaillans, de faire des apprentifs.

8º. Il eſt défendu aux maîtres-marchands d'avancer aux maîtres-ouvriers à façon plus de 150 livres en argent, ſi c'eſt pour ouvrages pleins, ni plus de 300 livres s'ils travaillent en façonné; au-delà deſquelles ſommes les autres maîtres-marchands de qui les maîtres ouvriers à façon prendront l'ouvrage, n'en ſeront point reſponſables.

9º. Les maîtres-marchands ſont obligés, à peine de cent livres d'amende, d'arrêter le prix des façons des maîtres-ouvriers un mois au plus tard après que les étoffes leur auront été rendues, & d'en marquer le prix sur les livres qui doivent être tenus de part & d'autre ; & pareillement les maîtres-ouvriers feront tenus, sous peine de 30 livres aussi d'amende, d'écrire sur le livre de leurs compagnons, les prix convenus pour la façon des étoffes, huit jours après qu'elles auront été achevées.

10º. Les compagnons qui se croient lezés dans le prix des ouvrages, n'ont que la huitaine pour se pourvoir pardevant les maîtres & gardes, afin de se faire régler ; & faute de se pourvoir dans ledit tems, le prix porté sur leur livre demeurera arrêté.

11º. Le privilège pour les avances que les maîtres font aux compagnons travaillant chez eux, ne va que jusqu'à la somme de 20 livres.

11º. Les maîtres & gardes sont tenus de faire au moins une visite générale par chaque année, & les visites particulières le plus souvent qu'il leur sera possible ; & dans lesdites visites les maîtres sont obligés de recevoir les maîtres & gardes depuis sept heures du matin jusqu'à sept du soir, & de les traiter avec honnêteté.

13º. Les maîtres-ouvriers à façon, tant en plein que façonné, ne peuvent entreprendre de l'ouvrage pour deux maîtres-marchands en même tems, sans un consentement exprès & par écrit du premier.

14º. Les marchands faisant fabriquer chez eux, & les maîtres-ouvriers travaillant à façon, ne peuvent avoir chacun plus de quatre métiers travaillans dans leurs boutiques, à peine de confiscation des métiers surnuméraires & des marchandises montées dessus, & de 60 livres d'amende ; & ne peuvent pareillement employer aucun compagnon forain ou étranger, ni filles & femmes foraines & étrangeres, qui ne sont point reçus par les maîtres & gardes, & enregîtrés sur le livre de la communauté, à peine de 150 livres aussi d'amende, pour la première fois, & d'être privés de la maîtrise, en cas de récidive.

15º. Les filles, femmes ou veuves de maîtres, employées par les maîtres de la communauté, sont tenues de justifier de la maîtrise de leurs pere & mari.

16º. Nul maître ne peut faire d'apprentif étranger, ou né hors la ville & fauxbourgs de Lyon.

17º. Les maîtres-marchands, après avoir fait banqueroute ou faillite, ne peuvent davantage faire commerce, ni fabriquer dans la ville, mais seulement travailler à façon pour les maîtres-marchands ; & en cas qu'ils l'entreprennent, les marchandises fabriquées pour leur compte, & les sommes qui leur pourront être dues pour icelles, appartiendront à ceux qui étoient leurs créanciers lors de la faillite & banqueroute, & en outre seront condamnés à 3000 livres d'amende.

18º. Les maîtres travaillant à façon ne peuvent retenir les marchandises qu'ils ont faites par l'ordre & pour le compte des maîtres-marchands, à peine d'être déchus pour toujours de la maîtrise, & d'être poursuivis extraordinairement.

19º. Il est permis aux maîtres-marchands & aux maîtres travaillant pour leur compte, qui ont des étoffes à eux appartenantes, de les porter eux-mêmes dans les maisons de la ville pour les vendre sans l'entremise des courtiers.

20º. Enfin, il est défendu à tous courtiers & à toutes autres personnes, excepté les maîtres-marchands de la communauté, les maîtres travaillant pour leur compte, & les autres marchands de la ville, de tenir magasin, ni avoir chez eux des soies crues ou teintes, ni des étoffes de soie, d'or ou d'argent, ni de les porter, vendre dans les maisons particulières, cabarets, hôtelleries, comptoirs & magasins, à peine de confiscation & de cent livres d'amende ; avec permission néanmoins aux courtiers, ayant provisions de sa majesté pour la ville de Lyon, de s'entremettre de la vente des étoffes, en indiquant les maisons, magasins, &c. des maîtres-marchands, des maîtres travaillant pour leur compte, & des autres marchands de la ville qui ont des marchandises à vendre.

Il y a quelques autres articles de police dans ce *réglement* qu'on ne rapporte point ici, ou parce qu'ils sont peu importans, ou parce qu'ils ne sont donnés que pour un tems ; comme la défense faite aux maîtres & gardes de recevoir aucun compagnon forain & étranger pendant dix années ; aux maîtres de faire des apprentifs, même des enfans de la ville, durant cinq ans, & quelques autres semblables.

1557. *Réglement pour la ville de Tours.*

Les *réglemens* pour le corps & communauté des marchands-maîtres-ouvriers en draps d'or, d'argent & de soie de la ville & fauxbourgs de Tours de l'année 1667, sont tirés & compilés des anciens statuts de cette communauté, particulièrement de l'an 1557, enregîtrés au parlement en 1581.

Ces *réglemens* furent d'abord projettés dans plusieurs assemblées des gardes du corps des marchands, des jurés-gardes des marchands-maîtres-ouvriers, & des principaux bourgeois & marchands de ladite ville de Tours.

Le projet en ayant été ensuite envoyé à Paris & à Lyon pour y être examiné ; à Lyon par les prévôt des marchands & échevins, & les principaux bourgeois & marchands de cette ville ; & à Paris par les gardes des marchands-maîtres-ouvriers en soie ; il fut de nouveau revu & approuvé à Tours dans une assemblée générale, tenue le 3 mars 1667, par les ordres & en présence du sieur Voisin de la Noraye, lors intendant de Touraine, où assistèrent les lieutenant général & procureur du roi au bailliage, le maire de la même ville, les gardes du corps des marchands, & les gardes-jurés du corps des marchands-maîtres-ouvriers en soie.

L'arrêt confirmatif de ces *réglemens*, & les lettres - patentes pour leur homologation font du 27 des mêmes mois & an, & fon enregîtrement au papier des remembrances du fiége préfidial de Tours, du 6 mai aufli de la même année 1667.

Ce *réglement* pour les manufactures & étoffes de foie de la ville de Tours, eſt ſi femblable à ceux de Paris & de Lyon, que pour éviter la répétition de ce qu'on a déjà ci deffus extrait des deux autres, on ſe contentera d'ajouter ici le peu d'articles des foixante-quatre dont il eſt compofé, qui peuvent n'y être pas tout à fait conformes.

1°. Le patron de la communauté eſt Saint-Sébaſtien ; & l'églife où les maîtres en célébrent la fête, & s'affemblent en divers tems pour y affiſter au fervice divin, celle des Auguſtins.

2°. Six maîtres & gardes - jurés font prépofés pour faire obferver & exécuter les ſtatuts, dont deux feulement s'élifent chaque année, enforte qu'ils reſtent chacun trois années en charge. On élit aufli tous les ans deux confeillers anciens pour viſiter & marquer les manufactures des maîtres & gardes en charge, & des autres maîtres qui travaillent à façon pour lefdits gardes jurés.

3°. Les viſites générales font réglées à fix par chacun an, & les particulières toutes fois & quantes les maîtres & gardes le trouvent à propos.

4°. L'élection des gardes-jurés & des confeillers anciens, ſe fait tous les ans, le 23 janvier au bureau de la communauté ou au palais, en préfence du lieutenant général & procureur du roi de la ville, par cinquante nouveaux maîtres tirés au fort, avec les gardes - jurés en charge, les anciens gardes, & les procureurs & receveurs. C'eſt aufli le même jour & de la même manière, que tous les trois ans ſe fait l'élection des procureur & receveur de la communauté.

5°. Les affemblées ordinaires ſe tiennent deux fois la femaine dans le bureau de la communauté, & font compofées des maîtres & gardes & des anciens.

6°. Enfin, l'apprentiffage eſt de cinq années, & le compagnonage ou fervice chez les maîtres, d'autres cinq années, comme dans les ſtatuts de Lyon, ceux de Paris ayant réduit le compagnonage à trois feulement.

1 6 8 8,

On peut mettre au nombre des *réglemens* pour les manufactures des étoffes d'or, d'argent & de foie de Tours & de fa généralité, l'arrêt du confeil du 24 mars 1688.

Les Maîtres-marchands-ouvriers en foie de la ville de Tours prétendoient exempter leurs étoffes de la viſite des infpecteurs, parce que ces commis n'ayant été chargés que de l'exécution du *réglement* général de 1669, qui ne regarde que la draperie & autres étoffes de laine, & les teintures, le roi fembloit n'y avoir point voulu affujettir les étoffes d'or, d'argent & de foie ; mais, fa majeſté,

informée que fous ce prétexte, & par la connivence ou négligence des gardes - jurés defdits marchands, qui par là reſtoient feuls chargés des viſites, les *réglemens* étoient mal exécutés, & qu'il ſe commettoit quantité d'abus dans la fabrique defdites marchandifes, ordonna, ouï le rapport du marquis de Louvois, alors fur-intendant des arts & manufactures, que dorénavant lefdits commis des manufactures auroient infpection & droit de viſite fur les étoffes de foie, qui feront fabriquées, tant dans la ville de Tours que dans les autres villes du département, ou qui y feroient apportées d'ailleurs, pour y être vendues & débitées, fans qu'ils puiffent y être troublés ni empêchés par la communauté des marchands - ouvriers dudit Tours, ni autres, pour quelque caufe & fous quelque prétexte que ce foit.

Réglement pour les marchands de la ville d'Orléans.

La ville d'Orléans n'a qu'un feul corps & communauté de marchands, à qui il appartient de faire indifféremment tout le commerce de la draperie, & de toutes autres étoffes de laine, de foie, de fil & coton, ou fleuret mêlé avec la laine, même des foies en botte, &c.

Ces marchands, jufqu'en l'année 1670, n'avoient, pour ainſi dire, ni ſtatuts, ni maîtres & gardes, ni affemblées, ni bureau ; ou s'il s'obfervoit quelque police & quelque difcipline entr'eux, n'ayant point été jufques-là revêtues de l'autorité du prince, elles avoient toujours été très-mal exécutées.

Les premiers ſtatuts de ce nouveau corps furent donc dreffés & fignés le 21 juillet 1670, dans une affemblée des principaux marchands qui le devoient compofer à l'avenir : ils furent approuvés le 2 du mois d'août fuivant, par le maire & échevins de la ville d'Orléans ; & fa majeſté les homologua, les autorifa, & en ordonna l'exécution par un arrêt de fon confeil d'état, du 11 des mêmes mois & an.

Les articles de ces *réglemens* font au nombre de vingt-un.

Ils déclarent d'abord quels font les marchands qui devoient compofer la communauté naiffante, & les reſtant à ceux qui tenoient actuellement boutique ou magafin dans la ville & les fauxbourgs d'Orléans, d'étoffes de foie, de laine, de fil de coton ou fleuret, mêlé avec de la laine, ou des foies en botte ; lefque's feroient tenus le mois, après la publication des ſtatuts & *réglemens*, de faire leur déclaration fur le regiſtre de l'hôtel de ville d'Orléans & fur celui de la communauté, qu'ils entendent être dudit corps, & ſe foumettent aufdits ſtatuts ; lequel tems paffé aucun ne pourroit ouvrir boutique ou tenir magafins defdites marchandifes dans ladite ville & les fauxbourgs, qu'il n'eût demeuré trois ans confécutifs chez un marchand du corps, & qu'il n'eût été reçu dans icelui par les maîtres & gardes, fi ce n'eſt qu'il n'eût époufé la fille d'un marchand de ladite ville, qui le prit en compagnie avec lui.

Quatre maîtres & gardes, dont deux sont élus chaque année dans l'hôtel-de-ville, en préfence des maire & échevins, veillent à l'obfervation des ftatuts, & pour en découvrir & en faire punir les contraventions, font obligés de faire fix vifites générales. Ils doivent s'affembler tous les quinze jours à leur bureau, pour y délibérer des affaires ordinaires de la communauté; ils font tenus, pour les extraordinaires, d'y appeler les anciens gardes.

Les comptes fe rendent tous les ans par les gardes qui fortent de charge, à ceux qui y entrent, en préfence de l'un des échevins & des maîtres & gardes de l'année précédente; enfin ils font obligés, à peine de 100 livres d'amende, de dreffer chaque année, le premier janvier, une lifte de tous les marchands du corps, pour être tranfcrite fur le régître de la communauté & fur celui de l'hôtel-de-ville.

Toutes marchandifes foraines ou étrangères, apportées dans la ville & fauxbourgs d'Orléans, pour y être débitées, ou qui y font apprêtées, n'y peuvent être expofées en vente, ni tranfportées ailleurs, qu'elles n'aient été vues, vifitées & marquées par les maîtres & gardes d'un plomb fur lequel, d'un côté, eft gravé *marchandife foraine,* & de l'autre *gardes drapiers d'Orléans;* à l'exception néanmoins des pièces qui font en toiles, qui ne doivent être marquées qu'au retour du foulon, & des marchandifes qui ne font que paffer debout, qui ne font fujettes à aucune vifite ni marque, auffi bien que celles qui auroient déja été marquées de deux plombs en deux différentes villes & lieux.

Les marchandifes foraines ne peuvent être marquées que dans le magafin établi à l'hôtel-de-ville, ni les poinçons ou marques tranfportés hors dudit dépôt, finon lors des fix vifites générales; les maîtres & gardes reftant de plus refponfables de toutes les marchandifes dépofées au magafin, defquelles ils doivent tenir bon & fidele régître, & les rendre deux jours après qu'elles y font entrées, fi elles n'y font détenues par faifie.

Il eft défendu à tous marchands de prêter à qui que ce foit leurs plombs particuliers, ni de s'affocier avec d'autres marchands qui ne font pas du corps, non plus que de donner aucune chofe aux tailleurs qui leur feront vendre quelques étoffes, étant tenus au furplus de ne fe fervir que de l'aune de Paris, & de reprendre les draps & ferges qu'ils auront vendus, même déja coupés, s'il y a des tarres & verjages.

Les veuves & enfans des marchands peuvent tenir boutique de toutes les marchandifes de laine, de foie & autres, & les faire apprêter & vendre, comme devant la mort de leur mari & pere, fans payer aucuns droits à la communauté.

Il eft défenfes à tous lefdits marchands de travailler ou faire travailler en couture, ni entreprendre fur le métier de tailleur, tapiffier ou

frippier; & pareillement aux artifans defdits métiers, de vendre aucune marchandife à la pièce ou à l'aune, ni de fe mêler du commerce réfervé audit corps.

Les commiffionnaires doivent être préfentés par les maîtres & gardes, & reçus par les maire & échevins; ils font tenus de prêter ferment & de tenir régître des marchandifes qui leur font envoyées par les marchands forains; leur étant d'ailleurs interdit tout commerce defdites marchandifes pour leur compte particulier, fi ce n'eft qu'ils les euffent façonnées; ils ne peuvent auffi s'affocier directement ou indirectement avec aucun marchand.

Les maire & échevins font déclarés juges naturels de tous les différends, concernant l'exécution du préfent *réglement* & du *réglement* général de 1669, à peine de cent cinquante livres d'amende contre ceux qui fe pourvoiroient ailleurs.

Enfin il doit fe tenir le premier janvier de chaque année dans l'hôtel-de-ville, une affemblée générale de tous les marchands du corps, en préfence des maire & échevins, pour avifer aux moyens de perfectionner les manufactures, foit dans leur fabrique, foit dans leurs apprêts, & corriger ou prévenir les abus qui s'y peuvent commettre. Le procès-verbal en doit être envoyé dans la quinzaine au fur-intendant général des arts & manufactures de France.

RÉGLEMENS concernant la fabrique de différentes fortes de manufactures, ouvrages & marchandifes.

Tous les *réglemens* dont on a parlé jufqu'ici dans cet article, & defquels on a donné les extraits, ne regardent que la fabrique des étoffes d'or, d'argent, de foie & de laine, qui certainement font l'objet le plus étendu & le plus riche des manufactures de France; mais y ayant encore divers autres ouvrages qui fe fabriquent & fe vendent, foit par les ouvriers de quelques corps de marchands, foit par les maîtres de plufieurs communautés des arts & métiers, qui font auffi une partie très-confidérable du négoce de Paris & des autres villes du royaume, on a cru ne pouvoir fe difpenfer d'ajouter ici les divers *réglemens* qui ont été faits de tems en tems, pour porter à la derniere perfection ces différens ouvrages & manufactures, chacune fuivant fa nature & qualité.

Les principaux de ces *réglemens* font ceux concernant les bas & autres ouvrages de bonneterie, foit au tricot, fois au métier; ceux pour la fabrique des chapeaux; ceux pour les futaines & les bafins; & ceux pour les diverfes fortes de toiles qui fe font en plufieurs provinces du royaume.

RÉGLEMENS pour les ouvrages de bonneterie, tant au tricot qu'au métier.

Il y a eu pendant quelque tems à Paris ou dans

Aaaa

les fauxbourgs trois corps ou communautés différentes de marchands ou ouvriers, faisant le commerce, & travaillant aux ouvrages de la bonneterie.

Le plus ancien corps qui subsiste toujours, est celui des marchands bonnetiers-aumuciers-mitonniers, qui tient le cinquiéme rang parmi ceux, que par une distinction honorable, on appelle à Paris *les six corps des marchands.*

Le second qui étoit pareillement d'une assez grande ancienneté, mais qui a été réuni au premier en 1716 & 1718, étoit la communauté des maîtres bonnetiers au tricot, établie dans les fauxbourgs de Paris, particuliérement dans celui de Saint-Marcel, communément appelé *de S. Marceau.*

Enfin, le troisiéme corps de bonnetiers, de beaucoup plus nouveau que les deux autres, est la communauté des maîtres ouvriers en bas au métier, dont les lettres patentes d'établissement ne sont que de l'année 1672.

Les premiers *réglemens* & statuts du corps de la bonneterie de Paris sont anciens; il y en a du commencement du seiziéme siécle, & il paroît que leur érection en corps de marchands peut même remonter bien plus haut.

Les statuts dont ils se servent présentement ne sont que du premier février 1608, mais tirés & compilés des anciens, aussi bien que de plusieurs sentences du châtelet ou arrêt du parlement; entre-autres de l'arrêt du 5 août 1575, servant de *réglement* entre les marchands merciers & les marchands bonnetiers; & des sentences des 13 & 20 novembre 1596, pour la visite & marque des marchandises foraines. Ces statuts furent enregistrés au parlement, le 4 juillet de la même année 1608, & au châtelet le 4 août suivant.

Les quarante-neuf articles qui composent ces *réglemens* des bonnetiers, contiennent, non-seulement la police du corps, concernant le nombre de maîtres & gardes, leurs fonctions, leurs visites, leurs assemblées, l'apprentissage, & la maîtrise, &c. dont on a déja parlé aux articles de *la bonneterie* & des *bonnetiers* où l'on peut avoir recours; mais encore ils expliquent assez au long quelle sorte d'ouvrages il est permis aux maîtres de fabriquer & de vendre; d'où ils peuvent tirer ceux qu'ils ne fabriquent pas; quand & comment les forains doivent exposer en vente les marchandises qu'ils apportent; quelle bonneterie les marchands merciers peuvent tenir chez eux; la permission qui est accordée auxdits merciers d'en vendre seulement en gros, enfixains & sous corde, avec défenses de les étaler, ni débiter par piéce; les visites qu'ils doivent souffrir être faites dans leurs boutiques & magasins par les maîtres & gardes bonnetiers; & de quelle maniere ceux-ci doivent procéder auxdites visites; l'achat & vente des ouvrages de bonneterie qui se font à Dourdan & autres lieux de la Beausse les plus voisins de Paris, aussi bien que de ceux fabriqués par les bonnetiers des

fauxbourgs & revendus par les fripiers & revendeuses.

Enfin, il est traité dans trois articles, qui sont les 35, 36 & 37, des foulons & des apprêts qu'ils donnent auxdits ouvrages, auxquels il leur est défendu de se servir d'urine pour les dégraisser, mais seulement de savon & de terre; comme aussi de ne point employer de cardes, pomelles, ou autres outils, pour tirer le poil aux ouvrages de bonneterie, à peine d'être déchus de la maîtrise & de punition corporelle.

Les *réglemens* des bonnetiers-ouvriers en bas au tricot des fauxbourgs ayant été abrogés par leur réunion avec les bonnetiers de la ville, on se dispensera d'en parler ici, outre que ce qu'on en a dit ailleurs peut suffire. *Voyez* BONNETIER & BONNETERIE. On remarquera seulement que l'arrêt du 23 février 1716, qui ordonne ladite réunion, porte aussi un *réglement*, conformément auquel il se doit faire, & qui fixe le rang des nouveaux maîtres réunis, leur entrée aux charges, le paiement des dettes des deux communautés, & l'union de leurs deux confrairies, aussi bien que de leurs ornemens & argenterie. On peut voir ce *réglement* à la fin de l'article des *bonnetiers.*

Quoique la communauté des maîtres ouvriers en bas au métier soit la plus nouvelle, & qu'elle n'ait été établie qu'en 1672, comme on vient de le dire, c'est pour elle cependant qu'il a été fait le plus grand nombre de *réglemens* dont quelques-uns à la vérité lui sont communs avec les marchands bonnetiers & ouvriers en bas au tricot, mais desquels aussi la plupart lui sont propres & particuliers.

Le premier de ces *réglemens* pour les bas au métier, est compris dans les statuts de 1672 & les lettres-patentes qui les homologuent.

Le second est un arrêt du 12 janvier 1684, par lequel il leur est permis, outre les bas de soie, auxquels ils avoient d'abord été restraints, d'en faire aussi de fil, de laine & de coton.

Le troisiéme, est un autre arrêt du conseil d'état du 30 mars 1700.

Et le quatriéme, encore un arrêt aussi du conseil du 17 mai 1701, donné en interprétation du précédent.

Ces quatre premiers *réglemens*, sur-tout les deux derniers, étant rapportés presque tout entiers aux articles des *bas au métier* & des *bonnetiers*, on se contente de les indiquer; les autres qui ont suivi sont aussi au nombre de quatre; un du 3 octobre 1716; un autre du 19 décembre de la même année; & enfin un dernier du 6 mars 1719, desquels on va donner un extrait plus ou moins étendu, suivant l'importance des articles qu'ils contiennent.

1716.

Le *réglement* pour les bas au métier du 3 octobre 1716, qui est le premier de ces quatre, ordonne que les 19, 20, 21 & 22° articles du grand *régle-*

ꝑiene du 30 mars 1700, qui concerne la marque des ouvrages de bonneterie au métier, seront exécutés ; accordant néanmoins trois mois pour que lesdits ouvrages non marqués puissent l'être par les inspecteurs des manufactures d'un plomb particulier qui ne pourront servir après ledit tems ; il ordonne au surplus, que les marchandises qui n'auront point ledit plomb, seront confisquées après les trois mois expirés.

Les marchands chargés de ces sortes d'ouvrages non plombés, ayant négligé l'exécution de cet arrêt, & refusé de payer les frais de la marque, sa majesté, par un nouvel arrêt, qui est celui du 19 décembre de la même année 1716, ordonna que lesdits frais de marque seroient payés par tous les marchands qui auroient dans leurs boutiques des ouvrages au métier sans marque, comme les ayant contre la disposition du *réglement* de 1700, & régla ces frais à six deniers pour chaque plomb qui seroit apposé sur chaque camisolle, caleçon ou paire de bas, & seulement trois deniers pour la marque de chaque bonnet, paire de gands & autres menus ouvrages au métier.

1 7 1 7.

Le *réglement* du 17 octobre 1717, pour la fabrique, le poids & la teinture des bas & autres ouvrages de bonneterie de soie qui se font au métier, avoit été précédé par un arrêt préparatoire du 30 août 1716, qui ordonnoit que les intendans des provinces & généralités où est permise la fabrique de ces marchandises, assembleroient les ouvriers & marchands, tant en gros qu'en détail, qui fabriquent & font commerce desdits ouvrages, pour s'informer s'il convenoit d'apporter quelque changement aux articles 4e & 7e du *réglement* de 1700, ou s'il falloit continuer de les faire exécuter, suivant leur forme & teneur.

C'est sur les procès-verbaux envoyés par les intendans des provinces, sur celui de M. d'Argenson, lors conseiller d'état, lieutenant général de police, des expériences faites par ses ordres, pour justifier de la bonne ou mauvaise qualité de la soie teinte en noir, avant ou après avoir été travaillée au métier, & sur l'avis des députés au conseil royal de commerce, que les quatre articles de ce nouveau *réglement* furent arrêtés, pour être exécutés, conjointement avec l'ancien *réglement* de 1700. Ces articles portent :

I. Que l'article quatriéme dudit *réglement* de 1700 seroit exécuté selon sa forme & teneur ; ce faisant, que les soies destinées pour lesdits ouvrages ne pourroient être employées qu'à huit brins ; & de plus que tous les bas pour homme seront du poids de quatre onces au moins, & ceux pour femmes de deux onces & demie, à peine de confiscation des bas & des métiers, de cent livres d'amende, & d'être déchus de la maîtrise contre les fabriquans, & de deux cens livres d'amende

& d'interdiction de leur commerce en cas de récidive, contre les marchands.

II. Que néanmoins il sera permis aux fabriquans de fabriquer des bas destinés à être envoyés en Espagne & autres pays étrangers, en moins de brins & de moindre poids que ceux fixés par l'article précédent, en y mettant une marque où seront écrits ces mots, *pour l'étranger*, avec le nom de la ville & de l'ouvrier, sans que ces sortes de bas puissent être exposés en vente, ni vendus en détail dans leurs boutiques & magasins, ou ailleurs, sous les mêmes peines.

III. Il est ordonné aussi sous les mêmes peines, que conformément à l'article 7 du *réglement* de 1700, les bas ou autres ouvrages de soie destinés à être mis & usés en noir, seront travaillés de soie blanche, & ne pourront être teints qu'après avoir été achevés & levés de dessus le métier, à l'exception néanmoins des bas & autres ouvrages de soie noire fabriqués à Lyon, qu'il leur sera libre de fabriquer avec des soies teintes en noir avant que d'être employées, à condition que la marque de la ville de Lyon & de l'ouvrier y sera attachée, & que la doublure du bord sera de soie blanche.

IV. Enfin, il est pareillement ordonné que dans les autres villes du royaume où les bas de soie noire doivent être travaillés avec de la soie blanche ; ceux mêlés & où il entrera de l'or & de l'argent, puissent être faits avec des soies teintes en noir ; laquelle exception aura même lieu à l'égard des bas dont les coins sont de soies différentes ou de fil d'or ou d'argent, en tout ou en partie, pour tous lesquels on pourra aussi se servir de soies teintes en noir avant que d'être employées.

1 7 1 9.

Le *réglement* du 6 mars 1719, pour la fabrique des bas de filoselle, de fleuret & de soie, qui se font au métier, a été dressé ainsi que le précédent, sur les mémoires envoyés par les intendans & sur les avis des députés au conseil de commerce.

Il ne contient non plus que quatre articles.

Par le premier, il est ordonné que les arrêts des 30 mars 1700 & 19 décembre 1716 seront exécutés, & en expliquant en tant que besoin seroit, l'article premier de celui du 16 octobre 1717, que sous les peines y portées tous les bas de soie, en quelque ville & lieux du royaume qu'ils soient fabriqués, ceux pour homme peseront, *poids de marc*, quatre onces au moins, & ceux pour femmes deux onces & demie.

Le second article porte, que la filoselle & le fleuret destinés à faire des bas ne pourront être employés qu'en trois brins ; & que tous les bas pour homme qui en seront faits, seront du poids de cinq onces, & ceux pour femme de trois onces aussi *poids de marc* ; & qu'ils ne pourront être fabriqués que sur des métiers depuis le jauge de vingt-deux plombs à deux aiguilles gros jusqu'à celui de vingt-deux plombs de trois aiguilles fin, à peine de confiscation des bas & des métiers, de 100 liv. d'amende, & de déchéance de maîtrise contre le fabriquant, & de 200 liv. d'amende & d'interdiction de leur commerce en cas de récidive contre les marchands.

Le troisieme article, en ordonnant l'exécution des articles 19, 20, 21 & 22 du *réglement* de 1700, & celle de l'arrêt du 19 décembre 1716, enjoint à tous les fabriquans d'appofer au bas de filofelle & de fleuret, le plomb de fabrique, fous les peines prononcées par les arrêts.

Enfin, il est ordonné par le quatrieme & dernier article, que, conformément aux anciennes ordonnances, réglemens & arrêts du conseil, & notamment celui du 3 février 1670, les bas & autres ouvrages de bonneterie provenant des pays étrangers, & qui feront compofés de foie, filofelle & fleuret, ne pourront entrer dans le royaume par mer que par le port de Marfeille, & par terre que par le Pont de Beauvoifin, pour être conduits directement fans aucune vente, débit ni entrepôt en la ville de Lyon, y acquitter les droits ordinaires, comme foieries, & y être plombés du plomb de la douane de Lyon, à peine de confiscation defdites marchandifes, & des charettes, chevaux, mulets, bateaux & autres équipages.

REGLEMENS pour les toiles, coutils, bafins, futaines, canévas, treillis, bougrans & linge ouvré.

Où comprend ces diverfes marchandifes & ouvrages fous le même titre, parce qu'en effet il ne font tous que des tiffus en forme de toile, faits avec la navette & fur le métier des tifferans avec des fils de chanvre, de lin & de coton.

Comme il ne s'agit ici précifément que des *réglemens* donnés de tems en tems pour la fabrique de toutes ces efpeces de toiles, l'on peut voir à leurs articles particuliers & fuivant l'ordre alphabétique, ce qui concerne leur qualité, nature, fabrique & commerce, aufli-bien que les Provinces de France où on les fait, & les États & pays étrangers d'où l'on tire ceux qui viennent du dehors.

Le commerce des toiles ayant toujours été très-confidérable en France, il s'est fait de tout tems des *réglemens* pour aflurer la bonté de leur fabrique, aufli-bien que de leurs largeurs & longueurs. Il faut cependant avouer qu'on n'en a jamais tant vu ni de fi importans que fous le régne de Louis XIV.

On en compte au moins dix-huit depuis celui de 1659, compilé de tous les anciens par le lieutenant-général de Rouen, jufqu'aux deux *réglemens* du 4 janvier 1716, donnés dans la premiere année du régne de Louis XV.

Celui de 1659, & un autre de 1664, ayant été comme abrogés, ou du moins fondus, pour ainfi dire, dans ceux qui les ont fuivis, on ne commencera que par le *réglement* de 1676, dont on donnera des extraits, ainfi que de tous les autres rendus depuis, qu'on ne rapportera pourtant que fuivant l'ordre de leur date.

Il y a aufli une inftruction importante du 9 mai 1692, pour la vifite des toiles par les infpecteurs; mais on en a parlé ailleurs. *Voyez* INSTRUCTION.

1 6 7 6.

Le roi Louis XIV, qui bien qu'engagé à foutenir une grande guerre contre les états-généraux des provinces-unies, ne perdoit point de vue le deflein qu'il avoit formé, & qui lui avoit été infpiré par M. Colbert, de pouffer, s'il étoit poflible, les manufactures de fon royaume à la derniere perfection, ayant ordonné par un arrêt de fon confeil d'état, tenu au camp de Kievrain, que deux des principaux marchands & négocians de chacune des villes de Paris, de Rouen & de faint Malo, fe réuniroient inceffamment à Paris, pour, en préfence de ce minittre, qui étoit alors contrôleur général des Finances, donner leur avis fur le rétabliffement du commerce des toiles, particulièrement dans les provinces de Bretagne & de Normandie; il parut le 14 août de la même année 1676, un *réglement* en dix articles, confirmé, autorifé & homologué par des lettres-patentes données à Verfailles, & enregitrées au parlement de Rouen les mêmes mois & an.

Il fut ordonné par ce *réglement*, 1°. que les toiles appellées *blancardes*, *fleurets* & *réformées*, feroient faites de pur lin, tant en chaîne qu'en trême, ou toutes de chanvre, ou toutes d'étoupes, fans mélange & d'une égale bonté & filure, tant aux bouts, aux lifieres qu'au milieu.

2°. Que les métiers defdits fleurets feroient montés de deux mille fix cens fils au moins; ceux des blancardes, de deux mille deux cens; ceux des toiles nommées *toiles de coffre*, de mille huit cens; & ceux des toiles appellées *toiles brunes*, de douze cens fils & au-deffous, afin qu'elles fe trouvaffent de trois quarts & demi un fixieme de large; ce qu'on appelle *laize* ou *largeur de bonjon*.

3°. Que les toiles brunes qui doivent fervir à la teinture, n'auroient que dix à douze aunes de longueur; que l'excédent des pièces plus longues feroit coupé, & le tifferand condamné à cent livres d'amende.

4°. Que toutes les lames & rots des métiers des tifferans de la province de Normandie, pour la fabrique defdites toiles, feroient réformés, & auroient une aune entre les deux gardes, fans être renforcés aux lifieres ni au milieu, à peine de cent livres d'amende pour les rotziers qui en feroient d'autre qualité, & de vingt livres pour ceux qui s'en serviroient.

5°. Qu'on ne devideroit point de gros fil avec du fil menu dans une même piéce, ni du fil de chanvre avec du fil de lin ; mais qu'ils feroient devidés fans mélange chacun fuivant leur nature.

6°. Que la vifite des toiles ayant été faite par les perfonnes prépofées pour la faire, elles feroient marquées aux deux bouts de chaque piéce avec de l'huile & du noir, de la marque des lieux où elles auroient été fabriquées ; & celles qui feroient reconnues défectueufes, faifies, confifquées & coupées publiquement par morceaux de deux aunes ; avec défenfes d'expofer en vente, acheter aucunes toiles, qu'elles n'ayent été marquées.

7°. Que pareillement les blanchiffeurs & curandiers ne pourroient en blanchir, ni les commiffionnaires ou courriers en acheter, ni les emballeurs en emballer pour les pays étrangers, fi elles n'avoient ladite marque.

8°. Que les marchands & ouvriers ne pourroient apporter à Rouen des toiles *empointées*, ni leurs hôtes, commiffionnaires & facteurs les garder que jufqu'au prochain jour des halles, ni les montrer, ni déballer dans leurs maifons ; mais qu'elles feroient portées auxdites halles dans leur emballage, pour y être déballées, vifitées & marquées, & enfuite être expofées en vente, & vendues chaque vendredi de la femaine, & non ailleurs.

9°. Qu'aucuns ouvriers ni auneurs ne pourroient acheter ni mettre en curage aucune toile pour leur compte particulier.

10°. Enfin, que les marchands & ouvriers en toile, feroient tenus de fouffrir les vifites des jurés & infpecteurs.

Les lettres d'homologation de ce *réglement*, en le confirmant & en ordonnant l'exécution, permettent outre cela à tous les marchands du royaume d'acheter ou faire acheter dans la ville de Rouen & autres lieux que bon leur femblera, des toiles écrues, même hors le tems des foires, dérogeant en cela à tous priviléges des marchands de ladite ville de Rouen. Lefdites lettres ordonnent au furplus que les contraventions audit *réglement* & les conteftations entre marchands & ouvriers en exécution d'icelui, feront portées en première inftance pardevant les juges auxquels eft attribuée la connoiffance & jurifdiction des manufactures par l'édit de 1669.

On peut voir ci-après quelques autres *réglemens* concernant les blancardes & fleurets, comme ceux de 1683, 1684 & 1716 : qui ordonnent l'exécution de celui dont on vient de donner l'extrait, & qui y ajoutent plufieurs nouveaux articles.

1 6 8 0 & 1 6 8 2.

Les ftatuts & *réglemens* pour les longueurs, largeurs & qualités des toiles qui fe fabriquent dans la province de Beaujolois, furent arrêtés à Villefranche, le 20 janvier 1680, mais feulement homologués au confeil royal de commerce, tenu à S. Germain en Laye, le 7 avril 1682.

Ces *réglemens* confiftent en 13 articles, par lefquels il eft ordonné :

I. Qu'il y auroit quatre marchands maîtres, choifis & députés chaque année, le 2 novembre, dans une affemblée qui fe tiendroit à Villefranche, où affifteroient les échevins de ladite ville, & tous les marchands & ouvriers en toile de la province de Beaujolois ; lefquels quatre députés jurés auroient foin de faire exécuter les *réglemens*.

II. Que lefdits jurés n'entreroient dans l'exercice de leur commiffion, que du jour de la preftation de leur ferment.

III. Que les quatre députés pourroient tous les jours, excepté les dimanches & fêtes, faire leurs vifites dans les maifons des ouvriers, les magafins, boutiques & greniers des marchands, même dans les blanchiries & autres lieux de ladite province qu'ils trouveroient à propos.

IV. Que les vifites des députés fe feroient gratuitement & fans frais, même celles dans les halles & marchés de Villefranche & de Thify, avec permiffion néanmoins à eux d'enlever & dépofer au greffe du bailliage les toiles trouvées en contravention au préfent *réglement*, dans tous ces lieux, d'en pourfuivre la confifcation & l'amende de cent livres.

V. Que dans les vifites qui fe feroient dans les blanchiries, les jurés examineroient fi les crochets où les blanchiffeurs mefurent les toiles ont cinq quarts d'aune francs, afin d'en affurer l'aunage, à peine, fi lefdits crochets ne font pas de cette mefure, de deux cens livres d'amende contre les blanchiffeurs qui s'en ferviront.

Les articles 6, 7, 8, 9, 10 & 11, qui font les plus importans, réglent la largeur des différentes toiles qui fe fabriquent dans cette petite province, la maniere de leur pliage, les lieux & les jours où elles doivent être expofées en vente & vendues, & la marque qui doit y être appofée. On peut voir toutes ces chofes à l'article général des toiles, à l'endroit où il eft parlé de celles de la province de Beaujolois.

A l'égard des 12 & 13e articles qui font les deux derniers, l'un adjuge la moitié des amendes aux pauvres de l'hôtel-dieu de Villefranche, & l'autre moitié aux quatre jurés ; & le 13e article permet aufdits députés jurés d'étendre leurs vifites dix lieues à la ronde de la province de Beaujolois pour y faire obferver le *réglement*.

1683.

Le *réglement* de cette année pour les toiles est du 10 avril. Il y est ordonné que toutes les toiles appellées *fleurets*, *blancards* & *brunes* qui sont fabriquées tant dans la ville de Rouen que dans les villes, bourgs & villages des environs & dans toute l'étendue du bailliage, seront apportées en écru sous la halle de ladite ville de Rouen, pour y être visitées & marquées de la marque de la ville.

1684.

L'arrêt du conseil d'état du roi, en forme de *réglement*, du 17 juillet 1684, principalement rendu pour l'exécution du *réglement* de 1676, concernant les toiles de Bretagne & de Normandie, enjoint aux juges des manufactures de juger en conformité, à peine d'interdiction, & de répondre en leur propre & privé nom des amendes & confiscations qu'ils auroient dû prononcer; & d'ordonner, lorsque le cas y écheroit, que les pièces de toiles jugées défectueuses seroient coupées en morceaux de deux aunes, sans qu'ils puissent modérer cette peine.

Cet arrêt défend d'abondant aux ouvriers, curandiers & blanchisseurs, de tirer à l'avenir les toiles sur la longueur ou largeur, à peine de trois cens livres d'amende; & aux commissionnaires, courtiers & emballeurs de mêler dans un même ballot destiné pour l'Espagne ou les Indes, des toiles de différentes qualités, à peine de confiscation & de 500 livres d'amende.

Cet arrêt est compris dans le *réglement* général de 1701, dont on parlera en son rang.

1693.

Le *réglement* général de 1676, n'ayant pas paru suffisant, ni assez étendu pour remédier aux abus qui se commettoient dans la fabrique des toiles de plusieurs endroits de Normandie, particulièrement dans les généralités de Caen & d'Alençon, il en fut projetté un particulier pour ces deux généralités, en 1693, qui, ayant été dressé & rédigé sur les avis des principaux négocians, faisant le commerce des toiles, & des plus habiles tisserans de cette partie de la Normandie, fut ensuite confirmé & homologué par un arrêt du conseil, du 7 avril de la même année.

Ce *réglement* comprend non-seulement toutes les sortes de toiles qui se fabriquent dans les généralités de Caen & d'Alençon, mais encore tous les autres linges & ouvrages faits de fil par les tisserans, comme les serviettes ouvrées, canevas, treillis, coutils, &c.

Trente-quatre articles composent ce *réglement*. Vingt de ces articles, depuis le sixième inclusivement, règlent les longueurs & largeurs de toutes les toiles, linge ouvré, canevas, treillis

& coutils qui se font dans cette partie de la Normandie.

Les autres articles sont de police, & ordonnent ce qui doit être observé par les marchands qui font le commerce des toiles, les tissiers & tisserans qui les fabriquent, les lamiers & rotziers qui travaillent aux lames & rots des métiers, les curandiers qui blanchissent les toiles, les gardes, jurés & inspecteurs qui les visitent & les marquent; enfin où & quand les toiles doivent être exposées en vente, comment s'en doit faire le pliage, & de quelle manière elles doivent être liées pour la vente, afin que l'acheteur en puisse mieux examiner la qualité.

L'on n'extraira rien ici des vingt articles concernant les longueurs & largeurs des toiles, parce qu'on les peut voir au paragraphe de celles de Normandie, dans l'article général des *toiles*, ou aux articles particuliers du *linge ouvré*, du *canevas*, du *treillis* & du *coutil*; on va seulement remarquer ce qu'il y a de plus important pour la police, qui ne soit pas compris dans le *réglement* de 1676, dont l'exécution est ordonnée par celui-ci, particulièrement les articles 6 & 7, concernant la marque.

Chaque espèce de toile doit être composée de même nature de fils, de pareille filure, sans aucun mélange de moins bon avec de meilleur, & également serrée tant aux lisières qu'au milieu, d'un bout à l'autre.

Les lames, rots & peignes doivent être également compassés, ensorte que les dents des peignes ne soient pas plus larges au milieu qu'aux deux extrémités; & pour éviter l'abus des dents inégales, les tissiers ne pourront se servir, ni les lamiers vendre que des rots, lames & peignes visités par un juré lamier.

Que les fils arrivant aux marchés seront visités par les jurés tissiers, & que nul tissier n'en pourra acheter avant la visite.

Que les marchés ne pourront être ouverts, ni la vente des toiles commencer que la visite & marque des toiles ne soient finies, & le bureau où elles se font, fermé.

Qu'outre les jours de marché, il sera indiqué un autre jour pour la visite & marque des toiles qui n'auront pû être visitées ni marquées les jours desdits marchés; auquel jour indiqué les gardes & jurés seront tenus de se trouver au bureau à l'heure réglée.

Qu'à chaque élection de jurés, ceux qui seront élus feront faire une nouvelle marque avec la date de l'année de leur élection.

Que les tissiers & marchands ne pourront empointer les pièces de toile qu'ils exposeront en vente; mais se contenteront de les lier avec des ficelles à nœud coulant seulement, les pliant par plis d'une aune de long, sans enfermer ni rouler aucun bout desdites toiles; ce qui sera aussi observé pout le pliage des piéces de ferviettes, dont les plis feront de la longeur de la premiere ferviette.

Enfin, que pour les contraventions qui pourront être faites au *réglement*, & les conteftations qui furviendront fur fon exécution, elles feront jugées, & les amendes & confifcations adjugées, lefquelles feront appliquées, ainfi qu'il eft porté par ledit *réglement* de l'année 1676.

1 7 0 0.

Les marchands & fabriquans de toiles de la ville de Laval & des lieux circonvoifins, s'étant affemblés dans ladite ville de Laval en conféquence des ordres de fa majefté, le 25 novembre 1699, pour examiner ce qui pourroit contribuer à la perfection des manufactures defdites toiles, & à l'augmentation du commerce qui s'en fait, avoient cru avantageux que les lames fervant à la fabrique des toiles au-deffous de quarante-huit portées, fuffent également compaffées, tant au lis qu'au milieu; & que celles pour les toiles au-deffus defdites quarante-huit portées, fuffent un peu plus preffées au lis qu'au milieu; & avoient pareillement demandé que défenfes fuffent faites aux marchands qui font le commerce des fils, d'en mêler de différente qualité dans le même paquet.

Mais le fieur de Miromenil, alors intendant de Touraine, ayant, fans avoir égard à cet avis des marchands & fabriquans, donné fon ordonnance du 27 du même mois de novembre 1699, par laquelle il étoit dit que les tifferans feroient tenus de fe fervir à l'avenir, conformément aux anciens *réglemens*, de lames également compaffées; & remis fur la vente des fils à ce qui en feroit réglé au confeil, où précédemment il avoit envoyé fon avis fur ladite vente des fils mélangés; le roi en fon confeil, tenu à Verfailles le 30 mars 1700, ordonna :

Que l'ordonnance dudit fieur intendant feroit exécutée felon fa forme & teneur, & qu'en conféquence les tifferans de Laval & des autres lieux & villes de la généralité de Touraine, ne pourroient fe fervir à la fabrique de leurs toiles de quelque largeur qu'ils les fiffent, & de quelque nombre de portées qu'elles fuffent compofées, que des lames également compaffées, tant au lis qu'au milieu; avec défenfes aux lamiers d'en fabriquer qui ne fuffent pas égales par-tout, & aux tifferans de s'en fervir qui ne fuffent marquées.

Et qu'à l'égard du commerce des fils il feroit défendu aux marchands & autres perfonnes faifant ledit négoce d'en mêler de différentes qualités dans un même paquet; comme aux tifferans d'en acheter ainfi mêlés, à peine de confifcation & de cent livres d'amende, tant contre l'acheteur que contre le vendeur, & que, pour prévenir l'abus, les fils qui feroient expofés en vente dans le marché de Laval, & des autres lieux & villes de la généralité de Touraine, feroient vifités par les jurés tifferans, avant l'ouverture des marchés.

1 7 0 1.

Le *réglement* donné le 24 décembre 1701, pour toutes les toiles qui fe fabriquent dans la généralité de Rouen, eft proprement l'interprétation & l'extenfion du *réglement* général de 1676, & une récapitulation de tous ceux qui avoient été faits auparavant, ou dreffés depuis, concernant les toiles de la province de Normandie, dans laquelle il s'eft toujours fait, & fe fait encore un fi grand commerce de toutes efpéces & qualités de toiles.

Les motifs du nouveau *réglement* furent, qu'il fe trouvoit quantité de différentes qualités de toiles dont il n'étoit fait aucune mention dans les *réglemens* faits jufqu'alors.

Qu'il s'étoit gliffé de grands abus, tant dans la fabrique des toiles blancards, fleurets, & brunes, mentionnées dans celui de 1676, que dans les envois qui s'en font dans les pays étrangers.

Que contre la difpofition du *réglement* de 1683, qui ordonne que lefdites toiles feroient portées en écru fous la halle de la ville de Rouen, pour y être vifitées & marquées de la marque de la ville, les fabriquans de S. Georges & des environs, les portoient aux bureaux nouvellement établis à Bernay & à Beaumont, quoique ces Bureaux ne fuffent pas deftinés pour la marque des toiles blancards, fleurets & brunes, mais pour des toiles d'autres qualités; & qu'à la faveur de ces marques furprifes, les toiles défectueufes de ces premières efpéces, étoient blanchies dans les curanderies defdits lieux, & fe répandoient dans le commerce comme fi elles euffent été de bonne qualité.

Enfin, qu'encore qu'il eût été défendu par un autre *réglement* de 1684, de mêler dans un même ballot deftiné pour l'Efpagne & pour les Indes, des toiles de différentes qualités, les marchands ni les emballeurs ne fe donnoient plus le foin de les féparer, & de n'emballer enfemble que celles des mêmes efpéce & nature; toutes contraventions ou défauts fi effentiels, que la fabrique & le commerce des toiles de la province de Normandie, & particulièrement de la généralité de Rouen, courroit rifque s'il n'y étoit pas inceffamment pourvu.

Le *réglement* par lequel on y pourvoit, contient cinquante-neuf articles.

Les trois premiers & le feizième traitent de la nature & qualité des fils qui doivent être employés dans les différentes efpéces de toiles. Les huit fuivans auffi-bien que le 15, le 17, le 18 & le 23, réglent les largeurs que chaque forte de toile doit avoir en écru, & les longueurs des fleurets & des blancards. Trois autres qui font le 12, le

13, & le 24, fixent le nombre des fils dont la chaîne de ces dernières toiles doit être composée. Quatre articles depuis le 18 jusqu'au 23, ordonnent l'égalité des rots d'un bout jusqu'à l'autre, & la marque que les rotiers qui les fabriquent doivent y mettre avant que de les vendre aux tisserans. Il y a jusqu'à douze articles pour la visite & marque des toiles, l'élection & fonction des marchands inspecteurs; l'obligation à l'inspecteur des toiles commis par le roi, de s'y trouver; le lieu où la visite doit se faire, & la forme & inscription des marques ou moules qui doivent être apposées : ces douze articles commencent au 24 & finissent au 35. Les six suivans jusqu'au 42 exclusivement, sont pour l'aunage & les auneurs; & les 42 & 43, pour les marchands & commissionnaires. Les 44 & 45 ordonnent la saisie & confiscation des marchandises défectueuses, & réglent l'application des amendes adjugées. Les quatre qui suivent parlent des curandieres & curanderies; défendent aux premiers de se servir de chaux, & les soumettent à la visite de l'inspecteur des toiles. Tous les autres, à la réserve des deux derniers, réglent l'emballage des toiles, la marque des ballots, les fonctions & obligations des emballeurs, & la visite de l'inspecteur du roi, & des inspecteurs marchands sur tous les emballages avant que les ballots soient fermés par la tête. Le pénultième ordonne que les ballots & balles de toiles qui seront déclarés à la sortie être des toiles fleurets & blancards, & qui ne seront point marqués, soient saisis dans les douanes & bureaux des fermes, ainsi que les balles & ballots des autres toiles non marquées, les marchands condamnés à cinq cens livres, & l'emballeur à deux cens livres d'amende pour chaque balle & ballot. Enfin, le dernier article ordonne de nouveau que le réglement de 1676, soit exécuté suivant sa forme & teneur, en ce qui n'y auroit point été dérogé par celui-ci.

La plupart de ces matières étant expliquées & traitées ailleurs; entr'autres la qualité des fils, la façon des rots, les portées des toiles, les obligations des curandiers, par rapport à la marque, & plusieurs choses concernant cette même marque & l'emballage des toiles dans les réglemens précédens; & les largeurs, longueurs, & qualités des toiles, à l'article général des toiles, à l'endroit où il est parlé de celles de Normandie, où l'on peut avoir recours, on se contentera de noter ici ce qu'il peut y avoir de particulier dans le réglement de 1701, & qui ne pourroit se trouver dans d'autres articles de ce dictionnaire.

1°. Il est ordonné que les toiles, fleurets & blancards, seront fabriquées en chaîne & en trême, tout de fil blancard, ou tout de fil brun lessivé, sans que les tisserans puissent faire la chaîne de fil brun lessivé avec la trême de fil blancard, ou la chaîne de fil blancard avec la trême de fil brun lessivé,

2°. Que toutes les mêmes toiles fabriquées dans la généralité de Rouen, même celles qui se font à Cernay & à Beaumont, & aux environs dans la généralité d'Alençon, seront portées en écru sous la halle seulement de la ville de Rouen, pour y être vues, visitées & marquées, & non aux bureaux desdits Bernay & Beaumont ni ailleurs.

3°. Que toutes les visites & marqués, tant desdites toiles que des autres, seront faites par l'inspecteur des manufactures commis par le roi, par deux principaux marchands de la ville de Rouen, & par deux maîtres jurés toiliers.

4°. Que l'élection des deux inspecteurs marchands se fera tous les six mois par les prieurs & consuls en charge, & par les anciens consuls : Qu'ils seront choisis parmi les anciens échevins, les anciens juges consuls, & les principaux négocians ayant fait ou faisant commerce de toiles : Qu'ils pourront, s'ils y consentent, être encore continués six mois & non davantage, & qu'ils seront exempts de tutelle, curatelle, guet & garde pendant le temps de leur exercice.

5°. Que chaque piece trouvée de bonne fabrique, largeur & qualité, sera marquée aux deux bouts, à l'un sur un coin, & à l'autre au milieu : que chaque qualité de toile aura sa marque particuliere : que les moules des marques seront enfermés sous trois clefs & trois serrures, & que l'une des clefs sera entre les mains des inspecteurs marchands; l'autre entre les mains de l'inspecteur du roi, & la troisiéme en celles des jurés toiliers.

6°. Que les toiles, fleurets & blancards, continueront d'être portées au marché de S. Georges par les fabriquans, pour y être vendues, auquel lieu les auneurs de toiles de Rouen seront obligés d'envoyer deux d'entr'eux pour auner lesdites toiles, s'ils en sont requis; qu'en ce cas ils marqueront avec du noir & de l'huile leur aunage sur chaque piece, duquel aunage ils seront garants, & même en donneront leur certificat & facture si on les en demande, sans néanmoins pouvoir exiger audit marché de S. Georges d'autres droits que ceux qui leur sont payés à Rouen, ni prétendre un nouveau droit pour les toiles qu'ils y auroient déjà aunées, lorsqu'elles rentreront dans ladite ville de Rouen, à moins qu'on ne leur en demande un nouvel aunage.

7°. Que tous les marchands ou commissionnaires qui acheteront des toiles au marché de S. Georges, qui seront ensuite trouvées défectueuses ou de mauvais aunage à la visite qui s'en fera à Rouen, ne pourront avoir aucun recours contre les fabriquans pour les confiscations & amendes auxquelles ils pourront être condamnés à moins, à l'égard de l'aunage, qu'ils ne les ayent fait auner en les achetant audit Saint-Georges.

8°. Que non-seulement les curandiers ou blanchisseurs

chisseurs de la généralité de Rouen, mais encore ceux de la généralité d'Alençon établis à Bernay, à Beaumont & aux environs, ne recevront dans leurs curanderies & blanchisseries aucunes piéces de toiles, fleurets & blancards sans la marque de la ville de Rouen, à peine de cent livres d'amende pour chacune piéce ; & que l'inspecteur des toiles de la généralité de Rouen, pourra faire ses visites sur lesdits curandiers de la généralité d'Alençon, & y saisir lesdites toiles qui y seront trouvées sans la marque de Rouen.

9°. Que les curandiers ne pourront se servir de chaux dans le blanchissage des toiles, à peine de cinquante livres d'amende, & de l'interdiction de la profession en cas de récidive.

10°. Que chaque qualité de toile sera emballée séparément, à peine de cinq cens livres d'amende pour la première fois, contre le marchand chez lequel il aura été trouvé des ballots mélangés, & d'interdiction de commerce pour toujours, en cas de récidive. Que les ballots & balles de toiles qui seront transportés hors de Rouen, après le blanchissage, seront visités & marqués par l'inspecteur des manufactures, & un des inspecteurs marchands. Que la marque destinée à y être apposée, & qui s'imprimera avec de l'encre & de l'huile sur un des côtés de chaque ballot, aura les armes de la ville, & au-dessous les caractères suivans, (F. R. Rouen B. F.) pour les blancards & fleurets, & (C. Rouen B. F.) pour les toiles de coffres. Qu'afin que la visite des balles & ballots se puisse faire plus aisément, les piéces seront pliées, ensorte que le coin de la piéce, où la marque aura été mise, paroisse au dehors ; & que dans l'emballage toutes les piéces auront leurs marques tournées du côté de la tête du ballot, ou salle que l'emballeur laissera ouverte jusqu'après la visite faite ; que les marchands & emballeurs seront tenus d'avertir les inspecteurs quand leurs balles & ballots seront en cet état, & lesdits inspecteurs obligés de se transporter chez les marchands aussi-tôt après avoir été avertis, à la réserve néanmoins des jours de visite à la halle, qu'ils ne pourront être mandés.

1703.

La guerre pour la succession d'Espagne ayant interrompu, ou du moins rendu très-difficile le commerce par mer entre la Bretagne & Dunkerque, & les autres villes Françoises de la Manche ; il fut donné un arrêt du conseil d'état, le 19 juin 1703, pour faciliter par terre le transport des toiles noyales & autres toiles propres à faire des voiles de navires, qui se fabriquent en Bretagne ; que ces villes pendant la paix en tiroient par mer.

« Cet arrêt fixe les droits dûs au roi pour lesdites » toiles, soit à titre de droits d'entrée, de sortie, » de payage, soit autrement, à quarante sols du » cent pesant, ce qui néanmoins ne dureroit que » pendant la guerre. »

Il fut fait cette année deux nouveaux *réglemens* concernant les toiles, tous deux par arrêt du conseil du 4 janvier ; l'un pour les toiles de Laigle, Vimoutier, Mortagne & autres lieux de la généralité d'Alençon ; l'autre pour les toiles blancards & fleurets de Normandie.

Le premier fut donné pour remédier à un abus qui commençoit à s'introduire à Laigle, Vimoutier, Mortagne, &c. dont les marchands faisoient blanchir & emballer leurs toiles de la manière que celles appellées *blancards* & *fleurets*, ont coutume d'être blanchies & emballées, & les envoyoient ensuite sous ce nom dans les pays étrangers, bien qu'elles ne fussent fabriquées qu'avec du chanvre.

Sa majesté, ayant été informée de cette conduite si contraire à la bonne foi, qui doit être l'ame du commerce, & ayant reçu & examiné les avis de l'intendant de la généralité d'Alençon, des inspecteurs, & des principaux marchands & fabriquans de toile de ces trois villes & des environs, ordonna qu'à l'avenir les marchands & fabriquans de tous ces lieux seroient tenus, sous peine de cinq cens livres d'amende, de marquer en écru les toiles de leurs fabriques d'une marque, portant ces mots : *toiles de chanvre*, avec le nom de la manufacture où elles auroient été fabriquées, & que la même marque seroit apposée aux ballots qui en seroient faits ; & qu'à l'égard de la largeur & du blanchissage desdites toiles, il en seroit usé comme auparavant, & en conformité des *réglemens*.

Le second *réglement* de cette année 1716, contient huit nouveaux articles, pour être ajoutés aux autres *réglemens* faits jusqu'alors pour la fabrique des toiles de la province de Normandie, appellées *fleurets* & *blancards*, qui ainsi qu'on l'a pu remarquer, ont toujours été un des principaux objets du conseil du commerce dans tous les arrêts qui y ont été rendus pour les manufactures des toiles de cette province.

Ces huit articles furent dressés sur les représentations des syndics de la chambre du commerce de Rouen, & de l'avis du sieur Roujeaut, alors intendant de cette généralité, pour remédier aux abus qui s'étoient de nouveau glissés dans la fabrique, l'apprêt & le négoce de ces toiles, & pour les maintenir en réputation, tant dans le royaume que dans les pays étrangers.

Premièrement, il est ordonné, que toutes les toiles fleurets & blancards, qui étant en écru, auroient été confisquées & coupées pour quelque contravention, ne pourroient être blanchies, sous peine aux curandiers & blanchisseurs de mille livres d'amende pour la première fois, qui ne pourroit être modérée, non plus que toutes les autres amendes ci-après énoncées ; & en cas de récidive, d'interdiction pour toujours. Permis néanmoins de faire teindre lesdites toiles coupées en toutes

Bbbb

sortes de couleurs, ou de les employer en écru.

Secondement, que les curandiers & blanchisseurs mettroient leurs marques avec de l'huile & du noir sur les piéces de blancards & fleurets qui leur seroient données à blanchir avant que de les mettre sur le pré & dans leurs cuves. De laquelle marque, qui contiendroit le nom & la résidence du curandier, il seroit fait une empreinte sur un régître de l'hôtel-de-ville destiné à cet usage ; au-dessous de laquelle chaque blanchisseur signeroit & reconnoîtroit que c'est la marque dont il veut se servir, à peine pour les curandiers trouvés en contravention, de cinq cens livres d'amende ; & pour l'exécution de cet article, les inspecteurs seroient tenus de faire chaque année une visite dans les curanderies de leur département.

Troisiémement, que les envois & expéditions de ces toiles pour l'étranger, ne pourroient plus se faire à l'avenir que par le port de Rouen, après y avoir été acquittées au bureau de la Romaine, & après la visite duement faite, sous peine de trois mille livres d'amende.

Quatriémement, que les emballeurs ne pourroient tenir chez eux aucuns coupons desdites toiles blanchies, & seroient tenus de marquer les ballots qu'ils feroient des fleurets & blancards, avant de les exposer à la visite des inspecteurs, d'une marque qui leur seroit propre, dont l'empreinte seroit enrégîtrée à l'hôtel-de-ville, comme celle des curandiers, sous la même peine de cinq cens livres d'amende ; avec défenses auxdits emballeurs d'acheter aucunes toiles pour les marchands, soit en écru, soit en-blanc, si auparavant ils n'avoient prêté serment devant les prieur & juges-consuls de Rouen.

Cinquiémement, que toutes lesdites toiles seroient blanchies à fin avant de les rendre à ceux qui les auroient données à blanchir, à peine contre les curandiers de pareille amende de cinq cens livres.

Sixiémement, que tous les réglemens faits concernant les toiles blancards, seroient aussi exécutés pour les toiles appellées toiles de coffre.

Le septiéme article accorde une marque de grace pendant deux mois pour les toiles blanchies avant le réglement ; & le huitiéme & dernier, qu'à la diligence des maire & échevins, le présent réglement seroit imprimé, & des copies distribuées aux curandiers & emballeurs lorsqu'ils viendroient apporter l'empreinte de leur marque à l'hôtel-de-ville de Rouen.

1 7 1 9.

Les tisserands d'Artois & de la Flandre françoise, aussi bien que les marchands de toile de ces deux provinces réputées étrangeres, ayant coutume d'envoyer blanchir leurs toiles à Beauvais ou autres lieux qui sont dans l'étendue des cinq grosses fermes, les commis & receveurs des bureaux, par lesquels ces toiles entroient pour être blanchies, ou sortoient quand elles l'avoient été, prétendirent les assujettir aux droits d'entrée & de sortie que les autres toiles paient ordinairement.

La contestation ayant été portée au conseil par les marchands qui prétendoient au contraire être exempts de ces droits, ne s'agissant que d'un simple blanchissage ; sa majesté, pour conserver à ses sujets le bénéfice du blanchissage des toiles d'Artois & de Flandres, & ôter aux marchands le prétexte de les faire passer dans les pays étrangers pour les y faire blanchir, ordonna par un arrêt de son conseil, du 15 juillet 1719, qu'à l'avenir les toiles de ces deux provinces qui entreroient dans l'étendue des cinq grosses fermes, pour y être blanchies seulement, & retourneroient ensuite dans le lieu de leur fabrique, seroient exemptes de tous droits, & ne payeroient que quatre sols par piéce de quinze aunes pour droit de contrôle & de marque, à la charge qu'elles ne pourroient entrer ni sortir que par les bureaux d'Amiens, Péronne & Saint-Quentin, où chaque piéce seroit pesée & marquée aux deux bouts par les commis, & qu'il seroit pris auxdits bureaux un acquit à caution, sur la soumission des propriétaires ou leurs commissionnaires, de les représenter au retour du blanchissage, dans le délai de quatre mois, pour être fait la vérification de la marque & du poids, mais sans déplier ni auner lesdites toiles, à peine contre les marchands contrevenans & leurs cautions, de payer le quadruple des droits d'entrée sur le pied du tarif de 1664 ; sa majesté ordonnant, en cas de fraude, que les toiles & équipages soient confisqués, & les marchands & voituriers condamnés à 300 livres d'amende.

1 7 1 9.

Les réglemens qui avoient été faits, tant pour la fabrication des toiles que pour l'établissement des commis dans les provinces de Lyonnois, Forest & Beaujolois, n'ayant pas paru suffisans & ayant même causé des contestations entre les prévôt des marchands & échevins de la ville de Lyon, & les maire & échevins de Villefranche, & encore entre ceux-ci & les gardes-jurés fabriquans de toile dans la province de Beaujolois, soit pour l'étendue de leur jurisdiction, soit pour la régie qui devoit être observée dans les provinces voisines ; soit enfin pour les lieux où les uns & les autres prétendoient avoir droit de marque & de visite ; sa majesté crut nécessaire de donner une déclaration en forme de réglement, capable de terminer & de prévenir toutes sortes de contestations, & de régler en même-tems la police qui devroit à l'avenir s'observer dans les manufactures des toiles de ces provinces pour leur fabrique & blanchiment, aussi bien que pour les visites & la marque desdites toiles.

Cette déclaration est du 16 décembre 1719 ; elle contient vingt-trois articles, dont la plus grande partie concerne les toiles qui se fabriquent dans les provinces de Lyonnois, Forest & Beaujolois, & quelques-unes les basins, futaines & cordats qui se font dans les mêmes provinces.

Par le premier de ces articles, il est ordonné que les toiles nommées *Regny* auront demi-aune franche de largeur; celles appellées *S. Jean*, qui sont de différentes largeurs, les unes cinq huitiémes, les autres trois quarts francs, & les autres sept huitiémes; il est permis néanmoins aux ouvriers de faire des toiles de deux tiers & des toiles fines, aussi bien que des auxonnes jaunes, mais qui ne pourront être moindres que des largeurs réglées par cet article.

II. Les toiles appellées *Tarare* & *rouleau de Beaujeu*, auront de largeur sept douziémes d'aune.

III. Les toiles larges de demi-aune auront vingt-cinq portées; celles de deux tiers, trente-quatre portées; les toiles de trois quarts, quarante-deux portées; & celles de sept huitiémes, cinquante portées.

IV. Aucune piéce de toile ne sera exposée en vente pliée en rouleau, mais seulement en plat, & ne pourra être que d'une piéce, sans qu'on y puisse ajouter des coupons, ce qui sera observé sous peine de confiscation, aussi-bien que les trois articles précédens.

V. Les ouvriers seront tenus de mettre aux deux bouts de chaque piéce une marque faite avec de l'huile & du noir, contenant leur nom & surnom avec l'aunage, y compris trois ou quatre pouces d'excédent, à peine de cinq sols d'amende lorsque la piéce se trouvera moindre d'un quart d'aune, dix sols pour demi-aune, quinze sols pour trois quarts, & trente sols pour une aune; & en cas qu'il manque plus d'une aune, la piéce sera confisquée, & l'ouvrier condamné à l'amende.

VI. Les toiles seront de même force, bonté & finesse au milieu & aux deux bouts, & les peignes servant à leur fabrique, égaux dans toute leur étendue, à peine de confiscation desdites toiles & de cent livres d'amende contre les ouvriers & marchands qui s'en trouveront saisis; vingt livres d'amende contre les faiseurs de peignes & rots défectueux, & destitution des commis qui auront marqué lesdits peignes ou des toiles d'autre qualité que celles qu'elles auront.

VII. Toutes les toiles de coton, toiles barrées jaunes & de couleur, toiles appellées *Montbelliard*, toiles dites *de ménage*, seront visitées, marquées, & sujettes aux largeurs ci-dessus prescrites, à la réserve de celles que les particuliers feront fabriquer pour leur usage qu'ils seront tenus de faire ourler aux deux bouts, & d'y faire mettre au chef leurs noms ou marque avec de l'huile & du noir sur le métier, sans quoi les blanchisseurs ne les pourront recevoir sous peine de dix livres d'amende & de confiscation desdites toiles

qui seront déclarées encourues contre lesdits blanchisseurs, sans aucun recours contre lesdits particuliers.

VIII. Les toiles appellées *siamoises* ou *chamoises* auront de largeur au moins cinq huitiémes d'aune, & pourront être augmentées de huit en huit.

IX. Les largeurs ci-devant désignées seront exactement observées par les ouvriers; & en cas qu'elles excédent de plus d'un pouce, les piéces seront coupées & confisquées, sans qu'il soit à l'avenir loisible de fabriquer des toiles d'aucune autre qualité & largeur, sans en avoir préalablement communiqué le projet & les échantillons aux prévôts des marchands & échevins de la ville de Lyon, ou à la chambre établie à Villefranche.

X. Il est défendu à tous ouvriers & fabriquans en toiles rayées & à couleurs de mêler dans leurs ouvrages aucuns fils ou cotons gâtés & de mauvaise qualité ou de fausse teinture avec ceux de bon teint; & il leur est ordonné de fabriquer tout en petit ou tout en bon & grand teint, tant en chaine qu'en trême, à peine de confiscation de leur marchandise pour la première fois, & de plus grande peine en cas de récidive.

XI. Les commis seront tenus de faire le débouilli desdites toiles le plus souvent qu'ils le pourront, lorsqu'elles seront apportées aux halles ou à leur bureau pour être visitées & marquées du bon teint; & en cas de contravention ils les saisiront & en poursuivront la confiscation.

XII. Afin que les toiles, futaines, cordats & autres ouvrages fabriqués dans le Beaujolois puissent être plus facilement visités & marqués, il est ordonné que le maire & échevins de Villefranche choisiront deux commis pour marquer lesdits ouvrages; savoir, un dans la ville de Beaujeu & l'autre dans le lieu de Lav, en la même forme & manière que ceux établis à Villefranche, Thisy & Amplepluys; lesquels auront pour leurs peines chacun la somme de cent livres par an.

XIII. Lesdits commis, à peine de destitution, ne pourront marquer lesdits ouvrages ailleurs que dans leur bureau, ni en mesurer la largeur sur des tables barrées, mais seulement avec l'aune.

XIV. Les ouvriers travaillant en toiles dans lesdites trois provinces n'en pourront faire sortir aucunes qu'après les avoir fait marquer aux bureaux établis, ni les marchands en enlever aucunes non marquées, à peine de cent livres d'amende & de confiscation.

XV. Dans chaque marché des lieux ci-devant nommés sera établi un coffre fermant à deux clefs, pour, après le marché fini, les marques y être remi fermées ; desquelles deux clefs l'une restera au commis, & l'autre sera remise entre les mains du principal officier.

XVI. Les commis tiendront dans leurs bureaux un regître paraphé, pour y inscrire chaque jour de-suite, & sans aucun blanc, les piéces qu'ils auront marquées, & y faire mention des défectueuses, de la qualité de leurs défauts, des noms & demeures des contrevenans, & des condamnations prononcées en conséquence.

XVII. Les toiles, futaines & autres ouvrages qui seront transportés dans lesdits lieux pour y être débités & vendus, seront déchargés directement dans les halles & bureaux destinés pour la visite & marque, à peine de saisie & de confiscation.

XVIII. Les commis seront tenus de dresser & signer les procès-verbaux de saisie, qui porteront assignation aux contrevenans, pour comparoître pardevant les prevôt des marchands & échevins de la ville de Lyon, ou en la chambre de police de Villefranche, & y mettre la contravention jugée sans aucun délai ni renvoi.

XIX. Pour la facilité du commerce il sera permis aux ouvriers du Lyonnois, qui sont plus à portée de Villefranche, de Thisy, d'Ample-luys, de Beaujeu ou de Lay, que de Tarare, d'y faire marquer indifféremment leurs toiles ; comme aussi ceux de Beaujolois, qui sont plus près de Tarare que de Villefranche & des autres bureaux, pourront les porter à Tarare ; & pour éviter toute surprise, les maire & échevins de Villefranche mettront au secrétariat de Lyon une empreinte de la marque qu'ils auront donnée aux commis établis dans le Beaujolois ; & pareillement les prevôt des marchands & échevins de Lyon, donneront aux maire & échevins de Villefranche une empreinte de la marque dont on se servira à Tarare.

XX. Si l'inspecteur des manufactures du Beaujolois & les gardes & commis de ladite province trouvent dans leurs visites ou autrement des marchandises défectueuses marquées ou non marquées, fabriquées par des ouvriers du Lyonnois, ils en dresseront leurs procès-verbaux, qu'ils remettront aux maire & échevins de Villefranche, pour être par eux envoyés avec la marchandise saisie aux prevôt des marchands & échevins de Lyon qui en useront de la même maniére lorsque leurs commis feront des saisies de toiles défectueuses fabriquées par les ouvriers du Beaujolois.

XXI. Les blanchisseurs de la ville de Lyon & ceux établis dans le Lyonnois, Forest & Beaujolois, seront tenus d'étendre les toiles doucement sur les prés, de les porter sur leurs épaules, de les faire tirer à menu en les passant dans la serre, & de les angeller pliées en livres & non en fagots,

avec défense de laisser aller les bestiaux dans les prés pendant que les toiles y sont étendues. Il leur est en outre ordonné de faire leurs lessives suivant l'ancien usage, sans y ajouter un excédent de chaux, & de fournir les charris nécessaires pour les lessives sur le cuvier, sans y employer les toiles qu'on leur donne à blanchir, à peine de cent livres d'amende contre chacun des contrevenans.

XXII. Il est ordonné que la moitié des amendes sera appliquée aux hôpitaux des lieux où les contraventions seront jugées.

XXIII. Enfin, ce *réglement* est déclaré commun à tous les blanchisseurs & ouvriers travaillant en toile dans les provinces de Lyonnois, Forest & Beaujolois, même aux marchands toiliers de la ville de Lyon.

Cette déclaration fut enregistrée au parlement le 9 mars 1720, & des copies en furent envoyées à la diligence du procureur général du roi, aux sénéchaussées de Lyon & de Villefranche.

1722.

La Ferté-Macé est un bourg de Normandie dans la généralité d'Alençon, où il se fait, aussi-bien que dans quelques paroisses voisines, des coutils & des treillis de demi-aune seulement, & même quelquefois d'une moindre largeur.

Cette contravention aux *réglemens*, particuliérement aux articles XIX & XX de celui de 1653, pour les toiles des généralités de Caen & d'Alençon, qui ont fixé la largeur de ces fabriques à deux tiers, ou trois quarts de large ; ayant donné lieu à diverses saisies dans les villes & lieux où ces coutils & ces treillis avoient été exposés en vente : & les fabriquans dudit bourg & des environs, ayant représenté qu'il seroit impossible de soutenir leurs manufactures, si on vouloit les assujettir à tenir leurs ouvrages de la largeur prescrite par lesdits articles ; & qu'il seroit peut-être plus convenable de leur donner un *réglement* particulier, & des jurés pour le faire exécuter.

Sa majesté, sur ces représentations, & pour pourvoir à ces difficultés, après avoir fait examiner les mémoires des fabriquans desdites toileries, & entendu les principaux marchands qui en font commerce, l'inspecteur des manufactures de toiles de la généralité d'Alençon, ensemble l'avis des députés au conseil de commerce, & celui du sieur intendant de ladite généralité, a ordonné ce qui ensuit, par un arrêt de son conseil d'état, en forme de *réglement*, du 22 février 1722.

ART. Ier. Les tisserans ouvriers en toile, établis au bourg de la Ferté-Macé, seront tenus de procéder incessamment à l'élection de deux d'entre eux, pour faire la fonction de gardes jurés de leur communauté, pendant le cours d'une année; après laquelle expirée, l'un desdits gardes jurés fortant de charge, il en sera élu un nouveau pour la seconde année, & ainsi successivement; ensorte que chaque juré exerce ledit emploi pendant deux années de suite, & que chaque année il y en ait toujours un nouveau & un ancien en exercice; & faute par lesdits fabriquans de faire lesdites élections de jurés, il en sera nommé d'office pour la première fois par les sieurs intendans d'Alençon, & les années suivantes, par les officiers de police de la Ferté-Macé.

II. Les fonctions desdits gardes jurés se feront dans un bureau établi dans ledit bourg; dans lequel bureau, toutes les toiles, coutils & treillis, qui auront été fabriqués, tant dans ledit lieu que dans les paroisses circonvoisines, seront apportés pour être visités & marqués en la manière accoutumée, de la marque de la fabrique, qui sera convenue, sa majesté faisant très expresses inhibitions & défenses auxdits fabriquans de la Ferté-Macé & des environs, de vendre ni d'exposer en vente aucuns ouvrages de leur fabrique, s'ils n'ont été auparavant marqués de la marque, à peine de confiscation des coutils, treillis, & autres toiles non marquées, & de cent livres d'amende qui ne pourra être remise ni modérée.

III. Les gardes jurés du métier de tisserand de la Ferté-Macé, seront tenus de se rendre tous les jeudis, ou tel autre jour de chaque semaine, dont on conviendra, & plus souvent, si besoin est audit bureau, pour y visiter toutes les toiles, coutils & treillis qui y seront apportés, tant de la Ferté-Macé, que des lieux circonvoisins, & marquer ceux qui seront trouvés de bonne qualité, & conformes au *règlement*.

IV. La marque des fabriquans contiendra ces mots : *toiles*, *coutils*, ou *treillis de la Ferté-Macé*, & sera appliquée avec de l'huile & du noir aux deux bouts de chaque pièce.

V. Les toiles qui ne se trouveront pas conformes aux *réglemens* intervenus sur la fabrique des toiles; & les coutils & treillis de la Ferté Macé, qui seront reconnus avoir été faits en contravention à ce qui sera ci-après ordonné, par rapport à cette manufacture, seront coupés de deux en deux aunes publiquement, suivant l'arrêt du conseil du 7 juillet 1684, & seront en outre les contrevenans condamnés aux peines y portées.

VI. Sa majesté ayant égard aux remontrances qui lui ont été faites sur la largeur que doivent avoir les coutils & treillis de la Ferté-Macé, pour en procurer plus facilement le débit; permet aux tisserands de ce bourg & des lieux circonvoisins, de les faire de demi-aune de large, au lieu de deux tiers & des trois quarts fixés par les articles

XIX & XX de l'arrêt du conseil du 7 avril 1693, pour les coutils & treillis des généralités de Caen & d'Alençon, auxquels sa majesté déroge à cet égard en faveur de ladite manufacture de la Ferté-Macé, sans néanmoins que lesdits tisserans puissent faire leurs coutils & treillis de moindre largeur que de demi-aune, aux peines ordonnées par le précédent article; à l'effet de quoi les lames & rots des métiers, servant à les fabriquer, seront réformés, & seront lesdits tisserands tenus de monter les chaînes de leurs coutils & treillis, de trente-trois portées de quarante-fils.

VII. Ordonne sa majesté, que si, pour cause de contravention au présent *règlement*, il se fait des saisies de toiles, coutils, & treillis, fabriqués à la Ferté-Macé, & dans les lieux voisins, les procès-verbaux en seront portés devant le juge de police dudit bourg, lequel sera tenu d'envoyer des expéditions, tant de chacune des sentences qu'il pourra rendre pour cause de contravention, que desdits procès-verbaux, au sieur intendant de la généralité d'Alençon, pour en informer le conseil.

VIII. Enjoint sa majesté à l'inspecteur des manufactures de toiles de ladite généralité, de visiter exactement chez les tisserands, calendreurs, & autres apprêteurs de toiles de la Ferté-Macé, & des environs, tant leurs métiers que les toiles, coutils & treillis de leur fabrique; & auxdits ouvriers de souffrir les visites tant dudit inspecteur, que des gardes jurés de leur métier, & en cas de refus de leur part, pourront, ledit inspecteur & lesdits gardes jurés, se faire assister d'un officier de justice, aux frais des contrevenans.

IX. Pour pourvoir au débit des coutils & treillis fabriqués avant ledit *règlement*, sa majesté accorde un mois, pendant lequel les tisserands de la Ferté-Macé, qui en auront sur leur métier ou dans leurs ouvroirs, & les marchands dans les boutiques & magasins desquels il s'en trouvera, seront tenus de les faire marquer d'une marque de grâce; & ledit mois expiré, sa majesté donne encore autres six mois pour se défaire desdites marchandises ainsi marquées; & après ledit tems ne pourra en être vendu ni débité, s'ils ne sont fabriqués & marqués en conformité du présent *règlement*, aux peines ci-dessus ordonnées.

X. Veut & entend sa majesté que les toiles, coutils & treillis de la fabrique de la Ferté-Macé, qui seront transportés à Rouen ou autres villes pour y être vendus, ne puissent, en y arrivant, être déchargés & entreposés dans les hôtelleries ou dans des maisons particulières, aux peines portées par le *règlement*; mais qu'elles soient d'abord déchargées sous les halles, afin qu'on y reconnoisse si ces toileries sont de bonne fabrique & marquées ainsi qu'il est ci-dessus ordonné.

XI. Ordonne au surplus sa majesté que lesdits réglemens concernant la fabrique des toiles en Normandie, des 14 août 1676 & 7 avril 1693, seront exécutés selon leur forme & teneur, en ce qui n'est point contraire au présent arrêt.

1 7 2 3.

Le nombre excessif des manufactures de toiles rayées & à carreaux, siamoises, stinkerques, mouchoirs, fichus, & autres tels ouvrages qui s'établissoient journellement dans toute la Normandie, particulièrement dans la généralité de Rouen, occupant la plupart des ouvriers & de ceux qui avoient coutume d'être employés à la culture des terres, & principalement à la récolte des grains; il arrivoit souvent que, faute de moissonneurs, quantité de bleds ne pouvant être serrés dans les tems convenables, il s'en perdoit plusieurs qui germoient sur pied. Sa majesté, informée d'un désordre d'une si grande conséquence, & voulant balancer les avantages que la province peut retirer de ses manufactures, avec le préjudice que la trop grande quantité pourroit apporter à la culture des terres, qui est la plus solide & la plus véritable richesse de l'état; se trouva obligée d'ordonner, par un arrêt du 28 juin 1723, que toutes lesdites manufactures de toiles & étoffes de fil de coton de toutes couleurs, mêlées de soies & autres matières, sous le nom de toiles rayées & à carreaux, siamoises, fichus, stinkerques, ou sous telle autre dénomination que ce soit, qui sont établies dans les villes, bourgs & lieux de la Province de Normandie, à l'exception de celles établies dans la ville & fauxbourgs de Rouen & bourg de Darnetal, cesseroient tout travail, à commencer au premier juillet de chaque année, jusqu'au 15 de septembre inclusivement. Faisant sa majesté défenses à tous maîtres & entrepreneurs desdites manufactures, de faire travailler pendant ledit tems, à peine de cinq cents livres d'amende & de confiscation des métiers; & à tous ouvriers de travailler à peine de cent livres d'amende contre chacun des contrevenans: sadite majesté se réservant à pourvoir au nombre desdites manufactures, qui pourront être conservées dans chacun desdits lieux, après avoir fait examiner en son conseil les mémoires qui lui seront envoyés à cet effet.

1 7 2 4.

Les toiles à voiles, particulièrement les noyales, ont toujours fait un des principaux objets du commerce de la Bretagne, sur-tout de l'évêché de Rennes. La grande quantité qui s'en consomme pour la marine Françoise, & le nombre extraordinaire que les étrangers en enlèvent tous les ans, ont toujours tenu la cour attentive à en

soutenir la fabrique dans toute la perfection que ces sortes de toiles peuvent avoir. C'est encore pour en rétablir la réputation au dedans & au dehors du royaume, & pour pourvoir à quelques abus qui commençoient à s'y glisser, qu'a été donné l'arrêt du conseil en forme de réglement, du premier janvier 1724.

Seize articles composent cet arrêt par lesquels sa majesté ordonne :

Art. 1er. Que toutes les toiles fabriquées à Noyale, savoir, celles larges d'un fil de la première & seconde qualité, seront de vingt-quatre pouces de laize ou largeur, & composées de dix-sept portées & demie de quarante fils chacune, faisant sept cents fils. La chaîne sera de pur brin, & la téture du chanvre, dont le brin est tiré.

II. Les noyales étroites d'un fil seront de dix-neuf à vingt pouces de laize, composées de quinze portées de quarante fils chacune, faisant six cents fils, la chaîne & la téture comme au précédent article.

III. Les noyales de quatre fils seront aussi de dix-neuf à vingt pouces de laize, & seront composées de vingt-quatre à vingt-cinq portées de quarante fils chacune; les chaîne & téture de celles qui seront fabriquées pour les vaisseaux de sa majesté, seront toutes de pur brin; & les ordinaires auront seulement la chaîne de pur brin, & la téture de chanvre dont le brin est tiré.

IV. Celles des six fils auront pareillement dix-neuf à vingt pouces de laize, & seront composées de vingt-neuf à trente portées de quarante-deux fils chacune, & la chaîne & téture de pur brin.

V. Les toiles renforcées, fabriquées à Vitré, seront de vingt-six pouces de laize, & composées de vingt-deux portées de quarante-six fils chacune, faisant huit cents quatre-vingt fils; & seront toutes de pur chanvre sans aucun mélange de lin.

VI. Les toiles larges fabriquées au même lieu, autrement dites meslis de Bretagne, seront de vingt-huit pouces de laize, & composées de vingt-huit portées de quarante fils chacune, faisant onze cents vingt fils, toutes de pur chanvre, sans aucun mélange de lin.

VII. Les rondelettes d'un fil seront de vingt-quatre pouces de laize, & composées de dix-huit portées de quarante fils chacune, faisant sept cents vingt fils, la chaîne de pur brin, & la téture de chanvre, dont le brin est tiré sans aucun mélange de lin.

VIII. Les courtes, menues ou fines d'un fil, seront de vingt pouces de laize, composées de seize portées de quarante fils chacune, faisant six cents quarante fils ; la chaîne & la têture comme au précédent article.

IX. Toutes lesdites toiles & autres à voiles de quelque nom & qualité qu'elles soient, qui seront fabriquées dans les paroisses de l'évêché de Rennes, & qui n'auront pas été marquées au bureau établi à Nantes, seront portées à Rennes, dans un lieu qui sera désigné par le sieur intendant de la province de Bretagne, & ne pourront être vendues qu'auparavant elles n'ayent été visitées & marquées d'une marque noire, aux armes de ladite ville, par deux marchands en gros, qui seront nommés par ledit sieur intendant, sur l'indication de l'inspecteur des manufactures de toiles ; lesquels marchands demeureront responsables des toiles qu'ils auront marquées.

X. Veut sa majesté qu'il soit payé un sol pour chaque pièce de toile qui sera marquée, pour le produit être employé sans aucun divertissement, sur les ordonnances dudit sieur intendant, tant pour le payement du loyer du lieu, qui sera destiné pour apporter lesdites toiles, que pour les gages du concierge qui y sera établi, & autres frais nécessaires ; duquel droit le concierge tiendra bon & fidèle registre, & sera tenu d'en rendre compte tous les ans pardevant ledit sieur intendant.

XI. En cas de contravention à aucun des articles ci-dessus, ou qu'il se trouve des courts plis ayant moins d'une aune de longueur, les pièces de toiles seront confisquées, & les fabriquans ou les marchands condamnés en cent livres d'amende, applicable un tiers au roi, un tiers aux hôpitaux de la ville de Rennes, & un tiers au dénonciateur.

XII. Les tisserands ou fabriquans qui font les toiles mentionnées aux précédens articles, seront tenus, sous peine de confiscation & de trente liv. d'amende, de faire réformer incessamment & au plus tard dans trois mois du jour de la publication du présent arrêt, leurs lames & rots sur le pied que doit avoir chaque espèce de toile, & de les tenir égaux à la tête comme au pied, sans qu'ils puissent se servir de tampons pour la fabrique de celles de quatre & de six fils. Laquelle amende de trente livres sera pareillement encourue par les ouvriers faiseurs de lames & de rots qui ne se seront pas conformés au présent article ; à l'effet de quoi les tisserands & fabriquans seront tenus de mettre chacun leur marque particulière sur chaque pièce de toile qu'ils fabriqueront, sous peine de confiscation & de trente livres d'amende, applicable comme dessus.

XIII. Pourront néanmoins les marchands en gros & en détail, vendre & débiter pendant six mois les toiles à voiles qui se trouveront fabriquées au jour de la publication dudit arrêt, à condition par eux de les représenter devant les officiers de

police qui y apposeront, sans frais, une marque de grace, &c. & ledit délai de six mois expiré, toutes les toiles qui se trouveront chez les marchands n'être pas marquées de ladite marque, seront confisquées, & les marchands condamnés à cent livres d'amende, applicable comme dessus ; & en cas qu'après le délai ci-dessus expiré, il se trouve des pièces de toile non marquées des armes de la ville de Rennes, elles seront pareillement confisquées, & les marchands condamnés en pareille amende que dessus, & sera même procédé extraordinairement contre les coupables & leurs complices, en cas de fausse marque.

XIV. Fait sa majesté défenses à ceux qui apporteront des fils dans les marchés, d'y en mêler de mauvaise qualité, à peine de confiscation & de dix livres d'amende ; enjoint à ceux & à celles qui les filent, de les filer uniment, à peine de confiscation.

XV. En cas de contestation sur aucuns des articles du présent *règlement*, veut sa majesté qu'elles soient jugées par ledit sieur intendant ; lui attribuant à cette fin toute cour, jurisdiction & connoissance.

XVI. Enjoint sa majesté aux inspecteurs & autres préposés à la visite des toiles dans la province de Bretagne, de se conformer à la disposition des articles ci-dessus, & audit sieur intendant de tenir soigneusement la main à l'exécution du présent arrêt, qui sera lu, publié & affiché où besoin sera.

1 7 2 5.

Le roi ayant été informé, qu'au préjudice de l'arrêt du conseil du 7 avril 1693, portant *règlement* pour les manufactures de toiles des généralités de Caen & d'Alençon, il s'étoit introduit des abus dans la fabrique de celles appellées *Brionnes*, tant par rapport à la largeur que ces toiles doivent avoir, que sur la longueur & la pliure, sa majesté jugeant à propos d'y remédier, a ordonné, par un arrêt de son conseil du 13 mars 1725.

1°. Qu'à l'avenir toutes les toiles qui seroient fabriquées à Brionne, à Beaumont-le-Roger & à Bernay, n'auront que trois quarts moins un demi-seize en écru, au lieu de trois quarts qu'elles ont dû avoir jusqu'à présent, suivant l'article 13 dudit arrêt du 7 avril 1693, auquel sa majesté déroge pour cet égard seulement.

2°. Que les pièces desdites toiles ne pourront être fabriquées que de la longueur de soixante-dix aunes, mesure de Paris, à peine de cinquante livres d'amende contre les contrevenans.

3°. Qu'en ce qui concerne la pliure desdites pièces de toiles, l'article 30 dudit arrêt du 7 avril 1693, sera exécuté selon sa forme & teneur, tant par les fabriquans de Bernay, que par ceux de Beaumont-le-Roger & Brionne, sous les peines portées par ledit arrêt & par le *réglement* du 14 août 1676.

4°. Que pour l'exécution du présent arrêt toutes les lames & rots servant à la fabrique desdites toiles, seront reformés trois mois après la publication qui en sera faite, à peine de cinquante liv. d'amende pour chaque contravention ; sa majesté néanmoins permettant auxdits fabriquans qui auront chez eux des toiles de trois quarts, & aux marchands qui en seront chargés, de s'en défaire dans quatre mois.

RÉGLEMENT *pour la fabrique des futaines & des basins.*

Il y a eu de tout tems en France quantité de manufactures de futaines & de basins, entre lesquelles les plus célèbres ont toujours été celles de Lyon, de Rouen & de Troyes.

Celle de Troyes sur-tout, a eu tant de réputation dès les premiers tems de son établissement, pour la beauté & la finesse de ses ouvrages de coton filé, que les statuts dressés pour la police des maîtres tisserands & fabriquans de cette ville, ont depuis ordinairement servi de régle pour tous les autres tisserands & fabriquans de futaines & de basins de ce royaume.

C'est aussi principalement pour les manufactures de basins & de futaines établies dans cette capitale de la province de Champagne & des environs, qu'a été dressé le *réglement* de 1701, dont on va parler ici.

Plus de cent ans auparavant, Henri IV avoit donné à la vérité des statuts aux tisserands & fabriquans de Troyes qui fixoient les aunages & portées des futaines & basins qui s'y fabriquoient alors ; mais ces *réglemens* de 1598 étant devenus presque inutiles par les changemens arrivés depuis un siécle entier dans ces sortes de fabriques, la plupart des métiers qui, auparavant, ne travailloient que pour des ouvrages communs, n'étant plus montés que sur le pied dont il n'étoit fait aucune mention dans ces statuts, on fut enfin obligé de donner plusieurs nouveaux articles pour servir de supplément aux anciens.

Ces articles, au nombre de vingt-deux, qui avoient été projettés dans plusieurs assemblées des principaux marchands de Troyes, qui font le commerce des basins & futaines, de l'inspecteur des manufactures au département de Champagne, & des plus habiles maîtres de la communauté des tisserands & fabriquans, ayant été arrêtés dans une dernière assemblée tenue le 21 avril 1700, furent enfin confirmés & homologués par un arrêt du conseil d'état du roi, du 4 janvier de l'année suivante, qui ordonna au surplus l'exécution des anciens statuts, en ce qu'il n'y seroit point dérogé par les nouveaux.

Les seize premiers articles de ce *réglement* de 1701, établissent les largeurs, longueurs & portées des piéces de futaines & de basins, réglent la quantité des fils de coton qui doivent les composer, tant en trême qu'en chaîne ; ordonnent l'égalité des rots & des dents des peignes d'un bout à l'autre, & fixent le nombre des barres & des raies qu'ils doivent avoir dans leur largeur ; toutes matières qu'on a traitées ailleurs. *Voyez les articles particuliers de* BASIN & *de* FUTAINE, *dans leur ordre alphabétique.*

Les six derniers articles sont de police.

Le 17 & le 19e. assujettissent à la visite & à la marque les basins & les futaines, ainsi que les autres étoffes, & ordonnent l'établissement d'un bureau, auquel les jurés seront obligés de se trouver chaque semaine aux jours marqués par les juges de police, pour vaquer auxdites marque & visite.

Le 20e. régle les droits de marque à huit deniers par piéce, qui ne pourront jamais être augmentés.

Le suivant enjoint aux tisserands & aux fabriquans, de souffrir la visite de l'inspecteur des manufactures, toutes fois & quantes il le trouvera à propos.

Enfin, le 22e. adjuge les confiscations & les dix livres d'amende par piéce vendue sans être marquée, prononcée par le dix-huitième article, moitié aux jurés, & moitié à l'hôpital des pauvres de la ville de Troyes.

Le plomb de visite doit avoir d'un côté les armes de la ville, & de l'autre ces mots, *fabrique de Troyes.*

RÉGLEMENT *pour la fabrique des chapeaux.*

Le commerce du castor étant presque le seul ou du moins le plus important qui se fasse en Canada, & celui qui aidoit davantage à soutenir les colonies, on a souvent tenté d'en augmenter & d'en assurer la consommation en France, par plusieurs *réglemens* faits pour la fabrique des chapeaux.

Ce fut le motif des arrêts du conseil des 21 juillet 1666, 8 novembre 1667, 2 juin 1670 & 1673, & 12 décembre 1693, qui, renouvellant les articles 26 & 27 des statuts des maîtres chapeliers, leur firent défenses de fabriquer aucuns chapeaux dits de castor, autrement que de pur castor, sans aucun mélange d'autres étoffes de poil ou de laine, ni de faire aucuns chapeaux dits demi-castors.

Les arrêts des 5 février & 12 avril 1685, furent aussi rendus sur le même fondement ; & il fut désigné un certain nombre de maîtres chapeliers, à qui seuls il fut permis de manufacturer & fabriquer les castors pendant un tems fixé par lesdits arrêts.

Enfin, il fut ordonné par un dernier arrêt du 13 octobre 1699, qu'à l'avenir il ne se fabriqueroit plus en France que de deux fortes de chapeaux ; les uns de pur caſtor, ſans aucun mélange de quelque autre matière que ce fût ; & les autres de laine, dans leſquels on pourroit mêler de la vigogne & du poil de chameau ſeulement.

Tant de diſpoſitifs d'arrêts & de *réglemens* pour la fabrique des chapeaux, qu'on avoit cru favorables au commerce du caſtor, ayant produit un tout autre effet que celui qu'on en avoit eſpéré, on fut obligé de rendre aux maîtres Chapeliers leur ancienne liberté par un dernier arrêt, & de leur permettre de fabriquer des chapeaux de toutes les fortes dont ils en faiſoient auparavant.

Cet arrêt en forme de *réglement*, eſt du 10 août 1700, & contient quatre principaux articles.

Premièrement, il eſt permis à tous maîtres chapeliers, dans toutes les villes & autres lieux du royaume, de faire des chapeaux de pur caſtor ; enſemble les demi-caſtors compoſés de laine de vigogne & de caſtors ſeulement ; & enfin des chapeaux de poil de lapin, de chameau & autres poils mêlés avec de la vigogne, excepté néanmoins le poil de liévre, qui eſt abſolument défendu dans la fabrique de quelques chapeaux que ce ſoit.

Il eſt ordonné en ſecond lieu, que toutes les matières permiſes ſeroient bien mélangées & cardées enſemble, de manière qu'il ne pût ſe faire de dorage avec le caſtor ou aucune autre deſdites matières, à peine de punition contre les compagnons & ouvriers qui ſeroient trouvés en faiſant ledit dorage.

Troiſièmement, que les maîtres ſeroient obligés de marquer les chapeaux de leur fabrique d'une marque à chaud ſur le cordon, laquelle marque porteroit un C, pour les chapeaux de pur caſtor ; un D & un C pour les demi-caſtors ; une M pour les chapeaux mélangés de pluſieurs ſortes de poil avec du caſtor ou ſans caſtor ; & une L pour les chapeaux de pure laine.

Enfin, pour empêcher abſolument l'uſage du poil de liévre dans la fabrique des chapeaux, il eſt fait défenſes aux maîtres chapeliers d'en avoir chez eux ſous quelque prétexte que ce ſoit, & aux maîtres & ouvriers, coupeurs, attacheurs & cardeurs, de tenir chez eux des peaux deſdits liévres, & d'en arracher, couper & carder le poil.

Ce *réglement* a été long-temps obſervé en France pour la fabrique des chapeaux.

Un droit de marque ayant été établi ſur tous les chapeaux, par édit du mois d'avril 1690, il fut en même-tems dreſſé un *réglement* en quatorze articles, pour la réception de ce nouveau droit, dont néanmoins on ne parlera point ici, non plus que des arrêts des 13 mai & 7 août 1691, 4 janvier 1693, 26 août & 27 ſeptembre 1697 & 26 mai 1699, rendus en conſéquence, le droit ayant été ſupprimé depuis par une déclaration du roi du 20 décembre 1702, & la fabrique des chapeaux, auſſi-bien que le commerce qui s'en fait, déchargés des formalités & obligations portées par ledit édit.

Nous ne rapporterons pas ici par ordre de date les *réglemens* faits depuis ceux dont nous avons donné le précis. Il nous ſuffit de conſigner ici par extrait ceux qui ont été promulgués ſous le regne de Louis XVI, parce que ceux-ci changent, modifient ou réforment les *réglemens* publiés juſqueslà ſur le fait du commerce.

EDIT DU ROI, portant ſuppreſſion des jurandes & communautés de commerce, arts & métiers, donné à Verſailles au mois de février 1776, régiſtré en parlement le 12 mars de la même année.

Par l'article premier, il eſt libre à toutes perſonnes de quelque qualité & condition qu'elles ſoient, même à tous étrangers, encore qu'ils n'euſſent point obtenu de lettres de naturalité, d'embraſſer & d'exercer dans tout le royaume, & notamment dans la ville de Paris, telle eſpéce de commerce & telle profeſſion d'arts & métiers que bon leur ſemblera, même d'en réunir pluſieurs ; à l'effet de quoi, tous les corps & communautés des marchands & artiſans, ainſi que les maîtriſes & jurandes ſont éteints & ſupprimés ; abrogeant tous priviléges, ſtatuts & *réglemens* donnés auxdits corps, pour raiſon deſquels nul ne pourra être troublé dans l'exercice de ſon commerce & de ſa profeſſion, pour quelque cauſe & ſous quelque prétexte que ce puiſſe être.

Les articles 2, & autres ſubſéquens juſques & compris l'article 23, établiſſent & preſcrivent les formalités que devront obſerver tous ceux qui voudront exercer leſdites profeſſions ou commerce, excepté les maîtres actuels des corps & communautés, les profeſſions de la pharmacie, de l'orfévrerie, de l'imprimerie & de la librairie. Ces mêmes articles réglent auſſi tout ce qui a rapport à la police deſdits corps, communautés & profeſſions ; mais nous croyons devoir d'autant moins en rapporter ici le précis, que l'édit du mois d'août ſuivant, que nous allons faire connoître plus particulierement, annulle la majeure partie de celuici. Ceux qui deſireront le voir en entier, le trouveront à l'article *Jurande* de ce Dictionnaire.

EDIT DU ROI, par lequel ſa majeſté en créant de nouveau, ſix corps de marchands, & quarante-quatre communautés d'arts & métiers, conſerve libres certains genres de métiers ou de commerce, réunit les profeſſions qui ont de l'analogie entr'elles, & établit à l'avenir des règles dans le régime deſdits corps & communautés. Donné à Verſailles au mois d'août 1776, régiſtré en parlement le 23 deſdits mois & an.

Voyez cet édit rapporté en entier au mot *JuRANDE* de ce Dictionnaire.

Cccc

LETTRES PATENTES DU ROI, concernant les manufactures, données à Marly le 5 mai 1779, enregistrées en parlement le 19 des mêmes mois & an.

Ces lettres patentes, dont l'article premier laisse à tous les fabriquans & manufacturiers la liberté ou de suivre dans la fabrication de leurs étoffes, telles dimensions ou combinaisons qu'ils jugeront à propos, ou de s'assujettir à l'exécution des réglemens, annoncent de nouveaux réglemens de fabrication. En attendant elles prescrivent les différentes formalités à remplir à l'égard des draps, serges & toutes autres étoffes de laines, les toiles blanches unies, rayées, brochées ou mélangées, les pièces de bonneterie qui seront fabriquées, tant pour les chefs que les lisières & les plombs ; mais elles n'innovent rien dans les marques & lisières des étoffes de soie, excepté qu'il sera ajouté sur le plomb dont elles seront revêtues, le mot réglée, ou simplement la lettre R ; & il n'y aura que les étoffes fabriquées d'après des combinaisons arbitraires qui n'auront point les lisières assignées pour les étoffes réglées, ni la marque de réglement ci-dessus indiquée.

L'article 8 permet aux fabriquans de teindre & peindre, faire teindre & peindre les étoffes, toiles ou toileries en grand ou petit teint, ou en couleur mélangée de grand & petit teint, à la charge par eux de faire apposer sur toutes lesdites étoffes, toiles ou toileries, indistinctement un plomb qui indiquera la manière dont elles sont teintes, & le nom du teinturier, &c.

L'article 10 maintient & ordonne l'exécution des anciens réglemens, relatifs à la fabrication des étoffes où l'or & l'argent sont employés ; & défend en conséquence à tous fabriquans de filer l'or & l'argent faux, autrement que sur fil, ou de mélanger le fin & le faux dans la même étoffe, sous peine de confiscation & de mille livres d'amende.

Par l'article 13, les fabriquans qui, pendant soixante ans de pere en fils, auront exploité une manufacture avec distinction & une réputation soutenue, pourront apposer eux-mêmes les plombs prescrits, & seront dispensés de les présenter aux bureaux de visite, après en avoir néanmoins obtenu la permission de sa Majesté.

L'article 14 maintient l'exécution des anciens réglemens concernant la fabrication des draps destinés pour le Levant, leur vente & leur expédition, jusqu'à ce que par sa Majesté il en ait été autrement ordonné, &c.

Cet édit en 16 articles est rapporté en entier à l'article MANUFACTURES & ARTS, tome 2, premiere partie. Nous y renvoyons ceux de nos lecteurs qui auront intérêt d'en connoître toutes les dispositions.

LETTRES PATENTES DU ROI, portant établissement des bureaux de visite & marque des étoffes & réglement pour la manutention desdits bureaux, données à Versailles le premier juin 1780, régitrées en parlement le 14 juillet suivant.

On ne rapporte ici l'intitulé de ces lettres-patentes qui ne regardent en majeure partie que les gardes-jurés, marchands ou fabriquans, que nous renvoyons les lecteurs, comme ci-dessus, à l'article MANUFACTURES & ARTS, tome 11, page 23, où elles sont rapportées. Les marchands & fabriquans, autres que les gardes-jurés, pourront également y avoir recours, pour s'instruire des obligations que ces lettres-patentes leur imposent, & des formalités auxquelles elles les assujettissent.

LETTRES PATENTES DU ROI, portant réglement pour la fabrication des étoffes de laine, données à Versailles le 4 juin 1780, régitrées en parlement le 14 juillet suivant.

L'article premier assujettit tout fabriquant, un mois après la publication du présent réglement, à se faire inscrire par nom, surnom & demeure, sur un régitre qui sera déposé au greffe de la juridiction des manufactures, dans le ressort de laquelle il fera son domicile. Il ne pourra être exigé par le greffier que dix sols pour cet enrégistrement & l'extrait qui en sera délivré audit fabriquant.

Par l'article 2, il est ordonné de dresser dans chaque généralité du royaume, des tableaux de fabrication, indiquant les différentes espèces d'étoffes de laines qui s'y fabriquent, les matières & le nombre de fils dont lesdites étoffes doivent être composées, ainsi que leur largeur au sortir du métier, & après le foulage ; enjoignant aux ouvriers qui fabriqueront les étoffes auxquelles ils entendront faire apposer les marques indiquées par les étoffes réglées, de se conformer aux régles prescrites par lesdits tableaux.

Les articles 3 & 4 réglent les portées de fils de chaîne, la traine & la chaîne.

L'article 5 fixe la longueur des étoffes de petite draperie de cinq huit de large, & au-dessous à 50, ou 55 aunes au plus.

Les articles 6 & suivans, jusques & compris l'art. 17, sont presque tous de police. Voy. manuf. & arts, tome 11, premiere partie, pag. 26.

LETTRES PATENTES DU ROI, portant réglement pour la fabrication des toiles & toileries, données à Versailles le 18 juin 1780, régitrées en parlement le 25 juillet suivant.

Le même esprit, les mêmes régles, & les mêmes formalités à peu de chose près, qui ont dirigé les lettres-patentes du 4 juin 1780, étant la base de celles-ci, & n'y ayant, pour ainsi dire, entr'elle de différence que les marchandises qui y ont donné lieu, nous

nous difpenferons d'entrer dans le détail des 17 articles qu'elles contiennent, en renvoyant ceux qui ont intérêt de les connoître particulierement, comme ci-deffus, à l'article *manuf. & arts, tom. 11, premiere part., pag. 27.*

LETTRES PATENTES DU ROI, portant réglement pour les maîtres & ouvriers dans les manufactures & dans les villes où il y a communautés d'arts & métiers, données à la Muette le 12 septembre 1781, régîtrées en parlement le 8 janvier 1782.

Par l'article premier, tout ouvrier qui voudra travailler dans une ville dans laquelle il existe des manufactures, ou dans laquelle il a été ou fera créé des communautés d'arts & métiers, eft tenu, lors de fon arrivée dans ladite ville, de fe faire enrégîtrer par nom & furnom au greffe de la police; & cet enrégîtrement fe fera fans frais.

Article 2, les conventions faites entre les maîtres & les ouvriers feront fidèlement exécutées. En conféquence, lefdits maîtres ne pourront renvoyer leurs ouvriers, & ceux-ci ne pourront quitter avant le terme fixé par lefdits engagemens, s'il n'y a caufe légitime.

Article 3, dans le cas où lefdits engagemens n'auront pas de terme fixe, les ouvriers ne pourront quitter leurs maîtres qu'après avoir achevé les ouvrages qu'ils auront commencés, rembourfé les avances qui pourront leur avoir été faites, & averti leurs maîtres huit jours auparavant.

Par l'article 4, lorfque les ouvriers ont rempli le terme de leur engagement, & qu'à défaut de terme convenu, ils fe font conformés à l'article précédent, les maîtres font tenus de leur délivrer un billet de congé, dont le modèle eft annexé aux préfentes lettres; & s'ils ne fçavent pas figner, de le leur faire délivrer par le juge de police. Il eft encore ordonné aufdits ouvriers d'avoir un livre ou cahier fur lequel feront portés fucceffivement tous les certificats des maîtres chez lefquels ils auront travaillé.

Par l'article 5, fi un maître refufe de donner à fon ouvrier le billet de congé, ou s'il s'éleve entre l'un & l'autre quelque conteftation, ils doivent fe retirer par devant le juge de police, auquel il eft enjoint d'y pourvoir, fans délai & fans frais, même de délivrer le billet de congé à l'ouvrier, fi le cas y échoit.

L'article 6 défend très-expreffément à tous entrepreneurs de manufactures, fabriquans, contremaîtres de manufactures ou maîtres ouvriers tenant boutique, de débaucher directement, ni indirectement aucun ouvrier forain ou domicilié, & même de lui donner de l'ouvrage avant d'avoir vu fon billet de congé, ou fon certificat, à peine de 100 l. d'amende, & de tous dommages-intérêts envers le maître qui réclamera l'ouvrier.

Article 7, dans le cas où quelqu'ouvrier ou apprentif auroit diverti les métiers, outils ou matieres fervant à la fabrique, le maître fera tenu de requérir le lieutenant de police de conftater le délit, d'en dreffer procès-verbal, dont il délivra une expédition audit maître, qui la remettra à l'officier chargé du miniftere public, pour être, à fa requête, les délinquans pourfuivis, ainfi qu'il appartiendra.

L'article 8 fait défenfes à tous ouvriers de s'affembler, même fous prétexte de contrainte, de cabaler entr'eux, pour fe placer les-uns les autres chez les maîtres, ou pour en fortir, & d'exiger des ouvriers, foit françois, foit étrangers, qui auront été choifis par les maîtres, aucune rétribution, de quelque manière que ce puiffe être, à peine d'être pourfuivis extraordinairement.

L'article 9 ordonne que les difpofitions des préfentes lettres foient exécutées, en ce qui les concerne, par tous marchands, artifans, apprentifs, compagnons, garçons de boutique & ouvriers, réfidans dans toutes les villes & lieux du royaume, & notamment dans les villes où il a été, ou fera par la fuite établi de nouvelles communautés.

MODÈLE DE CERTIFICAT.

Je fouffigné, fabriquant, demeurant à certifie que le nommé dit de la paroiffe de province de a travaillé chez moi pendant en qualité de & qu'il a rempli fes engagemens envers moi, avant que d'en fortir; en foi de quoi, j'ai figné. Fait à

ARRÊT DU CONSEIL D'ÉTAT DU ROI, concernant la fabrication des étoffes de diaperie, fergèteries & autres étoffes de laine indiftinctement, du 5 février 1783.

Cet arrêt a pour objet d'ordonner de nouveau l'exécution de l'article 3 des lettres-patentes du 5 mai 1779, & défend à tous fabriquans d'imprimer, fous quelque prétexte que ce foit, l'infcription de leurs étoffes en lettres d'or avec un mordant, ou autrement, fous peine de faifie defdites étoffes en contravention, & de trois cens livres d'amende. Sa majefté permet néanmoins aux fabriquans de faire le tiffage ci-deffus, avec telle matiere que bon leur femblera, pourvu toutefois que lors des apprêts elle puiffe faire corps avec celle qui aura été employée à la fabrication de l'étoffe.

Arrêt du Confeil d'état du Roi, « qui ordonne que » les plombs de teinture appofés fur les étoffes » en conféquence des lettres patentes du 5 mai » 1779, feront contremarqués dans les bureaux » de vifite. » Du 18 avril 1781.

Voy. *Manuf. & arts, tom. 11, premiere partie, pag. 32.*

Arrêt du confeil d'état du Roi, du 22 décembre 1781, « qui ordonne que le droit d'un fol, pour

» chaque empreinte, marque ou plomb, sera
» perçu indistinctement dans les bureaux de visite
» ou de marque, tant sur les étoffes que sur les
» toiles & toileries. »

Voy. comme ci-dessus, pag. 33.

Arrêt du conseil, du 28 août 1783, « qui ordonne
» qu'il sera apposé sur chaque pièce d'étoffe
» présentée à la visite après les apprêts, deux
» plombs, sçavoir, l'un au chef, & l'autre à l'ex-
» trémité. »

Voy. comme ci-dessus, pag. ibid.

Arrêt du conseil, du 12 mars 1781, « qui déter-
» mine la manière dont les gardes-jurés & autres
» préposés à la desserte des bureaux de visite &
» de marque, compteront du produit des droits
» de marque, amendes & confiscation qu'ils sont
» chargés de percevoir. »

Voy. comme ci-dessus, pag. ibid.

Arrêt du conseil d'état du roi, du 27 septembre
1781, « qui ordonne que les gardes-jurés &
» autres préposés au service des bureaux de visite
» & de marque, seront tenus de remettre aux
» sieurs intendans & commissaires départis de la
» généralité, le compte des recettes qu'ils auront
» faites, tant du produit du droit de marque que
» des amendes & confiscations. »

Voy. comme ci-dessus à l'art. manuf. & arts,
tom. II, premiere partie, pag. 34.

Lettres patentes du roi, « portant réglément pour
» la fabrication des étoffes de laine dans la géné-
» ralité d'Alençon, données à Versailles le premier
» mars 1781, régîtrées en parlement le 22 mai
» suivant ; » & en conséquence d'icelles, tableau
indicatif des règles qui doivent être suivies dans
la fabrication desdites étoffes de laine.

Voy. comme ci-dessus, pag. 34 & 36.

Lettres patentes du roi, « portant réglément pour
» la fabrication des étoffes de laine dans la géné-
» ralité d'Amiens, données à Versailles le 22
» juillet 1780, régîtrées en parlement le 22 août
» suivant ; » & en conséquence d'icelles, tableau
indicatif des règles qui doivent être suivies dans la
fabrication desdites étoffes de laine, poil & soie.

Voy. comme ci-dessus, pag. 37 & 38.

Lettres patentes du roi, « portant réglément pour
» la fabrication des étoffes de laine dans la géné-
» ralité d'Auch, données à Versailles le 18 sep-
» tembre 1780, régîtrées au parlement de Na-
» varre le 26 janvier 1781 ; » & en conséquence
d'icelles, tableau indicatif des règles qui doivent
être observées dans la fabrication desdites étoffes
de laine.

Voy. comme ci-dessus, pag. 44 & 45.

Lettres patentes du roi, « portant réglément pour
» la fabrication des étoffes de laine dans la géné-
» ralité d'Auvergne, données à Versailles le 22
» juillet, régîtrées en parlement le 22 août sui-
» vant ; » & en conséquence d'icelles, tableau
indicatif des règles qui doivent être suivies dans
la fabrication desdites étoffes de laine.

Voy. comme ci-dessus, pag. 51 & 52.

Lettres patentes du roi, « portant réglément pour
» la fabrication des étoffes de laine, dans la géné-
» ralité de Bordeaux, données à Marly le premier
» mai 1781, régîtrées le 15 septembre suivant ; »
& en conséquence d'icelles, tableau indicatif des
règles qui doivent être suivies dans la fabrication
desdites étoffes de laine.

Voy. comme ci-dessus, manuf. & arts, tom. II,
premiere partie, pag. 53 & 54.

Lettres patentes du roi, « portant réglément pour
» la fabrication des étoffes de laine dans la géné-
» ralité de Bourges, données à Versailles le 22
» juillet 1780, régîtrées en parlement le 22 août
» suivant ; » & en conséquence d'icelles, tableau
indicatif des règles qui doivent être suivies dans
la fabrication desdites étoffes de laine de la province de Berry.

Voy. comme ci-dessus, pag. 55 & 56.

Lettres patentes du roi, « portant réglément pour
» la fabrication des étoffes de laine de la géné-
» ralité de Caen, données à Versailles le premier
» mars 1781, régîtrées le 22 mai suivant ; » &
en conséquence d'icelles, tableau indicatif des
règles qui doivent être suivies dans la fabrication
desdites étoffes de laine.

Voy. comme ci-dessus, pag. 58 & 59.

Lettres patentes du roi, « portant réglément pour
» la fabrication des étoffes de laine dans la géné-
» ralité de Champagne, données à Versailles le
» 22 juillet 1780, régîtrées en parlement le 22
» août suivant ; » & en conséquence d'icelles,
tableau indicatif des règles qui doivent être suivies
dans la fabrication desdites étoffes de laine.

Voy. comme ci-dessus, pag. 62 & 63.

Lettres patentes du roi, « portant réglément pour
» la fabrication des étoffes de laine dans la géné-
» ralité de Grenoble, données à Versailles le 16
» décembre 1780, régîtrées en parlement le 5
» mars 1781 ; » & en conséquence d'icelles,
tableau indicatif des règles qui doivent être suivies
dans la fabrication desdites étoffes de laine.

Voy. comme ci-dessus, pag. 67 & 68.

Lettres patentes du roi, « portant réglément pour
» la fabrication des étoffes de laine, dans la géné-
» ralité de Montauban, données à Versailles le
» 25 février 1781, régîtrées au parlement de

» Touloufe le 7 avril fuivant ; » & en conféquence d'icelles , tableau indicatif des règles qui
doivent être fuivies dans la fabrication defdites
étoffes de laine.

Voy. comme ci-devant , manuf. & arts , tom. 11,
première partie , pag. 70 & 71.

Lettres patentes du roi , « portant réglement pour
» la fabrication des étoffes de laine dans la géné-
» ralité d'Orléans , données à Verfailles le 22
» juillet 1780 , régîtrées en parlement le 22 août
» de la même année ; » & en conféquence d'icelles,
tableau indicatif des règles qui doivent être fuivies
dans la fabrication defdites étoffes de laine.

Voy. comme ci-deffus , pag. 74 & 75.

Lettres patentes du roi , « portant réglement pour
» la fabrication des étoffes de laine dans la géné-
» ralité de Paris , données à Verfailles le 22 juillet
» 1780 , régîtrées en parlement le 22 août 1781 ; »
& en conféquence d'icelles , tableau indicatif des
règles qui doivent être fuivies dans la fabrication
defdites étoffes de laine.

Voy. comme ci-deffus , pag. 78 & 79.

Lettres patentes du roi , « portant réglement pour
» la fabrication des étoffes de laine dans la géné-
» ralité de Poitiers , données à Verfailles le 22
» juillet 1780 , régîtrées en parlement le 22 août
» fuivant ; » & en conféquence d'icelles , tableau
indicatif des règles qui doivent être fuivies dans la
fabrication defdites étoffes de laine.

Voy. comme ci-deffus , pag. 84 & 85.

Lettres patentes du roi , « portant réglement pour
» la fabrication des étoffes de laine dans la géné-
» ralité de Provence , données à Verfailles le 16
» décembre 1780 , régîtrées en parlement le 16
» février 1781 ; » & en conféquence d'icelles ,
tableau indicatif des règles qui doivent être fuivies
dans la fabrication defdites étoffes de laine.

Voy. comme ci-deffus , manuf. & arts , tom. 11,
première partie , pag. 87 & 88.

Lettres patentes du roi , « portant réglement pour
» la fabrication des étoffes de laine dans la géné-
» ralité de Rouen , données à Verfailles le premier
» mars 1781 , régîtrées en parlement le 22 mai
» fuivant ; » & en conféquence d'icelles , tableau
indicatif des règles qui doivent être fuivies dans
la fabrication defdites étoffes de laine.

Voy. comme ci-deffus , pag. 89 & 90.

Lettres patentes du roi , « portant réglement pour
» la fabrication des étoffes de laine dans la géné-
» ralité de Tours , données à Verfailles le 22
» juillet 1780 , régîtrées en parlement le 22 août
» fuivant ; » & en conféquence d'icelles , tableau

indicatif des règles qui doivent être fuivies dans la
fabrication defdites étoffes de laine.

Voy. comme ci-deffus , pag. 94 & 95.

Lettres patentes du roi , « portant réglement pour
» la fabrication des toiles & toileries dans la géné-
» ralité d'Alençon , données à Verfailles le 16
» février 1781 ; » & tableau indicatif des règles
qui doivent être fuivies dans la fabrication defdites
toiles & toileries.

Voy. comme ci-deffus , manuf. & arts , tom. 11,
prem. part. , pag. 99 & 100.

Lettres patentes du roi , « portant réglement pour
» la fabrication des toiles & toileries , dans la géné-
» ralité d'Auch , données à Marly le premier mai
» 1781 , régîtrées en parlement le 30 mai de la
» même année ; » & tableau indicatif des règles
qui doivent être fuivies dans la fabrication defdites
toiles & toileries.

Voy. comme ci-deffus , pag. 106 & 107.

Lettres patentes du roi , « portant réglement pour
» la fabrication des toiles & toileties dans la géné-
» ralité d'Auvergne , données à Verfailles le 30
» septembre 1780 , régîtrées en parlement le 19
» décembre fuivant ; » & tableau indicatif des
règles qui doivent être fuivies dans la fabrication
defdites toiles & toileries.

Voy. comme ci-deffus , pag. 108 & 109.

Lettres patentes du roi , « portant réglement pour
» la fabrication des toiles & toileries dans la géné-
» ralité de Bordeaux , données à Marly le premier
» mai 1781 , régîtrées le 15 septembre fuivant ; »
& tableau indicatif des règles qui doivent être fuivies dans la fabrication defdites toiles & toileries.

Voy. comme ci-deffus , pag. 105 & 106.

Lettres patentes du roi , « portant réglement pour
» la fabrication des toiles & toileries dans la géné-
» ralité de Caen , données à Verfailles le 16 février
» 1781 , régîtrées le 22 mai de la même année ; »
& tableau indicatif des règles qui doivent être fuivies dans la fabrication defdites toiles & toileries.

Voy. comme ci-deffus , pag. 119 & 120.

Lettres patentes du roi , « portant réglement pour
» la fabrication des toiles & toileries dans la géné-
» ralité de Bretagne , données à Verfailles le 16
» décembre 1780 , régîtrées le 22 janvier 1781 ; »
& tableau indicatif des règles qui doivent être fuivies dans la fabrication defdites toiles & toileries.

Voy. manuf. & arts , tom. 11 , prem. part. ,
pag. 136 & 138.

Lettres patentes du roi , « portant réglement pour
» la fabrication des toiles & toileries , dans la
» généralité de Bourgogne , données à Verfailles

» le 19 mars 1781, régîtrées le 30 avril fuivant ; »
& tableau indicatif des règles qui doivent être
fuivies dans la fabrication defdites toiles & toileries.

Voy. comme ci-deſſus, pag. 141 & 142.

Lettres patentes du roi, « portant réglement pour
» la fabrication des toiles & toileries dans la géné-
» ralité de Châlons, données à Verſailles le 30
» septembre 1780, régîtrées en parlement le 19
» décembre fuivant ; » & tableau indicatif des
règles qui doivent être fuivies dans la fabrication
defdites toiles & toileries.

Voy. comme ci-deſſus, pag. 143 & 144.

Lettres patentes du roi, « portant réglement pour
» la fabrication des toiles & toileries dans la géné-
» ralité de Grenoble, données à Marly le 13 mars
» 1781, régîtrées en parlement le 18 février
» 1782 ; » & tableau indicatif des règles qui doivent être fuivies dans la fabrication defdites toiles
& toileries.

Voy. comme ci-deſſus, pag. 147 & 148.

Lettres patentes du roi, « portant réglement pour
» la fabrication des toiles & toileries dans les gé-
» néralités de Flandres & du Hainaut, données à
» Verſailles le 9 août 1781, régîtrées le 24 no-
» vembre fuivant ; » & tableau indicatif des règles
qui doivent être fuivies dans la fabrication defdites
toiles & toileries.

Voy. comme ci-deſſus, pag. 149 & 150.

Lettres patentes du roi, » portant réglement pour
» la fabrication des toiles & toileries dans la géné-
» ralité de Limoges, données à Verſailles le 30
» septembre 1780, régîtrées en parlement le 19
» décembre fuivant ; » & tableau indicatif des règles
qui doivent être fuivies dans la fabrication defdites
toiles & toileries.

Voy. manuf. & arts, tom. 11, prem. part.
pag. 154 & 155.

Lettres patentes du roi, « portant réglement pour
» la fabrication des toiles & toileries dans la géné-
» ralité de Lyon, données à Verſailles le 30 ſep-
» tembre 1780, régîtrées le 19 décembre ſui-
» vant ; » & tableau indicatif des règles qui doivent
être fuivies dans la fabrication defdites toiles &
toileries.

Voy. comme ci-deſſus, pag. 157 & 158.

Lettres patentes du roi, « portant réglement pour
» la fabrication des toiles & toileries dans la géné-
» ralité de Picardie, données à Verſailles le 30
» feptembre 1780, régîtrées en parlement le 19
» décembre fuivant ; » & tableau indicatif des règles
qui doivent être fuivies dans la fabrication defdites
toiles & toileries.

Voy. comme ci-deſſus, pag. 160 & 161.

Lettres patentes du roi, « portant réglement pour
» la fabrication des toiles & toileries dans la géné-
» ralité de Poitiers, données à Verſailles le 30
» septembre 1780, régîtrées en parlement le 19
» décembre de la même année ; » & tableau indicatif des règles qui doivent être fuivies dans la
fabrication defdites toiles & toileries.

Voy. comme ci-deſſus, pag. 169 & 170.

Lettres patentes du roi, « portant réglement pour
» la fabrication des toiles & toileries dans la géné-
» ralité de Provence, données à Verſailles le 31
» décembre 1780, régîtrées en parlement le 16
» février 1781 ; » & tableau indicatif des règles qui
doivent être fuivies dans la fabrication defdites
toiles & toileries.

Voy. comme ci-deſſus, pag. 171 & 172.

Lettres patentes du roi, « portant réglement pour
» la fabrication des toiles & toileries dans la géné-
» ralité de Rouen, données à Verſailles le 16 fé-
» vrier 1781 ; » & tableau indicatif des règles qui
doivent être fuivies dans la fabrication defdites
toiles & toileries.

Voy. comme ci-deſſus, manuf. & arts, tom. 11,
prem. part., pag. 173 & 174.

Lettres patentes du roi, « portant réglement pour
» la fabrication des toiles & toileries dans la géné-
» ralité de Tours, données à Verſailles le 30 ſep-
» tembre 1780, régîtrées en parlement le 19 dé-
» cembre fuivant ; » & tableau indicatif des règles
qui doivent être fuivies dans la fabrication defdites
toiles & toileries.

Voy. comme ci-deſſus, pag. 176 & 177.

ARRÊT DU CONSEIL D'ÉTAT DU ROI, du 13
novembre 1784, qui permet aux fabriquans
étrangers de s'établir dans le royaume.

L'article premier permet à tous négocians & fabriquans étrangers de former dans le royaume des établiſſemens de toutes eſpèces de fabriques de mouſſelines, de toiles blanches, de toiles peintes, d'étoffes
de coton, de tanerie, de draperie & de toutes fortes
de quincailleries, à condition qu'ils y prendront leur
domicile, & y fixeront leur réſidence, & à la
charge que lefdits nouveaux établiſſemens feront
placés à la diſtance de fept lieues au moins de la
frontière, & de faire leurs foumiſſions de les effec-
tuer dans l'eſpace d'une année au jour de ladite
foumiſſion, par devant l'intendant de la province,
où ils entendront former lefdits établiſſemens.

Les 9 articles fuivans qui compoſent le ſurplus
de cet article, détaillent les divers avantages accordés
auxdits négocians & fabriquans étrangers, & les
conditions auxquelles ils en pourront jouir.

Sur cet arrêt, ſont intervenues des lettres patentes
du roi données à Verſailles le 19 janvier 1786, &

qui ont été enrégitrées le 10 février de la même année.

RÉGLER, faire des réglemens. Il se prend aussi pour servir de règle, comme quand on dit que les statuts d'une communauté règlent les visites à quatre par an. Les marchands se font régler, lorsqu'ils prennent des amis communs pour décider de leurs différends, sur quelque fait de commerce. Ils sont réglés en justice, quand ils portent leurs affaires devant le juge, ou ils le font par arbitrage, quand ils conviennent d'arbitres. Voy. ARBITRAGE.

RÉGLER, en fait de société, signifie liquider les affaires des associés, compter ensemble, faire le partage des dettes actives & passives; fixer la portion d'un chacun dans la perte ou dans les bénéfices, suivant la mise de fonds de chaque associé, & les intérêts qu'il a pris au fonds de la société. Voy. SOCIÉTÉ.

RÉGLER un compte; c'est l'examiner, l'arrêter, le solder, en faire le bilan ou la balance. Voy. COMPTE.

RÉGLISSE, en latin Glicyrrhizza, ou Liquiritia, & aussi Radix dulcis. Racine douce, à cause de sa vertu douce, rafraîchissante. Il n'y a guères de racine qui soit plus connue en France. Son usage & son débit sont surprenans, & il s'y en consomme une quantité prodigieuse, tant pour les sucs que l'on en tire, que pour les remèdes, & sur-tout les tisannes qu'on en compose.

La réglisse est une plante dont la racine court entre deux terres, & qui, en se faisant jour de tems en tems, produit autant de nouvelles plantes, qui toutes ne s'élèvent guères plus de deux coudées. Elle a ses feuilles vertes, gluantes & gommeuses, épaisses, luisantes & à demi-rondes; sa fleur est rouge, & semblable à l'hyacinte; sa semence est renfermée dans des gousses presque rondes, & qui, pressées & serrées forment une espèce de boule.

La réglisse croît en bien des endroits, & l'on en recueille en quelques provinces de France; cependant la meilleure vient d'Espagne, & particulièrement de l'Arragon. Celle qu'on apporte de Saragosse, capitale de ce royaume, vaut infiniment mieux que celle qu'on a par la voie de Bayonne.

Il s'en recueille encore quantité en Allemagne & en Moscovie; mais c'est sur-tout en Perse que cette racine profite d'une manière extraordinaire. Il en vient sur les bords du Carasu, du Senki & du Kerni-Arpa, dont la grosseur excède celle du bras, & qui pour ses qualités & sa bonté, est préférable à toutes les réglisses du monde.

Cette racine est envoyée par balles, & se débite ou fraîche ou sèche. L'une & l'autre est une marchandise de peu de garde, de grand déchet, & sujette à pourrir, si elle est venue par un mauvais tems, ou si elle a été mal conservée.

La réglisse fraîche ou nouvelle doit être choisie unie, de la grosseur d'un gros doigt, rougeâtre par le dehors, d'un jaune doré en dedans, facile à couper & d'un goût doux & agréable.

La réglisse sèche doit avoir les mêmes qualités, à la sécheresse près qui y change quelque chose; il faut sur-tout prendre garde que ce ne soit le rebut des ballots de la nouvelle, qu'on ait fait sécher.

De tous les sucs qu'on appelle sues ou jus de réglisse, il n'y a proprement que les noirs qui méritent ce nom, & qui en soient de véritables extraits. On les tire de la réglisse par le moyen de l'eau chaude, qui en tire une teinture jaune, après que cette racine y a long-tems bouilli. Cette eau étant ensuite évaporée sur le feu, il reste un sédiment solide & noir, qui est ce qu'on nomme jus ou suc de réglisse. Ce suc vient ordinairement d'Espagne, de Hollande & de Marseille en pains de diverses grosseurs; mais le plus souvent de quatre onces ou de demi-livre.

Les bonnes qualités de ce suc sont d'être noir par dessus & noir lustré par dedans, facile à casser, & d'un goût agréable. Celui qui est molasse, rougeâtre, graveleux, & qui a un goût de brûlé, doit être rejetté. C'est le seul jus de réglisse qui soit bon pour le rhume & le poulmon, les jus de réglisse blancs & jaunes de Blois, de Reims & de Paris, pastilles plattes ou tortillées en rond, n'étant bons que pour les personnes qui jouent la maladie, puisqu'ils ne sont composés que de sucre, d'amidon, d'iris de Florence, de gomme à dragon & d'un peu de poudre de réglisse.

« La réglisse paie en France les droits d'entrée, à raison de 16 sols du cent pesant, conformément au tarif de 1664; & à la sortie des cinq grosses fermes cinq pour cent de la valeur, à moins qu'il ne soit justifié de l'acquittement des droits d'entrée.

» Pour la douane de Lyon, conformément au tarif de 1632, sçavoir; venant de l'étranger 6 sols; venant de l'intérieur, avec 1 sol d'augmentation, 7 sols.

» A la douane de Valence, où elle est comprise au second article, elle doit du quintal net 3 liv. 11 sols. »

Ce droit exorbitant pour une marchandise de si modique valeur, est cause que les épiciers de Lyon préfèrent de tirer la réglisse de l'étranger, par Rouen, à la faire venir du Languedoc, ou de la Provence.

Au reste, une décision du conseil du 9 août 1785, exempte la réglisse, venant de l'étranger, du droit d'indult, & cette dispense entraîne celle du certificat d'origine prescrit par les décisions du 4 décembre 1784.

Le suc de réglisse se vend en gros à Amsterdam, au quintal de cent livres. On le tare au poids. Ses déductions sont deux pour cent pour le bon poids, qu'on nomme le trait, & un pour cent pour le prompt paiement.

REGNY ou Regnie. Espèce de toile qui se fabrique dans le Beaujolois. Voy. TOILE.

REGRAT. Petit négoce qui se fait en détail &

à petites mesures, de certaines espèces de marchandises, particulièrement des grains & légumes, du sel, du charbon, &c.

REGRATTER. Faire le regrat, vendre en détail & à petites mesures.

REGRATTERIE. Trafic de choses communes, vieilles ou dépouillées qu'on achete pour vendre.

REGRATTIER. Marchand qui fait & qui exerce le regrat.

De tous les *regrattiers*, ceux qui se mêlent du regrat du sel, c'est-à-dire, qui le vendent à petites mesures, sont les plus considérables.

Nulle personne en France ne peut être *regrattier* de sel, qu'il n'ait une commission enrégîtrée au greffe du grenier à sel, dans l'étendue duquel il exerce le négoce, & qu'il n'ait prêté le serment entre les mains des officiers du grenier à sel.

Le sel de revente doit être sel de gabelle pris au grenier.

Les mesures auxquelles il doit se vendre sont pour Paris, le boisseau, le demi-boisseau, le quart & demi quart & la mesurette. Pour les autres villes & greniers, les petites mesures ne commencent qu'au litron, & doivent être étalonnées; les premières par les contrôleurs-gardes, sur les matières de fonte déposées au greffe de l'hôtel-de-ville de Paris, & les autres par les officiers de chaque grenier à sel, sur les modèles qui y sont gardés.

Tous les *regrattiers*, regrattieres & revendeuses de sel doivent avoir un tarif contenant le prix de chaque mesure, affiché à la boutique ou place où ils font leur débit, & il leur est défendu, à peine de cinq années de galères pour les hommes, du fouet & du banissement, aussi de cinq ans pour les femmes, de vendre le sel à plus haut prix que celui du tarif, ou d'y mêler aucun sel de salpêtre & de verrerie, ou autres corps étrangers.

Ces *réglemens* concernant le regrat de sel, sont contenus dans les articles 2, 3, 4, 5, 6 & 7 du 9e titre de l'ordonnance des gabelles du mois de mai 1680, concernant la revente du sel à petites mesures.

L'ordonnance de la ville de Paris du mois de décembre 1672, règle les autres regrats, particulièrement ceux des grains, des légumes & du charbon.

L'article 23 du troisieme chapitre, fait en général défenses à toutes personnes d'acheter des marchandises sur les ports & places de Paris, pour les y revendre, & à tous *regrattiers* d'acheter plus grande quantité de marchandise que celle réglée par les chapitres particuliers de cette ordonnance, pour chaque espèce de marchandise.

Par les articles 8 & 9 du sixieme chapitre, concernant la marchandise de grains, il est défendu à tous *regrattiers* d'acheter ou faire acheter, par eux ou par personnes interposées, aucun grain sur les ports, qu'aux jours de marché & après midi, afin que les bourgeois soient préalablement fournis & que les ports ne soient pas dégarnis. Il est en

outre ordonné qu'ils ne pourront enlever à la fois, plus grande quantité que six septiers d'avoine & deux septiers des autres grains; sans pouvoir garder dans leurs maisons plus de deux muids d'avoine, ni plus de huit septiers de chaque sorte des autres grains ou légumes, avec inhibition de vendre & débiter leurs grains autrement qu'à petites mesures, qui sont le boisseau, le demi-boisseau & au-dessous, sans pouvoir se servir de mesures ou picotins d'osier, mais seulement de bois bien étalonnées & marquées à la lettre courante de l'année.

Ceux à qui il est permis d'être *regrattiers* de charbon, sont les chandeliers & fruitiers, & les femmes de gagne-deniers, vulgairement appellés *garçons de la pelle*, ou autres tels ouvriers travaillans sur les ports à la décharge des bateaux de charbon, à l'exception des plumets & des jurés porteurs.

Tous les *regrattiers*, en conséquence des *réglemens* contenus dans le 21e chapitre de ladite ordonnance, ne peuvent avoir en leurs maisons plus grande quantité de six mines de charbon à la fois, y compris leur provision, si ce n'est les femmes desdits garçons de la pelle qui ont nouvellement vuidé quelques bateaux ou foncets chargés de charbon, & à qui le fond du bateau a été donné pour paiement de leur salaire, qui, en ce cas, ont un mois pour la vente & débit de leur charbon; après quoi tout ce qui se trouve excéder la quantité des six mines accordées aux autres *regrattiers*, doit être rapporté sur les places publiques pour y être vendu.

Le regrat du charbon ne se peut faire à plus grande mesure qu'au boisseau, & aucun *regrattier* ne doit se servir de mesure, si elle n'est bien & duement étalonnée & marquée à la lettre de l'année, avec obligation d'avoir en leur boutique & étalage, une pancarte contenant le prix de chaque mesure, dans lesquelles ils débitent leur charbon, sans qu'il leur soit néanmoins permis d'acheter pour leur regrat, le charbon que les marchands forains apportent à sommes sur des chevaux dans les rues de Paris, qui ne doit être vendu qu'aux bourgeois & artisans. Voy. *charbon*.

Pour maintenir tous ces *réglemens* de police, & particulièrement ce qui concerne l'étalonnage & épalement des mesures, le 6e article du 25e chap. porte que les jurés mesureurs de sel qui en sont les gardiens, sont obligés de prendre chaque année une commission du prévôt des marchands & des échevins, pour aller faire visite dans les maisons des marchands qui font le regrat des grains & farines, fruits & légumes, avec pouvoir de saisir les mesures non étalonnées ni marquées de la lettre de l'année, & d'assigner à la ville ceux à qui on auroit trouvé lesdites mesures.

REGULE. C'est ainsi que les chymistes nomment la partie métallique pure d'un métal, qui se précipite au fond du creuset, quand on fond la mine métallique avec le nître & le tartre.

Les *regules* les plus connus & le plus en usage chez les marchands apothicaires & épiciers-droguistes, font le *régule* d'antimoine & le *regule* martial.

Le *regule* d'antimoine est de l'antimoine, du salpètre & du tartre fondus ensemble, & jettés dans un mortier qu'on a frotté de graisse, sur lequel on frappe un petit coup de marteau, qui fait tomber ou précipiter le *regule* dans le fond, où il se forme un culot. Le bon *regule* d'antimoine doit être blanc, en belles écailles, & tout à fait semblable au bismuth ou étain de glace.

A l'égard du *regule* martial, ce n'est autre chose que l'antimoine fondu avec une certaine portion de fer, le reste se pratiquant de même que pour le *regule* d'antimoine. On l'appelle *regule* martial, à cause du fer qui entre dedans, que les artistes nomment communément *Mars*. Pour les bonnes qualités du *régule* martial, elles doivent être toutes pareilles à celles du *régule* d'antimoine, si ce n'est qu'il doit paroître une forme d'étoile sur la superficie du premier. L'on se sert de l'un & de l'autre de ces *régules* pour former des gobelets qui rendent le vin qu'on y met, purgatif, ou plutôt émétique. On fait aussi des pillules rondes comme des balles de mousquets, que l'on fait avaler à ceux qui ont les boyaux noués, c'est-à-dire, la colique de miserere. Ces sortes de pillules sont appellées *pillules perpétuelles*, parce qu'après qu'elles sont sorties du corps, on les lave bien pour s'en servir toutes les fois qu'on en a besoin. Le vin dans lequel on fait infuser à froid, pendant douze heures une de ces pillules, est un violent purgatif qui ne doit être donné qu'à ceux dont le tempérament est assez robuste pour le soutenir. Les potiers d'étain font entrer du *régule* d'antimoine dans l'alliage de quelques-uns de leurs étains. *Voy.* ANTIMOINE.

On appelle *régule d'arsenic*; de la cendre gravelée, de l'arsenic & du savon, mis au feu dans un creuset, & jetté dans un mortier un peu graissé. On tire ce *régule* de l'arsenic pour en diminuer la force, & le rendre moins cru. *Voy.* ARSENIC.

RÉHABILITATION. Action par laquelle le prince, par des lettres patentes, remet ceux qui ont failli ou dérogé, en l'état où ils étoient avant leur faute, ou leur dérogeance.

Les marchands, négocians & banquiers qui ont fait faillite, banqueroute & cession de biens à leurs créanciers, ou qui ont obtenu des lettres de répy, des arrêts de suréance, ou de défenses générales, sont notés d'infamie, & comme tels sont exclus de tous emplois & de toutes fonctions publiques, à moins qu'ils n'obtiennent en la grande chancellerie des lettres de *réhabilitation*, qui se signent en commandement, mais ces sortes de lettres ne leur sont accordées qu'en justifiant qu'ils ont entièrement payé leurs créanciers, tant en principaux qu'intérêts.

Savary, dans le chap. 5 du livre 4 de la seconde partie de son parfait négociant, a donné quatre modèles de lettres de *réhabilitation*, auxquel ceux qui auront eu le malheur de tomber dans quelqu'un

des cas y mentionnés, & qui se trouveront par la suite en état de se faire réhabiliter, pourront avoir recours.

Le premier de ces modèles regarde ceux qui ont obtenu des lettres de répi contre leurs créanciers; le second concerne ceux qui, après avoir obtenu des arrêts du conseil, portant défenses à tous leurs créanciers de les contraindre en leurs personnes & biens, ont fait des contrats d'accord avec eux, par lesquels ils leur font remise d'une partie de leur dû; le troisieme est pour ceux qui ont fait des cessions & abandonnemens de biens à leurs créanciers qui les ont consentis & accordés volontairement par des contrats d'accord; & le quatriéme peut servir à ceux qui ont fait judiciairement des cessions & abandons de biens à leurs créanciers.

RÉHABILITER. Signifie, *rétablir* quelqu'un en son premier état, encore qu'il ait failli ou dérogé. Il n'y a que le roi seul qui puisse *réhabiliter* un négociant qui a fait faillite, banqueroute & cession, ou qui a obtenu des lettres de répi, ou arrêts de défenses generales.

RÉHAUSSER. Faire augmenter le prix. Les acaparemens sont défendus, parce qu'ils font *réhausser* le prix des marchandises. *Voy.* ACAPARER.

REICHSTHALE. Les Allemands écrivent & prononcent ainsi ce qu'on nomme en France *richedale*; c'est une monnoie d'Allemagne, qui vaut un écu de soixante sols. *Voy.* RICHEDALE.

RÉICHDOLLAR. *Voy.* DALLER.

REJETTER. Mettre au rebut, ne vouloir pas recevoir, mépriser.

REJETTON. Tabac de *rejetton*. C'est celui que l'on fait avec les nouvelles feuilles que la plante pousse après qu'elle a été coupée une première fois. Ce tabac n'est jamais bien bon, les feuilles dont on le fait n'étant ni aussi charnues, ni aussi fortes que celles qu'elle a poussées d'abord, & qui semblent l'avoir épuisée. Les cultivateurs qui cherchent moins la bonne qualité que la quantité, employent jusqu'aux troisiémes feuilles, en les mêlant avec les premières; mais ce mélange & cet artifice n'ont fait que décrier le tabac des Indes qui alloit autrefois de pair avec celui du Brésil.

RÉILEON. Espèce de garance qui se trouve au Chili, dans l'Amérique méridionale, dont il a été rapporté quelques essais par les vaisseaux de Saint Malo qui ont fait le commerce de la mer du Sud, pendant la guerre pour la succession d'Espagne. La feuille du *réilbon* est à peu près semblable à celle de la garance, de laquelle se servent les teinturiers d'Europe, à la réserve qu'elle est un peu plus petite. C'est de la racine de cette plante, cuite dans l'eau, qu'on tire une couleur rouge, assez semblable à celle qu'on appelle en France, *rouge de garance*. *Voy.* GARANCE.

REINS ou RAINS. (*Terme d'exploitation & de marchand de bois.*) Ce sont, d'après les ordonnances des eaux & forêts, les bois qui forment la lisière d'une forêt. Il se dit aussi des bois qui avoisinent les gardes d'une forêt. *Voy.* GARDES.

REISGAR ou REGAL. Espèce d'arsenic rouge. *Voy.* RÉAGAL.

REIS. Petite monnoie de cuivre de Portugal, qui revient à peu près au denier tournois de France, & qui est tout ensemble, monnoie courante & monnoie de compte ; les Portugais comptant & tenant leurs livres par *réis*, comme les Espagnols par maravédis.

Les étrangers sont souvent surpris des milliers de *réis* qu'on leur demande, lorsqu'il ne s'agit que de quelques piastres, ou de quelques pistoles, la piastre valant 750 *réis*, & la pistole à proportion.

RELIGIEUSE. (*Fil à la*) On appelle ainsi une sorte de *fil*, demi-blanc, qui se fabrique à Lille, en Flandres, d'où les marchands merciers de Paris qui en font le négoce, ont coutume de le tirer. *Voy.* FIL.

RELIGIEUSE. (*Voile de*) Espèce d'étamine très-claire, dont on fait les voiles des *religieuses*, d'où elle a pris son nom. Elle sert aussi à faire des doublures d'habits en été, & même des manteaux courts fort commodes par leur légèreté, pour les gens d'église & de robe. *Voy.* ÉTAMINE.

RELIQUAT DE COMPTE. C'est ce qui est dû par un comptable, après que son *compte* est arrêté. *Voyez* COMPTE.

RELIQUATAIRE. Celui qui doit un reliquat de compte. On le dit aussi de tous ceux qui ne paient pas entièrement une dette, un billet, une obligation, un mémoire, &c., & qui en ne donnant qu'à compte, restent encore redevables.

RELOUAGE. (*Terme de pêche de harengs*). C'est le tems que ce poisson fraie ; ce qui arrive vers Noël. Le hareng, dans cette saison est de très-mauvaise qualité ; & c'est pour cela que les Anglois en défendent la pêche dans ce tems, outre qu'elle dépeuple la mer de ces poissons qui ne peuvent multiplier, étant pris dans le tems que la nature a marqué pour leur génération.

Les François n'ont pas cette précaution, & font presque toute cette pêche, qui est très abondante à la hauteur du Havre-de-Grace. Il n'y a cependant guères que les pauvres qui en mangent dans ce tems-là.

REMBALLER. Remettre en balle ou ballot, des marchandises quelconques.

REMBOURSEMENT. Action par laquelle on paie ou on rembourse ce qu'on avoit reçu. Celui qui a donné une lettre de change en payement, doit en faire le *remboursement* lorsqu'elle revient à protêt faute d'acceptation ou de paiement.

REMBOURSER. Rendre à quelqu'un l'argent qu'il a avancé.

REMBOURSER. Signifie aussi *rendre le prix* qu'une chose avoit coûté à son acquéreur.

REMETTRE. Se dit entre les négocians, marchands & banquiers, du commerce d'argent qui se fait par lettres de change, billets à ordre ou autres qu'on fait passer à son correspondant, soit pour s'acquitter avec lui, soit par spéculation, pour son compte. *Voy.* REMISE, BANQUE, TRAITE, BANQUIER, COMMISSIONNAIRE & LETTRE DE CHANGE.

REMETTRE. S'entend encore de l'escompte qu'on paie à un banquier pour en avoir des lettres de change.

REMETTRE. Faire remise, faire grace, veut aussi dire, céder à son débiteur une partie de sa dette.

REMETTRE. Différer de payer. Dans toute la conduite d'un commerçant, rien ne porte plus de préjudice à son crédit que de différer ses paiemens, ne fut-ce que de vingt-quatre heures.

REMETTRE SES INTÉRÊTS, les confier à quelqu'un. On se sert aussi de ce verbe avec le pronom possessif. —Je me remets à vous de toute cette affaire.

REMISE. Terme de commerce, opposé à traite. C'est le commerce d'argent qui se fait entre des commerçans ou autres personnes, soit par lettres de change & billets de marchands, soit par rescription, mandemens, &c. On fait des *remises* à quelqu'un, ou pour le couvrir des avances qu'il a faites pour nous, ou qu'il doit faire, pour des traites qu'on a fourni sur lui, ou enfin par spéculation, & pour son compte. C'est par ces traites & *remises* qu'on fait passer sans risque & sans voiture, une somme d'argent qu'on a dans une ville, en une autre ville où l'on n'en a pas, & où l'on en a besoin. *Voy.* TRAITE, BANQUE & LETTRES DE CHANGE.

REMISE. Ce qu'on paie au banquier pour obtenir des traites ou autres papiers commerçables. On dit plus communément *change*. *Voy.* CHANGE.

REMISE. Se prend aussi pour l'escompte, ou les intérêts illégitimes que les usuriers exigent de ceux à qui ils prêtent ; au contraire de ceux qui ne retiennent que le taux du commerce, quands ils anticipent leurs paiemens.

REMISE. Est pareillement ce qu'on veut bien relâcher de sa dette, par accommodement avec un marchand qu'on croit insolvable, ou qui a fait banqueroute.

REMPAQUEMENT. (*Terme de pêche & de commerce de poisson salé.*) *Voyez* PAQUAGE & HARENG PAQUÉ.

REMPAQUETER. Remettre une marchandise en paquet ou ballot, dans son enveloppe.

REMPLACER. Remettre une chose à la place d'une autre. Remettre dans sa caisse une somme pareille à celle qu'on en avoit ôtée pour un objet étranger à son commerce.

REMPLAGE, pour *remplissage*. Ce qu'il faut de liqueur pour remplir le déchet ou ce qui s'est échappé d'un tonneau, de vin, de cidre, de bierre, de poiré, d'huile, &c. Il se dit aussi de l'action de remplir.

Il y a à Paris des courtiers de vin sur les ports, pour juger si les vins n'ont point été chargés d'eau, ou d'autres mauvais *remplages*. *Voy.* COURTIER.

Les marchands qui font arriver leurs vins par les voitures d'eau, donnent aux voituriers quelques pièces de vin, pour le *remplage*, plus ou moins, à raison du nombre de pièces qui composent la voiture.

L'ordonnance des aides défend aux brasseurs de travailler au *remplage* ou remplissage de leurs tonneaux ou futailles, à chaque nouveau brassin de bierre, qu'ils n'aient averti les commis.

REMPLAGE. (*Terme de commerce de bois.*) C'est ce qu'on donne quelquefois aux marchands, pour les dédommager des vuides qui se sont trouvés dans leurs coupes.

L'ordonnance des eaux & forêts défend de donner aucun bois en forme de *remplage*.

REMPLIR. Rendre plein un tonneau vuide, ou remplacer la liqueur qu'on en a tiré, ou qui s'en est échappée par accident, ou par quelque défaut de la futaille. Il faut deux cent quatre-vingt pintes de vin, mesure de Paris, pour *remplir* un muid de la jauge de cette ville.

REMPLISSAGE. L'action de remplir ce qui est vuide. On le dit aussi de la quantité de liqueur qu'il faut pour remplir une futaille. *Voy. ci-dessus* *remplage.*

REMPLISSAGE. Est aussi un terme de manufacture de points & de dentelles de fil, qui signifie *le travail des ouvriers* qui en refont les tissus & les toiles. *Voy.* POINT.

REMPOISSONNER. (*Terme de pêche & de commerce de poisson d'eau douce.*) C'est repeupler de poisson un étang ou un vivier. Ceux qui achetent la pêche des eaux dormantes, sont ordinairement obligés de les *rempoissonner*; c'est-à-dire, d'y remettre du peuple. *Voy.* PÊCHE & POISSON D'EAU DOUCE.

REMPRUNTER. Emprunter de nouveau, faire de nouvelles dettes.

REMUAGE. Action par laquelle on remue quelque chose. Les matelots sont en droit de se faire payer de leurs peines pour l'évent & le *remuage* des grains qui sont dans le vaisseau.

On appelle chez les marchands de vin, *billet de remuage*, un billet qu'ils sont tenus d'aller prendre au bureau général des aides, lorsqu'ils sont obligés de transporter leur vin d'une cave à une autre, soit par changement de demeure, ou par d'autre cause; ce qui s'observe aussi à l'égard des bourgeois.

REMUER, *remuer beaucoup d'affaires.* Façon de parler usitée parmi les commerçans, pour dire faire considérablement d'affaires & en plusieurs genres.

RENARD. Animal sauvage, à quatre pieds, de la grosseur d'un chien moyen, dont le poil, tirant pour l'ordinaire sur le roux, varie cependant suivant les climats sous lesquels vivent ces animaux.

Le *renard* ne fournit au commerce que sa peau, qui passée & apprêtée par le pelletier, s'emploie à diverses sortes de fourrures.

Les peaux de *renards* que la France fournit, sont regardées comme les plus communes. On en tire beaucoup de Suisse & d'Espagne, & plus encore

des parties septentrionales de l'Europe. Celles de Moscovie, de Suède & de Danemarck sont les plus estimées; il y en a de blanches, qu'on appelle *argentées*, de noires, de cendrées & quelques-unes d'un gris bleuâtre; ce qui leur a fait donner le nom de *renards bleus.* Ce sont les Lapons qui fournissent aux Russes, (ci-devant Moscovites) aux Danois & aux Suédois, les plus belles peaux de *renards*, & c'est d'eux que les Anglois, les Hollandois & les Hambourgeois les achetent, ou les échangent contre d'autres marchandises, pour les revendre ensuite aux François & aux autres nations de l'Europe & de l'Asie. Avant la cession du Canada à l'Angleterre, la France faisoit un commerce considérable de pelleteries, qu'elle tiroit de cette belle colonie, & qu'elle fournissoit aux autres nations voisines, après s'être approvisionnée; mais aujourd'hui elle est obligée de les prendre chez l'étranger, pour sa consommation.

Là Natolie, l'Arménie & la petite Tartarie, fournissent aussi quantité de peaux de *renards*, dont celles qui se tirent d'Azaf, de Caffa & de Krim, sont réputées les plus belles. Il s'en envoie beaucoup à Constantinople, & en quelques autres endroits de l'Europe. Celles de ces pays-là, destinées pour la France, & qui ne forment qu'une petite quantité, viennent ordinairement par la voie de Marseille.

Les peaux de *renard*, qui dans le commerce de la pelleterie, se désignent par le nom seul de l'animal qui les fournit, ainsi que toutes les autres fourrures, sont, de quelque pays qu'elles viennent, une portion du commerce de la pelleterie; qu'il n'est permis de faire à Paris qu'aux seuls marchands pelletiers & merciers, les premiers en détail & les autres en gros, après avoir donné aux peaux leur dernière préparation, & les avoir employées à diverses sortes de fourrures.

Les peaux de *renard* paient en France les droits d'entrée, comme pelleteries, sçavoir, 10 livres du cent pesant, quand elles ne sont pas apprêtées; & lorsqu'elles le sont, cinq pour cent de la valeur & le quart en sus, pour celles venant de l'étranger, suivant les lettres de la ferme générale au directeur de Lyon, des 9 mars 1774, & 30 décembre 1784.

RENCHERIR. Devenir plus cher, augmenter de prix, & augmenter le prix d'une chose.

RENCONTRE. Cas fortuit. Chose à laquelle on ne s'attendoit pas. Ce mot se dit également en bonne & en mauvaise part.

RENCONTRE. (*à la*) *Acheter une chose de rencontre*, pour dire qu'on l'a achetée de hasard, & non chez un marchand.

RENCONTRE. (*à la*) *Aller à la rencontre de quelqu'un*, c'est aller au devant de lui.

Tous les statuts des communautés des arts & métiers défendent aux maîtres d'aller *à la rencontre* des marchands forains qui arrivent dans les villes où il y a maîtrise; ordonnant que les marchandises, matières ou ouvrages convenables à chaque métier

& profession soient portées aux bureaux établis pour chaque corps, pour y être visitées par les jurés, & ensuite loties entre les maîtres qui en veulent.

L'ordonnance de la ville de Paris de 1672, art. 2 du chap. 3, fait défenses à tous marchands d'aller au-devant des marchandises destinées à l'approvisionnement de Paris, & de les acheter en chemin, à peine contre les vendeurs de confiscation de la marchandise, & contre l'acheteur, de la perte du prix; même d'interdiction du commerce, en cas de récidive.

RENCONTRÉE. *Valeur de moi-même*, ou *rencontrée en moi-même*. Vieux stile de lettres de change, qui n'est plus en usage aujourd'hui. On dit plus simplement à telle échéance, payez à mon ordre la somme de ......, *valeur en moi-même*, que passerez &c. Cette manière de libeller une traitte est la troisieme espèce de lettre de change. On l'emploie pour l'ordinaire lorsqu'un commerçant veut se rembourser, dès maintenant, de ce qui lui est dû par un autre commerçant, en attendant l'occasion de s'en procurer le montant réel par la négociation. Pour cet effet, il envoye sa traitte à son débiteur, afin qu'il y mette son acceptation, & qu'il la lui renvoye revêtue de cette formalité; après quoi, il en fait l'usage qui lui convient le mieux; c'est-à-dire, ou qu'il la négocie, ou qu'à son échéance il l'envoye à un autre correspondant de la ville où demeure l'accepteur, pour en recevoir le montant, & lui en faire le retour, ou tel autre emploi qu'il lui aura indiqué. *Voy.* LETTRE DE CHANGE.

RENDETTER (*se*). S'endetter derechef; faire de nouvelles dettes.

RENFORCÉE (*Toile*). On appelle ainsi des toiles à voiles qui se fabriquent en Bretagne, à Vitré, à Locotnan, près Quimper, & à Brest. Par le réglement de 1724, ces sortes de toiles doivent avoir vingt-six pouces de laize, & être composées de vingt-deux portées de quarante fils chacune. Elles doivent en outre être faites de pur chanvre, sans aucun mélange de lin. *Voy. l'article des réglemens pour les toiles.*

RENFORCÉS (*Velours*). Quatrieme sorte de velours; c'est-à-dire ceux qui sont du nombre des petits velours. *Voy.* VELOURS.

RENOUVELLEMENT. Action par laquelle on renouvelle, ou on continue une chose. *Voy. l'art. suivant.*

RENOUVELLER. *En terme de commerce*, se dit d'un billet, d'un engagement, d'une société & de tous les genres d'engagemens & d'obligations qui se contractent entre les commerçans.

Les promesses de la caisse des emprunts, établissement si commode pour le commerce, se renouvelloient tous les ans, à leur échéance, & alors les intérêts s'en payoient au porteur de chaque promesse.

RENOUVELLER. Se dit aussi des baux à ferme des terres, des maisons & de certaines concessions du gouvernement.

RENTIERS. L'on appelle ainsi à Maroc, & dans toutes les villes de ce royaume, soit maritimes ou autres, où il se paye des droits d'entrée & de sortie, les Juifs qui en sont fermiers. Cette nation qui se trouve par-tout où l'on fait le commerce, & qui s'entend si merveilleusement à le faire à son profit, s'entremet beaucoup dans celui de Maroc; il est même difficile aux marchands Chrétiens de ne pas passer par leurs mains; ce qui, comme on le sait, est toujours fort dangereux. *Voy. le commerce de Salé, au titre de celui de Barbarie.*

RENTONNER. Transvaser une liqueur quelconque d'un vaisseau dans un autre.

Les ordonnances des Aides défendent aux cabaretiers de *rentonner* du vin dans une piece marquée & en perce. *Voy.* CABARETIER.

RENVELOPPER. Envelopper une seconde fois un paquet, le remettre dans l'enveloppe d'où on l'a tiré.

Les marchands ne doivent pas négliger de *renvelopper* leurs étoffes & autres marchandises, après les avoir fait voir, pour les garantir de la poussière & des impressions de l'air.

RENVOI. Retour de quelque chose que l'on avoit envoyée en quelque lieu.

On appelle *marchandises de renvoi*, celles qui ont été renvoyées par un marchand à celui de qui il les avoit reçues. Ces sortes de *renvois* se font ordinairement, ou parce que les marchandises ne se sont pas trouvées des qualités qu'on les avoit demandées, ou à cause qu'elles étoient tarées & défectueuses.

Un marchand doit être très-attentif à n'envoyer que des marchandises bien conditionnées & conformes aux mémoires qui lui sont envoyés, afin d'en éviter le renvoi qui ne peut lui être que très-préjudiciable, sur-tout des pays étrangers ou provinces réputées étrangeres, en ce qu'elles sont sujettes aux droits d'entrée, après avoir payé ceux de sortie, & qu'elles ont encore à supporter les doubles frais de route qui tombent en pure perte sur celui à qui elles appartiennent, & qui en a fait l'envoi.

REODER. Mesure d'Allemagne qui est la plus haute où l'on puisse porter celles qui servent aux liqueurs, & que l'on peut dire proprement n'être qu'une mesure de compte ou mesure idéale.

Le *réoder* est de deux féoders & demi, le féoder de six ames, l'ame de vingt ferfels, le ferfel de quatre masses. Ainsi le *reoder* est de douze cents masses.

RÉPARTITION. Division, partage qui se fait d'une chose entre plusieurs personnes qui y ont un intérêt commun. Il s'entend particulierement parmi les négocians, des bénéfices que produisent les actions, ou de l'intérêt que l'on a dans les fonds d'une compagnie ou d'une société de commerce.

Ces sortes de *répartitions* se font ordinairement en argent à tant pour cent du fonds ou des actions que les intéressés y ont, & quelquefois en quelquesines des marchandifes venues par les vaiffeaux d'une compagnie, ou d'une fociété, comme le fit deux fois en 1610, la compagnie Hollandoife des Indes orientales, l'une au mois d'avril, de foixante-quinze pour cent en maïs, & l'autre de cinquante pour cent en poivre. *Voy. à l'article des compagnies de commerce, celle de Hollande pour les Indes orientales. Voy. auffi* ACTION.

REPASSER. Paffer une feconde fois. *En terme de teinture, repaffer* fignifie *teindre* de nouveau une étoffe dans la même couleur qu'elle a déjà ; & chez les teinturiers en foie, *redonner* un nouveau luftre à une étoffe, après l'avoir bien dégraffée, ce qu'on fait, en la remettant à la calendre. *Voy.* TEINDRE & *l'article de la* CALANDRE.

REPASSER DU VIN. C'eft jetter du vin ufé, affoibli ou de mauvaife qualité, fur un rapé de raifin, le mêler avec du vin nouveau, pour lui donner de la force & le rendre potable.

Voy. RAPÉ, CABARETIERS & VIN.

REPASSER DES CUIRS. C'eft les remettre en couleur, & leur donner un nouveau luftre. Les boureliers le difent ordinairement des harnois de chevaux, & les felliers des cuirs de caroffe qu'ils noirciffent avec le noir des corroyeurs. *Voy.* SELLIER & BOURELIER.

REPASSER UN CHAPEAU VIEUX. *En terme de chapelier*, c'eft le remettre à la teinture, lui donner un nouvel apprêt, un nouveau luftre.

Il y a des maîtres chapeliers qui ne font commerce que de chapeaux repaffés, tels que ceux qui étaloient au Petit-Pont, & qu'on voit en quelques autres lieux & places de Paris, aux folemnités des fêtes de paroiffe où le concours du peuple attire quelques marchands. On parle ailleurs de ces maîtres qui, quoique chapeliers, auffi bien que les autres, ne peuvent cependant faire du neuf, tant que dure l'option qu'ils ont faite fur les regiftres de la communauté de ne faire négoce que de vieux. *Voy.* CHAPELIER.

REPASSER UN COMPTE. C'eft l'examiner, le calculer de nouveau, pour voir fi on n'a rien oublié, ou fi l'on ne s'eft pas trompé.

REPASSER *une addition, une divifion*, &c. C'eft refaire ces mêmes opérations pour s'affurer qu'elles font bonnes.

RÉPERER. Signifie *prendre* plufieurs pièces d'étoffes ou autres chofes, pour les joindre enfemble.

RÉPERTOIRE. Nom que les commerçans & teneurs de livres donnent à une forte de livre formé de vingt-quatre feuilles, fur le refte defquels on met en tête de chaque page, une des lettres de l'alphabet qui fert à trouver avec facilité fur le grand livre, ou livre de raifon, les divers comptes qui y font portés. Les autres noms du *Répertoire* font *alphabet*, table ou index. *Voy.* LIVRE, *à l'endroit où il eft parlé du grand livre à parties doubles.*

REPESER. Pefer une feconde fois. *Voy.* PESER ou POIDS.

REPEUPLEMENT. *Terme des Eaux & Forêts*

qui fe dit également des bois & des eaux dormantes.

En fait de bois, il fignifie le foin que l'on a de les replanter, foit en y femant du gland, foit en y mettant du plant élevé dans les pépinières ; & en fait d'étangs & autres eaux dormantes, c'eft l'obligation où font les adjudicataires d'y rejetter, après la pêche, de nouveau poiffon, fuivant les échantillons réglés par les ordonnances, & le nombre convenu. Dans ce dernier fens, on dit plus ordinairement *rempoiffonnement.* Voy. cet article.

Toutes les ordonnances qui ont été faites en France, fur les Eaux & Forêts, parlent avec une application particulière de leur *repeuplement*, & femblent le regarder comme l'unique, ou du moins comme le principal moyen de conferver cette partie fi importante. *Voy. l'ordonnance des Eaux & Forêts de 1573.*

Un habile homme, des mémoires duquel on a beaucoup profité fur ce qui concerne l'exploitation & le commerce des bois, eft perfuadé que l'inexécution de ce règlement eft en partie caufe du dépériffement des forêts royales, auffi bien que de celles des eccléfiaftiques & des communautés ; il foutient, avec autant de fondement que de raifon, qu'il n'eft pas poffible que les troncs des arbres coupés, qui repouffent plufieurs tiges qu'on laiffe croître fans attention, ainfi qu'on le fait prefque partout aujourd'hui, puiffent pouffer d'auffi beaux bois & d'auffi forts, qu'un jeune arbre provenu d'un gland bien choifi, bien planté, bien cultivé & bien entretenu. *Voy. l'art.* BOIS, *au Diction. de l'écon. polit.*

RÉPIT ou REPY. Délai, terme, furféance, que le prince accorde aux débiteurs de bonne foi, pour les mettre à couvert des pourfuites de leurs créanciers, afin qu'ils aient le tems de mettre ordre à leurs affaires & de payer ce qu'ils peuvent devoir, à quoi les pourfuites toujours fi difpendieufes, furtout aujourd'hui, la mauvaife humeur, & quelquefois la jaloufie de quelques créanciers les empêcheroient de jamais parvenir, fi l'autorité bienfaifante ne venoit à fon fecours pour le préferver d'une ruine totale.

Les *repys* s'accordent de deux manières ; ou par des lettres de la grande chancellerie que l'on appelle *lettres de repy*, (voy. *lettres de repy*,) ou par des arrêts du confeil, qu'on nomme ordinairement *repy par arrêt*, par lequel Sa Majefté accorde au débiteur furféance pour un tems limité, pendant lequel défenfes font faites à tous fes créanciers de le pourfuivre en fa perfonne & en fes biens.

Ces fortes de *repys* font proprement des arrêts de furféance ou de défenfes générales, qui ne s'accordent qu'au confeil d'état du Roi, & pour des confidérations très-importantes. On les figne en commandement, auffi bien que les commiffions fur iceux qui fe fcellent au grand fceau. On les fait fignifier aux créanciers, fans autre formalité ; & cette feule fignification fuffit pour arrêter le cours de toutes poursuites pendant le tems de la surséance ou des défenses accordées. Il y a quelquefois des conditions portées par ces arrêts, sans lesquelles ils ne peuvent avoir leur exécution, comme de payer les arrérages aux créanciers, &c.

Il faut remarquer que quoique ces *repys par arrêts*, soient des graces émanées du prince, ils ne laissent pas néanmoins de flétrir, en quelque sorte, l'honneur & la réputation des négocians qui les ont obtenues, puisqu'ils les rendent incapables de participer à aucuns honneurs, fonctions ni charges publiques, ainsi qu'il est porté par l'article 5 du titre 9 de l'ordonnance du mois de mars 1673, à moins que dans la suite ils ne payent entierement leurs créanciers & qu'ils n'obtiennent des lettres de réhabilitation en la grande chancellerie. *Voy.* RÉHABILITATION.

REPIT ou RESPECT. *Terme de commerce de mer*, dont on se sert dans le levant. *Voy.* RECHANGE.

REPLIER. Plier une seconde fois. On déplie une piece d'étoffe pour la faire voir & on la replie pour la reserrer.

Il faut avoir soin de *replier les étoffes* dans les mêmes plis, de peur de leur en faire prendre de faux; ce qui les gâte, les détériore & les met hors de vente.

REPRISE. En *terme de commerce de mer*, veut dire un vaisseau ou navire marchand qu'un corsaire, ou armateur ennemi avoit d'abord pris, & qui ensuite a été repris par un navire de sa nation. *Voy.* RECOUSSE.

REPRISE. En *terme de compte*. Se dit d'un des chapitres d'un compte, où l'on a employé des deniers comptés & non reçus. La *reprise* est la troisieme partie d'un compte. La recette & la dépense sont les deux premiers. *Voy.* COMPTE.

RÉL ou RÉES. Monnoie de compte dont on se sert en Portugal, pour tenir les livres des marchands, négocians & banquiers. 400 *rés* ou *rées* font une cruzade. Comme cette monnoie est la plus petite qui ait été imaginée jusqu'à-présent, & qu'il en faut un très-grand nombre pour faire une somme un peu considérable, on les sépare dans les comptes & factures, par millions, par milliers & par centaines, ainsi qu'on peut le voir dans l'addition suivante.

3. 530. m. 450. *rées*,
2. 620. m. 640.
1. 452. m. 820.

7. 603. m. 914. *rées*.

C'est-à-dire 7 millions 603 mille, 914 *rées*. Les ducats d'or fin valent 10000 *rées*; la dopio mœda, ou double pistole, 4000 *rées*; la mœda ou pistole, 2000 *rées*; la mi-mœda ou demi-pistole, 1000 *rées*; enfin les cruzades d'argent non marquées, 400 *rées*.

RESCONTRER. Vieux terme dont se servoient autrefois quelques négocians, pour dire *compenser*

une chose avec une autre; mais il est aujourd'hui tellement hors d'usage que personne, peut-être, ne l'entend plus. On ne se sert plus que du mot *compenser* & plus ordinairement encore dans le commerce, *faire compensation*.

RESCRIPTION. Ordre, mandement ou mandat que l'on donne par écrit à un correspondant, à son commis, à son fermier, &c., de payer une certaine somme au porteur du mandement.

Les *rescriptions* n'ont lieu ordinairement que d'un supérieur à son subordonné, ou d'un créancier à son débiteur.

Les grands seigneurs donnent aux marchands des *rescriptions* sur leurs fermiers. On prend à Paris des *rescriptions* des fermiers-généraux des cinq grosses fermes sur leurs receveurs dans les provinces; ce qui est très-commode pour y faire passer son argent, sans frais.

Les *rescriptions* des banquiers se traitent comme lettres de change.

Modèle de rescription.

« Vous payerez, *ou* je vous prie de payer à M. tel
» de votre ville (ou d'ailleurs) la somme de trois
» mille livres, de laquelle je vous tiendrai compte
» sur les deniers de la recette que vous faites pour
» moi, en rapportant le présent, avec la quittance
» de mondit sieur tel. A Paris, ce &c. «
Pour la somme de 3000 l.

RESCRIT. Se dit en quelques lieux, dans le même sens que rescription. *Voy. l'article précédent.*

RÉSIDU. Ce qui reste à payer d'un compte, d'une rente, d'une dette, &c. En fait de compte, & même en tout autre cas, on dit aujourd'hui plus communément, *reliquat. Voy.* RELIQUAT.

RÉSINE. Gomme ou suc gras & visqueux qui coule de plusieurs sortes d'arbres & qui s'enflamme aisément. *Voy.* GOMME.

RÉSINE de Cèdre. *Voy.* CÈDRE.

RÉSINE de Gayac. *Voy.* GAYAC.

RÉSINE de Jalap. *Voy.* JALAP.

RESPONDRE. (On écrit aujourd'hui *répondre*). Cautionner quelqu'un, se rendre garant pour lui.

Les cautions & leurs certificateurs *répondent* solidairement des dettes, faits & promesses de ceux pour qui ils s'engagent, & doivent, à leur défaut, les acquitter. Aussi dit-on proverbialement, *qui répond paye*. C'est ce qui n'arrive que trop souvent dans le commerce, où ces cautionnemens font quelquefois manquer des négocians fort riches, & dont les faillites ne sont causées que par leur trop grande facilité à *répondre* pour autrui. Tout commerçant doit être très-réservé à *répondre* pour les autres, & ne pas s'engager légèrement. *Voy.* CAUTIONNEMENT.

RESPONTI. Espèce de rhubarbe. *Voy.* RAPONTIE & RHUBARBE.

RESSEL. On nomme ainsi à Bordeaux le résidu

de fel qui fe trouve au fond des vaiffeaux, après que le poiffon falé en a été déchargé.

Ce réfidu fe vendoit autrefois aux corroyeurs, & apportoit quelque profit aux maîtres des navires. Préfentement ce foible commerce leur eft défendu & ils font tenus de le faire jetter dans la rivière, ne leur étant pas même permis de le mêler avec le fable du fond de cale, pour y fervir de left.

RESTANT. Ce qui demeure d'un tout, après en avoir retranché une partie. La fouftraction apprend à trouver le *reftant* de quelque nombre ou fomme que ce foit, lorfqu'on en ôte un plus petit.

On dit proverbialement, chez les marchands, qu'il faut payer le *reftant* des anciennes parties, fi l'on veut avoir crédit pour de nouvelles.

RESTAUR. (*Terme de commerce de mer*). C'eft le dédommagement que les affureurs peuvent avoir les uns contre les autres, fuivant la date de leur police d'affurance, ou le recours que les mêmes affureurs font en droit de prétendre fur le maître d'un navire, fi les avaries proviennent de fon fait, comme faute de bon guindage, ou de radoub, & & pour n'avoir pas tenu fon navire bien eftané, (étanché).

RESTE. Signifie *tout ce qui demeure de quelque chofe*, ce qui en fait le furplus. Le *refte* d'une fomme d'argent, d'une étoffe, d'une toile, &c.

Les marchands appellent de *bons reftes*, les coupons d'étoffes de deux ou trois aunes qui fe trouvent à la fin des piéces d'étoffes qu'ils vendent en détail, & dont on peut faire quelque vêtement. Au contraire, ils nomment de *mauvais reftes*, les petits morceaux qui ne peuvent être propres que pour les fripiers.

Il faut, autant qu'il eft poffible, éviter les mauvais reftes, fi l'on ne veut pas perdre fur fa marchandife. Chez les marchandes lingeres, il ne fe trouve jamais de mauvais reftes; car quelque petits que puiffent être les morceaux, ils peuvent toujours être mis en œuvre dans leurs boutiques.

RESTE. LIEU DU RESTE, (*en terme de commerce de mer*). C'eft celui de la dernière décharge des marchandifes, lorfque le voyage eft fini.

RESTES. Se dit, *en termes de comptes*, de ce qui refte dû par le comptable. Il n'eft gueres d'ufage que dans les comptes de finance; dans ceux des commerçans, on dit *débet* & *reliquat*. Voy. COMPTE.

RESTORNE. (*Terme de teneur de livres*): C'eft la même chofe que contrepofition; c'eft-à-dire, porter fur un des comptes du grand livre, foit au débit ou au crédit, un article pour un autre; ce que les teneurs de livres doivent éviter foigneufement. Quelques-uns fe fervent des mots *extorne* & *extorni*, qui ont la même fignification.

RESTORNER. Voy. *l'article précédent*.

RESVE. Ancien droit ou impofition qui fe leve fur les marchandifes qui entrent en France, ou qui en fortent. On dit ordinairement, *refve* & *haut-*

paffage. Ces deux droits autrefois féparés, on été depuis réunis. Voy. TRAITTE FORAINE. Ces droits y font expliqués.

RESURE, autrement ROGUES, RAVES, ou COQUES. Divers noms qu'on donne aux œufs de morue, de gabillaux, ou cabillaux, de ftockfifches & de maquereaux, que l'on a ramaffés & falés dans des barils.

Cette marchandife vient des endroits où fe fait la pêche de ces différens poiffons. Elle eft eftimée fuivant fa qualité, les lieux d'où elle vient, & la grandeur des barils. Son ufage eft pour la pêche de la fardine que cet appât ennyvre & fait donner dans les filets, après l'avoir fait élever du fond de l'eau, où l'on commence par jetter la *refure* ou *rogues*.

La pêche de la fardine étant confidérable fur les côtes de Bretagne, on y fait un affez gros commerce de *refure*, fur-tout dans la baie de Breft, & de Camaret, dans celles de Douarnenez & de Conquernau, au Port-Louis & à Guiberon ou Quibéron.

La *refure* de maquereaux fe vend prefque toute au Port-Louis & à Quibéron, les pêcheurs de ces endroits étant perfuadés qu'elle attire beaucoup les fardines. Dans les autres endroits il ne s'y en vend que rarement, parce que l'on prétend que les petites peaux qui l'enveloppent font capables, en s'attachant aux filets, de les gâter & de les pourrir.

L'art. 12 du tit. 2, du liv. 5 de l'ordonnance de la marine du mois d'août 1681, défend aux pêcheurs d'employer de la *réfure* pour attirer la fardine, qu'elle n'ait été vifitée & trouvée bonne, à peine de 300 l. d'amende.

RET ou RETS. Filet ou lacis de plufieurs ficelles qui forment des mailles quarrées, dont on fe fert pour la chaffe & la pêche.

RETAILLES DE PEAUX. Qu'on nomme auffi *reyfors*. Ce font les rognures des peaux d'animaux qui font propres à faire de la colle-forte.

Les *retailles de peaux* payoient ci-devant, à la douane de Lyon, 6 f. de la charge, & payent aujourd'hui, venant de l'étranger, fuivant l'arrêt du 21 août 1771, par quintal 2 f.; la fortie en eft prohibée par le même arrêt.

RETAILLES. Se dit auffi *dans le commerce de morue en détail*, des petits morceaux qui reftent quand on en a tiré les principales pieces. On les nomme auffi *loquets*. Voy. MORUE.

RÉTENTIONNAIRE DE SOIE. Terme en ufage dans les manufactures des draps d'or, d'argent & de foie de Lyon. Il fignifie ceux des maîtres-ouvriers à façon, qui retiennent les foies & autres matieres, que les marchands-maîtres leur donnent pour être employées aux ouvrages & étoffes qu'ils leur commandent.

L'art. 1 du réglement de 1702 porte que des fix maîtres & gardes de la communauté des marchands-maîtres & ouvriers en foie, il y en aura deux maîtres-ouvriers à façon, qui sauront lire & écrire, & qui ne seront pas *rétentionnaires de soie*.

Voy. *l'article des réglemens pour la ville de Lyon*.

RETENUE. On nomme ainsi dans la bourse commune des marchands de Toulouse, le choix ou la nomination que les prieur & consuls sont tenus de faire chaque année de soixante marchands pour être juges-conseillers de ladite bourse & pour assister aux jugemens qui se rendent dans cette jurisdiction. Voy. JUGES-CONSEILLERS *de la retenue*.

RETORDEUR. Les *retordeurs*, dans la sayeterie d'Amiens, sont des ouvriers qui retordent les fils avec des moulins à bras faits exprès pour cet usage. Ils ne font point de corps de communauté & n'ont point de maîtrise.

RETOUR. Et plus communément au pluriel, se dit, *en terme de commerce*, des marchandises qui sont apportées d'un pays, où il en avoit été envoyé d'autres. Il faut qu'un négociant envoye dans les pays étrangers, ou dans les colonies des marchandises qui y manquent & qui y soient nécessaires, & que celles qui lui sont envoyées en *retour*, soient utiles & de bonne vente.

Dans les villes maritimes où l'on fait des expéditions de vaisseaux pour les Indes orientales & occidentales, on appelle tout ce qu'on en rapporte, *des retours*; & l'on dit, sans rien spécifier, les *retours* de l'Inde ou de l'Amérique sont avantageux, ou donnent de la perte.

RETOUR (de). Signifie encore *un suplément de prix*, quand on troque ou qu'on échange des marchandises contre d'autres de moindre valeur,

RETRAITE. *Terme de commerce de lettres de change*. Voy. TRAITE.

RÉTRIBUTION ou CONTRIBUTION. (*Terme de commerce de mer*). C'est la répartition qui se fait du prix & de la valeur des choses jettées dans la mer (ou à la mer, comme disent les marins), pour éviter le naufrage, ou la prise du vaisseau, sur le corps dudit vaisseau, sa cargaison & son fret. Les ordonnances de la marine de France de 1681 & 1684 contiennent en 22 articles des réglemens pour cette *rétribution*. On les rapporte ailleurs, Voy. CONTRIBUTION.

RETZ. Mesure dont on se sert à Philippeville & à Givets, pour mesurer les grains.

Le *retz* de froment pèse à Philippeville 55 liv. poids de marc; celui de Misteil 54 liv. celui de seigle 52½, & celui d'avoine 30 livres.

A Givets, le *retz* de froment pèse 47 liv. de méteil 46, & de seigle 45 livres.

RETRE. On nomme ainsi à Bapeaume, & dans le reste de l'Artois, les linons rayés. Ils sont du nombre des toilettes ou batistes & linons écrus, dont il se fait un assez grand commerce par les marchands de cette ville. Voy. TOILETTES.

REVENDEUR, REVENDEUSE. Qui fait le métier de revendre.

On appelle à Paris, *revendeuse à la toilette*, certaines femmes, dont le métier est d'aller dans

les maisons revendre les hardes, nipes & bijoux dont on veut se défaire. Elles se mêlent aussi de vendre & débiter en cachette, soit pour leur compte, soit pour celui d'autrui, certaines marchandises de contrebande, ou entrées en fraude.

Ce dernier commerce que font les *revendeuses à la toilette*, a été trouvé si préjudiciable aux droits du roi & aux manufactures du royaume, qu'il y a plusieurs arrêts & réglemens qui prononcent des peines considérables contre celles qui le font.

On nomme ces sortes de femmes *revendeuses à la toilette*, parce qu'elles se trouvent pour l'ordinaire le matin à la toilette des dames pour leur faire voir ce qu'elles ont à vendre, & peut-être aussi parce qu'elles portent ordinairement leurs marchandises enveloppées dans des toilettes.

Les crieuses de vieux chapeaux sont des *revendeuses* de vieilles hardes, comme les marchands frippiers sont des *revendeurs* de vieux meubles & d'autres marchandises semblables. Voy. *les art. des uns & des autres*.

REVENDICATION. Action par laquelle on a droit de demander la restitution d'un meuble ou d'une marchandise qui nous appartient. Il y a des cas où la *revendication* peut avoir lieu & d'autres où elle ne sauroit être admise. C'est ce qu'on pourra voir dans l'article suivant.

REVENDIQUER. C'est demander, réclamer, répéter ou saisir par autorité de justice des meubles ou des marchandises sur lesquelles on a un droit certain, ou une hypotèque particulière.

Les choses mobiliaires, entre lesquelles sont toutes les sortes de marchandises, n'ont point de suite par hypotèque, quand elles sont hors de la possession du débiteur, c'est-à-dire, qu'on ne peut les revendiquer, ni les réclamer, lorsqu'elles ont passé dans les mains d'une tierce-personne. *Art. 170 de la Coutume de Paris*.

Les receveurs des consignations ou autres personnes publiques ne peuvent *revendiquer* les deniers comptants & ceux provenans de la vente des meubles & autres effets mobiliers d'un commerçant qui a fait faillite. *Art. 9 du tit. 11 de l'ord. du mois de mars 1676*.

On ne peut saisir ni *revendiquer* aucunes marchandises & autres choses réputées meubles, lorsqu'elles ont été vendues à l'encan en place publique, par autorité de justice.

Les marchandises & autres choses mobiliaires qui ont été volées, peuvent se *revendiquer* en quelques mains qu'elles se trouvent.

Dans les faillites ou banqueroutes, un créancier est bien reçu à *revendiquer* sa marchandise, pourvu qu'elle se trouve encore en nature, sans altération & revêtue de toutes les marques & enseignemens qui peuvent faire connoître avec certitude que c'est lui qui a vendu la marchandise & qu'elle lui appartient légitimement.

Les jurés-vendeurs ou marchands de vin ont la faculté de réclamer ou *revendiquer* le vin avant la vente, & de le reprendre en paiement du prix qu'ils affirment

affirment leur être dû, pourvu que le vin qu'ils reclament ait été vendu sur les places publiques, qu'il soit revendiqué dans le mois & qu'il ait été reconnu, le fermier des Aides présent ou duement appellé.

Ordonnance des Aides du mois de juin 1680, art. 16 du tit. 8 des contraintes pour le gros.

REVENDRE. Vendre ce qu'on a auparavant acheté. Les marchands détailleurs ou boutiquiers *revendent* en détail les marchandises qu'ils ont achetées en gros des marchands grossiers ou magasiniers. La profession des marchands frippiers n'est autre chose que de *revendre* bien cher au public ce qu'ils ont acheté à bon marché du même public.

REVENIR. Se dit, *en terme de commerce*, du profit que l'on fera ou que l'on espere retirer d'une entreprise, d'une société, de la cargaison d'un vaisseau ou autre affaire de négoce.

REVENIR. Se dit encore de ce qu'il en coute pour l'exploitation d'une chose, pour l'achat & l'armement d'un vaisseau, pour la façon d'une étoffe, d'un habit, pour la construction d'un navire, &c.

REVENIR. Se dit aussi proverbialement: à tout bon compte *revenir*, pour signifier *qu'il n'y auroit rien à perdre, quoiqu'il y eut erreur au compte.*

REVENTE. On nomme ordinairement, dans le commerce, *marchandises de revente*, celles qui ne sont pas neuves, & qui ne s'achetent pas de la première main, comme celles qui se trouvent chez les marchands frippiers, ou qui sont dans les mains des revendeuses.

REVESCHE. Etoffe de laine grossière, non croisée & peu serrée, dont le poil est fort long, quelquefois frisé d'un côté, & d'autres fois sans frisure, suivant l'usage auquel elle peut être destinée. Cette étoffe se fabrique sur un métier à deux marches, de même que la bayette ou la flanelle, à quoi elle a quelque rapport, sur-tout quand elle est de bonne laine & qu'elle n'est pas frisée.

Autrefois, presque toutes les *revesches* qui se voyoient en France, venoient d'Angleterre; mais depuis que les manufactures françoises se sont avisées de les contrefaire, particulièrement celles de Beauvais & d'Amiens, les Anglois n'en ont presque plus envoyé.

Les *revesches* de Beauvais se distinguent en *revesche du grand corps*, que l'on appelle aussi *revesche*, façon d'Angleterre, & en *revesches du petit corps*. Celles du grand corps doivent être composées au moins de trente portées de vingt-huit fils chacune, & avoir au sortir du moulin au moins vingt-une aunes de longueur sur trois quarts de large. Il est cependant permis d'en faire de plus larges à l'imitation de celles d'Angleterre que l'on nomme *revesches au grand corps*.

Les *revesches du petit corps* qui sont moins estimées que les autres, la laine en étant moins fine & l'étoffe plus grossière, ne doivent point excéder le nombre de vingt-sept portées, à vingt-huit fils chaque portée, & leur largeur doit être au moins

de demi-aune, demi-quart, sur vingt une aunes de longueur, aussi au moins; le tout mesure de Paris. *Art. 23 & 47 des statuts & réglemens de la draperie de la ville de Beauvais, de l'année 1667.*

Les *revesches* d'Amiens, que ceux du pays nomment aussi *boïes*, son distinguées en *revesches* larges, en *revesches* moyennes, & en petites *revesches*.

Suivant les art. 231, 232 & 233 des statuts de la sayeterie de ladite ville, du mois d'août 1666, les premières doivent être faites à seize buchots, vingt-huit portées au nombre de neuf cent fils, de largeur de trois quartiers, & de longueur de vingt-trois aunes hors de l'étille pour revenir toutes foulées, percées & apprêtées à vingt aunes ou vingt aunes & demie.

Les secondes doivent être faites en seize buchots, vingt-quatre portées de largeur de trois quarts & un demi seizieme, & de pareille longueur que les précédents hors de l'étille, pour revenir toutes apprêtées, à trois quartiers ou environ de large, & à vingt aunes ou vingt aunes & demie de long. Ces dernières doivent être faites en seize buhots & vingt-deux portées, de largeur de trois quarts & demi, moins un demi-seize sur l'étille, & de vingt-trois aunes de long, pour revenir toutes foulées à demi-aune de large & à vingt aunes de long au moins; le tout aune de Paris.

Il faut remarquer que dans les réglemens généraux des manufactures faits en août 1669, il n'y est fait aucune mention des *revesches*.

Les *revesches* se fabriquent ordinairement en blanc & sont ensuite teintes en rouge, bleu, jaune, verd, noir, &c. On s'en sert à doubler des habits, particulièrement ceux des soldats. Les femmes en doublent des jupons pour l'hiver; les miroitiers en mettent derrière leurs glaces pour en conserver l'étain; les coffretiers malletiers en garnissent le dedans des coffres à vaisselle d'argent, & les gainiers s'en servent à doubler certains étuis.

« Les *revesches* venant d'Angleterre sont prohibées, en conséquence de l'arrêt du 6 septembre 1701. Elles payoient autrefois les droits de sortie du royaume & des provinces réputées étrangères, sur le pied de 3 liv. du cent pesant, comme petits draps; & pour l'entrée elles devoient payer à raison de tant pour cent de leur valeur, suivant l'estimation, attendu qu'elles n'étoient point tarifées, savoir 5 liv. pour les revesches fabriquées dans le royaume, & 10 liv. si elles venoient de l'étranger, suivant le tarif de 1664 ».

» Les droits de la douane de Lyon étoient: pour les revesches de Poitou, 7 s. 6 d., & pour celles de Florence, 6 liv. 13 s. 4 d. la piece d'ancienne taxation, & 6 de nouvelle réappréciation ».

» Aujourd'hui, venant des autres pays étrangers, elles ne peuvent entrer que par Calais & Saint-Valery, suivant les arrêts des 23 décembre 1687 & 3 juillet 1692 ; & elles doivent en conséquence de celui du 20 décembre 1687 ; savoir celles façon de Flandres, la piece de 25 aunes 20 liv. ;

Eeee

» la piece de 50 aunes 60 liv. D'après le tarif de
» 1664, elles payent, savoir : celles venant des
» provinces réputées étrangères dans les cinq grosses
» fermes, la piece de 25 aunes, 4 liv. ; passant des
» cinq grosses fermes dans une province réputée
» étrangère, 3 liv. le quintal.

» Celles des manufactures du royaume passant
» à l'étranger, sont, comme les autres étoffes,
» exemptes des droits, en observant les formalités
» prescrites ; arrêts de 1743.

» A la douane de Lyon, elles acquittent par quin-
» tal, savoir celles des manufactures au-dessus de
» Lyon, c'est-à-dire, des cinq grosses fermes 2 liv.
» 8 f. 9 d. Celles au-dessous de Lyon, c'est-à-dire,
» des provinces méridionales, 1 liv. 12 f. 6 d. ».

» Pour la douane de Valence, où elles sont com-
» prises au troisième art. du tarif, par quintal, 2 liv.
» 6 f. 8 d. «.

REYGNIE ou REGNY. Sorte de toile qui se
fait dans le Beaujolois. Voy. TOILE, *où il est parlé*
de celles de cette province.

REINE. On nommoit autrefois herbe à la reine
ce qu'on nomme aujourd'hui *tabac.* Voy. TABAC.

Point à la reine. C'est le point dont le toilé
n'est pas bordé. *Voy.* POINT.

On appelle *ceinture de la reine*, un ancien droit
qui se leve à Paris sur différentes sortes de marchandises, particulièrement sur le charbon qui y arrive
par eau.

REZAL. Mesure dont on se sert en Alsace & en
quelques lieux des provinces voisines pour mesurer
les grains.

A Brisac, le *rézal* de froment pese 164 livres poids
de marc ; de méteil 162, & de seigle 158.

A Colmar, le *rézal* de froment pese 160 livres,
de méteil 166, de seigle 154.

A Sceleftat, le *rézal* de froment pese 168, de
méteil 166, de seigle 164.

A Sainte-Marie aux Mines, le *rézal* de froment
pese 178, de méteil 175, de seigle 176.

A Strasbourg, le *rézal* de froment pese 160 livres,
de méteil & de seigle autant, & d'avoine 104.

A Hagueneau, le *rézal* de froment pese 165 liv.
de méteil 160, de seigle 155, d'avoine 112.

A Wessembourg, le *rézal* de froment pese 164 liv.,
de méteil 162, de seigle 159, d'avoine 104.

A Littemberg, le *rézal* de froment pese 184 liv.,
de méteil 183, de seigle 182, d'avoine 104.

A Nancy, le *rézal* de froment pese 174 liv.,
de méteil 173, de seigle 172, d'avoine 144.

A Longwy, on se sert du *rézal* de Nancy, mais
plus fort de deux livres. Il y a une autre mesure qu'on
appelle *bichet.* Voy. cet article.

A Saverne, le *rézal* de froment pese 170 liv., de
méteil 165, de seigle 160.

A Huningue, le *rézal* de froment pese 163 liv.,
de méteil 160 & de seigle 159 livres.

Les évaluations ci-dessus sont toutes au poids de
marc.

RHAA. Nom que les habitans de Madagascar
donnent à l'arbre qui produit la gomme, appellée
chez les épiciers-droguistes, *sang de dragon.* Voy.
cet article.

RHAPONTIE, qu'on nomme aussi *rapontic* &
responti. Racine que les épiciers-droguistes substituent quelquefois à la *rhubarbe.* Sa plante, qui
croît, à ce que l'on dit, le long du Tanaïs, est une
espèce de lapathum. On croit cette racine astringente & propre à arrêter le cours de ventre. *Voy.*
ci-devant RAPONTIC, *& ci-après* RHUBARBE.

RHUBARBE ou RHEUBARBE. Racine d'un
grand usage dans la médecine, & à laquelle on
attribue des vertus & des propriétés extraordinaires.

Il est étonnant, vu le commerce considérable qui
se fait en France de cette drogue, qu'on y con-
noisse si peu le véritable lieu où croît la plante
qui produit cette racine. Les uns disent qu'elle
vient dans le royaume de Boutan, aux extrémités
de l'Inde ; les autres, qu'on la trouve dans les provinces de Xensi & de Suchen dans la Chine, d'où
elle passe en Turquie par le moyen des marchands
du Thibet & du Mogol, & delà en France par les
négocians de Marseille ; d'autres la font naître sur
les confins de la Moscovie, & d'autres en Perse.

Il est certain que la *rhubarbe* n'étoit point connue
des anciens, & leur *rapontic* ou *raponticum*, qui
à la vérité en approche mieux, n'est point la véritable *rhubarbe.* Celle ci pousse des feuilles larges &
cotonnées ; ses fleurs en forme d'étoiles, sont petites
& incarnates, & donnent ensuite sa semence. Cette
racine nouvellement tirée de terre est grosse, fi-
breuse, noirâtre par dessus, & d'un rouge marbré
au dedans ; quand elle est seche, elle change de
couleur & devient jaune en dehors ; & au dedans
couleur de la noix muscade.

Il faut la choisir nouvelle, en petites pièces
unies, raisonnablement solides & pesantes, d'un
goût astringent & un peu amer, & d'une odeur
agréable & aromatique. La bonne *rhubarbe*, trempée dans l'eau, lui donne une teinture approchante
de celle du saffran ; & quand elle est cassée, sa
couleur est vive & un peu vermeille.

Quelques marchands épiciers-droguistes ont l'art
de renouveller leurs vieilles racines de *rhubarbe*, en
leur donnant une teinture jaune ; mais on s'en
apperçoit aisément, en les maniant, la poudre dont
on les a jaunies s'attachant aux doigts.

On tire un extrait de *rhubarbe* ; & l'on en fait
un sel fixe dont on raconte des propriétés mira-
culeuses.

Il y a une espèce de *rhubarbe* qui vient de l'A-
mérique, & dont les plantes qui en ont été apportées en France, s'y cultivent & s'y élevent heureusement. Elle est assez semblable à la *rhubarbe* du
Levant, quand on l'a séchée & ratissée, & il seroit
à souhaiter qu'on en fît des expériences, pour découvrir si elle en a la vertu comme la figure.

La Sibérie, grande province de l'empire de Russie, produit aussi quantité d'excellente *rhubarbe*. Les Russes (ci-devant Moscovites) n'en connoissoient pas d'abord la valeur, & ne la vendoient qu'un grif ou dix copecs la livre ; mais un marchand de Hambourg, ayant acheté trente mille roubles le droit de la vendre seul, il en transporta une grande quantité à Hambourg & en Hollande, qu'il vendit jusqu'à huit reichsthales la livre ; ce qui ouvrit les yeux aux Russes sur le véritable prix de cette drogue.

Les Russes ont voulu depuis en faire le commerce eux-mêmes ; mais ils n'y ont pas réussi ; & celles qu'ils envoyerent en Hollande en trop grande quantité, & qu'ils voulurent vendre trop cher, ne put être débitée à Amsterdam, où elle resta à se gâter dans les magasins, les Hollandois pouvant aisément se passer de la *rhubarbe* de Sibérie, sur-tout depuis qu'ils en apportent des Indes orientales, qui coûte moins & qui est meilleure.

Quant au rapontic qu'on mêle souvent à la *rhubarbe* envoyée à nos épiciers-droguistes, il est aisé d'en faire la différence, la *rhubarbe* étant ordinairement en morceaux presque ronds, dont les lignes internes sont traversales, & le rapontic en morceaux longs, dont les lignes, qui sont rougeâtres, vont en long ; outre que la *rhubarbe* mâchée ne laisse aucune viscosité dans la bouche, comme le fait le rapontic.

La rareté du rapontic du Levant lui fait quelquefois substituer le rapontic de montagne, qu'on appelle aussi *rhubarbe de moines* ; c'est un hypolapathum sauvage, dont les feuilles sont grandes, mais moins rondes que l'hypolapathum cultivé dans les jardins. Les connoisseurs ne s'y trompent pas ; le rapontic du Levant est jaune au dehors & rougeâtre marbré en dedans, & le rapontic de montagne est noir & chagriné en dessus & jaune en dedans, sans aucune marbrure.

On vend à Amsterdam deux sortes de *rhubarbes* ; celle du Levant & celle de Russie ; l'une & l'autre s'achetent à la livre & se tarrent au poids. Elles donnent deux pour cent de déduction pour le bon poids, & autant pour le prompt paiement.

La *rhubarbe* du Levant coûte depuis cinq jusqu'à huit florins, & celle de Russie, depuis trois jusqu'à cinq florins.

RHUBARBE DE MOINES. *Voyez ci-dessus* RHUBARBE.

RHUBARBE BLANCHE. *Voy.* MECHOACAM.

« Cette drogue paie 60 livres d'entrée du cent
» pesant, conformément au tarif de 1664.
« » A la douane de Lyon, de tel endroit qu'elle
» vienne, suivant le tarif de 1632, par quintal net,
» 15 livres ; à celle de Valence, comme droguerie,
» 3 livres 11 sols.
» La *rhubarbe* est du nombre des marchandises
» venant du Levant, qui paient vingt pour cent de
» leur valeur, à l'estimation de 1200 livres le quin-
» tal brut, par décision du conseil du 29 août 1761 ;

» qui a réduit à moitié celle fixée par l'état annexé
» à l'arrêt du 22 décembre 1750. »

R I

RIABAULS SMALS. Toiles de coton de petite qualité, qui viennent des Indes orientales. Elles sont ordinairement blanches. Leur longueur est de neuf aunes, & leur largeur d'une demi-aune.

RIBLON. Sorte de marchandise dont il est fait mention dans le tarif de la douane de Lyon de 1632.

« Le *riblon* payoit les droits de cette douane à
» raison de 8 sols le millier pour l'ancienne taxation,
» 4 sols pour la nouvelle réapréciation, ou 2 sols
» par quintal, & un sol pour la réapréciation. »

RIBODAGE. *Terme de marine*, qui se dit du dommage que les vaisseaux marchands peuvent recevoir en s'abordant l'un l'autre. Ce dommage se paie ordinairement par moitié. *Voy.* ABORDAGE.

RIBORDAGE. C'est ce qui est réglé pour le dommage qu'un navire marchand peut faire à un autre en l'abordant, soit dans un port, soit dans une rade. *Voy. comme ci-dessus.*

RICH. Espèce de loup-cervier qui se trouve en Pologne & en Lithuanie, dont la fourrure est très-riche, très-fine & très-belle. Il se trouve aussi de ces animaux en Perse & en Suède, mais les uns & les autres différent par la couleur. Ceux de Perse ont un fond blanc avec des mouchetures ou taches noires. Leur poil est long, fin, & fourni. Ceux de Pologne & de Lithuanie d'un beau gris de fer, & ceux de Suède sont rougeâtres.

Ils se ressemblent tous par la figure & par la férocité, ayant la tête d'un chat & la cruauté féroce du tigre. C'est une des plus belles fourrures dont on fasse commerce dans les pays du nord ; aussi se vendent-elles un prix excessif.

RICHARD. *Fil-de-richard.* C'est du fer qu'on a fait passer par les trous d'une filière. *Voy.* FIL-DE-FER.

RICHARD. Se dit d'un marchand qui a ramassé de grands biens dans le commerce, qui est extrêmement riche.

RICHE. Qui a beaucoup de biens, de grandes richesses.

RICHE. Se dit aussi d'un pays où tout ce qui contribue à enrichir ses habitans, ou à leur procurer de l'aisance & beaucoup de jouissances, se trouve abondamment.

RICHE. Se dit encore des étoffes dans la fabrique desquelles il entre de l'or & de l'argent.

RICHEDALE, qu'on écrit plus correctement *reichsthale*. Monnoie d'argent qui se fabrique dans plusieurs états & villes libres d'Allemagne. Il s'en fait aussi en Flandres, en Pologne, en Danemarck, en Suède, en Suisse & à Genève.

Il y a peu de différence entre la *reichsthale* & le daller, soit pour le poids, soit pour le titre. Le daller est une autre monnoie d'argent qui se frappe pareillement en Allemagne, & qui vaut également 60 fols de France; où la pièce de huit d'Espagne.

Il n'y a gueres de monnoie qui ait plus universellement cours que la *reichsthale* ; elle fert également dans le commerce du Levant, du Nord, de Ruffie & des Indes orientales, & l'on ne peut dire combien il s'en embarque fur les vaiffeaux des diverfes compagnies qui y vont.

Les quatorze *reichsthales* de banque pèfent exactement une livre à Archangel, lorfqu'elles ont tout leur poids. Autrefois elles y valoient depuis 32 jufqu'à 54 copecs, parce qu'un copec revenoit environ à un fol de Hollande, mais à préfent elles en valent davantage.

On a long-tems payé les droits d'entrée à Archangel feulement en *reichsthales*. Depuis la fin du 17° fiècle, ils fe paient en toutes fortes d'efpèces, même en barres d'argent ; mais fi le paiement fe fait en *reichsthales*, & qu'elles foient légères, il faut ajouter au poids ce qui manque des quatorze à la livre.

Toutes les *reichsthales* ne fe reçoivent point aux Indes fur le même pied & pour la même valeur. Elles s'y pèfent & doivent être du poids de 77 vals chacune, & fi elles ne les pèfent pas, celui qui les vend doit faire bon du poids.

La *reichsthale*, eft auffi une monnoie de compte, dont plufieurs négocians & banquiers fe fervent pour tenir leurs livres. Cette manière de compter eft particulièrement en ufage en Allemagne, en Pologne, en Danemarck, à Berlin, &c. Prefque par-tout la *reichsthale* de compte eft fur le pied de l'écu de France, valant trois livres tournois, & eft compofée de 48 lubes, chaque lube de 15 den. auffi de France. Il y a cependant quelque différence dans quelques villes, comme à Nuremberg, où elle vaut 62 fols 6 deniers, ou 100 kreux, le kreux de 8 deniers de France.

RICHESSES. Les véritables richeffes font les productions que la terre accorde aux foins affidus de l'agriculture, & dont la nature fe plaît à recompenfer les longs travaux du cultivateur. Ce furent le befoin & l'abondance des productions qui firent naître le commerce & les arts. Ce font qui, comme caufe première, attirent dans un royaume l'or & l'argent, devenus par une convention générale, le figne commun de tous les genres de richeffes, car fans cette convention l'or & l'argent n'auroient d'autre valeur que celle de deux métaux moins utiles que le fer aux vrais befoins de l'homme.

RIDE, qu'on nomme autrement *Philippe* ou *Philippus*. Monnoie d'or qui a encore quelque cours en Flandres. Cette monnoie y a été frappée du tems & au coin des anciens comtes de Flandres. Elle pefe 2 deniers 12 grains, & ne tire de fin qu'à 13 carats.

RIFFY. Sorte de coton qui vient d'Alexandrie par la voie de Marfeille.

RIFLART. Efpece de laine, la plus longue de

toutes celles qui fe trouvent fur les peaux de moutons non apprêtées. Elle fert aux imprimeurs à remplir cette forte d'inftrumens qu'ils appellent *bales*, avec lefquelles ils prennent l'encre qu'ils emploient à l'impreffion des livres. *Voy.* LAINE. *Voy. auffi* BALE.

RIGISCH. Monnoie de compte dont on fe fert à Riga, pour tenir les livres des commerçans. La reichsthale fe divife en 15 *rigifchs*, & le florin de Pologne en cinq. Le *rigifch* fe nomme auffi quelquefois *marc*.

RIPER. Terme ufité dans les douanes, & fur les ports des rivières, particuliérement à Paris. Il fignifie *faire couler à force de bras, fur les brancards d'un haquet, les balles, caiffes ou tonnes de marchandifes, pour les charger plus facilement.*

RIS. Plante qui produit une femence ou graine propre à la nourriture de l'homme & des animaux. Le ris eft auffi de quelqu'ufage dans la médecine, pour faire des remedes ou boiffons qui purifient le fang, nourriffent & rafraîchiffent.

Le *ris* pouffe fes tiges jufques à quatre pieds de hauteur, fuivant la qualité de la terre où on le feme, & de l'eau qu'on peut donner aux rifieres. Ses tiges font plus fortes que celles du blé, & ont plufieurs nœuds d'efpace en efpace. Ses feuilles font larges, longues, épaiffes, affez femblables à celles du poireau. Ses fleurs naiffent au fommet des tiges & font à plufieurs étamines comme celles de l'orge. Enfin fes graines difpofées en bouquet & terminées chacune par un filet, font enfermées dans des capfules jaunâtres & rudes. Le grain du *ris* dépouillé de fon envelope eft court, prefqu'ovale, d'un blanc luftré & comme transparent.

Le *ris* vient dans les lieux humides & marécageux, & lorfque les terroirs font un peu trop fecs, on conduit dans les rifieres, par de petits canaux, les eaux de quelque ruiffeau voifin ; ces canaux étant difpofés de manière qu'on peut donner ou ôter l'eau à fon gré & fuivant que les terres en ont befoin.

Dans prefque tout l'orient le *ris* mondé eft la principale nourriture, & y tient lieu de pain. Dans les indes orientales, ce font les femmes qui égrainent, mondent & nétoient le *ris*.

L'Efpagne & l'Italie font les états de l'Europe qui produifent le plus de *ris*, & prefque tout celui qui fe confomme à Paris, en vient. Les marchands épiciers qui en font commerce, en tirent particulièrement du Piemont, & l'eftiment le meilleur. Il fe vend en gros & en détail ; le gros au minot, au boiffeau, le détail au litron & à la livre.

Le *ris* doit être choifi nouveau, bien mondé, gros, blanc, bien net, ne fentant ni la poudre, ni le rance. Il n'y a gueres que celui du Piemont qui ait toutes ces qualités, le *ris* d'Efpagne étant ordinairement rougeâtre & d'un goût falé.

Le plus grand commerce de *ris* qui fe faffe à Paris eft pour le carême, où il fe mange en grain, crevé dans l'eau & enfuite cuit dans le lait ou au gras. On en fait auffi de la farine dont on fait d'excellente bouillie, des gâteaux & plufieurs autres mets.

Dans les tems de famine, comme celles qui réduifirent la France à de fi grandes extrémités en 1694 & 1709, le *ris* eft une reffource pour la nourriture des pauvres. Il en entra dans le royaume, pendant ces deux années, pour des fommes confidérables.

Les Chinois font un vin de *ris* dont la couleur & le goût reffemblent au vin d'Efpagne, & dont ils font leur boiffon ordinaire.

En quelques lieux de l'Europe on en tire une eaude-vie très-forte; mais elle eft défendue en France, ainfi que les eaux-de-vie de grains & de melaffe.

« Par le tarif de 1664, le *ris* payoit d'entrée 14 f.
» du cent pefant.
» Aujourd'hui, venant de l'étranger, il doit à
» toutes les entrées du royaume, fuivant la déci-
» fion du confeil du 14 feptembre 1778, 7 deniers
» & demi par quintal.
» Venant indirectement du levant, il acquitte in-
» dépendamment de ce droit 10 pour cent de la
» valeur fur l'eftimation de 12 liv. par quintal fixée
» par l'état annexé à l'arrêt du 22 décembre 1750.
» Ceux originaires de la Caroline en font exempts,
» lorfque leur origine eft prouvée. Décifion du con-
» feil du 13 octobre 1769.
» Les *ris* fortant des cinq groffes fermes pour
» l'étranger, payent 12 f. par quintal. S'il en fortoit
» par le Dauphiné, il devroit pour la douane de va-
» lence, 1 liv. 9 d. par quintal «.

RISAGAL ou REAGAL. Sorte d'arfenic rouge. Voy. REAGAL.

RISCO. *Terme italien*, dont plufieurs négocians Français du Dauphiné & de la Provence fe fervent pour fignifier *rifque*, *péril*, *hazard*, *danger*. Voy. RISQUE.

RISDALE. Monnoie d'argent qui fe fabrique en Allemagne. *Voy.* RICHEDALE, *qu'il faut écrire & prononcer* REICHSTHALE.

RISQUE (*Terme de commerce de mer*). Hazard, péril, danger qui peut caufer de la perte, ou du dommage, foit au corps du vaiffeau, à fes agrès, &c., foit aux marchandifes dont il eft chargé.

Pour ne point courir de *rifque*, dans les envois de marchandifes que l'on fait par mer, la prudence veut qu'on les faffe affurer. *Voy.* ASSURANCE.

Tous contrats de groffe, ou à la groffe, demeurent nuls par la perte entière des effets fur lefquels on a prêté, pourvu qu'elle arrive par cas fortuits dans le tems & dans les lieux des *rifques*.

Lorfque le tems des *rifques* n'eft point réglé par le contrat, il doit courir à l'égard du vaiffeau de fes agrès, des appareaux & de fes vivres, du jour qu'il a fait voile, jufqu'à ce qu'il foit ancré au port de fa deftination, & amarré à quai, fi cette dernière opération eft poffible.

A l'égard des marchandifes, le *rifque* court fitôt qu'elles ont été chargées dans le vaiffeau, ou dans

des gabarres pour les y porter, jufqu'à ce qu'elles foient délivrées à terre.

Cette police eft conforme aux art. 11 & 13 *du tit.* 5 *du liv.* 3 *de l'ordonn. de la marine du mois d'août* 1681.

Lorfqu'on fait à quelqu'un des envois de marchandifes qu'il a demandées, & qu'on lui écrit qu'elles font parties ou qu'elles partiront par tel vaiffeau, pour fon compte, & à fes *rifques*, *périls* & *fortune*, cela veut dire que s'il arrive quelque perte ou dommage à la marchandife qu'on lui envoye, ce fera lui qui les fupportera.

Prendre un billet à fes *rifques*, *périls* & *fortune*, c'eft s'en charger purement & fimplement & renoncer à tous recours vers celui de qui on le tient, en cas de banqueroute ou d'infolvabilité de celui qui a foufcrit le billet.

RISQUER. Expofer fon bien, fa marchandife, &c. *Voy.* RISQUE.

On dit en matière d'affurance qu'il ne faut pas tout rifquer fur le même vaiffeau, pour faire entendre qu'un affureur ne doit pas trop hafarder fur chaque navire, ayant plus à efpérer de plufieurs que d'un feul.

RIVAGE. On appelle à Paris, *droit de rivage*, un octroi qui eft levé fur tous les bateaux chargés de marchandifes qui y arrivent par la rivière & qui féjournent dans les ports.

RIVAGE. Se dit auffi du chemin que les ordonnances réfervent fur les bords des rivières pour le tirage & le halage des bateaux. *Par l'ordonnance de la Ville de Paris de* 1672, le chemin, ou *rivage* doit être de 24 pieds de large, ou de lé, comme dit cette ordonnance. En d'autres endroits il ne faut que 18 pieds.

RIVERAGE. Droit domanial & quelquefois feulement feigneurial, qui fe paye pour chaque couple de chevaux qui tirent les bateaux, foit en montant, foit en defcendant les rivières. Ce droit eft établi pour l'entretien des chemins qui font réfervés le long des rivages, pour le tirage des coches & des bateaux.

En 1708, il fut ordonné, par déclaration du Roi du 29 décembre, une levée par doublement, au profit de fa majefté, de tous les droits de péage, pontonage, *riverage* &c. dans toute l'étendue du royaume.

RIVES. Les mefureurs de grains, appellent ainfi les deux bords ou côtés de la radoire, ou racloire, dont ils fe fervent pour rader les grains de deffus les mefures. *Voy.* RADOIRE.

RIX-DOLLAR. *Voy.* DALLER.

RIX-MARC. Monnoie de Danemarck, qui vaut vingt fchelings danois, ou dix fchelings-lubs.

RIX-OORTH. Autre monnoie danoife qui vaut vingt-quatre fchelings danois, ou un quart de reichfthale.

RIZE. On appelle ainfi dans les Etats du grand Seigneur, un fac de quinze mille ducats; ce qui peut paffer pour une efpece de monnoie de compte, comme la livre tournois & million en France.

PO

ROBA ou ROBÉ. *Terme de commerce de mer,* dont on fe fert en Provence & dans le levant. Il fignifie *marchandifes*, *biens*, *richeffes*. Il eft auffi en ufage parmi les Catalans, dans la même fignification. Il paroît être paffé d'Italie en Provence, d'où les provençaux l'ont porté dans les échelles du levant.

ROBE. Mefure en ufage en Efpagne, pour les liquides. La *robe* fait huit fommes: la fomme quatre quarteaux. Les vingt-huit *robes* font une pipe. La botte eft de 30 *robes*, & la *robe* pefe vingt-huit livres. Lorfqu'on vend jufqu'au nombre de 40 *robes* de quelque liqueur, on en donne quarante une pour quarante, & ainfi de 40 en 40.

ROBE. On nomme ainfi dans les ifles Françoifes de l'Amérique, les plus grandes feuilles de tabac que l'on deftine à mettre les dernieres fur le tabac qu'on file pour le parer & donner plus de confiftance. Voy. TABAC à *l'art. où il eft parlé de la manière de le corder.*

ROBE-VELLEN. C'eft ainfi qu'on nomme en Hollande les peaux de chien de mer. *Voy.* le tarif de 1664, & celui de 1725. Il s'en apporte beaucoup pour les vaiffeaux qui reviennent du détroit de Davis & de la petite pêche de la baleine. *Voy.* CHIEN DE MER.

ROBES. Il vient de la Chine des *robes* pour hommes & pour femmes, mais en morceaux & non affemblées. Elles font de fatin, de taffetas & autres étoffes, brodées d'or, d'argent & de foie. La compagnie Françoife de la Chine, en avoit envoyé les modeles par fes vaiffeaux, & ce fut par le retour des mêmes vaiffeaux que furent apportées les premieres de ces *robes* qu'on ait vues en France.

ROCAILLES. Efpece de petits grains de diverfes matieres qui fervent à mettre le verre en couleur, & dont on fait des colliers. *Voy.* PEINTURE *fur verre.*

« La *rocaille* venant de l'étranger doit d'entrée, » fuivant l'arrêt du 3 juillet 1692, par quintal 15 l. » venant des provinces réputées étrangeres, & paf- » fant par les cinq groffes fermes, dans une province » réputée étrangere ou à l'étranger, cinq pour cent » de la valeur omife au tarif.
» A la douane de Lyon, 1 liv. 12 f. 6 d., & à » celle de Valence, par affimilation en verre à vître » dénommé au 7e. art., 15 f. 8 d.

ROCAILLE. Petits grains de verroteries propres à faire des colliers, qui fervent au commerce de l'Afrique & de l'Amérique. On les nomme plus communément *raffade*. Voy. RASSADE.

ROC-FORT, ou plutôt ROQUEFORT. Sorte de fromage qui tire fon nom d'un village du Rouergue où il fe fabrique. *Voyez* FROMAGE, à *l'endroit où il eft parlé des fromages de France.*

ROCHE. Petits fromages ronds & fort épais, du poids de deux livres, qui fe tirent de Rouane en Forêt. *Voy.* FROMAGE, *au paragraphe de ceux de France.*

ROCHE. Efpèce de minéral jaune, qui a les propriétés du borax, pour fouder les métaux. Plufieurs ouvriers fe fervent de la *roche* pour leurs foudures, parce qu'elle eft plus commune & de moindre prix. *Voy.* BORAX.

ROCHET. Groffes bobines courtes, fur lefquelles les marchands, les manufacturiers, & les ouvriers en étoffes dévident leur laine, leur foie & leur fil d'or & d'argent, foit pour les vendre, foit pour les employer, ou pour leur donner quelque préparation. A Lyon, on les appelle *roquets.*

ROCOU, que les Bréfiliens appellent *achiotte*, ou *vraeu*, & les Hollandois *orléane*. Drogue qui fert à la teinture & à la peinture.

L'arbre qui porte les graines dont on compofe le *rocou*, & qui fe nomme *rocou* lui-même, n'eft pas plus haut qu'un petit oranger; fes feuilles, pointues par un des bouts, ont la figure d'un cœur. Il porte des fleurs blanches, mêlées d'incarnat, compofées de cinq feuilles en forme d'étoile, qui croiffent par bouquets aux extrémités des branches. Ces fleurs font fuivies de petites filiques ou gouffes qui enferment plufieurs grains de la groffeur d'un pois, couverts dans leur maturité du vermillon le plus vif qu'on puiffe imaginer.

Pour avoir cette précieufe couleur, on feque ces grains dans un vaiffeau de terre. On les y lave avec de l'eau tiéde, jufqu'à ce qu'ils aient quitté leur vermillon; enfuite, après avoir laiffé repofer cette eau, on prend le marc, dont on forme des tablettes & de petites boules très-eftimées quand elles font fans mélange; ce qui eft très-rare. On fe fert auffi du feu pour faire cuire cette drogue, & lui donner de la confiftance.

On doit choifir le *rocou*, d'une odeur d'iris ou de violette, le plus fec & le plus haut en couleur qu'il fe pourra, d'un rouge ponceau, doux au toucher, fans aucune dureté, facile à s'étendre, & jamais fi ferme qu'en le touchant un peu fortement, on ne puiffe y laiffer quelqu'impreffion. Enfin quand on le rompt, le dedans doit être encore plus vif que le dehors.

La fraude qu'on fait quelquefois dans cette marchandife, confifte à y mêler de la terre rouge bien tamifée, ou de la brique pilée, lorfque la drogue acheve de fe cuire dans la chaudiere; ce qui en augmente confidérablement le poids & le volume; mais on peut découvrir aifément cette friponnerie, en faifant diffoudre un morceau de *rocou* dans un verre d'eau; s'il eft pur, il fe diffout entierement; s'il eft mêlé de terre ou de brique, l'un ou l'autre tombe au fond d'un verre.

Aux Antilles, on donne cinq pour cent pour le poids des feuilles dont le *rocou* eft enveloppé & pour l'éguillette qui le lie.

Autrefois il venoit de ces ifles & même de Hollande , du *rocou* en petits pains , de la forme d'un écu , & qui étoit excellent. Préſentement on n'en apporte qu'en gros pains quarrés ou en boule , qui lui eſt bien inférieur , & qui eſt preſque toujours humide , ſale , moiſi & d'une odeur inſupportable.

« Le *rocou* venant de l'étranger , ou d'une pro- » vince réputée étrangère , doit à l'entrée des cinq » groſſes fermes , d'après la déciſion du conſeil , du » 6 juillet 1719 , qui l'a tiré de la claſſe des dro- » gueries , par quintal brut , 2 liv. 10 ſols ; & à la » ſortie des cinq groſſes fermes cinq pour cent de » la valeur.

» A la douaïte de Lyon , il paie par quintal net , » ſuivant l'ajouté au tarif , 1 liv. 11 ſols.

» A la douane de Valence , comme droguerie , » 3 liv. 11 ſols.

» Le *rocou* venant des îles Françoiſes de l'Amé- » rique , doit par quintal , à toutes les entrées per- » miſes , ſuivant l'article 19 des lettres patentes » d'avril 1717 , 2 liv. 10 ſols , indépendamment de » celui du domaine d'occident , fixé par l'évalua- » tion qu'on arrête tous les ſix mois.

» Venu des îles Françoiſes à Marſeille , il n'ac- » quitte que le même droit de 2 livres 10 ſols , en » paſſant dans le royaume , à la charge de juſtifier » de ſon origine , par certificat des commis du » bureau du poids & caſſe. Article 18 des lettres » patentes de février 1719.

» Celui venu dans la Bretagne , & qui a acquitté » les droits locaux à ſon arrivée , doit encore en » paſſant dans les cinq groſſes fermes , le même » droit de 2 liv. 10 ſols.

» Tous ceux des îles jouiſſent du bénéfice d'en- » trepôt & du tranſit à travers le royaume. »

Manière de cultiver & de faire le rocou, tirée du voyage du P. Labat , miſſionnaire aux Antilles , imprimé en 1712.

ROCOURT. On dit plus communément *rocou*. Voy. *l'article précédent*.

ROEMALS. Mouchoirs de toiles de coton qui viennent des Indes orientales. *Voy.* MOUCHOIR.

ROGNURES. Tout ce qui eſt rogné ou retranché de quelque choſe.

« ROGNURES de cartes ſervant à la fabrique des » cartes lorſqu'elles ſont rebattues , doivent à toutes » les entrées du royaume , ſuivant l'arrêt du 21 » août 1771 , par quintal 2 ſols , & venant des » trois évêchés & de Lorraine , elles doivent le même » droit de 2 ſols du quintal.

» A la circulation elles ſont exemptes de droits » d'après le même arrêt qui en défend la ſortie.

» Les *rognures* de draps , appellés *bouts* & *couls » ronds* , ſont prohibées à toutes les ſorties du » royaume par déciſion du conſeil du 28 février » 1782 ; elles doivent à la douane de Lyon , venant » de l'étranger 10 ſols , & venant de l'intérieur , avec » l'augmentation 10 ſols 9 deniers.

» Les *rognures* de laiton , ſuivant le tarif de 1664 , » à la ſortie des cinq groſſes fermes pour les pro-

» vinces réputées étrangères & l'étranger , doivent » par quintal une liv. 5 ſols.

» A la douane de Lyon , de tel endroit qu'elles » viennent , elles acquittent , au tarif de 1632 du » cent peſant 8 ſols.

» A la douane de Valence , par aſſimilation au » cuivre , 15 ſols 8 den.

» Les *rognures* de peaux propres à faire de la » colle , venant de l'étranger , doivent à toutes les » entrées du royaume , ſuivant l'arrêt du 21 août » 1771 , 2 ſols par quintal ; elles ſont exemptes à » la circulation par le même arrêt , lequel en défend » la ſortie.

» A la douane de Lyon , elles devroient , en » cas de mélange , avec des marchandiſes ſujettes , » y compris l'augmentation de 1725 , 2 ſ. 6 den.

» A la douane de Valence , à raiſon de leur peu » de valeur , 7 ſols 3 den. de la charge de trois » quintaux.

» Les *rognures* de parchemin paient comme celles » de peaux , étant propres au même uſage.

» Les *rognures* de peaux revêtues de poil , nom- » mées *équais* , ſervant aux chapeliers , doivent cinq » pour cent de la valeur.

» A la douane de Lyon , ſuivant la lettre de la » ferme générale au directeur de Lyon , du 7 ſep- » tembre 1778 , du quintal 1 liv. 7 ſols. »

ROGUES. *Voy.* RABES DE MORUE & RESURE.

ROLETTE. Toile de lin qui ſe fabrique en Flandres , particulièrement à Courtray & à Ypres. *Voy.* TOILE.

ROLLE. On nomme *le grand rolle* , en terme de ſucrerie , ce qu'on nomme autrement *le grand tambour* , c'eſt-à-dire , celui des trois tambours , dont un moulin à ſucre eſt compoſé , qui eſt au milieu , & qui eſt traverſé de l'arbre du moulin.

ROLLE. Étoffe de laine qui eſt une eſpèce de molleton. *Voy.* MOLLETON.

« Cette étoffe paie les droits ſur le pied du mol- » leton. »

ROLLE DE TABAC. *Voy. l'article du* TABAC , où il eſt parlé de la manière de le filer & de mon- ter les rolles.

ROMAINE. Eſpèce de balance dont l'invention eſt fort ancienne , & qui ſert à peſer diverſes ſortes de marchandiſes.

La douane de Rouen a pris ſon nom de bureau de la *Romaine* , de ce que cette ſorte de balance y eſt particulièrement en uſage. *Voy.* BALANCE.

ROMALLES. Ce ſont des mouchoirs ſoie & coton , qui viennent des Indes orientales. Il y en a quinze à la pièce.

ROMALS. Autre ſorte de mouchoirs de toile de coton , peinte , ſans aucune ſoie , & qui ſe fabri- quent dans les états du Mogol , d'où on les tire par Surate. La pièce eſt de 6 ou 8 mouchoirs. Ils ont été autrefois prohibés en France. *Voy.* TOILES PEINTES.

ROMARIN. Plante très-commune en France , ſur-tout en Languedoc.

Cette plante ne s'élève pas bien haut. Ses branches d'un gris cendré, & qui paroissent toujours sèches & arides, poussent quantité de petites feuilles étroites, fermes & pointues par le bout, d'un verd foncé d'un côté, & blanchâtre de l'autre. Du milieu de ses feuilles, & attachées à la branche même, naissent en très-grand nombre, de petites fleurs bleuâtres à quatre feuilles qui sont rayées de quelques filets d'un bleu plus foncé. Toute cette plante, branches, feuilles & fleurs, est d'une odeur très-aromatique, & d'un goût fort & piquant.

On tire du *romarin* diverses marchandises, qui sont d'un grand usage dans la médecine. Les principales sont des huiles, des essences, des eaux, des sels, des conserves sèches & liquides, sans compter les fleurs & la semence de cette plante dont on fait aussi quelque commerce.

L'huile de *romarin*, à laquelle on donne aussi le nom d'*essence* ou *quintessence*, se fait avec les feuilles & les fleurs de la plante, dont on tire, par le moyen du feu, une huile blanche, claire, pénétrante & très-odorante. La rareté & la cherté de cette huile, est cause qu'elle est presque toujours sofistiquée, soit en y mêlant de l'esprit-de-vin, soit avec des huiles d'aspic, de lavande & autres semblables, ou même, sans prendre tant de précautions, en débitant, sous son nom, de simple huile de thérébentine, préparée avec de la poix & de l'orcanette.

L'eau de la reine d'Hongrie n'est qu'un excellent esprit-de-vin, bien déflegmé, empreint des qualités des fleurs de *romarin*. La grande consommation qui se fait de cette eau, à cause de ses propriétés, ou peut-être de sa réputation bien ou mal acquise, bien loin d'engager ceux qui la font, à s'attacher à la faire bonne, a été cause au contraire qu'on l'a sophistiquée, & que celle qu'on débite dans beaucoup de boutiques, n'est qu'une simple eau-de-vie distillée avec les feuilles de *romarin*, souvent toutes pures, ou quelquefois chargées de leurs fleurs, au lieu de n'employer que les seules fleurs bien mondées, avec le meilleur esprit-de-vin; quelquefois encore ce n'est que l'eau-de-vie distillée, sur laquelle on a jetté un peu d'huile blanche de *romarin* avant de les mettre dans les bouteilles.

« Le *romarin* (droguerie), doit à l'entrée des » cinq grosses fermes, au tarif de 1664, par quintal » net, 15 sols à la sortie des cinq grosses fermes, » cinq pour cent de la valeur, à moins qu'il ne » soit justifié de l'acquittement des droits d'entrée. » A la douane de Lyon, de tel endroit qu'il » vienne, suivant l'usage, 7 sols. » A celle de Valence, comme droguerie, 3 livres » 11 sols. »

ROME. On appelle *serge de Rome*, des serges très-fines qui se fabriquent à Amiens. Leur aunage est de demi-aune de large, & de vingt-une aunes de long. *Voy.* SERGES.

ROME, qu'on écrit plus exactement *rum*. Eau-de-vie très-forte, extraite de la melasse de sucre brut. On la nomme dans les colonies Françoises de l'Amérique, *tafia*; dans les ports de France, *guildive*; & en Angleterre, ainsi que dans ses colonies, *rum*. Elle est excellente pour toutes les meurtrissures & contusions employée en frictions, ou avec compresses bien imbibées de cette liqueur que l'on applique sur les parties blessées. Elle sert, mêlée avec du jus de citron, du thé & du sucre, à faire une liqueur chaude & ennyvrante, dont les Anglois, qui l'inventèrent les premiers, usent quelquefois sans modération, & que les Anglomanes François ont mise depuis quelques années, en vogue dans leur patrie, malgré tant d'autres boissons plus saines & plus agréables qui abondent chez eux. *Voy.* TAFIA *pour les droits*.

ROMPRE, (se) signifie (*en termes de marchands de vin*) l'*épreuve* que font les marchands & les cabaretiers, pour en connoître la bonne ou mauvaise qualité.

Cette épreuve consiste à mettre du vin dans un verre & à le laisser découvert pendant quelque tems à l'air. S'il ne *rompt*, c'est-à-dire, s'il ne change pas de couleur, il est bon; & au contraire, si la couleur s'altère (ce que les marchands de vin nomment *se rompre*) il n'est pas de garde, & est sujet à se gâter.

RONAS. On nomme ainsi une racine qui court dans la terre, comme la réglisse, & qui est à peu près de la même grosseur. On en trouve en quantité aux environs de la ville d'Astahar, située dans l'Armenie, à une lieue de la rivière d'Araxe. Son principal usage est pour teindre en rouge, & c'est du jus de cette racine que sont peintes toutes les toiles qu'on nomme *les véritables Perses*, aussi bien que celles qui se font dans les états du Mogol. Les sujets de ce dernier prince en tirent tous les ans de Perse pour de grandes sommes.

On en tire de terre des morceaux très-longs, mais qu'on coupe de la longueur de la main, pour en faire des paquets, & en mieux remplir les sacs dans lesquels on les transporte.

Le *ronas* donne une teinture si vive & si forte, qu'elle dure, pour ainsi dire, plus que la toile même, sa vivacité augmentant à mesure qu'elle vieillit.

Il arrive à Ormus des caravanes entières chargées de cette racine, pour l'envoyer aux Indes dans les navires qui y retournent.

RONDELETTES, Soies *rondelettes*. Ce sont les moindres & les plus communes de toutes les soies. On les nomme aussi *bourres*, *strasses*, & *contrailles*. Voy. BOURRES, & aussi SOIES.

RONDELETTES. On nomme aussi de la sorte des toiles à voiles qui se fabriquent en Bretagne, dans quelques endroits de l'évêché de Rennes, particulièrement à Vitré.

L'article 7 du réglement de 1724 pour les noyales & autres toiles à voiles, ordonne que les *rondelettes* d'un fil, seront de vingt-quatre pouces de laise, & composées de seize portées de quarante fils chacun. La chaîne doit être de pur brin, &

la tefture de chanvre dont le brin eſt tiré ſans aucun mélange de lin.

RONSTIQUE. Petite monnoie de cuivre qui ſe fabrique à Stokolm, & qui a cours dans toute la Suède. Les huit *ronſtiques* valent le marc auſſi de cuivre, c'eſt-à-dire, environ deux ſols ſix deniers de France. Il faut vingt *ronſtiques* pour la petite chriſtine d'argent, & trois pour faire le ſol de Suède.

ROOTENOBEL. *Voy.* NOBLE A LA ROSE.

ROOTSCHAAR. On nomme ainſi en Hollande, la troiſième eſpèce de ſtokvis ; c'eſt celle qu'on appelle autrement le *ſtokvis court.* Les deux autres ſont le rond & le long. *Voy.* STOXFITH & STOKVIS.

ROQUETTE ou *cendre du Levant.* Cendre d'une eſpèce d'herbe, nommée *roquette,* dont les fabriquans de ſavon & de verre ſe ſervent. Il en vient d'Acre, de Tripoly, de Syrie. La *roquette* d'Acre, eſt la meilleure. On l'apporte dans des ſacs gris, & celle de Tripoly dans des ſacs bleus. *Voy.* CENDRE.

ROQUILLE. Petite meſure des liqueurs, à laquelle on donne le nom de *poiſſon.* C'eſt la moitié d'un demi-ſeptier, ou le quart d'une chopine de Paris. *Voy.* POISSON.

ROSCONNES. Toiles blanches de lin qui ſe font en quelques endroits de Bretagne. *Voy.* TOILE.

ROSE. Fleur très-connue, tant par ſa beauté que par ſon excellente odeur. Il y en a de bien des ſortes ; de blanches, de rouges, de panachées, de ſimples, de doubles, des *roſes* à cent feuilles, des *roſes* de Provins, des *roſes* muſcats, des *roſes* de damas & des *roſes* de Gueldre ; celles-ci cependant ſont une eſpèce bien différente des autres.

On tire de toutes ces eſpèces de *roſes,* à l'exception de celles de Gueldres, une eau très-eſtimée pour les maux d'yeux, & pour pluſieurs autres uſages, tant dans les parfums que dans la compoſition des paſtilles de ſucre, des conſerves, &c.

L'eau de *roſe* eſt très eſtimée en Perſe, à la Chine & dans beaucoup d'endroits de l'Orient, où il s'en fait un commerce très-conſidérable, ſoit par les nations Aſiatiques qui en chargent tous les ans pluſieurs bâtimens à Bender Abaſſi & dans d'autres ports de la Perſe, ſoit par les nations de l'Europe qui trafiquent d'Inde en Inde.

Les *roſes* de Provins ſont celles dont on fait le plus de commerce. L'on en a porté juſqu'aux Indes, où elles ont un tel débit, qu'elles s'y vendent, pour ainſi dire, au poids de l'or. Quoiqu'il ſe trouve de cette eſpèce de *roſes* preſque par-tout, il ſemble qu'elles n'aient pas ailleurs les mêmes vertus & les mêmes propriétés qu'aux environs de Provins, ville de la province de Brie, de qui elles ont emprunté leur nom, ſoit que la culture s'y faſſe avec plus de ſoin, ſoit que la terre y ſoit plus propre, ou plutôt que les habitans ſoient plus adroits & plus attentifs à les faire bien ſecher.

Les *roſes* de Provins ſont de la grande ou de la moyenne ſorte. Les unes & les autres, pour être de la bonne qualité, doivent être d'un rouge noir, velouté, bien ſeches, bien odorantes, ſans

graines ni petites feuilles, & que leur couleur n'ait point été augmentée par quelque acide.

Il faut pour les conſerver, les tenir dans un lieu ſec, ne leur point laiſſer prendre d'air, les preſſer & les fouler fortement. En cet état, elles peuvent durer un an & même dix-huit mois ſans perdre ni leur qualité, ni leurs vertus.

On fait à Provins avec des *roſes,* des conſerves blanches & rouges, & une autre conſerve liquide à laquelle on attribue de grandes vertus pour les maux de cœur & d'eſtomach. Le miel roſat qu'on en apporte eſt infiniment meilleur que celui que l'on fait ordinairement chez la majeure partie des apothicaires de Paris. Il s'en fait cependant chez quelques uns, qui vaut encore mieux que celui de Provins.

La Chine tire de cette fleur, des eſprits, des huiles, des ſels ; & les marcs qui reſtent dans les alembics, ne ſont pas même inutiles, puiſqu'après les avoir ſechés au ſoleil, on les vend ſous le nom de *chapeaux* ou *pains de roſes.*

« Les *roſes* doivent à l'entrée des cinq groſſes » fermes, au tarif de 1664, par quintal net, à la » ſortie des cinq groſſes fermes, celles du cru de » France, auſſi par quintal brut, ſuivant le même » tarif 5 livres ; les autres doivent cinq pour cent de » la valeur, ſi elles ne ſont accompagnées d'acquit » du droit d'entrée.

» A la douane de Lyon, ſuivant le tarif de 1632, » elles doivent, venant de l'étranger, par quintal » net, 1 liv. 5 ſols ; venant de l'intérieur, avec » l'augmentation de 4 ſols, 1 livre 9 ſols.

» A la douane de Valence, du quintal net, 3 l. » 11 ſols. »

ROSE, *bois de roſe,* ou de *Rhode,* qu'on nomme *bois marbré,* eſt un bois que l'on compte entre les eſpèces d'aſpalathe, & que bien des gens confondent avec le bois de Chypre, quoique les connoiſſeurs en faſſent une grande différence. Il ne s'appelle *bois de roſe* que parce qu'il en a l'odeur.

Cet arbre qui eſt très-commun dans les îles Antilles, s'élève fort haut & fort droit ; ſes feuilles longues comme celles du châtaignier ou du noyer, ſont blanchâtres, ſouples, molles & velues d'un côté. Ses fleurs qui ſont blanches & d'une odeur agréable, croiſſent par bouquets, & ſont ſuivies d'une petite graine noirâtre & liſſée ; l'écorce de ſon tronc eſt d'un gris blanc, & preſque ſemblable à celle du chêne ; le bois au dedans eſt de couleur de feuilles mortes, & différemment marbré, ſelon la différence des terroirs où l'arbre a pris naiſſance. Ce bois prend un poli admirable, & l'odeur qu'il exhale quand on le met en œuvre, ou quand on le manie, eſt très-douce & très-agréable.

On emploie ce bois dans les ouvrages de marqueterie & de tour. Les diſtillateurs en tirent une eau qu'ils vendent ſouvent pour de véritable eau de *roſe.* Réduit en poudre, on le mêle parmi les paſtilles. Les chirurgiens & les barbiers en parfumoient autrefois l'eau dont ils ſe ſervoient pour faire la barbe. La médecine même le fait entrer dans les remèdes ; mais plus pour son odeur que pour ses vertus.

Les Hollandois en tirent par la distillation, une huile blanche & fort odorante que les marchands épiciers droguistes vendent sous le nom d'*oleum rhodium*, & dont les parfumeurs se servent. Cette huile, quand elle est nouvelle, ressemble parfaitement à l'huile d'olive ; avec le tems elle s'épaissit & devient d'un rouge obscur, comme de l'huile de Cade. On tire aussi de ce bois par la cornue, un esprit rouge & une huile puante, bonne pour la guérison des dartres.

Il faut choisir le bois de *rose* nouveau, sec, de couleur de feuille morte, d'une odeur de *rose*, le plus gros & le moins tortu qu'il se peut. *Voyez* ASPALATHE.

« Le *bois de rose* paie à l'entrée & à la sortie
» des cinq grosses fermes, à raison de cinq pour
» cent de la valeur ; & il est d'usage à Rouen de
» l'estimer 15 sols la livre.
» A la douane de Lyon, il acquitte, suivant le
» tarif de 1632, de tel endroit qu'il vienne, 7 sols
» par quintal net.
» A la douane de Valence, par assimilation au
» bois d'inde, aussi par quintal net, 3 liv. 11 sols. »

ROSE ou ROSETTE. (*Terme de teinture.*) C'est une marque ronde de la grandeur d'un écu, d'une couleur quelconque, que les teinturiers sont obligés de laisser au bout de chaque pièce d'étoffe qu'ils teignent, pour faire connoître les couleurs qui ont servi de pied ou de fond, & faire voir que l'on y a employé les drogues & ingrédiens nécessaires, suivant les réglemens. Dans le cas de fraude prouvée, la pièce teinte est confisquée, & le teinturier condamné à l'amende avec interdiction perpétuelle de sa maîtrise, comme trompeur public. *Réglement des teinturiers de 1669*, art. 34. *Voyez* PIED & DÉPOUILLI.

ROSE. On appelle *noble à la rose*, une ancienne monnoie d'or d'Angleterre. *Voyez* NOBLE A LA ROSE.

ROSE. Couleur rouge pâle, tirant sur celle des *roses* naturelles. *Voy.* ROUGE.

ROSE-CRAN. Sorte de linge ouvré qui se fabrique en Picardie. *Voy.* LINGE.

ROSÉE. Est une des espèces de mousselines ou de toile de coton qui viennent des Indes orientales. On la nomme plus communément *chabnam. Voy.* CHABNAM.

ROSE-NOBLE. Monnoie d'or qui se fabrique en Hollande, & qui a cours pour onze florins.

Il y a aussi des *roses-nobles* de Danemarck qui valent 24 marcs danische ou Danois. Il y a ordinairement un bénéfice depuis 16 jusqu'à 24 schelings Danois, sur les *roses-nobles*, lorsqu'on les change en reichstales.

ROSEREAUX. Fourrures qu'on tire de Moscovie par la voie d'Archangel. Ces peaux sont bonnes pour la Suisse, où elles servent à fourrer des bonnets. *Voy.* HERMINÉS, *pour les droits.*

ROSES. Petites étoffes de soie, de laine & de fil, dont les façons représentent des espèces de *roses*. Elles ont vingt aunes un quart, à vingt aunes & demie de longueur, sur un pied & demi & un pouce de largeur, au pied du roi. Elles sont du nombre des étoffes de haute-lisse qui se fabriquent dans la sayeterie d'Amiens. *Voy.* HAUTE-LISSEUR.

ROSETTE. On appelle ainsi une sorte de craie rougeâtre, comme celle d'aramante, qui n'est autre chose que du blanc de Rouen, auquel on a donné cette couleur par le moyen d'une teinture de bois de Brésil, plusieurs fois réitérée.

La *rosette* est une espèce de stil de grain dont on se sert dans la peinture.

Il y a une espèce de *rosette* semblable pour la composition à celle ci-dessus ; mais dont la couleur est d'un plus beau rouge. Elle sert à faire cette encre dont les imprimeurs se servent pour marquer en rouge certains mots ou certaines lettres dans les livres. On s'en sert aussi quelquefois pour peindre.

ROSETTE. Marque des teinturiers. *Voyez* ROSE.

ROSETTE. Espèce de toile ou linge ouvré qui se fait en Flandres & en basse Normandie. On les appelle aussi *rosettes-perlées*, mais plus communément *petite venise. Voy.* LINGE.

ROSETTE. On nomme ainsi dans le commerce de cuivre & parmi les fondeurs, le cuivre le plus pur & de la meilleure qualité, & qui vient ordinairement en plaques de divers poids & grandeurs. *Voy.* CUIVRE, *pour les droits.*

ROSETTES. Petites roses ou fleurons d'argent ou de cuivre dont les couteliers se servent pour monter les rasoirs, les lancettes & autres instrumens de chirurgie. Ils font celles de cuivre, & prennent celles d'argent chez les orfévres.

ROSETTES. Petits poinçons ou ciselets d'acier, à un des bouts desquels sont gravés en creux des roses ou autres fleurs, pour les frapper ou pour en imprimer le relief sur les métaux où l'on fait des ciselures.

ROSSE. Vieux mot qu'on ne retrouve plus que chez quelques marchands de province, pour dire, marchandise ancienne, garde boutique, vieille drogue qui n'est plus de vente.

ROSSOLI. Liqueur agréable, composée d'eau-de-vie brûlée, de sucre & de canelle, où l'on ajoute quelquefois du parfum. Il y a aussi du *rossoli* qui se fait avec de l'eau.

Le *rossoli* de Montpellier est très-bon ; mais on estime davantage celui de Turin.

Pour les droits. *Voy.* LIQUEUR.

ROTIN. Sorte de roseau qu'on apporte des Indes orientales. On en fait, en les fendant par morceaux, ces meubles de canne, dont l'usage & le commerce sont si considérables, en Angleterre & en Hollande, ainsi qu'en France. On en fait aussi des cannes pour s'appuyer en marchant, ou qu'on tient à la main par contenance.

ROTIN, signifie aux îles Françoises de l'Amérique, les *cannes à sucre* qui ne s'élèvent guères, soit que la mauvaise terre où elles sont plantées en soit la cause, soit que cela provienne de la trop grande sécheresse, soit enfin qu'elles aient été mal cultivées, ou qu'elles soient trop vieilles.

ROTOLO, ou ROTOLI. Poids dont on se sert en Sicile, en quelques lieux d'Italie, à Goa, en Portugal & dans plusieurs échelles du Levant, particulièrement au Caire & dans les villes maritimes de l'Egypte.

Quoique le *rotolo* ait le même nom dans tous ces endroits, il est néanmoins bien différent par sa pesanteur.

A Gênes, & dans le reste de l'Italie, où le *rotolo* est en usage, il y en a de deux sortes; l'un qu'on appelle *rotolo-gros-poids*, & qui pese dix-sept onces six gros & quelque chose de plus, poids de marc; l'autre qui est le *rotolo commun*, est de seize onces aussi poids de marc, c'est-à-dire, une livre de Paris, d'Amsterdam & des autres villes où la livre est égale à celle de Paris; ce qui est une différence d'une once & un peu plus de six gros, entre ces deux *rotolo* ou *rotoli*.

En Sicile, le *rotolo* pese quelque chose de plus qu'une livre & demie de Paris; ensorte que cent *rotolis* font cent soixante-deux livres de cette dernière ville. La réduction des *rotolis* de Sicile en livres de France, se fait par la règle de trois, de même que celle des livres de France en *rotolis* de Sicile.

En Portugal & à Goa, le *rotolo* pese une livre & demie de Venise, chaque livre de Venise revenant à huit onces six gros de Paris, de manière que le *rotolo* Portugais est égal à treize onces un gros de Paris.

Au Caire & dans les autres villes maritimes de l'Egypte qui servent comme de portes à cette fameuse ville, la plus célèbre de l'empire Turc par son commerce, le *rotolo* est de cent quarante-quatre dragmes, ce qui revient à un peu moins qu'à la livre de Marseille, cent huit livres de cette dernière ville, faisant cent dix *rotolis* du Caire.

ROTOLO ou ROTOLI. Est aussi une mesure dont on se sert dans quelques états & dans quelques villes des côtes de Barbarie, pour mesurer les liquides. Trente-deux *rotolis* de Tripoly, font le matuli, autre mesure en usage dans cette même ville, & quarante-deux *rotolis* aussi de Tripoly, font le mataro, ou matare de Tunis. *Voy.* MATULI & MATARE.

ROTTE ou ROTTON. Poids en usage dans le Levant, qui est plus ou moins fort, suivant les lieux où l'on s'en sert.

Les cent *rottes* de Constantinople & de Smyrne, font cent quatorze livres de Paris, d'Amsterdam, de Strasbourg & de Besançon, les poids de ces quatre villes & de la majeure partie de celles de France étant égaux.

A Seyde, la *rotte* est de six cent dragmes, ou de quatre livres onze onces de Marseille; elle s'appelle *damasquin*, & sert à peser les soies & les cotons. L'acre est aussi une autre *rotte* de cette échelle, qui rend environ six livres, poids de Marseille. Elle sert à peser les cendres, les galles & les cotons en laines.

Les cent *rottes* ou *damasquins* de Seyde, font trois cent quatre-vingt livres de Paris.

Les cent *rottes* ou *acres* du même endroit, font quatre cent quatre-vingt-six livres de Paris.

A Alep, il y a trois sortes de *rottes*; l'une de sept cent vingt dragmes qui rend cinq livres dix onces; elle sert à peser les cotons, les galles & autres grosses marchandises; la seconde est de six cent quatre-vingt-dragmes, qui font cinq livres cinq onces. On pese à cette *rotte* toutes les soies qui viennent de Perse, pour être transportées en Europe, à la réserve des soies blanches ou payas, qui se pesent à la troisième *rotte*, qui est de sept cent dragmes, c'est-à-dire, de cinq livres sept onces & demie.

Les cent *rottes* d'Alep pour les grosses marchandises, font quatre cent cinquante-cinq livres de Paris.

Les cent *rottes* de la même ville pour les soies de Perse, font quatre cent trente livres de Paris.

Les cent *rottes* de la même ville, pour les soies blanches, font quatre cent quarante livres de Paris.

ROUAGE. Tous les bois, sur-tout les bois d'orme que les charrons emploient à faire les roues de carosses, charriots, charrettes & autres voitures roulantes, se nomment *bois de rouage*.

Voy. ORME, & BOIS DE ROUAGE, *pour les droits.*

ROUAGE. Se dit aussi d'un droit seigneurial qui se prend sur le vin vendu en gros.

ROUAN. (*Terme de haras & de commerce de chevaux.*) Il indique qu'un cheval a le poil mêlé de gris, de bay, d'alezan & de noir.

Il y a plusieurs sortes de *rouan*, entr'autres *rouan vineux*, *rouan cavesse*, &c. *Voy.* CHEVAL.

ROUANCHE-BRANTS. Sorte de harengs provenant de la pêche Hollandoise. *Voyez* BRANDI-HARING.

ROUBLE. Monnoie de compte dont on se sert dans toute la Russie pour tenir les livres, & y faire l'évaluation des paiemens dans le commerce. Il y a cependant une monnoie effective d'argent, qui vaut cent copecs, le demi *rouble* cinquante copecs, & le quart de *rouble* vingt-cinq copecs.

ROUCOU. *Voy.* ROCOU.

ROUEN. On donne ce nom à des toiles qui se fabriquent dans cette capitale de la Normandie. Elles sont propres pour le commerce des Canaries.

ROUETTE. Ce terme qui est particulièrement en usage parmi ceux qui font négoce de bois, signifie *une longue & menue branche de bois pliant* qu'on fait tremper dans l'eau pour la rendre plus flexible & plus fouple. On s'en fert comme de lien, pour joindre enfemble avec des perches, les bois dont on veut former un train, afin de les voiturer plus facilement & plus fûrement par les rivieres. *Voy.* TRAIN.

ROULAGE. Profeffion qu'exercent les rouliers. *Voy.* ROULIER.

Le mot *roulage* fe dit encore de la fonction de certains petits officiers de ville que l'on entretient fur les ports, pour fortir des bateaux, & mettre à terre les balles, les ballots, les tonneaux & les futailles. Il y a un réglement de la ville de Paris, qui fixe les droits dus à ces officiers par les marchands, pour le *roulage* de leurs marchandifes. *Voy.* FORTS.

ROULEAU. Ce qui eft plié & roulé en long.

ROULEAU ou ROOLE de tabac. Eft du tabac en feuilles, cordé au moulin, & roulé en plufieurs rangs, autour d'un bâton. C'eft ainfi que vient une grande partie de celui de l'Amérique; mais arrivé en France, dans les magafins de la ferme générale, il y eft retravaillé & mis enfuite en carottes & en corde, pour être diftribué au public, par le fermier & fes débitans. *Voy.* TABAC.

ROULEAU DE BOURACAN. Eft une pièce de cette étoffe roulée & empointée par les deux bouts. *Voy.* BOURACAN.

ROULEAU. Ruban de fil de diverfes largeurs, qui a pris ce nom de la forme dont il eft ordinairement roulé. Il s'en fait d'excellent à Ambert en Auvergne, d'où les marchands de Paris tirent une partie de celui qu'ils débitent. Il y a auffi une efpèce de ruban de laine, auquel on donne pareillement le nom de *rouleau*. Voy. RUBAN DE FIL & RUBAN DE LAINE, *pour les droits.*

ROULEAU DE BEAUJEU. Efpèce de toile qui fe fait à Beaujeu & dans le refte du Beaujolois. *Voy.* TOILE.

ROULEAU. Pièce de bois de figure cylindrique, dont on fe fert dans la fabrique de plufieurs ouvrages & dans diverfes manufactures, mais fouvent fous d'autres noms.

C'eft fur des *rouleaux* que fe dreffent les laines, les foies, les fils, les poils, &c. dont on fait la chaîne des étoffes & des toiles. Chaque métier en a ordinairement deux; celui de gaziers en a trois. On les nomme *enfubles*, & quelquefois *enfubleaux*. Voy. ces deux mots.

Les tiffutiers rubaniers qui travaillent aux galons & tiffus d'or & d'argent, appellent *rouleaux de la poitrinière*, un petit cylindre, qui eft attaché au devant de leur métier. C'eft fur ce *rouleau* que paffe l'ouvrage, à mefure qu'il s'avance, avant de rouler fur l'enfuble de devant. *Voy.* TISSUTIER-RUBANIER.

Dans les manufactures de glaces de grand volume, on nomme *rouleau à couler*, un gros cylindre de fonte qui fert à conduire le verre liquide, juf-

qu'au bout de la table fur laquelle on coule les glaces. *Voy.* GLACE *de grand volume.*

Les fondeurs en fable fe fervent d'un *rouleau* pour corroyer le fable qu'ils emploient à faire leurs moules. On l'appelle plus communément *bâton.* Voy. FONDEUR.

Les pâtiffiers fe fervent d'un *rouleau* pour applatir & feuilleter leurs pâtifferies.

Les preffes qu'on nomme *calandres*, qui fervent à calandrer les étoffes, font entr'autres parties effentielles compofées de deux *rouleaux.* Voy. CALANDRE.

C'eft entre deux *rouleaux* que fe font les ondes des étoffes de foie, de poil ou de laine, que l'on veut moirer ou tabifer. *Voy.* TABIS & TABISER.

Les imprimeurs en tailles-douces fe fervent de deux *rouleaux* pour prendre l'impreffion d'une planche de cuivre gravée. *Voy.* IMPRIMEUR en taille-douce.

ROULEAUX. (*En terme de monnoyeurs.*) Sont deux inftruments de fer, de forme cylindrique, qui fervent à tirer les lames d'or, d'argent ou de cuivre dont on fait les flaons des pieces que l'on fabrique. *Voy.* MONNOIE.

ROULEAUX. Ce font encore deux cylindres ou larges poulies de bois, attachées dans le milieu de ce qu'on appelle *le berceau*, dans les preffes d'imprimerie. *Voy.* IMPRIMERIE.

ROULEAUX. Se dit quelquefois dans les moulins à fucre, des tambours de fer qui fervent à brifer les cannes, & à en exprimer le fuc, malgré la différence des *rouleaux* aux tambours, les premiers n'étant que des cylindres de bois qui rempliffent les tambours & les autres des cylindres de métal, dont ceux de bois font couverts. *Voyez* MOULIN A SUCRE.

Les charpentiers, les marbriers & les tailleurs de pierres, ainfi que d'autres ouvriers fe fervent de *rouleaux* de bois de 7 à 8 pouces de diamètre, qu'ils mettent fucceffivement fous les pieces qu'ils veulent conduire d'un lieu à un autre, comme poutres, marbres & pierres de taille travaillées ou non, qui font d'un grand poids, & qu'ils pouffent avec des pinces ou des leviers.

Quand les fardeaux font d'un poids énorme, on fe fert de *rouleaux* fans fin qu'on nomme *tours-terrieres*, qui donnent un travail fûr, mais long & pénible. Ces *rouleaux* font pris du double de la longueur & du diamètre des fimples rouleaux, & font en outre garnis de larges cercles de fer, aux deux extrêmités. A un pied près de chaque bout font deux mortoifes, percées d'outre en outre, qui fervent à mettre de longs leviers de bois où font attachées des cordes, pour tirer la charge, & que l'on charge de mortoifes, à mefure que le rouleau a fait un quart de tour.

Les plombiers ont auffi des *rouleaux* pour former leurs tuyaux de plomb; mais ils les nomment plus communément *rondins.* Voy. RONDIN.

ROULEAUX. Sont de petits cylindres de carton,

diversement colorés, que les merciers & quelques autres marchands suspendent devant leurs boutiques, pour leur servir d'enseigne, ou de montre des marchandises qu'ils vendent, & auxquels ils attachent quelquefois divers échantillons.

ROULER. Signifie, chez les marchands, *plier une étoffe en rond, en faire une espèce de rouleau.* On ne plie de cette manière que les satins & les papelines, nommées communément *grisettes*, les gazes, les crêpes & autres pareilles étoffes sujettes à se couper & à prendre de mauvais plis.

C'est encore ainsi que se plient les rubans d'or, de soie, de fil & de laine, les padoüs & les gallons de toute espèce, enfin toute la rubannerie, & particulièrement les rubans de fil & de laine, appellés *rouleaux*, de la manière dont ils sont pliés.

ROULER A CHAUD. L'arrêt du conseil du 4 novembre 1698, servant de réglement pour les étoffes de laine fabriquées dans le Poitou, fait défense à tous foulonniers, tondeurs & apprêteurs, de *rouler à chaud* aucune étoffe, soit en mettant du feu dessus ou dessous, soit en faisant chauffer les rouleaux ou autrement, à peine de 10c livres d'amende pour la première fois, & de déchéance de la maîtrise, en cas de récidive.

ROULIER. Voiturier par terre qui transporte les marchandises d'un lieu à un autre sur des chariots, charettes, fourgons & autres voitures roulantes.

« Les marchandises en ballots, en balles, en » caisses, &c. qui sont de matière solide & sèche, » payent leur port ou transport, à tant par livre, » ou à tant du cent pesant. Celles qui sont liquides » comme les vins, les eaux-de-vie, cidre, bierre, &c. » payent ordinairement par pièce ».

Les *rouliers*, ou les chargeurs, si ceux-ci les accompagnent, doivent avoir une lettre de voiture des marchandises qu'ils transportent; les congés, si ce sont des vins ou autres liqueurs, les acquits des bureaux par lesquels ils passent; en un mot, toutes les diverses expéditions qui peuvent leur être nécessaires pour ne pas être arrêtés ou inquiétés dans leur route.

C'est aussi à eux à acquitter tous les péages dûs sur la route; sauf à se les faire rembourser, s'ils ne se sont pas engagés à les rendre franches & quittes au lieu de leur destination.

Enfin les *rouliers* répondent de tous les dommages qui arrivent aux marchandises par leur fait; & à l'égard de ceux dont ils ne sont point tenus, ils doivent pour leur décharge en faire dresser des procès-verbaux, par les juges les plus prochains des lieux où les accidens leur sont arrivés. *Voy.* VOITURE & VOITURIER.

ROULOIR ou PLATINE. Outil de buis, plat & uni par-dessous, plus long que large, ayant une poignée par-dessus, dont les marchands épiciers-ciriers se servent pour rouler la bougie & les cierges sur une table, après que la cire a été jettée sur

les mèches avec la cuillère, ou après les avoir tirés à la main.

ROUP. Ancienne monnoie d'argent frappée au coin de Pologne, & qui valoit alors un quart de réale d'Espagne; mais il paroît qu'elle ne subsiste plus, ne se trouvant pas dénommée parmi les monnoies actuelles de ce royaume.

ROUPIE. Monnoie fabriquée dans les Etats du grand Mogol & dans quelques provinces ou royaumes des Indes orientales qui en ont obtenu, ou usurpé la fabrication.

Il y a des *roupies* d'or & des *roupies* d'argent, dont la valeur varie suivant le tems où elles furent fabriquées & suivant les lieux où elles ont cours. *Voy.* à l'art. MONNOIE, *la table des monnoies.*

ROUSSELET. Poire excellente qui se confit en liquide & en sec, ou qui se sèche au four, dont les épiciers & les confiseurs font quelque commerce. Le *rousselet* le plus estimé est celui que l'on nomme *gros rousselet de Rheims.* Voy. POIRE.

ROUSSETTE. Espèce de chien de mer que l'on nomme aussi *doucette.* Voy. DOUCETTE.

ROUSSI. Cuir de *Roussi,* vache de *Roussi.* Ce sont des cuirs ou des peaux de vaches apprêtées en Russie, d'où elles ont pris leur nom, mais qu'on apprête aujourd'hui de la même manière dans plusieurs endroits de l'Europe. *Voy.* VACHE DE RUSSIE.

ROUSSIN. Fort cheval entier.

ROUSTING. Monnoie de cuivre de Suede. *Voy.* RUNDSTYCKE ci-après.

ROUTE. On appelle parmi les marins commerçants, *chef de route,* le vaisseau commandé par celui d'entre les capitaines qui ont la même destination, & qui a été choisi par eux pour diriger la *route* & les commander en cas d'attaque. *Voy.* CONSERVE.

ROUTIER. On appelle en Hollande, *maîtres routiers,* ceux qui sont chargés de la conduite des voitures publiques, soit par eau, soit par terre.

ROUX, ROUSSE. Couleur qui tire sur le jaune. Elle se dit des étoffes, des toiles, des laines, soies, fils & autres choses de couleur blanche, qui exposées à l'air, perdent une partie de leur blancheur & deviennent jaunâtres.

ROUX, ou ROURE. Drogue qui sert pour la teinture. *Voy.* SUMAC.

ROUZET, ou ROUSTET. Espèce de bure ou de serge qui se fabrique dans quelques lieux de la généralité de Montauban, principalement à Vié-fésensac & à Segust. Cette étoffe est fort grossière, & ne sert qu'à habiller de pauvres paysans. *Voy.* BURE.

ROZETTE ou ROSETTE. C'est le cuivre rouge parfaitement épuré & sans aucun mélange de nul autre métal ou minéral. *Voy.* CUIVRE.

R U

RUB. Poids d'Italie, fort en usage sur toute la rivière de Genès.

A Oneille , les huiles d'olives se vendent en barils de sept *rubs* & demi , qui pesent ensemble autant que la millerolle de Provence , laquelle revient à 66 pintes mesure de Paris , ou à cent mesures d'Amsterdam.

RUBACELLE. Espece de rubis qui n'est pas estimé. *Voy.* RUBIS.

RUBAN. Tissu très-mince , qui sert à plusieurs usages , suivant les matieres dont il est fabriqué.

L'on fait des *rubans* d'or , d'argent , de soie , de capiton , de laine , de fil , &c. On en fait d'étroits , de larges , de demi-larges , de façonnés , d'unis à deux endroits & avec un envers , de gauffrés , à raiseau , de simples , de doubles , en lisse ; enfin de toutes couleurs & de tous desseins , suivant le génie du rubannier , le goût du marchand qui le commande , ou la mode du jour.

Les *rubans* d'or , d'argent & de soie , servent pour l'ornement des femmes & même des hommes. Ceux de capiton qu'on appelle *padoux* , s'emploient par les tailleurs , couturieres , &c. ; & les *rubans* de laine & de fil , par les tapissiers , frippiers , selliers & autres semblables ouvriers.

Les *rubans* se travaillent & se tissent avec la navette sur le métier. Ceux qui sont ouvragés à la manière des étoffes d'or , d'argent ou de soie , & les unis , à-peu-près comme le tisserand fabrique la toile , à moins qu'ils ne soient à doubles lisses.

Les *rubans* de pure soie ne passent point à la teinture , quand ils sont faits ; les soies de quelque couleur qu'elles soient , doivent avoir été teintes avant l'ouvrage.

Le commerce de *rubans* , tant pour l'intérieur du royaume que pour l'étranger , est fort tombé en France , & l'on peut dire qu'il n'y est plus un objet considérable , en comparaison de ce qu'il fût autrefois.

Il s'y en consomme cependant encore beaucoup & les marchands en font toujours de grands envois dans les pays étrangers , où les *rubans* de la fabrique de Paris sont fort estimés , & ce qui paroîtroit sans doute bizarre , si l'expérience de tous les tems n'avoit appris que chez toutes les nations la rareté ou l'éloignement donnent du prix aux choses , c'est qu'à Londres où l'on excelle dans ces sortes d'ouvrages , on donne la préférence aux *rubans* de Paris , tandis qu'à Paris on a une espèce de fureur pour ceux d'Angleterre , quoique ceux de Paris ne leur soient pas inférieurs.

Les lieux de France où l'on fabrique le plus de *rubans* , sont Paris & Lyon , pour les *rubans* d'or & d'argent. Il n'y a même que ces deux villes où il s'en fasse de cette sorte , dont ceux de Paris sont les plus estimés.

Les *rubans* de soie se font aussi à Paris , à Lyon & à Tours. On en fait encore beaucoup à Saint-Etienne en Forêt & à Saint-Chaumont , petite ville du Lyonnais. Ceux-ci passent communément pour *rubans* de Lyon ; mais la fabrique de Paris l'emporte de beaucoup sur toutes les autres.

Les *rubans* de laine se font , pour la plupart , à Amiens & en quelques autres lieux de Picardie. On en fabrique cependant une assez grande quantité à Rouen & aux environs , & c'est dans cette derniere ville qu'on envoye le peu qui s'en fait en Auvergne.

Les *rubans* qu'on appelle *padoux* , qui sont faits de fleuret , de filoselle ou bourre de soie , ainsi que certaines especes de galons qui sont de même matiere , mais croisés & travaillés différemment & qui servent à border les étoffes employées en meubles ou en habillemens d'hommes & de femmes , se font aussi aux environs de Lyon , en plusieurs lieux différents , particulièrement à Saint-Etienne en Forêt. *Voy.* PADOUE.

Enfin le *ruban* de fil , qu'on nomme autrement *rouleau* , se tire presque tout (au moins pour celui qui se débite par les merciers de Paris) d'Ambert en Auvergne , où se fait le plus excellent de celui qui se fabrique en France. Les *rubans* de fil qui viennent de l'étranger , se tirent de Hollande & de Flandres.

On ne parlera ici que des *rubans* de soie & de laine , renvoyant le padoue , le gallon & le rouleau à leurs propres articles.

Rubans de soie.

La plupart des *rubans de soie* unis qui se font en France ont certaines largeurs fixes qui s'expriment & se connoissent par divers numéros. On en donnera une note après avoir dit quelque chose de ceux de la fabrique de Paris.

Les largeurs de cette fabrique n'ont rien de réglé & les ouvriers les font suivant que les marchands les leur commandent. Il s'y en fait cependant peu d'étroits. Les largeurs sont à-peu-près comme le *ruban* de Lyon , n°. 11 , dont on parlera dans la suite. Les unis & les façonnés de Paris se vendent également à la douzaine , composée de douze aunes , avec cette différence cependant que les pièces de *ruban* uni , sont ordinairement de deux douzaines , & les façonnés seulement d'une douzaine. Il n'y a guères que Paris où les rubanniers fassent le façonné , les métiers de Province n'étant presque tous montés que pour l'uni. On ne comprend pas dans cette regle les *rubans* d'or & d'argent , puisqu'on a déja remarqué qu'il s'en fait à Lyon comme à Paris.

Les *rubans* unis ou pleins qui se fabriquent à Lyon , ou plutôt ceux de Saint-Etienne & de Saint-Chaumont , qui passent pour fabrique de Lyon , se vendent par pièce & par demi-pièces. Les pièces de soixante aunes , c'est-à-dire de cinq douzaines , & les demi-pièces de trente , ce qui revient à deux douzaines & demie. Comme les autres fabriques du royaume , qui usent de numéro , ne sont pas différentes de celles de Saint-Etienne , ou du moins le sont peu , on se contentera de donner les numéros de cette dernière.

Il y en a de onze espèces , c'est-à-dire de onze

largeurs ou onze numéros ; car pour les couleurs, ou autres diversités des rubans unis, ces numéros n'y ont aucun rapport.

Il faut pourtant observer que les deux premières largeurs ont des noms & non des numéros ; ce qui les réduit à neuf numéros, mais leurs noms distinguent ou plutôt désignent leur largeur. Ces noms sont la *nonpareille* & la *faveur*.

La *nonpareille* est large de deux lignes.

La *faveur* l'est de cinq lignes.

N°. ¼, est large de six lignes & demi.

N°. ½, est large de sept lignes & demi.

N°. 2, de dix lignes.

N°. 3, d'un pouce & une ligne.

N°. 5, d'un pouce cinq lignes.

N°. 7, d'un pouce neuf lignes.

N°. 8, est large de deux pouces.

N°. 11, l'est de deux pouces quatre lignes & demi.

Enfin le numero 13 est large de deux pouces neuf lignes & demi. Le tout à prendre sur le pied de la mesure qu'on appelle en France *pouce de roi*.

Autrefois il se faisoit à Saint-Etienne & ailleurs des rubans n°⁵. 4, 6, 10 & 12 qui ne sont point employés dans l'état ci-dessus ; mais ces largeurs ne sont plus en usage.

En d'autres endroits les *rubans* pleins se désignent par portées, en commençant par les plus larges, c'est-à-dire par le plus grand nombre de fils, dont la chaîne de chaque espece de *rubans* est composée ; ce qui se fait dans l'ordre suivant. Les premieres largeurs sont les six portées, ensuite les cinq, après les quatre, puis les trois, & enfin celle d'une & demi, & la derniere d'une. Les faveurs & les nonpareilles, qui sont les plus petites, se désignent par leurs noms comme dans l'autre état.

« Les *rubans de soie* venant de l'étranger, paient » à Marseille au Pont-de-Beauvoisin pour être » conduits à Lyon (les deux seuls endroits par où » ils peuvent entrer en France) par livre pesant » net, 1 livre 6 sols 8 deniers de droit principal. De » droit additionnel, suivant l'arrêt du 15 mai 1760, » 1 livre 10 sols.

» Pour la douane de Valence, du quintal net, à » cause de l'augmentation des deux tiers, 11. l. 16 s. » 8 den.

» Au tarif de 1664, venant des provinces répu- » tées étrangeres dans les cinq grosses fermes, 4 livres » par livre, pesant net.

» Passant des cinq grosses fermes aux provinces » réputées étrangeres, sçavoir, ceux tissus d'or ou » d'argent faux & soie, 12 livres ; tissus d'or & » d'argent fin avec soie, ou mêlés d'or & d'argent » avec soie, 2 liv.

» A la douane de Lyon, les *rubans de soie* » paient par livre pesant net, sçavoir, ceux du Fo- » rest, sous la dénomination de *passemens de Saint-* » *Chamond*, au tarif de 1632, 3 sols ; ceux des » fabriques au dessus de Lyon, 8 sols ; des fabriques

» au-dessous, 16 sols, venant d'Avignon, 1 livre » 4 sols.

» Les *rubans tissus d'or & d'argent faux*, » payent de sortie 12 sols ; ceux tissus d'or & d'ar- » gent fin, mêlés ou non mêlés de soie, 2 livres.

» Ceux à la digue en soie & dorure, paient à » la douane de Lyon, venant du Forest, 1 livre » 4 sols, venant de Paris, comme dentelle d'or ou » d'argent, 2 livres 8 sols.

» A la douane de Valence, par quintal net, » venant de l'intérieur, 7 livres 2 sols ; & venant » d'Avignon, avec l'augmentation, 10 livres 13 l. »

Rubans de laine.

Cette sorte de *rubans* se nomme *rouleau*, ainsi que les *rubans* de fil, parce que, sans doute, ils sont roulés, en forme sphérique, autour d'un petit cylindre de carton ou de papier.

On a dit ci-devant que la majeure partie des *rubans de laine* venoit de Normandie, de Picardie & d'Auvergne, parce qu'il s'en fabrique dans plusieurs autres endroits du royaume, mais en moindre quantité. Au reste, la plupart de ceux qui se débitent à Paris, viennent d'Amiens ou de Rouen ; ceux d'Auvergne étant envoyés dans cette derniere ville, pour y être calendrés.

Les *rubans de laine* sont ordinairement par pieces ou par demi-pieces ; mais le plus souvent ils ne se vendent que par demi-pieces de vingt-quatre aunes de longueur.

Leurs diverses largeurs se désignent par numéro, de même que les *rubans* de soie pleins. La chaîne de chaque numéro doit être composée d'un certain nombre de fils, du moins pour les *rubans* qui se fabriquent à Amiens, dont la quantité est fixée par les statuts de la soie crue de cette ville, du mois d'août 1666.

Ces numéros sont au nombre de sept. On pourroit en ajouter deux autres, dont on parlera par la suite, mais les statuts n'en disent rien.

La premiere sorte est appellée n°. 3., dont la chaîne est composée de 49 fils.

La seconde, n°. 4, de 69 fils.

La troisiéme, n°. 5, de 89 fils.

La quatriéme, n°. 6, de 109 fils.

La cinquiéme, n°. 7, de 129 fils.

La sixiéme, n°. 10, de 169 fils.

La septiéme, n°. 12, de 209 fils.

De ces sept numéros, celui nommé n°. 10, est peu en usage, & il ne s'en fait guères.

Les deux autres numéros réservés pour les plus grandes largeurs, dont cependant il n'est point fait mention dans les statuts, quoiqu'il s'en fasse beaucoup en plusieurs endroits, sont n°. 16 & n°. 18, le premier portant de large environ un demi-quart d'aune, & l'autre un demi-quart & un pouce. Ces numéros ne sont jamais qu'en demi-pieces, aussi de vingt-quatre aunes, comme les autres.

Tous ces *rubans* s'envoient par paquets, composés de plusieurs pièces de rouleaux, & qui en contiennent plus ou moins, suivant leur largeur. Ces paquets sont faits en forme de gros cylindres sur l'enveloppe desquels se met ordinairement la quantité des pièces & leurs numéros.

« Les *rubans de laine* étant compris au tarif de » 1664, dans la classe de la mercerie, sont traités » comme tels pour les droits.

» A la douane de Lyon, également comme mer-» cerie, suivant le pays d'où ils viennent.

» A la douane de Valence, 2 livres 6 sols 1 d. » du quintal. »

Rubans de fil.

Il y a deux sortes de *rubans de fil*, l'une que l'on nomme *rouleau*, & l'autre qui conserve son nom de *ruban*.

Le *rouleau* est, comme on l'a dit ci-dessus, roulé en rond, & le *ruban*, proprement dit, est plié en long, en pièce, ou plutôt en demi-pièce, dont le pliage est d'un pied en environ.

Il y a des *rubans de fil* unis, de sergés, de retors, de blanchis, d'écrus, quelques-uns qu'on appelle *bandes* ou *bandelettes*, d'autres qu'on nomme *rubans à bottes* & *rubans à border des tapisseries*.

Outre ce qui se fabrique en France de toutes ces sortes de *rubans*, que les marchands de Paris tirent ordinairement de Rouen & de la petite ville d'Ambert en Auvergne, comme on l'a dit, ils en font venir beaucoup de Hollande, de Flandre & de Cologne. Ceux de Hollande & de Flandres sont blancs, les uns unis, les autres retors, dont les deux demi-pièces tiennent ensemble par un fil d'or filé. Ceux de Cologne sont cette sorte de *rubans* à laquelle on vient de dire qu'on donne le nom de *bandes* ou *bandelettes*. Il vient aussi de cette ville des *rubans* en demi-pièces, semblables à ceux de Hollande.

« Les *rubans de fil* écrus, venant de tout autre » pays étranger que du duché de Berg, paient à » toutes les entrées, suivant l'arrêt du 3 juillet » 1692, 20 livres par quintal; venant directement » de Berg, & en justifiant par certificat, ils ne » doivent que la moitié de ce droit.

» Ceux teints venant de l'étranger, même de » Berg, par arrêt du 22 octobre 1782, & décision » du conseil du 2 avril 1783, paient 20 livres du » quintal.

» Ces diverses espèces de *rubans* paient par » quintal au tarif de 1664, venant des provin-» ces réputées étrangères, dans les cinq grosses » fermes, 8 livres; passant des cinq grosses fermes » aux provinces étrangères, comme mercerie 3 l. »

RUBANERIE. Se dit du commerce de rubans, & de la profession de rubanier. Dans le premier sens, on dit : ce marchand ne fait commerce que de *rubanerie*, pour dire qu'il ne vend que du ruban; & dans la seconde acception, on dira d'un ouvrier

qu'il excelle dans la *rubanerie*, pour faire enten-dre qu'il fabrique très-bien ses rubans.

RUBANIER. Celui qui fait des rubans. *Voyez* TISSUTIERS-RUBANIERS.

RUBARBE. Racine médicinale. *Voy.* RHU-BARBE.

RUBBE, ou RUBBI, en Italien RUBBIA. Est une mesure de liquides dont on se sert à Rome. Il faut treize *rubbes* & demie pour faire la brante, qui est de quatre-vingt-seize bocals; ensorte que chaque *rubbe* est d'environ sept bocals & demi.

RUBBE. Poids de vingt-cinq livres, nommé *rubbio* en Italie. A Livourne on nomme ainsi une mesure pour les grains. Dix *rubbes* trois quarts font le last d'Amsterdam.

RUBBE. Est le nom que les pêcheurs de Ham-bourg & de l'Elbe donnent au poisson, appellé en France & ailleurs *veau-marin*. *Voy.* VEAU-MARIN.

RUBIE. Monnoie d'or qui a cours à Alger & dans tout le royaume qui porte ce nom, de même que dans ceux de Congo & de Labez.

Cette monnoie se frappe particulièrement à Tremecen, qui a ce privilège, aussi bien que celui de fabriquer des médians & des zians, autres espèces d'or, que faisoient battre les rois de Tré-mecen, avant que ce petit état fût uni à celui d'Alger.

La *rubie* vaut trente-cinq aspres. Elle porte le nom du dei d'Alger, & quelques lettres Arabes pour légendes.

RUBIS. Pierre rouge très-éclatante, & l'une des plus estimées entre ces pierres précieuses.

On n'en trouve que dans le royaume de Pégu & dans l'île de Ceylan. La mine du Pégu, où se trouve le plus de *rubis*, est dans une montagne qui s'appelle *Capelan*, environ à douze journées de la ville de Siren, où le roi de Pégu fait sa résidence. Il n'en sort guères pour les pays étrangers, que pour cent mille écus par an; encore les plus belles pierres n'excèdent-elles pas trois ou quatre carats, le roi se réservant celles qui sont d'un plus grand poids.

Au Pégu, on appelle *rubis* toutes les pierres de couleur, & on ne les y distingue que par la couleur même; ainsi le saphir est un *rubis* bleu, l'améthiste un *rubis* violet, la topase, un *rubis* jaune, & ainsi du reste.

Dans l'île de Ceylan, les *rubis* se trouvent dans une rivière qui vient des hautes montagnes qui sont au milieu de l'île, & quelquefois aussi dans les terres. Ces *rubis* & autres pierres de couleur sont ordinairement plus belles & plus nettes que celles du Pégu, mais il s'en tire très-peu; le roi de Ceylan ne voulant pas permettre à ses sujets de les recueillir, ni d'en faire commerce.

On trouve aussi des *rubis* dans quelques endroits de l'Europe, c'est-à-dire, en Hongrie, & particulièrement en Bohème, où il y a une mine d'où l'on tire des cailloux de diverses grosseurs, dans lesquels, en les
rompant

rompant, on trouve quelquefois des *rubis* auffi beaux & auffi durs que ceux du Pégu.

On ne diftingue, pour l'ordinaire, que deux fortes de *rubis*. Le *rubis balais* & le *rubis fpinelle*. C'eft le dégré de couleur & la netteté de la pierre qui en fait le prix. Le *rubis balais* eft d'un rouge de rofe brillant & le *fpinelle* de couleur de feu.

Quélques lapidaires comptent cependant quatre fortes de *rubis* ; fçavoir, le *rubis*, le *rubacelle*, le *balais* & le *fpinelle* ; mais en général on ne les diftingue que par ces deux derniers noms.

On affure que les Peguans ont l'art d'augmenter le rouge & le brillant du *rubis*, en le mettant au feu, & en le lui faifant fouffrir jufqu'à certain dégré.

Le *rubis* n'a pas d'abord toute fa couleur, & ne l'acquiert que par fucceffion de tems. Il commence par être blanc, enfuite il prend du rouge en mûriffant, & parvient ainfi peu à peu à fa perfection. Delà vient qu'il y a des *rubis* blancs ; d'autres, moitié blancs & moitié rouges ; il y en a même de bleux & rouges que nous nommons *faphirs-rubis*, & les *Péguans nilacandi*.

Quand un *rubis* paffe le poids de vingt carats, on peut le nommer *efcarboucle*, du nom de cette pierre fabuleufe, qui n'exifta jamais que dans l'imagination des anciens, & d'après eux, dans celle de quelques modernes, qui n'ont fait que les copier dans ce qu'ils en rapportent de merveilleux.

Le prix du *rubis*, ainfi que des autres pierres précieufes, eft toujours en raifon de fon poids, de la perfection de fon éclat, de fa couleur & de fa netteté.

L'on contrefait le *rubis* de differentes manières, & l'art a porté à un fi haut degré cette imitation, que les yeux des plus habiles connoiffeurs y font fouvent trompés.

RUCHE. Mefure dont on fe fert dans les fauneries & dans les falines de Normandie. C'eft une efpèce de boiffeau qui contient vingt-deux pots d'Arques, pefant environ 50 livres, mefure rafe.

« La déclaration du roi du 2 janvier 1691, défend » aux fauniers de fe fervir d'autre mefure que de » la ruche ; d'en vendre une moindre quantité qu'une » demi-*ruche*, & de la vendre à mefure comble. »

RUGGI. Mefure de grains dont on fe fert à Livourne. Onze *ruggi* un tiers font le laft d'Amfterdam.

RUPIEDSIE. Efpèce de drogue qui fe trouve à la Chine, & dont on fe fert pour teindre en noir. Les Chinois de Canton en font au Tonquin, un affez grand commerce dans lequel ils trouvent un bénéfice de près de cent pour cent.

RUSMA. Efpèce de minéral, femblable à du mâche-fer, qui vient du Levant. C'eft le meilleur dépilatoire connu, & moins dangereux que l'orpiment, la chaux & autres drogues qu'emploient ordinairement les baigneurs-étuviftes de Paris.

RUSSIE. *Voy. l'article* MOSCOVIE *de ce Dictionnaire.*

RUINAS. Sorte de racine propre à la teinture. Les Indiens appellent *foliman-doftyn*. Elle fe trouve dans quelques provinces de Perfe, particulièrement dans le Servan & aux environs de Tauris.

Il s'en fait un grand commerce aux Indes, où l'on en envoie tous les ans, l'un portant l'autre, trois cens ballots du poids de 150 à 160 livres chacun.

S

S. Dix-huitième lettre de l'alphabet. Une *S* seule, soit en grand ou en petit caractère, placée dans les mémoires, parties, comptes & registres des marchands, banquiers & teneurs de livres, après quelque chiffre que ce soit, signifie *sou tournois*.

S A

SABLE. Espece de terre légère & atide dont les artifans se servent à différens ouvrages.

« Les *fables* bruts destinés pour le service des » verreries, venant du pont de Noyant en Dauphiné, » payoient autrefois les droits de la douane de Lyon » à raison de 2 f. de la charge. Ceux à l'usage des » fayanceries, des monnoies & affinages, étoient » dans le même cas; mais les premiers, d'après l'arrêt » contradictoire du conseil du 8 septembre 1778, & » les seconds d'après la décision du conseil du 24 juil- » let 1781, ne doivent plus aucun droit d'entrée du » royaume, ni de circulation ».

SABLE DE CREIL. Sorte de *fable* qui se trouve près de la petite ville de Creil, dont il a pris le nom & qui sert avec la soude d'Alicante à faire les glaces à miroirs. *Voy.* GLACE.

SABLON. Menu sable très-blanc, dont on se sert à Paris pour écurer la vaisselle. Le meilleur est celui qu'on nomme *fablon d'Etampes*, du nom d'une petite ville, près de laquelle il se trouve en quantité.

Du tems de Savary le *fablon d'Etampes* payoit les droits de la douane de Lyon à raison de 2 f. 6 d. le quintal, mais il n'est point porté sur le recueil des droits de traites uniformes & de ceux d'entrée & de sortie des cinq grosses fermes, qui a paru en 1786, soit qu'il ait été omis dans ce recueil ou qu'il ait été compris sous l'article *fable* qui, d'après l'arrêt contradictoire du 8 septembre 1778, ne doit plus aucun droit d'entrée ni de circulation.

SABLONNIER. Petit marchand qui fait commerce de *fablon*.

SABOT. Sorte de chaussure de bois léger & creusé dont les paysans & le menu peuple se servent en France. Les plus propres & les mieux faits viennent du Limousin à Paris; ce sont les boisseliers & les chandeliers qui en font le commerce en détail.

« Les *fabots*, suivant le tarif de 1664, payent en » France à l'entrée des cinq grosses fermes par cha- » riot 15 f., & par charette 8 f.

« Les droits de sortie sont de 1 l. 12 f. par chariot & de 16 f. par charette.

« La charrette est ordinairement composée de » quatre grosses chacune de treize douzaines, la » douzaine d'un tiers de grands, d'un tiers de

» moyens, & d'un tiers de petits. Les grands sont » au-dessus de huit pouces, les moyens de sept à » huit pouces, & les petits au-dessous de sept » pouces.

« A la douane de Lyon, ils payent comme fu- » taille, par quintal, savoir, venant de l'étranger, » 4 f. venant de l'intérieur 2 f. 3 d. A la douane » de Valence par assimilation aux cuilleres de bois, » 15 f. 8 d. du quintal ».

SABRE. Sorte d'épée dont la lame est très-large & un peu recourbée.

« Venant de l'étranger, les *fabres* sont traités, » comme armes-blanches & doivent à toutes les » entrées du royaume suivant les arrêts des 16 août » 1769, 16 août 1775, 14 février 1777, & celui du » 24 octobre 1782, qui a prorogé ce droit jusqu'au » premier février 1789, 60 l. du quintal ».

Les *fabres*, dit Savary, sont du nombre des marchandises de contrebande dont la sortie hors du royaume, est défendue par l'ordonnance de 1637, tit. 8, art. 3, & par tous les traités de paix. Mais on trouve dans le nouveau recueil des droits d'entrée & de sortie qui a paru au commencement de 1786, que les armes blanches en général, doivent être traitées comme mercerie à la circulation & à la sortie du royaume, étant comprises dans cette classe sous la dénomination de *lames, gardes-d'épées & dagues de fer*. *Voy.* ÉPÉE.

SAC. Espece de poche faite d'un morceau de cuir, de toile ou d'autre étoffe que l'on a cousue par les côtés & par le bas, de manière qu'il ne reste qu'une ouverture par le haut. Les *facs* sont ordinairement plus longs que larges.

On se sert de *facs* pour mettre plusieurs sortes de marchandises, comme la laine, le pastel, le safran, le bled, l'avoine, la farine, les pois, les fèves, le charbon & beaucoup d'autres semblables.

On s'en sert aussi pour mettre diverses monnoies ou espèces d'or, d'argent, de fonte & de cuivre; & on fait des *facs* de pistoles, des *facs* de mille livres d'écus blancs ou d'argent blanc, des *facs* de menues ou petites pièces d'argent, des *facs* de liards, &c.

Ceux qui font le commerce d'argent ou qui tiennent des caisses doivent être exacts à bien étiqueter les *facs* d'argent, c'est-à-dire, à y attacher avec la ficelle qui ferme le haut du *fac* un petit bulletin ou étiquette sur laquelle doit être marquée la qualité des espèces qui y sont renfermées, la somme à laquelle elles montent, le poids qu'elles pèsent, compris le *fac*, & le nom de celui qui le donne en payement.

A détailler les *facs* d'argent il se rencontre toujours de la tarre; parce que l'on met ordinairement quelque chose de moins pour la valeur du *fac*;

c'eſt ce qu'on appelle la *paſſe*, qui eſt toujours de cinq ſols par *ſac* de mille livres ; ainſi des autres. *Voy.* PASSE.

Les *ſacs* d'argent blanc ou de monnoie ſe donnent & ſe reçoivent ordinairement ſans compter ; on s'en rapporte preſque toûjours au poids ; mais s'il ſe trouvoit quelque choſe de moins dans les *ſacs*, on pourroit encore les reporter huit jours après le payement fait, ſuivant un ancien uſage établi parmi les négocians d'argent, pourvu que le nom de celui qui a payé ſoit ſur l'étiquette, & que le poids ſe trouve conforme à celui qui y a été marqué de la main de la perſonne qui l'a donné en paiement.

Dans les bordereaux que l'on fait des eſpeces que l'on reçoit ou que l'on paye, il faut faire mention de la quantité des *ſacs*, des eſpeces & des ſommes qui y ſont contenues.

Les marchands épiciers & droguiſtes dans le débit qu'ils font de leurs marchandiſes, ſe ſervent ordinairement de *ſacs* de gros papier gris ou blanc, & le poids du *ſac* ſe confond toujours avec celui de la marchandiſe, c'eſt-à-dire, que l'un & l'autre ſe peſent enſemble.

Le *ſac* de charbon de bois, que l'on appelle auſſi *voie* ou *charge*, parce que c'eſt tout ce que peut porter un homme, contient une mine, chaque mine compoſée de deux minots ou de ſeize boiſſeaux. Le minot de charbon doit ſe meſurer charbon ſur bord. *Voy.* CHARBON.

Le *ſac* de plâtre, ſuivant les ordonnances de Police, doit renfermer la valeur de deux boiſſeaux meſurés ras, & les douze *ſacs* font ordinairement une voie. *Voy.* PLATRE.

Le *ſac* eſt auſſi une certaine meſure dont on ſe ſert dans pluſieurs villes de France, & chez l'étranger pour meſurer les grains, graines, légumes, tels que le *froment*, le *ſeigle*, l'*orge*, l'*avoine*, les *pois*, les *féves*, &c ; ou pour mieux dire, c'eſt une eſtimation à laquelle on rapporte les autres meſures.

Agen, Clerac, Tonneins, Tournon, Valence en Dauphiné, auſſi bien que Thiel, Bruxelles, Rotterdam, Anvers & Grenade réduiſent leurs meſures de grains au *ſac*, dont voici les proportions avec le ſeptier de Paris.

Cent *ſacs* d'Agen font cinquante-ſix ſeptiers de Paris, & à peu-près trois laſts d'Amſterdam, ceux de Clerac de même. Cent *ſacs* de Tonneins, font quarante-neuf ſeptiers de Paris. Cent *ſacs* de Tournon, quarante-huit, ou un peu plus de deux laſts & demi d'Amſterdam. Cent *ſacs* de Valence, ſoixante-deux & demi. Vingt-cinq *ſacs* de Bruxelles & de Rotterdam dix-neuf ou un laſt d'Amſterdam, vingt-huit de Thiel valent également dix-neuf ; & cent *ſacs* de Grenade, quarante-trois ſeptiers de Paris, ou deux laſts, un peu plus d'un quart d'Amſterdam.

A Anvers, les quatorze *ſacs* font le tonneau de Nantes, qui contient neuf ſeptiers & demi de Paris, ou un demi-laſt d'Amſterdam.

L'on ſe ſert auſſi du *ſac* à Amſterdam pour meſurer les grains. Quatre ſcepels font le *ſac*, & trente-ſix ſacs, meſure du pays, le laſt. *Voy.* l'*art.* DES MESURES.

« Les *ſacs vuides* étant conſidérés comme marchandiſes, acquittent en venant de l'étranger, comme toile étrangere, ſuivant l'eſpece, d'après l'arrêt du 8 février 1752, & la déciſion du conſeil du 9 novembre 1772 ».

« Venant d'Alſace, ils ſont réputés venir de l'étranger effectif ; la ferme générale a en conſéquence recommandé par ſa lettre du 2 décembre 1773, de les traiter comme toiles étrangeres ».

« Ces *ſacs* venus de l'étranger avec des grains, peuvent reſſortir en exemption de droits, quoique vuides, pourvu qu'ils ayent été déclarés à l'arrivée. C'eſt le réſultat des déciſions du conſeil des premier mai 1752 & 9 novembre 1772 ».

« Ces derniers ſont également exempts de droits à la circulation, d'après d'autres déciſions du conſeil des 22 décembre 1768 & 9 novembre 1772 ; mais dans tous les cas, pour jouir de cette faveur, l'identité des *ſacs* doit être conſtatée par une marque qui mette en état de les reconnoître, & de s'aſſurer qu'il n'y a point de ſubſtitution ».

« Les *ſacs* de coutil entrant dans les cinq groſſes fermes ou en ſortant, doivent, comme omis au tarif, cinq pour cent de la valeur ; cette perception a été confirmée par une lettre de la ferme générale du 29 janvier 1770 ».

On auroit pu faire ſupporter le même traitement à ceux de toile, ſi la déciſion du conſeil du 9 novembre 1772, ne paroiſſoit pas avoir jugé qu'ils doivent payer comme les toiles dont ils ſont formés.

« A la douane de Lyon, tous acquittent à raiſon de cinq pour cent de la valeur, s'ils viennent de l'étranger, & de deux & demi pour cent venant de l'intérieur. A la douane de Valence ils acquittent comme toile ».

SACARE. Petit poids dont les habitans de la grande iſle de Madagaſcar ſe ſervent pour peſer l'or & l'argent, il peſe autant que le denier ou ſcrupule d'Europe. Au-deſſus du *ſacare* ſont le ſompi & le vari ; au-deſſous, le nanqui & le nanque. *Voy.* SOMPI.

SACCHI ou SACS. Meſure de grains dont on ſe ſert à Livourne ; quarante *ſacchis* font le laſt d'Amſterdam ; le ſaccho ou ſac de bled peſe environ cent cinquante livres, poids de Livourne.

SACHÉE. C'eſt ce qu'un *ſac* peut contenir de grains, de légumes ou de marchandiſes, ainſi l'on dit : une *ſachée* de laine, une *ſachée* de bled, une *ſachée* de pois &c.

SACHÉE. C'eſt ainſi qu'on appelle la meſure à laquelle on vend les broquettes qui ſe font à Tranchebray, près Falaiſe. La *ſachée* eſt du poids de ſoixante livres pour toutes les broquettes communes ; mais elle n'eſt que de trente pour celles du plus fin échantillon, c'eſt-à-dire, qui n'ont que quatre onces au millier. Ailleurs on appelle cette meſure une *pochée*. *Voy.* CLOU.

SACQUAGE ou SACCAGE. On nomme ainsi dans quelques provinces ce qu'on appelle dans d'autres *minage*. C'est le droit qu'ont les seigneurs de prendre en nature une certaine quantité de grains, &c, &c. sur chaque sachée des marchandises qu'on expose en vente dans leurs marchés.

SACQUIERS. C'est ainsi qu'on appelle à Livourne de petits officiers nommés par la ville au nombre de vingt quatre pour faire la mesure de tous les sels qui arrivent. On les appelle *sacquiers* parce qu'ils fournissent les *sacs* pour le transport desdits sels. Leur droit de mesurage consiste en une mine de sel comble & deux pellées pour chaque barque qu'ils mesurent. Ils donnent à ces deux pellées surabondantes le nom de *sainte-goutte*.

SAFRAN ou CROCUS. Drogue que l'on tire d'une plante qui porte une fleur du même nom.

La racine qui produit le *safran* est une espece d'oignon couvert de plusieurs cartilages bulbeux & jaunissans, d'où la fleur a pris le nom latin de *crocus* ou de jaune. La première année de la plantation de ces oignons, ils ne produisent que de l'herbe, & la fleur ne paroît qu'au bout de deux ans ; on en fait chaque jour la récolte en septembre & en octobre avant le lever du soleil, parce que l'oignon n'est que 24 heures à en reproduire une nouvelle.

C'est du milieu de cette fleur que sortent trois filamens rougeâtres accompagnés de petites languettes couleur d'or, & ces filamens qu'on appelle *attentes* ou *flèche*, sont proprement le *safran* ; le reste de la fleur n'étant d'aucun usage.

On fait sécher ces attentes ou flèches avec un petit sac de charbon placé sous les claies sur lesquelles on les a étendues ; lorsqu'elles sont sèches le *safran* est dans sa perfection & propre à vendre. On a remarqué qu'il faut cinq livres d'attentes nouvelles pour en faire une livre de sèches.

Les bonnes qualités du *safran* sont que les attentes ou flèches en soient belles, longues & larges ; qu'il soit bien velouté d'un beau rouge, d'une agréable odeur, peu chargé de filets jaunes & très sec.

Le *safran* de Perse passe pour le meilleur de tous ; il croît presque sans culture en plusieurs endroits. Le plus excellent se trouve sur les côtes de la mer Caspienne & aux environs d'Amadan, qui est l'ancienne Suze.

En Europe le meilleur *safran* se cultive à Boisne & à Bois-Commun en Gâtinois ; cette plante, compose presque toute la richesse de cette petite province. Il en croît encore en plusieurs autres endroits de France, comme aux environs de Toulouse & d'Angoulême, & à Mesnil en Normandie. On en tire aussi de la principauté d'Orange, & du comtat d'Avignon.

Les Anglois, les Allemands, les Hollandais, les Suédois, les Danois & autres nations qui font une grande consommation de *safran*, préferent néanmoins & avec raison celui du Gâtinois à tous les

autres : aussi est-il toujours vendu un tiers plus cher.

Celui qui vient d'Espagne ne vaut absolument rien à cause de l'huile que les Espagnols y mettent pour le conserver.

Le *safran* est d'un fréquent usage dans la médecine, & on l'emploie même dans beaucoup de ragoûts. Les enlumineuses s'en servent aussi pour faire du jaune doré.

« Le *safran* doit à l'entrée des cinq grosses fermes 50 livres par quintal net. Au tarif de 1664 ».

« Venant indirectement du levant, il paye indépendamment du droit du tarif de la province par laquelle il entre dans le royaume, vingt pour cent de la valeur sur l'estimation de 80 livres le quintal brut, fixée par l'état annexé à l'arrêt du 22 décembre 1750 ».

« A la sortie des cinq grosses fermes, il doit 40 liv. par quintal brut, au tarif de 1664 ».

« Il ne peut être exempt de ce droit qu'autant qu'il justifie avoir payé celui d'entrée, ou bien sortir de Lyon, où il est censé avoir acquitté ceux de douane à son arrivée ».

« Ce droit est, par quintal net, au tarif de 1632, savoir :

Venant de l'étranger, 3 l. 6 s. 8 d.

Venant de l'intérieur avec 1 l. 15 s. 3 d. d'augmentation de 12 l. 15 s. 3 d.

« Celui d'Orange & d'Avignon est traité comme s'il venoit de l'étranger, d'après les arrêts des 18 juillet 1724 & 13 novembre 1731 ».

« A la douane de Valence, il paye par quintal net 7 l. 1 s. ».

« Le *safran* du crû d'Alsace est exempt des droits de traites & de celui de vingt pour cent, à son passage en Franche-Comté, suivant l'arrêt du 12 janvier 1706 »

COMMERCE DU SAFRAN A AMSTERDAM.

Les différentes sortes de *safran* qu'on vend à Amsterdam, sont celui de Gâtinois, celui de Montauban, celui d'Espagne, celui d'Angleterre. Ils se vendent tous à la livre & se tarent aux poids ; savoir, une demi-livre par sac de 50 livres, ou ¼ pour cent pour sac de 25 livres. Ils donnent tous également un pour cent de déduction pour le prompt payement.

Le prix du *safran* de Gâtinois nouveau est depuis 18 florins ¼, jusqu'à 19 florins la livre.

Le *safran* de Gâtinois vieux, & celui de Montauban, se vendent 18 florins, ce qui équivaut à 18 liv.

Enfin, celui d'Espagne, depuis 6 florins ½ jusqu'à 8 florins ou 8 livres.

Le *safran* s'apprécie dans le tarif de Hollande, & paye les droits d'entrée & de sortie à raison de la livre pesant.

« L'appréciation du *safran* d'Angleterre est de 18 florins la livre, & celle du safran de France seulement de 10. Ils payent également 4 fols d'entrée & autant de fortie, avec une augmentation de 2 fols. S'il entre ou fort par l'Eft, l'orifond ou le belt ».

SAFRAN-BOURG ou SAFRAN-BATARD, que l'on nomme auffi quelquefois CARTHAME & SAFRANUM. Efpece de *fafran* différente de la précédente & qui vient de Provence & d'Allemagne, particulièrement dés environs de Strasbourg. La plante qui le produit & qui eft fort commune s'éleve environ de deux pieds de haut; fes feuilles font rudes, piquantes, longues, vartes & dentelées; au bout de chaque branche il fort une tête écailleuse qui jette une quantité de filamens rouges & jaunes dont on fait le *fafran-bourg*. Ce *fafran* eft quelquefois employé par les teinturiers pour faire la couleur que l'on nomme *nacara de bourre*; mais cette drogue leur eft défendue parce qu'elle ne donne qu'une fauffe couleur. Les plumaffiers néanmoins s'en fervent pour teindre leurs plumes en incarnadins d'Efpagne en mêlant dans fon fuc du jus de citron.

L'on apporte auffi du levant, fur-tout d'Alexandrie, une efpece de *fafran* bâtard qu'on nomme ordinairement *fafranum*.

C'eft la fleur d'une petite plante haute de deux pieds qui a la feuille à peu-près comme l'amandier. Cette fleur eft rouge & jaune fur pied, mais après avoir paffé au moulin elle devient toute rouge, on la met enfuite dans l'eau & on la fait fécher à l'ombre, le foleil lui étant contraire; elle croît fur le bord du nil aux environs du Caire.

Les teinturiers en foie de Lyon & de Tours en confomment beaucoup pour les couleurs rouges vives, comme pour les incarnadins d'Efpagne, les incarnats, la couleur de feu, les couleurs de rofe, &c.

Le *fafran* qui fe recueille à Smirne eft d'une affez bonne qualité; fa récolte y peut aller, année commune, à vingt quintaux.

« Entrant dans les cinq groffes fermes, le *fafranum* en général doit au tarif de 1664, par quintal net 1 l. 5 f. ».

« Et en fortant des cinq groffes fermes, cinq pour cent de la valeur, s'il ne justifie de l'acquittement des droits d'entrée ».

« A la douane de Lyon, de quelque endroit qu'il vienne il doit également, fuivant le tarif de 1632, 1 l. 5 f par quintal net ».

» Et à celle de Valence, où il eft défigné au deuxieme article *fafran*, 3 l. 11 f. ».

SAFRAN des Indes, de Malabar & de Babylone. C'eft la racine qu'on nomme communément *terra-merita*. Voy. TERRA-MERITA.

SAFRAN de Venus. Voy. CUIVRE.

SAFRANUM. Efpece de *fafran* qui vient du levant. Voy. SAFRAN-BOURG.

« Le *fafranum* ou *fafran* du levant eft du nombre des marchandifes venant du levant, fujettes au droit de vingt pour cent, fuivant l'arrêt du 15 août 1685 ».

SAFRE ou ZAFRE. Minéral de couleur d'œil

de perdrix; que les verriers & les fayanciers employent pour donner une couleur bleue à leurs verres & à leurs fayances.

Le *fafre* vient des Indes orientales; ce font les Anglois, les Hollandais & les Hambourgeois qui l'apportent de Surate en France.

Les marchands épiciers droguiftes de Paris le vendent ou en poudre ou en pierre; celui qui eft en pierre doit être préféré parce qu'il ne peut être contrefait, & que celui en poudre eft fujet à être fofiftiqué, auffi ce dernier ne fe prend-il qu'à l'épreuve.

Il fert auffi à colorer quelques émaux; & le faux lapis n'eft que de l'étain calciné, coloré avec ce minéral; les faphirs factices tiennent également leur couleur du *fafre*.

« Le *fafre* que le tarif de 1664 nomme *faffle* doit, fuivant ce même tarif, à l'entrée des cinq groffes fermes, 3 f. par quintal ».

« Et en fortant des cinq groffes fermes, cinq pour cent de la valeur, comme omis audit tarif. «.

SAGAPENUM, autrement SARAPINUM, en François GOMME SERAPHIN. C'eft une gomme dont l'odeur approche fort de celle du lin; ce qui lui a donné fon nom latin qui paroît avoir été écrit ainfi CERA-PINUM. Elle découle du tronc d'une plante qui croît en Perfe; fes feuilles font très-petites, fa graine eft ronde & plate, femblable à celle du galbanum, mais beaucoup moins groffe; elle fe trouve dans des ombelles qui pouffent au bout de fa tige.

Il faut choifir cette gomme en belles larmes claires & transparentes, d'une odeur forte, la plus blanche & la moins remplie d'ordure qu'il fe pourra; on voit quelquefois du *fagapenum* dont la blancheur, tant au dedans qu'au dehors, ne le cede en rien à celle du lait; c'eft certainement le meilleur, mais il eft très-rare. Cette drogue eft eftimée fouveraine pour l'épilepfie, l'afme & la paralyfie.

« Venant de l'étranger & des provinces réputées étrangères dans les cinq groffes fermes, le *fagapenum* doit, au tarif de 1664, par quintal net 6 l. 5 f. ».

« Venant indirectement du levant, il paye, indépendamment des droits de la province par laquelle il entre, vingt pour cent de la valeur fur l'eftimation de 246 livres le quintal brut, fixée par l'état annexé à l'arrêt du 22 décembre 1750, fous le nom de *gomme féraphine* ».

« Paffant des cinq groffes fermes aux provinces réputées étrangères ou à l'étranger, cette gomme jouit de l'exemption des droits, comme droguerie étrangère ».

« A la douane de Lyon, elle doit au tarif de 1632, de tel endroit qu'elle vienne, par quintal net, 3 l. 2 f. 6 d. ».

SAGGIO. Petit poids dont on fe fert à Venife; c'eft la fixieme partie de l'once de cette ville, dont la livre a onze onces, chaque once fix faggi, & chaque *faggio* vingt carats.

SAGU, SAGOU ou SAGDU. Efpece de farine faite de la fubftance d'un arbre qui croît aux Moluques, aux Manilles & dans quelques autres ifles de la mer des Indes. L'arbre qui produit cette farine eft fort commun dans les forêts de ces ifles; dès que fa tige eft formée elle s'éleve en peu de tems à la hauteur de trente pieds, fur environ fix de circonférence, fon écorce eft épaiffe d'un pouce. Tout l'intérieur eft rempli d'une moelle qui fe réduit en farine. Cet arbre qui femble ne croître que pour les befoins de l'homme lui indique cette farine par une pouffière fine & blanche, dont fe couvre fa feuille; c'eft une marque certaine de la maturité du fagou. Les Indiens coupent alors cet arbre par le pied, fans s'embarraffer des fruits dont ils ne font aucun cas, & ils le dépecent en tronçons pour en tirer la moelle ou la farine qu'il renferme. Après que cette fubftance a été délayée dans l'eau, on la coule à travers une efpece de tamis, qui retient les parties les plus groffières; ce qui a paffé eft jetté dans des moules de terre, où la pâte feche & durcit pour des années entières. On mange le fagou fimplement delayé avec de l'eau, bouilli ou converti en pain. L'humanité des Indiens réferve la fleur de cette farine aux vieillards & aux malades. Elle eft quelquefois réduite en une gelée blanche & très-délicate.

Le fagou fait un très-grand objet de commerce des ifles Moluques, & les Hollandois en enlevent beaucoup foit pour l'entretien de plufieurs de leurs colonies, foit pour le commerce qu'ils font d'Inde en Inde.

SAH-CHERAY. Poids de Perfe qui pefe onze cent foixante & dix darhem, à prendre le darhem pour la cinquantieme partie de la livre de feize onces, poids de marc. *Voy.* BATMAN.

SAIN. Monnoie qui a cours en Géorgie; on la nomme auffi *chaouri.* Elle vaut cinq fols fix deniers monnoie de France. *Voy.* CHAOURY.

SAINTE-GOUTTE. Petit droit fur les fels qui arrivent à Livourne, qui eft dû aux facquiers, ou mefureurs de fel de cette ville. *Voyez* SACQUIERS.

SAINT-JEAN. Toile qui fe fabrique dans le village de *Saint-Jean*, fitué dans la petite province de Beaujollois, dont elle a pris le nom. *Voyez l'article général des* TOILES *où il eft parlé de celles de cette province.*

SAINTE-LUCIE. On appelle *foie* ou *organfin de Sainte-Lucie*, l'organfin que les marchands Français tirent de Meffine en Sicile. Cet organfin eft fort eftimé, & quantité de fabriques de France ne peuvent s'en paffer, particulièrement à Paris, celles des ferandines, des moheres unies & des grifettes. On en fait auffi les chaînes de raz de Saint-Maur, qui fe fabriquent en cette capitale; car pour celles de Lyon, les fabriquans fe contentent de l'*organfin* de Piémont, qui eft de bien moindre qualité. *Voyez* SOIE.

SAINT-THOMÉ. Monnoie d'or que les Portugais font battre à Goa, à laquelle la figure de Saint-Thomas, apôtre des Indes, a fait donner ce nom.

Les *Saint-Thomé* font d'un titre plus haut que les louis d'or de France, & pefent un grain plus que les demi-piftoles d'Efpagne; ils valent pour l'ordinaire deux piaftres; mais ils hauffent & baiffent quelquefois.

Les Portugais les tiennent toujours le plus haut qu'ils peuvent pour en empêcher le tranfport; ils fe fabrique de l'or de Soffala qui eft très-bon, mais que fouvent l'alliage qu'on y met diminue beaucoup & rend de plus bas titre que toutes les autres monnoies d'or qui fe battent aux Indes.

SAISIE. Arrêt que l'on fait de quelque chofe, comme de marchandifes, meubles, beftiaux, &c. foit par autorité de juftice, foit en conféquence des édits & déclarations, foit enfin en vertu des ordres du roi & des miniftres.

Les marchandifes de contrebande, celles qu'on fait entrer en fraude, celles qu'on ne déclare pas au bureau, ou dont les déclarations ne font pas entières ou valables; celles qui entrent par d'autres ports ou endroits que ceux marqués par les arrêts, comme par Saint Vallery & Calais, pour les manufactures étrangères; & par Marfeille & le point de Beauvoifin pour les foies du dehors du royaume, font fujettes aux faifies.

Les toiles peintes ou imprimées de fabrique étrangère, font auffi affujetties aux *faifies* par l'article 11 de l'arrêt du 10 juillet 1785, ainfi que les toiles de coton teintes, mouffelines, étoffes des Indes, même les draps, ferges & autres marchandifes des manufactures du royaume qui n'ont point les qualités, les largeurs, ni les portées de fils conformes aux réglemens.

A l'égard de ces dernières, ce font les infpecteurs defdites manufactures, particulièrement celui qui eft établi à la douane de Paris, qui font chargés d'en faire les *faifies & arrêts*, & d'en donner avis au confeil royal du commerce, pour y être pourvu.

A l'égard des *faifies* faites dans les bureaux & par les commis des fermes générales du roi, ceux qui les ont faites en dreffent leur procès-verbal (qui devroit toujours être de la plus exacte vérité, attendu que fouvent la fortune & la réputation d'un citoyen, en dépendent) pour en pourfuivre la confifcation pardevant les juges qui doivent en connoître; & quand elle a été ordonnée, ce qui provient de la vente des marchandifes faifies eft diftribué, un tiers à la ferme, un tiers aux commis & un tiers au dénonciateur, s'il y en a.

Quelques arrêts du confeil, dans certains cas, partagent le produit des *faifies* & confifcations, moitié au dénonciateur & moitié à l'hôpital-général.

Quel partage! & que de maux ne peut-il pas caufer à la fociété! Il eft vrai que tout contrebandier eft coupable, puifqu'il viole une loi qu'il ne peut méconnoître. Mais fon dénonciateur eft toujours récompenfé; & ce dénonciateur peut être son parent , son frere , son fils même ! L'appât d'une légère récompense peut ainsi exciter quelquefois un fils dénaturé, un pere cruel, à vendre celui dont il reçut, ou à qui il donna le jour !

Autrefois moitié des toiles peintes & des étoffes des Indes saisies étoit envoyée à l'étranger, & moitié brûlée publiquement pour servir d'exemple ; mais sur la fin de l'année 1715, l'abus & les contraventions s'augmentant sans cesse, il fut ordonné par arrêt du conseil qu'elles seroient toutes brûlées, & les peines & amendes portées par les premiers arrêts exécutées sans aucuns adoucissemens contre les délinquans.

L'arrêt du 10 juillet 1785, porte que les toiles peintes ou imprimées provenant de la compagnie des Indes, seront entreposées à l'Orient, & n'y seront vendues qu'à charge & condition de passer à l'étranger. *Voy. l'article* TOILE *où il est question des toiles peintes.*

Il n'est aucun négociant qui ne doive sçavoir qu'on doit payer les droits du roi, puisqu'ils sont établis, & obéir à ses ordres ; mais son propre intérêt doit en cela lui tenir lieu, pour ainsi dire, de ce devoir, puisqu'il est certain par plus d'une expérience, comme l'a remarqué l'auteur du *Parfait Négociant*, qu'il ne faut qu'une ou deux *saisies* considérables pour ruiner & faire manquer un marchand ; & que d'ailleurs une seule *saisie* de marchandises passées en fraude, le rendant suspect, il ne peut jamais gagner la confiance des commis, qui ne cessent de le fatiguer par des attentions & des difficultés, quelquefois trop rigoureuses, que de cette manière il pourroit éviter.

SAISIR. Signifie *arrêter, retenir* quelque chose. *Voy.* SAISIE.

SALAGE ou SALLAGE. Devoir ou droit qui se paie au roi sur chacun des bateaux de *sel* appellés *grandes unzaines*, qui passent à Nantes ou aux bureaux de la ferme de la prévôté de cette ville. Ce droit est de 6 sols 6 deniers par bateau, outre le droit ordinaire de 23 sols 2 deniers obole, pour ceux qui sont chargés au-delà de quatre muids de sel jusqu'à six, une mine moins.

SALAGE. Se dit en Normandie & en Picardie de la façon que l'on donne au hareng en vrac, lorsqu'on le veut pacquer & lui donner son dernier sel. *Voyez* HARENG.

SALAISON. Terme dont on se sert en parlant des choses propres à manger que l'on *sale* pour les conserver & empêcher qu'elles ne se corrompent, ainsi l'on dit : faire la *salaison* des harengs, des saumons, des morues, des macquereaux, des sardines, des anchois, &c.

Les manières différentes de faire les *salaisons* de ces divers poissons, sont expliquées chacune à leur article.

On dit dans le même sens ; faire la *salaison* des beurres, des chairs de bœuf, de cochon, &c. Il existe plusieurs dispositions dans le titre 15 de l'ordonnance des gabelles de France, du mois de mai 1680, touchant la *salaison* de toutes ces choses.

On appelle aussi *salaisons* les chairs préparées de cette manière.

« Les *salaisons* ou *chairs salées*, venant de l'étranger, doivent à toutes les entrées du royaume 5 livres par quintal, suivant l'arrêt du 29 juin 1688. »

« Celles d'Angleterre paient le même droit, d'après l'arrêt du 6 septembre 1701. »

« Les *chairs salées* acquittent *au brut*, d'après la décision du conseil du 4 mars 1738. »

« Toutes, déclarées à leur arrivée, pour la destination des îles Françoises de l'Amérique, sont exemptes des droits d'entrée, & même de sortie, à la charge d'être mises en entrepôt jusqu'à leur départ ; ce sont les dispositions de l'article 11 des lettres-patentes d'avril 1717, confirmées par des décisions du conseil des 31 octobre & 12 novembre 1740, par un arrêt du 30 novembre 1740, & par un autre du 30 novembre 1751. »

« Si ces *chairs salées*, au lieu de suivre leur destination pour les îles, étoient employées aux armemens en course, ou à toute autre destination, également privilégiée, elles jouiroient aussi de l'exemption des droits, d'après la décision de l'assemblée des traites, du 20 août 1778. »

« Elles ne peuvent entrer dans les provinces sujettes aux gabelles, sans une permission par écrit de l'adjudicataire, qui contient le poids de ces chairs. »

« Les jambons de Bayonne & de Mayence, les cuisses d'oie & les langues sont exceptées de cette prohibition, par les articles 217 du bail de Carlier, & 215 de celui de Forceville. »

« Suivant le tarif de 1664, les *chairs salées* paient par quintal, sçavoir, venant des provinces réputées étrangères dans les cinq grosses fermes, 2 livres. »

« Passant des cinq grosses fermes aux provinces réputées étrangères, 1 liv. »

« Allant à l'étranger, de tel endroit du royaume que ce soit, par cent pesant, suivant l'arrêt du 8 avril 1767, 2 livres. »

« A la douane de Lyon, elles paient par quintal, sçavoir celles venant d'ailleurs que du gouvernement, c'est-à-dire, que du Lyonnois, du Beaujolois & du Forest, 2 liv. 3 sols 4 den. »

« Venant du gouvernement, 10 sols 9 den. »

« A la douane de Valence, elles paient, d'après la lettre d'assimilation du 6 août 1778, 1 liv. 9 sols par quintal. »

« Celles qui viennent du Dauphiné, de la Provence ou du Languedoc à Lyon, ont encore à payer un droit de rachat, qui est de 1 liv. 10 sols par quintal. »

SALAISON. Ce mot se prend aussi dans un autre sens, pour désigner la *saison* où l'on a coutume de *saler* les poissons, les chairs, les beurres, &c.

SALAMPOURIS. Toiles que l'on fait dans plusieurs endroits de la côte de Coromandel.

Ces toiles sont de différentes couleurs & de différentes mesures. Il y en a de blanches & de bleues ; les blanches ont soixante-douze cobres (*) de long sur deux un quart de large ; les bleues n'ont que trente-deux corbes de longueur, sur la largeur des blanches. Elles sont propres pour le commerce des Manilles, où les Anglois de Madras en envoient beaucoup. Les François en tirent aussi une assez grande quantité de Pondichery. *Voy. le Diction. de la Géographie Commerçante à l'article* COROMANDEL.

(*) Le cobre revient à dix-sept pouces & demi de France.

SALANT. On appelle *marais salans*, les marais où se fabriquent les sels de France, particulièrement en Bretagne, en Poitou & dans le pays d'Aunis. *Voy.* SEL.

SAL-ARMONIAC. *Voyez* ARMONIAC ou SEL.

« Le *sel ammoniac* ou *armoniac*, est compris dans l'arrêt du 15 mai 1760, & ne paie que la moitié des droits d'entrée & de circulation. »

« Ainsi, à l'entrée des cinq grosses fermes, il ne doit par quintal, pour la moitié du droit du tarif de 1664, que 2 liv. 10 sols. »

« Venant indirectement du Levant, il paie, indépendamment du droit du tarif de la province, par laquelle il entre, vingt pour cent de la valeur, sur l'estimation de 123 livres le quintal, fixée par l'état annexé à l'arrêt du 22 décembre 1750. »

« Passant des cinq grosses fermes à l'étranger, il paie cinq pour cent de la valeur, comme omis au tarif. »

« Allant aux provinces réputées étrangères, deux & demi pour cent. »

« A la douane de Lyon, il doit, suivant le tarif de 1632, où il est compris parmi les drogueries, de tel endroit qu'il vienne, pour la moitié du droit, 1 liv. 11 sols 3 den. du quintal net. »

« A la douane de Valence, aussi pour la moitié du droit, comme droguerie, par quintal net, 1 liv. 15 sols 6 den. »

« Il devroit 3 livres 11 sols, s'il passoit à l'étranger. »

SAL DE VERRE. *Voy.* VERRE ou SEL.

Le commerce & l'usage de ce *sel* que les orfévres & plusieurs autres ouvriers prétendent utiles pour polir leurs ouvrages, sont prohibés par l'ordonnance des gabelles du mois de mai 1680, confirmée par les articles 207 & 209, des baux des fermes faits à Carlier & à Forceville.

Malgré ces dispositions, les entrepreneurs des fayanceries, sous prétexte que ce *sel* est nécessaire à la composition de l'émail de fayance, en faisoient venir des quantités considérables dans les provinces sujettes aux droits de gabelle ; ce qui occasionnoit un fauxsaunage d'autant plus dangereux, que l'usage de ces *sels*, dans les alimens, est nuisible

à la santé. Il y a été pourvu par un arrêt du 31 août 1782.

« Cet arrêt a défendu, à peine de faux-saunage, toute introduction & commerce des *sels* & *écumes de verre* dans l'étendue des provinces sujetes aux droits des gabelles. Mais comme il existe des provinces des cinq grosses fermes, où la gabelle n'est point établie, telle, par exemple ; que le Poitou ; il est bon de sçavoir que ce *sel*, à l'entrée de ces provinces, doit, suivant le tarif de 1664, 16 sols par quintal. »

« Passant des cinq grosses fermes aux provinces réputées étrangères, non sujettes au droit de gabelles & à l'étranger, il paie, comme omis au même tarif, cinq pour cent de la valeur. »

SALDO. Terme corrompu de l'Italien, qui a quelque usage en Provence, & dans quelques autres provinces de France voisines de l'Italie ; il signifie *solde de compte*.

SALE. *Terme de marine*, qui se dit des mers & des côtes dangereuses, pleines de bancs ou basses. Toutes les mers & côtes de Hollande sont *sales*, & pleines de battures & de sables. Aussi ce mot y est-il plus en usage que par-tout ailleurs.

SALER *sa marchandise*. Expression proverbiale, dont on se sert dans le commerce, pour signifier *le prix excessif* qu'un marchand met à ce qu'il vend. « Ce marchand a de bonne marchandise, mais il la *sale* bien. »

SALEUR. Celui qui *sale*. Un *saleur* de morue ; un *saleur* de hareng, &c.

L'ordonnance des gabelles parle des maîtres *saleurs* en titre d'office.

SAL-GEMME ou SAR-GEMME, comme l'appelle le tarif de 1664. Sorte de *sel* qui s'emploie pour les teintures ; il vient de Catalogne, de Pologne & de Hongrie, & il est formé en pierres transparentes & facile à se casser ; il rougit au feu comme le fer, & se dissout facilement à l'air. *Voy.* SEL.

« Le *sel-gemme*, venant de l'étranger, peut, d'après l'arrêt du 13 novembre 1718, entrer par tous les bureaux ouverts aux drogueries, en payant, suivant celui du 13 octobre 1711, 3 liv. par quintal net. »

« Venant des provinces réputées étrangères dans les cinq grosses fermes, il doit au tarif de 1664, 1 liv. 6 sols aussi du quintal net. »

« Il est exempt des droits, en sortant des cinq grosses fermes, comme droguerie étrangère. »

« A la douane de Lyon, de tel endroit qu'il vienne, il paie, suivant le tarif de 1632, 8 sols par quintal. »

« A celle de Valence, comme droguerie, 3 liv. 11 sols. »

SALICOR, ou suivant Savary, SALICORE ou SALICOTE. C'est ce qu'on appelle communément *sel de soude* & *cendre de Varec*, & qui est utile pour les verreries & les fabriques de savon.

Ce *sel* ou *cendre*, venant de l'étranger, avoit été prohibé

prohibé par l'arrêt du 30 septembre 1734, dans l'objet de favoriser la récolte de cette plante marine sur les côtes de Normandie ; mais les verriers ayant demandé la permission d'en faire venir pendant la guerre, elle a été accordée, même pour celles d'Angleterre, par arrêt du 7 août 1775.

Les décisions du conseil des 27 octobre 1777 & 18 septembre 1778, en avoient permis l'extraction, même en exemption de droits ; & cette permission avoit été confirmée pour tout le temps de la guerre, par une décision du 17 juillet 1780, qui permettoit de continuer d'en tirer de l'étranger en franchise de tous droits, sans être assujetti à se servir de bâtimens François, à condition seulement que les verreries n'en tireroient que pour leur consommation.

L'époque de la paix ayant été celle de la révocation de cette permission, elle a été prorogée sur la demande des entrepreneurs des verreries de Bordeaux, intéressés à se procurer l'abondance de cette matière, par une nouvelle décision du mois de septembre 1784, transmise par la ferme générale le 13 à ses directeurs, & conçue en ces termes : « permettre jusqu'à ce qu'il en soit autrement or- » donné, l'entrée des *soudes étrangères*, ou *cendres* » *de Varec*, en payant pour tous droits 8 sols » par quintal, & les 10 sols pour livres. » *Voyez* SOUDE.

SALIÈRE. *Terme de maquignon*, par lequel on désigne le creux qui vient aux yeux des chevaux lorsqu'ils sont trop vieux. Les *salières* servent ordinairement dans le commerce des chevaux, à juger de leur âge. Le jugement n'en est pourtant pas certain, puisqu'il y a de jeunes chevaux qui ont des *salières*. Voy. CHEVAL.

SALIGNON. Pain de sel blanc qui se fait avec l'eau des fontaines salées, qu'on fait évaporer sur le feu. Ces sortes de pains se dressent dans des éclisses comme des fromages, avant qu'ils aient pris entièrement leur consistance. On en fait aussi dans des sébilles de bois. Le sel de Franche-Comté & de Lorraine se fait en *salignons*. Voy. SEL.

SALIN. On entend assez généralement par ce mot, le *sel alkali* tiré des cendres en les lessivant & en faisant évaporer l'eau qui a servi à cette lessive : c'est une potasse non calcinée, ordinairement noire, jaunâtre, salée, amère à la bouche, & elle a la saveur du sel commun. On peut donc regarder le *salin* & le *sel de cendres* comme une chose connue sous deux noms différens ; le premier leur a été donné par les Allemands ; & en France ces sels ont été appelés *cendres de verre*, parce qu'ils servent à la vitrification.

Quand ce *salin* ou *sel de cendres* a été calciné dans un fourneau de réverbère, il perd son nom pour prendre celui de *potasse*, & il est sujet au même droit que le *salin* potasse non calciné.

« À la sortie, pour l'étranger, le *salin* est prohibé. On ajoutera seulement que sur les représentations des entrepreneurs des différentes verreries, un arrêt du conseil du 9 juillet 1785, a ordonné

l'exécution, dans toutes les provinces & généralités du royaume, sans exception, des dispositions de ceux des 10 février 1780, & 26 avril 1781 ; en conséquence, a défendu à tous particuliers, marchands & autres de tenir amas ou magasin de *salins*, dans les quatre lieues desdites provinces, du côté de l'étranger, à peine de confiscation de ces marchandises, & de 3000 livres d'amende ; il a ordonné, sous la même peine, qu'aucune partie de ces matières ne pourroit être transportée dans l'étendue desdites quatre lieues, sans être accompagnée d'un acquit à caution, portant le lieu de la destination, & le nom du particulier à qui elle sera adressée. »

« À la douane de Lyon, le *salin* est traité comme cendre de verre, c'est-à-dire, qu'il doit 3 sols par quintal venant de l'étranger, & 3 sols 6 den. venant de l'intérieur. »

« À la douane de Valence, il acquitte comme soude, 17 sols 6 den. du quintal net. »

SALIN ou SAUNIÈRE. (*Terme de regrattières de sel.*) C'est ainsi qu'on appelle dans le commerce du sel à petite mesure, une espèce de bacquet de figure ovale, dans lequel les vendeuses renferment le sel qu'elles débitent en détail.

SALINE. Se dit ordinairement des poissons de mer que l'on fait *saler* pour les conserver.

Il se fait en France & dans les pays étrangers un négoce considérable de *saline*. Les poissons qui en font le principal objet, sont la morue, le saumon, le macquereau, le hareng, l'anchois & la sardine. On les trouvera expliqués chacun à leur article.

À Paris & dans les autres villes du royaume, il est permis à toutes personnes, indistinctement, de faire commerce de *salines*, sans qu'il soit besoin d'être d'aucun corps, ni communauté. Ce sont ordinairement les épiciers qui font le commerce des sardines, des anchois, &c.

SALINES. Lieux où l'on fait le sel. Ce terme convient également à tous les lieux d'où se tire le sel, soit qu'il s'y fasse naturellement par la seule ardeur du soleil, comme à Brouage &c. ; soit qu'on emploie l'industrie & l'art pour le tirer de l'eau de la mer ou des fontaines & des puits salés, par évaporation & avec le secours du feu, comme à Salins & en Normandie ; soit enfin qu'il se tire des entrailles de la terre, où il se forme à la manière des minéraux, comme en Pologne, &c.

Ces trois sortes de *salines*, outre cette dénomination générique, ont chacune un nom spécifique, qui les distingue. On appelle *marais salins*, ou *salans*, les *salines* où le sel se forme par la seule ardeur du soleil ; *mines de sel*, les carrières où se coupe, & d'où se tire le sel en pierre & fossile ; & *salines* proprement dites, les lieux où le sel se cuit & se fait par évaporation sur des fourneaux.

Les principales *salines* de la première espèce, sont, en France, Brouage ; Marans, l'Isle-de-Ré en Saintonge, & dans le pays d'Aunis ; Bourneuf, le Croisic, Guérande dans le comté Nantois ; & en

Hhhh

Amérique,, l'étang de Campêche dans la nouvelle Efpagne.

Il y en a auffi en plufieurs lieux de l'Efpagne Européane ; il s'en trouve abondamment fur la plupart de fes côtes méridionales, mais particulièrement aux environs de la baie de Cadix, & dans l'île d'Yvice.

Les Anglois, les Hollandois, & les nations du Nord le trouvent moins bon pour les falaifons des chairs & du poiffon, que celui de France ; & ce n'eft qu'à fon défaut & pendant la guerre, qu'ils s'en fourniffent en Efpagne & à Saint-Ubez en Portugal, où il y a auffi quelques *falines*.

Les mines ou *falines* de fel terreftre & foffile, les plus célébres en Europe, font celles de Wilifca, à cinq lieues de Cracovie ; celles ouvertes à deux milles d'Epéries, dans la haute Hongrie ; & celles des montagnes du duché de Cardonne en Catalogne.

A l'égard des *falines* de la dernière efpèce, ou *falines* proprement dites, les plus confidérables font les *falines* de Salins en Franche-Comté, celles de Château-Salins, de Rozières & de Dieufe en Lorraine ; & celles qui font en Normandie dans les élections d'Avranches, de Coutances, de Carantan, de Valogne, de Bayeux, & de Pont-l'Evêque.

Dans les *falines* de Normandie, on tire le fel de l'eau de la mer ; & dans les *falines* de Lorraine & de Franche-Comté, il fe fait avec de l'eau de fontaines & de puits falés.

Il y a quelques lieux de Normandie, où non-feulement le nombre des *falines* eft fixé par l'ordonnance des gabelles de 1680, mais où même il eft réglé combien il en doit travailler par jour, comme aux marais de S. Arnould, de Trouville, de S. Pierre & de S. Thomas de Touques, où il n'eft permis d'avoir que vingt-quatre *falines*, dont huit feulement doivent travailler chaque jour. *Voy. l'article* SEL, *où il eft traité au long de toutes les fortes de fels qui fe font dans les trois efpèces de falines.*

Plufieurs provinces de la Mofcovie (ou Ruffie) ont auffi quantité d'excellentes *falines*. Celles de Solimkamskoi, capitale de la grande Permie, font fort renommées ; (*Voy. le Dictionnaire de la Géographie commerçante, art.* MOSCOVIE.) Le fel s'y fabrique dans de grandes chaudières de cinquante à foixante pieds de diamètre : fept à huit cent fanniers y travaillent continuellement. Les bâtimens qui fervent à le tranfporter, ont foixante à quatre-vingt pieds de long, avec un feul mât, & une feule voile de trente braffes de longueur ; ils font plats par deffous, & n'ont ni fer, ni cloud. Quand ils fuivent le cours de l'eau, on fe fert de rames pour les foutenir en équilibre, le gouvernail tout feul, n'étant pas affez fort pour cela : chaque bâtiment peut porter jufqu'à 12000 livres de fel, c'eft-à-dire, environ quatre-vingt lafts.

Le lac de Jamufowa fournit auffi quantité de fel

aux Mofcovites, qui pour fe défendre contre les Kalmoukes, dans le pays defquels il eft fitué, n'y vont jamais qu'accompagnés de deux mille cinq cens hommes. Ce fel, dont une partie du lac eft couverte en forme de glace, fe coupe en gros pains que l'on porte par terre jufqu'aux bâtimens Mofcovites ; la rivière étant trop éloignée du lac.

Les *falines* d'Oeft-Toëga fur la Dwina, font auffi très-confidérables ; elles ne font pas éloignées de la rivière, & confiftent en quatre puits ou fources d'eau falée. On tire cette eau avec des efpèces de pompes, qui la diftribuent enfuite dans des tuyaux qui la conduifent jufqu'aux lieux deftinés pour la cuiffon du fel. Chaque puits eft enclos dans un bâtiment de bois ; ces quatre fources donnent autant d'eau qu'il en faudroit pour remplir vingt *falins* ; en 1708, il n'y en avoit que fix en état, encore ne fe fervoit-on que d'un feul.

Chaque *falin* eft dans une loge particulière ; au milieu de chacune il y a un fourneau fur lequel la chaudière eft placée, ou plutôt fufpendue avec de groffes perches & des crochets de fer ; la forme des chaudières eft quarrée ; chaque face a quinze pieds & demi ; elles font de fer ; on y fait bouillir l'eau pendant foixante heures entières, & lorfque pendant tout ce tems elle s'ébouille trop promptement, on y en ajoute de nouvelle.

Chaque *falin* produit quarante poets de fel, ce qui revient à 1333 livres. Le prix ordinaire du poet de fel eft de 2 fols.

Il exifte auffi une très-grande bruyere, de plus de foixante-dix lieues d'Allemagne, au deçà du Volga, vers le couchant, & une autre de plus de 80 lieues, le long de la mer Cafpienne, qui produifent du fel en plus grande quantité que les marais *falins* de France & d'Efpagne ; les Mofcovites en font un très-grand trafic en le portant fur le bord du Volga, où ils le mettent par grands morceaux, jufqu'à ce qu'ils puiffent le tranfporter ailleurs.

L'île d'Yvié, fur les côtes d'Efpagne, qui font baignées par la Méditerranée, a d'abondantes *falines* ; c'eft cette île qui fournit de fel, non feulement toute l'Efpagne, & une partie de l'Italie, mais encore quelques endroits de Barbarie, particulièrement le royaume d'Alger. On a vu quelquefois les ducs de Savoie faire apporter de ces fels pour la fourniture de leurs états, & fur-tout du Piémont.

SALINS. On nommoit autrefois à la Rochelle, *la cour des falins*, une juridiction qui fut établie vers l'année 1635, pour connoître des différends mûs à l'occafion de la poffeffion des falines ; & il fut mis 19 fols 6 den. de droits fur chaque muid de fel ras chargé, tant dans l'étendue du bureau de Brouage, que de celui de Rhé, pour fervir au paiement des gages des Officiers.

La *cour des falins* fut fupprimée quelque temps après, mais le droit fubfifte encore prefqu'entier, & il fe paie à deux particuliers, dont l'un en a 5 fols 7 den. $\frac{1}{2}$, & l'autre 9 fols 10 den. $\frac{1}{2}$.

« Ce droit s'acquitte également par les François & par les étrangers. »

SALME, en Italien *Salma*. Mesure des liquides dont on se sert dans la Calabre & dans la Pouille ; provinces du royaume de Naples.

La *salme* est de dix stars, & le star de 32 pignatolis ou pots, dont chacun fait à peu près la pinte de Paris ; ainsi la *salme* contient environ 320 pots ou pintes.

SALME. C'est aussi un poids de 25 livres.

SALME. C'est encore une mesure de grains dont on se sert à Palerme. Le *salme* contient seize tomolis, & le tomoli quatre mondels. Dix *salmes* deux septièmes font le last d'Amsterdam.

SAL NATRUM ou SEL NARTRON. Sorte de *sel* qui sert au blanchissage des toiles. Il y en a de noir, de grisâtre & de blanc, à peu près semblable à la soude blanche ou au salpêtre.

« Etant qualifié de soude, dans l'état annexé à l'arrêt du 22 décembre 1750, la ferme générale a marqué au directeur de Lyon, le 29 juillet 1782, de lui en faire payer les droits. » *Voy.* SOUDE.

SAL-NITRE. *Voy.* NITRE ou SEL.

On a prétendu mal à propos que l'entrée de ce *sel* dans le royaume étoit prohibée, à moins qu'il ne fût accompagné de passeports de la régie des poudres & salpêtres. Cette entrée n'a jamais été prohibée ni assujettie à la formalité des passeports, ainsi qu'il résulte d'une décision du conseil, du 30 mars 1748. Cette formalité n'a lieu que pour les poudres & salpêtres, conformément à l'article 11 de l'arrêt du 24 juin 1775.

« Ainsi, venant de l'étranger, ou d'une province réputée étrangère dans les cinq grosses fermes, il doit, au tarif de 1664, par quintal 2 l. »

« Sortant des cinq grosses fermes, cinq pour cent de la valeur, comme omis audit tarif. »

» A la douane de Lyon, 11 sols par quintal, suivant l'ajouté au tarif de 1632. »

» A celle de Valence, il acquitte aussi par quintal, mais net, comme servant à la droguerie, 3 livres 11 sols. »

SALORGES. Amas de sel, ou espèces de meules destinées pour en faire commerce.

« L'ordonnance des Gabelles défend d'avoir des *salorges* plus près de cinq lieues des greniers de la ferme. »

SALORGES. On nomme ainsi à Nantes & dans plusieurs autres endroits de la Bretagne, les magasins où les marchands, qui font le commerce des sels, ont coutume de mettre & de conserver lesdits sels. Il est parlé des *salorges* dans la pancarte ou tarif de la prévôté de Nantes.

SAL ou SEL D'OSEILLE. Droguerie.

« A l'entrée & à la sortie des cinq grosses fermes, il doit cinq pour cent de la valeur sur l'estimation commune de 16 à 18 livres le quintal. »

« Pour la douane de Lyon, le même droit, lorsqu'il vient de l'étranger, & deux & demi pour cent, venant de l'intérieur. »

« A la douane de Valence, il doit, comme droguerie, par quintal net, 11 livres 11 sols. »

SALPÊTRE ou SELPÊTRE, *sal petræ*, que les chymistes appellent *dragon*, *cerbere* ou *sel d'enfer*, à cause de ses terribles effets. C'est une espece de *sel* naturel ou artificiel très-connu, & d'un grand usage, soit dans la chymie, soit pour la composition de la poudre à canon, soit pour la teinture où il est compté parmi les drogues non colorantes, c'est-à-dire, avec lesquelles on prépare les étoffes à être mises en couleur.

Il s'en consomme aussi beaucoup dans les verreries, pour les eaux fortes, & pour la fonte des métaux.

On donne aussi au *salpêtre* le nom de *nitre*.

Le *nitre* ne se forme jamais qu'à la surface de la terre & on le trouve très-peu profondément au-dessous de sa superficie ; si l'on en trouve quelquefois dans l'intérieur de la terre, c'est qu'il y a été porté par filtration, car il ne peut s'y être formé.

Le *salpêtre* naturel ou minéral se trouve dans quelques campagnes le long du Volga, cette riviere si fameuse, qui après avoir arrosé une partie de la Moscovie & du royaume d'Astrakan, va se décharger dans la mer Caspienne.

On trouve aussi du *salpêtre* au Pégu, dans la province de Patna, & aux environs d'Agra, dans des villages présentement déserts. Les Européens en exportent pour les besoins de leurs colonies d'Asie ou de leurs métropoles, environ dix millions pesant. La livre s'achete sur les lieux trois sols au plus, & nous est revendue dix sols au moins.

On tire, dans ces pays le *salpêtre* de trois sortes de pierres de noires, de jaunes & de blanches. Le *salpêtre* qui vient des pierres noires est le meilleur, n'ayant pas besoin, comme les deux autres d'être purifié pour entrer dans la poudre à canon.

Une autre sorte de *salpêtre* naturel est celui qui distillant dans des cavernes, ou le long des vieilles murailles, & même des neuves placées dans les lieux humides, s'y forme en cristaux. On l'appelle *salpêtre de roche* : les anciens le nommoient *aphronitre*, mot formé d'ἀφρὸς *spuma* & de *nitre*.

L'eau du Nil, ce fleuve si fameux de l'Egypte, aidée de l'ardeur du soleil, & ménagée à peu-près de même que l'eau de la mer dans les marais salans de Brouage où l'on fait le sel commun en France, fournit une troisieme espece de *salpêtre* naturel, connue des anciens sous le nom de *natrum* ou d'*anatrum*, que les droguistes appellent communément *nartron*. C'est proprement ce qu'on nomme de la soude blanche. *Voy.* SAL-NATRUM & SOUDE.

Autrefois, il se faisoit en France un si grand commerce de *salpêtre*, qu'il s'en consommoit dans la seule ville de Paris, le poids de plus de dix millions de livres. Mais ayant été défendu aux marchands d'en faire venir, & d'en vendre, il étoit est devenu fort rare. Les encouragemens donnés par M. Turgot pour la formation des nitrieres, & la nouvelle régie des poudres l'ont rendu plus commun.

Le *salpêtre* artificiel, sur-tout celui que l'on fabrique dans l'arsenal de Paris, où les marchands épiciers & droguistes de la ville & des environs, & ceux qui en ont besoin doivent s'en fournir, se fait avec des matières nitreuses ramassées dans les vieux bâtimens, dans les colombiers & au milieu des vieilles démolitions, en les lessivant avec des cendres de bois, & quelquefois d'herbes, & le *salpêtre* qui en provient est raffiné par trois ou quatre cuites qu'on fait passer successivement par plusieurs lessives.

On lui donne différens noms, suivant qu'il est plus ou moins raffiné, comme *salpêtre* de houssage, *salpêtre* de terre, *salpêtre* commun ou de la première eau, *salpêtre* rafiné, &c. Le *salpêtre* de la troisieme eau qu'on appelle *salpêtre en glace*, & qui est le meilleur, ne se vend point, mais après avoir été fondu & mis dans des tonneaux, il se conserve pour la composition de la poudre à canon.

On fait encore une quatriéme espéce de *salpêtre*, qu'on nomme *salpêtre en roche*; celui-ci se fabrique en le faisant fondre sans eau dans une chaudiere de fer à force de feu, il sert à faire la poudre la plus fine & celle qu'on doit embarquer sur la mer.

Quelques salpêtriers prétendent que l'on peut ranimer les terres qui ont déjà servi, en les gardant quelques années, pourvu qu'on les conserve à couvert & qu'on les arrose des écumes & des eaux inutiles des *salpêtres* que l'on cuit, ou même seulement d'urine.

On peut voir à la page 93 du second tome des Mémoires d'artillerie la manière de faire le *salpêtre* & de le rafiner.

Le bon *salpêtre* commun doit être bien dégraissé, blanc, sec, & le moins chargé de sel qu'il se peut.

Le meilleur *salpêtre* rafiné est celui dont les cristaux sont les plus beaux, les plus longs, & les plus larges.

On fait un grand nombre de préparations chymiques avec le *salpêtre*, & entr'autres l'esprit de nitre, l'eau régale, l'eau-forte, le cristal minéral, le sel polycreste, le sel anti-febril ou contre les fièvres, le beurre de nitre, &c.

« Le *salpêtre* ne peut entrer dans le royaume, ni y circuler sans un passeport du commissaire général des poudres, au moyen duquel il est exempt de droit, suivant l'arrêt du 6 août 1720 ».

« Avec ce passeport les sieurs Chatel, entrepreneurs de la manufacture d'huile de vitriol établie à Rouen, peuvent en faire entrer pour l'usage de leur manufacture, jusqu'à trente milliers pesant par an. Arrêt du 24 septembre 1768 ».

« Il est prohibé à la sortie pour l'étranger ».

« Si on permet d'en entrer dans le royaume, autrement que pour la régie des poudres, il doit, s'il vient par les cinq grosses fermes, suivant le tarif de 1664, 2 l. du quintal ».

« Quand la sortie en est permise par les cinq grosses fermes, il paye, suivant le même tarif, 4 l. du cent pesant ».

Depuis l'invention de la poudre à canon, il s'est toujours fait en France une très-grande consommation de *salpêtre*, mais les guerres continuelles du long régne de Louis XIV, l'invention des bombes, des carcasses & autres feux d'artifice, & la nombreuse artillerie, soit de terre, soit de mer, joint aux armes presqu'innombrables que ce grand prince a toujours été obligé d'entretenir, ont obligé de doubler & de tripler la fabrique des *salpêtres*, de sorte qu'au lieu de 1500 milliers qui se fabriquoient par an avant l'année 1690, on a vu des années où il s'en est fait jusqu'à 4 millions 500 mille livres, & la fourniture des magasins du roi a toujours été, année commune, à trois millions trois à quatre cens mille livres.

En l'année 1700, que les magasins du roi étoient remplis, la fourniture fut réduite à deux millions quatre cent mille livres, sur quoi la consommation du public pouvoit monter à cinq cens mille livres. La paix dont on a joui dans le commencement du régne de Louis XV, diminua encore considérablement en France, la fabrique des *salpêtres* qui ne s'augmenta que lorsque le démon de la guerre vint troubler le repos trop court dont on avoit joui jusqu'alors.

Depuis la dernière guerre pour la succession d'Espagne, les magasins du roi ont toujours été plutôt remplis de *salpêtre* que de poudre, parce que, outre que les *salpêtres* ne causent point d'accidens comme la poudre, ils peuvent se conserver dans toute sorte de lieux sans se gâter, & qu'il est facile lorsqu'on a besoin de poudre, d'en faire fabriquer quand on a suffisamment de *salpêtre*.

Autrefois, l'on étoit persuadé qu'on ne pouvoit se passer des *salpêtres* étrangers, & en effet, on consommoit beaucoup plus de ceux-ci que des *salpêtres* François; mais l'expérience a depuis fait connoître que la France en étoit inépuisable, & qu'elle pouvoit suffire à tous les besoins de l'état, sans être obligée d'en faire venir du dehors, ce qui ne peut être que très-avantageux, puisque ce sont les sujets du roi qui profitent d'une dépense qui se fait toute dans le royaume.

Lorsqu'on n'a besoin que d'une quantité médiocre de *salpêtre*, on ne travaille que sur des terres qui produisent facilement; ce qui diminue la dépense; mais quand la fourniture doit être considérable, l'obligation de travailler sur des terres qui donnent peu de *salpêtre* engage dans de plus grands frais.

Le *salpêtre*, comme on l'a déjà dit, se tire des terres de différentes qualités; à Paris on en fait avec les vieux plâtras qui proviennent des démolitions des maisons, pourvu qu'ils soient bien pourris, & pour ainsi dire calcinés par une humidité chaude.

En Touraine, le tuf dont les maisons sont bâties, en fournit encore plus que les plâtras de Paris, & lorsqu'après quelques années cette pierre est très-tendre & usée, elle est si pleine de *salpêtre*, que les salpêtriers trouvent quelquefois plus leur compte à rebâtir une nouvelle maison pour avoir les matériaux de l'ancienne, qu'à faire rebâtir celle-ci; aussi est-il certain que la Touraine est la province du royaume qui en fournit davantage.

Dans toutes les autres provinces, les terres dont on tire le *salpêtre* sont celles des Bergeries, des Colombiers, des Selliers & autres lieux bas & humides. *Voyez y pour ce qui concerne la fabrique & le raffinage du salpêtre, le Dictionnaire des arts & métiers, article* SALPÊTRIER.

Il y a en France jusqu'à trente départemens où se fabriquent tous les *salpêtres* du royaume, savoir:

Paris.	Toulouse.	Belfort.
Orléans.	Montauban.	Brisac.
Saumur.	Montpellier.	Metz.
Tours.	Perpignan.	Verdun.
Chinon.	Marseille.	Charleville.
Chatellerault.	Avignon.	Châlons.
Bourges.	Lyon.	Lafere.
Bordeaux.	Grenoble.	Amiens.
Bayonne.	Besançon.	Valenciennes.
Rouen.	Dijon.	Douay.

De ces trente départemens, il n'y en a que dix-huit qui aient des raffineries, dont la moitié sont du nombre de celles qu'on nomme *grandes raffineries*, & les autres ne sont que des petites.

Paris, Saumur, Bordeaux, Toulouse, Montpellier, Perpignan, Marseille, Lyon & Besançon sont grandes raffineries: Bayonne, Brisac, Metz, Verdun, Charleville, Châlons, la Fere & Amiens ne sont que du rang des petites.

Le produit de tous les départemens montoit, du tems de Savary, année commune, à 2,400,000 liv. pesant de *salpêtre*, dont Paris fournissoit presque 700,000, Saumur 250,000, Tours 110,000, Chinon 20,000, Bordeaux 150,000, Toulouse autant. Les autres fabriques n'alloient ordinairement que depuis 3,000 jusqu'à 60,000. Ce produit qui étoit tombé à 1,800,000 liv. passe aujourd'hui 3,000,000.

Le *salpêtre* se vend à Amsterdam au quint de cent livres en banque, sa tare est sur les futailles, & pour toute déduction 2 pour 100 pour le prompt payement. Son prix est de 23 florins le quintal.

SALPÊTRIER. Ouvrier qui ramasse les matières propres à faire du salpêtre, qui les lessive, qui les cuit, ou qui raffine le salpêtre, quand il est fait. On appelle aussi *salpêtrier*, le marchand qui le vend.

Il y a à Paris une espèce de communauté de *salpêtriers*, qui prennent la qualité de *salpêtriers du roi*, pour la confection des salpêtres de France pour le service de sa majesté.

Cette communauté a des statuts faits par ses membres mêmes & enregistrés à leur réquisition au greffe du bailliage du château du Louvre, artillerie, poudres & salpêtres par-tout le royaume de France, le 11 mai 1658, sur le consentement du procureur du roi, & l'ordonnance du lieutenant-général audit bailliage.

Un des articles de ces statuts ordonne «que de quinzaine en quinzaine tous les salpêtres qui seront faits & fabriqués par les *salpêtriers*, seront portés dans les magasins du roi, délivrés au commissaire-général pour être payés suivant le prix qu'il en fixera, à proportion de leur bonté & de leur qualité; & défenses sont faites, sous peine de confiscation des cuviers, d'une amende de 48 l. & d'être privé de sa commission, de vendre à d'autres qu'au roi, ou receler aucun salpêtre, soit des premières cuites, soit du rafiné, sous quelque prétexte que ce puisse être».

Comme il n'est pas permis en France de fabriquer du salpêtre sans la permission du grand maître de l'artillerie, à chaque renouvellement de bail le grand maître délivre une commission générale à une des cautions du bail, & plusieurs commissions particulières de *salpêtriers*, avec les noms en blanc pour être remplis par le commissaire-général, lequel a inspection sur eux, & pouvoir de les révoquer lorsque ceux qui en sont pourvus en abusent ou fabriquent de mauvais salpêtres.

ÉTAT des salpêtriers qui (du tems de Savary) travailloient à la fabrique des salpêtres dans la ville & généralité de Paris, du nombre d'atteliers qu'ils y avoient, & de la quantité de salpêtre qu'ils pouvoient, année commune, fournir à l'arsenal de Paris.

La communauté des *salpêtriers* de Paris ne passoit pas ordinairement le nombre de 26 maîtres, qui avoient entr'eux tous 32 atteliers, la plûpart n'en ayant qu'un, & d'autres en ayant deux & même jusqu'à quatre; ils faisoient, année commune, 570,000 livres de salpêtre.

A Saint-Denis il y avoit deux atteliers, à Mantes autant; *Lagny*, *Pontoise*, *Meaux*, *Villeneuve-le-Roi* & *Fontenay*, en avoient chacun un: *Villiers-le-Bel* trois, *Argenteuil* un, *carriere-sur-Bois*, deux, *Surêne*, *Nogent-sur-Marne*, *Livry*, *Montreuil*, *Dammartin*, chacun un, *Tribaldon* & *Condé* deux, *Triel* & *Montlon*, chacun un; enfin *Picpus* en avoit trois. Tous ces atteliers de la généralité, montant à 27 pouvoient donner par an environ 158,600 milliers de salpêtre.

Le total des atteliers de Paris & de sa généralité montoit à 59 atteliers, & le total des salpêtres qu'ils fabriquoient, à 628600 milliers par an.

SALSÉPAREILLE, ou SARCEPAREILLE. Plante qui croît au Pérou & dans la Nouvelle-Espagne, & qu'on apporte aussi des Indes orientales.

La débauche de l'un & de l'autre sexe ne fait faire qu'un trop grand commerce de cette drogue, dont le principal est d'entrer dans les décoctions & les tisannes qu'on donne pour les maladies vénériennes.

Cette plante se plaît dans les lieux humides & marécageux; sa racine, qui est la partie de la plante qu'on employe dans les remèdes, se partage en quantité de longs filamens de six ou sept pieds & de la grosseur d'une plume à écrire; elle est grise en dehors & blanche au dedans, mais teinte de deux raies rougeâtres. Ses branches rampent sur la terre ou s'attachent le long des arbres, comme la vigne vierge; ses feuilles sont longues, étroites, divisées par plusieurs nervures, & d'une couleur verte, du bas desquelles sortent de menus filets qui servent comme de crochets pour la tenir plus ferme aux arbres autour desquels elle s'entortille; ses fleurs sont blanches en forme d'étoiles, & ses fruits rouges un peu aigrelets.

Il y a une autre espece de *salsepareille* dont les filamens de la racine sont plus gros, & qu'on appelle *salsepareille de Marignan*, isle sur la côte du Brésil, dans le continent de l'Amérique méridionale, possédée par les Portugais. Elle est moins bonne que la petite dont on vient de parler.

La *salsepareille*, qu'on nomme *de Moscovie*, & qui peut être la même que celle de Surinam, mais dont les racines sont encore plus grosses, n'est bonne qu'à brûler.

Il vient encore de Hollande de la *salsepareille* en petites bottes coupées par les deux bouts, qui ne vaut guères mieux. Celle qu'on apporte de Marseille aussi en bottes, mais qui sont plus longues & d'une couleur rougeâtre par-dessus, n'est pas estimée de bonne qualité par quelques droguistes; d'autres cependant, & particulièrement M. Pomet, dans son Histoire générale des drogues, ne la trouvent point différente de la vraie *salsepareille* d'Espagne.

La bonne *salsepareille*, outre les qualités de la couleur dont on a parlé dans sa description, doit être sèche, en longs filamens, facile à fendre en deux & de laquelle alors il ne sort point de poussière; il faut aussi que bouillie dans l'eau elle la teigne de couleur rouge.

« La *salsepareille*, entrant dans les cinq grosses fermes, doit, au tarif de 1664, 5 liv. par quintal net ».

« Sortant des cinq grosses fermes, elle est exempte des droits, comme droguerie étrangère ».

« A la douane de Lyon, elle doit, au tarif de 1632, de tel endroit qu'elle vienne, 3 l. 2 s. 6 d. du cent pesant ».

« A celle de Valence, elle paye, comme droguerie, 3 l. 11 s. ».

La *salsepareille* se vend à Amsterdam à la livre, & se tare au poids; ses déductions sont de deux pour cent de bon poids, & d'un pour cent de prompt payement. Son prix y est depuis 15 sols jusqu'à 38 sols la livre.

SALVAGE ou SAUVELAGE. Ce terme vient du latin: on s'en sert pour désigner un droit qui se paye à ceux qui ont aidé à *sauver* des marchandises & autres choses qui périssoient dans un naufrage. Ce droit est ordinairement le dixieme de la valeur des objets sauvés. *Voyez* BRIS & ÉCHOUEMENT.

SAMACHI. Ville de la domination du roi de Perse, capitale de la province de Schirwan, & renommée par son commerce. *Voyez le Dictionnaire de la géographie commerçante.*

SAMBARAME. Espece de *santal* que l'on voit rarement en France. *Voyez* SANTAL.

SAMBOUC. Bois de senteur que les nations de l'Europe, qui négocient sur les côtes de Guinée, ont coutume d'y porter, non, pour en faire un objet de commerce avec les négres, mais pour en faire des présens aux rois du pays qui en font grand cas, & s'attirer leur bienveillance. On y joint ordinairement de l'iris de Florence, afin que le présent soit mieux reçu.

SAMESTRE. On nomme *corail de sumestre*, une sorte de corail qu'on envoye d'Europe à Smyrne; il y en a de deux sortes, du brut & du travaillé. Ils payent également les droits d'entrée à la douane de cette ville, à raison de cinq aspres l'ocque.

SAMGAEL. Ville de la domination du roi de Perse, où il se fait un assez grand commerce de draps & de toiles de coton. *Voyez le Dictionnaire de la géographie commerçante.*

SAMIS ou SAMILIS. Etoffe très-riche, lamée ou tramée de lames d'or. Cette étoffe est de manufacture Vénitienne: elle étoit peu connue du tems de Savary, tems pourtant où il s'en portoit encore beaucoup à Constantinople. La tradition veut, dit-il, que le fameux *Oriflamme*, si célebre autrefois en France, & que quelques-uns croyent n'avoir été que la baniere de l'abbaye royale de Saint-Denis, ait été de cette étoffe.

Il y avoit aussi des *samis* tout de soie, & d'autres sans soie.

L'on trouve quatre sortes de *samis* tariffés dans le tarif de la douane de Lyon de 1632, savoir, les *samis* de Florence, de Bologne & de Naples, & le *samis* sans soie.

« Selon Savary, le *samis* sans soie payoit 1 l. 2 s. de la piece d'ancienne taxation & 3 s. de réappréciation, c'est-à-dire, 1 l. 4 s. ».

« Le *samis* de Florence, 19 s. 9 d. de la livre d'ancien droit, & 5 s. de nouveau droit, ou 1 l. 4 s. 9 d. en tout ».

« Enfin, les *samis* de Bologne & de Naples, comme celui de Florence ».

Mais soit que le commerce de cette étoffe soit tombé entièrement, soit qu'elle soit comprise dans d'autres articles, on ne la trouve point taxée dans le nouveau recueil des droits de traites uniformes d'entrée & de sortie des cinq grosses fermes de la douane de Lyon, de Valence, &c. qui a paru en 1786.

SAMOUL ou SAMOUR. On nomme ainsi à Smyrne, à Constantinople, & dans les autres échelles du levant l'animal dont la fourrure est si estimée, & qu'on appelle en France, *martre zibeline*. *Voyez* MARTRE, & le *Dictionnaire de la géographie commerçante*, article SMYRNE.

SAMOUL-BACHA ou SAMOUR-BACHA. C'est ainsi que l'on nomme à Constantinople le *vol* de la martre-zibeline, qui est l'endroit de cette riche fourure le moins estimé.

SANAS. On appelle ainsi des toiles de coton blanches ou bleues qui ne sont ni fines ni grosses, que l'on tire des Indes orientales, particulierement du Bengale.

De ces toiles, les blanches ont à la piece neuf aunes un tiers sur trois quarts à cinq sixièmes de large; les bleues ont onze aunes un quart à douze aunes sur sept huitièmes de large. Les *sanas* sont un des plus grands objets de commerce du Bengale.

SANDAL, qu'on prononce & qu'on écrit quelquefois *santal*. Bois médicinal, dur, pésant & odorant, qu'on apporte des Indes orientales. *Voyez* SANTAL.

SANDAL ou SANTAL. Sorte de taffetas rayé qui vient de Constantinople, auquel on fait prendre la teinture du *santal* rouge en poudre, en le faisant bouillir avec quelques acides; son usage le plus général est pour les maux d'yeux, au lieu de taffetas verd, dont plusieurs se servent pour les essuyer quand ils sont pleureux & pleins de sérosités.

SANDALINE. On nomme ainsi une petite étoffe qui se fabrique à Venise; elle est propre pour le commerce des Indes occidentales, & les marchands de Livourne y en envoyent beaucoup par les vaisseaux qu'ils frettent pour l'Espagne.

SANDARAC. Espece d'orpiment rouge. *Voyez* ORPIMENT.

SANDARAC ou SANDARAQUE. Gomme ou résine de génévrier, transparente, d'un jaune pâle ou citrin, en gouttes semblables au mastic, d'un goût résineux, d'une odeur pénétrante & suave quand on la brûle. Elle ne se dissout pas dans l'eau, mais seulement dans l'huile ou dans l'esprit-de-vin.

Le grand génévre duquel cette gomme découle quand on y fait des incisions pendant les plus fortes chaleurs de l'été, est un arbre qui s'éleve plus ou moins haut, suivant les lieux où il croît; il est rarement droit, ses feuilles sont petites & étroites, piquantes & toujours vertes; son fruit qui est de la grosseur d'une noisette, est verd la première année, brun la seconde, & enfin tout noir la troisiéme. Lorsqu'il est mûr, il est de quelque usage dans la médecine.

Il y a une autre espece de génévre qu'on appelle le *petit génévre*, qui est fort commun & fort connu en France, mais qui donne fort peu de *sandaraque*. En récompense, on tire de son fruit des huiles, des eaux, des sels, des esprits & des extraits que l'on croit souverains pour plusieurs sortes de maux.

Le *sandaraque* entre dans la composition du vernis: on en fait aussi une poudre impalpable pour frotter le papier, ce qui le blanchit, empêche qu'il ne boive, rend l'écriture plus belle & même sert à couvrir les ratures qu'on est quelquefois obligé de faire, ce qui rend cette poudre d'un usage perpétuel, sur-tout dans les bureaux.

Le meilleur *sandaraque* est celui qui est en larmes, belles & bien blanches & sans poussière. Les Suédois, les Anglois & les Hambourgeois en font un assez grand commerce.

Les habiles droguistes prétendent que le *sandaraque* de genevre n'est point le véritable, mais celui qui coule de l'oxicedre. *Voy.* OXICEDRE.

« Le *sandaraque* paye en France, à l'entrée des cinq grosses fermes, au tarif de 1664, 1 l. 5 s par quintal net ».

« Sortant des cinq grosses fermes, il doit cinq pour cent de la valeur, si on ne justifie pas de l'acquittement du droit d'entrée ».

« A la douane de Lyon, dans le tarif de laquelle cette drogue est appellée *sandarache*, elle paye, de tel endroit qu'elle vienne, au tarif de 1632, 11 s. du cent pesant »;

« A celle de Valence, elle acquite, comme droguerie, 3 l. 11 s. »

SANDARAQUE. C'est aussi un mineral que l'on trouve dans les mines d'or & d'argent. On divise ce *sandaraque* en naturel & en factice. Le naturel est proprement l'arsenic rouge; le factice n'est autre chose que la céruse poussée au feu. L'un & l'autre sont un très-dangereux poison.

SANDIX. Espece de minium, ou plutôt de massicot rouge, qui se fait avec de la céruse poussée au feu, & rubifiée. On se sert peu de *sandix* dans la peinture, le véritable vermillon auquel on pourroit le substituer, faisant une couleur bien meilleure, plus durable & plus brillante. *Voy.* MASSICOT.

SANEQUIN. Sorte de coton qui nous vient de Smyrne, par Marseille.

« Son appréciation pour la levée de vingt pour cent au pont Beauvoisin & à Marseille, est de 51 l. 4 s. le quintal »

SANG DE BOUC. C'est le *sang des boucs*, soit domestiques, soit sauvages, que l'on prépare avec d'assez grandes précautions pour s'en servir en médecine.

Voilà les principales préparations de ce *sang*, auquel on attribue tant de qualités extraordinaires.

Il faut que les boucs dont on veut se servir pour cet usage n'ayent pas plus de quatre ou cinq ans; qu'on les ait nourris assez long-tems d'herbes aromatiques, & sur-tout de celles qu'on estime *saxifrages*. On tire le sang de la gorge ou des testicules en les leur coupant, mais en ayant soin de ne se servir ni du premier, ni du dernier sorti, le premier étant plein d'humidité & le dernier trop grossier; il faut aussi que cette opération ne se fasse qu'en juillet, & que le sang réservé soit mis dans un vase de fayance & séché au soleil ou à l'ombre, & ensuite enfermé dans un vaisseau de verre pour s'en servir au besoin.

Entre plusieurs vertus spécifiques qu'on attribue au *sang de bouc*, les deux plus considérables sont de guérir la pleurésie sans saignée, & de briser la pierre dans la vessie, en le prenant dans quelques liqueurs convenables à ces deux maladies. Le bois *sang de bouc* doit être extrêmement sec & dur, & difficile à réduire en poudre. *voyez* BOUC.

Le *sang de bouc*, dit Savary, paye les droits de la douane de Lyon à raison de 10 s. le quintal; cependant il n'est point marqué dans le nouveau Recueil des droits d'aides, &c. qui a paru cette année.

SANG DE DRAGON, qu'on nomme aussi, quoiqu'improprement SANG - DRAGON. C'est une drogue autrefois très-estimée, mais très-peu connue des anciens qui en relevoient le prix par l'origine fabuleuse qu'ils lui donnoient, la faisant passer pour le véritable sang de ces dragons qu'ils supposoient mourir au milieu de la victoire qu'ils remportoient sur des éléphans, qui en expirant de leurs blessures empoisonnées écrasoient ces monstres horribles par leur chûte.

Mais pour les modernes, cette drogue n'est qu'une simple gomme qui découle de différens arbres qui ne se ressemblent aucunement & qui croissent en divers pays, tels que les grandes Indes, les Isles Canaries & l'isle de Madagascar.

Les arbres d'où distile le *sang de dragon*, aux grandes Indes, ont de longues feuilles en forme de lames d'épées, d'un assez beau verd. Du bas de ces feuilles naissent des fruits ronds de la grosseur de nos cerises, qui sont jaunes d'abord, rougissent en mûrissant, & enfin prennent un très-beau bleu dans leur parfaite maturité. On dit que ces fruits ont sous leur première peau une espece de figure de dragon, qui jointe au rouge de sang qu'a cette gomme, lui a fait donner le nom qu'elle porte; mais il est plus vraisemblable de croire que c'est cette dernière qualité seule qui l'a fait nommer ainsi & que la première a été inventée pour rendre raison de son nom.

Les habitans des lieux où croissent ces arbres font des incisions à leurs troncs, d'où il sort une liqueur fluide & rouge qui se durcit au lever du soleil, & qui se forme en petites larmes friables. Après cette première liqueur il en coule une seconde plus épaisse & moins précieuse, que les marchands de Paris recevoient autrefois enveloppée dans des feuilles des mêmes arbres en morceaux de la grosseur & de la figure d'un œuf de pigeon. Présentement cette gomme a bien les mêmes enveloppes, mais elle est de la grosseur & de la longueur du petit doigt: on l'appelle *sang de dragon en roseau ou en rouleau*.

Le *sang de dragon en larmes* doit être choisi en petites larmes claires, transparentes, très-friables & que la poudre en soit d'un beau rouge foncé; mais comme il est très-rare, on n'employe pour l'ordinaire que celui qui est en roseaux, dont le bon doit approcher, autant qu'il se peut, des qualités du premier. On peut l'éprouver en faisant des raies avec la pointe des roseaux sur du papier, sur du verre chaud, ou sur une pierre à rasoir mouillée, & on le doit juger des meilleurs quand il laisse des raies d'un beau rouge. Il vient aussi des Indes du *sang de dragon en masse*, mais le beau est rare.

Le *sang de dragon* des Canaries coule de deux différents arbres, dont l'un a la feuille comme celle du poirier, mais plus longue, & les fleurs en forme d'un feret d'aiguillette d'un très-beau rouge; l'autre a des feuilles semblables à celles du cerisier & a des fruits jaunes formés en côtes de la grosseur d'un œuf de poule, qui enferme un noyau de la figure & de la grosseur d'une muscade, dans lequel on trouve une amande de la même forme & de la même couleur.

C'est par l'incision que l'on fait aux troncs & aux plus grosses branches de ces deux arbres que l'on tire le *sang de dragon* des Canaries, qui n'approche pas néanmoins de la bonté de celui qui vient des Indes. Pour le déguiser, quelques-uns le font amolir dans l'eau chaude, & le réduisent en roseaux ou en rouleaux; mais les habiles marchands épiciers & droguistes ne s'y trompent pas. Le meilleur *sang de dragon* des Canaries est, comme on le pense, celui qui a le plus des qualités de celui des Indes.

Quoique le *sang de dragon* de Madagascar soit d'une assez bonne qualité, il est cependant le moins estimé de tous; les ordures & les corps étrangers dont il est rempli sont cause que les marchands épiciers & droguistes n'aiment point à s'en charger.

Les Insulaires appellent *rhaa*, c'est-à-dire *sang* l'arbre duquel ils le tirent, & *mafoutra* ou *voafoutira* le fruit qu'il produit.

Le *rhaa* est un arbre grand comme un noyer, qui a la feuille semblable à celle du poirier, mais un peu plus longue, de couleur de feu, est suivie d'un fruit de la grosseur d'une petite poire & de la même forme, excepté que le gros du fruit est du côté de la queue, & qu'il a cinq especes de cornes. Son bois est blanc & fort sujet à la pourriture. Il sort de son écorce, de son tronc & ses branches, lorsqu'on les pique, une liqueur toute semblable au sang humain; & c'est-là le *sang de dragon* qui se durcit & s'épaissit ensuite.

Il n'est point vrai, comme on le suppose, que les fruits de cet arbre ayent la figure du dragon, sous la première peau; (c'est la remarque de M. de Flacour, dans son histoire de l'isle de Madagascar,) ce qui confirme le doute établi plus haut au sujet du dragon, que l'on dit pareillement se trouver dans les fruits de l'arbre d'où découle le *sang de dragon* des Indes.

Cette gomme est apportée par les vaisseaux de la compagnie des Indes Françaises. Elle vient en pelotes de différentes grosseurs; mais on l'a déja dit, remplie d'ordures & de corps hétérogenes, ce qui fait qu'elle se vend en très-petite quantité. Les mêmes vaisseaux apportent aussi de petits bâtons blancs & légers, couverts de *sang de dragon*, qui servent à nettoyer les dents; on les nomme *bois de Palile*. Ce sont les habitans de Madagascar qui les préparent de la sorte, en les faisant tremper dans cette gomme qu'ils ont liquéfiée.

Les Hollandois envoient encore en France deux especes

Especes de *sang de dragon* ; l'un est en pains plats, d'un rouge extrêmement foncé , luisant au dedans & au dehors , assez friable , d'un assez beau rouge , quand il est écrasé , & ayant l'odeur de la cire d'Espagne lorsqu'il est brûlé ; mais ce n'est autre chose qu'un mélange de *sang de dragon* & de deux autres gommes qui n'ont pas la même qualité , ce qui doit le faire rejetter.

L'autre *sang de dragon* qui nous vient de Hollande est encore une plus mauvaise drogue, n'étant simplement que de la gomme Arabique ou de Sénégal avec une teinture du Brésil de Fernambouc. Il n'y a , dit Savary , que des marchands sans honneur & sans conscience qui puissent donner pour véritable *sang de dragon* cette malheureuse sophistiquerie.

Une des qualités les plus reconnues du *sang de dragon* est d'être fort astringent ; aussi les médecins l'ordonnent - ils quelquefois avec assez de succès dans les dissenteries & pertes de sang. On croit aussi qu'il a la qualité de fortifier les gencives & d'affermir les dents ébranlées.

« Dans les cinq grosses fermes on distingue le *sang de dragon* des Indes de celui des Canaries ; le premier est appellé *sang de dragon fin* ; entrant dans les cinq grosses fermes , il doit , au tarif de 1664 , par quintal 10 l. ».

« Le second , celui des Canaries , est appellé *moyen* , & doit , au même tarif , 5. liv. du cent pesant ».

« Sortant des cinq grosses fermes , l'un & l'autre sont exempts de droits , comme drogueries étrangères ».

« A la douane de Lyon , ils doivent , de tel endroit qu'ils viennent , suivant le tarif de 1632 , par quintal net , 3 l. 2 s. 6 d. »

« A celle de Valence , comme droguerie , 3 liv. 12 s. ».

SANGGRIS. Sorte de boisson très-forte dont il se consomme une grande quantité dans les isles Françoises de l'Amérique , où elle est passée des isles Angloises.

Le *sanggris* est composé de vin de Madere que l'on met dans une jatte de cristal ou de fayance avec du sucre , du jus de citron , un peu de canelle & de gérofle , beaucoup de muscade & une croute de pain rôtie , & même un peu brûlée. Quand la liqueur a pris le goût des ingrédiens qui la composent , on la passe dans un linge fin.

Cette liqueur est très-agréable , & quoique toutes les drogues qui servent à sa composition aient chacune un très-grand degré de chaleur , qui lui est propre , les Anglais la regardent cependant comme rafraîchissante ; ce qu'il y a de certain c'est qu'elle porte beaucoup à la tête.

SANGLARGAN, Mot qui paroît formé de *sanguis* , sang , & de *arcere* , contenir , retenir , lier. C'est le nom d'une drogue médicinale qui vient de la Chine , & qui est propre *à arrêter le sang*. Les Chinois en portent beaucoup au Japon , où ils la

vendent avec grand profit. Elle ne revient ordinairement à Canton , frontière de la Chine , qu'à *quarante-cinq taëls* le pic , & les Japonois l'achetent jusqu'à *cent soixante*.

Il semble que cette drogue n'est point différente du *sang de dragon* , dont on a parlé au long dans l'avant dernier article , puisqu'elle a comme lui la qualité d'être astringente & d'arrêter les dissenteries & les pertes de sang.

SANGLES. Espece de tissus grossiers , plus ou moins longs & larges , composés de plusieurs gros fils de chanvre entrelassés les uns dans les autres , qui se fabriquent par les cordiers.

Les *sangles* font partie du négoce des marchands de fer & des quincailliers , qui sont du corps de la mercerie. Elles se distinguent en *sangles* pour chevaux de selle ; en *sangles* pour chevaux de bâts ou autres bêtes de somme ; & en *sangles* à tapissiers ou pour meubles.

Les *sangles* pour les chevaux de selle qui s'employent par les selliers , se font ordinairement à Paris , à Argenteuil , à Châlons en Champagne , & à Carbonne en Picardie ; celles qui se fabriquent à Paris sont ou blanches , ou grises rayées de rouge & de bleu ; celles d'Argenteuil sont tout-à-fait grises sans aucunes raies ; & celles de Châlons & de Carbonne sont grises rayées de rouge ; les unes & les autres ont une aune de longueur , mesure de Paris , à l'exception de celles de Carbonne qui sont plus courtes d'un demi - quart. Les meilleures & les plus estimées sont celles d'Argenteuil , village à quelques lieues de Paris. Celles de Paris ne vont qu'après , ensuite celles de Châlons ; celles de Carbonne sont les moindres de toutes.

Les *sangles* de Paris , d'Argenteuil & de Carbonne se vendent à la douzaine , chaque douzaine est composée de six *sangles* fendues par les deux bouts , & de six autres *sangles* non fendues , qui se nomment communément *surfais* ; à l'égard de celles de Châlons , elles sont pour l'ordinaire par paquets de douze *sangles* ou de douze *surfais* , & se vendent sur les lieux par grosses de six douzaines de *sangles* & de six douzaines de *surfais*.

Les *sangles* pour les chevaux de bâts ou autres bêtes de somme , sont plus étroites , plus longues , plus fortes & plus grossières que les précédentes , ce qui doit nécessairement être , vu qu'elles sont destinées à une plus grande fatigue que les autres ; ces *sangles* , qui s'employent par les bourreliers , se vendent par pieces plus ou moins longues , suivant que les cordiers , qui les ont fabriquées , ont jugé à propos de les faire , n'y ayant rien au réglé là-dessus , & se tirent pour l'ordinaire des mêmes endroits que celles qui sont destinées pour les chevaux de selle.

Il est nécessaire de remarquer que tant que les *sangles* pour les chevaux de bâts ou autres bêtes de somme sont en pieces , elles s'appellent du *tissu* , & qu'elles ne perdent ce nom pour prendre celui de *fangles*, que lorfqu'elles font coupées par morceaux de longueur proportionnée à leur ufage.

Les *fangles* à tapiffier ou à meubles font inférieures en qualité à toutes celles dont il vient d'être parlé. Elles viennent la plupart de Châlons en Champagne. Celles qui ont environ quatre pouces de large & qui fervent à fangler des chaifes, des fauteuils, des fophas, des canapés, des formes, des lits, &c., fe vendent à la groffe ; chaque groffe eft compofée de douze pieces, & la piece contient fept à huit aunes, mefure de Paris. Il s'en fait quelques-unes plus étroites, de femblable qualité, qui fe vendent de même, dont le principal ufage eft de les attacher aux métiers des tapiffiers, brodeurs, &c. ; celles de vingt à vingt-quatre lignes de large, qui fervent à border les tentes & les tapifferies, & qui pour cela font appellées *bordures*, fe vendent auffi à la groffe, chaque groffe étant compofée de vingt-quatre pieces de fix à fept aunes chacune.

« A la douane de Lyon, les *fangles*, de quelque qualité & de quelque grandeur qu'elles foient, payent les droits à raifon de 15 f. la charge de trois quintaux, c'eft-à-dire 5 f. du quintal, ci 15 f. »

« Plus, 5 f. du cent pefant, pour la nouvelle réapréciation, ci, de la charge, 15 f. »

SANGLES-BLANCS. On donne ce nom à une forte de fils qui viennent de Hollande ; ces fils fervent aux ouvrieres en point à picoter leurs ouvrages, c'eft-à-dire, à faire cette bordure en forme de petites dents qu'on appelle les *picots*, dont on termine les points faits à l'aiguille, du côté oppofé à celui de l'angrelure. *Voy.* FIL.

SANGLES BLEUS BON TEINT. C'eft encore une forte de fil teint en bleu qui fert à faire les lintaux du linge de table, particulièrement aux ferviettes & aux napes. Ces fils fe fabriquent & fe mettent en teinture à Troies en Champagne, d'où les tifferands, qui travaillent à cette forte de lingerie, & les marchands merciers de Paris qui font le commerce des fils, ont coutume de les tirer. *Voy.* FIL.

SANGLIER. *Aper.* Porc fauvage qui ne fe plaît que dans les forêts. On en tire quelques marchandifes pour le commerce. *Voy.* PORC.

SANGUINE. Efpece de Jafpe qui vient de la Nouvelle - Efpagne ; elle eft de couleur obfcure, marquée de quelques taches de fang, circonftance qui eft peut-être caufe du nom qu'elle porte. On la croit fouveraine pour toutes fortes d'hémorragies & de pertes de fang. Et c'eft peut-être auffi cette derniere qualité qui lui a donné le nom de *fanguine*. *Voy.* JASPE.

SANGUINE. Pierre foffile fort rouge, (qualité d'où elle a pris fon nom) qui a fa propre mine & qui fert aux peintres à faire des crayons propres à deffiner.

La meilleure *fanguine* vient d'Angleterre ; il faut la choifir moyennement tendre, facile à fe couper ou à fcier en longs crayons, & rejetter celle qui eft trop dure ou graveleufe. Les orfevres & les do-

reurs s'en fervent auffi pour brunir l'or en feuilles qu'ils employent.

Quelques perfonnes donnent à la *fanguine* le nom de *pierre hematite*, (ce qui en grec fignifie la même chofe que *fanguine* en françois) fuppofant qu'elle a une qualité particulière d'arrêter le fang ; mais d'autres prétendent que la véritable pierre *hematite* eft ce que l'on appelle ordinairement *feret d'Efpagne*. *Voy.* FERET D'ESPAGNE.

« A l'entrée des cinq groffes fermes la *fanguine* acquite à raifon de 16 f. du cent pefant, conformément au tarif de 1664 ».

« Les droits de la douane de Lyon, où elle eft appellée *rouge d'Angleterre*, font de 10 fols du quintal ».

SANTA. Monnoie de compte. On appelle ainfi à *Bantam* & dans toute l'ifle de *Java*, ainfi que dans quelques ifles voifines, un certain nombre de *caxas*, (petite monnoie du pays) enfilés enfemble avec un cordon de paille.

Le *fanta* eft de *deux cens caxas*, & vaut *neuf deniers de Hollande* ou à-peu-près *onze de France*. Cinq *fantas* font le *fapocou* qui revient à *trois fols neuf deniers* de Hollande, ou à *quatre fols quatre deniers* de France. *Voy.* CAXE.

SANTAL. Bois dur, pefant & odorant qu'on apporte des Indes orientales.

Il y a de trois fortes de *fantal*, qui toutefois ne font pas trois efpeces différentes, mais feulement qui ont diverfes couleurs fuivant la diverfité du climat où ils naiffent.

Le *fantal*, que le tarif de 1664 ainfi que plufieurs perfonnes nomment auffi *fandal*, eft un arbre de la hauteur des noyers d'Europe ; fes feuilles font femblables à celles du lentifque, fes fleurs font de couleur d'azur tirant fur le noir, & fes fruits ont beaucoup de rapport, pour la forme, à nos cerifes, avec la différence cependant qu'ils font d'abord verts, & qu'ils noirciffent à mefure qu'ils mûriffent. Ils tombent facilement de l'arbre lorfqu'ils font mûrs & font d'un goût infipide & de nulle valeur.

On appelle *fantal citrin* celui qui vient de la Chine & du royaume de Siam ; il eft jaune, pefant & de bonne odeur ; il fert également aux médecins & aux parfumeurs : on l'apporte en buches & tout mondé de fon écorce. Quelquefois on donne du bois de citron en fa place, & c'eft à quoi il faut bien prendre garde en l'achetant.

Le *fantal blanc* approche beaucoup du citrin, la couleur feule & l'odeur les diftinguent, il entre comme lui dans les remedes ; il eft auffi en buche & fans écorce, mais il vient de l'ifle de Timor.

C'eft de l'ifle de Tanaffarin & de la côte de Coromandel, qu'on apporte le *fantal rouge* en groffes ou longues buches ; le meilleur eft celui qui eft noirâtre au-deffus & rouge-brun au-dedans. Ce *fantal* eft difficile à fendre parce qu'il n'eft pas de fil ; il n'a prefque pas d'odeur & eft d'un goût infipide. On lui fubftitue fouvent le bois de corail qui pourtant eft bien différent.

On prétend que les *santaux* sont *astringents*, qu'ils fortifient le cœur & le cerveau & qu'ils arrêtent le vomissement.

« Selon le tarif de 1664, toutes sortes de *santal* payent les droits d'entrée à raison de 3 l. le cent pesant, & selon celui de la douane de Lyon il acquittoit au tems de Savary 1 l. 17 s. 6 d. ».

SANTAL. Sorte de taffetas qu'on apporte de Constantinople. *voy.* SANDAL.

SANTONINE, qu'on nomme aussi *sémencine* & *barbotine*, & chez les épiciers droguistes *semencontra*. Espece de graine propre à faire mourir les vers qui s'engendrent dans le corps humain. *voy.* BARBOTINE.

« La *santonine* ou *barbotine* paye en France les droits d'entrée à raison de 5 l. le cent pesant, conformément au tarif de 1664 ».

« A la douane de Lyon, elle acquittoit au tems de Savary, 3 l. du quintal, & 12 s. pour les 4 pour cent ».

SANTORIN. Isle de la mer Égée, dont les productions sont de l'orge, des vins, du coton & des toiles. *voyez le dictionnaire de la géographie commerçante.*

SAPAN. Nom que les Hollandois donnent au bois de Brésil qui vient du Japon. Il y en a de deux sortes, le gros *sapan* & le petit *sapan*. Ce dernier se nomme aussi *sapan-bimaes.*

SAPHIR. Pierre précieuse transparente, tirant sur l'azur ou bleu céleste. Son nom vient de l'oriental SEPHER *clarté*.

Cette pierre est extrêmement dure, & ne peut être gravée que très - difficilement : les différentes couleurs en font les différentes especes ; les plus bleus sont estimés *mâles*, & les plus blanchâtres, *femelles*.

Les *saphirs* du Pégu sont les plus estimés ; ils se trouvent dans les mêmes mines que les rubis. On en tire aussi des royaumes de Calicut & de Cananor, & il en viendroit encore une grande quantité de Ceylan, si le roi de cette isle n'en interdisoit le commerce avec les étrangers.

Les *saphirs* de Bohême & de Silésie sont aussi très - estimés, mais non pas en comparaison des orientaux.

Ceux qu'on trouve près du Puy en Auvergne, tirent sur le vert.

L'*œil de chat* est encore une espece de *saphir* estimé pour ses couleurs & pour le poli qu'il prend comme le véritable *saphir*.

Quelques auteurs prétendent que le *saphir* poussé à un certain degré de chaleur entre deux creusets luttés, perd toute sa couleur & devient si parfaitement blanc qu'il peut tromper les yeux des joyailliers, & passer pour un véritable diamant. Plusieurs personnes estiment le *saphir* au-dessus du rubis, & lui donnent le second rang parmi les pierres précieuses.

Les chymistes font diverses préparations avec le *saphir*, comme du *sel*, de la *teinture*, de l'es-

sence, de l'*eau*, de l'*huile*, &c. & il n'est guères de maladies qu'ils ne se vantent de pouvoir guérir avec les remèdes qu'ils en composent.

Les superstitieux lui attribuoient autrefois des qualités occultes & des vertus toutes puissantes, qu'il seroit assez inutile & trop long de rapporter ici.

Les marchands épiciers droguistes vendent de deux sortes de *saphirs* qui entrent dans la confection d'hyacinthe ; les uns sont *rouges*, les autres sont *noirâtres* ; ces derniers qui ressemblent plutôt à du machefer qu'à une pierre précieuse, noircissent la confection d'hyacinthe, & ainsi sont peu propres pour cet électuaire ; pour les *saphirs rouges*, ce sont de petites pierres de la grosseur d'une tête d'épingle, ordinairement d'une couleur de vin, qui étant extrêmement dures sont très-difficiles à broyer. Quelques-uns mettent à la place des *saphirs*, des pierres vermeilles ou de petits grenats de Hollande ; mais les connoisseurs ne s'y laissent point tromper.

On appelle *saphirs-rubis* certaines pierres précieuses bleues & rouges qui ne sont autre chose que des rubis dont la couleur n'est pas encore bien formée. *voy.* RUBIS.

SAPIN. Arbre qui s'éleve très-haut & très-droit, dont le bois est blanc, léger, combustible & couvert d'une écorce résineuse & blanchâtre.

Ses feuilles qui se conservent vertes en tout tems, & qui sont assez semblables à celles de l'if, naissent le long des branches ; elles sont de figure oblongue, rondes & étroites, dures & un peu piquantes ; les chatons ou fleurs ne laissent rien après eux.

Le fruit qui vient sur le pied de l'arbre est formé de plusieurs écailles en maniere de pomme de pin ou de cône ; sous chaque écaille se trouvent deux especes de grains qui sont la semence de l'arbre.

Il y a une autre sorte de *sapin* qui a les feuilles plus menues, plus noirâtres, moins dures & moins piquantes que celles du précédent, dont les branches & les fruits s'inclinent à la terre.

Le *sapin* fournit trois choses pour le commerce, le bois, la térébentine & une autre résine d'une consistance plus épaisse, qui sert à faire de la poix. *voy.* THÉRÉBENTINE.

Le *sapin* tient un rang assez considérable dans le négoce des bois, étant propre à la charpente des maisons, à la menuiserie, & à la mâture des vaisseaux des bâtimens de mer.

C'est particulièrement des pays du nord que se tire le *sapin* propre à la mâture ; il en vient cependant en assez grande quantité des environs de Bayonne, du Dauphiné, de la Franche-Comté & d'Auvergne ; mais celui du nord est le plus estimé.

Tout le *sapin* que l'on voit à Paris, tant pour la charpente que pour la menuiserie, y est envoyé d'Auvergne & de quelques endroits circonvoisins.

Le *sapin* d'Auvergne vient en solives ou piéces équarries ou sciées depuis six jusqu'à dix pouces de grosseur, sur trois jusqu'à cinq toises de longueur,

Iiii ij

& en planches de diverses longueurs, largeurs & épaisseurs.

Les longueurs les plus ordinaires des planches, font de six, huit, neuf, dix & douze pieds; celles de six pieds ont neuf lignes d'épaisseur, & depuis dix jusqu'à dix-huit pouces de largeur; celle de huit pieds ont environ un pouce d'épaisseur & un pied de large; & celles de neuf, dix & douze pieds, ont un bon pied franc, sciées de largeur sur treize à quatorze lignes d'épaisseur. Le sapin employé dans la charpente des bâtimens est d'une-très-longue durée, pourvu qu'il ne soit point couvert de plâtre, ni enfermé.

« Les *sapins* à faire échelles ou combles-de-maisons, payent en France les droits d'entrée à raison de 1 l. le cent en nombre, & les petits *sapins* à faire pioches 15 s. *voyez l'article* BOIS.

SAPINIERE. Forêt de sapin.

SAPINIERE. C'est aussi le nom d'un bateau construit de *sapin*, dont on se sert sur la rivière de Loire pour transporter des marchandises; la *sapinière* est moins longue qu'un chalant, mais elle est plus large. *voy.* BATEAU.

SAPOCOU. Monnoie de compte de l'isle de Java & de quelques autres isles voisines.

Le *sapocou* est composé de cinq *santus*, & chaque *santa* de deux cent *caxas*, ensorte que le sapocou contient mille caxas.

A l'égard du caxa, c'est une petite monnoie courante de plomb & d'écume de cuivre dont les deux cents valent près de douze deniers de France; ce qui fait que le *sapogou* revient à environ *quatre* ou *cinq sols* de notre monnoie. *voyez* SANTA & CAXA.

SARAIS. On nomme ainsi dans les états du grand Mogol de grands bâtimens qui sont dans la plupart des villes, & qui y tiennent lieu de ce qu'on appelle en Europe des *hôtelleries*; ils sont moins grands que les caravenserais, & les marchands n'y sont reçus avec leurs marchandises qu'en payant un certain droit. *voy.* CARAVENSAT.

SARASINOIS ou SARRASINOIS. Terme dont on se servoit autrefois & dont on se sert encore dans les statuts de divers artisans & ouvriers, particulièrement dans ceux des maîtres tapissiers de la ville & fauxbourgs de Paris, pour désigner toutes sortes d'ouvrage de tapisseries qui se font en orient, comme les tapis de Turquie & de Perse.

C'est, à ce qu'on croit, sur ces ouvrages ainsi nommés du nom des Sarrasins, qui occupoient la Terre Sainte, & contre lesquels les chrétiens ont fait tant de croisades, que ces derniers ont pris le modele des hautes & basses lisses qui depuis ce tems-là ont continué de se fabriquer en Europe.

Les maîtres tapissiers de Paris prennent la qualité de maîtres tapissiers *de haute - lisse sarrasinois* & *de rentraiture*, &c. *voy.* HAUTE-LISSE.

SARCOCOLE. Gomme qui découle d'un petit arbre épineux dont les feuilles sont assez semblables à celles du séné de la plate.

Les auteurs & les marchands ne sont pas d'accord sur les lieux où croît cette sorte d'arbre; les uns veulent que ce soit en Perse & les autres dans l'Arabie déserte ou Pétrée. Cette gomme coule de l'arbre, ou sans incision ou avec incision; ses larmes sont de différentes couleurs, tantôt blanches, quelquefois jaunes & souvent rouges; mais elles sont toutes également bornes: il faut seulement les choisir bien seches, soit qu'elles soient restées en larmes, ou qu'elles se soient égrainées, ce qui arrive souvent. Leur goût doit être sucré, accompagné d'un peu d'amertume assez désagréable. On croit cette gomme très-bonne pour la guérison des plaies : elle vient par la voie de Marseille.

La *sarcocole*, qui est en masses brunes, soit qu'elle soit une composition de plusieurs gommes, soit que ce ne soit que de la vraie *sarcocole* marinée & gâtée, qu'on a tâché de raccommoder, ce qui est plus vraisemblable, doit être absolument rejettée, aussi bien que celle dont les grains sont bruns & qui est remplie d'ordures.

SARDINE. Poisson de mer plus gros que l'anchois & plus petit que le hareng.

La *sardine* a la tête dorée, le ventre blanc & le dos vard de mer, c'est-à-dire un peu blanchâtre. Ce poisson mangé frais & légèrement saupoudré de sel, passe pour excellent; on estime sur-tout les *sardines* de Royan, petite ville de Saintonge.

Il y a des saisons propres pour la pêche de la *sardine*, ce poisson étant de passage comme l'anchois & le hareng.

On les apprête & on les sale de la même manière que les anchois, avec cette différence cependant qu'on laisse la tête aux uns & qu'on l'ôte aux autres. On reconnoit aisément l'anchois d'avec la *sardine*, quoique la tête ait été arrachée à cette dernière; l'anchois ayant le dos rond, & la *sardine* étant très-plate.

La pêche des *sardines* étant très-considérable en France, elle s'y fait depuis le fond de la Saintonge & l'embouchure de la Garonne, jusqu'à Douarnenez, & même jusqu'à Brest. Elle commence du côté des sables & de Saint-Gilles, dans le mois de juin. Ce poisson s'y vend sur les lieux au sortir de l'eau à des gens qui le salent & le portent sur des chevaux dans les villes circonvoisines, où la nouveauté le fait beaucoup rechercher.

Les *sardines* suivent ordinairement la côte, & peu de tems après qu'elles ont paru aux sables & à Saint-Gilles, on commence à en prendre à Belle-Isle, ensuite au Port-Louis, à Crac & à Quiberon, puis à Concarneau, & enfin à Douarnenez, à Crozon & à Camaret près Brest. On a vu pêcher des *sardines* dans la baie de Douarnenez pendant les Avents de Noel.

Le long des côtes de Bretagne, depuis Belle-Isle jusqu'à Brest, il se fait un très-grand négoce de *sardines*; il y en a que l'on vend en sel ou en pile, d'autres que l'on met en futailles, & qui s'appellent *pressées*, d'autres que l'on fait sécher au feu & à la fumée qui se nomment *sorettes*, & d'autres que l'on met en sausse dans de petites boëtes ou barils, que l'on appelle *sardines confites*.

Présentement il se fait moins de *sardines* en sel ou en pile qu'autrefois, à cause du trop d'exactitude des commis des Gabelles qui les criblent quand elles passent par leurs bureaux, pour en faire tomber tout le sel, ce qui les fait souvent pourrir.

Celles qui viennent en futailles se nomment *sardines pressées*, parce qu'effectivement, après qu'elles ont été quelques-tems dans le sel, on les lave bien & on les met dans des barils où l'on les *presse* pour en tirer l'huile qui les feroit corrompre. Les futailles dont on se sert pour cet usage sont un peu plus grandes qu'une demi-barique; les meilleures sont faites de bois de fouteau ou de hêtre, les *sardines* s'y conservent mieux que dans celles qui sont d'un autre bois. Quoique ces futailles soient petites on n'en donne cependant que quatre pour un tonneau. Il y a des réglemens pour la jauge dont elles doivent être, parce que dans toute la Bretagne on achete presque toujours les *sardines* pressées au tonneau.

Sur la fin de la pêche, lorsque les *sardines* sont un peu grandes, il s'en presse aussi en bariques de la grosseur ordinaire; mais celles-là s'achetent & se vendent au compte pour lequel on se rapporte à la bonne-foi des pêcheurs qui les arrangent dans les bariques, & marquent sur l'un des fonds la quantité de *sardines* qu'elles contiennent.

Les *sardines* qui se pêchent dans les mois de juillet, d'août & de septembre, ne sont pas bonnes pour être pressées, parce que les grandes chaleurs rendant ce poisson mol, il s'évente facilement en le pressant; c'est ce qui fait que les *sardines* pressées qui se font à Belle-Isle, à Port-Louis, à Crac & à Quiberon ne sont pas fort estimées, la pêche ne donnant dans ces endroits que jusques au mois de septembre, au lieu qu'à cette époque elle ne fait presque que commencer à Concarneau & à Douarnenez, où elle dure, quand le tems n'est pas trop rude, quelquefois jusques à Noel.

C'est de ces deux derniers endroits, & particulièrement de Douarnenez que l'on tire les meilleures *sardines* & celles qui se conservent le mieux. Les Malouins y en vont charger des navires entiers pour porter en divers lieux du levant.

Les *sardines*, pour être de bonne qualité, doivent être bien pressées, fermes, blanches & claires, point éventrées, ni molles, ni jaunes, d'une grandeur médiocre; il faut qu'il en entre environ six mille dans chaque barique, car lorsqu'il y en a davantage, ce qui, quelquefois, va jusqu'à dix mille, elles se trouvent trop petites, & lorsqu'il y en a moins, elles se trouvent trop grandes, ce qui fait qu'une petite barique n'en peut contenir que deux à trois mille, ensorte que le marchand qui est obligé de les débiter ensuite en détail, n'y trouve pas son compte.

Les *sardines forettes*, ou celles que l'on a fait sécher au feu & à la fumée, comme les harengs qui portent le même nom, se vendent & s'achetent au compte; quand elles ne sont point grillées elles sont plus estimées que les *sardines* pressées, & que celles qui se vendent en sel; aussi se vendent-elles plus cher que les autres. C'est de la dernière pêche & lorsque les *sardines* sont bien fermes & grandes que l'on les fait sorrer.

Il se fait un grand débit de *sardines* à Bordeaux, à la Rochelle & à Nantes, de même que dans quelques petits ports du pays d'Aunis, & de la province de Saintonge.

Il s'en envoye quelquefois à Bayonne & en Biscaye, mais elles n'y sont chères que lorsque la pêche de ce poisson n'a pas été favorable en Espagne où l'on en prend beaucoup du côté de la Galice.

La pêche des *sardines* qui se fait sur les côtes de Bretagne, occupe plus de trois cens chaloupes & presque tous les matelots du pays dans la saison; chaque chaloupe est ordinairement du port de deux à trois tonneaux, montée de cinq hommes & de douze filets de 20 à 30 brasses.

La barique s'y vend depuis vingt jusqu'à cinquante livres; la plus grande consommation de ce poisson pêché sur les côtes de Bretagne est pour l'Espagne, le Portugal, & toute la Méditerranée. La pêche est ordinairement si bonne, qu'à Port-Louis seul il se fait, année commune, jusqu'à quatre mille bariques de *sardines*.

Les *sardines* qui se pêchent en Languedoc se portent presque toutes en Roussillon, en Dauphiné & dans le Lyonnois.

On pêche aussi des *sardines* à la côte d'Angleterre; mais elles ne sont pas tant estimées que celles de Bretagne, quoiqu'elles soient plus grandes & que les futailles soient d'un tiers plus grosses & plus longues qu'en Bretagne; la cause du peu de cas que l'on fait de ces *sardines* provient de ce que, outre qu'elles ne sont pas d'un si bon détail, on ne les sale pas si bien en Angleterre qu'en France, & qu'elles ne peuvent se conserver longtems.

L'huile des *sardines* pressées se ramasse & se met dans des bariques, elle sert à brûler & à graisser; peut-être auroit-elle plus de propriété si elle n'étoit pas salée.

Il se fait aussi dans les mois de mai & de juin sur les côtes de Dalmatie, près de l'isle de l'Issa en tirant au midi, une pêche de *sardines* si abondante, qu'elle suffit non-seulement pour la fourniture de toute la Grèce, mais encore d'une grande partie de l'Italie: les Turcs prennent ce poisson comme une espèce de médecine lorsqu'ils sont malades.

Les *sardines* suivent la lumière & s'assemblent autour du bateau qui la porte pendant la nuit, ce qui ne contribue pas peu à en faciliter la pêche, pour laquelle on employe sur les côtes de France certains œufs de poisson que l'on nomme *résure*, *roques*, *raves* ou *coques*, qui viennent de différens endroits, & dont il se fait un assez grand commerce en Bretagne, du côté de la mer, ces œufs étant une espece d'appât pour les *sardines*, qui les fait élever du fond de l'eau & donner dans les filets. *Voy.* RESURE,

« L'art. 11 du titre 2 du livre 5 de l'ordonnance de la marine du mois d'août 1681, permet de faire la pêche des *sardines* avec des rets, ayant des mailles de quatre lignes en quarré & au-dessus».

« Les *sardines* en général payent en France les droits d'entrée à raison de 10 f. le baril contenant deux milliers de poissons ; mais lorsqu'elles entrent par l'Anjou & Thouars, elles payent 2 l. conformément au tarif de 1664 ».

SARDIS. Draps assez communs qui se fabriquent à Bourg en Bresse, à Pondevaux, à Montalet, à la Charité de Mâcon, à Cluny, & dans quelques autres lieux de la province de Bourgogne.

Le réglement du 21 août 1718, pour les manufactures de cette province, veut que les *sardis* se montent dans des rôts d'une aune de largeur & qu'ils aient une demi-aune au retour du foulon. *Voyez l'article* DRAP où l'on a donné l'extrait de ce réglement.

SARDOINE ou CARNÉOLE. Pierre précieuse à demi transparente & de couleur de sang, d'où lui est venu le nom de *carnéole*, du mot latin *caro*, *carnis*. C'est la même que l'on nomme communément *cornaline*.

Les plus belles *sardoines* sont celles qui viennent des environs de Babilone. On accorde le second rang à celles que produit la Sardaigne. On en trouve aussi près de Sainte Maure, en Albanie, qui sont assez estimées, ainsi que celles des Indes. Les *sardoines* que l'on tire des environs du Rhin, de la Bohême & de la Silésie, sont les moindres de toutes. Pour donner à ces pierres un éclat plus vif, on a soin, en les montant, de mettre dessous une feuille d'argent. Cette pierre, qui se grave facilement, & prend un beau poli, sert ordinairement à faire des cachets. *Voy.* AGATHE.

SARDONIX. Pierre précieuse qui tient de la *sardoine* & de l'*onix* ou *agathe*, comme l'exprime son nom. *Voy.* ci-dessus SARDOINE & AGATHE.

SARGE. Etoffe connue plus communément sous le nom de *serge*, quoique le tarif de la douane de Lyon de 1632 l'appelle toujours ainsi. Quelque soit la signification de ce mot, il est certain qu'il désigne plus la forme du tissu que la nature de la matière. On fait des toiles *sergées* ou *sargées*, qui dans les provinces méridionales de la France, portent le nom de *toiles de corda*; des *serges* en soie, telles que le *raz de S. Cyr*, le *raz de S. Maur*, &c. des *sarges* ou *serges* en coton, que l'on appelle *croisés*, & une multitude de *serges* en laine.

La *sarge* ou *serge* est susceptible d'une infinité de variétés ; c'est ce qui lui a valu tant de sortes de noms pour les distinguer, & ce qui en fait employer tous les jours de nouveaux. Ainsi, comme le remarque l'auteur de l'article soie, (*Encyclop.*

manufact. & arts, tom. 2.), « les raz de Saint Cyr & de Saint Maur, les Batavias, toutes les espèces d'Hollandoises, &c. &c. sont des *serges*; les croisés à cinq lisses sont des *serges*; on fait des *serges* satinées; on en fait à six, à sept & à huit lisses. On fait des *serges* doubles satinées, qui sont de vrais draps, de la même couleur, ou de couleur différente en dessus & en dessous, des étoffes croisées d'un côté, & cannelées de l'autre; des *serges* & satinées, &c., &c. On varie toutes ces *serges* à l'infini; on en fait depuis trois jusqu'à douze lisses. » *Voyez* SERGE.

SARRASINOIS. *Voyez* SARASINOIS.

SARTIE. *Terme de marine*, qui n'est en usage que sur la Méditerranée ; il signifie tous les *aggrets* & *apparaux* qui servent à équiper & armer un vaisseau ; quelquefois néanmoins il ne s'entend que des seuls cordages. *Voy.* APPARAUX ou AVARIE.

SASSAFRAS, que quelques personnes appellent aussi SAXAFRAS. Bois de canelle & pavame. C'est le bois d'un arbre qui croît dans la Floride, où il y en a des forêts entières. On l'a nommé *bois de canelle*, à cause de son odeur, ce qui fit d'abord croire aux Espagnols, lorsqu'ils firent la conquête de la Floride, sous Ferdinand de Soto en 1538, qu'ils avoient trouvé dans les Indes occidentales, cette précieuse épicerie, qui ne venoit alors en Europe que des Indes orientales.

Cet arbre, toujours verd, particulier à l'Amérique, & meilleur à la Floride que dans le reste de cet hémisphère, croît également sur les bords de la mer, & sur les montagnes, mais toujours dans un terrein qui n'est ni trop sec, ni trop humide. Ses racines sont à fleur de terre. Son tronc fort droit, nud, peu élevé, se couvre d'une écorce épaisse, fongeuse, de couleur cendrée, & pousse au sommet quelques branches qui s'étendent sur les côtés. Les feuilles sont disposées alternativement, vertes au-dessus, blanchâtres en dessous, & distinguées en trois lobbes ; quelquefois il s'en trouve d'entières, sur-tout dans les jeunes individus. Des bouquets de petites fleurs jaunes terminent les rameaux. Elles offrent les mêmes caractères que celles du laurier & du cannelier. Les fruits qui succèdent sont de petites baies bleues, pendantes, attachées à un pédicule rouge & à un calice de même couleur.

Le bois de *sassafras*, sur-tout son écorce, dans laquelle on croit plus de vertus que dans le bois, étoit autrefois très-estimé en France, où il se vendoit jusqu'à quarante francs la livre ; on l'employoit avec l'*esquine* & la *salsepareille*, pour la guérison des maladies vénériennes. Présentement le commerce n'en est pas si considérable, malgré les cures merveilleuses qu'il produit tous les jours en Amérique ; peut-être ne doit-on attribuer le peu d'effet qu'il a en Europe, qu'à la différence du climat, moins favorable à la transpiration & à la nature de la plante, qui, comme beaucoup d'autres dégénère, & perd de sa force dans une longue traversée.

Il est cependant employé avec succès dans la médecine, pour purifier & adoucir le sang & les humeurs, exciter la transpiration, lever les obstructions, guérir la goute & la paralysie. Sa fleur se prend en infusion, comme le bouillon blanc & le thé. La décoction de sa racine est employée comme le quinquina dans les fièvres intermittentes; & la médecine n'a qu'à se louer des heureux effets que produit tous les jours cette plante, & tant d'autres dues à la découverte du nouveau monde.

Sans le *sassafras*, les premiers Espagnols qui arrivèrent dans la Floride, auroient peut-être succombé aux maladies vénériennes ou aux fièvres dangereuses, dont ils furent presque toujours attaqués dans cette partie de l'Amérique septentrionale. Les Sauvages qui connoissoient depuis long-tems les bonnes qualités de cette plante, leur ayant appris qu'en buvant à jeun & dans leurs repas de l'eau, dans laquelle on auroit fait bouillir de la racine de *sassafras*, ils pourroient être assurés d'une prompte guérison, l'expérience fut tentée & réussit; ce remède, devenu ensuite nécessaire aux Espagnols, pour se guérir des maladies honteuses qu'ils avoient gagnées en Amérique, fut apporté par eux en Europe, où comme on l'a dit plus haut, il fut bientôt employé généralement.

Le *sassafras* se trouve dans le commerce en morceaux longs, droits, fort légers, & d'un tissu spongieux, couverts d'une écorce raboteuse & spongieuse, de la couleur de celle du frêne, & d'une couleur de fer rouillé en dedans: elle a une odeur fort agréable, & un goût aromatique, douçâtre & un peu âcre; l'écorce a une saveur plus forte que les autres parties; & les racines grêles en ont une plus forte que celle des gros morceaux. On hache, râpe & réduit en poudre ce bois pour s'en servir; mais ceux qui l'achetent de la sorte, doivent prendre garde qu'il ne soit point haché, râpé ou pulvérisé depuis long-tems, car alors il perd son odeur, & n'est plus d'aucune vertu.

« A l'entrée des cinq grosses fermes, le *sassafras* doit au tarif de 1664, où il est employé sous le nom de *saxafras*, 5 livres par quintal net. »

« Sortant des cinq grosses fermes, il est exempt de droits, comme droguerie étrangère. »

« A la douane de Lyon, où il est appellé *salsafras*, il acquitte, d'après le tarif de 1632, de tel endroit qu'il vienne, par quintal net, 7 liv. 2 sols 6 deniers. »

« A celle de Valence, 3 liv. 11 sols, comme droguerie. »

SASSENAGE. Sorte d'excellent fromage qui prend son nom du lieu où il se fabrique en Dauphiné. *Voy.* FROMAGE, *à l'endroit où il est parlé de ceux de France.*

SAT. Mesure dont on se sert à Siam pour mesurer les grains, les graines, les légumes & quelques fruits secs.

C'est une espèce de boisseau fait de bambou, entrelassé à peu près comme les vaniers font à Paris cette petite mesure pour les avoines qu'on appelle un *picotin*, qui a la forme d'un panier d'osier.

Les quarante *sats* font le *seste*, & les quarante *sestes* le *cohi*. Il est difficile de réduire régulièrement ces mesures à celles d'Europe. Quelques personnes estiment le *seste* cent *catis*; mais comme il est dit dans plusieurs endroits de ce Dictionnaire, le *cati* n'est pas du même poids dans toutes les Indes orientales, quoique le nom y soit presque par tout le même.

A estimer les cent catis 116 livres, poids de marc; le *sat* seroit environ de 3 livres, & le *cohi* de 5000 livres.

SATIN. Etoffe de soie polie & luisante, dont le tissu est différent de celui de toutes les autres étoffes, parce que l'on passe sa trame au milieu de sa chaîne; on n'enleve que la huitième ou cinquième partie; de sorte qu'il reste les quatre cinquièmes ou les sept huitièmes de la chaîne du côté de l'endroit de l'étoffe, ce qui contribue à lui donner ce brillant qui en fait le prix & la beauté. Quant au reste, le satin se fabrique comme toutes les étoffes de soie.

Il y a des *satins unis*, des *satins brochés*, des *satins à fleur d'or ou de soie*, des *satins rayés*, enfin diverses autres sortes & façons, suivant le génie de l'ouvrier qui sait imaginer de nouvelles modes, pour donner du débit à sa marchandise.

Toutes ces sortes de *satins* doivent être faits sur des rots de onze vingt-quatrièmes, c'est-à-dire, avoir une demi-aune moins un vingt-quatrième entre les lisières. Ceux où il y a de l'or & de l'argent, doivent être tramés d'or & d'argent fin, & leur chaîne aussi bien que celle des *satins*, tout de soie; & la trame de ceux-ci doit être de pure & fine soie teinte sur crû, à peine de soixante livres d'amende & de confiscation.

Les façons des *satins* se font en y ajoutant de nouvelles chaînes ou trames.

Le *satin réduit* est composé différemment du *satin* ordinaire, en ce que dans la même largeur, il a le double de *mailles* ou de branches de soie; que, par conséquent il est tramé de moitié plus fin, & que pour faire le quarré parfait, il faut seize cent coups de navette, pour équivaloir aux seize cens mailles de largeur, ce qui rend cette étoffe beaucoup plus longue à faire.

Cette réduction n'est pas la seule chose qui contribue à sa perfection, chaque maille de corps, qui contient huit ou neuf fils dans les *satins* ordinaires, n'en a que quatre ou quatre & demi dans celui-ci, c'est-à-dire, qu'il a une maille de quatre & une de cinq alternativement; ce qui fait que la branche de soie étant plus fine, les pointes des feuilles, les fleurs, les fruits & les ornemens qui sont contenus dans le dessin, étant découpés par plusieurs cordes, & se terminant à une seule, sont infiniment plus parfaits & plus délicats , tant dans la hauteur du deffin que dans la largeur.

On ne réduit point le *fatin* où il y a de la dorure , par la raifon qu'il en faudroit le double , & qu'elle feroit trop écrafée.

Les *fatins furies* font des *fatins* unis ou peints de diverfes couleurs. Ces *fatins* font féverément défendus en France , foit qu'ils foient peints dans le royaume , en Flandres ou en Hollande , foit qu'ils viennent véritablement des Indes. *Voyez* ÉTOFFES DES INDES ou FURIES.

Outre les *fatins* qui fe fabriquent en France , les marchands en tirent quantité d'Italie. Les plus beaux font ceux de Florence & de Gênes , auxquels néanmoins les *fatins* de Lyon cèdent très-peu.

« Les *fatins* , foit avec or , foit fans or , paient en France les droits d'entrée & de fortie fur le pied des draps d'or , d'argent & de foie. » *Voyez* DRAP D'OR & D'ARGENT.

« Les *fatins* ordinaires doivent être traités , à tous égards , comme les draps de même forte , fauf la douane de Lyon , pour laquelle ils acquittent par livre pefant net , fçavoir : »

« Ceux cramoifis pourprés & ponceaux , venant de Gênes , 2 livres 17 fols de premier droit ; 7 fols 6 deniers de mandement , & 2 livres 3 fols pour l'augmentation de 1722 , au total 5 livres 7 fols 6 deniers. »

« Venant des autres pays étrangers , ils acquittent de premier droit 2 livres 17 fols , d'augmentation 1 livre 18 fols , ce qui fait 4 livres 15 fols. »

« Ceux violets , cerife , rofe & incarnat , venant de Gênes , 2 livres 8 fols d'ancien droit , de mandement 7 fols 6 deniers , d'augmentation 1 livre 17 f. au total 4 livres 12 fols 6 den. »

« Venant des autres pays étrangers , ils paient de premier droit 2 livres 8 fols , d'augmentation 1 l. 12 fols , au total 4 livres. »

« Ceux de couleur ordinaire , venant de Gênes , acquittent d'ancien droit 1 livre 4 fols , de mandement 7 fols 6 den. , d'augmentation 1 livre 1 fol , ce qui fait 2 livres 12 fols 6 den. »

« Venant des autres pays étrangers , d'ancien droit 1 livre 4 fols , & d'augmentation 16 fols , en total 2 livres ».

« Tous ont encore à payer , conformément à l'article premier de l'arrêt du 15 mai 1760 , par livre pefant net , 1 liv. 10 fols. »

« Ils doivent également , pour le droit de douane de Valence , y compris l'augmentation de 1722 , 11 livres 16 fols par quintal net. »

Quant aux *fatins* venant de l'intérieur ou d'Avignon , les droits de douane de Lyon ou de Valence en font les mêmes que les damas de foie , fuivant les couleurs.

SATINS de BRUGES , ou façon de BRUGES. Qu'on nomme auffi *fatin caffards*. Ce font des *fatins* dont la première fabrique s'eft faite à Bruges ; la chaîne en eft de foie , & la trame de fil.

Les *fatins de Bruges* qui fe fabriquent en France

doivent avoir de largeur au moins demi-aune moins un feize , ou demi-aune entière , ou même demi - aune & un feize , à peine de trente livres d'amende.

« Ils ne peuvent , comme ceux de foie mêlés de coton & autres matières , entrer dans le royaume que par les bureaux de Calais & Saint Valery , en payant trente pour cent de la valeur , fuivant les arrêts des 20 décembre 1687 & 3 juillet 1692. »

« Venant des provinces réputées étrangères dans les cinq groffes fermes , ils doivent au tarif de 1664 , 8 livres pour chaque pièce de trente aunes. »

« Paffant des cinq groffes fermes aux provinces réputées étrangères , ils acquittent 13 livres du quintal. »

SATIN. On appelle *ruban de fatin* , celui qui eft fabriqué à la manière du *fatin* ; il y en a de fimple , & d'autres à double endroit. *Voy.* RUBAN & RUBANNERIE.

SATIN des INDES , qu'on nomme auffi SATIN de la CHINE. C'eft une étoffe de foie affez femblable aux *fatins* qui fe fabriquent en Europe. Il y en a de pleins , foit blancs , foit d'autres couleurs ; il y en a auffi à fleur d'or ou de foie ; à carreaux , de damaffés , de rayés & de brochés.

On les eftime particulièrement , parce qu'ils fe blanchiffent & fe repaffent aifément , fans prefque rien perdre de leur luftre , & fans que l'or en foit ni plus applati , ni moins brillant : ils n'ont pourtant ni l'éclat , ni la bonté de ceux de France. Il y en a des pièces de quatre aunes & demie , de fept , de huit & de douze de longueur , fur trois huitièmes , cinq fixièmes & cinq huitièmes de largeur.

SATIN LINÉE. Étoffe de foie ou *fatin* de la Chine , pliée d'une manière fingulière. Il y en a de deux fortes : les uns font pliés de la forme des livres qu'on appelle gros *in-octavo* , & les autres de celle d'un *in-quarto*. Les longueurs & largeurs n'en font pas certaines. Il y en a de onze aunes en environ la pièce , & d'autres feulement à fix. Les *linées* blancs à fleurs font de la dernière mefure ; les couleurs à fleurs & les brochées font de la première.

Il fe fait en France des *fatins* mêlés de fleuret & de fil , qu'on nomme *fatins de la Chine*. Ce font des efpeces de *fatins* de Bruges , mais dont la rayure eft différente , étant faite en forme de rochers & de ce qu'on appelloit autrefois *point de la Chine* , en fait de tapifferie à l'aiguille. Les *fatins* de la Chine doivent avoir les largeurs de ceux de Bruges. *Voy. ci-deffus* SATIN DE BRUGES.

COMMERCE DES SATINS A AMSTERDAM.

On vend à Amfterdam des *fatins des Indes* & des *fatins d'Italie* ; ceux-ci fe vendent à l'aune , & ceux-là à la pièce.

La pièce de *fatin des Indes* , foit uni , foit à fleurs , fe vend depuis 11 florins ½ jufqu'à 13 florins , & donne un pour cent de déduction pour le prompt paiement.

Les

Les *fatins d'Italie* fe vendent à 18 mois de ra-bat, depuis 7 jufqu'à 8 f. de gros l'aune ; la déduc-tion eft comme à ceux des Indes.

Il faut remarquer, ce qui eft commun à toutes les autres étoffes d'Italie, que, quoique ceux qui les achetent de la premiere main, ayent 18 mois de rabat, & un pour cent de prompt paiement ; lors cependant qu'ils les revendent aux détailleurs, ils ne leur déduifent en tout que deux pour cent pour le prompt paiement.

SATINADE. Petits *fatins* très-foibles & très-légers, dont les femmes font des robes d'automne ou de printems. Ces *fatins* font ordinairement rayés.

SATINADE. Autre petite étoffe à peu-près fem-blable au fatin de Bruges, mais plus foible, & de laquelle on fait des meubles, particulièrement des tapifferies de cabinet.

SATINER. C'eft donner à un tiffu ou à un ruban la façon & l'œil du fatin.

SATINÉ. Ce qui a l'éclat du fatin quoiqu'il n'en foit pas ; ce mot fe dit affez communément dans le négoce des étoffes ; on l'emploie auffi quelquefois dans celui des pierreries.

La couleur *fatinée* & faite de pierres précieufes eft une couleur claire & brillante, c'eft l'oppofé de *velouté*. Voy. VELOUTÉ.

SATTEAU. Efpece de barque ou groffe cha-loupe dont on fe fert au baftion de France, fur la côte de Barbarie, pour la pêche du corail. *voy.* CORAIL.

SAUCIER. Celui qui compofe ou qui vend des fauces. Les maîtres vinaigriers prennent dans leurs ftatuts tant anciens que nouveaux, la qualité de *maîtres fauciers*, à caufe de diverfes fauces qu'ils ont ou qu'ils avoient le droit de compofer & de dé-biter, & que le vinaigre même qu'ils font & qu'ils vendent paffe pour une des meilleures fauces de beau-coup de mets & de viande.

Ce nom appartenoit auffi autrefois au corps des marchands épiciers, à caufe d'une petite commu-nauté de *fauciers* ou *faifeurs de fauces* qui leur étoit alors unie, apparemment à caufe des épiceries qui entroient dans leurs fauces. En 1394 les *fauciers* firent bande à part & eurent leurs jurés, quoiqu'ils reftaffent pourtant fujets à la vifite des gardes de l'é-picerie ; & c'eft peut-être de cette divifion que font venus nos vinaigriers *fauciers*.

L'article 15 des ftatuts des vinaigriers de 1658, parle des fauces qu'il leur eft permis de vendre ; favoir, la fauce *jaune*, la *cameline* & la fauce *moutard*, toutes trois ignorées aujourd'hui, qui l'é-toient même déja du tems de Savary, & auxquelles nos cuifiniers délicats en ont fubftitué d'autres moins fimples, plus piquantes & par conféquent plus pré-judiciables à la fanté.

SAUCISSONS ou TURBANS. C'eft le nom que les marchands droguiftes & épiciers donnent à la gomme-gutte en rouleaux. *Voyez* GOMME-GUTTE.

SAUCISSONS. Groffes *faucisses* qui fe font en plu-fieurs endroits, particulièrement en Italie avec de la chair de porc crue, bien battue & bien broyée dans un mortier, où l'on mêle quantité d'ail, de poivre en grain & autres épices. Les meilleurs *faucissons* font ceux que l'on fait à Bologne.

« Les *faucissons* de Bologne doivent à l'entrée des cinq groffes fermes, au tarif de 1664, 2 f. par livre pefant ».

« Sortant des cinq groffes fermes, elles acquit-tent comme *chairs falées*. Voy. CHAIRS SALÉES OU SALAISONS ».

« A la douane de Lyon, les *faucissons* venant de l'étranger, payent à Septemes, par quintal, comme chairs falées < l. ».

« Venant de l'intérieur, fuivant l'ajouté au tarif, y compris l'augmentation de 2 f. 3 d., ils doivent par quintal, 2 l. 3 f. 4 d. ».

« A celle de Valence, comme chairs de pâté, 1 l. 9 d. ».

SAUDAGUER. Mot Perfan qui fignifie un *mar-chand*, un homme qui fait fon profit à acheter, vendre ou échanger des marchandifes. *voy.* COM-MERCE & NÉGOCE.

SAUGE. Plante ligneufe, vivace, médicinale & d'une odeur aromatique, mais agréable & propre à conforter le cerveau ; il y en a de plufieurs efpeces, de *fauvage*, de *commune* & de *panachée*.

La *fauge fauvage* croît par-tout fans culture ; elle a des feuilles plus petites, plus vertes & plus velues que la *fauge des jardins* ; on la nomme en latin, *falviæ fylveftris folia* ; elle croît fur-tout en Allemagne, en Suiffe, en Angleterre, en France, fpécialement aux environs de Paris. Par fa faveur, fon odeur & fes vertus médicinales, cette plante approche plus du fcordium que de la *fauge*, elle eft moins défagréable que l'une, & plus gracieufe que l'autre.

La *fauge des jardins commune*, *falvia hor-tenfis*, pouffe fes branches longues, carrées & blan-cheâtres, fes feuilles font velues & un peu chagri-nées ; elle croît naturellement dans les contrées mé-ridionales de l'Europe.

La *fauge panachée* eft toute femblable à la *commune*, excepté que fes feuilles font vertes, jaunes & rouges, ce qui produit un mélange fort agréable.

Les *fauges*, comme on l'a déja dit, font des plantes aromatiques, modérément chaudes, un peu aftrin-gentes & amères. Plufieurs auteurs ont une idée fi avantageufe des vertus de cette plante, qu'ils déri-vent fon nom des qualités *falutaires* qu'on lui fuppo-fe (*falvia falvatrix*). Elle produit de très-heureux effets en médecine. Les infufions des feuilles de *fauge* dans l'eau, auxquelles on a ajouté un peu de jus de limon, font une boiffon délayante & falutaire dans les fievres ; elle eft d'une belle couleur & affez agréa-ble au goût.

Beaucoup de perfonnes en France boivent de la *fauge* préparée comme le thé, & s'en trouvent bien ;

Kkkk

d'autres qui en ont usé ont remarqué qu'elle porte un peu à la tête ; quelques-uns ont donné à cette *sauge* ainsi préparée le nom de *mirlipot*.

Les Chinois font plus de cas de la *sauge* que de leur meilleur thé. Savary rapporte que l'on disoit de son tems, que les Hollandois qui leur en portoient en quantité de toute féchée, en recevoient en échange *quatre livres de thé pour une de sauge*.

On tire de la *sauge* une huile d'une odeur agréable & aromatique, que les marchands épiciers, droguistes & apothicaires de Paris font venir de Languedoc & de Provence.

SAUX-BUND. C'est la cinquieme sorte de soie qui se recueille dans les Etats du grand Mogol. *voy.* VERS A SOIE.

SAUMON. Gros poisson à petites écailles argentées, ayant la chair très-rouge & très-délicate, qui suivant quelques-uns naît dans la mer, & suivant quelques autres dans les endroits les plus clairs & les plus sablonneux des rivieres vers leur embouchure.

Quoiqu'il en soit, il est certain que ce poisson se trouve & se pêche également dans la mer & dans les rivieres ; on en voit jusques dans l'Auvergne & le Forez, ce qui fait juger qu'il remonte les fleuves jusqu'à leur source.

La femelle du *saumon* se nomme *beccard* ; elle differe du mâle en ce qu'elle a le *bec* plus *long* & plus *crochu*, ce qui lui a fait donner le nom qu'elle porte ; les écailles moins claires, le corps parsemé de taches brunes, tirant sur le noir, le ventre plus plat, la chair moins rouge, plus sèche & moins délicate à manger ; elle jette ses œufs ordinairement dans les mois d'octobre, novembre & décembre ; la pêche du *saumon* est défendue pendant ce tems-là, soit pour en laisser multiplier l'espece, soit aussi parce qu'il ne vaut rien dans cette saison.

La pêche du *saumon* se fait communément depuis Noel jusqu'à la Pentecôte ; il y a cependant des endroits comme à *Chateaulin* en Bretagne où on la fait depuis la fin d'octobre jusques à Pâques pour le grand poisson, & depuis Pâques jusqu'à la Saint-Jean pour les petits *saumons* de l'année que les pêcheurs Bretons nomment *guenie*. En outre, chaque pays a sa façon particuliere de pêcher le *saumon*.

Le *saumon* mangé frais est excellent ; il s'en sale beaucoup dans les lieux où la pêche en est abondante, & il fait un des principaux objets du négoce de la saline qui est assez considérable.

Les côtes d'Angleterre, d'Ecosse & d'Irlande sont les endroits de l'Europe où il se pêche & où il se prend le plus de *saumon*. La pêche de ce poisson y commence ordinairement vers le premier janvier & finit environ à la fin de septembre ; elle se fait avec des filets dans les endroits où les rivieres entrent dans la mer, & sur les bords de la mer, vers ces mêmes endroits ; on les y voit venir de loin cherchant l'eau douce, presque toujours en grosses troupes, & quelquefois aussi n'étant que trois ou quatre ensemble.

On fait encore cette pêche plus haut en remontant dans les rivieres, soit avec des filets, soit par le moyen de certaines digues faits exprès où il y a des barreaux de fer disposés de telle maniere que les *saumons* en montant les font ouvrir avec la tête, & comme ces barreaux se referment incontinent après que les *saumons* sont entrés, & qu'ils ne peuvent se rouvrir lorsqu'ils veulent descendre pour retourner à la mer, ils se trouvent arrêtés comme dans un réservoir où il est facile de les prendre.

Il y a plusieurs endroits où la pêche des *saumons* se fait la nuit avec des flambeaux ou de la paille allumée ; on observe le tems que ce poisson s'approche de la lumiere qu'il aime, & l'on le tue à coup de fourches.

On prétend qu'il y a des lieux en Ecosse où l'on les chasse à cheval le long des rivieres, & que lorsqu'ils sont apperçus dans les endroits où l'eau a le moins de profondeur, on les tire à coups de fusil & de pistolet ou avec des fourches.

Il y a dans quelques rivieres du même royaume une espece de *truites saumonnées* dont on fait une pêche considérable & un grand négoce. Dans le mois de mai, tems où elles ne sont gueres plus grandes & plus grosses que des éperlands, elles descendent en foule pour se rendre dans la mer ; pendant tout ce mois on ne peut aller à la pêche qu'avec des rêts ou filets dont les mailles doivent avoir deux pouces d'ouverture. Ces truites reviennent de la mer & rentrent dans les rivieres pendant les mois de juin, juillet, août & septembre, & alors elles sont grandes, grosses & saumonées. On leur donne le nom de *grils* ou *petits saumons* ; il ne s'en voit gueres de cette espece que pendant le tems dont on vient de parler.

Dès que les *saumons* sont pris, on les habille, c'est-à-dire, qu'on les ouvre, qu'on en ôte les entrailles & les ouies, ensuite on les sale dans de grandes cuves faites exprès, d'où l'on ne les tire que dans les mois d'octobre & de novembre pour les paquer ou arranger dans des futailles, dont les plus grandes se nomment *gonnes* & pesent depuis quatre cent jusqu'à quatre cent cinquante livres ; les autres s'appellent *hambourgs* ou *rambourgs*, dont le poids n'est que de 300 à 350 livres.

Les *six hambourgs* sont réputés faire *huit barils*, & chaque hambourg contient ordinairement trente à quarante gros *saumons* ; & depuis quatre-vingt jusques à cent petits, ainsi des gonnes à proportion.

Le *saumon* salé qui se débite en détail dans les halles & marchés de Paris, se divise en *hure* ou *tête*, *entre-deux*, *queue* & *loquettes*.

Les plus estimés de tous les *saumons* salés sont ceux que l'on envoye de Barwick, ville d'Angleterre sur les frontieres d'Ecosse ; ce qui les distingue des autres, c'est qu'ils sont habillés & paqués plus proprement, outre qu'ils sont naturellement d'une meilleure qualité ; ces sortes de *saumons* viennent ordinairement en gonnes.

La riviere de *Die*, près *Aberdéin*, est l'une des plus abondantes en *saumons* qui soient en Ecosse ;

on affure que l'on y en a vu prendre jufques à *cent foixante-dix* d'un feul coup de filet ; ce *faumon*, après celui de *Barwick*, eft le plus eftimé.

Montrofe, *Spec* & *Bauf* font les autres endroits de l'Ecoffe d'où il vient le plus de *faumon*, celui de *Bauf* eft le moins eftimé des trois.

L'*Irlande* fournit auffi une très-grande quantité de *faumon* ; les lieux qui en produifent davantage font *Coulraine*, *Loudondery*, *Dublin*, *Walrefort*, *Limerick* & *Kenfal* ; le mieux habillé & paqué eft celui de *Coulraine* & de *Loudondery*.

La pêche du *faumon* étoit autrefois affez confidérable en Hollande, mais infenfiblement ce poiffon s'en eft éloigné fans que l'on en puiffe bien dire la caufe, enforte que le peu qu'il s'y en pêche préfentement eft pour la confommation du pays & que les Hollandois ne peuvent plus en faire un objet de commerce avec l'étranger ; ils en envoyent cependant quelque peu en France, mais ce n'eft que par préfens ; il eft ordinairement en *dulles* ou morceaux falés dans de petits barils.

On pêche auffi quantité de *faumon* au ban de Terre-Neuve, le long de la côte de Plaifance, mais cette pêche n'eft pas un objet confidérable pour les vaiffeaux François qui y vont, leur principale vue étant la pêche de la morue ; ainfi ils ne s'arrêtent guères, à y pêcher, ou à faler le *faumon*, & fi quelquefois ils en apportent en France, c'eft qu'ils l'ont acheté tout falé des habitans du pays qui le préparent ainfi pour le vendre. On voit néanmoins, quelquefois, des vaiffeaux faire la pêche & la falaifon du *faumon* fur cette côte, & qui en apportent même confidérablement, mais cela n'arrive que lorfque la pêche de la morue a été peu abondante ; alors les vaiffeaux tâchent de fe dédommager par la pêche du *faumon* de leur peu de fuccès dans celle de la morue ; ainfi l'on ne peut regarder le négoce du *faumon de Terre-Neuve*, que comme un négoce accidentel.

La *Mofcovie* fournit auffi une grande quantité de *faumons*, qui fe confomment dans le pays, mais qui s'enleve auffi par diverfes nations du nord. Il y en a de deux fortes, du *falé* & du *fumé* ; ce dernier fe prépare à peu-près comme le *hareng foret*.

On pêche encore en Mofcovie, fur les côtes de la Laponie, une efpece de *faumon* blanc qu'on y nomme *meelma* ; on le fait fécher pour le tranfporter.

Pour que le *faumon* falé foit de bonne qualité, il faut qu'il foit vermeil, frais falé & ne fentant point le rance ; pour le conferver de cette maniere, il doit être paqué comme il faut dans de bonnes futailles bien jointes ; car pour peu que la faumure qui eft dedans vienne à fe répandre, ce poiffon perd fa couleur rouge & contracte une mauvaife odeur qui en diminue de beaucoup le prix.

L'ordonnance de la marine du mois d'août 1681, a réglé plufieurs chofes touchant les *faumons* ; par les articles 1 & 3 du titre 7 du livre 5, ils font mis au nombre des poiffons royaux, & comme tels ils doivent appartenir au roi lorfqu'ils fe trouvent échoués fur le bord de la mer, en payant cependant les falaires de ceux qui les ont rencontrés & mis en lieu de fûreté ; à l'égard des *faumons* pris en pleine mer ils appartiennent à ceux qui les ont pêchés, fans que les receveurs de fa majefté, ni les feigneurs particuliers & leurs fermiers y puiffent prétendre aucun droit fous quelque prétexte que ce foit.

Dans les cinq groffes fermes on diftingue trois efpeces de *faumons*, les *fumés*, les *frais* & les *falés*.

Avant d'en indiquer les droits, il eft bon d'obferver que ceux qui font en faumure, ont été mis au nombre des marchandifes fujettes à déchet & coulage, par lettres de la ferme générale des 11 octobre 1764, & premier janvier 1765.

« Le *faumon frais* doit à l'entrée des cinq groffes fermes, 6 f. de la piece au tarif de 1664 ».

« Sortant des cinq groffes fermes cinq pour cent de la valeur comme omis au même tarif ».

« Le *faumon falé* venant d'Angleterre eft prohibé comme omis dans l'état annexé à l'arrêt du 17 juillet 1785 ».

« Venant des autres pays étrangers, il paye à toutes les entrées du royaume, y compris Marfeille & Dunkerque, 1 l. par quintal, fuivant l'arrêt du 6 juin 1763 ».

« Venant d'une province réputée étrangère dans les cinq groffes fermes, il doit au tarif de 1664, 6 l. par fix hambourgs compofés, comme nous l'avons dit, de huit barils ».

« Le *faumon fumé*, d'après une décifion du confeil du 6 décembre 1724, eft traité comme la *faumon falé* ».

« Le *faumon* provenant de la pêche des habitans de Normandie, n'acquitte, fuivant les arrêts des 7 octobre 1632 & 24 avril 1715, que 3 l. pour fix hambourgs ».

« A la fortie des cinq groffes fermes, il doit par *leth* de douze barils ou huit hambourgs, fuivant le tarif de 1664, 6 l. ».

« A la douane de Lyon il paye comme marfouin, avec 9 d. d'augmentation, 10 f. 9 d. par quintal ».

« A celle de Valence, comme poiffon, 1 l. 9 d. ».

ABORD ET CONSOMMATION.

« Indépendamment des droits de traites, le *faumon* doit encore ceux d'*abord* & de *confommation* dans les cas prévus par l'ordonnance de 1681 ».

« Celui de *confommation* eft de 13 fols 5 den. par piece ».

« Celui d'*abord* de 2 l. par baril du poids de cinq cens livres ».

SAUMON POUR LES COLONIES FRANÇOISES.

Aux termes d'un arrêt du 24 août 1748, le *faumon*, pour les colonies Françoifes eft exempt des droits lorfqu'il vient de l'étranger, à la deftination des isles Françoises de l'Amérique, en le mettant en entrepôt à son arrivée dans le port de l'embarquement ; il est également dispensé des droits de sortie à la même destination & aux mêmes conditions, en vertu de la décision du conseil du 31 octobre 1740.

SAUMON. Se dit aussi d'une espece de bloc ou masse de métal qui n'a reçu d'autre façon que celle qui lui a été donnée par fonte dans la mine ; il n'y a que l'étain, le plomb & le cuivre qui viennent en saumons.

Ces pesans morceaux de métal, qui servent souvent de lest aux navires, ont été appellés saumons, parce que, selon Savary, la plupart ont quelque ressemblance pour la forme au poisson qui porte ce nom.

Les saumons de plomb sont aussi appellés navettes. Voyez les articles ÉTAIN, PLOMB & CUIVRE.

On y trouvera les différens poïds de ces masses de métal & les noms des divers lieux d'où elles se tirent.

SAUNAGE. Marchandise de sel.

Il n'appartient en France qu'à l'adjudicataire des gabelles de faire le commerce de sel gabellé, & les particuliers dans les provinces & élections où sont établis les greniers à sel, soit d'imposition, soit de vente volontaire, ne peuvent s'en pourvoir ailleurs, sous les peines portées par l'ordonnance sur le fait des gabelles de 1680.

On appelle faussaunage, (pour faux saunage) le trafic du sel qui n'est pas gabellé.

A l'égard du sel qui se vend sur les marais salans, ce sont les propriétaires des marais qui en font le négoce & qui le débitent, soit à l'adjudicataire de la ferme du sel pour en fournir ses greniers, soit aux étrangers, Anglois, Hollandois, Suédois, Danois, Hambourgeois &c., qui en viennent enlever pour faire leurs salaisons, soit même aux habitans des provinces & lieux où la gabelle n'est pas établie ; dans ces endroits exempts de gabelle le saunage ou les sels qui y passent, doivent cinq pour cent de la valeur ; la ferme générale s'en est expliquée par une lettre écrite au directeur d'Amiens, le 26 février 1778, à l'égard des sels blancs venant de l'Artois dans le Boulonnois & le Calaisis. Voyez SEL & GABELLE.

SAVON, espece de pâte, quelquefois dure & seche, & d'autrefois molle & liquide, propre à blanchir le linge & à plusieurs autres usages, soit pour les teinturiers, les bonnetiers, les foulons, les couverturiers & les parfumeurs ; elle a aussi quelques qualités médicinales, le célèbre Boerhaave étoit grand partisan du savon ; c'est un puissant dissolvant du calcul de la vessie, & en général des concrétions pierreuses qui se trouvent dans le corps de l'homme.

Il entre dans la composition des savons, suivant leurs différentes especes & qualités, diverses sortes de drogues & ingrédiens, entr'autres des huiles

d'olive, de noix, de chenevi, de lin, de navette, de colzat & de poisson ; les faisses ou lies de toutes ces huiles, du flambard qui se trouve sur les chaudieres des chaircuitiers, du suif & plusieurs autres graisses.

On fait cuire toutes ces matières grasses & onctueuses, & on les prépare avec des lessives tirées de quelques corps nitreux ou salés, tels que peuvent être les soudes d'Alicante, de Carthagène & de Cherbourg ; la bourde, qui est une autre espece de soude, la potasse, la vedasse, la barille & les cendres de différens bois ; à quoi l'on ajoute de la chaux vive, de la couperose, de l'eau-forte, de l'amidon, même du cinabre, de l'ocre rouge, de l'indigo & autres semblables drogues colorantes, soit pour faire la jaspure des savons secs, soit aussi pour colorer les savons liquides.

En général, les savons secs ou solides sont le produit de la combinaison de l'huile d'olive avec l'alkali minéral, rendu caustique par la chaux ; & les savons mous ou liquides sont formés par la combinaison d'une huile ou d'une graisse quelconque avec l'alkali végétal.

Il y a de deux sortes de savon ; le savon sec ou dur, & le savon mol ou liquide qui se subdivisent encore en plusieurs autres especes.

Les savons secs viennent d'Alicante, de Carthagène, de Gayette, de Marseille, de Toulon & de quelques autres lieux. Celui d'Alicante est estimé le meilleur. Il faut le choisir bien dur & bien jaspé & qu'il soit véritablement d'Alicante.

Les teinturiers en soie, laine & fil, suivant l'article 71 de leurs statuts du mois d'août 1669, ne peuvent employer que cette sorte de savon & celui de Gènes ; mais il faut remarquer qu'ils ne sont point différens de ceux de Marseille & de Toulon, & que ce n'est qu'un nom qu'on leur donne pour les faire mieux valoir.

Les savons de Marseille & de Toulon sont de deux especes, le blanc & le jaspé, mais ce dernier est absolument le même que le savon blanc, il n'en diffère que par la variété des couleurs.

Pour fabriquer le savon blanc, on commencera par faire une lessive caustique, connue sous le nom de lessive des savonniers ou d'eau-forte des savonniers, qui se prépare de la manière suivante : on prend cinquante livres de soude d'Alicante & cent livres de chaux fraisée, c'est-à-dire, de chaux qu'on a humectée d'eau peu à peu, jusqu'au point d'en pouvoir former des pelottes dans la main sans qu'elles s'y attachent : on met le tout dans une chaudiere de fer : on verse environ 400 pintes d'eau & l'on fait bouillir le tout pendant quelques instans, en ayant soin d'agiter le mélange. On filtre cette lessive & on la remet sur le feu pour la faire concentrer au point qu'un œuf frais puisse se soutenir à sa place, ou pour le mieux encore, jusqu'à ce que cette liqueur pèse onze gros dans une bouteille qui contient une once d'eau ; on prend ensuite telle quantité que l'on juge à propos de cette leſſive, & après l'avoir affoiblie avec partie égale d'eau, on la mêle avec ſon poids égal d'huile d'olive : on expoſe ce mélange ſur un feu modéré, & on l'agite avec un bâton pour faciliter la combinaiſon de l'huile avec les matieres ſalines. Quand on juge qu'elle commence à ſe bien faire, on y verſe autant de leſſive pure qu'on a mis d'huile & on continue à donner une chaleur très-douce, en ayant ſoin d'en retirer de tems en tems des eſſais pour voir ſi le ſavon eſt à ſa perfection. Ces eſſais conſiſtent à mettre quelques gouttes du mélange ſur un morceau de verre ou ſur une tuile bien cuite ; quand on voit que ces gouttes laiſſent échapper l'eau qui ſe ſépare aiſément du ſavon coagulé, on ceſſe le feu, & pendant que le ſavon eſt encore chaud on le verſe dans des moules de bois ou de fer blanc pour en former des pains ou tables qui ont environ trois pouces d'épaiſſeur.

Le ſavon blanc, bien fabriqué, doit ſe diſſoudre dans l'eau bien pure, il la rend cependant laiteuſe, mais ſans laiſſer ſurnager aucune partie d'huile à ſa ſurface ; il ne doit point être ſuſceptible de ſe ramollir à l'air, il doit être blanc, très-ferme & n'avoir aucune odeur déſagréable. On réuſſit plus aiſément à lui procurer toutes ces qualités en hiver qu'en été ; car, dans les fortes chaleurs, ſur-tout lorſque l'on fait de très-grandes quantités de ſavon à la fois, il ne prend pas facilement une conſiſtance ferme, & il arrive quelquefois que l'huile ſe réunit avant de ſe combiner avec les ſels. Ce ſavon eſt employé par les teinturiers, par les dégraiſſeurs ; par les blanchiſſeuſes & par pluſieurs autres ouvriers ; c'eſt auſſi du ſavon blanc de Marſeille & de Toulon dont les parfumeurs ſe ſervent pour fabriquer leurs ſavonnettes. Voyez SAVONNETTE.

Les ſavons de Carthagène & de Gayette doivent être choiſis comme ceux d'Alicante, de Marſeille & de Toulon.

Les ſavons blancs viennent ou par tables, ou par morceaux preſque quarrés-longs, que l'on appelle petits-pains. Les tables, comme nous l'avons dit, ont environ trois pouces d'épaiſſeur ſur un pied & demi de long & quinze pouces de large, du poids de vingt à vingt-cinq livres, que les marchands épiciers coupent en pluſieurs morceaux longs & étroits pour en faciliter le débit. Les petits pains pèſent depuis une livre & demie juſques à deux livres. Les tables & les petits pains ne ſont qu'une eſpèce de ſavon ſous différentes formes.

Les ſavons en tables s'envoyent dans des caiſſes de ſapin du poids de trois à quatre cens livres, & les ſavons en petits-pains viennent auſſi par caiſſes de bois de ſapin, appellées Tierçons, & par demi-caiſſes du même bois ; les tierçons pèſent environ 200 livres & les demi-caiſſes près de 180.

Les ſavons jaſpés, que quelques perſonnes appellent auſſi ſavons madrés, marbrés ou de Marſeille, ſont en morceaux quarrés-longs, de

pluſieurs groſſeurs, que l'on nomme des pains ou des briques, & ordinairement du poids d'une livre & demie à trois livres. Ils viennent par tierçons & par demi-caiſſes, ainſi que les ſavons blancs en petits pains, & des mêmes poids.

Il ſe fait à Rouen une eſpèce de ſavon ſec avec du flambard pris, comme nous l'avons dit, ſur les chaudières des chaircuitiers ; mais ce ſavon eſt tout à-fait mauvais & l'on en devroit interdire la compoſition & le débit. Il y en a de blanc & de jaſpé.

Les ſavons liquides ſont noirs ou verds, quelques-uns tirant un peu ſur le jaune. Les noirs ſe fabriquent en pluſieurs endroits de la France, particulièrement dans la Picardie, à Amiens & à Abbeville. Les verds qui ſont les plus eſtimés, viennent partie de Hollande & d'Angleterre en tems de paix, & partie de Calais ou de quelques autres villes du royaume où l'on en a établi des manufactures.

Les ſavons liquides, tant noirs que verds, ſe vendent en gros par petits barils, que l'on nomme quartaux, du poids de cinquante livres, net, c'eſt-à-dire, ſans y comprendre la peſanteur du baril. Ce ſont de ces ſortes de ſavons qu'employent ordinairement les foulons, les bonnetiers & les couverturiers.

Il s'étoit établi à Paris au commencement de ce ſiècle quelques manufactures de ſavons tant durs que liquides, dont la fabrication ne paroiſſoit pas mauvaiſe ; mais comme il étoit difficile de le perſuader aux marchands qui, d'ailleurs, ne pouvoient les y avoir à auſſi bon compte que ceux qu'ils tiroient des autres villes du royaume ou des pays étrangers, ces manufactures ne ſubſiſtèrent pas long-tems.

Il y a encore une autre eſpèce de ſavon liquide qui vient de Naples, dont la compoſition eſt toute particulière & étoit encore ignorée en France au commencement de ce ſiècle. Sa bonté conſiſte à être nouveau, d'une bonne conſiſtance, c'eſt-à-dire, ni trop liquide, ni trop dure, de la couleur d'un beau feuille-morte foncé, & ſon odeur douce & aromatique. Les parfumeurs, qui en font preſque toute la conſommation & le débit, le font venir ordinairement dans des pots de fayance bouchés, qui contiennent depuis deux, juſqu'à ſept livres de ſavon. Il ſert à laver les mains, à faire la barbe, & entre auſſi dans la compoſition de quelques ſavonnettes les plus fines.

Les ſavons ſecs & liquides ſont, comme nous l'avons déjà dit, plus haut, de quelque uſage en médecine, ſoit pour l'uſage interne, c'eſt-à-dire, pour entrer dans la compoſition des remèdes qui entrent dans le corps, ſoit pour l'uſage externe, ou pour être appliqué en qualité de topique, d'emplâtre, &c. Il exiſte même une ſorte d'onguent que l'on nomme vulgairement onguent de ſavon.

Le ſavon blanc & pur eſt la ſeule eſpèce de ſavon qu'on employe pour l'uſage interne. Ce ſavon trituré avec des substances huileuses ou résineuses, les rend solubles dans l'eau, c'est pourquoi on le fait entrer dans les pillules composées de résines ; il favorise la dissolution de ces résines dans l'estomach & leur union avec les fluides animaux ; il est par la même raison très-propre à fondre les substances onctueuses ou huileuses qui se trouvent dans notre corps, à atténuer les humeurs visqueuses, à détruire les obstructions des viscères, & à déterger tous les vaisseaux par où il passe. Ses qualités dans l'usage externe, sont d'être fébrifuge ; pour cet effet il faut qu'il soit liquide & que l'on en frotte la plante des pieds des malades ; le sec, fondu avec de l'esprit de vin, est employé contre les humeurs froides.

On fait en Perse une grande quantité de *savons* avec de la graisse de mouton & des cendres d'herbes fortes ; mais il est mou & ne blanchit pas bien. Aussi, dans les meilleures blanchiries on se sert moins ordinairement des *savons* du pays, que des *savons* de Turquie, particulièrement de celui d'Alep, qui est le meilleur de l'Orient, & peut-être de tout le monde, étant blanc, fin & ferme à l'excès, qualités qui lui viennent, à ce qu'on croit, des cendres dont on se sert pour le faire. L'herbe dont on tire ces cendres croît dans les déserts & lieux sablonneux, & la graisse qu'on y employe est la seule huile d'olive, mêlée de chaux d'Alep, qui l'une & l'autre sont excellentes ; au lieu qu'en Perse on ne se sert que de graisse de mouton, comme on l'a dit, ou quelquefois de celle de bœuf & de chèvre.

« Les *savons* en *pains* & en *tables* venant de l'étranger, doivent à toutes les entrées du royaume, suivant le tarif de 1667 & l'arrêt du 5 février 1718, 7 livres par quintal ».

« Venant de provinces réputées étrangères dans les cinq grosses fermes, une livre 10 sols du cent pesant, selon le tarif de 1664 ».

« Sortant des cinq grosses fermes, ils doivent, au même tarif, une livre ».

« A la Douane de Lyon, suivant le tarif de 1632 & l'arrêt du 25 mai 1741, 8 sols 6 deniers du cent pesant, étant compris dans les drogueries ».

« A celle de Valence, où le savon est nommément compris, il doit du quintal net une l, 3 sols 8 deniers ».

SAVONS DE MARSEILLE.

Quoique Marseille soit traité à l'instar de l'étranger effectif, les *savons* qui en proviennent ne doivent, suivant le tarif de 1664, en entrant dans les cinq grosses fermes, que une livre 10 sols par quintal.

Pour ne payer que ce droit, ils doivent être conduits directement dans les ports du royaume pour lesquels ils sont destinés, sans passer par les ports étrangers ; autrement, ils sont considérés comme *savons* étrangers, suivant l'arrêt du 6 février 1723.

Il a été fait une exception à cette règle, par arrêt du 16 février 1734, pour les *savons* relâchant dans les ports d'Espagne, & qui, à leur arrivée dans les cinq grosses fermes, justifient leur origine.

La ferme générale a également consenti par sa lettre du 9 juin 1766, au directeur d'Amiens, à ce que ceux de Marseille destinés pour Boulogne, Calais ou Etaples, qui relâcheroient à Dunkerque traité à l'instar de l'étranger effectif, fussent considérés comme de fabrique de Marseille en justifiant qu'ils en proviennent.

SAVONS DES FABRIQUES DU ROYAUME, EXPÉDIÉS POUR L'ETRANGER.

Les *savons* des fabriques nationales sortant directement pour l'Etranger, sont exempts de tous droits, en observant les formalités prescrites : arrêt du 14 novembre 1757.

Elles consistent à déclarer cette destination dès le bureau de l'enlevement, ou à défaut, au plus prochain bureau de la route, & il faut les faire plomber & expédier par acquit à caution, pour assurer la sortie du royaume.

Lorsqu'il s'agit de *savons* expédiés de Marseille, on doit les faire accompagner d'un acquit à caution pris au bureau du poids & casse à Marseille, & y faire plomber les caisses du plomb dudit bureau.

Ces *savons* passant en Lorraine, sont également exempts de droits ; mais ils ne le sont pas à la destination de l'Alsace, ni des trois évêchés.

SAVONS POUR LE DROIT DES HUILES.

Indépendamment des droits de traites fixés sur les *savons*, ils doivent un droit particulier appellé *des huiles & savons*. Ce droit, suivant les déclarations des 8 septembre 1705 & 21 mars 1716, & l'arrêt du premier septembre 1711, est perceptible, soit que le *savon* entre dans le royaume, soit qu'il y circule sans être accompagné de certificats de paiement, & il est par quintal de une livre 10 sols.

Si les *savons* destinés pour les Colonies Françoises, sont exempts des droits de traites, ils doivent cependant celui des *huiles & savons*, c'est ce qui a été jugé par décision du Conseil du 13 mars 1752.

Ceux fabriqués à Toulon & dans les autres villes de Provence, sont assujettis, par un arrêt du 14 septembre 1768, au même droit en venant ou sortant, soit pour Marseille ou territoire en dépendant, soit pour l'Etranger.

Ce droit étant exigible au poids de marc net, on doit accorder pour la tare des caisses & emballages, la déduction du dixième du poids effectif.

EXEMPTIONS DU DROIT DES HUILES SUR LES SAVONS.

Par une exception particulière, les *savons du royaume* expédiés pour l'Etranger, sont exempts à leur exportation du *droit particulier des huiles*, comme de celui de traites : arrêt du 14 novembre 1757.

Ceux fabriqués à Toulon & dans les autres villes de Provence, destinés pour la consommation de cette province, ont été également dispensés de ce droit, par arrêt du 14 septembre 1768.

SAVON NOIR, VERD, MOL ET LIQUIDE.

« Venant de l'Etranger, il doit à toutes les entrées du royaume, 5 livres par quintal, suivant le tarif de 1667 & l'arrêt du 5 février 1718 ».

D'après le tarif de 1664, il paye aussi par quintal; savoir,

« Venant des provinces réputées étrangères dans les cinq grosses fermes, 2 livres ».

« Passant des cinq grosses fermes aux provinces réputées étrangères ou à l'étranger, 10 sols ».

DROIT DES HUILES.

Indépendamment des droits de traites perceptibles sur les savons noirs, verds &c., ils sont aussi sujets au droit particulier des *huiles & savons* dans les mêmes cas que le savon en pains & en tables. *voy. ci-dessus.*

COMMERCE DES SAVONS A AMSTERDAM.

La plupart des *savons* qui se vendent à Amsterdam viennent d'Alicante, de Marseille & de Gênes.

Tous ces *savons* se vendent au quintal de 100 liv. Leurs tares sont un peu différentes, mais leurs déductions sont semblables; c'est-à-dire deux pour cent pour le bon poids & autant pour le prompt payement. Le prix du *savon* d'Alicante est depuis 21 jusqu'à 22 florins le quintal; sa tare est de 30 l. par caisse.

Le prix de celui de Marseille est depuis 21 jusqu'à 22 florins; on donne deux livres de plus par caisse de tarre que celle qui est sur les caisses.

Le prix du *savon* de Gênes est depuis 21 jusqu'à 22 florins; la tare est comme aux caisses de Marseille.

SAVONNERIE. C'est le lieu où l'on travaille à la fabrication des savons. La *savonnerie* de Calais, pour les savons verds liquides, est une des plus considérables & des mieux construites qui soient en France.

SAVONNERIE. C'est aussi une manufacture royale établie au bout du cours de la Reine à Paris; elle est célèbre par les beaux ouvrages en tapisserie velouée qu'on y fait pour des emmeublemens, & surtout pour les beaux tapis en façon de Turquie & de Perse, qui s'y fabriquent & qui égalent, s'ils ne les surpassent pas, ceux qui nous viennent du levant. On dit : des ouvrages de la *savonnerie*, des tapis de la *savonnerie*.

La France a l'obligation de l'établissement de cette manufacture au sieur *Pierre Dupont*, tapissier ordinaire de Louis XIII, & à *Simon Lourdet*, son élève.

Henri IV, par son brevet du 4 janvier 1608, les avoit d'abord établis dans les galeries du Louvre, qu'il avoit fait bâtir, & Louis XIII leur donna en 1631 la maison de *la savonnerie*. Trois ans auparavant cet établissement avoit été réglé, & les deux entrepreneurs le formèrent en 1627, sous les ordres de M. de Fourcy, sur-intendant des bâtiments du roi & des manufactures du royaume, en conséquence d'un arrêt du conseil d'état, du 17 avril 1627.

Le sieur Dupont donna au public, en 1635, un petit traité sur cette manufacture, qu'il intitula: *stromatourgie*; ou *de l'excellence de la manufacture des tapis de Turquie*; ce mot est composé des mots grecs Στρῶμα Εργον qui signifient *ouvrage en tapisserie.* Ce traité paroît non-feulement curieux pour les personnes qui cherchent à découvrir l'origine des arts, mais encore très-utile & très-instructif pour ceux qui voudroient entreprendre une semblable manufacture.

Louis XIV ayant été informé dans les dernieres années de sa vie, que cette manufacture, autrefois si célèbre, dépérissoit & se trouvoit en très-mauvais état, & voulant soutenir un établissement aussi considérable, lui accorda, par son édit du mois de janvier 1712, les mêmes privilèges dont jouissoit celle des Gobelins, en vertu de l'édit du mois de novembre 1667, qui furent expliqués en dix articles.

Le premier article lui donne son nom, & elle y est appelée *manufacture royale des meubles de la couronne, de tapis façon de Perse, & du levant.*

Le second la met sous l'administration & dépendance du directeur-général des bâtiments du roi, d'un conducteur particulier & d'un contrôleur; ces deux derniers à la nomination du contrôleur général.

Le quatrieme fixe la somme de 250 l. pour six ans, pour l'entretien de chacun des enfans qui seront choisis par le directeur général pour être instruits & élevés dans ladite manufacture.

Les cinquieme & sixieme parlent en particulier des privilèges des élèves, tel que celui de gagner la maîtrise de tapissier.

Enfin les quatre derniers articles contiennent les privilèges des maîtres & ouvriers de ladite manufacture, qui sont entr'autres l'exemption des gens de guerre dans douze maisons marquées pour leur logement aux environs de la *savonnerie*; comme aussi de tutelle, curatelle, guet, &c., & de toutes impositions de tailles; enfin leur droit de *committi-*

mus aux **nqu**êtes de l'hôtel, comme commensaux de la maison du roi.

SAVONNETTE. Petit pain, ou boule de savon très-épuré & parfumé de différentes odeurs, qui sert à faire la barbe & à laver le visage & les mains.

Les *savonnettes de Bologne* étoient autrefois très-estimées, mais elles ont enfin cédé à celles qu'inventa sous Louis XIV, le sieur *Bailly*; & que depuis ce tems tous les parfumeurs ont imitées.

Ces dernieres ne paroissent pas composées de savon blanc de Marseille ou de Toulon, comme les autres, tant elles ont de pureté, de légéreté, & tant leur odeur est douce & naturelle.

Ces *savonnettes* sont si estimées qu'il s'en envoye beaucoup en plusieurs villes de France, particuliérement à Bordeaux, à Lyon & à Montpellier, d'où elles se répandent en divers lieux d'Italie & du levant, même des Indes orientales. Le Portugal, l'Espagne, l'Angleterre, l'Allemagne & quelques villes du nord en font aussi beaucoup d'usage.

Les especes de *savonnettes* sont de différens prix suivant qu'elles sont plus ou moins grosses, ou que l'odeur en est plus ou moins précieuse. Elles se distinguent par des marques particulières.

COMPOSITION DES SAVONNETTES COMMUNES ET LA MANIÈRE DE LES FAIRE.

Ces *savonnettes* se font ordinairement avec du savon de Marseille ou de Toulon, de la meilleure espece, & de la poudre à cheveux très-fine : la proportion de ces matières est de trois livres de poudre sur cinq livres de savon. Le savon se hache en morceaux plus menus & lorsqu'on l'a fait fondre seul dans un chaudron sur le feu, en y ajoutant un demi-septier d'eau pour empêcher qu'il ne brûle ; on y met d'abord les deux tiers de la poudre, prenant soin de mêler le tout & de le remuer souvent afin qu'il ne s'attache point au chaudron.

Lorsque ce mélange est achevé, & que la matière a été réduite en consistance de pâte, on la renverse sur une planche, où après y avoir mis l'autre tiers de la poudre, on la pétrit long-tems & exactement de la même manière que les boulangers ont coutume de pétrir leur pâte. En cet état on la tourne dans les mains, & l'on donne une forme ronde aux *savonnettes*, en les applatissant néanmoins un peu d'un côté pour y mettre la marque du marchand, qui s'imprime ordinairement avec une espece de poinçon de bouis gravé en creux.

On observera que pour bien tourner les *savonnettes*, il faut avoir près de soi de la poudre à cheveux la plus fine, pour y mettre de tems en tems les mains, afin que cette pâte qui est très-tenace ne s'y attache point.

Ceux qui y veulent mêler des parfums répandent quelques gouttes d'essences sur la pate quand on est prêt de lui donner la dernière façon.

4. Les *savonnettes* doivent à l'entrée & à la sortie des cinq grosses fermes, cinq pour cent de la valeur,

comme omises au tarif de 1664 : ce qui a été confirmé par lettre de la ferme générale du 14 septembre 1769 ».

« A la douane de Lyon, elles payent par quintal, savoir, venant de l'étranger, 7 l. suivant l'ajouté au tarif ».

« Venant de l'intérieur, 2 liv. 3 s. 4 d. comme mercerie ».

« A la douane de Valence, par assimilation à l'eau de naffe, à cause des essences dont elles sont ordinairement composées, 3 liv. 11 s. par quintal net ».

DROIT DES HUILES SUR LES SAVONNETTES.

Indépendamment des droits de traites, les *savonnettes* acquittent le droit particulier *des huiles & savons*, tel qu'il est fixé par la déclaration du 21 mars 1716.

Elles sont sujettes à ce droit quoiqu'elles viennent de Provence ; l'abonnement de cette province n'ayant lieu que pour sa consommation ; la ferme générale l'a marqué à son directeur à Lyon le 15 octobre 1742.

SAVOUREUX. Fruits égrun & *savoureux*. C'est ainsi que sont qualifiées dans les statuts des fruitiers de la ville & fauxbourgs de Paris les marchandises qu'ils ont la permission de vendre.

SAUR ou SOR. Nom que l'on donne au hareng salé, séché & fumé ; ce mot est le même que SORET. *Voyez* SOR.

SAURER, SORER ou SORIR. Faire fumer & sécher du hareng. *Voyez* HARENG.

SAURET ou SORET. Nom que l'on donne au hareng séché, salé & fumé ; ce mot se prononce ordinairement SAUR ou SOR. *Voy.* SOR.

SAUTAGE. Terme en usage dans le commerce du hareng blanc, pour désigner l'*action* de ceux qui foulent le poisson à mesure qu'on la pacqué dans les barils. Il en coûte huit deniers par baril pour faire le foulage & *sautage*. Ce mot est principalement en usage en Normandie & en Picardie ; il vient du latin SALTARE, SAUTER. *Voyez* HARENG.

SAUVAGAGI. Toile de coton blanche qui vient des Indes orientales, particulièrement de Surate ; les pieces de ces toiles ont treize à treize aunes & demie de long sur cinq huit de large.

L'article premier de l'arrêt du 10 juillet 1785, défend l'introduction, dans le royaume, de toute espece de toiles de coton blanches ou écrues fabriquées dans l'Inde ou chez l'étranger, (& par conséquent celle appellée *sauvagagi*), autre que celles qui proviennent du commerce de la compagnie des Indes, ou des retours à l'orient, des vaisseaux particuliers, jouissant de la permission portée en l'art. XII de l'arrêt du 14 avril 1785.

Il n'y a été dérogé, jusqu'à présent, qu'en faveur du commerce direct des Français établi au levant. Les négocians de Marseille ayant adressé des représentations féntations au confeil, fur ce qu'ils fe trouveroient privés de cette branche de commerce, il eft intervenu le 3 feptembre 1785, une décifion qui, par provifion, permet l'entrée des toiles de coton blanches provenant de notre commerce au levant, à la charge que lefdites toiles n'auront de plus grande largeur que deux huitièmes d'aune. Cette requête & cette grace ne regardent point, comme on voit, les toiles blanches venant de l'Inde.

Les toiles de coton, telles que le *fauvagagi*, venant du commerce de la compagnie des Indes, payeront par quintal, à l'orient, 25 liv., fuivant l'art. III de l'arrêt du 19 juillet 1760.

Ces mêmes toiles de coton, fuivant l'art. VI des lettres patentes de 1759, doivent recevoir un plomb dont l'empreinte portera d'un côté le nom du bureau, & de l'autre ces mots: *toiles de coton blanches*. Cette marque eft affectée feulement aux toiles de la compagnie des Indes. Revêtues de ces plombs elles jouiffent de l'exemption des droits à la circulation & à la fortie pour l'étranger. Article VI des lettres-patentes du 28 octobre 1759.

SAUVAGINE. Nom que l'on donne aux peaux crues ou non apprêtées de certains animaux *fauvages* qui fe trouvent communément en France, tels que peuvent être les renards, les lièvres, les lapins, les blaireaux, les putois, les fouines, les belettes, &c. La *fauvagine* n'eft regardée que comme une pelleterie commune qui ne s'emploie que pour les fourrures de peu d'importance.

La *fauvagine* ou *pelleterie commune* & non apprêtée, acquitte par quintal, fuivant le tarif de 1664, favoir:

« Venant de l'étranger & des provinces réputées étrangères, dans les cinq groffes fermes, 10 l. ».

« Paffant des cinq groffes fermes aux provinces réputées étrangères & à l'étranger, 3 l. ».

« A la douane de Lyon, elle paye également du quintal, favoir:

« Venant de l'étranger, non compris le quart en fus, 3 l. 10 f. ».

« Venant de l'intérieur, avec l'augmentation de 1725, 2 l. 14 f. 3 d. ».

« A la douane de Valence elle acquitte 2 l. 6 f. 8 d. comme la pelleterie apprêtée ».

SAUVAGUZÉES. Toiles blanches de coton qui viennent des Indes orientales. Il y en a qu'on appelle *balazées*, qui fe fabriquent à Surate; & d'autres qu'on appelle *fauvaguzées-douis*. Elles ont treize aunes & demie, fur deux tiers de large. *Voyez* SAUVAGAGI.

SAUVEMENT. (*Terme de commerce de mer*). On dit qu'un vaiffeau marchand eft arrivé *en bon fauvement*, pour dire qu'il eft arrivé à bon port, fans aucun accident.

SAUVEURS. Nom que l'on donne, *en terme de marine*, à ceux qui ont *fauvé* ou pêché les marchandifes perdues en mer, foit par le naufrage, foit par le jet arrivé pendant la tempête.

Les ordonnances de la marine de France leur

accordent un tiers des marchandifes qu'ils auront fauvées.

SAXAFRAS, que l'on nomme autrement BOIS DE CANELLE OU PAVAME. Bois odoriférant qui croît dans la Floride & que l'on employe avec fuccès dans la médecine. On écrit plus ordinairement *faffafras*. *Voy.* SASSAFRAS.

SAXIFRAGE. Plante que l'on croit fouveraine pour diffoudre la pierre dans la veffie, ce qui lui a fait donner le nom de *faxifrage*, de *faxum* & de *frangere*.

On diftingue en médecine la *faxifrage blanche* (*faxifraga alba*) de la *faxifrage des prés* (*faxifraga pratenfis*); la première croît fur les montagnes de l'Europe, & la feconde particulièrement en Angleterre. Ces deux plantes font peu d'ufage à préfent, malgré les vertus diurétiques, apéritives & lythontriptiques qu'on leur a attribuées autrefois.

La *faxifrage* pouffe des feuilles prefque rondes, dentelées, graffes & luifantes, affez femblables à celles du lierre terreftre. Du milieu des feuilles s'élèvent des tiges d'environ un pied de haut, qui portent à leurs fommités de petites fleurs blanches à cinq feuilles difpofées en rofe. Sa femence qui eft très-menue eft renfermée dans les capfules d'une coffe prefque ronde. Sa racine fe partage en plufieurs fibres, au bas defquelles fe forment de petits grains femblables à la coriandre. Ce font ces grains que l'on appelle proprement *femence de faxifrage*, qu'on emploie ordinairement en médecine. La meilleure manière de s'en fervir eft de les prendre infufés dans du vin blanc, ou en décoction dans de l'eau commune.

« La *faxifrage* doit, à l'entrée des cinq groffes fermes, au tarif de 1664, 2 l. par quintal net ».

« Sortant des cinq groffes fermes, elle paye cinq pour cent de la valeur, comme omife au même tarif; à moins que l'on ne juftifie de l'acquittement des droits d'entrée ».

« A la douane de Lyon, elle acquitte par ufage de tel endroit qu'elle vienne, 2 liv. par quintal net ».

« A celle de Valence, elle doit, comme droguerie, 3 l. ».

SAYA. Etoffe de foie qui fe fabrique à la Chine. Ce mot femble être le même que notre mot *foie*.

SAYE. Sorte de ferge ou étoffe très-légère, toute de laine, qui a quelque rapport aux *ferges de Caen*, & dont quelques religieux fe fervent pour faire des efpeces de chemifes, & qui fert auffi ordinairement pour faire des doublures d'habits & de meubles.

Il fe fabrique beaucoup de *faies* à Houdfcot, à Ypres, & à Tourcoing en Flandres.

Celles d'Ypres & d'Houdfcot ont environ une aune de large; & celles de Turcoing, qui font très-fines, & toutes de laines de Ségovie ou d'Angleterre, ont fept huit de large.

Il s'en fabrique auffi en Artois avec des laines de

ce pays qui n'ont que trois quarts de large; le tout mesure de Paris.

Les piéces de *fayes* font plus ou moins longues. Quelques perfonnes croient que cette efpéce d'étoffe a été appellée *faye*, parce qu'elle eft fabriquée avec une forte de laine filée que les Flamands & les Arté-fiens nomment communément *fil de fayette* & dont on fe fert dans plufieurs ouvrages de bonneterie. *Voy.* FIL DE SAYETTE.

SAYETTE. Petite étoffe de laine, quelquefois mêlée d'un peu de foie, qui fe fabrique à Amiens. C'eft le diminutif de *faye*, forte d'étoffe qui fe fabrique auffi dans les manufactures de cette capitale de la Picardie & aux environs.

Ce font ces deux étoffes, dit Savary, qui ont donné le nom au fil de laine dont elles font faites, que l'on appelle *fil de laine*; peut-être auffi eft-ce ce fil qui leur a donné le nom qu'elles portent? On en a formé ceux de *fayetterie* & de *fayetteurs* que l'on donne à la manufacture où fe fabriquent ces étoffes & aux ouvriers qui les travaillent.

SAYETTE. Autre forte de petite ferge de foie ou de laine qui vient d'Italie. On donne encore ce nom à des revêches de Flandres & d'Angléterre, qui font des efpeces de ratines.

SAYETTE (FIL DE). Laine peignée & filée, dont on fe fert dans la fabrique de diverfes étoffes, dans plufieurs ouvrages de bonneterie, & qui fert encore à faire des cordonnets, des boutonnieres & des boutons. Cette laine fe file en Flandres, particuliérement à Turcoing & aux environs. *Voy.* FIL DE SAYETTE. Il en eft parlé plus amplement.

SAYETTE (FIL DE). On nomme auffi à Amiens, *fil de fayette* un fil de lin très-blanc, connu plus communément f us le nom de *fil d'Epinai*. *Voy. l'article des* FILS.

SAYETTERIE. C'eft ainfi que l'on nomme la manufacture des étoffes de laine ou de laine mêlée avec de la foie & du poil, établie à Amiens, foit parce qu'elles s'y fabriquent avec cette forte de fil qu'on appelle *fil de fayette*, foit plus vraifemblablement, à caufe que les premieres étoffes qui y ont été fabriquées fe nommoient *fayes* ou *fayettes*; étoffes dont la fabrique eft encore affez commune en Picardie & dans les villes & villages de Flandres qui en font voifins.

SAYETTERIE. C'eft auffi le nom général que l'on donne aux étoffes toutes de laine, ou tout au plus avec un fil de fayette & un fil de foie dans fa chaîne, qui font fabriquées dans la manufacture établie à Amiens. En ce fens, on dit : *piéce de fayetterie*, *marchandife de fayetterie*, en parlant des ferges façon d'Afcot, de Nifmes, de Chartres, de Seigneur, & des camelots, baracans, étamines, rafes; pour les diftinguer des piéces où il entre de la foie & autres matieres avec la laine, que l'on appelle communément *piéces* & *marchandifes de haute-liffe*. *Voy.* HAUTE-LISSE.

Les ftatuts en forme de réglement pour la *fayetterie* d'Amiens ont été prefque les premiers que

l'on doit aux foins de M. Colbert, ce miniftre à qui les manufactures & le commerce de France, font fi redevables; mais qui auroit dû porter davantage fes vues du côté de l'agriculture, fource de toute richeffe, & dont les manufactures & le commerce ne font que des fuites néceffaires.

Ces ftatuts confiftent en 248 articles projettés d'abord, & enfuite rédigés & arrêtés dans quantité d'affemblées, tenues dans l'hôtel-de-ville d'Amiens pendant tout le mois de novembre 1665, auxquelles affiftérent avec le lieutenant-général, les échevins, le procureur du roi & le greffier de la ville; plus notables marchands vendant en gros & en détail, les marchandifes de *fayetterie*; les drapiers; les efgards-houppiers; les efgards-fayetteurs; hautelifleurs, teinturiers, foulons, & les principaux maîtres de tous ces métiers, dont ladite *fayetterie* d'Amiens eft compofée.

Les lettres de confirmation des ftatuts & l'arrêt qui en ordonne l'homologation où befoin feroit, font du mois d'août 1666, portant l'un & l'autre une dérogation à l'article 118 defdits réglemens, & levant les défenfes qui y font faites de tranfporter, apprêter, vendre & débiter leurs ferges d'Aumale en la ville d'Amiens.

Les trente-un premiers articles de ces ftatuts, les plus étendus qui aient jamais été faits pour une manufacture, concernent les houppiers.

Les fuivans jufqu'au 47e. inclufivement, font pour la vente & qualité des fils qui doivent s'employer dans la *fayetterie*.

Huit articles traitent enfuite des fonctions des pefeurs de fil.

La fabrique des pieces de *fayetterie*, fes maîtres & fes apprentifs comprennent 19 articles depuis & compris le 56e.

Enfuite on regle en 54 articles, commençant au 75e. & finiffant au 128e., le nombre des buhots, portées & longueurs que doivent contenir les piéces de *fayetterie*.

Le foulage des piéces de *fayetterie* eft expliqué dans les 12 articles qui fuivent.

Soixante articles depuis le 140 jufqu'au 201e. font pour les haute-lifleurs.

Les corroyeurs, tondeurs, teinturiers & calendreurs font la matiere des 34 articles fuivans.

Depuis le 234e. jufqu'au 246e. il eft parlé des bords, rubans & rouleaux de laine qu'il eft permis de faire dans la *fayetterie*.

Enfin, les deux derniers articles établiffent une police commune pour tous les différens maîtres qui compofent la *fayetterie* & pour les ouvriers qu'ils y emploient. *Voyez l'article des fils & des pefeurs de fil*, & celui des *réglemens*.

S C

SCALIN ou ESCALIN. Petite monnoie d'argent qui a cours en Flandres & en Hollande. Le *fcalin* revient à *fept fols fix deniers* de France.

Il y a des *demi-scalins* de *trois sols neuf deniers*, & des *doubles* & *triples scalins*; ceux-ci d'environ *vingt-sept sols*, ceux-là de *treize sols*. On se sert de toutes ces especes dans le commerce qui se fait sur les côtes d'Afrique, particulièrement du côté du Sénégal.

SCAMITE. Toile de coton qui se fabrique dans quelques isles de l'Archipel, particulièrement à Siphante. Elle est unie & beaucoup moins forte que la *dimite*, autre toile qui se fait dans les mêmes lieux: celle-ci est croisée.

SCAMMONÉE ou ESCAMMONÉE, comme on le trouve écrit dans quelques tarifs. Herbe vivace & médicinale dont les feuilles vertes & presque faites en cœur ressemblent à celles du lierre: elle porte des fleurs blanches en forme de clochettes, qui la font mettre par quelques auteurs au nombre des volubilis, & c'est par cette raison que Linnée l'appelle *convolvulus scammonia*; elle rampe sur la terre & a besoin de l'appui d'un arbre ou d'une muraille pour pouvoir s'élever.

Cette plante croît naturellement dans plusieurs contrées de l'Asie, particulièrement aux environs de Saint-Jean d'Acre & d'Alep; celle qui vient de ce dernier lieu est la meilleure. C'est de la racine de cette plante que l'on tire, par expression, le suc si connu & si utile dans la médecine que l'on nomme aussi *scammonée*, en latin *scammonium*.

On apporte cette drogue du levant par la voie de Marseille; elle est renfermée dans des especes de bourses; les marchands qui l'achettent en gros doivent bien prendre garde à ce que les bourses soient par-tout égales; car il n'est que trop ordinaire de les trouver remplies au milieu de charbon & d'autres ordures, ou du moins d'une mauvaise *scammonée* toute brûlée.

La meilleure *scammonée* est, comme on l'a déjà dit, celle qui vient d'Alep, en masses légères, spongieuses, friables, tendres, d'une couleur verdâtre luisante & tirant sur le noir, & d'un gris clair, blanchâtre, lorsqu'elle est réduite en poudre; son goût doit être amer & son odeur fade & désagréable.

On apporte de Smyrne une autre espece de *scammonée* qui est en morceaux plus compacts & plus pesans, d'une couleur plus foncée, remplie de sable & d'autres substances, impures. Ce suc est ordinairement résineux; sur six onces l'esprit-de-vin en dissout cinq; le reste est une substance mucilagineuse, mêlée avec des corps étrangers; l'eau-de-vie la dissout entièrement, & n'en laisse que les parties impures. Cette espece a une odeur foible, désagréable & un goût un peu acrimonieux tirant sur l'amer: il peut sortir de Smyrne jusques à trois mille ocos, année commune, de cette sorte de *scammonée*, à raison de trois à quatre piastres l'oco. Elle vient par caisse; les frais d'une caisse de trente-sept ocos, non compris l'achat, reviennent, selon Savary, à quatorze piastres trente-une après.

Il y a encore une autre espece de *scammonée*, appellée *scammonée des Indes*; quoiqu'elle soit grise, légère, tendre & friable, elle n'est au fond, qu'une composition de poix-résine & de quelques poudres violentes. Cette *scammonée* & celle de Smirne sont plutôt des poisons que des remèdes; ce fait a été prouvé par M. *Pomet*, dans son *Histoire générale des drogues*, où il rapporte un certificat des effets pernicieux de cette espece.

Plusieurs personnes donnent encore le nom de *scammonée de l'Amérique* au *Méchoacam*, qui est une racine ou drogue médicinale qui vient de la Nouvelle-Espagne. *Voy.* MÉCHOACAM.

On a cru long-tems que le suc de la *scammonée* ne s'épaississoit que par l'ardeur du soleil, mais l'expérience a prouvé le contraire, & l'on sait présentement à n'en point douter, que cette opération se fait par le secours du feu.

Il n'y a guères de purgatifs plus efficaces, mais aussi plus violens que la *scammonée*; ce qui fait que quelques personnes l'ont regardée comme nuisible & lui ont attribué plusieurs mauvaises qualités; son opération est, dit-on, incertaine; car une dose ordinaire ne produit quelquefois aucun effet, au lieu qu'une plus petite donnée dans d'autres circonstances occasionne des superpurgations dangereuses. Mais cette différence dans les effets dépend entièrement des diverses circonstances où le malade se trouve, & non d'une mauvaise qualité ni de la différence d'action du médicament. On a essayé de diminuer la force de ce remède & d'en corriger la prétendue virulence en l'exposant à la fumée du souffre, en le dissolvant dans des acides, & par d'autres moyens semblables; mais toutes ces opérations ne peuvent que détruire, pour ainsi dire, une partie du médicament sans causer aucun changement dans le reste: la *scammonée* ainsi corrigée, s'appelle *diagrede*, ou *scammonée diagrede*. On tire du suc de cette plante une résine qui, dit-on, a plus de vertu que la *scammonée* même, & dont on fait aussi un syrop qui est un très-bon & très-doux purgatif.

La *scammonée* en substance, administrée comme il faut, n'a pas besoin de correctif; si on la triture avec du sucre ou avec des amandes, elle forme un purgatif qui manque rarement d'avoir son effet & dont l'opération est douce.

La poudre de *trois*, ainsi nommée de ce qu'elle est formée de *trois* différentes choses, & que l'on appelle autrement *poudre cornachine*, est composée d'un tiers de *scammonée*; les deux autres drogues, qui y entrent, sont la lessive de tartre & la diaphorétique.

Enfin il croît aussi de la *scammonée* le long de la mer, près de Montpellier & en Espagne, dont le suc devient noirâtre.

« A l'entrée des cinq grosses fermes, la *scammonée* doit », au tarif de 1664, 40 livres par quintal net ».

« Venant indirectement du levant, elle acquitte indépendamment du droit de la province par laquelle elle entre, 20 pour cent de la valeur, sur l'esti mation de 1500 l. le quintal brut, fixée par l'état annexé à l'arrêt du 22 décembre 1750 ».

« Sortant des cinq grosses fermes, elle doit cinq pour cent de la valeur, si elle n'est pas accompagnée d'une expédition justificative du payement du droit d'entrée ».

« A la douane de Lyon, elle paye, suivant le tarif de 1632, de tel endroit qu'elle vienne, 11 l. par quintal net ».

« A celle de Valence, elle acquitte, comme droguerie, 3 l. 11 f. ».

La scammonée se vend à Amsterdam, à la livre & se tare au poids. Elle donne deux pour cent de déduction pour le bon poids & un pour cent pour le prompt payement, son prix est depuis six jusqu'à neuf florins la livre.

SCAMPOULON. Marchandise employée dans le tarif de la douane de Lyon.

Quoique le scampoulon ne se trouve point dans le nouveau Recueil de droits d'aides, de douane, &c., qui a paru au commencement de cette année (1786), il payoit néanmoins à la douane de Lyon, selon Savary, 1 l. 10 f. par balle d'ancienne taxation, & 10 f. du cent pesant de nouvelle réappréciation, total 2 l.

SCAVISSON ou ESCAVISSON. Les marchands épiciers-droguistes ne conviennent pas de la nature de cette drogue, quoiqu'ils la mettent au nombre des épiceries. Quelques-uns la prennent pour le menu de la canelle fine, d'autres veulent que ce soit la canelle matte, & enfin des troisièmes croient que c'est la cassia lignea. Voy. ces trois articles.

Dans les cinq grosses fermes, on appelle scavisson des grabeaux de toutes sortes dont les droits se perçoivent suivant leur qualité : ainsi les droits du tarif de 1664, imposés sur cette drogue, qui sont de cinq livres par quintal net, entrant dans les cinq grosses fermes, n'ont aucun objet.

SCEAU. Poinçon de cuivre ou d'acier, sur lequel sont gravées ordinairement en creux les armes du prince, avec quelque légende & inscription, ou quelque autre empreinte ordonnée & prescrite par ceux qui en ont l'autorité.

Le sceau du prince sert à rendre les actes authentiques, les autres (qu'ordinairement on nomme simplement poinçons) ont différens usages, & s'appliquent, ou pour distinguer la nature & qualité des marchandises, ou pour faire voir qu'elles ont été visitées aux bureaux & douane, ou enfin pour faire connoître de quelle fabrique & de quels maîtres sont certaines étoffes.

Les Consuls de la nation françoise & des autres nations étrangères, établies dans les échelles du levant, ou dans les principales villes du commerce de l'Europe, ont des sceaux dans leurs chancelleries avec lesquels leurs chanceliers scèlent les expéditions concernant le négoce, & les autres actes dont les marchands & particuliers de chaque nation, peuvent avoir besoin pour la sûreté de leurs personnes & de leurs affaires. Voy. CONSULS.

Les poinçons de quelques manufactures conservent le nom de sceau. Celui dont se marquent les étoffes de laines qui se fabriquent dans la draperie & sergetterie de Beauvais, s'appellent sceau royal. Il porte d'un côté les armes de France, avec cette inscription : Louis XIV, restaurateur des arts & manufactures ; & de l'autre, les armes de la ville, avec ces mots : fabrique de Beauvais. Voy. POINÇON, MARQUE & PLOMB.

A Amsterdam, on donne le nom de sceau à un papier scélé du sceau de l'état, sur lequel s'écrivent les obligations & autres actes qui se passent entre marchands pour le fait de leur commerce. C'est une espèce de papier timbré, semblable à celui dont on se sert en France pour les actes de notaires, &c.

On trouve chez les libraires d'Amsterdam divers sceaux tout imprimés, suivant les différentes sortes d'affaires qui sont ordinaires dans le négoce, ce qui est d'une grande commodité ; les négocians ou les courtiers qui se mêlent de négociations mercantilles, n'ayant plus qu'à en remplir les blancs, suivant la diversité des noms des traitans, des sommes dont il s'agit, & des dates qu'il faut mettre aux actes.

C'est ordinairement sur ces sortes de sceaux que se font les obligations pour l'engagement des marchandises, les contrats de primé à livrer, ceux de prime à recevoir & quantité d'autres, sur-tout les actes qui sont le plus d'usage parmi les marchands. Voyez l'article des marchés où il est parlé de trois sortes de marchés qui se font à Amsterdam. Voyez aussi l'article des engagemens de marchandises.

SCÉDULE, que l'on écrit plus communément CÉDULE. Ce mot vient du latin schœda, billet, lettre, &c. On entend par ce mot un billet, promesse ou autre reconnoissance sous seing privé. Voyez CÉDULE.

SCHAI, qu'on nomme & qu'on écrit plus ordinairement CHAYÉ. Petite monnoie d'argent qui a cours en Perse. Voyez CHAYÉ.

SCHAN. Sorte de poids dont on se sert dans le royaume de Siam & que les Chinois appellent CATI. Le cati chinois vaut deux schans siamois ; ensorte que celui de la Chine vaut seize taels, & celui de Siam seulement huit. Quelques personnes mettent le cati chinois à vingt taels, & le siamois à la moitié.

Le tael pèse quatre baats ou ticals, chacun d'environ demi-once, ce qui fait à peu près deux onces. Le baat pèse quatre selings ou mayons ; le mayon deux fouangs ; le fouang quatre payes ; la paye deux clams, la sompaye un demi-fouang. Le clam pèse 12 grains de riz ; ainsi, le tical ou baat pèse 768 de ces grains.

Il faut remarquer que la plupart de ces poids passent aussi pour monnoie ou de compte ou réelle, l'argent, dans ces contrées, étant une marchandise, & se vendant au poids.

SCHARAFI. Monnoie d'or qui se fabriquoit autrefois en Egypte. Sa valeur étoit égale à celle du sultanin, c'est-à-dire, environ à l'écu d'or de France. Les arabes l'appellent *dinar* ou *metchal-al-d'hegel*. Les *scharafi* sont présentement très-rares. Quelques personnes croyent que c'est la même espèce que les Grecs nommoient *bezans d'or*.

SCHEFDAL. Monnoie d'argent qui se fabrique & qui a cours en Danemarck & dans quelques lieux d'Allemagne.

Le *schefdal* vaut trente-deux *sols lubs*, ou les deux tiers d'une *richedale*. Le *marc lubs* qui vaut *seize sols lubs*, en est comme la première diminution : ce dernier a sous lui le demi & le quart de *marc lubs*.

SCHEPEL. Mesure des grains dont on se sert à Hambourg. Le *schepel* est moindre que le *minor* de Paris. Il faut quatre-vingt-dix *schepels* pour dix-neuf septiers de Paris, qui font le *muid* de cette ville.

On se sert aussi de *schepels* à Amsterdam. Quatre *schepels* font la *muide* & *vingt-sept mudes* le *last*.

SCHEREFI. Monnoie d'or qui a cours dans les états du roi de Perse. Le *scherefi* vaut *huit larins*, à raison de deux pièces de huit réaux d'Espagne le larin. Les Européens nomment les *scherefis* des *séraphins* d'or, & dénaturent ainsi le vrai nom de cette monnoie pour lui en donner un, significatif pour eux à la vérité, mais qui n'a aucune analogie avec la signification du mot oriental. Je ferai à cette occasion une remarque; c'est qu'il doit s'être glissé dans le commerce une infinité de noms ainsi falsifiés par l'ignorance où sont la plupart des marchands du langage des nations étrangères.

SCHELIN. Monnoie d'argent qui a cours en Hollande, en Allemagne, & sur-tout en Angleterre; il y a aussi des *schelins* de cuivre qui se fabriquent en Danemarck. *Voy.* SCHILLING.

SCHELONGS, même mot que le précédent. Monnoie de cuivre qui a cours en Pologne, & que la rareté des espèces d'or & d'argent a commencé d'y introduire sous le règne de *Casimir*, frère & successeur de *Ladislas*. Ces espèces ne se frappent pas dans le royaume, mais viennent des pays étrangers; elles valent environ un *liard*, monnoie de France, & ressemblent beaucoup à ceux qu'on voit du côté de Lyon & de la principauté de Dombes.

SCHERIF. (Ce mot semble être le même que celui du *scherefi*, nom d'une monnoie d'or, qui a cours en Perse & que les Européens prononcent *séraphin*.) C'est le nom d'une monnoie d'or qui ne se fabrique guères qu'au grand Caire, & qui a cours dans les états du grand seigneur. C'est la seule espèce d'or qui se frappe en Turquie; on la nomme autrement *sultanin*, & assez communément *sequin*. L'or dont on fait les *scherifs* est apporté en Egypte par de pauvres Abyssins, qui souvent font des deux & trois cens lieues à travers des déserts, pour venir échanger deux, trois ou quatre livres de poudre d'or au plus, contre les marchandises dont ils ont besoin.

La valeur de ces espèces n'a pas toujours été la même. Vers le milieu du dix-septième siècle les *scherifs* ne valoient que *quatre livres*, monnoie de France; ils montèrent ensuite à *cent sols* & ils étoient à *six livres* sur la fin du même siècle; ils ont, sans doute, éprouvé depuis plusieurs différences, soit en augmentant ou en diminuant de valeur. *Voyez* SEQUIN & SULTANIN, qui sont les noms les plus communs de cette monnoie.

Les autres espèces d'or qui se trouvent dans les états du grand seigneur y sont apportées de dehors, comme les ducats d'Allemagne, de Hongrie & de Venise. Ces derniers s'appellent *sequins*.

SCHILLING, qu'on prononce en France *schelin*. Monnoie d'argent qui a cours en Angleterre. Le *schilling* vaut environ vingt-trois sols de France; vingt *schillings* font la livre sterling; qui est par conséquent de, à peu près, *vingt-trois livres* de notre monnoie; ainsi, le *schilling* est le *sol* sterling, composé de douze deniers sterling.

Il y a aussi des *schillings* ou *schelings* en Hollande, en Flandres & en Alsace, mais qui, n'étant ni du poids, ni au titre de ceux d'Angleterre, n'ont pas cours sur le même pied. Ceux de Hollande & d'Allemagne valoient à peu près en 1718, sept sols six deniers de France; & ceux de Flandres, guères plus de six.

Les *schillings* de Hollande s'appellent aussi *sols de gros*, parce qu'ils valent *douze gros*; ce qui revient à l'évaluation qu'on vient de faire.

Les *schillings* danois sont de cuivre, & valent un peu plus de *deux liards* de France. Le *schilling lubs* vaut deux *schillings* danois; au-dessous du *schilling* danois est le *sosling dauche* qui vaut environ un liard.

SCHIPPONDT. Sorte de poids dont on se sert en plusieurs villes d'Europe, pour l'achat & la vente de certaines espèces de marchandises. Ce poids est plus ou moins fort, suivant les lieux où il est en usage.

A Anvers, le *schippondt* est de *trois cens livres*, qui font à Paris, à Amsterdam, à Strasbourg & à Besançon, où les poids sont égaux, *deux cens soixante-quatre livres, cinq onces*.

A Hambourg, le *schippondt* est de *trois cens livres*, qui rendent à Paris, à Amsterdam, &c., *deux cens quatre-vingt quatorze livres*, ou environ.

A Lubeck, le *schippondt* est de *trois cens vingt livres*, qui font à peu près *trois cens cinq livres* de Paris.

A Stockolm on se sert de deux sortes de *schipponts*; l'un pour le cuivre & l'autre pour les marchandises de provision. Le premier est de *trois cens vingt livres*, qui font *deux cent soixante-treize livres & demie* de Paris, d'Amsterdam, &c.

& le fecond eft de *quatre cens livres*, qui ren-dent à Paris, &c., *trois cens quarante-deux livres*.

Le *fchippondt* de Conisberg, qui eft de *quatre cens livres*, vaut ordinairement à Paris, &c., *trois cens fix à trois cent fept livres*, ce qui doit s'entendre lorfque l'achat ou la vente des marchan-difes fe fait de bourgeois à bourgeois ; car, lorf-qu'un bourgeois achète d'un Polonois, le dernier donne au premier quatre à cinq livres pour cent de bénéfice ou bon poids ; enforte qu'un *fchip-pondt* de marchandifes achetées de la première main, c'eft-à-dire d'un Polonois, doit rendre à Paris, à Amfterdam, à Strasbourg & à Befançon, environ *trois cens vingt livres*.

A Riga le *fchippondt* eft de *quatre cens livres*, qui font environ *trois cens trente livres* de Paris, d'Amfterdam, &c.

A Copenhague le *fchippondt* eft compofé de *trois cens vingt livres*, qui en rendent à Paris, &c. *trois cens livres*.

Le *fchippondt* à Revel eft de *quatre cens livres*, qui font *trois cens cinquante livres* de Paris, d'Amfterdam, &c.

A Dantzick le *fchippondt* eft de *trois cens quarante livres*, qui reviennent à *trois cens deux livres neuf onces quatre gros & un peu plus*, de Paris, &c.

A Bergue en Norwège, le *fchippondt* eft de *trois cens livres*, qui en font *trois cens quinze* de Paris, &c.

Enfin, le *fchippondt* d'Amfterdam eft auffi de *trois cens livres*, & contient *vingt lyfpondts*, qui pèfent chacun quinze livres ; ce qui fait éga-lement *trois cens livres* de Paris, de Strasbourg & de Befançon.

SCHOÉ. Sorte de mefure de compte dont on fe fert à Breflau, dans le commerce des plus belles toiles de Siléfie.

Le *fchoé* fait *foixante aunes* de Breflau, qui reviennent à *27 & demie aunes* de Paris.

Chaque *fchoé* eft compofé de quatre ou cinq pièces de toiles. Celles dont il y a cinq pièces au *fchoé* font les plus belles.

SCHREVE, autrement appellé FERTEL. Mefure de liquide dont on fe fert prefque généralement par toute l'Allemagne. *Voyez* FERTEL.

SCHUITE D'ARGENT. Efpèce de monnoie de compte du Japon, fur laquelle on eftime les paiemens dans le commerce. Les *deux cens fchuites* valent, felon *Savary*, *cinq cens livres*, monnoie de Hollande.

SCIAGE. On appelle *bois de fciage* le bois qui eft débité avec *la fcie*, pour le diftinguer du bois de *brin*, qui n'eft qu'équarri avec la coignée, & du bois de *mairain*, qui n'eft que fendu avec un inftrument de fer tranchant en forme d'équerre. Les planches, les folives, les poteaux, les che-vrons, font des *bois de fciage*. Ce bois n'eft pas auffi bon, à beaucoup près, que le bois de brin.

Ce font les fcieurs de long qui le débitent. *Voyez* BOIS DE SCIAGE.

SCIE. Inftrument propre à fendre & divifer en plufieurs pièces diverfes matières folides, comme le marbre, le bois, l'ivoire, &c.

La *fcie* eft un des outils les plus utiles qui ont été inventés pour la méchanique ; la fable en attri-bue l'invention à *Icare*, fils de *Dédale*, qui, non moins ingénieux que fon père, enrichit comme lui les arts encore naiffans de plufieurs découvertes qui ont fervi à les perfectionner. Mais *Icare* eft un perfonnage fabuleux, on n'a rien de bien affuré fur le tems où l'on croit qu'il vécut ; on lui a attribué, ainfi qu'à *Dédale*, fon père, dont le nom fignifie l'*induftrieux*, la plus grande partie des découvertes utiles, & en voici peut-être la raifon, c'eft que tout inventeur étoit un *Dédale* (Δαίδαλος) ou un *induftrieux*, & que l'on mit fur le compte d'un feul les découvertes de tous.

Quoiqu'il en foit, on dit qu'*Icare* ou l'inven-teur de la *fcie* la forma fur le modèle de l'arrête d'un poiffon plat, tel par exemple qu'eft la faule. Mais ce qui femble démentir cette opinion, mal-gré fa vraifemblance, c'eft le nom même de la *fcie*, qui doit venir de l'oriental *fchin*, nom d'une lettre de l'alphabet oriental, qui défigne les *dents*, & qui en eft la figure.

La *fcie* eft ordinairement de fer, avec des dents, mais différemment limées & tournées, fuivant l'ufage auquel elle eft deftinée. Il y a auffi des *fcies* fans dents, celles-ci fervent au fciage des marbres & des pierres.

Les ouvriers qui fe fervent le plus communé-ment de la *fcie* font pour le bois, les bucherons, les fcieurs de long, les charpentiers, les menui-fiers, les ébéniftes, les tourneurs & les tabletiers ; & pour les pierres, les marbriers, les fculpteurs, les fcieurs de pierres, &c.

Les lapidaires ont pareillement leurs *fcies*, ainfi que les ouvriers qui travaillent en pièces de rap-port ; mais cette *fcie* ne reffemble prefqu'en rien aux autres.

De tous les divers ouvriers qui fe fervent de la *fcie*, ce font les menuifiers qui en ont le plus grande quantité, & de plus de différentes efpèces.

Les principales font la *fcie à refendre*, qui leur eft commune avec tous les autres ouvriers en bois ; la *fcie à débiter*, la *fcie à tenons*, la *fcie à tourner*, la *fcie à enrafer*, la *fcie à main* & la *fcie à cheville*.

Les ébéniftes, qui font du corps des menuifiers, outre toutes les *fcies* qui fervent à la menuiferie, en ont encore une particulière qui s'appelle *fcie à contourner*. Cette *fcie* eft montée fur un archet d'acier fort élevé, afin que les feuilles des divers bois qu'ils contournent puiffent paffer entre cet archet & la feuille dentelée de la *fcie*. *Voyez* MARQUETTERIE & ÉBÉNISTERIE.

Les dents de toutes ces fortes de *fcie* s'affectent

& se liment avec une lime triangulaire, en engageant la feuille de la *scie*, dans une entaille d'une planche, & l'y affermissant avec une espèce de coin de bois.

Les charpentiers ne se servent guères que de la *scie* à refendre & de celle à débiter; mais, l'une & l'autre sont de beaucoup plus fortes & plus longues que celles des menuisiers.

Les *scies* dont on se sert dans les forêts pour débiter les plus gros arbres, s'appellent des *passe-partout*. Elles n'ont qu'un manche à chaque bout de la feuille, semblables en cela à celles dont se servent les scieurs de pierre pour les pierres tendres; la feuille de cette *scie* a les dents fort détournées, c'est-à-dire, ouvertes à droite & à gauche; il faut nécessairement deux hommes pour s'en servir.

Les tailleurs & scieurs de pierre ont deux sortes de *scies*; les unes à dents & les autres sans dents. Les *scies* à dents sont parfaitement semblables aux *passe-partout* dont on se sert dans les forêts pour couper le bois, excepté qu'elles n'ont point les dents détournées; elles servent à scier la pierre tendre. Les *scies* sans dents dont on scie les pierres dures, & dont les sculpteurs-marbriers se servent aussi, pour débiter leurs marbres, ont une monture semblable à celle des *scies* à débiter des menuisiers, mais proportionnée à la force de l'ouvrage de la *scie*, y en ayant de si grandes que deux hommes ont beaucoup de peine à les élever pour les mettre en place. La feuille de ces *scies* est fort large & assez ferme pour scier le marbre & la pierre, en les usant peu à peu par le moyen du sable & de l'eau que le scieur y met de tems en tems avec une longue cuillere.

Il y a outre cela des espèces de *scies* à main pour les maçons & poseurs de pierres de taille : on les appelle *couteaux à scier*, les unes ont des dents & les autres n'en ont point.

Ce que les serruriers appellent *scies à guichet*, est une petite scie à main faite en forme de couteau dentelé, dont ils se servent pour faire dans les portes, tiroirs ou *guichets* de bois, les entrées des serrures qu'ils y veulent placer.

Les tabletiers-peigniers & autres ouvriers en corne ont des espèces de *scie* à main qui ont un manche comme celle dont on vient de parler, ou qui ont une monture de fer à peu-près semblable à celle des *scies* communes, mais sans corde. La feuille en est ferme & un peu large, & les dents n'en sont point renversées : ces sortes de *scies* servent à débiter l'yvoire, les buis & les autres bois durs.

Les *scies* des lapidaires, qui portent le nom de *scie*, non pas qu'elles aient quelque rapport par la figure à aucune des *scies* dont on vient de parler, mais parce qu'elles servent à user, &, pour ainsi dire, à scier les pierres précieuses sur le touret; ces *scies*, dis-je, sont des petites plaques de fer faites en forme de ce qu'on appelle une *pirouette* avec

quoi jouent les enfans, attachées au bout d'une broche qui est aussi de fer.

Les lapidaires ont encore une espèce de *scie* pour scier le diamant, qui ne consiste qu'en un fil de fer ou de léton aussi délié qu'un cheveu, bandé sur un petit arc d'acier ou de bois. On s'en sert avec de la poudre de diamant bien broyée avec de l'eau ou du vinaigre. Les ouvriers en pieces de rapport usent de cette sorte de *scie* pour les pierres les plus précieuses; pour les plus grosses pieces, ils ont une petite *scie* dont la feuille n'a point de dents.

Toutes les feuilles de *scie* se vendent par les quincailliers, qui les tirent du Forez & de Picardie : on en trouve chez eux de toutes montées, particulièrement celles qui servent pour la marquetterie & pour les tabletiers & peigniers, dont la monture est toute de fer, & par conséquent de leur ressort. *Voyez* QUINCAILLIER.

Les *scies* sont traitées à l'entrée & à la sortie des cinq grosses fermes, comme quincaillerie de fer, en observant seulement que la décision du conseil du 21 octobre 1785 les comprend dans la quincaillerie dont l'entrée est prohibée. *Voy.* QUINCAILLERIE.

SCIER. Couper du bois, du marbre, de la pierre ou autres matieres solides avec la *scie*.

SCIEUR. Celui qui scie.

SCIURE. Poudre qui tombe du bois que l'on scie.

La *sciure* du buis fait une partie du négoce des marchands merciers-papetiers & des tabletiers-peigniers : elle sert à sécher l'écriture. On la vend au boisseau ou au litron.

SCILLES ou SQUILLES, en latin *scilla maritima, Linné*. Ce sont de très-gros oignons qui croissent naturellement sur les bords de la mer en Espagne, en Italie, en Syrie. Il en vient aussi de Normandie, sur-tout d'auprès de Quilbœuf.

Il y en a de deux sortes, de *mâles* & de *femelles*. Les mâles sont *blanchâtres*, & les femelles *rouges*. On ne trouve guères que l'espèce femelle chez les marchands épiciers & droguistes de Paris.

Les feuilles des *scilles* sont larges, vertes & longues, & leurs fleurs blanches en forme d'étoiles. La partie de la racine qu'on nomme *bulbe* ou *oignon* est celle dont on se sert en médecine.

On a grand soin d'ôter le cœur de ces oignons avant de s'en servir, parce qu'on le regarde comme un poison dangereux; leur usage est pour la composition de la thériaque, & pour quelques emplâtres ou onguens, comme l'*althea* & le *diachilum magnum*. On en fait aussi du vinaigre & du miel qu'on nomme *scillitiques*.

On doit choisir l'oignon de *scille* gros, sain, récent, & rempli d'un suc visqueux. Quelques-uns préferent la *scille* blanche, d'autres la rouge, quoiqu'elles soient toutes deux également bonnes; la seule différence qu'il y ait entr'elles consistant dans la couleur. Cette racine a une saveur qui souleve l'estomach, extrêmement amere & acrimonieuse; si on la manie beaucoup elle excorie la peau. Quant à ſes vertus médecinales, elle irrite puiſſamment les ſolides, atténue les humeurs viſqueuſes, & par ces qualités elle excite & favoriſe l'expectoration, l'écoulement des urines & même la ſueur, ſi le malade ſe tient chaudement ; lorſqu'on en donne une forte doſe elle fait vomir ou purge ; préparée d'une certaine maniere, elle eſt quelquefois employée comme diurétique.

« A l'entrée des cinq groſſes fermes, les ſquilles marines doivent, au tarif de 1664, par quintal net, 1 l. 4 ſ. ».

« Sortant des cinq groſſes fermes, elles ſont exemptes de droits, comme droguerie étrangère ».

« A la douane de Lyon, elles acquittent, ſuivant le tarif de 1632, de tel endroit qu'elles viennent 4 ſ. du quintal net ».

« A celle de Valence, comme droguerie, 3 liv. 11 ſ. ».

SCINC ou SCINQUE. Eſpece de petit lézard qui vit ſur les bords du Nil & qui entre dans la compoſition du mithridate. *Voy.* STINC.

SCIO. Le commerce des étoffes de *Scio* eſt très-conſidérable ; il conſiſte en damaſquetes ſimples, en damaſquetes en or & en argent, en beldaris ou étoffes rayées, en ſoie pure & en ſoie & coton, en ſandals ou taffetas unis & rayés, en ſatins légers, unis & rayés, & en ceintures de ſoie de toutes eſpeces.

Les damaſquetes ſimples & celles en or & en argent, ſont pour la Crimée ſeule un objet de 50 à 60,000 piaſtres chaque année ; on peut y prendre auſſi pour environ 50,000 piaſtres de ſandals unis & rayés, & 15 à 20,000 piaſtres de beldaris, de ſatins & de ceintures.

Les *ſciottes* portent ces marchandiſes en Crimée ; & les marchands de Crimée vont auſſi quelquefois les acheter d'eux à Conſtantinople ; elles ſe vendent avec un terme de dix-huit mois & ſouvent de deux ans ; il ne ſeroit pas difficile de contrefaire en France les damaſquettes de *Scio*, & ce commerce ſeroit peut-être très-avantageux pour le royaume.

SCLEFTDALLER. Monnoie d'argent qui ſe fabrique & qui a cours en Danemarck ; le *ſcleftdaller* vaut trente-deux ſols lubs ou les deux tiers d'une *richedale*. C'eſt la même choſe que le *ſchefdal. Voy. ce mot.*

SCORPIOJELLE. Mot formé du grec Σκορπίον *ſcorpion* & Ἐλλὰ *huile*, mot à mot, *huile de ſcorpion*, remede ſouverain pour guérir les piquûres toujours dangereuſes de ces venimeux inſectes.

Comme le meilleur remede, pour guérir les plaies du *ſcorpion* eſt d'écraſer cet animal ſur la partie qu'il a offenſée, & qu'on n'a pas toujours la précaution ou la hardieſſe de faire cette opération, on a imaginé de faire une *huile de ſcorpion* qui au défaut de l'inſecte, guérit ſes dangereuſes piquûres.

Il y a deux ſortes d'huile de *ſcorpion*, la *ſimple* & la *compoſée* ; la *ſimple* n'eſt faite qu'avec de l'huile d'amandes-amères & des *ſcorpions* ; la com-

poſée, qu'on appelle auſſi *huile de Marthiole*, (du nom de ce célèbre médecin qui l'a inventée) outre le *ſcorpion* qui en fait le plus eſſentiel ingrédien, eſt faite avec quantité de gommes, de réſines, de graines, de racines & d'aromates, ainſi que l'on peut le voir dans le Traité des venins de Marthiole, ou dans nos meilleures pharmacopées.

Quoique l'on faſſe des huiles de *ſcorpion* à Paris, celles de Provence & de Languedoc ſont plus eſtimées & coûtent moins ; auſſi eſt-ce delà, & ſur-tout de Montpellier que les marchands épiciers-droguiſtes la tirent plus ordinairement ; il en vient auſſi des pays étrangers.

« L'huile de *ſcorpion* ou *ſcorpiojelle* paye en France les droits d'entrée à raiſon de 3 l. 15 ſ. le cent peſant, conformément au tarif de 1664 ».

« Sortant des cinq groſſes fermes, pour aller à l'étranger ou aux provinces réputées étrangères, elle acquitte cinq pour cent de la valeur, ſi elle n'eſt pas accompagnée de l'acquit à payement des droits d'entrée ».

« A la douane de Lyon & à celle de Valence elle acquitte comme *l'huile d'aſpic* ».

SCORPION. Inſecte dont le venin eſt très-dangereux, mais qui en même-tems porte avec lui ſon contre-poiſon, puiſqu'écraſé ſur la plaie il en eſt le remede le plus ſûr & le plus ſouverain.

Ce venimeux animal eſt très-commun dans les pays chauds ; l'Italie, ſur-tout, en eſt fort infectée ; il s'en trouve auſſi dans quelques-unes des provinces de France, entr'autres en Provence & en Languedoc. On fait une huile de *ſcorpion* pour remédier aux bleſſures de cet animal, & dont il eſt le principal ingrédien. *Voy. l'article précédent.*

« Les *ſcorpions* ſecs doivent, à l'entrée & à la ſortie des cinq groſſes fermes, cinq pour cent de la valeur, comme omis au tarif de 1664 ».

« A la douane de Lyon, de tel endroit qu'ils viennent, ſuivant le tarif de 1632, où ils ſont compris parmi les drogueries, 12 ſ. 6 d. par quintal net ».

« A la douane de Valence, ils acquittent, comme droguerie, 3 l. 11 ſ. ».

SCRIBE. On nomme ainſi à Bordeaux deux des commis du bureau du convoi, qui font la plupart des écritures qui y ſont néceſſaires. Ce mot eſt purement latin & ſignifie *écrivain*.

Les fonctions de ces deux *ſcribes* ſont : d'entrer au bureau à huit heures du matin, pour en ſortir à onze, & à deux heures de relevée pour en ſortir à cinq ; leur ſortie du matin & du ſoir ſe prolonge néanmoins, lorſque le travail eſt plus conſidérable, & tant qu'il y a des vaiſſeaux à expédier. Le tems où ils ſont le plus occupés eſt ordinairement dans les quartiers d'octobre & de janvier.

Leurs principales expéditions ſont :

1°. D'écrire tous les commencemens de charge des vaiſſeaux qu'on met en coutume ; d'y mettre le numero d'entrée, & d'en donner les augmentations, juſqu'à ce que leur charge ſoit entière.

2°. D'enregiftrer les déclarations qui font fournies par les marchands & courtiers, & de les leur faire figner fur le regiftre, auffi bien qu'au maître du vaiffeau mis en coutume; & en cas que lefdites déclarations ne foient pas en François, d'en donner une traduction dans cette langue; ainfi ils font obligés de favoir la langue des différentes nations qui commercent avec la France.

3°. C'eft à eux, après que la vifite des vaiffeaux a été faite par les vifiteurs d'iffue, à faire toutes les expéditions pour leur acquittement, & en cas de difficulté, d'en donner avis aux receveur & contrôleur, pour y pourvoir.

4°. Ils font pareillement les billettes au menu pour toutes les marchandifes ou denrées qui doivent au convoi, telles que font les vins de ville, ceux de haut, les vinaigres, les eaux-de-vie, les prunes, les grains & les légumes. Ils font auffi toutes les autres expéditions du courtage.

5°. Ils font encore chargés de toutes les expéditions pour le fel d'entrée & d'iffue dont ils tiennent regiftre, auffi bien que des déclarations & des acquits à caution pris au bureau de Blaye; le tout fuivant le rapport des tailleurs dudit fel.

6°. Ils tiennent le régître où font mis en coutume les vaiffeaux qui chargent pour les îles Françoifes de l'Amérique; & où font enrégîtrées les foumiffions des marchands qui chargent des bleds & autres denrées pour les ports du royaume.

7°. Ce font encore des commis ou *fcribes* qui tiennent régître pour l'entrée & cargaifons des victuailles des vaiffeaux du roi qui fe chargent, fans payer aucun droit, fur les paffeports de fa majefté; & ce font eux qui reçoivent les foumiffions des munitionnaires, de rapporter un certificat de la décharge defdites victuailles dans les magafins de la marine.

8°. Ils tiennent également régître des bateaux chargés d'eau-de-vie qui arrivent devant Bordeaux, & ils en déchargent en marge les acquits à caution qui ont été pris aux bureaux de Langon ou de Libourne, d'où viennent ordinairement ces eaux-de-vie.

9°. Ils font de plus chargés des expéditions pour l'entrée des prunes qui viennent du haut pays à Bordeaux, après qu'elles ont été jaugées, & les barils & facs pefés par les contrôleurs des billets & les contrôleurs & vifiteurs aux chartrons où les prunes fe déchargent ordinairement.

10°. Enfin, ce font ces *fcribes* qui font chargés de prefque toutes les expéditions qui fe font dans le bureau du convoi; au bas defquelles ils tirent les droits qui font dus, pour être enfuite reçus & enrégîtrés par les receveur & contrôleur; ils ont droit de réformer les acquits & autres actes qui leur font préfentés, lorfqu'ils remarquent qu'il y a quelque erreur, ou par les quantités, ou par les qualités des marchandifes.

Il y a auffi des *fcribes* dans les bureaux de la *Commerce. Tome III. Part. II.*

comptablie de la même ville de Bordeaux, mais ils y font au nombre de trois.

Leurs fonctions font de faire toutes les billettes fujettes au droit de fortie au menu, ainfi que toutes celles des fénéchauffées qui ne doivent rien.

Ils reçoivent pareillement toutes les déclarations d'entrée de terre, c'eft-à-dire, tout ce qui arrive à Bordeaux par la rivière de Dordogne & par la Garonne, par acquit à caution des bureaux de Mortagne, de Blaye, de Bourg, de Libourne, de Coutras, de Caftillon, de Langon & de Belin.

SCRUPULE. Petit poids dont on fe fert en médecine & chez les apothicaires pour pefer les drogues; dans les ordonnances de médecin il fe marque ainfi Э : il pefe un denier ou la vingt-quatrième partie d'une once. *Voy.* ONCE.

S E

SEALE. Les Anglois nomment ainfi l'animal que nous appellons *veau-marin*, ce mot femble venir de *fal mer.* Voy. VEAU-MARIN.

SEAU ou SEILLE. Sorte de vafe de bois, ordinairement lié avec des cerceaux de fer, & qui fert à puifer de l'eau dans les puits, les citernes, &c.

« Les *fceaux* ou *feilles* doivent à l'entrée des cinq groffes fermes, au tarif de 1664, 2 fols par douzaine. »

« Venant de Hollande par les cinq groffes fermes, quoiqu'ils foient peints, ils ne font fujets qu'au même droit, d'après la lettre de la ferme générale, du 7 juin 1764. »

« A la douane de Lyon, & à celle de Valence, ils paient comme futaillerie. »

SEBELINE. Mot abfolument oriental, & le même que le mot SABLE, par lequel l'on défigne dans le blafon de petits points *noirs*. Quelques perfonnes nomment ainfi cette efpece de marte, dont la fourrure eft précieufe, & qu'on appelle plus communément *zibeline*, c'eft-à-dire, la *noire*. Voy. MARTE.

SEBESTES, en latin *febeftera*. Ce font les fruits d'un arbre nommé *myxa five febefta*, qui croît naturellement dans les Indes orientales, en Egypte & aux environs de Seyde, d'où les épiciers-droguiftes de Paris les tirent par la voie de Marfeille. Ces fruits font d'un verd foncé & approchant du noir, reffemblant affez aux petites prunes de damas, mais dont le noyau eft de forme triangulaire; leurs coques ou calices font blanchâtres ou cendrés, & les fleurs ont la figure d'une étoile. La chair de ces fruits qui eft rougeâtre & mielleufe, contient quelquefois deux noyaux. Ses feuilles font vertes & un peu rondes, & du milieu du calice fort le fruit auquel ce calice refte attaché quand on cueille la *febefte*, dont le goût eft vifqueux & affez doux, & qui pour cet effet eft employée en médecine pour adoucir les humeurs acrimonieufes, dans certains enrouemens, & dans des toux qui proviennent d'humeurs âcres & trop liquides.

Pour avoir de bonnes *febeftes*, il faut les choifir nouvelles, bien nourries, charnues, noirâtres & garnies de leur calice ou bouet; & rejetter celles qui font dures, petites, d'un noir luifant ou rougeâtres, figne certain qu'elles ont été relavées.

C'eft avec les *febeftes* que l'on fait cette efpèce de glu, qu'on nomme *glu d'Alexandrie*, dont on fe fert pour chaffer de petits oifeaux; mais comme elle eft rare en France, ou plutôt comme il ne s'y en fait aucun commerce, on lui a fubftitué la glu de houx qui fe fait en Normandie & aux environs d'Orléans. *Voy.* GLU.

« A l'entrée des cinq groffes fermes, les *febeftes* doivent au tarif de 1664 2 l. 10 fols par quintal. »

« Venant indirectement du Levant, elles acquittent, indépendamment des droits du tarif de la province, par laquelle elles entrent, vingt pour cent de la valeur, fur l'eftimation de 56 livres le quintal brut, fixé par l'état annexé à l'arrêt du 22 décembre 1750. »

« Sortant des cinq groffes fermes, elles font exemtes de droit, comme drôguerie étrangère. »

« A la douane de Lyon, de tel endroit qu'elles viennent, au tarif de 1632, 13 fols 3 den. par quintal net. »

« A celle de Valence, comme drôguerie, 3 livres 15 fols »

SEBILLE. Vaiffeau de bois fait en rond & en forme de jatte, tourné autour, & tout d'une pièce.

SEC, *adjectif*. Ce qui a peu ou moins d'humidité.

On appelle *poiffon fec* ou *morue feche*, celle qui a été féchée à l'air & préparée fur le galet. *Voy.* MORUE.

Il y avoit autrefois à Paris une ferme pour la perception des droits fur le poiffon frais, fec, & falé; elle a été depuis réunie en partie aux offices de vendeurs de marée.

SEC. (*Terme de manufacture.*) Il défigne des étoffes caffantes & difficiles à employer. *Un drap fec, un taffetas fec*. Voy. SERGE & ÉTAMINES.

SEC. Se dit encore des métaux lorfqu'ils font trop caffans, du fer, de l'acier fec. On dit plus ordinairement *aigre*.

SEC. On appelle *vin fec*, du vin qui n'a point de liqueur, qui n'eft ni gras, ni onctueux. Les vins d'Espagne & de Canarie ne font eftimés qu'autant qu'ils font fecs, c'eft-à-dire, qu'ils n'ont point été mixtionnés ou fofiftiqués.

On dit auffi des confitures *feches*, des fruits *fecs*, &c.

SECHE ou SEICHE. Poiffon de mer d'une forme bizarre & d'une figure hideufe.

Ce poiffon n'eft guères bon à manger que pour le peuple qui le trouve bon, & en fait une confommation affez grande.

On prétend que la *feche*, pour éviter les gros poiffons qui la pourfuivent, & pour fe cacher aux yeux des pêcheurs, répand une liqueur très-noire, qu'elle tient renfermée dans une veffie, & qu'on

appelle *encre de feche*, avec laquelle elle trouble l'eau au point de ne plus être apperçue.

Elle a fur le dos un os, qu'on nomme *os de feche*, lequel eft dur du côté convexe, & de l'autre, reffemble à une efpèce de moelle ou de matière fpongieufe. Les orfèvres & quelques autres ouvriers s'en fervent, pour mouler & fondre quelques petits ouvrages.

Les chymiftes en font auffi quelqu'ufage. Réduite en poudre impalpable, elle entre dans la compofition de la laque de Venife.

« Les os de *feiche*, impofés fous le nom de *hadots*, doivent par le tarif de 1664, venant de l'étranger ou des provinces réputées étrangères, dans les cinq groffes fermes 15 fols par cent en nombre; en fortant des cinq groffes fermes pour l'étranger, ou pour les provinces réputées étrangères, 2 livres. »

« A la douane de Lyon & à celle de Valence, elles font traitées comme poiffons. »

SECHIE ou CHEQUIS. Poids dont on fe fert à Smirne. Le *féchie* contient deux oques, à raifon de 400 dragmes l'oque.

SECHIS ou SECHYS. Mefure en ufage dans quelques villes d'Italie, pour les liqueurs. Huit *fechys* font le martilly de Ferare, & fix *fechys* l'urna d'Iftrie.

SECONDE ou REFLEURET. Laine d'Efpagne, la meilleure après celle qu'on appelle *prime*. Voy. LAINE, où l'on traite de celles d'Efpagne.

SECRETON. Toile de coton, blanche, de moyenne finesse, qui vient des Indes orientales, particulièrement de Pondicheri. Les pièces de fecretons contiennent feize aunes de long fur cinq de large.

SEGEWEUSE. Laine d'Efpagne, de plufieurs efpèces. Les plus connues en France font la Ségoviane & la moline. *Voy.* LAINE.

SÉGOVIANE (*laine*) ou *refleuret*, & quelquefois feconde fégovie. C'eft la meilleure des laines de Ségovie après qu'on a fait le triage. *Voy.* l'article fuivant.

SÉGOVIE. (*laine de*) C'eft de la laine qui vient d'une ville d'Efpagne dont elle a pris le nom.

Lorfqu'on dit fimplement *laines de Ségovie*, cela s'entend des trois fortes de laines qu'on en tire, & qu'on diftingue en difant *prime de Ségovie*, *feconde & tierce Ségovie*. Il y a auffi de la petite *fégovie*. Voy. LAINE, où il eft parlé de celles d'Efpagne.

SEIGLE. Sorte de grain affez connu pour qu'il ne foit pas néceffaire de faire ici la defcription de la plante qui le produit.

Les marchands épiciers de Paris faifoient venir autrefois du *feigle* de Beauce pour le préparer comme le café, dont on prétendoit qu'il avoit les qualités. Depuis, ce commerce ne fubfifte plus ouvertement; mais on affure que le *feigle* grillé fert à favorifer une friponnerie que font certains marchands en le mêlant avec du café.

On a parlé des *seigles* à l'article des *bleds* ; on ajoutera seulement ici quelques particularités concernant le commerce qui s'en fait dans la mer Baltique.

Le *seigle* se vend en Hollande, par last contenant vingt-sept sacs & demi d'Amsterdam, dix-neuf septiers de Paris & dix-sept razieres de Flandres.

Quand le *seigle* est sec, le last pese ordinairement 3400 livres ; & s'il n'est pas sec 4200 l.

« Les *seigles* venant de l'étranger, excepté ceux d'Angleterre ou d'ailleurs transportés par des vaisseaux anglois, payent 5 deniers par quintal, & peuvent circuler librement dans le royaume, même ressortir en exemption de tous autres droits, en justifiant que ce sont ceux qui auront été importés. *Voy.* les arrêts & lettres-patentes des 13 septembre & 2 novembre 1775 ».

SEIGNEUR (serge de). On donne ce nom à une *serge* très-fine, dont les ecclésiastiques & les gens de robe s'habilloient autrefois en été ; mais elle n'est guere plus d'usage aujourd'hui. *Voy.* SERGE.

SEILLE. Vieux mot, pour dire *seau* ; il est encore en usage dans quelques provinces. C'est sous ce même nom de *seilles* que les seaux sont tarifés aux entrées & sorties du royaume.

« Les *seilles* ou *seaux* payent à l'entrée & à la sortie des cinq grosses fermes, suivant le tarif de 1664, 2 s. par douzaines. Ceux même venant de Hollande, quoique peints, ne paient que ce même droit. *Lettre de la ferme générale, du 7 juin 1764*. »

« A la douane de Lyon & à celle de Valence, ils payent comme futaillerie ».

SEING. C'étoit proprement chez les anciens, un signe, une marque que l'on faisoit au bas d'un acte, tel que les monogrammes qui servoient de signature & de seau, & que l'on mettoit aux chartres & autres actes publics ou particuliers, pour les confirmer.

SEING. S'entend aujourd'hui de deux manieres ; premierement de la signature que les contractans ou l'un d'eux font de leur propre main, au bas de quelqu'écrit ; secondement du paraphe, ou de cet entrelassement de plusieurs traits & lignes que chacun imagine pour son usage & que l'on met immédiatement après sa signature.

Dans les actes sous *seing* privé, le seing ou signature des parties, ou même d'une seule, suffit quelquefois. Dans les actes pardevant notaires, les *seings* de deux notaires, avec ceux des parties, sont nécessaires pour leur validité, s'ils se passent à Paris ; si c'est ailleurs, il faut la signature du notaire ou tabellion, celles de deux témoins, & le *seing* des parties.

Acte sous *seing* privé, est celui qui n'est ni passé ni attesté par des personnes publiques. Ces sortes d'actes sont sujets à reconnoissance & ne portent point hypoteque.

BLANC-SEING. Est une feuille de papier blanc au bas de laquelle on met son nom, avant qu'elle n'ait été remplie, afin que celui à qui elle est confiée en usse à sa volonté. De toutes les marques de confiance,

c'est la plus dangereuse, par la facilité d'en abuser & les conséquences qui peuvent alors en résulter.

SEIPOD. Poids de Moscovie, dont on se sert particulièrement à Archangel. Il contient dix poudes à raison de quarante livres le poude, poids du pays, qui reviennent à trente-deux livres poids de marc.

SEIZE. Nombre pair composé d'une dixaine & de six unités, ou de deux fois huit, ou de quatre fois quatre.

En chiffres-communs ou arabes, *seize* s'écrit ainsi [16], en chiffres romains [XVI], & en chiffres françois de compte ou de finance, de la sorte [*xbj*].

Les marchands libraires & les imprimeurs nomment un livre *in-seize*, celui dont chaque feuille d'impression pliée compose seize feuillets & trente-deux pages.

SEIZAINE ou FIL-AGOR. Espece de petite corde, ou grosse ficelle dont les emballeurs se servent pour leurs emballages. Il y a de la grosse & de la menue *seizaine*. *Voy.* FIL-AGOR.

SEIZAINE. Ce sont aussi dans le commerce, des cerceaux servans aux tonneliers, & qu'on vend par paquets ou bottes qui en contiennent *seize*. *Voy.* TONNELIER.

SEIZAINS. Drap de laine dont la chaîne est composée de seize cent fils en tout. Quelques-uns prétendent que ce terme, qui est particulièrement en usage en Provence, en Languedoc & en Dauphiné, a été pris des Anglois. Dans les autres provinces de France on appelle plus communément ces sortes de draps, des *seize cens*.

Les *seizains* qui se font pour le levant, doivent être fabriqués avec des laines de Languedoc, Bas-Dauphiné, ou d'Espagne, de pareille qualité, & doivent avoir seize cents fils en chaîne, pour revenir au retour du foulon, à la largeur d'une aune entre deux lizieres ; & ce mot *seizains* doit être marqué au-chef & premier bout de chaque piece. *Art. 6 du réglement du 20 novembre 1708, concernant les draps destinés pour le levant.*

SEIZIEME. C'est la partie d'un tout divisé en seize portions égales. Cette fraction d'un tout quelconque, s'écrit de cette maniere $1/16$ ou $\frac{1}{16}$.

SEL. Substance acide qui entre dans la composition de tous les corps, & qu'on peut extraire en les décomposant par les opérations de la chimie.

La plupart des *sels* chimiques se vendent par les marchands épiciers-droguistes, & par les apoticaires, sur-tout ceux qui servent à la médecine. Les principaux sont, les *sels* d'urine & de lavande, dont ceux d'Angleterre passent pour les meilleurs ; ceux de vipère, de crane & de sang humain, d'absinthe, de gayac, de quinquina, de tabac, de tartre, de verre, de rhubarbe, de romarin, de centaurée, de sauge, de genievre, de soufre, de vitriol, de karabé, les *sels* végétaux, les policrestes & ceux de Saturne. *Voy. tous ces articles.*

SEL. Est aussi une espece de cristalisation ou de substance acide, piquante, dessicative & astringente, qui fert à la falaifon des chairs, des poiffons, des beurres, des cuirs & autres denrées & marchandifes qu'on veut conferver. Il fert encore à l'ufage ordinaire du ménage pour affaifonner les alimens & en relever le goût.

Ce *fel* qu'on peut appeller *fel commun* eft de trois fortes : le *fel marin*, le *fel terreftre* ou *foffile* & le *fel* qu'on tire des fontaines & des puits falés. Le plus grand commerce des fels marins fe fait en France. Les foffiles ou terreftres fe trouvent en Pologne, en Hongrie en Catalogne ; & on trouve des puits & des fontaines falées en Franche-Comté, en Lorraine, dans le Tyrol & en quelques autres lieux.

Ce commerce eft fi important pour les lieux où la nature produit ces différens *fels*, & il eft fi néceffaire pour toutes les nations qui font privées de l'avantage d'en avoir chez elles, ou du moins qui n'en ont pas de bon, que le détail où l'on va entrer, foit pour la fabrique des *fels*, foit pour le négoce qui s'en fait, ne peut qu'être utile pour ceux qui le débitent ou qui l'achettent & agréable pour tous les autres, qui fouvent ne connoiffent pas une chofe dont ils tirent tant de commodités.

SEL MARIN.

Cette forte de *fel* fe fait avec de l'eau de la mer épaiffie & criftalifée, & de-là lui eft venu le nom qu'on lui donne. On en diftingue de deux efpeces : celui qui n'a befoin que des rayons du foleil pour prendre fa confiftance, eft appellé *fel gris*, & celui où l'on fe fert du feu pour la lui donner qu'on nomme *fel blanc*.

L'une & l'autre manière de le faire s'emploient fuivant la fituation des côtes de la mer où l'on veut le fabriquer ; fi les côtes font élevées en dunes, le *fel* fe fait avec le feu dans des cuves de cuivre ou de plomb. Si au contraire elles font plattes & baffes, & fi fur-tout le fond en eft un peu glaifeux, le *fel* fe criftalife par le feul fecours du foleil.

Comme le pays de l'Europe, où fe fait le plus grand commerce de ces *fels marins*, eft la France, on ne parlera que de ce qui s'y obferve pour l'une & l'autre manière de faire & de recueillir le *fel*.

Les côtes du royaume où fe recueille la plus grande partie du *fel marin* criftalifé par le foleil, font celles de Bretagne, de Saintonge & du pays d'Aunis. Dans ces deux dernières, Brouage, Maran & l'ifle de Ré, & dans la Bretagne, la baie de Bourgneuf, Guérande & le Croific font les lieux, où il y a plus de falines.

A l'égard du *fel* criftalifé par le moyen du feu, la majeure partie s'en fait fur les côtes de Normandie.

La baie de Bourgneuf, qui renferme les ifles de Boin & de Noirmoutiers & fur laquelle fe trouvent Beauvoir fur mer, Machecou & la Barredemont, eft d'environ douze lieues & contient à peu-près 20 mille falines de 50 aires ou eillettes, chaque eillette pouvant faire par an, un quart de muid de *fel*, mefure de Paris ; c'eft-à-dire, environ 700 liv. pefant.

Les aires ou eillettes du Croific & de Guérande étant quatre fois plus grandes que celles de Bourgneuf, on eftime que chaque eillette donne un muid de *fel*, & par eftimation générale, les falines de ces deux endroits produifent environ trente mille muids & celles de Bourgneuf trente-fept mille. On peut eftimer fur ce pied les falines du pays d'Aunis & de la Saintonge.

Manière de faire le fel gris.

L'on appelle *marais falans* des terres baffes & marécageufes, propres par leur fituation à recevoir les eaux de la mer au montant de la marée, lefquelles font enfuite retenues par les éclufes qu'on y a faites.

Ces marais dont on unit & dont on bat le fond, fe partagent en plufieurs baffins quarrés, les uns plus grands, les autres plus petits, & féparés par des efpeces de petites digues de 13 à 14 pouces de large. C'eft dans ces baffins, dont on nomme les plus grands *parcs* & *parquets*, & les plus petits *aires* & *eillets*, où lorfque la faifon eft venue, on laiffe entrer l'eau de la mer, dont on fait le *fel*.

Le tems propre à le faire eft depuis la mi-mai, jufqu'à la fin d'août, parce qu'alors les jours étant longs & le foleil dans fa plus grande force, le *fel* fe criftalife mieux & plus promptement.

Quand on veut introduire l'eau de la mer dans les marais, il faut auparavant en faire fortir toute celle qu'on y a laiffé pendant l'hiver pour les maintenir en état de contenir la nouvelle eau qui doit fervir à donner le *fel*, & qu'on y laiffe entrer à peu-près à la hauteur de fix pouces, après toutefois l'avoir laiffé fe repofer & s'échauffer pendant deux ou trois jours dans de grands réfervoirs formés en-dehors des falines, enforte qu'elle foit tiede. La quantité fuffifante y étant entrée, on ferme l'éclufe ; & on laiffe au foleil & au vent à faire le refte de l'ouvrage.

La fuperficie de l'eau frappée des rayons du foleil s'épaiffit d'abord petit à petit, & fe couvre enfuite d'une légère croute qui, en fe durciffant par la continuation de la chaleur, fe convertit entièrement en *fel*. L'eau, en cet état, eft fi chaude qu'on n'y peut mettre la main fans fe brûler.

Lorfque le *fel* a reçu cette cuiffon naturelle, on le caffe avec une perche qui a au bout une douve qu'on appelle *fimange*; ce qui le fait aller au fond de l'eau, d'où on le retire prefqu'auffitôt avec le même rateau. Quand on l'a laiffé quelque tems en petits monceaux fur le bord de l'aire pour achever de le fecher, on le met en d'autres plus grands, qui contiennent plufieurs milliers de muids de *fel*, que l'on couvre de paille ou de jonc pour les garantir de la pluie. Ces monceaux de *fel* fe nomment en Poitou *des vaches*.

Huit, dix & au plus quinze jours après la parfaite criftalifation du *fel*, on ouvre de nouveau les parcs pour les remplir d'eau à la marée montante, & l'on continue ainsi alternativement à y mettre l'eau, à en ramasser le *sel* qui se forme & à les vuider, jusqu'à ce que la saison ne soit plus propre à ce travail.

Les pluies sont fort contraires à cette opération en ce que l'eau du ciel se mêlant avec trop d'abondance à celle de la mer, celle-ci devient inutile. Il faut faire entrer alors de nouvelle eau de la mer dans les marais qui ne produisent avantageusement qu'à l'aide des beaux jours & des plus grandes ardeurs du soleil.

Il y a quelques marais salans en Languedoc, entr'autres à Mardirac & à Sigean. Ceux de Mardirac fournissent, année commune, 1500 muids de *sel*, ou deux cent seize mille minots qui sont pour le bas Languedoc, l'Auvergne, la Bourgogne & la Savoie.

Les salines de Sigean sont moins considérables & ne donnent que soixante-quinze mille minots de *sel*, qui se consument dans le haut Languedoc & le Roussillon.

Le *sel* des marais salans est gris, en sortant des parcs, & c'est celui qui se vend à l'étranger & qu'on débite dans les grainiers à sel. On en fait cependant du *sel blanc* par le rafinage, dans les provinces même où sont les marais salans, & dans la Flandre françoise.

Le *sel blanc* du raffinage de Flandres se fait dans de grandes chaudières plattes de 12 à 15 pieds en quarré & d'un pied de hauteur qu'on nomme *payelles*. Il s'en rafine beaucoup à Ypres, à Dunkerque & à Merville. La préparation qu'on lui donne en le faisant bouillir, non-seulement lui ôte son acrimonie, mais encore le multiplie; il a cette qualité de plus que celui du raffinage du comté Nantois & du pays d'Aunis, qu'il se conserve d'un grain aussi beau & aussi gros qu'avant d'avoir soutenu le feu.

Manière de faire le sel blanc de Normandie.

Le *sel blanc* de Normandie ne se fait pas par un raffinage de sel gris; mais il a naturellement cette couleur, en sortant des plombs où il se fabrique.

Pour le faire, les sauniers normands qui travaillent aux salines, ramassent sur la plage de la mer qui en est voisine, un sable limoneux que le montant de la marée, a couvert pendant sept ou huit jours, & imprégné de ses eaux. Ce sable transporté dans des fosses préparées exprès, se décharge peu à peu de toute son eau qui se filtre à travers de la paille dont le fond des fosses est rempli, & qui s'écoule dans des futailles mises pour le recevoir. C'est de cette eau qu'ils font leur *sel*.

Les fourneaux sont de terre; & les vases où se fait la cuisson sont de plomb, d'où ces mêmes vases ou espèces de chaudières ont pris le nom de *plombs*. Chaque fourneau en fait bouillir quatre qui sont de forme quarrée, & qui ont chacun environ trois

pieds de long, deux de large & 5 à 6 pouces de profondeur. Dans les lieux où le bois est commun, on s'en sert pour entretenir le feu des fourneaux; ailleurs, où il est plus rare, on brûle des ajons qu'on nomme dans ces quartiers *du jan*. Quatre plombs composent une saline.

Lorsque l'eau dont on remplit les plombs commence à bouillir, on en ôte l'écume qu'elle jette en abondance, & à mesure qu'elle diminue, on y remet d'autre eau qu'on continue aussi d'écumer; quand elle s'épaissit on la remue sans discontinuer avec un bâton large & recourbé par un bout, qu'on appelle *cuillere*, & le grain s'étant formé, on le retire de dessus le feu pour le faire épurer.

On appelle *épurer le sel*, le laisser ressuyer dans de grandes mannes d'ozier où il achève de sécher & de perdre l'humidité qui peut lui rester. Le *sel* bien épuré se met en monceaux & puis se porte au magasin, ainsi qu'il est réglé par la déclaration du Roi de 1680, sur le fait des gabelles.

Les lieux de Normandie où l'on fabrique des *sels blancs*, sont, Marée, Vains, Genets, Leval S. Paer, Sceaux, Courtils & Huines, dans l'élection d'Avranches, Brucqueville, Créances, dans l'élection de Courances, Lessay, S. Germain sur Eé, & Montmartin dans celle de Carentan, Portbail, Gouay, Carteret, Rideauville, S. Vaast & Quineville dans celle de Valogne, Isigny & Neuilly dans celle de Bayeux; dans l'élection de Pont-l'Evêque, les marais de S. Arnoul, S. Pierre, S. Thomas de Touques & Trouville.

Le commerce du *sel* donneroit à tous ceux qui le font & particulièrement aux habitans des côtes qui le recueillent, un profit immense, si le gouvernement ne se l'étoit réservé exclusivement, c'est-à-dire celui de la consommation intérieure de presque tout le royaume; & sous les peines les plus rigoureuses contre ceux qui oseroient le faire, sans la permission & l'attache des fermiers auxquels seuls la vente de ce présent de la nature est accordée. Cependant il s'en vend beaucoup à l'étranger, & les Anglois, les Hollandois, les Hambourgeois, les Suédois & les Danois en enlèvent des quantités considérables des salines de Brouage & du comté Nantois, mais à des prix différens suivant leurs qualités & leurs poids.

Le *sel* de Guérande est le plus blanc, le plus léger & même le meilleur; aussi les Anglois, les Irlandois & les Espagnols le préfèrent aux autres; c'est néanmoins celui de Bourgneuf, quoique plus gris, dont on se sert en France & dans toute la mer Baltique, particulièrement en Pologne, où indépendamment de la salaison des viandes à laquelle on l'emploie, il sert encore au labourage tant pour échauffer les terres que pour préserver les grains des ravages de plusieurs insectes qui sans cela les rongent & les détruisent presqu'entièrement. C'est aussi ce même *sel* qu'on transporte en Zéelande & en Flandres pour le raffinage.

Les Hollandois & les Anglois, pour tâcher de

se passer des *sels* de France, ont souvent tenté d'ôter à ceux d'Espagne & de Portugal l'âcreté & la sérosité qui leur sont naturelles & qui les rendent peu propres à la salaison des viandes & des poissons. Pour cet effet, ils les font bouillir avec de l'eau de mer, & un peu de sel françois; ce qui nonseulement les adoucit, & à ce qu'ils prétendent, mais encore les augmente d'un tiers; mais ce qui prouve que cet affinage ne leur réussit pas autant qu'ils affectent de le publier, c'est que l'une & l'autre nation s'empressent de venir se fournir de *sel* en Bretagne & dans le pays d'Aunis, aussi-tôt que des traités de paix leur en ouvrent le commerce.

A l'égard des *sels blancs* de Normandie, ils se consomment dans plusieurs paroisses des élections où ils se fabriquent, ou qui en sont voisines. Dans quelques-unes de ces paroisses, il peut également s'employer pour les grosses & menues salaisons, pour la cuisine & pour la table. Dans les autres, les habitans ne peuvent en user que pour la table & pour la cuisine; ce que, dans le langage de la déclaration sur le fait des gabelles, au titre quatorzieme, on appelle la *saliere* & le *pot*.

Sel terrestre & fossile, ou sel gemme.

Le *sel gemme* est ainsi nommé de sa transparence & de son brillant qui semblent lui donner quelqu'analogie avec les pierres précieuses, en latin *gemmæ*. On peut même dire qu'il en approche, s'il n'y a rien d'exagéré dans ce qu'en dit un savant médecin Anglois, nommé Edouard Brown, de la société royale de Londres, qui descendit dans les mines de sel de Hongrie, dans son voyage en Allemagne vers le milieu du dix-septieme siecle.

Le *sel terrestre* étoit connu des anciens, Pline, dans son histoire naturelle, liv. 30, chap. 7, en parle assez longuement; mais les choses singulieres qu'il en rapporte ne paroissant pas joindre toujours la vérité & l'exactitude au merveilleux, on n'en fera point ici mention, & l'on se contentera de citer ce qu'on a pu recueillir de plus certain des mines de sel de Wilisca en Pologne, de celles d'Epéries, dans la haute Hongrie, & de celles des montagnes de Catalogne, qui sont dans ces trois Etats, un objet de commerce considérable, par la difficulté de se procurer du *sel marin*, qu'auroient les pays trop éloignés de la mer & qui avoisinent ces mines.

Mines de sel en Pologne.

Ces *mines* furent découvertes vers l'an 1252, & sont dans un village appellé Wilisca, à cinq lieues de Cracovie. C'est une chose vraiment effrayante que la profondeur de ces *mines*; mais lorsqu'on y est descendu, on est encore plus étonné d'y trouver une espece de république souterraine qui a ses loix, ses familles & jusqu'à des voitures publiques. On y nourrit quantité de chevaux qui servent particulièrement à voiturer jusqu'à l'ouverture de la carrière, les pierres de *sel*, qu'on enleve ensuite par des machines établies sur cette même ouverture.

Les chevaux qu'on y a une fois descendus, ne revoyent plus le jour; mais, à l'égard des hommes, il y en a qui ne passent guéres de journée sans venir respirer l'air de leurs villages, où ils laissent une partie de leur famille, le reste demeurant toujours dans les salines.

Quand on est parvenu au fond de ces espèces d'abymes, où tant d'hommes semblent enterrés tous vivans, où beaucoup même sont nés sans en être jamais sortis, on voit avec autant d'étonnement que d'admiration, une longue suite de voutes extrèmement élevées & soutenues par de gros & forts pilastres taillés au ciseau, & qui étant également de pierre de *sel*, paroissent à la lueur des flambeaux, qui y sont sans cesse allumés, comme autant de cristaux & de pierres précieuses de diverses couleurs, qui jettent un éclat que les yeux ont peine à soutenir.

Les pierres de *sel* se taillent en façon de gros cylindres, & les ouvriers y travaillent avec les marteaux, les pinces & les ciseaux, à peu-près comme font les carriers en France, pour détacher les pierres de taille des différens bancs qu'on trouve dans les carrieres. Lorsque ces pesantes masses sont hors des salines, on les brise avec des mailloches en plusieurs morceaux propres à être mis au moulin, où l'on acheve de les moudre & de les réduire en une espece de grosse farine qui sert à tous les usages du *sel marin*.

Il y a dans les salines de Wilisca deux sortes de *sel gemme*; l'un plus dur, plus transparent & dont la cristalisation paroît plus parfaite. C'est le véritable *sel gemme* des droguistes & des teinturiers, qui se taille comme le cristal & dont on fait divers ouvrages de curiosité & de dévotion, comme chapelets, petits vases, &c. L'autre est moins compacte & ne peut servir qu'aux salaisons, ou aux usages de la table & de la cuisine.

On auroit peine à croire qu'un ruisseau d'eau douce pût couler au milieu de ces montagnes de sel, sur-tout dans le fond de ces abymes. Il y en a cependant un qui suffit aux hommes & aux animaux; & certainement ce n'est pas ce qu'il y a de moins admirable dans ces merveilleuses salines.

Les *mines de sel* de la Haute-Hongrie, ne sont ni moins fécondes, ni moins surprenantes. Elles se trouvent dans les montagnes à deux mille d'Epéries, ville du comté de Sarax, située sur la riviere de Tarhz.

La profondeur de la *mine* est de cent quatre-vingt brasses. Les veines de la pierre minérale se suivent par filons, comme celles des métaux, & sont entourées de terre & non de rocher.

Ces veines sont ordinairement fort épaisses, & il s'en trouve des morceaux de plus de cent milliers, qu'on réduit néanmoins en pieces quarrées de deux pieds de long, & d'un pied d'épaisseur pour les tirer plus facilement de la *mine*. Au sortir de la *saline*, elles se concassent & se mettent ensuite au moulin. La couleur de la pierre est un peu grisâtre ; cependant quand elle a été broyée entre les meules, elle devient aussi blanche que si elle avoit été rafinée.

Parmi les pierres minérales propres à faire le *sel*, il s'en trouve d'aussi transparentes que le cristal. Il y en a de blanches, de jaunes & de bleues, dont on taille divers ouvrages, & sur lesquelles on grave diverses figures, comme sur les pierres précieuses.

La *mine* est froide & humide ; ce qui fait qu'on a quelque peine à réduire le *sel* en poudre. De l'eau qu'on en tire & qu'on fait bouillir il se forme un *sel* à demi noir, que les bestiaux mangent & qui les engraisse.

Ces salines sont d'un revenu considérable ; car, outre la consommation qui s'en fait dans le pays, il s'en transporte beaucoup dans les provinces & les états voisins.

Les salines de Catalogne se trouvent dans les montagnes du duché de Cardonne, & appartiennent en propre, au grand d'Espagne qui en porte le titre.

L'opinion des gens du pays est que le *sel fossile* qui se tire de ces salines, croît & se reproduit après plusieurs années dans les lieux mêmes qu'on en avoit vuidés ; mais elle est rejettée par les bons physiciens, malgré ce que rapporte à cet égard le célebre Tournefort, & ce que les curieux ont vu dans son cabinet, qui sembleroit appuyer cette opinion.

Le *sel de Cardonne*, propre à la salaison des viandes & à l'usage du ménage, est de trois sortes : le blanc, le gris & le rouge. Le premier presque semblable au *sel marin*, excepté qu'il n'est pas grainé ; le second, de couleur de fer & d'ardoise & à cela près, avec toutes les qualités du blanc ; & le troisieme, d'un rouge de conserve de roses, qui ne differe des autres que par le mélange de quelques bols qui lui communiquent leur couleur.

Il y a outre cela un quatriéme *sel* brillant & transparent comme du cristal, qui sert aussi aux salaisons, mais qui est le véritable *sel gemme* des teinturiers. On en trouve de cette derniere espece qui est bleu, verd, orangé, rouge, & de quelques autres teintes, mais qui toutes deviennent blanches, quand elles ont été broyées.

Ces quatre sortes de *sel* se trouvent les uns sur les autres, par diverses couches, disposées à peu-près comme le sont, dans les carrières de pierres communes, ces lits différens qu'on appelle *coquillart, banc de marche, banc de pierre franche*, &c. On les coupe en morceaux plus ou moins gros, mais assez semblables pour la figure aux moëlons qui sortent des carrières de France. Le débit de ces *sels* est considérable, & quand le commerce n'est pas directement ouvert entre la France & les puissances qui se fournissent ordinairement aux salines de Brouage & du comté Nantois, on en en-

leve beaucoup pour les salaisons de Hollande, d'Angleterre & d'Irlande.

Le *sel gemme* de Catalogne se taille comme ceux de Pologne & de Hongrie, & pour les mêmes usages.

Le *sel gemme* qui se vend à Paris par les marchands épiciers-droguistes & que les maîtres teinturiers employent, se tire ordinairement de Pologne par la voie de Dantzick, & de Catalogne par celle de Marseille. Ils n'en débitent point de celui de Hongrie ; & l'on n'en voit guéres en France que celui qui se trouve chez les curieux, soit travaillé en petits ouvrages, soit comme droguerie.

Le bon *sel gemme* doit être en gros morceaux clairs & transparens, facile à casser, & qui en se cassant se mette en forme de petits grains quarrés. Ce *sel* rougit au feu comme le fer & se dissout facilement à l'eau ; cependant les épiciers le lavent pour le rendre plus brillant & de meilleur débit ; mais ils ont soin de le secher & de l'essuyer sur le champ.

Sel de fontaines & puits salés.

Entre ces dernieres sortes de salines, il n'y en a pas de plus célebres ni qui fournissent du *sel* avec plus d'abondance que celles de Franche-Comté. La ville de Salins, qui n'est pas une des moins considérables, en a pris son nom. Les salines, elles-mêmes ont assez l'air d'une ville, par la quantité de maisons, d'officiers & d'ouvriers que leur enclos contient.

Les sources des *fontaines salées* sont sous de grandes voûtes, dans lesquelles l'on n'arrive qu'après avoir descendu environ quarante degrés. La source de laquelle l'eau sort en plus grande quantité, s'appelle le *grand puits*. Ce qu'il y a de plus étonnant est une fontaine d'eau douce qui sort du roc au milieu de ces fontaines salées. Quelque chose d'aussi admirable, c'est là maniere industrieuse dont s'y fait la séparation de ces eaux sans laquelle leur mélange empêcheroit, ou du moins allongeroit beaucoup la fabrication du *sel*.

Cette séparation se fait sous la premiere voûte, par le moyen de plusieurs peaux de bœufs bien passées & préparées à cet usage, qui séparant les ouvertures du roc par lesquelles s'écoulent ces différentes qualités d'eaux, conduisent la douce dans un grand réservoir de bois de forme quarrée, d'où elle est enlevée par des pompes que un cheval fait agir, & l'eau salée dans de grandes cuves, d'où par la machine nommée *chapelet*, on la fait monter pareillement, dans un réservoir à portée de la distribuer dans les endroits où se cuit & se prépare le *sel*.

Au milieu des salles destinées à cet usage, il y a un fourneau sur le sommet duquel est une vaste cuve ou chaudiere ronde, de vingt-quatre pieds de large & de deux seulement de profondeur, pouvant contenir environ trente muids. Cette chaudiere est faite de plufieurs plaques de fer jointes enfemble à clous rivés ; & comme le poids du métal & celui de l'eau dont cette chaudière eft pleine forme enfemble un poids confidérable, elle eft foûtenue par le haut par divers crampons & de fortes barres attachées à des poutres qui traverfent tout l'attelier, quoiqu'elle porte par le bas fur le fourneau.

L'eau dont on remplit les cuves, doit bouillir huit heures pour être réduite en *fel*. Quand il eft fait, au point qu'il ne lui refte qu'un peu d'humidité, il eft porté dans une autre falle, pour le dreffer en pains ; ce qui fe fait en le mettant dans ces efpeces d'écuelles de bois qu'on nomme *febilles*, faites exprès pour cet ufage & qui ont environ huit pouces de diametre fur quatre de profondeur.

C'eft dans ces febilles qu'on fait fecher le *fel*, en les arrangeant fur des barres de fer placées au-deffus d'un brafier où l'on entretient un feu modéré. En fortant de ces moules, dont il conferve la forme, il eft en état d'être débité & transporté.

On ne fauroit croire combien ces falines produifent de *fel* par an, & combien, en fus de la confommation de la province, il s'en tranfporte dans des pays étrangers. La quantité en eft fans-doute bien confidérable, puifque le prix en eft encore modique après avoir acquitté les droits du Roi, quis'élevent à une très-forte fomme.

Les falines de Loraine font confidérables foit par leur nombre, foit par le produit du *fel*, qui feroit encore plus grand fi la fabrique en étoit établie dans toutes celles qui s'y trouvent.

Les principales font Rofières, Chateau-Salins & Dieuze. Il y en a plufieurs autres aux environs des rivieres de Seille & de la Sarre, comme Marfal, Saloné, Surable, la Surée & Salle ; mais il n'y a guères que ces trois premières qui travaillent.

Sel de Moyenvic & la maniere de le faire.

Moyenvic eft une petite ville de Loraine, dont le roi a les falines ; & c'eft de-là qu'on tire tous les *fels* qui fe confomment dans les trois évêchés. Elles avoient été cédées à la France par le traité des Pirénées & elles lui ont été confervées par celui de Rifwic.

Les autres falines de Loraine fuffifant pour la confommation de cette province & pour celle des trois évêchés, on avoit négligé longtems de faire valoir la faline de *Moyenvic* ; & ce ne fut qu'en 1670, ou même en 1674, qu'on fe détermina à les mettre fur le pied où elles font aujourd'hui. Ce qui y a le plus contribué eft un canal qu'on y a fait, & quelques ruiffeaux qu'on a rendus affez navigables pour la conduite des bois, qui avant ces travaux étoient un peu rares.

Les eaux dont on fait le *fel* fe tirent des fources falées qui fe trouvent à *Moyenvic* dans des puits très-profonds. On penfe qu'elles contractent cette qualité en paffant par des mines de *fel foffile* que la terre y produit, n'y ayant aucune apparence

qu'elles puiffent venir de la mer, qui eft très-éloignée d'autant qu'en filtrant au travers des terres dans un fi long efpace, elles perdroient néceffairement leur vertu faline.

On remarque qu'elles croiffent ou diminuent comme prefque toutes les fources en raifon du plus ou moins de pluies.

L'eau fe tire des puits par le moyen des pompes ou des chapelets & fe conduit aux atteliers de la cuite.

Ces atteliers font de grands bâtimens de charpente couverts en planche, fous lefquels font des poëles ou chaudières de fer de la grandeur d'une chambre médiocre, & il y en a trois aux falines de *Moyenvic*.

Quand elles font fuffifamment remplies d'eau, on les chauffe par degrés, en entretenant du feu fous toute l'étendue de chaque poële, & en l'augmentant jufqu'à ce que la chaleur foit affez forte pour évaporer la plus grande partie de l'eau. A mefure qu'elle bout, le *fel* vient fe former fur fa fuperficie, mais lorfqu'il s'y en eft amaffé affez pour lui donner du poids il retombe au fond.

Lorfqu'il eft en cet état, on le tire avec des râteaux, pour en former des meules fur la chaudière même ; en l'amaffant fur des efpeces de tables trouées qu'on nomme *des chevres*. Ces tables ne tenant qu'à une cheville, & étant pofées fur des morceaux de bois difpofés en pente, coulent d'elles-mêmes avec les meules dans un magafin qui en eft proche, lorfque l'on a coupé la cheville ; les morceaux de bois qui fervent à conduire les meules s'appellent *le ban* ; nom qu'on donne auffi au magafin.

C'eft dans ce premier magafin que le *fel* fe reffuye ; après quoi on le porte dans le grand magafin, où il eft plus fèchement, & où il refte jufqu'au débit ; ce qui va quelquefois à deux ans.

Enfin pour le tranfporter, on le met dans des tonneaux de diverfes mefures, c'eft-à-dire, plus petits pour le dedans du pays & beaucoup plus grands pour le dehors.

Tout ce *fel* eft blanc, mais falé bien moins que le *fel marin*. Auffi s'en diftribue-t-il davantage. Cette raifon pouvant occafionner des abus de la part de ceux qui font chargés de la cuite, de la façon & du débit du *fel*, il y a des officiers prépofés pour veiller à ce que la qualité en foit bonne & qu'il n'y ait point de fraude à la diftribution qui s'en fait au public.

Les eaux des puits & des fources falées de Loraine ont différens degrés de bonté, entre lefquels celle de *Moyenvic* eft la meilleure ; cent livres d'eau rendant dix-fept livres de *fel*, & la plus forte des autres n'allant que de quatorze à quinze, outre que l'exploitation en eft moins couteufe, ne demandant pas tant de bois ni de cuite.

Le produit des gabelles dans les trois évêchés eft moindre en tems de paix qu'en tems de guerre, parce qu'il y refte peu de troupes.

La saline de *Rosieres* rend cinq à six livres de *sel* pour cent livres d'eau; celle de *Dieuse*, douze à treize pour cent, & celle de Château-Salins, quatorze à quinze.

Rosieres fournit par an six mille muids de *sel*; Dieuze huit mille, & Chateau-Salins seulement, cinq mille cinq cens, le muid composé de seize vaxels, & le vaxel pesant trente-quatre à trente-cinq livres; ce qui revient à peu-près à cinq cent soixante livres.

La raison pour laquelle on néglige tant d'autres salines de Lorraine, est le peu de débit qu'on en auroit; cependant l'excedent de ce qui se consume dans le pays, se vend assez bien dans l'Alsace, dans le Palatinat, à Trèves, à Mayence, à Worms, & dans quelques autres lieux de l'empire en deçà du Rhin.

L'on n'a parlé dans ce long article des *sels*, que de ceux qui se fabriquent & se consomment, ou dont on fait commerce en Europe; encore, n'a-t-on fait mention que des salines les plus considérables, y en ayant beaucoup d'autres en divers endroits.

L'Asie, l'Afrique & l'Amérique ont également beaucoup de salines, dont on ne parlera pas ici; parce que n'ayant pas trait au commerce de France, il devient inutile d'en rien dire.

Commerce du sel.

Le commerce du *sel* se fait diversement suivant la diversité des lieux où il se fabrique & d'où il se tire.

Presque par-tout le propriétaire des salines est le maître de son *sel* & le débite comme il lui plaît, ainsi que les marchands de toute autre espèce de marchandises ou de denrées, en payant les droits dûs au souverain & au seigneur des lieux où sont situées les salines. En France ce sont les propriétaires des marais salans & les sauniers des *sels blancs* qui en font le négoce, mais il n'est pas libre par-tout, ni à toutes sortes de personnes.

Les sauniers des *sels blancs* de Normandie, qu'on appelle *sel de Bouillon*, ne peuvent vendre leurs *sels* qu'aux habitans des paroisses spécifiées par le titre 14 de l'ordonnance des gabelles. Il y a même des salines marquées dans le même titre, dont les sauniers sont tenus de porter leurs *sels* chaque semaine & même de jour à autre dans un magasin fermé à deux clefs, dont l'une demeure au commis & l'autre au saunier. Ce magasin ne s'ouvre que les mercredis & les samedis en présence des officiers des greniers à sel.

A Brouage, Marans, l'isle de Rhé & le comté Nantois, les propriétaires des marais salans vendent leurs *sels* aux fermiers des gabelles sur un pied fixé par les arrêts du conseil, & aux étrangers suivant le prix courant, que regle la bonne ou la mauvaise récolte des *sels*; mais pour éviter la fraude,

on est astreint à beaucoup de formalités marquées dans plusieurs articles de la même ordonnance.

Hors des provinces & lieux privilégiés, tout le commerce du *sel* se fait exclusivement par l'adjudicataire des fermes générales, & chaque particulier est obligé de s'en fournir à ses greniers.

Les greniers à sel sont de deux sortes: ceux de vente volontaire & ceux d'impôt. On appelle *greniers de vente volontaire*, ceux où chacun va acheter du *sel*, autant qu'il en veut & quand il lui plaît. Les greniers d'impôt sont ceux où l'on est obligé d'aller prendre la quantité de *sel* pour laquelle on a été employé dans les rôles dressés par les assesseurs & les collecteurs nommés à cet effet par les habitans des paroisses où le *sel* d'impôt a lieu.

Outre les greniers où se vend le *sel*, il y a encore des regrattiers, soit de *sel blanc*, soit de *sel gris*, suivant les lieux où ces *sels* ont cours; mais c'est l'adjudicataire qui les commet & qui en répond civilement; & ce n'est que du *sel* gabelé qu'ils peuvent vendre.

Le *sel* sur les marais salans se vend en gros, à la charge & au muid, & se débite au boisseau & au minot. Dans les greniers à sel, la distribution s'en fait au minot, au demi & au quart de minot. Il a néanmoins été permis depuis le commencement du dix-huitieme siecle d'en lever dans celui de Paris, jusqu'au demi quart de minot.

Le *sel* à petite mesure que vendent les regrattiers de Paris, se débite au boisseau, demi boisseau, quart & demi quart de boisseau, au litron, demi litron, quart de litron & mesurette. Dans les autres greniers, les petites mesures sont le litron & au-dessous. Celles de Paris doivent être étalonnées sur les matrices de fonte déposées au greffe de l'hôtel-de-ville, ailleurs elles doivent l'être sur les modeles gardés dans les greniers à sel.

« Les *sels* des marais salans du royaume entrant par les ports de Calais, Boulogne, Etaples & Dunkerque, paient suivant les arrêts des 23 mars 1520, & 16 juin 1722, par rasiere du poids de deux cent cinquante livres, 1 l. 5 s.

« Le même droit est dû au port de Gravelines ».

« Les *sels* destinés pour le Calaisis, l'Artois & le Boulonnois payent, d'après les arrêts des premier février & 12 mars 1743 ».

« Ceux provenant des marais salans du Poitou, destinés pour la pêche de la morue, par les habitans des ports désignés par l'arrêt du 26 janvier 1751 jouissent, suivant cet arrêt, de l'exemption de droit de brouage & d'entrée ».

« Le *sel* passant des cinq grosses fermes à l'étranger, ou dans une province réputée étrangère qui ne seroit point assujettie à la gabelle, doit suivant le tarif de 1664, par muid 1 l. 5 s. »

« Le *sel* gemme étranger entrant par tous les bureaux ouverts aux drogueries, paye suivant l'arrêt du 13 octobre 1711, par quintal net, 30 l. »

« Venant des provinces réputées étrangères dans

les cinq grosses fermes, il doit au tarif de 1664, par quintal net, 1 l. 6 f. ».

« Sortant des cinq grosses fermes, il est exempt de tout droit, comme droguerie étrangère ».

« A la douane de Lyon, de tel endroit qu'il vienne, il paye suivant le tarif de 1632, par quintal net, 8 f. ».

« A celle de Valence, comme droguerie, 3 l. 11 fols. ».

En Hollande, & particulièrement à Amsterdam, le *sel* se vend au cent, le cent contenant quatre cent quatre mesures ou schepels, pesant sept lasts qui font quatorze tonneaux de France ou deux cens huit sacs. L'achat s'en fait en livres de gros, plus ou moins, suivant le tems. La guerre en augmente beaucoup le prix.

Le cent de *sel* que les Hollandois prennent à Marans, Brouage, la Tremblade, la rivière de Sudre, la Rochelle & l'Isle-de-Rhé, est composé de vingt-huit muids ras, & le muid de vingt-quatre boisseaux; lequel cent rend à Amsterdam onze lasts & demi ou vingt-trois tonneaux de France.

Les *sels* de ces endroits sont beaucoup plus estimés des Hollandois, que ceux d'Oléron & de Mornac, parce qu'étant plus pesants, ils rendent plus de lasts dans les pays étrangers.

Etat de ce que chaque muid de sel produit à Bordeaux, suivant les lieux d'où le sel y vient.

On ne parle ici que des *sels* qui se portent à Bordeaux, & dont les deux contrôleurs, au mesurage des *sels* de cette ville, sont obligés de tenir régître.

Chaque muid de *sel* de Soulac, produit trois pipes de *sel*, la pipe composée de six mines, chaque mine de deux quintaux, quarante livres ou environ.

Chaque muid de *sel* de Sud produit une pipe & demie.

Chaque muid de *sel* de Méché produit trois pipes.

Le muid de *sel* d'Oléron produit trois pipes.

Le muid de *sel* de Brouage produit une pipe & demie.

Grenier à sel. C'est le dépôt public où l'adjudicataire de la ferme royale du *sel*, le dépose & le distribue. C'est aussi la jurisdiction établie dans les lieux de ces dépôts, pour juger des contraventions à l'ordonnance, & maintenir les droits établis. *Voyez* GABELLE.

Sel gris, est le *sel* marin, tel qu'on le recueille sur les marais salans.

Sel blanc, est celui qui a été fait d'eau de mer, ou d'eau tirée des fontaines & puits salés, en la faisant bouillir & évaporer sur le feu. On fait aussi du *sel blanc* en rafinant du *sel* gris. *Voy.* ci-dessus.

Sel gabellé, est le *sel* qui étant demeuré deux ans en masse dans les greniers, pour s'y perfectionner, est en état d'être distribué au public.

Sel de gabelle. C'est celui qui se prend au grenier à *sel*, & qui s'y distribue par les officiers & les commis, aux jours, aux heures & de la manière prescrite par les ordonnances.

Sel bouillon. C'est le *sel* blanc qui se fait dans quelques élections de Normandie.

Sel grainé, est celui qui est en gros grains, soit que ce soit l'ardeur du soleil ou celle du feu qui l'ait réduit en grains.

Sel de faux-saunage, ou *faux sel.* C'est le *sel* qu'on fait entrer en fraude & qu'on débite dans les provinces de France, qui ne sont pas privilégiées, & qui sont obligées de prendre leurs *sels* dans les greniers du roi. *Voy.* GABELLE & FAUX-SAUNAGE.

On appelle aussi *faux sel* celui que l'on fait entrer en France des pays étrangers. L'adjudicataire des gabelles n'en a pas même le droit. Il ne lui est permis d'en faire venir que dans le tems de disette des *sels* du royaume, & seulement après en avoir obtenu du roi la permission par écrit.

Ferme du sel, qu'on appelle aussi *ferme des gabelles.* C'est le bail qui se fait par le roi à des particuliers pour certain nombre d'années & sous certaines conditions, du droit de vendre du *sel* privativement à tous autres dans plusieurs provinces du royaume, soit dans les greniers de vente volontaire, soit dans les greniers d'impôt. Cette ferme, de même que les autres fermes du roi, se donne à un adjudicataire, qui n'est qu'un prête-nom, & dont les véritables fermiers sont les caütions.

Sel d'impôt. C'est la quantité de *sel* que chaque chef de famille est obligé de prendre au grenier tous les ans, pour l'usage de la cuisine & de la table, appelé *pot & salière*, à laquelle il est imposé, suivant le rôle dressé par les asséeurs. Cette quantité est évaluée à un minot pour quatorze personnes. Le *sel d'impôt* ne peut être employé aux grosses-salaisons.

Vache de sel. On appelle ainsi en Poitou ces monceaux de plusieurs milliers de muids de *sel*, qu'on élève en forme de meules de foin pour achever de le sécher, & en attendant la vente. *Voy.* ci-dessus, où il est parlé de la manière de faire le *sel* marin.

Sel d'étain. Voy. ÉTAIN.

Sel d'enfer. Nom que les chymistes donnent au salpêtre. Voy. SALPÊTRE.

Sel de tartre.

Sel végétal, ou *tartre soluble.* } Voy. TARTRE.

Sel volatil de tartre.

Sel de verre. Voy. AYUNGE ou FIEL DE VERRE.

Sel armoniac. Voy. ARMONIAC.

Sel gemme. Voy. ci-dessus le paragraphe du *sel* terrestre & fossile.

Sel de nître. Voy. NITRE & aussi SALPÊTRE.

SELING. Poids & monnoie dont on se sert dans le royaume de Siam. Il se nomme *mayon*, en Chinois. Voy. MAYON.

SEMAQUE, qu'on écrit & qu'on prononce en Hollandois *femack*. Vaiffeau à un mât, navigant dans les rivières de Hollande, & qui fert tantôt à alléger les gros vaiffeaux trop chargés, tantôt à y porter des effets ou des marchandifes quand ils font en armement ou en chargement.

SEMENCE. Ce qui fert à la réproduction des êtres, tant des hommes & des animaux, que des arbres, des fleurs, des plantes, & généralement de tous les végétaux, peut-être même des métaux & des minéraux; car d'habiles physiciens prétendent qu'ils ne fe perpétuent, que par des femences propres & convenables à leur nature, au moyen defquels ils fe reproduifent.

On donne ordinairement le nom de *graine* à la plupart des *femences* qui viennent des arbres, des fleurs & des plantes, foit qu'elles foient propres à la médecine, foit qu'on s'en ferve au jardinage, ou pour enfemencer les terres.

Le commerce de toutes ces graines eft confidérable en France, particulièrement à Paris, où il fe fait par les épiciers droguiftes, les marchands merciers, les greneriers & les greneriers. Ces derniers & les premiers font ceux qui en font le plus grand négoce: les greneriers, des *femences* de jardin; & les droguiftes, des *femences* que la médecine met au nombre de fes drogues, foit qu'elles viennent du dehors, foit qu'elles croiffent dans les diverfes provinces du royaume.

Les *femences* potagères font en fi grand nombre, & fi connues qu'il feroit inutile de les rapporter ici. A l'égard des *femences* qui font du nombre des drogues médecinales, elles font traitées en majeure partie dans plufieurs articles de ce Dictionnaire, particulièrement celles du Levant & de l'Amérique; on en fait de même de celles qui fervent à la teinture, fur-tout des graines qui viennent de la mer Baltique.

Parmi les *femences* de jardin, il y en a quatre que l'on nomme *femences froides*, fçavoir, celles de la citrouille, de la courge, du melon & du concombre, & quatre autres qui font nommées *femences chaudes*, qui font celles d'anis, de fenouil, de cumin & de carvi.

Quoiqu'il y ait en France, & prefque dans toutes les provinces, quantité de ces graines qu'on appelle *femences froides*, c'eft cependant d'Italie que les épiciers droguiftes de Paris les tirent, quelquefois mondées, & quelquefois dans leurs coques. Il y a cependant quelques-uns de ces marchands qui ne les font venir que de la Tourraine. La bonne qualité de ces *femences*, confifte en ce qu'elles foient nouvelles, c'eft-à-dire, de l'année, pefantes, feches, & qu'elles ne fentent ni le rance, ni le moifi.

L'ufage des quatre *femences froides* eft pour faire des émulfions, des boiffons rafraîchiffantes, de la pâte pour les mains, & de l'huile pour les teint.

« Les *femences froides* paient à l'entrée des cinq groffes fermes au tarif de 1664, par quintal net, 1 livre 5 fols, à la fortie cinq pour cent de la va-

leur, fi on ne juftifie de l'acquittement des droits d'entrée. »

« A la douane de Lyon, venant de l'étranger, 1 livre 5 fols par quintal, & venant de l'intérieur du royaume, 12 fols 6 deniers. »

« A la douane de Valence, comme droguerie, 3 liv. 11 fols. »

Outre les quatre *femences froides*, il y a quelques autres drogues qui font tariffées fous le nom de *femences*, telles que les *femences de fauge*, de venicq, de ben. *Voyez ces trois mots.*

SEMENCE DE PERLES. Ce font les *perles* les plus petites. *Voy.* PERLE, *vers la fin de l'article.*

« Les droits d'entrée dans les cinq groffes fermes font au tarif de 1664, par livre pefant, net, 3 livres, & font exemptés à la fortie. »

« A la douane de Lyon, de quelque part qu'elles viennent, avec l'ajouté au tarif, par once net, 10 fols. »

« A celle de Valence, comme droguerie, par quintal net, 3 livres 11 fols. »

SEMENCINE.
SEMEN CONTRA. } *Voyez* BARBOTINE.

« Cette drogue doit en entrant dans les cinq groffes fermes, par quintal net, 5 livres. »

« Venant indirectement du Levant, elle paie indépendamment des droits du tarif de la province, par laquelle elle entre dans le royaume, vingt pour cent de la valeur, fur l'eftimation de 140 liv. par état annexé à l'arrêt du confeil du 22 décembre 1756, le quintal brut. »

« Sortant des cinq groffes fermes, cinq pour cent de la valeur, s'il n'eft juftifié de l'acquittement des droits d'entrées. »

« A la douane de Lyon, de tel endroit qu'elle vienne, fuivant le tarif de 1632, par quintal net, 3 livres. »

« A celle de Valence, comme droguerie, 3 livres 11 fols. »

SEMEN DANCY. « Cette drogue paie d'entrée dans les cinq groffes fermes, par quintal net, 2 liv. 10 f. fortant defdites cinq groffes fermes, cinq pour cent de la valeur, fi elle ne juftifie de l'acquittement des droits d'entrée. »

« A la douane de Lyon, par ufage, 1 livre 5 f. 6 den. »

« A celle de Valence, comme droguerie, 3 livres 11 fols. »

SEMEN CARTAMI. « Cette drogue n'eft point tariffée, & doit payer cinq pour cent de fa valeur, avec les vingt pour cent ordonnés par arrêt du 15 août 1685, pour les marchandifes venant du Levant. »

SEMI-PITE. C'eft la plus petite des monnoies de compte dont on fe fert en France. Elle eft la huitième partie d'un denier tournois, ou le quart de la maille ou de l'obole, ou la moitié d'une pite. *Voy.* MAILLE.

SEMITE. Sorte de toile de coton qui fe fabrique à l'île de Siphanto dans l'Archipel. C'eft la moindre des deux fortes de toile qui s'y font. L'autre s'appelle *demitte*. Voy. SIPHANTO.

SEMORAC. Drogue dont il est parlé dans le tarif de la douane de Lyon.

« Cette drogue paie 13 sols 9 deniers du quintal pour tous droits anciens & nouveaux. »

SEMPITERNE, ou *perpétuane*. Espèce d'étoffe de laine croisée, dont la qualité a du rapport à celle d'une serge saumière, de laquelle le poil n'a point encore été licé. Elle se fabrique ordinairement en Angleterre, particulièrement à Colchester, à Excester & aux environs de ces lieux ; elle a trois quarts de large, & vingt aunes de long, ou aux environs, mesure de Paris.

Les *sempiternes* sont pour la plupart destinées pour l'Espagne ou pour l'Italie, mais plus particulièrement pour l'Espagne, où il s'en envoie beaucoup. On en fabrique depuis bien des années en France, à l'imitation de celles d'Angleterre, surtout à Nîmes, à Montpellier, à Castres & en d'autres villes du bas Languedoc. Il s'en fait aussi à Beauvais qui sont très-estimées à Cadix, où les marchands François les envoient, teintes de diverses couleurs. En Espagne, on ne les appelle que *sempiternes*, à cause de leur longue durée. En France & en Angleterre, on les nomme indifféremment *sempiternes* ou *perpétuanes*. Les marchands de Languedoc envoient beaucoup de ces *sempiternes* en Italie, sous le nom de *serges impériales*. Elles sont un peu plus fines que celles destinées pour l'Espagne. Au reste, quelque nom que l'on puisse donner à cette étoffe, ce n'est jamais qu'une serge croisée, à peu près semblable, comme on l'a déjà dit, à la serge saumière, si ce n'est qu'elle n'a point été tirée à poil. Voy. SERGE.

Les pieces de *sempiterne* de BEAUVAIS ne doivent avoir que vingt aunes de long. Cependant les drapiers & sergiers de cette ville ne laissoient pas d'en faire sur des chaînes à serges qui au retour du foulon, donnoient près de vingt-quatre aunes ; & pour se conformer aux réglemens ils en coupoient l'excédent ; ensorte que cinq pieces ils en faisoient une sixieme tonte de coupons ; mais un nouveau réglement de 1711 a ordonné aux façonniers d'ourdir exprès leurs pieces pour revenir à vingt aunes, & les pieces de coupons ont été absolument défendues.

Les *sempiternes* destinées pour l'Amérique Espagnole, s'envoient ordinairement par assortiment de quarante pieces, savoir, quinze pieces vert de perroquet, quinze pieces bleu céleste, cinq pieces musc & cinq pieces noires.

SEMPITERNILLE. Est une espece de sempiterne, mais moins fine. Il ne s'en fait guères qu'en Angleterre. Les Anglois en envoient en Espagne, année commune, pour deux cent vingt mille livres, qui passent presque toutes aux Indes occidentales.

SEN. Mesure des longueurs & des distances, dont on se sert dans le royaume de Siam.

Quatre *sen* font le jod ; & vingt-cinq jod la

roé-neug, c'est-à-dire la lieue Siamoise, qui contient un peu moins de deux milles de nos toises. Il faut vingt voua pour faire un *sen*, deux quen pour chaque voua, deux sok pour le quen, deux keubs pour le sok, douze nious pour le keub, & huit grains ou lignes pour chaque nious. Huit lignes de Siam sont égales à neuf des nôtres. Chaque ligne se mesure par un grain de ris dont la première enveloppe n'a pas été brisée au moulin. Voy. KEN.

SENAGE. Droit qui se paye en quelques lieux de Bretagne, particulièrement à Nantes, sur le poisson frais venant de la mer pendant le carême.

La pancarte de la prévôté de Nantes porte que le roi & duc a droit de prendre & avoir sur chaque vaisseau amenant poisson frais venant de la mer, entrant & passant le trépas de S. Nazaire, à commencer depuis le premier jour de carême, jusqu'à la vigile de Pâques, le plus beau poisson qui soit en chacun desdits vaisseaux, après un poisson que pourra & peut choisir le marchand ou seigneur dudit poisson, & s'il n'y a audit vaisseau plus d'un *marhon* le roi n'aura que 5 s. monnoie.

SENAU. Bâtiment marchand qui n'a que deux mâts, outre celui de beaupré ; c'est-à-dire qu'il n'a pas de mât d'artimon, lequel empêcheroit de manœuvrer la grande voile, au bas de laquelle est une très-grande vergue, qui lorsque le vaisseau vire de bord, prolonge toute la longueur du gaillard d'arrière, & au-delà.

SENDAIL ou *Sendal*. Bois médecinal. Voyez SENTAL.

SÉNÉ est une drogue très-connue. C'est cette feuille purgative que les médecins appellent quelquefois *feuille orientale*, & qu'ils employent souvent dans leurs compositions purgatives.

L'arbrisseau qui porte cette feuille, se cultive en plusieurs endroits du levant & y croît de la hauteur de cinq à six pieds. Il pousse des branches ligneuses, souples & garnies de feuilles rangées sur une côte simple. Ses fleurs composées de cinq feuilles sont d'un jaune tirant sur l'oranger. Elles donnent des gousses verdâtres, applaties, courtes, larges, taillées en croissant, renfermant dans de petites loges, des semences qui ressemblent à des pepins de raisin. On nomme ces gousses *follicules de séné* ; & quelques médecins les préferent aux feuilles de séné. Rarement voit-on du séné dans les jardins en France. Il y périt, sans donner de graine. On éleve plus aisément celui que l'on nomme *séné d'Italie* : espece qui se seme tous les ans, & qui est commune aux environs de Florence. C'est une herbe haute d'un pied & dont les feuilles sont charnues, presque rondes & gluantes au goût. L'usage de ces feuilles en médecine est inférieur à celui du *séné* du levant, au rapport même des Italiens.

Le pere Plumier a trouvé dans les Antilles une troisieme espece de *séné*, dont les feuilles sont plus longues que les précédentes & plus étroites, à proportion de leur grandeur. Il les compare à celles du Troêne.

Le *séné* de Moka a quelque rapport avec ce dernier *séné*, par sa forme étroite & longue ; mais comme on n'en a pas vu le fruit, on ne peut assurer que le *séné* de Moka soit un vrai *séné*.

M. Blondel, qui a été longtems consul de France dans les échelles du levant, assure néanmoins que le vrai *séné* ne croît que dans les bois d'Ethiopie & en Arabie, aux environs de Moka ; qu'on ne l'achettoit autrefois qu'au Caire, & que celui que l'on tire de Seyde, de Tripoly, &c., y est apporté du Caire où d'Arabie, par des caravannes, ou d'Alexandrie par mer.

Les épiciers-droguistes de Paris distinguent trois sortes de *séné* qui leur viennent toutes du levant, dans des balles qu'on appelle *couffes*.

La premiere espèce est le *séné* qui vient de Seyde, qu'on nomme *séné de l'appalte*, du mot *appalto*, qui en langue franque & en italien, signifie *ferme* ou *gabelle*, les douaniers du grand seigneur, faisant payer un droit assez considérable pour en permettre le transport.

La seconde espece est le *séné* qu'on tire de Tripoli ou d'Alexandrie.

Et la troisième est celle qu'on appelle *de Moka*, ou *séné à la pique*.

Le meilleur de ces trois sortes de *séné* est le *séné* de Seyde qu'il faut choisir, suivant l'opinion de Pomet, dans son histoire générale des drogues, en feuilles étroites d'un vert-pâle & en forme de pique, d'une odeur pénétrante, doux à manier, le plus entier possible, sans feuilles mortes & sans mélange de corps étrangers quelconques.

Le *séné* de Tripoli a le second rang en bonté ; sa différence d'avec celui de Seyde consiste dans sa couleur qui est très-verte, dans son odeur très-foible & dans une certaine âpreté ou rudesse qu'on remarque en maniant ses feuilles. Les follicules de *séné* qu'on tire des mêmes endroits, pour être bonnes, doivent être épaisses, grandes, d'une couleur verdâtre, & que leurs semences soient grosses & bien nourries.

Pour le *séné* qu'on nomme *de Moka* ou *séné à la pique*, c'est le moins estimé de tous.

Outre ces trois sortes de *séné* & leurs follicules, les marchands droguistes vendent encore le grabeau ou poussière qui se trouve au fond des balles ; ce qui est une assez mauvaise marchandise, mais assurément moins que ce que l'on appelle *ourdon* ou *petit séné*, que vendent aussi les colporteurs, & qui n'est qu'une plante sans vertu, mise par hasard dans les balles, ou peut-être exprès pour en augmenter le poids. Souvent même, au lieu de cet ourdon, tout mauvais qu'il est, ils substituent de simples feuilles de baguenaudier séchées & hachées pour lui donner la ressemblance de cette drogue.

Le Pérou a aussi son *séné*, & l'on trouve dans le Chili, une plante qui, non-seulement ressemble au vrai *séné* de Seyde, par sa tige, ses feuilles &

ses fleurs, mais qui en a encore la vertu purgative. Les Indiens l'appellent *uno perquen*. C'est de cette drogue dont on se sert à San Jago & dans presque tout le Chili, à défaut du *séné* du levant qui y est très-rare & très-cher.

L'on employe en France, sur-tout en Languedoc & en Provence, deux plantes qui ne ressemblent en rien au *séné* du levant. Les botanistes nomment l'une *gratiola*, ou *gratia dei*, & l'autre *alypon montis celi*, autrement *turbit blanc* ; mais leurs vertus sont fort différentes ; la première fait vomir & l'autre purge violemment.

« Toutes les sortes de *séné* payent au tarif de 1664, par quintal net 8 l. ».

« Venant indirectement du levant, ils acquittent indépendamment du droit du tarif de la Province, par laquelle ils entrent, 20 pour cent, de la valeur, sur l'estimation de 246 l. du quintal brut, fixée par arrêt du 22 décembre 1750 ».

« Ils sont exempts de tous droits, à la sortie des cinq grosses fermes ».

« A la douane de Lyon, de quelqu'endroits qu'ils viennent, ils payent, suivant le tarif de 1632, par quintal net 1 l. 10 s. ».

« A celle de Valence, comme droguerie, 3 l. 11 s. ».

SÉNÉ GREC. *Voyez ci-après* SÉNÉGRÉ.

SÉNÉGRÉ. Plante dont la graine, qui porte le même nom, est propre à la teinture. Elle entre aussi dans la médecine & sert à engraisser les bestiaux. C'est ce qu'on appelle proprement *fenugrec*. Voy. FENUGREC.

SÉNEVÉ. Plante qui produit la graine communément appelée *graine de moutarde*.

Il y en a de trois sortes ; le *senevé sauvage*, celui des jardins & un autre qui tient le milieu entre les deux. Les *senevés* des deux dernières espèces sement. Celui des jardins a la graine noire & l'on en fait la moutarde. La graine de l'autre est blanche & a ses feuilles comme la roquette.

Les greniers & grenetiers ne peuvent avoir de *senevés* ou poulurés, ni les exposer en vente, que les jurés de la communauté des vinaigriers-moutardiers ne les aient visités.

Ils ne peuvent pareillement acheter des marchands forains arrivant à Paris, & y amenant ces deux graines, que ces maîtres vinaigriers ne s'en soient pourvus. *Voyez* MOUTARDE & VINAIGRIERS ; & dans ce dernier article le 17 & le 18e. statut de cette communauté.

Le *senevé* sert à la préparation des peaux qu'on passe en chagrin. *Voy.* CHAGRIN.

« La graine de moutarde payé les droits sur le pied des graines de jardins ».

SENSAL, qu'on écrit plus ordinairement *censal*. Est ce qu'on appelle en Provence, & en quelques endroits d'Italie, dans les échelles du levant & ailleurs, un *courtier*. Voy. CENSAL.

Tout le commerce de Livourne se fait par la voie des *sensaux* ou courtiers ; ce sont eux qui font les partis, comme on dit dans cette ville ; c'est-à-dire les négociations entre marchands. Leurs journaux, sur lesquels ils sont obligés de les enregistrer, sont crus en justice ; & c'est sur leurs registres, qu'en cas de contestation, sont jugées toutes les affaires mercantiles qui passent par leurs mains.

Ces *sensaux* qui sont tous Italiens ou Juifs, payoient un droit annuel au Grand-Duc à proportion des affaires qu'ils faisoient pendant le cours de l'année, suivant la taxe qui étoit arrêtée par deux notables bourgeois de la ville. Cette règle qui n'existe plus étoit souvent mal observée. D'ailleurs la taxe étoit toujours facilement augmentée & rarement diminuée ; aussi arrivoit-il quelques-fois que ceux qui ne la pouvoient soutenir étoient forcés de renoncer au métier.

SENTAL. Espèce de bois propre à la médecine, qu'on apporte des Indes occidentales. *Voy.* SANTAL.

SENTENE (*terme de commerce de fil*). C'est l'endroit par où l'on commence à devider un écheveau ; ce qui fait la *sentene* sont les deux bouts du fil, liés ensemble & tortillés sur l'écheveau.

SENTINE. Sorte de grand bateau plat ou chaland dont on se sert en Bretagne pour la voiture des sels sur la rivière de Loire.

« Par le chap. 6 de la pancarte de la prévôté de Nantes, il est dû au roi sur le sel montant la rivière de Loire en chalands ou *sentines*, 21 s. 3 d. pour chaque muid, mesure Nantoise, à compter 52 quarts aux Nantois par muid ».

SÉPARATION entre mari & femme.

Il en est de deux sortes : la *séparation de corps & de biens*, & la *séparation de biens* seulement.

Ce n'est pas ici le lieu où doit être traitée la première de ces *séparations* qui n'appartient pas plus au commerce qu'à tous les autres états de la société ; mais la seconde devenue si fréquente parmi les commerçans de tout genre, n'étant, pour ainsi dire, plus qu'une collusion entre le mari & la femme, pour frustrer des créanciers légitimes, & une annonce presque certaine de banqueroute, il ne sera pas hors de propos, d'en faire un article dans cet ouvrage, quoiqu'il n'ait pour objet principal que le commerce & ses détails.

La *séparation de biens* entre le mari & la femme, est une division de ces mêmes biens prononcée en justice, qui emporte toujours avec soi une dissolution de communauté.

Comme il n'eût pas été juste que l'impéritie & bien plus souvent encore le déréglement & la mauvaise conduite d'un mari, pussent entraîner dans sa ruine, celle d'une femme qui n'a aucune part à ses dissipations, les loix sont venues à son secours & à celui des enfans qu'elle peut avoir, pour empêcher que ses biens ne soient confondus avec ceux d'un mari dissipateur ; c'est pour y parvenir qu'elles ont introduit les séparations de biens entre le mari & la femme.

La *séparation de biens* doit donc être ordonnée en justice ; car lorsqu'elle est simplement volontaire, elle choque l'honnêteté publique, & peut-être faite au préjudice de la communauté, en ce que si la communauté est considérable, la femme qui voudroit avantager son mari, n'auroit qu'à consentir une séparation. C'est par cette raison, qu'on juge ordinairement nulles les *séparations* faites par une transaction, ou même consenties en justice.

Il faut de plus que les *séparations* soient ordonnées en connoissance de cause ; c'est-à-dire que la femme est obligée de prouver la dissipation de son mari, par des titres, comme des saisies de biens à la requête des créanciers, des ventes d'immeubles, des entreprises ou des engagemens capables de le ruiner &c. Mais comme il n'est pas toujours facile à une femme de produire des preuves par écrit des dissipations de son mari, sur-tout de celles occasionnées par la débauche, par le jeu & le libertinage, la loi admet en ce cas la preuve par témoins, sauf au mari à les combattre & à justifier de sa bonne conduite & administration de la communauté, en faisant connoître l'emploi utile des emprunts qu'il peut avoir fait ou du produit de la vente de ses immeubles.

Lorsqu'il y a preuve certaine de dissipation de la part du mari, on ordonne la *séparation de biens* sans aucun jugement interlocutoire.

La femme séparée de biens est tenue de renoncer à la communauté afin de pouvoir reprendre franchement & quittement tout ce qu'elle a apporté en mariage, de même que ce qui est entré de ses biens dans la communauté, quand la clause de reprise est stipulée dans le contrat de mariage, de manière que la *séparation* emporte alors une dissolution absolue de la communauté, tant pour le passé que pour l'avenir.

Elle doit également se faire vendre & adjuger judiciairement les meubles, à compte de ce qui lui est dû par son mari, étant obligée de mettre à exécution la sentence qu'elle a obtenue contre lui, sans quoi elle lui seroit inutile à l'égard des créanciers qui pourroient toujours faire saisir & les meubles & les revenus de la femme, si le mari en restoit possesseur.

Les coutumes du Berry, tit. 1. §. 48 & 49 ; d'Orléans, 178 ; de Bourbonnois, 78, & de Dunois, 58, veulent non-seulement que les sentences de *séparation* ayent été exécutées pour avoir leur effet ; mais encore qu'elles ayent été publiées en jugement à jour ordinaire, ou au prône de la paroisse, le second dimanche après la *séparation* prononcée, afin que ladite *séparation* ne puisse se faire en fraude des créanciers du mari.

A Paris les *séparations de biens* entre les commerçans & leurs femmes ne peuvent avoir lieu, suiv. l'ordonn. de 1673, tit. 8, art. 1 & 2, qu'elles n'aient été préalablement affichées aux consuls dans un tableau exposé à la vue de tout le monde.

Toutes ces précautions sont, sans doute, fort

fages , particulièrement celle qu'on prend à Paris. Comme c'est au châtelet de Paris que se pourfuivent & s'obtiennent les *séparations* , on ne fait par quelle fatalité il arrive prefque toujours que les créanciers avertis par l'affiche aux confuls , fe préfentent toujours trop tard pour s'oppofer à ces *féparations* ; du moins à celles qui fe font à leur préjudice , par la collufion d'un mari & de la femme , c'est-à-dire , prefque toutes.

Il est donc bien à défirer , pour la fûreté publique & particulièrement pour celle du commerce , que l'on trouve le moyen d'obvier aux abus fans nombre qui fe commettent journellement dans cette partie.

SEPT , que l'on prononce *fet.* Nombre impair compofé de fept unités. On l'écrit ainfi , en chiffre arabe [7] , en chiffre romain [VII] , & en chiffres de compte [bij].

SEPTANTE. Nombre pair compofé de foixante & dix unités. On dit plus communément & mieux foixante & dix , que *feptante* qui n'est plus en ufage que parmi le peuple de quelques provinces. En chiffres communs ou arabes , ce nombre s'écrit ainfi [70] , en chiffres romains [LXX] , en chiffres françois de compte ou de finance [lxx].

SEPTIEME. Partie d'un tout divifé en fept parties égales , qui fe marque ainfi : $\frac{1}{7}, \frac{2}{7}, \frac{3}{7}$, &c.

SEPTIER. Mefure différente fuivant les lieux & l'efpece des chofes mefurées.

Septier , en fait de liqueur , c'est la même chofe que la chopine , ou la moitié d'une pinte. On dit auffi & il y a des demi *feptiers* qui font une mefure qui contient à proportion. Un demi *feptier* de vin , trois demi *feptiers* d'eau-de-vie , &c.

On dit encore un *feptier* , un demi *feptier* d'olives ; car cette forte de fruit falé fe vend dans le détail , à la pinte , à la chopine , & au demi *feptier.*

SEPTIER. Se dit , en matière de jauge , d'une certaine quantité , ou mefure de liqueur qui est la valeur de huit pintes de Paris. Le muid de vin doit contenir trente-fix *feptiers* ; le demi muid ou la feuillette dix-huit *feptiers* ; le quart de muid neuf feptiers , & le demi quart ou huitieme de muid , quatre *feptiers* & demi.

La demi queue d'Orléans doit être de vingt-fept *feptiers* ; le quarteau du même endroit de treize *feptiers* & demi ; & le demi quarteau de fix *feptiers* trois quarts.

La demi queue de Champagne doit contenir vingt-quatre *feptiers* , le quarteau , douze *feptiers* , & le demi quarteau fix *feptiers.*

Le buffard ou buffe est comme la demi queue d'Orléans , de vingt-fept *feptiers.*

La pipe qui est le double de la demi-queue d'Orléans & du buffard , doit contenir cinquante *feptiers.*

Cette jauge n'est pas toujours exacte , car il y a des futailles qui contiennent plus ou moins de *feptiers* , fuivant qu'elles font bien ou mal fabriquées ; ce qui ne peut fe vérifier qu'en les jaugeant. *Voyez* JAUGE.

SEPTIER. Est auffi une mefure de grains , de légumes , de graines , de farines , de châtaignes , de noix & d'autres femblables marchandifes.

Cette mefure , qui varie fuivant les lieux , n'est pas toujours un vaiffeau qui ferve à mefurer toutes fortes de chofes ; mais une eftimation de plufieurs autres mefures , comme le minot , le boiffeau , &c.

A Paris le *feptier* fe divife en deux mines , la mine en deux minots , le minot en trois boiffeaux , le boiffeau en quatre quarts ou feize litrons. Le litron contient à peu près 36 pouces cubes. Les douze *feptiers* font un muid.

Le *feptier* d'avoine est double de celui du froment ; c'est-à-dire , qu'il est compofé de vingt-quatre boiffeaux ou deux mines , chaque mine de douze boiffeaux , quoique le muid ne foit que de douze *feptiers.*

Les graines , les légumes & la farine doivent fe mefurer ras , fans rien laiffer fur le bord de la mefure ; c'est-à-dire , que la mefure étant pleine , elle doit être rafée ou radée avec l'inftrument de bois nommé *radoire.* Les châtaignes , les noix & autres fruits fecs femblables , doivent être mefurés ras ; mais la mefure ne doit être rafée qu'avec la main.

Le muid de bled à Orléans , ne contient que deux *feptiers* & demi de Paris.

A Rouen , le *feptier* de bled fe divife en deux mines , & la mine en quatre boiffeaux. Il faut remarquer qu'à Rouen , ainfi qu'à Paris , les douze *feptiers* font le muid , mais que les quatorze *feptiers* de Paris n'en font que douze à Rouen , parce que le *feptier* de Rouen est plus fort que celui de Paris.

A Amiens les quatre *feptiers* de bled ne font qu'un *feptier* de Paris.

En Berry le *feptier* de bled est de feize boiffeaux , dont les vingt-un font le muid.

A Beaurepaire , en Dauphiné , le *feptier* est compofé de quatre quartals , chaque quartal faifant un boiffeau de Paris , & quelque chofe de plus ; enforte que le *feptier* de Beaurepaire n'est que le tiers à peu près du *feptier* de Paris.

A Toulon le *feptier* contient une mine & demie , mefure de Paris , & trois de ces mines font un *feptier* de Paris. Ainfi le *feptier* de Paris est le double de celui de Toulon.

Il y a beaucoup d'autres villes du royaume , ainfi que des pays étrangers , qui fe fervent du *feptier* pour mefurer les grains , graines , légumes , &c. Voici la réduction des *feptiers* de quelques-unes des villes de France & de l'étranger , en *feptiers* de Paris.

Six *feptiers* d'Abbeville en font cinq de Paris.

Cent *feptiers* d'Albv , foixante-quinze de Paris.

Douze *feptiers* de Calais , treize de Paris.

Vingt-trois *feptiers* de Narbonne , quarante-trois de Paris.

Huit *feptiers* de Soiffons , cinq de Paris.

Soixante *feptiers* de Touloufe , quarante-trois de Paris.

A Revel., huit *septiers* en font cinq de Paris.

Le *septier* est aussi une mesure de sel composée de plusieurs autres mesures. Il contient quatre minots ou seize boisseaux, & les douze *septiers* font le muid. Le sel ainsi que les grains se mesurent ras.

Le *septier* de Rouen doit peser environ 280 liv. poids de marc.

Le *septier* de Castres en Languedoc est de deux émines, l'émine de quatre mégères ; & la mégère de quatre boisseaux ; il doit peser 200 livres poids de marc de cette ville, qui font 170 l. poids de marc.

Le *septier* de Montpellier est de deux émines, & l'émine de deux quarts. Le *septier* pèse 90 à 92 l.

Le *septier* d'Amiens se divise en quatre piquets, & doit peser 50 à 52 livres.

Le *septier* de Boulogne sur Mer pèse 270 livres poids de marc.

Le *septier* de Calais pèse environ 260 livres.

Le *septier* d'Arles pèse 93 livres, poids de marc.

Le *septier* de Dourlens est composé de quatre quartiers ; chaque quartier de quatre boisseaux, dont les seize font le *septier* pesant, celui de froment 205 livres & demie, celui du méteil 201, & celui de seigle aussi 201 livres. Il faut remarquer que quand on pèse un boisseau, les seize boisseaux du premier donnent 212, & des derniers 208.

A Namur, le *septier* de froment pèse 44 livres & demie, de méteil 42, & de seigle 41 un quart.

A Dinan, en Flandres, le *septier* de froment pèse 44 & demie, de méteil 43, & de seigle 42 & demie.

A Châlons en Champagne, le *septier* de froment pèse 200 livres, de méteil 195, de seigle 190 l.

A Reims, le *septier* de froment 130, de méteil 124, & de seigle 118.

A Rhetel, le *septier* de froment 112 livres, de méteil 108, & de seigle 104 livres, poids de marc, ainsi que les quatre articles précédens.

A Soissons, le *septier* de froment pèse 158 livres, de méteil 158, de seigle 156, d'avoine 124.

A Noyon, le *septier* de froment pèse 86 livres, de méteil 82, de seigle 84.

A la Ferre, le *septier* de froment pèse 71 livres, de méteil 69, de seigle 65, & d'avoine 50.

A Saint-Quentin, le *septier* de froment pèse 67 l., de méteil 64, de seigle 62 & demie, & d'avoine 44, le tout aussi poids de marc.

A Chauny en Picardie, le *septier* contient quatre boisseaux, mesure de Paris.

SEQUIN ou CECHIN, Monnoie d'or qui se bat à Venise au titre de vingt-trois karats trois quarts. Il s'en fabrique aussi dans les états du grand Seigneur, particulièrement au Caire, qu'on appelle *sequins de Turquie*, ou *cherifs*. On appelle à Constantinople *sequins hongres*, des ducats d'or qui se fabriquent en Allemagne à divers coins.

La valeur de ces *sequins* n'est pas tout à fait semblable. Ceux de Turquie & d'Allemagne, valent un quinzième moins que le Vénitien. Aux Indes orientales, le *sequin Vénitien* y est à plus haut prix, s'y prenant pour quatre roupies, & le *sequin de Turquie*, seulement pour quatre roupies juste ; ce qui est quatre sols moins que l'autre.

Au Caire, le *sequin Vénitien* vaut dans le commerce jusqu'à cent meidins à 1 sol 6 deniers de France le meiden ; mais le divan ne le prend que pour quatre-vingt-cinq.

Sur la fin du dix-septième siècle, il a valu à Constantinople jusqu'à dix livres quinze sols, à cause du commerce des Indes, où les Turcs & les Arméniens en portent quantité ; mais depuis, il y ont baissé, quand on s'est apperçu qu'ils étoient à plus bas titre que les ducats d'Allemagne, & qu'on les avoit altérés de douze à quinze pour cent. Le *sequin de Turquie* s'appelle plus ordinairement *Scherif* ou *Sultanin*. Voyez ces deux articles.

SER ou SERRE, Poids dont on se sert aux Indes orientales, principalement dans les états du grand Mogol, ainsi qu'en France & ailleurs de la livre.

Il y a deux sortes de *ser* ; l'un que l'on emploie à peser tous les comestibles, & l'autre qui sert à peser les marchandises qui entrent dans le commerce. Le premier est de seize onces, poids de marc, par conséquent égal à une livre de Paris, & le deuxième n'est que de douze onces, aussi poids de marc, c'est-à-dire, les trois quarts d'une livre de Paris.

Il faut observer qu'aux Indes, particulièrement dans les états du Grand-Mogol, on se sert de deux poids différens, qui se nomment tous deux *man* : l'un appelé *man de roi*, pèse quarante *sers* de seize onces chacun, & l'autre que l'on nomme simplement *man*, pèse quarante *sers* de douze onces chacun. *Voy.* MAN.

SÉRAPHIN. Monnoie d'or qui a cours en Perse, *voy.* SCHÉRÉFI.

SERAPINUM ou GOMME SERAPHIN. *Voy.* SAGAPENUM.

SERASSES. Toile de coton qui se fabrique dans plusieurs endroits des Indes orientales, particulièrement à Cambaye.

SERCHE ou CERCHE. *Voy.* ÉCLISSE.

SERETH ou SEREQUE, qu'on nomme aussi *orisel* & *petit genest*. C'est une plante étrangère qui s'est, pour ainsi dire, naturalisée en France, & sur-tout en Provence, d'où les marchands droguistes de Paris la font venir.

Les feuilles sont très-vertes, & cependant elles servent à teindre en jaune ; aussi nos teinturiers l'appellent vulgairement *herbe à jaunir*.

Les habitans des îles Canaries, d'où elle est originaire, ne la connoissent que sous le nom *d'orisel*.

SERGE, Étoffe de laine croisée, qui se manufacture sur un métier à quatre marches, ainsi que les ratines & autres étoffes qui ont de la croisure.

La *serge* est une sorte de tissu composé de fils de laine entrelacés les uns dans les autres, d'une manière qui forme la croisure. Les fils qui vont

d'un

d'un bout à l'autre de la pièce, s'appellent *la chaîne*, & ceux qui font dispofés en travers fur la largeur de l'étoffe, fe nomment communément *la trème*, & quelquefois *l'enfture*.

Les *ferges* ont divers noms qu'elles ont reçus, tantôt des marchands & des fabriquans pour les diftinguer, tantôt de leurs différentes efpèces & qualités, & tantôt des lieux de France où elles fe fabriquent, ou bien des pays étrangers d'où elles ont été imitées. On les défigne donc par *ferge de feigneur*, *ferge à la reine*, *ferge impériale*, *ferge rafe*, *ferge à poil*, *ferge drapée*, *ferge à deux envers*, *ferge de Berry*, *de Beauvais*, *de Mouy*, *de Saint Lo*, *d'Aumale*, *de Crève-cœur*, *de Blicour*, *de Chartres*, *ferge façon de Londres*, *façon d'Arfcot*, *ferge de Rome*, *de Ségovie*, &c.

Comme les *ferges* qui fe fabriquent en France, fous quelque nom qu'on les diftingue, ou de quelque qualité qu'elles puiffent être, ont des longueurs & des largeurs différentes, fuivant les lieux où elles font manufacturées ; & que ces longueurs & ces largeurs ont été fixées par des réglemens ou des arrêts, dont la connoiffance eft néceffaire aux commerçans, mais dont la collection leur eft quelquefois difficile ; on a cru devoir donner ici des extraits de ceux rendus à ce fujet jufqu'en 1718, auxquels on peut avoir recours dans l'occafion.

EXTRAIT *du réglement général des manufactures du mois d'août* 1669.

ART. II. Les *ferges à poil*, *ferges de Ségovie*, *ferges de Beauvais à poil* & *à deux envers* ; *ferges de S. Lo*, *Falaize* & *Vandôme* ; *ferges de Dreux*, *de Neuilly*, *d'Orléans* & *de Troyes*, auront une aune de large, & la pièce de 20, ou 21 aunes de long.

III. Les *ferges de Berry* & *Sologne* auront une aune de large, les lifières comprifes, & feront de 21 aunes de longueur.

VIII. Les *ferges raz de S. Lo*, celles de Caen, Frêne, Condé & Falaife, auront une aune de large & 35 à 40 aunes de long.

IX. Les *ferges façon de Londres*, blanches, grifes & mêlées, qui fe font à Seignelay, Abbeville, Reims, S. Lo, Gournay & autres lieux, auront deux tiers & demi de large & 20 aunes de long.

X. Les *ferges* drapées, larges, blanches & grifes de Beauvais, Sedan & Mouy, feront fans lifières & auront une aune de large, & 21 aunes de long.

XI. Les autres *ferges* moyennes, de laine pure, blanches & grifes de Mouy, Merlon, Meru, Sedan, Mézières, Donchery, Tricot, Nantes, Bouillebecq, Haute-Epine, & d'autres lieux où il s'en fait de pareille forte ; auront deux tiers de large & vingt-une

aunes de long ; & celles qui ne feront pas de laine pure, auront la lifière bleue & auront les mêmes longueur & largeur.

XII. Les *ferges* d'Amiens, façon d'Arfcot, blanches & de toute forte de couleurs, auront une aune de largeur & 21 aunes de longueur.

XIII. Les *ferges* façon de Chartres, appellées *ferges de la reine*, auront demi-aune de largeur & 20 aunes de longueur.

XIV. Les rafes façon de Châlons auront demi-aune demi-quart de large, & vingt-une aunes de long.

XV. Les *ferges* façon de Seigneur, auront trois quartiers de large & 21 aunes de longueur.

XVI. Les *ferges* appellées d'*Ypres* & d'*Arfcot*, feront d'une aune de large & de 21 aunes de long.

XVII. Les *ferges* de Colles, ci-devant appellées *façon d'Aumale*, auront demi-aune, demi quart de large & 20 aunes de long.

XIX. Les *ferges* appellées *de Rome*, croifées & liffes, demi aune de large & 21 aunes de long.

Il faut remarquer que les moncahiards croifés fe nomment quelquefois *ferge de Rome*, quoique leur longueur & largeur foient différentes de celles de Rome, dont il eft parlé en cet article. *Voyez* MONCAHIARD.

XXIV. Les *ferges* de Chartres, d'Illiers, Nogent-le-Rotrou, Pontgouin & autres lieux des environs, où il s'en fait de pareilles, fines & moyennes, auront demi-aune de large étant foulées & 20 aunes & ½ de long.

XXV. Les *ferges* d'Aumale, Grandvilliers, Feuquieres & de tous lieux circonvoifins, tant blanches que grifes, auront demi-aune demi-quart de large & 38 à 40 aunes de long.

XXVI. Les *ferges* de Crevecœur, Blicour & de tous les lieux circonvoifins, tant blanches que grifes, auront, favoir, les larges demi-aune demi-quart de large, & 21 aunes & demie de longueur, étant foulées ; & les étroites, auront demi-aune de large & 21 aunes & ½ de long, étant foulées.

XXIX. Les *ferges* étroites de la ville de Roye auront deux tiers de large, & 20 aunes de long ; & celles qui ne feront pas de laine pure, auront la lifière bleue, même longueur & largeur que les fufdites.

L'arrêt du confeil du 19 février 1671, veut que les *ferges* façon de Londres, de dix-huit à dix-neuf aunes de long & de trois quarts de large, & les *ferges*, façon de Seigneur, de deux tiers de large &

Oooo

de vingt-une aunes de long, mesure de Paris, soient marquées par les gardes & jurés des marchands & communautés; ce faisant, débitées dans le royaume, pourvu qu'elles soient de qualité & teinture portées par les réglemens.

Par un autre arrêt du conseil du 18 novembre 1673, il est permis aux drapiers-drapans du bourg de Bouillebecq de fabriquer des *serges* de trois-quarts, & un quart de large pour les afubles, ainsi qu'ils le faisoient avant le réglement de 1669. A l'égard des autres *serges* qui se fabriquent audit lieu, le même arrêt veut qu'elles soient fabriquées conformément à l'art. 11 dudit réglement.

Suivant un autre arrêt du 20 février 1687, les chaînes des *serges* communes d'Aumale, Grandvilliers, Feuquières & autres de pareille qualité, doivent être de 44 portées, à raison de 38 fils chaque portée, & celles des *serges* fines de 48 portées & 38 fils chaque portée; & à l'égard des *serges* de Crevecœur, les larges doivent être de 52 portées, de 34 fils chaque portée, & les étroites au moins de 42 portées & 34 fils chaque portée, pour être au sortir de l'étille, savoir, les larges de trois quarts de largeur & vingt-deux aunes trois quarts de longueur, pour revenir étant foulées à une demi-aune demi-quart de largeur, & vingt aunes & demie de longueur, & les étroites de pareille longueur & de demi-aune un douze & un pouce de largeur au sortir de l'étille, pour revenir étant foulées à demi-aune de largeur & pareille longueur.

Suivant une lettre de M. le marquis de Louvois à M. de Baville, intendant en Languedoc, du 21 septembre 1689, enregistrée au greffe de l'hôtel-de-ville d'Uzès, le 24 octobre en suivant, il est permis aux ouvriers de Nîmes & d'Uzès, de fabriquer leurs *serges* sur le pied de demi-aune moins deux pouces de largeur étant apprêtées, nonobstant le réglement de 1669.

Suivant une autre lettre de la part du même marquis de Louvois à l'inspecteur des manufactures de Beauvais, le 30 novembre 1689, enregistrée au greffe de la prévôté dudit lieu, le 6 décembre ensuivant, il est permis de fabriquer des *serges* de Mouy de demi-aune un demi-quart de large, au lieu de deux-tiers portés par l'art. 11 du réglement de 1669.

EXTRAIT d'un arrêt du conseil du 4 novembre 1598, servant de réglement pour les étoffes de laine qui se fabriquent dans la province de Poitou.

Les *serges* rasés de deux étains qui se fabriquent à S. Maixant, Lamothe, Mesle, Vivonne, Lusignan & autres lieux de ladite province de Poitou, & qui doivent avoir demi-aune de large & vingt-une aunes de long tout apprêtées, auront en toile & au sortir du metier, demi-aune, demi-douze ou un vingt-quatrieme de large, & vingt-quatre à vingt-cinq aunes de long.

Les *serges* rasés qui se font en blanc dans lesdits lieux, seront composées de 39 à 40 portées, & celles qui se font de couleur de brebis, communément appelées *beiges*, seront composées de 38 à 39 portées au moins, & les portées de 20 fils chacune.

Les *serges* rasés grises, mêlées de deux étains, qui se fabriquent à Niort, Poitiers, Tours & autres lieux de la province, qui doivent avoir demi-aune de large, & vingt-une aunes de long, tout apprêtées, auront demi aune & demi-douze de large, & vingt-cinq à vingt-six aunes de long en toile au sortir du metier.

Les grosses *serges* drapées qui se fabriquent à Niort & autres lieux de la province qui doivent avoir une aune de large & quinze à seize aunes de long tout apprêtées, auront une aune un quart & demi de large & vingt à vingt-une aunes de long, en toile au sortir du metier.

Les *serges* de deux laines ou chaînes d'étaim, qui se fabriquent à Lusignan, Poitiers, Chatelleraut, Vivonne, Châtel la-Chaise, Gensay, Civray, Charoux, Thouars, & dans les autres lieux de la province, qui doivent avoir demi-aune de large, & vingt-une aunes de long tout apprêtées, auront trois quarts de large & vingt-sept à vingt-huit aunes de long au sortir du metier.

Suivant un autre arrêt du conseil du 25 août 1705, les *serges* impériales qui se fabriquent en Languedoc, doivent avoir au moins trois quarts & demi de large, ce qui revient à trois quarts d'aune de Paris. Ces sortes de *serges*, que l'on nomme aussi *sempiternes* ou *perpetuanes*, sont presque toutes destinées pour l'Italie & pour l'Espagne. Ce sont les Anglois qui en ont été les premiers inventeurs. *Voy.* SEMPITERNE.

EXTRAIT d'un autre réglement du conseil du 27 avril 1706, pour la manufacture des draperies de Romorentin en Berry.

ART. X. Les *serges* fines drapées, blanches, seront composées de 56 portées de 22 fils chacune & 34 aunes d'attache de long, & fabriquées dans les lames & rots d'une aune trois quarts y compris les lisières, pour être, au retour du foulon, d'une aune de large & de 23 à 24 aunes de long.

XI. Les *serges* drapées gris blanc, gris de fer, gris bluté, gris argentin & demi gris mêlé, seront composées de 32 fils chacune & de 32 aunes d'attache de long, & fabriquées dans les lames & rots d'une aune trois quarts, pour être au retour du foulon, d'une aune de large & de 21 à 22 aunes de long.

XII. Les *serges* drapées, gris de fer brun, gris de more & brunes, seront composées de 50 portées de 32 fils chacune, & de 32 aunes d'attache de long, & seront fabriquées dans les lames & rots, d'une aune trois quarts, y compris les lisières, pour être au retour du foulon, d'une aune de large & de 21 à 22 aunes de long.

XIII. Les *serges* croisées & les cordats gris de fer & autres couleurs, seront composées de 56 portées de 32 fils chacune & de 32 aunes d'attache de long., & seront fabriquées dans des lames & rots d'une aune & demi-quart, les lisières comprises, pour être au retour du foulon d'une aune de large & de 21 à 22 aunes de long.

Les *serges* de Tricot & Piennes en Picardie, conformément au seizieme article des statuts accordés aux fabriquans de ces deux villages, en 1669, confirmés par arrêt du conseil du 17 août 1718, doivent avoir, tant les blanches que les grises, au moins 46 portées de 28 fils chacune, mais ne doivent pas exceder le nombre de 50 portées & doivent être au retour du foulon de deux tiers de large & de 25 à 26 aunes de long.

EXTRAIT du réglement particulier du 21 août 1718, pour les serges *des provinces de Bourgogne,* Bresse, Bugey, Valromey & Gex.

Art. VII. Les *serges* d'une aune de large drapées, façon de ratine, nommées *serges du pays* ou *de Maroy*, qui se fabriquent à Dijon, Issurville, Marcy, Villiers, Avelanges, Avaux, Burscrot, Montenaille, Selongey & autres lieux, doivent être montées dans des rots, d'une aune & demie de large, & leur chaîne composée de 2040 fils faisant 51 portées de 40 fils chacune, y compris les liteaux qui forment une petite lisière.

VIII. Les *serges* de deux tiers de même qualité & qui se font dans les mêmes lieux, doivent avoir en chaîne 1360 fils faisant 34 portées de 40 fils, dans des rots d'une aune, y compris les liteaux de la petite lisière.

IX. Les *serges* aussi de deux tiers de pareille qualité, qui se fabriquent à Margelle, seront montées dans des rots de même largeur, mais auront une portée de plus que les précédentes.

X. Les *serges* d'Arnay le-Duc, de deux tiers, & aussi de même qualité, auront semblablement des rots d'une aune; mais attendu que les laines sont filées plus gros, la chaîne ne sera que de 1280 fils, faisant 32 portées de 40 fils chacune, les lisières comprises.

XI. Les *serges* d'Autun, Nolay, Chagny, Beaune & Nuys, qui doivent avoir aussi deux tiers de large, au retour du foulon, attendu que la laine est encore plus grossièrement filée que celles d'Arnay-le-Duc, n'auront la chaîne que de 1200 fils, faisant 30 portées de 40 fils, les liteaux compris, avec des rots aussi d'une aune.

XII. Toutes les *serges* ci-dessus doivent être travaillées à deux hommes sur le métier, & battues à deux grands coups.

XIII. Toutes les mêmes *serges* fabriquées avec des laines fines du pays, doivent avoir des lisières bleues, & les *serges* communes des lisières noires & jaunes, afin qu'elles ne puissent être confondues.

XIV. Les *serges* nommées *Felines*, qui doivent avoir demi-aune au retour du foulon, seront montées sur des rots de trois quarts & demi, & leur chaîne doit être composée de 880 fils, faisant 22 portées de 40 fils chacune, les lisières comprises.

XV. Les *serges* demi-Londres, qui se fabriquent à Autun auront en chaîne 1800 fils, composant 45 portées, dont chacune sera de 40 fils pour être réduites au sortir du foulon, à deux tiers d'aune de largeur.

XVI. Les *serges* de Londres, de la manufacture royale de Seignelay, seront passées dans un rot ou peigne d'acier & auront en chaîne 2350 fils, faisant 72 portées de 38 fils chacune, y compris la lisière, & seront travaillées à trame moulée & battue à quatre coups, pour avoir au retour du foulon deux tiers d'aune.

XVII. Les *serges* drapées nommées *ratines*, qui se fabriquent à Chatillon sur Seine, attendu le filage qui est grossier, n'ont en chaîne que 1344 fils composant 41 portées de chacune 40 fils, & doivent être passées dans des rots d'une aune & demie, pour revenir au retour du foulon à la largeur d'une aune.

XVIII. Les *serges* de même qualité qui ne doivent avoir que deux tiers au retour du foulon, ne seront composées que de 1280 fils, revenant à 32 portées de 40 fils chacune, & n'auront des rots que d'une aune.

XXII. Tous les rots servant à fabriquer les *serges* dénommées dans les articles ci-dessus & fixées dans leur largeur, doivent être cachetés du sceau des armes du roi, par l'inspecteur, ou de son cachet.

XXIII. Dans les *serges* mêlées de différentes couleurs, les *sergers* ne pourront en teindre la chaîne de blanc en une seule couleur, & la trame en diverses couleurs; mais l'une & l'autre seront teintes & mêlées également des mêmes couleurs, & toutes ces étoffes seront frappées à deux grands coups, à peine de 50 l. d'amende.

XXIV. Les *serges* pour l'usage des troupes & du commun peuple ne seront tirées ni arramées en longueur ni en largeur, mais séchées sur les tendoirs sans extension, à peine de saisie & confiscation, & de 20 l. d'amende.

XXV. Les *serges* qui se fabriquent dans la généralité de Bourgogne seront fabriquées en conformité des réglemens généraux de 1667, & des articles précédens, & n'auront que 21 à 22 aunes de longueur au plus, à peine de 20 l. pour chaque contravention, & en cas qu'il y eût de l'excédent, outre l'amende, il sera coupé par les maîtres & gardes-jurés, & donné à l'hôpital du lieu.

Serges façon de Londres.

La France a l'obligation de l'établissement de la manufacture des *serges* façon de Londres, aux nommés Louis Bezuel & Nicolas de la Coudre, associés. Ce furent ces habiles manufacturiers qui commencèrent à en faire fabriquer à Aumale, petite ville de Normandie, en conséquence d'un privilege exclusif qui leur fut accordé pour quinze années, par lettres patentes de sa majesté, du 12 septembre 1665, sur le rapport de M. Colbert, alors surintendant des manufactures de France; & à ce privilege fut ensuite subrogé François Legendre, par arrêt du conseil du 28 octobre 1666. Cette manufacture a depuis été transportée à Seignelay & à Gournay, & ensuite à Auxerre, Sedan, Abbeville, Beauvais, Bouffers, &c. Celle de Seignelay a toujours conservé la préférence, soit que les ouvriers y employent de meilleures laines, soit qu'ils s'appliquent avec plus d'attention à les bien fabriquer, soit enfin que la terre & l'eau y conviennent mieux.

Les *serges* de ces espece & qualité qui se font en France se fabriquent presque toutes en blanc, & ce sont pour l'ordinaire les marchands qui les achetent des fabriquans, qui les font teindre, tondre, apprêter & catir de la maniere qu'ils le jugent à propos pour les rendre plus parfaites & plus approchantes des *serges* vraiment de Londres.

On nomme *serges rases de deux étaims*, les *serges* sans poil dont la chaîne & la trame sont entierement composées d'une sorte de fil très-tord & très-fin, qu'on appelle *fil d'étaim*. L'on nomme aussi *serges à un étaim* ou *sur étaim*, ou *serges de deux laines*, celles dont il n'y a que la chaîne qui soit de fil d'étaim. Le fil d'étaim est fait d'une longue laine peignée que l'on nomme communément *étaim*, d'où ce fil a pris le nom de *fil d'étaim*. Voyez ÉTAIM.

Des *serges* couleur de brebis que l'on appelle *serges naturelles*, & en Poitou *beiges*, sont celles dont la chaîne & la trame sont faites de laine noire, brune ou tannée, telle qu'elle a été levée de dessus le mouton ou la brebis sans avoir passé à aucune teinture.

On appelle *serges à deux envers*, des *serges* très-grossieres, fortes & épaisses, d'une aune de large, qui n'ont point d'endroit: C'est à Beauvais qu'il s'en fabrique le plus. Elles sont quelquefois nommées *serges fortes*, façon de S. Lo, parce qu'elles ont quelque rapport avec les *serges fortes* qui se fabriquent dans cette ville.

Serges archi-impériales. Sorte de *serge* qui se fait en quelques lieux d'Italie, particulierement à Livourne & aux environs. Elles entrent dans le chargement des vaisseaux que les négocians de cette ville envoyent à Tunis.

Quoique la *serge* proprement dite, soit, suivant la définition qu'on en a donnée au commencement de cet article, une étoffe de laine croisée, il se fabrique cependant en plusieurs provinces de France, & principalement dans celle de Berry, certaines étoffes de laine non croisées, d'une aune de large, un peu grossieres, auxquelles on donne improprement le nom de *serges drapées*, n'étant véritablement ni *serges*, ni draps, mais tenant quelque chose des deux: des draps, en ce qu'elles ne se font que sur un métier à deux marches, comme les draps, & des *serges*, parce que le reste de leur fabrique approche en quelque sorte de celle des *serges*.

La différence entre les *serges* drapées & les draps véritables, consiste en ce que les vrais draps sont beaucoup plus forts, & que leurs lisieres ne sont pas les mêmes; celle des draps ayant ordinairement cinq raies bleues & sept raies blanches, & celle des *serges* drapées, seulement trois ou quatre raies bleues & autant de blanches.

On emploie quantité de *serges* drapées pour l'habillement des troupes de sa majesté, & en habits de livrée. Les paysans & les gens du peuple en portent aussi. Ces sortes de *serges* prennent ordinairement le nom des provinces & des villes où elles se fabriquent, & l'on dit : *serge de Berry*, *serge de Romorantin*, *de Chateauroux*, &c.

« Les *serges* venant de l'étranger ne peuvent entrer dans le royaume que par Calais ou Saint-Valery, suivant l'arrêt du 23 décembre 1687, &. doivent, sçavoir : »

« Celles drapées, façon de Florence, d'Angleterre & autres pays, blanches ou teintes, par piece de 13 ou 15 aunes, 30 livres. »

« Celle d'Ecosse, demi-étroite, blanche ou teinte, neuve ou vieille, appellée *plaidum*, par piece de 25 aunes, 8 livres. »

« Celles façon de seigneur, d'Arscot, Arras, Lille, Cypre, Angleterre & autres pays étrangers, la piece de 20 aunes, 24 livres. »

« Les *serges* venant des provinces réputées étrangeres dans les cinq grosses fermes, paient, suivant le tarif de 1664, sçavoir ; »

« Celles drapées, contrefaites, par piece de 13 à 15 aunes, 10 livres. »

« Celles façon d'Ecosse, demi-étroite, par piece de 25 aunes, 2 liv. »

« Celles façon de seigneur d'Arras & Lille par piece de 20 aunes, 6 livres. »

« Celle de Lille, quoique comprise dans le tarif de 1667, ne doit à l'entrée des cinq grosses fermes, que les droits du tarif de 1664, suivant sa qualité. Arrêt du 14 octobre 1767. »

« Celles des fabriques d'Artois étant omises dans ce tarif, acquittent à l'entrée des cinq grosses fermes, d'après une décision du conseil du 21 avril 1769, cinq pour cent de la valeur. »

« Celles du Languedoc, comme draps de Carcassonne. »

« Celles du Gevaudan, comme étamine d'Auvergne, en conséquence de la décision du conseil, du 18 octobre 1772, qui porte que les petites étoffes de cette province, circuleront dans tout le royaume, sous la dénomination de *serges d'Auvergne*, sans pouvoir être assujetties à d'autre droit que celui de 3 livres par quintal. »

« A la sortie des cinq grosses fermes, pour les provinces réputées étrangères, toute *serge* de laine acquitte, suivant le tarif de 1664, 4 liv. par quintal; celle d'Aumale est seule exceptée. La ferme générale, par sa lettre au directeur de Rouen, du 18 octobre 1773, a consenti qu'elle n'acquittât par quintal que 3 liv. »

« Celles propres pour doublures, également par quintal, 3 livres. »

« A la douane de Lyon, celles de Seigneur, d'Abbeville, Amiens, Rheims & Châlons, façon de Rome, acquittent, suivant la convention du 27 octobre 1684, 5 liv. 19 sols 3 den.; celles drapées contrefaites, comme draps d'Elbœuf & ratines, façon d'Hollande, 4 livres 17 sols 6 deniers; les *serges* d'Aumale, Beauvais & Saint Maixant, 2 liv. 8 sols 9 den.; celles écarlates, par assimilation à celles d'Abbeville, suivant un ordre du directeur, du 18 janvier 1749, 5 liv. 19 sols 3 den.; celles d'Orange, comme draperie d'en bas, 1 liv. 12 sols 6 den.; & celles fil & laine commune, 1 liv. 1 sol 9 den. »

« A la douane de Valence, les *serges* doivent par quintal, sçavoir; »

« Celles étrangères, nommément comprises au premier article du tarif, sous la dénomination de *serges de Rome*, 6 liv. 4 sols 3 den. »

« Les autres, comme draps, 2 liv. 6 sols 8 den. »

Serges pour la teinture & l'apprêt.

« Les *serges* d'Auxy-le-Château, d'Arras, & de la manufacture du sieur Dugasin de Rougefay, peuvent être envoyées à Amiens pour être teintes & apprêtées, en prenant un acquit à caution, par lequel le soumissionnaire s'obligent à représenter au retour, également sur le plomb, le nombre de pièces expédiées, & en payant pour tout droit 5 s. par pièce; décision du conseil du 28 novembre 1763. »

« Les *serges* appareillées, tarifées cumulativement avec les estamets, sont traitées de la même manière. »

« Les *serges* peintes ou imprimées, sont prohibées à toutes les entrées du royaume, quand même elles proviendroient d'Alsace. Décision du conseil du 13 mars 1752. »

« A la douane de Lyon, les nationales de même

espèce, doivent par quintal, sçavoir: venant d'en haut, comme molleton, 3 livres 5 sols; venant d'en bas, 1 liv. 12 sols 6 den. »

« A la douane de Valence, comme draps, 2 l. 6 sols 8 den. »

« Les *serges de soie* sont traitées comme étoffes de soie. »

SERGE DE SOIE. Etoffe croisée toute de soie. Il s'en fait en France beaucoup moins qu'autrefois. Le ras de Saint Maur en est cependant une espèce, étant toute de soie, & y ayant de la croisure. *Voy.* RAS *de Saint Maur.*

SERGER. Quelques personnes écrivent & prononcent *sergier*. Celui qui fabrique ou qui vend des serges.

Il n'y a pas de provinces en France où il y ait plus de *sergers* qu'en Picardie. Cependant à Beauvais ils ne forment avec les drapiers qu'une seule & même communauté, & sont tous réputés & appellés *drapiers*; ce qui a été ainsi réglé par les statuts & réglemens faits pour les manufactures de draperie & sergetteries de ladite ville, du 18 août 1670, dont le premier article porte expressément: « qu'à l'avenir, les drapiers, tant de cette ville que » des fauxbourgs, & d'une lieue à la ronde, & les » *sergers* qui ont été réunis avec eux par arrêt » du parlement de Paris, du 30 août 1661, seront » ensemble une seule & même communauté, sans » aucune différence entr'eux; ensorte que ci-après, » il ne soit plus fait mention des *sergers* réunis, » mais que tous seront réputés & appellés *drapiers*. »

On nomme *apprentif serger*, celui qui apprend à fabriquer de la serge, sous un maître *serger*, auquel il s'est engagé pour un certain tems; & *compagnon serger*, celui qui ayant fait son apprentissage, travaille à la journée chez les maîtres, à la manufacture des *sergers*.

SERGERIE. Se dit tant de la manufacture des serges que du commerce qui s'en fait. La province de Picardie est une de celles de France où il se fait le plus de *sergeries*. A Beauvais & dans les réglemens pour les manufactures de laine de cette ville, on dit *sergetterie*; mais il s'entend plutôt du corps des drapiers & sergers, que du commerce des serges. *Voy.* SERGETTERIE.

SERGETTE ou SARGETTE. Petite *serge* étroite, mince & légère. On met au nombre des *sergettes*, les cadis qui n'ont qu'une demi-aune moins un douze de large, & les serges de Crevecœur, Policour, Chartres & autres semblables, dont la largeur n'est que de demi-aune.

Le réglement de 1667, pour la *draperie & sergetterie* de Beauvais, ordonne, article 46, que les *sergettes* drapées, blanches & grises, façon de Mouy, auront quarante-six portées au moins, & vingt-huit fils chaque portée, & au retour du moulin, demi-aune, demi-quart de largeur, & vingt-aunes & demi de longueur au moins.

SERGETTE. Est aussi une espèce de droguet croisé

& drapé qui se fait en quelques lieux du Poitou. Le réglement de 1698 pour les manufactures de cette province, porte que ces droguets auront, tout apprêtés, une demi-aune de large, & quarante aunes de long, & que leur chaine sera montée de 48 portées, au moins de seize fils chacune. *Voy.* DROGUET.

« Les *sergettes* de Chartres payoient ci-devant à la douane de Lyon; les droits à raison de 55 sous le quintal. »

« Les *sergettes* ordinaires 15 sols de la charge d'anciens droits, & 12 sols de réappréciation. »

N. B. Comme le recueil des droits de traites uniformes, d'entrée & de sortie des cinq grosses fermes, &c. ne fait aucune mention des *sergettes*, il n'est pas à présumer qu'elles paient comme les *serges*.

SERGETTERIE. On appelle ainsi à Beauvais, non seulement la *manufacture des serges*, ou l'ouvrage des *tisserands & sergers* qui les fabriquent, mais encore le corps & la communauté des maîtres qui en font profession.

La *draperie & la sergetterie* faisoient autrefois deux corps séparés; mais en 1661, ils furent réunis par arrêt du parlement du 30 du mois d'août, & depuis ne font plus qu'un seul & même corps, auquel sont encore joints, mais avec quelque subordination, les laneurs, peigneurs, tondeurs, tisserands & autres appareilleurs de laine de ladite ville & des environs.

Les statuts & réglemens de ce corps projettés dans plusieurs assemblées tenues dans le palais épiscopal de Beauvais, desquels l'exécution provisoire avoit été ordonnée par l'arrêt de 1661, ayant été examinés de nouveau par ordre de M. Colbert, dans une assemblée générale, des maire, pairs & autres officiers de la ville & des principaux drapiers, tant en teint que façonniers, maîtres sergers, gardes & jurés des métiers de laneurs, tisserands, peigneurs, & des dix boujonneurs en charge, tenue le 4 février 1667, dans l'hôtel commun de la même ville, & ayant été unanimement approuvés, sa majesté étant en son conseil, confirma lesdits statuts & réglemens, par un arrêt, & les homologua par les lettres patentes desdits mois & an, pour être exécutés selon leur forme & teneur.

Depuis l'union des *drapiers & des sergers*, par l'arrêt de 1661, même après les statuts de 1667, il restoit toujours, quelque sorte de différence entre les drapiers qui avoient gardé leur nom, & les sergers qu'on appelloit *sergers réunis*; mais par le premier article d'un réglement qui fut fait au mois d'août 1670, il fut dit qu'à l'avenir, les drapiers, tant de la ville de Beauvais que de ses fauxbourgs & d'une lieue à la ronde de ladite ville, & les sergers réunis par ledit arrêt du parlement, ne feroient plus ensemble qu'une seule & même communauté, ensorte que tous seroient à l'avenir nommés, qualifiés & réputés également *drapiers*.

On parle ailleurs des principaux articles de ce

réglement de 1670, qui concerne particulièrement l'emploi des laines nommées *pris & pignons* dans les étoffes de laine des fabriques de Beauvais; sur quoi l'on peut voir ce qu'on en dit à l'article des pignons. On se borne donc à donner ici un extrait de ce qu'il y a de plus imposant dans les articles des statuts de 1667, concernant la police de cette communauté, renvoyant pareillement pour les portées, les largeurs & longueurs des étoffes, aux articles de ces mêmes étoffes. *Voyez* RATINE, SERGE & REVÊCHE.

Ces statuts sont composés de cinquante-six articles. Par le premier, tout commerce, débit & fabrique de *draperie & sergetterie*, est défendu & interdit les dimanches & fêtes annuelles, ou autres commandées par l'église.

Le second & le troisième admettent dans la communauté, pour cette fois seulement, sans apprentissage ou chef-d'œuvre, & sans aucun frais que 10 sols pour le certificat, tous maîtres qui travaillent ou qui font travailler des métiers de drapiers, sergers, lainerie, tonture, tisseranderie & autres appareillages de manufacture de laine, dans la ville de Beauvais & une lieue aux environs avant le premier janvier 1666, en se présentant dans un mois du jour de la publication des statuts, pour y être reçus; comme aussi tous maîtres & ouvriers forains & étrangers, en faisant apparoître qu'ils étoient maîtres aux lieux qu'ils auroient quittés, ou faisant apprentissage de trois ans, à leur choix, sans autres frais que de quarante-cinq sols; lesquels ouvriers étrangers seront déclarés naturels & regnicoles sans lettres ni finance & avec dispense de droit d'aubaine, tant pour eux que pour leurs successeurs.

Les fils de maîtres sont déclarés affranchis d'apprentissage par le quatrieme article, pourvu qu'ils ayent servi chez leurs peres pendant deux ans.

Par le cinquieme, les veuves de maîtres doivent jouir du privilege de leurs maris, & leurs fils; si elles en ont, sont pareillement dispensés d'apprentissage, en travaillant pendant deux ans chez elles ou chez d'autres maîtres.

Le sixieme article ordonne pour la premiere fois l'élection de dix boujonneurs, (ce sont les maîtres & gardes) savoir, cinq pris du corps des drapiers & sergers, deux tisserands & deux laneurs, & que tous les ans à l'avenir, cinq seront choisis pour remplir la place des cinq plus anciens.

Les articles 7, 8, 10, 11, 12 & 26, parlent des visites que les boujonneurs ont droit de faire chaque semaine dans les maisons & ouvroirs, même aux moulins & bateaux & chez les ouvriers & foulons; des rapports & procès-verbaux qu'ils en doivent dresser; des saisies de marchandises non visitées ni marquées; de leurs confiscations, amandes & autres peines contre les contrevenans.

L'article 9 regle la marque des étoffes & déclare ceux qui doivent y assister, & se trouver chaque jour de travail à l'hôtel-de-ville depuis neuf heures du matin, jufqu'à dix, & depuis deux de relevée jufqu'à trois, pour être préfent à ladite marque.

Le même article ordonne que le poinçon du fceau royal aura pour empreinte, d'un côté, les armes du roi, & pour légende : *Louis XIV*, *reftaurateur des arts & manufactures* ; & de l'autre côté, les armes de la ville, avec ces mots, *fabrique de Beauvais*.

Par les articles 42, 43 & 44 il eft défendu qu'aucune étoffe de la fabrique de Beauvais, ni d'une lieue à la ronde, foit vendue ni achetée fans avoir le fceau royal, à peine de confifcation & d'amende, ordonnant que les falfificateurs dudit fceau feront pourfuivis & punis comme fauffaires.

Les articles 15, 16 & 17, regardent l'apprentiffage & les apprentis. Ceux-ci ne peuvent être reçus maîtres qu'après trois ans d'apprentiffage dans l'un des quatre métiers de peigneurs, laneurs, tifferands & tondeurs, en rapportant leur brevet duement certifié & quittancé ; & feulement après avoir été jugés capables. A l'égard du nombre des apprentifs chez les maîtres, il eft dit que chacun defdits maîtres n'en pourra avoir qu'un à la fois & deux au plus.

Les tifferands & leurs obligations font le fujet d'onze articles, depuis & y compris le 27e. jufqu'au 38e. exclufivement. *Voy*. TISSERAND.

Par les trois articles fuivans, il eft défendu aux maîtres de congédier aucun ouvrier qu'il ne l'ait averti quatre jours auparavant, ni de fe débaucher leurs ouvriers les uns autres ; avec liberté néanmoins aufdits maîtres de faire travailler tels ouvriers qu'ils jugeront à propos, forains, étrangers ou habitans de la ville ; ces derniers cependant devront être préférés, s'ils font également habiles & s'ils travaillent au même prix.

Les articles 45, 46 & 48 prefcrivent quelles étoffes, & de quelles portées, longueur & largeur, pourront fabriquer les *fergers* du petit corps. Toutes lefquelles marchandifes doivent être vues & vifitées comme celles des drapiers-fergers, mais feulement marquées du plomb de la ville & non du fceau royal. *Voy*. PETITS-CORPS.

La vente des laines, foit par les marchands forains, foit par les revendeurs, & les lieux où elle doit fe faire, font réglés par les 49, 50 & 51e articles, avec injonction aux premiers d'expofer leurs laines ou à la halle ordinaire ou fur la place, & non aux hôtelleries & autres lieux, & défenfes aux vendeurs d'entrer dans la halle les jours de marché, ni d'y faire apporter des laines avant onze heures du matin ; fion plus que de marchander celles qui y font arrivées les jours précédens ; ordonnant de plus aux marchands revendeurs de vendre leurs laines bien féches, & leur défendant de les mêler & falfifier dans les balles.

Par l'article 53e, il eft défendu à tous auneurs d'être courtiers, & aux courtiers d'être auneurs, commiffionnaires, facteurs, ni d'acheter pour leur

compte ou des autres, aucune marchandife des drapiers & fergers.

Enfin, le 56e & dernier article ordonne qu'il fera tenu tous les mois un confeil de police & affemblée générale en l'hôtel épifcopal pour les manufactures, feulement, où fe rendront les maîtres ou leurs députés, & fingulièrement les pairs & échevins qui auront été préfens aux vifites & marques des marchandifes ; enfemble les anciens boujonneurs & efgards & les principaux marchands & ouvriers de tous les corps les plus experts aux manufactures, nommés, choifis & avertis par les maire & pairs, afin de donner leurs avis pour perfectionner de plus en plus lefdites manufactures, & de tout en informer le fur-intendant des arts & manufactures de France.

SERGIER, qu'on écrit & qu'on prononce préfentement *ferger*. Ouvrier ou marchand qui fait ou qui vend des ferges. *Voy*. SERGER, & l'art. précédent SERGETTERIE.

SERIN. Petit oifeau très-eftimé pour fon chant. Il y en a de deux fortes : le *ferin commun* & le *ferin des canaries*. Le commerce des *ferins de Canaries* eft très-confidérable, & il fe trouve dans ces ifles de gros marchands qui ne font que ce négoce.

La plupart des *ferins* qu'on voyoit autrefois à Paris & dans le refte de la France y étoient élevés par des oifeliers, ou apportés par des Suiffes.

« Les *ferins des Canaries* payent en France les droits d'entrée à raifon de 10 livres par cent en nombre, au tarif de 1664, & fortant des cinq groffes fermes 5 pour cent de la valeur. A la douane de Lyon, 5 pour cent de la valeur, venant de l'étranger, & 2 ½ venant de l'intérieur ».

SERIN. C'eft ainfi que l'on nomme en Berry une efpece d'axonge ou graiffe qui eft attachée à la laine des moutons & des brebis. Les droguiftes & les épiciers, qui en font négoce, la nomment *oefype*. *Voy*. OESYPE.

SERIN. Eft auffi un inftrument de bois, avec des efpeces de dents de fer, dont on fe fert en quelques lieux, pour féparer la filaffe de chanvre de la plus groffe chenevote qui y refte, après que le chanvre a été broyé. Cet inftrument s'appelle ailleurs *un écouffoir*, & dans quelques lieux *un échanvroir*. *Voy*. CHANVRE.

SERMONTANT. Marchandife dont il eft parlé dans le tarif de la ville de Lyon. « Elle paye 9 f. du quintal ».

SERONGES. Les chites de Seronges font des toiles peintes qu'on tire du Mogol.

« Elles font prohibées en France excepté à la compagnie des Indes ». *Voy*. CHITES.

SERPELIERE, ou plus communément *ferpilliere*. Groffe toile fervant pour l'emballage des balots, caiffes, bannes, &c. *Voyez* ci-après SERPILIERE.

SERPENTAIRE ou SERPENTINE. Plante médicinale. Les anciens n'en connoiffoient que deux fortes ; la grande & la petite ; mais depuis la découverte de l'Amérique les botanistes en ont ajouté plusieurs, entr'autres la *serpentaire* du Canada, & celle du Brésil. On prétend qu'elles sont toutes alexiteres ou contre-poisons ; aussi entre-t'elle dans la composition de la thériaque.

La grande *serpentaire* des anciens appellée en latin *dracunculus major*, a sa tige droite lisse & marquée de taches rouges, comme la peau d'un serpent ; ce qui peut-être autant que ses vertus, lui a fait donner ce nom. Elle ne croît guères que de deux coudées de haut. Ses feuilles semblables à la parelle, sont enveloppées les unes dans les autres. Son fruit vient au bout de la tige. Il est grappu, d'abord cendré, & en mûrissant jaune & rouge. Sa racine est grosse, ronde, blanche & couverte d'une pelure mince & délicate.

La petite *serpentaire* a sa tige presque semblable à la grande ; mais ses feuilles ressemblent au lierre & sont marquées de blanc. Son fruit est verd au commencement, & jaune quand il est mûr. Sa racine est ronde & bulbeuse.

La *serpentaire de Virginie*, qu'on nomme aussi *veperine*, *dictame*, *pouliot* & *contrayerva de Virginie*, a les feuilles vertes & larges, presque de la forme d'un cœur. Son fruit est rond, rempli de petites graines ; & sa racine, d'une odeur très-forte & très-aromatique, presqu'autant que l'aspic ou la lavande mâle, a par le bas un nombre infini de filamens longs & déliés qui représentent assez bien une espece de barbe. Ce sont les Anglois qui l'ont apportée de Virginie, où elle est un antidote souverain contre la morsure du serpent, qu'on nomme *serpent à sonnettes*, à cause du bruit qu'il fait en se mouvant, & qui semble avertir de se tenir en garde contre lui.

Les relations assurent que cette *serpentaire*, non-seulement guérit ceux que ce serpent a mordus, mais même que son odeur le fait fuir. Elles ajoutent que les voyageurs Indiens & étrangers en portent toujours au bout d'un bâton pour la lui opposer, quand ils en rencontrent.

Il faut choisir la *serpentaire de Virginie* nouvelle, sa racine grosse & bien nourrie, d'une odeur forte & que ses feuilles soient vertes & bien nétoyées.

La *serpentaire du Canada* n'a que trois feuilles ; celle du Brésil n'est connue que depuis 1615. Mais comme on n'en fait pas de commerce, ceux qui en voudront voir la description, auront recours aux Mémoires de l'académie des sciences.

« La *serpentaire* n'est point comprise dans les tarifs. Ainsi elle doit payer les droits d'entrée à raison de cinq pour cent de la valeur, suivant l'estimation ».

SERPENTE. Espece de papier qui prend son nom du serpent dont il est marqué. Il est du nombre des petites sortes de papiers, & ne sert communément qu'à faire des éventails. *Voy.* PAPIER.

SERPENTINE. Plante médicinale, *Voy.* SERPENTAIRE.

SERPILLIERE. Très-grosse toile & la plus commune de toutes, qui ne sert guères qu'à l'emballage des marchandises & à faire des torchons.

SERPILLIERE. Se dit encore de certains lés de grosse toile que quelques marchands laissent pendre devant leurs boutiques pour ôter une partie du jour. La probité ne connoît ni de pareilles ruses, ni de telles précautions.

SERRURE. Machine de fer à ressorts dont la clef est le complément. Tout le monde connoît l'utilité de cette belle invention si perfectionnée aujourd'hui, & à combien d'objets son usage s'étend, soit pour la sûreté de sa personne, soit pour celle de tout ce qu'on désire conserver.

Les principales pieces d'une *serrure*, sont : le pêne, les crampons ou cramponets, le ressort double ou simple, la broche si elle est forée, le fer à rouet, la cloison, les vis, les rivets, le canon, la couverture, les clous à vis, le fond sec & la coque.

La clef a son panneton, son museau, sa tige & son anneau. Elle sert à fermer & à ouvrir la serrure, & l'écusson à couvrir en dehors l'entaille qu'on a faite au bois, pour faire passage à la clef.

C'est du mot *serrure* que les ouvriers qui forgent & fabriquent le fer, particulièrement celui qui convient aux bâtimens, ont pris le nom de *serruriers*.

Les marchands de fer & les quincaillers de Paris, font un très-grand négoce de toutes sortes de *serrures* ; & c'est d'eux que les ébénistes, les coffretiers, les autres ouvriers, les bourgeois qui en ont besoin & les serruriers même les achetent le plus ordinairement ; ces derniers ne faisant guères de *serrures* que celles de commande, ou de quelque façon extraordinaire.

La Picardie & le Forez sont les provinces de France où il s'en fabrique, & d'où les marchands de Paris en tirent le plus.

Les meilleures viennent de Picardie, sur-tout des villages des environs de la ville d'Eu, dont les habitans exercent presque tous la ferrurerie. Celles de Forez sont des sortes les plus communes, & d'un ouvrage encore plus commun & plus mauvais.

Les *ferrures* que vendent les quincaillers sont de trois sortes ; les communes, les polies & les poussées. Celles-ci sont des *ferrures* dont toutes les pieces se démontent à vis, & qui sont seulement poussées, c'est-à-dire, blanchies à la lime. On divise encore chacune de ces trois especes en petites & grandes *ferrures*. Les petites sont celles qui n'ont que depuis un pouce jusqu'à cinq ou six & qui ne se mesurent que par demi-pouces, & les grandes celles que l'on compte par pouces entiers, & qui vont depuis six pouces jusqu'à quatorze & quinze.

Toutes ces *ferrures* (on ne parle que de l'ouvrage ordinaire) sont ou forées ou bernardes. On appelle *ferrure forée*, celle dont la clef est percée, & qui ne peut s'ouvrir en dedans. On nomme au contraire

contraire *ferrure bernarde* , celle dont la clef n'eſt point percée , & qui s'ouvre des deux côtés.

Les marchands mettent encore pluſieurs autres diſtinctions pour le débit de cette marchandiſe. Il y a des *ferrures* à droite, d'autres à gauche , & d'autres qui ſont ſans différence de main. Ces dernières-ſervent aux tiroirs des tables , des commodes , des bureaux , &c. qui ſe tirent & ſe pouſſent, ſans changer de ſituation. Les autres ſe mettent aux portes, aux volets , &c. qui ne ſont pas toujours du même côté.

Il y a encore des *ferrures* à demi-tours & à deux tours ; les unes ſe ferment en les pouſſant, & s'ouvrent ſans clef en dedans , quand il n'y a que le demi-tour de fermé ; les autres ont toujours beſoin de la clef pour les fermer ou pour les ouvrir.

Les *ferrures* de portes , ſoit qu'elles ſoient communes , polies ou pouſſées , ſe font depuis deux pouces juſqu'à quinze. La plus grande quantité de *ferrures* polies & de *ferrures* pouſſées qui ſe conſomme , eſt de celles de ſix à ſept pouces à tour & demi bernardes. Ces *ferrures* ſont propres à toute porte de menuiſerie à placard.

La grande conſommation des *ferrures* communes eſt de celles de ſix à ſept pouces à tour & demi bernardes , & de ſept à huit pouces à deux tours forés. Elles ſont pour les portes communes & à ſimple emboîture.

Il ſe vend peu de *ferrures* de neuf pouces à tour & demi , & point du tout de dix pouces ; mais on en conſomme conſidérablement des unes & des autres à deux tours.

Les *ferrures* de dix à onze pouces à deux tours, ſont pour les portes bâtardes ; celles au-deſſus juſqu'à quinze pour les portes cochères , & ne ſont jamais forées.

A l'égard des *ferrures* à tiroirs , on en fait de trois ſortes, c'eſt-à-dire ; des communes , des polies & des pouſſées , ſoit à tour & demi , ſoit à deux tours , mais ſeulement depuis deux pouces juſqu'à cinq, en augmentant toujours de demi-pouce.

Outre ces ſortes de *ferrures* , dont les quincailliers font un débit preſqu'inconcevable , ils vendent encore & en grande quantité, des *ferrures* de coffres, des *ferrures* à moraillon & des *ferrures* à boſſe.

Les *ferrures* à coffres ſont fort différentes de celles dont on a parlé juſqu'ici. Les unes qu'on appelle *houſſettes* , ſe ferment à la chûte du couvercle, & s'ouvrent avec un demi-tour à droite ; les autres qu'on nomme *à pêne en bord* , ont un pêne plié en équerre , & celles que l'on dit à *une*, *deux & trois fermetures* , ont un pêne ſimple , ou fendu en deux ou en trois avec pluſieurs reſſorts. On appelle *auberon* le petit morceau de fer percé qui ſert comme de gâche à ces ſortes de *ferrures* ; & à travers duquel paſſe le pêne. L'*auberonnière* eſt la plaque de fer ſur laquelle s'attache l'auberon.

Il doit y avoir autant d'auberons que la *ferrure* a de fermetures.

On fait des *ferrures* de coffres depuis un pouce juſqu'à ſix. On les fait communes, ou polies , ou pouſſées , mais beaucoup moins de ces dernières. Celles à deux fermetures ont au moins trois pouces, & celles à trois fermetures en ont quatre & plus.

Il y a de ces *ferrures* qui ont juſqu'à dix fermetures & davantage ; mais ce ſont des chef-d'œuvres de maîtres de Paris , qui ſervent ordinairement à ce qu'on appelle *des coffres forts*, où les marchands , négocians , banquiers & caiſſiers ſerrent leur argent comptant , leurs pierreries , s'ils en ont , & leurs meilleurs effets.

Les *ferrures* quarrées , qui ſe ferment par le moyen d'un moraillon , ne ſont guères d'uſage que pour les caſſettes & autres ouvrages de layetiers , ou pour les valiſes , les coffres d'oſier & autres ſemblables que font les coffretiers. Il s'en fait depuis un pouce en quarré , juſqu'à ſix pouces , auſſi en quarré.

Les *ferrures* à boſſe ſervent aux portes des caves , aux écuries , laiteries , étables , bergeries & autres lieux pareils. Ces deux dernières ſortes de *ferrures* qui ſont les moindres de toutes & du plus bas prix , ſe tirent du Forez & de quelques autres lieux de peu de réputation.

Les cadenats peuvent auſſi être regardés comme une ſorte de *ferrures*. On en a parlé ailleurs , ainſi que de leur uſage & du commerce qui s'en fait. *Voy.* CADENAT.

« Les *ferrures* de fer venant de l'étranger , ſont prohibées par la déciſion du conſeil du 21 octobre 1785. Les autres paient des droits d'entrée, ſçavoir :

« Celles de cuivre, par une autre déciſion du conſeil du 14 mars 1769, de la pièce, 1 liv. 10 ſ. »

« Venant des provinces réputées étrangères , dans les cinq groſſes fermes , comme mercerie , par quintal , 4 livres , & ſont également traitées comme merceries , en paſſant des cinq groſſes fermes aux provinces réputées étrangères & à l'étranger. »

« A la douane de Lyon , les *ferrures* autres que du Forez paient par quintal 2 liv. ; celles du Forez la pièce , 4 den. »

« Pour la douane de Valence , comme la mercerie, par quintal , 2 liv. 1 ſol 6 den. »

« Les *ferrures* propres à porte-feuilles, en cuivre & en acier , doivent les droits d'entrée en Flandres , ceux d'entrée & de ſortie des cinq groſſes fermes , & ceux de la douane de Lyon à la valeur, comme omiſes dans les tarifs de ces droits , ſuivant une lettre de la ferme au directeur de Lille du 15 juillet 1775 ; & par la déciſion du conſeil du 21 octobre 1785 , celles d'acier ſont prohibées. »

SERRURERIE. Art. de forger & de travailler le fer, pour en fabriquer toutes les ſortes d'ouvrages réſervés par les ſtatuts, aux artiſans nommés *ferruriers*.

L'on ne ſçauroit douter qu'entre les arts que la

Pppp

nécessité fit naître, la *serrurerie* ne soit un des plus anciens, par le besoin que les premiers hommes qui vécurent en société, ne tardèrent pas d'en avoir. Son utilité s'étend sur une si grande quantité d'objets, que la profession à laquelle il a donné lieu, est devenue une des plus précieuses que l'homme puisse embrasser. Quelle liaison & quelle solidité pourroit-on donner aux bâtimens, si l'art du *serrurier* ne lui fournissoit des ancres, des tirans, des crampons, des harpons, des boulons, des étriersets, &c. Ses autres ouvrages, plus légers, ne sont ni moins nécessaires, ni moins commodes; les pentures, les gonds, les pivots, les fiches, les couplets servent à suspendre les portes, les chassis, les volets, les contrevents & les guichets; & pour les fermer, on se sert de loquets, de fleaux, de verroux & d'espagnolettes, invention des derniers tems, rapportée d'Espagne, & rendue si commode & si agréable en France. Enfin, sans entrer dans un plus grand détail de tous les autres ouvrages de *serrurerie* qui servent à la cuisine, on peut voir l'énumération dans l'article 54 & suivans des statuts des maîtres serruriers, on dira seulement que c'est à l'art de la *serrurerie* que l'on doit ces balustrades travaillées avec tant de goût, & si bien dessinées, dans lesquelles il semble que le fer ait perdu son inflexible dureté sous la main des serruriers François, sur-tout de ceux de Paris, tant il y a de délicatesse & de perfection dans les contours, les fleurons & les autres ornemens dont elles sont embellies. Les grilles du chœur de la métropole de Paris, de Saint Germain l'Auxerrois, de Saint-Eustache & de Saint-Denis, & dans les bâtimens, les grilles de Versailles & de Maisons justifieront l'éloge que nous venons de faire de cet art utile.

SERRURIER. Artisan qui travaille à divers ouvrages de fer, & particulièrement en serrures, d'où il a été nommé *serrurier*. Voy. *les art. précédens*.

Il y a à Paris une communauté de maîtres *serruriers*, dont les anciens statuts sont du mois de novembre 1411, sous le règne de Charles VI; ils furent confirmés au mois de mai 1543, sous celui de François premier; & enfin Louis XIV, par ses lettres patentes données sur le vû des officiers du châtelet, les renouvella avec quelques changemens, & les confirma le 12 décembre 1652. Ces dernières lettres de confirmation ne furent vérifiées & enrégistrées au parlement que le 27 janvier 1654, à cause de l'opposition formée à l'enrégistrement par quelques maîtres de la communauté, qui en furent déboutés par arrêt du même jour.

Ces nouveaux statuts contiennent en 68 articles, non-seulement tout ce qui regarde la discipline de la communauté, & les divers ouvrages qu'il lui appartient de forger & de fabriquer; mais encore les réglemens entre les maîtres *serruriers* & les maîtres des autres corps, dont les ouvrages ont quelques rapports avec ceux de la serrurerie.

La communauté des maîtres *serruriers* est gouvernée par un syndic & par quatre jurés. On fait

tous les ans l'élection du syndic & de deux jurés. Le syndic veille & a inspection sur les jurés mêmes, & ceux-ci avec lui, sur le reste des maîtres, sur les apprentifs, & sur tout ce qui dépend du métier de *serrurier*. Leurs visites d'obligation & pour lesquelles on paie seulement le droit de visite, sont réglées à cinq par an.

Nul ne peut être reçu à la maîtrise qu'il n'ait été apprentif, & qu'il n'ait fait *chef-d'œuvre*, à l'exception des fils de maîtres qui ne sont tenus qu'à une simple expérience, & à qui le service chez leur pere tient lieu d'apprentissage.

Aucun maître ne peut avoir plus d'un apprentif à la fois, ni l'obliger pour moins de cinq ans. Il peut néanmoins avoir un proche parent pour second apprentif, en faisant sa déclaration au greffe du degré de parenté, & même une autre apprentif étranger, la dernière année de l'apprentissage du premier.

Tout apprentif, au sortir d'apprentissage, doit servir les maîtres cinq années avant de pouvoir aspirer à la maîtrise.

Les fils & gendres de maîtres, paient aux jurés & anciens bacheliers, le droit entier pour leur assistance, mais seulement la moitié du droit qui est dû à la bourse de la communauté.

Les veuves, tant qu'elles restent en viduité, jouissent des privilèges de la maîtrise de leur mari, à la réserve toutefois de celui de faire des apprentifs. Elles peuvent seulement les continuer.

Les maîtres de Paris ont droit d'exercer le métier dans toutes les villes du royaume, où il y a maîtrise, en faisant preuve de leur réception, & enrégistrer leurs lettres au greffe du lieu où ils veulent s'établir.

Les apprentifs des autres villes ne sont reçus à la maîtrise de Paris, qu'après huit ans de service chez les maîtres.

Les compagnons qui travaillent à leurs pièces, & ceux qui travaillent au mois ou à l'année, ne peuvent quitter leur maître, qu'ils n'aient achevé, les uns les pièces qu'ils ont entreprises, & les autres le tems dont ils sont convenus.

Enfin, par une précaution sage, & qui fait la sûreté publique, aucun maître, compagnon ou apprentif, ne peut faire ouverture de serrures, de cabinets, coffres forts ou autres, portes-cochères, portes de chambres, &c. qu'en présence des personnes à qui ces lieux ou ces choses appartiennent, sous peine de punition corporelle; non plus que de forger ou faire forger des clefs, sans avoir la serrure, ou sur des moules de cire & de terre.

On remarquera que le roi Louis XIV ayant créé par sa déclaration du mois de mars 1691, des charges de jurés en titre d'office, dans tous les corps & communautés de Paris, celles des *serruriers* furent réunies & incorporées à leurs corps par lettres patentes du 22 mai de la même année; réunion qui n'apporta aucun changement à leurs anciens statuts, mais qui a seulement augmenté quelque droits pour les réceptions à l'apprentissage, & à la maîtrise.

Les principaux outils qui servent à la serrurerie & à la forge des *serruriers*, sont le soufflet, l'auge de pierre pour l'eau de la forge, l'archet ou archon avec ses forets & leurs boëtes, l'écouvette, les bigornes, les broches rondes ou quarrées, les burins de diverses sortes, les brunissoirs, les clouvières, les chasses quarrées, rondes & demi-rondes, les limes de toute espèce, depuis les gros carreaux jusqu'aux carrelettes, les coins à fendre, les chevalets pour forer & blanchir les calibres, les crochets, les cizelets, les cizeaux à divers usages, & de diverses formes, les compas, les enclumes, l'équerre, les étaux, les échoppes, l'établi, les étampes, la fourchette, les fraises, les filières, plusieurs sortes de gratoires, quantité de marteaux & autres outils, pour former & resserrer les trous quand ils sont percés, les poinçons ronds, carrés, plats, les perçoires de toutes figures & à divers ouvrages, la palette à forer, les tisonniers, les tisoirs, le rochouer, le rabot, le repoussoir, le tranchet & la tranche, plusieurs tenailles de fer droites, crochues, rondes & d'autres seulement de bois, les lattaux, les tarauds, les tourne à gauche, le villebrequin & les valets. Outre ce grand nombre d'outils & quelques autres de moindre conséquence, les *serruriers* se servent aussi de quelques outils de menuisier & de tailleur de pierres, pour entailler la pierre & le bois, lorsqu'ils veulent mettre leur ouvrage en place.

SERSUKERS. Etoffe des Indes soie & coton, rayée de soie, & travaillée à peu près comme la mousseline. La longueur des pièces est de sept, de neuf, de treize & de seize aunes, sur deux tiers trois quarts & sept huitièmes de large.

SERVELETTES. Marchandises employées dans le tarif de Lyon de 1632.

« Les *servelettes* du pays & autres paient 15 sols par balles. »

SERVIETTES. Linge de table, dont tout le monde connoît l'usage. Douze *serviettes*, une grande nappe & une petite font ce qu'on appelle *un service de table.*

« Les *serviettes* en général paient les droits de la douane de Lyon, à raison de 5 s. pour tout droit, par pièce. »

« Les *serviettes* de Flandres 1 livre aussi la pièce. »

« Les droits de sortie, comme linge de table, suivant le tarif de 1664. » *Voyez* LINGE de table.

SERVIETTES A CAFÉ. Etoffes de soie venant de la Chine, divisées en morceaux de la longueur propre à faire des *serviettes*. La longueur de chaque pièce est d'onze aunes. Il en vient beaucoup moins qu'autrefois, la mode de s'en servir étant passée.

SESELI. Plante qui est une espèce de fenouil, & qui en a presque toutes les qualités. Quelques personnes prétendent qu'il approche davantage du

persil de Macédoine. Il vient dans diverses provinces de France, particulièrement en Provence, en Languedoc & en Franche-Comté. Il y a encore le *seseli* de Candie & de la Morée, & celui qu'on nomme *seseli des Prés* ; mais les droguistes de Paris ne vendent que de celui de Provence, que, par distinction, ils appellent *seseli de Marseille*, à cause que celui qui se recueille aux environs de cette ville passe pour le meilleur.

On n'emploie que sa semence qui, pour être bonne, doit être de moyenne longueur, un peu longue, pesante, bien nette, verdâtre, de bonne odeur, & d'un goût âcre & aromatique.

SESTE. Mesure dont on se sert à Siam pour les grains, graines & légumes secs. Il faut quarante sacs pour faire le *seste*, & quarante *sestes* pour le cohi ; ensorte qu'en évaluant le *seste* sur le pied de cent catis, ou cent vingt-cinq livres poids de marc, le sac pèse un peu plus de trois livres, & le cohi cinq mille livres juste.

SESTER. C'est ainsi que les Flamands nomment une certaine mesure que l'on appelle ailleurs, *verge, velte*, &c. *Voy,* JAUGE.

SESTIER. Qu'on nomme aussi *sétier & septier.* Mesure dont on se sert à Paris & en d'autres lieux pour les grains, les graines & les légumes secs. *Voy.* SEPTIER.

SESTIER. Est aussi une mesure des liquides. *Voy, comme ci-dessus.*

SET, qu'on écrit *sept.* Nom de nombre. *Voy,* SEPT.

SETIE. Est le nom que les Turcs donnent à certaines barques avec lesquelles ils font le commerce de proche en proche.

SÉTIÈME. *Voy.* SEPTIÈME.

SÉTIER. *Voy.* SEPTIER.

SEULAGE. Terme de Normand, qui signifie *magasinage*, le loyer que les marchandises paient pour avoir été mises en magasin.

SEULE. A Rouen & dans le reste de la Province, signifie *magasin.*

SEURETÉ, qu'on doit écrire aujourd'hui *sûreté.* *Voy. ce dernier mot.*

SEXTULE. Petit poids dont les apothicaires se servent pour peser leurs drogues. Il pèse un scrupule plus que le dragme ou gros. *Voy,* GROS.

SEYDAVI. Ce sont des soies qui viennent de Sèyde, & qui font du pays. Elles se vendent au damasquin de six cens dragmes, qui font quatre livres onze onces poids de Marseille. *Voy,* SOIES DU LEVANT.

S H

SHAUB ou BAFFETAS. Etoffe des Indes, soie & coton de diverses couleurs. Elles ont sept aunes de long sur trois quarts de large.

S I

SI. C'est le nom qu'on donne en Normandie à

une forte de graiffe ou axonge qui fe trouve adhérente à la laine des moutons & des brebis. Les épiciers & les droguiftes, qui font ceux qui en font commerce, l'appellent *oefype*. *Voy.* OESYPE.

SIAGBANDAR. C'eft le nom qu'on donne en Perfe au receveur des droits d'entrée & de fortie qui fe perçoivent fur les marchandifes dans toute l'étendue du royaume. C'eft une efpèce de fermier général.

Cette charge étoit autrefois annuelle, & le *fiagbandard* comptoit de clerc à maître. Préfentement la recette eft en ferme, qu'on adjuge ordinairement pour fept ou huit ans, & même au-delà; le produit des droits alloit, année commune, à 24 mille tomans, quelquefois même jufqu'à 28, revenant à douze cent mille livres. Il eft probable que cette recette eft bien augmentée depuis..

Les receveurs ou douanniers ont des appointemens fixes, & n'ont aucune part aux droits qu'ils perçoivent.

SIAMOISE. Nom que l'on donne à une forte de toile qui fe fabrique en quelques lieux de Normandie. *Voy.* TOILE; *il y eft parlé de celles de cette province.*

La fabrique des toiles *fiamoifes* s'eft tellement multipliée en Normandie, que préjudiciant à la culture des terres, par le grand nombre d'ouvriers qui s'y occupent, elle a été mife au nombre des toiles & ouvrages de cette province, auxquels par arrêt du 28 juin 1723, il eft défendu de travailler depuis le premier juillet de chaque année, jufqu'au 15 feptembre. *Voyez l'article des réglemens pour les toiles.*

SIAMOISE. C'eft auffi une étoffe mêlée de foie & de coton, que l'on vit pour la première fois en France, lorfque les Ambaffadeurs du roi de Siam y vinrent fous le règne de Louis XIV. C'eft une efpèce de mouffeline.

On fit alors dans les manufactures de France, des étoffes toutes de foie, auxquelles on donna ce nom, que la circonftance de cette ambaffade fingulière avoit mis fort à la mode. On n'en fabrique plus depuis long-temps, ou pour mieux dire, elles font rentrées parmi les fatins façonnés.

Les *fiamoifes* de fil & coton ont été plus heureufes. Il s'en fait toujours un affez grand commerce: les unes font à grandes raies; les autres à petites raies de diverfes couleurs. Leurs largeurs font de demi-aune, ou de près d'une aune. Quelquesunes fe favonnent.

« Les *fiamoifes* étrangères font prohibées par l'article premier de l'arrêt du 10 juillet 1785. »

« Celles du royaume, qui ne font ni teintes ni imprimées, jouiffent de l'exemption des droits accordée par l'article 4 des lettres patentes de 1759, à la circulation, aux toiles blanches de coton, de lin, de chanvre ou mêlées de ces matières, revêtues des marques juftificatives de la fabrique nationale. »

« Celles teintes ou imprimées, paient comme mercerie, à l'entrée des cinq groffes fermes. »

« A la douane de Lyon, par quintal, 2 livres 14 f. 3 den. »

« A celle de Valence, le quintal 3 livres 2 fols 3 den. »

SICILIQUE. Petit poids dont fe fervent les apothicaires. Il pèfe un fextule & deux fcrupules. *Voy.* SEXTULE.

SIDRE, qu'on doit écrire *cidre*. Boiffon faite de pommes. *Voy.* CIDRE & POIRÉ.

SIGNATURE. (*Terme d'imprimerie.*) C'eft un figne, ou une marque que l'on met au bas des pages, au-deffous de la dernière ligne, pour la facilité de la reliure, & pour faire connoître l'ordre des cahiers & des pages qui les compofent.

Les *fignatures* fe marquent avec des lettres initiales qui changent à chaque cahier. S'il y a plus de cahiers que l'alphabet n'a de lettres, on ajoute à l'initiale un caractère courant de même forte; c'eft-à-dire un petit *a*, à la fuite d'un grand *A*, & ainfi de fuite; ce qu'on redouble tant qu'il eft néceffaire.

Pour indiquer l'ordre des feuilles de chaque cahier, on ajoute après la lettre initiale, quelques chiffres qui, par leur nombre, marquent le format de l'édition. *Voy.* IMPRIMERIE.

SIGNATURE. Soufcription, oppofition de fon nom au bas d'un écrit ou d'un acte. *Voy.* SOUSCRIPTION & SOUSSIGNER.

On appelle *un billet*, un écrit *fous fignature privée*, celui qui n'eft pas paffé par devant notaire. Une *fignature en blanc* eft celle qui eft au bas d'un papier blanc, que celui à qui on la donne, peut remplir à fa volonté; ce qu'on appelle communément *blanc feing* ou *blanc figné*.

Confier cette forte de *fignature*, eft en général une haute imprudence; car la fortune la plus folide, fur-tout chez les négocians, peut être renverfée dans un moment, fi celui à qui on l'a donnée, ofoit, comme il le peut, en abufer à fon profit.

SIGNER. Ecrire fon nom au bas d'un acte, foit par devant notaires, foit fous feing privé, pour l'approuver & confentir à l'exécution. *V.* SOUSCRIRE. & SOUSSIGNER.

SIGNER, (*en terme de vitrier.*) C'eft marquer avec la drague trempée dans du blanc broyé & délayé avec de l'eau de gomme, ou fimplement avec de la craie, ce que l'on veut couper d'une pièce de verre avec le diamant. *Voy.* DRAGUE.

SIQUEIES. C'eft ainfi que les Efpagnols nomment les *coris* qui fe pêchent aux Philippines. La pêche de ces coquillages n'y eft pas abondante. La plus grande quantité & les plus eftimés viennent des Maldives. *Voy.* CORIS.

SILVER-GROS, ou GROS D'ARGENT. Monnoie de compte dont les marchands de Breflau en Siléfie fe fervent pour tenir leurs livres ou écritures.

Le *filver-gros* vaut deux fols de France; douze fenins font le *filver-gros*, & trente *filver-gros*, la tichedale, qui revient à l'écu de France de foixante fols.

SILVERGEST, ou SILVERMUNT. Monnoie d'argent qui à cours en Suède.

SILVESTRE. Graine rouge qui fert à teindre en écarlate. L'arbre qui la produit croît aux Indes occidentales, & particulièrement dans le Guatimala, la plus grande & la plus fertile des provinces de la nouvelle Efpagne.

Cet arbre n'eft guères différent de celui de la cochenille; & à la réferve que le fruit où fe trouve la graine, ou infecte, du *filveftre*, eft un peu plus long que celui du cochenillier, on pourroit les prendre l'un pour l'autre. Lorfque le fruit où fe trouve la graine du cochenillier *filveftre* eft mûr, il s'ouvre de lui-même, & à la moindre agitation, il répand fa femence, que les Indiens ont foin d'amaffer dans des plats de terre qu'ils mettent deffous l'arbre.

Huit ou dix de fes fruits ne produifent qu'une once de cette graine, au lieu que quatre fruits du cochenillier donnent une once d'infectes. Ces deux drogues fe reffemblent fi fort, qu'on peut s'y tromper à la vue; mais à l'épreuve il y a une grande différence, la teinture de la cochenille étant infiniment plus belle que celle du *filveftre*. Voy. COCHENILLE *pour les droits*.

SIMBLOT (*Terme de manufacture*). C'eft un affemblage de pétites feuilles, qui font au côté droit du métier que le fabriquant a monté, pour faire une étoffe figurée. *Voy.* FIGURE & DESSIN.

SINA. Soies *fina*. Elles fe tirent de Chine, & fervent en France à la fabrication des gazes. *Voy.* SOIES DE LA CHINE.

SINA ou CHINA. Drogue médecinale qu'on nomme en France *kinakina*. Voy. *cet article*.

SINDAL. Etoffe. Il y en a de deux fortes: l'un que l'on appelle *findal tort*, & l'autre que l'on nomme *fluyers*. Ils portent également 35 aunes de longueur.

SIONAC. Marchandife employée dans le tarif de Lyon, au nombre des drogues; & qui payent comme elles.

SISTER. Mefure pour les grains dont on fe fert à Bergopfoom. 63 *fifters* font le laft de bled & 28 ½ celui d'avoine.

SIVADIERE. Mefure de grains en ufage en Provence, fur-tout à Marfeille. Les huit *fivadieres* font une hemine du pays. La *fivadiere* de bled doit pefer un peu plus de neuf livres, poids de Marfeille, qui font fept livres un peu fortes, poids de marc.

SIVETTE. On nomme en quelques endroits de Flandres, *fil de fivette*, ce qu'on appelle en Picardie, *fil de fayette*. Voy. SAYETTE.

SIX. Nombre compofé de fix unités. Il s'écrit en chiffre arabe de cette maniere (6), en chiffre romain (VI), & en chiffre françois de compte & de finance (bj).

Les fix corps des marchands. On nomme ainfi à Paris, la draperie, l'épicerie, la mercerie, la pelleterie, la bonneterie & l'orfévrerie. *Voyez* CORPS.

SIXAIN. Les marchands merciers appellent ainfi des paquets compofés de fix demi-pieces de rouleau ou ruban de laine. Il n'y a guères que les rouleaux des numeros 4 & 6 qui foient par *fixains*. Voy. ROULEAUX.

SIXIEME. C'eft la partie d'un tout divifé en fix portions égales. Cette fraction s'écrit ainfi, en chiffres $\frac{1}{6}$ $\frac{3}{6}$ $\frac{1}{6}$.

S M

SMALEKENA. Sorte de petite étoffe qui fe fabrique à Harlem. Il y en a de diverfes efpeces: en fil, en foie, avec du clinquant d'or ou d'argent & d'autres avec de l'or & de l'argent fin. Leur aunage n'eft pas reglé pour la longueur; mais pour l'ordinaire les pieces tirent vingt aunes.

S O

SOCHONS. Marchandife comprife dans le tarif de la douane de Lyon.

« Les *fochons* payent au bureau de Lyon 5 f. la tonnele d'ancienne taxation, 1 l. de nouvelle réapréciation, ou 2 f. du quintal, & la réapréciation à proportion ».

SOCIAL. Ce qui appartient à une fociété, ou qui eft fait en fon nom. On dit qu'un billet ou un autre acte, eft figné du nom *focial*, lorfqu'un des affociés l'a foufcrit au nom de la fociété. *Voy.* NOM SOCIAL; & ci-après SOCIÉTÉ & COMPAGNIE.

SOCIÉTÉ. Contrat qui fe fait entre deux ou plufieurs perfonnes, par lequel elles fe lient enfemble pour un certain tems & conviennent de partager également les bénéfices ou les pertes qui réfulteront des affaires pour lefquelles la *fociété* eft contractée.

Suivant le droit romain le contrat de *fociété* ne demande d'autre formalité que le confentement des parties; cependant les ordonnances veulent qu'il foit rédigé par écrit, foit pour en avoir la preuve contre la mauvaife foi, foit pour en régler les claufes & les conditions.

Il n'y a guères de contrats où la probité & la bonne foi foient plus néceffaires que dans une *fociété* de commerce; auffi les loix prononcent-t'elles la nullité de celles qui font faites contre l'équité & dans la vue de tromper. Autrefois ceux qui étoient convaincus de mauvaife foi, dans les *fociétés*, étoient déclarés infames. Il feroit bien à défirer qu'on les traitât aujourd'hui avec la même rigueur. Ce feroit le moyen de prévenir tant de fraudes & de furprifes qui fe font journellement à l'occafion des *fociétés*.

Les *fociétés* fe contractent entre différentes perfonnes & pour divers motifs; mais cet ouvrage n'ayant pour objet que le commerce, on ne parlera dans cet article que de celles qui fe font entre les marchands, les négocians, les banquiers & autres qui fe mêlent de commerce.

Les *sociétés* entre marchands, négocians & banquiers, sont de trois sortes: la *société collective*, la *société en commandite*, & la *société anonyme* ou *momentanée*.

La *société collective* ou *générale* est celle qui se fait entre deux ou plusieurs marchands qui agissent tous également pour les affaires de la *société* & qui font le négoce sous leurs noms collectifs: comme MM. N. & N., ou bien N. N. & compagnie, &c. C'est l'assemblage des noms de ceux qui composent une *société* de commerce, qui constitue ce qu'on appelle parmi les marchands, *la raison de telle ou telle maison*. *Voy.* NOM SOCIAL.

La *société en commandite* est celle qui se fait entre deux personnes, dont l'une ne met dans la *société* que les fonds, & l'autre son industrie & ses talens; de maniere que celui qui n'y a mis que son argent, ne fait ostensiblement aucune fonction ni aucun acte d'associé, & que l'autre, dont le nom paroît seul, est chargé de toutes les affaires & de toutes les opérations qui ont été l'objet de l'association, quoique celui qui a donné son argent, & qu'on appelle *la commandite*, conserve une preponderance marquée dans la direction de toutes les affaires que l'autre entreprend. La *société en commandite* differe des autres *sociétés*, en ce que dans celles-ci tous les associés sont solidaires, & que dans l'autre le commanditaire ne le peut être qu'à concurrence de la somme qu'il a mise dans la *société*.

Cette sorte de *société* est cependant utile à l'état & au public, en ce que toutes les sortes de personnes, même les nobles & les gens de robe peuvent la contracter pour faire valoir leur argent, qui tourne à l'avantage du public par la circulation; & que ceux qui manquent de fonds pour entreprendre un négoce, trouvent dans ceux d'autrui les moyens de s'établir & de faire valoir leurs talens & leur industrie.

Les actes de *sociétés*, tant collectives qu'en commandite, doivent faire mention du capital qu'on y a mis, soit par portions égales, soit par des mises différentes; du tems que la *société* doit durer; du partage des profits ou pertes; de la défense à chacun des associés de négocier hors d'icelles, c'est-à-dire pour son compte particulier; de la fin ou continuation de la *société*, en cas de mort d'un des associés; des aumônes qu'on doit donner aux pauvres; enfin de toutes les conventions sous lesquelles on s'associe & des obligations qu'on s'impose réciproquement afin d'éviter les difficultés & les procès qui finissent presque toujours par la ruine des uns & des autres.

Les *sociétés anonymes* sont celles qui n'ont pas de nom connu, mais qui existent réellement en secret, soit verbalement, soit par écrit, entre plusieurs commerçans qui travaillent chacun en particulier, & qui au bout du tems convenu, se rendent réciproquement compte & partagent entr'eux les bénéfices résultans de leurs opérations particulières. On nomme aussi ces associations *sociétés momen-*

tanées, parce qu'en général elles ont peu de durée & qu'elles n'ont souvent que celle de l'opération ou de la spéculation qui y a donné lieu.

Ces sortes de *sociétés*, quoiqu'utiles quelquesfois, devroient être rigoureusement surveillées, parce que c'est par ces *sociétés* sourdes & cachées qu'on parvient à faire de grands accaparemens & à exercer ensuite le monopole, suivant le degré de cupidité de ces pestes publiques.

L'ordonnance du mois de mars 1673, veut non-seulement que les *sociétés* collectives ou générales, & celles en commandite, soient rédigées par écrit, mais encore que l'extrait de l'acte de *société*, soit registré au greffe de la jurisdiction consulaire, s'il y en a, sinon en celui de l'hôtel-de-ville, & à leur défaut aux greffes des juges royaux des lieux, ou de ceux des seigneurs particuliers, & l'extrait inféré dans un tableau exposé en lieu public, à peine de nullité; cet extrait doit contenir les noms, surnoms & demeures de tous les associés, les clauses extraordinaires relatives à la signature des actes, s'il y en a dans celui de société, le tems auquel elle doit commencer & finir, & qu'elle ne pourra être réputée continuée, s'il n'y a un acte par écrit, enregistré & affiché; qu'en outre tous actes portant changement d'associés, nouvelles stipulations ou clauses pour la signature seront également enregistrés & publiés, & n'auront lieu que du jour de la publication.

La même ordonnance veut aussi que tous les associés soient solidairement obligés aux dettes de la *société*, quoiqu'il n'y en ait qu'un qui ait signé, s'il a signé pour & au nom de la *société*; ce qui n'a cependant pas lieu pour les associés commanditaires, lesquels, ainsi que nous l'avons ci-devant observé, ne sont obligés qu'à concurrence de leur mise de fonds.

Enfin pour éviter les procès qui causent souvent la ruine des commerçans, cette même ordonnance veut encore que dans tous les actes de *société* on stipule par une clause particuliere & expresse que les associés se soumettront à des arbitres pour terminer les contestations qui surviendront entr'eux; & que si cette clause étoit omise, l'un des associés en pourra nommer un, & sur le refus des autres, il en sera nommé d'office par le juge.

Dès l'instant qu'une *société* est contractée, l'un des associés n'a pas la faculté d'y admettre nulle autre personne sans le consentement de ses associés. Il peut cependant ceder une portion de son intérêt dans la *société*; mais ce cessionnaire, loin de devenir un de ses membres par cette cession, n'a de compte à demander qu'à son cédant.

Quand par l'acte de *société* on n'a pas stipulé la portion d'intérêt que chacun des associés doit y avoir, ni la mise qu'ils doivent faire, pour former ce qu'on appelle, en terme de commerçans, le *fonds capital*, tout doit être égal entre eux, soit pour la mise, soit pour le profit ou pour la perte.

S'il est convenu, comme cela est permis, que

l'un des associés fera seul tous les fonds, alors le crédit, le travail, les talens & tous les autres avantages que l'autre apporte dans la *société*, peuvent lui tenir lieu de fonds; on peut encore convenir que les parts dans les profits seront inégales, & que l'un pourra les partager sans entrer dans les pertes; bien entendu qu'on ne regardera comme profits que ce qui restera après les dépenses & les pertes prélevées.

Lorsqu'un des associés met dans la *société* tout le fonds capital & que l'autre n'y apporte que ses talens & son travail, cet argent ne doit être regardé que comme une avance qui doit être prélevée avant tout partage, par celui qui l'a faite, ne faisant point partie des effets communs de la *société*; cependant comme il est possible que le talent & le travail de celui des associés qui n'a point fait de fonds, soient aussi utiles à la *société* que les fonds de l'autre, on peut stipuler que sur ces mêmes fonds, il y aura telle somme qui entrera en *société* pour être partagée comme & avec les autres bénéfices de ladite *société*; mais dans ce cas il est tenu personnellement des pertes qu'il feroit essuyer à la *société* par sa faute.

La *société* de commerce se contractant par le seul consentement des parties, elle peut se dissoudre la même manière. La mort civile ou naturelle d'un des associés, la termine de même que l'impuissance où peut se trouver un desdits associés, par des malheurs imprévus, de fournir aux dépenses de la *société* & de répondre des pertes dont il pourroit être tenu.

On a droit de demander la dissolution d'une *société*, avant son échéance, quand un de ses membres refuse d'exécuter les clauses ou quelqu'une des clauses du contrat de ladite *société*, ou telle qu'elle peut occasionner des pertes considérables à cette même *société*, ou si enfin son humeur & son caractère déraisonnable ne permettent pas à ses associés de vivre avec lui.

Des associés ne peuvent convenir ni stipuler que leur *société* continuera, après la mort de l'un d'eux, avec leurs héritiers; l'incapacité possible de ceux-ci, leur conduite ou leur réputation, &c. &c., s'opposent absolument à toute convention obligatoire de ce genre.

SOETEMLKSKAAS. Mot par lequel les Hollandois désignent une sorte de fromage doux dont il se fait un grand négoce en Hollande & des envois considérables au dehors. « Par la liste, au tarif de 172 , les cent livres pesant paient 2 s. 8 den. de droits de sortie ».

SOFALA. Petit royaume d'Afrique dont la capitale porte le même nom. L'or & le morfil sont le précieux objet du commerce des étrangers dans ce royaume. *Voy. le Dictionnaire de la géographie commerçante.*

SOFISTIQUER. Mot malheureusement trop connu dans le commerce, où l'avidité de certains marchands l'a introduit; il signifie *mêler quelques*

denrées ou marchandises de moindre qualité avec de meilleures. Il se dit plus communément des drogues & épiceries où l'on a mêlé quelque chose pour en augmenter le poids ou le volume, parce que c'est sur-tout dans ces sortes de denrées que les marchands peuvent le mieux déployer les ruses que la cupidité leur suggère, pour augmenter leur fortune en trompant le public. Ce mot semble venir du grec & avoir quelque rapport avec celui de *sophiste*, par lequel on désigne un homme dont les principes sont faux & erronés. *Voyez* SOFISTIQUER.

SOIN. On nomme ainsi quelquefois une sorte de graisse ou axonge qui se trouve attachée aux laines des brebis & moutons. C'est cette graisse que les marchands épiciers-droguistes qui en font le débit, appellent *Oesipe*. Voy. *cet article.*

SOISSONS. Ville de France dans la province de Picardie, où sont établies plusieurs fabriques & manufactures de bonneterie, de chapellerie, de tisseranderie, de rubanerie, de tanerie, &c. *Voy. le dictionnaire de la géographie commerçante.*

SOIXANTAINE. Nombre de *soixante*. On dit une *soixantaine de pistoles*, une *soixantaine d'écus*, &c. *Voy.* l'art. *suivant.*

SOIXANTE. Que l'on prononce *soissante*. Nombre pair composé de *six dixaines*. Ce nombre en chiffre commun ou arabe s'écrit ainsi (60), en chiffre romain, de cette manière (LX), & en chiffre françois de compte ou de finance, de la sorte (lx). On dit *soixante-un, soixante-deux*, & ainsi de suite jusques à quatre-vingt; quelques personnes disent *septante* au lieu de *soixante-dix*.

SOIXANTIEME. C'est la partie d'un tout divisé en *soixante parties égales*. Ainsi l'on dit, j'ai un *soixantieme* dans cet armement, dans cette *société*, &c. On peut voir aux nombres précédens du même genre, & aux mots *moitié, tiers, quart, cinquieme*, &c., les différentes occasions où l'on se sert de ces fractions ou nombres rompus.

En matière de fractions, un *soixantieme* s'écrit ainsi; ($\frac{1}{60}$). On dit aussi un *soixante-unieme*, un *soixante-deuxieme*, & ainsi de suite jusqu'au *quatre-vingtieme*, & ces différentes fractions se marquent de même que celle ci-dessus, avec cette différence néanmoins que l'on met un 1, un 2, un 3, &c., au lieu du zéro qui suit le 6, ce qui se pratique de cette manière ($\frac{1}{61}$, $\frac{1}{62}$, $\frac{1}{63}$, &c.).

On dit encore *trois soixantiemes, cinq soixantiemes, sept soixantiemes*, &c., lesquels se marquent de la sorte ($\frac{3}{60}$, $\frac{5}{60}$, $\frac{7}{60}$, &c.).

SOK ou SOC. Mesure des longueurs dont on se sert dans le royaume de Siam. C'est la demi-coudée. Deux *keubs* font un *sok*, douze *nions* font le *keub*, & chaque *nion* contient *huit* grains de ris non battu, c'est-à-dire *neuf* de nos lignes; au-dessus du *sok* c'est le *ken*, le *voua*, le *fen*, le *jod* & le *roë-nung* qui est la *lieue*, qui contient *deux mille voua* ou *toises*. Voy. KEN.

SOL ou SÔR. Raisin *sec* égrainé qui vient d'Espague. Ce mot femble être le même que celui de *for* ou *foret* que l'on donne au poisson *féché* & *fumé*.

Ce raisin est un des quatre fruits secs qui entrent dans ce qu'on appelle en France, *quatre mendians* (mot à mot, *quatre comestibles*, du mot latin *manducare*) dont on se sert ordinairement pour les collations du carême. *Voy.* RAISIN. On en parle à l'endroit où il est traité des raisins d'Arc & au soleil ; le nom de *sol* prononcé *for* donné à ces raisins peut bien venir aussi du mot *soleil*, dont l'effet est de brûler & par conséquent de *dessécher* ; ainsi le nom même de ce raisin signifieroit *fruit desséché au soleil*.

SOL, qu'on écrit quelquefois & qu'on prononce le plus ordinairement *sou*. Espece de monnoie de cuivre qui a cours en France, & qui sert de monnoie de compte. Ce nom peut venir du mot latin *folvere*, *folder*, *payer*, &c. , dont on a dû se servir préférablement à tout autre pour désigner une piece de monnoie, & sur-tout aussi commune que l'est un *sol*. Voy. SOU.

SOL. On appelle un paiement au *sol la livre*, le partage qui se fait des effets mobiliers d'un débiteur entre ses créanciers, à proportion de ce qui est dû à chacun. *Voy.* FAILLITE OU BANQUEROUTE.

Contribution au sol la livre, se dit de ce que chaque intéressé est obligé de contribuer par rapport à la part qu'il a dans une compagnie, dans la cargaison d'un vaisseau, dans une société ou dans quelqu'autre entreprise de commerce. *Voy.* CONTRIBUTION. *Voy. aussi* AVARIES.

SOLDANELLE ou CHOUX MARIN. Petite plante dont les racines sont fort menues & les feuilles approchantes de l'*aristoloches*, excepté qu'elles sont plus petites & plus épaisses. Ses fleurs sont couleur de pourpre, semblables à celles du *lizeron*; on en trouve beaucoup sur quelques côtes de l'Océan, d'où la plante s'envoie toute entière.

Pour l'avoir bonne, il faut la choisir nouvelle & la moins rompue qu'il est possible; on lui attribue des qualités propres pour la guérison de l'hidropisie, cependant elle est rare & l'on n'en trouve que difficilement chez les droguistes.

SOLDAT. Espece de crabe que l'on nomme aussi *cancelles* & qui se trouve communément dans la plupart des isles Antilles. Comme cet animal est d'un grand secours aux habitans de ces isles par les différens remèdes que l'on en retire pour la guérison de divers accidens & maladies, nous allons rapporter ici ce qu'en a dit M. *Prier*, marchand françois établi à *Léoganne*, côte de S. Domingue, dans un article qu'il communiqua à M. Savary, & qui fera peut-être regretter qu'un animal aussi salutaire ne soit pas plus connu en France où l'on pourroit en retirer de si grands avantages.

Cet animal, d'ordinaire, n'est guères plus long que de trois ou quatre pouces, & gros de dix ou douze lignes ; la partie antérieure de son corps est semblable à la sauterelle marine, avec cette diffé-rence qu'elle est revêtue d'une écaille un peu plus dure ; sa tête est longue, armée de deux cornes déliées ; sous son écaille sont six pieds, dont les deux premiers sont courts, forts & en forme de serres, & les quatre autres longs, menus & pointus avec chacun trois articulations: ceux-ci lui servent à marcher, & la nature l'a pourvu des deux autres pour couper les herbes dont il se nourrit, ou pour se défendre.

Le reste du corps se termine par une espèce de queue en forme de boudin, couverte d'une peau assez rude & épaisse, qui a au bout trois petites écailles que quelques naturalistes appellent des ongles.

Comme cette dernière partie du corps du *soldat* est très-foible, la nature lui a donné l'instinct aussi-tôt qu'il est né de chercher quelque petite coquille abandonnée de son poisson, dans laquelle il s'enferme en y entrant la queue la première; & avec ce nouveau logis, il monte de la mer & gagne les hauteurs & les rochers, où il passe presque toute l'année, ne revenant sur le rivage que dans certaine saison, soit pour y jetter son fray, soit pour y prendre une nouvelle coquille plus proportionnée à sa grosseur, qui s'est augmentée pendant tout ce tems-là.

C'est alors qu'il est agréable de voir ces petits animaux essayer diverses coquilles jusqu'à ce qu'ils en aient trouvé une qui leur soit propre, ou combattre entr'eux à coup de serres pour se rendre maîtres de quelqu'une à laquelle ils prétendent également.

On tire du corps ou de la coquille du *soldat* deux sortes de drogues qui sont d'un grand usage en médecine ; l'une est une eau claire, souveraine contre les pustules ou vessies que cause sur la peau le lait qui découle des branches du *mancenillier*, arbre très commun aux isles, mais très-dangereux; chaque coquille en contient à peu-près une cuillérée. C'est ainsi que la nature a eu soin de placer auprès des êtres malfaisans, d'autres qui par leur bonnes qualités en sont comme le contre-poison.

L'autre drogue pour laquelle les habitans des isles vont principalement à la quête ou à la pêche de ce petit poisson, est une huile admirable pour la guérison des rhumatismes, & qui est aussi un baume salutaire pour les plaies récentes ; c'est cette propriété qui fait regretter que cette huile ne soit pas plus en usage dans nos contrées où l'humidité de l'air cause tant d'humeurs rhumatismales ; & qui fait si l'industrie ne découvriroit pas dans elle d'autres vertus non moins salutaires.

Voici le moyen dont on se sert pour faire cette huile. Dès que le poisson est pris on l'enfile par la tête & on l'expose au soleil qui en fait découler une matière épaisse & gluante comme le beurre, dont l'odeur est extrêmement forte & puante; avec la graisse coule une eau rousse qui empêche qu'elle ne se rancisse & qui sert à la conserver.

C'est n'est guères que de la queue ou de cette espèce de boudin qui lui en sert, que découle cette huile,

huile, il en fort néanmoins un peu des autres parties du corps, & l'on n'ôte pour l'ordinaire le *foldat* du foleil où on l'a expofé que lorfqu'il n'en refte plus que les arrêtes & le fquelette.

Les fauvages, qui de leur nature font fort fujets aux rhumatifmes, en ont toujours provifion, & il n'eft guères d'habitant des ifles Antilles qui n'en garde auffi chez lui, ce qui la rend très-chère dans les ifles, & ce qui fait, à la vérité, qu'il n'en paffe guères en France, où elle n'eft malheureufement connue que de peu d'apothicaires, & encore n'eft-ce que des plus curieux.

Les Antilles ne font pas feules dépofitaires de ce tréfor, & M. *Prier*, déja cité, dit que cette huile eft fort commune dans toutes les habitations de fon ifle fur la côte de S. Domingue ; on ne peut donc qu'engager nos marchands d'en faire venir pour ne pas priver Paris d'une drogue fi fouveraine, ou comme s'exprime un auteur qui en a parlé, fi miraculeufe.

SOLDE DE COMPTE. Somme qui fait la différence du débit & du crédit, lorfque le compte eft vérifié & arrêté. *Voy.* COMPTE.

SOLDE. *Terme de marine*, qui vient du mot latin *folvere*, *payer*, & qui défigne en France le *falaire* que l'on donne aux matelots qui montent les bâtimens deftinés pour les grandes pêches, particulièrement pour celles de la morue & du hareng. Il fe dit ordinairement par oppofition à ce qu'on appelle *lot*, c'eft-à-dire, la part que l'équipage a dans le poiffon qui a été pêché. *Voy.* HARENG & MORUE. *Voy. auffi* LOT.

SOLDER UN COMPTE. C'eft le calculer, le régler, l'arrêter, en faire la balance. *Voyez* COMPTE.

SOLDI ou SOLS, SOUS. Mot qui vient du latin *folvere*, *payer*, *acquitter*, & qui eft en Italie le nom de compte dont on fe fert en plufieurs villes de cette partie de l'Europe, particulièrement à Florence, Livourne, Bologne, Gênes, Ancone, Milan, Lucques, Bergame, Nove & Savoye. On s'en fert auffi à Genève & à Liege.

Tous ces *foldi* ou *fous* Italiens ne font pas de la même valeur ; il en faut *cinquante-huit* de Livourne, *quatre-vingt-trois* de Bologne, *foixante-trois* de Genève, *quatre-vingt-quatorze* de Milan, *foixante* de Nove, & *quatre-vingt-feize* de Gênes, pour faire l'écu de France de *foixante fols* & de neuf au marc.

SOLE. Place publique où étape où l'on décharge les marchandifes, & où on les met comme en dépôt pour être vendues.

Les marchands de vin en gros font tenus de mettre dans les *foles* de l'hôtel-de-ville leurs vins pour en payer le gros.

SOLE. C'eft ainfi qu'on nomme quelquefois des pieces de bois propres à faire des planches, mais que l'on connoît mieux fous le nom de *folives*. *Voy.* SOLIVE.

SOLE. On nomme ainfi une groffe pièce de bois

d'équarriffage qui, avec une autre piece qu'on appelle la *fourchette*, fait la bafe d'une machine à élever des fardeaux qu'on nomme *un engin*.

C'eft fur le milieu de la *fole* que pofe le poinçon & fes bras. Les fonnettes (autre machine pour battre des pieux) ont pareillement leur *fole*, de deffous laquelle s'élèvent les montans à couliffes & leurs bras. *Voy. la defcription de ces deux machines à leurs articles.*

Les *foles* font encore les deux pieces de bois pofées en croix fur un maffif de pierre ou de maçonnerie, fur le milieu defquelles eft appuyé & arcbouté l'arbre ou poinçon qui porte la cage d'un moulin à vent & fur lequel il tourne.

En général, toutes les pieces de bois qui fe placent à terre pour foutenir quelque conftruction, machine ou bâtiment, & fur lefquelles on les eleve, s'appellent des *foles*.

SOLEN. Efpece de coquillage dont on croit le parfum bon pour appaifer les vapeurs des femmes, & qui n'a jamais été fi employé que depuis que cette maladie eft venue à la mode.

Il y a de deux fortes de *folen*, le mâle & la femelle, qui ne different que par la couleur, leur forme étant exactement femblable.

Le *folen* mâle eft *bleuâtre* ou couleur d'ardoife ; le *folen* femelle eft *blanc* ou *rouffâtre*. Quant à la forme, ils font l'un & l'autre également compofés d'une coquille de deux pieces, ou plutôt de deux coquilles longues de quatre à cinq pouces, & larges de fept à huit lignes, articulées enfemble par un bout. Ces deux coquilles font fort minces, creufes en dedans, voutées par dehors & coupées quarément par les extrémités. Ces deux efpeces de *folen* font affez connues dans la Méditerranée, & nos droguiftes les font venir de Provence ou de Languedoc.

On en trouve une troifieme efpece fur les côtes de Normandie, plus longue, plus large, & d'un blanc tirant fur le pourpre. Quoiqu'on fe ferve du *folen* pour les vapeurs, ce n'eft peut-être pas pour fa grande vertu, mais feulement pour le fubftituer au *blata bizantia*, autrement *unguis odoratus*, qui eft, à ce qu'on croit, fouverain pour ces fortes de maux, mais qui eft très-rare chez les marchands droguiftes de Paris, auquel pour cette raifon ils lui fubftituent le *folen*. Voyez BLATA BIZANTIA.

SOLIDAIRE. Il fe dit des obligations & des cautionnemens, où plufieurs perfonnes s'engagent de payer chacune en leur particulier la fomme totale qui leur eft prêtée à tous enfemble, ou à l'une d'elles en particulier, fans que le prêteur foit obligé de difcuter l'une plutôt que l'autre.

On délivre des contraintes *folidaires* contre tous les co-obligés, certificateurs & cautions.

SOLIDAIREMENT. *Adverbe*, qui fignifie *fans divifion de dette. d'une maniere folidaire. Voy. l'article précédent. S'obliger folidairement* pour un autre, c'eft fe charger de payer pour un autre fans que le créancier foit tenu de pourfuivre d'abord fon principal débiteur s'il ne le veut.

SOLIDITÉ, *foliditas*. Ce mot défigne ici la qualité d'une obligation où plufieurs débiteurs s'engagent à payer une fomme qu'ils empruntent, ou qu'ils doivent ; enforte que la dette totale foit exigible contre chacun d'eux, fans que celui au profit duquel l'obligation eft faite, foit obligé de difcuter les autres, & l'un plutôt que l'autre.

SOLIMAN-DOSTUN. Les Indiens nomment ainfi une racine excellente pour la teinture, qui fe trouve en quelques provinces de Perfe, & que les Perfans appellent *ruinas*. Voy. RUINAS.

SOLIVE. Piece de bois de brin ou de fciage dont on fait les planchers des bâtimens.

Quoique toute forte de bois, quand il eft fort & d'une belle venue, puiffe être débité en *folive*, on ne fe fert guères cependant dans les ouvrages de charpente que de *folives* de chêne & de fapin, quelquefois auffi de châtaigner.

Les *folives* de bois de fciage fe débitent ordinairement depuis cinq jufqu'à fept pouces de groffeur, & celles de brin depuis fept jufqu'à neuf pouces. Voy. BOIS DE SCIAGE & BOIS D'ÉQUARRISSAGE. Voy. auffi CHÊNE & SAPIN.

SOLIVEAU. Petite folive moins groffe & moins longue que la folive ordinaire. Le *foliveau* n'a guères que quatre pouces & demi jufqu'à cinq pouces & demi de groffeur.

SOLTAM. Efpece de fucre candi qui fe fait au Caire, dont les Provençaux font quelque commerce. Voy. SUCRE.

SOLVABILITÉ. Moyen qu'on a de bien payer les dettes déja contractées, ou qu'on peut contracter. Quand il eft ordonné en juftice de donner & fournir caution, il faut auffi donner des certificateurs pour répondre de la *folvabilité* actuelle de la caution qu'on fournit.

SOLVABLE. *Solvabilis*. Qualité qu'a un débiteur de payer les dettes qu'il a contractées ou qu'il peut contracter. On appelle un marchand *folvable* celui qui eft riche, qui a des fonds & des effets, en un mot, de quoi payer les achats qu'il fait & les engagemens qu'il contracte. On dit, *donner ou demander une caution bourgeoife, reftante, bonne & valable* ; pour dire, demander ou donner pour caution une perfonne qui eft domiciliée & qui a des fonds fuffifans pour répondre du cautionnement qu'elle a fait.

SOLVER, du mot latin *folvere*. *Payer*, acquitter. Terme dont quelques négocians fe fervent affez fouvent dans leurs écritures mercantilles pour fignifier *folder*. Voy. COMPTE.

SOMEROTS. On nomme ainfi en Languedoc les bois de fapin débités en bois quarrés. Voyez CARRAS ; dans quelques provinces de France on les appelle SOMMIERS.

SOMME. Se dit en Arithmétique du nombre des chofes marquées par certains caractères ou chiffres ; par l'*addition* on joint plufieurs *fommes* en nom-bre enfemble pour en tirer le total ; la *fouftraction* enfeigne à *ôter* une petite *fomme* d'une plus grande ; la *multiplication* à *multiplier* une *fomme* par l'autre pour favoir le montant ; & la *divifion* à *partager* une groffe *fomme* en petites *fommes*, ou parties égales. Le produit de toutes ces regles fe nomme auffi des *fommes*.

SOMME, *en fait de commerce d'argent*, fe dit d'une certaine quantité de livres, fols & deniers que l'on reçoit, ou dont on fait paiement. On dit en ce fens : *reçu de M. . . . . . la fomme de fix cens foixante livres, dix fols quatre deniers* qu'il me devoit par fon billet. *Payé comptant la fomme de cinq cens livres* pour laines à moi vendues par un tel.

Sur les livres & dans les comptes de marchands les *fommes* fe tirent en ligne fur la marge à droite, en chiffre commun ou arabe.

On appelle *fomme totale*, celle qui provient de l'addition de plufieurs petites *fommes*.

SOMME, du latin *fomma*, charge, fe dit de la *charge* d'un cheval, d'un mulet ou de quelqu'autre animal propre à porter des marchandifes fur fon dos. Les chevaux, les mulets, les ânes & les chameaux font des bêtes de *fommes*. *Je vous envoye cinq fommes de draps de vire*.

Les meffagers fe fervent ordinairement de bêtes de *fommes* pour le tranfport des marchandifes & autres chofes dont ils fe chargent.

SOMME. Une *fomme* de verre eft un panier de verre propre aux vitriers, qui renferme *vingt-quatre* plats ou pieces de verres d'environ deux pieds de diamètre, qui font la *charge* d'un crocheteur. On peut tirer d'une *fomme* de verre 90 ou 95 pieds quarrés de vitrage. Voy. VERRE.

SOMME. *En matiere de commerce de mer*, on appelle *haute fomme*, la dépenfe qui ne concerne ni le corps du navire, ni les victuailles, ni les loyers des hommes ; mais ce qui s'employe au nom de tous les intéreffés pour l'avantage du deffein que l'on a entrepris. Les marchands en fourniffent ordinairement les deux tiers, & l'autre tiers fe paie par le maître du navire.

SOMME. Terme dont on fe fert dans le négoce de la clouterie, pour exprimer en un feul mot une certaine quantité de milliers de clous ; ce mot fignifie également ici *charge*.

Toute la broquette, à la réferve de la groffe broquette eftampée ou à tête aboutie, & toutes les autres fortes de clous qui font du nombre de ceux qu'on appelle *clous legers*, même quantité de clous, dits *clous au poids*, fe vendent à la *fomme* quand on les vend en gros. La *fomme* eft de douze milliers de compte.

Les broquettes eftampées & tous les grands clous fe vendent au compte. Voy. CLOU.

SOMME. On appelle *poiffon de fomme* dans le commerce de la marchandife de poiffon, du poiffon qu'on affomme, & qu'après avoir empaillé & mis dans des paniers d'ofier, on tranfporte fur des chevaux ou fur des fourgons & charrettes. *Voy.* POISSON.

SOMME. Grand vaiſſeau Chinois, dont ces peuples ſe ſervent pour leur commerce de mer, particulièrement pour celui qu'ils font au Japon, à Siam & à Batavia.

Le Roi de Siam ſe ſert auſſi de ces *ſommes* pour envoyer ſes marchandiſes au Japon, à Cambaye, au Tunquin, à la Cochinchine, à Surate & autres lieux des Indes; mais ce ſont ordinairement des chrétiens qui les commandent, à cauſe du peu de pratique que ſes ſujets ont de la marine, ſur-tout quand il eſt queſtion de faire des voyages de long cours. *Voyez le Dictionnaire de la Géographie Commerçante*, article SIAM.

SOMMER. (*Terme d'arithmétique & de teneur de livres.*) C'eſt ajouter, joindre enſemble, pluſieurs nombres ou ſommes, pour connoître combien ils peuvent monter tous enſemble; c'eſt préciſément en faire le total. Il y a plus de ſûreté à *ſommer* avec la plume qu'avec le jetton.

SOMMER. Meſure dont on ſe ſert en Eſpagne. Le *ſommer* fait quatre quarteaux; il faut huit *ſommers* pour l'arobe, & deux cents quarante *ſommers* pour la botte.

SOMMIER. Nom que l'on donne aux bêtes de ſommes dont les voituriers & meſſagers ſe ſervent pour le tranſport des marchandiſes. Le meſſager de Lyon a dix *ſommiers*; c'eſt-à-dire, dix *chevaux de charge.*

SOMMIER. C'eſt ainſi qu'on appelle dans le commerce des bois, une pièce de bois ordinairement de brin, qui tient le milieu pour la groſſeur entre la poutre & la ſolive.

SOMMIER. Dans le métier des Tonneliers, s'entend des cerceaux doubles qui terminent de chaque bout la reliure d'une futaille, & qui ſe mettent ſur le ſable pour lui donner plus de force.

SOMMIER. (*En terme de finance*) déſigne un gros régître ou le commis des aides, les receveurs des tailles & autres commis des bureaux des fermes du roi écrivent les *ſommes*, à quoi montent les droits qu'ils reçoivent journellement.

Quelques marchands, négocians & banquiers, donnent auſſi le nom de *ſommier* à celui de leurs livres, qu'on appelle *le grand livre.* Voyez LIVRE DES-MARCHANDS.

SOMMIERE. Sorte d'étoffe toute de laine, tant en chaîne qu'en trème, croiſée, chaude & molette, qui n'eſt autre choſe qu'une eſpèce de ſerge un peu lâche, tirée à poil, & quelquefois des deux côtés, dont on ſe ſert à faire des doublures pour l'hiver.

Les *ſommières* ſe fabriquent en Languedoc, & particulièrement à *Sommières*, petite ville de cette province, d'où il paroît qu'elles ont pris leur nom. Il s'en fait auſſi beaucoup à Beauvais en Picardie.

La largeur des *ſommières* eſt différente, il y en a de demi-aune, de demi-aune demi-quart, de trois quarts & de deux tiers, ſur vingt-deux à vingt-cinq aunes de longueur, meſure de Paris.

Elles ſe vendent ou en écru ou blanchies à la vapeur du ſoufre, ce qui s'appelle *blanc à fleur*, ou teintes en diverſes couleurs. Celles du Languedoc ont toujours été les plus eſtimées, étant mieux fabriquées & d'une meilleure laine que les autres.

SOMMIERES. Petite ville de France dans la province de Languedoc, conſidérable par ſes manufactures de laine, & où ſe fabrique l'étoffe nommée *ſommière*, dont on ſe ſert pour faire des doublures en hiver. *Voy. le Dictionnaire de la Géographie Commerçante.*

SOMPAYE. C'eſt la plus petite monnoie d'argent qui ſe fabrique, & qui ait cours à Siam.

Elle vaut deux ſols demi-pite, monnoie de France, à prendre l'once d'argent ſur le pied de trois livres dix ſols. C'eſt la moitié du *ſoang.*

On donne douze à treize *caches* de Siam pour une *ſompaye*, ou quatre cens *coris.* Les *coris* ſont des coquilles des Maldives, qui ſervent de petite monnoie preſque par toutes les Indes orientales. Les *caches* ſont des eſpèces de doubles de cuivre, deux ou trois fois épais comme les doubles de France. *Voy. l'article des* MONNOIES *des Indes.*

La *ſompaye* ſe diviſe en deux *payes*, chaque *paye* en deux *clams*; mais ces deux ſortes de monnoies, ne ſont que monnoies de compte, & non eſpèces courantes. La *ſompaye* & ſes diminutions ſervent auſſi de poids, le *clam* peſant douze grains de ris, & les autres, en montant à proportion.

SOMPI. Petit poids dont les habitans de Madagaſcar ſe ſervent pour peſer l'or & l'argent.

Le *ſompi* ne peſe qu'une *dragme* ou *gros*, poids de Paris; c'eſt néanmoins le plus fort de tous ceux dont ces Inſulaires font uſage, ignorant ce que c'eſt que l'once, le marc ou la livre, & n'ayant rien qui en tienne lieu, ou qui y réponde; tout, excepté l'or & l'argent, ſe négociant par échange & par eſtimation.

Les diviſions du *ſompi* ſont, le *vari* ou *demi-gros*; le *ſacare* ou *ſcrupule*; le *nanquin* ou *demi-ſcrupule*; & le *nanque* qui vaut *ſix grains*; le *grain* chez eux n'a point de nom.

SON. Peau du grain qui renferme la farine, dont on ſe ſert pour faire le pain, & de toutes ſortes de grains.

« Le *ſon de farine*, propre à faire amidon, doit, à l'entrée des cinq groſſes fermes, cinq pour cent de la valeur, comme omis au tarif de 1664. »

« A la ſortie des cinq groſſes fermes, ſuivant l'arrêt du 16 juillet 1730, il paie par raſière, peſant ſoixante-deux livres, poids de marc, 1 liv. 5 ſols. »

Les autres, ſuivant le ſort des grains, ne peuvent pas être exportés quand la ſortie des grains eſt prohibée; c'eſt ce que le conſeil a décidé le 26 ſeptembre 1772. Il s'eſt fondé ſur ce que le réſultat d'une première mouture, pouvant encore donner de la farine, l'envoi du *son* hors du royaume, seroit une vraie exportation. Mais graces aux vues bienfaisantes du Monarque qui nous gouverne, la liberté accordée, dans l'assemblée des Notables, au commerce des grains, ne mettra plus d'obstacles à son exportation, & par conséquent cette liberté s'étendra jusques sur cette partie du grain, devenue un des principaux objets dont on se sert pour faire l'amidon.

SONDE. Ce qui sert à *sonder* & connoître la qualité ou la consistance de quelque chose.

Les commis des barrages des villes, à l'entrée desquelles il se paie quelques droits, & ceux des bureaux des entrées & sorties du royaume ont différentes *sondes*, pour découvrir si dans les marchandises qui passent à leurs bureaux, & dont on leur paie les droits, il n'y en a point d'autres plus précieuses ou plus importantes cachées, qu'on voudroit faire passer, ou sans acquitter, ou en contrebande.

Les *sondes* des commis placés aux barrières de Paris, pour les entrées du vin, sont en forme d'une longue broche de fer emmanchée dans du bois; ils s'en servent pour *sonder* les charrettes & charriots chargés de paille ou de foin, ou autres choses semblables, dans lesquelles il est facile de cacher quelque pièce de vin, de liqueur, ou autres marchandises pour en sauver les droits.

Les autres *sondes* sont à proportion semblables, mais convenables à la qualité des matières qu'on veut *sonder*.

SONDE. C'est ainsi que les charcuitiers appellent une longue aiguille d'argent, dont ils se servent pour *sonder* les jambons, langues de bœuf & autres viandes crues ou cuites qu'il leur est permis de vendre & débiter.

SONDE. Les éventaillistes & ouvriers qui montent les éventails, nomment ainsi une longue aiguille de léton qui leur sert à ouvrir les papiers pour y placer les flèches de la monture. *Voy.* ÉVENTAIL.

SONDER. *Verbe.* Se servir de la *sonde*, ou pour découvrir la qualité d'une marchandise, ou pour s'assurer s'il n'y a point de fraude dans celles que l'on veut passer aux bureaux des fermes du roi. *Voyez les articles précédens.*

SONNER DE L'OR ou DE L'ARGENT. C'est reconnoître par le *son* d'une espèce ou d'une monnoie qui a mauvaise façon, ou qu'on croit douteuse, si effectivement elle est bonne ou non recevable.

Les trois manières d'éprouver les monnoies dans le commerce, sont de les *sonner*, de *les toucher*, c'est-à-dire, d'en faire l'épreuve à la pierre de touche, & de les *cizailler*. Il n'y a guères que cette dernière qui soit sûre; on dit que les Indiens connoissent le titre de l'or & de l'argent en les maniant ou en les mettant entre les dents.

SONNETTE. Petite clochette de métal, ordinairement de cuivre, & quelquefois d'argent, ainsi nommée pour exprimer son effet, qui est de *sonner* ou de rendre un *son*; c'est du mot *sonnette* que les fondeurs en terre & en sable de la ville & faux-

bourgs de Paris, ont pris dans leurs statuts la qualité de *maîtres sonnetiers*. Les autres marchands qui font commerce de *sonnettes*, étant obligés de les acheter d'eux pour les revendre. Il se fait aussi des *sonnettes* de gros verre.

« Les *sonnettes*, étant comprises dans la classe des merceries, au chapitre des droits de sortie du tarif de 1664, & au chapitre des droits d'entrée, sous le nom latin de *campaxes*, doivent les droits comme mercerie. »

« Cependant, à la douane de Lyon, elles acquittent du quintal, comme cloches, sçavoir;

« Venant de l'étranger, 1 liv. »

« Venant de l'intérieur, avec l'augmentation, 1 l. 1 s. 8 d. »

« Celles qui s'attachent au cou des chevaux, acquittent, seulement pour ce droit, par quintal, sçavoir, venant de l'étranger, 15 sols. »

« Venant de l'intérieur, avec l'augmentation, 16 sols 3 den. »

« A la douane de Valence, où elles sont toutes nommément comprises au quatrième article du tarif, elles paient 2 livres 1 sol 6 den. »

SONTO. On appelle à la Chine *thé sonto* un thé qui est extrêmement estimé. On en porte beaucoup de Canton, ville & port de la Chine, à Batavia. Il s'achete vingt *taels* le *pic* à Canton, & se vend *deux cens cinquante patagues* à Batavia.

« Le *thé-sonto* acquitte, suivant l'arrêt du 8 juillet 1732, par quintal net, 6 liv. » *Voy.* THÉ.

SOPHISTIQUER. Mélanger, altérer des drogues & des marchandises, en y en mêlant d'autres de différente ou moindre qualité. Il se dit particulierement des remedes & drogues qui se préparent & se vendent dans les boutiques des apothicaires & épiciers droguistes, que l'on ne soupçonne pas toujours donner des drogues & remèdes purs & sans mélanges, parce que c'est dans ces sortes de marchandises qu'il est plus aisé de couvrir les moyens illégitimes dont on se sert pour tromper le public. Le mot *sophistiquer* est toujours pris en mauvaise part, il a, comme on l'a déjà remarqué, du rapport avec l'épithète de *sophiste*, donné à un homme dont les principes sont faux & dangereux; c'est à tort que l'on écrit ce mot, *sofistiquer*.

SOPHISTIQUERIE. Mélange de drogues de mauvaise qualité que l'on veut faire passer avec des bonnes, pour en augmenter le volume.

SOR ou SAUR. On appelle ainsi le hareng salé qui est devenu de couleur dorée & obscure, pour avoir été fumé ou séché. On le nomme aussi *soret* ou *sauret*. Dans sa primeur on l'appelle *craquelot*, & on lui donne quelquefois le nom d'*appetit*; mais ce dernier terme n'est guères usité que par le menu peuple de Paris, & particulièrement par les femmes de marché qui le vendent *Voy.* HARENG *vers la fin de l'article.*

Comme le nom de *sor* n'est donné au hareng que lorsqu'il a acquis une couleur *dorée*; ce mot pourroit tenir à celui de *fol, foleil*, dont la couleur or toujours été l'emblême.

SOR ou SOL. Espèce de raisin égrainé, *féché au foleil*, qui s'envoie d'Espagne.

C'est encore du mot *fol, foleil*, que ce fruit, ainsi féché a pris son nom, qui fignifie *fruit féché au soleil*. Voy. RAISIN D'ARCQ ET AU SOLEIL.

SORBEC. Pâte préparée avec du citron, du musc, de l'ambre & autres parfums, & du sucre clarifié, dont on compose une boisson fort en usage dans le Levant : celui d'Egypte est ferme & estimé. Voy. CITRON.

« A l'entrée des cinq grosses fermes, il paie cinq pour cent de la valeur, comme omis au tarif, & le même droit à la sortie, s'il n'est pas justifié de l'acquittement de celui d'entrée. »

« A la douane de Lyon, de tel endroit qu'il vienne, suivant l'ajouté au tarif, il acquitte 5 liv. par quintal net. »

« A la douane de Valence, où il est nommément désigné au deuxième article du tarif, il acquitte aussi par quintal net, 3 liv. 11 sols. »

« Indépendamment des droits dus à l'entrée du royaume sur le *forbec*, suivant la province par laquelle il entre, il acquitte encore, en venant de l'étranger, en conséquence de l'arrêt du 12 mai 1693, un droit additionnel de 20 sols par livre, pefant net. «

SORER ou SAURER. Verbe, qui fignifie *faire fumer & fécher les harengs falés*.

Les habitans de Dieppe difent *forir*. Voy. HARENG vers la fin de l'article.

On fait aussi *forer* des sardines. Voy. SARDINE.

SORET ou SAURET. Signifie la même chose que *for* ou *faur*. Voy. SOR.

SORET. Est aussi un des noms que l'on donne à une des fortes d'acier. Voy. ACIER.

SORI. Les anciens appelloient ainsi une espèce de matière vitriolique que l'on prétend aujourd'hui n'être autre chose que le chalcitis ou colcotar. Voy. VITRIOL.

SORIE. Laine d'Espagne. Il y en a de deux fortes, la *forie* Ségoviane ou de *los Rios*, & la *forie* commune. Voy. LAINE D'ESPAGNE.

SORIN. C'est le nom que l'on donne à celui qui fait *forer* les harengs, c'est-à-dire, qui les fait fumer & fécher. Ce mot n'est presqu'en usage qu'à Dieppe, par-tout ailleurs on dit *forisseur*. Voyez ce mot.

SORIR. Manière de prononcer à Dieppe le verbe *forer* qui fignifie *faire fumer & fécher les harengs falés*. Voy. SORER. Voy. aussi HARENG vers la fin de l'article.

SORISSAGE. Façon que l'on donne au hareng en le fumant à un feu de bois ou de charbon, dans les lieux qu'on appelle *roussables*. Ce terme est en usage dans plusieurs endroits de Normandie & de Picardie. Voy. HARENG SOR.

SORISSEUR. Celui qui fait *forer* le hareng; on le nomme aussi *forin*. Le maître *forisseur* se paye par jour & est nourri ; de son habileté dépend tout le succès de cette façon ; la moindre négligence de sa part exposant le hareng à être entièrement brûlé, ce qui est difficile à reconnoître en le mettant en baril. Voy. comme ci-dessus.

SOR-SÉGOVIE. C'est la laine d'agnelins ou de petits agneaux qui vient de Ségovie, ville d'Espagne. Il y en a de lavée & de non lavée. Il vient aussi des *fors* de Moline, de Castille, d'Albarasin & de Navarre. Voy. LAINE où il est parlé des *agnelins*.

SORTE. Genre, espèce. On dit vendre des marchandises de toutes *fortes*, & ne vendre qu'une seule *forte* de marchandises, de *toutes espèces*, de *tout genre*, ou n'en vendre que d'un *genre*, d'une *espèce*, &c.

Les chapeaux, qu'on appelloit autrefois des *sept fortes*, que fabriquoient les chapeliers de Paris, n'étoient que des chapeaux de vigognes communs, ainsi nommés parce que le public étoit persuadé qu'il entroit dans leur fabrique de sept *fortes* de laine ou de poil. Voy. CHAPEAU.

SORTE. On se fert aussi de ce terme dans le commerce des pierreries en parlant des émeraudes qui ne se vendent qu'au marc ; ce qui en marque les différentes grosseurs qui vont en diminuant depuis la première *forte* jusqu'à la troisième : on dit aussi, première, seconde & troisième couleur. Voy. ÉMÉRAUDE.

SORTIE. C'est le passage d'un lieu à un autre ; dans le commerce ce mot s'entend des marchandises qui passent d'une province dans une autre ou des états d'un prince dans ceux de son voisin. Il n'est guères de souverains qui n'aient établi des droits sur les marchandises qui entrent dans leurs états ou qui en sortent, aussi n'appartient-il qu'à eux d'en imposer, & la plupart sont trop jaloux de leurs droits pour laisser celui-là sans effet, & mettre ainsi des entraves à la liberté du commerce, car ce droit d'imposition est une prérogative de la souveraineté ; les autres impôts qui peuvent se trouver établis & qui se payent dans les terres de certains seigneurs particuliers & à leur profit, ne font qu'une émanation de la souveraine puissance qui les accorde ou permet en vertu de lettres-patentes.

Les droits qui se paient en France à la *fortie* du royaume, ou des provinces réputées étrangères, ne s'y peuvent percevoir que par les commis préposés aux bureaux & sur les tarifs qui en sont dressés en conséquence des édits, déclarations & arrêts qui en ordonnent le paiement.

Les marchands & négocians qui font leur commerce au dehors du royaume ou dans les provinces qui font sujettes aux droits de *fortie*, ne sauroient trop être instruits de la qualité desdits droits ; le nouveau *Recueil alphabétique des droits de traites uniformes, de ceux d'entrée & de fortie des cinq grosses fermes*, publié au commencement de 1786, est presqu'indispensable pour eux ainsi que pour tous les marchands en général. Voy. TARIF. On a aussi ajouté dans ce Dictionnaire, à la fin de chaque article de marchandise, les droits de *fortie* que chaque espece paye en France.

L'état général du commerce de M. Savary y contient plusieurs choses curieuses concernant les droits de *fortie* qui se paient dans les pays étrangers, particulièrement en Espagne, en Angleterre, en Hollande, dans les villes Anséatiques, dans celle du nord & de la mer Baltique, & dans toutes les Echelles du Levant.

L'article premier du titre premier de l'ordonnance de Louis XIV, sur le fait des cinq grosses fermes, donnée à Versailles au mois de février 1687, est conçu en ces termes, relativement aux droits d'entrée & de *fortie* du royaume.

« Nos *droits de fortie* & *d'entrée* seront payés suivant les tarifs arrêtés en notre conseil, ès année 1664, & arrêts depuis intervenus, sur toutes les marchandises qui y sont comprises, nonobstant tous privileges, autres que ceux qui y sont mentionnés, quand même elles seroient destinées pour notre usage & service, & sans déduction de nos autres droits qui auront été payés dans nos provinces réputées étrangères, à la réserve des drogueries & épiceries pour lesquelles les droits qui auront été payés seront déduits ».

Il est bon de savoir que les droits payés dans les provinces réputées étrangères, ne font point déduits sur ceux perceptibles à l'*entrée* & à la *fortie* des cinq grosses fermes.

L'article premier du titre deuxieme de la même ordonnance s'exprime ainsi :

« Nos droits de *fortie* seront payés au premier & plus prochain bureau du chargement des marchandises . . . . . & les marchands & voituriers seront tenus, en arrivant aux lieux où les bureaux sont établis, de les conduire directement au bureau ; le tout à peine de confiscation des marchandises & de l'équipage qui aura servi à les conduire, & de 300 L. d'amende ».

Les marchandises qui s'envoient des cinq grosses fermes à l'étranger, ou aux provinces réputées étrangères, doivent être conduites au bureau le plus prochain du chargement, y être déclarées, visitées, & y acquitter les droits, & elles doivent encore être représentées & visitées au dernier bureau de *fortie*, où l'acquit du premier bureau peut être retenu par les commis, qui délivrent un brevet de contrôle, c'est-à-dire, une copie sommaire de l'acquit, contenant mention qu'ils ont retenu l'original.

Les anciennes fixations des droits qui se percevoient dans les provinces de Normandie, Picardie, Champagne, Bourgogne, Bresse, Poitou, Aunis, Berry, Bourbonnois, Anjou, le Maine, Thouars, châtellenie de Chantoceaux & leurs dépendances, ont été réunies en un seul droit d'*entrée* & de *fortie* par le tarif du 18 septembre 1664, que M. de *Colbert*, dans la vue de porter tous les droits de traites aux frontières du royaume, fit composer.

Le droit de *fortie* s'acquitte en passant des provinces ci-devant désignées & de celles du Beaujo-

lois & de la Dombes qui y ont été ajoutées depuis ce tarif, dans une province réputée étrangère à l'étranger ; il n'y a d'exception que pour les marchandises venant de l'étranger ou y allant, & qui sont assujetties à des droits uniformes soit à l'*entrée*, soit à la *fortie* du royaume.

SOSIE. Etoffe d'écorce d'arbre de soie & de coton que l'on apporte des Indes orientales, ce sont surtout les Anglois qui font ce commerce. Les pieces de cette écorce ont depuis seize jusqu'à dix-neuf aunes de long, & depuis trois quarts jusqu'à sept-huit de large.

SOU. Que l'on écrit le plus ordinairement *sol*, mais que l'on prononce toujours *sou*. Ce mot (qui vient du latin SOLVERE, *payer, acquitter*,) désigne tantôt *une monnoie réelle & courante*, & tantôt *une monnoie imaginaire & de compte*. Après avoir parlé du *sou*, monnoie courante, on parlera du *sou* monnoie de compte.

Le *sou*, *monnoie courante*, est une petite espece faite de billon, c'est-à-dire de cuivre, tenant un peu d'argent, mais plus ou moins suivant les lieux & les tems où il a été fabriqué.

Le *sou* de France a d'abord été fabriqué sur le pied de douze deniers tournois, d'où il fut appellé *douzain*, nom qu'il conserve encore dans quelques provinces de ce royaume, quoiqu'il n'en ait pas toujours la valeur.

Ce *sou*, ayant depuis été augmenté de trois deniers & marqué avec un poinçon d'une fleur de lys pour lui donner cours sur le pied de quinze deniers, il fut nommé *sou marqué*, & par le peuple *sou tapé*.

Louis XIV ayant ordonné par son édit du mois d'août 1656 une fabrication de pieces *six blancs*, il la révoqua par ses lettres-patentes du 19 novembre de l'année suivante, & ordonna qu'au lieu des pieces de six blancs il seroit fabriqué des *sous* & des *doubles-sous*, les uns de quinze deniers & les autres de trente, à deux deniers douze grains de fin, & trois grains de remede, à la fabrication desquels on travailleroit pendant trois années avec vingt-quatre presses & balanciers ; mais à peine les entrepreneurs monétaires-commençoient à y travailler, que ces nouvelles espèces furent décriées à la poursuite des prevôt des marchands & échevins de la ville de Paris, par un arrêt du conseil d'état du 14 août 1658, comme préjudiciables au commerce.

Il est arrivé depuis, sous le même règne, plusieurs autres changements dans cette monnoie de billon.

Les anciens *sous* qu'on avoit remis à *douze* deniers ayant été réformés, & d'autres fabriqués de nouveau, ils eurent les uns & les autres également cours pour quinze deniers d'après un édit de 1693 ; mais par un autre édit donné vers la fin du regne de Louis XIV, au mois de septembre 1709, ces mêmes *sous* furent augmentés jusqu'à dix-huit deniers & une nouvelle fabrication de pieces de trente deniers fut ordonnée dans les monnoies des villes de Lyon & de Metz.

Ces dernières espèces sont au titre de deux deniers douze grains de fin, au remède de 4 grains par marc, & à la taille de cent pièces au marc, au remède de quatre pièces par marc ; il fut aussi fabriqué des pièces de quinze deniers, les unes & les autres avec la même empreinte de deux L adossées l'une à l'autre, d'un côté de cette manière, ℲL & d'une croix fleuronnée de l'autre côté, pour les différencier des anciens *sous* qui avoient une croix de huit L entrelassées & couronnées pour empreinte d'effigie, & d'un écu de France pour empreinte d'écusson. Les pièces de *dix-huit deniers*, & celles de *quinze* & de *trente* furent baissées sur la fin du règne de Louis XIV, les premières ayant été réduites à *quinze* deniers & celles de *trente* à *vingt-un*, valeur qu'elles avoient conservée pendant les deux premières années du règne de Louis XV, sous lequel elles furent bientôt remontées, celles de quinze deniers à dix-huit, & celles de vingt-un à vingt-sept. Présentement on ne rencontre que très-rarement de ces pièces de quinze deniers sur lesquelles sont empreintes deux LL adossées, & le peu que l'on en trouve passe pour pièce de *six liards* ou de *dix-huit deniers*.

Le *sou de douze* deniers qui a cours présentement, porte d'un côté la face du roi, avec ces mots, *Ludovicus XVI, Dei gratiâ*, & de l'autre, l'écu de France, avec l'année où il fut frappé, & cette légende qui est la suite de l'autre, *Franciæ & Navarræ rex*.

On frappa aussi sous le règne de Louis XV, de petites pièces de vingt-quatre deniers, que l'on appella *pièces de deux sous*, & auxquelles on donna quelquefois le nom de *sous marqués* ; ces espèces valoient le *double* du *sou* ordinaire, c'est pourquoi elles furent appellées *deux sous*. Elles portent d'un côté une L surmontée d'une couronne, & entourée de trois fleurs-de-lys, avec cette légende, *Ludovicus XV Dei gratiâ Franciæ & Navarræ rex*, & de l'autre deux L entrelacées & surmontées d'une couronne, avec cette autre légende, *sit nomen Domini benedictum*, & l'année où elle a été frappée.

Il y a quantité de *sous* & de *demi-sous* qui se fabriquent dans les pays étrangers, mais qui n'ont point cours en France.

Quant à leur valeur, elle est inégale, suivant l'inégalité de ce qu'ils tiennent de fin, qui est à peu près au même titre des *sous* de France ; il y a entr'autres des *sous* de Savoie ; & du tems de M. *Savary*, il y avoit encore d'anciens *sous* de Besançon, des *sous* d'Avignon, de Dombes, de Charleville, &c.

Avant la réforme des *sous* en France, il s'y en trouvoit plusieurs qu'on distinguoit par les rois sous lesquels ils avoient été frappés, comme les *douzains* d'Henri II; les *sous* de *Charles IX*, & les *sous* d'Henri IV; d'autres avoient le nom

des provinces où on les fabriquoit, comme les *sous de Dauphiné*, &c. Mais tous ces *sous* furent réformés sous le règne de Louis XIV, comme l'ont été depuis peu les espèces du règne de ce Prince.

Il est quelques provinces de France où le *sou marqué* avoit & a peut-être encore un nom particulier ; en Anjou il s'appelloit *ferlande*, & dans d'autres provinces le *bossu*, à cause d'une espèce de *bosse* que lui imprimoit le poinçon de la fleur-de-lys, lorsqu'on le frappoit pour faire reconnoître ceux qui étoient formés ; car c'est (comme on croit l'avoir déjà dit) une marque particulière faite sur ces *sous*, pour les distinguer des autres, qui les fit appeller *sous marqués*.

Les *sous* n'avoient d'abord été fabriqués que pour servir de menue monnoie, & faire des paiemens en détail, conformément à l'arrêt de 1666 ; mais l'usage s'étant introduit d'en faire de gros paiemens, & pour cela de les réduire en sacs de vingt-cinq, de cinquante, de cent, & même de deux cens livres, qui s'appelloient communément *sacs de douzains*, & qui se prenoient sans compter, & se redonnoient de même dans le commerce de l'argent, sur la foi de l'étiquette attachée à l'ouverture des sacs ; l'abus en devint si grand, que pour remédier à quantité d'inconvéniens qui en étoient la suite, Louis XIV le défendit par un arrêt de son conseil d'état du 16 septembre 1692.

Cet arrêt porte, « qu'à l'avenir il ne se feroit plus de sacs de *douzains*, qu'ils ne se donneroient qu'en détail, que dans les gros paiemens on n'y en pourroit faire entrer que pour dix livres, sous peine de trois mille livres d'amende. »

Il y a eu autrefois en France des *sous*, des *demi-sous* & des *tiers de sous* d'or, & même, au rapport de quelques auteurs qui ont traité des anciennes monnoies du royaume, des *sous* d'argent, à la taille de vingt-quatre à la livre ; mais outre que ces *sous* ou d'or ou d'argent ont à peine passé la première race des rois de France, c'est qu'il n'y a rien de bien certain sur cette matière. Comme ils ne sont point des *monnoies courantes*, qui seules doivent entrer dans *un Dictionnaire du Commerce*, on peut avoir recours aux auteurs qui en ont traité particulièrement, entr'autres aux sçavans ouvrages de MM. *Bouteroue* & *Leblanc*.

Sou. Monnoie de compte, qu'on appelle *sou tournois*, est composée de *quatre liards* qui valent *douze deniers tournois*, la valeur d'un *liard* étant de *trois deniers*, (le mot de *liard* est une corruption du mot *li-hardi*, épithète du roi, sous le règne duquel on frappa cette monnoie), les *vingt sous* tournois valent *une livre* tournois, & *soixante* de ces *sous* valent *un écu* ou *trois livres*.

Le *sou tournois* se subdivise en *douze deniers*, le denier en *deux mailles* ou *oboles*, la maille ou obole en *deux pites*, & la pite en deux *semi-pites*.

Sou. Il y a en Hollande deux monnoies, l'une d'argent, l'autre de billon, auxquelles on donne le nom de *fous* ; celle d'argent s'appelle *fou de gros*, & l'autre *fou commun*. Le *fou de gros* vaut *douze gros* ou *fix fous communs*, à prendre le *fou* pour quinze deniers de France, c'eſt le fchelling. *Voy.* SCHELLING.

Le *fou commun*, qu'on nomme autrement *ſtuyvert*, vaut huit *duytes* ou *deux gros*.

Ces deux monnoies qui font des eſpèces réelles, ſont auſſi en Hollande des Monnoies de change. *Voy.* MONNOIE DE COMPTE ET DE CHANGE.

SOU. Il y avoit en France, au commencement du régne de Louis XV, un autre *fou* de compte que l'on appelloit *fou Pariſis* ; il étoit d'un quart en fus plus fort que le *fous tournois*, & égal en valeur au *fou marqué* de quinze deniers. *Vingt fous Pariſis* faiſoient une *livre Pariſis*, c'eſt-à-dire, *vingt-cinq fous tournois*, ou *une livre cinq fous tournois*.

La *fubvention* eſt un droit de *fou* pour livre qui ſe perçoit ſur certaines eſpèces de marchandiſes.

On dit, *faire une contribution au fou la livre*, pour dire, faire un partage, ou répartition entre des créanciers, chacun à proportion de ce qui peut leur être dû en principal.

Quand on dit qu'un marchand ou négociant eſt entré pour *cinq fous* dans une entrepriſe de manufacture ou autre affaire de commerce, cela ſignifie *qu'il s'y eſt aſſocié pour un quart* ; cinq *fous* étant le quart d'une livre, & *qu'il y a mis des fonds à proportion*.

Dans le commerce, on ſe ſert d'un proverbe qui dit, qu'un marchand a fait de *cent fous, quatre livres*, & de *quatre livres, rien*, pour faire entendre qu'il a fait de mauvais trocs ou achats ſur leſquels il y a toujours à perdre.

SOU. En Angleterre, en Hollande, en Flandres & en Brabant, il exiſte une monnoie de compte que l'on appelle auſſi *fou*.

Le *fou* d'Angleterre ſe nomme *fou ſterling* ; c'eſt la vingtième partie d'une livre ſterling, comme en France le *fou tournois* eſt la vingtième partie d'une livre tournois. Un *fou ſterling* vaut *douze deniers ſterlings*, ou *douze penins*, & ce *fou* augmente ou diminue à proportion que la livre ſterling augmente ou diminue de valeur, ce qui ſe régle par le prix du change. *Voy.* LIVRE.

En Hollande, en Brabant & en Flandres, le *fou* s'appelle *fou de gros* ; il faut vingt *fous de gros* pour faire une livre de gros, & le *fou de gros* ſe diviſe en douze deniers de gros ; la valeur du *fou de gros* eſt variable, de même que celle du *fou ſterling* d'Angleterre, c'eſt-à-dire, qu'elle ſuit toujours la valeur de la livre de gros, par rapport au prix du change. Il y a quelque différence entre le *fous de gros* de Hollande & celui de Flandres & de Brabant. *Voy.* LIVRE.

SOUAGUZEZ. Même mot que celui de SAUVAGAGI & de SAUVAGUZÉE. C'eſt le nom que l'on donne à des toiles de coton qui viennent des Indes orientales. Il y en a de diverſes ſortes.

Les *ſouaguzez broun* ſont blanches ; elles ont *quatorze aunes* de longueur, ſur *deux tiers* ou *demi-aune* de largeur.

Les autres *ſouaguzez* ſont écrues ; elles ont auſſi quatorze aunes ſur deux tiers. *Voy.* quant à leur tarif l'article TOILE, & ceux de SAUVAGAGI & SAUVAGUZÉES.

SOUBORD. Livre de *ſoubord*. *Voy.* LIVRE.

SOUCHA. Crêpon de ſoie de la Chine, rayé de bleu. *Voy.* CRÊPON.

SOUCHE. (*Terme de commerce en détail.*) C'eſt la plus longue des deux petites pièces de bois qui compoſent ce que les marchands appellent *une taille*, ſur laquelle ils marquent avec des hoches ou inciſions, qu'ils font journellement avec un couteau, les marchandiſes qu'ils donnent à crédit aux perſonnes qui ont des comptes avec eux ; l'autre partie s'appelle l'*échantillon*. *Voy.* TAILLE.

SOUCHE. (*Terme d'exploitation & de commerce de bois.*) C'eſt la partie de l'arbre qui eſt à fleur de terre, & qui tient aux racines. Ce mot ſignifie *racine*.

On l'appelle auſſi *cépée ou ſépée*, mais on ne ſe ſert guères de ce dernier terme qu'en parlant des arbres du tronc deſquels il ſort diverſes tiges. *Voy.* CÉPÉES.

SOUCHET DES INDES, DE MALABAR, ou de BABYLONE. C'eſt la *terramerita*. Voyez TERRAMERITA.

Outre la *terramerita*, qui eſt le véritable *ſouchet*, dont il ſe fait une très-grande conſommation par les teinturiers & autres ouvriers ; il y a encore deux ſortes de *ſouchets* moins connus & de moindre uſage ; le *ſouchet rond*, & le *ſouchet long*.

Le *ſouchet rond*, qu'on appelle auſſi *cyperus rond* (nom ſous lequel il eſt tarifé dans le recueil des droits d'aides, &c.), & ſouvent *ſouchet d'Angleterre & de Flandres*, parce que c'étoit de là que les marchands épiciers-droguiſtes le tiroient autrefois, eſt une racine noueuſe en forme de gros grains de chapelet, brune au-dehors & griſe au dedans, d'un goût aſtringent, & preſque ſans odeur quand elle eſt nouvelle. Cette racine croît dans l'eau, ou le long des ruiſſeaux. Elle jette du milieu de ſes feuilles, qui ſont longues & étroites, des tiges triangulaires, ſolides & liſſées. Ses fleurs ſont petites & rougeâtres, attachées le long des tiges, par bouquets enveloppés de quelques feuilles. Cette ſorte de *ſouchet* ſe tire préſentement d'auprès d'Etampes. Pris en infuſion dans du vin blanc, on le croit bon pour la colique. Il ne s'en fait néanmoins qu'une très-petite conſommation.

Le *ſouchet long* ou *cyperus long*, que quelques botaniſtes nomment *galange ſauvage*, eſt une petite racine entourée de quantité de filamens, d'une odeur aſſez agréable, & du reſte aſſez ſemblable au *ſouchet rond*, à la réſerve de ſes feuilles,

qui

qui font longues & vertes, comme celles du poireau, & de la situation de ſes fleurs, qui croiſſent preſque au bout des tiges ; ce ſouchet ſe plaît également dans le voiſinage des eaux, enforte que l'on le regarde comme une plante aquatique. Les payſans des environs de Paris viennent le vendre par ſachées aux marchands droguiſtes ; mais à moins de bien examiner le fond des ſacs, on eſt ſouvent trompé, les payſans ayant ſoin que celui de deſſus ſoit ſec & bien conditionné, & de remplir le reſte du ſac avec du ſouchet de moindre qualité, ou même humide & gâté. Pour l'avoir bonne, il faut choiſir cette racine, groſſe, ſeche, point vermoulue, & ne ſentant ni le moiſi, ni l'enfermé. Son uſage eſt pour la médecine. Néanmoins les parfumeurs & les gantiers s'en ſervent à cauſe de ſon odeur. *voy. auſſi* CUCURMA.

« Le *ſouchet* ou *cyperus* venant de l'étranger & des provinces réputées étrangères dans les cinq groſſes fermes, doit, ſuivant le tarif de 1664, 12 ſ. par quintal net. »

« Paſſant des cinq groſſes fermes, dans une province réputée étrangère, ou à l'étranger, il eſt exempt. »

« A la douane de Lyon, il doit par quintal net, ſuivant l'ajouté au tarif de 1632, 6 ſols, venant de l'étranger. »

« Venant de l'intérieur, 7 ſols, à cauſe de l'augmentation. »

« Pour la douane de Valence, il paie, comme droguerie, 3 liv. 11 ſols du quintal net. »

SOUCHET. (*Terme de carrier.*) On nomme ainſi une mauvaiſe pierre qui ſe trouve quelquefois entre les bancs qui compoſent une carrière, particulièrement ſous le dernier banc, le plus ſouvent le *ſouchet* n'eſt qu'une eſpèce de terre & de gravois. *Voy.* CARRIÈRE.

SOUCHETAGE. Deſcente que font les officiers des eaux & forêts après la coupe des bois, pour viſiter & compter le nombre & la qualité des ſouches ou arbres abattus.

Le mot *ſouchetage* ſe dit auſſi du compte & de la marque des bois de futaie, qu'on a permiſſion d'abattre dans une vente ; cette dernière viſite ſe fait avant l'exploitation des bois.

L'article 50 du titre 15 de l'ordonnance de 1669, permet aux marchands adjudicataires de faire procéder au *ſouchetage* de leurs ventes avant de les exploiter, & d'en faire dreſſer le procès-verbal par les officiers des eaux & forêts ; ce qui doit ſe faire ſans frais, ſous peine de concuſſion.

SOUCIS ou SOUTIS. Ce ſont des mouſſelines de ſoie rayées de diverſes couleurs, qui viennent des Indes, ce qui les fait appeller *mouſſelines*, quoiqu'il n'entre aucun coton dans leur fabrique, comme dans les véritables mouſſelines ; c'eſt une eſpèce de bourre ou de mouſſe légère qui paroît ſur la ſuperficie de la toile comme ſur les mouſſelines ; ce ſont, à proprement parler, de vraies toiles de ſoie.

Il n'y a que les Indiens qui aient la manière de travailler ainſi ces ſortes d'étoffes.

Les *ſoucis* ſont de différentes longueurs & largeurs ; il y a des pièces qui n'ont que huit aunes de long ſur trois quarts de large, & d'autres, vingt aunes ſur deux tiers.

SOUDE. Plante avec laquelle on fait la pierre appellée également *ſoude*, qui ſert à pluſieurs uſages, ſur-tout pour les verreries & ſavonneries. *Voyez l'article ſuivant.*

SOUDE. Sel gris artificiel, très-poreux & très-lexivial. Les verriers s'en ſervent pour faire leurs verres, & les ſavonniers l'employent dans la compoſition de leurs ſavons ; mais la plus forte conſommation de la *ſoude*, dont les marchands épiciers droguiſtes de Paris font un commerce conſidérable, ſe fait par les blanchiſſeuſes des environs des fauxbourgs de cette grande ville, qui s'en ſervent pour leſſiver & blanchir le linge.

La *ſoude* ſe fait avec une plante qui porte le même nom, & qui croît le long des côtes de la mer. Les Botaniſtes la nomment *kali*, & prétendent que c'eſt d'elle que certains ſels ſont appellés *ſels alkalis*. Les ouvriers qui la brûlent la nomment *la marie.*

Cette plante jette une tige de la hauteur d'un pied & demi, nouée en pluſieurs endroits, & de ſes nœuds ſortent de petites feuilles fort étroites. Sa graine eſt enfermée dans de médiocres gouſſes rondes, qui viennent à l'extrémité de ſes branches. On la ſeme tous les ans ; & quand elle eſt d'une grandeur raiſonnable on la coupe & on la fane comme l'on fait ordinairement le foin. Lorſqu'elle eſt ſeche, l'on en remplit de grands trous faits exprès, on y met le feu, on la couvre, & quand elle eſt réduite en cendres, il s'en forme après quelques temps une pierre ſi rude, qu'on eſt obligé de la caſſer avec des marteaux ; c'eſt cette pierre que nous appellons *ſoude*, & à laquelle les anciens ont donné le nom de *ſalicore*, *ſalicot* ou *alun catin*. Voy. SALICOR.

On diſtingue quatre ſortes de *ſoude*, qui ſont la *ſoude d'Alicante*, celle de *Carthagène*, celle qu'on nomme *ſoude de Bourde*, & enfin la *ſoude de Cherbourg*, que l'on appelle auſſi *varech* ou *cendres de varech*, du nom d'une plante qui croît au bord de la mer en Normandie, & dont cette *ſoude* eſt faite.

La *ſoude d'Alicante* eſt la meilleure, celle de *Carthagène*, quoique moins bonne, ne laiſſe pas de s'employer avec ſuccès, & eſt de beaucoup ſupérieure aux deux autres, qui ſont très-mauvaiſes, étant ordinairement humides, d'une couleur verdâtre, approchant du noir, puantes, mêlées de quantité de pierres, & quelquefois de chaux ; ce qui gâte & brûle le linge.

Pour bien choiſir la *ſoude d'Alicante*, il faut la prendre ſeche, ſonante, d'un gris bleuâtre dedans, & dehors percée de petits trous en forme d'œil de perdrix, & qu'étant mouillée elle n'aie point une odeur de marécage. Il faut ſur-tout avoir foin qu'il n'y ait aucun mêlange d'autres pierres, & que les pierres de *foude* ne foient point couvertes d'une croûte verdâtre ; outre que le premier de ces défauts augmente inutilement le poids de la marchandife, il concourt avec l'autre à gâter & déterriorer le linge. La *foude* trop groffe ou trop menue, peut plus facilement fe charger d'autres drogues & de parties hétérogènes ; la moyenne, de la groffeur des cailloux (appellée pour cela *cailloti*) doit leur être préférée.

La *foude de Carthagène*, quoique moins bonne que celle d'Alicante, doit proportionnement avoir les mêmes qualités, car elle n'eft jamais fi bleue, elle a de plus petits trous, & eft couverte de cette croûte verdâtre, que nous avons dit être un défaut. Elle fe transporte en balles plus groffes que l'autre.

Outre ces quatre fortes de *foude*, on en compte une cinquième qui eft moins commune, & que l'on appelle *foude blanche*. C'eft une efpèce de fel ou falpêtre, que les droguiftes nomment communément *natron*, *Sal natrum*. Il fe forme de l'eau du Nil, menagée à peu près de la même manière que l'eau de la mer dans les marais falans, & aidée de l'ardeur du foleil.

Par le moyen de l'eau commune, on tire de la *foude* un fel blanc, qui eft le véritable fel alkali, & qui doit feul en porter le nom, de préférence à tout autre, & fans autre dénomination ; ce qui doit le diftinguer des autres fels alkalis, qui tous ont befoin que l'on les défigne par la plante ou autre matière dont ils font tirés, comme *fel alkaly d'abfynthe*, de *centaurée*, &c.

SOUDE DE BARILLE. C'eft le nom de la véritable *foude d'Alicante*, ainfi nommée de l'herbe de *barille* qui fe feme, fe cultive, fe recueille & fe brûle, pour faire la *foude*, aux environs de cette ville d'Efpagne. Rarement elle nous vient toute pure d'Efpagne ; les Efpagnols, pour gagner davantage, en augmentant le volume, en la mêlant fouvent avec la *foude de bourdine*, autre herbe qui reffemble à la *barille*, mais qui n'a point les mêmes bonnes qualités.

C'eft la véritable *foude de barille* qu'il faut employer pour la fabrication des glaces à miroirs, la bourdine n'y étant pas propre. Elle s'envoie en maffe dans de grands cabats de jonc.

SOUDE DE BOURDINE. *Soude* faite avec une herbe qui a beaucoup de reffemblance avec la *barille*, mais qui n'eft point auffi bonne. *voyez l'article précédent.*

« Les *foudes* venant d'Alicante & des autres lieux d'Efpagne, peuvent entrer dans le royaume en payant les droits ; la prohibition relative aux cendres de Varech ne les concerne pas, d'après la décifion du 26 juin 1756. »

« Servant à la teinture, elles font également admiffibles venant d'Angleterre, d'après l'arrêt du 2 février 1765, & celui du 17 juillet 1785. »

« Elles doivent, fuivant le tarif de 1664, par

quintal, fçavoir, en entrant dans les cinq groffes fermes, 8 fols. »

« Paffant des cinq groffes fermes aux provinces réputées étrangères, 10 fols. »

« Elles font prohibées à toutes les forties du royaume, comme falins propres aux verriers ; c'eft le réfultat de l'arrêt du 26 avril 1781, confirmé par celui du 9 juillet 1785. »

« A la douane de Lyon, elles acquittent, fuivant le tarif de 1632, où elles font dans la claffe des drogues, par quintal net, fçavoir, venant de l'étranger, 3 fols. »

« Venant de l'intérieur, avec l'augmentation 3 f. 6 den. »

« A la douane de Valence, où elles font comprifes au feptième article du tarif, elles paient auffi du quintal net, 17 fols 6 den. »

SOUDE DE COMPTE pour **SOLDE DE COMPTE.** *voy.* **COMPTE.**

SOUDER UN COMPTE, on dit plus communément **SOLDER UN COMPTE.** C'eft le calculer, le régler, l'arrêter, en faire la balance. *voyez* **COMPTE.**

SOUDIS. Petite monnoie qui a cours à Ormus, dans le golphe Perfique.

Un *foudis* vaut *quatre payes*, & la *paye dix beforchs* qui font à peu près comme les *liards* de France. *voy.* **BESORCHE.**

SOUDURE. Compofition ou mêlange de divers métaux & minéraux, qui fert à *fouder* & joindre enfemble d'autres métaux. On fait des *foudures* d'or, d'argent, de cuivre, d'étain commun, d'étain de glace & de plomb ; obfervant de mettre toujours dans la compofition quelque partie du métal que l'on veut fouder avec une partie d'un métal fupérieur.

Les orfévres font de quatre fortes de *foudures*, que pour diftinguer, ils nomment *foudures à huit*, *à fix*, *au quart* & *au tiers*, cette dernière eft la plus foible ; ils entendent par *foudure à huit* celle qui n'a qu'un *huitième* de cuivre ou de léton fur fept parties d'argent, & ainfi des autres. C'eft le mêlange de cuivre dans la *foudure* d'argent qui fait que la vaiffelle montée eft toujours moins chère que la vaiffelle plate.

La *foudure* des plombiers fe fait avec *deux livres* de plomb & *une livre* d'étain. On éprouve fa bonté dans la fonte, lorfque verfant la largeur d'un écu de cette *foudure* en fufion fur une table, il s'y forme ce qu'on appelle des *yeux de perdrix* ; c'eft-à-dire, de petites étoiles claires & brillantes.

La *foudure* du cuivre fe fait comme celle des plombiers, mais avec le cuivre & l'étain ; quelquefois fi ce font des ouvrages délicats que l'on veut fouder, on met quelque portion d'argent à la place de l'étain.

Enfin la *foudure* de l'étain fe fait avec les deux tiers d'étain & le tiers de plomb ; mais quand on veut que l'ouvrage foit délicat, comme aux tuyaux d'orgues, où la *foudure* eft difficile à appercevoir, on la fait avec une partie d'étain de glace & trois parties d'étain fin. *Voyez à l'article* ÉTAIN *l'endroit où il est parlé de la claire soudure.*

Les potiers-d'étain vendent aux chaudronniers, ferblantiers, vitriers, plombiers, faiseurs d'orgues, &c. une sorte de bas étain, moitié plomb & moitié étain neuf, qu'ils appellent *claire-soudure, basse-étoffe, petite-étoffe,* &c. C'est la moindre de toutes les sortes d'étain qu'il est défendu aux potiers-d'étain d'employer à leurs ouvrages, si ce n'est pour des moules à chandelle. *Voy. comme ci-dessus.*

Quoiqu'il ne soit point fait mention de la *soudure* dans le nouveau recueil de droits d'aides &c. qui a paru en 1786, elle payoit, selon Savary, les droits de la douane de Lyon, à raison de 9 sols du quintal, tant pour l'ancienne que pour la nouvelle taxation.

SOUFFLET. Instrument qui sert à attirer l'air & à le repousser, dont on se sert dans les cheminées des chambres & des cuisines, & aux forges, fourneaux & fonderies pour y aviver & exciter le feu ; on s'en sert aussi aux orgues & autres instrumens & machines pneumatiques pour leur donner le degré de vent dont elles ont besoin. Le *soufflet* tire son nom du bruit même qu'il fait lorsqu'on le met en mouvement, c'est ce que l'on nomme en figure de rhétorique, *onomatopée.*

Le *soufflet* est composé de deux ais plats, ordinairement de forme presque triangulaire, dont quelquefois les deux angles d'en haut sont arrondis & qui ont chacun une queue ou poignée taillée du même bois. Deux ou plusieurs cerceaux pliés de la figure des ais sont placés entre deux : un cuir large par le milieu & étroit par les deux extrémités où il finit presqu'en pointe est cloué sur le bord des ais qu'il unit ensemble, & sur les cerceaux qui séparent les ais, afin que le cuir se plie où s'ouvre plus aisément. Un tuyau de fer ou de cuivre, quelquefois même d'argent, sur-tout aux *soufflets* de chambre, termine le *soufflet* & est attaché à l'ais de dessous : cet ais a quelques trous pratiqués à l'effet d'aspirer l'air ; enfin, un cuir qui est au-dedans, & qui couvre ces trous sert comme de soupape pour donner entrée à l'air, ou pour le retenir ; on l'appelle, par cette raison, *l'ame du soufflet.*

Les *soufflets* n'étant point tous destinés aux cheminées de chambre & de cuisine, sont proportionnés aux foyers auxquels on les destine, c'est pourquoi il y en a de différentes grandeurs, des doubles & des simples.

Les *soufflets* qui servent aux forges des orfèvres, des serruriers, des maréchaux, des taillandiers, des fondeurs &c. soit qu'ils soient doubles, soit qu'ils soient simples, s'élèvent & se baissent par le moyen de la branloire & d'une chaîne qui y est attachée & que tire l'ouvrier.

Les *soufflets* des fonderies & des fourneaux où se cuisent & se liquéfient les métaux, ainsi que ceux des forges où se travaillent les gros ouvrages,

comme sont les ancres des vaisseaux & la plus grosse taillanderie, reçoivent leur mouvement par les roues de quelque moulin à eau.

D'autres *soufflets*, ent'autres ceux des émailleurs, reçoivent leur mouvement par une ou plusieurs marches que l'ouvrier a sous ses pieds. *Voyez* ÉMAIL.

Enfin, les *soufflets* d'orgues se levent par un homme qui a pris de-là le nom de *souffleur.* Les *soufflets* ordinaires de cuisine ou de chambre sont les plus petits de tous, & s'ouvrent & se ferment avec l'une & l'autre main.

Les *soufflets* d'orgues, qui communiquent le vent aux divers tuyaux qui forment les tons & les jeux de l'orgue, sont d'une fabrique & d'une forme différentes des autres ; on peut même dire qu'ils sont une espèce de *soufflets* particuliers. *Voyez* ORGUE.

Les bouchers se servent aussi de *soufflets* d'une structure extraordinaire pour souffler & enfler leurs viandes lorsque les bêtes ont été assommées, afin de les habiller & dépecer plus facilement.

Divers ouvriers travaillent à la fabrication de ces différens *soufflets*, mais ils sont tous d'une même communauté, qui est celle des boisseliers. *Voy.* BOISSELIER.

« Les *soufflets* venant de l'étranger acquittent comme ouvrages de cuir, en vertu de l'arrêt du 28 mai 1768, vingt pour cent de la valeur ».

« Venant des provinces réputées étrangères, dans les cinq grosses fermes, ils paient, suivant le tarif de 1664, savoir,

« Les *soufflets* de maréchal 1 liv. 5 sols de la pièce ».

« Les petits, par douzaine, 4 sols.

« Sortant des cinq grosses fermes, ils paient, d'après le même tarif, savoir, les gros par paire, 6 sols «.

« Les petits, par douzaine, 3 sols ».

« Pour la douane de Lyon, les *soufflets* de maréchal & de forge, acquittent à raison de deux & demi pour cent de la valeur ».

« Les petits, comme mercerie ».

« A la douane de Valence, les premiers paient, suivant le chapitre XIX de l'article VIII du tarif où ils sont compris, par douzaine, 3 s. 8 d.

« Les autres, d'après l'article IV du même tarif, où ils sont également dénommés, acquittent 2 l. 1 s. 6 d. par quintal.

SOUFFRANCE. (*Terme de compte*). Il se dit des articles de la dépense d'un compte, qui n'étant pas assez justifiés pour être alloués, ni assez peu pour être rayés, restent comme en suspens pendant un tems, afin que durant ce délai le comptable puisse chercher & rapporter des quittances ou autres pièces pour sa décharge.

Les articles en *souffrance* se raient après le délai fini, s'ils ne sont pas justifiés, ou s'allouent s'ils le sont. *Voy.* COMPTE.

SOUFRE, qu'on écrit quelquefois, mais rarement SOUIFRE , en latin *sulfur*. Nom d'un minéral foſſile, onctueux & inflammable.

On diſtingue deux ſortes de *ſoufre naturel*, c'eſt-à-dire , qui n'a point été paſſé par le feu pour le purifier. Le *ſoufre vif*, & le *ſoufre minéral*.

Le *ſoufre vif*, ainſi nommé de ce qu'il eſt tel qu'il ſort de la mine , eſt une eſpèce de glaiſe griſe, facile à prendre feu , & qui lorſqu'on le brûle jette une odeur ſulfureuſe. Sa couleur lui fait quelquefois donner ce nom de *ſoufre gris*. Il vient pour l'ordinaire de Sicile, quoique l'on en tire auſſi de quelques autres endroits. Il ſe conſomme peu de ce *ſoufre* à Paris , ſi ce n'eſt pour quelques compoſitions galéniques , ou pour ſoufrer le vin afin de le conſerver après l'avoir ſoutiré ; ce que les cabaretiers font en mettant du *ſoufre vif* avec de la fleur de *ſoufre*, du ſucre, de l'anis, de la cannelle, de la muſcade, du clou de gérofle &c., & en trempant un linge dans cette mixtion qu'ils font brûler dans leurs futailles.

Le *ſoufre vif*, pour être bon, doit être tendre, friable, uni, doux & luiſant, d'un gris de ſouris & point chargé de menu.

Le *ſoufre minéral*, eſt une eſpèce de bitume dur & terreux, d'un jaune aſſez luiſant, d'une odeur forte & puante , facile à fondre & à brûler. C'eſt ſur-tout aux environs des Volcans ou montagnes qui vomiſſent du feu, telles que le mont Veſuve, l'Ethna, &c., que l'on trouve ce *ſoufre*. Il a néanmoins ſes mines particulières , & il en vient d'excellent de quelques lieux d'Italie & de Suiſſe ; mais le meilleur eſt celui de Quito & de Nicaragua, dans l'Amérique Eſpagnole. C'eſt de ce *ſoufre minéral* que, par le moyen du feu & de l'huile de baleine , on tire le *ſoufre commun* qui entre dans la compoſition de la poudre à canon , & qui ſert à tant de divers ouvriers.

Ce *ſoufre* ſe vend en bâtons ronds de diverſes groſſeurs, que quelques perſonnes nomment *magdelons* ou *magdaleons* ; mais les marchands épiciers droguiſtes de Paris lui donnent plus communément le nom de *ſoufre en canon*, à cauſe de ſa forme. Sa bonne ou mauvaiſe qualité dépend de l'affinage dont il vient. Le *ſoufre de Hollande* a été longtems regardé comme le meilleur ; on donnoit le ſecond rang à celui de Veniſe , & celui de Marſeille étoit le moins eſtimé. Mais ſoit expérience , ſoit opinion, il ſemble que les rangs ſoient préſentement changés, & l'on préfère le *ſoufre de Marſeille* aux deux autres, ou du moins on l'eſtime autant. Les Marſeillois s'étant apparemment appliqués à le rendre plus parfait en le rafinant mieux.

Soit que le *ſoufre en canon* vienne de Hollande, de Veniſe ou de Marſeille, (endroits principaux d'où le tirent les marchands de Paris), il faut le choiſir en canons gros & longs, d'un jaune doré, léger, facile à caſſer, & qu'étant caſſé il paroiſſe brillant & comme cryſtaliſé ; il eſt vrai que la groſſeur des canons ne fait rien pour la

qualité des *ſoufres* ; mais il ſe vend mieux de cette manière.

Outre l'uſage du *ſoufre* pour compoſer la poudre à canon dont on vient de parler , on ſe ſert auſſi de ce minéral dans la médecine & plus encore dans la chymie.

Les ouvriers en ſoie & ceux en laine s'en ſervent pour blanchir les uns leurs ſoies , & les autres leurs étoffes de laine ; la vapeur du *ſoufre* étant très-bonne pour blanchir la laine & la ſoie, néanmoins il eſt ordonné aux premiers de mettre les ſoies blanches dans le bain d'alun ſans y mêler de *ſoufre*.

Il ſe fait à Marſeille & dans quelques autres villes des *ſoufres* de diverſes couleurs, & de différentes grandeurs, mais nous n'en parlerons point ici, ces *ſoufres* n'étant tous que le *ſoufre commun* ou en canon diverſement purifié, pouſſé au feu & mis dans des moules différens.

« Entrant dans les cinq groſſes fermes , le *ſoufre vif* ou *commun* doit, au tarif de 1664, 12 ſols par quintal net ».

« Sortant des cinq groſſes fermes , il eſt exempt de droits comme droguerie étrangère ».

« A la douane de Lyon où il eſt compris au tarif de 1632, ſous le nom de *ſoufre en canon*, il paye, de tel endroit qu'il vienne , 5 ſ. par quintal net ».

« A celle de Valence, où il eſt dénommé au ſixieme article du tarif, il acquitte auſſi du quintal net, 1 l. 3 ſ 8 d. ».

SOUFRE (FLEUR DE). C'eſt le plus pur du *ſoufre* que l'on a fait évaporer par le moyen de la ſublimation en le brûlant dans des pots faits exprès, & que l'on recueille dans le chapiteau de la cucurbite où la vapeur s'attache. La meilleure *fleur de ſoufre* ſe tiroit autrefois de Hollande, & celle que l'on fait à Marſeille quoique d'aſſez bonne qualité n'en approche pas. Celles de Rouen & de Paris, du moins telles que quelques colporteurs les vendent dans cette dernière ville, n'étant ordinairement qu'un mauvais mélange de *ſoufre* pouſſé à grand feu, & d'amidon ou de farine, ou même ſeulement de la pouſſière de *ſoufre* paſſée au tamis, doivent être rejettées comme mauvaiſes.

La *fleur de ſoufre* de Hollande , pour l'avoir bonne, doit être choiſie en pain de la forme de ceux du ſtile de grain, ou du moins en gros morceaux, légère, douce, friable, & plus blanche que jaune ; & ſi on la veut en poudre, il faut la prendre très-fine , d'un jaune à la fois blanchâtre & doré, & d'un goût agréable ; plus la *fleur de ſoufre de Marſeille* approchera de ces qualités, plus elle ſera bonne.

Cette drogue eſt très-eſtimée en médecine & y eſt d'un grand uſage, on la croit ſur-tout très-favorable pour les maladies qui attaquent le poumon.

« La *fleur de ſoufre* venant de l'étranger & des provinces réputées étrangères, dans les cinq groſſes fermes, doit, au tarif de 1664, 5 l. par cent pefant net ».

« Paſſant des cinq groſſes fermes aux provinces réputées étrangères ou à l'étranger, elle paye cinq pour cent de la valeur, à moins qu'elle ne ſoit accompagnée de l'acquit de paiement des droits d'entrée ».

« A la douane de Lyon, elle doit, ſuivant l'ajouté au tarif, de tel endroit qu'elle vienne, par quintal net 1 l. 7 ſ. 4 d. ».

« A la douane de Valence, elle acquite comme droguerie, 3 l. 11 ſ. du quintal net ».

« Le ſoufre pilé eſt conſidéré dans les cinq groſſes fermes, comme *fleur de ſoufre* ».

On tire auſſi du *ſoufre* par des opérations chymiques, des huiles, des eſprits, des laits & des baumes dont on peut voir la manière dans les pharmacopées. Il s'apporte en France quelques huiles de ſoufre des pays étrangers, ces huiles ſont d'une force à ne pouvoir les endurer ſur la langue.

« L'huile de ſoufre venant de l'étranger ou d'une province réputée étrangère, dans les cinq groſſes fermes, doit, au tarif de 1664, 20 l. par quintal net ».

« Paſſant des cinq groſſes fermes aux provinces réputées étrangères ou à l'étranger, cinq pour cent de la valeur, ſi elle ne juſtifie pas avoir acquitté le droit d'entrée ».

« A la douane de Lyon elle paye comme droguerie non tarifiée, 5 liv. 2 ſ. 6 d. par quintal net ».

« A celle de Valence, auſſi comme droguerie, par quintal net, 3 l. 11 ſ. ».

SOULEGE. On appelle en quelques endroits, *des ſouleges*, ce que l'on nomme preſque par-tout *des alleges*, & en Bretagne des *gabares*. Voyez ALLEGE & GABARE.

SOULIER. Chauſſure de cuir ou de quelque étoffe qui couvre le pied depuis la cheville. Le ſoulier eſt compoſé d'une ou de pluſieurs ſemelles, d'un talon de cuir ou de bois, de l'empeigne, des quartiers & des oreilles. *Voy.* TALONS.

« Les ſouliers neufs de cuir, venant de l'étranger, payent à toutes les entrées du royaume, ſuivant l'arrêt du 28 mai 1768, comme ouvrages de cuir, vingt pour cent de la valeur ».

« Sujets aux droits de circulation, ainſi que la ferme générale l'a marqué à ſon directeur à Amiens, le 17 juillet 1760, ils acquittent, au tarif de 1665, par douzaine de paire ; ſavoir,

« Venant des provinces réputées étrangères, dans les cinq groſſes fermes, 1 l. ».

« Sortant des cinq groſſes fermes, 8 ſ. ».

« A la douane de Lyon, ceux de cuir payent d'après le tarif de 1632, 15 ſ. par charge de cent cinquante paires ».

« Ceux d'enfans, comme mercerie, par quintal 2 l. 3 ſ. 4 d. ».

« A la douane de Valence, ceux en cuir & peaux, d'homme ou de femme, doivent, ſuivant

la lettre d'aſſimilation du 6 août 1778, comme marchandiſe de peau, 2 liv. 6 ſ. 8 den. le quintal. ».

« Les ſouliers garnis de ſoie, d'or & d'argent, pour homme & pour femme, acquittent, comme omis au tarif de 1664, à l'entrée des cinq groſſes fermes, cinq pour cent de la valeur.

« Sortant des cinq groſſes fermes, ſix pour cent ».

« A la douane de Lyon, cinq pour cent venant de l'étranger ».

« Et deux & demi venant de l'intérieur ».

« A celle de Valence, ſuivant la lettre d'aſſimilation du 6 août 1778, ils paient ſuivant les étoffes dont ils ſont compoſés ».

« Les vieux ſouliers doivent auſſi, au tarif de 1664, par douzaine de paires ; ſavoir :

« A l'entrée des cinq groſſes fermes, 2 ſ. ».

« Sortant des cinq groſſes fermes 6 d. ».

« Pour la douane de Lyon, ſavoir, à Septemes, lorſqu'ils viennent de Marſeilles, 8 ſols par quintal ».

« A Lyon, lorſqu'ils viennent de l'étranger, cinq pour cent de la valeur ; de l'intérieur, deux & demi ».

« A la douane de Valence, comme cuir, par quintal, 15 ſ. 8 d. ».

SOUPE-AU-LAIT. (*Terme de manege & de commerce de chevaux*). Il ſe dit du poil qui tire ſur le blanc. *Voy.* CHEVAL.

SOURBASTIS ou SOURBASSIS. Les ſoies que l'on appelle *ſourbaſtis* ſont des ſoies de Perſe, les plus fines & les meilleures de toutes celles qu'on tire du levant.

De ces ſoies, les unes ſont blanches & les autres jaunes, mais toutes ſont ordinairement greges & en maraſſe. Leur pliage eſt en maſſes, & chaque balle contient *cent-vingt* maſſes.

Le plus grand commerce de ces ſoies ſe fait à Smyrne, où elles ſont apportées de Perſe par caravannes. On en tire auſſi d'Alep & de quelques autres échelles du levant ; il en vient encore une aſſez grande quantité par le retour des vaiſſeaux que les nations de l'Europe envoient dans le golfe Perſique.

Gomron, autrement Bender-Abaſſy, eſt le port de Perſe, où elles ſe chargent & où elles ſont conduites d'Iſpahan, capitale de cet empire, ſur des chameaux qui en portent chacun deux balles. *voyez* SOYES DU LEVANT.

SOURD. (*Terme de compte ou plutôt d'arithmétique*). Il ſe dit d'un nombre qui n'a point de proportion avec un autre, c'eſt-à-dire qui n'a point de meſure commune, & qu'on ne peut diviſer ſans fraction. 31 eſt un nombre ſourd.

SOURIS DE MOSCOVIE. C'eſt un des noms que l'on donne dans le commerce de la Pelleterie à cette eſpece de fourure qui eſt du nombre des plus précieuses & qui est communément appellée *marte-zibeline*. Voy. MARTE.

SOUSCHET. *voy.* SOUCHET.

SOUSCRIPTEUR. Celui qui *souscrit* pour l'édition d'un livre, ou pour quelque autre entreprise, & qui avance une partie du prix. Ce terme est plus en usage dans la librairie que dans tout autre commerce. *Voy. l'art. suivant.*

SOUSCRIPTION. C'est proprement la signature que l'on met au bas de quelque écrit. Ce mot est composé des mots latins *sub*, sous, & *scribere* écrire.

SOUSCRIPTION, *en matiere de commerce*. C'est l'engagement que prend celui qui souscrit un billet, une lettre de change, une promesse ou obligation, en y ajoutant sa signature, d'être la caution de celui qui les a faits & de payer pour lui les sommes qui y sont contenues, & d'acquitter toutes les clauses qui y sont spécifiées & énoncées ; ensorte que celui ou ceux au profit desquels sont faits lesdits billets, promesses, lettres de change, obligations ont autant de débiteurs tenus de leur dette, & de l'exécution des engagemens pris dans ces actes qu'il y a de personnes qui y ont mis leur signature ou *souscription*. On ne demande des *souscriptions* que pour plus de sûreté. C'est un vrai cautionnement.

SOUSCRIPTION. Se dit aussi en Angleterre de l'intérêt que les particuliers prennent dans un fonds public, ou dans un établissement de commerce, en *signant* sur un registre pour combien ils veulent y prendre part. Presque toutes les grandes affaires se font en Angleterre par voie de *souscription* ; cet usage est passé en France depuis quelques années.

SOUSCRIPTION. Ce terme est devenu très-commun en France, au commencement du règne de Louis XV, dans le commerce de la compagnie d'occident, nommée ensuite *compagnie des Indes*, établie à Paris, dans les premières années du règne de ce prince.

La *souscription* est différente de l'*action*, en ce que la première n'est proprement qu'une *action commencée*, & seulement un engagement en faisant le premier paiement, d'acquitter le reste aux tems marqués, & que l'autre est, comme on dit, une *action entiere*, & toute nourrie. *Voyez* COMPAGNIE DES INDES & ACTION.

SOUSCRIPTION. Terme très - commun dans le commerce de la librairie, & qui nous est venu des libraires Anglois, qui les premiers le mirent en usage pour signifier l'*engagement* où ils faisoient entrer quelqu'un de prendre un certain nombre d'exemplaires d'un ouvrage quelconque prêt à être imprimé, & l'*obligation* réciproque qu'ils prenoient de délivrer chaque exemplaire au souscripteur à un prix particulier.

Les conditions ordinaires de ces *souscriptions* sont, de la part du libraire, de faire un tiers de meilleur marché au souscripteur ; & de la part de celui-ci, de payer comptant avant l'impression la moitié du prix, ou même le prix tout entier, Ces

conditions sont avantageuses à tous deux, en ce que le libraire y trouve les moyens de faire les avances d'une édition souvent au-dessus de ses forces ; & le souscripteur reçoit comme l'intérêt de son argent, par le prix médiocre que lui coûte un livre.

Quelquefois, les éditeurs d'un ouvrage ne demandent d'autre engagement de la part des souscripteurs que celui d'inscrire leur nom avec promesse de prendre le livre lorsqu'il sera imprimé, & d'en payer alors le prix ; ce moyen est aussi avantageux pour les libraires que le précédent, & plus commode pour le public qui ne risque point d'être trompé.

Les *souscriptions* ont paru si commodes aux libraires de Paris, qu'il ne s'imprime guères d'ouvrages un peu considérables qu'ils ne proposent au public par ce moyen. Ce commerce de la librairie donna lieu, dans son origine, à un nouveau traité dans ses statuts, & l'on trouva cette matiere si importante que dans le réglement de 1723, on a consacré trois articles à régler la police des *souscriptions*, afin de corriger quelques abus qui s'y étoient déja glissés, & en prévenir d'autres qu'on craignoit qui ne s'y glissassent ; quoique le premier de ces articles porte que les *souscriptions* ne peuvent être proposées au public que par un libraire ou un imprimeur, cependant un auteur ou éditeur quelconque peut aujourd'hui le faire également ; ces articles sont le XVII, le XVIII & le XIXe. du réglement : nous allons les rapporter ici.

ART. XVII. « Veut sa majesté qu'il ne puisse être proposé au public aucun ouvrage par *souscription* que par un libraire ou imprimeur qui sera garant des *souscriptions* envers le public en son propre & privé nom ; & les deniers qui seront reçus pour les souscriptions, ne pourront être remis en d'autres mains qu'en celles des libraires ou imprimeurs au nom desquels se feront les *souscriptions*, & ils en demeureront responsables envers les souscrivans ».

ART. XVIII. « Ordonne qu'avant de proposer aucun ouvrage par *souscription*, le libraire ou imprimeur qui se charge de l'entreprise, sera tenu de présenter à l'examen au moins la moitié de l'ouvrage, & d'obtenir la permission d'imprimer par lettres scellées du grand sceau ».

ART. XIX. « Veut que le libraire ou imprimeur ne puisse proposer aucune *souscription*, qu'après en avoir préalablement obtenu l'agrément de M. le garde des sceaux ; & qu'il distribue avec le prospectus qu'il publiera, au moins une feuille d'impression de l'ouvrage qu'il proposera par *souscription*, laquelle feuille sera imprimée des mêmes formes, caractères & papier qu'il s'engagera d'employer dans l'exécution de l'ouvrage, & sera tenu de livrer dans le tems porté par la *souscription* ».

Quatre nouveaux articles de réglement ont été ajoutés par arrêt du conseil du 10 avril 1727, à celui du 28 février 1723. Le troisieme de ces articles regarde encore la police des *souscriptions*, & y ajoute de nouvelles précautions pour empêcher que les souscripteurs ne puissent être trompés par les libraires, s'il y en avoit d'assez mauvaise foi pour vouloir manquer à la parole qu'ils donnent au public. On peut voir cet article à celui de la *librairie*, où les deux réglemens de 1723. & de 1727 sont rapportés, le premier en extrait & le second en son entier, particulièrement pour ce qui concerne les *souscriptions*.

C'est principalement pour les ouvrages périodiques, tels que les journaux, que se font les *souscriptions*, & aujourd'hui qu'il n'est presque point d'ouvrage un peu étendu qui n'adopte la forme périodique & ne se fasse par livraisons, les *souscriptions* se font très-fort multipliées.

SOUSCRIRE. Verbe qui se prend dans les trois significations expliquées dans les articles précédens; dans la première, ce mot signifie *se rendre caution de quelqu'un en ajoutant & en joignant sa propre signature à celle du premier débiteur, au bas de quelque promesse ou billet qu'il a fait.*

Dans les deux autres sens, on dit : « ce marchand a souscrit pour cent mille écus sur les fonds du dernier subside » pour dire qu'il a pris intérêt pour cette somme: on dit aussi : « beaucoup de personnes ont souscrit pour tel ou tel livre, pour tel ou tel ouvrage », pour signifier « qu'un grand nombre de personnes se sont engagées par écrit de prendre une certaine quantité d'exemplaires de cet ouvrage, & qu'elles en ont avancé la moitié ou même la totalité du prix, sous les conditions proposées ».

SOUS-FRETER. (*Terme de commerce de mer*). C'est louer un autre navire qu'on avoit loué pour soi.

Il est défendu par les ordonnances de la marine, à tous courtiers, commissaires & autres de *sous-fréter* un navire à plus haut prix que celui porté par le premier contrat.

SOUSMISSION ou SOUMISSION. Cette dernière manière d'écrire ce mot est la plus générale. Promesse que l'on fait à quelqu'un de s'acquitter de certaines choses, à de certaines conditions, & dans certains tems, sous des peines ou fixées par les loix & ordonnances, ou convenues par les contractans.

Les *soumissions* sont fort ordinaires parmi les négocians; ils en font aux bureaux des fermes du Roi, qui sont les frontières du royaume, pour les marchandises qui n'y font que passer debout & qui sont destinées pour d'autres états; ils en font aussi à ceux de la douane de Paris, pour les transit & caution, ainsi qu'à l'inspecteur du roi qui y est établi pour l'envoi de certaines marchandises à l'étranger.

Toutes ces *soumissions* portent engagement de rapporter des certificats des commis ou magistrats des lieux pour lesquels ces marchandises sont destinées, qu'elles y sont arrivées, & des bureaux par lesquels elles doivent seulement passer; qu'elles y ont été ouvertes & visitées; & enfin de tout ce qui est contenu dans leur *soumission* : faute de quoi les marchands & négocians encourent les peines sous lesquelles les acquits & permissions leur ont été accordés.

SOUS-MULTIPLE. (*Terme d'arithmétique*). Voy. MULTIPLE.

SOUS-PENTES. (*Terme de charpenterie*). Ce sont deux pièces de bois qui soutiennent le travail d'une grue.

SOUSSIGNER, mot à mot *signer sous quelque chose.* C'est mettre la signature au pied de quelque acte ou écrit, pour l'agréer, le faire valoir, & consentir à son exécution. La signature consiste ordinairement dans le nom de la personne qui signe, qui le met & l'écrit de *sa propre main*, au bas de l'acte ou écrit dont elle agrée le contenu. Quelquefois on y ajoute un certain entrelassement de lignes & de traits que chacun imagine à sa manière pour le rendre plus difficile à être contrefait, & que l'on appelle *un paraphe*. Les personnes qui ne savent pas écrire se contentent, si c'est sous seing privé, de faire au lieu de leur signature, c'est-à-dire de leur nom, quelque marque qui leur est propre & qui le plus ordinairement est une *croix*; mais si l'acte se passe pardevant notaire, il faut faire mention dedans que l'un des contractans, ou même tous deux, ont déclaré ne savoir signer.

Les consultations des avocats, & celles des habiles négocians qui donnent leur conseil, commencent ordinairement par ces mots: *le conseil soussigné*, &c., & les promesses, quittances, certificats, par ceux-ci, qui sont assez semblables : *je soussigné* ou *nous soussignés*, *reconnoissons*, *certifions* &c., c'est-à-dire, *moi qui ai signé*, ou *mis mon nom sous*, ou *au bas de cet écrit*, *reconnois*, &c.

SOUSTRACTION. (*Terme d'arithmétique*). C'est la deuxieme des quatre premières règles, & dont on se sert pour *soustraire*, déduire, défalquer ou ôter d'un grand nombre un plus petit de même espece pour en connoître le restant. On peut consulter les ouvrages de *Legendre*, *Boyer*, *Barême*, &c.

SOUSTRACTION. Se dit aussi en parlant d'une action de fraude ou de larcin, par laquelle on divertit, on dérobe; on *soustrait*, ou l'on met à couvert quelques marchandises, meubles, papiers, &c.

Les marchands, négocians, banquiers, qui font des banqueroutes frauduleuses, font pour l'ordinaire, *soustraction* de leurs effets les plus liquides pour tromper leurs créanciers; c'est-à-dire qu'ils les *détournent*, afin d'en faire leur profit, aux dépens de ceux à qui ils doivent.

SOUSTRAIRE. Verbe, qui signifie, *défalquer*, *déduire*, ôter un petit nombre d'un plus grand, par le moyen d'une règle d'arithmétique appellée pour cet effet *soustraction*, afin de connoître ce qui reste du plus considérable de ces deux nombres. *Voy.* SOUSTRACTION.

SOUSTRAIRE. Même mot que le précédent, mais

qui eſt pris dans un ſens moins honnête. Il ſignifie *détourner, voler, dérober, enlever, divertir
quelque choſe afin de ſe l'approprier.* « Ce négociant, peut-on dire, en parlant d'un marchand de
mauvaiſe foi, n'a pas manqué de *ſouſtraire* ſes meilleurs effets pour tromper ſes créanciers ».

SOUTE DE COMPTE, pour SOLDE DE COMPTE.
Voy. COMPTE.

SOYE, ou, comme il s'écrit plus communément,
SOIE. Fil doux, extrêmement delié & luſtré,
qui eſt l'ouvrage d'un ver ou d'une eſpece de che-
nille, qui ſe trouve ordinairement dans les endroits
plantés de mûriers.

Le ver qui produit la *ſoie* eſt un inſecte moins
merveilleux encore par la matiere précieuſe qu'il
fournit pour diverſes étoffes, que par les différentes formes qu'il prend, ſoit avant, ſoit après
s'être enveloppé dans la riche coque qu'il ſe file
lui-même.

De graine ou ſemence que ce ver eſt d'abord,
il devient un ver aſſez gros, d'un blanc tirant ſur
le jaune; devenu ver il s'enferme dans ſa coque où
il prend la forme d'une eſpece de fève griſâtre, & il
ſemble alors qu'il ne lui reſte plus ni mouvement, ni
vie; il reſſuſcite enſuite pour devenir papillon, après
s'être fait une ouverture pour ſortir de ſon tom-
beau de ſoie; & enfin, mourant véritablement, il ſe
prépare par la graine ou ſemence qu'il jette une nouvelle vie que le beau tems & la chaleur de l'été lui
doivent aider à reprendre.

C'eſt de cette coque, où le ver s'étoit renfermé
& qu'on nomme *cocon*, qu'on tire les différentes
qualités des *ſoies* qui ſervent également au luxe &
à la magnificence des riches, à la ſubſiſtance &
à la nourriture des pauvres, qui les filent, les dévident ou les mettent en œuvre ».

Ce n'eſt que bien tard que les vers à *ſoie* ont
été connus en France, & que leur dépouille y a
été filée pour être employée dans nos manufactures.

Un de nos meilleurs hiſtoriens, Mézerai, ſemble ſe tromper lorſqu'il attribue l'invention de la
ſoie aux Perſes, & lorſqu'il dit que les Romains
la mépriſerent; les annales de la Chine en attribuent la découverte à une des femmes de l'empereur
Hoang-ty; ces princeſſes ſe firent depuis une agréable occupation de nourrir des vers, d'en tirer la
ſoie & de la mettre en œuvre. On prétend même
qu'il y avoit dans l'intérieur du Palais, un terrein
deſtiné à la culture des mûriers. L'impératrice
accompagnée des dames les plus diſtinguées de ſa
cour, ſe rendoit en cérémonie dans le verger, & y
cueilloit elle-même les feuilles de quelques mûriers
qu'on abaiſſoit à ſa portée. Une politique ſi ſage,
encouragea tellement cette branche d'induſtrie, que
bientôt la nation qui n'étoit couverte que de peaux,
ſe trouva habillée de ſoie. En peu de tems, l'abondance fut ſuivie de la perfection. On dut ce dernier
avantage aux écrits de pluſieurs hommes éclairés,
& quelques miniſtres même, qui n'avoient pas
dédaigné de porter leurs obſervations ſur cet art

nouveau. La Chine entiere s'inſtruiſit dans leur
théorie de tout ce qui pouvoit y avoir rapport.

L'art d'élever les vers qui produiſent la *ſoie*, de
filer cette production, d'en fabriquer des étoffes,
paſſa de la Chine aux Indes & en Perſe, où il ne
fit pas de progrès rapides. S'il en eût été autrement, Rome n'eût pas donné juſqu'à la fin du
troiſième ſiècle, une livre d'or pour une livre de
ſoie. La Grèce ayant adopté cette induſtrie dans
le huitième ſiècle, les *ſoyeries* ſe répandirent un
peu plus, ſans devenir bien communes. Ce fut
long-tems un objet de magnificence, réſervé aux
places les plus éminentes & aux plus grandes ſolemnités, comme l'étoit antérieurement la pourpre.
Roger, roi de Sicile, appella enfin d'Athènes,
vers l'an 1130, des ouvriers en *ſoie;* Mézerai dit
que ces ouvriers furent une partie du butin que
ce roi apporta d'Athènes, de Corinthe & de Thèbes,
dont il fit la conquête dans ſon expédition de la
terre Sainte; bientôt la culture des mûriers s'étendit
de la Sicile au continent voiſin. D'autres contrées
de l'Europe voulurent jouir d'un avantage qui
donnoit des richeſſes à l'Italie, & elles y parvin-
rent après quelques efforts inutiles. Cependant la
nature du climat, & peut-être d'autres cauſes,
n'ont pas permis d'avoir par-tout le même ſuccès.

Les François, par droit de voiſinage, particulièrement ceux des provinces méridionales s'aviſe-
rent peu à près d'imiter les Italiens & les Eſpagnols,
qui eux-mêmes avoient imité les Siciliens & les
habitans de la Calabre. Louis XI établit des manufactures *de ſoyeries* à Tours en 1470; bien avant le
regne de François premier, à qui Mézerai en
attribue l'inſtitution; les premiers ouvriers qui y
travaillèrent y furent appellés de Gênes, de Veniſe
& de Florence, & même de la Grèce; & au mois
d'octobre 1480, ce roi, également habile dans
l'art de diſſimuler & de regner, leur donna ſes lettres
patentes qui contiennent de grands privilèges, dont
une partie leur eſt encore conſervée. Cependant
les ouvrages de *ſoie* étoient encore ſi rares, même
à la Cour, que Mézeray remarque qu'Henri II fut
le premier qui porta le bas de *ſoie* aux noces de
ſa ſœur. On peut voir, d'après cela, combien cet
art a fait de progrès en France depuis trois ſiècles.

L'opinion que la *ſoie* eſt originaire de la Chine,
ſemble ſe confirmer par le fait ſuivant. Les Chinois
appellent *ſaya* une certaine étoffe de *ſoie* fort
commune chez eux. Ce mot *ſaya* paroît être
l'origine de notre mot *ſoie*. Voy. SAYA.

Avant d'entrer dans le détail des différentes ſortes
de *ſoies*, & de parler du négoce qui s'en fait,
ſoit dans le royaume, ſoit dans les pays étrangers,
on va donner une idée de la manière de les tirer
de deſſus les cocons, & de les préparer à être
miſes en œuvre dans les diverſes étoffes, marchandiſes & ouvrages où on les emploie.

La *ſoie* eſt une eſpece de gomme, en vrai
vernis d'une nature particulière, & fort peu connue encore; cette gomme, comme on l'a déjà dit,
eſt

eſt une pure ſubſtance de l'inſecte qui la file, & en conſtruit le logement où doit s'opérer ſa métamorphoſe.

Tous les climats ne ſont pas également convenables au ver à ſoie, le nôtre lui eſt étranger, la nature n'a rien fait pour lui, il faut tous nos ſoins pour l'y faire vivre & ſe propager ; la force, la vigueur de cet inſecte, ſon état de ſanté, influent ſur la qualité de la ſoie ; par conſéquent le climat dans lequel il naît, la température dans laquelle il vit, ſon genre de vie, l'eſpèce, la quantité, l'état des alimens dont il ſe nourrit, la facilité de ſe les procurer ; enfin ce que veut la nature, ou ce que l'art peut y ſuppléer, tout concourt à la quantité & à la qualité de la ſoie, & la réunion de ces choſes ou de ces ſoins, détermine & fixe l'une & l'autre.

Il a paru pluſieurs ouvrages ſur la manière d'élever les vers à ſoie ; dès 1665, M. Iſnard donna un ouvrage intitulé Mémoires & inſtructions pour le plant des mûriers blancs, nourriture des vers à ſoie, &c. On trouve dans les mémoires de l'académie des ſciences, du commencement de ce ſiècle, une hiſtoire naturelle des vers qui produiſent la ſoie par M. Jaugeon ; mais comme l'éducation de ces vers ne regarde qu'indirectement l'objet que nous avons à traiter, nous renvoyons les perſonnes qui voudroient s'inſtruire ſur cette partie de l'hiſtoire naturelle, à l'article SOIE & SOYERIE, nouvelle Encyclopédie, tom. 2, manufactures & arts.

Lorſque le ver à ſoie eſt devenu au point de grandeur & de force qui lui convient pour commencer ſon cocon, il fait ſon araignée ; c'eſt ainſi qu'on nomme cette légère toile qui donne commencement à ce merveilleux ouvrage ; c'eſt à quoi il emploie le premier jour ; le ſecond il forme le cocon, & même ſe couvre preſque par-tout de ſoie ; le troiſième on ne le voit plus, & les jours ſuivans il épaiſſit ſon cocon, en travaillant toujours par un ſeul bout qu'il ne rompt jamais par ſa faute, & qui eſt ſi fin & ſi long, que quelques naturaliſtes ne croyent pas exagérer en aſſurant que chaque cocon contient aſſez de fil pour atteindre la longueur de deux lieues de France.

Les cocons ont leur perfection en dix jours, & c'eſt alors qu'on les ôte des rameaux où les vers les ont ſuſpendus en les travaillant dans leurs atteliers, ce qui demande une grande attention, car il y en a de plus pareſſeux les uns que les autres, & il ſeroit très-dangereux d'attendre qu'ils perçaſſent eux-mêmes leurs coques, ce qui arrive preſque toujours vers le quinzième jour de leur travail, quelquefois même plûtôt.

Les premiers, les plus beaux & les plus forts cocons ſe conſervent pour la graine ; les autres ſe dévident diligemment, ou ſi l'on en veut conſerver, ou qu'on en ait trop grande quantité pour les dévider tous à la fois, il faut ou les mettre pendant quelque tems dans un four raiſonnablement

chaud, ou les expoſer pluſieurs jours de ſuite à la plus forte ardeur du ſoleil, afin de faire mourir la fève qui eſt au dedans, qui ne manqueroit pas, ſans cette précaution, de s'ouvrir elle-même, une voie pour aller ſe ſervir au-dehors des nouvelles ailes qu'elle a acquiſes au dedans.

L'on ne dévide ordinairement que les cocons les plus parfaits ; ceux qui ſont doubles, ou trop foibles ou trop groſſiers, ſont mis au rebut, non pas pour les rejetter abſolument, mais parce que n'étant pas propres au dévidage, on les réſerve pour les tirer en flottes & en écheveaux.

Les cocons ſont de différentes couleurs, dont les plus communes ſont, le jaune, l'orangé, l'iſabelle, & la couleur de chair ; il y en a auſſi de céladons & de couleur ſouffre, & même quelques-uns de blancs ; mais il eſt inutile d'en ſéparer les nuances pour les dévider à part, car elles ſe confondent toutes dans le décreuſement des ſoies.

La machine employée pour le tirage de la ſoie, (opération qui ſe fait ordinairement dans le courant de juin ou de juillet) eſt connue ſous le nom de tour de Piémont, parce que nous la devons aux Piémontois, dont nous fûmes long-tems tributaires, à cauſe de l'art ingénieux avec lequel ils font le tirage de leurs ſoies. Avant de tirer les ſoies, il faut commencer par faire diſſoudre la gomme ou matière viſqueuſe qui colle les fils les uns aux autres, car, comme on l'a déjà dit, la ſoie n'eſt autre choſe qu'une gomme ou vernis d'une nature très-particulière & ductile à l'infini ; mais pour opérer ce détachement, l'eau froide n'a point une action ſuffiſante, & celle de l'eau bouillante eſt nuiſible, il faut alors prendre un milieu, & cet état doit être déterminé par l'âge des cocons, par leur dureté, leur fineſſe, la qualité & la deſtination de la ſoie ; les vieux cocons creux, qui ſont ſecs & ſerrés, demandent l'eau preſque bouillante ; ſi les brins caſſent frequemment, l'eau n'eſt pas aſſez chaude ; elle l'eſt trop au contraire, s'il ſe forme beaucoup de bourre.

On tire, en général, de trois ſortes de ſoie, c'eſt-à-dire, qu'on a dans le choix de ſes cocons, trois diſtinctions en vue, l'organſin, la trame, & le poil ; on choiſit la plus belle ſoie pour l'organ-ſin ; la ſoie de moindre qualité ſe tire pour trame & pour le poil.

« Qu'on ſe repréſente actuellement une fille aſſiſe devant une baſſine de cuivre de forme elliptique, de quinze à vingt pouces de diamètre, ſur cinq ou ſix de profondeur, remplie d'eau, ſoutenue & cimentée à hauteur d'appui, ſur un fourneau allumé ; lorſque l'eau eſt preſque bouillante, la tireuſe y jette une poignée ou deux de cocons bien débourrés ; elle les agite fortement avec les pointes coupées en broſſes d'un balai de bouleau ; l'eau, la chaleur & cette agitation démêlent le bout des brins de ſoie des cocons ; l'ouvrière les recueille, les diviſe en deux portions égales qu'elle paſſe entre les guides, puis, qu'elle croiſe l'une sur l'autre, quinze ou dix-huit fois pour les *soies* les plus fines, & à plus grand nombre de fois, à proportion de leurs grosseurs, & qu'elle redivise pour les passer sur une machine appellée *va & vient*, & les porter sur le dévidoir. »

« Comme la *soie* que produit le cocon n'est dans son principe qu'une espèce de gomme, & comme en la tirant de dessus son cocon, elle est encore en bave, pour ainsi dire, il est nécessaire qu'en sortant de dessus la chaudière, pour aller sur le dévidoir, elle fasse des mouvemens si exactement irréguliers, que les brins ne puissent jamais se joindre, parce que dès qu'ils se sont une fois touchés & baisés, ils se collent ensemble & ne peuvent plus se séparer, ce qui fait qu'il est impossible de dévider ensuite cette *soie* mise en écheveaux, sans qu'elle se casse. »

« Ces mouvemens sont produits par celui d'une lame de bois qui est placée horisontalement au-dessus de la bassine, à environ deux pieds & demie de l'*asple* ou *dévidoir* : à cette lame sont attachés deux fils de fer recourbés en anneaux ouverts que l'on appelle *griffes*, dans lesquels on passe les deux brins de *soie* déja croisés ».

« C'est cette lame que les artistes appellent *va-&-vient*, nom qui en renferme une idée aussi claire que succinte, puisqu'effectivement elle ne fait qu'aller & venir, & cela sur la longueur, & toujours sur une même ligne ; & ce sont ces allées & venues continuelles qui font que la *soie* se croise sur l'*asple* ou *dévidoir* en forme de zig-zag, sans qu'un brin se couche, ni par conséquent se colle l'un sur l'autre ».

« On croise ensuite les brins de *soie* & cette façon de les croiser sert à les unir tellement ensemble, que tous ces brins réunis ne composent qu'un fil, qui, par cette opération, acquiert toute la consistance nécessaire pour l'emploi auquel il est destiné ; elle l'arrondit & le déterge, de façon qu'aucun bouchon ou bavure ne peut passer à l'écheveau, qualité nécessaire pour former un parfait organsin ; on croise les fils les plus fins, dix-huit & vingt fois au moins, & on augmente les croisemens à proportion de leurs grosseurs ».

Toutes les *soies* ne pouvant être tirées ou filées & dévidées de cette manière, soit parce que les cocons ont été percés par les vers à soie mêmes, soit parce qu'ils étoient doubles & trop foibles pour souffrir l'eau, soit parce qu'ils étoient trop grossiers, soit enfin parce que sur les cocons filés, il reste ordinairement quelque peu de *soie*; on fait de tous ces résidus une *soie* que l'on nomme *fleuret*, & qui néanmoins est de deux qualités bien différentes.

Les fleurets fins qui ressemblent assez à la plus belle *soie*, se font des bourres de tous les cocons, & des *soies* qu'on peut lever ou arracher de dessus les cocons qui n'ont pas été mis à l'eau. Cette bourre peignée ou cardée, ou même telle qu'elle sort de dessus les cocons, se file au fuseau ou avec un

rouet. Les *soies* propres à coudre qu'on en fait, ne sont pas moins lustrées que les plus belles *soies*, & les étoffes même qu'on en fabrique ne sont pas sans lustre & sans beauté.

A l'égard de toutes les coques, après les avoir ouvertes avec les ciseaux, & en avoir tiré les fèves, qui, ainsi que les papillons, ne sont pas encore dépourvues d'utilité, puisqu'elles servent à la nourriture des volailles ; on les laisse tremper trois ou quatre jours dans des terrines où l'on les change d'eau chaque jour, pour empêcher l'infection, & pour faire plutôt blanchir les fleurets. Quand ils se sont amollis par ce décrusement qui leur ôte cette espece de gomme dont le ver a enduit le dedans de la coque, & qui la rend impénétrable à l'eau & à l'air même, on les fait bouillir pendant une demi-heure dans une lessive bien coulée & bien claire ; & lorsqu'ils ont été bien lavés à la riviere, & ensuite bien séchés au soleil on les carde pour les filer comme les autres fleurets, au fuseau ou au rouet. Ces fleurets, quoique moindres que les premiers, ne laissent pas de faire des *soies* à coudre assez lustrées, & des étoffes assez fines, mais presque sans lustre.

Les *soies* des pays étrangers qui viennent en France sans être filées, y reçoivent leur façon, & c'est ordinairement dans les lieux où sont établies des manufactures & des fabriques d'étoffes de *soie* ; & l'on a vu longtems les fabriquans de Tours, les plus anciens du royaume, ne vouloir se servir que du filage & du dévidage de leur ville.

Les différens apprêts que l'on donne aux *soies* pour les rendre propres à être employées dans les manufactures des étoffes de *soie*, sont, *le filage*, *le dévidage*, *le moulinage & la teinture*. On comprend sous la dénomination de *moulinage*, toutes les opérations que subissent les *soies* depuis celle du tirage, jusqu'à la cuite, au décurage ou à la teinture ; on a déja parlé d'un *filage* & *dévidage* qui n'est propre qu'à titer la *soie* de dessus les cocons ; il s'agit proprement ici du *filage* & *dévidage* des *soies*, *graizes* & *en matasses* qui sont du cru du royaume, ou qui se tirent des pays étrangers ; ce *filage* se fait ou au rouet ou au fuseau. Pour le *dévidage*, on se sert du *dévidoir à la main* ou de *dévidoirs* montés sur une machine qui peut dévider plusieurs écheveaux ensemble. A l'égard du *moulinage*, on se sert pour le faire du moulin de Piemont, machine qui l'emporte sur toutes les autres inventées à cet effet, & qui, à cause de ses avantages, est devenue d'un usage général ; on peut avec ce moulin mouliner une très-grande quantité de bobines à la fois & en faire autant d'écheveaux.

Dénominations diverses de la soie.

La *soie* prend un nom particulier des différentes opérations qu'elle reçoit, ou de l'état où elle se trouve après les avoir reçues. On la distingue en quatre sortes, savoir, la *soie greze*, la *crue* ou *écrue*, la *cuite* & la *décruée* ou *décrusée*.

LA SOIE GRÈZE, GRAIZE ou GREGE, est celle, quelle que soit sa qualité & sa destination, qui n'a encore été soumise qu'à l'opération du tirage ; ainsi toute *soie* immédiatement dévidée de dessus le cocon est de la *soie grèze*. On l'appelle aussi *soie en matasse*. Ces sortes de *soies* viennent par pelottes ou en masse, & ce sont pour l'ordinaire des *soies* étrangères.

LA SOIE CRUE ou ÉCRUE est celle qui, suivant sa distinction, sans avoir été débouillie, a été tordue ou retordue par l'opération du moulinage.

La plus grande partie de ce qui se recueille en France de cette sorte de *soie*, ne passe guères que pour une espèce de fleuret très-fin, dont on file des *soies* à coudre fort belles & fort lustrées, & dont on fabrique des étoffes de *soie*, à la vérité de médiocre qualité, mais qui ne laissent pas d'avoir quelque lustre & quelque beauté ; ce que n'a pas le véritable fleuret.

Les *soies* crues des pays étrangers & surtout du levant, d'où il n'en vient guères d'autres, sont très-belles & très-fines ; ce sont particulierement, *Alep*, *Tripoly*, *Seyde*, les isles de *Chypre* & de *Candie*, qui produisent cette sorte de *soie* ; cette différence de qualité vient de ce qu'en France les plus beaux & les plus parfaits cocons sont filés à l'eau bouillante, & que c'est des moindres & du rebut qu'on y fait des *soies* crues ; & qu'au contraire dans le levant on ne fait aucun filage ou dévidage au feu, & qu'elles sont envoyées en pelottes ou en masse telles qu'elles sont tirées de dessus les cocons ; de sorte qu'on ne les distingue que par leur qualité de *fines*, de *médiocres* & de *grosses*. Voy. ci-après l'art. des soies de *Perse*, & autres soies étrangères.

LA SOIE CUITE est celle que l'on a fait bouillir pour en faciliter le filage & le dévidage. Elle est la plus fine de toutes les *soies* dont on se sert dans les manufactures de France ; aussi ne s'emploie-t-elle que dans les plus beaux ouvrages de rubannerie & dans les plus riches fabriques comme dans celles de velours, satins, taffetas, damas, brocards, crêpes & autres étoffes de *soie* du premier rang. Il y a néanmoins une autre sorte de *soies* cuites, ce sont celles qu'on prépare pour le moulinage, & qui ne pourroient recevoir cet apprêt si elles n'avoient auparavant passé par l'eau bouillante.

Il est défendu par le 4e. article du réglement pour les manufactures d'étoffes or, argent & soies de Lyon, du 19 avril 1667, de mêler la *soie* crue avec la *cuite*, premierement parce qu'elle est de fausse teinture ; secondement parce que la *crue* corrompt & coupe la *cuite*.

LA SOIE DECRUÉE, DECRUSÉE ou DECREUSÉE, est celle qui a été bouillie au savon, comme préparation nécessaire au blanchissement & à la teinture.

Espèces & qualités des soies.

Outre ces quatre différentes & principales déno-minations de la *soie* que l'on vient de rapporter, il en est encore d'autres, moins générales, dont on va donner la liste.

SOIE DE SAINTE-LUCIE, autrement *organsin de Sainte-Lucie*. Ce sont des *soies* toutes apprêtées & moulinées que l'on tire de Messine, ville du royaume de Sicile, & de quelques autres villes d'Italie, comme Milan, Boulogne, Bergame, Reggio, &c. Il y a aussi des organsins de Piémont & de Bresse.

Il s'emploie quantité de ces *soies* dans la fabrique des ferandines, grisettes & moires unies qui se fabriquent à Paris. On en fait aussi les chaînes des raz de Saint-Maur de la même fabrique ; car pour celles de Lyon, les fabriquans se contentent de l'organsin de Piémont, qui est d'une qualité inférieure. Les organsins de Bologne sont en grande réputation ; les plus belles étoffes, les velours, les satins en sont en partie fabriqués.

L'organsin est composé de deux brins de *soie grèze* ; il y en a de trois & de quatre, mais les plus ordinaires sont de deux brins. La préparation de cette qualité de *soie* est bien différente de celle des autres, l'organsin ayant besoin d'une force extraordinaire, pour qu'il puisse résister à l'extension & aux fatigues du travail de l'étoffe dont il compose la chaîne ou toile, dans laquelle la trame est passée.

Il y a une espèce de *soie* qu'on appelle *tors sans filer*, qui est très-difficile à distinguer d'avec le véritable organsin avant la teinture. Cette *soie* a ainsi que l'organsin de Sainte-Lucie, quatre brins, mais ils n'ont pas été filés deux à deux, & séparément sur un premier moulin, avant que l'être de nouveau tous quatre.

L'article 62 du réglement de 1669, pour les étoffes d'or, d'argent & de *soie* de la ville de Lyon, défend de vendre le tors sans filer, pour organsin filé.

Une troisième sorte d'organsin est celui qu'on appelle *clochepied*. Il est ordinairement de *soie*, *fina*, & s'emploie dans la fabrique des gazes. La différence de l'organsin & du clochepied consiste dans le nombre des fils ; l'organsin en ayant quatre comme on vient de le dire ; & le clochepied seulement trois, deux tors & un non tors.

SOIES TRÊMES. Ce sont des *soies* qui servent à faire les trèmes de plusieurs étoffes. Les trèmes de Boulogne s'employent dans les raz de Saint-Maur.

LES SOIES soubastis, legis, ardassines, ardasses, legis bourmes ou-bourmis, chauf ou chouf, cherbassis, suries, belledines, housset, payas, seidavi, chaufettes, buratines, tripolines, chipriottes, fina, nanquin, &c. sont toutes soies graises & en matasses, qui viennent du Levant, de Perse, ou des Indes & de la Chine ; dont il sera traité ci-après à l'article des SOIES ÉTRANGÈRES.

SOIES PLATTES. Ce sont des *soies* non torses, que l'on prépare & que l'on teint pour travailler en tapifferies, à l'aiguille, en broderies & en quelques autres ouvrages.

SOIES TORSES. Ce font celles qui ont eu leur filage, dévidage & moulinage. Elles font plus ou moins torfes, fuivant qu'elles ont paffé plus ou moins de fois au moulin. On appelle néanmoins plus particulièrement *foies torfes*, certaines *foies* dont les fils font affez épais, & plufieurs fois retors. On s'en fert dans les brochures de brocards; mais la plus grande confommation s'en fait en crêpines ou franges de meubles, d'écharpes, de jupes, de jupons, gants d'hommes, &c.

SOIES APPRÊTÉES. Ce font celles qui font filées & moulinées, & toutes prêtes à être mifes à la teinture. On les appelle auffi *foies montées* & *foies ouvrées*.

La plus grande partie des *foies* qui s'employent aux fabriques de Paris, font teintes par les teinturiers de cette ville, à la réferve des couleurs ponceau, rofe, incarnadin & noir qui fe teignent à Lyon.

SOIES EN BOTTES. Ce font des organfins de Sainte-Lucie, ou autres organfins, qui après la teinture, font mis en bottes par les plieurs. Ces bottes font des paquets quarrés-longs, d'environ un pied fur deux pouces d'épaiffeur en tout fens. Les *foies plattes* ont le même pliage; & chaque botte des unes & des autres pèfe une livre, à raifon de quinze onces par livre, qui eft le poids auquel les *foies* fe pèfent en France.

On appelle *marchands de foie en bottes*, ceux qui en font le commerce.

SOIES EN MOSCHE. Ce font des *foies* non encore teintes, & qui n'ont point eu tous leurs apprêts, qui viennent en paquets longs d'environ un pied & demi, du poids de trois livres, roulés par le milieu, en forme de colonnes torfes & nouées par les deux bouts à quatre doigts de leur extrémité.

SOIES EN PANTINE. Ce font plufieurs écheveaux de *foie*, liés enfemble pour être envoyés à la teinture.

L'article 47 du règlement du 19 avril 1667, pour les étoffes or, argent & *foie* de Lyon, défend aux teinturiers de défaire ou dévider les pantines de *foie* crue ni teinte, & ordonne qu'ils les rendront en la forme qu'ils les auront reçues.

SOIES EN ÉCHEVEAU. Ce font des *foies* dévidées fur des dévidoirs, foit lors du dévidage qui fe fait après le filage, foit lors du moulinage quand on les prépare pour la teinture.

Les écheveaux de *foies* plattes, propres aux tapifferies, qui ne fe filent ni ne fe moulinent, fe plient en deux; & les deux parties fe roulant l'une fur l'autre, forment une efpèce de colonne torfe, liée par un bout d'un nœud fait de l'écheveau même. De plufieurs de ces écheveaux, fe font des bottes qui pèfent ordinairement une livre. *Voyez ci-devant* SOIES EN BOTTE.

Les *foies* à coudre fe vendent en gros & en détail, mais toujours en écheveaux.

SOIES DE GRENADE. Ce font des *foies* très-belles, très-fines & très-unies, qui viennent d'Efpagne, & qui prennent leur nom du royaume de Grenade, un de ceux qui compofent la monarchie Efpagnole. Ces *foies* s'employent ordinairement à la couture, à laquelle elles font très-propres. Il s'en fait auffi des lacets, des gances, des tiffus; & même des franges & des houppes de bonnets quarrés. Les plus belles *foies* des autres pays paffent fouvent pour *foies de Grenade*; mais il eft difficile que les connoiffeurs s'y laiffent tromper.

SOIES CONTADES. Ce font auffi des *foies* à coudre, que l'on préfère même à celles de Grenade pour certains ouvrages.

BOURRES ET TRESSES DE SOIE, qu'on appelle auffi *rondelettes* ou *coutailles*. Ce font les moindres de toutes les *foies*, ou pour mieux dire, elles en font le rebut. Ces *foies* font faites, ou de cette efpèce d'étoupe foyeufe qui couvre l'extérieur des cocons, & qu'il faut lever avant de pouvoir découvrir la *foie*; ou de tout ce qu'il y a de plus mauvais fur les coques les plus groffières. Les *bourres* ne peuvent fervir qu'à faire des fleurets plus ou moins fins; fuivant qu'elles font plus ou moins fines, mais toujours de mauvaife qualité; il y en a cependant quelquefois d'affez paffables, pour que des marchands peu confcientieux hafardent d'en fourrer dans les maffes ou paquets des *foies* communes. L'expérience apprend aifément à ne pas s'y laiffer tromper.

SOIE D'ORIENT. « La foie qui porte plus par» ticulièrement ce nom, dit *Savary*, n'eft pas » l'ouvrage des vers à *foie*; elle provient d'une » plante qui la produit dans une gouffe à peu près » femblable à celle des cotoniers. La matière que » cette gouffe contient eft extrêmement blanche, » déliée & affez luftrée. Elle fe file aifément, & » l'on en fait une efpèce de *foie* qui entre dans » la fabrique de plufieurs étoffes des Indes & de la » Chine. » Mais aucune forte de bourre, de duvet, non plus qu'aucune écorce, aucune efpèce de coton, ni la *duatecherie*, ni l'apocin, ni le chardon, ni aucune matière purement végétale, ne peut être confidérée comme de la *foie*; elle n'en a point les caractères, & fes propriétés en différent effentiellement.

SOIE D'ARAIGNÉES. Un fçavant académicien de la fociété royale des fciences de Montpellier, a fait un effai curieux de l'ufage que l'on pourroit faire de cette efpèce de *foie* que file certaine efpèce d'araignées; l'épreuve a réuffi, plus, à la vérité, à la fatisfaction des fçavans qu'au profit que le commerce en pourra tirer; & l'on a vu des bas & des gants fabriqués de cette *foie*. M. de *Réaumur* a fait, d'après les effais de M. *Bon*, des recherches très-ingénieufes fur la *foie des araignées*, & fur la comparaifon & les rapports de cette *foie*, & des ouvrages qui en proviennent, avec la *foie* & les ouvrages de la *foie* de vers; ces recherches prouvent l'inutilité de la découverte qui y a donné lieu ; puisque , 1°. on ne sçauroit dévider la *soie d'araignée*, il faut la carder ; & elle peut, tout au plus, être comparée à celle des vers qui est dans ce dernier cas ; 2°. il faut douze coques de ces araignées pour le poids d'une coque de ver, & il en faut douze de nos araignées de jardin , pour équivaloir à une araignée de cave ; 3°. ces coques ont un déchet de deux tiers, parce qu'elles enveloppent tous les œufs de la ponte de l'araignée ; 4°. il n'y a que les femelles qui fassent des coques ; il faut donc supposer le double d'araignées ; 5°. il faut nourrir chaque araignée en particulier , pendant plus d'un mois. 6°. Résumé ; il ne faudroit pas moins de 280 coques de nos araignées de jardin, pour fournir le même poids de *soie* que fournit une seule coque de ver ; à peine, par conséquent 663552 araignées pourroient-elles faire une livre de *soie*.

SOIE DE LA PINNE-MARINE. Produit d'un coquillage que *Réaumur* appelle *ver à soie de mer*. Aucune matière n'a les propriétés de la *soie* à un dégré aussi éminent ; elle provient d'une matière animale , fluide , visqueuse , qui étant filée, devient souple , résistante & susceptible d'un tissu quelconque. La *pinne-marine* file sa *soie* presque aussi fin que celle du ver ; mais comme son objet est de l'attacher au rocher, assez profondément sous l'eau , à fin de se mettre à l'abri du roulis & d'être transportée par les vagues, il lui faut un nombre considérable de ces fils pour produire l'effet du cable. Ces fils ne sçauroient se dévider comme ceux de la *soie* ; on ne peut la traiter que comme de la bourre de *soie*, du fleuret, capiton, galette ; &c. aussi les bas & les gants de cette *soie* sont-ils velus , comme s'ils étoient foulés & garnis ; ils sont fins, doux & chauds, à raison de la filature & des bons apprêts de la matière , qu'il faut macérer quelques jours dans un lieu humide pour l'amollir, la dégager du sel marin dont elle est imprégnée, & des autres ordures qui y sont attachées, & lui rendre par ce moyen la flexibilité & l'extrême douceur dont elle est susceptible.

Le coquillage qui produit cette *soie* ne se trouve guères que sur les côtes d'Italie & dans la mer des Indes ; il faut la *soie* d'un nombre considérable de ces individus, pour une seule paire de bas , ce qui détruit l'assertion de quelques personnes qui prétendoient que les anciens en faisoient des habits complets ; & celle de M. *de Bomare*, qui dit qu'on voit « à Tarente & à Palerme quantité de » manufactures occupées à mettre en œuvre les fils » de ces testacées, » tandis qu'on n'a pu trouver à Palerme, ni dans aucun lieu de la Sicile, une seule personne qui s'en occupât.

La moule de mer, pour le même usage, produit une *soie* également de couleur brune, & du même genre que celle de la pinne-marine ; mais plus courte & plus grossière , & qui ne sçauroit être manufacturée.

Commerce des soies.

Une des distinctions essentielles de la *soie*, est celle du pays d'où elle provient, par la raison que le sol & le climat influent sur cette production, comme sur les autres. L'Europe & l'Asie sont les deux parties du monde auxquelles les manufactures de ce genre sont redevables de cette matière première. De l'Europe & de l'Asie il ne faut compter des Etats du grand Seigneur, que ceux qui dans l'une & l'autre partie avoisinent la Méditerranée ; la Perse, l'Inde, la Chine & le Japon ; la Sicile, l'Italie, la France & l'Espagne ; & encore de ces différens états, ne faut-il compter qu'une très petite partie du vaste empire des Turcs, & la moindre partie de la Sicile ; il faut aussi soustraire de l'Italie toutes les plages sur les deux mers, & presque tout le royaume de Naples , excepté la Calabre ; la campagne de Rome, les marèmes de Sienne, les sables humides & fétides de Livourne, Pise & Lucques, les demi-hauteurs jusqu'au sommet des Apennins, où l'on ne cultive point le mûrier, & même les fertiles plaines de la Lombardie, où on le cultive très-peu.

Ce ne sont guéres que le Piémont en général , les côteaux du Milanez & des états Veniciens, Parme & Modene , la Romagne & la Marche d'Ancone, la Calabre & quelques cantons de la Toscane & du pays Lucquois, qui méritent d'être comptés pour ce genre de production & pour le commerce qui en résulte. Mais le Piémont en fournit une si grande abondance qu'il est pour nous ce qu'est le Milanez pour la Suisse, l'Allemagne &c. ; le principal lieu de leur approvisionnement , le magasin de leurs fabriques. En Espagne , les royaumes de Valence & de Grenade & quelques parties de ceux qui les avoisinent sont à peu-près les seuls endroits où l'on récolte de la *soie*. A l'égard de la France, excepté la Provence, le Languedoc, quelques parties du Dauphiné, du Vivarais & quelques endroits de la Touraine , le reste de ses *soies* ne fait pas plus de sensation dans l'ensemble de celles de France, que les *soies* de Berlin, celles de la Suede & de par-tout ailleurs dans l'Europe , n'en font sur l'ensemble de celles de cette partie du monde. Nous traiterons ci-après du commerce des *soies* de ces différens pays, & nous allons commencer par celui de France.

Soies de France.

Il n'y a guetre, en France, comme on vient de le dire, que les provinces les plus méridionales, qui s'occupent du travail de la *soie*, où l'on plante des mûriers, & où l'on nourrisse les vers qui la produisent ; les dames mêmes des principales villes de ces provinces ne rougissent pas d'en faire pour elles en particulier une espece de commerce, & après en avoir échauffé la graine qu'elles portent dans leur sein, on les voit manier ces insectes & ces vers naissans, & leur donner à manger de leurs mains jusques à ce qu'ils foient affez forts pour produire la *foie* , & s'enfermer dans leurs cocons.

Le *Languedoc* , année commune , recueilloit, du tems de *Savary* , douze à quinze cens quintaux de *foie* , (quantité bien augmentée depuis) & il s'y en fabriquoit prefqu'autant. Les étoffes de *foie* qui fe font en Languedoc font des *burats* , des *taffetas* , des *tabis* , des *crêpons* , des *fleurets* & des *grifettes* ou *férandines*. Au commencement de ce fiecle on y a entrepris des *brocards* & des *damas* qui n'y ont pas mal réuffi. On eftime , dit *Savary* , que le commerce des *foieries* de cette province monte à 1,800,000 liv , dont il en fort pour 1,500,000 liv. qui va à l'étranger & dans les autres provinces du royaume. Il fe recueille auffi quelques *foies* dans le Vivarais, que l'on appelle *foie Vivaraife*.

Dauphiné. Il fe fait une affez grande récolte de *foie* dans cette province , fur-tout dans le haut & bas Valentinois & dans les baronnies ; les muriers qu'on y cultive y profitent parfaitement bien. La manufacture de *Vienne* , pour le moulinage & le dévidage des *foies* eft confidérable ; elle entretient un grand nombre d'ouvriers. Le filage des *foies* y occupe une quantité de femmes & de filles du menu peuple.

Provence & Avignon. Les *foies* qui fe recueillent dans la Provence fe confomment en partie dans cette province ; il s'en tranfporte cependant affez confidérablement à Lyon où l'on s'en fert dans les manufactures de cette grande ville.

Long-tems *Lyon* & *Avignon* furent émules & rivales ; l'art y gagna beaucoup ; mais *la pefte* qui en 1722 & 1723 enleva dans cette derniere ville plus de trente mille perfonnes , la plus grande partie de fa population ; & *l'adminiftration* qui , à la follicitation des Lyonnois, furtaxa les objets de fon induftrie , ruinèrent entièrement cette ville, ainfi que fon commerce.

Avant cette défaftreufe cataftrophe, *Avignon* renfermoit environ *dix-huit cent* métiers de *foieries* , dont plus de *cinq cent* en damas, & autres étoffes façonnées. Lyon accueillit , ou plutôt engloutit les triftes reftes de cette ville. Les ouvriers y pafferent les outils & les uftenfiles y furent tranfportés, *Avignon* ne fut plus rien ; toute l'activité dont elle a été capable depuis, & qu'elle a exercée, ainfi que l'accroiffement du luxe, les progrès de l'induftrie n'ont encore pu lui rendre la moitié de ce dont elle jouiffoit ; néanmoins elle a , dans des objets qu'elle fabrique en concurrence avec plufieurs villes, tels que les *taffetas de Florence* , les *armoifins* , les *taffetas d'Angleterre* , les *damas* , &c. une fupériorité qui fait préférer les uns à ceux de *Lyon* , les autres à ceux de *Florence* même.

Nimes profita auffi des dépouilles d'*Avignon* & *Tours* , fans étendre, fans varier autant que *Lyon* les objets de fon induftrie, augmenta dans le grand genre, tandis que *Nimes* établiffant fon commerce principalement fur le bas prix , fit des étoffes auffi variées, mais d'un genre inférieur. *Avignon* avoit

quatre cent moulins à mouliner les *foies* ; à peine aujourd'hui en a-t-elle *cent cinquante* ; mais la *Provence* en renferme un affez grand nombre.

La Savoie qui , par fa proximité, peut prefque être mife au nombre des provinces Françoifes, fournit auffi quelques *foies* , mais ce que l'on en tire eft peu confidérable.

Lyon. Quoique *Lyon* & *le Lyonnois* ne produifent que peu de *foie* de leur cru, on ne peut cependant fe difpenfer de regarder cette célebre ville qui eft l'entrepôt de toutes les *foies* étrangeres qui entrent en France , comme fi elle les produifoit véritablement, puifque c'eft de-là que les marchands de Paris, de Tours & des autres villes ou provinces qui fe fervent de ces fortes de *foie* , doivent les tirer, ou du moins par où ils font obligés de les faire paffer, lorfqu'elles font entrées dans le royaume, foit par Marfeille pour la mer , foit par le pont de Beauvoifis pour la Terre.

Ce privilege accordé à la ville de Lyon eft ancien & a été établi & confervé par quantité d'édits, déclarations, ordonnances & arrêts.

Quand la guerre, dit *Savary* , n'interrompt point le commerce, & que la récolte des *foies* eft raifonnable ; il en peut entrer à Lyon, 6000 balles, la balle évaluée à 160 livres pefant , ce qui fait 420,000 livres de *foie* ; de ces 6000 balles, il y en a à peu-près 1400 du levant, 1600 de Sicile, 1500 du refte de l'Italie, 300 d'Efpagne, & 1200 du Languedoc, de la Provence & du Dauphiné ; ce qui doit s'entendre à proportion quand la récolte n'a pas été généralement bonne , ou quand feulement elle a manqué dans quelques lieux de ceux d'où on les tire.

On ne compte à Lyon, pas moins de *dix-huit mille* métiers fur lefquels on transforme la *foie* en étoffe quelconque, dont environ *douze mille* en étoffes figurées. Ce nombre prefque incroyable, fait à lui feul plus de la moitié des métiers du royaume, dont le nombre eft de *vingt-huit* à *trente mille*. En 1698 le nombre des métiers de la ville de Lyon étoit tellement diminué, qu'à peine y en comptoit-on *quatre mille* bien occupés ; mais l'émulation qui régna depuis entre *Lyon* & *Avignon* , ranima les manufactures qui s'enrichirent encore des dépouilles de cette derniere ville.

Le deffin des étoffes femble avoir pris naiffance à Lyon ; & ce pays lui paroît fi naturel qu'il tombe en langueur dès qu'on veut le dépayfer ; tout ce qu'on peut faire de mieux ailleurs, c'eft d'abandonner la création des deffins à l'imagination riche & féconde des Lyonnois, & de copier leurs ouvrages ; aucune ville comme Lyon n'a fu mettre les métaux à contribution pour la richeffe & l'embelliffement de fon art ; il n'eft forti d'aucune comme de celle-ci des productions, qui par leur rare variété & une éclatante imitation de la nature, ayent étendu la réputation de fes fabriques à l'inftar de Lyon, & en ayent fait convoiter les objets par toute la terre.

Le nombre des étoffes différentes qui fe fabriquent

à Lyon eft prefque incroyable; M. *Paulet* l'a porté peut-être, à la vérité, un peu trop hardiment à 200. Cette ville invente tous les jours; & par la nouveauté, la fraîcheur, l'élégance de fes deffins, elle fut & fera longtems encore la *dominatrice* & l'exécutrice des étoffes du grand genre.

Suivant le relevé des regiftres de la douane de Lyon, les *foies* étrangères entrées en cette ville pendant les années 1775, 1776, 1777 & 1778 forment un objet de 4,110,587 livres poids de marc. Et d'après quelques recherches relatives aux *foies* du cru du royaume, on eftime qu'il en entre annuellement à Lyon de 7 à 800,000 livres.

Tours. Cette ville après *Lyon* eft toujours la ville du royaume, où il fe confomme un plus grande quantité de *foie* dans les diverfes manufactures; elle lui difputoit autrefois le premier rang, & il faut convenir qu'il y a des fabriques d'étoffe où elle l'emporte encore fur Lyon.

Louis XI, nous difent nos chroniques, & Charles VIII fon fils, appellerent des Grecs & des Italiens, Génois, Vénitiens & Florentins qu'ils établirent à Tours avec des privileges. Telle eft, affure-t-on, *l'époque de l'établiffement des manufactures de foieries en France*; d'après quoi les Tourangeaux croient avoir la primauté fur Lyon : le fait eft que Louis XI fit venir à Tours des ouvriers d'Italie sousla conduite de *François le Calabrois*, à qui il donna une maifon dans fon parc de *Dupleffis-lès-Tours*.

On comptoit autrefois à *Tours fept cent moulins* à dévider, mouliner & préparer les *foies*, huit mille métiers pour en fabriquer des étoffes, & *quarante mille* perfonnes employées à dévider la *foie*, à l'apprêter & à la fabriquer; aujourd'hui cette ville n'a plus qu'environ *foixante* moulins, (nombre plus confidérable encore que celui des moulins de Lyon, qui n'en a que *vingt* ou *vingt-cinq*) & environ *douze à quinze cent* métiers fur lefquels on transforme la *foie* en étoffe quelconque, & *quatre ou cinq mille* perfonnes feulement employées à travailler les *foies*. Cet affoibliffement du commerce de cette ville fera longtems un trifte témoignage des malheurs d'une longue guerre, augmentés encore par les horreurs de plufieurs années de famine.

Paffage des foies par la ville de Lyon, & droits qu'elles y paient.

Le paffage des *foies* par la ville de Lyon, y a été établi ou confirmé par quantité d'édits, d'ordonnances & d'arrêts du confeil de nos rois. *François I.* lui accorda ce privilege en 1540; Charles IX le confirma en 1566; Henri III, en 1583; Henri IV, en 1605; Louis XIII, en 1613.

On compte fous le regne de Louis XIV jufqu'à huit édits ou arrêts du confeil pour maintenir la ville de Lyon dans fon ancienne poffeffion; favoir, les arrêts des 3 février & 10 décembre 1670, 2 juin 1674, 26 juillet 1687, 1 février 1701; 17 février

1705; l'édit du mois de juin 1711 & la déclaration du 11 juin 1714.

La mort de Louis XIV, arrivée en 1715, ayant fait concevoir dans les premières années du regne fuivant, de grands projets pour le rétabliffement & l'augmentation du commerce & des manufactures dans tout le royaume, les deux principaux furent la liberté du négoce, & la fuppreffion de tant de nouvelles impofitions que le malheur des tems avoit rendues comme néceffaires fons le regne précédent.

La ville de Lyon fut comprife dans le deffein général, & par un arrêt du confeil du 18 mai 1720, on partagea avec plufieurs autres villes dénommées dans l'arrêt, le paffage des *foies*, qui depuis près d'un fiecle lui avoit été accordé privativement à tout autre, & en même tems on fupprima nonfeulement les droits de *tiers-furtaux & quarantieme*, mais auffi ceux de la douane de Lyon, de Valence & de la table de mer, & même encore ceux qui avoient été établis par l'édit du mois de juin 1711, & tous les autres droits fans exception qui fe levoient fur les *foies*, tant originaires qu'étrangères; fa majefté (Louis XV) fe réfervant feulement *vingt fols* par quintal fur les *foies étrangères*, même fur celles d'Avignon & du Comtat.

Cet établiffement tant pour le paffage des *foies*, que pour les nouveaux droits qu'elles doivent payer, & la fuppreffion des anciens, n'ayant pas paru dans la fuite, auffi convenable au commerce de la ville de Lyon qu'on l'avoit cru d'abord, particulièrement, parce qu'une partie des droits fupprimés n'avoit été créée qu'à l'occafion des dettes contractées pour le fervice de l'état même dans les pays étrangers, lefquelles ne pouvoient jamais s'acquitter, fi les fonds ne fubfiftoient plus, le roi, pour y pourvoir, ordonna par un édit du mois de janvier 1722 :

1°. Qu'il feroit levé au profit de fa majefté dans la ville de Lyon, un droit unique de 14 f. par chaque livre pefant de *foies étrangères*, de quelque qualité qu'elles foient, ouvrées & non ouvrées, crues, torfes ou teintes, exemptes ou non exemptes, de quelques pays qu'elles vinffent, même fur celles venant d'Avignon & du Comtat, & 3 f. 6 d. fur chaque livre pefant de *foies* originaires ouvrées & non ouvrées &c., comme ci-deffus.

2°. Que tous les édits, ordonnances, déclarations & arrêts rendus depuis l'année 1540, jufqu'alors, concernant le paffage des *foies*, tant originaires qu'étrangères par la ville de Lyon, feroient exécutés felon leur forme & teneur, & fous les peines y portées, nonobftant & fans avoir égard à l'article III de l'arrêt du 18 mai 1720, qui a fixé les lieux par lefquels les *foies* pourront entrer dans le royaume.

3°. Qu'en conféquence il eft fait très-expreffes défenfes à toutes perfonnes de faire entrer aucunes *foies* dans le royaume, ni de les y commercer, *fans qu'elles aient été tranfportées dans la ville de Lyon*, & qu'elles y aient acquité les droits; même d'en faire aucune vente, débit, ni entrepôt, depuis les lieux par lesquels les *soies* entreront dans le royaume, jusqu'à leur arrivée dans la ville de Lyon, à peine de confiscation des soies, des chevaux, charrettes, mulets, bateaux & autres équipages, & de 3000 l. d'amende.

4°. Enfin, sa majesté supprime par le présent édit le droit de 20 f. établi fur chaque quintal des *soies* étrangères, par l'arrêt du 18 mai 1720.

Le passage des *soies* par la ville de Lyon ayant ainsi été rétabli, & les nouveaux droits réglés, les prévôt des marchands & échevins représentèrent au roi qu'en l'année 1720, ils jouissoient de 1600000 l. de revenu, qui étoient employées annuellement au paiement tant des charges de la ville, que des arrérages & intérêts, &c., mais que les droits sur lesquels ces revenus étoient fondés, ayant été supprimés par l'arrêt du 18 mai 1720, il ne leur étoit plus possible ni de soutenir les charges de leur ville, ni d'en acquitter les dettes, si sa majesté n'avoit la bonté d'y pourvoir par tels moyens qu'elle jugeroit convenables.

Le roi rendit, sur cette requête, un arrêt le 20 janvier 1722, consistant en huit articles, par lequel il accorde, aux prévôt des marchands & échevins de la ville de Lyon, la liberté d'emprunter jusqu'à la concurrence d'un million de livres par contrats de constitution ou d'obligation, sur le pied de quatre pour cent; & leur donne pendant 20 ans la jouissance de tous les droits établis au profit de sa majesté sur les soies tant étrangères qu'originaires, ouvrées & non ouvrées, ainsi qu'elle en aura joui elle-même depuis l'établissement de ces droits.

Instruction pour la régie du droit établi sur les soies.

Toutes les *soies* étrangères ne peuvent entrer dans le royaume, savoir, par mer, que par le port & la ville de Marseille, & par terre par le pont de Beauvoisin. Elles doivent être conduites directement à Lyon pour y payer les droits, sans pouvoir être commercées ou entreposées sur les routes, & sans pouvoir en prendre d'autres que celles qui sont prescrites par les réglemens, à peine de confiscation tant des *soies* que des équipages servant au transport. & de 3000 l. d'amende : c'est la décision des arrêts des 26 juillet 1687 & 12 septembre 1717 & édit de janvier 1722, lequel confirme plusieurs autres réglemens qui en ordonnent le passage par Lyon.

En conséquence de ces réglemens, toutes les *soies* étrangères qui seront trouvées sur d'autres routes, doivent être saisies, si elles ne sont accompagnées d'un certificat de l'acquittement des droits de Lyon.

Il y a cependant des exceptions à cette règle; l'édit de 1722 a accordé aux *soies* d'Espagne la faculté d'entrer dans le royaume par Narbonne, à la charge d'être conduites à Lyon.

L'usage a encore prévalu pour que les *soies*

entrassent par le bureau de Longeray, où elles sont expédiées pour Lyon.

Les *soies crues* provenant du commerce des François dans l'Inde, peuvent également, en vertu d'un arrêt du 27 janvier 1712, entrer par les ports de l'Orient & de Nantes; elles sont même dispensées de passer par Lyon.

Les *soies* venant de l'étranger, pour les manufactures de la Flandre Françoise, peuvent entrer par les bureaux ouverts aux matières destinées à alimenter ces manufactures; elles sont également dispensées de passer par Lyon, en remplissant les formalités prescrites par les réglemens rendus en faveur des fabriques du pays conquis, selon l'arrêt du 10 janvier 1775, & la décision du conseil du 28 août de la même année, transmise par une circulaire du 7 septembre suivant.

Les *soies*, venant d'Avignon & du Comtat, ainsi que de la principauté d'Orange, peuvent aussi entrer par les bureaux, frontières de ces pays d'où elles sont expédiées pour Lyon.

Un arrêt du 11 janvier 1781, admettoit les *soies* de Nankin par les bureaux de Septêmes, du Pont-de Beauvoisin, de Rouenet, de Longeray, les devoient y être expédiées sous plomb & par acquit à caution pour Lyon ou Paris, à l'effet d'y acquitter un droit de traite de *trente sous* par livre pesant, outre celui de *quatorze sous* attribué à la ville de Lyon; un autre arrêt du 9 décembre 1781, a statué que ces *soies* ne payeroient que le droit de quatorze sous, & il en restreint l'entrée par les bureaux de l'*Orient*, *Nantes*, *Rouen*, *Strasbourg*, *Lille*, *Dunkerque*, *Septêmes*, & *Saint-Laurent du Var*.

Le voiturier doit rapporter au premier bureau de sa route, des certificats en bonne forme, qui justifient que les *soies* sont du crû du pays d'où elles viennent, soit de Provence, ou Languedoc ou du Dauphiné; il passera une obligation dans le premier bureau, de conduire à Lyon les *soies* étrangères ou originaires dont il sera chargé, autres que celles énoncées ci-devant, pour lesquelles il y a exception à la règle, & de rapporter ladite obligation déchargée par les commis du bureau de Lyon, dans un temps limité & proportionné à la distance des lieux.

Il doit faire mention dans ces obligations du nombre des balles ou ballots, & du poids des *soies* suivant les factures & lettres de voitures, qui doivent être représentées par les voituriers, & visées par le commis qui délivre l'obligation, dont il doit tenir un régistre, contenant le double desdites obligations, qui sont signées du marchand ou voiturier, pour y avoir recours, en cas de contravention.

Les receveurs & commis des premiers bureaux de l'entrée du royaume, ou des provinces du Dauphiné, de la Provence & du Languedoc, font consigner les droits par les voituriers ou marchands qui ne sont pas connus solvables, ou exigent d'eux

bonne

bonne & suffisante caution de rapporter le certificat du bureau de Lyon, comme quoi les *soies* y auront été conduites, & les droits acquittés.

Le roi Louis XV donna le 20 février 1725, un arrêt portant défenses d'envoyer hors du royaume des *soies* teintes propres à faire des étoffes, à peine de confiscation desdites *soies*, & de mille livres d'amende contre les contrevenans.

SOIES ÉTRANGÈRES.

Soies de Sicile.

Le commerce des *soies de Sicile* est très-considérable ; ce sont les Florentins, les Genois & les Lucquois qui en font le principal négoce, ils en tirent une grande quantité tous les ans de cette île, & principalement de Messine, dont une partie sert à entretenir leurs propres manufactures, & ils vendent l'autre avec profit à leurs voisins, & particulièrement aux Tourangeaux, qui ne peuvent point s'en passer dans leurs fabriques ; non que les marchands de Tours & les autres François n'en tirent quantité de la première main, plusieurs ayant leurs commissionnaires sur les lieux, mais les Italiens, sur-tout les Genois, ont de grands avantages sur eux, parce que la plupart ayant des établissemens dans l'Isle, en sont réputés naturels, & ne paient aucun droit de sortie.

Une partie des *soies de Sicile* est *grèze* & en *mataffe*, l'autre consiste en *organfins* ou *soies ouvrées*, dont les organfins de Sainte Lucie ou de Messine, sont les plus estimés. Les *soies ouvrées*, organfins ou trames, s'achètent quelquefois en échange d'autres marchandises ; mais pour les *soies grèzes* & en *mataffes*, il faut de l'argent comptant, les paysans de Sicile les portant au marché comme leur bled & leurs autres denrées, ce qui se pratique également en plusieurs lieux d'Italie. Les plus belles *soies de Sicile* s'emploient pour les étoffes, sur-tout à Tours ; elles sont même nécessaires pour les étoffes brochées, pour les broderies, & pour tous les ouvrages où l'on a besoin de *soies* fortes ; ainsi que celles de Naples & de Reggio ; les moins belles sont employées à la couture ; ce fut, comme on l'a déjà dit, Roger, roi de Sicile, qui le premier appella d'Athènes & d'autres endroits de la Grèce des ouvriers en *soie*, d'où ils se répandirent ensuite en Italie, en Espagne, en France, &c.

Soies d'Italie.

Les *soies* que l'on tire d'Italie, sont en partie travaillées, & en partie crues, sans être travaillées. *Milan* les fournit toutes apprêtées ; *Gènes*, la plus grande partie, *grèzes* & en *mataffes* ; *Bologne*, partie moulinées, & prêtes à mettre en teinture, que l'on appelle *organfin de Bologne*, & qui entrent dans les fabriques des plus riches & des

plus belles étoffes de *Lyon* & de *Tours* ; l'autre partie consiste en *soies grèzes* & en *mataffes*.

Les *soies de Bologne* eurent long-tems la préférence sur toutes les autres, mais depuis que celles de *Piémont* ont été perfectionnées, elles tiennent le premier rang pour l'égalité, la finesse & la légéreté. *Parme*, *Modene*, *Lucques*, ne fournissent que des *soies grèzes*.

Les autres *soies d'Italie*, celles de *Novi*, de *Venise*, de *Toscane*, du *Montferrat*, du *Piémont* & de *Bergame*, sont employées en organfin pour chaîne, quoiqu'elles n'aient pas toutes la même beauté ni la même bonté ; les *soies de Bergame* sont celles qui approchent le plus des *soies de Piémont*, les plus parfaites de l'Italie.

Soies d'Espagne.

Toutes les *soies d'Espagne* sont des *soies grèzes* & en *mataffes*, que l'on file, dévide & mouline en France & en Angleterre, suivant les divers ouvrages & fabriques d'étoffes auxquels on les destine ; les plus belles *soies torses* sont de *soies d'Espagne*, & c'est de la même soie que se font les lacets tissus que l'on appelle *soie de Grenade*, ainsi que les *soies* à coudre qui portent ce nom.

Quoique les *soies* que fournit l'Espagne soient en général fort belles, celles de *Valence* ont une grande supériorité ; les unes & les autres sont propres à tout ; leur seul défaut est d'être un peu trop chargées d'huile, ce qui leur fait beaucoup de tort à la teinture.

Soies du Levant.

Les *soies du Levant* sont toutes *grèzes* & en *mataffes* ; on trouve dans le commerce de ces *soies* une sorte d'avantage que l'on n'a point dans celui des *soies Siciliennes* ; c'est que le négoce de ces dernières ne se fait que dans une seule saison, & que celui des *soies du Levant*, peut se faire en tout tems.

Les principaux endroits d'où se tirent les *soies du Levant*, sont *Tripoli*, *Seyde*, *Alep*, & autres ports de cette échelle ; l'Isle de *Chypre*, celle de *Candie*, quelqu'autres de l'*Archipel*, telles que *Tino*, *Andros*, *Noxis* ; il en vient aussi de la *Morée*, mais le principal négoce, particulièrement de *soies de Perses*, se fait à *Smirne*.

Alep. Les *soies* que l'on tire d'*Alep*, & qu'on embarque à *Alexandrette* qui en est le port, sont des *soies Cherbassis*, autrement appelées *Bourmes*, des *soies Ardasses*, des *soies* blanches *Barutines*, *soies* blanches de *Tripoli*, *soies* blanches d'*Antioche*, de *Belan*, de *Pajasse* & de *Mone*, *soies* blanches *Bedouines* ou *Arabes*, d'*Alep* & d'*Hadenau* ; ces dernières se pèsent à la rotte de 680 dragmes qui reviennent à 5 livres 5 onces, poids de Marseille.

Seyde. Cette ville fournit des *soies choufs*, chou-

fettes, *barutines*, *tripolines* & *seydauvis* ; elles se pèsent toutes au poids damasquin, la rotte de 600 *dragmes*, rendant *cinq livres un quart*, poids de Marseille. Les coagis ou commissionnaires établis sur les lieux, ne comptent cette rotte à leurs commettans, que sur le pied de *cinq livres*, ce qui est un bénéfice pour eux. d'environ *quatre onces* par rottes, outre une once qui leur est encore accordée sur les *soies* de Seyde, à cause de la tare qui s'y trouve, parce que cette *soie* n'est pas nette ; mais ces avantages sont connus de leurs commettans qui traitent avec eux sur ce pied là.

Chypre. On tire de l'île de *Chypre* des *soies* qui y sont cultivées & recueillies, que l'on nomme *chypriottes* ; on y achette aussi des *soies* Tripolines qui viennent de la ville dont elles portent le nom ; les unes & les autres se vendent à l'ocos de 400 dragmes, ce qui revient à *trois livres deux onces*, poids de Marseille.

Les *soies* de Tino, d'*Andros* & de *Naxis*., ne se tirent guères en droiture de ces îles, non plus que celles de quelques autres îles de l'Archipel, mais elles sont portées à *Smirne*, où elles se vendent en masses de douze jusqu'à seize onces. Ces *soies* sont jaunes, un peu frisées, & approchent fort de la *soie. Vivaraise* qui se recueille en France, mais de meilleure qualité ; il n'en vient guères par an que *vingt à trente quintaux.*

La *Morée* donne aussi quelques *soies* jaunes qui sont plus fines que celles des îles, mais il ne s'en fait qu'un commerce très-médiocre.

On trouvera dans l'article suivant, l'explication des différentes *soies* qui s'achettent dans les échelles du Levant dont on vient de parler.

Soies de l'Archipel.

Les ouvriers de l'île de Candie sçavent si mal préparer la *soie* que cette île fournit en assez grande quantité, que les nations chrétiennes, qui font le commerce du Levant, n'en enlevent que très-peu, persuadées qu'elles sont d'en trouver de plus belles à Smirne, & dans les autres échelles des états du grand Seigneur.

Therme, *Tine* & *Zia* produisent aussi des *soies* que l'on estime les plus belles de tout l'Archipel. Celles d'*Andros*, de *Caristo* & de *Vole*, autres îles du même parage, ne sont pas aussi bonnes, & ne peuvent servir qu'à la tapisserie ; peut-être si elles étoient mieux préparées pourroient-elles servir pour la fabrication des étoffes, des rubans, & être employées en *soies* filées pour la couture.

On tire aussi de l'île de *Chio* une grande quantité de *soie*, que l'on peut employer en velours, en damas, & en autres étoffes semblables. L'île pourroit fournir *trente mille livres*, poids de France ; mais la plus grande partie se consomme dans les manufactures du pays.

L'île de *Samos* fournit aussi de très-belles *soies* ; mais ce que les étrangers en peuvent achetter par

an, ne va guères qu'à vingt-cinq mille écus, ou soixante-quinze mille livres, argent de France.

Smyrne. C'est dans cette ville, autrefois si fameuse & qui l'est encore par son grand commerce, que se fait le principal négoce des *soies du Levant*, & particulièrement de celles *de Perse* ; elles y arrivent par caravanes depuis le mois de janvier jusqu'à celui de septembre ; les caravanes de janvier sont chargées des plus fines *soies* ; celles de février & de mars les apportent toutes indifféremment, & celles des autres mois ne se chargent que des plus grossières.

« Toutes ces *soies*, a-t-on dit, viennent des différentes provinces de la Perse, principalement de celles de *Quilan* & de *Schirevan*, & de la ville de *Schamarchia*, qui sont situées près des bords de la mer Caspienne ; quelqu'un a prétendu que ces trois places ne fournissent pas moins de *trente mille balles de soie* par an. »

« *Ardeüil* ou *Ardebil*, autre ville de Perse, qui n'est pas éloignée de ces contrées, si propres à la culture des *soies*, est le lieu où l'on les met encore en dépôt, & d'où les caravanes prennent le chemin de *Smyrne*, d'*Alep* & de *Constantinople* ; où elles les transportent. Cette ville, & celles de *Schamarchie* & de *Derbent*, ont toujours été regardées comme le centre du commerce de la *soie*, quoiqu'on ait tenté plusieurs fois de l'éloigner de Smyrne & de la Méditerranée, en faveur d'Archangel & de la mer Blanche, en les y transportant à travers la Moscovie par le *Volga*, & la *Dwina*, deux fleuves qui traversent les principales provinces de ce vaste empire. »

« Ce nouveau cours de la *soie de Perse* en Europe, fut d'abord proposé par *Paul Centurien*, Génois, au *Czar Bazile*, sous le pontificat de Léon X. Les François eurent le même dessein en 1626 ; le duc *Frederic d'Holstein* voulut aussi en 1633, faire une tentative sur ce commerce ; & ce fut à cette occasion qu'il envoya des ambassadeurs en Moscovie & en Perse. Enfin, en 1661, le Czar *Alexis Michel* tenta lui-même l'entreprise, dans le dessein d'établir des manufactures de *soyeries* dans les principales villes de ses états ; mais la révolte des Cosaques & la prise d'Astrakan, ville située à l'embouchure du *Volga* dans la mer Caspienne, par ces rebelles, rompit toutes ces mesures. »

En 1668, le commerce des *soies de Perse* fut un peu détourné de *Smyrne*, à cause d'un tremblement de terre arrivé au mois juillet de cette année, qui renversa presque de fond en comble cette ville, si importante pour ce commerce, principalement le quartier des marchands ; tous leurs magasins furent détruits : sans doute, cette translation de commerce se seroit faite, sans les puissans moyens que les Turcs mirent en œuvre pour l'empêcher. La Porte n'oublia rien pour engager le reste des négocians & de toutes les nations établies à Smyrne, à ne point abandonner cette ville ; le roi de France y envoya alors M. *Blondel*, afin de pourvoir à la sûreté des marchandises & effets de ses sujets échappés à ce tremblement, & profitant des bonnes dispositions des Turcs, il obtint pour les François tout ce qui pouvoit favoriser leur négoce. Quoiqu'il en soit, *Smyrne* est toujours demeurée dans son ancienne possession, & les différentes nations de l'Europe continuent toujours d'y envoyer leurs flottes, & d'en transporter les *soies*. Les choses resteront probablement en cet état, à moins que les conquêtes que le dernier Czar a faites le long de la mer *Caspienne*, ne mettent ses successeurs en état d'exécuter ce grand projet, que lui-même a eu certainement en vue. »

Cet abrégé de relation qu'on a faite du commerce des *soies de Perse* en Europe par la Russie, est imparfaite à bien des égards ; ce fait est prouvé par une lettre du comte *Algarotti*, écrite de Berlin en 1750 au marquis *Scipion Maffei* à Véronne. Comme on ne peut rien faire de mieux que de donner des idées justes sur un commerce aussi étendu, & aussi précieux que celui des *soies*, nous allons rapporter ici un extrait de cette lettre, le plus court possible.

« A peine les Anglois eurent-ils découvert le port d'Archangel, & établi leur commerce en Russie, qu'ils jetterent les yeux sur la mer *Caspienne*. Ce fut par là qu'ils espérérent pouvoir s'ouvrir en Perse une route plus facile & plus courte que celle des Portugais, qui alors maîtres des Indes, étoient obligés de faire le tour de l'Afrique entière, & d'une partie de l'Asie, avant d'arriver à *Ormus* dans le golfe Persique. Les *soies* des provinces de *Shirvan*, de *Mazerandan*, & surtout celles de *Gilhan* sont les meilleures & les plus estimées de l'Orient ; ils (les Anglois) vouloient les tirer de ces pays & en fabriquer des étoffes dans leur île, en conséquence de ce projet, ils firent diverses tentatives, dont le succès fut tel que le président de *Thou* a cru devoir en parler dans son histoire. Mais alors les conquêtes que les Russes venoient de faire sur les Tartares, n'étoient pas encore assez affermies, ni le commerce des Anglois assez formé & assez solide pour qu'il y eût lieu d'espérer de conduire à une heureuse fin un dessein si vaste & si compliqué. »

« Cependant quelques années après un *duc de Holstein*, ayant établi dans ses états des manufactures de soie, songea à en tirer la matière directement de la Perse, par la voie de la Russie ; il envoya au Sophi un ambassadeur, le célèbre *Oléarius*, mais cette négociation n'eut d'autre suite qu'un naufrage sur la mer Caspienne. »

« Les François songèrent aussi à cette voie de la Russie, mais ce projet fut à peine formé qu'il s'évanouit ».

« Enfin le génie patient & hardi des Anglois en vint à bout. Un certain *Elton*, homme de mer, de commerce & de guerre, connoissant parfaitement la Russie où il avoit servi, vit qu'on y pouvoit voiturer les marchandises à peu de frais, & les faire

ensuite descendre par le *volga* dans la mer Caspienne, que les Anglois trouveroient un profit en achetant des *soies crues*, de la première main des paysans du *Gilhan*, au lieu qu'à *Smyrne* & à *Alep* ils sont obligés de les prendre des Arméniens qui, maîtres du commerce intérieur de l'Asie, les y transportent par le moyen de leurs caravanes ; il vit que le tems ne pouvoit être plus favorable à l'établissement de ce commerce...... Et son plan proposé au comptoir Anglois de Pétersbourg, on jugea devoir comme sonder le gué ; on envoya en 1739 le même *Elton* en Perse avec un petit chargement. A son retour il rapporte un décret favorable de *Rizi Mouli Mirza*, régent de l'empire, pendant l'absence de *Nadir*, alors occupé à son expédition du Mogol, & l'entreprise commença à prendre forme ; la compagnie de Russie à Londres s'y porta avec chaleur, & après quelques oppositions de la part des compagnies du levant & des Indes orientales, qui ne voyoient pas volontiers celle de Russie empiéter sur leurs droits & leurs privileges, le commerce de la mer Caspienne fut autorisé par le Parlement. Les espérances des Anglois étoient flateuses & paroissoient fondées. On donna de grandes commissions. On nomma *Elton* agent du commerce. Celui-ci actif au-delà de ce qu'on peut imaginer, fut en état en 1742 de sortir de Casan pour un bon vaisseau & avec une riche cargaison, & en peu de jours il mouilla à *Astracan*, d'où il mit en mer. Mais gagné ensuite par *Nadir*, *Elton*, ambitieux à l'excès, flatté de ses promesses, s'attacha entièrement à lui, & par son moyen le Sophi commença bientôt à devenir le maître de la mer Caspienne, ainsi que *Pierre le Grand* l'avoit été auparavant.

« On exigea le rappel d'*Elton* ; la compagnie de Russie, qui ne pouvoit pas l'y obliger de force, lui offrit à cet effet une récompense considérable, mais rien ne fut capable de le faire retourner en Angleterre ; & par un décret fulminant que le gouvernement rendit contre la compagnie en 1746, tout commerce lui fut interdit sur la mer Caspienne ; les Anglois renoncerent donc à ce commerce & ne s'occupoient plus que des moyens de faire venir à Pétersbourg les parties de *soies* qui leur restoient en Perse ; ils ne purent pas y réussir... Ainsi le commerce que les Anglois avoient établi en Perse, par la voie de la Russie, ne fut pas de longue durée. »

Les principales *soies de Perse* qui arrivent par les caravanes à Smirne sont les *Sourbastis*, les *Legis*, les *Ardassines* & les *Ardassés*.

Les deux premières sortes s'achètent dans la province de *Huilan*, que quelques auteurs nomment *Gilhan* ou *Inguilan* ; il n'en vient par an à Smirne, qu'environ 400 balles de *vingt battemans* chacun, le *battemant* vaut *six occos*, ce qui réduit au poids de Marseille fait *dix-huit livres douze onces* le battemant. Chaque chameau porte deux balles.

Les *soies* SOURBASTIS ou CHERBASTI, sont les plus fines & de la meilleure qualité ; il y en a de blanches & de jaunes. Leur pliage est en masse d'une demi-aune de long, dont la tête est tirée d'un filet de *soie* très-fin qui sort en dehors. Les blanches sont les plus belles. Les balles sont assorties en *premiere*, *seconde* & *troisieme* qui font en tout cent vingt masses. Onze masses de *soies* plus grossières, enveloppent la balle en dedans. Ces *soies* s'emploient à Tours en pannes, en gros de Tours & autres étoffes qui se vendent à la livre.

LES SOIES LEGIS (dont la *vourine* est la plus fine & la première qualité, & la *bourine la seconde*), sont les plus grosses *soies* qu'on tire des *fourbastis*; elles nous viennent ou par Smirne, ou par le golfe Persique. Ces *soies* sont pliées en masse d'une aune environ, & ont la tête liée comme les *fourbastis*; le poil est plus gros & moins lustré. La masse pèse depuis deux jusqu'à trois livres. Elles servent en France pour la trame des étoffes & rubans que l'on vend à l'aune, à *Seyde*, *Tripoly*, &c., on les appelle *legis*, *bourines* & *bournio*. Il y en a de trois sortes; savoir, les *legis bourines* qui sont les plus belles; les *legis ardasses* qui sont les plus grossières & les *legis* ordinaires qui sont celles de moyenne qualité.

Les *choufs* qui nous viennent également par *Alep* & par *Seyde*, sont aussi des *legis* qui sont d'une qualité aussi nette, & qui prennent une aussi belle teinture que les *soies de Messine*, étant d'ailleurs d'aussi fin devidage & moulinage.

LES SOIES ARDASSINES font celles qu'en France on nomme *ablagnes*; elles ont la même couleur & la presque aussi fines que les *fourbastis*; la masse est d'environ deux pieds de long, & ne pèse guères moins d'une livre. On s'en sert peu en France, parce qu'elles ne souffrent pas l'eau chaude dans le devidage. Il n'en vient environ que cent balles à Smirne.

LES SOIES ARDASSES OU ADRASSES font les plus grossières des *soies Persiennes*, dont on dit qu'elles font le rebut, sur-tout des *ardassines*. On nomme aussi *ardasses* les *legis* de la plus basse qualité. La masse est d'environ trois quarts d'aune & forme comme deux têtes; elle ne pèse cependant qu'une livre. Pour être belles, ces *soies* doivent être lustrées, rondelettes & peu chargées. On appelle quelquefois la *soie ardasse*, *soie rondelette*. C'est de cette espece de *soie* dont il vient la plus grande quantité à Smyrne, & on n'y en apporte chaque année pas moins de 2400 balles.

La Perse fournit encore une grande variété de *soies*, dont celles qui nous sont le plus connues se nomment *houffet* qu'on tire par la voie d'*Alep*; *soies* qui nous viennent particulièrement par la même voie; *Karvary* que produit sur-tout la province de *Ghilan* & qui arrivent en Europe par Smyrne; la *frize*, la *finastre*, *soie* de mauvaise qualité qui se trouve souvent mêlée dans cette dernière ville avec les autres *soies* de Perse; *Aggoued-Bund*, *Chest-à-Bund*, *Mang-Bund*, *Assarée-Bund*, *Sauk-Bund*, première, deuxieme & sixieme sortes de *soie* du Mogol, &c.

Le commerce des *soies de Perse* se fait aussi par le golfe Persique; ce négoce, que les Portugais avoient attiré à l'isle d'*Ormus* lorsqu'ils en étoient les maîtres, a été transféré à *Gameron* ou *Gomron*, que les Perses nomment *Bender-Abbassi*, port à l'entrée du même golfe, depuis que ces derniers, à l'aide des Anglois se furent remis en possession d'*Ormus*. C'est là qu'arrivent les caravanes qui partent d'Ispahan, & qui transportent les *soies* sur des chameaux; les diverses nations d'Europe qui font ce commerce ayant leurs agens ou commis dans cette capitale de la Perse qui en font les achats. Les droits de sortie ne sont pas les mêmes, ils se paient sur différens pieds, selon que ces nations ont fait leurs capitulations plus ou moins avantageuses.

Les plus fines des *soies de Perse* & du levant qui arrivent en France sont propres pour les ouvrages de Tours & de quelques fabriques de Paris. Les plus grossières s'apprêtent pour la couture, & pour servir aux filés d'or & d'argent.

La manière de devider la *soie* en Perse, est différente de la nôtre, *Corneille Lebrun*, dans la relation de ses voyages imprimée en 1718, en a donné la description, on peut y avoir recours; notre objet n'est de parler que de ce qui concerne le commerce & ce n'est que pour donner une légère idée du filage & tirage de la *soie* que l'on en a parlé au commencement de cet article.

Soies de la Chine, du Japon & des Indes.

Différentes provinces de la Chine font si abondantes en mûriers, & d'un climat si favorable aux vers à *soie*, que la quantité de mûriers qu'on y cultive & celle de *soie* qu'on y recueille sont presque incroyables.

La seule province de *Tche-Kiang* pourroit suffire à fournir tout le vaste empire de la Chine & même une grande partie de l'Europe; ce sont ces *soies* que nous connoissons sous le nom de *soies* de Nankin, elles sont estimées les plus belles, quoique *Canton* en produise d'excellentes, mais qui sont plus communes.

La diversité des *soies* que recueille l'Europe, ne l'a pas mise en état de se passer de celles de la Chine; quoiqu'en général sa qualité soit pesante & son brin inégal, elle sera toujours recherchée pour sa blancheur; on croit communément qu'elle tient cet avantage de la nature, ne seroit-il pas plus naturel, demande M. *l'abbé Raynal* de penser que lors de la filature, les Chinois jettent dans la bassine quelqu'ingrédient qui a la vertu de chasser toutes les parties hétérogenes, du moins les plus grossières? Le peu de déchet de la *soie* en comparaison de toutes les autres, lorsqu'on la fait cuire pour la teinture, paroît donner un grand poids à cette conjecture.

« La blancheur de la *soie de la Chine* à laquelle nulle autre ne peut être comparée, la rend seule propre à la fabrique des blondes & des gazes. Les efforts qu'on a faits pour lui substituer les nôtres dans les manufactures de blondes, ont toujours été vains; on a été un peu moins malheureux à l'égard des gazes; les *soies* les plus blanches dé-

France & d'Italie l'ont remplacée avec une apparence de fuccès ; mais le blanc & l'apprêt n'ont jamais été fi parfaits ».

Le commerce des *foies* eft un des plus grands qui fe faffe en Chine, & qui y occupe un plus grand nombre d'ouvriers ; les marchands d'Europe qui le font, & fur-tout de celles qui font ouvrées, doivent prendre garde à leur filage ; car bien qu'à la vue & au toucher les *foies* apprêtées de la Chine paroiffent fouvent plus belles que les organfins de *Sainte-Lucie* ou de *Bergame*, elles font pour l'ordinaire d'un très-mauvais devidage.

Voici un fait rapporté par *Savary* qui femble contredire ce que dit M. l'abbé *Raynal*, par rapport au *peu de déchet* qu'éprouvent les *foies de la chine*, en comparaifon de toutes les autres.

« Le *déchet* (de ces *foies*), dit *Savary*, eft fi *confidérable* que les fabriquans de France, & furtout de Paris, en font entièrement dégoûtés, les déchets des *foies* ouvrées vendues à la compagnie de la Chine, qui provenoient du retour du vaiffeau l'*Amphytrite*, ayant été jufqu'à *trois onces par livre*, quoique ceux des *foies* d'Italie, de même qualité, n'aillent même jamais jufqu'à une once.

Dans le dernier fiecle les Européens tiroient de la Chine fort peu de *foie*. La nôtre étoit fuffifante pour les gazes noires ou de couleur, & pour les marlis qui étoient alors en ufage. Le goût qui vint enfuite pour les gazes blanches & pour les blondes, a étendu peu à peu la confommation de cette production orientale. Elle s'eft élevée dans les tems modernes à *quatre-vingt milliers par an*, dont la France a toujours employé près des trois quarts. Cette importation a fi fort augmenté, qu'en 1766 les Anglois feuls en tirerent *cent quatre milliers*. Comme les gazes & les blondes ne pouvoient pas la confommer entièrement, les manufactures en employèrent une partie dans leurs fabriques de moires & de bas. Ces bas ont fur les autres l'avantage d'une blancheur éclatante & inaltérable, mais ils font infiniment moins fins.

Outre la *foie* ordinaire qu'on tire de la Chine, il y a une autre forte qui ne fe trouve que dans la province de Canton ; cette forte de *foie* eft commune, nous l'appellons *foie de canton*, du nom de la province qui la produit ; comme elle n'eft propre qu'à quelques trames, & qu'elle eft auffi chère que les *foies* d'Europe qui fervent aux mêmes ufages, on n'en tire très-peu ; ce que les Anglois & les Hollandois en exportent ne paffe pas cinq ou fix milliers ; les étoffes forment un plus grand objet.

Les vers qui produifent les *foies de canton* font fauvages & ne font leurs cocons que dans les bois d'où il eft difficile & peut-être même impoffible de les tranfporter pour les nourrir dans les maifons où ils réuffiroient mal.

La *foie de canton* eft grife & fans aucun luftre, & les étoffes qu'on en fabrique ne paroiffent à la

vue que comme de la toile rouffe affez commune, ou comme des droguets forts groffiers. Ce qui leur donne un certain prix, & qui les fait acheter plus cher que les plus beaux fatins ; c'eft 1°. qu'elles durent très-long-tems ; 2°. que quoique fortes & ferrées, elles ne fe coupent jamais ; 3°. qu'on les lave comme la toile, & que l'huile même ne les peut tacher. Ces étoffes fe nomment *kien-tcheou*.

Le *picol* de foie qui eft de cent vingt-cinq livres, poids de Hollande, fe vend ordinairement à la Chine, *trois cens piaftres*. On les diftingue en trois fortes, la *première*, la *moyenne*, & la *dernière*, qui fur le pied de 120 livres reviennent, fçavoir, la *première* forte à 4 livres 15 fols la livre ; la *feconde*, 4 livres 5 fols, & la *troifieme* 3 livres 10 fols ; fur ce pied, la *foie de Nanquin* affortie, revient à 4 livres la livre, & fe vend au moins 7 francs au Japon, ce qui fait près de cent pour cent de profit.

Il eft important dans l'achat des *foies* ouvrées, ainfi que des étoffes de *foie*, de tout acheter au poids, à raifon de la bonté.

SOIE SINA. *Soie* qu'on emploie en France dans quelques fabriques, & particulièrement à Paris dans celles des gazes ; ces *foies* font du nombre des *foies* de la Chine ; elles portent même le nom de cette contrée, (*Sina*).

Le *Japon* ne fourniroit guères moins de *foies* que la *Chine*, fi les Japonnois, nation fuperbe & défiante jufqu'à la cruauté, n'avoit prefque interdit tout commerce dans leurs îles aux étrangers, furtout à ceux qui font profeffion du Chriftianifme.

Quelques relations affurent qu'il fe fait dans toutes les îles du Japon jufqu'à *cent mille picols* de *foie* par an, à raifon de cent vingt livres pefant le picol, & près de *quatre cens mille picols* de filofelle, qui eft une efpèce de fleuret ou de *foie* moins fine ; mais bien loin que l'Europe profite d'une fi grande quantité de *foie*, on dit que les Hollandois portent au contraire au Japon la plus grande partie de celles qu'ils tirent de la Chine & des Indes.

LES SOIES *des états du grand Mogol*, fe tirent prefque toutes de *Kafembazar*, lieu fitué affez avant dans les terres d'où elles font apportées à la mer par un canal de quinze lieues qui tombe dans le Gange, fur lequel, après en avoir encore fait quinze autres, elles arrivent jufqu'à l'embouchure de ce fameux fleuve de l'Indoftan.

Ces *foies* font de fix efpèces, qui font de différentes qualités, & plus ou moins bonnes, fuivant les diverfes faifons où on les fait, ou la diverfité des vers qui les produifent.

Ces *foies*, nous l'avons déjà dit plus haut, font l'*aggoued-bund*, la *chefta-bund*, la *fawaud-bund*, l'*afforce-bund*, la *fauk-bund* & la *mang-bund* ; elles font ici placées fuivant leurs qualités & leur différent dégré de bonté. *Voyez pour chacune fon article particulier.*

LA SOIE DE KASEM-BASAR, eft jaunâtre comme

toutes les *foies* écrues qui nous viennent de la Perſe & de la Sicile, il n'y en a de naturellement blanche que celle de la Paleſtine; mais les Indiens la ſçavent blanchir avec une leſſive faite des cendres de l'arbre qu'on nomme *figuier d'Adam*, & lui donnent par ce moyen la même blancheur qu'à la *foie de Syrie*. Cependant comme il y a peu de ces arbres dans le pays, & que les habitans manquent de cendres pour ce blanchiſſement, les Européens ne tirent pas une grande quantité de *foies* blanches, & ſont obligés de s'accommoder des *foies* jaunes.

Kaſem-bazar peut fournir tous les ans juſqu'à *vingt-deux mille balles de foie*, chaque balle peſant *cent livres*. Ce ſont les Hollandois qui font la plus grande partie de ce commerce, il n'y a guéres d'année qu'ils n'en enlèvent ſix à ſept mille balles. Ils en enleveroient même davantage ſans les marchands de Tartarie & ceux des états du Mogol qui s'y oppoſent, & qui veulent au moins partager ce négoce avec eux.

Il ne paſſe guères de cette *foie* en Europe, les Hollandois les portant preſque toutes, ainſi que celle de la Chine au Japon, & les changeant contre de riches marchandiſes, particulièrement contre de l'argent en barres & du cuivre.

L'île de *Ceylan* fournit auſſi quelques *foies* de ſon crû, mais c'eſt peu de choſe, & elles ne ſont preſque point comptées parmi les marchandiſes que les Européens, & ſur-tout les Hollandois en tirent.

Askam produit une *foie* unique en ſon eſpèce, qui n'exige aucun ſoin; cette *foie* vient ſur des arbres où les vers naiſſent, ſe nourriſſent, ſont toutes leurs métamorphoſes; l'habitant n'a que la peine de la ramaſſer; les cocons oubliés renouvellent la ſemence, pendant qu'elle ſe développe; l'arbre pouſſe de nouvelles feuilles, qui ſervent ſucceſſivement à la nourriture des nouveaux vers. Ces révolutions ſe répètent douze fois dans l'année; mais moins utilement dans les tems de pluie que dans les tems ſecs. Les étoffes fabriquées avec cette *foie*, ont beaucoup de luſtre & peu de durée.

En France, les principaux ouvriers qui travaillent aux *foies*, ſoit pour les ouvrer, apprêter, monter, appareiller, ſoit pour les employer, tant celles du crû du royaume, que celles des pays étrangers, quand elles ſont entièrement apprêtées, ſont les *fileurs*, les *devideurs*, les *moulineurs* ou *mouliniers*, les *teinturiers*, les *plieurs*; & les fabricans de pluſieurs ſortes, comme *ferandiniers*, *gaziers*, *rubanniers*, *manufacturiers* en draps d'or, d'argent, de *foie*, velours, taffetas, & quantité d'autres.

Le grand commerce de *foie* de toutes ſortes qui ſe fait à *Lyon* & à *Tours*, a donné lieu à pluſieurs réglemens conſidérables que l'on trouvera à l'article RÉGLEMENT.

Droit des fermes ſur les ſoies.

Les édits de janvier 1722 & juin 1758, ont reſtreint tous les droits de traites qui avoient anciennement lieu ſur les *foies* étrangères, à celui perceptible au profit de la ville de Lyon, dont il ſera ci-après parlé. Ainſi, il n'eſt dû aucun droit de traites ſur ces *foies*; elles ſont ſeulement ſujettes aux droits domaniaux, tel par exemple, que celui de Foraine & de Bearn.

A la circulation, les *foies* ſont exemptes des droits de traites, en vertu d'un arrêt du 30 décembre 1755, & de l'édit de juin 1758.

Cette faveur étant ſubordonnée à la condition que les *foies* ne ſeront pas mélangées avec des marchandiſes ſujettes, elles doivent, en cas de mélange, par livre peſant net; ſçavoir,

« Venant des provinces réputées étrangères dans les cinq groſſes fermes, au tarif de 1664, celles à coudre, 1 liv. »

« Celles écrues, 16 ſols. »

« Paſſant des cinq groſſes fermes aux provinces réputées étrangères, même tarif. »

« Celles teintes & à coudre, 12 ſols. »

« Celles écrues ou graiſes, 1 livre. »

« A la douane de Lyon, ſuivant ſa qualité, le tarif de 1632, adoptant beaucoup de diſtinctions. »

« A celle de Valence, où elles ſont nommément déſignées au premier article du tarif, 7 livres 2 ſols du quintal net. »

« Paſſant à l'étranger, celle à coudre, la ſeule qui ne ſoit pas prohibée, doit à la ſortie des cinq groſſes fermes, ſuivant le tarif de 1664, de la livre, peſant net, 12 ſols. »

« Sortant par l'étendue de la douane de Valence, du quintal net, 7 livres 2 ſols. »

Prohibition à la ſortie.

Suivant les arrêts des 9 juillet 1720, & 20 février 1725, & une déciſion du conſeil du 10 mars 1775, l'exportation des *foies* graiſes ou teintes, qui ſont propres à la fabrication des étoffes, eſt défendue, à peine de confiſcation & de 1000 livres d'amende.

Cette prohibition qui comprend Marſeille, conſidérée à cet égard comme étranger effectif, a été étendue aux cocons par une autre déciſion du conſeil, rendue le 26 juillet 1785, d'après les obſervations des fabricans de Lyon, ſur le projet que l'on avoit de profiter des facilités de la foire de Beaucaire, pour exporter des *foies*; la déciſion eſt conçue en ces termes: « maintenir la prohibition à la ſortie » du royaume, des *foies* teintes & des *foies* graiſes, » & empêcher également celle des cocons. »

Droit des ſoies perçu au profit de la ville de Lyon.

« Le droit exigé par la ville de Lyon ſur les *foies*, eſt par livre, peſant net, ſçavoir, ſur celles venant de l'étranger, ſuivant l'édit de janvier 1722, confirmé par celui de juin 1758, de 14 ſols. »

« Venant d'Avignon, du Comtat, & de la principauté d'Orange, de 7 fols. »

« Du commerce des François dans l'Inde, arrêt du 27 janvier 1722, 6 fols. »

Ce droit acquitté, ces *foies* jouiffent de la faveur du tranfit, accordé aux autres marchandifes de ce commerce, par l'arrêt du 28 septembre 1734; elles font en conféquence plombées du plomb du bureau de l'Orient, & accompagnées d'un acquit de paiement de ce droit.

Exemption.

La feule exemption accordée fur le droit unique des *foies*, eft en faveur des manufactures du pays conquis : elles ont été difpenfées de ce droit par un arrêt du 10 janvier 1775, & une décifion du confeil du 28 août fuivant.

Le commerce des *foies* qui fe fait à Amfterdam eft confidérable ; il s'y vend des *foies* d'Italie, des *foies* crues du Levant, & des *foies* des Indes orientales. Toutes fe vendent à la livre, poids d'Anvers, & fe paient en fous de gros ; celles d'Italie & du Levant à trente-trois mois de rabat ; & celles des Indes orientales en argent de banque. La compagnie donne pour ces dernières une livre & demie de tare par fac., excepté pour celles de la Chine, qui fe pèfent fans fac ; elle déduit auffi un pour cent pour le bon poids.

A l'égard de celles d'Italie & du Levant, les premières, felon *Savary*, donnent de tare 3 livres par balle, qui pèfent depuis *cent* jufqu'à 149 livres ; cinq livres pour les balles du poids, depuis 150 jufqu'à 199 liv. ; & 6 liv. pour celles pefant 200 liv. & au deffus ; leurs déductions pour le bon poids & pour le prompt paiement, font *deux pour cent* pour l'un, & *un pour cent* pour l'autre.

A l'égard de la tare des *foies* crues du Levant, les balles qui fe pèfent avec les cordes, donnent 12 livres, & celles qui fe pèfent fans cordes, 6 livres, les déductions pour le bon poids & le prompt paiement, font chacune *d'un pour cent*.

SOIE. Les étoffes que l'on appelle fimplement des *foies* en Chinois, font de petits taffetas qui fe fabriquent à Canton. Ils s'y vendent *neuf mas fix condorins les dix taëls*, & fe revendent au Tonquin un taël, *deux mas* la pièce.

SOIE DE PORC OU SCIE DE SANGLIER. C'eft le grand poil qui couvre le dos de ces deux animaux.

La *foie de porc* fe tire de divers endroits de la France, & s'emploie à plufieurs ufages, mais particulièrement pour faire des broffes, des vergettes, des décrotoires & des goupillons. Elle s'envoie ordinairement dans des tonneaux ou futailles, par paquets de différentes groffeurs, qui fe vendent au poids.

La *foie de fanglier* eft beaucoup plus forte que celle de *porc*, auffi eft-elle bien plus chère & plus eftimée ; elle fert aux cordonniers, favetiers, bourreliers, felliers, &c. à mettre au lieu d'aiguille au bout du fil dont ils fe fervent pour coudre avec une alcine dans leurs différens ouvrages. On en fait auffi des décrotoires, foit pour frotter les planchers, foit pour nétoyer les fouliers.

Il fe tire beaucoup de cette *foie* de *Mofcovie* & de *Lithuanie* par la voie de Hambourg & de Hollande, d'où elle eft envoyée par petits paquets liés par le milieu, dans des boëtes de fapin longues d'environ un pied, & larges de deux ou trois doigts. Ces caiffes fe vendent pour l'ordinaire au poids.

Les *foies*, tant de *porc* que de *fanglier*, font une portion du négoce des marchands merciers-quincailliers qui les font venir en gros pour les vendre en détail aux ouvriers qui en font ufage.

Quoique la *foie de porc* ne foit pas portée dans le nouveau recueil des droits des traites, &c. qui a paru en 1786, elle étoit tarifée du tems de *Savary* à la douane de Lyon, fous le nom de *foie cordonnière*, à 3 livres 5 fols du quintal, d'ancienne taxation, & à 15 fols de nouvelle ; enfemble 4 liv.

SOYERIE. Ce mot comprend en général toutes fortes de marchandifes de *foie*. On dit, les *foyeries* de Lyon, de Tours, du Levant, pour dire toutes les *étoffes de foie* qui fe font dans ces lieux ou qui en viennent. On dit de même, ce marchand entend bien le négoce de la foyerie.

Les *foyeries* ou *draps de foie*, font traités à l'entrée du royaume comme étoffes de foie de même nature.

« Dans l'intérieur elles doivent au tarif de 1664, par livre pefant net, favoir :

« Venant des provinces réputées étrangeres, dans les cinq groffes fermes, 3 liv. »

« Paffant des cinq groffes fermes dans les provinces réputées étrangeres, 14 f. »

« Pour la douane de Lyon, auffi par livre pefant net, les *draps de foie ras*, doivent fuivant l'arrêt du 1er. mai 1755, 12 f. »

« Ceux non ras, 10 f. »

« Nommément compris au premier article de la douane de *Valence*, tous payent 7 liv. 12 f. par quintal net. »

SOYEUX. Signifie 1°. *plein de foie*, bien garni de *foie*, un *fatin* bien *foyeux*. 2°. Ce qui eft doux comme de la *foie* ; le caftor eft un poil *foyeux*.

S P

SPALT. Pierre blanche, écailleufe & luifante que l'on emploie affez fouvent pour faciliter la fonte des métaux. Cette pierre s'apporte quelquefois du Levant, mais elle vient plus communément d'Angleterre & d'Allemagne. Le bon *Spalt* doit être en longues écailles, tendre & facile à réduire en poudre. Le *Spalt* d'Angleterre eft prefque toujours très dur.

« Le *Spalt* n'étant point tarifé, doit payer en France les droits d'entrée à raifon de cinq pour cent de fa valeur, conformément au tarif de 1664. »

SPARAGON. Etoffe de laine très-méchante, qui se fabrique en Angleterre où elle se consomme presque toute. Les Anglois en envoyent néanmoins quelques-unes en Espagne, mais ces envois ne passent gueres huit ou dix mille livres par année.

SPARTE. En Grec *sparton.* Jusqu'ici on a regardé cette plante comme une espèce de *jonc,* elle est même définie ainsi dans la première édition de l'Encyclopédie; mais plusieurs botanistes l'ont placée dans la classe des graminées, & *Linnée* l'a enfin reconnue & publiée pour être du genre des *stipa.*

Peu de plantes méritent à autant d'égards que le *sparte* d'être connues. Cette herbe croît naturellement; on ne pourroit le semer : c'est proprement le *jonc* d'un sol maigre & aride, car la terre où il vient est si stérile qu'il est impossible d'y semer & d'y élever aucune plante.

Le *sparte* d'Afrique est petit & n'est propre à rien, cette plante est si abondante dans la partie citérieure de l'Espagne Carthaginoise, que les montagnes en sont couvertes. Cette herbe est nuisible au bétail, excepté dans la partie tendre de son sommet.

Pour juger combien cette plante est précieuse, il suffit de considérer à combien d'usages on l'employe en tous pays. Elle sert au gréement des vaisseaux, aux machines nécessaires dans les constructions, & à une infinité d'autres besoins de la vie, & cependant le terrein qui produit assez de *sparte* pour tous ces usages, n'a pas plus de trente milles de large sur cent milles de longueur. Ce terrein s'étend sur le rivage de *Carthagène.* Les frais empêchent de faire venir le *sparte* de plus loin.

« Le *sparte,* dit *Pline,* a des feuilles nombreuses, même *vertes,* rondes comme du jonc, de la longueur d'une coudée, & sortant de la même racine nouvelle; elles sont blanches intérieurement, & ont quelque largeur; avec le tems elles se resserrent, se roulent, prennent la forme du jonc, deviennent dures & conservent cependant de la flexibilité. Les bords sont tellement unis qu'on n'apperçoit la fente qu'en y prêtant beaucoup d'attention. Il sort d'entre les feuilles des tiges un peu plus longues qui portent au printems & en été de petites panicules comme les roseaux, & fleurissent à peu-près de même, ensuite des semences oblongues qui ressemblent à celles de plusieurs graminées. Le *sparte* a des racines fibreuses & vivaces; plusieurs touffes contiguës naissent au même pied, de sorte que souvent une plante, ou plutôt un assemblage de plusieurs, occupe l'espace de deux pieds de tour, & davantage.

Il croît beaucoup de *sparte* sur les collines sablonneuses, qui se trouvent entre *Vaëna* & *Alcala-Réal*; il en vient aussi ailleurs dans l'*Andalousie*; on en trouve une si grande quantité depuis les confins de cette province, jusqu'à *Murcie,* que les anciens ont appellé ce canton le *champ du sparte. Spartarius campus.* Il vient aussi du *sparte* dans le royaume de *Valence*; il y est même plus abondant, & il y vient mieux; on l'employe *crud,* c'est-à-dire sans être préparé & séché, à faire des tapis, des nattes, des corbeilles & des cordages.

On trouve encore dans ce royaume un autre *sparte*; il naît principalement dans les endroits humides; il est plus délié que le précédent, on s'en sert rarement; cependant on en fait des nattes & des ouvrages de cette nature.

Il croît en France & en Flandres, sur les bords sablonneux de l'Océan, une troisième espèce de *sparte,* que les Flamands appellent *halin*; il est presque semblable au précédent, mais beaucoup plus grand & plus dur, il pousse par touffes comme les deux autres; mais s'étend encore davantage à la manière des graminées. On ne lui reconnoît d'autre utilité que de rendre le sable plus ferme, & d'empêcher la dégradation de la mer.

On ne connoissoit le *sparte* à Paris, avant l'établissement de M. *Gavoty de Berthe,* que par l'emballage des soudes d'Espagne, que tout le monde nommoit *jonc,* qui est le *sparte* de qualité inférieure qu'on tresse en Espagne, en larges lizieres & à grandes mailles. Mais la Provence, le Languedoc, le Roussillon de tems immémorial comme l'Espagne même, ainsi que les ports d'Italie, de Sicile, de Sardaigne, de Corse, employent le *sparte* en cordages, en nattes, en paniers & corbeilles, cabas de mesurage, & pour le transport des bleds & autres marchandises, en filets de pêches, en cables, & à toutes sortes d'usages civils & domestiques.

La Provence sur-tout fait de ce travail un objet de main d'œuvre, digne de remarque par le nombre de personnes qui s'occupent à préparer cette plante; cette province néanmoins, ni aucune autre du royaume de France, ne récolte le *sparte,* on le tire tout de l'étranger.

« Le *sparte* doit à toutes les entrées du royaume, suivant la décision du conseil du 12 septembre 1775, 5 s. par quintal. »

« Il paye en outre les sous pour livre, comme il a encore été décidé au Conseil le 22 mars 1776. »

« A la douane de Lyon, il acquitte, à raison de deux & demi pour cent de la valeur. »

« A la douane de Valence, 15 s. 8 den. par quintal. »

SPARTERIE. Nom que l'on donne en général aux ouvrages fabriqués avec le *sparte.*

C'est à M. *Gavoty de Berthe,* que Paris doit le bel établissement ou manufacture de *sparterie,* établie au fauxbourg Saint Antoine; non-seulement il a enrichi cette ville d'une branche de commerce qui lui manquoit, mais il a encore porté l'art de travailler le *sparte* à un très-haut degré de perfection; on peut consulter le *tome deuxième des arts & manufactures,* (*nouvelle Encyclopédie*) article *Sparterie,* on y trouvera le détail du travail du *sparte,* & des moyens que M. *de Berthe* a employé pour rendre cette plante, d'une grande utilité. *Voy.* SPARTE.

SPECACUANHA. Nom de cet excellent remede pour la diſſenterie, qui a paſſé de l'Amérique en Europe. On l'appelle plus ordinairement IPECACUANHA. *Voyez cet article.*

SPECIA. Terme dont quelques marchands négocians & banquiers ſe ſervent aſſez ſouvent dans leurs écritures, pour ſignifier ce qu'on nomme communément *ſolde, ſoute* ou *ſoude* d'un compte. *Voyez* COMPTE.

SPECULATION. Sorte d'étoffe non croiſée, qui ſe fabrique pour l'ordinaire à Paris, dont la chaîne eſt de ſoie cuite ou teinte, & la tréme de fil-blanc de Cologne, ou de fil de coton blanc. Sa largeur eſt communément de demi-aune moins un ſeize, meſure de Paris. Il s'en fait de *moirée* & de *non moirée*, de différentes couleurs.

SPERMA-CETI, en François SPERME ou BLANC DE BALEINE. Drogue d'une odeur ſauvagine que vendent les épiciers, dont on ſe ſert dans quelques mixtions pour blanchir la peau.

« Cette drogue eſt portée dans le nouveau recueil de droits de traites &c. ſous le nom de *nature de baleine.* Celle de pêche françoiſe a été exemptée de tous droits de traites, juſqu'à la première deſtination, par déciſion du conſeil du 17 octobre 1784. »

« Celle venant de l'étranger & des provinces réputées étrangères dans les cinq groſſes fermes, doit au tarif de 1664, par quintal net 15 l. »

« Paſſant des cinq groſſes fermes aux provinces réputées étrangères & à l'étranger *cinq pour cent* de la valeur, à moins qu'on ne juſtifie de l'acquittement du droit d'entrée. »

« A la douane de Lyon, il acquitte ſuivant le tarif de 1632, où il eſt déſigné ſous le nom de *blanc de baleine*, du quintal net, de tel endroit qu'il vienne 3 liv. 10 ſ. ; à la douane de Valence, comme droguerie, 3 livres 11 ſ. du cent peſant net. »

Dans une lettre adreſſée par M. de *Calonne*, Contrôleur-général, à M. *Jefferſon*, miniſtre plénipotentiaire des Etats-Unis d'Amérique, le 22 octobre 1786, ce miniſtre explique ainſi les intentions de ſa majeſté, à l'égard du *ſperma-ceti.*

« Comme il a été obſervé dans le comité qu'on » percevoit un droit de fabrication conſidérable » ſur les huiles de baleine ; Sa majeſté conſent à » *abolir* ce droit de fabrication à l'égard des » huiles de baleine & *ſperma-ceti*, venant directe- » ment des Etats-Unis à bord des bâtimens Fran- » çois ou Américains ; de manière que ces huiles & » *ſperma ceti* n'auront à payer pour tous droits » quelconques, pendant dix ans, qu'un droit de » 7 liv. 10 ſ. & les 10 ſ. pour liv., devant finir en » 1790. »

SPIAUTE. *Voyez* ZING.

« Le *ſpiaute* ou *zing-toutenage*, doit à l'entrée

& à la ſortie des cinq groſſes fermes, cinq pour cent de la valeur, comme omis au tarif de 1664, ſuivant la lettre de la ferme générale au directeur de Lyon du 14 octobre 1779. »

« Celui provenant du commerce des François dans l'Inde, ne doit que trois pour cent de la valeur, & lorſqu'il eſt deſtiné pour Lyon, il n'acquitte au bureau de l'orient que le quart de ce droit, en aſſurant par acquit à caution le payement à Lyon de celui de douane. »

« Ce droit de tel endroit que le *ſpiaute* vienne, eſt, ſuivant l'ajouté au tarif, de 1 liv. 5 ſ. par quintal. »

« Pour la douane de Valence, il acquitte à cauſe de ſa nature métallique 15 ſ. 8 den. du quintal. »

SPIC-NARD ou NARD. Plante médecinale qui entre dans la compoſition de la thériaque. C'eſt le *ſpica-nardi* des droguiſtes & des botaniſtes. *Voyez* SPICA NARDI.

SPICA-NARDI, chez les droguiſtes & épiciers SPIC-NARD. Plante qui entre dans la compoſition de la thériaque.

Il y a trois ſortes de *ſpic-nard* ou de *nard*, car on lui donne auſſi quelquefois ſimplement ce nom ; le *nard Indique*, le *nard de Montagne*, & le *nard Celtique* ou *François*.

Le nard *Indique*, ainſi appellé parce qu'il vient des Indes, eſt de deux ſortes, le *grand* & le *petit*. Le *petit nard*, auquel le *grand* reſſemble preſque en tout, à la réſerve de la couleur qui eſt plus brune & plus rougeâtre (ce que l'on croit même venir de quelque teinture) eſt une eſpèce d'épi de la longueur & de la groſſeur du doigt, tout garni de petit poil brun & rude, que produit une racine aſſez approchante de celle de la *pirette*, mais pas toutefois ſi longue. Il ſort à fleur de terre pluſieurs épis de la même racine, & du milieu il s'élève une tige longue & mince. Le goût de l'un & de l'autre nard des Indes eſt amer, & leur odeur forte & déſagréable.

Le *nard de montagne* qui vient de Dauphiné, eſt d'un gris de ſouris. Sa racine eſt de la groſſeur du bout du petit doigt, tournée comme au tour, & garnie de petits filamens, & ſa tige qui ſort du milieu des épis eſt rougeâtre.

Enfin le *nard Celtique* qui ſe trouve ſur les montagnes des Alpes & en d'autres endroits, & que les marchands de Paris reçoivent par la voie de Marſeille & de Rouen, eſt une plante dont la racine eſt écailleuſe & remplie de fibres. Ses feuilles ſont longues, étroites par en bas, larges par le milieu, pointues par le bout. Sa tige n'a guères plus d'un demi-pied ; à ſon extrémité ſont quantité de petites fleurs d'un jaune-doré en forme d'étoiles. Ce *nard* eſt ordinairement apporté par bottes.

De ces trois ſortes de nard, l'*Indique* eſt le plus eſtimé & le plus cher ; le *Celtique* ſuit après ; & quant à celui de *montagne*, les habiles marchands droguiftes & épiciers croyent qu'il faudroit en abandonner le commerce, étant de peu de vertu. Les deux premiers doivent fe choifir *nouveaux & odorans* autant qu'il eft poffible.

L'on trouve quelquefois mêlées parmi ces deux *nards* d'autres plantes étrangères, qu'il faut fçadoir en démêler, comme le *nard* bâtard, l'*hirculus* ou *bouquain*, &c. qui n'ont aucune des vertus des véritables nards.

Outre l'épi du *fpica-nardi*, les épiciers-droguiftes en vendent auffi la femence, qui a prefque les mêmes vertus que l'*épi*, & peut entrer dans les mêmes compofitions de médecine.

« Le *fpica-nardi* des Indes eft du nombre des drogues & marchandifes venant du Levant, qui outre les droits ordinaires payent *vingt pour cent* de leur valeur, conformément à l'arrêt du 15 août 1685. »

« Les droits qu'ils payent en France, fuivant le tarif de 1664, font à raifon de 7 liv. 10 f. le cent, & ceux du *fpica-celtica* de 3 liv. 15 f. auffi du cent pefant. »

« A la douane de Lyon il paye les droits favoir : »

« Pour le *fpica-nardi indique*, 12 l. 5 f. »

« Pour le *fpica celtique* 2 l. 17 l. »

« Et pour le *fpica femence*, 2 l. 9 f. 3 d. »

SPINELLE. Sorte de rubis couleur de feu. *Voy.* RUBIS.

SPITZBERG. *Voyez le dictionnaire de la géographie commerçante.*

SPODE. Efpèce de cendre qui fert dans la médecine, qu'on eftime un affez bon cardiaque, & à laquelle l'on attribue les mêmes qualités qu'au corail.

Le *fpode* des anciens étoit fait de racines de rofeaux & de cannes brûlées. Ils appelloient auffi *fpode* une efpèce de cendre qu'on trouve au pied des fourneaux où l'on fait l'airain.

Les modernes font leur *fpode* d'yvoire brûlé & calciné en blancheur. Il faut le choifir en belles écailles, blanc deffus & dedans, pefant, facile à caffer, &, s'il fe peut, fans menu & fans ordures.

L'*anti-fpode* que les anciens fubftituoient quelquefois à leur *fpode*, étoit compofé de feuilles de myrrhe, de pommes de Cain, de noix de galle, & de quelques autres drogues calcinées.

« Les *fpodes* payent en France les droits d'entrée à raifon de 3 l. du cent pefant, conformément au tarif de 1664. »

SPODIER. Terme dont quelques négocians fe fervent pour dire ce qu'on entend dans le négoce par *expédier*; ce dernier mot eft le plus en ufage.

SPORCO. Les négocians des provinces de France qui avoifinent l'Italie, ufent quelquefois de ce terme en parlant d'une marchandife où il n'y a point de tare.

SPROTS. On nomme ainfi en Hollande les harengs forets d'Angleterre.

SPUTER. Efpèce de métal blanc & dur, qui n'eft connu en Europe que depuis que les Hollandais l'y ont apporté. Quelques-uns ne le mettent qu'au rang des demi-métaux; parce que quoiqu'il rougiffe avant de fondre, de même que l'argent, le cuivre & les autres vrais métaux qui foutiennent l'ignition, il eft nullement ductile, ne pouvant fouffrir le marteau à caufe de fon aigreur qui le rend caffant; enforte qu'il ne peut être employé tout au plus que dans les ouvrages de fonte.

S Q

SQUÆNANTHE ou ESQUINAUTE. Plante aromatique & odoriferante, d'une couleur *paille d'orge*, d'un goût chaud & piquant, elle eft remplie d'une moelle fongueufe, fon odeur tient le milieu entre celle de la rofe & celle du pouliot. On la nomme plus ordinairement *Juncus odoratus*. Voyez cet article.

« Venant de l'étranger, ou d'une province réputée étrangère, dans les cinq groffes fermes, il doit, fuivant le tarif de 1664, 10 fols par quintal net ».

« Paffant des cinq groffes fermes à l'étranger, ou dans une province réputée étrangère, il eft exempt de droits, comme droguerie étrangère ».

« A la douane de Lyon, il acquitte par quintal net 1 l. 5 f. ».

« A celle de Valence, comme droguerie, par quintal, 3 l. 11 f. ».

SQUILLES ou SCILLES. Gros oignons qui viennent d'Efpagne, qui entrent dans la compofition de la thériaque. *Voy.* SCILLES.

SQUINANTI, ou LIN D'EGYPTE. C'eft le meilleur & auffi le plus cher des lins qui fe vendent au Caire, où il s'en fait un très-grand négoce. Il coute ordinairement jufqu'à dix piaftres le quintal de cent dix rotols. *Voy.* LIN.

SQUINE ou ESQUINE. Racine médicinale qui vient de la Chine & des grandes Indes. *Voyez* ESQUINE.

S T

STACTÉ. Efpèce de gomme que l'on appelle autrement *mirrhe*. Voyez MIRRHE. *Voyez auffi* STORAX.

STÆCANANTHE. C'eft le Juncus odoratus. *Voy.* JUNCUS ODORATUS.

STAFISAGRE ou STAPHISAGRE. Graine qui fert à faire mourir la vermine.

La plante qui la produit croît en abondance en divers endroits de la Provence & du Languedoc. Ses feuilles font vertes, grandes, fort découpées & affez épaiffes. Ses fleurs font d'un bleu célefte, auxquelles fuccèdent des gouffes remplies d'une femence de la groffeur d'un pois. La figure de cette femence eft triangulaire, fa couleur noirâtre & comme chagrinée par deſſus. Au dedans elle eſt d'un blanc tirant ſur le jaune, d'un goût mordicant, amer & fort déſagréable.

Outre l'uſage du ſtafiſagre pour faire mourir la vermine des enfans, on s'en ſert encore pour appaiſer la douleur des dents, & pour faire des véſicatoires en le faiſant cuire dans le vinaigre. Il eſt néanmoins quelquefois dangereux de s'en ſervir pour les dents.

Il faut choiſir le ſtafiſagre bien nourri, le plus nouveau & le moins rempli d'ordures qu'il ſe peut.

« Le ſtafiſagre paye en France les droits d'entrée à raiſon de 1 l. 5 ſ. le cent peſant, conformément au tarif de 1664 ».

« A la douane de Lyon il doit 2 l. par quintal net ».

STAMATES. Sorte d'étoffes qui ſe trouvent tarifées dans la liſte ou tarif de Hollande de 1725.

STAMETTE. Etoffe de laine qui ſe fabrique dans divers lieux des Provinces-Unies. On en fait de diverſes couleurs, qui pour l'ordinaire ſont toutes teintes en laine, c'eſt-à-dire, dont la laine de la chaîne & de la trême a été miſe en teinture avant de nionter le métier. Les pieces portent communément depuis 32 juſqu'à 33 aunes.

Les ſtamettes apprêtées hors du pays ſont réputées marchandiſes de contrebande pour l'entrée.

STAR, en Italien ſtaro ou ſtaio & ſtara. Meſure des liquides dont on ſe ſert à Florence.

Le ſtar eſt de trois barils, & le baril de vingt fiaſques.

On ſe ſert auſſi du ſtar dans la Calabre & dans la Pouille. Dans ces deux provinces du royaume de Naples il faut 10 ſtars pour la ſalme, 32 pignatolis pour le ſtar. Voy. SALME.

Le ſtaro eſt auſſi le boiſſeau dont on ſe ſert en pluſieurs villes d'Italie pour meſurer les grains, particulierement à Veniſe, à Livourne & à Luques.

Le ſtaro ou ſtara de Livourne peſe ordinairement 54 livres. 112 ſtari ſept huitiémes font le laſt d'Amſterdam.

Les grains ſe meſurent auſſi à Luques au ſtaro, dont les 119 font un laſt d'Amſterdam.

Le ſtaro de Veniſe peſe 128 livres gros poids; chaque ſtaro contient 4 quartes. 35 ſtari un cinquiéme, ou 140 quartes quatre cinquiémes font le laſt d'Amſterdam.

STARIE. Terme de commerce de mer, particulièrement en uſage dans le levant.

Les Hollandois nomment ſtaries le tems que ceux qui commandent les eſcortes que l'amirauté de Hollande accorde aux convois qui vont au levant, reſtent à Smirne au de-là de celui qui leur eſt permis par leur commiſſion. Ce mot peut venir du latin ſtare.

Au retour des convois les commandans des eſcortes ſont tenus de remettre un journal de leur voyage entre les mains du procureur général de l'amirauté; lequel, s'il n'approuve pas les ſtaries faites extraor-

dinairement, en rejette la dépenſe ſur le compte des commandans. Voy. LEVANT.

STATUTS, en fait de commerce & ſuivant l'uſage actuel. Ce ſont des réglemens faits par autorité publique, & confirmés par lettres-patentes des rois, pour ſervir à la conduite, gouvernement & diſcipline des corps des marchands & des communautés des arts & métiers.

Les ſtatuts en général ſont auſſi anciens que l'union des particuliers en certains corps & communautés, n'étant pas poſſible d'entretenir la paix entre pluſieurs perſonnes, ſur-tout ſi elles ſont d'une condition égale, qu'elles ne conviennent de certaines loix communes, ſuivant leſquelles elles s'engagent de vivre & de ſe conduire par rapport à l'intérêt commun.

C'eſt de là que ſont venus les premiers ſtatuts où le magiſtrat n'avoit point de part. Mais comme il eſt de la ſûreté des Etats qu'il ne s'y tienne point d'aſſemblées, ou que celles qui s'y tiennent ſoient ſagement diſciplinées, les officiers des princes, & enſuite les princes eux-mêmes ont trouvé bon d'y avoir l'œil.

C'eſt ce qui eſt arrivé en France ſur la fin du douziéme ſiécle; car quoiqu'il y ait des communautés qui produiſent des ſtatuts qui leur ont été donnés, à ce qu'elles prétendent, dès le commencement du onziéme ſiécle, il eſt aiſé de juger par les lettres-patentes même des rois qui les ont depuis confirmées, qu'on doutoit dès lors un peu d'une ſi grande antiquité.

Le premier réglement général qui ait été fait au ſujet des ſtatuts des corps & communautés, eſt celui des états-généraux tenus à Orléans au mois de décembre 1560. L'article 98 ordonnoit que tous les ſtatuts deſdits corps & communautés ſeroient revus & corrigés, réduits en meilleure forme, mis en langage plus intelligible, & de nouveau confirmés & autoriſés par lettres patentes du roi.

L'exécution de cet article donna lieu à cette grande quantité de lettres patentes de confirmation qui furent expédiées ſous le régne de Charles IX, & il y a apparence que tous les autres ſtatuts & réglemens euſſent été pareillement renouvellés ſans la continuation des guerres de religion qui avoient commencé ſous Henri II & qui ne finirent que ſous Henri IV.

Louis XIV donna auſſi un édit au mois de mars 1673, pour le renouvellement général de tous les ſtatuts des corps & communautés; & il fut même réglé au conſeil un rôle des ſommes qu'il leur en devoit couter.

Il paroît par ce rôle que ces communautés n'étoient alors dans Paris qu'au nombre de quatre-vingt-quatre; mais par celui auſſi dreſſé au conſeil au mois d'avril 1691, pour l'exécution de l'édit du mois de mars précédent, portant création des maîtres & gardes, & jurés en titre d'offices, les corps & communautés de cette grande ville ſe trouverent augmentés juſqu'à cent vingt-quatre, y en ayant eu plufieurs nouvelles d'érigées par lettres patentes depuis l'édit de 1673.

Il faut remarquer que depuis que les rois ont trouvé à propos de donner leurs lettres de confirmation des *ftatuts* & *réglemens* des communautés, elles font obligées de demander cette confirmation à chaque mutation de rois ; mais il eft vrai auffi qu'il y a eu bien des rois qui n'ont point voulu ufer de leur droit. *Voy.* RÉGLEMENT.

STECAS. *Voy.* STHÆCAS.

STEEM. Poids de Brabant & de quelques villes Anféatiques. On l'appelle plus ordinairement *pierre.* Voy. PIERRE.

L'on fe fert auffi du *fteem* à Amfterdam & dans quelques autres lieux des Provinces-Unies. Le *fteem* pèfe huit livres.

STEKAN ou STECKAN. Mefure de Hollande pour les liquides & particulièrement pour les huiles. Les bottes ou pipes d'huile contiennent depuis 20 jufqu'à 25 ftekans.

A Amfterdam on nomme cette mefure *ftekaimen.* Le *ftekaimen* contient 16 *mingles* ou *mingeelles* à raifon de *deux pintes* de Paris le *mingle* ; ainfi il eft de trente-deux pintes.

La barique de Bordeaux rend *douze ftekans & demi.* Le tonneau de Bayonne , Turfan & Chaloffe , *240 ftekans* , & le poinçon de Nantes, douze.

STEKAIMEN. Mefure des liquides. *Voyez l'article precédent.* Voyez *auffi l'article* DES MESURES.

STELLIONNAT. Crime de fauffe vente, en vendant les chofes autrement qu'elles ne font ; ou des effets appartenans à un autre, ou en vendant deux fois une même chofe.

STELLIONATAIRE. Faux vendeur, celui qui commet un ftellionat.

STENOMAGRA. Efpece de minéral. *Voyez* AGARIC.

STERCUS DIABOLI. C'eft ainfi que les Allemands nomment l'affa fœtida, à caufe de fon extrême puanteur. *Voy.* ASSA FŒTIDA.

« Entrant dans les cinq groffes fermes, l'*affa fœtida* doit, au tarif de 1664 , par quintal net, 3 liv. ».

« Venant indirectement du levant, indépendamment du tarif de la province par laquelle elle entre, elle paie *vingt pour cent* de la valeur, fur l'eftimation de 150 l. par quintal brut, d'après l'arrêt du 22 décembre 1730 ».

« A la fortie des cinq groffes fermes, elle ne doit aucun droit, comme droguerie étrangère ; à la douane de Lyon , elle paye , fuivant le tarif de 1632 , de tel endroit qu'elle vienne, par quintal net, 2 l. 15 f. ».

« A celle de Valence , comme droguerie , 3 liv. 11 fols ».

STERLET. Poiffon peu commun, & qui ne fe trouve probablement que dans les pays du nord. C'eft l'*acipenfer ruthenus* de Linneus. Il eft de l'efpece de l'efturgeon & eftimé comme un excellent manger ; on le diftingue de l'efturgeon par fa couleur & parce qu'il eft beaucoup plus petit , fa longueur étant rarement de plus de trois pieds ; il a le deffus de la tête & le dos d'un gris jaunâtre , les côtés blanchâtres, le ventre tacheté de blanc & de rouge , les yeux bleu de ciel, bordés de blanc, fa tête eft pointue, longue & effilée , la bouche eft en travers avec les lèvres épaiffes & faillantes que l'animal retire en dedans quand il veut ; au-deffous eft une efpece de barbe, il a cinq rangs d'écailles offeufes , un fur le dos , deux aux côtés , & deux fous le ventre ; le refte de fon corps eft fans écailles, mais couvert d'une peau fort rude au toucher.

Plufieurs auteurs avancent fans fondement qu'on ne trouve le *fterlet* que dans le Volga & dans la mer Cafpienne ; mais il y en a dans plufieurs autres rivières, lacs & mers de Ruffie, où il forme une petite branche de commerce , Muller nous apprend qu'on en pêche dans le Dnieper & dans plufieurs rivières qui fe jettent dans la mer glaciale, & furtout dans la Lena ; Lange affure qu'il s'en trouve dans le Yenifei ; Pallas , qu'il y en a dans l'Irtish, l'Oby , le Yaich ; Georgé dit la même chofe du lac Baikal & de l'Angara ; enfin Linnæus nous apprend que Frédéric I , Roi de Suéde, fit venir des fterlets vivans en Suéde , & qu'en ayant mis dans le lac Méler ils s'y font multipliés. On en a pris quelquefois dans le golfe de Finlande, & dans la mer Baltique , mais on fuppofe qu'ils n'y font pas nés , & qu'ils y ont été jettés par quelque accident.

STERLING. Terme Anglois , fort commun dans le commerce & dans les monnoies d'Angleterre, qui ne fe dit jamais tout feul ; mais qui ajouté à d'autres fignifie *diverfes monnoies de compte* qui font en ufage dans la grande Bretagne ; comme la *livre fterling*, le *fol fterling* , & le *denier fterling.*

Les négocians Anglois tiennent leurs livres par livres, fols & deniers *fterlings* , en mettant la livre *fterling* pour dix livres communes ; le fol *fterling* pour dix fols , & le denier pour dix deniers. *Voyez* LIVRE STERLING.

Il y avoit autrefois en Angleterre une efpece courante qui fe nommoit *fterling* ; elle étoit d'argent, & avoit pris fon nom d'un château où d'abord elle avoit été frappée.

STHÆCAS ou STICADE. Nom d'une plante qui entre dans la compofition de la thériaque.

Il y a deux fortes de *fthæcas*, le *fthæcas Arabique* & le *Citrin.*

Le *ftæcas Arabique* (on ne fait pourquoi ainfi nommé, puifqu'il vient de Provence & de Languedoc , & fur-tout des ifles d'Yeres , où peut-être à la vérité il l'aura été apporté d'*Arabie*, quoiqu'il n'en vienne point de cette contrée) eft une plante dont les feuilles font étroites & verdâtres ; fes fleurs font petites, bleues, approchant de la violette , &

sortent d'une espèce d'épi de figure pyramidale, qu'elles couvrent & environnent.

Ce n'est que des fleurs du *sthæcas*, dont les épiciers-droguistes de Paris font négoce, encore n'en ont-ils pas beaucoup de débit.

Il faut les choisir d'un beau bleu, & en épis bien entiers.

LE STHÆCAS CITRIN, qu'on nomme autrement *amarante jaune*, n'est guères différent de l'*Arabique* que par la couleur que désigne assez son nom. Il croît aussi en Languedoc & en Provence, mais il est très-rare dans les boutiques de Paris, vu la petite quantité qu'il s'en consomme dans cette ville.

« Les *sthæcas Arabique*, les *citrins* & toutes autres drogues qui passent sous ce nom, paient en France les droits d'entrée, à raison de 50 sols le cent pesant, conformément au tarif de 1664. »

« Les droits de la douane de Lyon, dans le tarif de laquelle ils sont nommés *sticados*, sont par quintal de 7 liv. 18 sols. »

STICADE ou STICADOS. *Voyez l'article précédent.*

STILAGE ou STELAGE. Droit qui se perçoit sur les grains en quelques endroits de France. C'est un droit de seigneur qu'on nomme ailleurs *,minage, hallage* & *mesurage*. Voyez ces mots. Il consiste ordinairement en une écuellée de grain par chaque sac qui se vend dans une halle ou marché.

Il y a des lieux où le *stelage* se leve aussi sur le sel, comme dans la souveraineté de Bouillon.

STIL DE GRAIN, qu'on nomme autrement STIL DE GRUN. C'est une composition ou couleur dont les peintres en huile & en mignature se servent pour peindre le jaune. Il vient ordinairement de Hollande, où les Hollandois le composent avec de la graine d'Avignon qu'ils font bouillir dans de l'eau avec de l'alun de Rome ou d'Angleterre, & du blanc de Troyes ou d'Espagne. Quand tous ces ingrédiens sont réduits en consistance de pâte, ils en forment de petits pains tortillés qu'ils font sécher, & c'est ce qu'on appelle *stil de grain*. La bonté du *stil de grain* consiste à être d'un jaune doré, tendre, friable, & point salé ni graveleux. *Voy.* GRAINE D'AVIGNON.

« Le *stil de grain*, quoique non porté dans le nouveau recueil de droits de traites, &c. payoit, du tems de *Savary*, suivant le tarif de 1664, les droits d'entrée à raison de 1 liv. 10 sols, le cent pesant. »

STILE. Façon particulière d'exprimer ses pensées, ou de bouche, ou par écrit.

On appelle *stile marchand* ou *stile mercantoriste*, la manière dont les marchands & les négocians ont coutume de parler dans les affaires de leur négoce & commerce, ou de s'exprimer dans les écritures mercantilles qu'ils font pour eux-mêmes ou pour leurs associés, correspondans, commissionnaires & facteurs.

STILE. Signifie aussi la *supputation* différente que

quelques nations de l'Europe font de la révolution des jours pendant le cours de chaque année.

En ce sens on distingue deux sortes de *stile*, l'*ancien stile* & le *nouveau stile.*

La diversité de leur calcul est de dix jours, retranchés en 1582 par Grégoire XIII, pape, que les catholiques observent, & que les protestans ont long-temps refusé, malgré l'utilité de cette réformation.

On en parle ailleurs assez au long à cause de la nécessité où sont les marchands banquiers & négocians catholiques de ne la pas ignorer, leur étant très-importante pour les dates & les échéances de leurs lettres & billets de change, & autres écritures mercantilles dans leur commerce avec les étrangers des différentes confessions protestantes. *Voy.* NOUVEAU STILE & VIEUX STILE.

Plusieurs des nations, qui, du tems de *Savary*, employoient le *vieux style*, ont adopté le *nouveau*.

STILLIARD. On nommoit autrefois en Angleterre *la compagnie du stilliard*, une compagnie de commerce établie en 1215 par Henri III, en faveur des villes libres d'Allemagne. Cette compagnie étoit maîtresse de presque toutes les manufactures Angloises, particulièrement des draperies.

Les préjudices que ces privilèges apportoient à la nation, la firent casser sous Édouard IV. Elle subsista néanmoins encore quelque tems en faveur des grandes avances qu'elle fit à ce prince; mais enfin elle fut entièrement supprimée en 1552, sous le règne d'Édouard VI.

STINC-MARIN. Espèce de petit lézard amphibie, assez semblable au crocodile pour la figure; mais si petit, que les plus grands ne passent guères quinze pouces de longueur. Il s'en trouve quantité en Egypte & le long du Nil, & c'est de là qu'on les apporte en France par la voie de Marseille.

Le *stinc* est tout couvert d'écailles d'un gris argenté depuis l'extrémité de sa queue qui est assez longue, jusqu'au bout du museau à très-pointu. Ses yeux sont petits & vifs; sa gueule qui est fendue jusqu'aux oreilles, est armée de quantité de petites dents blanches & rouges; il a quatre pieds mais très-courts & très-foibles, ensorte qu'il rampe plutôt qu'il ne marche; son cri est affreux, & il le diversifie comme une espèce de chant. Il ne va guères que de nuit; & quand il paroît de jour tout petit qu'il est, il est capable d'imprimer de la frayeur par la manière terrible dont il se traîne.

Aux îles Antilles où il se trouve quantité de cette sorte de lézard, on le nomme *brochet de mer*, & l'on attribue à sa chair les mêmes qualités qu'à celle du *stinc du Nil*; c'est-à-dire qu'on croit bonne contre les poisons, & propre à ranimer la chaleur des vieillards.

Il faut choisir le *stinc* gros, long, large, pesant, sec, entier, & point mangé de vers s'il se peut. Il manque à tous ceux que l'on apporte d'Egypte, les entrailles & le bout de la queue, apparemment à cause de quelque malignité qu'ont ces parties,

Le *ſtinc* entre dans la compoſition du mitridate.

« Le *ſtinc* marin paie en France les droits d'entrée, à raiſon de 6 livres le cent peſant, conformément au tarif de 1664. »

STINKERQUE ou STEINKERQUE. Sorte d'ornement dont les femmes ſe ſervoient pour couvrir leur gorge. C'eſt une eſpèce de mouchoir de gaze ou de toile légère. Il s'en faiſoit de très-riches en broderie d'or, d'argent & de ſoie, dont les plus beaux venoient du Levant. Les plus communs étoient de toile rayée ou à carreaux de différentes couleurs. La plus grande quantité de ces derniers ſe fabriquoient en Normandie, particulièrement dans la généralité de Rouen, dans Rouen même & ſes fauxbourgs, & dans le bourg de Darnetal.

Le trop grand nombre de ces manufactures, occupant preſque toujours les ouvriers, qui auparavant s'employoient à la culture des terres & à la récolte des grains, a donné lieu à l'arrêt du 28 juin 1723, qui ſuſpend le travail de toutes ces manufactures, hors celles de Rouen & de Darnetal, depuis le premier juillet de chaque année, juſqu'au 15 ſeptembre.

Le nom de *Stinkerque* que l'on a donné à ces ſortes de voiles ou de mouchoirs, immortaliſera la fameuſe journée de *Stinkerque*, où l'infanterie Françoiſe donna en 1692, des marques d'une intrépidité & d'une valeur peu commune. Ce fut en effet auſſi-tôt après que la nouvelle de cette ſignalée victoire fut arrivée à la cour, que les dames ſemblèrent en vouloir immortaliſer la mémoire, en lui conſacrant, pour ainſi dire, un ornement (appellé depuis fichu) dont elles n'ont point ceſſé de ſe parer, & qui a été long temps un objet conſidérable de commerce pour la Normandie.

STIVES. Drogue employée dans le tarif de 1664.

« Les *ſtives* paient en France les droits d'entrée à raiſon de 5 l. le cent peſant. »

STOCKFISCH ou STOKFISSE. Poiſſon de mer ſalé & deſſeché, couleur de gris cendré, ayant néanmoins le ventre un peu blanc; ſa longueur ordinaire eſt d'un pied ou deux. La morue ſeche ou parée, que l'on appelle autrement merlu ou merluche, eſt une eſpèce de *ſtockfiſch*.

Il y a trois ſortes de *ſtockfiſch*, le rond, le long & le court. Ce dernier s'appelle auſſi *rootſchaar*: il ſe vend à Amſterdam au quintal de cent livres; ſes déductions ſont d'un pour cent pour le bon poids, & autant pour le prompt paiement.

Les Hollandois font un négoce aſſez conſidérable du *ſtockfiſch*; car outre qu'ils en mangent beaucoup dans leur pays, ils en fourniſſent auſſi leurs vaiſſeaux pour la nourriture des équipages, ils le nomment *ſtockviſch*, ce qui ſignifie poiſſon battu.

L'on prétend qu'ils le nomment ainſi, parce que l'on eſt obligé de le battre avec un bâton pour le mettre en état d'être mangé.

Le *ſtockfiſch* eſt facile à diſtinguer de la morue ſeche par ſa forme longue & étroite.

« Il doit à toutes les entrées du royaume, ſuivant l'arrêt du 6 juin 1763, 4 livres par quintal. »

« A la ſortie des cinq groſſes fermes, il paie comme la morue ſeche, c'eſt-à-dire, 4 livres 10 ſ. de la balle, contenant un millier en nombre, le tarif de 1664, l'ayant impoſé cumulativement aux mêmes droits que la morue ſeche. »

STOCKHOLM. Capitale de la Suéde. *Voy. ci-après l'article* SUÈDE.

STONE. Poids dont les bouchers Anglois ſe ſervent pour peſer la viande qu'ils débitent. Le *ſtone* eſt de huit livres d'avoir du poids, c'eſt-à-dire, de la livre la plus peſante des deux dont on ſe ſert en Angleterre. *Voy.* LIVRE.

STORAX. Gomme réſineuſe & odorante qui vient d'Arabie & de Syrie par la voie de Marſeille.

Il y a de trois ſortes de *ſtorax*; le *ſtorax rouge*, le *calamite* & le *liquide*.

Le *ſtorax rouge*, que l'on nomme auſſi *encens des Juifs*, eſt une gomme ou réſine qui coule par inciſion du tronc & des groſſes branches d'un arbre de moyenne auteur, aſſez approchant du coignaſſier, par la forme & la couleur de ſes feuilles, qui ſont pourtant plus petites; ſon fruit qui eſt de la groſſeur d'une aveline, renferme une amande blanche & huileuſe, d'une odeur tout à fait ſemblable au *ſtorax*; ſes fleurs ſont blanches, comme celles de l'oranger.

Cette gomme doit être choiſie en maſſe d'une couleur rougeâtre, molaſſe & graſſe, d'une odeur agréable, & qui ne reſſemble point à celle du *ſtorax liquide*.

On vend quelquefois pour du véritable *ſtorax rouge*, du *ſtorax en pain*, en boule & en marons; mais tous ces *ſtorax* ſont confiſqués, & ne ſont qu'une mauvaiſe compoſition de *ſtorax liquide*, de ſarilles ou ordures du véritable *ſtorax*, & de quantité d'autres drogues de peu de valeur. L'on vend auſſi du *ſtorax* en pouſſière, qui eſt encore plus méchant, n'étant que de la ſciure de bois. Le *ſtorax rouge* eſt de quelque uſage dans la médecine; les parfumeurs s'en ſervent, & on l'emploie auſſi au lieu d'encens.

Le *ſtorax calamite*, ainſi nommé des roſeaux ou des tuyaux de plumes, appellés en latin *calami*, dans leſquels il étoit autrefois apporté, n'eſt proprement qu'une compoſition de différentes drogues excellentes, & entr'autres du *ſtorax rouge*, quoique pluſieurs auteurs l'aient pris juſqu'ici pour une gomme naturelle, différent du vrai *ſtorax*.

Le *ſtorax calamite* vient aux épiciers de Paris, de Marſeille & de Hollande, d'où il eſt apporté en maſſes rougeâtres, rempli de larmes blanches, qui quelquefois ſont mêlées avec cette ſubſtance rouge, & qui quelquefois n'en ſont que ſimplement couvertes, d'une conſiſtance moyenne, & d'une odeur douce, qui approche aſſez de celle du baume noir du Pérou: il faut le choiſir en belles larmes, ſec & point amer.

Le *ſtorax liquide* eſt une eſpèce de réſine factice, de couleur griſe, compoſée de vrai *ſtorax*, de galipot, d'huile & de vin, battus avec de l'eau, pour leur donner la conſiſtance de l'onguent ; les marchands apothicaires l'appellent quelquefois *ſtacté*, pour le déguiſer.

Il faut le choiſir de gris de ſouris, d'une odeur de *ſtorax*, d'une bonne conſiſtance, ſans ordures ni humidité, & venant véritablement d'Hollande ; on le conſerve aiſément à la cave, en y mettant de tems en tems de l'eau deſſus ; il entre dans la compoſition d'un onguent que l'expérience a fait reconnoître pour ſouverain contre le ſcorbut & la gangrene.

Les échelles du Levant & de Smyrne, particulièrement, fourniſſent à l'Europe une aſſez grande quantité de *ſtorax liquide*. On en tire, année commune, de cette dernière ville, juſqu'à *deux mille occos*.

Du *ſtorax* & du *benjoin*, auxquels on ajoute du muſc, de la civette ou de l'ambre, ſuivant qu'on aime ces odeurs, on fait d'excellentes paſtilles que l'on brûle au lieu d'encens ordinaire dans les principales égliſes catholiques.

On compoſe auſſi du lait virginal avec ces deux gommes que l'on fait diſſoudre dans de l'eſprit de vin ; cette drogue doit être d'un beau rouge, claire, odorante, & qui ne ſente point l'eſprit-de-vin.

« Les *ſtorax* doivent l'entrée des cinq groſſes fermes, au tarif de 1664, par quintal net, ſçavoir ;

« Le *calamite*, 5 livres. »

« Le *rouge* & le *liquide*, 3 livres 15 ſols. »

« Venant indirectement du Levant, ils paient, indépendamment du droit du tarif de la province, par laquelle ils entrent, *vingt pour cent* de la valeur, ſur l'eſtimation fixée par l'état annexé à l'arrêt du 22 décembre 1750, qui eſt, par quintal brut, 300 livres pour le premier, & de 123 livres pour les autres. »

« Les différentes eſpèces de *ſtorax*, ſortant des cinq groſſes fermes, ſont exemptes de droits, comme droguerie étrangère. »

« A la douane de Lyon, ils paient, ſuivant le tarif de 1632, par quintal net, de tel endroit qu'ils viennent, ſçavoir ;

« Le *calamite*, 2 livres. »

« Le *rouge*, 2 livres 10 ſols. »

« Le *liquide*, 1 liv. 9 ſols 3 den. »

« A la douane de Valence, tous acquittent comme droguerie, 3 livres 11 ſols du quintal. »

STRASSÉ. Bourre de ſoie ou le rebut de la ſoie ; ce qui en eſt le moins propre à être filé ou employé en ſoies plattes. *Voy.* BOURRE & SOIE.

STROEKS. Petits vaiſſeaux plats dont on ſe ſert ſur le Volga pour le négoce d'Aſtracan & de la mer Caſpienne.

Les *ſtroeks* contiennent environ trois cents balots de ſoie, qui font quinze leſts. Ils vont à voile & à rame, & ont pour cela ſeize rames, un ſeul mât & une ſeule voile. Le gouvernail eſt une longue perche, platte par l'endroit qui eſt dans l'eau. Le Patron la guide par le moyen d'une corde attachée entre deux ailes qui le tiennent en état ; ils peuvent porter, outre les marchandiſes, 25 matelots & 60 paſſagers.

STUYVER. C'eſt le ſou commun de Hollande ; il vaut huit *duites* ou deux *gros*. Voy. ſou *à la fin de l'article.*

STYGER - SCHUITEN. Bateau de médiocre grandeur, dont on ſe ſert à Amſterdam pour charger ou décharger les marchandiſes, & les porter des caves & magaſins au port, ou les amener du port dans les caves ou magaſins. Ils ſont des eſpèces de *vlot-ſchuiten*, mais plus petits & moins plats. Ils peuvent porter dix à douze tonneaux de vin, c'eſt-à-dire, la moitié des autres. *Voy.* VLOT-SCHUITEN.

S U

SUAGE. *Terme de marine.* Il ſe dit du coût des ſuifs & graiſſes, dont de tems en tems on enduit les vaiſſeaux pour les faire couler ſur l'eau avec plus de facilité.

Dans la mer du Levant, particulièrement à Marſeille, on l'appelle *ſperme*, d'où eſt venu *eſpalmer* ou *eſparmer*, c'eſt-à-dire, enduire un vaiſſeau de *ſperme*.

Le *ſuage* des vaiſſeaux marchands ſe met au nombre des menues avaries. *Voyez* AVARIE.

SUBLIMÉ. Préparation chimique dont la baſe eſt le mercure ou vif argent ; il y en a de deux ſortes, de *corroſif* & de *doux*.

Le *ſublimé corroſif* eſt un des plus violens poiſons qu'on puiſſe imaginer, & comme tel les marchands épiciers-droguiſtes qui en font négoce, ne peuvent trop avoir ſoin de ne le donner qu'à des perſonnes connues.

Ce *ſublimé* eſt compoſé de mercure ordinaire, ou de mercure revivifié, du cinabre, d'eſprit de nître, de vitriol leſſivé en blancheur, & de ſel marin décrépité ; le tout réduit en une maſſe blanche & brillante, par le moyen des vaiſſeaux ſublimatoires.

Il faut le choiſir bien blanc, bien brillant, peu peſant & peu compact.

Outre le *ſublimé* que l'on fait en France, il en vient beaucoup de Hollande, de Veniſe & de Smyrne ; ce dernier eſt le moins bon, & l'on ſoupçonne qu'il eſt fait avec de l'arſenic ; auſſi eſt-il plus peſant que les autres & plein de miroirs, ce qui peut ſervir à le faire reconnoître ; pour plus de ſûreté, il faut y jetter quelques goutes d'huile de tartre faite par défaillance, ou le frotter de ſel de tartre ; s'il jaunit il eſt bon, s'il noircit il ne l'eſt pas.

Le *ſublimé doux* eſt le même que le corroſif, mais adouci par le moyen du mercure doux, & réduit en maſſe blanche, pleine de petites éguilles dures & brillantes à force de le paſſer ſur le feu à plusieurs fois & par plusieurs matras de verre. Pour lui ôter toute sa malignité, il faut qu'il soit dulcifié au moins trois fois.

Il vient aussi de Venise & de Hollande ; il faut pour être bon qu'il soit blanc, brillant, plein de petites éguilles dures ; que posé sur la langue il soit d'un goût insipide, & que réduit en poudre il tire sur le jaune. Il est bon pour faire mourir les vers des enfans, & l'on s'en sert aussi dans ces maladies, dont le mercure est le souverain remede.

« Le *sublimé* paie en France les droits d'entrée dans les cinq grosses fermes, conformément au tarif de 1664, à raison de 10 livres par quintal net. »

« Sortant des cinq grosses fermes, il doit cinq pour cent de la valeur, à moins qu'il ne soit justifié de l'acquittement du droit d'entrée. »

« A la douane de Lyon, il paie, suivant le tarif de 1632, de tel endroit qu'il vienne, 3 livres 13 sols 4 den. par quintal. »

« A celle de Valence, comme droguerie, 3 liv. 11 sols. »

SUC. Signifie, parmi les physiciens, une *substance liquide* qui fait une partie de la composition des plantes, & qui sert à leur nourriture & à leur accroissement.

Chez les marchands épiciers-droguistes, on entend par le mot *suc* une liqueur épaisse que l'on tire des végétaux ou de quelques-unes de leurs parties, & que par le moyen du soleil ou du feu on réduit en consistance d'électuaires liquides ou d'extraits solides propres à se garder très-long tems, tels que sont la *scamonée*, l'*opium* & plusieurs autres.

SUC, ou JUS de REGLISSE. *Voy.* REGLISSE.

SUCADES. Marchandise provenant du *sucre*, qui se trouve tarifée dans la nouvelle liste ou tarif de Hollande de 1725.

SUCRÉ. Jus ou suc extrêmement doux, exprimé d'une espèce de cannes ou roseaux que l'on appelle *cannes à sucre*, autrement *cannamelles*.

Cette plante est cultivée de toute ancienneté dans quelques contrées de l'Asie & de l'Afrique. Vers le milieu du douzième siécle, on en enrichit la Sicile, d'où elle passa dans les provinces méridionales de l'Espagne. Elle fut depuis naturalisée à Madere & aux *Canaries* ; c'est de ces îsles qu'on la tira pour la porter dans le nouveau monde où elle a aussi bien prospéré que si elle en étoit originaire.

Malgré l'opinion de quelques savans, les *cannes à sucre*, à ce qu'il paroît, sont originaires d'Orient, où leur suc fut appellé du nom du miel *châga* ; les Arabes l'appellerent *saccara*, & les Grecs, puis les Latins le nommerent les uns *saccaron*, les autres *saccarum*, d'où est venu notre mot *sucre* ; il y a même tout lieu de croire, d'après les observations du pere *Labat*, religieux Dominicain, que les Espagnols & les Portugais ont appris des Indiens orientaux à exprimer le suc

des cannes, à le faire cuire, & à le réduire en *sucre*.

La plante qui donne le *sucre*, est une espèce de roseau, qui s'élève à neuf pieds & quelquefois plus, selon la nature du sol. Son diamètre le plus ordinaire est d'un pouce. Elle est couverte d'une écorce peu dure, qui renferme une moëlle plus ou moins compacte, remplie d'un suc doux & visqueux ; des nœuds la coupent par intervalles & donnent naissance aux feuilles qui sont longues, étroites, coupantes sur les bords & engainées à leur base. Celles du bas tombent à mesure que la tige s'élève. Elle est terminée par une pannicule soyeuse, assez considérable, dont chaque fleur a trois étamines & une seule graine, recouverte d'un calice à deux feuillets, entouré de poils.

Toutes les terres ne conviennent pas également à la *canne à sucre* ; celles qui sont grasses & fortes, basses & marécageuses, environnées de bois, ou nouvellement défrichées, ne produisent, malgré la grosseur & la longueur des cannes (qui quelquefois, mais rarement pourtant montent jusqu'à 24 pieds, au rapport du pere *Labat*) qu'un suc aqueux, peu sucré, de mauvaise qualité, difficile à cuire, à purifier & à conserver. Les cannes plantées dans un terrein où elles trouvent bientôt le tuf ou le roc, n'ont qu'une durée fort courte & ne donnent que peu de *sucre*. Un sol léger, poreux & profond, est celui que la nature a destiné à cette production ; il faut aussi qu'il soit en pente pour que la pluye ne s'y arrête pas, & qu'il soit exposé au soleil depuis qu'il se léve jusqu'à ce qu'il soit prêt de se coucher.

La méthode générale pour obtenir la *canne à sucre*, est de préparer un grand champ, de faire à trois pieds de distance l'un de l'autre, des tranchées qui ayent dix-huit pouces de long, douze de large, & six de profondeur, d'y coucher deux & quelquefois trois boutures d'environ un pied chacune, tirées de la partie supérieure de la canne & de les couvrir légèrement de terre. Il sort de chacun des nœuds qui se trouvent dans les boutures, une tige qui, avec le tems, devient *canne à sucre*.

On doit avoir l'attention de la débarrasser continuellement des mauvaises herbes qui ne manquent jamais de naître autour d'elle, ce travail ne dure que six mois. Les cannes sont alors assez touffues & assez voisines les unes des autres pour faire périr tout ce qui pourroit nuire à leur fécondité. On les laisse croître ordinairement dix-huit mois, quoiqu'elles soient quelquefois mures au bout de quinze & même de neuf & de dix ; ce n'est cependant gueres avant l'âge d'un an & demi qu'on les coupe ; on peut pourtant les conserver sur terre pendant deux ou trois ans sans qu'elles éprouvent aucun dépérissement.

Il sort des souches des cannes, des rejettons qui sont coupés à leur tour quinze mois après. Cette seconde coupe ne donne gueres que la moitié

moitié du produit de la première. On en fait quelquefois une troisième & même une quatrième qui font toujours moindres progressivement, quelque soit la bonté du sol. Aussi n'y a-t-il que le défaut de bras pour replanter son champ qui puisse obliger un cultivateur actif à demander à sa canne plus de deux récoltes.

Ces récoltes ne se font pas dans toutes les colonies à la même époque. Dans les établissemens François, Danois, Espagnols, Hollandois, elles commencent en janvier & continuent jusqu'en octobre. Cette méthode ne suppose pas une saison fixe pour la maturité de la canne ; cependant cette plante doit avoir comme toutes les autres ses progrès ; & on remarque très-bien qu'elle est en fleur dans les mois de novembre & de décembre. Il doit résulter de l'usage de ces nations qui ne cessent de récolter, pendant dix mois, qu'elles coupent des cannes, tantôt prématurées, & tantôt trop mûres. Dèslors le fruit n'a pas les qualités requises. Cette récolte doit avoir une saison fixe, & c'est vraisemblablement dans les mois de mars & d'avril, où tous les fruits doux sont mûrs, tandis que les fruits aigres ne mûrissent qu'aux mois de juillet & d'août.

Les Anglois coupent leurs cannes en mars & en avril. Ce n'est pas cependant la raison de maturité qui les détermine. La sécheresse qui règne dans leurs isles, leur rend les pluyes qui tombent en septembre nécessaires pour les planter ; & comme la canne est dix-huit mois à croître, cette époque ramene toujours leur récolte au point de maturité.

Lorsque les *cannes à sucre* sont coupées on les émonde de leurs feuilles, on les porte en bottes aux moulins pour en extraire le *suc*, ce qui doit se faire dans vingt-quatre heures, sans quoi il s'aigriroit. Comme ce n'est point ici le lieu de parler de la manière dont on travaille le *sucre*, & que l'on peut avoir recours pour s'en instruire au Dictionnaire *des arts & manufactures*, article *sucrerie*, (nouvelle Encyclopédie méthodique) nous nous contenterons de donner une idée du travail des negres.

On met les *cannes à sucre* lorsqu'elles sont coupées entre deux cilindres de fer ou de cuivre, posés perpendiculairement sur une table immobile. Le mouvement de ces cylindres est déterminé par une roue horizontale, que des bœufs ou des chevaux ou même les bras des negres font tourner ; mais dans les moulins à eau, cette roue horizontale tire son mouvement d'une roue perpendiculaire dont la circonférence présentée au courant de l'eau, reçoit une impression qui la fait mouvoir sur son axe, de la droite à la gauche, si le courant de l'eau frappe la partie supérieure de la roue ; de la gauche à la droite, si le courant frappe la partie inférieure.

Du réservoir, où le suc de la canne est reçu ; il tombe dans une chaudière où l'on fait évaporer

les parties d'eau les plus faciles à se détacher. Cette liqueur est versée dans une autre chaudière où un feu modéré lui fait jetter sa première écume. Lorsqu'elle a perdu sa glutinosité on la fait passer dans une troisième chaudière, où elle jette beaucoup plus d'écume à un dégré plus fort de chaleur. Ensuite on lui donne le dernier dégré de cuisson dans une quatrième chaudière, dont le feu est à celui de la première comme trois à un.

C'est en passant successivement par un si grand nombre de chaudières que le suc des cannes se purifie, se réduit en syrop & devient propre à être converti dans les différentes sortes de *sucre* dont on parlera dans la suite.

Le dernier feu décide du sort de l'opération. S'il a été bien conduit, le *sucre* forme les cristaux plus ou moins gros, plus ou moins brillans à raison de la plus grande ou de la moindre quantité d'huile qui les salit. Si le feu a été trop poussé, la matière se réduit à un extrait noir & charbonneux, qui ne peut plus fournir de sel essentiel. Si le feu a été trop modéré, il reste une quantité considérable d'huiles étrangères qui marquent le *sucre*, le rendent gras & noirâtre ; de sorte que quand on veut le dessécher, il devient toujours poreux, parce que les intervalles qu'occupoient les huiles, restent vuides.

Aussi-tôt que le *sucre* est réfroidi on le verse dans des vases de terre faits en cône. La base du cône est découverte, son sommet est percé d'un trou, & on fait écouler par ce trou l'eau qui n'a pu fournir de cristaux. Après l'écoulement on a du *sucre* brut. Il est gras, il est brun, il est mou.

La plûpart des isles laissent à l'Europe le soin de donner au *sucre* les autres préparations nécessaires pour en faire usage. Cette pratique leur épargne des bâtimens couteux ; elle laisse plus de noirs à employer aux travaux des terres ; elle permet de récolter sans interruption deux ou trois mois de suite ; elle employe un plus grand nombre de navires pour l'exportation.

Les seuls colons François ont cru de leur intérêt de donner à leurs *sucres* une autre façon. Quelque puisse être la perfection de la cuite du suc de la canne, il reste toujours une infinité de parties étrangères mêlées aux sels du *sucre*, auquel elles paroissent être ce que la lie est au vin ; elles lui donnent une couleur terne & un goût de tartre, dont on cherche à le dépouiller par une opération appellée *terrage*. Cette opération consiste à remettre le *sucre* brut dans un nouveau vase de terre, en tout semblable à celui dont nous avons parlé. On couvre la surface du *sucre* dans toute l'étendue de la base du cône, d'une marne blanche que l'on arrose d'eau. En se filtrant à travers cette marne, l'eau entraîne une portion de terre calcaire qu'elle promène sur les différentes molécules salines, où cette terre rencontre des matières grasses auxquelles elle s'unit. On fait ensuite écouler cette eau par l'ou-

Xxxx

verture du sommet du moule, & on a un second
syrop que l'on nommé *melasse*, qui est d'autant
plus mauvais que le *sucre* étoit plus beau, c'est-à-
dire, qu'il contenoit moins d'huile étrangère à sa
nature, car alors la terre calcaire dissoute par
l'eau, passe seule & fait sentir toute son âcreté.

Le *suc* des cannes nouvellement exprimé, au
moyen des machines dont nous avons déjà parlé,
porte le nom de *vesou* ou *vin de canne* ; il est
d'un goût très-agréable, mais il faut en prendre
modérément ; car il produit communément la
diarrhée & des maladies plus graves même à ceux
qui ont un tempéramment robuste. Les débris des
cannes portent le nom de *bagasse*, ils servent à faire
du feu sous les chaudières. Dans quelques habitations on les fait fermenter dans de l'eau avec les
écumes les plus grossières que rend le *vesou*, & l'on
fait par ce moyen une espèce de vin assez agréable
qui sert de boisson aux nègres.

L'argille dont on se sert pour faire l'opération du
terrage n'est pas fort grasse ; elle est d'une espèce
particulière ; elle absorbe autant d'eau que les
terres calcaires, mais elle la retient plus longtems ;
celle dont on se sert à Saint Domingue & à la Martinique, est de la même nature : quelques habitans
en font venir de France, mais la plûpart des habitans de la Martinique se servent d'une argille qu'ils
prennent dans les environs du Fort royal. En France
la meilleure terre & la plus propre pour *terrer* le
sucre, est celle qui vient de Rouen ; il s'en fabrique
aussi à Nantes & à Bordeaux. Cette terre forme un
objet de commerce qui ne laisse pas d'être considérable.

Le *terrage* est suivi d'une dernière préparation
qui s'opère par le feu, & qui a pour objet de faire
évaporer l'humidité dont les sels se sont imprégnés
pendant le terrage. Pour y parvenir, on fait sortir
la forme du *sucre* du vase conique de terre ; on
la transporte dans une étuve qui reçoit d'un fourneau de fer une chaleur douce & graduelle, & on
l'y laisse jusqu'à ce que le suc soit très-sec ; ce qui
arrive ordinairement au bout de trois semaines.

Quoique les frais qu'exige cette opération soient
perdus en général pour la chose, puisque le *sucre
terré* est communément *raffiné* en Europe de la
même manière que le *sucre* brut ; cependant tous
les habitans des isles Françoises qui sont en état de
purifier ainsi leurs *sucres*, ne manquent guères de
prendre ce soin. Ils y trouvoient avant la dernière
guerre l'avantage inappréciable, pour une nation dont
la marine militaire est foible, de faire passer en tems
de guerre de plus grandes valeurs dans leur métropole
avec un moindre nombre de bâtimens que s'ils ne
faisoient que du *sucre* brut.

On peut juger d'après celui-ci, mais beaucoup
mieux d'après le *sucre* terré, de quelle sorte de sels
il est composé. Si le sol où la canne a été plantée
est solide, pierreux, incliné ; les sels seront blancs,
angulaires & les grains fort gros. Si le sol est marneux, sa blancheur sera la même, mais les grains

taillés sur moins de faces, réfléchiront moins de
lumière. Si le sol est gras & spongieux, les grains
seront à peu près sphériques, la couleur sera terne,
le *sucre* fuira sous le doigt sans y laisser de sentiment. Ce dernier *sucre* est réputé de la plus mauvaise espèce.

Quelle qu'en soit la raison, les lieux exposés au
Nord, produisent le meilleur *sucre*, & les terreins
marneux en donnent davantage. Les préparations
qu'exige le *sucre* qui pousse dans ces deux espèces
de sol, sont moins longues & moins laborieuses,
qu'elles ne le sont pour le *sucre* produit dans une
terre grasse. Mais ces principes sont sujets à des
modifications infinies, dont la recherche n'appartient qu'à des chymistes, ou à des cultivateurs très-
attentifs.

*Des différentes espèces de sucre qui se font aux
isles Antilles, & du commerce qu'on y fait de
ces sucres.*

Il se fait aux isles Françoises *dix* sortes de *sucres*
différens, savoir :

Le *sucre brut*, ou *moscouade*.
Le *sucre passé*, ou *cassonnade grise*.
Le *sucre terré*, ou *cassonade blanche*.
Le *sucre rafiné*, *pilé*, ou *en pain*.
Le *sucre royal*.
Le *sucre tappé*.
Le *sucre candi*.
Le *sucre de syrop fin*.
Le *sucre de gros syrop*.
Le *sucre d'écume*.

LE SUCRE BRUT OU MOSCOUADE. Est le premier que l'on tire du suc de la canne, & celui dont
tous les autres sont composés.

Voici la manière de faire ce *sucre* ; lorsqu'il y a
assez de suc des cannes ou de *vesou* exprimé pour
remplir la grande chaudière de la sucrerie, on y
met avec ce suc une certaine quantité d'eau de
chaux, & d'une forte lessive de cendre ; on allume
alors le feu sous la chaudière, & l'on fait chauffer
cette masse de fluide jusqu'à ce qu'elle ait produit
une grande quantité d'écumes épaisses ; ces écumes
servent à la nourriture des animaux & à faire une
boisson aux nègres. On verse ensuite le *suc* ou *vesou* déjà un peu épuré par cette première opération
dans une autre chaudière un peu moins grande,
(elle se nomme la *propre*) ; & après y avoir encore versé de l'eau de chaux & de la lessive, on le
fait bouillir plus fortement que dans la première.
On ramasse les écumes qui paroissent à la surface, &
on les dépose dans une chaudière roulante pour
être clarifiées & cuites par la suite.

Ce *vesou* est transmis dans une troisième chaudière appellée la *lessive*, & après y avoir mis une
plus grande quantité d'eau de chaux & de lessive
que dans la précédente, on le fait chauffer jusqu'à
ce qu'il ait encore rendu beaucoup d'écumes, alors
on le transvase dans une quatrième chaudière plus

petite, & à force de le faire bouillir on parvient à lui donner déja un peu de confiſtance. On fait un feu ſi violent vers la fin de l'opération, que la maſſe du fluide en ébulition ſemble étinceler, & c'eſt ce qui a fait nommer cette chaudière le *flambeau*.

On tranſmet la matière dans une cinquième chaudière où à force de bouillir, d'écumer & d'évaporer, elle prend une conſiſtance de *ſyrop*, d'où vient que la chaudière en a pris le nom de *ſyrop*.

Enfin on dépoſe ce *ſyrop* dans une ſixième chaudière nommée la *batterie*, qui ne contient guère que le tiers de la première, vu la diminution conſidérable que la liqueur a éprouvée dans les chaudières précédentes. On braſſe encore ce ſyrop avec de l'eau de chaux & de la leſſive, à laquelle on ajoute un peu de diſſolution d'alun; on le fait bouillir après l'avoir encore écumé, juſqu'à ce qu'il ait acquis le dégré de conſiſtance que l'on appelle *preuve*; on le tranſfère alors dans une grande chaudière ſous laquelle on ne fait point de feu, & avec une eſpèce d'aviron que les Indiens appellent *pagale* on imprime un mouvement continuel à cette maſſe, juſqu'à ce que par le refroidiſſement elle ſoit convertie en une infinité de petits cryſtaux.

LE SUCRE PASSÉ, quoique plus blanc & plus dur, n'eſt guères différent du *ſucre brut*; il tient néanmoins le milieu entre ce dernier & le *ſucre terré*, qui eſt la caſſonade blanche; & c'eſt pour cela qu'on le nomme auſſi *caſſonade griſe*. Ce *ſucre* ſe fabrique comme le *ſucre brut*; avec cette ſeule différence, que pour les faire blanchir on paſſe le *veſou* dans des *blanchets* au ſortir de la grande chaudière, quand on le vuide dans la *propre*; & que lorſqu'il eſt fait on l'enfutaille dans les bariques percées, garnies de deux ou trois cannes, afin qu'il puiſſe ſe purger plus facilement.

L'invention du *ſucre paſſé* vient des Anglois; mais les ſucriers de cette nation le mettent quand il eſt cuit dans des formes de bois quarrées, de figure pyramidale; & quand il y a été bien purgé, ils le coupent par morceaux, le font ſécher au ſoleil, & puis le mettent en batique. La manière des iſles Françoiſes eſt plus ſimple & plus courte, mais auſſi beaucoup moins bonne.

SUCRE TERRÉ. On appelle ainſi la caſſonade blanche, c'eſt-à-dire, le *ſucre* qu'on a blanchi par le moyen de la terre dont on couvre le deſſus des formes dans leſquelles on le met pour le purger.

Ce *ſucre* ſe commence comme le *ſucre brut*, à l'exception qu'on n'y emploie que les meilleures cannes; qu'on le travaille, s'il ſe peut, avec plus de propreté; que lorſque le *veſou* eſt dans la grande chaudière, les cendres qu'on y met ne ſont mêlées que de peu ou point de chaux, de peur de le rougir; enfin qu'on le paſſe à travers des blanchets & de la caiſſe à *ſucre*, quand on le vuide dans la chaudière qu'on appelle la *propre*, & même quelquefois dans

une toile blanche de *Vitré* aſſez ſerrée, avant de le couler au blanchet.

SUCRE D'ÉCUMES. On ne ſe ſert pour faire les *ſucres d'écumes* que des écumes des deux dernières chaudières, c'eſt-à-dire, du ſyrop & de la batterie, les autres ſe réſervant pour les eaux-de-vie.

Les écumes deſtinées à faire du *ſucre* ſe conſervent dans un canot qui ne ſert qu'à cet uſage, & tous les matins elles ſe cuiſent dans une chaudière montée exprès pour cela dans la ſucrerie; on les met dans cette chaudière avec un quart d'eau afin de retarder leur cuiſſon & avoir le tems de les purger. Lorſqu'elles commencent à bouillir on y jette de la leſſive ordinaire, & on les écume avec ſoin; quand elles approchent de leur cuiſſon, on y jette de l'eau de chaux & d'alun, & quand on eſt prêt de tirer la batterie, on les ſaupoudre d'un peu d'alun pulvériſé.

SUCRE DE SYROP. Il y a trois ſortes de ſyrops qui s'écoulent du *ſucre*; celui qui coule des bariques de *ſucre brut*, c'eſt le plus gros de tous; celui qui coule des formes dès qu'elles ſont percées & avant qu'elles aient reçu la terre; enfin celui qui coule du *ſucre* quand il a été terré; ce dernier eſt le plus fin, l'autre tient le milieu.

Les gros ſyrops ne devroient être employés qu'en eau-de-vie; mais les *ſucres* étant devenus chers on a eſſayé d'en faire avec ces ſyrops, & on y a en quelque ſorte réuſſi.

SUCRE RAFINÉ. Le *ſucre* brut, le *ſucre* paſſé, les fontraines ſeches, & les têtes des formes qui n'ont pas bien blanchi, ſont la matière de ce *ſucre*.

SUCRE ROYAL. Ce *ſucre* ſe fait avec les plus belles caſſonades, mais on a coutume, lorſqu'on le veut encore plus parfait, d'employer du *ſucre* déja raffiné & bien purgé de ſon ſyrop. On fait fondre le *ſucre* ou la caſſonade dans de l'eau ordinaire ou clarifiée avec des blancs d'œufs; & après avoir paſſé pluſieurs fois la matière au blanchet, on la cuit moins fort que pour le *ſucre* ordinaire; on la dépoſe enſuite dans l'*empli*, eſpèce de chaudière où elle ſubit les mêmes préparations que nous avons déja décrites pour le *ſucre brut* ou *moſcouade*; enſuite on la met dans les formes, & avec de la terre on achève d'enlever la matière extractive. Dès que les pains ſont retirés des formes on les laiſſe ſécher pendant longtems à l'air avant de les mettre à l'étuve, & l'on a grande attention de gouverner doucement le feu de l'étuve dès qu'ils y ſont, ſans quoi ils rouſſiroient.

Le *ſucre royal* eſt, ſans contredit, le plus beau de tous les *ſucres*, mais il ſouffre un déchet très conſidérable. *Douze cent* livres de *ſucre* ordinaire, ne produiſent qu'à peine *ſix cent* livres de *ſucre royal*. C'eſt ce qui le rend exceſſivement cher.

LE SUCRE TAPPÉ n'eſt que du *ſucre terré* préparé d'une certaine manière, & mis en petits pains, peſant depuis trois juſqu'à ſept livres. Comme il eſt blanc, uni, pesant, assez lustré, & enveloppé proprement dans du papier bleu, on le fait quelquefois passer aux isles pour *sucre royal*; & c'est de ce faux *sucre royal* que les passagers, les matelots & d'autres personnes qui retournent en France, ont coutume d'emporter pour faire des présens à leurs amis.

Pour faire ce *sucre*, on rape le plus fin qu'il est possible du *sucre terré*, avant qu'il soit en état d'être mis à l'étuve, & l'on en remplit peu à peu une forme après qu'elle a été bien lavée, & sans lui donner le tems de se secher; à mesure qu'on y met le *sucre*, on le bat avec un pilon; & quand elle est pleine & bien foulée, on la renverse sur une planche pour faire sortir le pain de sucre qu'on y a formé. On mouille la forme à chaque pain qu'on veut faire; & quand la planche sur laquelle on arrange ces pains est pleine, on la porte à l'étuve pour la faire secher.

Le défaut du *sucre tapé* est de n'avoir ni liaison, ni consistance; ensorte qu'à la première humidité les parties s'en séparent, & qu'il se réduit en cassonade blanche. Le moyen de découvrir la tromperie, c'est de voir si la tête du pain est percée; si elle ne l'est pas, c'est certainement du *sucre tapé*.

SUCRE CANDY. Ce *sucre* se fait mieux avec du sucre terré qu'avec du sucre-rafiné, parce que le premier a plus de douceur. On fait dissoudre le *sucre* qu'on y veut employer dans de l'eau de chaux foible; & lorsqu'on l'a clarifié, écumé & passé au drap, & qu'il est suffisamment cuit, on en remplit de mauvaises formes qu'on a auparavant traversées de petits bâtons pour retenir & arrêter le *sucre* lorsqu'il se cristalise. Huit jours après ces formes se suspendent dans l'étuve déja chaude, & l'on place un pot au-dessous pour recevoir le syrop qui en sort par l'ouverture d'en bas qu'on bouche à demi afin qu'il filtre plus doucement. Quand les formes sont pleines on ferme l'étuve, & on lui donne un feu très-vif. Alors le *sucre* s'attache aux bâtons dont les formes sont traversées, & y reste en petits éclats de cristal. Lorsque le *sucre* est tout-à-fait sec, on casse les formes & l'on en tire le *sucre candi*. Ce mot signifie *blanc*.

On fait du *sucre candi rouge* en jettant dans la bassine où l'on a cuit le *sucre*, un peu de jus de pommes de raquettes; & si l'on veut lui donner du parfum, on jette quelques gouttes d'essence dans le *sucre* en le mettant dans les formes.

En général tout le *sucre* qui n'est pas en pain s'appelle *cassonade*. On appelle *cassonade grise* le beau sucre brut bien sec & bien purgé, & *cassonade blanche* le sucre terré, pilé & mis en barique. Le nom de *cassonade* vient du mot Espagnol *cassa*, qui signifie *caisse*, parce qu'avant que l'on fît des *sucres* aux isles Françoises, tout le *sucre* qui venoit en France du Brésil ou de la Nouvelle-Espagne étoit dans des *caisses*.

Aux isles Antilles on pese les bariques de *sucre* avec la *romaine* ou avec des balances ordinaires.

Cette dernière manière de le peser est la plus sûre.

Lorsqu'on livre une partie de *sucre*, le marchand qui la reçoit & celui qui la livre doivent écrire chacun en particulier le numéro & le poids de chaque barique à mesure qu'elle est pesée; & si c'est du *sucre blanc*, on écrit encore la tarre ou le poids de la barique vuide qui doit être marqué dessus. Les bariques dans lesquelles on met le *sucre brut* ne sont point *attarées*, on se contente d'ôter *dix pour cent* du poids entier du *sucre* enfutaillé, pour le poids de la barique.

Les marchands rendent ordinairement les futailles qu'on leur livre à moins qu'on n'en convienne autrement. Le *sucre blanc*, & même le *sucre passé*, doivent toujours être mis dans des futailles neuves, ou du moins reblanchies; sur-tout dans celles où il n'y a point eu de vin; car la couleur de cette liqueur se communique au *sucre*, & alors il est presqu'impossible de l'en ôter, ce qui le rend de moindre qualité.

Les bariques se font aux isles avec un bois que les Négres nomment communément *bois à bariques*, parce qu'on ne l'emploie qu'à cet usage. Son véritable nom est *sucrier de montagne*. Il est léger & un peu rougeâtre, & se fend mieux qu'il ne se scie. Tous les bois sont bons pour les fonds. Les cercles se font avec des *liannes* qu'on nomme *croces de chiens*.

Il vient aussi d'Europe des bariques en bottes que les marchands font monter aux isles, & alors ils rendent bariques pour bariques à ceux qui leur livrent des sucres. Elles sont ordinairement très-mal jointes & encore plus mal cerclées. Ces deux défauts sont une adresse des marchands; le premier afin que le *sucre brut* se purge de dans se purge plus facilement, & le second pour diminuer la tarre de la barique en diminuant l'épaisseur des cercles.

Les *sucres* qui se vendent chez les épiciers de Paris sont, le *sucre moscouade*, des *cassonades*, le *sucre de sept livres* (ainsi nommé on ne sait pourquoi qu'il en pese ordinairement douze), le *sucre* qu'ils appellent *sucre royal*, mais qui pour l'ordinaire n'est point aussi beau & aussi parfait que le véritable sucre de ce nom; le *sucre demi royal*, le *sucre candi* & le *sucre rouge*, que l'on nomme autrement de *chypre*.

Pour que le *sucre moscouade* soit bon, il doit être blanchâtre, le moins gras qu'il soit possible, & qu'il ne sente point le brûlé.

La *cassonade* qu'on nomme aussi *sucre des isles* doit être blanche, seche, grenue, d'un goût & d'une odeur de violette. La plus belle est celle qui vient du Brésil; celle de Cayenne tient le second rang, & celle des isles vient ensuite. Les confiseurs employent beaucoup de la première & de la dernière de ces deux *cassonades*, pour faire leurs confitures; ils l'estiment même plus que le sucre affiné; les confitures dans lesquelles elles entrent étant plus belles & moins sujettes à se candir.

Le moindre de tous les *sucres* en pain est celui de *sept livres*: ce n'est simplement que de la cassonade grise, clarifiée, mise en pain & sechée à l'étuve.

Les autres *sucres* communs, mais qui pourtant sont infiniment meilleurs que celui de *sept livres*, sont ceux qu'on appelle *sucres d'affinage*. Ils sont en pains de livre & demie, de deux, de trois, de quatre & de six livres. Pour être bons ils doivent être très-secs & d'un grain fin, serré & brillant.

Le *sucre royal* qui se vend en France, n'est proprement que le sucre raffiné avec plus de soin & d'attention que tout autre. Le vrai sucre de ce nom étant, comme nous l'avons déja dit, très-rare, soit à cause de son extrême cherté, soit parce que les fabriquans trouvent plus de profit à en faire d'autres, vu le déchet considérable qu'il éprouve. Ce *sucre* doit être blanc, uni, d'un grain fin, serré & brillant, ferme, facile à se casser, & sonnant comme le verre quand on le frappe du doigt. Les pains de ce prétendu *sucre royal* sont tous enveloppés dans du papier bleu, ainsi que les *sucres d'affinage*.

Le *demi-royal* qui vient de Hollande dans des papiers violets, & en petits pains, se nomme *affinage de Hollande*; il est d'une qualité un peu moindre que le *sucre royal*, mais au-dessus des sucres communs.

Les marchands de Paris faisoient autrefois un commerce assez considérable du *sucre de Madere* & du *sucre de Palme*, ainsi nommé parce que les Hollandois qui l'envoient en France l'enveloppoient dans des feuilles de Palmier; mais depuis que l'on ne se sert plus dans ce royaume que des *sucres* des Antilles ce commerce est entièrement tombé.

Avant l'établissement des raffineries aux isles, la plupart des *sucres* bruts qui venoient en France, se raffinoient à *Rouen*, à *Dieppe*, à *Orléans*, &c. Présentement la plupart de ces *sucres* arrivent tout rafinés. De ceux qui se rafinent encore dans ces trois villes, les *sucres* des affinages d'Orléans & de Dieppe sont les plus estimés. Autrefois c'étoit l'affinage de Rouen qui avoit la préférence.

M. *Paul Nairac*, négociant de Bordeaux, a établi dans cette ville une raffinerie dans laquelle ce citoyen estimable a sacrifié une assez grande quantité de *sucre* brut pour concourir aux progrès du raffinage; ses expériences réitérées ont été couronnées par de brillans succès. Entre les autres raffineries celle de *Bercy*, près Paris, est une des plus estimées. Plusieurs autres villes du royaume, principalement les ports de mer ont de très-bonnes raffineries.

On appelle *sucre royal* des confiseurs, l'amidon qu'ils employent assez souvent dans la composition de leurs dragées pour ménager le véritable *sucre*.

Les meilleurs *sucres candis* qui se vendent à *Paris*, sont réputés venir de Hollande; il s'en fait cependant d'excellens à *Paris* même, à *Orléans* & à *Tours*; mais les épiciers trouvent en faisant passer ceux-ci pour *sucres* d'Hollande, le moyen de les vendre plus cher. Le bon *sucre* candi *blanc* doit être *blanc*, *sec*, *clair* & *transparent*; il suffit que le candi *rouge*, soit *sec* & bien *roux*.

Le *chypre* est une espèce de *sucre* rouge dont se servent les faiseurs d'oublies & de menues pâtisseries; ce *sucre* n'est que le rebut des autres, & par conséquent une très-mauvaise drogue. C'est celui qui provient de ce que l'on appelle *melasse*, *doucette* & *syrop de sucres*. Voy. MELASSE.

SUCRE D'ORGE. C'est une espèce de *caramel* à demi cuit, que l'on colore avec du safran, & que l'on dresse en bâtons tortillés sur un marbre graissé d'huile d'amande douce. On le croit bon pour le rhume. Le bon *sucre d'orge* doit être d'une belle couleur d'ambre, sec, nouvellement fait, & ne s'attachant point aux dents quand on le mâche.

SUCRE ROSAT. C'est du *sucre* blanc clarifié & cuit en consistance de tablettes dans de l'eau de rose; quelquefois on le réduit en petites grenailles de la grosseur d'un pois. Il faut le choisir sec, bien travaillé, difficile à casser, d'un goût & d'une odeur de rose.

On tire du *sucre* par les opérations de la chimie, une huile & un esprit qu'on croit propres; celui-ci pour la gravelle, l'hydropisie & la dissenterie; & l'autre pour les maux d'estomach.

Les *sucres* doivent en général être traités aux entrées & sorties du royaume, comme droguerie & épicerie; ainsi venant de l'étranger, ils ne peuvent entrer dans le royaume que par les bureaux ouverts aux drogueries, parmi lesquels celui de S. Valery sur Somme a été placé en conséquence d'un arrêt du 8 février 1762.

Ces *sucres* sont sujets dans tous les ports de leur arrivée, même dans ceux de Bretagne, de Marseille & de Dunkerque, aux droits uniformes, qui, aux termes de l'arrêt du 12 février 1767 doivent être payés en entier, malgré les priviléges des foires & tous autres; mais les *sucres* arrivant dans les ports de Marseille & de Dunkerque, ainsi que dans ceux de S. Malo & de Nantes, peuvent y être mis en entrepôt pour retourner à l'étranger, en exemption de droits, à la charge des formalités requises; c'est le résultat des arrêts des 26 septembre 1667, 28 février 1669, 25 avril & 13 juin 1690.

Malgré les dispositions précises de ces réglemens, les droits uniformes ne se perçoivent pas dans la haute ville de Dunkerque; c'est par cette raison que les *sucres* bruts des isles qui sont tirés des entrepôts du royaume à la destination des raffineries établies en cette haute ville, sont considérés comme s'ils passoient à l'étranger; mais par une suite nécessaire, les *sucres* raffinés qui en sont apportés sont traités comme étrangers, suivant l'arrêt du 11 septembre 1752.

Ceux qui ont acquitté les droits uniformes & qui passent dans l'étendue des douanes de Lyon & de Valence, ou qui viennent dans les cinq grosses fermes dans l'efpace de trois mois , font exempts, tant des droits defdites douanes, que de ceux du tarif de 1664, felon les arrêts des 15 janvier 1671 & 25 mai 1774.

Sucres préfumés du levant.

Les *fucres* de quelque efpece qu'ils foient, doivent, lorfqu'ils viennent de l'étranger, être accompagnés de certificats juftificatifs qu'ils ne proviennent point indirectement du levant, fans quoi, & d'après les principes concernant les marchandifes du levant, ils font dans le cas d'acquitter , indépendamment des droits de traites , celui de vingt pour cent de la valeur, fur l'eftimation de 74 l. le quintal brut, fixée par l'arrêt du 22 décembre 1750.

Sucre des ifles Françoifes.

Les *fucres* qui viennent des ifles françoifes de l'Amérique, font fujets à des droits fixés par l'article XIX des lettres patentes de 1717, & defignés à l'art. de chacun.

Ils jouiffent auffi aux termes de l'art. XV du même réglement, à l'exception de ceux qui font raffinés, de l'entrepôt accordé aux autres marchandifes des ifles, & de la faveur du tranfit pour la Franche-Comté, l'Alface & les trois évêchés, comme pour l'étranger.

Ils peuvent même, à l'exception des *fucres* bruts, être tranfportés des ifles dans les ports d'Efpagne, d'après l'arrêt du 27 février 1726.

Mais, foit qu'ils paffent à l'étranger, en fortant de l'entrepôt, ou en arrivant aux ifles, les droits du domaine d'occident font exigibles, fuivant l'article 542 du bail de *Forceville*. Ces droits font de trois & demi pour cent , quelque deftination qu'on leur donne.

Sucre de la traite des négres.

D'après l'article VI d'un arrêt du 27 feptembre 1720 , les *fucres* provenant de la traite des négres, étoient exempts de la moitié des droits d'entrée, en juftifiant par certificat ; foit de l'intendant des ifles foit d'un commiffaire ordonnateur ou du commis du domaine d'Occident, qu'ils y avoient été chargés & qu'ils venoient de la vente ou du troc des négres ; ou pouvoient même, d'après la lettre de la ferme générale du 28 avril 1738 , faire participer à cette faveur des *fucres* bruts, provenant d'une autre traite; mais cette modération qui n'avoit pas lieu fur les droits du domaine d'Occident ; fuivant un arrêt du 26 mars 1722 , a été fupprimée par l'article XVIII, d'un arrêt du 26 octobre 1748.

Droits des différentes efpèces de fucre.

Le *fucre d'Alexandrie* , doit les droits fuivant fa qualité.

Le *fucre blanc* & non rafiné de Cayenne ,

eft traité comme *fucre brut* des ifles. *Voyez ci-après.*

Le *fucre brut* ou *mofcouade* ; on comprend dans fon article la caffonade pour le poële, le *fucre noir* de S. Chriftophe, les *Barboudes* , les *Panelles* & le *fucre* de S. Thomé.

« Venant de l'étranger, il doit, fuivant l'arrêt du 15 feptembre 1665 , le tarif de 1667, & les arrêts des 25 avril & 13 juin 1690, 7 l. 10 f. par quintal net. »

« Venant du *Bréfil* , il acquitte le même droit d'après l'arrêt du 16 mai 1758 ; & les difpofitions de ces réglemens ont leur exécution dans le port même de Marfeille. »

Ces réglemens n'impofoient les *Barboudes* , *Panelles* & *fucres* de Saint Thomé, qu'à 6 liv. par quintal ; mais il a été décidé par le confeil, les 6 & 30 mars 1747 , « que le droit de 7 liv. 10 f. feroit perçu jufqu'à ce qu'il en fût autrement ordonné , fans diftinction de *fucres* du Bréfil ou de S. Thomé. »

« Venant des provinces réputées étrangères, dans les cinq groffes fermes ; ils payent, fuivant le tarif de 1664 , par quintal net 4 l. »

Sucre brut des ifles.

Le *fucre brut* venant des ifles Françoifes de l'Amérique, doit fuivant l'article XIX des lettres patentes d'avril 1717 , par quintal net, favoir :

« Pour le domaine d'Occident, 1 l. 13 f. 4. d.   } 2 l. 10 f. »
« Pour droit des traites , 16 f. 8 d.

« Venant de Cayenne , d'après l'article XXII des mêmes lettres patentes , 4 l. par quintal. »

Les mêmes droits font dus fur les *fucres* venant de Marfeille, accompagnés des certificats des commis du poids & caffe, qui juftifient qu'ils ont été apportés des ifles ; c'eft la décifion des articles XVIII & XX des lettres patentes de février 1719.

Les *fucres* bruts & les *fucres* blancs non raffinés de Cayenne, venant de Nantes & des autres ports de Bretagne, & dont l'origine eft également juftifiée, paient à l'entrée des autres provinces, (fans déduction des droits locaux qu'ils ont dû acquitter en arrivant en Bretagne , conformément à l'arrêt du 28 feptembre 1728 , & fuivant les articles XX & XXII des lettres patentes d'avril 1717), par quintal net , favoir :

« Les premiers. 2 l. 10 f. »
« Les autres. 8 l. »

Le *fucre candi* blanc & brun. Tarifé avec le fucre raffiné en pain & en poudre, il doit être traité de la même manière ; il exiftoit une exception en faveur de ceux du commerce des François dans l'Inde, elle a été détruite par l'arrêt du 5 avril 1775.

Le *fucre noir* de Saint Chriftophe, la *Barboude*, la *Panelle* & le *fucre* de *fan Thomé* , étant tarifés cumulativement avec les fucres bruts, ils doivent les mêmes droits.

Le *fucre d'orge* doit être traité comme fucre *raffiné*, d'après la lettre de la ferme générale du 19 novembre 1721, au directeur de Lille.

Sucre raffiné en pain, ou en poudre, candi, blanc & brun, & caſſonade blanche.

« Venant de l'étranger, ils doivent à toutes les entrées du royaume, ſuivant l'arrêt du 17 mars 1782, 40 liv. par quintal net. »

Ceux apportés directement des iſles Françoiſes de l'Amérique, doivent être traités de la même manière, ſelon l'arrêt du 20 juin 1698, l'article XXIII des lettres patentes d'avril 1717, & la déciſion du conſeil du 26 juillet 1765.

Il en eſt de même de ces *fucres* provenant des iſles de France & de Bourbon, ſuivant l'arrêt du 5 avril 1775.

Ce droit eſt dû, même à l'entrée de Marſeille.

« Venant des provinces réputées étrangères, excepté de celle de Bretagne, dans les cinq groſſes fermes ; ils payent, d'après les arrêts & lettres patentes des 5 juin & 17 juillet 1725, par quintal net, 3 liv. 2 ſ. 3 d. »

Ceux de ces *fucres* provenant des raffineries établies dans la baſſe ville de Dunkerque, n'ont beſoin de remplir aucune formalité pour n'acquitter que ce droit, ſi leur tranſport dans les cinq groſſes fermes ſe fait par terre ; mais lorſqu'il a lieu par mer, ces *fucres* doivent être accompagnés d'un acquit à caution qui juſtifie qu'ils proviennent de ces raffineries, & être renfermés dans des caiſſes plombées ; c'eſt la déciſion de la ferme générale rendue publique par ſa lettre au directeur d'Amiens, du 21 janvier 1766, à l'occaſion des fucres en pains provenant de la raffinerie du ſieur Varlet.

Ces *fucres* allant de Bretagne dans les cinq groſſes fermes, doivent au contraire, d'après l'arrêt du 2 mars 1700, par quintal net, ſavoir :

« Pour le domaine d'occident.   10 l. 15 ſ. } 13 l. 15 ſ. »
« Pour les traites.   3 »

Aux termes de cet arrêt, & d'une déciſion du conſeil du 20 octobre 1740, ils ne devroient entrer dans les cinq groſſes fermes que par le bureau d'*Ingrande* ; mais la ferme générale a bien voulu conſentir le 6 décembre 1759, pour la facilité du commerce, à ce que ces *fucres* entraſſent également par les bureaux de la *Graveline* : elle a auſſi marqué au directeur d'Amiens, le 29 juillet 1754, à l'occaſion des fucres raffinés, paſſés de Nantes à Calais, qu'elle vouloit bien qu'ils puiſſent être introduits par tous les ports des cinq groſſes fermes, en payant le droit de 13 l. 15 ſ.

Paſſant des cinq groſſes fermes aux provinces réputées étrangères ou à l'Étranger, ils ſont exempts de droits, ſuivant l'article final du tarif de 1664, & les déciſions du Conſeil des 22 décembre 1769, & 12 juin 1780 ; celle de 1769, rendue ſur la propoſition de la ferme générale, a accordé l'exemp-

tion des droits aux *fucres* raffinés dans le royaume, deſtinés pour l'étranger effectif. L'autre eſt intervenue à l'occaſion d'une perception faite à *Péronne* ſur des *fucres* de raffinerie d'Orléans, paſſant dans la Flandre Françoiſe ; la déciſion eſt conçue en ces termes : « La perception dont il s'agit » eſt contraire à la diſpoſition de l'article final du » tarif de 1664 à la ſortie : ainſi donner des ordres » pour le rembourſement. »

Déciſion du conſeil du 29 ſeptembre 1786, adreſſée à la chambre du commerce de Normandie.

« Conſidérer comme *fucres raffinés*, tous les *fucres* qui ſeront préſentés dans les bureaux en *pains* ; les aſſujettir comme tels aux droits, à leur paſſage des provinces réputées étrangères dans les cinq groſſes fermes, & les faire jouir du bénéfice de l'arrêt du 25 mai dernier, lorſqu'ils ſeront deſtinés pour l'étranger. »

Les *fucres* qui ne ſeront pas en pains, ne peuvent jouir du bénéfice de cet arrêt ; mais ils ne doivent payer les droits que comme caſſonades ou *fucres* terrés, en entrant de la Bretagne dans les cinq groſſes fermes.

Sucres raffinés de Bordeaux, Cette & Montpellier.

Suivant un arrêt du 11 août 1699, les *fucres* raffinés à *Bordeaux*, deſtinés pour l'étendue des douanes de *Lyon* & de *Valence*, ou qui s'empruntent le paſſage pour aller plus avant dans le royaume, ſont exempts du droit de douane de *Lyon*, & non de ceux de douane de *Valence*, ni des droits ordinaires des traites.

Les *fucres* des raffineries de *Cette*, doivent la douane de *Valence* dans les cas où ils ſont deſtinés pour l'étendue de cette douane, ou qu'ils y paſſent ; c'eſt la déciſion du conſeil du 3 juillet 1762.

Quant aux *fucres* de la raffinerie du ſieur *Sabatier*, établie à *Montpellier*, ils ont été affranchis des droits de douane de *Valence*, par arrêt du 5 mars 1771.

On mande de *Bayonne* en 1786, que le Roi d'Eſpagne vient de prohiber dans ſes états, l'entrée de toutes ſortes de *fucres*, cacao, canelles, vanille & chocolat, venant de l'étranger. Cette prohibition doit faire un tort conſidérable à quelques villes, telles que *Bordeaux*, *Marſeille*, *Nantes*, *Bayonne*, *Amſterdam* &c. Il eſt déja venu de *Pampelune* un exprès pour arrêter l'envoi des *fucres* qu'on étoit ſur le point d'expédier.

Sucres raffinés à Marſeille.

Ces *fucres* ne jouiſſent pas du bénéfice du tranſit, comme ceux de pluſieurs autres raffineries du royaume dont il ſera ci-après fait mention ; c'eſt ce qui a été décidé au conſeil au mois de février

1743, & le 13 mai de la même année; mais lorſqu'ils ſont envoyés dans le royaume, ils n'ont à acquitter par quintal, pour obtenir lieu du droit d'entrée des *ſucres bruts* dont ils ſont compoſés, que, ſçavoir :

« Pour l'entrée.   3 l. ⎫
« Pour le domaine d'Occident.   4 ⎬ 7 l. »

Au moyen de ces droits, ils ſont exempts de celui de douane de *Valence*, à la charge de juſtifier qu'ils ont été raffinés avec des *ſucres* bruts des iſles ; c'eſt le réſultat des arrêts des 28 novembre 1700, 25 juillet 1713, & d'une déciſion du conſeil du 7 novembre 1740. Ces réglemens n'accordent, il eſt vrai, cette faveur qu'à *cent milliers* peſant de ces *ſucres* par an, mais l'uſage l'a étendu à tous les *ſucres* raffinés à *Marſeille*.

Ils paroiſſoient devoir la douane de *Valence*, lorſqu'ils paſſoient par ſon étendue ; mais la cour des aides de Paris où la ferme générale penſe que cette affaire n'a pas été aſſez bien inſtruite, ayant jugé le contraire, par arrêt du 5 mars 1763, ce droit ne pourroit s'exiger qu'autant que le conſeil, où le fermier s'eſt pourvu en caſſation de cet arrêt, jugeroit à propos de le réformer.

Sucres raffinés, relativement au tranſit.

Les *ſucres* raffinés à Bordeaux avec des *ſucres* des iſles, deſtinés à l'étranger, l'Alſace, la Franche-Comté & aux Trois-Evêchés, ſont exempts de tous droits d'entrée, de ſortie, même de ceux de douane de *Lyon* & de *Valence*, & autres droits locaux ; ils jouiſſent encore de la reſtitution des droits payés à l'entrée des *ſucres* bruts ſur l'évaluation de 225 liv. de *ſucre* brut, pour 100 liv. de *ſucre* raffiné.

Les *ſucres* des raffineries de *Rouen*, de *Dieppe*, de la *Rochelle* & de *Cette*, envoyés à l'étranger, participent à la même faveur du tranſit & de la reſtitution des droits d'entrée ; c'eſt le réſultat des arrêts des 28 ſeptembre 1684 & 9 février 1726. Ce dernier a accordé à la raffinerie de la *Rochelle* les mêmes exemptions qu'à celle de *Bordeaux*, conformément à l'article III des lettres patentes d'avril 1717, & à l'arrêt du 15 janvier 1718, relatif à la raffinerie de *Cette*.

Les *ſucres* de cette dernière raffinerie, doivent dans tous les cas être traités comme ceux des raffineries de *Bordeaux*.

Ceux qui ſont envoyés de *Cette*, par acquit à caution à la foire de *Beaucaire*, & delà expédiés par un nouvel acquit à caution à l'étranger, à l'Alſace & aux Trois-évêchés, ſont auſſi exempts de tous droits & jouiſſent de la reſtitution des droits perçus à l'entrée. Telles ſont les diſpoſitions de l'arrêt du 12 février 1732.

Juſques là, la faveur du tranſit n'avoit lieu que par terre ; elle fut étendue par l'arrêt du 17 novembre 1733, aux *ſucres* raffinés, dans leſdites raffineries, qui ſortiroient par mer.

Le privilége du tranſit ſe borne aux raffineries dont il vient d'être parlé, & ne s'étend pas à d'autres, telles qu'à celles d'*Oléans*, de *Nantes*, de *Marſeille*, &c.

« Le *ſucre terré* ou *caſſonade* blanche, ou griſe, fine ou moyenne, venant de l'étranger, doit à toutes les entrées du royaume, ſuivant le tarif de 1667, & les arrêts des 25 avril & 13 juin 1690, 15 liv. par quintal net. »

« Ce droit a également lieu à l'entrée du port de *Marſeille*. »

« Venant des provinces réputées étrangères, dans les cinq groſſes fermes, ce *ſucre* acquitte le même droit, d'après le tarif de 1664. »

Sucre terré des iſles.

Suivant l'article XIX des lettres patentes du mois d'avril 1717, le *ſucre terré* venant des iſles Françoiſes de l'Amérique dans les ports ouverts à ce commerce, paye par quintal net, ſavoir :

« Pour le domaine d'Occident.   2 l. ⎫
« Pour le droit des traites.   6 ⎬ 8 l. »

Ce droit ne ſe percevant pas à l'entrée de la province de Bretagne, on doit aux termes des articles XX & XXI deſdites lettres patentes, l'exiger à l'entrée des autres provinces du royaume où ces *ſucres* paſſent en ſortant de Bretagne, & il ne faut faire aucune déduction des droits des ports & havres de prévôté de Nantes, & autres droits locaux qui ont pû être perçus ſur ces *ſucres* à leur arrivée dans cette province.

Le *ſucre de tête* doit être traité ſuivant la déciſion du conſeil du 19 juin 1749, comme ſucre *terré*, & non comme *ſucre brut*.

On diſtingue deux ſortes de *ſucre vergeois*, le ſucre *vergeois terré* & celui qui ne l'eſt pas.

Suivant l'arrêt du 10 mars 1763, ils doivent à toutes les entrées du royaume, ſavoir :

« Les *ſucres vergeois terrés*, comme ſucres terrés étrangers ».

« Et ceux *vergeois non terrés*, comme ſucres bruts étrangers ».

Les *ſucres bruts* & *terrés* des iſles ne paient aucun droit à l'entrée de *Marſeille* ; c'eſt ſeulement lorſqu'ils en ſortent pour le royaume qu'ils acquittent ceux des lettres patentes de 1717. Or les *ſucres vergeois*, ſuivant le ſort des ſucres *bruts*, ſont aſſujettis, ſelon leur qualité de *bruts* ou de *terrés* à leur entrée de *Marſeille* dans le royaume, aux droits de ces lettres-patentes, comme ceux de la Bretagne.

Au moyen du paiement de ces droits, ces *ſucres* ſont cenſés originaires, & comme tels, ſont exempts de droits à la circulation.

Ces eſpeces de *ſucres* provenant des raffineries de France, excepté de celles de *Bretagne* & de *Marſeille*, jouiſſent, aux termes du même arrêt de 1763, de l'exemption de tous droits, tant pour la deſtination de l'étranger qu'à leur circulation dans les différentes provinces du royaume.

Venant des raffineries de Bretagne, dans les cinq groſſes

grosses fermes, ils paient au contraire pour la destination des autres provinces du royaume, savoir:

« Le *sucre vergeois terré*, les droits imposés par les lettres patentes d'avril 1717, sur les sucres *terrés* des isles & colonies Françoises ».

« Le *sucre vergeois non terré*, comme sucre brut desdites isles, d'après le même arrêt de 1763 ».

A la douane de Lyon, le *sucre* doit par quintal net, suivant le tarif de 1632, savoir:

« Le *raffiné* 1 l. »,

« Le *sucre blanc non raffiné*, le sucre *terré* ou la *cassonade*, & le sucre *blanc* ou *moscouade*, comme *cassonade*, 1 l. »

« Le *sucre candi*, comme *confitures*, 2 liv. 6 f. 3 den. ».

« A la douane de Valence, le *sucre* étant nommément compris au 2ᵉ. article, doit indistinctement par quintal net 3 l 11 f. ».

Sucre pour le droit local de Rouen.

Indépendamment des droits de traites dûs sur les *sucres* entrant à Rouen, « ils ont à payer, suivant l'arrêt du 12 février 1665, 2 l. 10 f. par quintal, de quelque espece qu'ils soient ».

Ce droit a été réduit à moitié pour le sucre venant des isles, par arrêt du 24 avril 1736.

Le droit de 2 l. 10 f. est perceptible au *Havre* comme à *Rouen*, suivant un arrêt du 6 mars 1736; mais il a été décidé que les *sucres* venant des isles au *Havre* ne dévoient pas ce droit.

Il a été également décidé au conseil, le 6 janvier 1764, que ce droit local n'étoit pas exigible sur les *sucres* qui traversoient le royaume au transit.

Il se fait à Amsterdam un commerce très-considérable de *sucre* de toutes sortes, particulièrement des *Indes orientales*, du *Brésil*, des *Barbades*, de *Saint-Domingue*, d'*Antigoa*, de la *Martinique* & de *Surinam*. Tous ces *sucres* viennent, ou dans des caisses, ou dans des canastes, ou dans des bariques, ou dans des tonneaux, ou enfin dans des barils. C'est suivant la différence des futailles qu'on regle la tare. A l'égard des déductions pour le bon poids & pour le prompt payement, elles sont toutes également d'un pour cent pour l'un, & d'un pour cent pour l'autre.

Outre le *sucre* que l'on retire des cannes, elles fournissent encore des *syrops* qui valent le douzieme du prix des *sucres*. Le *syrop* de meilleure qualité est celui qui coule d'un premier vase dans un second lorsque l'on fait le sucre *brut*. Il est composé de matières grossières, qui entraînent avec elles des sels du sucres, soit qu'elles les contiennent, soit qu'elles aient détachés dans leur passage. Le *syrop* inférieur, plus âcre & en moindre quantité, est formé par l'eau qui entraîne les parties tartreuses & terrestres du *sucre*, lorsqu'on le lessive. Par le moyen du feu on tire encore quelque *sucre* du premier syrop, qui après cette opération, est moins estimé que le second.

Tous deux sont consommés dans le nord de l'Europe, où ils tiennent lieu de beurre & de *sucre* au peuple. L'Amérique septentrionale en fait le même usage, & de plus s'en sert pour donner de la fermentation & un goût agréable à une boisson nommée *prus*, qui n'est autre chose qu'une infusion d'une écorce d'arbre.

Ce syrop est encore plus utile par le secret qu'on a trouvé de le convertir en une eau-de-vie que les Anglois appellent *rum*, & les François *guildive* & *taffia* à l'exemple des négres; il s'en fait une très-grande consommation dans les isles Françoises de l'Amérique pour la boisson des négres & des engagés.

Le lieu où l'on fait cette eau-de-vie s'appelle une *vinaigrerie*. L'opération est très-simple, elle se fait en mêlant un tiers de syrop avec deux tiers d'eau. Lorsque ces deux substances ont suffisamment fermenté, ce qui arrive ordinairement au bout de 12 ou 15 jours, elles sont mises dans un alambic bien net où la distillation se fait à l'ordinaire; la liqueur qu'on en retire est égale à la quantité de syrop qui a été employée.

L'introduction & le commerce de cette liqueur dans le royaume ont été défendus par l'article premier de la déclaration du roi du 24 janvier 1713.

Depuis, une décision du conseil du 12 juin 1752 a permis d'en apporter pour être mis en entrepôt à la destination de Guinée.

Un arrêt du 14 mars 1768, confirmé par décision du conseil du 21 avril 1769, a également admis à l'entrepôt pendant un an, les syrops provenant du retour des transports & ventes des morues seches de pêche Françoise aux isles d'Amérique & colonies, avec faculté de les exporter à l'étranger en exemption de tous droits, excepté celui du domaine d'occident.

Les *taffias* n'étant pas compris dans l'état arrêté tous les six mois pour le paiement de ce dernier droit, ils l'acquittent sur l'estimation de dix sols le pot.

Un arrêt du 3 septembre 1769 a permis le transport de ces syrops par continuation d'entrepôt au port de *Roscoff* en Bretagne, de les exporter à l'étranger dans l'année, à peine de confiscation & de 500 l. d'amende.

La déclaration du 6 mars 1777 a permis en France l'entrepôt des *taffias* des isles, à condition 1°. qu'à leur arrivée ils seront mis en entrepôt, à la charge de les réexporter à l'étranger; 2°. que la durée de l'entrepôt sera de deux ans; 3°. que si à l'expiration de ce délai, les *taffias* n'ont pas encore été exportés, le conseil pourra seul y pourvoir. *Voyez* TAFFIA.

Sucres extraordinaires.

Les cannes ne sont pas les seules plantes qui produisent du *sucre*, on en a obtenu du suc de *betterave*; la seve du *bouleau*; celle de l'*érable* en pro-

duifent auffi, ainfi que le *caroubier*, l'*apocyn* d'E-
gypte, une efpece d'algue & une grande efpece
de rofeau que l'on cultive aux Indes orientales où
il eft appellé *bambu* ou *mambu*.

Pour obtenir du *fucre du bouleau*, il ne s'agit
que de faire une incifion au tronc de l'arbre lorfque les feuilles commencent à pouffer; il en fort
une affez grande quantité d'un fuc très-agréable au
goût; ce fuc étant épaiffi en confiftance de fyrop
produit du véritable *fucre*, mais en moindre quantité que la fève de l'*érable de Canada*. Vers la fin
de l'hiver les Canadiens font une incifion au tronc
de ces arbres; ils en reçoivent la fève & ils en font
une boiffon fermentée qui eft très-agréable, ou du
fucre, en la faifant épaiffir en confiftance de fyrop.
Deux cens livres de ce fuc produifent ordinairement *douze ou quinze livres* d'un *fucre* très-agréable
au goût, mais il n'acquiert jamais la blancheur de
celui qui provient des cannes. On eftime ce qu'il
s'en fait année commune, dans le Canada, à environ
quinze milliers. Les érables de France en four-
niroient également, car on trouve fouvent fur les
feuilles de ces arbres du fucre tout formé qui provient de la fève qui s'eft extravafée & deffechée.

Le *caroubier* produit des gouffes remplies d'un
fuc qui a de la confiftance, & dont le goût eft affez
fucré pour qu'il tienne lieu de *fucre* aux Egyptiens
& aux Arabes à qui ils le vendent.

Le fuc que produit l'efpece de rofeau appellé
par les Indiens *bambou* ou *mambu*, eft beaucoup
plus connu que le précédent; il paffe chez les
Arabes pour un excellent remède contre les inflam-
mations, & c'eft fans doute à caufe de fa rareté &
de fes propriétés qu'il fe vend au poids de l'argent.

Il eft encore quelques autres efpeces de *fucre*, mais
qui ne forment point un objet de commerce; nous
croyons inutile d'en parler ici.

SUCRERIES *en général.* On appelle *fucrerie*
une habitation dans laquelle on cultive des cannes
à fucre, & où, du fuc que l'on en tire, on forme
du fucre.

En ce fens, une *fucrerie* eft compofée de terres
propres à la culture des cannes, d'un moulin, de
la *fucrerie* proprement dite, de la purgerie, de l'é-
tuve & de la vinaigrerie.

SUCRERIE, fe dit auffi en Europe, des affineries,
c'eft-à-dire, des lieux où l'on raffine le fucre, & où
on le forme en pain.

Les Efpagnols & les Portugais font les premiers
des Européens qui ont eu des *fucreries*; ceux-là
dans la Nouvelle-Efpagne & ceux-ci dans le Bréfil;
l'époque de ces établiffemens, remonte vers la fin
de l'an 1580.

Les François & les Anglois qui ne fe font établis
dans les ifles de l'Amérique qu'en 1625 ou 1627,
n'ayant d'abord penfé qu'à la culture du tabac, de
l'indigo & du coton, négligèrent affez longtems celle
des cannes à fucre, & ce ne fut qu'en 1643, que
les Anglois de S. Chriftophe commencèrent à bâtir
des *fucreries*.

Les François qui partageoient alors cette ifle avec
eux, ne furent pas longtems à les imiter, la *Guadeloupe* fut encore quatre ou cinq ans fans en avoir,
& celles qui y furent établies en 1648 furent dûes
aux Hollandois, qui s'y étoient réfugiés après avoir
abandonné toutes leurs conquêtes du Bréfil dont
ils étoient fi longtems refté les maîtres.

On fit des *fucreries* à la Martinique un peu plus
tard qu'à la Guadeloupe, les Anglais en établirent
à la Barbade, prefqu'auffitôt qu'à Saint-Chrif-
tophe.

Depuis ce tems le nombre des *fucreries* a toujours
augmenté dans les ifles, & la fabrique des fucres
s'y eft perfectionnée de plus en plus.

SUÈDE (*Suecia.*) Grand royaume & l'un des
plus feptentrionaux de l'Europe. Il eft borné au
nord par la Laponie Danoife, & par l'océan fep-
tentrional; au *fud* par la mer Baltique & par le
golfe de Finlande; à l'*eft* par la Mofcovie, & à
l'*oueft* par la Norvege, le Sund & le Categat. Il a
environ 350 lieues du fud au nord, & 140 de l'eft à
l'oueft.

Avant 1521, les Suédois étoient encore dans l'a-
narchie; *Guftave-Vaza* qui en fut élu gouverneur,
rendit alors la couronne héréditaire dans fa famille,
& opéra dans ce royaume une grande révolution.
Jufques-là la *Suède*, que la nature de fes productions,
fes befoins, & l'étendue de fes côtes appelloient à
la navigation, l'avoit abandonnée, depuis qu'elle
s'étoit dégoûtée de la piraterie; *Lubeck*, grande
ville d'Allemagne, dans le cercle de la baffe Saxe,
& capitale de la Vagrie, étoit en poffeffion d'enlever
fes denrées, & de lui fournir toutes les marchandifes
étrangères qu'elle confommoit. On ne voyoit dans
fes rades que les navires de cette république, ni
dans fes villes d'autres magafins que ceux qu'elle y
avoit formés.

Guftave, pour réveiller l'induftrie de fes fujets,
ferma les portes de fon royaume aux *Lubeckois*,
mais un peu trop précipitamment, puifqu'il n'avoit
pas pris le tems de conftruire des vaiffeaux, & de
former des négocians; dès lors il n'y eut plus de
communication entre fon peuple & les autres, &
ce coup d'autorité, loin de produire l'effet qu'il
attendoit, jetta l'empire dans un engourdiffement
difficile à concevoir. Quelques bâtimens Anglois &
Hollandois qui fe montroient au loin, n'avoient que
foiblement remédié au mal, lorfque *Guftave
Adolphe*, monta fur le trône.

Les premières années du regne de ce Prince
furent marquées par des changemens utiles. Les
travaux champêtres furent ranimés. On exploita
mieux les mines. Il fe forma des compagnies pour
la Perfe & pour les Indes occidentales. On pofa les
fondemens d'une colonie dans l'Amérique feptentrionale, & le commerce des Suédois commença
alors à fleurir.

Lorfque Charles IX monta fur le trône de *Suède*,
il établit dans la nouvelle ville qu'il avoit fondée

lorsqu'il n'étoit encore que Duc de *Gothie*, & à laquelle il avoit donné le nom de *Gothembourg*, une compagnie de commerce ; il y attira plusieurs étrangers, & surtout des Hollandois, auxquels il accorda pendant 20 ans une exemption de tous droits d'entrée & de sortie. Par ce moyen *Gothembourg*, devint bientôt une ville florissante, & elle fut après Stockholm la ville la plus commerçante de la *Suède* ; sa population s'est considérablement augmentée depuis cette époque, & en peu de tems ; ces progrès sont dus sans doute à ceux de son commerce, & à la pêche du hareng qui s'y fait avec beaucoup de succès.

Cet empire éprouva depuis lors plusieurs révolutions qui améliorèrent de plus en plus sa constitution, les étrangers qui apportoient quelques inventions étoient accueillis, & ce fut dans ces heureuses circonstances que les agents de la compagnie d'Ostende se présentèrent.

Un riche négociant de *Stockholm*, capitale de ce royaume, nommé *Henri Koning*, goûta leurs projets & les fit approuver par la diète en 1731. On établit une compagnie des Indes, à laquelle on accorda le privilège exclusif de négocier au delà du cap de Bonne-Espérance, son octroi fut borné à quinze années ; on crut qu'il ne falloit pas lui donner plus de durée, soit pour remédier de bonne heure aux imperfections qui se trouvent dans les nouvelles entreprises, soit pour appaiser plusieurs citoyens qui s'élevoient avec chaleur contre un établissement que la nature & l'empire du climat sembloient repousser. Le désir de réunir, le plus qu'il seroit possible, les avantages d'un commerce libre & ceux d'une association privilégiée, firent régler que les fonds ne seroient pas limités, & que tout actionnaire pourroit retirer les siens à la fin de chaque voyage. Comme la plûpart des intéressés étoient étrangers, principalement Flamands, il parut juste d'assurer un bénéfice à la nation, en faisant payer au gouvernement *quinze cent dolers* d'argent, ou 3390 liv. par last que porteroit chaque bâtiment.

Cette condition n'empêcha pas la société d'expédier, durant la durée de son octroi, vingt - cinq navires ; *trois* pour le Bengale & vingt deux pour la Chine. Un de ces vaisseaux fit naufrage avec sa cargaison entière, & trois périrent sans chargement. Malgré ces malheurs les intéressés retirèrent, outre leur capital, *huit cent dix sept & demi pour cent*, ce qui montoit année commune, à *cinquante quatre & demi pour cent*, bénéfice infiniment considérable, quoique sur ce produit, chacun des actionnaires dût faire & payer lui-même ses assurances.

En 1746, la compagnie obtint un nouveau privilège pour vingt ans. Elle fit partir successivement *trois* vaisseaux pour *Surate*, & *trente-trois* pour *Canton*, dont un fit naufrage avec tous ses fonds près du lieu de sa destination. Le profit des intéressés

fut de *huit cent soixante onze & un quart pour cent*, ou de 43 pour 100 chaque année.

En 1753, les associés renoncèrent à la liberté dont ils avoient toujours joui, de retirer à volonté leurs capitaux, & se déterminèrent à former un corps permanent. L'état les fit consentir à ce nouvel ordre de choses, en se contentant d'un droit de 20 pour cent sur toutes les marchandises qui se consommeroient dans le royaume, au lieu de 75,000 liv. qu'il recevoit depuis sept ans pour chaque voyage. Ce sacrifice avoit pour but de mettre la compagnie Suédoise en état de soutenir la concurrence de la compagnie qui venoit de naître à *Embden* ; mais les besoins publics le firent rétracter en 1765. On poussa même l'infidélité jusqu'à exiger tous les arrérages.

Le monopole fut renouvellé en 1766, pour vingt ans encore. Il prêta à la nation 1,250,000 l sans intérêt, & une somme double pour un intérêt de *six pour cent*. La société qui faisoit ces avances, devoit être successivement remboursée de la première, par la retenue des 93,750 liv. qu'elle s'engageoit à payer pour chaque navire qui seroit expédié, & de la seconde à quatre époques convenues. Avant le premier janvier 1778, il étoit parti *vingt & un* vaisseaux, tous pour la Chine, dont quatre étoient encore attendus. Les dix-sept arrivés, sans avoir éprouvé d'événement fâcheux, avoient rapporté *vingt-deux millions six cent livres* pesant de thé, & quelques autres objets de beaucoup moindre importance. On ne peut pas dire précisément quel bénéfice ont produit ces expéditions, mais on doit présumer qu'il a été considérable, puisque les actions ont gagné jusqu'à *quarante-deux pour cent*. Ce qui est généralement connu, c'est que le dividende fut de 12 pour cent en 1770, qu'il a été de *six* toutes les autres années, & que la compagnie est chargée des assurances depuis 1753.

Ce corps a établi le siège de ses affaires à *Gothembourg*, dont la position offroit pour l'expédition des bâtimens, pour la vente des marchandises, des facilités que refusoient les autres ports du royaume. Une préférence si utile a beaucoup augmenté le mouvement de cette rade & le travail de son territoire.

Dans l'origine de la compagnie, ses fonds varioient d'un voyage à l'autre ; ils furent, dit-on, fixés à *six millions* en 1753, & à cinq seulement à la dernière convention. Comme les Suédois avoient d'abord beaucoup moins de part à ce capital, qu'ils n'en ont eu depuis, le gouvernement jugea convenable de l'envelopper d'un nuage épais. Pour y parvenir, il fut statué que tout directeur qui révéleroit le nom des associés ou les sommes qu'ils auroient souscrites, seroit suspendu, déposé même, & qu'il perdroit sans retour tout l'argent qu'il auroit mis dans cette entreprise. Cet esprit de mystere eut lieu pendant 35 ans ; douze actionnaires devoient, il est vrai, recevoir tous les quatre ans les comptes des administrateurs ; mais c'étoit l'administration qui nommoit ces censeurs. Depuis 1767, ce sont les intéressés eux-mêmes qui choisissent les Commissaires, & qui écoutent leur rapport dans une assemblée générale.

Le produit des ventes n'a pas été toujours le même. On l'a vu plus ou moins considérable, selon le nombre & la grandeur des vaisseaux employés dans ce commerce, selon la cherté des marchandises au lieu de leur fabrication & leur rareté en Europe. Cependant on peut assurer qu'il est rarement resté au-dessous de 1,000,000 de liv. & ne s'est jamais élevé au-dessus de cinq. Le thé a toujours formé plus de *quatre cinquièmes* de ces valeurs.

La *Suede* n'a presque point d'espèces ni d'ouvrages de ses manufactures à exporter ; ainsi le capitaine d'un vaisseau destiné pour la Chine, relâche d'abord à Cadix, où il emprunte au nom de la compagnie 100,000 piastres à 30 pour cent d'intérêt ; delà il fait voile pour Canton, où il achete comme nous l'avons déja dit, du thé, de la porcelaine, & d'autres marchandises qu'il revend à son retour avec beaucoup de profit.

Les consommations de la *Suede*, furent d'abord un peu plus considérables qu'elles ne l'ont été dans la suite, parce qu'originairement les productions de l'Asie ne devoient rien au fisc. La plûpart furent depuis assujetties à une imposition de *vingt* ou *vingt-cinq pour cent*, quelques-unes même, telles que les soyeries, furent passagèrement proscrites. Ces droits ont réduit la consommation annuelle du royaume à 300,000 liv. Tout le reste est exporté, en payant à l'état un huitième pour cent du prix de sa vente. La *Suede*, vu la foiblesse de son numéraire, & la médiocrité de ses ressources intrinsèques, ne peut se permettre un plus grand luxe.

Le port de Stockholm est profond & sûr ; mais l'entrée & la sortie sont longues & dangereuses. Les Suédois font eux mêmes la meilleure partie du commerce de leurs marchandises, qu'ils vont porter sur leurs vaisseaux, en Hollande, en Espagne & en Portugal. Il en vient aussi en France, mais beaucoup plus lorsqu'elle est en guerre avec ses voisins que pendant la paix ; les Suédois faisant alors de grandes cargaisons d'eaux de vie & de sels.

Les Anglois & les Hollandois sont ceux qui font le plus grand négoce en *Suéde* ; ceux-là à cause de leurs draperies, ceux-ci à cause de leurs épiceries. Celui des Hollandois est néanmoins le plus considérable, particulièrement depuis qu'ils se sont rendus pour ainsi dire, les maîtres des mines de cuivre de ce royaume. Les Anglois ont un consul à *Gothembourg*, & plusieurs marchands de leur nation.

La *Suede* fournit des *cuirs*, des *fourrures*, du *cuivre*, du *fer* & de l'*acier*, & des *armes* fabriquées de ces métaux, soit grosses comme les *canons* & les *mortiers* ; soit légères, comme les *mousquets*, *pistolets* ; *fers de piques* &c. ; le *fil de léton* &

d'*archal*, le *plomb*, l'*huile de baleine*, la *couperose*, le *savon* &c. les *planches* & *blagues* de sapin, sont aussi du nombre des marchandises de cet empire, ainsi que l'*alun*, le *vitriol*, le *cobalt* & le *souffre* ; il fait aussi un très-grand commerce du *hareng*, qui se pêche sur des côtes.

Le *bray* & le *goudron* sont encore des productions de la *Suéde* ; elle étoit en possession d'en vendre aux Anglois la plus grande partie, dont ceux-ci avoient besoin pour leurs armemens ; mais en 1703, cette puissance méconnut ses vrais intérêts au point de plier & de réduire sous un privilége exclusif cette importante branche de commerce. Une augmentation de prix, subite & forte, fut le premier effet de ce monopole. L'Angleterre ne manqua pas de profiter de cette faute des Suédois, en encourageant l'importation de toutes les munitions navales que l'Amérique pourroit fournir.

Les marchandises que l'on porte en *Suéde*, sont du *papier*, dont à peine il se consomme *deux mille* rames dans le pays, des *vins*, des *eaux de vie*, du *sel*, de la *toile*, des *merceries*, des *étoffes*, des *épiceries*, de la *laine*, du *sucre*, du *tabac*, du *vinaigre*, du *thé*, du *chanvre*, des *grains*, des *fruits de Provence* ; mais l'*eau de vie de blé* convenant mieux aux Suédois, à peine en consomment-ils cent bariques de France.

Depuis 1772, la *Suéde* a tiré des marchés étrangers, très-peu de grains. Quelques-uns de ses écrivains économiques, ont même prétendu qu'elle pouvoit se passer de ce secours ; mais soit le vice du sol, du climat ou de l'industrie, il est prouvé que la même quantité d'hommes, de jours, de travail & de capitaux, ne donne dans cette région que le tiers des productions qu'on obtient dans des contrées plus fortunées.

Les mines doivent compenser ces désavantages de l'agriculture ; comme celle d'or découverte en 1738, ne rend annuellement que sept ou huit cent ducats, & que ce produit est insuffisant pour les frais de son exploitation, aucun citoyen, aucun étranger n'a offert jusqu'ici de s'en charger.

La mine d'argent de *Sala* rend dix-sept à dix-huit cens marcs chaque année, c'est quinze ou seize fois plus que toutes les autres réunies.

L'*alun*, le *souffre*, le *cobalt*, le *vitriol*, sont plus abondans. Cependant ce n'est rien ou presque rien auprès du *cuivre* & sur-tout du *fer* ; depuis 1754 jusqu'en 1768, il fut exporté chaque année 995,607 quintaux de ce dernier métal. Alors il commença à être moins recherché, parce que la Russie en offroit de la même qualité à vingt pour cent meilleur marché. Les Suédois se virent réduits à diminuer leur prix ; & il faudra bien qu'ils le baissent encore pour ne pas perdre entièrement la branche la plus importante de leur commerce.

La seule pêche Suédoise qui mérite d'être envisagée sous un point de vue politique, c'est celle du hareng, elle ne remonte pas au delà de 1740 ; à cette époque les harengs qui jusques-là avoient jamais approché des côtes occidentales de la *Suède*, ayant paru en grande quantité dans le voisinage de *Gothembourg*, les habitans s'adonnèrent à cette pêche qui leur a été très-avantageuse, & ils ne s'en sont pas retiré depuis. La nation en consomme annuellement *quarante mille* barils, & l'on en exporte *cent soixante mille*, qui, à raison de 13 liv. 15 sols chacun, forment à l'état un revenu de 2,200,000 liv. On peut juger des progrès de cette pêche par la table suivante.

En 1752, elle ne produisit que *mille* barils, le baril contient mille harengs.

En 1753 20,766
1754 52,828
1755 74,791
1761 117,212
1762 142,091
1763 186,614

La pêche de l'année suivante 1764, diminua considérablement, elle n'en produisit que 99,616 jusqu'à l'année 1768, qui donna 151,483 barils.

Par l'acte de navigation passé dans la diète de 1772, les vaisseaux étrangers ne peuvent porter en *Suède* que les productions de leur pays, ni les transporter d'un port à un autre.

A juger du commerce de la *Suède* par le nombre des navires qu'il occupe, on le croiroit très-important : cependant, si l'on considère que cette région ne vend que du *bray*, du *goudron*, de la *potasse*, des *planches*, & des *mâts* de sapin, du *poisson* & des *métaux grossiers*, on apprendra sans étonnement que ses exportations annuelles ne passent pas 15,000,000 de livres. Les retours seroient encore d'un quart plus foibles ; s'il falloit s'en rapporter à l'autorité des douanes. Mais il est connu que si elles sont trompées de *cinq pour cent*, sur ce qui sort, elles le sont de *vingt-cinq pour cent* sur ce qui entre. Dans cette supposition, il y auroit un équilibre presque parfait entre ce qui est vendu & ce qui est acheté, & le royaume ne gagneroit ni ne perdroit dans ses liaisons extérieures. Des personnes infiniment versées dans ces matières, prétendent même que la balance lui est défavorable, & qu'il n'a rempli jusqu'ici le vuide que cette infériorité devoit mettre dans son numéraire, qu'avec le secours des subsides qui lui ont été accordés par des puissances étrangères.

Enfin, pour finir cet article, *Cantzler* dans son ouvrage intitulé *mémoires sur les affaires politiques & œconomiques de Suede*, observe que la ville de Stockholm fait les 2/7 du commerce d'exportation de la *Suède*, *Gothembourg*, les 3/7 & les autres villes les 4/7, & que dans le commerce d'importation *Stockholm* est pour la moitié, *Gothembourg* pour un quart, & les autres villes pour l'autre quart.

Les monnoies qui ont cours en *Suède*, sont le *rixdaler* de cuivre, ou *patagon* ordinaire, qui, du tems de *Savary*, valoit 3 liv. monnoie de

France, & 6 *dallers* ou 24 *marcs* de cuivre du pays.

Le *daller d'argent*, le *daller de cuivre*, le *marc d'argent*, évalué à 7 l. 6 d. de France. Le *marc de cuivre* valant 2 s. 6 d. de notre monnoie.

Le *roustings* ou *roustigue* & les *allures* ou *allevures*, faisant le double du roustings & évalués à 4 den. de France.

Les poids se divisent en deux sortes, & toutes deux s'appellent *schippondt*. A l'un se pèsent toutes les marchandises grossières & de gros volume, & l'autre sert pour les marchandises fines ; le premier est de 400 livres suédoises ou de 342 livres parisiennes ; le second n'est que de 320 livres du pays qui reviennent à 273 ½ livres, poids de marc.

La livre de poids de *Stockholm* est plus foible que celles de Paris & d'Amsterdam, d'environ 15 pour cent. La mesure pour les corps étendus s'appelle *aune*, elle a de longueur *un pied neuf pouces & près de sept lignes*.

La mesure pour les grains est le *last*, & le *pied géométrique* a 12 pouces une ligne, pied de Roi.

Les lettres de change ont, comme à *Coppenhague*, dix jours de faveur.

SUIF. Graisse d'animaux fondue & clarifiée.

Il n'y a point d'animaux dont on ne puisse tirer du *suif* ; mais ceux dont on en tire davantage, & des *suifs* desquels il se fait le plus de commerce, sont le cheval, le bœuf, la vache, le mouton, la brebis, le porc, la truye, le bouc, le cerf & l'ours.

Quelques-uns de ces *suifs* ne sont propres qu'à la médecine ; la plûpart des autres s'employe pour la fabrique des chandelles, dans la préparation des cuirs, pour la lampe des émailleurs ; pour les manufactures des savons, & pour espalmer & enduire les navires.

Les *suifs* de mouton & de brebis que vendent les bouchers de Paris, sont estimés les meilleurs de tous. On les appelle *suif de place*, parce qu'ils se vendoient dans une place publique destinée à ce négoce. Ils sont par pains ou masses rondes en forme de cul-de-jattes, du poids de cinq livres & demie chacune, que l'on nomme des *mesures de suif*.

Les *suifs* de mouton & de brebis appellés *suifs de marque*, qui se tirent de Hollande, tiennent le second rang ; ils s'envoient dans des futailles de différentes grosseurs & poids.

Il vient encore en France des *suifs* de moutons & de brebis en futailles, & qui se tirent de divers pays étrangers, mais en petite quantité, & qu'on estime beaucoup moins que ceux de place & de marque.

Les bons *suifs* de mouton & de brebis doivent être choisis blancs, clairs & durs ; quand ils sont mélangés de *suif* de bœuf ou de vache, ils font d'un blanc tirant un peu sur le jaune.

Les *suifs* de bœuf & de vache, outre ceux de place que les marchands bouchers de Paris débitent par mesures, comme les *suifs* de mouton & de brebis, viennent en futailles de différentes grandeurs & poids, ou des provinces du royaume, ou des pays étrangers, particulièrement de Hollande, d'Irlande, de Pologne & de Moscovie. Il en vient aussi d'Angleterre.

Ceux de France, particulièrement ceux de Paris, tiennent le premier rang; ceux de Hollande vont après, puis ceux d'Irlande, & ensuite ceux de Pologne qui se tirent de Danzick. Pour ce qui est des *suifs* de bœuf de Moscovie qui viennent par la voye de Hambourg, on les estime très-peu parce qu'ils sont pour la plûpart sales, & l'on n'y a recours que lorsqu'ils sont rares, soit en France, soit dans les autres pays.

Pour que les *suifs* de bœuf & de vache soient de bonne qualité, ils doivent être nouveaux, point puants & d'un beau blanc, quoique jaunâtre.

On appelle *suif en branche* la panne ou graisse de bœuf, de vache, de mouton ou de brebis, telle qu'elle a été tirée par les bouchers du corps de ces animaux, sans avoir encore été fondue.

Quand le *suif en branche* a été fondu, ce qui reste dans le fond de la chaudiere se nomme les *cretons de suif*, dont on fait de grands pains ronds de la forme d'un fromage de gruyere, qui servent à faire de la soupe pour les chiens de meute & de cour. C'est du *suif en branche* que se fait le *suif de place*.

Pour faire de la bonne chandelle il faut moitié *suif* de mouton ou de brebis, & moitié *suif* de bœuf ou de vache, sans mélange d'autres graisses, qui ne servent qu'à la rendre jaune & coulante, & à empêcher qu'elle ne donne une belle lumière.

Ce qu'on nomme à Paris & en quelques autres endroits *petit suif* ou *suif de tripe*, n'est autre chose que de la graisse qui se trouve sur le bouillon réfroidi, dans lequel on a fait cuire les tripes des bœufs, vaches, moutons & brebis que l'on a fait ensuite résoudre dans une chaudiere avec d'autre graisse qui a été tirée des boyaux des mêmes animaux.

Ces sortes de *suifs* sont peu estimés, ne pouvant servir qu'à la préparation de quelques cuirs. On s'en sert dans la fabrique des savons.

Le moindre de tous les *suifs* est celui de porc & de truye, que l'on nomme du *flambart*, aussi s'apperçoit-on bien aisément quand il y en a dans les chandelles, ce mélange les rendant d'une mauvaise odeur, molasses, d'un blanc jaune & sale, & faciles à couler. *Voy.* FLAMBART.

C'est d'Auvergne, des environs de Lyon & de Nevers, que l'on tire le *suif* debout; il est, dit-on, de quelque usage en médecine; mais la plus grande

consommation s'en fait par plusieurs artisans & ouvriers qui ne peuvent s'en passer dans leur profession. Pour être bon, il doit être sec, d'un blanc clair, dessus & dedans, & sur-tout n'être point mêlé avec d'autres *suifs* ou graisses.

Les *suifs* de cerf & d'ours ne servent qu'en médecine.

Les *suifs* de toutes sortes venant d'Angleterre, peuvent entrer dans le royaume; leur entrée a été permise par l'arrêt du 6 septembre 1701. Ils ont été également compris dans l'état annexé à celui du 17 juillet 1785.

Suivant un arrêt du 29 octobre 1768, les *suifs* venant de l'étranger, doivent seulement le quart du droit d'entrée du tarif de la province par laquelle ils entrent.

Ainsi les *suifs* devant à l'entrée des cinq grosses fermes, suivant le tarif de 1664, 30 f. par quintal, le droit pour ceux qui viennent de l'étranger est réduit à 7 f. 6 d.

« A la sortie des cinq grosses fermes, ils doivent, au même tarif, 1 liv. 5 sols du quintal.

« A la douane de *Lyon*, ils payent savoir:

« Venant de l'étranger pour le quart du droit de 10 f. qui s'étoit toujours perçu sur cette marchandise, avant l'arrêt de 1768, 2 f. 6 den. par quintal. »

« Venant de l'intérieur, comme chandelle, avec 9 den. d'augmentation, 10 f. 9 d. »

« A la douane de *Valence* où ils sont nommément désignés au 6e article du tarif, 1 l. 9 d.

S'ils venoient de l'étranger par l'étendue de ce tarif, ils ne payeroient que le quart de ce droit.

Suifs pour les Colonies Françoises.

Suivant une décision du Conseil du 31 octobre 1740, & un arrêt du 28 août 1748, les *suifs* venant de l'étranger, & destinés pour les Colonies Françoises de l'Amérique, sont exempts de droits, à la charge d'être mis en entrepôt jusqu'à leur départ.

SUIF, (ARBRE A) C'est ainsi que l'on nomme à la Chine un arbre qui produit une substance semblable au *suif*.

Cet arbre croît à la hauteur d'un cerisier, ses feuilles taillées en cœur sont d'un rouge vif, & l'écorce en est unie.

Le fruit est enfermé dans une espèce de gousse ou d'enveloppe à peu près comme les chataignes; il consiste en trois grains blancs & ronds de la grosseur & de la forme d'une noisette qui ont chacune leur capsule particuliere, & au dedans un petit noyau.

La substance blanche qui entoure ce noyau, a toutes les qualités du véritable *suif*, sa consistance, sa couleur, l'odeur même: aussi les Chinois en sont-ils des chandelles qui seroient aussi bonnes que celles d'Europe, s'ils savoient purifier ce *suif* végétal comme nous faisons le *suif* des animaux. Tout ce qu'ils y font est d'y mêler un peu d'huile pour rendre la pâte plus douce & plus maniable. Il est vrai que les chandelles qu'on en fait rendent une fumée plus épaisse & une lumière moins claire & moins vive que les nôtres; mais ces défauts viennent des méches qui ne sont pas de coton, mais d'une petite verge de bois sec & leger qu'on entoure d'un filet de moële de jonc.

SUINT. Espèce de graisse ou axonge qui est adhérente à la laine des moutons & des brebis, les marchands qui en font le négoce, tels que les épiciers, le vendent sous le nom d'*oesype*. *Voyez* OESYPE.

SUINT. (LAINES EN) C'est le nom que l'on donne aux laines grasses & qui se vendent sans avoir été lavées ni dégraissées. On les nomme plus ordinairement *surges*. Il en vient beaucoup de *Constantinople*, d'*Alep*, de *Smyrne*, de l'isle de *Chypre*, d'*Alexandrie*, de *Tunis* & de Barbarie. L'Espagne en fournit aussi une grande quantité. *Voy.* SURGE & LAINE.

Ces laines payent les mêmes droits que les laines non filées qui viennent du levant & de barbarie, pour être exemptes des droits de traites, elles ne sont pas moins sujettes au droit de *vingt pour cent*, dont l'arrêt de 1749 ne les a pas dispensées. Ce droit est dû, sur l'estimation de 30 l. le quintal brut; estimation fixée par l'état joint à l'arrêt du 22 décembre 1750.

SUISSE. Ce pays si connu & si renommé par la candeur, la fidélité & la bravoure de ses habitans, est aussi très-célèbre par le commerce que la plupart des principales villes de ses cantons font avec les étrangers.

La France, l'Allemagne, l'Italie, la Hollande, sont les états de l'Europe avec lesquels la *Suisse* entretient les liaisons de commerce les plus considérables.

La France lui fournit des bleds d'Alsace, des sels de Franche-Comté, des vins de Bourgogne, des ouvrages d'or, d'argent, de soie de Lyon, & diverses petites étoffes de laine qui se font dans les manufactures des provinces voisines des cantons.

Elle tire d'Allemagne & particulièrement de Nuremberg, beaucoup de mercerie, de clincaillerie. Francfort lui fournit des cuirs tanés & préparés.

L'Italie, sur-tout le Piémont & la Savoie lui envoyent des soies ordinaires, des organcins & des fleurets soit filés, soit autrement, ou en matasse.

Enfin on lui porte de Hollande des draps, des serges, des flanelles, des ratines, des calemandes, des toiles peintes, des batistes, des cotons en rame, de l'yvoire, des drogues pour la médeciae, & pour la teinture, des épiceries, du thé, du chocolat de la baleine, des cuirs de Russie & des étoffes de soie des Indes.

Les marchandises que la *Suisse* produit de son cru, ou qui se fabriquent dans ses manufactures, sont des crêpons ou burails de Zurich tout de laine; d'autres moitié laine, moitié soie; des crêpes de tout numero; des toiles de Saint-Gal, dont il se fait de grands envois en Allemagne, en France, en Espagne, en Italie; quantité de petites étoffes de laine, des toiles de coton, des cotons filés & qui s'emploient dans les manufactures de France, des mousselines (dont il se faisoit une très-grande consommation en France avant la concession du privilege exclusif faite à la nouvelle compagnie des Indes, en août 1785); des fromages, des laines, du gros & du menu betail, & particulièrement des bœufs gras, des chevaux qui sont fort estimés, soit pour la cavalerie, soit pour le service de l'artillerie, des peaux de chamois & de bouquetin, des simples ou plantes en usage dans la pharmacie. Ajoutons à cela beaucoup d'articles d'une industrie très-répandue & très-exercée dans les villages & hameaux des montagnes de la Suisse, des ressorts de montre, d'autres pieces d'horlogerie & des montres toutes montées, des cristaux bruts ou taillés & beaucoup d'éditions de livres françois, contrefaits à Berne, à Yverdun, à Neufchatel, &c. &c. On peut encore regarder comme un objet de commerce très-avantageux pour la *Suisse*, les troupes que les cantons sont dans l'usage de mettre à la solde de la plupart des puissances de l'Europe & qui, outre l'honneur qu'ils en retirent, font entrer beaucoup d'argent dans le pays.

A Zurich, les livres des marchands se tiennent en rischdales & en creutzers. La rischdale vaut 28 bats & 2 schellings de Zurich, qui valent plus que les bats ordinaires de *Suisse* & moins que ceux que l'on nomme *bons bats*.

Le goulde ou florin, qu'on appelle *bon goulde*, est de 16 bats ou de 40 schellings de Zurich. Le bat y vaut 2 schelings ½ de Zurich ou 4 creutzers.

Le schelling, 6 anters, ou un creutzer & ⅓ de creutzer.

Toutes les diverses especes qui ont cours en *Suisse*, sont reçues à Zurzach sur le pied qu'elles valent dans chaque ville de leur fabrication; ce qui oblige les marchands à convenir, soit en vendant soit en achetant, de quelle monnoie ils seront payés ou paieront.

Le commerce est à peu-près à Schafouse sur le même pied qu'à Zurich, quoique moins considérable. La rischdale y vaut 27 bons bats, le goulde 15 bons bats, le bon bat, 19 bats ordinaires; le bat est de 4 creutzers.

Tous les bateaux qui descendent du lac de Constance, sont obligés de décharger leurs marchandises à Schafouse, pour les transporter par terre sur des charettes ou autres voitures, au-delà d'une cataracte du Rhin, qui, à cent pas de cette ville, se précipite à travers des rochers avec un bruit effroyable, & quand ce saut est passé on rembarque ces marchandises sur la rivière. Ce transport continuel est profitable aux habitans par le grand nombre de voitures & de voituriers qu'on y employe.

A Berne la rischdale vaut 30 bats communs ou de *Suisse*. Le bon goulde, 16 bats & 2 schellings, communs, le bat, 4 creutzers ou 2 schellings ½.

A l'égard des mesures, il faut 6 aunes de Berne pour 5 de Hollande; ensorte que 100 aunes de Berne font 82 aunes ½ d'Amsterdam, & 100 aunes d'Amsterdam font 120 aunes de Berne.

Les poids y sont aussi moins forts qu'en Hollande; 100 l. de Berne ne faisant que 90 l. d'Amsterdam, & 100 l. d'Amsterdam en faisant 111 en Berne.

Les livres sont tenus à S. Gal, en gouldens, en creutzers & en hellers.

La rischdale y vaut 25 bats ½ ou 102 creutzers.

Le goulde, 15 bats ou 60 creutzers, le schelling, 6 creutzers ou 1 bat ½: le bon bat est de 5 creutzers, le bat commun de 4 creutzers, & le creutzer de 4 hellers ou pennin.

Le pair entre S. Gal & Amsterdam est de 30 bats ou 120 creutzers pour une rischdale de 50 sols courant d'Amsterdam; mais il n'y a point de change ouvert entre ces deux places; & lorsqu'on tire de S. Gal sur Amsterdam, on donne en sus; à S. Gal, un certain nombre de creutzers dont on convient pour recevoir à Amsterdam une rischdale de 50 sols de banque.

L'on se sert à S. Gal de deux sortes d'aunes, l'une pour mesurer les toiles, & l'autre pour les étoffes de laine. 100 aunes de S. Gal pour les toiles en font 116 d'Amsterdam, & 100 aunes d'Amsterdam, 86 de S. Gal; à l'égard de l'aunage des étoffes, 100 aunes de S. Gal en font 89 & ½ d'Amsterdam, & 100 aunes d'Amsterdam 112 de S. Gal.

Le principal commerce de cette ville consiste dans les toiles qui s'y fabriquent. Ce négoce y est si considérable & si fort en honneur; que les tisserans y vont de pair avec la noblesse; ensorte qu'ils font avec les gentilshommes la première des douze tribus dont cette ville est composée. Les manufactures des petites étoffes de laine y fleurissent aussi beaucoup.

Les especes qui ont cours à Basle sont la rischdale, le goulde, le bat, le florin, le gros, le rap & le plapper.

La rischdale est de 27 bons bats, le bon goulde de 15 bons bats ou de 60 creutzers; le bon bat de 10 raps ou de 4 creutzers. Le florin de l'Empire 25 schellings ou plappers. Il y vaut aussi 20 gros, le gros est de 7 raps ½, & le plapper de 6 raps.

L'aune de Basle est d'un sixieme moins forte que celle d'Amsterdam; ensorte qu'il en faut 6 de Basle pour 7 d'Amsterdam.

Le commerce que toutes ces villes *Suisses* font au-dehors est très-considérable. Si celui qu'elles entretiennent avec la France, n'est pas aussi étendu que le négoce qu'elles font avec quelques-autres de leurs voisins, il leur est plus avantageux & plus

honorable que tout autre, par les nombreux privileges que les Rois de France ont accordés en général à toute la nation helvétique, & en particulier à ses négocians.

Les principaux privileges dont les *Suisses* jouissent en France sont les droits de naturalité, qui les égale en tout aux François, même de naissance, la franchise des foires de Lyon, qu'ils peuvent exercer & étendre quinze jours au-delà de la franchise ordinaire, ce qui n'a été accordé à aucune autre nation, non pas même à la Françoise; la diminution ou la remise entiere de plusieurs droits d'entrée pour les toiles & marchandises qui sont ouvrées chez eux; la liberté d'enlever tous les ans une certaine quantité de blés d'Alsace & des autres provinces de France qui leur sont voisines; enfin la même faculté pour les sels de Franche-Comté, &c.

L'entrée des toiles étrangeres n'est permise que par les villes de Rouen & de Lyon, en prenant pour cette derniere des acquits à caution aux bureaux de Gax ou de Coulonge, suivant un arrêt du Conseil du 22 mars 1692. Mais en faveur des *Suisses* seulement le bureau de S. Jean-de-Losne & celui de Longeray (substitué à celui de Coulonge,) sont ouverts comme les deux autres par un arrêt du conseil de 1698.

La position du territoire des *Suisses* & de celui de leurs alliés ne leur permet pas de faire entrer leurs toiles par Rouen; ainsi ce n'est qu'à Lyon qu'ils exercent leurs droits, après avoir rempli certaines formalités.

Il n'y a que ceux des marchands *Suisses* qui ont rempli ces formalités qui puissent faire entrer leurs toiles à Lyon sans payer des droits. On exige même que les balles de toile portent l'empreinte de la marque inscrite (qui par conséquent a été envoyée à un correspondant) & qu'elles soient accompagnées des certificats des lieux d'où elles viennent, portant « que ces toiles sont du crû & de la fabrique du pays » des *Suisses*, conformément aux arrêts de 1692 & » 1698 ».

SULTAN, Espece de sac de nuit en taffetas, composé de deux coussins entre lesquels on met des chemises ou d'autres objets auxquels on veut communiquer une odeur quelconque.

On traite ces sacs de nuit pour les droits comme ouvrages de mode.

SUMAC. Drogue propre pour teindre en verd.

Cette drogue, dont on se sert aussi dans la préparation des maroquins noirs & de quelques autres peaux, n'est autre chose que les feuilles & les jeunes branches d'un arbrisseau pilées dans un mortier.

Cet arbrisseau est assez semblable au petit cormier. Ses feuilles sont oblongues, pointues, velues & dentelées; ses fleurs viennent en grappes; elles sont rouges & assez semblables aux roses des jardins; son fruit que les épiciers & les apothicaires nomment *sumac rouge* en grappe, est une espece de petit raisin rouge d'une qualité très-astringente; sa

vemence

femence est presque ovale & est renfermée dans des capsules de même figure.

L'arbrisseau se nomme *sumac*, mot arabe dont la drogue a pris son nom. Les latins l'appellent *rhus obsoniorum*, ou *rhus coriaria*; ce qui fait que par corruption, plusieurs marchands épiciers-droguistes, teinturiers, maroquiniers, & autres qui préparent les peaux, lui donnent les noms de *roux* ou de *roure*.

Quoique le *sumac* soit du nombre des drogues colorantes, qui sont communes aux teinturiers du grand & du petit teint; il est néanmoins défendu aux uns & aux autres d'en employer de vieux; c'est-à-dire, qui a déja servi à passer les maroquins ou autres peaux.

Le meilleur *sumac* pour la teinture est celui qui est verdâtre & nouveau. C'est du port de Porto en Portugal que vient la plus grande partie du *sumac* qui se consomme en France, ce qui fait que par un mauvais jeu de mots les marchands qui en font négoce l'appellent assez souvent *du sumac de port en port*.

Il croît beaucoup de *sumac* dans les Vosges & on le cultive dans plusieurs provinces de France, mais les ouvriers François l'estiment peu.

« Le *sumac* que les tarifs nomment également *sommac* & *herbe à maroquin*; paye en France à raison de 10 sols le cent pesant, conformément au tarif de 1664 ».

« L'arrêt du 15 mai 1760, ayant réduit ce droit à moitié, il paie seulement par quintal net, 5 sols du cent ».

« Passant des cinq grosses fermes aux provinces réputées étrangères, le droit de 1 liv. imposé par l'arrêt de 1664, sur le *sumac*, quoique droguerie, a été réduit à moitié par l'arrêt cité : il n'acquite, en conséquence par quintal, que 10 s. ».

« Ce droit, à la sortie pour l'étranger, est de 1 liv. »

« A la douane de Lyon il paye, de tel endroit qu'il vienne, pour la moitié du droit du tarif, 11 s. 8 den. »

« Pour celle de Valence, il ne doit, à l'entrée & à la circulation, pour le demi droit, que 1 l. 15 s. 6 den. »

« A la sortie du royaume, par le Dauphiné, comme droguerie, 3 l. 11 s. »

« Les droits de la douane de Lyon sont 1 l. 3 s. le quintal pour tous droits ».

« A l'égard des droits de sortie, le *sumac* du cru de France à faire teinture, paye 1 liv. du cent pesant ».

SUPERFIN. Terme dont les marchands, les manufacturiers, les tireurs d'or, se servent pour exprimer la plus grande finesse d'une laine, d'un fil, d'une étoffe; ainsi, un fil de sayette, d'or & d'argent, un drap, un camelot, &c.; superfin, est le plus fin de ceux que l'on peut fabriquer, ou qui a été manufacturé avec de la laine, de la soie ou autre matière extrêmement fine.

Commerce. Tome III. Part. II.

On dit aussi dans le même sens, *resin* ou *resino*, comme qui diroit deux fois fin, ou doublement fin.

SUPPLÉMENT. Ce qui manque à quelque chose, à quelque marchandise, & qu'on y ajoute pour la rendre entière ou parfaite.

SUR-ACHETER. Acheter une chose, une marchandise plus qu'elle ne vaut. Ce terme est relatif à *survendre*.

SURFAIRE. C'est demander d'une marchandise beaucoup au-dessus du prix qu'elle vaut, ou qu'on a résolu de la vendre. C'est toujours une mauvaise habitude à un marchand de *surfaire* sa marchandise. Si on l'en croit sur sa parole & qu'on la paye ce qu'il en demande, il engage sa conscience; & si au contraire il rabat considérablement du prix qu'il a demandé, il perd sa réputation, & l'on s'accoutume à lui mésofrir. Combien de marchands cependant, & sur-tout dans Paris, qui ne savent pas vendre sans *surfaire*! Mais ils sont connus pour tels, & communément ils font moins bien leurs affaires que ceux de leurs voisins qui ne *surfont* jamais, ou qui du moins en ont la réputation.

Les quakers dont il y en a quelques-uns en Hollande (& depuis peu à Dunkerque) & qui sont nombreux en Angleterre & en Amérique, se font un point de religion, s'ils sont dans le négoce, de ne jamais *surfaire* leur marchandise & n'ont qu'un mot. Le commerce se feroit sans-doute d'une manière plus aisée & plus sûre si tous les marchands avoient cette bonne foi des quakers, ou s'ils suivoient du moins ce point de leur religion qui leur défendant la surprise, empêche que le vendeur en *surfaisant*, l'acheteur en mésofrant, ne perdent du tems à faire de mutuels efforts pour se tromper.

SURGE. On appelle *laines surges* les laines grasses ou en suint, qui se vendent sans être lavées ni dégraissées. Il en vient beaucoup du levant, & particulièrement de Constantinople, de Smirne, d'Alep, d'Alexandrie, de Chipre, de Barbarie & de Tunis. On en tire aussi quantité d'Espagne.

Les négocians de Montpellier achetent ordinairement des marchands de Marseille & de Bayonne, ces sortes de laines, qu'ils font ensuite laver & préparer pour les envoyer en sacs de trois à quatre quintaux chacun aux foires de Pezenas & de Montagnac; où les fabriquans & drapiers du Languedoc les vont acheter.

SURLO. Poids dont on se sert dans le levant, & particulièrement à Alep. Le *surlo* pèse vingt-sept rottolis un quart, à raison de 720 dragmes le rottoli; c'est-à-dire de quatre livres 4/5 poids d'Amsterdam.

SURMESURE. Ce qui excède la mesure.

Dans les récolemens des ventes qui se font par les officiers des eaux & forêts, on appelle *surmesure* ce qui se trouve entre les pieds corniers de plus que ce qui est porté par le procès-verbal d'arpentage sur lequel a été faite l'adjudication.

Zzzz

Par l'ordonnance de 1669, quand il se trouve de la *surmesure*, le marchand adjudicataire doit la payer à proportion du prix principal & des charges de sa vente.

SURON ou CERON. Balot couvert de peau de bœuf, fraîche & sans apprêt, le poil en dedans cousu avec des filets ou lanières de la même peau.

Ces balots viennent ordinairement de la nouvelle Espagne & de Buenos-Aires, dans l'Amérique méridionale. Ceux-ci sont remplis d'herbe de Paraguay; ceux-là de Cochenille & autres marchandises. Le mot est Espagnol, mais francisé, *surone* en Espagnol signifiant un *balot*.

SURPAYER. Payer une chose plus qu'elle ne devroit valoir, en donner au-delà de son juste prix.

SURPLUS. Ce qui est au-dessus d'une certaine quantité, d'un certain prix.

Les marchands font quelquefois des conventions pour la vente de leurs marchandises, dans lesquelles le *surplus*, c'est-à-dire, ce qui excéde le prix auquel ils se sont fixés, est pour le commissionnaire qui les leur fait vendre; ce qui a ses inconvéniens. Souvent aussi dans leurs restes ou dans l'excédent de leurs aunages, ils donnent aux acheteurs le *surplus*; ce qui s'entend de ce qui est au-delà de la juste mesure que l'acheteur a demandée: cela passe pour une petite gratification.

SURVENDRE. C'est vendre une chose plus qu'elle ne vaut.

Il est certain que c'est ôter la bonne foi du commerce que de ne pas garder la proportion qui doit toujours être entre la chose qu'on veut vendre & le prix qu'on en doit donner. Un gain raisonnable quelquefois même un peu haut, est le fruit mérité des peines d'un marchand, & il seroit injuste de le lui envier; mais ce qu'il prend au-delà n'est plus un profit; c'est une exaction, même une espèce de larcin dont il ne lui est pas permis de s'enrichir.

SURVENTE. Excès du prix d'une marchandise; ce que le marchand exige au-delà de sa juste valeur.

SUSCES. Espèce de taffetas qui se font au Bengale. Ils ont quarante cobres de long, à raison de 17 pouces ½ le cobre. Ils sont propres pour le commerce des Manilles, où les Anglois de Madras en envoient beaucoup.

S Y

SYNDIC. Est celui qui se charge de solliciter une affaire commune à laquelle il a part, ce qui arrive sur-tout parmi plusieurs créanciers d'un même débiteur, qui ou qui est mort insolvable, ou qui a fait l'abandonnement de ses biens, ou qui ayant disparu a fait une banqueroute frauduleuse ou de pur malheur qu'on appelle *faillite*.

Dans tous ces cas, il se fait élection d'un *syndic*, qui avec les directeurs, choisis, comme lui, à la

pluralité des voix, régit & conduit les affaires, & prend soin des effets de leur débiteur commun; & cette assemblée ainsi réglée s'appelle *une direction*.

Pour que les choses soient en régle, après que le *syndic* est élu, l'acte qui a été dressé de son élection, s'il s'agit de négocians, doit être homologué à la jurisdiction consulaire du lieu, s'il y en a, ou à son défaut en quelqu'autre jurisdiction.

Le *syndic* est ordinairement chargé de la levée du scellé, s'il y en a eu d'apposé; de l'inventaire des effets, papiers & registres & de leur examen; de la vente des marchandises, meubles, &c. pour l'argent en être mis au dépôt ordonné par les directeurs; enfin de faire le recouvrement des dettes, & l'examen des créances de ceux qui prétendent qu'il leur est dû par celui dont les biens sont en direction; aussi est-ce entre les mains du *syndic* que chaque créancier doit remettre ses titres & papiers.

SYNDIC. C'est aussi le nom que Louis XIV a donné, par les arrêts de son conseil d'état rendus pour l'élection des chambres particulières de commerce dans quelques villes du royaume, aux marchands négocians ou autres qui composent lesdites chambres. Ceux de Rouen sont appelés *syndics* du commerce de Normandie; à Lille, simplement *syndics* de la chambre du commerce; dans les autres villes ce sont des députés ou des directeurs. *Voyez* CHAMBRE DE COMMERCE.

SYNDICAT. C'est la charge ou fonction de *syndic*.

SYROP ou SIROP. Composition ou liqueur d'une consistance raisonnablement épaisse, que les épiciers-droguistes, apothicaires & autres font avec du sucre ou du miel délayés ou fondus dans de l'eau & rafinés sur le feu, où ils mêlent diverses sortes de fleurs, de fruits de plantes, &c., soit pour la santé, soit pour le plaisir. On fait plusieurs sortes de *syrops*.

SYROP D'ALKERMES.		ÉCARLATE.
SYROP DE DIACODE.		OPIUM.
SYROP DE CAPILLAIRE.	*Voy.*	CAPILLAIRES.
SYROP DE LIMON.		CITRON.
SYROP DE SUCRE.		MELASSE.
SYROP DE VIOLETTE, &c.		VIOLETTE.

« Le *syrop* d'Alkermes paye en France les droits de sortie à raison de 4 s. la livre pesant ».

Les autres *syrops* payent de droits, savoir:

« Le *syrop* de capillaire venant de Montpellier, à l'entrée des cinq grosses fermes, ou pour la douane de Lyon, suivant l'arrêt du 23 octobre 1703, par quintal, 1 l. 10 s. ».

« Celui venant de Marseille, dans les cinq grosses fermes ou dans l'étendue de la douane de Lyon, avec certificat d'origine, ne paye que le même droit, d'après le consentement de la ferme générale consigné dans sa lettre du 14 novembre 1768. ».

« Sortant des cinq grosses fermes, il paie par quintal 1 l. 10 s ».

« A la douane de Lyon, tout *syrop* à boire

doit, comme syrop de capillaire compris en la claſſe de la droguerie , par quintal net. 1 l. 11 ſ. ».

« A celle de Valence, où il eſt nommément déſigné au deuxième article du tarif, du quintal net , 3 l. 11 ſ. ».

« SYROP PURGATIF. Omis au tarif de 1664 ; il doit à l'entrée & à la ſortie des cinq groſſes fermes, 5 pour cent de la valeur.

« A la douane de Lyon , comme droguerie omiſe au tarif, du quintal net , 5 l. 2 ſ. 6 d. ».

« A celle de Valence, auſſi comme droguerie, 3 l. 11 ſ. ».

« SYROP MERCURIAL de M. Billet , eſt exempt de droit à la circulation & à la ſortie du royaume : déciſion du conſeil du 8 août 1769 ».

« SYROPS provenant des retours des morues ſéches de pêche nationale tranſportées aux Iſles : ces ſyrops peuvent jouir du bénéfice d'entrepôt dans les ports du royaume ouverts au commerce des Iſles, & être exportés à l'étranger dans l'année dudit entrepôt , en exemption de tous droits à l'exception de ceux du domaine d'occident » : arrêt du 14 mars 1768.

« Suivant une déciſion du conſeil du 30 mars 1769 , qui a donné une extenſion à cet arrêt, ces ſyrops peuvent être chargés & employés à l'avitaillement des navires deſtinés à la pêche de la morue, ſans payer aucun droit ».

T

T. Dix-neuvieme lettre de l'alphabet. On s'en sert pour quelques abréviations Mercantilles, TRE. ou TR, abregent traite ou traites; & pour abreger livres sterling on met L. ST.

T A

TABAC. Plante originaire des pays chauds, ammoniacale, âcre, caustique, narcotique, veneneuse, laquelle cependant préparée par l'art, est devenue dans le cours d'un siecle, par la bizarrerie de la mode & de l'habitude, la plus cultivée, la plus recherchée, & l'objet des délices de presque tout les peuples qui en font usage, soit par le nez, en poudre; soit en fumée, avec des pipes; soit en machicatoire, soit autrement.

On ne la connoît en Europe que depuis la découverte de l'Amérique par les Espagnols; & en France depuis 1560, que Jean Nicot, ambassadeur de François II en Portugal, en envoya, avec de la graine pour en semer, à Catherine de Medicis. Elle a successivement été appelée nicotiane, petun, herbe à la reine, & tabac, nom sous lequel on la connoît aujourd'hui généralement en Europe.

Sa racine est annuelle, son calice est ou long, tubuleux & partagé en cinq quartiers longs & aigus; ou ce calice est court, large, & partagé en cinq quartiers obtus. Sa fleur est monopetale, en entonnoir, découpée en segmens aigus & profonds, étendus en étoile; elle a cinq étamines: son fruit est membraneux, oblong, rondelet & divisé par une cloison en quatre cellules. On connoît quatre espèces de tabac.

Nous laissons au Dictionnaire de Botanique le soin de donner l'histoire naturelle de cette plante; mais nous rapportons à la fin de cet article un mémoire connu sur la culture & la préparation du tabac, telles qu'elles se pratiquoient dans le midi de la France, & particulièrement dans le district du bu-bureau de Tonneins, généralité de Bordeaux, avant que la culture & le commerce du tabac fussent absolument défendus.

Le tabac se cultive en grande quantité dans plusieurs endroits de l'Amérique, sur-tout dans les isles Antilles, en Virginie, à Cuba, au Brésil, auprès de la ville de Cumana, & c'est ce dernier qu'on nomme tabac de Verine.

Le tabac croît aussi par-tout en Perse, particulièrement dans la Susianne, à Amadan, dans la Caramanie déserte, & vers le golfe Persique; ce dernier est le meilleur. On ne sait point si cette plante est originaire du pays, ou si elle y a été transportée.

On croit communément qu'elle y a passé d'Egypte & non pas des Indes orientales.

Il nous vient, du tabac du levant, des côtes de Grèce & de l'Archipel, par feuilles attachées ensemble. Il s'en cultive aussi beaucoup en Allemagne & en Hollande. Avant que sa culture fût prohibée en France, elle y étoit très-commune & il réussissoit à merveille, particulièrement en Guyenne, du côté d'Agen & de Clerac, en Limousin dans la vicomté de Turenne, en Bearn, vers Pau, en Normandie, aux environs de Lery; & en Artois, près S. Paul.

On ne peut voir sans surprise que la poudre ou la fumée d'une herbe veneneuse, soit devenue l'objet d'une sensation délicate presque universelle: l'habitude changée en passion, a promptement excité un zéle d'intérêt pour perfectionner la culture & la fabrique d'une denrée si recherchée, & le tabac est devenu, par un goût général, une branche très-étendue du commerce de l'Europe & de celui de l'Amérique.

A peine fut-il connu, que divers médecins se passionnant pour cette nouveauté l'employèrent à toutes sortes d'usages en médecine; d'autres, tels que Monardes, Everartus & Leander composèrent plusieurs ouvrages à sa louange. Mais plusieurs autres médecins plus éclairés, jugèrent qu'il n'y a presque point de cas où son usage dût être admis; son âcreté, sa causticité, sa qualité narcotique le prouvent suffisamment.

Sa poudre forme, par la seule habitude, une titillation agréable sur les nerfs de la membrane pituitaire. La fumée & la machication du tabac ne deviennent un plaisir à la longue que par le même méchanisme, mais cette habitude est plus nuisible qu'utile.

Ce fut vers l'an 1520 que les Espagnols trouvèrent cette plante dans le Jucatan, province de la Terre-ferme, & c'est de-là que sa culture a passé à Saint-Domingue, en Maryland & à la Virginie.

La consommation en est devenue de plus en plus considérable; on en a multiplié successivement les plantations dans tous les pays du monde. On peut voir la manière dont elles se font à Ceylan dans les transactions philosophiques, n°. 278, p. 1145 & suiv. Nous avons sur-tout des ouvrages précieux, écrits en Anglois, sur la culture du tabac en Maryland & en Virginie.

Le commerce en fut libre en France jusqu'en 1674, où il fut soumis à un privilege exclusif, qui depuis a subsisté presque sans interruption.

L'usage du tabac introduit en Europe ne fit pas d'abord en France des progrès rapides. La consommation en étoit si bornée, que le premier bail qui commença au mois de décembre 1674, & qui finit le premier octobre 1680, ne rendit au gouvernement que 500,000 livres les deux premières années & 600,000 livres les quatre dernières, quoiqu'on eût joint à ce privilege le droit de marque sur l'étain. Cette ferme fut confondue dans les fermes générales jusqu'en 1691 qu'elle y resta encore unie; mais elle y fut comprise pour 1,500,000 l. par an. En 1697, elle redevint une ferme particulière, aux mêmes conditions, jusqu'en 1709, où elle reçut une augmentation de 100,000 l. jusqu'en 1715. Elle ne fut alors renouvellée que pour trois années, dont les deux premières devoient rendre 2,000,000 liv. & la dernière 200,000 l. de plus: à cette époque elle fut élevée à 4,020,000 l. par an; mais cet arrangement ne dura que du premier octobre 1717 au premier juin 1720. Le *tabac* devint alors marchand dans toute l'étendue du royaume, & resta sur ce pied jusqu'au premier septembre 1721. Les particuliers en firent durant cet intervalle de si grandes provisions, que lorsqu'on voulut rétablir cette ferme on ne put la porter qu'à un prix modique. Ce bail qui étoit le onzième devoit durer neuf ans, à commencer du premier septembre 1721 au premier octobre 1730. Les fermiers donnoient pour les treize premiers mois, 1,300,000 l.: 1,800,000 l. pour la seconde année; 2,560,000 l. pour la troisieme, & 3,000,000 l. pour chacune des six dernières. Cet arrangement n'eut pas lieu, parce que la compagnie des Indes demanda la ferme du *tabac*, qui lui avoit été alors aliénée à perpétuité & dont des événemens particuliers l'avoient empêchée de jouir. Sa requête fut trouvée juste, & on lui adjugea ce qu'elle sollicitoit avec la plus grande vivacité.

Elle régit par elle-même cette ferme depuis le premier octobre 1723 jusqu'au dernier septembre 1730. Le produit durant cet espace fut de 50,083,967 liv. 11 s. 9 d., ce qui faisoit par an 7,154,852 livres 10 s. 3 d.; sur quoi il falloit déduire chaque année pour les frais d'exploitation 3,042,963 liv. 19 s. 6 d.

Ces frais énormes firent juger qu'une affaire qui devenoit tous les jours plus considérable, seroit mieux entre les mains des fermiers-généraux, qui la conduiroient avec moins de dépense; par le moyen des commis qu'ils avoient pour d'autres usages. La compagnie leur en fit un bail pour huit années. Ils s'engagerent à lui payer 7,500,000 l. pour chacune des quatre premières années, & 8,000,000 l. pour chacune des quatre dernières. Ce bail fut continué sur le même pied jusqu'au mois de juin 1747 ».

« A cette époque le Roi réunit la ferme du *tabac* à ses autres droits ».

« Depuis 1758, il s'est vendu annuellement dans le royaume plus de vingt-millions de livres de *tabac* à un écu la livre, quoiqu'il n'eût coûté d'achat que 27 l. le cent pesant ».

« Les produits de la ferme générale s'élèvent annuellement à 166,000,000 l., & le tabac y est compris pour 42,000,000 l. On assure que les profits de la ferme sur cet objet sont très-considérables ».

A mesure que le goût de cette denrée prenoit faveur en France, il s'y établissoit des plantations, on la cultivoit même avec succès dans plusieurs provinces; mais la difficulté, pour ne pas dire l'impossibilité, de faire concourir cette liberté avec le soutien du privilege, fit prendre le parti de supprimer toutes plantations dans l'intérieur de l'extension du privilege; on s'est servi depuis de feuilles de différens crus étrangers, en proportion & en raison de qualité des fabriques auxquelles chacun d'eux s'est trouvé propre.

Les matières premières qu'on employe dans les manufactures de France sont les feuilles de Virginie, du Maryland, de Flandres, d'Hollande, d'Alsace, du Palatinat, d'Ukraine, de Pologne & du levant.

Mémoire [publié vers 1724] *sur la culture & fabrique du* tabac *dans le district du bureau de* Tonneins.

On seme la graine du *tabac* dans les mois de mars & d'avril, sur des couches de fumier élevées de terre d'environ un pied & demi. Il faut l'arroser souvent pour la faire lever; & pour empêcher l'effet de la gelée pendant la nuit, & même le jour, s'il fait trop grand froid, on couvre les couches avec des nattes de paille ou seulement avec de la paille; & lorsqu'il fait du soleil on les découvre.

On prend la même précaution contre le brouillard.

Le *tabac* étant bien levé, on le transplante depuis la mi-mai, jusqu'au commencement du mois de juillet.

On choisit ordinairement les meilleures terres & les plus fortes, qu'il faut préparer auparavant par trois ou quatre façons de labour & les bien fumer lors de la première; on écrase les motes de terre, s'il y en a, avec un maillet de bois.

Si la terre est façonnée de la main de l'homme deux labours suffisent.

On plante le *tabac* dans les sillons de la terre. On fait pour cela un trou d'environ un pied de profondeur avec un piquet, on y met la plante & on la garnit avec de la terre. Il faut observer de laisser deux pieds & même deux pieds & demi de distance entre chaque plante, & arroser un peu en plantant si la terre est seche, pour lui donner de l'humeur & faire pousser le *tabac*.

La tige s'étant élevée à la hauteur d'un pied, il faut bécher la terre autour & réitérer souvent si le tems est sec.

Il faut ôter les feuilles les plus proches de terre, parce qu'elles se gâtent toujours & consomment la nourriture des autres: on doit aussi par la même raison, faire cette opération sur les rejettons, en forte que la tige foit nette depuis le pied jufqu'à huit pouces de hauteur.

On garde ces premières feuilles pour les employer en *tabac* commun ; il faut arracher toutes les herbes qui viennent dans la terre où le *tabac* eft planté.

La tige étant parvenue à la hauteur d'environ trois pieds, à trois pieds & demi, on l'étête, c'eft-à-dire que l'on coupe l'extrêmité de la tige pour l'empêcher de monter davantage & donner plus de corps & de fubftance aux feuilles qui reftent, qu'on laiffe ordinairement au nombre de dix ou douze.

Si on ne coupoit pas l'extrêmité de la tige, elle pourroit s'élever jufqu'à cinq pieds de haut.

Il faut pour mûrir le *tabac* le tems propre pour la vigne.

On connoît qu'il commence à mûrir lorfque les feuilles qui font vertes changent de couleur & deviennent marbrées ; c'eft ordinairement à la fin d'août & dans le courant de feptembre. On cueille les feuilles à mefure qu'elles muriffent, & les enfilant avec une ficelle par la tête, on en fait des paquets de deux à trois douzaines.

Celles du milieu de la tige font toujours les meilleures, & ce font celles-là que l'on deftine pour fuer & faire le *tabac* fans côte.

On laiffe la tige dans la terre pour laiffer le tems de mûrir aux feuilles qui reftent fur pied, de forte que l'on voit encore quelquefois du *tabac* dans les champs au mois de décembre.

Les dernières feuilles fervent à faire le *tabac* en prêt & le *tabac* commun.

Pour faire fecher les feuilles on les fufpend dans les greniers ou fous les toîts des maifons & autres endroits à couvert de la pluie.

Elles prennent leur couleur pendant qu'elles font à la pente ; & c'eft par-là que l'on juge mieux de leur qualité & de l'ufage que l'on en peut faire.

La meilleure couleur eft d'un beau roux foncé, le terme en ufage dans le pays, eft couleur de chapon rôti : les bonnes feuilles doivent avoir au moins un pan & demi de longueur, beaucoup de corps & de gomme.

Celles de couleur verdâtre ou d'anguille, ou de choux jaune & pâle, font les moins bonnes & ne fervent que pour les *tabacs* communs.

L'on fait quatre claffes de ces feuilles ; la première pour faire fuer ; la deuxieme pour faire le *tabac* fans côte ; la troifieme pour le *tabac* en prêt, la quatrieme pour le *tabac* commun.

Pour faire fuer les feuilles on choifit un grenier fec où il y ait de l'air. On prend les paquets de feuilles, telles qu'on les a dépendues du lieu où elles étoient pour fécher, on en fait un lit dans le grenier, de la longueur qu'on veut, fur la largeur de deux longueurs de feuille, que l'on couche pointe contre pointe, ou tête contre tête, de la

hauteur d'environ trois pieds ; c'eft ce qu'on appelle *mettre les feuilles en preffe.*

Ainfi placées les unes fur les autres, elles s'échauffent & fuent beaucoup, de forte que fi on met la main entre ces feuilles, on la retire toute mouillée de leur fueur.

Comme il faut obferver un certain degré de chaleur, il eft néceffaire de prendre garde qu'elles ne s'échauffent trop, car elles fe brûleroient. On emploie des gens expérimentés pour les veiller, qui, s'ils s'apperçoivent qu'elles prennent trop de chaleur, défont les preffes, retournent les paquets & leur donnent de l'air, enfuite on les remet comme elles étoient ; foin qu'on ne ceffe de prendre jufqu'à ce que la chaleur & la fueur foient paffées.

Elles s'échauffent plus par un tems de pluie que par un tems fec. Lorfqu'il pleut, il faut ouvrir les fenêtres du nord & fermer celles du midi, en obfervant néanmoins que fi le vent du nord étoit trop grand, il ne faudroit pas ouvrir les fenêtres, car il fécheroit les feuilles & les empêcheroit de fuer.

Les bonnes feuilles foumifes à la méthode ci-deffus expliquée fuent naturellement. Celles qui font inférieures ont befoin d'être aidées ; pour cet effet on les couvre avec quelques planches, & l'on remarque qu'elles s'échauffent & fuent en raifon de ce qu'elles font chargées.

Si le tems eft convenable la fueur paffe en quinze jours, finon il faut le double du tems.

On connoît qu'elles ont affez fué lorfque en mettant la main dans les preffes on trouve qu'elles font froides & feches. On les laiffe néanmoins quelque tems en cet état afin qu'elles fe purgent entièrement d'humidité.

Si en les remuant durant la fueur on trouve des feuilles moifies ou brûlées, on ôte ces feuilles.

La raifon qui porte à faire fuer ces feuilles eft qu'elles ne fe conferveroient pas autrement.

Elles perdent ordinairement dix à douze pour cent de leur poids dans la fueur.

On n'en fait guère que pour le fermier, & lorfqu'il en reçoit la livraifon, il les fait choifir paquets par paquets, & rebute celles qui ne lui conviennent pas.

Ce rebut fert à faire le *tabac* en prêt.

La réception de ces feuilles étant faite, on les met dans des bouttes ou grands tonneaux qui contiennent environ fept quarteaux, & on les preffe le plus que l'on peut, afin qu'il n'y entre point d'air ; car elles fe confervent mieux.

On envoye enfuite ces bouttes dans les manufactures de Morlaix & de Dieppe où elles font employées à recouvrir d'autres tabacs inférieurs & à faire des billes ou carottes.

On ne fait point fuer les feuilles pour faire du *tabac* fans côte, les prêts & le *tabac* commun.

Le *tabac* fans côte fe fait des feuilles de la 2e.

claffe ; on tire la côte à trois doigts près de la pointe, ce qui se fait aisément.

On le file de trois différentes groffeurs, le prin-filé de la groffeur d'une plume de cygne, le moyen de la groffeur du double du prin & le gros filé d'un pouce de circonférence.

Le filage de ces *tabacs* se doit faire par un tems doux & humide, parce que la feuille eft plus ma-niable, la côte plus aifée à tirer & le refte de la feuille à filer.

A mefure qu'on opere ce filage on met ces *ta-bacs* en pelotons & on les y laiffe le plus longtems que l'on peut, parce que dans ce tems-là il fait partie de fon déchet.

Il faut un tems plus fec pour rouler ces *tabacs* que pour les filer. On roule ceux qui font defti-nés pour les bureaux de Bordeaux, la Rochelle & Bretagne, en las d'amour, & ces rouleaux pefent depuis trois jufqu'à 8 & 10 liv. Il faut pour ces bu-reaux des *tabacs* prin-filés.

Les rouleaux demi-filés pefent depuis 6 jufqu'à 12 liv. & du gros filé de 12 à 20 liv.

Les moyens & gros filés fe confomment en Lan-guedoc, Provence & Rouffillon.

Le déchet à la fabrique du *tabac* va ordinaire-ment du quart au tiers.

On preffe à demi le *tabac* moyen filé, & en entier le gros filé, en forte qu'un rôle de cette der-nière filure, qui peut avoir un pied & demi de hauteur eft réduit aux $\frac{2}{3}$. On a l'attention de l'hu-mecter avec de l'eau dans laquelle on a fait bouil-lir, avant de le preffer, des côtes de *tabac*: cela le fait gommer & contribue à lui donner la qualité néceffaire.

On paffe enfuite une ficelle fur ces rolles pour les tenir dans le même état où ils font fortis de la preffe.

La voiture des *tabacs* fans côte fe fait dans des bouttes ainfi que les feuilles fuées; on obferve feu-lement, à l'égard du gros filé, de le bien preffer dans les bouttes, & afin qu'il n'y entre pas de jour on met des coignets avec force dans les vuides qui paroiffent entre les rolles. Ces coignets font faits de *tabac* moyen filé en rouleaux de la figure d'un pain de fucre.

Les *tabacs* deftinés pour les bureaux de Pau, S. Beal, S. Girons & Tarafcon fe voiturent en balles du poids d'environ 200 liv.

Les *tabacs* en prêt font faits des feuilles de la 3e. claffe où on laiffe toute la côte, leur filage eft de la groffeur du prin.

Le *tabac* commun fe fait des feuilles de la qua-trieme qualité & du rebut de tous les autres.

Il en coûte pour le filage & le roulage du prin-filé 2 l. 5 f. à 2 l. 10 f. par quintal, du moyen & gros filé fans côtes 1 l. 5 f. à 1 l. 10 f., du *tabac* en prêt 2 l.

Les particuliers à qui appartiennent les feuilles pour le commun le filent eux-mêmes ; mais ils ne le roulent pas & lorfqu'ils le vendent aux marchands

on leur déduit fix à fept fols par quintal pour le roulage.

Les déchets à la fabrique du *tabac* en prêt vont environ à 5 pour 100.

Et à ceux à la garde du *tabac* commun, en quatre mois à 10 ou 14 pour 100.

Plufieurs de ceux qui fabriquent le *tabac* fans côte, confervent la côte & la vendent environ 15 f. le quintal : d'autres s'en fervent pour couvrir leurs *tabacs* en les faifant voiturer, & d'autres pour faire des fumiers.

Il fe recueilloit année commune dans les diftricts du bureau de Tonneins environ cinquante mille quin-taux de *tabac*.

Les diftricts de Saint-Porquier en produifoient 7000 quintaux, & celui de Leyrac 3 à 4 mille.

Ceux du cru de ces derniers endroits étoient beau-coup moins eftimés que les autres.

La fourniture du fermier rouloit alors commune-ment fur le pied de 4000 quintaux par an en feuilles fuées & fans côte.

Il ne prenoit qu'environ 150 quintaux de *tabac* commun pour les bureaux de Perpignan, Tarafcon, S. Girons, S. Béal & Pau.

Cette culture ainfi que la fabrique & le com-merce du *tabac* n'exiftent plus librement en France. Il ne faut pas avoir des lumières fort étendues pour fentir tout le préjudice qui en réfulte pour les pro-priétaires fonciers du royaume qui cultivoient ou pouvoient cultiver cette plante, & pour ceux qui en font ufage. Nous nous interdirons là-deffus de longues réflexions, affez d'autres ont dit à ce fujet tout ce que nous pourrions dire.

Les fermiers-généraux, comme nous l'avons rapporté ci-deffus, ont enlevé la ferme du *tabac* à l'ancienne compagnie des Indes. Sans détailler ici les inconvéniens des privilèges excluïfs, nous nous contenterons d'obferver au fujet de la ferme du *tabac*, qu'il feroit peut-être plus avantageux d'en laiffer la culture & le commerce libres, en les affujettiffant à un droit, ou du moins de fuivre pour la culture & pour la vente, l'ufage qu'on fuit en Flandre & en Alface, c'eft-à-dire, d'affujettir le propriétaire planteur à livrer le *tabac* de fa récolte au bureau à un prix fixe & modéré, ce qui nous difpenferoit de porter à l'étranger cinq ou fix millions que la France lui paye pour l'achat de cette denrée & jetteroit plus d'aifance dans les provinces qui s'occuperoient à le cultiver : mais le parti le plus avantageux feroit de faire jouir cette culture précieufe & infiniment productive de la li-berté de l'exploitation & du commerce. Le Roi, dont le vœu paternel vient de fe manifefter d'une manière fi touchante dans l'affemblée des notables en annonçant le defir de fupprimer la gabelle ainfi que les péages dans l'intérieur du royaume, lui feroit encore un préfent felon fon cœur & qui ne feroit guère moins agréable & moins utile à fon peuple & à l'état, en rendant à la culture de cette denrée la liberté dont elle a besoin. La sagesse du gouvernement ne pourroit-elle pas trouver les moyens d'indemniser le fisc de la suppression des droits que lui donne le privilege exclusif de la vente du *tabac* ? Ne seroit-il pas plus simple de les remplacer par une augmentation d'impôts sur les propriétés foncieres ? Cet impôt naturel perçu à la source des produits, se trouveroit dégagé de tous les frais & faux frais que l'exercice actuel de ce privilege rend indispensables. Il remédieroit aux abus, aux saisies, aux confiscations, aux amendes, aux peines qu'entraînent la contrebande & les soins de la surveiller. Il éviteroit à la nation les pertes qu'elle fait tous les jours, soit par la privation de la culture & du commerce du *tabac* auxquels le sol & la position de la France sont si propres, soit par la sortie du numéraire considérable qu'on employe à l'acheter de l'étranger & qui sert ainsi à augmenter chez lui cette culture, qu'à notre préjudice nous prohibons à notre territoire. Le prince & la nation trouveroient à la fois un grand profit dans ce changement. Nous osons croire que cet objet d'économie politique & de commerce, ne mérite pas moins l'attention bienfaisante du gouvernement que ceux dont il vient de s'occuper, & qui lui attirent déjà tant d'applaudissemens & de bénédictions.

« L'entrée & la circulation du *tabac* étant prohibées à tout autre qu'aux fermiers, les droits auxquels il étoit assujetti par le tarif de 1664, & par celui de douane de Valence, n'ont plus d'objet ; on perçoit seulement à l'entrée de l'Alsace, de la Franche-Comté, de la Flandre, du Hainault, de l'Artois, un droit de 1 l. 10 s. par livre pesant, sur celui qui est tiré de l'étranger pour ces provinces, & on y a ajouté les 10 s. pour liv. ».

« Le *tabac* des Colonies Françoises entrant dans les ports du royaume doit les droits du domaine d'occident, soit qu'il ait une destination étrangere, ou qu'il soit pour la consommation de la ferme-générale : dans ce dernier cas on se contente d'exiger des convoyeurs, une soumission d'acquitter ce droit s'ils ne justifient pas de la réception des *tabacs* dans les manufactures, par le rapport des certificats de décharge signés des inspecteurs & contrôleurs desdites manufactures ».

TABIS. Espece de gros taffetas ondé, qui se fabrique comme le taffetas ordinaire, si ce n'est qu'il est plus fort en chaîne & en trème, on donne les ondes au *tabis* par le moyen de la calendre dont les rouleaux de fer ou de cuivre diversement gravés & appuyant inégalement sur l'étoffe, en rendent la superficie inégale, en sorte qu'elle réfléchit diversement la lumiere quand elle tombe dessus.

Les taffetas ou *tabis* pleins, comme les appelle le réglement de 1667, doivent avoir de largeur entre les deux lisieres, onze vingt-quatriémes d'aune, ou demi-aune, ou cinq huitiémes, c'est-à-dire demi-aune demi-quart, pouvant même être augmentés proportionnellement au-dessus de cinq huitiémes, en

augmentant les portées dans les peignes, soit de quatre, soit de six, soit de huit ou de douze fils par dents.

Les portées fixées par l'art. 51 du réglement doivent être de 24 pour la largeur de onze vingt-quatriémes, de 26 pour demi aune & de 36 pour cinq huitiémes ; chaque portée de quatre-vingt fils.

Les *tabis*, de quelque largeur qu'ils soient, doivent être faits en deux ou trois fils pour chaque dent de peigne, & doivent avoir leur chaîne d'organcin filé & tord au moulin, & les trèmes doublées & montées au moulin ; le tout de fine & pure soie cuite, sans y employer aucun fleuret, gallette, ni bourre de soie ; & pour les distinguer, les *tabis* à trois fils doivent avoir une chaînette à lisiere, de différentes couleurs.

« Le *tabis* paie en France les droits d'entrée & de sortie sur le pied des draps de soie, suivant le tarif de 1664. *Voyez* DRAP DE SOYE *à la fin de l'article* ».

« Les droits de la douane de Lyon sont savoir :

« Les *tabis* de soie de Venise, brochés d'or, 3 l. 5 s. ».

« Les *tabis* de Venise, simplement de soie, la liv. 1 l. 8 s. ou la piece 1 l. 10 s. ».

« Les *tabis* de Venise, avec or battu 2 l. 6 s. de la liv.

« Et les *tabis*, avec or frisé & relevés, 4 l. 12 s. pareillement de la liv. ».

TABISÉ. Ce qui a des ondes comme le tabis ; de la moire *tabisée*, du ruban *tabisé*.

TABLE. Ustensile de ménage qui est ordinairement de menuiserie. Ce terme a diverses significations dans le commerce, soit parmi les marchands, banquiers ou autres qui tiennent les livres & registres des négocians, soit pour exprimer certaines sortes de marchandises.

TABLE DE VERRE. C'est du verre qu'on appelle communément *verre de Lorraine*, qui se souffle & se fabrique à peu-près comme les glaces de miroirs ; il est toujours un peu plus étroit par un bout que par l'autre, & a environ deux pieds & demi en quarré de tout sens : il n'a point de boudine & sert à mettre aux portieres des carrosses de louage & de ceux où l'on ne veut pas faire la dépense de véritables glaces ; on en met aussi aux chaises à porteur.

Les *tables de verre* se vendent au balot ou ballon, avec plus ou moins de liens, suivant que c'est au verre commun ou du verre de couleur. *Voy.* VERRE DE LORRAINE.

TABLE DE PLOMB, OU PLOMB EN TABLE. C'est du *plomb* fondu & coulé par les plombiers sur une longue table de bois couverte de sable. *Voy.* PLOMB & PLOMBIER.

TABLE DE CAMELOT. On nomme ainsi à Smyrne les ballots de ces étoffes qu'on envoye en Europe. Ce nom leur vient de ce que les ballots sont quarrés & plats. On dit par exemple six *tables de camelots*

lots contenant 82 pièces à 20 piastres la pièce, 1690 piastres. On dit aussi *table de montcayart*. Trois tables montcayart contenant 122 pièces, à 4 piastres & demie la pièce, ci piastres 549.

TABLE DU GRAND LIVRE, que les marchands, négocians, banquiers & teneurs de livres nomment aussi *alphabet*, *répertoire* ou *index*. C'est une sorte de livre composé de vingt-quatre feuillets, dont on se sert pour trouver avec facilité les endroits du grand livre où sont débitées & créditées les personnes avec lesquelles on est en compte ouvert.

Les autres livres dont se servent les négocians, soit pour les parties simples, soit pour les parties doubles, ont aussi leurs tables ou alphabets particuliers : mais ces tables ne sont point séparées, elles se mettent seulement sur deux feuillets à la tête des livres. *Voyez* LIVRES *à l'endroit où il est parlé du grand livre à partie double*.

TABLE. Chez les marchands joyailliers se dit des diamans & autres pierres précieuses qui sont taillées *en table*, c'est-à-dire, dont la surface du dessus est tout-à-fait plate & les côtés en biseaux. Ainsi l'on dit, ce diamant, cette émeraude est *en table*, pour dire que le dessus ou la superficie en est plate, & que les côtés sont rabattus en biseaux quarrément & sans aucunes facettes.

On appelle *table de bracelet* la pierre précieuse qui est taillée *en table* quand elle est sertie ou enchassée dans un chaton d'or ou d'argent, disposé à passer un ruban pour l'attacher au bras des personnes.

TABLE. On nomme *poids de table* une sorte de poids en usage dans les provinces de Languedoc & de Provence. *Voy*. POIDS.

TABLEAU. Se dit d'un quadre qui contient les noms de plusieurs ou de toutes les personnes d'un même corps, communauté, métier ou profession par ordre de date & de réception, ou selon qu'elles ont passé dans les charges.

Ces *tableaux* se mettent ordinairement dans les chambres ou bureaux de ces corps & communautés, quelquefois aussi dans les greffes des jurisdictions des villes où elles sont établies. On voit suspendus dans le châtelet de Paris de ces sortes de *tableaux*, où sont inscrits les maîtres jurés maçons, charpentiers, greffiers de l'écritoire, écrivains - vérificateurs des écritures, &c.

On dit qu'on parvient aux charges d'un corps ou d'une communauté par ordre du *tableau*, lorsque ce n'est pas par le choix du magistrat ou par l'élection des maîtres, mais selon la date de sa réception qu'on devient garde, juré ou esgard, &c.

TABLEAU MOUVANT, dans lequel sont inscrits dans les bureaux des communautés, les noms de tous ceux qui ont été gardes ou jurés. *Voyez* MOUVANT.

TABLEAU. On donne aussi ce nom à certaines pancartes, où en conséquence des ordonnances ou par

ordre de justice l'on inscrit les choses que l'on veut rendre publiques.

Ces *tableaux* lorsque les affaires concernent le commerce, se déposent dans les greffes des jurisdictions consulaires, où il y en a, sinon dans ceux des hôtels de ville, des juges royaux ou des juges des seigneurs.

L'article 2 du titre 4 de l'ordonnance de 1673 veut que l'extrait des sociétés qui se font entre marchands & négocians soit inséré dans un *tableau* exposé en lieu public ; & l'article premier du titre 10 de la même ordonnance porte que la déclaration des personnes reçues au bénéfice de cession soit publiée par le greffier, & insérée dans un *tableau* public.

TABLEAU. C'est encore l'image ou la représentation d'un objet fait par le peintre avec des pinceaux & des couleurs.

« Venant de l'étranger, les *tableaux* sont admis à toutes les entrées du royaume, en acquittant uniformement suivant la décision du conseil du 2 septembre 1776, par quintal 5 l. »

« Cette décision ne faisant aucune distinction de la valeur, à raison de leur encadrement, les *tableaux* même avec bordure garnis de verre blanc, ne doivent que le même droit : la ferme générale l'a marqué au directeur de Lyon le 23 septembre 1784 ».

« C'est aussi le droit qu'ils acquittent au tarif de 1664, en venant des provinces réputées étrangères dans les cinq grosses fermes ».

« Ceux avec du bois enrichi d'or, d'argent & de cuivre doré, paient cinq pour cent de la valeur, comme omis dans ce tarif ».

« Sortant des cinq grosses fermes, ceux sans enrichissemens sont traités comme mercerie en conséquence du même tarif ».

« Ceux enrichis d'or, d'argent & cuivre doré, payent 6 pour cent ».

« Pour la douane de Lyon, ceux sans enrichissement payent par quintal, suivant le tarif de 1632, y compris l'augmentation de 2 sols 3 den. ; 1 liv. 9 sols 9 den. ».

« Ceux enrichis à raison de deux & demi pour cent de la valeur ».

« A la douane de Valence les *tableaux* communs, payent par assimilation aux miroirs communs, du quintal 3 l. 2 s. 3 d. ».

« Ceux enrichis, le même droit, d'après la lettre de la ferme générale du 6 août 1778 ».

« Les *tableaux de famille*, suivant une décision du conseil du 22 janvier 1750, ne doivent rien ; mais d'après celle du 19 avril 1751, les cadres & bordures acquittent comme mercerie ».

TABLES DE SAVON. Ce sont de grands morceaux de savon blanc d'environ trois pouces d'épaisseur sur un pied & demi en carré, du poids de vingt à vingt-cinq livres. *Voy*. SAVON *où il est traité des savons blancs*.

TABLETTE. Petit meuble proprement travaillé

Aaaaa

composé de deux ou plusieurs planches d'un bois léger & précieux, qui sert d'ornement dans les ruelles ou dans les cabinets particulièrement des dames, & sur lequel elles mettent des livres d'usage journalier, des porcelaines & des bijoux de toutes sortes. C'est de ces espèces de *tablettes* qu'une communauté des arts & métiers de Paris a pris son nom. *Voy.* TABLETTIER.

TABLETTERIE. Art de faire des ouvrages de marqueterie, des pièces curieuses de tour & autres semblables choses, comme des trictracs, des dames, des échecs, des tabatières, & principalement des tablettes agréablement ouvragées, d'où cet art a pris sa dénomination. *Voy. l'article suivant.*

TABLETTIER. Celui qui travaille en tabletterie.

Les maîtres *tablettiers* ne font à Paris qu'une seule & même communauté avec les maîtres faiseurs & marchands de peignes, qui se qualifient dans les statuts de la communauté maîtres *peigniers*, *tablettiers*, *tourneurs* & *tailleurs* d'images.

TABLIER. Terme usité en Bretagne, particulièrement à Nantes, pour signifier *un bureau* ou *une recette des droits du roi.*

L'arrêt de la chambre des comptes de Bretagne, de l'année 1565, pour la réforme de la pancarte de la prévôté de Nantes, porte « qu'elle sera enregistrée à la chambre pour y avoir recours quand besoin sera, & qu'il en sera fait un tableau pour être mis au *tablier* de ladite prévôté, & autres tabliers y rapportés, afin que les marchands & conduisans lesdites marchandises puissent connoître au vrai combien ils sont tenus ».

TABLIER. On nomme aussi à la Rochelle *droit de tablier & prévôté*, un droit de 4 den. par livre, de l'évaluation des marchandises qui sortent par mer de ladite ville pour les pays étrangers & pour la Bretagne seulement.

TACAMACHA ou TACAMAHACA. Espèce de gomme ou résine liquide & transparente, qui découle du tronc d'une sorte d'arbres très-gros qui croissent dans la nouvelle Espagne, mais plus abondamment dans l'île de Madagascar.

Cet arbre, nommé *harame* en langue Madecasse, est semblable au peuplier, mais plus gros & plus haut. Ses feuilles sont petites & vertes; ses fruits rouges & de la grosseur de nos noix, & extrêmement résineux.

Le bois de l'*harame* est très-propre à être débité en planches pour la construction des navires, & la gomme qu'il distille, peut tenir lieu de bray pour le calfetage. Le plus grand usage du *tacamacha* est néanmoins pour la médecine, où on le croit propre à la guérison des fluxions froides, & à calmer le mal de dents. C'est aussi un excellent baume pour les plaies.

Les marchands épiciers & droguistes de Paris le reçoivent & le vendent sous trois noms; 1°. le *sublime*, qu'on nomme aussi *tacamacha en coque*;

2°. le *tamacacha en masse*; enfin le *tacamacha en larmes*.

Le *tacamacha sublime* est la résine qui tombe d'elle-même, & sans qu'il soit besoin de faire des incisions à l'arbre. Les Insulaires le recueillent dans de petites gourdes coupées en deux, sur lesquelles ils appliquent une espèce de feuille de palmier; pour être bon, il doit être sec, rougeâtre, transparent, d'un goût amer & d'une odeur forte, tenant de celle de la lavande.

Le *tacamacha en masse & en larmes* est celui qui coule par le moyen des incisions. Il faut le choisir sec, net & approchant de l'odeur du tacamacha sublime.

« Le *tacamacha* nommé au tarif de 1664, *gomme tamacha*, paye, suivant ce même tarif, les droits d'entrée à raison de 5 livres 5 s. le cent pesant ».

TAEL, que les Portugais des Indes orientales appellent aussi *telle*, & qu'on nomme en Chinois *team*, est un petit poids de la Chine, qui revient à deux onces deux gros de France. poids de marc Il est particulièrement en usage du côté de Canton. Les seize *taels* font un caii, & cent catis font le pic. Chaque pic fait cent vingt-cinq livres poids de marc.

Comme il n'y a pas à la Chine de monnoie d'argent au coin du prince, on se sert dans les payemens de trois poids différens, savoir, le *tael*. le mas & le condorin. Chaque *tael* d'argent n'étoit autrefois estimé que 4 liv. 2 s. $\frac{22}{72}$ monnoie de France; mais son évaluation augmente à proportion que les monnoies ont augmenté en France & chez les autres nations de l'Europe & de l'Asie qui trafiquent à la Chine.

TAEL. Est aussi une monnoie de compte du Japon laquelle, comme à la Chine, peut passer pour une monnoie réelle. Le *tael* d'argent Japonois vaut trois gultes & demi de Hollande.

Un mémoire très-estimé dit, en parlant du *tael* du Japon, « qu'il est fait en forme de petit lingot, qui, à la vérité, n'a point de poids fixe & certain, mais que pour en rendre le débit & l'usage plus commode & plus facile dans le commerce, on les fait de manière que la valeur de cinquante *taels*, est toujours la même, & a un poids juste; de sorte qu'en en faisant des rouleaux de ces petits lingots, qui revenoient en 1720, à vingt écus de France, à 60 sols tournois l'écu, ils s'en servent dans leurs payemens avec assez de facilité ».

Le même mémoire ajoute, « qu'outre le *tael*, les Japonois ont encore une petite monnoie d'argent, de la forme d'une fève ronde, qui, non plus que le *tael*, n'a point de poids arrêté. mais qui pèse depuis un mas ou schelling, jusqu'à dix mas ». *Voy.* MAS.

TAFFETAS On nomme ainsi une étoffe de soie très-fine, fort légère & ordinairement très-lustrée. On en fait de toutes couleurs, d'unis, de glacés, de changeans & de rayés, soit à raies d'or, soit à raies d'argent ou de soie. Il y en a à flammes, à carreaux à fleurs, à point de la Chine & beaucoup d'autres à qui la mode donne des noms fort bizarres & qui changent avec elle.

Les anciens noms qu'on leur a conservés, sont ceux de taffetas de Lyon, de Tours, d'Espagne, d'Angleterre, de Florence, d'Avignon & Armoisins.

Les taffetas qui portent encore les noms des pays étrangers, d'où ils étoient autrefois transportés en France, s'y fabriquent aujourd'hui pour la plupart, particulièrement à Lyon & à Tours ; ce qu'il en vient de dehors est très-peu de chose en comparaison de ce qu'il s'en fait dans ces deux villes.

La plus grande consommation des taffetas se fait pour des habits d'été d'hommes, pour des robes de femmes, des doublures, des manteiets, des coeffes, des houffes de lits, ou de chaifes, des rideaux de fenêtres, des courtes-pointes & autres meubles.

Trois chofes contribuent à la beauté des taffetas ; la soie, l'eau & le feu. Non-feulement la soie doit être des plus fines & des meilleures qualités ; mais il faut encore que les fabricans la faffent manier long-tems avant de l'employer. L'eau qui doit être donnée légèrement & à propos, semble ne produire ce beau lustre que par une espèce de propriété naturelle qui ne se trouve pas dans toutes les eaux. L'opinion commune est que c'est à celle de la Saône que Lyon doit ce brillant & cet éclat qui distingue ses taffetas, (particulièrement les noirs) qu'il n'est pas possible de bien imiter ailleurs. Enfin le feu qu'on fait courir deffous pour absorber l'eau qu'on y a donnée, a encore sa manière propre & spécifique d'être appliqué, d'où résulte le plus ou le moins de beauté dans les taffetas.

On croit que ce fût un nommé Octavio Mai, qui fut le premier auteur de la fabrique des taffetas luftrés de Lyon, d'où elle a passé à Tours & dans tous les autres lieux du royaume & des autres pays étrangers où l'on en fait présentement. On fait même à ce sujet un historique qui paroît fabuleux, mais qui semble prouver qu'il ne dût qu'au hazard le procédé de luftrer les taffetas & auquel il dût ensuite sa fortune ; car on prétend que lors de sa découverte il étoit affez mal dans ses affaires.

La machine à luftrer est assez femblable au métier sur lequel se fabriquent les toiles de soie, à la réserve qu'au lieu de se servir de pointes de fer, il faut y mettre des aiguilles un peu courbées en dehors, pour empêcher que le taffetas ne glisse. Aux deux extrémités font deux enfubles ; sur l'une se roule le taffetas qui doit recevoir le lustre, & sur l'autre le même taffetas à mesure qu'il l'a reçu. La première enfuble se tient ferme par un poids d'environ deux cent livres, & l'autre se tourne par le moyen d'un petit levier passé par les mortoises qui sont à un des bouts. Plus le taffetas est fortement bandé plus il prend un beau lustre. Il faut néanmoins user de discrétion & voir jusqu'à quel point il peut supporter la tension.

Le taffetas étant dans cet état, on se sert, pour lui donner le feu, d'une sorte de braisière de tôle, de la forme d'un quarré long, & de la largeur du taffetas qu'on veut luftrer. Cette braisière est foutenue sur un pied de bois garni de roulettes, afin de la conduire aifément sous le taffetas, dont elle doit approcher d'un demi-pied à peu-près. Le charbon dont on se sert doit être de bois très-fec & point fumant.

Ces deux machines préparées & le taffetas monté, on y donne le lustre avec un peloton de lisière de drap fin ; ce que l'on fait très-légèrement à mesure que le taffetas se roule d'une enfuble sur l'autre, la braisière étant en même-tems conduite par deffous pour le fécher. Dès qu'une pièce est luftrée, on la met sur de nouvelles enfubles, pour y être tirée pendant un jour ou deux. Plus cette dernière façon est réitérée, plus elle augmente l'éclat du lustre.

Pour luftrer les taffetas noirs, on emploie de la bierre double & du jus d'orange ou de citron ; mais ce dernier y est moins propre & convient moins que le jus d'orange, parce qu'il est fujet à blanchir. La proportion de ces deux liqueurs est d'un demi-feptier de jus d'orange sur une pinte de bierre que l'on fait bouillir enfemble un bouillon. Pour les taffetas de couleur on se fert d'eau de courge ou callebaffe diftillée dans un alambic.

Tous les taffetas, tant noirs que blancs & de couleurs, ont des largeurs ou des qualités qui les diftinguent.

Le taffetas noir, large, qu'on appelloit autrefois taffetas bonne femme, est d'une qualité supérieure à tous les autres taffetas. Il n'a point de lustre ; & il s'en fabrique auffi fans apprêt, & de différente force, qui ne se diftinguent que par le nombre des portées de soie qui y entrent. Il a cinq huitièmes de large & se fabrique à Lyon. La pièce entière doit contenir soixante aunes.

Le même taffetas noir, étroit, n'a que demi-aune de large sur la longueur du précédent & a les mêmes qualités.

Le taffetas d'Espagne noir, large, est un taffetas luftré, moins fort que celui ci-devant nommé bonne-femme ; mais il a les mêmes longueur & largeur que le taffetas bonne-femme large, & se fabrique ordinairement à Lyon.

Le même, noir, étroit, est luftré comme le large, a les mêmes qualités ; mais fa largeur n'est que de demi-aune sur soixante de long.

Le taffetas d'Espagne blanc, étroit, porte ce nom, parce qu'il a la même qualité que l'Espagne noir. Il n'est point apprêté & n'a de lustre que celui qu'une belle soie donne naturellement, & se fabrique à Lyon. Les pièces font de 60 aunes.

Le taffetas d'Angleterre noir, large, se fait auffi à Lyon. Il est très-luftré & très-fort, mais l'apprêt qu'on lui donne pour augmenter son éclat & fa force le rend fec & fujet à se caffer. Les pièces portent cinq huitièmes de large fur soixante aunes de long.

Le même *taffetas noir*, étroit, a les mêmes qualités que le large, mais il n'a que demi-aune.

Le *taffetas d'Angleterre* de couleur se fabrique auſſi à Lyon, & il a abſolument les mêmes qualités, les mêmes largeurs & le même aunage que les noirs. Ils ſont de toutes couleurs, pleins, glacés & rayés.

Les *taffetas de Tours* noirs, tant larges qu'étroits, n'ont point de luſtre, quoiqu'apprêtés. Il s'en fait de différente force qui ſe diſtinguent par les portées. Les larges portent cinq huitièmes, les étroits demi-aune, & les uns & les autres ſoixante aunes. Tours, dont ils portent le nom, eſt le lieu de leur fabrique.

Les *taffetas de Florence* ſe font à Lyon. Les pièces ſont de cinq huitièmes de large ſur ſoixante aunes de longueur. Ils ſont très-minces & d'une médiocre qualité. Les demi-Florence valent encore moins ; on fait les uns & les autres de toutes ſortes de couleurs.

Le *taffetas d'Avignon* eſt encore plus mince que le demi-Florence. Il y en a de toutes couleurs, même de noir. Ce dernier n'eſt fort que par ſon apprêt. Ces *taffetas* ont cinq huitièmes de large ſur ſoixante aunes de long & ſe fabriquent à Lyon & à Avignon.

Le *taffetas Armoiſin* eſt le moindre de tous les *taffetas*, après le demi-Armoiſin qui eſt encore plus mauvais. Il s'en fait de toutes les couleurs. Les pièces ſont de ſoixante aunes & ſervent aux mêmes uſages que les *taffetas* d'Avignon. *Voyez* ARMOISIN.

Les articles 52 & 53 des trois réglemens de 1667, pour les manufactures de ſoie de Paris, Lyon & Tours, reglent les portées & les largeurs de toutes ces ſortes de *taffetas*. Voy. *ces réglemens*.

Taffetas des Indes. Il ſe fait aux Indes quantité de *taffetas*, mais tous peu ſoyeux & d'une fabrique aſſez foible. Il y en a d'unis & de façonnés, de rayés d'or & d'argent, de mouchetés, d'autres à fleurs, d'autres à carreaux. Les calquiers ſont des taffetas à flammes qu'on nommoit jadis, *point d'Hongrie*, ou *à la Turque*, & aujourd'hui *taffetas chiné*. Les longuis ſont tous à carreaux. Les arains ſont des eſpèces d'Armoiſins. *Voy.* ARAINS & ARMOISINS des Indes.

Les *kemeas* ſont des *taffetas* à fleurs de ſoie. Les longueurs ſont de quatre aunes & demie, de 5½, de 7½, de 8, de 11 & de 25, ſur diverſes largeurs, depuis deux tiers juſqu'à ſept huitièmes.

Taffetas d'herbe ou *d'Aredas*. C'eſt une eſpèce de *taffetas* d'une qualité aſſez commune, qui ſe fabrique auſſi aux Indes avec une ſorte de ſoie ou fil doux & luſtré que l'on tire de certaines herbes. Ce *taffetas* ſe nomme ſimplement *herbes*. Les pièces ont huit aunes de long ſur ¼ ou ⅖ de large.

Taffetas de la Chine. Il y en a de toutes ſortes & de toutes couleurs, de larges, d'étroits, de rayés, à fleurs de ſoie & à fleurs d'or. Ceux-ci ſont de ſix aunes & demi de long. Ceux qu'on appelle

gros de Tours, à cauſe de quelque reſſemblance avec ceux de France de ce nom, portent dix-huit aunes, & les *taffetas* de couleurs, onze aunes & demie.

Le *taffetas à failles* eſt une ſorte d'étoffe à gros grain, façon de gros de Tours, qui ſe fabrique à Bruges, qui en fait un commerce aſſez conſidérable en Flandres, où il n'eſt connu que ſous le nom de *failles*. Dunkerque en fait auſſi un très-grand débit. Cette étoffe a une aune de large meſure de Paris.

Le *taffetas ciré*, eſt un *taffetas* enduit de cire liquide, dont la préparation eſt preſqu'en tout ſemblable à celle de la toile cirée & ſert à faire des parapluies, des capotes & autres ouvrages pareils. *Voy.* TOILE CIRÉE.

« Les *taffetas* paient d'entrée, comme les droits de ſoie, ſavoir :

« Au tarif de 1664, par livre peſant net, venant des provinces réputées étrangères, dans les cinq groſſes fermes, 3 l., paſſant des cinq groſſes fermes dans les provinces réputées étrangères, 14 ſ. »

« A la douane de Lyon, par livre peſant net, ſuivant l'arrêt du premier mai 1755, ceux ras 12 ſ. & ceux non ras 10 ſ. ».

« A la douane de Valence, tous payent par quintal net 7 l. 2 ſ. ».

TAFFIA. Eſt le nom que l'on donne aux iſles Antilles, à l'eau-de-vie qu'on y fait avec les gros ſyrops du ſucre brut. Les François l'appellent *guildive*, & les Anglois, qui en font auſſi dans leurs colonies, particulièrement à la Jamaïque, la nomment *rum*. Voy. SUCRE *à la fin de l'article où il eſt parlé des eaux-de-vie de cannes.*

Il ſe fait une très-grande conſommation de ces eaux-de-vie dans toute l'Amérique. Les nègres, les petits habitans & les gens de métier des iſles n'en recherchent pas d'autres, le bon marché & la force de cette liqueur la leur faiſant préférer malgré ſon odeur déſagréable.

On en porte beaucoup aux Eſpagnols dans tous leurs établiſſemens de l'Amérique. Les Anglois en conſomment auſſi beaucoup, non-ſeulement dans leurs colonies, mais même en Europe.

« L'introduction & le commerce de cette liqueur dans le royaume ont été défendus par l'article premier de la déclaration du Roi, du 24 janvier 1713 ».

« Depuis, une déciſion du conſeil du 12 juin 1752, a permis d'en apporter pour être mis en entrepôt à la deſtination de Guinée ».

« Une déclaration du 6 mars 1777 a permis l'entrepôt en France des *tafias* des iſles à condition 1°. qu'à leur arrivée ils ſeront mis en entrepôt à la charge de les réexporter à l'étranger. 2°. Que la durée de l'entrepôt ſera de deux ans. 3°. Que ſi à l'expiration de ce délai, les *tafias* n'ont pas encore été exportés, le conſeil pourra ſeul y pourvoir ».

TAFFOUSSA ou TAFOUSI. Drogue médecinale que l'on trouve dans les royaumes de Camboya & de Siam. Les chinois & quelques autres peuples des Indes orientales en font grand cas, & elle fait une des principales marchandises des cargaisons de leurs vaisseaux, quand ils reviennent de Camboya & de Siam.

TAILLANDERIE. Ouvrages que font les taillandiers. On donne aussi le même nom à l'art de fabriquer tous ces ouvrages.

On peut réduire à quatre classes les ouvrages de *taillanderie;* savoir : les *œuvres blanches* , la *vrillerie,* la *grosserie* & les *ouvrages de fer blanc & noir.*

Les *œuvres blanches* sont proprement les ouvrages de fer tranchans & coupans qui se blanchissent en les aiguisant sur la meule, comme les coignées besaigues, ébauchoirs, cizeaux, tarrieres, essettes, tarrots, planes, haches, doloirs, arrondissoirs, grandes scies, grands couteaux, serpes, bêches, ratissoirs, couperets, faux, faucilles, houes, hoyaux & autres, tels outils & instrumens servans aux charpentiers, charrons, menuisiers, tourneurs, tonneliers, jardiniers, bouchers, pâtissiers &c. On comprend aussi dans cette première classe, les griffons, & outils des tireurs d'or & d'argent, & les marteaux & enclumes servant aux potiers d'étain, orfévres & batteurs de paillettes.

La classe de la *vrillerie,* ainsi nommée des vrilles, petits instrumens servant à faire des trous dans le bois, comprend tous les menus ouvrages & outils de fer & d'acier qui servent aux orfévres, graveurs, chaudronniers, armuriers, sculpteurs, tabletiers, potiers d'étain, tourneurs, tonneliers, libraires, épingliers & menuisiers; tels que toutes sortes de limes, fouillères, tarots, forets, cizeaux, cizailles, poinçons, tous les outils servant à la monnoie, enclumes, enclumeaux, bigorneaux, burins, étaux, tenailles à vis, marteaux, gouges de toutes façons, villebrequins, vrilles, vrillettes, perçoirs à vin, tire - fonds, marteaux à ardoises, fers de rabots, fermoirs, essettes, cizeaux en bois & en pierres, & quantité d'autres dont les noms & les usages sont à peine connus à d'autres qu'à ceux qui les font & qui s'en servent.

Dans la classe de la *grosserie* sont tous les gros ouvrages de fer qui servent particulièrement dans le ménage de la cuisine, quoiqu'il y en ait aussi à d'autres usages. Voici les principaux; toutes sortes de crémaillères communes ou à trois barres, des sommiers, des hastiers, des poëles, poëlons, lichefrites, marmites, chaînes & chaînons de cuisines, chapelles pour l'armée, grands & petits tripiers, pelles & broches de toute espèce, chenets de fer, pincettes, feux de cuisine & de chambre, chevrettes de fer carré & fondu, ténailles à feux, fourneaux à distiller & à faire des confitures, réchaux de fer, scies, fourches à fumier, truelles, essieux de fer, battans de cloches, fleaux, ferrures de canons, de moulins, de bateaux, de presses, & enfin toutes les montures de fer qui sont nécessaires aux ustensiles de cuivre servans au ménage. C'est aussi dans la *grosserie* qu'on met les piliers de boutique, les masses,

pinces, marteaux, pinçoirs & couperets à paveurs, les coins à bois & à carriers, les valets & sergens de menuisiers, les crocs à puits & à fumier, toutes les espèces de télus, marteaux & desseintoirs des maçons & tailleurs de pierres, les fers de poulies & autres semblables.

Enfin la quatrieme classe comprend tous les ouvrages qui peuvent se fabriquer en fer blanc & noir par les taillandiers-ferblantiers, comme plats, assiettés, flambeaux, aiguières & autres meubles pour le service de la table & de la chambre, lanternes, entonnoirs, rappes, lampes, girouettes, tourtieres pour pâtissiers, moulles à chandelles, plaques de tôle, chandeliers d'écurie & quantité d'autres.

Tous ces divers ouvrages de grosse & menue *taillanderie* peuvent se faire par tous les maîtres taillandiers de Paris; mais ils forment pour ainsi dire quatre sortes de métiers, savoir : taillandiers en œuvre blanche, taillandiers grossiers, taillandiers-vrilliers-tailleurs de limes, & les taillandiers ouvriers en fer blanc & noir.

La *taillanderie* est comprise dans ce qu'on appelle *quincaillerie*, qui fait une des principales parties du négoce de la mercerie. *Voy.* QUINCAILLE & QUINCAILLERIE.

TAILLE. On nomme ainsi chez les marchands en détail, un morceau de bois sur lequel ils marquent par des hoches ou petites incisions la quantité de marchandises qu'ils vendent à crédit à leurs divers chalans; ce qui leur épargne le tems qu'il faudroit employer à porter sur un livre tant de petites parties. Chaque *taille* est composée de deux morceaux de bois blanc & léger, ou plutôt d'un seul fendu en deux dans toute sa longueur, à la réserve de deux ou trois doigts de ses bouts. La plus longue partie qui reste au marchand, se nomme *la souche;* l'autre qu'on donne à l'acheteur s'appelle l'*échantillon.* Quand on veut tailler les marchandises livrées, on rejoint les deux parties, en sorte que les incisions se font également sur toutes les deux; il faut aussi les rejoindre quand on veut arrêter de compte. L'on ajoute foi aux *tailles* représentées en justice, & elles tiennent lieu de parties arrêtées.

TAILLE. On nomme *taille* dans la fabrique & le commerce des peignes à peigner les cheveux, la différence qui se trouve dans leur longueur, & ce qui sert à en distinguer les numéros. Chaque *taille* est environ de six lignes qui ne commencent à se compter que depuis les oreilles; c'est-à-dire, entre les grosses dents que les peignes ont aux deux extrémités. *Voy.* PEIGNE.

Tailler le pain; le vin ou les autres denrées & marchandises qu'on vend ou qu'on prend à crédit. *Voy. ci-dessus* TAILLE.

TALAGOGNES. C'est le nom qu'on donne en Languedoc à des bois débités en petit. Ils paient les droits forains & la réapréciation comme les balançons. *Voy.* BALANÇON.

TALANCHE. Droguet qui se fabrique dans plusieurs lieux de la généralité de Bourgogne. Il est fait de laine sur fil, mais le fil en est aussi gros que la laine en est commune & grossière. Les rots sur lesquels sa chaîne doit être montée, sont fixés par le réglement de 1718, à trois quarts d'aune de largeur, & le nombre des fils & portées à proportion du filage, ensorte qu'au retour du foulon l'étoffe ait une demi-aune de large.

TALC. Pierre luisante & squameuse qui se lève aisément en feuilles déliées & transparentes.

Autrefois on ne trouvoit guères de *talc* qu'en Espagne. On en découvrit ensuite quelques carrières en Chypre, en Cappadoce, & ensuite plus tard en Arabie & en Afrique. Aujourd'hui les Alpes, l'Appenin & plusieurs montagnes d'Allemagne en fournissent, ainsi que plusieurs autres endroits de l'Europe & de l'Asie.

Le *talc* qui vient de Venise est le plus estimé. Il est en grosses pierres verdâtres & luisantes ; mais il devient blanc, argenté & transparent, quand il est en œuvre. Il semble gras au toucher quoiqu'il n'y ait point de pierre plus seche. Cependant on le pulvérise difficilement, & il n'est même pas aisé de le calciner.

Le *talc* ne sert guères présentement qu'à couvrir des tableaux en miniature ou en pastel, après avoir été levé en feuille, & il ne paroît pas effectivement qu'il puisse être propre à autre chose. Cependant si l'on en croit Pline le naturaliste, les Romains l'employèrent quelquefois à bâtir des temples & des palais. Il dit même qu'ils en pavèrent le colisée de Rome.

Quelques chimistes, crédules ou fripons, ont voulu long-tems faire croire qu'ils savoient tirer du *talc*, cette merveilleuse poudre de projection qui opère la transmutation des métaux ; mais ils ne font guères de dupes aujourd'hui que parmi quelques gens crédules, aussi cupides qu'ignorans.

Outre le *talc blanc* de Venise, on en apporte un autre de Moscovie & de Perse qu'on appelle *talc rouge*, à cause de sa couleur rougeâtre tant qu'il est en pierre, mais il vient le plus souvent en feuilles. Lorsqu'on veut couvrir des tableaux de *talc* on préfère ce dernier, étant très-blanc & très-transparent.

« Le *talc* paye, de quelque pays qu'il vienne, à l'entrée des cinq grosses fermes, par quintal net, 5 s., & est exempt de droits, sortant desdites cinq grosses fermes ».

« A la douane de Lyon, celui de Venise 1 l. 10 s., les autres, 2 l. 10 s. ».

« A celle de Valence, comme droguerie, 3 l. 11 s. ».

TALLER, qu'on nomme plus communément *daller*. Monnoie d'argent qui a cours en Allemagne, en Hollande & dans le levant. *Voyez* DALLER.

TALLEVANNES. Pots de grès propres à mettre du beure & dans lesquels viennent ordinairement

d'Isigny & de quelques autres endroits de la basse Normandie, les beures salés ou fondus.

TALON. Postérieur du pied.

Il se dit *en termes de cordonnerie & de saveterie*, de la partie de la chaussure qui l'élève par derrière & qui est placée sous le talon du pied. *En terme de bonneterie*, c'est la partie du bas qui couvre le talon.

Les cordonniers se servent de deux sortes de *talons* dans leurs ouvrages ; les uns de cuir, les autres de bois ; ceux de cuir, qui sont composés de plusieurs cuirs mis ensemble & collés, se taillent par le maître pour être dressés & placés par les compagnons ; ceux de bois font un commerce à part, & les ouvriers qui les font & qui les vendent se nomment *talonniers*. Voy. ci-après TALONNIER.

Le négoce des *talons de bois* est très-considérable à Paris. En gros ils se vendent à la grosse, & en détail à la douzaine.

Il s'en fait pour hommes & pour femmes, dont la forme est différente, mais dont l'usage est le même. Les bois qu'on y employe sont le noyer, l'orme, le hêtre & l'aulne. Ceux de ce dernier bois se couvrent d'un cuir léger ; les autres se peignent de diverses couleurs, plus ordinairement cependant en noir & en rouge. Les meilleurs sont ceux de noyer. La plupart de ceux pour Paris se fabriquent dans les forêts de Villers-Coterets & d'Osoy. Il s'en fait pourtant par les talonniers de la ville & des fauxbourgs.

Le prix ordinaire des *talons de noyer* étoit autrefois de 24 s. la douzaine ; celui des *talons d'aulne* 18 s., & d'orme ou de hêtre 14 & 15 s.

Quoique les *talons de bois* soient à peu près finis par les talonniers, ils ont souvent besoin que les cordonniers, qui les employent, les repassent pour les rendre propres aux ouvrages auxquels ils les destinent.

« Les *talons de cuir* venant de l'étranger, paient 20 pour cent de la valeur, par arrêt du 28 mai 1768. Venant des provinces réputées étrangères dans les cinq grosses fermes, par quintal, 1 livre ; à la sortie des cinq grosses fermes, cinq pour cent de la valeur ».

« A la douane de Valence, 15 sols 8 den. par quintal ».

« A celle de Lyon, 2 ½ pour cent de la valeur ».

TALONNIER. Celui qui fait ou qui vend des talons de bois.

Il n'y a point à Paris de communauté particulière de *talonniers* ; ce sont les cordonniers qui ont seuls le droit d'en faire le commerce ; & ce sont ordinairement les pauvres maîtres qui s'y appliquent. Il y a néanmoins beaucoup d'artisans sans qualité, qui en font & ceux-là se nomment *formiers*. Voy. ce dernier mot.

Les *talonniers* forains sont obligés de les porter au bureau des cordonniers pour être lotis. Cela ne s'obferve cependant guères; les maîtres s'en fournissent chez les *cordonniers-talonniers*.

TAMARIN. Efpèce de fruit médecinal & purgatif, d'un goût aigrelet & affez agréable.

L'arbre qui produit ce fruit croît en plufieurs endroits des Indes orientales. Il s'élève auffi haut que les noyers & les frênes, & étend beaucoup fes branches. Ses feuilles font longues & étroites; arrangées, comme elles le font le long des deux côtés, elles repréfentent affez bien un panache. Ses fleurs font d'abord rouges comme celles du pêcher, & enfuite blanches comme celles de l'oranger. Elles ont de grands filamens qui s'allongent au dehors & produifent le fruit. Au coucher du foleil, les fleurs fe ferrent autour du fruit, comme pour le garantir du froid, & quand le jour paroît elles fe rouvrent. Les gouffes qui fuccèdent aux fleurs font d'abord vertes, enfuite rouges, & bruniffent en muriffant. Elles contiennent une pulpe noire & un peu aigre. Sa femence eft femblable aux lupins ou pois quarrés.

Les Indiens nomment ces arbres *tamarindi*, & les Portugais *tamarindos*; d'où leurs fruits ont pris le nom qu'on leur donne. On les apporte en grappes ou mondés.

Les *tamarins* doivent être choifis gras, nouveaux, d'un noir de jayet & d'un goût aigrelet & agréable. Il ne faut pas qu'ils ayent été mis à la cave, ni falfifiés avec des mélaffes de fucre & du vinaigre. On monde les *tamarins* comme la caffe, & l'on peut en faire une confiture qui, à ce que l'on prétend, ne feroit pas fans vertu.

Plufieurs cantons de l'Afrique, & entr'autres le Sénégal, produifent auffi des *tamarins*. Les nègres, après en avoir ôté les noyaux & les rafles, en forment des pains qui font rougeâtres, & fort rares en France. On prétend qu'ils font propres à étancher la foif.

« Le *tamarin* paye, à l'entrée des cinq groffes fermes, fuivant le tarif de 1664, par quintal net, 2 l. 10 f. & acquitte, outre le droit de tarif de la province par laquelle il entre vingt pour cent de la valeur, à l'eftimation de 74 l. le quintal brut, fixée par l'état annexé à l'arrêt du 22 décembre 1750 ».

« A la fortie des cinq groffes fermes, il ne paie rien comme droguerie étrangère ».

« A la douane de Lyon, il doit, au tarif de 1632, de tel endroit qu'il vienne, par quintal net, 1 l. 5 fols. ».

« A celle de Valence, comme droguerie, 3 l. 11 fols. »

TAMARIS ou TAMARISE. Arbre de moyenne grandeur qui croît en Languedoc. Il a fes feuilles fort petites & fon fruit en façon de grappes, d'une couleur tirant fur le noir. Les teinturiers s'en fervent au lieu de noix de Galle, pour teindre en noir.

Le bois de *tamaris* eft auffi de quelque ufage dans la médecine, & on le croit bon pour défo-

piler la rate. Il faut le choifir garni de fon écorce, blanc en dedans, d'un goût prefqu'infipide & fans aucune odeur. On en fait des gobelets & de petits barillets dans lefquels ceux qui font attaqués de mal de rate, mettent du vin pour leur boiffon ordinaire.

Le fel de *Tamaris* eft blanc & par criftaux. On le tire du *tamaris* par le moyen de la chimie. Il doit être bien fec, & le moins en poudre qu'il fe peut, y étant très-fujet.

TAMBAC ou TOMBAQUE. Mélange d'or & de cuivre, que les Siamois eftiment plus que l'or. On ne fait fur quel fondement quelques relations le donnent comme un métal qui a fes propres mines. L'abbé de Choify, dans fon journal de Siam, doute fi ce n'eft point l'*electrum* de Salomon. Les ouvrages que les ambaffadeurs de Siam apportèrent à Paris fous le règne de Louis XIV, ne parurent pas auffi beaux qu'on fe l'étoit imaginé.

TAMBAC, autrement CALEMBAC, fe dit auffi d'un bois précieux de la Chine, qui eft une efpèce de bois d'Aigle ou d'Aloès. *voy.* ALOÈS.

TAMETES. Mouchoirs de toile de coton qui fe fabriquent à Botton, dans les Indes orientales. On les eftime beaucoup aux Moluques & dans les ifles voifines où ils fe débitent prefque tous, n'en venant que fort peu en Europe.

TAMIS, qu'on nomme auffi *fas*. Inftrument qui fert à paffer des farines & des drogues pulvérifées, pour féparer la partie la plus fine de celle qui eft plus groffière. On s'en fert auffi pour couler les liqueurs compofées & en ôter le mare.

Le *tamis* eft compofé d'un cercle de bois mince, large à difcrétion, fur la circonférence duquel eft placé un tiffu de toile de foie, de crin, ou de quelque autre toile claire, fuivant l'ufage auquel on le deftine, & qui devient la partie inférieure du *tamis* dans lequel on met la drogue pulvérifée, & où l'on verfe la liqueur qu'on veut épurer.

Lorfque les drogues qu'on veut tamifer peuvent s'évaporer, on adapte au *tamis* un couvercle, tantôt de bois & tantôt de cuir.

Divers marchands & ouvriers fe fervent du *tamis*, entr'autres les épiciers, les apothicaires, les droguiftes & les gantiers-parfumeurs, fur-tout ceux qui préparent la poudre pour les cheveux. On s'en fert auffi pour grainer la poudre à canon.

TAMIS. Les chapeliers fe fervent de *tamis de crin*, au lieu de l'inftrument qu'ils appellent *arçon*, pour faire les capades de leurs chapeaux. *Voyez* CHAPEAU.

TAMIS. Les laineurs qui travaillent aux tapifferies de tonture de laine, ont pareillement plufieurs *tamis*: de grands pour paffer & préparer leurs laines hachées, & de très petits qui n'ont pas quelquefois deux pouces de diamètre pour placer ces laines fur le fond préparé par le peintre. *Voyez* TONTURE & TAPISSERIE DE TONTURE.

TAMISER Paffer par le tamis.

TAMLING. C'eft le nom que les Siamois donnent à la monnoie & au poids que les Chinois appellent *tael*.

Le *tael* de Siam est de plus de moitié plus foible que le *tael* de la Chine ; ensorte que le cati Siamois ne vaut que huit *taels* Chinois , & qu'il faut vingt *taels* Siamois pour le cati Chinois.

A Siam le *tamling* ou *tael* se subdivise en quatre ticals ou baats , le tical en quatre mayons ou selings, le mayon en deux fouangs , chaque fouang en deux sompayes , la sompaye en deux payes & la paye en deux clams , qui n'est qu'une monnoie de compte , mais qui , comme poids , pèse douze grains de ris ; de sorte que le *tamling* ou *tael* de Siam est de sept cent soixante-huit grains. *Voy.* TAEL.

TAN. Ecorce du jeune chêne, battue & réduite en grosse poudre dans des moulins à tan.

Le *tan* est une marchandise très commune en France. Il sert à préparer ou tanner les cuirs après qu'ils ont été plamés, c'est-à-dire après qu'on en a fait tomber le poil par le moyen de la chaux détrempée dans l'eau.

Le *tan* nouveau est le plus estimé. Quand on le laisse trop vieillir il perd beaucoup de sa qualité qui consiste à condenser ou resserrer les pores du cuir , ensorte que plus elles restent dans le tan , plus elles acquierent de force pour résister aux divers usages auxquels elles peuvent être destinées.

Le *tan* se débite en écorce ou en poudre. En écorce il se vend à la botte , chaque botte étant d'une certaine grosseur & longueur. En poudre il se vend au muid , le muid composé de vingt ou vingt-quatre sacs , suivant que la mesure est plus ou moins grande dans les lieux où la vente & le débit s'en font.

Le *tan* usé ou vieux *tan* que l'on a tiré de la fosse, après que les cuirs y ont été tannés, se nomme *tannée*. C'est avec cette tannée qu'on fait des mottes à brûler. *Voy.* MOTTES A BRULER.

« Pour les droits, le *tan* en écorce , venant de l'étranger, & des provinces réputées étrangeres dans les cinq grosses fermes, doit par charretée, 8 sols. Passant des cinq grosses fermes aux provinces réputées étrangeres, il acquitte 10 s. Moulu, il doit cinq pour cent de la valeur. Toutes écorces propres à faire le *tan*, sont prohibées à la sortie du royaume , à peine de confiscation & de 1000 l. d'amende ».

TANG. C'est une des espèces de mousselines unies & fines que l'on apporte des Indes orientales. Elle a seize aunes de long , sur trois quarts de large.

TANG. Est aussi une mousseline brodée à fleurs , qui est de même aunage que l'unie.

TANGA. Monnoie de compte dont on se sert dans quelques endroits des Indes orientales, particulièrement à Goa & sur la côte du Malabar.

Il y en a de deux sortes ; l'un que l'on appelle de *bon aloi* , & l'autre *de mauvais aloi* ; étant très-commun aux Indes de compter par monnoie de bon & de mauvais aloi , à cause de la grande

quantité d'espèces ou fausses ou altérées qui y ont cours.

Le *tanga* de bon aloi est d'un cinquième plus fort que celui de mauvais aloi.

TANI. C'est la meilleure des deux espèces de soie écrue que les Européens tirent du Bengale. L'autre s'appelle *Monta* , qui n'est proprement que le fleuret. *Voy.* SOIE.

TANJEBS. Mousselines ou toiles de coton doubles, mais un peu claires qui viennent des Indes orientales, particulièrement du Bengale : les unes brodées en coton & les autres unies. Les brodées ont seize aunes à la pièce, sur trois quarts de large , & les unies la même longueur sur sept huit de large. *Voy.* MOUSSELINE.

TANJEBS. Ce nom se donne encore à des mouchoirs de mousseline brodée qui viennent par pièces. Ils ne différent des mallemolles qu'en ce que la broderie des *tanjebs* est toute de soie , & que les mallemolles sont brodées soie & or , ou tout or , ou seulement brodées d'or.

Il y a aussi une mousseline brodée en soie, qui vient pareillement des Indes ; mais elles sont en pièces courantes , & non divisées en mouchoirs. Elles sont de dix-huit aunes de long , sur diverses largeurs , dont les plus étroites sont de trois quarts , & les plus larges de cinq sixièmes d'aune. *Voy.* MALLEMOLLES.

TANNEUR. Ouvrier qui travaille à la tannerie & qui apprête les cuirs avec la chaux & le tan.

Les *tanneurs* , quoique proprement des artisans , sont pour l'ordinaire qualifiés de *marchands Tanneurs* , & ils le méritent en quelque sorte , puisqu'ils achetent les cuirs en poil , & qu'ils les revendent après les avoir préparés par la chaux & le tan.

Les *tanneurs* de Paris forment une communauté considérable , & qui a eu des statuts dès l'an 1345. Ces statuts accordés par Philippe de Valois , sont rédigés en quarante-quatre articles, dont seize seulement pour leur communauté , & les vingt-huit autres pour celle des corroyeurs-baudroyers, cordonniers & sueurs de la même ville.

Les articles particuliers aux *tanneurs* de Paris sont communs à tous ceux des autres villes du royaume , qui doivent s'y conformer , soit pour le nombre de leurs jurés , soit pour les apprentifs & autres réglemens.

La communauté des *tanneurs* de Paris est gouvernée par quatre jurés , dont deux sont élus chaque année , de sorte que chacun d'eux reste deux ans en charge. Ils jouissent de tous les droits, fonctions & privilèges attribués aux autres corps & communautés de Paris. *Voy.* JURÉS.

Nul ne peut être reçu maître qu'il ne soit ou fils de maître , ou apprentif de Paris. L'un & l'autre est tenu , quand il aspire à la maîtrise , de prouver sa capacité , l'apprentif par un chef d'œuvre & le fils de maître par la seule expérience.

L'apprentissage ne peut être de moins de cinq années.

années. Il est cependant permis aux maîtres d'obliger leurs apprentifs pour plus long-tems ; & à tels prix & condition qu'il leur convient. Le nombre des apprentifs est au plus de deux.

Tout maître *tanneur* reçu à Paris, doit y résider & y travailler, & ne peut tenir de tannerie ni jouir des priviléges de la communauté par des tanneurs & ouvriers étrangers.

Chaque *tanneur* est obligé de porter ses cuirs aux halles pour y être visités & marqués, n'étant permis ni à eux d'en vendre, ni aux artisans travaillans en cuirs, d'en acheter qu'après la visite & la marque des officiers de la régie, préposés à la marque des cuirs.

Il est défendu à tout *tanneur*, soit forain, soit de Paris, d'exposer en vente des cuirs encore chargés de tan, parce que (disent les statuts) le tan ne profitant point depuis que le cuir est tiré de la fosse, il porte préjudice à ceux qui l'achetent.

Les bouchers ne peuvent mouiller ni abreuver d'eau les cuirs à poil qui proviennent de leurs abbatis, ni les *tanneurs* en acheter par connivence avec eux, sous peine d'être les uns & les autres, condamnés à une amende de la moitié de la valeur des cuirs qui auront ainsi été mouillés & abreuvés d'eau.

Enfin l'article seize & dernier, qui est le plus important de tous, ordonne que tous marchands baudroyeurs, cordouanniers, sueurs &c. qui vont acheter des cuirs tannés non signés, soit dans le royaume, soit chez l'étranger pour les amener à Paris, ne pourront ni les vendre, ni les mettre en œuvre ou corroy qu'ils n'ayent averti les jurés, pour les voir & les visiter, & que les *tanneurs*, tant forains que de ladite ville & fauxbourgs, ne vendront pareillement lesdits cuirs tannés qu'aux halles seulement ou aux foires publiques, qui s'y tiennent cinq fois l'année.

L'inobservation de cet article, & de ceux où il est parlé de la marque des cuirs ; a donné lieu à plusieurs créations d'offices & à quantité d'arrêts pour obliger les *tanneurs* tant forains que de la ville, de porter leurs cuirs à la halle pour y être visités, marqués, lottis & vendus ; mais tous ces arrêts furent inutiles jusqu'en 1662, qu'il fut donné une déclaration du Roi, portant réglement sur les cuirs, qui depuis a été assez régulièrement exécutée.

Plusieurs articles de cette déclaration regardent les *tanneurs*, mais comme on en parle ailleurs assez amplement, on se borne ici à y renvoyer. *Voy.* VENDEURS, *à l'endroit où il est parlé des vendeurs de cuirs.*

Quoiqu'il y ait quantité de *tanneurs* à Paris & dans ses fauxbourgs, où ils composent des communautés en quelques sortes différentes de celles de la ville, il s'en faut bien qu'ils puissent fournir assez de cuirs aux vingt-quatre communautés de cette capitale, ni tanner toutes les peaux qui proviennent de ses boucheries. Aussi la plus grande

partie des cuirs tannés qui se consomment à Paris, y vient des tanneries de province, ou des pays étrangers, d'où ils sont apportés à la halle aux cuirs, pour y être marqués & vendus conformément aux ordonnances & particulièrement en exécution du réglement de 1662, comme on l'a dit ci-dessus.

A l'égard de tous les cuirs à poil que les *tanneurs* forains enlèvent des boucheries, ils sont obligés d'en donner leur déclaration au bureau des vendeurs de cuirs de cette ville, & de faire leur soumission même de donner caution qu'ils en rapporteront à la halle les deux tiers de tannés.

Il y a quantité de villes & bourgs du royaume dans lesquels sont aussi établies de très-bonnes tanneries, comme on peut le voir dans le Dictionnaire de la géographie commerçante aux différens articles qui traitent en détail de celui des provinces de France ; mais il n'y en a que cent vingt-six dont les *tanneurs* amènent leurs cuirs à Paris, pour la consommation de la ville & des environs.

A l'égard des diverses communautés d'artisans qui ont droit de lotir les cuirs tannés qui sont conduits à la halle, on en parle ailleurs. *Voy.* l'article des cuirs & les articles particuliers de ces communautés.

Le dernier impôt mis sur les cuirs, a causé le plus grand préjudice aux tanneries du royaume & en a fait tomber un grand nombre : mais le mal qui en est résulté ne s'est pas borné là. Il a porté sur le nourrissage & le commerce des bestiaux, sur tous les arts qui employent les cuirs ; il a mis la France dans la nécessité d'en tirer beaucoup de l'étranger ; & tandis qu'il diminuoit ainsi une branche très-importante de notre commerce, il a considérablement augmenté les entreprises & les profits des tanneries de nos voisins. Le gouvernement s'occupe actuellement des moyens de remédier à cet abus. Il est à souhaiter qu'il le fasse promptement & efficacement. Instruit enfin que les gênes & les droits affoiblissent & ruinent le commerce, il aspire à le faire jouir de la liberté. S'il ôte, ou du moins s'il modere les droits sur les cuirs, objet d'une si grande consommation, il verra bientôt le commerce des cuirs reprendre une nouvelle vigueur, les tanneries se relever & la France délivrée du tribut servile qu'elle paye à l'industrie des tanneurs étrangers.

TANQUEURS. Espèce de forts ou de portefaix qui aident à charger & décharger les vaisseaux sur les ports de mer. On les nomme aussi *gabarriers*, du mot de *gabarre*, qui est une allége ou grand bateau, dans lesquels on transporte les marchandises du vaisseau sur les quays, ou des quays aux navires.

Dans les ports de la marine royale, on nomme aussi *gabarre* des navires à trois mats, & construits comme les vaisseaux marchands, qui servent à aller chercher & transporter dans les ports du

Roi, des bois de conftructions & autres approvifion-
nemens.

TAPIS. Efpèce de tapifferie travaillée à l'aiguille
où fur le métier, qu'on étend fur les tables, fur
les prie-dieu & plus communément fur le parquet
des appartemens.

Il fe fait plufieurs fortes de *tapis*, tant en
France que dans les pays étrangers, & le commerce des uns & des autres eft très confidérable.

Il y a à Paris, à la fortie du Cours-la-Reine,
une manufacture de *tapis*, façon de Perfe, qui
ne cédent guères aux véritables Perfes. Ils font
connus fous le nom de *tapis de la favonnerie*,
du lieu où ils fe fabriquent. *Voy.* SAVONNERIE.

Ces fortes de *tapis* imités de ceux du Levant,
fe font en forme de tiffu, dont la chaîne & la
trème ferrent & contiennent les foies & les laines,
qui coupées de très près, font une efpèce de velours. Ils font quelquefois mêlés de fil d'or &
d'argent frifés ; ce qui en augmente la beauté &
le prix.

On fait auffi à Rouen, à Arras & à Felletin,
petite ville de la baffe-Marche ; d'autres fortes de
tapis, qu'on nomme *tapis de tapifferie* ; ceux
de Tournay s'appellent *tapis de moucades*.

Les *tapis* que la France tire de l'étranger,
font les *tapis* de Perfe & de Turquie, ceux-ci
font velus ou ras, c'eft-à-dire, à poil long ou à
poil court. Les uns & les autres nous viennent
ordinairement par la voie de Smirne, on en trouve
de trois fortes.

Les uns qu'on appelle *mofquets*, fe vendent
à la pièce & font les plus fins & les plus beaux de
tous.

Les autres fe nomment *tapis de Pic*, parce
qu'on les achete au pic quarré. Ce font les plus
grands qui viennent du Levant.

Les moindres de tous font ceux qu'on appelle
cadene.

Il en vient auffi d'Angleterre, dont on fait des
tapis de pied, des chaifes & autres ameublemens.

Il y a encore des *tapis* d'Allemagne ; les uns
d'étoffes de laine, qu'on appelle *tapis quarrés* ; les
autres auffi de laine, mais travaillés à l'aiguille &
quelquefois rehauffés de foie.

Enfin les *tapis* de poil de chien.

On ne parlera pas ici de ces beaux *tapis* de toile-
peinte qui viennent des Indes, en ayant été traité
ailleurs. *Voy. l'art.* TOILE.

TAPIS DE PALEMBOUX. *Voy. l'art. fuivant.*

TAPISSENDIS. Sorte de toile de coton peinte,
dont la couleur paffe des deux côtés. On en fait
des tapis & des courtes-pointes. Il y en a d'autres
qu'on appelle *tapis palemboux*, du lieu où on
les fabrique. Ils viennent de Surate, la plûpart
piqués.

Ces diverfes fortes de *tapis* payent, favoir :

« *Tapis* d'Allemagne & *tapis* carrés de laine
venant de l'étranger à toutes les entrées du royaume,
fuivant le tarif de 1667, par pièce 3 liv. »

« Venant des provinces réputées étrangères dans
les cinq groffes fermes, au tarif de 1664, par pièce
1 liv. 10 f. »

« Paffant des cinq groffes fermes dans lefdites
provinces, autres que les *tapis* de Moucades &
de Rouen, d'après le même tarif, du quintal 8 liv. »

« *Tapis* d'Allemagne, fervant de couvertures
aux chevaux, à l'entrée des cinq groffes fermes,
au tarif de 1664, dix pour cent de la valeur.
Au bureau de Lyon, cinq pour cent de la valeur, venant des provinces réputées étrangères ;
& paffant des cinq groffes fermes dans celles-ci, par
quintal 8 liv. »

« *Tapis* d'Angleterre, au tarif de 1664, par
quintal, entrant dans les cinq groffes fermes 30
liv., & en fortant defdites fermes 8 liv. »

« *Tapis* de Felletin, d'Auvergne, Lorraine
& autres femblables, comme tapifferie de même
forte. »

« *Tapis* gros, ou gros *tapis*, compris dans
la claffe de la mercerie au tarif de 1664, traités
fur ce pied. »

« *Tapis* de laine faits à l'éguille ou rehauffés
de foie, à l'entrée des cinq groffes fermes, 10
pour cent de la valeur, & venant defdites cinq
groffes fermes dans les provinces réputées étrangères, 5 pour cent. »

« *Tapis* dit moucades fimples, ne peuvent
entrer de l'étranger en France, que par Calais ou
Saint Valeri, en payant 30 pour cent de la valeur. Venant des provinces réputées étrangères
dans les cinq groffes fermes cinq pour cent de la
valeur, & allant defdites fermes aux-mêmes provinces, par quintal, 3 liv. »

« *Tapis* de poil de chien, à l'entrée des cinq
groffes fermes, 1 f. par pièce, & allant des cinq
groffes fermes aux provinces réputées étrangères
& à l'étranger comme gros *tapis*. »

« *Tapis* de Rouen, paffant des cinq groffes
fermes aux provinces réputées étrangères, par
quintal 3 liv. »

« *Tapis* de ferge avec paffement de foie,
comme ceux à l'aiguille. »

« *Tapis* velus à toutes les entrées du royaume,
ceux de grandeur ordinaire, la pièce 7 liv., les
plus grands à proportion 10 pour cent de la valeur. Venant du Levant, outre l'un de ces deux
droits ils doivent 20 p$\frac{c}{o}$. de la valeur fur le pied
de 200 liv. la pièce. Venant des provinces réputées étrangères dans les cinq groffes fermes par
pièce 5 liv. Venant de Marfeille idem, ils ne
payent que le même droit. Paffant des cinq groffes
fermes aux provinces réputées étrangères, 8 liv.
par quintal. »

TAPISSERIE. Sorte d'ouvrage qui fert à couvrir les murs d'une chambre ou autre pièce d'un
appartement, qu'il pare plus ou moins, fuivant
l'étoffe qu'on emploie.

Ces étoffes font le velours, le damas, le brocard, la brocatelle, le fatin de Bruges, la cale-

mande, le cadis, les indiennes &c. Mais quoique toutes ces étoffes employées à couvrir les murailles se nomment *tapisseries*, on ne doit néanmoins donner ce nom proprement qu'aux hautes & basses lisses, aux bergames, aux cuirs dorés & aux *tapisseries* de tentures de laine qui se font à Paris, à Rouen & dans quelques autres villes.

On ne parlera pas ici de toutes ces sortes de *tapisseries*, dont on a traité ailleurs, on va seulement indiquer les articles auxquels on peut avoir recours.

TAPISSERIE DE BASSE LISSE.
TAPISSERIE DE HAUTE LISSE.
} *Voy. Ces deux articles,* & pour l'un & l'autre *l'art.* DES GOBELINS.

TAPISSERIE DE BERGAME.
TAPISSERIE DE LA RUE S. DENIS.
TAPISSERIE DE L'APPORT PARIS.
} *Voy.* BERGAME.

TAPISSERIE DE CUIR DORÉ. *Voy.* CUIR DORÉ.
TAPISSERIE DE TONTURE DE LAINE. *Voy.* TONTURE DE LAINE.
TAPISSERIE DE COUTIL. *Voy.* COUTIL.
TAPISSERIE DE PAPIER. *Voy.* DOMINOTIER.

On fabrique en France de toutes ces sortes de *tapisseries*; malgré cela il en vient des pays étrangers, particulièrement de Flandres & d'Angleterre.

« Toutes ces *tapisseries* payent, savoir :

« Celles d'Anvers & autres lieux de la Flandre Espagnole, vieilles ou neuves, à toutes les entrées du royaume, quand elles sont sans or ni argent, 240 liv. par quintal; rehaussées de soie, or ou argent, 10 p°. de la valeur. Venant des provinces réputées étrangères dans les cinq grosses fermes, celles qui sont rehaussées d'or ou d'argent par quintal 120 liv. celles rehaussées, 10 p°. de la valeur. Passant des cinq grosses fermes aux provinces réputées étrangères, elles acquittent les mêmes droits que les *tapisseries* fines de la Flandre Françoise, suivant leur qualité. »

« Les *tapisseries* d'Aubusson, suivant la décision du conseil du 29 décembre 1781, acquittent à l'entrée des cinq grosses fermes, les mêmes droits que celles de Felletin. »

« Les *tapisseries* d'Auvergne comme celles de Felletin. »

« Celles de Bergame à l'entrée des cinq grosses fermes 10 liv., passant desdites fermes aux provinces réputées étrangères 13 liv. du cent pesant. »

« Celles de cuir doré, venant de l'étranger, à toutes les entrées du royaume 30 liv. par quintal. »

« Venant des provinces réputées étrangères dans les cinq grosses fermes 15 liv. & passant desdites fermes à ces mêmes provinces ou à l'étranger, 6 liv. »

« *Tapisseries* de Felletin & d'Auvergne, venant des provinces réputées étrangères, dans les cinq grosses fermes 4 liv., passant de celles-ci auxdites provinces & autres, le même droit. »

« *Tapisseries* de la Flandre Françoise, sans soie, ni or ni argent 120 liv. par quintal ; rehaussées de ces mêmes matières, 10 p°. de la valeur. »

« Passant des cinq grosses fermes aux provinces réputées étrangères, les communes 13 liv. du quintal ; les fines sans or & argent 26 idem. Celles fines avec or & argent, 6 p°. de la valeur. »

« *Tapisseries* de la Flandre étrangère, vieilles ou neuves, par quintal 120 liv. Venant des provinces réputées étrangères dans les cinq grosses fermes par quintal 60 liv. Celles rehaussées d'or, d'argent ou de soie, 10 p°. de la valeur. Passant des cinq grosses fermes aux provinces réputées étrangères, 6 p°. de la valeur, sans or ni argent le quintal 26 liv., les communes aussi du quintal 13 liv. »

« *Tapisseries* des provinces réputées étrangères de même genre que celles d'Aubusson, 5 p°. de la valeur. »

« *Tapisseries* de Rouen, avec un filet de soie, or ou argent, faux ou autrement, passant des cinq grosses fermes aux provinces réputées étrangères, par quintal 3 liv. »

« *Tapisseries* de toiles peintes venant de l'étranger, sont prohibées par arrêt du 10 juillet 1785. A la circulation elles sont traitées comme mercerie. »

Tapisseries de Tontisse, de Lorraine, entrant dans le royaume 20 p°. de la valeur. »

« A la douane de Lyon, les tapisseries venant de l'intérieur payent, celles hautes-lisses des Gobelins, 6 liv. du quintal. »

« Celles de laine neuve, 10 liv. »

« Celles de laine hachée de Bergame & de toile peinte, comme mercerie, du quintal, 2 liv. 3 s. 4 d. »

« Celles de Felletin & d'Auvergne, 4 l. »

« De cuir doré, 6 l. 10 s. »

« Les vieilles, 5 p°. de la valeur venant de l'étranger, & 2 ½ venant de l'intérieur. »

« A la douane de Valence, les *tapisseries* payent, venant de l'étranger, 7 liv. 2 s. par quintal net, quand il y entre de la soie mêlée de filoselle, étrangeres ou nationales, 3 l. 11 s. »

« Celles de laine 2 l. 6 s. 8 d., & celles de fil 2 l. 1 s. 6. »

TAPISSIER. Marchand qui vend, qui fait, qui tend des tapisseries, ou qui vend des meubles.

La communauté des marchands *tapissiers* est très-ancienne à Paris. Elle étoit autrefois partagée en deux ; l'une sous le nom de *maîtres-marchands tapissiers* de haute-lisse, sarazinois & rentraiture ; l'autre sous celui de *courtepointiers, neuftrés & courtiers.*

La grande ressemblance de ces deux corps par leur commerce, donnant lieu à de fréquens différends entre eux, la jonction & l'union en fut ordonnée par arrêt de la cour de Parlement du 11 novembre

1621, & par trois autres arrêts des 3 juillet 1627, 7 décembre 1629, & 27 mars 1630. Il fut enjoint aux maîtres des deux communautés de s'assembler, pour dresser de nouveaux statuts & les compiler de ceux des deux corps ; ce qui ayant été fait, les nouveaux statuts furent approuvés le 25 juin 1636, par le lieutenant - civil du Châtelet de Paris, sur l'approbation duquel le Roi Louis XIII donna ses lettres - patentes de confirmation au mois de juillet suivant, lesquelles furent enregistrées au Parlement le 23 août de la même année.

Ces nouveaux articles sont redigés en cinquante-huit articles. Sur le premier qui permettoit aux maîtres d'avoir deux apprentis, il fut réglé par jugement du 19 septembre 1670, qu'à l'avenir les maîtres ne pourroient engager qu'un seul apprentif & non à moins de six ans.

Le 32e. ainsi que les articles suivans, jusqu'au 47e. inclusivement, règlent la largeur, longueur, matière & tissure des coutils dont le commerce est permis aux maîtres *tapissiers.*

Dans le 48e. jusqu'au 52e. inclusivement, on établit pareillement les qualités, longueurs & largeurs des mantes ou couvertures de laine dont le négoce est aussi accordé auxdits maîtres.

Les autres articles sont de discipline.

TAPISSIER-LAINIER. C'est l'ouvrier qui dans les manufactures où se fabriquent les tapisseries de tonture de laine, applique cette laine réduite en poudre ou plutôt en poussière. *Voy.* TONTURE, où l'on traite de ces sortes d'ouvrages.

TAPISSIER EN PAPIER. C'est une des qualités que prennent à Paris les dominotiers-imagiers, c'est-à-dire, ces sortes de papetiers-imprimeurs qui font le papier marbré, ou qui en mettent en diverses couleurs.

Leur commerce est devenu très-considérable, tant à Paris que dans les provinces, par la grande consommation qu'il s'en fait dans tout le royaume, sur-tout dans la capitale, où beaucoup de maisons, ne sont plus meublées qu'en papiers, soit par goût, soit par économie. *Voy.* DOMINOTIERS. *Voy. aussi* GRAVURE EN BOIS.

TAPSEL. Grosse toile de coton rayée, ordinairement de couleur bleue, qui vient des Indes orientales, particulièrement du Bengale.

Cette sorte de toile a dix aunes de long sur trois quarts à cinq six de large. C'est une des meilleures marchandises que les Européens portent sur les côtes d'Afrique pour la traite des nègres.

TAQUIS. Toiles de coton qui se fabriquent à Alep & aux environs, & qu'on appelle *toiles en taquis.* Elles font partie du commerce des chrétiens dans cette échelle, & particulièrement des François. *Voy.* TOILE DE COTON.

TARAGAS. Animal dans le ventricule duquel se trouve le bezoard occidental. *Voy.* BEZOARD DU PÉROU.

TARARE. Sorte de toile qui prend son nom du lieu où elle se fabrique. *Voy.* TOILE.

TARC ou BRAY-LIQUIDE. C'est ce qu'on nomme plus communément *gouldron & gaudron. Voy.* GOULDRON.

TARE ou TARRE. Monnoie de la côte de Malabar. Elle est d'argent, très-petite, & ne vaut que six deniers. Seize *tarres* valent un fanon, qui est une petite pièce d'or valant huit sols, monnoie de France.

TARE. Se dit aussi de toutes sortes de défauts, ou de déchets qui se rencontrent sur la qualité des marchandises. Le vendeur tient ordinairement compte des *tares* à l'acheteur.

TARE (la). Se dit du rabais ou de la diminution que le vendeur fait à l'acheteur sur le poids brut de la marchandise, pour raison de celui des tonneaux, des caisses ou de l'emballage qui contient ces mêmes marchandises.

Les *tares* sont différentes suivant l'espèce de marchandise & suivant les lieux où elles se vendent. L'usage les fixe dans chaque endroit particulièrement dans les ports de mer, dans des proportions assez égales pour l'acheteur & pour le vendeur. Cependant pour éviter toute difficulté on doit en convenir avant même de traiter du prix de la chose qui nécessite une *tare* quelconque.

TARE D'ESPECES. Diminution que l'on souffre, par rapport au changement des monnoies.

TARE DE CAISSE. Perte qui se trouve sur les sacs, soit par les fausses espèces, soit par les mécomptes en payant ou en recevant. On passe ordinairement aux caissiers des *tares* de caisse.

TARER. Dans le commerce des sucres, des caffés & autres marchandises qui se mettent dans des tonneaux quelconques, *tarer* une futaille, c'est la peser vuide & en mettre le poids sur un des fonds pour en tenir plus exactement compte à l'acheteur. Cela se pratique particulièrement pour l'indigo qui nous vient des colonies, & que l'on verse sur un drap, ou sur une voile pour peser le tonneau qui le contient, & en examiner ensuite scrupuleusement la qualité, pour ainsi dire pierre à pierre ; car c'est une marchandise sur laquelle les Américains font souvent des fraudes, en y mêlant de mauvais indigo & d'autres corps hétérogènes.

TARIF. Table ou catalogue ordinairement dressé en ordre alphabétique, qui contient les droits que doivent payer les marchandises dans les bureaux par où elles passent.

L'on ne peut en France percevoir aucuns droits sur nulle espèce de marchandise dans les bureaux des douanes, dans ceux des entrées des villes, ni dans ceux à l'entrée ou à la sortie, soit du royaume, soit des provinces réputées étrangères, qu'en conséquence des *tarifs* arrêtés au conseil du Roi, & ordonnés par des édits, arrêts où déclarations qui en émanent. Cependant, quoique ces mêmes droits, leur perception & les formes auxquelles elles assujettissent, soient de fortes entraves à la liberté & à l'activité du commerce, il arrive souvent que des marchandises non comprises dans les *tarifs* anciens ou nouveaux, sont assujetties à des droits arbitraires, que les fermiers de ces droits réglent comme il leur plaît, & qu'on perçoit sur une simple lettre d'eux, avec la même rigueur que s'ils y étoient autorisés par un *tarif*, ou des décisions du conseil du souverain.

Afin que les *tarifs* ne soient pas ignorés des voyageurs, des marchands & des voituriers, il est ordonné par plusieurs édits, déclarations, ordonnances, réglemens & arrêts du conseil & de la cour des aides, de les afficher à la porte des bureaux, ou en dedans d'iceux, dans quelque lieu apparent & à la vue de tout le monde, pour empêcher également qu'on ne fraude les droits du Roi, & que les commis n'exigent au-delà de ce qui est fixé.

Ce seroit ici le lieu de rendre compte des divers *tarifs* qui ont été faits au conseil du Roi depuis le mois de novembre 1632 jusqu'à ce jour; mais comme il n'y a à cet égard d'intéressant pour le commerce que ceux d'après lesquels les droits se perçoivent aujourd'hui, & qu'ils sont relatés à chaque article du recueil des droits qui doivent être payés dans les divers bureaux du royaume sur chaque espèce de marchandises, imprimé en 1786, en 4 vol. & qui est entre les mains de tout le monde, nous nous bornerons à y renvoyer, pour ne pas grossir inutilement ce volume. *Voy. Recueil alphabétique des droits de traites uniformes, de ceux d'entrée & de sortie des cinq grosses fermes &c., imprimé à Avignon en 1786.*

TARIF. On appelle aussi *tarif*, en fait de monnoies, non-seulement cette partie des déclarations & édits qui marque le titre des nouvelles espèces, & combien il doit y-en avoir de chacune à la taille du marc, soit de l'or, soit de l'argent; mais encore ces petits livrets dressés pour aider le public à faire plus facilement ses calculs dans les nouvelles marques, les refontes, les augmentations ou diminutions des espèces d'or & d'argent.

TARIF. La manufacture des glaces établie à Paris, a un *tarif* qui contient toutes les largeurs & hauteurs des glaces qu'on y fabrique, & les prix auxquels elle les vend.

Les miroitiers, à qui seuls la manufacture peut les vendre, profitent des fractions de pouces, le *tarif* n'employant pas les lignes au-dessus de ce qu'on appelle *glace de numéro*. Voy. GLACE. On *y entre dans un plus grand détail sur ce tarif.*

TARIFS ou COMPTES FAITS. Espèces de tables dans lesquelles on trouve toutes réductions toutes faites des poids, des mesures, monnoies, rentes à divers deniers, &c. *Voy.* COMPTES FAITS.

TARIN. Monnoie de compte dont les banquiers & les négocians de Naples, de Sicile & de Malthe se servent pour tenir leurs livres.

A Naples, le *tarin* vaut environ treize sols de France, à Malthe, vingt grains; ce qui revient à peu près au même.

Au-dessus du *tarin* de Palerme & de Messine, est l'once, & au-dessous les grains & les piccolis; ainsi

les changes s'évaluent & les livres de commerce se tiennent dans ces deux villes, en onces, *tarins*, grains & piccolis, qui somment par trente, par vingt & par six, en prenant l'once sur le pied de trente *tarins*, le *tarin* pour vingt grains, & le grain pour six piccolis.

A Malthe il y a des pièces de six, de quatre *tarins* & d'un *tarin* & demi.

Les *tarins* ont ordinairement d'un côté, deux mains qui se joignent avec la lettre T, & un chiffre qui montre la valeur de la pièce.

Il y a quelques *tarins* qui ont d'un côté cette légende, *non vis, sed fides*; & de l'autre la croix de la religion & les armes du grand-Maître, avec une petite tête frappée en poinçon, comme la fleur-de-lys de France.

TARNANTANE-CHAVONIS. Mousseline ou toile de coton blanche, très-claire, qui vient des Indes orientales, particulièrement de Pondichery. La pièce porte six aunes & demie de long, sur trois quarts de large.

Il y a encore deux sortes de toile de coton à laquelle on donne le nom de *tarnantane*, savoir: les betilles *tarnantanes*, & les mallemolles *tarnantanes*. Les premières viennent aussi de Pondichery: les autres du Bengale. *Voyez* BETILLES & MALLEMOLLES.

TARRE DES TÊTES. On nomme ainsi à Smyrne une des *tarres* qui se déduisent sur chaque balle de soie. Elle est de quarante dragmes par battement aux ardasses, & de vingt dragmes aux soies fines.

TARTANE. Petit bâtiment dont on se sert sur la Méditerranée, & qui n'a qu'une voile taillée entiers-point. On les employe le plus communément pour la pêche. Il y en a cependant qui naviguent dans toutes les échelles du levant; mais les *tartanes* sortent rarement du détroit.

TARTRE. Sorte de sel qui s'élève des vins fumeux, & qui s'attachant autour des tonneaux forme une croute qui s'endurcit & prend la consistance de la pierre.

Ce sel est blanc ou rouge, suivant la couleur du vin d'où il s'élève. Le meilleur vient d'Allemagne, & provient de ces foudres monstrueux dont quelques-uns tiennent jusqu'à mille pièces de vin. Il y prend plus d'épaisseur; ce qui constitue particulièrement la bonté du *tartre*. Celui de Montpellier est ensuite le plus estimé & celui de Lyon après. Ce dernier se nomme *gravelle*, qui ne diffère de celle de Paris qu'en ce qu'elle est un peu plus épaisse & plus haute en couleur.

Le *tartre blanc* est préféré au rouge, parce qu'il est effectivement le meilleur. L'un & l'autre pour être bons doivent être épais, faciles à casser, brillans & peu terreux.

Les teinturiers mettent le *tartre* au nombre des drogues non colorantes, mais qui préparent les étoffes à recevoir la couleur. Ce sel bien ou mal employé dans les bains ou bouillons, met une grande différence dans les teintures.

La crême ou le criftal de *tartre* qu'employent les teinturiers du grand teint, n'eft autre chofe que le *tartre blanc* ou rouge, mis en poudre & réduit en petits criftaux blancs, par le moyen de l'eau bouillante, de la chauffe & de la cave.

La meilleure crême de *tartre* vient de Montpellier. Il s'en fait auffi à Nîmes & aux environs ; mais elle n'eft pas auffi bonne.

La chymie élabore ce fel de diverfes manières & en tire, entr'autres, le fel végétal, ou *tartre foluble*, le *tartre chalibé* ou *martial*, le *tartre martial foluble*, le *tartre émétique*, l'efprit de *tartre*, l'huile de *tartre*, de la teinture de fel de *tartre*, du *tartre vitriolé*, du fel volatil de *tartre*, &c.

« Le *tartre*, comme droguerie, paye à l'entrée & à la fortie des cinq groffes fermes, cinq pour cent de la valeur ».

« Le *tartre de vin*, voyez GRAY DE TONNEAU ».

TAS. Amas de plufieurs chofes mifes enfemble. On fe fert de ce terme dans le commerce, lorfqu'on fait des marchés de chofes qui ne fe comptent ni ne fe pèfent, & qu'on vend ou qu'on achete en bloc.

Le mot *tas* a encore diverfes acceptions dont on ne parlera pas ici, parce qu'elles n'ont lieu qu'entre certains ouvriers pour défigner des outils de leur art ou profeffion, ou quelques-unes de leurs opérations.

TASCHE. Ce qu'un ouvrier peut faire d'ouvrage pendant un tems qu'on lui fixe ou qu'il fe fixe lui-même.

TASCHE. S'entend quelquefois par oppofition à journée ; dans ce fens c'eft ce qu'un ouvrier doit rendre d'ouvrage pour un prix convenu, & qu'il fait à fa commodité & quand il veut. *Voyez* JOURNÉE.

TASOT. Vingt-quatrieme partie du cobit, ou de l'aune de Surate. Le *tafot* a un peu plus d'un pouce de roi ; ainfi le cobit eft de deux pieds feize lignes. *Voy.* COBIT.

TAVELÉ, TAVELÉE. Qui a des taches ou des marques fur la peau. Cet adjectif ne s'employe que dans le commerce des pelleteries & entre les marchands foureurs.

TAVELURE. C'eft la bigarure que produifent fur une peau les taches ou marques de couleur différente qui s'y rencontrent ou qu'on y a peintes.

TAVERNE. Lieu où l'on vend du vin en détail. *Voy.* CABARET.

TAVERNIER. Celui qui tient taverne. *Voyez* CABARETIER.

TAURE, qu'on appelle plus communément *geniffe*. Jeune vache, dont le taureau n'a point encore approché. Elle fournit au commerce les mêmes marchandifes que la vache. *Voy.* VACHE.

TAUREAU. Quadrupède ruminant, dont les pieds font fourchus, & le front armé de cornes. Lorfqu'il eft jeune on l'appelle d'abord *veau*, & enfuite *taurillon*. S'il eft châtré on le nomme *bœuf*. Sa femelle eft la vache. On n'éleve le *taureau* en Europe que pour la propagation de l'efpèce, cet animal étant peu propre au tirage & fa chair n'étant pas bonne à manger. C'eft, en quelques lieux, un droit de feigneur d'obliger fes vaffaux à amener leurs vaches au *taureau* de la feigneurie, & qu'on nomme dès lors le *taureau banal*.

« Les *taureaux* & *taurillons* doivent à toutes les entrées & forties du royaume, 6 f. de la piéce, fuivant l'arrêt du 7 avril 1763, qui les exempte de droits à la circulation ».

TAUREAU SAUVAGE. Se dit par oppofition à *taureau domeftique*. Le *taureau fauvage* vit dans les bois & dans les plaines des pays peu habités.

Plufieurs ifles de l'Amérique, telles que Saint-Domingue & Hifpaniola, ou l'ifle de Cuba, & divers cantons de fon continent, fur-tout Buenos-Ayres, nourriffent quantité de ces animaux, dont les peaux forment un très-grand & très-riche commerce. On en trouve encore beaucoup, mais de moins beaux, fur plufieurs côtes d'Affrique, particulièrement fur celles de Barbarie & du Cap-Ver, d'où il nous en vient par les vaiffeaux qui y vont faire la traite des négres.

Les *taureaux* du continent de l'Amérique font beaucoup plus grands que les plus beaux d'Europe. Leurs peaux fechées font tout apprêt, dans les lieux où fe fait la chaffe de ces animaux, arrivent en poil en Europe, où elles font tannées, & y obtiennent la préférence fur toutes celles du pays qui les employe.

TAUREAU-CERF. Animal qui fe trouve communément dans les Indes. Son nom lui vient de fes cornes qui reffemblent affez au bois du cerf. Il eft privé ; auffi fert-il aux mêmes ouvrages que le bœuf en Europe. Le *taureau-cerf* d'Ethiopie eft à peu-près femblable à celui des Indes ; mais il eft très-féroce & ne s'apprivoife jamais.

A l'égard des autres marchandifes qu'on peut tirer du *taureau*, outre fa peau, on en a parlé ailleurs. *Voy.* BŒUF.

TAUX, Prix établi & fixé fur certaines marchandifes ou fur des denrées par l'autorité publique. Quelquefois, & même prefque toujours, la volonté des vendeurs fait le *taux* des chofes à vendre, autres que celles dont la police fait la taxe.

C'eft le grand-prevôt de l'hôtel qui fixe le *taux* de certains objets qui fe vendent à la fuite de la Cour. Les prevôts des armées ont le même droit fur ce qui fe débite aux troupes, lorfqu'elles font campées.

A Paris, le prevôt des marchands & les échevins mettent le *taux* aux bois, au charbon & à quelques autres fortes de marchandifes qui arrivent par eau & qui fe vendent fur les ports de cette capitale ; mais le *taux* des grains dans les marchés, & du pain qui fe fait chez tous les boulangers de la ville & de fes fauxbourgs, qui s'apportent de dehors tous les mercredis & famedis, fe fixe par le lieutenant-général de police.

Les quakers, en Angleterre & en Hollande, mettent un prix fixe sur tout ce qui fait l'objet de leur commerce, & regardent ce *taux* comme une espèce d'acte de religion. Il seroit bien à souhaiter que tous les marchands de Paris & d'ailleurs se conduisissent d'après le même principe ; mais comment se flatter que tous se refuseront à l'occasion de survendre ; & comment ôter à certains acheteurs la manie de marchander, lors même qu'ils ont exigé du marchand de leur dire en conscience le juste prix de leur marchandise ?

Le *taux* du Roi, pour l'intérêt de l'argent ou pour les rentes, a varié souvent en France. Avant 1634, il étoit au denier seize. Depuis ce tems il a été fixé successivement au denier dix-huit, au denier vingt & au denier vingt-cinq, à la fin du règne de Louis XIV. Il a même été plus bas au commencement de celui de Louis XV, est revenu au denier vingt, puis vingt-cinq, & enfin au denier vingt, où il est actuellement.

TAYOLLES. Espèce de ceintures de fil ou de laine.

T C

TCHEOUSE. Espèce de taffetas de la Chine, dont les Chinois font des caleçons, des chemises & des doublures. Il est assez serré, & néanmoins si pliant, qu'on a beau le presser, on ne peut lui faire prendre de pli. La commodité qu'on a de le laver, comme la toile, fait qu'on s'en sert aux mêmes usages.

T E

TECCALIS. Poids dont on se sert dans le royaume de Pégu. Les cent *teccalis* font quarante onces de Venise. Un giro fait vingt-cinq *teccalis*, & un abbuco douze *teccalis* & demi.

TEINDRE.
TEINT.
TEINTURIER.
TEINTURE. } *Voy.* le Dictionnaire des arts, où ces quatre articles y sont traités.

TELA. Médaille d'or qui se frappe à l'avénement à la couronne de chaque souverain de Perse, & dont on fait des largesses au peuple.

Les *telas* sont du poids des ducats d'or d'Allemagne, mais n'étant pas monnoie, ils n'ont aucun cours dans le commerce, & valent plus ou moins suivant leur rareté, ou l'envie qu'on a d'en avoir.

On frappe encore des *telas* au commencement de chaque année. Ils sont à peu près comme ces jettons d'or que le prévôt des marchands de Paris présente dans la même circonstance au roi & aux princes de son sang. Ils ne sont pas plus regardés comme monnoie courante que les autres *telas*. Il n'y en a pas en Perse d'autres espèces de cours que celles qui y viennent de l'étranger.

Tous ces *telas* se nomment aussi des *cherafis* ; c'est-à-dire des nobles.

TELARSKY-BIELKY. Sorte de fourrures que l'on tire de la Sybérie & de quelques autres états de l'Impératrice de Russie, qui se trouvent sur la route de Moscou à Pekin, principalement à Tomskoy, ville considérable pour ce pays par son commerce, & située sur le Tom.

Ces fourrures sont très-grandes, & d'une blancheur égale à celle de la neige. Les Russes les estiment beaucoup & les réservent presque toutes pour les magasins & l'usage de leur souverain. Il en passe cependant à la Chine.

TELLE, qu'on nomme ordinairement *tael*, & que les Chinois appellent *leam*. Espèce de monnoie d'argent de la Chine, ou plutôt un morceau de ce métal qui s'y prend au poids. C'est aussi une monnoie de compte du Japon. *Voyez* TAEL.

TELON. Sorte d'étoffe dont la chaîne est de lin ou de chanvre, & la trême de laine. C'est une espèce de tiretaine ou de droguet, qui, suivant le réglement du 19 février 1671 ne doit avoir qu'une demi-aune de large.

TEMAN. Mesure pour les liquides dont on se sert à Moka ou Mocha, ville de l'Arabie heureuse. Quarante méméedas font le *teman*. Chaque méméedas contient trois chopines de France, ou trois pintes d'Angleterre.

TEMIN. On nomme ainsi dans le Levant les louis de cinq sols de France. Le commerce de cette petite monnoie d'argent, après avoir eu long-tems la vogue dans les états du grand Seigneur, y fut enfin défendu à la réquisition de l'ambassadeur de France, parce que l'on s'apperçut que les nations d'Europe n'y en portoient plus que de très-altérées, ou même d'entièrement fausses. *Voyez* LOUIS DE CINQ SOLS.

TENEUR DE LIVRES. Le commis qui chez un banquier ou chez un négociant, est chargé de porter sur les livres, toutes les affaires de commerce de son maître.

TENEUR. Ce qui est porté par un écrit quelconque.

TENG-CHIOU. Petite balance en forme de romaine, dont on se sert à la Chine, pour peser l'or & l'argent. *Voy.* BALANCE & ROMAINE.

TENIR. Est un terme dont on se sert en tant de manières dans le commerce qu'on croit inutile de les rapporter toutes. On se contentera d'insérer ici les principales, & qui sont plus en usage dans le négoce de mer & de terre.

TENIR-PORT. C'est rester un certain temps fixé par les réglemens de police, dans les ports où les voituriers par eau arrivent, pour y vendre les grains, bois, vins, charbons, & autres marchandises dont les bateaux sont chargés. A Paris ils doivent *tenir port* pendant quinze jours pour toutes sortes de marchandises, à l'exception du vin, pour lequel ils le doivent tenir pendant un mois. *Voyez* VOITURIER

TENIR MAGASIN, se dit des marchands en gros qui n'étalent pas dans des boutiques sur la rue, mais qui tiennent leurs marchandifes dans des magafins, où ils les vendent en pièces ou en balles.

TENIR LA CAISSE. C'eft être chargé chez un négociant, un marchand, ou un banquier, de payer les divers engagemens dont il eft tenu ; de recevoir les fommes qui lui font dues, & enfin de tenir régître de tout l'argent qui entre en caiffe, & de celui qui en fort.

TENIR UNE MAISON DE BANQUE. Voyez BANQUIER.

TENIR DE CHAIR. (Terme de chamoifeur.) C'eft donner aux peaux de mouton & de chevre une façon fur le chevalet, que quelques ouvriers défignent par le mot écharner. Voyez CHAMOIS.

TENIR LES LIVRES. (Terme de commerce.) C'eft écrire fur des régîtres, qui ont des noms différens, fuivant l'objet auquel ils font deftinés, les achats, les ventes, & les expéditions de marchandifes, l'argent qui entre en caiffe & qui en fort, les dettes actives & paffives ; en un mot toutes les affaires d'un commerçant, & tout ce qui y a rapport. Voy. LIVRES.

TENIR COMPTE. C'eft porter au crédit du compte d'un autre, les fommes ou les marchandifes qu'on a reçues de lui ou pour lui.

TENIR BOUTIQUE. C'eft en occuper une & y faire un commerce quelconque. Voy. BOUTIQUE.

TENTURE DE TAPISSERIE. Une quantité de pièces ou d'aunes de tapifferie, fuffifante pour tapiffer une chambre, un falon, un cabinet.

TEPIS. Etoffe de foie & coton qui fe fabrique aux Indes orientales. C'eft la plus commune de celles qui viennent en France par les vaiffeaux de la compagnie des Indes, parce qu'il y entre fort peu de foie. Les tepis ont depuis cinq aunes jufqu'à fept de longueur, fur deux tiers de large, ou à peu près.

TERCELIN. Marchandife qui eft employée parmi les drogues dans le tarif de la douane de Lyon de 1632.

TÉRÉBENTHINE. Gomme ou réfine qui coule naturellement ou par incifion de divers arbres gras & réfineux, tels que le vrai térébinthe, les mélèzes, les pins, les fapins, &c.

On diftingue trois fortes de térébenthines ; celle de Chio, celle du bois de pilatre, fauffement dite de Venife, & celle de Bordeaux.

La térébenthine de Chio, la feule véritable & qui a donné le nom à toutes les autres, eft une réfine d'un blanc tirant fur le verd, claire, vifqueufe & peu odorante, qui fe tire de l'arbre appellé térébinthe.

Il faut la choifir en confiftance folide, & qu'elle n'ait prefque ni goût ni odeur, & fur-tout qu'elle tienne peu au doigt quand on la touche, ni aux dents, quand on l'éprouve de cette manière ; ce qui la fait reconnoître de celle dite de Venife, qu'on lui fubftitue fouvent, & qui eft d'une odeur forte, d'un goût amer, & très-adhérente.

La térébenthine de Venife, c'eft-à-dire, celle

du bois de pilatre, vient du Forez, & eft envoyée aux marchands épiciers droguiftes de Paris, par ceux de Lyon. Il faut la choifir, blanche & claire, & prendre garde qu'elle n'ait pas été contrefaite avec l'huile de térébenthine.

La térébenthine de Bordeaux, qu'on appelle auffi commune & de Bayonne, eft blanche & épaiffe comme du miel. Elle ne découle pas des arbres telle qu'on l'envoie. Celle-ci n'eft proprement qu'une compofition, dans laquelle entre, entre autres ingrédiens, cette réfine blanche & dure qu'on appelle communément galipot, & que les montagnards nomment barras ou baras.

Il y a encore d'autres térébenthines dites de Chypre, de Pife & de Strafbourg ; mais il ne s'en fait aucun commerce à Paris.

On met auffi au nombre des térébenthines, une efpèce de liqueur que produit l'arbre nommé cèdre. Voy. CÈDRE vers la fin de l'article.

On tire de la térébenthine, par la diftillation, deux fortes d'huiles, l'une blanche ; & l'autre rouge, regardées comme une efpèce de baume, propre à la guérifon des plaies & des angelures. On en trouve difficilement à Paris ; celle que les droguiftes de cette ville vendent fous le nom d'huile œthérée, d'efprit ou d'effence de térébenthine, n'étant qu'une diftillation de la réfine nommée galipot, nouvellement fortie de l'arbre. Voyez GALIPOT.

L'huile de térébenthine, pour être bonne, doit être claire & blanche comme de l'eau, d'une odeur forte & pénétrante.

« La térébenthine paie à l'entrée des cinq groffes fermes, par quintal net, au tarif de 1664 ; celle de Venife 2 livres 10 fols ; celle autre que de Venife 10 fols à la fortie des cinq groffes fermes, fuivant l'arrêt du 17 août 1706, cinq pour cent de la valeur, comme omife au tarif de 1664, à moins qu'on ne juftifie de l'acquittement du droit d'entrée. »

« A la douane de Lyon, par quintal net, la fine 1 livre 12 fols 6 deniers ; la commune 15 fols. »

« A la douane de Valence, par quintal net, 3 livres 11 fols. »

TÉRÉBINTHE. Arbre réfineux, d'où coule la véritable térébenthine, qui a communiqué fon nom à quantité d'autres réfines dont il eft parlé dans l'article précédent.

TÉRÉNIABIN. Efpèce de manne liquide. Voy. MANNE.

TÉRINDANNES ou TÉRINDACMS. Mouffeline ou toile de coton fine, qui vient des Indes orientales, principalement du Bengale. Elles ont feize aunes de long fur trois quarts à fept huit de large. Voy. MOUSSELINE.

TERME. Tems réglé, prefcrit ou convenu pour faire quelque paiement, ou pour s'acquitter de quelque obligation.

TERME. Signifie auffi délai, temps que l'on accorde à un débiteur pour payer ce qu'il doit.

TERNEUVIER,

TERNEUVIER, ou TERNEUVIEN. Navire marchand armé & équipé pour aller faire la pêche de la morue sur le grand banc de Terre-Neuve, ou dans les environs. *Voy.* MORUES.

TERRAMERITA ou CONCOUME, en latin *Curcuma*, qu'on appelle *safran* ou *souchet* des Indes, de Malabar & de Babylone, est une racine qui sert aux teinturiers pour teindre en jaune. Elle est jaunâtre en dedans & en dehors, extrêmement dure, & presque semblable au gingembre par la forme & par la grosseur.

La terramerita doit être choisie grosse, nouvelle, raisineuse, difficile à casser, pesante, point vermoulue & sans pourriture.

Cette drogue est du nombre de celles qui par leur qualité colorante appartient aux teinturiers du grand teint, à l'exclusion de ceux du petit teint.

« La *terramerita* ou *curcuma*, paie les droits d'entrée dans les cinq grosses fermes au tarif de 1664, par quintal, 2 liv. 5 sols; à la sortie d'icelles cinq pour cent de la valeur. »

« A la douane de Lyon 1 livre; & à celle de Valence, par quintal net, 3 livres 11 sols. »

TERRAILLE. On donne à Paris ce nom à de la poterie fine, jaunâtre, ou grisâtre, qui se fabrique à Escrome, près le pont Saint-Esprit, petite ville de France sur le Rhône, où l'on en fait des caffetières, des theyères ou thelières, des tasses & des soucoupes, dont Paris fait un assez grand commerce.

Dans beaucoup d'autres villes de France, au contraire, on comprend sous le nom de *terraille*, tous les vaisseaux & ustensiles faits avec de la terre commune.

TERRE A DÉGRAISSER. Ce qu'on appelle communément *terre glaise* ou *terre à potier*. *Voy.* FOULON; *voyez aussi* POTIER DE TERRE.

TERRE CITRIN. *Voy. ci-après* TERRE SIGILLÉE.

TERRE D'OMBRE. Espèce de terre ou de pierre fort brune, qui sert aux peintres & aux gantiers. Il y en a de deux sortes; l'une de couleur minime, tirant sur le rouge, & l'autre seulement grise, mais inférieure à la première. L'une & l'autre viennent du Levant, & particulièrement d'Égypte. Il faut la choisir tendre & en gros morceaux.

Il y a une troisième espèce de *terre d'ombre*, qu'on appelle *terre de Cologne*, parce qu'elle en vient; elle est plus brune que l'autre.

« La *terre d'ombre* paie les droits d'entrée dans les cinq grosses fermes à raison de 10 sols par quintal net, au tarif de 1664; à la sortie exempte comme droguerie étrangère. »

« A la douane de Lyon, venant de l'étranger; venant de l'intérieur 10 sols 9 den. »

« A celle de Valence 1 liv. 3 sols 8 den. »

TERRE DE PERSE. On la nomme aussi *rouge d'Inde*, & improprement *rouge d'Angleterre*. *Voy.* ROUGE D'INDE.

TERRE DE PIERRE. Espèce de minéral dont on

se sert pour la fonte du fer, & qu'on nomme plus ordinairement *castine*. *Voy. ce dernier mot.*

TERRE ROUGE, propre à la teinture. *Voyez* ROUGE. *Voy. aussi* BOL.

« Cette *terre* paie les droits à l'entrée des cinq grosses fermes au tarif de 1664, par quintal, 3 s.; à la sortie cinq pour cent de la valeur. »

« A la douane de Lyon, venant de l'étranger 10 sols; venant de l'intérieur 10 sols 9 den. »

« A celle de Valence 5 sols 6 den. »

TERRE DE MOULARD. Elle se trouve au fond des auges des remouleurs, & sert pour la teinture, particulièrement pour les noirs. Son usage n'est permis par les réglemens qu'en certaines occasions.

« Elle paie à l'entrée des cinq grosses fermes, par baril, 2 sols au tarif de 1664; à la sortie 6 sols. »

« A la douane de Lyon 1 sol. »

« A celle de Valence 5 sols 6 den. »

TERRE DE BELLIEVRE, est celle avec laquelle on construit, dans les manufactures de glaces, le dedans & les glaces des fours. On en fait aussi les pots à verre, & les cuvettes qui servent à couler les glaces de grand volume. Elle se tire d'une carrière près de Forge en Normandie. *Voy. l'art.* GLACES.

TERRE CIMOLÉE ou CIMOLIENNE. Espèce de bol, ou de terre savonneuse qui se trouve dans l'île de l'Argentière, nommée autrefois chez les Grecs, *Chimoli*.

Cette terre est une craie blanche, pesante, & sans goût, remplie de sablon qui se sent sous la dent. Elle sert à décrasser & à blanchir le linge; mais on s'en sert peu à Paris, où elle n'est guère connue.

Elle sert en médecine à résoudre les humeurs.

TERRE SIGILLÉE, ou LEMNIENNE, du nom de l'île de Lemnos, d'où les anciens la tiroient: espèce de craie de différentes couleurs, à qui on a donné le nom de *terre sigillée*, à cause des cachets dont elle porte ordinairement l'empreinte.

Cette terre est pesante, molle & friable, le plus communément rouge, & souvent blanchâtre ou citrine. Celle en petits pains rougeâtres est la plus estimée. Quoiqu'on n'en fasse pas aujourd'hui autant de cas qu'autrefois, elle entre néanmoins dans la composition de la thériaque.

Cette terre sert encore à faire des vases qu'on estime, & qui font l'ornement des cabinets des curieux.

« La *terre sigillée* paie à l'entrée des cinq grosses fermes, par quintal, 2 livres; à la sortie cinq pour cent de la valeur. »

« A la douane de Lyon, par quintal net, 2 liv. 10 s. »

« A celle de Valence 3 livres 11 sols. »

TERRE VERTE. Il y en a de deux sortes: celle de Veronne, qu'on nomme aussi *Chypre*, & la commune. La première se trouve en Italie, aux environs de la ville dont elle porte le nom, & la commune en plufieurs endroits, & même en France. Cette terre fert à peindre, & fur-tout à frefque. Il y en a encore une troifième forte qu'on appelle *terre verte de mine*.

TERTIA. Mot emprunté du latin, défignant un tiers ou la troifième partie d'un tout. *Voy.* TIERS.

TESCARET ou THESKÉRÉ. Certificat que donnent dans les échelles du Levant les commis de la douane, lorfque les marchandifes y ont payé les droits d'entrée. En préfentant ce *theskéré*, elles paffent franches dans les autres villes des états du grand Seigneur, c'eft-à-dire, dans celles dépendantes de la douane où elles ont payé ; car dans les autres, comme celles du grand Caire, elles doivent payer de nouveau. *Voy.* THESKÉRÉ.

TESTIC ou POIL DE CHAMEAU. *Voyez* CHAMEAU.

TESTON. Ancienne monnoie d'argent qui fe fabriquoit en France & dans plufieurs autres états, mais qui n'a plus de cours dans le royaume, & peu dans les pays étrangers, excepté en Italie, où il eft également monnoie courante & monnoie de compte.

Le *tefton* de Florence vaut deux lires ou trois jules, monnoie de cette ville. Le jule fur le pied de quarante quadrins, & le quadrin du prix de deux deniers tournois de France ; enforte que le tefton de Florence revient à 1 livre de France.

Le *tefton* Romain vaut trois jules ou trente bayoques, là bayoque prife fur le pied de cinq quadrins, & le quadrin pour trois deniers.

TÊTE. Signifie, dans le fens propre, *la partie fupérieure & antérieure de l'animal*. Il fe dit auffi dans le fens figuré, de tout ce qui femble en tenir lieu dans les chofes inanimées, de ce qui en a la forme, ou qui en eft la partie la plus élevée.

Il y a pareillement dans le commerce & dans les arts & métiers quantité de chofes auxquelles on donne le nom de *tête*.

TÊTE. (*clous à*) On nomme ainfi ceux qui ont une tête ou petit morceau de fer plat à l'extrémité oppofée à leur pointe. Il y en a de diverfes fortes, fçavoir, *clous à tête* emboutée, à *tête* à trois coups, à *tête* rabattue, à *tête* de champignon, à *tête* platte, à *tête* ronde, & à deux *têtes*.

TÊTE EMBOUTÉE. C'eft la plus groffe des broquettes. *Voy.* BROQUETTE ; & pour toutes les autres fortes de clous. *Voy.* CLOU.

TÊTE DE CHEVEUX. *Terme de fabrique de perruques.* Voy. CHEVEUX.

TÊTE DE NÈGRES. *Voy.* NÈGRES.

TÊTE DE LISSES. *Voyez* LISSES & GAZE.

TÊTE DE MORE. *Voy.* GUIPURE.

TÊTE D'AIGUILLE. *Voy.* CHAS.

TÊTE DE CHARDON. *Voy.* BOSSE DE CHARBON, & CHARDON.

TÊTE D'ARGUE. *Voy.* ARGUE.

TÊTE ET QUEUE. *Voy.* CHEF.

TÊTE DE LINOTTE. *Voy.* CHARDON.

TÊTE DE MOINE. *Voy.* FROMAGE.

TÊTE OU ŒIL DE LETTRES. *Voy.* FONDEUR DE CARACTÈRES.

TÊTE. (*En terme de potier de terre*); c'eft ce qu'on appelle proprement la *girelle*. Voy. POTIER DE TERRE.

TÊTE DE BOUGIE. *Voy.* l'article CIRE, où il eft parlé de la fabrique des bougies.

TÊTE. (*En terme de rotier*.) Voy. l'article des RÉGLEMENS *pour les toiles*.

T H

THAMALAPATRA, qu'on nomme quelquefois *malabatrum*, & plus ordinairement *folium indum*. C'eft la feuille d'un arbre, qui croît aux Indes, que les apothicaires font entrer dans la compofition de la thériaque.

THAPSIC. Plante d'une acrimonie extraordinaire, & qui n'entre que dans le remèdes violens. Il y en a de deux fortes, la blanche & la noire. La blanche a fes feuilles comme le fenouil, & des ombelles comme l'aneth ; fes fleurs font jaunes & fa graine large : on l'appelle auffi *turbit gris*, & les apothicaires ignorans ou de mauvaife foi, ne le fubftituent que trop ordinairement au vrai turbit. La noire n'eft guère différente de la blanche que par la couleur.

THÉ, ou comme le nomment les Chinois *tcha*. C'eft la feuille d'un arbriffeau qui croît dans plufieurs provinces de la Chine, du Japon & de Siam.

Cet arbriffeau s'élève jufqu'à fix pieds ; il fe plaît dans les lieux efcarpés. On le trouve plus fouvent fur le penchant des colines & le long des rivières. Les Chinois en fement des champs entiers ; les Japonois fe contentent d'en garnir les lifières de leurs campagnes. Il lui faut fept ans pour atteindre fa plus grande hauteur. On coupe alors la tige pour obtenir de nouveaux rejettons, dont chacun donne à peu près autant de feuilles qu'un arbriffeau entier.

Ces feuilles, la feule partie qu'on eftime dans le *thé*, font alternes, ovales, aiguës, liffes, dentelées dans leur contour, & d'un verd foncé. Les plus jeunes font tendres & minces. Elles deviennent plus fermes & plus épaiffes en vieilliffant. A leur bafe fe trouvent des fleurs ifolées, qui ont un calice à cinq ou fix divifions, autant de pétales blancs fouvent réunis par le bas, un grand nombre d'étamines placées autour d'un piftil. Celui-ci fe change en une capfule ligneufe, arrondie, à trois côtes & trois loges remplies chacune d'une femence fphérique ou de plufieurs femences anguleufes.

Outre ce *thé*, connu fous le nom de *thé bouy*, on peut diftinguer deux autres efpèces bien caractérifées. L'une eft le *thé* verd, dont la fleur eft compofée de neuf pétales ; l'autre le *thé* rouge qui a une grande fleur à fix pétales rouges, & garnie dans fon centre d'une houppe d'étamines réunies à leur bafe. On ignore s'il exifte un plus grand nombre d'espèces. Des trois dont nous venons de parler, la première est la plus commune. On cultive le *thé* bouy dans la plupart des provinces de la Chine ; mais il n'a pas le même degré de bonté par-tout, quoique par-tout on ait l'attention de le placer au midi & dans les vallées. Celui qui croît dans un sol pierreux est fort supérieur à celui qui sort des terres légères, & plus supérieur encore à celui qu'on trouve dans les terres jaunes. Delà les variétés que l'on qualifie improprement du nom d'*espèces*.

La différence des terreins n'est pas la seule cause de la perfection plus ou moins grande du *thé*. Les saisons où la feuille est ramassée y influent encore davantage.

La première récolte se fait sur la fin de février. Ses feuilles alors petites, tendres & délicates, forment ce qu'on appelle le *ficki-tsjaa*, ou *thé impérial*, parce qu'il sert principalement à l'usage de la cour & des gens en place. Les feuilles de la seconde récolte, qui est au commencement d'avril, sont plus grandes & plus développées, mais de moindre qualité que les premières. Elles donnent le *tootsjaa*, ou le *thé Chinois* que les marchands distinguent en plusieurs sortes. Enfin les feuilles cueillies au mois de juin & parvenues à leur entière croissance, donnent le *bantsjaa*, ou le *thé*, grossier réservé pour le peuple.

Un troisième moyen de multiplier les variétés du *thé* consiste dans différentes manières de le préparer. Les Japonois, au rapport de Kempfer, ont des bâtimens particuliers qui contiennent une suite de petits fourneaux, couverts chacun d'une platine de fer ou de cuivre. Lorsqu'elle est échauffée on la charge de feuilles, qui auparavant ont été plongées dans l'eau chaude, ou exposées à sa vapeur. On les remue avec vivacité, jusqu'à ce qu'elles aient acquis un degré de chaleur suffisant. On les verse ensuite sur des nattes & on les roule entre les mains. Ces procédés répétés deux ou trois fois, absorbent toute l'humidité. Au bout de deux ou trois mois, ils sont réitérés, sur-tout pour le *thé impérial*, qui, devant être employé en poudre, demande une dessication plus complète. Ce *thé* précieux se conserve dans des vases de porcelaine ; celui de moindre qualité dans des pots de terre ; le plus grossier dans des corbeilles de paille. La préparation de ce dernier n'exige pas tant de précautions. On le dessèche à moins de frais à l'air libre. Outre ces *thés*, il en est d'autres qu'on apporte en gâteaux, en boules, en petits paquets liés avec de la soie. On en fait aussi des extraits.

La pratique des Chinois sur la culture, la récolte & la préparation du *thé* est moins connue : mais il ne paroît pas qu'elle s'éloigne de celle des Japonois. On a prétendu qu'ils ajoutoient à leur *thé* quelque teinture végétale. On a encore attribué, mais sans raison, sa couleur verte à un mélange de couperose, ou à l'action de la platine de cuivre sur laquelle la feuille a été desséchée.

Le *thé* est la boisson ordinaire des Chinois. Ce ne fut pas un vain caprice qui en introduisit l'usage. Dans presque tout leur empire les eaux sont malsaines, de mauvais goût. De tous les moyens qu'on imagina, pour les améliorer, il n'y eut que le *thé* qui eut un succès entier. L'expérience lui fit attribuer d'autres vertus. On se persuada que c'étoit un excellent dissolvant, qui purifioit le sang, qui fortifioit la tête & l'estomac, qui facilitoit la digestion & la transpiration.

La haute opinion que les premiers Européens qui pénétrèrent à la Chine, se formèrent du peuple qui l'habite, leur fit adopter l'idée, peut-être exagérée, qu'il avoit du *thé*. Ils nous communiquèrent leur enthousiasme, & cet enthousiasme a été toujours en augmentant dans le nord de l'Europe & de l'Amérique, dans les contrées où l'air est grossier & chargé de vapeurs.

Quelle que soit en général la force des préjugés, on ne peut guère douter que le *thé* ne produise quelques heureux effets chez les nations qui en ont plus généralement adopté l'usage. Ce bien ne doit pas être pourtant ce qu'il est à la Chine même. On sait que les Chinois gardent pour eux le *thé* le mieux choisi & le mieux soigné, ou qu'ils mêlent souvent au *thé*, qui sort de l'empire, d'autres feuilles, qui, quoique ressemblantes pour la forme, peuvent avoir des propriétés différentes. On sait que la grande exportation qui se fait du *thé*, les a rendus moins difficiles sur le choix du terrein & moins exacts pour les préparations. Notre manière de le prendre se joint à ces négligences, à ces infidélités.

Nous le buvons trop chaud & trop fort. Nous y mêlons toujours beaucoup de sucre, souvent des odeurs, & quelquefois des liqueurs nuisibles. Indépendamment de ces considérations, le long trajet qu'il fait par mer suffiroit pour lui faire perdre la plus grande partie de ses sels bienfaisans.

On ne pourra juger définitivement du *thé* que lorsqu'il aura été naturalisé dans nos climats. On commençoit à désespérer du succès, quoique les expériences n'eussent été tentées qu'avec des graines, qui étant d'une nature très-huileuse, sont sujettes à rancir. Le célèbre Linné reçut enfin cet arbrisseau germant, & il parvint à le conserver hors des serres en Suède même. Quelques pieds ont été portés depuis dans la Grande-Bretagne, où ils vivent, fleurissent, & se multiplient en plein air. La France s'en est aussi procuré ; & il réussiroit vraisemblablement dans les provinces méridionales de ce royaume. Ce sera un très-grand avantage de cultiver nous-mêmes une plante, qui ne peut que difficilement autant perdre à changer de sol qu'à moisir, dans la longue traversée qu'elle est obligée de faire.

Le *thé* est devenu, avec le tems, un des plus grands objets de commerce.

Les lords Arlington & Ossori l'introduisirent en Angleterre. Ils y en apportèrent de Hollande, en

1666, & leurs femmes le mirent à la mode chez les personnes de leur rang. La livre pesant se vendoit alors près de 70 liv. à Londres, quoiqu'elle n'en eut coûté que trois ou quatre à Batavia. Ce prix qui ne diminua que très-lentement, n'empêcha pas que le goût de cette boisson ne fît des progrès. Cependant elle ne devint d'un usage commun que vers 1715. Alors seulement on commença à prendre du thé verd; car jusqu'à cette époque on n'avoit connu que le thé bouy. Depuis, la passion pour cette feuille Asiatique est devenue générale. Peut-être cette manie n'est-elle pas sans inconvénient; mais on ne sauroit nier que la Nation ne lui doive plus de sobriété que n'en avoient pu obtenir les loix les plus sévères, les déclamations éloquentes des Orateurs Chrétiens, les meilleurs traités de morale.

Il fut porté de la Chine, en 1766, 6,000,000 pesant de thé par les Anglois; 4,050,000 livres par les Hollandois; 2,400,000 livres par les Suédois, autant par les Danois; 2,100,000 livres par les François. Ces quantités réunies formoient un total de 17,400,000 livres. La préférence que la plupart des peuples donnent au chocolat, au caffé, à d'autres boissons; des observations suivies pendant plusieurs années; des calculs les plus exacts qu'il soit possible de faire dans des matières si compliquées; tout nous décide à penser que la consommation du continent de l'Europe ne s'élevoit pas alors au-dessus de 5,400,000 livres; en ce cas celle de la Grande-Bretagne devoit être de 12,000,000 livres.

On comptoit alors 2,000,000 d'hommes dans la métropole, & 1,000,000 dans les colonies, qui faisoient un usage habituel du thé. Chacun en consommoit environ quatre livres par an; & la livre, en y comprenant les droits, étoit vendue l'une dans l'autre, 6 l. 10 s. Suivant ce calcul le prix de cette denrée se seroit élevé à 72,000,000; mais il n'en étoit pas tout-à-fait ainsi; parce que la moitié entroit en fraude & coûtoit beaucoup moins à la Nation.

Malgré la guerre de la Grande-Bretagne avec l'Amérique & la perte de la plus grande partie de ses colonies, l'importation du thé en Angleterre n'a pas cessé d'augmenter, parce que l'usage s'en étend toujours de plus en plus dans ce pays & dans les pays du nord où les Anglois font commerce.

On apporte du thé dans des boîtes d'étain nommées barres, qui en contiennent jusqu'à 50 livres. Il vient aussi dans des boîtes de même matière, de différentes grandeurs, d'une demi livre & au-dessus.

Il faut choisir le thé verd, odorant, le plus entier qu'il se peut, & sur-tout prendre garde qu'il ne soit point éventé.

« Venant de l'étranger, il doit uniformément à son entrée par les bureaux ouverts aux drogueries, suivant l'arrêt du 6 août 1726, par livre pesant net 10 sols ».

« Il paye le même droit dans les autres bureaux,

lorsqu'il y est présenté par des voyageurs, & en petite quantité pour leur consommation : la ferme générale y a consenti par sa lettre du 26 août 1776 ».

« Venant du commerce des François dans l'Inde, il n'acquitte, suivant l'arrêt du 8 juillet 1732, par quintal net, que 6 l. » Le thé ne paye plus de droits à la circulation. Il est également exempt de droits en passant à l'étranger.

THÉRIAQUE. Composition de diverses drogues préparées, pulvérisées & réduites en opiat ou électuaire liquide, par le moyen du miel. Son usage le plus ordinaire est contre les poisons; cependant elle s'employe pour diverses autres maladies dont l'affoiblissement de la chaleur naturelle & la langueur sont ou la cause ou l'effet.

Andromaque, médecin célèbre du tems de Néron, passe pour en être l'inventeur.

La thériaque de Venise avoit seule autrefois la vogue. Celle qui se fait à Paris & à Montpellier, par les habiles apothicaires, qui n'y sont pas rares, ne lui est en rien inférieure; cependant beaucoup de personnes, encore aujourd'hui, conservent la même prévention en faveur de la thériaque de Venise.

L'eau & le vinaigre thériacal viennent ordinairement de Montpellier; on en fait cependant à Paris d'aussi excellens. On s'en sert contre le mauvais air, soit en le respirant, soit en s'en frottant les tempes, les poignets ou les narines.

« La thériaque de Venise paye à l'entrée des cinq grosses fermes, par quintal net, 10 l., à la sortie, cinq pour cent de la valeur, si on ne justifie pas de l'acquittement des droits d'entrée. A la douane de Lyon, par quintal net, 8 l. 10 s.; à celle de Valence, comme droguerie, 3 l. 11 s. ».

THESKÉRE. Nom que l'on donne dans le levant aux acquits des droits qui se payent dans les douanes des états du grand-Seigneur. Voy. TESCARET.

THIM, THYM ou TIN. Petite plante-très-odoriférante, que tout le monde connoît & dont les cuisiniers font quelqu'usage. On en tire de ses fleurs & de ses feuilles une huile très-agréable, que les droguistes & les parfumeurs de Paris font venir du Languedoc & de la Provence. Voy. HUILE.

THIMÉLÉE. Plante dont la racine est du nombre des drogues médecinales. Celle du Languedoc est la meilleure & doit être préférée à celle de Bourgogne.

THLASPI. Plante médecinale qu'on trouve dans toutes les provinces de France, principalement dans les plus méridionales. Il y a deux sortes de thlaspi : l'un qui s'élève environ un pied de haut, & l'autre plus petit. Le premier, qui est le véritable, doit seul être employé en médecine, en préférant toujours celui de Provence ou de Languedoc.

THON ou TON. Grand poisson de mer, qui a la peau déliée, de grandes écailles, le museau pointu & la gueule armée de dents. Sa plus forte pêche fe fait fur les côtes de Provence, vers Nice & St. Tropès, & fur celles de Sicile & de Sardaigne.

Ce poiffon a le goût du veau, à la chair duquel la fienne reffemble beaucoup. Il faut le choifir nouveau, bien enveloppé de bonne huile & d'une chair ferme.

THONINE ou TONINE. C'eft le nom qu'on donne, en Provence, au *thon* préparé & mis en barils.

« La *thonine* paye, au tarif de 1664, à l'entrée des cinq groffes fermes, par quintal, 1 liv.; à la fortie, 18 f. ».

« A la douane de Lyon, venant de l'étranger, 10 f., venant de l'intérieur, 10 f. 9 d. ».

« A la douane de Valence, par quintal, 1 liv. 9 den. ».

« Plus, pour les droits d'abord, par quintal, 2 liv. ».

« Pour la confommation, 1 l. 7 f. ».

THYM. *Voy.* THIM.

T I

TIBIR. Nom que l'on donne à la poudre d'or en plufieurs endroits des côtes de l'Afrique. *Voyez* POUDRE D'OR.

TIBOSE. Monnoie d'argent qui fe fabrique dans le royaume de Siam.

Voy. l'art. des monnoies des Indes.

Le *tical* eft auffi un poids dont on fe fert dans le même royaume, & qui a jufte la pefanteur du tical monnoie, c'eft-à-dire, trois gros & vingt-trois grains. Les Siamois le nomment chez eux *baat*, le mot *tical* étant Chinois. Le *tical* pèfe quatre mayons, (en Siamois *feling*), le *mayon* deux fouangs, le *fouang* quatre *payes*, & la *paye* deux *clams*. Il y a auffi des *fompayes* qui valent la moitié d'un *fouang*. Tous ces poids font des monnoyes, ou du moins des morceaux d'argent qui en tiennent lieu, tant à la Chine qu'à Siam.

TIERCE. (*Terme du commerce des laines d'Efpagne*) On appelle *laine-tierce*, la troifième forte de laine qui vient de ce royaume. C'eft la moindre de toutes. Cette efpèce de laine fe diftingue par les noms des villes & des lieux d'où on la tire. Ainfi, on dit, *tierce Ségovie, tierce Villecaftin*, &c. *Voy.* LAINE.

TIERÇON. Mefure qui fait le tiers d'une mefure entière; ainfi le *tierçon* d'un muid de vin ou d'autre liqueur, contient environ quatre-vingt-quatorze pintes. Celui à la jauge de Bordeaux en contient cent foixante, trois *tierçons* faifant deux bariques de deux cent quarante bouteilles chacune.

TIERS. Signifie la *troifieme partie* d'un tout, foit d'un nombre, foit d'une mefure. Dans les comptes ou dans les additions de fractions, il fe marque ainfi : ($\frac{1}{3}$, $\frac{2}{3}$).

En Provence, en Dauphiné & en Languedoc, les négocians fe fervent quelquefois du mot *tertia*,

pour exprimer un *tiers*, foit qu'ils l'aient pris du latin ou de l'italien.

TIERS fe dit auffi en quelques lieux de France, d'un petit pot ou mefure qui eft entre la chopine & le demi-feptier. *Voy.* PINTE.

TIGRE. Animal quadrupède, fauvage, cruel & féroce. Il y en a de trois efpèces, qui fe diftinguent par la grandeur. La plus petite eft de la taille d'un gros chat d'Efpagne. La feconde de la groffeur d'un mouton, & la troifieme prefque de la grandeur d'un cheval. Le tigre de cette dernière efpèce eft appelé *tigre royal*.

La peau de ces trois fortes de *tigres* fournit au commerce une très-belle & très-précieufe fourure, qui fait partie du négoce des marchands merciers & des marchands pelletiers. Ce font ces derniers qui les préparent & qui les emploient en manchons, en peliffes, en houffes, &c.

TILLES. Les normands nomment ainfi un outil de tonnelier, qu'on appelle communément *affette* ou *aifette*.

Les navires qui vont à la Guiane, en apportent toujours dans leurs cargaifons pour la traite, les nègres & les fauvages de cette partie de l'Amérique eftimant beaucoup ces outils, parce qu'ils leur font bien plus commodes pour faire & pour creufer leurs canots, que les inftrumens de cailloux & de coquilles, dont ils fe fervoient à cet ufage, avant de connoître les *tilles*.

TILLET (*Terme de libraire*). Il fignifie *la même chofe que billet*. C'eft une permiffion par écrit que donnent le fyndic & adjoints, de retirer des livres des voitures & de la douane. *Voyez* LIBRAIRIE.

TILLEUL, TILLEAU ou TILLOT. Bel arbre qui donne un ombrage très-agréable. Son bois eft tendre, léger & blanchâtre. Il fe débite en tables de deux, trois & quatre pouces, fuivant fa groffeur, qui fe vendent aux cordonniers, bourreliers, felliers & ceinturiers, pour couper leurs cuirs deffus.

Son écorce, qu'on appelle *tille* dans beaucoup d'endroits, fert à faire des cordes pour les puits & pour les greniers où on ferre des fourages.

Sa fleur donne par la diftillation une eau qu'on dit excellente pour rafraîchir le teint.

TIMBRE. Se dit dans le négoce de la pelleterie d'un certain nombre de peaux de martres zibelines ou d'hermines attachées enfemble par le côté de la tête & qui viennent ainfi de la Mofcovie & de la Laponie. Chaque *timbre*, qu'on appelle auffi *maffe*, eft compofé de vingt paires ou couples de peaux. Une caiffe de martres zibelines afforties, venant de Mofcovie, contient dix *timbres* qui font quatre cent peaux. *Voy.* MARTRE & HERMINE.

Le *timbre* de zibeline paye . . . . .

TIMBRE. Se dit auffi d'une certaine marque que les fermiers du Roi mettent au papier & au parchemin fervant aux actes des notaires, aux expéditions des greffes, aux écritures des avocats & procureurs, & aux actes de chancellerie.

TIMBRE. Est le nom qu'on donne dans la ferme de la marque des dentelles de Flandres, à l'empreinte du cachet du fermier mise sur du pain à chanter entre deux papiers, que l'on attache avec un double fil aux deux bouts de la dentelle.

TIMMIN, TEMIN., ou TIMIN. Monnoie de France qui a eu cours en Turquie.

Voy. louis de cinq sols, & *temin.*

TIMMIN. Se dit aussi d'une petite monnoie d'argent qui a cours dans l'isle de Scio, sur le pied de cinq sols de France.

Chaque livre de soie paye les droits de sortie à la douane du grand-Seigneur, à raison de quatre *zimmins,* c'est-à-dire de 20 C.

TIMPFEN. Monnoie de compte dont on se sert à Konigsberg & à Dantzic pour tenir les livres des marchands. Le *timpfen,* qu'on nomme aussi *florin Polonois,* vaut trente gros Polonois. Il faut trois *timpfen* pour la richedale.

TIN. *Voy.* THIM.

TINETTE. Espèce de vaisseau, dont le bas est plus étroit que le haut. Il est fait de douves reliées de cerceaux, & à, dans la partie la plus large, deux espèces d'oreilles dont chacune est percée d'un trou pour y passer un bâton au travers, afin d'en arrêter le couvercle.

Les *tinettes* servent à mettre diverses sortes de marchandises, sur-tout les beures salés & les beures fondus.

Il y en a de diverse grandeur; celles qui viennent de Dixmude sont ordinairement du poids depuis 20 jusqu'à 60 livres; les *tinettes* qui arrivent de Normandie & du Boulonnois pèsent depuis 20 jusqu'à 200 livres.

TINETTE. Vaisseau dans lequel les chandeliers mettent leur suif liquide, au sortir de la poële. *voy.* CHANDELLE.

TINF-GULDEN. Monnoie d'argent qui se fabrique en Allemagne & qui a cours particulièrement à Dantzick, à Riga, & à Konigsberg. Il vaut trente gros de ces trois villes. C'est proprement le florin. *Voy.* FLORIN.

TINFE. Monnoie d'argent de Pologne & qui a cours sur les frontières des états du grand-Seigneur & de quelques autres princes voisins. La *tinfe* vaut cinq gros d'Allemagne ou 10 s. de France.

Il y a une autre monnoie d'argent de même poids & de même valeur, qu'on appelle *tinfles de Hongrie;* elles sont marquées d'un côté aux armes de ce royaume, & portent de l'autre une Notre-Dame entourée de rayons.

TINTENAQUE. Espèce de cuivre qu'on tire de la Chine. C'est le meilleur & le plus beau que produisent les mines de cet empire. Il n'en vient guères en Europe. On pense que c'est ce cuivre qui entre dans la composition du tambac. *Voyez* TAMBAC.

TIRE. (*Terme en usage dans le commerce des*

toiles). Six coupons de batiste attachés l'un à l'autre; ensorte qu'ils paroissent ne faire qu'une pièce en tierce, s'appellent une *tire.*

TIRE. Signifie aussi, chez les marchands & dans les manufactures, soit d'étoffes, soit de toiles, *ce que ces marchandises peuvent contenir d'aunage.*

TIRER *une lettre de change.* C'est l'écrire ou la faire écrire, la signer & la donner à celui qui en a payé le montant, pour le recevoir dans un autre lieu que celui d'où la lettre-de-change est tirée. *Voy.* LETTRE-DE-CHANGE.

TIRER *en ligne de compte.* Signifie *porter sur ses livres en débit ou en crédit;* c'est-à-dire, *en dépense ou en recette,* un article qu'on a payé ou reçu pour quelqu'un avec qui on est en compte ouvert.

TIRER *à la paumelle.* (*Terme de courroyeur*). Il se dit des cuirs que ces artisans tirent sur une table par le moyen de la *paumelle,* espèce de main ou d'instrument de bois plat, dentelé par dessous; on s'en sert pour faire revenir le grain du cuir & le rendre plus maniable.

TIRER *à la perche.* (*Terme de manufacture de lainage*). *Voy.* PERCHE.

TIRER *un chapeau à poil.* *Voy.* CARRELET.

TIRER *le cierge.* *Voy.* CIERGE *où il est parlé de cette manière de le fabriquer.*

TIRER *la laine en étaim.* C'est après avoir imprégné la laine d'huile, la peigner sur une espèce de grande carde ou peigne de fer, dont les pointes ou dents sont grosses, longues & roides, & qu'on a fait chauffer dans une sorte de petit fourneau fait exprès.

TIRER *l'or.* *Voy.* OR. On trouve à cet article les différentes manières de *tirer l'or* & *l'argent,* tant fin que faux, pour les disposer à être employés en trait, en lame, ou en filé.

TIRER *à l'argue,* ou *apprêter pour dorer.* *Voy.* ARGUE.

TIRER *l'émail à la course.* *Voy.* EMAIL.

TIRER *épingle.* *Voy.* ÉPINGLE & ÉPINGLIER.

TIRER *une cuve de teinture.* *Voy.* TEINTURIER.

TIRER *une feuille.* (*Terme d'imprimerie*). C'est imprimer d'un côté. On dit retirer, pour signifier *qu'il faut l'imprimer de l'autre côté.* On dit aussi *tirer* pour dire imprimer une feuille entière. On se sert aussi de cette expression, pour marquer le nombre des exemplaires d'une édition. *Voyez* IMPRIMERIE.

TIRETAINE. Sorte d'étoffe dont la chaîne est ordinairement de fil & la trème de laine. Quelquefois elle est toute de laine, tant en chaîne qu'en trème. Cette étoffe a communément demi-aune de large.

Les endroits de France où il s'en fabrique le plus, sont Partenay, Bresuis & Niort en Poitou, Beaucamps-le-Vieil en Picardie, & Rheims en Champagne.

Celles de Poitou sont croisées ou lissées, de plusieurs couleurs, rayées ou unies, assez fines, la chaîne de fil, & la trème de laine.

En Basse-Normandie, sur-tout à Caen, on les appelle quelquefois *berluches* ou *breluches*.

Les *tiretaines* de Beaucamps-le-Vieil sont très-grosses, point croisées, la chaîne de fil, & la trème de laine. On les fait de plusieurs couleurs. On leur donne aussi le nom de *bure*. En Bourgogne, vers Auxerre, on les appelle *poulangy*, & en Picardie, du côté d'Amiens, elles sont nommées *bélinge*.

Celles de Reims sont le plus souvent toutes de laine, & sans croisine, en façon d'étamines foulées, ou de petits droguets très-légers & très-fins. *Voy.* pour les longueurs & largeurs, *l'art. 28. du réglement général des manufactures du mois d'août 1669; l'arrêt du conseil du 19 février 1671; le réglement du 4 novembre 1698, tant pour les tiretaines ci-dessus que pour celles qui se font à Bressuire, à Moncoutan, à Vernon, à Saint-Mehuin, à la Meilleraye, Azais, Secondigué, & le mot* RÉGLEMENT *de ce Dictionnaire.*

TIREUR. (*Terme de ferandiers, gaziers & autres ouvriers en étoffes de soies façonnées ou brochées*). C'est le compagnon qui tire les ficelles du simblot. *Voy.* SIMBLOT.

TIREUR. En fait de commerce & de banque, c'est celui qui tire une lettre-de-change sur son correspondant, son commissionnaire ou son banquier, portant ordre de payer la somme qui y est spécifiée à la personne qui lui en a fourni la valeur, ou à celle à laquelle elle en a passé l'ordre. *Voy. les articles 16 & 17 du tit. 5 de l'ordonnance du commerce de 1673, où l'on trouve à quoi les porteurs de lettres-de-change sont assujettis, en cas de refus d'acceptation ou de payement, vers le tireur, & de quoi celui-ci est tenu dans le même cas vis-à-vis de celui sur qui il a tiré.*

TISCHAUFERA. C'est la plus petite mesure de Venise pour les liquides. *Voy.* BOTTE.

TISSU. Se dit de toutes sortes d'étoffes, rubans & autres semblables ouvrages faits de fil entrelacés sur le métier, avec la navette dont les uns en long se nomment *la chaîne*, & les autres en travers, que l'on appelle la *trème*.

On fait des *tissus* de fils d'or, d'argent, de soie, de fleuret, de laine, de coton, de poil, de lin, de chanvre, &c.

Les marchands & ouvriers en draps d'or, d'argent & de soie, nomment particulièrement *tissu*, toutes étoffes d'or ou d'argent, pleines & unies, sans fleurs, frisures, ni façons. Quelques-uns mettent les *tissus* d'or & d'argent au rang des draps d'or & d'argent. *Voy.* DRAP.

On appelle aussi *tissu* une espèce de bande composée de gros fils de chanvre qui se fabrique par les cordiers, & dont les bourreliers font des sangles pour les bêtes de somme. *Voy.* SANGLES.

TO

TOILE. Cette expression désigne communément un *tissu* uni, & quelquefois croisé de lin ou de chanvre; mais elle s'emploie aussi par extension, pour désigner différens *tissus* faits d'autres matières. On dit de la *toile* de soie, de coton, d'or & d'argent. Nous employons ici le mot *toile* dans son acception la plus stricte, & nous comprenons sous ce mot tous les tissus de lin ou de chanvre destinés à être teints, blanchis, ou consommés en écru, depuis le linon & la batiste, jusqu'à la *toile* à voile ou à la *toile* d'emballage.

Nous n'entrerons pas dans le détail de la fabrication ni de la préparation des *toiles*. Le Dictionnaire des manufactures & arts de cette Encyclopédie ne laisse rien à désirer à cet égard; nous nous contenterons de dire que les *toiles* unies se font sur un métier à deux marches, par le moyen de la navette, de même que les draps, les étamines & autres semblables étoffes non croisées. Les *toiles* croisées se fabriquent comme les serges.

Ceux qui fabriquent les *toiles* de lin & de chanvre s'appellent *tisserands*, & ceux qui font celles d'or, d'argent ou de soie, s'appellent ordinairement *ouvriers en draps d'or, d'argent & de soie*.

Il seroit difficile de dire à qui l'on doit l'invention de la *toile*. Elle a été sans doute comme beaucoup d'arts le résultat des essais, des combinaisons, & des expériences de l'industrie de l'homme, pendant une longue suite de siècles, pour se parer de l'inclémence de l'air & de l'intempérie des saisons. Il s'est d'abord vêtu, selon les pays & les saisons, de peaux de bêtes, de feuilles d'arbres, de nattes, composées des filamens extraits de différentes écorces, & il n'a dû connoître la manière de faire des tissus des filamens des plantes que dans des temps fort postérieurs à la naissance des sociétés. Nous sçavons cependant que l'invention de la *toile* est très-ancienne, puisque les peuples les plus civilisés de l'antiquité en avoient l'usage, & que les Egyptiens, les Sidoniens, les Tyriens en faisoient un très-grand commerce. A mesure que les richesses se sont augmentées, que le desir des commodités & le luxe se sont étendus dans le monde, l'usage & la fabrique des *toiles* s'y sont accrus; en sorte qu'il n'y a maintenant que les peuples les plus sauvages qui ne s'en servent point. Il n'est donc pas étonnant que ce soit aujourd'hui un très-grand objet de consommation & de commerce.

TOILE ÉCRUE. C'est celle dont le fil n'a point été blanchi, & qui est telle qu'elle est sortie de dessus le métier. Les *toiles* de lin écrues sont pour l'ordinaire grisâtres, qui est la couleur naturelle du lin; & les *toiles* de chanvre écrues sont jaunâtres, qui est aussi la couleur que la nature a donné au chanvre. *Voy.* CHANVRE & LIN.

TOILES MI-BLANC OU TOILES BOULVARDÉES. Sont des *toiles* de chanvre qui n'ont été qu'à demi-blanchies.

TOILES BLANCHES. Sont des *toiles* écrues que l'on a fait blanchir entièrement à force de les arroser fur le pré , & de les faire paffer par diverfes leffives. *Voyez* BLANCHIR.

TOILES DE MÉNAGE. Se dit des *toiles* que les bourgeois font faire pour leur ufage , & dont le chanvre ou le lin qui les compofent a été filé en leurs maifons.

TOILES A MATELAS. Voy. *ci-après aux endroits où il eſt parlé des toiles d'Allemagne, de Flandres & de Normandie.*

TOILES A CHAPEAUX ou TREILLIS. Voyez *ci-après aux endroits où l'on a parlé des toiles de Suiffe & de Normandie.*

TOILES D'ORTIE. Voy. *ci-après à l'endroit où il eſt fait mention des toiles de Picardie.*

TOILES BISES. Voy. *ci-après, à la fin de l'endroit où il eſt fait mention de celles qui fe manufacturent dans la province du Perche.*

TOILES DE SENLIS. Voy. *ci-après à l'endroit où il eſt parlé de celles qui fe font dans le pays du Maine.*

TOILES NANTOISES. Voyez *ci-après à l'endroit où il eſt parlé de celles qui fe fabriquent en Bretagne.*

TOILES DE HALLE ASSORTIES , autrement GRANDS ou HAUTS BRINS. Voy. *ci-après vers la fin de l'endroit où l'on parle des toiles qui fe manufacturent en Bretagne , particulièrement à Dinan.*

TOILES DE COFFRES. Voy. *ci-après vers le milieu de l'endroit où il eſt mention des toiles qui fe font en Normandie , ſingulièrement à Louviers & à Evreux.*

TOILES BRUNES,
TOILES LÉGÈRES.
TOILES A DOUBLER. } *Voy. ci-après vers la fin de l'endroit où il eſt parlé des toiles qui fe fabriquent en Normandie , particulièrement à Orvillé.*

TOILES OUVRÉES , que l'on appelle plus ordinairement *linge ouvré*. Eſt une forte de *toile* de chanvre ou de lin , fur laquelle il paroît divers ouvrages, façons & figures. *Voy.* LINGE.

TOILE EN COUPONS. Ce font certains morceaux de batiſte claire , ordinairement de deux aunes, qui font envoyés de Picardie en petits paquets quarrés , couverts de papiers bruns. *Voy.* BATISTE.

On nomme auffi coupons de toile ces morceaux d'une ou deux aunes, plus ou moins, qui ne font que les reſtes des pièces qui ont été vendues.

TOILES A VOILES. Ce font certaines groſſes *toiles* de chanvre écrue , qui ne fervent uniquement qu'à faire des voiles de vaiſſeaux , navires & autres bâtimens de mer. *Voyez* NOYALLE, PERTE, POLDAVY, PETITE OLONE & CANEVAS, tous divers noms que l'on donne à ces fortes de *toiles*. Voy. *auffi ci-après l'endroit où il eſt parlé des toiles de coton des Indes orientales ; il y eſt fait mention d'une eſpèce de toile à voile. Voy. encore* VOILE.

TOILE A TAMIS ou TOILE A SAS. Sorte de *toile* très-claire faite de fil de lin , dont on fe fert à tamifer ou à faffer les chofes que l'on veut mettre

en poudre fine. C'eſt encore une autre eſpèce de *toile* faite de crin , que l'on appelle *rapatel. Voy.* RAPATEL, *& auffi l'endroit ci-après où il eſt parlé des toiles de Bretagne.*

TOILE D'EMBALLAGE. Voy. *ci-après à l'endroit où il eſt fait mention des toiles de Picardie & d'Anjou.*

TOILE A SACS. Voy. *ci-après à l'endroit où il eſt parlé des toiles de Picardie.*

On dit qu'une *toile* a tant de laife, pour faire entendre qu'elle a tant de large.

Un lé de *toile* , c'eſt toute la largeur de la *toile* d'un bord de lizière à l'autre. Ainſi l'on dit qu'il faut tant de lez de *toile* pour faire un rideau de fenêtre, pour faire concevoir qu'il y faut employer tant de fois la largeur de la *toile* , pour le rendre complet.

On dit auffi un demi de *toile* , pour dire la moitié de la largeur de la *toile*.

Les principales chofes qu'il faut obferver pour qu'une *toile* de chanvre ou de lin foit bien fabriquée & de bonne qualité , font ;

1º. Qu'elle foit bien tiſſue ; c'eſt-à-dire , bien travaillée & également frappée fur le métier.

2º. Qu'elle foit faite ou toute de fil de lin , ou toute de fil de chanvre , fans aucun mélange de l'un ou de l'autre , ni dans la chaîne , ni dans la trême.

3º. Que le fil qu'on y emploie, ou de lin, ou de chanvre , ne foit point gâté , qu'il foit d'une égale filure , tant celui qui doit entrer dans le corps de la pièce , que celui dont les liſières doivent être faites.

4º. Que la chaîne foit compofée du nombre des fils que la *toile* doit avoir par rapport à fa largeur, fineſſe & qualité , conformément aux réglemens généraux des manufactures , & ſtatuts des lieux.

5º. Que la *toile* ne foit point tirée ni fur fa largeur, ni fur fa longueur.

6º. Qu'elle foit de même force , bonté & fineſſe au milieu qu'aux deux bouts de la pièce.

7º. Enfin, qu'elle ait le moins d'apprêt qu'il eſt poffible , c'eſt-à-dire , ni gomme , ni amidon , ni chaux , ni autres femblables drogues qui puiſſent couvrir & ôter la connoiſſance des défauts de la *toile*.

Jettons un coup-d'œil fur le commerce des *toiles* en Europe. Nous paſſerons rapidement fur celui des pays étrangers , pour nous arrêter davantage fur celui de la France.

On cultive très-peu de lin & de chanvre , en Italie , en Efpagne , & au midi de la France , comme au midi de l'Allemagne ; on y fabrique peu de *toiles*. C'eſt la Sileſie , la Ruſſie , le nord de l'Allemagne , la Hollande , la Flandre & le nord de la France , qui , à l'exception de l'Angleterre , de l'Ecoſſe & de l'Irlande , en fourniſſent preſque le reſte de l'Europe & une grande partie de l'Amérique.

Les provinces d'Angleterre , où il fe fabrique le plus de *toiles* de chanvre & de lin , font Gloceſter, Wilt & Sommerfet ; ces *toiles* font communes quoique

quoique aſſez fortes. Les plus fines ſe font à Win-cheſter en Soutampton. Il ſe fait depuis peu d'an-nées, dans la province de Lencaſtre, des *toiles* de lin ainſi qu'à Kendal; mais avec peu de ſuccès. Les Anglois, par jalouſie contre les Irlandois qui fabriquent beaucoup de *toiles*, ont excité les Ecoſſois à la culture des lins & à la fabrique des *toiles*; déja ils réuſſiſſent très-bien, ainſi qu'à celles des toileries.

Quoiqu'il en ſoit, les fabriques de *toiles* des îles Britanniques ne ſuffiſent point à la conſommation de l'Angleterre. Toutes les *toiles* à voile qu'elle emploie ſe tirent de Ruſſie. Les Anglois ont vaine-ment tenté de les fabriquer: obligés de tirer ces chanvres de la Ruſſie, ils n'ont jamais pu établir ces *toiles* à auſſi bas prix que celui qu'ils les paient aux Ruſſes. La baſſe Allemagne, particulièrement la Heſſe & Hanovre fourniſſent à l'Angleterre, par la voie d'Hambourg, toutes les *toiles* d'emballage dont elle ſe ſert. Les Anglois, très-ſupérieurs aux François dans la fabrication des *toiles* de coton, leur cédent manifeſtement dans celle des batiſtes. Celles de Saint Quentin & de Valenciennes jouiſſent d'une préférence très-décidée ſur les batiſtes An-gloiſes. Les petites *toiles* tout fil, à carreaux, dites *gingas* & autres de diverſes couleurs, & ſur-tout les bleues, faites à l'imitation de celles de France & de Flandres, ont après bien des difficultés, ſi bien réuſſi en Angleterre, que l'année avant la dernière guerre les Anglois en expédièrent pour les Indes Eſpagnoles, par la voie de Cadix, 30000 pièces. La fabrique de ces gingas, eſt aujourd'hui très-répandue dans les campagnes de Mancheſter.

On fabrique de la *toile* preſque dans toute l'Ecoſſe. A l'exception de celle qui eſt néceſſaire à la conſommation du pays, elle entre toute en An-gleterre, où il s'en conſomme beaucoup, & d'où le ſurplus ſe tranſporte en Amérique. En Irlande les *toiles*, généralement deſtinées au blanc, ſont un des principaux objets de ſes manufactures. L'uſage commun de ces *toiles* eſt en linge de table, de corps, draps, &c. On fait auſſi en Irlande des linons & des batiſtes. Le grand blanc & le bas prix des *toiles* d'Irlande leur donnoient un grand débit; mais depuis que par l'invention de certains moulins à eau, les Ecoſſois ſont parvenus à tiſſer pluſieurs pieces de *toiles* à la fois, ſur le même métier, & qu'ils les donnent à meilleur compte, la préférence qu'on accordoit à celles d'Irlande commence à tomber.

En Hollande les manufactures de *toiles*, dans les provinces de Groningue, de Friſe, d'Owe-riſſel, ſont depuis long-temps très brillantes. Les manufactures de France, de Flandre & d'Alle-magne n'ont pû faite mieux que les approcher. Ces *toiles* généralement connues ſous le nom de *toiles d'Hollande*, diſtinguées par la blancheur, la fineſſe, le grain, l'uni, la beauté, par l'aunage & la manière dont elles ſont pliées, tiennent le premier rang dans le commerce des *toiles*.

La Flandre, le Brabant, le Comté de Juliers, la Weſtphalie, fabriquent & débitent beaucoup de *toiles*, aſſez belles pour paſſer ſouvent dans le commerce pour *toiles* d'Hollande. Cependant les connoiſſeurs ne s'y trompent pas. Les fils n'en ſont jamais auſſi unis; elles n'en ſont point auſſi remplies; elles n'ont ni la fermeté, ni le blanc éclatant des vraies *toiles* d'Hollande; auſſi ſont-elles moins chères; la conſommation en eſt très grande en Europe & en Amérique.

Les manufactures de Courtray, l'emportent ſur toutes celles qui ſont connues, pour le linge de table damaſſé: le commerce en eſt très étendu. Anvers & ſes environs fabriquent une grande quan-tité de très beaux coutils.

Ce que la Ruſſie vend de *toiles* à voiles & de linge de table à l'étranger eſt étonnant. S'il faut s'en rapporter à ce que dit là-deſſus un livre, intitulé: *Eſſai ſur le Commerce de Ruſſie, &c. Amſterdam* 1777, il ſort annuellement de la Ruſſie, plus de 3,000,000 de pieces de ces *toiles*; ce qui nous paroît bien exagéré.

La Luſace eſt renommée par la beauté du linge de table qui s'y fait.

Les environs du lac de Conſtance, & parti-culièrement la ville de St. Gal, fabriquent & dé-bitent beaucoup de petites *toiles* de fil, teintes, blanchies, ou écrues & radoucies pour doublures.

Mais l'un des pays du monde où il ſe fait le plus de *toiles* de toutes ſortes, c'eſt la Sileſie. Elle a imité toutes celles que les différentes na-tions envoyent à Cadix pour être envoyées aux Indes occidentales. Ses *toiles* ſont très blanches, bien apprêtées, plus légères; mais à plus bas prix que celles de la même eſpece fabriquées dans d'autres pays. On aſſure qu'elle envoye ſeule plus de *toiles* en Eſpagne que le reſte de l'Europe, & qu'elle en fournit une grande partie de l'Alle-magne, de l'Italie & de la Sicile. Toutes les Pro-vinces de la France fabriquent des *toiles*; mais les plus renommées par les fabriques de ce genre, ſont la Normandie, la Bretagne, la Picardie, le Hainault, le Cambreſis, le Maine, la Champagne, le Baujolois.

La Normandie & particulièrement la généralité de Rouen, doit tenir le premier rang entre toutes les autres pour la quantité & la variété des *toiles* qu'elle fabrique & qu'elle vend dans le royaume & à l'étranger. Rouen eſt depuis long-temps cé-lèbre par ſes manufactures de *toiles* fortes & de blancards qui ont toujours été recherchés. Le reſte de la généralité & de la province fabrique auſſi beaucoup de toiles de différentes ſortes, telles que les *toiles* d'étoupe & d'emballage, de lin & de chanvre, des *toiles* dites d'*Ourville*, des Mor-tagne, des Vimontier, des Cretonnes, &c. & de plus des coutils de toutes ſortes, des montbelliards, des *toiles* rayées, à carreaux, tout fil, des gin-gas, des *toiles* deſtinées à la traite de Guinge, des

Ddddd

toiles damaſſées dites de chaſſe, & une très grande quantité de linge de table.

Il ſe conſomme beaucoup de ces *toiles* dans la province même & dans le royaume, en Flandres, dans quelques cantons de l'Allemagne, en Eſpagne & dans nos Colonies ; mais leur principale deſtination eſt pour l'Amérique eſpagnole, qui en achete la plus grande partie. Pour donner une idée de l'importance des manufactures de la Province de Normandie, il nous ſuffira de dire qu'avant la derniere guerre, on n'a pas fabriqué dans la généralité de Rouen, année commune, moins de quatre à cinq cents mille pieces de *toiles* & de *toileries*, qui ont dû être évaluées ſortant des mains du fabricant, à 40 ou 50 millions ; & ſi l'on ajoute à cela les apprêts, blanchimens, teintures, impreſſions & les bénéfices des marchands, on doit ſentir que ce commerce ſeul doit faire entrer le double au moins de cette ſomme dans la province.

Il ſe fait en Hainault, particulièrement à Valenciennes, quantité de *toiles de lin* fort-fines que l'on appelle *Batiſte* & *Linon*. *Voyez* BATISTE & LINON.

A Arras, à Bapaume & en quelques autres endroits du pays d'Artois, il ſe fait auſſi des batiſtes & linons.

Il ſe fait à Cambray des *toiles de lin* ſemblables à celles de Valenciennes.

St. Quentin & les environs de cette ville fabriquent une ſorte de *toile de lin* griſâtre, que l'on nomme communément à Paris, *toile d'ortie*, laquelle n'eſt autre choſe qu'une batiſte écrue ; ne ſe faiſant plus guères en France de *toiles* avec le fil qu'on peut tirer de l'ortie.

Les pieces de *toile d'ortie*, ſont de douze à quatorze aunes de long ſur deux tiers de large meſure de Paris. On s'en ſert pour l'ordinaire à faire des veſtes, des doublures de juſte-au-corps, & des jupons pour l'été. Elles ſont envoyées des lieux où elles ſe font par petits paquets quarrés d'une piece chacun, de même que les batiſtes blanches.

A Beauvais, à Compiegne, à Bulle, & aux environs de ces lieux, il ſe fabrique une eſpece de *toile de lin* fine, que l'on appelle *demi-Hollande*.

On fabrique auſſi à Beauvais & autour de cette ville, une autre ſorte de *toile de lin* fine, à laquelle l'on donne ordinairement le nom de *Truffette demi hollande*.

Beauvais fournit encore quelques *toiles* que l'on appelle *Platille*. *Voyez* PLATILLE.

A Vervins, Peronne, Noyon, St. Quentin, & en quelques autres endroits des environs de ces villes, il ſe manufacture des *toiles* appellées *Linons* & *Batiſtes*.

Il ſe fait auſſi à Peronne une autre eſpece de *toile* qui ſe nomme *Cambray* ou *Cambreſine*. *Voy.* CAMBRAY.

Il vient encore de Picardie quelques *toiles* ou linge ouvré. *Voyez* LINGE.

La Picardie fournit encore, particulièrement les environs d'Abbeville & d'Amiens, quantité de groſſes *toiles* d'étoupe de chanvre, que l'on appelle *toiles d'emballages*, parce qu'elles ſervent ordinairement à emballer des marchandiſes.

Il ſe fabrique encore dans les mêmes endroits de groſſes *toiles d'étoupes de chanvre*, plus fortes & plus ſerrées que les précédentes, que l'on nomme *toiles à ſacs*, à cauſe qu'elles s'employent communément à faire des ſacs pour mettre le blé, la farine, &c.

Il ſe blanchit à Senlis, petite ville du duché de Valois, quantité de *toiles de Laval*, qui ſe débitent ſous le nom de *toiles de Senlis*.

Il ſe fabrique à Beaufort en Anjou & aux environs de cette ville, quantité de *toiles de chanvre*. Ces ſortes de *toiles* qui ſe vendent à l'aune courante, ſont de différentes qualités, y en ayant de groſſes, de moyennes & de plus fines. Les Rochelois en tirent beaucoup en écru ; & il s'en envoye quantité de blanches dans les Iſles françoiſes de l'Amérique, dont le blanchiment ſe fait ordinairement à Doué, autre ville d'Anjou. Les plus fines de ces *toiles* ſervent à faire des draps, des chemiſes, & pour ce qui eſt des autres, elles s'employent en petites voiles de navire, & pour des emballages.

A Cholet il ſe fait des *toiles de lin* écrues, les unes biſes & unies, & les autres rayées de différentes couleurs. Il y en a de fines, de moyennes & de groſſes. On ſe ſert de ces ſortes de *toiles* pour faire des veſtes & des doublures d'été pour habits d'hommes & des robes de chambre pour femmes.

Il ſe fait encore à Cholet une autre eſpece de *toile de lin* très blanche, à laquelle l'on donne le nom de *Platille*.

Il ſe manufacture à Château-Gontier certaines ſortes de *toiles de lin* écrues.

Ces ſortes de *toiles* qui s'employent ordinairement en linge de corps, s'envoyent en pluſieurs endroits du Royaume, particulièrement dans la Guyenne & dans le Limouſin. Ce ſont les marchands de Bordeaux & de Limoges, qui en tirent le plus.

Il ſe fabrique en Bretagne beaucoup de *toiles de chanvre écrues*, particulièrement deſtinées à faire des voiles de vaiſſeaux, navires & bâtimens de mer, qui prennent la plûpart leurs noms des endroits où elles ſe manufacturent. *V.* NOYALLE, PERTE, LOCRENAN, POLLEDAVY & PETITE OLONE, ce ſont les divers noms qu'on leur donne.

On fait encore dans la même province une eſpece de *toile de lin* blanche, appellée *Cliſſon*, du lieu où elle ſe fabrique, dont on ſe ſert à faire des chemiſes & autres ſortes de lingeries. *Voy.* CLISSON.

A Quintin & en quelques endroits des environs de cette petite ville, dont les principaux sont Coudiac & Moncontour; il se manufacture beaucoup de *toiles de lin.* Ces sortes de *toiles* qui se vendent en écru dans le marché de Quintin, & se coupent par petites pieces d'environ six à sept aunes de Paris, qu'on fait ensuite blanchir sur les lieux, sont de différentes qualités, y en ayant de grosses, de moyennes & de fines. On leur donne le nom de *Quintin* ou de *Quinte,* parce que c'est à Quintin où la fabrique en a commencé, & où elles sont toutes portées au marché.

Les plus fines de ces *toiles* qui sont très claires, & qu'on appelle à cause de cela *Mi-fils,* ont quelque rapport pour la qualité, quoique moins estimées, aux toiles nommées *Cambray.* Voyez CAMBRAY.

A l'égard des autres *toiles* de Quintin, on s'en sert à faire des chemises, des mouchoirs, &c.

Outre la grande consommation qui se fait de ces especes de *toiles* dans toute la Bretagne, & dans plusieurs autres provinces de France, il s'en fait aussi des envois considérables dans les pays étrangers, particulierement en Espagne, & dans les Isles françoises de l'Amérique.

Il se fait encore à Quintin & autour de cette ville, une sorte de *toile de lin* bleuâtre, extrêmement gommée & fort claire, que l'on appelle ordinairement *toile à tamis* ou *à sas,* à cause que l'on s'en sert à tamiser ou à sasser les choses que l'on veut réduire en poudre fine.

A Pontivy & aux environs, il se fabrique quantité de *toiles de lin* de différentes qualités, les unes fines, les autres moyennes, & d'autres plus fortes & plus grosses. Elles s'employent à faire des chemises & d'autres sortes de lingeries. Il s'en envoye beaucoup en Espagne & dans les Isles françoises de l'Amérique. Il s'en fait aussi une assez grande consommation en France, particulierement dans la province de Bretagne.

Dans les fauxbourgs de Nantes il se fabrique beaucoup de *toiles,* auxquelles l'on donne le nom de *toiles nantoises.* Ces sortes de *toiles* sont pour l'ordinaire faites de fil de lin demi-blanc.

Les *toiles nantoises,* sont ou grosses ou moyennes. On s'en sert à faire des chemises, des draps, &c. La plus grande partie s'envoye dans les isles de l'Amérique, & le reste se consomme dans le pays.

Morlaix & ses environs, qui sont Roscoff, Saint Paul de Léon, Guingamps, &c. fournissent quantité de *toiles* qui se font avec du fil de lin, qui a été blanchi dans le pays avant que d'être mis en œuvre. Outre les *Bretagnes* proprement dites, on en compte de quatre sortes, qui quoique fabriquées en ces divers lieux, sont toutes débitées sous le titre de *toiles de Morlaix.* Elles ont néanmoins des noms particuliers, pour les distinguer les unes des autres; les premieres étant appellées *Crés large de trois quarts;* les secondes,

Crés communes; les troisiemes, *Crés Graciennes;* & les dernieres, *Crés Rosconnes.*

Les crés larges de trois quarts, sont les plus fines de toutes, aussi les employe-t-on ordinairement à faire de belles chemises & des serviettes. Leur destination la plus ordinaire est pour l'Espagne, d'où il s'en envoye beaucoup dans les Indes.

Les crés communes sont moins fines que les crés larges, mais plus fines que les Rosconnes. Elles sont envoyées en quantité en Espagne. Les Anglois en tiroient autrefois assez considérablement en tems de paix. Leur usage est pour faire des chemises & d'autres sortes de lingeries.

Les crés Graciennes, sont beaucoup plus grosses que les précédentes. On s'en sert à faire des serviettes & des chemises pour le commun. L'Espagne & l'Angleterre, sont les pays propres pour faire le débit de ces sortes de *toiles.*

A Guingamps & aux environs, il se fabrique des *toiles* toutes semblables en qualité & en largeur aux crés Graciennes, ce qui fait qu'on leur donne aussi le même nom.

Les crés Rosconnes sont de beaucoup plus fines que les Graciennes. Leur usage le plus ordinaire est pour faire des chemises, & leur destination est presque toute pour l'Espagne.

Outre les quatre especes de *toiles* dont il vient d'être parlé, il s'en fabrique encore à Morlaix, & aux environs, auxquelles l'on donne simplement le nom de *toiles de Morlaix.* Ces sortes de *toiles,* qui se fabriquent toutes de fil de lin écru, se blanchissent sur le pré autour de Morlaix. Elles se consomment presque toutes dans le Royaume, particulierement en Bretagne, & dans les provinces qui en sont voisines. On estime beaucoup ces especes de *toiles,* étant d'un meilleur usé que celles dont le fil a été blanchi avant que d'être travaillé sur le métier. Il s'en fait de fines, de moyennes & de grosses, qui s'employent en draps, nappes, serviettes, chemises, &c.

A Dinan & aux environs de cette ville il se fait certaines especes de *toiles* que l'on appelle *Grands* ou *Hauts brins,* & *toiles de halle assorties.*

Il se manufacture à Fougeres, à Vitray & autour de ces lieux, des *toiles* très fines.

A Laval & dans les lieux circonvoisins, il se fabrique quantité de *toiles de lin,* les unes fines, les autres moyennes, & les autres plus grosses. Ces sortes de *toiles* en écru servent à faire des vestes & des doublures de juste-au-corps & de jupes.

Les Troyens tirent quantité de ces *toiles* en écru, qu'ils font blanchir, & qu'ils coupent par pieces de quinze à vingt aunes, dont les plus fines se plient en bâtons ou rouleaux, que l'on enveloppe de papier brun de même que les demi-Hollandes, & les autres se plient en plat, & s'enveloppent d'une sorte de gros papier gris qu'on appelle *papier à patron.* Les *toiles* de Laval ainsi blanchies, pliées, & enveloppées, se vendent à l'aune sous le titre de *toiles de Troyes*; & ce nom ne leur est donné que parce qu'elles y sont blanchies.

Il se blanchit aussi à Senlis beaucoup de *toiles de Laval*, qui se coupent en pieces de quinze aunes jusqu'à vingt-six. Elles sont envoyées de Senlis dans des caisses, les pieces pliées en plat sans enveloppe. Elles sont débitées sous le nom de *toiles de Senlis*; quoi qu'elles ne soient point fabriquées en ce lieu.

A la Ferté-Bernard il se fait une sorte de grosse *toile* que l'on nomme ordinairement *Treillis*. *Voyez* TREILLIS.

A Troyes & aux environs de cette ville, il se fabrique quantité de *toiles* mi-blanc, que l'on nomme *toiles Boulvardées*: il y en a de grosses, de moyennes & de fines.

Il se manufacture encore à Troyes certaines *toiles* fines pliées en carreaux, qui imitent beaucoup celles appellées *Cambray*.

Le Beaujolois assez fertile en chanvre fournit quantité de *toiles*, qui prennent toutes leurs noms des lieux où elles se fabriquent.

Celles appellées *Regny* ou *Reygnie*; les Saint Jean; les toiles nommées *Tarare & Rouleaux de Beaujeu*.

Le Beaujolois fournit encore nombre de *toiles* ou linges ouvrés. *Voyez* LINGE.

Outre les diverses especes de *toiles* dont il a été parlé dans tout le cours de cet article, il y en a d'autres qui ont certains noms particuliers suivant les choses à quoi elles peuvent être propres, ou les différens apprêts qui leur ont été donnés, tels sont les *Treillis*, les *Canevas*, les *Bougrans*, &c. Ces différens noms se trouvent expliqués chacun à leur article.

Pour la fabrique, longueur, largeur & marque de toutes les sortes de *toiles*, dont on a parlé dans cet article, *voyez* l'article RÉGLEMENT, & particulièrement la fin, où, d'après les dispositions des dernières ordonnances faites relativement aux manufactures de *toiles*, nous rapportons le tableau des différentes longueurs, largeurs, qualités & marques que les diverses sortes de *toiles* de chaque généralité du Royaume doivent avoir.

DROITS PERÇUS SUR LES TOILES.

Toiles blanches de lin, Chanvre & Etoupes.

Bureaux d'entrée.

Les *toiles à voile* venant de St. Pétersbourg en Russie, peuvent être admises par tous les bureaux indistinctement: décisions du conseil des 16 décembre 1748, & 25 juillet 1749.

Celles de Hollande & de la Flandre étrangère, sont admises par les bureaux des pays conquis, soit qu'on les destine pour la Flandre Françoise,

soit qu'elles doivent passer dans les cinq grosses fermes: arrêt du 24 mars 1744.

Celles venant de l'Alsace & des trois Evêchés, entrent par tous les bureaux frontieres de ces deux Provinces: arrêt du 24 janvier 1773.

L'entrée de celles de Suisse est restreinte par le seul bureau de Longerai: édit de décemb. 1781, article XIV, & elles y sont expédiées par acquit à caution, à la destination de Lyon.

Toutes les autres ne peuvent entrer que par Rouen ou Lyon: arrêt du 22 mars 1692.

Quotité du droit sur les toiles étrangeres.

Les *toiles blanches de lin & chanvre*, venant de l'étranger par Rouen & Lyon, acquittent en conséquence de l'arrêt du 22 mars 1692, par piece de 15 aunes, sçavoir,

« Celles de *lin*. . . . . 8 liv. ».

« Celles de *chanvre*. . . . . 4 liv. ».

Les *toiles d'étoupes* doivent être traitées à tous égards, comme toiles de lin & de chanvre suivant l'espece: c'est le résultat d'une décision du conseil du 9 janvier 1757, relative à une perception de 4 liv. par piece de 15 aunes, sur de la toile de chanvre à serpillieres, & qui avoit excité la réclamation des négocians de Rouen.

Celles de *Suisse*, de l'envoi d'un Suisse inscrit à la Douane de Lyon, à un autre Suisse inscrit à la même Douane, ne doivent aux termes de l'article X, de l'édit de décembre 1781, que la moitié de ces droits, c'est-à-dire, « 4 livres » pour chaque piece de toile de lin de 15 aunes, » & 2 livres par piece de toile de chanvre de même » aunage »: en payant ce droit à Lyon, elles recevroient le plomb & bulletin qui les dispenseroient de tout droit à la circulation; mais jusqu'à présent on n'en a acquitté aucunes.

Celles qui seroient envoyées de Suisse, même par un Suisse inscrit, devroient le droit en entier si l'envoi n'étoit pas fait à un autre Suisse également inscrit à la Douane, & ces droits s'éleveroient à 8 ou 4 livres par piece, suivant que les *toiles* seroient de lin ou de chanvre: même article X.

Celles de *Hollande* & de la *Flandre* étrangere, destinées pour la Flandre Françoise, acquittent par quintal, suivant l'arrêt du 24 mars 1744; sçavoir,

» Les grosses *toiles* dont le prix n'est que d'une » livre l'aune, & au dessous. . . 5 sols ».

» Celles dont la valeur excede » une livre l'aune. . . . . 5 s. ».

Pour garantir la régie des fausses évaluations, cet arrêt a autorisé les commis à retenir les *toiles* sur le pied de l'estimation faite par les déclarations, en payant le montant de cette estimation avec le sixieme en sus.

Lorsqu'elles sont destinées pour les cinq grosses fermes, les voituriers après avoir déclaré cette destination dans les premiers bureaux du pays conquis, doivent prendre des acquits à caution pour l'un des bureaux d'Amiens, Péronne ou St. Quentin, les seuls pour lesquels elles puissent entrer; & elles n'y payent que les droits du tarif de 1664, « qui sont par piece de 15 aunes » de. . . . . 2 liv. ».

C'est le résultat des décisions du conseil des 23 juillet 1713, 7 septembre 1715, 11 avril 1753 & 29 mai 1760, la dernière est relative aux *toiles de lin de Hollande.*

A défaut de ces formalités les *toiles* de cette dernière espece sont dans le cas de supporter les droits de l'arrêt du 22 mars 1692.

Pour empêcher l'abus qui pourroit être fait de cette faveur, il a été défendu d'expédier dans les bureaux du pays conquis, aucune *toile* de Hollande ou de la Flandre étrangère, à la destination de Bordeaux ou de toute autre ville du Royaume par mer: décisions du conseil des 5 septembre & 3 octobre 1743, & 16 novembre 1750.

Les *toiles* venant d'*Alsace* & des *Trois-Evêchés,* acquittent suivant l'arrêt du 24 janv. 1773, » le droit de 8 ou de 4 livres par piece de 15 » aunes, suivant qu'elles sont de toiles de lin » ou de chanvre ».

Celles de la manufacture de *Sainte Marie-aux-Mines,* en Alsace, avec la marque de fabrique, ont été seules exceptées de cette disposition par le même arrêt confirmatif, d'une décision rendue au conseil le 29 mai 1756.

Aux termes de cet arrêt, ces *toiles* accompagnées du certificat de l'Intendant de la province, justificatif qu'elles proviennent de ladite manufacture, ne doivent « par piece de 15 aunes, » que. . . . . 2 liv. ».

Les *toiles* à faire voiles de navires, venant de Saint Pétersbourg en Russie, acquittent en entrant dans les cinq grosses fermes, les droits du tarif de 1664, & les droits locaux, si elles entrent des provinces réputées étrangères; décisions du conseil des 16 décembre 1748, & 25 juil. 1749. Le droit sur ces especes de *toiles,* venant de l'étranger pour les cinq grosses fermes, est « par quintal, de 3 l. ».

C'est le droit que paient celles venant dans les cinq grosses fermes, par Dunkerque; le certificat de la chambre du commerce de cette ville, dont les *toiles* pourroient être accompagnées, n'a d'autre effet que de les soustraire à la prohibition des *toiles Angloises;* c'est ce qui doit s'induire d'une lettre de la ferme-générale au directeur d'Amiens, du 19 novembre 1767.

Celles de *Lorraine,* devant être traitées comme celles de l'étranger, il a été ordonné par arrêts des 15 mai 1738, & 19 juin 1745, que celles de toutes sortes, fabriquées dans les villages de Thuillin, Montureux, Valeroy-le-Sec & la Cense-de-Bouin, dépendans de Champagne, mais enclavés en Lor-

raine, seroient marquées sur le métier par un commis préposé à cet effet, sinon qu'elles seroient considérées comme étrangères, lorsqu'elles seroient présentées dans les bureaux.

Le second état annexé à l'arrêt du 22 décembre 1750, concernant les marchandises provenant du commerce du levant, comprend les *toiles* qui en font partie, & regle l'estimation sur laquelle chaque qualité de ces *toiles,* doit payer le droit de vingt pour cent, mais cette branche de commerce étant réservée exclusivement au port de Marseille, où ce droit est perceptible, on croit inutile d'entrer ici, à cet égard, dans de plus grands détails.

A la circulation & à la sortie du royaume.

Les *toiles étrangeres* après avoir acquitté les droits dont elles sont susceptibles, sont exemptes de tout autre jusqu'à la premiere destination; cette destination consommée, elles sont soumises aux droits de circulation; l'exemption accordée par l'arrêt du 28 novembre 1759, n'embrassant que les *toiles* revêtues de marque d'origine.

Si on vouloit en faire sortir du royaume, elles payeroient les droits de route & sortie, l'article premier de l'arrêt du 13 octobre 1743, ne portant d'exemption à cette destination qu'en faveur des *toiles* nationales.

Celles de *Suisse* ont été seules exceptées par l'édit de décembre 1781, article 11; mais c'est à la charge qu'elles seront revêtues du plomb & bulletin ordonnés par ce réglement & dont la forme a été réglée par l'arrêt du 25 mai 1782.

Les *toiles de lin, chanvre & étoupes,* quoique nationales, lorsqu'elles sont dépourvues des marques de fabriques, sont également sujettes aux droits de route; l'art. 4 des lettres-patentes du 28 octobre 1759, qui leur accorde l'exemption de droits, ayant voulu que, pour en jouir, elles fussent revêtues des marques de fabrique, & ces dispositions ayant été confirmées, pour la Flandre & le Hainault, par un arrêt du 18 août 1764.

S'il est fait exemption à cet égard en faveur des *toiles* de quelques manufactures, destinées pour l'étranger, on les expédie au premier bureau de l'enlevement sous plomb & par acquit à caution pour en assurer la sortie.

Celles-ci & celles des fabriques du royaume, revêtues des marques prescrites, jouissent de l'exemption de tous droits à la destination de l'étranger, d'après l'article premier de l'arrêt du premier octobre 1743.

Elles ne paient également aucun droit à la circulation: article 4 des lettres-patentes du 28 octobre 1759.

Cette exemption porte sur les *toiles* cordats, celles à serpillieres, emballages ou autres.

La ferme-générale, en étendant cette exemption aux *toiles à voile,* a donné ordre par sa lettre du

13 novembre 1760, au directeur d'Angers, de faire jouir de la même faveur celles des manufactures d'Angers & de Beaufort.

Elle comprend également les *toiles grifes* fabriquées avec du fil écru : c'est le réfultat de la décifion du conseil du 24 février 1766.

La ferme générale a auffi confenti par fa lettre du 28 juillet 1760, à admettre à la même faveur les *toiles blanches* fans marques, dont la quantité n'excéde pas quatre à cinq aunes, quand il eft juftifié qu'elles ne font pas un objet de commerce.

Les *toiles* de la manufacture de Sainte-Marie-aux-Mines, quoiqu'en Alface, jouiffent auffi de l'exemption des droits à la circulation quand elles font revêtues des marques prefcrites : arrêt du 24 janvier 1773.

Il en eft de même de celles des manufactures de Marfeille, lorfqu'elles font marquées à chaque pièce du nom & furnom du fabricant, & plombées aux deux bouts, conformément à l'arrêt du 2 janvier 1734 : mais fi elles font préfentées dans les bureaux comme provenant de ces manufactures, & qu'elles n'aient pas les marques prefcrites, elles font faififfables ; lorfqu'elles font au contraire déclarées étrangères, elles en doivent les droits & font fujettes aux mêmes formalités.

Marque des toiles blanches.

Les *marques* à appofer fur les toiles en général pour leur affurer l'exemption, font la première lettre du nom du fabricant, fon furnom & le nom du lieu de fa demeure, en entier & fans abréviation : cette empreinte doit fe faire avec du noir de fumée, de l'ocre, ou quelque autre ingrédient apparent, & s'appliquer à la tête & à la queue de chaque pièce.

Il y a auffi des *marques* particulières à certains lieux ; celles de Cambray font d'après une ordonnance du magiftrat de cette ville, du 4 mars 1762, les armes de la ville confiftant en une aigle déployée autour de laquelle eft écrit *Cambray*.

Les toiles fabriquées à Valenciennes, portent également, fuivant l'ordonnance de MM. les magiftrats de cette ville, du 7 juillet 1762, les armes de la ville, qui font un lion grimpant entouré de ces mots : *commerce de Valenciennes*.

Celle de Saint-Quentin font revêtues, en conféquence d'une ordonnance du magiftrat de cette ville du 18 mars 1761, d'une *empreinte* portant un bufte de Saint-Quentin, avec ces mots, *Saint-Quentin*.

Celles de Comines ont un plomb où fe trouve d'un côté, *toiles de Comines*, & de l'autre les armes de la ville.

A Armentieres la *marque* confifte dans un écuffon au milieu duquel eft une fleur-de-lys, & autour le nom d'*Armentieres*.

DROITS de circulation & de fortie fur les *toiles* non-marquées ou mélangées avec des marchandifes fujettes.

A l'entrée des cinq groffes fermes.

Les *toiles* non marquées venant des provinces réputées étrangères, dans les cinq groffes fermes, font cenfées venues de l'étranger, & paffer par un fecond commerce dans l'intérieur des cinq groffes fermes : en ce cas il n'y a aucune diftinction à faire de leur qualité ; toutes, foit qu'elles foient de lin ou de chanvre, & même d'étoupes, groffes, moyennes ou fines, « doivent le droit de 2 liv. par pièce de quinze aunes mefure de Paris, impofé fur les toiles de batifte, &c. &c., par le tarif de 1664, & l'arrêt du 4 avril 1730 ». C'eft ce qui réfulte de la décifion du conseil du 9 janvier 1757.

Les *toiles*, quoique revêtues des marques de fabrique, ne jouiffent de l'exemption de droits à la circulation, qu'autant qu'elles ne font pas mélangées avec des marchandifes fujettes ; en cas de mélange, elles font fufceptibles de les acquitter.

Alors elles payent en venant des provinces réputées étrangères dans les cinq groffes fermes, fuivant le tarif de 1664 ; favoir :

« Celles de batifte ou façon d'Hollande, Cambray, Gand, & autres femblables, fines & ouvrées, écrues, jaunes, blanches & bifettes, tant fines & moyennes que groffes, par pièce de quinze aunes ou environ, 2 l. ».

« Celles de chanvre, de lin & de gingas, comme *toiles* de batifte ».

« Celles groffes de Barrois, Clinchamp & autres lieux, par quintal, 5 l. ».

« Celles d'Olonne & autres de femblable forte à faire voiles, auffi du quintal, 3 l. »

« Celles de Bretagne, la pièce de dix aunes, 10 f. »

« Celles d'étoupes blanches, façon de Boulogne & d'Allemagne, par pièces de vingt aunes, 15 f. ».

« Celles faites fimplement d'étoupes, le quintal, 4 liv. »

« Celles de ferpillières & d'emballages, comme celles d'étoupes ».

« Celles d'étoupes groffières, fervant à emballer des bois de teinture moulus, lorfqu'elles font dépourvues de marques, doivent cinq pour cent de la valeur, comme omifes au tarif. »

Lettre de la ferme générale au directeur d'Amiens, du 16 janvier 1777, à l'occafion d'une partie de ces *toiles* venues de Lille.

A la fortie des cinq groffes fermes pour les provinces réputées étrangères ou à l'étranger.

Les *toiles* revêtues des marques de fabriques nationales, font exemptes de droits à la fortie des cinq groffes fermes, foit pour les provinces réputées étrangères , soit pour l'étranger : dans le premier cas , en conséquence des lettres patentes du 28 octobre 1759 ; dans l'autre , d'après l'article premier des arrêts & lettres - patentes des 13 & 15 octobre 1743. Mais cette faveur cesse quand elles sont sans marques , ou mêlées avec des marchandises sujettes.

Elles doivent alors par quintal , suivant le tarif de 1664 , savoir :

« Les *toiles de lin* , de toutes sortes , 3 liv. d'ancien droit , & 7 liv. pour la traite domaniale ; au total 10 liv. »

« Celles de chanvre & d'étoupes de lin , 1 l. 10 s. pour l'ancien droit , & 2 l. pour la traite domaniale ; en tout 3 l. 10 s. ».

« Celles d'étoupes de chanvre de toutes sortes , 1 l. d'ancien droit , & 1 l. 10 s. de domanial , ce qui fait 2 l. 10 s. »

« Les *toiles* à voiles , comme toiles de chanvre , par quintal 3 l. 10 s. »

Exportation des toiles blanches.

Les *toiles* revêtues des marques de fabrique nationale , expédiées pour l'étranger en exemption de droits , peuvent sortir non-seulement par les bureaux désignés pour l'exportation des étoffes , mais encore par tous les ports de Bretagne : l'arrêt du 10 octobre 1744 , avoit restreint leur sortie de cette province par les seuls bureaux de S. Malo , Morlaix , Brest , Port-Louis & Nantes ; mais la ferme - générale a consenti , par une lettre du 6 septembre 1773 , à ce que cette sortie s'effectuât par tous les ports de cette province.

Observez cependant que la sortie à l'étranger des *toiles* écrues & propres à être blanchies , est prohibée par arrêts des 2 septembre 1679 & 5 décembre 1702.

Douane de Lyon sur les toiles.

« A la douane de Lyon , les *toiles blanches de lin* ou *chanvre* sans marque , ou mélangées avec des marchandises sujettes , doivent des droits quoiqu'elles viennent de l'intérieur ».

« Ils sont pour celles de Hollande , de Hainault , de Aast & de Courtray , par pièce de quinze à seize aunes , suivant le tarif de 1632 , de 16 s. »

« Sur celles de Cambray , batiste , St. Quentin & Beauvais , par pièce de 15 aunes , 15 s. »

« Sur celles fines de ménage , de Laval , Senlis , Troies , Picardie , Paris , Rouen , Autun & Auxonne , aussi par pièce de quinze aunes , de 12 s. 6 d. »

« Les *toiles* ci - après , payent , par quintal , savoir :

« Celles grossières de ménage , de la Flandre Françoise , 4 l. 8 s. ».

« Celles de Marchand , de Rouen & du surplus de la Normandie , suivant le tarif de 1632 , 2 liv. 14 s. 3 d. ».

« Celles de Bourgogne , Champagne , Bretagne ,

Dauphiné , & autres provinces , suivant le même tarif , 2 l. 3 s. 4 d. »

« Celles de Bresse & du Bugey , suivant le même tarif , 1 l. 12 s. 6 d. »

« Celles du Beaujolois , 19 s. »

« Celles du Lyonnois & du Forez , 17 s. 3 d. »

« Celles du Lyonnois , Forez , Beaujolois & Dauphiné , tarifées sous le nom de toiles de *Charlieu & Crémieu* , 8 s. 9 d. »

« Celles venant des autres provinces , 12 sols 6 den. » »

« Celles d'emballage , 1 l. 5 s. »

« Celles à voiles , 2 l. 10 s. »

« Les *toiles* jaunes safranées de Cholet acquitent de la pièce de 20 aunes , 5 s. »

« Celles de Laval blanchies à Troies , Senlis , Beauvais & ailleurs , la pièce de 18 à 20 aunes suivant le tarif de 1632 , 3 s. ».

Douane de Valence.

« Les *toiles* dénommées au 4e. article du tarif de douane de Valence , doivent toutes par quintal , en cas de mélange , 2 l. 1 s. 6 d. ».

TOILES-GAZES.

L'article IV des arrêts & lettres-patentes du 28 octobre 1759 , dans la vue de favoriser la fabrication des *toiles* , a exempté de tous droits de circulation , celles de lin , de chanvre , & provenant des manufactures nationales & revêtues de marques. Cette exemption ne comprenoit pas les *toiles-gazes* ; elle leur a été appliquée par une décision du 28 septembre 1785 , conçue en ces termes : « conformément à l'avis des députés du commerce , exempter de tous droits à la circulation les *toiles - gazes* provenant des manufactures du royaume & revêtues des marques de fabrique ».

TOILERIE. Marchandise de toile. On dit qu'un marchand ne fait que la *toilerie* , pour signifier *que son négoce n'est qu'en toiles* & qu'il ne vend que cette sorte de marchandise.

TOILERIES. Se dit aussi par extension de tous les tissus de coton pur ou mélangé , de toutes les étoffes de matières végétales , autres que de chanvre ou de lin purs ; tels que la mousseline , les étoffes soie & coton , les siamoises , les cotonades , les nanquins , les étoffes peintes ou colorées , les velours de coton , &c.

Les toiles de coton blanches , peintes , imprimées & les mousselines , viennent originairement de l'Asie , & particulièrement de la presqu'isle de l'Inde & du Bengale , où elles se fabriquent de tems immémorial , & d'où les nations de l'Europe en tirent encore une immense quantité pour leur consommation. L'usage des *toileries* s'est si fort étendu dans cette partie du monde , qu'indépendamment de celles qu'on tire de l'Inde , l'Angleterre , la France , la Suisse , la Hollande , l'Allemagne en fabriquent beaucoup de toutes fortes, & que ces productions de leurs manufactures font un objet de commerce très-considérable.

La vente des toiles de coton des Indes se fait pour l'ordinaire dans la ville de l'orient en Bretagne, où la compagnie des Indes a ses magasins ; & le tems de cette vente est notifié aux marchands & négocians, par des affiches que l'on fait apposer dans les lieux publics des principales villes de commerce du royaume.

Les toiles de coton blanches différent de nom comme de qualités. Les plus connues se nomment *Coupis*, *Chillas*, *Tapsels*, *Caladaris*, *Guinées*, *Fercales*, *Mauris*, *Salampouris*, *Saucretons*, *Baffetas*, *Coutelines*, *Berams*, *Chelles*, *Chacarts*, *Doutis*, *Katteguis*, *Sauvagagis*, *Fottes*, *Garas*, *Sanas*, *Korates* ou *Toquis de Camboye* & *Hamans*.

Il vient aussi des Indes d'autres toiles de coton blanches que l'on nomme simplement *toiles à voiles*, elles se fabriquent au Bengale. Ce sont de grosses toiles, dont la piece contient 9 aunes ½ ou 10 aunes, sur ¼ à ⅝ de large, mesure de Paris.

Il en vient encore des toiles de coton bleues à carreaux, qui n'ont que trois aunes ⅜ de long, sur ⅔ à ¼ de large, aussi mesure de Paris. Ces dernieres se tirent toutes de Surate.

Il faut remarquer que les mousselines qui sont des especes de toiles de coton blanches, ne sont point comprises dans celles dont on vient de parler, parce qu'on ne leur donne pas le nom de *toiles de coton*, mais celui de *mousseline*, terme propre à désigner ces sortes de toiles qui ont néanmoins des noms différens aussi bien que des longueurs & des largeurs particulieres, suivant leurs especes, leurs qualités & les endroits d'où elles viennent.

Il se fabrique aujourd'hui beaucoup de mousselines, de futaines, de siamoises, de basins, de mouchoirs unis ou rayés, &c. dans les manufactures de *toileries* de divers pays de l'Europe. Pour leur fabrication, préparation, qualités, longueurs, largeurs, quantités & prix, *voy.* le Dictionnaire des Manufactures & Arts, tom. 2 ; & pour le débit & le commerce de ces *toileries*, le nom de chaque espece, dans notre Dictionnaire, comme les mots *mousseline*, *futaine*, *siamoise*, &c.

DROITS PERÇUS DANS LE ROYAUME SUR LES TOILERIES.

Toiles de coton blanches venant de l'étranger.

L'art. premier de l'arrêt du 10 juillet 1785, défend l'introduction dans le royaume de toute espece de *toiles de coton blanches* ou *écrues*, fabriquées dans l'Inde ou chez l'étranger, autres que celles qui proviennent du commerce de la compagnie des Indes, ou des retours à l'Orient des vaisseaux des particuliers jouissant de la permission portée en l'art. XII de l'arrêt du 14 avril 1785.

Il n'y a été dérogé jusqu'à présent qu'en faveur du commerce direct des François établi au levant. Les négocians de Marseille ayant représenté au conseil qu'ils se trouveroient privés de cette branche de commerce, il est intervenu le 3 septembre 1785 une décision qui, par provision, permet l'entrée des toiles de coton blanches provenant de notre commerce au Levant, à la charge que lesdites toiles n'auront de plus grande largeur que ⅝ d'aune.

Droits perceptibles sur les toiles de coton blanches étrangeres.

« Les *toiles de coton* venant du commerce de la compagnie des Indes, payeront par quintal, à l'Orient, suivant l'article III du 19 juillet 1760, 25 liv. »

« Celles du Levant, au bureau de Septemes, suivant la décision du conseil du 3 septembre 1785 ; 50 l. »

Marques dont elles sont susceptibles.

Les *toiles de coton* du commerce de la compagnie des Indes doivent, suivant l'art. VI des lettres patentes de 1759, recevoir un plomb, dont l'empreinte portera d'un côté le nom du bureau, de l'autre ces mots : *toiles de coton blanches*.

Celles du levant doivent être revêtues d'un plomb intitulé : *toiles de coton blanches du commerce François au levant*.

La *marque* à appliquer aux *toiles de coton blanches nationales*, consiste, suivant l'article premier de l'arrêt du 20 août 1758, dans l'apposition sur chaque piece, soit à l'aiguille, soit sur le métier, du nom du fabriquant & de celui du lieu de sa demeure, avec un fil de coton ou de lin.

Effet des marques des toiles de coton.

Les *toiles de coton* du commerce de la compagnie des Indes, ou du Levant, qui sont revêtues des plombs des bureaux d'entrée, jouissent de l'exemption de droits à la circulation & à la sortie pour l'étranger ; art. VI des lettres-patentes du 28 octobre 1759.

Celles fabriquées en France & revêtues des *marques* prescrites, peuvent circuler dans le royaume en exemption de tous droits : art. IV des mêmes lettres-patentes.

Suivant l'article V, elles sont dans le cas d'être transportées à l'étranger, aussi en exemption de droits.

Contravention à la police établie sur ces toiles.

Les *toiles de coton* trouvées sans les marques & plomb, dont il a été ci-devant parlé, sont dans le cas d'être confisquées avec amende de 500 livres : art. VII des lettres-patentes du 28 octobre 1759, & art. V de l'arrêt du 3 juillet 1760. Elles ne peuvent être entreposées dans les deux lieues de la frontière

tière du Barrois, Lorraine, Trois-Evêchés & Alface, à peine de confiscation & de 500 l. d'amende: arrêt du 22 juin 1768.

Il est également défendu de les entrepofer dans les 4 lieues frontières de l'étranger effectif: art. II de l'arrêt du 13 août 1772.

Droits dûs en cas de mélange.

L'exemption de droits accordée aux *toiles de coton blanches* à la circulation, cesse d'avoir son effet lorsque ces toiles font mêlées parmi des marchandises sujettes: elles doivent alors fuivant le tarif de 1764; favoir: « venant des provinces réputées étrangères dans les cinq grosses fermes, par pièces de 10 aunes, 3 l. »

« A la douane de Lyon, elles paient fuivant l'ajouté au tarif, par pièces de dix aunes, 6 f. »

« A la douane de Valence, par affimilation au coton, du quintal 3 l. 2 f. 3 d. »

Toiles de coton teintes.

D'après l'art. II de l'arrêt du 10 juillet 1785, il ne peut en être introduit ni débité dans le royaume fous aucun prétexte, fi elle est de fabrique étrangère; & on doit leur appliquer ce qui est dit des toiles peintes qui ont la même origine, ce réglement comprenant cumulativement les toiles peintes, teintes & imprimées.

Quant à celles des manufactures du royaume, il faut diftinguer: toute *toile* de coton, ou mêlée de fil & coton teint avant la fabrication, telle que les fiamoifes & autres cotonades, doit jouir de la franchife à la circulation, conformément à l'arrêt du 14 mars 1766; ce principe a été confirmé par une décifion du confeil du 11 feptembre 1781, qui porte « que les étoffes fabriquées dans le royaume avec du fil ou coton teint, doivent jouir de cette faveur». Si la *toile* a été teinte, peinte ou imprimée après la fabrication, elle doit les droits: décifion du confeil du 19 juin 1761. Ces droits, excepté pour la douane de Lyon & celle de Valence font ceux de la mercerie.

Toiles peintes & imprimées, venant de l'étranger.

L'art. II de l'arrêt du 10 juillet 1785, défend l'entrée dans le royaume, fans aucune réferve, des *toiles peintes* ou *imprimées* de fabrique étrangère: il porte « qu'elles ne pourront y être introduites ni débitées fous aucun prétexte; & que celles defdites *toiles peintes* ou *imprimées* qui proviendront du commerce de la compagnie des Indes, feront entrepofées à l'Orient & n'y feront vendues qu'à la charge & condition de paffer à l'étranger. » Il n'est fait d'exception par cet arrêt qu'en faveur du commerce de Guinée. L'art. XI de ce réglement porte: que les *toiles peintes* ou *imprimées*, venant de l'étranger pour la deftination du commerce de Gui-

Commerce. Tome III. Part. II.

née, continueront d'être permifes, en fe conformant pour ce qui les concerne aux difpofitions des art. V des lettres-patentes du 5 feptembre 1759, & de l'arrêt du confeil du 19 juillet 1760 ».

Il a été également dérogé à cet arrêt en faveur des *toiles peintes*, fabriquées en Alface, que cette prohibition devoit naturellement affecter, à raifon de la libre communication de cette province avec l'étranger; un arrêt & une décifion rendus le 24 août 1785, ont permis jufqu'à nouvel ordre, l'entrée des *toiles peintes* des manufactures de cette province, accompagnées des certificats des fabricans, par le bureau de S. Dizier, où elles acquitteront le droit de 90 l. du quintal.

Marque des toiles peintes.

Les *toiles peintes* d'Alface, les feules qui puiffent être introduites dans le royaume, doivent recevoir au bureau de S. Dizier, un plomb, portant d'un côté, ces mots: *manufacture des toiles peintes d'Alface*, & de l'autre, *bureau de S. Dizier*.

Fausses marques ou faux plombs.

Les *toiles peintes* ou *imprimées*, trouvées dans le royaume fans les marques de fabrique, ou fans les plombs appofés à l'entrée, font faififfables avec amende de 500 l.: art. VII des lettres-patentes du 28 octobre 1759, & article V de l'arrêt du 3 juillet 1760. Celles qui ont de *fausses marques* de fabrique, font dans le même cas, en conféquence de l'art. IV de ce dernier arrêt. Celles qui font trouvées avec un *faux plomb*, doivent être confifquées, avec 3000 livres d'amende; article V du même arrêt.

Police de la frontière.

Suivant l'arrêt du 22 juin 1768, les *toiles peintes* ou *imprimées*, ne pouvoient être entrepofées dans les deux lieues de la Lorraine, du Barois, des Trois-Evêchés & de l'Alface, à peine de 500 l. d'amende. L'article II de l'arrêt du 13 août 1772, a défendu de les interpofer dans les quatre lieues frontières de l'étranger.

Droits fur les toiles peintes à la circulation & à l'exportation.

Les *toiles peintes* d'Alface, revêtues du plomb juftificatif du paiement du droit de 90 l. par quintal, peuvent aller librement à l'étranger & circuler dans le royaume fans payer aucun droit: c'est le réfultat de l'article VI des lettres-patentes du 28 octobre 1759, & de l'article VI de l'arrêt du 19 juillet 1760.

Celles des fabriques de France font, à la vérité, exemptes de droits à la deftination de l'étranger, en vertu de l'article VI de l'arrêt de 1760; mais le même article les affujettit aux droits de circulation, quoiqu'elles foient revêtues des marques prefcrites.

Eeeee

Il n'y a d'exception que pour celles de la manufacture royale de Sens : elles peuvent, aux termes de l'arrêt du 13 mars 1781, parvenir en franchise de tous droits jusqu'à la première destination, pourvu qu'elles aient un plomb, portant d'un côté les armes du Roi, de l'autre celles de la ville de Sens ; cette première destination consommée, ces toiles rentrent dans la classe générale, & elles deviennent passibles des droits des tarifs, par l'étendue desquels elles passent.

Quotité des droits de circulation.

Suivant l'article VI de l'arrêt du 19 juillet 1760, les droits dûs sur les *toiles peintes* ou *imprimées* dans le royaume & revêtues des marques de fabrique nationale, sont ceux de la mercerie ; ainsi, elles doivent être par quintal ; savoir, « venant d'une province réputée étrangère dans les cinq grosses fermes, 4 l. »

« Passant des cinq grosses fermes aux provinces réputées étrangères, 3 l. ».

« A la douane de Lyon, où elles sont d'ailleurs nommément comprises au tarif de 1632, 2 liv. 3 s. 6 den. »

« A celle de Valence, 2 l. 1 s. 6 d. »

« Celles venant de la principauté d'Orange, n'acquittent que sur le même pied, étant traitées comme nationales : c'est ce que la ferme générale a fait connoître au directeur de Valence, le 21 novembre 1764.

Celles en coupons sont saisissables lorsqu'elles sont sans plomb ou sans marque de fabrique ; cependant la ferme-générale a consenti, par ses lettres des 28 juillet & 4 septembre 1760, que lorsqu'il ne s'agiroit que d'un coupon qui seroit taillé pour faire une robe & qu'il seroit présenté de bonne-foi dans un bureau, on lui fît acquitter le double des droits de la mercerie.

TOILES SUJETTES AUX DROITS.

TOILES CIRÉES non peintes.

« A l'entrée & à la sortie des cinq grosses fermes, elles payent comme omises au tarif de 1664, cinq pour cent de la valeur. »

TOILES CIRÉES peintes, teintes ou imprimées, à l'usage des tapisseries, comprises, au tarif de 1664, dans la classe de la mercerie, sous la dénomination *de gros tapis, toiles peintes* & autres semblables ; elles doivent être traitées comme mercerie, sur-tout d'après les arrêts des 20 août 1756 & 14 octobre 1778, rendus contradictoirement avec le sieur Godin & les marchands merciers de Paris ; n'étant pas dénommées dans les arrêts & lettres-patentes de 1743, elles ne jouissent pas de l'exemption des droits allant à l'étranger.

« A la douane de Lyon, les *toiles cirées* acquittent, suivant l'ajouté au tarif, par quintal 2 l. 3 s. 4 d. »

« A la douane de Valence, comme mercerie, 2 L. 1 s. 6 d. »

TOILES DE FIL teint ou peint. Elles sont prohibées à toutes les entrées du royaume, à peine de confiscation & de 3000 liv. d'amende : arrêts des 26 mars 1742 & 24 mars 1744.

Cette défense à la vérité ne devoit pas comprendre les *toiles* teintes en pièce ; mais l'art. II de l'arrêt du 10 juillet 1785, a étendu à ces sortes de toiles la prohibition portée sur les autres ; il a seulement excepté les toiles bleues rayées, quadrillées ou teintes venant de l'étranger pour la destination du commerce de Guinée ; il a voulu qu'elles continuassent d'être permises en se conformant aux dispositions des articles des lettres-patentes du 5 septembre 1759 & de l'arrêt du conseil du 19 juillet 1760.

En conséquence, celles de ces *toiles* trouvées dans le royaume sans être revêtues des marques de fabrique, apposées dans la forme prescrite par l'article premier de l'arrêt du 3 juillet 1760, sont dans le cas de saisie avec amende.

Mêlées de fil de lin ou de toile de coton teint, elles ne jouissent pas de l'exemption des droits à la circulation du royaume, quoiqu'elles y aient été fabriquées & qu'elles soient revêtues des marques prescrites : elles y acquittent ceux de la mercerie, suivant les décisions du conseil des 8 février & 29 juin 1761.

TOILES GINGAS. On nomme ainsi des toiles à couleur qui se fabriquent dans plusieurs provinces du royaume, sur-tout dans la Flandre Françoise, & dont la principale destination est pour les colonies.

Celles de fabrique nationale ne doivent aucun droit à la circulation, si elles sont faites de lin ou de coton, & si elles sont teintes & munies des marques de fabrique ; mais si elles sont tissues de pur fil teint ou de chanvre sans mêlange de coton, elles doivent être assimilées aux toiles de matelas & assujetties aux droits de la mercerie : lettre de la ferme générale au directeur de Nantes, du 18 octobre 1781.

TOILES A MATELAS, rayées. Elles doivent être traitées comme mercerie, suivant la décision du conseil, du 8 février 1761. « Celles à carreaux fil & laine, également propres à faire matelas, payent conformément à une lettre de la ferme générale au directeur d'Amiens, du 6 mai 1776, cinq pour cent de la valeur ». --- Toutes celles fabriquées dans le royaume & revêtues des marques d'origine, passent à l'étranger en exemption de droits.

TOILES DE NANKIN. *Voy. Nankin.*

TOILES D'OR & D'ARGENT fin.

Elles sont comprises au tarif de 1664, avec les draps de pareille qualité & acquittent les mêmes droits.

TOILES DE PAILLE.

« Venant des isles, elles sont admissibles à l'entrée du royaume, en payant à leur arrivée dans les cinq

groffes fermes, cinq pour cent de la valeur » : décifion du conseil du 29 juin 1759.

Elles doivent le même droit en venant d'une province étrangère dans les cinq groffes fermes, & en
paffant des cinq groffes fermes dans une province
réputée étrangère.

TOILES rayées de foie.

« Venant de l'étranger, elles ne peuvent entrer
dans le royaume que par Calais & Saint-Valery, &
doivent 30 pour cent de la valeur ».

« Venant des provinces réputées étrangères dans
les cinq groffes fermes, elles paient, fuivant le
tarif de 1664, la pièce de 12 aunes, 2 livres
10 fols ».

Paffant des cinq groffes fermes aux provinces
réputées étrangères & à l'étranger, *Voy.* DRAPS DE
SOIE.

TOILES DE SOIE.

« Venant des provinces réputées étrangères dans
les cinq groffes fermes, elles doivent au tarif de
1664, par livre pefant net, 9 l. » *Voy.* DRAPS DE
SOIE.

TOILES de foie & coton des Indes.

Elles font prohibées par l'édit d'octobre 1726.

TOILES à tamis. *Voy.* RABATELLE.

TOILES teintes à la réferve, doivent être traitées
comme toiles peintes, excepté par la douane de
Lyon, où elles payent par quintal 2 liv. 14 f.
3 den. ».

Celles communes de Beaujolois ne doivent que
19 fols.

TOISON. On nomme ainfi la laine dont on dépouille les animaux qui en portent, avant qu'elle
ait reçu aucun apprêt, ni qu'elle ait même été
lavée.

Les marchands qui font le négoce des laines en
gros, les achetent en *toifons* des fermiers & des
laboureurs, & les revendent ou feulement lavées ou
dégraiffées ou peignées. *Voy.* LAINE.

TOKAY. Vin de Hongrie extrêmement eftimé,
connu fous le nom de vin de *Tokay.* Voy. VIN.

TOL. C'eft le plus petit poids & la plus petite
mefure dont on fe ferve fur la côte de Coromandel.
24 tols font le *céer*, 5 *céers*, le *büs*, 8 *büs* le *man*,
& 2 *mans* le *candi*, qui eft le plus fort poids de
cette partie des Indes orientales. *Voy.* CÉER.

TOLE. Fer applati & réduit en feuille. *Voy.*
FER.

La tôle de fer. Voyez *fer* en *tôle* pour les
droits.

TOLER, autrement richedale de cuivre. Monnoie de Suede, valant fix dallers ou vingt-quatre
marcs, c'eft-à-dire, une richedale d'argent. Elle a
un demi pied de long, un pied de large & un pouce
d'épaiffeur. Elle eft marquée d'un poinçon aux quatre coins & au milieu, avec cette légende, 24 *tolers-
folf*, à laquelle eft ajoutée la date de l'année dans
laquelle elle a été frappée.

Les merciers, quincailliers, chaudronniers &
fondeurs qui font le commerce des cuivres de Suede,

ne donnent aux *tolers*, d'autre nom que celui de
monnoie de Suede. *Voy.* MONNOIE DE SUEDE. *Voy.*
auffi CUIVRE.

TOMAN, que quelques-uns nomment auffi *tumein.* Eft une monnoie de compte dont les Perfans
fe fervent pour la tenue de leurs livres de commerce
& pour faciliter les monnoies dans les payemens
confidérables.

Le *toman* eft compofé de cinquante abaffis, ou
de cent mamoudis, ou de deux cent chayés, ou de
dix mille dinars.

TOMAN. Eft auffi un poids dont on fe fert en
Perfe pour les monnoies qui dans les gros payemens fe pefent & ne fe comptent pas. Le *toman* pefe
50 *abaffis*.

TOMIN ou TOMINE. Petit poids dont on fe
fert en Efpagne & dans l'Amérique efpagnole pour
pefer l'or. Il faut huit *tomins* pour le *caftillan*,
fix *caftillans* & deux *tomins* pour l'*once.* Le *tomin* pèfe trois *karats*, quatre *grains*, le tout
poids d'Efpagne, plus foible que le poids de Paris,
d'environ un feptieme par cent.

TOMOLO ou TOMALO. Mefure dont on fe
fert à Naples & en quelques autres lieux de ce
royaume de l'Italie. Le *tomolo* eft le tiers du feptier de Paris ; c'eft-à-dire, qu'il faut trois tomoli
pour le feptier.

Il faut feize *tomolis* de Palerme pour le *falme*
& quatre *mondilis* pour le *tomolo.*

TONALCHILES. Eft une des quatre efpèces
de poivre que les Européens tirent de Guinée. *Voy.*
POIVRE.

TONDU ou TONDUE. On nomme ainfi tout
drap ou étoffe dont le tondeur a coupé le plus grand
poil avec des forces.

TONLIEU ou TONNELIEU. Droit qui fe
paye par les marchands dans les foires & les marchés, pour le lieu qu'occupent leurs marchandifes
expofées. Il fe dit auffi du droit dû pour les chevaux, bœufs, vaches & bêtes blanches vendues aux
foires.

TONNA ou TUNA. Arbre qui produit le
fruit où fe trouve la cochenille. *Voyez* COCHE-
NILLE.

TONNAGE. Droit qui fe leve en Angleterre fur
les vaiffeaux marchands, à raifon de tant par tonneau ; accordé en 1660 par acte du Parlement, pour
fa perfonne feulement, ainfi qu'un autre droit dit
pondage. *Voy.* ce dernier mot.

TONNE (que l'Académie Françoife écrit *tone.*)
Grand vaiffeau ou futaille de bois, de forme ronde
& longue, ayant deux fonds, & reliée avec des cercles ou cerceaux.

La *tonne* a du rapport au muid, par fa forme,
mais elle eft plus grande & plus enflée par le milieu
& va plus en diminuant vers les bouts. Elle fert à
contenir diverfes fortes de marchandifes pour être
tranfportées & voiturées plus facilement, particulièrement celles qui font partie du négoce des épiciers & des merciers.

TONNE D'OR. En Hollande & chez quelques autres nations, eſt une ſomme de cent mille florins du pays.

TONNE. Se dit encore de certains vaiſſeaux de bois extraordinairement grands qui ſervent à conſerver du vin pendant pluſieurs années. On en voit en Allemagne qui ne ſe vuident que rarement, & qui tiennent cent à cent vingt muids de vin. Ils ſe nomment, dans le pays, foudres; & c'eſt ſous ce nom qu'ils ſont plus communément connus en Europe.

TONNE. Eſt auſſi un gros tonneau vuide & bien bouché qu'on fait ſurnager dans des endroits dangereux de la mer, plus ou moins près des côtes & à l'embouchure des rivières, pour indiquer aux pilotes des rochers, des bancs de ſables ou autres, & des bas-fonds ſur leſquels leurs vaiſſeaux pourroient toucher & ſe perdre. Cette manière d'indiquer les écueils, n'eſt plus guère en uſage aujourd'hui. On y a ſubſtitué des bouées & des baliſes. Voy. ces deux mots.

En quelques ports de France & ailleurs on fait payer à chaque navire marchand un droit de tonne deſtiné à l'entretien de ces tonnes ou de ce qui en tient lieu. Le maître du navire ou le propriétaire eſt ſeul tenu de ce droit, n'étant pas compris au nombre des avaries. Art. 9 du titre 7 du liv. 3 de l'ordonnance de la Marine, du mois d'août 1681.

TONNEAU, plus correctement TONEAU. C'eſt le nom que l'on donne à toutes ſortes de vaiſſeaux ou futailles de bois, ronds & reliés de cercles, ſervant à mettre diverſes marchandiſes telles que les vins, les eaux-de-vie, les huiles, le miel, des pruneaux, &c.

TONNEAU. Se dit auſſi d'une certaine meſure ou quantité de liqueurs.

A Bordeaux & à Bayonne le tonneau eſt compoſé de quatre barriques qui font trois muids de Paris.

A Orléans & en Berry il eſt d'environ deux muids de Paris.

Le muid de Paris eſt de 36 ſeptiers, chaque ſeptier de 8 pintes; ce qui monte à 288 pintes. Ainſi, ſur ce pied le tonneau de Bordeaux doit être de 864 pintes; & celui d'Orléans de 576 pintes.

TONNEAU. Eſt encore une meſure ou quantité de grains qui contient ou qui peſe plus ou moins, ſuivant les lieux.

A Nantes le tonneau de grains contient 10 ſeptiers de 16 boiſſeaux chacun, & peſe 2200 à 2250 l. Il faut 5 tonneaux de Nantes pour faire 28 ſeptiers de Paris.

A Marans & à la Rochelle, ſon poids eſt de deux pour cent plus foible que celui de Nantes.

A Breſt, il peſe environ 2240 liv. Le tonneau de cette ville fait 10 ſeptiers de Paris.

Au Port-Louis il peſe 2950 l.

A Rennes & à S. Malo 2400 l.

A S. Brieux 2600 l.

A Aire, Quimper & Quimperlay, ſon poids n'eſt que de 1200 l.

A Beauvais il eſt preſqu'égal au muid de Paris, qu'il n'excede que d'une mine.

TONNEAU. Eſt auſſi un terme de commerce de mer, qu'on eſtime peſer 2000 l. ou vingt quintaux de cent livres chaque. Ainſi un vaiſſeau de 200 tonneaux peut porter quatre cent milliers peſant.

Pour régler la jauge d'un vaiſſeau, ſa cale, qui eſt le lieu de ſa charge, doit être meſurée à raiſon de quarante-deux pieds cubes pour un tonneau de mer. Article 5 du titre 10 du liv. 2 de l'ordonnance de la Marine du mois d'août 1681. Voy. JAUGE.

Le prix du frêt ou port des marchandiſes qui ſe chargent dans les vaiſſeaux, ſe régle ſur le pied du quintal & plus communément ſur le pied du tonneau de mer, qui, quoique eſtimé peſer deux mille livres, s'évalue cependant de deux manières, ſavoir, relativement au poids, ou relativement à l'encombrement de la marchandiſe, dont le volume occupe quelquefois la place de pluſieurs tonneaux, au-deſſus de leur poids intrinſèque.

(Nota). L'évaluation de toute ſorte de marchandiſes, ſoit au poids, ſoit en encombrement, variant du plus au moins, dans chaque port, cette énumération très-longue eſt à peu-près inutile ici. On ſe diſpenſe donc, d'autant plus volontiers d'entrer ici dans ce détail, que ceux à qui ces connoiſſances peuvent être néceſſaires, ne manquent guères de s'en informer directement dans le lieu d'où ils veulent tirer quelqu'article de leur commerce, ne s'en rapportant pas entièrement à ce qui peut avoir été écrit à cet égard, dans un tems depuis lequel les uſages peuvent avoir changé.

TONNEAU DE PERMISSION. Quantité déterminée de marchandiſes que le conſeil des Indes en Eſpagne trouve à propos d'envoyer dans quelques-unes de ſes poſſeſſions d'Amérique, par les galions & par la flotte.

Le nombre de ces tonneaux ſe régle ordinairement ſur les avis des vices-rois du Mexique & du Pérou, qui indiquent au conſeil des Indes le plus ou le moins de marchandiſes dont ces pays peuvent avoir beſoin.

TONNEAU. Les ſardines ſorettes & preſſées ſe vendent en Bretagne au tonneau compoſé de quatre barils de ce poiſſon. Voy. SARDINE.

TONNEAU. On nomme à Paris un tonneau de pierre de Saint-Leu ou d'autre pierre tendre, la quantité de quatorze pieds cubes. L'autre pierre ſe vend à la voie. Chaque tonneau ſe diviſe en deux muids de ſept pieds cubes le muid.

Les pierres à bâtir payent les droits d'entrée & de ſortie ſur le pied du tonneau peſant deux milliers. Voy. pierres à bâtir.

TONQUIN BLANC. Etoffe de ſoie ordinairement blanche qui vient de la Chine. Il y a apparence que cette étoffe s'eſt d'abord fabriquée dans le Tunquin; d'où elle a pris ſon nom, qu'elle a conſervé dans les manufactures chinoiſes, malgré la ſeparation des Tunquinois qui, depuis pluſieurs ſiecles, ne ſont plus ſujets des Chinois, auxquels ils ne paient plus qu'un léger tribut annuel.

TOPASE. Pierre précieuſe tranſparente, d'un jaune couleur d'or. C'eſt la véritable chryſolite des anciens. Elle eſt dure & reçoit un très-beau poli. On en trouve en pluſieurs endroits des Indes : en Ethiopie, en Arabie & au Bréſil. Il y en a auſſi en Bohême.

Les topaſes orientales ſont les plus eſtimées. Leur couleur eſt un peu citrine, ſatinée & fort agréable. Celles du Bréſil ont moins de dureté & ſont d'un jaune tirant ſur l'orangé. Le jaune de celles de Bohême eſt noirâtre & leur poli fort gras, étant les moins dures de toutes. Les topaſes qui ſe trouvent près du Fort-Dauphin, dans l'iſle de Madagaſcar, après avoir été fort eſtimées d'abord, ont eu depuis peu de valeur, par leur inferiorité reconnue.

La topaſe ſe contrefait aiſément, & l'on en voit de factices qui à l'œil ne cédent en rien aux naturelles.

TOQUE. Se dit à la Chine de la manière d'y évaluer le titre ou la fineſſe de l'argent, que l'on y diviſe en toques, comme on le fait en France en deniers.

L'argent le plus fin eſt de cent toques; le plus bas eſt de quatre-vingt. Au-deſſous il ne ſe reçoit plus dans le commerce.

L'argent de France n'eſt reçu à la Chine que ſur le pied de 95 toques. Il n'y eſt même eſtimé quelquefois que 93.

TOQUE. Sorte de mouſſeline ou toile de coton très-fine que l'on apporte des Indes orientales, particulièrement du Bengale. La pièce eſt de ſeize aunes de long, ſur ſept ſeize & demi-aune de large. Voy. MOUSSELINE.

On appelle encore toques de Cambaye ou koraches, de groſſes toiles de coton qui ſervent à faire des cravates. Voy. KORACHES. On s'en ſert aux Indes pour mettre autour des bonnets & des turbans; d'où l'on prétend qu'elles ont pris leur nom de toques.

TOQUE. Eſpece de monnoie de compte dont on ſe ſert à Juda & en quelques autres endroits de la côte d'Afrique, où certains coquillages nommés cauris ſont reçus dans la traite des nègres. Une toque de cauris ou bouges eſt compoſé de quarante de ces coquillages. Voy. BOUGE.

TORAILLE. Eſpece de corail brut que les Européens portent au Caire & à Alexandrie. Il eſt peu eſtimé & ne vaut que le quart du corail brut de Meſſine. Il ſe vend 25 piaſtres le quintal gérouin, qui eſt de 217 rotolis.

TORCHE. Bâton rond, plus ou moins gros & de diverſes longueurs, de bois léger & combuſtible, entouré à l'un des bouts de ſix mèches couvertes de cire.

Les torches ſont une partie conſidérable du commerce des marchands ciriers de Paris.

Les mèches des torches ſont faites de fil d'étoupe de chanvre écru, groſſièrement filé, que l'on nomme lumignon, & qui eſt le même dont on ſe ſert pour les flambeaux de poing. Voyez FLAMBEAU DE POING.

TORCHE. Eſt auſſi un nom que l'on donne à une ſorte de réſine qui ſe tire des pins, des mélezes & de quelques autres arbres réſineux, pour en faire de la poix.

TORCHE. Les marchands de fer donnent ce nom aux paquets de fil de fer pliés en rond, en forme de cerceau. On le dit de même du fil de léton. Voyez FIL DE FER & FIL DE LÉTON.

TORCHES. (Terme de maçonnerie). Ce ſont des nattes ou ſimplement des paquets & bouchons de paille que les bardeurs mettent ſur le bar & ſur le binard pour empêcher que les arrêtes des pierres de taille, qu'ils portent ou qu'ils traînent, ne s'écorchent & ne ſe gâtent. Voy. BAR, & auſſi BINARD.

TORCHES. Dans le commerce des oignons, ſont des bâtons couverts de paille, longs de deux ou trois pieds, autour deſquels ſont liés par la queue divers rangs d'oignons. La torche eſt différente de la glane & de la botte. Voy. CIGNON.

TORD, TORS ou TORT. Ce qui a été tordu. Voy. FIL TORD & SOIES TORSES.

TORD ſans filer. C'eſt un faux organſin que le réglement de 1667, pour les étoffes d'or, d'argent & de ſoie, défend de vendre & d'employer pour le véritable organſin. Il y a quatre brins de ſoie au tord ſans filer, comme à l'organſin, mais ils n'ont été moulinés qu'une fois; au lieu que les quatre de l'organſin l'ont été deux. Cette tromperie ne ſe découvre guères qu'à la teinture. Voy. SOIE.

TORMENTILLE. Plante dont la racine eſt employée dans la médecine, comme antidote & comme ſudorifique. On s'en ſert auſſi & avec ſuccès contre la diſſenterie.

Cette plante vient des Alpes & des Pyrénées. Il faut la choiſir nouvelle & la plus ſèche qu'il ſe peut. On en élève dans nos jardins, mais elle n'a pas la vertu de celle des pays chauds.

TOROUX ou TAUREOUX. En quelques lieux de Barbarie, & particulièrement au baſtion de France & dans le pays qui en dépend, on appelle toroux ou taureoux les plus beaux cuirs que les Maures y viennent vendre aux François. Ceux de la moindre eſpèce ſe nomment des eſcharts. Il y a entre deux une eſpèce moyenne de cuirs qui n'a point de nom particulier.

La différence du prix de ces trois ſortes de cuirs, eſt de la moyenne à la première, comme quatre eſt à ſept; & de la troiſieme ſorte ou eſcharts, comme deux eſt à ſept.

TORQUETTE. Terme de commerce de poiſſon de mer frais, pris de celui appelé tocquette. Il ſe dit d'un panier moins grand que les paniers ordinaires apportés par les chaſſe-marées aux halles

& marchés de Paris : on les remplit fur les ports de mer de diverfes efpèces du meilleur & du plus beau poiffon pour en faire des préfens. Ils ne font point fujets aux droits, ni à la vifite des vendeurs de marée & autres officiers créés pour la manutention de ce commerce.

TORTILLANT. Dans le commerce du bois à brûler, on appelle bois *tortillant*, celui qui eft tortu & qui fe corde mal. L'arrêt du 25 janvier 1724, portant réglement pour la vente du bois à brûler, défend aux marchands de triquer des bois *tortillans*, blanc ou de menuiferie, pour les mêler avec les bois de corde & de compte.

TORTIN. Sorte de tapifferie de Bergame dans laquelle il entre de la laine torfe. *Voyez* BERGAME.

TORTUE. Animal amphibie & teftacé.

Il y a deux efpèces de *tortues* : celles de mer & celles de terre. Ces deux efpèces fe fubdivifent encore en plufieurs autres.

Les *tortues* de mer font de quatre fortes : la *tortue franche*, le *caret*, la *kaouanne* ou *cahoanne*, & une autre qui reffemble affez à cette dernière. Ces quatre fortes ne fe mêlent point & ne frayent jamais ensemble. La chair de la *tortue franche* eft la meilleure à manger. L'écaille du *caret* eft la plus précieufe. On fait néanmoins quelque cas de celle de la *kahouanne*; mais la quatriéme efpèce n'eft bonne qu'à fournir de l'huile.

La *tortue franche* eft d'un fecours précieux pour les équipages fatigués d'une longue navigation, furtout pour ceux attaqués du fcorbut. Indépendamment d'une quantité extraordinaire d'œufs fans coquille, il y a telle de ces *tortues* qui peut fournir jufqu'à deux cens livres de chair, fans la graiffe. Cette chair, affez nourriffante, eft de très-bon goût. On peut les conferver long-tems en vie, fur les vaiffeaux, en les arrofant d'eau de mer, ces animaux reftant ou pouvant refter trois femaines fans manger. Les François nomment le deffus de cet amphibie, carapace, & le deffous plaftron. La chair qui tient au plaftron eft la plus délicate. On ne fait aucun cas de fon écaille, qui ayant très-peu d'épaiffeur, ne peut fervir qu'à faire des lanternes.

La *tortue* qu'on appelle *caret*, ne differe de la *tortue franche*, qu'en ce qu'elle eft plus petite, que l'écaille de fon carapace eft bien plus épaiffe & que fa chair n'eft pas auffi bonne. On ne la pêche que pour fon écaille. On tire pourtant de fa chair, qu'on mange rarement, une huile qu'on dit excellente pour les débilités de nerf, & pour les fluxions froides.

Toute la dépouille du *caret* confifte en treize feuilles, huit plattes & cinq un peu voutées. Des huit il y en a quatre grandes qui doivent porter jufqu'à un pied de haut & fept pouces de large. Le beau *caret* doit être épais, clair, tranfparent, de couleur d'antimoine & jafpé de minime & de blanc. Il y a des *carets* qui portent jufqu'à fix livres de feuilles.

C'eft de la dépouille de ce *caret* (& que dans le commerce on ne connoît guères que fous le nom de *caret*) que l'on fait des peignes, des étuis, des tabatières, des manches de couteaux & de rafoirs, &c. Hors du commerce en gros & des ports maritimes, cette même dépouille fe nomme *écaille de tortue*.

La *tortue* appellée *kaouanne* eft plus longue & plus large que les deux autres, & a la tête fort groffe. On mange rarement fa chair ; & fon huile, très-âcre, n'eft bonne qu'à brûler. Son écaille, un peu plus épaiffe que celle de la *tortue franche*, mais beaucoup moins que celle du *caret*, eft infiniment moins eftimée.

La quatrième efpèce prefque femblable à la *kaouanne*, ne donne au commerce que de l'huile qu'elle fournit en affez grande abondance.

Outre l'écaille & l'huile que les *tortues* de mer donnent au commerce, il fe fait un négoce confidérable de leur chair, de leurs œufs & de leurs tripes falées, dont les colonies Françoifes, Angloifes & Hollandoifes de l'Amérique, font une grande confommation.

Quant aux *tortues* de terre qui font de trois efpèces, comme elles ne font pour ainfi dire d'aucune utilité au commerce, on ne croit devoir entrer dans aucun détail à leur égard.

« L'*écaille* de tortue paye d'entrée, *voyez* ÉCAILLE DE TORTUE, pour les droits d'entrée & de fortie ».

« *La chair de tortue* paye cinq pour cent de la valeur à l'entrée & à la fortie des cinq groffes fermes ».

« A la douane de Lyon elle paye au bureau des feptèmes, par douzaine, 6 f. ».

« A la douane de Valence, du quintal, 1 liv. 9 den. ».

TOTAL. Affemblage de plufieurs parties regardées comme compofant un tout. Deux demi, quatre quarts, trois tiers, &c. font autant de *totaux*.

TOTAL. Se dit, en fait de comptes, de plufieurs nombres ou fommes jointes ensemble par l'addition. Le réfultat d'une addition, eft ce qui forme un *total* ou une fomme *totale*.

TOUAGE. (*Terme de marine & de commerce de mer*). C'eft, proprement dit, faire avancer un vaiffeau quelconque, au moyen d'une aufière (*cordage moins fort que le grelin*) attachée à une ancre mouillée en avant, ou fimplement à un organeau ou autre chofe folide à terre.

Les affureurs ne font point tenus des frais de *touages*, étant des menues avaries qui doivent être fupportées, un tiers par le navire & deux tiers par les marchandifes qu'il porte *Art.* 30 *du titre* 6, & *art.* 8 *du titre* 7 *du livre* 3 *de l'ordonnance de la Marine du mois d'août* 1681.

TOUAGE. Se dit auffi de l'opération d'une chaloupe qui tire à elle, à force de rames, un vaiffeau, ou telle autre embarcation, pour le faire entrer dans un port ou lui faire remonter une rivière.

Dans ces deux cas, les marins se servent aujourd'hui plus communément du terme de *remorquer* ou *tirer à la remorque*.

TOUANSE. Etoffe de soie qui vient de la Chine. C'est une espèce de satin plus fort, mais moins lustré que celui de France. Il y en a d'unis, d'autres à fleurs, à figures, & d'autres semés d'oiseaux & d'arbres.

TOUCHE (pierre de). C'est le nom qu'on donne à une pierre noire & polie qui sert à éprouver les métaux, en les frottant sur elle.

TOUCHE. On appelle en Bretagne une *touche de cercles*, un certain nombre de cerceaux d'osier, de châtaignier ou d'autres bois pliés, liés ensemble pour la commodité du commerce ou du transport. C'est ce qu'on nomme à Paris *molles*. Voyez cet article.

TOUCHER. Frotter une pièce d'or ou d'argent sur la pierre de touche pour l'éprouver.

TOUCHER. Se dit aussi, *en terme de commerce*, de l'argent qu'on a reçu ou que l'on doit recevoir.

TOURANGETTES. Espèce de petites serges qui se fabriquent en quelques lieux de la généralité d'Orléans, particulièrement au Montoir. Elles sont blanches ou grises & se font toutes de laines du pays.

TOURBE. Terre noirâtre & sulphureuse dont on se sert beaucoup en Hollande & en Flandres, pour le chauffage, par la rareté du bois à brûler.

Les *tourbes* se levent de dessus la superficie de la terre & se coupent en forme de grosses briques. Le *gramen* qui croît fort épais sur la terre à *tourbes* contribue beaucoup, lorsqu'il est bien sec, à y entretenir le feu.

Les bois à brûler devenant chaque jour plus rares & par conséquent plus chers à Paris, le gouvernement essaye depuis quelques années, d'y substituer l'usage de la tourbe; mais son odeur forte & très-pénétrante, est si désagréable & si incommode qu'il n'y a guères encore que le petit peuple qui en consomme. Cependant comme un particulier a trouvé le moyen de la purifier & de la purger de sa mauvaise odeur, en la convertissant en un gros charbon, qui chauffe encore mieux que le charbon de terre, & à meilleur marché, sans aucun des désagrémens de ce dernier; il y a lieu de croire que cet objet en deviendra à Paris un confidérable d'économie que personne ne dédaignera par la suite.

On fait aussi des *tourbes* avec du vieux tan. *Voy.* MOTTES A BRULER.

TOURC ou TURQ. Ancienne monnoie d'argent de Lorraine, qui valoit environ 18 sols de France.

TOURNESOL ou MAURELLE. Plante qui croît en quelques endroits du Languedoc, sur-tout aux environs de Lunel, à Massillargues & à Gallargues, village du diocèse de Nîmes. C'est l'éliotropium, autrement le ricionoïdes des botanistes.

Son usage n'est plus aujourd'hui que pour la teinture. On tire de son suc une couleur, dont avec quelque préparation on compose dans les lieux où croît cette plante, ce qu'on appelle le *tournesol* en drapeaux ou en chiffres. Dans cet état il sert à teindre les vins & autres liqueurs qu'il colore agréablement. L'Allemagne, l'Angleterre & la Hollande en font un grand usage.

Le *tournesol de Constantinople*, que les Turcs nomment *bizerere rubré*, est du crépon ou de la toile teinte avec de la cochenille & quelques acides.

Le *tournesol* en coton vient du Portugal. C'est du coton applati de la forme & de la grandeur d'un écu, qui a été teint avec de la cochenille messeque. Il sert à donner un beau rouge aux gelées de fruits.

Le *tournesol*, autrement *orseille de Hollande*, est une drogue propre pour la teinture; mais elle est également défendue aux teinturiers du grand & du petit teint. Cette drogue s'appelle aussi *tournesol en pâte, en pierre, en pain.* Voy. ORSEILLE.

« Le *tournesol* paye pour les entrées ». *Voyez* à cet égard ORSEILLE.

TOURNOIS. Monnoie de France aujourd'hui idéale dont on se sert pour tenir les livres de commerce & de finance. *Voyez* MONNOIE *à l'article des monnoies de compte. Voyez aussi les articles* SOU & LIVRE.

TOYORE. Marchandise employée dans le tarif de la douane de Lyon.

« Les *toyores de fer* payent à cette douane 4 s. du quintal ».

T R

TRACE. Nom que l'on donne à une sorte de papier gris nommé aussi *main-brune*. Il sert à faire le corps des cartes à jouer.

Il y une autre sorte de papier que l'on nomme aussi *trace* ou *maculature*, & qui approche de la qualité du premier. On l'employe à envelopper les rames de papier. *Voy.* PAPIER.

TRAQUE. On nomme ainsi au Croisic, en Bretagne, un certain nombre de cuirs en poil, sur le pied duquel se payent les droits de la prévôté de Nantes. Il faut dix cuirs pour un *traque*. « Le droit de chaque *traque* est de deux sous monnoye ».

TRAFIC. Commerce, négoce, vente ou échange de marchandises, de billets ou d'argent. Ce terme vient de l'italien *trafico*, tiré de la langue arabe. *Voy.* COMMERCE, NÉGOCE & PROFESSION MERCANTILE.

TRAFIQUANT. Qui trafique, qui négocie.

TRAFIQUER. Commercer, négocier, échanger, troquer.

TRAFIQUÉ. Qui a passé par les mains des marchands, ou pour mieux dire, des brocanteurs.

TRAFIQUEUR. Ce terme est ancien & n'est plus d'usage que dans le sens de *brocanteur*, qui ne s'employe guères auffi qu'en affez mauvaife part.

TRAGACANTH ou **TRAGACANTE**. Efpece de gomme. *Voy.* ADRAGANTH.

TRAIN. (*Terme du négoce de bois*). Il fe dit d'une efpèce de radeau, formé d'une certaine quantité de morceaux ou pieces de bois jointes enfemble par le moyen de plufieurs longues perches liées & attachées avec des liens de jeune bois vert de l'année, que l'on nomme *hares* ou *rouettes*.

Il y a trois fortes de bois qui fe voiturent ordinairement en *train*; favoir, les bois quarrés nommés *bois d'équarriffage ou bois de train & de chârpente*, les bois de fciage & les bois à brûler, qui font les bois de corde, de moule de compte.

Chaque *train de bois quarré* eft ordinairement compofé de quatre brettes, portant chacune environ fept toifes & demie de longueur, par conféquent d'environ trente toifes de long. Sa largeur, qui n'eft pas fixée, varie depuis quatorze pieds jufqu'à trois toifes, fuivant qu'on le juge à propos pour la facilité de la voiture.

Le *train de bois de fciage* fe forme communément de deux éclufées ayant 13 toifes ½ de long, fur 12 pieds de large; en tout, pour la longueur, 27 toifes. Arrivant à Paris bien conditionné, ce *train* doit contenir trois cent pieds de bois fuivant le toifé qui s'y en fait.

Chaque *train de bois à brûler* eft pour l'ordinaire compofé de dix-huit coupons; le coupon ayant douze pieds de long; ce qui fait en tout trentefix toifes de longueur. Sa largeur la plus commune eft de quatre longueurs de buches, la buche de trois pieds & demi, par conféquent de quatorze pieds. Chacun de ces *trains* peut rendre à Paris, vingt-cinq cordes ou cinquante voies de bois, & même davantage, s'il ne s'échappoit pas beaucoup de buches tant qu'il flotte.

Il y a des *trains* de bois à brûler qui n'ont que dix pieds & demi de large, cette largeur n'ayant que trois longueurs de buches. On les nomme *trains à trois branches*, & ils viennent du côté de Montargis par le Loing. Ils contiennent cependant autant de bois que les autres, ayant en épaiffeur ce que ceux-ci ont en largeur.

Tous ces *trains* divers viennent d'Auvergne, du Bourbonnois, du Nivernois, de Bourgogne, de Lorraine, de Champagne, de Montargis & autres lieux.

TRAINEAU. Efpèce de machine compofée de quelques fortes pieces de bois jointes enfemble & tenues par des chevilles; ce bâti, formant un quarré long, & aux quatre coins duquel font de forts crochets de fer pour y paffer les traits des chevaux qui le traînent, fert à traîner & tranfporter des balles, des caiffes & des tonneaux de marchandifes. Ces fortes de traîneaux ne fervent que dans les villes.

TRAINEAU. Eft auffi une efpèce de petit chariot fans roue, dont on fe fert dans les pays feptentrio-

naux pour voyager fur la neige pendant l'hiver. Ils font couverts & garnis de bonnes fourures & traînés foit par des chevaux, foit par des rennes, & dans quelques parties de la Siberie, par des chiens.

TRAIT. Ce qui eft tiré & paffé par une filière. Il fe dit de tous les métaux réduits en fil, tels que l'or, l'argent, le cuivre, le fer, &c. *Voy.* TIREUR D'OR & FILIÈRE. *Voy. auffi* FIL D'OR, D'ARGENT, de LÉTON, DE FER, &c.

TRAIT. Or *trait*, argent *trait*, fe dit par oppofition à or ou argent filé, qui font auffi de l'or & de l'argent *trait*, mais filés fur de la foie ou du fil. *Voyez* DORURE & MARCHAND DE DORURE.

TRAIT. (*En terme de voiturier par eau*). S'entend de plufieurs bateaux vuides attachés enfemble & accouplés qui remontent les rivières. On dit quelquefois, mais improprement, *trait de bateaux*.

TRAIT. Se dit de l'efpace que les propriétaires de biens fonds fitués fur le bord des rivières, font obligés de laiffer pour le tirage des chevaux fervant à remonter les coches & bateaux ou à les defcendre.

Le *trait* ou cet efpace pour le tirage eft réglé à 24 pieds, fans qu'il foit permis aux propriétaires de planter des arbres ou des haies, ni faire des clôtures ou des foffés plus près du bord que de 30 pieds, fous peine d'être les foffés comblés, les haies arrachées & les murs démolis aux frais des contrevenans.

TRAIT. C'eft cette partie du harnois des chevaux de tirage, qui fert à les attacher à la voiture qu'ils tirent. Les *traits* des chevaux de caroffe font de cuir. Ceux des chevaux de charette ne font que de corde. Ce font les bourreliers qui font & fourniffent les uns & les autres.

Cheval de *trait*, eft celui qui fert au tirage, particulièrement des voitures. *Voy.* CHEVAL.

TRAIT. (*Terme de balancier*). C'eft ce qui fait pencher un des baffins de la balance plus que l'autre.

TRAIT. Se dit chez les marchands qui détaillent au poids, du petit excédent de pefanteur qui fait que le côté de la balance où eft la marchandife enlève celui où font les poids. Ce *trait* eft un objet important pour la marchandife qui fe vend à petits poids, comme à l'once, à la demi-once; mais le marchand ne manque pas d'y avoir égard, en fixant le prix qu'il veut vendre.

TRAIT DE CHARBON. (*Terme de manufacture de lainage*). *Voy.* VOIE DE CHARBON.

TRAIT. (*Terme de boucherie*). Fort cordage avec un nœud coulant au bout qu'on attache aux cornes d'un bœuf qu'on veut affommer. *Voyez* ANNEAU DES BOUCHERS.

TRAITE. Se dit du commerce, fi contraire à l'humanité & à la religion, qui fe fait des nègres, fur les côtes de Guinée & autres côtes d'Afrique, par les Européens. *Voy.* NÈGRES.

TRAITE.

TRAITE. (*En terme de monnoie*). Se dit de tout ce qui s'ajoute au prix naturel, ou à la valeur intrinfeque des métaux employés à la fabrication des efpêces. Il fignifie plus que *rendage*, qui ne comprend que le feigneuriage & le braffage. *Voy.* RENDAGE.

TRAITE. Entre les taueurs, mégiffiers & chamoifeurs, s'entend d'abord du plain où ils mettent les peaux, pour les préparer avec la chaux. *Voyez* PLAIN.

TRAITE. *En terme de commerce*, entre les négocians, marchands & banquiers, fignifie *une lettre-de-change* tirée par un commerçant fur un autre commerçant, ou fur un banquier, ou telle autre perfonne chez laquelle il a des fonds ou du crédit. *Voy.* BANQUE & BANQUIER.

TRAITE FORAINE. Droit qui fe lève en France fur les marchandifes qui y entrent ou qui en fortent. Il en eft de même pour les provinces du royaume réputées étrangères.

TRAITE DE CHARENTE. Droit qui fe perçoit fur les fels qui fe voiturent par la rivière de Charente. *Voy.* CHARENTE.

TRAITE DOMANIALE. Eft un droit qui fe paye en Languedoc & dans quelques autres provinces du royaume, mais feulement fur certaines fortes de marchandifes.

TRAITÉ. Marché, convention, contrat, dont on tombe d'accord & dont on régle les claufes & les conditions avec une ou plufieurs perfonnes. Il s'en fait dans le commerce pour des achats, des ventes, des échanges, &c.; pour des fociétés, pour des achats de fonds de magafins ou de boutiques, pour fréter des vaiffeaux, pour les affurer & les marchandifes dont ils font chargés. Ce dernier *traité* fe nomme *police d'affurance*. Voy. ASSURANCE & POLICE D'ASSURANCE.

TRAITÉ. Se dit auffi des articles & des conventions qu'arrêtent & font entre elles les puiffances fouveraines. Il y a des *traités* de paix, de mariage, de confédération, de neutralité, d'alliance, de trêve & enfin de commerce & de navigation. Ces derniers font aujourd'hui, pour ainfi dire, les plus importans, & font pour l'ordinaire fuivis de divers tarifs qui réglent les droits d'entrée & de fortie des marchandifes dans les états des princes contractans.

TRAITER. Convenir de certaines conditions.

Traiter des nègres, des caftors &c., ne fe dit guères. On dit plus communément *faire la traite* des nègres, pour exprimer le *commerce* qu'on en fait.

Traiter d'un fonds de marchand, d'une charge, d'un intérêt dans une manufacture, &c. C'eft convenir de la quotité d'argent & des conditions fous lefquelles on veut acheter toutes ces fortes de chofes ou les vendre.

TRAITEUR. Cuifinier public qui donne à manger chez lui. Il y a à Paris une communauté de maîtres queux, cuifiniers, porte-chapes & *traiteurs* érigée en corps de jurande par Henri IV. *Voyez* QUEUX.

TRAITEUR. On appelle auffi de la forte les Européens qui vont faire la traite avec les fauvages & qui leur portent des marchandifes foit fur des côtes maritimes, foit dans leurs habitations.

TRANSACTION. Contrat volontaire, accommodement entre des parties qui font en conteftation ou en procès. En pareil cas le marchand fage doit toujours préférer cette manière de terminer un différend aux voies judiciaires.

TRANSIGER. Finir des conteftations par un accommodement.

TRANSILLAS. Sorte de dentelles que le Hollandois portent à Cadix, qui les envoye à l'Amérique. Elles font par affortimens de vingt pieces, favoir, dix du même deffin ou patron, larges de deux à quatre doigts, & dix d'un autre deffin de deux à cinq doigts. On y joint auffi d'autres *tranfillas* plus fines, d'un ou de deux doigts de large. On en met pareillement dix pièces.

TRANSIT ou ACQUIT DE TRANSIT. Acte que les commis des douanes délivrent aux marchands, aux voituriers, & autres, pour certaines marchandifes qui doivent paffer par les bureaux des fermes du Roi, fans être vifitées, ou fans y payer les droits, à la charge cependant par les propriétaires ou voituriers defdites marchandifes de donner caution de rapporter, dans un tems marqué dans l'acquit, un certificat en bonne forme, qu'au dernier bureau elles auront été trouvées en nombre, poids & qualités, & les cordes avec les plombs fains & entiers, conformément à l'acquit. *Voy.* ACQUIT DE TRANSIT.

TRANSPORT. Action de faire paffer une chofe d'un lieu ou d'un pays en un autre.

Il y a en France plufieurs marchandifes dont le *tranfport* hors du royaume eft abfolument défendu, fi elles ne font accompagnées de paffeports du Roi. Telles font les armes, les munitions, les inftrumens & autres affortimens de guerre; les laines; le lin & le chanvre du royaume, les fils de lin, de chanvre & d'étoupe; les chardons à drapier & à bonnetier; les chevaux; les grains & légumes; les pierres précieufes, perles & joyaux; les rapes de raifins; les vieux linges, pattes & ailes. *Voy.* MARCHANDISES DE CONTREBANDE.

TRANSPORT. Se dit auffi d'un acte fous fignature privée ou pardevant notaires, par lequel on cede à quelqu'un le droit, la propriété ou l'intérêt qu'on a à quelque chofe, foit meubles ou immeubles. On fait des *tranfports* d'obligations, de promeffes, de billets, de fommes liquidées par des arrêtés de parties ou de comptes, & d'arrérages dûs par jugemens, &c. Les uns purs & fimples fans garantie, & les autres portant promeffe de garantie.

Celui qui fait le *tranfport* fe nomme *cédant*, celui à qui il eft fait s'appelle *ceffionnaire*, & celui fur qui il eft fait, *débiteur*. Le ceffionnaire n'a pas plus de droits que fon cédant, le *tranfport* ne faifant que le mettre à fon lieu & place.

On appelle *tranfport férieux*, celui qui eft

sincere & véritable; on nomme au contraire *transport simulé*, celui qui se fait sous le nom d'une personne empruntée, de laquelle on a tiré une déclaration ou contre-lettre.

Les *transports sérieux*, sont faits pour demeurer quittes de pareille somme cédée; & les *transports simulés* pour des considérations particulieres; par exemple: pour ne pas poursuivre, en son nom, un débiteur pour lequel on a quelques égards; & trop souvent pour mettre des effets à couvert de ses créanciers.

L'article 108 de la coutume de Paris, qui doit servir de regle à tout le reste du royaume, veut « que le cessionnaire soit réputé saisi & en pos- » session de la chose cédée, par la signification » qu'il a fait faire du *transport* à celui sur lequel » le droit est cédé & transporté ».

L'ordonnance de Henri IV, du mois de mars 1609, « déclare nuls & de nulle valeur, tous » *transports*, cessions, ventes, & donations de » biens meubles ou immeubles faits en fraude » des créanciers, directement ou indirectement ».

Voy. le réglement de la place des changes de Lyon du 2 juin 1667, art. 13, l'art. 4 du tit. 11 des faillites & banqueroutes de l'édit du mois de mars 1673, & la déclaration du Roi du 18 novembre 1702.

TRANSPORT. Se dit encore, parmi les teneurs de livres, d'un article du livre journal, de caisse ou tout autre sur celui nommé *grand-livre*. Il se dit aussi du montant de l'addition d'une page remplie, que l'on porte au commencement d'une autre page, soit au verso, soit au recto.

TRANSPORTER. Changer une chose de lieu, la porter d'un endroit dans un autre.

TRANSPORTER. Signifie aussi *céder* à quelqu'un la propriété, le droit & l'intérêt qu'on a sur quelque chose.

TRANSPORTER (*terme de teneur de livres*). *Voy. ci-dessus le dernier article du mot* TRANSPORT.

TRANSANEL. *Voy.* TRENSANEL.

TRASSELL. Poids en usage dans quelques villes de l'Arabie, particulièrement à Moka. Le *trassell* pèse 28 livres; il en faut 15 pour le bahars, 10 manus font un *trassell*.

TRASSER ou TRACER. Terme de quelque usage parmi les négocians & les banquiers. Il signifie *tirer une lettre de change* sur quelqu'un, ou prendre de l'argent à change. *Voy.* CHANGE.

TRAVAILLER. Faire quelque chose, s'occuper à un travail quelconque.

Il se dit particulièrement des compagnons qui gagnent leur vie chez les maîtres.

TRAVAILLER A L'ATTACHE. Faire marché, & être payé à tant par piece d'ouvrage.

TRAVAILLER A LA JOURNÉE. C'est être payé à tant par jour, sans être fixé à une mesure ou quotité d'ouvrage.

TRAVAILLER BEAUCOUP. Se dit d'un marchand qui fait beaucoup d'affaires.

TRAVAILLEURS. Se dit de toute sorte de gagne-deniers, qui travaillent à divers gros ouvrages, pour lesquels il ne faut que des bras & de la force, à tant par jour. On dit encore d'un homme qui a le travail facile, de l'intelligence, du talent & de l'assiduité; c'est un grand *travailleur*.

TRAVERS. Droit domanial qui se lève au passage des ponts & des bacs, sur les personnes, sur les denrées, les marchandises, les chevaux, les charettes & autres voitures qui traversent les rivières.

La différence qu'il y a entre le *travers* & le péage, qui tous deux sont des droits de passage, est que le *travers* est ordinairement par terre, & le péage par eau.

Ceux qui jouissent du droit de *travers*, à quelque titre que ce soit, sont tenus d'entretenir en bon état, les ponts, passages, chaussées & levées sur lesquels ces droits sont établis, & de faire mettre en lieu apparent une pancarte contenant le droit qui y est dû, suivant la marchandise & les voitures, &c.

TRÉBUCHANT, qui emporte l'équilibre de la balance. Il se dit particulièrement des monnoies que l'on pèse au *trébuchet*, & on les dit *trébuchantes*, quand elles sont bien de poids.

TRÉBUCHER. Signifie *emporter l'équilibre*, en parlant des choses que l'on pèse. Les espèces d'or & d'argent, doivent *trébucher* pour être de poids & de mise.

TRÉBUCHET. Petite balance très fine & très juste, servant à peser les monnoies d'or & d'argent, les diamans & autres pierres précieuses. On prétend que les affineurs en ont de si juste, que la 4096e partie d'un grain peut les faire *trébucher. Voy.* BALANCE.

TREILLIS. Toile de chanvre écrue, très grosse & très forte. Les toiles de cette espèce se vendent par pièces roulées de diverses longueurs, suivant les pays où elles sont fabriquées.

Les largeurs les plus ordinaires des *treillis*, sont trois quarts ou deux tiers & demi.

Elles se font en Normandie, au Perche, au Maine, dans le Forêz & dans le Bourbonnois. Le *treillis* de Normandie, du Perche & du Maine, est en grandes & petites pièces. Les grandes ont quarante-cinq aunes & les petites trente-trois.

Les *treillis* du Forêz & du Bourbonnois, sont ordinairement de vingt-deux à vingt-six aunes la pièce.

Ces toiles servent à faire des sacs, des sousguenilles, des guêtres, des culottes & autres hardes semblables, pour les valets, les paysans, & autres gens de peine.

TREILLIS. Est aussi une toile teinte pour l'ordinaire, en noir, gommée, calandrée, satinée ou lustrée, qui se vend par petites pièces d'environ fix auries. Les plus fins *treillis* font de trois quarts de large ; les moyens & les gros, d'environ trois quarts & demi. Il en vient beaucoup de St. Gal, en Suiffe, qu'on appelle communément *treillis d'Allemagne*. On en fait auffi beaucoup à Rouen & en quelques autres endroits de Normandie, même à Paris. Ceux de St. Gal, font les plus eftimés, étant plus fins, mieux teints & mieux apprêtés que les autres. Leur ufage le plus ordinaire eft pour faire des coëffes de chapeaux, des veftes, des doublures d'habits, des jupes & des jupons pour le deuil.

« *Les treillis d'Allemagne*, payent en France, » entrant par Saint-Diziers, Longerai, feulement, » 12 livres 10 fols par quintal, & acquittent » également les droits de la mercerie à la cir- » culation ».

TREILLIS. Les potiers d'étain nomment ainfi de grands ronds ou pièces d'étain à clairevoye, qu'ils pendent à leurs boutiques, pour fervir de montre ou d'étalage. *Voy.* ETAIN, *vers le commencement de l'article.*

TREIZE. Nombre impair, compofé de treize unités. En chiffre arabe, on l'écrit ainfi [13] ; en chiffre romain [XIII], & en chiffre françois de finance ou de compte [*xiij*].

TREIZIEME. C'eft la partie d'un tout divifé en treize portions égales. En fait de fractions ou nombres rompus de quelque tout que ce foit, un treizieme fe marque de cette manière [$\frac{1}{13}$ ou 1/13], on dit deux *treiziemes*, trois *treiziemes*, &c., & on les écrit ainfi [2/13, 3/13], &c.

TREMBLE, que l'on nomme auffi *peuplier lybique*. Arbre de haute futaie, dont les feuilles font larges & prefque rondes. *Voy.* PEUPLIER.

On l'emploie à raifon de fa légereté, à faire des fabots, des talons de fouliers, des foques & des fandales pour les religieux.

Quand l'arbre eft de groffeur fuffifante, on le débite par tables de deux, trois, quatre & cinq pouces d'épaiffeur, dont on fait des établis, pour fervir aux ceinturiers, felliers, bourreliers & cordonniers, à couper leurs cuirs.

TREMIE. Vaiffeau de forme piramidale, compofé de quatre ais, dont la pointe eft renverfée, qui fert dans les moulins à faire tomber le grain fur les meules pour les réduire en farine.

TRÉMIE. On fe fert auffi de *tremie* dans les greniers-à-fel, pour remplir les minots, mais leur forme eft prefcrite par les arrêts de leur établiffement.

Les marchands de blé & d'avoine fur les ports de Paris, ont auffi des *trémies* qui fervent à cribler les grains à mefure qu'ils tombent dans un cuvier qui eft au-deffous. On fe fert encore de *trémie* pour l'étalonnage des mines & minots fervant à mefurer les grains & légumes fecs.

TRENTAINE. Ce qui contient trente unités, ou qui eft compofé de trente chofes ; par exemple :

une *trentaine* de piftoles, une *trentaine* de pièces de drap, &c., &c.

TRENTAINS. On nomme ainfi les draps de laine, dont la chaîne eft compofée de trente fois cent fils, c'eft-à-dire en tout trois mille fils.

Il y a quatre autres efpèces de draps qu'on appelle *trente-deuxains*, *trente-quatrains*, *trente-fixains*, *trente-huitains* ; mais ces diverfes dénominations, prifes des Anglois, ne font guères employées qu'en Languedoc, en Provence & en Dauphiné, pour dire des draps, dont la chaîne eft de 3200, 3400, 3600, & 3800 fils. Dans les autres manufactures du Royaume, on dit plus communément un drap de *trente cens*, de *trente deux cens*, &c.

TRENTANEL. Plante qui croît communément en Provence & en Languedoc, & dont l'odeur eft très forte, fur-tout quand elle eft employée dans la teinture. C'eft une efpèce de thymecka ou de garou.

Cette drogue eft défendue en France, aux teinturiers du grand & du petit teint, & n'eft tolérée que dans les provinces du royaume, où l'on manque des meilleures drogues, pour la compofition des couleurs où l'on fait entrer le *trentanel*. *Voy.* GAROU.

TRENTE. Nombre qui renferme en foi trois fois dix, ou trente unités. En chiffre arabe, il s'exprime en pofant un trois devant un zéro, de cette manière [30] ; en chiffre romain, ainfi, [XXX], & en chiffre françois ou de compte, de la forte [*xxx*].

TRENTIEME. Partie d'un tout, divifé en trente portions égales ; il s'écrit ainfi [$\frac{1}{30}$ ou 1/30], on dit deux *trentièmes*, trois *trentièmes* qui s'écrivent de cette manière [$\frac{2}{30}$ ou 2/30, 3/30e.] &c.

TRÉPAS. On appelle le *trépas de Loire*, un bureau fitué à l'embouchure de la Sarre dans la Loire, dans lequel les marchandifes payent un droit de traite foraine, foit en fortant de Bretagne, foit en y entrant, cette province étant une de celles qui en France font réputées provinces étrangères.

TRÉSEAU. Petit poids qui pèfe le demi-quart, ou la huitieme partie de l'once, c'eft-à-dire un gros. *Voy.* GROS.

TRESQUILLE. Efpèce de laine qui vient du levant, elle eft de même qualité que les laines furges & en fuint. *Voy.* SURGE & SUINT.

TRESSE. Efpèce de cordon plat plus ou moins large, compofé de plufieurs brins de fil d'or, d'argent, de foie, de fleuret, ou d'autre matière qui fe fabrique avec des fufeaux fur le boiffeau.

Les *treffes* s'emploient à divers ufages, entre autres à faire des jarretières, des cordons de canne, de chapeaux, &c. & à border des furtouts, des redingottes, &c.

TRESSE DE CHEVEUX. Tiffu qui fe fait de

Fffff ij

cheveux attachés par un bout fur un fil de foie.
Voy. PERRUQUE & CHEVEUX.

TREU. Vieux terme de coutume qui fe dit d'un péage ou impôt que le feigneur prend fur les marchandifes qui paffent d'un pays à l'autre. On l'appelle auffi *truage*, ou fimplement *péage*. *Voy.* PÉAGE.

TRIAGE. Choix que l'on fait entre plufieurs marchandifes de même efpèce, qui ne paroiffent pas de même qualité.

Quoique ce terme foit en ufage dans le commerce, pour fignifier la *féparation* du bon d'avec le médiocre & de celui-ci d'avec le mauvais, on le dit plus communément de l'indigo, de la morue & des laines.

Lorfqu'une futaille d'indigo, venu de St. Domingue, fe trouve mêlée de bleu, de violet, de cuivre & de l'inférieur qu'on appelle *grabot* ou *gravois*, on en fait le *triage* pour en tirer meilleur parti, l'acheteur jugeant toujours du mélange de ces diverfes qualités, qu'il en a plus de la mauvaife que des autres.

Le *triage* des morues eft différent en France, fuivant les lieux. *Voy.* MORUE.

Le *triage* des laines fe fait prefque par-tout de la même manière. *Voy.* ce qu'on en dit à l'article des LAINES.

TRIAGE. Signifie auffi, en terme d'exploitation & de marchandife de bois., *les petits cantons* qui font la fubdivifion des forêts. On appelle auffi *triage*, la part réfervée au feigneur dans les communes ou communaux, appartenants dans certains bois ou forêts, à des paroiffes voifines. Par l'ordonnance des eaux & forêts, le feigneur qui a *triage*, n'a point de part aux communaux.

TRICOLOR. Peau de chat de trois couleurs, qui fait partie de la pelleterie. *Voy.* CHAT.

TRICOT. On appelle *ouvrage*, ou *bonneterie au tricot*, toutes les efpèces de marchandifes qui fe fabriquent ou fe brochent avec des aiguilles, comme les bas, les bonnets, les camifoles, les gants, les chauffons, &c. *Voy.* BONNETIER.

On fait aujourd'hui dans diverfes villes de France, des pièces de tricot de toute couleur en foie & en laine, à l'imitation de ceux d'Angleterre, dont on emploie une très grande quantité pour habits, pour veftes & pour culottes.

« Les *tricots* pour habits & veftes ne peuvent entrer, que par Calais & St. Valery, & doivent 10 pour cent de la valeur ».

« Venant des provinces réputées étrangères dans les cinq groffes fermes & reverfiblement, ils payent 5 pour cent de la valeur ».

« A la Douane de Lyon, deux & demi pour cent ».

« A celle de Valence par quintal comme draps, 2 liv. 6 fols 8 deniers ».

TRICOTÉ, TRICOTÉE. Travaillé ou broché à l'aiguille.

TRILE. Nom d'une forte de morue verte, qui

eft la troifieme efpèce, dont on fait le triage en Normandie. *Voy.* MORUE.

TRIER. Mettre à part ce qu'on choifit & qu'on croit le meilleur.

TRINGLE. Pièce de bois longue & étroite, qui fert à plufieurs marchands, ouvriers & artifans, foit pour travailler à leurs ouvrages, foit pour y fufpendre de la marchandife.

La *tringle* des bouchers eft armée par en haut d'un rang de cloux à crochet, pour y fufpendre la viande dépécée.

Les *tringles* des chandeliers, épiciers, merciers, &c. n'ont fouvent que des cloux comme les bouchers, mais quelquefois ce font des chevilles de bois avec un mantonnet.

TRINGLE, que les nattiers appellent *tringles à ourdir*. Sont deux fortes & longues pièces de bois, fur lefquelles ils bâtiffent & ourdiffent leurs nattes. *Voy.* NATTE & NATTIER.

TRINGLE. Les vitriers fe fervent de *tringles* pour donner & enfermer leurs paneaux. Elles font communément de fer, & quelquefois fimplement de bois.

Dans les manufactures des glaces de grand volume, on appelle les *tringles de la table à couler*, deux grandes pièces de fer auffi longues que la table qui fe placent des deux côtés, pour régler la largeur des glaces. C'eft fur les *tringles* que porte le rouleau de fonte qui détermine l'épaiffeur de la pièce. *Voy.* GLACES de grand volume.

TRINQUART. Petit bâtiment qui fert à la pêche du hareng, que les François font dans la Manche. Ces bâtimens font depuis douze jufqu'à quinze tonneaux. *Voy.* HARENG.

TRIOMPHANTE. Nom qu'on donnoit autrefois à une étoffe de foie, fond gros de Tours, avec des fleurs imitant le damas.

TRIPE ou TRIPPE. Sorte d'étoffe veloutée, qui fe fabrique comme le velours, ou la pluche, dont le poil du côté de l'endroit eft tout de laine, & la tiffure qui en fait le fond, entièrement de fil de chanvre.

Les *tripes* fe tirent prefque toutes de Flandre, particulièrement de l'Ifle d'Orchie & de Tournay. Elles ont pour l'ordinaire fept feizièmes de largeur fur onze aunes de long, mefure de Paris. Il y en a de rayées de diverfes couleurs, de pleines & unies, dont quelques-unes font gauffrées pour imiter les velours cifelés. Cette étoffe fert à faire des meubles & des pelottes pour les chapeliers, avec lefquelles ils donnent du luftre aux chapeaux. *Voy.* PELUCHE.

« Les *tripes* payent en France pour les entrées 5 pour cent de la valeur, venant des provinces réputées étrangeres ».

« Celles venant de près de l'Ifle en Flandre, payent 10 fols par pièce de dix aunes ».

TRIPE. *Voy.* ci-après TRIPES.

TRIPERIE. Lieu où l'on lave les tripes. Il

fe dit auffi de la place où s'en fait le commerce.
A Paris on l'appelle le *carreau*. Voy. CARREAU.

TRIPES *de morues*, qu'on nomme auffi NOUES
& NOS. *Voy.* MORUE, *vers la fin de l'article.*

TRIPES. Eft le nom qu'on donne à Paris aux
abbatis & iffues des bœufs & des moutons, que
les tripiers & marchandes tripieres achettent des
bouchers pour les nettoyer, laver & faire cuire,
pour les vendre enfuite & les débiter, foit en
gros, foit en détail.

Les iffues de bœuf confiftent aux pieds, à la
pance, ou gras double, au feuillet que les tripières nomment le *Pfautier*, à la franche mulle
ou caillette, & à la fraife qui comprend le mou,
ou poumon, le foie, la rate & le palais du
bœuf. Celles du mouton font la tête garnie de fa
langue, les pieds & la caillette.

TRIPIER, marchand qui vend les tripes. On
le dit plus ordinairement de ceux qui les lavent,
les échaudent & les préparent pour être vendues
par les *tripières.*

Les *tripiers* faifoient autrefois leur état près
de l'apport-Paris ; mais aujourd'hui toutes leurs
opérations préparatoires ne fe font plus que dans
une ifle de la Seine, au-deffous de Paris, &
vis-à-vis le bourg de Chaillot, qu'on appelle
pour cette raifon, *l'ifle aux tripes.*

TRIPIERE. Marchande qui vend des tripes &
des iffues de mouton & de bœuf échaudées & à
moitié cuires.

Ces marchandes de deux fortes, c'eft-à-dire en
gros & en détail, ne font point de communauté à
Paris, où elles ne vendent qu'en vertu de let res
de regrat, fans avoir entre elles d'autre liaifon que
celles de leur commerce. *Voy.* ci-deffus TRIPES.

C'eft du grand voyer qu'elles obtiennent le droit
d'étalage moyennant une taxe qu'on lui paie chaque
année.

TRIPOLI, que l'on nomme auffi *alana.* Efpece
de craie ou de pierre tendre & blanche, tirant un
peu fur le rouge qui fert à polir les ouvrages des
lapidaires, orfévres, miroitiers & ouvriers en
cuivre.

« Il acquitte à l'entrée & à la fortie des cinq
groffes fermes, cinq pour cent de la valeur ».

« A la douane de Lyon, venant de l'étranger,
5 f., & venant de l'intérieur, 2 f 9 d.

Les droguiftes & aut es marchands de Paris qui
en font négoce, le tirent de Poligny en Bretagne,
ou de Menna en Auvergne, près de Riom. Celui
de Bretagne eft le meilleur & le plus eftimé, celui
d'Auvergne n'étant bon que pour netoyer des chenets,
des chandeliers & autres uftenfiles communs.

TRIQUER. Séparer une chofe d'avec une autre,
& quelquefois tout le contraire : c'eft-à-dire mêler
plufieurs chofes enfemble. C'eft dans ce dernier
fens que les ordonnances de la ville défendent aux
marchands de *triquer* & mêler les marchandifes
de différens prix & qualités. Dans la première fignification les mêmes ordonnances enjoignent aux mar-

chands de bois à brûler, de *triquer* & féparer le
bois blanc, & de l'empiler à part.

TRIQUER, parmi les bucherons, fignifie *mettre
à part les triques ou paremens*, c'eft-à-dire les
plus gros morceaux de bois dont on pare le deffus
des fagots.

TROC. Echange d'une chofe contre une autre ;
la feule manière dont fe foit fait le commerce dans
le commencement des fociétés & avant qu'on ait
établi des fignes repréfentatifs de la valeur des
chofes dont on avoit befoin. Il ne fe fait même
pas autrement encore chez la plupart des fauvages, foit entre eux, foit avec des nations policées.

TROIS. Nombre impair compofé de trois unités.
En chiffre arabe, il s'exprime par cette figure (3) ;
en chiffre romain par celle-ci (III) & en chiffre
françois de comptes ou de finance, de cette manière (iij).

TROIS. Se dit quelquefois par abbréviation, au
lieu de troifième ; comme *folio trois, page trois.*

Il y a une règle d'arithmétique que l'on nomme
règle de trois, à caufe que par le moyen de trois
nombres propofés, que l'on connoît, on en trouve
un quatriéme inconnu que l'on veut favoir. *Voyez*
RÉGLE.

TROISIEME. Portion d'un tout divifé en trois
parties égales. En ce fens, on dit plus ordinairement un tiers pour défigner cette fraction. *Voyez*
TIERS.

TROISIEME. Se dit auffi quelquefois, *en terme
de commerce de laines*, de la *troifieme* forte de
laine qui fe tire de Ségovie. Prime Ségovie, feconde,
troifieme Ségovie. On dit cependant plus communément *tierce-Ségovie.* Voy. LAINE D'ESPAGNE.

TROQUER. Faire un troc, échanger une marchandife contre une autre. *Voy.* TROC.

TROQUER LES AIGUILLES. C'eft les faire paffer
les unes après les autres fur un morceau de plomb,
pour faire fortir avec un poinçon le petit morceau
d'acier qui eft refté dans la tête après qu'elles ont
été percées. *Voy.* AIGUILLES.

TROQUEUR. Celui qui eft dans l'habitude de
faire des trocs.

TROUBAHOUACHE, qu'on nomme auffi
moncha ou *monka.* Mefure de grains dont fe fervent
les habitans de Madagafcar, pour mefurer leur ris
mondé. Il contient environ fix livres de ris. Pour le
ris entier & non battu ou non égrugé, ils ont une
autre mefure que l'on appelle *zatou.* Voyez
ZATOU.

TROUSSE. Faifceau de paille, de foin ou
d'herbe, en forme de groffe botte, que les cavaliers
d'une armée rapportent d'un fourage pour la nourriture de leurs chevaux. Il fe dit auffi des plus groffes
bottes de paille que les marchands qui font
ce commerce. Dans ce dernier fens :

« Les *trouffes de paille quelconque* paient à
l'entrée des cinq groffes fermes 3 f. par cent en

nombre, & à la sortie des mêmes cinq grosses fermes cinq pour cent de la valeur.

TROYE-GEWICHT. Est en Hollande ce que l'on nomme en France *poids de marc*. Voyez cet article.

TRUAGE. Impôt que quelques seigneurs levent sur les marchandises qui passent sur leurs terres. On l'appelle aussi *truc* & *péage*. Voy. PÉAGE.

TRUFETTE. Toiles blanches qui approchent assez de la qualité de celles qu'on appelle *demi-Hollande*. Elles sont cependant moins larges que les véritables demi-Hollande.

Les *truffettes* ont pour l'ordinaire demi-aune, demi-quart, ou $\frac{1}{8}$ au $\frac{1}{12}$, sur quatorze à quinze aunes de long, mesure de Paris.

Elles se fabriquent en Picardie; c'est-à-dire à Beauvais & ses environs, & sont propres à faire des mouchoirs à moucher & des manches de chemises de femmes. Ces toiles se plient ordinairement en rouleaux comme les demi-Hollandes. Voy. DEMI-HOLLANDE.

TRUITE. Poisson d'eau douce, marqueté de plusieurs taches jaunes & rouges.

Il y en a de deux sortes; de petites qui se trouvent dans les ruisseaux d'eaux vives & dans les torrens; & de grosses qu'on appelle *truites saumonées*, non-seulement parce qu'elles ressemblent aux saumons, par leur grosseur & par la rougeur de leur chair, mais encore, parce que suivant le cours des grandes rivières & descendant jusqu'à leur embouchure dans la mer, elles y prennent ce goût relevé qui les fait préférer au saumon.

Les *truites saumonées* d'Écosse y font une branche de commerce utile. On les sale comme les vrais saumons & on les transporte ensuite dans les divers pays de l'Europe. Voy. SAUMON.

« Les *truites* doivent à l'entrée des cinq grosses fermes, par cent en nombre, 1 l. 5 s. & à la sortie, 2 liv. ».

Pour la douane de Lyon & celle de Valence, voy. POISSON.

TRUMEAU. (*Terme de miroitier*). Il se dit des glaces qui se placent dans l'entre-deux des croisées. Voy. GLACE.

TRUSTÉE. Mesure dont on se sert dans toute l'étendue de la prévôté de Nantes pour le commerce des sels qui s'y vendent communément au cent de *trustées*.

Vingt-cinq *trustées* font environ un muid, mesure Nantaise.

TRUYE. Femelle du verrat ou porc. Outre les petits que cet animal donne deux fois l'année, & en grand nombre, la *truye* fournit encore au commerce les mêmes choses que son mâle; entr'autres ce cuir fort & épais qu'on nomme *cuir de truye*, & dont on couvre les plus grands & les plus beaux livres d'église. Voy. PORC.

TUCKEA. Poids dont on se sert à Mocka, ville d'Arabie; 40 *tuckeas* font un mann, dont 10 font le trassel. Quinze de ce dernier font le bahars qui est de 420 liv.

TUF. Grosse étoffe commune & de très bas prix, qui a environ demi-aune de large, & dont la chaîne est de fil d'étoupe de chanvre, & la trème de ploc ou poil de bœuf filé. Cette étoffe sert ordinairement aux tondeurs de draps, à garnir les tables à tondre. Il s'en fabrique en plusieurs lieux de France; mais c'est de Beauvais qu'il en vient le plus.

TUILE. Morceau de terre glaise pétrie, séchée & cuite au four, dont on fait des tablettes peu épaisses qui servent à couvrir les maisons & autres bâtimens.

On en fait de diverses formes. A Paris on ne se sert guère que de *tuiles* quarrées. En Guyenne elles sont en forme de goutière. En Flandres elles sont façonnées en *S*; c'est-à-dire, composées de deux demi-cercles joints ensemble, mais dans une situation opposée. Ces deux dernières sortes de *tuiles* qu'on appelle également *tuiles rondes*, & qu'on ne distingue qu'en disant qu'elles sont à la manière de Guyenne, ou à celle de Flandre, ne peuvent s'employer que sur des combles très-plats, parce qu'elles n'ont pas de crochets pour les arrêter sur les lattes. Les *tuiles carrées*, au contraire, qui en ont un sont propres à toutes sortes de couvertures, quelque droites qu'elles puissent être.

Outre ces trois principales espèces de *tuiles*, il y en a de gironnées plus étroites par en haut que par en bas, dont on couvre les faîtes des tours, rondes; des *tuiles rondes* qui servent à faire les noues des couvertures; des faîtières qui sont les *tuiles hachées* de Guyenne, & des cornières; celles-ci servent à couvrir les angles & les arrêter, & les autres, les faîtes & combles des bâtimens.

L'usage des *tuiles plates* est le plus ordinaire en France, & sur-tout à Paris, où l'on ne voit plus de couvertures de tuiles rondes. Les premières sont de trois sortes qu'on distingue par les moules, savoir, le grand, le bâtard & le petit moule.

La *tuile du grand moule* porte treize pouces de long & huit de large; celle du *petit moule*, neuf à dix de long, sur six de largeur; & le *bâtard* tient le milieu entre les deux. Cette dernière espèce ne s'employe plus à Paris, ni guères en province.

Toutes les *tuiles plates* ont un crochet ou mantonnet pour les arrêter sur les lattes. A côté du crochet sont deux trous destinés à recevoir des clous qui suppléent le crochet quand il vient à se casser.

Le millier du *grand moule* fait sept toises de couverture, en laissant à chaque *tuile* quatre pouces d'échantillon ou de pureau. Le *petit moule* fait trois à quatre toises, & n'a que trois pouces & demi de pureau. Le pureau du moule *bâtard* & le nombre de toises de couverture qu'on en fait fe régle fur fa hauteur & fa largeur, qui varient fuivant les lieux.

Toute la *tuile du grand moule* qu'on employe à Paris fe cuit en Bourgogne, d'où elle vient par eau au port S. Paul, pour les bâtimens de la ville, & au port à l'Anglois, deux lieues au-deffus, pour les maifons & châteaux des environs.

La *tuile de petit moule*, qui eft de la meilleure qualité, vient auffi de Bourgogne; celui qui vient de Champagne, par la Marne, & qui fe décharge au pont de S. Maur, eft d'un très-mauvais ufage, parce qu'il s'éfeuille facilement. La *tuile* qui fe fait aux environs de Paris eft encore plus mauvaife que la précédente.

Les faîtiers du grand moule ont un pied quatre pouces de long, les autres à proportion.

Les *tuiles* de quelques moules qu'elles foient, fe vendent au milier de 1040 *tuiles*; c'eft-à-dire quatre par cent en fus. On en donne fix par millier de faîtiers. *Voyez* COUVERTURE.

TUILE. Inftrument de tondeur de draps. *Voyez* CARDINAL & BROSSE.

« Les *tuiles plates* ou courbées, par millier en nombre, paient 10 f. à l'entrée & à la fortie des cinq groffes fermes ».

« A la deftination de Lyon, exemptes ».

« Et à la douane de Valence, par charge de trois quintaux, 7 f. 3 d. ».

TUMEIN, qu'on nomme plus communément *toman*. Monnoie de compte en ufage dans toute la Perfe, & dans plufieurs lieux des Indes. Le *tumein* Perfan eft auffi un poids qui fert à pefer les monnoies. *Voy.* TOMAN.

TUNA ou TONA. Arbre qui produit le fruit où fe trouve la cochenille.

TURBAN. Coeffure de tête dont fe fervent plufieurs peuples Africains & Afiatiques.

TURBANS. Ce font des toiles de coton rayées, bleues & blanches qui fe fabriquent en divers endroits des Indes orientales. Leur nom leur vient de l'ufage qu'on en fait & qu'il défigne. Elles font propres pour le commerce de Guinée. Leur longueur n'eft que de deux aunes fur demi-aune de large. Le véritable nom de ces toiles eft *des brauls*.

TURBANS ou SAUCISSONS. Nom que donnent les épiciers-droguiftes à des morceaux de gomme-gutte, de forme cylindrique. *Voyez* GOMME-GUTTE.

TURBIC BLANC, autrement *alypon montis ceti*. Plante purgative qui croît en plufieurs endroits de France, fur-tout en Provence & en Languedoc. *Voy.* SENÉ *à la fin de l'article*.

TURBITH. Racine médecinale qui vient des grandes Indes; fur-tout de Camboye, Surate & Goa. D'autres prétendent cependant que le véritable *turbit* vient de l'ifle de Ceylan.

Le *turbith* des modernes reffemble fi peu à celui des anciens, qu'il eft difficile de croire que ce foit le même; au furplus le *turbith* de nos épiciers-droguiftes, dont feulement on entend parler ici, eft

une plante qui rampe fur terre comme le lierre. Sa racine eft de moyenne groffeur & longue à proportion; fes feuilles font affez femblables à celles de la guimauve, mais plus blanches, veloutées, piquantes & comme épineufes. Ses fleurs incarnates reffemblent à celles du lierfon, & laiffent une gouffe qui renferme quatre grains noirâtres à demi ronds & de la groffeur du poivre. Cette plante aime les lieux humides, fur-tout le voifinage de la mer.

Le *turbith* doit être choifi bien mondé, c'eft-à-dire fendu en deux, & que le cœur ou matière ligneufe qui fe trouve au milieu de la racine, en foit ôtée; qu'il foit difficile à rompre, gris au dehors, grifâtre en dedans, pefant, point carié, ni vermoulu, mais réfineux au milieu & aux extrémités.

Quelques apothicaires, par ignorance ou par léfinerie, fubftituent quelquefois au véritable *turbith* la *tapfie*, qu'on nomme auffi *turbit gris*, quoiqu'elle en diffère beaucoup par fes propriétés, par fa couleur & par le goût. Cette dernière plante eft légère, d'un gris argenté à l'extérieur, d'un goût fi âcre & fi chaud, qu'elle enleve la bouche, & d'un effet fi violent qu'on ne peut guères s'en fervir fans danger; ce qui ne convient point au vrai *turbith*.

Il y a une autre forte de *tapfie* qu'on défigne par le nom de *tapfie noire*, qui eft un remède fort violent & non moins dangereux que la blanche.

« Le *turbith* paie en France, à l'entrée des cinq groffes fermes, par quintal net, 30 l. A la fortie des mêmes fermes, exemptes. A la douane de Valence, comme droguerie, 3 l. 11 f. »

TURQUIE. Grand empire qui s'étend dans les trois parties de l'ancien monde, & qui comprend en Afie, la Géorgie, la Turcomanie, le Diarbeck, la Syrie & la Natolie; en Afrique, l'Egypte; & en Europe, la Grèce, les ifles de l'Archipel, la Romanie, la Bulgarie, l'Albanie, la Dalmatie, la Servie, la Bofnie, la Valaquie, la Moldavie, la Bénarabie, &c. Son étendue eft d'environ 800 lieues de l'eft à l'oueft, & de 700 lieues du nord au fud. La plupart des pays qui le compofent, font les mieux fitués, comme plus célèbres, & les plus fertiles que l'on connoiffe. L'Egypte, l'Afie mineure & la Grèce ne le cédent fur ces deux points à aucune autre de la terre.

Les productions du fol de la plupart de fes contrées & l'induftrie de leurs habitans, quoiqu'infiniment moindres qu'elles n'étoient dans le tems de leur fplendeur, & avant que le mauvais gouvernement des Turcs, qui les ont conquifes, ne les eût ravagées & appauvries, font encore un objet d'un très-grand commerce entre elles & avec plufieurs Nations de l'Europe & de l'Afrique. La Turquie leur fournit des bleds, du riz, des foies, des lins, des cotons, des laines, des vins, des drogues, du café, de la cire, des tapis, des camelots, des chevaux & une infinité d'autres marchandifes, & reçoit des draps, des toiles, des foieries, du fucre, des épiceries, des bois de teinture, des clincailleries, des merceries, de l'argent &c. des différens peuples qui vont chercher ses denrées & ses productions chez elle; car les Turcs ne font point ou presque point de commerce extérieur par eux-mêmes.

L'état du commerce d'importation & d'exportation des divers pays de la *Turquie* feroit seul la matiere d'un gros volume, si nous voulions entrer dans les détails nécessaires pour en faire connoître toutes les parties; mais les bornes qui nous sont prescrites dans cet ouvrage & celles sur-tout que demande ce dernier volume, ne nous permettent point de nous appésantir sur ces détails. Nous allons cependant en donner une idée en présentant un état sommaire du commerce des principales parties de l'empire Ottoman que nous venons de nommer.

La Géorgie Turque.

La GÉORGIE TURQUE s'étant soustraite depuis quelques années à l'obéissance du grand-Seigneur, nous sommes dispensés dans ce moment de parler de son commerce.

Le Diarbeck.

Le DIARBECK ou *Diarbeckir*, & principalement sa capitale qui porte le même nom, ville grande & fort peuplée, où il y a plus de vingt mille chrétiens, fait un très-grand commerce de toiles rouges de coton & de maroquin de même couleur; BASSORA, située au-dessous du confluent du Tigre & de l'Euphrate, est un port fréquenté par les vaisseaux des Indes & de l'Europe qui y apportent des épiceries, des mousselines, des toiles, du fer, des étoffes d'Europe, & s'y fournissent des productions des contrées voisines & de la Perse.

La Syrie.

Ce pays fort abondant en huile, en froment, en toutes sortes de fruits exquis, &c., quoique fort déchu de son ancienne prospérité contient plusieurs villes grandes & peuplées où il y a de belles manufactures & où il se fait un commerce considérable.

ALEP, qui a plus de 100,000 habitans, est une des principales villes de l'Empire des Turcs; ne cédant qu'à Constantinople & au Caire, pour la grandeur, & seulement à Smyrne pour le commerce: Alep, située dans les terres à 28 lieues de la Méditerranée, reçoit par caravanes toutes les marchandises apportées par les vaisseaux qui faisant commerce avec elle, abordent au port d'ALEXANDRETTE, qui en est le plus près.

Toutes les Nations de l'Europe qui font le commerce du levant ont des consuls à *Alep* & presque toutes des vices-consuls à *Alexandrette*. On voit dans *Alep* des marchands de presque tous les pays de l'ancien continent, & ils y sont en si

grand nombre que 40 caravanseras suffisent à peine au logement des marchands Turcs, Arabes, Persans, Indiens qui ne cessent d'y arriver & d'en partir.

Les marchandises propres pour cette échelle sont les mêmes qu'on porte à Smyrne. *Voyez plus loin ce que nous disons de Smyrne.*

Celles dont on fait les chargemens du retour, sont des soies de Perse ou du pays, diverses toiles de coton, entre autres des amanblucées, des anguillis, des lisales, des toiles de Beby; d'autres qu'on nomme *toiles en taquis, toiles en jamis* & beaucoup d'indiennes: différens cotons en laine ou filés, dont les plus gros s'appellent, *filés payas,* & les plus fins *filés gondorolettis:* des noix de Galles, des Cordouans, des savons, enfin diverses étoffes de soie, & ces beaux camelots, couleur de feu ondés, qui ne le cédent pas aux plus belles moires.

Les ouvriers qui fabriquent ces camelots & les étoffes de soie, sont les plus nombreux & occupent les plus beaux bazars.

Toutes les marchandises qui se vendent au poids, se pèsent à la rotte, qui est un nom commun à tous les poids d'*Alep,* quoiqu'on en distingue de trois sortes, dont les pesanteurs sont différentes; les toiles & les Cordouans se vendent à la pièce: les draps & autres étoffes se mesurent au pic. Voy. PIC.

La monnoie courante d'*Alexandrette* & d'*Alep* est la piastre à bouquet, presque semblable à l'asselahi (la pièce au lion) & vaut 80 aspres ou medins, ou environ 55 s. de France. Les Persans règlent presque toujours le cours du change qui est tantôt haut, tantôt bas, selon les besoins qu'ils ont de tirer ou de remettre.

DAMAS, capitale de la Syrie, est une belle ville, fameuse par ses fabriques de soie à ramages qui portent son nom, & par l'excellence de la trempe des sabres & des couteaux dont elle fait encore un bon débit.

SEYDE, l'ancienne Sidon, est située sur le bord de la mer; la vaste étendue de la ville est réduite à moins du quart de ce qu'elle étoit autrefois. Son port étoit jadis capable de contenir plusieurs vaisseaux; mais à présent il n'y peut entrer que des chaloupes. Les navires demeurent à la rade à quelques mille pas de la ville.

Les négocians des Nations chrétiennes de l'Europe débitent peu de marchandises à *Seyde;* mais il s'y fait un assez bon commerce de celles du pays ou des provinces voisines. On y porte cependant quelques draps de couleurs vives, des satins, des damas & du papier; tout cela en petite quantité.

Entre les marchandises qui se chargent à *Seyde,* les soies & les cotons sont les principales. Les cotons viennent en partie de Jérusalem; l'autre partie se cultive aux environs de *Seyde.* Le commerce du coton filé, qu'on appelle *filet fin-bazar,* est exclusivement réservé aux François, qui en tirent annuellement pour plus de deux cent mille piastres.

Pour

Pour les soies, elles sont presque toutes du pays. On tire aussi de *Seyde* des cendres, des noix de Galle, des huiles, du savon & de la glu.

Comme la balance des marchandises que les occidentaux y débitent & de celles qu'ils y achetent n'est pas égale, il faut y suppléer en especes.

TRIPOLI de Syrie fournit beaucoup de soie, & la France seule en tire 7 à 800 quintaux.

La monnoie qui a cours dans ces ports de *Syrie*, ainsi qu'à *damas*, est la même qu'à Alexandrette & à Alep.

RAME ou *Rama*, ancienne ville de la Terre-sainte, n'est plus qu'un bourg; mais célèbre par le commerce qui s'y fait & par le passage d'un grand nombre de caravanes. Toutes les semaines il s'y tient un grand marché ou espece de foire, où les Arabes du désert apportent quantité de séné, de galles & de gomme arabique.

Outre ces drogues, le commerce de *Rame* consiste en huile, savon, fil & toiles de coton, qui se transportent à Jaffa sur les vaisseaux d'Europe. La France y entretient un consul.

La Natolie.

LA NATOLIE, grande presqu'isle, qui s'avance entre la mer Méditerranée & la mer Noire, jusqu'à l'Archipel & la mer de Marmara, est proprement l'ancienne Asie mineure & comprend aujourd'hui la province de Trébisonde, l'Amasie, la Caramanie, l'Aladulie & la *Natolie* propre, qui, elle seule, occupe presque la moitié de la presqu'isle. Cette partie de l'Asie, autrefois si renommée, & où l'on trouvoit les royaumes de Troye, de Lydie, de Capadoce, &c., & les villes fameuses de Sardes, d'Ephese, de Milet, &c., jadis si peuplée & si fertile par une riche culture, par les arts, par son commerce, ayant passé après de fréquentes révolutions sous le pouvoir des Turcs, éprouve, comme les autres pays de leur empire, la funeste influence du gouvernement despotique & n'est plus ce qu'elle étoit. Cependant la bonté du sol & son heureuse situation sur trois mers lui conservent une partie de ses avantages, & il s'y fait encore un grand commerce tant des productions de son cru & de son industrie que des objets que lui apportent les marchands étrangers.

La province de *Trebisonde* ou la côte des Lazes s'étend le long de la mer noire depuis Rizé, jusqu'à Kirresoun, anciennement Cérisonte. Ces places maritimes sont Rizé, Trebisonde, Haspié, Triboli & Kirresoun: dans les terres on trouve les villes d'Of, Surmine, Gumuche-Khana & le bourg de Karé, auprès duquel sont les mines de cuivre qui fournissent de ce métal tout l'empire Ottoman.

RIZÉ, aujourd'hui la plus florissante place du commerce de cette province, située à trois milles d'un port forain, large, profond & qui peut contenir les plus gros navires, contient environ trente mille habitans, parmi lesquels on compte trois mille Arméniens & Grecs. Lorsque la ville de Trébisonde

est en proie aux dissentions intestines qui l'agitent souvent, le commerce maritime de cette derniere ville se fait par *Rizé*.

On peut débiter à *Rizé* environ 20 ballots de drap Londrin second, & quelque peu de Nîmes; (les draps Anglois & Hollandois y ont peu de cours) 10 à 12000 pics de serges Impériales; 8 à 10000 pics de bours de magnesie, 1000 à 1200 pièces de coutnis de Brousse; autant de Constantinople; 500 pièces de mousseline appellée *dévé-taban*. Le commerce des toileries, comme barrassins, astars & indienne est immense; elles y viennent par terre. 1000 à 1200 turbans noirs de soie de Brousse; 1000 bonnets de Tunis, 15 à 20000 bonnets de France; 3 à 4000 ceintures de laine rouge de Gerbé en Barbarie; 1000 chals blancs de serge de laine, du même endroit; 5 à 6000 chals rouges du Caire; 1500 cabans de Salonique, autant de camisoles sans manches; 2000 paires de babouches jaunes avec les chaussons appellés *inests*, autant avec des chaussons appellés *terliks*, 1000 couvertures de laine de Yamboly; 20 balles de petchemals ou serviettes du Caire, chaque balle de 500; 5 à 6000 quintaux de lin d'Egypte; 7 à 8000 quilots de graines de lin de 22 ocques l'un; quelque peu d'indigo & d'autres teintures; 7 à 800 quintaux de poivre & de gingembre; 50 à 60 fardes de caffé; 30 à 40 quintaux de sucre en petits pains; 200 à 250 quintaux d'étain; 3 à 400 quintaux de plomb; 10 à 12 barils de mercure; 50 à 60 caisses d'acier; 1500 à 2000 quintaux de fer; 8 à 10000 fers à cheval avec les clous. Ajoutons à cela, de la poudre à tirer, de l'encens, du savon, de l'huile, du tabac, du riz, du bled, de l'orge, du sel, du papier, des pelleteries, du bœuf salé, des fruits secs, des olives-noires, des oranges & de l'eau de limon, dont nous ne pouvons ici indiquer la quantité; mais qui pour certains articles est assez considérable.

Le commerce d'exportation de *Rizé*, consiste en toiles de lin, qui font seules un objet de plus de 500,000 piastres; en cuivre mis en œuvre ou en lingots, en cire, en chanvre, en fil, en noix, en noisettes, & en nardenck (espèce de raisiné) dont il sort chaque année 30 à 40000 quintaux.

OF & SURMINE, deux villes qui peuvent être regardées comme étant du territoire de Rizé, qui fournit à tous leurs besoins, ont une population qu'on estime pour la première, à 50000 ames, la 2e. à 12000; la consommation des diverses marchandises d'entrée dans ces deux villes, double à peu-près la quantité que nous avons déterminée en parlant du commerce d'importation de Rizé.

TRÉBISONDE, est la ville la plus considérable qu'il y ait sur les bords de la mer noire; on y compte 100,000 habitans, parmi lesquels il y a 10000 Grecs & Arméniens. Elle étoit autrefois beaucoup plus florissante qu'elle n'est aujourd'hui. Les guerres intestines que l'ancienne querelle de la 25e. & de la 64e. compagnie des Janissaires a occafionnées, ont réduit cette ville dans l'état le plus déplorable. Cependant fon commerce, dans les temps de tranquillité, eft plus étendu & plus avantageux que celui d'aucune des villes de la mer noire. Son commerce eft le même que celui de Rizé, avec cette différence, que *Trébifonde* confomme une plus grande quantité de tous les articles que nous avons indiqués. Voici quelles font les marchandifes qui font plus propres à *Trébifonde*, & qui n'ont pas de cours à Rizé.

Les étoffes de Scio & de Venife de toute forte, les épiceries fines, les drogues & les bois pour la teinture, la quincaillerie, &c. qui viennent par la mer, y ont un grand débit ; le trafic de cette place, avec la Natolie & la Perfe, eft immenfe. Les caravanes de Smyrne, d'Alep, de Damas, de Diarbekir, de Toka, d'Erzerum, de Wan, de Kars, de Tauris & de Tefflis, y portent une quantité prodigieufe de toutes fortes de marchandifes.

Celles qui fortent de *Trébifonde* font du cuivre des mines de Kuré, que les marchands de cette ville épurent & mettent en lingots, & du cuivre ouvré en très grande quantité ; [on porte le produit des mines de cuivre de Kuré à 120,000 quintaux chaque année] ; de la cire, des cuirs de bœufs & de buffles, des noix, des noifettes, des poires, des dattes noires & du nardenck.

Les mêmes objets de commerce qu'on trouve ou qu'on porte à Rizé & à *Trébifonde*, s'achettent ou fe débitent à Gumuche-Khana, à Kuré, à Hafpié & à Triboli. Le commerce de fortie de Triboli eft plus confidérable. Le principal article eft le vin, dont la plus grande partie paffe en Ruffie. Son territoire produit auffi quelque peu de foie fine de bonne qualité, quoiqu'inférieure à celle de Perfe. Kirrefoun ou Cerifonte, qui a le même commerce d'importation & d'exportation que les villes dont nous venons de parler, fournit de plus beaucoup de foie de fon cru, une immenfe quantité de fruits fecs, & particulièrement les cerifes, dont le nom tire fon étimologie de celui de cette ville, qui la première les a cultivées, & à qui l'Europe en eft redevable.

Dans la Province de *Trébifonde* les poids & les mefures font les mêmes que dans le refte de la *Turquie*.

A *Trébifonde*, la monnoie du grand Seigneur, de toute efpèce, eft la plus commune, elle y eft au même prix qu'à Conftantinople. La monnoie de Perfe y a cours auffi, mais y eft plus rare. Les fequins de Venife y paffent affez couramment, & la fevillane s'y vend au prix de la matière ; dans les autres lieux de cette côte on ne voit d'autre monnoie que celle de *Turquie*.

De la côte de la Natolie, fur la mer noire, jufqu'à Conftantinople.

OUNIA, eft une affez grande ville, à vingt lieues à l'oueft de Kirrefoum. On peut y débiter les mêmes marchandifes d'entrée qu'à Kirrefoum, à peu-près en même quantité & au même prix.

Le principal article du commerce de fortie eft le chanvre, dont la plus grande partie eft achetée pour les arfenaux du grand Seigneur ; il en fort chaque année 35 à 40000 quintaux.

Toute la foie du diftrict de Djanick vient à *Ounia*, & cet article eft affez important. On trouve auffi à acheter à *Ounia* une grande quantité de cuirs de bœufs & de buffles. Cette place eft la principale échelie du commerce de tranfit de Tocat, & c'eft là où l'on embarque la plus grande partie des bocaffins & des indiennes qui fe fabriquent dans cette dernière ville, & qui fe répandent de-là dans toutes les places du refort de la mer noire.

SAMSOUN. Petit fort & rade fur la mere noire, à 12 lieues d'Ounia, & *Keupru-Aghzi*, village à 15 lieues à l'oueft de Samfoun, & à 25 à l'oueft de Sinople, n'ont d'autre commerce d'entrée que quelque peu de denrées de divers cantons de la mer noire. Le peu de commerce de fortie qui fe fait à *Samfoun* eft le même qu'à Ounia ; mais il eft le lieu de tranfit d'une partie des marchandifes & des toileries d'Amafie, & de Tocat. Il fort de *Keupru-Aghzi* 17 à 18 chargemens de pommes, 8 à 10 de chataignes fraiches, 5 à 6 de chataignes feches, 2 ou 3 de noix, autant de cerifes & de prunes feches ; 5 à 6 d'uftenfiles ou vaiffeaux de cuifine de bois, comme écuelles, plats, &c. tous ces différens objets vont à Conftantinople. *Keupru-Aghzi*, eft l'entrepôt d'une partie des toileries de tranfit de Kaftanbol. Ce qu'il y a d'heureux pour ce petit port, c'eft qu'il n'y a point de douane.

GUERZÉ. Gros bourg & petit port, 7 lieues à l'eft de Sinople, n'a qu'un foible commerce d'entrée, fi ce n'eft en comeftibles ; quelques balles de draps, quelques caiffes de bonnets, un petit nombre de ceintures & de turbans, quelques peliffes fuffifent pour vêtir les habitans de fon territoire ; mais il reçoit 500 chargemens de millet, 2 de viande falée, autant de fel, du tabac, des noifettes, des olives noires, des figués, des raifins, &c.

Les deux articles du commerce de fortie de *Guerzé*, font les fruits & les bois de conftruction. Ce dernier article eft affez confidérable. On en tire pour Conftantinople beaucoup de mats de vaiffeaux, de planches de noyer, de platane, de fapin, de poutres & de folives de chêne, à un prix très modique.

SINOPLE, grande ville qui a environ 60000 habitans, parmi lefquels on compte 3 à 4000 chrétiens Arméniens & Grecs, a un port für & fpacieux ; les juifs n'y font pas fouffcerts, non plus que dans les autres villes dont nous venons de parler.

On peut vendre à *Sinople*, année commune, 20 balles de draps Londrins feconds ; 50 à 60 pièces de camelots de France ; pour 12 à 15000 piastres d'étoffes de Scio & de Venise ; pour 4 à 5000 piastres de satin de Venise, 2 à 3000 pics de serges impériales ; 1000 bours de Damas ; 1000 coutnis de Brousse ; 4 à 5000 anterits ou vestes de bours de Magnesie ; 1000 pièces de hassé-dulbent pour les turbans des hommes & les voiles des femmes ; 2 à 3 caisses de bonnets de Tunis ; 4 caisses de bonnets de France ; 4 à 500 ceintures de Gerbé ; 30 balles de petchmals bleus du Caire, 4 à 5000 chals rouges ; pour 8 à 10000 piastres de galons ou dentelles de Pologne & de Constantinople ; pour 5 à 6000 piastres de fil d'or & d'argent, 2000 couvertures de laine de Yamboli ; 2 à 300 cabans de Salonique ; autant de sautenbarques ; autant de petits sans manches ; 1500 à 2000 culottes d'abas de Salonique, 4 à 5000 pièces de toiles des Dardanelles ; 5 à 600 couvertures d'indienne de Smyrne, rembourées de coton, 1000 feutres de Crimée, appellés *Ketchés* ; 2000 paires de babouches ; 2000 paires de bottes noires avec les fers ; 1000 paires de bottes jaunes sans fers ; pour 1500 à 3000 piastres de soie teinte en laine pour la broderie, autant de soie filée ; autant de cordonnet de soie ; 150 à 200 balles de coton de Smirne ; 100 à 150 quintaux de lin gris du Caire ; de la graine de lin, des bois & des drogues propres à la teinture ; pour 5 à 6000 piastres d'épiceries ; 40 fardes de caffé Moka ; 2 à 3000 ocques de caffé de France, 50 à 60 quintaux de sucre de France ; 2500 sacs de savon ; 4 à 500 montres d'or & d'argent ; enfin de l'étain, de la cire, de l'huile, du vinaigre, du tabac, des viandes salées, des grains, des légumes, des fruits secs, du beurre, du suif, du verre, de la quincaillerie, du papier & des pelleteries, dont nous ne pouvons estimer au juste la quantité.

On exporte de *Sinople*, du fil de lin gris, appellé *archin-épigli*. La quantité qui en sort est immense, & il est impossible de la déterminer ; de la cire, du bois de charpente & de construction, article le plus important de son commerce & qui fournit chaque année au chargement de plus de 200 navires ; du goudron ; des fruits de toutes sortes, frais ou secs, dont il sort annuellement plus de 100 chargemens. *Sinople* débite encore beaucoup d'étoffes de soie, d'indienne, de tapis, &c., de *Perse*, de Tocat, d'Amasie, de Kastambol & d'autres marchandises de Natolie, qui passent à Caffa & à Constantinople.

Les monnoies de *Turquie* sont celles qui ont le plus de cours à *Sinople* ; cependant les sequins Vénitiens, les caragrouches & les sevillanes y passent avec assez de facilité, & donnent même quelquefois du bénéfice sur le prix de Constantinople.

La plus grande partie des vaisseaux de guerre du grand Seigneur, se construit à *Sinople* ; il y a 12 chantiers, où l'on peut travailler 12 vaisseaux à la fois ; on peut construire en même temps jusqu'à 50 bâtimens marchands. La sortie de tous les bois qui peuvent servir à la construction des vaisseaux de guerre est prohibée. Une observation que nous devons faire ici, c'est que les bois & le prix de la main d'œuvre pour la construction, coutent si peu à *Sinople*, qu'un vaisseau de guerre à 2 ponts percé pour 70 canons, n'y coûte au grand Seigneur lancé à l'eau & avec sa mâture, sans cordages, voiles ni batteries, que 15 à 16000 piastres [*], [qui, à raison de 4 liv. de France, ou à-peu-près que vaut la piastre, ne sont qu'environ 64000 liv. de notre monnoie] ce qui est 8 à 10 fois moins qu'un pareil vaisseau ne couteroit dans nos chantiers. Les bâtimens marchands de toutes grandeurs ne sont pas plus chers en proportion. Ne seroit-il pas bien avantageux pour nous de pouvoir faire construire des vaisseaux de guerre dans ce port ? & les liaisons qui existent entre la France & la Porte, ne peuvent elles pas en donner le moyen ?

[*] La piastre de *Turquie*, vaut 40 paras ; chaque para 3 aspres, chaque aspre environ 8 deniers tournois.

ENÉBOLI ou *Neapolis*, bourg & port de la mer noire, à 25 lieues à l'est de *Sinople*, a 4 chantiers, où l'on construit des saïques de 16 à 18 pics de long, c'est-à-dire d'environ 40 pieds de Roi, qui reviennent lancées à l'eau, de 1000 à 1200 piastres [de 4000 liv. à 4400 liv. argent de France]. Elle achete pour environ 22000 piastres de sautenbarques, de culottes, de bottes & de toiles qui se consomment dans son territoire ; 5 à 6000 quintaux de fer, 150 quintaux de lin gris du Caire ; 50 balles de tabac ; 15 à 18 chargemens de fruits secs & de noisettes ; un chargement de viandes salées ; 5 de graine de lin, 5 à 6 de millet & autant de seigle.

On tire annuellement de ce port, plus de 30000 quintaux de chanvre ou de cordages, 40 chargemens de bois de construction, & 5 à 6 chargemens de fruits. *Enéboli* est l'entrepôt de Kastambol. C'est-là où l'on embarque ordinairement les marchandises de transit de cette place pour la mer noire.

ABANA, KAIRAN, FARAS, KARA-AGADJE, gros villages sur le bord de la mer noire, font un commerce d'importation peu considérable ; il en sort comme d'Enéboli & des autres ports de cette côte, des bois de construction, des fruits, quelque peu de soie, & de *Kara-agadje* en particulier, 5 à 6000 ocques de bon vin, des bois & du goudron en grande quantité.

BARTIN, ville peuplée d'environ 12000 habitans, située à 5 lieues de la mer, sur une rivière navigable qui s'y décharge, reçoit à-peu-près les mêmes marchandises d'importation qui se débitent à Sinople ; mais il ne lui en faut guère que le quart. Son commerce d'exportation consiste en cire ; en soie grossière, en bois de buis, en poutres, en planches

& en bois de chauffage, dont il fort chaque année 150 chargemens. Elle envoie encore au-dehors 15 chargemens d'oignons, & 150 chargemens de divers fruits, foit frais ou fecs.

HÉRACLÉE, petite ville fituée près d'une très-bonne rade, a une population d'environ 6000 habitans. Ses petits bâtimens font les voyages du Danube. Son commerce d'entrée eft le même que celui de Bartin. Le commerce de fortie confifte en cire, en foie, en fil de lin, en cuirs, en fruits & en bois de conftruction. Les autres petits ports de la côte de Natolie jufqu'au Bofphore ne méritent pas une mention particulière. Nous devons cependant excepter Aktchechar, d'où il fort plus de 1000 chargemens de bois de conftruction chaque année. Dans tous les petits ports dont nous venons de parler, on ne connoît guères que les monnoies de Turquie; il convient même d'y porter de la monnoie plutôt que de l'or.

Des côtes de la Natolie fur la Méditerranée & particulièrement de Smyrne.

SMYRNE eft une des villes les plus belles, les plus grandes, les plus riches, & la plus commerçante de la *Turquie*. La bonté de fon port y attire un concours prodigieux de marchands de toutes les parties de l'ancien monde. On y compte 10000 Grecs, 200 Arméniens, 200 Francs, 1800 Juifs & 150000 Turcs ou naturels du pays. Elle a été renverfée & comme ruinée 7 à 8 fois par des tremblemens de terre, mais l'avantage de fa fituation & la fûreté de fa rade l'a toujours fait rebâtir.

Les vaiffeaux marchands y abordent à une portée de moufquet de la ville, d'où l'on porte les marchandifes à terre avec des chaloupes. Son port eft d'un excellent ancrage & toujours plein de toutes fortes de bâtimens. Il peut contenir plufieurs flottes & l'on y voit en tout temps plufieurs centaines de vaiffeaux de diverfes nations.

Cette ville fituée dans un golfe de l'Archipel, & dans cette partie de l'Afie, que les Grecs appelloient l'*Ionie*, eft un des plus riches magafins du monde. Elle eft placée comme au centre du commerce du levant; à huit journées de Conftantinople par terre, à 25 par caravane d'Alep, à 6 de Satalie, &c.

Les caravanes de Perfe ne ceffent point d'arriver à Smyrne depuis la Touffaint jufqu'à la mi-mai, & même jufqu'en juin; elles y apportent plus de 2000 balles de foie par an, fans compter les drogues & les toileries.

La plupart des principaux marchands étrangers y ont de belles & commodes maifons en propre. Les particuliers qui n'y reftent pas longtems ou qui veulent épargner la dépenfe, ont la commodité des kans, qui font comme autant de grandes hôtelleries où peuvent loger jufqu'à 1000 perfonnes, & où chaque chambre ne fe loue qu'une piaftre ou deux par mois.

Il y a deux grandes douanes à *Smyrne*; l'une qui eft la plus grande, appellée *la douane du commerce*, où fe payent les droits de la foie & des autres marchandifes que les Arméniens apportent de Perfe, & de celles que les Nations chrétiennes y déchargent ou embarquent pour leurs retours; l'autre, qu'on nomme *la douane de Stamboul* (ou Conftantinople), ne regarde que le commerce de cette capitale de l'empire Ottoman, de Salonique & autres lieux de la *Turquie*.

Des Nations de l'Afie, qui font le plus grand commerce à Smyrne, ce font les Arméniens; les caravanes de Perfe en étant prefque toutes compofées. A l'égard des Nations de l'Europe, ce font les Anglois, les Hollandois, les François, les Livournois, les Vénitiens, les Génois, les Meffiniens, & depuis peu les Efpagnols & les Ruffes qui ont des traités particuliers de commerce avec la Porte & qui peuvent commercer fous leur propre bannière. Autrefois le commerce du levant étoit exclufivement réfervé à la France, & les autres Nations chrétiennes étoient obligées d'emprunter fa bannière comme font encore aujourd'hui celles qui n'ont pas de capitulations avec le grand-Seigneur.

Les diverfes Nations Européennes, d'abord admifes à partager avec les François, les profits de ce commerce, en prirent infenfiblement la plus grande part; enforte que jufqu'au milieu de ce fiécle, de vingt millions de marchandifes qu'on fuppofe être alors tirées du levant par les occidentaux, 15 étoient pour le compte des Anglois & des Hollandois, deux ou trois tout-au-plus pour celui des François, & le refte pour les Vénitiens & les Génois; mais aujourd'hui le commerce des François y égale s'il ne furpaffe celui des Hollandois & celui des Anglois mêmes; les draps du Languedoc plus légers, de couleurs plus voyantes & moins chers que ceux d'Angleterre & de Hollande, ont pris dans les échelles de la Méditerranée une faveur que les autres pourront difficilement foutenir; leurs foieries, leurs étoffes d'or & d'argent y font également préférées; enforte qu'on peut affurer, fans rien hazarder, que le commerce de cette Nation y eft actuellement double de ce qu'il étoit il y a trente ans, & qu'il s'y accroît tous les jours, tandis que celui de fes rivaux y baiffe vifiblement.

Nous ne pouvons pas donner ici un état au jufte du commerce de *Smyrne*, non-feulement parce que nous ne connoiffons pas de mémoire exact fur ce commerce, mais parce que ces fortes d'états même faits avec le plus grand foin par les perfonnes les plus inftruites, n'ont jamais de bafe affurée, le commerce étant un élément toujours mobile; nous nous contenterons de donner un apperçu de celui qu'y faifoient les François, il y a 30 ans, & qui étant à peu près le fixiéme de celui des autres Nations de l'Europe prifes enfemble, doit donner une idée approchante de la totalité.

Les François y envoyoient alors de 12 à 15 mai

vires, sans compter 5 ou 6 barques ou polacres. Ce nombre a augmenté depuis.

Leur chargement consistoit en piastres, en draps de Carcassonne & de la Terrasse, de Sapte & de Dauphiné, en perpétuanes ou serges impériales, en bonnets, en papier, en cochenille, en tartre, en verdet, en indigo de Saint-Domingue & de Guatimala, en étain, en bois de teinture, en épiceries & en sucre.

Les retours étant presque les mêmes pour toutes les Nations de l'Europe qui trafiquent à Smyrne, on n'en fera qu'un seul article qui aura place plus bas.

On estime que l'échelle de *Smyrne* pouvoit alors consommer par an, des marchandises que les vaisseaux François y apportoient, 150 balles de draps Londrins seconds; 100 balles de Londres, larges; 100 balles d'Impériales des Cévennes. 1500 occques de cochenille, revenant à quatre mille cinq cent livres poids de France; 200 caisses de bonnets de toutes sortes, de 60 à 80 douzaines la caisse; 600 ballons de papiers de pliage; 30 caisses de papiers à écrire de 24 rames la caisse; 500 quintaux d'indigo d'Amérique; 300 quintaux de sucre ou de cassonades des isles.

Si l'on compare ce commerce des François à *Smyrne*, avec celui qu'ils y faisoient dans les premiers tems de leurs relations avec les Turcs, & même avec le commerce qu'ils y font actuellement, on verra qu'il étoit bien foible en comparaison de ce qu'il a été & de ce qu'il est.

Les Anglois y envoyoient autrefois jusqu'à trente mille pièces de draps; ils y portoient, & ils y portent encore, du poivre, de l'étain, du plomb; mais sur-tout beaucoup d'argent en espèces qu'ils tirent d'Espagne & d'Italie. *Voyez d'ailleurs, pour le commerce des Anglois en Turquie, & particulièrement à* Smyrne, *l'art.* ANGLETERRE *de ce Dictionnaire.*

Nous avons peu de chose à dire du commerce des Hollandois à *Smyrne*, en ayant été déja traité à l'article *Hollande*; on ajoutera seulement que c'est presque le seul endroit du levant où ils fassent du commerce, & que ce commerce y est déchu. C'étoient eux, dans le temps de sa splendeur, qui y faisoient le plus d'affaires; moins à la vérité par la quantité de leurs draps, de leurs épiceries & autres marchandises que par les profits qu'ils faisoient sur leur argent qui n'est cependant pas de bon aloi.

Les Livournois envoient tous les ans 4 vaisseaux & 2 polacres à *Smyrne*, les Vénitiens 2 ou 3, & de temps en temps on en voit aussi quelques-uns de Gênes.

Le chargement des navires de Livourne est de draps, de satins, de cochenille, de plomb, d'étain & d'épiceries qu'ils reçoivent des Hollandois.

Les Vénitiens composent leurs cargaisons de draperies, de brocards, de satins, de perles fausses, de glaces de miroirs, de verres à vitres. *V. l'art.* VENISE.

Enfin, lorsqu'il y va quelque vaisseau Génois,

sa charge ne consiste qu'en espèces qui ont cours à *Smyrne*, & en toutes sortes d'étoffes de soie de leur fabrique.

Les marchandises que l'on tire de *Smyrne*, sont les soies, les poils de chevre & de chameau, soit filés, soit non filés & ceux qu'on appelle *torts*; diverses toiles de coton blanches ou peintes; des mousselines dont il y en a avec des broderies d'or & d'argent que les ouvriers de l'Europe ne sauroient imiter; du coton en lame & en fil; des cuirs passés, soit cordouans, soit maroquins; d'autres cuirs en poil & non apprêtés; des camelots de couleurs; des laines, de la cire, de l'alun, des noix de galle, du buis, des raisins de Corinthe; quantité de drogues, comme du galbanum, de la rhubarbe, de la séménciné, de l'hippoponax, de la tutie, de l'ambre, du musc, du lapis pour faire l'outremer; diverses gommes.

On en tire aussi du sel ammoniac, de la scamonée, de l'opium, du mastic, du storax, du savon, des tapis de plusieurs espèces; enfin des perles, des diamans, des rubis, des émeraudes & autres pierres précieuses.

De ce grand nombre de marchandises, il n'y a guères que la scamonée, l'opium & les noix de galle qui soient du territoire de *Smyrne*; mais les autres y sont apportées d'ailleurs en si grande abondance & les boutiques y sont toujours si bien remplies, qu'il semble que toute la ville ne soit qu'un bazar, où il se tient une foire continuelle.

En général le plus grand débit que les nations chrétiennes fassent de leurs marchandises à *Smyrne* est celui de leurs draperies; & leur plus grand achat des marchandises du levant, est celui des soies, des poils de chevre, de chameau & de testic ou chevron.

La rotte ou rotton, le batteman, l'ocos & le chequis sont les poids dont on se sert à *Smyrne*, mais non pas indifféremment, chacun de ces quatre poids étant propre à certaines espèces de marchandises.

Les cotons se pèsent à la rotte; les soies au batteman; les laines, les poils de chevre, les épiceries, les drogues, l'étain, les cordouans, à l'ocos; & le poil de testic ou chevron au chequis.

Le pic est la seule mesure pour les longueurs & qui est commune non-seulement aux draps, aux camelots & autres étoffes, & à toutes ces sortes de toiles; mais encore aux maroquins jaunes & rouges & aux tapis de Perse. Ces deux dernières espèces de marchandises se mesurent au pic carré. *Voy. ces poids & ces mesures à leurs articles.*

Le change baisse ou augmente à *Smyrne*, comme par-tout ailleurs, suivant la situation des affaires. Le change maritime se fait de 6 à 8 pour 100 & le porteur en court les risques; & le change de *Smyrne* à Constantinople perd 1 à 2 pour 100.

Les droits d'entrée & de sortie, qu'on appelle *droits d'ermin*, sont différens suivant les différentes capitulations des nations Chrétiennes avec la Porte;

les François & les Anglois ne paient que 3 pour 100. Les nations qui ont des conſuls à Smyrne ſont la Françoiſe, l'Angloiſe, la Hollandoiſe, la Vénitienne, la Génoiſe & la Ruſſe, qui peuvent y envoyer des vaiſſeaux ſous leur propre bannière. Les autres prennent la bannière de France & ſont ſous la protection & la juriſdiction des conſuls François.

Il eſt à remarquer 1°. qu'on ne paye jamais qu'un droit d'entrée, & que quand on l'a une fois acquité dans quelqu'un des ports des états du grand-Seigneur, en prenant un certificat du douanier, on peut en tirer ſa marchandiſe pour l'aller vendre ailleurs, ſans payer de nouveaux droits. 2°. Que les déclarations fauſſes de poids, de qualité ou du nombre des marchandiſes, ne ſont point punies de confiſcation ni de doublement des droits; mais qu'on en eſt quitte ſeulement pour payer les droits de ce qui n'a pas été déclaré. 3°. Qu'on obtient ſouvent quelque diminution des droits & particulièrement ſur les marchandiſes dont les droits ſe paient par eſtimation, que les douaniers Turcs ne ſont jamais à la rigueur.

Enfin que dans les conteſtations qui ſurviennent entre les marchands, pour fait de commerce, chaque nation a ſon juge naturel; ce qui les tire de la juriſdiction des Cadis ou juges Turcs.

Outre le Commerce de Smyrne, il s'en fait encore un aſſez conſidérable ſur les côtes qui en ſont voiſines & dans les iſles de l'Archipel, qui en ſont les moins éloignées. Les bâtimens deſtinés à ce négoce ne touchent à Smyrne que pour changer leurs piaſtres ſevillanes en iſelottes qui ſont de meilleur cours dans tous ces endroits.

Les huiles & les bleds ſont les deux principaux objets du voyage de ces vaiſſeaux. Siaty, Ourlac, Caſſedaly, Moſcouis, &c. ſont les lieux d'où les Marſeillois en enlevent davantage. Il y a des années qu'on charge depuis 20 juſqu'à 30,000 quintaux d'huile, d'autres ſeulement 15,000 & quelquefois beaucoup moins ſuivant que les défenſes d'en exporter ſont plus ou moins obſervées.

A l'égard des bleds, quand la vente en eſt libre, on en enleve quantité; & malgré la défenſe même on en tira en 1716 juſqu'à 150,000 charges pour la Provence.

Outre les monnoies de Turquie, on ſe ſert à Smyrne pour monnoie courante des aſſelanis à bouquets, qui valent 80 aſpres, dont le titre eſt fort bas. Cette monnoie vient de l'Empire & de Hollande. Dans les paiemens conſidérables les piaſtres ſevillanes y ſont reçues au poids. On les peſe enſemble, & de 150 en 150 dragmes l'on compte 17 piaſtres, ce qui fait 8¼ dragmes, par piaſtre.

Tout le commerce ſe fait à Smyrne par l'entremiſe des Juifs, & l'on n'y ſauroit vendre ni acheter rien qui ne paſſe par leurs mains.

ANGORA ou Angouri, autrefois Ancire, capitale de la Galatie, a toujours été renommée pour la fineſſe & la beauté du poil de ſes chevres & pour la fabrique des étoffes qu'on en fait, qu'on appelle camelot.

C'eſt de cette ville & de celle de Beibazar que viennent tous les poils de chevre qu'on achete à Smyrne. La quantité qu'on y en porte eſt incroyable. Les Européens n'en tirent pas moins de 3,000 balles, & il s'en conſomme autant dans le pays.

PRUSE ou Bourſe, capitale de l'ancienne Bithinie, eſt encore une des plus belles & des plus grandes villes de la domination du grand-Seigneur. Les plus habiles ouvriers de la Turquie ſont à Pruſe; ſes manufactures de ſoie ſont admirables, & l'on eſtime ſur-tout les tapis & les tapiſſeries qu'on y fait, ſur les deſſins qu'on y envoie de France & d'Italie.

La ſoie qui s'y recueille en abondance eſt très-belle; mais ne ſuffit pas à ſes fabriques où l'on emploie beaucoup de celles de Perſe, qui ne ſont ni ſi chères, ni ſi recherchées que celle de Pruſe.

L'Egypte.

L'EGYPTE, ſituée pour aſſocier à ſon commerce l'Europe, l'Aſie & les Indes, fait par les productions de ſon cru le fonds d'un grand & utile négoce: ſon ſol fertiliſé par les inondations régulières du Nil, qui les couvre d'un limon gras chaque année, & par une culture preſque toujours proſpère, donne, depuis les premiers temps qu'elle eſt habitée, les récoltes les plus abondantes & les plus variées. Les grains de toutes eſpèces, les fruits les plus exquis, les légumes, les lins y croiſſent pour les beſoins de Conſtantinople, de l'Arabie, de la Syrie & de l'Europe même.

Les principales villes de l'Egypte, ſont le Caire, Roſette, Alexandrie, Damiette, Girzé, &c.

Au rapport d'Hérodote & de Pline, l'Egypte contenoit autrefois vingt mille villes; ce qui paroît incroyable, ſi l'on conſidère que l'Egypte n'a pas l'étendue de la France; mais ce qui fait voir cependant juſqu'à quel point l'agriculture, l'induſtrie & le commerce avoient porté cet heureux pays; aujourd'hui même que l'Egypte gémit ſous la domination de ſouverains étrangers, & après 1,200 ans d'oppreſſion & de tirannie qui, en changeant en déſert pluſieurs de ſes provinces, l'ont extrêmement dépeuplée; elle préſente encore le tableau d'une grande population, puiſqu'on y compte neuf mille villages & douze cent villes ou bourgs. Les Egyptiens bornent leurs expéditions maritimes au voyage de Moka. Leurs ſaïques y chargent le caffé de l'Yemen, les parfums de l'Arabie, les perles des iſles Baharem, les épiceries des Indes & les mouſſelines & toiles du Bengale, qui leur ſont apportées par les Banians, & ce ſeul commerce leur procure de grands bénéfices. Le caffé qu'ils achetent 8 ſ. la livre à Moka, ils le vendent 30 ſ. au Caire & cet article ſe monte à onze millions. Ils en envoient la plus grande partie à Conſtantinople, dans la

Grece, à Marseille & sur la côte de Syrie ; le reste se consomme dans le pays.

Malgré sa décadence, l'*Egypte* peut reparoître avec éclat parmi les royaumes puissans, parce qu'elle renferme dans son sein les vraies richesses. Ses grains abondans, avec lesquels elle nourrit l'Arabie, la Syrie & une partie de l'Archipel ; son riz qu'elle envoie dans toute la Méditerranée & jusqu'à Marseille ; la fleur de chartame (ou le safranon), dont les Provenceaux chargent chaque année plusieurs bâtimens ; le sel marin, le natrum, ou nitre naturel, les gommes & les drogues les plus précieuses ; ses laines, sa cire, son sel ammoniac que l'on transporte dans toute l'Europe ; la soude qu'elle produit en abondance ; son lin superbe recherché des Italiens & les toiles teintes en bleu dont elle vêtit les peuples voisins ; tous ces objets nés sur son territoire lui attirent l'argent de la plûpart des peuples qui commercent avec elle. Les Abyssins lui apportent de la poudre d'or, des dents d'éléphant & des substances précieuses, qu'ils échangent contre ses productions. Les draps, le plomb, les armes, le papier, le bois de teinture, les galons de Lyon, &c. que la France y envoie, ne suffisent pas pour payer les divers articles qu'elle reçoit en retour. Elle acquitte le reste avec les piastres de Constantinople. Il en est de même du commerce que l'*Egypte* fait avec les autres nations. Exceptés Moka & la Mecque où les Egyptiens laissent chaque année beaucoup de sequins, tous ceux qui trafiquent avec eux leur portent de l'or & de l'argent. Ces métaux précieux sont encore en si grande quantité dans le pays, qu'Ali-Bey en fuyant dans la Syrie en 1770, emporta quatre-vingt millions, & qu'Ismael-Bey, qui en 1778 se sauva du même côté, chargea 50 chameaux de sequins, de pataques, de perles & de pierreries.

Monnoies, poids & mesures de l'Egypte.

L'ocque ou ocos est de 400 dragmes ; le rotol de 140 dragmes, dont 110 font 108 liv. de Marseille, le quintal gérouin est de 217 rotols.

L'abukefb ou daller de Hollande vaut depuis 33 médins jusqu'à 38, un peu plus.

La piastre courante, monnoie imaginaire, comme la livre de France, vaut 30 médins.

Les réaux d'Espagne depuis 30 médins jusqu'à 40.

Le sequin, ou ducat d'or de Venise, qui après les réaux d'Espagne y ont le plus de cours, 100 médins dans le trafic, quoique le divan du Caire ne le prenne que pour 85.

La pataque pièce d'argent, 6 l. de France.

Enfin le médin, ou para, vaut environ 18 den., ou 1 s. & demi de France.

Le pic qui est la mesure des longueurs est le même que celui de Smyrne.

Des isles de l'Archipel & de la mer Méditerranée.

Nous ne parlerons ici que des *isles* les plus con-

sidérables & qui sont visitées par les vaisseaux des nations chrétiennes, sans avoir égard à leur position géographique, mais suivant l'ordre alphabétique plus commode pour les lecteurs. Nous remarquons d'abord que ces *isles* sont situées entre le 35e. & le 38e. dégré de latitude, & que les unes sont appellées *cyclades*, parce qu'elles forment une couronne ou un cercle autour de l'isle de Delos ; les autres *sporades*, parce qu'elles sont éparses & comme semées au hazard, entre l'Asie & l'isle de Candie.

AMORGOS. Les denrées qu'on tire de cette isle, sont des huiles ; beaucoup de grains & de vin qu'y viennent charger des tartanes de Provence ; une sorte de lichen propre à teindre en rouge, dont l'Angleterre & l'Egypte font une grande consommation.

ANDROS. Son principal commerce consiste en soies, d'une qualité médiocre. Les mures noires & le fruit de l'arbousier, y servent à faire des eaux-de-vie, qui ne sont pas mauvaises.

Les François entretiennent un consul à *Andros*.

ANTIPAROS. Petite isle où il se fait quelque petit commerce de vin & de coton.

CANDIE. Grande isle de 80 lieues de long & de 20 lieues de large, située à l'entrée de l'*Archipel*, autrefois connue sous le nom de *Crète*. Quoiqu'elle ne soit pas bien cultivée, il s'y fait un commerce considérable. Les plaines de Messara produisent des bleds d'une beauté sans égale. Les Agas en vendent beaucoup au dehors ; des bâtimens Européens & des bateaux Turcs & Grecs viennent en faire de nombreux chargemens en contrebande à *Yerapetra* & à *Mirabello*, & transportent cette denrée en France, en Italie, à Constantinople & sur la côte même de Barbarie, ce qui fait que la Candie est quelquefois obligée de recourir à la Morée pour sa subsistance. L'huile & le savon sont les deux principales branches de commerce de cette isle ; mais elle produit encore une infinité d'articles importans ; de la soie très-belle, de la cire, du miel, du coton, des fromages qui passent en Turquie, en Egypte, en Barbarie, en Italie & jusqu'en Provence ; des raisins secs, noirs & des *harroubs*, dont l'*Egypte* fait la principale consommation. Il sort aussi de Candie quantité de vins de Malvoisie. Ses villes du plus grand négoce sont la Canée, Candie & Retimo. Les François ont un Consul à la Canée & un vice-Consul à Retimo.

CHIO ou *Scio*. Est une des isles des plus belles & des plus fertiles de l'Archipel, assez près des côtes de la Natolie, au sud de Métélin & au nord ouest de Samos ; elle a environ 13 lieues de long sur 6 de large. Sa population est de près de 150,000 habitans, parmi lesquels il y a plus de 100,000 Grecs. Sa capitale porte le même nom.

Les vins, les beurres, les soies, les cotons, la térébenthine & le mastic sont les principales productions qui y attirent les Européens, sur-tout les François & les Anglois, qui y tiennent des consuls, comme dans une des plus importantes échelles du levant. Il fort encore de cette ifle beaucoup d'étoffes de foie , qui s'y fabriquent ; entr'autres des Damas, des fatins , des taffetas , & qu'on tranfporte au Caire fur les côtes de la Natolie & à Conftantinople. On y fait auffi des toiles qui ont la même deftination. Les François rapportent en outre de cette ifle du miel & de la cire. Ses autres denrées font de la laine , des fromages & des figues , qui y viennent par caprification. On eftime qu'il s'y fait tous les ans de 60 à 80,000 maffes de foie , ce qui monte à 30 à 40,000 livres poids de France.

CHIPRE ou *Cypre*. Ifle fameufe dans l'antiquité, par le culte de Venus, par fa beauté , fa fertilité & fes mines de cuivre ; a paffé de la domination des Vénitiens , à celle des Turcs , & n'eft plus aujourd'hui que l'ombre de ce qu'elle étoit ; cependant il s'y fait encore du commerce. Nicofie eft fa capitale , mais c'eft à l'Arnaca que réfident les confuls & les négocians des différentes nations de l'Europe. Les vins de *Chipre*, principale marchandife qu'on y va charger , dont le débit dépendoit de la qualité , & qui ne peuvent en acquérir que fur les mers , ont déja perdu de leur valeur par l'extradition des vieilles futailles où ils fe formoient, qu'on n'auroit pu fe procurer autrefois , & que la mifere eft depuis long-temps forcée de vendre.

MÉTELIN. L'ancienne Lefbos , produit de bon froment, d'excellente huile, les meilleures figues de l'Archipel & des vins eftimés : on en tire beaucoup de bois de fapin & de mâts de vaiffeaux, qui ont un grand débit dans tout le levant. Sa capitale s'appelle *Caftro*.

MILLO. Cette ifle, d'environ 20 lieues de tour, a un des meilleurs & des plus grands ports de la Méditerranée, où mouillent d'ordinaire les vaiffeaux qui vont au levant ou qui en reviennent. Il s'y fait un affez bon commerce de vin , d'huile , de fel, de foufre , d'alun , de coton , de fefanne & de toutes fortes de légumes. Le fel & le coton y font à très-bon marché. On en tire une très-grande quantité de meules de moulin, tant pour la mer Egée , que pour Conftantinople , Chypre & une partie de l'Egypte. *Millo* fournit des pilotes à la plûpart des vaiffeaux qui naviguent dans la Méditerranée , perfonne ne la connoiffant mieux qu'eux.

MICONE ou *Miconi*. Son port eft excellent & fon territoire produit beaucoup d'objets de commerce. Ses marins qui font le commerce de cabotage aux ifles de l'Archipel fur les côtes de la Romanie & de la Morée, paffent pour être très-experts dans cette navigation. Ils font au nombre de 500 qui montent plus de 100 bateaux.

Ils portent des marroquins & des cordouans des côtes de Natolie en *Turquie* & des vins de Micone en Morée. Il vient fouvent dans cette ifle des barques provençales qui y chargent des grains , de la foie , du coton & d'autres marchandifes des ifles voifines , la France , l'Angleterre & la Hollande y ont chacune un conful.

NAXIA ou *Naxie*. Quoique cette ifle manque prefque de port , il ne laiffe pas de s'y faire un affez bon commerce. Les principales marchandifes qu'on en tire , font de l'orge, des vins , des figues, du coton, de la foie , du lin, du fromage , du fel, des bœufs, des moutons , des mulets , de l'émeril, du ladanum & de l'huile. Cette dernière denrée y eft à très-bon compte, & l'émeril y eft fi commun & fi bon marché, que les Anglois en leftent fouvent leurs vaiffeaux. Le marbre de *Naxia* eft fort eftimé. Les François ont un conful à *Naxia*, ville capitale de l'ifle.

PAROS. Le commerce de cette ifle & de fa capitale qui a le même nom, confifte en froment, en orge , en légumes , en vin , en fefanne , en toiles de coton & en huile.

Cette ifle étoit autrefois très-célèbre pour fon marbre blanc ; & l'on prétend que c'eft de ce marbre que font faites toutes les ftatues antiques. Les fculpteurs modernes ne font pas fur ce point de l'avis des anciens ; ils préfèrent à ce marbre celui d'Italie au grain plus fin, plus doux & qui obéit plus facilement au cifeau.

PATINO ou *Pathmos*. Ce que cette ifle produit fuffit à peine à fa confommation ; mais fes habitans font le commerce du cabotage ; ils ont une douzaine de caïques & quantité d'autres petits bâtimens, avec lefquels ils vont chercher du bled en Terre ferme & jufques fur les côtes de la mer Noire , pour venir en charger des vaiffeaux François. Il y a dans cette ifle un vice-conful de France.

POLICANDRO. Peu fertile , ne fait de négoce un peu confidérable que de fes toiles de coton, propres à faire des ferviettes qui s'y vendent à bon compte.

RHODES. Ifle célèbre dans l'hiftoire par fa marine, par fa ftatue coloffale du foleil, une des fept merveilles du monde , & pour avoir été environ 200 ans la réfidence des chevaliers de St. Jean de Jérufalem (aujourd'hui de Malthe) , a environ 16 lieues de long & 6 lieues de large. Elle n'eft plus ce qu'elle étoit anciennement ni du temps des chevaliers. Quoique *Rhodes* fa capitale ait un excellent port , le commerce y eft fort peu confidérable. Cette ifle eft un des pays de la domination des Turcs , qui a le plus fouffert des vexations de fon gouvernement.

SAMOS. Son commerce eft important. Les raifins mufcats, le vin , les huiles , les grains , les figues, le fromage, le volani ou avelanede , qui fert à taner les cuirs, font les principaux objets de ce commerce. Cette ifle fournit auffi beaucoup de poix , des foies, du miel, de la cire , de la fcamonée, des laines, différens bois & de l'émeril.

SANTORIN. Cette ifle n'eft proprement qu'un écueil de pierre ponce , que l'induftrie & l'activité de fes habitans a rendue fertile. Les marchandifes qu'ils vendent à leurs voifins font de l'orge, des vins, du coton & des toiles. La France y tient un conful qui fait fa réſidence à Scaro, petite ville bâtie au fond d'un port.

SIKINO. Le principal commerce de cette iſle conſiſte en froment, le meilleur de l'Archipel. Les tartanes de Provence en enlevent beaucoup & en font preſque tout le négoce. Les autres marchandiſes de *Sikino* ſont des vins, quelques cotons & des figues. La nation Françoiſe y entretient un conſul.

SIPHANTO. Les marchandiſes qu'on en tire ſont des huiles, des capres, de la ſoie, des toiles de coton, des figues, de la cire, du miel & du ſéſamé.

SKIROS. Tout ſon commerce conſiſte en blé, en orge, en vins, en cire, en fromages.

SYRA. On en tire d'excellens froments, beaucoup d'orge & de vin, des figues, des olives & du coton.

THERMIE. Les François y entretiennent un conſul. Le principal commerce de ſes habitans conſiſte en ſoie, qui eſt fort eſtimée. On en tire encore du vin, du miel, de la cire, de la laine & du coton, dont on fait diverſes toiles, particulièrement une eſpèce de gaze jaune fort jolie.

ZIA. Ses marchandiſes ſont du froment, de l'orge du vin, des figues, des ſoies, & beaucoup de velani. *Voy.* VELANI.

Il ſe fait à *Zia* des capots de poil de chèvre qui ſont excellens contre la pluie, qui ne les perce que difficilement. Pline & quelques auteurs aſſurent que les étoffes de ſoie furent inventées dans cette iſle; mais d'autres prétendent, avec plus de vraiſemblance, que l'invention en eſt dûe aux habitans de l'iſle de Cos.

Conſtantinople.

Conſtantinople, dans la Romanie, eſt l'ancienne Bizance. Cette ville, autrefois la ſeconde Rome, depuis que Conſtantin, dans le quatrieme ſiecle, y eut tranſporté le ſiege de l'empire Romain, eſt devenue enfin, après plus de onze cent ans, la capitale de l'empire des Turcs, qui la prirent ſur les Grecs en 1453.

L'heureuſe ſituation de cette grande ville, dont on eſtime la population preſque égale à celle de Paris, jointe à la beauté & à la ſûreté de ſon port, en pourroit faire la ville la plus commerçante du monde, ſi ſes habitans, plus libres & plus aſſurés de leurs propriétés, oſoient penſer à s'enrichir par le négoce, ou ſi les étrangers que ce négoce y attire y étoient traités avec moins de hauteur & de ſévérité.

Malgré ces raiſons ſi propres à dégoûter les nations chrétiennes du commerce de *Conſtantinople*, on y voit arriver tous les ans un grand nombre de leurs vaiſſeaux. La plupart y ont un miniſtre pour protéger leurs marchands, plûtôt que pour des intérêts politiques.

Les Anglois & les Hollandois y font beaucoup d'affaires. Ils y font ſur-tout un débit conſidérable de leurs draps. Les François y font auſſi un grand

commerce de leurs draperies de Languedoc & de Dauphiné. Les draps Vénitiens autrefois les plus recherchés par les Turcs, n'y ont plus la même vogue ni le même débit.

Les draps qu'on deſtine pour *Conſtantinople*, doivent être fins & déliés, bien foulés, tondus de près. Il leur faut ſur-tout la meilleure teinture & une grande fidélité pour les largeurs. Les couleurs les plus convenables ſont le violet, le verd, le pourpre, le cramoiſi, l'écarlate, le bleu céleſte, les couleurs de chair & de canelle.

La vente des draps peut aller année commune à neuf ou dix mille pièces. Ils ne ſe vendent ordinairement que tiers comptant & les deux autres tiers à crédit pour ſix mois.

Les autres laineries de l'occident qui ſe vendent à Conſtantinople, ſont des perpétuanes ou cadis larges, des pinchenats qui ſe font à Marſeille & dans le reſte de la province, & des vigans qui ſont des eſpèces de gros draps qui ſe vendent à la foire de Beaucaire. Les couleurs des perpétuanes doivent être à peu-près les mêmes que celles des draps. Les pinchenats & les vigans doivent être d'une couleur tirant ſur le roux.

Il ſe fait auſſi à *Conſtantinople* un commerce conſidérable de diverſes étoffes d'or, d'argent & de ſoie, de France & d'Italie, & même d'Angleterre & de Hollande. Les principales ſont les ſatins de Florence, les tabis, les damaſquetes de Veniſe à fleurs d'or & d'argent, & les velours de Gênes à fleurs. Quoique toutes ces étoffes conſervent le nom de leur ancienne fabrique, la plupart néanmoins ſont de Lyon, de Tours & d'Angleterre.

Le papier eſt une des meilleures marchandiſes qui ſe portent à *Conſtantinople* & ſur laquelle il y a ſouvent le plus de profit à faire. On n'y en débite guère que de celui de France & de Veniſe; mais beaucoup plus du premier. On eſtime que le débit de celui-ci va à près de 1000 balles de 24 rames chacune.

Les autres marchandiſes propres pour *Conſtantinople* ſont de la quincaillerie, des aiguilles, de la pierre de mine qu'on tire de Lyon, du fer blanc, du fil de léton ou de fer, du fil d'or fin ou faux, des bonnets de Marſeille & de Tunis, du verdet, de l'huile d'aſpic, du tartre, du ſucre, des épiceries, du camfre, du vif-argent, de la cochenille, du bois de teinture, de la ceruſe, &c.

Il ſe tire peu de marchandiſes de *Conſtantinople*, en comparaiſon de celles qu'on y porte: auſſi pour en faire la balance, les négocians d'Europe font tirer des lettres de change ſur *Conſtantinople* par les correſpondans de leur Nation qu'ils ont à Smirne & Alep, ou leur font faire des remiſes d'argent dans ces deux villes pour y acheter de quoi achever leur cargaiſon.

Les marchandiſes qu'on exporte de *Conſtantinople* ſont environ 2000 balles de laines pelades & treſquilles, 10000 peaux de buffles, 50000 peaux de bœufs ou vaches, de la potaſſe, de la cire, du poil de chevre & du cavier. Il s'y vend auffi beaucoup d'efclaves de l'un & de l'autre fexe ; mais les François prennent peu de part à ce trafic odieux.

Les monnoies, les poids & les mefures y font les mêmes qu'à Smyrne. Le pic feulement y eft un peu plus court.

La Bulgarie.

La Bulgarie, qui formoit autrefois un grand royaume, eft aujourd'hui une province de l'empire Ottoman.

Les principales places de la Bulgarie maritime & danubienne, font Sileftrie, Babadag, Varna, Viddin, Nicopoli, Orfova, Roufdjiouk ; & celles de la Bulgarie méditerranée, Sophie, Philippopoli, Ternova, Yamboli, &c.

Le commerce d'entrée eft immenfe dans la Bulgarie. Il n'y a point de fortes de marchandifes des pays étrangers qu'on ne trouve à y débiter avec avantage. Nous n'en donnerons point le détail.

Le commerce de fortie confifte en foie, laines, cuirs de buffles & de bœufs, cire, miel, grains, beurre, fuif, tabac, maroquins, fer, falpêtre, viande, chevaux, ris, vin, caviar, &c. dont il fe fait une immenfe exportation à Conftantinople, dans la mer noire & jufqu'en Italie & en Allemagne qui confomment fur-tout beaucoup de fes laines. Une partie de fes vins paffe en Pologne & en Ruffie.

Les Ragufais ont joui prefque feuls pendant longtems du commerce de la Bulgarie ; mais les établiffemens qu'ils y avoient formés font entièrement tombés. Les François ont donné une grande extenfion à leur commerce dans ce pays par Andrinople. Quatre ou cinq maifons Françoifes qui y font établies, y reçoivent directement de Marfeille les marchandifes d'importation, & y expédient également celles d'exportation par les ports d'Enos & de Rodefto.

Toutes les monnoies qui paffent à Conftantinople, ont cours dans la Bulgarie au même taux que dans la capitale.

La Valaquie.

La Valaquie eft une province chrétienne de l'empire Ottoman, gouvernée par un Vaivode chrétien, auquel on donne le titre de prince. Elle eft bornée au midi par le Danube, & à l'oueft par la Hongrie. Les principales places de la Valaquie, font Bukureft, Fockchian, Bouzew, Zemitche, Coullé, Callafat, Guyor - Ghouw & Laun.

Bukureft eft la capitale de la Valaquie & la réfidence du Vaivode. C'eft une grande & belle ville où l'on compte plus de 120000 habitans. Guyor-Gouw, fitué fur le Danube, eft la principale échelle de la Valaquie. On y embarque toutes les marchandifes deftinées pour la mer noire & pour l'Allemagne, & on débarque toutes celles qui en viennent pour la province.

On peut débiter en Valaquie toute forte de marchandifes avec bénéfice, mais les marchands

Européens ne s'y font jamais établis. Les marchands de Koufdjiouck fe font prefque emparés de tout le commerce de ce pays. Ils vont, d'un côté, fe fournir à Conftantinople, à Andrinople, &c. & de l'autre à Leypfik & à Vienne, & ils portent en Valaquie des draps Londrins feconds, de Leypfik & de Pologne, beaucoup d'étoffes de Lyon, des foieries de Venife & de Scio, des galons d'or & d'argent de Pologne & de France, des camelots de France, des drogues pour la teinture, des épiceries, de l'étain, du plomb, du mercure, de l'acier, & quantité de faulx d'Allemagne.

Les marchandifes de fortie de la Valaquie font la cire, principal article d'exportation, d'une excellente qualité & dont la quantité eft immenfe ; les cuirs, la laine, le miel, le beurre, très-abondant, le fuif, objet très-important par fon abondance & par fa qualité, celui de chèvre en faifant la bafe, le lin, le chanvre, des pelleteries ; & fur-tout des grains, du tabac & du fel dont on tire une prodigieufe quantité qui paffe à Conftantinople & dans divers cantons de l'empire Ottoman.

La monnoie de Turquie eft celle qui a le plus de cours en Valaquie & même la feule qui ait cours dans le même détail. Néanmoins les fequins Vénitiens, les Hollandois, les écus de l'Empire & de Pologne, les réaux d'Efpagne, les écus de Ragufe y paffent dans le commerce & font fujets à des variations fuivant le cours du négoce.

La Moldavie.

La Moldavie eft auffi une province chrétienne de l'empire Turc. Elle eft bornée au nord par le Niefter, au midi par la Valaquie. C'eft un Vaivode chrétien qui la commande. Elle a moins d'étendue que la Valaquie ; mais le pays eft plus beau, plus fertile, & toutes les productions en font meilleures.

Les principales places de la Moldavie, font, Jaffy, capitale, ville d'environ 50000 habitans, Choczim, Targowitz, Orhéi, Sokzou, Pontchen, Ibraïl, Galaz, &c. Cette dernière ville fituée fur le Danube, eft la principale échelle de la Moldavie. La plûpart des marchandifes deftinées pour cette province abordent à Galaz, & l'on y embarque également celles qui en viennent.

Le commerce de Moldavie eft le même que celui de Valaquie. Les marchandifes y viennent par les mêmes voies, on y débite les mêmes articles aux mêmes prix, mais en beaucoup moindre quantité. Nous ne faurions nous étendre fur cette matière, fans entrer dans des répétitions inutiles.

La cire eft l'article le plus important qu'on tire de la Moldavie ; elle eft plus belle que celle de Valaquie. Les cuirs de bœufs font plus recherchés & plus grands que ceux de la Valaquie. Ils pèfent jufqu'à 40 occques, ou 140 livres de France : on en tire auffi de la laine, de beau miel, d'excellent beurre, du fuif, du lin du chanvre & beaucoup de gros &de

menu bétail, qui paffe en Pologne, en Pruffe, en Allemagne, dans l'état de Venife & en Turquie, beaucoup de viandes falées, de bois de conftruction, de goudron, de grains, du vin, des pelleteries, &c.

Les mêmes monnoies qui ont cours en Valaquie, paffent auffi en *Moldavie*, fans aucune diftinction.

Tel eft l'état fuccint du commerce de la *Turquie* que la néceffité où nous fommes de nous refferrer, nous permet de préfenter à nos lecteurs. Plufieurs parties de ce vafte empire n'y figurent point; d'autres n'y paroiffent que très-fommairement; & cependant, tel qu'il eft, cet article fuffit pour donner l'idée d'un très-important & très-grand commerce. Qu'on réfléchiffe après cela fur les pernicieux effets du defpotifme qui ravage tant de beaux pays & fur les effets incalculables de fon adminiftration, l'on ne pourra s'empêcher de fentir que la culture, le commerce & les richeffes de cet empire s'éleveroient au plus haut point, & que fes habitans feroient auffi heureux qu'ils peuvent l'être, fi fa conftitution, fes loix & fon gouvernement étoient plus conformes aux loix de la nature, fi les droits de chaque citoyen y étoient plus refpectés, fes propriétés mieux protégées. L'on repréfente les Turcs & tous les peuples foumis au grand-Seigneur, comme des hommes abrutis par la crainte & par l'ignorance, infoucians d'un meilleur fort & fans aucune émulation. Ils deviendroient bientôt de nouveaux hommes. L'activité prendroit la place de la langueur, les lumières s'y répandroient & feroient des progrès rapides, les arts y feroient cultivés & cette heureufe révolution prouveroit toujours davantage que c'eft le gouvernement & non le climat qui élève les ames, éclaire les efprits & rend les hommes capables de fervir utilement leur patrie & d'être comptés parmi ceux qui font honneur au genre humain.

TURQUIN. On appelle *bleu turquin*, un bleu dont la nuance eft très-foncée. *Voyez* BLEU.

TURQUOISE. Pierre précieufe de couleur bleue, & ordinairement opaque, & quelquefois un peu tranfparente.

Il y en a d'orientales & d'occidentales, de la vieille & de la nouvelle roche. L'orientale tire plus fur le bleu que fur le verd, & l'occidentale plus fur cette dernière couleur que fur l'autre. Celles de vieille roche font d'un bleu turquin, celles de nouvelle font plus blanchâtres & ne confervent pas leur couleur.

L'orientale vient de Perfe, des Indes & de quelques endroits de la Turquie, qui fuivant plufieurs auteurs lui a donné fon nom parmi les modernes. L'occidentale fe tire de divers cantons de l'Europe, entr'autres d'Allemagne, de la Bohême, d'Efpagne & de la Siléfie. Il s'en trouve auffi beaucoup en Languedoc, & ce font celles-là qu'on nomme communément *de nouvelle roche*; mais le poli qu'elle prend eft beaucoup moins beau & moins doux. Il eft d'ailleurs chargé de quelques rayes ou filamens.

Cette pierre précieufe fe contrefait aifément & fouvent fi parfaitement qu'il eft aifé de s'y tromper fi on ne l'ôte pas du chaton.

Les *turquoifes* perfannes, c'eft-à-dire celles de vieille roche fe tirent, fuivant Chardin, de deux mines de Perfe, Nicapour & Caraffon, dans une montagne entre l'Hircanie & la Parthide, à quatre journées de la mer Cafpienne; la nouvelle roche eft peu eftimée des Perfans parce que fa couleur fe conferve mal.

Toute la vieille roche fe réferve pour le roi de Perfe, qui garde les plus belles & vend ou échange les autres. Cependant il eft poffible d'en avoir de rares & confidérables à affez bon compte, parce que les ouvriers qui travaillent aux mines & leurs officiers détournent fouvent les plus belles qu'ils ne vendent qu'à des marchands étrangers pour ne pas être découverts.

TUTHIE ou TUTIE. Suie métallique formée en écailles voutées ou en goutieres de plufieurs grandeurs & épaiffeurs, dure, grife, chagrinée en deffus, & relevée de quantité de petits grains gros comme des têtes d'épingle. Elle fe trouve attachée à des rouleaux de terre qu'on a fufpendus au haut des fourneaux des fondeurs en bronze pour recevoir la vapeur du métal. La *tuthie* vient d'Allemagne, & fa meilleure préparation fe fait à Orléans. La bonne *tuthie* doit être en belles écailles épaiffes & bien grainées, d'un beau gris de fouris en deffus, d'un blanc jaunâtre en dedans, difficile à caffer, & fans ordures ni menu.

« La *tuthie* paye en France, pour les droits d'entrée dans les cinq groffes fermes, par quintal net 3 l. 10 f., à la fortie cinq pour cent de la valeur, s'il n'eft juftifié de l'acquittement des droits d'entrée ».

« Pour la douane de Lyon, par quintal net, 3 l. 2 f. 6 d. ».

« A celle de Valence, 3 l. 11 f. ».

V, Vingtiéme lettre de l'alphabet. Cette lettre suivie d'un petit o fait verſo Vo. Cette même voyelle ou ſimple V, double W, barré par le haut, ſignifie *écu* ou *écus de ſoixante ſols*, ou *trois livres tournois*.

V A

VACHE. Bête à cornes, femelle, qui porte les veaux, & qui a pour mâle le taureau. Les jeunes *vaches* qui n'ont point encore ſouffert les approches du taureau, ſe nomment *taures* ou *génniſſes*.

De tous les animaux qui ſont ſur la terre, il n'y en a guères dont l'on tire plus d'utilité que de la *vache*, ſoit pour la nourriture de l'homme, ſoit pour le négoce. Les principales choſes qu'elle fournit, outre les veaux dont on fait un article particulier, ſont la chair, le lait, la peau, les cornes, les os, la graiſſe & le poil.

La chair de *vache* ſe vend à la livre ou à la main par les bouchers dans les boucheries publiques, ou dans des étaux particuliers.

Le lait de *vache*, outre qu'il ſert d'aliment aux enfans & même aux perſonnes de tous les âges, s'emploie auſſi à blanchir des toiles, à faire du beurre, & à compoſer du fromage. L'on prétend qu'il y a en Hollande des *vaches* ſi abondantes en lait, qu'elles en fourniſſent tous les jours juſqu'à 27 pintes.

Les peaux de *vaches*, que l'on appelle auſſi *cuirs*, ſe vendent en poil, ou vertes, ou ſalées, ou féches; & ſans poil, ou tannées ou paſſées, en coudrement ou en croûte, ou courroyées, ou apprêtées de pluſieurs autres manières, qui ſe trouvent toutes expliquées dans les articles de *cuir*, *peau* & *tanner*, auxquels l'on peut avoir recours.

Les rognures des peaux, les cartillages & les pieds ſervent à fabriquer de la colle-forte, en les faiſant bien bouillir & diſſoudre dans l'eau. *Voyez* COLLE FORTE.

Les cornes de *vaches* tant de la tête que des pieds, s'amolliſſent par le feu, & s'employent à divers uſages; comme pour faire des peignes, des lanternes, des tabatières, des étuis à curedents, des écritoires de poche, &c. *Voy.* CORNE.

Les os ſe brûlent pour faire une ſorte de noir propre à la peinture, que l'on appelle *noir d'os*. Les tablettiers, couteliers, patenôtriers, tourneurs, & autres ſemblables ouvriers, s'en ſervent auſſi pour leurs divers ouvrages. *Voy.* OS & NOIR D'OS.

La graiſſe entre dans la compoſition du ſuif dont on fait les chandelles. *Voy.* SUIF.

Enfin le long poil de la queue après avoir été cordé & bouilli pour le friſer, fournit aux tapiſſiers & ſelliers une partie du crin qu'ils employent. Avec le plus court on fait la bourre dont on rembourre les ſelles de chevaux, les bâts de mulets, & les meubles de peu d'importance.

L'on fait auſſi entrer le poil de *vache* dans la fabrique des tapiſſeries que l'on appelle *Bergame*, qui ſe font particulièrement à Rouen & à Elbeuf en Normandie.

« Les *vaches* doivent à toutes les entrées & ſorties du royaume, 5 liv. la pièce, ſuivant l'arrêt du 17 avril 1763, qui les exempte de droits à la circulation ».

VACHE DE RUSSIE, que l'on appelle par corruption VACHE DE ROUSSI. Sorte de cuir ou peau de vache qui vient toute apprêtée de Moſcovie, où elle ſe prépare d'une manière qui n'eſt guères connue que de ceux qui s'en mêlent dans le pays.

« Les *vaches de Rouſſi* payent en France les droits d'entrée à raiſon de vingt pour cent de leur valeur, conformément aux arrêts des premier février & 10 mai 1689 ».

« Les droits de la douane de Lyon ſont de 8 ſ. de la pièce tant d'ancienne que de nouvelle taxation. *Voy. les droits des autres tarifs à l'article des* CUIRS.

VACHE DURE. C'eſt une peau de vache où le corroyeur n'a mis du ſuif que du côté de la fleur, & ni ſuif ni huile du côté de la chair.

VACHE DE SEL. On nomme auſſi de la ſorte en Poitou les monceaux de ſel en forme de meules de foin, où l'on fait ſécher le ſel au ſortir des ſalines. *Voy.* SEL.

VADE. *Terme de commerce de mer*, qui ſignifie *l'intérêt* que chacun a dans un vaiſſeau à proportion de l'argent qu'il y a mis. Je ſuis pour un ſixième de *vade* dans l'armement de l'Amphitrite, c'eſt-à-dire, j'ai un ſixième.

VADEMANQUE. Diminution du fond d'une caiſſe qui arrive par la mauvaiſe conduite de celui qui la tient.

VAHATS. Arbriſſeau de l'iſle de Madagaſcar, dont la racine eſt propre pour la teinture. Lorſqu'on veut ſe ſervir de cette racine, on enleve l'écorce qui peut ſeule donner de la couleur; & après en avoir réduit une partie en cendres dont on fait une eſpèce de leſſive, on met bouillir dans cette leſſive avec l'autre partie d'écorce qu'on a réſervée; les matières qu'on veut teindre, auxquelles il faut prendre garde de ne pas donner un feu trop vif. La couleur que produit cette teinture, est un beau rouge couleur de feu, ou un jaune éclatant, si l'on y ajoute un peu de jus de citron.

VAISSEAU. Ce qui peut contenir quelque chose & singulièrement la liqueur. Un muid, une pipe, un boisseau, sont des *vaisseaux* à mettre le vin, l'eau-de-vie, le bled, &c.

VAISSEAU MARCHAND. Signifie *toutes sortes de navires* ou *bâtimens de mer*, grands & petits, qui servent à transporter des marchandises d'un lieu en un autre. *Voy.* NAVIRE.

VAISSEAU EN SACQUE. Il se dit des vaisseaux qui vont en Terre-neuve acheter des morues sèches. *Voy.* MORUE.

VAISSELLE. Il se dit en général de tous les ustensiles de table, comme plats, assiettes, bassins, aiguières & autres semblables.

Il se fait de la *vaisselle d'or & d'argent* par les orfèvres, de la *vaisselle d'étain* par les potiers-d'étain, de la *vaisselle de fer blanc* par les ferblantiers, de la *vaisselle de fayance* par les fayanciers, & de la *vaisselle de terre* par les potiers de terre. *Voy.* tous ces articles.

Il se fabrique dans l'Amérique Espagnole quantité de *vaisselle d'argent*, qui fait une partie du commerce de contrebande, que les vaisseaux des autres nations de l'Europe ont coutume de faire, soit sur les côtes de la mer du nord, soit sur celles de la mer du sud.

On comprend sous la dénomination de *vaisselle d'or* ou *d'argent*, les couverts, les porte-huilliers, les flambeaux, chandeliers, réchauds & même les salières de cristal garnies en argent.

Pour les droits de la *vaisselle d'argent*, on en distinguera de trois espèces; celle au poinçon de France & armoiriée; celle au poinçon de France sans armoirie, & celle au poinçon étranger ou sans poinçon. Il sera également fait distinction de celle qui est neuve de celle qui est vieille.

Vaisselle neuve au poinçon de France & armoiriée.

« Revenant de l'étranger, elle est admise à l'entrée du royaume en exemption de tous droits ».

« Venant d'une province étrangère dans les cinq grosses fermes, elle doit 5 p$\frac{o}{o}$. de la valeur fixée à 30 l. le marc ».

« Elle n'en acquitte aucun en allant des cinq grosses fermes dans une province réputée étrangère ».

Vaisselle neuve au poinçon de France non armoiriée.

» A son retour de l'étranger, elle ne paye à toutes les entrées qu'un p$\frac{o}{o}$. de la valeur sur l'estimation de 30 l. le marc; mais on doit en prévenir

la ferme, qui dans ce cas donne ordre où la *vaisselle* doit être présentée, de l'admettre au droit unique & modératif. Sans cette précaution, la *vaisselle* doit le droit d'entrée & ceux de route ».

« Venant d'une province étrangère dans les cinq grosses fermes, 5 p$\frac{o}{o}$. de la valeur sur l'estimation de 30 l. le marc ».

« Passant des cinq grosses fermes dans une province réputée étrangère, elle est exempte de droits ».

Vaisselle d'argent vieille.

« Celle au poinçon de France armoiriée & non armoiriée, ne doit aucun droit en entrant dans le royaume, ni à la circulation ».

Vaisselle au poinçon étranger, ou sans poinçon.

« Vieille ou neuve, elle doit à l'entrée des cinq grosses fermes & en passant des cinq grosses fermes dans une province réputée étrangère, 5 p$\frac{o}{o}$. de la valeur, conformément à la décision du conseil du 7 février 1724 ».

Droits de la vaisselle d'argent à la sortie.

« La sortie de la *vaisselle d'argent* pour l'étranger, anciennement prohibée, a été permise par l'arrêt du premier août 1733; & elle doit, qu'elle soit armoiriée ou non, vieille ou neuve, au poinçon de France, ou au poinçon étranger, par les cinq grosses fermes, du marc pesant net 1 l. 10 s., par le Dauphiné, du quintal net 7 l. 2 s. ».

« Pour la douane de Lyon & même pour celle de Valence, la *vaisselle d'argent* au poinçon de France & armoirié, ne doit aucun droit. Celle neuve, au poinçon de France & sans armoirie, ne doit à Lyon qu'un p$\frac{o}{o}$. de la valeur. Venant de l'intérieur, celle neuve au poinçon de France, même armoiriée, y doit par marc 1 l. La vieille, au même poinçon, ne doit aucun droit. Celle neuve au poinçon de France, destinée pour la ville de Lyon ne doit rien. Celle au poinçon de France sans armoiries, acquitte à Valence, par assimilation au fil d'or ou d'argent, le droit de 7 l. 2 s. ».

« La *vaisselle d'argent* expédiée de Paris pour l'étranger ou pour les colonies, ne doit par marc net que 10 s.; mais pour jouir de cette modération, il faut que les colis qui contiennent cette *vaisselle*, soient portés au bureau de la douane & qu'après l'acquittement des droits de sortie, ils soient cordés, ficelés, plombés, pesés & expédiés par acquit à caution pour en assurer la sortie ».

« Celle de Lyon allant à Marseille, doit 2 p$\frac{o}{o}$. en tems de foire, & 6 p$\frac{o}{o}$. hors ces tems, mais elle est assujettie aux mêmes formalités dont nous venons de parler ».

« *Vaisselle d'argent rompue* doit comme argent

en maſſe ou en lingots , & eſt conſéquemment exempte ».

« *Vaiſſelle d'étain* doit comme ouvré, armoirié ne doit rien ».

« *Vaiſſelle de fayance* Voy. FAYANCE.

« *Vaiſſelle de terre*, comme pots & plats de terre, doit à l'entrée des cinq groſſes fermes, par douzaine, 2 ſ.; à la ſortie, par douzaine, 8 den. A la douane de Lyon, par quintal, 2 ſ. 3 den. A celle de Valence, par charge de trois quintaux, 7 ſ. 3 d. »

VALEUR. Prix, eſtimation des choſes, ce qu'elles valent, ce qu'on en veut avoir. Je ne puis vous donner cette marchandiſe pour ce que vous en offrez; ce n'eſt pas la moitié de ſa *valeur*.

On dit qu'une marchandiſe eſt de nulle *valeur* quand on n'en fait aucun cas, qu'elle n'eſt point de débit. Une marchandiſe en *valeur* eſt au contraire celle qui eſt beaucoup demandée & dont la vente eſt prompte & facile.

VALEUR INTRINSEQUE. C'eſt la valeur propre, réelle & effective d'une choſe. Il ſe dit principalement des monnoies qui peuvent bien augmenter ou baiſſer ſuivant la volonté du prince, mais dont la véritable valeur ne dépend que de leur poids & du titre du métal. C'eſt ordinairement ſur cette *valeur intrinſeque* des eſpèces qu'elles ſont reçues dans les pays étrangers, bien que dans les lieux où elles ont été fabriquées & où l'autorité ſouveraine leur donne cours, elles ſoient expoſées dans le commerce ſur un pied bien plus fort.

C'eſt en partie de la différence de ces deux valeurs, dont l'une eſt comme arbitraire, & l'autre en quelque ſorte naturelle, que dépend l'inégalité des changes qui hauſſent ou qui baiſſent ſuivant que le prix pour lequel une eſpèce a cours, s'approche ou s'éloigne du juſte prix du métal dont elle eſt faite.

VALEUR. (*En terme de lettres de change*). Signifie proprement *la nature de la choſe*, comme deniers comptans, marchandiſes, lettres de change, dettes, &c. qui eſt donnée, pour ainſi dire, en échange de la ſomme portée par la lettre dont on a beſoin.

On diſtingue quatre ſortes de lettres de change où la *valeur* eſt différemment exprimée. La première porte *valeur* reçue purement & ſimplement, qui comprend en ſoi toutes ſortes de valeurs. La ſeconde, *valeur* reçue comptant, ou en marchandiſes. La troiſieme, *valeur* de moi-même : & la quatrieme, *valeur* entendue.

La première eſt dangereuſe, & la quatrieme n'eſt guères d'uſage.

On appelle *non-valeur* dans le commerce, non-ſeulement les marchandiſes qui ſont hors de vente, & qui demeurent en pure perte au marchand, mais encore les dettes qui ne ſont pas exigibles par l'inſolvabilité de ceux qui les doivent.

VALIDE ou PATELET. Morue verte qui tient le cinquieme rang dans le triage que l'on fait en Normandie des différentes eſpèces de morues. *Voy.* MORUE.

VALOIR. On dit dans le commerce faire *valoir* ſon argent, pour dire, en tirer du profit, le mettre à intérêt. *Voy.* INTÉRÊT.

VAN. Inſtrument d'oſier à deux anſes, qui ſert à nettoyer les grains.

« Les *vans* à vanner payent en France les droits d'entrée à raiſon de 6 ſ. de la douzaine, & ceux de ſortie ſur le pied de 12 ſ. conformément au tarif de 1664 ».

« Les droits de la douane de Lyon ne ſont que d'un ſol la douzaine ».

« A la douane de Valence, par quintal, 15 ſ. 8 den. »

VANILLE, que les Eſpagnols appellent VANILLA ou BANILLA. C'eſt une graine ou ſemence d'une odeur agréable qui avec la gouſſe où elle eſt contenue, eſt le principal ingrédient dont on ſe ſert pour donner du goût & de la force au chocolat.

La gouſſe, où la graine de *vanille* eſt enfermée, eſt longue d'environ un demi-pied, & groſſe comme le petit doigt d'un enfant. La plante qui la produit a des feuilles médiocres qui ſortent des nœuds de ſes tiges. Les tiges ſont foibles, hautes environ de douze ou quinze pieds, enſorte qu'elles ont beſoin d'un appui ; ce qui oblige ceux qui cultivent cette plante de l'appuyer contre quelque mur, ou de la ramer comme on fait en France les pois & les haricots.

Les gouſſes ſont d'abord vertes, elles deviennent enſuite jaunâtres en mûriſſant ; & enfin brunes quand elles ſont mûres. Dans leur parfaite maturité elles ſont remplies d'un ſuc mielleux d'une très-bonne odeur, dans lequel eſt mêlée leur ſemence qui eſt preſque imperceptible : on les cueille quand elles ſont tout-à-fait mûres pour les faire ſécher à l'ombre, & c'eſt ainſi ſéchées qu'on les tranſporte en Europe par paquets de cinquante, de cent & de cent cinquante.

Il faut choiſir les gouſſes de *vanille* bien nourries, groſſes, longues, nouvelles, odorantes, peſantes, ſans rides, graſſes, ſouples, & que leur graine ſoit noire & luiſante.

« A l'entrée des cinq groſſes fermes, elle doit, comme omiſe au tarif de 1664, cinq pour cent de la valeur ».

« Elle eſt exempte de droits à la ſortie des cinq groſſes fermes, attendu qu'elle eſt droguerie étrangère ».

« Omiſe au tarif de 1632, elle doit à la douane de Lyon, cinq pour cent de la valeur, lorſqu'elle vient de l'étranger, & 2 ½ venant de l'intérieur; & cette valeur a été fixée à 50 liv. par livre peſant ».

« A la douane de Valence elle paye du quintal net, 3 l. 11 ſ. »

La *vanille* doit en outre un droit additionnel de 3 l. par livre pesant ».

VANNERIE. Métier de vanniers.

VANNIER. Celui qui fait ou qui vend des vans ou tous autres ouvrages d'ofier, comme paniers, hottes, claies, cages, corbeilles, charrières, verrières, &c. pelles, boiffeaux, foufiets fabots, échelles, &c.

Il y a à Paris une communauté de maîtres *vanniers-quincailliers*, dont les ftatuts font de 1467, confirmés par lettres-patentes de Louis XI, & réformés fous le règne de Charles IX, par arrêt du conseil du mois de feptembre 1461, enregiftré au parlement la même année. *Voyez les articles* COMMUNAUTÉS & RÉGLEMENS.

VARANDER. Il fe dit des harengs falés qu'on fait égoutter pour les encaquer, c'est-à-dire, pour mettre en baril. *Voy.* HARENG.

-VARECH ou VRAICQ. Nom que l'on donne fur les côtes de Normandie à une forte d'herbe qui croît en mer fur les rochers, qui fe coupe & fe recueille, ou que la violence des eaux arrache & jette fur les rivages de la mer. En Bretagne cette herbe eft appellée *goefmon*, & dans le pays d'Aunis *Sar*.

Elle fert en quelques endroits à fumer les terres; mais fon principal ufage en Normandie eft pour brûler, & faire cette efpèce de foude que l'on appelle ordinairement *foude de varech*, ou *foude de Cherbourg*. *Voy.* SOUDE.

Il fe confomme une très-grande quantité de foude de *varech* pour fondre le verre commun, foit en table, foit en plat; mais l'on n'employe que de la foude d'Alicante pour celui que par excellence on appelle *verre blanc*, à caufe de fa beauté & de fon éclat.

Le défaut de la foude de *varech* eft de rendre le verre d'une couleur qui tire fur le verdâtre. Une autre mauvaife qualité, c'est qu'elle s'employe en pure perte, ne fervant que pour aider la fufion ou vitrification des matières, & nullement pour les augmenter, ce qui ne fe trouve pas dans la foude d'Alicante, qui a précifément les deux qualités contraires. Cent livres de cette foude donnent cinquante livres de verre au-delà des matières avec lefquelles elle a été mife en fufion. *Voy. les articles de la* SOUDE & *du* VERRE.

Il eft permis à toutes fortes de perfonnes de prendre le *varech* que le flot de la mer a jetté fur les grèves, & de le tranfporter où bon leur femble; mais il n'en eft pas de même de celui que l'on eft obligé de couper, le tems de la coupe en étant réglé; n'étant pas même permis aux habitans des lieux de le couper & cueillir ailleurs que dans l'étendue des côtes de leurs paroiffes, ni de le vendre aux forains, ou de le porter ailleurs que fur leur territoire.

Il faut remarquer que les feigneurs des fiefs qui avoifinent la mer, ne peuvent pas s'approprier aucun lieu où croît le *varech*, ni empêcher les habi-

tans de la dépendance de leur diftrict de le cueillir & de l'enlever dans le tems que la coupe en eft ouverte. *Voy. titre 10 du livre 4 de l'ordonnance de la marine du mois d'août 1681.*

VARRE. Mefure des longueurs dont on fe fert en Efpagne, particulièrement dans le royaume d'Arragon, pour mefurer les étoffes. Sa longueur eft femblable à celle de la canne de Toulouse, qui eft de cinq pieds cinq pouces fix lignes, ce qui revient à une aune & demie de Paris; enforte que deux *varres* d'Efpagne font trois aunes de Paris, ou trois aunes de Paris font deux *varres* d'Efpagne.

VARRE. Se dit auffi de la chofe mefurée avec la *varre*; une *varre* de drap, une *varre* de ferge.

VAUTOUR. Gros oifeau de proie. Il y en a de diverfes grandeurs & de plufieurs couleurs, de cendrés, de tannés, de bruns, de roux doré.

Les marchands épiciers-droguiftes vendent de la graiffe de *vautour* fort eftimée contre les maladies de nerfs.

Les marchands-pelletiers vendent la peau de *vautour*. Cette peau eft garnie d'un duvet extrêmement chaud. Les perfonnes délicates s'en fervent pour fe garantir la poitrine du froid. Ces peaux font apportées apprêtées, c'est-à dire paffées; ou non-apprêtées, feulement féchées, & telles qu'elles fortent de deffus l'oifeau.

« Les peaux de *vautour* non apprêtées paient en France les droits d'entrée à raifon de 4 f. de la pièce; & celles qui font apprêtées 10 f., conformément au tarif de 1664 ».

VE

VEAU. Jeune animal à quatre pieds, le produit de la vache & du taureau.

On appelle *veau mort-né* celui qui eft forti fans vie du ventre de la mere, *veau de lait* celui qui tette la mere, & qui n'a point encore mangé; & *veau brouttier* celui qui ne tette plus, qui broute l'herbe & qui mange le foin.

Ce qu'on nomme *veau de rivière* font des veaux de lait très-gras qui fe nourriffent aux environs de Rouen en Normandie, où les pâturages font excellens.

Quoiqu'il femble que le *veau* ne doive être confidéré que par rapport à fa chair qui fe vend dans les boucheries pour la nourriture de l'homme, on en tire cependant deux fortes de marchandifes pour le négoce, favoir la peau & le poil.

Les peaux de *veau* fe préparent par les tanneurs, mégiffiers, courroyeurs & hongroyeurs, qui les vendent aux cordonniers, felliers, bourreliers, relieurs de livres, & autres femblables artifans qui les mettent en œuvre. Les peaux de *veau* courroyées qui fe tirent d'Angleterre font les plus eftimées. *Voy.* TANNER, CUIR COURROYÉ, CUIR DE HONGRIE & MÉGIE.

Le vélin qui eft une efpèce de parchemin, fe fait

de la peau d'un *veau* mort-né, ou de celle d'un petit *veau* de lait. C'est le mégiſſier qui commence à le préparer, & le parcheminier qui l'achève. *Voy.* PARCHEMIN *à la fin de l'article.*

Le poil des *veaux* ſe mêle avec celui des bœufs & des vaches pour faire la bourre qui ſert à rembourer les ſelles des chevaux, les bâts de mulets, & les meubles de peu de valeur.

On parle ailleurs des droits d'entrée & de ſortie que paient en France toutes ſortes de peaux de *veaux* ſoit par les tarifs de 1664, de 1667, & de la douane de Lyon, ſoit ſuivant divers arrêts du conſeil donnés depuis. *Voy.* PEAU.

« Les *veaux* doivent uniformément à toutes les entrées & à toutes les ſorties du royaume, 1 ſ. 6 d. de la pièce, ſuivant l'arrêt du 17 avril 1763, qui les exempte de droits à la circulation ».

VEAU MARIN, que les Anglois nomment *ſeale*, & les Hambourgeois *ſal* ou *rubbe*, animal amphibie qui eſt du nombre des poiſſons à lard.

Le *veau marin* ſe trouve en quantité dans divers endroits de la mer glaciale.

La tête du *veau marin* eſt aſſez ſemblable à celle d'un chien qui auroit les oreilles très-courtes. Au deſſous du muſeau ils ont une barbe, quelques poils aux naſeaux, & trois ou quatre au-deſſus des yeux, qui leur ſervent comme de ſourcils. Leurs yeux ſont grands, creux & fort clairs, & leurs dents fortes & affilées. Le poil qui couvre leur peau eſt très-court & diverſifié de différentes couleurs, parmi leſquelles on remarque le plus ordinairement le noir, le blanc, le jaune, le gris & le rouge : leur queue eſt courte, auſſi bien que leurs jambes, & leurs pieds ſont armés de cinq griffes qui ſont unies par une membrane noire, ſemblable à celle des oiſeaux aquatiques. Ils rampent plutôt qu'ils ne marchent, & paroiſſent avoir le train de derrière eſtropié; cependant leur courſe eſt vive, & celle d'un homme ne l'eſt guère davantage. Enfin ils ont un cri qui approche de l'aboi d'un chien, mais plus obſcur & plus rauque; celui de leurs petits reſſemble plus au miaulement d'un chat.

On va à la chaſſe ou à la pêche de cet animal, ſuivant qu'il ſe trouve ſur terre ou ſur mer; ſur terre on l'aſſomme en lui donnant des coups ſur le muſeau, & ſur mer on le harponne. Les plus grands ont environ huit pieds de long; ordinairement ils n'en ont que cinq à ſix. On les prend pour leur peau & pour leur graiſſe; de la peau après qu'elle eſt paſſée, les fourreurs en font des manchons de chaſſe & des houſſes de chevaux; & les batutiers des coffres de campagne, l'eau ne pénétrant point cette ſorte de peau, ſur laquelle elle ne fait que couler.

De la graiſſe que l'on fond, on fait de l'huile, chaque veau en pouvant fournir environ un demi-baril, lorſqu'ils ſont peu en lard, & près d'un baril quand ils ſont gras.

On en trouve ſur les glaces de l'oueſt un ſi grand nombre qui y vont dormir au ſoleil, ou qui nagent & jouent en troupe le long du rivage, que,

faute de baleines, on en pourroit charger un vaiſſeau, & il eſt arrivé pluſieurs fois que de petits bâtimens l'ont fait avec aſſez de profit.

Leur graiſſe placée entre cuir & chair, a trois ou quatre pouces d'épaiſſeur. On la ſépare de la même manière qu'on lève une peau, & l'on en fait la meilleure ſorte de toutes les huiles qu'on appelle *huiles de poiſſon.*

Cet amphibie a la vie extrêmement dure; & l'on en a vu, qui, percés d'un nombre infini de coups & preſque-dépouillés de leur graiſſe, levoient encore la tête & mordoient les bâtons qu'on leur préſentoit preſque avec autant de force que s'ils n'avoient pas été bleſſés.

VEDASSE, comme on la nomme en françois, ou GUEDASSE, comme on l'appelle à Amſterdam. Eſpèce de cendre gravelée dont ſe ſervent les teinturiers, il en vient de Moſcovie, de Pologne & de Dantzick. On lui donne auſſi le nom de *potaſſe.* *Voy.* GRAVELÉE & POTASSE.

VELANI, que les François appellent *avelanede.* C'eſt le fruit d'une eſpèce de chêne qui croît dans quelques iſles de l'Archipel, & dans quelques autres endroits du levant.

Cette ſorte de chêne, que les Grecs modernes appellent *velamda*, a les racines, le bois, le port & la hauteur du chêne commun. Ses branches ſont fort touffues, étendues ſur les côtés, tortues, blanchâtres en dedans, couvertes d'une écorce griſâtre ou brune. Les feuilles y croiſſent par bouquets, longues de trois pouces ſur deux pouces de large, arrondies à l'extrémité & crénelées aux bouts; elles ſont couvertes d'un duvet preſqu'imperceptible, ce qui les rend cottoneuſes.

Les chatons de cet arbre ſont ſemblables à ceux de notre chêne, mais les glans en ſont différens. Chaque gland commence par un bouton preſque ſphérique, qui groſſit juſqu'à environ un pouce ou quinze lignes de diamètre, applati ſur le devant, & creuſé en manière de nombril, à travers duquel on découvre la pointe du fruit. L'enveloppe du gland eſt une eſpèce de boëte relevée de pluſieurs écailles, d'un verd pâle, longue de trois ou quatre lignes; large d'environ une ligne & demie, émouſſée à la pointe. *Voy.* AVELANEDE.

VELIN ou VESLIN. Eſpèce de parchemin plus fin & plus blanc que le parchemin ordinaire. *Voy.* PARCHEMIN *à la fin de l'article.*

VELIN. C'eſt auſſi le nom que l'on donne en Normandie aux points de France qui ſe fabriquent à Alençon & aux environs, à cauſe que c'eſt ſur du *velin* que ſont deſſinés les patrons ſur leſquels on travaille à ces dentelles faites & brodées à l'aiguille. *Voy.* POINTS DE FRANCE.

VELLON, qu'on prononce en Eſpagnol *veillon.* Signifie, *en fait de monnoie*, ce qu'on appelle en France *billon*; il ſe dit particulièrement des eſpèces de cuivre.

On ſe ſert auſſi de ce terme pour diſtinguer quelques monnoies de compte d'Eſpagne. Ainſi on dit:

un

un ducat, un réal, un maravedis de *vellon*, par opposition à ceux que l'on nomme de *plata*, ou d'*argent*, ceux-ci étant presque du double des autres, le réal, par exemple, de *vellon*, ne valant que dix-huit maravedis d'argent, & le réal d'argent en valant trente-quatre aussi d'argent. *Voy.* PLATA. *Voy.* encore DUCAT, REALE, MARAVEDIS.

VELOURS ou VELOUX. Etoffe de soie ou de coton, velue d'un côté, quelquefois des deux côtés, à deux endroits & même de deux couleurs opposées, l'une d'un côté, l'autre à l'envers. Le velouté de cette étoffe se fait d'une partie des fils de la chaîne qu'on appelle *poil*, que l'ouvrier place sur une longue & étroite règle ou aiguille de cuivre cannelée, & qu'il coupe ensuite en conduisant un petit outil d'acier très-tranchant le long de la cannelure de l'aiguille.

Quoiqu'en disent les Etymologistes qui aiment à faire mystère de tout, le mot de *velours*, vient certainement de celui de velu, c'est-à-dire, couvert de poil, & ne signifie autre chose qu'*étoffe velue*.

Il se fabrique dans les manufactures de France diverses sortes de *velours*; entr'autres des *velours pleins*, des *velours figurés*, des *velours à ramage*, des *velours raz*, des *velours rayés*, des *velours ciselés* ou *coupés*, & enfin des *velours à fond d'or ou d'argent*.

Les *velours pleins* sont ceux qui sont unis & qui n'ont ni figures ni rayures.

Les *velours figurés*, ceux qui ont diverses figures & façons, mais qui n'ont point un fond différent de la façon, c'est-à-dire, dont toute la superficie est veloutée.

Les *velours à ramages*, ceux qui représentent de grands rainseaux sur un fond satiné, quelquefois de la même couleur, & plus souvent d'une couleur différente du velouté; ce sont ces mêmes *velours* qu'on appelle *à fond d'or & d'argent*, quand au lieu de satin on en fait le fond de fil de l'un ou l'autre de ces métaux.

On ne peut s'empêcher de parler ici d'un des plus beaux *velours à ramages* qui soit sorti des manufactures de France, qui n'a pas été imité, & qui, suivant toute apparence, ne devant jamais l'être, restera unique dans son espèce.

Le sieur Charlier, si célèbre par les riches & belles étoffes de toutes façons, qu'il faisoit faire dans sa manufacture de S. Maur près Paris, entreprit ce *velours* sous le règne de Louis XIV pour servir aux ameublemens du palais de Versailles. Il étoit monté sur un rot de plus d'une aune, & outre le velouté ordinaire & la soie frisée qu'on employe quelquefois dans les *velours à ramages*, l'or & l'argent frisé y étoient travaillés & ménagés avec tant d'art, qu'on ne pouvoit le voir sans une espèce de surprise & d'admiration. Chaque aune au sortir du métier revenoit à plus de mille livres, aussi l'ouvrier n'en pouvoit-il faire chaque jour qu'un

pouce ou dix-huit lignes. Le dessin avoit été fait par le sieur Berin, si connu par ces sortes d'ouvrages. Le peu qui a été fabriqué de ce *velours* sert à quelques portières des appartemens de Versailles.

On appelle *velours raz* celui dont les fils ou poils qui font le velouté ont été rangés sur la règle cannelée, mais n'y ont pas été coupés.

Velours rayé, celui qui a des raies de diverses couleurs le long de la chaîne, soit que ces raies soient partie velouté & partie satin, soit qu'elles soient toutes veloutées.

Enfin les *velours ciselés* ou *coupés* sont ceux dont la façon est de velours & le fond d'une espèce de taffetas, ou de gros de Tours.

On dit aussi du *velours à quatre poils*, à trois poils, à deux poils, à poil & demi, & encore du petit *velours* pour en distinguer les différentes qualités & leurs divers degrés de force & de bonté.

Pour la qualité des soies qui entrent dans le *velours*, sa fabrication, les longueurs & largeurs qu'il doit avoir; *voyez le Dictionnaire des manufacture & arts, art.* VELOURS.

Outre les *velours* qui se fabriquent en France, il s'en tire aussi quantité de plusieurs endroits d'Italie, particulièrement de Venise, Milan, Florence, Gêne & Luques; on en a même apporté de la Chine.

Il s'est aussi établi en Hollande, en Angleterre, en Allemagne, & particulièrement sur le bas Rhin, quelques fabriques de *velours* que les réfugiés françois y ont portées.

Il est vrai qu'il s'en faut bien qu'ils approchent de la beauté de celle de France; mais ils se vendent moins cher, ce qui est un grand attrait pour les étrangers qui cherchent en tout le bon marché. Ces *velours* sont à fleurs tigrées, comme on les appelle dans le pays; ils sont grossiers & d'assez mauvais desseins lorsqu'ils n'imitent pas ceux de France.

Droits perçus sur les velours.

VELOURS DE PURE SOIE.

Ils ne peuvent entrer dans le royaume que par Marseille & le pont de Beauvoisin pour être conduits à Lyon: ils y doivent, savoir, « ceux unis, couleur cramoisi, pourpre & ponceau, venant de Gênes, par livre pesant net, de tous droits, 4 liv. 16 sols 8 den. »

« Venant de tout autre pays étranger, 4 l. 3 s. 4 den. »

« Le *velours* uni cerise, rose, incarnat, venant de Gênes, 4 l. 8 s. 4 d. »

« Des autres pays étrangers, 3 l. 15 s. »

« Le *velours* uni de couleur ordinaire, 3 liv. 6 s. 3 d. »

« Des autres pays étrangers, 3 l. »

Velours de foie à ramage & ciselé.

« Celui cramoisi, pourpre & ponceau, venant de Genes, 2 l. 18 f. »

« Venant des autres pays étrangers, 2 livres 10 sols ».

Violet, cerise, incarnat, venant de Gênes, 2 l. 13 sols ».

« Des autres pays étrangers, 2 l. 5 f. »

« Couleur ordinaire, venant de Gênes, 1 l. 19 f. 9 den. »

« Des autres pays étrangers, 1 l. 16 sols »

« Venant des provinces réputées étrangères dans les cinq grosses fermes, & passant des cinq grosses fermes dans les provinces réputées étrangères, ils sont traités comme draps d'or & d'argent fin. *Voy.* DRAPS D'OR ».

« A la douane de Lyon, ceux venant de l'intérieur doivent de la livre pesant net, savoir, ceux en couleur fine, 15 f. »

« Ceux en couleur ordinaire, 12 f. »

« Venant d'Avignon, ceux en couleur fine 1 l. 2 f. 6 d. »

« Ceux couleur ordinaire, 18 f. »

Velours en dorure.

« Ils payent par livre pesant net, savoir, ceux sans ramage, venant de Gênes, 6 livres 1 sol 8 den. »

« Des autres pays étrangers, 4 livres 11 sols 8 den. »

« Ceux en dorure à ramages, venant de Gênes, 3 liv. 13 f. »

« Des autres pays étrangers, 2 l. 15 f. »

« Tout *velours* en dorure de France, 1 livre 10 sols »

« Venant d'Avignon, 2 l. 5 f. »

« A la douane de Valence est, par quintal net, sur tous les *velours* de soie en dorure ou sans dorure, savoir, lorsqu'ils viennent de l'étranger, 11 l. 16 f. 8 den. »

« Venant d'Avignon, 10 l. 13 f. »

« De France, 7 l. 2 f. »

« Lorsque le *velours* a deux faces & que la couleur de l'une est en couleur fine, l'autre en couleur ordinaire, il doit les droits comme couleur fine ».

« Du *velours* venant par Marseille, doit payer indépendamment des droits de douane de Lyon & de Valence, celui de table de mer, qui est par livre pesant net, pour ceux en dorure, de 2 f. 5 d. A l'entrée & à la sortie des cinq grosses fermes, ils sont traités comme draps d'or & d'argent fin, avec lesquels ils sont compris au tarif de 1664 ».

VELOUTÉ. Ce qui est fait à la manière du velours. On appelle le *velouté d'un galon* ou *d'un passement*, la soie ou la laine qui en font les compartimens quand elles sont coupées comme au velours sur la règle cannelée de cuivre.

VELOUTÉ. C'est aussi un terme de joaillier. Il se dit des couleurs des pierreries, qui font brunes & foncées, particulièrement des rubis & des saphirs, quand les uns sont d'un rouge brun & les autres d'un bleu foncé.

VELOUTÉ. Signifie encore, dans le commerce des vins, un *vin* d'une couleur chargée, mais belle.

VELTAGE. Mesurage qui se fait des bariques, tonnes, tonneaux, pipes & autres telles futailles, avec l'instrument que l'on appelle *velte*, pour savoir combien ils contiennent de fois la mesure qu'on appelle aussi *velte*, dont on va parler dans l'article suivant.

VELTAGE. S'entend aussi du droit qui est dû au velteur ou jaugeur. *Voyez* JAUGE & JAUGEAGE.

VELTE. Instrument qui sert à velter, c'est-à-dire, à jauger & mesurer les tonneaux pour en connoître la continence. La *velte* est une espèce de jauge dont on donne ailleurs la description, de laquelle on se sert en quelques villes & provinces de France, comme en Guyenne, à Bordeaux, dans l'isle de Rhé, à la Rochelle, à Bayonne, à Cognac, &c. , & dans quelques pays étrangers, comme à Amsterdam, Lubec, Hambourg, Emden, &c.

La *velte* a différens noms suivant les lieux où elle est d'usage; dans quelques-uns on l'appelle *verge*, dans d'autres *verle*, & dans d'autres encore *verte*, *viertel* & *vierteile*. *Voy.* JAUGE.

VELTE. C'est aussi une mesure des liquides particulièrement des vins & des eaux-de-vie; elle a autant de noms & sert dans les mêmes lieux que la *velte* à jauger.

La *velte* contient trois pots, le pot deux pintes & la pinte pèse à peu-près deux livres & demi poids de marc. Ceux qui font la *velte* de quatre pots se trompent. *Voy. l'art. des eaux-de-vie.*

VELTER. Mesurer avec la velte. *Voy.* JAUGER.

VELTEUR. Officier qui mesure avec la velte. C'est le même que celui qu'on appelle ailleurs *jaugeur*. *Voy.* JAUGE.

VENDEUR. Celui qui vend. Il se dit en général de toute personne qui cède & livre à une autre quelque chose, soit héritage, soit contrat, soit marchandise, pour certain prix convenu entr'eux. Dans toutes les ventes qui se font il n'y a proprement que deux personnes qui agissent & qui stipulent, l'*acheteur* & le *vendeur*.

Celui qui vend ce qui ne lui appartient pas, s'appelle faux *vendeur* ou *stellionataire*. Le *vendeur* est tenu de garantir sa vente, du moins de ses faits & promesses. *Voyez* CONTRAT DE VENTE.

VENDEUR, en fait de marchandise. Ne se dit guères que de celui qui vend de petites denrées ou friandises, comme un *vendeur* d'allumettes, de lacets, &c. On le dit aussi des femmes qui font ces sortes de petits négoces. Une *vendeuse* de pain d'épice, de pommes, &c.

VENDEUR. C'est un officier établi par le Roi

pour ce qui concerne la vente de certaines espèces de marchandises.

Ces fortes de *vendeurs* ont la qualité de jurés à cause du ferment qu'ils font lorsqu'ils font reçus à cet office ; & auffi parce qu'ils font quelques-unes des fonctions de ce qu'on appelle *jurés* dans les corps des marchands & les communautés des arts & métiers.

Il y a à Paris plufieurs *jurés vendeurs*, entre autres des *jurés vendeurs* de vin, des *jurés vendeurs* de cuirs, des *jurés vendeurs* de marée ou poiffon de mer, & des *jurés vendeurs* de volailles, & quelques autres moins confidérables.

Les *jurés vendeurs* font établis pour payer comptant aux marchands forains, lorfqu'ils font convenus de prix avec les acheteurs, les fommes à quoi monte la vente de leur marchandife, defquelles ces *vendeurs* fe chargent fur leur propre compte, & en font à leurs rifques, périls & fortunes, le recouvrement fur les acheteurs.

Pour faire ces avances les *vendeurs* font tenus faire un certain fonds, ordinairement réglé par les édits & déclarations de leur établiffement, qui, à la mort d'aucun d'eux, eft rembourfé à leurs héritiers, & remplace par celui qui eft pourvu de l'office vaquant.

Chaque communauté de *vendeurs* doit avoir fon bureau pour s'affembler, & fon regiftre pour y enregiftrer les ventes & prix des marchandifes, les noms des marchands forains & ceux des acheteurs ; ils ont auffi leurs officiers qu'ils élifent tous les ans. Ces officiers font un ou deux receveurs, & deux ou plufieurs fyndics ; quelques-uns n'en ont point, mais des caiffiers & commis.

Pour les peines des vendeurs & les intérêts des avances de leur argent, ils reçoivent certains droits qui leur font attribués, lefquels leur doivent être payés par les marchands forains, & déduits fur le prix des marchandifes qui ont été vendues.

Enfin ceux qui ont acheté, & pour qui le prix de la vente a été avancé aux forains par les *vendeurs*, peuvent être contraints au paiement fans qu'il foit befoin d'aucune fentence ou jugement qui les y condamnent.

Chaque communauté de *jurés vendeurs* a outre cela de certains droits & fonctions qui leur font propres. *Voyez les articles* VIN, MARÉE, CUIRS, VOLAILLE.

VENDRE. en général. Signifie *aliéner, transporter* à un autre la propriété d'une chofe qui nous appartient ; moyennant un certain prix, ou une fomme d'argent dont on demeure d'accord.

Les marchandifes ou autres chofes mobiliaires fe vendent de gré à gré, par une fimple tradition ou à l'encan par autorité de juftice.

A l'égard des immeubles, comme terres, maifons, moulins, &c. on les vend ou volontairement par un fimple contrat, ou par un contrat qui doit être fuivi d'un décret volontaire, ou forcément par un décret précédé d'une faifie réelle.

Tout ce qui fe vend par force, foit marchandifes, meubles ou immeubles, doit être crié & adjugé publiquement au plus offrant & dernier enchériffeur, en payant par lui le prix de la chofe adjugée.

Il faut remarquer qu'il y a des chofes qui fe vendent & s'adjugent à cri public, quoique la vente n'en foit pas forcée ; tels font les bois, les domaines & autres chofes femblables appartenantes au Roi, les marchandifes venues par les vaiffeaux des compagnies des Indes orientales, de la Chine, &c.

VENDRE des marchandifes. Signifie précifément s'en *défaire*, les *débiter*, les *livrer* pour un certain prix, ou à certaines conditions. Il y a plufieurs manieres de *vendre* des marchandifes, lefquelles vont être expliquées.

VENDRE en gros. C'eft *vendre* tout d'un coup & en une feule fois, une groffe partie de marchandife.

VENDRE en détail. C'eft débiter par petites parties, ou par le menu, les marchandifes qui ont été achetées en gros.

VENDRE comptant. C'eft recevoir le prix de la marchandife vendue, dans le moment qu'elle eft livrée.

VENDRE au comptant ou pour comptant. C'eft une façon de s'exprimer des marchands & négocians, qui femble fignifier qu'*on devroit recevoir de l'argent comptant en faifant la livraifon de la marchandife* ; néanmoins elle a une fignification toute différente, d'autant que quand on vend de cette manière le vendeur donne quelquefois à l'acheteur jufqu'à trois mois de tems pour payer.

VENDRE à crédit ou à terme. C'eft *vendre* à condition d'être payé dans un tems dont le vendeur convient avec l'acheteur.

VENDRE partie comptant, & partie à crédit ou à terme. C'eft recevoir fur le champ une partie du prix de la chofe vendue, & donner du tems pour le refte.

VENDRE à crédit pour un tems, à charge d'efcompte, ou à tant pour cent par mois pour le prompt paiement. C'eft une convention fuivant laquelle le vendeur s'engage de faire un rabais ou diminution fur le prix des marchandifes qu'il a vendues, fuppofé que celui qui les a achetées defire de lui payer avant le tems, & cela à proportion de ce qui en reftera à expirer, à compter du jour que le paiement doit être fait.

VENDRE à profit. C'eft *vendre* fuivant fon livre journal d'achat, ou conformément à fa facture à tant pour cent de gain.

VENDRE pour payer de foire en foire, ou d'une foire à l'autre. C'eft proprement *vendre* à crédit pour un tems.

VENDRE pour fon compte. C'eft *vendre* pour foi-même.

VENDRE par commiffion. C'eft *vendre* pour le compte d'un autre, moyennant un certain falaire ou revenant-bon, que l'on appelle *droit de commiffion*.

VENDRE partie comptant, partie en lettres ou billets de change, & partie à terme ou à crédit. C'est recevoir une partie en argent comptant, une autre en lettres ou billets de change, & donner du tems pour payer l'autre partie.

VENDRE partie comptant, partie en promesses, & partie en troc. C'est recevoir une partie en deniers comptans dans le moment de la vente, une autre en promesses ou billets, dont les paiemens se doivent faire en certains tems, & prendre pour l'autre partie certaines marchandises dont on demeure d'accord de prix; ce que l'on nomme *marchandise en troc*.

La meilleure maniere de vendre, & celle qui apporte le plus de profit, est celle qui se fait moyennant de l'argent comptant; ce précieux métal étant le nerf & le soutien du négoce.

VENDRE. Se dit aussi de la manière de débiter les marchandises & denrées.

L'or, l'argent, le cuivre, l'étain, le plomb, le fer, la soie, le fil de chanvre & de lin, le coton, la laine, la plume, les drogueries, les épiceries, & autres semblables marchandises se vendent au poids.

Les étoffes, les toiles, les futaines, les basins, les rubans, &c. se vendent à l'aune ou à la canne, ou à quelqu'autre semblable mesure étendue.

Les grains, les graines, les légumes, les fruits secs, le charbon de bois & de terre, &c. se vendent au boisseau, au minot, au septier ou au muid.

L'eau-de-vie, le vin, le cidre & la bierre se vendent en détail à la pinte & au pot. Ces mêmes liqueurs se vendent en gros à la barique, au tonneau, à la pipe, au bussard, au muid, à la queue, &c.

Il y a des marchandises qui se vendent au compte, c'est-à-dire, au cent, au quarteron, à la douzaine & à la grosse.

Les marchands de vin, cabaretiers & taverniers, n'ont aucune action pour le vin, ou autres choses par eux vendues en détail par assiette en leurs maisons, *Coutume de Paris*, art. 128.

Quand on dit qu'une marchandise se vend bien, cela veut dire qu'elle est chère, & qu'on en a un prompt débit.

VENDRE (SE). Ce terme dans le négoce se dit de plusieurs sortes de marchandises ou denrées, & signifie avoir *débit*, avoir *cours*. Le blé, le vin, les eaux-de-vies se *vendent* bien.

VENDU, VENDUE. Qui a été donné à prix d'argent. Vin *vendu*, marchandise *vendue*.

VENTE. Transport de propriété, aliénation, convention ou contrat par lequel l'un des contractans s'engage de livrer une chose à l'autre, & de l'en faire jouir moyennant un certain prix.

Il y a de deux sortes de *ventes*; l'une regarde les marchandises & autres effets mobiliers, & l'autre concerne les choses immobiliaires, comme maisons, terres, moulins, &c.

Les *ventes* des effets mobiliers se font ou volontairement, par une simple tradition, ou for-

cément à l'encan en place publique par autorité de justice.

Les *ventes des immeubles* sont aussi ou forcées ou volontaires.

On appelle marchandise de bonne *vente*, celle qui est bien conditionnée, & dont on peut se défaire avec facilité & avantage.

On dit que la *vente* d'une marchandise a monté haut; pour faire entendre que le produit en a été considérable, & qu'il y a eu beaucoup à gagner: que la *vente* est faite, pour dire que tout est vendu: que la *vente* est bonne, pour dire que les marchandises ou denrées se débitent sur un bon pied.

Mettre en *vente*, exposer en *vente* une marchandise, c'est la faire voir publiquement dans une foire ou marché, afin de s'en défaire pour un prix.

VENTE. Se dit encore du tems que l'on doit vendre certaines marchandises. La compagnie des Indes orientales doit commencer un tel jour la *vente* des étoffes, des toiles, des mousselines, &c. qui sont à l'Orient dans ses magasins.

L'heure de la *vente*, c'est le moment où le tems dans lequel la *vente* se fait, soit dans les marchés, soit dans les foires ou dans les encans, &c.

L'ordonnance de la ville de Paris de 1672, article 26 du chapitre 4, porte: que les *ventes* des marchandises seront ouvertes sur les ports, depuis Pâques jusqu'à la Saint-Remi, à six heures du matin jusqu'à midi, & de relevée depuis deux heures jusqu'à sept heures; & depuis le premier octobre, à sept heures du matin jusqu'à midi, & de relevée depuis deux heures jusqu'à cinq; auxquelles heures les officiers sont tenus de se rendre ponctuels aux fonctions de leurs office & charge.

On nomme *livre de vente* un certain livre dont les marchands & négocians se servent pour écrire journellement & de suite toutes les marchandises qu'ils vendent. *Voy.* LIVRES.

VER A SOIE. Insecte qui produit la soie.

Pour l'histoire naturelle de cet insecte, son éducation, son emménagement, &c. *Voy.* le mot SOIE & sur-tout cet article dans le Dictionnaire des *manufactures & arts*.

« La graine de *ver à soie* paie les droits de la douane de Lyon à raison de 10 sols la livre pesant ».

VERD-DE-GRIS ou VERDET, en latin *ærugo*. Drogue propre pour la teinture, qui n'est autre chose que la rouille du cuivre.

Le *verd-de-gris* se fait avec des lames de cuivre rouge très-minces, & des raffes ou marc de raisin imbibées de bon vin, mises ensemble dans des pots de terre & rangées lit sur lit; c'est-à-dire, des raffes de raisin & ensuite des lames de cuivre, & ainsi alternativement. Quand les pots sont pleins on les laisse à la cave, d'où de tems en tems on les tire pour recueillir le *verd-de-gris*, qui est la rouille verte qui couvre les plaques de cuivre.

Il n'est pas vrai qu'on puisse faire du *verd-de-gris*

avec du vinaigre, le meilleur vin n'y eſt pas trop bon, & on y employe ordinairement du vin de Languedoc ; auſſi la plus grande partie de cette drogue qui ſe conſomme en France, ou même dans les pays étrangers, vient de Montpellier & des environs.

On l'envoye de Languedoc en poudre ou en pains, dans des ſacs de cuir ou en tonneaux. Les pains pèſent ordinairement vingt-cinq livres. L'on ne voit guères de *verd-de-gris* qui ſoit tout-à-fait pur ; pour être bon il faut qu'il ſoit ſec, d'un verd foncé, & peu rempli de taches blanches.

Les teinturiers, pelletiers, chapeliers, maréchaux & peintres, en font une conſommation incroyable.

Le *verd-de-gris* n'eſt permis qu'aux teinturiers du grand teint, qui s'en ſervent à faire de très-belles couleurs, comme verd celadon & couleur de ſouffre : il eſt d'ailleurs utile au noir, en l'employant en petite quantité & à demi chaud avec le bois d'Inde.

« A l'entrée des cinq groſſes fermes, il doit au tarif de 1664, par quintal net 2 l. 10 ſ. »

« Sortant des cinq groſſes fermes, par quintal brut, 2 l. 10 ſ. »

« Pour la douane de Lyon il paye ſuivant le tarif de 1632, par quintal net, ſavoir, venant de l'étranger, 8 ſ. 4 d. »

« Venant de l'intérieur, 9 ſ. 9 d. »

« A la douane de Valence, 3 l. 11 ſ. »

VERD DISTILLÉ. Verd-de-gris criſtalliſé, autrement nommé *criſtal de verdet*. Il eſt clair, tranſparent, & à peu-près comme le ſucre candi ; il vient de Hollande & on en fait en France. Il a une main d'œuvre de plus que le verdet ou verd-de-gris, en ce qu'il eſt mis en une eſpece de criſtalliſation comme le vitriol.

« Entrant dans les cinq groſſes fermes, il doit par quintal net, 10 l. 10 ſ. »

« Sortant des cinq groſſes fermes, cinq pour cent de la valeur, comme omis au tarif. »

« Il doit à la douane de Lyon, ſuivant une lettre de la ferme générale au directeur de cette ville du 10 mars 1752, de tel endroit qu'il vienne, comme droguerie omiſe au tarif, par quintal net, 5 liv. 2 ſ. 6 d. »

« A la douane de Valence, comme verdet, 3 l. 11 ſ. »

VERD DE VESSIE OU DE LIERRE. Sorte de verd qui ſe fait de la graine du nerprun, que les botaniſtes appellent *rhamnus*, en la pilant dans un mortier. On en fait auſſi avec une petite graine rouge qu'on mêle avec de l'alun, & qu'on laiſſe ſe macérer & ſe corrompre dans une veſſie de cochon qu'on pend au plancher. Ces deux couleurs qu'on confond aiſément, ſe nomment *verd de veſſie*, parce que c'eſt toujours dans des veſſies qu'on les conſerve & qu'on les vend. Elles ſervent à la peinture.

« Le *verd de veſſie* paye en France les droits d'entrée à raiſon de 3 l. le cent peſant. »

« Sortant des cinq groſſes fermes, cinq pour cent de la valeur. »

« Les droits de la douane de Lyon ſont de 21 ſ. 6 den. le quintal net ».

« A la douane de Valence, comme droguerie, 3 l. 11 ſ. »

VERD D'IRIS. Couleur verte qui ſe fait avec les fleurs d'*Iris*, & qui ſert à la miniature. *Voyez* IRIS.

VERD DE COURROYEUR. Il eſt compoſé de gaude dont il faut une botte ſur ſix ſceaux d'eau, à quoi l'on ajoute, après que le tout a bouilli ſix heures à petit feu, quatre livres de verd-de-gris. *Voyez* COURROYER.

VED DE TERRE, OU CENDRE VERTE. *Voyez* PIERRE ARMENIENNE.

VERD DE MONTAGNE, qu'on appelle auſſi VERD DE HONGRIE. C'eſt une eſpèce de poudre verdâtre réduite en petits grains comme du ſable.

Le *verd de montagne* ſert aux peintres, tant en huile qu'en miniature. Il faut le choiſir ſec, haut en couleur, & bien grenu. On le contrefait quelquefois en pulvériſant du verd-de-gris avec un peu de blanc de ceruſe.

« Le *verd de montagne* paye à l'entrée des cinq groſſes fermes à raiſon de 4 liv. le quintal net, conformément au tarif de 1664. »

« Sortant des cinq groſſes fermes, 5 pour cent de la valeur, s'il ne juſtifie de l'acquittement des droits d'entrée. »

« A la douane de Lyon, il paye comme verd de veſſie, 1 l. 1 ſ. 6 d. »

« A la douane de Valence, par aſſimilation au verdet, 3 l. 11 ſ. »

VERDET. *Voy.* VERD-DE-GRIS.

VERGE. Meſure des longueurs dont on ſe ſert en Eſpagne & en Angleterre pour meſurer les étoffes. C'eſt une eſpèce d'aune.

La *verge* d'Eſpagne, qui eſt particulièrement en uſage à Séville, ſe nomme en quelques lieux *bara*. Elle contient dix-ſept vingt-quatrièmes de l'aune de Paris ; enforte que les vingt-quatre *verges* d'Eſpagne font dix-ſept aunes de Paris, ou dix-ſept aunes de Paris font vingt-quatre *verges* d'Eſpagne.

La *verge* d'Angleterre, que l'on appelle auſſi *yard*, eſt de ſept neuviemes d'aunes de Paris ; ainſi neuf *verges* d'Angleterre font ſept aunes de Paris, ou ſept aunes de Paris font neuf *verges* d'Angleterre.

VERGE. Se dit auſſi de l'étoffe meſurée avec la *verge*. Une *verge* de ſerge, une *verge* de velours.

VERGE. Eſt auſſi une eſpèce de jauge ou d'inſtrument propre à jauger ou meſurer les liqueurs qui ſont dans les tonneaux, pipes, bariques, &c. On donne auſſi le nom de *verge* à la liqueur meſurée. Trente *verges* de vin. Cette pipe contient tant de *verges* d'eau-de-vie.

La *verge* de liqueur eſt eſtimée trois pots & demi quelque peu moins. La *verge* a pluſieurs noms, ſuivant les divers lieux & pays où elle eſt en uſage. *Voy.* JAUGE.

VERGEAGE. Meſurage des toiles, rubans, étoffes, &c. qui se fait avec la verge d'Espagne ou d'Angleterre. *Voy.* VERGE.

VERGEAGE. Se dit aussi du jaugeage ou mesurage que l'on fait des tonneaux & furailles avec un instrument ou sorte de jauge que l'on appelle *verge. Voy.* JAUGE.

VERGÉE. Est le nom que l'on donne aux étoffes qui ont quelques fils d'une soie ou d'une laine un peu plus grosse que le reste, ou d'une teinture plus forte ou plus foible. C'est un défaut essentiel à une étoffe que d'être *vergée.* Ce défaut s'appelle *verjage. Voy. ce mot.*

VERGETTES. *Voy.* BROSSES.

VERGIS. Toiles de *vergis,* sortes de toiles qui se fabriquent aux environs d'Abbeville; elles sont de chanvre & ont trois quarts de large; elles se vendent pour la plûpart aux marchés qui se tiennent dans cette ville les mercredis de chaque semaine.

VERJAGE. Il se dit des étoffes de soies unies, comme sont les velours, les satins & les taffetas non façonnés, & des draps; serges ou autres étoffes de laine dont les fils de la chaîne ou de la trème ne sont pas d'une égale fileure, & d'une même teinture; ce qui raye & verge la pièce quelquefois dans toute sa longueur & largeur, & quelquefois seulement en de certains endroits.

Ce défaut est si considérable, que plusieurs réglemens, entr'autres celui du 11 août 1670, concernant le commerce des étoffes de soie & de laine des marchands d'Orléans, obligent les marchands qui ont vendu des draps ou serges en gros ou en détail, auxquelles il se trouvera des tares ou *verjage,* de les reprendre toutes coupées, si elles ne sont marquées avec une ou plusieurs ficelles pour en faire connoître les endroits défectueux.

VERJUS. Liqueur que l'on tire par expression du raisin encore verd.

Le *verjus* ne sert guères que pour l'assaisonnement des viandes & des ragoûts; il entre néanmoins dans la préparation de quelques remèdes, & les marchands épiciers-ciriers s'en servent pour purifier leur cire.

Le négoce de *verjus* qui se fait à Paris est considérable; ce sont les vinaigriers qui le débitent, soit qu'ils le fassent eux-mêmes, soit qu'ils l'achetent tout fait. Il s'en fait aussi des envois à l'étranger & quelque consommation pour les armemens de mer; étant un excellent anti scorbutique. »

« Le *verjus* paie en France, de droits de sortie, 1 l. 4 s. par tonneau, & de droits d'entrée 5 l. »

« A la douane de Lyon, comme omis au tarif, cinq pour cent de la valeur, venant de l'étranger, & 2½ venant de l'intérieur ».

« A la douane de Valence, par assimilation au vin, par année, 12 s. »

VERMICELLI, Espèce de pâte faite de farine de ris dont les Italiens font grand cas; c'est la plus petite des pâtes qui viennent d'Italie. Le nom de *vermicelli* lui vient de la ressemblance qu'elle a avec de petits vers blanchâtres. *Voyez* pour la préparation de cette pâte & de toutes celles de cette espece le Dictionnaire des arts & métiers, à l'article *du vermicellier.*

« A l'entrée & à la sortie des cinq grosses fermes, il paie cinq pour cent de la valeur, comme omis au tarif de 1664. »

« A la douane de Lyon, il doit par quintal, au tarif de 1632, savoir, venant de l'étranger, 6 s. Venant de l'intérieur, 6 s. 6 d. »

« A la douane de Valence, comme viande de pâté, 1 l. 9 s. »

VERMILLON. Couleur rouge très-vive & très-belle.

Il y en a de deux sortes, de naturel & d'artificiel. Le naturel se trouve en quelques mines d'argent en forme de sable rouge, qu'on prépare par plusieurs lotions & coctions.

L'artificiel se fait avec le cinabre minéral broyé avec l'eau-de-vie & l'urine & ensuite séché. On en fait avec du plomb brûlé & lavé, ou de la céruse poussée au feu.

On ne peut guère douter que ce ne soit le véritable *minium* des anciens. Les apothicaires & les peintres lui conservent encore ce nom pour en rehausser le prix.

Il faut choisir le *vermillon* bien broyé, sec, point terreux, bien pur & bien-ner.

Le *vermillon* sert aux peintres en huile & en miniature, & l'on en fait le rouge employé par les dames. *Voy.* CINABRE.

« A l'entrée des cinq grosses fermes, il doit au tarif de 1664, par quintal 5 l. »

« Sortant des cinq grosses fermes, cinq pour cent de la valeur, comme omis au tarif. »

« A la douane de Lyon, comme droguerie, par quintal net, 2 l. 11 s. 6 d. » .

« A la douane de Valence, par assimilation à la terre d'Ombre, 3 l. 11 s. »

VERNE. Sorte de bois qu'on nomme plus ordinairement *aune. Voy.* AUNE.

VERNIS. C'est une liqueur oléagineuse, luisante, & visqueuse, dont se servent les peintres, les doreurs & quantité d'autres ouvriers.

Les marchands épiciers-droguistes en vendent de six sortes.

Le *vernis siccatif* qui est de l'huile d'aspic, de la térébenthine fine & du sandarac fondus ensemble.

Le *vernis blanc,* qu'on nomme aussi *vernis de Venise,* composé de l'huile de térébenthine, de la térébenthine fine & du mastic.

Le *vernis d'esprit de vin,* qui est du sandarac, du karabé blanc, de la gomme élemy, & du mastic.

Le *vernis doré,* fait avec de l'huile de lin, du sandarac, de l'aloès, de la gomme gutte & de la litarge d'or.

Le *vernis à la bronze* ou *de la Chine,* où entrent la gomme lacque, la colophane, le mastic en larmes & l'esprit de vin.

Enfin le *vernis commun*, qui n'est que de la térébenthine commune fondue avec de l'huile de la térébenthine.

Outre ces *vernis*, il y en a de durs & de mols dont se servent les graveurs en eau-forte.

« Venant de l'étranger, il acquitte à toutes les entrées du royaume, suivant les arrêts & lettres patentes du 4 novembre 1772, les mêmes droits que ceux imposés sur les eaux-de-vie triples & sur l'esprit de vin pur. »

« Venant des provinces réputées étrangères dans les cinq grosses fermes, il doit au tarif de 1664, par quintal, 4 l. »

« A la sortie des cinq grosses fermes, cinq pour cent de la valeur, comme omis au même tarif. »

« Pour la douane de Lyon, de tel endroit qu'il vienne, suivant le tarif de 1632, par quintal net, 15 s. »

« A la douane de Valence, par assimilation à l'eau-de-vie composée, 3 l. 11 s. »

VERNIS. Mastic des manufactures de Nantes.

Il doit être traité dans tous les cas comme brai gras. Décision du conseil du 28 février 1765.

VERNIS DE TERRE. Est aussi une espèce d'enduit brillant que l'on met sur les ouvrages de poterie & sur ceux de fayance. Le plomb sert à la vernissure de la première, & la potée pour vernisser l'autre.

« A l'entrée & à la sortie des cinq grosses fermes, il doit cinq pour cent de la valeur comme omis au tarif de 1664. »

« A la douane de Lyon, de tel endroit qu'il vienne, du quintal, 5 s. »

VERNISSER, qu'on dit aussi VERNIR. C'est enduire quelque chose de vernis. Chez les potiers de terre, c'est donner à la poterie avec de l'alquifoux ou bien du plomb fondu une espèce de croute ou d'enduit lissé & brillant. On dit pareillement *vernisser* la fayance, ce qui signifie *se servir de la potée pour lui donner l'émail*.

VERRE. Corps fragile & diaphane qui est l'ouvrage de l'art & qui imite assez parfaitement le cristal ou verre naturel.

Les chimistes prétendent qu'il n'est point de matière qui ne se vitrifie ; & l'or même, si l'on en croit les nouveaux artistes, cede à l'ardeur des rayons du soleil, concentrés dans un miroir ardent, & devient *verre* aussi bien que les autres corps, malgré le privilége qu'il s'étoit toujours conservé en chimie, d'être le seul qui n'en craignît point les opérations.

Les vitrifications curieuses de la chimie n'entrant point dans le commerce, on ne traitera ici que du *verre* à vitre ou autres semblables, c'est-à-dire, des ouvrages de verrerie fins, cristalins ou communs, dont il se fait quelque négoce.

Les matières qu'on employe ordinairement dans les verreries pour faire le *verre*, sont quelques espèces de cailloux concassés, du sable de grais, ou même du sable commun, diverses sortes de soudes,

des cendres de lessive & de fougère, enfin, le groisil ou *verre* cassé.

La meilleure soude est celle d'Alicante ; l'on s'en sert ordinairement dans les *verres* blancs, & il n'y a qu'elle qui fasse corps dans la vitrification. Cent livres de cette soude mises dans une potée avec le sable augmentent de *verre* d'environ cinquante livres, au lieu que les autres soudes, même celles de Vareck ne servent qu'à la fonte, & n'ajoutent rien au poids des matières mises au fourneau.

Il n'y a en France que des gentilshommes qui puissent souffler & fabriquer le *verre* ; bien loin que ce travail attire la dérogeance, c'est une espèce de titre de noblesse, & l'on ne peut même y être reçu sans en faire preuve. Ce privilége que les Rois ont bien voulu accorder pour faire subsister la pauvre noblesse, n'a point souffert jusqu'ici d'altération, & il seroit à souhaiter qu'il y eût encore plusieurs autres manufactures qui eussent cette prérogative.

Nous n'entrerons pas ici dans les détails de la fabrication du *verre* qui seroient étrangers à l'objet de notre travail ; d'ailleurs on peut les trouver dans le Dictionnaire des manufactures & arts, au mot VERRERIES.

Le *verre en plat*, soit le blanc soit le commun qui se consomme à Paris, se tiroit autrefois de Cherbourg & depuis de Varinpré dans le comté d'Eu, ensuite de la forêt de Lyon, où il y a quatre verreries, savoir, Erontieux, la Haie, la verrerie neuve & l'Hollandelle.

Il y a encore en Normandie cinq autres verreries où il se fabrique des sortes de *verre*, dont il y en a quatre dans le comté d'Eu, & l'autre à Beaumont près Rouen ; mais le *verre* qui s'y fait ne se débite guère à Paris, & s'employe en Normandie & dans les autres provinces du royaume.

Les autres verreries du royaume sont pour la plupart en Alsace, en Lorraine, dans les trois Evêchés, en Nivernois, en Franche Comté & dans le Lyonnois ; en Champagne, en Hainault, dans le Maine, en Auvergne, en Anjou & à Seve, près de Paris.

Le *verre en plat*, soit le blanc, soit le commun, se consomme en grande quantité pour les vitres des bâtimens de Paris ; le *verre blanc* ne s'y employe néanmoins que dans quelques appartemens les plus magnifiques, se réservant pour mettre aux tableaux de pastel & de miniature, ou pour les estampes & tailles-douces qui sont mises en cadre. C'est aussi sur le *verre blanc* que l'on fait ces agréables peintures dont il sera parlé ci-après.

Ces deux espèces de *verre* se vendent à la somme ou panier, & dans chaque panier il y a vingt-quatre plats ; les paniers sont des manieres des cages faites de tringles de bois blanc de quinze ou seize lignes d'épaisseur. Cette fragile marchandise s'y voiture pourtant assez sûrement.

Du *verre casilieux* est du *verre* qui se casse aisément quand on le veut couper avec le diamant. C'est le *verre* mal recuit qui a ce défaut, défaut qui cause un grand déchet à l'ouvrier auſſi bien que beaucoup de difficulté à le débiter.

Dans la vûe d'aſſurer à la ville de Paris l'approviſionnement des *verres à vitres*, lorſque l'uſage des carreaux de vitres fut ſubſtitué à celui des panneaux en loſange, un arrêt du conſeil du 11 août 1711, avoit réglé la quantité de paniers de *verre* que les maîtres des verreries de Normandie ſeroient obligés de fournir aux vitriers de Paris & de Rouen, & fixé le prix de cette marchandiſe au-deſſous de ſa valeur réelle.

Des arrêts ſubſéquens des 24 avril 1714, 7 mai 1715, 25 juillet 1719, & 4 mars 1724, &c. ordonnèrent, non-ſeulement l'exécution du premier; mais y ajoutèrent encore de nouveaux articles de police concernant les qualités, le nombre & le prix des *verres à vitres* que ces manufactures devoient fournir pour la conſommation de Paris, & preſcrivirent la maniere de les livrer aux vitriers & celle de les lottir entre ces derniers, après qu'ils ſeroient dépoſés dans le bureau de la communauté.

Ces réglemens gênans eurent le fâcheux effet que l'on devoit en attendre.

« Les entraves miſes à la liberté du commerce des *verres à vitres* en Normandie, y avoient abâtardi l'induſtrie à cet égard. On n'y fabriquoit que du *verre à vitre* le plus groſſier, tandis que pluſieurs autres verreries du royaume (moins gênées) avoient porté à un très-haut degré de perfection la fabrication du *verre blanc*, connu ſous le nom de *verre de Bohême*. Cette impéritie dans un art précieux fut dénoncée avec ſes cauſes en 1775, à un miniſtre qui avoit déja manifeſté ſes principes contre tout ce qui pouvoit empêcher les progrès & l'activité de l'induſtrie. En conſéquence la déclaration du Roi du 12 janvier 1776, remit les choſes dans un état raiſonnable & naturel ».

« Cette police, porte le préambule de cette déclaration, eſt devenue un obſtacle inſurmontable au perfectionnement des verreries de Normandie, & malgré les augmentations de prix qui ont été ſucceſſivement accordées, ce n'eſt que dans les autres provinces que l'art s'eſt amélioré, en s'élevant à la fabrication des *verres communs* ſous le nom de *verres de Bohême & d'Alſace* ».

« Par une ſuite de cet état de contrainte & de liberté dont jouiſſent les maîtres des verreries des autres provinces, ceux de Normandie éprouvent depuis pluſieurs années, le double déſavantage de ne vendre à Paris qu'environ la huitiéme partie des *verres à vitres* qu'ils y vendoient autrefois & d'être forcés de les livrer au-deſſous même du prix auquel ils ſont taxés, attendu la préférence qu'obtiennent les verreries à qui la liberté du commerce a donné le tems & les moyens de ſe perfectionner ».

« Il eſt d'autant plus preſſant de remédier à l'obſtacle qui arrête les progrès de cette induſtrie dans une de nos principales provinces, que les vitriers ſeuls profitent, tant contre les maîtres des verreries que contre le public, d'une police ſi onéreuſe, & qu'il

eſt notoire, à Rouen ſur-tout, que les conſommateurs payent le panier de *verres à vitres* plus du double de ce qu'il coute aux maîtres vitriers ».

« A ces cauſes & autres, &c. voulons qu'à compter du jour de la publication de la préſente déclaration, tous les maîtres de verreries de la province de Normandie jouiſſent de la liberté de vendre à tous nos ſujets des villes de Paris, Rouen & autres de notre royaume, les *verres à vitres* de leurs fabriques, au prix qui ſera librement convenu entre eux & les maîtres vitriers & autres acheteurs. Les diſpenſons d'entretenir par la ſuite aucuns magaſins particuliers pour les vitriers & d'avoir dans les villes d'autres magaſins que ceux qu'ils jugeront à propos d'y établir pour l'utilité & la facilité de leur commerce, & ce nonobſtant tous réglemens & arrêts contraires. Donné à Verſailles le 12 janvier 1776 ».

VIRRE A BOIRE. C'eſt un vaſe fait de ſimple *verre* ou de criſtal, ordinairement de la forme d'un cône renverſé, dont on ſe ſert pour boire toutes ſortes de liqueurs.

Le *verre* a trois parties : le calice, le bouton & la patte, qui ſe travaille ſéparément. Les *verres à boire* qui n'ont pas de pied s'appellent *gobelets*.

La fragilité de cette marchandiſe eſt cauſe que malgré le prix modique de chaque *verre*, le commerce qui s'en fait en France eſt très-conſidérable & que cette fabrique entretient un grand nombre de verreries dans les provinces.

Ce ſont les verriers, les fayanciers & les chandeliers qui font à Paris le commerce des *verres*. A la campagne il y a des colporteurs qui en fourniſſent les villages & même les petites villes.

« Les *verres* & les ouvrages de *verre* ſont ſujets à des droits aſſez conſidérables tant à l'entrée qu'à la ſortie du royaume, & à la circulation au dedans. Deux arrêts du conſeil du mois de décembre 1746, ont réglé la quotité de ces droits dans trois circonſtances & même fixé les dimenſions de charettes, caiſſes & caiſſetins dont on ſe ſert ordinairement pour le tranſport des *verres & verreries*, par un tarif joint à cet arrêté. »

« Un autre arrêt du 15 août 1752, qui a déterminé les bureaux d'entrée par leſquels les *verreries* pourroient être importées dans le royaume, a ordonné de mettre les *verres* dans des caiſſes ſéparées, ſans aucun mélange de qualité, & de déclarer le poids de chaque caiſſe ».

« On ne donnera pas l'état de ces droits parce qu'ils ſont très nombreux & que le détail en ſeroit trop long. Ceux qui le déſireroient pourront le trouver dans le Recueil alphabétique des droits de traites uniformes & de ceux d'entrée & de ſortie des cinq groſſes fermes imprimé à Noyon en 1786. Au ſurplus cet état ſeroit inutile, ſi, comme on l'annonce, la ſuppreſſion des douanes intérieures eſt ſur le point d'être ordonnée, & va introduire dans la légiſlation ſur les droits d'entrée & de ſortie des changemens avantageux au commerce ».

VERROT. Ce n'eſt pas la même choſe que la verroterie

verroterie dont on parle dans l'article suivant, cette marchandise étant plus grosse, & ne se comptant pas par masses de même nombre. Le *verrot* blanc ou noir, est très-bon pour le commerce de la rivière de Gambie où l'on s'en sert pour la traite des cires.

VERROTERIE. Menus ouvrages de verre qui servent au commerce que les Européens font en plusieurs lieux des côtes d'Afrique, aussi bien que des isles & du continent de l'Amérique.

Cette *verroterie*, qu'on appelle autrement *rassade* ou *razade*, consiste en divers grains de verre de toutes couleurs & de diverses grosseurs, percés par le milieu, pour être enfilés & pour en faire des colliers, des bracelets, des pendans d'oreilles & autres ornemens, dont les habitans, & sur-tout les femmes de ces pays-là, aiment fort à se parer.

Cette marchandise est sur-tout propre pour le Sénégal, les côtes de Guinée, & le royaume de Congo, depuis le Cap-Vert jusques au Cap de Bonne-Espérance. Il s'en débitoit aussi une grande quantité dans l'isle de Madagascar & en Canada, pendant que les François y avoient des établissemens. Le verre dont on fait cette *verroterie* prend couleur dans la fusion même des matières qu'on vitrifie, en y mêlant diverses drogues suivant la couleur qu'on veut lui donner. La rouille de fer toute seule fait le rouge : le cuivre rouge & le safre calciné font le bleu; pour le verd il faut du cuivre calciné, de la rouille de fer ou du minium; & pour le violet du safre & de la manganèse.

Les différentes sortes de *verroterie* & de *verrots* qui sont propres avec les sauvages de l'Amérique ou les noirs d'Afrique, sont :

Des ambréades rouges, grosses & petites.
Des comptes de lait, gros & petits.
Des cristaux fins, gros & petits.
Du galet rouge & d'autres rayés.
Des grains rayés.
Des margriettes de diverses couleurs.
Des olivettes citron, d'autres blanches.
Du pesant jaune & du pesant verd.
De la rassade citron.

De quatre sortes de *verrots*; savoir, du rouge, du jaune, du blanc & noir, & du mêlangé de toutes couleurs. Il y a de deux espèces de toutes ces sortes de *verrots*; savoir, du gros & du menu.

Enfin du compte-brodé noir, jaune & rouge. *Voy.* RASSADE.

VERSO. FOLIO VERSO. Terme usité parmi les teneurs de livres. C'est la page qu'on trouve quand on a tourné un feuillet, autrement la seconde page d'un feuillet. On s'en sert pour indiquer juste la page d'un livre ou registre, dans laquelle est porté quelque article de débit ou crédit, ou autre semblable chose que les marchands, négocians, & banquiers ont coutume d'écrire sur leurs livres. *Folio verso* est opposé à folio recto. Ce dernier se

Commerce. Tome III. Part. II.

met ainsi en abregé F. Ro., l'autre de la sorte F. Vo. *Voy.* FOLIO.

VESOU. On nomme ainsi aux isles Antilles Françoises, le suc des cannes à sucre avant qu'il ait été réduit en sirop. On lui donne aussi le nom de *vin*. *Voy.* SUCRE.

VEULE. On le dit des étoffes qui sont mal fabriquées, qui ne sont pas suffisamment frappées, ou qui ne sont pas assez fournies de laine. Un drap, une serge *veules*.

VEULE. Se dit aussi de cette espèce de castor qu'on appelle autrement *castor sec*, *castor maigre* & *castor d'été*. *Voy.* CASTOR SEC.

V I

VICE-CONSUL. Officier qui fait les fonctions de consul, mais sous ses ordres, ou en son absence.

Il y a plusieurs échelles du levant & quelques places maritimes de l'Europe, où la France & les autres Nations n'entretiennent que des *vice-consuls*; ce qui dépend ordinairement de l'importance du lieu & du commerce qui s'y fait. *Voyez* CONSUL.

VICIÉ, VICIÉE. Ce qui a quelque tarre, quelque défaut. Il se dit des marchandises qui n'ont pas été bien fabriquées, ou à qui il est arrivé quelque accident dans l'apprêt; ou enfin qui se sont gâtées dans le magasin ou dans la boutique, ensorte qu'elles sont hors de vente. Un drap *vicié*, de la morue *viciée*, du vin *vicié*. Ce terme est générique & comprend toutes les tarres & défauts qu'une marchandise peut avoir.

VICTUAILLES. Terme de commerce de mer qui signifie les *vivres* ou *provisions* de bouche, qu'on embarque dans un vaisseau. On appelle *victuailleur* ou *avictuailleur*, celui qui s'est engagé à fournir les *victuailles*.

On peut faire des assurances sur le corps & quille du vaisseau, ses agrès, apparaux & *victuailles*. *Art. 7 du tit. 6 du liv. 3 de l'ordonnance de la marine, du mois d'août 1681.*

VICTUAILLEUR. (Terme de commerce de mer.) Celui qui fournit les victuailles ou vivres d'un vaisseau marchand. *Voy.* AVICTUAILLEUR.

VIERGE. Se dit figurément de diverses choses qui sont encore dans leur pureté naturelle, ou qui n'ont point servi.

La cire *vierge* est celle qui est telle qu'elle sort de la ruche. *Voy.* CIRE.

L'huile *vierge*, c'est celle qui n'a point été pressurée. *Voy.* HUILE.

On dit aussi de l'or *vierge*, de l'argent *vierge*, du cuivre *vierge*, pour signifier ceux de ces métaux qui n'ont point encore été fondus. *Voy. leurs articles.*

Kkkkk

Parchemin *vierge*. C'est celui qui est fait de la peau d'un agneau ou d'un veau mort-né. C'est proprement du vélin.

Le mercure *vierge* est celui qui se trouve tout liquide dans les mines, ou qu'on tire du minerai par de simples lotions sans y employer les vaisseaux sublimatoires ni le feu. *Voy.* VIF-ARGENT.

VIEUX. Il se dit également de ce qui est ancien, de ce qui a servi, & de ce qui est gâté.

Il y a diverses marchandises qui sont tarifées sous le nom de *vieilles*, comme de *vieux linge*, de *vieux oing*, de *vieilles bottes*, de *vieux souliers*, de *vieux manteaux* & de *vieux drapeaux*.

« Suivant l'arrêt du 21 août 1771, le *vieux linge* paye les droits d'entrée à raison de 2 f. du cent pesant. Il est exempt à la circulation. La sortie est prohibée ».

« Le *vieux oing*, 1 l. 5 f. aussi le cent pesant, sortant des cinq grosses fermes ».

« Les *vieilles bottes*, 10 f. la douzaine de paires ».

« Les *vieux souliers*, 2 sols la douzaine de paires ».

« Les *vieux manteaux*, le cent pesant, 2 livres f., & les *vieux drapeaux*, 2 f. aussi au cent pesant ».

« Les droits de sortie du *vieux oing* sont 1 l. le cent pesant ».

Les droits de la douane de Lyon sont, savoir :

« Les *vieilles caboches*, 4 f. le quintal ».

« Les *vieilles armes*, 1 l. 10 f. de la balle ».

« Les *vieux corcelets*, 5 f. de la pièce ».

« Le *vieux fer*, 2 f. du quintal ».

« Et le *vieux parchemin*, 3 f. ».

VIEUX STILE. C'est une manière de compter ou de supputer les jours qui se pratique chez quelques Nations qui suivent l'ancien calendrier appelé *calendrier Julien*. Il n'y a plus aujourd'hui que la Russie qui l'emploie.

Le *vieux stile* diffère du nouveau de onze jours; ensorte qu'une lettre de change qui seroit tirée de Pétersbourg sur Paris, payable au onze mars vieux stile, ne seroit exigible à Paris que le 22 du même mois. C'est pour cette raison que d'ordinaire les peuples qui suivent le *vieux stile* mettent à la tête de leurs lettres de change les deux dates; celle du *vieux stile* dessus, & celle du nouveau stile dessous. Par exemple, à Pétersbourg ce 11/22 mars. *Voy.* NOUVEAU STILE.

VIF-ARGENT ou MERCURE. Minéral ou demi-métal liquide & très-pesant, mais qui n'étant ni dur ni malléable, ne mérite nullement le rang que quelques chymistes veulent lui donner parmi les métaux parfaits.

Le *vif-argent* se tire ou de ses propres mines, ou des mines des autres métaux auxquels il se trouve mêlé. Il faut que les mines qui produisent ce minéral, soient bien abondantes, puisque n'y ayant

guères en Europe que celles de Hongrie, du Frioul, province d'Italie; dans les états de la république de Venise, & celles d'Almaden en Espagne; il s'en fait néanmoins une consommation incroyable, sur-tout pour l'usage des mines d'or & d'argent, du Pérou & des autres provinces de l'Amérique Espagnole où tout celui d'Espagne est transporté.

La ville d'Almaden en Espagne est renommée par ses mines de *vif-argent*; il s'y en trouve de deux sortes; l'un qu'on appelle *vif-argent vierge*, qui sort naturellement du minerai, c'est-à-dire des pierres minérales qui paroissent au dehors des mines, celui-ci est le meilleur; l'autre qu'on estime moins se trouve sous terre. Les rochers d'où on les tire l'un & l'autre sont rouges à cause de la quantité de minium ou de vermillon qui y est mêlé.

Ce n'est pas qu'il ne se trouve des mines de *vif-argent* ailleurs. On prétend qu'il y en a en France. Celui qu'on apporte de la Chine prouve qu'il y en a en Asie. L'on sait qu'au Pérou même, assez près du Potosi, il y a une montagne nommée *Juancabeluca*, dont la mine profonde de cinq à six cent pieds, fournit de très-bon mercure.

Quoiqu'il en soit, depuis que le *vif-argent* d'Espagne est devenu marchandise de contre-bande pour toutes les autres Nations, presque tout celui qui se consomme en France est de Hongrie & de Frioul.

Celui de Hongrie se tire de Vienne par la voie de Hollande. Les Hollandois ayant un engagement avec les Allemands, pour prendre d'eux tout le surplus de ce minéral qu'ils ne peuvent consommer chez eux, le transporte dans des peaux de moutons enchappées ou renfermées dans de petites futailles ou barils, dont les plus gros du poids d'environ cent quatre-vingt-dix à deux cent livres, se nomment *bouillons de vif-argent*, & ceux qui ne pèsent que quatre-vingt-quinze à cent livres s'appellent *demi-bouillons*.

Les Anglois fournissent aussi à la France quelque peu de *vif-argent* qu'ils envoyent dans des bouteilles d'un verre très-épais, de différentes grosseurs & poids; mais cette dernière sorte n'est pas fort estimée, ayant déja servi à séparer l'argent de la mine, ce qui en a diminué en quelque manière la qualité.

Il y a de deux sortes de *vif-argent*, le *vif-argent vierge*, le *vif-argent commun*; l'un est celui qui n'a point souffert le feu, & l'autre celui qu'on a tiré de la mine par l'ignition.

Le *vif-argent vierge* est encore de deux espèces. Il y en a qui coule naturellement par les cavités du rocher où est la mine, qui y forme de petits ruisseaux de demi-pouce de grosseur, ou même davantage, mais qui tarissent au bout d'un jour ou deux, & il y en a d'autres qu'on ne sépare de la mine que par plusieurs lotions, & après l'avoir fait passer par divers tamis. Ces deux mercures sont très-bons, mais le premier l'est encore plus que le second.

Le *vif-argent commun* & qui passe par le feu, se tire de la mine lavée & réduite en poudre, qu'on met dans, de grandes cornues de fer auxquelles on lutte des récipiens où la violence du feu fait monter le mercure. Le *caput mortuum* qui reste au fond des cornues, se pile une seconde & une troisième fois, & est toujours remis au feu jusqu'à ce que le *vif-argent* s'en soit entièrement exhalé. C'est de cette manière que l'on travaille la mine en Hongrie & dans le Frioul.

En Espagne, la fonte ou exhalation du *vif-argent* se fait avec plus d'industrie, & dans une machine plus ingénieuse, dont l'on peut voir la description dans la Differtation fur les mines, dont la France eft remplie, qui a paru en public en 1706, & qu'on fait être de M. de Rhode.

A l'égard de la terre ou matière avec laquelle se trouve mêlé le mercure, celle des mines d'Espagne n'est pas semblable à celle de Hongrie, & celle du Frioul est même différente de cette dernière. En Espagne la mine est rouge, tachetée de blanc & de noir, & fi dure qu'on ne peut l'arracher qu'avec la poudre à canon ; en Hongrie elle est quelquefois en pierre affez dure, mais le plus fouvent en terre brune & un peu rouge, & dans le Frioul il y a de la terre molle où le *vif-argent vierge*, se trouve par petites larmes, & de la pierre dure dont on tire le *vif-argent commun*. La mine d'Idria, qui est une de celles du Frioul, est fi riche qu'elle rend toujours moitié de *vif-argent*, & quelquefois les deux tiers.

On doit choisir le *vif-argent*, blanc, coulant, net, bien vif, & d'une belle eau ; fi au contraire la couleur en est brune & plombée, qu'il s'attache aux mains, qu'il se réduise en petites boules, ou qu'il fasse des traînées, c'est figne qu'il n'est pas pur, qu'il y a quelque mélange de plomb, & par conséquent qu'il ne vaut rien, & qu'il ne faut pas s'en charger.

Commerce du vif-argent dans l'Amérique Espagnole.

La meilleure marchandise que les Nations d'Europe, qui font un commerce de contrebande avec les Espagnols de l'Amérique, puissent leur porter, eft le *vif-argent* ; fur-tout fi ce commerce se fait dans les endroits voisins des mines. Lorsqu'on trouve occasion de traiter cette marchandise, le prix ne se dispute point ; on donne poids pour poids, argent pour mercure.

Ce profit, comme on voit, est très-grand ; car il faut seize pièces de huit pour faire le poids d'une livre, & le mercure ne vaut ordinairement que quatre francs ou cent sols la livre.

Ceux qui veulent augmenter leur profit se font

payer poids pour poids, en petites monnoies comme font les réales & demi réales ; parce que les recevant au poids, & trouvant occasion de les donner au compte, il y a fouvent deux & quelquefois trois écus de gain par livre.

« Par le tarif du 18 septembre 1664, le *vif-argent* doit payer les droits d'entrée du royaume à raison de 5 l. du cent pesant, comme argent-vif ; & comme dans ce tarif cette forte de marchandise se trouve comprise pour l'entrée à l'article des drogueries & épiceries, elle ne doit payer aucuns droits de fortie, pourvu qu'il foit bien & duement justifié du payement qui a été fait de ceux d'entrée ».

« Les droits de la douane de Lyon, font, favoir, 2 liv. du quintal ; ou s'il eft en balon de cent cinquante livres pesant, 2 liv. 5 f. d'ancienne taxation & de réappréciation à proportion ».

« Par le tarif arrêté en 1699 entre la France & la Hollande, les droits que le *vif-argent* avoit jusqu'alors payé à la fortie des terres & pays de l'obéissance des Etats-généraux des Provinces-Unies furent modérés à 4 florins le cent pesant, lorsqu'il est déclaré pour être transporté dans les pays de fa majesté très-chrétienne ».

« Le *vif-argent* se vend à Amsterdam, 44 l. la livre, argent de banque. On le pese avec les peaux fans faire aucune déduction ».

VIGANS. Gros draps qui se vendent à la foire de Beaucaire & qui font partie du commerce des draps que les François envoyent à Constantinople, à Smirne & dans quelques autres échelles du levant. Ce font des espèces de pinchinats dont le petit peuple fe fert au levant à faire des vestes de desfous pour l'hyver. On en fait aussi une forte de manteaux de pluie que les Turcs portent toujours quand ils vont en campagne. *Voy. l'art.* TURQUIE.

VIGOGNE. Animal de la grandeur d'une chévre & de la figure d'une brebis, qui se trouve dans les montagnes du Pérou depuis Arica jusques à Lima. Les Espagnols l'appellent ordinairement *vicunna* dont nous avons fait *vigogne*. Il ne faut pas le confondre avec le Glama ou l'Alpagne, deux autres animaux dont il a été parlé dans leurs articles particuliers, & qui lui resfemblent.

Le *vigogne* a le pied fourchu comme le bœuf ; il porte fa tête comme le chameau, qui a quelque resfemblance à celle de cet animal ; il va affez vîte & s'apprivoise facilement.

Les plus grands, qui quelquefois le deviennent autant qu'une petite genisse ou qu'un âne de grandeur moyenne, fervent au transport des vins, des marchandises & autres fardeaux. Ils peuvent porter jusqu'à cinq arrobes qui reviennent à 125 liv. pesant de France. Ce font des animaux qui vivent en société & vont toujours par troupeaux ; ils fervent ordinairement à porter dans les vignes de la fiante d'oiseaux fauvages dont on se fert pour engraisser les terres dans le Pérou.

La laine du *vigogne* est brune ou cendrée, quelquefois mêlée, d'espace en espace, de taches blanches.

Lorsque les Péruviens veulent prendre & chasser ces animaux, ils s'assemblent en grand nombre pour les pousser, à la course & en faisant de grands cris, dans des passages étroits où ils ont tendu leurs filets. Ces filets ne sont que de simples cordes attachées à quelques pieux de trois ou quatre pieds de haut, d'où pendent de distance en distance des morceaux de draps ou de laine. Les *vigognes* effrayés à cette vue s'arrêtent sans songer à forcer ou franchir ce léger obstacle, à moins que quelques glamas, plus hardis, ne leur montrent l'exemple; & alors les Péruviens les tuent à coups de flèches, ou les arrêtent en vie avec des lacs de cuir.

Outre la laine des *vigognes*, & qui ne se coupe qu'une fois chaque année, on trouve encore dans leur estomac un bezoard fort estimé. *Voyez* BEZOARD.

VIGOGNE. Laine. On l'appelle en latin, *lana vicufia*; elle vient du Pérou, le seul lieu du monde où l'on trouve l'animal qui la porte & dont elle a emprunté le nom. Les rois d'Espagne ont souvent tenté inutilement d'y faire transporter de ces sortes d'animaux dans l'espérance de les faire peupler & de rendre par là leur laine plus commune & moins chère en épargnant les frais & évitant les risques de la mer; mais soit faute de pâturages qui leur conviennent, soit que le climat ne leur soit pas propre, ils y sont toujours morts; ensorte que depuis long-tems les Espagnols ont abandonné ce dessein.

Dans les premières années de la découverte du Pérou il étoit défendu de transporter la laine de *vigogne* dans les pays étrangers, mais le commerce en a depuis été permis en payant un droit de sortie assez considérable, qui pourtant ne rapporte pas un grand profit au roi d'Espagne par les fraudes qui s'y commettent; une grande partie passe en matelas comme laines ordinaires, ensorte que quoiqu'il s'en transporte toujours beaucoup, il ne s'en déclare pourtant que très peu. Cette laine s'emploie en Espagne dans plusieurs manufactures d'étoffes de laine; en France il n'est pas permis d'en mettre dans la fabrique des draps, & c'est proprement pour celle des bas & des chapeaux qu'elle est réservée.

La laine de *vigogne* est de trois sortes, la fine, la carmeline ou bâtarde, & le pelotage; la dernière est très peu estimée; elle s'appelle de la sorte, parce qu'elle vient en pelotes.

VILLE. Lieu ordinairement fermé de murailles où plusieurs habitans sont réunis & vivent ensemble sous les mêmes loix municipales, & sont gouvernés pour la police & le commerce par des magistrats qu'ils se choisissent eux-mêmes par la permission & sous l'autorité du Souverain.

VILLE DE COMMERCE, VILLE MARCHANDE. C'est une *ville* où il se fait un grand trafic de marchandises & de denrées par terre ou par mer, par des marchands qui y sont établis, ou par ceux qui y viennent de dehors. Il se dit aussi des *villes* où il se fait des remises d'argent & des affaires considérables par la banque & le change. Paris, Lyon, Rouen, la Rochelle, Nantes, Bordeaux & Marseille sont les *villes* les plus marchandes de France; Londres, d'Angleterre; Amsterdam & Roterdam de Hollande; Cadix d'Espagne; Lisbonne de Portugal; Smirne & le Caire du Levant, &c.

VILLE D'ENTREPÔT. C'est une *ville* dans laquelle arrivent des marchandises pour y être déchargées, mais non pas pour y être vendues, & d'où elles passent sans être déballées aux lieux de leur destination, en les chargeant sur d'autres voitures. *Voyez* ENTREPÔT.

VILLE FRANCHE. En général se dit d'une *ville* libre & déchargée de toutes sortes d'impôts; mais par rapport au commerce il s'entend d'une *ville* aux portes de laquelle toutes les marchandises ou seulement quelques-unes ne paient aucun droit d'entrée ou de sortie, ou n'y sont sujettes seulement qu'en entrant, ou seulement en sortant. *Voy.* PORT FRANC.

VILLE DE LOY. C'est, en terme de manufactures, une *ville* où il y a maîtrise.

VILLE. Signifie quelquefois les magistrats municipaux qui composent le corps de ville, & qui veillent à la police, à la tranquillité & au commerce des bourgeois; comme les bourguemaîtres en Hollande, en Flandre & en plusieurs lieux d'Allemagne; les maires & aldhermans en Angleterre; les jurats & capitouls en quelques villes de France, & les prévôt des marchands & échevins à Paris.

La jurisdiction des prévôt des marchands & échevins de cette capitale du royaume, s'étend non-seulement sur la police & vente des marchandises qui y arrivent par les rivières & se distribuent sur les ports, places & étapes; mais encore sur quantité de marchands & officiers qui ont rapport au négoce, qui prêtent serment entre leurs mains, & doivent se pourvoir pardevant leur tribunal pour les contestations qui arrivent entre eux, soit pour le fait de leur trafic, s'ils sont marchands, soit pour leurs salaire & fonctions, s'ils sont officiers. *Voy.* PREVÔT DES MARCHANDS.

VIN. Liqueur agréable, mais enyvrante, qui sert de boisson à l'homme, & qu'on tire par expression du fruit de la vigne.

Les différens noms que l'on donne au *vin*, lui viennent ordinairement, ou de la manière de le faire, comme la mère goute, le *vin* de pressurage, le *vin* bourru, le *vin* de passe, le *vin* cuit : ou de sa qualité, comme de *vin* doux; le *vin* sec, de *vin* brusque & de *vin* de liqueurs : ou de sa couleur, comme *vin* blanc, *vin* clairet, *vin* gris, *vin* rouge, *vin* paillet, &c. ; ou enfin de divers lieux ou terroirs fur lesquels les *vins* fe recueillent ; comme en général, *vins de France*, *vin de Hongrie*, *vin du Rhin*, *vin d'Espagne*, *vin de Canarie* ; & en particulier *vin de Bourgogne*, *vin de Champagne*, *vin d'Orléans*, *vin de Languedoc*, *vin de Tokai*, *vin de Palme*, & un grand nombre d'autres.

On parlera dans la fuite de cet article de tous ces *vins*, moins par rapport à leur nature, que par rapport au commerce qui s'en fait en France & dans les pays étrangers. Mais auparavant on va expliquer différentes chofes concernant les *vins* qu'il eft important que ceux qui en veulent faire commerce n'ignorent pas.

On appelle *mère goute* le *vin* qui coule de lui-même de la canelle de la cuve, où l'on met la vendange, avant que le vendangeur y foit entré pour fouler les raifins.

Le *vin de preffurage* eft celui qu'on exprime avec le preffoir, après y avoir mis les raffles & les raifins plus qu'à demi écrafés quand le *vin* en a été tiré dans la cuve.

Ce qui refte de ces raffles après qu'elles ont été bien preffurées, s'appelle le *marc* ; c'eft avec ce marc qu'on fait la boiffon ou piquette, en y jettant de l'eau deffus, & en la preffurant de nouveau. Ce marc eft auffi de quelque ufage dans la médecine pour la guérifon des maux caufés par les humeurs froides.

Le *vin doux* eft celui qui n'a point encore bouilli. Le *vin bouru*, celui qu'on empêche de bouillir. Le *vin cuvé*, celui qu'on a laiffé bouillir dans la cuve pour lui donner couleur. Le *vin cuit*, celui à qui on a donné une cuiffon avant qu'il ait bouilli, & qui à caufe de cela conferve toujours fa douceur. Enfin le *vin de paffe*, celui qui fe fait en mettant des raifins fecs dans de l'eau, qu'on laiffe enfuite fermenter d'elle-même.

Les *vins de liqueurs* font des vins naturels ; la plupart doux & fucrés, & quelques-uns fecs & amers. On ne fe fert guères en France de ces *vins* pour la boiffon ordinaire, mais on en préfente affez fouvent à la fin des repas.

La France a plufieurs de ces fortes de *vins*, entr'autres les *vins mufcats* de S. Laurent & de la Ciotat en Provence ; ceux de Frontignan & de Limoux en Languedoc ; ceux de Rivefalle en Rouffillon ; ceux de Grave, près Bordeaux, & les *vins blancs* de Champagne.

Les *vins de liqueur* étrangers font les *vins* d'Efpagne & de Madere, dont il y a de plufieurs fortes. Les *vins* des Canaries, pour fe diftinguer, empruntent chacun le nom de celle des ifles où ils croiffent. Les *vins de Hongrie*, fur-tout celui de Tokai. Plufieurs *vins* d'Italie, comme de Piémont & de Montferrat ; ceux qu'on nomme la *verdée* & le *Montefiafcone*, &c.

L'on met auffi au nombre des *vins de liqueur* toutes les malvoifies de Candie, de Chio, de Lefbos, Tenedos, & de plufieurs autres ifles de l'Archipel, qui appartenoient autrefois aux Grecs, ce qui fait que ces *vins* font quelquefois appellés *vins grecs* ; quoiqu'on donne auffi ce nom à un *vin* qui fe recueille dans le royaume de Naples. L'on fait en Provence une efpece de malvoifie, mais qu'il faut mettre parmi les *vins cuits*, n'étant fait qu'avec des *vins mufcats* auxquels on a donné un certain degré de cuiffon.

Les *vins communs*, c'eft-à-dire, qui fervent de boiffon ordinaire, fe diftinguent en général, en *vins nouveaux* & en *vins vieux*. Les *vins nouveaux* font ceux qui n'ont pas encore paffé leur première année, les *vins vieux* ceux qui en comptent plufieurs.

L'âge des *vins* fe fuppute par feuilles. On dit du *vin* de deux, de quatre, de fix feuilles ; pour fignifier un *vin* de fix, de quatre & de deux années.

La vieilleffe des *vins* étoit chez les Romains comme le titre de leur bonté. Horace, dans fes odes ou chanfons bachiques, fe glorifie de boire un *vin de Falerne*, né, pour ainfi dire, avec lui. Pline parle de quelques *vins* qui paffoient un fiécle, & qui étoient encore potables.

Les modernes n'ont pas le même goût pour les *vins* d'une fi grande vieilleffe. A peine s'en trouve-t-il en Allemagne & en Italie, où l'on en conferve encore affez long-tems, qui aillent au-delà de trente feuilles. En France on croit les *vins* de Bourgogne & d'Orléans ufés quand ils vont jufqu'à la cinquième ou fixième feuille. Cependant ceux de Bordeaux & du Quercy n'en font que meilleurs quand ils font plus vieux.

Les bonnes qualités du *vin* confiftent en ce qu'il foit fec, clair, fans goût de terroir, fans liqueur, d'une couleur nette & affurée, qu'il ait de la force fans être fumeux, du corps fans être âcre, & qu'il foit de garde fans être dur.

Les mauvaifes qualités, au contraire, font la graiffe, le pouffé, le goût du fuft, l'aigreur, la foibleffe, qu'il foit capiteux, difficile à s'éclaircir, qu'il s'affoibliffe en vieilliffant, ou qu'il ne puiffe fe garder.

On appelle *vin naturel*, du *vin* tel qu'il vient de la vigne, fans mixtion ni mélange ; *vin frelaté* du vin où l'on a mêlé quelque drogue pour lui donner de la force, du montant, de la douceur, ou quelqu'autre qualité qu'il n'avoit pas ; *vin coupé*, celui qui eft compofé de plufieurs vins ; *vins foutiré*, du vin qu'on a tiré à clair après qu'il a quelque temps repofé fur fa lie. Le *vin paffe* celui qui eft affoibli pour avoir été gardé trop long-temps. Le *vin au bas*, eft celui qui eft tiré bien au deffous de la barre du tonneau, & qui eft près de la lie ; le *vin louche*, celui qui n'a pû fe bien éclaircir ; le *vin fouffré*, celui qu'on a mis dans des futailles, où l'on a brûlé du foufre préparé, pour lui faire passer la mer ou le conserver ; le *vin collé*, celui où on a mis de la colle de poisson pour l'éclaircir : le *vin de teinte*, de gros *vin* avec lequel on teint les *vins* qui péchent en couleur ; le *vin* qui sent le fût, celui à qui quelque douve gâtée a donné un mauvais goût : du *vin de copeau*, est celui qu'on a fait passer pour l'éclaircir ou l'adoucir sur des copeaux de bois de hêtre : & enfin du *vin de rapé*, celui qu'on jette sur un rapé de raisin. *Voy.* RAPÉ.

La lie du *vin* est le sediment épais qui reste au fond du tonneau, lorsque le *vin* après avoir été quelque temps en repos, est entièrement tiré. La baissière est le *vin* un peu au-dessus de la lie, qui s'aigrit & s'évente, & qui n'est plus potable. Ce sont les maîtres vinaigriers qui font le négoce des baissières & des lies de *vin*, qui les pressent pour en faire du vinaigre, & qui le réduisent en pains pour les vendre. *Voy.* LIE & VINAIGRIER.

On appelle *bran-de-vin*, de l'eau-de-vie commune ; & *esprit de vin*, de l'eau-de-vie rectifiée. *Voy.* EAU-DE-VIE.

VIN. Se prend aussi quelquefois figurément. On dit : un pot de *vin*, pour signifier *une somme qu'on convient de donner en passant un marché, un bail*, ou quelque autre convention de commerce, au dessus de la somme principale dont on est convenu. *Voy.* POT DE VIN.

L'on dit aussi : le *vin des garçons*, pour dire, une petite gratification qu'on donne aux compagnons quand l'on est content de l'ouvrage que le maître a fourni. Cette sorte de gratification s'appelle *vin*, parce qu'ordinairement elle se dépense en *vin* au cabaret. *Voy.* GARÇONS.

On appelle *marchand de vin*, non-seulement ceux qui vendent & achetent du *vin* en gros, mais encore ceux qui le débitent en détail, comme les cabaretiers & taverniers.

Les courtiers de *vin* sont ceux qui goûtent les *vins* arrivans sur l'étape, ou qui adressent les acheteurs aux vendeurs.

Les jurés vendeurs de *vin* sont des officiers qui reçoivent les deniers de la vente des *vins*, & qui en répondent, ou les avancent aux marchands.

Les jaugeurs de *vin*, ceux qui jaugent les tonneaux de *vin*, arrivant sur les ports pour en sçavoir la capacité & continence.

Les déchargeurs de *vin* sont ceux qui font la décharge des vins achetés par les bourgeois hors des bateaux.

Les jurés crieurs de *vin*, ceux qui annoncent les *vins* qui sont à vendre.

Enfin les gourmets de *vin*, ceux qui goûtent les *vins* pour juger de leur bonté.

Commerce de vins.

Toutes sortes de climats & de terroirs n'étant pas également propres à la culture des vignes,

& le *vin* étant devenu comme d'une espèce de nécessité pour la boisson des hommes, sur-tout parmi quelques nations d'Europe, l'on ne doit pas être surpris que le commerce des *vins* dans cette partie du monde soit si considérable. Mais si en général les *vins* sont un si grand objet de négoce, on ne peut disconvenir que ceux de France ne soient pour l'abondance, pour la bonté, ainsi que pour le débit, bien au dessus de tous les autres. On va donc parler d'abord du commerce des *vins* François, & l'on parlera ensuite de celui des *vins* étrangers.

L'on peut considérer le commerce des *vins* de France de deux manières ; l'une par rapport à la consommation qui s'en fait dans l'intérieur du royaume ; & l'autre par rapport à ceux qui s'envoient, ou qui se transportent au dehors. On fera de l'un & de l'autre des sections différentes.

Commerce des vins de France au dedans du royaume.

Le commerce des *vins* au dedans du royaume, particulièrement de ceux qui viennent à Paris, est un objet d'une telle importance, qu'on le compte pour une des sources abondantes qui fournissent aux besoins de l'état, & qui ne sont que trop connues sous le nom d'*aides*, de *gabelles* & de *cinq grosses fermes*.

Pour régler ce commerce, & fixer les droits qui en doivent revenir au roi, il y a quantité d'édits, de déclarations & d'arrêts du conseil, mais particulièrement une ordonnance de Louis XIV donnée à Fontainebleau au mois de juin 1680.

Par cette ordonnance, la vente des *vins* est de deux sortes, la vente en gros & la vente en détail.

La vente en gros est celle qui se fait en muids, demi-muids, queues, demi-queues, pipes, bariques & autres tels vaisseaux suivant les lieux & les usages. La vente en détail est celle où l'on débite les *vin* en petites mesures, comme pintes, chopines, demi-septiers, &c.

Dans le sens de l'ordonnance, ces deux ventes, en gros & en détail, ne doivent s'entendre que relativement aux droits qui sont dûs au roi pour l'une & pour l'autre : dans un autre sens on peut les prendre pour la profession des marchands de *vin*, dont les uns font la vente des *vins* en gros, sans la pouvoir faire en détail, & les autres les vendent en détail, sans avoir permission de les vendre en gros : mais on parle ailleurs de ces deux espèces de marchands de *vin*. *Voy.* MARCHAND DE VIN, CABARETIER, AUBERGISTE & HOTELIER.

Tout *vin* qui se vend en gros dans les généralités, villes & lieux où les aides sont établies, doit au roi le droit appelé *droit de gros*, qui se paie à raison du vingtième du prix de la vente ; & tout *vin* est réputé vendu en gros, non-seulement à l'égard de la première vente, mais encore autant de fois qu'il est revendu, donné en paiement ou en échange, de *vin* à *vin*.

La vendange non encore foulée ni preſſurée, ſi elle ſe vend, paie auſſi le droit de gros, mais ſur le pied de deux muids de *vin* pour trois muids de vendange.

Le vendeur eſt tenu de déclarer le véritable prix de la vente de ſon *vin* pour en payer le gros ſans déduction de futailles, voiture, &c. & en cas de fauſſe déclaration, le commis peut prendre le *vin* pour le prix déclaré.

Il y a des perſonnes, des généralités, des provinces & des villes, bourgs & villages, qui ne ſont point ſujets au droit de gros pour la vente de *vin*. On peut lire pour ces exceptions le titre 9 des droits de gros ſur le *vin*, de l'ordonnance de 1680.

Les droits qui ſont dûs au roi pour la vente du *vin* en détail ſe nommoient anciennement *droits de huitiéme* & *d'augmentation*; mais depuis l'ordonnance ils ſe paient ſous le nom de *droit réglé*.

Ce droit eſt de deux ſortes; l'un de cinq livres huit ſols pour chaque muid de *vin* meſuré de Paris, vendu à pot; l'autre de ſix livres quinze ſols pour celui vendu à aſſiette. On explique ces termes à leur article. Il y a néanmoins des généralités, élections & villes où ces droits ſont moins conſidérables; quelques-uns ne payant que cent ſols tant à pot qu'à aſſiette, d'autres trente-trois ſols; & d'autres ſeulement vingt-huit ſols; ſur quoi on peut lire l'article 2 du titre 1 des droits de détail ſur le *vin*.

Les *vins* de liqueur, ſoit du crû du royaume, ſoit venans des pays étrangers, vendus à pot ou à aſſiette, paient de droit de détail quinze livres pour muid.

Tout vendant *vin* en détail, avant de commencer ſon débit, doit déclarer au bureau non-ſeulement le *vin* qu'il a deſſein de vendre, mais encore celui qu'il a ſa poſſeſſion, & de plus s'il eſt de ſon crû ou d'achat, & ſi c'eſt à pot ou à aſſiette qu'il entend le vendre. Il eſt pareillement tenu après ſa déclaration faite, de mettre un bouchon ou enſeigne à la porte où doit ſe faire le débit de ſon *vin*.

Les *vins* marqués pour le détail ne peuvent être vendus en gros ni enlevés, qu'ils n'aient été démarqués par les commis, non plus qu'aucun remplage ſe faire ſur les tonneaux marqués ou démarqués, ſans les y appeler, & le faire en leur préſence.

Les rapés de copeau ſont abſolument défendus aux détailleurs ſous peine de confiſcation & d'amende; & ceux de raiſin ſeulement permis à proportion d'une certaine quantité de *vin* actuellement dans leurs caves. *Voy.* RAPÉ.

On ne parle point ici des autres conditions portées par la même ordonnance, & qui regardent les hôteliers, taverniers & cabaretiers, en étant traité à leur article où l'on peut avoir recours.

On ne peut faire en France aucun achat de *vin*, ni l'enlever d'un lieu ou d'une ville en une autre, après l'avoir acheté; non-pas même le tranſport d'une maiſon à une autre maiſon voiſine, quand ce ne ſeroit que pour l'encaver plus commodément, ſans avoir obtenu du fermier des aides ce qu'on appelle *un congé*, c'eſt-à-dire, une permiſſion d'en faire le tranſport.

Le congé qui ſe donne pour ſeulement le déplacer, ſans qu'il y ait eu de vente, ſe nomme *congé de remuage.* Voy. CONGÉ.

Enfin, il eſt défendu à tous marchands de *vin*, tant de Paris, que forains, d'en faire & en tenir magaſins dans l'étendue de trois lieues de la ville; ce qui s'entend auſſi de toutes les autres villes du royaume où il y a des étapes établies pour les *vins*. *Voyez l'art.* AIDES *au Dictionnaire des finances.*

Outre l'ordonnance des Aides de 1680, qui quoique générale pour tout le royaume, ſemble particulière pour la ville de Paris, ſur-tout pour ce qui regarde les entrées du *vin*, les entrepôts & le commerce qui s'y fait en gros & en détail, cette capitale a encore l'ordonnance de la ville de 1672, qui en ſept chapitres, qui ſont les 8, 9, 10, 11, 12, 13 & 14, régle non-ſeulement la police & le commerce des *vins* qui arrivent ſans ceſſe dans cette grande ville de toutes les provinces, mais encore les fonctions des jurés-vendeurs & contrôleurs de *vins*, des jurés-courtiers, des jaugeurs, des maîtres déchargeurs & des jurés-crieurs de *vins*.

On peut voir à leurs propres articles les fonctions de tous ces officiers, & la diſcipline qu'ils doivent obſerver.

Pluſieurs villes de France s'étoient emparées du monopole des *vins*; c'eſt-à-dire que des habitans de ces villes étoient parvenus à obtenir des loix qui aſſuroient le débit excluſif de leurs *vins*, en écartant toute concurrence. Les habitans des environs, quoique poſſeſſeurs de *vins* de même qualité, ne pouvoient en amener dans ces villes que lorſqu'il n'en reſtoit plus à vendre aux citadins, ou au moins qu'à des époques où ils étoient ſuppoſés les avoir vendus.

Ce tyrannique privilège contraire au droit naturel, avoit des influences trop funeſtes à la culture & à la proſpérité des provinces où il ſubſiſtoit, & même à la richeſſe générale de l'état pour ne pas être un jour ſujet à la ſuppreſſion. A peine eut-il été dénoncé au miniſtre des finances, choiſi par Louis XVI, à ſon avénement au trône, que cet homme d'état, dont on a juſtement vanté la paſſion pour le bien public & les principes pour la liberté, fit rendre, au mois d'avril 1776, un édit digne d'être remarqué. *Voyez cet édit au mot* BANVIN. *t. 1, p. 207.*

Commerce des vins de France avec les étrangers.

Il n'y a guéres de *vins* de France, ſur-tout des meilleures qualités, que les vaiſſeaux François ne transportent dans les pays étrangers, même les plus éloignés ; ou que les vaisseaux étrangers ne viennent eux-mêmes charger dans plusieurs ports du royaume.

Les lieux où les vaisseaux François vont le plus ordinairement porter leurs *vins*, sont entr'autres les villes de la mer Baltique & du nord, les isles Antilles Françoises & les autres colonies que la France a dans l'Amérique ; les côtes d'Italie ; Tunis, Alger, quelques autres endroits de la Méditerranée, & des côtes d'Afrique.

Les négocians François qui entreprennent le commerce de la mer Baltique du nord & de l'Amérique, font le plus souvent l'armement & la cargaison de leurs navires à Bordeaux, à la Rochelle, à Nantes & à Rouen ; les provençaux qui font leur négoce sur la Méditerranée chargent à Marseille & à Toulon, & dans quelques petits ports de leur province.

Les *vins* qui se portent aux isles Françoises, y sont envoyés pour la plupart par les marchands de Bordeaux, de la Rochelle & de Nantes ; les Normands & les Flamans s'adonnant plus volontiers au commerce du nord.

Quoique ces transports & ces envois de *vins* de France que font les marchands François par les vaisseaux de la nation, soient très-considérables, il est certain qu'ils n'approchent pas de la quantité que les étrangers viennent eux-mêmes en enlever tous les ans.

Les Anglois, les Ecoffois, les Irlandois, les Hollandois, les Flamans, les Hambourgeois & les Prussiens, sont, dans le tems de paix, les nations qui envoyent le plus de vaisseaux enlever des *vins* François ; mais quand la guerre est déclarée entre la France, l'Angleterre & la Hollande, les Danois & les Suédois, s'ils sont neutres, ont coutume de se joindre aux Hambourgeois pour faire ce négoce, soit pour eux, soit pour les peuples, que l'interruption du commerce empêche d'être reçus dans les ports de France.

C'est ordinairement à Bordeaux, à la Rochelle, à Nantes & à Rouen que les étrangers viennent charger les *vins* de France.

Les *vins* de la rivière de Nantes n'étant guères bons qu'à brûler, la plus grande quantité de ceux qu'on y charge pour l'Angleterre, l'Ecosse, l'Irlande, la Hollande, la Flandre, la mer Baltique, le Nord, les isles Françoises de l'Amérique & les colonies que la France a dans le reste de ce grand continent, se tire par la rivière de Loire, de Touraine, d'Anjou, de Vauvray, du pays Blaisois & d'Orléans. On y charge aussi des *vins* de l'isle de Rhé.

Les *vins* d'Anjou, qui sont la plupart blancs & d'assez bonne qualité, se mettent en pipes de 60 veltes ; ou en bariques longues de trois pieds qui ne contiennent que trente veltes, chaque velte de quatre pots. A l'égard des *vins* Nantois qui sont à peu près de la couleur de ceux d'Anjou, mais

d'une bien moindre qualité, le peu qui s'en enleve se vend en bariques courtes qui n'ont que deux pieds & demi, mais qui sont de trente-deux à trente-trois veltes.

Les *vins* qui se chargent à Bordeaux se recueillent partie dans la sénéchaussée de cette ville, partie dans celle de Condom & dans l'Agenois, & partie dans la généralité de Montauban & dans le Languedoc. Autrefois, quand les années étoient bonnes & que le commerce étoit ouvert avec les Anglois & les Hollandois, il s'en enlevoit souvent jusqu'à quatre-vingt & cent mille tonneaux. La barique de *vin* de Bordeaux doit contenir 110 pots compris la lie, & doit péser 500 livres, & le tonneau deux mille.

Le traité de commerce qui vient d'être conclu entre la France & l'Angleterre, & par lequel les droits des *vins* François sont réduits à moins de la moitié de ce qu'ils étoient autrefois à leur entrée dans la Grande-Bretagne, augmentera sans-doute considérablement l'exportation de nos *vins*.

Les Anglois tirent aussi des *vins* de la basse-Navarre & du Béarn, particulièrement de ceux de la sénéchaussée de Morlaos qu'ils ne trouvent pas moins bons que les meilleurs qu'ils prennent à Bordeaux, Nantes & la Rochelle.

Les autres *vins* de France propres aux Anglois & qui se recueillent dans le cœur du royaume, sont ceux de Mantes, de Bourgogne & de Champagne qu'ils chargent à Rouen, à Dunkerque & à Calais. Toutes ces qualités de *vins* qui conviennent aux Anglois, conviennent aussi aux Hollandois ; mais ces derniers en enlevent incomparablement davantage.

Midelbourg a toujours passé pour l'étape des *vins* que les Hollandois viennent charger dans les ports de France ; Amsterdam & Roterdam en sont néanmoins presqu'aussi bien fournis que Midelbourg, pour ne pas dire mieux.

Des *vins* que les Anglois & Hollandois viennent charger en France, il n'y en a qu'une partie qui se consomme chez eux ; le reste sert à leur commerce du Nord & de la mer Baltique, & à transporter dans leurs colonies & dans les isles de l'Amérique.

Hambourg est une des villes du Nord où il se fait un plus grand négoce des *vins* de France ; il s'y en débite par an environ six à sept mille bariques, presque toutes de blancs, dont les Hambourgeois viennent eux-mêmes, comme on l'a dit, en enlever une partie à Nantes, la Rochelle & Bordeaux.

Lubec, Konisberg, Riga, Revel & Nerva, & sur-tout Pétersbourg, en consomment davantage ; les *vins* pour ces six villes doivent être clairets & doux.

Les *vins* de France que l'on porte à Breme, doivent être blancs & vigoureux, tels que ceux d'Anjou, de Coignac & du haut pays de Guyenne ; ceux qu'on porte à Dantzic ne sont que pour la Prusse

Pruffe, les *vins* de France étant peu eftimés dans le refte de la Pologne, & les Polonois leur préférant les vins Hongrois.

A Archangel on n'aime que les *vins* de Bordeaux & d'Anjou que leur portent, les Anglois & les Hollandois, particulièrement ces derniers, qui en ont toujours leurs celliers bien fournis. Il en faut les trois quarts de rouge, & feulement un quart de blanc.

La Norwege & le Danemarck confomment mille à douze cent tonneaux de *vins* de France ; il en faut davantage pour la Suede.

Les droits d'entrée qui fe payent pour le *vin* dans toutes ces villes du Nord & de la mer baltique font différens fuivant les lieux, dans quelques-uns peu confidérables, dans d'autres médiocres & dans quelques endroits exceffifs.

A Bremen on paye feulement un & demi pour cent ; à Hambourg à peu-près de même pour le fond du droit ; mais outre cela une richedale par left pour la décharge, & quatre fols encore par left à Stade au profit de l'électeur de Hanovre.

A Lubec les droits font encore moins forts, ils ne font que de trois quarts pour cent ; à Copenhague la barique de *vin* paye fix richedales deux tiers ; à Elfeneur trois pour cent de l'eftimation ; en Norwege, fix richedales auffi par barique ; à Stokolm 60 richedales par tonneau ; à Riga & dans les autres ports de la domination Ruffe, les droits qui étoient affez forts viennent d'être modérés par le traité de commerce conclu entre la France & la Ruffie.

Ce qu'on a dit jufqu'ici du commerce des *vins* de France qu'on envoie à l'étranger, ne regarde que le commerce qui s'en fait par mer. Celui qui s'en fait par terre, quoique moins confidérable, ne laiffe pas cependant de l'être beaucoup. C'eft par cette voie que la Flandre en tire quantité de Champagne & du Soiffonnois, & que les Suiffes en tirent beaucoup de Bourgogne & du Languedoc : enfin c'eft pareillement par terre que l'on conduit en Allemagne quantité de ces derniers, comme en Savoye & en Piémont beaucoup de ceux de Provence.

On peut auffi mettre au nombre des *vins* François dont le commerce eft confidérable avec les étrangers, ceux du Barrois & de la Lorraine, dequels les Liégois, les Luxembourgeois & les marchands de *vin* des pays-bas enlevent année commune jufqu'à trente mille pieces.

Les *vins* deftinés à l'étranger, traverfant Paris, & y paffent, comme on dit, de bout, ne font point fujets aux droits d'entrée, en juftifiant par le marchand ou voiturier, de leur lettre de voiture en bonne forme, & en fourniffant caution au bureau de rapporter certificat des lieux où le *vin* aura été embarqué, & du payement des droits de fortie. A l'égard du droit de 14 f. par muid, nommé *droit d'augmentation*, il fe paye même pour le *vin* qu'on tranfporte hors du royaume, fi c'eft par eau, au

port de la dernière ville où ce droit a cours, & fi c'eft par terre, au bureau de la frontiere.

Droits perçus fur les vins.

« Au tarif de 1664 les *vins* d'Efpagne, des Canaries, de Madère & autres pays étrangers, excepté ceux ci-après ; doivent à l'entrée des cinq groffes fermes, par pipe ou botte, 10 l. ».

« La pipe ou botte contenant un demi-tonneau & le tonneau trois muids de 144 pots chacun, mefure de Paris, le muid de ces fortes de *vins* paye 6 liv. 13 fols 4 den. ».

« Les *vins* de Rancio, Chipre, Capelinto, Alicante, Barcelone, Xerès, Pakaret, Malaga, Catalogne, Fayal, Lifbonne, Italie, Gênes & autres lieux, font fujets aux mêmes droits ».

« D'après le même tarif le *vin mufcat* doit feulement par pipe ou botte, 8 l., ce qui fait par muid, 5 l. 6 f. 8 d. »

« Celui de Frontignan eft dans le même cas, en conféquence de la décifion du confeil du 16 juin 1724. »

« Le *vin* de Lorraine & autres pays étrangers entrant dans les cinq groffes fermes, doit au tarif de 1664, par queue, qui contient moitié d'un tonneau, 3 liv. »

« Ceux de l'ifle de Rhé ne doivent que le même droit, pourvu qu'ils foient accompagnés d'une expédition du bureau des fermes qui affure l'origine defdits *vins*. »

« Ceux du comté Nantois, entrant par terre dans les paroiffes de Torfon, Montaigu, Rouffai, le Romage & autres lieux dépendans du Poitou ou de l'Anjou, acquitent, d'après l'arrêt du 2 mai 1752, pour droits d'entrée, de fubvention par doublement & de jauge & courtage, par tonneau contenant trois muids, 18 l. 13 f. 6 d. »

« Ceux qui y font tranfportés par la riviere de Loire, payent feulement 7 l. 15 f. 9 d. »

« Les *vins* de Gafcogne, Gaillac & Cognac venant dans les cinq groffes fermes, doivent fuivant le tarif de 1664, 5 l. par tonneau, ce qui fait par muid 1 l. 13 f. 4 d. »

« Celui du Forez acquire le même droit, ainfi que ceux de Cahors, Bordeaux, Bayonne, Saintes, Rochefort, Marfeille, de la Provence, du Languedoc & du Rouffillon, à l'exception du vin mufcat, d'après une décifion du confeil du 19 novembre 1768 ».

« Les *vins* du Dauphiné, du Languedoc & de la Provence deftinés pour Paris, quoique empruntant le paffage de Lyon, y font exempts des droits de douane & d'entrée, à la charge qu'à leur arrivée dans cette ville, ils prendront un acquit à caution, Arrêt du 24 janvier 1741, &c. »

« Tout *vin* fortant des cinq groffes fermes pour entrer dans une province étrangère ou paffer à l'étranger, doit, fuivant le tarif de 1664, par tonneau qui fait trois muids mefure de Paris ; favoir, en fortant par d'autres provinces que celles ci-après, 12 liv., ce qui fait par muid, 4 l. Sortant par les provinces de Champagne & de Bourgogne, 10 l., ce qui fait par muid 3 l. 6 f. 8 d. Par les provinces d'Anjou, le Maine, Thouars & la châtellenie de Chantoceaux, par tonneau, 16 l., ce qui fait par muid, 5 l. 6 f. 8 d. Par les généralités & Soissons, par muid suivant l'ordonnance de 1681, y compris les droits du tarif de 1664, & ceux de subvention par doublement, 13 l. 10 f. Ceux sortant de la généralité d'Amiens, par Ardres & Calais, sont exempts de ce droit ; ceux arrivés à Etaples & à Boulogne, sont dans le même cas ».

« Les *vins* du crû des élections de Langres, Chaumont, Bar-sur-Aube & Joinville, & du territoire de Saint-Dizier, ne doivent pas non plus le droit de 13 l. 10 f. en passant à l'étranger ; mais seulement : savoir, ceux de Langres, 3 l., & les autres 6 l. par muid, en rapportant toutesfois des certificats du lieu de l'enlevement signés des curés ou juges des lieux, & les quittances du droit de gros. Ceux destinés pour la consommation de Sedan & de sa banlieue, ne paieut par piece, jauge de Champagne, que 2 l. 7 f. 3 d. »

« Pour éviter les versemens frauduleux des *vins* des provinces des cinq grosses fermes, dans celles réputées étrangères ou à l'étranger, ceux passant dans les quatre lieues des cinq grosses fermes frontières des provinces réputées étrangères ou de l'étranger, doivent être expédiés par acquits à caution. Ces expéditions sont déchargées dans les bureaux de l'arrondissement duquel dépendent les lieux de l'arrondissement. La déclaration doit en être faite au lieu de l'enlevement, s'il y a bureau ; sinon au plus prochain de la route ; & il est défendu aux habitans de ces frontières, de tenir des *vins* chez eux en plus grande quantité qu'il n'en faut pour leur consommation annuelle ».

« Plusieurs cantons de la France jouissent d'une modération sur les droits dûs par les *vins* de leur crû. Ceux de Chantoceaux sont réduits à 8 l. par tonneau ; ceux de Bresse & du Bugey, à 5 f. par ânée, composée de 108 pintes, en justifiant de leur origine ».

« Les *vins* du Languedoc passant à l'étranger par les ports de Cette, Agde, la Nouvelle, Aigue-Mortes, ont obtenu la modération d'un tiers des droits de sortie pour un an, par arrêt du 30 novembre 1742, dont les dispositions ont été renouvellées d'année en année. Ceux de Provence jouissent de la même exemption & peuvent sortir par tous les ports où il y a bureau ».

« Certains *vins* sortant des cinq grosses fermes sont exempts des droits de sortie. Tels sont ceux du Bourbonnois qui entrent en Auvergne & ceux des autres provinces sujettes aux aides venant à Lyon. Les *vins* destinés pour les colonies françoises, à l'exception des *vins* d'Anjou & de la rivière de Loire, sont exempts des droits de sortie & de tous autres de route ».

« Les *vins* de Bordeaux & autres entrant par les ports de Calais, Boulogne & Etaples, payent pour tous droits, 19 l. 15 f. 6 d. par tonneau de trois muids, ou 6 l. 11 f. 10 d. par muid. En passant de-là par mer au pays conquis, ou hors le royaume, ils payent par tonneau le droit local de 2 l. 5 f. ; s'ils sortoient par terre, ils devroient le droit de 13 l. 10 f. ; il n'y a d'exception qu'en faveur des *vins* de Bordeaux, qui n'acquitent même dans ce cas que 2 l. 5 f. par tonneau ».

« Les *vins* sortant de la ville & banlieue de Rouen, tant pour la province de Normandie que pour l'étranger, doivent par tonneau de trois muids pour droit de Massicault, 12 l., & pour droit ordinaire, autres 12 l. Ceux qui y passent debout pour l'étranger, ne doivent pas le droit de Massicault. Les *vins* qui après y avoir été exposés en vente, sortent pour passer dans les cinq grosses fermes ne doivent pas le droit de traites, mais le droit de Massicault seulement »

« A la douane de Lyon les *vins* acquittent à l'estimation & par ânée de 88 pots ; savoir, venant de l'étranger, 1 l. 10 f. ; le *vin* muscat venant de l'intérieur 1 l. 4 f. ; le *vin* de Bourgogne & de Champagne, & le *vin* étranger, venant du royaume 15 f. ; d'Orange, du Comtat ou de Mâcon, 10 f. Le *vin* cuit 15 f. ; le *vin* de tout autre endroit du royaume que de ceux ci-devant 5 f. ; ceux du Lyonnois à la destination de Lyon sont exempts de ce droit ».

« A la douane de Valence les *vins* de toutes sortes doivent par ânée, 12 f. ; par une exception particulière les *vins* du Piémont doivent au premier bureau de la douane de Valence, 3 livres par charge. »

« Les *vins* exportés du royaume payent, indépendamment des droits de sortie fixés par les tarifs, ceux d'enlevement dans les provinces sujettes aux Aides ; comme droits de courtiers-jaugeurs, droits de jauge & courtage, droit de subvention simple ou par doublement & les droits de traite domaniale. A leur importation en Picardie & en Champagne, ils sont assujettis au droit particulier de 9 l. 18 f. par tonneau ; droit qui se retrouve en Normandie & qui est doublé dans les ports de Boulogne & de Calais ».

« Tous ces droits sont exigibles en sus de ceux qui sont dûs par le seul fait de la vente en gros, augmentent & parissent en quelques généralités ».

« Enfin, à la vente, en détail, les *vins* doivent ou les droits de huitième, ou ceux de quatrième, & celui d'annuel suivant les provinces, & de plus les droits d'entrée des villes, comme anciens & nouveaux, 5 f., subvention, jauge-courtage, inspecteurs aux boissons ; les devoirs, impôts & billets en Bretagne, en Languedoc les droits d'équivalens, & en Bourgogne les droits d'octroi qui forment les revenus patrimoniaux des villes ».

En voyant la multiplicité (on peut en juger par ce que les *vins* acquittent à leur entrée à Paris, ils payent 60 livres de droits & près de cinq fols par bouteille,) & l'excès des droits qu'on a mis partout fur les *vins*, ne femble-t-il pas qu'on ait voulu en interdire l'ufage ? On a cru fans-doute que l'impôt qu'ils fupportent, fubdivifé & partagé entre une infinité de perfonnes feroit pour ainfi dire infenfible ; mais c'eft une erreur qui, quoique ancienne, préconifée par ceux qui en profitent, & adoptée par la plupart des adminiftrations, n'en eft pas moins préjudiciable aux propriétaires des vignes, à l'état & au peuple. Il ne faut pas être fort inftruit en économie, pour favoir que tout impôt indirect, entraîne toujours de grands frais de perception qui font une furcharge à pure perte pour ceux qui les payent & qui ne donnent rien au fifc ; que les denrées, foumifes à de tels impôts, n'ont pas, à beaucoup près, autant de confommateurs, ni la valeur intrinfèque qu'elles auroient fi elles étoient immenfes & jouïffoient de la liberté du commerce ; que cela doit néceffairement en reftraindre la production, diminuer le revenu territorial & par conféquent celui de l'état ; enfin que les entraves mifes à leur circulation invitent la fraude & la contrebande, donnent lieu fréquemment à des faifies, confifcations & procès, fouvent ruineux & toujours préjudiciables, & que ces embarras, ces pertes, ces nonproductions tombent non-feulement fur le commerce, mais fur la maffe entière de la fociété.

Les gouvernemens, aujourd'hui plus éclairés & qui fentent la néceffité de fimplifier les impôts en les rapprochant de la fource des revenus, s'occuperont bientôt, il faut l'efpérer, des moyens de remédier aux abus que caufe la perception actuelle des droits impofés fur les *vins*, & de donner à cette denrée précieufe toute la liberté dont elle a befoin.

Au refte les droits qui fe perçoivent en France fur les *vins* & les eaux-de-vie, tranfportés à l'étranger, par les cinq groffes fermes feulement, font un objet de produit de cinq cent mille livres ; dans les autres provinces ils peuvent s'élever à deux millions ; ainfi on peut affurer que les *vins* & eaux-de-vie entrent au moins pour foixante millions dans la balance générale du commerce de la France.

Commerce des vins étrangers.

La plûpart des *vins* étrangers dont les François font commerce, font des *vins* de liqueur, à la réferve de ceux du Rhin & de la Mofelle qui font des *vins* fecs.

Les *vins* d'Efpagne, qui tiennent le premier rang entre ces *vins*, font de deux fortes, de blancs & de clairets, prefque tous excellens : il y en a auffi de très-couverts, comme ceux d'Alicante ; mais on fe fert plus volontiers de ces derniers comme d'un remède contre les foibleffes d'eftomac & les indigeftions.

Les François font quelque commerce de *vins* d'Efpagne, & en chargent en partie leurs vaiffeaux pour les retours des marchandifes qu'ils envoient

en Efpagne ; mais ce n'eft rien en comparaifon de ce que les Anglois & les Hollandois en enlèvent, tant pour leur ufage particulier, que pour leur commerce du nord.

En temps de paix ce qu'il fort de *vins* de divers ports d'Efpagne, va environ à quatre mille bottes par an, quelquefois à cinq mille ; mais l'on a vu fouvent dans des années de guerre, avant que la maifon de France régnât en Efpagne, les Anglois & les Hollandois en enlever jufques à feize mille bottes pour leur tenir lieu des *vins* François qu'ils ne pouvoient aller charger en Guyenne, en Bretagne, en Normandie & à la Rochelle.

Les lieux d'Efpagne d'où l'on tire le plus de *vins*, font Malaga, Alicante, Sainte-Marie, Porto Réal, San-Lucar & Rom, les uns fur la Méditerranée, les autres fur l'Océan : on en charge auffi à Cadix.

L'on peut mettre au nombre de *vins* d'Efpagne ceux des Canaries, autant parce que ces ifles d'Afrique appartiennent aux Efpagnols, que parce qu'une grande partie de ces *vins* s'apporte dans plufieurs ports d'Efpagne où les Européens les viennent charger.

Quoique toutes les ifles Canaries produifent d'excellent *vin*, on donne néanmoins le prix à ceux de l'ifle de Palme & de Fano. Les Hollandois & les Anglois font ceux qui en font le plus grand commerce le plus fouvent en droiture ; ces derniers en enlevent par an jufqu'à feize mille tonneaux tant pour leur confommation que pour celle du nord.

Les *vins* de Portugal font d'une qualité bien inférieure à celle des *vins* d'Efpagne ; ils ont même, outre un goût peu agréable auquel les étrangers s'accoutument mal-aifément, une qualité nuifible à la fanté de ceux qui n'y font pas faits.

Les Anglois pendant la guerre de la fucceffion, ne pouvant plus tirer de *vins* des ports d'Efpagne & les *vins* de France leur manquant en même temps, tentèrent de leur fubftituer ceux de Portugal. Mais ni cette entreprife, ni les droits énormes impofés fur les *vins* François, ni la modération dont le gouvernement d'Angleterre faifoit jouir les *vins* de Portugal, n'ont pû faire prévaloir ces derniers. Les Anglois tirent annuellement de Porto dix à 12,000 piéces de *vin* qui n'eft bu que par le peuple. Les grands & les gourmets de la nation n'en boivent pas.

Madère ifle d'Afrique dépendant du Portugal, a au contraire des *vins* délicieux, mais qui font meilleurs de deux ou trois feuilles que dans la première année, à caufe d'un goût âcre & ardent qui ne fe diffipe qu'avec le temps, pour fe changer en douceur & en force. On en tire année commune trente mille fiates, mefure d'Italie, qui pèfe environ cent quarante livres chacune. Le plan des vignes qui le produifent y fut apporté de Candie.

Ce *vin* s'enlève partie par les Européens, principalement par les Anglois & Hollandois qui quelquefois le tirent en droiture de Madère, mais plus souvent le chargent en Portugal ; & partie se porte par les Portugais mêmes sur les côtes d'Afrique où ils ont de grands établissemens, & au Brésil. Le *vin* de Madère paie au Brésil plus de huit pistoles par pipe de droits d'entrée, ce qui fait qu'il y est très-cher.

Les *vins* du Rhin & de la Moselle ne font pas une partie du commerce des *vins* étrangers : il en passe un peu en France ; mais la plûpart, outre ce qui s'en consomme dans le pays, est pour les Hollandois qui en tiennent leurs plus grands magasins à Dordrek ; ils les tirent ordinairement de Cologne, qui en est proprement l'étape.

Vienne en Autriche, les pays héréditaires de l'Empereur & les contrées d'Allemagne qui sont proche du Danube, se servent assez communément des *vins* de Hongrie ; il s'en conduit même jusqu'en Lorraine d'où il en passe quelque peu en France. C'est aussi des *vins* de Hongrie que presque toute la Pologne se fournit. Ces *vins* pour la plûpart sont vigoureux, mais fumeux, à peu près de la qualité des plus forts *vins* de la rivière de Bordeaux ; il faut néanmoins en excepter les *vins* de Tokai qui approchent davantage de ceux de Canarie avec qui même ils disputent d'excellence : ce sont de ceux-ci qu'on voit à Paris.

On dira peu de chose des *vins* d'Italie, parce qu'il ne s'en fait pas un grand commerce au dehors. Les meilleurs sont ceux de Gensane, d'Albano & de Castel-Gandolfe aux environs de Rome. Le *vin* Grec de Naples & le Lacrima-Christi ; la Verdée, la Moscadelle & le Montefiascone de Florence ; enfin ceux de Piedmont & de Montferrat. Les Italiens font plutôt des présens de ces *vins* aux étrangers, qu'ils en font un vrai négoce avec eux. Dans quelques endroits d'Italie les tonneaux où l'on conserve ces *vins*, sont larges & courts comme des fromages de Hollande ; & dans d'autres leur longueur a sept de leur diamètre.

On a crû superflu de mettre ici les noms & la jauge des vaisseaux dont on se sert dans les diverses provinces de France & dans les pays étrangers pour conserver & vendre les *vins* dont il est fait mention dans cet article ; l'on en traite amplement en plusieurs articles de ce Dictionnaire.

Pour les noms ils se trouvent tous à l'article général des mesures des liquides, & pour leur jauge aussi-bien que leurs rapports les uns aux autres, on peut avoir recours à leurs articles particuliers.

VIN DE VILLE. On nomme ainsi à Bordeaux tout le *vin* qui se recueille dans sa sénéchaussée : ce *vin* en temps de foire ne paie point les droits de la grande & petite coutume à la cargaison ; mais seulement un sol par tonneau.

VIN DE DEMIE-MARQUE. Ce sont les *vins* de certains cantons de la Guyenne, particulièrement de ceux qu'on appelle *la nouvelle conquête*.

VIN DE HAUT-PAYS. Ce sont les *vins* de toute sortes de crûs, qui se recueillent hors la sénéchaussée de Bordeaux, qu'on appelle *vins de ville*.

VIN. On appelle *vin de cannes* le sucre qu'on exprime des cannes à sucre avant qu'il ait été réduit en syrop ; on lui donne aussi le nom de *vesou*. Voyez SUCRE & VESOU.

VINAIGRE. Vin qui s'est aigri de lui-même, ou qu'on a fait aigrir en y mêlant quelques acides, ou autres drogues, dont les maîtres vinaigriers font un grand mistère, & pour lesquels, à ce qu'on croit, ils font une sorte de serment entr'eux de ne les point révéler ni communiquer aux personnes qui ne sont pas du métier.

Il se fait du *vinaigre* avec d'autres liqueurs aigries que le vin & il y a des *vinaigres* de cidre & de bierre, & même d'eau : on en prépare aussi avec des fleurs, des herbes, des légumes & des fruits ; comme avec des fleurs de roses, des fleurs d'oranges, des fleurs de sureau, des framboises, de l'ail, de l'estragon, &c.

De tous les *vinaigres* de vin qui se font en France, celui d'Orléans est estimé le meilleur, soit à cause que les vins y sont plus propres, soit parce que les vinaigriers le sçavent mieux préparer.

Le commerce du *vinaigre* est assez considérable en France. Outre la consommation du royaume, & particulièrement de Paris, qui est très-grande, il en va quantité à l'étranger. Les Anglois, Ecossois, Irlandois & Hollandois en enlevent beaucoup de celui de Guyenne par Bordeaux, & de ceux de l'Orléanois, du Blésois, de l'Anjou, du pays d'Aulnix & de la Bretagne, par la Rochelle, Nantes & Saint-Malo, qu'ils transportent, ou dans leurs pays, ou dans le reste de l'Europe & même jusques dans l'Amérique.

Il s'en transporte presqu'autant par les vaisseaux marchands François, qui font le commerce du nord & de la mer Baltique, & c'est une assez bonne marchandise pour Archangel, la Norvege, Dantzic, Conisberg, Riga, Stokolm, Copenhague, Elseneur, Lubeck, Hambourg & Nerva.

« A l'entrée de cinq grosses fermes le *vinaigre* doit par tonneau au tarif de 1664, 3 l. »

« Dans cette proportion le muid paie 1 l. »

« A la sortie des cinq grosses fermes par tonneau 3 l. »

« Pour la douane de Lyon le *vinaigre* doit par âne 2 s. 6 d. »

« Venant du Lyonnois, du Beaujolois & du Forez à la destination de Lyon, il est exempt par l'arrêt du 26 avril 1774 ».

« A la douane de Valence, il paie par assimilation au vin 4 s. du baril ou 12 de l'âne ».

« Le *vinaigre* de cidre doit le même droit que celui de vin ; décision du conseil du 7 août 1787 ».

VINAIGRIER. Celui qui fait ou qui vend du vinaigre.

Depuis l'édit du mois d'août 1776, qui rétablit les maîtrises supprimées par celui du mois de février de la même année, & distribué en 44 communautés les corps des arts & métiers, les *vinaigriers* ne compofent qu'une même communauté avec les limonadiers; & les épiciers peuvent vendre concurremment avec eux du vinaigre, &c. *Voy. l'article* JURANDE *de ce Dictionnaire & celui* RÉGLEMENT *du Dictionnaire des manufactures & arts.*

VINGT. Nombre pair, compofé d'autant d'unités, ou de deux fois dix unités, ou bien quatre fois cinq unités.

Ce nombre s'exprime ainfi : en chiffres Arabes (20), en chiffres Romains (xx) & en chiffres François de compte ou de finance (*xx*).

Les commerçans qui veulent dans leurs écritures exprimer *vingt* pour cent, l'écrivent de cette manière 20 p⁰/₀ & plus communément 20 p ⁰/₀.

VINGT POUR CENT. Droit qui fe perçoit fur les marchandifes venant des pays de la domination du grand-Seigneur, de la Perfe, d'Egypte & de Barbarie, qui entrent en France par d'autres ports que celui de Marfeille, ou ceux défignés par les réglemens & arrêts du confeil & notamment par celui du 10 juillet 1703.

VINGT-UN POUR VINGT. Déduction qui fe fait à Bordeaux fur les cargaifons, tant au convoi qu'à la comptablie, pour la perception des droits de la grande coutume, à raifon de laquelle déduction, les droits de 21 tonneaux ne font perçus que fur 20.

VINGT-UN QUART POUR VINGT. [*Terme de manufactures de lainage*]. C'eft la bonne mefure ou le bon d'aunage que les maîtres drapiers & autres marchands d'étoffes de laines ont coutume de donner aux acheteurs.

VINGTIEME. Partie d'un tout divifé en vingt portions égales. Cette fraction s'écrit ainfi ¹⁄₂₀ ou 1/10ᵉ. 1/10ᵉˢ. 2/10ᵉˢ, &c.

VINGTAINE. La quantité de vingt chofes mifes enfemble. Une *vingtaine* d'écus, de piftoles, de poulets, &c.

VINTAIN ou VINGTAIN. Nom que l'on donne aux draps de laine dont la chaîne eft compofée de vingt fois cent fils, c'eft-à-dire, de deux mille fils.

Ces termes de *vintains*, *vingt-deuxains*, *vingtquatrains*, &c. ne font guères en ufage qu'en Provence, en Languedoc & en Dauphiné. Dans le refte de la France ces draps, qui font de cinq fortes, fçavoir de 2000, 2200, 2400, 2600 & 2800 fils à leur chaîne fe nomment des *vint cent*, *vint deux cens*, &c.

VINTIN. Petite monnoie d'argent ou plûtôt de billon de Portugal. Elle vaut vingt réis, d'où lui vient ce nom.

VINTIN. Monnoie idéale & de compte, employée en plufieurs lieux des Indes orientales, comme la livre ou le franc en France.

VIOLETTE. Petite fleur très-connue, qu'on trouve dans les champs, les bois & les jardins. On les emploie dans les conferves & dans les fyrops.

VIOLLES. Petites fleurs de trois couleurs jolies,

connues fous le nom de *penfées*. Plufieurs apothicaires peu délicats, les fubftituent fouvent aux violettes dans leurs fyrops, quoiqu'ils fachent que l'ufage en eft dangereux, fuivant Pomet & Charas, qui en avertiffent.

VIPÈRE. Reptile dont la morfure eft très venimeufe.

Le commerce des *vipéres* eft affez confidérable en France. Les épiciers droguiftes en font venir de plufieurs provinces du royaume & fur-tout du Poitou.

Les fels volatils ou fixes de *vipéres*, leur graiffe & leur huile fe tirent de Poitiers. Cette forte de ferpent mife en poudre, eft un des ingrédiens qui entre dans la compofition de la thériaque.

VIRÉ, VIRÉE. On appelle *étamine virée* une petite étoffe qui fe fabrique à Amiens. Il y en a de deux fortes : les *virées* fimples qu'on nomme *étamines jafpées*, & les *virées double foie*. Voy. le mot RÉGLEMENT à l'article qui concerne les manufactures de la généralité d'Amiens.

VIREMENT. (*Terme de banque & de commerce*). Il fignifie *un changement de débiteur & de créancier*; ce qui s'opere en donnant en payement une créance qu'on a droit d'exercer fur un tiers.

Les *viremens* de parties font particulièrement en ufage dans les diverfes villes de l'Europe où les gouvernemens ont établi des banques publiques. La première le fut à Venife, qui en a donné l'exemple aux autres états où l'on en voit aujourd'hui. *Voy.* BANQUES & BANCO.

VIS, qu'on prononce VISSE. Eft un morceau de fer ou d'autre métal, rond & diverfement long, autour duquel regne une cannelure que l'ouvrier fait à la main avec une lime ou avec un inftrument qu'on appelle une *filiere*. Il y a auffi des *vis* de bois qui fervent aux preffes, aux preffoirs & à beaucoup d'autres machines & inftrumens de grand volume.

Les *vis de fer* faites à la filiere s'engrainent dans des écrous qui fe font avec des taraux.

Celles qu'on fait à la main font amorcées par la pointe, & fervent à joindre & à ferrer diverfes pieces l'une contre l'autre. On les nomme *vis en bois*.

Celles-ci ne font jamais que de fer; cependant celles à écrous peuvent être d'or, d'argent & de cuivre, felon les ouvrages.

On fait en Forez beaucoup de *vis en bois* de toutes groffeurs & de longueurs, depuis demi-pouce jufqu'à quatre & cinq pouces. Les quincailliers les achetent de la première main à la groffe, faifant douze douzaines, & les revendent au détail, au compte & à la piece aux menuifiers, aux ferrutiers & au public.

Les *vis à filiere*, de quelque matiére qu'elles foient, fe font par les ouvriers à mefure qu'ils en ont befoin, à l'exception des grandes *vis* à tête plate qui fe vendent avec leurs écrous chez les quincailliers.

« Les *vis de fer* payent les droits d'entrée & de sortie comme la quincaillerie.

Voyez QUINCAILLERIE.

VISITATION. *Voy. les articles suivans.*

VISITATION ROYALE. Les quatre grands jurés de la communauté des maîtres courroyèurs & baudroyeurs de la ville de Paris, sont nommés *jurés de la visitation royale,* & les quatre petits *jurés de la conservation.* Voy. COURROYEUR.

VISITE. Acte de jurisdiction qu'exercent les maîtres & gardes des corps des marchands, ainsi que les jurés des communautés des arts & métiers, sur-tout ceux qui sont tenus de l'observation de leurs statuts & réglemens, sur ceux qui sans être de ces corps ou communautés, font ou vendent clandestinement des ouvrages qu'ils n'ont pas droit de faire ou de vendre. Alors ils sont tenus dans ces sortes de *visites* de se faire accompagner d'un commissaire.

VISITE. Se dit de l'assemblée qui se fait dans les bureaux de certaines communautés pour visiter & marquer d'un plomb les marchandises de laine, de fil, de soie, de coton, de poil & autres matières qui s'employent dans les manufactures. Il s'en fait ordinairement deux, d'abord sur les étoffes en écru, & ensuite quand elles ont reçu tous leurs apprêts.

VISITE. Est aussi le nom de la fonction des inspecteurs des manufactures.

VISITE. Est encore l'examen que font les commis des douanes des diverses marchandises pour la perception des droits.

VISITE (droit de). Dans le commerce de mer est le salaire qu'on paye à l'huissier - visiteur de l'Amirauté qui se transporte à bord d'un navire marchand, pour savoir de quelles marchandises il est chargé. Ce droit regarde le maître seul & n'entre point dans les avaries. *Voy.* HUISSIER-VISITEUR, OU AVARIES.

VISITER. C'est faire les visites dont on vient de parler ci-dessus.

VISITEUR. Celui qui a droit ou qui est commis pour visiter les étoffes, les marchandises, les ouvrages des artisans, les vaisseaux qui entrent dans les ports ou qui en sortent. Leurs fonctions consistent à voir & à examiner si dans toutes ces choses & quelques autres il n'y a rien de contraire aux édits, déclarations & ordonnances, aux arrêts, aux réglemens & aux statuts des corps & communautés.

Dans ce sens général, les maîtres & gardes des corps des marchands, les jurés des communautés & tous les commis des bureaux des fermes du Roi, sont autant de *visiteurs* ; mais comme ceux qui concernent les corps & communautés sont connus sous d'autres noms, celui de *visiteur* ne s'applique guères qu'aux commis des douanes préposés pour inspecter & vérifier les marchandises sujettes aux droits d'entrée & de sortie. *Voy.* DOUANE *où leurs fonctions sont détaillées plus au long.*

VISITEUR *d'entrée par mer.* Commis qui font à Bordeaux la visite des navires qui entrent dans le port de cette ville.

Visiteur d'issue. Autre commis qui visite à Bordeaux tous les navires qui en sortent.

VITRÉ. Nom qu'on donne à des toiles qui se fabriquent dans la ville de Bretagne du même nom, & dans ses environs.

VITRIOL. Espèce de sel fossile ou de minéral, qui se trouve dans les mines de cuivre. Il a différentes dénominations suivant les lieux d'où on le tire ; il y en a de blanc, de bleu & de verd. Le *vitriol* romain est *blanc*, celui de Chypre est *bleu*, & ceux de Pise & d'Allemagne tirent sur le *verd.* Le *vitriol blanc* ne participe guères du métal ; le *bleu* tient du cuivre, & le *verd* du fer.

Les anciens nommoient *chalcitis* le *vitriol naturel*, & les modernes *colcotar* ; celui-ci vient de Suede & d'Allemagne. Le meilleur est d'un rouge brun ; il fond aisément dans l'eau, & cassé, il doit être couleur de cuivre un peu brillant. Tous les autres *vitriols* nommés ci-dessus sont factices.

La couperose est aussi une espèce de *vitriol.* Voy. COUPEROSE.

« Le *vitriol* paye à l'entrée des cinq grosses fermes, savoir, le verd, qui est le plus commun, comme couperose, par quintal 12 s. ; le romain & celui de Chypre, qui est bleu, par quintal net, 7 l. 10 s. »

« Venant indirectement du levant, indépendamment du tarif de la province par laquelle les *vitriols* entrent, 20 pour 100 de la valeur à l'estimation de 74 l. le quintal ; arrêt de décembre 1750 ».

« A la sortie des cinq grosses fermes, 5 pour cent de la valeur, si on ne justifie pas de l'acquittement du droit d'entrée ».

« A la douane de Lyon, par quintal net, venant de l'étranger, 6 s. 8 d. ; venant de l'intérieur, 5 s. »

« A la douane de Valence, comme droguerie, 3 l. 11 s. »

VIZIR-KAN. Nom que l'on donne à Constantinople à un grand bâtiment quarré à deux étages, rempli, haut & bas, de boutiques & d'ateliers, où l'on peint des toiles de coton, & où l'on en fait le commerce.

V L

VLOT-SCHUINTEN. Grand bateau plat dont on se sert dans les canaux de la ville d'Amsterdam, pour charger & décharger les vaisseaux qui sont au port. Il contient depuis 20 jusqu'à 25 tonneaux de vin.

U N

UN. Le premier des nombres : le seul qui multiplié par lui-même ne produit jamais qu'*un.* Il s'écrit en chiffre arabe (1), en chiffre romain (I) en chiffre françois, de compte ou de finance (1).

UNGUIS-ODORATUS. Sorte de coquillage

dont on se sert en médecine *Voyez* BLATA BI-
ZANTIA.

UNIÉME. *Terme numéral ordinal.* Il ne se
dit jamais seul, étant toujours joint aux dixaines,
aux centaines &c., vingt *unieme*, trente-*unieme*,
cent-*unieme*.

UNITÉ. Le commencement d'un nombre,
comme le point l'est d'une ligne. Quelque nombre
que ce soit, n'est à proprement parler que l'assemblage de plusieurs *unités*.

UNZAINE. Sorte de bateau qui sert à voiturer
les sels en Bretagne par la Loire.

Il y en a de grandes & de petites. Les grandes
contiennent six muids ou environ mesure Nantoise,
& les petites quatre.

Par la pancarte de la prévôté de Nantes, les sels
qui sont ainsi voiturés payent au Roi savoir, pour
chaque muid venu par petite *unzaine* 25 s. & par
les grandes 25 s. 2 d. »

V O

VOIDE, que l'on écrit & que l'on prononce plus
ordinairement *vouéde*. Espèce de pastel qui croît
en Normandie, & qui sert à teindre en bleu. *Voy.*
VOUEDE.

VOILE. *En terme de marine*, est un assemblage
de plusieurs lés de toile de chanvre écru, fortement
cousus ensemble par les lisières & bordé tout-autour
d'un cordage qu'on nomme *ralingue*.

VOILE. Toile à *voiles.* Il s'en fabrique une grande
quantité en Bretagne, dont une partie est consommée par les vaisseaux nationaux, & le reste s'envoye dans les pays étrangers. Celles qui s'employent
le plus sont les Noyalles, les Polledavy, la petite
Olone, les Locrenan, & les Perte. *Voy.* tous ces
articles & l'article général des TOILES.

Les toiles à *voiles* qui se fabriquent dans la
petite ville de Beaufort en Anjou, ne sont bonnes
que pour faire de menues *voiles.* Voy. TOILE.

On fait encore de grosses toiles dont la chaîne
est de coton & la trème de fil de chanvre, dont on
fait des *voiles* pour les galères, pour les petits bâtimens & pour les perroquets des grands navires.

Il y a une autre sorte de toile à *voiles* qui se
fait en Hollande, que l'on nomme *canevas* ou
cannefas. Voy. CANEVAS.

VOILE. On appelle ainsi certaines étamines très-
légères qui se fabriquent communément à Reims.
Voy. ÉTAMINE.

VOILE. Toile de coton qu'on tire du Bengale.
Voy. TOILE où il est parlé de celles qui viennent
des Indes.

VOILES. On appelle ainsi en Lorraine ce qu'on
nomme ailleurs des *trains.* Ils sont composés de
planches sciées dans les volges qu'on conduit,
en les faisant flotter sur la Moselle, à Nancy ou à
Metz.

VOILEURS. Ce sont les mariniers qui conduisent les voiles ou trains de bois sur la Moselle.

VOITURE. Nom générique de tout ce qui sert
à transporter & à voiturer d'un lieu à un autre,
tant les hommes que ses effets ou ses marchandises. Ce Dictionnaire n'ayant pour objet que
le commerce & ce qui y est relatif, on ne parlera
ici que des *voitures* qui servent à ses opérations.
Celles-ci sont d'abord les *voitures* publiques privilégiées des messageries, tant par terre que par
eau, qui ont pour le service du public des chariots,
des charettes, des fourgons & des chevaux qu'ils
louent à des prix fixés par le tarif joint à leur
privilege ; enfin des carosses & des bateaux couverts
nommés *coches d'eau*, qui partent tous à jour
marqué pour telle ville ou telle province ; ensuite
les *voitures* qu'il est libre à toutes personnes d'avoir
& de louer aux prix qu'elles peuvent, telles que
des charettes sur ridelles, des chariots, des haquets,
& quelques autres employées par les rouliers, les
voituriers, les coquetiers, les poulaillers. *Voy.* ces
quatre derniers mots.

On peut, en quelque maniere, compter au
nombre des *voitures*, les animaux qui servent au
roulage de toutes ces voitures, puisqu'indépendamment de ce service, ils sont encore employés à
transporter des hommes & diverses sortes de marchandises.

Tous ces établissemens sont d'un grand secours
pour le commerce, & lui deviendront bien autrement avantageux lorsque les circonstances permettront au gouvernement de rendre à cette partie toute
la liberté dont elle a besoin pour l'utilité réciproque du voiturier & du commerçant.

VOITURE. S'entend aussi des personnes & des
marchandises ou effets transportés ; & dans ce sens
on dit d'un carosse, une pleine, ou une demi-
voiture, suivant que les places en sont occupées,
à son départ, dans ces proportions. La grande
quantité de rouliers dans une ville ou la rareté des
marchandises à transporter, fait souvent partir des
voituriers à demi ou à tiers de *voiture*.

VOITURE. Est encore le prix que chaque personne doit payer pour être menée dans un lieu
quelconque, & celui dû pour le transport des marchandises ou effets, soit par terre, soit par eau.

Dans les transports par mer, la *voiture*, dans le
sens ci-dessus, s'appelle *fret* ou *nolis.* Voy. ces deux
termes.

On dit enfin une *voiture* de sel, de draps, de
vins, de sucre, pour faire entendre une charette
chargée de l'une de ces marchandises.

VOITURE. (lettre de.) Est un écrit que l'on
donne au voiturier, lequel doit contenir la
qualité, la quantité & le poids des pieces, caisses,
balles & balots de marchandises qu'on lui confie,
les marques & n°. dont elles sont timbrées, le prix
de la livre ou du cent pesant, dont on est convenu
pour le port, & enfin le tems qu'il doit mettre
en route pour se rendre à sa destination, sous peine
(hors les cas & accidens de force majeure) de

perdre un tiers de sa *voiture*, &c. Voy. LETTRE DE VOITURE.

Dans les transports des marchandises par mer, l'écrit qui contient à peu-près les mêmes choses que la lettre de *voiture*, & qui la représente s'appelle *connoissement*. Il doit être signé double par le capitaine du navire qui transporte les marchandises, & triple ou quadruple quand le vaisseau vient d'une de nos isles, ou qu'il y va, ces connoissemens envoyés au propriétaire ou à un particulier à qui les marchandises sont adressées, se perdant quelquefois par le naufrage, ou la prise en tems de guerre, des bâtimens qui les portent. *Voyez* CONNOISSEMENTS.

VOITURER. Transporter sur des voitures, soit par terre, soit par eau, des personnes, des marchandises & autres effets d'un lieu à un autre.

VOITURIER. Celui qui voiture, qui se charge de transporter d'un lieu à un autre des personnes, des marchandises de tout genre & des effets de toute espece, moyennant un prix fixé par des tarifs arrêtés par le gouvernement, ou pour un prix arbitraire dont le voiturier & le chargeur ou le voyageur conviennent à l'amiable ensemble.

Dans la signification du terme de *voiturier* sont compris, non-seulement les *voituriers* proprement dits, qui sont les rouliers, les bateliers ou maîtres de barques & de bateaux qui voiturent librement par toute la France, tant par terre que par eau; mais encore les messagers, les maîtres des carosses, les loueurs de chevaux, les fermiers des coches, par eau, les maîtres des postes aux chevaux, & autres personnes qui ont des fermes, des privileges & des pancartes ou tarifs; comme on a parlé de ces derniers aux articles qui leur sont propres, il ne sera question ici que des *voituriers-rouliers*, par terre & par eau, auxquels il est permis & libre de faire ces sortes d'entreprises.

La liberté du roulage par terre & des voitures par eau, n'est cependant pas absolue. Elle est déterminée & fixée par des réglemens auxquels ils sont tenus, tant pour la sûreté publique que pour la police qu'ils doivent observer entre eux & avec ceux qui les employent.

Les principaux réglemens pour les *voituriers*, sont ceux contenus dans les deuxieme & troisieme chapitres de l'ordonnance de Louis XIV du mois de décembre 1672, concernant les *voituriers* par eau. Le réglement du 15 juin 1678, dressé au conseil pour les *voituriers* par terre; l'ordonnance des aides du mois de juin 1680; celle du 22 juillet 1681, celle du mois de février 1687; des cinq grosses fermes; divers arrêts du conseil, entre autres ceux des 25 juillet 1684 & 29 mai 1688, contiennent plusieurs articles concernant les *voituriers* par terre & par eau. Tous ceux qui ont intérêt de connoître particulierement les dispositions de ces divers réglemens, ordonnances & arrêts, pourront y avoir recours; comme l'extrait en seroit trop long & trop volumineux, on se borne à les indi-

quer & à y renvoyer, pour les connoissances dont on pourra avoir besoin. On pourra consulter la déclaration du roi du 14 novembre 1724, sur le nombre des chevaux à atteler aux charettes à deux roues, & l'arrêt du conseil du 12 juillet 1723 concernant les voitures qui passent à St. Jean d'Angely.

VOITURIN. Est le nom que l'on donne en Languedoc, en Provence & du côté de Lyon, à celui qu'on appelle *voiturier* dans le reste du royaume. *Voy.* VOITURIER.

VOLAILLE. Nom collectif qui comprend tous les oiseaux domestiques que l'on éleve soit à la campagne, soit dans les bourgs & dans plusieurs petites villes du royaume. Ce sont les coquetiers & les poulaillers qui font le commerce de *volailles* à Paris où il est très-considérable. Il y a aussi dans cette ville, des vendeurs de *volailles* établis en titre d'offices. *Voy.* POULAILLER & VENDEUR DE VOLAILLES.

« La *volaille* paie à l'entrée des cinq grosses fermes 5 p. $\frac{o}{o}$ de la valeur; à la sortie desdites cinq grosses fermes par douzaine 5 s. ».

« A la douane de Lyon 5 p. $\frac{o}{o}$ de la valeur venant de l'étranger & 2$\frac{1}{2}$ venant de l'intérieur ».

« A la douane de Valence du quintal 1 liv. 19 s. ».

VOLANS. Assemblage de plumes coupées de longueur égales & posées par le tuyau en forme de cône dans une demi balle ronde bien bourée & recouverte d'une peau de gant, que deux personnes se renvoient par le moyen de raquettes dont elles sont armées.

VOLICE. Une des especes de lattes qu'on débite & qu'on vend dans les forêts en coupe & chez les marchands de bois quarrés de Paris. *Voy.* LATTES.

VOLILLES. Petites planches de bois de peuplier, très-légeres & peu épaisses. *Voy.* PEUPLIER.

VOLIS. (*Terme des eaux & forêts*). L'ordonnance de 1669 semble confondre les bois *volis* avec les chablis. *Voy.* CHABLIS.

Par arrêt du conseil du 30 décembre 1687, il est défendu aux officiers des eaux & forêts de vendre les chablis & *volis*, qu'il n'y en ait au moins dix cordes dans chaque forêt.

VOUA. Mesure des longueurs, dont on se sert dans le royaume de Siam. Elle revient à une de nos toises, moins un pouce. Il faut deux kens pour un *voua*, deux soks pour un ken, deux keubs pour un sok & douze nious pour un keub. Le niou est comme les trois quarts de notre pouce, huit grains de ris, qui reviennent à neuf de nos lignes faisant le niou. *Voy.* KEN.

VOUEDE ou VOIDE. Drogue propre à teindre en bleu. C'est une espece de pastel qui croît en Normandie, sur-tout aux environs de Caen, où on le seme dans les meilleures terres. Il se cultive de la même maniere que le pastel du Languedoc; mais il lui est très-inférieur n'ayant pas plus de

force

force que le marouchin ou dernière récolte du vrai paftel.

Le commerce du vouéde de Normandie étoit autrefois très-confidérable ; mais il eft beaucoup diminué depuis que l'Amérique nous fournit de l'indigo.

« Cette drogue paie en branches à l'entrée & à la fortie de cinq groffes fermes, par cent de bottes 4 f. ; fi elle n'eft pas en branche, à l'entrée des cinq groffes fermes 5 p°. & à la fortie par cuvée du poids de huit cent livres, 4 l. 12 f. ».

VOULE. Petite mefure dont fe fervent les habitans de Madagafcar pour mefurer le ris mondé, quand on le vend en détail. Elle contient environ une demi-livre de ris. Il faut douze voules pour faire le troubahouache ou monka & cent pour le zatou. Voy. ces deux articles.

VOURINE. On appelle foie vourine, la foie legis de Perfe, la plus fine & de meilleure qualité. Voy. LEGIS.

VOYAGES de long cours. L'ordonnance de la marine du mois d'août 1681, art. 59, du tit. 6, liv. 3, défigne & nomme ainfi tous les voyages qui fe font fur mer en Afrique, en Amérique & en Afie, par de-là le Tropique.

VOYE. Nom collectif de diverfes mefures qui fervent à mefurer le bois, le charbon, le plâtre, la pierre de taille ordinaire & du libage.

A Paris la voye de bois à brûler de celui feulement qu'on appelle bois de corde, eft ce que contient une mefure de bois de charpente nommée membrure, qui doit avoir quatre pieds de tous fens. Les deux voyes font la corde. Voy. CORDE DE BOIS.

La voye de charbon de terre, qui fe mefure comble, eft compofée de trente demi-minots, chaque demi-minot faifant trois boiffeaux ; ainfi la voye de charbon de terre doit être de quatre-vingt-dix boiffeaux.

La voye de plâtre eft douze facs, chaque fac de deux boiffeaux ras, fuivant les ordonnances de police.

La voye de la pierre de taille ordinaire eft de cinq carreaux, qui doivent faire environ quinze pieds cubes de pierre. Deux voyes font le chariot. Voy. PIERRE A BATIR.

La voye du libage eft de fix à fept morceaux de pierre. On appelle quartier de voye, quand il n'y en a qu'un ou deux à la voye.

VOYE. Se dit, en terme de banque & de commerce, des lieux où l'on donne à recevoir une fomme, ou des perfonnes que l'on y charge de payer ; c'eft dans ce fens, qu'on dit « je vous ferai tenir » votre argent par la voye d'Amfterdam ou de » Londres » pour faire entendre qu'on donnera du papier à recevoir dans une de ces deux villes. On écrit de même à un correfpondant « Je vous ferai » les fonds de mes traites fur vous par la voye de » tel banquier de votre ville ».

VRAC. On appelle hareng en vrac, celui que les pêcheurs apportent dans les ports, au même état qu'il a été mis dans les barils, au moment de la pêche. Voy. HARENG.

VRAICQ, autrement Varech. Nom qu'on donne en Normandie à cette efpèce d'herbe marine qu'on appelle en Bretagne gouefmon & far dans le pays d'Aunis. Voy. VARECH.

URNA. Mefure dont on fe fert en Italie pour les liqueurs. Il faut dix fechis pour l'urna.

URSOLLE ou ORCHEIL, qu'on nomme plus communément orfeille. Drogue propre à la teinture. Voy. ORSEILLE.

URUCU. Nom que les Bréfiliens donnent à la drogue nommée vulgairement rocou, qu'on emploie dans la teinture rouge. Voy. ROCOU.

VRUS. Sorte de bufle qui fe trouve dans les forêts de la Lithuanie. Cet animal eft fi furieux & fi terrible, qu'on diroit qu'il jette le feu par les yeux. Ses cornes font rondes & courtes. Il a une barbe comme les boucs. Le poil en eft long & noirâtre.

Sa peau fert à faire des ceintures très-recherchées par les dames de Pologne, qui font perfuadées que celles qui en portent n'ont jamais à craindre d'avortement. Auffi ces ceintures fe vendent-elles fort cher.

U S

US ET COUTUMES DE LA MER. Ce font des efpèces de loix, de maximes ou d'ufages qui fervent comme de bafe & de principes à la jurifprudence maritime, tant pour ce qui concerne la navigation, que pour ce qui regarde le commerce de mer.

Les premiers réglemens connus fur cette matière, font de l'an 1266, fous le régne de la reine Eléonor, ducheffe de Guyenne.

Les feconds furent faits par les marchands de Vifbuy, ville de l'ifle de Gotland fur la mer Baltique, vers le treiziéme fiécle.

Les troifiémes font dûs à la ville de Lubek environ l'an 1597, qu'ils y furent rédigés par les députés des villes Anféatiques.

C'eft fur ces anciens réglemens, commentés par Etienne Clerac, avocat au parlement de Bordeaux, qu'ont été formées les ordonnances qu'on fuit aujourd'hui & qui réglent la jurifprudence maritime.

USANCE, en Italien Ufo. Eft un tems déterminé pour le paiement des lettres-de-change, fuivant l'ufage des lieux fur lefquels elles font tirées. Ce tems commence à courir, ou du jour de leur date, ou du jour de leur acceptation, & il eft plus ou moins long relativement aux diverfes coutumes des places de commerce de l'Europe.

Mmmmm

Les lettres-de-change se tirent à une ou plusieurs *usances*.

En France, elles sont fixées à 30 jours, par l'art. 5, du tit. 5 de l'ordonnance du mois de mars 1673.

A Londres, l'*usance* des lettres de France est d'un mois de date; d'Espagne de deux mois; de Venise, de Gênes & de Livourne, de trois mois.

A Hambourg, l'*usance* des lettres-de-change de France, d'Angleterre & de Venise, est de deux mois de date; d'Anvers & de Nuremberg, de quinze jours de vue.

A Venise, l'*usance* des lettres-de-change de Ferrare, Boulogne, Florence, Luques & Livourne, est de cinq jours de vue; de Rome & d'Ancône, de dix jours de vue; de Naples, Bary, Gênes, Ausbourg, Vienne, Nuremberg, de quinze jours de vue; de Mantoue, Modène, Bergame & Milan, de vingt jours de date; d'Amsterdam, d'Anvers & de Hambourg, de deux mois de date; de Londres de trois mois de date.

A Milan, l'*usance* ou l'*uso* des lettres-de-change de Gênes est de huit jours de vue; de Rome, dix jours de vue; de St. Gal vingt jours de vue, & de Venise, vingt jours de date.

A Florence, l'*usance* des traites de Bologne est de trois jours de vue; de Rome & d'Ancône, de dix jours de vue; de Venise & de Naples; de vingt jours de date.

A Bergame, l'*usance* des lettres-de-change de Venise est de vingt-quatre jours.

A Rome, l'*usance* des lettres-de-change d'Italie, autrefois de dix jours de vue, est aujourd'hui de quinze jours de vue.

A Ancône, l'*usance* est de quinze jours de vue, & à Bologne de huit jours de vue.

A Livourne, l'*usance* des traites de Gênes est de huit jours de vue; de Rome de dix jours de vue; de Naples, trois semaines de vue; de Venise, vingt jours de date; de Londres, trois mois de date, & d'Amsterdam, quarante jours de date.

A Amsterdam, l'*usance* de lettres-de-change de France & d'Angleterre est d'un mois de date; de Venise, Madrid, Cadix & Seville, de deux mois de date.

A Nuremberg, l'*usance* de toutes les lettres-de-change est de quinze jours de vue.

A Vienne en Autriche, de même.

A Gênes, l'*usance* des lettres-de-change de Milan, Florence, Livourne & Luques, est de huit jours de vue; de Venise, Rome & Boulogne de quinze jours de vue; de Naples vingt-deux jours de vue; de Sicile d'un mois de vue; ou de deux mois de date; de Sardaigne, un mois de date, d'Anvers, d'Amsterdam & autres places des Pays-Bas, de trois mois de date.

USANCE. Est aussi un terme des eaux & forêts, qui signifie l'*exploitation* de la coupe d'une vente adjugée à un marchand.

USANCE. Est encore un terme dont on se servoit anciennement dans le commerce, pour dire *usages & coutumes*; mais il n'est plus employé dans ce sens.

USELAT. Nom que le tarif des droits de sortie de France, de 1664, donne à la colle de poisson. *Voy.* COLLE DE POISSON, *ainsi que pour les droits.*

USNÉE. Espèce de plante ou mousse que produisent le cedre, le chêne & quelques autres arbres.

Elle entre dans la composition des poudres de Chypre, de franchipane, & plusieurs autres. *Voy.* MOUSSE D'ARBRES.

USNÉE HUMAINE. C'est une petite mousse de couleur verdâtre, qui croît sur les têtes de morts, lorsqu'elles sont un peu anciennes. *Voy.* MOMIE.

USO. Terme Italien dont on se sert dans quelques provinces de France. Il signifie dans le commerce la même chose qu'*usance*. *Voy.* USANCE.

W A

WAGE ou CHARIOT. Poids dont on se sert à Amiens, & qui pèse 165 livres de cette ville revenant à 145 livres trois onces de Paris, de Strasbourg, de Besançon & d'Amsterdam, les poids de ces quatre villes étant égaux.

WALRUS ou NARHVAL, qu'on appelle improprement, *cheval marin*. Espèce de poisson qui se prend dans la mer du nord, & qui est armé d'une corne, qu'on faisoit passer autrefois pour la corne de la licorne, regardé aujourd'hui assez généralement comme un animal fabuleux.

On ne retire de ce poisson que la corne & les dents qu'on emploie aux mêmes ouvrages que l'yvoire, sur lequel elles ont l'avantage d'une plus grande blancheur qui n'est pas sujette à jaunir comme l'yvoire.

WAQUE. Sorte de mesure dont on se sert dans le Hainaut pour mesurer le charbon de terre. *Voy.* HOUILLE & CHARBON DE TERRE.

W E

WERST. Mesure des distances dont on se sert en Russie & en Moscovie.

Le *werst* contient 3504 pieds d'Angleterre, c'est-à-dire, environ deux tiers du mille Anglois; ainsi une lieu d'Allemagne contient environ six *wersts* & une lieue de France quatre.

W I

WINTHERUS. Ecorce odoriférante, qui n'est autre chose que la canelle blanche. *Voyez* CANELLE.

VUE (apporter à). Signifie, *en terme de commerce de lettres de change*, le jour de la préfentation d'une lettre à celui fur qui elle eft tirée & qui la doit payer, par celui qui en eft le porteur ou qui la doit recevoir.

Quand on dit qu'une lettre eft payable *à vue*, on entend qu'elle doit être payée fur le champ, fans remife, & dans le moment même qu'on la préfente à la vue de celui fur qui elle eft tirée, fans avoir befoin ni d'acceptation, ni d'autre acte équivalent.

Une lettre payable à plufieurs jours de *vue*, comme à deux, à fix, à quinze jours, eft au contraire celle qui ne doit être payée qu'à l'échéance des jours qui y font marqués, lefquels ne commencent à courir que du jour qu'elle a été préfentée par le porteur, & vue & acceptée par celui qui en doit faire le paiement. *Voy.* LETTRE DE CHANGE, ÉCHÉANCE & USANCE.

VUIDANGE. (*Terme d'exploitation & de commerce de bois*). Il fignifie l'enlèvement des bois, hors d'une vente adjugée à un marchand, après qu'ils ont été abattus & débités.

VUIDER LES VENTES. *Voy.* l'article précédent.

VUSTUM. Le cuivre brûlé eft ainfi nommé dans le tarif de la douane de Lyon. *Voy.* ÆSUSTUM.

X

X A N. On nomme ainsi en quelques endroits de l'empire Ottoman, ce qu'on nomme communément *kan*, *chan* & *caravaserail*. Voy. ces *articles*.

XARAFFES. Ce font à Goa & dans toutes les villes de commerce de la côte de Malabar, des espèces de changeurs, qui pour une petite rétribution, examinent les espèces d'argent, surtout les Pardaos xerafins, dont la plûpart font fausses ou altérées. Ils se tiennent au coin des rues & font si expérimentés dans la connoissance de ces pardaos, que sans les péser, sans se servir de la pierre de touche & en les comptant seulement, ils distinguent une pièce fausse entre mille. Ils font obligés de garantir les piéces qu'ils ont visitées. Il y a aussi de ces changeurs Indiens à Constantinople, au Caire & dans les villes de commerce de l'empire Ottoman.

X Y L

X I

XILO-BALSANUM. Nom que la plûpart des droguistes & quelques botanistes donnent au bois de l'arbre qui produit cette gomme précieuse que les Latins nomment *opo-balsamum* & assez généralement connu sous le nom de *baume du levant*. Voy. BAUME.

XYLON. Plante qui porte le coton. *Voy.* COTON.

Y

Y O

YARD. Mesure des longueurs en Angleterre.

Le cubit, le pied, la poignée, l'inchs & le grain d'orge font les diminutions; l'aune, le pas géométrique, la brasse, la perche & le futlon, font les mesures qu'on en compose en le multipliant. *Voy.* PIED.

YARD. Est aussi en Angleterre une des mesures dont se servent les arpenteurs; trente acres font un *yard*, & quarante perches de long sur quarante de large, font l'acre. Il faut cent *yards* pour faire une hide.

Y C

YCHITZÉE. Drogue médicinale qui se trouve à la Chine & dont les Chinois font un grand commerce avec les Japonnois, qui l'estiment beaucoup, &, qui, par cette raison, l'achettent fort cher.

Y E

YEUSE. Autrement chêne-verd. *Voy.* CHÊNE VERD.

YEUX D'ÉCREVISSES. *Voy.* OCULI CANCRI.

YEUX DE PERDRIX. Étoffe partie soie, partie laine, diversement ouvragée & façonnée, qui se fait par les hauts-lisseurs d'Amiens. Elle doit avoir, suivant les réglemens de 1666, vingt-trois buhots, trente portées de largeur, revenant à un pied & demi & un pouce de roi, & vingt aunes un quart à vingt aunes & demie de longueur.

Y O

YOLI. Nom que les Amériquains des isles donnent à la plante que les habitans du continent de l'Amérique appellent *petun* & qu'on nomme en Europe *tabac*. Ce dernier nom a généralement prévalu dans nos isles & dans le continent de l'Amérique. *Voy.* TABAC.

Y U

YUNE. Mesure dont on se sert dans Wirtemberg pour les liquides. L'*yune* sert de dix masses & l'ame de seize yeuse. *Voy.* FÉODER.

Y V O

Y V

YVOIRE ou IVOIRE. Dents ou défenses de l'éléphant, qu'on nomme dans les ports de commerce où elles arrivent, *merfil* & plus souvent *morphil*.

Les dents d'éléphant des Indes n'ont guères que trois ou quatre pieds de long; mais celles des éléphants d'Afrique, sur-tout de Bombaze & de Mosambique, font beaucoup plus grandes.

Le morphil se tire en majeure partie de la côte d'Afrique, de Rio-Fresca; de la rivière de Gambie, du Sénégal & de la côte des Dents.

Les lieux de l'Asie où il s'en trouve le plus, sont l'isle de Ceylan & les royaumes d'Achem, de Pégu, de Siam & d'Angelle.

L'*yvoire* de Ceylan est estimé le meilleur de tous, parce qu'il ne jaunit jamais. On en dit autant de celui d'Achem & d'Angelle. Aussi sont-ils plus chers que les autres.

Outre la grande consommation qui se fait de l'*yvoire* pour les divers ouvrages auxquels on l'emploie; il est de quelque usage dans la médecine, en rapures pour les tisanes astringentes & pour d'autres remèdes. *Voy.* SPODE.

En le brûlant & le réduisant au noir, on en fait ce que les peintres nomment *noir d'yvoire* ou *de vélours*, dont ils se servent.

YVOIRE DE MOSCOVIE. On donne ce nom à une sorte d'*yvoire* qui se trouve assez avant en terre, dans quelques endroits de la Tartarie Moscovite, particulièrement le long de la Lena & de la Jenicia. Les opinions sur sa nature ont été long-temps partagées; les uns soutenant qu'on les trouvoit attachées aux alvéoles, les autres prétendant que c'étoient des dents fossiles, d'autres assurant qu'elles ne ressembloient en rien aux véritables dents d'éléphant; mais diverses rélations & particulièrement celle du voyage du sçavant M. Pallas en Sybérie, ne laissent plus de doute à cet égard & prouvent que l'*yvoire* qu'on trouve dans ces contrées n'est autre chose que les dents de véritable éléphant que quelque révolution du globe, a fait périr, qu'elle y a portés & qu'elle y a ensévelis. Au reste on les emploie aux mêmes ouvrages que l'*yvoire* dans la Moscovie même & dans la Russie, d'où il ne s'en envoie guères au dehors.

« L'*yvoire* paie les droits d'entrée à raison de... » *Voy.* IVOIRE.

Z

ZAEJIES. Petite monnoie d'argent qui a cours en Perse ; c'est le demi-mamoudi. *Voy.* MAMOUDI.

ZAFRE. Minéral. *Voy.* SAFRE.

ZAIN. Sorte de minéral que l'on met au nombre des demi-métaux. *Voy.* ZINCK.

ZAIN. Se dit aussi d'un *cheval* qui n'a pas une tache blanche. *Voy.* CHEVAL.

ZATOU. Mesure des grains ; en usage dans l'isle de Madagascar, parmi les naturels du pays. On ne se sert de *zatou* que pour le ris entier, le ris mondé se mesurant au *mouka* & à la *voule*, dont l'un pèse six livres & l'autre une demi-livre, poids de Paris.

Le *zatou* contient cent *voules* ; aussi en langue madecasse, *zatou* signifie *cent*.

Z E

ZEBELLE. Nom que l'on donne quelquefois à la martre zibelline. *Voy.* MARTRE.

ZEBELLINE ou **ZIBELLINE.** Nom que l'on donne aux peaux de martres les plus précieuses.

Les *zibellines* se tirent de la Laponie Moscovite ou Russe, & de la Laponie Danoise. Il s'en trouve aussi beaucoup en Sibérie, province des états de l'impératrice de Russie. *Voy.* MARTRE.

ZÉDOAIRE. Espèce de gingembre sauvage. *V.* GINGEMBRE.

ZER. Les Perses donnent ce nom à toutes sortes de monnoies. Ce terme chez eux signifie *or*, quand on parle du métal qui porte ce nom ; mais en fait de monnoies il est générique, comme en France le mot *argent*, pour désigner *toutes les espèces* qui ont cours, de quelque métal qu'elles soient.

En Perse, lorsqu'on entend parler des espèces d'or, on se sert du mot *dinar* ; si elles sont d'argent on emploie le mot *dichem*, & pour toutes les autres de celui de *zim*.

ZÉRO. Caractère d'arithmétique, ainsi formé [o]. Lorsqu'il est seul il n'a aucune valeur ; mais posé après un chiffre il décuple celui-ci, c'est-à-dire, qu'il fait valoir autant de dixaines qu'il exprime d'unités, sans *zéro*. Ainsi 1 posé devant un *zéro*, vaut dix unités, que l'on marque ainsi [10] ; un 2 devant ce même *zéro*, vaut vingt unités ou deux dixaines d'unités, qui s'écrivent de cette manière [20].

Lorsque deux *zéros* de suite sont précédés d'un chiffre, celui-ci vaut autant de fois cent, qu'isolé il exprime d'unités ; si c'est 1 suivi de deux *zéros*, il vaut cent, qu'on écrit en chiffre [100] si c'est un 2 deux cent [200], &c.

Z I N

Quand trois *zéros* de suite sont précédés d'un chiffre, celui-ci vaut autant de fois mille qu'il marque par lui seul d'unités. Ce qui se marque de cette manière [1000] [2000] [3000], c'est-à-dire, mille, deux mille, trois mille, &c.

Il en est de même de quatre, de cinq, de six, de sept & de huit *zéros* posés de suite, précédés d'un chiffre pour former des dixaines de mille, des millions, des dixaines de millions, des centaines de millions.

Le *zéro* ne s'emploie que dans le chiffre Arabe, n'entrant ni dans le chiffre Romain, ni dans le chiffre de finance ou de compte, que l'on nomme *chiffre François*.

ZÉZUMBETH. Racine d'une espèce de gingembre sauvage, qui croît dans l'isle de Madagascar. *Voy.* GINGEMBRE.

Z I

ZIAN. Monnoie d'or du royaume d'Alger & qui se fabrique à Trémécen. Elle a d'un côté, le nom du dey & de l'autre quelques lettres ou légende Arabe tirée de l'Alcoran. C'est la plus forte monnoie de ce royaume. Le *zian* vaut cent aspres.

ZIANGI. Monnoie d'argent d'Amadabath, & qui a cours dans quelqu'autres lieux des états du Mogol. Elle est au nombre des roupies & vaut 20 pour cent de plus que celles qu'on y nomme *gazana*. Le *ziangi* revient à 36 sols de France.

ZIM. Mot Persan qui signifie simplement *argent*, considéré comme métal ; comme monnoie, voyez sa signification au mot *zer*.

ZIMBI. Coquillage qui tient lieu de monnoie dans quelques lieux de la côte d'Affrique, particulièrement à Angola & dans le royaume de Congo.

Deux mille *zimbis* reviennent à ce que les négres appellent un *macoute*, qui est une monnoie idéale, pour estimer ce qu'on vend & ce qu'on achete.

Le *zimbi* est peut-être le même coquillage que celui que les Européens emploient à la côte de Guinée pour la traitte des nègres, & qu'on appelle *bouges* ou *coris*, on n'est pas d'accord là dessus. *Voy.* CORIS & BOUGE.

ZIMMER. *Terme de commerce de fourure*, dont on se sert en quelques endroits de Russie, principalement dans les parties les plus septentrionales. Un *Zimmer* fait dix paires de peaux. Un *zimmer* de martre fait vingt peaux de ces animaux.

ZINCK ou **ZAIN.** Demi-métal, ou minéral que l'on confond quelquefois avec le bismuth & le speuter, ou le spiaute.

Le *zinck* est une espèce de plomb minéral, dur, blanc & brillant, qui sans être tout à fait ductile, s'étend néanmoins sous le marteau. Celui que l'on vend le plus communément à Paris, est en gros pains quarrés & épais, parce que probablement il a été fondu au sortir de la mine & jetté dans des moules de cette forme.

Le *zinck* sert à décrasser l'étain, à peu près comme le plomb à purifier l'or, l'argent & le cuivre. On le mêle aussi pour les soudures avec la terra-merita. Il faut le choisir blanc, en belles écailles, difficile à casser, point aigre, & s'il se peut, en petites barres ou lingots sur lesquels il paroisse comme des espèces d'étoiles.

« Le *zinck*, ou *zing* paie à l'entrée & à la sortie des cinq grosses fermes cinq pour cent de la valeur. »

« Celui provenant du commerce des François dans l'Inde ne doit que trois pour cent de la valeur. »

« Ce droit de tel endroit qu'il vienne, est par quintal de 1 l. 5 s., pour la douane de Valence; par quintal 15 s. 8 d., le *zing* destiné pour Lyon; il acquite à l'Orient le quart du droit de trois pour cent & les trois autres quarts à la douane de Lyon; venant muni d'un acquit à caution. »

ZINGI. Fruit des Indes orientales, lequel a la forme d'une étoile. Ses amendes polies & luisantes sont de la couleur de la graine de lin & ressemblent par l'odeur & le goût à la semence d'anis, d'où la plante qui le produit a pris en Europe le nom d'*anis des Indes*. Les Orientaux & sur-tout les Chinois en font entrer l'amende dans la préparation de leur thé & de leur sorbet.

ZINZOLIN. Couleur qui tire sur le rouge. *Voy.* ROUGE.

Z O

ZOLEDENIC. C'est la quatre-vingt-seizième partie de la livre Russe ou Moscovite. Cette subdivision n'a lieu que dans le commerce en détail.

ZOROCHÉ. Sorte de minerai d'argent très-brillant & assez semblable au gispe, c'est-à-dire, à cette pierre qu'on nomme communément *tale*. Le *zoroche* est la moindre des pierres métalliques qui se tirent des mines du Potosi, & celle qui donne le moins d'argent. *Voy.* ARGENT.

Fin du troisième & dernier volume.

A P P R O B A T I O N.

J'AI lu, par ordre de Monseigneur le Garde des Sceaux, l'*Encyclopédie Méthodique, Commerce*; je n'y ai rien trouvé contre la religion ni les mœurs. A Paris, ce 8 novembre 1787.

CADET DE SAINEVILLE.

TABLE
ORDINALE ET RAISONNÉE,

Des articles de ce Dictionnaire, desquels la lecture peut servir de traité élémentaire pour chaque partie de Commerce.

LE Commerce pris dans sa plus grande extension est toute relation exercée entre les hommes ; mais le Commerce proprement dit , & dont il est seulement question dans ce Dictionnaire, ne consiste que dans l'achat & la vente des productions de la terre & des eaux, telles qu'elles sortent des mains de la nature , ou qu'elles ont été préparées, modifiées ou façonnées par l'industrie & les arts , pour les besoins & les commodités des consommateurs. D'après cette courte définition , que nous ne plaçons ici , que pour indiquer la marche & l'ordre que nous allons suivre dans la table raisonnée , nous disons que le Commerce comprend , d'un côté , toutes les denrées , marchandises & ouvrages qui circulent dans le pays qui les a vu naître, ou fabriquer, ou qui en sortent pour passer dans divers autres pays; & de l'autre , tout ce que ceux-ci lui apportent en échange , ou lui fournissent de matières premières ou travaillées.

Pour donner une idée juste du Commerce des diverses nations connues , notre Dictionnaire contient , à l'article du pays qu'elles habitent :

1°. Un état des productions naturelles & des matières œuvrées qu'on trouve dans ce pays, de leur abondance ou de leur rareté & celui de leurs prix communs.

2°. Un apperçu des relations commerciales de chacun de ces peuples avec les autres peuples, de l'industrie qui lui est propre , des arts utiles qu'il exerce , & des progrès qu'il y a faits.

3°. On y fait aussi connoître les loix qui réglent son négoce , les facilités ou les entraves qu'il éprouve , les prohibitions qui le gênent ou l'arrêtent, les bénéfices ou les pertes qui en résultent.

4°. Enfin les droits qu'il doit acquiter pour chaque objet de trafic, soit sur son territoire, soit chez l'étranger.

Ces principaux articles font autant de tableaux, où l'on expose en grandes masses , tout le fond du commerce de chaque nation ; mais les objets qu'ils présentent, ainsi rassemblés , ne sont pas assez distincts, pour ceux de nos lecteurs qui voudroient connoître chaque objet par des détails particuliers.

Afin qu'ils n'ayent rien à désirer là dessus , toutes les matières de commerce & tous les objets qui en dépendent , où y sont relatifs, ont chacun un article séparé dans notre ouvrage.

La méthode alphabétique, néceſſitéé par le beſoin de diſtinguer chaque objet d'un autre & pour la facilité de la recherche, a été adoptée pour tous les Dictionnaires qui compoſent l'immenſe collection de la nouvelle Encyclopédie. Si cette méthode ſemble rompre l'enchaînement qui lie entr'elles toutes les parties d'un même traité, la table ordinale & raiſonnée qu'on donne à la fin de chacun d'eux, préſente un moyen facile de remettre chaque choſe à ſa place & de rétablir leur liaiſon naturelle.

Pour ce qui concerne notre Dictionnaire, voici l'ordre de lecture qu'on y doit ſuivre. Il faut lire d'abord l'article de chaque état ou royaume, dont on veut connoître le commerce, parce que l'expoſition qu'on fait dans chacun de ces articles, des liaiſons établies entre ce pays & divers autres états, des objets d'exportation qu'il leur envoie & de ceux d'importation qu'il en reçoit, des réglemens auxquels il eſt aſſujetti, &c. &c. &c. indique tout ce qui dépend de cet article & ſe trouve diſpoſé dans les différentes parties du même Dictionnaire, ſous le nom de chaque objet relatif à ſon négoce, comme ſes denrées, ſes manufactures, ſes ouvrages, ſes communautés d'arts & métiers, ſes compagnies trafiquantes, &c. On connoît ainſi les articles, dont la lecture doit ſuivre celle des premiers & qui ſervent à s'éclaircir mutuellement. Par l'état des exportations d'un pays, on voit ce qu'il récolte & ce qu'il façonne; par celui des importations, ce qu'il tire de l'étranger; & par l'un & l'autre enfin quelles ſont ſes facultés, & quels ſont ſes beſoins & ſon luxe; on le voit & l'on peut s'inſtruire à fond des détails en les cherchant chacun à ſon article.

Après ce que nous venons de dire, il ſeroit inutile de claſſer dans la table ordinale les articles ſecondaires & ſubordonnés. Il nous ſuffira d'y placer les radicaux avec les parties qui les compoſent, & d'indiquer celles qui leur ſont liées plus étroitement.

Nous allons ſuivre pour ces premiers articles, l'ordre alphabétique. Il ne peut pas nuire à celui que nous preſcrivons. Le fil que nous préſentons à nos lecteurs, doit les conduire ſurement dans le dédale de ce Répertoire.

A

ALLEMAGNE.

ANGLETERRE.

D

DANEMARCK.

E

ESPAGNE.

F

FOIRE.

FRANCE.

HOLLANDE, ou Provinces-unies.

I

IMPOSITIONS MISES SUR LE COMMERCE

INTERDICTION DE COMMERCE. . .

IRLANDE.

ISLANDE.

I S L E S.

I T A L I E.

L

M

MONNOIES.

MOSCOVIE (aujourd'hui) RUSSIE.

Fin de la table.

A Paris, de l'Imprimerie de P. M. DELAGUETTE, rue de la Vieille-Draperie.